Burhoff/Kotz (Hrsg.)
Handbuch für die strafrechtlichen Rechtsmittel und Rechtsbehelfe

Handbuch für die strafrechtlichen Rechtsmittel und Rechtsbehelfe

2. Auflage 2016

herausgegeben von

Detlef Burhoff,
Rechtsanwalt, Richter am Oberlandesgericht a.D., Münster/Augsburg

und

Dr. Peter Kotz,
Rechtsanwalt, Augsburg/München

unter Mitarbeit von

Daniel Amelung
Rechtsanwalt, Fachanwalt für Strafrecht, München

Lars Bachler
Richter am OLG, Düsseldorf

Dr. Andreas Geipel
Rechtsanwalt, München

Daniel Hagmann
Rechtsanwalt, Fachanwalt für Strafrecht, Mönchengladbach

Dr. David Herrmann
Rechtsanwalt, Fachanwalt für Strafrecht, Fachanwalt für Medizinrecht, Augsburg

Dr. Daniel Hunsmann
Vorsitzender Richter am Landgericht, Aurich

Dr. Thorsten Junker
Rechtsanwalt, Fachanwalt für Strafrecht, Augsburg

Monika Oerder
Rechtsanwältin, Mönchengladbach

Dr. Dominique Schimmel
Rechtsanwältin, Fachanwältin für Strafrecht, Berlin

Roland Schmidt-Clarner
Richter am OLG, Celle

Joachim Volpert
Dipl.-Rechtspfleger, Willich/Düsseldorf

Nico Werning
Rechtsanwalt, Fachanwalt für Strafrecht, München

ZAP

Zitiervorschlag:
Burhoff/Kotz/Bearbeiter, RM, Teil, Rn

Benutzer-Hinweis für Musterbeispiele
Für den Download der Mustertexte gehen Sie auf
http://www.zap-verlag.de/Rechtsmittel
Geben Sie den hier eingedruckten Zugangscode ein. Danach erhalten Sie Zugriff auf das zip-Archiv: zap.5829_Musterdownload.zip
Zugangscode: p53e98w

Hinweis
Die Ausführungen in diesem Werk wurden mit Sorgfalt und nach bestem Wissen erstellt. Sie stellen jedoch lediglich Arbeitshilfen und Anregungen für die Lösung typischer Fallgestaltungen dar. Die Eigenverantwortung für die Formulierung von Verträgen, Verfügungen und Schriftsätzen trägt der Benutzer. Herausgeber, Autoren und Verlag übernehmen keinerlei Haftung für die Richtigkeit und Vollständigkeit der in diesem Buch enthaltenen Ausführungen.

Anregungen und Kritik zu diesem Werk senden Sie bitte an

kontakt@zap-verlag.de

Der Autor und der Verlag freuen sich auf Ihre Rückmeldung.

www.zap-verlag.de

Satz: Reemers Publishing Services GmbH, Krefeld
Druck: Druckerei C.H. Beck, Nördlingen
Umschlaggestaltung: gentura, Holger Neumann, Bochum
ISBN 978-3-89655-829-9

Bibliografische Information der Deutschen Nationalbibliothek
Die Deutsche Nationalbibliothek verzeichnet diese Publikation in der Deutschen Nationalbibliografie; detaillierte bibliografische Daten sind im Internet abrufbar über http://dnb.d-nb.de.

Vorwort

Zur Stellung des Verteidigers lesen wir an vielen Stellen immer wieder: Der Verteidiger ist nicht Vertreter, sondern Beistand des Beschuldigten. Und: Aufgabe des Verteidigers ist es, die Rechte des Beschuldigten in allen Verfahrensabschnitten in vollem Umfang zu wahren, zur Beachtung aller dem Beschuldigten günstigen Umstände beizutragen und auf strenge „Justizförmigkeit" des Verfahrens hinzuwirken (vgl. u.a. schon BGHSt 12, 367, 369). Der Verteidiger hat also (auch) eine Kontrollfunktion, die er als unabhängiges Organ der Rechtspflege den Gerichten und der Staatsanwaltschaft gleichgeordnet ausübt. Diese erstreckt sich auch und gerade auf die im Verfahren nach Durchlaufen der Verfahrensstationen „Ermittlungsverfahren" und „Hauptverhandlung" gefundene Entscheidung. Im Rechtsmittel- und/oder Rechtsbehelfsverfahren steht der Abschluss der vorhergehenden Instanz auf dem Prüfstein. Gerade hier wird, wenn der Verteidiger am Rechtsmittel- und/oder Rechtsbehelfsverfahren teilnimmt, seine Kontrollfunktion sichtbar. Gerade hier muss er diese im Interesse des Mandanten ausüben und das zuvor gefundene Ergebnis zur Prüfung durch das Rechtsmittelgericht stellen.

Das vorliegende Handbuch will den Strafverteidiger in dieser Kontrollaufgabe in den strafverfahrensrechtlichen Rechtsmittel- und Rechtsbehelfsverfahren unterstützen. Es hat lange gedauert, bis ich/wir 2013 dieses Handbuch, das neben „Burhoff, Handbuch für das strafrechtliche Ermittlungsverfahren" und „Burhoff, Handbuch für die strafrechtliche Hauptverhandlung", die vor kurzem bereits in 7. bzw. 8. Aufl. erschienen sind, stellen und aus dem „Duo ein Trio" machen konnten. Inzwischen haben wir aus dem „Trio" mit dem Handbuch „Burhoff/Kotz (Hrsg.), Handbuch für die strafrechtliche Nachsorge, 2016", ein Quartett gemacht. Damit ist das Strafverfahren insgesamt „abgedeckt".

Anregungen zu dem Projekt „Rechtsmittelhandbuch" hatte ich schon bald nach Erscheinen der beiden anderen Handbücher zum Ermittlungsverfahren und zu Hauptverhandlung erhalten. Zur endgültigen Umsetzung der Idee ist es dann aber erst gekommen, als ich mit Rechtsanwalt Dr. *Peter Kotz* einen Mitherausgeber gefunden hatte, der bereit war, die Mühen, die ein solches Handbuch mit sich bringt, mit zu schultern. Von vornherein war aber klar, dass die komplexen und schwierigen, teilweise auch wenig bekannten Fragen und Probleme der strafrechtlichen Rechtsmittel und Rechtsbehelfe nicht von nur zwei Autoren gemeistert werden können. Deshalb haben wir uns 2013 von Anfang an zur Teamarbeit entschlossen. Es ist uns dann auch gelungen, ein Team von Mitautoren aus dem richterlichen und dem anwaltlichen Bereich, ergänzt durch einen Rechtspfleger, zusammenzustellen, von denen jeder Einzelne auf seinem (Fach-)Gebiet ein ausgewiesener Kenner der von ihm bearbeiteten Materie ist. Alle Autoren zeichnen sich jedoch nicht nur durch ihre profunden und umfassenden Fachkenntnisse, sondern vor allem auch darin aus, dass sie in der Praxis tätig sind und wissen, was die Praxis im Bereich der strafverfahrensrechtlichen Rechtsmittel und Rechtsbehelfe braucht und will. Dieses Handbuch wird also gestaltet von Praktikern für Praktiker. Unser Anliegen war/ist es, ebenso wie mit dem „Handbuch für das strafrechtliche Ermittlungsverfahren“ und dem „Handbuch für die strafrechtliche Hauptverhandlung“, auch mit diesem Handbuch dazu beizutragen, die „richtige“ Wahrheitsfindung im Strafprozess zu sichern. Abgerundet wird die Reihe dann jetzt durch „Burhoff/Kotz (Hrsg.), Handbuch für die strafrechtliche Nachsorge, 2016“, wo alles das behandelt, was noch nach dem Rechtsmittelverfahren geschieht bzw. auf den Verurteilten zukommt.

Die „richtige“ Wahrheitsfindung im Strafprozess zu sichern, ist die Aufgabe, an der Gericht, Verteidiger und Staatsanwaltschaft gemeinsam teilhaben, wenn auch jeder an seinem Platz und jeder sicherlich unter „richtiger“ Wahrheit etwas anderes versteht. Deshalb hoffen wir als Herausgeber, dass dieses Handbuch ebenso viel Zuspruch von Verteidigern, Richtern und Staatsanwälten erfährt, wie ihn die beiden anderen Handbücher erfahren haben. Das Handbuch will allen Benutzern eine praktische Arbeitshilfe sein. Es wendet sich in erster Linie – ebenso wie das für das „Ermittlungsverfahren“ und das für die „Hauptverhandlung“ – an den Strafverteidiger, und zwar sowohl an den erfahrenen Strafverteidiger als auch an den Berufsanfänger bzw. den Rechtsanwalt, der nicht so häufig mit Strafsachen zu tun hat. Darüber hinaus werden aber auch Richter oder Staatsanwälte hier die Lösung eines in der täglichen Praxis auftretenden Problems finden. Weil das Handbuch allen Benutzern eine praktische Arbeitshilfe sein soll, haben wir die Darstellung in ABC-Form fortgesetzt. Dies nicht nur, weil diese Darstellungsform bei den beiden Handbüchern für das „Ermittlungsverfahren“ und für die „Hauptverhandlung“ von Anfang an positiv aufgenommen worden ist. Grund war vielmehr auch, dass unter dem jeweiligen Stichwort i.d.R. alle damit zusammenhängenden (Rechts-)Fragen und Probleme geschlossen dargestellt werden können. Damit ist ein schnellerer Zugriff auf die gesuchte Antwort möglich als bei den sonst üblichen Darstellungsformen.

Die strafverfahrensrechtlichen Rechtsmittel und Rechtsbehelfe haben wir i.Ü. auf im Wesentlichen drei große Abschnitte aufgeteilt: In Teil A findet man die Ausführungen zu den „klassischen“ Rechtsmitteln der Berufung, der Beschwerde, der Revision und der Rechtsbeschwerde. Diese werden ergänzt und unterstützt durch allgemeine Erläuterungen zu Rechtsmitteln/Rechtsbehelfen. Der Teil B ist den verfahrensrechtlichen Rechtsbehelfen vorbehalten, wie z.B. dem Antrag auf gerichtliche Entscheidung, den mit der Anfechtung von Justizverwaltungsakten nach §§ 23 ff. EGGVG zusammenhängenden Fragen, aber auch Fragen, die mit der sog. Sperrerklärung und dem Wiederaufnahmeverfahren zusammenhängen. Der Teil C widmet sich dann den „außerordentlichen“ Rechtsbehelfen, bei denen die Verfassungsbeschwerde an der Spitze steht. Hier findet der Leser/Nutzer aber auch das, was er an praktischem Wissen für die in der Praxis immer bedeutsamer werdende Menschenrechtsbeschwerde und Nichtigkeitsklage kennen muss. Abgerundet wird das Ganze im Teil D mit einer Darstellung der vergütungsrechtlichen Aspekte der strafverfahrensrechtlichen Rechtsmittel und Rechtsbehelfe und der im Bereich der Kosten-/Vergütungsfestsetzung zur Verfügung stehenden Rechtsmittel. Ein besonderes Anliegen war uns eine praxisnahe Darstellung der Probleme. Deshalb sind die Ausführungen jeweils um Praxishilfen und -hinweise, Formulierungshilfen sowie Checklisten und Arbeitshilfen ergänzt.

Wir haben uns bemüht, Überschneidungen mit dem „Handbuch für das strafrechtliche Ermittlungsverfahren" und dem „Handbuch für die strafrechtliche Hauptverhandlung" so weit wie möglich zu vermeiden. Das ist auch weitgehend gelungen. An der ein oder anderen Stelle haben sich jedoch Überschneidungen nicht vermeiden lassen bzw. erfordert die Darstellung eines Rechtsmittels/Rechtsbehelfs auch das Eingehen auf Fragen des Ermittlungsverfahrens und/oder der Hauptverhandlung.

Wir freuen uns, dass wir schon so bald nach Erscheinen der 1. Auflage die vorliegende 2. Auflage vorlegen können. In diese haben wir die bei uns eingegangenen Anregungen zur 1. Auflage aufgenommen. Die Ausführungen der 1. Auflage sind erweitert und selbstverständlich hinsichtlich Literatur und Rechtsprechung aktualisiert. Das Werk hat den Stand von Mitte März 2016.

Anregungen und Kritik zur 2. Auflage nehmen wir gern entgegen, beides kann helfen, eine 3. Auflage noch besser zu gestalten. Wer uns Vorschläge oder Hinweise geben möchte, kann sich an uns unter unseren Kanzleianschriften „Stettenstraße 12, 86150 Augsburg" oder „Schaezlerstr. 13 1/2, 86150 Augsburg" wenden, uns unter 0251/1449331 oder unter 0821/38114 ein Fax bzw. unter rechtsmittel@burhoff.de eine E-Mail zukommen lassen. Das gilt ganz besonders dann, wenn – trotz allem Bemühen um Richtig- und Vollständigkeit – an der einen oder anderen Stelle vielleicht doch (noch) ein Zitatfehler festgestellt werden sollte.

Zum Schluss möchten wir danken. Besonderer Dank gebührt zunächst unseren Mitautoren, die neben ihrer täglichen Arbeit die Manuskripte fristgerecht erstellt und damit maßgeblich dazu beigetragen haben, dass wir das Werk nun vorlegen können. Zu danken ist aber auch dem Lektor des ZAP-Verlages, Herrn Rechtsanwalt *Dennis Flohr*, der das Werk lektoriert und uns bei der Erstellung des Stichwort-, Abkürzungs- und Literaturverzeichnisses unterstützt hat. Neben ihm danken wir allen anderen Mitarbeitern des ZAP-Verlags, die bei der Erstellung des Werkes aktiv mitgeholfen hat. Und „last but not least" danken wir unseren Angehörigen, die während der Arbeiten an diesem neuen Buch manche Stunde haben auf uns verzichten müssen.

Münster, im April 2016 *Detlef Burhoff*

Augsburg, im April 2016 *Dr. Peter Kotz*

Hinweise zur Benutzung des Handbuchs

1. Dieses Handbuch erhebt nicht den Anspruch, ein (weiterer) Kommentar zur StPO oder den anderen genannten Verfahrensordnungen zu sein. Es soll vielmehr eine **praktische Arbeitshilfe** für die Verteidigung in den strafverfahrensrechtlichen Rechtsmittel-/Rechtsbehelfsverfahren sein. Deshalb ist i.d.R. auch für die Rechtsfragen zunächst die sog. h.M. dargelegt, wie sie insbesondere bei *Meyer-Goßner/Schmitt* aufgeführt ist, diese jedoch durch weiterführende Hinweise – auch auf kritische Literatur und Rechtsprechung – ergänzt. Auftauchende Fragen können und müssen also ggf. (dort) vertieft werden. Ergänzt ist die Darstellung um praktische Hinweise zur **Verteidigungstaktik**.

2. Wir haben bewusst von dem sonst allgemein üblichen, i.d.R. meist noch **umfangreicheren Literaturverzeichnis abgesehen**. Das Literaturverzeichnis enthält also nur die Hinweise auf die gängigen Standard- und Großkommentare und auf häufiger herangezogene Fundstellen/Kommentare.

Die von den jeweiligen Bearbeitern als notwendig angesehenen weiterführenden Hinweise auf Spezialkommentare, Monographien oder auf Aufsätze zu bestimmten Themen sind an den Stellen eingeordnet, an denen die Fragen bei den einzelnen Stichwörtern behandelt werden. Sie sind in dem vor den einzelnen Stichwörtern aufgenommenen Abschnitt „Literaturhinweise" zusammengefasst, und zwar alphabetisch nach dem Namen des Autors unter Nennung des (Aufsatz-)Titels geordnet. Der Benutzer kann durch die Nennung des Titels eines Aufsatzes oder einer Monographie an dieser Stelle besser und schneller erkennen, ob eine von mir angeführte Belegstelle eine zu vertiefende Frage nur mitbehandelt oder ob sie ggf. die Hauptthematik eines Literaturbeitrags darstellt. Die „**Literaturhinweise**" enthalten aber nicht nur die jeweils zitierten Aufsätze und sonstigen Veröffentlichungen. Sie beinhalten außerdem zum Teil weiterführende Literatur. Mithilfe dieser weiterführenden Hinweise auf in der einschlägigen Fachliteratur sonst noch erschienene Aufsätze zu den anschließend behandelten Stichwörtern können über die angeführten Zitate hinaus die behandelten Fragen vertieft werden.

Wir sind uns bewusst, dass diese Verfahrensweise zu der einen oder anderen Doppelnennung führt, obwohl wir versucht haben, das dadurch zu vermeiden, dass die Literatur z.T. bei den sog. Verteilerstichwörtern (s. dazu unten 7.) zusammengefasst worden ist. Das war jedoch nicht in allen Fällen möglich. Der verbliebene Anteil von Doppelnennungen kann u.E. hingenommen werden. Der durch die Doppelnennungen entstehende Platzbedarf wird zudem dadurch aufgewogen, dass derjenige, der eine Frage an anderer Stelle vertiefen will, nicht in einem umfangreichen Literaturverzeichnis nachsuchen muss, ob und ggf. wo zu der Frage Vertiefendes zu finden ist. Durch das gewählte Verfahren erhält er diese Information vielmehr unmittelbar bei dem jeweiligen Stichwort.

3. Die veröffentlichte **Literatur** und **Rechtsprechung** ist weitgehend bis einschließlich **Ende Februar/Anfang März** 2016 berücksichtigt und soweit möglich eingearbeitet.

4. Für die Benutzung des Handbuchs ist zu beachten, dass **Verweisungen** auf andere Stichwörter mit einem „→" angegeben werden. Zunächst wird dann das Stichwort genannt und dann der Teil, in dem das Stichwort aufgeführt ist. Beispielsweise heißt: „→ *Rechtsmittel/Rechtsbehelfe, Form, schriftlich, Teil A:*", dass weitere oder die (allgemeinen) Ausführungen zur Schriftform bei einem Rechtsmittel/Rechtsbehelf unter diesem Stichwort zu finden sind.

5. Trotz der Darstellung in ABC-Form sind in den Teilen fortlaufende **Randnummern** gesetzt, da diese ein noch schnelleres Auffinden der jeweils gesuchten Stelle ermöglichen. Dabei ist darauf hinzuweisen, dass die in einer Verweisung enthaltene Randnummer nicht immer nur auf den Beginn des genannten Stichwortes verweist. Das ist i.d.R. nur der Fall, wenn es sich um eine allgemeine Verweisung handelt. Geht es hingegen um die Verweisung auf ein spezielles Problem/besondere Ausführungen, wird auf diese(s) i.d.R. durch Nennung der entsprechenden Randnummer(n) direkt verwiesen. Die Randnummern beginnen in jedem der vier Teile mit der Rn 1.

6. Für umfangreichere Stichwörter werden die teilweise ausführlichen **Erläuterungen** unter der Überschrift „Das Wichtigste in Kürze" in mehreren „**Leitsätzen**" **zusammengefasst** und so zusätzliche Möglichkeiten zur schnellen und schwerpunktmäßigen Information geboten. Innerhalb der Stichwörter wird das Auffinden von gesuchten Erläuterungen dann dadurch erleichtert, dass die den Inhalt wiedergebenden Begriffe durch Fettdruck hervorgehoben sind und damit den Charakter von ins Auge fallenden Zwischenüberschriften erhalten. Die einzelnen Erläuterungen zu „Leitsätzen" finden sich zudem i.d.R. unter der Ziffer, die der des Leitsatzes entspricht.

7. Für die wichtigsten oder sehr umfangreichen Fragenkomplexe sind sog. „**Verteilerstichwörter**" gebildet, bei denen dann auch die zu dem jeweiligen Komplex gebildeten Stichwörter zusammengestellt sind. Die Verteilerstichwörter sind i.d.R. dadurch zu erkennen, dass sie in der Überschrift den Zusatz „**Allgemeines**" tragen, wie z.B. „Anträge auf gerichtliche Entscheidung „Allgemeines" oder „Verfassungsbeschwerde, Allgemeines".

8. Unter der Überschrift „**Hinweise für den Verteidiger!**" oder unter „☝" ist das dargestellt, was der Verteidiger in dem jeweiligen Zusammenhang besonders beachten sollte oder was für seinen Mandanten besonders wichtig ist. Wir hoffen, dass auch die bei den jeweiligen Stichwörtern ggf. angeordneten Mustertexte dem Verteidiger eine Hilfe sein werden.

9. Am Schluss des Handbuchs befindet sich ein stark differenziertes **Stichwortverzeichnis**, das den Benutzer bei keiner Frage im Stich lässt. Dieses Verzeichnis enthält als Fundstellenhinweis die jeweilige Randnummer, unter der die mit der aufgetauchten Frage zusammenhängenden Probleme dargestellt sind.

10. Im Handbuch zitierte Paragrafen ohne Gesetzesangabe sind solche der StPO.

Inhaltsverzeichnis

Musterverzeichnis

Allgemeines Literaturverzeichnis

AK-StPO, Kommentar zur Strafprozessordnung in der Reihe Alternativkommentare, herausgegeben von *Wassermann*; zitiert: AK-StPO-*Bearbeiter*, (Paragraf und Rn)

AK-StVollzG, Kommentar zum Strafvollzugsgesetz 5. Aufl. 2006; zitiert: AK-StVollzG-*Bearbeiter*, (Paragraf und Rn)

Albrecht, Jugendstrafrecht, 3. Aufl. 2000; zitiert: *Albrecht* (Paragraf und Rn)

Alsberg, Beweisantragsrecht im Strafprozess, bearbeitet von Dallmeyer/Güntge/Tsambikakis, 6. Aufl. 2013; zitiert: Alsberg/Bearbeiter, (Rn)

Anwaltkommentar zur StPO, herausgegeben von *Krekeler/Löffelmann/Sommer*, 2. Aufl. 2010; zitiert: AnwKomm-StPO/*Bearbeiter*, (Paragraf und Rn)

Anwaltkommentar Untersuchungshaft, herausgegeben von *König*, 2011; zitiert: AnwKomm-U-Haft/*Bearbeiter*, (Paragraf und Rn)

Artkämper, Die „gestörte" Hauptverhandlung – Eine praxisorientierte Fallübersicht, 4. Aufl. 2013; zitiert: *Artkämper*, (Rn)

Arloth, Strafvollzugsgesetz, 3. Aufl. 2011; zitiert: *Arloth*, (Paragraf und Rn)

Baumgärtel/Hergenröder/Houben, RVG – Kommentar zum Rechtsanwaltsvergütungsgesetz, 16. Aufl. 2014; zitiert: *Baumgärtel*, (Paragraf und Rn)

Beck'sches Formularbuch für den Strafverteidiger, herausgegeben von *Hamm/Leipold*, 5. Aufl. 2010; zitiert: Beck-*Bearbeiter*, (Seite)

Beulke, Strafprozessrecht, 13. Aufl. 2015; zitiert: *Beulke* (Paragraf und Rn)

Binz/Dörndorfer/Petzold/Zimmermann, Gerichtskostengesetz, Gesetz über Gerichtskosten in Familiensachen, Justizvergütungs- und Entschädigungsgesetz, 3. Aufl. 2014; zitiert: *Binz* (Paragraf und Rn)

Bischof/Jungbauer/Bräuer/Curkovic/Mathias/Uher, Kommentar zum Rechtsanwaltsvergütungsgesetz, 7. Aufl. 2016; zitiert: *Bischoff* (Paragraf und Rn)

Bohnert, Ordnungswidrigkeitengesetz, 3. Aufl. 2010; zitiert: *Bohnert*, (Paragraf und Rn)

Böhm/Feuerhelm, Einführung in das Jugendstrafrecht, 4. Aufl. 2004; zitiert: *Böhm/Feuerhelm* (Paragraf und Rn)

Brunner/Dölling, Kommentar zum Jugendgerichtsgesetz, 12. Aufl. 2011; zitiert: *Brunner/Dölling*, (Paragraf und Rn)

Brüssow/Gatzweiler/Krekeler/Mehle, Strafverteidigung in der Praxis, 4. Aufl. 2007; zitiert: StrafPrax-*Bearbeiter*, (Paragraf und Rn)

Burhoff, Handbuch für das strafrechtliche Ermittlungsverfahren, 7. Aufl. 2015; zitiert: *Burhoff*, EV, (Rn)

ders., Handbuch für die strafrechtliche Hauptverhandlung, 8. Aufl. 2016; zitiert: *Burhoff*, HV, (Rn)

ders. (Hrsg.), Handbuch für das straßenverkehrsrechtliche OWi-Verfahren, 4. Aufl. 2015; zitiert: Burhoff/*Bearbeiter*, OWi, (Rn)

ders. (Hrsg.), Kommentar zum Rechtsanwaltsvergütungsgesetz bei Straf- und Bußgeldsachen, 4. Aufl. 2014; zitiert: Burhoff/*Bearbeiter*, RVG, (Rn)

Dahs, Handbuch des Strafverteidigers, 8. Aufl. 2015; zitiert: *Dahs*, (Rn)

Dahs, Die Revision im Strafprozess, 8. Aufl. 2012; zitiert: *Dahs*, Revision, (Rn)

Diemer/Schatz/Sonnen, Kommentar zum Jugendstrafvollzugsgesetz, 7. Aufl. 2015; zitiert: D/S/S-*Bearbeiter*, (Paragraf und Rn)

Eisenberg, Beweisrecht der Strafprozessordnung, 9. Aufl. 2015; zitiert: *Eisenberg* (Rn)

ders., Jugendgerichtsgesetz, 18. Aufl. 2016; zitiert: *Eisenberg*, (Paragraf und Rn)

Esser, Auf dem Weg zu einem europäischen Strafverfahrensrecht, 2002; zitiert: *Esser*, (Seite)

Eyermann, Kommentar zur Verwaltungsgerichtsordnung, 14. Aufl. 2014; zitiert: *Eyermann*, (Paragraf und Rn)

Fischer, Strafgesetzbuch und Nebengesetze, 63. Aufl. 2016; zitiert: *Fischer*, (Paragraf und Rn)

Frowein/Peukert, Europäische Menschenrechtskonvention, EMRK-Kommentar, 3. Aufl. 2009; zitiert: *Frowein/Peukert*, (Artikel und Rn)

Geipel, Handbuch der Beweiswürdigung, 2. Aufl. 2013; zitiert: *Geipel*, Beweiswürdigung, (Kapitel und Rn)

Gerold/Schmidt, Rechtsanwaltsvergütungsgesetz, 22. Aufl. 2015; zitiert: Gerold/Schmidt/*Bearbeiter*, (Paragraf/Nr. des VV, Rn)

Göhler, Ordnungswidrigkeitengesetz, 16. Aufl. 2012; zitiert: *Göhler*, (Paragraf und Rn)

Götz/Tolzmann, Kommentar zum Bundeszentralregistergesetz, 4. Aufl. 2000; zitiert: *Götz/Tolzmann* (Paragraf und Rn)

Grabenwarter/Pabel, Europäische Menschenrechtskonvention, 5. Aufl. 2012; zitiert: *Grabenwarter*, (Kapitel und Rn)

Graf, Strafprozessordnung mit Gerichtsverfassungsgesetz, 2. Aufl. 2012; zitiert: Graf/*Bearbeiter*, (Paragraf und Rn)

Grote/Marauhn (Hrsg.), Konkordanzkommentar zum europäischen und deutschen Grundrechtsschutz, 2. Aufl. 2013; zitiert: *Grote/Marauhn*, (Kapitel und Rn)

Handbuch des Fachanwalts Strafrecht, herausgegeben von *Bockemühl*, 6. Aufl. 2015; zitiert: FA Strafrecht-*Bearbeiter*, (Teil, Kapitel und Rn)

Handbuch für den Staatsanwalt, herausgegeben von *Vordermayer/von Heintschel-Heinegg*, 5. Aufl. 2015; zitiert: HBStA-*Bearbeiter*, (Teil, Kapitel und Rn)

Hamm/Hassemer/Pauly, Beweisantragsrecht, 2. Aufl. 2007; zitiert: *Hamm/Hassemer/Pauly*, (Rn)

Handbuch zum Strafverfahren, herausgegeben von *Heghmanns/Scheffler*, 2008; zitiert: *Bearbeiter*, in: HBStrVf, (Kapitel und Rn)

Hansens/Braun/Schneider, Praxis des Vergütungsrechts, 2. Aufl. 2007; zitiert: *Hansens/Braun/Schneider*, (Kapitel und Rn)

Hartmann, Kommentar zum Kostengesetz, 46. Aufl. 2016; zitiert: *Hartmann* (Paragraf und Rn)

Hartung/Römermann/Schons, Praxiskommentar zum Rechtsanwaltsvergütungsgesetz, 2. Aufl. 2006; zitiert: *Hartung/Römermann/Schons*, (Paragraf und Rn)

Hartung/Schons/Enders, Kommentar zum Rechtsanwaltsvergütungsgesetz, 2. Aufl. 2013; zitiert: *Hartung/Schons/Enders*, (Paragraf und Rn)

Heidelberger Kommentar zur Strafprozessordnung, herausgegeben von *Gercke/Julius/Temming/Zöller*, 5. Aufl. 2012; zitiert: HK-*Bearbeiter*, (Paragraf und Rn)

Henssler/Prütting, Kommentar zur Bundesrechtsanwaltsordnung, 4. Aufl. 2014; zitiert: Henssler/Prüttung/*Bearbeiter* (Paragraf und Rn)

Herrmann, Untersuchungshaft, 2007; zitiert: *Herrmann*, (Rn)

Jung, Praxiswissen Strafverteidigung von Ausländern, 2009; zitiert: *Jung*, (Rn)

Junker, Beweisantragsrecht im Strafprozess, 2. Aufl. 2014; zitiert: *Junker*, (Rn)

Karpenstein/Mayer, Kommentar zur Europäischen Menschenrechtskonvention – Konvention zum Schutz der Menschenrechte und Grundfreiheiten, 2. Auf. 2012; zitiert: *Karpenstein/Mayer*, (Art. und Rn)

Karlsruher Kommentar Strafprozessordnung, GVG, EGGVG, EMRK, herausgegeben von *Hannich*, 7. Aufl. 2013; zitiert: KK-*Bearbeiter*, (Paragraf und Rn)

Karlsruher Kommentar zum Gesetz über Ordnungswidrigkeiten, herausgegeben von *Senge*, 4. Aufl. 2014; zitiert: KK/OWiG-*Bearbeiter*, (Paragraf und Rn)

Kissel/Mayer, Gerichtsverfassungsgesetz, Kommentar, 8. Aufl. 2015; zitiert: *Kissel/Mayer* (Paragraf und Rn)

Kleinknecht/Müller/Reitberger, Loseblattkommentar zur Strafprozessordnung, inzwischen herausgegeben von Heintschel-Heineggel/Stöckel; zitiert: KMR-*Bearbeiter*, (Paragraf und Rn)

Kopp/Schenke, VwGO, 21. Aufl. 2015; zitiert: Kopp/Schenke (Paragraf und Rn)

Kotz/Rahlf, Praxis des Betäubungsmittelstrafrechts, 2012; zitiert: BtMPrax/*Bearbeiter*, (Kapitel und Rn)

Körner/Patzak/Volkmer, Kommentar zum Betäubungsmittelgesetz, 8. Aufl. 2016; zitiert: *Körner/Patzak/Volkmer* (Paragraf und Rn)

Kühne, Strafprozessrecht, 9. Auf. 2015; zitiert: *Kühne* (Kapitel und Rn)

Laubenthal/Baier/Nestler, Jugendstrafrecht, 3. Aufl. 2015; zitiert: *Laubenthal/Baier/Nestler*, (Kapitel und Rn)

Leipziger Kommentar StGB, herausgegeben von *Laufhütte/Rissing-van Saan/Tiedemann*, 12. Aufl. 2008 ff.; zitiert: LK-*Bearbeiter*, (Paragraf und Rn)

Lechner/Zuck, Bundesverfassungsgerichtsgesetz: BVerfGG, 7. Aufl. 2015; zitiert: *Lechner/Zuck*, (Paragraf und Rn)

Lenz/Hansel, BVerfGG, 2. Aufl. 2015; zitiert: *Lenz/Hansel*, (Paragraf und Rn)

Löwe/Rosenberg, Die Strafprozessordnung und das Gerichtsverfassungsgesetz mit Nebengesetzen, Großkommentar, herausgegeben von *Rieß*, 25. Aufl. 1997 ff. und 26. Aufl. 2006 ff.; zitiert: LR-*Bearbeiter*, (Paragraf und Rn)

Malek, Verteidigung in der Hauptverhandlung, 4. Aufl. 2012; zitiert: *Malek*, HV (Rn)

Maunz/Dürig, Kommentar zum Grundgesetz, 75 EL, 09/2015; zitiert: *Maunz/Dürig* (Paragraf und Rn)

Mayer/Kroiß, Kommentar zum Rechtsanwaltsvergütungsgesetz, 6. Aufl. 2013; zitiert: *Mayer/Kroiß* (Paragraf und Rn)

Meier/Rössner/Trüg/Wulf, Hand-Kommentar zum Jugendgerichtsgesetz, 2. Aufl. 2014; zitiert: *Meier/Rössner/Trüg/Wulf* (Paragraf und Rn)

Mertens/Stuff/Mück, Verteidigervergütung, 2. Aufl. 2016; zitiert: *Mertens/Stuff* (Kapitel und Rn)

Meyer-Goßner/Schmitt, Strafprozessordnung, 58. Aufl. 2015; zitiert: *Meyer-Goßner/Schmitt*, (Paragraf und Rn)

Meyer-Ladewig, Kommentar zur Europäischen Menschenrechtskonvention, 3. Aufl. 2011; zitiert: *Meyer-Ladewig*, (Art. und Rn)

Münchhalffen/Gatzweiler, Das Recht der Untersuchungshaft, 3. Aufl. 2009; zitiert: *Münchhalffen/Gatzweiler*, (Rn)

Münchener Anwaltshandbuch Strafverteidigung, herausgegeben von *Widmaier*/Müller/Schlothauer, 2. Aufl. 2014; zitiert: MAH-*Bearbeiter*, (Paragraf und Rn)

Münchener Kommentar zum Strafgesetzbuch, herausgegeben von *Joecks/Miebach*, 2. Aufl. 2012 ff.; zitiert: MüKo/*Bearbeiter*, (Paragraf und Rn)

von Mangoldt/Klein/Starck, Kommentar zum Grundgesetz, 6. Aufl. 2010; zitiert: von Mangoldt/Klein/Starck/*Bearbeiter* (Artikel und Rn)

Oestreich/Hellstab/Trenkle, Kommentar zum Gerichtskostengesetz Loseblatt-Kommentar; zitiert: *Oestreich/Hellstab/Trenkle* (Paragraf und Rn)

Ostendorf, Kommentar zum Jugendgerichtsgesetz, 10. Aufl. 2016; zitiert: *Ostendorf* (Paragraf und Rn)

Palandt, Bürgerliches Gesetzbuch, bearbeitet von *Brudermüller/Ellenberger/Götz/Herrler/Sprau/Thorn/Weidenkaff/Wicke*, 75. Aufl. 2015; zitiert: Palandt/*Bearbeiter*, (Paragraf und Rn)

Pfeiffer, Strafprozessordnung, 5. Aufl. 2005; zitiert: *Pfeiffer*, (Paragraf und Rn)

Prütting/Gehrlein, ZPO Kommentar, 10. Aufl. 2015; zitiert: Prütting/Gehrlein/*Bearbeiter*, (Paragraf und Rn)

Radtke/Hohmann, StPO Kommentar, 2011; zitiert: Radtke/Hohmann/*Bearbeiter*, (Paragraf und Rn)

Redecker/v. Oertzen, Kommentar zur Verwaltungsgerichtsordnung, 15. Aufl. 2010; zitiert: *Redecker/v. Oertzen* (Paragraf und Rn)

Roxin/Schünemann, Strafverfahrensrecht, 28. Aufl. 2014; zitiert: *Roxin/Schünemann*, (Paragraf und Rn)

Sarstedt/Hamm, Revision in Strafsachen, 7. Aufl. 2010; zitiert: *Sarstedt/Hamm* (Rn)

Satzger/Schmitt/Widmaier, StGB, Strafgesetzbuch, 2. Aufl. 2013; zitiert: SSW-StGB-*Bearbeiter*, (Paragraf und Rn)

Satzger/Schluckebier/Widmaier, StPO, Strafprozessordnung, 2. Aufl. 2016; zitiert: SSW-StPO-*Bearbeiter*, (Paragraf und Rn)

Schlothauer, Vorbereitung der Hauptverhandlung mit notwendiger Verteidigung und Pflichtverteidigung, 2. Aufl. 1998; zitiert: *Schlothauer*, (Rn)

Schlothauer/Weider, Untersuchungshaft, 4. Aufl. 2010; zitiert: *Schlothauer/Weider*, (Rn)

dies., Verteidigung im Revisionsverfahren, 2. Aufl. 2013; zitiert: *Schlothauer/Weider* Revision (Rn)

Schneider/Wolf, Kommentar zum Rechtsanwaltsvergütungsgesetz, 7. Aufl. 2014; zitiert: AnwKomm/*Bearbeiter*, (Paragraf und Rn)

Schomburg/Lagodny/Gleß/Hackner, Internationale Rechtshilfe in Strafsachen, 5. Aufl. 2012; zitiert: Schomburg/Lagodny/*Bearbeiter*, (Teil und Rn)

Schorn, Die europäische Konvention zum Schutz der Menschenrechte und Grundfreiheiten und ihr Zusatzprotokoll in Einwirkung auf das deutsche Recht, 1965; zitiert: *Schorn*, EMRK, (Seite)

Schönke/Schröder, Strafgesetzbuch, 29. Aufl. 2014; zitiert: Schönke/Schröder/*Bearbeiter*, (Paragraf und Rn)

Sieber/Satzger/v. Heintschel-Heinegg (Hrsg.), Europäisches Strafrecht, 2. Aufl. 2014; zitiert: *Sieber/Satzger/v. Heintschel-Heinegg*, (Paragraf und Rn)

Streinz, EUV/AEUV Vertrag über die Europäische Union und Vertrag über die Arbeitsweise der Europäischen Union, 2. Aufl. 2012; zitiert: *Streinz*, (Artikel und Rn)

Sommer, Effektive Strafverteidigung, 2. Aufl. 2013; zitiert: *Sommer* (S.)

Streng, Jugendstrafrecht, 3. Aufl. 2013; zitiert: *Streng* (Kapitel und Rn)

Systematischer Kommentar zur Strafprozeßordnung mit GVG und EMRK, herausgegeben von *Wolter*, 4. Auf. 2010 ff.; zitiert: SK-StPO-*Bearbeiter*, (Paragraf und Rn)

Thomas/Putzo, Kommentar zur Zivilprozessordnung, 36. Aufl. 2014; zitiert: *Thomas/Putzo* (Paragraf und Rn)

Zieger, Verteidigung in Jugendstrafsachen, 6. Aufl. 2013; zitiert: *Zieger*, (Kapitel und Rn)

Zöller, Zivilprozessordnung, bearbeitet von *Geimer/Greger/Herget/Heßler/Lückemann/Stöber/Vollkommer/Feskorn/Lorenz*, 31. Aufl. 2016; zitiert: Zöller/*Bearbeiter*, (Paragraf und Rn)

Abkürzungsverzeichnis

(Die Gesetze sind im Text in der jeweils gültigen Fassung zitiert.)

A

a.	auch
a.A.	andere Ansicht
a.a.O.	am angegebenen Ort
AAK	Atemalkoholkonzentration
abgedr.	abgedruckt
Abl.	Amtsblatt
abl.	ablehnend
ABl EU	Amtsblatt der Europäischen Union
Abs.	Absatz
Abschn.	Abschnitt
a.D.	außer Dienst
a.E.	am Ende
AE	Akteneinsicht
AER	Akteneinsichtsrecht
AEUV	Vertrag über die Arbeitsweise der Europäischen Union
a.F.	alte Fassung
AfP	Zeitschrift für Medien- und Kommunikationsrecht (Jahr und Seite)
AG	Amtsgericht/Aktiengesellschaft/Die Aktiengesellschaft (Zs.) (Jahr und Seite)/Arbeitsgemeinschaft
AGGVG	Gesetz zur Ausführung des Gerichtsverfassungsgesetzes und von Verfahrensgesetzen der ordentlichen Gerichtsbarkeit
AGS	Anwaltsgebühren Spezial (Zs.) (Jahr und Seite)
allg.	allgemein
Alt.	Alternative
AmtsBl.	Amtsblatt
ÄndVO	Änderungsverordnung

Anh.	Anhang
Anl.	Anlage
Anm.	Anmerkung
AnwBl	Anwaltsblatt (Zs.) (Jahr und Seite)
AnwGH	Anwaltsgerichtshof
AO	Abgabenordnung
AöR	Anstalt des öffentlichen Rechts
AO-StB	Der AO-Steuerberater (Zs.) (Jahr und Seite)
ArchKrim	Archiv für Kriminologie (Zs.) (Jahr und Seite)
Art.	Artikel
AsylVfG	Asylverfahrensgesetz
AufenthG	Aufenthaltsgesetz
Aufl.	Auflage
AuR	Arbeit und Recht
AuslG	Ausländergesetz
Az.	Aktenzeichen

B

B	Rechtsprechungsübersicht zum Jugendstrafrecht von Böhm in NStZ
BA	Blutalkohol, Wissenschaftliche Zeitschrift für die medizinische und juristische Praxis (Jahr und Seite)
BAK	Blutalkoholkonzentration
BAnz.	Bundesanzeiger
BAT	Bundesangestelltentarif
Bay	Bayerisch/e/r
BayGnO	Bayerische Gnadenordnung
BayStVollzG	Bayrisches Strafvollzuggesetz
BayObLG	Bayerisches Oberstes Landesgericht
BayObLGSt	Entscheidungen des Bayerischen Obersten Landesgerichts in Strafsachen (Entscheidungssammlung)
BayVBl.	Bayerische Verwaltungsblätter (Zs.) (Jahr und Seite)

BayVerfGH	Bayerischer Verfassungsgerichtshof
BB	Betriebsberater (Zs.) (Jahr und Seite)
BBG	Bundesbeamtengesetz
Bbg.	Brandenburg
BbgPolG	Brandenburgisches Polizeigesetz
BbgVerfG	Brandenburgisches Verfassungsgericht
BDO	Bundesdisziplinarordnung
BDSG	Bundesdatenschutzgesetz
Be	Rechtsprechungsübersicht von Becker in NStZ-RR
Berl.	Berlin
BerufsO	Berufsordnung-Rechtsanwälte
BeamtVG	Gesetz über die Versorgung der Beamten und Richter des Bundes
Beschl.	Beschluss
BezG	Bezirksgericht
BFH	Bundesfinanzhof
BfJG	Gesetz über die Errichtung des Bundesamtes für Justiz
BGB	Bürgerliches Gesetzbuch
BGBl	Bundesgesetzblatt
BGH	Bundesgerichtshof
BGHR	Rechtsprechung des Bundesgerichtshofes (systematische Entscheidungssammlung) (Paragraf und Stichwort)
BGHSt	Entscheidungen des Bundesgerichtshofes in Strafsachen (Band und Seite)
BGHZ	Entscheidungen des Bundesgerichtshofes in Zivilsachen (Band und Seite)
BKA	Bundeskriminalamt
BKAG	Gesetz über das Bundeskriminalamt und die Zusammenarbeit des Bundes und der Länder in kriminalpolizeilichen Angelegenheiten
Bl.	Blatt
BMJ	Bundesministerium der Justiz
BND	Bundesnachrichtendienst

BnotO	Bundesnotarordnung
BpolG	Bundespolizeigesetz
BRAGO	Bundesgebührenordnung für Rechtsanwälte
BRAK	Bundesrechtsanwaltskammer
BRAK-Mitt.	Mitteilungen der Bundesrechtsanwaltskammer (Zs.) (Jahr und Seite)
BRAO	Bundesrechtsanwaltsordnung
BR-Drucks	Bundesrats-Drucksache
BremJstVollzG	Bremisches Jugendstrafvollzugsgesetz
BStatG	Gesetz über die Statistik für Bundeszwecke
BStBl.	Bundessteuerblatt
BT-Drucks	Bundestags-Drucksache
BtM	Betäubungsmittel
BtMG	Betäubungsmittelgesetz
Bu	Rechtsprechungsübersicht von Burhoff zur Rechtsprechung des OLG Hamm in DAR
Buchst.	Buchstabe
BVerfG	Bundesverfassungsgericht
BVerfGE	Entscheidungen des Bundesverfassungsgerichts (Band und Seite)
BVerfGG	Bundesverfassungsgerichtsgesetz
BVerfGK	Kammerentscheidungen des Bundesverfassungsgerichts (Band und Seite)
BVerfSchG	Bundesverfassungsschutzgesetz
BVerwG	Bundesverwaltungsgericht
BVV	Beweisverwertungsverbot
BW	Baden-Württemberg
BWAGGVG	Baden-Württembergisches Gesetz zur Ausführung des Gerichtsverfassungsgesetzes und von Verfahrensgesetzen der ordentlichen Gerichtsbarkeit
BZR	Bundeszentralregister
BZRG	Bundeszentralregistergesetz
bzw.	beziehungsweise

C

CCZ	Corporate Compliance Zeitschrift (Zs.) (Jahr und Seite)
CD-ROM	Compact Disc-Read Only Memory
Ci	Rechtsprechungsübersicht von Cierniak in NStZ-RR
Ci/Zi	Rechtsprechungsübersicht von Cierniak/Zimmermann in NStZ-RR
CR	Computer und Recht (Zs.) (Jahr und Seite)

D

D	Rechtsprechungsübersicht von Dallinger in MDR
d.A.	der Akte
DB	Der Betrieb (Zs.) (Jahr und Seite)
d.h.	das heißt
DAB	Dienstaufsichtsbeschwerde
DAR	Deutsches Autorecht (Zs.) (Jahr und Seite)
DAV	Deutscher Anwaltverein
ders.	derselbe
dies.	dieselbe/n
DJT	Deutscher Juristentag
DNA-IFG	DNA-Identitätsfeststellungsgesetz
Dö/Dr	Rechtsprechungsübersicht von Döllel/Dreßen zur Rechtsprechung des OLG Schleswig in SchlHA
DÖV	Die Öffentliche Verwaltung (Zs.) (Jahr und Seite)
DRB	Deutscher Richterbund
DRiG	Deutsches Richtergesetz
DRiZ	Deutsche Richterzeitung (Zs.) (Jahr und Seite)
Drucks.	Drucksache
DSB	Datenschutz-Berater (Zs.) (Jahr und Nr.)
DSG NW	Datenschutzgesetz Nordrhein-Westfalen
DStR	Deutsches Steuerrecht (Zs.) (Jahr und Seite)
DStZ	Deutsche Steuer-Zeitung (Zs.) (Jahr und Seite)
DuD	Datenschutz und Datensicherheit (Zs.) (Jahr und Seite)

DV	Der Verkehrsanwalt (Zs.) (Jahr und Seite)
DVBl.	Deutsches Verwaltungsblatt (Zs.) (Jahr und Seite)
DVP	Deutsche Verwaltungspraxis (Zs.) (Jahr und Seite)

E

EDV	Elektronische Datenverarbeitung
EFG	Entscheidungen der Finanzgerichte (Zs.) (Jahr und Seite)
EGE	Ehrengerichtliche Entscheidungen (bis 1963 Bände arabisch beziffert, ab 1963 Bände römisch beziffert)
EGGVG	Einführungsgesetz zum Gerichtsverfassungsgesetz
EGMR	Europäischer Gerichtshof für Menschenrechte
EGStGB	Einführungsgesetz zum Strafgesetzbuch
EGStPO	Einführungsgesetz zur Strafprozessordnung
EGV	Vertrag zur Gründung der Europäischen Gemeinschaft
EGWStG	Einführungsgesetz zum Wehrstrafgesetzbuch
Einf v.	Einführung vor
Einl.	Einleitung
E/L	Rechtsprechungsübersicht von Ernesti/Lorenzen zur Rechtsprechung des OLG Schleswig in SchlHA
Einzelh.	Einzelheiten
EKMR	Europäische Kommission für Menschenrechte
EstG	Einkommensteuergesetz
EMRK	Europäische Menschenrechtskonvention
EN	Eilnachrichten
Entsch.	Entscheidung
entspr.	entsprechend
Erg.-Heft	Ergänzungsheft
Erl.	Erläuterung
EU	Europäische Union
EuAlÜbK	Europäisches Auslieferungsübereinkommen
EuG	Gericht des Gerichtshofs der Europäischen Union

EuGH	Europäischer Gerichtshof
EuGH-Satzung	Satzung des Gerichts beim Gerichtshof der Europäischen Union
EuGRZ	Europäische Grundrechte Zeitschrift (Jahr und Seite)
EuHbG	Europäisches Haftbefehlsgesetz
EuR	Europarecht (Zeitschrift) (Jahr und Seite)
EuRAG	Gesetz über die Tätigkeit europäischer Rechtsanwälte in Deutschland
EU-RhÜbk	Europäischen Übereinkommen über die Rechtshilfe in Strafsachen
EUV	Vertrag über die Europäische Union
EV	Ermittlungsverfahren
e.V.	eingetragener Verein
EWGV	Vertrag zur Gründung der Europäischen Wirtschaftsgemeinschaft
EZB	Europäische Zentralbank

F

F.	Fach
f.	folgende
FA	Fachanwalt
FAG	Gesetz über Fernmeldeanlagen
FamFG	Gesetz über das Verfahren in Familiensachen und in den Angelegenheiten der freiwilligen Gerichtsbarkeit vom 17.12.2008
FamRZ	Zeitschrift für das gesamte Familienrecht (Jahr und Seite)
FeV	Fahrerlaubnisverordnung
ff.	fortfolgende
FG	Festgabe/Finanzgericht
FG-BGH	50 Jahre Bundesgerichtshof, Festgabe aus der Wissenschaft, Band IV, 2000
FGG	Gesetz über die Angelegenheiten der freiwilligen Gerichtsbarkeit
FGG-RG	Gesetz zur Reform des Verfahrens in Familiensachen und in den Angelegenheiten der freiwilligen Gerichtsbarkeit vom 17.12.2008
Fn	Fußnote
FPR	Familie Partnerschaft Recht (Zs.) (Jahr und Seite)

FS	Festschrift
FÜV	Fernmeldeverkehr-Überwachungsverordnung

G

G 10	Gesetz zur Beschränkung des Brief-, Post- und Fernmeldegeheimnisses
GA	Goldammer's Archiv für Strafrecht (Zs.) (bis 1933 nach Band und Seite, ab 1953 nach Jahr und Seite)
GBA	Generalbundesanwalt
gem.	gemäß
GenStA	Generalstaatsanwaltschaft
GESTA	Stand der Gesetzgebung des Bundes (Informationssystem)
GewO	Gewerbeordnung
GG	Grundgesetz
ggf.	gegebenenfalls
GH	Gerichtshof
GiV	Gefahr im Verzug
GK	Große Kammer
GKG	Gerichtskostengesetz
GmbH	Gesellschaft mit beschränkter Haftung
GmbHG	Gesetz betreffend die Gesellschaften mit beschränkter Haftung
GmbH & Co. KG	Gesellschaft mit beschränkter Haftung und Compagnie Kommanditgesellschaft
GMBl.	Gemeinsames Ministerialblatt
GnO	Gnadenordnung(en)
GnO-Bbg	Gnadenordnung Brandenburg
GnO-BW	Gnadenordnung Baden Württemberg
GnO-MV	Gnadenordnung Mecklenburg-Vorpommern
GnO-Nds.	Gnadenordnung Niedersachsen
GnO-NW	Gnadenordnung Nordrhein-Westfalen
GnO-Rhpf.	Gnadenordnung Rheinland-Pfalz

GnO-Sach	Gnadenordnung Sachsen
GnO-LSA	Gnadenordnung Landesrecht Sachsen-Anhalt
grds.	grundsätzlich
GRCh	Charta der Grundrechte der Europäischen Union
GrurPrax	Gewerblicher Rechtsschutz und Urheberrecht
GstA	Generalstaatsanwalt/Generalstaatsanwaltschaft
GVBl.	Gesetz- und Verordnungsblatt
GVG	Gerichtsverfassungsgesetz
GV.NW	Gesetz- und Verordnungsblatt für das Land Nordrhein-Westfalen
GVOBl. Schl.-H.	Gesetz- und Verordnungsblatt Schleswig-Holstein
GVP	Geschäftsverteilungsplan
GVUVS NRW	Gesetz zur Regelung des Vollzuges der Untersuchungshaft und zur Verbesserung der Sicherheit in Justizvollzugsanstalten in NRW
GwG	Gesetz über das Aufspüren von Gewinnen aus schweren Straftaten

H

H	Rechtsprechungsübersicht von Holtz in MDR
h.A.	herrschende Ansicht
Hans.	Hanseatisch(es)
HB	Haftbefehl
He	Rechtsprechungsübersicht von Herlan in MDR
Hess.DSG	Hessisches Datenschutzgesetz
Hess	Hessen/Hessisch
HessGnO	Hessische Gnadenordnung
HessJStVollzG	Hessisches Jugendstrafvollzuggesetz
Hinw.	Hinweis
h.M.	herrschende Meinung
HRRS	Höchstrichterliche Rechtsprechung im Strafrecht (Online-Zs.) (Jahr und Nummer)
Hrsg.	Herausgeber
Hs.	Halbsatz

HSOG	Hessisches Gesetz über die öffentliche Sicherheit und Ordnung
HV	Hauptverhandlung

I

i.d.F.	in der Fassung
i.d.R.	in der Regel
i.E.	im Ergebnis
i.e.S.	im engeren Sinne
IFG	Informationsfreiheitsgesetz
IMAP	Internet Message Access Protocol
IMEI	International Mobile Station Equipment Identity
IMSI	International Mobile Subscriber Identity
INF	Die Information über Steuer und Wirtschaft (Zs.) (Jahr und Seite)
insb.	insbesondere
IpbpR	Internationaler Pakt über bürgerliche und politische Rechte
IQ	Intelligenzquotient
IRG	Gesetz über die internationale Rechtshilfe in Strafsachen
i.S.d.	im Sinne der/des
i.S.e.	im Sinne einer/s
IstGH-Gesetz	Gesetz über die Zusammenarbeit mit dem Internationalen Gerichtshof
i.S.v.	im Sinne von
ITRB	IT-Rechts-Berater (Zs.) (Jahr und Seite)
i.Ü.	im Übrigen
i.V.m.	in Verbindung mit
i.w.S.	im weiteren Sinne

J

JA	Juristische Arbeitsblätter für Ausbildung und Examen (Zs.) (Jahr und Seite)
JGG	Jugendgerichtsgesetz
JGH	Jugendgerichtshilfe

JM	Justizminister
JMBl. BB	Justizministerialblatt für das Land Brandenburg
JMBl. NW	Justizministerialblatt für das Land Nordrhein-Westfalen
JR	Juristische Rundschau (Zs.) (Jahr und Seite)
JStG	Jahressteuergesetz
JstVollzG Bln	Berliner Jugendstrafvollzugsgesetz
JstVollzG BW	Baden-Württembergisches Jugendstrafvollzuggesetz
JstVollzG NRW	Nordrhein-Westfälisches Jugendstrafvollzuggesetz
JuMoG	Justizmodernisierungsgesetz
Jura	Juristische Ausbildung (Zs.) (Jahr und Seite)
JurBüro	Das juristische Büro (Zs.) (Jahr und Seite)
JurionRS	Jurion Fundstelle
JuS	Juristische Schulung (Zs.) (Jahr und Seite)
JustG NW	Gesetz über die Justiz im Land Nordrhein-Westfalen vom 26.1.2010
Justiz	Die Justiz – Amtsblatt des Justizministeriums Baden-Württemberg (Zs.) (Jahr und Seite)
JVA	Justizvollzugsanstalt
JVBI	Justizverwaltungsblatt
JVEG	Justizvergütungs- und -entschädigungsgesetz
JVollzG	Justizvollzugsgesetz (des Landes)
JW	Juristische Wochenschrift (Zs.) (Jahr und Seite)
JZ	JuristenZeitung (Zs.) (Jahr und Seite)

K

K	Rechtsprechungsübersicht von Kusch in NStZ bzw. NStZ-RR
Kap.	Kapitel
Kfz	Kraftfahrzeug
KG	Kammergericht
KJ	Kritische Justiz (Zs.) (Jahr und Seite)
KO	Konkursordnung
KÖSDI	Kölner Steuerdialog (Zs.) (Jahr und Seite)

Komm.	Kommentierung
KonsG	Gesetz über die Konsularbeamten, ihre Aufgaben und Befugnisse
KostG	Kostengesetze
KostÄndG	Gesetz zur Änderung und Ergänzung kostenrechtlicher Vorschriften
KostO	Kostenordnung
KostRsp.	Kostenrechtsprechung (Zs.)
KostRMoG	Kostenrechtsmodernisierungsgesetz
KostVerz.	Kostenverzeichnis
K&R	Kommunikation und Recht (Zs.) (Jahr und Seite)
KrGer	Kreisgericht
Krim	Die Kriminalistik (Zs.) (Jahr und Seite)
krit.	kritisch
KritV	Kritische Vierteljahresschrift für Gesetzgebung und Rechtswissenschaft (Zs.) (Jahr und Seite)
KuR	Kirche und Recht (Zs.) (Jahr und Seite)
KV GKG	Kostenverzeichnis des Gerichtskostengesetzes
KWG	Gesetz über das Kreditwesen

L

LAG	Landesarbeitsgericht
LG	Landgericht
Lit.	Literatur
lit.	litera
Lit.-Hinw.	Literaturhinweis
LKA	Landeskriminalamt
LM	Lindenmaier-Möhring – Kommentierte BGH-Rechtsprechung
LOStA	Leitender Oberstaatsanwalt
LPartG	Lebenspartnerschaftsgesetz
Ls.	Leitsatz
L/Sch	Rechtsprechungsübersicht von Lorenzen/Schiemann zur Rechtsprechung des OLG Schleswig in SchlHA

LSG	Landessozialgericht
L/T	Rechtsprechungsübersicht von Lorenzen/Thamm zur Rechtsprechung des OLG Schleswig in SchlHA
LUVollzG	Landesuntersuchungshaftvollzugsgesetz

M

M	Rechtsprechungsübersicht von Miebach in NStZ bzw. NStZRR
m.	mit
MBl.	Ministerialblatt
MDR	Monatsschrift für Deutsches Recht (Zs.) (Jahr und Seite)
m.E.	meines Erachtens
MedR	Medizinrecht (Zs.) (Jahr und Seite)
MinBl. NW	Ministerialblatt für das Land Nordrhein-Westfalen
MiStra	Anordnung über Mitteilungen in Strafsachen
M/K	Rechtsprechungsübersicht von Miebach/Kusch in NStZ bzw. NStZ-RR
MRK	Menschenrechtskonvention
MSchrKrim	Monatsschrift für Kriminologie und Strafrechtsreform (Zs.) (Jahr und Seite)
m.w.N.	mit weiteren Nachweisen
m. zahlr. weit.	Nachw. mit zahlreichen weiteren Nachweisen
m. zust. Anm.	mit zustimmender Anmerkung

N

Nachw.	Nachweis
Nds.	Niedersachsen/Niedersächsisch
Nds.AGGVG	Niedersächsisches Gerichtsverfassungs-Ausführungsgesetz
Nds.Rpfl.	Niedersächsischer Rechtspfleger (Zs.)
Nds.VBl	Niedersächsischer Verwaltungsblatt (Zs.)
n.F.	neue Fassung
NJ	Neue Justiz (Zs.) (Jahr und Seite)
NJOZ	Neue Juristische Online-Zeitschrift

NJW	Neue Juristische Wochenschrift (Zs.) (Jahr und Seite)
NJW-RR	NJW Rechtsprechungs-Report Zivilrecht (Zs.) (Jahr und Seite)
NJW-Spezial	Schnell-Information der Neuen Juristischen Wochenschrift (Beilage zur NJW) (Jahr und Seite)
Nr.	Nummer
Nrn.	Nummern
NRW	Nordrhein-Westfalen
NStE	Neue Entscheidungssammlung für Strafrecht (Vorschrift und laufende Nummer)
NStZ	Neue Zeitschrift für Strafrecht (Jahr und Seite)
NStZ-RR	NStZ Rechtsprechungs-Report Strafrecht (Zs.) (Jahr und Seite)
n.v.	nicht veröffentlicht
NVwZ	Neue Zeitschrift für Verwaltungsrecht (Zs.) (Jahr und Seite)
NWB	Neue Wirtschaftsbriefe (Zs.) (Fach und Seite)
NZV	Neue Zeitschrift für Verkehrsrecht (Jahr und Seite)
NZWiSt	Neue Zeitschrift für Wirtschafts-, Steuer- und Unternehmensstrafrecht

O

o.	oben
o.a.	oben angeführt
o.Ä.	oder Ähnliche
OLG	Oberlandesgericht
OLG-NL	OLG-Rechtsprechung Neue Länder (Zs.) (Jahr und Seite)
OLGR	OLG-Report
OLGSt	Entscheidungen der Oberlandesgerichte zum Straf- und Strafverfahrensrecht (Paragraf und Seite; ab 1983 Paragraf und Nummer)
OpferRRG	Opferrechtsreformgesetz
OpferschutzG	Opferschutzgesetz
OrgKG	Gesetz zur Bekämpfung des illegalen Rauschgifthandels und anderer Erscheinungsformen der Organisierten Kriminalität

ÖStPO	Österreichische
OVG	Oberverwaltungsgericht
OWi	Ordnungswidrigkeit
OWiG	Gesetz über Ordnungswidrigkeiten

P

PA	Prozessrecht aktiv (Zs.) (Jahr und Seite)
PA-EuG	Praktische Anweisungen für die Parteien vor Gericht
PA-EuGH	Praktische Anweisungen für Klagen und Rechtsmittel
PC	Personal Computer
Pf/M	Rechtsprechungsübersicht von Pfeiffer/Miebach in NStZ
PK	Privatklage
PKH	Prozesskostenhilfe
Pkw	Personenkraftwagen
Pl.	Plenum
PM	Pressemitteilung
PolG	Polizeigesetz
PStR	Praxis Steuerstrafrecht (Zs.) (Jahr und Seite)

R

RAK	Rechtsanwaltskammer
Rdn	Randnummer (interner Verweis)
RDV	Recht der Datenverarbeitung (Zs.) (Jahr und Seite)
Recht	Das Recht (Zs.) (Jahr und Nummer)
RefE	Referentenentwurf
Rf	Rasterfahndung
RFLP	Restriktions-Fragment-Längen-Polymorphismus
RG	Reichsgericht
RGSt	Entscheidungen des Reichsgerichts in Strafsachen (Band und Seite)
RhPf	Rheinland-Pfalz
RiLi	Grundsätze des anwaltlichen Standesrechts (Richtlinien für die Ausübung des Anwaltsberufs)

RiStBV	Richtlinien für das Strafverfahren und das Bußgeldverfahren
rkr.	rechtskräftig
Rn	Randnummer (externer Verweis)
Rpfleger	Der Deutsche Rechtspfleger (Zs.) (Jahr und Seite)
RPflEntlG	Rechtspflegeentlastungsgesetz
Rspr.	Rechtsprechung
Rspr.-Nachw.	Rechtsprechungs-Nachweis
Rüth	Rechtsprechungsübersicht von Rüth zur Rechtsprechung des BayObLG in DAR
RuP	Recht und Politik (Zs.) (Jahr und Seite)
RuP	Recht und Psychiatrie
RVG	Rechtsanwaltsvergütungsgesetz
RVGreport	Zeitschrift zum Rechtsanwaltsvergütungsgesetz (Jahr und Seite)

S

S.	Satz/Seite
s.	siehe
s.a.	siehe auch
SA	Sachsen-Anhalt
Saarl	Saarland/saarländisch
Sachs	Sachsen/Sächsisch
SächsJStVollzG	Sächsisches Jugendstrafvollzuggesetz
SächsPolG	Polizeigesetz des Freistaates Sachsen
SächsVerfGH	Verfassungsgerichtshof des Freistaates Sachsen
Satzg-EuGH	Satzung des Gerichtshofs der Europäischen Union
Sch	Rechtsprechungsübersicht von Schmidt in MDR
SchlHA	Schleswig-Holsteinische Anzeigen (Zs.) (Jahr und Seite)
Schw.BG	Schweizerisches Bundesgericht
SDÜ	Schengener Durchführungsübereinkommen
SGB I	Sozialgesetzbuch Erstes Buch

SGB X	Sozialgesetzbuch Zehntes Buch
SIS	Schengener Informationssystem
SJZ	Süddeutsche Juristenzeitung (Zs.) (Jahr und Seite)
Slg.	Sammlung
s.o.	siehe oben
sog.	sogenannte/r/s
StORMG	Gesetz zur Stärkung der Rechte von Opfern sexuellen Missbrauchs
st. Rspr.	ständige Rechtsprechung
StA	Staatsanwalt/Staatsanwaltschaft
StAG	Staatsangehörigkeitsgesetz
StGB	Strafgesetzbuch
StPO	Strafprozessordnung
str.	Streitig
StraFo	Strafverteidiger Forum (Zs.) (Jahr und Seite)
StRR	StrafRechtsReport (Zs.) (Jahr und Seite)
s.u.	siehe unten
StV	Strafverteidiger (Zs.) (Jahr und Seite)
StVÄG	Strafverfahrensänderungsgesetz
StVG	Straßenverkehrsgesetz
StVollzG	Gesetz über den Vollzug der Freiheitsstrafe und der freiheitsentziehenden Maßregeln der Besserung und Sicherung
SV	Sachverständiger

T

Thür.	Thüringer/thüringisches
Thür. GnO	Thüringer Gnadenordnung
TK	Telekommunikation
TKG	Telekommunikationsgesetz
TKÜErwG	Gesetz zur Neuregelung der Telekommunikationsüberwachung und anderer verdeckter Ermittlungsmaßnahmen sowie zur Umsetzung der Richtlinie 2006/24/EG vom 21.12.2007

TKÜV	Telekommunikations-Überwachungs-Verordnung
TOA	Täter-Opfer-Ausgleich
TÜ	Telefonüberwachung

U

u.	unten
u.a.	unter anderem/und andere/unten angegebenen
ÜAG	Überstellungsausführungsgesetz
U-Haft	Untersuchungshaft
umstr.	umstritten
UN-Anti-Folter Übk	Übereinkommen gegen Folter und andere grausame, unmenschliche oder erniedrigende Behandlung oder Strafe
Urt.	Urteil
usw.	und so weiter
u.U.	unter Umständen
UVollzG	Untersuchungshaftvollzugsgesetz
UVollzO	Untersuchungshaftvollzugsordnung

V

v.	vom/von/vor
VA	Verkehrsrecht Aktuell (Zs.) (Jahr und Seite)
Var.	Variante
VD	Verkehrsdienst (Zs.) (Jahr und Seite)
VE	Verdeckter Ermittler
VerfG	Verfassungsgericht
VerfGBbg	Verfassungsgericht des Landes Brandenburg
VerfGH	Verfassungsgerichtshof
VerfO-EGMR	Verfahrensordnung des Europäischen Gerichtshofs für Menschenrechte
VerfO-EuG	Verfahrensordnung des Gerichts beim Gerichtshof der Europäischen Union

VerfO-EuGH	Verfahrensordnung des Gerichtshofs der Europäischen Union
VersR	Versicherungsrecht (Zs.) (Jahr und Seite)
VerwRspr	Verwaltungsrechtsprechung in Deutschland
VG	Verwaltungsgericht
VGH	Verwaltungsgerichtshof
vgl.	vergleiche
VM	Verkehrsrechtliche Mitteilungen (Zs.) (Jahr und Nummer)
VO	Verordnung
Vorbem.	Vorbemerkung
VP	Vertrauensperson
VRR	VerkehrsRechtsReport (Zs.) (Jahr und Seite)
VRS	Verkehrsrechtssammlung (Zs.) (Band und Seite)
VS	Verschlusssache
V&S	Vermögen und Steuern (Zs.) (Jahr und Seite)
VSG NW	Gesetz über den Verfassungsschutz in Nordrhein-Westfalen
VStGB	Völkerstrafgesetzbuch
VuR	Verbraucher und Recht
VV RVG	Vergütungsverzeichnis zum RVG
VwGO	Verwaltungsgerichtsordnung
VwV	Verwaltungsvorschrift
VwVfG	Verwaltungsverfahrensgesetz
VwZG	Verwaltungszustellungsgesetz des Bundes

W

WaffG	Waffengesetz
weit.	weitere
WiB	Wirtschaftsrechtliche Beratung (Zs.) (Jahr und Seite)
wistra	Zeitschrift für Wirtschafts- und Steuerstrafrecht (Jahr und Seite)
WiStrafG	Wirtschaftsstrafgesetz
WM	Zeitschrift für Wirtschafts- und Bankrecht (Jahr und Seite)

WStG	Wehrstrafgesetz
WÜK	Wiener Übereinkommen über konsularische Beziehungen
WVK	Wiener Vertragsrechtskonvention

Z

zahlr.	zahlreich
ZAP	Zeitschrift für die Anwaltspraxis (Fach und Seite)
ZAP EN-Nr.	ZAP Eilnachrichten-Nummer (Nummer/Jahr)
ZaöRV	Zeitschrift für ausländisches öffentliches Recht
z.B.	zum Beispiel
zfs	Zeitschrift für Schadensrecht (Jahr und Seite)
ZfStrVo	Zeitschrift für Strafvollzug
ZG	Zeitschrift für Gesetzgebung (Jahr und Seite)
Ziff.	Ziffer
ZInsO	Zeitschrift für das gesamte Insolvenzrecht (Jahr und Seite)
ZIP	Zeitschrift für Wirtschaftsrecht (Jahr und Seite)
ZIS	Zeitschrift für Internationale Strafrechtsdogmatik (Online-Zs.) (Jahr und Seite)
ZJJ	Zeitschrift für Jugendkriminalrecht und Jugendhilfe (Jahr und Seite)
ZMGR	Zeitschrift für das gesamte Medizin- und Gesundheitsrecht (Jahr und Seite)
ZPO	Zivilprozessordnung
ZRP	Zeitschrift für Rechtspolitik (Jahr und Seite)
Zs.	Zeitschrift
ZSchG	Zeugenschutzgesetz
ZSEG	Gesetz über die Entschädigung von Zeugen und Sachverständigen
ZStW	Zeitschrift für die gesamte Strafrechtswissenschaft (Band und Seite)
z.T.	zum Teil
ZUM-RD	Zeitschrift für Urheber- und Medienrecht
zust.	zustimmend
ZustVV	Zustellungsvordruckverordnung

ZVR	Zeugnisverweigerungsrecht
zw.	zweifelhaft
zzgl.	zuzüglich

Teil A: Rechtsmittel

Berufung, Allgemeines 1

Das Wichtigste in Kürze:

1. Die Berufung ist in §§ 312 – 332 geregelt.
2. Im Übrigen gelten die Vorschriften über die Hauptverhandlung (6. Abschnitt).
3. Die Berufung ist nur gegen amtsgerichtliche Urteile möglich.
4. Die Einlegung ist form- und fristgebunden.
5. In Ausnahmefällen muss das Rechtsmittel vom Berufungsgericht angenommen werden.
6. Die Berufung kann beschränkt werden.
7. Ist das Rechtsmittel ausschließlich vom Angeklagten eingelegt, besteht hinsichtlich der Rechtsfolgen ein Verschlechterungsverbot.
8. I.d.R. trifft das Berufungsgericht eine eigene Sachentscheidung (§ 328 Abs. 1).

Literaturhinweise: **Becker/Kinzig**, Von Berufungsköchen und Eingangsgerichten – Neues Rechtsmittelsystem für die Strafjustiz?, ZRP 2000, 321; **Bode**, Das Wahlrechtsmittel im Strafverfahren, 2000; **Böttcher**, Die Rechtsmittelreform in Strafsachen als Thema Deutscher Juristentage in: Festschrift für *Peter Rieß* zum 70. Geburtstag am 4.6.2002, 2002, S. 31; **Burhoff**, Die anwaltliche Vergütung im strafverfahrensrechtlichen Berufungsverfahren, RVGreport 2012, 165; *ders.*, Entziehung der Fahrerlaubnis – Auswirkungen einer langen Verfahrensdauer und Sperrfrist, VA 2012, 142; *ders.*, Die Rechtsprechung im Verkehrsstrafrecht in den Jahren 2010 – 2012 Teil 1, VRR 2013, 246; *ders.*, Die Rechtsprechung im Verkehrsstrafrecht in den Jahren 2010 – 2012 Teil 2, VRR 2014, 48; *ders.*, Die Rechtsprechung zur Entziehung der Fahrerlaubnis im Verkehrsstrafrecht in den Jahren 2010 – 2012, VRR 2014, 208; **Drews**, Die historische Entwicklung der Berufung im Strafverfahren, 1998; **Eichler/Beutner**, „Sperrberufung" – Scharfes Schwert in der Hand der Staatsanwaltschaft? Zur Theorie und Praxis unzulässiger Berufungseinlegung, FoR 2009, 134; **Gössel**, Möglichkeiten zur Entlastung der Berufungskammern – Zugleich eine Kritik der Annahmeberufung, ZIS 2009, 539; **Hamm**, Unfertige Gedanken beim Lesen eines offenbar unfertigen Vorschlages des Deutschen Richterbundes für eine Rechtsmittelreform in Strafsachen, StV 2000, 454; **Kintzi**, Rechtsmittelreform in Strafsachen – eine unendliche Geschichte? in: Festschrift für *Peter Rieß* zum 70. Geburtstag am 4.6.2002, 2002, S. 233; **Krumdiek**, Unzulässige Einlegung von Berufungen (sog. Sperrberufungen), StRR 2010, 84; **Kudlich**, Aktuelle Probleme der strafprozessualen Berufung, JA 2000, 588; **Laufhütte**, Überlegungen zur Diskussion über die Reform des Instanzenzuges in Strafsachen, NStZ 2000, 449; **Leipold**, Funktionale Zweigliedrigkeit im Strafprozess, NJW-Spezial 2006, 87; **Lesch**, Das System der Rechtsmittel gegen Strafurteile, JA 2004, 679; **Matthies/Matthies**, Hände weg von der StPO!, HRRS 2006, 415; **Meyer-Goßner**, Festschrift für *Karl Heinz Gössel* zum 70. Geburtstag am 16.10.2002, 2002, S. 643; **Nobis**, Der Streit um die Einschränkung der Berufung … und täglich grüßt das Murmeltier! in: *Arbeitsgemeinschaft Strafrecht des Deutschen Anwaltsvereins* (Hrsg.), Strafverteidigung im Rechtsstaat, 25 Jahre Arbeitsgemeinschaft Strafrecht des Deutschen Anwaltsvereins, 2009, S. 699; **Rieß**, Dreigliedriger Aufbau der Strafjustiz und Rechtsmittelreform in Strafsachen – empfehlenswert, möglich oder abzulehnen?, JZ 2000, 813; **Satzger**, Braucht der Strafprozess Reformen?, StraFo 2006, 45; **Schliemann**, Effektivierung des Strafverfahrens oder Angriff auf den Rechtsstaat?, ZRP 2007, 73; **Schulz**, Zur Berufung in Strafsachen in: Festschrift für *Prof. Dr. Hans-Dieter Schwind* zum 2

70. Geburtstag, 2006, S. 431; **Wenske**, Das Verständigungsgesetz und das Rechtsmittel der Berufung, NStZ 2015, 137; s.a. die Hinw. bei → *Berufung, Annahmeberufung*, Teil A Rdn 21; → *Berufung, Ausbleiben des Angeklagten, Allgemeines*, Teil A Rdn 58; → *Berufung, Berufung, Beschränkung, Allgemeines*, Teil A Rdn 228; → *Berufung, Verschlechterungsverbot, Allgemeines*, Teil A Rdn 291.

3 **1.** Im Unterschied zur Revision führt das Rechtsmittel der Berufung nicht lediglich zur Überprüfung des amtsgerichtlichen Urteils, sondern eröffnet eine **weitere Tatsacheninstanz** (Graf/*Eschelbach*, § 312 Rn 1; SK-StPO/*Frisch*, § 302 Rn 1). Ihre Existenz wird gerade im Hinblick auf Art. 19 Abs. 4 GG für **geboten** erachtet (*Schulz*, S. 442 ff.).

4 **2.** Die Berufung ist **statthaft** gegen **Urteile** des **Strafrichters** (§ 25 GVG) und des **Schöffengerichts** (§ 28 GVG).

5 **3.** Sie ist **zulässig**

- innerhalb einer **Frist von einer Woche** (→ *Rechtsmittel/Rechtsbehelfe, Fristen, Allgemeines*, Teil A Rdn 1545 ff.),
- nach Bekanntmachung (→ *Rechtsmittel/Rechtsbehelfe, Entscheidungsbekanntmachung*, Teil A Rdn 1483 ff.),
- schriftlich (→ *Rechtsmittel/Rechtsbehelfe, Form, Schriftlich*, Teil A Rdn 1531 ff.),
- einzulegen (→ *Rechtsmittel/Rechtsbehelfe, Einlegung*, Teil A Rdn 1466 ff.).

6 Da für den **Angeklagten** – anders als für die StA oder den Nebenkläger (→ *Rechtsmittel/Rechtsbehelfe, Begründung*, Teil A Rdn 1329) – **kein Begründungserfordernis** besteht, bleibt die Versäumung der in § 317[1] enthaltenen Frist ohne Folgen.

7 **4.** Die zulässig eingelegte Berufung

- führt zur **Vollstreckungshemmung** (§ 316 Abs. 1; Suspensiveffekt) und
- zur Überprüfung durch das (höherrangige) Berufungsgericht (**Devolutiveffekt**) in vollem Umfang (arg. § 327).

8 **5.** Die Berufung kann jederzeit vollständig oder teilweise **zurückgenommen** werden; nach Beginn der Hauptverhandlung bedarf es für die Wirksamkeit der Zustimmung der StA (§ 303); diese kann auch konkludent erfolgen (OLG Hamm StRR 2010, 42). Im Übrigen gelten die allgemeinen Voraussetzungen für die Rücknahme eines Rechtsmittels (→ *Rechtsmittel/Rechtsbehelfe, Rücknahme, Allgemeines*, Teil A Rdn 1653 ff.).

9 **6.** Den **Verfahrensgegenstand** der Berufung bestimmt **§ 327**. Dort heißt es: „*Der Prüfung des Gerichts unterliegt das Urteil nur, soweit es angefochten ist*“. Diese Formulierung ist **missverständlich**, da die Berufungsstrafkammer – anders als das Revisionsgericht (§ 352) – auf das Rechtsmittel hin den gesamten Verfahrensgegenstand i.S. des § 264, beruhend auf dem zugelassenen Anklagevorwurf, einschließlich der diesbezüglichen rechtlichen Würdigung in eigener Sachkompetenz zu überprüfen hat (Kognitionspflicht). Dürfte das Berufungsgericht nämlich nur das Urteil prüfen, müssten vom Erst-

1 Paragrafen ohne Gesetzesbezeichnung sind solche der StPO.

gericht z.B. vergessene oder aus anderen Gründen weggelassene Tatteile unberücksichtigt bleiben, was der **Funktion** des Rechtsmittels widersprechen würde.

Eine **Ausnahme** hiervon besteht nur dann, wenn das Rechtsmittel auf bestimmte Beschwerdepunkt **wirksam beschränkt** wurde (→ *Berufung, Beschränkung, Beschränkbarkeit*, Teil A Rdn 239). Ungeachtet einer Beschränkung ist von Amts wegen das **Vorliegen von Prozesshindernissen** zu überprüfen. 10

7. Mit der Einlegung der **Berufung** gegen ein Urteil des AG kann die **StA mehrere Ziele** verfolgen (vgl. Nrn. 147 ff. RiStBV). In den RiStBV nicht behandelt ist folgende Konstellation: 11

Beispiel: 12

Der Strafrichter verurteilt; gegen das Urteil legt der Angeklagte „Rechtsmittel" ein. Da der Richter nicht ausschließen kann, dass der Angeklagte von dem ihm nach § 355 zustehenden Wahlrecht Gebrauch macht und sein Rechtsmittel als Revision bezeichnet, was speziell dann der Fall sein wird, wenn dem Gericht ein Verfahrensfehler unterlaufen ist, „bestellt" der Richter beim sachbearbeitenden StA eine Berufung gegen sein Urteil, möglicherweise, weil er sein Gesicht wahren möchte oder nur, um einen erhöhten Begründungsaufwand zu vermeiden.

Die seitens der **StA eingelegte Berufung** bewirkt, dass das Rechtsmittel des Angeklagten, selbst wenn er es innerhalb der Frist des § 345 Abs. 1 S. 1 als Revision bezeichnet, zunächst (nur) als Berufung behandelt wird (§ 335 Abs. 3 S. 1). Sie **sperrt** zunächst die vom Angeklagten eingelegte Revision (→ *Revision, Sprungrevision*, Teil A Rdn 2262). 13

☝ Der Verteidiger kann versuchen, eine derartige **Verfahrensgestaltung** zu **vermeiden**, indem er erst am letzten Tag der Berufungseinlegungsfrist das Rechtsmittel – möglichst nach Ende der Dienstzeit – einlegt. Standesrechtlich höchst bedenklich wäre es, wenn der Verteidiger die Einlegungsfrist verstreichen ließe, mit der Folge, dass die StA entweder keine Berufung einlegen oder eine eingelegte Berufung zurücknehmen würde, um dann einen auf anwaltliches Verschulden gestützten Wiedereinsetzungsantrag zu stellen und gleichzeitig Berufung einlegen würde (vgl. dazu OLG München NStZ-RR 2010, 19).

8.a) I.d.R. trifft das Berufungsgericht eine **eigene Sachentscheidung** (§ 328 Abs. 1). 14

b) Ohne Sachentscheidung wird die Berufung verworfen, wenn 15

- sie **nicht anzunehmen** ist (§ 313 Abs. 2 S. 2; → *Berufung, Annahmeberufung, Entscheidung*, Teil A Rdn 28),
- der berufungsführende Angeklagte ordnungsgemäß geladen wurde, bei Beginn der Hauptverhandlung ausgeblieben, nicht genügend entschuldigt und nicht ordnungsgemäß vertreten war (§ 329 Abs. 1; → *Berufung, Ausbleiben des Angeklagten, Allgemeines*, Teil A Rdn 57, m.w.N.).

16 **c)** Die Sache wird unter Aufhebung des Ersturteils an das AG **zurückverwiesen**, wenn

- dieses fälschlich keine Sachentscheidung getroffen, sondern den Einspruch gegen den Strafbefehl zu Unrecht wegen Ausbleibens des Angeklagten verworfen hatte (BGHSt 36, 139) oder
- oder das Verfahren wegen eines – nicht bestehenden – Verfahrenshindernisses eingestellt hat (OLG Hamm NStZ 2010, 295).

17 **d) Verweisung** an das **zuständige Gericht** erfolgt (§ 328 Abs. 2), wenn das AG seine Zuständigkeit zu Unrecht angenommen hatte (*Meyer-Goßner/Schmitt*, § 328 Rn 5 ff.). Dies betrifft sowohl die örtliche als auch die sachliche Zuständigkeit.

18 Fragen hierzu ergeben sich, wenn sich die **Rechtsfolgenkompetenz** des AG als nicht ausreichend erweist. Dies gilt

- zunächst bei Überschreitung des Strafbanns (§ 24 Abs. 2 GVG; BayObLG StraFo 2000, 230),
- aber auch hinsichtlich der Anordnung bestimmter Maßregeln (§ 24 Abs. 1 Nr. 2 GVG; BGH NStZ-RR 2010, 284).

19 Hier muss das Berufungsgericht an das erstinstanziell zuständige Gericht **verweisen**.

Siehe auch: → *Berufung, Annahmeberufung*, Teil A Rdn 20; → *Berufung, Ausbleiben, des Angekalgten*, Teil A Rdn 57, m.w.N.; → *Berufung, Beschränkung*, Teil A Rdn 227; → *Berufung, Verschlechterungsverbot, Allgemeines*, Teil A Rdn 367, m.w.N.; → *Berufung, Unzulässigkeit, Verwerfung durch AG*, Teil A Rdn 353; → *Berufung, Unzulässigkeit, Verwerfung durch LG*, Teil A Rdn 373; → *Allgemeine Gebührenfragen, Allgemeines*, Teil D Rdn 1; → *Berufung, Gebühren*, Teil D Rdn 82.

20 Berufung, Annahmeberufung, Allgemeines

Das Wichtigste in Kürze:

1. Die Annahmeberufung ist in § 313 geregelt.
2. Das Annahmeerfordernis stellt eine besondere Zulässigkeitsvoraussetzung dar.
3. Die Frage der Annahme korrespondiert mit der in erster Instanz verhängten Sanktion.
4. Vor der Bezeichnung eines Rechtsmittels als Berufung ist in den Fällen des § 313 zu prüfen, ob nicht Sprungrevision eingelegt werden sollte.
5. Die Entscheidung über die Annahme ist i.d.R. unanfechtbar.

21 **Literaturhinweise: Brunner** in: *Bockemühl*, Handbuch des Fachanwalts Strafrecht, 6. Aufl. 2014, Teil D. I., S. 10 ff.; **Burhoff**, Verfahrenstipps und Hinweise für Strafverteidiger zu neuerer Rechtsprechung in Strafsachen, ZAP Fach 22 R, S. 49; **Ebert**, Annahmeberufung nach Freispruch auf Antrag der Staatsanwaltschaft (§ 313 I 2 StPO)?, JR 1998, 265; **Feuerhelm**, Die Annahmeberufung im Strafprozess. Dogmatische Probleme und rechts-

politische Perspektiven, StV 1997, 99; **Fezer**, Zum Verständnis der sog. Annahmeberufung (§ 313 StPO), NStZ 1995, 2654; **Göhler**, Anmerkung zu OLG Celle JR 1995, 522; **Gössel**, Anmerkung zu OLG Hamburg, JR 1999,479; *ders.*, Möglichkeiten zur Entlastung der Berufungskammern – Zugleich eine Kritik der Annahmeberufung, ZIS 2009, 539; **Hartwig**, Sprungrevision bei Nichtannahme der Berufung. Zugleich ein Beitrag zur Bestimmung des Gegenstandes der Annahmeberufung, NStZ 1997, 111; **Hettenbach**, Die Annahmeberufung nach § 313 StPO, Diss. 1997; **Matthies/Matthies**, Hände weg von der StPO!, HRRS 2006, 415; **Meyer-Goßner**, Annahmeberufung und Sprungrevision, NStZ 1998, 19; *ders.*, Theorie ohne Praxis und Praxis ohne Theorie im Strafverfahren, ZRP 2000, 345; *ders.*, Anmerkung zu OLG Stuttgart NJW 2002, 3487; **Satzger**, Braucht der Strafprozess Reformen?, StraFo 2006, 45; **Schliemann**, Effektivierung des Strafverfahrens oder Angriff auf den Rechtsstaat?, ZRP 2007, 73; **Schneider**, Annahmepflichtigkeit der Berufung der Staatsanwaltschaft, die in erster Instanz selbst auf Freispruch plädiert hatte?, NStZ 1996, 151; **Tolksdorf**, Zur Annahmeberufung nach § 313 StPO in: Festschrift für *Hanskarl Salger*, 1995, S. 393 ff.; **Wiegner** in: *Vordermayer/von Heintschel-Heinegg*, Handbuch für den Staatsanwalt, 3. Aufl. 2008, Teil 5 Kapitel 1 Rn 110 ff.

1. Die durch das RpflEntlG v. 11.1.1993 (BGBl I, S. 50) eingeführte Vorschrift normiert eine **besondere Zulässigkeitsvoraussetzung** und wirkt sich dahin gehend aus, dass in Verfahren mit geringer Sanktionsintensität einem Angeklagten **nur eine gerichtliche Instanz** zur Verfügung steht, was indessen Art. 19 Abs. 4 GG nicht verletzt, weil das verfassungsrechtliche **Gebot effektiven Rechtsschutzes** nicht zum Inhalt hat, dass einem Angeklagten zu seiner Verteidigung zwei gerichtliche Instanzen zur Verfügung stehen müssen (OLG Frankfurt/Main NStZ-RR 1997, 273). Der Anspruch auf **rechtliches Gehör** (Art. 103 Abs. 1 GG) ist allerdings zu beachten. Zur **Entlastung** der Berufungsgerichte soll die Vorschrift – ähnlich wie § 349 Abs. 2 („offensichtlich unbegründet“) – beitragen und bei Bagatellstraftaten im Berufungsrechtszug ein Beschlussverfahren ermöglichen; das Abstellen auf die Sanktionshöhe erinnert an die Berufungssumme in Zivilsachen. Nach überwiegender Auffassung ist das Instrument systemwidrig und ineffektiv (vgl. *Gössel* ZIS 2009, 539 ff. m.w.N.). 22

2. Hinweise für den Verteidiger! 23

a) Der Verteidiger sollte in jedem Fall, in dem die Berufung angenommen werden muss, **zunächst unbestimmt „Rechtsmittel“** (vgl. *Burhoff*, HV, Rn 2160 ff.) einlegen, um sich nicht vorschnell auf Berufung oder Revision festzulegen. **Ein Stufenverhältnis** zwischen den beiden Rechtsmitteln dergestalt, dass zunächst (Annahme-)Berufung einzulegen und erst nach deren Annahme auf die Sprungrevision übergegangen werden könnte, **besteht nicht** (BayObLG StV 1993, 572; KG NStZ-RR 1999, 146; OLG Düsseldorf MDR 1995, 406; OLG Hamm NJW 2003, 3286; OLG Jena v. 10.4.2003 – 1 Ss 37/03; OLG Karlsruhe NStZ 1995, 562; NJW 2004, 1887; OLG Schleswig SchlHA 2002, 172; OLG Stuttgart NStZ-RR 1996, 75; OLG Zweibrücken NStZ 1994, 203; Graf/*Eschelbach*, § 335 Rn 24; **a.A.** *Meyer-Goßner/Schmitt*, § 335 Rn 21) → *Revision, Sprungrevision*, Teil A Rdn 2262 ff.

b) Gleichzeitig muss er die **Frist zur Ausübung des Wahlrechts** im Blick behalten. Die Monatsfrist des § 345 Abs. 1 beginnt mit der Zustellung des Urteils in vollständiger Form (→ *Rechtsmittel/Rechtsbehelfe, Fristen, Allgemeines*, Teil A Rdn 1550). 24

☝ Bei Fristversäumung ist Wiedereinsetzung in den vorigen Stand nicht möglich, da eine eigenständige Frist zur Ausübung des Wahlrechts zwischen Berufung und Revision nicht existiert (BayObLGSt 1970, 158, OLG Hamm NStZ 1991, 601; Beschl. v. 22.11.2011 – III-3 RVs 101/11; → *Wiedereinsetzung in den vorigen Stand*, Teil B Rdn 1479 ff.).

25 Hat **nur der Angeklagte** „Rechtsmittel" eingelegt, verbleiben die Akten bis zur Ausübung des Wahlrechts/Ablauf der Frist des § 345 Abs. 1 beim **AG**, weshalb die Ausübung des Wahlrechts dort **anzuzeigen** ist. Häufig wird die Einlegung eines „Rechtsmittels" (möglich auch: der ausdrückliche Hinweis, dass noch nicht Klarheit darüber herrscht, ob Berufung oder Revision durchgeführt werden soll) dazu führen, dass die StA ebenfalls Berufung (→ *Berufung, Allgemeines*, Teil A Rdn 11) einlegt. Diese hat zur Folge, dass auch das noch nicht konkretisierte Rechtsmittel des Angeklagten zunächst als Berufung behandelt wird (§ 335 Abs. 3), weshalb das AG die Akten dem LG vorlegt. Die Ausübung des Rechtsmittelwahlrechts ist dann dem **LG anzuzeigen**.

26 Wird die **Berufung** der **StA** nicht angenommen und deshalb als unzulässig verworfen, lebt ein innerhalb der Revisionsbegründungfrist als Revision bezeichnetes Rechtsmittel des Angeklagten wieder auf.

☝ Sollte das Berufungsgericht beide Rechtsmittel infolge Nichtannahme verwerfen, wäre in diesem Fall der das Rechtsmittel des Angeklagten verwerfende Beschluss **gegenstandslos** (OLG Stuttgart NJW 2002, 3487).

27 3. Muster: Berufung bei Verurteilung zu Geldstrafe und Geldbuße

▼

A.1

Amtsgericht Musterstadt

Strafabteilung

In dem Strafverfahren

gegen Herrn Arthur Mustermann

Az.:

wegen des Verdachts

lege ich gegen das Urt. v.

Berufung

ein.

Herr M. wurde wegen Beleidigung zur Geldstrafe von 15 Tagessätzen verurteilt; daneben wurde wegen Überschreitung der zulässigen Höchstgeschwindigkeit eine Geldbuße von 200 EUR verhängt.

Vorsorglich weise ich darauf hin, dass es sich hier nicht um einen Fall des § 313 Abs. 1 StPO handelt.

Wie dem angefochtenen Urteil zu entnehmen, geriet Herr M. am Tattag in eine Verkehrskontrolle, bemerkte diese, als er „geblitzt" wurde, und geriet darüber so in Erregung, dass er sein Fahrzeug wendete und zur Kontrollstelle zurückfuhr, wo er von dem Polizeibeamten P. in Empfang genommen wurde, den er anlässlich der Kontrollformalitäten sodann als „Scheißbulle" bezeichnete.

Hier liegt unzweifelhaft eine Tat i.S.v. § 264 StPO vor: Das gesamte Geschehen erfolgte in unmittelbarem örtlichen, zeitlichen und inneren Zusammenhang, der ungeachtet der sachlich-rechtlichen Selbstständigkeit beider Taten (Straftat und Ordnungswidrigkeit) einen einheitlichen Vorgang darstellt. Die innerlich enge Verknüpfung ergibt sich hier daraus, dass der Unrechts- und Schuldgehalt der Beleidigung nicht ohne Berücksichtigung der Umstände, unter denen es zur Kontrolle und damit zum Anhalten durch den Polizeibeamten gekommen war, beurteilt werden kann. Ohne die Geschwindigkeitsüberschreitung und Kontrolle wäre die Beleidigung nicht erfolgt, so dass eine getrennte Würdigung und Aburteilung der Verkehrsordnungswidrigkeit und der Beleidigung in verschiedenen Verfahren eine „unnatürliche Aufspaltung eines einheitlichen Lebensvorgangs" wäre (BGHSt 13, 21, 26; 23, 141, 147).

Für die Frage, ob die Berufung anzunehmen ist, kann insoweit nur auf den Wortlaut des § 313 StPO abgestellt werden. Dieser besagt, dass nur bei ausdrücklicher Annahme die Berufung gegen solche Urteile zulässig ist, die eine Geldstrafe von nicht mehr als 15 Tagessätzen, im Falle einer Verwarnung einen Strafvorbehalt von nicht mehr als 15 Tagessätzen **oder** eine Geldbuße enthalten. Schon der normale Sprachgebrauch unterscheidet immer noch deutlich zwischen beiden Wörtern (vgl. den häufig unzutreffenden Gebrauch beider Wörter, die dann durch einen Schrägstrich getrennt werden). Das Wort „oder" bedeutet eine Alternative, nicht aber eine Kumulation mit der Folge, dass aus der grammatikalischen Auslegung der Vorschrift deren Nichtanwendbarkeit für den Fall folgt, dass als Sanktion zu einer Geldstrafe z.B. eine Geldbuße (kumulativ) hinzukommt.

Rechtsanwalt

▲

Siehe auch: → *Berufung, Annahmeberufung, Entscheidung*, Teil A Rdn 28; → *Berufung, Annahmeberufung, Verfahren*, Teil A Rdn 38; → *Berufung, Annahmeberufung, Voraussetzungen*, Teil A Rdn 46.

28 Berufung, Annahmeberufung, Entscheidung

Das Wichtigste in Kürze:

1. Die Entscheidung über die Annahme der Berufung erfolgt durch entsprechenden Beschluss, der unanfechtbar ist.
2. Einer gesonderten Begründung bedarf der Beschluss über die Annahme der Berufung nicht.
3. Gegen den nach § 322a S. 2 an sich unanfechtbaren Beschluss ist ggf. in einigen Fällen doch sofortige Beschwerde (§§ 322 Abs. 2, 311) gegeben.

29 **Literaturhinweise:** s. die Hinw. bei → *Berufung, Annahmeberufung, Allgemeines*, Teil A Rdn 21.

30 **1.** Die **Entscheidung** über die Annahme der Berufung erfolgt durch entsprechenden **Beschluss** (§ 322a Abs. 1 S. 1), der **unanfechtbar** ist.

☝ Dieser Rechtsmittelausschluss gilt auch für den **Nebenkläger** (KG, Beschl. 3.1.2002 – 1 AR 1538/01; 5 Ws 783/01).

31 **2.a)** Einer gesonderten **Begründung** bedarf der Beschluss über die **Annahme der Berufung** nicht. Sie gilt als **konkludent angenommen**, wenn eine Berufungshauptverhandlung terminiert wurde und die Verfahrensbeteiligten hierzu geladen werden (OLG Celle StraFo 2011, 403; OLG Frankfurt/Main NStZ-RR 2011, 382; OLG Zweibrücken NStZ-RR 2002, 245), ggf. auch schon früher, wenn die Verteidigung vorab aufgefordert worden ist, das Berufungsziel anzugeben (OLG Bamberg StraFo 2016, 30). Die Entscheidung über die Annahme der Berufung kann **nicht zurückgenommen** werden (*Meyer-Goßner/Schmitt*, § 313 Rn 5).

32 **b)** Die **Teilannahme** der Berufung ist möglich, wenn diese einen abtrennbaren Teil des amtsgerichtlichen Urteils betrifft (LG Stuttgart NStZ 1995, 301).

33 **c)** Auch die **Nichtannahme der Berufung** erfolgt durch Beschluss, der ebenso wenig anfechtbar ist (OLG Düsseldorf StV 1994, 122; OLG Hamm VRS 98, 145; Beschl. v. 13.4.2010 – 2 Ws 67/10; OLG Schleswig SchlHA 1995, 7), aber im Umkehrschluss zu der die Berufung annehmenden Entscheidung **begründet werden** muss (Graf/*Eschelbach*, § 313 Rn 6; KMR/*Brunner*, § 313 Rn 3). Dieser Entscheidung muss zwingend die **Anhörung der Verfahrensbeteiligten** als Ausprägung des Anspruchs auf rechtliches Gehör (Art. 103 Abs. 1 GG) vorangehen (BVerfG NJW 1996, 2785; KG, Beschl. v. 4.11.1998 – 1 AR 1305/98 – 5 Ws 619/98; Beschl. v. 31.5.2005 – 1 AR 580/05 – 3 Ws 228/05; OLG München StV 1994, 237; **a.A.** OLG Frankfurt/Main NStZ-RR 1997, 273 im Fall eines juristisch vorgebildeten Rechtsmittelführers [dazu BVerfG, Beschl. v. 19.3.1997 – 2 BvR 463/97]; OLG Koblenz NStZ 1995, 251, das die durch das Erstgericht erfolgte Belehrung ausreichen lassen will).

☝ Insbesondere in Fällen, in denen die Einlegung einer **Verfassungsbeschwerde** ins Auge gefasst wird, ist vor dieser ein Antrag auf **Nachholung des rechtlichen Gehörs** (§ 33a StPO) zu stellen, um den fachgerichtlichen Rechtsweg zu erschöpfen (BVerfG NStZ 2002, 43). Eine unstatthafte Beschwerde gegen die Nichtannahme der Berufung nach § 322 Abs. 2, 311, mit der die Verletzung des rechtlichen Gehörs im Annahmeverfahren gerügt wird, kann in einen Antrag auf Nachholung des rechtlichen Gehörs (§ 33a) umgedeutet werden (OLG Karlsruhe, Beschl. v. 9.3.2005 – 3 Ws 70/05, NStZ-RR 2005, 178 [Ls.]; → *Anhörungsrüge, Begründetheit*, Teil B Rdn 16).

d) Die Nichtannahme der Berufung **beendet das Strafverfahren**, weil der Beschluss infolge seiner Unanfechtbarkeit für das weitere Verfahren Bindungswirkung und damit auch **Sperrwirkung** im Hinblick auf eine Revision entfaltet (OLG Hamm, Beschl. v. 8.9.2005 – 3 Ss 364/05). Dies **gilt** nur **dann nicht**, wenn der Rechtsmittelführer sein **Wahlrecht**, von der Berufung auf die (Sprung-)Revision überzugehen (→ *Berufung, Annahmeberufung, Allgemeines*, Teil A Rdn 24), noch **ausüben kann**, was wiederum nur **innerhalb der Monatsfrist** des § 345 Abs. 1 möglich ist (BayObLG StV 1994, 364). 34

☝ Bei Fristversäumung ist **Wiedereinsetzung in den vorigen Stand nicht möglich**, da eine eigenständige Frist zur Ausübung des Wahlrechts zwischen Berufung und Revision nicht existiert (BayObLGSt 1970, 158, OLG Hamm NStZ 1991, 601; StRR 2012, 148; OLG München StRR 2009, 202 [Ls.]).

3. Anfechtung. Gegen den nach § 322a S. 2 an sich unanfechtbaren Beschluss ist **sofortige Beschwerde** (§§ 322 Abs. 2, 311; → *Beschwerde, sofortige Beschwerde*, Teil A Rdn 550; vgl. a. *Burhoff*, HV, Rn 559) gegeben, wenn das Berufungsgericht 35

- **zu Unrecht von einem Fall der Annahmeberufung** ausgegangen ist (OLG Koblenz NStZ-RR 2000, 306; OLG Oldenburg Nds.Rpfl 1995, 135),
- zwischen den Verfahrensbeteiligten darüber **Streit** besteht (OLG Hamm NStZ 1996, 455; OLG Koblenz NStZ-RR 2000, 306) oder
- die **Berufung konkludent bereits angenommen**, dann aber einen Nichtannahmebeschluss nachgeschoben hat (OLG Celle, Beschl. v. 6.7.2011 – 2 Ws 180/11; OLG Frankfurt/Main, Beschl. v. 27.4.2011 – 3 Ws 402/11; OLG Zweibrücken NStZ-RR 2002, 245; s. Muster Teil A Rdn 37).

Entscheidet das Berufungsgericht bereits **vor Ablauf der Monatsfrist des § 345 Abs. 1**, ist dieser – durch das dann unzuständige (KG NStZ-RR 1999, 146) Gericht erlassene – Beschluss gegenstandslos (BayObLG StV 1994, 238; OLG Frankfurt/Main NStZ-RR 2003, 53), wenn das Wahlrecht fristgerecht ausgeübt wurde (OLG Bamberg StraFo 2015, 161 = StRR 2015, 122). Dies würde auch für den Fall gelten, dass das Berufungsgericht die Berufung annimmt (OLG Stuttgart NStZ-RR 1996, 759). 36

☝ Auf einen möglichen **Rechtsmittelwechsel** ist bereits bei der **Rechtsmitteleinlegung** zu achten. Wird gegen das Urteil ausdrücklich Berufung eingelegt, kann das Berufungsgericht über die Annahme jedenfalls dann bereits nach Ablauf der Berufungsbegründungsfrist des § 317 beschließen (vgl. *Meyer-Goßner/Schmitt*, § 322a Rn 7; KMR-*Brunner*, § 322a Rn 3, 4), wenn sich aus dem Vorbringen des verteidigten Angeklagten keinerlei Hinweis auf ein mögliches künftiges Auswechseln des Rechtsmittels ergibt (OLG Bamberg StraFo 2015, 161; OLG Oldenburg NStZ 2012, 54; offen gelassen OLG Koblenz NStZ-RR 2012, 21 [Ls.]).

37 **4. Muster: Beschwerde gegen die Nichtannahme der Berufung**

▼

A.2

Landgericht Musterstadt

Strafkammer

In dem Strafverfahren

gegen Herrn Anton Mustermann

Az.:

wegen des Verdachts

lege ich gegen den Beschluss der Strafkammer

sofortige Beschwerde (§ 322 Abs. 2 StPO)

ein und stelle gleichzeitig den Antrag,

den Beschl. v. aufzuheben.

Herr M. wurde durch Urteil des Amtsgerichts vom wegen zur Geldstrafe von 10 Tagessätzen verurteilt. Gegen dieses Urteil wurde mit Schriftsatz vom (Telefax, Sendeprotokoll in Kopie anbei) Berufung eingelegt.

Mit Verfügung vom hat die Strafkammer Termin zur Hauptverhandlung auf den anberaumt. Mit Schreiben vom wurde dieser Termin wieder abgesetzt. Dem Schreiben ist ein Beschluss der Strafkammer angefügt, wonach die Berufung als unzulässig verworfen wird, weil sie offensichtlich unbegründet ist (§ 313 Abs. 2 S. 2 StPO).

Zwar ist ein Beschluss, mit dem das Berufungsgericht das Rechtsmittel nicht annimmt, nach § 322a S. 2 StPO nicht anfechtbar; dies gilt jedoch dann nicht, wenn das Berufungsgericht das Rechtsmittel bereits angenommen hatte.

Ein – positiver – Beschluss über die Annahme der Berufung liegt im Fall des Herrn M zwar nicht vor; das Rechtsmittel kann jedoch auch konkludent angenommen werden. Dies ist in der obergerichtlichen Rechtsprechung insbesondere für den Fall anerkannt, dass das Gericht einen Termin zur Berufungshauptverhandlung anberaumt (OLG Celle, Beschl. v. 6.7.2011 – 2 Ws 180/11; OLG Frankfurt am Main, Beschl. v. 27.4.2011 – 3 Ws 402/11).

Ist daher über die Annahme der Berufung bereits positiv befunden, kann eine solche Entscheidung nicht mehr zurückgenommen werden (OLG Zweibrücken NStZ-RR 2002, 245).

Rechtsanwalt

▲

Siehe auch: → *Berufung, Annahmeberufung, Allgemeines*, Teil A Rdn 20, m.w.N.; → *Beschwerde, sofortige Beschwerde*, Teil A Rdn 550.

Berufung, Annahmeberufung, Verfahren 38

Das Wichtigste in Kürze:

1. Die Berufung ist anzunehmen, wenn sie zulässig und nicht offensichtlich unbegründet ist.
2. Anders als bei § 349 Abs. 2 verlangt die im Rahmen des Annahmeverfahrens erforderliche Prüfung nämlich nicht nur die Auseinandersetzung mit den schriftlichen Urteilsgründen im Hinblick auf Rechtsfehler, sondern umfasst – unter Berücksichtigung des vollständigen Akteninhalts – den Verfahrensstoff insgesamt.
3. Ein Problem des Annahmeverfahrens besteht darin, dass allein der Vorsitzende des Berufungsgerichts über die Annahme der Berufung befindet.
4. Anzunehmen ist die Berufung im Hinblick auf § 244 Abs. 2 u.a. bei Ankündigung neuer Beweismittel.
5. Bei Überleitung vom Bußgeld- in das Strafverfahren bleibt es auch nach Verurteilung nur zu einem Bußgeld bei der Berufung als Rechtsmittel.
6. Bei (Nicht-)Verurteilung wegen einer Ordnungswidrigkeit ist die Berufung nach § 313 Abs. 3 S. 1 stets anzunehmen, wenn die Rechtsbeschwerde zulässig oder zuzulassen.

Literaturhinweise: s. die Hinw. bei → *Berufung, Annahmeberufung, Allgemeines*, Teil A Rdn 21. 39

1. Die Berufung **ist anzunehmen**, wenn sie zulässig (→ *Berufung, Allgemeines*, Teil A Rdn 5) und **nicht offensichtlich unbegründet** ist. 40

☝ **Offensichtlich unbegründet** ist die Berufung unter Bezugnahme auf § 349 Abs. 2, wenn aus den Urteilsgründen, dem Protokoll der HV und einer ggf. vorliegenden Begründung des Rechtsmittels für jeden Sachkundigen ohne eingehendere Prüfung erkennbar ist, dass die angefochtene Entscheidung keine sachlich-rechtlichen Mängel aufweist und keine Verfahrensfehler vorliegen.

41 **2.** Der § 349 Abs. 2 entlehnte Begriff der „(nicht) offensichtlichen Unbegründetheit" darf nicht darüber hinwegtäuschen, dass das Eine mit dem Anderen kaum etwas zu tun hat (vgl. Graf/*Eschelbach*, § 313 Rn 11). Die im Rahmen des Annahmeverfahrens erforderliche **Prüfung** verlangt nämlich nicht nur – wie bei der Revision – die Auseinandersetzung mit den schriftlichen Urteilsgründen im Hinblick auf Rechtsfehler, sondern umfasst – unter Berücksichtigung des vollständigen Akteninhalts – den Verfahrensstoff insgesamt (*Meyer-Goßner/Schmitt*, § 313 Rn 10) vom Schuldspruch über die Beweiswürdigung bis hin zur Strafzumessung; → *Revision, Entscheidung, Beschluss*, Teil A Rdn 2142).

☝ Berufungen, die angenommen werden müssen, sollten **unbedingt begründet** werden, um zu verdeutlichen, worin die Fehler des Ersturteils zu sehen sind und um dem Vorsitzenden der Berufungskammer möglichst den Weg zu einer Nichtannahme abzuschneiden (*Burhoff*, HV, Rn 564; Beck-*Michalke*, S. 597; s.a. das Muster → *Berufung, Annahmeberufung, Allgemeines*, Teil A Rdn 27).

42 **3.** Ein **Problem des Annahmeverfahrens** besteht darin, dass – anders als im Revisionsverfahren – nicht das Kollegialgericht/die Berufungsstrafkammer, sondern allein dessen/deren Vorsitzender (§ 76 Abs. 1 S. 2 GVG), über die Annahme der Berufung befindet (KMR/*Brunner*, § 313 Rn 11), der die Einschätzung der ihm zu diesem Zeitpunkt wahrscheinlich sogar noch unbekannten Schöffen allenfalls bedingt antizipieren kann (Graf/*Eschelbach*, § 313 Rn 12).

43 **4. Anzunehmen** ist die Berufung in Strafsachen bei

- Vorliegen von Verfahrensfehlern, die Revision begründen würden (*Meyer-Goßner/Schmitt*, § 313 Rn 9),
- **Ankündigung neuer Beweismittel** im Hinblick auf § 244 Abs. 2 (BVerfG NJW 1996, 2785; NStZ 2002, 43) oder
- Erforderlichkeit einer (ergänzenden) Beweisaufnahme (z.B. zu den persönlichen Verhältnissen).

☝ Bestehen wie auch immer geartete **Zweifel** an der offensichtlichen Unbegründetheit, ist die Berufung **anzunehmen!**

44 **5.** Wird vom **Bußgeldverfahren** in das **Strafverfahren übergeleitet** (§ 81 Abs. 2 S. 2 OWiG), finden damit ausnahmslos die Vorschriften der StPO auch dann Anwendung, wenn der Betroffene unbeschadet der bewirkten Überleitung ins Strafverfahren „nur" wegen einer oder mehrerer Ordnungswidrigkeiten schuldig gesprochen und gegen ihn des-

halb „lediglich“ auf eine Geldbuße, gegebenenfalls unter gleichzeitiger Verhängung eines bußgeldrechtlichen Fahrverbots, erkannt wird (OLG Hamm BA 2009, 280; Burhoff/ *Gübner*, OWi, Rn 3944). Ist damit das angefochtene **Urteil im Strafverfahren** ergangen, kann es nur mit den strafprozessualen Rechtsmitteln der **Berufung oder** der **Revision** angefochten werden. Eine gegen ein solches Urteil eingelegte „Rechtsbeschwerde“ des Betroffenen ist demgemäß als strafprozessuale Berufung anzusehen und durchzuführen (OLG Bamberg DAR 2013, 584).

6. Bei (Nicht-)Verurteilung wegen einer **Ordnungswidrigkeit** gelten zunächst ebenfalls die 45
vorstehend genannten Kriterien. Daneben ist die Berufung nach § 313 Abs. 3 S. 1 stets anzunehmen, wenn die Rechtsbeschwerde zulässig oder zuzulassen wäre (zu den Zulässigkeitsvoraussetzungen für die Rechtsbeschwerde und zur Zulassung → *Rechtsbeschwerde, Zulässigkeitsvoraussetzungen*, Teil A Rdn 1211 ff. und → *Rechtsbeschwerde, Zulassung*, Teil A Rdn 1249 ff.

Siehe auch: → *Berufung, Annahmeberufung, Allgemeines*, Teil A Rdn 20, m.w.N.

Berufung, Annahmeberufung, Voraussetzungen 46

Literaturhinweise: s. die Hinw. bei → *Berufung, Annahmeberufung, Allgemeines*, Teil A Rdn 21. 47

1. Verfahrensrechtlich gilt § 313 für alle im Erkenntnisverfahren ergangenen Urteile des 48
Strafrichters und des Schöffengerichts, so auch für Urteile die das beschleunigte Verfahren abschließen (OLG Frankfurt/Main NStZ-RR 1997, 273), auf einen Einspruch gegen einen Strafbefehl ergehen oder ein Privatklageverfahren beenden.

2.a) Sanktionsrechtlich ist § 313 dem Wortlaut nach bei **Verurteilungen** anzuwenden. 49
Das gilt in folgenden

Beispielsfällen: 50

- die verhängte Geldstrafe nicht mehr als **15 Tagessätze** beträgt,
- eine Verwarnung erfolgt ist und die Verurteilung zur Geldstrafe von nicht mehr als fünfzehn Tagessätzen vorbehalten wurde (OLG Hamm NStZ-RR 2006, 346) oder
- der Angeklagte zu einer Geldbuße verurteilt wurde. Bei Bildung einer **Gesamtgeldstrafe** ist deren Höhe maßgeblich. Nicht gesamtstrafenfähige (Gesamt-)Geldstrafen werden addiert. **Kein Fall** des **§ 313** liegt bei einer Verurteilung vor, wenn **neben der Geldstrafe** (Geldbuße) eine **weitere Maßnahme** angeordnet oder verhängt wurde (OLG Hamburg JR 1999, 479 m. Anm. *Gössel* = StV 2001, 333; *Burhoff*, HV, Rn 553 m.w.Beispielen). Dies gilt auch, wenn die StA wegen fahrlässiger Trunkenheit im Strafbefehlsantrag eine Geldstrafe von 15 Tagessätzen, für den Fall des Einspruchs gegen den Strafbefehl zusätzlich die Entziehung der Fahrerlaubnis beantragt (vgl. LG Stuttgart DAR 2011, 419).

☝ Kein Fall der Annahmeberufung liegt vor, wenn etwa ein **Strafbefehl** über 10 Tagessätze ergangen ist, dagegen Einspruch eingelegt wurde, der Angeklagte nicht zur HV erschienen war und das Gericht den **Einspruch** gem. § 412 S. 1 **verworfen** hat (*Meyer-Goßner/Schmitt*, § 412 Rn 10).

51 **b)** In Fällen des **Freispruchs** oder der **Einstellung des Verfahrens** ist der Anwendungsbereich der Vorschrift nur dann eröffnet, wenn die StA eine Geldstrafe von nicht mehr als dreißig Tagessätzen beantragt hatte, was sich aus dem in der HV gestellten Strafantrag oder einem Strafbefehlsantrag ergibt (OLG Hamm NStZ 1996, 455; OLG Koblenz NStZ-RR 2000, 306; OLG Schleswig SchlHA 2000, 256).

52 **c) Kein Fall** der Annahmeberufung liegt vor, wenn die **StA selbst Freispruch beantragt** hatte (str.; a.A. *Meyer-Goßner/Schmitt*, § 313 Rn 4a m.w.N.). Auch in einer derartigen Konstellation kann die StA das amtsgerichtliche Urteil mit der Berufung anfechten (KG NStZ-RR 2004, 175; *Meyer-Goßner/Schmitt*, vor § 296 Rn 16). Im Hinblick auf § 313 ist festzuhalten, dass es an einem vorgängigen Strafantrag der StA fehlt, ausgenommen der Sonderfall, dass die StA die Verhängung einer Geldstrafe beantragt, ihren Antrag aber auf einen gerichtlichen Hinweis sodann korrigiert (*Meyer-Goßner/Schmitt*, § 313 Rn 4a). Dies gilt auch dann, wenn dem Antrag auf Freispruch ein Strafbefehl mit entsprechendem Strafantrag vorausgegangen war. Dem Regelungszweck der Vorschrift entsprechend sollen nämlich nur Verfahren über Bagatellstraftaten mit einer zu erwartenden begrenzten Sanktion erfasst werden. Hierzu sagt ein auf Freispruch lautender Antrag des Sitzungsvertreters der StA nur aus, dass seiner Auffassung nach überhaupt keine Straftat vorliegt bzw. nachweisbar ist (OLG Brandenburg, Beschl. v. 10.4.2013 – 1 Ws 56/13; OLG Celle NStZ-RR 1996, 43; OLG Jena StraFo 2000, 92; OLG Karlsruhe StV 1997, 69; OLG Koblenz NStZ 1994, 601; OLG Köln NStZ 1996, 150 m. Anm. *Schneider*; OLG Oldenburg NdsRpfl 1995, 135). Andernfalls müsste nämlich der Anwendung des § 313 Abs. 1 S. 2 eine fiktive Tat und eine fiktive Rechtsfolge zugrunde gelegt werden (OLG Stuttgart NStZ-RR 2001, 84).

53 **d)** Die **Berufung des Nebenklägers** ist, sofern die StA Freispruch beantragt hatte, ebenso wenig ein Fall der Annahmeberufung, wenn sich der Nebenkläger dem Antrag des Sitzungsvertreters nicht angeschlossen hatte (OLG Brandenburg OLG-NL 2005, 45). Andernfalls würde es bereits an einer Beschwer (→ *Rechtsmittel/Rechtsbehelfe, Beschwer*, Teil A Rdn 1383) fehlen. Hatte der Nebenkläger dagegen eine Verurteilung in den Grenzen des § 313 Abs. 1 S. 2 gefordert, muss auch seine Berufung angenommen werden.

54 **e)** In der Vorschrift nicht angesprochen sind die Fälle des **Absehens von Strafe**. Da sich die Anwendung des **§ 60 StGB** nicht auf Fälle geringen Verschuldens beschränkt, sondern auf die schweren Folgen der Tat für den Täter abstellt, die allein die Verhängung einer Strafe entbehrlich machen, indiziert sie nicht das Vorliegen eines Bagatelldelikts (OLG Oldenburg NStZ-RR 1998, 309).

☝ **Anwendbar** ist § 313 dagegen, wenn das Absehen von Strafe auf persönliche Strafmilderungsgründe wie in den Fällen des **§ 113 Abs. 4 S. 1 StGB** (OLG Stuttgart Justiz 2006, 256), des **§ 158 Abs. 1 StGB** (LG Bad Kreuznach NStZ-RR 2002, 217) oder des **§ 29 Abs. 5 BtMG** (LG Hamburg StraFo 2007, 421) zurückgeht.

f) Wird die Tat im Strafverfahren als **Ordnungswidrigkeit** eingestuft, bedarf die gegen das Urteil gerichtete Berufung stets der Annahme (*Meyer-Goßner/Schmitt*, § 313 Rn 7). Bei **Verurteilung zur Geldbuße** kommt es dabei auf deren Höhe nicht an. Bei **Freispruch** oder **Verfahrenseinstellung** besteht das Annahmeerfordernis unabhängig vom Antrag der StA. 55

g) Wird der Angeklagte aufgrund einer einheitlichen Tat i.S. des § 264 **sowohl** wegen einer **Straftat als auch** wegen einer **Ordnungswidrigkeit** zu Geldstrafe und Geldbuße verurteilt, ist die Anwendung des § 313 Abs. 1 ausgeschlossen. Die Berufung gegen ein solches Urteil bedarf nicht der ausdrücklichen Annahme; sie ist auch ohne diese Annahme zulässig, sofern die übrigen Zulässigkeitsvoraussetzungen gegeben sind (OLG Celle StV 1995, 179 m. Anm. *Göhler* JR 1995, 523; s.a. das **Muster** → *Berufung, Annahmeberufung, Allgemeines*, Teil A Rdn 27. 56

Siehe auch: → *Berufung, Annahmeberufung, Allgemeines*, Teil A Rdn 20, m.w.N.

Berufung, Ausbleiben des Angeklagten, Allgemeines 57

Das Wichtigste in Kürze:

1. Nach der Änderung des § 329 zum 25.7.2015 ist die Verwerfung der Berufung ohne Sachverhandlung nur noch dann erlaubt, wenn zu Beginn eines Hauptverhandlungstermins weder der Angeklagte noch ein Verteidiger mit schriftlicher Vertretungsmacht erschienen ist.
2. Die Neuregelung gilt auch in bei ihrem Inkrafttreten bereits laufenden Berufungsverfahren.
3. Nach § 329 Abs. 1 S. 2 darf die Berufung verworfen werden in nach der Neuregelung ausdrücklich geregelten Verwerfungsfällen.
4. Voraussetzung für eine Verwerfung der Berufung, dass Angeklagter und Verteidiger zur HV wirksam geladen worden sind (§§ 214 – 218).
5. Gem. § 329 Abs. 7 steht dem Angeklagten gegen ein Verwerfungsurteil der Antrag auf Wiedereinsetzung in den vorigen Stand oder die Revision zu.
6. Verfahrenshindernisse/fehlende Prozessvoraussetzungen hindern den Erlass eines Verwerfungsurteils.

58 **Literaturhinweise:** **Ahlbrecht**, EU-Rahmenbeschluss zu Abwesenheitsverurteilungen – ein fatales Fanal, in: Festschrift 25 Jahre AG Strafrecht, 2009, S. 1055; **Ast**, Vom Recht auf Verteidigung zum Recht auf Vertretung? Die Vereinbarkeit der Abwesenheitsverwerfung mit Art. 6 EMRK, JZ 2013, 780; **Bartel**, Der Gesetzgeber zwischen Skylla und Charybdis, DRiZ 2015, 129; 376; **Beukelmann**, Die Anwesenheitspflicht des Angeklagten, NJW-Spezial 2014, **Böhm**, Die strafrechtliche Abwesenheitsverhandlung im Berufungsverfahren, NJW 2015, 3132; **Börner**, Das Verwerfungsverbot aus § 329 Abs. 1 S. 1 StPO i.V.m. Art. 6 Abs. 1, Abs. 3 lit. c) EMRK in der Revision, HRRS 2014, 132; **Deutscher**, Zur Neufassung des § 329 StPO, StRR 2015, 284; **Esser**, Anmerkung zu EGMR StraFo 2012, 490, StV 20134, 331; **Engel**, Die Berufungsverwerfung aufgrund Säumnis des Angeklagten im Lichte der jüngsten Rechtsprechung des EGMR sowie des OLG München, ZJS 2013, 339; **Esser**, (Nichts) Neues aus Straßburg – Effektive Verteidigung bei Nichterscheinen des Angeklagten zu Beginn der Hauptverhandlung in der Berufungsinstanz (§ 329 Abs. 1 S. 1 StPO), StV 2013, 331; **Frisch**, Verwerfung der Berufung ohne Sachverhandlung und Recht auf Verteidigung – Zur Änderung des § 329 StPO, NStZ 2015, 69; **Gerst**, Die Konventionsgarantie des Art. 6 IIIc und die Abwesenheitsverwerfung gemäß § 329 I 1 StPO – Ein kleiner Schritt für Straßburg, ein zu großer für Deutschland?, NStZ 2013, 310; **Hüls/Reichling**, Der abwesende Angeklagte in der (Berufungs-)Hauptverhandlung nach der EGMR-Entscheidung *Neziraj*, StV 2014, 242; **Kotz**, Folgen des Ausbleibens von Angeklagten/ Betroffenen in der Hauptverhandlung, Teil 1: Interessenlage, Ladung und Hauptverhandlung, ZAP F. 22, S. 619, *ders.*, Folgen des Ausbleibens von Angeklagten/Betroffenen in der Hauptverhandlung Teil 2: Endgültiges Ausbleiben, ZAP F. 22, S. 629; *ders.*, Folgen des Ausbleibens von Angeklagten/Betroffenen in der Hauptverhandlung Teil 3: Vertretung und Rechtsmittel, ZAP F. 22 S. 647; **Kunze**, Stärkung der Verteidigungsvertretung in der Berufungshauptverhandlung: Neufassung von § 329 StPO, ZAP F. 22, S. 819; **Leitges**, Die Gestaltungskraft der EMRK im deutschen Strafrecht, DRiZ 2015, 354; **Meyer-Goßner**, Der „falsche“ Angeklagte, ZIS 2009, 519; *ders.*, Prozessvoraussetzungen und Prozesshindernisse, 2011; **Meyer-Mews**, Die Völkerrechts- und Konventionswidrigkeit des Verwerfungsurteils gem. § 329 I 1, NJW 2002, 1928; **Mosbacher**, Straßburg locuta – § 329 I StPO finita, NStZ 2013, 312, NStZ 2013, 312; **Püschel**, Anmerkung zu EGMR StraFo 2012, 490, StraFo 2012, 493; **Sitzer**, Rolle rückwärts? Zur aktuellen Fassung des § 74 Abs. 2 OWiG, StraFo 2014, 1; **Sommer**, Gespenstergeschichten – Wann ist die Anwesenheit eines Angeklagten in der Berufungshauptverhandlung „erforderlich“?, StV 2016, 55; **Spitzer**, Das Recht des Angeklagten auf Vertretung in der Hauptverhandlung, StV 2016, 48; **Weßlau**, Kann das Revisionsgericht an tatrichterliche Feststellungen zum eigenmächtigen Ausbleiben (§ 231 Abs. 2 StPO) gebunden sein?, StV 2014, 236; **Zehetgruber**, Zur Unvereinbarkeit von § 329 Abs. 1 S. 1 StPO mit der EMRK, HRRS 2013, 379.

59 **1.a)** Gegen einen **ausgebliebenen** oder abwesenden Angeklagten findet eine HV in Tatsacheninstanzen grds. nicht statt (vgl. §§ 230 Abs. 1, 285 Abs. 1 S. 1; zur Revisionshauptverhandlung s. § 350 Abs. 2; → *Revision, Verfahrensablauf*, Teil A Rdn 2282). Dies beruht auf dem Anspruch auf rechtliches Gehör einerseits und der Aufklärungspflicht des Gerichts (§ 244 Abs. 2; vgl. dazu *Burhoff*, HV, Rn 329) andererseits. Damit korrespondiert eine Pflicht des Angeklagten zum Erscheinen und Verbleiben in der HV (*Burhoff*, HV, Rn 315 ff.). Ausnahmen hiervon sind in §§ 231 Abs. 2, 231b, 232, 233 sowie beim Einspruch gegen einen Strafbefehl nach § 411 Abs. 2 normiert (→ *Strafbefehl, Hauptverfahren*, Teil B Rdn 770). Diese Grundsätze gelten über § 332 auch für die Berufungshauptverhandlung. Gerade hier ist aber häufiger ein Ausbleiben des Angeklagten festzustellen. Das kann unterschiedliche Gründe haben, wie etwa die Absicht, hierdurch gezielt eine nachteilige Entscheidung zu verhindern oder das fehlende Vertrauen in die Erfolgsaussicht der eigenen Berufung sowie bei Alkohol-

oder Drogenabhängigen ein Rückfall mit der Folge, dass es an der erforderlichen Sorgfalt bei der Beachtung des Termins fehlt. Um eine derartige Verzögerung der Berufungsentscheidung zu verhindern, sah **§ 329 Abs. 1 a.F.** im Grundsatz zwingend die Verwerfung der Berufung des Angeklagten vor, wenn er ohne genügende Entschuldigung ausgeblieben war (vgl. dazu eingehend Burhoff/Kotz/*Kotz*, RM, 1. Aufl., Teil A Rn 69 ff. m.w.N.). Bislang war diese Folge beim Auftreten eines mit einer schriftlichen Vertretungsvollmacht versehenen Verteidigers (§§ 332, 234) nur in den Fällen ausgeschlossen, in denen dies zulässig ist (etwa §§ 232, 233, 411 Abs. 2).

b) Obwohl § 329a Abs. 1 a.F. von den Obergerichten **eng ausgelegt worden** ist (BGHSt 23, 331 f.; vgl. u.a. OLG Bamberg zfs 2012, 230 [für das Bußgeldverfahren]; OLG Brandenburg StraFo 2012, 270; OLG Koblenz StV 2010, 477; OLG München wistra 2008, 480), war das **Verhältnis** der Regelung zur **MRK** nicht abschließend geklärt. Die innerstaatliche obergerichtliche Rspr. ist davon ausgegangen, dass es sich beim Verfahren nach § 329 Abs. 1 a.F. nicht um ein sog. Abwesenheitsverfahren i.S.v. Art. 6 Abs. 3c MRK handelt (vgl. u.a. BVerfG StraFo 2007, 190; BayObLG NStZ-RR 2000, 307; OLG Düsseldorf StRR 2012, 346 m. Anm. *Hanschke*; OLG Hamm StRR 2012, 463; OLG Köln NStZ-RR 1999, 112; vgl. dazu aber EGMR NJW 1999, 2353; HRRS 2009 Nr. 981; a.A. *Meyer-Mews* NJW 2002, 9128 m.w.N. aus der Rspr. des EGMR; *Meyer-Goßner/Schmitt* (58. Aufl.), § 329 Rn 15a). Heftig umstritten war in der obergerichtlichen Rspr. und der Lit. – dann im Nachgang zur Entscheidung des EGMR in Sachen *Neziraj* (EGMR NStZ 2013, 350 m. Anm. *Püschel* StraFo 2012, 490, *Gerst* NStZ 2013, 310 und *Mosbacher* NStZ 2013, 312) –, ob die Berufung auch verworfen werden konnte, wenn ein Vertreter für den abwesenden Angeklagten erschienen war. Die Frage war, wenn das Verfahren durch StB eingeleitet worden ist, problemlos ([→ *Strafbefehl, Hauptverfahren*, Teil B Rdn 770; *Burhoff*, HV, Rn 704], in den anderen Fällen war sie problematisch). 60

Der **Gesetzgeber** hat auf die Rspr. des EGMR (NStZ 2013, 350) und die unbefriedigende innerstaatliche Rechts- und Sachlage **reagiert**. Der Bundestag hat am 18.6.2015 das „Gesetz zur Stärkung des Rechts des Angeklagten auf Vertretung in der Berufungshauptverhandlung und über die Anerkennung von Abwesenheitsentscheidungen in der Rechtshilfe“ (BT-Drucks 18/3562 = BR-Drucks 491/14) in der Fassung der Beschlussempfehlung des Rechtsausschusses (BT-Drucks 18/5254, S. 3) verabschiedet, das am 25.7.2015 in Kraft getreten ist (vgl. BGBl I, S. 1322). Neben korrespondierenden und redaktionellen Änderung weiterer Vorschriften (u.a. des IRG) ist Kernstück der **Reform** die Neufassung des **§ 329**. 61

☝ Seit dem Inkrafttreten des Gesetzes zur Stärkung des Rechts des Angeklagten auf Vertretung in der Berufungsverhandlung und über die Anerkennung von Abwesenheitsentscheidungen in der Rechtshilfe v. 17.7.2015 (BGBl I, S. 1332), erlaubt

§ 329 Abs. 1 S. 1 nur noch die **Berufungsverwerfung**, wenn zu Beginn des HV-Termins **weder** der **Angeklagte noch** ein mit **Vertretungsvollmacht versehener Verteidiger** (→ *Berufung, Ausbleiben des Angeklagten, Vertretung*, Teil A Rdn 206; → *Rechtsmittel/Rechtsbehelfe, Vollmacht, Vertretungsvollmacht*, Teil A Rdn 1809) erschienen ist (zum neuen Recht eingehend *Böhm* NJW 2015, 3132; *Deutscher* StRR 2015, 284; *Sommer* StV 2016, 55; *Spitzer* StV 2016, 48; schon *Burhoff*, HV, Rn 691 ff.). Allerdings enthält § 329 Abs. 1 S. 2 eine Reihe von Tatbeständen, die die Verwerfungsmöglichkeit des Gerichts erweitern (krit: Frisch, NStZ 2015, 69, 71; *Sommer* StV 2016, 55). **Kritikwürdig** ist insbesondere die **neue Nr. 1**, weil sie mit der EGMR-Entscheidung (a.a.O.) in keinem Zusammenhang steht und darüber hinaus dem Angeklagten das Risiko für ein mögliches (Fehl-)Verhalten des Verteidigers aufbürdet.

62 **2.a)** Wegen der Bedeutung der Neuregelung für das Berufungsverfahren soll die nachfolgende Gegenüberstellung der alten und der neuen Fassung des § 329 das Umgehen mit der Neuregelung vereinfachen (entnommen *Burhoff*, HV, Rn 694a; basierend auf *Deutscher* StRR 2015, 284 ff.; s. i.Üb. unten bei den u.a. weiterführenden Stichwörtern):

☝ Die Neuregelung ist am 25.7.2015 in Kraft getreten. Da es sich um Verfahrensrecht handelt, gilt die Neuregelung **auch** in bei Inkrafttreten **bereits laufenden Berufungsverfahren** (KG StRR 2015, 402 [Ls.]; *Meyer-Goßner/Schmitt*, § 354a, Rn 4 m.w.N.).

63 **Gegenüberstellung altes/neues Recht**

Abs.	Alte Fassung des § 329	Änderung	Neue Fassung des § 329
1	(1) Ist bei Beginn einer Hauptverhandlung weder der Angeklagte noch in den Fällen, in denen dies zulässig ist, ein Vertreter des Angeklagten erschienen und das Ausbleiben nicht genügend entschuldigt, so hat das Gericht eine Berufung des Angeklagten ohne Verhandlung zur Sache zu verwerfen.	→	(1) Ist bei Beginn eines Hauptverhandlungstermins weder der Angeklagte noch ein Verteidiger mit schriftlicher Vertretungsvollmacht erschienen und das Ausbleiben nicht genügend entschuldigt, so hat das Gericht eine Berufung des Angeklagten ohne Verhandlung zur Sache zu verwerfen. (2) Ebenso ist zu verfahren, wenn die Fortführung der Hauptverhandlung in dem Termin dadurch verhindert wird, dass
	(2) Dies gilt nicht, wenn das Berufungsgericht er-	→ **Abs. 1 S. 4**	1. sich der Verteidiger ohne genügende Entschuldigung entfernt hat und eine

Abs.	Alte Fassung des § 329	Änderung	Neue Fassung des § 329
	neut verhandelt, nachdem die Sache vom Revisionsgericht zurückverwiesen worden ist.		Abwesenheit des Angeklagten nicht genügend entschuldigt ist oder der Verteidiger den ohne genügende Entschuldigung nicht anwesenden Angeklagten nicht weiter vertritt, 2. sich der Angeklagte ohne genügende Entschuldigung entfernt hat und kein Verteidiger mit schriftlicher Vertretungsvollmacht anwesend ist oder 3. sich der Angeklagte vorsätzlich und schuldhaft in einen seine Verhandlungsfähigkeit ausschließenden Zustand versetzt hat und kein Verteidiger mit schriftlicher Vertretungsvollmacht anwesend ist. (3) Über eine Verwerfung wegen Verhandlungsunfähigkeit nach diesem Absatz entscheidet das Gericht nach Anhörung eines Arztes als Sachverständigen. (4) Die Sätze 1 bis 3 finden keine Anwendung, wenn das Berufungsgericht erneut verhandelt, nachdem die Sache vom Revisionsgericht zurückverwiesen worden ist.
	(3) Ist die Verurteilung wegen einzelner von mehreren Taten weggefallen, so ist bei der Verwerfung der Berufung der Inhalt des aufrechterhaltenen Urteils klarzustellen; die erkannten Strafen können vom Berufungsgericht auf eine neue Gesamtstrafe zurückgeführt werden.	→ **Abs. 6**	
2	(1) Unter den Voraussetzungen des Absatzes 1 Satz 1 kann auf eine Berufung der Staatsanwaltschaft auch ohne den Angeklagten verhandelt werden. (2) Eine Berufung der Staatsanwaltschaft kann in diesen Fällen auch ohne Zustimmung des Angeklagten zurückgenommen werden, es sei denn, dass die Voraussetzungen des Absatzes 1 Satz 2 vorliegen.	→ **Abs. 5** → **Abs. 5 S. 2**	(1) Soweit die Anwesenheit des Angeklagten nicht erforderlich ist, findet die Hauptverhandlung auch ohne ihn statt, wenn er durch einen Verteidiger mit schriftlicher Vertretungsvollmacht vertreten wird oder seine Abwesenheit im Fall der Verhandlung auf eine Berufung der Staatsanwaltschaft nicht genügend entschuldigt ist. (2) § 231b bleibt unberührt.
3	Der Angeklagte kann binnen einer Woche nach der Zustellung des Urteils die	→ **Abs. 7**	Kann die Hauptverhandlung auf eine Berufung der Staatsanwaltschaft hin nicht ohne den Angeklagten abge-

Abs.	Alte Fassung des § 329	Änderung	Neue Fassung des § 329
	Wiedereinsetzung in den vorigen Stand unter den in den §§ 44 und 45 bezeichneten Voraussetzungen beanspruchen.		schlossen werden oder ist eine Verwerfung der Berufung nach Absatz 1 Satz 4 nicht zulässig, ist die Vorführung oder Verhaftung des Angeklagten anzuordnen, soweit dies zur Durchführung der Hauptverhandlung geboten ist.
4	(1) Sofern nicht nach Absatz 1 oder 2 verfahren wird, ist die Vorführung oder Verhaftung des Angeklagten anzuordnen. (2) Hiervon ist abzusehen, wenn zu erwarten ist, dass er in der neu anzuberaumenden Hauptverhandlung ohne Zwangsmaßnahmen erscheinen wird.	→ **Abs. 3**	(1) Ist die Anwesenheit des Angeklagten in der auf seine Berufung hin durchgeführten Hauptverhandlung trotz der Vertretung durch einen Verteidiger erforderlich, hat das Gericht den Angeklagten zur Fortsetzung der Hauptverhandlung zu laden und sein persönliches Erscheinen anzuordnen. (2) Erscheint der Angeklagte zu diesem Fortsetzungstermin ohne genügende Entschuldigung nicht und bleibt seine Anwesenheit weiterhin erforderlich, hat das Gericht die Berufung zu verwerfen. (3) Über die Möglichkeit der Verwerfung ist der Angeklagte mit der Ladung zu belehren.
5	Nicht vorhanden		(1) Wurde auf eine Berufung der Staatsanwaltschaft hin nach Absatz 2 verfahren, ohne dass ein Verteidiger mit schriftlicher Vertretungsvollmacht anwesend war, hat der Vorsitzende, solange mit der Verkündung des Urteils noch nicht begonnen worden ist, einen erscheinenden Angeklagten oder Verteidiger mit schriftlicher Vertretungsvollmacht von dem wesentlichen Inhalt dessen zu unterrichten, was in seiner Abwesenheit verhandelt worden ist. (2) Eine Berufung der Staatsanwaltschaft kann in den Fällen des Absatzes 1 Satz 1 und 2 auch ohne Zustimmung des Angeklagten zurückgenommen werden, es sei denn, dass die Voraussetzungen des Absatzes 1 Satz 4 vorliegen.

Abs.	Alte Fassung des § 329	Änderung	Neue Fassung des § 329
6	Nicht vorhanden		Ist die Verurteilung wegen einzelner von mehreren Taten weggefallen, so ist bei der Verwerfung der Berufung der Inhalt des aufrechterhaltenen Urteils klarzustellen; die erkannten Strafen können vom Berufungsgericht auf eine neue Gesamtstrafe zurückgeführt werden.
7	Nicht vorhanden		Der Angeklagte kann binnen einer Woche nach der Zustellung des Urteils die Wiedereinsetzung in den vorigen Stand unter den in den §§ 44 und 45 bezeichneten Voraussetzungen beanspruchen

b) Hinweise für den Verteidiger! 64

Auf folgende Punkte ist ausdrücklich **hinzuweisen**:

- Anders als nach früherer Rechtslage gilt die Verwerfungsmöglichkeit nicht (mehr) nur für den ersten Hauptverhandlungstag, sondern **für jeden Hauptverhandlungstag**.
- Handelt es sich um eine **Berufung** der **StA** kann nach § 329 Abs. 2 nach wie vor auch ohne den Angeklagten zur Sache verhandelt werden (s. → *Berufung, Ausbleiben des Angeklagten, Berufung, Staatsanwaltschaft*, Teil A Rdn 110). Daran hat sich nichts geändert.
- Steht die **Verhandlungsfähigkeit** des Angeklagten in Frage, muss das Gericht einen Arzt als Sachverständigen hören (§ 329 Abs. 1 S. 3).
- Die Berufung darf **nicht verworfen** werden, wenn das **Berufungsgericht nach Zurückverweisung** durch das **OLG** erneut verhandelt (§ 329 Abs. 1 S. 4).
- Entfallen Teile des Schuldspruchs, ist der Inhalt des aufrechterhaltenen Urteils klarzustellen, wozu die Berufungskammer ggf. eine **neue Gesamtstrafe** zu bilden hat (§ 329 Abs. 6).

3. Nach § 329 Abs. 1 S. 2 **darf** die Berufung **verworfen** werden in nach der Neuregelung ausdrücklich geregelten 65

Verwerfungsfällen:

- wenn der Verteidiger den nicht genügend entschuldigten Angeklagten nicht weiter vertritt oder sich selbst ohne genügende Entschuldigung entfernt hat (Nr. 1; → *Berufung, Ausbleiben des Angeklagten, Nichterscheinen*, Teil A Rdn 186),

- wenn sich der Angeklagte bei Fehlen eines schriftlich zur Vertretung bevollmächtigten Verteidigers ohne genügende Entschuldigung entfernt hat (Nr. 2; → *Berufung, Ausbleiben des Angeklagten, Nichterscheinen*, Teil A Rdn 186),
- oder wenn sich der Angeklagte bei Fehlen eines schriftlich zur Vertretung bevollmächtigten Verteidigers vorsätzlich und schuldhaft in einen seine Verhandlungsfähigkeit ausschließenden Zustand versetzt hat (Nr. 3; → *Berufung, Ausbleiben des Angeklagten, Nichterscheinen*, Teil A Rdn 186).

66 **4.a) Voraussetzung** für eine Verwerfung der Berufung ist, dass Angeklagter und Verteidiger zur HV wirksam **geladen** worden sind (§§ 214 – 218). **Wirksam** ist die Ladung nur dann, wenn sie den gesetzlich erforderlichen Mindestinhalt und die hier erforderlichen Zusatzbelehrungen (→ *Rechtsmittel/Rechtsbehelfe, Ladung, Allgemeines*, Teil A Rdn 1596) enthält, da sie nur dann die Verpflichtung zum Erscheinen (den „Ladungsgehorsam") auslösen kann. Besteht die Verpflichtung jedoch schon deshalb nicht, weil die Ladung Mängel aufweist und der erscheinungswillige Angeklagte/Betroffene **deshalb** der HV fernbleibt (OLG Stuttgart NStZ-RR 2005, 319), ist kein Raum für eine Verwerfung, die nichts anderes als eine Sanktion für einen Ladungsungehorsam darstellt.

67 **b)** Wird die **Ladungsfrist** (§ 217 Abs. 1) **nicht eingehalten**, hindert dies i.d.R. die Verwerfung nicht (BGHSt 24, 143). Hat den Angeklagten/Betroffenen die Ladung erst innerhalb der Ladungsfrist des § 217 Abs. 1 erreicht, muss er zur HV nur dann nicht erscheinen; wenn er schriftlich einen Antrag auf Aussetzung der Verhandlung stellt, dem stattzugeben ist (→ *Rechtsmittel/Rechtsbehelfe, Ladung, Allgemeines*, Teil A Rdn 1596). Die fehlerhafte Ablehnung eines rechtzeitig gestellten Aussetzungsantrages ist ein Revisionsgrund (OLG Düsseldorf VRS 97, 139).

68 **c) Ladungsmängel** hindern die Verwerfung nur dann, wenn sie für das Ausbleiben des Angeklagten ursächlich sind (OLG Hamm VRS 107, 109). In entsprechender Anwendung der § 329 Abs. 73 ist auch dem nicht ordnungsgemäß geladenen und deshalb nichtsäumigen Angeklagten die Wiedereinsetzung in den vorigen Stand gegen die Versäumung der Berufungshauptverhandlung zu gewähren, wenn ein Ladungsmangel vorliegt, dieser kausal für sein Nichterscheinen ist und er fristgerecht einen Wiedereinsetzungsantrag mit den erforderlichen Tatsachenangaben (→ *Wiedereinsetzung in den vorigen Stand, Antrag*, Teil B Rdn 1491 ff.) stellt (OLG Brandenburg, Beschl. v. 8.9.2009 – 1 Ss 53/09 – 1 Ws 123/09; OLG Hamm, Beschl. v. 6.10.2009 – 3 Ss 425/09); darauf, ob beim Angeklagten Verschulden vorliegt, kommt es dann nicht an (*Meyer-Goßner/Schmitt*, Rn 41 m.w.N.).

69 **d)** Auf die **Zustellung** der **Ladung** an den **Angeklagten** kann von diesem zwar verzichtet werden (→ *Rechtsmittel/Rechtsbehelfe, Ladung, Allgemeines*, Teil A Rdn 1904); sie kann auch an den mit Ladungsvollmacht (→ *Rechtsmittel/Rechtsbehelfe, Vollmacht, Ladungsvollmacht*, Teil A Rdn 1784 ff.) ausgestatteten Verteidiger erfolgen. Wurde dem Angeklagten (lediglich) ein Pflichtverteidiger beigeordnet, kann die Ladung mangels einer entspre-

chenden Bevollmächtigung wirksam nicht zugestellt werden (OLG Karlsruhe StraFo 2011, 509). Die **öffentliche Zustellung** der Ladung des Angeklagten ist zulässig (§ 40 Abs. 3; → *Rechtsmittel/Rechtsbehelfe, Zustellung, Öffentliche Zustellung*, Teil A Rdn 2397).

e) Der **Verteidiger**, dessen Mandatsverhältnis dem Gericht bekannt ist, muss gem. § 218 S. 1 ebenfalls zur HV geladen werden. Berufung oder **Einspruch** können **nicht verworfen werden**, wenn 70

- der Verteidiger unter **Verstoß** gegen **§ 218 S. 1** überhaupt nicht geladen wurde (OLG Hamm, Beschl. v. 5.10.2011 – III-3 RBs 271/11; OLG Köln VRS 98, 138; *Meyer-Goßner*, § 329 Rn 11a; differenzierend hinsichtlich der Beruhensfrage: BayObLG NStZ-RR 2001, 374; StV 2002, 356 [Ls.]; → *Rechtsmittel/Rechtsbehelfe, Ladung, Allgemeines*, Teil A Rdn 1588),
- die **Ladungsfrist** (§§ 218 S. 2, 217 Abs. 1) nicht eingehalten und ein begründeter Aussetzungsantrag gestellt worden war (OLG Koblenz StV 2010, 477; vgl. auch SK-*Deiters*, § 218 Rn 16 f.).

> ☝ Das Verwerfungsurteil **beruht** (§ 337) auf der unterbliebenen Ladung des ordnungsgemäß bestellten Verteidigers, wenn nicht ausgeschlossen werden kann, dass der Verteidiger im Termin Entschuldigungsgründe für den nicht erschienenen Angeklagten hätte vorbringen können, tatsächlich Entschuldigungsgründe vorliegen können und dem Verteidiger bekannt waren (BayObLG NStZ 2001, 374; StV 2002, 356 [Ls.]).

5. Gem. § 329 Abs. 7 steht dem Angeklagten gegen ein Verwerfungsurteil **Antrag** auf **Wiedereinsetzung** in den **vorigen Stand** zu (→ *Berufung, Ausbleiben des Angeklagten, Anfechtung, Wiedereinsetzung*, Teil A Rdn 94; → *Wiedereinsetzung in den vorigen Stand, Allgemeines*, Teil B Rdn 1480; *Burhoff*, HV, Rn 719 f.) oder die **Revision** zu (→ *Berufung, Ausbleiben des Angeklagten, Anfechtung, Revision*, Teil A Rdn 82). 71

6. Verfahrenshindernisse/fehlende Prozessvoraussetzungen (zur Begrifflichkeit s. *Meyer-Goßner*, Prozessvoraussetzungen, S. 5), wie das Fehlen eines Strafantrags, **hindern** den **Erlass** eines **Verwerfungsurteils** unabhängig vom Zeitpunkt ihres Entstehens (BGHSt 46, 230 = NStZ 2001, 440 m. zust. Anm. *Paulus* u. abl. Anm. *Duttge*). 72

Siehe auch: → *Berufung, Allgemeines*, Teil A Rdn 1, m.w.N.; → *Berufung, Ausbleiben des Angeklagten, Anfechtung, Allgemeines*, Teil A Rdn 73; → *Berufung, Ausbleiben des Angeklagten, Anfechtung, Revision*, Teil A Rdn 82; → *Berufung, Ausbleiben des Angeklagten, Anfechtung, Wiedereinsetzung*, Teil A Rdn 94; → *Berufung, Ausbleiben des Angeklagten, Berufung Staatsanwaltschaft*, Teil A Rdn 110; → *Berufung, Berufung, Ausbleiben des Angeklagten, Endgültiges, A – Z*, Teil A Rdn 122; → *Berufung, Berufung, Ausbleiben des Angeklagten, Endgültiges, Erkrankung*, Teil A Rdn 155; → *Berufung, Berufung, Ausbleiben des Angeklagten, Endgültiges, Urlaub*, Teil A

Rdn 171; → *Berufung, Berufung, Ausbleiben des Angeklagten, Endgültiges, A – Z*, Teil A Rdn 122, → *Berufung, Berufung, Ausbleiben des Angeklagten, genügend entschuldigt*, Teil A Rdn 177; → *Berufung, Berufung, Ausbleiben des Angeklagten, Nichterscheinen*, Teil A Rdn 186; → *Berufung, Berufung, Ausbleiben des Angeklagten, Verspätung*, Teil A Rdn 195; → *Berufung, Berufung, Ausbleiben des Angeklagten, Vertretung*, Teil A Rdn 206; → *Rechtsmittel/Rechtsbehelfe, Allgemeines*, Teil A Rdn 1289; → *Wiedereinsetzung in den vorigen Stand, Allgemeines*, Teil B Rdn 1479, m.w.N.

73 Berufung, Ausbleiben des Angeklagten, Anfechtung, Allgemeines

74 **Literaturhinweise:** s. die Hinw. bei → *Berufung, Ausbleiben des Angeklagten, Allgemeines*, Teil A Rdn 58.

75 **1.** Das ergangene Verwerfungsurteil kann **alternativ** oder **kumulativ angefochten** werden. Allerdings hat der Gesetzgeber dabei nicht das Gleiche auf zwei verschiedene Arten regeln wollen. Ziel der Wiedereinsetzung ist nämlich das unmittelbare Wiederaufleben der Tatsacheninstanz, während Ziel der Revision die obergerichtliche Prüfung und Entscheidung der Rechtsfrage ist, ob die gegebenen Umstände das Ausbleiben des Angeklagten als nicht schuldhaft erscheinen ließen, sodass das Urteil gegen ihn nicht hätte ergehen dürfen.

☝ Daraus wird deutlich, dass der Rechtsbehelf der Wiedereinsetzung nach Versäumung der HV und die Revision gegen ein Verwerfungsurteil **unterschiedlichen Voraussetzungen** unterliegen, nicht deckungsgleiche Ziele verfolgen und verschiedene Prüfungsgegenstände aufweisen (OLG Düsseldorf StV 2009, 13), sodass **beide Anfechtungswege beschritten** werden müssen, will der Angeklagte nicht von vornherein auf das ihm zur Verfügung stehende Rügepotenzial verzichten (*Burhoff*, HV, Rn 719 ff.), zumal es nicht selten vorkommt, dass die Anfechtung der Versagung von Wiedereinsetzung erfolglos bleibt, während die Revision Erfolg hat. Der umgekehrte Fall ist wegen § 342 Abs. 2 S. 2 nicht möglich.

76 Zu den Anfechtungsmöglichkeiten in Verfahren nach dem **JGG** wird verwiesen auf. → *JGG-Besonderheiten, Berufung*, Teil A Rdn 665.

2. Die **Anfechtungsmöglichkeiten** sind dargestellt in folgender 77

Übersicht: Verwerfung der/des					
Berufung		**Einspruchs** gegen **Strafbefehl**		**Einspruchs** gegen **Bußgeldbescheid**	
Wiedereinsetzung § 329 Abs. 3	Revision § 333	Wiedereinsetzung §§ 412, § 329 Abs. 3	Berufung § 312 Revision §§ 333, 335	Wiedereinsetzung § 74 Abs. 4 OWIG	Rechtsbeschwerde § 79 Abs. 1 S. 1 Nr. 1 – 3 OWiG

☝ Aus den nachfolgend dargestellten Überlegungen heraus folgt, dass **stets** von beiden Anfechtungsmöglichkeiten **gleichzeitig** Gebrauch gemacht werden sollte.

3. Eine **Fußangel** enthält **§ 342 Abs. 3**, demzufolge qua Gesetz unwiderleglich vermutet 78
wird, dass der Angeklagte, der ohne Verbindung mit einem Antrag auf **Wiedereinsetzung** in den vorigen Stand Revision einlegt, unabänderlich auf den Rechtsbehelf der Wiedereinsetzung **verzichtet**. § 342 Abs. 3 soll allerdings dann nicht greifen, wenn der Angeklagte zur HV nicht wirksam geladen worden war (OLG Hamburg StV 2001, 339).

Im Übrigen **hängt** die Fiktionswirkung **nicht davon** ab, 79

- dass zuvor eine diesbezügliche **Rechtsbehelfsbelehrung** erteilt wurde (OLG Frankfurt/Main NStZ-RR 2011, 21)
- noch davon, ob die Revision selbst
  - **zulässig** ist (OLG Stuttgart Justiz 1976, 265 zu § 55 Abs. 2 JGG),
  - bereits vor Fristbeginn nach § 341 Abs. 2 eingelegt wurde (OLG Düsseldorf VRS 89, 132 oder
  - **zurückgenommen** (OLG Zweibrücken NJW 1965, 1033) bzw. nach Rücknahme erneut – in Verbindung mit einem Wiedereinsetzungsantrag – eingelegt wird (OLG Frankfurt/Main a.a.O.).

Der **Verzicht** wird von der Rechtsprechung **bereits darin** gesehen, dass – sofern Wiederein- 80
setzungsantrag und Revisionseinlegung nicht in demselben Schriftsatz enthalten sind – bei Einlegung der Revision entweder der Wiedereinsetzungsantrag bereits gestellt sein muss oder beide Erklärungen zumindest **gleichzeitig** bei **Gericht eingehen** müssen. Gleichzeitigkeit ist dabei nicht schon gewahrt, wenn die Schriftsätze am selben Tag bei Gericht eingehen; es kommt vielmehr auf deren zeitliche Reihenfolge unabhängig von der Länge des dazwischenliegenden Zeitraumes an, sodass ein eine Stunde und 45 Minuten nach der Revisions-

einlegung eingehender Schriftsatz mit dem Antrag auf Wiedereinsetzung nicht mehr als gleichzeitig angesehen werden kann (OLG Stuttgart NJW 1984, 2900).

☝ Da es an einer dem § 342 Abs. 3 vergleichbaren Vorschrift im Wiedereinsetzungsrecht fehlt, **folgt** für den **Verteidiger** daraus,

- entweder Rechtsbehelf und Rechtsmittel ohnehin nur **in einem Schriftsatz** oder
- **in zwei Schriftsätzen** einzureichen, wobei dann aber der den Antrag auf **Wiedereinsetzung** beinhaltende Schriftsatz **zuerst** bei Gericht eingehen muss (Nachweis: Sendeprotokoll Telefax).

81 Der zeitliche **Zwischenraum**, der zwischen dem Eingang der Revisionseinlegung und dem ihm nachfolgenden Eingang des Wiedereinsetzungsantrags liegt, ist keine Frist i.S. des § 44 S. 1 und daher einer **Wiedereinsetzung nicht zugänglich**.

Siehe auch: → *Berufung, Ausbleiben des Angeklagten, Allgemeines*, Teil A Rdn 57, m.w.N.; → *Berufung, Ausbleiben des Angeklagten, Anfechtung, Revision*, Teil A Rdn 82; → *Berufung, Ausbleiben des Angeklagten, Anfechtung, Wiedereinsetzung*, Teil A Rdn 94; → *Wiedereinsetzung in den vorigen Stand, Allgemeines*, Teil B Rdn 1479, m.w.N.

82 Berufung, Ausbleiben des Angeklagten, Anfechtung, Revision

Das Wichtigste in Kürze:

1. Die Einlegungsfrist beträgt eine Woche.
2. Die Antrags- und Begründungsfrist beträgt einen Monat nach Ablauf der Frist zur Einlegung.
3. Der Prüfungsumfang ist bei der Anfechtung von Verwerfungsurteilen beschränkt.
4. Zu erheben sind sowohl die Sach- als auch die Verfahrensrüge.

83 **Literaturhinweise:** s. die Hinw. bei → *Berufung, Ausbleiben des Angeklagten, Allgemeines*, Teil A Rdn 58, und bei → *Revision, Allgemeines*, Teil A Rdn 2006.

84 **1.** Die **Einlegungsfrist** beträgt **eine Woche** (§ 341 Abs. 1; → *Revision, Einlegung, Frist*, Teil A Rdn 2123) und beginnt mit der – wirksamen – Zustellung des Verwerfungsurteils, wodurch sie sich im Regelfall mit der Antragsfrist nach § 329 Abs. 3 deckt. Da es nach § 341 Abs. 2 darauf ankommt, ob die Verkündung des Urteils in (teilweiser) **Abwesenheit** des **Angeklagten** stattgefunden hat, ändert es am Beginn des Fristlaufs auch nichts, wenn der Angeklagte im Berufungsverfahren zulässig und wirksam vertreten worden war (h.M.; BGHSt 25, 234) oder, zwar körperlich anwesend, vom Berufungsgericht aber

als abwesend (→ *Berufung, Ausbleiben des Angeklagten, Nichterscheinen*, Teil A Rdn 187 ff.) behandelt wurde (Graf/*Wiedner*, § 341 Rn 28).

☝ **Erscheint** der **verspätete Angeklagte punktgleich** mit dem **Beginn der Verkündung** des Verwerfungsurteils (zur Abgrenzung s. → *Ausbleiben des Angeklagten, Verspätung*, Teil A Rdn 195) vor Gericht, ist ihm zu raten, sich noch während der Verkündung wieder zu entfernen, sofern der Fristbeginn auf den Zeitpunkt der Urteilszustellung hinausgeschoben werden soll, da andernfalls nicht auszuschließen ist, dass das Urteil als in Anwesenheit verkündet angesehen wird, wodurch die Einlegungsfrist bereits mit der Urteilsverkündung zu laufen beginnt.

2. Die **Antrags- und Begründungsfrist** beträgt einen Monat nach Ablauf der Frist zur Einlegung (§ 345 Abs. 1; → *Revision, Begründung, Frist*, Teil A Rdn 2063). Wiedereinsetzung gegen die Versäumung der Frist ist möglich (z.B. bei reinem Verteidigerverschulden, vgl. OLG Hamm StRR 2010, 322). 85

3. Welche Rügen mit der **Revision** erhoben werden können und in welcher Form dies zu geschehen hat, richtet sich danach, worüber das Revisionsgericht rechtlich zu urteilen in der Lage ist. Dieser **Prüfungsumfang** ist bei der Anfechtung von Verwerfungsurteilen **beschränkt** darauf, 86

- ob der Angeklagte zur Berufungsverhandlung **ordnungsgemäß geladen** worden war,
- das **Berufungsgericht** seine **Aufklärungspflicht** erfüllt und seiner Entscheidung alle in diesem Zeitpunkt erkennbaren Entschuldigungsgründe zugrunde gelegt und
- Rechtsbegriffe des Ausbleibens oder der genügenden Entschuldigung rechtsfehlerfrei beurteilt hat (OLG Düsseldorf StV 2009, 13; OLG Schleswig SchlHA 2002, 171).

Hat sich das Gericht in den Urteilsgründen mit den **Entschuldigungsgründen** auseinandergesetzt, ist das Revisionsgericht an die insoweit festgestellten Tatsachen **gebunden**, kann sie nicht ergänzen oder gar im Wege des Freibeweises korrigieren (BayObLG StV 2001, 338; OLG München, Beschl. v. 8.5.2006 – 4St RR 66/06). 87

☝ Revision, gestützt auf **§ 338 Nr. 5**, ist auch möglich, wenn das Berufungsgericht zu Unrecht davon ausgegangen war, der Angeklagte sei wirksam vertreten gewesen.

4.a) Zu erheben sind **sowohl** die **Sach- als auch** die **Verfahrensrüge** (s. → *Revision, Sachrüge, Allgemeines*, Teil A Rdn 2221; → *Revision, Verfahrensrüge, Allgemeines*, Teil A Rdn 2307, m.w.N.), wobei die behauptete Fehlerhaftigkeit des Verwerfungsurteils 88

- sowohl darin liegen kann, dass es zu Unrecht als Prozessurteil erlassen wurde,
- als auch darin, dass es zu Unrecht als Sachurteil ergangen ist.

☝ Für **Altverfahren**, die bei Inkrafttreten der Neureglung des § 329 bereits abgeschlossen waren, gilt im Revisionsverfahren **altes Recht** (KG StRR 2015, 402 [Ls.]).

89 **b)** Für die – allgemeine – **Sachrüge** genügt das erkennbare Verlangen des Revisionsführers nach Nachprüfung des Urteils in sachlich-rechtlicher Sicht. Das Rechtsmittel erweist sich aber dann als unzulässig, wenn die Einzelausführungen ergeben, dass der Revisionsführer in Wahrheit nicht die Rechtsanwendung beanstanden, sondern, indem er Ausführungen zur entschuldbaren Versäumung der HV macht, nur die Richtigkeit der Urteilsfeststellungen beanstanden will (OLG Schleswig SchlHA 2002, 171 [Ls.]). Die Sachrüge ist

- einerseits **erforderlich**, um dem OLG die Prüfung des Vorliegens der **Verfahrensvoraussetzungen** (OLG Brandenburg StRR 2008, 162 [Ls.]) bzw. von – ggf. zwischenzeitlich eingetretenen – **Verfahrenshindernissen** zu ermöglichen (BGHSt 21, 242; BayObLG NStZ-RR 2002, 79; OLG Celle StV 2012, 156),
- andererseits, um dem OLG zu ermöglichen, wegen der zur Begründung der Verfahrensrüge erforderlichen Umstände auf sämtliche Feststellungen des angefochtenen Urteils zurückzugreifen (OLG Jena, Beschl. v. 6.3.2008 – 1 Ss 362/06; OLG Stuttgart StV 2009, 12).

☝ Allein die gegen ein nach den Verwerfungsvorschriften ergangenes Prozessurteil gerichtete Sachrüge kann bereits zum Erfolg führen, wenn mit ihr behauptet wird, das AG habe ein **Verfahrenshindernis** (z.B. fehlender Strafantrag) nicht beachtet, das bereits bei der Verkündung des erstinstanzlichen Urteils vorgelegen habe (BGHSt 46, 230). Ausnahmsweise reicht die Sachrüge auch aus, wenn sich das Verwerfungsurteil ausschließlich damit befasst, ob das Ausbleiben des Angeklagten in der Berufungs-HV ausreichend entschuldigt war, obwohl sich aus den Akten Anhaltspunkte dafür ergeben, dass trotz einer etwaigen Befähigung, im HV-Termin physisch präsent zu sein, die Voraussetzungen des § 20 StGB bestehen und in deren Folge dauernde Verhandlungsunfähigkeit i.S.v. § 206a vorliegt (BayObLG, Beschl. v. 20.11.2003 – 5St RR 301/03).

90 **c)** Die **Verletzung** von **§§ 329 Abs. 1, 412 S. 1** kann nach h.M. nur in Form einer **Verfahrensrüge** geltend gemacht werden (u.a. OLG Köln NJW 2001, 1223; OLG Nürnberg NJW 2009, 1761; StraFo 2008, 248; OLG Schleswig SchlHA 2007, 290 [Ls.]; *Burhoff*, HV, Rn 719 ff. m.w.N.; *Meyer-Goßner/Schmitt*, Rn 48 m.w.N.; a.A. OLG Dresden NJW 2000, 3295; OLG Saarbrücken NStZ 1991, 147). Die – irrtümliche – Bezeichnung als Sachrüge schadet jedenfalls dann nicht, wenn die Begründung der Rüge so auszulegen ist, dass der mit der Revision angestrebte Erfolg eintreten kann (BayObLG, Urt. v. 8.12.1994 – 3St RR 136/94; OLG Braunschweig StraFo 2009, 520). An sie werden i.d.R. **nicht dieselben strengen Anforderungen** gestellt wie sie für die Verfahrensrüge im Allgemeinen gelten (→ *Revision, Verfahrensrüge, Allgemeines*, Teil A Rdn 2307). So genügt schon allein die Rüge, das Ausbleiben des Angeklagten habe nicht als unentschuldigt angesehen werden dürfen, um eine Überprü-

fung der schriftlichen Urteilsgründe auf die rechtsfehlerfreie Annahme der Säumnis herbeizuführen, wenn dort eine Erörterung des mitgeteilten oder sonst bekannt gewordenen Entschuldigungsvorbringens vorgenommen worden ist; denn das Revisionsgericht kann allein aufgrund dieser sog. „*unsubstantiierten Verfahrensrüge*“ bereits prüfen, ob die Urteilsgründe rechtsfehlerhafte Erwägungen zum Begriff der genügenden Entschuldigung erkennen lassen (BayObLG, Beschl. v. 24.8.1995 – 4St RR 171/95; OLG Hamm StRR 2010, 322 [Ls.]; OLG Köln NJW 2001, 1223; OLG Schleswig SchlHA 2002, 171). Einer Wiederholung der Urteilsfeststellungen bedarf es nicht (OLG München, Beschl. v. 8.5.2006 – 4St RR 66/06).

☝ Derartige Erleichterungen gelten bei einer **Revision** der **StA nicht** auch für diese (OLG Jena, Urt. v. 3.6.2010 – 1 Ss 242/09), worauf der Verteidiger im Rahmen seiner Gegenerklärung (§ 347 Abs. 1 S. 2) hinweisen sollte.

d) Ist als Verfahrensrüge die **Aufklärungsrüge** (→ *Revision, Verfahrensrüge, Aufklärungsrüge*, Teil A Rdn 2329 ff.) zu erheben, gelten die genannten **Erleichterungen** auch für den Angeklagten **nicht**. 91

Soll gerügt werden, das Gericht habe die ihm obliegende **Aufklärungspflicht** (§ 244 Abs. 2) **verletzt**, weil es zwar vom Entschuldigungsgrund keine positive Kenntnis hatte, jedoch u.U. davon Kenntnis hätte haben können, muss der Beschwerdeführer im Einzelnen **darlegen**, 92

- aufgrund welcher Tatsachen das Gericht sich zu weiterer Aufklärung hätte veranlasst sehen müssen,
- mit welchen Beweismitteln welche Tatsachen aufzuklären waren
- und welches konkrete Ergebnis die Aufklärungsbemühungen gehabt hätten (OLG Hamm, Beschl. v. 9.12.2004 – 3 Ss 498/04; OLG München VRR 2009, 3 [Ls.]).

5. Muster: Revision – Aufklärungsrüge – Erkrankung 93

▼

Landgericht Musterstadt

A.3

Strafkammer

In dem Strafverfahren

gegen Herrn Benedikt Mustermann

Az.:

wegen des Verdachts

wird die gegen das Urteil des Landgerichts vom mit Schriftsatz vom

– zugleich mit dem Antrag auf Wiedereinsetzung in den vorigen Stand gegen die Versäumung der Hauptverhandlung –

eingelegte **Revision**

– unter gleichzeitiger Erhebung der allgemeinen Sachrüge –

wie folgt begründet:

I.

Gegen den Angeklagten fand am vor dem Landgericht die Verhandlung über die allein von ihm eingelegte Berufung gegen das Urteil des Amtsgerichts statt.

Zu dieser Hauptverhandlung war der Angeklagte am – ordnungsgemäß – geladen und auf die Folgen seines Ausbleibens hingewiesen worden.

Der Angeklagte ist zur Hauptverhandlung nicht erschienen. An seiner Stelle erschien seine Ehefrau und händigte dem Verteidiger eine vom Vortag datierende Bescheinigung des Herrn Dr. med. über die Arbeitsunfähigkeit des Angeklagten für die Zeit vom bis aus, die verteidigerseits dem Gericht vorgelegt und von diesem zu den Akten genommen wurde.

Das Landgericht hat nach Angaben des Vorsitzenden während einer Verhandlungsunterbrechung in der Praxis des genannten Arztes angerufen, diesen aber nicht erreicht, da er nach Auskunft seiner Sprechstundenhilfe zu einem Notfall gerufen worden war. Ihr, der Sprechstundenhilfe, sei es nicht möglich, zur Erkrankung des Mandanten im Einzelnen Stellung zu nehmen, da es ihr qua Arbeitsvertrag strikt verboten sei, am Telefon Auskünfte über einen Patienten zu geben. Sie könne nur so viel sagen, dass der Angeklagte vorgestern die Praxis aufgesucht habe.

Mit der Begründung des Vorsitzenden, so könne man mit der eigenen Berufung nicht umgehen, das Gericht habe nämlich auch noch andere Sachen zu verhandeln, hat sich die Strafkammer sodann zur Beratung zurückgezogen und im Anschluss daran die Berufung des Angeklagten gem. § 329 Abs. 1 StPO verworfen.

II.

Das angefochtene Urteil verletzt § 329 Abs. 1 i.V.m. § 244 Abs. 2 StPO, da

- aufgrund der Vorlage der Arbeitsunfähigkeitsbescheinigung das Gericht zur weiteren Aufklärung verpflichtet war (1),
- der vom Angeklagten geltend gemachte Entschuldigungsgrund der Erkrankung durch Rücksprache mit dem behandelnden Arzt in der Weise hätte verifiziert werden können (2),
- dass der Angeklagte am Erscheinen in der Hauptverhandlung aufgrund einer akuten Angina pectoris gehindert war, wozu ihm neben entsprechenden Medikamenten „strikte Bettruhe" verordnet worden war.

Die Verwerfung der Berufung ist von Gesetzes wegen nur vorgesehen, wenn der Angeklagte, der zu Beginn der Hauptverhandlung nicht erscheint, nicht genügend entschuldigt ist. Ob dies der Fall ist, hat das Gericht in Ansehung von § 244 Abs. 2 StPO im Freibeweisverfahren festzustellen, wenn sich aus der schlüssigen Darlegung des Angeklagten hinreichend Anhaltspunkte dafür ergeben, dass sein Ausbleiben entschuldigt ist.

(1) Beruft sich der Angeklagte auf „Erkrankung", belegt dies zunächst in schlüssiger Weise, dass er an der Teilnahme an der Hauptverhandlung verhindert ist, wenn er Art und Schwere der Krankheitssymptome darlegt. Reicht er in Erfüllung der ihm obliegenden Darlegungslast eine die Erkrankung bestätigende ärztliche Bescheinigung ein, hat er seine Mitwirkungspflicht erfüllt; er ist weder zur Glaubhaftmachung noch zum Nachweis der vorgebrachten Entschuldigungsgründe verpflichtet.

Zwar ist es wünschenswert, dass die ärztliche Bescheinigung eine Diagnose enthält und über den Schweregrad der Erkrankung Auskunft gibt, woran es vorliegend fehlt. Auch wird eine schlichte Arbeitsunfähigkeitsbescheinigung i.d.R. für sich allein genommen bei aufkommenden Zweifeln auf Seiten des Gerichts den Angeklagten nicht genügend entschuldigen können. Die nachgewiesene Arbeitsunfähigkeit stellt jedoch stets ein starkes Indiz für die Unmöglichkeit des Erscheinens in der Hauptverhandlungen dar, so dass es gewichtiger Gegengründe bedarf, um trotz nachgewiesener Arbeitsunfähigkeit die Verhandlungsfähigkeit eines Angeklagten zu bejahen.

(2) In der Vorlage der Bescheinigung bei Gericht liegt nach h.M. zugleich die – konkludente – Befreiung des Arztes von seiner Verschwiegenheitsverpflichtung, die es dem Gericht – wie vom Landgericht nicht verkannt – ermöglicht, beim bescheinigenden Arzt die nach Auffassung des Gerichts fehlenden Angaben zu erfragen. Aus den Gründen des angefochtenen Urteils ergibt sich hierzu lediglich, dass weitere Aufklärung nicht erzielt werden konnte, weil der behandelnde Arzt nicht zu erreichen war und sich die Sprechstundenhilfe „rechtswidrig" auf ihr Schweigegebot berufen hat.

Mit einem einmaligen Anruf in der Arztpraxis hätte sich das Gericht jedoch nicht zufrieden geben dürfen. Es hätte die Hauptverhandlung neuerlich unterbrechen und einen weiteren Versuch unternehmen müssen, um den Arzt telefonisch zu erreichen.

Es ist zwar allgemein anerkannt, dass die gerichtliche Aufklärungspflicht im Zusammenhang mit der Verifizierung von Entschuldigungsgründen nicht grenzenlos besteht, insbesondere das Gericht weder gehalten ist, die Verhandlung auszusetzen, um entsprechende Ermittlungen anstellen zu können, noch sie für einen unüberschaubaren Zeitraum zu unterbrechen. Das angefochtene Urteil teilt jedoch nicht einmal mit, ob sich der Vorsitzende bei seinem Anruf in der Arztpraxis überhaupt danach erkundigt hat, wann mit einer Rückkehr von Herrn Dr. med. zu rechnen sei und welche Auskunft ihm die Sprechstundenhilfe hierauf gegeben hat. Dies wäre aber bereits deshalb erforderlich gewesen, um den zeitlichen Umfang der Aufklärungspflicht bestimmen zu können. Vorliegend wäre dies umso mehr geboten gewesen, weil nach der Erfahrung des täglichen Lebens ein Arzt, der infolge eines Notfalls den laufenden Praxisbetrieb verlassen muss, wegen der bereits einbestellten und auf ihn wartenden Patienten um schnellstmögliche Rückkehr in die Praxis bemüht sein wird. Wie sich im Nachhinein herausgestellt hat, kehrte Herr Dr. med etwa 45 Minuten nach dem Anruf in seine Praxis zurück.

Nur nebenbei sei bemerkt, dass sich der Angeklagte das „rechtswidrige" Verhalten der Sprechstundenhilfe unter keinen Umständen zurechnen lassen muss. Er hat eine ärztliche Bescheinigung eingereicht und dadurch konkludent zum Ausdruck gebracht, dass er den Arzt von dessen Verschwiegenheitsverpflichtung entbindet. Beharrt ein Arzt dennoch auf dieser Verpflichtung, darf dem Angeklagten hieraus kein Nachteil entstehen.

Allein die aus der vor Beginn der Urteilsberatung getätigten Äußerung des Vorsitzenden herzuleitende Begründung für das Unterlassen weiterer Nachforschungen („das Gericht habe nämlich auch noch andere Sachen zu verhandeln") vermag die Verwerfung der Berufung ebenso zu rechtfertigen, weil im Urteil schon nicht dargelegt ist, aufgrund welcher Gegebenheiten es dem Gericht am Tag der Hauptverhandlung nicht möglich war, die Verhandlung neuerlich zu unterbrechen, nochmals in der Arztpraxis anzurufen und/oder die unterbrochene Verhandlung an diesem Tag zu einem späteren Zeitpunkt fortzusetzen.

(3) Die telefonische Rückfrage bei Herrn Dr. med. hätte – wie durch das nun vorliegende Kurzgutachten bestätigt – ergeben, dass der Angeklagte infolge einer schwerwiegenden Erkrankung (Angina pectoris),

- die im Rahmen einer ärztlichen Untersuchung am Vortag der Berufungshauptverhandlung festgestellt wurde und
- die zur Verordnung von Medikamenten und strikter Bettruhe geführt hatte,

am Erscheinen in der Hauptverhandlung verhindert und damit genügend entschuldigt war.

III.

Das Berufungsgericht hat § 329 StPO aber auch noch in anderer Weise verletzt.

(1) So durfte die Berufung des Angeklagten auch deshalb nicht verworfen werden, weil

- neben dem Indiz der bescheinigten Arbeitsunfähigkeit auch
- die mündliche Bestätigung darüber vorlag, dass der Angeklagte den Arzt am Vortag der Hauptverhandlung aufgesucht hatte und von ihm behandelt worden war.

Diese Umstände durfte das Landgericht nur dann unberücksichtigt lassen, wenn Gegengründe vorhanden waren, die diese Indizien entkräftet hätten. Derartige Gründe teilt das angefochtene Urteil indes nicht mit.

Aufgrund dessen, dass sich das Landgericht an einer weiteren Aufklärung gehindert sah, konnte es in dieser Situation das unzureichende Entschuldigt sein nicht zur eigenen

Überzeugung feststellen, weil daran insgesamt Zweifel verblieben, die sich aber niemals zu Lasten des Angeklagten auswirken dürfen.

(2) Schließlich hat das Landgericht das Wesen des § 329 StPO verkannt. Es beruht auf der Fiktion, dass der Berufungsführer, der trotz Einhaltung aller Formalien zu Beginn der Hauptverhandlung nicht erscheint, kein Interesse an der Durchführung des Rechtsmittelverfahrens hat. Auch davon durfte das Landgericht angesichts des Umstands, dass der Angeklagte seine Ehefrau zum Hauptverhandlungstermin geschickt hatte, damit diese dort die Arbeitsunfähigkeitsbescheinigung dem Verteidiger übergeben konnte, nicht ausgehen.

Rechtsanwalt

▲

Siehe auch: → *Berufung, Ausbleiben des Angeklagten, Allgemeines*, Teil A Rdn 57, m.w.N.; → *Revision, Allgemeines*, Teil A Rdn 2006, m.w.N.

Berufung, Ausbleiben des Angeklagten, Anfechtung, Wiedereinsetzung 94

Das Wichtigste in Kürze:

1. Gem. § 329 Abs. 7 kann der Angeklagte im Fall der Verwerfung seiner Berufung nach § 329 Wiedereinsetzung beantragen.
2. Ggf. kommt eine Wiedereinsetzung von Amts in Betracht. Wann die zu gewähren ist (§ 45 Abs. 2 S. 3), wird nicht einheitlich beantwortet.
3. Für Wiedereinsetzungsantrag und -begründung gelten: Der Angeklagte muss Wiedereinsetzung gegen die Versäumung der HV beantragen. Er muss Wiedereinsetzungsgründe darlegen und glaubhaft machen.

Literaturhinweise: s. die Hinw. bei → *Berufung, Ausbleiben des Angeklagten, Allgemeines*, Teil A Rdn 58, und bei → *Wiedereinsetzung in den vorigen Stand, Allgemeines*, Teil A Rdn 1479. 95

1. Gem. **§ 329 Abs. 7** kann der Angeklagte im Fall der Verwerfung seiner Berufung nach § 329 Wiedereinsetzung beantragen (s. hierzu auch → *Wiedereinsetzung in den vorigen Stand, Allgemeines*, Teil B Rdn 1479; → *Wiedereinsetzung in den vorigen Stand, Antrag*, Teil B Rdn 1485 ff.; → *Wiedereinsetzung in den vorigen Stand, Verfahren*, Teil B Rdn 1500; → *Wiedereinsetzung in den vorigen Stand, Voraussetzungen*, Teil B Rdn 1513). 96

☝ Das Institut der Wiedereinsetzung in den vorigen Stand **dient** allerdings **nicht** dazu, dem Verteidiger **Gelegenheit** zur **Nachbesserung** und Anpassung seines Vortrags an die Rechtslage zu geben, sondern ist im Interesse der Rechtssicherheit auf die Fälle beschränkt, in denen eine Frist aufgrund von tatsächlichen Hinderungsgründen (unverschuldet) versäumt worden ist. Fehler und Versäumnisse des Verteidigers bei der Rechtsanwendung muss sich der Angeklagte zurechnen lassen (zuletzt u.a. KG JurBüro 2015, 43).

97 In **Verspätungsfällen** (→ *Berufung, Ausbleiben des Angeklagten, Verspätung*, Teil A Rdn 195), in denen der Angeklagte erst nach Ergehen des Verwerfungsurteils bei Gericht erscheint, kann auch **sofortige** Wiedereinsetzung beantragt und gewährt werden (*Burhoff*, HV, Rn 703).

98 In **Erkrankungsfällen** (→ *Berufung, Ausbleiben des Angeklagten, Endgültiges, Erkrankung*, Teil A Rdn 155 ff.), muss er innerhalb der Wochenfrist des § 45 Abs. 1 deren Art angeben sowie der Umfang der von ihr ausgehenden körperlichen und geistigen Beeinträchtigungen darlegen. Ein Attest, das sich ohne weitere Ausführungen in der Feststellung der Verhandlungsunfähigkeit erschöpft, genügt nicht (OLG Braunschweig NStZ 2014, 289).

☝ Ob eine solche Vorgehensweise allerdings **sinnvoll** ist, muss der Verteidiger **sorgfältig erwägen**, da sich oft in der Kürze der zur Verfügung stehen Zeit die zur Begründung der **Wiedereinsetzung** erforderlichen Tatsachen nicht werden herausarbeiten lassen und/oder Mittel zur Glaubhaftmachung nicht greifbar sind.

99 **2.** Ggf. kommt eine **Wiedereinsetzung von Amts** in Betracht. Wann die zu gewähren ist (§ 45 Abs. 2 S. 3), wird **nicht einheitlich** beantwortet: Zum Teil wird davon ausgegangen, dass bei der Erstreckung der Wiedereinsetzungsmöglichkeit nach § 329 Abs. 7 auf Fälle unwirksamer Ladung im Wege der Analogie zur Beseitigung eines zu Unrecht erlassenen Verwerfungsurteils lediglich die Rechtsfolge der gesetzlichen Regelung über die Wiedereinsetzung herangezogen wird, ohne dass es auf ihre in den §§ 44, 45 bestimmten tatbestandlichen und formellen Voraussetzungen ankäme (OLG Hamburg StV 2001, 339; OLG Hamm NStZ 2014, 421 m. Anm. *Kotz* StRR 2014, 227; VRS 107, 109; vgl. auch OLG Düsseldorf NJW 1980, 1704; KK-*Maul*, § 45 Rn 17; KMR-*Ziegler*, § 45 Rn 32; SSW-StPO/*Brunner*, § 329 Rn 43). Teilweise geht die Lit. aber demgegenüber davon aus, dass auch in diesen Fällen in Ansehung der Dispositionsbefugnis des Rechtsmittelführers Wiedereinsetzung nur auf Antrag erfolgen können soll (Graf/*Eschelbach*, § 329 Rn 46; KK-*Gmel*, § 235 Rn 6; Graf/*Cirener*, § 45 Rn 14; LR-*Graalmann-Scheerer*, § 45 Rn 32; *Meyer-Goßner/Schmitt*, § 45 Rn 12).

☝ In entsprechender Anwendung der §§ 329 Abs. 7, 44, 45 ist auch dem **nichtsäumigen Angeklagten** die **Wiedereinsetzung** in den vorigen Stand gegen die Versäumung der Berufungs-HV zu gewähren, wenn ein Ladungsmangel vorliegt, dieser kausal für sein Nichterscheinen ist und er fristgerecht einen Wiedereinsetzungsantrag mit den gem. erforderlichen Tatsachenangaben stellt (OLG Hamm, Beschl. v. 6.10.2009 – 3 Ss 425/09).

3.a) Für **Wiedereinsetzungsantrag** und **-begründung** gelten: Wiedereinsetzung **muss** der Angeklagte gegen die Versäumung der HV **beantragen**: 100

☝ Im Wiedereinsetzungsverfahren kommt es nur darauf an, **ob** das Gericht den vorgebrachten Entschuldigungsgrund überhaupt gewürdigt hat. Hat es nach Auffassung des Antragstellers die Rechtsfrage des „genügenden Entschuldigtseins" falsch beantwortet, kann dies nur im Rahmen der Revision (→ *Berufung, Ausbleiben des Angeklagten, Anfechtung, Revision*, Teil A Rdn 82 ff.) gerügt werden (OLG Düsseldorf VRS 97, 139; OLG Hamm wistra 2008, 40).

b) Die **Antragsfrist** beträgt eine Woche. Der Antrag ist also binnen einer Woche ab wirksamer Zustellung (→ *Rechtsmittel/Rechtsbehelfe, Fristen, Allgemeines*, Teil A Rdn 1545; → *Wiedereinsetzung in den vorigen Stand, Antrag*, Teil B Rdn 1485) des Urteils beim LG zu stellen. Innerhalb dieser Frist sind die (Entschuldigungs-)Gründe darzulegen; nach Fristablauf können sie lediglich noch ergänzt oder verdeutlicht werden (→ *Wiedereinsetzung in den vorigen Stand, Antrag*, Teil B Rdn 1485). Wird diese Frist unverschuldet versäumt, ist dagegen ebenfalls Wiedereinsetzung möglich (→ *Wiedereinsetzung in den vorigen Stand, Allgemeines*, Teil B Rdn 1479), z.B. wenn die nach § 145a Abs. 3 S. 2 erforderliche Mitteilung an den Verteidiger unterblieben ist (OLG Nürnberg, Beschl. v. 30.3.2010 – 2 Ws 500/09). 101

☝ Die **Glaubhaftmachung** kann auch noch im Beschwerdeverfahren (arg.: „*Verfahren*" § 45 Abs. 2 S. 1) nachgeholt werden (*Meyer-Goßner/Schmitt*, § 45 Rn 7; s. dazu → *Wiedereinsetzung in den vorigen Stand, Antrag*, Teil B Rdn 1485).

c) Das Gesuch muss – soll es erfolgreich sein – den Zulässigkeits- und **Begründetheitsanforderungen** der §§ 44 f. genügen. Es sind also in Bezug auf die **Zulässigkeit** zunächst die (Entschuldigungs-)Gründe darzulegen und sodann glaubhaft zu machen. 102

aa) Die Darlegung darf sich nicht in der schlichten Wiederholung der bereits in der zur Verwerfung des Rechtsmittels/Rechtsbehelfs führenden HV oder vor dieser im Rahmen von Verlegungsgesuchen **vorgebrachten (Entschuldigungs-)Gründen** erschöpfen, da der Antragsteller mit diesem Vortrag „**präkludiert**" (*Burhoff*, HV, Rn 719) ist; der Antrag kann **nur** auf **neue Tatsachen** (Gründe) gestützt werden, über die sich das angefochtene Urteil mangels Kenntnis des Berufungsgerichts nicht verhält. Umstände, die das Berufungsgericht bereits als nicht genügende Entschuldigung gewürdigt hat, scheiden aus (OLG Düsseldorf StV 2009, 13). Für die Geltendmachung der Rechtsfehlerhaftigkeit der Verwerfung der Berufung ist dann nur das Rechtsmittel der **Revision** vorgesehen (OLG Frankfurt/Main, Beschl. v. 14.11.2012 – 3 Ws 928/12). 103

☝ Dies **gilt** indessen dann **nicht**, wenn eine Würdigung des Entschuldigungsvorbringens durch das Gericht (→ *Berufung, Ausbleiben des Angeklagten, genügend entschuldigt*, Teil A Rdn 177)

- möglich gewesen wäre, jedoch nicht erfolgt ist (OLG Hamm NStZ-RR 1997, 368; OLG München NStZ 1988, 377) oder
- nicht zu dessen Überzeugungsbildung geführt hat, sondern sich lediglich im Bereich von Vermutungen bewegt („… Sollte *der Angeklagte … an einem rechtzeitigen Erscheinen gehindert gewesen sein, so hat er seine dadurch bedingte Säumnis selbst verschuldet* ….“: KG NStZ-RR 2006, 183).

104 Die **Bezugnahme** auf bereits gegenüber dem LG vorgebrachte (Entschuldigungs-)Gründe ist dagegen **möglich**, wenn das frühere Vorbringen **im Zusammenhang mit neuem Vorbringen** zur Begründung des Wiedereinsetzungsantrags verwendet wird (OLG Düsseldorf VRS 90, 184; wistra 1996, 158). Aus der Natur des Wiedereinsetzungsverfahrens nach § 329 Abs. 7 folgt jedoch, dass sich der Antragsteller hierzu **nicht auch neuer Beweismittel** bedienen kann, da dem Verfahren lediglich der Kenntnisstand des Gerichts zum Zeitpunkt des Verwerfungsurteils zugrunde gelegt werden darf (OLG Düsseldorf NStZ 1992, 99; OLG Hamburg MDR 1991, 469; OLG Jena VRS 105, 299).

105 **bb)** Die dargelegten Gründe sind **glaubhaft** zu machen (→ *Wiedereinsetzung in den vorigen Stand, Antrag*, Teil B Rdn 1485). Die schlichte Behauptung, keine Ladung zur HV erhalten zu haben, genügt nicht (OLG Frankfurt/Main, Beschl. vom 6.5.2014 – 3 Ws 388/14). Probleme können sich für den Antragsteller hierbei ergeben, wenn ihm kein zulässiges Mittel zur Glaubhaftmachung zur Verfügung steht.

☝ In diesem Fall muss er **darlegen**, dass es an einem Mittel zur Glaubhaftmachung fehlt und weshalb dies der Fall ist (OLG München NStZ 1988, 377 [lesenswert!]).

106 **cc) Begründet** ist der Wiedereinsetzungsantrag, wenn die dargelegten und glaubhaft gemachten Gründe das Entschuldigtsein belegen (Graf/*Eschelbach*, Rn 46), die **Versäumung** mithin **ohne Verschulden** erfolgte.

☝ Allerdings trifft das Gericht – anders als bei der Prüfung des Entschuldigtseins – **im Wiedereinsetzungsverfahren keine Aufklärungspflicht** (OLG Braunschweig NStZ 2014, 289).

107 **d)** Gibt das Gericht dem **Antrag statt**, wird eine **neue Berufungs-HV** durchgeführt. Die Gewährung der Wiedereinsetzung beseitigt das Verwerfungsurteil, auch ein solches nach § 329 Abs. 2, da auch dieses die (schuldhafte) Versäumung der Berufungs-HV voraussetzt.

e) Der **Wiedereinsetzung ablehnende Beschluss** kann mit der sofortigen Beschwerde (§§ 46 Abs. 3, 311; → *Beschwerde, sofortige Beschwerde*, Teil A Rdn 550) angefochten werden. **108**

4. Muster eines Wiedereinsetzungsantrags **109**

▼

Landgericht Musterstadt

Strafkammer

In dem Strafverfahren

gegen Herrn Alexander Mustermann

Az.:

wegen des Verdachts

Beantrage ich, Herrn Mustermann wegen Versäumung der Hauptverhandlung vom auf seine Kosten

Wiedereinsetzung in den vorigen Stand

zu gewähren.

Das Urt. v. über die Verwerfung der Berufung wurde dem Angeklagten am also vor drei Tagen, zugestellt.

Der Angeklagte war ohne eigenes Verschulden gehindert, den Hauptverhandlungstermin wahrzunehmen.

In den Morgenstunden des Hauptverhandlungstags wurde ich von einer Magen- und Darmgrippe mit Erbrechen und Diarrhö heimgesucht. Gegen 7:00 Uhr habe ich meine Sekretärin zuhause angerufen und sie gebeten, das Gericht und den Mandanten von diesem Umstand zu unterrichten und letzteren darauf hinzuweisen, dass er deshalb zur Hauptverhandlung nicht erscheinen müsse.

Dies versichere ich auf anwaltliche Standespflicht.

Meine Sekretärin hat auf der Geschäftsstelle der Kammer um Uhr angerufen und mitgeteilt, dass ich erkrankt war und dass der Angeklagte davon verständigt wurde, dass er der Hauptverhandlung fernbleiben könne.

Glaubhaftmachung: Eidesstattliche Versicherung der Frau (Anlage).

Rechtsanwalt

Anlage:

Eidesstattliche Versicherung

In Kenntnis der Strafbarkeit einer falschen eidesstattlichen Versicherung versichere ich Nachfolgendes an Eides statt.

(1) Zur Person:

geb.:

Rechtsanwaltsfachwirtin

-Straße, Ort

(2) Zur Sache:

Am rief mich Herr Rechtsanwalt morgens vor Dienstbeginn zuhause an und teilte mir mit, dass er erkrankt sei und deshalb den Hauptverhandlungstermin um Uhr nicht wahrnehmen könne. Hiervon sollte ich das Gericht und den Mandanten verständigen. Letzterem sollte ich mitteilen, dass er unter diesen Umständen nicht bei Gericht erscheinen müsse.

Während ich den Mandanten sofort erreichte, waren bis etwa Uhr die Anrufe bei Gericht erfolglos, da ich die Akte nicht vorliegen hatte und mangels der Kenntnis der Durchwahl der Kammer nur bei der Telefonzentrale anrufen konnte. Erst gegen Uhr wurde ich an die Geschäftsstelle der Kammer, Frau , weiterverbunden, die ich von der Erkrankung von Herrn Rechtsanwalt unterrichtete und die mir versprach, dies der Kammer mitzuteilen.

Unterschrift

▲

Siehe auch: → *Wiedereinsetzung in den vorigen Stand, Allgemeines*, Teil B Rdn 1479, m.w.N.

110 Berufung, Ausbleiben des Angeklagten, Berufung, Staatsanwaltschaft

111 **Literaturhinweise:** s. die Hinw. bei → *Berufung, Ausbleiben des Angeklagten, Allgemeines*, Teil A Rdn 58.

112 **1.a)** Hat **nur die StA** oder haben **StA und Angeklagter** Berufung eingelegt, kann nach § 329 Abs. 2 ohne den ordnungsgemäß geladenen und über die Folgen des unentschuldigten Fernbleibens belehrten, gleichwohl aber ausgebliebenen und nicht vertretenen Ange-

klagten über die Berufung der StA zur Sache verhandelt werden; denn auch in dieser Konstellation ist die Durchführung des Berufungsverfahrens selbst der Dispositionsbefugnis des Angeklagten entzogen (BGHSt 17, 391).

☝ Wurde die **Ladung öffentlich zugestellt** (→ *Rechtsmittel/Rechtsbehelfe, Zustellung, Öffentliche Zustellung*, Teil A Rdn 1935), darf zwar die Berufung des unentschuldigt nicht erschienenen Angeklagten nach § 329 Abs. 1 verworfen, aber mangels Anwendbarkeit von § 40 Abs. 3 weder ohne ihn nach § 329 Abs. 2 verhandelt noch die Berufung der StA (teilweise) ohne seine Zustimmung zurückgenommen werden (*Rieß/Hilger* NStZ 1987, 145 ff., 152).

b) Daran hat sich durch die **Neuregelung** des § 329 durch das Gesetz zur Stärkung des Rechts des Angeklagten auf Vertretung in der Berufungsverhandlung und über die Anerkennung von Abwesenheitsentscheidungen in der Rechtshilfe v. 17.7.2015 (BGBl I S. 1332) **nichts geändert** (vgl. *Deutscher* StRR 2015, 284, 289; *Burhoff*, HV, Rn 717). Allerding sollen durch die Neufassung des Abs. 2 2. Alt – „Abwesenheit nicht genügend entschuldigt" – nun auch die Fälle des nachträglichen Sich-Entfernens und des Versetzens in einen verhandlungsunfähigen Zustand (Abs. 1 S. 2 Nr. 2 und 3) erfasst sein (so BT-Drucks 18/3562, S. 72; zw. *Deutscher* StRR 2015, 284; (→ *Berufung, Ausbleiben des Angeklagten, Nichterscheinen*, Teil A Rdn 186). 113

c) Tritt für den Angeklagten ein **vertretungsberechtigter Verteidiger** auf, was zulässig ist, so gelten auch hier die bei → *Berufung, Ausbleiben des Angeklagten, Vertretung*, Teil A Rdn 206, dargestellten Grundsätze der **Erforderlichkeitsprüfung** (BT-Drucks 18/3562, S. 74). Gerade in diesen Fällen wird der Verteidiger darauf achten, ob nicht ggf. die sich aus § 244 Abs. 2 ergebende Aufklärungspflicht des Gerichts (vgl. *Burhoff*, HV, Rn 329; vgl. a. *Sommer* StV 2016, 55) eine Verhandlung in Anwesenheit des Angeklagten erforderlich macht. Das wird insbesondere dann der Fall sein, wenn sich das Gericht einen persönlichen Eindruck vom Angeklagten verschaffen muss, so z.B. bei einer Strafmaßberufung der StA (BayObLG DAR 1987, 315 [Rü]; OLG Hamm StV 1997, 346; OLG Karlsruhe NStZ-RR 2004, 21; OLG Köln StraFo 2011, 360; *Burhoff*, HV, Rn 648). 114

☝ Reicht in einer derartigen Konstellation (§ 329 Abs. 2 S. 1, Abs. 4 S. 1) die Vertretung durch den schriftlich bevollmächtigten Verteidiger nicht mehr aus, muss die Berufungskammer die **HV unterbrechen**, den Angeklagten zur Fortsetzung der HV laden und ihn darauf hinzuweisen, dass im Falle seines unentschuldigten Nichterscheinens seine Berufung verworfen werden kann (zu allem a. *Deutscher* StRR 2015, 284; *Sommer* StV 2016, 55; *Spitzer* StV 2016, 48).

115 d) Hinweise für den Verteidiger

Auf folgende Punkte ist für die Verfahren aufgrund einer Berufung der StA **hinzuweisen**:

116 **aa)** Nach § 329 Abs. 4 a.F. war gegen den ausgebliebenen Angeklagten die **Vorführung** oder **Verhaftung** anzuordnen, wenn bei einer Berufung der StA nicht ohne ihn verhandelt werden konnte. Daran hat sich nach dem neuen § 329 Abs. 3 1. Alt. in der Sache nichts geändert (vgl. a. *Burhoff*, HV, Rn 3661). Die Vorführung des Angeklagten dürfte i.Ü. auch dann grds. zulässig sein, wenn allein der Nebenkläger Berufung eingelegt hat (OLG Köln NStZ 2014, 296). Die Zwangsmaßnahmen stehen allerdings unter dem Vorbehalt, dass sie zur Durchführung der HV **geboten** sind. Haben **Angeklagter** und **StA Berufung** eingelegt, wird zunächst in Fällen des § 329 Abs. 1 die Berufung des Angeklagten verworfen und sodann über die Berufung der StA nach § 329 Abs. 2 S. 1 2. Alt. in Abwesenheit des Angeklagten verhandelt oder bei erforderlicher Anwesenheit dessen zwangsweise Vorführung angeordnet (§ 329 Abs. 3 1. Alt.; vgl. a. Teil A Rdn 119).

117 **bb)** In § 329 Abs. 5 S. 1 ist eine **Informationspflicht** des **Gerichts** vorgesehen, falls nach § 329 Abs. 2 S. 1 2. Alt. über eine Berufung der StA ohne Angeklagten und vertretungsbefugten Verteidiger verhandelt worden ist. Hiernach hat der Vorsitzende, solange mit der Verkündung des Urteils noch nicht begonnen worden ist (zur Urteilsverkündung *Burhoff*, HV, Rn 2752, einen erscheinenden Angeklagten oder vertretungsberechtigten Verteidiger von dem wesentlichen Inhalt dessen zu unterrichten, was in seiner Abwesenheit verhandelt worden ist. Die Regeln zu § 247a dürften entsprechend gelten (vgl. dazu *Burhoff*, HV, Rn 1414).

118 In **§ 329 Abs. 5 S. 2** ist die schon bislang geltende Regelung (vgl. § 329 Abs. 2 S. 2 a.F.) übernommen worden, dass eine **Rücknahme** der **Berufung** der StA abweichend von § 303 auch ohne Zustimmung des unentschuldigt ausgebliebenen Angeklagten zulässig ist (Ausnahme: Zurückverweisung vom Revisionsgericht), was allerdings wegen der Bezugnahme auf Abs. 1 nur gilt, wenn auch kein vertretungsbefugter Verteidiger anwesend ist. Erweitert wird diese Möglichkeit auf das nachträgliche Sich-Entfernen von Angeklagtem bzw. Verteidiger oder falls der Verteidiger den Angeklagten nicht weiter vertritt.

119 **2.a)** Bei **wechselseitigen Rechtsmitteln** soll das Gericht in einem ersten Schritt die **Berufung** des **Angeklagten** nach § 329 Abs. 1 verwerfen (dürfen) (Graf/*Eschelbach*, § 329 Rn 43; KMR-*Brunner*, § 329 Rn 36).

> ☝ Das Gericht kann aber auch einheitlich über beide Rechtsmittel am Ende der HV entscheiden (OLG Karlsruhe NJW 1972, 1871; LR-*Becker*, § 329 Rn 88 m.w.N.), setzt sich dabei aber dem Risiko aus, dass der Angeklagte doch noch erscheint und seine Berufung dann nicht mehr verworfen werden kann (*Meyer-Goßner/Schmitt*, § 329 Rn 13).

120 **b)** Bezüglich der (verbleibenden) **Berufung** der **StA** hat die Sachverhandlung ohne den Angeklagten mangels besonderer Umstände **Vorrang** vor der Anwendung von Zwangsmitteln

i.S. des § 329 Abs. 4, schließt also eine Wahlmöglichkeit des Gerichts aus (OLG Karlsruhe NStZ-RR 2004, 21; OLG Stuttgart NStZ 1987, 377). In **Konsequenz** einer **Verhandlung** zur **Sache** beschränkt auch das Ersturteil das Berufungsgericht nicht in der Entscheidung über die Sanktionshöhe (BGH, a.a.O., zu § 232 Abs. 1 S. 1). Auch bedarf die (Teil-)Rücknahme der staatsanwaltschaftlichen Berufung nicht der Zustimmung des Angeklagten (§§ 329 Abs. 5 S. 2, 303 S. 1), wenn sie **in** der **HV** erfolgt (OLG München NStZ 2008, 120; a.A. LG Dresden NStZ 1999, 265).

☝ **Besondere Umstände**, die die Anwesenheit des Angeklagten erfordern, können sich aus der **gerichtlichen Aufklärungspflicht** ergeben. So muss die Verhandlung in Abwesenheit des Angeklagten stets dann ausscheiden, wenn § 244 Abs. 2 dazu drängt, dass sich das Berufungsgericht einen auf persönlicher Beobachtung des Angeklagten beruhenden Eindruck verschafft. Dies kann insbesondere bei einer Strafmaßberufung der StA der Fall sein, wenn es um die Legal-/Sozialprognose des Angeklagten im Sinne des § 56 Abs. 1 StGB geht oder eine deutlich höhere Strafe als die erstinstanzlich verhängte erwogen wird, weil gerade hier der Berücksichtigung der Persönlichkeit des Angeklagten maßgebliche Bedeutung zukommt (OLG Hamm StV 1997, 346; OLG Karlsruhe NStZ-RR 2004, 21; OLG Köln StraFo 2011, 360). Das Gericht muss daher in einem solchen Fall die Verhandlung aussetzen und im Hinblick auf die neue HV Zwangsmittel nach § 329 Abs. 4 ergreifen.

c) Liegt kein Fall zulässiger Vertretung vor, kann der **(Pflicht-)Verteidiger** nur die ihm als solchen eingeräumten Rechte ausüben. Da die Berufung der StA auch zugunsten des Angeklagten wirkt (§ 301), können – beschränkt auf den Umfang des Rechtsmittels der StA und trotz ggf. bereits erfolgter Verwerfung der Berufung des Angeklagten – zu dessen Verteidigung dienende Umstände vorgebracht und diesbezügliche Anträge gestellt werden. **121**

☝ Hierzu kann es zählen, **verteidigerseits** die **Vorführung** des Angeklagten zu **beantragen**, wenn es aus seiner Sicht die Aufklärungspflicht gebietet, dass sich das Gericht einen persönlichen Eindruck vom Angeklagten verschafft (vgl. *Burhoff*, HV, Rn 717).

Siehe auch: → *Berufung, Ausbleiben des Angeklagten, Allgemeines*, Teil A Rdn 57, m.w.N.

Berufung, Ausbleiben des Angeklagten, Endgültiges, A – Z **122**

Literaturhinweise: s. die Hinw. bei → *Berufung, Ausbleiben des Angeklagten, Allgemeines*, Teil A Rdn 58. **123**

1. Für ein Verwerfungsurteil ist außer dem Umstand, dass u.a. für den ausgebliebenen, aber ordnungsgemäß geladenen Angeklagten (→ *Rechtsmittel/Rechtsbehelfe, Ladung, Allgemei-* **124**

nes, Teil A Rdn 1588 ff.) auch ein Verteidiger mit Vertretungsvollmacht (→ *Berufung, Ausbleiben des Angeklagten, Vertretung*, Teil A Rdn 206) nicht erschienen ist, außerdem **erforderlich**, dass eine „**genügende Entschuldigung**" des **Angeklagten fehlt**.

☝ Die **Rspr**. der Obergerichte zum Begriff der „genügenden Entschuldigung" i.S. des § 329 a.F. ist auch nach der Neuregelung des § 329 **weiter anwendbar**. Insoweit haben sich keine Änderungen in der StPO ergeben.

125 **2.** Über die genügende/nicht genügende Entschuldigung (vgl. wegen weiterer Rspr. bei *Burhoff*, HV, Rn 713 ff.) informiert folgendes

126 **Entschuldigungs-ABC**

☝ Eine „genügende Entschuldigung" wird man nach der Neuregelung des § 329 auch dann annehmen können/müssen, wenn der Angeklagte alles dafür getan hat, dass er im Berufungs-HV-Termin von (s)einem **Verteidiger vertreten** wird, dieser aber aus Gründen, die der Angeklagte nicht zu vertreten hat, in der HV **nicht erscheint** (vgl. a. § 329 Abs. 1 S. 2 Nr. 1; s. auch *Burhoff*, HV, Rn 711 a.E.).

127 **Ausbleiben, endgültiges**

Wie im Fall der Verspätung kann auch das endgültige Nichterscheinen des Angeklagten entschuldigt sein, wenn er objektiv am Erscheinen vor Gericht gehindert war und/oder ihn am Nichterscheinen subjektiv kein Verschulden trifft.

128 **Anreise**

Die weite **Entfernung** zwischen Wohn- und Gerichtsort rechtfertigt das Ausbleiben i.d.R. nicht (OLG Köln NJW 2002, 3741; LG Bielefeld NStZ-RR 1998, 343), kann aber im Fall einer Erkrankung (→ *Berufung, Ausbleiben des Angeklagten, Endgültiges, Erkrankung*, Teil A Rdn 155) das Erscheinen unzumutbar machen (OLG Stuttgart VRS 106, 209). Muss der Angeklagte zu Gericht anreisen, hat er **Zeitreserven einzuplanen** (OLG Bamberg NJW 1995, 740). Bei Anreise mit dem **Pkw** gilt dies auch, wenn nach den Berechnungen eines Routenplaners ein rechtzeitiges Eintreffen möglich erscheint, sich infolge der konkreten Verkehrslage dann aber nicht realisieren lässt (OLG Jena NStZ-RR 2006, 147). Hinzuweisen ist auf folgende **Rechtsprechungsbeispiele**:

129 ■ Ein unvorhersehbarer **Wetterumschwung** kann einen Entschuldigungsgrund darstellen (starker Nebel: OLG Bremen DAR 1956, 133; heftiger Schneefall: KG NStZ-RR 2002, 218); der Angeklagte sollte dann darlegen, dass auch die Wahl eines öffentlichen Verkehrsmittels nicht zum rechtzeitigen Erscheinen geführt hätte.

- Nicht entschuldigt ist der Angeklagte, wenn er sich verspätet, weil er in einen – vorhersehbaren – **Verkehrsstau** geraten war (BVerfG StV 1994, 113 m. abl. Anm. *Sieg* zur Verkehrssituation in Frankfurt) oder keinen Parkplatz gefunden hat (KG, Beschl. v. 2.5.2001 – 3 Ws 142/01; *Meyer-Goßner/Schmitt*, § 329 Rn 27). Teilt der Angeklagte dagegen dem Gericht zunächst seine Verspätung aufgrund eines nicht vorhersehbaren Verkehrsstaus auf der Autobahn mit, woraufhin das Gericht die Verhandlung unterbricht, und kommt es später zu einem Verkehrsunfall, aufgrund dessen sein Pkw nicht mehr fahrbereit ist, ist dem Angeklagten Wiedereinsetzung wegen Versäumung der HV zu gewähren, weil er dem Termin unverschuldet ferngeblieben war (OLG Hamm, Beschl. v. 11.6.2001 – 3 Ws 237/01).
- **Fahrzeugpannen** sind i.d.R. nicht vorhersehbar und entschuldigen deshalb ein Fernbleiben oder eine Verspätung (BVerfG, Beschl. v. 11.12.1989 – 2 BvR 36/89; OLG Hamm NZV 1997, 493; VRS 97, 44; OLG Karlsruhe NJW 1973, 1515); bedenklich, dass im Fall des Nichtanspringens des Fahrzeugs, das eine Reinigung des Luftfilters erforderlich machte, weshalb der Angeklagte 17 Minuten zu spät zur HV erschien, eine genügende Entschuldigung verneint wurde (OLG Bamberg NJW 1995, 740).
- Bietet sich eine zuverlässige **Mitfahrgelegenheit**, darf der Angeklagte darauf vertrauen (OLG Oldenburg StraFo 2009, 336; dazu *Burhoff*, HV, Rn 713 ff.).
- Bei Anreise mit der **Deutschen Bahn** darf der Angeklagte einen erkennbar zu spät ankommenden Zug nicht auswählen; ihm kann jedoch Wiedereinsetzung gewährt werden, wenn er seinen Zug verpasst hat (OLG Hamm NStZ-RR 1997, 368; OLG München wistra 2008, 480). S.a. **Mittellosigkeit** Rdn 145.
- Ein **Unfall** (Sturzverletzung mit Gehirnerschütterung), den der Angeklagte um 7.30 Uhr auf dem Frankfurter Hauptbahnhof erleidet, vermag das Fernbleiben in der auf 9.00 Uhr angesetzten HV in Berlin jedoch deshalb nicht zu entschuldigen, weil es demjenigen, der sich gegen 7.30 Uhr noch in Frankfurt befindet, unmöglich ist, um 9.00 Uhr in Berlin im Gerichtsgebäude zu erscheinen (KG, Beschl. v. 27.6.2001 – 5 Ws 344/01).

Arztbesuch/Krankenhausaufenthalt 130

Eine ambulante oder stationäre Behandlung infolge einer Erkrankung (→ *Berufung, Ausbleiben des Angeklagten, Endgültiges, Erkrankung*, Teil A Rdn 155) stellt eine genügende Entschuldigung dar, wenn ein nicht aufschiebbarer Behandlungsbedarf besteht (OLG Jena, Beschl. v. 19.1.2004 – 1 Ss 200/03), selbst wenn die Krankheit als solche noch nicht zur Verhandlungsunfähigkeit führt. Doch auch dann, wenn es lediglich um die Abklärung von akuten Beschwerden geht, kann ein Angeklagter, der durch den Arztbesuch an der Teilnahme verhindert ist, entschuldigt sein. Voraussetzung ist insoweit, dass subjektiv aus seiner Sicht bei besonnener Betrachtung der begründete Verdacht auf eine erhebliche, unaufschiebbar behandlungsbedürftige Krankheit gegeben ist und objektiv verifizierbare Anhaltspunkte für das Bestehen einer entsprechenden Erkrankung gegeben sind (OLG

Hamm Beschl. v. 26.4.2007 – 1 Ws 282/07; OLG Jena, Beschl. v. 12.4.2006 – 1 Ws 82/06). Dies soll allerdings dann nicht gelten, wenn sich der Angeklagte sieben Tage vor der Berufungsverhandlung, zu der er ca. einen Monat zuvor ordnungsgemäß geladen worden war, in stationäre Behandlung in ein Krankenhaus zwecks Entfernung eines Metallnagels aus dem Unterschenkel begibt, der ihm nach einer früheren Torsionsfraktur eingesetzt worden war (OLG Koblenz StV 1986, 146).

131 **Auslandsaufenthalt**

Zu differenzieren ist danach, ob es sich um einen freiwilligen oder einen behördlicherseits erzwungenen Auslandsaufenthalt handelt.

- Wurde der Angeklagte **abgeschoben**, **ausgeliefert** oder **ausgewiesen**, ist der Umfang seiner **Mitwirkungspflicht** an der Möglichkeit seines Erscheinens in der HV **streitig**. Während zutreffend eine Pflicht, sich als ausgewiesener Ausländer bei der Ausländerbehörde um eine kurzzeitige Betretenserlaubnis zum Zweck der Durchführung des gegen ihn gerichteten Strafverfahrens zu bemühen, generell verneint wird (BayObLG StV 2001, 339; OLG Düsseldorf StV 1983, 193; OLG Stuttgart NStZ-RR 2004, 338), fordert das LG Bielefeld (NStZ-RR 1998, 343), dass sich der Angeklagte ein für diese Zwecke mögliches Kurzvisum verschafft. In diese Richtung tendiert auch das KG (StV 1992, 567) jedenfalls für den Fall, dass die Visumserteilung im Zeitraum zwischen Terminsladung und HV möglich ist, wovon jedoch dann nicht auszugehen ist, wenn die Erteilung des sog. Betretungsvisums bei einem einkommens- und vermögenslosen Ausländer von der Stellung einer Kaution (hier: 5.000 DM) abhängig gemacht wird (KG, Beschl. v. 5.12.2001 – [4] 1 Ss 340/01 [183/01]). Muss der ausländische Angeklagte bei der Einreise mit seiner **Verhaftung** rechnen, so ist sein Ausbleiben in der Berufungshauptverhandlung genügend entschuldigt (OLG Bremen StraFo 2005, 381); dies gilt auch, wenn ihm die **Bewährungsauflage** erteilt worden war, das Bundesgebiet unverzüglich zu verlassen (OLG Köln StraFo 2008, 29). Das Entschuldigt sein scheitert auch nicht daran, dass er dem Gericht seine **Auslandsanschrift** nicht mitgeteilt hat (OLG Dresden StRR 2011, 42 [Ls.] = VA 2011, 53).
- Bei einem **freiwilligen Auslandsaufenthalt** kommt es auf die Umstände des Einzelfalls an. Genügende Entschuldigung kann vorliegen, wenn der Aufenthalt aufgrund der Erfüllung beruflicher oder privater Obliegenheiten (s.a. Gründe, berufliche, Teil A Rdn 166; Gründe, private, Teil A Rdn 170, oder wegen **Urlaubs** (→ *Berufung, Ausbleiben des Angeklagten, Endgültiges, Urlaub*, Teil A Rdn 171)) erfolgt. So kann der Angeklagte entschuldigt sein, wenn er sich bei Ladung zur HV bereits im Ausland aufhält, erst dort vom Termin erfährt und sich dann – vergeblich – um eine frühere als die ursprünglich gebuchte Rückflugmöglichkeit bemüht (OLG Oldenburg Nds.Rpfl 2004, 47). Die bloße Mitteilung des Verteidigers, sein Mandant habe eine längere Auslandsreise angetreten und sei bis auf Weiteres auch für den Verteidiger nicht erreichbar, stellt ebenso wenig

eine ausreichende Entschuldigung dar (BayObLG NJW 1994, 1748) wie die nicht näher konkretisierte und substantiierte Mitteilung des Angeklagten, zum Zeitpunkt der Berufungshauptverhandlung nicht in Deutschland gewesen zu sein (OLG Hamm, Beschl. v. 31.7.2008 – 2 Ss 291/08). Dies gilt auch für das Vorbringen des Angeklagten, er habe sich am Terminstag in Südfrankreich in der Nähe der spanischen Grenze aufgehalten, wo er einen Bekannten habe, bei dem er häufig längere Zeit sei, und zwar dann, wenn er in Deutschland keine Aufträge habe, vornehmlich also in der Winterszeit. Für seinen Bekannten habe er in Südfrankreich Fliesenarbeiten ausgeführt, gewissermaßen als Entgelt für die Gewährung von Unterkunft (OLG Karlsruhe VRS 89, 130).

Entwöhnungstherapie 132

Befindet sich der Angeklagte erst seit wenigen Tagen in einer Drogentherapie und besteht die Gefahr, dass er die Therapie frühzeitig abbrechen würde, wenn er zur HV erschiene, muss sich das Gericht, ggf. nach Rücksprache mit der Therapieeinrichtung, mit der vorgebrachten Entschuldigung auseinandersetzen (KG StV 1995, 575; vgl. auch OLG Köln NStZ-RR 2009, 86).

Erkrankung 133

Verwiesen wird dazu auf → *Berufung, Ausbleiben des Angeklagten, Endgültiges, Erkrankung*, Teil A Rdn 155 ff.

Gerichtsfehler/Behördenfehler 134

Eine fehlerhafte Sachbehandlung durch das Gericht (die Behörde) kann den Angeklagten ebenfalls entschuldigen. Hinzuweisen ist auf folgende **Beispielsfälle**:

- **Akteneinsicht:** Das Nichterscheinen kann entschuldigt sein, wenn das AG durch unsachgemäße Maßnahmen, z.B. durch Bewilligung der erstmaligen Akteneinsicht durch den auswärtigen Verteidiger nur auf der Geschäftsstelle des erkennenden Gerichts, die Vorbereitung der HV durch Verteidiger und Betroffenen unmöglich gemacht oder erheblich erschwert hat (BayObLG NJW 1990, 3222) oder einen auf fehlende Akteneinsicht gestützten Verlegungsantrag des Verteidigers nicht bescheidet (OLG Jena VRS 108, 276). Kann dagegen eine Naturalpartei vernünftigerweise davon ausgehen, dass die Bescheidung seines auf § 147 Abs. 7 gestützten Akteneinsichtsgesuchs lediglich versehentlich unterblieben war und dass seinem Informationsanspruch und damit seinem Recht auf angemessene Verteidigung jedenfalls in der HV Genüge getan werde, rechtfertigt die unterlassene Gewährung von Akteneinsicht nicht sein Fernbleiben in der HV (OLG Karlsruhe NStZ-RR 2010, 287). 135
- **Auskunft:** Teilt die Geschäftsstelle dem sich nach dem HV-Termin erkundigenden – anwaltlich nicht vertretenen – Angeklagten mit, ein Termin zur HV sei noch nicht

anberaumt, ist sein Fernbleiben von der tatsächlich stattfindenden HV i.d.R. entschuldigt (OLG Zweibrücken NStZ-RR 2000, 111).

- **Aussetzung:** Das Ausbleiben des Angeklagten ist entschuldigt, wenn er darauf vertraut, dass das Gericht dem Aussetzungsantrag des Verteidigers in einem umfangreichen Verfahren wegen Betrugs entsprechen werde, weil der Antrag auf Akteneinsicht bislang unberücksichtigt geblieben war, und der Akteninhalt erst am Nachmittag vor der HV durch Telefax übermittelt wird, sodass eine sachgerechte Terminsvorbereitung durch den Verteidiger nicht mehr möglich ist (OLG Köln VRS 85, 443).
- **Entbindung vom persönlichen Erscheinen:** Hat das AG über einen rechtzeitig gestellten Antrag des Angeklagten, ihn von der Verpflichtung zum persönlichen Erscheinen in der HV zu entbinden, nicht entschieden und bleibt dieser darauf in der HV aus, so ist sein Ausbleiben durch die falsche Sachbehandlung des Gerichts veranlasst worden und daher als genügend entschuldigt anzusehen (OLG Düsseldorf NZV 1998, 172). S.a. die Ausführungen zur **Verteidigerauskunft**, Teil A Rdn 150.
- **Ladungsfehler** → *Berufung, Ausbleiben des Angeklagten, Allgemeines*, Teil A Rdn 66 ff.
- **Ladungszustellung:** Liegt eine Ladungszustellung zeitlich soweit vor dem HV-Termin (hier: fast ein Jahr), dass es ihrem Empfänger nur schwerlich zuzumuten ist, sie so lange in seinem Gedächtnis zu bewahren oder sich auf andere Weise **auf einen solch entfernt liegenden Termin** einzurichten, so kann seine Säumnis am Terminstag als entschuldigt angesehen werden (OLG Saarbrücken NStZ 1991, 147). Ein „Vergessen" des Termins, zu dem die Ladung „nur" **vier Monate** davor erfolgte, soll allerdings **keinen Entschuldigungsgrund** darstellen (OLG Hamm, Beschl. v. 8.12.2011 – III-5 RVs 99/11). Für eine Wiedereinsetzung in den vorigen Stand in einem solchen Fall ist es jedenfalls erforderlich, dass der Angeklagte darlegt (und glaubhaft macht), ob und ggf. welche zumutbaren Vorkehrungen er gegen das mögliche Vergessen des Termins getroffen hat (OLG Düsseldorf NStZ-RR 1996, 169).
- **Terminsverlegung:** Ein Entschuldigungsgrund kann auch vorliegen, wenn das Gericht einen Terminsverlegungsantrag ermessensfehlerhaft abgelehnt hat. Ist ein Verlegungsantrag gestellt, hat das Gericht sämtliche ihm bekannten Umstände in seine Überlegung einzubeziehen und abzuwägen, wobei im Zweifel das Verteidigungsinteresse des Angeklagten Vorrang hat (BayObLG DAR 2001, 83). Das Recht des Angeklagten, den Beistand eines Verteidigers seines Vertrauens zu erhalten, ist insbesondere bei Terminsverlegungsanträgen zu beachten (KK/*Gmel*, § 213 Rn 4b). Diese Grundsätze gelten auch für die gebotene Abwägung bei der Frage der genügenden Entschuldigung (OLG München NStZ-RR 2006, 20).
- **Verteidigerbestellung, fehlende:** Ob es den Angeklagten genügend entschuldigt, wenn eine notwendige Verteidigerbestellung (§ 140) unterblieben ist und er deshalb nicht zur HV erscheint, wird – ausschließlich dogmatisch betrachtet – zu Recht ver-

neint (OLG Hamm NJW 1970, 1245; OLG München, Beschl. v. 18.6.2007 – 4St RR 88/07; *Meyer-Goßner/Schmitt*, § 329 Rn 5), da ihm die Teilnahme an der HV objektiv möglich ist und eine Notwendigkeit der Mitwirkung des Verteidigers an der HV vor dem Hintergrund des § 338 Nr. 5 nur dann besteht, wenn gegen den Angeklagten zur Sache verhandelt wird, insbesondere, wenn sich die Notwendigkeit der Verteidigung wegen der Höhe einer zu erwartenden Gesamtstrafe überhaupt erst stellen kann, wenn eine Sachentscheidung möglich ist (BayObLGSt 1999, 69).

☝ Im Ergebnis wird diese Sichtweise jedoch weder dem Ausnahmecharakter der Verwerfungsvorschriften noch der deshalb erforderlichen weiten Auslegung des Begriffs des Entschuldigtseins gerecht (→ *Berufung, Ausbleiben des Angeklagten, Allgemeines*, Teil A Rdn 62 ff.). Ergibt sich nämlich bereits aus den Akten, dass der Angeklagte **entweder habituell oder** dadurch in seiner **Verteidigungsfähigkeit eingeschränkt** ist, dass ein am Verfahren beteiligter **Nebenkläger anwaltlich vertreten** wird, kann ihm ein Erscheinen ohne Verteidigerbeistand in der HV **subjektiv nicht zugemutet werden** (OLG Stuttgart StV 2009, 12) mit der Folge, dass in diesem Fall kein Verwerfungsurteil ergehen darf.

- **Verteidigungsanzeige, nicht weitergeleitete:** Bei unrichtiger Adressierung einer Verteidigungsanzeige trägt der Betroffene zwar das Risiko der nicht mehr rechtzeitigen Ladung, nicht aber das Risiko, dass die Verteidigungsanzeige unbeachtet abgeheftet wird, da auch in den Fällen falscher Adressierung der Betroffene seiner Anzeigepflicht Genüge getan hat, wenn bei unverzüglicher Weiterleitung der Anzeige an das zuständige Gericht die rechtzeitige Ladung des Verteidigers noch möglich gewesen wäre; das in der Nichtbeachtung der Verteidigungsanzeige liegende Versäumnis kann nicht zulasten des Betroffenen gehen mit der Folge, dass der Betroffene davon ausgehen kann, dem Aussetzungsantrag seines Wahlverteidigers werde stattgegeben und sein Ausbleiben in der HV werde nicht als unentschuldigt angesehen (OLG Braunschweig StraFo 2009, 520).

Gründe, berufliche 136

Die Pflicht, vor **Gericht** zu **erscheinen**, **geht grds.** der Besorgung beruflichen Angelegenheiten des Angeklagten **vor** (OLG Karlsruhe VRS 89, 130). Kollidiert die Erscheinenspflicht mit einer anderweitigen, gleichfalls öffentlich-rechtlich begründeten Verpflichtung zur Wahrnehmung eines bestimmten Termins und ist diese nicht als nachrangig anzusehen (hier: Schlusstermin in einem Insolvenzverfahren), ist das Fernbleiben entschuldigt (OLG Bamberg wistra 2007, 79). Im Hinblick auf Art. 12 Abs. 1 GG darf die Verpflichtung – wie etwa bei einem Seemann – auch nicht dazu führen, dass die Berufsausübung für einen längeren Zeitraum faktisch ausgeschlossen würde, weil nicht feststeht, wann der auf die Berufung des Angeklagten anzuberaumende HV-Termin stattfinden wird (vgl. OLG Schleswig, Beschl. v. 6.1.1982 – 1 Ws 416/81). Stets ist eine **Abwägung** vorzunehmen, bei der insbesondere Art und Anlass der beruflichen Inanspruchnahme auf der einen und die Bedeutung des den Gegenstand des gerichtlichen Verfahrens bildenden Vorwurfs auf der anderen Seite zu berücksichtigen sind (OLG Hamm NZV 2006, 165).

137 I.d.R. müssen berufliche Gründe aber, um das Ausbleiben zu rechtfertigen, **unaufschiebbar** und **von erheblicher Bedeutung** sein. Insoweit gilt u.a.:

- Würde das Erscheinen vor Gericht den **Arbeitsplatz gefährden**, muss die öffentlich-rechtliche Pflicht ausnahmsweise zurücktreten, so bei einem Fernfahrer, der für seine Spedition an einem bestimmten Tag eine Auslieferung vornehmen muss und kein Ersatzfahrer erreicht werden kann (BGH NJW 1980, 950; vgl. auch OLG Oldenburg zfs 1996, 434) oder
- bei einem Arbeitnehmer, der nach **längerer Arbeitslosigkeit** wieder einen Arbeitsplatz erhalten hat, dem sein Arbeitgeber aber aus plötzlich entstandenen Organisationsschwierigkeiten (OLG Hamm NJW 1995, 207) oder bei einer Beschäftigung in einem gastronomischen Betrieb aus saisonalen Gründen (KG VRS 108, 110) die Arbeitsbefreiung verweigert.
- Gleiches gilt, wenn der Nichtantritt einer Geschäftsreise zu **wirtschaftlichen Verlusten** führen würde (OLG Düsseldorf NJW 1960, 1921) oder
- ein **Auslandsaufenthalt** (hier: in den USA) die beruflichen Chancen eines bislang nur Teilzeitbeschäftigten auf Erhalt eines Vollzeitjobs erwarten lässt (OLG Saarbrücken StraFo 1997, 175).

☝ Ein **beruflicher Termin entschuldigt** das Fernbleiben jedoch **dann nicht**, wenn nicht dargelegt ist, weshalb er ausschließlich vom Angeklagten wahrgenommen werden musste (OLG München, Beschl. v. 8.5.2006 – 4St RR 66/06), wann er vereinbart wurde und dass er nicht verlegt werden konnte (OLG Hamm, Beschl. v. 8.6.2005 – 3 Ss 247/05; 3 Ws 188/05). Dies gilt auch für einen Notar, wenn er nicht darlegt, wann der von ihm wahrzunehmende Beurkundungstermin vereinbart worden und ob dieser tatsächlich unaufschiebbar war (OLG Hamm VRR 2012, 196). Auf der anderen Seite muss das Gericht im Wege des Freibeweises, etwa durch Nachfrage bei dem in der HV anwesenden Verteidiger oder durch eine telefonische Rücksprache mit dem Angeklagten selbst oder seinem Arbeitgeber, ermitteln und in der Urteilsbegründung detailliert unter Abwägung der Pflicht zum Erscheinen einerseits und der Bedeutung der beruflichen Hinderungsgründe andererseits darlegen (OLG Hamm NZV 2003, 348).

Terminsverlegungsantrag oder Verteidigererklärung (zu Protokoll): 138

Gestern Nachmittag rief der Mandant an und teilte mit, dass er an der heutigen Hauptverhandlung nicht teilnehmen könne, da er zu einem Geschäftstermin nach London reisen müsse. Es gehe dabei um einen Auftrag für das Unternehmen, um den sich dieses bereits seit mehr als einem Jahr bemühe und der morgen unter Dach und Fach gebracht werden solle. Der Termin sei nicht zu verlegen, weil zum Vertragsabschluss auch zwei Vertreter eines potenziellen Lizenznehmers aus China anreisen, die sich bereits sozusagen im Anflug auf London befänden.

Weil er, der Mandant, zunächst das Projekt mit den potenziellen Auftraggebern allein betreut habe, sei auch er von seinem Unternehmen als alleiniger Vertreter bei Vertragsabschluss vorgesehen gewesen. Aufgrund der vor fünf Monaten erfolgten Ladung zur Hauptverhandlung, die er unter keinen Umständen habe versäumen wollen, habe er ab diesem Zeitpunkt seinen Vertreter, Herrn X, zu den Verhandlungen mitgenommen, damit dieser im Fall einer Terminskollision an seiner, des Mandanten, Stelle in der Lage sein sollte, den Vertragsabschluss auch ohne den Mandanten zu tätigen.

Heute Morgen (*Anm.: also einen Tag vor der Hauptverhandlung*), habe Herr X mitgeteilt, er habe sich gestern beim Squash einen Bänderriss zugezogen, liege mit eingegipstem Bein zuhause und sei nicht reisefähig. Eine Terminsverlegung hätten die Geschäftspartner in London „schon wegen der Chinesen“ abgelehnt.

Bei dem Auftrag gehe es nicht nur für das Unternehmen um viel; auch ihm, dem Mandanten, winke im Fall des zu erwartenden erfolgreichen Abschlusses eine Bonuszahlung in fünfstelliger Höhe.

Sofern ihm, dem Mandanten, nicht geglaubt werde, möge man bei Herrn A, dem Geschäftsführer (Tel. …) nachfragen.

Verteidigerantrag:

Ich beantrage, die Hauptverhandlung auszusetzen und neuen Termin von Amts wegen, aber nach erfolgter Terminsabsprache, anzuberaumen.

Gründe, private 139

Auch Hinderungsgründe aus dem privaten Lebensbereich haben **grds.** hinter der öffentlich-rechtlichen Erscheinenspflicht vor Gericht **zurückzustehen**. Ebenso wie berufliche Gründe können sie ein Fernbleiben nur dann rechtfertigen, wenn sie unaufschiebbar und von erheblicher Bedeutung sind und wenn die vorzunehmende Abwägung zu ihrem Vorrang vor den Verpflichtungen eines Angeklagten führt.

Solche Umstände liegen sozusagen auf der Hand, wenn die **Ehefrau zur Terminszeit entbindet** (OLG Celle MDR 1966, 949), ein **naher Angehöriger beerdigt** wird (OLG Hamm MDR 1961, 168) oder der Angeklagte die nicht delegierbare Verpflichtung übernommen 140 hat, einen **schwer kranken Angehörigen zu pflegen** (Graf/*Eschelbach*, § 329 Rn 18). Auch eine **plötzliche schwere Erkrankung eines Familienmitglieds** stellt einen ausreichenden Entschuldigungsgrund dar (LG Nürnberg-Fürth, Beschl. v. 21.4.2011 – 7 Qs 31/11). Unter bestimmten Umständen kann dies auch für die Abwesenheit aufgrund von Urlaub (→ *Berufung, Ausbleiben des Angeklagten, Endgültiges, Urlaub*, Teil A Rdn 171 ff.) gelten.

141 Befindet sich der Angeklagte zum Zwecke der **Eheschließung** am Tag der HV, zu der er geladen wurde, nachdem er bereits abgereist war, im Ausland, stellt dieser Umstand keinen Entschuldigungsgrund dar, wenn er nicht darlegen kann, Vorkehrungen dafür getroffen zu haben, von der Ladung auch rechtzeitig Kenntnis zu erlangen; denn denjenigen, der ein Rechtsmittelverfahren in Gang setzt, trifft eine erhöhte, sich aus seiner prozessualen Mitwirkungspflicht ergebende Sorgfaltspflicht, da er jederzeit mit der Ladung zur HV rechnen muss (KG, Beschl. v. 12.1.2000 – 3 Ws 6/00). Hat der Vermieter für den Terminstag die **Zwangsräumung** der Wohnung angekündigt, ist der nicht erschienene Angeklagte nur dann entschuldigt, wenn er darlegt, dass er im Vorfeld des Termins alles ihm Mögliche unternommen hat, um den HV-Termin wahrnehmen zu können (OLG Köln StraFo 2011, 54).

☝ Ebenso wie beim Fernbleiben aus beruflichen Gründen sind stets **Angaben** dazu erforderlich, inwiefern die Umstände die Anwesenheit des Angeklagten unaufschiebbar notwendig gemacht haben (KG NZV 2002, 47).

142 **Gründe, religiöse**

Gebote der Religionsausübung können das Ausbleiben eines Angeklagten **entschuldigen**, wenn er gläubiges und praktizierendes Mitglied der entsprechenden Religionsgemeinschaft ist (OLG Köln NJW 1993, 1345 [Teilnahmeverbot an Gerichtsterminen am Jüdischen Neujahrsfest]). Eine bereits vor der Terminierung der HV gebuchte und dem Gericht rechtzeitig mitgeteilte Pilgerreise nach Mekka/Saudi-Arabien entschuldigt das Fernbleiben des Betroffenen im HV-Termin, da eine Verschiebung der Reise, die bekanntermaßen eine sehr wesentliche, einmal im Leben zu erfüllende Pflicht eines gläubigen Muslimen und nur in einem bestimmten Zeitraum unter erheblichem Organisationsaufwand möglich ist, dem Betroffenen nicht zugemutet werden kann (LG München I StraFo 2011, 54).

143 **Haft**

Befindet sich der Angeklagte am HV-Tag in Haft, kann ihm dieser Umstand **nicht** von vornherein als **Verschulden** an der Säumnis angerechnet werden (KG StRR 2015, 242; OLG Köln StraFo 2006, 205). Dies hat auch zu gelten, wenn das Berufungsgericht davon keine Kenntnis hat, sodass ihm Wiedereinsetzung zu gewähren ist. Bei Zweifeln im Zusammenhang mit Auslandshaft muss das Gericht bei der entsprechenden Deutschen Botschaft oder dem Verbindungsbeamten des BKA nachfragen (KG VRS 107, 119). Hinsichtlich der **Vor-**

führung zum Termin trifft den Angeklagten weder eine Hinweis- noch eine Mitwirkungspflicht (OLG Braunschweig NStZ 2002, 163; OLG Köln StraFo 2008, 248; OLG Stuttgart StV 1988, 72); unentschuldigtes Fernbleiben ist jedoch dann anzunehmen, wenn er die Vorführung aus der Haft grundlos verweigert (OLG Karlsruhe MDR 1974, 598), wobei ein berechtigter Grund für die Verweigerung darin liegen kann, dass ihm die Vorführung in Privatkleidung versagt wird (BVerfG NJW 2000, 1399). Begeht der Angeklagte **nach erfolgter Terminsladung** eine neue Straftat, die zur Verhaftung (hier: im Ausland) führt, soll diese sein Fernbleiben nicht entschuldigen können (bedenklich: OLG Frankfurt/Main NStZ-RR 1999, 144; vgl. EGMR EuGRZ 1992, 539 [*F.C.B./Italien*]).

Missverständnisse 144

Hatte der Vorsitzende der Berufungskammer noch vor Beginn der HV die Notwendigkeit gesehen, wegen der Verhinderung des Tatopfers und Hauptbelastungszeugen einen **Fortsetzungstermin** zu bestimmen und den Angeklagten bereits vorab auch zu diesem Termin zu laden, entstammt dieser Umstand der gerichtlichen Sphäre; ein Missverstehen ist dem Angeklagten nicht vorzuwerfen. Gerade wegen des in der Ladung zum Fortsetzungstermins genannten Zusammenhangs mit der Verhinderung des Zeugen und dem Zeitpunkt der Ladung noch vor Beginn der HV ist dem Angeklagten als mit den gerichtlichen Abläufen nicht vertrautem Laien aber auch nicht vorzuwerfen, dass er die Ladung zum Fortsetzungstermin als Ladung zu einem neuen, wegen der Verhinderung notwendigen (Ersatz-)Termin missverstanden hat. Etwas anderes ergibt sich vor dem genannten Hintergrund auch nicht aus der Verwendung des Begriffs „Fortsetzungstermin", denn dabei handelt es sich um einen Begriff aus der Fachsprache, der von einem Laien nicht ohne Weiteres dahin verstanden werden muss, dass es sich dabei um einen weiteren, zusätzlichen Termin handelt, durch dessen Bestimmung die zuvor erfolgte Terminsbestimmung und Ladung nicht tangiert werden (OLG Saarbrücken, Beschl. v. 4.9.2008 – 1 Ws 170/08).

Mittellosigkeit 145

Ein Ausbleiben des Angeklagten ist **genügend entschuldigt**, wenn ihm die **Anreise** zur HV wegen unverschuldet **fehlender finanzieller Mittel faktisch unmöglich** oder unzumutbar ist, was regelmäßig wiederum voraussetzt, dass der Angeklagte sich rechtzeitig und mit hinreichender Begründung um die Erlangung eines Reisekostenvorschusses bemüht hat (OLG Hamburg, Beschl. v. 16.11.2007 – 2 Ws 263/07). Bringt der Angeklagte vor, nicht über die finanziellen Mittel für die Anreise zur HV zu verfügen, ist es verfehlt, ausschließlich auf das objektive Vorhandensein der finanziellen Leistungsfähigkeit abzustellen. Maßgeblich ist, ob bei wertender Betrachtung dem Angeklagten wegen seines Fernbleibens billigerweise der Vorwurf schuldhafter Pflichtverletzung gemacht werden kann, wobei in tatsächlicher Hinsicht die konkreten Umstände in der Zeit vor der HV nicht außer Betracht bleiben dürfen (OLG Jena NStZ 2005, 272; vgl. auch OLG Hamm StraFo

2004, 211). Wurde in erster Instanz Geldstrafe verhängt, kann sich die Mittellosigkeit u.U. bereits aus der Höhe des Tagessatzes ergeben (hier: 10 €; OLG Celle, Beschl. v. 10.11.2011 – 32 Ss 130/11). **Temporäre Mittellosigkeit** kann den Angeklagten dann am rechtzeitigen Erscheinen in der HV hindern, wenn er die Anreise mit dem Pkw geplant hatte, dieser aber auf der Strecke liegen bleibt oder die Wetterverhältnisse das rechtzeitige Erscheinen verhindern und er nicht so viel Geld mit sich führt, um die restliche Fahrtstrecke mithilfe eines Taxis oder öffentlicher Verkehrsmittel zu bewältigen. **Auf Mittellosigkeit kann sich** aber auch der der deutschen Sprache nicht mächtige **Angeklagte nicht berufen**, der anstelle zum LG zum AG erscheint, aber nicht das Geld für den Kauf einer Fahrkarte zum Gerichtsort des LG hat, wenn er vom AG einen Reisekostenvorschuss hätte erlangen können und ihm das hierzu erforderliche Prozedere dadurch bekannt war, dass er eine solche Vorschussleistung in der Vergangenheit bereits in einer Familiensache erwirkt hatte (OLG Nürnberg NStZ-RR 2010, 286).

146 **Strafvollzug, offener**

Der Umstand, dass der Angeklagte sich zum Zeitpunkt der Berufungshauptverhandlung im offenen Vollzug in Strafhaft befand, ist **nicht ohne Weiteres geeignet**, sein Ausbleiben in der HV zu entschuldigen (OLG Düsseldorf VRS 91, 39).

147 **Suizidversuch**

Befand sich der Angeklagte in stationärer Behandlung, weil er in der Nacht vor dem HV-Termin einen möglicherweise ernsten Selbstmordversuch unternommen hatte, muss das **Gericht erforschen**, ob nach den besonderen Umständen des Einzelfalles dem Angeklagten dieses Verhalten vorzuwerfen war. Zwar kann es vorkommen, dass jemand in zurechnungsfähigem Zustand vorsätzlich einen Selbstmordversuch unternimmt, um damit zu verhindern, dass ein Urteil gegen ihn ergeht; auf der anderen Seite kann aber nicht übersehen werden, dass es sich bei der Vornahme eines ernsthaften Selbstmordversuchs auch um eine psychische Ausnahmesituation handeln kann, die einen Schuldvorwurf gegen den Handelnden nicht gerechtfertigt erscheinen lässt (OLG Koblenz NJW 1975, 322).

148 **Urlaub**

Verwiesen wird auf → *Berufung, Ausbleiben des Angeklagten, Endgültiges, Urlaub*, Teil A Rdn 171.

149 **Verhaftung, drohende**

Eine im Fall des Erscheinens vor Gericht zu erwartende Verhaftung rechtfertigt das Fernbleiben ebenso **wenig** (OLG Köln NStZ-RR 1999, 112) wie die bloße Angst, dass es dazu kommen könnte (KG, Beschl. v. 4.3.2010 – 3 Ws 654/09).

Verteidigerauskunft 150

Das zwischen dem Mandanten und seinem Verteidiger bestehende Vertrauensverhältnis berechtigt einen Angeklagten grds., auf die **erteilte Auskunft** seines **Anwalts** zu **vertrauen**, weshalb in diesem Fall auch sein Fernbleiben von der HV entschuldigt ist (OLG Hamm NStZ-RR 1997, 113). Rat und Mitteilung des Verteidigers, dass eine Pflicht vor Gericht zu erscheinen nicht bzw. zu einem bestimmten Termin nicht bestehe, sind aber nicht unbeschränkt und in jedem Fall geeignet, ein Verschulden des Angeklagten auszuschließen; denn ein Vertrauen auf derartige Hinweise der Verteidigung ist dann nicht gerechtfertigt, wenn sich dem Angeklagten nach der konkreten Sachlage Zweifel aufdrängen müssen, ob die Äußerung seines Verfahrensbevollmächtigten zutreffend ist. Bestehen ausreichende Anhaltspunkte für die Unrichtigkeit der von der Verteidigung erteilten Auskunft oder Beratung, muss der Angeklagte diesen durch Nachfrage bei Gericht selbst nachgehen (BayObLG NStZ-RR 2003, 85).

☝ Für den Verteidiger folgt daraus, dass er den Mandanten **nicht vorschnell** vom Erscheinen in der HV **abraten** darf, der **Angeklagte** selbst darf sich nicht „blind" auf die Auskunft des Verteidigers verlassen!

Hinzuweisen ist auf folgende **Beispielsfälle:** 151

- **Büroversehen:** Legt der Verteidiger dar, dass er den Mandanten über die Abladung des Termins falsch informiert hatte, weil es zwei den Mandanten betreffende Handakten gebe, die Verfahren vor dem gleichen Gericht enthielten, und es deswegen zu einer Verwechslung bei der Einlage der gerichtlichen Abladung gekommen sei, dürfen die Anforderungen an das Verschulden des Angeklagten im Wiedereinsetzungsverfahren nicht überspannt werden (BVerfG, Beschl. v. 8.5.1991 – 2 BvR 1302/89).
- **Ladungsmangel, Verteidiger:** Erklärt der Verteidiger dem Mandanten, es werde keine HV stattfinden, **weil er, der Verteidiger, hierzu nicht geladen** wurde, entschuldigt dies das Fernbleiben selbst dann, wenn die Ladung unterblieben ist, weil der Verteidiger die Verteidigungsanzeige falsch adressiert hatte, die rechtzeitige Ladung des Verteidigers gleichwohl möglich gewesen wäre und einem gestellten Aussetzungsantrag hätte stattgegeben werden müssen (OLG Braunschweig StraFo 2009, 520; s.a. **Verteidigererscheinen**, Teil A Rdn 154.
- **(Nicht-)Anordnung des persönlichen Erscheinens**. Die Auskunft des Verteidigers, der Mandant müsse an der HV mangels Anordnung des persönlichen Erscheinens nicht teilnehmen, ist als ausreichender Entschuldigungsgrund anzusehen, wenn der Antrag auf Entbindung vom persönlichen Erscheinen trotz rechtzeitiger Antragstellung seitens des Gerichts nicht beschieden wurde (OLG Düsseldorf NZV 1998, 172). Wurde der Mandant in seinem Vertrauen darauf, dass seine Erscheinungspflicht, über

die er zugleich mit der Mitteilung der Anordnung belehrt worden war, infolge der Untätigkeit des Gerichts nunmehr entfällt, durch die – falsche – Auskunft seines Verteidigers bestärkt, entschuldigt auch dies das Fernbleiben von der HV (OLG Zweibrücken NZV 1998, 43; s. aber OLG Saarbrücken NJW 1974, 322).

152 Hat der Verteidiger einen **Antrag** auf **Aufhebung** der **Anordnung** des **persönlichen Erscheinens** gestellt und dem Mandanten mitgeteilt, er brauche vorbehaltlich anderslautender Entscheidung des Gerichts nicht zum festgesetzten Termin zu erscheinen, so besteht für den Betroffenen eine **Erkundigungspflicht**, wenn das Gericht den Termin zwar aufhebt, für die neue Verhandlung aber wiederum das persönliche Erscheinen anordnet (BayObLG NJW 1995, 1568). Ebenso wenig darf sich der Mandant ohne Nachfrage bei Gericht auf die – falsche – Auskunft seines Verteidigers verlassen, er brauche nicht zu erscheinen, wenn in einer Bußgeldsache die mit der Belehrung über die Folgen des Ausbleibens versehene Terminsladung aufrechterhalten bleibt und zur HV u.a. ein Sachverständiger zur Täteridentifizierung geladen wurde (BayObLG NStZ-RR 2003, 85).

153 **Benachrichtigt** der **Verteidiger** seinen Mandanten davon, dass der HV-Termin infolge seines, des Verteidigers, gestellten und **auf Urlaubsabwesenheit gestützten Verlegungsantrags** aufgehoben worden sei, trifft den Angeklagten auch dann kein Verschulden, wenn ihm keine Abladung zugeht, er sich dies aber mit der kurzen Zeitspanne zwischen Verlegungsantrag und HV-Termin erklären kann (OLG Hamm NStZ-RR 1997, 113). Gleiches gilt, wenn der Verteidiger seinem Mandanten mitteilt, er, der Verteidiger, könne den HV-Termin infolge Erkrankung nicht wahrnehmen, weshalb auch der Mandant nicht vor Gericht erscheinen müsse (OLG Hamm NStZ-RR 2010, 245 [Pflichtverteidiger]; Beschl. v. 28.9.2006 – 3 Ws 454/06; OLG Köln NStZ-RR 1997, 208; vgl. auch BayObLG NStZ-RR 2002, 79).

154 Verteidigererscheinen

Eine sachliche Überschneidung mit der **Verteidigerauskunft** (Rdn 150 f.) kann sich zunächst in allen Fällen ergeben, in denen weder der Angeklagte noch der Verteidiger zur Berufungs-HV erscheint und der Verteidiger dies dem Angeklagten zuvor mitgeteilt, ihm ggf. zum Nichterscheinen geraten oder ihn in der Absicht, nicht zu erscheinen, bestärkt hatte:

- Erscheinen beide Verfahrensbeteiligte ohne gegenseitige Absprache nicht zur HV, hängt der Bestand des Verwerfungsurteils nur davon ab, dass der Angeklagte nicht genügend entschuldigt ist und
- der Verteidiger zum Entschuldigt sein in der HV nichts hätte vorbringen können, da mangels Verhandlung zur Sache kein Verstoß gegen § 338 Nr. 5 vorliegt (KG, Beschl. v. 15.11.2000 – [4] 1 Ss 357/00 [189/00]; OLG Hamm NJW 1970, 1245).

Siehe auch: → *Berufung, Ausbleiben des Angeklagten, Allgemeines*, Teil A Rdn 57, m.w.N.

Berufung, Ausbleiben des Angeklagten, Endgültiges, Erkrankung 155

Das Wichtigste in Kürze:

1. Die praktisch am häufigsten vorkommende Begründung für das Fernbleiben von der HV ist die Erkrankung des Angeklagten.
2. Führt die Erkrankung zur Verhandlungsunfähigkeit, entschuldigt sie den Angeklagten regelmäßig, schon weil dieser aus Art. 6 Abs. 3 Buchst c EMRK (Art. 2 Abs. 1 i.V.m. Art. 20 Abs. 3 GG) ein Recht darauf hat, sich vor Gericht selbst zu verteidigen.
3. Das Ausbleiben des Angeklagten in der HV ist aber auch dann entschuldigt, wenn er das seinem Erscheinen in der HV entgegenstehende Hindernis selbst herbeigeführt hat.
4. Eine Erkrankung entschuldigt den Angeklagten nicht nur dann, wenn er nicht verhandlungs- oder reiseunfähig ist; vielmehr genügt es, wenn das Erscheinen vor Gericht wegen der Erkrankung unzumutbar ist.

Literaturhinweise: s. die Hinw. bei → *Berufung, Ausbleiben des Angeklagten, Allgemeines*, Teil A Rdn 58. 156

1. Die praktisch am häufigsten vorkommende Begründung für das Fernbleiben von der HV ist die Erkrankung des Angeklagten, also die Geltendmachung einer **Befindlichkeits- oder Funktionsstörung von Körper oder Seele**. Bei **psychischen Erkrankungen** kann das Berufungsgericht die ärztlicherseits attestierte Verhandlungsunfähigkeit i.d.R. nicht mit eigener Sachkunde verneinen (BayObLG, Beschl. v. 14.2.2002 – 5St RR 21/02). 157

☝ Die **Rspr.** der Obergerichte zum Begriff der „genügenden Entschuldigung" i.S. des § 329 a.F. für das Ausbleiben des Angeklagten infolge Erkrankung ist auch nach der Neuregelung des § 329 **weiter anwendbar**. Insoweit haben sich keine Änderungen in der StPO ergeben.

Neu ist allerdings, dass dann, wenn die Berufung wegen **Verhandlungsunfähigkeit** des Angeklagten nach § 329 Abs. 1 verworfen werden soll, das Gericht einen Arzt als **Sachverständigen** hören muss (§ 329 Abs. 1 S. 3). Die Anhörung kann im Freibeweisverfahren erfolgen (*Spitzer* StV 2016, 48, 53).

2. Führt die Erkrankung zur **Verhandlungsunfähigkeit**, entschuldigt sie den Angeklagten regelmäßig, schon weil dieser aus Art. 6 Abs. 3 Buchst c EMRK (Art. 2 Abs. 1 i.V.m. Art. 20 Abs. 3 GG) ein Recht darauf hat, sich vor Gericht selbst zu verteidigen. 158

☝ Dem verhandlungs**unfähigen** Angeklagten kann nicht vorgeworfen werden, eine die Verhandlungsunfähigkeit beseitigende Therapie wegen erheblicher Eingriffe in seine körperliche Integrität oder seine Persönlichkeitsrechte unterlassen (BVerfGE 89, 120 = StV 1993, 620; BayObLG NJW 1999, 3424; OLG Köln NStZ-RR 2009, 86; **a.A.** zu § 231a LG Lüneburg NStZ-RR 2010, 211) oder einen Facharzt nicht rechtzeitig aufgesucht zu haben (OLG Köln, Beschl. v. 12.3.2010 – 2 Ws 143/10), umso weniger, wenn nicht ausgeschlossen werden kann, dass dies gerade durch den schlechten Gesundheitszustand verhindert wurde (OLG Hamm, Beschl. v. 21.11.2000 – 4 Ss 792/00). Bedenklich deshalb OLG Hamm NJW 1970, 1245, weil das Entschuldigt sein u.a. damit verneint wurde, der Angeklagte sei einer klinischen Untersuchung jahrelang ausgewichen.

159 **3.** Das Ausbleiben des Angeklagten in der HV ist aber auch dann entschuldigt, wenn er das seinem **Erscheinen** in der **HV entgegenstehende Hindernis selbst herbeigeführt** hat, da ihm nicht zur Last gelegt werden kann, dass er bei der polizeilichen Festnahme in anderer Sache Widerstand leistete und wegen der dabei erlittenen Verletzungen eine Krankenhausbehandlung erforderlich wurde (OLG Düsseldorf StraFo 2001, 269).

160 **4.** Eine Erkrankung **entschuldigt** den Angeklagten **nicht** nur **dann**, wenn er **nicht verhandlungs- oder reiseunfähig** ist; vielmehr genügt es, wenn das Erscheinen vor Gericht **wegen der Erkrankung unzumutbar** ist (OLG Düsseldorf StV 1987, 9; OLG Frankfurt/Main, Beschl. v. 2.11.2015 – 1 Ss 312/15; OLG Hamm VRS 107, 206; OLG Rostock StraFo 2001, 417), was auch für den Fall gilt, dass sich der krankhafte Zustand infolge der Teilnahme an der HV verschlimmern könnte (OLG Stuttgart VRS 106, 209). Unzulässig ist es, wenn das Gericht die Zumutbarkeit des Erscheinens zum Nachteil des Beschwerdeführers daraus folgert, dass er sich rechtzeitig um eine ärztliche Bescheinigung und deren Weiterleitung an seinen Verteidiger bemüht hat, weil es auf diese Weise dessen ordnungsgemäßes Verhalten gegen ihn wendet (KG, Beschl. v. 17.2.2002 – 5 Ws 116/02). Bei der Vorlage eines privatärztlichen Attestes, bei dem **die Diagnose nicht angegeben** ist, gehört zu den im Einzelfall erforderlichen Ermittlungen auch die fernmündliche Erkundigung beim ausstellenden Arzt über die näheren Umstände des Krankheitsbildes, um auf dieser Grundlage über das Genügen der Entschuldigung entscheiden zu können (OLG München StraFo 2014, 79; vgl. a. OLG Frankfurt/Main, Beschl. v. 2.11.2015 – 1 Ss 312/15).

161 **5.** Die Rechtsprechung der OLG zu den o.a. Fragen ist in folgender **Rechtsprechungsübersicht** zusammengestellt (vgl. a. noch *Burhoff*, HV, Rn 714 m.w.N.):

162 **Art der Erkrankung**

Erkrankungen:	Entschuldigt sein bejaht:
Abszess (Mundhöhle), s.a. „Vereiterung“	OLG Düsseldorf NStZ 1984, 331

Erkrankungen:	**Entschuldigt sein bejaht:**
Bandscheibenvorfall	OLG Koblenz, Beschl. v. 7.12.2000 – 1 Ws 719/00; OLG Köln, Beschl. v. 12.3.2010 – 2 Ws 143/10
Bronchitis, schwer/fiebrig/eiterig	BayObLG NStZ-RR 1999, 143; KG, Beschl. v. 25.8.2011 – 3 Ws (B) 458/11
Durchfallerkrankung	KG, Beschl. v. 17.2.2002 – 5 Ws 116/02; OLG Köln VRS 111, 43; auch dann, wenn die Anreise deshalb unzumutbar ist, weil die S-Bahn über keine Toiletten verfügt (OLG München NStZ 1988, 377)
Erbrechen/Kreislaufbeschwerden	BayObLG NJW 1998, 172
Geisteskrankheit	OLG Karlsruhe NJW 1972, 1871
Gonarthrosis mit Gehbeschwerden	BayObLG StV 2001, 338
hirnorganische Beeinträchtigung mit wahnhafter Symptomatik	BayObLG, Beschl. v. 14.2.2002 – 5St RR 21/02
Infektionserkrankung, Atemwege	OLG Karlsruhe NStZ 1994, 141; LG Potsdam, Beschl. v. 25.5.2009 – 27 Ns 3/09
Infektionserkrankung, fiebrig	OLG Hamm, Beschl. v. 21.11.2000 – 4 Ss 792/00; OLG Stuttgart VRS 106, 209
Infektionserkrankung/Kreislaufschwäche	LG Aurich, Beschl. v. 11.1.2011 – 12 Qs 5/11
Kopfschmerzattacken, temporal/Konzentrationsstörungen	OLG Köln StraFo 2006, 413
Kreislaufbeschwerden/Erbrechen	BayObLG NJW 1998, 172
Migräneanfall	BayObLG NStZ-RR 2003, 87
Nierenbeschwerden (Nierensteine)	OLG Hamm Beschl. v. 26.4.2007 – 1 Ws 282/07
Psychose	KG VRR 2009, 433
Psychose, paranoid	OLG Hamm NStZ-RR 2003, 86; OLG Köln StraFo 2010, 73
Querulantenwahn	OLG Brandenburg NJW 1998, 842
Schmerzsymptomatik, psychisch überlagert	OLG Düsseldorf NStE Nr. 16 zu § 329 StPO

Erkrankungen:	Entschuldigt sein bejaht:
Sozialkompetenz, alkoholbedingter Verlust	OLG München NJW 2008, 3797
Vereiterung Ober-/Unterkieferbereich (s.a. „Abszess“)	OLG Stuttgart NStZ-RR 2006, 313

163 **Kausalität**

In jedem Fall muss aber das Nichterscheinen **auf dem krankhaften Zustand beruhen**, weshalb der Angeklagte dann nicht entschuldigt ist, wenn er aus anderen Gründen nicht zum Erscheinen vor Gericht bereit war (KG StRR 2009, 22). Teilt der Berufungsführer seinem Verteidiger am Vortag des HV-Termins mit, er könne den Termin nicht wahrnehmen, weil er in Berlin einen Angehörigen pflege, vermag ihn auch ein ärztliches Attest, das auf einer am Hauptverhandlungstag stattgefundenen Untersuchung beruht und ihm Reiseunfähigkeit infolge eines selbst erlittenen epileptischen Anfalls bescheinigt, deshalb nicht zu entschuldigen, weil sich bereits aus der gegenüber dem Verteidiger abgegebenen Erklärung ergibt, dass er gar nicht bereit war, zur HV zu erscheinen (OLG Oldenburg, Beschl. v. 17.1.2012 – 1 Ws 678/11).

☝ Der seitens der Gerichte hier gemutmaßte Missbrauch dieses Entschuldigungsgrunds nötigt im Rahmen eines schlüssigen Vortrags zu einer detaillierten Darlegung der **konkreten Symptomatik der Erkrankung**, aufgrund derer der Angeklagte am Erscheinen gehindert ist (OLG Celle, Beschl. v. 13.9.2011 – 2 Ws 253/11; Beschl. v. 10.11.2011 – 32 Ss 119/11; OLG Hamm NZV 2009, 158; NZV 2011, 562). Der Verwerfung des Rechtsmittels kann es jedoch bereits entgegenstehen, dass der Verteidiger am Tag vor der HV mitgeteilt hat, der Angeklagte könne wegen einer schweren Erkrankung nicht erscheinen und werde dem Gericht noch am Vormittag des Terminstags ein ärztliches Attest zukommen lassen, da das Gericht den Eingang des angekündigten Attests dann abwarten muss (KG, Beschl. v. 26.5.2000 – [5] 1 Ss 121/00 [27/00]).

164 *Beispiel Verteidigererklärung (zu Protokoll):*

Heute um 8:30 Uhr hat die Ehefrau meines Mandanten in der Kanzlei angerufen und mitgeteilt, dass ihr Ehemann krank sei. Er könne nicht aufstehen, da es ihm sofort schwarz vor den Augen werde. Sie habe bei ihrem Mann Fieber gemessen und um 7:30 Uhr eine Temperatur von 39,5 Grad festgestellt. Der Hausarzt sei gerufen, werde aber erst am Mittag erscheinen, weshalb ein ärztliches Attest frühestens am Nachmittag vorgelegt werden könne.

Verteidigerantrag:

Ich beantrage, die Hauptverhandlung auszusetzen und neuen Termin von Amts wegen, allerdings erst nach Wiedergenesung des Mandanten zu bestimmen;

hilfsweise die Hauptverhandlung bis zum Eingang des Attests zu unterbrechen.

Das Gericht kann einen zuhause befindlichen Angeklagten durch den Landgerichtsarzt/ 165
Amtsarzt untersuchen lassen oder zumindest einen Gerichtswachtmeister vorbeischicken (BayObLG NStZ-RR 2003, 87), wobei der ersten Alternative wegen der fehlenden medizinischen Qualifikation von Polizei- und Gerichtsbeamten der Vorzug zu geben ist (OLG Stuttgart VRS 106, 209).

Arztattest 166

Ein **privatärztliches Attest**, das **im Original** vorgelegt werden sollte (KG StraFo 2007, 244), **reicht** im Rahmen der Darlegung **aus** (KG, Beschl. v. 30.9.1999 – [4] 1 Ss 300/99 [118/99]; OLG Düsseldorf VRS 90, 187; OLG Frankfurt/Main StV 1988, 100; OLG Frankfurt/Main, Beschl. v. 2.11.2015 – 1 Ss 312/15). Dem Angeklagten obliegt nach Mitteilung des Hinderungsgrundes „Krankheit" durch Vorlage des ärztlichen Attests keine Mitwirkungspflicht bei der danach möglicherweise vom Gericht für erforderlich gehaltenen weiteren Substantiierung (KG, Beschl. v. 16.9.1999 – [4] 1 Ss 217/99 [101/99]). Das Attest gilt so lange als genügende Entschuldigung, als nicht seine Unglaubwürdigkeit feststeht (KG, Beschl. v. 25.8.2011 – 3 Ws (B) 458/11; OLG Frankfurt/Main a.a.O.).

Ob sich das Entschuldigt sein allein auf das Attest stützen lässt, hängt neben seinem Inhalt 167
auch von der Art seines Zustandekommens ab. Erfüllt sein sollten im Idealfall folgende

Anforderungen an ein privatärztliches Attest:

- Das Attest sollte auf einer kurz **vor** dem HV-Termin erfolgten **ärztlichen Untersuchung beruhen**, da eine ärztliche Untersuchung im Nachhinein das Fernbleiben i.d.R. nicht entschuldigen kann (KG, Beschl. v. 22.3.2000 – 4 Ws 60/00),
- Es sollte eine **Diagnose**, also die Aussage über die Art der Erkrankung
- und zwar **am Terminstag** enthalten (KG StraFo 2007, 244), weshalb es ausreicht, wenn in dem auf den Terminstag datierten Attest bescheinigt wird, der Angeklagte sei infolge einer akuten Erkrankung für mindestens drei Tage nicht reisefähig (OLG Koblenz Rpfleger 1990, 385; vgl. auch OLG Düsseldorf VRS 90, 187),
- ferner, über die **Schwere der Erkrankung** Auskunft geben, da das Gericht andernfalls nicht feststellen kann, ob der Angeklagte tatsächlich gehindert bzw. es ihm unzumutbar ist, vor Gericht zu erscheinen; nicht ausreichen soll es, wenn ärztlicherseits lediglich bescheinigt wird, dass **die Teilnahme an der HV aus „Krankheitsgründen" nicht möglich gewesen** sei (OLG Schleswig SchlHA 2005, 258) oder die Diagnose „**Kreislaufprobleme**, **Bettruhe**" nach Extraktion von zwei Zähnen ohne näheren Aufschluss

über Art und Auswirkungen der Kreislaufproblematik die Verhinderung des Angeklagten nicht im ausreichenden Maß wahrscheinlich macht (KG, Beschl. v. 5.11.2011 – 3 Ws 553/01).

☝ Ein „mangelhaftes" Attest wonach der Angeklagte aus ärztlicher Sicht nicht an der HV teilnehmen kann, ist jedoch nicht völlig wertlos, da ihm (auch ohne nähere Angaben über den Krankheitszustand und die Diagnose) ein hoher Beweiswert zukommt. Verbleiben Zweifel, hat das Gericht diesen nachzugehen (vgl. u.a. KG DAR 2011, 146; Beschl. v. 25.8.2011 – 3 Ws (B) 458/11; wegen weit. Nachw. *Burhoff*, HV, Rn 714 ff.); zulasten des Angeklagten dürfen sie sich grds. nicht auswirken (h.M.; vgl. nur OLG Frankfurt/Main StV 1988, 100). In den Urteilsgründen muss sich das Berufungsgericht mit diesem Attest auseinandersetzen und darlegen, warum es dennoch das Erscheinen des Angeklagten für zumutbar hielt, um dem Revisionsgericht die rechtliche Nachprüfung seiner Erwägungen zu ermöglichen (KG, Beschl. v. 30.9.1999 – [4] 1 Ss 300/99 [118/99]).

168 **Arbeitsunfähigkeitsbescheinigung**

Eine schlichte Arbeitsunfähigkeitsbescheinigung **entschuldigt** das Fernbleiben **i.d.R. nicht**, weil die Arbeitsunfähigkeit als Minus hinter der Feststellung von Reise- und/oder Verhandlungsunfähigkeit zurückbleibt (OLG Hamm NZV 2009, 158). Die nachgewiesene Arbeitsunfähigkeit enthält jedoch regelmäßig **den konkreter Hinweis auf die Existenz eines berechtigten Entschuldigungsgrunds**, sofern nicht Gründe dafür vorliegen, dass das Attest als erwiesen falsch oder sonst als offensichtlich unrichtig oder unzureichend anzusehen ist (OLG Bamberg, Beschl. v. 28.11.2011 – 3 Ss OWi 1514/11; OLG Oldenburg DAR 2012, 93) und stellt deshalb **ein starkes Indiz** für die **Unmöglichkeit** oder – wegen der Verschlimmerungsgefahr – Unzumutbarkeit längerer Reisen und HV-Termine dar, sodass es gewichtiger Gegengründe bedarf, um trotz nachgewiesener Arbeitsunfähigkeit die Reise- und Verhandlungsfähigkeit des Angeklagten zu bejahen (OLG Stuttgart VRS 106, 209).

☝ Ausgenommen in Fällen der selbst intendierten Erteilung eines Gefälligkeitsattests kann der Angeklagte ohne Schuldvorwurf annehmen, der Inhalt der von ihm eingereichten Bescheinigungen reiche aus, um ihn genügend zu entschuldigen, sodass ihm das Fernbleiben jedenfalls subjektiv **nicht zum Vorwurf** gemacht werden kann (OLG Hamm VRR 2005, 390; OLG Rostock StraFo 2001, 417; einschränkend: OLG Jena, Beschl. v. 6.3.2008 – 1 Ss 362/06). Dies gilt jedoch **nicht**, wenn der die Bescheinigung ausstellende Arzt den Angeklagten bereits selbst darauf hingewiesen hat, diese eigne sich nicht als Beleg für eine Verhandlungsunfähigkeit (BayObLG, Urt. v. 8.12.1994 – 3St RR 136/94).

Entbindung von der ärztlichen Verschwiegenheitspflicht 169

Die Vorlage eines Attests/einer Arbeitsunfähigkeitsbescheinigung beinhaltet konkludent die Erklärung über die **Entbindung von der ärztlichen Verschwiegenheitspflicht** (BayObLG StV 2001, 338; OLG Bamberg zfs 2012, 230; OLG Karlsruhe NStZ 1994, 141), sodass das zweifelnde Gericht beim behandelnden Arzt **rückfragen** kann. Ist dieser nicht erreichbar, muss es versuchen, den Praxiskollegen des Arztes zu erreichen oder sich das Krankheitsbild durch die Sprechstundenhilfe erläutern zu lassen (OLG Hamm VRS 107, 206; OLG Stuttgart VRS 106, 209).

☝ Die Erklärung über die Entbindung von der ärztlichen Verschwiegenheitspflicht gilt **auch** für die **Hilfspersonen** des Arztes (§ 53a Abs. 2).

Dem Angeklagten kann es dabei **nicht angelastet** werden, wenn der Arzt auf Befragen lediglich erklärt, der Angeklagte sei an den Atemwegen erkrankt, sich im Übrigen aber strikt auf seine **ärztliche Schweigepflicht beruft** (KG, Beschl. v. 16.9.1999 – [4] 1 Ss 217/99 [101/99]). Teilt der Arzt hingegen auf Anfrage des Gerichts mit, es sei fraglich, ob der Angeklagte überhaupt krank sei, in jedem Fall sei er verhandlungsfähig, so besteht kein Anlass zur weiteren Aufklärung, ob sich der Angeklagte subjektiv für entschuldigt halten durfte (OLG München VRR 2007, 116). Am Entschuldigt sein soll es ebenfalls fehlen, wenn der Arzt auf Rückfrage mitteilt, zwar liege eine Erkrankung vor, Verhandlungsfähigkeit bestehe aber aufgrund der erfolgten Medikation nicht (OLG Hamm, Beschl. v. 22.9.2005 – 3 Ss 410/05; OLG Köln, Beschl. v. 24.6.2005 – 82 Ss 5/05; Beschl. v. 23.5.2005 – 1 Ws 13/05). 170

☝ In dem zuletzt genannten Fall ist aber zu beachten, dass der Angeklagte, der auch dann entschuldigt ist, wenn er eine zur Beseitigung der Verhandlungsunfähigkeit führende Therapie unterlässt (BayObLG NJW 1999, 3424; OLG Köln NStZ-RR 2009, 86), zur Einnahme der verordneten Medikamente allein aus Gründen der (Wieder-)Herstellung der Verhandlungsfähigkeit nicht verpflichtet werden kann, insbesondere, wenn die Medikamente das Wohlbefinden störende Nebenwirkungen entfalten. Dies muss er allerdings vortragen.

Siehe auch: → *Berufung, Ausbleiben des Angeklagten, Allgemeines*, Teil A Rdn 57; → *Berufung, Ausbleiben des Angeklagten, Endgültiges, A – Z*, Teil A Rdn 122.

171 Berufung, Ausbleiben des Angeklagten, Endgültiges, Urlaub

Das Wichtigste in Kürze:

1. Die Urlaubsabwesenheit am Tag der HV kann einen Entschuldigungsgrund aus dem privaten Lebensbereich darstellen.
2. Kollidiert der Hauptverhandlungstermin mit einer gebuchten Urlaubsreise, kommt es letztlich darauf an, ob die Buchung vor oder nach der Ladung zur HV erfolgte.

172 **Literaturhinweise:** s. die Hinw. bei → *Berufung, Ausbleiben des Angeklagten, Allgemeines*, Teil A Rdn 58.

173 **1.** Die Urlaubsabwesenheit am Tag der HV **kann** einen **Entschuldigungsgrund** aus dem privaten Lebensbereich darstellen (s. unter „Gründe, private" bei → *Berufung, Ausbleiben des Angeklagten, Endgültiges, A – Z*, Teil A Rdn 139)

☝ Die **Rspr.** der Obergerichte zum Begriff der „genügenden Entschuldigung" i.S. des § 329 a.F. für das Ausbleiben des Angeklagten infolge Urlaubs (vgl. dazu a. *Burhoff*, HV, Rn 715) ist auch nach der Neuregelung des § 329 **weiter anwendbar**. Insoweit haben sich keine Änderungen in der StPO ergeben.

174 Ein Bürger muss zwar i.d.R. nicht seinen Urlaub unter dem Vorbehalt etwaiger Terminsbestimmung antreten und ggf. auf ihn verzichten oder ihn unterbrechen; vielmehr kann er davon ausgehen, dass das Gericht seinem berechtigten Verlangen durch eine Aufhebung oder Verlegung des Termins entspricht (BVerfG NJW 1969, 1531); sich ausschließlich hierauf zu berufen, ist jedoch schon deshalb nicht vollkommen risikolos, weil es der Angeklagte ist, der das Rechtsmittelverfahren in Gang gesetzt hat, er mithin mit der Ladung zur HV rechnen muss, sodass ihn **besondere Sorgfaltspflichten** treffen, soll nicht die Fiktionswirkung des Interessenverlusts an der Durchführung des Verfahrens Platz greifen. Jedoch dürfen auch hier die Anforderungen nicht überspannt werden. Hat der Angeklagte Anfang Januar Berufung einlegen lassen und wird er zur HV erst im August geladen, wobei er bis dahin ohne jede Nachricht vom Gericht über den Fortgang des Verfahrens geblieben war, musste er angesichts dieses Zeitablaufs, den die Justiz ohne seine Benachrichtigung für sich in Anspruch genommen hat, besondere Vorkehrungen für eine jederzeitige Erreichbarkeit nicht mehr treffen (OLG Oldenburg Nds.Rpfl 2004, 47; a.A. BayObLG, Beschl. v. 13.8.1997 – 3St RR 46/97, wobei die Ladung zum HV-Termin den Angeklagten erst **ein Jahr nach** der HV erreichte).

☝ **Steht der Urlaubstermin** bereits bei Einlegung des Rechtsmittels **fest**, sollte das Gericht schon in diesem – frühen – Stadium darauf hingewiesen werden, „... *nicht in der Zeit* *zwischen … und … Hauptverhandlung anzuberaumen, da sich der Angeklagte in diesem Zeitraum in einem bereits gebuchten Urlaub befindet …*". Ist zu befürchten, dass der Hauptverhandlungstermin in die **Zeit des geplanten Urlaubs** fällt, sollte zusammen mit der Einlegung der Berufung darum gebeten werden, vor Terminsanberaumung „*… den Termin für die Hauptverhandlung abzusprechen, um eine Kollision mit einem geplanten Urlaub zu vermeiden …*".

2. **Kollidiert** der **Hauptverhandlungstermin** mit einer gebuchten Urlaubsreise, kommt es letztlich darauf an, ob die Buchung **vor** oder **nach** der **Ladung zur HV** erfolgte. I.d.R. ist das Ausbleiben des Angeklagten in der Berufungshauptverhandlung infolge Urlaubsabwesenheit genügend entschuldigt, wenn er den Urlaub vor Erhalt der Ladung zur HV gebucht hat (OLG Hamm zfs 2005, 515; LG Berlin NZV 2007, 253). Allerdings soll auch unter diesen Umständen ein Erscheinen vor Gericht zumutbar sein, wenn es sich um einen Urlaubsaufenthalt im benachbarten Ausland handelt, der ohne größere zeitliche bzw. finanzielle Probleme unterbrochen werden kann (**Polen**: OLG Brandenburg VRR 2008, 393; **Schweiz**: OLG Saarbrücken NJW 1975, 1613), was im Ergebnis allerdings dem vom BVerfG (NJW 1969, 1531) aufgestellten Grundsatz zuwiderläuft. Befindet sich der Angeklagte hingegen für längere Zeit im Ausland (hier: Brasilien), wohin er bereits vor Erlass des Strafbefehls verreist war, kann ihm ein persönliches Erscheinen in der HV nicht zugemutet werden; dies gilt umso mehr, wenn im Strafbefehl die Höhe des Tagessatzes auf 10 € festgesetzt worden war, woraus auch geschlossen werden kann, dass es an finanziellen Mittel für einen nicht geplanten Rückflug fehlt (OLG Celle, Beschl. v. 10.11.2011 – 32 Ss 130/11). Eine Urlaubsreise, die seit längerer Zeit geplant ist und die nach der Terminsmitteilung nicht mehr ohne große finanzielle Verluste rückgängig gemacht werden kann (hier: Reise nach Südindien), entschuldigt bei einer Strafsache ohne größere Bedeutung das Fernbleiben (OLG Düsseldorf NJW 1973, 109). Bucht der Angeklagte die Reise erst **nach erfolgter Terminsladung**, ist sein Fernbleiben regelmäßig nicht entschuldigt (OLG Düsseldorf VRS 64, 438). 175

☝ Bereits in dem eingehend zu **begründenden Antrag** auf **Terminsverlegung** (*Burhoff*, HV, Rn 715) muss der Angeklagte darlegen, weshalb es zur Kollision gekommen und weshalb der Urlaubsabwesenheit – ausnahmsweise – Vorrang vor der Pflicht zum Erscheinen vor Gericht einzuräumen ist. Der Vater schulpflichtiger Kinder kann sich dabei auf die Schulferien, der Arbeitnehmer ggf. auf Werksferien berufen.

Beispiel: Terminsverlegungsantrag oder Verteidigererklärung (zu Protokoll): 176

Gestern, am 10. August …, Nachmittag rief der Mandant an und teilte mit, dass er an der heutigen Hauptverhandlung nicht teilnehmen könne, weil er sich in Tunesien im Urlaub befinde.

Alternative 1:

Der Urlaub sei am … gebucht worden, die Ladung zum Termin habe er erst am …, also nach Urlaubsbuchung erhalten. Einen Verlegungsantrag habe er persönlich nicht gestellt, weil er in der Kanzlei des Verteidigers angerufen und um Stellung eines Verlegungsantrags durch den Verteidiger gebeten habe, was ihm auch zugesandt worden sei.

Bei der gestern nochmals erfolgten Durchsicht der Akten **habe ich festgestellt**, dass sie eine Telefonnotiz, aufgenommen von Frau M, enthält, die den Anruf des Mandanten, seine darin geäußerte Bitte und die Zusage enthält, dass verteidigerseits ein Verlegungsantrag gestellt werde.

Alternative 2 (problematisch):

Zwar sei der Urlaub erst am … gebucht worden, obwohl bereits zu diesem Zeitpunkt die Ladung zur Hauptverhandlung vorgelegen habe. Dies habe sich zwangsläufig jedoch daraus ergeben, dass bis zum Vortag der Urlaubsbuchung noch nicht festgestanden habe, ob ihm, dem Mandanten aktuell überhaupt Urlaub gewährt werde, weil sich der Arbeitgeber aus organisatorischen Gründen bis zu diesem Zeitpunkt die Urlaubsgewährung vorbehalten und damit gedroht habe, „wenn Du in Urlaub gehst, kannst Du danach gleich zuhause bleiben“. Erst am Abend des Vortags der Urlaubsbuchung sei der Arbeitgeber zu ihm gekommen und habe gesagt, dass er, der Mandant, in Urlaub gehen könne, weil ein anderer Mitarbeiter seinen Urlaub nun doch nicht mache und ihn, den Mandanten, somit vertreten könne. Er, der Mandant, müsse aber spätestens am … wieder zurück sein, weil der Kollege ab diesem Zeitpunkt in Urlaub sei.

Der Arbeitgeber (Tel. …) werde dies bestätigen.

Er sei vom Einlenken des Arbeitgebers so überrascht gewesen, dass er zum Zeitpunkt der Urlaubsbuchung den Hauptverhandlungstermin vollkommen vergessen habe; erst in Tunesien habe ihn seine Frau auf den Termin angesprochen. Da er den Termin unbedingt habe wahrnehmen wollen, habe er sich sofort um einen Rückflug bemüht. Ein solcher sei jedoch nur in der Business Class möglich gewesen und hätte … € gekostet. Diesen Betrag habe er aber nicht mehr aufbringen können, da sein Konto infolge der Urlaubskosten bereits überzogen und der ihm eingeräumte Überziehungskredit ausgeschöpft gewesen sei.

Verteidigerantrag:

Ich beantrage, die Hauptverhandlung auszusetzen und neuen Termin von Amts wegen nach Rückkehr des Angeklagten aus dem Urlaub anzuberaumen.

Siehe auch: → *Berufung, Ausbleiben des Angeklagten, Allgemeines*, Teil A Rdn 57; → *Berufung, Ausbleiben des Angeklagten, Endgültiges, A – Z*, Teil A Rdn 122.

Berufung, Ausbleiben des Angeklagten, genügend entschuldigt 177

Das Wichtigste in Kürze:

1. Genügend entschuldigt ist der Angeklagte/Betroffene, wenn ihm unter den gegebenen Umständen ein – rechtzeitiges – Erscheinen nicht möglich oder nicht zumutbar war.
2. Hinsichtlich nur ihm bekannter Entschuldigungstatsachen ist der Angeklagte/Betroffene darlegungspflichtig.
3. Das LG wiederum hat von Amts wegen zu prüfen, ob der Angeklagte genügend entschuldigt ist.

Literaturhinweise: s. die Hinw. bei → *Berufung, Ausbleiben des Angeklagten, Allgemeines*, Teil A Rdn 58. 178

1.a) Genügend entschuldigt ist der Angeklagte/Betroffene, wenn ihm unter den gegebenen Umständen ein – **rechtzeitiges** – **Erscheinen** 179

- objektiv **nicht möglich** bzw. billigerweise nicht **zumutbar** war und/oder
- ihm – subjektiv – wegen seines Fernbleibens **nicht** der **Vorwurf** schuldhafter Pflichtverletzung gemacht werden kann (OLG Düsseldorf StV 1985, 316; OLG Hamm VRS 109, 40; OLG Rostock StraFo 2001, 417; Graf/*Eschelbach*, § 329 Rn 15 m.w.N.) bzw.
- ein solcher Vorwurf jedenfalls nicht nachweisbar ist (SSW-StPO/*Brunner*, § 329 Rn 3).

☝ Die **Rspr**. der Obergerichte zum Begriff der „genügenden Entschuldigung" i.S. des § 329 a.F. für das Ausbleiben des Angeklagten ist auch nach der Neuregelung des § 329 **weiter anwendbar**. Insoweit haben sich keine Änderungen in der StPO ergeben.

b) Dabei kommt es **nicht darauf an**, dass sich der Angeklagte bei Gericht (genügend) **entschuldigt hat**; maßgeblich ist allein, dass er entschuldigt ist (u.a. KG VRR 2009, 433; OLG Köln StraFo 2008, 29; OLG Nürnberg NJW 2009, 1761). Der Begriff der genügenden Entschuldigung – ein Rechtsbegriff – ist infolge des Ausnahmecharakters der §§ 329 Abs. 1, 412 S. 1, 74 Abs. 2 OWiG **weit auszulegen** (BayObLG StV 2001, 228; OLG Bamberg StRR 2008, 306 m. Anm. *Gieg*; StRR 2013, 386; OLG Hamm StraFo 2012, 193), wobei das Gericht Anhaltspunkte dafür, dass der Angeklagte seinen Rechtsbehelf ernsthaft weiterverfolgen will, stets in seine Würdigung mit einzubeziehen hat (OLG München NJW 2008, 3797). 180

2.a) Hinsichtlich nur ihm bekannter Entschuldigungstatsachen ist der Angeklagte/Betroffene **darlegungspflichtig**, da dem Gericht andernfalls jede Möglichkeit fehlen würde, das Entschuldigt sein zu überprüfen (OLG Köln StraFo 2006, 413); dabei hat er einen **Sach-** 181

verhalt schlüssig vorzutragen, der geeignet ist, sein Ausbleiben genügend zu entschuldigen (KG VRS 108, 110). Das Entschuldigt sein scheitert aber nicht daran, dass der vorliegende Grund nicht rechtzeitig geltend gemacht wird (OLG Düsseldorf NStZ 1984, 331).

☝ Ein Angeklagter ist **nicht zur Glaubhaftmachung** (z.B. § 45 Abs. 2 S. 1) **oder** gar **zum Nachweis** der vorgebrachten Entschuldigungsgründe verpflichtet (KG, Beschl. v. 7.5.1997 – [5] 1 Ss 100/97 [29/97]; OLG Bamberg zfs 2012, 230). Ihm obliegt auch **keine** über die schlüssige Darlegung hinausgehende **Mitwirkungspflicht** (OLG Celle StV 1987, 192 für Beibringung eines amtsärztlichen Attests). Liegen Anhaltspunkte für eine Entschuldigung vor, so darf das Rechtsmittel/der Rechtsbehelf nur verworfen werden, wenn sich das Gericht die Überzeugung verschafft hat, dass genügende Entschuldigungsgründe nicht vorliegen. Bleibt zweifelhaft, ob der Angeklagte genügend entschuldigt ist, sind die Voraussetzungen einer Verwerfung der Berufung nicht gegeben (h.M., u.a. BayObLG NJW 1998, 172; KG VRS 108, 110; OLG Hamm, Beschl. v. 9.11.2000 – 3 Ss 1056/00; OLG Jena, Beschl. v. 19.1.2004 – 1 Ss 200/03).

182 **b)aa)** Die Begründung für das Ausbleiben soll aber **glaubhaft erscheinen** müssen. Aufgrund dieser feinsinnigen Unterscheidung sollte sich der Verteidiger auf die hier wiedergegebene absolut h.M. zur beschränkten Mitwirkungspflicht des Angeklagten nicht zu sehr verlassen, sondern die **Entschuldigungsgründe nicht nur vortragen**, sondern sie – soweit möglich – **auch belegen**.

183 **bb) Hinweis für den Verteidiger!**

Der Verteidiger sollte folgendes **beachten**:

- Wann immer der Angeklagte bzw. der Verteidiger hierzu vorträgt, sollte er zum **Ausdruck bringen**, dass es dem Angeklagten auf die **Durchführung** des **Berufungsverfahrens** ankommt, damit diesem nicht – qua Fiktionswirkung der §§ 329 Abs. 1, 412 S. 1, 47 Abs. 2 OWiG – unterstellt werden kann, er habe das Interesse an seinem Rechtsmittel/Rechtsbehelf verloren.
- Steht zu befürchten, dass ein Umstand allein das Entschuldigt sein nicht zu begründen vermag, sind weitere Umstände darzulegen, da sich das Entschuldigt sein u.U. erst aus einer **Kombination mehrerer Gründe** ergeben kann.
- Bei der **Darlegung** des **Sachverhalts** darf insgesamt an Deutlichkeit nicht gespart werden; denn nur das, was dem Gericht mitgeteilt wird, verpflichtet dieses auch zur entsprechenden Überprüfung.
- Es sind **Tatsachen** zu **behaupten**! Geht der Verteidiger davon aus, der mit dem Pkw anreisende Mandant stecke in einem Stau, muss er dies (auch im Hinblick auf eine erforderlich werdende Anfechtung des Verwerfungsurteils) behaupten, da die lediglich geäußerte Vermutungen („er wird wohl in einem Stau stecken“) dem Gericht nicht ein-

mal die Möglichkeit eröffnen, darüber zu befinden, ob das Ausbleiben entschuldigt ist (OLG Köln NStZ-RR 1999, 337).

3.a) Das LG wiederum hat **von Amts wegen** zu prüfen, ob der **Angeklagte genügend entschuldigt ist** (u.a. OLG Bamberg zfs 2012, 230; weit. Nachw. bei *Burhoff*, HV, Rn 711); dabei handelt es sich um eine **Rechtsfrage** (OLG Karlsruhe VRS 89, 130). Ein Ermessensspielraum besteht für das Berufungsgericht nicht (BayObLG NStZ-RR 2003, 87). 184

b) Die Prüfung erfolgt im **Freibeweisverfahren** (BayObLG StV 2001, 338; OLG Köln StraFo 2006, 205), jedoch nur unter Einbeziehung aktuell erreichbarer Erkenntnisquellen (*Meyer-Goßner/Schmitt*, § 329 Rn 18), ggf. während einer hierzu vorzunehmenden Unterbrechung der HV (BayObLG NStZ-RR 2003, 87). Die Aufklärungs- bzw. Nachforschungspflicht des Gerichts ist dabei **nicht grenzenlos** (OLG Bamberg zfs 2012, 230; StRR 2008, 306 m. Anm. *Gieg*). Der Fortgang der HV darf nur geringfügig verzögert werden (OLG Hamm VRS 107, 206); wochenlange Ermittlungen, ggf. nach Aussetzung der HV, darf das Gericht nicht anstellen. Verbleiben trotz schlüssigem Vortrag des Angeklagten bei Gericht **Zweifel am Entschuldigt sein**, dürfen sich diese nicht zum Nachteil des Angeklagten auswirken (h.M.; BayObLG, Beschl. v. 10.12.2003 – 5St RR 339/03; OLG Stuttgart VRS 106, 209); denn die Verwerfung des Einspruchs setzt voraus, dass ein Sachverhalt unzureichender Entschuldigung **zur Überzeugung des Gerichts** feststeht (OLG Düsseldorf StV 1987, 9). Umso mehr steht es der Verwerfung der Berufung entgegen, wenn das Entschuldigungsvorbringen als wahrscheinlich anzusehen ist (OLG Jena, Beschl. v. 19.1.2004 – 1 Ss 200/03). 185

☝ **Fehlerhaft** ist die Sachbehandlung durch das **Gericht** daher, wenn

- es hinsichtlich des Entschuldigt seins des Angeklagten bekannte Umstände nicht oder rechtsfehlerhaft gewürdigt oder
- es pflichtwidrig die Feststellung der tatsächlichen Grundlagen eines gegebenen Entschuldigungsgrundes versäumt hat (OLG Köln StraFo 2006, 205).

Siehe auch: → *Berufung, Ausbleiben des Angeklagten, Allgemeines*, Teil A Rdn 57; → *Berufung, Ausbleiben des Angeklagten, Endgültiges, A-Z*, Teil A Rdn 122.

Berufung, Ausbleiben des Angeklagten, Nichterscheinen 186

Das Wichtigste in Kürze:

1. Ausgeblieben ist der Angeklagte/Betroffene, wenn er nicht zeitnah körperlich vor Gericht erschienen ist.

2. Besonderheiten sind z.B. zu beachten, wenn der Angeklagte körperlich rechtzeitig erschienen ist, jedoch keine Angaben zu Person und Sache macht.

187 **Literaturhinweise:** s. die Hinw. bei → *Berufung, Ausbleiben des Angeklagten, Allgemeines*, Teil A Rdn 58.

188 **1.** Ausgeblieben ist der Angeklagte/Betroffene, wenn er **nicht zeitnah** (zur **Verspätung** s. → *Berufung, Ausbleiben des Angeklagten, Verspätung*, Teil A Rdn 195) **körperlich vor Gericht erschienen** ist. Der Zeitpunkt, zu dem er erschienen sein muss, ist streitig. Während Teile der Rspr. die **angesetzte Terminsstunde** als Ausgangspunkt der Beurteilung heranziehen (OLG Düsseldorf NStZ-RR 2001, 303; OLG Frankfurt/Main NStZ-RR 2012, 258 = DAR 2012, 477), legen andere Stimmen den **Aufruf der Sache** zugrunde (OLG Frankfurt/Main [2 Ss 351/99] NStZ-RR 2001, 85; *Burhoff*, HV, Rn 699 ff.; Graf/*Eschelbach*, § 329 Rn 13; KK-*Paul*, § 329 Rn 4).

☝ Der erstgenannten Auffassung – „**angesetzte Terminsstunde**" ist der **Vorzug** zu geben; denn die Erscheinenspflicht korrespondiert mit dem Ladungsgehorsam (→ *Rechtsmittel/Rechtsbehelfe, Ladung, Allgemeines*, Teil A Rdn 1591 ff.). Auch unter dem Gesichtspunkt der gerichtlichen Fürsorgepflicht im Zusammenhang mit der Verspätung des Angeklagten/Betroffenen (→ *Berufung, Ausbleiben des Angeklagten, Verspätung*, Teil A Rdn 195 ff.) würde es zu deren Überdehnung führen, müsste das – i.d.R. ohnehin verspätete – Gericht nach Aufruf der Sache nochmals mit dem Beginn der HV zuwarten. Auch in anderen Bereichen wird – zutreffend – auf die angesetzte Terminsstunde abgestellt (vgl. zum Längenzuschlag des Pflichtverteidigers: Burhoff/*Burhoff*, RVG, Nr. 4110 VV Rn 11; → *Allgemeine Gebührenfragen, Besonderheiten Pflichtverteidiger*, Teil D Rdn 12; → *Terminsgebühr, Allgemeines*, Teil D Rdn 402).

189 **2.a) Besonderheiten** sind zu beachten, wenn der Angeklagte körperlich rechtzeitig

- erschienen ist, jedoch **keine Angaben zu Person und Sache** macht (vgl. Teil A Rdn 190),
- „**incognito**" zur HV erscheint und sich auch bei Aufruf der Sache nicht zu erkennen gibt,
- erschienen ist und auf die Frage, ob er der Angeklagte sei, dies wahrheitswidrig verneint,
- erschienen ist, sich aber vor Erscheinen des Gerichts wieder entfernt hat (vgl. Teil A Rdn 191),
- erschienen, aber **verhandlungsunfähig** ist, weil er sich selbst in einen Zustand der Verhandlungsunfähigkeit versetzt hatte (**Alkohol**: BGHSt 23, 331; BayObLG NStZ-RR 1998, 368; **Psychopharmaka**: OLG Köln VRS 65, 47), was allerdings dann nicht zur Verwerfung der Berufung führen kann, wenn sich die Verhandlungsunfähigkeit erst während der HV aufgrund einer Beweisaufnahme feststellen lässt („*Beginn der Haupt-*

verhandlung"; KG, Beschl. v. 12.9.2000 – (4) 1 Ss 107/00 (138/00); OLG Frankfurt/Main NStZ-RR 2005, 174 und § 329 Abs. 1 S. 2 Nr. 3),

- seine **Verhandlungsunfähigkeit** nur **vorspiegelt**
- in den (neuen) (Verwerfung)Fällen des **§ 329 Abs. 1 S. 2 Nr. 1 – 3** (vgl. Teil A Rdn 192 ff.; wegen der Einzelh. *Spitzer* StV 2016, 48, 51 ff.).

b) Ist der Angeklagte erschienen, macht er jedoch **keine Angaben** zu **Person** und **Sache** 190
gilt: Eine wirksame Ladung statuiert lediglich die öffentlich-rechtliche Verpflichtung zum (rechtzeitigen) Erscheinen vor Gericht. Dort steht dem Angeklagten ein **umfassendes Schweigerecht** zu (*Burhoff*, HV, Rn 702, 339; *Burhoff*, EV, Rn 1595 ff.; KK-*Paul*, § 243 Rn 4; SK-StPO/*Frister*, § 243 Rn 27). Aus § 111 Abs. 1 OWiG kann entgegen der h.M. (BGHSt 25, 13 [17]; OLG Hamm NStZ-RR 2008, 87; LG Berlin NStZ-RR 1997, 338; AnwK/StPO-*Sommer*, § 243 Rn 12; Graf/*Graf*, § 243 Rn 13; KK-*Schneider*, § 243 Rn 18; LR-*Becker*, § 243 Rn 31; *Meyer-Goßner/Schmitt*, § 243 Rn 11) nicht die Verpflichtung hergeleitet werden, die in § 111 OWiG aufgeführten Angaben machen zu müssen, da es sich schon aus der Natur der Sache heraus um Erklärungen handelt, die einen doppelrelevanten Charakter aufweisen und deren Offenbarung dem Nemo-tenetur-Grundsatz zuwiderläuft, sodass das allein passive Erdulden der HV als Angeklagter nicht zur Verwerfung von Berufung oder Einspruch führen kann, weil dadurch eine Sachentscheidung nicht verhindert wird. Das Gericht muss sich mit den Angaben zur Person zufriedengeben, über die es aus dem Akteninhalt verfügt. Dagegen ist die sich bei den übrigen Konstellationen stellende Frage nach der Anwesenheit des Angeklagten vor dem Regelungszweck des § 329 Abs. 1 und der in ihm enthaltenen Fiktion der fehlenden Verfolgungsabsicht des Rechtsmittels zu beantworten und führt in diesen Fällen zu dem Ergebnis, dass der Angeklagte als ausgeblieben behandelt werden darf, weil er durch sein Handeln/Unterlassen das Ergehen einer Sachentscheidung vereitelt hat bzw. verhindern will.

c) Ausgeblieben ist auch der rechtzeitig zur Terminsstunde erschienene Angeklagte, der 191
sich **vor Beginn der HV** aufgrund einer **Verspätung des Gerichts** über die festgesetzte Terminsstunde hinaus wieder entfernt, weil dieser Umstand dem Angeklagten kein Recht auf Aussetzung gibt und deshalb, sofern sich die Verzögerung in vernünftigen Grenzen hält, durch den Angeklagten und seinen Verteidiger von vornherein bei der zeitlichen Terminplanung berücksichtigt werden muss (für 45 Minuten OLG Hamm, Beschl. v. 8.6.2005 – 3 Ss 247/05 u. 3 Ws 188/05; für 15 Minuten OLG Koblenz, Beschl. v. 10.1.2000 – 1 Ws 3/00). Dies gilt auch, wenn der ebenfalls auf den Aufruf der Sache wartende Verteidiger sagt: „*Kommen Sie, wir gehen*" (OLG Hamm VRS 55, 275; s.a. „*Verteidigerauskunft*" in→ *Berufung, Ausbleiben des Angeklagten, Endgültiges A – Z*, Teil A Rdn 150 ff.).

d)aa) Nach der **Rspr**. zu **§ 329 Abs. 1 a.F.** durfte nach § 329 Abs. 1 a.F. nicht vorgegangen 192
werden, wenn der Angeklagte zu Beginn des HV-Termins erschienen war, sich kurz darauf aber wieder entfernt (vgl. OLG Brandenburg zfs 2010, 347 für Entfernung des zu Beginn

der HV rechtzeitig erschienenen Angeklagte aus der unterbrochenen) oder sich erst in der Beweisaufnahme seine schuldhaft herbeigeführte Verhandlungsunfähigkeit herausstellte (OLG Celle StV 1994, 365 m.w.N. [Angeklagter klagt erst während seiner Vernehmung zur Sache über Unwohlsein und „würgt"]; OLG Frankfurt am Main NJW 2005, 2169 [Ls.; Trunkenheit des Angeklagten]). Das galt aber nicht, wenn der Angeklagte zwar zunächst erschienen war, sich dann aber, weil er wegen eingetretener Verzögerung nicht mehr warten wollte, vor Aufruf der Sache wieder entfernt hat (OLG Düsseldorf NJW 1997, 2062; für Entfernen nach Aufruf s OLG Brandenburg zfs 2010, 347). Entsprechendes galt, wenn der Angeklagte nach einer Unterbrechung des HV-Termins die vorgesehene Unterbrechungszeit überschreitet und verspätet in die HV zurückkam (OLG Bamberg VRR 2012, 276 für das Bußgeldverfahren).

193 Diese Fälle sind durch die **Neuregelung** des § 329 ab 25.7.2015 jetzt in **§ 329 Abs. 1 S. 2 Nr. 1 – 3** ausdrücklich geregelt (wegen der Einzelh. *Spitzer* StV 2016, 48, 51 ff.). Ergänzend zur Neufassung des § 329 Abs. 1 S. 1 hat der Gesetzgeber nämlich neue **zwingende Verwerfungstatbestände** für diese Fallgestaltungen, bei denen es nach Beginn des Termins zu einer Verhinderung der Fortführung des HV-Termins kommt, geschaffen. Dieser neue Katalog von Verwerfungstatbeständen ist, was nicht ganz von der Hand zu weisen ist, als „überkompliziert" bezeichnet worden (so *Frisch* NStZ 2015, 69, 71, 72; vgl. a. *Spitzer* StV 2016, 48, 51 f.). Im Grunde handelt es sich aber um die folgerichtige Übertragung des in § 329 Abs. 1 S. 1 normierten Prinzips auf Sachverhalte, die nach Beginn der Berufungshauptverhandlungstermins in gleicher Weise deren Durchführung hindern (s. auch *Deutscher* StRR 2015, 284; abl. hingegen *Frisch* NStZ 2015, 69, 71 f., 74). Sie erfassen nämlich entweder ein Desinteresse des Angeklagten am Abschluss des Verfahrens (vgl. nachstehend Nr. 2, 3 sowie Nr. 1 bei Widerruf der Vollmacht seines Verteidigers) oder ein Verhalten des Verteidigers, das sich der Angeklagte aufgrund der erteilten Vertretungsmacht zurechnen lassen muss.

194 **bb)** Eingeführt worden sind folgende

Verwerfungsfälle § 329 Abs. 1 S. 2 Nr. 1 – 3

- nach **Nr. 1**, wenn sich bei unentschuldigt abwesendem Angeklagten (vgl. dazu → *Berufung, Ausbleiben des Angeklagten, genügend entschuldigt*, Teil A Rdn 177) der **Verteidiger unentschuldigt entfernt** hat oder den Angeklagten **nicht weiter vertritt**. Letzteres betrifft zum einen den auch formlos möglichen Widerruf der Vollmacht durch den Angeklagten, zum anderen die Niederlegung des Mandats durch den Verteidiger oder seine Erklärung, den Angeklagten nicht weiter vertreten zu können oder zu wollen (*Deutscher* StRR 2015, 284; *Spitzer* StV 2016, 48, 51; → *Berufung, Ausbleiben des Angeklagten, Vertretung*, Teil A Rdn 206),
- nach **Nr. 2**, wenn sich der **Angeklagte unentschuldigt entfernt** hat und kein vertretungsbevollmächtigter Verteidiger (vgl. *Berufung, Ausbleiben des Angeklagten, Vertretung*,

Teil A Rdn 206) anwesend ist. Statt wie früher einer Weiterverhandlung in Abwesenheit (§ 231 Abs. 1; *Burhoff*, HV, Rn 2853 ff.) hat nunmehr Verwerfung zu erfolgen (*Spitzer* StV 2016, 48, 52; vgl. a. OLG Bamberg VRR 2012, 276 für das Bußgeldverfahren),

- nach **Nr. 3**, wenn sich der Angeklagte **nach Beginn** der **HV** vorsätzlich und schuldhaft in einen die **Verhandlungsfähigkeit ausschließenden Zustand** versetzt hat, und kein vertretungsbevollmächtigter Verteidiger (vgl. → *Berufung, Ausbleiben des Angeklagten, Vertretung*, Teil A Rdn 206) anwesend ist (*Spitzer* StV 2016, 48, 52 f.). Auch hier hat die Verwerfung statt einer Abwesenheitsverhandlung (§ 231a Abs. 1; *Burhoff*, HV, Rn 2493 ff.) zu erfolgen.

☝ Die Verwerfung nach **Nr. 3** kann nach § 329 Abs. 2 S. 3 nur nach **Anhörung** eines Arztes als **SV** erfolgen (*Spitzer* StV 2016, 48, 53).

Siehe auch: → *Berufung, Ausbleiben des Angeklagten, Allgemeines*, Teil A Rdn 57; → *Berufung, Ausbleiben des Angeklagten, Endgültiges, A-Z*, Teil A Rdn 122.

Berufung, Ausbleiben des Angeklagten, Verspätung 195

Das Wichtigste in Kürze:

1. Aus der gerichtlichen Fürsorgepflicht folgt zunächst die Einhaltung einer angemessenen Wartezeit.
2. Erscheint der Angeklagte, bevor das Verwerfungsurteil ergangen ist, darf dieses nicht mehr erlassen werden.

Literaturhinweise: s. die Hinw. bei → *Berufung, Ausbleiben des Angeklagten, Allgemeines*, Teil A Rdn 58. 196

1.a) Aus der **gerichtlichen Fürsorgepflicht** folgt zunächst die Einhaltung einer angemessenen Wartezeit von (mindestens) **15 Minuten**, **gerechnet ab** der **angesetzten Terminsstunde** (VerfGH Berlin NJW 2004, 1158; OLG Düsseldorf NStZ-RR 2001, 303; OLG Frankfurt/Main NStZ-RR 2012, 258 = DAR 2012, 477; OLG Hamm NStZ-RR 2009, 251; OLG Jena, Beschl. v. 29.8.2011 – 1 Ss Rs 86/11; vgl. *Burhoff*, HV, Rn 711 m.w.N.). Hat der Angeklagte das Gericht darauf hingewiesen, dass es zu einer Verspätung kommen wird, kann das Gericht gehalten sein, mit dem Beginn der HV auch **längere Zeit zuzuwarten**; insbesondere gilt dies – und zwar unabhängig von einem Verschulden, soweit dem Angeklagten nicht grobe Nachlässigkeit oder gar Mutwilligkeit zu Last fällt –, wenn der Angeklagte telefonisch angekündigt hat, dass er erscheinen werde (KG StraFo 2013, 427 = StRR 2013, 283 [Ls.]; OLG Koblenz, Beschl. v. 1.9.2003 – 2 Ss 208/03; OLG Nürnberg NStZ-RR 2010, 286) oder mitgeteilt hat, dass er in einem Verkehrsstau stecke, 197 witterungsbeding schlechte Verkehrsverhältnisse herrschen (OLG Köln StV 2014, 209 [Ls.]) oder die Einlasskontrolle bei Gericht zusätzlich eine Viertelstunde in Anspruch nahm (OLG Hamm NZV 2003, 49).

☝ Das nicht rechtzeitige Erscheinen eines Angeklagten ist stets dann genügend entschuldigt, wenn er bei **gewöhnlichem Verlauf** der Dinge mit seinem rechtzeitigen Eintreffen rechnen durfte (OLG Hamm VRS 97, 44; s. „Anreise“ bei → *Berufung, Ausbleiben des Angeklagten, Endgültiges, A-Z*, Teil A Rdn 122), jedoch ist in Verspätungsfällen der Grund für das nicht rechtzeitige Erscheinen mitzuteilen, damit das Gericht prüfen kann, ob das Ausbleiben (un-)entschuldigt ist (OLG Hamm NStZ-RR 2009, 251).

198 Weist der **nichtvertretungberechtigte Verteidiger** oder ein **Dritter** (z.B. die Ehefrau) das Gericht darauf hin, dass sich der **erscheinungswillige Angeklagte verspäten** wird, hat das Gericht ebenfalls über die regelmäßig einzuhaltende Wartezeit von 15 Minuten hinaus zuzuwarten (OLG Jena, Beschl. v. 18.9.2012 – 1 Ss 71/12; OLG Köln StraFo 2013, 251).

199 *Beispiel Verteidigererklärung (zu Protokoll):*

Heute um 8:30 Uhr hat mein Mandant in der Kanzlei angerufen und mitgeteilt, dass sein Pkw nicht angesprungen ist. Bei näherer Überprüfung musste er feststellen, dass Kabel und die Schläuche für die Kühlflüssigkeit durch Verbiss beschädigt sind. Anstelle der geplanten Anreise mit dem Pkw wird der Mandant nunmehr mit der Deutschen Bahn anreisen. Der nächste erreichbare Zug wird fahrplanmäßig am Gerichtsort um … ankommen. Mein Mandant wird deshalb – die Zeit für die Taxifahrt vom Bahnhof zum Gericht eingerechnet – hier um … eintreffen.

Verteidigerantrag:

Ich beantrage, die Hauptverhandlung bis um … zu unterbrechen.

200 **b)** Resultiert die Verspätung aus einem **Missverständnis**, weil dem Angeklagten mehrere oder unübersichtliche Terminsladungen zugegangen waren, nachdem das Gericht etwa wegen der Verhinderung eines Zeugen einen weiteren Terminstag ansetzte, woraus der Angeklagte auf eine Terminsverlegung geschlossen hatte, muss dem Angeklagten eine Frist gesetzt werden, innerhalb der er vor Gericht zu erscheinen hat, bevor die Berufung verworfen wird (OLG Köln StraFo 2004, 143). Ein längeres Zuwarten (wie z.B. 66 Minuten ab Terminsstunde) ist dem Gericht, dem lediglich mitgeteilt wird, die Angeklagte sei aufgrund der „unübersichtlichen Ladung“ von einem anderen Terminstag ausgegangen, nicht zuzumuten, wenn bei sofortigem Aufbrechen nach Erkennen des Versehens ein rechtzeitiges Erscheinen noch während der Verhandlungsunterbrechung möglich gewesen wäre (OLG Oldenburg NJW 2009, 176).

c) Auch ein **Irrtum** des Angeklagten bezüglich des Gerichtsorts (obwohl er zum LG geladen ist, reist er zum AG an) kann eine Verspätung entschuldigen und das Gericht zum Zuwarten bis zu seinem Erscheinen verpflichten (OLG Brandenburg StRR 2011, 345; OLG Hamm StRR 2007, 262 [Ls.]; OLG München VRS 113, 117), was allerdings voraussetzt, dass sich der Angeklagte auf direktem Weg und nicht auf einem Umweg zum zuständigen Gericht begibt (OLG Hamm, Beschl. v. 21.8.2006 – 2 Ws 182/06 u. 2 Ss 338/06). **Verschulden liegt** indessen **vor**, wenn der Angeklagte hinsichtlich des Zeitpunkts des Beginns der Berufungshauptverhandlung allein auf die Angaben zur Terminsstunde aus einer Zeugenladung vertraut, die er sich über sein Handy als Fotodatei von dem Zeugen übersenden lässt, der aufgrund einer sog. gestaffelten Zeugenladung erst zu einem späteren Zeitpunkt geladen war (OLG Hamm NStZ-RR 2014, 376). 201

d) Entschuldigt sein kann auch der Angeklagte, der sich infolge der Dauer der **Einlasskontrolle** bei Gericht verspätet (für 25 Minuten KG NStZ-RR 2006, 183; für 15 Minuten OLG Hamm, Beschl. v. 11.6.2001 – 3 Ws 237/01). 202

2. Hinweise für den Verteidiger! 203

a) Erscheint der Angeklagte, **bevor** das **Verwerfungsurteil** ergangen ist, darf dieses nicht mehr erlassen werden. **Ergangen** ist das **Urteil mit** seiner **Verkündung**; diese beginnt „Im Namen des Volkes“ (§ 268 Abs. 1) und enthält die mündlich vorzutragende Urteilsformel (§ 268 Abs. 2 S. 1) sowie die zur erörternden Urteilsgründe (§ 268 Abs. 2 S. 2). Abgeschlossen ist die als einheitliches Ganzes anzusehende Urteilsverkündung (*Meyer-Goßner/Schmitt*, § 268 Rn 3) mit dem letzten Wort der Bekanntgabe der Urteilsgründe (*Meyer-Goßner/Schmitt*, § 268 Rn 8 m.w.N.; s.a. *Burhoff*, HV, Rn 2761). 204

☝ Das verspätete **Erscheinen** des Angeklagten **während der Urteilsverkündung** ermöglicht es deshalb dem Verteidiger, den Gerichtsvorsitzenden mithilfe eines Zwischenrufs in der Urteilsverkündung zu unterbrechen und den Antrag auf Wiedereintritt in die HV zu stellen, dem das Gericht allerdings nicht zu folgen braucht (*Meyer-Goßner/Schmitt*, § 268 Rn 15).

b) Lehnt das Gericht den **Wiedereintritt** in die HV **ab** oder ist der Angeklagte/Betroffene unmittelbar nach Ergehen des Verwerfungsurteils bei Gericht erschienen, kann der Verteidiger auch sofortige Wiedereinsetzung in den vorigen Stand beantragen (*Burhoff*, HV, Rn 703). 205

☝ Ob eine solche **Vorgehensweise** allerdings sinnvoll ist, muss der Verteidiger **sorgfältig erwägen**, da sich oft in der Kürze der zur Verfügung stehen Zeit die zur Begründung der Wiedereinsetzung erforderlichen Tatsachen nicht werden herausarbeiten lassen und/oder Mittel zur Glaubhaftmachung nicht zur Verfügung stehen.

Siehe auch: → *Berufung, Ausbleiben des Angeklagten, Allgemeines*, Teil A Rdn 57, m.w.N.

206 Berufung, Ausbleiben des Angeklagten, Vertretung

Das Wichtigste in Kürze:

1. Erscheint für den Angeklagten ein mit schriftlicher Vertretungsvollmacht versehener Verteidiger darf die Berufung nicht verworfen werden.
2. Voraussetzung für die Beschränkung der Verwerfungskompetenz des Berufungsgerichts ist, dass der Angeklagte zu Beginn des Berufungs-HV-Termins von einem mit schriftlicher Vertretungsvollmacht versehenen Verteidiger vertreten wird.
3. Wird der abwesende Angeklagte durch einen vertretungsbefugten Verteidiger vertreten und darf deshalb seine Berufung nicht (mehr) verworfen werden, ergibt sich für das Berufungsgericht nach § 329 Abs. 2 und 4 eine Prüfungspflicht.
4. Notwendig ist eine allgemeine Prüfung durch das Gericht, ob die Anwesenheit des Angeklagten in der Berufungs-Hv erforderlich ist oder nicht.
5. Die jetzt nach der Neuregelung des § 329 Abs. 1 ausdrücklich vorhandene rechtliche Möglichkeit der Vertretung verhindert die Verwerfung der Berufung nur dann, wenn eine wirksame Vertretungsbefugnis nachgewiesen, ein Vertretungswille erkennbar und der Vertreter zu Beginn der HV erschienen ist.
6. Die zulässige und wirksame Vertretung eröffnet für den Verteidiger/Vertreter die Rechte und Pflichten im Umfang des § 234.

207 **Literaturhinweise:** s. die Hinw. bei → *Berufung, Allgemeines*, Teil A Rdn 2; → *Berufung, Ausbleiben des Angeklagten, Allgemeines*, Teil A Rdn 58.

208 **1.a)** Erscheint für den Angeklagten ein **mit schriftlicher Vertretungsvollmacht versehener Verteidiger** darf die Berufung **nicht verworfen** werden. Oder: Nur, wenn der Angeklagte nicht wirksam vertreten ist, dürfen Berufung oder Einspruch verworfen werden. Rechtlich zulässig ist die Vertretung des Angeklagten/Betroffenen nur in bestimmten Fällen und bedarf dann einer gesonderten Legitimation (→ *Rechtsmittel/Rechtsbehelfe, Vollmacht, Vertretungsvollmacht*, Teil A Rdn 1809).

209 **b)aa)** Die Frage, ob auch über die Zulässigkeit der Vertretung des Angeklagten in der HV im Strafbefehlsverfahren (vgl. § 412) hinaus eine **Vertretung** durch einen **verteidigungsbereiten Vertreter/Verteidiger**, der in der HV anwesend ist, **zulässig** ist und das ggf. der Verwerfung der Berufung entgegenstand, war in Rspr. und Lit. heftig umstr. (vgl. zum alten Recht a. Burhoff/Kotz/*Kotz*]; RM, 1. Aufl., Teil A Rn 239; *Kotz* ZAP F. 22, S. 647). Diese Fragen sind durch das „Gesetz zur Stärkung des Rechts des Angeklagten auf Vertretung in der Berufungshauptverhandlung und über die Anerkennung von Abwesenheitsentscheidungen in der Rechtshilfe v. 17.7.2015“ in § 329 (**neu**) geregelt (vgl. Teil A Rdn 211 ff.; s. auch *Deutscher* StRR 2015, 284 ff.; *Spitzer* StV 2016, 48; *Sommer* StV 2016, 55).

bb) Zu der Problematik hat in den vergangenen Jahren bereits mehrfach der *EGMR* Stellung genommen. Der hat in seiner Rspr. wiederholt das Recht des Angeklagten, sich eines Verteidigers zu bedienen (Art. 6 Abs. 3 Buchst. c) MRK), betont (vgl. u.a. EGMR NJW 2001, 2387; HRRS 2009 Nr. 981; dazu *Gundel* NJW 2001, 2380; *Meyer-Mews* NJW 2002, 1928 in den Anm. zu EGMR, a.a.O. m.w.N. zur Rspr. des EGMR). Der Verzicht des Angeklagten auf Teilnahme an der HV bedeute danach nicht automatisch auch den Verzicht, sich zu verteidigen oder sich verteidigen zu lassen. Damit war nach Auffassung des EGMR die Verwerfung der Berufung, die allein an das Nichterscheinen des Angeklagten anknüpfte, **konventionswidrig**/unzulässig. A.A. waren in der innerstaatlichen Rspr. die Obergerichte, die u.a. unter Hinweis auf die einen Konventionsverstoß ebenfalls ablehnende Rspr. des BVerfG (StraFo 2007, 190) ebenfalls ausdrücklich einen Konventionsverstoß verneint haben, da es sich nicht um eine „Abwesenheitsverhandlung" im Berufungsverfahren handele (vgl. u.a. BayObLG NStZ-RR 2000, 307; OLG Düsseldorf StV 2013, 299; OLG Hamm StRR 2012, 463). Dazu hatte der EGMR im Verfahren ***Neziraj*** noch einmal Stellung genommen und die Abwesenheitsverwerfung nach § 329 Abs. 1 S. 1 a.F. in diesen Fällen als einen Verstoß u.a. gegen Art. 6 Abs. 3 Buch c MRK angesehen (s. NStZ 2013, 350 u.a. m. Anm. *Püschel* StraFo 2012, 490). In der Folgezeit haben dann – soweit ersichtlich sämtliche OLG, die nach dem Urteil des EGMR v. 8.11.2012 (a.a.O.) entschieden haben – die Umsetzung dieser Rspr. auf innerstaatliches Recht ablehnt (vgl. KG, Beschl. v. 7.2.2014 – 161 Ss 5/14; OLG Brandenburg StraFo 2015, 70 m.w.N.; OLG Bremen StV 2014, 211; OLG Celle NStZ 2013, 615; OLG München NStZ 2013, 358 m. Anm. *Gerst* StRR 2013, 146). Begründet worden ist das u.a. mit der Bindung der deutschen Gerichte an geltendes Recht, dieses könne nicht gegen seinen eindeutigen Wortlaut ausgelegt werden. Diese OLG-Rechtsprechung ist in der Lit. heftig kritisiert worden (vgl. u.a. *Engel* ZJS 2013, 327; *Esser* StV 2013, 331; *Gerst* NStZ 2013, 310; *ders.*, StRR 2013, 23 in der Anm. zu EGMR, a.a.O.; *Hüls/Reichling* StV 2014, 242; *Zehetgruber* HRR 2013, 379; *Meyer-Goßner/Schmitt*, § 329 Rn 15a; s.a. noch *Burhoff* StRR 2013, 388 in der Anm. zu OLG Bremen, a.a.O.; zust. *Mosbacher* NStZ 2013, 312; diff. *Ast* JZ 2013, 780). 210

cc) Durch das „Gesetz zur Stärkung des Rechts des Angeklagten auf Vertretung in der Berufungsverhandlung und über die Anerkennung von Abwesenheitsentscheidungen in der Rechtshilfe" (vgl. BR-Drucks 491/14 = BT-Drucks 18/3562) wurde inzwischen zum 25.7.2015 **§ 329 geändert** und an die Rspr. des EGMR angepasst. 211

☝ Danach ergibt sich nunmehr folgendes **Regelungsgefüge**:

Nach **§ 329 Abs. 1 und 2** darf eine Verwerfung der Berufung des Angeklagten grds. nicht mehr erfolgen, wenn statt des Angeklagten ein entsprechend bevollmächtigter und vertretungsbereiter Verteidiger in dem Berufungs-HV-Termin erschienen ist. Anstelle der nicht mehr zulässigen Verwerfung wird in Anwesenheit des Verteidigers ohne den Angeklagten verhandelt, soweit nicht dessen Anwesenheit erforderlich ist (vgl. Teil A Rdn 214 ff.; dazu – teilweise krit. – *Frisch* NStZ 2015, 69; *Kunze* ZAP F. 22, S. 819).

212 **dd)** Auch wenn die Neufassung des § 329 kein Recht des Angeklagten auf Abwesenheit in der Berufungsverhandlung begründet hat (BT-Drucks 18/3562, S. 61), hat § 329 Abs. 1 S. 1 die Vorgaben des EGMR umgesetzt. Denn: Lässt sich der unentschuldigt ausgebliebene Angeklagte (vgl. (→ *Berufung, Ausbleiben des Angeklagten, genügend entschuldigt*, Teil A Rdn 177 ff.) zu Beginn eines Berufung-HV-Termins von einem **erschienenen**, **mit schriftlicher Vertretungsvollmacht versehenen Verteidiger** (vgl. Teil A Rdn 213; → *Rechtsmittel/Rechtsbehelfe, Vollmacht, Vertretungsvollmacht*, Teil A Rdn 1809) **vertreten**, ist eine Verwerfung seiner Berufung im Grundsatz ausgeschlossen. Daran ändert auch die Anordnung des persönlichen Erscheinens (§§ 332, 236) nichts (BT-Drucks 18/3562, S. 70; *Deutscher* StRR 2015, 284).

☝ Die **Berufung** ist nach § 329 Abs. 1 hingegen zu **verwerfen**, wenn

- sowohl der Angeklagte als auch der bevollmächtigte Verteidiger ausbleiben,
- der unverteidigte Angeklagte nicht erscheint, oder
- der anwesende Verteidiger keine schriftliche Vertretungsvollmacht besitzt.

In all diesen Fällen wird davon auszugegangen, dass der ordnungsgemäß geladene Angeklagte (vgl. → *Rechtsmittel/Rechtsbehelfe, Ladung, Allgemeines,* Teil A Rdn 1588, m.w.N.) kein Interesse an der Durchführung seiner Berufung hat.

Im Übrigen gelten die **zwingenden Verwerfungsfälle** des (neuen) § 329 Abs. 1 S. 2 Nr. 1 – 3 (vgl. dazu → *Berufung, Ausbleiben des Angeklagten, Nichterscheinen*, Teil A Rdn 186).

213 **2.** Voraussetzung für die Beschränkung der Verwerfungskompetenz des Berufungsgerichts ist, dass der Angeklagte zu Beginn des Berufungs-HV-Termins von einem mit **schriftlicher Vertretungsvollmacht** versehenen **Verteidiger** vertreten wird. Der bevollmächtigte Verteidiger muss zu Beginn des Hauptverhandlungstermins **erscheinen**, wobei es sich anders als bisher nicht um die erste Berufungsverhandlung in der anhängigen Sache handeln muss und ggf. auch das Nichterscheinen in einem Fortsetzungstermin erfasst wird (BT-Drucks 18/3562, S. 68; *Deutscher* StRR 2015, 284; *Spitzer* StV 2016, 48, 49; → *Berufung, Ausbleiben des Angeklagten, Nichterscheinen*, Teil A Rdn 186 und u. Teil A Rdn 220 ff.).

☝ Der Verteidiger muss mit einer **schriftlichen Vertretungsvollmacht** des Angeklagten ausgestattet sein und diese vorweisen (vgl. KG StRR 2015, 64 m. Anm. *Hanschke* zugleich auch zu den Anforderungen an die Revision; Beschl. v. 7.2.2014 – [4] 161 Ss 5/14 [14/14]; OLG Celle NStZ 2013, 615, 616; OLG Düsseldorf StV 2013, 299, 301; OLG Hamm StRR 2012, 463; OLG München NStZ 2013, 358 m. Anm. *Gerst*

StRR 2013, 146; *Mosbacher* NStZ 2013, 312, 314; *Spitzer* StV 2016, 48, 49; → *Rechtsmittel/ Rechtsmittel/Rechtsbehelfe, Vollmacht, Vertretungsvollmacht*, Teil A Rdn 1809).

Nach h.M. (vgl. BayObLG NStZ 2002, 277; OLG Celle, Beschl. v. 20.1.2014 – 322 SsRs 24/13; OLG Dresden StRR 2013, 26; *Meyer-Goßner/Schmitt,* § 234 Rn 5; a.A. *Mosbacher* NStZ 2013, 312, 314; offen bei *Hanschke* StRR 2015, 64 in der Anm. zu KG StRR 2015, 64) genügte nach der Rspr. zur § 329 a.F. eine vom **Verteidiger selbst** aufgrund mündlicher Ermächtigung seines Mandanten **unterzeichnete** Vollmacht. Ob die Rspr. daran festhalten wird, erscheint fraglich. Denn nach der Gesetzesbegründung zur Neuregelung des § 329 soll es ausdrücklich nicht (mehr) genügen, dass die Vollmachtsurkunde aufgrund mündlicher Ermächtigung des Angeklagten vom Verteidiger selbst unterzeichnet wird (so BT-Drucks 18/3562, S. 68; ebenso *Spitzer* StV 2016, 48, 49).

3. Wird der abwesende **Angeklagte** durch einen vertretungsbefugten **Verteidiger** (vgl. Teil A Rdn 213) **vertreten** und darf deshalb seine Berufung nicht (mehr) verworfen werden (vgl. Teil A Rdn 212, u. → *Berufung, Ausbleiben des Angeklagten, Allgemeines*, Teil A Rdn 57), ergibt sich für das **Berufungsgericht** nach § 329 Abs. 2 und 4 eine Prüfungspflicht, und zwar nach folgendem 214

Prüfungsschema: 215

- Das Berufungsgericht muss nach § 329 Abs. 2 S. 1 prüfen, ob die **Anwesenheit** des **Angeklagten erforderlich** ist (vgl. dazu Teil A Rdn 216).
- Ist die **Anwesenheit nicht erforderlich**, findet die HV **ohne** den **Angeklagten** statt (§ 329 Abs. 2 S. 1 1. Alt.).
- Ist seine **Anwesenheit trotz** der **Vertretung erforderlich**, muss das Berufungsgericht den Angeklagten zu einer Fortsetzung der HV laden und sein persönliches Erscheinen anordnen (§ 329 Abs. 4 S. 1). Erscheint der Angeklagte dann in der neuen HV unentschuldigt (vgl. → *Berufung, Ausbleiben des Angeklagten, genügend entschuldigt*, Teil A Rdn 177, m.w.N.) bei weiterbestehender Erforderlichkeit seiner Anwesenheit nicht, muss seine Berufung verworfen werden (§ 329 Abs. 4 S. 2). Nach dem eindeutigen Gesetzeswortlaut muss es sich bei dem neuen Termin um eine Fortsetzung der HV handeln, die also innerhalb der Fristen des § 229 zu erfolgen hat (zur Forsetzungs-HV/Unterbrechung der HV, *Burhoff*, HV, Rn 2701). Über diese Möglichkeiten ist der Angeklagte mit der Ladung zu **belehren** (§ 329 Abs. 4 S. 3).

☝ Beim **unverteidigten Angeklagten**, der auf seine Berufung hin unentschuldigt (vgl. → *Berufung, Ausbleiben des Angeklagten, genügend entschuldigt*, Teil A Rdn 177, m.w.N.) **nicht erscheint**, erfolgt keine Prüfung der Erforderlichkeit, sondern nach § 329 Abs. 1 S. 1 zwingend die Verwerfung seiner Berufung. Insoweit hat sich durch die Neuregelungen in § 329 nichts geändert.

216 **4.a)aa)** Notwendig ist nach **§ 329 Abs. 2 u. 4** eine **allgemeine Prüfung** durch das Gericht, ob die **Anwesenheit** des **Angeklagten** in der Berufungs-Hv **erforderlich ist** oder **nicht**. Diese ist **zwingend**. Ursprünglich war vorgesehen, die Prüfungspflicht auf „besondere Gründe" zu beschränken (BT-Drucks 18, 3562, S. 73 f.). Das hätte aber die Annahme nahe gelegt, dass es sich bei § 329 Abs. 2 um eine Ausnahmeregelung handelt. Um zu verdeutlichen, dass dies nicht der Fall ist, ist diese ursprüngliche Beschränkung auf „besondere Gründe", die die Anwesenheit erforderlich machen, im Gesetzgebungsverfahren gestrichen worden (BT-Drucks 18/5254, S. 6). Bei der Auslegung der Vorschrift wird man allerdings die Gesetzesbegründung zu den zunächst vorgesehenen „besonderen Gründen", die die Anwesenheit des Angeklagten „erfordern" sollten (vgl. BT-Drucks 18/3562, S. 73 f.), heranziehen können. Denn in den Fällen ist nach der nun schwächeren Formulierung die Anwesenheit des Angeklagten auf jeden Fall auch erforderlich (eingehend zur Erforderlichkeit der Anwesenheit des Angeklagten *Sommer* StV 2016, 55 ff.).

☝ Die mit dem Prüfungserfordernis verbundene bzw. aus ihm folgende gestreckte Verfahrensgestaltung (vgl. *Deutscher* StRR 2015, 294) hat i.Ü. zur Folge, dass bei Annahme der Erforderlichkeit eine **Vorführung** oder **Verhaftung** des Angeklagten statt der Fortsetzung der HV nur bei einer Berufung der StA oder nach Zurückverweisung durch das Revisionsgericht vorgesehen ist (§ 329 Abs. 3; → *Berufung, Ausbleiben des Angeklagten, Berufung, Staatsanwaltschaft*, Teil A Rdn 110 ff.).

Das Berufungsgericht darf i.Ü. auch nicht die Anwesenheit des Angeklagten schon allein deshalb für erforderlich erachteten werden, um dann nach § 329 Abs. 4 zu verfahren und bei einer erneuten Säumnis des Angeklagten die Berufung verwerfen zu können (*Deutscher* StRR 2015, 284). Das wäre eine **Umgehung** des mit der Neuregelung verfolgten Sinn und Zweck.

217 **bb)** In § 329 Abs. 2 u. 4 ist **keine Regelung** dazu getroffen, **wann** und wie lange die Erforderlichkeitsprüfung stattzufinden hat. Obwohl eine insoweit klare Vorgabe fehlt, ist die Erforderlichkeitsprüfung nicht auf den Beginn der Berufungshauptverhandlung beschränkt, sondern während des **gesamten Verlaufs** der **Verhandlung** durchzuführen (BT-Drucks 18/5254, S. 6; *Frisch* NStZ 2015, 69, 71). Das folgt i.Ü. auch schon daraus, dass § 329 nicht mehr auf den „Beginn der Hauptverhandlung" abstellt, sondern auf den Beginn eines Hauptverhandlungstermins (vgl. → *Berufung, Ausbleiben des Angeklagten, Nichterscheinen*, Teil A Rdn 186). Es kann also die Anwesenheit des Angeklagten, die zu Beginn der HV nicht

erforderlich war, während des Laufs einer sich über mehrere HV-Termine erstreckenden HV erforderlich werden bzw. geworden sein.

☝ § 329 Abs. 2 S. 2 stellt i.Ü. klar, dass die Möglichkeit, den Angeklagten nach **§ 231b** wegen ordnungswidrigen Benehmens aus dem Sitzungszimmer zu entfernen oder zur Haft abzuführen (§ 177 GVG) und nach der dortigen Maßgabe ohne ihn weiter zu verhandeln, unbeschadet von § 329 über § 332 **weiter anwendbar** ist.

b) Auszugehen ist von folgenden 218

Prüfungskriterien-/Maßstäben

- Die Prüfung der Erforderlichkeit der Anwesenheit muss sich allgemein zunächst an der **Aufklärungspflicht des Gerichts** (§ 244 Abs. 2; dazu *Burhoff*, HV, Rn 329) ausrichten, wobei materiell- und verfahrensrechtliche Kriterien von Bedeutung sein können (weitergehend auf der Grundlage des ursprünglichen Entwurfs „besondere Gründe" *Frisch* NStZ 2015, 73, wonach die Anwesenheit in aller Regel „unverzichtbar" sein soll; s. auch *Sommer* StV 2016, 55, 58 ff.). Die Erforderlichkeit der Anwesenheit (vgl. auch *Deutscher* StRR 2015, 284)
  - kann sich etwa ergeben im Bereich der **Beweisaufnahme**, wenn es um die Gegenüberstellung des Angeklagten mit Zeugen oder Mitangeklagten geht (s. auch *Sommer* StV 2016, 55, 59; vgl. zu § 231a entsprechend SK-StPO-*Schlüchter*, § 231a Rn 13). Dabei nimmt die Erforderlichkeit ab, je mehr andere Beweismittel, insbes. Sachbeweise vorhanden sind.
  - wird hingegen zu verneinen sein, wenn von der Anwesenheit des Angeklagten eine **weitere Sachaufklärung nicht** zu erwarten ist (so schon zu § 329 Abs. 2 a.F. u.a. OLG Stuttgart NStZ 1987, 377), wie z.B. beim schweigenden Angeklagten (s.a. *Sommer* Stv 2016, 55, 58).
  - Gleiches gilt, wenn es lediglich um **Rechtsfragen** geht, wie z.B. **Verfahrenshindernisse**, fehlende Verfahrensvoraussetzungen oder einen erstrebten Freispruch aus Rechtsgründen (*Frisch* NStZ 2015, 69, 71).
- Die Anwesenheit des Angeklagten ist ebenfalls erforderlich, falls sich die **Erklärungen** des **vertretungsberechtigten Verteidigers** für den Angeklagten zur Sache als **lückenhaft** oder **widersprüchlich** erweisen.
- Die Erforderlichkeit ist auch dort anzunehmen, wo es auf den **persönlichen Eindruck** des Gerichts von der **Person** des **Angeklagten** ankommt, etwa bei der Strafaussetzung zur Bewährung (zu § 329 Abs. 2 a.F. OLG Hamm StV 1997, 346; OLG Karlsruhe NStZ-RR 2004, 21).
- Die Erforderlichkeit ist im Zweifel auch in Verfahren gegen **Jugendliche** (vgl. § 50 Abs. 1 JGG) oder Heranwachsende anzunehmen.

- Wenngleich die Neufassung des § 329 – anders als andere Abwesenheitsvorschriften wie etwa §§ 232, 233 (vgl. z.B. zur Entbindung des Angeklagten vom Erscheinen in der HV, *Burhoff*, HV, Rn 1378) – keine Beschränkung seiner Anwendung auf eine bestimmte **Strafhöhe** vorsieht, wird die Anwesenheit des Angeklagten umso eher/mehr erforderlich werden, je höher die Straferwartung ist (BT-Drucks 18/3562, S. 74). Umgekehrt werden in Bagatellverfahren höhere Anforderungen an die Annahme einer Erforderlichkeit der Anwesenheit zu stellen sein.
- Die Erforderlichkeit der Anwesenheit des Angeklagten entfällt **nicht** bereits dadurch, dass seine Berufung auf den **Rechtsfolgenausspruch beschränkt** worden ist oder wird (→ *Berufung, Beschränkung, Allgemeines*, Teil A Rdn 227 ff., m.w.N.).

☝ Auch wenn der vertretungsberechtigte Verteidiger den Angeklagten in Willen und Erklärung vertreten darf, wird man die Anwesenheit auch dann für erforderlich ansehen müssen, wenn eine **Verständigung** nach §§ 332, 257c im Raum steht. Nur so lassen sich die vom BVerfG (vgl. NJW 2013, 1058 m. Anm. *Deutscher* StRR 2013, 179) statuierten Beteiligungsrechten des Angeklagten und der Schutz seiner Selbstbelastungsfreiheit gewährleisten (ähnl. *Frisch* NStZ 2015, 69. 73; *Burhoff*, HV, Rn 137).

219 **c)** Nach § 329 Abs. 4 a.F. war in der Vergangenheit gegen den ausgebliebenen Angeklagten – sofern nicht seine Berufung nach § 329 Abs. 1 a.F. verworfen bzw. bei einer Berufung der StA nach § 329 Abs. 2 a.F. ohne ihn verhandelt wurde – die Vorführung oder Verhaftung anzuordnen, sofern nicht sein Erscheinen in einer neuen HV ohne Zwangsmaßnahmen zu erwarten war. Bei einer Berufung des Angeklagten sind demgegenüber jetzt **Vorführung** und **Verhaftung** nach § 329 Abs. 1 S. 4, Abs. 3 2. Alt. bedingt durch den gestreckten Verfahrensablauf (vgl. o. Teil A Rdn 214 ff.) im Zusammenhang mit der Erforderlichkeitsprüfung nach Abs. 2 und 4 nur noch bei **erneuter Verhandlung** nach **Zurückverweisung** durch das Revisionsgericht mangels Verwerfungsmöglichkeit zulässig. Die Zwangsmaßnahmen stehen unter dem Vorbehalt, dass sie zur Durchführung der HV **geboten** sind.

☝ Nach dem neuen § 329 Abs. 3 1. Alt. hat sich bei einer **Berufung** der **StA** in der Sache **nichts geändert** (vgl. zur Berufung der StA → *Berufung, Ausbleiben des Angeklagten, Berufung, Staatsanwaltschaft*, Teil A Rdn 110).

220 **5.a)** Die jetzt nach der Neuregelung des § 329 Abs. 1 ausdrücklich vorhandene rechtliche Möglichkeit der **Vertretung verhindert** die **Verwerfung** der Berufung nur dann, wenn

- eine wirksame Vertretungsbefugnis nachgewiesen (vgl. o. Teil A Rdn 213),
- ein Vertretungswille erkennbar (Teil A Rdn 221 f.) und
- der Vertreter zu Beginn der HV erschienen ist.

b) Die Absicht, den nicht erschienenen Angeklagten/Betroffenen vertreten zu wollen, der sog. **Vertretungswille**, muss erklärt (BayObLG NStZ-RR 2002, 79) oder aus konkludentem Verhalten erkennbar sein. Erscheint der Vertreter zur HV, spricht der Beweis des ersten Anscheins auch für einen Vertretungswillen. 221

Am Vertretungswillen **fehlt** es aber dann, wenn der Verteidiger mitteilt, den Angeklagten 222

- nicht vertreten zu wollen (OLG Hamm NStZ-RR 2006, 212 [Ls.]) oder
- (mangels ausreichender Information) nicht vertreten zu können (so *Burhoff*, HV, Rn 2578; *Meyer-Goßner/Schmitt*, § 329 Rn 16; a.A. BayObLG NJW 1981, 183 m. abl. Anm. *Meyer-Goßner* NStZ 1981, 113).

☝ Eine **ohne ausreichende Vorbereitung** geschaffene Vertretungslage kann insbesondere bei Informationsdefiziten des Vertreters zum Problem werden, worauf *Burhoff* (HV, Rn 2574) zutreffend hinweist. Bevor der Vertreter hier durch das Eingestehen eines Mangels seiner Vertretungsfähigkeit das Risiko eingeht, dem gesamten Verfahren den Boden zu entziehen, sollte er von dem auch ihm zustehenden Schweigerecht (s. Teil A Rdn 226) Gebrauch machen.

I.Ü. sind die Anforderungen an die – konkludente – Vertretungsbereitschaft nicht besonders hoch. Eine – wie auch immer geartete – **Antragstellung** ist **nicht erforderlich** (OLG Celle NStZ-RR 2009, 352 [Ls.]). Zur Vertretung des Angeklagten im HV-Termin reicht es i.d.R. aus, dass der bevollmächtigte Vertreter **für den Angeklagten anwesend** ist. Er muss – ebenso wenig wie der Angeklagte selbst – an der Verhandlung mitwirken oder Erklärungen zur Sache abgeben. Vielmehr kann er sich darauf beschränken, anwesend zu sein und damit zu erkennen zu geben, dass er bereit ist, von den Rechten des Angeklagten in der HV Gebrauch zu machen, sodass sich auch aus dem bloßen Schweigen des Verteidigers und dem Absehen von einer Antragstellung nicht schlussfolgern lässt, er sei nicht vertretungswillig (OLG Bremen StRR 2008, 148 m. Anm. *Rentzel-Rothe*). Es bedarf daher zusätzlicher Indizien, um dem erschienenen Verteidiger die Vertretungsbereitschaft absprechen zu können (KG StraFo 2010, 427; OLG Köln StV 1993, 292). Ein solches Anzeichen wurde etwa darin gesehen, dass er lediglich einen bereits vom Angeklagten selbst gestellten Aussetzungsantrag wiederholt (KG JR 1985, 343). 223

c) Die Verwerfung der Berufung ist nur ausgeschlossen, wenn der **Vertreter** zu **Beginn** der **HV erschienen**, also nicht ausgeblieben ist. Im Regelfall der Vertretungsverteidigung ist zunächst zu prüfen, ob eine Verwerfung des Rechtsmittels nicht schon daran scheitert, dass die Verteidigerrechte nicht gewahrt sind, weil etwa keine Ladung erfolgte oder dem berechtigten Verlegungsantrag nicht stattgegeben wurde. Im Übrigen ist an das Erscheinen derselbe Maßstab wie beim Angeklagten anzulegen. Auf das verspätete Erscheinen des Vertreters hat das Gericht in Ausprägung seiner Fürsorgepflicht ebenfalls wie beim Angeklagten eine gewisse Zeit zu warten. In diesen wie auch in Fällen des endgültigen Ausbleibens kann auch der 224

Vertreter entschuldigt sein (→ *Berufung, Ausbleiben des Angeklagten, Nichterscheinen*, Teil A Rdn 186; → *Berufung, Ausbleiben des Angeklagten, Verspätung*, Teil A Rdn 195).

225 **6.** Die zulässige und **wirksame Vertretung** eröffnet die Rechte und Pflichten im Umfang des § 234, **erweitert** mithin die **Verteidigerrechte** um die Rechte des Angeklagten, die dieser nunmehr als Vertreter ausübt (BGHSt 9, 356). Dies gilt grds. für sämtliche Arten von Erklärungen, die ein Angeklagter abgeben oder entgegennehmen kann (*Meyer-Goßner/Schmitt*, § 234 Rn 8). Es gilt folgende

226 **Übersicht Verteidigerrechte**

- **Angaben zur Person** braucht der Vertreter nur in dem Umfang zu machen, zu dem ein Angeklagter verpflichtet ist (zum Streitstand → *Berufung, Ausbleiben des Angeklagten, Nichterscheinen*, Teil A Rdn 186).

  ☝ Der Vertreter sollte über die **persönlichen** und **wirtschaftlichen Verhältnisse** des Angeklagten ausreichend informiert sein, um nicht durch unvollständige Angaben die gerichtliche Schätzung der Tagessatzhöhe (§ 40 Abs. 3 StGB) zu provozieren.

- **Angaben zur Sache** kann der nach § 243 Abs. 5 S. 1 **zu belehrende** Vertreter (mit Wirkung für [Bestreiten] und gegen den Angeklagten [Geständnis]) machen, sich aber auch auf das dem Angeklagten und damit auch ihm zustehende Schweigerecht (*Meyer-Goßner/Schmitt*, § 234 Rn 10 m.w.N.) berufen.

  ☝ Liegt bereits eine Sachdarstellung des Angeklagten vor und **weicht** die **Einlassung** des **Vertreters** in der HV in einer Weise davon **ab**, dass sie dem Gericht Anlass gibt, an der Richtigkeit der Vertretererklärung zu zweifeln, kann dieses es – außerhalb der durch Strafbefehl in Gang gebrachten Verfahren – u.U. für erforderlich halten, das persönliche Erscheinen des Angeklagten anzuordnen (LR-*Becker*, § 234 Rn 14).

- Jede rechtlich mögliche **Verfahrenserklärung** kann der Vertreter mit Wirkung für und gegen den Angeklagten **abgeben und** jede erfolgte Erklärung des Gerichts **entgegennehmen** (*Meyer-Goßner/Schmitt*, § 234 Rn 9 m.w.N.). Dies gilt jedoch nur so lange, als es sich um denselben Tatvorwurf handelt, wie er von der Vertretungsvollmacht umfasst ist.

  ☝ Deshalb ist es dem Vertreter mangels einer weiteren besonderen Bevollmächtigung **nicht möglich**, der Erhebung einer **Nachtragsanklage** (§ 266 Abs. 1; dazu *Burhoff*, HV, Rn 1905 ff.]) zuzustimmen (LR-*Becker*, § 234 Rn 11). Eingeschränkt ist die Vertretungsmöglichkeit auch in Fällen des § 233, in denen das Gericht einen **Hinweis (§ 265 Abs. 1, Abs. 2)** erteilt, da die Zulässigkeit der Abwesenheitsverhandlung voraussetzt, dass der Angeklagte zur Anklage vernommen worden ist, sodass die Veränderung der rechtlichen Ausgangssituation eine neuerliche Vernehmung erforderlich machen kann (*Meyer-Goßner/Schmitt*, § 234 Rn 11).

- Bezüglich der **Rücknahme des Rechtsmittels** kommt es beim **Wahlverteidiger** auf die diesem erteilte Vollmacht an. Wurde er zur Rücknahme im Voraus ermächtigt, kann er das Rechtsmittel auch in Abwesenheit des Angeklagten zurücknehmen (KMR-*Plöd*, § 302 Rn 34). Eine derartige zu Beginn des Mandatsverhältnisses erteilte Ermächtigung wird jedoch wirkungslos, wenn der Wahlverteidiger später zum **Pflichtverteidiger** bestellt wird. Bleibt er in dieser Konstellation vertretungsberechtigt, bedarf er zur Rechtsmittelrücknahme wegen § 302 Abs. 2 jedenfalls dann einer gesonderten Bevollmächtigung, wenn sich aus der (kombinierten) Verteidigungs- und Vertretungsvollmacht nicht eindeutig ergibt, dass die Rücknahmeermächtigung auch für den Vertretungsfall erfolgt ist. S.a. → *Rechtsmittel/Rechtsbehelfe, Rücknahme, Verteidiger*, Teil A Rdn 1669 ff.
- Eine **Vertretung** im **letzten Wort** (§ 258 Abs. 2 HS 2, Abs. 3) ist wegen der Höchstpersönlichkeit dieses Rechts **nicht** möglich (LR-*Becker*, § 234 Rn 17), aber aufgrund der Doppelfunktion des Vertretungsverteidigers auch nicht erforderlich.
- Zum **Rechtsmittelverzicht** gelten die Ausführungen zur Rechtsmittelrücknahme sinngemäß. S.a. → *Rechtsmittel/Rechtsbehelfe, Verzicht, Verteidiger*, Teil A Rdn 1751 ff.

Siehe auch: → *Berufung, Allgemeines*, Teil A Rdn 1, m.w.N.; → *Berufung, Ausbleiben des Angeklagten, Allgemeines*, Teil A Rdn 57, m.w.N.; → *Rechtsmittel/Rechtsbehelfe, Vollmacht, Vertretungsvollmacht*, Teil A Rdn 1809.

Berufung, Beschränkung, Allgemeines 227

Das Wichtigste in Kürze:

1. Die Beschränkung der Berufung ist in § 318 geregelt.
2. Die Möglichkeit, ein Urteil nur in beschränktem Umfang anzufechten, entspringt der Dispositionsbefugnis des Rechtsmittelführers.
3. Die Wirksamkeit der Beschränkung setzt voraus, dass die Beschwerdepunkte von den nicht angefochtenen Urteilsteilen isoliert überprüft werden können (Trennbarkeitsformel).
4. Eine Beschränkung ist möglich auf die Anfechtung der Verurteilung wegen einer von mehreren Taten.
5. I.d.R. kann der Rechtsfolgenausspruch des Urteils isoliert angefochten werden.
6. Auch innerhalb des Rechtsfolgenausspruchs kann die Berufung auf bestimmte Beschwerdepunkte beschränkt werden.

228 **Literaturhinweise:** **Altmann**, Die Teilanfechtung von Urteilen im Strafprozess, JuS 2008, 790; **Burhoff**, Verfahrenstipps und Hinweise für Strafverteidiger zu neuerer Rechtsprechung in Strafsachen, ZAP F. 22 R, S. 49; **Cierniak**, Verschlechterungsverbot bei einer unbeschränkten Berufung des Angeklagten und bei einem auf den Rechtsfolgenausspruch beschränkten Rechtsmittel der Staatsanwaltschaft?, NStZ 2001, 399; **Geppert**, Anm. zu BGHSt 47, 32, JR 2002, 114; **Gössel**, Über die mit der horizontalen Teilrechtskraft verbundene Bindungswirkung bei Teilanfechtung und Teilaufhebung in: Festschrift für *Peter Rieß*, 2002, S. 114; **Hettinger**, Ist eine horizontale Berufungsbeschränkung auf das Strafmaß möglich und kann auch § 21 StGB ihr Gegenstand sein?, JZ 1987, 386; **Loos**, Anm. zu BayObLG StV 1995, 181, JR 1996, 80; **Maul**, Anm. zu BayObLG NZV 2001, 353, PVR 2002, 114; *ders.*, Anm. zu OLG Hamm PVR 2001, 219; **Milzer**, Die Beschränkbarkeit der Berufungshauptverhandlung in Strafsachen auf die Frage der rechtlichen Würdigung, NStZ 1993, 69; **Nobis**, Der Streit um die Einschränkung der Berufung … und täglich grüßt das Murmeltier! in: Strafverteidigung im Rechtsstaat, 25 Jahre Arbeitsgemeinschaft Strafrecht des Deutschen Anwaltsvereins, 2009, S. 699; **Scharf/Kropp**, Strafverfahrensbeschleunigung durch Rechtsmittelbeschränkung?, NJ 2002, 73; **Tolksdorf**, Die unterbliebene Unterbringung gemäß § 64 StGB und ihre Überprüfung im Revisionsverfahren in: Festschrift für *Walter Stree* und *Johannes Wessels* zum 70. Geburtstag, 1993, S. 754; **Wankel**, Rechtsmittel- und Rechtsbehelfsbeschränkung in der StPO, JA 1998, 65; **Werkmüller**, Einschränkungsmöglichkeiten von Rechtsmitteln im Strafprozess, JA 2000, 55.

229 **1.** § 318 ist Ausdruck der **Dispositionsbefugnis** des Rechtsmittelführers (OLG Hamburg NStZ-RR 2006, 18; → *Rechtsmittel/Rechtsbehelfe, Befugnis*, Teil A Rdn 1323 ff.). Daneben dient die Möglichkeit der Beschränkung zugleich der **Prozessökonomie** und der **Verfahrensbeschleunigung** (KMR/*Brunner*, § 318 Rn 2).

☝ Da das Ergebnis des amtsgerichtlichen Urteils nicht dem ins Auge gefassten Verteidigungsziel entsprochen hat, muss der Verteidiger in einem

- **ersten** Schritt die diesbezügliche Divergenz herauszuarbeiten.
- In **zweiter** Linie ist zu entscheiden, ob das Verteidigungsziel eher mit der Berufung oder eher mit der Revision erreicht werden kann (→ *Rechtsmittel/Rechtsbehelfe, Wahlmöglichkeit*, Teil A Rdn 1836 ff.).
- Erst an **dritter** Stelle, wenn sich die Berufung als das zutreffende Rechtsmittel erweist, kann – und muss – die Frage erörtert werden, ob das Rechtsmittel umfassend oder beschränkt durchgeführt werden soll.

230 **2. Eingeschränkt** ist die Anfechtungsmöglichkeit durch Verfahrenspraxis und Sachlogik nach der sog. **Trennbarkeitsformel**, die eine Beschränkung der Anfechtung (→ *Berufung, Beschränkung, Beschränkbarkeit*, Teil A Rdn 239) nur zulässt, wenn sie sich auf Beschwerdepunkte bezieht, die nach dem inneren Zusammenhang des Urteils losgelöst von seinem nicht angegriffenen Teil rechtlich und tatsächlich selbstständig beurteilt werden können, ohne eine Prüfung der Entscheidung im Übrigen erforderlich zu machen. Daneben ist das Erfordernis der **Widerspruchsfreiheit** zu beachten. Die abschließende Entscheidung des Verfahrens, die trotz ihres stufenweisen Zustandekommens als einheitliches Ganzes anzusehen ist, darf nicht in sich widersprüchlich sein. Die Beschränkung der Berufung ist daher stets unwirksam, wenn sie zu Widersprüchen zwischen nicht angefochte-

nen Teilen des Urteils und der Entscheidung des Berufungsgerichts führen kann (BGHSt 41, 57; OLG Naumburg NJW 2001, 312; LR-*Gössel*, § 318 Rn 3).

3. Abzugrenzen ist die Beschränkung der Berufung davon, dass ein bestimmter Be- 231
schwerdepunkt vom **Rechtsmittelangriff ausgenommen** wird, also ein rechtlicher Teilaspekt, über den das AG (nicht) entschieden hat, der bei einer uneingeschränkten Überprüfung des Anklagevorwurfs durch das Berufungsgericht aber ohne Verstoß gegen das den Grundsatz der reformatio in peius (→ *Berufung, Verschlechterungsverbot, Allgemeines*, Teil A Rdn 290) zu einer für den Rechtsmittelführer unerwünschten Folge führen könnte, von diesem nicht überprüft werden soll. Dabei reicht die Dispositionsfreiheit des Rechtsmittelführers nicht soweit, den Strafausspruch oder gar nur einzelne, diesen betreffende Feststellungen von seinem Rechtsmittel auszunehmen (KG, Beschl. v. 17.6.2009 – [4] 1 Ss 170/09 [136/09] [hier: § 21 StGB]). Die Ausklammerung eines Maßregelausspruchs ist jedoch unwirksam, wenn zugleich der Schuldspruch angegriffen wird, der von der Maßregelfrage nicht getrennt werden kann (BGH StV 2012, 72; NStZ-RR 2010, 171 f.). Auch der Angriff auf einen Teil des Schuldspruchs führt zur Unwirksamkeit der Beschränkung hinsichtlich des Maßregelausspruchs, wenn diese Rechtsfolgenentscheidung auch an den Schuldspruch hinsichtlich des angefochtenen Teils der Verurteilung anknüpft (BGH NStZ-RR 2013, 54).

4. Eine **zeitliche Zäsur** für die Beschränkbarkeit der Berufung bildet einerseits der Ablauf 232
der Frist zur **Berufungsbegründung** (s. Rdn 233), andererseits der Beginn der HV mit dem Aufruf der Sache (*Burhoff*, HV, Rn 341, 577).

Das verdeutlicht folgende 233

Übersicht: Berufungsbegründungsfrist

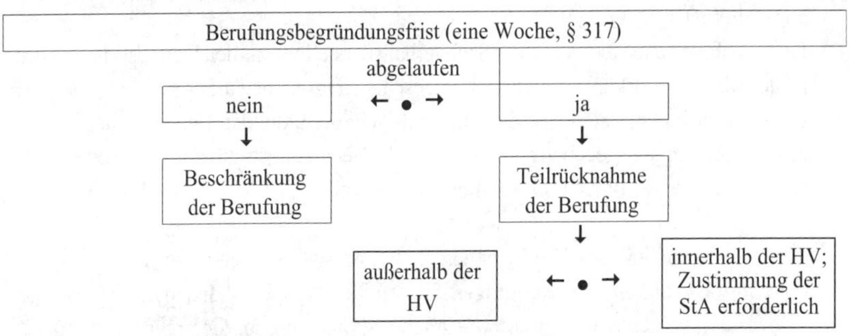

Nach Ablauf der Berufungsbegründungsfrist vorgenommene Beschränkungen gelten als 234
Teilrücknahme des Rechtsmittels (→ *Rechtsmittel/Rechtsbehelfe, Rücknahme, Allgemeines*, Teil A Rdn 1653; a.A. Beck-*Michalke* S. 590 Anm. 1 [jede Beschränkung ist zugleich

Teilrücknahme]) und wirken sich beim Verteidiger dahin gehend aus, dass er seine Ermächtigung hierzu belegen muss (Muster s. Teil A Rdn 238). Zudem bedarf die nach Beginn der HV erklärte Teilrücknahme der Zustimmung der StA (§ 303 S. 1; OLG Frankfurt/Main NStZ-RR 1997, 45).

☝ Sogar bei vollem Erfolg eines erst nachträglich, d.h. nach Ablauf der Rechtsmittelbegründungsfrist beschränkten Rechtsmittels werden die **Kosten** des Rechtsmittels und die dem Angeklagten im Rechtsmittelzug erwachsenen notwendigen Auslagen zwar der Staatskasse auferlegt, jedoch gem. § 473 Abs. 1 mit Ausnahme derjenigen gerichtlichen und außergerichtlichen Auslagen, die bei einer von vornherein beschränkten Rechtsmitteleinlegung vermeidbar gewesen wären; letztere hat der Angeklagte zu tragen (OLG Koblenz NStZ 2011, 64).

235 **5.** Die **wirksame Beschränkung** der Berufung führt zur **Teilrechtskraft** des amtsgerichtlichen Urteils bezüglich aller nicht angefochtenen Beschwerdepunkte, sodass **alle den Schuldspruch tragenden Feststellungen** im Ersturteil **bindend** sind. Der geschichtliche Vorgang, der dem Schuldspruch zugrunde liegt, bildet dabei ein geschlossenes Ganzes, aus dem nicht Einzelteile herausgegriffen und zum Gegenstand neuer abweichender Feststellungen gemacht werden dürfen.

236 Die **bindenden Feststellungen**

- umfassen in erster Linie die Tatsachen, in denen die Merkmale des angewandten Straftatbestandes gefunden werden.
- Über die genannten Tatumstände hinaus entfalten auch die Bestandteile der Sachverhaltsschilderung innerprozessuale Bindungswirkung, aus denen der Tatrichter im Rahmen der Beweiswürdigung seine Überzeugung von der Schuld des Angeklagten abgeleitet hat.
- Ferner nehmen auch jene Teile der Sachverhaltsdarstellung als den Schuldspruch tragend an der Bindungswirkung teil, die das Tatgeschehen im Sinne eines geschichtlichen Vorgangs näher beschreiben, z.B. die Umstände schildern, die der Tatausführung das entscheidende Gepräge gegeben haben, so etwa die Betäubungsmittelabhängigkeit beim Erwerb zum Eigenverbrauch (OLG München, Beschl. v. 22.8.2008 – 4St RR 102/08).

☝ Die Feststellungen zum Tatgeschehen sind auch dann bindend, wenn sie als sogenannte **doppelrelevante Feststellungen** für den Strafausspruch Bedeutung haben. Sie dürfen in dem weiteren Verfahren zwar **noch ergänzt** werden; die ergänzten Feststellungen dürfen den bindend gewordenen jedoch nicht widersprechen (h.M., wie z.B. BayObLG NStZ 2000, 275 m. Anm. *Kudlich*; OLG Düsseldorf NStZ-RR 2000, 307; *Meyer-Goßner/Schmitt*, § 318 Rn 31). Die Möglichkeit einer Verfahrensbeschränkung nach § 154a scheidet aus (OLG Köln VRS 110, 120).

6. Die **unzutreffende Annahme** des Berufungsgerichts, die Beschränkung der Berufung sei (un-)wirksam, kann mit der **Revision** (→ *Rechtsbehelfe/Rechtsmittel, Revision, Allgemeines*, Teil A Rdn 2006) angegriffen werden. 237

7. Muster: Teilrücknahme der Berufung durch den Pflichtverteidiger 238

▼

Amtsgericht Musterstadt

Strafabteilung

In dem Strafverfahren

gegen Herrn Berthold Mustermann

Az.:

wegen des Verdachts

hatte ich in meiner Eigenschaft als Pflichtverteidiger (Bestellungsverfügung vom) gegen das Urteil des Amtsgerichts vom

Berufung

eingelegt.

In vollständiger Form wurde mir das Urteil am und damit vor Wochen zugestellt.

Nach Rücksprache mit Herrn Mustermann wird das Rechtsmittel auf den Rechtsfolgenausspruch beschränkt.

Da es sich insoweit um eine Teilrücknahme des ursprünglich unbeschränkt eingelegten Rechtsmittels handelt, weise ich meine Ermächtigung hierzu durch anliegende Vollmacht nach.

Rechtsanwalt

Anlage: Vollmacht

▲

Siehe auch: → *Berufung, Beschränkung, Beschränkbarkeit*, Teil A Rdn 239; → *Berufung, Beschränkung, Rechtsfolgenausspruch*, Teil A Rdn 250; → *Berufung, Beschränkung, Vornahme*, Teil A Rdn 277.

239 Berufung, Beschränkung, Beschränkbarkeit

Das Wichtigste in Kürze:

1. Die Berufung ist in verschiedenen Fällen beschränkbar.
2. Die Wirksamkeit der grds. möglichen Beschränkung auf den Rechtsfolgenausspruch setzt voraus, dass das angefochtene Urteil ausreichende Feststellungen zur Tat enthält.

240 **Literaturhinweise:** s. die Hinw. bei → *Berufung, Beschränkung, Allgemeines*, Teil A Rdn 228.

241 **1.a)** Die Berufung ist **beschränkbar**

- bei mehreren Angeklagten auf einen von ihnen,
- bei mehreren Taten (§§ 53 StGB, 264 StPO) auf eine von diesen,
- bei einer Tat i.d.R. auf den Rechtsfolgenausspruch,
- innerhalb des Rechtsfolgenausspruchs auf bestimmte Punkte.

242 **b)** Stets setzt die wirksame Beschränkung **voraus**, dass Gegenstand der – beschränkten – Berufung ein **vollständiges Urteil** des Amtsgerichts ist. Daran fehlt es, wenn das Urteil überhaupt nicht unterschrieben ist (OLG Düsseldorf StV 1987, 97; OLG Frankfurt/Main NStZ-RR 2010, 250) oder keine Urteilsgründe enthält (BGHSt 46, 204).

243 **c)** Bilden **mehrere Taten i.S.v. § 53 StGB** eine Tat im verfahrensrechtlichen Sinn (§ 264 StPO) ist die Berufung nur dann auf einen der materiell-rechtlichen Vorwürfe beschränkbar, wenn dessen Überprüfung möglich ist, ohne dass sich das Berufungsgericht zu den übrigen rechtskräftig abgeurteilten Straftaten in **Widerspruch** setzen würde (OLG Düsseldorf VRS 74, 366 = wistra 1988, 118; OLG Jena NStZ-RR 2005, 276; OLG Oldenburg StRR 2008, 402; *Meyer-Goßner/Schmitt*, § 318 Rn 7; s.a, das Muster → *Berufung, Beschränkung, Allgemeines*, Teil A Rdn 238). Erstrebt die StA mit der Berufung lediglich die **Berichtigung des Urteilssatzes**, indem sie diese auf den **Teilfreispruch beschränkt**, ist dies zulässig, denn es geht allein um die Berichtigung einer Rechtsfolge, deren Anordnung angesichts des festgestellten und rechtlich zutreffend gewürdigten Sachverhalts unzulässig war und nicht um eine neue Bewertung eines Teils des Sachverhalts (OLG Zweibrücken VRS 85, 206).

244 Bei einer Tat, die mit einer anderen in **Tateinheit** steht, ist die Beschränkung der Berufung auf einen oder mehrere rechtliche Gesichtspunkte unzulässig (OLG Hamm NZV 2008, 164). Kann über ein Konkurrenzverhältnis erst nach Durchführung der Berufungshauptverhandlung befunden werden, ist das Rechtsmittel ebenso wenig beschränkbar (OLG Köln NStE Nr. 14 zu § 318 StPO).

245 **d)** Der **Schuldspruch allein** ist **nicht anfechtbar** (OLG Zweibrücken NStZ-RR 2008, 381; LR-*Gössel*, § 318 Rn 62). Auch auf Teile des Schuldspruchs kann die Berufung nicht

beschränkt werden (OLG Oldenburg NStZ-RR 1996, 77). Dies gilt insgesamt auch für die diesbezüglich vom AG getroffene rechtliche Würdigung des Sachverhalts (OLG Frankfurt/Main StraFo 2003, 383). Zum Schuldspruch zählen

- die den Schuldumfang betreffenden Voraussetzungen eines **minder schweren** oder **besonders schweren** Falles,
- **Strafänderungs**gründe (BGH NStZ 1982, 29 [§ 260 StGB]),
- die **Suchtmotivation** bei Betäubungsmittelstraftaten (BayObLG NStZ-RR 2004, 246).

☝ Die Frage der eingeschränkten Einsichts- oder Steuerungsfähigkeit (**§ 21 StGB**) ist hingegen nicht Teil der Schuldfrage (BGHSt 7, 283; OLG Köln NStZ 1984, 379; *Meyer-Goßner/Schmitt*, § 318 Rn 15 m.w.N.).

e) Bei **Regelbeispielen** ist Folgendes zu **beachten** (BGHSt 29, 359): **246**

- Tragen die Feststellungen nach Lage des Falls den Schuldspruch (**doppelrelevant** sind) und wendet sich der Rechtsmittelführer sich gegen die Feststellungen, ergreift sein Rechtsmittel auch den Schuldspruch.
- Sind die Feststellungen zu Merkmalen von Regelbeispielen **zwar doppelrelevant**, werden sie aber nach dem eindeutig und bestimmt erklärten Willen des sich nur gegen den Strafausspruch wendenden Beschwerdeführer **nicht angegriffen**, wird allein deshalb, weil es sich um auch den Schuldspruch tragenden Feststellungen handelt, die Wirksamkeit der Rechtsmittelbeschränkung nicht infrage gestellt.
- Sind die Feststellungen des erstinstanzlichen Gerichts zum Regelbeispiel nach der besonderen Lage des Falls für den Schuldspruch **nicht tragend**, ist das in der Straffrage entscheidende Gericht nicht an sie gebunden.

☝ Danach handelt es sich bei den Regelbeispielen des **§ 243** Abs. 1 Nrn. 1, 2, 4 **StGB** um doppelrelevante Umstände, während § 243 Abs. 1 Nr. 3 StGB für den Schuldspruch nicht tragend ist (OLG Düsseldorf OLGSt StPO § 318 Nr. 8). Auch die Frage der Gewerbsmäßigkeit bei Betrug (§ 263 Abs. 3 S. 2 Nr. 1 StGB) zählt regelmäßig zu den Straffragen (OLG Brandenburg, Beschl. v. 16.3.2009 – 1 Ss 6/09; OLG Köln NStZ-RR 03, 298; a.A. BayObLG NStZ-RR 2003, 209; OLG Karlsruhe NStZ-RR 2004, 271).

2. Die Wirksamkeit der grds. möglichen **Beschränkung auf** den **Rechtsfolgenausspruch** **247**
(h.M., vgl. u.a. BGHSt 33, 59 m.w.N.; OLG Hamm, Beschl. v. 31.3.2009 – 1 Ss 111/09; *Burhoff*, HV, Rn 575 m.w.N.; → *Berufung, Beschränkung, Rechtsfolgenausspruch*, Teil A Rdn 250) setzt voraus, dass das angefochtene Urteil **ausreichende Feststellungen** zur Tat enthält. Diese dürfen vom Umfang her weder zu knapp, vom Inhalt her weder unklar noch in sich widersprüchlich sein, sondern müssen aus sich heraus eine hinreichende Grundlage für die Prüfung der Rechtsfolgenentscheidung bilden. Die Inbezugnahme des Ankla-

gesatzes vermag insoweit vorhandene Mängel nicht zu heilen (OLG Braunschweig StraFo 2008, 247). Für die **Strafzumessung** müssen das **gesamte Bild** des **Täters** und sein **gesamtes Verhalten** herangezogen werden, soweit sie wegen ihrer engen Beziehung zur Tat Rückschlüsse auf Unrechtsgehalt und innere Einstellung des Täters gewähren oder sonst als tatrelevant anzusehen sind. Fehlen Ausführungen dazu, bieten die Feststellungen zur Schuldfrage keine ausreichende Grundlage für die Strafzumessung, sodass eine Beschränkung der Berufung auf die Rechtsfolgenentscheidung unwirksam ist (BayObLG NStZ-RR 2003, 117 m. Anm. *Verrel* JR 2003, 297).

248 Bei im Berufungsrechtszug **verbundenen Verfahren** kommt dabei dem Prinzip der Widerspruchsfreiheit besondere Bedeutung zu, da sich infolge der Verfahrensverbindung die Notwendigkeit ergibt, dass die Feststellungen der beiden amtsgerichtlichen Urteile auch ein hinreichendes Fundament für die vom LG insgesamt für alle Taten vorzunehmende Strafzumessung bilden müssen, woran es aber fehlt, wenn die Feststellungen der beiden amtsgerichtlichen Urteile teilweise zueinander in Widerspruch stehen (OLG Naumburg, Beschl. v. 19.1.2000 – 2 Ss 203/99).

☝ Mängel bestehen, wenn Feststellungen **zur inneren Tatseite** fehlen (Vorsatz/Fahrlässigkeit: OLG Düsseldorf VRS 67, 261; direkter/bedingter Vorsatz: OLG Köln NZV 1992, 203; OLG Oldenburg StraFo 2008, 385). Ebenso wenig kann die Berufung beschränkt werden, wenn die Frage der (eingeschränkten) **Schuldfähigkeit** nicht geprüft wurde, obwohl dies nahelag (BayObLG NZV 2001, 353; NStZ-RR 1999, 275 [Betäubungsmittelmissbrauch]; OLG Köln VRS 98, 140 [Alkohol]; OLG Hamm NStZ-RR 2008, 138 [ADHS]) oder **Vorahndungen** ohne ausreichende Sachverhaltsdarstellung berücksichtigt werden (OLG Köln StraFo 1998, 120).

249 Bei **gravierenden Subsumtionsfehlern** des AG ist eine **Berufungsbeschränkung ausgeschlossen**, wenn bei der Verurteilung wegen eines Verbrechens die infolge der Beschränkung in Rechtskraft erwachsenden Feststellungen lediglich die Verurteilung wegen eines Vergehens tragen würden (OLG Saarbrücken NStZ 1997, 149). Ebenso gilt dies für die Verurteilung wegen eines Vergehens, wenn die zugrunde liegenden Feststellungen nur die Verurteilung wegen einer Ordnungswidrigkeit rechtfertigen (BayObLG NJW 2005, 309; OLG Koblenz NStZ-RR 2008, 120). Wird zulasten des Angeklagten für die Strafzumessung von einem höheren Strafrahmen ausgegangen, als er nach der festgestellten Tat bei zutreffender rechtlicher Wertung zur Anwendung kommt, ist eine Beschränkung auf den Rechtsfolgenausspruch ebenfalls nicht möglich (OLG Köln NStZ-RR 2000, 49). Schließlich gilt dies auch, wenn die zutreffende rechtliche Würdigung ergibt, dass sich der Angeklagte überhaupt nicht strafbar gemacht hat (KG, Beschl. v. 20.8.2001 – [3] 1 Ss 139/01 [54/01]). **Wirksam** bleibt die Berufungsbeschränkung hingegen, wenn sich der Rechtsmittelführer zwar nicht so, wie abgeurteilt, strafbar gemacht

hat, seine Tat aber unter einem anderen rechtlichen Gesichtspunkt strafbar war (KG, Beschl. v. 22.2.2008 – [4] 1 Ss 294/06 [262/06]).

☝ **„Einfache" Subsumtionsfehler** stehen der Wirksamkeit der Berufungsbeschränkung indessen nicht entgegen (OLG Hamm NZV 2008, 372 OLG Koblenz NStZ-RR 2008, 120; *Meyer-Goßner/Schmitt*, § 318 Rn 17a m.w.N.)

Siehe auch: → *Berufung, Beschränkung, Allgemeines*, Teil A Rdn 227, m.w.N.; → *Berufung, Beschränkung, Rechtsfolgenausspruch*, Teil A Rdn 250.

Berufung, Beschränkung, Rechtsfolgenausspruch 250

Das Wichtigste in Kürze:

1. I.d.R. unwirksam ist die Beschränkung auf den Rechtsfolgenausspruch wenn bei bestimmten Straftaten essenzielle Feststellungen zum Tatgeschehen, zur Tatmotivation oder zur Tatbestandsverwirklichung fehlen.
2. Bei der sog. „Strafmaßberufung" lässt sich das Rechtsmittel nicht nur auf den gesamten Rechtsfolgenausspruch, sondern auch – quasi in einer zweiten Stufe – auf einzelne Beschwerdepunkte innerhalb des Rechtsfolgenausspruchs beschränken, sofern diese in keiner Wechselwirkung mit anderen, nicht angefochtenen Entscheidungsteilen stehen.

Literaturhinweise: s. die Hinw. bei → *Berufung, Beschränkung, Allgemeines*, Teil A Rdn 228. 251

1.a) I.d.R. unwirksam ist die Beschränkung auf den Rechtsfolgenausspruch wenn bei **bestimmten Straftaten essenzielle Feststellungen** zum Tatgeschehen, zur Tatmotivation oder zur Tatbestandsverwirklichung fehlen. Hinzuweisen ist auf folgende 252

Rechtsprechungsbeispiele: 253

- **Bankrottstraftaten**: Mangelnde Feststellungen zur Zahlungsunfähigkeit (OLG Köln StraFo 2006, 28),
- **Beleidigung**: Vorgeschichte der Tat, Beweggründe und Ziele des Angeklagten (OLG Nürnberg, Beschl. v. 4.10.2007 – 2 St OLG Ss 160/07),
- **Betäubungsmittelstraftaten**:
  - Eigennützigkeit bei Handeltreiben (OLG Hamburg StV 2000, 608),
  - nicht geringe Menge (OLG Oldenburg NStZ-RR 2008, 117),
  - Tatmodalitäten (OLG Köln OLGSt § 11 BtMG S. 47),

  - Angabe der Zahl der Teilnehmer, bei Minderjährigen auch ihres Alters und ihrer Erfahrung mit Rauschgift, des konsumierten Rauschgifts, sowie der Mitteilung, ob Gelegenheit zum Rauschgiftkonsum geboten oder Rauschgift zur eigenständigen Verfügung abgegeben wurde (BayObLG NStZ-RR 2003, 310),
  - Wirkstoffgehalt der Betäubungsmittel im Allgemeinen (BayObLG StV 2001, 335; OLG München NStZ-RR 2011, 89; vgl. auch *Kotz* StRR 2007, 367 ff.),
- **Betrug**: Täuschung und Irrtum (OLG Brandenburg v. 10.2.2010 – [1] 53 Ss 225/09 [1/10]; OLG Hamm, Beschl. v. 17.6.2014 – 2 RVs 17/14),
- **Diebstahl**: Regelbeispiele des § 243 StGB (OLG Düsseldorf VRS 89, 218); Vorliegen eines Nachschlüsseldiebstahls (OLG Hamm NStZ-RR 2001, 300),
- **Fahren** ohne Fahrerlaubnis: Fehlen der Fahrerlaubnis (KG VRS 115, 426), Gegebenheiten der Fahrt (OLG Bamberg DAR 2013, 585; OLG Koblenz NZV 2013, 411; OLG München StraFo 2008, 210; DAR 2008, 533; vgl, dazu jetzt OLG Nürnberg VRS 129, 147 [Vorlage an den BGH]),
- **Förderung** der **Prostitution**: Zeitraum der Dauerstraftat (BayObLG v. 19.12.1994 – 3St RR 46/94);
- **Steuerhinterziehung**: Fehlen der verkürzten Steuerbeträge (BayObLG NStZ 1999, 39);
- **Straßenverkehrsgefährdung**: Falsches Fahren beim Überholvorgang (OLG Brandenburg, Beschl. v. 17.2.2009 – 1 Ss 98/08);
- **Trunkenheit** im Verkehr: Alkoholaufnahme (BayObLG NZV 1999, 482; a.A. OLG Dresden, Beschl. v. 13.10.2003 – 2 Ss 228/03);
- **Unterhaltspflichtverletzung**: Umfang der Unterhaltspflicht (BayObLG StV 2001, 348);
- **Unterschlagung**: Individualisierung der Tatbeute (OLG Düsseldorf NStZ 1992, 298 [OLG Düsseldorf, Beschl. v. 20.12.1991 – 5 Ss 484/91 – 151/91 I]);
- **Vollrausch**: Maß der Vorwerfbarkeit des Sich-Betrinkens (OLG Jena OLGSt StGB § 323a Nr. 5);
- **Vorenthalten von Arbeitsentgelt**: Leistungsgrund der vom Arbeitgeber erbrachten Zahlungen (BayObLG NStZ-RR 1999, 142).

254 **b)** Bei einer Verurteilung wegen der **Verwirklichung** von **Regelbeispielen** ist eine Beschränkung auf den Rechtsfolgenausspruch möglich, wenn es sich – anders als bei doppelrelevanten Umständen (→ *Berufung, Beschränkung, Beschränkbarkeit*, Teil A Rdn 246) – um reine Strafzumessungsregeln handelt (OLG Köln NStZ-RR 2003, 298). Der Wirksamkeit der Beschränkung steht dabei nicht entgegen, dass sich das inkriminierte Verhalten den tatrichterlichen Feststellungen nur mittelbar entnehmen lässt (BayObLG NStZ-RR 2003, 209).

255 **2.** Bei der sog. „Strafmaßberufung“ lässt sich das Rechtsmittel nicht nur auf den gesamten Rechtsfolgenausspruch, sondern auch – quasi in einer zweiten Stufe – auf einzelne Beschwerdepunkte **innerhalb des Rechtsfolgenausspruchs** beschränken, sofern diese in

keiner **Wechselwirkung** mit anderen, nicht angefochtenen Entscheidungsteilen stehen (LR-*Gössel*, § 318 Rn 86). Insoweit gilt:

a) Unter den Voraussetzungen, dass das angefochtene Urteil für das Berufungsgericht eine ausreichende Entscheidungsgrundlage bildet, kann das Rechtsmittel immer auf die **Rüge beschränkt** werden, die ausgeworfene **Strafe** sei **zu hoch**. Eine Beschränkung auf Einzelaspekte wie strafverschärfende Verwertung festgestellter Umstände oder der Anwendbarkeit von § 47 Abs. 1 StGB ist nicht möglich (LR-*Gössel*, § 318 Rn 92 m.w.N.). 256

b) Die Anfechtung der Strafhöhe wird sich regelmäßig auf die **Gesamt(freiheits)strafe** erstrecken (BGH wistra 1999, 99), was auch rechtlich möglich ist, weil § 54 Abs. 1 S. 3 StGB eigene, über § 46 StGB hinausgehende Bewertungsgrundsätze enthält, sodass die Gesamtstrafenbildung grds. einen gesonderten Strafzumessungsvorgang erfordert. Sie ist wirksam, wenn bei der Bildung der Gesamtstrafe nicht auf die zur Festsetzung der Einzelstrafen niedergelegten Erwägungen Bezug genommen wird (BGH NStZ-RR 2000, 13). **Unwirksam** ist die Beschränkung allerdings dann, wenn bei der Bildung der Gesamtstrafe nur formelhaft auf die zur Festsetzung der Einzelstrafen niedergelegten Erwägungen Bezug genommen wird (OLG München NStZ 2011, 117). 257

> ☝ Auch das fehlerhafte **Unterlassen** der **Bildung** einer **Gesamtstrafe** kann isoliert gerügt werden, da diese nur ausnahmsweise dem Nachtragsverfahren nach §§ 460, 462 überlassen ist (OLG Düsseldorf VRS 68, 365; OLG Jena, Beschl. v. 21.11.2005 – 1 Ss 307/05) und als Strafzumessungsakt zum originären Aufgabenbereich des Tatgerichts (einschließlich der Laienrichter) zählt (BGHSt 55, 220).

Die Gesamtstrafe wird ihrerseits von einer auf die **Verhängung** eines **Fahrverbots** (s. Rdn 267) **beschränkten Berufung miterfasst**, da das Abhängigkeitsverhältnis zwischen Haupt- und Nebenstrafe nicht zwischen Fahrverbot und ausgeurteilten Einzelstrafen, sondern nur zwischen der Nebenstrafe und der aus den Einzelstrafen gebildeten Gesamtstrafe besteht, die allein insoweit die Hauptstrafe darstellt (OLG Jena NStZ-RR 2005, 276). 258

c) Hat das AG die vollstreckte **Untersuchungshaft nicht angerechnet** (§ 51 Abs. 1 StGB), kann die Berufung auf diesen Beschwerdepunkt ebenso beschränkt werden wie auf die unterlassene oder fehlerhafte Bildung des Anrechnungsmaßstabs für eine im Ausland erlittene Freiheitsentziehung (§ 51 Abs. 4 StGB). 259

d) Ob die Frage der **Strafaussetzung zur Bewährung** isoliert einen Beschwerdepunkt i.S. des § 318 darstellen kann, oder ob die Angabe eines derartigen Rechtsmittelziels nicht stets dahin gehend auszulegen ist, dass die Berufung den gesamten Rechtsfolgenausspruch, insbesondere die Höhe der verhängten Strafe, erfassen soll, weil eine Reduzierung der verhängten Strafe regelmäßig die Chancen erhöht, dass ihre Vollstreckung zur Bewährung ausgesetzt wird (so u.a. OLG Hamm, Beschl. v. 4.1.2001 – 4 Ss 1237/00; OLG Oldenburg, Beschl. v. 13.7.2010 – 1 Ss 91/10) wird **nicht einheitlich** beantwortet (ohne Einschränkun- 260 gen bejaht von der h.M.: BGHSt 55, 220 = NJW 2010, 3589; KG, Beschl. v. 27.6.2001 – [5] 1 Ss 13/99 [10/99]; OLG Nürnberg StraFo 2007, 339; *Burhoff*, HV, Rn 567 ff. m.w.N.; LR-*Gössel*, § 318 Rn 96; *Meyer-Goßner/Schmitt*, § 318 Rn 20a, jew. m.w.N.).

261 Bei einer **Beschränkung** der Berufung nicht allein auf den Rechtsfolgenausspruch, sondern innerhalb desselben **auf** die **Frage** der **Strafaussetzung** zur **Bewährung** müssen die erstinstanzlichen Feststellungen jedenfalls derart vollständig und widerspruchsfrei sein, dass sie eine ausreichende Grundlage für die – nach dem weitest möglich zu respektierenden Willen des Berufungsführers durch das Berufungsgericht allein noch vorzunehmende – **Legalprognose gem.§ 56 Abs. 1 StGB** und gegebenenfalls Bewertung **besonderer Umstände gem. § 56 Abs. 2 StGB** bieten. Damit führt nicht bereits jede die Bestimmung von Strafart und -höhe nicht ermöglichende Lücke oder Widersprüchlichkeit der Feststellungen zur Unwirksamkeit der Berufungsbeschränkung, sondern ist eine funktionale Betrachtung im Hinblick auf die vom Berufungsführer dem Berufungsgericht angesonnene Prüfung allein der §§ 56 ff. StGB geboten. Der Anerkennung der Dispositionsfreiheit des Rechtsmittelführers in den Grenzen der allein entgegenstehenden Funktionsschranken – fehlende Anknüpfungsgrundlagen für die vom Rechtsmittelführer gewollte Entscheidung der zweiten Instanz – ist geschuldet, dass damit im Einzelfall der Grundsatz, eine Rechtsmittelbeschränkung in der zweiten Stufe (innerhalb des Rechtsfolgenausspruches) setze deren Wirksamkeit in der ersten Stufe (Schuldspruch) voraus, durchbrochen werden kann (OLG Hamburg NStZ-RR 2006, 18; vgl. auch Beschl. v. 16.8.2011 – 2 – 26/11 [REV]).

262 Ist die Berufungsbeschränkung auf die Frage der Strafaussetzung zur Bewährung **wirksam**, schließt sie die Verneinung eines vom AG straferhöhend gewerteten (Regelbeispiels-)Verhalten durch das Berufungsgericht aus Gründen der Widerspruchsfreiheit aus (OLG Brandenburg, Beschl. v. 16.3.2009 – 1 Ss 6/09).

☝ Auch die wirksame Beschränkung auf diesen Beschwerdepunkt **schließt unliebsame Überraschungen** nicht aus: Das AG hatte wegen mehrerer Taten Einzelfreiheitsstrafen verhängt und daraus eine Gesamtfreiheitsstrafe von einem Jahr gebildet, die nicht zur Bewährung ausgesetzt wurde. Die gegen dieses Urteil eingelegte Berufung wurde ausschließlich auf die Strafaussetzung zur Bewährung beschränkt. Das LG bezog im Wege der nachträglichen Gesamtstrafenbildung die rechtskräftige Verurteilung aus einem Strafbefehl ein und biete infolge der dadurch zu berücksichtigen Zäsurwirkung zwei nicht zur Bewährung ausgesetzte Gesamtfreiheitsstrafen. Auf Vorlage durch das mit der Revision befasste OLG entschied der BGH: „*Auch bei der wirksamen Beschränkung der Berufung auf die Frage der Strafaussetzung zur Bewährung ist eine Gesamtstrafenbildung nach § 55 StGB durch das Berufungsgericht vorzunehmen, wenn der erstinstanzliche Richter eine Entscheidung zu dieser Frage nicht getroffen hat*“ (BGHSt 55, 220). Die Notwendigkeit der nachträglichen Gesamtstrafenbildung folge ausschließlich aus dem materiellen Recht. Sie aus verfahrensrechtlichen Gründen momentan auszuschließen, dann aber nach den §§ 460 ff. nachzuholen, verbiete sich nicht nur aus prozessökonomischen Gründen, sondern auch deshalb, weil die Gesamtstrafenbildung als Strafzumessungsakt zur Aufgabe des Tatrichters gehöre, sodass hierbei auch die an der Entscheidungen beteiligten Laienrichter mitzuwirken hätten. Ein Verstoß gegen das Verbot der reformatio in peius (→ *Berufung, Verschlechterungsverbot, Allgemeines*, Teil A Rdn 290) liege schon deshalb nicht vor, weil eine nachträgliche Gesamtstrafenbildung im Vollstreckungsverfahren zum gleichen Ergebnis führen würde (i. Erg. ebenso LG Freiburg NStZ-RR 2008, 236).

Die Beschränkung der Berufung allein auf die Frage der Strafaussetzung zur Bewährung **263** ist in der Regel jedoch dann **unwirksam**, wenn zwischen der Aussetzungsfrage und der Verhängung der Maßregel der **Fahrerlaubnisentziehung** (s. Teil A Rdn 271) wegen charakterlicher Mängel eine untrennbare Wechselbeziehung besteht (OLG Nürnberg StraFo 2007, 339), i.d.R. wenn doppelrelevante Feststellungen angegriffen werden (BGHSt 47, 32). Das gilt auch, wenn eine **isolierte Sperrfrist** für die **Wiedererteilung** einer **Fahrerlaubnis** angeordnet wurde (OLG Düsseldorf StV 2001, 334 [Ls.]; KG VRS 109, 278).

e) Wird **neben** der **Freiheitsstrafe** auch **Geldstrafe** verhängt (§ 41 StGB), kann aufgrund **264** der strafzumessungsrechtlichen Verzahnung beider Sanktionen das Ob der Verhängung der Geldstrafe nicht beschränkt angefochten werden, auch wenn eine Geldleistung fehlerhaft nach § 51 Abs. 4 StGB angerechnet wurde (LR-*Gössel*, § 318 Rn 91).

☝ Da die Verhängung der Geldstrafe jedoch von der wirtschaftlichen Situation des Verurteilten abhängt, wird in diesen Fällen die auf die **Höhe** des **einzelnen Tagessatzes** beschränkte Anfechtung wirksam sein.

f) Die **Verurteilung zu einer Geldstrafe** ist sowohl in Bezug auf die **Anzahl** der **Tagessätze** (OLG Koblenz NJW 1976, 1275) als auch wegen der **Höhe** des **einzelnen Tagessatzes** (BGHSt 27, 70 m. Anm. *Grünwald* JR1978, 70; BGHSt 34, 90; OLG Dresden StV 2010, 29; OLG Hamm DAR 2001, 133) jeweils isoliert anfechtbar (s.a. das Muster bei Teil A Rdn 276). Die auf die Tagessatzhöhe beschränkte Rüge kann ausnahmsweise **auch deren Anzahl** erfassen, wenn bei hoher Tagessatzanzahl aus mehreren Einzelstrafen eine Gesamtstrafe zu bilden ist (OLG Hamm JMBl. NW 1983, 51). **265**

☝ Auch die Entscheidung über **Zahlungserleichterungen** nach § 42 StGB ist beschränkt anfechtbar (vgl. RGSt 64, 207 [208]).

g) Erkennt das AG entgegen der zwingenden Regelung in § 21 OWiG wegen einer Körperverletzung auf eine Geldstrafe und wegen einer **Ordnungswidrigkeit** nach § 24a StVG auf eine Geldbuße, ist die Berufung der StA, beschränkt auf Zahl und Höhe der Ta- **266**

gessätze der Geldstrafe bezüglich der fahrlässigen Körperverletzung nicht mehr zulässig (OLG Koblenz VRS 60, 447).

267 **h)** Seiner Rechtsnatur nach ist das **Fahrverbot** (§ 44 StGB) eine **Nebenstrafe**, wobei Haupt- und Nebenstrafe in einem inneren Abhängigkeitsverhältnis bzw. in einer engen Wechselbeziehung stehen. Die Verhängung des Fahrverbots setzt die Feststellung voraus, dass die Hauptstrafe allein zur Erreichung des Strafzwecks nicht ausreicht, sondern das Fahrverbot neben der Strafe erforderlich ist, sodass das Fahrverbot als Warnungs- und Besinnungsstrafe mit der Hauptstrafe eine Einheit bildet und daher eine ganzheitliche Betrachtung erfordert (OLG Hamm NStZ 2006, 592; OLG Jena NStZ-RR 2005, 276; NZV 2006, 167; OLG Nürnberg StraFo 2007, 339). Fälle, in denen das neben einer Freiheits- oder Geldstrafe ausgesprochene Fahrverbot allein mit der Berufung angefochten werden kann, sind **seltene Ausnahmen** (OLG Hamm VRS 49, 119; OLG Koblenz, Beschl. v. 6.11.1989 – 2 Ss 416/89).

268 **i)** Ist die **Einziehung** (§ 74 Abs. 2 StGB) **Nebenstrafe**, gelten für ihre Anfechtung die gleichen Grundsätze wie für ein Fahrverbot, sodass eine auf diese Rechtsfolge beschränkte Anfechtung nicht möglich ist (BGH NStZ 1993, 400). Die Einziehung **als Sicherungsmaßnahme** (§ 74 Abs. 3 StGB) ist hingegen isoliert anfechtbar (OLG Düsseldorf NJW 1972, 1382; OLG Hamm NJW 1975, 67). Eine auf die (unterbliebene) **Anordnung** des **Verfalls** (§§ 73, 73d StGB) oder des Wertersatzverfalls (§ 73a StGB) beschränkte Urteilsanfechtung ist grds. möglich (BGHSt 55, 174 m.w.N.), es sei denn, dass das Ausgangsgericht den gesamten Rechtsfolgenausspruch einschließlich Entscheidung über den Verfall als einheitliche Sanktionsentscheidung angesehen hat, deren innerer Zusammenhang die Ausklammerung eines Teilbereichs nicht zulässt (BGH wistra 2005, 137).

269 **j)** Zulässigkeitsvoraussetzung für die Anfechtung der amtsgerichtlichen Entscheidung auch bezüglich der wegen § 24 Abs. 2 GVG (OLG Düsseldorf StV 2007, 520) hier allein in Betracht kommenden freiheitsentziehende Maßregel der **Unterbringung** in einer **Entziehungsanstalt** (§ 64 StGB) ist die Beschwer des Rechtsmittelführers (→ *Rechtsmittel/Rechtsbehelfe, Beschwer*, Teil A Rdn 1383). Er kann deshalb ein gegen ihn ergangenes Urteil **nicht allein** deswegen anfechten, weil gegen ihn neben der Strafe **keine Maßregel** nach **§ 64 StGB** angeordnet worden ist (u.a. BGH NStZ 2010, 270; NStZ-RR 2011, 308). I.Ü. gelten die zur Beschränkbarkeit der Revision entwickelten Grundsätze bezüglich einer isolierten Anfechtbarkeit bzw. zur Ausnahme vom Rechtsmittelangriff bei (Nicht-)Anordnung der Maßregel: Danach kann die Nichtanwendung von § 64 StGB durch das Erstgericht **grds. vom Rechtsmittelangriff ausgenommen** werden (BGH NStZ-RR 2010, 307; NStZ 2009, 441; OLG Düsseldorf StV 2007, 520; OLG München v. 10.11.2010 – 4St RR 152/10; *Fischer*, § 64 StGB Rn 29; a.A. Graf/*Eschelbach*, § 331 Rn 37).

☝ Selbst eine **ausdrücklich erklärte Ausnahme** vom Rechtsmittelangriff entfaltet jedoch dann **keine Wirkung**, wenn

- zugleich der Schuldspruch (auch nur teilweise) angegriffen wird, da die Feststellung einer Symptomtat unerlässliche Voraussetzung der Maßregelanordnung ist (BGH StV 2012, 72; NStZ-RR 2010, 171),zu beurteilten ist, ob die abgeurteilten Taten auf die Persönlichkeitsstörung oder den Hang des Angeklagten zum Drogenkonsum zurückzuführen sind (BGH NStZ-RR 2009, 170) oder
- die (fehlerhafte) Entscheidung über die Nichtanwendung von § 64 StGB und die rechtsfehlerhafte Gesamtstrafenbildung nach den Urteilsgründen in einem wechselseitigen Abhängigkeitsverhältnis stehen (BGH NStZ 2009, 441).

Aus diesen – auf die jeweilige Besonderheit des Einzelfalls zurückgehenden – Rückausnahmen will das OLG Braunschweig (Nds.Rpfl 2011, 48) ableiten, dass die Frage der Unterbringung in einem psychiatrischen Krankenhaus oder in einer Entziehungsanstalt (§§ 63, 64 StGB; bedenklich bei § 63 StGB wegen § 24 Abs. 2 GVG) im Berufungsrechtszug **schlechthin nicht vom Rechtsmittelangriff ausgenommen** werden können. Eine derartige Auffassung lässt die Dispositionsbefugnis des Rechtsmittelführers (→ *Rechtsmittel/Rechtsbehelfe, Befugnis*, Teil A Rdn 1323 ff.) gegen Null gehen, höhlt § 318 in unzulässiger Weise aus und ist deshalb abzulehnen. Ergibt sich weder aus der Anklageschrift noch aus der Verhandlung vor dem AG ein Hinweis darauf, dass zu irgendeinem Zeitpunkt die Unterbringung in einer Entziehungsanstalt in Rede stand und haben sowohl StA als auch der Angeklagte die Berufung jeweils auf das „Strafmaß", also ersichtlich auf Art und Höhe der Strafe, beschränkt, gebührt der Dispositionsbefugnis der Rechtsmittelführer der Vorrang (OLG Jena OLGSt StPO § 327 Nr. 2). Andernfalls wäre zudem zu besorgen, dass sich ein Angeklagter von der Einlegung eines Rechtsmittels abhalten lässt, weil er – da das Verbot der reformatio in peius (→ *Berufung, Verschlechterungsverbot, Allgemeines*, Teil A Rdn 290 ff.) Unterbringungsmaßnahmen nach den §§ 63, 64 StGB nicht entgegensteht – die Anordnung einer solchen Maßregel auf sein Rechtsmittel hin befürchten müsste (OLG Düsseldorf StV 2007, 520). **270**

k) Im Zusammenhang mit der auf die Entziehung der Fahrerlaubnis beschränkten Anfechtung des Ersturteils wird entsprechend der Trennbarkeitsgrundsätze in Rechtsprechung und Literatur differenziert. Eine **isolierte Anfechtung** ist danach **möglich**, wenn es nur darum geht, ob aus den nicht beanstandeten Feststellungen des Ersturteils der **rechtliche Schluss** gezogen werden kann/muss, dass die Fahrerlaubnis zu entziehen ist (OLG Dresden VRS 109, 172; OLG Frankfurt/Main NZV 2002, 382; OLG Stuttgart NZV 1997, 316). Im Ergebnis gilt dies auch bei einer Entziehung der Fahrerlaubnis wegen **geistiger oder körperlicher Defizite**, weil diese in der Regel mit der Frage der Strafzumessung nicht in Zusammenhang stehen. **271**

Nicht zulässig und damit **nicht wirksam** ist die Berufungsbeschränkung auch hier, wenn zwischen der **Strafzumessung** und der **Anordnung der Maßregel** eine **Wechselwirkung** besteht, am deutlichsten dann, wenn die Strafe wegen des Fahrerlaubnisentzugs höher oder milder bemessen wurde (LR-*Gössel*, § 318 Rn 108; *Meyer-Goßner/Schmitt*, **272**

§ 318 Rn 28). Aber auch wenn die Fahrerlaubnis infolge **charakterlicher Mängel** des Berufungsführers entzogen wurde stehen Straf- und Maßregelausspruch grds. in einer so engen gegenseitigen Abhängigkeit, dass sich ein Angriff gegen die Anordnungen nach §§ 69, 69a StGB auch auf die Strafzumessung insgesamt erstrecken muss (OLG Jena VRS 118, 279), weshalb eine von der Strafzumessung getrennte Überprüfung der Maßregel durch das Berufungsgericht ausscheidet (OLG Naumburg, Beschl. v. 19.1.2000 – 2 Ss 203/99). Ebenso unwirksam ist die Berufungsbeschränkung auf die Maßregelanordnung, wenn **gleichzeitig** über die Verhängung einer Freiheitsstrafe unter sechs Monaten, über eine Strafaussetzung und über die Entziehung der Fahrerlaubnis oder eine isolierte Sperrfrist entschieden worden oder zu entscheiden ist, weil andernfalls ein Widerspruch zu den ebenfalls auf den Charakter abzielenden Fragen im Zusammenhang mit §§ 47 Abs. 1, 56 Abs. 1 StGB entstehen könnte (OLG Brandenburg JMBl. BB 1999, 32).

☝ Aus denselben Gründen kann ein zuungunsten des Angeklagten eingelegtes Rechtsmittel der StA nicht wirksam auf die **unterbliebene Entziehung** der **Fahrerlaubnis** beschränkt werden, zumal die zusätzliche Verhängung der Maßregel Anlass geben kann, eine geringere Strafe festzusetzen als dies sonst angebracht wäre (KG, Beschl. v. 16.3.1998 – [5] 1 Ss 31/98 [11/98]).

273 **l)** Eine Beschränkung des Rechtsmittels auf die **Anordnung** der **Sperre** für die **Wiedererteilung** der Fahrerlaubnis nach § 69a StGB ist möglich, wenn die Gründe für ihre Anordnung von denen trennbar sind, die zur Fahrerlaubnisentziehung geführt haben (OLG Zweibrücken NJW 1983, 1007).

☝ Die StA kann ihre zuungunsten des Angeklagten eingelegte Berufung nicht wirksam auf die durch das AG angeordnete **Ausnahme von** der **Sperre** für die Wiedererteilung der Fahrerlaubnis (§ 69a Abs. 2 StGB) beschränken (BayObLG NZV 2005, 592).

274 **m)** Auf die (Nicht-)Verhängung des **Berufsverbots** ist die Rechtsmittelbeschränkung möglich, wenn das Berufsverbot selbstständig neben der Freiheitsstrafe steht (BGH NJW 1975, 2249).

275 **n)** Nach aus der Beschränkbarkeit der Revision abgeleiteten Grundsätzen **kann** auch im Berufungsrechtszug allein die **unterlassene/fehlerhafte Kompensation** einer **rechtsstaatswidrigen Verfahrensverzögerung gerügt** werden. Bei der Vollstreckungslösung wird der Ausgleich für einen Verstoß gegen das Beschleunigungsgebot aus dem Vorgang der Strafzumessung herausgelöst, bleibt aber Teil des Rechtsfolgenausspruchs im weiteren Sinne. Sie konstituiert die notwendige Kompensation für rechtsstaatswidrige Verzögerungen des zugrunde liegenden Verfahrens als eigenständigen, allein an den Maßstäben des Art. 6 Abs. 1 S. 1 EMRK orientierten Prüfungsvorgang, der Unrecht, Schuld- und Strafhöhe unberührt lässt. Ein erklärtes Ziel der Vollstreckungslösung ist es, auf diese Weise in allen

Fällen konventionswidriger Verfahrensverzögerungen einen Ausgleich zu ermöglichen (BGH v. 21.12.2010 – 2 StR 563/10 [für Revision]).

3. Muster: Beschränkung der Berufung auf die Höhe des Tagesatzes 276

A.6

▼

Amtsgericht Musterstadt

Strafabteilung

In dem Strafverfahren

gegen Herrn Cornelius Mustermann

Az.:

wegen des Verdachts

lege ich gegen das Urteil des Strafrichters vom

Berufung

ein und

beschränke das Rechtsmittel zugleich darauf, dass der Verurteilung ein Tagessatz von EUR zugrunde gelegt wurde.

Die vorgenommene Beschränkung auf einen Beschwerdepunkt innerhalb des Rechtsfolgenausspruchs ist hier möglich, da es sich bei der Entscheidung über Anzahl und Höhe der Tagessätze um grundsätzliche getrennte Entscheidungen handelt (Fischer, § 40 StGB Rn 26 m.w.N.).

Die im angefochtenen Urteil zugrunde gelegte Höhe des einzelnen Tagessatzes entspricht einem monatlichen Nettoeinkommen von 1.500 €. Dabei trifft es zu, dass Herr M. unter Vorlage eines Arbeitsvertrags erklärt hat, er werde infolge dieses Vertrags über ein derartiges Nettoeinkommen verfügen können. Das Amtsgericht hat jedoch nicht berücksichtigt, dass die Tätigkeit, aus der Herrn M. der genannte Anspruch auf Arbeitsentgelt erwächst, erst am , also erst in drei Monaten beginnen soll, er derzeit aber noch auf Arbeitslosengeld II angewiesen ist.

Die Höhe des einzelnen Tagessatzes bestimmt sich nach den wirtschaftlichen Verhältnissen, in denen der Verurteilte zum Urteilszeitpunkt lebt; künftige Berufsaussichten berechtigen, weil sie mit zahlreichen Unwägbarkeiten verbunden und deshalb zu unbestimmt sind, deshalb nicht zur Festsetzung eines Tagessatzes in der vom Amtsgericht zugrunde gelegten Höhe (BGHR StGB § 40 Abs. 2 S. 1 Einkommen 2).

Rechtsanwalt

▲

Siehe auch: → *Berufung, Beschränkung, Allgemeines*, Teil A Rdn 227, m.w.N.

277 Berufung, Beschränkung, Vornahme

Das Wichtigste in Kürze:

1. Die Erklärung über die Rechtsmittelbeschränkung erfolgt gegenüber dem Gericht.
2. Der prozessual handlungsfähige Angeklagte hat i.d.R. die Befähigung, sein Rechtsmittel zu beschränken und/oder teilweise zurückzunehmen.
3. Tritt der Anfechtungsumfang nicht deutlich zutage, ist die Erklärung auszulegen.
4. Die Rechtsmittelbeschränkung wird mit Eingang bei Gericht wirksam.

278 **Literaturhinweise:** s. die Hinw. bei → *Berufung, Beschränkung, Allgemeines*, Teil A Rdn 228.

279 **1.** Die Erklärung über die Rechtsmittelbeschränkung **erfolgt gegenüber** dem **Gericht**, außerhalb der HV schriftlich, innerhalb der HV als Teilrücknahme mündlich. Die Erklärung sollte erkennen lassen, welche Teile des amtsgerichtlichen Urteils angefochten werden sollen.

280 **2.** Der **prozessual handlungsfähige Angeklagte** (→ *Rechtsmittel/Rechtsbehelfe, Rücknahme, Erklärung*, Teil A Rdn 1664) hat i.d.R. die **Befähigung**, sein Rechtsmittel zu beschränken und/oder teilweise zurückzunehmen. Für die Wirksamkeit kommt es allein darauf an, dass sich der Angeklagte der Bedeutung und Tragweite seiner Erklärung bewusst gewesen ist (OLG Hamburg StV 2006, 175 m. Anm. *Keller/Gericke*).

281 An diesem Bewusstsein kann es in **Fällen** der **notwendigen Verteidigung** zumeist fehlen. Inhalt und Bedeutung auch einer notwendigen Verteidigung verlangen zwar nicht, dass ein Angeklagter vor seiner Entscheidung darüber, ob er eine Beschränkung vornehmen will, stets den Rat eines Verteidigers einholt (OLG Hamburg StV 2006, 175). Liegt ein Fall des § 140 vor, muss der Angeklagte jedoch die Möglichkeit haben, sich den Rat eines Verteidigers einzuholen. Wird ihm diese Möglichkeit vorenthalten, kann der von ihm erklärten Rechtsmittelbeschränkung keine Wirksamkeit beigemessen werden (OLG Hamm NJW 1973, 381; OLG Köln StV 1998, 645).

☝ Der **Wahlverteidiger** kann das Rechtsmittel teilweise zurücknehmen, wenn er entsprechend ermächtigt ist (§ 302 Abs. 2; → *Rechtsmittel/Rechtsbehelfe, Rücknahme, Verteidiger*, Teil A Rdn 1669). Rechtlich anders ist es beim **Pflichtverteidiger**, der bei einer nach Ablauf der Berufungsbegründungsfrist vorgenommenen Teilrücknahme stets einer gesonderten Ermächtigung bedarf (OLG Hamm, Beschl. v. 12.2.2008 – 3 Ss 514/07; OLG Koblenz NStZ-RR 2001, 247); dies gilt auch in den Fällen der Statusänderung, da die Wahlverteidigervollmacht infolge der Bestellung zum Pflichtverteidiger erloschen ist (s. das Muster bei → *Berufung, Beschränkung, Allgemeines*, Teil A Rdn 238).

Wird die Berufung durch den **Pflichtverteidiger** in der HV im Beisein des Angeklagten teilweise zurückgenommen und widerspricht dieser der Teilrücknahme nicht, ist i.d.R. von einer **konkludenten Ermächtigung** des Pflichtverteidigers auszugehen (OLG Koblenz NStZ-RR 2001, 247; OLG Hamm StRR 2010, 42). 282

3. Tritt der Anfechtungsumfang nicht deutlich zutage, ist die **Erklärung auszulegen**, wobei das Berufungsgericht im Wege einer Gesamtbetrachtung stets das **Ziel des Rechtsmittels** im Blick zu behalten hat (BGHSt 29, 359; → *Rechtsmittel/Rechtsbehelfe, Auslegung/Umdeutung*, Teil A Rdn 1312). Dazu gelten etwa folgende 283

Auslegungsregeln: 284

- Eine vom Angeklagten **nach Teilfreispruch** eingelegte Berufung kann schon mangels Beschwer im Übrigen nur dahin verstanden werden, dass lediglich der verurteilende Teil der amtsgerichtlichen Entscheidung angefochten werden soll (BayObLGSt 1980, 115; KG, Beschl. v. 21.12.1998 – [4] 1 Ss 341/98 [127/98]; OLG Köln VRS 62, 283).
- Erklärt ein in erster Instanz zu einer Freiheitsstrafe verurteilter Angeklagter, der der **deutschen Sprache nicht vollständig mächtig** ist, er lege gegen das Urteil **Einspruch** ein und bitte, die **Freiheitsstrafe zur Bewährung auszusetzen** und eine neue Verhandlung zu ermöglichen, so kann nicht von einer Beschränkung der Berufung auf den Rechtsfolgenausspruch ausgegangen werden, zumal wenn der Angeklagte am Beginn der Berufungsverhandlung auf Frage des Gerichts erklärt, er habe seine Berufung nicht beschränken wollen (OLG Stuttgart OLGSt StPO § 318 Nr. 12).
- Wird lediglich gerügt, die verhängte **Strafe sei zu hoch**, wird die Berufung als auf den Rechtsfolgenausspruch beschränkt anzusehen sein, wenn die Erklärung vom Verteidiger stammt. Hat der Angeklagte selbst die Berufung in dieser Weise „begründet“, bedarf es der Klärung, ob das Urteil lediglich im Strafmaß oder darüber hinausgehend angefochten werden soll (OLG Stuttgart Justiz 1984, 404).
- Auch die Rechtfertigung der Berufung, man erstrebe die **Aussetzung** der erstinstanzlich verhängten Freiheitsstrafe **zur Bewährung**, zwingt nicht zur Annahme einer wirksamen Berufungsbeschränkung (OLG Oldenburg NStZ-RR 2010, 56).

> ☝ Das **Ziel** des Rechtsmittels sollte dem Berufungsgericht im Rahmen der **Berufungsbegründung** (→ *Rechtsmittel/Rechtsbehelfe, Begründung*, Teil A Rdn 1330) deutlich gemacht werden. Bei einer als unbeschränkt beabsichtigten Berufung kann deshalb durch die Wendung „*ohne das Rechtsmittel einschränken zu wollen*“ auf besonders hervorzuhebende Beschwerdepunkte hingewiesen werden, während bei einer beabsichtigten Rechtsmittelbeschränkung ein Satz wie: „*Der Schuldspruch des angefochtenen Urteils ist nicht zu beanstanden*“ in die Erklärung aufgenommen werden kann. **Im Zweifel** darf eine Rechtmittelbeschränkung nicht angenommen werden (KG, Beschl. v. 3.8.1998

– [3] 1 Ss 114/98 [73/98]; Beschl. v. v. 20.8.1999 – 1 Ss 95/99; OLG Düsseldorf, Beschl. v. 4.1.1989 – 1 Ws 40/89).

285 **4.a)** Die Rechtsmittelbeschränkung wird mit **Eingang bei Gericht wirksam**. Ihre Wirksamkeit beurteilt sich nach den Grundsätzen über Rechtsmittelrücknahme und Rechtsmittelverzicht, § 302 (OLG Köln StV 1998, 645) mit der Folge, dass die erklärte Beschränkung i.d.R. **weder widerrufen noch angefochten** werden kann (*Burhoff*, HV, Rn 578).

286 **b)** Für **zwei Fallgruppen** macht die Rechtsprechung hiervon eine **Ausnahme**:

287 **aa) Fehlt** der **notwendige Verteidiger**, ist für den Rechtsmittelverzicht allgemein anerkannt, dass die Verzichtserklärung eines Angeklagten, der in der HV den Beistand eines Verteidigers entbehren musste, obwohl ein Fall der notwendigen Verteidigung vorlag, unwirksam ist (OLG Celle StV 2013, 12 [Ls.] m. Anm. *Burhoff* StRR 2021, 424; OLG Düsseldorf VRS 84, 297; NStZ 1995, 147 m.w.N.; OLG Frankfurt/Main NStZ 1993, 507; OLG Hamm StV 2010, 67; OLG Köln StV 1998, 645). Die Begründung für die Annahme der Unwirksamkeit des Verzichts gilt in gleicher Weise auch für die Prozesshandlung der Rechtsmittelbeschränkung (OLG Köln StV 1998, 645). Wird das Berufungsurteil aufgehoben und die Sache an eine andere Strafkammer zurück verwiesen, hat diese zu prüfen, ob der Angeklagte an seiner – unverteidigt erklärten – Berufungsbeschränkung festgehalten werden kann (OLG Stuttgart VRS 98, 360, vgl. auch noch *Burhoff*, HV, Rn 2205).

288 **bb)** Anfechtbarkeit besteht auch dann, wenn die **Rechtsmittelbeschränkung durch StA** oder **Gericht „erschlichen“** oder sonst wie rechtswidrig veranlasst wurde. Insoweit gilt:

- Zwar führen ein reiner Motivirrtum oder enttäuschte Erwartungen noch nicht zur Anfechtbarkeit einer Rechtsmittelbeschränkung (Graf/*Cirener*, § 302 Rn 10 zum Rechtsmittelverzicht); die vom **Vorsitzenden** der **Berufungsstrafkammer intendierte Rechtsmittelbeschränkung** kann sich jedoch dann als Verstoß gegen die Grundsätze des fairen Verfahrens erweisen, wenn dieser im Rahmen von Vorgesprächen zum Ausdruck bringt, der Verteidiger könne ihm vertrauen und die Mitglieder der Kammer seien anständige Leute und so nach übereinstimmender Auffassung von Angeklagtem, Verteidiger und Staatsanwalt den Eindruck vermittelt, er werde die verhängte Strafe reduzieren, wenn der Angeklagte – mittelbar durch Beschränkung der Berufung auf den Rechtsfolgenausspruch – gestehe (OLG Stuttgart NStZ-RR 1996, 146).
- Als rechtswidrig ist die Einflussnahme anzusehen, wenn das Berufungsgericht die **Aufhebung/Außervollzugsetzung** eines Haftbefehls von der Rechtsmittelbeschränkung abhängig macht (OLG Dresden StV 2010, 29; vgl. auch BGHSt 45, 51).
- Ein **Verstoß** gegen die **Belehrungsverpflichtung** nach **§ 257c Abs. 5 StPO** stellt sich als fehlende und zugleich als unrichtige irreführende amtliche Auskunft dar, und führt zur Unwirksamkeit der Beschränkungserklärung (OLG Braunschweig, Beschl. v. 2.2.2016 – 1 Ss 69/15).

☝ Ob eine Rechtsmittelbeschränkung (= Teilrücknahme) als **Folge** einer **Verständigung** (§ 257c) wirksam ist, erscheint nunmehr vor dem Hintergrund des § 302 Abs. 1 S. 2, der einen Rechtsmittelverzicht als Ergebnis der Verständigung ausschließt, eher zweifelhaft (**a.A.** KG NStZ-RR 2004, 175), wenn man davon ausgeht, dass die Voraussetzungen für die Unwirksamkeit einer (teilweisen) Rechtsmittelrücknahme eher strenger als für den Rechtsmittelverzicht zu beurteilen sind (SK-StPO/*Frisch*, § 302 Rn 32; vgl. dazu eingehend *Wenske* NStZ 2015, 137 ff. und aus der Rspr. noch KG StV 2014, 654 f. m. Anm. *Hanschke* StRR 2012, 382; OLG München StV 2014, 79 f. m. Anm. *Deutscher* StRR 2013, 427; vgl. a. OLG Braunschweig, Beschl. v. 2.2.2016 – 1 Ss 69/15).

5. Muster: Berufungsbeschränkung auf die Überprüfung einer von mehreren Taten 289

A.7

Amtsgericht Musterstadt

– Schöffengericht –

In dem Strafverfahren

gegen Herrn Anselm Mustermann

Az.:

wegen des Verdachts

lege ich gegen das Urt. v.

Berufung

ein.

Die Berufung wird auf die Verurteilung wegen Straßenverkehrsgefährdung und der dazu in Tateinheit stehenden fahrlässigen Tötung beschränkt. Soweit Herr Mustermann wegen unerlaubtem Entfernens vom Unfallort in Tateinheit mit Trunkenheit im Verkehr verurteilt wurde, wird das Urteil nicht angefochten.

Die Beschränkung der Berufung auf einen von mehreren – hier in Tatmehrheit zueinander stehenden – Tatkomplexen ist rechtlich möglich (Meyer-Goßner/Schmitt, § 318 Rn 7 m.w.N.). Dass Herr M. nach dem Unfall seine Fahrt ohne Unterbrechung fortsetzte, steht dem nicht entgegen; denn auch in einem solchen Fall ist regelmäßig nicht von Tateinheit der vor und nach dem Unfall begangenen Delikte auszugehen, weil die Weiterfahrt nach einem vom Fahrer bemerkten Unfall auf einem neuen Willensentschluss beruht (dazu: BGHSt 25, 72, 75). Das gilt auch hier, zumal das unmittelbar anschließende

Verbergen des beschädigten Pkw zeigt, dass Herr M. die Fahrt mit der neu gefassten Absicht fortsetzte, sich den Konsequenzen des Unfalls zu entziehen.

Zu beachten ist, dass hier – im Gegensatz zu den Ausführungen des BGHSt 25, 72 in Bezug auf die Möglichkeit der Rechtsmittelbeschränkung – gerade der umgekehrte Fall vorliegt, da das Tatgeschehen vor der Tatbestandsverwirklichung des § 142 StGB zur Überprüfung gestellt werden soll.

Auch aus anderen Gründen besteht zwischen den beiden Tatkomplexen kein innerer Zusammenhang, der die Berufungsbeschränkung unwirksam sein ließe. Dies gilt insbesondere auch hinsichtlich der Rechtsfolgenentscheidungen. Das Berufungsgericht ist durch die Berufungsbeschränkung nicht in seiner Entscheidungsfreiheit eingeschränkt, was für den zur Überprüfung gestellten Tatkomplex schon naturgemäß gilt: Es kann die diesbezüglichen Rechtsfolgen umfassend nach Schuld und Strafe beurteilen. Dasselbe trifft aber auch auf den zweiten Tatkomplex zu, weil die Berufungsbeschränkung insoweit nur den Schuldspruch, nicht aber den Strafausspruch betrifft, so dass das Berufungsgericht bei Festsetzung der Rechtsfolgen für den zweiten Tatkomplex insbesondere auch das von ihm festgestellte vorangegangene Geschehen, namentlich Art, Schwere und Verursachung des Unfalls, mitberücksichtigen kann.

Rechtsanwalt

▲

Siehe auch: → *Berufung, Beschränkung, Allgemeines*, Teil A Rdn 227, m.w.N.

290 Berufung, Verschlechterungsverbot, Allgemeines

Das Wichtigste in Kürze:

1. Das Verschlechterungsverbot (§ 331) untersagt dem Berufungsgericht die Abänderung der vom Erstgericht verhängten Rechtsfolgen nach Art und Höhe, wenn ausschließlich über eine zugunsten des Angeklagten eingelegte oder wirkende Berufung zu entscheiden ist.
2. § 331 findet nur auf Urteile des AG Anwendung. Es greift nur ein, wenn eine Berufung ausschließlich zugunsten des Angeklagten eingelegt wurde.
3. Das Verbot der reformatio in peius schützt den Schuldspruch nicht, es betrifft nur den Rechtsfolgenausspruch.
4. Für das Verschlechterungsverbot bei wechselseitigen Rechtsmitteln gilt, dass sich für den berufungsführenden Angeklagten eine durchaus nachteilige Situation ergeben kann.

Literaturhinweise: **Bringewat**, Anm. zu OLG Düsseldorf wistra 2001, 37, JR 2001, 478; **Cierniak**, Verschlechterungsverbot bei einer unbeschränkten Berufung des Angeklagten und einem auf den Rechtsfolgenausspruch beschränkten Rechtsmittel der Staatsanwaltschaft?, NStZ 2001, 399; **Drees**, Gilt das Verbot der Schlechterstellung auch dann, wenn das Rechtsmittelgericht das Verfahren wegen eines behebbaren Verfahrenshindernisses einstellt?, StV 1995, 669; **Meyer-Goßner**, Anm. zu OLG München NJW 2008, 1331, NJW 2008, 1332; *ders.*, Sachliche Unzuständigkeit und Verschlechterungsverbot in: *Hassemer/Kempf/Moccia*, In dubio pro libertate. Festschrift für Klaus Volk zum 65. Geburtstag, München 2009, S. 455 f.; *ders.*, Über das Zusammentreffen verschiedener Rechtsmittel in: *Dölling/Erb*, Festschrift für Karl Heinz Gössel zum 70. Geburtstag am 16.10.2002, 2002, S. 650 ff.; **Mosbacher**, Aktuelles Strafprozessrecht, JuS 2009, 124; **Peglau**, Die nachträgliche Sicherungsverwahrung, das Rechtsmittelverfahren und das Verschlechterungsverbot, NJW 2004, 3599. 291

1. Das Verschlechterungsverbot (§ 331; im Folgenden kurz: VerschlVerb) untersagt dem Berufungsgericht **die Abänderung der** vom Erstgericht verhängten **Rechtsfolgen nach Art und Höhe**, wenn ausschließlich über eine zugunsten des Angeklagten eingelegte oder wirkende Berufung zu entscheiden ist. Es kann heute, wiewohl bereits Mitte der 30er Jahre des vorigen Jahnhunderts eingeführt, insoweit als Ausprägung des **Grundsatzes eines fairen Verfahrens** (Art. 6 EMRK) angesehen werden, als es Befürchtungen eines Verurteilten, seine Rechtsposition durch Einlegung des Rechtsmittels zu verschlimmern, von vornherein den Boden entzieht und mittelbar dadurch seine Verteidigungsrechte gewährleistet. Nach h.M. folgt das VerschlVerb nicht aus dem Rechtsstaatsprinzip (Art. 20 Abs. 3 GG), sondern stellt nur eine **kodifizierte Rechtswohltat** dar. Gleichlautend findet es sich den Vorschriften über die Revision (§ 358 Abs. 2) und über die Wiederaufnahme des Verfahrens (§ 373 Abs. 2). Es gilt auch im Rechtsbeschwerdeverfahren nach OWiG (OLG Oldenburg NStZ 1997, 397). 292

2.a) § 331 findet nur auf Urteile des AG Anwendung; zur Anwendbarkeit auf Beschwerden gegen Beschlüsse des AG → *Beschwerde, Verschlechterungsverbot*, Teil B Rdn 597 ff. Da nur der nicht angefochtene **Strafbefehl** die Wirkung eines Urteils entfaltet (§ 410 Abs. 3), findet das *VerschlVerb* auf das Verfahren nach Einspruchseinlegung grds. keine Anwendung (§ 411 Abs. 4); eine Ausnahme hiervon besteht nur dann, wenn der Einspruch auf die Tagessatzhöhe beschränkt wurde (§ 411 Abs. 1 S. 3). 293

b) Das VerschlVerb ist nur zu berücksichtigen, wenn lediglich der Angeklagte, sein gesetzlicher Vertreter oder die StA zu seinen Gunsten (§ 296 Abs. 2) Berufung eingelegt hat. Bei **wechselseitigen unbeschränkten Berufungen** greift das *VerschlVerb* nach Verwerfung der staatsanwaltschaftlichen Berufung (BayObLG NStZ 2004, 22; OLG Brandenburg, Beschl. v. 9.1.2009 – 1 Ss 74/08; 1 Ws 203/08) ebenso wie im Fall der Abänderung des Ersturteils nach § 301 (BayObLG, Beschl. v. 20.1.2000 – 5St RR 295/99). 294

3. Das Verbot der reformatio in peius des § 331 Abs. 1 schützt den **Schuldspruch nicht**, es betrifft nur den Rechtsfolgenausspruch. 295

296 **a)** Deshalb kann eine allein vom Angeklagten unbeschränkt eingelegte Berufung nach h.M. (*Meyer-Goßner/Schmitt*, § 331 Rn 8 m.w.N.) im Bereich des Schuldspruchs zu folgenden **Änderungen** zum **Nachteil** des **Angeklagten** führen:

- Verbrechen anstelle eines Vergehens,
- Vergehen anstelle einer Ordnungswidrigkeit,
- Vorsatzdelikt anstelle einer Fahrlässigkeitstat,
- Qualifiziertes Delikt anstelle des Grunddelikts,
- Vollendete Tat anstelle eines Versuchs,
- Tätigkeitsdelikt anstelle einer Unterlassungstat,
- besonders schwerer Fall anstelle eines Normalfalls,
- uneingeschränkte anstelle verminderter Schuldfähigkeit,
- Hinzunahme einer weiteren idealkonkurrierenden Tat,
- Annahme einer Handlungseinheit mit der Folge der Aufhebung eines erstinstanzlichen Teilfreispruchs.

297 **Einwände** gegen die von der h.M. erklärte „Vogelfreiheit" des Schuldspruchs lassen sich mit beachtlichen Erwägungen vorbringen. Auch der BGH sieht häufig von der Verschärfung ab, weil der dem angefochtenen Urteil zugrunde liegende unzutreffende Schuldspruch den Angeklagten nicht beschwert, woraus sich die Forderung nach einer Anwendungsangleichung im Verhältnis von § 358 Abs. 2 zu § 331 Abs. 1 ergeben könnte (Graf/*Eschelbach*, § 331 Rn 15). Ausdrücklich entschieden hat der BGH (StraFo 2003, 384) dass, selbst wenn die Voraussetzungen eines (vom Tatgericht und der StA in erster Instanz ersichtlich übersehenen) Qualifikationstatbestands erfüllt sind, das Revisionsgericht zu einer entsprechenden Schuldspruchänderung, der das Verschlechterungsverbot besteht nur dann, wenn der Einspruch auf die Tagessatzhöhe beschränkt wurde (§ 411 Abs. 1 S. 3).

298 **b)aa)** Entsprechend der h.M. tangiert aber auch die **Änderung** des **Schuldspruchs** zum **Vorteil** des Angeklagten § 331 Abs. 1 grds. nicht, da die Verringerung des Schuldumfangs oder eine rechtlich mildere Beurteilung nicht zur Herabsetzung der Strafe führen muss (*Meyer-Goßner/Schmitt*, § 331 Rn 11 m.w.N.). Bei Wegfall eines oder mehrerer in Tatmehrheit stehender Delikte zwingt dieser Umstand jedenfalls dann nicht zur Herabsetzung der Gesamtstrafe, wenn diese mit den bestehen bleibenden Einzelstrafen gerechtfertigt werden kann (BGH NStZ 2007, 527).

299 **bb) Verringerung** des **Schuldumfangs** oder rechtlich mildere Beurteilung stellen außerhalb des § 331 Abs. 1 aber dann erhöhte Anforderungen an die Darlegung der Strafzumessungserwägungen des Berufungsurteils, wenn das Berufungsgericht eine **gleich hohe Strafe wie** das **AG** verhängt, wie z.B.:

- Nötigung statt Erpressung (OLG Zweibrücken StV 1992, 469),
- Beihilfe statt Täterschaft (OLG München StV 2009, 699),

- Normalfall statt besonders schwerer Fall (BGH StV 1983, 14),
- minder schwerer Fall statt Normalfall (OLG München StraFo 2009, 290),
- Vornahme einer Strafrahmenverschiebung nach § 49 Abs. 1 StGB (BayObLG NStZ-RR 2003, 326),
- Annahme nur einer statt zweier abgeurteilter Taten (OLG Hamm StraFo 2005, 33),
- Einstellung nach § 154 Abs. 2 hinsichtlich eines erstinstanzlich tatmehrheitlich abgeurteilten Delikts (OLG München NJW 2009, 160).

Die ursprüngliche Bewertung der Tat und die Strafzumessung in der aufgehobenen Entscheidung sind zwar kein Maßstab für die neue Strafzumessung; der Angeklagte hat jedoch einen Anspruch darauf zu erfahren, warum er für einen wesentlich geringeren Tatvorwurf gleich hoch bestraft wird. Die besondere Begründung einer solchen Strafzumessung ist auch deshalb erforderlich, weil anderenfalls die spezialpräventive Wirkung der Verurteilung von vornherein infrage gestellt sein kann. Wird nämlich in verschiedenen Abschnitten ein und desselben Verfahrens die Tat eines Angeklagten trotz unterschiedlicher für die Strafzumessung bedeutsamer Umstände ohne ausreichende Begründung mit der gleich hohen Strafe belegt, so kann auch bei einem verständigen Angeklagten der Eindruck entstehen, dass die Strafe nicht nach vom Gesetz vorgesehenen oder sonst allgemeingültigen objektiven Wertmaßstäben bestimmt wurde (OLG Bamberg NStZ-RR 2012, 138; OLG München NJW 2009, 160). 300

☝ **Entfallen** im Revisionsrechtszug **einzelne Tatvorwürfe**, kann das Revisionsgericht auch unter Berufung auf § 354 Abs. 1a den Rechtsfolgenausspruch des Berufungsgerichts nicht aufrechterhalten, weil es dadurch gegen den Anspruch auf den gesetzlichen Richter (Art. 101 Abs. 1 GG) verstößt (BVerfG, Beschl. v. 23.10.2007 – 2 BvR 2090/05).

4. Für das **Verschlechterungsverbot bei wechselseitigen Rechtsmitteln** gilt: Soweit § 331 Abs. 1 nicht infolge der Verwerfung des staatsanwaltschaftlichen Rechtsmittels wieder auflebt oder infolge der Abänderung des Ersturteils nach § 301 eingreift, kann sich folgende – für den berufungsführenden Angeklagten durchaus nachteilige – Situation ergeben: 301

Haben der **Angeklagte unbeschränkt** und die **StA beschränkt** auf den **Rechtsfolgenausspruch** Berufung eingelegt, ist zu prüfen, inwieweit das Ersturteil zum Nachteil des Angeklagten abgeändert werden darf. 302

Beispiel: 303

Das AG verurteilte den Angeklagten wegen unerlaubten Handeltreibens nach § 29 Abs. 1 S. 1 Nr. 1 BtMG zur Freiheitsstrafe von zwei Jahren und einem Monat; dagegen wurden wie vorbeschrieben wechselseitig Rechtsmittel eingelegt. Das LG erachtete die Rechtsmittelbeschränkung der StA für unwirksam und traf über die amtsgerichtlichen hinausgehende Feststellungen, die ein unerlaubtes Handeltreiben in nicht geringer Menge (§ 29a Abs. 1 Nr. 2 BtMG) belegten. Es verurteilte den Angeklagten, dessen Berufung es verwarf, nunmehr wegen des genannten Verbrechens und erhöhte die vom AG verhängte Strafe auf zwei Jahre und neun Monate.

Lösung:

Die hier zu behandelnde Problematik ergab sich daraus, dass das BayObLG (NStZ-RR 2000, 379 m. krit. Anm. *Cierniak* NStZ 2001, 399) entgegen der Annahme des LG die Berufungsbeschränkung der StA für wirksam erachtete. Daraus folgte bei isolierter Betrachtung der staatsanwaltschaftlichen Strafmaßberufung, dass das LG insoweit zur Schuldfrage keine abweichenden Feststellungen treffen durfte (§ 327). Vor dem Hintergrund des § 331 hätte dies auch gegolten, wenn der Angeklagte ebenfalls nur Strafmaßberufung eingelegt hätte, weil dann der Schuldspruch in Rechtskraft erwachsen gewesen wäre (vgl. *Meyer-Goßner/Schmitt*, § 327 Rn 6 m.w.N.). Da dieser aber unbeschränkt Berufung eingelegt hatte, stellte er dadurch auch die Schuldfrage einschließlich der sie tragenden Feststellungen zur Disposition des Berufungsgerichts. Weil das **VerschlVerb** aber nicht die Feststellung von dem Angeklagten ungünstigeren Tatumständen oder eine Verschärfung des Schuldspruchs verbietet, sondern das LG nur daran hindert, über die vom AG verhängte Rechtsfolge hinauszugehen, stand es der Schuldspruchänderung nicht entgegen (BGH JZ 1978, 245). Die in § 331 enthaltene Sperrwirkung bezüglich Art und Höhe der Rechtsfolgen wiederum war durch das auf den Rechtsfolgenaus Rechtsfolgenausspruch gerichtete Rechtsmittel der StA beseitigt worden (BayObLG a.a.O.).

Die Frage, wie das Berufungsgericht in einer derartigen Konstellation zur Strafhöhe entscheiden darf, wird von der **h.M.** dahin gehend **beantwortet**, dass in Ansehung von § 331 eine **Strafe bis zur Obergrenze** des **der amtsgerichtlichen Verurteilung zugrunde gelegten Tatbestands** verhängt werden kann (BGH StV 1985, 411; JZ 1978, 245; BayObLG NStZ-RR 2000, 379; KMR-*Brunner*, § 331 Rn 13; LR-*Gössel*, § 331 Rn 27; SK-StPO/*Frisch*, § 331 Rn 10 jew. m.w.N.). Nach *Meyer-Goßner/Schmitt* (§ 331 Rn 9) hat eine isolierte Betrachtungsweise zu erfolgen, sodass es infolge der Rechtsmittelbeschränkung durch die StA beim Schuldspruch verbleibt, infolge der Strafmaßberufung indessen der erhöhte Schuldumfang der nunmehr festgestellten Tat allerdings berücksichtigt werden kann. Graf/*Eschelbach* (§ 331 Rn 3) hält die Festschreibung der Strafobergrenze im Hinblick auf die zugelassene Schuldspruchverschlechterung für inkonsequent; *Cierniak* (NStZ 2001, 399) sieht den Anwendungsbereich des § 331 hier überhaupt nicht als eröffnet. Infolge der Verhängung einer Freiheitsstrafe von zwei Jahren und neun Monaten konnte das BayObLG (a.a.O.) in Ansehung der h.M. das Urteil des LG bestätigen, weil der Strafrahmen des § 29 Abs. 1 BtMG bis zur Freiheitsstrafe von fünf Jahren reicht.

Siehe auch: → *Berufung, Verschlechterungsverbot, Gesamtstrafe*, Teil A Rdn 304; → *Berufung, Verschlechterungsverbot, Maßregeln*, Teil A Rdn 325; → *Berufung, Verschlechterungsverbot, Strafart/-höhe*, Teil A Rdn 332.

Berufung, Verschlechterungsverbot, Gesamtstrafe 304

305 **Literaturhinweise:** s. die Hinw. bei → *Berufung, Verschlechterungsverbot, Allgemeines*, Teil A Rdn 292.

306 **1.** Die Bildung einer **Gesamtstrafe (§ 53 StGB)** ist erforderlich, wenn mehrere Handlungen mehrere Strafgesetze oder dasselbe Strafgesetz mehrmals verletzen. Sie ist aus Einzelstrafen, die für jede Straftat festgesetzt werden, zu bilden (Gesamtfreiheitsstrafe, Gesamtgeldstrafe).

☝ Rechnerischer Anknüpfungspunkt der Gesamtstrafe ist die höchste Einzelstrafe („**Einsatzstrafe**“).

307 Das **Mindestmaß** der Gesamtstrafe ist die geringstmöglich erhöhte Einsatzsatzstrafe (§ 54 Abs. 1 S. 2 StGB). **Höchstmaß** ist die um mindestens eine Strafeinheit verminderte Summe der Einzelstrafen (§ 54 Abs. 2 S. 1 StGB).

308 **Beispielsfälle**

■ Gesamtgeldstrafe	Wegen dreimaliger Leistungserschleichung werden gegen L Geldstrafen von 10, 10 und 15 Tagessätzen verhängt. Das Mindestmaß der Gesamtgeldstrafe beträgt 16 Tagessätze, deren Höchstmaß 34 Tagessätze.
■ Gesamtstrafe aus Freiheits- und Geldstrafe	Beispiel: Wegen zweier Diebstähle gegen D eine Freiheitsstrafe von sieben Monaten und eine Geldstrafe von 60 Tagessätzen verhängt. Das Mindestmaß der Gesamtfreiheitsstrafe beträgt gem. § 39 StGB sieben Monate und eine Woche, deren Höchstmaß beträgt gem. §§ 54 Abs. 2 S. 1, 39 StGB acht Monate.
■ Gesamtfreiheitsstrafe	R wird wegen Raubes zur Einzelfreiheitsstrafe von 5 Jahren sechs Monaten, wegen bewaffneten Handeltreibens in nicht geringer Menge zur Einzelfreiheitsstrafe von 8 Jahren und 4 Monaten sowie wegen räuberischen Angriffs auf einen Kraftfahrer zur Einzelfreiheitsstrafe von 7 Jahren verurteilt. Das Mindestmaß der Gesamtfreiheitsstrafe beträgt 8 Jahre und fünf Monate, deren Höchstmaß gem. § 54 Abs. 2 S. 1 StGB 15 Jahre.

309 **2.a)** Bei **Bildung** der Gesamtstrafe durch das **Erstgericht** gilt das VerschlVerb sowohl für die Gesamtstrafe selbst als auch für die ihr zugrunde liegenden Einzelstrafen (h.M., vgl. u.a. BayObLG NStZ-RR 2004, 22; Graf/*Eschelbach*, § 331 Rn 30; LR-*Gössel*, § 331 Rn 67; *Meyer-Goßner/Schmitt*, § 331 Rn 18 jew. m.w.N.).

☝ War dem AG bei der Bildung der Gesamtstrafe **zugunsten** des Angeklagten ein **Fehler** unterlaufen, ist das Berufungsgericht bei alleinigem Rechtsmittel des Angeklagten auch insoweit gebunden.

310 **b)** Hatte das Erstgericht ein **unzutreffendes Konkurrenzverhältnis** angenommen, ist dies vom Berufungsgericht richtigzustellen. Dabei darf es jedoch auch hier infolge der ganzheitlichen Betrachtung, die einen Gesamtvergleich des früheren und des neuen Rechtsfolgenausspruchs erfordert, das Strafübel insgesamt nicht erhöhen.

311 Ist das AG **von nur einer Tat** ausgegangen und kommt das LG zu dem Ergebnis, dass zwei Taten vorliegen, setzt es jeweils Einzelstrafen fest; die daraus zu bildende Gesamtstrafe darf die vom AG verhängte (Einzel-)Strafe jedoch nicht überschreiten (*Meyer-Goßner/Schmitt*, § 331 Rn 18 m.w.N.). Nimmt das LG **umgekehrt** anstelle zweier tatmehrheitlich abgeurteilter Delikten nur eine Tat an, kann es auf eine Strafe bis zur Höhe der vom AG gebildeten Gesamtstrafe erkennen (BGH JR 1983, 210 m. Anm. *Keller*; VRS 66, 443).

312 Ist im amtsgerichtlichen Urteil eine **Gesamtstrafe** aus **Einzelstrafen für eine Einheitstat und für weitere Straftaten** gebildet worden, werden dann im Berufungsurteil statt der Einheitstat zwei selbstständige Straftaten angenommen und fallen andererseits eine oder mehrere Einzelstrafen weg, so darf jede der neuen Einzelstrafen für die jetzt angenommenen selbstständigen Straftaten die Höhe der früheren Einheitsstrafe erreichen, wobei die neue Gesamtstrafe weder die frühere Gesamtstrafe übersteigen noch die Summe aus der früheren Einheitsstrafe und den bestehen gebliebenen Einzelstrafen erreicht werden darf (OLG Hamm StRR 2014, 362 [Ls.]; OLG München, Beschl. v. 15.6.2005 – 4St RR 92/05).

313 **c)** Handelt es sich bei den **Einzelstrafen** sowohl um **Freiheitsstrafen** als auch um **Geldstrafen**, so ist entweder unter Erhöhung der Einsatzstrafe und Einbeziehung aller Einzelstrafen eine Gesamtfreiheitsstrafe zu bilden, deren Höhe die vom AG verhängte Gesamtstrafe nicht überschreiten darf, oder aber – wenn die Strafkammer die Einzelgeldstrafen nicht mit einbeziehen will, neben der Gesamtfreiheitsstrafe außerdem eine Gesamtgeldstrafe zu bilden, wobei die Summe der Gesamtfreiheitsstrafe und der Anzahl der Tagessätze der Gesamtgeldstrafe die vom AG verhängte Gesamtfreiheitsstrafe nicht übersteigen darf (OLG Schleswig SchlHA 2000, 146). Dies gilt auch für den **umgekehrten Fall**, dass eine Gesamtstrafe aus Freiheits- und Geldstrafe aufgelöst und auf beide Strafarten nebeneinander erkannt wird (KG, Beschl. v. 18.11.1998 – 1 AR 1296/98; 3 Ws 626/98).

Hatte das AG die **Bildung** einer **Gesamtstrafe** aus Geld- und Freiheitsstrafe (ausdrücklich oder konkludent) **abgelehnt**, kann das LG eine Gesamtfreiheitsstrafe nicht ohne Verstoß gegen § 331 Abs. 1 bilden (BGHSt 35, 206; OLG Düsseldorf StV 2001, 341 [Ls.] m. Anm. *Bringewat* JR 2001, 477; JMBl. NRW 2004, 11). 314

☝ Der Verteidiger sollte deshalb darauf **hinwirken**, dass der Erstrichter in seinem Urteil die von ihm erkannte Möglichkeit einer **Gesamtstrafenbildung** zumindest **erwähnt**.

d) Auch im Rahmen eines durchzuführenden **Härteausgleichs** ist das VerschlVerb zu beachten, dessen Zweck es ist, Nachteile zu vermeiden, die einem Angeklagten dadurch entstehen können, dass eine früher verhängte Strafe erledigt ist und deshalb nicht mehr in eine Gesamtstrafe einbezogen werden kann (sog. „unechtes" Gesamtstrafenproblem), das grds. auf der Gesamtstrafenebene zu lösen ist (BGHSt 31,102). 315

Stehen **mehrere Taten** zur Aburteilung an, sind zunächst die Einzelstrafen nach allgemeinen Grundsätzen zu bestimmen, wobei neben den gesetzlichen Strafrahmen auch die sich aus §§ 331 Abs. 1, 358 Abs. 2 ergebenden Begrenzungen zu beachten sind. Die an sich angemessene Gesamtstrafe ist sodann um den „Härtefaktor" zu mindern. Gleiches muss gelten, wenn in einem Verfahren **„nur" eine neue Tat** abzuurteilen und deshalb ein Härteausgleich auf der Gesamtstrafenebene nicht möglich ist. Die dann an sich zu verhängende, aber um den „Härtefaktor" zu mindernde Einzelstrafe erscheint zwar zwangsläufig nicht im Tenor; bei der Bestimmung dieser „unechten" Einzelstrafe müssen aber ebenfalls alle Strafbemessungsregeln einschließlich der §§ 331 Abs. 1, 358 Abs. 2 beachtet werden, da andernfalls das Eingreifen des Schlechterstellungsverbots von Zufälligkeiten bei der Verfahrensgestaltung (wie gemeinsame oder getrennte Anklage mehrerer neuer Taten) abhängen könnte (OLG Koblenz NStZ-RR 2004, 330). Verhängt das Berufungsgericht trotz Durchführung eines Härteausgleichs die gleich hohe Strafe wie das Erstgericht, muss es aus Gründen der Logik von einer zunächst höheren Strafe ausgegangen sein, wodurch es aber infolge des VerschlVerb gehindert war (OLG München NJW 2006, 1302; a.A. OLG Hamm NJW 2008, 2358). 316

3.a) Die **nachträgliche Bildung** einer **Gesamtstrafe** ist nach § 55 StGB zwingend erforderlich, wenn – aus welchem Grund auch immer – die Bildung einer Gesamtstrafe gem. §§ 53, 54 StGB nicht erfolgt ist. Sie **muss** dann durch das Berufungsgericht nachgeholt werden Denn der Sinn des Gesamtstrafenprinzips liegt in der Ausschaltung von Verfahrenszufälligkeiten (was wurde wann durch welches Gericht abgeurteilt) und damit in der Gleichbehandlung der Täter: Niemand soll dadurch besser oder schlechter gestellt werden, dass seine Taten nicht **in einem Verfahren** abgeurteilt worden sind (u.a. BGHSt 32, 190, 193; 33, 367, 368; BGH NStZ-RR 1999, 268; Beschl. v. 17.6.2003 – 2 StR 105/03). 317

b) Anwendungsvoraussetzungen für **§ 55 StGB** sind 318

- eine Verurteilung (Urteil, Strafbefehl, jew. auch bei Verwarnung mit Strafvorbehalt) aufgrund einer tatrichterlichen Sachentscheidung,

- die rechtskräftig,
- aber noch nicht (vollständig) vollstreckt, verjährt oder erlassen, und
- zeitlich vor der Beendigung der aktuell abzuurteilenden Tat erfolgt ist.

319 Mit § 55 StGB **korrespondiert** inhaltlich **§ 460** (**Nachverfahren**) für den Fall, dass die nachträgliche Gesamtstrafe nicht im Rahmen einer gerichtlichen Sachentscheidung gebildet wurde.

☝ **Zwischenfazit**: An der Bildung der nachträglichen Gesamtstrafe führt infolge des in den §§ 53 ff. StGB enthaltenen materiell-rechtlichen Prinzips kein Weg vorbei (vgl. *Meyer-Goßner/Schmitt*, § 331 Rn 19), weshalb das VerschlVerb in dieser Konstellation nicht berührt wird, da das Berufungsgericht in gleichem Umfang entscheiden kann und muss, der auch dem Vollstreckungsgericht nach § 460 eröffnet wäre (vgl. BGHSt 35, 208; LG Lüneburg NStZ 2009, 573).

320 **c)** Das Prinzip der Gesamtstrafenbildung kann daher dazu führen, dass aus **zwei Freiheitsstrafen** eine Gesamtstrafe gebildet wird, deren Vollstreckung – anders als bei den ihr zugrunde liegenden Einzelstrafen – **nicht mehr** zur **Bewährung** ausgesetzt wird. § 331 Abs. 1 wird allerdings dann tangiert sein, wenn die Möglichkeit der nachträglichen Gesamtstrafenbildung durch das Tatgericht ausschließlich dadurch eröffnet wird, dass der Angeklagte gegen ein Urteil Berufung einlegt, ohne dass unabhängig von § 55 StGB auch der Weg für eine nachträgliche Gesamtstrafenbildung nach § 460 eröffnet wäre.

321 *Beispiel:*

Verurteilung vom 22.10.2010 wegen einer **ersten Tat** vom 8.3.2010 zur Freiheitsstrafe mit Bewährung. Alleinige Berufung des Angeklagten, Verwerfung durch das LG, Aufhebung und Zurückverweisung durch das OLG.

Verurteilung vom 23.3.2011 wegen einer **zweiten Tat** vom 6.11.2010 zur Freiheitsstrafe mit Bewährung.

Nachträgliche Bildung der Gesamtstrafe durch das LG im Verfahren des zweiten Rechtsgangs wegen der ersten Tat: Einbeziehung der Verurteilung wegen der zweiten Tat unter Bildung einer Gesamtfreiheitsstrafe ohne Bewährung.

Das zuletzt genannte Urteil wurde durch das **OLG Hamburg** (StraFo 1999, 351) mit der – zutreffenden – Begründung aufgehoben, ohne das vom Angeklagten eingelegte Rechtsmittel hätte infolge der jeweiligen Tatzeitpunkte weder nach § 55 StGB noch nach § 460 aus den beiden Bewährungsstrafen eine Gesamtstrafe gebildet werden können. § 331 Abs. 1 sei in diesem Fall deshalb nur dann nicht verletzt, wenn mit hinreichender Sicherheit feststehe, dass die Bewährung für eine einzubeziehende rechtskräftige Einzelstrafe im Verfahren nach § 56f StGB in jedem Fall hätte widerrufen werden müssen.

d) Wie der Erstrichter kann auch das Berufungsgericht die Bildung einer Gesamtstrafe mit entsprechender Begründung **ablehnen**; eine lediglich konkludente Ablehnung dürfte vom Revisionsgericht beanstandet werden. Zieht die Berufungskammer beide Strafen zusammen und lässt die Gesamtstrafe die Strafaussetzung der Höhe nach zu, entscheidet das Gericht unter Berücksichtigung sämtlicher in § 56 Abs. 1 – 3 StGB aufgeführten Gesichtspunkten neu. Damit kann die Gesamtstrafenbildung auch hier ohne Verletzung des VerschlVerb dazu führen, dass sie nicht zur Bewährung ausgesetzt wird. 322

e) Hat das Berufungsgericht **mehrere Gesamtstrafen** zu bilden, darf das neue **Gesamtstrafübel** – unter Abzug der einzubeziehenden Strafen – **nicht über** dem des **Urteils erster Instanz** liegen (OLG Celle Nds.Rpfl 2012, 143): 323

> *Beispiel:* 324
>
> Die durch das AG gebildete Gesamtstrafe betrug 10 Monate (Einzelstrafen: sechs Monate, vier Monate, fünf Mal ein Monat). Unter Beibehaltung der vom AG festgesetzten Einzelstrafen hatte das LG daraus unter Einbeziehung weiterer Strafen – im Ansatz zutreffend – drei Gesamtstrafen gebildet:
>
> AG: sechs Monate + (neu) 40 Tagessätze = sieben Monate,
>
> AG: einmal vier Monate, drei Mal ein Monat + (neu) 40 Tagessätze = fünf Monate
>
> AG: zweimal ein Monat = ein Monat und zwei Wochen.
>
> Musste das LG nunmehr zweimal 40 Tagessätze einbeziehen, entsprachen diese einer Freiheitsstrafe von zwei Monaten und drei Wochen. Unter Berücksichtigung des durch das AG ausgesprochenen Gesamtstrafenübels war die Summe der neu gebildeten Gesamtstrafen auf 12 Monate und drei Wochen begrenzt. Nach dem Urteil des LG betrug die Summe der Gesamtstrafen jedoch 13 Monate und zwei Wochen, sodass dadurch das VerschlVerb verletzt war.

Siehe auch: → *Berufung, Verschlechterungsverbot, Allgemeines*, Teil A Rdn 290; → *Berufung, Verschlechterungsverbot, Maßregeln*, Teil A Rdn 325; → *Berufung, Verschlechterungsverbot, Strafart/-höhe*, Teil A Rdn 332.

Berufung, Verschlechterungsverbot, Maßregeln 325

Literaturhinweise: s. die Hinw. bei → *Berufung, Verschlechterungsverbot, Allgemeines*, Teil A Rdn 290. 326

1. Maßregeln der Besserung und Sicherung **(§§ 61 ff. StGB) unterliegen** ebenfalls grds. dem **Verschlechterungsverbot**. 327

2. § 331 Abs. 2 nimmt die Anordnung der Unterbringung in einem psychiatrischen Krankenhaus (**§ 63 StGB**) oder in einer Entziehungsanstalt (**§ 64 StGB**) vom Ver- 328 schlVerb **ausdrücklich aus**. Das hat zur Folge hat, dass in Berufungsverfahren, in denen alkohol- oder betäubungsmittelbezogene Straftaten abzuurteilen sind, allein die Beschränkung des Rechtsmittels auf den Rechtsfolgenausspruch den Angeklagten nicht davor bewahrt, mit der erstmaligen Anordnung einer Maßregel nach § 64 StGB bedacht zu werden.

☝ Der Angeklagte hat, um eine solche Rechtsfolge zu vermeiden, die Frage der Unterbringung in einer Entziehungsanstalt deshalb **ausdrücklich** von seinem **Rechtsmittelangriff auszunehmen** (beachte aber: → *Berufung, Beschränkung, Rechtsfolgenausspruch*, Teil A Rdn 269).

329 **3.** Bei Anfechtung eines Urteils, in dem die Fahrerlaubnis entzogen und eine Sperrfrist angeordnet wurde, darf das Berufungsgericht die **Dauer** der **Sperrfrist nicht verlängern** (BayObLG NJW 1966, 896), und zwar auch nicht dann, wenn es eine in erster Instanz verhängte Vollzugsstrafe zur Bewährung aussetzt (OLG Oldenburg MDR 1976, 162).

☝ Der Berufungsführer muss jedoch damit rechnen, dass im Endergebnis der Fahrerlaubnisentzug länger dauert, als die in dem angefochtenen Urteil ursprünglich festgesetzte Sperrfrist bemessen worden ist (OLG Hamm VRS 86, 220). Denn das Berufungsgericht kann eine dem Ersturteil entsprechende **gleich lange Sperrfrist festsetzen**, auch wenn die Fahrerlaubnis vorläufig entzogen worden war (LR-*Gössel*, § 331 Rn 97; *Meyer-Goßner/Schmitt*, § 331 Rn 23 m.w.N.).

330 Ist gegen einen Angeklagten in erster Instanz lediglich eine **isolierte Sperre (§ 69a Abs. 1 S. 3 StGB)** verhängt worden und legt nur er gegen diese Entscheidung ein Rechtsmittel ein, steht der Entziehung der Fahrerlaubnis in der Berufungsinstanz das VerschlVerb entgegen (OLG Dresden OLG-NL 1998, 192; OLG Köln NJW 2010, 2817). In dieser Ausgangskonstellation darf das Berufungsgericht auch **kein Fahrverbot** anordnen, weil auf diese Weise dem Angeklagten die infolge der erstinstanzlich fehlerhaften Anordnung der isolierten Sperrfrist weiterbestehende Benutzungsmöglichkeit zeitweilig genommen werden würde (OLG Frankfurt/Main VRS 64, 12).

☝ Umgekehrt verstößt es **nicht** gegen das **VerschlVerb**, wenn die **Entziehung** der Fahrerlaubnis durch ein **Fahrverbot ersetzt** wird (OLG Düsseldorf NZV 1991, 237), da das Fahrverbot, auch wenn es Strafe und nicht Maßregel der Besserung und Sicherung ist, in jeder Hinsicht das mildere Reaktionsmittel darstellt, da es zu einem weniger weitreichenden Eingriff in die persönliche Handlungsfreiheit führt (LR-*Gössel*, § 331 Rn 93).

4. Eine Maßregel nach § 70 StGB (**Berufsverbot**) darf das Berufungsgericht **nicht** erstmals **anordnen** und auch nicht **verschärfen**. Ob eine andere Umschreibung des **verbotenen** Berufes eine **Verschlechterung** darstellt, ist nach Lage des Einzelfalls zu beurteilen. 331

Siehe auch: → *Berufung, Verschlechterungsverbot, Allgemeines*, Teil A Rdn 290; → *Berufung, Verschlechterungsverbot, Gesamtstrafe*, Teil A Rdn 304; → *Berufung, Verschlechterungsverbot, Strafart/-höhe*, Teil A Rdn 332.

Berufung, Verschlechterungsverbot, Strafart/-höhe 332

Das Wichtigste in Kürze:

1. § 331 Abs. 1 erfasst das Ersturteil hinsichtlich der dort angeordneten Rechtsfolgen.
2. Das VerschlVerb verbietet die Änderung zum Nachteil des Angeklagten in der Art der Rechtsfolgen.
3. Das VerschlVerb verbietet im Grundsatz jede Erhöhung zum Nachteil des Angeklagten.

Literaturhinweise: s. die Hinw. bei → *Berufung, Verschlechterungsverbot, Allgemeines*, Teil A Rdn 292. 333

1. § 331 Abs. 1 erfasst das Ersturteil hinsichtlich der dort angeordneten Rechtsfolgen und zwar dergestalt, dass nach dem Willen des Gesetzgebers an sich **der Strafausspruch im Ganzen** dem VerschlVerb unterliegt. § 331 Abs. 1 und § 358 Abs. 2 S. 1 verwehren dem Richter daher jede nicht ausdrücklich zugelassene (vgl. z.B. § 331 Abs. 2) Schlechterstellung des Angeklagten im Strafausspruch im weiteren Sinn (BayObLG NJW 1962, 1261, 1262 m. Anm. *Gutmann*): Die vom Erstgericht erkannte Strafe stellt somit die **Obergrenze** dar, auch wenn der geänderte Schuldspruch an sich höhere Strafe erlauben oder erfordern würde (LR-*Gössel*, § 331 Rn 9). 334

2.a) Das VerschlVerb verbietet die Änderung zum Nachteil des Angeklagten in der **Art** der **Rechtsfolgen**. Im Erwachsenenstrafrecht (zum Jugendstrafrecht → *JGG-Besonderheiten, Verschlechterungserbot*, Teil A Rdn 971 ff.) stellt sich das diesbezügliche Stufenverhältnis der Strafen wie folgt dar: 335

336 **Übersicht: Stufenverhältnis der Strafen**

Freiheitsstrafe

↓

Geldstrafe

↓

Verwarnung
mit Strafvorbehalt

↓

Absehen von Strafe

337 **b)** Für den Übergang von einer **Freiheitsstrafe** mit **Bewährung** zur **Freiheitsstrafe ohne Bewährung** gilt: Eine Freiheitsstrafe, die der Angeklagte sofort verbüßen muss, trifft ihn schwerer als die zur Bewährung ausgesetzte Strafe, weil erstere unmittelbar in sein Leben eingreift, indem sie ihm sofort für die Dauer der Strafe die Freiheit entzieht. Mit der zur Bewährung ausgesetzten Strafe wird dem Angeklagten eine ihn weniger schwer treffende Strafe zugemessen als mit der unbedingten Verbüßungsstrafe. Die Versagung der Strafaussetzung stellt somit gegenüber der Bewilligung der Strafaussetzung eine **Benachteiligung** des Angeklagten im Strafausspruch dar, die die §§ 331 Abs. 1 und 358 Abs. 2 S. 1 für den Fall, dass der Angeklagte allein ein Rechtsmittel eingelegt hat, **ausschließen** wollen (BayObLG NJW 1962, 1261, 1262 m. Anm. *Gutmann*). Dies gilt auch, wenn das AG fehlerhaft eine günstige Sozialprognose bejaht (§ 56 Abs. 1 StGB), zu Unrecht das Vorliegen besonderer Umstände angenommen (§ 56 Abs. 2 StGB) oder verkannt hat, dass die Verteidigung der Rechtsordnung die Vollstreckung der Strafe gebietet (§ 56 Abs. 3 StGB).

☝ Das VerschlVerb schließt es umgekehrt aber **auch** aus, eine gegenüber dem Ersturteil **kürzere Freiheitsstrafe ohne Bewährung** zu verhängen (BayObLG NJW 1959, 1838; KMR-*Brunner*, § 331 Rn 45).

338 **Ausgenommen** hiervon ist lediglich der Fall, dass die verhängte Freiheitsstrafe zum Zeitpunkt der Entscheidung des Berufungsgerichts bereits durch Anrechnung von Untersuchungshaft (§ 51 Abs. 1 StGB) vollständig verbüßt war (BGH StraFo 2008, 434; dazu: SK-StPO/*Frisch*, § 331 Rn 57 m. Fn 254).

339 **c)** Hatte das AG von § 41 StGB Gebrauch gemacht und **neben** einer **Freiheits-** auch **Geldstrafe** verhängt, verletzt es das VerschlVerb, wenn das Berufungsgericht auf eine Ge-

samtfreiheitsstrafe erkennt, selbst wenn diese zur Bewährung ausgesetzt wird (OLG Hamburg MDR 1982, 776).

d) Die Verhängung einer **Freiheitsstrafe anstelle** der erstinstanzlich ausgeurteilten **Geldstrafe** ist durch § 331 Abs. 1 **ausgeschlossen** (h.M., Graf/*Eschelbach*, § 331 Rn 18; LR-*Gössel*, § 331 Rn 44; *Meyer-Goßner/Schmitt*, § 331 Rn 13; SK-StPO/*Frisch*, § 331 Rn 39). Dies gilt auch dann, wenn die – zur Bewährung ausgesetzte – Freiheitsstrafe im Fall des Bewährungswiderrufs niedriger wäre als eine Ersatzfreiheitsstrafe i.S. des § 43 StGB (KMR-*Brunner*, § 331 Rn 23). 340

e) Aufgrund der geringeren Eingriffsintensität **verletzt** es das **VerschlVerb** grds. **nicht**, wenn das Berufungsgericht anstelle einer Freiheitsstrafe Geldstrafe verhängt. Ein Verstoß gegen § 331 Abs. 1 liegt allerdings dann vor, wenn die Anzahl der Tagessätze die Dauer der ursprünglich verhängten Freiheitsstrafe überschreitet (OLG Düsseldorf VRS 72, 202; OLG Hamm NStZ-RR 2008, 118). 341

f) Ersetzt das Berufungsgericht die ursprünglich verhängte **Freiheitsstrafe**, wie z.B. eine Freiheitsstrafe von sechs Monaten, ausgesetzt zur Bewährung, durch eine **Geldstrafe** und verhängt es daneben (erstmals) ein Fahrverbot, wird das VerschlVerb nicht tangiert, weil die Anzahl der Tagessätze und die Dauer des Fahrverbots zusammen die Höhe der früheren Freiheitsstrafe nicht übersteigen (BayObLGSt 1977, 153). 342

g) Für den **Übergang** von **Geldstrafe** zu **Geldstrafe und Fahrverbot** gilt. Zwischen der Geldstrafe und der Nebenstrafe des Fahrverbots besteht eine Wechselwirkung insofern, als beide zusammen das Maß der Tatschuld nicht überschreiten dürfen und überwiegend dieselben Strafzwecke verfolgen. Diese Wechselwirkung **lässt** auch die **erstmalige Verhängung** eines Fahrverbots neben der Geldstrafe **zu**, wenn das Rechtsmittel des Angeklagten zu einer **Herabsetzung** der **Geldstrafe** (Verminderung der Anzahl der Tagessätze) führt. Ein Verstoß gegen das VerschlVerb ist aber nur dann auszuschließen, sofern das Berufungsgericht im Rahmen der ganzheitlichen Betrachtung und zur Schuldabwägung die Geldstrafe herabgesetzt hat, um Raum für das Fahrverbot zu erhalten (OLG Schleswig NStZ 1984, 90). 343

h) Für den Übergang von **Verwarnung mit Strafvorbehalt** zu einer **Geldstrafe** wird unterschieden: Da die Verhängung der (ursprünglich vorbehaltenen) Geldstrafe die nächsthöhere Stufe auf der Sanktionsskala darstellt, ist sie durch § 331 Abs. 1 ausgeschlossen (LR-*Gössel*, § 331 Rn 47). Dagegen soll § 331 Abs. 1 nicht verletzt sein, wenn der Angeklagte anstelle der Verwarnung mit Strafvorbehalt mit einer Geldbuße belegt wird (OLG Zweibrücken MDR 1992, 1072). 344

i) Wurde der Angeklagte wegen einer Ordnungswidrigkeit zur **Geldbuße** verurteilt, darf das Berufungsgericht nach Schuldspruchänderung in ein Vergehen **keine Geldstrafe** verhängen (*Meyer-Goßner/Schmitt*, § 331 Rn 8). 345

346 **3.a)** Das **VerschlVerb verbietet** im Grundsatz **jede Erhöhung** zum Nachteil des Angeklagten (zum Sonderfall der Bildung einer **Gesamtstrafe** durch das Berufungsgericht → *Berufung, Verschlechterungsverbot, Gesamtstrafe*, Teil A Rdn 304).

347 **b)** Die durch das **AG verhängte Freiheitsstrafe** stellt für das Berufungsgericht die **Obergrenze** dar (LR-*Gössel*, § 331 Rn 62; *Meyer-Goßner/Schmitt*, § 331 Rn 17). Sie darf deshalb auch dann **nicht erhöht** werden, wenn im Berufungsverfahren die vom Erstgericht gleichzeitig verhängte Geldstrafe (§ 41 StGB) entfällt (*Meyer-Goßner/Schmitt*, § 331 Rn 17 m.w.N.) oder die Vollstreckung der Freiheitsstrafe nunmehr zur Bewährung ausgesetzt wird (OLG Brandenburg StV 2009, 89 m.w.N.).

348 **Ausgeschlossen** ist auch eine **faktische Erhöhung** der Verbüßung von Freiheitsstrafe durch Änderung der **Anrechnung von U-Haft** (§ 51 Abs. 1 StGB); denn das neue Urteil, wenn es die Freiheitsstrafen von gleicher Dauer wie das frühere Urteil ausspricht, darf nicht unter das Maß heruntergehen, in dem die Untersuchungshaft bereits angerechnet war (BGH JZ 1952, 754; LR-*Gössel*, § 331 Rn 62).

349 Auch ein im Ersturteil enthaltener **Kompensationsausspruch wegen rechtsstaatswidriger Verfahrensverzögerung** darf nicht zulasten des Angeklagten vermindert werden, da der nachträgliche Wegfall einer durch das Tatgericht angeordneten Kompensation durch den längeren Vollzug im Ergebnis eine härtere Bestrafung für den Angeklagten bedeuten würde (OLG Celle Nds.Rpfl 2012, 101; Graf/*Eschelbach*, § 331 Rn 26).

350 **c)** Bei der **Geldstrafe** wird der durch § 331 Abs. 1 verbotene Nachteil nach h.M. (OLG Celle NJW 1976, 121; OLG Düsseldorf JR 1986, 121; OLG Frankfurt/Main, Beschl. v. 8.12.1988 – 1 Ss 447/88; OLG Köln VRS 60, 46; LR-*Gössel*, § 331 Rn 64; *Meyer-Goßner/Schmitt*, § 331 Rn 16) dann angenommen, wenn das Berufungsgericht die Anzahl der Tagessätze oder das Gesamtvolumen der Geldstrafe erhöht.

351 Ein **Verstoß** gegen das VerschlVerb liegt deshalb selbst dann vor, wenn das Berufungsgericht die **Anzahl** der **Tagessätze erhöht**, die Höhe des einzelnen Tagessatzes dagegen vermindert, sodass das Produkt aus Tagessatzhöhe und -anzahl auch hinsichtlich der Einzelstrafe im amtsgerichtlichen Urteil höher ist als im landgerichtlichen Urteil, da der Tagessatzhöhe für das Ausmaß des Strafübels keine selbstständige Bedeutung zukommt; vielmehr stellt sie lediglich ein Hilfsmittel dar, mit dem die Geldstrafe den wirtschaftlichen Verhältnissen des Angeklagten angepasst werden soll (OLG Celle StV 2009, 403 [Ls.]). Mit § 331 Abs. 1 ist es bei im Ersturteil verhängter **Geldstrafe neben Freiheitsstrafe** (§ 41 StGB) nur dann vereinbar, wenn die Freiheitsstrafe entsprechend der Erhöhung der Geldstrafe reduziert wird (OLG Schleswig SchlHA 1949, 138 [bei *Meyer-Goßner/Schmitt*, § 331 Rn 13]).

Der **Wegfall** eines ursprünglich neben der Geldstrafe angeordneten **Fahrverbots** bei **gleichzeitiger Erhöhung des Tagessatzes** kann vor dem Hintergrund des § 331 Abs. 1 Bestand haben, wenn der Wegfall der Nebenstrafe zu einer entsprechenden Erhöhung der wirtschaftlichen Verhältnisse geführt hat (BayObLG NJW 1980, 849; OLG Düsseldorf zfs 2006, 587; LG Köln NZV 1999, 99). Die **Anzahl** der **Tagessätze** darf aber auch in diesem Fall **nicht erhöht** werden (KG, Beschl. v. 13.3.2000 – [3] 1 Ss 61/00 [19/00]). 352

Siehe auch: → *Berufung, Verschlechterungsverbot, Allgemeines*, Teil A Rdn 290; → *Berufung, Verschlechterungsverbot, Gesamtstrafe*, Teil A Rdn 304; → *Berufung, Verschlechterungsverbot, Maßregeln*, Teil A Rdn 332.

Berufung, Verwerfung durch AG, Unzulässigkeit 353

Das Wichtigste in Kürze:

1. Schaubild: Verwerfung der Berufung wegen Unzulässigkeit durch AG/LG.
2. Über Rechtsmittel entscheidet dem Grundsatz nach ohne Rücksicht auf die Zulässigkeit das Rechtsmittelgericht.
3. Die Verwerfungspflicht durch das AG ist ausschließlich darauf beschränkt, dass die Berufungseinlegungsfrist (§ 314 Abs. 1) nicht gewahrt wurde.
4. Das AG entscheidet nach Anhörung der StA (§ 33 Abs. 2) durch Beschluss.
5. Macht der Berufungsführer von den ihm eingeräumten Anfechtungsmöglichkeiten keinen Gebrauch, beendet der Verwerfungsbeschluss des AG das Berufungsverfahren.
6. Der Verwerfungsbeschluss des AG kann durch Antrag auf Wiedereinsetzung in den vorigen Stand und/oder durch Antrag auf Entscheidung des Berufungsgerichts angefochten werden.

Literaturhinweise: s. die Hinw. bei → *Berufung, Allgemeines*, Teil A Rdn 2. 354

355 **1.** Die Verwerfung der Berufung wegen Unzulässigkeit durch AG oder LG verdeutlicht folgendes

Schaubild: Verwerfung der Berufung wegen Unzulässigkeit

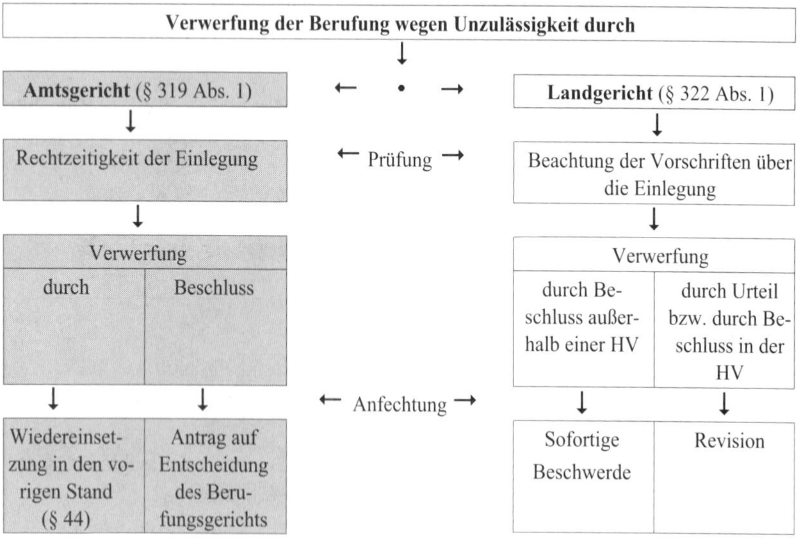

356 **2.** Über Rechtsmittel entscheidet dem Grundsatz nach ohne Rücksicht auf die Zulässigkeit das Rechtsmittelgericht. Es bedarf daher einer **besonderen Vorschrift**, wenn aus Zweckmäßigkeitsgründen erreicht werden soll, dass das Gericht, dessen Entscheidung angefochten wird, **ausnahmsweise selbst über das Rechtsmittel befinden** soll (BayObLG NJW 1963, 63 zur Revision).

☝ Nach § 319 Abs. 1 kann die **Berufung** gegen das amtsgerichtliche Urteil im Fall einer **verspäteten Einlegung** auch **durch** das **AG selbst** als unzulässig verworfen werden. Die Verwerfungskompetenz besteht auch in Fällen der **Annahmeberufung** (§ 313) und bei noch **nicht ausgeübter Wahl** des Rechtsmittels (§ 335).

357 **3.** Die **Verwerfungspflicht** durch das AG (§ 319 Abs. 1: „hat") ist ausschließlich darauf **beschränkt**, dass die **Berufungseinlegungsfrist** (§ 314 Abs. 1) **nicht gewahrt** wurde, da sich dies aufgrund des vorliegenden Urteils, des Protokolls der HV und der dazugehörigen Zustellungsnachweise relativ leicht feststellen lässt. Daher konnte der Gesetzgeber wie im Revisionsverfahren (§ 346 Abs. 1) den Tatrichter damit betrauen, die Verfristung festzustellen und dadurch StA (Aktentransfer, §§ 320, 321) und Berufungsgericht (§ 322) zu entlas-

ten. Bloße **Zweifel** an der Fristwahrung reichen zur Verwerfung nicht aus (KG, Beschl. v. 4.8.1997 – 3 Ws 405/97; *Meyer-Goßner/Schmitt*, § 319 Rn 1).

☝ **Weitere Zulässigkeitsfragen** hat das **AG nicht** zu **prüfen** und auch **nicht** zu **entscheiden** (OLG Frankfurt/Main NStZ-RR 2011, 49; OLG Koblenz NStZ-RR 2011, 211 [Ls.]; *Burhoff*, HV, Rn 680). Auch über die verspätete Einlegung darf das **AG** nicht (mehr) entscheiden, wenn die **Berufung** nicht nur verfristet, sondern auch aus anderen Gründen (z.B. Formmängel) unzulässig ist (h.M., BGH NStZ 2000, 217 m.w.N.; a.A. Graf/*Eschelbach*, § 319 Rn 3 [„beiläufige Mitentscheidung"]).

4.a) Das AG entscheidet nach Anhörung der StA (§ 33 Abs. 2) **durch Beschluss**, Die vorherige Anhörung des Berufungsführers ist gesetzlich nicht vorgesehen (*Burhoff*, HV, Rn 681). Es kann jedoch in Beachtung des Anspruchs auf rechtliches Gehör (Art. 103 Abs. 1 GG) geboten sein, die Stellungnahme der StA dem Berufungsführer vor der Entscheidung bekannt zu machen und ihm Gelegenheit zur Äußerung zu geben (Graf/*Eschelbach*, § 319 Rn 8). 358

b) Der Beschluss muss **begründet** werden (§ 34) und ist dem Berufungsführer (auch dem Angeklagten bei Berufung des gesetzlichen Vertreters oder Erziehungsberechtigten). Er ist zusammen mit einer Rechtsmittelbelehrung, die auch den Hinweis auf Frist nach § 319 Abs. 2 S. 1 zu enthalten hat (§ 35a Abs. 1 S. 1), **zuzustellen** (§ 37). Ein **Musterbeschluss** findet sich bei KMR-*Brunner*, § 319 Rn 10. 359

c) Wurde noch **vor der Entscheidung** des AG **Wiedereinsetzung** gegen die Versäumung der Einlegungsfrist beantragt, hat das AG seine Entscheidung zurückzustellen (Graf/*Eschelbach*, § 319 Rn 4) und die Akten dem Berufungsgericht vorzulegen, da es selbst Wiedereinsetzung nicht gewähren kann (s.u. Teil A Rdn 368 f.; zur Wiedereinsetzung → *Wiedereinsetzung in den vorigen Stand, Allgemeines*, Teil B Rdn 1479). 360

5. Macht der Berufungsführer von den ihm eingeräumten Anfechtungsmöglichkeiten keinen Gebrauch, **beendet** der Verwerfungsbeschluss des AG das **Berufungsverfahren**. 361

☝ Dies gilt auch für eine unter Überschreitung der – beschränkten – Verwerfungskompetenz ergangene Entscheidung. Sie ist nicht unwirksam und kann in Rechtskraft erwachsen, wenn ihr gegenüber nicht rechtzeitig Antrag auf Entscheidung des Berufungsgerichts (§ 319 Abs. 2 S. 1) gestellt wird (BayObLG NJW 1963, 63).

6.a) Der Verwerfungsbeschluss des AG kann auf **zweierlei Wegen angefochten** werden, und zwar durch einen Antrag auf → *Wiedereinsetzung in den vorigen Stand, Antrag*, Teil B Rdn 1485, und/oder durch Antrag auf Entscheidung des Berufungsgerichts (§ 319 Abs. 2). 362

☝ Soweit vertreten wird, dass die **Verwerfung** aufgrund einer durch das AG irrtümlich angenommenen Verspätung oder aus anderen Gründen, über die das **AG** zu **befinden nicht befugt** ist, mittels einfacher Beschwerde (§ 304 Abs. 1) möglich sei (AnwKomm-

StPO/*Rotsch/Gasa*, § 319 Rn 2; *Bloy* JuS 1986, 585 [591]; *Burhoff*, HV, Rn 680; KK-*Paul*, § 319 Rn 2), ist dies **streitig**. Der Gegenmeinung zufolge ist die einfache Beschwerde **durch** § 319 Abs. 2 ausgeschlossen (Beck-*Michalke*, S. 585; Graf/*Eschelbach*, § 319 Rn 12; LR-*Gössel*, § 319 Rn 10; *Meyer-Goßner/Schmitt*, § 319 Rn 2). Der Verteidiger sollte sich auf diesen Meinungsstreit jedenfalls nicht einlassen, sondern die **Frist** des **§ 319 Abs. 2 S. 1 unbedingt** einhalten, zumal sich der Antrag auf Entscheidung des Berufungsgerichts inhaltlich von dem einer Beschwerde kaum unterscheiden dürfte.

363 **b)** Zu einem Antrag auf Wiedereinsetzung in den vorigen Stand ist allein der Rechtsmittelführer **berechtigt**, dessen Berufung als verspätet verworfen wird, zum Antrag nach § 319 Abs. 2 daneben auch der Angeklagte, wenn das Rechtsmittel des gesetzlichen Vertreters oder Erziehungsberechtigten verworfen wurde (*Meyer-Goßner*, § 319 Rn 2).

364 **c) Adressat** der **Anfechtungserklärung** ist in beiden Fällen entspr. § 306 Abs. 1 das AG als judex a quo, weil dessen Verwerfungsbeschluss angefochten werden soll. Durch die Anbringung beim Berufungsgericht wird die Frist nicht gewahrt (h.M.; *Burhoff*, HV, Rn 682; *Meyer-Goßner*, § 319 Rn 3 m.w.N.).

365 **d)** Die **Anfechtungsfrist** beträgt im Fall

- der **Wiedereinsetzung** eine Woche nach Wegfall des Hindernisses → *Wiedereinsetzung in den vorigen Stand, Antrag*, Teil B Rdn 1485,
- des **Antrags** auf **Entscheidung** des **Berufungsgerichts** eine Woche ab Zustellung des Verwerfungsbeschlusses (§ 319 Abs. 2 S. 1).

366 Gegen die schuldlose Versäumung beider Fristen ist **Wiedereinsetzung** in den vorigen Stand möglich (*Meyer-Goßner/Schmitt*, § 45 Rn 3; *Burhoff*, HV, Rn 683 [§ 319 Abs. 2]; → *Wiedereinsetzung in den vorigen Stand, Antrag*, Teil B Rdn 1479).

☝ Gegen den Verwerfungsbeschluss sollte **stets gleichzeitig** sowohl Antrag auf **Wiedereinsetzung** als auch auf **Entscheidung** des **Berufungsgerichts** gestellt werden (*Burhoff*, HV, Rn 683 m.w.N.), weil eine weitere Anfechtung (s. Teil A Rdn 370 ff.) nur gegen die Versagung der Wiedereinsetzung möglich ist (OLG Frankfurt/Main NStZ-RR 2003, 47).

Antragsmuster finden sich für den Antrag nach § 319 Abs. 1 bei *Burhoff*, HV, Rn 616, und für den Antrag auf Wiedereinsetzung in den vorigen Stand → *Wiedereinsetzung in den vorigen Stand, Antrag*, Teil B Rdn 1485.

367 **e)** Für beide Anfechtungserklärungen besteht **Schriftformerfordernis** (*Meyer-Goßner/Schmitt*, § 45 Rn 2; *Burhoff*, HV, Rn 683 [§ 319 Abs. 2; → *Rechtsmittel/Rechtsbehelfe, Form, Schriftlich*, Teil A Rdn 1531 ff.]), Dies gilt auch für die zusammen mit dem Wiedereinsetzungsantrag neuerlich einzulegende Berufung.

f) Zuständig für die Entscheidung über den Antrag ist in beiden Fällen **ausschließlich** das **LG** (OLG Koblenz NZV 2001, 314). Das AG ist in die Entscheidungsfindung nicht mehr eingebunden, darf also weder positiv (z.B. Abhilfe) noch negativ (z.B. neuerliche Verwerfung) über den Antrag befinden, sondern hat die Sache dem Berufungsgericht vorzulegen. 368

☝ Gewährt das **AG** dennoch **Wiedereinsetzung** in den vorigen Stand, ist das **Berufungsgericht** daran **gebunden** (h.M.: OLG Düsseldorf NStZ 1988, 238; OLG Hamm, Beschl. v. 18.10.2011 – III-3 RVs 78/11 zur Revision; *Meyer-Goßner/Schmitt*, § 46 Rn 7; § 346 Rn 18).

g) Die Entscheidung des **Berufungsgerichts** nach **§ 319 Abs. 2** setzt voraus, dass das AG das Rechtsmittel **ausschließlich** deshalb als unzulässig verworfen hat, weil die Berufung **verspätet** eingelegt wurde (OLG Jena, Beschl. v. 19.3.2008 – 1 Ws 99/08). In allen anderen Fällen kann nur eine Entscheidung nach § 322 Abs. 1 ergehen. Wurde neben dem Antrag nach § 319 Abs. 2 auch ein Antrag auf Wiedereinsetzung gestellt, befasst sich das LG zunächst mit der Frage der Wiedereinsetzung, da sich bei dessen Begründetheit die Prüfung nach § 319 Abs. 2 erledigt. Gewährt es diese, muss das AG erneut nach § 319 Abs. 1 entscheiden (*Meyer-Goßner/Schmitt*, § 319 Rn 4), ein Prozedere, das unter verfahrensökonomischen Gesichtspunkten unverständlich ist. 369

h) Die negative Entscheidung des Berufungsgerichts nach § 319 Abs. 2 beendet das Berufungsverfahren, da sie **nicht mehr anfechtbar** ist (*Burhoff*, HV, Rn 684; *Meyer-Goßner/Schmitt*, § 319 Rn 5). 370

☝ Gegen die Versagung der Wiedereinsetzung ist **sofortige Beschwerde** (§ 46 Abs. 3) möglich (→ *Beschwerde, sofortige Beschwerde*, Teil A Rdn 550).

Eine **unechte weitere Beschwerde** kommt nur in Betracht, wenn bereits das AG unter Überschreitung seiner Verwerfungskompetenz entschieden und das Berufungsgericht die Entscheidung bestätigt hatte, weil die berufungsgerichtliche Entscheidung dann nicht auf § 319 Abs. 2, sondern in Wirklichkeit auf § 322 Abs. 1 beruht (OLG Jena, Beschl. v. 19.3.2008 – 1 Ws 99/08), gegen die nach § 322 Abs. 2 sofortige Beschwerde gegeben ist (OLG Frankfurt/Main NStZ 2011, 49; OLG Koblenz NStZ-RR 2011, 211). 371

7. Muster: Beschwerde gegen die Aufhebung des Wiedereinsetzung in den vorigen Stand gewährenden Beschlusses 372

▼

Landgericht Musterstadt

Strafkammer

In dem Strafverfahren

A.8

gegen Herrn Walter Mustermann

Az.:

wegen des Verdachts

lege ich gegen den Beschluss der Strafkammer vom

sofortige Beschwerde (§ 322 Abs. 2 StPO)

ein und stelle gleichzeitig den Antrag,

den Beschl. v. aufzuheben.

Begründung:

Herr M. wurde vom AG in seiner Anwesenheit am wegen zu verurteilt. Gegen dieses Urteil wurde mit Schriftsatz vom eingegangen beim AG Berufung – mithin verspätet – eingelegt. Mit Schriftsatz vom wurde gegen die Versäumung der Einlegungsfrist unter gleichzeitiger Einlegung der Berufung Wiedereinsetzung in den vorigen Stand beantragt und vom AG gewährt.

Der angefochtene Beschluss, mit dem das LG die Unzulässigkeit der Berufung festgestellt und das Rechtsmittel deshalb verworfen hat, hebt nunmehr den Beschluss des AG, mit dem dieses Wiedereinsetzung in den vorigen Stand gewährt hatte, mit der Begründung auf, das Gesuch sei zu verwerfen gewesen, weil es an der erforderlichen Glaubhaftmachung gefehlt habe.

Der angefochtene Beschluss übersieht dabei, dass nach absolut h.M. (vgl. Meyer-Goßner, StPO, 55. Aufl., 2012, § 46 Rn 7) das an sich zur Entscheidung über die Frage der Wiedereinsetzung berufene Gericht an die Entscheidung des unzuständigen Gerichts gebunden ist, wenn dieses Wiedereinsetzung gewährt hat. Der angefochtene Beschluss ist deshalb aufzuheben.

Rechtsanwalt

▲

Siehe auch: → *Berufung, Allgemeines*, Teil A Rdn 1, m.w.N.

373 Berufung, Verwerfung durch LG, Unzulässigkeit

Das Wichtigste in Kürze:

1. Verwerfung der Berufung wegen Unzulässigkeit durch AG/LG (Schaubild).

2. Die Berufung wird nach § 322 Abs. 1 durch das LG verworfen, nicht nur, wenn die Vorschriften über die Rechtsmitteleinlegung nicht beachtet wurden, sondern auch wenn das Rechtsmittel nicht statthaft oder sonst wie unzulässig ist.
3. In den Fällen eines Rechtsmittelverzichts ist die Berufung unzulässig.
4. Das angefochtene Urteil muss den Berufungsführer beschweren.
5. Von fehlendem Rechtsschutzinteresse kann das Berufungsgericht u.a. im Fall von Querulantentum ausgehen.
6. Bei Einlegung der Berufung sind die Einhaltung der Einlegungsfrist und der Einlegungsform zu beachten.
7. Im Gegensatz zur StA (Nr. 156 Abs. 1 RiStBV) braucht der Angeklagte seine Berufung nicht zu begründen.
8. Die Prüfung, ob die Berufung gem. § 313 anzunehmen ist, ist im Rahmen des § 322 Abs. 1 nicht zu prüfen.
9. Die Entscheidung des Berufungsgerichts ergeht nach pflichtgemäßem Ermessen durch Beschluss oder durch Urteil.
10. Gegen den Beschluss ist sofortige Beschwerde möglich.

Literaturhinweise: s. die Hinw. bei → *Berufung, Berufung, Allgemeines*, Teil A Rdn 2. 374

1. Die Verwerfung der Berufung durch AG/LG verdeutlicht folgendes 375

Schaubild: Verwerfung der Berufung wegen Unzulässigkeit

Verwerfung der Berufung wegen Unzulässigkeit durch

Amtsgericht (§ 319 Abs. 1)		**Landgericht** (§ 322 Abs. 1)	
Rechtzeitigkeit der Einlegung		Beachtung der Vorschriften über die Einlegung	
Verwerfung		Verwerfung	
durch	Beschluss	durch Beschluss außerhalb einer HV	durch Urteil bzw. durch Beschluss in der HV
Wiedereinsetzung in den vorigen Stand (§ 44)	Antrag auf Entscheidung des Berufungsgerichts	Sofortige Beschwerde	Revision

← Prüfung →

← Anfechtung →

376 **2.** Die Berufung wird nach § 322 Abs. 1 durch das LG verworfen, nicht nur, wenn die Vorschriften über die Rechtsmitteleinlegung nicht beachtet wurden, sondern auch wenn das Rechtsmittel **nicht statthaft** oder sonst wie **unzulässig** ist.

377 Eine **Verwerfung** nach § 322 Abs. 1 **scheidet** allerdings von vornherein **aus**, wenn in der Vorinstanz überhaupt **kein Urteil** (§ 312) ergangen ist (OLG Jena OLGSt StPO § 322 Nr. 3). Eine Verwerfung kommt auch dann nicht in Betracht, wenn das Revisionsgericht die angefochtene Entscheidung aufgehoben und die Sache zur erneuten Verhandlung und Entscheidung an eine andere Strafkammer des LG zurückverwiesen hat, da eine stattgebende Revisionsentscheidung auch das Vorliegen der Prozessvoraussetzungen bejaht. Dies gilt selbst dann, wenn die Entscheidung des Revisionsgerichts hinsichtlich der Prozessvoraussetzungen fehlerhaft war (KG, Beschl. v. 29.3.1999 – 4 Ws 41/99; 4 Ws 42/99).

☝ Zu prüfen ist dabei stets, ob das **Ersturteil wirksam zugestellt** wurde (→ *Rechtsmittel/Rechtsbehelfe, Zustellung, Allgemeines*, Teil A Rdn 1845), was voraussetzt, dass das Hauptverhandlungsprotokoll fertiggestellt ist (§ 273 Abs. 4). Eine zuvor erfolgte Urteilszustellung ist unwirksam und setzt die von der Urteilszustellung abhängigen Fristen nicht in Lauf (OLG Naumburg StraFo 2011, 517).

378 **3.** Das Ersturteil ist **unanfechtbar**, wenn der Angeklagte wirksam auf Rechtsmittel **verzichtet** (vgl. Rdn 379 f.) oder ein eingelegtes Rechtsmittel zurückgenommen (vgl. Teil A Rdn 380 f.) hat.

379 **a)** In den Fällen eines **Rechtsmittelverzichts** ist die Berufung **unzulässig** (OLG Hamm, Beschl. v. 3.4.2008 – 2 Ws 97/08; OLG Jena, Beschl. v. 24.9.2008 – 1 Ws 271/08 u. 272/08; → *RechtsmittelRechtsbehelfe, Verzicht, Allgemeines*, Teil A Rdn 1732). Ein Streit über die Zulässigkeit kann sich insbesondere nach einem Urteil, dem eine **Verständigung** zugrunde liegt, ergeben, da in einem derartigen Fall ein Rechtsmittelverzicht ausgeschlossen (§ 302 Abs. 1 S. 2) und der Rechtsmittelberechtigte auch darüber zu belehren ist, dass er ungeachtet der Absprache in seiner Entscheidung frei ist, Rechtsmittel einzulegen (§ 35a S. 3).

☝ Der Angeklagte ist insoweit darauf hinzuweisen, dass ihn eine Ankündigung, kein Rechtsmittel einzulegen, nicht bindet und er frei ist, gleichwohl Rechtsmittel einzulegen, weshalb bei Fehlen solch einer qualifizierten Belehrung (→ *RechtsmittelRechtsbehelfe, Belehrung*, Teil A Rdn 1337), der Rechtsmittelverzicht unwirksam ist (OLG Jena, Beschl. v. 19.10.2006 – 1 Ws 312/06).

380 **b)** Die mit dem ausdrücklichen Willen des Angeklagten schriftsätzlich erklärte **Berufungsrücknahme** des **Verteidigers** ist auch dann wirksam, wenn der Angeklagte den Schriftsatz selbst dem Gericht überbringt und dabei hochgradig alkoholisiert ist (OLG Hamm VRS 110, 225; → *Rechtsmittel/Rechtsbehelfe, Rücknahme, Allgemeines*, Teil A Rdn 1653). Stellt

das Berufungsgericht die **Unwirksamkeit** der Berufungsrücknahme fest, ist dieser Beschluss gem. § 305 S. 1 nicht anfechtbar (OLG Frankfurt/Main NStZ-RR 2005, 46).

4. Das angefochtene Urteil muss den Berufungsführer **beschweren** (→ *Rechtsmittel/Rechtsbehelfe, Beschwer*, Teil A Rdn 1383 ff.). Dies ist nicht der Fall, wenn das angefochtene (Prozess-)Urteil (allgemein dazu: *Meyer-Goßner/Schmitt*, vor § 296 Rn 14) feststellt, aufgrund dauernder Verhandlungsunfähigkeit des Angeklagten sei der staatliche Strafanspruch gegen ihn betreffend die Tatvorwürfe endgültig beseitigt worden (SächsVerfGH, Beschl. v. 20.7.2007 – Vf. 65-IV-07). 381

5. Von **fehlendem Rechtsschutzinteresse** kann das Berufungsgericht im Fall von Querulantentum ausgehen. Das ist z.B. angenommen worden, wenn das Vorbringen des Angeklagten kein sachliches Begehren zur Überprüfung der Straf- oder Schuldfrage enthält, sondern sich letztlich darauf beschränkt darzulegen, dass er sich für seine Person an die geltende Rechtsordnung nicht gebunden fühle, er, der Berufungsführer kein Bürger der völkerrechtlich seiner Auffassung nach nicht existenten, sondern untergegangenen Bundesrepublik Deutschland, sondern lediglich Staatsbürger des „Staates Deutsches Reich" und des Freistaates Preußen sei und lediglich dessen Gesetzen unterworfen (LG Cottbus, Beschl. v. 15.7.2004 – 25 Ns 140/04; Beschl. v. 10.6.2005 – 25 Ns 112/05; a.A. Graf/*Eschelbach*, § 322 Rn 4). 382

6. Bei Einlegung der Berufung sind die Einhaltung der **Einlegungsfrist** (vgl. Teil A Rdn 383) und der **Einlegungsform** (vgl. Teil A Rdn 385) zu beachten (§ 314 Abs. 1; → *Berufung, Allgemeines*, Teil A Rdn 5). 383

a) Das Fehlen der an sich vorrangigen Verwerfungsentscheidung durch das AG (§ 319 Abs. 1; → *Berufung, Unzulässigkeit, Verwerfung durch AG*, Teil A Rdn 353) bindet das LG dabei nicht (*Meyer-Goßner/Schmitt*, § 322 Rn 1). Es darf das Rechtsmittel aber nur verwerfen, wenn es **tatsächlich verspätet** eingelegt worden ist. Zweifel hierüber gehen nicht zulasten desjenigen, der das Rechtsmittel eingelegt hat, sondern führen dazu, dass das Rechtsmittel als zulässig behandelt werden muss (KG, Beschl. v. 4.8.1997 – 1 AR 850/97, 3 Ws 405/97). 384

b) Die Berufung ist **schriftlich** oder zu Protokoll der Geschäftsstelle einzulegen (§ 314 Abs. 1; → *Rechtsmittel/Rechtsbehelfe, Form, Schriftlich*, Teil A Rdn 1531 ff. bzw. **Protokoll der Geschäftsstelle**, Rdn 1533). 385

7. Im Gegensatz zur StA (Nr. 156 Abs. 1 RiStBV) braucht der **Angeklagte** seine Berufung nicht zu **begründen**. Eine Begründungspflicht kann sich aber für den **Nebenkläger** ergeben, da für ihn ein nur beschränktes Anfechtungsrecht besteht (§ 400 Abs. 1; → *Rechtsmittel/Rechtsbehelfe, Begründung*, Teil A Rdn 1195). Hat der Nebenkläger gegen die Verwerfung seiner Berufung als unzulässig gem. § 322 Abs. 2 Beschwerde eingelegt, kann er im Rahmen des Beschwerdeverfahrens noch rechtzeitig sein Berufungsziel einer Schuldspruchänderung zum Nachteil der Angeklagten mitteilen, da für die Benennung des Berufungsziels weder 386

§ 400 Abs. 1 noch § 317 eine gesetzliche Frist bestimmt (OLG Zweibrücken, Beschl. v. 27.2.2009 – 1 Ws 26/09).

387 **8.** Die Prüfung, ob die Berufung gem. § 313 **anzunehmen** ist, stellt keine originäre Zulässigkeitsfrage dar und ist im Rahmen des § 322 Abs. 1 nicht zu prüfen (→ *Berufung, Annahmeberufung, Allgemeines*, Teil A Rdn 20). Eine Verwerfung nach § 322 Abs. 1 ist allerdings möglich, wenn die vorstehend aufgeführten Voraussetzungen vorliegen.

388 **9.a)** Die Entscheidung des Berufungsgerichts ergeht nach pflichtgemäßem Ermessen durch **Beschluss** oder durch **Urteil**, wenn die Unzulässigkeit zur Überzeugung des Gerichts feststeht. Bloße **Zweifel** reichen zur Verwerfung jedoch nicht aus (KG, Beschl. v. 4.8.1997 – 3 Ws 405/97; Graf/*Eschelbach*, § 322 Rn 10). Ist bei **mehreren** Berufungen eine davon unzulässig, kann diese nach § 322 Abs. 1 außerhalb der HV im Beschlusswege verworfen und danach über die andere Berufung aufgrund der HV entschieden werden (OLG Köln, Beschl. v. 6.3.2008 – 2 Ws 99/08).

389 **b)** Besteht ein **Verfahrenshindernis**, ist das Verfahren nach § 206a einzustellen (KMR-*Brunner*, § 322 Rn 2).

390 Das Berufungsverfahren ist **für erledigt zu erklären**, wenn sich die Zweifel an der Zulässigkeit des Rechtsmittels zur Gewissheit verdichtet haben, nachdem unter den Prozessbeteiligten Streit über die Auswirkungen einer Berufungsrücknahme bestand (OLG Frankfurt/Main NStZ 1988, 328) oder der Angeklagte seine Berufungsrücknahme widerrufen hatte (OLG Karlsruhe JR 1992, 302 m. Anm. *Sommermeyer*; OLG Schleswig SchlHA 1997, 171).

☝ In beiden Fällen ist der Beschluss in entsprechender Anwendung von § 322 Abs. 2 **anfechtbar**.

391 Auf einen zulässig gestellten Antrag gem. § 346 Abs. 2 sind das Urteil und der Verwerfungsbeschluss des LG aufzuheben und **die Rechtskraft** des **amtsgerichtlichen Urteils festzustellen**, wenn das LG auf eine verspätet eingelegte Berufung gegen das amtsgerichtliche Urteil versehentlich HV anberaumt und sodann durch Urteil die Berufung gem. § 329 Abs. 1 sowie anschließend die dagegen eingelegte Revision gem. § 346 Abs. 1 verworfen hat (OLG Hamm NStZ-RR 2008, 383).

392 **c)** Der **Beschluss** nach § 322 Abs. 1 muss **begründet** werden (§ 34) und ist dem Berufungsführer (auch dem Angeklagten bei Berufung des gesetzlichen Vertreters oder Erziehungsberechtigten) zusammen mit einer Rechtsmittelbelehrung, die auch den Hinweis auf § 322 Abs. 2 zu enthalten hat (§ 35a Abs. 1 S. 1), **zuzustellen** (§ 37).

393 **d)** Das **Verwerfungsurteil** ist Prozessurteil (§ 260 Abs. 3), zu dem es i.d.R. kommt, wenn Zweifel an der Zulässigkeit nicht ohne Durchführung einer HV beseitigt werden können.

10.a) Gegen den Beschluss ist **sofortige Beschwerde** möglich (§ 322 Abs. 2; → *Beschwerde, sofortige Beschwerde*, Teil A Rdn 550 ff.), gegen das Verwerfungsurteil **Revision** (→ *Revision, Allgemeines*, Teil A Rdn 2006 ff.). Bei Durchführung des jeweiligen Verfahrens entscheidet in beiden Fällen der Senat des OLG entweder als Beschwerde- oder als Revisionsgericht. 394

b)aa) Erste Reaktionsmöglichkeit auf eine – begründete – sofortige Beschwerde besteht für das **Berufungsgericht** selbst, das in den Fällen des § 311 Abs. 3 S. 2 der Beschwerde **abhelfen** kann. 395

bb) Andernfalls hebt das **Beschwerdegericht** die angefochtene Entscheidung entweder auf oder es bestätigt sie. Im zuletzt genannten Fall beendet die Verwerfung der Beschwerde als unbegründet das Berufungsverfahren. Wird der Verwerfungsbeschluss des Landgerichts aufgehoben, findet dort die Berufungshauptverhandlung statt, wobei das Berufungsgericht allerdings an die Auffassung des Beschwerdegerichts nicht gebunden ist, die Berufung also durch Urteil neuerlich verwerfen kann (*Meyer-Goßner/Schmitt*, § 322 Rn 6). 396

☝ Dies führt mangels einer § 358 Abs. 1 entsprechenden Vorschrift dazu, dass das **LG** erst mithilfe einer – erfolgreichen – Revision „auf Linie“ gebracht werden kann.

cc) Treffen die **Beschwerden** gegen die **Versagung** der **Wiedereinsetzung** und nach **§ 322 Abs. 2 zusammen**, ist **streitig**, ob das OLG bei Verwerfung des Wiedereinsetzungsgesuchs zugleich über die Berufung selbst entscheiden kann. Die wohl überwiegende Meinung in der obergerichtlichen Rechtsprechung verneint eine Verwerfungskompetenz infolge der in § 322 Abs. 1 enthaltenen ausdrücklichen Zuständigkeitsregelung (OLG Hamm VRS 87, 127; OLG Jena NStZ 2005, 653; OLG Oldenburg NStZ-RR 2008, 150; Graf/*Eschelbach*, § 322 Rn 17). Da es zu einer derartigen Konstellation aber nur im Fall der verspätet eingelegten Berufung kommen kann, wird es unter Berufung auf das Gebot der Prozessökonomie und Verfahrensbeschleunigung auch für zulässig erachtet, dass das Beschwerdegericht die Berufung selbst als unzulässig verwerfen kann, da nach rechtskräftiger Ablehnung des Antrags auf Wiedereinsetzung gegen die Versäumung der Berufungsfrist eine andere Entscheidung als die Verwerfung der Berufung als unzulässig nicht mehr in Betracht komme (OLG Rostock, Beschl. v. 8.6.2009 – I Ws 128/09; OLG Stuttgart NStZ 1990, 247). Hinzu kommt, dass ohne die angenommene Verwerfungskompetenz die OLG auf sofortige Beschwerde gemäß § 322 Abs. 2 nach Abschluss des Wiedereinsetzungsverfahrens zweimal zur Entscheidung über die identische Zulässigkeitsfrage aufgerufen wären, nämlich bei der Vorfrage auf sofortige Beschwerde (§ 46 Abs. 3) gegen die versagte Wiedereinsetzung, danach auf sofortige Beschwerde gemäß § 322 Abs. 2 bei der Nachprüfung des Verwerfungsbeschlusses gemäß § 322 Abs. 1. 397

398 11. Muster: Beschwerde gegen Verwerfungsbeschluss des LG

▼

A.9

Landgericht Musterstadt

Strafkammer

In dem Strafverfahren

gegen Herrn Walter Mustermann

Az.:

wegen des Verdachts

lege ich gegen den Beschluss der Strafkammer vom

sofortige Beschwerde (§ 322 Abs. 2 StPO)

ein und stelle gleichzeitig den Antrag,

den angefochtenen Beschluss aufzuheben.

Begründung:

Herr M hat, nachdem ihm das Urteil des AG am zugestellt worden war, am dagegen Berufung eingelegt, wodurch die Frist des § 314 StPO gewahrt wurde.

Im angefochtenen Beschluss vertritt das LG die Auffassung, die Berufungseinlegung entspreche nicht den Formerfordernissen, weil der Faxausruck keine Unterschrift enthalte. Diese Auffassung trifft nicht zu. Zum Einen besagt „Unterschrift" nicht, dass die zur Identifizierung des Erklärungsverfassers erforderliche Namensangabe „unter" der Erklärung angebracht sein muss; zum Anderen ist auf dem rechten Seitenrand – quer – nach dem Vermerk: „Bitte sofort vorlegen!" ein Schriftzug vorhanden, aus dem sich jedenfalls die Buchstaben „M—ter—a" erkennen lassen. Dies reicht im Zusammenhang mit der Kopfleiste des Telefax aus, um den Erklärungsverfasser zuverlässig identifizieren zu können.

Rechtsanwalt

▲

Siehe auch: → *Berufung, Allgemeines*, Teil A Rdn 1, m.w.N.; → *Berufung, Unzulässigkeit, Verwerfung durch das AG*, Teil A Rdn 353.

Beschwerde, Allgemeines 399

Das Wichtigste in Kürze:

1. Die Beschwerde komplettiert das Rechtsschutzsystem hinsichtlich der gerichtlichen Entscheidungen, die nicht mit Berufung, Revision oder einem (vorrangig zu ergreifenden) anderen förmlichen Rechtsbehelf angefochten werden können.
2. Die Statthaftigkeit der einfachen Beschwerde (§ 304) ergibt sich zunächst im Wege des Ausschlussverfahrens.
3. Beschwerdebefugt sind Verfahrensbeteiligte, sofern sie durch die in § 304 Abs. 1 bezeichnete gerichtliche Entscheidung unmittelbar betroffen und beschwert sind.
4. Mit Ausnahme des § 311 ist die Beschwerde nicht fristgebunden.
5. Die Beschwerde ist schriftlich oder zu Protokoll der Geschäftsstelle einzulegen.
6. Wirksam kann die Beschwerde nur gegen eine vom Gericht bereits erlassene Entscheidung eingelegt werden.
7. Die Beschwerde muss nicht begründet werden, jedoch ist dies in den meisten Fällen ratsam.
8. Die Einlegung der Beschwerde hindert nicht den Vollzug der angefochtenen Entscheidung.
9. Zusammen mit der Einlegung der Beschwerde muss die Aussetzung der Vollziehung (§ 307 Abs. 2) beantragt werden.

Literaturhinweise: **Börner**, Grenzfragen der Akteneinsicht nach Zwangsmaßnahmen; NStZ 2010, 417; **Burghardt**, Der Rechtsschutz gegen Zwangsmittel im Ermittlungsverfahren, JuS 2010, 605; **Eisenberg**, Anmerkung zu BGHSt 55, 5, JZ 2010, 474; **Ellersiek**, Die Beschwerde im Strafprozess, 1981; **Engländer**, Die Rechtsbehelfe gegen strafprozessuale Zwangsmaßnahmen, Jura 2010, 414; **Graßmann**, Rechtsbehelfe gegen Unterlassen im Strafverfahren, 2004; **Heuchemer**, Die Praxis der Hausdurchsuchung und Beschlagnahme und die Wirksamkeit von Rechtsbehelfen im Wirtschaftsstrafrecht, NZWiSt 2012, 137; **Klaws**, Die Neuregelung des Telekommunikationsüberwachungsrechts im Strafverfahren, StRR 2008, 7; **Kotz**, Verzögerungsrüge als Fallbeil für die Untätigkeitsbeschwerde, StRR 2012, 207; **Krell**, Anmerkung zu OLG Celle OLGSt StGB § 253 Nr. 3, ZJS 2011, 572; **Löffelmann**, Der Rechtsschutz gegen Ermittlungsmaßnahmen, zugleich Besprechung von BGH, Beschl. v. 8.10.2008 – StB 12 – 15/08, StV 2009, 3, StV 2009, 379; *ders.*, Zum Übergang der Zuständigkeit zur Entscheidung über Rechtsbehelfe gegen Ermittlungsmaßnahmen auf das erkennende Gericht und anderen Absonderlichkeiten des Rechtsschutzsystems im Ermittlungsverfahren, ZIS 2009, 495; **Meyer-Mews**, Rechtsschutzgarantie und rechtliches Gehör im Strafverfahren, NJW 2004, 716; **Meyer/Rettenmaier**, Zur Praxis des nachträglichen Rechtsschutzes gegen strafprozessuale Zwangsmaßnahmen – Rückkehr der prozessualen Überholung?, NJW 2009, 1238; **Mosbacher**, Aktuelles Strafprozessrecht, JuS 2012, 134; *ders.*, JuS 2010, 689; **Schlicht/Leipold**, Zur praktischen Anwendung des § 307 Abs. 2 StPO, StraFo 2005, 90; **Schmidt**, Zur Bindungswirkung strafprozessualer Beschwerdeentscheidungen für das erkennende Gericht, NStZ 2009, 243; **Schork/Kind**, Zur Beschwerde gegen einen Durchsuchungsbeschluss bei vorheriger freiwilliger Herausgabe der Unterlagen, EWiR 2009, 21; **Singelnstein**, Rechtsschutz gegen heimliche Ermittlungsmaßnahmen nach Einführung des § 101 VII 2–4 StPO, NStZ 2009, 481; **Weidemann**, Die Stellung der Beschwerde im funktionalen Zusammenhang der Rechtsmittel des Strafprozesses, 1999. 400

401 **1.** Die Beschwerde **komplettiert das Rechtsschutzsystem** hinsichtlich der gerichtlichen Entscheidungen, die nicht mit Berufung, Revision oder einem (vorrangig zu ergreifenden) anderen förmlichen Rechtsbehelf angefochten werden können. Das Gesetz statuiert die einfache (§ 304), die weitere (§ 310 Abs. 1; → *Rechtsmittel/Rechtsbehelfe, weitere Beschwerde*, Teil A Rdn 585 ff.) und die sofortige Beschwerde (§ 311; → *Rechtsmittel/Rechtsbehelfe, Sofortige Beschwerde*, Teil A Rdn 550 ff.).

402 **2.a)** Die **Statthaftigkeit** der einfachen Beschwerde (§ 304) ergibt sich zunächst im Wege des **Ausschlussverfahrens**.

403 **Übersicht: Statthaftigkeit der Beschwerde**

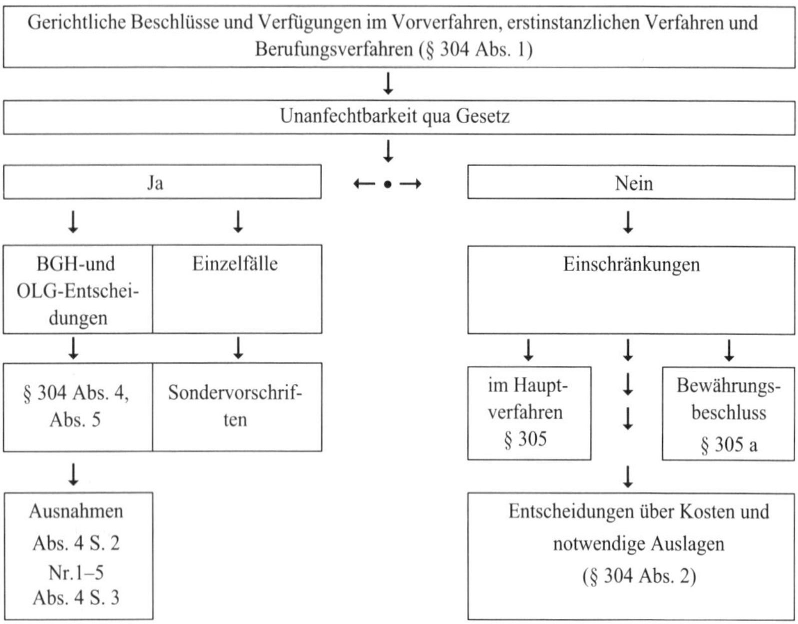

404 Wegen der einzelnen Fälle, in denen die Beschwerde ausgeschlossen ist, wird **verwiesen** auf → *Beschwerde, Beschwerdeausschluss*, Teil A Rdn 418 ff. und die **Übersichten** bei *Burhoff*, EV, Rn 933 ff. bzw. *Burhoff*, HV, Rn 777 f.

405 **b)** Die „**außerordentliche Beschwerde**" wegen „greifbarer Gesetzeswidrigkeit" der angefochtenen Entscheidung oder „groben Unrechts" ist im Straf- und Bußgeldverfahren **nicht statthaft** (h.M., BGH NStZ-RR 2004, 52; OLG Jena OLGSt StPO § 310 Nr. 12; LR-*Matt*, vor § 304 ff. Rn 32 ff.). Ihre Einlegung ist deshalb auch nicht mehr zur Rechtswegerschöp-

fung i.S.d. § 90 BVerfGG erforderlich (anders noch BVerfG NJW 1997, 46), da ihr eine gefestigte fachgerichtliche Rspr. entgegensteht.

3.a) Beschwerdebefugt sind **Verfahrensbeteiligte**, sofern sie durch die in § 304 Abs. 1 bezeichnete gerichtliche Entscheidung unmittelbar betroffen und beschwert (→ *Rechtsmittel/ Rechtsbehelfe, Beschwer*, Teil A Rdn 1383 ff.) sind, damit 406

- der Beschuldigte, Angeschuldigte, **Angeklagte**, Verurteilte (§ 296 Abs. 1),
- dessen Verteidiger in den Fällen des § 297,
- der gesetzliche Vertreter des Beschuldigten (§ 298),
- der Erziehungsberechtigte des Beschuldigten (§ 67 Abs. 3 JGG),
- der Privatkläger (§ 390 Abs. 1),
- der Nebenkläger (§ 401 Abs. 1),
- der Einziehungs- oder Verfallsbeteiligte (§§ 433 Abs. 1, 442) und
- der Vertreter einer juristischen Person (§ 444 Abs. 1 S. 1),
- die **StA** (§ 296 Abs. 1).

b) Der **Verteidiger** ist **aus eigenem Recht** nur beschwerdegefugt, sofern **seine Rechte** durch die gerichtliche Entscheidung betroffen sind (§ 304 Abs. 2), insbesondere bei 407

- **Akteneinsicht** (→ *Beschwerde, Beschwerdeeinschränkungen, Akteneinsicht*, Teil B Rdn 504 ff.),
- seiner Ausschließung (§ 138d Abs. 6 S. 1),
- seiner Zurückweisung
  - § 137 (*Burhoff*, EV, Rn 4479 ff.)
  - § 146a (*Burhoff*, EV, Rn 2604 ff.),
- der Behinderung des Verkehrs mit seinem in **Haft** befindlichen Mandanten (§ 148 Abs. 1)
  - Anbahnungsgespräch – Überwachung (KG StV 1991, 307),
  - Besuchsdauer aufgrund richterlicher Entscheidung (OLG Zweibrücken StV 1997, 313), andernfalls Anfechtung nach §§ 23 ff. EGGVG (OLG Karlsruhe NStZ 1997, 407),
  - Diktiergerät, Benutzung (OLG Frankfurt/Main AnwBl 1980, 307),
  - Dolmetscher-Zuziehung (s. aber KG, Beschl. v. 29.7.1998 – 4 Ws 127/98; LG Köln NStZ 1983, 237),
  - Durchsuchung, körperliche (OLG Saarbrücken NJW 1978, 1446),
  - Laptop, Benutzung (BGH NJW 2004, 457),
  - Schriftverkehr („Verteidigerpost"), sofern verfahrensbezogen (OLG Bremen StV 2006, 650; OLG Dresden StV 2006, 654; OLG Frankfurt/Main StV 2005, 226; OLG Rostock, Beschl. v. 16.1.2003 – 2 Ws 8/02; OLG Stuttgart NStZ 1991, 359); zur Einschränkung: BVerfG NJW 2010, 1740,
  - Telefonverkehr (BVerfG, Beschl. v. 7.3.2010 – 2 BvR 988/10; BGH NStZ 2011, 592; NStZ 1999, 471; LG Dresden StV 2011, 744).

- der **Protokollierung** von Äußerungen in der **HV** (OLG Rostock, Beschl. v. 14.1.2003 – I Ws 538/02);
- der Versagung der Genehmigung nach § 138 Abs. 2 (OLG Düsseldorf NStZ 1999, 586);
- seiner Zurückweisung wegen „**Verletzung**" der **Amtstracht** („Krawattenzwang": LG Mannheim NJW 2009, 1094; „Robe": OLG Karlsruhe NJW 1977, 309; „T-Shirt": OLG München NJW 2006, 3079).

408 **4.a)** Mit Ausnahme des § 311 ist die Beschwerde **nicht fristgebunden**. Rein verfahrenstatsächlich kann aber der Zeitpunkt, zu dem die Beschwerde eingelegt wird, insoweit Bedeutung erlangen, als die beschwerende Entscheidung, die angefochten wird, bereits vollzogen und dadurch **prozessual überholt** ist. Das kann entweder zur Erledigterklärung der Beschwerde oder – bei **fortwirkender Rechtsbeeinträchtigung** – zur Umdeutung in eine nachträglich Rechtmäßigkeitskontrolle (→ *Antrag auf gerichtliche Entscheidung, Allgemeines*, Teil B Rdn 93 ff.) oder (bei Zuständigkeitswechsel nach veränderter Verfahrenssituation) zur Umdeutung in den zulässigen Rechtsbehelf (→ *Rechtsmittel/Rechtsbehelfe, Auslegung/Umdeutung*, Teil A Rdn 1312 ff.) führen (vgl. *Burhoff*, EV, Rn 918 f.).

409 **Unschädlich** ist es auch hier, wenn gegen den Beschluss/die Verfügung lediglich „Beschwerde" eingelegt wird (→ *Rechtsmittel/Rechtsbehelfe, Bezeichnung*, Teil A Rdn 1396 ff.).

410 **b)** Die Verfahrensbeteiligten können das Beschwerderecht **verwirken**. Die Beurteilung richtet sich nach § 242 BGB und verlangt sowohl die Prüfung des Zeit- als auch des Umstandsmoments (OLG Oldenburg StraFo 2007, 33; LG Berlin, Beschl. v. 4.2.2016 – 511 Qs 84/15; LG Dresden, Beschl. v. 30.10.2006 – 3 Qs 129/06; LG Saarbrücken NStZ-RR 2008, 113; vgl. *Burhoff*, EV, Rn 918 ff.).

> ☝ Das **bloße Untätigbleiben** des Beschwerdeführers innerhalb eines Jahres nach Bekanntwerden der Ermittlungsmaßnahmen und über einen Zeitraum von neun Monaten seit der Verfahrenseinstellung lässt aber nach Auffassung des BVerfG nicht die Annahme zu, dass eine **Beschwerde** nicht mehr eingelegt werden würde (BVerfG NStZ 2009, 166).

411 **5.** Die **Beschwerde** ist **schriftlich** oder **zu Protokoll der Geschäftsstelle** einzulegen (→ *Rechtsmittel/Rechtsbehelfe, Form, Schriftlich*, Teil A Rdn 1531 ff. bzw. → *Protokoll der Geschäftsstelle*, Teil A Rdn 1517 ff.).

412 Eine **einfache E-Mail** ersetzt nicht die nach § 306 erforderliche schriftliche Einlegung des Rechtsmittels. Das nach § 41a erlaubte Einreichen eines elektronischen Dokuments erfordert eine qualifizierte elektronische Signatur nach dem Signaturgesetz. Für sich genommen genügt die Übersendung einer PDF-Datei mit der Beschwerdeschrift mittels E-Mail der Schriftform ebenfalls nicht (LG Gießen NStZ-RR 2015, 344; → *Rechtsmittel/Rechtsbehelfe, Form, Schriftlich*, Teil A Rdn 1540).

☝ Eine nur **telefonische Beschwerdeeinlegung** wahrt die Formerfordernisse **nicht** (OLG Düsseldorf NStZ-RR 1999, 49; NJW 1995, 2177). BGH NJW 1980, 1290 (telefonische Einspruchseinlegung gegen einen Bußgeldbescheid) ist auf das Beschwerdeverfahren nicht anwendbar (*Burhoff*, EV, Rn 920; *Burhoff*, HV, Rn 787; *Meyer-Goßner/Schmitt*, Einl Rn 140 m.w.N; **a.A.** LG Münster NJW 2005, 166 zur Berufungseinlegung).

6.a) Wirksam kann die Beschwerde nur gegen eine **vom Gericht erlassene Entscheidung** eingelegt werden; ein vorsorglich eingelegtes Rechtsmittel ist wirkungslos (OLG Frankfurt/Main, Beschl. v. 15.3.2005 – 3 Ws 130/05). Allerdings kann gegen einen – erlassenen – Beschluss **schon vor dessen Zustellung** auch dann Beschwerde eingelegt werden, wenn der Adressat vom Erlass noch keine Kenntnis erlangt hat (BGHSt 25, 187; LG Potsdam JurBüro 2015, 207). Dasselbe soll gelten, wenn der vorschnell verfasste (abgesandte) Rechtsbehelf erst nach Erlass des Beschlusses bei Gericht eingeht (OLG Jena NStZ-RR 2012, 180). Eine **bedingte Beschwerde** gegen eine noch nicht ergangene, vom Beschwerdeführer lediglich befürchtete Entscheidung des Gerichts ist unzulässig (OLG Rostock, Beschl. v. 2.6.2004 – I Ws 230/04). 413

b) Die **Bezeichnung** des Rechtsbehelfs **als Beschwerde** ist **nicht erforderlich** (§ 300; → *Rechtsmittel/Rechtsbehelfe, Bezeichnung*, Teil A Rdn 1396 ff.); deshalb kann auch ein eingelegter „Widerspruch" als Beschwerde ausgelegt werden (LG Berlin NStZ 2005, 119; → *Rechtsmittel/Rechtsbehelfe, Auslegung/Umdeutung*, Teil A Rdn 1312 ff.). Voraussetzung ist lediglich, dass der Erklärende irgendwie kundtut, er wolle gegen eine ergangene gerichtliche Entscheidung vorgehen (**Anfechtungswille**; KG, Beschl. v. 14.8.2007 – 1 Ws 107/07). 414

7. Die Beschwerde **muss nicht begründet** werden (→ *Rechtsmittel/Rechtsbehelfe, Begründung*, Teil A Rdn 1329 ff.), jedoch ist dies in den meisten Fällen ratsam (*Burhoff*, EV, Rn 924 und *Burhoff*, HV, Rn 789). Der Beschwerdeführer kann sowohl die der Entscheidung zugrunde liegenden **Tatsachen** als auch die durch das Erstgesicht erfolgte **Rechtsanwendung** anfechten. Er kann sein Rechtsmittel dabei auch auf **neue Tatsachen** stützen. 415

8. Die Einlegung der Beschwerde **hindert nicht den Vollzug** der angefochtenen Entscheidung (§ 307 Abs. 1). Gesetzliche Ausnahmen hiervon bestehen für Entscheidungen, die nur mit sofortiger Beschwerde angefochten werden können (→ *Beschwerde, sofortige Beschwerde*, Teil A Rdn 550 ff.). **Faktische Suspensivwirkung** entsprechend § 449 wird der Beschwerde ausnahmsweise in Fällen der **Strafvollstreckung** zuerkannt, wenn die Vollstreckbarkeit oder weitere Vollstreckung der Strafe von der Entscheidung über die Beschwerde abhängt (*Meyer-Goßner/Schmitt*, § 307 Rn 1). 416

9. Zusammen mit der Einlegung der Beschwerde **muss** die Aussetzung der Vollziehung (§ 307 Abs. 2) beantragt werden (*Burhoff*, EV, Rn 925 ff.). Der Sache nach ist ein derartiger 417

Antrag in allen Fällen möglich, in denen nicht schon das Gesetz die Beschwerde mit einem Suspensiveffekt ausstattet (→ *Beschwerde, sofortige Beschwerde*, Teil A Rdn 557).

☝ Ist die Beschwerde nicht offensichtlich unbegründet, so ist im Beschwerdeverfahren hinsichtlich des Antrags auf Aussetzung der Vollziehung unter Berücksichtigung aller **Umstände** des **Einzelfalls abzuwägen**. Dabei ist von Bedeutung, ob durch die Vollziehung der angefochtenen Entscheidung (oder durch die Aussetzung des Vollzugs) irreparable Nachteile entstehen würden (BGH NStZ 2010, 343).

Siehe auch: → *Beschwerde, Beschwerdeausschluss*, Teil A Rdn 418 ff.; → *Beschwerde, Beschwerdefälle, Akteneinsicht*, Teil A Rdn 449 ff.; → *Beschwerde, Beschwerdefälle, Bewährungsbeschluss*, Teil A Rdn 456 ff.; → *Beschwerde, Beschwerdeeinschränkung, generelle*, Teil A Rdn 484 ff.; → *Beschwerde, Entscheidung*, Teil A Rdn 498 ff.; → *Beschwerde, Ordnungsmittel*, Teil A Rdn 518 ff.; → *Beschwerde, Pflichtverteidigerbestellung*, Teil A Rdn 538; → *Beschwerde, sofortige Beschwerde*, Teil A Rdn 550 ff.; → *Beschwerde, Untätigkeitsbeschwerde*, Teil A Rdn 560 ff.; → *Beschwerde, Verschlechterungsverbot*, Teil A Rdn 576 ff.; → *Beschwerde, weitere Beschwerde*, Teil A Rdn 585 ff.

418 Beschwerde, Beschwerdeausschluss

Das Wichtigste in Kürze:

1. § 304 Abs. 4 erklärt die Anfechtung von Entscheidungen des BGH und des OLG im Regelfall für unzulässig.
2. Darüber hinaus ist in verschiedenen Vorschriften der StPO und des GVG ein „spezialgesetzlicher" Beschwerdeausschluss enthalten.
3. Rückausnahmen bestehen bei einzelnen Entscheidungen der Ermittlungsrichter beim BGH und den OLG sowie bei erstinstanzlichen OLG-Entscheidungen in bestimmten Verfahrenskonstellationen.

419 **Literaturhinweise:** s. die Hinw. bei → *Beschwerde, Allgemeines*, Teil A Rdn 400.

420 **1.** § 304 Abs. 4 erklärt die Anfechtung von Entscheidungen des **BGH** und des **OLG im Regelfall für unzulässig**. Der partielle Ausschluss der Beschwerde ist mit dem GG zwar grds. vereinbar, bedarf verfassungsrechtlich jedoch einer Legitimation aus konkret nachweisbaren Gründen der Rechtssicherheit oder einer dringend gebotenen Ressourcenschonung (LR-*Matt*, § 304 Rn 18 m.w.N.).

Schaubild: Ausschluss der Beschwerde 421

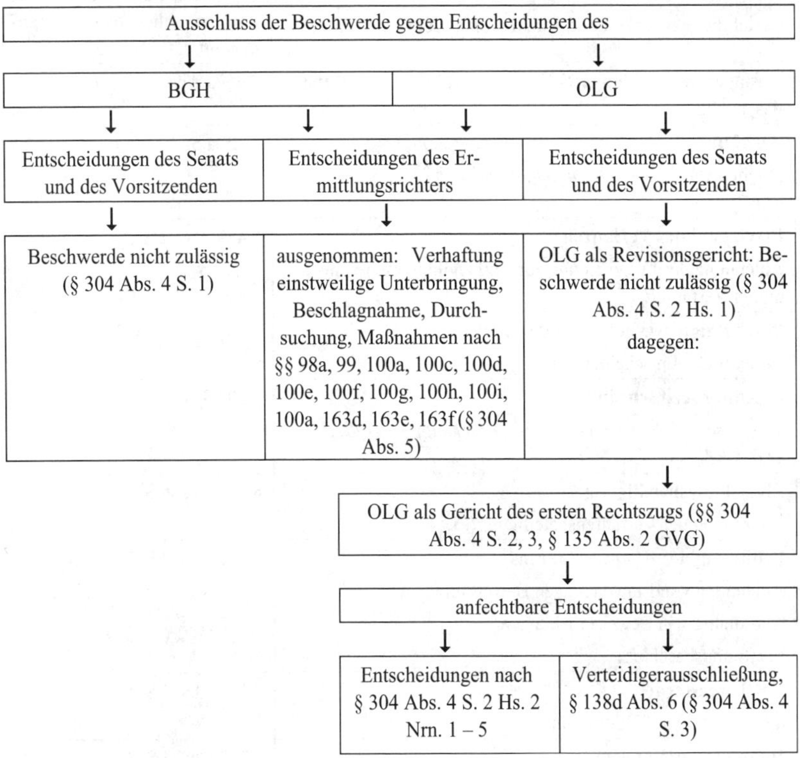

Soweit eine Entscheidung des OLG der Beschwerde entzogen ist, gilt dies auch für sog. Annexentscheidungen wie **Kosten- und Auslagenentscheidungen**. Dies betrifft auch den Fall, dass das OLG das Verfahren wegen eines Verfahrenshindernisses einstellt (BGH NJW 2000, 1427 m. abl. Anm. *Hilger* NStZ 2000, 332). Ebenso wenig anfechtbar ist die Entscheidung über **Entschädigung für Strafverfolgungsmaßnahmen** (§§ 2 ff. StrEG; BGHSt 26, 250). 422

2. Ein **spezialgesetzlicher Beschwerdeausschluss** ist in der StPO und im GVG enthalten in/für: 423

StPO	
Akteneinsicht	§ 406e Abs. 4 S. 3
Gewährung vor Abschluss der Ermittlungen	§§ 147 Abs. 4 S. 2,
Mitgabe der Akten in Kanzlei/Wohnung des RA	§ 406e Abs. 3 S. 2

StPO	
Auskünfte/Akteneinsicht/Datenverwendung Gerichtliche Entscheidung vor Abschluss der Ermittlungen	§ 478 Abs. 3 S. 3 (vgl. zu den Rechtsmitteln in diesen Fällen *Burhoff*, EV, Rn 302)
Auslagenentscheidung bei Klagerücknahme/Einstellung des Verfahrens	§ 467a Abs. 3
Berufung (Nicht-)Annahme (→ *Berufung, Annahmeberufung*, Teil A Rdn 30 ff.)	§ 322a S. 2
Beschleunigtes Verfahren Ablehnung der Entscheidung zur Verhandlung im beschleunigten Verfahren	§ 419 Abs. 2 S. 2
Beschuldigtenvernehmung durch die StA Gerichtliche Entscheidungen	§ 163a Abs. 3 S. 3
Beschwerdeeinschränkung s. → *Beschwerde, Beschwerdeeinschränkung, generelle*, Teil A Rdn 484 ff.	§ 305 S. 1
Einziehungsbeteiligung Anordnung der Verfahrensbeteiligung	§ 431 Abs. 5 S. 1
Eröffnung des Hauptverfahrens Ablehnung von Einwendungen/Beweisanträgen Anordnung von Beweiserhebungen Eröffnungsbeschluss	 § 201 Abs. 2 S. 2 § 202 S. 2 § 210 Abs. 1
Haftbeschwerde neben Antrag auf Haftprüfung	§ 117 Abs. 2 S. 1
Hauptverhandlung Unterbrechung	§ 229 Abs. 3 S. 2
Kostenentscheidung Unanfechtbarkeit der Hauptsacheentscheidung Kostenüberbürdung auf den Anzeigeerstatter	§ 464 Abs. 3 S. 1 Hs. 2 § 469 Abs. 3
Nebenklage Beiordnung eines Rechtsanwalts im Wege der PKH	§ 397a Abs. 3 S. 2
Postsendung, Öffnung Übertragung der Befugnis	§ 100 Abs. 3 S. 3
Revisionsverfahren Unzuständigkeitserklärung	§ 348 Abs. 2
Richterablehnung Begründetheit	§ 28 Abs. 1

StPO	
Untersuchung anderer Personen Anordnung von Maßnahmen	§ 81c Abs. 3 S. 4
Verfahrenseinstellungen durch das Gericht	§ 153 Abs. 2 S. 4 § 153a Abs. 2 S. 4
Verletztenbeistand Beiordnung eines Rechtsanwalts im Wege der PKH	§§ 406g Abs. 2 S. 2 § 397a Abs. 3 S. 2
Verteidigerausschluss Rechtsanwaltskammer	§ 138d Abs. 6 S. 3
Verweisung Verweisungsbeschluss (nur StA)	§§ 270 Abs. 3, 210 Abs. 1
Weitere Beschwerde s. Rdn 585 ff.	§ 310 Abs. 2
Wiederaufnahmeverfahren Anordnung der Wiederaufnahme/Erneuerung der HV	§ 372 S. 2
Wiedereinsetzung in den vorigen Stand Stattgabe	§ 46 Abs. 2
Zeugenbeistand Ausschluss von der Vernehmung Beiordnung	§ 68b Abs. 3
Zeugenvernehmung (audiovisuell) Gestattung des Aufenthalts an einem anderen Ort	§ 247a S. 2
Zeugenvernehmung durch die StA Gerichtliche Entscheidungen	§§ 161a Abs. 3 S. 4, 147 Abs. 5
Zeugenvernehmung durch Ermittlungsrichter getrennt von den Anwesenheitsberechtigten	§ 168e S. 5
Zuständigkeitsverschiebung Vorlegung an ein Gericht höherer Ordnung Vorlegung an ein vorrangig zuständiges Gericht	§ 225a Abs. 3 S. 2 § 225a Abs. 4 S. 2
GVG	
Schöffen Einspruch gegen Schöffenliste Streichung von der Schöffenliste Ablehnungsgründe Entbindung vom Schöffenamt	§ 41 S. 4 § 52 Abs. 4 § 53 Abs. 2 S. 2 § 54 Abs. 3 S. 1
Hauptverhandlung Ausschluss der Öffentlichkeit	§ 171b Abs. 3

424 **3.** Von der Unanfechtbarkeit ausgenommen („**Rückausnahmen**") sind einzelne Entscheidungen der Ermittlungsrichter beim BGH und den OLG sowie erstinstanzlichen OLG-Entscheidungen in bestimmten Verfahrenskonstellationen.

425 **a)** Nach § 304 Abs. 5 sind – aufgrund der Eingriffsintensität der jeweiligen Maßnahme (BGH NStZ 2008, 146) – folgende **ermittlungsrichterliche Maßnahmen** anfechtbar:

426 **aa)** Unter **Verhaftung** versteht die Vorschrift in inhaltlicher Übereinstimmung mit § 310 (s.a. → *Untersuchungshaft, weitere Beschwerde*, Teil B Rdn 1019 die **Anordnung** bzw. **Aufrechterhaltung** von Haft, also auch Erzwingungs- (BGHSt 36, 192 = NJW 1989, 2702) und Beugehaft (BGH NStZ 2010, 44), insbesondere aber U-Haft, dort jedoch nicht deren Ausgestaltung (§ 119; BGH StV 2012, 419) oder die Auflagen i.S. des § 116 Abs. 1 S. 2.

427 **Keine Beschwerdemöglichkeit** besteht bei:

- Anfechtung eines von mehreren Haftgründen (BGHSt 34, 34), es sei denn, dessen Wegfall müsste zur Außervollzugsetzung des Haftbefehls führen,
- Annahme eines weiteren Haftgrundes (BGHSt 47, 249 m. abl. Anm. *Hilger* NStZ 2002, 445) oder
- Erweiterung des Tatvorwurfs im Rahmen eines bereits bestehenden Haftbefehls (BGHSt 37, 347) bzw. dessen Änderung (OLG Hamburg NStZ 2001, 274),
- Anordnung von Ersatzordnungshaft (BGH NStZ 2010, 44).

428 **bb)** Die **einstweilige Unterbringung** ist nur dann ausnahmsweise anfechtbar, wenn sie auf § 126a oder § 73 Abs. 1 JGG gestützt wird.

> ☝ Die **Unterbringung zur Beobachtung** (§ 81) ist in der Vorschrift **nicht** aufgeführt (anders: § 304 Abs. 4 S. 2 Nr. 1), wird aber auch, sofern sie durch den Ermittlungsrichter angeordnet wird, für beschwerdefähig erachtet (KK/StPO-*Zabeck*, § 304 Rn 31).

429 **cc) Keine Anfechtungsmöglichkeit** besteht bei Anordnung der **Entnahme** von **Körperzellen** sowie deren molekulargenetischer Untersuchung (**§§ 81a**, **81e**, **81f**), da Ausnahmen vom Grundsatz der Unanfechtbarkeit nur für Verfügungen des Ermittlungsrichters gelten, wenn sie die Verhaftung, einstweilige Unterbringung, Beschlagnahme oder Durchsuchung betreffen. Bei § 304 Abs. 5 als eine den Grundsatz der Unanfechtbarkeit durchbrechenden Bestimmung handelt es sich um eine die Anfechtungsmöglichkeiten abschließend regelnde Ausnahmevorschrift, die restriktiv auszulegen und einer analogen Anwendung nicht zugänglich ist. Die Anordnung der Entnahme von Körperzellen und deren molekulargenetische Untersuchung zur Feststellung des DNA-Identifizierungsmusters einer Person kann auch bei weitestem Verständnis des Wortsinns nicht mehr unter eine der in § 304 Abs. 5 aufgezählten Maßnahmen subsumiert werden. Allein die Schwere des Eingriffs in Rechte des Betroffenen stellt kein Kriterium dar, das eine Erweiterung des Katalogs dieser Vorschrift über den möglichen Wortlaut hinaus rechtfertigen könnte, weil

der Gesetzgeber nicht alle, sondern nur bestimmte eingriffsintensive Maßnahmen der Anfechtung unterstellt hat (BGH NStZ 2008, 146).

dd) Hat der Ermittlungsrichter eine **Durchsuchung** oder die **Beschlagnahme** angeordnet, kann die jeweilige Maßnahme mit der Beschwerde angefochten werden (vgl. *Burhoff*, EV, Rn 830 ff.; Rn 1538 ff.). 430

ee) Auch **Maßnahmen nach § 101 Abs. 1** unterliegen der Beschwerde. Im Einzelnen handelt es sich dabei um 431

Ausschreibung zur polizeilichen Beobachtung	§ 163e
Einsatz von technischen Mitteln zur Observation einschl. der Fertigung von Bildaufnahmen	§ 100h
längerfristige Observation	§ 163f
Schleppnetzfahndung	§ 163d
Einsatz verdeckter Ermittler	§ 110a
den maschinellen Abgleich/die Übermittlung von personenbezogenen Daten	§ 98a
Erhebung von Verkehrsdaten	§ 100g
Überwachung, heimliche, des nichtöffentlich gesprochenen Wortes innerhalb und außerhalb von Wohnungen	§§ 100c, 100f
Postbeschlagname	§ 99
Überwachung, auch heimliche, der Telekommunikation einschließlich Maßnahmen bei Mobilfunkgeräten	§§ 100a, 100i

b)aa) Ausnahmen vom Grundsatz der Unanfechtbarkeit von Beschlüssen der OLG-Senate bzw. von Verfügungen der Senatsvorsitzenden sind bei **Entscheidungen des OLG in erster Instanz** im abschließenden Katalog des § 304 Abs. 4 S. 2 Hs. 2 enthalten; infolge ihres Ausnahmecharakters ist die Vorschrift restriktiv auszulegen (BGH NJW 2000, 1427). Über die Beschwerde entscheidet der BGH (§ 135 Abs. 2 GVG). 432

☝ **Beschlüsse** der **Anwaltsgerichtshöfe** stehen den Beschlüssen der OLG gleich (BGH BRAK-Mitt 2008, 221; RVGreport 2008, 280).

Im **Klageerzwingungsverfahren** ist das OLG zwar als erstes Gericht mit der Sache befasst, jedoch nicht i.S. des § 304 Abs. 4 S. 2 Hs. 2 im ersten Rechtszug zuständig (BGH NStZ 2003, 501).

bb) Ordnet das OLG die Durchführung einer **Abwesenheitsverhandlung** (§ 231a Abs. 1) an, ist gegen den Beschluss (sofortige) Beschwerde möglich (§ 304 Abs. 4 S. 2 Nr. 3). 433

434 **cc)** Die die **Akteneinsicht** betreffende Beschwerdemöglichkeit des § 304 Abs. 4 S. 2 Nr. 4 knüpft an die in § 147 aufgeführten Voraussetzungen an (→ *Beschwerde, Beschwerdeeinschränkung, Akteneinsicht*, Teil A Rdn 449 ff.).

435 **dd)** Beschwerde kann auch gegen die vom OLG angeordnete **Beschlagnahme** (§ 94) eingelegt werden (§ 304 Abs. 4 S. 2 Nr. 1). Die Anordnung der Überwachung der Telekommunikation stellt keine Beschlagnahme i.S. des § 304 dar (BGH wistra 2005, 436).

436 **ee) Bewährungsentscheidungen** des OLG sind mit der (sofortigen) Beschwerde anfechtbar (§ 304 Abs. 4 S. 2 Nr. 5; zu Bewährungsfragen vgl. auch Burhoff/*Hillebrand*, Nachsorge, Teil A Rn 1 ff.), wenn sie

- im Rahmen der **nachträglichen Bildung einer Gesamtstrafe** (§§ 460, 55 StGB) Strafaussetzung zur Bewährung versagen (BGHSt 30, 168 m. Anm. *Gollwitzer* JR 1983, 84),
- den Widerruf der Strafaussetzung (§ 56f StGB),
- den Widerruf des Straferlasses (§ 56g StGB),
- eine vorläufige Maßnahmen zur Sicherung des Widerrufs (§ 453c),
- die Aussetzung des Strafrestes der Freiheitsstrafe (§§ 57 f. StGB) oder
- den Widerruf des zur Bewährung ausgesetzten Strafrestes (§ 454 Abs. 3, Abs. 4),

betreffen.

437 **Unanfechtbar** sind Beschlüsse über

- die Dauer der Bewährungszeit (§ 56a StGB),
- die Bewährungsauflagen und -weisungen (§§ 56b, 56c),
- den Eintritt der Führungsaufsicht (§ 68f StGB; BGHSt 30, 250),

438 **ff)** Ordnet das OLG eine **Durchsuchung** (§ 105) an, ist dagegen die Beschwerde möglich (§ 304 Abs. 4 S. 2 Nr. 1). Die Anordnung der Überwachung der Telekommunikation stellt keine Durchsuchung i.S. des § 304 dar (BGH wistra 2005, 436).

439 **gg)** Zur **einstweiligen Unterbringung** siehe die Ausführungen zur Anfechtbarkeit ermittlungsrichterlicher Beschlüsse (s. Rdn 428). Auch gegen die Anordnung der **Unterbringung zur Beobachtung** (§ 81) ist die (sofortige) Beschwerde möglich (§ 304 Abs. 4 S. 2 Nr. 1).

440 **hh)** Lehnt das OLG die **Eröffnung** des **Hauptverfahrens** ab (§ 210 Abs. 2), kann dagegen der GBA Beschwerde einlegen (§ 304 Abs. 4 S. 2 Nr. 2; BGHSt 53, 238); das gleiche Recht steht dem zugelassenen Nebenkläger hinsichtlich eines Nebenklagedelikts zu (*Meyer-Goßner/Schmitt*, § 210 Rn 6).

441 **ii)** Bezüglich der **Maßnahmen** nach **§ 101 Abs. 1** wird auf die Ausführungen zur Anfechtbarkeit ermittlungsrichterlicher Beschlüsse (s. Rdn 429 f.) verwiesen.

442 **jj)** Die **Verfahrenseinstellung** wegen eines Verfahrenshindernisses (§ 206a) können sowohl StA als auch der zugelassene Nebenkläger (§§ 304 Abs. 4 S. 2 Nr. 2, 400 Abs. 2 S. 1) mit der Beschwerde anfechten.

kk) Erstinstanzliche OLG-Entscheidungen über **Verfall**, **Einziehung** und **Unbrauchbarmachung** sind ebenfalls beschwerdefähig (§ 304 Abs. 4 S. 2 Nr. 5). 443

ll) Im Zusammenhang mit der **Verhaftung** (§ 304 Abs. 4 S. 2 Nr. 1) gelten die Ausführungen zur entsprechenden ermittlungsrichterlichen Maßnahme (s. Rdn 426 f.). 444

mm) Auch die **Verurteilung zu einer vorbehaltenen Strafe** (§ 59b StGB) ist der Beschwerde zugänglich (§ 304 Abs. 4 S. 2 Nr. 5). 445

nn) Entscheidungen über einen **Verteidigerausschluss** sind mit der (sofortigen) Beschwerde anfechtbar (§§ 138d Abs. 6 S. 1, 304 Abs. 4 S. 2 Hs. 3; *Burhoff*, EV, Rn 4083). 446

oo) Die **Verweisung** an ein **Gericht niederer Ordnung** kann vom GBA mit der (sofortigen) Beschwerde angefochten werden (§ 304 Abs. 4 S. 2 Nr. 3). Dem zugelassenen Nebenkläger steht ein solches Recht nicht zu. 447

pp) Anfechtbare Entscheidungen im **Wiederaufnahmeverfahren** sind lediglich die nach § 372 S. 1 ergangenen Beschlüsse (§ 304 Abs. 4 S. 2 Nr. 5), nicht hingegen Entscheidungen, die sich auf §§ 364a, 364b stützen (BGHSt NJW 1976, 156; → *Wiederaufnahme, Rechtsmittel*, Teil B Rdn 1332). 448

Siehe auch: → *Rechtsmittel/Rechtsbehelfe, Beschwerde, Allgemeines*, Teil A Rdn 399 ff. m.w.N.

Beschwerde, Beschwerdeeinschränkung, Akteneinsicht 449

Das Wichtigste in Kürze:

1. Ob der Beschwerde gegen die Versagung von Akteneinsicht während des Hauptverfahrens § 305 S. 1 entgegensteht, ist umstritten.
2. Die Frage der Anfechtbarkeit wird von der Rspr. inzwischen weitgehend verneint.

Literaturhinweise: **Burhoff**, Verfahrenstipps und Hinweise für Strafverteidiger zu neuerer Rechtsprechung in Strafsachen, ZAP F. 22 R, S. 91; **Danckert**, Anmerkung zu KG StV 1989, 8, StV 1989, 10; **Krack**, Anmerkung zu OLG Brandenburg NJW 1996, 67, JR 1996, 172; s.a. die Hinw. bei → *Antrag auf gerichtliche Entscheidung, Akteneinsicht*, Teil B Rdn 67; → *Justizverwaltungsakte, Anfechtung (§§ 23 ff. EGGVG), Verweigerung von Akteneinsicht*, Teil B Rdn 461. 450

1. Ob der Beschwerde gegen die **Versagung von Akteneinsicht** während des Hauptverfahrens § 305 S. 1 – mitunter wird zwischen Akteneinsicht vor und nach Beginn der HV unterschieden – entgegensteht, ist **umstritten**. Rein praktisch sind Interessengegensätze zu berücksichtigen: 451

- Das Gericht benötigt die Akten außerhalb der HV zur Vorbereitung auf diese, innerhalb der HV zu deren Durchführung.
- Der Verteidiger hat Anspruch auf Akteneinsicht in jedem Stadium des Verfahrens und das nicht nur einmal, sondern sooft ein entsprechendes Bedürfnis besteht.

452 **2.** Während die obergerichtliche **Rspr**. früher die **Anfechtbarkeit** der Versagung von Akteneinsicht im Hauptverfahren mit der Begründung bejaht hatte, die Akteneinsicht stehe weder in unmittelbaren Zusammenhang mit der Urteilsfällung noch werde sie bei dieser nochmals einer Prüfung unterzogen (OLG Brandenburg StV 1996, 7 m. zust. Anm. *Hiebl* StraFo 1994, 94 und abl. Anm. *Krack* JR 1996, 172; OLG Frankfurt/Main StV 2001, 611 [612]; OLG Koblenz NStZ 1995, 611) wird ein Anfechtungsrecht unter Hinweis auf § 305 S. 1 **heute überwiegend verneint** (wieder ein Beispiel für einen ausschließlich auf den Verfahrensfortgang gerichteten Tunnelblick der Rspr.; vgl. zu den Rechtsmittel bei Akteneinsicht eingehend *Burhoff*, EV, Rn 361 ff.). Dazu folgende

453 **Rechtsprechungsbeispiele:**

- OLG Frankfurt/Main NStZ-RR 2001, 374 (nur im Ergebnis zutreffend, weil der – verteidigte – Angeklagte Akteneinsicht für sich selbst beantragt hatte); StV 2004, 362 m. abl. Anm. *Lüderssen*; (Anfertigung von Fotokopien derjenigen Asservaten, die sich in der Asservatenkammer befinden [ohne Bekleidungsgegenstände]);
- OLG Hamm NStZ 2005, 226 m. abl. Anm. *Fischer* StraFo 2004, 420 (nur im Ergebnis zutreffend, weil Mitschriften der Berufsrichter über die HV keine Aktenbestandteile sind);
- OLG Koblenz StV 2003, 608 (Videoaufnahme der Vernehmung eines früheren Mitbeschuldigten);
- OLG Naumburg NStZ-RR 2010, 151 m. Anm. *Bachmann* NJ 2010, 216 (zur Vorbereitung auf die Vernehmung eines Zeugen in der HV).

454 Die **Lit.** – ausgenommen früher *Meyer-Goßner/Schmitt*, der aber in § 147 Rn 41 ab der 54. Aufl. die Auffassung übernommen hat, § 305 S. 1 stehe der Beschwerde entgegen – bekennt sich nach wie vor zur Anfechtbarkeit der Versagung von Akteneinsicht auch im Hauptverfahren (KK-*Laufhütte/Willnow*, § 147 Rn 28; KMR-*Plöd*, § 147 Rn 7; LR-*Lüderssen/Jahn*, § 147 Rn 167; SK-StPO/*Wohlers*; § 147 Rn 115; *Burhoff*, EV, Rn 361 ff.).

455 Die Auffassung in der **Rspr**. (vgl. Rdn 452) vermag schon deshalb **nicht** zu **überzeugen**, weil sie § 305 S. 1 ausschließlich unter den Gesichtspunkten der Vermeidung einer Doppelüberprüfung bzw. der Nichteinmischung in das Hauptverfahren heranzieht. Dagegen bleibt die Vermeidung von Verfahrensverzögerungen im Ergebnis außer Betracht; denn das Verfahren ist stets in seiner Gesamtheit zu sehen, in dem zwar zunächst durch die Unanfechtbarkeit der Versagung von Akteneinsicht vermeintlich eine „Verfahrensbeschleunigung" herbeigeführt, nach Abschluss des Hauptverfahrens aber die Befassung des Revisionsgerichts

(§ 338 Nr. 8) und damit die Erforderlichkeit eines weiteren Rechtszugs provoziert wird (vgl. SK-StPO/*Frisch*, § 305 Rn 23).

☝ Der Ausschluss der Anfechtbarkeit ist aber auch mit dem zum System der StPO in Konkurrenz stehenden **Grundsatz** des **fairen Verfahrens** (Art. 2 Abs. 1, 20 Abs. 3 GG, 6 Abs. 3 Buchst. b, Buchst. d EMRK) nicht vereinbar; denn die Vorenthaltung der in den Akten befindlichen Information verletzt den Angeklagten gerade **während des Hauptverfahrens** in seinem Recht

- auf eine angemessene **Vorbereitung der Verteidigung** (vgl. dazu für das Bußgeldverfahren LG Ellwangen DAR 20ß11, 418; LG Dessau-Roßlau VRR 2011, 275)
- ggf. auf sein **Fragerecht** (so der Fall OLG Naumburg NStZ-RR 2010, 151 m. Anm. *Bachmann* NJ 2010, 216)
- und insgesamt das Prinzip der **Chancen- oder Waffengleichheit** (EGMR StV 2001, 201).

Damit steht die durch die kritisierte Rechtsprechung vorgenommene Auslegung des § 305 S. 1 zugleich in eklatantem **Widerspruch** zu **Art. 13 EMRK**, weil sie dem Angeklagten den an sich wirksamen Rechtsbehelf der Beschwerde (§ 304 Abs. 1) insoweit vorenthält.

Siehe auch: → *Beschwerde, Beschwerdeeinschränkung, generelle*, Teil A Rdn 484 ff.; → *Antrag auf gerichtliche Entscheidung, Akteneinsicht*, Teil B Rdn 67; → *Anfechtung von Justizverwaltungsakten (§§ 23 ff. EGGVG), Verweigerung von Akteneinsicht*, Teil B Rdn 461.

Beschwerde, Beschwerdeeinschränkung, Bewährungsbeschluss 456

Das Wichtigste in Kürze:

1. Die Beschwerde gegen einen Bewährungsbeschluss ist durch § 305a eingeschränkt.
2. Der bei Urteilsverkündung unterlassene Bewährungsbeschluss gemäß § 268a kann später nicht nachgeholt werden.
3. Die Beschwerde kann nur darauf gestützt werden, dass der Beschluss gesetzwidrige Anordnung enthält.
4. Das Gericht hat die Vorgaben so bestimmt zu formulieren, dass Verstöße einwandfrei festgestellt werden können und der Verurteilte unmissverständlich weiß, wann er einen Widerruf der Strafaussetzung zur Bewährung nach § 56f Abs. 1 Nr. 3 StGB zu erwarten hat.
5. Bewährungsweisungen nach § 56c StGB dienen der Stabilisierung und Resozialisierung des Verurteilten.

457 **Literaturhinweise: Arnoldi**, Bewährungswiderruf und Zeitablauf, StRR 2008, 84; **Doleisch von Dolsperg**, Strafaussetzung zur Bewährung – Probleme aus der Praxis, StraFo 2005, 45; **Götting**, Anmerkung zu BayObLG NStZ-RR2002, 297, JR 2003, 207; **Grube**, Die Strafaussetzung zur Bewährung, Jura 2010, 759; **Krumm**, „Gelegenheit macht …" oder: Zur Notwendigkeit eines Internetverbots, ZRP 2011, 152; **Lutz**, Handy-Verbot für organisierte Straftäter?, NStZ 2000, 127; **Peglau**, Prognose (§§ 56, 64 StGB) bei Aburteilung einer in laufender Bewährungszeit begangenen neuen Straftat und Widerrufsentscheidung nach § 56f I Nr. 1 StGB, GA 2004, 288; *ders.*, Das Gesetz zur Reform der Führungsaufsicht und zur Änderung der Vorschriften über die nachträgliche Sicherungsverwahrung, NJW 2007, 1558; **Radtke**, Wechselwirkung zwischen Widerruf der Strafaussetzung zur Bewährung und der Sanktionierung des Bewährungsbruchs in: *Britz*, Grundfragen staatlichen Strafens. Festschrift für Heinz Müller-Dietz zum 70. Geburtstag, 2001, S. 609 ff.; **Schöch**, Das Gesetz zur Bekämpfung von Sexualdelikten und anderen gefährlichen Straftaten vom 26.1.1998, NJW 1998, 1257; **Wita**, Widerruf der Strafaussetzung zur Bewährung vor Aburteilung der Anschlusstat, 2006; **Wohlthat**, Zeitliche Grenzen des Widerrufs der Strafaussetzung, 2007; **Ziethen**, Bewährung trotz Vollverbüßung in Untersuchungshaft, HRRS 2008, 502.

458 **1.** Wird die Freiheitsstrafe zur Bewährung ausgesetzt, trifft das Gericht in diesem Zusammenhang gesonderte Entscheidungen nach §§ 56a bis 56d, 59a StGB (§ 268a Abs. 1; vgl. Burhoff/*Hillenbrand*, Nachsorge, Teil A Rn 1 ff. und Burhoff/*Artkämper/Jacobs*, Nachsorge, Teil B Rn 253 ff.). Die **Anfechtungsmöglichkeiten** sind nach § 305a Abs. 1 **eingeschränkt**.

> ☝ Bevor gegen den Bewährungsbeschluss Beschwerde eingelegt wird, sollte der Verteidiger **prüfen**, ob das erstrebte Ziel nicht im Wege der **nachträglichen Änderung** der Bewährungsanordnungen (§ 56e StGB) erreicht werden kann.

459 **2.** Der bei Urteilsverkündung **unterlassene** Bewährungsbeschluss gemäß § 268a kann später **nicht nachgeholt** werden (OLG Düsseldorf StV 2008, 512; **a.A.** OLG Celle Nds.Rpfl 2007, 332 mit wenig überzeugender Begründung). Dies gilt auch für den erlassenen Strafbefehl (LG Freiburg StV 1993, 122).

460 Bei **Kollegialgerichten** scheidet eine Nachholung schon deshalb aus, weil über die Bewährungszeit und deren Ausgestaltung unter Einbeziehung der Schöffen entschieden werden muss. Da in einem durch Urteil abgeschlossenen Verfahren keine neue HV mehr anberaumt werden kann, außerhalb der HV Entscheidungen aber nur durch die Berufsrichter getroffen werden (a.A. KMR-*Voll*, § 268a Rn 9), könnten Schöffen in die nachzuholende Entscheidung nicht mehr einbezogen werden. Daneben eröffnet sich aber auch in Bezug auf den **Strafrichter**, der im Nachgang zum Erkenntnisverfahren gem. § 462a Abs. 2 als Bewährungsrichter zuständig wäre, über §§ 56e StGB, 453 (analog) kein Weg für eine Nachholung, da keine Nachtragsentscheidung i.S. des § 56e StGB vorliegt. Eine solche setzt nämlich voraus, dass ein Bewährungsbeschluss überhaupt existiert und neue Umstände eintreten – nach teilweise vertretener Auffassung dem Gericht zumindest erst nachträglich bekannt geworden – sind. **Anders** als im **Kostenrecht**, in dem etwa der bei der Grundentscheidung über die notwendigen Auslagen unberücksichtigt gebliebene Nebenkläger diese deswegen mit sofortiger Beschwerde anfechten kann, braucht sich der vergessliche Richter hier auch nicht mit der Bitte an die StA zu wenden, Beschwerde einzulegen, da § 305a

die Existenz eines Bewährungsbeschlusses voraussetzt. Die Korrektur kann nur dadurch erfolgen, dass die StA **Berufung** einlegt.

Bleibt das Urteil unangefochten, steht der Verurteilte zwingend für **zwei Jahre** (§ 56a StGB) unter **Bewährung**. Mehr gibt das Urteil nicht her, weil es nur die Heranziehung des Tenors erlaubt. Ein Rückgriff auf die Urteilsgründe ist unter Berücksichtigung der zur Beschwer entwickelten Grundsätze (vgl. *Meyer-Goßner/Schmitt*, vor § 296 Rn 11) nicht möglich (a.A. OLG Dresden NJ 2001, 323 m. Anm. *König*). Er würde auch den durch das rechtskräftige Urteil geschaffenen **Vertrauenstatbestand** im Hinblick auf Art. 2 Abs. 1, 20 Abs. 3 GG verletzen. Denn insbesondere der nicht verteidigte Angeklagte, der i.d.R. kaum über forensische Erfahrung verfügt und zudem die Vorschrift des § 268a nicht kennt, kann und braucht – selbst wenn er schon einmal mit Begriffen wie „Bewährungshelfer" oder „Arbeitsauflage" konfrontiert war – nicht damit zu rechnen, dass in seinem Fall noch etwas „nachkommt". Er weiß lediglich, dass man generell keine Straftaten begehen darf (OLG Düsseldorf StV 2008, 512). 461

3. Die Beschwerde kann nur darauf gestützt werden, dass der Beschluss **gesetzwidrige Anordnung** enthält (*Burhoff*, HV, Rn 1979 f.; Burhoff/*Hillenbrand*, Nachsorge, Teil A Rn 38 ff.). 462

a) Grundrechte darf der **Bewährungsbeschluss** nicht verletzen, weshalb keine Bewährungsanordnung getroffen werden kann, die Grundrechte berührt, welche durch Gesetz nicht einschränkbar sind. Bei gesetzlich beschränkbaren Grundrechten muss deren **Wesensgehalt** (Art. 19 Abs. 2 GG) garantiert bleiben (MüKo-*Groß*, § 56c StGB Rn 10; vgl. Burhoff/*Hillenbrand*, Nachsorge, Teil A Rn 9 ff., Rn 244 ff.): 463

464

Arbeitsauflagen	Art. 12 Abs. 1 GG	keine Grundrechtsverletzung: BVerfG NStZ 1991, 181
Auflagen, allgemein	Art. 2 Abs. 1 GG	keine Grundrechtsverletzung
Berufswahl, -ausübung	Art, 12 Abs. 1 Abs. 2 GG	keine Grundrechtsverletzung, sofern nicht Berufsverbot
Bewährungswiderruf	Art. 2 Abs. 2 GG Art. 104 Abs. 1 GG	Grundrechtsverletzung bei vorangegangener gesetzwidriger Bewährungsanordnung
Freizügigkeit	Art. 11 Abs. 2 GG	keine Grundrechtsverletzung: LK-*Hubrach*, § 56c Rn 6
Geldauflagen	Art. 2 Abs. 1 GG Art. 14 Abs. 1 GG	keine Grundrechtsverletzung: BVerfG NJW 2011, 3508
Koalitionsfreiheit	Art. 9 GG	Grundrechtsverletzung: LK-*Hubrach* § 56c Rn 25
Meinungsfreiheit	Art. 5 GG (Art. 10 EMRK)	Grundrechtsverletzung: *Fischer*, § 56c Rn 2a

Menschenwürde	Art. 1 Abs. 1 GG	Grundrechtsverletzung: *Schönke/Schröder-Stree/Kinzig*, § 56c Rn 8
Weisungen, allgemein	Art. 2 Abs. 1 GG	keine Grundrechtsverletzung

465 **b)** Eine Bewährungsanordnung impliziert für den Fall, dass sie nicht eingehalten wird und dies dem Probanden als eine gröbliche bzw. beharrliche Pflichtverletzung angelastet werden kann, den Verlust der persönlichen Freiheit infolge des nach § 56f möglichen Widerrufs der Strafaussetzung. Das **Rechtsstaatsprinzip** (Art. 20 Abs. 3 GG) erfordert deshalb i.V.m. Art. 2 Abs. 2 GG, dass Bewährungsanordnungen **ausreichend bestimmt** sind (BVerfG NJW 2007, 1933); StV 2012, 481). Aus dem **Grundsatz** der **Verhältnismäßigkeit** (Art. 20 Abs. 3 GG), der sowohl bei Bewährungsauflagen (§ 56b Abs. 1 S. 2 StGB) als auch bei Bewährungsweisungen (§ 56c Abs. 1 S. 2 StGB) bereits einfachgesetzlich konkretisiert ist, folgt, dass dem Verurteilten nicht Unmögliches abverlangt werden darf (OLG Bremen StV 1986, 253).

466 **4.a)** Das Gericht hat die Vorgaben so **bestimmt** zu **formulieren**, dass Verstöße einwandfrei festgestellt werden können und der Verurteilte unmissverständlich weiß, wann er einen Widerruf der Strafaussetzung zur Bewährung nach § 56f Abs. 1 Nr. 3 StGB zu erwarten hat (BVerfG, Beschl. v. 9.6.1993 – 2 BvR 368/92; Beschl. v. 10.8.1993 – 2 BvR 610/91): Aus der Auflage muss sich für den Verurteilten konkret ergeben, welches Handeln oder Unterlassen von ihm erwartet wird (KG, Beschl. v. 13.4.2005 – 5 Ws 157/05; OLG Braunschweig StV 2007, 257). Für **gesetzeswidrige Bewährungsauflagen** gilt (vgl. Burhoff/*Hillenbrand*, Nachsorge, Teil A Rn 9 ff.):

467 **b)** Zwar ist eine **Geldauflage** nach § 56b Abs. 2 S. 1 Nr. 1 StGB auch dann noch rechtmäßig, wenn sie die **Leistungsfähigkeit** des Verurteilten **übersteigt**; die Zumutbarkeitsgrenze wird erst dadurch überschritten, dass ein krasses Missverhältnis erkennbar wird (OLG Düsseldorf NStZ 1993, 136). Aufgrund des Gesetzeswortlauts stößt die Auflage im Hinblick auf den Bestimmtheitsgrundsatz aber an Grenzen; denn im Fall eines gröblichen und beharrlichen Verstoßes müsste die Strafaussetzung mit der Begründung widerrufen werden, der Verurteilte habe sich nicht „**nach Kräften**" um die Wiedergutmachung bemüht. Dies gilt umso mehr, als niemand zur Widerlegung eines solchen Vorwurfs gezwungen werden kann, seine Einkommens- und Vermögensverhältnisse offenzulegen (BVerfG StV 1995, 87) oder zur Erforschung der finanziellen Potenz des Verurteilten Kontoauszüge beschlagnahmt werden dürfen (KG StV 2000, 10).

468 Eine Auflage i.S. einer „**Bewährungsstrafe**" für Zuwiderhandlungen gegen die dem Verurteilten auferlegten Bewährungspflichten kennt das Strafrecht nicht, weshalb die Verhängung einer Geldbuße gegen den Verurteilten, um diesen für seine mangelnde Bereit-

schaft zur Zusammenarbeit mit dem Bewährungshelfer zu strafen, daher als Auflage unzulässig ist (OLG Zweibrücken StV 1991, 567 m. Anm. *Horn* JR 1991, 291).

c) Bei **gemeinnützigen Leistungen** handelt es sich i.d.R. um **Arbeitsleistungen**. Eine Verletzung von Art. 12 GG liegt in der Erteilung einer solchen Arbeitsauflage nicht, sofern sie ihrem Umfang oder in ihrer Art und Weise nach mit der beruflichen Tätigkeit des Verurteilten, etwa einem Arbeitsverhältnis, einer Berufsausbildung oder auch mit der Ausübung des Sorgerechts für Kinder vereinbar ist bzw. auf die konkreten Lebensumstände des Verurteilten – z.B. Urlaub (OLG Köln, Beschl. v. 2.11.2010 – 2 Ws 704/10) – die gebotene Rücksicht nimmt (BVerfG NStZ 1991, 181). Auch im Hinblick auf Art. 103 Abs. 2 GG bestehen gegen § 56b Abs. 2 S. 1 Nr. 3 StGB keine verfassungsrechtlichen Bedenken (OLG Frankfurt/Main NStZ-RR 1997, 2). 469

Das **Gericht selbst** muss die Auflage **erteilen**, da der Gesetzgeber allein dem Richter die Befugnis vorbehalten hat, dem Verurteilten durch die Erteilung von Auflagen besondere Pflichten aufzuerlegen und diese **inhaltlich auszugestalten** (OLG Braunschweig StV 2007, 257; OLG Schleswig SchlHA 1990, 109). Dies folgt schon daraus, dass die Auflage der Genugtuung für das begangene Unrecht zu dienen hat und es deshalb notwendig ist, die gemeinnützige Leistung so auszuwählen, dass sie in einem sinnvollen Zusammenhang mit dem vom Verurteilten begangenen Unrecht steht (OLG Köln, Beschl. v. 2.11.2010 – 2 Ws 704/10). 470

Dem **Bewährungshelfer** kommt weder eine Anordnungs- noch eine Ausgestaltungskompetenz zu. Dies gilt umso mehr, wenn das Gericht nur anordnet, der Verurteilte habe „*100 Stunden gemeinnützige Arbeit nach näherer Weisung des Vereins F. e.V. und in Abstimmung mit seinem Bewährungshelfer zu erbringen*“ und dadurch die Präzisierung des Verlaufs der „roten Linie“, jenseits derer ein Widerruf der Strafaussetzung droht, dem Wortlaut der gerichtlichen Weisung nach, dem Bewährungshelfer oder einem privaten Träger überlässt (BVerfG StV 2012, 481; OLG Dresden StV 2013, 393 [Ls.]). 471

5.a) Bewährungsweisungen nach § 56c StGB dienen der **Stabilisierung** und **Resozialisierung** des Verurteilten. Verfolgen sie einen anderen Zweck, sind sie gesetzwidrig (OLG Koblenz NStZ 1987, 24). Dies gilt insbesondere für Weisungen, die ausschließlich der Justiz die Arbeit erleichtern (*Fischer*, § 56c StGB Rn 1a) oder nur der Überwachung des Verurteilten dienen (OLG Koblenz v. 12.1.2011 – 2 Ws 16/11; vgl. Burhoff/*Hillenbrand*, Nachsorge, Teil A Rn 244 ff.). 472

b) Auch die **Unterstellung** des **Verurteilten** der **Leitung** und **Aufsicht** eines **Bewährungshelfers** (§ 56d StGB) ist eine gerichtliche Weisung i.S. des § 56c StGB. Die Tatgerichte schätzen dabei häufig Aufgaben (§ 56d Abs. 3 StGB) und Rechtsstellung des Bewährungshelfers unzutreffend ein. 473

☝ Der Bewährungshelfer ist der Begleiter des Verurteilten auf dem Weg in ein straffreies Leben. Daneben **überwacht** er den Verurteilten in Bezug auf die Einhaltung der seitens des Gerichts erteilten Weisungen, dem er zu diesem Zweck über die Lebensführung des Verurteilten berichtet.

474 **Ausschließlich** das **Gericht** hat nach dem eindeutigen Gesetzeswortlaut die Befugnis, dem Verurteilten **Weisungen** zu erteilen und sie inhaltlich auszugestalten (OLG Frankfurt/Main NStZ-RR 1997, 2). Eine **Übertragung (Delegation)** dieser Befugnis auf Dritte, insbesondere auf den Bewährungshelfer, ist mangels einer gesetzlichen Ermächtigung schon nach dem Strafrecht (§ 56d Abs. 3 StGB) nicht zulässig (BVerfG NStE Nr. 5 zu § 56c StGB; OLG Hamm R&P 2010, 98; NStZ-RR 2011, 141).

475 Die Weisung selbst unterliegt ebenfalls dem **Bestimmtheitsgebot**, dem nicht Genüge getan ist, wenn es gerichtlich lediglich dahin ausgestaltet ist, dass „den Anweisungen des Bewährungshelfers gewissenhaft Folge geleistet" werden müsse (OLG Jena StV 2008, 88). Ebenso an mangelnder Bestimmtheit scheitert die Weisung, dem zuständigen Bewährungshelfer unaufgefordert Angaben über den jeweiligen Aufenthaltsort zu machen, weil sie überwiegend den Zweck hat, das Verhalten des Verurteilten zu kontrollieren und zu überprüfen, ob und wie er seinen Wohn- bzw. Aufenthaltsort wechselt, was jedoch nicht dem Resozialisierungszweck dient (OLG Jena NStZ-RR 2009, 134).

476 Hat der Richter eine bestimmte, inhaltlich ausgestaltete Weisung erteilt, kann er deren **Einhaltung** jedoch der **Kontrolle** des **Bewährungshelfers überlassen** (LK-*Hubrach*, § 56d Rn 7); denn das Bestimmtheitsgebot verlangt nicht, dass die Weisung bis ins Letzte präzisiert sein muss. Da dem Bewährungshelfer nach § 56d Abs. 3 S. 2 StGB die Aufgabe zukommt, die Erfüllung der Weisungen zu überwachen, kann es sinnvoll sein, von ihm gewisse Einzelheiten der Mitwirkung des Verurteilten an Kontrollmaßnahmen festlegen zu lassen. Bei der Frage, welche Bestimmtheitsanforderungen im Einzelnen erfüllt sein müssen, ist auch die Intensität der Einwirkungen auf den von der Regelung Betroffenen zu berücksichtigen. Danach können gewisse Konkretisierungen der Verhaltensmaßgaben eines Bewährungsbeschlusses dem Bewährungshelfer übertragen werden, soweit eine Konkretisierung unmittelbar durch gerichtlichen Bewährungsbeschluss – beispielsweise im Hinblick auf organisatorische oder durch Interessen des Verurteilten bedingte Flexibilitätserfordernisse – nicht sinnvoll praktikabel ist. Dies kann auch Festlegungen zur Bestimmung der Zeitpunkte betreffen, zu denen bestimmte Mitwirkungshandlungen zu erbringen sind, ohne dass darin eine Übertragung des gesetzlich dem Gericht vorbehaltenen Weisungsrechts zu sehen wäre (BVerfG StV 2012, 481).

477 **c)** Eine Weisung, die einer Maßnahme gleichkommt, wie sie nur durch die Ausländerbehörde angeordnet werden kann (**Ausweisung**, **Betretungsverbot**, vgl. §§ 50 ff. AufenthG), darf das Gericht **nicht erteilen**, da insoweit der Grundsatz der Gewaltenteilung durchbrochen werden würde. Dies gilt insbesondere im Hinblick auf eine Weisung, das Bundesgebiet zu verlassen oder es während der Bewährungszeit nicht mehr zu betreten

(BayObLG NStZ 1981, 65; OLG Hamm, Beschl. v. 9.12.1987 – 2 Ws 563/87; OLG Koblenz NStZ 1987, 24 m. Anm. *M.-K. Meyer*; LG Braunschweig StV 2001, 240 [Ls.]; LG Landshut StV 2008, 83). Daneben würde eine derartige Weisung auch dem Zweck des § 56c StGB nicht entsprechen; denn die Begehung weiterer Straftaten würde nicht ausgeschlossen oder vermindert, sondern die Weisung allenfalls dazu führen, dass der Beschwerdeführer im Gebiet der Bundesrepublik Deutschland nicht mehr straffällig wird. Soweit als Beleg für die gegenteilige Auffassung auf die Entscheidungen des OLG Köln (NStZ-RR 2010, 49) bzw. des LG Berlin (NStZ 2005, 100) hingewiesen wird, handelte es sich dort jeweils um besondere Fallgestaltungen, in denen dogmatische Erwägungen zugunsten einer pragmatischen Lösung zurückgestellt wurden.

d) Hatte jemand den Verkauf von Betäubungsmitteln über Mobiltelefon organisiert, soll **478**
dies die Weisung nach § 56c Abs. 2 Nr. 4 StGB (**Besitz- und Nutzungsverbote**) rechtfertigen können (*Lutz*, NStZ 2000, 127 [128]; ihm offenbar folgend: *Schönke/Schröder-Stree/Kinzig* § 56c Rn 21.), was einerseits schon im Hinblick auf die Überwachung (LK-*Hubrach*, § 56c Rn 12), vor allem aber wegen der Zumutbarkeit (MüKo-*Groß*, § 56c Rn 27) höchst problematisch erscheint, da dem Verurteilten auf diese Weise ein heutzutage nahezu lebenswichtiger Kommunikationsweg versperrt wäre. Ähnliches dürfte für das **Besitzverbot** eines **PC** oder **Laptops** gelten, auch wenn mithilfe dieser Gegenstände zuvor der Betäubungsmittelhandel organisiert worden war. Allerdings soll es einem Straftäter grds. untersagt werden können, das **Internet** zu nutzen (OLG Frankfurt/Main NStZ-RR 2010, 389: Verschaffung kinderpornografischer Schriften).

e) Eine **Therapieweisung** kann nur erteilt werden, wenn der Verurteilte in sie **einwilligt** **479**
(§ 56c Abs. 3 StGB). Denn Drogentherapien enthalten üblicherweise sowohl Elemente einer – zumindest psychischen – Entziehungskur als auch, jedenfalls bei längerer Drogenabhängigkeit, einer medizinischen Heilbehandlung und sozialen Beeinflussung und fallen daher unter das Einwilligungserfordernis (LG Berlin StV 1997, 642). Ob auch eine **ambulante Entziehungskur**, sofern sie mit keinem körperlichen Eingriff verbunden ist, der Einwilligung bedarf, ist zu Unrecht umstritten; denn der Gesetzeswortlaut des § 56c Abs. 3 Nr. 1 StGB trennt unzweifelhaft zwischen der Heilbehandlung und der Entziehungskur, ohne das Einwilligungserfordernis bei Letzterer von einem körperlichen Eingriff (z.B. Medikation) abhängig zu machen. Wirksam **zurückgenommen** oder **widerrufen** kann die Einwilligung (mit der Folge, dass die Weisung nicht erteilt werden darf) nur so lange, als noch eine Entscheidung über die Aussetzung der Strafe möglich ist (OLG Celle Nds.Rpfl 1987, 216).

In Hinblick auf das **Bestimmtheitsgebot** muss die Weisung nicht nur die Art der abzuleis- **480**
tenden Therapie und deren Beginn festzulegen. Vielmehr bedarf es zumindest hinsichtlich der Bestimmung der Einrichtung, in der die Therapie zu absolvieren ist, sowie der Art und Häufigkeit der wahrzunehmenden Termine einer näheren Ausgestaltung der Wei-

sung durch das Gericht; eine ohne diese Konkretisierung erteilte Weisung genügt dem Bestimmtheitserfordernis nicht (OLG Frankfurt/Main NStZ-RR 2003, 199; OLG Schleswig StraFo 2007, 424). Eine Weisung, sich *„bei Rückfälligkeit in die Drogensucht oder sonstiger Abhängigkeit"* freiwillig in die *„nächstgelegene Entzugsklinik"* zu begeben, entspricht nicht dem Bestimmtheitsgebot von Bewährungsweisungen, weil sie dem Probanden eine wertende Betrachtung eigenen Verhaltens abverlangt, ob ein Rückfall vorliegt oder nicht, und gegebenenfalls in welche Entzugsklinik er sich zu begeben hat (OLG Nürnberg StV 2010, 314).

481 **f)** §§ 56c Abs. 1, § 68b Abs. 1 Nr. 10 StGB sehen ein(e) **Konsumverbot/Konsumkontrolle** vor. Beide Weisungen sind zulässig und verstoßen nicht gegen das Übermaßverbot (BVerfG NJW 1993, 3315; NStE Nr. 5 zu § 56c StGB; LG Berlin StV 1997, 642), zumal ein Widerruf der Bewährung nur bei einem gröblichen oder beharrlichen Verstoß gegen diese Weisung zulässig wäre (KG, Beschl. v. 23.8.1999 – [5] 1 Ss 187/99 [54/99]). Voraussetzung ist, dass aufgrund bestimmter Tatsachen Gründe für die Annahme vorhanden sind, der Konsum solcher Mittel werde zur Begehung weiterer Straftaten beitragen (OLG Dresden NStZ-RR 2008, 27); dies gilt auch dann, wenn der Betäubungsmittelmissbrauch nur ein mittelbarer Beitrag zur erneuten Straffälligkeit sein kann, da die Weisung Tendenzen des Abgleitens in einen erheblichen Substanzmittelmissbrauch frühzeitig erkennen und verhindern helfen soll (OLG Köln NStZ-RR 2008, 190 [Ls.]). Das im Wege der Weisung verhängte **Konsumverbot** kann nur ein **absolutes** sein; alles andere wäre gerade im Rahmen des § 56c StGB sinnwidrig (OLG Frankfurt/Main NStZ-RR 2011, 290 zu Alkohol).

☝ Ob die Weisung, keinen Alkohol oder andere berauschende Mittel zu sich zu nehmen, gegen einen langjährig suchtkranken, bislang **nicht erfolgreich behandelten Verurteilten** nur im Rahmen der Führungsaufsicht wegen der dort bestehenden Strafdrohung des § 145a StGB grds. nicht verhängt werden darf (OLG Dresden NJW 2009, 3315), und der maßgebliche Unterschied zu einer Bewährungsweisung darin liegen soll, dass bei Letzterer **„nur"** mit einem Bewährungswiderruf zu rechnen sei (so OLG Celle StV 2010, 495), erschließt sich – auch vor dem Hintergrund der Zumutbarkeit – nicht: Einerseits unterscheidet sich die Qualität des Suchtdrucks nicht; andererseits kann die Rechtsfolge des Weisungsverstoßes in beiden Fällen auf Freiheitsentzug lauten und dadurch Art. 2 Abs. 2 GG tangieren. Allerdings ist nicht von der Hand zu weisen, dass Abstinenzweisungen gerade auf solche Straftäter anzuwenden sind, um sie angesichts der nicht therapierten Suchterkrankung von dem weiteren Missbrauch von Suchtmitteln abzuhalten (OLG Rostock NStZ-RR 2012, 222 zur Führungsaufsicht).

482 Die **Konsumkontrolle** erfolgt im Rahmen eines Drogenscreenings. Ohne Einwilligung zulässig sind **Urinkontrollen** und die Entnahme von **Speichelproben**. Der **Einwilligung** (arg. § 56c Abs. 3 StGB) **bedürfen** dagegen die Entnahme von **Blutproben** (LG Cottbus, Beschl. v. 9.3.2009 – 24 jug Qs 4/09; *Fischer*, § 68b StGB Rn 13) sowie **Haarproben** (OLG

München NStZ 2011, 94; OLG Nürnberg StraFo 2012, 67; **a.A.** OLG München NJW 2010, 3527; StraFo 2011, 102) oder Proben von **Finger- bzw. Fußnägeln**, da sie in die körperliche Integrität des Verurteilten eingreifen.

☝ Mangels gesetzlicher Grundlage kann der Verurteilte **nicht im Wege der** Weisung dazu verpflichtet werden, die **Kosten** der Kontrollmaßnahme **zu tragen** (LG Baden-Baden StV 2001, 240). Er wird sie i.d.R. aber nach dem Veranlassungsprinzip zu tragen haben (OLG Jena NStZ-RR 2011, 296; OLG München NStZ-RR 2012, 324; LG Heidelberg NStZ-RR 2007, 229 bei *Kotz/Rahlf*), wobei die Kostenlast seine Lebensführung nicht unzumutbar beeinträchtigen darf (§ 56c Abs. 1 S. 2 StGB).

g) Nahezu jeder Bewährungsbeschluss enthält die Formulierung, der Verurteilte müsse 483 *„dem Gericht jeden Wohnungswechsel nicht nur vorübergehender Art zum Geschäftszeichen des Verfahrens mitteilen*“. Die rechtliche Einordnung dieses Verlangens ist nicht unumstritten. Während das OLG Celle (NStZ 2004, 627) die Auffassung vertritt, die Anordnung in einem Bewährungsbeschluss, dass der Verurteilte jeden Wechsel der Wohnung oder des Aufenthalts dem Gericht mitzuteilen habe, stelle eine Weisung i.S.v. § 56c Abs. 1 StGB dar, deren Nichtbefolgung den Widerruf der Strafaussetzung rechtfertigen könne, wird diese Meinung in der obergerichtlichen Rspr. **überwiegend nicht mehr geteilt** (OLG Frankfurt/Main NStZ 2009, 39; OLG Köln NStZ 1994, 509; OLG Oldenburg StV 2008, 532). **Unzulässig ist eine** derartige **Weisung**, wenn sie ausschließlich der **Arbeitserleichterung** des **Gerichts** dient, da sie dann in keinem Zusammenhang mit dem Weisungszweck steht (*Fischer*, § 56c StGB Rn 1a) und nur dazu führt, bei lang laufenden Bewährungsfristen Verstöße zu provozieren (*Fischer*, § 56c StGB Rn 3b). Kommt in der Weisung aber auch zum Ausdruck, dass mit ihr auf die künftige Lebensführung des Probanden Einfluss genommen werden soll (OLG Frankfurt/Main NStZ 2009, 39), kann sie zulässig sein, wovon regelmäßig auszugehen sein soll, da die Lebensführung desjenigen, der für das Gericht nicht erreichbar sei, von diesem auch nicht überwacht werden könne.

Siehe auch: → *Beschwerde, Allgemeines*, Teil A Rdn 399, m.w.N.

Beschwerde, Beschwerdeeinschränkung, generelle 484

Das Wichtigste in Kürze:

1. Die Beschwerde im Hauptverfahren ist durch § 305 eingeschränkt.
2. Der Anwendungsbereich des § 305 S. 1 ist auf das Hauptverfahren beschränkt.
3. Erkennendes Gericht ist das Gericht, bei dem die Strafsache rechtshängig ist.
4. Der Bereich, in dem der Regelungszweck von § 305 S. 1, also der sachliche Urteilsbezug der Zwischenentscheidung, am deutlichsten zutage tritt, ist die Beweisaufnahme.

> **5.** Eine Zwischenentscheidung ist deshalb nicht nur dann anfechtbar, wenn sie keinen thematischen Bezug zur Urteilsfällung hat, sondern sie muss auch und gerade dann isoliert anfechtbar sein, wenn sie einen bleibenden rechtlichen Nachteil für den Betroffenen auslöst, der sich später gar nicht oder nicht vollständig beheben lässt.

485 **Literaturhinweise:** **Ahlbrecht/Börgers**, Rechtsschutz gegen die Gewährung eines Auskunftsverweigerungsrechtes (§ 55 StPO) für den gemäß § 59 IRG vernommenen Entlastungszeugen, ZIS 2008, 218; **Engländer**, Die Rechtsbehelfe gegen strafprozessuale Zwangsmaßnahmen, Jura 2010, 414; **Gössel**, Anmerkung zu OLG Dresden, StraFo 2008, 209, JR 2008, 305; **Habetha**, Zur Anfechtbarkeit der vorläufigen Entziehung der Fahrerlaubnis nach Verurteilung durch die Strafkammer, NZV 2008, 605; **Kropp**, Zur Überprüfung von Terminsbestimmungen des Vorsitzenden in Strafsachen, NStZ 2004, 668; **Neuhaus**, Terminsbestimmung, Terminsverlegung und das Recht auf Beistand durch den Verteidiger des Vertrauens, StraFo 1998, 84; **Wagner**, Anmerkung zu OLG Schleswig, SchlHA 2000, 127, StV 2000, 544; **Weidemann**, Anmerkung zu OLG Hamm, StraFo 1999, 236, wistra 1999, 399. s.a. die Hinw. bei → *Beschwerde, Allgemeines*, Teil A Rdn 400.

486 **1.** § 305 S. 1 **schränkt** das **Beschwerderecht** insoweit ein, als es Zwischenentscheidungen in Form von **Beschlüssen** und **Verfügungen** des **erkennenden Gerichts** im **Hauptverfahren** von der Anfechtbarkeit ausnimmt, um Verfahrensverzögerungen zu verhindern und eine Doppelüberprüfung zu vermeiden (Stichwort: Effektivität der Strafrechtspflege). Dem Wortlaut der Vorschrift nach sind davon alle Entscheidungen betroffen, die der „*Urteilsfällung vorausgehen*". Dadurch statuiert die Vorschrift zugleich den Grundsatz der Nichteinmischung in die Durchführung des Hauptverfahrens durch den Tatrichter.

487 **a)aa) § 305 S. 2** enthält eine **Rückausnahme**. Diese gilt, wenn die anzufechtende Zwischenentscheidung die Verhaftung, die einstweilige Unterbringung, die Beschlagnahme, die vorläufige Entziehung der Fahrerlaubnis, das vorläufige Berufsverbot oder die Festsetzung von Ordnungs- und Zwangsmitteln (→ *Beschwerde, Ordnungsmittel*, Teil B Rdn 575 ff.), betrifft. Dann kann das Beschwerderecht schon deshalb nicht eingeschränkt sein, weil derartige Maßnahmen bei der **Urteilsfällung** nach Auffassung des Gesetzgebers **keiner neuerlichen Prüfung** unterzogen werden (*Meyer-Goßner/Schmitt*, § 305 Rn 6). Deshalb steht ihrer Anfechtung bereits der in § 305 S. 1 zum Ausdruck kommende Grundsatz der Vermeidung einer Doppelprüfung nicht entgegen.

488 **bb)** Zum **Katalog des § 305 S. 2** ist **hinzuweisen** auf

- **Verhaftung:** sie meint im **Unterschied** zu **§ 304 Abs. 1 Nr. 1** nicht nur die Anordnung der Untersuchungshaft bzw. deren Fortdauer, sondern auch den **Vollzug der U-Haft** (OLG Karlsruhe StV 1997, 312; LR-*Matt*, Rn 31; *Meyer-Goßner/Schmitt*, § 305 Rn 7; SK-StPO/*Frisch*, § 305 Rn 28).
- **Unterbringung:** Sie betrifft ausschließlich **Unterbringungen** nach § 126a sowie nach § 73 Abs. 1 JGG (OLG Hamburg NJW 1963, 1167), **nicht hingegen Unterbringungen** nach **§ 81**, da das Beschwerderecht in § 81 Abs. 4 S. 1 spezialgesetzlich geregelt ist. Die Anordnung der körperlichen Untersuchung (**§ 81a**) kann nicht mit der

einfachen Beschwerde (§ 304 Abs. 1) angefochten werden, weshalb sie dem Regime des § 305 S. 1 unterliegt. Lediglich in Fällen in denen die Rechtswirkung mit einer in § 305 S. 2 genannten Maßnahme vergleichbar ist, kann auch sie isoliert angefochten werden (OLG Jena StV 2007, 24).

- **Beschlagnahme** betrifft nicht nur deren Anordnung und Durchführung, sondern auch die Ablehnung der Anordnung (*Meyer-Goßner/Schmitt*, § 305 Rn 6; SK-StPO/*Frisch*, § 305 Rn 22).

☝ Der einfachen Beschwerde (§ 304 Abs. 1) gegen die **Entziehung der Fahrerlaubnis** steht § 305 S. 1 nicht entgegen.

Die Vorschrift enthält **keinen abschließenden Katalog** von anfechtbaren Zwischenent- 489
scheidungen (OLG Koblenz NStZ 1994, 355). § 305 S. 2 dient über die gesetzlich aufgeführten Verfahrenskonstellationen hinaus zugleich aber auch als Auslegungshilfe für S. 1, weil der Gesetzgeber in der Vorschrift grds. anerkannt hat, dass von Zwischenentscheidungen im Hauptverfahren **Rechtsbeeinträchtigung** ausgehen können, die dann einer sofortigen Rechtsschutzmöglichkeit durch den Entscheidungsbetroffenen bedürfen, wenn sie auch durch eine nachfolgende Urteilsaufhebung nicht mehr korrigiert werden können.

☝ Vor dem Hintergrund des Regelungsgehalts des § 305 S. 2 ist § 305 S. 1 **einschränkend auszulegen** (teleologische Reduktion; vgl. LR-*Matt*, § 306 Rn 6). Es geht insoweit um die sachgerechte Begrenzung der Reichweite von § 305 S. 1 (SK-StPO/*Frisch*, § 305 Rn 14).

b) Checkliste Beschwerdeeinschränkung § 305 S. 1: 490

- ☐ Entscheidung im Hauptverfahren?
- ☐ Entscheidung des erkennenden Richters?
- ☐ Besteht ein innerer Zusammenhang zwischen Entscheidung und Urteil?
- ☐ Dient die Entscheidung ausschließlich der Vorbereitung dieses Urteils?
- ☐ Geht die Entscheidungswirkung über die Urteilsvorbereitung hinaus?
- ☐ Wird die Entscheidung vor Erlass des im Hauptverfahren ergehenden Urteils nochmals überprüft?
- ☐ Ist die Entscheidung zusammen mit dem im Hauptverfahren ergehenden Urteils anfechtbar?
- ☐ Darf die Nachprüfung berechtigterweise auf die Überprüfung des Urteils verschoben werden?

2. Der **Anwendungsbereich** des § 305 S. 1 ist auf das **Hauptverfahren beschränkt**. Der 491
Verfahrensabschnitt beginnt mit Erlass des Eröffnungsbeschlusses (BGHSt 29, 341, 343) und endet mit Abschluss der Urteilsverkündung (*Meyer-Goßner/Schmitt*, § 268 Rn 8

m.w.N.). Erfasst werden aber auch Beschlüsse und Verfügungen, die zeitgleich mit dem Eröffnungsbeschluss gefasst/getroffen werden (BayObLGSt 1955, 113).

492 **3. Erkennendes Gericht** ist das Gericht, bei dem die Strafsache rechtshängig ist. Zum erkennenden Gericht wird das Gericht niedrigerer Ordnung, sobald das Hauptverfahren vor ihm durch das Gericht höherer Ordnung eröffnet wurde (§ 209 Abs. 1; vgl. aber KMR-*Plöd*, § 305 Rn 2: in diesem Fall beide Gerichte), das Gericht, an das die Sache zurückverwiesen worden ist (§§ 328 Abs. 2, 354 Abs. 2, Abs. 3, 355) mit Akteneingang dort, und das Berufungsgericht, sobald ihm die Akten vorgelegt sind (§ 321 S. 2).

☝ Zum „erkennenden Gericht" s. wegen des parallelen Regelungsgehalts (SK-StPO/*Frisch*, § 305 Rn 8) auch die **Kommentierung** zu **§ 28**.

493 **4.a)** Der Bereich, in dem der Regelungszweck von § 305 S. 1, also der **sachliche Urteilsbezug der Zwischenentscheidung**, am deutlichsten zutage tritt, ist die **Beweisaufnahme**. Es versteht sich nahezu von selbst, dass der Ablauf der HV nicht dadurch „gestört" werden darf, dass jede Ablehnung eines Beweisantrags mittels einer Beschwerde angefochten werden kann. Konsequenz dieser im Ergebnis zutreffenden Auffassung ist, dass dasselbe auch für die Vorbereitung der Beweisaufnahme gelten muss.

☝ Für Entscheidungen, die in **keinem thematischen Zusammenhang** mit der Urteilsfällung stehen und deren Überprüfung deshalb nicht zu einer Verzögerung des Verfahrens oder zu einem Eingriff in das auf die Urteilsfällung gerichtete Konzept des erkennenden Gerichts führen kann, ist schon nach dem die Vorschrift tragenden Grundgedanken ein Ausschluss der Beschwerde nicht begründbar (SK-StPO/*Frisch*, § 305 Rn 14).

494 **b) Rechtsprechungsübersicht**

	Ausschluss nach § 305 S. 1	**Anfechtbarkeit**
Abtrennung des Verfahrens	OLG Hamm wistra 1999, 235 m. abl. Anm. *Weidemann* wistra 1999, 399	nur bei verfahrenshemmender/verfahrensverzögernder Wirkung: KG, Beschl. v. 27.3.2009 – 4 Ws 17/09; OLG Brandenburg, Beschl. v. 2.7.2008 – 1 Ws 107/08; OLG Düsseldorf NStZ-RR 1996, 142; OLG Frankfurt/Main StV 1991, 504; offen gelassen von OLG Köln, Beschl. v. 2.2.2005 – 2 Ws 31/05

	Ausschluss nach § 305 S. 1	**Anfechtbarkeit**
Akteneinsicht	→ *Beschwerde, Beschwerdeeinschränkung, Akteneinsicht,* Teil B Rdn 504 ff.	
Aussetzung des Verfahrens umfassend *Burhoff*, HV, Rn 462 ff.	weitere **Aufklärung**: OLG Stuttgart NJW 1973, 2309; Klärung von **Vorfragen**: OLG Bamberg NStE Nr. 4 zu § 305 StPO; LG Bremen StV 2011, 616; **Veränderung der Sachlage** i.S. des § 265 Abs. 4: OLG Dresden StraFo 2008, 209 m. Anm. *Gössel* JR 2008, 305; OLG Stuttgart StraFo 2011, 97 Schaffung **technischer Voraussetzung** für die weitere Durchführung der HV: OLG Braunschweig StV 1987, 332	Verfolgung **sachfremder Zwecke**: KG, Beschl. v. 5.6.2001 – 4 Ws 69/01
Auswechseln des Sitzungsstaatsanwalts	LG Duisburg StRR 2010, 469	
Auswechseln von Schöffen	KG, Beschl. v. 22.11.1999 – 4 Ws 279/99	
Begutachtung, Ablehnung	KG, Beschl. v. 20.12.1999 – 4 Ws 298/99	anders im Fall der Entmannung: OLG Hamburg NJW 1969, 569
Berufungsrücknahme, Feststellung der Unwirksamkeit	OLG Frankfurt/Main NStZ-RR 2005, 46	
Beschlagnahme Ablehnung der Anordnung	OLG Hamburg JR 1985, 300 m. abl. Anm. *Meyer*	*Meyer-Goßner/Schmitt*, § 305 Rn 6 SK-StPO/*Frisch*, § 305 Rn 22
Beweisanordnungen im **Zwischenverfahren**		OLG Köln, Beschl. v. 9.3.2004 – 2 Ws 32/04
Ermittlungsakten aus anderen (abgetrennten) Verfahren, **Beiziehung**	KG, Beschl. v. 9.12.1996 – 4 Ws 209/06	
Kommissarische Vernehmung, Antrag		nur bei drohendem Beweisverlust: LG Düsseldorf NStZ 1983, 42

	Ausschluss nach § 305 S. 1	Anfechtbarkeit
Körperliche Untersuchung	ohne körperlichen Eingriff (h.M.)	in Verbindung mit einem körperlichen Eingriff: OLG Düsseldorf StraFo 2011, 505; OLG Hamburg StV 1998, 639 in Verbindung mit einer Freiheitsbeschränkung: OLG Celle NJW 1971, 256
Körperzellen, Entnahme Anordnung		OLG Hamburg StV 2010, 122
Kostenvorschuss für die Anreise zur Berufungshauptverhandlung, Versagung	OLG Hamburg, Beschl. v. 16.11.2007 – 2 Ws 263/07	
Ladungszustellung, öffentliche, Anordnung	KG Beschl. v. 13.6.2001 – 4 Ws 93/01; JR 1995, 38	AK-*Altenhain/Günther*, § 305 Rn 10, 27
Maßregelvollstreckung, Erledigterklärung, Nichtbeiziehung von Testunterlagen	OLG Schleswig SchlHA 2007, 289	
Maßregelvollstreckung, Überprüfungsverfahren, Nichterholung eines Prognosegutachtens	KG, Beschl. v. 19.2.2002 – 5 Ws 104/02 u. 5 Ws 105/02	
Maßregelvollzug, Überweisung in den Vollzug einer anderen Maßregel, Begutachtung, Anordnung	KG NStZ 1987, 93	
Persönliches Erscheinen des Angeklagten, Anordnung Ablehnung der Entbindung vom -	OLG Düsseldorf VRS 89, 126 BayObLGSt 1952, 116	AK-*Altenhain/Günther*, § 305 Rn 10, 27
Pflichtverteidiger	→ *Beschwerde, Pflichtverteidigerbestellung*, Teil A Rdn 538	
Protokollierung von Äußerungen in der HV	KG, Beschl. v. 3.9.1999 – 4 Ws 225/99; OLG Rostock, Beschl. v. 14.1.2003 – I Ws 538/02	
Reststrafenaussetzung, Begutachtung, Anordnung	KG, Beschl. v. 20.3.2000 – 5 Ws 207/00; OLG Düsseldorf NStZ-RR 1999, 29	

	Ausschluss nach § 305 S. 1	**Anfechtbarkeit**
Sachverständiger, Ablehnung (Befangenheit)	OLG Celle, Beschl. v. 29.9.2015 – 2 Ws 173/15; OLG Köln, Beschl. v. 15.11.2010 – 2 Ws 738/10 u. 2 Ws 739/10	
Sachverständiger, Auswahl	OLG Bamberg, Beschl. v. 17.1.2006 – 1 Ws 1014/05; OLG Düsseldorf VRS 88, 353	
Schuldfähigkeit, psychiatrische Untersuchung, Anordnung	ohne Messung der Hirnströme o.ä.: OLG Hamm, Beschl. v. 11.4.2000 – 2 Ws 105/00, OLG Karlsruhe Justiz 1986, 53; OLG Nürnberg NStZ-RR 1998, 242	
Terminierungsfragen	umfassend dazu *Burhoff*, EV, Rn 3629 ff.; *Burhoff*, HV, Rn 2646 ff.	
Terminierung ohne vorherige Terminsabsprache	KG StV 2009, 577	
Terminsbestimmung Ablehnung/Unterlassen	KG, Beschl. v. 5.6.2001 – 4 Ws 80/01; Beschl. v. 22.9.1997 – 4 Ws 212/97	bei Ermessensfehlern: KG, Beschl. v. 6.10.1999 – 4 Ws 248/99
Terminsbestimmung, evidente Ermessensfehler		LG Stuttgart DAR 2012, 38
Trennung von Verfahren	KG, Beschl. v. 27.3.2009 – 4 Ws 17/09,	
Übersetzung einer für den Verteidiger bestimmten schriftlichen Erklärung des Angeklagten, Ablehnung	OLG Hamm NStZ-RR 2009, 352	
Unterbringung zur Beobachtung		OLG Nürnberg StV 2010, 510
Verbindung von Verfahren	BayObLGSt 1952, 117	
Verfahrenseinstellung Ablehnung	OLG Düsseldorf MDR 1985, 867; OLG München MDR 1978, 689; OLG Schleswig SchlHA 2003, 192; OLG Stuttgart MDR 1980, 250	

	Ausschluss nach § 305 S. 1	Anfechtbarkeit
Verhandlungsfähigkeit, psychiatrische Untersuchung, Anordnung	KG, Beschl. v. 25.2.2001 – 4 Ws 11/01; OLG Düsseldorf StV 2001, 156	
Verteidigerbestellung (vgl. dazu auch *Burhoff*, EV, Rn 1629 ff.)	OLG Köln, Beschl. v. 20.4.2010 – 2 Ws 243/10; Beschl. v. 23.6.2005 – 2 Ws 268/05	KG StRR 2008, 427; StV 1990, 298; OLG Brandenburg OLG-NL 2003, 261; OLG Düsseldorf StV 2001, 609; OLG Frankfurt/Main StV 2001, 610; StV 1997, 575; OLG Koblenz, Beschl. v. 16.8.2005 – 1 Ws 501/05; OLG Rostock, Beschl. v. 24.6.2002 – I Ws 273/02; OLG Schleswig SchlHA 2001, 137; LG Arnsberg StV 2002, 648; LG Heidelberg, Beschl. v. 1.2.2006 – 2 Qs 2/06; LG Saarbrücken ZJJ 2007, 417 SK-StPO/*Frisch* § 305 Rn 23
Verweisung	OLG Braunschweig NJW 1958, 1550	
Vorführung vor den Sachverständigen	OLG Brandenburg, Beschl. 16.1.2008 1 Ws 309/07	
„Wiederaufnahme" eingestellter Verfahren (§§ 153a, 154)	OLG Düsseldorf MDR 1985; OLG München MDR 1978, 689, 690; OLG Stuttgart MDR 1980, 250	

495 **5.** Über die **Urteilsvorbereitung hinauswirkende Zwischenentscheidungen** erfordern eine sachgerechten Begrenzung der Reichweite des § 305 S. 1. Eine Zwischenentscheidung ist deshalb nicht nur dann anfechtbar, wenn sie keinen thematischen Bezug zur Urteilsfällung hat, sondern sie muss **auch und gerade** dann **isoliert anfechtbar** sein, wenn sie einen **bleibenden rechtlichen Nachteil** für den Betroffenen auslöst, der sich später gar nicht oder nicht vollständig beheben lässt (BVerfGE 101, 106, 120; BVerfGK 12, 33). Dies ist der Fall, wenn der Betroffene etwaige durch die Zwischenentscheidung bewirkte **Grundrechtsverletzungen** nicht mit der Anfechtung der Endentscheidung im fachgerichtlichen Verfahren rügen kann (BVerfG NJW 1995, 316) oder ihm die Verweisung auf den fachgerichtlichen Rechtsschutz nicht zuzumuten ist (BVerfG, Beschl. v. 3.12.2003 – 2 BvR 2000/03).

Auf die gesonderte Behandlung der Anfechtbarkeit von derartigen Zwischenentscheidungen insbesondere bei Versagung von **Akteneinsicht** (→ *Antrag auf gerichtliche Entscheidung, Akteneinsicht*, Teil B Rdn 67), **Terminsbestimmung** und deren Unterlassen sowie der Versagung der beantragten **Terminsverlegung** (s. *Burhoff*, EV, Rn 3629; *Burhoff*, HV, Rn 2646) und **Verteidigerbestellung** (s. *Burhoff*, EV, Rn 1629) wird hingewiesen. Einen Beispielfall für die zwingende Anfechtbarkeit stellt die Anordnung der **Observation** dar (OLG Frankfurt/Main StV 2006, 122). 496

Eine **eigene Fallgruppe** bilden Entscheidungen, die die **Zulassung einzelner Personen** zum Verfahren betreffen, da die mit der Entscheidungswirkung verbundenen **Nachteile** jedenfalls zum Teil **irreparabel** sind (OLG Saarbrücken NJW 1963, 1513, 1514 f.). An erster Stelle trifft dies den potenziellen **Nebenkläger**, wenn seine Zulassung abgelehnt wird (KG JR 1995, 259; OLG Düsseldorf NJW 1982, 2566; LR-*Hilger*, § 397 Rn 27; *Meyer-Goßner/Schmitt*, § 397 Rn 19; **a.A.** OLG Hamburg NJW 1961, 2271, 2272). Gleiches gilt, wenn das Tatgericht dem Nebenkläger **Prozesskostenhilfe** versagt (OLG Düsseldorf VRS 69, 445; OLG Köln NStZ-RR 2000, 285). 497

Siehe auch: → *Beschwerde, Allgemeines*, Teil A Rdn 399, m.w.N.

Beschwerde, Entscheidung 498

Das Wichtigste in Kürze:

1. Das Beschwerdegericht trifft eine eigene Sachentscheidung.
2. Entscheidungsgrundlage können nur die Tatsachen und Beweismittel sein, die den Verfahrensbeteiligten bekannt sind.
3. Für das Beschwerdeverfahren gilt das allgemeine Beschleunigungsgebot in Strafverfahren.
4. Eine Aufhebung und Zurückverweisung an die Vorinstanz im Beschwerdeverfahren kommt i.d.R. ausnahmsweise lediglich dann in Betracht, wenn der angefochtenen Entscheidung Willkür oder anderes prozessuales Unrecht zugrunde liegen.
5. Die Beschwerdeentscheidung orientiert sich jeweils daran, aus welchem Grund das Ausgangsgericht nicht zuständig war.

Literaturhinweise: s. die Hinw. bei → *Beschwerde, Allgemeines*, Teil A Rdn 400. 499

1. **Beschwerdegericht** ist das LG bei Beschwerden gegen Entscheidungen des AG bzw. das OLG bei Beschwerden gegen Entscheidungen de LG. 500

Das Beschwerdegericht trifft über den Beschwerdegegenstand eine **eigene Sachentscheidung** (§ 309 Abs. 2). Denn das Verfahrensrecht dient nicht nur dem Ziel, einen geordneten 501

Verfahrensgang zu sichern, sondern ist im Schutzbereich der Grundrechte auch das Mittel, um im konkreten Fall dem Grundrechtsträger zu seinem verfassungsmäßigen Recht zu verhelfen. Demgemäß erfordert eine Beschwerde grds. eine Entscheidung des Beschwerdegerichts über die behauptete Grundrechtsverletzung, wenn und soweit die Beschwer durch die öffentliche Gewalt fortwirkt (BVerfG, Beschl. v. 9.8.1990 – 2 BvR 1128/88).

502 Der Anspruch auf **effektiven Rechtsschutz** (Art. 19 Abs. 4 GG) wird verletzt, wenn das Beschwerdegericht hinsichtlich des Gegenstandes des Rechtsbehelfs keine endgültige Entscheidung trifft und insoweit den Rechtsweg verkürzt (BVerfG NVwZ 2005, 1304). Eine **Sachentscheidung unterbleibt** allerdings, wenn der Antrag, über den im Beschwerdeverfahren entschieden werden soll, ohne sachliche Prüfung verworfen werden muss (*Meyer-Goßner/Schmitt*, § 309 Rn 9).

503 **2. Entscheidungsgrundlage** können nur die Tatsachen und Beweismittel sein, die den Verfahrensbeteiligten bekannt sind (arg. § 311a Abs. 1 S. 1). Deshalb hat der Beschwerdeführer stets Anspruch darauf, Stellungsnahmen des Verfahrensgegners vor Ergehen der Beschwerdeentscheidung zur Kenntnis zu erhalten und hierauf erwidern zu können (BVerfG NJW 2001, 3695; Beschl. v. 15.11.2010 – 2 BvR 1183/09).

☝ In Fällen einer **Kollision** zwischen dem Geheimhaltungsbedürfnis aufseiten der Strafverfolgungsbehörden einerseits und dem umfassenden Anspruch auf rechtliches Gehör eines Verfahrensbetroffenen andererseits kann dies dazu führen, dass das Beschwerdegericht verpflichtet ist, mit seiner Entscheidung so lange zu warten, bis sich der Beschwerdeführer zu sämtlichen für die Entscheidung maßgeblichen Gesichtspunkte äußern konnte (BVerfG NStZ 2007, 274; NStZ-RR 2008, 16; zur Beschränkung von Akteneinsicht *Burhoff*, EV, Rn 218 ff.).

504 **3.** Für das Beschwerdeverfahren gilt das allgemeine **Beschleunigungsgebot** in Strafverfahren, in Haftsachen das auf Art. 2 Abs. 2, 104 Abs. 1 GG zurückgehende besondere Beschleunigungsgebot. Dies darf aber nicht dazu führen, dass das Beschwerdegericht entscheidet, bevor der Beschwerdeführer seine angekündigte Stellungnahme zur Beschwerde bei Gericht eingereicht hat (BVerfG NJW 1991, 2758).

505 **4.a)** Im Beschwerderecht fehlt eine § 354 Abs. 2 vergleichbare Vorschrift. Eine Aufhebung und **Zurückverweisung** an die Vorinstanz kommt im Beschwerdeverfahren **ausnahmsweise** lediglich dann in Betracht, wenn der angefochtenen Entscheidung Willkür oder anderes prozessuales Unrecht zugrunde liegen (OLG Rostock NStZ-RR 2000, 14). Daher ist die Zurückverweisung nur – begrenzt auf Ausnahmekonstellationen – möglich.

506 **b)** Hat das Ausgangsgericht eine **Sachentscheidung unterlassen**, weil es sich fälschlich für nicht zuständig gehalten (OLG Stuttgart NStZ 1991, 291) oder die Zulässigkeit eines (Wiederaufnahme-)Antrags unzutreffend verneint hat (OLG Frankfurt/Main NStZ 1983,

426), wird die Sache unter Aufhebung des angefochtenen Beschlusses an das Ausgangsgericht zurückverwiesen.

c) Verfahrensmängel hindern die **eigene Sachentscheidung** des Beschwerdegerichts i.d.R. **nicht**. Dies gilt insbesondere, wenn die angefochtene Entscheidung keine Begründung enthält (KG StV 1986, 142; anders OLG Düsseldorf StV 1995, 538 bei „dürftiger" Begründung), das Zustandekommen der Ausgangsentscheidung (hier: Beratungsmängel) fehlerhaft war (OLG Karlsruhe VRS 68, 360), das Ausgangsgericht Tatsachen oder Beweismittel unberücksichtigt gelassen hat (OLG Karlsruhe NJW 1974, 709). 507

Nicht behebbare Verfahrensmängel führen hingegen zur mit einer Aufhebung verbundenen **Zurückverweisung** an das Ausgangsgericht. Sehen die Verfahrensvorschriften vor, dass der Verfahrensbetroffene vor Erlass der Ausgangsentscheidung **mündlich angehört** werden muss, führt eine Verletzung des Anhörungsgebots zur Zurückverweisung (KG NStZ 1999, 320; OLG Brandenburg NStZ 1996, 405; OLG Düsseldorf StV 1987 257; OLG Jena NStZ 2007, 421; OLG Koblenz NStZ 1984, 189; **a.A.** OLG Rostock NStZ-RR 2000, 14). Aus Art. 101 Abs. 1 GG folgt, dass die Ausgangsentscheidung an durchgreifenden Mängeln leidet, wenn das Erstgericht entgegen § 29 DRiG bei seiner Entscheidung mit einem **Richter** auf **Probe** und einem **abgeordneten Richter** besetzt war (OLG Frankfurt/Main NStZ-RR 2004, 300) oder an ihr ein nach § 22 **ausgeschlossener Richter** (KG JR 1967, 266; OLG Bremen NJW 1966, 605; OLG Saarbrücken NJW 1966, 167) oder wegen **Befangenheit abgelehnter Richter** (OLG Rostock NStZ-RR 2000, 14; **a.A.** OLG Hamm JMBl. NRW 1982, 222) mitgewirkt hat. Gleiches gilt, wenn das Ausgangsgericht in **falscher Spruchkörperbesetzung** entschieden hat (BGHSt 38, 312 = NJW 1992, 2775). 508

d) Lässt der Verfahrensmangel eine eigene Sachentscheidung des Beschwerdegerichts nicht zu, **bindet** die Beschwerdeentscheidung das Ausgangsgericht, an das die Sache zurückverwiesen wurde, entsprechend § 358 Abs. 1 (OLG Braunschweig StV 2016, 102 m. Anm. *Weidemann* u. *D. Herrmann* StRR 2015, 235; OLG Düsseldorf NJW 2002, 2963). 509

e) Eine **Sonderregelung** gilt für **Haftentscheidungen**. Art. 5 Abs. 4 EMRK verbietet eine Zurückverweisung an das Ausgangsgericht, wenn das Beschwerdegericht feststellt, dass die angefochtene Entscheidung an Verfahrensmängeln leidet. Das Beschwerdegericht muss hier eine eigene Sachentscheidung treffen (EGMR StV 2008, 475 m. Anm. *Hagmann* StV 2008, 483 und *Pauly* StV 2008, 484; StV 2010, 490 m. Anm. *Pauly*). 510

5. Die Beschwerdeentscheidung orientiert sich jeweils daran, aus welchem Grund das **Ausgangsgericht nicht zuständig** war. 511

a) War das Ausgangsgericht **örtlich unzuständig**, kann das Beschwerdegericht unter Aufhebung der Ausgangsentscheidung die Sache nur dann an das örtlich zuständige Gericht verweisen, wenn auch dieses Gericht im Gerichtsbezirk des Beschwerdegerichts liegt (OLG Nürnberg StraFo 2000, 280). Andernfalls hebt das Beschwerdegericht den angefochtenen Beschluss auf und lehnt den streitgegenständlichen Antrag ab (KG StV 1998, 384). 512

513 **b)** Bei **sachlicher Unzuständigkeit** gilt: Das Beschwerdegericht verweist unter Aufhebung der Ausgangsentscheidung die Sache an das zuständige Erstgericht, wenn an dessen Stelle

- das Berufungsgericht über den Antrag auf Aufhebung der Sperrfrist (§ 69a Abs. 7 StGB) entschieden hat (OLG Koblenz VRS 67, 120),
- das Berufungsgericht die Auslegung seines Urteils vorgenommen hat (OLG Düsseldorf NStZ-RR 1999, 307),
- die Strafvollstreckungskammer eine molekulargenetische Untersuchung zur DNA-Identitätsfeststellung (§ 2 DNA-IfG) angeordnet hat (OLG Saarbrücken NStZ-RR 2004, 112).

514 War für die Ausgangsentscheidung **nicht das Erst-, sondern das Beschwerdegericht** zuständig, trifft dieses unter Aufhebung der Ausgangsentscheidung die Entscheidung als Gericht des ersten Rechtszugs selbst (*Meyer-Goßner/Schmitt*, § 309 Rn 6).

515 **c)** Bei **geschäftsplanmäßiger Unzuständigkeit** entscheidet das Beschwerdegericht auch in diesem Fall unter Aufhebung der Erstentscheidung in der Sache selbst (*Meyer-Goßner/Schmitt*, § 309 Rn 6; **a.A.** OLG Rostock NStZ-RR 2000, 14).

516 **d)** Entscheidet anstelle des **funktional** zuständigen Vorsitzenden das gesamte Gericht kann dessen Entscheidung mit der Beschwerde angefochten werden (vgl. *Meyer-Goßner/Schmitt*, § 126 Rn 10). Die insoweit für die Zulässigkeit der Beschwerde gegen die Entscheidung des Vorsitzenden sprechenden Umstände – es handle sich um keine Angelegenheit, die im inneren Zusammenhang mit der Urteilsfällung stehe, sondern allein der Sicherung des justizförmigen Verfahrens diene – haben gleichermaßen für die Entscheidung des Kollegialgerichts selbst zu gelten (BayObLG StV 2006, 6). Soweit eine derartige Konstellation nach **Neuregelung** des Rechts der **Untersuchungshaft** nach § 126 eintreten kann, führt die Beschwerde zur Aufhebung und Zurückverweisung (OLG Frankfurt/Main StV 1988, 536; OLG München StV 1995, 140; **a.A.** OLG Düsseldorf MDR 1985, 603).

517 Gegen die funktionelle Zuständigkeit wird auch dann verstoßen, wenn anstelle der **Strafvollstreckungskammer** die Strafkammer entscheidet, weshalb auch in diesem Fall eine Zurückverweisung erfolgt (KG NStZ 2007, 422; OLG Düsseldorf NStZ-RR 2001, 111).

Siehe auch: → *Beschwerde, Allgemeines*, Teil A Rdn 399, m.w.N.

518 Beschwerde, Ordnungsmittel

Das Wichtigste in Kürze:

1. Ordnungsmittel sind Ordnungsgeld und Ordnungshaft.
2. Verfahrensrechtliche Pflichtenverstöße liegen insbesondere vor, wenn zur HV geladene Personen nicht erscheinen oder der Sachverständige seiner Gutachterpflicht nicht nachkommt.

3. In der HV können Maßnahmen zur Aufrechterhaltung der Ordnung in der HV erlassen werden.

4. Für Anfechtungsmöglichkeiten gilt: Nach § 181 Abs. 1 GVG ist lediglich die Auferlegung von Ordnungsgeld bzw. die Verhängung von Ordnungshaft (§§ 178, 180 GVG) mit der (sofortigen) Beschwerde anfechtbar.

5. Dem OLG obliegt als Beschwerdegericht nach § 181 Abs. 3 GVG eine eigene Prüfung auch im Hinblick auf Art und Maß des Ordnungsmittels.

Literaturhinweise: (1) Allgemein: Bader, Die Kopftuch tragende Schöffin, NJW 2007, 2964; **Baufeld**, Der Richter und die freie Meinung im demokratischen Verfassungsstaat. Über die normativ-verfassungsrechtliche Verortung des richterlichen Rollenverständnisses, GA 2004, 163; **Buggert**, Kopftuch im Gerichtssaal, StRR 2008, 44; **Greiser/Artkämper**, Die „gestörte" Hauptverhandlung – Eine praxisorientierte Fallübersicht, 3. Aufl. 2001; **Kaehne**, Die Anfechtung sitzungspolizeilicher Maßnahmen, Diss., Berlin 2000; **Kirch-Heim**, Die Störung der Hauptverhandlung durch in §§ 177, 178 GVG nicht genannte, an der Hauptverhandlung beteiligte Personen, NStZ 2014, 431; **Kissel**, Ungebühr vor Gericht (§ 178 GVG) – vorbei?, NJW 2007, 1109; **Lehr**, Bildberichterstattung der Medien über Strafverfahren, NStZ 2001, 63; **Leinius**, Zum Verhältnis von Sitzungspolizei, Hausrecht, Polizeigewalt, Amts- und Vollzugshilfe, NJW 1973, 448; **Leute**, Ordnungsmaßnahmen gegen Strafverteidiger, StV 2004, 101; **Michel**, Der betrunkene Zeuge, MDR 1992, 544; **Milger**, Sitzungsgewalt und Ordnungsmittel in der strafrechtlichen Hauptverhandlung, NStZ 2006, 121; **Rüping**, Der Schutz der Gerichtsverhandlung – „Ungebühr" oder „betriebliche Ordnungsgewalt"?, ZZP 88 (1975), 212; **Schneider**, Ungebühr vor Gericht, MDR 1975, 622; **Schwind**, „Ungebührliches" Verhalten vor Gericht und Ordnungsstrafe, JR 1973, 133; **Steinbrenner**, Sitzungspolizeiliche Fragen, insbesondere im Zusammenhang mit Straftaten gegen Demonstranten, Justiz 1968, 235; **Vierhaus**, Zulässigkeit der Ordnungs- und Zwangsmittel des § 51 StPO gegen Kinder als Zeugen, NStZ 1994, 271; 519

(2) Verteidiger: Foth, Anmerkung zu BVerfG NJW 1996, 3268, NStZ 1997, 36; **Grüner**, Strafverteidiger und Sitzungspolizei, 1998; **Hübel**, Anmerkung zu BVerfG NJW 1998, 296, StV 1998, 243; **Jahn**, Anmerkung zu OLG Hamm StV 2004, 69, *ders.*, Sitzungspolizei contra „Konfliktverteidigung"? Zur Anwendung der §§ 176 ff. GVG auf den Strafverteidiger, NStZ 1998, 389; **Krekeler**, Der Rechtsanwalt als Beistand des Zeugen und die Sitzungspolizei, NJW 1980, 980; **Kühne**, Anmerkung zu OLG Stuttgart NJW 2011, 2899, StV 2011, 720; **Leitner**, Was darf die Strafverteidigung? Über Amtstracht, verschleppte Prozesse, überlange Verfahren, Rügeverkümmerung und Berufsethos, StraFo 2008, 51; **Leuze**, Anmerkung zu OLG Hamm StV 2004, 69, StV 2004, 101; **Müller**, Zwangsweise Entfernung eines Rechtsanwalts aus dem Sitzungszimmer, NJW 1979, 22; **Nobis**, Anmerkung zu OLG Hamm StV 2004, 69, StraFo 2003, 257; **Pielke**, Die Robenpflicht der Rechtsanwälte, NJW 2007, 3251; **Staffke**, Anmerkung zu BVerfG NJW 1998, 296, JZ 1998, 406; s.a. die Hinw. bei → *Beschwerde, Allgemeines*, Teil A Rdn 400.

1. Ordnungsmittel sind Ordnungsgeld und Ordnungshaft. Sie können vom Gericht verhängt werden, wenn eine Person ihre **verfahrensrechtlichen Verpflichtungen** verletzt oder sich vor Gericht **ungebührlich** verhält. 520

2.a) Verfahrensrechtliche Pflichtenverstöße liegen insbesondere vor, wenn zur HV geladene Personen nicht erscheinen oder der Sachverständige seiner Gutachterpflicht nicht nachkommt. 521

522 Schaubild: Ordnungsmittel wegen Verletzung verfahrensrechtlicher Pflichten

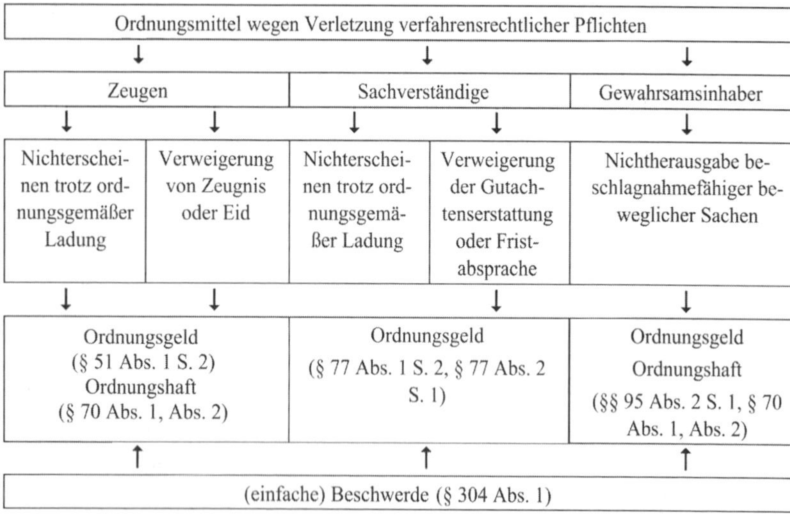

523 **b)** Ordnungsmittel wegen **Nichterscheinen in der HV** setzen voraus, dass der Zeuge/Sachverständige ordnungsgemäß geladen wurde und sein Fernbleiben nicht gleichzeitig genügend entschuldigt hat. Der Sachverständige ist vor Ergehen der Ordnungsmittelentscheidung anzuhören (*Meyer-Goßner/Schmitt*, § 77 Rn 11). Zusätzlich zur Verhängung des Ordnungsgeldes kann auch die Vorführung des Zeugen angeordnet werden.

> ☝ So entbindet auch das Recht zur **Aussageverweigerung** nach **§ 55** den Zeugen trotz seiner Ankündigung, hiervon umfassend Gebrauch zu machen, nicht von seiner grundsätzlichen Pflicht, auf Ladung vor Gericht zu erscheinen, wenn das Gericht erwägt, aus dem Verhalten des Zeugen in der HV eine bestimmte Schlussfolgerung im Hinblick auf den Angeklagten oder den Tatvorwurf zu ziehen. Auch die Angst des Zeugen vor schwerwiegenden Gefahren für Leib und Leben rechtfertigt sein Ausbleiben vor Gericht nicht, wenn gerichtsseitig umfassende Vorkehrungen zum Schutz des Zeugen vor diesen Gefahren getroffen wurden (OLG Rostock StraFo 2015, 15).

524 Ebenso wird mit einer Ordnungsmaßnahme belegt, wer als Zeuge zwischen Ladung und Hauptverhandlungstermin das **Bundesgebiet verlässt** und deshalb nicht zur HV erscheint (OLG Frankfurt/Main NJW 2014, 95).

525 **c)** Voraussetzung für die Verhängung von Ordnungsmitteln wegen **anderer Pflichtverletzungen** ist, dass

- der Zeuge **grundlos**
  - die Aussage verweigert, ihm also weder ein Zeugnisverweigerungsrecht (§ 52) noch ein Auskunftsverweigerungsrecht (§ 55) zusteht (*Meyer Goßner/Schmitt*, § 70 Rn 6) bzw. der beamtete Zeuge über eine Aussagegenehmigung (vgl. Nr. 66 Abs. 1 S. 1 RiStBV) verfügt,
  - die Eidesleistung verweigert, obwohl die Vereidigung weder verboten ist (§ 60) noch ein Recht zur Verweigerung (§ 61) besteht;
- der **Sachverständige unentschuldigt** verweigert,
  - die erforderlichen Vorarbeiten für das Gutachten zu leisten,
  - sich der Leitung des Gerichts (§ 78) zu unterwerfen,
  - mit dem Gericht eine Frist zu vereinbaren, innerhalb derer das Gutachten zu erstellen ist,
  - ohne Fristvereinbarung das Gutachten nicht erstattet, obwohl er hierzu unter Fristsetzung gemahnt wurde,
  - zu einzelnen Fragen Stellung zu nehmen.
- dem **Inhaber** des **Gewahrsams** (nicht der Beschuldigte!) kein Zeugnisverweigerungsrecht (§ 52; eingeschränkt bei § 53) zusteht.

3.a) Gerichte verkörpern die dritte Gewalt im Rechtsstaat Deutschland (Art. 20 Abs. 3 526
GG). Möglicherweise nicht der bestimmte Richter, aber die **Institution Gericht** („Würde“: § 175 Abs. 1 GVG) verdient deshalb **Respekt** und hat Anspruch auf die Einhaltung eines gewissen Mindeststandards an Umgangsformen (§ 178 GVG). Fernsehserien zeichnen von einer – nachgestellten – HV zumeist ein Bild, das es in der Rechtswirklichkeit nicht geben sollte. Die **Verletzung** des **gehörigen Umgangs** mit dem Gericht kann (daher) zur Festsetzung von Ordnungsmitteln führen.

**Schaubild: Ausübung der Sitzungspolizei durch den Gerichtsvorsitzenden (§ 176 527
GVG)**

Ausübung der Sitzungspolizei durch den Gerichtsvorsitzenden (§ 176 GVG)

↓ ↓

Verstöße gegen ordnungserhaltende Maßnahmen (§ 177 GVG)		Sanktionierung von Ungebühr (§ 178 GVG)	
↓	↓	↓	↓
Entfernung aus dem Sitzungssaal	Abführung zur Ordnungshaft	Ordnungsgeld	Ordnungshaft
↑			↑
nicht anfechtbar?		Sofortige Beschwerde § 181 Abs. 1 GVG	

528 **b)aa) Maßnahmen** zur **Aufrechterhaltung** der **Ordnung** dienen der ungestörten Durchführung der HV (Kissel/*Mayer* § 176 Rn 36); sie werden vom Vorsitzenden getroffen und können – wie das Verbot, Waffen zu tragen oder Mobiltelefone eingeschaltet zu lassen – schon vor der HV für diese getroffen werden. Unmittelbar vor Beginn der HV kann die Durchsuchung der an der Sitzung teilnehmenden Personen angeordnet werden. In der Sitzung wird die Ordnung im Extremfall dadurch aufrechterhalten bzw. wiederhergestellt, dass der Störer – sofort vollstreckbar (§ 179 GVG) – aus dem Sitzungssaal entfernt oder in Ordnungshaft genommen wird.

529 **bb) Sanktionsadressaten** können sein der Angeklagte, sein Verteidiger, Zeugen, Sachverständige, Presseberichterstatter und Zuhörer.

530 **cc)** Maßnahmen nach **§ 176 GVG** unterliegt **auch** der **Verteidiger**. Auch er muss sich der Durchsuchungsanordnung beugen oder sein Handy ausgeschaltet lassen. Dass sich der Vorsitzend bei „Verstoß" gegen die Amtstracht und der darauf folgenden Zurückweisung des Verteidigers überhaupt auf § 176 GVG stützen kann, ist schon deshalb zu verneinen, weil weder der Umstand, dass der Verteidiger **keine Robe** trägt, noch ober er eine (weiße) **Krawatte** umgebunden hat, noch ob er, wenn er eine Robe trägt, darunter anstelle eines Oberhemds nur mit einen (weißen) **T-Shirt** bekleidet ist, die Durchführung der Sitzung i.S.v. § 176 „stören", zumal die Vorschrift über die Amtstracht keine Verfahrensvorschrift der StPO darstellt, sondern im anwaltlichen Standesrecht beheimatet ist (vgl. zum Meinungsstand: *Burhoff*, HV, Rn 2539 ff., 2680 ff.; *Meyer-Goßner/Schmitt*, § 176 GVG Rn 11, jew. m.w.N.).

☝ Dass der Verteidiger, sofern man die Auffassung vertritt, er sei infolge unschicklicher Kleidung **Störer**, aus dem **Sitzungssaal entfernt werden** oder sogar **in Ordnungshaft genommen** werden kann, halte ich für ausgeschlossen. Sitzungspolizeiliche Maßnahmen sollen die reibungslose Durchführung der HV erleichtern; die HV müsste jedoch – zumindest in den Fällen notwendiger Verteidigung – nach Zurückweisung des Verteidigers unterbrochen werden und könnte gerade nicht (reibungslos) fortgesetzt werden.

531 **c)aa) Ungebühr** (§ 178 GVG) stellt einen erheblichen Angriff auf die Ordnung in der Sitzung, auf deren justizmäßigen, nicht nur rein äußerlichen Ablauf, sondern auch auf den „Gerichtsfrieden" und damit auf die Ehre und Würde des Gerichts dar (vgl. *Burhoff*, HV, Rn 2536 ff. m.w.N.).

532 **bb) Sanktionsadressaten** können sein der Angeklagte, Zeugen, Sachverständige, Presseberichterstatter und Zuhörer.

☝ Der **Verteidiger** kann – auch wenn er sich ungebührlich verhalten sollte – weder mit Ordnungsgeld belegt noch in Ordnungshaft genommen werden, weil er im enumerativen **Katalog** des § 178 GVG **nicht enthalten** ist.

cc) Fallgruppen (nach Kissel/*Mayer* § 178 GVG; vgl. a. *Burhoff*, EV, Rn 2536 ff.). 533

Verfahrensbeteiligte: 534

- Allgemeines Verhalten (vgl. für Zwischenrufe des Angeklagten OLG Hamburg StV 2015, 680),
- Alkohol,
- Anrede,
- Aufstehen,
- Beleidigung,
- Kleidung,
- Kritik,
- Religiöse Handlungen,
- Sprache,
- Tätlichkeiten,
- Verstoß gegen Prozessrecht.

Zuhörer: 535

- Allgemeines Verhalten (vgl. z.B. OLG Karlsruhe NStZ 2015, 300 m. Anm. *Burhoff* StRR 2015, 143 für Nichterheben in der HV; dazu eingehend *Burhoff*, HV, Rn 2536),
- Beifall,
- Belästigungen,
- Beleidigung,
- Einflussnahme,
- Kritik,
- Missfallenskundgebungen.

4. Für **Anfechtungsmöglichkeiten** gilt: Nach § 181 Abs. 1 GVG ist lediglich die Auferlegung von Ordnungsgeld bzw. die Verhängung von Ordnungshaft (§§ 178, 180 GVG) mit der (sofortigen) Beschwerde anfechtbar. Mangels Erwähnung der Entfernung aus dem Sitzungssaal und der bis zu 24-stündigen Ordnungshaft in § 181 Abs. 1 GVG, sollen diese Maßnahmen aus § 177 GVG nicht angefochten werden können (Kissel/*Mayer* § 177 GVG Rn 28; *Meyer-Goßner/Schmitt*, § 177 GVG Rn 15; vgl. auch *Burhoff*, HV, Rn 2546). 536

5. Dem **OLG** obliegt als Beschwerdegericht nach § 181 Abs. 3 GVG eine **eigene Prüfung** auch im Hinblick auf Art und Maß des Ordnungsmittels (OLG Celle NStZ-RR 2012; zum Verfahren *Burhoff*, HV, Rn 2543 ff.). 537

Siehe auch: → *Beschwerde, Allgemeines*, Teil A Rdn 399, m.w.N.

538 Beschwerde, Pflichtverteidigerbestellung

Das Wichtigste in Kürze:

1. Beschwerden im Zusammenhang mit der Bestellung als Pflichtverteidiger unterliegen nicht der generellen Beschwerdeeinschränkung des § 305 S. 1.
2. Jeder Angeklagte, dessen Antrag auf Pflichtverteidigerbestellung abgelehnt wird, ist beschwert. Beschwer kann aber auch auftreten, wenn dem verteidigten Angeklagten grundlos ein Pflichtverteidiger bestellt wird. In sog. Komplexverfahren kann dagegen gerade ein Anspruch auf die Bestellung eines weiteren Verteidigers bestehen.
3. Im Ermittlungsverfahren erfolgt die Bestellung zum Pflichtverteidiger nur, wenn dies von der StA beantragt wurde.
4. Soweit es die Beschwer des Angeklagten/Beschuldigten betrifft, hat der Verteidiger kein eigenes Beschwerderecht, kann also nur im Auftrag des Mandanten tätig werden.

539 **Literaturhinweise:** **Dieblich**, Zur Anfechtbarkeit der während einer Hauptverhandlung ergangenen Entscheidung des Vorsitzenden, keinen weiteren Pflichtverteidiger zu bestellen, NStZ 1988, 288; **Ellersiek**, Die Beschwerde im Strafprozess, 1981; **Ernst**, Die notwendige Verteidigung im beschleunigten Verfahren vor dem Amtsgericht, StV 2001, 367; **Hilgendorf**, Die Aufhebung der Pflichtverteidigerbestellung gem. § 143 StPO, NStZ 1996, 1; **Wasserburg**, Zur Anfechtbarkeit einer Pflichtverteidigerbestellung, zu den Anforderungen an die Ankündigung einer Mandatsniederlegung durch den Wahlverteidiger und zur Ablehnung des vom Angeklagten gewünschten Rechtsanwalts als Pflichtverteidiger, NStZ 1991, 250; s.a. die Hinw. bei → *Beschwerde, Allgemeines*, Teil A Rdn 400.

540 **1.a)** Da die Institution des Pflichtverteidigers das Rechtsstaatsprinzip in seiner Ausgestaltung als Gebot des fairen Verfahrens konkretisiert, können **nahezu** in **jedem Stadium** des Verfahrens Entscheidungen im Zusammenhang mit dem Anspruch auf Pflichtverteidigung (§ 140), dessen Auswahl (§ 142), dessen Bestellung (§ 141) sowie die Rücknahme der Bestellung (§ 143) mit der **Beschwerde (§ 304 Abs. 1) angefochten** werden (vgl. eingehend *Burhoff*, EV, Rn 2980 ff; *Burhoff*, HV, Rn 1967 ff.).

☝ Eine **Ausnahme** besteht, wenn die Entscheidung vom **Vorsitzenden** des **OLG-Senats** getroffen wurde, da die Beschwerde dann ausgeschlossen ist; denn der Katalog des § 304 Abs. 4 S. 2 (→ *Beschwerde, Beschwerdeausschluss*, Teil A Rdn 418) sieht keine entsprechende Beschwerdemöglichkeit vor (BGH NJW 1976, 431).

541 **b) § 305 S. 1** (→ *Beschwerde, Beschwerdeeinschränkung, generelle*, Teil A Rdn 484) schließt nach **h.M.** die **Beschwerde nicht aus**. Bei den im Zusammenhang mit der Pflichtverteidigung ergehenden Entscheidungen handelt es sich nicht um solche, die (nur)

der Urteilsfällung vorausgehen, sondern darüber hinaus das gesamte Verfahren beeinflussen und damit dessen Fairness tangieren, weshalb die **Beschwerde stets statthaft** ist (KG NStZ-RR 2014, 279; StV 1986, 239; OLG Brandenburg, Beschl. v. 20.2.2006 – 1 Ws 25/06; OLG Braunschweig StV 1996, 6; OLG Celle NStZ 1985, 519; OLG Düsseldorf NStZ 1986, 138; StV 2010, 350; StraFo 1999, 124; OLG Frankfurt/Main StV 1997, 573; OLG Hamburg StraFo 2014, 383; OLG Hamm NStZ 1990, 143; StRR 2014, 202; OLG Koblenz, Beschl. v. 1.12.2014 – 2 Ws 616/14; wistra 1983, 122; OLG Köln NStZ 1991, 248; m. Anm. *Wasserburg*; StV 1989, 241; OLG München NJW 1981, 220; OLG Naumburg StV 2013, 200 (Ls.); OLG Nürnberg StV 1987, 191; OLG Schleswig SchlHA 1989, 105 [L/G]; OLG Stuttgart StV 1998, 123; NStZ-RR 1996, 207; LG Berlin StV 2009, 14; LG Erfurt StV 2011, 665 [Ls.]; *Burhoff*, EV, Rn 2980 ff.; *ders.*, HV, Rn 1979; KK-StPO/*Laufhütte/Willnow*, § 141 Rn 13; Meyer-Goßner/*Schmitt*, § 141 Rn 110a; *Meyer-Goßner/Schmitt*, § 305 Rn 5; MüKo-StPO/*Thomas/Kämpfer*, § 142 Rn 22; SK-StPO/*Wohlers*, § 141 Rn 32; SSW-StPO/*Hoch*, § 305 Rn 15).

☝ **Ältere Rechtsprechung**, in der noch eine gegenteilige Auffassung vertreten wurde (OLG Karlsruhe NStZ 1988, 287 m. abl. Anm. *Dieblich*; OLG Koblenz NStZ-RR 1996, 206); OLG Naumburg NStZ-RR 1996, 42; OLG Zweibrücken NStZ 1987, 472 m. abl. Anm. *Gatzweiler* StV 1988, 520), **findet** heute infolge stärkerer Berücksichtigung des Fair-Trial-Grundsatzes **keine Anwendung** mehr. **Unzutreffend** ist auch die Auffassung, an Stelle einer Beschwerde könne gegen die Vorsitzendenverfügung nur Antrag auf gerichtliche Entscheidung (§ 238 Abs. 2) gestellt werden (so OLG Hamburg JR 1986, 257 mit Anm. *Wagner*; OLG Hamm NJW 1973, 818; OLG Karlsruhe NStZ 1988, 287; MDR 1979, 780; OLG Koblenz NStZ-RR 1996, 206; OLG Köln NStE Nr. 6 zu § 141 StPO = StV 1991, 509 [Ls.]; StraFo 1995, 25 mit abl. Anm. *Münchhalffen*; OLG Stuttgart OLGSt StPO § 305 Nr. 5; OLG Zweibrücken VRS 50, 437; NStZ 1987, 477). Da die Entscheidung des Vorsitzenden keine auf die Sachleitung bezogene Anordnung darstellt, ist ein **derartiger Antrag ausgeschlossen** (BGHSt 39, 310, 312; OLG Jena NStZ-RR 2004, 306 [Ls.]).

2.a) Die **Bestellung eines Pflichtverteidigers beschwert** den Angeklagten **per se nicht** 542
(OLG Celle NStZ 1988, 39; StV 1988, 100; OLG Düsseldorf JurBüro 1986, 887; OLG München AnwBl 1980, 466), insbesondere dann nicht, wenn er noch keinen Verteidiger hat (OLG Düsseldorf StraFo 1999, 276 = StV 1999, 586). An einer Beschwer fehlt es aber auch, wenn der bisheriger Wahlverteidiger zum Pflichtverteidiger bestellt wird, da der Angeklagte nach wie vor vom Verteidiger seines Vertrauens (§ 142 Abs. 1 S. 1) verteidigt wird (OLG Köln NStZ 2010, 653; OLGSt StPO § 141 Nr. 5).

☝ Wird der Antrag auf Bestellung eines Pflichtverteidigers abgelehnt, ist der **Angeklagte** dadurch **stets beschwert**.

543 **b)** Beschwert kann der Angeklagte auch sein, wenn ihm – **grundlos** – **zusätzlich** zum mandatierten Wahlverteidiger ein **Pflichtverteidiger** bestellt wird, da jeder Angeklagte einen Anspruch darauf hat, ausschließlich von einem Verteidiger seines Vertrauens verteidigt zu werden. Die Bestellung eines (weiteren) Verteidigers ist nur gerechtfertigt, wenn konkreter Anlass zu der Besorgnis besteht, dass ohne sie der Beistand des Angeklagten nicht gesichert oder der ordnungsgemäße Ablauf des Verfahrens nicht gewährleistet ist (vgl. a. *Burhoff*, EV, Rn 2963 ff.; *Burhoff*, HV, Rn 1983 ff.). Dafür liegen keine Anhaltspunkt vor, wenn erstinstanzlich abgesprochene Termine vereinbarungsgemäß stattgefunden haben, und der Verteidiger im Berufungsrechtszug lediglich mitteilt, er sei an zwei der vorgesehenen Hauptverhandlungstage verhindert, weshalb er um Terminsabstimmung bitte. Eine Verhinderung des Wahlverteidigers an den zunächst vorgesehenen Terminstagen ist noch kein Grund für die Bestellung eines Pflichtverteidigers (OLG Celle StV 1988, 100; OLG Düsseldorf StraFo 1999, 276 = StV 1999, 586; s.a. OLG Frankfurt/Main StV 1994, 288).

544 **c)aa) Umgekehrt** kann es einen Angeklagten beschweren, wenn ihm die **Bestellung** eines weiteren Verteidigers **versagt wird**. Die Pflichtverteidigung bezweckt nämlich, dem Beschuldigten einen rechtskundigen Beistand zu sichern und einen ordnungsgemäßen Verfahrensablauf zu gewährleisten (BVerfG NJW 1985, 727; OLG Düsseldorf NStZ 1986, 137). Grds. geht zwar die StPO – wie sich aus §§ 140 bis 143 StPO ergibt – davon aus, dass den rechtsstaatlichen Anforderungen an ein prozessordnungsgemäßes Strafverfahren und an einer wirksamen Verteidigung des Beschuldigten durch die Bestellung bzw. die Wahl **eines Verteidigers** genügt wird (OLG Karlsruhe wistra 1993, 279). Zugleich ist aber auch anerkannt, dass die außergewöhnliche Schwierigkeit der Sache, der außergewöhnliche Umfang des Verfahrensstoffs oder eine außergewöhnlich lange Dauer der HV die Bestellung eines zweiten Verteidigers gebieten kann (OLG Celle StV 1988, 379; OLG Düsseldorf NStZ 1986, 137.; OLG Frankfurt/Main StV 1993, 348; OLG Hamburg StraFo 2000, 383; OLG Karlsruhe wistra 1993, 279; vgl. a. *Burhoff*, EV, Rn 2963 ff.; *Burhoff*, HV, Rn 1983 ff., jew. m.w.N.).

545 Ein unabweisbares Bedürfnis hierfür besteht, wenn sich die **HV** über einen **längeren Zeitraum** hin erstreckt und zu ihrer ordnungsgemäßen Durchführung sichergestellt werden muss, dass auch bei dem vorübergehenden Ausfall eines Verteidigers weiterverhandelt werden kann (OLG Düsseldorf NStE Nr. 2 zu § 140 StPO; OLG Frankfurt/Main NJW 1972, 1964, 1965). Ein derartiges Bedürfnis kann aufgrund der **prozessualen Fürsorgepflicht** gegeben sein, da das Gericht während des gesamten Strafverfahrens darauf bedacht sein muss, den reibungslosen Fortgang des Verfahrens, vor allem der HV zu sichern und dazu alle zumutbaren Maßnahmen zu ergreifen hat, um so schnell wie möglich eine Entscheidung über die dem Beschuldigten vorgeworfenen Taten herbeizuführen. Daneben dient auch die Beachtung des **Beschleunigungsgebots** nicht nur dem öffentlichen Interesse, sondern auch dem Schutz des Beschuldigten (OLG Hamm NJW 1978, 1986; OLG Karlsruhe wistra 1993, 279; vgl. a. *Burhoff*, EV, Rn 2963 ff.; *Burhoff*, HV, Rn 1983 ff.).

Nach den hier einschlägigen **Kriterien** muss 546

- **jeder Verteidiger voll eingearbeitet** sein muss, um sachgerecht verteidigen zu können. Deshalb hat der Pflichtverteidiger jedenfalls in umfangreichen Verfahren grds. kontinuierlich an der HV teilzunehmen (OLG Celle StV 1988, 379; OLG Frankfurt/Main NJW 1972, 1964).
- Des Weiteren bedeutet es, dass die Beiordnung eines zweiten Pflichtverteidigers einerseits dann erforderlich ist, wenn der **Verfahrensstoff** derart **außergewöhnlich umfangreich** und schwierig ist, dass er – auch nach Ausschöpfung aller Hilfsmittel – ausschließlich bei arbeitsteiligem Zusammenwirken zweier Verteidiger beherrscht werden kann (OLG Düsseldorf NStZ 1990, 47; OLG Hamburg StraFo 2000, 383)
- Im Hinblick auf eine **außergewöhnlich lange HV** ist die Bestellung eines weiteren Pflichtverteidigers notwendig und gerechtfertigt, wenn und soweit andere gesetzliche Reaktionsmöglichkeiten auf die unvorhergesehene Verhinderung eines Verteidigers (etwa die Unterbrechung der HV nach § 229 StPO, die Beurlaubung gem. § 231c StPO oder die Bestellung eines anderen Verteidigers bei Eintritt der Verhinderung) nicht ausreichen (OLG Brandenburg, Beschl. v. 20.2.2006 – 1 Ws 25/06; OLG Karlsruhe StraFo 2009, 518).

Allein der Umstand, dass auf Seiten des Gerichts ein **Ergänzungsrichter** an der HV teilnimmt und die **StA** dort durch **zwei Beamte** vertreten wird, rechtfertigt die Bestellung eines weiteren Pflichtverteidigers aber noch nicht (OLG Brandenburg, Beschl. v. 20.2.2006 – 1 Ws 25/06; OLG Frankfurt/Main NStZ-RR 2007, 274).

☝ Der zur Beiordnungsentscheidung berufene Vorsitzende **verletzt den ihm eingeräumten Ermessensspielraum** erst dann, wenn konkrete Gefahren für die ordnungsgemäße Vertretung des Angeklagten oder den Ablauf der HV zu besorgen sind und diesen Gefahren anders als durch die Bestellung eines zusätzlichen Pflichtverteidigers nicht begegnet werden kann (OLG Hamburg StraFo 2000, 383; OLG Jena, Beschl. v. 7.10.2011 – 1 Ws 433/11).

bb) Ihre **Grenzen** findet diese Verfahrensweise jedoch in dem Gebot sachgerechter Verteidigung, die gerade in umfangreichen und schwierigen Sachen Einarbeitung und kontinuierliche Begleitung der HV voraussetzt. Gleichwohl bleibt auch in Komplexverfahren die Mitwirkung eines ad hoc bestellten und noch **nicht voll eingearbeiteten Verteidigers** für Hauptverhandlungstage zulässig, an denen lediglich einfach gelagerte Teile des Verfahrensstoffs behandelt werden, die keine umfassende Vorbereitung des Verteidigers erfordern, solange überhaupt zur Sache verhandelt und die Verhandlung nicht lediglich aus Gründen der Wahrung prozessualer Fristen fortgesetzt wird (OLG Brandenburg, Beschl. v. 20.2.2006 – 1 Ws 25/06). 547

3. Im **Ermittlungsverfahren** soll nach Auffassung des BGH (Ermittlungsrichter) **ausschließlich** die **StA antragsbefugt**. Bereits der Wortlaut des § 141 Abs. 3 S. 2, wonach 548 die StA den Antrag stellt, wenn „nach ihrer Auffassung“ die Mitwirkung eines Verteidigers notwendig werden wird, spreche hierfür. § 141 Abs. 3 S. 3, wonach das Gericht nach Abschluss der Ermittlungen auf Antrag der StA tätig werden muss, unterstreicht die Rolle der StA als „Herrin des Verfahrens“. Diese differenzierte Regelung der Pflichtverteidigerbestellung des § 141 steht im Einklang mit der grundsätzlichen Unterscheidung der StPO zwischen Ermittlungsverfahren und Verfahren ab Anklageerhebung. Das Gericht könne in diesem Verfahrensabschnitt keine Maßnahmen gegen den Willen bzw. ohne Antrag der StA treffen. Das Antragserfordernis der StA ergebe sich ferner aus der durch das Gesetz bestimmten gerichtlichen Zuständigkeit betreffend die Pflichtverteidigerbestellung und dem Wahlrecht der StA, bei welchem von mehreren örtlich zuständigen Gerichten sie Anklage erheben will. § 141 Abs. 4 1. Hs. bestimmt als für die Pflichtverteidigerbestellung zuständiges Gericht grds. das Gericht der Hauptsache. Dies gilt auch, wenn die Pflichtverteidigerbestellung schon im EV erfolgt. Lediglich für die Fälle der Vollstreckung von Untersuchungshaft oder einstweiliger Unterbringung bzw. die Pflichtverteidigerbestellung im Zusammenhang mit einer ermittlungsrichterlichen Vernehmung sieht das Gesetz eine abweichende Zuständigkeitsregelung vor, § 141 Abs. 4 Hs. 2, 3. Ein Antragsrecht des Beschuldigten ergebe sich auch nicht daraus, dass die Weigerung der StA, im EV die Bestellung eines Pflichtverteidigers zu beantragen, als Prozesshandlung grds. nicht der gerichtlichen Überprüfung gem. § 23 EGGVG unterliegt (BGH NJW 2015, 3383 m. abl. Anm. *Barton* StRR 2015, 459 und *Müller-Jacobsen* NJW 2015, 3385; eingehend dazu a. *Burhoff*, EV, Rn 3050 ff. m.w.N. auch zur a.A.).

549 **4.** Soweit es die Beschwer des Angeklagten/Beschuldigten betrifft, hat der **Verteidiger kein eigenes Beschwerderecht**, kann also nur im Auftrag des Mandanten tätig werden (OLG Köln NStZ 2010, 653). **Anders ist es**, wenn die Bestellung mit dem einschränkenden Zusatz „ohne Mehrkosten für die Staatskasse“, erfolgt, da durch diesen einschränkenden Zusatz in seinen Gebührenanspruch als Pflichtverteidiger gegen die Staatskasse eingegriffen wird (OLG Braunschweig RVGreport 2011, 479; OLG Düsseldorf NStZ-RR 2009, 348).

Siehe auch: → *Beschwerde, Allgemeines*, Teil A Rdn 399, m.w.N.

550 Beschwerde, sofortige Beschwerde

Das Wichtigste in Kürze:

1. Die sofortige Beschwerde ist enumerativ nur in bestimmten Fällen statthaft.
2. Von der Beschwerde nach § 304 unterscheidet sich die sofortige Beschwerde dadurch, dass sie befristet ist.
3. Die sofortige Beschwerde ist schriftlich oder zu Protokoll der Geschäftsstelle oder zu Protokoll der Geschäftsstelle einzulegen.

4. Eine Begründung ist nicht erforderlich.
5. Im Gegensatz zur einfachen Beschwerde hat die sofortige Beschwerde in gesetzlich speziell normierten Fällen aufschiebende Wirkung.
6. Die Möglichkeit der Abhilfe durch das Ausgangsgericht ist grds. ausgeschlossen.

Literaturhinweise: **Burghardt**, Die neue Unübersichtlichkeit – Die Rechtsprechung des BGH zum nachträglichen Rechtsschutz gegen verdeckte Ermittlungsmaßnahmen, HRRS 2009, 567; **Engländer**, Die Rechtsbehelfe gegen strafprozessuale Zwangsmaßnahmen, Jura 2010, 414; **Fromm**, Nebenklagekosten im Jugendgerichtsverfahren unter Berücksichtigung von §§ 74, 80 Abs. 3 JGG, 472 Abs. 1 S. 1 StPO, ZJJ 2010, 387; **Glaser**, Der Rechtsschutz gegen „verdeckte“ strafprozessuale Grundrechtseingriffe, gegenwärtige Rechtslage und Perspektiven, JR 2010, 423; s.a. die Hinw. bei → *Beschwerde, Allgemeines*, Teil A Rdn 400. **551**

1. Die sofortige Beschwerde ist **enumerativ(!)** in folgenden Fällen das statthafte Rechtsmittel: **552**

Übersicht: Rechtsmittel sofortige Beschwerde **553**

StPO	
Adhäsionsverfahren Absehen von der Entscheidung (vgl. *Burhoff*, HV, Rn 277)	§ 406a Abs. 1
Arrest (vgl. *Burhoff*, EV, Rn 1271 ff.) Eintritt/Umfang des staatl. Rechtserwerbs Arrestanordnung Rangänderung Arrestvollziehung/Zwangsvollstreckung Anordnung	§ 111i Abs. 6 S. 3 § 111h Abs. 2 S. 2 § 111g Abs. 2 S. 2
Auslegung Strafurteil Beschluss	§ 462 Abs. 3 S. 1
Auslieferungshaft (Nicht-)Anrechnung	§ 462 Abs. 3 S. 1
Ausschließung des Verteidigers Entscheidung (vgl. *Burhoff*, EV, Rn 4052 ff.)	§ 138d Abs. 6 S. 1
Berufungsverwerfung, Unzulässigkeit Verwerfungsbeschluss (→ *Berufung, Verwerfung, Unzulässigkeit durch LG*, Teil A Rdn 373 ff.)	§ 322 Abs. 2
Bewährung Nachtragsentscheidungen	§ 453 Abs. 3 S. 2
Einstellung wegen Gesetzesänderung Beschluss	§ 206b S. 2

StPO	
Einstellung wegen Verfahrenshindernis Beschluss	§ 206a Abs. 2
Einziehung im Nachverfahren Anordnung	§ 441 Abs. 2
Einziehungsverfahren **Ablehnung** der **Verfahrensbeteiligung**	§ 431 Abs. 5
Einziehungsverfahren, selbstständiges Ablehnung der Verfahrensbeteiligung	§ 440 Abs. 3
Ermittlungsmaßnahmen, verdeckte, Benachrichtigung, Zurückstellung Rechtmäßigkeitsprüfung	§ 101 Abs. 7 S. 3
Ersatzfreiheitsstrafe, Abwendung Beschluss	§ 462 Abs. 3 S. 1
Geldstrafe, Vollstreckung, Absehen Beschluss	§ 462 Abs. 3 S. 1
Gesamtstrafenbildung, nachträgliche Beschluss	§ 462 Abs. 3 S. 1
Hauptverfahren, Nichteröffnung Beschluss (nur StA)	§ 210 Abs. 2
HV bei **vorsätzlich herbeigeführter Verhandlungsunfähigkeit** Fortsetzungsbeschluss (vgl. *Burhoff*, HV, Rn 2492 ff.)	§ 231a Abs. 3 S. 3
Juristische Person, Geldbuße Verhängung	§ 444 Abs. 2 § 444 Abs. 3
Kaution/Sicherheit, Verfall Anordnung (vgl. *Burhoff*, EV, Rn 676 ff.)	§ 124 Abs. 2 S. 2
Kostenentscheidung Anfechtung	§ 464 Abs. 3
Krankenhausaufenthalt (Nicht-)Anrechnung	§ 462 Abs. 3 S. 1
Maßregelvollstreckung	§ 463 Abs. 6
Privatklageverfahren (vgl. *Burhoff*, EV, Rn 3176 ff.) Einstellung Beschluss Zurückweisung Beschluss	§ 383 Abs. 2 S. 3 § 379a Abs. 3 S. 2

StPO	
Reststrafe (Nicht-)Aussetzung zur Bewährung	§ 454 Abs. 3 S. 1
Richterablehnung: Verwerfung/Zurückweisung des Gesuchs (vgl. *Burhoff*, HV, Rn 89 ff.)	§ 28 Abs. 1
Strafbefehl, Ablehnung des Erlasses Beschluss (nur StA)	§ 408 Abs. 2 S. 2
Strafbefehlsverfahren, Verweisung durch Schöffengericht an Strafrichter Beschluss (nur StA)	§ 408 Abs. 1 S. 1
Strafzeitberechnung, Einwendungen Beschluss	§ 462 Abs. 3 S. 1
Unterbringung zur Beobachtung Anordnung (vgl. *Burhoff*, EV, Rn 3673 ff.)	§ 81 Abs. 4
Urteilsbekanntmachung Zwangsgeldanordnung	§ 463c Abs. 3
Verweisung an ein Gericht höherer Ordnung Beschluss (nur StA)	§ 270Abs. 3 S. 2
Wiederaufnahmeverfahren sämtliche Beschlüsse des Erstgerichts (→ *Wiederaufnahme, Rechtsmittel*, Teil B Rdn 1331 ff.)	§ 372 S. 1
Wiedereinsetzung: Verwerfung des Antrags (→ *Wiedereinsetzung in den vorigen Stand, Allgemeines*, Teil B Rdn 1479)	§ 46 Abs. 3
JGG	
Einheitsstrafe, Teilvollstreckung	§ 56 Abs. 2
Erzwingungshaft	§ 82 JGG, 104 Abs. 3 Nr. 1 OWiG
Heimunterbringung, vorläufige	§ 71 Abs. 2
Jugendstrafe; Bewährungsaussetzung Aussetzung/Ablehnung der Aussetzung Bewährungswiderruf	§ 59 Abs. 1 S. 1 § 59 Abs. 3
Kostenentscheidungen	§ 464 Abs. 3
Nachtragsentscheidungen	§ 65 Abs. 2
Strafmakel, Beseitigung	§ 99 Abs. 3

JGG	
Unterbringung zur Beobachtung Anordnung	§ 73 Abs. 2
Vollstreckungsentscheidungen	§ 83 Abs. 3
GVG	
Ordnungsmittel Festsetzung	§ 181 Abs. 1
StrEG	
Entschädigung für Verfolgungsmaßnahmen (vgl. a. *Burhoff*, HV, Rn 1429 f.; Burhoff/Kotz/*Kotz*, Nachsorge, Teil I Rn 500 ff.) Versagung Versagung bei Einstellung durch StA	§ 8 Abs. 3 S. 1 § 9 Abs. 2

554 **2.** Die sofortige Beschwerde unterscheidet sich von der Beschwerde nach § 304 Abs. 1 zunächst – namensgebend – nur dadurch, dass ihre Zulässigkeit u.a. von der Einhaltung der **Wochenfrist** (§ 311 Abs. 2; → *Rechtsmittel/Rechtsbehelfe, Fristen, Allgemeines*, Teil A Rdn 1553) abhängt. Der **Zweck** der **Befristung** liegt in der Herbeiführung einer schnellen und endgültigen Klärung der nach der Ausgangsentscheidung immer noch strittigen Frage (vgl. *Burhoff*, EV, Rn 3361).

☝ Bei Fristversäumung kann **Wiedereinsetzung** in den vorigen Stand beantragt werden (*Burhoff*, EV, Rn 3368; → *Wiedereinsetzung in den vorigen Stand, Antrag*, Teil B Rdn 1496 f.).

555 **3.** Die sofortige Beschwerde ist **schriftlich** (→ *Rechtsmittel/Rechtsbehelfe, Form, Schriftlich*, Teil A Rdn 1531 ff.) oder **zu Protokoll der Geschäftsstelle** (→ *Rechtsmittel/Rechtsbehelfe, Form, Protokoll der Geschäftsstelle*, Teil A Rdn 1517 ff.) einzulegen, und zwar bei dem Gericht, das die anzufechtende Entscheidung erlassen hat (→ *Rechtsmittel/Rechtsbehelfe, Einlegung*, Teil A Rdn 1466 ff.).

☝ Unschädlich ist es, wenn gegen den Beschluss/die Verfügung lediglich „Beschwerde" eingelegt wird (→ *Rechtsmittel/Rechtsbehelfe, Bezeichnung*, Teil A Rdn 1396 ff.).

556 **4.** Eine **Begründung** der sofortigen Beschwerde ist nicht erforderlich, aber ratsam (*Burhoff*, EV, Rn 3366 f.); sie kann auch noch nach Ablauf der Einlegungsfrist erfolgen (KMR-*Plöd*, § 311 Rn 4).

557 **5.** Eine **Beschwerde hemmt** normalerweise **nicht den Vollzug** der angefochtenen Entscheidung (§ 307 Abs. 1). **Ausnahmsweise** aufschiebende **Wirkung** hat die **sofortige Beschwerde** in den Fällen des

- § 81 Abs. 4 S. 2,
- § 231a Abs. 3 S. 3,
- § 454 Abs. 3 S. 1,
- § 462 Abs. 3 S. 1 sowie
- des § 65 Abs. 2 S. 3 JGG und des § 181 Abs. 2 GVG.

☝ In anderen Fällen ist **Antrag** nach **§ 307 Abs. 2** (→ *Beschwerde, Allgemeines*, Teil A Rdn 417 ff.) zu stellen.

6. Die **Möglichkeit** der **Abhilfe** durch das Ausgangsgericht ist grds. **ausgeschlossen** 558
(§ 311 Abs. 3 S. 1). **Ausnahmsweise** kann es der Beschwerde abhelfen, wenn es zum Nachteil des Beschwerdeführers Tatsachen oder Beweisergebnisse verwertet hat, zu denen dieser noch nicht gehört worden ist (§ 308 Abs. 1), und es aufgrund des nachträglichen Vorbringens die Beschwerde für begründet erachtet (§ 311 Abs. 3 S. 2).

7. Muster: Sofortige Beschwerde bei Bewährungswiderruf 559

▼

A.10

Amtsgericht Musterstadt

Strafabteilung

In dem Strafverfahren

gegen Herrn Arthur Mustermann

Az.:

wegen des Verdachts

lege ich gegen den Beschl. v. , zugestellt am

Beschwerde

ein.

Begründung:

Durch Urteil des AG Musterstadt vom war Herr M. zur Freiheitsstrafe von 11 Monaten verurteilt, die Freiheitsstrafe war zur Bewährung ausgesetzt worden. Er war damals angewiesen worden, „den Anweisungen des Bewährungshelfers gewissenhaft Folge zu leisten." Gegen diese Weisung hat Herr M. nach Auffassung des angefochtenen Beschlusses, der sich auf die Auskunft des Bewährungshelfers stütz, gröblich und beharrlich verstoßen.

Die im Urt. v. gewährte Strafaussetzung zur Bewährung kann nicht widerrufen werden. Denn ihr liegt eine **gesetzwidrige Weisung** zugrunde.

Ausschließlich das Gericht hat nämlich nach dem eindeutigen Gesetzeswortlaut die Befugnis, dem Verurteilten Weisungen zu erteilen und sie inhaltlich auszugestalten. Eine Übertragung (Delegation) dieser Befugnis auf Dritte, insbesondere auf den Bewährungshelfer, ist mangels einer gesetzlichen Ermächtigung schon nach dem Strafrecht (§ 56d Abs. 3 StGB) nicht zulässig. Denn der Bewährungshelfer ist lediglich der Begleiter des Verurteilten auf dem Weg in ein straffreies Leben. Daneben überwacht er den Verurteilten in Bezug auf die Einhaltung der seitens des Gerichts erteilten Weisungen, dem er zu diesem Zweck über die Lebensführung des Verurteilten berichtet.

Rechtsanwalt

▲

Siehe auch: → *Beschwerde, Allgemeines*, Teil A Rdn 399, m.w.N.

560 Beschwerde, Untätigkeitsbeschwerde

Das Wichtigste in Kürze:

1. Untätigkeit liegt vor, wenn Strafverfolgungsorgane nicht handeln, obwohl ihnen Gesetze die Verpflichtung auferlegen, entweder von Amts wegen oder aufgrund eines Antrags eine Entscheidung zu erlassen.
2. Kodifiziertes Recht zur Untätigkeitsbeschwerde fehlt.
3. Nach dem Inkrafttreten des „Gesetz über den Rechtsschutz bei überlangen Gerichtsverfahren und strafrechtlichen Ermittlungsverfahren“ v. 24.11.2011 (BGBl I, S. 2302) wird die Auffassung vertreten, die Untätigkeitsbeschwerde habe „keinen Spielraum“ mehr.
4. Das Gericht spricht im Rahmen der Beschwerdeentscheidung ggf. die Verpflichtung für das zuständigen Gerichts aus, die Entscheidung zu erlassen.

561 **Literaturhinweise:** **Althammer/Schäuble**, Effektiver Rechtsschutz bei überlanger Verfahrensdauer – Das neue Gesetz aus zivilrechtlicher Perspektive, NJW 2012, 1; **Brummund**, Das Gesetz über den Rechtsschutz bei überlangen Gerichtsverfahren und strafrechtlichen Ermittlungsverfahren, JA 2012, 213; **Burhoff**, Verfahrensverzögerung, überlange Gerichtsverfahren und Verzögerungsrüge – die Neuregelungen im GVG, StRR 2012, 4; **Gimbel**, Einführung einer allgemeinen Untätigkeitsbeschwerde im Strafprozess durch Gesetz. Begrüßenswerte Neuerung oder Irrweg?, ZRP 2004, 35; **Graf**, Das neue Gesetz über den Rechtsschutz bei überlangen Gerichtsverfahren und strafrechtlichen Ermittlungsverfahren – Beschleunigungsimpuls für die Praxis oder neuer Anreiz für Verständigungen im Strafverfahren?, NZWiSt 2012, 121; **Graßmann**, Rechtsbehelfe gegen Unterlassen im Strafverfahren, 2004; **Hoffmann**, Die Untätigkeitsbeschwerde der Staatsanwaltschaft bei Nichtentscheidung über die Eröffnung des Hauptverfahrens – Versuch einer Grenzziehung, NStZ 2006, 256; **Kotz**, Auch wer schläft, sündigt! – Ein Weckruf an den Gesetzgeber zur Anpassung des deutschen Rechts an Art. 6, 13 EMRK, ZRP 2011, 85; *ders.*, Verzögerungsrüge als Fallbeil für die Untätigkeitsbeschwerde?, StRR 2012, 207; **Kühne**, Anmerkung zu OLG Köln StraFo 2009, 205, StV 2009, 654; **Redeker**, Kann eine Untätigkeitsbeschwerde helfen?, NJW 2003, 488; **Roller**, Der Gesetzesentwurf eines Untätigkeitsbeschwerdegesetzes, DRiZ 2007, 82; *ders.*, Möglichkeiten des Gesetzgebers zu einer

Beschleunigung gerichtlicher Verfahren, ZRP 2008, 122; **Rolletschke**, Anmerkung zu zwei Entscheidungen des BGH vom 24.1.2012 (1 StR 551/11, NZWiSt 2012, 157 und 1 StR 636/11, NZWiSt 2012, 157) – Zur Verfahrensverzögerung und der überlangen Verfahrensdauer im Rahmen der Strafzumessung –, NZWiSt 2012, 160; **Sommer**, Die Verzögerungsrüge: „Auf der Suche nach der verlorenen Zeit". Die neuen §§ 198 – 201 GVG i.d.F. des Gesetzes über den Rechtsschutz bei überlangen Gerichtsverfahren und strafrechtlichen Ermittlungsverfahren, StV 2012, 107; **Steinbeiß-Winkelmann**, Die Verfassungsbeschwerde als Untätigkeitsbeschwerde, NJW 2008, 1783; **Waßmer**, Rechtsstaatswidrige Verfahrensverzögerungen im Strafverfahren als Verfahrenshindernis von Verfassungs wegen, ZStW 118, 159; **Wirringer**, Untätigkeitsbeschwerde der Staatsanwaltschaft [Anm. zu OLG Frankfurt/Main 3 Ws 986/01], NStZ 2002, 389; s.a. die Hinw. bei → *Beschwerde, Allgemeines*, Teil A Rdn 400.

1. Untätigkeit liegt vor, wenn **Strafverfolgungsorgane nicht handeln**, obwohl ihnen Gesetze die Verpflichtung auferlegen, entweder von Amts wegen oder aufgrund eines Antrags eine Entscheidung zu erlassen. Die Verknüpfung von ‚Untätigkeit' und ‚Beschwerde' führt dabei zu einer systematischen Inkompatibilität, weil sich die Beschwerde ihrem Rechtsmittelcharakter nach gegen eine bereits erlassene Entscheidung richtet (→ *Beschwerde, Allgemeines*, Teil A Rdn 413), die durch das Beschwerdegericht auf ihre Rechtmäßigkeit und Richtigkeit hin überprüft und ggf. durch dieses sogar ersetzt wird, es bei Untätigkeit aber gerade an einer solchen Ausgangsentscheidung fehlt. Die „Untätigkeitsbeschwerde" richtet sich deshalb nicht abstrakt gegen das Nichthandeln des Gerichts, sondern gegen das Unterlassen einer konkreten Entscheidung, wenn es der **Verweigerung einer endgültigen Sachentscheidung** entspricht (BGH NJW 1993, 1279; OLG Düsseldorf MDR 1988, 164). 562

Dogmatisch setzt die Untätigkeitsbeschwerde das Unterlassen einer (gebotenen) Entscheidung, die im Fall ihres Ergehens anfechtbar wäre, voraus. Das Unterlassen (§ 13 StGB) muss einer (endgültigen) Sachentscheidung gleichkommen. 563

2.a) Kodifiziertes Recht zur Untätigkeitsbeschwerde **fehlt**. Ebenso wenig wie im Zivil- und im Verwaltungsprozessrecht, im Sozialrechtsstreit oder im Finanzprozess ist ein derartiges Rechtsmittel im Strafverfahrensrecht vorgesehen. Bereits 2006 musste der EGMR (NJW 2006, 2389 *Sürmeli ./. Deutschland*) feststellen, dass die Untätigkeitsbeschwerde keinen wirksamen Rechtsbehelf i.S.v. Art. 13 MRK darstelle, weil sie als außerordentlicher Rechtsbehelf die von Art. 13 geforderten Voraussetzungen nicht erfülle, da sie bislang lediglich vereinzelt anerkannt werde und ganz unterschiedliche Zulässigkeitsvoraussetzungen habe. Die Bundesregierung hatte in diesem Verfahren auf ihren Gesetzesentwurf vom 22.8.2005 über ein **Untätigkeitsbeschwerdegesetz** hingewiesen, wonach in einem neuen § 198 GVG-E 2005 ein auch so bezeichnetes Rechtsmittel eingeführt werden sollte (Rdn 569). Diese Überlegungen haben das Entwurfsstadium nicht verlassen; durch das „Gesetz über den Rechtsschutz bei überlangen Gerichtsverfahren und strafrechtlichen Ermittlungsverfahren" v. 24.11.2011 (BGBl I. S. 2302) wurde (nur) die Möglichkeit geschaffen, bei überlanger Verfahrensdauer eine Verzögerungsrüge (§ 198 Abs. 3 GVG) zu erheben (vgl. *Burhoff* StRR 2012, 4 ff.; → *Verfahrensverzögerung/Verzögerungsrüge*, Teil B Rdn 1027 ff.). 564

565 **b)** Zwar kommt die Rspr. überwiegend zu dem Schluss, eine „reine" **Untätigkeitsbeschwerde** sei dem strafprozessualen Rechtsmittelsystem fremd (h.M.: BGH NJW 1993, 1729). Gleichwohl wird und wurde sie in folgenden Konstellationen anerkannt, wenn sich die Unterlassung in ihrer Auswirkung spiegelbildlich als stillschweigend belastende Entscheidung auswirkt (OLG Braunschweig, Beschl. v. 15.10.2014 – 1 Ws 267/14; vgl. a. *Burhoff*, EV, Rn 916 f.).

Eröffnung des Hauptverfahrens	KG StRR 2008, 362; OLG Frankfurt/Main NJW 2002, 453 m. Anm. *Wirringer* NStZ 2002, 389; einschränkend: OLG Dresden NJW 2005, 2791
Fortdauer der Sicherungsverwahrung	KG StraFo 2015, 347 („... neigt dazu", wenn andere Rechtsschutzmöglichkeiten zuvor ausgeschöpft worden sind)
Haftprüfung	OLG Braunschweig StV 2005, 39; OLG Hamm NStZ-RR 2006, 17; OLG Köln StraFo 2009, 205 = StV 2009, 653 m. Anm. *Kühne*
Pflichtverteidigerbestellung	KG StV 2007, 372; LG Dresden, Beschl. v. 7.12.2015 – 3 Qs 118/15; LG Halle StRR 2010, 82; LG Magdeburg NStZ-RR 2009, 87; LG München I StV 2014, 281 (Ls.)
Reststrafenaussetzung	KG, Beschl. v. 19.4.2006 – 1 AR 229/06; 5 Ws 105/06
Strafvollzug	OLG Celle NStZ 2008, 348; OLG Hamburg ZfStrVo 2006, 176; OLG München FS 2011, 53
Terminsbestimmung	OLG Braunschweig NStZ-RR 1996, 172 m. Anm. *Stern*, StraFo 1996, 59

☝ Eine Untätigkeitsbeschwerde im Verfahren nach dem **StVollzG** muss den Formerfordernissen der dortigen Rechtsbeschwerde (§ 116 StVollzG) entsprechen (OLG Celle NStZ 2010, 398; vgl. auch Burhoff/Kotz/*Schmidt-Clarner*, Nachsorge, Teil C Rn 179 ff.).

566 **3.a)** Nach dem Inkrafttreten des Gesetzes **über den Rechtsschutz bei überlangen Gerichtsverfahren** und strafrechtlichen Ermittlungsverfahren" v. 24.11.2011 (BGBl I S. 2302) wird nunmehr die Auffassung vertreten, für die Untätigkeitsbeschwerde **bestehe „keinen Spielraum" mehr**; durch das Gesetz sei diese Rechtsschutzlücke geschlossen worden (KG, Beschl. v. 15.3.2012 – 8 W 17/12; Beschl. v. 7.11.2013 – 2 Ws 516/13 Vollz; OLG Frankfurt/Main NStZ-RR 2013, 264; OLG Hamburg NStZ 2012, 656; OLG München FS 2013, 59 [Ls.]; 2014, 64 [Ls.]; Beschl. v. 21.9.2012 – 4 VAs 39/12; OLG Karlsruhe, Beschl. v. 14.11.2012 – 2 Ws 424/12; OLG Rostock NJW-Spezial 2012, 601).

567 **b)** Diese **Aussage trifft** in ihrer Pauschalität **nicht zu** (vgl. auch *Burhoff*, EV, Rn 917).

☝ Daher gilt: Liegt ein Fall der **Untätigkeit** vor, muss der Verteidiger ungeachtet der erwähnten OLG-Entscheidungen nach wie vor Untätigkeitsbeschwerde (§ 304) erheben. Dies gilt umso mehr für den Fall, dass nachfolgend die Einlegung der **Verfassungsbeschwerde** ins Auge gefasst ist; denn jedenfalls die genannten OLG-Entscheidungen vermögen schon mangels Begründungstiefe eine gefestigte Rspr. im Hinblick auf die Unstatthaftigkeit/Unzulässigkeit der Untätigkeitsbeschwerde nicht zu begründen.

aa) Ausgangspunkt sowohl der Untätigkeitsbeschwerde als auch der Verzögerungsrüge 568
ist das **faire Verfahren** (Art. 2, 20 Abs. 3 GG, 6 Abs. 1 EMRK). Wesentliche Ausprägung hiervon ist die Bewältigung des Verfahrensstoffs innerhalb angemessener Frist. Flankiert wird das Fair-trial-Prinzip durch Art. 13 EMRK, der bei Verletzung eines Menschenrechts einen wirksamen Rechtsbehelf verlangt. Durch das Gesetz vom 24.11.2011 wurde lediglich der Drohung des EGMR nachgegeben, die Hinhaltetaktik des deutschen Gesetzgebers in diesem Bereich vor den Europarat zu zerren. Bereits der **Titel des Gesetzes** ist genau genommen ein **Etikettenschwindel**, denn die §§ 198 ff. GVG gewähren gerade **keinen Rechtsschutz vor** überlangen Verfahren, sondern enthalten nur **Regelungen über die Entschädigung bei** überlangen Verfahren (vgl. *Kotz* ZRP 2011, 85 f.). Die in diesem Zusammenhang in der Begründung angesprochene „präventive Wirkung" der Verzögerungsrüge ist eine reine Placebo-Erwägung.

bb) Nach dem bereits erwähnten **Entwurf** sollte in § 198 Abs. 1 GVG-E die Untätigkeits- 569
beschwerde – einschließlich Legaldefinition – gesetzlich geregelt werden („*Wird ein anhängiges gerichtliches Verfahren von dem Gericht ohne zureichenden Grund nicht in angemessener Frist gefördert, so können die Parteien oder Beteiligten Beschwerde erheben [Untätigkeitsbeschwerde]*"). Nach § 198 Abs. 3 GVG-E sollte das Verzögerungsgericht die Möglichkeit haben, der Beschwerde abzuhelfen, indem es „unverzüglich, spätestens innerhalb eines Monats Maßnahmen ergreift, die den Abschluss des Verfahrens in angemessener Frist erwarten lassen". Bei Nichtabhilfe hätte das Verzögerungsgericht innerhalb Monatsfrist die Beschwerde zusammen mit einer Stellungnahme zu dem Beschwerdevorbringen dem im Rechtsmittelzug nächsthöheren Gericht vorlegen müssen. § 198 Abs. 5 GVG-E hätte folgende Fassung erhalten sollen: „*Das Beschwerdegericht entscheidet unverzüglich, spätestens innerhalb eines Monats nach Vorlage der Beschwerde durch unanfechtbaren Beschluss. Hält es die Beschwerde für begründet, so bestimmt es eine Frist, in der das vorlegende Gericht Maßnahmen ergreift, die geeignet sind, das Verfahren innerhalb angemessener Frist abzuschließen. Der Beschluss soll kurz begründet werden. Ist die Beschwerde offensichtlich unbegründet, kann von einer Begründung abgesehen werden.*"

Vor diesem Hintergrund wird niemand behaupten können, der deutsche Gesetzgeber wisse 570
nicht, wie ein Rechtsbehelf gegen Verfahrensverzögerungen ausgestaltet werden müsse, damit er **i.S.v. Art. 13 EMRK** auch **wirksam** ist. Demgegenüber hat sich der Gesetzgeber mit dem Gesetz vom 24.11.2011 lediglich dazu entschlossen, die **Entschädigungsseite** der Medaille „Überlange Verfahrensdauer" zu regeln. Immerhin hatte Deutschland seit Mitte

2006, einschließlich der Entscheidung *Sürmeli*, mehr allein wegen Verfahrensverzögerungen als eine halbe Mio. € an Schadensersatz geleistet (*Kotz* ZRP 2011, 86).

571 **cc)** Was die in Rdn 566 aufgeführten Entscheidungen angeht, begnügen sie sich im Wesentlichen mit der Wiedergabe der amtlichen Begründung zum Gesetz vom 24.11.2011. Die Untätigkeitsbeschwerde mag zwar aus Sicht der OLG im Strafvollzugsrecht ihre Geburtsstunde erlebt haben; mittlerweile hat sie diesen Bereich längstens verlassen und ist in das **Beschwerderecht** als **fester Bestandteil integriert**.

572 Dem OLG Hamburg (NStZ 2012, 656) ist völlig aus dem Blickfeld der Umstand, dass sich das Institut der Untätigkeitsbeschwerde keineswegs nur im Zusammenhang mit Verfahren entwickelt hat, in denen solche aus **Sicht des Beschuldigten** verschleppt worden waren. Die Entscheidungen zur **verzögerten Eröffnung des Hauptverfahrens** (KG StRR 2008, 362; OLG Frankfurt/Main NJW 2002, 453) und zur **unterlassenen Terminsbestimmung** (OLG Braunschweig NStZ-RR 1996, 172) ergingen auf Untätigkeitsbeschwerde der **StA**. Würde die Auffassung des OLG Hamburg zutreffen, könnte auch die StA nur mithilfe einer Verzögerungsrüge versuchen, bei Gericht eine präventive Wirkung zu erzielen, möglicherweise freilich um den Preis, dass die angeklagte Straftat dann aber mittlerweile verjährt ist, weil das Gericht nicht rechtzeitig gehandelt hatte. Und – einen Entschädigungsanspruch für die StA sieht das aktuelle Gesetz nicht vor.

573 **dd)** Für einen **Beschuldigten**, der die Durchführung des ihn betreffenden Verfahrens in angemessener Frist (Art. 6 Abs. 1 S. 1 EMRK) anstrebt, ist es wenig hilfreich, wenn er durch Verzögerungsrügen „präventiv" auf das Verzögerungsgericht einzuwirken versucht, zumal es die Justizorgane – wie die doch stattliche Anzahl von begründeten Schmerzensgeldklagen zeigt (vgl. Palandt/*Sprau*, BGB, § 839 Rn 113 ff., Rn 131, Rn 140) – noch nie davon abgehalten hat, amtspflichtwidrig zu handeln. Es fehlt einfach an einer Handhabe i.S. des Art. 13 EMRK, das Gericht zum Handeln zu veranlassen. Selbst die Einführung der sog. **Vollstreckungslösung** (BGHSt 52, 124) stellt nur eine **nachträgliche Kompensationsmöglichkeit** für Verfahrensverzögerungen dar, führt aber nicht dazu, die Verfahrensdauer selbst einzudämmen oder ihre Überlänge zu verhindern.

574 Für den Beschuldigten kommt noch hinzu, dass nach wie vor der Beschluss des **BVerfG** vom 16.12.2002 (2 BvR 1501/02) Gültigkeit besitzt, wonach die Untätigkeitsbeschwerde zur **Rechtswegerschöpfung** vor Erhebung einer Verfassungsbeschwerde zählt (a.A. VerfGH Brandenburg, Beschl. v. 19.2.2009 – 7/09). Liegt aber der Sinn des § 90 Abs. 2 S. 1 BVerfGG u.a. darin, dass sich vor Einschaltung des BVerfG die Fachgerichte inhaltlich mit dem Beschwerdegegenstand auseinandersetzen und, um eine Grundrechtsverletzung zu vermeiden, Abhilfe schaffen, erweist sich hierzu das Gesetz über den Rechtsschutz bei überlangen Gerichtsverfahren und strafrechtlichen Ermittlungsverfahren als völlig ungeeignet, weil es im Unterschied zu § 198 GVG-E 2005 gerade keine Rechtsschutzmöglichkeit enthält.

4. Liegen die eingangs genannten Voraussetzungen (Rdn 563) vor, spricht das Gericht im Rahmen der **Beschwerdeentscheidung** die Verpflichtung des für die unterlassene Entscheidung zuständigen Gerichts aus, die Entscheidung zu erlassen (*Meyer-Goßner/Schmitt*, § 309 Rn 5) oder entscheidet in der Sache selbst (§ 309 Abs. 2). 575

Siehe auch: → *Beschwerde, Allgemeines*, Teil A Rdn 399, m.w.N.; → *Justizverwaltungsakte, Anfechtung (§§ 23 ff. EGGVG), Antragsarten*, Teil B Rdn 349.

Beschwerde, Verschlechterungsverbot 576

Literaturhinweise: **Bringewat**, Gerichtliches Nachtragsverfahren gem. §§ 460, 462 StPO und das prozessuale Verschlechterungsverbot, NStZ 2009, 542; **Drees**, Gilt das Verbot der Schlechterstellung auch dann, wenn das Rechtsmittelgericht das Verfahren wegen eines behebbaren Verfahrenshindernisses einstellt?, StV 1995, 669; **Meyer-Goßner**, Anm. zu OLG München NJW 2008, 1331, NJW 2008, 1332; *ders.*, Sachliche Unzuständigkeit und Verschlechterungsverbot, in: FS für *Klaus Volk* zum 65. Geburtstag, München 2009, S. 455 f.; *ders.*, Über das Zusammentreffen verschiedener Rechtsmittel, in: FS für *Karl Heinz Gössel* zum 70. Geburtstag am 16.10.2002, 2002, S. 650 ff.; **Mosbacher**, Aktuelles Strafprozessrecht, JuS 2009, 124; s.a. die Hinw. bei → *Beschwerde, Allgemeines*, Teil A Rdn 400. 577

1. Das **Verschlechterungsverbot** hindert eine Abänderung zum Nachteil des Rechtsmittelführers **nur** dort, wo das Gesetz dies **ausdrücklich** vorschreibt (§§ 331 Abs. 1, 358 Abs. 2, 373 Abs. 2); denn das Verbot folgt nicht unmittelbar aus dem Rechtsstaatsprinzip (Art. 20 Abs. 3 GG), sondern stellt lediglich eine kodifizierte Rechtswohltat dar. 578

☝ Daraus folgt, dass – mangels Kodifizierung im Recht der Beschwerde – das Verschlechterungsverbot dort nicht gilt (h.M.: *Meyer-Goßner/Schmitt*, vor § 304 Rn 3 m.w.N.); eine **analoge Anwendung** der genannten Vorschriften auf die Beschwerde **scheidet** mangels Planwidrigkeit der Regelungslücke **aus** (LG Berlin NJW 2000, 3796).

2. Ausgehend von dem vorgenannten Grundsatz hat die Rechtsprechung jedoch **Ausnahmen** entwickelt, die – neben der Abänderung einer Haftverschonungsentscheidung – vorwiegend Sachentscheidungen betreffen, die **urteilsgleiche Wirkungen** entfalten. 579

a) In den Fällen des § 116 Abs. 4 darf die erfolgte **Haftverschonung** jedenfalls dann im Beschwerdeverfahren nicht zurückgenommen werden, wenn sich die Umstände im Vergleich zum Zeitpunkt der ausgesprochenen Haftverschonung nicht geändert haben (BVerfG StV 2006, 26). Dies gilt auch, wenn schon zum damaligen Zeitpunkt mit der später ausgesprochenen – auch höheren – Strafe zu rechnen war, der Beschuldigte aber die ihm erteilten Auflagen korrekt befolgt hat (BGH NStZ 2005, 279, 280). Allein das Abstellen auf die nunmehr verhängte – hohe – Strafe verletzt Art. 2 Abs. 2 S. 2 i.V.m. Art. 104 Abs. 1 S. 1 GG (BVerfG StV 2008, 25; OLG Nürnberg StraFo 2011, 224). Deshalb ist auch ein „Nachschlag" bei der Kaution nicht zulässig (OLG Frankfurt/Main StV 2010, 586 [Ls.]). 580

☝ Wurde eine **Maßregel** der **Besserung** und **Sicherung** zur Bewährung ausgesetzt (§ 67g StGB), soll dies dagegen nicht gelten (OLG Hamburg NStZ-RR 2007, 250).

581 **b)** Die Wirkung eines Urteils kann auch ein **Beschluss** haben, wenn er eine **eigenständige Sachentscheidung** zu Rechtsfolgen enthält, die in materielle Rechtskraft erwachsen kann.

582 **Bejaht** wurde dies bei

- **Anrechnung ausländischer Freiheitsentziehung** (§ 51 StGB; vgl. *Fischer*, § 51 Rn 28);
- Anrechnung **erbrachter Leistungen** bei Bewährungswiderruf (§ 56f Abs. 3 S. 2 StGB)
  - zugunsten der Staatskasse (OLG Hamm NStZ 1996, 303),
  - bei Schadenswiedergutmachung (OLG Hamm OLGSt StGB § 56f Nr. 40);
- **Aussetzung** des **Strafrestes** bei **lebenslanger Freiheitsstrafe** (§ 57a StGB): Lehnt die Strafvollstreckungsbehörde die Aussetzung der Vollstreckung des Restes einer lebenslangen Freiheitsstrafe ab, spricht aber gleichzeitig aus, dass die Schwere der Schuld des Verurteilten eine weitere Vollstreckung der Strafe nicht mehr gebiete, so ist es geboten, auf diesen Ausspruch im Verfahren der Beschwerde der Verurteilung das Verschlechterungsverbot anzuwenden (OLG Hamm NStZ 1994, 53);
- **Ordnungsmittelbeschlüssen** (OLG Hamm MDR 1960, 946).

583 **Verneint** wird dies inzwischen bei der **nachträglichen Gesamtstrafenbildung** (§ 460; unklar *Meyer-Goßner/Schmitt*, bejahend § 460 Rn 24, verneinend § 460 Rn 19). Nach § 55 StGB ist die Gesamtstrafe zwingend nachträglich zu bilden, wenn – aus welchem Grund auch immer – ihre Bildung (§§ 53, 54 StGB) bislang unterblieben war; denn der Sinn des Gesamtstrafenprinzips liegt in der Ausschaltung von Verfahrenszufälligkeiten (was wurde wann durch welches Gericht abgeurteilt) und damit in der Gleichbehandlung aller Verurteilten: Niemand soll dadurch besser oder schlechter gestellt werden, dass seine Taten nicht in einem Verfahren abgeurteilt worden sind (BGH, Beschl. v. 17.6.2003 – 2 StR 105/03 m.w.N.).

☝ Dies kann zu einer **Erhöhung des Strafübels** insbesondere dann führen, wenn aufgrund einer „unerledigten" Verurteilung eine Zäsurwirkung (vgl. *Fischer* § 55 StGB Rn 9) eingetreten ist (LG Lüneburg NStZ 2009, 573).

584 Das Verschlechterungsverbot findet auch auf **Bewährungsweisungen** (§ 56c StGB) **keine Anwendung**, da sie als rein spezialpräventive Instrumente diejenige Hilfe, die der Verurteilte benötigt, um künftig straffrei zu leben, bezwecken. Auch wenn sie häufig als Belastung empfunden werden, haben Weisungen keinerlei Genugtuungscharakter (KG NStZ-RR 2006, 137).

Siehe auch: → *Beschwerde, Allgemeines*, Teil A Rdn 399, m.w.N.

Beschwerde, weitere Beschwerde 585

Das Wichtigste in Kürze:

1. Nach dem in § 310 Abs. 2 normierten Grundsatz findet eine weitere Anfechtung der auf eine Beschwerde hin ergangenen Entscheidung nicht statt.
2. Beschwerdeentscheidung ist der auf eine Beschwerde hin erlassene Beschluss des Beschwerdegerichts.
3. Für besonders eingriffsintensive Maßnahmen hält der Gesetzgeber im Ausnahmekatalog des § 310 Abs. 1 drei Tatbestände vor, und zwar, wenn es um die Verhaftungen, die einstweilige Unterbringung die Anordnung eines dinglichen Arrests nach § 111b Abs. 2 i.V.m. § 111d über einen Betrag von mehr als 20.000 € geht. Die Vorschrift enthält eine erschöpfende Regelung.

Literaturhinweise: Roth, Der StPO-Arrest im Steuerstrafverfahren – Ausschluss des Steuerfiskus von der Rückgewinnungshilfe nach § 111b Abs. 2 und 5 StPO?, wistra 2010, 335; **Theile**, Anmerkung zu OLG Celle wistra 2008, 359, StV 2009, 161; s.a. die Hinw. bei → *Beschwerde, Allgemeines*, Teil A Rdn 400. 586

1. Nach dem in **§ 310 Abs. 2** normierten **Grundsatz** findet eine weitere Anfechtung der auf eine Beschwerde hin ergangenen Entscheidung nicht statt. **Ausnahmen** hiervon sehen nur § 310 Abs. 1 Nr. 1 – 3 vor (zur weiteren Beschwerde auch *Burhoff*, EV, Rn 4370 ff.). 587

2.a) Beschwerdeentscheidung ist der auf eine Beschwerde hin erlassene Beschluss des Beschwerdegerichts (*Meyer-Goßner/Schmitt*, § 310 Rn 2): Das höherrangige Gericht muss den streitbefangenen Verfahrensgegenstand umfassend beurteilt, insgesamt müssen also **zwei Gerichtsinstanzen** über diesen befunden haben (OLG Stuttgart NStZ 2001, 496; KMR-*Plöd*, § 310 Rn 1). Von diesem Grundsatz weicht das OLG Frankfurt/Main (NStZ-RR 2012, 54) selbst bei Fehlen einer Ausgangsentscheidung ab, wenn das Beschwerdegericht jedenfalls für die – letztinstanzliche – Beschwerdeentscheidung sachlich und funktional zuständig ist. 588

b) Eine **Beschwerdeentscheidung** i.S.d. § 310 Abs. 2 liegt **nicht** vor, wenn zwischen dem Verfahrensgegenstand von Ausgangs- und Beschwerdeentscheidung eine **Inkongruenz** besteht, weil der Verfahrensgegenstand der Beschwerdeentscheidung über den der Ausgangsentscheidung hinausreicht oder das Beschwerdegericht zusätzlich eine selbstständige Entscheidung getroffen hat. 589

Hat das **AG** eine Entscheidung getroffen, für die es **nicht zuständig** war, sondern die vom LG hätte getroffen werden müssen, ist die auf die Beschwerde ergangene Entscheidung das LG in Wahrheit eine erstinstanzliche Entscheidung und daher mit der Beschwerde anfechtbar (OLG Frankfurt/Main NJW 1980; *Meyer-Goßner/Schmitt*, § 310 Rn 2). Gleiches gilt, wenn nicht das LG, sondern das OLG über das Rechtsmittel zu befinden gehabt hätte, 590 weil andernfalls die vom Gesetz gewollte Entscheidung des OLG im Beschwerdeverfahren nicht erreichbar wäre (OLG Düsseldorf NStZ-RR 2001, 111; KK-StPO/*Zabeck*, § 310 Rn 4).

591 Wurde die Entscheidung auf der gleichen Ebene durch das **funktional unzuständige Gericht** (z.B. allgemeine Strafkammer anstelle der Strafvollstreckungskammer) getroffen, liegt ebenfalls eine – anfechtbare – Erstentscheidung vor (KG NStZ 2007, 422; **a.A.** OLG Jena OLGSt StPO § 310 Nr. 12 für den Fall, dass die allgemeine Beschwerdekammer anstelle der StVK entschieden hat).

592 **3.a)** Für besonders eingriffsintensive Maßnahmen hält der Gesetzgeber im **Ausnahmekatalog des § 310 Abs. 1** drei Tatbestände vor: Danach ist die weitere Beschwerde gegen eine strafprozessuale Entscheidung nur statthaft, sofern es sich um die Verhaftungen, die einstweilige Unterbringung und die erst durch Gesetz vom 24.10.2006 (BGBl I, S. 2350) eingeführte Anordnung eines dinglichen Arrests nach § 111b Abs. 2 i.V.m. § 111d über einen Betrag von mehr als 20.000 € handelt. Die Vorschrift enthält eine **erschöpfende Regelung** (BVerfG NJW 1978, 1911). Dazu folgender

593 **Überblick**

- Der Regelungsgehalt des **310 Abs. 1 Nr. 1 (Verhaftung)** deckt sich mit demjenigen in §§ 304 Abs. 4 S. 2 Nr. 1, Abs. 5 (→ *Beschwerde, Beschwerdeausschluss*, Teil A Rdn 426 f.). Er umfasst jeweils **nur** Fragen des **Bestands der Haftanordnung** und bezieht sich **nicht** auf den **Vollzug** der (Untersuchungs-)Haft (→ *Untersuchungshaft, weitere Beschwerde [§ 310]*, Teil B Rdn 1015).
- **§ 310 Abs. 1 Nr. 2** regelt den Fall der **Unterbringung** nach § 126a und § 73 Abs. 1 JGG, nicht jedoch die Unterbringung nach § 81.
- **§ 310 Abs. 1 Nr. 3** betrifft die **Anordnung** eines Arrests nach §§ 111b, 111d über einen Betrag von mindestens 20.000,01 €, nicht hingegen dessen Aufhebung oder die Ablehnung der Anordnung (*Meyer-Goßner/Schmitt*, § 310 Rn 9 m.w.N.). Der Wert bestimmt sich ausschließlich nach der **Bezifferung** im **Arrestbeschluss**; das Ergebnis getroffener Vollstreckungsmaßnahmen bleibt dabei außer Betracht.

594 **b)** Bei einer Beschwerde gegen die **vorläufige Entziehung** der **Fahrerlaubnis** können sich Probleme ergeben:

595 *Beispiel:*

Im Ermittlungsverfahren wird dem Beschuldigten die Fahrerlaubnis vorläufig entzogen (§ 111a). Das AG verurteilt zur Geldstrafe und entzieht die Fahrerlaubnis endgültig. Der Angeklagte legt gegen das Urteil Berufung und gegen den § 111a-Beschluss Beschwerde ein. Daraufhin werden die Akten gem. § 321 S. 2 dem Berufungsgericht vorgelegt. Das Berufungsgericht verwirft die Beschwerde gegen den Beschluss über die vorläufige Entziehung der Fahrerlaubnis (vgl. OLG Stuttgart NStZ 1990, 141).

Es ist **umstritten**, ob der Angeklagten den **Beschluss** des **Berufungsgerichts** (nochmals?) **anfechten kann**. Eine weitere Beschwerde ist ausgeschlossen, da kein Ausnahmefall i.S.d. § 310 Abs. 1 vorliegt (LR-*Schäfer*, § 111a Rn 88). Es ist jedoch allgemein anerkannt, dass ein eingelegter Rechtsbehelf umzudeuten ist, wenn der Wechsel der richterlichen Zuständigkeit (hier eingetreten durch die Aktenvorlage nach § 321 S. 2) zum Erlass der Anordnungen zugleich zum Wechsel der zugeordneten Rechtsmittelinstanzen führt (→ *Rechtsmittel/Rechtsbehelfe, Auslegung/Umdeutung*, Teil A Rdn 1312 ff.). 596

☝ Der Fall ist demzufolge nicht anders zu behandeln, als wäre über die Beschwerde gegen die vorläufige Entziehung der Fahrerlaubnis zum Zeitpunkt der Anklageerhebung **noch nicht entschieden**.

Die Beschwerde gegen den § 111a-Beschluss ist in einen **Antrag** auf **Aufhebung umzudeuten** (KG VRS 117, 165; OLG Celle StraFo 2001, 134; OLG Stuttgart DAR 2002, 279; AnwKomm-StPO/*Lohse*, § 111a Rn 20; LR-*Matt*, § 310 Rn 7; *Meyer-Goßner/Schmitt*, § 111a Rn 19). Die **Gegenauffassung** (z.B. OLG Stuttgart NStZ 1990, 141; Graf/*Huber*, § 111a Rn 16; KMR-*Plöd*, § 310 Rn 2) übergeht bzw. verneint die durch die Aktenvorlage nach § 321 S. 2 eingetretene Zäsur im Verfahren. 597

☝ Gegen die **Ablehnung** des **Antrags** auf **Aufhebung** der **vorläufigen Entziehung** der **Fahrerlaubnis** ist Beschwerde **zulässig**. Wird dem Verteidiger die Entscheidung des OLG Stuttgart NStZ 1990, 141 entgegengehalten, kann er darauf verweisen, dass diese Auffassung selbst dort heute nicht mehr vertreten wird (vgl. OLG Stuttgart DAR 2002, 279).

c) Eine – nicht weiter anfechtbare -Beschwerdeentscheidung liegt auch dann vor, wenn ein **anderer Verfahrensbeteiligter** durch die Beschwerdeentscheidung **erstmalig beschwert** wird (KK-StPO/*Zabeck*, § 310 Rn 2). Allerdings gilt dies nur, sofern es sich de jure um eine Beschwerdeentscheidung (Rdn 588 ff.) handelt, nicht jedoch dann, wenn das Beschwerdegericht in seiner Entscheidung über den Verfahrensgegenstand des angefochtenen Beschlusses hinaus entschieden hat (OLG Stuttgart NStZ 2001, 496). 598

Siehe auch: → *Rechtsmittel/Rechtsbehelfe, Beschwerde, Allgemeines*, Teil A Rdn 399, m.w.N.

599 JGG-Besonderheiten, Abänderung von Entscheidungen

Das Wichtigste in Kürze:

1. Gem. § 11 Abs. 2 JGG kann der Richter nach der Rechtskraft des Urteils Weisungen ändern, von ihnen befreien oder ihre Laufzeit vor Ablauf bis auf drei Jahre verlängern, wenn dies aus Gründen der Erziehung geboten ist. Dies gilt auch für Auflagen nach § 15 JGG.
2. Die Gründe für eine Änderung oder Befreiung müssen in der Erziehung liegen, d.h. sie müssen aus Gründen der Prävention erforderlich sein.
3. Das Verfahren über die nachträglichen Entscheidungen richtet sich nach § 65 JGG.
4. Der Beschluss, durch den die Änderung einer Weisung abgelehnt wird ist gem. § 65 Abs. 2 S. 1 JGG unanfechtbar. Gegen die Änderung von Weisungen ist die einfache Beschwerde gem. § 2 Abs. 2 JGG, § 304 statthaft.

600 **Literaturhinweise:** **Böhm/Feuerhelm**, Einführung in das Jugendstrafrecht. 4. Aufl. 2004; **Böttcher/Weber**, Erstes Gesetz zur Änderung des Jugendgerichtsgesetzes NStZ 1990, 561; **Ostendorf**, Flexibilität versus Rechtsstaatlichkeit im Jugendstrafrecht GA 2006, 513. s.a. die Hinw. bei → *JGG-Besonderheiten, Allgemeines*, Teil A Rdn 619.

601 **1.a)** Die Jugendgerichte ordnen „aus Anlass der Straftat eines Jugendlichen" Erziehungsmaßregeln an (§ 5 Abs. 1 JGG). Erziehungsmaßregeln sind u.a. die in § 10 JGG nicht abschließend genannten Weisungen. **Weisungen** sind Gebote und Verbote, welche die Lebensführung des Jugendlichen regeln und dadurch seine Erziehung fördern und sichern sollen. Dabei dürfen an die Lebensführung des Jugendlichen keine unzumutbaren Anforderungen gestellt werden. Die Laufzeit einer Weisung darf zwei Jahre nicht überschreiten; sie soll bei einer Weisung nach § 10 Abs. 1 S. 3 Nr. 5 JGG (Betreuungsweisung) nicht mehr als ein Jahr, bei einer Weisung nach § 10 Abs. 1 S. 3 Nr. 6 JGG (sozialer Trainingskurs) nicht mehr als sechs Monate betragen.

Nach § 5 Abs. 2 JGG werden Straftaten eines Jugendlichen mit Zuchtmitteln (oder Jugendstrafe) geahndet, wenn Erziehungsmaßregeln nicht mehr ausreichen. Zuchtmittel sind u.a. die in § 15 JGG abschließend geregelten **Auflagen**.

602 Gem. § 11 Abs. 2 JGG kann der Richter **nach** der **Rechtskraft** des **Urteils** Weisungen ändern, von ihnen befreien oder ihre Laufzeit vor Ablauf bis auf drei Jahre verlängern, wenn dies aus Gründen der Erziehung geboten ist.

603 **b) Dasselbe** gilt gem. § 15 Abs. 3 S. 1 JGG für **Auflagen**. Auch diese kann der Richter nachträglich ändern oder von ihrer Erfüllung ganz oder zum Teil befreien, wenn dies aus Gründen der Erziehung geboten ist.

☝ Aus erzieherischen Gründen kann bei Weisungen und Auflagen in eine **rechtskräftige Entscheidung eingegriffen** werden.

Die Vorschrift wird dahin gehend interpretiert, dass nicht die konkret angeordnete Weisung in **Rechtskraft erwachse**, sondern nur die Anordnung, dass dieser Jugendliche durch Weisungen in der jeweils angemessenen Form erzogen werden soll (*Brunner/Dölling*, § 11 Rn 1; kritisch dazu *Eisenberg*, § 11 Rn 5). 604

§ 11 Abs. 2 JGG ist **anwendbar** auf **Jugendliche**, auch wenn sie von einem allgemeinen Gericht verurteilt werden (§ 104 Abs. 1 Nr. 1, Abs. 4 JGG) und auf **Heranwachsende** dann, wenn materielles Jugendstrafrecht auf sie angewendet wird (§ 109 Abs. 2 JGG). 605

c) Der Jugendrichter soll bei **Weisungen**, denen der Jugendliche längere Zeit hindurch nachzukommen hat, in **angemessenen Zeitabständen prüfen**, ob es aus Gründen der Erziehung geboten ist, die Weisung oder ihre Laufzeit zu ändern oder die Weisung aufzuheben (RLJGG Nr. 1 zu § 11). Es wird eine Überprüfung nach spätestens drei Monaten empfohlen (HK-JGG/*Buhr* § 11 Rn 15). 606

☝ Eine Überprüfung der (weiteren) Zweckmäßigkeit der Weisung und dementsprechende Nachfragen empfehlen sich auch für den Verteidiger.

2.a) Die **Gründe** für eine **Änderung** oder Befreiung müssen in der Erziehung liegen, d.h. sie müssen aus Gründen der Prävention erforderlich sein (*Ostendorf*, § 11 Rn 6). **Erzieherische Gründe** liegen dann vor, wenn sich aufgrund veränderter äußerer (sozialer Verhältnisse des Jugendlichen) oder in der Person des Verurteilten (Erziehungsfähigkeit und -bedürftigkeit) liegender Umstände eine **andere Beurteilung des erzieherischen Einwirkungserfolges** der einmal angeordneten Weisung ergibt (*Eisenberg*, § 11 Rn 6; D/S/S-*Diemer*, § 11 Rn 4; HK-JGG/*Buhr*, § 11 Rn 11; *Laubenthal/Baier/Nestler*, Rn 632). Da es keine Rolle spielt, ob die Einschätzung des Einwirkungserfolges aufgrund äußerer oder in der Person des Delinquenten liegender Umstände revidiert werden muss, ist auch **kein Verschulden** erforderlich (*Eisenberg*, § 11 Rn 5). 607

☝ Wenn der Jugendliche die Weisung **bereits vollständig erfüllt** hat, ist eine Änderung nicht mehr möglich.

Unerheblich ist, ob die Umstände, die zur Anpassung führen, erst **nach** dem **Zeitpunkt** der **Entscheidung** eingetreten sind. Eine **Abänderung** ist **auch** dann zulässig, wenn die dazu führenden Verhältnisse zwar **schon vor der ursprünglichen Entscheidung bestanden**, dem Gericht aber erst nachträglich bekannt geworden sind. Allerdings sind solche Änderungen ausgeschlossen, die bei im Übrigen unveränderten Umständen le- 608 diglich auf einer abweichenden Beurteilung desselben Sachverhalts – etwa infolge eines richterlichen Zuständigkeitswechsels – beruhen.

609 **Ohne** neu hinzugetretene oder bekannt gewordenen Umstände ist eine Abänderung nach § 11 Abs. 2 JGG daher **unzulässig** (*Eisenberg*, § 11 Rn 5; HK-JGG/Buhr, § 11 Rn 10; D/S/S-*Diemer*, § 11 Rn 5; *Albrecht*, S. 169; *Brunner/Dölling*, § 11 Rn 2; a.A. *Böhm/Feuerhelm*, S. 192).

☝ Falls sich die Lebensumstände des Jugendlichen **positiv verändert** haben oder die verhängte Weisung nicht mehr erzieherisch wirkt, sollte der Verteidiger einen **Antrag** auf Änderung oder Aufhebung der Weisung stellen. So können z.B. Arbeitsweisungen abgeändert oder aufgehoben werden, wenn der Jugendliche einen Arbeits- oder Ausbildungsplatz gefunden hat. Ein Hinweis auf fehlende erzieherische Wirkung kann auch sein, dass der Jugendliche der Weisung nicht nachkommt

610 Eine Änderung der Weisung kommt auch in Betracht, wenn der Jugendliche bei einer Weisung gem. § 10 Abs. 2 JGG (**heilerzieherische Behandlung** oder **Entziehungskur**) seine **Einwilligung widerruft**.

611 **b)** Nach h.M. können abgeänderte Weisungen einen stärkeren Eingriff und eine stärkere Belastung für den Jugendlichen sein; das **Verschlechterungsverbot** (→ *JGG-Besonderheiten, Verschlechterungsverbot*, Teil A Rdn 971 ff.) **gilt** nach wohl h.M. **nicht** (*Brunner/Dölling*, § 11 Rn 3; D/S/S-*Diemer*, § 11 Rn 8; *Streng*, S. 181; HK-JGG/*Buhr*, § 11 Rn 13; *Laubenthal/Baier/Nestler*, Rn 633; a.A. *Ostendorf*, § 11 Rn 4; *Eisenberg*, § 11 Rn 5; *Böhm/Feuerhelm*, § 24 3b). Diese Ansicht ist jedoch aus Gründen des Vertrauensschutzes abzulehnen. Der Jugendliche vertraut drauf, dass mit dem Urteil das Strafübel feststeht. Ein Eingriff in die Verlässlichkeit des strafjustiziellen Systems kann zu einer Antihaltung des Verurteilten zur Rechtsordnung führen und eine Straftatenwiederholung begünstigen (*Ostendorf* GA 2006, 523).

612 **c)** Die zusätzliche Anordnung **völlig neuer Weisungen**, die keine Ergänzung der bestehenden darstellen, ist **unzulässig** (D/S/S-*Diemer* § 11 Rn 7). Anders als bei § 56e StGB, wonach das Gericht Entscheidungen nach § 56c StGB nachträglich *treffen*, ändern oder aufheben kann, ermächtigt § 11 Abs. 2 JGG nur zur Änderung oder Befreiung von Weisungen (s. dazu auch Burhoff/Kotz/*Schimmel*, Nachsorge, Teil B Rn 771).

☝ Eine **bestehende Weisung** kann lediglich durch **weitere** ergänzt werden. Die zusätzliche Anordnung einer völlig neuen Weisung scheidet aus.

613 **d) Weisungen und Auflagen** sind bei der Abänderung **nicht austauschbar**, da Auflagen eine andere (nämlich auch ahndende) Funktion haben. Sie können nicht im Nachhinein angeordnet werden, ohne dass ihre Voraussetzungen in der HV festgestellt worden sind

(*Brunner/Dölling*, § 11 Rn 3; *Eisenberg*, § 11 Rn 8; D/S/S-*Diemer*, § 11 Rn 6; HK-JGG/*Buhr*, § 11 Rn 9; a.A. *Böttcher/Weber* NStZ 1990, 561). Eine gesetzliche Spezialregelung existiert für **Wehrpflichtige**. Gem. § 112a Nr. 3 S. 2 JGG soll der Richter bei Wehrpflichtigen Weisungen und Auflagen, die bereits erteilt sind, diesen Besonderheiten anpassen. Bei Wehrpflichtigen ist daher eine Austauschbarkeit von Weisungen und Auflagen zulässig (*Ostendorf*, § 11 Rn 4; a.A. *Brunner/Dölling*, § 11 Rn 3; HK-JGG/*Buhr*, § 11 Rn 12; D/S/S-*Diemer*, § 11 Rn 6; § 112a Rn 5).

e) Gegen eine allzu lange **Verlängerung** sprechen erzieherische Gründe, da eine zu lange Dauer demotivierend wirkt. Der Bezug zum Anlass der Sanktionierung geht verloren (*Ostendorf*, § 11 Rn 3; *Brunner/Dölling*, § 11 Rn 1). **614**

f) Eine **Befreiung** kommt von einzelnen oder sämtlichen Anordnungen in Betracht, wenn bei Durchführung von Weisungen oder anderen Sanktionen **keine Einwirkungsmöglichkeit mehr besteht** oder sich die **Ungeeignetheit** der Weisung herausgestellt hat. Ein Grund für eine Befreiung von einer Weisung kann beispielsweise darin gesehen werden, dass eine Stabilisierung der Lebensverhältnisse bereits früher als erwartet eingetreten ist, und daher eine Weisung ins Leere läuft (*Eisenberg*, § 11 Rn 9). **615**

3.a) Das **Verfahren** über die nachträglichen Entscheidungen richtet sich nach **§ 65 JGG**. Es entscheidet der Richter des ersten Rechtszuges durch Beschluss. Überlässt das Jugendgericht gem. **§ 53 JGG** die Auswahl und Anordnung von Erziehungsmaßregeln dem **Familiengericht**, entscheidet dieses über etwaige Änderungen und Befreiungen von Weisungen bzw. über deren Laufzeit (HK-JGG/*Buhr*, § 11 Rn 14; D/S/S-*Diemer*, § 11 Rn 9). **616**

b) Vor der Beschlussfassung sind **zwingend anzuhören** (§ 65 Abs. 1 S. 1 JGG): die StA, der Jugendliche und ggf. sein Verteidiger und der Erziehungsberechtigte bzw. gesetzliche Vertreter (§ 67 Abs. 2 JGG). **Soweit erforderlich**, sind **anzuhören** (§ 65 Abs. 1 S. 2 JGG) der Vertreter der Jugendgerichtshilfe. Eine Anhörung der JGH soll zumindest immer dann erforderlich sein, wenn sie die Erziehungsmaßregel überwacht und vorgeschlagen hat (HK-JGG/*Buhr*, § 11 Rn 17), der nach § 10 Abs. 1 S. 3 Nr. 5 JGG bestellte Betreuungshelfer, der nach § 10 Abs. 1 S. 3 Nr. 6 JGG tätige Leiter eines sozialen Trainingskurses. **617**

> ☝ Einer **mündlichen Anhörung** bedarf es **nicht** (Umkehrschluss aus § 65 Abs. 1 S. 3 JGG).
>
> Eine mündliche Anhörung ist aber i.d.R. **empfehlenswert** (*Brunner/Dölling*, § 11 Rn 2a) und sollte vom Verteidiger angeregt werden.

4. Der Beschluss, durch den die **Änderung** einer Weisung **abgelehnt** wird ist gem. § 65 Abs. 2 S. 1 JGG **unanfechtbar**. Gegen die Änderung von Weisungen ist die einfache **Beschwerde** gem. § 2 Abs. 2 JGG, § 304 statthaft (HK-JGG/*Buhr*, § 11 Rn 17; *Laubenthal/Baier/Nestler*, Rn 635). Allerdings wendet die h.M. die sachliche Rechtsmittelbeschränkung des § 55 Abs. 1 JGG (→ *JGG-Besonderheiten, Rechtsmittelbeschränkungen*, Teil A **618**

Rdn 817 ff.) entsprechend an, sodass die richterlichen Entscheidungen weitgehend einer Anfechtung entzogen sind (*Eisenberg*, § 65 Rn 16; HK-JGG/*Meier*, § 65 Rn 10), es sei denn es liegt eine gesetzeswidrige Anordnung vor (→ *JGG-Besonderheiten, Rechtsmittelbeschränkungen*, Teil A Rdn 850)

Siehe auch: → *JGG-Besonderheiten, Allgemeines*, Teil A Rdn 619, m.w.N.; → *JGG-Besonderheiten, Rechtsmittelbeschränkungen*, Teil A Rdn 817.

619 JGG-Besonderheiten, Allgemeines

Das Wichtigste in Kürze:

1. Das Jugendstrafrecht ist „Erziehungsstrafrecht"; es wird vom Erziehungsgedanken beherrscht.
2. Das Jugendstrafrecht kann auch auf Heranwachsende (18 – 20-Jährige) angewandt werden.
3. Im Jugendstrafrecht existiert ein eigener Rechtsfolgen-/Sanktionskatalog.
4. Die allgemeinen Verfahrensvorschriften der StPO gelten nur, soweit das JGG keine Ausnahmen bestimmt. Die Rechtsmittel selbst unterscheiden sich nicht von denen des allgemeinen Verfahrensrechts.
5. Auch bei Bildung einer einheitlichen Rechtsfolge gem. § 31 JGG ist die Teilanfechtung des Schuldspruchs wegen einer von mehreren Taten zulässig.
6. Gegen einen Jugendlichen darf kein Strafbefehl erlassen werden.
7. Gegen einen Jugendlichen kann keine Privatklage erhoben werden.
8. Seit dem 1.1.2007 ist im Verfahren gegen Jugendliche der Anschluss des Verletzten als Nebenkläger ist in bestimmten Fällen, jedoch erst nach Erhebung der Anklage zulässig (§ 80 Abs. 3 JGG).
9. Das beschleunigte Verfahren (§§ 417 ff. StPO) ist gegen Jugendliche gem. § 79 Abs. 2 JGG unzulässig.
10. Das vereinfachte Jugendverfahren gem. §§ 76 – 78 JGG bildet einen Ersatz für die gegen Jugendliche unzulässigen Verfahrensarten „Strafbefehl" und „beschleunigtes Verfahren" (vgl. § 79 JGG).
11. Jugendstrafe ist die „eigentliche Freiheitsstrafe" des Jugendstrafrechts. Ihre Verhängung kann nach § 27 JGG zur Bewährung ausgesetzt werden.
12. Es gibt Richtlinien zum Jugendgerichtsgesetz.

620 **Literaturhinweise: Bartels**, Das Strafbefehlsverfahren bei Heranwachsenden in Theorie und Praxis, 2007; **Constien** Die Anwendung von Jugendstrafrecht auf Heranwachsende gem. § 105 Abs. 1 JGG, JAmt 2011, 634; **Cornel**, Der Erziehungsgedanke im Jugendstrafrecht – historische Entwicklungen, in: *Dollinger/Schmidt-Semisch* (Hrsg.), Handbuch Jugendkriminalität 2010, S. 455; **Eisenberg**, Probleme des Jugendstraf- und Ju-

gendstrafverfahrensrechts, NJW 2010, 1507; *ders.*, Anwendungsmodifizierung bzw. Sperrung von Normen der StPO durch Grundsätze des JGG, NStZ 1999, 281; **Esser/Fritz/Schmidt**, Die Beurteilung der sittlichen Reife Heranwachsender im Sinne des § 105 JGG, MSchrKrim 1991, 356; **Flümann**, Die Vorbewährung nach § 57 JGG; **Goerdeler**, Das „Ziel der Anwendung des Jugendstrafrechts" und andere Änderungen des JGG, ZJJ 2008, 137; **Grunewald**, Die besondere Bedeutung des Erziehungsgedankens im Jugendstrafverfahren, NJW 2003, 1995; **Höynck**, Zu den Ausweitungen der Opferrechte im JGG durch das 2. JuMoG, ZJJ 2007, 76; **Jäckel**, Aussetzung der Verhängung einer Jugendstrafe, Strafaussetzung zur Bewährung und Vorbewährung im Jugendstrafrecht, JA 2010, 539; **Jaglarz**, Vorhandensein schädlicher Neigungen im Zeitpunkt der Nachverfahrensentscheidung als Verhängungsvoraussetzung der Jugendstrafe gemäß §§ JGG § 30, JGG § 62 JGG?, NStZ 2015, 191; **Kreuzer**, Ist das deutsche Jugendstrafrecht noch zeitgemäß?, NJW 2002, 2345; **Kudlich**, Besonderheiten des jugendstrafgerichtlichen Verfahrens JuS 1999, 877; **Meier**, Richterliche Erwägungen bei der Verhängung von Jugendstrafe und deren Berücksichtigung durch Vollzug und Bewährungshilfe, 1994; **Mohr**, Heranwachsende und Erwachsene gemeinsam vor dem Strafgericht, 2005; **Nothacker**, Zur besonderen Beschränkung der Rechtsmittel im Jugendstrafverfahren (§ 55 JGG), GA 1982, 451; **Pollähne**, Anm. zu BGH vom 29.1.2002, RuP 2002, 250; **Schumann**, Werte und Gesellschaft, ZJJ 2008, 374; **Sommerfeld**, Vorbewährung nach § 57 JGG in Dogmatik und Praxis. 2007; **Sonnen**, Jugendkriminalpolitik zwischen Glauben und Wissen, StV 2005, 94; **Trenczek**, Verhältnis von Jugendhilfe- zu Jugendstrafrecht, ZJJ 2009, 352; **Winkler**, Erziehung sinnlos? – Zum sozialpädagogischen Umgang mit jungen Mehrfachauffälligen, in: BMJ (Hrsg.) Das Jugendkriminalrecht vor neuen Herausforderungen?, S. 135.

1. Der das Jugendstrafrecht **prägende Grundsatz** ist der **Erziehungsgedanke** (dazu *Cornel*, S. 455; *Winkler*, S. 135; *Sonnen* StV 2005, 94; *Eisenberg* NJW 2010, 1507; *Trenczek* ZJJ 2009, 352; *Grunewald* NJW 2003, 1995; *Goerdeler* ZJJ 2008, 137). Gem. § 2 Abs. 1 JGG soll die Anwendung des Jugendstrafrechts vor allem erneuten Straftaten eines Jugendlichen oder Heranwachsenden entgegenwirken. Um dieses Ziel zu erreichen, sind die Rechtsfolgen und unter Beachtung des elterlichen Erziehungsrechts auch das Verfahren vorrangig am Erziehungsgedanken auszurichten. Jugendstrafrecht ist also „**Erziehungsstrafrecht**". Der Jugendliche soll in erster Linie „erzogen", nicht bestraft werden. Als ultima ratio kommt jedoch auch „Erziehung durch Strafe" in Betracht. Der Erziehungsgedanke ist der Grund, die Rechtfertigung, aber auch die Grenze für die Anwendung von Jugendstrafrecht. Es geht nur um die „Erziehung zu Legalverhalten", nicht um eine Erziehung zu bestimmten weltanschaulichen Ansichten (*Schumann* ZJJ 2008, 374) oder gar einer umfassenden Einwirkung auf die Persönlichkeit, das Verhalten und die Entwicklung des beschuldigten Jugendlichen (BT-Drucks 16/6293 S. 9; die Gesetzesbegründung enthält neben Relativierungen auch viele Argumentationshilfe für die Verteidigung). **621**

☝ Der Erziehungsgedanke wird von den **Jugendgerichten** jedoch **vor allem** dann bemüht, wenn eine höhere bzw. **hohe Jugendstrafe** verhängt werden soll (*Meier*, S. 96).

Der **Verteidiger** muss darauf **achten**, dass die Rechte seines Mandanten nicht im Gewande des Erziehungsgedankens verkürzt werden.

Der Erziehungsgedanke ist der Hintergrund, dass im Jugendstrafverfahren auch **rechtskräftige Rechtsfolgen nachträglich abgeändert** werden können (→ *JGG-Besonderheiten, Ab-* **622** *änderung von Entscheidungen*, Teil A Rdn 599 ff.; → *JGG-Besonderheiten, Bewährungsfragen*, Teil A Rdn 672 ff.).

623 Wie sich bereits aus dem Wortlaut von § 2 Abs. 1 JGG ergibt, soll neuen Straftaten „eines" und nicht von Jugendlichen und Heranwachsenden vorgebeugt werden. Dies bedeutet, dass **generalpräventive Erwägungen** daher im Jugendstrafverfahren **ausgeschlossen** sind, jedenfalls als eigenständiger Strafzweck (vgl. statt vieler D/S/S-*Sonnen*, § 2 Rn 1; BT-Drucks 16/6293 S. 10).

624 **2.** Das Jugendstrafrecht wird auch auf **Heranwachsende** (18 – 20-Jährige) angewandt (s. *Burhoff*, EV Rn 2355 ff.), wenn entweder die Gesamtwürdigung der Persönlichkeit des Täters bei Berücksichtigung auch der Umweltbedingungen ergibt, dass er zur Zeit der Tat nach seiner sittlichen und geistigen Entwicklung noch einem Jugendlichen gleichstand (**Reifeverzögerungen**; § 105 Abs. 1 Nr. 1 JGG) oder es sich nach der Art, den Umständen oder den Beweggründen der Tat um eine **Jugendverfehlung** handelt (§ 105 Abs. 1 Nr. 2 JGG). Die Praxis behilft sich bei der Reifebeurteilung mit den Kriterien der sog. „Marburger Richtlinien" (vgl. dazu *Esser/Fritz/Schmidt* MSchrKrim 1991, 356; *Constien* JAmt 2011, 634).

625 **3.** Im Jugendstrafrecht existiert ein **eigener Rechtsfolgen-/Sanktionskatalog**, den der Verteidiger kennen muss (vgl. *Burhoff*, EV, Rn 2363 ff.; *Burhoff*, HV, Rn 1788 ff. *Jäckel* JA 2010, 539). Geld- und Freiheitsstrafe sind ausgeschlossen. Als Rechtsfolgen kommen nur Erziehungsmaßregeln, Zuchtmittel und Jugendstrafe in Betracht (§ 5 JGG). **Erziehungsmaßregeln** sind nach § 9 JGG entweder die Erteilung von Weisungen oder die Anordnung, Hilfe zur Erziehung im Sinne des § 12 JGG in Anspruch zu nehmen. Praktisch relevant sind vor allem die in § 10 JGG nicht abschließend aufgezählten Weisungen. Diese sind Gebote und Verbote, welche die Lebensführung des Jugendlichen regeln und dadurch seine Erziehung fördern und sichern sollen. Dabei dürfen an die Lebensführung des Jugendlichen keine unzumutbaren Anforderungen gestellt werden. Eher ahndenden Charakter, jedoch nicht die Rechtswirkung einer Strafe haben die in § 13 JGG aufgezählten **Zuchtmittel**. Zuchtmittel sind die Verwarnung (§ 14 JGG), die Erteilung von Auflagen (abschließend in § 15 JGG genannt) sowie der Jugendarrest (§ 16 JGG). Die schärfste Sanktion und „eigentliche Kriminalstrafe" des JGG ist die **Jugendstrafe** (§§ 17 f. JGG); zu den Voraussetzungen → *JGG-Besonderheiten, Revision*, Teil A Rdn 869, 896. Das JGG kennt neben der Aussetzung der Vollstreckung der Jugendstrafe zur Bewährung (§§ 21ff. JGG), die Aussetzung der Verhängung der Jugendstrafe zur Bewährung (§ 27 JGG; Einzelheiten bei Rdn 644 ff.; s. dazu auch Burhoff/Kotz/*Schimmel*, Nachsorge, Teil A Rn 88; Teil B Rn 916 ff.), sowie die von der Praxis entwickelte und durch Gesetz vom 4.9.2012, Inkrafttreten: 7.10.2012 (BGBl 2012, 1854) gesetzlich normierte „Vorbewährung", bei der die Entscheidung über die Aussetzung der Vollstreckung für eine gewisse Zeit vorbehalten bleibt (ab 7.10.2012 §§ 61 ff. JGG, davor § 57 Abs. 1

JGG; OLG Hamm StV 2002, 404; *Eisenberg*, § 57 Rn 6; *Kreuzer* NJW 2002, 2351; zur Bewährungsunterstellung *Sommerfeld*, S. 148; *Flümann*, S. 105; s. dazu auch Burhoff/Kotz/*Schimmel*, Nachsorge, Teil A Rn 118 ff.).

4.a) Nach § 2 Abs. 2 JGG gelten im Jugendstrafverfahren **grds**. die Vorschriften des allgemeinen Strafverfahrensrechts der **StPO**, soweit das JGG keine hiervon abweichende Bestimmung enthält. Jedoch müssen auch die allgemeinen Vorschriften jugendgemäß ausgelegt werden (*Eisenberg* NStZ 1999, 281; *Nothacker* GA 1982, 451). 626

b) Die Rechtsmittel selbst unterscheiden sich im JGG-Verfahren nicht. Wie im allgemeinen Strafrecht sind grds. möglich Berufung, Revision und Beschwerde. Bezüglich der **Rechtsmittelvorschriften** enthält das JGG jedoch einige wichtige **Ausnahmen**. 627

aa) Vorab: Im Jugendstrafrecht werden erheblich **weniger Rechtsmittel** eingelegt als bei Erwachsenen. Im Jahr 1992 wurden gegen Urteile des Jugendrichters in 1,5 % der Verfahren Berufung eingelegt, gegen Urteile des Strafrichters dagegen in 8 % der Verfahren. Gegen Urteile des Jugendschöffengerichts gab es in 7 % Berufungen, gegen Urteile des Schöffengerichts in 15 % (Zahlen nach *Böhm/Feuerhelm*, S. 97). In dem Jahren 2010 sowie 2013 richteten sich von den erledigten Berufungsverfahren jeweils 5,5 % bzw. 5,1 % gegen Urteile des Jugendrichters sowie 8,6 % bzw. 7,8 % gegen Urteile des Jugendschöffengerichts, wobei in 33 bzw. 40 Fällen die Berufung von der Erziehungsberechtigten bzw. gesetzlichen Vertretern eingelegt wurde (*Eisenberg*, JGG, § 55 Rn 38). Bei den erledigten Revisionsverfahren vor dem OLG (für den BGH werden jugendrechtliche Revisionen nicht gesondert ausgewiesen) im Jahr 2010 bzw. 2013 richteten jeweils 0,6 % gegen Urteile des Jugendrichters, 0,8 % bzw. 1,2 % gegen Urteile des Jugendschöffengerichts sowie 1,2 % bzw. 1,6 % gegen Urteile der Jugendkammer. Lediglich 2013 wurde in einem Fall die Revision von den Erziehungsberechtigten oder gesetzlichen Vertretern eingelegt (*Eisenberg*, JGG, § 55 Rn 38). 628

bb) Wichtigste Ausnahme gegenüber dem allgemeinen Verfahrensrecht stellt die **Rechtsmittelbeschränkung** (→ *JGG-Besonderheiten, Rechtsmittelbeschränkungen*, Teil A Rdn 817 ff.) des **§ 55 Abs. 1, 2 JGG** dar, die auch Auswirkungen auf andere Rechtsbehelfe hat. 629

☝ Bei Jugendlichen ist wegen der Beschränkungen immer sehr sorgfältig **abzuwägen**, welches Rechtsmittel eingelegt werden soll.

Eine **weitere** wichtige Ausnahme gegenüber dem allgemeinen Strafrecht besteht aufgrund der **Einspurigkeit der freiheitsentziehenden Maßnahmen** im Jugendstrafverfahren (s. BGH NStZ-RR 2002, 182 m. Anm. *Pollähne*). Einspurigkeit bedeutet, dass gem. § 5 Abs. 3 JGG von Zuchtmitteln und Jugendstrafe abgesehen wird, wenn die Unterbringung in einem psychiatrischen Krankenhaus oder einer Entziehungsanstalt die Ahndung durch den Richter entbehrlich macht. Das hat zur Folge, dass das **Rechtsmittel nicht wirksam** 630 auf die **Anordnung** oder **Nichtanordnung** der **Unterbringung** in einem psychiatrischen Krankenhaus oder einer Entziehungsanstalt **beschränkt** werden kann. Die Jugendstrafe darf nicht in Rechtskraft erwachsen, bevor nicht auch über die Unterbringung rechtskräftig entschieden ist (s. BGH ZJJ 2015, 68; BGH NStZ-RR 2009, 354). Bei einer Beschränkung des Rechtsmittels würde dem Tatrichter die ihm nach § 5 Abs. 3 JGG obliegende Beurteilung und Entscheidung, ob die Unterbringung die Ahndung durch eine Jugendstrafe entbehrlich macht, nicht mehr möglich sein (BayObLG JZ 1989, 652 mit zust. Anm. *Brunner* JR 1990, 210). Über die Anordnung der Maßregel allein oder neben der Verhängung von Jugendstrafe kann nur aufgrund einheitlicher Beurteilung entschieden werden (BGH NStZ-RR 1998, 188; Beschl. v. 26.6.2012 – 2 StR 187/12).

☝ Die **Nichtunterbringung** in einem psychiatrischen Krankenhaus oder einer Entziehungsanstalt kann bei Jugendlichen wegen § 5 Abs. 3 JGG **nicht isoliert** in **Rechtskraft** erwachsen, also auch nicht vom Rechtsmittel ausgenommen werden.

631 **5.** Bei Bildung einer einheitlichen Rechtsfolge gem. § 31 JGG (→ *JGG-Besonderheiten, Entscheidungsergänzungen, nachträgliche*, Teil A Rdn 767; → *JGG-Besonderheiten, Teilvollstreckung einer Einheitsstrafe*, Teil A Rdn 911 ff.) ist die **Teilanfechtung** des Schuldspruchs wegen einer von mehreren Taten **zulässig** (*Eisenberg*, § 55 R 15). Bei einer Teilanfechtung wird jedoch immer der gesamte Rechtsfolgenausspruch von der Anfechtung erfasst.

632 **6.** Gegen einen Jugendlichen darf **kein Strafbefehl** erlassen werden (**§ 79 JGG**). Diese Vorschrift gilt für Heranwachsende nur unter den Voraussetzungen des § 105 JGG, d.h. wenn Jugendstrafrecht auf sie angewendet wird (s. Rdn 624; zur Kritik *Bartels*, S. 50 ff.) Aber auch bei der Anwendung von allgemeinem Strafrecht auf einen Heranwachsenden – die hierfür erforderlichen Feststellungen müssen dann bereits im Ermittlungsverfahren zweifelsfrei vorliegen (*Zieger*, Rn 230) – ist die Verhängung einer Freiheitsstrafe im Wege des Strafbefehlsverfahrens unzulässig (§ 109 Abs. 3 JGG) (→ *Strafbefehl, Allgemeines*, Teil B Rdn 699 ff.; → *Strafbefehl, Bekanntmachung*, Teil B Rdn 712 ff.; → *Strafbefehl, Beschlussverfahren/Hauptverhandlung*, Teil B Rdn 721 ff.; → *Strafbefehl, Einspruch*, Teil B Rdn 743 ff.; → *Strafbefehl im Hauptverfahren*, Teil B Rdn 770 ff.; → *Strafbefehl, Inhalt*, Teil B Rdn 789 ff.).

633 Der Jugendrichter ist nicht gehindert, in einer **nach** dem **Einspruch** stattfindenden HV auf den Heranwachsenden **Jugendstrafrecht** anzuwenden.

☝ Liegen Anhaltspunkte dafür vor, dass bei dem Heranwachsende zur Tatzeit (!) die Voraussetzungen für die **Anwendung** von **Jugendstrafrecht** vorgelegen haben (s. dazu Rdn 624), sollte unbedingt **Einspruch** gegen den Strafbefehl eingelegt werden.

634 **7.** Gegen einen **Jugendlichen** kann **Privatklage nicht** erhoben werden. Eine Verfehlung, die nach den allgemeinen Vorschriften durch Privatklage verfolgt werden kann, verfolgt die StA

auch dann, wenn Gründe der Erziehung oder ein berechtigtes Interesse des Verletzten, das dem Erziehungszweck nicht entgegensteht, es erfordern (§ 80 Abs. 1 JGG). Nach RLJGG Nr. 1 zu § 80 JGG können Gründe der Erziehung die Verfolgung eines Privatklagedeliktes namentlich dann erfordern, wenn Jugendliche wiederholt oder schwere Straftaten begangen haben und eine Ahndung zur Einwirkung auf sie geboten ist. Gegen einen jugendlichen Privatkläger ist gem. § 80 Abs. 2 JGG Widerklage zulässig. Auf Jugendstrafe darf nicht erkannt werden. Gegen **Heranwachsende** ist **Privatklage zulässig** (vgl. § 109 Abs. 2 JGG).

8.a) Bis zum Jahr 2006 war die **Nebenklage** in Verfahren gegen **Jugendliche unzulässig**. **635**
Seit dem 1.1.2007 ist der Anschluss des Verletzten als Nebenkläger ist in bestimmten Fällen, jedoch erst nach Erhebung der Anklage zulässig (**§ 80 Abs. 3 JGG**; dazu *Höynck* ZJJ 2007, 76). Der erhobenen öffentlichen Klage kann sich nur anschließen, wer durch ein Verbrechen gegen das Leben, die körperliche Unversehrtheit oder die sexuelle Selbstbestimmung oder nach § 239 Abs. 3 StGB, § 239a StGB oder § 239b StGB, durch welches das Opfer seelisch oder körperlich schwer geschädigt oder einer solchen Gefahr ausgesetzt worden ist, oder durch ein Verbrechen nach § 251 StGB, auch in Verbindung mit § 252 StGB oder § 255 StGB, verletzt worden ist. Diese Ausnahmetatbestände sind jedoch eng auszulegen (LG Saarbrücken NStZ 2015, 231; LG Oldenburg ZJJ 2011, 92) und nicht auf Delikte, die das Eigentum schützen, auszudehnen (LG Köln ZJJ 2014, 175).

§ 80 JGG gilt nicht für **Heranwachsende** (§§ 109, 112 S. 2 JGG); gegen sie ist Nebenklage **636**
immer **zulässig**, d.h. auch dann, wenn materiell Jugendstrafrecht (s. dazu Rdn 624) zur Anwendung kommt. Wurden die Straftaten zum Teil als Jugendlicher, zum Teil als Heranwachsender begangen, ist bei Einheitlichkeit des Verfahrens die Nebenklage insgesamt unzulässig (LG Hamburg bei *Böhm* NStZ 1989, 523), soweit nicht eine Zulässigkeit gem. § 80 Abs. 3 JGG besteht. Bei **verbundenen Verfahren** gegen Jugendliche und Heranwachsende bzw. Erwachsene ist die Zulässigkeit der Nebenklage bei Taten, die sowohl den jugendlichen als auch den heranwachsenden/erwachsenen Angeklagten betreffen, umstritten. So wird teilweise die Zulässigkeit der Nebenklage mit dem Argument bejaht, dass es sich bei der Beteiligung eines Jugendlichen aus der Sicht des Verletzten lediglich um einen Zufall handelt (BGHSt 41, 288; OLG Düsseldorf NStZ 1994, 605; OLG Düsseldorf NStZ 1995, 143; *Brunner/Dölling*, § 109 Rn 6). Teilweise wird die Nebenklage in einer solchen Verfahrenssituation für generell unzulässig erachtet (AG Ebersberg ZJJ 2014, 297, jedenfalls bei Vergehen; OLG Köln NStZ 1994, 298; LG Zweibrücken ZJJ 2009, 61; *Eisenberg*, § 80 Rn 13). Vermittelnde Ansichten fordern eine Entscheidung im Einzelfall unter Abwägung der gegenläufigen Interessenslage (*Ostendorf*, § 80 Rn 1a; *Mohr*, S. 155).

b) Die Vorschriften über die Entschädigung des Verletzten, insbesondere das **Adhäsionsver-** **637**
fahren (§§ 403 – 406c) werden in einem Verfahren gegen einen Jugendlichen **nicht** angewendet (§ 81 JGG). § 81 JGG gilt nicht für Heranwachsende, d.h. gegen sie ist ein Adhäsionsantrag zulässig, auch wenn materiell Jugendstrafrecht (s. dazu Rdn 624) zur Anwendung kommt.

638 **9.** Das **beschleunigte Verfahren** (§§ 417 ff.) ist gegen **Jugendliche** gem. § 79 Abs. 2 JGG **unzulässig**. Allerdings ist es gegen **Heranwachsende** nicht ausgeschlossen, selbst dann, wenn materiell Jugendstrafrecht auf sie angewandt wird (fehlende Verweisung in § 109 JGG; s. dazu Rdn 624). Jedoch gilt gem. § 109 Abs. 2 S. 2 JGG die Rechtsmittelbeschränkung des § 55 JGG (→ *JGG-Besonderheiten, Rechtsmittelbeschränkungen*, Teil A Rdn 817 ff.) bei einer Entscheidung im beschleunigten Verfahren nicht.

☝ Dem **Heranwachsenden**, der im beschleunigten Verfahren verurteilt wurde, steht immer der **gesamte Instanzenzug** zur Verfügung, unabhängig davon, ob materiell Jugendstrafrecht oder Erwachsenenstrafrecht auf ihn angewendet wurde.

639 **10.a)** Das **vereinfachte Jugendverfahren** gem. §§ 76 – 78 JGG bildet einen Ersatz für die gegen Jugendliche unzulässigen Verfahrensarten „Strafbefehl“ (s. dazu Rdn 632 ff.) und „beschleunigtes Verfahren“ (s. dazu Rdn 638). Es ist nur gegen Jugendliche, nicht gegen Heranwachsende zulässig.

640 Die **StA beantragt**, im vereinfachten Jugendverfahren zu entscheiden, wenn zu erwarten ist, dass der Jugendrichter ausschließlich Weisungen erteilen, die Erziehungsbeistandschaft anordnen, Zuchtmittel verhängen, auf ein Fahrverbot erkennen, die Fahrerlaubnis entziehen und eine Sperre von nicht mehr als zwei Jahren festsetzen, den Verfall oder die Einziehung aussprechen wird.

641 Hält der **Jugendrichter** die Voraussetzungen für eine Entscheidung im vereinfachten Jugendverfahren nicht für gegeben, **lehnt** er die Entscheidung **ab**. Dieser Beschluss ist **unanfechtbar** (§ 77 Abs. 1 S. 3 JGG). Mit dem ablehnenden Beschluss wird das Verfahren in den Stand des Ermittlungsverfahrens zurückversetzt (BGHSt 12, 184).

642 **b)** Im vereinfachten Jugendverfahren darf zur Vereinfachung, Beschleunigung und jugendgemäßen Gestaltung des Verfahrens von **Verfahrensvorschriften abgewichen** werden, soweit dadurch die Erforschung der Wahrheit nicht beeinträchtigt wird. Die Vorschriften über die Anwesenheit des Angeklagten (§ 50 JGG), die Stellung des Erziehungsberechtigten und des gesetzlichen Vertreters (§ 67 JGG) und die Mitteilung von Entscheidungen (§ 70 JGG) müssen beachtet werden. Die **Rechtsmittelbeschränkungen** des § 55 JGG (→ *JGG-Besonderheiten, Rechtsmittelbeschränkungen*, Teil A Rdn 817 ff.) **gelten** auch im vereinfachten Jugendverfahren (*Ostendorf*, § 55 Rn 2).

☝ Gegen das im vereinfachten Jugendverfahren ergangene Urteil sind die **allgemeinen Rechtsmittel** (Berufung und Revision) zulässig, allerdings ist besonders auf die sachliche Rechtsmittelbeschränkung des § 55 Abs. 1 JGG zu achten (→ *JGG-Besonderheiten, Rechtsmittelbeschränkungen*, Teil A Rdn 840 ff.).

c) Das **Rechtsmittelgericht** hat Verfahren und Entscheidungen gemäß den Vorschriften über das vereinfachte Jugendverfahren zu überprüfen; es darf nicht in das förmliche Verfahren übergehen und nur auf die im vereinfachten Jugendverfahren zulässigen Rechtsfolgen erkennen (*Eisenberg*, § 78 Rn 34). Falls es der Auffassung ist, die Sache eigne sich nicht für das vereinfachte Jugendverfahren, so muss es das Verfahren gem. § 260 Abs. 3 StPO einstellen, da eine Prozessvoraussetzung fehlt. Die Einstellung versetzt das Verfahren ebenfalls in den Stand des Ermittlungsverfahrens zurück (*Eisenberg*, § 78 Rn 35). 643

11.a) Jugendstrafe ist die „eigentliche Freiheitsstrafe" des Jugendstrafrechts. Die Verhängung von Jugendstrafe muss „ultima ratio" sein; es dürfen keine milderen Sanktionen in Betracht kommen. Sie darf nur verhängt werden, wenn wegen der **schädlichen Neigungen** des Jugendlichen, die in der Tat hervorgetreten sind, Erziehungsmaßregeln und Zuchtmittel zur Erziehung nicht ausreichen oder wenn wegen der Schwere der Schuld Strafe erforderlich ist (§ 17 Abs. 2 JGG). Bei schädlichen Neigungen handelt es sich um „**erhebliche Anlage- oder Erziehungsmängel**, die ohne längere Gesamterziehung die Gefahr der Begehung weiterer solcher Straftaten in sich bergen, die nicht nur „gemeinlästig" sind oder den Charakter von Bagatelldelikten haben" (vgl. statt vieler BGHSt 11, 169; 16, 262; BGH StV 1991, 423). Dabei kommt es auf die Entstehungszusammenhänge dieser Mängel nicht an (→ *JGG-Besonderheiten, Revision*, Teil A Rdn 896). Schwere der Schuld bedeutet nicht Schwere der Tat. Vielmehr ist „mehr auf die subjektiven und persönlichlichkeitsbegründeten Beziehungen des Täters zu seiner Tat als auf deren äußere Schwere" abzustellen (BGH 15, 224; → *JGG-Besonderheiten, Revision*, Teil A Rdn 897). 644

Kann nach Erschöpfung der Ermittlungsmöglichkeiten nicht mit Sicherheit beurteilt werden, ob in der Straftat eines Jugendlichen schädliche Neigungen von einem Umfang hervorgetreten sind, dass eine Jugendstrafe erforderlich ist, so kann der Richter gem. **§ 27 JGG** die **Schuld** des **Jugendlichen feststellen**, die **Entscheidung** über die **Verhängung** der **Jugendstrafe** aber für eine von ihm zu bestimmende **Bewährungszeit aussetzen**. Stellt sich vor allem durch schlechte Führung des Jugendlichen während der Bewährungszeit heraus, dass die in dem Schuldspruch missbilligte Tat auf schädliche Neigungen von einem Umfang zurückzuführen ist, dass eine Jugendstrafe erforderlich ist, so erkennt der Richter auf die Strafe, die er im Zeitpunkt des Schuldspruchs bei sicherer Beurteilung der schädlichen Neigungen des Jugendlichen ausgesprochen hätte (§ 30 Abs. 1 JGG). Ergeben sich nach Ablauf der Bewährungszeit keine schädlichen Neigungen, wird der Schuldspruch getilgt (§ 30 Abs. 2 JGG). Entscheidungen gem. §§ 27, 30 JGG ergehen aufgrund einer **HV** durch Urteil (§ 62 Abs. 1 S. 1 JGG). 645

Die Vorschrift ist **anwendbar** auf Jugendliche auch in Verfahren vor den für allgemeine Strafsachen zuständigen Gerichte (§ 104 Abs. 1 Nr. 8 JGG), Heranwachsende dann, wenn materielles Jugendstrafrecht auf sie angewendet wird (§ 109 Abs. 2 S. 1 JGG). 646

☝ Das **Schuldurteil** gem. § 27 JGG ist **selbstständig anfechtbar** durch Berufung oder Revision (mit den Einschränkungen der instanziellen Rechtsmittelbeschränkung gem. § 55 Abs. 2 JGG, → *JGG-Besonderheiten, Rechtsmittelbeschränkungen*, Teil A Rdn 820 ff.), ebenso das „Strafurteil" gem. § 30 JGG.

647 **b)** Das „**Nachverfahren**" ist in **§ 62 JGG** geregelt (s. dazu a. Burhoff/Kotz/*Schimmel*, Nachsorge, Teil B Rn 916 ff.). Ergibt eine während der Bewährungszeit durchgeführte HV nicht, dass eine Jugendstrafe erforderlich ist, so ergeht der Beschluss, dass die Entscheidung über die Verhängung der Strafe ausgesetzt bleibt. Dieser Beschluss ist gem. § 63 Abs. 1 JGG unanfechtbar. Ausnahme: Wenn das Gericht es ablehnt, auf Antrag der StA eine HV anzuberaumen, in der das Vorliegen der Voraussetzungen des § 30 JGG geprüft wird, kann diese Entscheidung von der StA mit der (einfachen) Beschwerde angefochten werden (HK-JGG/*Meier*, § 63 Rn 2; *Ostendorf*, § 62 Rn 4; D/S/S-*Schatz*, § 63 Rn 4; *Eisenberg*, § 63 Rn 6; *Brunner/Dölling*, § 63 Rn 3; *Laubenthal/Baier/Nestler*, Rn 878).

648 Die **Tilgung des Schuldspruchs** kann nach Ablauf der Bewährungszeit auch **ohne HV durch Beschluss** angeordnet werden (§ 62 Abs. 2 JGG). Die Tilgung durch Beschluss ist **unanfechtbar** (§ 63 Abs. 1 JGG). Dies hat seinen Grund darin, dass einerseits der Jugendliche durch die Tilgung des Schuldspruchs nicht beschwert sein kann und andererseits der Beschluss nur mit Zustimmung der StA erlassen werden darf. Fehlt daher die Zustimmung, so ist der Beschluss von der StA durch sofortige Beschwerde anfechtbar (Rechtsgedanke des § 453 Abs. 2 S. 2; *Ostendorf*, § 63 Rn 1; HK-JGG/*Meier*, § 63 Rn 1; *Eisenberg*, § 63 Rn 4; *Brunner/Dölling*, § 63 Rn 2; D/S/S-*Schatz*, § 63 Rn 3). Eine sofortige Beschwerde der StA soll auch dann zulässig sein, wenn der Schuldspruch vor Ablauf der Bewährungszeit getilgt wurde (LG Hamburg bei *Böhm* NStZ 1989, 523; *Brunner/Dölling*, § 63 Rn 2; D/S/S-*Schatz*, § 63 Rn 4).

649 Gegen die Entscheidung über die **Dauer der Bewährungszeit** (§ 28 JGG) sowie über **Weisungen und Auflagen** (§§ 29 S. 2, 23 JGG) kann mit der **Beschwerde** vorgegangen werden. Sie kann nur darauf gestützt werden, dass die Bewährungszeit nachträglich verlängert oder eine getroffene Anordnung gesetzwidrig ist (§ 63 Abs. 2 i.V.m. § 59 Abs. 2 JGG; → *JGG-Besonderheiten, Bewährungsfragen*, Teil A Rdn 672 ff.; Burhoff/Kotz/*Schimmel*, Nachsorge, Teil A Rn 85 ff.).

650 **12.** Die **Richtlinien zum Jugendgerichtsgesetz** (RLJGG) vom 15.5.1955 (ABl Berlin 1955, 426) in der Fassung der Bekanntmachung vom 12.7.1994 (ABl Berlin 1994, 2313), auf die jeweils Bezug genommen wird, sind z.B. unter https://bravors.brandenburg.de/de/verwaltungsvorschriften-216055 im Internet abrufbar. Sie sind von den Landesjustizverwaltungen erlassenen – einheitliche – Verwaltungsvorschriften und daher kein Gesetz im förmlichen Sinne. Insofern sind sie selbstverständlich für die Verteidigung nicht bindend.

Die Argumentation der Verteidigung erhält jedoch oft höheres Gewicht, wenn man sie mit justizeigenen Regeln untermauern kann.

Siehe auch: → *JGG-Besonderheiten, Abänderung von Entscheidungen*, Teil A Rdn 599; → *JGG-Besonderheiten, Anfechtungsberechtigung*, Teil A Rdn 651; → *JGG-Besonderheiten, Anhörungsrüge*, Teil A Rdn 657; → *JGG-Besonderheiten, Berufung*, Teil A Rdn 665; → *JGG-Besonderheiten, Bewährungsfragen*, Teil A Rdn 639; → *JGG-Besonderheiten, Bußgeldverfahren*, Teil A Rdn 718; → *JGG-Besonderheiten, Diversion*, Teil A Rdn 734; → *JGG-Besonderheiten, Elternbeschwerde*, Teil A Rdn 744; → *JGG-Besonderheiten, Entscheidungsbekanntmachung*, Teil A Rdn 754; → *JGG-Besonderheiten, Entscheidungsergänzungen, nachträgliche*, Teil A Rdn 765; → *JGG-Besonderheiten, Erziehungsanordnungen, vorläufige*, Teil A Rdn 781; → *JGG-Besonderheiten, Heimunterbringung, einstweilige*, Teil A Rdn 788; → *JGG-Besonderheiten, Kostenentscheidung*, Teil A Rdn 797; → *JGG-Besonderheiten, Ladung*, Teil A Rdn 809; → *JGG-Besonderheiten, Rechtsmittelbeschränkungen*, Teil A Rdn 817; → *JGG-Besonderheiten, Rechtsmittelverzicht/-rücknahme*, Teil A Rdn 857; → *JGG-Besonderheiten, Revision*, Teil A Rdn 867; → *JGG-Besonderheiten, Strafmakel, Beseitigung*, Teil A Rdn 903; → *JGG-Besonderheiten, Teilvollstreckung einer Einheitsstrafe*, Teil A Rdn 911; → *JGG-Besonderheiten, Ungehorsamsarrest*, Teil A Rdn 920; → *JGG-Besonderheiten, Unterbringung zur Beobachtung*, Teil A Rdn 935; → *JGG-Besonderheiten, Untersuchungshaft*, Teil A Rdn 947; → *JGG-Besonderheiten, Verschlechterungsverbot*, Teil A Rdn 971; → *JGG-Besonderheiten, Verteidigung*, Teil A Rdn 990; → *JGG-Besonderheiten, Vollzug, Jugendstrafe/Jugendarrest*, Teil A Rdn 1008; → *JGG-Besonderheiten, Wiederaufnahmeverfahren*, Teil A Rdn 1022; → *JGG-Besonderheiten, Wiedereinsetzung in den vorigen Stand*, Teil A Rdn 1030; → *JGG-Besonderheiten, Zuständigkeiten*, Teil A Rdn 1037; → *Wiedereinsetzung in den vorigen Stand, Allgemeines*, Teil B Rdn 1479; → *JGG-Verfahren, gebührenrechtliche Besonderheiten*, Teil D Rdn 241.

JGG-Besonderheiten, Anfechtungsberechtigung 651

Das Wichtigste in Kürze:

1. Anfechtungsberechtigt ist vor allem der Jugendliche/Heranwachsende, aber auch der gesetzliche Vertreter bzw. Erziehungsberechtigte.
2. Nicht anfechtungsberechtigt ist z.B. die Jugendgerichtshilfe (JGH).
3. Der Jugendliche ist unabhängig von seiner Verantwortungsreife gem. § 3 S. 2 JGG und seiner zivilrechtlichen Geschäftsfähigkeit zur selbstständigen Einlegung von Rechtsmitteln befugt, wenn er verhandlungsfähig ist.

4. Legt ein Erziehungsberechtigter oder gesetzlicher Vertreter des Angeklagten Rechtsmittel ein und ist über das Rechtsmittel bei Eintritt der Volljährigkeit noch nicht entschieden, so kann der Angeklagte das Rechtsmittel auch dann weiter betreiben, wenn er vorher auf Rechtsmittel verzichtet hatte.

652 **Literaturhinweise:** **d'Alquen/Daxhammer/Kudlich**, Wirksamkeit des Rechtsmittelverzichtes eines jugendlichen Angeklagten unmittelbar im Anschluss an die Urteilsverkündung? StV 2006, 220; s.a. die Hinw. bei → *JGG-Besonderheiten, Allgemeines*, Teil A Rdn 620.

653 **1. Anfechtungsberechtigt** sind

- der **Jugendliche/Heranwachsende** (unabhängig von seinem Alter, soweit er nach allgemeinem Strafrecht verhandlungsfähig ist),
- der **gesetzliche Vertreter** (§ 2 JGG, § 298) oder **Erziehungsberechtigte** (§ 67 Abs. 3 JGG) bis zum Eintritt der Volljährigkeit (auch gegen den Willen des Jugendlichen, allerdings nur zu seinen Gunsten; *Ostendorf*, § 55 Rn 4),
- der **Verteidiger** (§ 2 JGG, § 297); jedoch nicht gegen den Willen des Jugendlichen, auch nicht, wenn er durch den Erziehungsberechtigten oder gesetzlichen Vertreter beauftragt wurde (*Eisenberg*, § 55 Rn 6; a.A. *Brunner/Dölling*, § 55 Rn 2a; D/S/S-*Schatz*, § 55 Rn 14). Haben Verteidiger und Angeklagter beide wirksam **verschiedene Rechtsmittel** eingelegt, so gilt grds. das bei Gericht zuerst eingegangene; bei zeitgleicher Einlegung hat das weiter gehende den Vorrang, also die Berufung gegenüber der Revision (D/S/S-*Schatz*, § 55 Rn 14; *Eisenberg*, § 55 Rn 6; *Brunner/Dölling*, § 55 Rn 2a),
- die **StA** (§ 2 JGG, § 296), auch zugunsten des Jugendlichen.

654 **2. Nicht anfechtungsberechtigt** sind:

- der **Beistand** gem. § 69 JGG (*Eisenberg*, § 55 Rn 8, § 69 Rn 8),
- der Vertreter der **Jugendgerichtshilfe (JGH)** (*Eisenberg*, § 55 Rn 8, § 38 Rn 31),
- der **Erziehungsbeistand** (§ 12 Nr. 1 JGG, § 30 SGB VIII*; Eisenberg*, § 55 Rn 8; **a.A.** *Ostendorf*, § 55 Rn 4),
- die für die Hilfe zur Erziehung gem. § 12 Nr. 2 JGG zuständige **Behörde** (*Eisenberg*, § 55 Rn 8; D/S/S-*Schatz*, § 55 Rn 15; **a.A.** *Ostendorf*, § 55 Rn 4).
- der **Betreuungshelfer** (§ 10 Abs. 1 S. 3 Nr. 5 JGG, § 30 SGB VIII) (D/S/S-*Schatz*, § 55 Rn 15),
- der **Bewährungshelfer** (OLG Koblenz NStZ-RR 1996, 300).

655 **3.** Der **Jugendliche** ist unabhängig von seiner Verantwortungsreife gem. § 3 S. 2 JGG und seiner zivilrechtlichen Geschäftsfähigkeit und ohne Bindung an Maßnahmen seiner gesetzlichen Vertreter oder Erziehungsberechtigten zur selbstständigen Einlegung von Rechtsmitteln, aber auch zum Rechtsmittelverzicht, befugt, wenn er verhandlungsfähig ist (HK-JGG/*Laue*, § 55 Rn 12; *Eisenberg*, § 55 Rn 5; *Ostendorf*, § 55 Rn 3; D/S/S-*Schatz*, § 55 Rn 12). Die **Verhandlungsfähigkeit** setzt einen genügenden Grad an Reife und Einsichts-

fähigkeit sowie die Freiheit der Willensentschließung und Willensbetätigung voraus; je nach anstehender Prozesshandlung kann sie fehlen oder gegeben sein. Die Verhandlungsfähigkeit für einen Rechtsmittelverzicht (→ *JGG-Besonderheiten, Rechtsmittelverzicht/-rücknahme*, Teil A Rdn 857 ff.) kann bei jugendlichen Verurteilten aufgrund des Eindrucks der HV und der Urteilsverkündung fehlen (*d'Alquen/Daxhammer/Kudlich* StV 2006, 220). Bei fehlender Verhandlungsfähigkeit sind etwaige Prozesshandlungen – sofern sie nicht ausschließlich begünstigend sind und den Eintritt der Rechtskraft einer Verurteilung hemmen (BayObLG NStZ 1989, 131) – von vornherein unwirksam.

☝ Bei einem von dem Jugendlichen eingelegten Rechtsmittel ist **grds**. von seiner **Verhandlungsfähigkeit** auszugehen, sofern nicht gravierende Auffälligkeiten vorhanden sind.

Bei einem **Rechtsmittelverzicht** ist die Verhandlungsfähigkeit des Jugendlichen immer sorgfältig zu untersuchen. Ggf. ist der Rechtsmittelverzicht unwirksam.

4. Legt ein **Erziehungsberechtigter** oder gesetzlicher Vertreter des Angeklagten Rechtsmittel ein und ist über das Rechtsmittel bei **Eintritt der Volljährigkeit** noch nicht entschieden, so kann der Angeklagte das Rechtsmittel auch dann weiter betreiben, wenn er vorher auf Rechtsmittel verzichtet hatte (BGHSt 10, 174). Wenn ein Erziehungsberechtigter oder gesetzlicher Vertreter Revision eingelegt hat und die Begründung noch aussteht, ist der Angeklagte ab Eintritt der Volljährigkeit für die Revisionsbegründung selbst verantwortlich (HK-JGG/*Laue*, § 55 Rn 14; D/S/S-*Schatz*, § 55 Rn 12; *Eisenberg*, § 55 Rn 5; a.A. *Ostendorf*, § 55 Rn 4 „formalistisch"). 656

☝ Wird der Mandant im Laufe des Rechtsmittelverfahrens volljährig, muss der Verteidiger prüfen, ob ggf. **Fristen „übergegangen"** sind.

Siehe auch: → *JGG-Besonderheiten, Allgemeines*, Teil A Rdn 619; → *JGG-Besonderheiten, Berufung*, Teil A Rdn 665; → *JGG-Besonderheiten, Entscheidungsbekanntmachung*, Teil A Rdn 754; → *JGG-Besonderheiten, Revision*, Teil A Rdn 867; → *Rechtsmittel/Rechtsbehelfe, Befugnis*, Teil A Rdn 1323.

JGG-Besonderheiten, Anhörungsrüge 657

Das Wichtigste in Kürze:

1. Seit 1.1.2005 kann auch im Jugendstrafverfahren eine Anhörungsrüge erhoben werden.
2. § 356a gilt dann, wenn das Urteil wegen der Rechtsmittelbeschränkungen (→ *JGG-Besonderheiten, Rechtsmittelbeschränkungen*, Teil A Rdn 817 ff.) unanfechtbar ist.

> **3.** Ist der Antrag erfolgreich, so ist das Verfahren in den vorherigen Stand zurückzuversetzen.
> **4.** In Berufungsverfahren kann u.U. eine Verletzung des rechtlichen Gehörs nach § 33a oder § 329 Abs. 3 gerügt werden.

658 **Literaturhinweise:** **Eschelbach/Geipel/Weiler**, Anhörungsrügen, StV 2010, 325; **Rieble/Vielmeier**, Riskante Anhörungsrüge, JZ 2011, 923; s.a. die Hinw. bei → *JGG-Besonderheiten, Allgemeines*, Teil A Rdn 620.

659 **1.** In § 55 Abs. 4 JGG ist auch im JGG-Verfahren eine Anhörungsrüge vorgesehen. Die Vorschrift wurde durch das **Anhörungsrügengesetz** vom 9.12.2004 eingeführt und ist seit dem 1.1.2005 in Kraft (s. allgemein dazu: → *Anhörungsrügen, Allgemeines*, Teil B Rdn 1 ff.).

660 Die Vorschrift ist **anwendbar** auf Jugendliche, auch wenn sie von einem allgemeinen Gericht verurteilt werden (§ 104 Abs. 1 Nr. 7 JGG), auf Heranwachsende dann, wenn materielles Jugendstrafrecht auf sie angewendet wird (§ 109 Abs. 2 JGG).

661 **2.a)** Soweit ein Urteil aufgrund der sachlichen Rechtsmittelbeschränkung nach § 55 Abs. 1 JGG (→ *JGG-Besonderheiten, Rechtsmittelbeschränkungen*, Teil A Rdn 840 ff.) unanfechtbar ist oder soweit gegen ein Berufungsurteil wegen der instanziellen Rechtsmittelbeschränkung des § 55 Abs. 2 JGG (→ *JGG-Besonderheiten, Rechtsmittelbeschränkungen*, Teil A Rdn 820 ff.) keine Revision zulässig ist, ist gem. § 55 Abs. 4 JGG i.V.m. § 356a die Anhörungsrüge zulässig, wenn in dem jeweiligen Verfahren der **Anspruch auf rechtliches Gehör verletzt** wurde und diese Verletzung für die Entscheidung erheblich war, (dazu *Eschelbach*, ZAP Fach 22, 605ff.). Der Antrag ist binnen **einer Woche** nach Kenntnis von der Verletzung des rechtlichen Gehörs zu stellen (wegen der allgemeinen Einzelheiten → *Anhörungsrügen, Allgemeines*, Teil B Rdn 1 ff.; → *Anhörungsrügen, Begründetheit*, Teil B Rdn 16 ff.; → *Anhörungsrügen, Zulässigkeit*, Teil B Rdn 41 ff.).

662 **b) Antragsberechtigt** sind der Verurteilte, der Erziehungsberechtigte oder gesetzliche Vertreter und der Verteidiger.

663 **3.** Ist der Antrag erfolgreich, so ist das Verfahren in den **vorherigen Stand zurückzuversetzen** (krit. dazu *Eschelbach/Geipel/Weiler* StV 2010, 325, 329; *Rieble/Vielmeier* JZ 2011, 923). Durch den Antrag wird die Vollstreckung jedoch nicht gehemmt.

664 **4.** In **Berufungsverfahren** kann u.U. eine Verletzung des rechtlichen Gehörs nach § 33a oder § 329 Abs. 3 gerügt werden.

Siehe auch: → *JGG-Besonderheiten, Allgemeines*, Teil A Rdn 619; → *JGG-Besonderheiten, Anfechtungsberechtigung*, Teil A Rdn 651; → *Revision, Anhörungsrüge*, Teil A Rdn 2022; → *Anhörungsrüge, Allgemeines*, Teil B Rdn 1, m.w.N.; → *Anhörungsrügen, Begründetheit*, Teil B Rdn 16; → *Anhörungsrügen, Zulässigkeit*, Teil B Rdn 41.

JGG-Besonderheiten, Berufung 665

Das Wichtigste in Kürze:

1. Die Vorschriften über die Annahmeberufung werden nur bei Heranwachsenden relevant, die nach allgemeinem Strafrecht zu einer Geldstrafe verurteilt wurden. Für Jugendliche gelten sie nicht.
2. Eine „Sperrberufung" der StA ist mit dem Beschleunigungsgedanken des Jugendstrafverfahrens nicht vereinbar.
3. Durch das gesonderte Rechtsmittelrecht der Erziehungsberechtigten ergeben sich Besonderheiten beim Nichterscheinen zur Berufungshauptverhandlung.

Literaturhinweise: **Krumdiek**, Unzulässige Einlegung von Berufungen (sog. Sperrberufungen), StRR 2010, 84; **Schäfer**, Das Berufungsverfahren in Jugendsachen, NStZ 1998, 330; s.a. die Hinw. bei → *JGG-Besonderheiten, Allgemeines*, Teil A Rdn 620. 666

1. Die Vorschrift des § 313, in dem die **Annahmeberufung** geregelt ist, findet in Verfahren gegen Jugendliche und Heranwachsende, die materiell nach Jugendstrafrecht verurteilt wurden, **keine Anwendung** (*Brunner/Dölling*, § 55 Rn 1; *Schäfer* NStZ 1998, 330, 334; D/S/S-*Schatz*, § 55 Rn 2). Dies gilt jedoch nicht, wenn ein Heranwachsender unter Anwendung des Erwachsenenstrafrechts zu einer Geldstrafe von nicht mehr als 15 Tagessätzen verurteilt wurde (OLG Stuttgart ZJJ 2009, 156; s. dazu allgemein: → *Berufung, Annahmeberufung, Allgemeines*, Teil A Rdn 20 ff.; → *Berufung, Annahmeberufung, Entscheidung*, Teil A Rdn 28 ff.; → *Berufung, Annahmeberufung, Verfahren*, Teil A Rdn 38 ff.). 667

2. Einem „Mitgehen" der StA zu einem Rechtsmittel des Beschuldigten, um das Verbot der reformatio in peius (→ *JGG-Besonderheiten, Verschlechterungsverbot*, Teil A Rdn 971 ff.) oder gar weiterer Rechtsmittel (→ *JGG-Besonderheiten, Rechtsmittelbeschränkungen*, Teil A Rdn 817 ff.) auszuschalten (sog. „**Sperrberufung**", dazu *Krumdiek* StRR 2010, 84; → *Berufung, Allgemeines*, Teil A Rdn 11 ff.) steht die RLJGG Nr. 1 S. 2 zu § 55 entgegen. Hiernach ist aus erzieherischen Gründen wegen des im Jugendstrafverfahren geltenden Beschleunigungsgebots bei der **Einlegung** von **Rechtsmitteln zuungunsten** des **Angeklagten besondere Zurückhaltung** geboten. 668

3.a) Die Vorschriften über das **Ausbleiben** des Angeklagten zur **Berufungs-HV** (§ 329 ff.) gelten grds. auch im Jugendstrafverfahren (vgl. allgemein dazu → *Berufung, Ausbleiben, Allgemeines*, Teil A Rdn 57 m.w.N.; → *Berufung, Ausbleiben des Angeklagten, Anfechtung, Allgemeines*, Teil A Rdn 73; → *Berufung, Ausbleiben des Angeklagten, Berufung Staatsanwaltschaft*, Teil A Rdn 110; → *Berufung, Ausbleiben des Angeklagten, Endgültiges A-Z*, Teil A Rdn 122; → *Berufung, Ausbleiben des Angeklagten, Endgültiges, Erkrankung*, Teil A Rdn 155; → *Berufung, Ausbleiben des Angeklagten, Endgültiges, Urlaub*, Teil A 669

Rdn 171; → *Berufung, Ausbleiben des Angeklagten, Genügend entschuldigt*, Teil A Rdn 177; → *Berufung, Ausbleiben des Angeklagten, Nichterscheinen*, Teil A Rdn 186; → *Berufung, Ausbleiben des Angeklagten, Verspätung*, Teil A Rdn 195; → *Berufung, Ausbleiben des Angeklagten, Vertretung*, Teil A Rdn 206).

670 **b) Besonderheiten** können sich bei einer **Berufung** der **gesetzlichen Vertreter** oder **Erziehungsberechtigten** ergeben:

- erscheinen **weder** der **Jugendliche** noch ein Vertreter mit schriftlicher Vertretungsvollmacht noch der Berufungsführer, verwirft das Berufungsgericht die Berufung ohne Sachverhandlung (§§ 330 Abs. 2 S. 2 1. HS, 329 Abs. 1 S. 1);
- erscheint **der Jugendliche, nicht aber** der **Berufungsführer**, so verhandelt das Berufungsgericht ohne diesen (§ 330 Abs. 2 S. 1);
- erscheint **nur** der **Berufungsführer, nicht aber** der **Jugendliche** gelten §§ 330 Abs. 2 S. 2 2. HS, 329 Abs. 2, 3. Allerdings darf – abweichend vom allgemeinen Strafrecht – wegen des Rechtsgedankens des § 50 Abs. 1 JGG nicht ohne den Jugendlichen verhandelt werden (*Eisenberg*, § 55 Rn 21; *Schäfer* NStZ 1998, 330 (334); *Ostendorf*, § 55 Rn 10; a.A. *Brunner/Dölling*, § 55 Rn 4; → *Berufung, Ausbleiben, Allgemeines*, Teil A Rdn 57 m.w.N.).

671 **c)** Das Berufungsgericht darf die Berufung des nicht erschienenen Angeklagten nicht nach § 329 Abs. 1 verwerfen, wenn beim AG **statt** des **Erwachsenengerichts** das **Jugendgericht zuständig** war. Dann ist die Sache gem. § 328 Abs. 2 an das zuständige Jugendgericht zu verweisen (OLG Celle NStZ 1994, 298).

Siehe auch: → *JGG-Besonderheiten, Allgemeines*, Teil A Rdn 619, m.w.N.; → *Berufung, Annahmeberufung, Allgemeines*, Teil A Rdn 20; → *Berufung, Annahmeberufung, Entscheidung*, Teil A Rdn 28; → *Berufung, Annahmeberufung, Verfahren*, Teil A Rdn 38; → *Berufung, Ausbleiben des Angeklagten, Allgemeines*, Teil A Rdn 57; → *Berufung, Ausbleiben des Angeklagten, Anfechtung, Allgemeines*, Teil A Rdn 73; → *Berufung, Ausbleiben des Angeklagten, Berufung Staatsanwaltschaft*, Teil A Rdn 110; → *Berufung, Ausbleiben des Angeklagten, Endgültiges A-Z*, Teil A Rdn 122; → *Berufung, Ausbleiben des Angeklagten, Endgültiges, Erkrankung*, Teil A Rdn 155; → *Berufung, Ausbleiben des Angeklagten, Endgültiges, Urlaub*, Teil A Rdn 171; → *Berufung, Ausbleiben des Angeklagten, Genügend entschuldigt*, Teil A Rdn 177; → *Berufung, Ausbleiben des Angeklagten, Nichterscheinen*, Teil A Rdn 186; → *Berufung, Ausbleiben des Angeklagten, Verspätung*, Teil A Rdn 195; → *Berufung, Ausbleiben des Angeklagten, Vertretung*, Teil A Rdn 206; → *JGG-Besonderheiten, Anfechtungsberechtigung*, Teil A Rdn 651; → *JGG-Besonderheiten, Entscheidungsbekanntmachung*, Teil A Rdn 754; → *JGG-Besonderheiten, Ladung*, Teil A Rdn 809; → *JGG-Besonderheiten, Rechtsmittelbeschränkungen*, Teil A Rdn 817; → *JGG-Besonderheiten, Rechtsmittelverzicht/-rücknahme*, Teil A Rdn 857; → *JGG-Besonderheiten,*

Verschlechterungsverbot, Teil A Rdn 971; → *JGG-Besonderheiten, Wiedereinsetzung in den vorigen Stand*, Teil A Rdn 1030.

JGG-Besonderheiten, Bewährungsfragen 672

Das Wichtigste in Kürze:

1. § 59 JGG regelt die Anfechtbarkeit von Entscheidungen, die im Zusammenhang mit der Strafaussetzung zur Bewährung stehen.

2. § 59 Abs. 1 bezieht sich auf die Aussetzungsentscheidung als solche („ob").

3. § 59 Abs. 2 JGG bezieht sich auf die Modalitäten der Strafaussetzung („wie").

4. Selbst wenn der Richter die Aussetzung der Vollstreckung der Jugendstrafe zur Bewährung im Urteil abgelehnt hat, kann diese noch nachträglich gem. § 57 Abs. 2 JGG angeordnet werden.

5. Gegen den Widerruf der Aussetzung der Jugendstrafe (§ 26 Abs. 1 JGG) ist gem. § 59 Abs. 3 JGG sofortige Beschwerde zulässig.

6. Der Beschluss über den Straferlass (§ 26a JGG) ist gem. § 59 Abs. 4 JGG nicht anfechtbar.

Literaturhinweise: **Heinrich**, Zur Anfechtbarkeit der den Widerruf eines Strafaussetzung zur Bewährung ablehnenden Entscheidung im Jugendstrafverfahren, NStZ 2006, 417; **Jäckel**, Aussetzung der Verhängung einer Jugendstrafe, Strafaussetzung zur Bewährung und Vorbewährung im Jugendstrafrecht, JA 2010, 539; **Schäfer**, Das Berufungsverfahren in Jugendsachen, NStZ 1998, 330; **Walter/Pieplow**, Zur Zulässigkeit eines Vorbehalts der Vollstreckbarkeitsentscheidung, insbesondere einer „Vorbewährung" gemäß § 57 Jugendgerichtsgesetz, NStZ 1988, 165; s.a. die Hinw. bei → *JGG-Besonderheiten, Allgemeines*, Teil A Rdn 620. 673

1. § 59 JGG regelt – abweichend vom allgemeinen Rechtsmittelsystem – die Anfechtbarkeit von Entscheidungen, die im Zusammenhang mit der Strafaussetzung zur Bewährung stehen. 674

§ 59 Abs. 1 JGG ist **anwendbar** auf: 675

- Jugendliche, auch wenn sie von einem allgemeinen Gericht verurteilt werden (§ 104 Abs. 1 Nr. 7 JGG),
- Heranwachsende dann, wenn materielles Jugendstrafrecht auf sie angewendet wird (§ 109 Abs. 2 JGG).

2. § 59 Abs. 1 JGG bezieht sich auf die Aussetzungsentscheidung als solche („ob"). 676

a) Gegen eine Entscheidung, durch welche die **Aussetzung** der Jugendstrafe angeordnet oder **abgelehnt** wird, ist gem. § 59 Abs. 1 S. 1 JGG, wenn sie für sich allein angefochten wird, **sofortige Beschwerde** zulässig (allgemein dazu → *Beschwerde, sofortige*, Teil A Rdn 550). Das Gleiche gilt gem. § 59 Abs. 1 S. 2 JGG, wenn ein Urteil nur deshalb angefochten wird, weil die Strafe nicht ausgesetzt worden ist. 677

678 **aa)** § 59 Abs. 1 S. **1** JGG betrifft die **Anordnung** oder **ausdrückliche Ablehnung** der Aussetzung der Jugendstrafe, gleichgültig ob das Gericht durch Urteil oder nachträglich durch Beschluss entschieden hat (*Eisenberg*, § 59 Rn 20; *Brunner/Dölling*, § 59 Rn 4). Seit 7.3.2013 kann – neben der Aussetzung der Verhängung oder Vollstreckung der Jugendstrafe – ein sog. „Warnschussarrest" nach § 16a JGG verhängt werden (BGBl 2012, S. 1854). Die Anordnung der Aussetzung und die daneben erfolgte Verhängung des Jugendarrests können nur gemeinsam angefochten werden.

679 **bb)** § 59 Abs. 1 S. **2** JGG erfasst die Fälle, in denen nach §§ 61 ff. JGG (Rechtslage bis 6.10.2012: § 57 Abs. 1 JGG) die Entscheidung über die Strafaussetzung dem **nachträglichen Beschlussverfahren vorbehalten** bleiben soll (sog. **„Vorbewährung"** → *JGG-Besonderheiten, Allgemeines*, Teil A Rdn 625). Aus der Gesetzesfassung folgt, dass **nur zugunsten des Verurteilten** ein Anfechtungsrecht besteht, also nur mit dem Ziel, die Jugendstrafe sofort zur Bewährung auszusetzen. Die StA kann daher das Urteil mit dem Ziel, eine unbedingte Jugendstrafe zu erreichen nur mit der Berufung oder Revision angreifen, nicht mit der sofortigen Beschwerde (OLG Schleswig SchlHA 1978, 90; OLG Stuttgart NStZ 1986, 219; *Ostendorf*, § 59 Rn 4; *Eisenberg*, § 59 Rn 6; D/S/S-*Schatz*, § 59 Rn 10; **a.A.** OLG München NStZ-RR 2005, 152; *Brunner/Dölling*, § 59 Rn 4; *Walter/Pieplow* NStZ 1988, 169).

680 **b) Zweck** der **Vorschrift** ist eine Verfahrensbeschleunigung. Wenn es „nur" um Fragen der Strafaussetzung zur Bewährung geht, sollen die im zügigen Beschwerdeverfahren geklärt werden, um insgesamt „schnell zu einer rechtskräftigen Entscheidung zu gelangen" (BT-Drucks 1/3264 S. 46).

681 **c)aa)** Wird das Urteil insgesamt oder der gesamte Rechtsfolgenausspruch angegriffen, so führt dies auch im **Berufungs-** oder **Revisionsverfahren** zur Überprüfung der Bewährungsentscheidung. Wird nur die Frage der Strafaussetzung angegriffen, so wird – unabhängig von der Bezeichnung als Berufung oder Revision – das Rechtsmittel als sofortige Beschwerde behandelt (OLG München NStZ-RR 2005, 152; D/S/S-*Schatz*, § 59 Rn 5, 9; *Schäfer* NStZ 1998, 330, 332). Dies gilt auch dann, wenn die Aussetzungsfrage mit der Straffrage untrennbar verbunden ist und nach allgemeinen Grundsätzen eine gesonderte Betrachtung unmöglich ist (OLG Düsseldorf MDR 1990, 178; *Eisenberg*, § 59 Rn 5).

> ☝ Aus Verteidigersicht ist die **Berufung gegenüber** einer **sofortigen Beschwerde vorzugswürdig**, da diese eine mündliche Verhandlung beinhaltet, wohingegen im Beschwerdeverfahren eine Entscheidung lediglich nach Aktenlage gefällt wird. Außerdem kann der längere Zeitraum, den das Berufungsverfahren erfordert, vom Verteidiger dazu genutzt werden, um mit dem jungen Mandanten, den Eltern und der Jugendgerichtshilfe auf eine verbesserte Situation und damit auch bessere Bewährungschancen hinzuwirken. Daher sollte der Verteidiger immer den gesamten Rechtsfolgenausspruch angreifen (*Zieger*, Rn 82).

Innerhalb der **Revisionsbegründungsfrist** kann noch auf die sofortige Beschwerde **übergegangen** werden (BGHSt 6, 206; *Eisenberg*, § 59 Rn 9; D/S/S-*Schatz*, § 59 Rn 11). Das Revisionsgericht hat die Sache dann dem zuständigen Beschwerdegericht zuzuleiten. 682

bb) Wird **neben** der **Berufung** (→ *JGG-Besonderheiten, Berufung*, Teil A Rdn 665 ff.) von einem **anderen Verfahrensbeteiligten sofortige Beschwerde** eingelegt, so entscheidet die Jugendkammer in einer HV durch Urteil zusammen über die Rechtsmittel (*Ostendorf*, § 59 Rn 6; D/S/S-*Schatz*, § 59 Rn 14; *Eisenberg*, § 59 Rn 15; *Brunner/Dölling*, § 59 Rn 3); eine Beschleunigung durch die sofortige Beschwerde tritt somit nicht ein. **Unklarer** ist, was passiert, wenn **neben** einer (Wahl-)**Revision** (→ *JGG-Besonderheiten, Rechtsmittelbeschränkungen*, Teil A Rdn 820 ff.) von einem anderen Verfahrensbeteiligten **sofortige Beschwerde** eingelegt wird. In diesem Fall ergeben sich zwei Zuständigkeiten, ohne dass der Gesetzgeber einer den Vorrang eingeräumt hätte. Nach einer Ansicht haben dann auch beide Instanzen zu entscheiden; zuerst das Beschwerdegericht, dann die Revisionsinstanz. Die sofortige Beschwere hat Vorrang und es muss zunächst über sie entscheiden werden, ehe das Revisionsverfahren durchgeführt wird. Die Sache muss daher vom Revisionsgericht an das Beschwerdegericht abgegeben werden. Im anschließenden Revisionsverfahren kann die Beschwerdeentscheidung überprüft werden, sofern der Revisionsführer die Sachrüge erhoben hat (*Ostendorf*, § 59 Rn 7; *Brunner/Dölling*, § 59 Rn 3; HK-JGG/*Meier*, § 59 Rn 9). Nach einer anderen Ansicht soll die sofortige Beschwerde in diesem Fall als unwirksam, jedoch nicht als unzulässig angesehen werden. Durch wirksame Rücknahme der Revision lebt sie dann ggf. wieder auf, nicht hingegen, wenn das Revisionsgericht unter Verwerfung des Rechtsmittels das angefochtene Urteil bestätigt (*Eisenberg*, § 59 Rn 18, 19). 683

d)aa) Die **Entscheidung** ergeht **ohne mündliche Verhandlung** durch Beschluss (§ 309). Dem Beschwerdegericht sind **nicht nur eigene Feststellungen** möglich, sondern es ist ihm – anders als im Revisionsverfahren – auch die **Ausübung eigenen Ermessens erlaubt**. Das Beschwerdegericht hat die Frage der günstigen Sozialprognose i.S.v. § 21 JGG selbstständig zu beurteilen (OLG Düsseldorf NStZ 1982, 119; *Ostendorf*, § 59 Rn 8; zw. HK-JGG/*Meier*, § 59 Rn 7, der zu Recht darauf hinweist, dass das Beschwerdegericht nur schwer eigene Feststellungen treffen kann, wenn es sich von dem Jugendlichen keinen unmittelbaren persönlichen Eindruck verschafft und fordert daher zumindest eine persönliche Anhörung oder Zurückverweisung an die Vorinstanz). 684

☝ Der Verteidiger muss im Beschwerdeverfahren alles, was für eine Bewährungsaussetzung spricht, zu den **Akten reichen**.

bb) Das **Verschlechterungsverbot** (→ *JGG-Besonderheiten, Verschlechterungsverbot*, Teil A Rdn 971 ff.) **gilt** auch hier, wenn auch nicht ausdrücklich geregelt, so doch analog (*Ostendorf*, § 59 Rn 9). 685

686 e) **Umstr**. ist, ob die Möglichkeit, mit der **sofortigen Beschwerde** (→ *Beschwerde, sofortige Beschwerde*, Teil A Rdn 550 ff.) gegen die Nichtaussetzung vorzugehen trotz der instanziellen Rechtsmittelbeschränkung des § 55 Abs. 2 JGG (→ *JGG-Besonderheiten, Rechtsmittelbeschränkung*, Teil A Rdn 820 ff.) auch **gegen Berufungsentscheidungen** zulässig bleibt (so *Eisenberg*, § 55 Rn 71; § 59 Rn 8; *Ostendorf*, § 59 Rn 2; § 55 Rn 33; D/S/S-*Schatz*, § 55 Rn 50; *Albrecht*, S. 392). Diese (vorzugswürdige) Auffassung beruft sich auf den Wortlaut des § 55 Abs. 2 JGG. Dort wird der Rechtsmittelweg ausdrücklich nur für die Berufung und die Revision verkürzt. Das bedeutet auch derjenige, der zuvor Berufung eingelegt hat kann wegen der Strafaussetzung im Berufungsurteil noch sofortige Beschwerde einlegen. Nach **h.M.** soll die in § 55 Abs. 2 JGG enthaltene Rechtsmittelbeschränkung jedoch durch § 59 Abs. 1 JGG nicht unterlaufen werden (OLG Bamberg NStZ 2012, 165; OLG Düsseldorf MDR 1990, 178; NStZ 1994, 198; OLG Frankfurt/Main NStZ-RR 2003, 27; OLG Hamm ZJJ 2007, 416; OLG Saarbrücken StraFo 2003, 431; *Brunner/Dölling*, § 55 Rn 14; 59 Rn 3; D/S/S-*Schatz*, § 59 Rn 12; HK-JGG/*Meier*, § 59 Rn 1, 5). Die sofortige Beschwerde nach § 59 JGG ist daher gegen Berufungsurteile **unzulässig**. Zur Begründung wird angeführt, die sofortige Beschwerde trete funktional an die Stelle der ansonsten statthaften Berufung oder Revision und soll nicht zu einer Erweiterung des Rechtsmittelzuges führen.

687 f) Hat ein Jugendlicher das Urteil im Vertrauen auf die Aussetzung der erkannten Jugendstrafe unangefochten gelassen und wird dann auf die sofortige Beschwerde der StA die Aussetzung rückgängig gemacht, soll dem Angeklagten **keine Wiedereinsetzung** in den vorherigen Stand zustehen (BayObLG JZ 1978, 204; *Brunner/Dölling*, § 59 Rn 4; *Ostendorf*, § 59 Rn 8; zw. *Eisenberg*, § 59 Rn 11; → *JGG-Besonderheiten, Wiedereinsetzung in den vorigen Stand*, Teil A Rdn 1030 ff.).

688 g) Eine **weitere Beschwerde** gem. § 310 ist unzulässig (*Eisenberg*, § 59 Rn 11; *Ostendorf*, § 59 Rn 8; HK-JGG/*Meier*, § 59 Rn 7; allgemein dazu → *Beschwerde, weitere Beschwerde*, Teil A Rdn 585).

689 **3.** § 59 **Abs. 2** JGG bezieht sich auf die **Modalitäten** der **Strafaussetzung** („wie").

690 **a)** Gem. § 59 Abs. 2 JGG ist die **(einfache) Beschwerde zulässig** gegen Entscheidungen über

- die **Dauer** der Bewährungszeit, auch ihre nachträgliche Verlängerung (§ 22 JGG; Burhoff/Kotz/*Schimmel*, Nachsorge, Teil A Rn 175 ff.),
- die Dauer der Unterstellungszeit (§ 24 JGG; Burhoff/Kotz/*Schimmel*, Nachsorge, Teil A Rn 137),
- die **erneute Anordnung** der Unterstellung in der Bewährungszeit (§ 24 Abs. 2 JGG; Burhoff/Kotz/*Schimmel*, Nachsorge, Teil A Rn 128 ff.),
- **Weisungen** oder **Auflagen** einschließlich ihrer nachträglichen Änderung (§ 23 JGG)

- die Anordnung von Ungehorsamsarrest bei Nichterfüllung von Bewährungsauflagen (§ 23 Abs. 1 S. 4 i.V.m. § 11 Abs. 3 JGG; HK-JGG/*Meier*, § 59 Rn 10; → *JGG-Besonderheiten, Ungehorsamsarrest*, Teil A Rdn 921 ff.).

691 § 59 Abs. 2 JGG schließt die **Beschwerde** gegen **andere Bewährungsentscheidungen nicht aus**; § 304 bleibt anwendbar. Daher ist auch z.B. die Auswahl und Benennung des Bewährungshelfers (§ 25 S. 1 JGG) nach h.M. (*Ostendorf*, § 59 Rn 3; *Brunner/Dölling*, § 59 Rn 7; D/S/S-*Schatz*, § 59 Rn 20; a.A. HK-JGG/*Meier*, § 59 Rn 10) mit der Beschwerde anfechtbar, unabhängig davon, ob es sich um einen haupt- oder ehrenamtlichen Bewährungshelfer handelt (*Eisenberg*, § 59 Rn 25).

692 Durch die Verweisung in § 61b Abs. 1 S. 6 JGG auf § 59 Abs. 2 JGG können auch die im Rahmen einer **„Vorbewährung" gem. §§ 61 ff. JGG** (bis 6.3.2013 wurde § 59 Abs. 2 JGG analog angewandt; → *JGG-Besonderheiten, Allgemeines*, Teil A Rdn 625; Burhoff/Kotz/*Schimmel*, Nachsorge, Teil A Rn 118 ff.) verhängten Weisungen und Auflagen mit der Beschwerde angefochten werden.

693 Die Zusammenstellung der erteilten Auflagen und Weisungen in einem **Bewährungsplan** (§ 60 Abs. 1 S. 1 JGG) ist **unanfechtbar** (HK-JGG/*Meier* § 59 Rn 10).

694 **b)aa)** Die Beschwerde kann **nur darauf gestützt werden**, dass die Bewährungs- oder die Unterstellungszeit nachträglich verlängert, die Unterstellung erneut angeordnet worden oder eine getroffene Anordnung gesetzwidrig ist (vgl. dazu Rdn 696 ff.).

695 **Teilanfechtung** ist **möglich**, wenn der angefochtene Teil losgelöst und getrennt von dem nicht angefochtenen Teil eine in sich selbstständige Prüfung und Beurteilung zulässt (D/S/S-*Schatz*, § 59 Rn 21; *Brunner/Dölling*, § 59 Rn 6).

> ☝ Entgegen der Formulierung in § 59 Abs. 2 S. 2 JGG braucht die Beschwerde **nicht begründet** zu werden. Es handelt sich nicht um eine Zulässigkeitsvoraussetzung, sondern lediglich um eine Beschränkung des Umfangs der Nachprüfung durch das Beschwerdegericht (*Eisenberg*, § 59 Rn 26; *Ostendorf*, § 59 Rn 13; *Brunner/Dölling*, § 59 Rn 6; *Eisenberg*, § 59 Rn 26; D/S/S-*Schatz*, § 59 Rn 23). Eine Begründung **empfiehlt** sich jedoch.

696 **bb) Gesetzeswidrigkeit** (s. dazu allgemein: → *Beschwerde, Beschwerdeeinschränkung, Bewährungsbeschluss*, Teil A Rdn 456 ff.; Burhoff/Kotz/*Schimmel*, Nachsorge, Teil A Rn 128 ff.; Burhoff/Kotz/*Hillenbrand*, Nachsorge, Teil A Rn 9 ff., 244 ff.) liegt vor, wenn vom Gesetz nicht gedeckte oder überhaupt nicht vorgesehene Maßnahmen angeordnet werden oder der dem Gericht vorbehaltene Ermessensspielraum missbräuchlich überschritten wird (OLG Düsseldorf NStZ 1994, 198).

> ☝ Gesetzeswidrigkeit liegt vor, wenn die Anordnungen **gegen** das **sachliche Recht** verstoßen (D/S/S-*Schatz*, § 59 Rn 22; HK-JGG/*Meier*, § 59 Rn 12).

697 Gesetzeswidrigkeit **liegt immer dann vor**, wenn

- die gesetzlichen **Grenzen der Bewährungszeit** nicht beachtet werden,
- **unzulässige Weisungen** (§ 10 JGG) oder Auflagen (§ 15 JGG) festgesetzt werden, z.B. eine Weisung erteilt wird, dem Gericht alle zwei Wochen schriftlich die konkreten Aufenthaltsorte zu jeder Tages- und Nachtzeit aufzulisten, da sie der bloßen Überwachung des Verurteilten während der Bewährungszeit dient und nicht geeignet ist, den jugendlichen Verurteilten erzieherisch zu beeinflussen und ihn zukünftig von der Begehung von Straftaten abzuhalten (LG Cottbus, Beschluss v. 9.3.2009 – 24 jug Qs 4/09),
- die Anordnung unter **Verletzung verfahrensrechtlicher Vorschriften**, insbesondere unter Missachtung rechtlichen Gehörs getroffen wurde (D/S/S-*Schatz*, § 59 Rn 22) oder
- die **Verhältnismäßigkeit und Zumutbarkeit** der Anordnung gem. §§ 10 Abs. 1 S. 2, 15 Abs. 1 S. 2 JGG nicht gegeben ist (*Eisenberg*, § 59 Rn 23, 26; D/S/S-*Schatz*, § 59 Rn 22; *Ostendorf*, § 59 Rn 12).

☝ Die Einschränkung der „Gesetzeswidrigkeit" bezieht sich ausdrücklich **nicht** darauf, dass die **Bewährungs-** oder **Unterstellungszeit nachträglich verlängert** oder die Unterstellung erneut angeordnet wurde. In diesen Fällen kann die Beschwerde auch darauf gestützt werden, dass die Voraussetzungen für die betreffende Maßnahme nicht vorgelegen haben oder das Gericht das ihm eingeräumte Ermessen fehlerhaft ausgeübt hat (HK-JGG/*Meier*, § 59 Rn 12).

698 **c)** Das Beschwerdegericht ist gem. § 2 Abs. 2 JGG i.V.m. § 309 Abs. 2 befugt, eine eigene, neue **Entscheidung** zu treffen. Es soll jedoch von der Möglichkeit Gebrauch gemacht werden, die Entscheidung an den vorhergehenden Richter zurück zu verweisen, da dieser die größere Sachnähe aufweist (D/S/S-*Schatz*, § 59 Rn 23; HK-JGG/*Meier*, § 59 Rn 13; *Brunner/Dölling*, § 59 Rn 6; *Eisenberg*, § 59 Rn 26; *Ostendorf*, § 59 Rn 14).

699 **d)** Die durch § 55 Abs. 2 JGG bestimmte instanzielle **Rechtsmittelbeschränkung** (→ *JGG-Besonderheiten, Rechtsmittelbeschränkungen*, Teil A Rdn 820 ff.) findet **keine Anwendung**. § 55 Abs. 2 JGG verhindert nach seinem Wortlaut allein einen weiteren Angriff gegen das auf die Berufung hin ergangene Urteil. Bei einer Beschwerde nach § 59 Abs. 2 JGG wird dagegen nicht das Urteil, sondern der neben diesem verkündete Bewährungsbeschluss angegriffen (OLG Düsseldorf NStZ 1994, 198; OLG Celle NStZ 1993, 400 mit Anm. *Nix*; *Brunner/Dölling*, § 59 Rn 9; D/S/S-*Schatz*, § 59 Rn 24, § 55 Rn 95; *Streng*, Rn 491).

☝ Gegen die Entscheidung des Berufungsgerichts über die Modalitäten der Bewährung kann noch **Beschwerde** eingelegt werden.

700 Das **Verschlechterungsverbot** (→ *JGG-Besonderheiten, Verschlechterungsverbot*, Teil A Rdn 971 ff.) soll nicht betroffen sein, wenn das Berufungsgericht durch einen neuen Bewäh-

rungsbeschluss die vom Vorderrichter getroffenen Anordnungen ändert (OLG Düsseldorf NStZ 1994, 198; *Brunner/Dölling*, § 59 Rn 10).

Die Entscheidung, die auf die Beschwerde hin ergangen ist, ist der weiteren Anfechtung entzogen. Insbesondere ist eine **weitere Beschwerde** gem. § 310 unzulässig (D/S/S-*Schatz* § 59 Rn 29; allgemein dazu → *Beschwerde, weitere Beschwerde*, Teil A Rdn 585). 701

4.a) Selbst wenn der Richter die **Aussetzung der Vollstreckung** der Jugendstrafe zur Bewährung im Urteil abgelehnt hat, kann diese noch **nachträglich** gem. **§ 57 Abs. 2 JGG** angeordnet werden. Die nachträgliche Anordnung erfolgt durch Beschluss (Burhoff/Kotz/*Schimmel*, Nachsorge, Teil A Rn 189 ff.). 702

☝ Hier ist ein **nachträglicher Eingriff** in eine Entscheidung, durch die die Strafaussetzung zur Bewährung rechtskräftig abgelehnt wurde, möglich.

§ 57 Abs. 2 JGG ist auch anzuwenden, wenn die Ablehnung der Aussetzung nicht schon im Urteil, sondern erst in einem **nachträglichen Beschluss** (gem. § 61a Abs. 1 S. 1 JGG) erfolgte (*Eisenberg*, § 57 Rn 24; D/S/S-*Sonnen*, § 57 Rn 17). 703

b) Die Vorschrift ist **anwendbar** auf Jugendliche, auch wenn sie von einem allgemeinen Gericht verurteilt werden (§ 104 Abs. 1 Nr. 8 JGG), auf Heranwachsende dann, wenn materielles Jugendstrafrecht auf sie angewendet wird (§ 109 Abs. 2 S. 1 JGG). 704

c) Die nachträgliche Anordnung ist nur **zulässig, wenn** seit Erlass des Urteils **Umstände** hervorgetreten sind, die allein oder in Verbindung mit den bereits bekannten Umständen eine **Aussetzung** der Jugendstrafe zur Bewährung **rechtfertigen**. Umstände sind Tatsachen und Beweismittel, die für eine Aussetzung bestimmend sein könnten, z.B. das Verhalten des Jugendlichen nach der Tat, das eine günstige Prognose begründen kann. Die Umstände müssen **zeitlich nach Erlass** des **ablehnenden Urteils oder des Beschlusses zur Kenntnis des Gerichts** gelangt sein. Es kommt daher nicht darauf an, ob sie vorher schon bestanden haben. Sie müssen dem Gericht, das letztmalig die Umstände rechtlich und tatsächlich berücksichtigen durfte, unbekannt gewesen oder geblieben sein (*Eisenberg*, § 57 Rn 26). Das Revisionsgericht kann ausnahmsweise gem. § 354 Abs. 1 die Vollstreckung der Jugendstrafe selbst zur Bewährung aussetzen (*Eisenberg*, § 57 Rn 26). 705

Die hervorgetretenen Umstände müssen dem bekannten Sachverhalt ein so bedeutsames Teilstück hinzufügen, dass die Entscheidung über die Aussetzung nicht als Korrektur bei gleichbleibendem Sachverhalt erscheint, sondern einer **modifizierten Beurteilungsgrundlage** Rechnung trägt (*Eisenberg*, § 57 Rn 27; *Brunner/Dölling*, § 57 Rn 5: *Ostendorf*, § 57 Rn 12). 706

☝ Werden dem **Verteidiger** Umstände, die eine Strafaussetzung begründen könnten **nachträglich bekannt**, so hat er einen Antrag auf Abänderung der Entscheidung zu stellen und die bisher nicht bekannten Tatsachen zu benennen. Faktische Voraussetzung dafür ist jedoch, dass der Verurteilt in Freiheit ist. Ansonsten geht mit Rechtskraft des Urteils die Untersuchungshaft in Strafhaft über.

Gegen den Beschluss, der die nachträgliche Strafaussetzung ablehnt, kann sofortige Beschwerde gem. § 59 Abs. 1 JGG erhoben werden.

707 **d)** Eine **nachträgliche Strafaussetzung** zur Bewährung ist jedoch **nicht möglich**, wenn eine bereits angeordnete Aussetzung gem. § 26 JGG widerrufen wurde, auch nicht in entsprechender Anwendung von § 57 Abs. 2 JGG (*Eisenberg*, § 57 Rn 13; *Brunner/Dölling*, § 57 Rn 5; *Ostendorf*, § 57 Rn 10; HK-JGG/*Meier*, § 57 Rn 10).

708 **5.a)** Gegen den **Widerruf** der Aussetzung der Jugendstrafe (§ 26 Abs. 1 JGG) ist gem. § 59 Abs. 3 JGG **sofortige Beschwerde** zulässig (→ *Beschwerde, sofortige Beschwerde*, Teil A Rdn 550; Burhoff/Kotz/*Schimmel*, Nachsorge, Teil A Rn 143 ff.).

709 Die Vorschrift ist **anwendbar** auf Jugendliche, auch wenn sie von einem allgemeinen Gericht verurteilt werden (§ 104 Abs. 1 Nr. 8 JGG), auf Heranwachsende dann, wenn materielles Jugendstrafrecht auf sie angewendet wird (§ 109 Abs. 2 JGG).

710 **b) Beschwerdeberechtigt** sind sowohl der Verurteilte als auch – zu seinen Gunsten – die StA.

711 **c)** Nach **h.M.** (KG JR 1998, 389; LG Potsdam NStZ-RR 1996, 285; LG Krefeld NJW 1974, 1476; *Eisenberg*, § 59 Rn 27; *Ostendorf*, § 59 Rn 15; D/S/S-*Schatz*, § 59 Rn 25; *Brunner/Dölling*, § 26a Rn 13; § 59 Rn 5) ist der Beschluss, durch den der **Widerruf abgelehnt** wurde, **nicht anfechtbar**. Diese Ansicht wird damit begründet, dass die begrenzten Anfechtungsmöglichkeiten gegenüber Entscheidungen des Jugendrichters auf dem Grundgedanken beruhen, dass der Jugendrichter eher als ein höheres Gericht zutreffende Kenntnisse über den strafrechtlich verfolgten Jugendlichen und seine Entwicklung hat. Zum anderen entspricht es dem erkennbaren Willen des Gesetzgebers, jugendstrafrechtliche Verfahren so schnell wie möglich einer rechtskräftigen Entscheidung zuzuführen. Maßgeblich ist der Erziehungsgedanke, sodass die Wirkung einer angeordneten Rechtsfolge auf den Jugendlichen nicht dadurch beeinträchtigt werden soll, dass das Verfahren möglicherweise erst nach mehreren Instanzen zum Abschluss kommt. § 59 Abs. 3 JGG, erklärt ausdrücklich die sofortige Beschwerde gegen den Widerruf der Aussetzung für zulässig, die Anfechtung der Ablehnung des Widerrufs wird jedoch unerwähnt gelassen.

712 Entspräche es der gesetzgeberischen Vorstellung, dass die Widerrufsentscheidung des Jugendrichters wie nach § 453 uneingeschränkt anfechtbar sein soll, wäre § 59 Abs. 3 JGG nicht nur unvollständig, sondern überhaupt überflüssig, und die Bezugnahme auf die allgemeinen Vorschriften in § 2 JGG hätte insoweit genügt. Dass der Gesetzgeber dies übersehen haben könnte, ist nicht ersichtlich. Die differenzierte Anfechtbarkeit von Widerrufsentscheidungen trägt vielmehr dem gewichtigen Gesichtspunkt Rechnung, dass der Jugendliche oder Heranwachsende mit der Gewährung der Strafaussetzung eine **Ver-**

trauensposition gewinnt, die durch die jugendgerichtliche Ablehnung eines Widerrufsantrages bestätigt wird.

Die Unanfechtbarkeit kann der Sache nach auch hingenommen werden, weil die Ablehnung des Widerrufs bei neuen Straftaten im Jugendstrafverfahren wegen des Einheitsprinzips (§ 31 Abs. 2 S. 1 JGG) bei Weitem **nicht** die **Bedeutung** zukommt, die eine vergleichbare **Ablehnungsentscheidung** im **Erwachsenenstrafrecht** hat, wo nur die Möglichkeit des Widerrufs, allenfalls die Anordnung von milderen Maßnahmen zur Verfügung steht (D/S/S-*Schatz*, § 59 Rn 25). 713

Die **Gegenmeinung** (LG Osnabrück NStZ 1991, 533 [einfache Beschwerde]; LG Hamburg NStZ 1996, 250 [sofortige Beschwerde] mit abl. Anm. *Sieveking/Eisenberg* NStZ 1996, 251; LG Bückeburg NStZ 2005, 168 [sofortige Beschwerde]; zust. *Heinrich*; HK-JGG/*Meier*, § 59 Rn 14) beruft sich auf eine **planwidrige Regelungslücke**, die durch die Anwendung von § 453 Abs. 2 geschlossen werden soll. 714

d) Die sofortige Beschwerde gegen die Widerrufsentscheidung hat zwar nach dem Wortlaut des § 307 **keine aufschiebende Wirkung**; vielmehr muss die Aussetzung der Vollziehung gem. § 307 Abs. 2 im Einzelfall angeordnet werden. Da der Widerrufsbeschluss jedoch als urteilvertretender Beschluss gilt (vgl. *Meyer-Goßner/Schmitt*, § 307 Rn 1) darf bei eingelegter sofortiger Beschwerde die **Vollstreckung nicht eingeleitet werden**, sondern erst ab materielle Rechtskraft (D/S/S-*Schatz*, § 59 Rn 26; *Brunner/Dölling*, § 26a Rn 13; *Eisenberg*, §§ 26, 26a Rn 33; § 59 Rn 28; *Ostendorf*, § 59 Rn 16; HK-JGG/*Meier*, § 59 Rn 15). Allerdings lässt § 453c bis zur Rechtskraft des Widerrufbeschlusses einen **Sicherungshaftbefehl** zu. 715

e) Wegen seines urteilvertretenden Charakters kann der Widerrufsbeschluss bei Vorliegen von **Wiederaufnahmegründen** aufgehoben werden (*Ostendorf*, § 59 Rn 17; *Eisenberg*, § 59 Rn 29; *Brunner/Dölling*, § 26a Rn 13; § 55 Rn 49; → *JGG-Besonderheiten, Wiederaufnahmeverfahren*, Teil A Rdn 1022 ff.). 716

6. Der Beschluss über den **Straferlass** (§ 26a JGG; Burhoff/Kotz/*Schimmel*, Nachsorge, Teil A Rn 113 ff.) ist gem. § 59 Abs. 4 JGG **nicht anfechtbar**. Hierdurch soll gewährleistet werden, dass möglichst zeitnah und abschließend nach Ablauf der Bewährungszeit entschieden wird, um den Verurteilten nicht im Unklaren über seine Zukunftsaussichten zu lassen (D/S/S-*Schatz*, § 59 Rn 27). Damit scheidet auch eine Wiederaufnahme zuungunsten des Verurteilten gem. § 362 analog aus (*Ostendorf*, § 59 Rn 18). 717

Siehe auch: → *Beschwerde, Allgemeines*, Teil A Rdn 399, m.w.N.; → *Beschwerde, Beschwerdeausschluss*, Teil A Rdn 418; → *Beschwerde, Beschwerdeeinschränkung, Akteneinsicht*, Teil A Rdn 449; → *Beschwerde, Beschwerdeeinschränkung, Bewährungsbeschluss*, Teil A Rdn 456; → *Beschwerde, Entscheidung*, Teil A Rdn 498; → *Beschwerde, sofortige Beschwerde*, Teil A Rdn 550; → *Beschwerde, weitere Beschwerde*, Teil A Rdn 585;

→ *JGG-Besonderheiten, Allgemeines*, Teil A Rdn 619; → *JGG-Besonderheiten, Berufung*, Teil A Rdn 665; → *JGG-Besonderheiten, Revision*, Teil A Rdn 867.

718 JGG-Besonderheiten, Bußgeldverfahren

Das Wichtigste in Kürze:

1. Gem. § 46 Abs. 1 OWiG gelten für das Bußgeldverfahren die Vorschriften des JGG sinngemäß, sofern das OWiG nicht anderes bestimmt.
2. Bis zum Erlass des Bußgeldbescheides werden Jugendliche/Heranwachsende wie Erwachsene behandelt.
3. Nach Einlegung des Einspruchs ist der Jugendrichter zuständig.
4. Die Elternrechte gelten auch im Ordnungswidrigkeitenverfahren; von der Heranziehung der Jugendgerichtshilfe kann jedoch abgesehen werden.
5. Statthaftes Rechtsmittel ist die Rechtsbeschwerde.
6. Grds. ist auch gegen Jugendliche/Heranwachsende Erzwingungshaft möglich, jedoch selten angebracht.
7. Statt Erzwingungshaft kann der Jugendrichter dem Betroffenen Auflagen erteilen.
8. Erfüllt der Jugendliche/Heranwachsende die Auflagen nicht, kann Jugendarrest verhängt werden.

719 **Literaturhinweise:** **Bohnert**, Ordnungswidrigkeiten und Jugendrecht, 1989; **Fromm**, Über Besonderheiten im OWi-Verfahren gegen junge Verkehrsteilnehmer und Fahranfänger sowie verkehrsverwaltungsrechtliche Folgen, NZV 2016, 57; **Krumm**, OWi-Verfahren vor dem Jugendrichter – 10 Fragen und 10 Antworten, NZV 2010, 68; s.a. die Hinw. bei → *JGG-Besonderheiten, Allgemeines*, Teil A Rdn 620.

720 **1.** Gem. § 46 Abs. 1 OWiG gelten für das Bußgeldverfahren die **Vorschriften** des **JGG sinngemäß**, sofern das OWiG nicht anderes bestimmt (zu Jugendlichen und Heranwachsenden im OWi-Verfahren s. Burhoff/*Gieg*, OWi, Rn 2739 ff.).

721 **2.a)** Jugendliche (wenn sie die gem. § 3 JGG nötige Reife haben; § 12 Abs. 1 OWiG; wobei dies im Ordnungswidrigkeiten wegen des oft schwer fassbaren Handlungsunrechts häufig zweifelhaft ist; vgl. KK-OWiG/*Rengier*, § 12 Rn 9) und Heranwachsende werden im Verfahren **bis** zum **Erlass** des **Bußgeldbescheides wie Erwachsene** behandelt. Dies bedeutet, dass (nur) ein Bußgeld gegen sie verhängt werden kann. Erziehungsmaßregeln und Zuchtmittel lässt das Gesetz nicht zu (BayObLG NJW 1972, 837; Burhoff/*Gieg*, OWi, Rn 2741).

722 **b) § 47 OWiG** gilt auch im Verfahren gegen Jugendliche und Heranwachsende. Die Verwaltungsbehörde als Verfolgungsbehörde der Ordnungswidrigkeit kann also auch ein Verfahren gegen Jugendliche wegen des fehlenden öffentlichen Interesses **einstellen**.

§ 47 OWiG ist gegenüber §§ 45, 47 JGG (→ *JGG-Besonderheiten, Diversion*, Teil A Rdn 734 ff.) lex specialis (*Bohnert*, S. 60; *Eisenberg*, § 45 Rn 3).

c) Gem. § 51 Abs. 2 OWiG wird ein **Bescheid** dem Betroffenen **zugestellt** und, wenn er einen **gesetzlichen Vertreter** bzw. Erziehungsberechtigten hat, diesem **mitgeteilt**. Unterlässt die Verwaltungsbehörde die **erforderliche Mitteilung**, so berührt dies nicht die Wirksamkeit des dem Jugendlichen ordnungsgemäß zugestellten Bescheides, verhindert allerdings den Beginn des Laufs der Rechtsmittelfrist (Göhler/*Seitz*, § 51 Rn 51). Ein entsprechender Verfahrensmangel führt auch nicht zum Fehlen einer Verfahrensvoraussetzung für das gerichtliche Verfahren, da Verfahrensmängel der Verwaltungsbehörde, sofern sie keine Unwirksamkeit oder Nichtigkeit des Bescheides begründen, im gerichtlichen Verfahren unbeachtlich sind (OLG Düsseldorf NJW 1982, 2833; OLG Hamm VRS 2007, 374). 723

d) Jeder **Erziehungsberechtigte** kann jeweils selbstständig und aus eigenem Recht **Einspruch einlegen** (§ 67 Abs. 3 JGG). Dies bedeutet, ein Verzicht auf den Einspruch oder ein etwaiges Widersprechen gegenüber dem Einspruch des anderen Erziehungsberechtigten berührt stets nur das eigene Einspruchsrecht (KK-OWiG/*Bohnert*, § 67 Rn 33). 724

3. Nach Einspruchseinlegung ist gem. § 68 Abs. 2 OWiG der **Jugendrichter zuständig** (dazu *Krumm* NZV 2010, 68 ff.). 725

a) Im Ordnungswidrigkeitenverfahren gilt **§ 78 Abs. 3 JGG** (allgemein zum vereinfachten Jugendverfahren → *JGG-Besonderheiten, Allgemeines*, Teil A Rdn 639 ff.) entsprechend. Dies bedeutet, dass gegen Jugendliche zur Vereinfachung, Beschleunigung und jugendgemäßen Gestaltung des Verfahrens von **Verfahrensvorschriften abgewichen** werden darf, soweit dadurch die Erforschung der Wahrheit nicht beeinträchtigt wird. Die Vorschriften über die Anwesenheit des Angeklagten (§ 50 JGG), die Stellung des Erziehungsberechtigten und des gesetzlichen Vertreters (§ 67 JGG) und die Mitteilung von Entscheidungen (§ 70 JGG) müssen beachtet werden. 726

b) Gem. § 46 Abs. 6 OWiG kann von der **Heranziehung der Jugendgerichtshilfe** (§ 38 JGG) **abgesehen** werden, wenn ihre Mitwirkung für die sachgemäße Durchführung des Verfahrens entbehrlich ist (Burhoff/*Gieg*, OWi, Rn 2756). 727

c) Da gegen Urteile und Beschlüsse nach § 72 OWiG als ausschließliches Rechtsmittel gem. § 79 OWiG die **Rechtsbeschwerde** zulässig ist, ergeben sich hinsichtlich der instanziellen Rechtsmittelbeschränkung des **§ 55 Abs. 2 JGG** (→ *JGG-Besonderheiten, Rechtsmittelbeschränkungen*, Teil A Rdn 820 ff.) keine Besonderheiten. 728

d) Hinsichtlich der **Kostenentscheidung** (→ *JGG-Besonderheiten, Kostenentscheidung*, Teil A Rdn 797 ff.) gilt § 74 JGG entsprechend (§ 105 Abs. 1 OWiG), d.h. der Jugendrichter kann von der Auferlegung der Verfahrenskosten absehen. 729

4.a) Vollstreckt werden Entscheidungen durch den **Jugendrichter** als Vollstreckungsleiter (§ 97 Abs. 1 OWiG i.V.m. § 82 Abs. 1 JGG; s. Burhoff/Kotz/*Schimmel*, Nachsorge, 730

Teil B Rn 939 ff.). Grds. ist auch im Verfahren gegen Jugendliche und Heranwachsende gem. § 96 OWiG die Anordnung von **Erzwingungshaft** möglich. Ihre Anordnung ist jedoch gegen Jugendliche in der Regel, gegen Heranwachsende häufig nicht angebracht i.S.d. § 98 Abs. 1 S. 1 OWiG (Göhler/*Seitz*, § 96 Rn 35; § 98 Rn 4 ff.; s. auch Rdn 731).

731 **b)** Wird die gegen einen Jugendlichen festgesetzte **Geldbuße nicht gezahlt**, so kann der Jugendrichter gem. § 98 Abs. 1 OWiG dem Jugendlichen **auferlegen**, Arbeitsleistungen zu erbringen, nach Kräften den durch die Handlung verursachten Schaden wiedergutzumachen, bei einer Verletzung von Verkehrsvorschriften an einem Verkehrsunterricht teilzunehmen, sonst eine bestimmte Leistung zu erbringen, wenn die Bewilligung einer Zahlungserleichterung, die Beitreibung der Geldbuße oder die Anordnung der Erzwingungshaft nicht möglich oder angebracht erscheint. Der Jugendrichter kann die Anordnungen **nebeneinander** treffen und **nachträglich ändern**. Die Vorschrift gilt gem. § 98 Abs. 4 OWiG auch für die Vollstreckung der gegen einen Heranwachsenden festgesetzten Geldbuße. Die Auflagen treten dann anstelle der Geldbuße und ersetzen diese.

732 Kommt der Jugendliche einer Anordnung nach § 98 Abs. 1 OWiG schuldhaft nicht nach und zahlt er auch nicht die Geldbuße, so kann **Jugendarrest** (§ 16 JGG) gegen ihn verhängt werden, wenn er entsprechend belehrt worden ist (→ *JGG-Besonderheiten, Ungehorsamsarrest*, Teil A Rdn 921 ff.). Hiernach verhängter Jugendarrest darf bei einer Bußgeldentscheidung eine Woche nicht übersteigen. Vor der Verhängung von Jugendarrest ist dem Jugendlichen Gelegenheit zur **mündlichen Äußerung** vor dem Richter zu geben. Wegen desselben Betrags darf Jugendarrest nicht wiederholt angeordnet werden. Der Richter sieht von der Vollstreckung des Jugendarrestes ab, wenn der Jugendliche nach Verhängung der Weisung nachkommt oder die Geldbuße zahlt (allgemein zur Vollstreckung von Jugendarrest Burhoff/Kotz/*Schimmel*, Nachsorge, Teil B Rn 790 ff.). Ist Jugendarrest vollstreckt worden, so kann der Jugendrichter die Vollstreckung der Geldbuße ganz oder zum Teil für erledigt erklären.

> ☝ Der Verteidiger sollte bei verhängtem, aber noch nicht vollstrecktem Arrest dem **Jugendlichen raten**, die **Weisung** zu **erfüllen** oder die Geldbuße zu zahlen.
>
> Nach vollstrecktem Arrest ist ein **Antrag** auf **Erledigung** der Vollstreckung der Geldbuße zu stellen.

733 **c)** Die **Anordnung** des Jugendrichters, Auflagen anstatt Erzwingungshaft anzuordnen ist **nicht anfechtbar** (§ 104 Abs. 3 S. 2 OWiG). Dies gilt auch für die Ablehnung des Antrages, die Vollstreckung der Geldbuße nach Vollstreckung des Jugendarrests für erledigt zu erklären. Der Arrest selbst kann mit der sofortigen Beschwerde angefochten werden (§ 104 Abs. 3 S. 1 Nr. 1 OWiG; → *Beschwerde, sofortige Beschwerde*, Teil A Rdn 550 ff.).

Siehe auch: → *JGG-Besonderheiten, Allgemeines*, Teil A Rdn 619; → *JGG-Besonderheiten, Kostenentscheidung*, Teil A Rdn 797; → *JGG-Besonderheiten, Rechtsmittelbeschränkun-*

gen, Teil A Rdn 817; → *Rechtsbeschwerde, Allgemeines*, Teil A Rdn 1053; → *Rechtsbeschwerde, Antrag auf Entscheidung des Rechtsbeschwerdegerichts*, Teil A Rdn 1072; → *Rechtsbeschwerde, Begründung*, Teil A Rdn 1076; → *Rechtsbeschwerde, Beschränkung*, Teil A Rdn 1085; → *Rechtsbeschwerde, Einlegung*, Teil A Rdn 1092; → *Rechtsbeschwerde, Entscheidung*, Teil A Rdn 1102; → *Rechtsbeschwerde, Form*, Teil A Rdn 1115; → *Rechtsbeschwerde, Frist*, Teil A Rdn 1129; → *Rechtsbeschwerde, Rechtsmittelverzicht*, Teil A Rdn 1143; → *Rechtsbeschwerde, Rücknahme*, Teil A Rdn 1149; → *Rechtsbeschwerde, Sachrüge*, Teil A Rdn 1157; → *Rechtsbeschwerde, Statthaftigkeit*, Teil A Rdn 1177; → *Rechtsbeschwerde, Verfahrensrüge*, Teil A Rdn 1182; → *Rechtsbeschwerde, Verschlechterungsverbot*, Teil A Rdn 1205; → *Rechtsbeschwerde, Zulässigkeitsvoraussetzungen*, Teil A Rdn 1211; → *Rechtsbeschwerde, Zulassung*, Teil A Rdn 1249.

JGG-Besonderheiten, Diversion 734

Das Wichtigste in Kürze:

1. Die Einstellungsmöglichkeiten sind im JGG gegenüber dem allgemeinen Strafrecht weiter.
2. Vor Anklageerhebung richten sich die Einstellungsmöglichkeiten der StA nach § 45 JGG.
3. Nach Anklageerhebung kann der Richter gem. § 47 Abs. 1 JGG das Verfahren einstellen.
4. Die Einstellung bedarf der Zustimmung der StA, nicht jedoch des Jugendlichen.
5. Die „erzieherische Maßnahme" nach § 45 Abs. 2 JGG umfasst alle Maßnahmen, die zur Erziehung des Beschuldigten von privater oder öffentlicher Seite im Rahmen bestehender Erziehungsaufgaben durchgeführt oder eingeleitet sind.
6. Einstellungsbeschlüsse sind grds. nicht anfechtbar, es sei denn, der Maßnahme fehlt eine gesetzliche Grundlage.

Literaturhinweise: **Bareinske**, Sanktion und Legalbewährung im Jugendstrafverfahren in Baden-Württemberg, 2004; **Bohnert**, Die Reichweite der staatsanwaltschaftlichen Einstellung im Jugendstrafrecht, NJW 1980, 127; **Feigen**, Staatsanwaltschaftliche Diversion in Theorie und Praxis, ZJJ 2008, 349; **Goeckenjan**, Neuere Tendenzen in der Diversion, 2005; **Grote**, Diversion im Jugendstrafrecht, 2006; **Heinz**, Diversion im Jugendstrafverfahren. Aktuelle kriminalpolitische Bestrebungen im Spiegel empirischer Untersuchungen, ZRP 1990, 7; *ders.*, Zahlt sich Milde aus? Diversion und ihre Bedeutung für die Sanktionspraxis, ZJJ 2005, 166; **Hombrecher**, Die Einstellung des Verfahrens in Jugendstrafsachen (§§ 45, 47 JGG), JA 2009, 889; **Linke**, Diversionsrichtlinien im Jugendstrafverfahren – Bundeseinheitliche Einstellungspraxis durch Verwaltungsvorschriften der Länder?, NStZ 2010, 609; **Löhr-Müller**, Diversion durch den Jugendrichter, 2001; **Schweckendieck**, Die 735

„Einstellung zur Bewährung" nach den §§ 45, 47 JGG, ZRP 1988, 276; **Storz**, Jugendstrafrechtliche Reaktion und Legalbewährung, 1994; s.a. die Hinw. bei → *JGG-Besonderheiten, Allgemeines*, Teil A Rdn 620.

736 **1.** Die **Einstellungsmöglichkeiten** sind im JGG gegenüber dem allgemeinen Strafrecht **weiter** und bergen auch für die Verteidigung mehr Möglichkeiten, kreativ auf einen Verfahrensabschluss hinzuwirken (dazu auch *Burhoff*, EV, Rn 2339 ff.). Sämtliche Untersuchungen zur Diversion im Jugendstraferfahren kamen zu dem Ergebnis, dass die Rückfallraten nach einer Diversionsentscheidung jedenfalls nicht höher waren als nach einer Verurteilung (*Bareinske*, S. 119; *Storz*, S. 131; *Grote*, S. 347), eher signifikant niedriger (*Heinz* ZRP 1990, 7; *ders.* ZJJ 2005, 166).

737 Einstellungen sind im Jugendstrafverfahren auch bei **Verbrechensvorwürfen möglich**. Verschärft sind allerdings gegenüber dem allgemeinen Strafrecht die registerrechtlichen Folgen. Jede Einstellung wird gem. § 60 Abs. 1 Nr. 7 BRZG in das **Erziehungsregister** eingetragen (allgemein zum Erziehungsregister Burhoff/Kotz/*Schimmel*, Nachsorge, Teil E Rn 282 ff.).

☝ Bei **Heranwachsenden** hat der Verteidiger zu überlegen, ob nicht wegen der registerrechtlichen Folgen eher eine Einstellung gem. **§§ 153, 153a** in manchen Fällen argumentativ erreicht werden sollte.

738 Die (Diversions-)Vorschriften der **§§ 45, 47 JGG** sind **anwendbar** auf Jugendliche, auch wenn sie von einem allgemeinen Gericht verurteilt werden (§ 104 Abs. 1 Nr. 4 JGG), auf Heranwachsende dann, wenn materielles Jugendstrafrecht auf sie angewendet wird (§ 109 Abs. 2 JGG).

739 **2. Vor Anklageerhebung** richten sich die Einstellungsmöglichkeiten der StA nach **§ 45 JGG** (Einzelheiten bei *Feigen* ZJJ 2008, 349; *Bohnert* NJW 1980, 127; *Hombrecher* JA 2009, 889; zur „Polizeidiversion" *Goeckenjan*, S. 143ff.; zu den Diversionsrichtlinien *Linke* NStZ 2010, 609; *Burhoff*, EV, Rn 2339 ff.).

740 **3. Nach Anklageerhebung** kann der Richter (zu einem Modellprojekt s. *Löhr-Müller*) gem. **§ 47 Abs. 1 JGG** das Verfahren einstellen, wenn

- die Voraussetzungen des **§ 153** vorliegen (§ 47 Abs. 1 Nr. 1 JGG),
- eine **erzieherische Maßnahme** im Sinne des § 45 Abs. 2 JGG (s. dazu Rdn 742), die eine Entscheidung durch Urteil entbehrlich macht, bereits durchgeführt oder eingeleitet ist (§ 47 Abs. 1 Nr. 2 JGG),
- der Richter eine Entscheidung durch Urteil für entbehrlich hält und gegen den geständigen Jugendlichen eine **in § 45 Abs. 3 S. 1 JGG bezeichnete Maßnahme** anordnet (§ 47 Abs. 1 Nr. 3 JGG; dazu *Schweckendieck* ZRP 1988, 276) oder
- der Angeklagte mangels Reife **strafrechtlich nicht verantwortlich** ist (§ 47 Abs. 1 Nr. 4 JGG).

4. Die Einstellung bedarf der **Zustimmung der StA**. Sie entfaltet beschränkten Strafklageverbrauch (§ 47 Abs. 3 JGG). Eine Zustimmung des Jugendlichen ist nicht erforderlich (*Eisenberg*, JGG, § 47 Rn 18; zur Verfassungsmäßigkeit der Unterscheidung BVerfG, Beschl. v. 27.1.1983 – 2 BvR 92/83). 741

5. Die „**erzieherische Maßnahme**" nach **§ 45 Abs. 2 JGG** umfasst alle Maßnahmen, die zur Erziehung des Beschuldigten von privater oder öffentlicher Seite im Rahmen bestehender Erziehungsaufgaben durchgeführt oder eingeleitet sind. Also z.B. Maßnahmen der Erziehungsberechtigten, der Schule oder auch des Jugendamtes nach SGB VIII. Aufgrund der Einwirkung kommt auch die Untersuchungshaft unabhängig von einem erzieherischen Erfolg als solche in Betracht (*Eisenberg*, § 45 Rn 19). Einer erzieherischen Maßnahme steht das Bemühen des Jugendlichen gleich, einen Ausgleich mit dem Verletzten zu erreichen (Täter-Opfer-Ausgleich; zum Täter-Opfer-Ausgleich *Burhoff*, EV, Rn 3490 und *Burhoff*, HV, Rn 2586). 742

☝ Der Verteidiger sollte den Jugendlichen daher immer danach fragen, welche Reaktionen auf die Entdeckung der (mutmaßlichen) Tat erfolgt sind. Damit kann ggf. eine **Einstellung** des Verfahrens erreicht werden.

6. Grds. sind – parallel zur der Rechtslage im Falle einer Einstellung gemäß § 153a – der jugendrechtliche Einstellungsbeschluss gemäß § 47 JGG einschließlich eines eventuell vorausgehenden vorläufiger Einstellungsbeschlusses **nicht anfechtbar** (vgl. § 47 Abs. 2 S. 4 JGG, siehe auch *Eisenberg*, § 47 Rn 26 ff.). Es ist jedoch anerkannt, dass eine **Beschwerde** gemäß § 304 ausnahmsweise dann zulässig ist, wenn unverzichtbare prozessuale Voraussetzungen, wie zum Beispiel die Zustimmung der StA, fehlen oder die im Einstellungsbeschluss angeordneten Maßnahmen der gesetzlichen Grundlage entbehren (*Brunner/Dölling*, § 47 Anm. 14; OLG Celle StraFo 2015, 204). Die Auflage, einen Geldbetrag an eine gemeinnützige Einrichtung zu zahlen, hat bei einem bestreitenden Beschuldigten eine ahndende Funktion und stellt somit keine zulässige erzieherische Maßnahme im Sinne des § 45 Abs. 2 JGG dar. Damit fehlt eine gesetzliche Grundlage (LG Osnabrück StraFo 2015, 302). 743

Siehe auch: → *JGG-Besonderheiten, Allgemeines*, Teil A Rdn 619.

JGG-Besonderheiten, Elternbeschwerde 744

Das Wichtigste in Kürze:

1. Die Beteiligungsrechte der Eltern an Verfahren gegen ihre Kinder sind in § 67 JGG geregelt.

2. Der Richter kann gem. § 67 Abs. 4 JGG dem Erziehungsberechtigten und dem gesetzlichen Vertreter ihre Verfahrensrechte entziehen.
3. Rechtsbehelf gegen den Entzug ist eine (einfache) Beschwerde.

745 **Literaturhinweise: Kremer**, Der Einfluss des Elternrechts aus Art. 6 Abs. II, III GG auf die Rechtmäßigkeit der Maßnahmen des JGG, 1984; **Richmann**, Die Beteiligung des Erziehungsberechtigten und des gesetzlichen Vertreters am Jugendstrafverfahren, 2002; **Schwer**, Die Stellung der Erziehungsberechtigten und gesetzlichen Vertreter im Jugendstrafverfahren, 2004; s.a. die Hinw. bei → *JGG-Besonderheiten, Allgemeines*, Teil A Rdn 620.

746 **1.** In Verfahren gegen Jugendliche haben Eltern und sonstige Erziehungsberechtigte bzw. gesetzliche Vertreter im selben Umfang wie der junge Beschuldigte selbst Anwesenheits-, Anhörungs-, Frage- und Antragsrechte (**§ 67 Abs. 1 JGG**; sog. „**Elternrechte**"; Einzelheiten bei *Kremer*, S. 25 ff.; *Richmann*, S. 65 ff.; *Schwer*, S. 66 ff.). Eine Vertretung von Erziehungsberechtigten und gesetzlichen Vertretern bei der Wahrnehmung der gesetzlichen Rechte aus § 67 JGG in der HV ist jedoch unzulässig, weil § 67 JGG gerade auf deren persönliche Mitwirkung abzielt (KG StraFo 2015, 122).

☝ Die Vorschrift gilt **nur für Jugendliche**, nicht für Heranwachsende, und zwar auch nicht, wenn materiell Jugendstrafrecht auf sie angewandt wird, da diese bereits volljährig sind. Maßgeblich ist der jeweilige Zeitpunkt der Ermittlungshandlung bzw. der HV.

747 **2.a)** Der Richter kann gem. § 67 Abs. 4 JGG dem Erziehungsberechtigten und dem gesetzlichen Vertreter ihre **Verfahrensrechte entziehen**. In diesem Fall ist dem Jugendlichen gem. § 68 Nr. 2 JGG ein Pflichtverteidiger zu bestellen (s. dazu auch *Burhoff*, HV, Rn 1765).

748 **b) Voraussetzung** für den Entzug der Elternrechte ist, dass diese verdächtig sind, an der Verfehlung des Beschuldigten beteiligt zu sein, oder soweit sie wegen einer Beteiligung verurteilt sind. Nach h.M. soll „**Beteiligung**" i.S.d. Vorschrift nicht nur Täterschaft und Teilnahme bedeuten (vgl. § 28 Abs. 2 StGB), sondern darüber hinaus auch die Beteiligung nach der Tat, im Sinne eines sog. Anschlussdelikts, d.h. Begünstigung (§ 257 StGB), Strafvereitlung (§ 258 StGB) oder Hehlerei (§ 259 StGB) (*Eisenberg*, § 67 Rn 17; *Brunner/Dölling*, § 67 Rn 13; D/S/S-*Schatz*, § 67 Rn 44; a.A. HK-JGG/*Trüg*, § 67 Rn 18, *Ostendorf*, § 67 Rn 15 [nur Täterschaft und Teilnahme]). Liegen die Voraussetzungen der Beteiligung **nur bei einem Erziehungsberechtigten** oder gesetzlichem Vertreter vor, so kann beiden ihre Rechte entzogen werden, wenn ein Missbrauch zu befürchten ist (§ 67 Abs. 4 S. 2 JGG). Dies ist dann der Fall, wenn die Stellung im Verfahren für das Interesse des anderen Erziehungsberechtigten bzw. gesetzlichen Vertreters, nicht oder milder bestraft zu werden, ausgenutzt wird. Für die Beteiligung müssen **tatsächliche Anhaltspunkte** vorliegen (Anfangsverdacht); eines hinreichenden oder dringenden Tatverdachts bedarf es nicht (D/S/S-*Schatz*, § 67 Rn 44; *Brunner/Dölling*, § 67 Rn 13; *Eisenberg*, § 67 Rn 17).

Der Entzug der Rechte steht im pflichtgemäßen **Ermessen** des Gerichts. Dieses sollte zurückhaltend ausgeübt werden (*Eisenberg*, § 67 Rn 19; *Ostendorf*, § 67 Rn 16). Die Rechte können vollständig oder – als milderes Mittel – teilweise entzogen werden. 749

c) **Zuständig** für den Entzug der Rechts ist vor Anklageerhebung der Jugendermittlungsrichter, nach Anklageerhebung das Jugendgericht, nicht der Vorsitzende (*Ostendorf*, § 67 Rn 17; *Brunner/Dölling*, § 67 Rn 15; *Eisenberg*, § 67 Rn 24). Die Entscheidung ergeht durch Beschluss, der zu begründen ist (§ 34). 750

3. Statthafte **Rechtsbehelf** bei einem Entzug der Rechte ist die (einfache) **Beschwerde** gem. § 304 (s. allgemein → *Beschwerde, Allgemeines*, Teil A Rdn 399 ff.) 751

Anfechtungsberechtigt sind der Erziehungsberechtigte bzw. gesetzliche Vertreter oder der Jugendliche selbst. 752

Die Beschwerde entfaltet **keine aufschiebende Wirkung** (§ 307). Es muss also ein Antrag gem. § 307 Abs. 2 gestellt werden. 753

Siehe auch: → *Beschwerde, Allgemeines*, Teil A Rdn 399; → *Beschwerde, Beschwerdeausschluss*, Teil A Rdn 418; → *Beschwerde, Beschwerdeeinschränkung, Akteneinsicht*, Teil A Rdn 449; → *Beschwerde, Entscheidung*, Teil A Rdn 498; → *JGG-Besonderheiten, Allgemeines*, Teil A Rdn 619; → *JGG-Besonderheiten, Anfechtungsberechtigung*, Teil A Rdn 651; → *JGG-Besonderheiten, Entscheidungsbekanntmachung*, Teil A Rdn 754; → *JGG-Besonderheiten, Revision*, Teil A Rdn 952.

JGG-Besonderheiten, Entscheidungsbekanntmachung 754

Das Wichtigste in Kürze:

1. Für die Bekanntgabe von Entscheidungen gelten im JGG-Verfahren die allgemeinen Vorschriften der StPO.
2. Ist eine Mitteilung an den Beschuldigten vorgeschrieben, soll die entsprechende Mitteilung gem. § 67 Abs. 2 JGG an den Erziehungsberechtigten und den gesetzlichen Vertreter gerichtet werden.
3. Zu den Zustellungsvorschriften der StPO ergeben sich grds. keine Besonderheiten.

Literaturhinweise: **Eisenberg/Düffer**, Anm. zu BGH JR, 1997, 80; **Kremer**, Der Einfluss des Elternrechts auf die Rechtsmäßigkeit der Maßnahmen des JGG, 1984; **Richmann**, Die Beteiligung des Erziehungsberechtigten und des gesetzlichen Vertreters am Jugendstrafverfahren, 2002; s.a. die Hinw. bei → *JGG-Besonderheiten, Allgemeines*, Teil A Rdn 620. 755

1. Für die Bekanntgabe von Entscheidungen gelten im JGG-Verfahren die **allgemeinen Vorschriften** der StPO (§§ 35 ff.; → *Rechtsmittel/Rechtsbehelfe, Entscheidungsbekanntmachung*, Teil A Rdn 1483). 756

757 Das Urteil ist dem **anwesenden Jugendlichen** bekannt zu geben. Selbst wenn die **Erziehungsberechtigten** nicht anwesend waren, beginnt die Rechtsmittelfrist ab der Bekanntgabe an den Jugendlichen zu laufen, nicht erst ab der Zustellung des Urteils an die Erziehungsberechtigten (OLG Hamm NStZ 2009, 44).

758 Umstr. ist, ob der Beschluss, durch den **Ungehorsamsarrest** (→ *JGG-Besonderheiten, Ungehorsamsarrest*, Teil A Rdn 920 ff.) verhängt wurde, gem. § 35 Abs. 1 in Anwesenheit des Jugendlichen bzw. Heranwachsenden durch Verkündung wirksam bekannt gemacht werden kann. Nach richtiger Ansicht ist dies zu verneinen. Die Beschlussentscheidungen sind (auch gem. § 67 Abs. 2 JGG) zuzustellen, unabhängig davon, ob eine mündliche Anhörung stattgefunden hat. Das Beschlussverfahren ist grds. schriftlich. Der Verurteilte soll daher in einem ausschließlich seiner Anhörung dienenden (ausnahmsweisen) Zusammentreffen der Beteiligten nicht mit einer (rechtsmittelfähigen) Entscheidung überrascht werden (KG ZJJ 2003, 303; D/S/S-*Schatz*, § 65 Rn 16; a.A. *Ostendorf*, § 65 Rn 5).

759 **2.** Ist eine **Mitteilung** an den Beschuldigten vorgeschrieben, soll die entsprechende Mitteilung gem. § 67 Abs. 2 JGG an den **Erziehungsberechtigten** und den **gesetzlichen Vertreter** gerichtet werden. Bei mehreren Erziehungsberechtigten genügt es, wenn sie an einen Erziehungsberechtigten gerichtet sind (§ 67 Abs. 5 S. 3 JGG).

760 Die Vorschrift wird von der Rspr. jedoch als **reine Ordnungsvorschrift** angesehen, sodass die Verletzung keinen Revisionsgrund darstellt (BGH JR 1997, 79 mit abl. Anm. *Eisenberg/Düffer*). Die jugendstrafrechtliche Literatur lehnt diese Auffassung unter Hinweis auf Art. 6 Abs. 2 S. 1 GG ab und hält eine Unterrichtung für zwingen geboten (*Eisenberg*, § 67 Rn 22; HK-JGG/*Trüg*, § 67 Rn 15; *Kremer*, S. 172).

761 **3.** Zu den **Zustellungsvorschriften** der StPO ergeben sich grds. **keine Besonderheiten** (→ *Rechtsmittel/Rechtsbehelfe, Zustellung, Allgemeines*, Teil A Rdn 1845 ff.).

762 Das Urteil wird an den Jugendlichen oder Heranwachsenden selbst zugestellt. Einer Zustellung der schriftlichen Urteilsgründe an die **Erziehungsberechtigten** oder **gesetzlichen Vertreter** bedarf es nicht (BGHSt 18, 21, 24; OLG Hamm NStZ 2009, 45). Bei Ihnen genügt die formlose Mitteilung.

763 Der **Jugendgerichtshilfe** wird das Urteil nicht zugestellt, sondern lediglich mitgeteilt.

764 Zur **öffentlichen Zustellung** einer Ladung zur Berufungshauptverhandlung bei einem Jugendlichen Angeklagten (→ *JGG-Besonderheiten, Ladung*, Teil A Rdn 812).

Siehe auch: → *JGG-Besonderheiten, Elternbeschwerde*, Teil A Rdn 744; → *JGG-Besonderheiten, Ladung*, Teil A Rdn 809; → *JGG-Besonderheiten, Revision*, Teil A Rdn 867; → *Rechtsmittel/Rechtsbehelfe, Zustellung, Allgemeines*, Teil A Rdn 1845; → *Rechtsmittel/Rechtsbehelfe, Zustellung, Anordnung*, Teil A Rdn 1858; → *Rechtsmittel/Rechtsbehelfe, Zustellung, Auslandszustellung*, Teil A Rdn 1868; → *Rechtsmittel/*

Rechtsbehelfe, Zustellung, Bewirkung, Teil A Rdn 1878; → *Rechtsmittel/Rechtsbehelfe, Zustellung, Durchführung*, Teil A Rdn 1886; → *Rechtsmittel/Rechtsbehelfe, Zustellung, Ersatzzustellung*, Teil A Rdn 1903; → *Rechtsmittel/Rechtsbehelfe, Zustellung, Gemeinschaftseinrichtung*, Teil A Rdn 1917; → *Rechtsmittel/Rechtsbehelfe, Zustellung, Verteidigerzustellung*, Teil A Rdn 1973; → *Rechtsmittel/Rechtsbehelfe, Zustellung, Wohnungszustellung*, Teil A Rdn 1988.

JGG-Besonderheiten, Entscheidungsergänzungen, nachträgliche 765

Das Wichtigste in Kürze:

1. Eine Gesamtstrafenbildung – wie im allgemeinen Strafrecht – ist im Jugendstrafverfahren nicht zulässig. Es wird immer eine einheitliche Rechtsfolge festgesetzt, unabhängig davon, ob die Taten vor oder nach der letzten Verurteilung begangen wurden.
2. Ist die einheitliche Festsetzung von Maßnahmen oder Jugendstrafe gem. § 31 JGG unterblieben, so trifft der Richter eine solche Entscheidung gem. § 66 JGG nachträglich entweder durch Urteil oder Beschluss.
3. Das aufgrund einer HV ergangene Urteil ist mit der Berufung oder Revision (nach Maßgabe der sachlichen Rechtsmittelbeschränkung nach § 55 Abs. 1 JGG) anfechtbar.
4. Wird ohne HV entschieden, ergeht ein Beschluss. Dagegen ist das Rechtsmittel der sofortigen Beschwerde gegeben.

Literaturhinweise: **Schweckendieck**, Zur Anwendbarkeit von § 31 II JGG in der Berufungsinstanz, NStZ 2005, 141; s.a. die Hinw. bei → *JGG-Besonderheiten, Allgemeines*, Teil A Rdn 620. 766

1. Eine Gesamtstrafenbildung – wie im allgemeinen Strafrecht – ist im Jugendstrafverfahren nicht zulässig. Vielmehr gilt das Prinzip der einheitlichen Maßnahme (**Einheitsprinzip**; § 31 JGG). Auch wenn ein Jugendlicher mehrere Straftaten begangen hat, setzt der Richter nur einheitlich Erziehungsmaßregeln, Zuchtmittel oder eine Jugendstrafe fest. Ist gegen den Jugendlichen wegen eines Teils der Straftaten bereits rechtskräftig die Schuld festgestellt oder eine Erziehungsmaßregel, ein Zuchtmittel oder eine Jugendstrafe festgesetzt worden, aber noch nicht vollständig erledigt, so wird unter Einbeziehung des Urteils in gleicher Weise nur einheitlich auf Maßnahmen oder Jugendstrafe erkannt. Ist diese einheitliche Festsetzung von Maßnahmen unterblieben, kann dies nach **§ 66 JGG noch nachträglich** geschehen. Hat jedoch der Tatrichter im Urteil für in verschiedenen Altersstufen begangene Taten gemäß § 32 JGG allgemeines Strafrecht ange- 767 wendet, kann hiervon nachträglich nicht abgewichen werden, sondern es ist eine Gesamtstrafe nach den allgemeinen Regeln zu bilden (OLG Stuttgart Justiz 2016, 35).

768 **2.a)** Ist die einheitliche Festsetzung von Maßnahmen oder Jugendstrafe gem. § 31 JGG unterblieben, so trifft der Richter eine solche Entscheidung gem. § 66 JGG **nachträglich**. Die **Entscheidung** ergeht entweder

- aufgrund einer HV durch **Urteil**, wenn die StA es beantragt oder der Vorsitzende es für angemessen hält (s. Rdn 777) oder
- ohne HV durch **Beschluss**.

☝ Wegen des Einheitsprinzips setzt die nachträgliche Festsetzung **nicht voraus**, dass der Jugendliche die Tat, für die er die zweite Sanktion erhalten hat, **vor** der **ersten Verurteilung begangen** hat.

769 **b)** Die Vorschrift des § 66 JGG ist **anwendbar** auf:

- Jugendliche, nach pflichtgemäßem Ermessen des Richters auch wenn sie von einem allgemeinen Gericht verurteilt werden (§ 104 Abs. 2 JGG),
- Heranwachsende dann, wenn materielles Jugendstrafrecht auf sie angewendet wird (§ 105 Abs. 2 S. 1 JGG).

770 **c)** Das Gericht ist bei seiner Entscheidung an die jeweiligen Schuldsprüche und die sie tragenden Gründe gebunden. Es bemisst jedoch eine **neue einheitliche Rechtsfolge**, die von den früheren Beurteilungen unabhängig ist und auf einer Gesamtwürdigung aller einzubeziehenden Straftaten beruhen muss. Die Rechtsfolgen der einbezogenen Entscheidungen entfallen – als wären sie nicht ergangen – mit der Rechtskraft der Entscheidung nach § 66 JGG.

771 **d)** Ist in einer der rechtskräftigen Entscheidungen eine Jugendstrafe verhängt und diese teilweise vollstreckt, so ist für die nachträgliche Entscheidung der Jugendrichter zuständig, der als Vollstreckungsleiter tätig ist (§ 66 Abs. 2 S. 4 JGG; zum Jugendrichter als Vollstreckungsleiter s. Burhoff/Kotz/*Schimmel*, Nachsorge, Teil Rn 939 ff.). In den sonstigen Fällen richtet sich die **Zuständigkeit** gem. § 66 Abs. 2 S. 3 JGG nach den Regelungen, die für die Bildung einer nachträglichen Gesamtstrafe gelten, also nach der Schwere der Rechtsfolge (§ 462a Abs. 3).

772 Nach **h.M.** soll bei der Findung der neuen Rechtsfolge das **Verschlechterungsverbot** (→ *JGG-Besonderheiten, Verschlechterungsverbot*, Teil A Rdn 971 ff.) **nicht** gelten, da das Nachtragsverfahren gem. § 66 JGG kein Rechtsmittelverfahren darstellt; mit der nachträglichen Entscheidung sei keine andere Instanz im Rechtszug befasst. Da auch § 54 Abs. 2 S. 1 StGB keine Anwendung finden soll, dürfen ggf. auch die bisher angeordneten Rechtsfolgen insgesamt überschritten werden (D/S/S-*Schatz*, § 66 Rn 15; *Brunner/Dölling*, § 66 Rn 5; HK-JGG/*Meier*, § 66 Rn 9; *Streng*, Rn 238; *Laubenthal/Baier/Nestler*, Rn 521; a.A. *Ostendorf*, § 66 Rn 11: § 54 Abs. 2 S. 1 StGB analog zugunsten des Verurteil-

ten; zw. *Eisenberg*, § 66 Rn 7). So soll auch im Wege der nachträglichen Entscheidung gem. § 66 JGG bei einer Häufung von Straftaten, die die Voraussetzungen für die Annahme von schädlichen Neigungen ergeben, erstmalig eine Jugendstrafe verhängt werden können (D/S/S-*Schatz*, § 66 Rn 15; *Brunner/Dölling*, § 66 Rn 5; zur erstmaligen Einbeziehung in der Berufungsinstanz *Schweckendieck* NStZ 2005, 141). Jedoch dürfen die neuen Maßnahme auch milder ausfallen, so z.B. wenn in dem einbezogenen Urteil eine Jugendstrafe verhängt wurde, nunmehr jedoch nicht mehr von der Vorlage schädlicher Neigungen auszugehen ist (BGH StV 1992, 432; AG Bernau ZJJ 2007, 418).

Wegen § 109 Abs. 2 S. 2 JGG und § 105 Abs. 2 JGG kann auch ein nach **Erwachsenen-** 773 **strafrecht** ergangenes Urteil in ein neues Urteil, das nur jugendstrafrechtliche Reaktionen beinhaltet, **einbezogen** werden (vgl. OLG Celle NStZ-RR 2010, 27).

Ausgeschlossen ist eine nachträgliche Entscheidung, 774

- wenn die einheitliche Sanktionierung gem. § 31 Abs. 3 JGG, d.h. aus erzieherischen Gründen unterblieben ist; auch dann, wenn die erzieherischen Gründe für nicht zweckmäßig gehalten werden (*Ostendorf*, § 66 Rn 4);
- bei der Einbeziehung einer Schuldfeststellung nach § 27 JGG (→ *JGG-Besonderheiten, Allgemeines*, Teil A Rdn 644 ff.), da diese keine noch nicht vollständig erledigte Entscheidung im Sinne des § 66 Abs. 1 S. 1 JGG darstellt. Vielmehr hat der im Nachverfahren nach §§ 30, 62 JGG zum Nachverfahren s. Burhoff/Kotz/*Schimmel*, Nachsorge, Teil B Rn 916 ff.) zuständige Richter zu prüfen, ob die Voraussetzungen für den Ausspruch einer Jugendstrafe vorliegen und die spätere Entscheidung einzubeziehen ist (BGH NStZ 2008, 693; a.A. *Brunner/Dölling*, § 66 Rn 2; *Ostendorf*, § 66 Rn 7).

Die **Ablehnung** einer rechtlich möglichen Einbeziehung durch eine Ergänzungsentschei- 775 dung nach § 66 Abs. 1 JGG darf nicht stillschweigend erfolgen, sondern ist ausdrücklich durch Beschluss auszusprechen (BGH StV 2008, 116; OLG Celle NStZ-RR 2010, 27).

e) Für das **Verfahren** gilt: Eine **HV** wird nur dann durchgeführt, wenn die StA dies **be-** 776 **antragt** (dann insoweit bindend) oder der Vorsitzende die Durchführung einer HV für **angemessen** hält.

Die StA soll nach der RLJGG Nr. 2 zu § 66 eine HV **immer dann beantragen**, wenn zu er- 777 warten ist, dass die ergänzende Entscheidung von den früheren Entscheidungen **erheblich abweicht**. Der Jugendliche oder Heranwachsende sowie dessen Erziehungsberechtigter oder gesetzlicher Vertreter können eine HV nicht beantragen. Sie haben lediglich das Recht, eine HV anzuregen (Bedenken wegen Ungleichbehandlung bei D/S/S-*Schatz*, § 66 Rn 21). Die Entscheidung des Vorsitzenden, ob eine HV anberaumt wird, ist nicht anfechtbar (LG Zweibrücken MDR 1993, 679; D/S/S-*Schatz*, § 66 Rn 22; *Brunner/Dölling*, § 66 Rn 7; *Ostendorf*, § 66 Rn 23). Allerdings wird der Vorsitzende bei der von Amts wegen vorzunehmenden Prüfung dann zu der Entschließung kommen, dass sich die Durchführung einer HV empfiehlt, wenn begründete Anregungen vorgetragen wurden (*Eisenberg*, § 66 Rn 25).

☝ Der Verteidiger sollte immer die Durchführung einer HV **anregen** und die Anregung begründen.

778 Soll ohne mündliche Verhandlung durch **Beschluss** entschieden werden, müssen vor der Entscheidung **angehört** werden (§ 462 Abs. 2 S. 1 StPO, § 67 Abs. 1 JGG) der Verurteilte, der Verteidiger, der Erziehungsberechtigte und der gesetzliche Vertreter und die StA; die Jugendgerichtshilfe hat jedenfalls Gelegenheit zur Stellungnahme nach § 38 Abs. 3 JGG.

779 **3.** Das aufgrund einer HV ergangene **Urteil** ist mit der **Berufung** oder **Revision** (nach Maßgabe der sachlichen Rechtsmittelbeschränkung nach § 55 Abs. 1 JGG → *JGG-Besonderheiten, Rechtsmittelbeschränkungen*, Teil A Rdn 840 ff.) anfechtbar. Da die Schuldsprüche in Rechtskraft erwachsen sind, gilt dies nur für den neuen Rechtsfolgenausspruch (D/S/S-*Schatz*, § 66 Rn 25; *Brunner/Dölling*, § 66 Rn 7; *Eisenberg*, § 66 Rn 31; *Ostendorf*, § 66 Rn 21).

780 **4.** Wird **ohne HV** entschieden, ergeht ein Beschluss. Der **Beschluss** ist immer zu **begründen**. Gegen den Beschluss ist das Rechtsmittel der **sofortigen Beschwerde** gegeben (§ 66 Abs. 2 S. 3 JGG i.V.m. § 462 Abs. 3; Ausnahme für Beschlüsse des BGH oder OLG, s. § 304 Abs. 4). Da der Beschluss urteilsgleichen Charakter hat gilt auch hier die sachliche Rechtsmittelbeschränkung des § 55 Abs. 1 JGG (→ *JGG-Besonderheiten, Rechtsmittelbeschränkungen*, Teil A Rdn 840 ff.; D/S/S-*Schatz* § 66 Rn 25; *Brunner/Dölling*, § 66 Rn 7; HK-JGG/*Meier*, § 66 Rn 15; *Eisenberg*, § 66 Rn 32; *Ostendorf*, § 66 Rn 22).

Siehe auch: → *JGG-Besonderheiten, Allgemeines*, Teil A Rdn 619; → *JGG-Besonderheiten, Rechtsmittelbeschränkungen*, Teil A Rdn 817; → *Beschwerde, sofortige Beschwerde*, Teil A Rdn 550; → *JGG-Verfahren, gebührenrechtliche Besonderheiten*, Teil D Rdn 241.

781 JGG-Besonderheiten, Erziehungsanordnung, vorläufige

Das Wichtigste in Kürze:

1. Bis zur Rechtskraft des Urteils kann der Richter gem. § 71 Abs. 1 JGG vorläufige Anordnungen über die Erziehung des Jugendlichen treffen oder die Gewährung von Leistungen nach dem SGB VIII anregen.
2. Das statthafte Rechtsmittel gegen eine vorläufige Anordnung über die Erziehung ist gem. § 2 Abs. 2 JGG i.V.m. § 304 die (einfache) Beschwerde.

782 **Literaturhinweise: Lüthke**, Vorläufige Maßnahmen nach §§ 71, 72 JGG, insbesondere die Unterbringung in offenen Einrichtungen als Alternative zur Untersuchungshaft bei Jugendlichen, Zbl 1982, 125; **Smok**, Vorläu-

fige Anordnung über die Erziehung nach § 71 JGG – Eine vernachlässigte Vorschrift?, 2009; s.a. die Hinw. bei → *JGG-Besonderheiten, Allgemeines*, Teil A Rdn 620.

1.a) Bis zur Rechtskraft des Urteils kann der Richter gem. **§ 71 Abs. 1 JGG** vorläufige Anordnungen über die Erziehung des Jugendlichen treffen oder die Gewährung von Leistungen nach dem SGB VIII (Kinder- und Jugendhilfegesetz) anregen. Vorläufige Anordnungen entsprechen tendenziell den Weisungen, sind jedoch nicht erzwingbar. Es muss sich um **vorläufig überbrückende Maßnahmen mit Einfluss auf die Lebensführung** handeln. Ein zwangsweiser Freiheitsentzug darf nicht damit verbunden sein (*Eisenberg*, § 71 Rn 5). 783

Als **vorläufige Maßnahmen** kommen **in Betracht**: 784

- Betreuungsweisung,
- Übernahme oder Wechsel eines Arbeitsplatzes oder einer Ausbildungsstelle,
- Weisungen, die sich auf den Aufenthaltsort beziehen,
- kontrollierter Schulbesuch,
- Aufnahme in einer Wohngemeinschaft, einem Heim oder einer Familie, allerdings nur mit Einwilligung des Jugendlichen (*Lüthke*, S. 126; a.A. *Ostendorf*, § 71 Rn 6).

Die Maßnahmen können auch eingesetzt werden, um **Untersuchungshaft** zu **vermeiden** (→ *JGG-Besonderheiten, Heimunterbringung, einstweilige*, Teil A Rdn 788 ff.; → *JGG-Besonderheiten, Untersuchungshaft*, Teil A Rdn 946 ff.). In der Praxis ist die Vorschrift – jedenfalls in diesem Zusammenhang – jedoch bedeutungslos (zu den Ursachen *Smok*, S. 257). 785

b) Die Vorschrift ist **anwendbar** auf Jugendliche; in Verfahren vor den allgemeinen Gerichten jedoch nur als Ermessensvorschrift (§ 104 Abs. 2 JGG), auch Heranwachsende **nicht**, selbst wenn materiell Jugendstrafrecht auf sie angewandt wird, da sie bereits volljährig sind (§ 109 Abs. 1 S. 1 JGG). 786

2. Das statthafte **Rechtsmittel** gegen eine vorläufige Anordnung über die Erziehung ist gem. § 2 Abs. 2 JGG i.V.m. § 304 die **(einfache) Beschwerde**. Die sachliche Rechtsmittelbeschränkung des § 55 Abs. 1 JGG (→ *JGG-Besonderheiten, Rechtsmittelbeschränkung*, Teil A Rdn 840 ff.) gilt auch hier (*Brunner/Dölling*, § 71 Rn 11; *Ostendorf*, § 71 Rn 13; a.A. *Eisenberg*, § 71 Rn 15). 787

Siehe auch: → *Beschwerde, Allgemeines*, Teil A Rdn 399; → *JGG-Besonderheiten, Allgemeines*, Teil A Rdn 619; → *JGG-Besonderheiten, Heimunterbringung, einstweilige*, Teil A Rdn 788; → *JGG-Besonderheiten, Untersuchungshaft*, Teil A Rdn 947.

788 JGG-Besonderheiten, Heimunterbringung, einstweilige

Das Wichtigste in Kürze:

1. Der Richter kann gem. § 71 Abs. 2 JGG die einstweilige Unterbringung in einem geeigneten Heim der Jugendhilfe anordnen.
2. Die Jugendgerichtshilfe soll als Haftvermeidungshilfe zu Unterbringungsmöglichkeiten Stellung nehmen.
3. Auf den Unterbringungsbeschluss werden im Wesentlichen die die Untersuchungshaft betreffenden Verfahrensvorschriften der StPO angewendet. Allerdings findet keine 6-Monatsprüfung gem. § 121 statt.
4. Ein Unterbringungsbeschluss kann nachträglich in einen Haftbefehl umgewandelt werden.

789 **Literaturhinweise: Bindel-Kögel/Heßler**, Vermeidung von Untersuchungshaft bei Jugendlichen im Spannungsfeld zwischen Jugendhilfe und Justiz, 1999; **Bussmann/England**, Vermeidung von U-Haft an Jugendlichen und Heranwachsenden, ZJJ 2004, 280; **Cornel**, Untersuchungshaft bei Jugendlichen und Heranwachsenden, StV 1994, 628; **Lüthke**, Vorläufige Maßnahmen nach den §§ 71, 72 JGG, insbesondere die Unterbringung in offenen Einrichtungen als Alternative zur Untersuchungshaft bei Jugendlichen, Zbl 1982, 125; **Paeffgen**, Obergerichtliche Rechtsprechung in Haftsachen, NStZ 1991, 422; *ders.*, Rechtsprechungsübersicht in U-Haft-Sachen, NStZ 1996, 72; **Thomsen**, Haftvermeidung nach §§ 71 Abs. 2, 72 Abs. 4 JGG und fehlende strafrechtliche Verantwortlichkeit (§ 3 JGG) – ein Fall in der Praxis, ZJJ 2009, 52; s.a. die Hinw. bei → *JGG-Besonderheiten, Allgemeines*, Teil A Rdn 620.

790 **1.a)** Der Richter kann gem. **§ 71 Abs. 2 JGG** die einstweilige Unterbringung in einem geeigneten Heim der Jugendhilfe anordnen,

- wenn dies auch im Hinblick auf die zu erwartenden Maßnahmen geboten ist, um den Jugendlichen vor einer weiteren **Gefährdung seiner Entwicklung**, insbesondere vor der Begehung neuer Straftaten zu bewahren (Unterbringung im Hinblick auf die Entwicklungsgefährdung);
- unter denselben Voraussetzungen, unter denen ein Haftbefehl erlassen werden kann, kann auch die einstweilige Unterbringung in einem Heim der Jugendhilfe gem. § 71 Abs. 2 JGG angeordnet werden (§ 72 Abs. 4 JGG; Unterbringung zur **U-Haftvermeidung**; dazu auch *Burhoff*, EV, Rn 2340 ff.; zu den Standards *Bindel-Kögel/Heßler*, S. 90 ff.; zu einem Fall aus jugendrichterlicher Sicht *Thomsen* ZJJ 2009, 52).

☝ Es muss sich nicht um ein **„fluchtsicheres" Heim** handeln (*Lüthke*, S. 129). Allerdings muss das Heim in dem Unterbringungsbefehl genannt sein.

b) Die Vorschrift wird **angewendet** auf Jugendliche; in Verfahren vor den allgemeinen Gerichten jedoch nur als Ermessensvorschrift (§ 104 Abs. 2 JGG), auf Heranwachsende **nicht**, selbst wenn materiell Jugendstrafrecht auf sie angewandt wird, da sie bereits volljährig sind (§ 109 Abs. 1 S. 1 JGG). 791

2. Von der vorläufigen Festnahme eines Jugendlichen ist die **Jugendgerichtshilfe** zu **unterrichten**, wenn zu erwarten ist, dass der Jugendliche dem Richter vorgeführt wird. Der Erlass eines Haftbefehls soll mitgeteilt werden (§ 72a JGG). Von der JGH wird auch erwartet, dass sie zur **Haftvermeidung** Stellung nimmt und Hilfe leistet (zur Missachtung dieser Vorschrift in der Praxis: *Bussmann/England* ZJJ 2004, 280; sowohl OLG Hamm NStZ 2010, 281 als auch KG ZJJ 2015, 204 haben offen gelassen, ob ein Haftbefehl allein wegen Missachtung des § 72a JGG aufzuheben wäre). 792

3.a) Der **Unterbringungsbeschluss entspricht** dem **Haftbefehl** hinsichtlich der Vorführung vor den Richter, der Benachrichtigungs- und Belehrungspflichten und des Haftprüfungsverfahrens. Daher gelten die §§ 114 bis 115a, 117 – 118b, 120, 125 und 126, d.h. die Rechtsmittel gegen Haftentscheidungen, sinngemäß (→ *JGG-Besonderheiten, Untersuchungshaft*, Teil A Rdn 947; → *Untersuchungshaft, Haftbeschwerde, § 304*, Teil B Rdn 880 ff.; → *Untersuchungshaft, Haftprüfung, mündliche §§ 117 Abs. 1, 118 Abs. 1*, Teil B Rdn 907 ff.; → *Untersuchungshaft, Haftprüfung, schriftliche § 117 Abs. 1*, Teil B Rdn 933 ff.). 793

☝ Eine **weitere Beschwerde** gem. § 310 ist möglich (OLG Hamburg NJW 1963, 1167; *Brunner/Dölling*, § 71 Rn 11; *Eisenberg*, § 71 Rn 16; *Ostendorf*, § 71 Rn 13; D/S/S-*Diemer*, § 71 Rn 21; HK-JGG/*Blessing*, § 71 Rn 23; → *Untersuchungshaft, Haftprüfung, weitere Beschwerde, § 310*, Teil B Rdn 1014 ff.).

b) Allerdings gelten folgende **Ausnahmen**: Eine Außervollzugsetzung des Unterbringungsbeschlusses, d.h. eine „Haftverschonung" kommt nicht in Betracht (D/S/S-*Diemer*, § 71 Rn 21). Ebenso wenig findet bei der vorläufigen Unterbringung nach § 71 Abs. 2 JGG nach sechs Monaten eine Nachprüfung durch das OLG statt, da § 121 nicht im Katalog der anzuwendenden Vorschriften aufgeführt wird (KG JR 1990, 216; OLG Celle NJW 1965, 2069; OLG Bamberg StraFo 2015, 329; OLG Naumburg JMBl LSA 2001, 277; D/S/S-*Diemer*, § 71 Rn 22; a.A. *Ostendorf*, § 71 Rn 13 für geschlossene Heimunterbringung). Dies gilt auch dann, wenn die Anordnung der einstweiligen Unterbringung des Jugendlichen nach § 72 Abs. 4 S. 1 JGG gerade der Vermeidung von ansonsten anzuordnender Untersuchungshaft dient (OLG Bamberg StraFo 2015, 329). Der Grundsatz der besonderen Beschleunigung gilt jedoch weiter, so dass auch in Unterbringungsverfahren im Regelfall drei Monate nach Eröffnungsreife mit der HV begonnen werden muss (KG, Beschl. v. 14.8.2015 – 4 Ws 69/15). 794

795 **4.a)** Ein Unterbringungsbeschluss kann **nachträglich** in einen **Haftbefehl umgewandelt** werden. I.d.R. geschieht dies bei erfolgter Flucht (*Cornel*, S. 630) oder erneutem Straftatverdacht. Hinsichtlich der 6-Monats-Frist des § 121 StPO gilt dann Folgendes:

- Die in der Unterbringung verbrachte Zeit wird **nicht** auf die Frist des § 121 **angerechnet** (*Brunner/Dölling*, § 71 Rn 9b; KG JR 1990, 216; D/S/S-*Diemer*, § 71 Rn 22), sofern sich die Unterbringung ausschließlich auf § 71 Abs. 2 JGG (Unterbringung im Hinblick auf Entwicklungsgefährdung) stützte, da sich diese Unterbringung nach anderen Voraussetzungen als die Untersuchungshaft richtet und völlig andersgeartete Zwecke verfolgt.
- Die in der Unterbringung verbrachte Zeit wird auf die Frist des § 121 Abs. 1 **angerechnet**, sofern die Unterbringung zur Vermeidung von U-Haft (§ 72 Abs. 4 JGG) angeordnet wurde (OLG Dresden JR 1994, 377; OLG Karlsruhe NStZ 1997, 452; *Ostendorf*, § 71 Rn 11; *Paeffgen* NStZ 1991, 424; *ders.*, NStZ 1996, 74).

> ☝ Der Verteidiger hat immer die **unterschiedlichen Zielrichtungen** der Unterbringung, also entweder im Hinblick auf die Entwicklungsgefährdung oder zur Vermeidung von Untersuchungshaft zu **beachten**.

796 **b)** Der Aufenthalt eines Heranwachsenden in einer offenen Einrichtung der Jugendhilfe als **Haftverschonungsauflage** soll keine unter richterlicher Überwachung stehende, mit dem Vollzug von Untersuchungshaft vergleichbare Freiheitsentziehung darstellen, wie das etwa für Fälle der einstweiligen Unterbringung nach § 126a, für die Verwahrung nach § 81 oder für eine sonstige geschlossene Unterbringung angenommen wird (OLG Köln ZJJ 2011, 204 mit abl. Anm. *Eisenberg*) Allerdings erfolgt dieser Aufenthalt nicht „freiwillig“, wenn bei Nichtbefolgung der Weisung der Vollzug von Untersuchungshaft drohe, so dass über die Anrechnung der Aufenthaltsdauer zu entscheiden ist (BGH ZJJ 2015, 69).

Siehe auch: → *JGG-Besonderheiten, Allgemeines*, Teil A Rdn 619; → *Untersuchungshaft, Allgemeines*, Teil B Rdn 806; → *JGG-Besonderheiten, Erziehungsanordnungen, vorläufige*, Teil A Rdn 781; → *JGG-Besonderheiten, Untersuchungshaft*, Teil A Rdn 947; → *Untersuchungshaft, Haftbeschwerde, § 304*, Teil B Rdn 880; → *Untersuchungshaft, Haftprüfung, mündliche §§ 117 Abs. 1, 118 Abs. 1*, Teil B Rdn 907; → *Untersuchungshaft, Haftprüfung, schriftliche § 117 Abs. 1*, Teil B Rdn 933; → *Untersuchungshaft, Haftprüfung, weitere Beschwerde, § 310*, Teil B Rdn 1014.

JGG-Besonderheiten, Kostenentscheidung 797

Das Wichtigste in Kürze:

1. Gem. § 74 JGG kann im Verfahren gegen einen Jugendlichen davon abgesehen werden, dem Angeklagten Kosten und Auslagen aufzuerlegen.
2. Die Kosten des Verfahrens umfassen jedoch nicht die notwendigen Auslagen des Jugendlichen.
3. Gegen die Kostengrundentscheidung und gegen die Entscheidung über die notwendigen Auslagen ist sofortige Beschwerde zulässig. Dabei ist die instanzielle Rechtsmittelbeschränkung des § 55 Abs. 2 JGG zu beachten.

Literaturhinweise: **Baumhöfener**, Jugendstrafverteidiger – Eine Untersuchung im Hinblick auf § 74 JGG, ZJJ 2007, 267; **Zieger**, Kosten der Verteidigung in Jugendstrafverfahren – Der oft vergessene § 74 JGG, StV 1990, 282; s.a. die Hinw. bei → *JGG-Besonderheiten, Allgemeines*, Teil A Rdn 620. 798

1.a) Gem. § 74 JGG kann im Verfahren gegen einen Jugendlichen davon **abgesehen** werden, dem Angeklagten **Kosten und Auslagen aufzuerlegen**. Sinn des § 74 JGG ist es, den jungen Angeklagten, der meist aus einer sozial benachteiligten Familie kommt, finanziell zu entlasten und zu verhindern, dass nach Erziehungsmaßregeln, Zuchtmittel und Jugendstrafe noch der Vollstreckungsbeamte kommt, um die nicht unerheblichen Verfahrenskosten einzutreiben (OLG Köln OLGSt JGG § 74 Nr. 3; LG Saarbrücken ZJJ 2010, 428; *Zieger* StV 1990, 282). 799

§ 74 JGG ist **auch** anwendbar im Ordnungswidrigkeitenverfahren (§ 105 OWiG; s.a. → *JGG-Besonderheiten, Bußgeldverfahren*, Teil A Rdn 718 ff.), Vollstreckungsverfahren (s. dazu Burhoff/Kotz/*Schimmel*, Nachsorge, Teil B Rn 724 ff.) und im Vollzugsverfahren (s. dazu Burhoff/Kotz/*Schimmel*, Nachsorge, Teil C Rn 734 ff.). 800

b) Die Möglichkeit, von der Auferlegung abzusehen, stellt eine Ausnahme zur Kostentragungspflicht bei Verurteilungen gem. § 465 dar. Die **übrigen Regelungen** aus dem allgemeinen Verfahrensrecht der StPO über die **Verfahrenskosten** (§§ 464 – 473a) **gelten** gem. § 2 Abs. 2 JGG hingegen auch im Jugendstrafverfahren. 801

c) Die Vorschrift ist **anwendbar** auf Jugendliche, auch wenn sie von einem allgemeinen Gericht verurteilt werden (§ 104 Abs. 1 Nr. 13 JGG), auf Heranwachsende dann, wenn materielles Jugendstrafrecht auf sie angewendet wird (§ 109 Abs. 2 S. 1 JGG), jedoch nicht bei Entscheidungen über die Auslagen des Verletzten gem. § 472a (§ 109 Abs. 2 S. 4 JGG). 802

2. Die **Kosten** des Verfahrens umfassen **nicht** die **notwendigen Auslagen** des **Angeklagten** (BGH NStZ-RR 2006, 224; OLG Brandenburg NStZ-RR 2012, 192; a.A. *Baumhöfener* ZJJ 2007, 267). Diese bestehen i.d.R. vorwiegend aus den Gebühren und Auslagen des Wahlverteidigers (→ *Allgemeine Gebührenfragen, Allgemeines*, Teil D Rdn 1; → *JGG-Verfahren, ge-* 803 *bührenrechtliche Besonderheiten*, Teil D Rdn 241). Umstritten ist, ob das Gericht aus den gleichen Gründen wie bei den Verfahrenskosten (s. Rdn 804) davon absehen kann, die dem nach JGG Abgeurteilten seine notwendigen Auslagen (§ 464a Abs. 2) aufzuerlegen (**verneinend die h.M.**: BGH StV 1989, 309; BGH NStZ-RR 2006, 224; a.A. LG Osnabrück JurBüro 1990, 1031, LG Münster NStZ 1983, 138).

804 Gebühren und Auslagen des Pflichtverteidigers zählen hingegen als gerichtliche Auslagen (Nr. 9007 KVGKG) zu den Verfahrenskosten (Burhoff/*Volpert*, RVG, Gerichtskosten, Teil A Rn 771; *Meyer-Goßner/Schmitt* § 464a Rn 1). Sie sind demnach von der Entscheidung nach § 74 JGG umfasst.

805 § 74 JGG schließt es nicht aus, dem nach JGG Abgeurteilten die **notwendigen Auslagen** des **Nebenklägers** (zur Nebenklage in JGG-Verfahren allgemein → *JGG-Besonderheiten, Allgemeines*, Teil A Rdn 635 f.) aufzuerlegen, wenn insbesondere der Erziehungsgedanke dafür spricht (OLG Köln OLGSt JGG § 74 Nr. 3).

806 **3.a)** Gegen die Kostengrundentscheidung (§ 464 Abs. 1) und gegen die Entscheidung über die notwendigen Auslagen (§ 464 Abs. 2) ist **sofortige Beschwerde** zulässig (§ 464 Abs. 3; → *Beschwerde, sofortige Beschwerde*, Teil A Rdn 550 ff.). Zur Anfechtung des Kostenfestsetzungsbeschlusses → *Kostenfestsetzungsbeschluss, Beschwerde*, Teil D Rdn 267.

807 **b)** Das Rechtsmittel ist dann **unzulässig**, wenn die **Anfechtung** der **Hauptentscheidung nicht statthaft** ist (§ 464 Abs. 3, S. 1 Hs. 2). Nach h.M. ist ein solcher Fall (auch) gegeben, wenn aufgrund der instanziellen Rechtsmittelbeschränkung nach § 55 Abs. 2 JGG (→ *JGG-Besonderheiten, Rechtsmittelbeschränkungen*, Teil A Rdn 820 ff.) gegen ein in der Hauptsache entscheidendes **Berufungsurteil kein Rechtsmittel** mehr gegeben ist (OLG Dresden NStZ-RR 2000, 224; OLG Hamm NStZ-RR 2014, 96 mit abl. Anm. *Eisenberg* NStZ 2014, 410; OLG Koblenz, Beschl. v. 2.11.2015 – 2 Ws 610/15; OLG Oldenburg ZJJ 2006, 202; OLG Schleswig SchlHA 2003, 206; a.A. *Ostendorf*, § 74 Rn 14, der sich auf den Wortlaut beruft). Die Beschränkung gilt **auch** bei **Rücknahme** der **Berufung** (OLG Köln AGS 2008, 199; *Brunner/Dölling*, § 55 Rn 14; D/S/S-*Schatz*, § 55 Rn 50; HK-JGG/*Laue*, § 55 Rn 42; a.A. *Eisenberg*, § 55 Rn 72; *Ostendorf*, § 55 Rn 72) oder **Revision**. Trifft das Rechtsmittelgericht nach Rücknahme des Rechtsmittels eigenständig eine den Rechtsmittelführer belastende Kostenentscheidung (§ 473), ist diese selbst dann nicht anfechtbar, wenn das erstinstanzliche Gericht gem. § 74 JGG von der Auferlegung der Kosten und Auslagen abgesehen hatte (OLG Dresden NStZ-RR 2000, 224).

808 **c)** Die **Prüfung** des **Beschwerdegerichts** ist – nicht unumstritten – darauf beschränkt, ob das erkennende Gericht das ihm eingeräumte Ermessen frei von Rechtsfehlern ausgeübt hat. Das Beschwerdegericht kann nur **eingreifen**, wenn **erzieherische Gesichtspunkte**, die gegen eine Auferlegung der Kosten sprechen, nicht hinreichend berücksichtigt worden sind und die Kostenlast die wirtschaftliche Existenz des Jugendlichen gefährdet (KG NStZ-RR 2008, 291; OLG Hamm ZJJ 2008, 193; a.A. OLG Köln OLGSt JGG § 74 Nr. 3

[das Beschwerdegericht entscheidet in den Fällen des § 74 JGG im Beschwerdeverfahren gemäß § 309 Abs. 2 unter Ausübung eigenen Ermessens in der Sache selbst]).

☝ Beanstandet der Angeklagte mit seiner gegen ein Urteil des Jugendgerichts eingelegten Revision **allein die Nichtanwendung des § 74 JGG**, so ist das Rechtsmittel als sofortige Beschwerde gegen die Kostenentscheidung auszulegen (→ *Rechtsmittel/Rechtsbehelfe, Auslegung/Umdeutung*, Teil A Rdn 1312 ff.), über die nicht das Revisionsgericht, sondern die Jugendkammer zu entscheiden hat (OLG Düsseldorf NStZ-RR 1999, 252).

Siehe auch: → *JGG-Besonderheiten, Allgemeines*, Teil A Rdn 619; → *Beschwerde, sofortige Beschwerde*, Teil A Rdn 550; → *JGG-Besonderheiten, Bußgeldverfahren*, Teil A Rdn 718; → *JGG-Besonderheiten, Rechtsmittelbeschränkungen*, Teil A Rdn 817; → *JGG-Besonderheiten, Vollzug, Jugendstrafe/Jugendarrest*, Teil A Rdn 1008; → *Allgemeine Gebührenfragen, Allgemeines*, Teil D Rdn 1, m.w.N.; → *Vergütungsfragen, JGG-Verfahren, gebührenrechtliche Besonderheiten*, Teil D Rdn 241; → *Kostenfestsetzungsbeschluss, Beschwerde*, Teil D Rdn 267.

JGG-Besonderheiten, Ladung 809

Das Wichtigste in Kürze:

1. Der Jugendliche und sein Verteidiger sind zwingend unter Einhaltung der Ladungsfrist zu laden.
2. Erziehungsberechtigte oder gesetzliche Vertreter „sollen“ geladen werden. Eine Ladungsfrist ist nicht einzuhalten.
3. Der Jugendgerichtshilfe wird Ort und Zeit der HV mitgeteilt, ebenfalls ohne zwingende Frist.

Literaturhinweise: **Eisenberg**, Anwendungsmodifizierung bzw. Sperrung von Normen der StPO durch Grundsätze des JGG, NStZ 1999, 281; **Schäfer**, Das Berufungsverfahren in Jugendsachen, NStZ 1998, 330; **Nowak**, Die Zulässigkeit der öffentlichen Zustellung im Sinne von § 40 Abs. 3 StPO im Jugendstrafverfahren, JR 2008, 234; **Kremer**, Der Einfluss des Elternrechts auf die Rechtsmäßigkeit der Maßnahmen des JGG 1984; **Richmann**, Die Beteiligung des Erziehungsberechtigten und des gesetzlichen Vertreters am Jugendstrafverfahren 2002; **Schwer**, Die Stellung der Erziehungsberechtigten und des gesetzlichen Vertreters im Jugendstrafverfahren 2004; s.a. die Hinw. bei → *JGG-Besonderheiten, Allgemeines*, Teil A Rdn 620. 810

1.a) Die Ladung ist an den **jugendlichen Angeklagten persönlich** zu richten (*Eisenberg*, § 50 Rn 11; D/S/S-*Schatz*, § 50 Rn 19). Die Ladung erfolgt wie im allgemeinen Strafverfahren. Die **Ladungsfrist** von 1 Woche (§ 217 Abs. 1) ist dabei zu beachten (allgemein zur Ladung zur HV *Burhoff*, HV, Rn 1809 ff.). Der Umstand, dass dem Angeklagten, einem Schüler, die Ladung zur (Berufungs-)HV zwei Tage vor Ferienbeginn zugestellt worden 811 ist, ist ggf. ohne Bedeutung. Es besteht kein Erfahrungssatz, dass Schüler ihren Urlaub schon mehrere Tage vor Beginn der Ferien antreten (KG, Beschl. v. 2.9.1997 – 5 Ws 543/97). Der Jugendliche kann auf die Einhaltung der Ladungsfrist verzichten, sofern er verhandlungsfähig ist.

812 **b)** Eine **öffentliche Zustellung** der **Ladung zur Berufungs-HV** (§ 40 Abs. 3; allgemein dazu → *Rechtsmittel/Rechtsbehelfe, Zustellung, Öffentliche Zustellung*, Teil A Rdn 1935 ff.) und der damit zusammenhängende Aushang an der Gerichtstafel (§ 37 Abs. 1 i.V.m. §§ 185ff. ZPO) unter Namensnennung sowie Angabe des im Rahmen des Strafverfahrens zur Last gelegten Tatvorwurfs widerspricht dem Grundsatz der Nichtöffentlichkeit (§ 48 JGG; dazu *Burhoff*, HV, Rn 1774; → *JGG-Besonderheiten, Revision*, Teil A Rdn 880 ff.). Eine öffentliche Zustellung der Ladung ist daher bei einem **zur Tatzeit Jugendlichen unzulässig** (OLG Stuttgart NStZ 1987, 443; *Eisenberg*, § 2 Rn 31; D/S/S-*Schatz*, § 48 Rn 13; *Brunner/Dölling*, § 2 Rn 5; *Eisenberg* NStZ 1999, 286; *Ostendorf*, § 48 Rn 7; *Schäfer* NStZ 1998, 330; a.A. KG NStZ-RR 2006, 120 mit abl. Anm. *Eisenberg/Haeseler* JR 2006, 303; *Nowak* JR 2008, 238).

813 **2.a)** Der Vorsitzende „soll" gem. § 50 Abs. 2 S. 1 JGG die Ladung des **Erziehungsberechtigten** und des **gesetzlichen Vertreters** anordnen. Nach richtiger Auffassung wird jedoch aufgrund des verfassungsrechtlich verankertem Erziehungsrechts, der Bedeutung ihres Wissens für die Persönlichkeitserforschung des jungen Angeklagten und ihrer Schutzfunktion von einer **Pflicht** zur Ladung auszugehen sein (*Eisenberg*, § 50 Rn 21; *Zieger*, Rn 113; *Ostendorf*, § 50 Rn 11; *Kremer*, S. 172; *Richmann*, S. 82; *Schwer*, S. 111). U.U. kann ein Unterlassen der Ladung die Aufklärungsrüge begründen (D/S/S-*Schatz*, § 50 Rn 21; → *JGG-Besonderheiten, Revision*, Teil A Rdn 891).

814 **b)** § 50 Abs. 2 S. 2 JGG verweist für die Ladung auf die Zeugenvorschriften (§§ 48, 51, 71). Dementsprechend besteht **keine Ladungsfrist** (vgl. *Meyer-Goßner/Schmitt*, § 48 Rn 1b; § 51 Rn 2). Die Ladung darf jedoch nicht so kurzfristig erfolgen, dass hierdurch die Wahrnehmung des Termins und eine ausreichende Vorbereitung faktisch unmöglich gemacht wird (D/S/S-*Schatz*, § 50 Rn 22). Einer förmlichen Zustellung bedarf es nicht, die Ladung kann formlos angeordnet werden (vgl. OLG Hamm NStZ 2009, 44). Will sich das Gericht jedoch vorbehalten, Ordnungsmittel gem. § 51 zu verhängen, muss eine förmliche Zustellung erfolgen, da nur so der Ladungsnachweis erbracht werden kann (*Meyer-Goßner/Schmitt*, § 48 Rn 1b; Nr. 117 Abs. 1 S. 1 RiStBV). In der Praxis kommt es jedoch nicht vor, dass ein geladener, aber nicht erschienener Elternteil mit Ordnungsgeld oder Zwangsvorführung (§ 51) belegt wird. Solchermaßen gemaßregelte Eltern werden auch kaum zur Wahrheitsfindung und Persönlichkeitserforschung beitragen können (*Zieger*, Rn 113; zur (fraglichen) Möglichkeit, ein Ordnungsgeld gegen Erziehungsberechtigte nach § 178 GVG zu verhängen OLG Dresden NStZ 2010, 472).

815 **c)** Sind **mehrere Personen erziehungsberechtigt** (z.B. während der Ehe beide Elternteile §§ 1626 f. BGB; vgl. BVerfGE 10, 59; BGHSt 22, 103) genügt es gem. § 67 Abs. 5 S. 3 JGG,

wenn die vorgeschriebenen Mitteilungen und Ladungen nur an einen Erziehungsberechtigten gerichtet werden. Den Richtern wird empfohlen, Mitteilungen und Ladungen an alle ergehen zu lassen (*Eisenberg*, § 67 Rn 21; *Albrecht*, S. 354; a.A. *Brunner/Dölling*, § 67 Rn 3).

3. Gem. § 38 Abs. 3 S. 1 JGG ist die **Jugendgerichtshilfe** (JGH) im gesamten Verfahren gegen einen Jugendlichen heranzuziehen (vgl. dazu *Burhoff*, EV, Rn 2350; *Burhoff*, HV, Rn 1785; → *JGG-Besonderheiten, Revision*, Teil A Rdn 886 ff.). Dies soll zum frühestmöglichen Zeitpunkt geschehen. Eine **Ladung** ist jedoch **nicht vorgesehen**. Dem Vertreter der Jugendgerichtshilfe sind gem. § 50 Abs. 3 S. 1 JGG lediglich Ort und Zeit der HV mitzuteilen. Die Mitteilung an die JGH über Ort und Zeit der HV hat so rechtzeitig zu erfolgen, dass es der JGH möglich ist, einen Vertreter – möglichst denjenigen, der den Bericht erstellt hat – zur HV zu entsenden. Die JGH muss auch ausreichend Zeit haben, Gespräche mit dem Jugendlichen und seinen Erziehungsberechtigten bzw. gesetzlichen Vertreter zu führen. Eine telefonische Benachrichtigung am Verhandlungstag ist nicht ausreichend (D/S/S-*Schatz*, § 50 Rn 24), es sei denn, die JGH war zuvor bereits mit der Sache betraut (*Brunner/Dölling*, § 50 Rn 12; s. zu möglichen Revisionsgründen → *JGG-Besonderheiten, Revision*, Teil A Rdn 886 ff.). 816

Siehe auch: → *JGG-Besonderheiten, Allgemeines*, Teil A Rdn 619; → *JGG-Besonderheiten, Berufung*, Teil A Rdn 665; → *JGG-Besonderheiten, Entscheidungsbekanntmachung*, Teil A Rdn 754; → *JGG-Besonderheiten, Revision*, Teil A Rdn 867; → *Rechtsmittel/Rechtsbehelfe, Ladung, Allgemeines*, Teil A Rdn 1588; → *Rechtsmittel/Rechtsbehelfe, Ladung, Auslandsladung*, Teil A Rdn 1601; → *Rechtsmittel/Rechtsbehelfe, Ladung, Frist*, Teil A Rdn 1613; → *Rechtsmittel/Rechtsbehelfe, Ladung, Mängel*, Teil A Rdn 1643; → *Rechtsmittel/Rechtsbehelfe, Zustellung, Öffentliche Zustellung*, Teil A Rdn 1935.

JGG-Besonderheiten, Rechtsmittelbeschränkungen 817

Das Wichtigste in Kürze:

1. Rechtsmittelbeschränkungen treten im Verfahren nach dem JGG in sachlicher Hinsicht und im Zusammenhang mit Instanzen auf.
2. Im Verfahren nach JGG ist die Möglichkeit, gegen ein Urteil Rechtsmittel einzulegen eingeschränkt (§ 55 JGG).
3. Die Einschränkung betrifft einmal den Instanzenzug (§ 55 Abs. 2 JGG), so dass grds. nur ein Rechtsmittel, also entweder Berufung oder Revision zur Verfügung steht.
4. Eine weitere Einschränkung geht dahin, dass nicht jede jugendrichterliche Entscheidung angefochten werden kann (§ 55 Abs. 1 JGG).

818 **Literaturhinweise: Cremer**, Die UN-Kinderrechtskonvention – Geltung und Anwendbarkeit in Deutschland nach der Rücknahme der Vorbehalte, Berlin 2011; **Bode**, Das Wahlrechtsmittel im Strafverfahren, 2000; **Eisenberg**, Zur Begrenzung der Nichtanfechtbarkeit jugendgerichtlicher Entscheidungen gemäß § 55 Abs. 1 S. 1 JGG in: *Heinrich u.a.* (Hrsg.), Festschrift für Weber, 2007, S. 505; **Höynck/Neubacher/Schüler-Springorum**, Internationale Menschenrechtsstandards und das Jugendkriminalrecht, 2001; **Kudlich**, Besonderheiten des jugendstrafgerichtlichen Verfahrens JuS 1999, 877; **Laubenthal/Baier/Nestler**, Jugendstrafrecht. 2. Aufl. 2010; **Mertens/Murges-Kemper**, Muss schnell auch immer gut sein?, ZJJ 2008, 356; **Meyer-Goßner**, Revisionserstreckung und Jugendstrafrecht. § 357 StPO und § 55 Abs. 2 S. 1 JGG: Über das Zusammentreffen zweier verfehlter Vorschriften in: FS-*Eisenberg* 2010, S. 399; **Momsen**, Die Rechtsmittel in Jugendstrafsachen. Beschränkung oder Vereinheitlichung?, ZJJ 2004, 49; **Nothacker**, Zur besonderen Beschränkung der Rechtsmittel im Jugendstrafverfahren (§ 55 JGG), GA 1982, 45; **Schäfer**, Das Berufungsverfahren in Jugendsachen. NStZ 1989, 330; **Schaumann**, Die Rechtsmittelbeschränkung des § 55 JGG, 2001; **Schweckendieck**, Zur Anwendbarkeit von § 31 II JGG in der Berufungsinstanz NStZ 2005, 141; s.a. die Hinw. bei → *JGG-Besonderheiten, Allgemeines*, Teil A Rdn 620.

819 **1.** Im Verfahren nach dem JGG treten Rechtsmittelbeschränkungen in sachlicher **Hinsicht** (s. Rdn 840 ff.) und im Zusammenhang mit Instanzen (s. Rdn 820 ff.) auf.

820 **2.a) § 55 Abs. 2 JGG** sieht die sog. (**instanzielle Rechtsmittelbeschränkung**) vor. Gem. § 55 Abs. 2 JGG kann derjenige, der eine zulässige Berufung eingelegt hat, gegen das Berufungsurteil nicht mehr Revision einlegen. Jeder Verfahrensbeteiligte hat demnach **nur eine Rechtsmittelinstanz**. Rechtsmittel von Erziehungsberechtigten und gesetzlichen Vertretern werden dem Angeklagten gem. § 55 Abs. 2 S. 2 JGG zugerechnet. Von Bedeutung ist dies nur für Urteile des Jugendrichters oder des Jugendschöffengerichts, da gegen Urteile der Jugendkammer – wie bei Erwachsenen auch – von vornherein nur die Revision statthaft ist.

821 Selbst **wenn** das auf die Berufung ergangene Urteil dem Angeklagten **nachteiliger** ist als das Ersturteil, bleibt die Revision ausgeschlossen (BayObLG, Beschl. v. 22.10.2004 – 1St RR 150/04; KG NStZ-RR 2007, 216; *Brunner/Dölling*, § 55 Rn 16; *Eisenberg*, § 55 Rn 63).

> ☝ Die instanzielle Rechtsmittelbeschränkung wird von der h.M. (entgegen dem Wortlaut) **auch** bei der **sofortigen Beschwerde** gegen die Nichtaussetzung der Vollstreckung der Jugendstrafe zur Bewährung angewandt (→ *JGG-Besonderheiten, Bewährungsfragen*, Teil A Rdn 686).

822 **b)** Die instanzielle Rechtsmittelbeschränkung ist **anwendbar** auf **Jugendliche**, auch wenn sie von einem allgemeinen Gericht verurteilt werden (§ 104 Abs. 1 Nr. 7 JGG), auf **Heranwachsende** dann, wenn materielles Jugendstrafrecht auf sie angewendet wird (§ 109 Abs. 2 JGG), es sei denn, die Entscheidung wurde im beschleunigten Verfahren (§§ 417 ff.) getroffen (§ 109 Abs. 2 S. 3 JGG).

823 Der Rechtsmittelausschluss gilt bei **Heranwachsenden** auch dann, wenn das AG nach allgemeinem Strafrecht verurteilt und erst in der Berufungsverhandlung durch das LG Jugendstrafrecht angewendet wurde (D/S/S-*Schatz*, § 55 Rn 86; *Brunner/Dölling*, § 55 Rn 18; *Eisenberg*, § 109 Rn 33; *Ostendorf*, § 55 Rn 32; OLG Karlsruhe StV 2001, 173 mit abl. Anm.

Kutschera, da es das Berufungsgericht dann allein in der Hand habe, durch die erkennbare Anwendung von Jugendstrafrecht das eigene Urteil unanfechtbar zu machen).

☝ Hat das AG materielles Jugendstrafrecht angewendet, das **Berufungsgericht jedoch Erwachsenenstrafrecht**, ist die Revision – ohne die Einschränkung des § 55 Abs. 2 JGG – zulässig. Wird bei Heranwachsenden in der **Berufungsinstanz materielles Jugendstrafrecht** angewendet, ist das Rechtsmittel der Revision ausgeschlossen, unabhängig davon, ob erstinstanzlich nach allgemeinem Strafrecht verurteilt wurde.

c) § 55 Abs. 2 JGG wurde erst im Jahr 1953 eingeführt und wird mit erzieherischen und verfahrensökonomischen Gründen **begründet** (dazu auch *Nothacker* GA 1982, 451, 454). Aus **erzieherischen Gründen** soll eine Reaktion auf die Tat schnellstmöglich erfolgen. In der Gesetzesbegründung wird ausgeführt: „Im Jugendstrafverfahren besteht ein besonders dringendes Bedürfnis, schnell zu einer rechtskräftigen Entscheidung zu gelangen. Die Strafe hat nur dann die notwendige erzieherische Wirkung, wenn sie der Tat sobald wie möglich folgt. Jede unnötige Verzögerung des Verfahrens verursacht eine Abschwächung der Strafwirkungen“; (BT-Drucks 1/3264 S. 46; krit. *Mertens/Muges-Kemper* ZJJ 2008, 356). **Verfahrensökonomisch** erfolgt die Begründung aufgrund der erweiterten Zuständigkeit des Jugendschöffengerichts (Möglichkeit, eine Jugendstrafe bis zu 10 Jahren zu verhängen, → *JGG-Besonderheiten, Zuständigkeiten*, Teil A Rdn 1041), welche öfter als im allgemeinen Strafrecht drei Instanzen eröffnen würde (vgl. *Eisenberg*, § 55 Rn 54). Jedoch würde auch dann die Justiz nur unwesentlich mehr belastet (*Meyer-Goßner*, S. 409). Das BVerfG hat die Vorschrift des § 55 Abs. 2 JGG für **verfassungsgemäß** erklärt (BVerfG NJW 1988, 477; NStZ-RR 2007, 385), allerdings sind ausschließlich Differenzierungen nach erzieherischen, nicht nach verfahrensökonomischen Gesichtspunkten mit dem Gleichheitsgrundsatz vereinbar. Kriminalpolitisch wird eine Streichung des § 55 Abs. 2 JGG gefordert (*Bode*, S. 142, 157; *Meyer-Goßner*, S. 410; für ein einheitliches Rechtsmittel, quasi eine „Legierung“ von Berufung und Revision *Momsen* ZJJ 2004, 49). 824

d) Durch § 55 Abs. 2 JGG ist der Rechtsmittelzug auf zwei Instanzen verkürzt. Grds. steht daher nur ein Rechtsmittel – entweder Berufung oder Revision – zur Verfügung. Die **Ausübung** des **Wahlrechts** (§ 335) macht das jeweils andere Rechtsmittel unzulässig. 825

☝ Der **Verteidiger** hat demnach **sorgfältig** zu **prüfen**, ob er gegen ein Urteil Berufung oder Revision einlegt. Oft bietet sich eher die Berufung an, da zwischenzeitlich eingetretene Änderungen bzw. Stabilisierung der Lebensumstände des jungen Mandanten in der Berufungshauptverhandlung berücksichtigt werden können (*Zieger*, Rn 214).

Eine **sinnvolle Wahl** des Rechtsmittels ist jedoch erst **nach Kenntnis** der **schriftlichen Urteilsgründe** möglich. Insofern gelten die Grundsätze des allgemeinen Rechts über die Ausübung des Wahlrechts bis zum Ablauf der Revisionsbegründungsfrist (→ *Revision, Sprung-* 826 *revision*, Teil A Rdn 2262 ff.) und über die Behandlung der Anfechtung als Berufung, sofern keine oder keine genügende Begründung gegeben wird (§§ 344, 337). Solange die Zustellung des schriftlichen Urteils noch aussteht, ist im Zweifel davon auszugehen, dass der Beschwerdeführer bei Einlegung des Rechtsmittels noch keine endgültige Wahl getroffen hat (BGHSt 17, 44, 48; 25, 321). Wird bis zum Ablauf der Revisionsbegründungsfrist keine Wahl getroffen, gilt das eingelegte Rechtsmittel im allgemeinen Strafrecht als Berufung (BGHSt 40, 395), da diese das weiter gehende Rechtsmittel ist. Dieser Grundsatz ist nicht ohne Weiteres auf das Jugendstrafverfahren übertragbar, da ansonsten dem Verurteilten die Revision verschlossen würde. Insofern ist – abweichend vom allgemeinen Verfahrensrecht – im Jugendstrafverfahren, die Wiedereinsetzung in den vorherigen Stand (§§ 44 ff.; → *Wiedereinsetzung in den vorigen Stand, Allgemeines*, Teil B Rdn 1479 ff.) zuzulassen, soweit die Frist zur Ausübung des Wahlrechts bei unbestimmter Anfechtung unverschuldet versäumt wurde (D/S/S-*Schatz*, § 55 Rn 88; *Eisenberg*, § 55 Rn 61a; *Ostendorf*, § 55 Rn 35; HK-JGG/*Laue*, § 55 Rn 33; a.A. – allerdings ohne überzeugende Begründung – OLG Hamm StRR 2012, 148).

827 Legt **nur die StA Berufung** ein, bleibt dem Angeklagten die Möglichkeit, das Berufungsurteil mit der Revision anzugreifen und umgekehrt.

> ☝ Der **Verteidiger** hat demnach sorgfältig zu **prüfen**, ob er bei einer ohnehin von der StA eingelegten Berufung, deren Durchführung zu erwarten ist, zugunsten einer späteren **Revision** von einer eigenen Berufung **absieht**.

828 **e)** Hat der Anfechtungsberechtigte die **Berufung** auf einzelne Punkte **wirksam beschränkt**, ist die **Revision** für ihn insgesamt – also auch hinsichtlich der nicht angefochtenen Teile – **unzulässig** (*Brunner/Dölling*, § 55 Rn 15; *Ostendorf*, § 55 Rn 36). Ein Ausschluss der Revision gilt bereits dann, wenn sich die Beschränkung lediglich auf einen Nebenpunkt (z.B. auf die Einziehung) bezogen hat (D/S/S-*Schatz*, § 55 Rn 77).

> ☝ Auch eine beschränkt eingelegte Berufung führt zur **vollen Rechtsmittelbeschränkung** i.S.d. § 55 Abs. 2 JGG.

829 **f)** Die Revision bleibt **unzulässig**,

- bei einem **Verstoß** gegen das **Verschlechterungsverbot** (→ *JGG-Besonderheiten, Verschlechterungsverbot*, Teil A Rdn 971 ff.; h.M. BayObLG NStZ 1989, 194 mit abl. Anm. *Ostendorf*; *Schäfer* NStZ 1989, 330, 335; a.A. *Schaumann*, S. 173). Es soll für die Zulässigkeit der Anfechtung keinen Unterschied machen, ob die Schlechterstellung des Angeklagten in der Berufungsinstanz im Einklang mit der Verfahrensordnung oder unter Verstoß gegen diese erfolgt sei. Der Gesetzgeber hat mit der in § 55 Abs. 2 JGG getroffenen Regelung bewusst in Kauf genommen, dass ein Verfahrensbeteiligter, der bereits Berufung eingelegt hat, ein ihm unrichtig erscheinendes Urteil nicht mehr anfechten kann. Eine an sich unanfechtbare Entscheidung soll nur dann angreifbar sein, wenn sie jeder gesetzlichen Grundlage entbehrt und inhaltlich dem Gesetz fremd ist, also bei sogenannter „greifbarer Gesetzwidrigkeit". Die Möglichkeit, eine nach geltendem Recht nicht anfechtbare Entscheidung gleichwohl mit einem Rechtsmittel anzugreifen, soll auf wirkliche Ausnahmefälle beschränkt bleiben, in denen es darum geht, eine Entscheidung zu beseitigen, die mit der geltenden Rechtsordnung schlechthin unvereinbar ist. Allerdings ist die erzieherische Wirkung eines „nur" offensichtlich rechtswidrigen Urteils schwer vorstellbar (*Ostendorf* NStZ 1989, 195; HK-JGG/*Laue*, § 55 Rn 16, 35). Als Korrekturmöglichkeit wird vorgeschlagen, die StA solle bzw. müsse ihr „unverbrauchtes" Rechtsmittel zugunsten des Jugendlichen nutzen (*Schäfer* NStZ 1998, 330, 335; *Brunner/Dölling*, § 55 Rn 16).

☝ Nach zutreffender Ansicht muss jedoch zum Schutz vor einem Verstoß gegen das Verschlechterungsverbot eine **Ausnahme von § 55 Abs. 2 JGG** gelten. Wenn das Berufungsgericht gegen § 331verstoßen hat (oder jedenfalls die Möglichkeit eines Verstoßes besteht) soll nach der Berufung auch die Revision zulässig sein (*Eisenberg*, § 55 Rn 56, 93; *Ostendorf*, § 55 Rn 38; *Streng*, Rn 584; *Bode*, S. 140; *Schaumann*, S. 170 ff.; *Kudlich* JuS 1999, 881).

- wenn das LG als Berufungsgericht – auch auf die Berufung der StA – erstmals eine früher verhängte Jugendstrafe gem. § 31 Abs. 2 JGG in die **neu gebildete Einheitsstrafe** einbezieht und dabei die für die frühere Strafe bewilligte Strafaussetzung entfällt, steht dem Angeklagten gegen ein solches Berufungsurteil weder die Revision noch die sofortige Beschwerde nach § 59 Abs. 1 JGG (→ *JGG-Besonderheiten, Bewährungsfragen*, Teil A Rdn 677 ff.) zu (h.M., OLG Bamberg NStZ 2012, 165; OLG Oldenburg ZJJ 2009, 451; OLG Jena, Beschl. v. 25.10.2006 – 1 Ss 241/06). Dies ist jedoch unter dem Aspekt des fairen Verfahrens **abzulehnen**. Die Instanzgerichte sollten zumindest den Weg zur Bildung einer nachträglichen Entscheidungsergänzung über § 66 JGG beschreiten, die wiederum anfechtbar ist (*Schweckendieck* NStZ 2005, 141; → *JGG-Besonderheiten, Entscheidungsergänzungen, nachträgliche*, Teil A Rdn 765 ff.). Die Verteidigung sollte begründen, dass ein Fall „greifbarer Gesetzeswidrigkeit" vorliegt.
- wenn die Berufung durch ein Urteil nach § 329 Abs. 1 ohne Sachverhandlung wegen **unentschuldigtem Ausbleibens** (→ *Berufung, Ausbleiben, Allgemeines*, Teil A Rdn 57 ff.) verworfen worden ist (BGHSt 30, 98; OLG Dresden NStZ-RR 2010, 186; OLG Düsseldorf MDR 1994, 1141; OLG Hamm StV 1999, 657; *Brunner/Dölling*, § 55 Rn 16a; D/S/S-*Schatz*, § 55 Rn 82; *Eisenberg*, § 55 Rn 62; *Ostendorf*, § 55 Rn 32, 34; HK-JGG/*Laue*, § 55 Rn 34), da entscheidend für den „Verbrauch" das Rechtsmittels die zulässige Einlegung, nicht die Durchführung des Verfahrens ist (BGHSt 30, 98; *Ostendorf*, § 55 Rn 34). Soweit den Jugendlichen oder Heranwachsenden kein Verschulden an der Versäumung der HV trifft, bleibt die Möglichkeit zur Wiedereinsetzung in den vorigen

Stand gem. §§ 44, 45 i.V.m. § 329 Abs. 7 (→ *Berufung, Ausbleiben, Anfechtung, Wiedereinsetzung*, Teil A Rdn 94), wobei es in Fällen eines Ausschlusses der Revision gem. § 55 Abs. 2 JGG nahe liegt, eine Erweiterung der Überprüfungsmöglichkeit von Entschuldigungsgründen im Wiedereinsetzungsverfahren zu erörtern (BGHSt 30, 98). Wiedereinsetzung ist insbesondere zu gewähren, wenn der Angeklagte nicht ordnungsgemäß geladen wurde (OLG Düsseldorf NStZ 1987, 523; → *Berufung, Ausbleiben, Anfechtung, Wiedereinsetzung*, Teil A Rdn 94; allgemein zur Wiedereinsetzung → *Wiedereinsetzung in den vorigen Stand, Allgemeines*, Teil B Rdn 1479).

830 **g)** Die Rechtsmittelbeschränkung gem. § 55 Abs. 2 JGG führt **nicht** zu der **Zulässigkeit eines abgekürzten Urteils**, da § 267 Abs. 4 eindeutig darauf abstellt, dass die Beteiligten auf Rechtsmittel „verzichten" oder diese nicht innerhalb der Frist einlegen. Geht ein Gericht so vor, so verkennt es den Normzweck des eine einfach-rechtliche Ausprägung des Grundrechts auf rechtliches Gehör darstellenden § 267 in einer verfassungsrechtlich relevanten Weise und handelt damit willkürlich (BVerfG NJW 2004, 209). In einem solchen Fall kann **Verfassungsbeschwerde** erhoben werden (→ *Verfassungsbeschwerde, Allgemeines*, Teil C Rdn 729 ff.).

☝ Die **Rechtskraft** wird bei einer form- und fristgerecht eingelegten Revision trotz Ausschluss durch § 55 Abs. 2 JGG **gehemmt** (OLG Stuttgart MDR 1980, 518).

831 Ist die Revision gem. § 55 Abs. 2 JGG unzulässig, ist sie vom **Revisionsgericht** – nicht vom Berufungsgericht – gem. § 349 Abs. 1 als **unzulässig** zu verwerfen (OLG Dresden NStZ-RR 2010, 186; *Eisenberg*, § 55 Rn 68; *Ostendorf*, § 55 Rn 39; *Meyer-Goßner/Schmitt*, § 346 Rn 2). Das gilt auch dann, wenn die Berufung zurückgenommen (KG NStZ 2007, 216) oder durch Beschränkung nach § 55 Abs. 1 JGG unzulässig wurde (HK-JGG/*Laue*, § 55 Rn 34). Verwirft hingegen das Gericht, dessen Urteil angefochten wurde die Revision gem. § 346 Abs. 1 als unzulässig, kann der Rechtsmittelführer gem. § 346 Abs. 2 innerhalb einer Woche nach Zustellung des Beschlusses einen Antrag auf die Entscheidung des Revisionsgerichts stellen.

832 **h)** Als **Ausnahme** von der **Beschränkung** des **§ 55 Abs. 2 JGG** gilt, dass jeder Verfahrensbeteiligte Revision gegen ein Berufungsurteil einlegen kann, sofern er nicht selbst zulässig Berufung eingelegt hatte.

☝ Hat ein nach Jugendrecht Verurteilter gegen ein Urteil des Jugendgerichts Revision eingelegt, hindert ihn § 55 Abs. 2 JGG nicht, nach **Aufhebung** und **Zurückverweisung** für die Anfechtung des neuen Urteils die Berufung zu **wählen** (OLG Celle MDR 1992, 286).

aa) Darüber hinaus ist die Revision gegen ein Berufungsurteil **zulässig** 833

- nach der hier vertretenen Auflassung (Rdn 829), wenn das Berufungsurteil gegen das Verbot der reformatio in peius (→ *JGG-Besonderheiten, Verschlechterungsverbot*, Teil A Rdn 971 ff.) verstößt, jedenfalls dann, wenn eine **greifbare Gesetzeswidrigkeit** vorliegt (*Ostendorf*, § 55 Rn 38; D/S/S-*Schatz*, § 55 Rn 84; *Eisenberg*, § 55 Rn 56; a.A. *Brunner/Dölling*, § 55 Rn 21)
- wenn eine **zulässige Berufung** fehlerhaft, d.h. **zu Unrecht als unzulässig** verworfen wurde (*Eisenberg*, § 55 Rn 62).
- wenn die Jugendkammer auf die Berufung eine Rechtsfolge ausspricht, die die **Rechtsfolgenkompetenz** des erstinstanzlichen Gerichts, dessen Urteil angefochten wurde, überschreitet (z.B. mehr als ein Jahr Jugendstrafe oder Unterbringung in einem psychiatrischen Krankenhaus bei angefochtenem Urteil des Jugendrichters; vgl. § 39 Abs. 2 JGG). Denn insoweit wird angenommen, die Jugendkammer habe erstinstanzlich entschieden, mit der Folge, dass die Berufung unbeachtlich ist (*Eisenberg*, § 55 Rn 62c; *Brunner/Dölling*, § 55 Rn 17).

bb) Bei **wechselseitigen Rechtsmitteln** gilt: Wer Revision gewählt hatte, behält sein Revisionsrecht, auch wenn sein Rechtsmittel lediglich als Berufung behandelt wurde (§ 335 Abs. 3 S. 1), nachdem ein anderer Verfahrensbeteiligter Berufung eingelegt hatte. In einem solchen Fall verliert ein Angeklagter nicht gemäß § 55 Abs. 2 JGG sein Revisionsrecht. Er kann es nach wie vor ausüben (BayObLG NStZ-RR 2001, 49; *Ostendorf*, § 55 Rn 34; *Eisenberg*, § 55 Rn 67; D/S/S-*Schatz*, § 55 Rn 75), da andernfalls seine Freiheit der Rechtsmittelwahl unzumutbar eingeschränkt wäre (OLG Koblenz, StV 2014, 749; OLG Koblenz NStZ-RR 2008, 218; *Ostendorf*, § 55 Rn 38; HK-JGG/*Laue*, § 55 Rn 38; *Streng*, Rn 577). In diesem Fall muss die Revision jedoch form- und fristgemäß begründet werden. 834

Die Revision bleibt zulässig, wenn über die zulässige Berufung des Revisionsführers ausweislich der Urteilsformel im Berufungsrechtszug **nicht mitentschieden** wurde (*Eisenberg*, § 55 Rn 65). 835

Die Revision eines jugendlichen Angeklagten ist statthaft, wenn sie sich gegen die auf die Berufung der StA erfolgte Verurteilung durch das Berufungsgericht wegen Taten wendet, hinsichtlich derer der Angeklagte in **erster Instanz freigesprochen** worden war, denn die Berufung des Angeklagten konnte sich mangels Beschwer nicht auf die in Frage stehende Tat beziehen. Dies gilt auch dann, wenn er selbst eine zulässige Berufung gegen seine teilweise Verurteilung eingelegt hat (KG NStZ 2007, 216; *Eisenberg*, § 55 Rn 64; *Brunner/Dölling*, § 55 Rn 17a; D/S/S-*Schatz*, § 55 Rn 78). 836

Das Urteil einer Jugendkammer des LG, das **nach Verbindung zweier Berufungssachen** ergangen ist, in deren einer der Angeklagte und in der anderen die StA eine zulässige Berufung eingelegt hatten, ist insgesamt mit der Revision anfechtbar, unabhängig davon, ob der Verurteilte und/oder die StA die Berufung auf das Strafmaß beschränkt hatte (OLG Hamm 837

NStZ 1990, 140 mit zust. Anm. *Neuhaus*; *Ostendorf*, § 55 Rn 37; *Eisenberg*, § 55 Rn 62a), denn sonst hätte der Jugendliche gegen eines der Urteil überhaupt kein Rechtsmittel.

☝ Es liegt **nicht** in der **Kompetenz** der **Tatgerichte**, durch Verbindung oder Abtrennung von Verfahren über die Statthaftigkeit von Rechtsmitteln des Angeklagten zu entscheiden (OLG Brandenburg NStZ-RR 2005, 49).

838 **i)** Die **StA** oder der **Nebenkläger** (OLG Düsseldorf NZV 1988, 151) haben ein **weiteres Rechtsmittel**, wenn der erstinstanzlich freigesprochene Heranwachsende erneut vom LG freigesprochen wird. Mangels eines Schuldspruchs ist eine tatsächliche Entscheidung über die Anwendung von Jugendstrafrecht, die gemäß § 109 Abs. 2 S. 1 JGG Voraussetzung für eine entsprechende Anwendung des § 55 Abs. 2 JGG ist, notwendigerweise unterblieben (OLG Frankfurt/Main NStZ-RR 2003, 327; *Eisenberg*, § 55 Rn 37; *Ostendorf*, § 55, Rn 32; *Brunner/Dölling*, § 55 Rn 16a).

839 § 55 Abs. 2 JGG **schließt** die Revision des **Einziehungsbeteiligten** nach vorangegangenem Berufungsverfahren nicht aus (OLG Oldenburg VRS 90, 285).

840 **3.a)aa) § 55 Abs. 1 JGG** enthält eine **sachliche Rechtsmittelbeschränkung**, d.h. Entscheidungen, in denen lediglich Erziehungsmaßregeln und/oder Zuchtmitteln (→ *JGG-Besonderheiten, Allgemeines*, Teil A Rdn 625) angeordnet wurden, sind im Hinblick auf Art und Umfang der Maßnahme nicht anfechtbar.

☝ Bei einer Verurteilung zu Erziehungsmaßregeln oder Zuchtmittel ist **jedes Rechtsmittel** ausgeschlossen, das mit dem **Ziel** eingelegt wird, die genannten **Rechtsfolgen** ihrem Inhalt nach **abzuändern** oder durch andere Maßnahmen der gleichen oder jeweils anderen Kategorie zu ersetzen. Hiernach ist also selbst das freiheitsentziehende Zuchtmittel „Jugendarrest" nicht gesondert anfechtbar.

841 **bb)** Eine sachliche Rechtsmittelbeschränkung befand sich bereits im JGG 1923, allerdings enthielt diese noch keinen Ausschluss der Anfechtung wegen des Umfangs der Maßnahme und bezog sich nur auf Urteile (s. Rdn 845). Ebenso wenig war der Arrest von der Anfechtung ausgeschlossen, da dieser erst 1940 in das RJGG übernommen wurde. Das heutige JGG übernahm die Rechtsmittelbeschränkung und erweiterte sie auf den heutigen Stand (dazu auch *Nothacker* GA 1982, 454). Als **Grund/Zweck** für die Rechtsmittelbeschränkung wird angeführt, im Jugendstrafverfahren bestehe ein besonderes Bedürfnis, **schnell** zu einer **rechtskräftigen Entscheidung** zu **gelangen**, weil der angeordneten Maßnahme nur dann die erzieherische Wirkung zukomme, wenn sie der Tat so bald wie möglich folge (BT-Drucks 1/3264 S. 46). Diese Begründung ist jedoch bereits im Hinblick auf die in der Praxis ohnehin verstreichende Zeitspanne zwischen Tatbegehung und erstinstanzlicher Verhandlung zweifelhaft. Zu berücksichtigen ist weiterhin, dass eine Korrektur des Ersturteils sich keineswegs erzieherisch negativ auswirken muss, sondern umgekehrt vielmehr

die Erforderlichkeit eines rechtsstaatlichen Verfahrens und deren schützender und korrigierender Formen und Kontrollmechanismen positiv verdeutlicht (*Ostendorf*, § 55 Rn 25). Selbst von Befürwortern der sachlichen Rechtsmittelbeschränkung wird jedoch gefordert, zumindest das freiheitsentziehende Zuchtmittel „Jugendarrest" einer vollständigen Überprüfung zu unterziehen (D/S/S-*Schatz*, § 55 Rn 9; *Schaumann*, S. 154). Das BVerfG hat die Vorschrift für **verfassungsgemäß** erklärt (BVerfG NStZ-RR 2007, 385).

☝ § 55 Abs. 1 JGG sollte (aufgrund der nicht überzeugenden Begründung) grds. restriktiv, d.h. **anfechtungsfreundlich ausgelegt** werden (HK-JGG/*Laue*, § 55 Rn 24).

Die Vorschrift könnte einen **Verstoß gegen Art. 40 Abs. 5** des Übereinkommen über die Rechte des Kindes (**UN-Kinderrechtskonvention**; KRK) darstellen, nach dem einem Kind (also einem unter 18-Jährigen, Art. 1 KRK) das Recht zusteht, wenn es einer Verletzung der Strafgesetze überführt ist, diese Entscheidung und alle als Folge davon verhängten Maßnahmen durch eine zuständige übergeordnete Behörde oder ein zuständiges höheres Gericht, die unabhängig und unparteiisch sind, entsprechend dem Gesetz nachprüfen zu lassen. Das Übereinkommen gilt nach Rücknahme der Vorbehalte im Juli 2010 als unmittelbar anzuwendendes Recht (*Cremer*, S. 5). Ebenso kommt ein Verstoß gegen Nr. 7.1 der Mindestgrundsätze der Vereinten Nationen für die Jugendgerichtsbarkeit („Beijing-Grundsätze", abgedr. in: *Höynck/Neubacher/Schüler-Springorum*, S. 74 ff.) in Betracht, nach dem „grundlegende Verfahrensgarantien wie (…) das Recht, die Entscheidung durch eine höhere Instanz nachprüfen zu lassen, (…) in allen Verfahrensstadien zu gewähren (sind)". **842**

b) Die **Beschränkung** gilt für **alle Rechtsmittel**, also für Berufung, Revision, Beschwerde und Wiederaufnahme (h.M., *Brunner/Dölling*, § 55 Rn 8, 48; HK-JGG/*Laue*, § 55 Rn 22; D/S/S-*Schatz*, § 55 Rn 58; *Ostendorf*, § 55 Rn 26; zw. *Eisenberg*, § 55 Rn 40; **a.A.** *Albrecht*, S. 388). **843**

c) Die Vorschrift ist **anwendbar** auf **Jugendliche**, auch wenn sie von einem allgemeinen Gericht verurteilt werden (§ 104 Abs. 1 Nr. 7 JGG), auf **Heranwachsende** dann, wenn materielles Jugendstrafrecht auf sie angewendet wird (§ 109 Abs. 2 JGG), es sei denn, die Entscheidung wurde im beschleunigten Verfahren (§§ 417 ff.) getroffen (§ 109 Abs. 2 S. 3 JGG). **844**

d) Der **Begriff „Entscheidung"** in § 55 Abs. 1 JGG bezieht sich nicht nur auf Urteile, sondern erfasst auch sog. urteilsgleiche Beschlüsse, z.B. nachträgliche Entscheidungen über Weisungen und Auflagen (§ 65 Abs. 1 JGG), → *JGG-Besonderheiten, Abänderung von Entscheidungen*, Teil A Rdn 599 ff., ergänzende Entscheidung bei mehrfacher Verurteilung (§ 66 Abs. 1, 2 JGG), → *JGG-Besonderheiten, Entscheidungsergänzungen, nachträgliche*, Teil A Rdn 765 ff., oder eine vorläufige Anordnung über die Erziehung gem. § 71 JGG (sofern sie Erziehungsmaßregeln gleichsteht), **845**

☝ Auch urteilsgleiche Beschlüsse können nicht wegen Art und Umfang der Maßnahme angegriffen werden, sondern **nur wegen Gesetzeswidrigkeit**.

846 **e)** Für die sachliche Rechtsmittelbeschränkung des § 55 Abs. 1 JGG **gilt**

847 **Rechtsmittelbeschränkung gilt**

- bei **Weisungen** nach § 10 JGG, **Erziehungsbeistandschaft** nach § 12 Nr. 1 JGG, **Zuchtmittel** nach § 13 Abs. 2 JGG und die Entscheidung, nach § 53 JGG bzw. § 104 Abs. 4 JGG die Auswahl und Anordnung von Weisungen dem Familiengericht zu überlassen,
- nach h.M. auch, wenn nach erlittener Freiheitsentziehung deren **(Nicht-)Berücksichtigung** bei der Verhängung von Jugendarrest **angefochten wird** (Entscheidung gem. § 52 JGG; OLG Hamburg NStZ 1983, 78 mit abl. Anm. *Eisenberg* JR 1983, 172; D/S/S-*Schatz*, § 55 Rn 59 [„nicht unbedenklich"]; ablehnend, da sich der „Umfang" einer Maßnahme nicht auf deren Vollstreckung bezieht *Eisenberg*, § 52 Rn 13; § 55 Rn 45; *Albrecht*, S. 388; → *JGG-Besonderheiten, Untersuchungshaft*, Teil A Rdn 969);
- nach h.M. auf die Nichtanwendung des § 29 Abs. 5 BtMG oder § 31a BtMG, wenn statt dessen auf Erziehungsmaßregeln oder Zuchtmittel erkannt wurde, da auch die Nichtanwendung einer Vorschrift zum „Umfang der Maßnahme" gehöre. Ein Urteil, in dem lediglich Erziehungsmaßregeln und/oder Zuchtmittel festgesetzt worden sind, kann daher allein im Rechtsfolgenausspruch nicht mit der Begründung angefochten werden, das Gericht hätte gemäß § 29 Abs. 5 BtMG von Strafe absehen oder gemäß § 31a BtMG das Verfahren einstellen müssen (LG Mainz NStZ 1984, 121 mit abl. Anm. *Eisenberg*; OLG Stuttgart Justiz 2002, 515; D/S/S-*Schatz*, § 55 Rn 61; *Ostendorf*, § 55 Rn 27, da ansonsten die Rechtsmittelbeschränkung immer unter Berufung auf § 60 StGB unterlaufen werden könnte);
- nach h.M. auf die vorläufige Anordnung über die Erziehung gem. § 71 Abs. 1 JGG (→ *JGG-Besonderheiten, Erziehungsanordnung, vorläufige*, Teil A Rdn 781; *Brunner/Dölling*, § 71 Rn 11; *Ostendorf*, § 71 Rn 13; a.A. *Eisenberg*, § 71 Rn 15).

848 **Rechtsmittelbeschränkung gilt nicht**

- bei Anordnung, Hilfe zur Erziehung in einer Einrichtung über Tag und Nacht gem. § 34 SGB VIII in Anspruch zu nehmen (**Heimerziehung**), jedoch nur, wenn sie gem. § 12 Nr. 2 JGG vom Jugendrichter verhängt wurde. Wurde die Auswahl gem. § 53 JGG dem Familiengericht überlassen und ordnet dieses den Heimaufenthalt an, so ist jedenfalls die Entscheidung, die Auswahl dem Familiengericht zu überlassen, nicht anfechtbar. Allerdings darf § 55 Abs. 1 S. 2 JGG nicht unterlaufen werden, indem der Jugendrichter dem Familiengericht nahe legt, den Heimaufenthalt anzuordnen. In einem solchen Fall soll die Anfechtbarkeit aufrechterhalten werden (*Eisenberg*, S. 511),

- nach § 7 JGG zulässigen **Maßregeln der Besserung und Sicherung** (Unterbringung in einem psychiatrischen Krankenhaus oder Entziehungsanstalt, Führungsaufsicht oder Entziehung der Fahrerlaubnis). Diese können immer auch im Hinblick auf Art und Umfang der Maßnahme angefochten werden (ausdrücklich für eine isolierte Sperre gem. § 69a StGB OLG Zweibrücken MDR 1983, 1046),
- gleichzeitiger Anordnung einer gem. § 6 JGG zulässigen **Nebenstrafe** oder **Nebenfolge**, z.B. Fahrverbot oder Einziehung (*Eisenberg*, § 55 Rn 43),
- **familiengerichtliche Maßnahmen** nach § 3 S. 2 JGG (*Eisenberg*, § 55 Rn 42; HK-JGG/*Laue*, § 55 Rn 26), sodass der Jugendliche ausnahmsweise bei einem Freispruch wegen fehlender strafrechtlicher Verantwortlichkeit gem. § 3 JGG und gleichzeitiger Anordnung familiengerichtlicher Maßnahmen diese mit der Begründung anfechten kann, sie seien nicht erforderlich,
- Verhängung von **Jugendstrafe** (auch bei Aussetzung der Verhängung gem. § 27 JGG). In einem solchen Fall kann auch eine Änderung der gleichzeitig verhängten Erziehungsmaßregeln oder Zuchtmittel angestrebt werden (HK-JGG/*Laue*, § 55 Rn 23; *Streng*, Rn 580; *Schäfer* NStZ 1998, 330),
- **Nichtanrechnung von U-Haft** auf Jugendstrafe gem. § 52a JGG (D/S/S-*Schatz*, § 52a Rn 22; HK-JGG/*Blessing*, § 52a Rn 8; *Ostendorf*, § 52a Rn 10; → *JGG-Besonderheiten, Untersuchungshaft*, Teil A Rdn 966).

f) Bei verhängten **Weisungen und/oder Zuchtmitteln** kann eine Anfechtung **nur** darauf gestützt werden, dass die Schuldfrage rechtlich oder tatsächlich falsch gewürdigt wurde oder dass die Sanktion selbst rechtswidrig ist. 849

Angefochten werden kann die Entscheidung, in der lediglich Weisungen oder Zuchtmittel verhängt wurden, jedoch dahingehend, dass die **Schuldfrage** aus tatsächlichen oder rechtlichen Gründen falsch beurteilt oder die verhängte **Sanktion** selbst **rechtswidrig** ist (BGH NStZ 2013, 659, mit abl. Anm. *Eisenberg* StraFo 2013, 430; OLG Celle NStZ-RR 2001, 121; OLG Dresden, Beschl. v. 31.1.2003 – 1 Ss 708/02; *Eisenberg*, § 55 Rn 48; HK-JGG/*Laue*, § 55 Rn 25; D/S/S-*Schatz*, § 55 Rn 63). Dies ist z.B. der Fall bei längere Laufzeit der Weisungen als drei Jahre oder Verhängung von sechs Wochen Dauerarrest, aber auch der Einwand, die Weisung stelle entgegen § 10 Abs. 1 S. 2 JGG unzumutbare Anforderungen an die Lebensführung des Jugendlichen. 850

☝ Bei einer Entscheidung, in der **lediglich Erziehungsmaßregeln** oder **Zuchtmittel** verhängt wurden, macht die **Beschränkung** der **Berufung** auf den **Rechtsfolgenausspruch** die Berufung **unzulässig** (vgl. OLG Hamm, NJW-Spezial 2014, 761).

Bei der Unzulässigkeit verbleibt es, auch wenn nach Ablauf der Berufungsfrist der Angeklagte die Ermächtigung seines Verteidigers zur Berufungsbeschränkung widerruft und erklärt, die Berufung solle unbeschränkt durchgeführt werden (OLG Oldenburg NStZ 2009, 851

450). Die Rechtsmittelbeschränkung ist auch dann nicht unwirksam, wenn sie in Unkenntnis des § 55 Abs. 1 JGG abgegeben wurde. Die Beschränkung bleibt wirksam und führt zur Unzulässigkeit des Rechtsmittels (OLG Hamm NStZ 2016, 106 mit Anm. *Laue*).

☝ Es bleibt den Verteidiger **unbenommen**, **unbeschränkt Berufung** einzulegen, um dann in der Berufungsverhandlung seine Vorstellung von der richtigen Weisung anzubringen. Das Rechtsmittelgericht kann, wenn das Urteil zulässig angefochten ist, auch Erziehungsmaßregeln und Zuchtmittel aufheben und abändern, weil § 55 Abs. 1 JGG nur die Zulässigkeit des Rechtsmittels betrifft, aber keine Bindungswirkung des Rechtsmittelgerichts bewirkt (BGHSt 10, 198).

852 **aa)** Solange die Anfechtung nicht begründet ist – was bei der Berufung nach § 2 Abs. 2 JGG, § 317 auch nicht erforderlich ist – oder sie nicht nur auf die ausgeschlossenen Rechtsfolgen-Rügen beschränkt wird, gilt nach § 2 Abs. 2 JGG, § 318 S. 2 der gesamte Inhalt des Urteils als angefochten (*Eisenberg*, § 55 Rn 44, 52). Die Verwerfung der Berufung als unzulässig kann auch bei einem erstinstanzlich geständigen Jugendlichen keinen Bestand haben, solange das Anfechtungsziel nicht bekannt ist (KG StV 2011, 595). Der **Vorsitzende** des Berufungsgerichts muss zumindest **nachfragen** (BGHSt 10, 201).

853 **bb) Differenzierter** verhält es sich bei dem Rechtsmittel der **Revision** → *JGG-Besonderheiten, Revision*, Teil A Rdn 867 ff.). Die Revision muss begründet werden. Hier ist das Anfechtungsziel so eindeutig mitzuteilen, dass die Verfolgung eines unzulässigen Ziels sicher ausgeschlossen werden kann. Die Formulierung „Die Strafzumessungserwägungen entsprechen nicht den an sie zu stellenden sachlich-rechtlichen Anforderungen" genügt nicht, da sie nur dahin verstanden werden kann, dass die Revision auf den Rechtsfolgenausspruch beschränkt sein soll (BGH bei *Böhm* NStZ-RR 1999, 291). Ebenso wenig reicht es aus, wenn der Jugendliche geständig war und die allgemeine Sachrüge sich lediglich mit der Rechtsfolge auseinandersetzt, ohne den Schuldspruch selbst anzugreifen (OLG Dresden, Beschl. v. 31.1.2003 – 1 Ss 708/02). Die Erhebung der allgemeinen, nicht ausgeführten Sachrüge genügt – wie bei der Revision des Nebenklägers – ebenfalls nicht. Es lässt sich dem nämlich nicht mit der gebotenen Eindeutigkeit die Anfechtung des Schuldspruchs entnehmen (BGH NStZ 2013, 659). Die eindeutige Mitteilung eines zulässigen Angriffsziels soll eine mögliche Umgehung der ausdrücklichen Rechtsmittelbeschränkung in § 55 Abs. 1 JGG wirksam verhindern (BGH NStZ 2013, 659; OLG Celle NStZ-RR 2001, 121; OLG Dresden, Beschl. v. 31.1.2003 – 1 Ss 708/02). Nach Auffassung des BVerfG (NStZ-RR 2007, 385) stellt dies ein legitimes Ziel und keine Verletzung der Rechtsschutzgarantien, insbesondere des Gebots des effektiven Rechtsschutzes dar.

☝ Bei Revisionen muss daher auch **immer** die **Angriffsrichtung mitgeteilt** werden, und zwar so eindeutig, dass die Verfolgung eines wegen der Rechtsmittelbeschränkung nach § 55 Abs. 1 JGG unzulässigen Ziels ausgeschlossen werden kann (OLG Dresden, Beschl. v. 31.1.2003 – 1 Ss 708/02). Die Revision muss sich daher immer mit dem Schuldspruch oder der Gesetzeswidrigkeit der Maßnahme auseinandersetzen.

g) Bei **Heranwachsenden**, kann innerhalb des Rechtsmittels gerügt werden, es sei die **falsche Rechtsordnung**, also Erwachsenen- statt Jugendstrafrecht oder umgekehrt, angewandt worden (*Eisenberg*, § 109 Rn 32; *Brunner/Dölling*, § 55 Rn 11a; HK-JGG/*Laue*, § 55 Rn 25; D/S/S-*Schatz*, § 55 Rn 54). Allerdings handelt es sich bei der Entscheidung, ob die Voraussetzungen des § 105 Abs. 1 JGG vorliegen, um **keinen selbstständigen Beschwerdepunkt** im Sinne des § 318 S. 1, weil die – möglicherweise fehlerhafte – Anwendung der maßgeblichen sachlichen Strafrechtsordnung stets einen der Rechtsfolge vorgeordneten Gesichtspunkt betrifft (OLG Celle, NStZ-RR 2014, 229; *Eisenberg*, § 55 Rn 20). Insofern ist die Beschränkung der Berufung auf die Frage der Anwendung von Jugend- oder Erwachsenenstrafrecht gemäß § 55 Abs. 1 JGG unzulässig (LG Göttingen StraFo 2007, 382; *Schäfer* NStZ 1998, 330, 334; *Eisenberg*, § 55 Rn 20; *Brunner/Dölling*, § 105 Rn 29). 854

☝ Bei **Heranwachsenden** ist die Berufung unzulässig, wenn sie nur auf die Frage, ob Jugendstrafrecht oder allgemeines Strafrecht zur Anwendung kommen muss, beschränkt wird. Bei einer Beschränkung auf den Rechtsfolgenausspruch ist jedoch die Frage der Anwendung von Jugendstrafrecht stets mit umfasst.

h) Bei einer **Verwerfung** der Berufung als **unzulässig** kann der Jugendliche gem. § 2 JGG, § 322 Abs. 2 **sofortige Beschwerde** gegen den Beschluss einlegen, unabhängig davon, ob er selbst Rechtsmittelführer war oder auf die Einlegung von Rechtsmitteln verzichtet hatte (*Eisenberg*, § 55 Rn 51; *Albrecht*, § 49 B I 5; → *Berufung, Unzulässigkeit, Verwerfung durch LG*, Teil A Rdn 373). 855

i) Die **StA** soll die **Möglichkeit** haben, den **Rechtsfolgenausspruch** auch dann anzufechten, wenn lediglich Erziehungsmaßregeln oder Zuchtmittel verhängt wurden, sie jedoch eine Jugendstrafe für angemessen hält, da ein Abzielen auf eine härtere Sanktionierung vom Wortlaut des § 55 Abs. 1 JGG gerade nicht ausgeschlossen sei (OLG Zweibrücken NStZ-RR 1998, 118 mit abl. Anm. *Eisenberg/Forstreuther* JR 1999, 174; D/S/S-*Schatz*, § 55 Rn 62). Allerdings soll dies nicht für die Heimunterbringung gem. § 12 Nr. 2 JGG i.V.m. § 34 SGB VIII gelten. § 55 Abs. 1 S. 2 JGG wird als Schutzvorschrift zugunsten des Jugendlichen interpretiert. Er soll sich gegen eine Heimeinweisung zur Wehr setzen können, nicht die StA einen Weg zu einer Heimunterbringung erhalten (*Eisenberg*, § 55 Rn 49; HK-JGG/*Laue*, § 55 Rn 27; *Brunner/Dölling*, § 55 Rn 11a; *Streng*, Rn 581; a.A. D/S/S-*Schatz*, § 55 Rn 62; *Laubenthal/Baier/Nestler*, Rn 399). 856

Siehe auch: → *JGG-Besonderheiten, Allgemeines*, Teil A Rdn 619; → *JGG-Besonderheiten, Berufung*, Teil A Rdn 665; → *JGG-Besonderheiten, Revision*, Teil A Rdn 867.

857 # JGG-Besonderheiten, Rechtsmittelverzicht/-rücknahme

Das Wichtigste in Kürze:

1. Im Jugendstrafverfahren ist ein Rechtsmittelverzicht immer unzulässig, wenn er auch im allgemeinen Strafverfahren unzulässig ist.
2. Das Anfechtungsrecht der Erziehungsberechtigten (§ 67 JGG) bleibt erhalten, auch wenn der Jugendliche selbst wirksam auf Rechtsmittel verzichtet hatte.
3. Die Rechtsmittelrücknahme eines jugendlichen oder heranwachsenden Angeklagten beurteilt sich gem. § 2 Abs. 2 JGG nach allgemeinem Strafverfahrensrecht.
4. Gem. § 55 Abs. 3 JGG kann der Erziehungsberechtigte oder gesetzliche Vertreter das von ihm eingelegte Rechtsmittel nur mit Zustimmung des Angeklagten zurücknehmen.

858 **Literaturhinweise:** **d'Alquen/Daxhammer/Kudlich**, Wirksamkeit des Rechtsmittelverzichtes eines jugendlichen Angeklagten unmittelbar im Anschluss an die Urteilsverkündung? StV 2006, 220; **Berenbrink**, Der übereilte Rechtsmittelverzicht des Angeklagten, 2005; **Eisenberg/Müller**, Widerrufbarkeit der auf Irrtum beruhenden eigenhändigen Revisionsrücknahme eines in Haft befindlichen Minderjährigen? Jura 2006, 54; s.a. die Hinw. bei → *JGG-Besonderheiten, Allgemeines*, Teil A Rdn 620.

859 **1.** Im Jugendstrafverfahren ist ein Rechtsmittelverzicht immer unzulässig, wenn er auch im allgemeinen Strafverfahren unzulässig ist (dazu *Burhoff*, HV, Rn 1790). Darüber hinaus ist insbesondere von **Unzulässigkeit/Zulässigkeit** auszugehen (dazu *Burhoff*, HV, Rn 1790 u. Rn 2189) in folgenden **Beispielsfällen**:

860 **Unzulässigkeit,**

- bei unverteidigtem Angeklagten in einem Fall **der notwendigen Verteidigung** (OLG Celle StV 2013, 12 [Ls.] m. Anm. Burhoff StRR 2012, 424; OLG Düsseldorf StV 1998, 647; OLG Hamm StV 2010, 67; OLG Köln StV 2003, 65), wobei die jugendfreundliche Auslegung von § 140 Abs. 2 eine besondere Rolle spielt, d.h. bereits dann, wenn eine Jugendstrafe droht (OLG Hamm StV 2009, 85; LG Gera StraFo 1998, 270; 1998, 342, s. dazu auch *Burhoff*, EV, Rn 2328 ff.; *Burhoff*, HV, Rn 1759 ff. → *JGG-Besonderheiten, Verteidigung*, Teil A Rdn 990 ff.),
- wenn dem Verurteilten aufgrund seiner geistigen Entwicklung die notwendige **Einsichtsfähigkeit** in die Bedeutung und Tragweite der Prozesshandlung fehlt (OLG Düsseldorf JZ 1985, 960; HK-JGG/*Laue*, § 55 Rn 16; *Eisenberg*, § 55 Rn 13a, s. auch Rdn 864),
- wenn ein Jugendrichter den Angeklagten (entgegen § 18 Abs. 1 S. 3 JGG) gleichsam schockiert hat durch die Mitteilung der **Strafrahmen des allgemeinen Strafrechts**,

sodass dieser die sodann ausgesprochene Rechtsfolge als besonders milde beurteilt und irrig annimmt, eine weniger eingriffsintensive Rechtsfolge sei schwerlich zu erlangen (*Eisenberg*, § 55 Rn 13a),

- bei **besonderer Verfahrenskonstellation** (Der jugendliche Angeklagte polnischer Herkunft wurde nach elf HV-Tagen u.a. wegen Raub mit Todesfolge zu einer Jugendstrafe von 5 Jahren und 11 Monaten verurteilt. Der Vorsitzende legt einen Rechtsmittelverzicht nahe, den der Angeklagte nach Rücksprache mit seinem Pflichtverteidiger erklärt. Allerdings handelte es sich nicht um den Pflichtverteidiger, der ihn in der HV verteidigt hatte, sondern um einen nur am letzten Tag anwesenden Vertreter (für die Unwirksamkeit des Rechtsmittelverzichts: *d'Alquen/Daxhammer/Kudlich* StV 2006, 220).

Zulässigkeit, 861

- wenn sowohl der **Angeklagte** als auch sein **anwesender Vater** auf Rechtsmittel verzichtet haben, wenn sofern besondere Anhaltspunkte dafür vorliegen, dass der Verzicht nicht gewollt oder die Tragweite des Verzichts nicht erfasst wurde (OLG Hamm, Beschl. v. 3.4.2008 – 2 Ws 97/08),
- bei einem **ausländischen Heranwachsenden** ohne hinreichende Deutschkenntnisse, wenn kein Fall der notwendigen Verteidigung vorlag und ein Dolmetscher übersetzt hat (str.; OLG Brandenburg, Beschl. v. 4.6.2004 – 1 Ws 50/04; OLG Hamburg StV 2006, 175 m. Anm. *Keller/Gericke*).

2. Das Anfechtungsrecht der **Erziehungsberechtigten** (§ 67 JGG) bleibt erhalten, auch 862
wenn der Jugendliche selbst wirksam auf Rechtsmittel verzichtet hatte. Der abwesende Erziehungsberechtigte soll an die Erklärung des anwesenden Berechtigten gebunden sein. Das soll auch für einen Rechtsmittelverzicht im Anschluss an die Urteilsverkündung gelten (*Brunner/Dölling*, § 67 Rn 3; zw. *Eisenberg*, § 67 Rn 16).

Legt ein Erziehungsberechtigter oder gesetzlicher Vertreter des Angeklagten Rechtsmit- 863
tel ein und ist über das Rechtsmittel bei **Eintritt der Volljährigkeit** noch nicht entschieden, so kann der Angeklagte das Rechtsmittel auch dann weiter betreiben, wenn er vorher auf Rechtsmittel verzichtet hatte (BGHSt 10, 174).

3. Die **Rechtsmittelrücknahme** eines jugendlichen oder heranwachsenden Angeklagten 864
beurteilt sich gem. § 2 Abs. 2 JGG nach **allgemeinem Strafverfahrensrecht**, sofern ihm nicht im Hinblick auf seine geistige Entwicklung die genügende Einsichtsfähigkeit fehlt. Die Einsichtsfähigkeit in die Tragweite eines Rechtsmittelverzichts soll bei einem 19-Jährigen auch dann gegeben sein, wenn das Tatgericht eine „schizoide Persönlichkeitsstörung" mit „paranoiden Tendenzen" im Sinne einer schweren anderen seelischen Abartigkeit angenommen hat und daher gemäß §§ 20, 21 StGB von einer verminderten Schuldfähigkeit des Angeklagten ausgegangen ist (BGH NStZ-RR 1998, 60).

865 Nach Ansicht des **BGH** soll die **alleinige Rechtsmittelrücknahme** eines sich in **U-Haft befindlichen Jugendlichen** ohne Wissen bzw. Einverständnis der Eltern und des Verteidigers auch dann wirksam sein, wenn zwar die dem Verteidiger erteilte Vollmacht des Angeklagten von dessen Eltern als gesetzliche Vertreter unterschrieben worden war, das Rechtsmittel jedoch ausschließlich namens und in Vollmacht des Angeklagten erfolgte (BGH StraFo 2005, 161 mit abl. Anm. *Eisenberg/Müller* Jura 2006, 54). Diese Ansicht ist jedoch abzulehnen. Zwar hat grds. der Wille auch des minderjährigen Angeklagten Vorrang. Allerdings ist das Jugendstrafverfahren von einer besonderen Schutz- und Fürsorgepflicht gegenüber dem Jugendlichen gekennzeichnet. Dies gilt insbesondere für den Bereich der U-Haft, da gem. § 72 Abs. 1 JGG die besonderen Belastungen des Vollzuges für Jugendliche zu berücksichtigen sind (→ *JGG-Besonderheiten, Untersuchungshaft*, Teil A Rdn 947 ff.). Insofern kann der Rechtsmittelverzicht **unwirksam** sein, wenn er aus der U-Haft heraus abgegeben und nicht seitens des Gerichts überprüft wurde, ob der Prozesserklärung unzutreffende tatsächliche oder rechtliche Annahmen zugrunde liegen (vorliegend ging der Jugendliche fälschlicherweise davon aus, dass sich die Strafe noch erhöhen könne; *Eisenberg*, § 55 Rn 11). Jedenfalls sollte der Jugendliche (seitens der Vollzugsanstalt oder des Gerichts) darauf hingewiesen werden, dass er sich mit seinem Verteidiger oder gesetzlichen Vertreter beraten und ggf. seine Rücknahmeerklärung widerrufen könne (*Eisenberg/Müller* Jura 2006, 56).

☝ Zwar kann der Verteidiger – um die o.g. Situation zu vermeiden – den **Eltern** raten, **in eigenem Namen Rechtsmittel** einzulegen. Allerdings bedeutet dies bei dem Rechtsmittel „Revision" die Beauftragung eines eigenen Anwalts, was die Kosten nicht unerheblich erhöht. Sinnvoller ist es daher, den Jugendlichen umfassend über das Rechtsmittelverfahren aufzuklären und ihm zu verdeutlichen, dass eine Rücknahme des Rechtsmittels nur nach Rücksprache erfolgen darf.

866 **4.** Gem. § 55 Abs. 3 JGG kann der **Erziehungsberechtigte** oder **gesetzliche Vertreter** das von ihm eingelegte Rechtsmittel **nur** mit **Zustimmung** des **Angeklagten zurücknehmen**. Dies gilt auch für eine nachträgliche Rechtsmittelbeschränkung. Die Zustimmung des Angeklagten ist auch dann erforderlich, wenn er seinerseits vorher auf Rechtsmittel verzichtet hat, weil er das im Vertrauen auf von anderen betriebenen Rechtsmitteln getan haben kann (BGHSt 10, 174; *Eisenberg*, § 55 Rn 11; HK-JGG/*Laue*, § 55 Rn 17).

☝ Der Erziehungsberechtigte oder gesetzliche Vertreter kann ein vom **Angeklagten** oder seinem Verteidiger **eingelegtes Rechtsmittel** nur mit Einwilligung des Angeklagten zurücknehmen.

Siehe auch: → *JGG-Besonderheiten, Allgemeines*, Teil A Rdn 619; → *JGG-Besonderheiten, Rechtsmittelbeschränkungen*, Teil A Rdn 817; → *JGG-Besonderheiten, Verteidigung*,

Teil A Rdn 990; → *Rechtsmittel/Rechtsbehelfe, Rücknahme, Allgemeines*, Teil A Rdn 1653; → *Rechtsmittel/Rechtsbehelfe, Rücknahme, Erklärung*, Teil A Rdn 1660; → *Rechtsmittel/Rechtsbehelfe, Rücknahme, Verteidiger*, Teil A Rdn 1669; → *Rechtsmittel/Rechtsbehelfe, Verzicht, Allgemeines*, Teil A Rdn 1732; → *Rechtsmittel/Rechtsbehelfe, Verzicht, Erklärung*, Teil A Rdn 1738; → *Rechtsmittel/Rechtsbehelfe, Verzicht, Verteidiger*, Teil A Rdn 1751; → *Rechtsmittel/Rechtsbehelfe, Verzicht, Zeitpunkt*, Teil A Rdn 1761.

JGG-Besonderheiten, Revision 867

Das Wichtigste in Kürze:

1. Bei einer Anfechtung von Erziehungsmaßregeln und/oder Zuchtmittel darf sich die Revision weder im Antrag noch in der Begründung auf die Rechtsfolgen beschränken.
2. Aufgrund der Besonderheiten des JGG-Verfahrens ergeben sich neben den allgemeinen Rügen auch besondere Verfahrensrügen.
3. Mit der Sachrüge kann gerügt werden, dass die Voraussetzungen für die Verhängung einer Jugendstrafe nicht vorlagen.
4. § 357 (Erstreckung auf Nichtrevidenten) ist nicht zugunsten eines früheren Mitangeklagten anwendbar, für den die Revision wegen § 55 Abs. 2 JGG unzulässig war.

Literaturhinweise: **Altenhain**, Zur Rechtskraftdurchbrechung bei der nach § 55 II JGG unzulässigen Revision, NStZ 2007, 283; **Baumhöfener**, Schwere der Schuld i.S.d. § 17 Abs. 2 Alt. 2 JGG bei erfolgsqualifizierten Delikten, ZJJ 2011, 428; **Eisenberg**, Zur verfahrensrechtlichen Stellung der Jugendgerichtshilfe, StV 1998, 304; *ders.*, Anwendungsmodifizierung bzw. Sperrung von Normen der StPO durch Grundsätze des JGG, NStZ 1999, 281; *ders.*, Erziehungsbedürftigkeit und -fähigkeit als Voraussetzungen der Verhängung von Jugendstrafe wegen Schwere der Schuld (§ JGG § 17 JGG § 17 Absatz II Alt. 2 i.V.m. § JGG § 2 JGG § 2 Absatz I 2 JGG), NStZ 2013, 636; **Jacobs**, Zur Verwertbarkeit einer Beschuldigtenvernehmung bei Verstößen gegen § 67 Abs. 1 JGG, StRR 2007, 170; **Meyer-Goßner**, Revisionserstreckung und Jugendstrafrecht. § 357 StPO und § 55 Abs. 2 Satz 1 JGG: Über das Zusammentreffen zweier verfehlter Vorschriften in: FS-*Eisenberg* 2010, S. 399; **Mohr**, Zur Problematik der Verbindung von Jugend- und Erwachsenenstrafverfahren, JR 2006, 499; **Möller**, Führen Verstöße gegen § 67 I JGG bei polizeilichen Vernehmungen eines jugendlichen Beschuldigten zu einem Beweisverwertungsverbot?, NStZ 2012, 113; **Pedal**, Die Voraussetzungen der Jugendstrafe, JuS 2008, 414; **Prittwitz**, Scheinbegünstigung und Scheinfürsorge StV 2007, 52; **Satzger**, Überlegungen zur Anwendbarkeit des § 357 StPO auf nach Jugendstrafrecht Verurteilte – gibt es einen abweichenden Maßstab für Gerechtigkeit gegenüber Jugendlichen? in: FS-*Böttcher*, 2007, S. 175; **Swoboda** Zur Frage einer Revisionserstreckung trotz Revisionsausschlusses im Jugendstrafverfahren, HRRS 2006, 376; s.a. die Hinw. bei → *JGG-Besonderheiten, Allgemeines*, Teil A Rdn 620, und bei → *Revision, Allgemeines*, Teil A Rdn 2006. 868

1. Ein Urteil, das **lediglich** auf **Erziehungsmaßregeln** und/oder **Zuchtmittel** lautet, kann 869
gem. § 55 Abs. 1 JGG **nicht** im Hinblick auf die verhängte Rechtsfolge **angefochten** wer-

den (→ *JGG-Besonderheiten, Rechtsmittelbeschränkungen*, Teil A Rdn 840 ff.). Anfechtbar sind lediglich die Schuldfeststellungen. Daher ist im Revisionsantrag, jedenfalls in der Begründung das **Anfechtungsziel** so **eindeutig mitzuteilen**, dass die Verfolgung eines wegen der sachlichen Rechtsmittelbeschränkung unzulässigen Ziels sicher ausgeschlossen werden kann (OLG Dresden, Beschl. v. 31.1.2003 – 1 Ss 708/02; wegen der Einzelh. s. → *JGG-Besonderheiten, Rechtsmittelbeschränkung*, Teil A Rdn 853).

☝ Die Mitteilung des Angriffziels gilt **nicht** für Jugendstrafe.

870 **2.a)** Die Besonderheiten des jugendgerichtlichen Verfahrens (vgl. dazu auch *Burhoff*, EV, Rn 2325 ff.; *Burhoff*, HV, Rn 1754 ff.]) spiegeln sich auch in den **verfahrensrechtlichen Revisionsrügen** wider. Ohne Anspruch auf Vollständigkeit werden im Folgenden einige wichtige Revisionsrügen aufgeführt.

b) Bei den **absoluten Revisionsgründen** ist hinzuweisen auf (vgl. i.Ü. auch → *Revision, Verfahrensrüge, Allgemeines*, Teil A Rdn 2307, m.w.N.):

871 **aa)** Eine fehlerhafte **Besetzung des Gerichts, insbesondere** nicht mit **Jugendschöffen**, ist gem. **§ 338 Nr. 1** zu rügen. Über Verfehlungen von Jugendlichen und Heranwachsenden entscheiden Jugendgerichte (→ *JGG-Besonderheiten, Zuständigkeiten*, Teil A Rdn 1037 ff.). Dabei legt § 35 JGG auch Besonderheiten bei den Jugendschöffen fest (s. i.Ü. → *Revision, Verfahrensrüge, Besetzung [§ 338 Nr. 1]*, Teil A Rdn 2350; allgemein zu Besetzungsfragen *Burhoff*, EV, Rn 940 ff. und *Burhoff*, HV, Rn 791 ff.).

872 Die Schöffen der Jugendgerichte (**Jugendschöffen**) werden auf Vorschlag des Jugendhilfeausschusses für die Dauer von fünf Geschäftsjahren von dem in § 40 GVG vorgesehenen Ausschuss gewählt. Dieser soll eine gleiche Anzahl von Männern und Frauen wählen. Der Jugendhilfeausschuss soll ebenso viele Männer wie Frauen und muss mindestens die doppelte Anzahl von Personen vorschlagen, die als Jugendschöffen und -hilfsschöffen benötigt werden. Die Vorgeschlagenen sollen erzieherisch befähigt und in der Jugenderziehung erfahren sein. Die **Vorschlagsliste des Jugendhilfeausschusses** gilt als Vorschlagsliste im Sinne des § 36 GVG. Für die Aufnahme in die Liste ist die Zustimmung von zwei Dritteln der anwesenden stimmberechtigten Mitglieder, mindestens jedoch der Hälfte aller stimmberechtigten Mitglieder des Jugendhilfeausschusses erforderlich. Die Vorschlagsliste ist im **Jugendamt** eine Woche lang zu jedermanns Einsicht aufzulegen. Der Zeitpunkt der Auslegung ist vorher öffentlich bekannt zu machen. Bei der Entscheidung über Einsprüche gegen die Vorschlagsliste des Jugendhilfeausschusses und bei der Wahl der Jugendschöffen und -hilfsschöffen führt der Jugendrichter den Vorsitz in dem Schöffenwahlausschuss. Die Jugendschöffen werden in besondere für Männer und Frauen getrennt zu führende Schöffenlisten aufgenommen. Die Wahl der Jugendschöffen erfolgt gleichzeitig mit der Wahl der Schöffen für die Schöffengerichte und die Strafkammern.

☝ Wirkt in der Jugendkammer ein Schöffe mit, der **nicht auf Vorschlag des Jugendwohlfahrtsausschusses** gewählt worden ist, so ist das Gericht nicht vorschriftsmäßig besetzt (BGHSt 26, 393; BayObLG JZ 1976, 791).

Die **ordentlichen Sitzungstage der Jugendkammer** müssen für jedes Geschäftsjahr von vornherein selbstständig festgesetzt und hierfür die Jugendschöffen ausgelost werden. Es ist unzulässig, die Sitzungstage der Strafkammer auch als Sitzungstage der Jugendkammer zu bestimmen und es dem Vorsitzenden der Jugendkammer zu überlassen, hieraus nach Bedarf einen Sitzungstag für die Jugendkammer auszuwählen (BGHSt 15, 107). 873

bb) Hinsichtlich der **Befangenheit** gelten die **allgemeinen Regeln (§ 338 Nr. 3**; → *Revision, Verfahrensrüge, abgelehnter Richter [§ 338 Nr. 3]*, Teil A Rdn 2292; allgemein zu Befangenheitsgründen eingehend *Burhoff*, EV, Rn 16 ff. und *Burhoff*, HV, Rn 67 ff.). I.Ü. gilt: Kann ein Jugendlicher oder Heranwachsender wegen der im Jugendstrafrecht geltenden instanziellen Rechtsmittelbeschränkung (→ *JGG-Besonderheiten, Rechtsmittelbeschränkungen*, Teil A Rdn 820 ff.) gegen ein Urteil der Jugendkammer nicht mehr Revision einlegen, dann steht ihm gegen einen Beschluss der Jugendkammer, durch den sein Antrag auf Ablehnung des Vorsitzenden wegen Befangenheit als unbegründet zurückgewiesen worden ist, auch die sofortige Beschwerde nicht zu (OLG Köln MDR 1976, 774). 874

cc) War der Mitangeklagte zum Zeitpunkt der Begehung der Straftat Heranwachsender, so begründet die Verhandlung und Entscheidung durch das **nicht zuständige Erwachsenengericht** auch dann den absoluten Revisionsgrund der **Unzuständigkeit (§ 338 Nr. 4)**, wenn der Angeklagte im Verfahren vor der Strafkammer keinen Einwand gegen die Zuständigkeit des Erwachsenengerichts erhoben hat. Eine dem § 6a entsprechende Vorschrift sieht das Gesetz für das Verhältnis von Erwachsenengericht und Jugendgericht nicht vor (BGH StraFo 2010, 466; s. i.Ü. → *Revision, Verfahrensrüge, Unzuständigkeit*, Teil A Rdn 2423). 875

Auf den Zuständigkeitsfehler, dass die HV nicht vor der Jugendkammer stattgefunden hat, obwohl ein **Mitangeklagter Heranwachsender** war, können sich auch die erwachsenen Mitangeklagten berufen. 876

☝ Die Zulässigkeit der Rüge setzt **nicht** voraus, dass die Angeklagten in der HV einen **Besetzungseinwand** erhoben haben (BGH StV 1985, 357; zum Besetzungseinwand *Burhoff*, HV, Rn 791).

dd) Die **Abwesenheit** einer Person, deren Anwesenheit die StPO vorschreibt, wird nach **§ 338 Nr. 5** gerügt (→ *Revision, Verfahrensrüge, Abwesenheit [§ 338 Nr. 5]*, Teil A Rdn 2299). Zu beachten ist insoweit: Wenn sich ein Strafverfahren gegen einen jugendlichen Angeklagten richtet, kommt als Rechtsgrundlage für die **Entfernung des Angeklagten** aus der HV nicht nur § 247, sondern auch § 51 Abs. 1 JGG (zeitweiliger Ausschluss aus 877 erzieherischen Gründen) in Betracht. Der Anwendungsbereich des § 51 Abs. 1 S 1 JGG umfasst dann im Unterschied zu § 247 auch die Verhandlung über die Vereidigung und Entlassung eines Zeugen (BGH NStZ 2002, 216 mit Anm. *Eisenberg* NStZ 2002, 331; allgemein zur Entfernung des Angeklagten aus der HV *Burhoff*, HV, Rn 1408).

878 Wegen der mit der **notwendigen Verteidigung** zusammenhängenden Fragen wird verwiesen auf → *JGG-Besonderheiten, Verteidigung*, Teil A Rdn 1001 ff.; → *Revision, Verfahrensrüge, Abwesenheit [§ 338 Nr. 5]*, Teil A Rdn 2299; *Burhoff*, EV, Rn 2328 ff.; *Burhoff*, HV, Rn 1759 ff.

879 Tritt entgegen § 36 JGG **kein Jugendstaatsanwalt**, sondern ein Amtsanwalt als Sitzungsvertreter der StA in der HV vor dem Jugendschöffengericht auf, stellt dies **keinen** absoluten **Revisionsgrund** gem. § 338 Nr. 5 dar, da die StA i.S.v. § 142 GVG ordnungsgemäß vertreten war. Auch eine Gesetzesverletzung im Sinne von § 337 liegt nicht vor (OLG Karlsruhe NStZ 1988, 241). Insbesondere letztes wird jedoch bezweifelt, da wegen des Gewichts der Aufgaben des Jugendstaatsanwalts unverkennbar sei, dass dessen Verfahrensbeteiligung das Urteil beeinflussen kann. Insofern wird kaum einmal ausgeschlossen werden können, dass das Urteil bei Sitzungsvertretung durch einen Jugendstaatsanwalt anders ausgefallen wäre (*Eisenberg*, § 36 Rn 13). Bei diesen Grundsätzen bleibt es auch nach der Ergänzung von § 36 JGG durch das StORMG, sofern die Tätigkeit von Jugendstaatsanwälten bzw. Amtsanwälten betroffen ist (HK-JGG/*Meier*, § 36 Rn 9). Da der Gesetzgeber mit § 36 Abs. 2 S. 3 JGG für die Tätigkeit von **Rechtsreferendaren** eine von § 142 Abs. 3 GVG abweichende, gesetzliche Regelung geschaffen hat, ist die Revision mit Blick auf § 338 Nr. 5 **begründet**, sofern die StA durch einen Rechtsreferendar vertreten wird, ohne dass ein (Jugend-)Staatsanwalt während der gesamten HV zugegen ist (HK-JGG/*Meier*, § 36 Rn 9).

880 **ee)** Verstöße gegen den **Öffentlichkeitsgrundsatz** werden nach **§ 338 Nr. 6** gerügt (vgl. allgemein → *Revision, Verfahrensrüge, Öffentlichkeit, [§ 338 Nr. 6]*, Teil A Rdn 2416). Die Verhandlung gegen einen jugendlichen Angeklagten einschließlich der Verkündung der Entscheidung ist **nicht öffentlich** (§ 48 Abs. 1 JGG; dazu auch *Burhoff*, HV, Rn 1774 ff.). Dieser Grundsatz, der dem Erziehungsprinzip (→ *JGG-Besonderheiten, Allgemeines*, Teil A Rdn 621 ff.) geschuldet ist (es entspricht allgemeiner Meinung, dass in Verfahren gegen Jugendliche der Schutz des Jugendlichen vor Bloßstellung und damit weiterer möglicher Stigmatisierung Vorrang verdient; *Eisenberg*, § 48 Rn 8) wurde von verschiedenen Seiten her „**aufgeweicht**". Wenn – neben dem Jugendlichen – **auch Heranwachsende** oder **Erwachsene** angeklagt sind, ist die gesamte Verhandlung öffentlich. Die Öffentlichkeit kann hier jedoch **ausgeschlossen** werden, wenn dies im Interesse der Erziehung jugendlicher Angeklagter geboten ist (§ 48 Abs. 3 JGG). Ein solcher Antrag ist von der Verteidigung im Regelfall zu stellen und zu begründen. Der Ausschluss der Öffentlichkeit bedarf eines Gerichtsbeschlusses (§ 174 Abs. 1 S. 2 GVG). Der Beschluss muss begründet und öffentlich verkündet werden (*Eisenberg*, § 48 Rn 21).

Sind **Taten** des Beschuldigten **sowohl** im **heranwachsenden als auch** im **jugendlichen Alter** angeklagt, ist die Verhandlung nicht öffentlich (BGHSt 2, 21; 23, 176). 881

Neben **weiteren Personen**, die im Regelfall bei der Erziehung des Jugendlichen mitwirken sollen (Bewährungshelfer, Betreuungshelfer, Erziehungsbeistand), ist auch dem Verletzen und dessen Erziehungsberechtigten die **Anwesenheit** in der HV gestattet (§ 48 Abs. 2 JGG). 882

Der absolute Revisionsgrund des § 338 Nr. 6 kann nur auf eine **ungesetzliche Beschränkung der Öffentlichkeit** gestützt werden. Wird hingegen entgegen § 48 Abs. 1 JGG gegen einen Jugendlichen öffentlich verhandelt, so kann die Revision lediglich darauf gestützt werden, dass die Verteidigungsrechte eingeschränkt waren oder auf § 337; beide Fälle erfordern Ausführungen zur Beruhensfrage. 883

Wird in der HV gegen einen Jugendlichen und gegen einen Erwachsenen die Öffentlichkeit ausgeschlossen, ohne dass geprüft wird, ob dies im Interesse der Erziehung des jugendlichen Angeklagten erforderlich ist, und ohne dass über die Ausschließung der Öffentlichkeit verhandelt worden ist, so kann der Jugendliche auf diesen Verfahrensmangel die Revision nicht stützen, weil er dadurch nicht beschwert ist (BGHSt 10, 119). Mit der Verkündung des Beschlusses über den Ausschluss der Öffentlichkeit ist die Verhandlung nichtöffentlich. Die Erhebung von Gegenvorstellungen setzt das Verfahren nicht in den Stand vor diesem Beschluss zurück. Deshalb kann hierüber in nichtöffentlicher Sitzung verhandelt und entschieden werden. Der Öffentlichkeitsgrundsatz wird dadurch nicht verletzt (BGH NStZ 2015, 230). 884

b) Bei den **relativen Revisionsgründen (§ 337)** ist hinzuweisen auf: 885

aa) Der Beitrag der **Jugendgerichtshilfe** (JGH) soll es im JGG-Verfahren ermöglichen, ein möglichst vollständiges Bild von der Persönlichkeit, der Entwicklung und der Umwelt des Täters zu erlangen. Dies hat nicht nur für die Frage Bedeutung, ob gegen den Angeklagten Jugend- oder Erwachsenenstrafrecht anzuwenden ist, sondern auch für eine erzieherisch sinnvolle Rechtsfolge. Der Vertreter der Jugendgerichtshilfe ist darüber hinaus dazu berufen, unter anderem bei der Aufklärung im persönlichen Umfeld des Angeklagten gewonnene Tatsachen vorzutragen, die auch bei der Anwendung von Erwachsenenstrafrecht für die Strafzumessung von Bedeutung sind (*Eisenberg* StV 1998, 304; vgl. auch *Burhoff*, EV, Rn 2350; *Burhoff*, HV, Rn 1785 f.). 886

Wird daher die Jugendgerichtshilfe **nicht herangezogen**, so liegt im Verstoß gegen § 38 Abs. 3 S. 1 JGG eine Gesetzesverletzung, die auf eine entsprechende Verfahrensrüge hin regelmäßig zur Aufhebung führen wird (BGHSt 6, 354; BGH StV 1982, 27; NStZ-RR 2001, 27; OLG Saarbrücken NStZ-RR 1999, 284; a.A. BGH, Beschl. v. 15.6.1999 – 1 StR 271/99 [kein Beruhen]). I.d.R. wird gleichzeitig eine Verletzung der Aufklärungspflicht (§ 244 Abs. 2) vorliegen (BGHSt 27, 250; BGH NStZ 2012, 574; OLG Brandenburg DVJJ-J 2002, 351 mit zust. Anm. *Trenczek*). 887

888 Wird die Jugendgerichtshilfe vom HV-Termin entgegen § 50 Abs. 3 JGG **nicht benachrichtigt** bzw. statt ihrer versehentlich die Gerichtshilfe informiert, so liegt ein Verfahrensfehler vor, auf dem das Urteil regelmäßig beruht (BGH NStZ-RR 2001, 27).

889 Sieht die Jugendgerichtshilfe davon ab, sich an der HV zu **beteiligen**, obwohl ihr Ort und Zeit ordnungsgemäß mitgeteilt worden sind, hat das Gericht lediglich nach allgemeinen Grundsätzen zu prüfen, ob von der Jugendgerichtshilfe weitere Aufklärung zu erwarten ist (§ 244 Abs. 2; BGHSt 27, 250; BGH NStZ 1982, 257).

890 Ist der Vertreter der Jugendgerichtshilfe durch **Krankheit** an einer weiteren Teilnahme an der HV und an der Abgabe seiner Stellungnahme **gehindert**, besteht für das Gericht kein Anlass zu der Annahme, er halte seine Teilnahme nicht mehr für geboten, und es sei von ihm ein jedenfalls für die Wahl der Rechtsfolge und für die Bemessung der Strafe bedeutsamer Beitrag nicht mehr zu erwarten. Wird die Verhandlung dennoch ohne ihn zu Ende geführt, verletzt das Tatgericht seine Aufklärungspflicht (BGH StV 1989, 308).

891 **bb)** Gem. § 50 Abs. 2 JGG soll der Vorsitzende auch die **Ladung** des **Erziehungsberechtigten** und des **gesetzlichen Vertreters** anordnen. Ob ein Verstoß gegen § 50 Abs. 2 JGG eine Gesetzesverletzung i.S.v. § 337 darstellt, ist **umstr**. Von den Vertretern der Ansicht, dass es sich bei dieser Vorschrift um eine „Muss-Vorschrift" handelt, wird dies bejaht (→ *JGG-Besonderheiten, Ladung*, Teil A Rdn 809 ff.). Allerdings sollte zumindest eine Verletzung der **Aufklärungspflicht** geltend gemacht werden (BGH NStZ 1996, 612; *Eisenberg*, § 50 Rn 30; *Brunner/Dölling*, § 50 Rn 9). Ein revisibler Verstoß gegen die Aufklärungspflicht kommt in Betracht, wenn konkrete Anhaltspunkte dafür vorliegen, dass die Erziehungsberechtigten bzw. gesetzlichen Vertreter Hinweise auf die Persönlichkeit sowie auf die Entwicklung und Umwelt des Angeklagten hätten geben können und das Urteil bei Berücksichtigung dieser Informationen möglicherweise anders ausgefallen wäre. Dies betrifft die Auswahl der gerichtlichen Maßnahmen und bei Heranwachsenden die Frage, ob gem. § 105 JGG Jugendstrafrecht anzuwenden war.

892 Wird einem **Antrag** auf **nachträgliche Ladung** der **Erziehungsberechtigten** bzw. des gesetzlichen Vertreters nicht stattgegeben, ist der Revisionsgrund des **§ 338 Nr. 8** (Beschränkung der Verteidigung) anzunehmen (*Ostendorf*, § 50 Rn 17; D/S/S-*Schatz*, § 50 Rn 42).

☝ Vorher muss jedoch gem. **§ 238 Abs. 2** eine gerichtliche Entscheidung vorliegen.

893 Gemäß § 67 Abs. 1 JGG in Verbindung mit § 258 Abs. 2 und Abs. 3 steht den erziehungsberechtigten Personen das **Recht** auf **Erteilung** des **letzten Wortes** zu, sofern der Angeklagte zum Zeitpunkt der HV noch nicht volljährig ist (BGH StV 1999, 656; NStZ-RR 2009, 354). Dieses ist nicht nur auf Verlangen, sondern von Amts wegen zu erteilen (BGHSt 21, 288; BGH NStZ 2000, 435; NStZ-RR 2008, 291; *Burhoff*, HV, Rn 1781 ff.), sodass ein Rügeverlust nicht dadurch eintreten kann, dass der Angeklagte die Erteilung des letzten Wortes an seine Erziehungsberechtigten in der HV nicht beantragt hat (vgl. OLG Hamm ZJJ

2005, 446 [Ls.]). Das Recht auf das letzte Wort der Erziehungsberechtigten gilt auch dann, wenn der Angeklagte einen Verteidiger hat und dieser für ihn gesprochen hatte (OLG Köln StV 2008, 119). Die Revision muss jedoch **vortragen**, dass die Erziehungsberechtigten „durchgehend in der HV und bis zum Ende der HV im Gerichtssaal **anwesend** waren". Der Sitzungsniederschrift lässt sich im Allgemeinen nur entnehmen, dass die Erziehungsberechtigten bei Aufruf der Sache anwesend waren, nicht aber, ob sie auch danach noch an der HV teilgenommen haben. Die (negative) **Beweiskraft des Protokolls** im Sinne des § 274 erstreckt sich nicht auf die Abwesenheit von Personen, deren Anwesenheit das Gesetz nicht zwingend vorschreibt (→ *Revision, Beweiskraft des Protokolls*, Teil A Rdn 2093 ff.). Die Klärung dieser Frage ist dem Freibeweis zugänglich (vgl. BGH, NStZ 1999, 426). Es können dienstliche Äußerungen eingeholt werden. Das Beruhen i.S.v. § 337 Abs. 1 wird i.d.R. jedenfalls hinsichtlich der Rechtsfolgenfrage vorliegen (st. Rspr., vgl. nur BGH StraFo 2002, 290; NStZ-RR 2008, 291; OLG Braunschweig StV 2011, 595).

Daraus, dass die Mutter des die Tat bestreitenden Angeklagten eine Zeugenaussage unter 894
Berufung auf ihr **Zeugnisverweigerungsrecht** abgelehnt hatte, lässt sich nicht schließen, dass sie ebenso wenig von der Möglichkeit des letzten Wortes zugunsten ihres Sohnes Gebrauch gemacht hätte. Zeugnisverweigerungsrecht des Angehörigen und letztes Wort der Erziehungsberechtigten sind von ihrer rechtlichen Funktion und Bedeutung her nicht vergleichbar (BGH NStZ-RR 2008, 291).

cc) Bei Jugendlichen kann an ein **Beweisverwertungsverbot** gedacht werden, wenn vor ei- 895
ner **Vernehmung** eine **Rücksprache mit den Erziehungsberechtigten** und gesetzlichen Vertreten **ausdrücklich verwehrt** wird. Dann besteht hinsichtlich der gemachten Angaben ein Verwertungsverbot wie bei der Verweigerung der Verteidigerkonsultation. Die Angaben des Angeklagten in seiner polizeilichen Vernehmung (zur Vernehmung Jugendlicher *Burhoff*, EV, Rn 2349; zu falschen Geständnissen *Eisenberg* NStZ 1999, 282) unterliegen einem Beweisverwertungsverbot, wenn der vernehmende Polizeibeamte die gesetzlichen Vertreter bzw. Erziehungsberechtigten des damals noch jugendlichen Angeklagten entgegen § 67 Abs. 2 JGG nicht informiert hat (LG Saarbrücken NStZ 2012, 167 mit teilw. zust. Anm. *Möller* NStZ 2012, 133 ff.; *Jacobs* StRR 2007, 170). Auch dann, wenn der jugendliche Beschuldigte nicht über sein Recht belehrt worden ist, sich mit einem Erziehungsberechtigten zu besprechen, wird ein BVV angenommen (OLG Celle StraFo 2010, 114; LG Saarbrücken, a.a.O.).

> ☝ Wegen § 344 Abs. 2 S. 2 muss die Revision das **Vernehmungsprotokoll vorlegen**, dessen Inhalt zum Verständnis der Rüge unentbehrlich ist (zu einer unzulässig erhobenen Rüge BGH NStZ-RR 2010, 139).

3.a) Mit der **Sachrüge** kann neben den allgemeinen Fragen (vgl. → *Revision, Sachrüge, All-* 896
gemeines, Teil A Rdn 2221) insbesondere geltend gemacht werden, dass die verhängte

Sanktion rechtsfehlerhaft ist. Der Richter verhängt **Jugendstrafe**, wenn wegen der **schädlichen Neigungen** des Jugendlichen, die in der Tat hervorgetreten sind, Erziehungsmaßregeln oder Zuchtmittel zur Erziehung nicht ausreichen (§ 17 Abs. 2 Alt. 1. JGG). Für die Annahme schädlicher Neigungen sind erhebliche Anlage- und Erziehungsmängel erforderlich, die in aller Regel nur bejaht werden können, wenn erhebliche Persönlichkeitsmängel schon vor der Tat, wenn auch verborgen, angelegt waren (u.a. BGH NStZ 2010, 280; NStZ-RR 2010, 387). Wenn Jugendstrafe wegen schädlicher Neigungen verhängt wird, so müssen diese bei Tatbegehung und auch **im Zeitpunkt der Entscheidung** vorliegen (st. Rspr. BGH NStZ 2013, 287; NStZ-RR 2015, 154; vgl. u.a. BGH StV 1998, 331; 2011, 581; *Pedal* JuS 2008, 414). Es müssen also zum Zeitpunkt der letzten HV weitere Straftaten des Angeklagten zu befürchten sein (BGH NStZ-RR 2015, 154; BGH NStZ 2013, 287). Die weiterhin zu befürchtenden Straftaten dürfen nicht ganz unerheblicher Art, also nicht bloß „gemeinlästig" sein (verneint bei „kleineren Ladendiebstählen" AG Rudolstadt StV 2013, 36).Dazu müssen im Urteil Ausführungen vorhanden sein, insbesondere, wenn sich der Angeklagte in U-Haft (→ *JGG-Besonderheiten, Untersuchungshaft*, Teil A Rdn 947 ff.) oder einem Heim der Jugendhilfe (→ *JGG-Besonderheiten, Heimunterbringung, einstweilige*, Teil A Rdn 788 ff.) befunden hat (KG StRR 2010, 474). Der Tatrichter muss bei der Prüfung des Vorliegens schädlicher Neigungen als Voraussetzung für die Verhängung von Jugendstrafe den Umstand erörtern, dass der Angeklagte nach Begehung der abgeurteilten Taten, die im Urteilszeitpunkt mehr als zwei Jahre zurück liegen, nicht mehr straffällig geworden ist. Denn dieser Umstand kann darauf hindeuten, dass eine Gefahr künftiger Straftaten nicht mehr besteht (BGH NStZ-RR 2015, 155). Wenn eine Einheitsjugendstrafe nach § 31 JGG verhängt wird, muss das Gericht – um dem besonderen Begründungserfordernis des § 54 Abs. 1 JGG Genüge zu tun – die einzubeziehenden Taten (jedenfalls kurz) darstellen und die Strafzumessungserwägungen hinsichtlich dieser Taten kurz mitteilen (BGH StraFo 2016, 36; BGH ZJJ 2008, 294). Darüber hinaus bedarf es einer neuen, selbstständigen, von der früheren Beurteilung unabhängigen, einheitlichen Rechtsfolgenbemessung für die früher und jetzt abgeurteilten Taten (BGH StraFo 2016, 36; BGH ZJJ 2015, 69; BGH ZJJ 2008, 294). Ein Urteil ist aufzuheben, wenn sich die Strafzumessungserwägungen lediglich auf die jetzt abzuurteilende Tat bezieht (BGH ZJJ 2015, 69).

897 Bei der Beurteilung der **Schwere der Schuld** (§ 17 Abs. 2 Alt. 2. JGG) kommt dem äußeren Unrechtsgehalt der Tat und ihrer Einstufung im Strafgesetzbuch als Verbrechen keine selbstständige Bedeutung zu. Entscheidend ist vielmehr, inwieweit sich die charakterliche Haltung und die Persönlichkeit sowie die Tatmotivation des Jugendlichen oder Heranwachsenden in vorwerfbarer Schuld niedergeschlagen haben. Der äußere Unrechtsgehalt der Tat ist nur insofern von Belang, als aus ihm Schlüsse auf die Persönlichkeit des Täters und die Höhe der Schuld gezogen werden können (BGH NJJ 2015, 69; BGH NStZ 2012, 164; zu erfolgsqualifizierten Delikten *Baumhöfener* ZJJ 2011, 428). Auch bei einer wegen der Schwere der Schuld verhängten Jugendstrafe bemisst sich deren Höhe vorran-

gig nach erzieherischen Gesichtspunkten (BGH NJJ 2015, 69; BGH StV 1989, 545; 1993, 532; 2011, 588). Dabei sind auch die Folgen der Verbüßung der verhängten unbedingten Jugendstrafe für die weitere Entwicklung des Angeklagten zu berücksichtigen (BGH NStZ 2013, 287; StV 2013, 38; NStZ-RR 2012, 186).

Bei der Bemessung einer Jugendstrafe muss das Urteil (auch) erkennen lassen, dass das Tatgericht dem **Erziehungsgedanken** (→ *JGG-Besonderheiten, Allgemeines*, Teil A Rdn 621 ff.) die ihm zukommende Beachtung geschenkt hat und Ausführungen dazu enthalten, welche konkreten erzieherischen Wirkungen von der Strafe ausgehen sollen (BGH NStZ 2016, 105). Die lediglich allgemein gehaltene floskelhafte Wendung, die Verhängung der Jugendstrafe sei geboten, weil die Verhängung einer anderen Sanktion im Sinne einer Bagatellisierung der Taten als falsches Signal verstanden werden würde, genügt nicht (BGH NStZ 2013, 287; st.Rspr., vgl. u.a. BGH NStZ-RR 2011, 385; KG StV 2009, 91; OLG Celle NStZ 2012, 576). Ebenso wenig reicht die formelhafte Wendung, dass „zur Ermöglichung der erforderlichen erzieherischen Einwirkung auf den Angeklagten die Verhängung einer Jugendstrafe in der erkannten Höhe erforderlich sei", zur Begründung einer Jugendstrafe aus (BGH ZJJ 2015, 69). 898

b) Gem. § 354 Abs. 1a kann das Revisionsgericht wegen einer Gesetzesverletzung nur bei Zumessung der Rechtsfolgen von der Aufhebung des angefochtenen Urteils absehen, sofern die verhängte Rechtsfolge angemessen ist. Auf Antrag der StA kann es die Rechtsfolgen angemessen herabsetzen. § 354 Abs. 1a und damit eine eigene **Strafzumessung durch das Revisionsgericht**. ist grds. auch bei der Prüfung der **Angemessenheit einer Jugendstrafe** anzuwenden. Allerdings ist insoweit aufgrund der Besonderheiten bei der Zumessung einer jugendrechtlichen Sanktion eine gewisse **Zurückhaltung** des Revisionsgerichts geboten (BGH NStZ-RR 2010, 56). 899

4. § 357 (**Erstreckung auf Nichtrevidenten**) ist **nicht zugunsten** eines früheren Mitangeklagten anwendbar, für den die Revision wegen **§ 55 Abs. 2 JGG unzulässig** war (BGHSt 51, 34 mit abl. Anm. *Swoboda* HRRS 2006, 376; *Altenhain* NStZ 2007, 283; *Prittwitz* StV 2007, 52; *Mohr* JR 2006, 499; *Satzger*, S. 175; allgemein → *Revision, Erstreckung auf Mitangeklagte*, Teil A Rdn 2156). Das ist auch dann der Fall, wenn ein heranwachsender nicht revidierender Mitangeklagter zunächst Berufung gegen das angefochtene Urteil einlegt, diese dann aber (nach Ablauf der Revisionsbegründungsfrist) zurücknimmt (OLG Hamm, Beschl. v. 17.11.2009 – 3 Ss 447/09). 900

Begründet wird dies damit, dass die gesetzliche Formulierung des § 357 – „die nicht Revision eingelegt haben" – dahin gehend auszulegen ist, dass die Rechtskraftdurchbrechung für solche früheren Mitangeklagten gilt, welche von dem Rechtsmittel der Revision nicht wie der Revident erfolgreich Gebrauch gemacht haben. Das Nichtgebrauchmachen von dem Rechtsmittel der Revision impliziert, dass für den jeweiligen Mitangeklagten ursprünglich die Möglichkeit zur erfolgreichen Einlegung bestand. Das bedeutet, dass die Re- 901 vision für ihn statthaft gewesen sein muss; umgekehrt muss die Anwendung des § 357 dann ausscheiden, wenn die Revision kraft Gesetzes ausgeschlossen ist.

902 Die Entscheidung des **BGH** (BGHSt 51, 34) hat in der jugendstrafrechtlichen Literatur viel **Kritik** erfahren (*Swoboda* HRRS 2006, 376; *Altenhain* NStZ 2007, 283; *Prittwitz* StV 2007, 52; *Mohr* JR 2006, 499; *Satzger*, S. 175). So wird zum einen Kritik daran geübt, dass der Wortlaut der Vorschrift sehr wohl auch denjenigen erfasse, der tatsächlich keine Revision eingelegt hat, unabhängig aus welchen Grund (*Altenhain* NStZ 2007, 283); zumindest komme durch die Wahl der Berufung nicht zum Ausdruck, eine spätere Revision sei nicht erwünscht (*Mohr* JR 2006, 499). Jedenfalls verstößt die Entscheidung gegen das Gebot der **materiellen Gerechtigkeit**. Es gibt schlechterdings keinen überzeugenden Grund, einen Jugendlichen oder Heranwachsenden nur mit Rücksicht auf sein Alter eine Strafe verbüßen zu lassen, die ein Erwachsener nicht antreten müsste, weil die Revision eines früheren Mitangeklagten die Unrichtigkeit dieses Urteils ergeben hat (*Meyer-Goßner*, S. 404). Weiterhin liegt ein Verstoß gegen das Erziehungsprinzip des JGG vor. Eine evidente und für jedermann ungerecht verhängte Sanktion kann keinen erzieherischen Effekt entfalten (*Satzger*, S. 188).

Siehe auch: → *JGG-Besonderheiten, Allgemeines*, Teil A Rdn 619; → *JGG-Besonderheiten, Ladung*, Teil A Rdn 809; → *JGG-Besonderheiten, Rechtsmittelbeschränkungen*, Teil A Rdn 817; → *JGG-Besonderheiten, Rechtsmittelverzicht/-rücknahme*, Teil A Rdn 857; → *JGG-Besonderheiten, Verteidigung*, Teil A Rdn 990; → *JGG-Besonderheiten, Zuständigkeiten*, Teil A Rdn 1037; → *Revision, Allgemeines*, Teil A Rdn 2006 m.w.N.

903 JGG-Besonderheiten, Strafmakel, Beseitigung

Das Wichtigste in Kürze:

1. Hat der Jugendrichter die Überzeugung erlangt, dass sich ein zu Jugendstrafe verurteilter Jugendlicher durch einwandfreie Führung als rechtschaffener Mensch erwiesen hat, so erklärt er von Amts wegen oder auf Antrag gem. §§ 97 – 99 JGG den Strafmakel als.
2. Zuständig für die Entscheidung ist der Jugendrichter.
3. Gegen den Beschluss, durch den die Strafmakelbeseitigung zurückgewiesen oder die Entscheidung aufgeschoben wurde, ist das Rechtsmittel der sofortigen Beschwerde gegeben (§ 99 Abs. 3 JGG).

904 **Literaturhinweise: Desseker**, Kriminalitätsbekämpfung durch Jugendstrafrecht?, StV 1999, 683; s.a. die Hinw. bei → *JGG-Besonderheiten, Allgemeines*, Teil A Rdn 620.

905 **1.a)** Hat der Jugendrichter die Überzeugung erlangt, dass sich ein zu Jugendstrafe verurteilter Jugendlicher durch einwandfreie Führung als rechtschaffener Mensch erwiesen

hat, so erklärt er **von Amts wegen** oder auf **Antrag** des Verurteilten bzw. seines Verteidigers, des Staatsanwalts, des Erziehungsberechtigten oder des gesetzlichen Vertreters oder des Vertreters der Jugendgerichtshilfe (wenn der Verurteilte im Zeitpunkt der Antragstellung noch minderjährig ist) den Strafmakel als beseitigt (dazu ausführlich Burhoff/Kotz/*Schimmel*, Nachsorge, Teil B Rn 897 ff.). Folge der Beseitigung ist, dass die Eintragung **nicht mehr in ein Führungszeugnis** aufgenommen wird (§ 32 Abs. 2 Nr. 4 BZRG). Die unbeschränkte Auskunft aus dem Register steht dann gem. § 41 Abs. 3 BZRG nur noch Strafgerichten und StA zu. Die Beseitigung des Strafmakels ist jedoch ausgeschlossen, wenn es sich um eine Verurteilung nach den §§ 174 – 180 oder 182 StGB (Sexualstraftaten) handelt (§ 97 Abs. 1 JGG; krit. dazu *Desseker* StV 1999, 683)

☝ Die Beseitigung des Strafmakels darf nicht mit der Tilgung der Verurteilung verwechselt werden. Sie löst kein Beweisverwertungsverbot aus, sondern hat **registerrechtliche Folgen**.

b) § 97 JGG ist **anwendbar** auf Jugendliche, auch wenn sie von einem allgemeinen Gericht verurteilt wurden (*Eisenberg*, § 104 Rn 29), auf Heranwachsende dann, wenn materielles Jugendstrafrecht auf sie angewendet wurde (§ 111 JGG). 906

2. Zuständig für die Entscheidung ist der Jugendrichter. Er entscheidet durch zu **begründenden Beschluss** (§ 99 Abs. 1 JGG) und zwar unabhängig davon, ob das Verfahren auf Antrag oder von Amts wegen eingeleitet wurde, auch bei einer Ablehnung der Beseitigung (D/S/S-*Schatz*, § 99 Rn 3; HK-JGG/*Verrel*, § 99 Rn 3; *Ostendorf*, § 99 Rn 1). Nach a.A. soll in einem von Amts wegen eingeleiteten Verfahren, durch das die Beseitigung des Strafmakels abgelehnt wird, eine Einstellungsverfügung ausreichend sein (*Brunner/Dölling*, § 99 Rn 2; *Eisenberg*, § 99 Rn 7; *Albrecht*, S. 422). Diese Ansicht ist jedoch abzulehnen, da sie dem Jugendlichen die Rechtsmittelmöglichkeit nimmt. 907

Im Antragsverfahren kommt der **rechtskräftigen Ablehnung Bindungswirkung** zu, sodass ein neuer Antrag auf Beseitigung des Strafmakels nur auf neue Tatsachen gestützt werden kann (D/S/S-*Schatz*, § 99 Rn 5; *Brunner/Dölling*, § 99 Rn 1; *Eisenberg*, § 99 Rn 3; HK-JGG/*Verrel*, § 99 Rn 3; a.A. *Ostendorf*, § 99 Rn 3). 908

☝ Hält der Jugendrichter die **Voraussetzungen** für eine Beseitigung des Strafmakels **noch nicht für gegeben**, so kann er die Entscheidung um höchstens zwei Jahre aufschieben. Auch diese Entscheidung ergeht durch Beschluss (D/S/S-*Schatz*, § 99 Rn 6).

3.a) Gegen den Beschluss, durch den die Strafmakelbeseitigung zurückgewiesen oder die Entscheidung aufgeschoben wurde, ist das Rechtsmittel der **sofortigen Beschwerde** gegeben (§ 99 Abs. 3 JGG). **Beschwerdeberechtigt** ist im Antragsverfahren jeder Antragsteller (D/S/S-*Schatz*, § 99 Rn 11; *Eisenberg*, § 99 Rn 10); bei Verfahren von Amts wegen der Verurteilte sowie sein Erziehungsberechtigter oder gesetzlicher Vertreter. Die StA ist 909 stets beschwerdeberechtigt, es sei denn, dass auf ihren Antrag die Beseitigung angeordnet wurde, da sie dann nicht beschwert ist (*Brunner/Dölling*, § 99 Rn 6; *Eisenberg*, § 99 Rn 10; a.A. D/S/S-*Schatz*, § 99 Rn 11; zur sofortigen Beschwerde → *Beschwerde, sofortige Beschwerde*, Teil A Rdn 550).

910 **b)** Eine **weitere Beschwerde** (§ 310) ist nicht möglich (→ *Beschwerde, weitere Beschwerde*, Teil A Rdn 585).

Siehe auch: → *Beschwerde, sofortige Beschwerde*, Teil A Rdn 550; → *JGG-Besonderheiten, Allgemeines*, Teil A Rdn 619.

911 JGG-Besonderheiten, Teilvollstreckung einer Einheitsstrafe

Das Wichtigste in Kürze:

1. § 449, wonach Urteile nicht vollstreckt werden können, bevor sie rechtskräftig sind, gilt im Jugendstrafverfahren nach § 56 Abs. 1 JGG nicht uneingeschränkt.
2. Die Entscheidung über eine Teilvollstreckung ergeht durch Beschluss des Rechtsmittelgerichts.
3. Gegen diesen Beschluss ist das Rechtsmittel der sofortigen Beschwerde gegeben.
4. Auch ohne Beschluss nach § 56 Abs. 1 JGG ist die Vollstreckung bei der Einbeziehung von rechtskräftigen Verurteilungen nach § 31 Abs. 2 JGG möglich.

912 **Literaturhinweise: Nothacker**, Zur Teilvollstreckung einer einheitlichen Jugendstrafe (§ 56 JGG), MDR 1982, 278; s.a. die Hinw. bei → *JGG-Besonderheiten, Allgemeines*, Teil A Rdn 620.

913 **1.a)** § 449, wonach Urteile nicht vollstreckt (allgemein zur Vollstreckung der Jugendstrafe *Burhoff/Kotz/Schimmel*, Nachsorge, Teil B Rn 810 ff.) werden können, bevor sie rechtskräftig sind, gilt im Jugendstrafverfahren nicht uneingeschränkt. Ist ein Jugendlicher zu einer **Einheitsjugendstrafe** (→ *JGG-Besonderheiten, Entscheidungsergänzung, nachträgliche*, Teil A Rdn 765 ff.) verurteilt worden, so können im Rechtsmittelverfahren gem. **§ 56 Abs. 1 JGG Teile** der Jugendstrafe **für vollstreckbar erklärt** werden, sofern sie nicht mit einem Rechtsmittel angegriffen wurden. Dies gilt jedoch nur für die Jugendstrafe; die Anordnung einer Teilvollstreckung bei Zuchtmitteln, z.B. Jugendarrest ist nicht zulässig.

914 Die Teilvollstreckung ist insbesondere dann **zulässig**, wenn **nur die Rechtsfolgen angefochten** wurden, d.h. sämtliche Schuldfeststellungen in Rechtskraft erwachsen sind (*Brunner/Dölling*, § 56 Rn 3; a.A. *Streng*, Rn 592 [bereits dann, wenn von mehreren Taten zumindest eine in Rechtskraft erwachsenen ist]).

☝ Die Möglichkeit der Teilvollstreckung ist vom Verteidiger unbedingt in die **Überlegung einzubeziehen**, ob das **Rechtsmittel beschränkt** oder unbeschränkt eingelegt werden soll.

b) Die Vorschrift ist **anwendbar** auf **Jugendliche**, auch wenn sie von einem allgemeinen Gericht verurteilt wurden (§ 104 Abs. 1 Nr. 7 JGG), auf **Heranwachsende** dann, wenn materielles Jugendstrafrecht auf sie angewendet wurde (§ 109 Abs. 2 JGG). 915

2. Die Entscheidung ergeht durch **Beschluss**. Den Beschluss trifft das **Rechtsmittelgericht** (Jugendkammer als Berufungsgericht, OLG oder BGH als Revisionsgericht). 916

3. Gegen diesen Beschluss ist das Rechtsmittel der **sofortigen Beschwerde** gegeben (§ 56 Abs. 2 JGG). Jedenfalls dann, wenn es sich nicht um eine Entscheidung des OLG oder des BGH handelt (§ 304 Abs. 4), also faktisch nur gegen die Entscheidung der Jugendkammer als Berufungsgericht. Eine **weitere Beschwerde** gem. § 310 ist **unzulässig** (→ *Beschwerde, sofortige Beschwerde*, Teil A Rdn 550, und → *Beschwerde, weitere Beschwerde*, Teil A Rdn 585). 917

Nach ganz h.M. hat die sofortige Beschwerde entgegen § 307 Abs. 1 **aufschiebende Wirkung** (D/S/S-*Schatz*, § 56 Rn 20; *Eisenberg*, § 56 Rn 14; *Ostendorf*, § 56 Rn 12; *Brunner/Dölling*, § 56 Rn 8; HK-JGG/*Laue*, § 56 Rn 11; *Streng*, Rn 592; *Meyer-Goßner*, § 307 Rn 1). Dies wird aus dem Grundgedanken des § 449 abgeleitet. 918

☝ Trotz der h.M. sollte der Verteidiger immer einen **Antrag** nach § 307 Abs. 2 stellen.

4. Auch **ohne Beschluss** nach § 56 Abs. 1 JGG ist die (Teil-)Vollstreckung bei der **Einbeziehung von rechtskräftigen Verurteilungen** nach § 31 Abs. 2 JGG möglich (→ *JGG-Besonderheiten, Entscheidungsergänzung, nachträgliche*, Teil A Rdn 767). Die einbezogenen Jugendstrafen sind bereits rechtskräftig und isoliert so lange vollstreckbar, bis die Entscheidung über die Einheitsjugendstrafe selbst rechtskräftig ist (BVerfG NStZ 2001, 447; OLG Karlsruhe MDR 1981, 519; *Eisenberg*, § 56 Rn 8; *Ostendorf*, § 31 Rn 23; a.A. *Nothacker* MDR 1982, 278). 919

Siehe auch: → *JGG-Besonderheiten, Allgemeines*, Teil A Rdn 619; → *JGG-Besonderheiten, Entscheidungsergänzungen, nachträgliche*, Teil A Rdn 765; → *Beschwerde, sofortige Beschwerde*, Teil A Rdn 550.

920 JGG-Besonderheiten, Ungehorsamsarrest

Das Wichtigste in Kürze:

1. Kommt ein Jugendlicher schuldhaft Weisungen oder Auflagen nicht nach, kann gem. § 11 Abs. 3 JGG Ungehorsamsarrest verhängt werden.
2. Der Jugendliche muss über die Folgen eines Verstoßes belehrt worden sein.
3. Die erteilte Weisung muss bestimmt und erfüllbar sein.
4. Vor der Verhängung muss dem Jugendlichen und seinem Erziehungsberechtigten oder gesetzlichem Vertreter Gelegenheit zur mündlichen Äußerung vor dem Richter gegeben werden.
5. Bei der Verhängung von Ungehorsamsarrest ist das Verhältnismäßigkeitsprinzip zu beachten.
6. Der Ungehorsamsarrest darf die Dauer von 4 Wochen nicht überschreiten.
7. Der Richter sieht von der Vollstreckung ab, wenn der Jugendliche nach Verhängung des Arrests der Weisung nachkommt.
8. Der Ungehorsamsarrest ist ein reiner „Beugearrest".
9. Die Vorschrift ist eine Ermessensvorschrift.
10. Die Entscheidung ergeht durch Beschluss, der mit der sofortigen Beschwerde angefochten werden (§ 65 Abs. 2 S. 2 JGG).
11. Die Wiederaufnahme des Verfahrens gegen die Verhängung von Ungehorsamsarrest ist möglich.

921 **Literaturhinweise: Eisenberg**, Jugendarrest wegen schuldhafter Nichtbefolgung von Weisungen und Auflagen, Zbl 1989, 16; **Ostendorf**, Wider die Verselbstständigung des sog. Ungehorsamsarrestes zu einer zusätzlichen jugendgerichtlichen Sanktion, Zbl 1983, 563; *ders.*, Flexibilität versus Rechtsstaatlichkeit im Jugendstrafrecht, GA 2006, 513; *ders.*, Mindeststandards zum Jugendarrestvollzug, ZRP 2010, 20; s.a. die Hinw. bei → *JGG-Besonderheiten, Allgemeines*, Teil A Rdn 620.

922 **1.** Kommt ein Jugendlicher schuldhaft Weisungen oder Auflagen nicht nach, so kann Ungehorsamsarrest verhängt werden (§§ 11 Abs. 3, 15 Abs. 3 S. 2 JGG). Der Verstoß gegen die Weisung muss **schuldhaft**, d.h. vorwerfbar sein. Die Nichtbefolgung einer **rechtswidrigen bzw. unzumutbaren Anordnung** stellt kein schuldhaftes Verhalten eines Verurteilten dar (*Eisenberg* § 11 Rn 16 f.). Die Schuld kann ebenfalls fehlen, wenn die Weisung wegen einer entgegenstehenden Anordnung der Erziehungsberechtigten nicht befolgt wurde (*Eisenberg* Zbl 1989, 20; vgl. a. auch VerfGH Rheinland-Pfalz NStZ 2013, 292). Bei der Nichterfüllung von Weisungen und Auflagen im Rahmen einer Bewährungsentscheidung (s. auch *Burhoff/Kotz/Schimmel,* Nachsorge, Teil A Rn 128) kann ebenfalls Ungehorsamsarrest verhängt werden (§ 23 Abs. 1 S. 4 i.V.m. § 11 Abs. 3 JGG). Dies gilt jedoch nicht für Weisungen und Auflagen im Rahmen der „Vorbewährung"

gem. §§ 61 ff. JGG (fehlende Verweisung in § 61b Abs. 1 S. 1 JGG; ausführlich *Burhoff/Kotz/Schimmel,* Nachsorge, Teil A Rn 118 ff.).

§ 11 Abs. 3 JGG ist **anwendbar** auf **Jugendliche**, auch wenn sie von einem allgemeinen Gericht verurteilt werden (§ 104 Abs. 1 Nr. 1, Abs. 4 JGG), auf **Heranwachsende** dann, wenn materielles Jugendstrafrecht auf sie angewendet wird (§ 109 Abs. 2 JGG). 923

2. Der Jugendliche muss über die Folgen des Verstoßes gem. § 11 Abs. 3 JGG belehrt worden sein. **Ohne Belehrung** ist die Verhängung von Ungehorsamsarrest **unzulässig**. 924

Die Belehrung gem. § 11 Abs. 3 JGG muss **protokolliert** worden sein. Das ist vom Verteidiger zu überprüfen.

3. Die erteilte Weisung muss **bestimmt** und **erfüllbar** sein, damit Verstöße einwandfrei festgestellt werden können und dem Betroffenen unmissverständlich vor Augen geführt wird, wann die Verhängung eines Jugendarrests droht (LG Kaiserslautern ZJJ 2010, 431). Bei einer Arbeitsweisung ist mindestens erforderlich, dass das Gericht neben der Zahl der abzuleistenden Arbeitsstunden auch die Frist, bis wann die Weisung spätestens erfüllt sein muss, ausdrücklich angibt (OLG Braunschweig Nds.Rpfl 2012, 289). Eine Bemessung lediglich nach Monaten kann zu unbestimmt sein (Wie viele Stunden sind insgesamt abzuleisten? Wie viele Stunden sind in einer Woche bzw. in einem Monat zu erbringen? Muss die gemeinnützige Arbeit „am Stück" erbracht werden?, LG Kaiserslautern, Beschl. v. 30.7.2014 – 8 Qs 13/14). Die „Weisung", Anordnungen des Betreuungs- oder Bewährungshelfers Folge zu leisten ist nicht bestimmt genug (KG, Beschl. v. 22.3.2007 – 2 Ws 224/07). Ebenfalls **rechtswidrig** ist die Auflage oder Weisung, sechs Monate gemeinnützige Arbeit zu erbringen. Eine solche Anordnung überschreitet die sowohl bei Arbeitsweisungen i.S. des § 10 Abs. 1 S. 3 Nr. 4 JGG als auch bei Arbeitsauflagen i.S. des § 15 Abs. 1 S. 1 Nr. 3 JGG zu beachtende zeitliche Begrenzung (LG Kaiserslautern, Beschl. v. 30.7.2014 – 8 Qs 13/14). Zu weiteren zulässigen und unzulässigen Weisungen s. dazu auch Burhoff/Kotz/*Schimmel*, Nachsorge, Teil A Rn 133 ff.). 925

4. Vor der Verhängung von Ungehorsamarrest muss dem Jugendlichen und seinem Erziehungsberechtigten oder gesetzlichem Vertreter **Gelegenheit zur mündlichen Äußerung** vor dem Richter gegeben werden (§§ 65 Abs. 1 S. 3, 67 Abs. 1 JGG). Eine Aufforderung zur schriftlichen Stellungnahme reicht nicht aus (LG Arnsberg StV 2007, 1). 926

5. Wegen des **Verhältnismäßigkeitsgrundsatzes** ist die Verhängung von Jugendarrest nur bei erheblichen Verstößen angebracht (*Eisenberg*, § 11 Rn 18). Ein erheblicher Verstoß liegt nicht vor, wenn ein großer Teil der Weisung bereits abgeleistet ist (KG, Beschl. v. 18.10.2001 – 5 Ws 673/01). 927

6. Der Ungehorsamsarrest (zu den Standards *Ostendorf* ZRP 2010, 20) darf die Dauer von **4 Wochen nicht überschreiten**. Dieses Höchstmaß gilt insgesamt, d.h. werden durch Ur- 928 teil zwei Wochen Arrest verhängt, darf der Ungehorsamsarrest nur noch zwei Wochen betragen (LG Zweibrücken ZJJ 2012, 88).

929 **7.** Der Richter sieht von der Vollstreckung ab, wenn der Jugendliche nach Verhängung des Arrests der Weisung nachkommt (§ 11 Abs. 3 S. 3 JGG; zur Vollstreckung von Jugendarrest s. Burhoff/Kotz/*Schimmel,* Nachsorge, Teil B Rn 790 ff.).

☝ Der Verteidiger sollte auch bei bereits rechtskräftig verhängtem Arrest dem Jugendlichen **raten**, die **Weisung noch** zu **erfüllen**, um die Vollstreckung des Arrests zu vermeiden.

930 **8.** Der Ungehorsamsarrest ist ein **reiner „Beugearrest“**, d.h. er ersetzt nicht (wie die Ersatzfreiheitsstrafe) die Weisung oder Auflage (a.A. *Ostendorf* GA 2006, 523; *Ostendorf* Zbl 1983, 575). Der Jugendliche ist auch nach Verbüßung des Arrests weiterhin verpflichtet, der Weisung oder Auflage nachzukommen, es sei denn, der Richter befreit ausdrücklich von ihr.

931 **9.** Die Vorschrift ist als „Kann“-Vorschrift ausgestaltet, sodass auch bei Vorliegen der Voraussetzungen des § 11 Abs. 3 JGG die Verhängung von Arrest im **Ermessen** des Gerichts liegt.

☝ Der Verteidiger sollte darauf hinweisen, dass es sich um eine Ermessensvorschrift handelt und **kein** „Automatismus“ zur Arrestverhängung besteht.

932 **10.** Die Entscheidung ergeht durch Beschluss, der mit der **sofortigen Beschwerde** angefochten werden (§ 65 Abs. 2 S. 2 JGG) kann. Eine **weitere Beschwerde** ist **nicht** statthaft (OLG München NStZ 2012, 166).

☝ Die sofortige Beschwerde gegen den Beschluss, durch den Ungehorsamsarrest verhängt wurde hat **aufschiebende Wirkung** (§ 65 Abs. 2 S. 3 JGG).

933 Wurde gegen das **Anhörungserfordernis verstoßen**, ist die Sache zurückzuverweisen, da der Betroffene ansonsten eine Instanz verlieren würde (LG Arnsberg StV 2007, 1).

934 **11.** Die **Wiederaufnahme** (→ *JGG-Besonderheiten, Wiederaufnahme*, Teil A Rdn 1022 ff.) des Verfahrens gegen die Verhängung von Ungehorsamsarrest ist möglich (KG ZJJ 2003, 303; *Eisenberg*, § 65 Rn 20; *Brunner/Dölling*, § 65 Rn 9; *Ostendorf*, § 65 Rn 8; D/S/S-*Schatz*, § 65 Rn 19).

Siehe auch: → *Beschwerde, sofortige Beschwerde*, Teil A Rdn 550; → *JGG-Besonderheiten, Abänderung von Entscheidungen*, Teil A Rdn 599; → *JGG-Besonderheiten, Bewährungsfragen*, Teil A Rdn 672; → *JGG-Besonderheiten, Entscheidungsbekanntmachung*, Teil A Rdn 754; → *JGG-Besonderheiten, Vollzug, Jugendstrafe/Jugendarrest*, Teil A Rdn 1008; → *JGG-Besonderheiten, Wiederaufnahmeverfahren*, Teil A Rdn 1022.

JGG-Besonderheiten, Unterbringung zur Beobachtung 935

Das Wichtigste in Kürze:

1. Die Anstaltsunterbringung zur Begutachtung des Entwicklungsstands ist in § 73 JGG geregelt.
2. Gegen den Beschluss, der die Unterbringung zur Beobachtung anordnet ist die sofortige Beschwerde zulässig.

Literaturhinweise: **Bohnert**, Strafmündigkeit und Normkenntnis, NStZ 1988, 249; **Esser/Fritz/Schmidt**, Die Beurteilung der sittlichen Reife Heranwachsender im Sinne des § 105 JGG – Versuch einer Operationalisierung, MSchrKrim 1991, 356; **Nix**, § 3 JGG – eine immer wieder neu vergessene Rechtsvorschrift, ZJJ 2011, 416; **Schilling**, Begutachtung von strafrechtlicher Verantwortlichkeit und Schuldfähigkeit aus der Sicht eines Jugendpsychologen, NStZ 1997, 261; s.a. die Hinw. bei → *JGG-Besonderheiten, Allgemeines*, Teil A Rdn 620. 936

1.a) Zur **Vorbereitung** eines **Gutachtens über den Entwicklungsstand** des Beschuldigten kann der Richter gem. **§ 73 JGG** nach Anhören eines Sachverständigen und des Verteidigers anordnen, dass der Beschuldigte in eine zur Untersuchung Jugendlicher geeignete Anstalt **untergebracht** und dort beobachtet wird. In diesem Fall ist dem Jugendlichen gem. § 68 Nr. 4 JGG ein Pflichtverteidiger zu bestellen (s. dazu auch *Burhoff*, HV, Rn 1767; *Burhoff*, EV, Rn 2334). Die Verwahrung in der Anstalt darf die Dauer von sechs Wochen nicht überschreiten. 937

Die Unterbringung zur Beobachtung dient bei Jugendlichen zur Beurteilung der **strafrechtlichen Verantwortlichkeit** zur Tatzeit (§ 3 JGG; dazu *Nix* ZJJ 2011, 416; *Bohnert* NStZ 1988, 249; *Schilling* NStZ 1997, 261), bei Heranwachsenden der Beurteilung der Frage, ob **Jugendstrafrecht** anzuwenden ist (§ 105 JGG; → *JGG-Besonderheiten, Allgemeines*, Teil A Rdn 624; dazu auch *Esser/Fritz/Schmidt* MSchrKrim 1991, 356). Soll ausschließlich der psychische Zustand begutachtet werden (§§ 20, 21 StGB) ist § 81 anzuwenden. 938

b) Voraussetzung der Unterbringung zur Beobachtung ist zum einen **dringenden Tatverdacht**, zum anderen muss die Unterbringung **verhältnismäßig** sein, d.h. die Unterbringung darf für den Betroffenen nicht schwerer wiegen als die in Betracht kommende Rechtsfolge (unzulässig bei zu erwartendem Jugendarrest: *Brunner/Dölling*, § 73 Rn 3, *Eisenberg*, § 73 Rn 8: nur bei zu erwartender Jugendstrafe oder Hilfe zur Erziehung gem. § 12 Nr. 2 JGG; HK-JGG/*Blessing*, § 73 Rn 7, nur bei Jugendstrafe; a.A. D/S/S-*Diemer*, § 73 Rn 6: auch bei Jugendarrest nicht von vornherein ausgeschlossen). Die Unterbringung muss auch zur Vorbereitung des Gutachtens **unerlässlich** sein (D/S/S-*Diemer*, § 73 Rn 7), d.h. eine ambulante Untersuchung zur Erstellung des Gutachtens darf nicht ausreichen. 939

940 **c)** Die Vorschrift ist **anwendbar** auf **Jugendliche**, auch wenn sie von einem allgemeinen Gericht verurteilt werden (§ 104 Abs. 1 Nr. 12 JGG), auf **Heranwachsende**, unabhängig davon, ob materielles Jugendstrafrecht auf sie angewendet wird (§ 109 Abs. 1 S. 1 JGG).

941 **2.a)** Gegen den Beschluss, der die Unterbringung zur Beobachtung anordnet ist die **sofortige Beschwerde** zulässig (§ 73 Abs. 2 S. 1 JGG; → *Beschwerde, sofortige Beschwerde*, Teil A Rdn 550).

☝ Die sofortige Beschwerde gegen den Beschluss, der die Unterbringung zur Beobachtung anordnet hat **aufschiebende Wirkung** (§ 73 Abs. 2 S. 2 JGG).

942 Die sofortige Beschwerde ist allerdings nur gegen den die Unterbringung anordnenden Beschluss zulässig. Der **Ablehnungsbeschluss** ist **nicht** gesondert anfechtbar; § 305 S. 2 bezieht sich nur auf einstweilige Unterbringungen nach § 126a (D/S/S-*Diemer*, § 73 Rn 18; *Brunner/Dölling*, § 73 Rn 10; *Ostendorf*, § 73 Rn 12; *Eisenberg*, § 73 Rn 25).

943 Die **weitere Beschwerde** ist nicht statthaft (D/S/S-*Diemer*, § 73 Rn 18; *Brunner/Dölling*, § 73 Rn 10; *Ostendorf*, § 73 Rn 12; Bedenken bei *Eisenberg*, § 73 Rn 24), da sich die einstweilige Unterbringung in § 310 Abs. 1 nur auf § 126a bezieht (→ *Beschwerde, weitere Beschwerde*, Teil A Rdn 585).

944 Mit der **Revision** kann die Rechtswidrigkeit der Unterbringung nicht gerügt werden (§ 336 S. 2); ggf. kommt eine Aufklärungsrüge wegen zu Unrecht unterlassener oder abgelehnter Unterbringung in Betracht (BGH RdJ 1961, 313; *Eisenberg* § 73, Rn 25; *Ostendorf*, § 73 Rn 12; BGH RdJ 1961, 313).

945 Der **Verteidiger** darf – im Gegensatz zur Unterbringung gem. § 81 – **nicht gegen** den **Willen** des **Beschuldigten** sofortige Beschwerde einlegen, da nicht der Geisteszustand in Rede steht (*Eisenberg*, § 73 Rn 22). Daran ändert sich auch nichts, wenn der Verteidiger auf Anweisung des Erziehungsberechtigten oder gesetzlichen Vertreters handelt (*Ostendorf*, § 73 Rn 12; a.A. *Brunner/Dölling*, § 73 Rn 11).

946 **b)** Das **Beschwerdegericht überprüft** nur die Rechtmäßigkeit des Beschlusses, wozu auch die Einhaltung des richterlichen Ermessens (*Brunner/Dölling*, § 73 Rn 10) und die Zweckmäßigkeit der Unterbringung gehört (*Eisenberg*, § 73 Rn 23). In diesen Grenzen kann auch die **Auswahl der Anstalt** angegriffen werden, da auch diese – anders als bei § 81 – Gegenstand der richterlichen Ermessensausübung ist. Das Rechtsmittel kann auch darauf beschränkt werden (D/S/S-*Diemer*, § 73 Rn 20). Die **Auswahl des Sachverständigen** selbst kann nicht angefochten werden (*Brunner/Dölling*, § 73 Rn 10; a.A. *Ostendorf*, § 73 Rn 12).

Siehe auch: → *Beschwerde, sofortige Beschwerde*, Teil A Rdn 550; → *JGG-Besonderheiten, Allgemeines*, Teil A Rdn 619.

JGG-Besonderheiten, Untersuchungshaft 947

Das Wichtigste in Kürze:

1. Auch gegen Jugendliche kann U-Haft verhängt werden. Sie muss aber „ultima ratio" sein.
2. Bei der Verhängung von U-Haft gegen Jugendliche ist der Verhältnismäßigkeitsgrundsatz besonders zu beachten. Dies gilt insbesondere im Hinblick auf die Unterbringung in einem Heim der Jugendhilfe.
3. Für den Erlass eines Haftbefehls müssen dieselben Voraussetzungen wie im allgemeinen Strafrecht erfüllt sein. Besonderheiten bestehen beim Haftgrund der Flucht- bzw. Wiederholungsgefahr. Besonderheiten bestehen auch bei U-Haft gegen 14- und 15-Jährige.
4. Die Jugendgerichtshilfe ist zur Haftentscheidungshilfe heranzuziehen.
5. Die Rechtshelfe gegen U-Haft sind im JGG-Verfahren die gleichen wie im allgemeinen Verfahren.
6. Die Anrechnung der U-Haft auf eine Jugendstrafe kann aus erzieherischen Gründen unterbleiben. Von der Vollstreckung eines Jugendarrests kann nach vollzogener U-Haft abgesehen werden.

Literaturhinweise: **Bindel-Kögel/Heßler**, Vermeidung von Untersuchungshaft bei Jugendlichen im Spannungsfeld zwischen Jugendhilfe und Justiz, 1999; **Bussmann/England**, Vermeidung von U-Haft an Jugendlichen und Heranwachsenden, ZJJ 2004, 280; **Eberitzsch**, Haftentscheidungen im Jugendstrafverfahren, ZJJ 2013, 296; **Eisenberg**, Zur verfahrensrechtlichen Stellung der Jugendgerichtshilfe, StV 1998, 304; *ders.*, Zur Frage der Aufrechterhaltung eines Tatverdachts bzw. Haftfortdauerbeschluss im Zusammenhang mit dem Verhältnismäßigkeitsgrundsatz, StraFo 2010, 421; **Eisenberg/Toth**, Über Verhängung und Vollzug von Untersuchungshaft bei Jugendlichen und Heranwachsenden, GA 1993, 293; **Flöhr**, Die Anrechnung der Untersuchungshaft auf Jugendarrest und Jugendstrafe, 1995; **Ostendorf**, Neuregelung des Untersuchungshaftvollzugsrechts, ZJJ 2009, 341; **Rentzel-Rothe**, Der Haftgrund der Wiederholungsgefahr gemäß § 112a Abs. 1 Nr. 2 StPO im Jugendstrafverfahren, StV 2013, 786; **Schäfer**, Das Berufungsverfahren in Jugendsachen, NStZ 1998, 330; *ders.*, Die Untersuchungshaftvermeidung in Deutschland DVJJ-J 2002, 313; **Schaffstein/Beulke**, Jugendstrafrecht. Eine systematische Darstellung. 13. Aufl. 2002; **Sommerfeld**, Status quo der Untersuchungshaft an Jugendlichen und Heranwachsenden in der Jugendarrestanstalt, ZJJ 2011, 431; **Villmow**, Junge Tatverdächtige in der Untersuchungshaft, ZJJ 2009, 226; *ders.*, Untersuchungshaft, ZJJ 2009, 367; s.a. die Hinw. bei → *JGG-Besonderheiten, Allgemeines*, Teil A Rdn 620. 948

1. Bereits im allgemeinen Strafrecht muss die Verhängung von U-Haft „**ultima ratio**" sein. 949
Dies gilt im **Jugendstrafverfahren** umso mehr. Hier sind gesetzliche Einschränkungen vorhanden, die Ausprägung des Verhältnismäßigkeitsgrundsatzes sind (s. dazu auch *Burhoff*, EV, Rn 2340 ff.). Gerade bei Jugendlichen birgt die U-Haft die Gefahr von „**irreparablen Entwicklungsschäden**" (*Albrecht*, S. 230) bzw. einer „schockartigen Erschütterung" (*Schaffstein/Beulke*, S. 248). Zudem wird auf die **erhöhte Selbsttötungshäufigkeit**

bei Jugendlichen und Heranwachsenden gerade zu Beginn der Haftzeit hingewiesen (*Eisenberg*, § 72 Rn 3). Nichtsdestotrotz spielen gerade bei Jugendlichen apokryphe Haftgründe eine nicht zu unterschätzende Rolle (vgl. *Burhoff*, EV, Rn 2341). Lediglich weniger als 50 % der Jugendlichen, an denen U-Haft vollzogen wurde, werden anschließend zu einer unbedingten Jugendstrafe verurteilt. Jeweils ca. 26 % zu einer Jugendstrafe, deren Vollstreckung zur Bewährung ausgesetzt wurde bzw. zu Zuchtmitteln oder Erziehungsmaßregeln (*Eisenberg*, § 72 Rn 5 ff.). U-Haft soll nach Möglichkeit in für junge Gefangene **vorgesehenen Einrichtungen** vollzogen werden (zum Vollzug in einer Jugendarrestanstalt *Sommerfeld* ZJJ 2011, 431).

950 **2.** Als besondere Ausprägung des **Verhältnismäßigkeitsgrundsatzes** des Art. 20 Abs. 3 GG darf U-Haft gem. § 72 Abs. 1 JGG nur verhängt oder vollstreckt werden, wenn ihr Zweck nicht durch eine vorläufige Anordnung über die Erziehung (→ *JGG-Besonderheiten, Erziehungsanordnung, vorläufige*, Teil A Rdn 781 ff.) oder durch andere Maßnahmen erreicht werden kann. Dabei sind ausdrücklich die **besonderen Belastungen** des **Vollzuges** für **Jugendliche** zu berücksichtigen (vgl. *Burhoff*, EV, Rn 2342; zu den Voraussetzungen und den Ursachen der geringen quantitativen Bedeutung der U-Haftvermeidung: *Villmow* ZJJ 2009, 226; *Schäfer* DVJJ-J 2002, 313). Wird U-Haft verhängt, so sind im Haftbefehl die Gründe anzuführen, aus denen sich ergibt, dass andere Maßnahmen, insbesondere die einstweilige Unterbringung in einem Heim der Jugendhilfe (→ *JGG-Besonderheiten, Heimunterbringung, einstweilige*, Teil A Rdn 788 ff.), nicht ausreichen und die U-Haft nicht unverhältnismäßig ist (OLG Hamm StRR 2009, 235; dazu *Eisenberg* StraFo 2010, 421; *Burhoff*, EV, Rn 2344 ff.; allgemein *Burhoff*, EV, Rn 3695 ff.).

951 **3. Voraussetzungen** für den **Erlass** eines Haftbefehls sind wie im allgemeinen Strafrecht dringender Tatverdacht, das Vorliegen eines Haftgrundes und die Verhältnismäßigkeit mit ihren besonderen Ausprägungen.

952 **a)** Auch bei der Verhängung von U-Haft bei Jugendlichen dominiert der Haftgrund der **Fluchtgefahr** (§ 112 Abs. 2 Nr. 2; vgl. *Bindel-Kögel/Heßler*, S. 41 [94,2 % der Fälle]). Dieser dürfte jedoch „in Wirklichkeit nur selten erfüllt" sein, da die Beschuldigten aufgrund geringerer Handlungskompetenz regelmäßig und rasch wieder ergriffen werden können (OLG Hamm StV 1996, 275; zu apokryphen Haftgründen gerade im Jugendstrafverfahren *Eisenberg/Toth*, S. 293ff.; *Bussmann/England* ZJJ 2004, 280; *Burhoff*, EV, Rn 2341). Der Umstand, dass sich ein Heranwachsender bei beengten Wohnverhältnissen im Elternhaus an einzelnen Tagen bei seiner langjährigen Freundin aufhält, bietet angesichts seines Alters und des damit verbundenen natürlichen Ablösungsprozesses von den Eltern keinen konkreten Anhaltspunkt, er werde untertauchen oder fliehen (KG ZJJ 2015, 206).

953 Für die Annahme von Fluchtgefahr in Verfahren gegen **Heranwachsende** darf **nicht isoliert** auf die **Strafandrohung** abgestellt werden. Der Ermittlungsrichter muss vielmehr im Haftbefehl ausdrücklich klarstellen, dass ihm die Möglichkeit der Anwendung von Jugendstraf-

recht bewusst war, wonach gem. § 18 Abs. 1 S. 3 JGG die Strafrahmen des allgemeinen Strafrechts nicht gelten (KG ZJJ 2015, 204). Angesichts der ganz unterschiedlichen Kriterien für die Bemessung von Freiheitsstrafe einerseits und Jugendstrafe andererseits kann (auch) für die Haftentscheidung nicht offen bleiben, ob die Straftat des Heranwachsenden nach allgemeinem Strafrecht zu beurteilen seien oder aber das Jugendstrafrecht auf ihn Anwendung finden wird. Es ist unzulässig, diese Frage erst im Rahmen der HV zu prüfen und die Anwendung des allgemeinen Strafrechts zugrunde zu legen, weil hierdurch eine für die Haftanordnung wesentliche Tatsachengrundlage zunächst ohne Prüfung zu Lasten des Heranwachsenden gleichsam unterstellt würde (KG ZJJ 2015, 204). Die Formulierung „gegen den Angeklagten werde eine erhebliche Freiheits- oder Jugendstrafe ausgesprochen werden" zeigt, dass das Gericht eine solche Prüfungen nicht vorgenommen hat (KG ZJJ 2015, 205).

b) Der Haftgrund der **Wiederholungsgefahr** nach § 112a Abs. 1 Nr. 2 hat bei Jugendlichen „Konjunktur". Die h.M. geht dabei hinsichtlich der Voraussetzung des § 112a („Freiheitsstrafe von mehr als einem Jahr zu erwarten ist") unkritisch von einer **Gleichstellung** von **Freiheits- und Jugendstrafe** aus (OLG Braunschweig StraFo 2008, 330; LR-*Hilger*, § 112 Rn 46; KK-*Graf*, § 112a Rn 20; *Meyer-Goßner/Schmitt*, § 112a Rn 10; kritisch und mit dogmatisch überzeugender Begründung *Eisenberg*, § 72 Rn 7; jetzt auch OLG Karlsruhe StraFo 2010, 206). Auch hier ist der Verhältnismäßigkeitsgrundsatz in besonderem Maße zu berücksichtigen (*Burhoff*, EV, Rn 2342). 954

Eine bereits rechtskräftig verhängte, nach § 31 Abs. 2 JGG aber **einzubeziehenden Jugendstrafe** darf bei der Prognose zur Straferwartung i.S.d. § 112a **nicht berücksichtigt** werden, denn anderenfalls würden Jugendliche und Heranwachsende unzulässigerweise gegenüber erwachsenen Beschuldigten schlechter gestellt (LG Itzehoe StV 2007, 587; LG Kiel StV 2002, 433). 955

Der Haftgrund der Wiederholungsgefahr kann jedoch **nicht** auf **frühere Straftaten** des Beschuldigten gestützt werden, die nur mit **jugendgerichtlichen Zuchtmitteln** geahndet wurden, weil diese keine Straftaten sind, die die Rechtsordnung schwerwiegend beeinträchtigen. Da in einem solchen Fall schädliche Neigungen vom Jugendgericht nicht festgestellt wurden, kann wegen solcher früherer Straftaten auch kein Hang des Beschuldigten zu Straftaten angenommen werden, der eine Wiederholungsgefahr begründet (u.a. OLG Oldenburg StV 2012, 352; OLG Oldenburg StV 2010, 139; 2012, 352, **a.A.** OLG Bremen StV 2013, 773 ablehnend *Rentzel-Rothe* StV 2013, 786). 956

c) Gem. § 72 Abs. 2 JGG gelten für die Verhängung von U-Haft für **noch nicht 16-Jährige weitere Einschränkungen**. Dabei ist das Alter zum Zeitpunkt der Haftentscheidung maßgeblich (*Eisenberg*, JGG, § 72 Rn 6f). So ist die Verhängung von U-Haft wegen Fluchtgefahr nur zulässig, wenn der Jugendliche sich dem Verfahren bereits entzogen hatte oder Anstalten zur Flucht getroffen hat oder im Geltungsbereich dieses Gesetzes keinen festen Wohnsitz oder Aufenthalt hat. 957

958 Allerdings kann der Haftgrund **Fluchtgefahr** wegen „keines festen Wohnsitzes“ in der Praxis kaum Bestand haben. Ein Jugendlicher hat den rechtlichen Anspruch bei den Erziehungsberechtigten zu leben. Ist dies nicht möglich, so hat er einen Anspruch auf Aufnahme in **Einrichtungen der Jugendhilfe** (§§ 42, 43 SGB VIII). Die Jugendhilfe ist auch verpflichtet, jedenfalls Notschlafstellen oder Kinderschutzstellen zu unterhalten (*Zieger*, Rn 184). Die Gesetzesbegründung geht ebenfalls von einer restriktiven Auslegung aus (*„herumreisende … Banden- und Serientäter“* BT-Drucks 11/5829 S. 33).

959 **4.** Gem. **§ 72a JGG** ist die **Jugendgerichtshilfe** unverzüglich von der Vollstreckung eines Haftbefehls zu unterrichten. Ihr sollte bereits der Erlass eines Haftbefehls mitgeteilt werden. Die Jugendgerichtshilfe ist auch von der vorläufigen Festnahme eines Jugendlichen zu unterrichten, wenn nach dem Stand der Ermittlungen zu erwarten ist, dass der Jugendliche dem Richter vorgeführt wird. Die Jugendgerichtshilfe soll in diesem Fall **Hilfe zur Haftentscheidung** geben, insbesondere zur Möglichkeit der U-Haftvermeidung (vgl. *Eisenberg* StV 1998, 304; *Burhoff*, EV, Rn 2345; → *JGG-Besonderheiten, Heimunterbringung, einstweilige*, Teil A Rdn 788 ff.). Dies gilt auch für die Haft zur Erzwingung der Anwesenheit des Angeklagten in der HV (§§ 230 Abs. 2, 236, 329 Abs. 4 S. 1, 412 S. 1). Die Vorschrift findet zwar auf Heranwachsende keine ausdrückliche Anwendung, jedoch lässt sie sich als Spezialregelung der Unterrichtungspflicht nach § 109 Abs. 1 S. 2 JGG sehen (KG ZJJ 2015, 204; *Eisenberg*, § 72a Rn 2). Bisher haben die Gerichte offen gelassen, ob allein schon die Missachtung des § 72a JGG Folgen für die Fortdauer der Untersuchungshaft haben könnte (KG ZJJ 2015, 204; OLG Hamm NStZ 2010, 281).

960 **5. Rechtsbehelfe** gegen einen Haftbefehl sind **wie** im **allgemeinen Strafrecht** die Haftprüfung oder die Haftbeschwerde (vgl. allgemein → *U-Haft, Allgemeines*, Teil B Rdn 782 ff.).

961 **Checkliste**

1. Besteht dringender Tatverdacht?
2. Hatte der Jugendliche die Reife, das Unrecht seiner Tat einzusehen (§ 3 JGG)?
3. Liegt ein Haftgrund vor?
4. Kommt die Möglichkeit einer einstweiligen Heimunterbringung (§ 71 JGG) in Betracht? Ist diese Möglichkeit nicht ausdrücklich im Haftbefehl erörtert, so ist die vorgeschriebene Verhältnismäßigkeit nicht gewahrt.
5. Sind die besonderen Belastungen des Vollzuges der U-Haft für Jugendliche im Haftbefehl berücksichtigt worden? Falls nicht, ist ebenfalls die Verhältnismäßigkeit nicht gewahrt.
6. Bei unter 16-Jährigen: Sind die besonderen Voraussetzungen des § 72 Abs. 2 JGG beachtet worden?

☝ Auch **nach Erlass eines Haftbefehls** ist immer zu prüfen, ob die Möglichkeit einer Unterbringung (§ 72 Abs. 4 JGG) besteht (→ *JGG-Besonderheiten, Heimunterbringung, einstweilige*, Teil A Rdn 788 ff.).

6. Bei der späteren **Anrechnung von U-Haft** ist zu differenzieren: 962

- Anrechnung von U-Haft auf **Jugendstrafe**: § 52a JGG (vgl. Rdn 963 ff.);
- Berücksichtigung von U-Haft bei **Jugendarrest**: § 52 JGG: Im Urteil wird ausgesprochen, dass oder wie weit Jugendarrest nicht vollstreckt wird (vgl. Rdn 967).

a) Die Anrechnung von U-Haft auf die **Jugendstrafe** ist in **§ 52a JGG** geregelt. Die Vorschrift ist **anwendbar** auf **Jugendliche**, auch wenn sie von einem allgemeinen Gericht verurteilt werden (§ 104 Abs. 1 Nr. 5 JGG), auf **Heranwachsende** dann, wenn materielles Jugendstrafrecht auf sie angewendet wird (§ 109 Abs. 2 JGG). 963

aa) Grds. wird vollzogene U-Haft auf eine Jugendstrafe **angerechnet**. Gem. § 52a Abs. 1 JGG kann der Richter jedoch anordnen, dass die Anrechnung ganz oder zum Teil **unterbleibt**, wenn sie im Hinblick auf das Verhalten des Angeklagten nach der Tat oder aus **erzieherischen Gründen** nicht gerechtfertigt ist. Die Nichtanrechnung der U-Haft aus erzieherischen Gründen kommt grds. nur in den Fällen in Betracht, in denen bei der Anrechnung aus zeitlichen Gründen eine ausreichende erzieherische Wirkung durch die Vollstreckung der Jugendstrafe nicht mehr gewährleistet ist (BGH StV 1996, 274). Dies bedarf einer eingehenden Begründung, jedenfalls dann, wenn die erstmals erlittene U-Haft für den Angeklagten einschneidende Auswirkungen gehabt hat, zumal es sich auch nicht von selbst versteht, dass eine etwaige Verbüßung der nach Anrechnung der U-Haft verbleibenden Jugendstrafe erzieherisch nutzlos wäre (OLG Hamm StV 2007, 2). Das Einlegen von Rechtsmitteln darf nicht zur Nichtanrechnung führen (*Flöhr*, S. 134). 964

bb) Der Grundsatz der Anrechnung gilt auch für **andere** aus Anlass der Tat **erlittene Freiheitsentziehungen**. Als solche sind namentlich die Unterbringung in einem Heim der Jugendhilfe (§ 71 Abs. 2 JGG, § 72 Abs. 4 JGG → *JGG-Besonderheiten, Heimunterbringung, einstweilige*, Teil A Rdn 788 ff.) oder die Unterbringung zur Beobachtung nach § 73 JGG (→ *JGG-Besonderheiten, Unterbringung zu Beobachtung*, Teil A Rdn 936 ff.). Der Aufenthalt in einer offenen Wohneinrichtung der Kinder- und Jugendhilfe, der auf einer – mit Zustimmung des Angeklagten erteilten – Weisung zunächst während der „Vorbewährungszeit" und sodann in der Bewährungszeit beruht, ist keine „andere Freiheitsentziehung" i.S.d. § 52a S. 1 JGG (KG NStZ-RR 2013, 291). 965

cc) Die Anrechnung oder Nichtanrechnung der Freiheitsentziehung ist **selbstständig** mit der **Berufung** oder **Revision anfechtbar** (BGH ZJJ 2015, 69; BGHSt 7, 214; *Schäfer* NStZ 1998, 330 (332)). Die sachliche Rechtsmittelbeschränkung des § 55 Abs. 1 JGG (→ *JGG-Besonderheiten, Rechtsmittelbeschränkungen*, Teil A Rdn 840 ff.) gilt hier nicht (D/S/S-*Schatz*, § 52a Rn 22; HK-JGG/*Blessing*, § 52a Rn 8; *Ostendorf*, § 52a Rn 10). 966

967 **b)aa)** Die Berücksichtigung vollstreckter U-Haft bei einer Verurteilung zu **Jugendarrest** erfolgt nach **§ 52 JGG.** Die Vorschrift ist **anwendbar** auf **Jugendliche**, auch wenn sie von einem allgemeinen Gericht verurteilt werden (§ 104 Abs. 1 Nr. 5 JGG), auf **Heranwachsende** dann, wenn materielles Jugendstrafrecht auf sie angewendet wird (§ 109 Abs. 2 JGG).

968 Wird auf Jugendarrest erkannt und ist dessen Zweck durch U-Haft oder eine andere wegen der Tat erlittene Freiheitsentziehung (s. Rdn 965) ganz oder teilweise erreicht, so kann der Richter gem. § 52 JGG im Urteil aussprechen, dass oder wieweit der **Jugendarrest nicht vollstreckt** wird.

> ☝ Nur bei **vollstreckter U-Haft** sollte ein Verteidiger Jugendarrest als Rechtsfolge beantragen. Gleichzeitig muss beantragt werden, dass der Jugendarrest nicht mehr vollstreckt wird.

969 **bb)** Die Entscheidung, trotz vollzogener U-Haft nicht von der Vollstreckung des verhängten Arrests abzusehen soll nach **h.M.** dem „Umfang der angeordneten Maßnahme" (also in welchem Umfang Jugendarrest angeordnet wurde) unterfallen und daher gem. § 55 Abs. 1 JGG **nicht anfechtbar** sein (→ *JGG-Besonderheiten, Rechtsmittelbeschränkungen*, Teil A Rdn 840 ff.; OLG Hamburg JR 1983, 170; *Brunner/Dölling*, §§ 52, 52a Rn 11; § 55 Rn 11; D/S/S-*Schatz*, § 52 Rn 17; § 55 Rn 59; *Ostendorf*, § 52 Rn 12; *Eisenberg*, § 52 Rn 13; § 55 Rn 45; zw. HK-JGG/*Laue*, § 55 Rn 24 mit der Begründung, dass der Umfang einer Maßnahme nicht auch deren Vollstreckungsmodalitäten umfasst). Die Gegenansicht bezieht die Vollstreckung einer Maßnahme nicht auf den „Umfang der Maßnahme" und geht daher von einer Anfechtbarkeit aus (*Flöhr*, S. 107 ff.).

970 Sind jedoch weder im Tenor, noch in den Gründen des Urteils Ausführungen zu § 52 JGG vorhanden fand möglicherweise überhaupt keine Prüfung statt (*Ostendorf*, § 52 Rn 12; D/S/S-*Schatz*, § 52 Rn 18). In einem solchen Fall kann die Entscheidung mit dem Einwand der Gesetzeswidrigkeit angefochten werden (vgl. *Brunner/Dölling*, §§ 52, 52a Rn 11; D/S/S-*Schatz*, § 52 Rn 18).

> ☝ Wird ein Arrest zusammen mit einer Sanktion angeordnet, die nicht der Beschränkung des **§ 55 Abs. 1 JGG** unterfällt (→ *JGG-Besonderheiten, Rechtsmittelbeschränkungen*, Teil A Rdn 840 ff.), so ist das Absehen von Berücksichtigungen gem. § 52 JGG immer anfechtbar, da eine solche Sanktionierung nur zusammenfassend gewürdigt werden kann (BGH bei *Böhm* NStZ 1984, 447).

Siehe auch: → *JGG-Besonderheiten, Heimunterbringung, einstweilige*, Teil A Rdn 788; → *JGG-Besonderheiten, Rechtsmittelbeschränkungen*, Teil A Rdn 817; → *JGG-Besonderheiten, Verteidigung*, Teil A Rdn 990; → *Untersuchungshaft, Allgemeines*, Teil B Rdn 782, m.w.N.

JGG-Besonderheiten, Verschlechterungsverbot 971

Das Wichtigste in Kürze:

1. Das Verbot der Schlechterstellung gilt auch im Jugendstrafverfahren.
2. Wegen der individuellen Reaktionsmöglichkeiten ist die Frage, wann eine Verschlechterung vorliegt nicht immer einfach zu beantworten. Eine Verschlechterung ist daher nicht nur abstrakt, sondern immer individuell, bezogen auf den einzelnen Jugendlichen zu beurteilen.
3. Die instanzielle Rechtsmittelbeschränkung nach § 55 Abs. 2 JGG (→ *JGG-Besonderheiten, Rechtsmittelbeschränkungen*, Teil A Rdn 822 ff.) soll nach h.M. auch bei einem Verstoß gegen das Verschlechterungsverbot gelten (Ausnahme: greifbare Gesetzeswidrigkeit).

Literaturhinweise: **Baumann**, Das strafprozessuale Verbot der reformatio in peius und seine Besonderheiten im Jugendstrafrecht 1999; **Kretschmann**, Das Verbot der reformatio in peius im Jugendverfahren 1968; **Streng**, Jugendstrafrecht. 3. Aufl. 2012; s a. die Hinw. bei → *JGG-Besonderheiten, Allgemeines*, Teil A Rdn 620. 972

1.a) Das **Verbot der Schlechterstellung** gilt auch im Jugendstrafverfahren (§ 2 JGG, §§ 331, 358 Abs. 1 S. 1) und zwar unabhängig davon, ob Erziehungsmaßregeln, Zuchtmittel oder Jugendstrafe verhängt wurden (BGHSt 10, 198, 202; OLG Celle StV 2001, 179; *Eisenberg*, § 55 Rn 24; *Ostendorf*, § 55 Rn 11, HK-JGG/*Laue*, § 55 Rn 45). Die angefochtene Entscheidung darf demnach in Art und Höhe der Rechtsfolgen **nicht** zum **Nachteil** des **jugendlichen Verurteilten** geändert werden, wenn lediglich er, sein Verteidiger, sein Erziehungsberechtigter bzw. gesetzlicher Vertreter oder zu seinen Gunsten die StA das Rechtsmittel eingelegt hat (allgemein zum Verbot der Schlechterstellung → *Berufung, Verschlechterungsverbot, Allgemeines*, Teil A Rdn 290, m.w.N.). 973

b) Das Verbot der reformatio in peius **gilt** für Berufung, Revision und Wiederaufnahme sowie für Beschlüsse, wenn hierdurch eine Rechtsfolge endgültig festgelegt wird, sog. urteilsgleiche Beschlüsse. 974

☝ **Kein Verstoß** gegen das Verschlechterungsverbot liegt in einer **Einbeziehung rechtskräftiger Entscheidungen im Berufungsrechtszug** gem. § 31 Abs. 2 JGG, da ansonsten die einheitliche (schwerwiegendere) Maßnahme im Nachtragsverfahren gem. § 66 JGG (→ *JGG-Besonderheiten, Entscheidungsergänzungen, nachträgliche*, Teil A Rdn 765 ff.) getroffen werden müsste (D/S/S-*Schatz*, § 55 Rn 29; zu den Auswirkungen hinsichtlich der instanziellen Rechtsmittelbeschränkung (→ *JGG-Besonderheiten, Rechtsmittelbeschränkungen*, Teil A Rdn 820 ff.).

975 Zu den **urteilsgleichen Beschlüssen** folgende **Rechtsprechungsübersicht** (HK-JGG/*Laue*, § 55 Rn 45; D/S/S-*Schatz*, § 55 Rn 30; *Ostendorf*, § 55 Rn 12):

976 **bejaht**

- Anordnung von Ungehorsamsarrest, auch im Rahmen von Bewährungsauflagen (§§ 11 Abs. 3, 15 Abs. 3 S. 2, 23 Abs. 1 S. 4, 29 S. 2 JGG → *JGG-Besonderheiten, Ungehorsamsarrest*, Teil A Rdn 920 ff.),
- Beschlüsse über die **Strafaussetzung** zur Bewährung (§§ 21, 57 Abs. 1, 59, 88 JGG; → *JGG-Besonderheiten, Bewährungsfragen*, Teil A Rdn 672 ff.; s. auch Burhoff/Kotz/*Schimmel*, Nachsorge, Teil A Rn 85 ff.),
- Ergänzung rechtskräftiger Entscheidungen bei mehrfacher Verurteilung (§ 66 Abs. 2 S. 2 JGG; → *JGG-Besonderheiten, Entscheidungsergänzungen, nachträgliche*, Teil A Rdn 765 ff.),
- Absehen von der weiteren Vollstreckung des Jugendarrests (§ 87 Abs. 3 JGG; ausführlich Burhoff/Kotz/*Schimmel*, Nachsorge, Teil B Rn 803 ff.),
- Festsetzung einer Sperrfrist für die Restaussetzung der Jugendstrafe (§ 88 Abs. 5 JGG s. Burhoff/Kotz/*Schimmel*, Nachsorge, Teil B Rn 831),
- **Änderung** der Dauer der **Bewährungszeit** (§§ 22 Abs. 2 S. 2, 88 Abs. 6 S. 1 JGG; (str.) auch *Eisenberg*, § 55 Rn 82a; *Brunner/Dölling*, § 55 Rn 45; a.A. OLG Hamburg NJW 1981, 470; → *JGG-Besonderheiten, Bewährungsfragen*, Teil A Rdn 672 ff.; ausführlich Burhoff/Kotz/*Schimmel,* Nachsorge, Teil A Rn 175 ff.).

977 **verneint**

- **Änderung** von **Bewährungsauflagen** und -weisungen, da diese von vornherein unter dem stillschweigenden Vorbehalt jederzeitiger Abänderung stehen (→ *JGG-Besonderheiten, Bewährungsfragen*, Teil A Rdn 672 ff.);
- Abänderung von Erziehungsmaßregeln bzw. Auflagen §§ 11 Abs. 2, 15 Abs. 3 S. 1 JGG (s. → *JGG-Besonderheiten, Abänderung von Entscheidungen*, Teil A Rdn 599 ff.).

978 **2.a)** Die Rechtsfolgen nach dem JGG sind vielfältiger als im Erwachsenenstrafrecht und beruhen auf dem Erziehungsgedanken (→ *JGG-Besonderheiten, Allgemeines*, Teil A Rdn 621). Daher ist die Antwort auf die Frage, was eine „**Verschlechterung**" ist, also die Abwägung, welche Rechtsfolge im Verhältnis zu einer anderen schwerer wiegt, noch problematischer als im Erwachsenenstrafrecht. Die Beurteilung verläuft bei Jugendlichen in **zwei Stufen**, und zwar generell-abstrakt in Bezug auf die Eingriffsintensität der verschiedenen Maßnahmen (vgl. Rdn 979) und individuell-konkret im Hinblick auf die tatsächlichen Belastungen des Betroffenen (vgl. Rdn 985).

b) Auf der **ersten Stufe** erfolgt eine **generell-abstrakte Abwägung**: 979

☝ Grds. gilt, dass freiheitsentziehende Maßnahmen immer schwerer wiegen als ambulante Maßnahmen.

Die „**Rangfolge**" der Maßnahmen verdeutlich (nach *Streng*, Rn 587; HK-JGG/*Laue*, § 55 Rn 48 ff. [Einzelheiten umstritten]) folgendes 980

Schaubild: Rangfolge 981

Freiheitsstrafe ohne Bewährung (§ 38 StGB)

↓

Jugendstrafe ohne Bewährung (§ 17 JGG)

↓

Freiheitsstrafe mit Bewährung (§ 56 StGB)

↓

Jugendstrafe mit Bewährung (§ 21 JGG)

↓

Aussetzung der Verhängung der Jugendstrafe (§ 27 JGG)

↓

Heimerziehung (§ 12 Nr. 2 JGG i.V.m. § 34 SGB VIII)

↓

Jugendarrest (§ 16 JGG)

↓

Weisungen/Überweisung an Familienrichter (§§ 10, 53 JGG)

↓

Auflagen/Geldstrafe (§ 15 JGG, § 43 StGB)

↓

Erziehungsbeistand (§ 12 Nr. 1 JGG)

↓

Verwarnung (§ 14 JGG)

Bei einer in der Berufungsinstanz – im Gegensatz zur ersten Instanz – **unterbliebenen Anrechnung** von **U-Haft** (→ *JGG-Besonderheiten, Untersuchungshaft*, Teil A Rdn 962 ff.) 982

liegt auch dann ein **Verstoß** gegen das Verbot der reformatio in peius vor, wenn die Strafdauer verkürzt wird, da der frühestmögliche Zeitpunkt der Reststrafenaussetzung damit nach hinten verschoben wurde (*Eisenberg*, § 55 Rn 83; *Brunner/Dölling*, § 55 Rn 30; HK-JGG/*Laue*, § 55 Rn 51; ausführlich zur Reststrafenaussetzung nach JGG Burhoff/Kotz/*Schimmel*, Nachsorge, Teil B Rn 810 ff.).

983 Die **Ersetzung** einer **Jugend- durch** eine **Freiheitsstrafe** stellt eine **Verschlechterung** dar, da im Jugendstrafverfahren gem. § 88 JGG erleichterte Aussetzungsmöglichkeiten bestehen (BGHSt 29, 273). Die Ersetzung einer Jugendstrafe durch eine kürzere Freiheitsstrafe ist umstr. (*Ostendorf*, § 55 Rn 21 [Verstoß]; D/S/S-*Schatz*, § 55 Rn 31 [kein Verstoß]; HK-JGG/*Laue*, § 55 Rn 52 [nicht pauschal zu beurteilen]).

984 Bei **Ersetzung** einer **Freiheitsstrafe unter 6 Monaten** durch eine **Jugendstrafe** kann ausnahmsweise das Mindestmaß der Jugendstrafe gem. § 18 JGG unterschritten werden (*Eisenberg*, § 55 Rn 89; HK-JGG/*Laue*, § 55 Rn 53; *Brunner/Dölling*, § 55 Rn 40; a.A. *Ostendorf* § 55 Rn 21; D/S/S-*Schatz*, § 55 Rn 33). Es sollte sich jedoch in dieser Konstellation eine Sanktion unterhalb einer Jugendstrafe finden lassen.

985 **c)** Auf der **zweiten Stufe** erfolgt eine **individuell-konkrete Abwägung**.

> ☝ Maßgeblich ist der Vergleich der konkreten Ausgestaltung der Maßnahme. Dabei **entscheidet** die **konkrete Belastung** für den **Verurteilten**. Ausnahme: Die Möglichkeit der Bewährung rechtfertigt keine längere Strafdauer.

986 Entscheidend für die individuelle Beurteilung ist die **subjektive Einschätzung** des **Verurteilten** nach Aufklärung über alle mit der Sanktionierung verbundenen Rechtsfolgen (*Ostendorf*, § 55 Rn 14; HK-JGG/*Laue*, § 55 Rn 57; dazu auch *Baumann*, S. 93 ff.; *Eisenberg*, § 55 Rn 74b; D/S/S-*Schatz*, § 55 Rn 18; *Albrecht*, S. 395).

987 Eine **Gesamtschau** ist auch bei der Bildung einer **Einheitsjugendstrafe** gem. § 31 JGG notwendig (→ *JGG-Besonderheiten, Entscheidungsergänzungen, nachträgliche*, Teil A Rdn 767). So verstößt es gegen das Verbot der reformatio in peius, wenn das erstinstanzliche Gericht zu einer Einheitsjugendstrafe von drei Jahren unter Einbeziehung einer Verurteilung von 1 Jahr und 6 Monaten (deren Vollstreckung zur Bewährung ausgesetzt war) verurteilt und das Berufungsgericht gem. § 31 Abs. 3 JGG von einer Einbeziehung absieht und zu einer Jugendstrafe von 1 Jahr und 10 Monaten unter Strafaussetzung zur Bewährung verurteilt (s. z.B. OLG Brandenburg StV 2009, 89).

988 Zur isolierten Anfechtung der **Unterbringung** in einem psychiatrischen Krankenhaus oder einer Entziehungsanstalt s. → *JGG-Besonderheiten, Allgemeines*, Teil A Rdn 630 ff. Gegen das Verschlechterungsverbot wird jedoch verstoßen, wenn das Rechtsmittelgericht statt einer erstinstanzlich verhängten freiheitsentziehenden Maßregel Jugendstrafe verhängt (*Eisenberg*, § 55 Rn 93; *Brunner/Dölling*, § 55 Rn 35; HK-JGG/*Laue*, § 55 Rn 61).

3. Auch bei einem Verstoß gegen das Verbot der reformatio in peius soll nach h.M. die **instanzielle Rechtsmittelbeschränkung** gelten und damit eine weitere Anfechtung ausgeschlossen sein (→ *JGG-Besonderheiten, Rechtsmittelbeschränkungen*, Teil A Rdn 820 ff.). Diese Ansicht ist jedenfalls bei „greifbarer Gesetzeswidrigkeit" aus erzieherischen Gründen abzulehnen. 989

Siehe auch: → *Berufung, Vollzug, Verschlechterungsverbot, Allgemeines*, Teil A Rdn 290; → *JGG-Besonderheiten, Abänderung von Entscheidungen*, Teil A Rdn 599; → *JGG-Besonderheiten, Allgemeines*, Teil A Rdn 619; → *JGG-Besonderheiten, Bewährungsfragen*, Teil A Rdn 672; → *JGG-Besonderheiten, Entscheidungsergänzungen, nachträgliche*, Teil A Rdn 765; → *JGG-Besonderheiten, Rechtsmittelbeschränkungen*, Teil A Rdn 817; → *JGG-Besonderheiten, Ungehorsamsarrest*, Teil A Rdn 920; → *JGG-Besonderheiten, Vollzug, Jugendstrafe/Jugendarrest*, Teil A Rdn 1008.

JGG-Besonderheiten, Verteidigung 990

Das Wichtigste in Kürze:

1. Der Verteidiger ist nicht an das Erziehungsprinzip gebunden. Er hat sämtliche Rechte des Jugendlichen im Verfahren zu wahren.
2. Der Jugendliche kann eigenständig einen Verteidiger wählen.
3. Erziehungsberechtigte und gesetzliche Vertreter können aus eigenem Recht einen Verteidiger wählen.
4. Die Pflichtverteidigerbestellung richtet sich nach § 68 JGG und ist gegenüber dem allgemeinen Verfahrensrecht erweitert.

Literaturhinweise: **Gau**, Drohende Jugendstrafe – ein Fall notwendiger Verteidigung, StraFo 2007, 315; **Heimann**, FA-Strafrecht Teil 6 Kap.7; **Möller**, Anm. zu LG Saarbrücken vom 2.7.2015, ZJJ 2015, 424; **Pieplow**, Verteidigung, ZJJ 2009, 381 **Reisenhofer**, Jugendstrafrecht in der anwaltlichen Praxis, 2007; **Schlickum**, Verteidigung in Jugendstrafsachen – Mithilfe zur Verurteilung?, StV 1981, 359; **Spahn**, Die notwendige Verteidigung in Jugendstrafverfahren, StraFo 2004, 82; **Walter**, Einführung in die „Kölner Richtlinien" zur notwendigen Verteidigung in Jugendstrafverfahren, in: *Walter* (Hrsg.) Strafverteidigung für junge Beschuldigte, 1997 S. 199; s.a. die Hinw. bei → *JGG-Besonderheiten, Allgemeines*, Teil A Rdn 620. 991

1.a) Die besonderen Aufgaben des Verteidigers in Jugendstrafverfahren spielen sowohl im Ermittlungsverfahren (s. *Burhoff*, EV, Rn 2329 ff.) als auch in der HV (s. *Burhoff*, HV, Rn 1734 ff.) und im Rechtsmittelverfahren eine Rolle. 992

b) Einen „**Jugendverteidiger**" quasi als Entsprechung zu Jugendstaatsanwalt und Jugendrichter (→ *JGG-Besonderheiten, Zuständigkeiten*, Teil A Rdn 1044) sieht das **JGG nicht vor**. Dies bedeutet, dass der Verteidiger nicht erzieherisch befähigt und in der Jugenderziehung erfahren sein muss (vgl. § 37 JGG). Allerdings sind faktisch bei der Verteidigung von 993

Jugendlichen und Heranwachsenden nicht nur **Kenntnisse** des **materiellen Jugendstrafrechts** sowie des **Verfahrensrechts** notwendig, sondern auch **Kenntnisse (entwicklungs-)psychologischer** und **soziologischer Zusammenhänge** des Verhaltens junger Menschen (*Reisenhofer*, Rn 97; *Zieger*, Rn 144). Den Verteidiger selbst trifft keine erzieherische Verpflichtung; er ist nicht an das Erziehungsziel gebunden (*Ostendorf*, § 68 Rn 3; D/S/S-*Diemer*, § 68 Rn 4; *Eisenberg*, § 68 Rn 10). **Jugendstrafrecht ist** und bleibt **Strafrecht!** Die Tatbestände und Beweisregeln gelten unabhängig davon, wie alt der Beschuldigte ist. Dem staatlichen Strafanspruch ist demnach auch dann entgegenzutreten, wenn er im Gewand des Erziehungsgedankens daherkommt (FA-Strafrecht/*Heimann*, Teil 6 Kap. 7 Rn 305; *Zieger*, Rn 141). Der Verteidiger ist auch im Jugendstrafverfahren dazu berufen, die Interessen des Beschuldigten mit pflichtgemäßer Einseitigkeit wahrzunehmen (*Schlickum* StV 1981, 359).

☝ Ein Verteidiger im Jugendstrafverfahren hat den Jugendlichen auch dahin gehend zu **beraten**, dass sein **Recht**, zu **schweigen** nicht zu seinen Lasten ausgelegt werden kann, bei rechtsstaatlicher Anwendung der materiellen und prozessualen Vorschriften ihm die Tat nicht nachgewiesen werden kann und ggf. Beweisverwertungsverbote geltend gemacht werden können.

994 Der Verteidiger sollte auch ein **richtiges Bild** des **Jugendlichen** in der HV vermitteln. Viele Jugendliche sind vor Gericht sehr unsicher und wirken dadurch schnell entweder einsilbig und „nicht einsichtig", oder sie überspielen ihre Unsicherheit mit arrogantem und respektlosem Auftreten. Hierfür ist wichtig, dem jungen Mandanten den Ablauf der HV sowie die Funktion der einzelnen Verfahrensbeteiligter in einem **vorbereitenden Gespräch ausführlich zu erklären** (*Burhoff*, EV, Rn 2361; *Burhoff*, HV, Rn 1757). Zu dieser Aufklärung gehört auch, die Rolle der Jugendgerichtshilfe zu erläutern sowie die Bedeutung von Rechtsbegriffen zu erklären, z.B. „Schädliche Neigungen" nicht als persönliche Abwertung zu verstehen.

☝ Zusammengefasst hat der Verteidiger die Aufgabe, die **Subjektstellung** des **jungen Mandanten im Verfahren** zu **stärken**, seine sprachliche, intellektuelle und soziale Unterlegenheit im Verfahren zu kompensieren, seine Unerfahrenheit im Umgang mit den Gerichtsritualen und seine fehlenden Rechtskenntnisse auszugleichen und auf strenge Einhaltung aller zugunsten seines Mandanten geltenden Verfahrensvorschriften zu bestehen, auf Einhaltung jugendrechtlicher Standards auch gegenüber abweichender richterlicher Routine oder regionaler Rückständigkeit zu beharren und auch bei der Rechtsfolgenwahl sich als Gegenspieler erzieherischer Zugriffe auf die Rechte des beschuldigten Jugendlichen zu betätigen (*Zieger*, Rn 141).

2. Der jugendliche Mandant hat alle einem Beschuldigten zustehenden Rechte. Er kann **eigenständig** einen **Wahlverteidiger wählen** und ihn bevollmächtigen (§ 137 Abs. 1). Dazu bedarf er nicht der Genehmigung der Eltern oder sonstiger Erziehungsberechtigter (*Zieger*, Rn 164; *Eisenberg*, § 68 Rn 18). Die freie Wahl des Vertrauensanwaltes hat Verfassungsrang (BVerfGE 38, 111). 995

Auch **gegenüber** den **Eltern** ist der Verteidiger zur **Verschwiegenheit** verpflichtet. Nur der junge Mandant selbst kann den Verteidiger von seiner Schweigepflicht entbinden. Darauf – und vor allem auf die Freiwilligkeit der Schweigepflichtsentbindung – ist der junge Mandant hinzuweisen. 996

☝ Es empfiehlt sich bei einem **Erstgespräch**, zu dem häufig die Jugendlichen gemeinsam mit den Eltern erscheinen, nach der Übertragung des Mandats ein Gespräch mit dem Jugendlichen **alleine** zu **führen** und die Eltern zu bitten, im Wartebereich zu warten. Eltern, die dies nicht wollen, Jugendliche, die natürlich versichern, vor ihren Eltern keine Geheimnisse zu haben, sind darauf hinzuweisen, dass es die Berufspflicht des Verteidigers darstellt, das Gespräch mit dem Beschuldigten unter vier Augen zu führen (*Zieger*, Rn 174; *Burhoff*, EV, Rn 2328).

Eine **besondere Form** der **Verteidigerbeauftragung** ist auch im Jugendstrafverfahren **nicht** vorgeschrieben. Der Auftrag kann daher mündlich erteilt und angenommen werden. Lediglich für den Nachweis der Zustellungsbevollmächtigung (§ 145a) ist die Vorlage einer schriftlichen Vollmacht erforderlich (→ *Rechtsmittel, Vollmacht, Allgemeines*, Teil A Rdn 1784, m.w.N.). 997

Der Vertragsabschluss schließt die Verpflichtung zur **Zahlung** der **gesetzlichen Gebühren** ein, jedenfalls dann, wenn angesichts der Vorwürfe die Beauftragung eines Rechtsanwalts sinnvoll erscheint („der Billigkeit entspricht"). Der Mandant hat ggf. gegen seine Eltern aus Unterhaltsrecht einen Anspruch auf Übernahme der gesetzlichen Verteidigergebühren (Mittelgebühr), wenn die Eltern leistungsfähig sind (§§ 1602, 1603, 1610 Abs. 2 BGB i.V.m. § 1360a Abs. 4 S. 2 BGB analog). Der Abschluss einer **Vergütungsvereinbarung** ist jedoch ausgeschlossen (vgl. § 107 BGB). 998

3. Gem. § 137 Abs. 2 kann der **gesetzliche Vertreter selbstständig** einen Verteidiger wählen. Den **Erziehungsberechtigten** steht dieses Recht gem. § 67 Abs. 3 JGG ebenfalls zu. Häufig ist jedoch, dass die Eltern einen Anwalt „für" den Jugendlichen mandatieren. 999

☝ In diesen Fällen empfiehlt sich, den **Eltern eindeutig** zu **erklären**, dass die **Verteidigung** nur die **Interessen** des **jungen Beschuldigten** zu vertreten hat, unabhängig davon, wer die Verteidigung beauftragt hat und finanziert. Die Interessen der Eltern sind nur dann von Bedeutung, wenn sie mit denen des jugendlichen Beschuldigten konform gehen (*Burhoff*, EV, Rn 2328 ff.; *Albrecht*, S. 344; *Eisenberg*, § 67 Rn 4; *Ostendorf*,

§ 68 Rn 6; a.A. *Brunner/Dölling*, § 67 Rn 5, wonach § 67 JGG die Erziehungsinteressen der Eltern schützen soll).

1000 **Erziehungsberechtigte** haben teilweise ein **eigenes Interesse** daran, familiäre Probleme, die möglicherweise den Hintergrund der Tat gebildet haben, nicht zur Sprache kommen zu lassen. U.U. führt dies zur Wahl eines eigenen Verteidigers. Soweit dadurch Konfliktlagen mit den Interessen des Beschuldigten entstehen, sollte der Verteidiger den **„Elternanwalt"** darauf hinweisen, dass Verteidigung nur auf Grundlage einer Vertrauensbasis geführt werden kann und den „Elternanwalt" bitten, entweder das Mandant niederzulegen oder sich der Einflussnahme auf die Verteidigung zu enthalten (*Zieger*, Rn 165).

1001 **4.a)** Wann nach dem JGG eine **notwendige Verteidigung** vorliegt richtet sich nach **§ 68 JGG** (s. dazu auch *Burhoff*, EV, Rn 2329 ff.; *Burhoff*, HV, Rn 1759 ff.; *Spahn* StraFo 2004, 82, für das Vollstreckungsverfahren s. Burhoff/Kotz/*Schimmel*, Nachsorge, Teil B Rn 742 ff.). Die Vorschrift gilt für Jugendliche auch im Verfahren vor den für allgemeine Strafsachen zuständigen Gerichten (§ 104 Abs. 1 Nr. 10 JGG). Im Verfahren gegen Heranwachsende gilt nur § 68 Nr. 1 und 3 JGG (§ 109 Abs. 1 JGG). Die Besonderheit, dass einem Jugendlichen bei vollstreckter Untersuchungshaft oder Unterbringung ein Verteidiger beizuordnen ist (§ 68 Nr. 5 JGG) hat als eigenständige Voraussetzung an Bedeutung verloren, seit dies auch für Erwachsene gem. § 140 Abs. 1 Nr. 4 gilt.

1002 **b)** Der Vorsitzende bestellt dem Beschuldigten gem. **§ 68 Nr. 1 JGG** einen Verteidiger, wenn einem **Erwachsenen ein Verteidiger** zu bestellen wäre. Hierbei ist insbesondere Augenmerk auf § 140 Abs. 2 zu legen, der im Jugendstrafverfahren aufgrund der Unerfahrenheit der jungen Angeklagten extensiv auszulegen ist (*Burhoff*, EV, Rn 2329 ff.; OLG Hamm StV 2008, 120; StV 2009, 85; OLG Saarbrücken StV 2007, 9; OLG Schleswig StV 2009, 86; LG Gera StV 2001, 171). Jugendliche sind aufgrund ihrer mangelnden Kompetenz der hochritualisierten Kommunikation im Strafverfahren nicht gewachsen und damit Erwachsenen gegenüber benachteiligt.

1003 In der Praxis wird bei Erwachsenen von der **„Schwere der Tat" i.S.d. § 140 Abs. 2** ausgegangen und ein Verteidiger bestellt, wenn Freiheitsstrafe von über einem Jahr zu erwarten ist. Diese Voraussetzung wird im Jugendstrafverfahren unterschiedlich ausgelegt. Zum Teil wird die Auslegung des allgemeinen Strafrechts übertragen, also dann von einer notwendigen Verteidigung ausgegangen, wenn Jugendstrafe von über einem Jahr zu erwarten ist (KG StV 1998, 325). Dies gilt auch, wenn eine Einheitsjugendstrafe gem. § 31 JGG gebildet wird (OLG Rostock StV 1998, 325). Teilweise werden diese Voraussetzung bereits dann als gegeben angesehen, wenn die Verhängung einer Jugendstrafe zu erwarten ist, deren Vollstreckung nicht zur Bewährung ausgesetzt wird (OLG Köln StV 1991, 151; OLG Hamm StV 2008, 120; LG Saarbrücken ZJJ 2010, 427) oder auch, wenn die **Verhängung** einer **Jugendstrafe droht** (LG Gera StraFo 1998, 270; LG Gera StraFo 1998, 342; OLG

Hamm StV 2009, 85 „in Erwägung zu ziehen“), also bei jeder **Anklage zum Jugendschöffengericht** (*Burhoff*, HV, Rn 1761 f.; *Burhoff*, EV, Rn 2332 f.; *Gau* StraFo 2007, 315; **a.A.** KG NStZ-RR 2013, 357; OLG Brandenburg NStZ-RR 2002, 184). Dieser letzten Auffassung ist der Vorzug zu geben, da sich zum einen das Mindestmaß der Jugendstrafe auf 6 Monate beläuft (§ 18 Abs. 1 JGG), zum anderen stellt die Gefahr eines Freiheitsentzugs bei Jugendlichen eine deutlich entscheidendere Maßnahme dar als bei Erwachsenen.

☝ Der Verteidiger sollte – unter Hinweis auf die einschlägige Rechtsprechung – bei jeder Anklage zum **Jugendschöffengericht** seine **Beiordnung** (auch wegen der Kostenfolge s. → *JGG-Besonderheiten, Kostenentscheidung*, Teil A Rdn 797 ff.) **beantragen**.

Das Merkmal der **Schwierigkeit der Sach- und Rechtslage** liegt immer dann vor, wenn der 1004
Angeklagte nicht dazu in der Lage ist, ohne anwaltliche Hilfe die durch das Verfahren aufgeworfenen sachlichen und rechtlichen Probleme zu bewältigen (*Brunner/Dölling*, § 68 Rn 21). Die Fähigkeit des Angeklagten, sich selbst zu verteidigen, kann auch dann erheblich beeinträchtigt sein, wenn ein Mitangeklagter einen Verteidiger hat und sich die Mitangeklagten gegenseitig belasten (LG Braunschweig StRR 2015, 242). In einem Strafverfahren wegen gemeinschaftlicher Körperverletzung gegen mehrere jugendliche Mitangeklagte ist auch im Falle eines einfachen Lebenssachverhalts jedem der Angeklagten ein Pflichtverteidiger beizuordnen, wenn wegen der Vielzahl der zu vernehmenden Zeugen, die möglicherweise divergierend aussagen werden, eine umfangreiche Beweiswürdigung notwendig werden wird, wenn zu erwarten steht, dass sich die Beteiligten in der HV wechselseitig die Verantwortung zuschieben werden und wenn eine starke Alkoholisierung eines der Mitangeklagten und deshalb die Anwendung von § 21 StGB in Betracht kommt (LG Düsseldorf StraFo 2015, 163).

c) Auch im **vereinfachten Jugendverfahren** (→ *JGG-Besonderheiten, Allgemeines*, 1005
Teil A Rdn 639 ff.) ist die Mitwirkung eines Verteidigers notwendig, wenn dem Angeklagten ein **Verbrechen** zur Last gelegt wird (OLG Düsseldorf StV 1999, 653).

Über § 83 Abs. 3 S. 2 JGG sind die Vorschriften über die notwendige Verteidigung auch 1006
im **Vollstreckungsverfahren** anzuwenden (ausführlich *Burhoff/Schimmel* Nachsorge Teil B Rn 742 ff.)

d) Nach der **Arbeitsgruppe der DVJJ** (NJW 1989, 1025) ist bei **Rechtsmittelverfahren** 1007
wegen der damit verbundenen besonderen Schwierigkeiten der Sach- und Rechtslage **immer** eine notwendige Verteidigung zu bejahen (s. dazu auch *Walter*, S. 199).

Siehe auch: → *JGG-Besonderheiten, Allgemeines*, Teil A Rdn 619; → *JGG-Besonderheiten, Revision*, Teil A Rdn 867; → *Revision, Pflichtverteidiger*, Teil A Rdn 2187; → *Revision, Verfahrensrüge, Abwesenheit (§ 338 Nr. 5)*, Teil A Rdn 2299.

1008 JGG-Besonderheiten, Vollzug Jugendstrafe/ Jugendarrest

Das Wichtigste in Kürze:

1. Gerichtlicher Rechtsschutz im Jugendstrafvollzug ist – wie bei Erwachsenen – über einen Antrag auf gerichtliche Entscheidung zu erhalten.
2. Zuständig ist die Jugendkammer.
3. Gegen die Entscheidung der Jugendkammer ist nur die Rechtsbeschwerde zum OLG möglich.
4. Der Jugendliche kann einen Antrag auf mündliche Verhandlung stellen.
5. Als informelle Konfliktlösung kommt eine Beschwerde bei der Anstaltsleitung in Frage. Auch hier soll der Jugendliche mündlich gehört werden.

1009 **Literaturhinweise:** **Eisenberg**, Jugendstrafvollzugsgesetze der Bundesländer – eine Übersicht, NStZ 2008, 250; **Höynck u.a.**, Jugendstrafvollzugsgesetze der Länder, ZJJ 2008, 159; **Jesse**, Aktuelle Herausforderungen im Jugendvollzug, ZJJ 2015, 123; **Kamann**, Vollstreckung und Vollzug der Jugendstrafe 2009; **Köhne**, Das Ende des „gesetzlosen" Jugendstrafvollzuges, ZRP 2007, 109; **Kretschmer**, Ergänzungen und Alternativen zum strafvollzugsrechtlichen Rechtsschutzsystem, ZfStrVo 2005, 217; **Ostendorf** (Hrsg.), Jugendstrafvollzugsrecht, 2. Aufl., 2012; *ders.*, Die gesetzlichen Grundlagen für den Jugendstrafvollzug, ZJJ 2015, 112; s.a. die Hinw. bei → *JGG-Besonderheiten, Allgemeines*, Teil A Rdn 620.

1010 **1.a)** Das BVerfG hatte in seiner Entscheidung vom 31.5.2006 (NJW 2006, 2093) für den Jugendstrafvollzug eine gesetzliche Grundlage gefordert (dazu *Köhne* ZRP 2007, 109). Da das **Recht** des **Vollzugs** seit der Föderalismusreform 2006 Sache der Länder ist, sind diese auch für den Jugendstrafvollzug zuständig. Bis auf Bayern und Niedersachsen, die den Jugendstrafvollzug in den „allgemeinen" Vollzugsgesetzen behandeln, haben alle anderen Bundesländer eigene **Jugendstrafvollzugsgesetze** erlassen (zu den einzelnen Jugendstrafvollzugsgesetzen *Ostendorf*, a.a.O.; abgedr. a. in D/S/S). Eine synoptische Darstellung befindet sich bei *Höynck u.a.* ZJJ 2008, 159; *Eisenberg* NStZ 2008, 250) Hinweise zur Verteidigung befinden sich auch bei Burhoff/Kotz/*Schimmel,* Nachsorge, Teil C Rn 437 ff. und *Kamann*, Vollstreckung und Vollzug der Jugendstrafe.

1011 **b) § 92 JGG** regelt den **gerichtlichen Rechtsschutz** sowohl für den Jugendarrest als auch für die Jugendstrafe bzw. die Unterbringung in einem psychiatrischen Krankenhaus oder einer Entziehungsanstalt (s. Burhoff/Kotz/*Schimmel,* Nachsorge, Teil C Rn 532 ff.). Gerichtlicher Rechtsschutz besteht im Antrag auf gerichtliche Entscheidung und in der Rechtsbeschwerde.

1012 **c)** Die **Stellung** des **Erziehungsberechtigten** oder gesetzlichen Vertreters ist die gleiche wie im jugendgerichtlichen Erkenntnisverfahren. Dies bedeutet,

- soweit der Gefangene ein Recht darauf hat, **gehört** zu werden, Fragen und Anträge zu stellen oder bei Untersuchungshandlungen anwesend zu sein, steht dieses Recht auch den Erziehungsberechtigten oder gesetzlichen Vertretern zu (§ 67 Abs. 1 JGG),
- ist eine Mitteilung an den Gefangenen vorgeschrieben, so soll die **Mitteilung** auch an die Erziehungsberechtigten oder gesetzlichen Vertreter gerichtet werden (§ 67 Abs. 2 JGG),
- die Erziehungsberechtigten oder gesetzlichen Vertreter können einen **Verteidiger** wählen oder
- **Rechtsmittel** einlegen.

d) Für den **Antrag** auf **gerichtliche Entscheidung** im Jugendvollzug gelten die §§ 109 und 111 bis 120 StVollzG sowie § 67 Abs. 1 – 3 und 5 JGG (Stellung des Erziehungsberechtigten) entsprechend, allerdings kann das Landesrecht vorsehen, dass der Antrag auf gerichtliche Entscheidung erst nach einem Verfahren zur gütlichen Streitbeilegung zulässig ist. **1013**

Von der Möglichkeit des **Güteverfahrens** vor einem Antrag auf gerichtliche Entscheidung hat **nur** das **Saarland** Gebrauch gemacht. Gem. § 87 Abs. 4 JStVollzG Saarland kann ein Antrag auf gerichtliche Entscheidung erst nach einem Verfahren zur gütlichen Streitbeilegung gestellt werden. Dieses Schlichtungsverfahren wird vom Vollstreckungsleiter, also dem Jugendrichter, durchgeführt. **NRW** hat gem. § 97 Abs. 2 JStVollzG NRW die „**Ombudsperson** für den Strafvollzug" eingeführt. Dieses Verfahren stellt jedoch keine Zulässigkeitsvoraussetzung für einen Antrag auf gerichtliche Entscheidung dar. **1014**

e) Durch die Bezugnahme auf §§ 109 ff StVollzG gelten folgende **Voraussetzungen** für einen Antrag auf gerichtliche Entscheidung: **1015**

- Der Antragsteller muss geltend machen, durch eine Maßnahme oder ihre Ablehnung oder Unterlassung in **eigenen Rechten verletzt** zu sein (§ 109 Abs. 2 StVollzG).
- Der Antrag auf gerichtliche Entscheidung hat grds. **keine aufschiebende Wirkung** (§ 114 StVollzG). Das Gericht kann jedoch den Vollzug der angefochtenen Maßnahme aussetzen oder entsprechend § 123 VwGO eine einstweilige Anordnung erlassen. Dieser Antrag kann schon vor dem Antrag auf gerichtliche Entscheidung gestellt werden.

2. Örtlich und **funktionell zuständig** für die Entscheidung über den Antrag ist grds. die **Jugendkammer**, in deren Bezirk die beteiligte Vollzugsbehörde ihren Sitz hat (§ 92 Abs. 2 JGG; ausführlich Burhoff/Kotz/*Schimmel,* Nachsorge, Teil C 531 ff.). Im Grundsatz entscheidet die Jugendkammer durch eines ihrer Mitglieder als Einzelrichter. Die gesamte Kammer entscheidet nur bei besonderen Schwierigkeiten rechtlicher Art oder bei besonderer Bedeutung der Sache (§ 92 Abs. 4 JGG). **1016**

3. Gegen die Entscheidung der Jugendkammer ist nur die **Rechtsbeschwerde** zum **OLG** möglich. Eine Rechtsbeschwerde ist nur zulässig, wenn es geboten ist, die Nachprüfung zur Fortbildung des Rechts oder zur Sicherung einer einheitlichen Rechtsprechung zu er- **1017**

möglichen. Sie kann nur darauf gestützt werden, dass die Entscheidung auf einer Verletzung des Gesetzes beruhe. Das Gesetz ist verletzt, wenn eine Rechtsnorm nicht oder nicht richtig angewendet worden ist. (§ 116 StVollzG). Frist und Form der Rechtsbeschwerde sind der **Revision nachgebildet**. Sie ist innerhalb eines Monats nach Zustellung einzulegen. Innerhalb dieser Frist sind auch die Anträge zu stellen und eine Begründung einzureichen, aus der hervorgeht, ob die Entscheidung wegen Verletzung einer Rechtsnorm über das Verfahren oder wegen Verletzung einer anderen Rechtsnorm angefochten wird. Bei einer Verfahrensrüge müssen die den Mangel enthaltenden Tatsachen angegeben werden (§ 118 StVollzG; allgemein zu Rechtsbeschwerde und Revision → *Rechtsbeschwerde, Allgemeines*, Teil A Rdn 1053, und → *Revision, Allgemeines*, Teil A Rdn 2006, m.w.N.).

1018 **4.a)** Während das **Verfahren** nach §§ 109 ff. StVollzG ein rein schriftliches Verfahren darstellt, kann bei **jungen** Gefangenen eine **mündliche Verhandlung** durchgeführt werden. Jedenfalls hat der Jugendliche das Recht, auf seinen Antrag hin zumindest von der Anstalt mündlich **gehört** zu werden. Hiermit soll der für viele junge Gefangene nicht leicht zu überwindenden Hürde, einen Sachverhalt schriftlich darzulegen, Rechnung getragen werden.

☝ Der Verteidiger sollte i.d.R. – schon wegen des persönlichen Eindrucks – einen **Antrag** auf **mündliche Verhandlung** stellen.

1019 **b)** Bei Unterliegen oder Rücknahme des Antrages hat der Antragsteller die **Kosten** zu tragen. Allerdings kann die Kammer nach § 74 JGG davon absehen, dem Antragsteller Kosten und Auslagen aufzuerlegen (→ *JGG-Besonderheiten, Kostenentscheidung*, Teil A Rdn 797 ff.).

1020 **5.a)** Die Jugendstrafvollzugsgesetze sehen als „informelle Konfliktlösung" die Möglichkeit einer **Beschwerde** bei der **Anstaltsleitung** bzw. **Vollzugsbehörde** vor (s. z.B. § 87 BremJStVollzG; § 87 JStVollzG Bln; § 87 SächsJStVollzG; Art. 115 BayStVollzG; § 101 JStVollzG BW; § 97 JStVollzG NRW; § 101 NJVollzG; § 57 HessJStVollzG). Die Vorschriften sind § 108 StVollzG nachgebildet. Im Erwachsenenstrafvollzug wird dieser Rechtsbehelf rege in Anspruch genommen und verzeichnet für die Beschwerdeführer wesentlich mehr Erfolge als Verfahren bei der Strafvollstreckungskammer (*Kretschmer* ZfStrVo 2005, 217). Grds. soll der Anstaltsleiter nach **mündlicher Anhörung** des Beschwerdeführers entscheiden (*Kamann*, Rn 133). Das Beschwerderecht des Gefangenen bezieht sich jedoch nur auf eigene Angelegenheiten.

1021 **b) Umstr.** ist, ob dem **Verteidiger** ein **Anwesenheitsrecht** bei der Anhörung zusteht (verneinend – allerdings zum Erwachsenenvollzug – OLG Nürnberg ZfStrVo 1979, 93; bejahend *Kamann*, Rn 134). Unabhängig davon, dass das Beschwerderecht kein förmlicher Rechtsbehelf ist, gilt § 137 und damit die Garantie, sich in jeder Lage des Verfahrens eines Verteidigers bedienen zu können für das gesamte Vollzugsverfahren. Aufgrund der geringeren Lebenserfahrung und Handlungskompetenz von Jugendlichen ist die Anwesenheit zu gestatten.

Siehe auch: → *JGG-Besonderheiten, Allgemeines*, Teil A Rdn 619; → *JGG-Besonderheiten, Ungehorsamsarrest*, Teil A Rdn 920.

JGG-Besonderheiten, Wiederaufnahmeverfahren 1022

Das Wichtigste in Kürze:

1. Für das Wiederaufnahmeverfahren gelten grds. gem. § 2 Abs. 2 JGG die allgemeinen Vorschriften der StPO.
2. Besonderheiten gelten hinsichtlich der Zuständigkeit im Wiederaufnahmeverfahren, hinsichtlich des Begriffs des Verurteilten. Einschränkungen ergeben sich aus § 55 JGG.
3. Gegen urteilsgleiche Beschlüsse ist im JGG-Verfahren eine Wiederaufnahme zulässig.

Literaturhinweise: Eisenberg, Jugendarrest wegen schuldhafter Nichtbefolgung von Weisungen und Auflagen, Zbl 1989, 16; **Nothacker**, „Erziehungsvorrang" und Gesetzesauslegung im Jugendgerichtsgesetz 1985; s.a. die Hinw. bei → *JGG-Besonderheiten, Allgemeines*, Teil A Rdn 620. 1023

1. Für das Wiederaufnahmeverfahren gelten grds. gem. § 2 Abs. 2 JGG die **allgemeinen Vorschriften** der StPO (§§ 359 ff.; → *Wiederaufnahme, Allgemeines*, Teil B Rdn 1053, m.w.N.). 1024

2. Auf folgende **Besonderheiten** ist hinzuweisen: 1025

a) Unabhängig vom Lebensalter bleiben die **Jugendgerichte** für ein Wiederaufnahmeverfahren **zuständig**, d.h. es darf auch nicht in dem Beschluss gem. § 370 Abs. 2 an ein allgemeines Strafgericht verwiesen werden (*Eisenberg*, § 55 Rn 26; a.A. *Meyer-Goßner/Schmitt*, § 140a GVG Rn 11, § 370 Rn 17). 1026

b) Verurteilter i.S.d. Wiederaufnahmevorschriften ist auch derjenige, gegen den Erziehungsmaßregeln oder Zuchtmittel verhängt wurden, sowie derjenige, gegen den nach § 27 JGG die Aussetzung der Verhängung der Jugendstrafe ausgesprochen wurde (*Eisenberg*, § 55 Rn 29). 1027

c) § 359 Nr. 5 (neue Tatsachen oder Beweismittel können zu einer milderen Bestrafung führen), und § 363 (andere Strafzumessung) werden von der sachlichen Rechtsmittelbeschränkung des § 55 Abs. 1 JGG (→ *JGG-Besonderheiten, Rechtsmittelbeschränkungen*, Teil A Rdn 840 ff.) ergänzt. Dies bedeutet eine Wiederaufnahme eines Urteils, in dem lediglich **Weisungen** und **Zuchtmittel** verhängt wurden, ist unzulässig hinsichtlich der Art und des Umfangs der Maßnahmen. 1028

1029 **3.** Gegen **urteilsgleiche Beschlüsse** ist eine Wiederaufnahme **zulässig** (zum allgemeinen Strafverfahren abl. *Meyer-Goßner/Schmitt*, vor § 359 Rn 5). Diese sind im Jugendstrafverfahren:

- **nachträgliche Strafaussetzung** zur Bewährung (§ 57 Abs. 1 und 2 JGG; *Eisenberg*, § 55 Rn 30; D/S/S-*Schatz*, § 59 Rn 7; *Ostendorf*, § 59 Rn 2; *Brunner/Dölling*, § 55 Rn 49; → *JGG-Besonderheiten, Bewährungsfragen*, Teil A Rdn 672 ff.),
- **Widerruf** der **Strafaussetzung** (§§ 26, 58 Abs. 1 JGG; D/S/S-*Schatz*, § 59 Rn 7; *Ostendorf*, § 59 Rn 2, 17; *Eisenberg*, § 59 Rn 29; *Brunner/Dölling*, § 55 Rn 49; → *JGG-Besonderheiten, Bewährungsfragen*, Teil A Rdn 672 ff.; Burhoff/Kotz/*Schimmel*, Nachsorge, Teil A Rn 143 ff.),
- **Tilgung** des Schuldspruchs bei Verfahren gem. § 27 JGG (§ 62 Abs. 2 JGG; *Eisenberg*, § 55 Rn 30; *Brunner/Dölling*, § 55 Rn 49; → *JGG-Besonderheiten, Allgemeines*, Teil A Rdn 644 ff.; Burhoff/Kotz/*Schimmel*, Nachsorge, Teil B Rn 935),
- Nachträgliche Entscheidung über eine **einheitliche Maßnahme** (§ 66 Abs. 2 S. 2 JGG; *Eisenberg*, § 55 Rn 30; *Brunner/Dölling*, § 55 Rn 49; → *JGG-Besonderheiten, Entscheidungsergänzungen, nachträgliche*, Teil A Rdn 765 ff.),
- Verhängung von **Ungehorsamsarrest** (§§ 11 Abs. 3, 15 Abs. 3 S. 2 JGG; *Eisenberg*, § 55 Rn 30; § 65 Rn 20; *Eisenberg* Zbl 1989, 16, 21; *Nothacker*, S. 327, da in vergleichbaren Verfahrensfragen nach allgemeinem Strafrecht keine derartigen Rechtsfolgen bestehen und kein Grund vorhanden ist, der es rechtfertigen könnte, den Jugendlichen einem möglicherweise zu Unrecht erfolgten Eingriff auszusetzen; → *JGG-Besonderheiten, Ungehorsamsarrest*, Teil A Rdn 920 ff.).

Siehe auch: → *JGG-Besonderheiten, Allgemeines*, Teil A Rdn 619, m.w.N.; → *Wiederaufnahme, Allgemeines*, Teil B Rdn 1053, m.w.N.

1030 JGG-Besonderheiten, Wiedereinsetzung in den vorigen Stand

1031 **Literaturhinweise:** s. die Hinw. bei → *JGG-Besonderheiten, Allgemeines*, Teil A Rdn 620; → *Wiedereinsetzung in den vorigen Stand, Allgemeines*, Teil B Rdn 1481.

1032 **1.** Für die Wiedereinsetzung in den vorigen Stand gelten gem. § 2 Abs. 2 JGG die **allgemeinen Vorschriften** (→ *Wiedereinsetzung in den vorigen Stand, Allgemeines*, Teil B Rdn 1479).

1033 **2.** Eine Wiedereinsetzung wegen Verhinderung ohne Verschulden, die Rechtsmittelfrist einzuhalten, kann gerade im Jugendstrafverfahren auch in **persönlichen Umständen** begründet liegen.

☝ Allerdings gilt dies **nicht bei reiner Unachtsamkeit** oder Gleichgültigkeit des Betroffenen oder seiner bloß allgemeinen Unbeholfenheit beim Verkehr mit Behörden sondern nur in besonderen Ausnahmefällen (vgl. KMR-*Paulus*, § 44 Rn 14).

Von dem Vorliegen eines **Ausnahmefalls** ist auszugehen, wenn der zum Zeitpunkt der HV gerade 16 Jahre alte Angeklagte die Hauptschule nach der siebenten Klasse ohne Abschluss verlassen musste, er zudem nach den Urteilsgründen in erheblichem Umfange Drogen konsumierte und er in der HV weder durch einen (Pflicht-)Verteidiger vertreten noch auch nur ein Elternteil als gesetzlicher Vertreter zugegen war (OLG Schleswig StV 2010, 62). **1034**

Ein zusätzlicher Wiedereinsetzungsgrund ist bei unverschuldetem **Versäumen der rechtzeitigen Rechtsmittelwahl** gegeben (→ *JGG-Besonderheiten, Rechtsmittelbeschränkung*, Teil A Rdn 820 ff.). **1035**

3. Der trotz Benachrichtigung nicht zur HV erschienene **gesetzliche Vertreter** des Jugendlichen kann nicht deshalb Wiedereinsetzung gegen die Versäumung der Berufungsfrist beanspruchen, weil ihm das angefochtene Urteil nicht vor Ablauf der Berufungseinlegungsfrist zugestellt und ihm auch keine Rechtsmittelbelehrung erteilt worden war (OLG Hamm NStZ 2009, 45). **1036**

Siehe auch: → *JGG-Besonderheiten, Berufung*, Teil A Rdn 665; → *JGG-Besonderheiten, Entscheidungsbekanntmachung*, Teil A Rdn 754; → *JGG-Besonderheiten, Ladung*, Teil A Rdn 809; → *JGG-Besonderheiten, Rechtsmittelbeschränkungen*, Teil A Rdn 817; → *Wiedereinsetzung in den vorigen Stand, Allgemeines*, Teil B Rdn 1481, m.w.N.

JGG-Besonderheiten, Zuständigkeiten **1037**

Das Wichtigste in Kürze:

1. Für Verfahren gegen Jugendliche gelten grds. gem. § 2 Abs. 2 JGG die allgemeinen Vorschriften des GVG und der StPO auch über die gerichtlichen Zuständigkeiten.
2. Straftaten von Jugendlichen und Heranwachsenden werden vor den Jugendgerichten verhandelt.
3. Für Berufungen ist die Jugendkammer zuständig.
4. Die Vorschriften über die Zuständigkeit der Jugendgerichte gelten gem. § 108 Abs. 1 JGG auch bei Verfehlungen Heranwachsender. Es gilt der Vorrang der Jugendgerichte.

Literaturhinweise: **Breymann**, Was müssen Jugendrichter/Innen eigentlich wissen und können? ZJJ 2011, 88; **Caspari**, Die Besetzungsreduktion bei den großen Straf- und Jugendkammern, DRiZ 2011, 302; **Deutscher**, Die Zweier-Besetzung in der Hauptverhandlung als dauerhafter Regelfall – Zur Neuregelung der §§ 76 GVG, 33b **1038**

JGG, StRR 2012, 10; **Eisenberg**, Referentenentwurf des BMJ „Gesetz zur Stärkung der Rechte von Opfern sexuellen Missbrauchs (StORMG)“ 2010, HRRS 2011, 64; **Schmidt**, Die Besetzung der großen Jugendkammer in Verfahren über Berufungen gegen Urteile des Jugendschöffengerichts (§ 33b JGG), NStZ 1995, 215; s.a. die Hinw. bei → *JGG-Besonderheiten, Allgemeines*, Teil A Rdn 620.

1039 **1.** Für **Verfahren** gegen **Jugendliche** gelten grds. gem. § 2 Abs. 2 JGG die **allgemeinen Vorschriften** des GVG und der StPO auch über die gerichtlichen Zuständigkeiten, allerdings mit einigen **Besonderheiten**.

1040 **2.a)** Bei den **Jugendgerichten** handelt es sich nicht um einen besonderen Gerichtszweig, sondern lediglich um **besondere Spruchkörper**, die wie die allgemeinen Strafgerichte bei der ordentlichen Gerichtsbarkeit angesiedelt sind. Die Jugendgerichte sind gemäß § 33 Abs. 2 JGG beim AG der Strafrichter als **Jugendrichter** (Einzelrichter) und das Schöffengericht als **Jugendschöffengericht** (Besetzung gemäß § 33a Abs. 1 S. 1 JGG: ein Jugendrichter und zwei Jugendschöffen), beim LG die Strafkammer als **Jugendkammer**.

☝ Die Zuständigkeit des Jugendgerichts ist immer bereits dann **begründet**, wenn auch **nur ein Teil** einer einheitlichen **Tat vor Vollendung** des **21. Lebensjahres** verwirklicht wurde (BGH StV 2003, 454).

1041 Die Jugendkammer beschließt ihre Besetzung mit drei Richtern einschließlich des Vorsitzenden und zwei Jugendschöffen auch dann, wenn mit dem angefochtenen Urteil auf eine **Jugendstrafe von mehr als vier Jahren** erkannt wurde (§ 33b Abs. 4 JGG). Die **Beschränkung** in der **Strafgewalt** (§ 24 Abs. 2 GVG; nur bis 4 Jahre Freiheitsstrafe) gilt für das **Jugendschöffengericht nicht**. Die Begrenzung der Strafgewalt ergibt sich allein aus §§ 18 Abs. 1 S. 1, 105 JGG. Das Jugendschöffengericht kann daher bis zu 10 Jahren Jugendstrafe verhängen und die Unterbringung sowohl in einer Entziehungsanstalt als auch in einem psychiatrischen Krankenhaus anordnen (kritisch hierzu *Eisenberg*, § 40 Rn 7). Insofern ist diese Voraussetzung in der Praxis häufiger gegeben.

1042 **b)** Bei den **OLG** und beim **BGH** gibt es keine Jugendgerichte – also keine „Jugendsenate“ o.ä. Dort sind für Revisionen über Jugendsachen die allgemeinen Strafsenate zuständig.

☝ Für die **Berufung** sind **Jugendgerichte** zuständig, nicht jedoch für die Revisionen beim OLG oder BGH.

1043 Gem. § 102 JGG werden die **Zuständigkeit** des **BGH** und des **OLG** durch die Vorschriften des JGG nicht berührt. In den zur Zuständigkeit von Oberlandesgerichten im ersten Rechtszug gehörenden Strafsachen (§ 120 Abs. 1 und 2 des GVG) entscheidet der BGH auch über Beschwerden gegen Entscheidungen dieser OLG, durch welche die Aussetzung der Jugendstrafe zur Bewährung angeordnet oder abgelehnt wird (§ 59 Abs. 1 Abs. 1 JGG; s. auch → *JGG-Besonderheiten, Bewährungsfragen*, Teil A Rdn 674 ff.).

c) Die **Richter** bei den Jugendgerichten sollen gem. § 37 JGG **erzieherisch befähigt** und in der Jugenderziehung erfahren sein. Es handelt sich jedoch um eine reine **Ordnungsvorschrift** deren Verletzung mit der Revision nicht Erfolg versprechend gerügt werden kann (BGH MDR 1958, 356). 1044

3. Die **Jugendkammer** ist gem. § 41 Abs. 2 S. 1 JGG zuständig für die Verhandlung und Entscheidung über das Rechtsmittel der Berufung gegen die Urteile des Jugendrichters und des Jugendschöffengerichts. Sie entscheidet auch über Beschwerden gegen Verfügungen des Jugendrichters sowie gegen Entscheidungen des Jugendrichters und der Jugendschöffengerichte (§ 41 Abs. 2 S. 2 JGG i.V.m. § 73 Abs. 1 GVG). Für die Verhandlung und Entscheidung über die allein vom erwachsenen Mitangeklagten eingelegte Berufung gegen das Urteil eines Jugendschöffengerichts ist jedoch die ordentliche Berufungs-Strafkammer nach § 74 Abs. 2 GVG zuständig (BGHSt 13, 157). 1045

Die Jugendkammer ist mit drei Richtern einschließlich des Vorsitzenden und zwei Jugendschöffen (große Jugendkammer) in Verfahren gegen Urteile des Jugendschöffengerichts, in Verfahren über Berufungen gegen Urteile des Jugendrichters mit dem Vorsitzenden und zwei Jugendschöffen (kleine Jugendkammer) **besetzt** (§ 33b Abs. 1 JGG). 1046

Bei der Eröffnung des Hauptverfahrens beschließt die große Jugendkammer über ihre **Besetzung in der HV**. Ist das Hauptverfahren bereits eröffnet, beschließt sie hierüber bei der Anberaumung des Termins zur HV. Sie beschließt eine Besetzung mit drei Richtern einschließlich des Vorsitzenden und zwei Jugendschöffen, wenn nach dem Umfang oder der Schwierigkeit der Sache die Mitwirkung eines dritten Richters notwendig erscheint. Im Übrigen beschließt die große Jugendkammer eine Besetzung mit zwei Richtern einschließlich des Vorsitzenden und zwei Jugendschöffen (§ 33b Abs. 2 JGG; eingehend *Burhoff*, EV, Rn 3252 ff., *Burhoff*, HV, Rn 2208 ff., jew. m.w.N. aus Rspr. und Lit.; vgl. auch *Deutscher* StRR 2012, 10; *Caspari* DRiZ 2011, 302). Die **Mitwirkung eines dritten Richters** ist i.d.R. notwendig, wenn die HV voraussichtlich länger als zehn Tage dauern wird oder die Sache eine der in § 74c Abs. 1 S. 1 des GVG genannten Straftaten zum Gegenstand hat (§ 33b Abs. 3 JGG). Beide Voraussetzungen liegen im Jugendstrafverfahren eher selten vor. 1047

4. Die Vorschriften über die Zuständigkeit der Jugendgerichte gelten gem. § 108 Abs. 1 JGG **auch** bei Verfehlungen **Heranwachsender**. Der Jugendrichter ist für Verfehlungen Heranwachsender auch zuständig, wenn die Anwendung des allgemeinen Strafrechts zu erwarten ist und nach § 25 GVG der Strafrichter zu entscheiden hätte. 1048

Dabei ist gem. § 47a JGG der **Vorrang** der **Jugendgerichte** zu **beachten**. Stellt sich nach Eröffnung des Hauptverfahrens heraus, dass nicht das Jugendgericht, sondern ein Erwachsenengericht zuständig gewesen wäre – etwa weil Anklage und Eröffnungsbeschluss von einer falschen Altersangabe ausgegangen sind – so verbleibt es nach § 47a S. 1 JGG grds. bei der Zuständigkeit des Jugendgerichts, auch wenn eigentlich die Zuständigkeit eines Erwach- 1049 senengerichts gleicher oder niedrigerer Ordnung gegeben gewesen wäre (BGH StraFo 2004, 103; *Brunner/Dölling*, § 47a Rn 1). Dabei ist unerheblich, ob sich ein Angeklagter durch falsche Altersangaben die Zuständigkeit des Jugendrichters erschlichen hat. Der Jugendrichter hat, sofern er zur Anwendung des allgemeinen Strafrechts gelangt, die gleiche Rechtsfolgenkompetenz wie der Strafrichter (vgl. BGH bei *Böhm* NStZ-RR 2004, 257, 259).

1050 Hat der **Strafrichter** in einem gegen einen **Heranwachsenden** geführten Verfahren entschieden, ist nach § 328 Abs. 2 (Verweisung unter Aufhebung des Urteils an das zuständige Gericht) zu verfahren (LG Rostock StraFo 2008, 211).

1051 Hebt die Jugendberufungskammer zu Unrecht das Urteil des Jugendrichters gemäß § 328 Abs. 2 wegen eines **vermeintlichen Zuständigkeitsfehlers** auf und verweist die Sache an den Strafrichter des AG zurück, so ist der Angeklagte, obwohl das Urteil des LG keine Sachentscheidung enthält, hierdurch beschwert (OLG Brandenburg NStZ-RR 2009, 57). In der gesetzlich nicht vorgesehenen Verweisung an den Strafrichter hat die Jugendberufungskammer den Anspruch des Angeklagten auf seinen gesetzlichen Richter verletzt (vgl. OLG Karlsruhe NStZ-RR 2005, 208).

1052 Lediglich im umgekehrten Fall, nämlich dann, wenn die Zuständigkeit des Jugendrichters gegeben wäre, allerdings der Strafrichter zu Unrecht entschieden hätte, wäre eine **Zurückverweisung** an den zuständigen **Jugendrichter** gesetzlich geboten, da dieser im Verhältnis zum Strafrichter **den Gerichten höherer Ordnung gleichgestellt** ist im Sinne der §§ 209a, 225a Abs. 1 und 270 Abs. 1 (OLG Oldenburg NJW 1980, 1384).

Siehe auch: → *JGG-Besonderheiten, Allgemeines*, Teil A Rdn 619; → *JGG-Verfahren, Besonderheiten*, Teil A Rdn 619; → *JGG-Besonderheiten, Revision*, Teil A Rdn 867.

1053 Rechtsbeschwerde, Allgemeines

Das Wichtigste in Kürze:

1. Die Rechtsbeschwerde ist in Bußgeldverfahren gegen Urteile und urteilsersetzende Beschlüsse nach § 72 OWiG das alleinige Rechtsmittel.
2. Die Rechtsbeschwerde ist der in der StPO geregelten Revision (§§ 333 – 358) nachgebildet.
3. Voraussetzung für die Zulässigkeit der Rechtsbeschwerde ist das Vorliegen einer Beschwer.
4. Trotz weitgehender Übereinstimmung von Revision und Rechtsbeschwerde bestehen einige für die Praxis bedeutsame Unterschiede.
5. Über die Regelung des § 46 Abs. 1 OWiG finden auch die allgemeinen Vorschriften der StPO zu den Rechtsmitteln, d.h. die §§ 296 – 303 im Rechtsbeschwerdeverfahren entsprechende Anwendung.

6. Einzulegen ist die Rechtsbeschwerde gem. § 79 Abs. 3 S. 1 OWiG i.V.m. § 341 Abs. 1 innerhalb einer Frist von 1 Woche bei dem Gericht, dessen Urteil angefochten wird.
7. Die Rechtsbeschwerde ist gem. § 79 Abs. 3 S. 1 OWiG i.V.m. § 344 Abs. 1 zu begründen.
8. Die Rechtsbeschwerde kann auf abtrennbare Teile, z.B. den Rechtsfolgenausspruch, beschränkt werden.
9. Das Rechtsbeschwerdegericht ist gem. § 79 Abs. 3 OWiG i.V.m. § 121 Abs. 1 Nr. 1 Buchst. a) GVG i. GVG i.d.R. das OLG.
10. Die Verfassungsbeschwerde (Art. 93 Abs. 1 Nr. 4 Buchst. a) GG i.V.m. §§ 13 Nr. 8 Buchst. a), 90 ff. BVerfGG) ist gegenüber der Rechtsbeschwerde subsidiär.

Literaturhinweise: **Baukelmann**, Die Zulassung der Rechtsbeschwerde im Bußgeldverfahren, 1983; **Burhoff**, Rechtsbeschwerde im Ordnungswidrigkeitenverfahren, ZAP F. 21, S. 263; *ders.*, Verteidigung im Revisionsverfahren, ZAP F. 22, S. 237; *ders.*, Verteidigerfehler in der Tatsachen- und Revisionsinstanz, StV 1997, 432; *ders.* in: *Ludovisy/Eggert/Burhoff*, § 5, Verkehrsordnungswidrigkeiten/Ordnungswidrigkeitenverfahren, Rn 441 ff.; **Cramer**, Die Rechtsprechung zur Rechtsbeschwerde nach dem Gesetz über Ordnungswidrigkeiten, VOR 1972, 102 und 133; **Demuth/Schneider**, Die Zulassung der Rechtsbeschwerde nach § 80 OWiG, NJW 1970, 1999; **Fromm**, Die schier unüberwindbare Hürde der Zulassungsrechtsbeschwerde im Ordnungswidrigkeitenverfahren, zfs 2015, 485; **Gieg**, Die strafprozessuale Verfahrensrüge in Straßenverkehrssachen Ursachen und Folgen anwaltlicher Preisgabe von Rügeoptionen im Revisions- und Rechtsbeschwerdeverfahren, DAR 2012, 624; **Gieg/Olbermann**, Die anwaltliche Rechtsbeschwerde in Straßenverkehrssachen, DAR 2009, 617; **Gribbohm**, Das Scheitern der Revision nach § 344 StPO, NStZ 1983, 97; **Herdegen**, Bemerkungen zur Beweiswürdigung, NStZ 1987, 193; **Junker**, Die Ausdehnung der eigenen Sachentscheidung in der strafrechtlichen Rechtsprechung des Bundesgerichtshofs, 2002; **Junker/Veh**, Die Verteidigung im Rechtsbeschwerdeverfahren, VRR 2006, 9 (Teil 1) und 50 (Teil 2); **Küper**, Zur Auslegung des § 329 I 2 StPO, NJW 1977, 1275; *ders.*, Anm. zu BGH, Beschl. v. 10.8.1977 – 3 StR 240/77, JZ 1978, 205; **Meurer**, Die Zulässigkeit der Rechtsbeschwerde gegen Beschlussentscheidungen in Bußgeldsachen, NStZ 1984, 8; **Meyer-Goßner**, Zu den „besonderen" Entscheidungsmöglichkeiten des Revisionsgerichts, Gedächtnisschrift für *Ellen Schlüchter*, 2002, S. 515; **Miebach/Sander**, Die Zulässigkeit von Verfahrensrügen in der Rechtsprechung des BGH, NStZ-RR 1999, 1 und 2000, 1; **Sander**, Die Zulässigkeit von Verfahrensrügen in der Rechtsprechung des BGH, NStZ-RR 2002, 1, fortlaufend jew. in Heft 1 der NStZ-RR; **Schwachheim**, Abschied vom Telefax im gerichtlichen Verfahren?, NJW 1999, 621; **Weidemann**, Die Zulassung der Rechtsbeschwerde nach § 80 I OWiG bei divergierender Entscheidung, NStZ 1985, 1; vgl. a. die Hinw. bei → *Revision, Allgemeines*, Teil A Rdn 2007. **1054**

1. Die **Rechtsbeschwerde** ist in Bußgeldverfahren gegen Urteile und urteilsersetzende Beschlüsse nach § 72 OWiG das **alleinige** Rechtsmittel (vgl. zusammenfassend zur Verteidigung im Rechtsbeschwerdeverfahren *Gieg/Olbermann* DAR 2009, 617; *Junker/Veh* VRR 2006, 9 ff. und 50 ff.; *Burhoff* ZAP F. 21, S. 263; Burhoff/*Junker*, OWi, Rn 3133 ff.). Die Zulässigkeit der Rechtsbeschwerde ist stark eingeschränkt. Sie hängt maßgeblich von der Höhe der Geldbuße bzw. den Nebenfolgen ab (wegen der Einzelh. s. → *Rechtsbeschwerde, Zulässigkeitsvoraussetzungen*, Teil A Rdn 1211). Ist die OWi weniger gewichtig, kann die Rechtsbeschwerde auch in Bagatellsachen ausnahmsweise zur Sicherung einer einheitlichen Recht- **1055**

sprechung oder zur Fortbildung des Rechts zugelassen werden (§§ 79 Abs. 1 S. 2, 80; s. hierzu → *Rechtsbeschwerde, Zulassung*, Teil A Rdn 1249). Die Zulässigkeitsbeschränkung dient der Entlastung der Rechtsmittelgerichte in Bagatellsachen.

1056 **2.** Die Rechtsbeschwerde ist der in der StPO geregelten **Revision** (§§ 333 bis 358) **nachgebildet** (vgl. → *Revision, Allgemeines*, Teil A Rdn 2006). Deshalb ist in § 79 Abs. 3 OWiG vorgesehen, dass die Normen der StPO und des GVG über die Revision auch im Rechtsbeschwerdeverfahren entsprechend anzuwenden sind. Im Einzelnen gelten aber folgende (s.a. Rdn 1060)

1057 **Abweichungen Revision/Rechtsbeschwerde:**

- Die §§ 333 bis 335 werden durch die Sonderregelung der §§ 79, 80 und 83 Abs. 2 OWiG **verdrängt**.
- **§ 338 Nr. 5** gilt nur, wenn die HV gegen den Willen der StA oder des Betroffenen in ihrer Abwesenheit stattgefunden hat (OLG Karlsruhe VRS 44, 64).
- **§ 341** wird durch § 79 Abs. 4 OWiG ergänzt.
- **§ 342** ist entsprechend anwendbar (vgl. zur Anwendung von § 342 auch → *Rechtsbeschwerde, Zulässigkeitsvoraussetzungen*, Teil A Rdn 1211).
- Die §§ 350, 351 und 356 gelten nur, wenn im Bußgeldverfahren eine **HV** stattgefunden hat.

1058 Da die Rechtsbeschwerde mit **Devolutiv-** und **Suspensiveffekt** ausgestattet ist, obliegt die Entscheidung über die Rechtsbeschwerde einem Gericht höherer Ordnung und der Eintritt der Rechtskraft der angefochtenen Entscheidung wird während der Dauer des Rechtsbeschwerdeverfahrens aufgeschoben. Es findet jedoch – genau wie bei der Revision – **keine neue Tatsachenverhandlung** statt. Auch die mit der Rechtsbeschwerde angefochtene Entscheidung wird nur auf eine Verletzung des Gesetzes hin überprüft (§ 79 Abs. 3 OWiG i.V.m. § 337). Die Prüfung ist also darauf beschränkt, ob eine Rechtsnorm nicht oder nicht richtig angewendet worden ist (ergänzend hierzu s. → *Rechtsbeschwerde, Entscheidung*, Teil A Rdn 1102). Eine **Beweisaufnahme** findet **nicht** statt.

1059 **3.** Voraussetzung für die Zulässigkeit der Rechtsbeschwerde ist das Vorliegen einer **Beschwer** (BGHSt 34, 11, 12; KK/*Senge*, § 79 Rn 54 m.w.N.). Diese ist unabhängig von den sonstigen Zulässigkeitsvoraussetzungen zu prüfen (BGHSt 16, 374; 28, 327, 330). Beschwert ist der Rechtsmittelführer, wenn die ergangene Entscheidung einen **unmittelbaren Nachteil** für ihn mit sich bringt, also in seine Rechte und geschützten Interessen unmittelbar eingegriffen worden ist (BGHSt 7, 153; 13, 75, 77; 16, 374, 376; KK-OWiG/*Senge*, § 79 Rn 54 m.w.N.; → *Rechtsmittel/Rechtsbehelfe, Beschwer*, Teil A Rdn 1547). Die Verurteilung zu einer Geldbuße oder einer Nebenfolge stellt deshalb stets eine Beschwer dar. Die Beschwer muss sich unmittelbar aus dem **Entscheidungsausspruch** herleiten, nicht erst aus den Entscheidungsgründen (BGHSt 7, 153; 16, 374; KK/*Senge*, a.a.O.). An einer Beschwer fehlt es, wenn der Betroffene freigesprochen wurde, unabhängig davon, ob die Entscheidung in ihren Gründen negative Darstellungen enthält (BGHSt 7, 153) oder wenn das Verfahren durch Urteil gem. § 260 Abs. 3 StPO wegen eines Verfahrenshindernisses eingestellt wurde (BGHSt 13, 75, 77; BGH NStZ-RR 1996, 299). Etwas anderes kann ausnahmsweise gelten, wenn das Verfahrenshindernis noch beseitigt werden kann (BGHSt 23, 257, 259; BGH NJW 2011, 2310).

4. Trotz weitgehender Übereinstimmung von Revision und Rechtsbeschwerde (s. aber schon Rdn 1057) bestehen einige für die Praxis bedeutsame **1060**

Unterschiede Revision/Rechtsbeschwerde: **1061**

- Anders als die Revision, die nur gegen richterliche Urteile statthaft ist (§ 333), richtet sich die Rechtsbeschwerde gem. § 79 Abs. 1 S. 1 OWiG **zusätzlich** auch **gegen richterliche Beschlüsse nach § 72 OWiG**, durch die im Hauptverfahren unter Verzicht auf eine HV entschieden wurde.
- Über die Rechtsbeschwerde wird durch das OLG grds. **ohne HV durch Beschluss** entschieden (§ 79 Abs. 5 S. 1 OWiG). Nur ausnahmsweise, wenn sich die Rechtsbeschwerde gegen ein Urteil richtet, kann das Rechtsbeschwerdegericht auch aufgrund einer HV durch Urteil entscheiden (§ 79 Abs. 5 S. 2 OWiG). In der Praxis ist das Rechtsbeschwerdeverfahren also letztlich ein rein schriftliches Verfahren.
- Die **eigene Sachentscheidungskompetenz** des Rechtsbeschwerdegerichts geht deutlich über die des Revisionsgerichts hinaus. Das Rechtsbeschwerdegericht kann gem. § 79 Abs. 6 OWiG abweichend von § 354 **stets in der Sache** selbst entscheiden. Die Sachentscheidungskompetenzen des Revisionsgerichts sind zwar durch die 2004 in Kraft getretene Vorschrift des § 354 Abs. 1a und Abs. 1b erweitert worden. Aber die dem Rechtsbeschwerdegericht durch § 79 Abs. 6 OWiG eingeräumte uneingeschränkte eigene Sachentscheidungsbefugnis, steht dem Revisionsgericht nach wie vor nicht zu. In der Praxis haben sich die Revisionsgerichte – insbesondere der BGH – allerdings ihre eigenen Sachentscheidungskompetenzen durch eine entsprechende Anwendung des § 354 Abs. 1 stark erweitert (vgl. hierzu *Junker*, S. 34 ff. und 127 ff.; *Meyer-Goßner*, S. 516 ff.), sodass die Unterschiede zwischen Revision und Rechtsbeschwerde hier nicht mehr so groß sind, wie es der Gesetzeswortlaut vermuten lässt. Ebenso wie für das Revisionsgericht kommt auch für das Rechtsbeschwerdegericht eine eigene Entscheidung in der Sache jedoch nur in Betracht, wenn der Tatrichter vollständige und tragfähige Urteilsfeststellungen getroffen hat, auf denen die Rechtsbeschwerdeentscheidung aufbauen kann (zu den Einzelh. s. → *Rechtsbeschwerde, Entscheidung*, Teil A Rdn 1102; vgl. insbesondere auch BVerfG NJW 2007, 2977).
- Schließlich kann das Rechtsbeschwerdegericht, wenn es die angefochtene Entscheidung aufhebt, die Sache an **denselben Richter zurückverweisen** (§ 79 Abs. 6 OWiG). Diese Möglichkeit ist dem Revisionsgericht gem. § 354 Abs. 2 verwehrt.

Macht das Rechtsbeschwerdegericht hiervon keinen Gebrauch, kann es die Sache auch an eine andere Abteilung des Gerichts oder ein anderes AG desselben Landes zurückverweisen. Die Möglichkeit, nach einer Aufhebung der Entscheidung denselben Tatrichter erneut mit der Sache zu befassen, hat vor allem einen Disziplinierungseffekt. Eine rechtsfehlerhafte oder nicht sorgfältig begründete Entscheidung kann so an den ursprünglichen Richter zur „Nachbesserung“ zurückverwiesen werden und dieser muss seine Arbeit letztlich doppelt verrichten (vgl. zum Disziplinierungsgedanken der Vorschrift auch KK-OWiG/*Senge*, vor § 79 Rn 9).

1062 **5.** Über die Regelung des § 46 Abs. 1 OWiG finden auch die **allgemeinen Vorschriften** der **StPO** zu den Rechtsmitteln, d.h. die §§ 296 bis 303 im Rechtsbeschwerdeverfahren entsprechende Anwendung (vgl. wegen Einzelh. → *Rechtsmittel/Rechtsbehelfe, Allgemeines*, Teil A Rdn 1289). Zum Kreis der **Anfechtungsberechtigten** gehören nach diesen Vorschriften zum einen der Betroffene und zum anderen jeder, dessen Verfahrensbeteiligung förmlich angeordnet worden ist, sowie die StA (s. hierzu auch KK-OWiG/*Senge*, vor § 79 Rn 11; *Lemke*, § 79 Rn 3). **Nicht** anfechtungsberechtigt ist die **Verwaltungsbehörde**, da im gerichtlichen Verfahren die Aufgaben der Verwaltungsbehörde auf die StA übergehen (§ 69 Abs. 4 S. 1 OWiG). Entsprechend § 296 Abs. 2 kann die StA von der Rechtsbeschwerde auch zugunsten des Betroffenen Gebrauch machen. Der gesetzliche Vertreter des Betroffenen kann gemäß § 46 Abs. 1 i.V.m. § 298 StPO aus eigenem Recht innerhalb der für den Betroffenen laufenden Frist eine Rechtsbeschwerde einlegen, z.B. wenn der Betroffene noch minderjährig ist oder unter Betreuung steht (vgl. z.B. OLG Hamm NStZ 2008, 119).

1063 **6.** Einzulegen ist die Rechtsbeschwerde gem. § 79 Abs. 3 S. 1 OWiG i.V.m. § 341 Abs. 1 innerhalb einer **Frist** von **1 Woche** bei dem Gericht, dessen Urteil angefochten wird. Die **Einlegung** kann **schriftlich** oder **zu Protokoll der Geschäftsstelle** vorgenommen werden (zu den Einzelh. s. → *Rechtsbeschwerde, Form*, Teil A Rdn 1115 und → *Rechtsbeschwerde, Frist*, Teil A Rdn 1129).

1064 **7.** Die Rechtsbeschwerde ist gem. § 79 Abs. 3 S. 1 OWiG i.V.m. § 344 Abs. 1 zu **begründen**. Fehlt die Begründung, ist die Rechtsbeschwerde unzulässig (zu den Einzelh. s. → *Rechtsbeschwerde, Begründung*, Teil A Rdn 1076). Notwendig ist vor diesem Hintergrund ein **Rechtsbeschwerdeantrag** sowie die Erhebung und Begründung von **Sachrügen** und/oder **Verfahrensrügen**. Während die Sachrüge nur relativ geringe Begründungserfordernisse aufweist (s. im Einzelnen → *Rechtsbeschwerde, Sachrüge*, Teil A Rdn 1157), unterliegt die Verfahrensrüge sehr strengen Formerfordernissen (ausführlich hierzu → *Rechtsbeschwerde, Verfahrensrüge*, Teil A Rdn 1182).

1065 Die Rechtsbeschwerdebegründung hat binnen einen Monats **schriftlich** durch einen Rechtsanwalt oder zu **Protokoll der Geschäftsstelle** zu erfolgen (s. hierzu → *Rechtsbeschwerde, Form*, Teil A Rdn 1115) Die einmonatige **Frist** zur Begründung der Rechtsbeschwerde beginnt entweder direkt nach dem Ablauf der Einlegungsfrist (§ 345 Abs. 1

S. 1 i.V.m. § 79 Abs. 3 OWiG) oder, falls zu dieser Zeit das Urteil noch nicht zugestellt war, mit der Zustellung des Urteils (§ 345 Abs. 1 S. 2 i.V.m. § 79 Abs. 3 OWiG; zu den Einzelh. s. → *Rechtsbeschwerde, Frist*, Teil A Rdn 1129).

8. Die Rechtsbeschwerde kann auf abtrennbare Teile, z.B. den Rechtsfolgenausspruch, **be-** 1066
schränkt werden (s. → *Rechtsbeschwerde, Beschränkung*, Teil A Rdn 1085; → *Revision, Beschränkung*, Teil A Rdn 2085). Auch kann gem. § 46 Abs. 1 OWiG i.V.m. § 302 auf die Einlegung einer Rechtsbeschwerde **verzichtet** (s. hierzu → *Rechtsbeschwerde, Rechtsmittelverzicht*, Teil A Rdn 1143) oder eine bereits eingelegte Rechtsbeschwerde **zurückgenommen** werden (s. → *Rechtsbeschwerde, Rücknahme*, Teil A Rdn 1149).

9.a) Das **Rechtsbeschwerdegericht** ist gem. § 79 Abs. 3 OWiG i.V.m. § 121 Abs. 1 Nr. 1 1067
Buchst. a) GVG i.d.R. das **OLG** (ausführlich hierzu → *Rechtsbeschwerde, Zuständigkeit*, Teil A Rdn 1282). Dort entscheiden Senate für Bußgeldsachen, die entweder mit **einem Richter** (§ 80a Abs. 1 OWiG) oder mit **drei Richtern** (§ 80a Abs. 2 und 3 OWiG) besetzt sind.

b) Das OLG hat mehrere Entscheidungsmöglichkeiten: Es kann die Rechtsbeschwerde 1068
entweder als **unzulässig** oder als **„offensichtlich unbegründet" verwerfen** (§ 349 Abs. 2) oder die angefochtene Entscheidung **aufheben**. Für den Fall der Aufhebung ist in § 79 Abs. 6 OWiG vorgesehen, dass das OLG entweder **in der Sache selbst entscheidet** oder die Sache an denselben Richter, eine andere Abteilung des AG oder an ein anderes AG desselben Landes **zurückverweist** (s. im Einzelnen → *Rechtsbeschwerde, Entscheidung*, Teil A Rdn 1102).

c) Bei seiner Entscheidung hat das OLG das **Verschlechterungsverbot** des § 358 Abs. 2 1069
i.V.m. § 79 Abs. 3 OWiG zu beachten. Auf eine nur vom Betroffenen oder von der StA zugunsten des Betroffenen eingelegte Rechtsbeschwerde darf es die ursprünglich verhängten Rechtsfolgen (Geldbuße und Nebenfolgen wie z.B. Fahrverbot) nicht „verbösern" (s. hierzu → *Rechtsbeschwerde, Verschlechterungsverbot*, Teil A Rdn 1205).

d) Ist eine Rechtsbeschwerde zu Unrecht **vom Amtsrichter als unzulässig** verworfen 1070
worden, z.B. wegen angeblicher Nichteinhaltung der Einlegungs- oder Begründungsfrist der Rechtsbeschwerde, kann der Beschwerdeführer sich hiergegen mit einem **Antrag** auf **Entscheidung** des **Rechtsbeschwerdegerichts** gem. § 346 i.V.m. § 79 Abs. 3 OWiG zur Wehr setzen (s. hierzu → *Rechtsbeschwerde, Antrag auf Entscheidung des Rechtsbeschwerdegerichts*, Teil A Rdn 1072).

10. Die **Verfassungsbeschwerde** (Art. 93 Abs. 1 Nr. 4 Buchst. a) GG i.V.m. §§ 13 Nr. 8 1071
Buchst. a), 90 ff. BVerfGG) ist gegenüber der Rechtsbeschwerde **subsidiär**. Sie ist erst zulässig, wenn der Rechtsweg vollständig erschöpft ist. Der Betroffene muss also alle ihm zuvor eingeräumten Möglichkeiten, seine Rechte zu wahren, ausgenutzt haben (vgl. *Meyer-Goßner/Schmitt*, Einl. Rn 234; → *Verfassungsbeschwerde, Allgemeines*, Teil C Rdn 728, m.w.N.).

☝ Je nach Lage des Falles kann es zur **Erschöpfung** des **Rechtsweges** notwendig sein, zunächst Wiedereinsetzung in den vorigen Stand, oder Nachholung des rechtlichen Gehörs, zu beantragen (BVerfG NJW 1976, 1839) bzw. die Anhörungsrüge zu erheben. Wird die Wiedereinsetzung in den vorigen Stand trotz unverschuldeter Fristversäumung verweigert, kann dies die Verfassungsbeschwerde begründen (KK-OWiG/*Senge*, vor § 79 Rn 13; Göhler/*Seitz*, vor § 79 Rn 10). Gem. § 79 Abs. 3 OWiG i.V.m. § 356a kommt die Anhörungsrüge auch in Bezug auf **Beschlussentscheidungen des Rechtsbeschwerdegerichts** in Betracht. D.h., ein Beschluss des Rechtsbeschwerdegerichts, der zum Nachteil des Betroffenen Tatsachen oder Beweisergebnisse verwertet, zu denen dieser noch nicht gehört worden ist, muss vor der Erhebung der Verfassungsbeschwerde zunächst mit einem Antrag auf Nachholung des rechtlichen Gehörs gem. § 79 Abs. 3 OWiG i.V.m. § 356a angefochten werden (s. auch OLG Jena NJW 2008, 534; OLG Hamburg, Beschl. v. 21.4.2008 – 40/07 [REV]).

Die **Verletzung des rechtlichen Gehörs** durch den **Tatrichter** muss hingegen unmittelbar im Rechtsbeschwerdeverfahren mittels der **Zulassungsbeschwerde** des § 80 Abs. 1 Nr. 2 OWiG geltend gemacht werden.

Die **Verfassungsbeschwerde** ist gem. § 93a BVerfGG ohne Rücksicht auf die Höhe drohender geldwerter Schäden schon dann vom BVerfG anzunehmen, wenn sie zur **Durchsetzung der Grundrechte** des Betroffenen oder sonstiger **verfassungsmäßig verbürgter Positionen** angezeigt ist (vgl. z.B. zu einer Verfassungsbeschwerde bei einer verhängten Geldbuße von lediglich 20,00 DM BVerfG NJW 1994, 847). Der Verteidiger muss jedoch bedenken, dass eine „substanzlose" oder aussichtslose Verfassungsbeschwerde eine Missbrauchsgebühr auslösen kann (BVerfG NJW 1996, 1273).

Siehe auch: → *Berufung, Allgemeines*, Teil A Rdn 1, m.w.N.; → *Rechtsmittel/Rechtsbehelfe, Allgemeines*, Teil A Rdn 1289, m.w.N.; → *Revision, Allgemeines*, Teil A Rdn 2006, m.w.N.; → *Rechtsbeschwerde, Gebühren*, Teil D Rdn 339.

1072 Rechtsbeschwerde, Antrag auf Entscheidung des Rechtsbeschwerdegerichts

1073 **Literaturhinweise:** s. die Hinw. bei → *Rechtsbeschwerde, Allgemeines*, Teil A Rdn 1053.

1074 **1.** Über die Verweisung in § 79 Abs. 3 OWiG gilt auch im Rechtsbeschwerdeverfahren die Vorschrift des **§ 346** entsprechend. Diese sieht vor, dass der **Amtsrichter** die **Äußerlichkeiten** der Fristwahrung und die Einhaltung der Formvorschrift des § 345 Abs. 2 **prüft**. Eine darüber hinausgehende Prüfung ist ihm verwehrt (BGH NJW 2007, 165). Das AG darf somit nicht darüber entscheiden, ob die Rechtsbeschwerde nach § 79 Abs. 1 oder

2 OWiG zulässig ist (vgl. OLG Düsseldorf VRS 89, 49) oder den Begründungsanforderungen des § 344 Abs. 2 genügt (vgl. Göhler/*Seitz*, § 79 Rn 34a; vgl. auch → *Revision, Antrag auf Entscheidung des Revisionsgerichts*, Teil A Rdn 2037).

2. Im Hinblick auf den **Prüfungsumfang** der **Zulässigkeitsprüfung** und die **Voraussetzungen des Antrags** nach § 346 gelten die Ausführungen zur Revision unter → *Revision, Antrag auf Entscheidung des Revisionsgerichts*, Teil A Rdn 2037 entsprechend. Auf diese kann deshalb verwiesen werden. 1075

Siehe auch: → *Rechtsbeschwerde, Allgemeines*, Teil A Rdn 1053, m.w.N.; → *Revision, Antrag auf Entscheidung des Revisionsgerichts*, Teil A Rdn 2037.

Rechtsbeschwerde, Begründung 1076

Literaturhinweise: s. die Hinw. bei → *Rechtsbeschwerde, Allgemeines*, Teil A Rdn 1053. 1077

1.a) Gem. § 79 Abs. 3 S. 1 OWiG i.V.m. § 344 Abs. 1 muss die Rechtsbeschwerde begründet werden, d.h. es muss ein **Rechtsbeschwerdeantrag** gestellt werden und aus der Begründung des Antrags muss sich ergeben, ob die **Sachrüge** und/oder die **Verfahrensrüge** erhoben wird. 1078

☝ Die Frist zur Begründung der Rechtsbeschwerde beträgt **einen Monat** (wegen der Einzelheiten → *Rechtsbeschwerde, Frist*, Teil A Rdn 1129).

b) Im **Rechtsbeschwerdeantrag** ist anzugeben, **inwieweit** die Entscheidung des AG **angefochten** und deren Aufhebung beantragt wird. Fehlt ein solcher Antrag, ist das nach der Rspr. nur dann unschädlich, wenn das Ziel des Rechtsmittels aus der Rechtsbeschwerdeschrift ersichtlich ist (BGH NStZ 1990, 96; StV 1981, 393; JZ 1988, 367; OLG Düsseldorf NZV 1988, 195, 196; OLG Hamm StV 1982, 170; OLG Koblenz VRS 1971, 209; → *Revision, Begründung, Allgemeines*, Teil A Rdn 2045, m.w.N.). 1079

☝ Wird in der Rechtsbeschwerdeschrift z.B. **uneingeschränkt** die **Sachrüge** erhoben, so ist daraus im Regelfall zu entnehmen, dass der Beschwerdeführer das Urteil insgesamt anficht (s. KK-OWiG/*Senge*, § 79 Rn 86 unter Hinw. auf BGH NStZ-RR 2000, 38; StV 1981, 393; BGHR StPO § 344 Abs. 1 Antrag 1 und 4).

☝ Schon aus **Gründen der Klarheit** sollte der Verteidiger aber stets auf einen **ordnungsgemäßen Rechtsbeschwerdeantrag achten**. Unklarheiten gehen zu seinen Lasten, was im schlimmsten Fall zur Unzulässigkeit der Rechtsbeschwerde führt (vgl. dazu BayObLG DAR 1985, 247 für den Fall, dass bei einer Verurteilung wegen zweier

Taten zwar uneingeschränkt die Verletzung sachlichen Rechts gerügt wird, sich die Rechtsbeschwerdebegründung aber nur mit einer der beiden Taten befasst).

1080 **c)** Eine **Rechtsbeschwerdebegründung** ist **zwingend notwendig**, sonst ist das Rechtsmittel unzulässig (vgl. Göhler/*Seitz*, § 79 Rn 27b). Zumindest muss sich der Anfechtungsgrund durch Auslegung aus der Begründungsschrift ermitteln lassen (vgl. *Gribbohm* NStZ 1983, 97 ff. m.w.N.).

☝ Im Rahmen der Rechtsbeschwerde können nur **Rechtsfehler** gerügt werden (vgl. § 337). Die tatsächlichen Feststellungen werden vom Rechtsbeschwerdegericht – ebenso wie vom Revisionsgericht in der Revision – grds. nicht überprüft. Die Begründung erfolgt durch die Erhebung der **Sachrüge** (s. → *Rechtsbeschwerde, Sachrüge*, Teil A Rdn 1157) und/oder der **Verfahrensrüge** (s. → *Rechtsbeschwerde, Verfahrensrüge*, Teil A Rdn 1182). Bei der Verfahrensrüge müssen die den Mangel enthaltenden Tatsachen angegeben werden. Besondere **Vorsicht** ist geboten, wenn der Verteidiger die tatrichterliche **Beweiswürdigung** angreifen will. Erschöpfen sich seine Ausführungen nämlich darin, dass er eine eigene Beweiswürdigung vornimmt, ist die Begründung unzureichend und die Rechtsbeschwerde wird als unzulässig verworfen (vgl. u.a. BGH NStZ 1991, 597; OLG Düsseldorf NStZ 1993, 99).

1081 **d)aa)** Gem. § 345 Abs. 2 i.V.m. § 79 Abs. 3 OWiG muss eine schriftliche Rechtsbeschwerdebegründung von dem **Verteidiger** oder einem **Rechtsanwalt ausgeführt** und **unterzeichnet** sein. Insoweit unterscheidet sich das Formerfordernis der Begründung erheblich von dem der Einlegung, bei der die Erklärung lediglich „schriftlich" erfolgen muss, d.h. auch vom Betroffenen selbst vorgenommen werden kann (BGHSt 31, 7; OLG Zweibrücken NStZ 1990, 541). Der Verteidiger oder der Rechtsanwalt muss zudem die **volle Verantwortung** für die Revisionsbegründung übernehmen und eine **gestaltende Mitwirkung** ausüben (vgl. BGH NStZ-RR 2006, 84; NStZ 1984, 563; OLG Hamm NStZ-RR 1999, 20). Das BVerfG (vgl. Beschl. v. 7.12.2015 – 2 BvR 767/15 m.w.N.) geht in seiner (neueren) Rspr. aber davon aus, dass allein aus dem Zusatz „i.V." und/oder „Rechtsanwalt (nach Diktat verreist)" nicht darauf geschlossen werden kann, dass der unterzeichnende Rechtsanwalt nicht die Verantwortung übernimmt (vgl. a. noch BGHSt 59, 284).

☝ Trotz der für den Rechtsanwalt günstigen Rspr. des BVerfG sind alle **Formulierungen** zu vermeiden, aus denen abgeleitet werden könnte, dass der unterzeichnende Rechtsanwalt nicht eigenverantwortlicher Verfasser der Begründung ist. Auf Zusätze wie „auftragsgemäß" oder „auf nachdrücklichen Wunsch des Mandanten" ist deshalb zu verzichten (→ *Revision, Begründung, Form*, Teil A Rdn 2054;

vgl. a. *Burhoff*, HV, Rn 2271 ff. m.w.N. aus der Rspr.; Göhler/*Seitz*, § 79 Rn 29a und *Rebmann/Roth/Herrmann*, § 79 Rn 22).

bb) Will der **Betroffene selbst** die Rechtsbeschwerde begründen, kann er dies nicht schrift- 1082
lich, sondern nur zu **Protokoll** der **Geschäftsstelle** tun. Hierdurch soll sichergestellt werden, dass der Inhalt der Begründung von sachkundiger Seite stammt und gesetzmäßig und sachgerecht ist (BGHSt 25, 272; BGH NStZ 1987, 336). Der **Urkundsbeamte** der Geschäftsstelle muss sich deshalb an der Anfertigung der Rechtsmittelbegründung gestaltend beteiligen und die Verantwortung für ihren Inhalt übernehmen (OLG Hamm VRS 109, 361 m.w.N.). Lässt er sich den Inhalt der Rechtsbeschwerdebegründung lediglich vom Betroffenen diktieren oder beschränkt er sich darauf, einen vom Betroffenen überreichten Schriftsatz abzuschreiben, ist die Rechtsbeschwerde unzulässig (BGH NStZ-RR 1997, 8; s. auch → *Rechtsmittel/Rechtsbehelfe, Form, Protokoll der Geschäftsstelle*, Teil A Rdn 1517). Der Urkundsbeamte darf nicht bloße Schreibkraft des Betroffenen sein und von diesem vorgegebene Rügen ungeprüft übernehmen (vgl. für die Revision *Meyer-Goßner/Schmitt*, § 345 Rn 21; SSW-StPO/*Widmaier/Momsen*, § 345 Rn 38 jew. m.w.N.; zuletzt a. BGH, Beschl. v. 17.12.2105 – 4 StR 483/15).

2. Muster: Begründung einer Rechtsbeschwerde 1083

▼

An das

AG Musterstadt A.11

In dem Ordnungswidrigkeitenverfahren

gegen H. Mustermann

wegen

Az.:

stelle ich den Rechtsbeschwerdeantrag,

das Urteil des AG Musterstadt vom aufzuheben.

Ich rüge die Verletzung förmlichen und sachlichen Rechts.

I. Verfahrensrügen

II. Sachrügen

Rechtsanwalt

▲

1084 **3. Hinweise für den Verteidiger!**

- Der Rechtsbeschwerdeantrag muss nur den **erstrebten Umfang der Urteilsaufhebung** (§ 353 Abs. 1) klarstellen. Er muss sich nicht auf die Folgeentscheidungen wie Zurückverweisung oder eigene Sachentscheidung nach § 79 Abs. 6 OWiG i.V.m. § 354 beziehen (vgl. *Meyer-Goßner/Schmitt*, § 344 Rn 1).
- Zumeist wird in Schriftsatzmustern empfohlen, neben der Aufhebung des Urteils auch die **Zurückverweisung** an eine andere Abteilung des AG bzw. an ein anderes AG zu beantragen. Ein solcher Zurückverweisungsantrag ist jedoch in den meisten Fällen nicht zweckmäßig. Gem. § 79 Abs. 6 OWiG i.V.m. § 354 hat das OLG nach einer Aufhebung des Urteils mehrere Möglichkeiten: Es kann abweichend von § 354 OWiG stets in der Sache selbst entscheiden. Alternativ kommt die Zurückverweisung an das AG in Betracht, dessen Entscheidung aufgehoben wurde. Schließlich kann auch an ein anderes AG desselben Landes zurückverwiesen werden.
  Da das OLG eine der in § 79 Abs. 6 OWiG i.V.m. § 354 gesetzlich vorgeschriebenen Folgen wählen muss, wenn es das Urteil aufhebt, ist ein Antrag des Verteidigers insoweit entbehrlich. Grds. sollte deshalb, wenn der Verteidiger nicht ganz bewusst eine bestimmte Aufhebungsfolge beantragen will, dieser Punkt offen gelassen werden. Nicht selten können durch eine eigene Sachentscheidung des OLG für den Mandanten günstigere Ergebnisse erzielt werden als bei einer Zurückverweisung an dasselbe oder ein anderes AG. Von der Möglichkeit, in der Sache selbst abschließend zu entscheiden, machen die OLG ohnehin in der Mehrzahl der Fälle Gebrauch (vgl. KK-OWiG/*Senge*, § 79 Rn 153).

Siehe auch: → *Rechtsbeschwerde, Allgemeines*, Teil A Rdn 1053; → *Rechtsmittel/Rechtsbehelfe, Begründung*, Teil A Rdn 1329; → *Revision, Allgemeines*, Teil A Rdn 2006, m.w.N.

1085 Rechtsbeschwerde, Beschränkung

Das Wichtigste in Kürze:

1. Ebenso wie im Strafverfahren bei der Berufung bzw. der Revision ist auch im Rechtsbeschwerdeverfahren eine Beschränkung der Rechtsbeschwerde auf abtrennbare Teile möglich.

2. Der in der Praxis häufigste Fall ist auch hier die Beschränkung der Rechtsbeschwerde – unter Hinnahme des Schuldspruchs – auf den Rechtsfolgenausspruch.
3. Die Beschränkung kann entweder ausdrücklich erklärt sein oder sich durch Auslegung aus der Rechtsbeschwerdebegründung ergeben.

Literaturhinweise: s. die Hinw. bei → *Rechtsbeschwerde, Allgemeines*, Teil A Rdn 1053, und bei → *Revision, Allgemeines*, Teil A Rdn 2006, sowie bei → *Berufung, Beschränkung, Allgemeines*, Teil A Rdn 227. 1086

1. Ebenso wie im Strafverfahren bei der Berufung bzw. der Revision ist auch im Rechtsbeschwerdeverfahren eine **Beschränkung** der Rechtsbeschwerde auf **abtrennbare Teile möglich** (vgl. daher auch → *Berufung, Beschränkung, Allgemeines*, Teil A Rdn 227, und → *Revision, Beschränkung*, Teil A Rdn 2085). Das ergibt sich aus § 344 Abs. 1 i.V.m. § 79 Abs. 3 OWiG, der bestimmt, dass der Beschwerdeführer anzugeben hat, „inwieweit" er das Urteil anfechte. Voraussetzung ist allerdings, dass der Teil, auf den sich die Rechtsbeschwerde nach der Beschränkung noch beziehen soll, einer selbstständigen Prüfung und rechtlichen Beurteilung zugänglich ist. Das ist z.B. der Fall bei der Zumessung der Geldbuße (OLG Düsseldorf VRS 95, 42; OLG Koblenz VRS 60, 54). Wurde der Betroffene wegen mehrerer rechtlich selbstständiger Taten verurteilt, sind die einzelnen Taten ebenfalls grds. selbstständig anfechtbar. Ist eine **selbstständige Prüfung** des verbleibenden Teils jedoch **nicht möglich**, ist die **Beschränkung unwirksam** (u.a. OLG Koblenz SVR 2010, 341; OLG Hamm, Beschl. v. 10.5.2007 – 4 Ss OWi 255/07). Dies hat das OLG von sich aus zu prüfen (vgl. BGHSt 19, 46, 48; 29, 359, 364). Bei einer wirksamen Beschränkung der Rechtsbeschwerde erwächst der nicht angefochtene Teil in Teilrechtskraft. 1087

2. Der in der Praxis häufigste Fall ist die Beschränkung der Rechtsbeschwerde auf den **Rechtsfolgenausspruch**, bei gleichzeitiger Hinnahme des Schuldspruchs. Diese Beschränkung ist i.d.R. **wirksam**, denn ebenso wie in Strafsachen ist der Rechtsfolgenausspruch in Bußgeldsachen unabhängig von den Feststellungen zum Schuldspruch einer isolierten Nachprüfung zugänglich (OLG Düsseldorf NJW 1993, 2063, 2064; OLG Koblenz VRS 60, 54; OLG Köln NZV 1994, 157, 158; vgl. a. OLG Rostock, Beschl. v. 22.12.2015 – 21 Ss OWi 198/15 [B]). 1088

☝ In Betracht kommt die Beschränkung auf den Rechtsfolgenausspruch aber nur dann, wenn das AG zur Schuldfrage **hinreichende Feststellungen** getroffen hat (OLG Düsseldorf VRS 86, 354; 85, 472; OLG Köln VRS 96, 289). Lückenhafte Feststellungen zum objektiven oder subjektiven Tatbestand stehen einer nur teilweisen Anfechtung der Entscheidung entgegen, sodass eine Beschränkung in diesem Fall unwirksam ist (st. Rspr., vgl. z.B. BayObLG StV 1983, 418; KG NJW 1976, 813; OLG Düsseldorf VRS 72, 117 und 64, 36; NJW 1993, 2063; OLG Karlsruhe, Beschl. v. 8.10.2015 – 2 (7) SsBs 467/15 [für Verfallsentscheidung]; OLG Koblenz VRS 70, 144; OLG Stuttgart NJW

1978, 711; → *Berufung, Beschränkung, Allgemeines*, Teil A Rdn 227). Die Beschränkung ist auch dann unwirksam, wenn sich dem Urteil des Tatrichters nicht entnehmen lässt, ob der Betroffene wegen einer vorsätzlichen oder fahrlässigen Verkehrsordnungswidrigkeit verurteilt worden ist (OLG Zweibrücken VA 2008, 137 [Ls.] für Geschwindigkeitsüberschreitung). Hat das Rechtsbeschwerdegericht ein (erstes) amtsgerichtliches Urteil unter teilweiser Aufrechterhaltung der Feststellungen aufgehoben und die Sache zurückverwiesen, kann die erst anschließend – also nach Zurückverweisung – erklärte Beschränkung des Einspruchs auf den Rechtsfolgenausspruch ebenfalls unwirksam sein (OLG Zweibrücken VRS 118, 25 im Anschluss an BayObLGSt 1988, 46). Dies gilt insbesondere dann, wenn der dem Bußgeldbescheid zugrunde liegende Schuldspruch nicht mehr mit den vom Rechtsbeschwerdegericht aufrechterhaltenen Feststellungen in Übereinstimmung zu bringen ist (OLG Zweibrücken NStZ 2010, 459).

Die wirksame Beschränkung der Rechtsbeschwerde auf den Rechtsfolgenausspruch führt zu einer **isolierten Nachprüfung** der Bemessung der Geldbuße.

1089 **Innerhalb** des **Rechtsfolgenausspruchs** ist, wenn der Amtsrichter auch eine Nebenfolge verhängt hat, eine **weitere Beschränkung** jedoch regelmäßig **unwirksam**. Insbesondere ist bei Verhängung einer Geldbuße und eines Fahrverbots die isolierte Anfechtung einer der beiden Rechtsfolgen nicht möglich, da Geldbuße und Fahrverbot regelmäßig in einer **Wechselwirkung** zueinanderstehen.

☝ Diese Wechselwirkung wird bereits daran **sichtbar**, dass in der Praxis häufig durch eine Erhöhung der ursprünglichen Geldbuße das Fahrverbot in Wegfall kommt.

1090 **3.** Die Beschränkung kann entweder **ausdrücklich** erklärt sein oder sich durch **Auslegung** aus der Begründungsschrift ergeben. Fehlt eine ausdrückliche Erklärung, muss der Beschränkungswille den Ausführungen zweifelsfrei zu entnehmen sein (BGH NJW 1956, 756).

☝ Im **Zweifel** ist von einer **unbeschränkten** Rechtsbeschwerde auszugehen.

1091 **4. Muster: Beschränkung einer Rechtsbeschwerde**

▼

A.12

An das

AG Musterstadt

In dem Ordnungswidrigkeitenverfahren

gegen H. Mustermann

wegen

Az.:

beschränke ich die mit Schriftsatz vom eingelegte Rechtsbeschwerde gegen das Urteil des AG Musterstadt vom auf den Rechtsfolgenausspruch und beantrage,

das Urteil des AG Musterstadt vom im Rechtsfolgenausspruch aufzuheben und gegen den Betroffenen eine Geldbuße von nicht mehr als 150,00 € festzusetzen.

Ich rüge die Verletzung sachlichen Rechts.

[oder:]

Ohne die Rüge der Verletzung sachlichen Rechts inhaltlich weiter zu beschränken, begründe ich das Rechtsmittel wie folgt:

Begründung:

Rechtsanwalt

▲

Siehe auch: → *Berufung, Beschränkung, Allgemeines*, Teil A Rdn 227; → *Rechtsbeschwerde, Allgemeines*, Teil A Rdn 1053; → *Revision, Beschränkung*, Teil A Rdn 2085.

Rechtsbeschwerde, Einlegung 1092

Das Wichtigste in Kürze:

1. Die Rechtsbeschwerde ist bei dem Gericht, dessen Urteil angefochten wird, grds. binnen einer Woche nach Verkündung des Urteils schriftlich oder zu Protokoll der Geschäftsstelle einzulegen.
2. Für die Wirksamkeit der Einlegung ist die Bezeichnung des Rechtsmittels durch den Beschwerdeführer nicht entscheidend.
3. Hat der Beschwerdeführer vor der Rechtsmitteleinlegung einen Rechtsmittelverzicht erklärt, kann die Einlegung unwirksam sein.
4. Der Verteidiger sollte bei der Einlegung eines Rechtsmittels noch keine Rechtsbeschwerdebegründung anbringen.

Literaturhinweise: Berndt, Neue Tendenzen im Recht der Wiedereinsetzung zur Nachholung von Verfahrensrügen?, StraFo 2003, 112; **Burhoff**, Verteidigerfehler in der Tatsachen- und Revisionsinstanz, StV 1997, 432; s. auch die Hinw. bei → *Rechtsbeschwerde, Allgemeines*, Teil A Rdn 1053. 1093

1094 **1.** § 79 Abs. 3 S. 1 OWiG, der die Vorschriften der StPO über die Revision für entsprechend anwendbar erklärt, führt dazu, dass die Rechtsbeschwerde gem. § 341 Abs. 1 bei dem **Gericht, dessen Urteil angefochten wird** („iudex a quo"), grds. **binnen einer Woche** nach Verkündung des Urteils schriftlich oder zu Protokoll der Geschäftsstelle eingelegt werden muss. Hat die Verkündung des Urteils nicht in Anwesenheit des Betroffenen stattgefunden und war dieser auch nicht durch einen gem. § 73 Abs. 3 OWiG schriftlich bevollmächtigten Verteidiger vertreten, beginnt die Frist für die Einlegung der Rechtsbeschwerde gem. § 79 Abs. 4 OWiG erst mit der Zustellung; das Gleiche gilt, wenn ein Beschluss nach § 72 OWiG ergangen ist (Einzelh. zu Form und Frist der Rechtsbeschwerdeeinlegung s. → *Rechtsbeschwerde, Form*, Teil A Rdn 1115 und → *Rechtsbeschwerde, Frist*, Teil A Rdn 1129; zum Kreis der Anfechtungsberechtigten s. → *Rechtsbeschwerde, Allgemeines*, Teil A Rdn 1053). Die notwendige Schriftform oder Protokollerklärung kann grds. nur durch eine Rechtsmitteleinlegung beim Ausgangsgericht gewahrt werden, nicht durch eine solche bei einem anderen AG oder dem Rechtsbeschwerdegericht (vgl. BayObLG, Beschl. v. 12.3.1999 – 1 St RR 38/99; OLG Bamberg, Beschl. v. 7.10.2009 – 3 Ss 74/09). Eine Ausnahme gilt nur bei **inhaftierten Betroffenen**: Diese können ihre Rechtsbeschwerde gemäß § 46 Abs. 1 i.V.m. § 299 Abs. 1 und 2 StPO auch zu Protokoll des AG, in dessen Bezirk die JVA liegt, einlegen.

1095 **2.** Für die Wirksamkeit der Einlegung ist die **Bezeichnung** des **Rechtsmittels** durch den Beschwerdeführer nicht entscheidend (BGHSt 23, 233, 235; BGH NStZ-RR 1999, 262; OLG Düsseldorf VRS 80, 281; 75, 221, 222). Ein **Irrtum** in der Bezeichnung des zulässigen Rechtsmittels ist gem. § 300 i.V.m. § 46 Abs. 1 OWiG **unschädlich**. Das gilt sowohl für die fehlende als auch für die falsche Bezeichnung des Rechtsmittels (vgl. *Meyer-Goßner/Schmitt*, § 300 Rn 2). Das Ziel des Beschwerdeführers ist aus dem Gesamtwortlaut der Eingabe zu ermitteln (BayObLG wistra 1995, 76). Erforderlich ist nur, dass sich aus der Eingabe deutlich der Wille ergibt, die ergangene Entscheidung anzufechten (KK-OWiG/*Senge*, § 79 Rn 75).

☝ Hingegen scheiden bloße Missfallensäußerungen über die amtsrichterliche Entscheidung oder die bloße Ankündigung, einen Rechtsanwalt beauftragen zu wollen, als wirksame Rechtsmitteleinlegung aus, weil sich hieraus noch nicht der **unbedingte Wille** ergibt, die Entscheidung nicht bestehen lassen zu wollen (vgl. KK-OWiG/*Senge*, § 79 Rn 75).

1096 Die **Erklärung** des Beschwerdeführers ist stets unter dem Gesichtspunkt **auszulegen**, dass der mutmaßliche Wille dahin geht, mit der Eingabe möglichst weitgehend Erfolg zu haben (RGSt 67, 123, 125; BGH NJW 1956, 756; OLG Düsseldorf VRS 59, 358; OLG Hamburg NJW 1970, 1467, 1468; OLG Koblenz VRS 65, 45). Hieraus folgen **zwei Schritte**:

- Zunächst hat das Gericht festzustellen, **welches Rechtsmittel** zulässig ist;
- anschließend ist zu prüfen, ob die Erklärung des Beschwerdeführers die **Merkmale** der zulässigen Rechtsmitteleinlegung zu **erfüllen** imstande ist (KK-OWiG/*Senge*, § 79 Rn 75).

3. Hat der Beschwerdeführer vor der Rechtsmitteleinlegung einen **Rechtsmittelverzicht** erklärt, kann die Einlegung unwirksam sein (§ 46 Abs. 1 OWiG i.V.m. § 302). Ein solcher Rechtsmittelverzicht muss aber eindeutig und zweifelsfrei vorliegen (OLG Hamm NZV 1999, 182; OLG Koblenz VRS 61, 362; Einzelh. zum Rechtsmittelverzicht s. → *Rechtsbeschwerde, Rechtsmittelverzicht*, Teil A Rdn 1143; → *Rechtsmittel/Rechtsbehelfe, Verzicht, Allgemeines*, Teil A Rdn 1732 ff., m.w.N.). **1097**

4. Hinweise für den Verteidiger! **1098**

a) Der Verteidiger sollte **bei der Einlegung** eines Rechtsmittels **noch keine Rechtsbeschwerdebegründung** anbringen. Es ist problematisch, die Rechtsbeschwerdeeinlegung mit dem Zusatz zu versehen, „gerügt wird die Verletzung sachlichen Rechts". Sollen in der Folge auch noch Verfahrensrügen erhoben werden und versäumt der Verteidiger hierbei die 1-monatige Begründungsfrist des § 345 Abs. 1, bekommt man **keine** Wiedereinsetzung in den vorigen Stand zur **Nachholung von Verfahrensrügen**, da mit dem o.g. Zusatz der allgemeinen Sachrüge die Rechtsbeschwerde bereits ausreichend begründet ist. Es liegt dann nämlich gar keine Versäumung der Rechtsbeschwerdebegründungsfrist mehr vor, in die Wiedereinsetzung gewährt werden könnte. Selbst unverschuldet verspätet erhobene Verfahrensrügen könnten nicht mehr im Wege der Wiedereinsetzung noch in das Verfahren eingebracht werden (so auch *Burhoff* StV 1997, 432, 436; zu allem auch *Berndt* StraFo 2003, 112). **1099**

b) Gem. **§ 273 Abs. 4**, der über § 46 Abs. 1 OWiG auch im OWi-Verfahren gilt, darf das Urteil nicht zugestellt werden, ehe das Hauptverhandlungsprotokoll fertiggestellt ist. Eine vorherige Urteilszustellung ist unwirksam und setzt die von ihr abhängigen Fristen, wie insbesondere die Rechtsbeschwerdebegründungsfrist, nicht in Lauf (vgl. nur BGHSt 27, 80 und *Meyer-Goßner/Schmitt*, § 274 Rn 34 m.w.N.). Zwischen der Fertigstellung des Protokolls und der Zustellung des Urteils liegt also denknotwendig eine gewisse **Zeitspanne**, die der Verteidiger bereits zur Einsichtnahme in die Akten und insbesondere das Protokoll nutzen kann. Allerdings kommt es häufig vor, dass die Akteneinsicht erst deutlich nach der Urteilszustellung gewährt wird. Hierdurch wird die Einhaltung der ohnehin schon knappen Rechtsbeschwerdebegründungsfrist weiter erschwert. Es empfiehlt sich deshalb, bei der Beantragung der Akteneinsicht den im Muster (Rdn 1101) genannten Zusatz zu verwenden und eine Gewährung der Akteneinsicht schon nach Fertigstellung des Protokolls, spätestens aber zeitgleich mit der Urteilszustellung zu fordern. **1100**

1101 5. Muster: Einlegung einer Rechtsbeschwerde

▼

A.13

An das

AG Musterstadt

In dem Ordnungswidrigkeitenverfahren

gegen H. Mustermann

wegen

Az.:

wird hiermit gegen das am verkündete Urteil des AG Musterstadt

Rechtsbeschwerde

eingelegt.

Ich beantrage, mir Akteneinsicht zu gewähren, sobald das Hauptverhandlungsprotokoll fertig gestellt und zu den Akten gelangt ist, spätestens jedoch zeitgleich mit der Zustellung des Urteils.

Rechtsanwalt

▲

Siehe auch: → *Rechtsbeschwerde, Allgemeines*, Teil A Rdn 1053; → *Revision, Einlegung, Allgemeines*, Teil A Rdn 2104, m.w.N.

1102 Rechtsbeschwerde, Entscheidung

Das Wichtigste in Kürze:

1. Es ist zu unterscheiden, zwischen der Form und dem Inhalt der Entscheidung des Rechtsbeschwerdegerichts.

2 .Das Rechtsbeschwerdegericht entscheidet gem. § 79 Abs. 5 S. 1 OWiG grds. durch Beschluss.

3. In der Praxis von hoher Bedeutung ist die Regelung des **§ 349 Abs. 2 und 3**, der im Rechtsbeschwerdeverfahren über § 79 Abs. 3 OWiG entsprechend anwendbar ist.

4. Das Rechtsbeschwerdegericht kann durch Beschluss oder Urteil entscheiden. Es kann in der Sache selbst entscheiden oder das tatrichterliche Urteil aufheben und die Sache zurückverweisen.

Literaturhinweise: s. die Hinw. bei → *Rechtsbeschwerde, Allgemeines*, Teil A Rdn 1053. 1103

1. Es ist zu unterscheiden, zwischen der **Form** (vgl. Rdn 1105) und dem **Inhalt** (vgl. Rdn 1106 ff.) der Entscheidung des Rechtsbeschwerdegerichts. 1104

2. Das Rechtsbeschwerdegericht entscheidet gem. § 79 Abs. 5 S. 1 OWiG **grds.** durch **Beschluss**. Richtet sich die Rechtsbeschwerde gegen einen Beschluss nach § 72 OWiG, ist ausschließlich eine Beschlussentscheidung des Beschwerdegerichts möglich. Wird hingegen ein amtsrichterliches Urteil angefochten, kann das Beschwerdegericht gem. § 79 Abs. 5 S. 2 OWiG nach seinem **Ermessen** auch nach Durchführung einer HV durch **Urteil** entscheiden. Für eine solche HV gelten die Vorschriften der §§ 350, 351 entsprechend (→ *Revision, Hauptverhandlung*, Teil A Rdn 2091, und → *Revision, Pflichtverteidiger*, Teil A Rdn 2187). 1105

3. In der Praxis von hoher Bedeutung ist die Regelung des **§ 349 Abs. 2 und 3**, der im Rechtsbeschwerdeverfahren über § 79 Abs. 3 OWiG entsprechend anwendbar ist (KK-OWiG/*Senge*, § 79 Rn 150a; *Rebmann/Roth/Herrmann*, § 79 Rn 38). Nach dieser Vorschrift gestaltet sich der Verfahrensablauf nach der Einlegung der Rechtsbeschwerde wie folgt: 1106

Verfahrensablauf Verwerfung nach § 349 Abs. 2 1107

- Die **GStA**, beantragt unter Anführung einer Begründung, die Rechtsbeschwerde durch Beschluss zu verwerfen.
- Diese Begründung ist dem Beschwerdeführer zur **Gegenäußerung** mitzuteilen, die innerhalb von **2 Wochen** erfolgen muss.
- Nach Ablauf dieser 2-wöchigen Stellungnahmefrist entscheidet der Bußgeldsenat, ob die Rechtsbeschwerde gemäß dem Antrag der GStA durch Beschluss als „**offensichtlich unbegründet**" verworfen wird.
- Ein solcher Beschluss setzt **Einstimmigkeit** voraus. Diese ist ohne Weiteres in den Fällen gegeben, in denen nach § 80a OWiG in der Besetzung mit einem Richter entschieden wird (s. hierzu → *Rechtsbeschwerde, Zuständigkeit*, Teil A Rdn 1282). Zudem bedarf der Beschluss keiner Begründung. Die OLG werden deshalb durch dieses Instrument der Beschlussverwerfung erheblich entlastet (vgl. ausführlich KK-OWiG/*Senge*, § 79 Rn 150; *Rebmann/Roth/Herrmann*, § 79 Rn 38).

4.a) Die Rechtsbeschwerde ist begründet, sofern ein **Verfahrenshindernis** oder ein **durchgreifender Fehler** auf dem Gebiet des Verfahrensrechts oder des sachlichen Rechts vorliegt. Die amtsgerichtliche Entscheidung ist dann gem. § 79 Abs. 3 OWiG i.V.m. § 353 Abs. 1 **aufzuheben** (zu den Gründen für die Fehlerhaftigkeit einer amtsrichterlichen Entscheidung s. → *Rechtsbeschwerde, Sachrüge*, Teil A Rdn 1157 und → *Rechtsbeschwerde, Verfahrensrüge*, Teil A Rdn 1182). 1108

☝ Die **Aufhebung** erfolgt **insoweit**, wie der angefochtenen Entscheidung ein **Rechtsfehler** anhaftet. Betrifft der Rechtsfehler die gesamte Entscheidung, erfolgt eine vollständige Aufhebung. Sind nur Teile der Entscheidung rechtsfehlerhaft, erfolgt nur eine Teilaufhebung.

1109 **b)** Wenn das Beschwerdegericht die angefochtene Entscheidung aufhebt, hat es gem. § 79 Abs. 6 OWiG **mehrere Entscheidungsmöglichkeiten**:

1110 **aa)** Abweichend von § 354 kann das OLG **stets in der Sache selbst entscheiden**. Voraussetzung ist jedoch, dass der Amtsrichter vollständige und tragfähige Feststellungen zur Sache getroffen hat, die eine eigene Sachentscheidung der Rechtsbeschwerdeentscheidung ermöglichen. Daran fehlt es z.B., wenn das amtsgerichtliche Urteil nahezu keine Angaben zu den persönlichen Verhältnissen des Betroffenen enthält (BVerfG NJW 1995, 443).

1111 Entscheidet das OLG in der Sache selbst, kann es **jede Sachentscheidung** treffen, die dem AG bei einer Zurückverweisung der Sache eröffnet wäre, also z.B.:

- **Änderung** (OLG Düsseldorf NZV 1994, 42; OLG Hamburg NStZ-RR 1999, 57, 59; OLG Hamm NStZ-RR 1999, 23) oder **Klarstellung** (OLG Zweibrücken NZV 1992, 460) des Schuldspruchs,
- **Freispruch** des Betroffenen (OLG Düsseldorf VRS 85, 134; OLG Koblenz VRS 76, 397),
- **Änderung** der **Geldbuße** und/oder Nebenfolge (OLG Düsseldorf DAR 1993, 361; NStZ-RR 1998, 84),
- **Neufestsetzung** der Geldbuße nach einer Schuldspruchänderung (OLG Hamm NStZ-RR 1999, 23),
- **Änderung** des **Konkurrenzverhältnisses** von Tateinheit in Tatmehrheit oder umgekehrt (vgl. OLG Bremen NJW 1975, 1043; OLG Düsseldorf VRS 67, 129, 132; OLG Hamm VRS 46, 370),
- Ergänzung der **Nebenfolge** um die Anordnung der 4-Monats-Frist nach § 25 Abs. 2a StVG beim Fahrverbot (OLG Düsseldorf VRS 96, 140),
- **Verschärfung** der **Sanktionen** bei einer Rechtsbeschwerde der **StA**.

1112 Sofern sie möglich ist, hat nach dem Zweck der Vorschrift des § 79 Abs. 6 OWiG die **eigene Sachentscheidung Vorrang vor** der **Zurückverweisung** (vgl. *Rebmann/Roth/Herrmann*, § 79 Rn 41). Hierfür sprechen vor allem prozessökonomische Gründe: Aufgrund der eigenen Sachentscheidungskompetenz des OLG kommt es zur schnelleren Erledigung unter Einsparung von Geld, Zeit und Arbeitskraft. Dieser Effekt kann gleichermaßen im Interesse des Betroffenen und der Justiz liegen. Da das OLG in der Sache selbst entscheiden kann, aber nicht muss, ist die Regelung flexibel genug, um auf den Einzelfall adäquat zu reagieren.

☝ Der Verteidiger sollte die eigenen Sachentscheidungsmöglichkeiten des Rechtsbeschwerdegerichts bei seiner Antragstellung und Rechtsbeschwerdebegründung im Blick haben und in geeigneten Fällen, in denen keine Tatsachenfeststellungen mehr getroffen werden müssen, auch eine **eigene Sachentscheidung** des Beschwerdegerichts **beantragen**.

bb) Zur **Zurückverweisung** der Sache kommt es regelmäßig, wenn dem Rechtsbeschwerdegericht ein „Durchentscheiden" verwehrt ist, weil weitere tatsächliche Feststellungen erforderlich und möglich sind (OLG Düsseldorf GewArch 1998, 296; OLG Hamburg NJW 1972, 66; OLG Stuttgart Justiz 1988, 99; KK-OWiG/*Senge*, § 79 Rn 161; *Rebmann/Roth/Herrmann*, § 79 Rn 41; Göhler/*Seitz*, § 79 Rn 47). Dies ergibt sich daraus, dass das Rechtsbeschwerdegericht **keine Tatsacheninstanz** ist, sodass eine Beweiserhebung im Rechtsbeschwerdeverfahren nicht stattfindet. 1113

☝ Ist **ausgeschlossen**, dass mögliche weitere Feststellungen zu einer **Besserstellung** des **Betroffenen** führen können, erübrigt sich eine Zurückverweisung. Das OLG kann auch in diesem Fall selbst entscheiden (OLG Düsseldorf VRS 56, 53).

Die Zurückverweisung kann an **denselben Richter** erfolgen, der die aufgehobene Entscheidung getroffen hat, oder an eine **andere Abteilung des Gerichts** oder an ein **anderes AG** desselben Landes (§ 79 Abs. 6 OWiG). 1114

☝ In der **Praxis** wird **überwiegend** von der **Zurückverweisung** an **denselben Richter** Gebrauch gemacht (KK-OWiG/*Senge*, § 79 Rn 161; *Rebmann/Roth/Herrmann*, § 79 Rn 44). Dies ist allerdings dann nicht sachgerecht, wenn Zweifel an der Unbefangenheit des erstinstanzlichen Richters bestehen. Auch bei schwerwiegenden Verfahrensfehlern des erstinstanzlichen Richters bietet sich eine Zurückverweisung zu diesem Richter nicht an. Der Verteidiger sollte deshalb in entsprechend gelagerten Fällen einen bestimmten Zurückverweisungsantrag stellen und diesen auch begründen, wenn er die Zurückverweisung an denselben Tatrichter vermeiden will.

Siehe auch: → *Rechtsbeschwerde, Allgemeines*, Teil A Rdn 1053.

Rechtsbeschwerde, Form 1115

Das Wichtigste in Kürze:

1. Zu unterscheiden ist die Form der Einlegung von der Form der Begründung der Rechtsbeschwerde.
2. Nach § 79 Abs. 3 OWiG i.V.m. § 341 Abs. 1 muss die Einlegung der Rechtsbeschwerde bei dem Gericht, dessen Urteil angefochten wird, innerhalb einer Woche schriftlich oder zu Protokoll der Geschäftsstelle vorgenommen werden.

3. Die Form der Begründung der Rechtsbeschwerde ist in § 79 Abs. 3 OWiG i.V.m. § 345 Abs. 2 geregelt.

1116 **Literaturhinweise: Schwachheim**, Abschied vom Telefax im gerichtlichen Verfahren?, NJW 1999, 621; s. auch die Hinw. bei → *Rechtsbeschwerde, Allgemeines*, Teil A Rdn 1053, und → *Rechtsmittel/Rechtsbehelfe, Allgemeines*, Teil A Rdn 1289.

1117 **1.** Zu **unterscheiden** ist die **Form** der **Einlegung** (Rdn 1118 ff.) von der Form der **Begründung** der Rechtsbeschwerde (Rdn 1125 ff.):

1118 **2.a)** Nach § 79 Abs. 3 OWiG i.V.m. § 341 Abs. 1 muss die **Einlegung** der Rechtsbeschwerde bei dem Gericht, dessen Urteil angefochten wird, innerhalb einer Woche (s. → *Rechtsbeschwerde, Frist*, Teil A Rdn 1129) **schriftlich** oder zu **Protokoll der Geschäftsstelle** vorgenommen werden. Die für eine wirksame Einlegung des Rechtsmittels notwendige Form kann grds. nur durch Anbringung beim Ausgangsgericht gewahrt werden, nicht durch eine solche bei einem anderen AG oder dem Rechtsbeschwerdegericht (vgl. BayObLG, Beschl. v. 12.3.1999 – 1 St RR 38/99; OLG Bamberg, Beschl. v. 7.10.2009 – 3 Ss 74/09). Eine Ausnahme hiervon gilt nur beim **inhaftierten Betroffenen**: Dieser kann gemäß § 46 Abs. 1 i.V.m. § 299 Abs. 1 und 2 StPO seine Rechtsbeschwerde auch zu Protokoll des Amtsgerichts einlegen, in dessen Bezirk die JVA liegt.

1119 **b)** Für die **Protokollierung** zuständig ist der Rechtspfleger (§ 24 Abs. 1 Nr. 1 Buchst. a) RPflG). Eine wirksame Protokollierung liegt nur vor, wenn der Beschwerdeführer oder sein gesetzlicher Vertreter **persönlich** vor dem Rechtspfleger erscheint (vgl. hierzu BGHSt 30, 64). Bei der Protokollierung ist die Vertretung durch einen Verteidiger nicht zulässig (OLG Düsseldorf MDR 1975, 73 [Ls.]; OLG Rostock VRS 86, 356).

☝ Die **telefonische Einlegung** der Rechtsbeschwerde ist **unzulässig** (vgl. BGHSt 30, 64; OLG Hamm DAR 1995, 457; s. aber LG Münster NJW 2005, 166 für telefonische Berufungseinlegung).

1120 **c)aa)** Sofern die Einlegung in **Schriftform** erfolgt, ist diese eingehalten bei handschriftlichen, maschinenschriftlichen oder mithilfe von Schreibcomputern verfassten Urkunden, die mit der Unterschrift des Urhebers versehen sind (wegen der Einzelh. → *Rechtsmittel/Rechtsbehelfe, Form*, Teil A Rdn 1531 ff.; s. auch KK-OWiG/*Senge*, § 79 Rn 70; vgl. auch *Burhoff*, HV, Rn 587 ff.). Eine ordnungsgemäße Unterschrift liegt vor, wenn der Schriftzug ein **Mindestmaß an individuellen Merkmalen** aufweist und dadurch die Identität des Urhebers ausreichend kennzeichnet (BGHSt 2, 77, 78; 12, 317; OLG Hamm StRR 2015, 42 [Ls., Strafantrag]; OLG Nürnberg NStZ-RR 2007, 151).

☝ Eine Rechtsbeschwerde, die auf dem **Briefbogen des Verteidigers** gefertigt ist und dessen Diktatzeichen trägt, ist aber auch dann wirksam, wenn sie versehentlich **ohne**

Unterschrift des Verteidigers bei Gericht eingeht (Göhler/*Seitz*, § 79 Rn 28; vgl. a. LG Düsseldorf StraFo 2012, 180).

bb) Übermittelt werden kann die Rechtsbeschwerdeeinlegung per **Post**, **Telegramm**, **Fernschreiben** oder **Telefax** (vgl. *Rebmann/Roth/Herrmann*, § 79 Rn 17; KK-OWiG/*Senge*, § 79 Rn 71 ff.). In der Praxis hat sich die Übermittlung Frist wahrender Schriftsätze per Telefax in Form der Telekopie durchgesetzt (vgl. *Schwachheim* NJW 1999, 621). Das Telefax ist in allen Gerichtszweigen uneingeschränkt zulässig (BVerfG NJW 1996, 2857; OLG Düsseldorf NZV 1995, 85; OLG Karlsruhe StV 1986, 470), wenn das Original handschriftlich unterschrieben ist (OLG Düsseldorf JMBl. NW 1989, 153; OLG Hamburg NJW 1989, 3167). Technische Fehler, wie z.B. Störungen des Empfangsgerätes bei Gericht durch Papierstau, gehen nicht zulasten des Beschwerdeführers, sondern sind der Sphäre des Gerichts zuzurechnen (BVerfG NJW 1996, 2858). 1121

Seit der Entscheidung des **Gemeinsamen Senats der obersten Gerichtshöfe** des Bundes können bestimmende Schriftsätze formwirksam auch durch elektronische Übertragung einer Textdatei mit **eingescannter Unterschrift** an das Gericht übermittelt werden (vgl. GmS-OGB NJW 2000, 2340; BGH NJW 2006, 3784). Anstelle der eingescannten Unterschrift kann auch der **Hinweis** angebracht werden, dass der Urheber wegen der gewählten Übertragungsform nicht unterschreiben konnte (GmS-OGB NJW 2000, 2340). Ein **Computerfax** ist somit auch ohne eingescannte Unterschrift wirksam. Entscheidend ist allein, dass die Person des Erklärenden und seine Rechtsmittelbefugnis erkennbar werden (vgl. OLG München NJW 2003, 3429; OLG Frankfurt/Main NStZ-RR 2001, 375; OLG Brandenburg NStZ 2005, 711). 1122

Sofern die Voraussetzungen des § 79 Abs. 3 OWiG i.V.m. §§ 341 Abs. 1, 41a eingehalten sind, kann die Übermittlung auch durch ein **elektronisches Dokument** erfolgen. Erforderlich ist hierfür aber eine elektronische Signatur nach dem Signaturgesetz und das elektronische Dokument muss für die Bearbeitung durch das Gericht geeignet sein (vgl. zu den Einzelheiten *Meyer-Goßner/Schmitt*, § 41a Rn 1 ff.; *Burhoff*, HV, Rn 594; → *Rechtsmittel/Rechtsbehelfe, Form*, Teil A Rdn 1531 ff.). 1123

☝ **Abzuraten** ist von der **Einlegung** der Rechtsbeschwerde per einfacher **E-Mail**, da hier das Schriftstück nicht allein auf Veranlassung des Absenders erstellt wird (wie z.B. beim Telefax), sondern nur, wenn es der Empfänger auch abruft. Es ist deshalb zweifelhaft, ob die Rechtsbeschwerde wirksam auf diesem Weg übermittelt werden kann (vgl. auch *Rebmann/Roth/Herrmann*, § 79 Rn 22; s. auch *Burhoff*, HV, Rn 595; Burhoff/*Junker*, OWi, Rn 3210; abl. auch BGH NJW-RR 2009, 357; AGS 2015, 226; OLG Oldenburg NJW 2009, 536; NZV 2012, 303; OLG Koblenz NStZ-RR 2011, 211).

1124 **d)** Die Rechtsbeschwerde muss in **deutscher Sprache** abgefasst sein, da die Gerichtssprache deutsch ist. Andernfalls ist sie unwirksam (BGHSt 30, 182; *Rebmann/Roth/Herrmann*, § 79 Rn 17; a.A. KK-OWiG/*Senge*, § 79 Rn 69; vgl. wegen der Einzelh. → *Rechtsmittel/Rechtsbehelfe, Einlegung, Allgemeines*, Teil A Rdn 1477).

1125 **3.a)** Die **Form** der **Begründung** der Rechtsbeschwerde ist in § 79 Abs. 3 OWiG i.V.m. § 345 Abs. 2 geregelt. Die Beschwerdebegründung ist demnach **grds. schriftlich** durch eine von einem Rechtsanwalt oder dem in erster Instanz tätig gewesenen Verteidiger angefertigte und unterzeichnete Begründungsschrift vorzunehmen oder vom Betroffenen selbst zu Protokoll der Geschäftsstelle zu erklären. Wie die Einlegung kann auch die Rechtsbeschwerdebegründung per **Fernschreiben**, **Telegramm**, **Telefax**, **Computerfax** oder durch ein **elektronisches Dokument mit elektronischer Signatur** eingereicht werden. Es ergeben sich insoweit keine Abweichungen zu den o.g. Grundsätzen für die Einlegung der Rechtsbeschwerde (→ *Rechtsbeschwerde, Einlegung*, Teil A Rdn 1092; → *Rechtsbeschwerde, Begründung*, Teil A Rdn 1076).

1126 **b)** Bei **schriftlicher Begründung** durch den Rechtsanwalt oder Verteidiger muss dieser im Zeitpunkt der Unterzeichnung bevollmächtigt sein (BGH NStZ 2001, 52) und die **volle Verantwortung** für den Inhalt der Begründung übernehmen. Bestehen daran Zweifel, ist die Begründung unzulässig (BGH NStZ 1987, 336; NStZ 1997, 45; → *Rechtsmittel/Rechtsbehelfe, Form, schriftlich*, Teil A Rdn 1531).

> ☝ Hat einer von **mehreren Wahlverteidigern** die von einem anderen Wahlverteidiger verfasste Begründungsschrift nur mit „i.V." oder „für" unterzeichnet, ist umstritten, ob die Rechtsbeschwerdebegründung wegen Formverstoßes unwirksam ist (für Unwirksamkeit u.a. OLG Frankfurt/Main NStZ-RR 2013, 355; OLG Hamm NStZ 2014, 728; DAR 2001, 177; StRR 2012, 227; Göhler/*Seitz*, § 79 Rn 29a; *Rebmann/Roth/Herrmann*, § 79 Rn 22; a.A. KK-OWiG/*Senge*, § 79 Rn 94 und OLG Köln DAR 2006, 228; vgl. zu dieser Problematik auch BVerfG NJW 1996, 713; StraFo 2016, 64 m.w.N.; BGHSt 59, 284; s. dazu auch *Burhoff*, HV, Rn 2275 ff. m.w.N.; → *Rechtsbeschwerde, Begründung*, Teil A Rdn 1081).

1127 **c)** Hinsichtlich der Begründung der Rechtsbeschwerde durch Erklärung zu **Protokoll der Geschäftsstelle** wird auf die Ausführungen bei → *Rechtsbeschwerde, Begründung*, Teil A Rdn 1081 und bei *Meyer-Goßner/Schmitt* (§ 345 Rn 21 m.w.N.) verwiesen.

1128 **d)** I.Ü. sind für die Begründung der Rechtsbeschwerde die **(besonderen) Begründungsanforderungen** für die Verfahrens- und die Sachrüge zu beachten (s. hierzu → *Rechtsbeschwerde, Sachrüge*, Teil A Rdn 1157 und → *Rechtsbeschwerde, Verfahrensrüge*, Teil A Rdn 1182).

Siehe auch: → *Rechtsbeschwerde, Allgemeines*, Teil A Rdn 1053; → *Rechtsmittel/Rechtsbehelfe, Form, Allgemeines*, Teil A Rdn 1509.

Rechtsbeschwerde, Frist 1129

Das Wichtigste in Kürze:

1. Zu unterscheiden sind die Einlegungsfrist und die Begründungsfrist.
2. Die Rechtsbeschwerde ist gem. § 341 Abs. 1 i.V.m. § 79 Abs. 3 OWiG bei dem Gericht, dessen Urteil angefochten wird, binnen einer Woche nach Verkündung des Urteils schriftlich oder zu Protokoll der Geschäftsstelle einzulegen.
3. Die Begründungsfrist der Rechtsbeschwerde ist in § 345 Abs. 1 i.V.m. § 79 Abs. 3 OWiG geregelt und beträgt einen Monat.

Literaturhinweise: s. die Hinw. bei → *Rechtsbeschwerde, Allgemeines*, Teil A Rdn 1053; → *Rechtsmittel/Rechtsbehelfe, Fristen, Allgemeines*, Teil A Rdn 1545. 1130

1. Zu unterscheiden sind die **Einlegungsfrist** (vgl. Rdn 1132 ff.) und die **Begründungsfrist** (vgl. Rdn 1139 ff.) der Rechtsbeschwerde: 1131

2.a) Die Rechtsbeschwerde ist gem. § 341 Abs. 1 i.V.m. § 79 Abs. 3 OWiG bei dem (Amts)Gericht, dessen Urteil angefochten wird, **binnen einer Woche** nach Verkündung des Urteils schriftlich oder zu Protokoll der Geschäftsstelle **einzulegen**. Sofern die Urteilsverkündung **nicht in Anwesenheit** des Betroffenen stattgefunden hat und dieser auch nicht durch einen nach § 73 Abs. 3 OWiG schriftlich bevollmächtigten Verteidiger vertreten war, beginnt die Frist gem. § 341 Abs. 2 mit der Zustellung des Urteils (vgl. z.B. OLG Bamberg DAR 2011, 401 m.w.N.). Da ein **Ausländer** die gleichen prozessualen Rechte wie ein deutscher Staatsangehöriger hat und mangelnde Sprachkenntnisse nicht zu einer Verkürzung der verfassungsrechtlichen Rechtsschutzgarantien führen dürfen (BVerfG NJW 1976, 1021), beginnt der Fristlauf bei einem gegen einen abwesenden Ausländer ergangenen Urteils erst mit der **Zustellung** einer **übersetzten Urteilsurkunde** (vgl. für die Revision OLG München StV 2014, 532 m. Anm. *Kotz* StRR 2014, 186). 1132

☝ Wenn das Urteil gegen den abwesenden Betroffenen gem. § 77b OWiG **nicht mit einer schriftlichen Urteilsbegründung** zu versehen ist, dann reicht nach dem Sinn und Zweck des § 77b Abs. 1 OWiG die formelle Zustellung der **Urteilsformel** aus, um die Einlegungsfrist in Gang zu setzen (vgl. auch BGHSt 49, 230). Wurde von Seiten des Gerichts in unzulässiger Weise von einer Begründung des Urteils gegen den abwesenden Betroffenen abgesehen, setzt die bloße Zustellung der Urteilsformel nach der Rechtsprechung die Frist zur Einlegung der Rechtsbeschwerde gleichwohl in Gang (BGHSt 49, 230; BayObLG NStZ 1992, 136; OLG Hamm StRR 2009, 443 [Ls.]). Hierauf muss der Verteidiger achten. Falls ein Beschluss nach § 72 ergangen ist, ist ebenfalls allein dessen Zustellung maßgebend (§ 79 Abs. 4).

1133 Der Regelung des **§ 79 Abs. 4** OWiG ist zu entnehmen, dass die Wochenfrist zur Einlegung der Rechtsbeschwerde auch bei einem **abwesenden Betroffenen** bereits mit der Verkündung des Urteils zu laufen beginnt, wenn dieser durch einen gem. § 73 Abs. 3 OWiG **schriftlich bevollmächtigten Verteidiger** vertreten wird. Hierbei ist jedoch zu beachten, dass die eigentliche Verteidigervollmacht nicht ausreicht, um den Verteidiger auch zum Vertreter des Betroffenen zu machen. Der Verteidiger ist zunächst grds. nur Beistand.

☝ Soll der Verteidiger den Betroffenen i.S.d. § 73 Abs. 3 OWiG auch hinsichtlich aller Prozesserklärungen wirksam vertreten können, bedarf dies zusätzlich einer **besonderen** und eindeutigen schriftlichen **Vollmacht** (vgl. z.B. OLG Bamberg NZV 2011, 509; OLG Jena VRS 111, 200; OLG Köln NZV 2002, 466; → *Rechtsmittel/Rechtsbehelfe, Vollmacht, Vertretungsvollmacht*, Teil A Rdn 1809).

1134 Falls ein **Beschluss nach § 72** ergangen ist, ist für den einwöchigen Fristlauf allein dessen **Zustellung maßgeblich** (§ 79 Abs. 4).

1135 **b)** Ist die Entscheidung an den **Betroffenen** und an den **Verteidiger** in gleicher Weise zugestellt worden, ist nach§ 37 Abs. 2 i.V.m. § 46 Abs. 1 OWiG die **letzte Zustellung** maßgebend, es sei denn, dass bei der zweiten Zustellung die durch die erste Zustellung in Gang gesetzte Frist bereits abgelaufen war (BGHSt 34, 371; OLG Düsseldorf StV 1996, 473; KK-OWiG/*Senge*, § 79 Rn 56; *Meyer-Goßner/Schmitt*, § 37 Rn 29). Dasselbe gilt, wenn das Urteil an mehrere Verteidiger zugestellt worden ist. Anders ist es aber, wenn an denselben Empfangsberechtigten mehrfach zugestellt wird. In diesem Fall kommt es nur auf die erste Zustellung an (KK-OWiG/*Senge*, § 79 Rn 56 m.w.N.; zu den Zustellungsfragen → *Rechtsmittel/Rechtsbehelfe, Zustellung, Verteidigerzustellung*, Teil A Rdn 1973).

☝ Selbst wenn der Verteidiger eine Vollmacht zu den Akten gereicht hat, die eine **Zustellungsermächtigung** nach § 145a enthält, setzt die Zustellung der Entscheidung nur an den Betroffenen selbst die Frist gleichwohl in Lauf. Dies gilt sogar auch dann, wenn der Verteidiger nicht gem. § 145a Abs. 3 benachrichtigt worden ist. § 145a enthält nur eine Zustellungsermächtigung, begründet aber keine Pflicht, die das Gericht zur Zustellung an den Verteidiger zwingt (BVerfG NJW 2001, 2532; BGHSt 18, 352, 354; BayObLG NJW 1993, 150). Dies muss der Verteidiger im Auge behalten und seinen Mandanten anhalten, ihn sofort zu benachrichtigen, sobald er eine Zustellung erhält, da sonst der Zustellungsakt auch an ihm vorbeigehen und die 1-wöchige Einlegungsfrist für die Rechtsbeschwerde leicht versäumt werden kann. In Fällen, in denen die Verteidigervollmacht auf den Namen der **Kanzlei** oder **Sozietät** insgesamt lautet, erfasst sie alle Rechtsanwälte gleichermaßen, sodass die Zustellung auch dann die Frist in Gang setzt, wenn sie an die Anwaltskanzlei oder Anwaltssozietät als solche und nicht an den einzelnen Verteidiger adressiert ist (OLG Hamm NStZ-RR 2013, 23 m. Anm. *Burhoff* StRR 2012, 226).

c) Bei schriftlicher Einlegung der Rechtsbeschwerde ist es zur **Fristwahrung** erforderlich, dass die Beschwerdeschrift **innerhalb** der 1-wöchigen **Frist** bei dem zuständigen Gericht **eingegangen** ist. Der Eingang bei einer für das zuständige Gericht gebildeten gemeinsamen Eingangsstelle genügt. Die Rechtsbeschwerde ist auch dann rechtzeitig eingelegt, wenn irrtümlich ein falscher „Betreff" oder ein falsches Aktenzeichen angegeben worden ist, sofern sich klar ergibt, dass gegen das am … verkündete Urteil des betreffenden AG Rechtsbeschwerde eingelegt werden soll (BGH wistra 1999, 346 für die Revision). 1136

Die **Rechtzeitigkeit** des Eingangs bei Gericht wird durch dessen **Eingangsstempel** nachgewiesen. Wird die Richtigkeit des Eingangsstempels beanstandet, ist über die Rechtzeitigkeit des Eingangs ggf. Beweis zu erheben. Verbleibende Zweifel wirken sich zugunsten des Beschwerdeführers aus (BGH NJW 1960, 2202; BayObLG NZV 1992, 498), sodass in zweifelhaften Fällen von der Einhaltung der Rechtsmittelfrist auszugehen ist (BGH StV 1995, 454; KG NZV 1992, 498; OLG Düsseldorf NZV 1995, 85). Lässt sich allerdings nicht klären, ob der Beschwerdeschriftsatz überhaupt bei Gericht eingegangen ist, findet der Zweifelssatz keine Anwendung und das Rechtsmittel ist als unzulässig zu verwerfen (OLG Düsseldorf MDR 1991, 986; OLG Karlsruhe NStZ 1994, 200; s. auch *Burhoff*, HV, Rn 611 m.w.N.). 1137

☝ Deshalb empfiehlt es sich, die Einlegung der Rechtsbeschwerde **vorab mittels Telefax** vorzunehmen und den Schriftsatz anschließend per Boten oder Post an das Gericht zu übersenden. Auf diese Weise kann zumindest durch den Faxbericht mit OK-Vermerk nachgewiesen werden, dass der Schriftsatz bei Gericht eingegangen sein muss.

d) Im Falle der Fristversäumnis ist **Wiedereinsetzung** in den vorigen Stand nach den allgemeinen Vorschriften gem. § 44 i.V.m. § 46 Abs. 1 OWiG möglich. Wegen der Einzelh. wird verwiesen auf → *Wiedereinsetzung in den vorigen Stand, Allgemeines*, Teil B Rdn 1479, m.w.N. 1138

3.a) Die **Begründungsfrist** der Rechtsbeschwerde ist in § 345 Abs. 1 i.V.m. § 79 Abs. 3 OWiG geregelt und beträgt **einen Monat**. Sie beginnt nach Ablauf der Frist zur Einlegung des Rechtsmittels (§ 345 Abs. 1 S. 1). Falls zu dieser Zeit das Urteil noch nicht zugestellt war, beginnt die Rechtsbeschwerdebegründungsfrist mit der Zustellung des Urteils (§ 345 Abs. 1 S. 2). 1139

☝ Daraus ergibt sich Folgendes: Hat die HV in **Anwesenheit** des **Betroffenen** stattgefunden, **beginnt** mit der **Verkündung** des **Urteils** die 1-wöchige Einlegungsfrist der Rechtsbeschwerde. Grds. würde sich daran dann die 1-monatige Begründungsfrist anschließen. Da aber überwiegend die Zustellung des in der HV verkündeten Urteils erst nach Ablauf dieser 1 Woche erfolgt, beginnt die 1-monatige Begründungsfrist für die Rechtsbeschwerde in der Praxis regelmäßig erst mit der Zustellung des Urteils. Nur falls ausnahmsweise das Urteil binnen 1 Woche nach der Verkündung zugestellt sein sollte, schließt sich an die Einlegungsfrist nahtlos die Begründungsfrist von 1 Monat an.

Ein solcher nahtloser Übergang von der Einlegungs- zur Begründungsfrist ergibt sich aber auch dann, wenn das zugestellte Urteil in **Abwesenheit** des **Betroffenen** ergangen ist oder ein Beschluss nach § 72 OWiG zugestellt wird (vgl. § 79 Abs. 4 OWiG). Hier muss binnen 1 Woche nach Zustellung des Urteils bzw. Beschlusses zunächst Rechtsbeschwerde eingelegt werden und diese anschließend innerhalb 1 Monats (nicht etwa nur 4 Wochen!) begründet werden, gerechnet ab dem Ende der Wochenfrist (nicht ab der tatsächlichen Einlegung der Rechtsbeschwerde!). Der Betroffene hat also 1 Woche plus 1 Monat Zeit (vgl. ausführlich hierzu Göhler/*Seitz*, § 79 Rn 31). Die **Berechnung** der Wochen- und Monatsfrist richtet sich nach § 43 i.V.m. § 46 Abs. 1 OWiG.

Bei der Berechnung der Frist ist **Vorsicht** geboten, da in der obergerichtlichen Rechtsprechung **unterschiedliche Ansichten** zur **konkreten Fristberechnung** der Rechtsbeschwerdebegründungsfrist vertreten werden. So soll z.B. nach der Rechtsprechung des 2. Senats des OLG Bamberg die Rechtsbeschwerdebegründungsfrist im Falle eines in Abwesenheit des Betroffenen verkündeten Beschlusses oder Urteils bereits mit dem Ablauf des Tages der Einlegungsfrist und nicht erst am Tag danach beginnen. Endet also z.B. die Frist zur Einlegung der Rechtsbeschwerde am 7.1., dann soll auch bereits an diesem Tag die Frist zur Begründung der Rechtsbeschwerde beginnen, mit der Folge, dass diese wiederum nach Ablauf eines Monats am 7.2. enden würde (OLG Bamberg NZV 2006, 322 mit zutr. abl. Anm. *Kucklick*). **Im Gegensatz** dazu vertritt die **h.M.** die **zutreffende Auffassung**, dass die Frist zur Begründung der Rechtsbeschwerde – dem eindeutigen Wortlaut des § 345 Abs. 1 S. 1 entsprechend – erst nach dem Ablauf der Einlegungsfrist beginnt. Demnach würde also, wenn die Einlegungsfrist am 7.1. um 24:00 Uhr endet, die Rechtsbeschwerdebegründungsfrist am 8.1. um 0:00 Uhr beginnen und dem entsprechend dann am 8.2. ablaufen (vgl. nur BGHSt 36, 241; 3. Senat des OLG Bamberg StRR 2007, 264; Göhler/*Seitz*, § 79 Rn 31; *Meyer-Goßner/Schmitt*, § 345 Rn 4). Will man an dieser Stelle aufgrund der uneinheitlichen Rechtsprechung jedoch auf Nummer sicher gehen, müsste man vorsorglich von der um einen Tag kürzeren Frist ausgehen.

1140 **b)** Der **Fristlauf wird nicht in Gang gesetzt**, wenn die zugestellte **Urteilsausfertigung unvollständig** ist (BGHSt 26, 247; BayObLG StraFo 1997, 248; OLG Düsseldorf VRS 86, 133; OLG Koblenz MDR 1976, 951; → *Rechtsmittel/Rechtsbehelfe, Zustellung, Allgemeines*, Teil A Rdn 1845 ff. m.w.N.). Wurde die 1-wöchige Einlegungsfrist des § 341 ohne Verschulden des Betroffenen versäumt und ist ihm deshalb Wiedereinsetzung in den vorigen Stand gewährt worden, beginnt die Begründungsfrist erst mit der Zustellung des Wiedereinsetzungsbeschlusses (BGHSt 30, 335; BayObLG VRS 71, 373; wistra 1994, 159). Auch wenn der Amtsrichter das Rechtsmittel durch Beschluss als unzulässig verworfen hat, diese Entscheidung aber vom OLG nach § 346 Abs. 2 aufgehoben wird, beginnt die Begründungsfrist erst mit der Zustellung des OLG-Beschlusses, da erst mit diesem Klarheit über den weiteren Fristenlauf eintritt (BayObLG StraFo 1997, 248; OLG Hamm, Beschl. v. 11.7.2008 – 3 Ss OWi 487/08).

c) Hält der Beschwerdeführer die Rechtsbeschwerdebegründungsfrist nicht ein, hat das AG das Rechtsmittel durch Beschluss als **unzulässig** zu verwerfen. Die Verwerfung der Rechtsbeschwerde als unzulässig scheidet aber gemäß § 79 Abs. 3 S. 1 OWiG i.V.m. § 342 Abs. 2 S. 2 aus, solange eine neben der Rechtsbeschwerde beantragte Wiedereinsetzung in den vorigen Stand nicht rechtskräftig versagt worden ist (OLG Bamberg, Beschl. v. 28.12.2015 – 3 Ss OWi 1476/15).Die Begründung der Rechtsbeschwerde erfolgt durch die Erhebung von Verfahrens- oder Sachrügen (Einzelh. hierzu s. → *Rechtsbeschwerde, Sachrüge*, Teil A Rdn 1157 bzw. → *Rechtsbeschwerde, Verfahrensrüge*, Teil A Rdn 1182). 1141

d) Die **Wiedereinsetzung** in den vorigen Stand bei Versäumung der Begründungsfrist ist unter den Voraussetzungen des § 44 möglich, wenn innerhalb der Monatsfrist des § 345 Abs. 1 überhaupt keine Begründung abgegeben wurde. Hierbei hat der Betroffene ein Verteidigerverschulden i.d.R. nicht zu vertreten (OLG Düsseldorf VRS 88, 277). Wegen der Einzelh. wird verwiesen auf → *Wiedereinsetzung in den vorigen Stand, Allgemeines*, Teil B Rdn 1479, m.w.N. 1142

☝ Ist die **Verfahrensrüge** zwar **erhoben**, aber **nicht ordnungsgemäß ausgeführt**, kommt eine Wiedereinsetzung in den vorigen Stand grds. nicht in Betracht (st. Rspr., BGHSt 31, 161; zuletzt u.a. BGH NStZ-RR 2011, 99 [Ci/Zi]; OLG Köln NStZ-RR 1996, 212; SchlHA 2010, 225 [Dö/Dr]). Verfahrensrügen können auch nicht nachgeschoben (st. Rspr., vgl. u.a. BGH NStZ 1996, 353; NStZ-RR 1996, 201 und 233; vgl. dazu a. *Burhoff*, HV, Rn 2283 ff. m.w.N. aus der Rechtsprechung) oder ergänzt (BGH NStZ 1985, 181) werden. Auch eine neben einer Verfahrensrüge noch nicht erhobene Sachrüge kann nicht nachgeschoben werden (OLG Köln NStZ-RR 1996, 212; → *Revision, Begründung, Frist*, Teil A Rdn 2063 ff.).

Siehe auch: → *Revision, Begründung, Frist*, Teil A Rdn 2063; → *Revision, Einlegung, Frist*, Teil A Rdn 2123; → *Wiedereinsetzung in den vorigen Stand, Allgemeines*, Teil B Rdn 1479, m.w.N.

1143 Rechtsbeschwerde, Rechtsmittelverzicht

Das Wichtigste in Kürze:

1. Auf die Einlegung einer Rechtsbeschwerde kann gem. § 46 Abs. 1 OWiG i.V.m. § 302 verzichtet werden.
2. Ein wirksamer Rechtsmittelverzicht liegt nicht vor, solange **Zweifel** am **Verzichtswillen** des Betroffenen bestehen.
3. Beruht das Urteil auf einer Absprache nach § 257c ist ein Rechtsmittelverzicht ausgeschlossen.
4. Für den Rechtsmittelverzicht gelten die gleichen Formerfordernisse wie für die Rechtsmitteleinlegung.

1144 **Literaturhinweise:** s. die Hinw. bei → *Rechtsbeschwerde, Allgemeines*, Teil A Rdn 1053 und bei → *Rechtsmittel/Rechtsbehelfe, Verzicht, Allgemeines*, Teil A Rdn 1732.

1145 **1.** Auf die Einlegung einer Rechtsbeschwerde kann gem. § 46 Abs. 1 OWiG i.V.m. § 302 verzichtet werden. Auch in Bußgeldsachen muss der **Rechtsmittelverzicht** aber **eindeutig** und **zweifelsfrei** sein (OLG Hamm NZV 1999, 182; OLG Koblenz VRS 61, 362). Davon ist z.B. auszugehen, wenn der Betroffene nach Rücksprache mit seinem Verteidiger in der HV nach Verkündung des Urteils und erfolgter Rechtsmittelbelehrung erklärt: „Ich nehme das Urteil an und verzichte auf Rechtsmittel." und diese Erklärung vollständig protokolliert, vorgelesen und genehmigt wurde (§ 273 Abs. 3). Ein wirksamer Rechtsmittelverzicht kann aber z.B. auch dann vorliegen, wenn der Betroffene bei Anordnung eines Fahrverbots und Verhängung einer Geldbuße seinen Führerschein zu den Akten reicht und um Übersendung einer Zahlkarte bittet (OLG Naumburg NStZ-RR 1997, 340) oder ohne Vorbehalt erklärt, die Geldbuße und die Verfahrenskosten tragen zu wollen (OLG Stuttgart NJW 1990, 1494).

☝ In der **Bezahlung** der **Geldbuße** allein liegt allerdings noch kein eindeutiger und zweifelsfreier Rechtsmittelverzicht, weil die Zahlungsannahmestelle der Bußgeldbehörde kein gesetzlicher Adressat für einen Rechtsmittelverzicht ist und der Betroffene der irrigen Ansicht gewesen sein kann, eine Geldbuße müsse ohne Rücksicht auf einen eingelegten Rechtsbehelf erst einmal bezahlt werden (vgl. OLG Stuttgart NZV 1998, 81 = VRS 94, 276; a.A. AG Hersfeld NZV 1998, 222).

1146 **2.** Ein wirksamer Rechtsmittelverzicht liegt nicht vor, solange **Zweifel** am **Verzichtswillen** des Betroffenen bestehen (BGH wistra 1999, 22; OLG Hamm NStZ 1986, 378; OLG Köln VRS 41, 440; vgl. auch BVerfG NStZ-RR 2008, 209 [solange kein Rechtsmittelverzicht, wie zu erkennen gegeben wird, dass die Frage des Verzichts noch erörtert werden soll]).

Die Unwirksamkeit eines Rechtsmittelverzichts kann sich auch daraus ergeben, dass dem Betroffenen vom Gericht eine Verzichtserklärung abverlangt worden ist, ohne dass dieser Gelegenheit hatte, sich vorher mit seinem Verteidiger zu beraten (vgl. hierzu BGH NStZ-RR 1997, 305; OLG Düsseldorf StV 1993, 237, 238; eingehend zum Rechtsmittelverzicht → *Rechtsmittel/Rechtsbehelfe, Verzicht, Allgemeines*, Teil A Rdn 1732 ff., s.a. noch *Burhoff*, HV, Rn 2189 ff.). Ausnahmsweise kann ein Rechtsmittelverzicht auch dann unwirksam sein, wenn er lediglich aufgrund einer – sei es auch irrtümlich – objektiv unrichtigen Erklärung oder Auskunft des Gerichts zustande gekommen ist (vgl. BGH NStZ 1999, 258 und 526; 2001, 493 m.w.N.; NStZ-RR 2005, 149; KG DAR 2007, 656).

3. Beruht das Urteil auf einer verfahrenserledigenden **Absprache** (§ 257c) ist ein Rechtsmit- **1147**
telverzicht gem. § 46 Abs. 1 OWiG i.V.m. § 302 Abs. 1 S. 2 ausgeschlossen (→ *Rechtsmittel/Rechtsbehelfe, Verzicht, Allgemeines*, Teil A Rdn 1737; s. auch noch *Burhoff*, HV, Rn 2202 f.; vgl. aber BGHSt 55, 82).

4. Für den Rechtsmittelverzicht gelten die gleichen **Formerfordernisse** wie für die **1148**
Rechtsmitteleinlegung. Eine entsprechende Verzichtserklärung muss deshalb **schriftlich** oder **zu Protokoll** der **Geschäftsstelle** abgegeben werden (§ 79 Abs. 3 S. 1 i.V.m. 341 StPO; vgl. auch BGHSt 18, 257, 260). Da der Rechtsmittelverzicht eine Prozesshandlung darstellt, ist er grds. **bedingungsfeindlich** und **unwiderruflich** (vgl. z.B. BGHSt 5, 183; 45, 51, 53). Ausnahmen kommen nur bei schwerwiegenden Willensmängeln in Betracht.

Siehe auch: → *Rechtsmittel/Rechtsbehelfe, Verzicht, Allgemeines*, Teil A Rdn 1732, m.w.N.; → *Revision, Rechtsmittelverzicht*, Teil A Rdn 2193.

Rechtsbeschwerde, Rücknahme 1149

Das Wichtigste in Kürze:

1. Gem. § 46 Abs. 1 OWiG i.V.m. § 302 kann die Rechtsbeschwerde ganz oder teilweise zurückgenommen werden.
2. Für die Rücknahme der Rechtsbeschwerde durch den Verteidiger oder einen Rechtsanwalt gilt § 302 Abs. 2 i.V.m. § 46 Abs. 1 OWiG. Demnach bedarf es zur Zurücknahme einer ausdrücklichen Ermächtigung.

Literaturhinweise: s. die Hinw. bei → *Rechtsbeschwerde, Allgemeines*, Teil A Rdn 1053, und bei **1150**
→ *Rechtsmittel/Rechtsbehelfe, Rücknahme, Allgemeines*, Teil A Rdn 1653.

1.a) Gem. § 46 Abs. 1 OWiG i.V.m. § 302 kann die Rechtsbeschwerde **ganz** oder **teilweise** **1151**
zurückgenommen werden. Eine Teilrücknahme ist nichts anderes als eine nachträgliche Rechtsmittelbeschränkung, die in gleicher Weise und in gleichem Umfang zulässig ist

wie eine gem. § 344 Abs. 1 i.V.m. § 79 Abs. 3 OWiG von vornherein erklärte Beschränkung der Rechtsbeschwerde (s. → *Rechtsbeschwerde, Beschränkung*, Teil A Rdn 1085).

1152 **b) Rücknahmeberechtigt** ist jeder, der auf der Seite eines Beteiligten steht, der Rechtsmittel eingelegt hat. Die Rücknahmeerklärung des Betroffenen erstreckt sich stets auch auf die vom Verteidiger eingelegte Rechtsbeschwerde (vgl. BGH StraFo 2005, 161; NStZ-RR 2007, 210; BayObLG VRS 68, 469). Umgekehrt kann auch der Verteidiger, wenn er zur Rechtsmittelrücknahme ermächtigt ist, eine vom Betroffenen selbst eingelegte Rechtsbeschwerde wirksam zurücknehmen (OLG Hamm VRR 2010, 233). Da sich die von mehreren Personen eingelegte Rechtsbeschwerde gleichwohl als **einheitliches Rechtsmittel** darstellt, kann z.B. auch ein Verteidiger die von mehreren Verteidigern eingelegte Rechtsbeschwerde insgesamt zurücknehmen (BGH NStZ 1996, 202; OLG Hamm VRR 2010, 233).

1153 **c)** Die Rücknahme muss **eindeutig**, aber nicht unbedingt ausdrücklich erfolgen. Wie beim Rechtsmittelverzicht (s. deshalb ergänzend → *Rechtsbeschwerde, Rechtsmittelverzicht*, Teil A Rdn 1143, m.w.N.) muss sich der **Wille zur Rücknahme** des Rechtsmittels eindeutig feststellen lassen. Eine eindeutige Rücknahmeerklärung, die einem „gesunden" Willen entspringt, ist unwiderruflich und unanfechtbar (vgl. zum Strafrecht BGHSt 5, 337, 341; 10, 245, 247; 37, 15, 17; NStZ 1983, 280; zur Rechtsmittelrücknahme s. → *Rechtsmittel/Rechtsbehelfe, Rücknahme, Allgemeines*, Teil A Rdn 1653 ff.; und zur Berufung *Burhoff*, HV, Rn 652 ff.).

☝ Die **Form** für die Zurücknahme ist die Gleiche, die für die Einlegung der Rechtsbeschwerde vorgeschrieben ist (s. hierzu → *Rechtsbeschwerde, Form*, Teil A Rdn 1115; → *Rechtsmittel/Rechtsbehelfe, Rücknahme, Erklärung*, Teil A Rdn 1663). Die Rücknahme des Rechtsmittels muss also **schriftlich** oder **zu Protokoll der Geschäftsstelle** abgegeben werden (§ 79 Abs. 3 S. 1 i.V.m. 341 StPO; vgl. auch BGHSt 18, 257, 260).

1154 **d)** Nach **erfolgter Zurücknahme** ist eine Entscheidung über die Rechtsbeschwerde überflüssig. Es ergeht lediglich eine selbstständige **Kostenentscheidung** nach § 473 Abs. 3 (vgl. *Meyer-Goßner/Schmitt*, § 302 Rn 11). Die Rücknahme führt zudem zum **Verlust** des **Rechtsmittels** und zur **Rechtskraft** der **Entscheidung**, sodass innerhalb einer noch offenen Rechtsmittelfrist keine erneute Rechtsbeschwerde mehr eingelegt werden kann (BGHSt 27, 271).

1155 **2.** Für die **Rücknahme** der Rechtsbeschwerde **durch den Verteidiger** oder einen Rechtsanwalt gilt § 302 Abs. 2 i.V.m. § 46 Abs. 1 OWiG. Demnach bedarf es zur Zurücknahme einer **ausdrücklichen Ermächtigung** durch den Betroffenen (→ *Rechtsmittel/Rechtsbehelfe, Rücknahme, Allgemeines*, Teil A Rdn 1653; → *Rechtsmittel/Rechtsbehelfe, Vollmacht, Allgemeines*, Teil A Rdn 1732; *Burhoff*, HV, Rn 766 ff. [Berufung]). Eine bestimmte Form ist für diese ausdrückliche Ermächtigung nicht vorgeschrieben. Sie kann auch mündlich erteilt werden (BGH NStZ 1995, 356]; vgl. u.a. BGH NStZ-RR 2011, 233 [Ci/Zi]; OLG Brandenburg NStZ-RR 1998, 309). Die Ermächtigung liegt grds. **nicht** allein in der **allgemein erteilten Prozessvollmacht** (BGH NStZ 2000, 665; NStZ-RR 2006, 147), die eine allgemeine Ermächtigung zur Rücknahme von Rechtsmitteln enthält, es sei denn, das Mandat wurde erst zur Durchführung des Berufungsverfahrens erteilt (s.u.a. BGH StraFo 2004, 57; OLG Hamburg StraFo 1998, 49). Vielmehr ist die ausdrückliche Ermächtigung zur Rücknahme von Rechtsmitteln erforderlich (vgl. BGH NStZ 2000, 665; 1998, 531; NStZ-RR 2006, 147; 2005, 261; KG NJW 2009, 1686).

☝ Der **Nachweis** der **Ermächtigung** kann auch noch nach der Abgabe der Rücknahmeerklärung geführt werden (BGHSt 36, 259; BGH NStZ 1995, 356; 2014, 54; NStZ-RR 2010, 55). Entscheidend ist nur, dass die entsprechende Bevollmächtigung bereits bei Vornahme der Erklärung bestand (vgl. auch OLG Jena VRS 123, 224; OLG Oldenburg VRS 120, 337; OLG Stuttgart Justiz 2011, 104). In geeigneten Fällen genügt für den Nachweis der Ermächtigung zur Rechtsmittelrücknahme die anwaltliche Versicherung (BGH NStZ-RR 1997, 28 [K]; KK-OWiG/*Senge*, § 79 Rn 147 m.w.N.; *Meyer-Goßner/Schmitt*, § 302 Rn 33 m.w.N.). Die Ermächtigung des Verteidigers endet mit dem Mandat (OLG Köln VRS 57, 356). Sie kann auch vom Betroffenen mündlich oder schriftlich widerrufen werden (BVerfG NJW 1993, 456; BGHSt 10, 245; BayObLG VRS 66, 283). Adressat des Widerrufs kann der Verteidiger oder das Gericht sein. Erklärt der Betroffene den **Widerruf der Ermächtigung** gegenüber dem Gericht, ist eine gleichzeitig oder nach dem Widerruf eingehende Rücknahmeerklärung des Verteidigers ohne rechtliche Wirkung (vgl. BGH NStZ-RR 2007, 151; BayObLG NJW 1995, 1230). Geht der Widerruf erst nach der Rücknahmeerklärung bei Gericht ein, ist die Rücknahme wirksam.

Die **rückwirkende Genehmigung** einer ohne Ermächtigung abgegebenen Rechtsmittel- **1156**
rücknahme ist nicht möglich (OLG Zweibrücken StraFo 2010, 252). Unwirksam ist die Rücknahme auch dann, wenn der Verteidiger diese dem Betroffenen für den Fall angekündigt hat, dass dieser nicht binnen einer bestimmten Frist widerspreche und der Betroffene hierauf geschwiegen hat. Darin liegt gerade keine ausdrückliche Ermächtigung (vgl. OLG Oldenburg StraFo 2010, 347).

Siehe auch: → *Rechtsbeschwerde, Allgemeines*, Teil A Rdn 1053, m.w.N.

1157 Rechtsbeschwerde, Sachrüge

Das Wichtigste in Kürze:

1. An die Erhebung der Sachrüge werden nur geringe formale Anforderungen gestellt.
2. Auch auf eine nicht im Einzelnen begründete Sachrüge hin, ist das angefochtene Urt. v. Rechtsbeschwerdegericht in vollem Umfang auf sachlich-rechtliche Fehler zu überprüfen.
3. Das Rechtsbeschwerdegericht prüft auf die Sachrüge, ob das Recht auf den festgestellten Sachverhalt richtig angewendet worden ist und ob die Urteilsfeststellungen überhaupt eine tragfähige Grundlage für diese Prüfung darstellen.
4. Der Einwand, die Urteilsfeststellungen seien aktenwidrig, kann mit der Sachrüge nicht erhoben werden.
5. Das Rechtsbeschwerdegericht untersucht das Urteil auf Subsumtionsfehler.
6. Fehler der Beweiswürdigung können Gegenstand der Sachrüge sein.
7. Mit der Sachrüge kann eine fehlerhafte Bemessung der Rechtsfolgen gerügt werden.

1158 **Literaturhinweise:** **Burhoff**, Verteidigerfehler in der Tatsachen- und Revisionsinstanz, StV 1997, 432; **Herdegen**, Bemerkungen zur Beweiswürdigung, NStZ 1987, 193; s. auch die Hinw. bei → *Rechtsbeschwerde, Allgemeines*, Teil A Rdn 1053 und → *Rechtsmittel/Rechtsbehelfe, Allgemeines*, Teil A Rdn 1289.

1159 **1.** An die Erhebung der Sachrüge werden nur **geringe formale Anforderungen** gestellt. Grds. gelten die Ausführungen zur → *Revision, Sachrüge, Allgemeines*, Teil A Rdn 2221 ff. entsprechend. Auf diese wird deshalb verwiesen.

1160 Es genügt also auch zur Begründung der Rechtsbeschwerde z.B. die Formulierung „Gerügt wird die Verletzung sachlichen Rechts." (allgemeine Sachrüge). Mehr ist nicht erforderlich. Der Betroffene muss die Sachrüge **nicht im Einzelnen begründen** (vgl. ergänzend BGHSt 25, 272; vgl. zur Begründung der Sachrüge (in der Revision) → *Revision, Sachrüge, Allgemeines*, Teil A Rdn 2221 ff.; *Burhoff* StV 1997, 432, 438 und *Burhoff*, HV, Rn 2290 ff.; vgl. zusammenfassend auch *Gieg/Olbermann* DAR 2009, 617; *Junker/Veh* VRR 2006, 9 ff. und 50 ff.). Es ist grds. **sogar ausreichend**, wenn ohne ausdrückliche Erhebung der Sachrüge aus den Ausführungen erkennbar ist, dass der Beschwerdeführer das angefochtene Urteil wegen sachlich-rechtlicher Fehler zur Überprüfung stellt (vgl. z.B. BGH NStZ-RR 2000, 294; OLG Bamberg zfs 2014, 55 m. Anm. *Burhoff* VRR 2013, 311; OLG Hamm VRS 100, 459). Es **genügt allerdings nicht**, wenn der Beschwerdeführer das angefochtene Urteil durch das Rechtsbeschwerdevorbringen nicht konkret als materiell fehlerhaft angreift, sondern z.B. nur allgemein die Einstellung nach § 47 Abs. 2 begehrt (KG NZV 1996, 124) oder er nur den Wunsch äußert, die Erhöhung der Geldbuße wieder rückgängig zu machen und stattdessen die ursprüngliche Geldstrafe und das verhängte Fahrverbot wiederherzustellen (OLG Bamberg VRR 2013, 311). Auch bloße **An-**

griffe gegen die **Beweiswürdigung** oder die Tatsachenfeststellungen stellen für sich genommen noch **keine zulässige Sachrüge** dar (OLG Hamm VRS 97, 49; VRS 99, 459; s. auch BGH NStZ-RR 1998, 18). Dies ergibt sich daraus, dass das Rechtsbeschwerdegericht grds. an die Feststellungen des Urteils gebunden ist und die Beweiswürdigung des Tatrichters nicht durch eine eigene Beweiswürdigung ersetzen darf.

☝ Es stellt einen **schweren Verteidigerfehler** dar, wenn neben der Verfahrensrüge nicht auch zumindest (vorsorglich) die allgemeine Sachrüge erhoben wird (*Burhoff* StV 1997, 432), selbst wenn der Verteidiger nur Verfahrensverstöße geltend machen will. Denn nur die Sachrüge eröffnet dem Rechtsbeschwerdegericht den umfassenden Zugang zum Urteil und damit ggf. auch den Zugang zu Urteilsstellen, die für die Verfahrensrüge bedeutsam sein können (st.Rspr., vgl. u.a. BGHSt 38, 302; 38, 372; BGH NStZ 1996, 145; StraFo 2008, 332; u.a. BGH, Beschl. v. 26.3.2008 – 2 StR 61/08; OLG Brandenburg NStZ 1997, 612; OLG Celle StV 2013, 12 [Ls.] m. Anm. *Burhoff* StRR 2012, 424; OLG Hamm StraFo 2001, 244; StRR 2008, 308; 2008, 346; *Meyer-Goßner/Schmitt*, § 344 Rn 20). Durch die zusätzlich erhobene Sachrüge kann also im Rechtsbeschwerdeverfahren der Tatsachenvortrag des Verteidigers zur Verfahrensrüge um den Tatsachenstoff des Urteils ergänzt und beides im Zusammenhang gewürdigt werden.

2. Auch auf eine nicht im Einzelnen begründete Sachrüge hin, ist das angefochtene **Urteil vom** Rechtsbeschwerdegericht **in vollem Umfang** auf sachlich-rechtliche Fehler zu überprüfen. Es ergeben sich keine Besonderheiten zur Revision, sodass auf die Ausführungen zur → *Revision, Sachrüge, Allgemeines*, Teil A Rdn 2221 ff., verwiesen wird. **1161**

Ist die Sachrüge erst einmal allgemein erhoben, können **Einzelausführungen** zur Sachrüge (anders als bei der Verfahrensrüge! s. → *Rechtsbeschwerde, Verfahrensrüge*, Teil A Rdn 1182) noch bis zur Entscheidung **nachgeschoben** werden. **1162**

☝ Da die Verfahrensrügen zwingend innerhalb der Rechtsbeschwerdefrist des § 79 Abs. 3 OWiG i.V.m. § 345 Abs. 1 von einem Monat erhoben und im Einzelnen begründet werden müssen, sollte sich der Verteidiger bei **umfangreichen Rechtsbeschwerden** immer **zuerst** auf die **Verfahrensrügen konzentrieren**. Bei der Sachrüge ist es ausreichend, diese zunächst innerhalb der Monatsfrist allgemein zu erheben und anschließend noch rechtzeitig vor der Entscheidung des Rechtsbeschwerdegerichts eine Begründung zur Sachrüge nachzuschieben.

Der Verteidiger, der nur Verfahrensverstöße geltend machen will, sollte **neben der Verfahrensrüge immer** auch wenigstens die **allgemeine Sachrüge** erheben (so auch *Burhoff*, HV, Rn 2292 [Revision]). Nur durch die Sachrüge wird dem Rechtsbeschwerdegericht der Zugang zu den Urteilsgründen eröffnet, die ggf. auch für die Verfahrensrüge bedeutsam sein können (BGHSt 38, 302 und 38, 372; BGH NStZ

1996, 145; *Meyer-Goßner/Schmitt*, § 344 Rn 20; vgl. dazu OLG Hamm VRR 2008, 274; 2008, 275).

1163 **3.a)** Das Rechtsbeschwerdegericht prüft auf die Sachrüge, ob das **Recht** auf den festgestellten Sachverhalt **richtig angewendet** worden ist und auch, ob die Urteilsfeststellungen überhaupt eine **tragfähige Grundlage** für diese Prüfung darstellen (BGHSt 14, 162, 165; BGH NJW 1978, 113, 115). Letzteres sind sie nur dann, wenn sie frei von Lücken, Widersprüchen und Verstößen gegen Denkgesetze und Erfahrungssätze sind. Mängel des Urteils in diesem Bereich können mit der sog. **Darstellungsrüge** gerügt werden (BGHSt 14, 162, 165; BGH NJW 1978, 113, 115; BayObLG VRS 97, 429; *Meyer-Goßner/Schmitt*, § 337 Rn 21 m.w.N.).

1164 **aa) Lücken** in den Urteilsfeststellungen können **vielfältiger Natur** sein. Sie liegen z.B. vor, wenn notwendige Sachverhaltsfeststellungen gänzlich fehlen oder sich in lediglich pauschalen Angaben erschöpfen. Eine **Lückenhaftigkeit** der Beweiswürdigung kann insbesondere dann gerügt werden, wenn

- die Urteilsgründe nicht erkennen lassen, dass der Tatrichter **alle Umstände erkannt** und in seine **Überlegungen einbezogen** hat, die Schlüsse zugunsten oder zuungunsten des Angeklagten zulassen und somit die Entscheidung beeinflussen können (BGHSt 44, 153, 159; BGH StV 1995, 6, 7; 1997, 513; 1998, 362; s. auch *Burhoff*, HV, Rn 2307 ff.),
- **naheliegende Möglichkeiten**, zu denen der Sachverhalt drängt, **außer Betracht** gelassen werden (BGH NStZ 1987, 474; StraFo 2008, 431 [nicht erschöpfende Beweiswürdigung beim Alibibeweis]; NStZ-RR 2006, 258 [Be]; BGH, Beschl. v. 1.7.2008 – 1 StR 654/07),
- die besonderen Anforderungen in Fällen von **Aussage-gegen-Aussage** nicht eingehalten worden sind, weil der Tatrichter nicht alle für die Beurteilung der Glaubwürdigkeit wesentlichen Umstände erkannt und in seine Überlegungen einbezogen hat (BGH StV 1990, 99; 1991, 451; 1992, 219; 1992, 261; 1992, 559; 1994, 358; 1994; 1994, 526; 1995, 6; 1995, 62; 1995, 115; 1995, 340; 1998, 116; NStZ-RR 1998, 15; 2002, 146; 174; 2010, 317; Beschl. v. 16.7.2009 – 5 StR 84/09; Beschl. v. 27.4.2010 – 5 StR 127/10; KG NStZ 2010, 533; OLG Frankfurt/Main StV 2011, 12; s.a. *Meyer-Goßner/Schmitt*, § 261 Rn 11a m.w.N. aus der obergerichtlichen Rspr. und Lit.).
- im Urteil nicht sämtliche für den Beweiswert beim (wiederholten) **Wiedererkennen** wesentlichen Gesichtspunkte geprüft und dargelegt werden (eingehend hierzu BGH NStZ 2009, 283; zum wiederholten Wiedererkennen vgl. BVerfG NJW 2003, 2444; BGH NStZ 1996, 350; 1997, 355; zur Frage des Nichtwiedererkennens in der HV vgl. BGH StraFo 2005, 297; s. auch *Burhoff*, EV, Rn 2075; *Burhoff*, HV, Rn 1581).

1165 **bb) Widersprüche** in den Urteilsfeststellungen sind seltener. Sie liegen aber z.B. vor, wenn im Urteil davon die Rede ist, dass bei Begegnungsverkehr in einer Kurve der eine Verkehrsteilnehmer den anderen, dieser aber jenen nicht habe sehen können (s. KK/*Senge*, § 79 Rn 121 m.w.N.). Es kommt also darauf an, ob sich unterschiedliche Tatsachenfeststellungen im Urteil unvereinbar gegenüberstehen oder ein sich ergebender Widerspruch nicht nachvollziehbar aufgelöst wird (vgl. hierzu BGHSt 3, 213, 215; 14, 162, 164; 15, 1, 3). In beiden Fällen stellt die Widersprüchlichkeit der Urteilsfeststellungen einen sachlichrechtlich Mangel dar, der zum Gegenstand der Rechtsbeschwerde gemacht werden kann.

cc) Verstöße gegen **Denkgesetze und Erfahrungssätze** kommen immer dann in Betracht, wenn die Feststellungen mit bestimmten historischen, geographischen oder physikalischen Gegebenheiten unvereinbar sind (BGHSt 10, 208, 213; 21, 157, 159; 24, 200, 203; 31, 86, 89) oder einem **Kreis-** oder **Zirkelschluss** unterliegen (vgl. BVerfG NJW 2003, 2444, 2446; BGH NStZ-RR 2006, 258 [Be] m.w.N.; BGH StraFo 2003, 131). Letzteres ist z.B. der Fall, wenn aus einer Aussage selbst auch auf deren Glaubhaftigkeit geschlossen wird. 1166

dd) Sofern die **Urteilsgründe vollständig fehlen**, obwohl kein Fall des § 77b OWiG (Absehen von Gründen) vorliegt, ist das Urteil bei zulässig erhobener Rechtsbeschwerde regelmäßig schon auf die Sachrüge hin aufzuheben, weil dem Rechtsbeschwerdegericht eine Überprüfung des Urteils dann nicht möglich ist (KG DAR 2001, 228; OLG Bamberg StraFo 2010, 468; OLG Brandenburg NStZ-RR 2004, 121; OLG Düsseldorf VRS 92, 95; Göhler/*Seitz*, § 77b Rn 8 m.w.N.). 1167

☝ Hängt die **Zulässigkeit der Rechtsbeschwerde** allerdings noch von deren **Zulassung** gem. § 80 Abs. 1 und 2 OWiG ab, stellt das Fehlen von Urteilsgründen für sich genommen noch keinen Zulassungsgrund dar, vielmehr ist das Vorliegen der Voraussetzungen des § 80 Abs. 1 und 2 OWiG vorab zu prüfen und zu bejahen, ehe das Fehlen der Urteilsgründe Erfolg versprechend gerügt werden kann (→ *Rechtsbeschwerde, Zulassung*, Teil A Rdn 1249).

b) Nach der früheren OLG-Rspr. musste bei Verkehrsordnungswidrigkeiten, die eine **Geschwindigkeitsüberschreitung** betrafen, aus den Entscheidungsgründen explizit hervorgehen, nach welcher Messmethode die Geschwindigkeit festgestellt wurde und ob mögliche Fehlerquellen ausreichend berücksichtigt worden sind (vgl. z.B. BayObLG VRS 74, 384; OLG Düsseldorf VRS 74, 12; OLG Hamm VRS 61, 292; KK-OWiG/*Senge*, § 79 Rn 122 m.w.N.). Der **BGH** ist dem entgegengetreten (BGHSt 39, 291), um das Bußgeldverfahren von entbehrlichen Komplikationen freizuhalten. Demnach stellt es **keinen sachlich-rechtlichen** Mangel in Form der Lückenhaftigkeit des Urteils dar, wenn lediglich das Messverfahren und die nach Abzug der Toleranz ermittelte Geschwindigkeit mitgeteilt werden (vgl. auch BayObLGSt 1998, 109; BayObLG NZV 1994, 331; wegen der Einzelh. Burhoff/*Burhoff*, OWi, Rn 2254 ff. m.w.N.). 1168

☝ Der Verteidiger muss deshalb beachten, dass **Zweifel an der Richtigkeit** der **Geschwindigkeitsmessung**, deren tatsächliche Grundlagen sich nicht in den Feststellungen des tatrichterlichen Urteils niedergeschlagen haben, nicht mit der Sachrüge angegriffen werden können, sondern in diesem Fall eine **Verfahrensrüge** erhoben werden muss. Etwas anderes gilt nur dann, wenn im Urteil schon das angewandte **Messverfahren nicht benannt** und deshalb nicht erkennbar ist, ob es sich um ein generell anerkanntes und standardisiertes Messverfahren handelt; in diesem Fall sind die Urteilsgründe lückenhaft (st. Rspr. u.a. OLG Hamm DAR 2008, 101; OLG Koblenz NZV 2007, 255; s. i.Ü. Burhoff/*Burhoff*, OWi, Rn 2297 ff. m.w.N.) und der Rechtsfehler kann mit der **Sachrüge** gerügt werden. Zur Benennung des angewandten Messverfahrens genügt in der amtsgerichtlichen Entscheidung **nicht der bloße Hinweis** auf das bei den **Akten befindliche Messprotokoll** Gem. § 267 Abs. 1 S. 3 i.V.m. § 71 Abs. 1 OWiG kann nämlich nur auf Abbildungen, nicht aber auf Schriftstücke verwiesen werden (s. hierzu auch OLG Bamberg zfs 2015, 49; OLG Brandenburg StraFo 2005, 120; OLG Düsseldorf DAR 2013, 82 m. Anm. *Staub*; Beschl. v. 8.1.2016 – IV-3 RBs 132/15; OLG Hamm NStZ-RR 2009, 151; VA 2012, 139; OLG Koblenz, a.a.O.; OLG Schleswig zfs 2014, 413 m. Anm. *Busch* VRR 2014, 270; Burhoff/*Burhoff*, OWi, Rn 2261).

1169 **4.** Der Einwand, die Urteilsfeststellungen seien „**schlicht unrichtig**" oder „**aktenwidrig**", kann mit der Sachrüge **nicht** erhoben werden. Das Rechtsbeschwerdegericht prüft die Urteilsfeststellungen nur mit der Maßgabe, ob diese aus sich heraus verständlich und logisch sind. Ob sie auf unzutreffenden Tatsachenfeststellungen beruhen, ist der sachlich-rechtlichen Prüfung entzogen, da insoweit ein Rekonstruktionsverbot in Bezug auf die in der HV erörterten Inhalte besteht. Auch den Akteninhalt darf das Rechtsbeschwerdegericht bei der Prüfung der Sachrüge nicht berücksichtigen (vgl. zur Revision BGHSt 35, 238, 241).

☝ Im Rahmen der **Sachrüge** bilden also die **Urteilsfeststellungen** die inhaltlich **unverrückbare Prüfungsgrundlage**. Die Sachrüge verspricht deshalb nur dann Erfolg, wenn das Urteil in sich die o.g. Unstimmigkeiten aufweist. Sofern die Fehlerhaftigkeit des im Urteil festgestellten Sachverhalts bzw. dessen Zustandekommen beanstandet werden soll, bedarf es einer Verfahrensrüge.

Der **Verteidiger** muss sich bei der Erhebung der Sachrüge somit auf die **angefochtene tatrichterliche Entscheidung** und deren Ausführungen **konzentrieren**. Seinem Rügevorbringen hat er allein den im Urteil dargelegten Sachverhalt zugrunde zu legen. Ausführungen dazu, dass z.B. ein Zeuge in Wahrheit anders ausgesagt hat, als dies im Urteil festgehalten ist, sind unbeachtlich. Auch die Rüge, der Tatrichter habe aus den Feststellungen einen Schluss gezogen, der nicht zwingend sei, geht ins Leere, denn es ist ausreichend, dass der vom Tatrichter gezogene Schluss möglich ist (BGHSt 26, 56, 63; 29, 18, 20). Das genügt bereits, um die gem. § 261 notwendige richterliche

Überzeugung herbeizuführen. Logisch unmögliche Schlüsse (Trugschlüsse) können demgegenüber Erfolg versprechend gerügt werden.

5. Sofern lückenlose und widerspruchsfreie Urteilsfeststellungen vorliegen, untersucht das OLG, ob diese Feststellungen den Schuldspruch tragen oder ob dem Tatrichter **Subsumtionsfehler** unterlaufen sind. Hierbei wird überprüft, ob ausreichend Tatsachen zum objektiven und subjektiven Tatbestand dargelegt worden sind. Fehlt die Tatsachengrundlage für ein Merkmal des Bußgeldtatbestands, ist das Urteil rechtsfehlerhaft und muss aufgehoben werden (s. hierzu ausführlich → *Revision, Sachrüge, Rechtsanwendung*, Teil A Rdn 2240). 1170

6. Fehler bei der **richterlichen Überzeugungsbildung** können ebenfalls Gegenstand der Sachrüge sein. Entsprechend § 261 hat der Amtsrichter zwar über das Ergebnis der Beweiswürdigung nach seiner freien, aus dem Inbegriff der HV geschöpften Überzeugung zu entscheiden (eingehend *Herdegen* NStZ 1987, 193). Das bedeutet aber nicht, dass dieser Bereich einer Nachprüfung durch das Rechtsbeschwerdegericht entzogen ist (s. hierzu ausführlich → *Revision, Sachrüge, Beweiswürdigung*, Teil A Rdn 2232. 1171

☝ Seine **Überzeugungsbildung** muss der Tatrichter auch im Bußgeldverfahren im Urteil so ausführlich **darlegen**, dass das OLG diese nachvollziehen kann.

Rechtsprechungsbeispiele: 1172

- Beruhen die Feststellungen eines **Abstands** zum vorausfahrenden Fahrzeug auf der **Schätzung** eines Polizeibeamten, der als Zeuge vernommen worden ist, muss dargelegt werden, dass der Zeuge im Schätzen räumlicher Abstände geübt ist (u.a. OLG Düsseldorf DAR 1993, 360; Burhoff/*Gieg*, OWi, Rn 147).
- Ist der Tatrichter davon überzeugt, dass der Betroffene die auf einem **Foto** abgebildete Person ist, reicht es grds. aus, entsprechend § 267 Abs. 1 S. 3 i.V.m. § 46 Abs. 1 OWi zur Begründung seiner Entscheidung auf das sich bei den Akten befindliche Lichtbild zu **verweisen**, wenn dieses uneingeschränkt zur Identifizierung geeignet ist (BGHSt 41, 376 = NZV 1996, 157). Bestehen jedoch aufgrund von Inhalt oder Qualität (insbesondere Bildschärfe) des Lichtbildes **Zweifel** an dessen **Eignung** zur Feststellung der Identität der abgebildeten Person, bedarf es näherer Ausführungen im Urteil, anhand welcher auf dem Foto erkennbaren Merkmale der Tatrichter seine Überzeugung von der Identität des Betroffenen gewonnen hat (ausführlich hierzu KK-OWiG/*Senge*, § 79 Rn 125). Wenn das AG nach § 267 Abs. 1 S. 3 i.V.m. § 71 Abs. 1 OWiG prozessordnungsgemäß auf das Beweisfoto verwiesen hat, kann das Rechtsbeschwerdegericht aus eigener Anschauung die zum Inhalt der Urteilsurkunde gemachten Lichtbilder würdigen und beurteilen (instruktiv OLG Hamm StraFo 2005, 297; eingehend Burhoff/*Gübner*, OWi, Rn 2704 ff.).

☝ Die **bloße Mitteilung** im Urteil, dass die Überzeugung des Tatrichters von der Fahrereigenschaft des Betroffenen auf **„den in Augenschein genommenen Lichtbildern"** beruht, stellt keine deutliche und zweifelsfreie Bezugnahme gem. § 267 Abs. 1 S. 3 dar (OLG Bamberg NZV 2008, 166; OLG Hamm VRS 113, 432). Auch die bloße Angabe der **Fundstelle** eines „in Augenschein genommenen Lichtbildes" genügt nicht (OLG Bamberg NZV 2008, 211; zuletzt u.a. OLG Koblenz, Beschl. v. 21.9.2012 – 2 SsBs 54/12). **Fehlt** im Urteil eine ordnungsgemäße **Verweisung** entsprechend § 267 Abs. 1 S. 3 auf das Lichtbild, hat der Tatrichter in den Urteilsgründen durch eine dezidierte Beschreibung anzugeben, was auf dem Lichtbild erkennbar ist. Erforderlich sind Ausführungen zur Qualität des Bildes (Bildschärfe) und zu den charakteristischen Merkmalen der abgebildeten Person in einer solchen Genauigkeit, dass dem Rechtsbeschwerdegericht die Prüfung ermöglicht wird, ob das Foto zur Identifizierung geeignet ist (BGHSt 41, 376; u.a. OLG Bamberg NZV 2008, 166; OLG Düsseldorf VRS 93, 178; OLG Hamm NZV 1997, 89; VRS 92, 271; Burhoff/*Gübner*, OWi, Rn 2704).

Zu beachten ist, dass sich die Verweisungsmöglichkeit gemäß § 267 Abs. 1 S. 3 grds. nur auf Abbildungen bezieht, sodass auf einen **Videofilm** nicht Bezug genommen werden darf/kann (vgl. BGHSt 57, 53 m. Anm. *Burhoff* StRR 2012, 63 u. *Sandherr* NZV 2012, 143 und m.w.N. zur teilweise abw. OLG-Rspr; wie der BGH KG VRS 126, 102; OLG Jena zfs 2012, 168; OLG Saarbrücken VA 2013, 104). Das Gleiche gilt für die **schriftlichen Aufzeichnungen auf einem Radarfoto** (z.B. Datum, Uhrzeit, gemessene Geschwindigkeit und Fahrtrichtung). Auch sie sind keine Abbildungen, sondern Urkunden, sodass auch hierauf nicht lediglich nach § 267 Abs. 1 S. 3 StPO Bezug genommen werden kann, sondern diese Daten im Urteil im Einzelnen wiedergegeben werden müssen (u.a. OLG Hamm DAR 2012, 400).

- Der Tatrichter muss sich in den Entscheidungsgründen bei seiner Beweiswürdigung mit der **Einlassung** des Betroffenen auseinandersetzen (OLG Düsseldorf DAR 1995, 167). Er muss deutlich machen, ob er die Einlassung des Betroffenen, die er im Urteil mitteilen muss (OLG Hamm zfs 2008, 348), als widerlegt ansieht oder ob er ihr folgt (vgl. z.B. OLG Düsseldorf NStZ 1985, 323; OLG Koblenz VRS 71, 42). Erachtet der Tatrichter die Einlassung als unglaubhaft oder widerlegt, muss er die einzelnen Umstände darlegen, aufgrund derer er zu diesem Schluss gelangt ist (OLG Düsseldorf VRS 65, 381; OLG Karlsruhe Justiz 1977, 244; OLG Oldenburg StV 1984, 374 [Ls.]; Burhoff/*Burhoff*, OWi, Rn 4042 m.w.N. aus der Rspr.).

☝ Unzureichend ist der in der Praxis häufig zu beobachtende Brauch, die Einlassung des Betroffenen einfach als **„Schutzbehauptung"** abzutun. Vielfach beschränkt sich der Tatrichter auf diese nichtssagende Floskel. Hat er nicht anhand konkreter Umstände belegt, warum er die Einlassung als bloße „Schutzbehauptung“, d.h. als unglaubhaft ansieht, sollte der Verteidiger dies mit der Sachrüge angreifen, da der Tatrichter in diesem Fall die Beweise – zu denen auch die Einlassung des Betroffenen gehört – nur unzureichend gewürdigt hat.

- Stützt sich der Tatrichter bei seiner Überzeugungsbildung auf ein eingeholtes **SV-Gutachten**, muss er die Ausführungen des SV zumindest in einer gedrängten, zusammenfassenden Darstellung unter Angabe der dem Gutachten zugrunde liegenden Anknüpfungstatsachen und Schlussfolgerungen insoweit mitteilen, als dies zum Verständnis des Gutachtens und zur Beurteilung seiner gedanklichen Schlüssigkeit erforderlich ist. Nur so kann dem Rechtsbeschwerdegericht später die gebotene rechtliche Nachprüfung ermöglicht werden (st. Rspr. der Obergerichte, vgl. u.a. BGH NJW 2000, 1350; NZV 2006, 160 f.; BGH, Urt. v. 4.8.2010 – 2 StR 194/10; KG NStZ 2015, 239; OLG Bamberg NZV 2008, 211 f.; zfs 2010, 469; Beschl. v. 20.10.2015 – 3 Ss OWi 1220/15; OLG Brandenburg, Beschl. v. 28.7.2015 – (1 B) 53 Ss-OWi 278/15; OLG Hamm StV 2010, 124 ff.; Beschl. v. 18.12.2012 – III-1 RBs 166/12; OLG Oldenburg NZV 2009, 52 ff.; OLG Jena NStZ-RR 2009, 116; vgl. auch OLG Koblenz NZV 2010, 212 f.; OLG Karlsruhe DAR 2015, 401; KG StRR 2010, 362 [Ls.]: Burhoff/*Burhoff*, OWi, Rn 4051). Der Umfang der Darlegungspflicht ist im Einzelfall abhängig davon, ob es sich um eine standardisierte Untersuchungsmethode handelt oder nicht, und ob der Beweisfrage eine geringe oder hohe Beweisbedeutung zukommt (BGH NJW 2000, 1350).

☝ Ungenügend ist es demnach z.B., wenn in den Urteilsgründen im Wesentlichen nur das Ergebnis eines **anthropologischen Identitätsgutachtens** mitgeteilt wird. Denn ein solches Gutachten ist keine standardisierte Untersuchungsmethode (OLG Hamm, Beschl. v. 10.3.2009 – 4 Ss OWi 126/09). Vielmehr ist im Urteil darzulegen, auf welche und wie viele übereinstimmende metrische und deskriptive Körpermerkmale sich der SV bei seiner nicht standardisierten Untersuchungsmethode gestützt hat und auf welche Art und Weise die behaupteten Übereinstimmungen ermittelt worden sind. Des Weiteren ist zu jedem einzelnen übereinstimmenden Merkmal auszuführen, welche Häufigkeit des jeweiligen Merkmals der vom SV vorzunehmenden Wahrscheinlichkeitsberechnung zugrunde gelegt und wie diese ermittelt worden ist (OLG Bamberg DAR 2010, 390; OLG Hamm, Beschl. v. 18.12.2012 – III – 1 RBs 166/12; vgl. dazu Burhoff/*Gübner*, OWi, Rn 2704 ff.).

7. Schließlich können Fehler bei der Bemessung der **Rechtsfolgen** mit der Sachrüge gerügt werden (s. ergänzend → *Revision, Sachrüge, Strafzumessung*, Teil A Rdn 2246). **1173**

1174 **a)** In diesem Zusammenhang ist insbesondere zu prüfen, ob der Tatrichter vom richtigen **Bußgeldrahmen** ausgegangen ist. Sofern er innerhalb des zulässigen Rahmens die höchstmögliche Geldbuße verhängt hat, muss er im Einzelnen angeben, dass ein schwerwiegenderer Fall nicht denkbar ist und jegliche Milderungsgründe fehlen (vgl. KK/*Senge*, § 17 Rn 37). Bei der Erhöhung der Geldbuße dürfen keine Umstände herangezogen werden, die bereits dem Bußgeldtatbestand zugrunde liegen. Hierin läge ein Verstoß gegen das Verbot der **Doppelverwertung** entsprechend § 46 Abs. 3 StGB (vgl. KK-OWiG/*Senge*, § 17 Rn 42).

1175 **b)** Liegt **Tatmehrheit** vor, wird im Bußgeldverfahren – anders als im Strafrecht – aus mehreren verwirkten Geldbußen **keine Gesamtgeldbuße** gebildet. Gem. § 20 OWiG wird jede Geldbuße gesondert festgesetzt (Kumulationsprinzip; vgl. z.B. OLG Koblenz VRS 61, 280; 66, 222).

1176 **c)** Auch ein vom Tatrichter angeordnetes **Fahrverbot** ist der Kontrolle durch das Rechtsbeschwerdegericht nicht entzogen. Es handelt sich zwar insoweit um eine Ermessensentscheidung des Tatrichters, der eine abweichende Auffassung des OLG nicht ohne Weiteres entgegengehalten werden kann (BGH StV 1993, 420 für das Strafverfahren). Der Bußgeldsenat greift jedoch dann ein, wenn der Amtsrichter seinen **Ermessensspielraum** deutlich **überschritten** hat (BGHSt 17, 35, 37 f.; OLG Düsseldorf VRS 73, 142, 143; zum Fahrverbot eingehend Burhoff/*Deutscher*, OWi, Rn 1341 ff.).

> ☝ Eine Entscheidung ist z.B. **ermessensfehlerhaft**, wenn sich der Tatrichter allein an dem im BKat vorgesehenen Fahrverbot ausrichtet, obwohl außergewöhnliche Umstände sowohl im äußeren als auch im inneren Tatbestand vorliegen, die es gebieten, von dem Regelfahrverbot abzuweichen (OLG Düsseldorf VRS 73, 142, 144; OLG Hamm VRS 74, 136; zur Geldbuße s. Burhoff/*Gübner*, OWi, Rn 1822 ff.).

Siehe auch: → *Rechtsbeschwerde, Allgemeines*, Teil A Rdn 1053, m.w.N.; → *Revision, Sachrüge, Allgemeines*, Teil A Rdn 2221, m.w.N.

1177 Rechtsbeschwerde, Statthaftigkeit

1178 **Literaturhinweise:** s. die Hinw. bei → *Rechtsbeschwerde, Allgemeines*, Teil A Rdn 1053.

1179 **1.** Unter den Oberbegriff der Zulässigkeit des Rechtsmittels fällt der Begriff der **Statthaftigkeit** (s. ausführlich KK-OWiG/*Senge*, § 79 Rn 49 f.). Dieser beschreibt, ob ein bestimmtes Rechtsmittel für den konkreten Fall überhaupt kraft gesetzlicher Vorschrift vorgesehen, mithin statthaft ist.

1180 Die Rechtsbeschwerde ist als **einheitliches und ausschließliches Rechtsmittel** im OWi-Verfahren gem. § 79 Abs. 1 und Abs. 2 OWiG statthaft gegen **Urteile** des AG und amtsrichterliche Beschlüsse nach § 72 OWiG, sofern zusätzlich die besonderen **Zulässigkeitsvoraussetzungen** des 79 Abs. 1 und Abs. 2 OWiG erfüllt sind (→ *Rechtsbeschwerde, Zulässigkeitsvoraussetzungen*, Teil A Rdn 1211). Wenn die Rechtsbeschwerde statthaft ist, sind die Berufung oder Revision daneben ausgeschlossen.

☝ Wird im OWi-Verfahren ein amtsrichterliches **Urteil fälschlicherweise** Weise als „**Beschluss**" oder umgekehrt im Beschlussverfahren nach § 72 OWiG die Entscheidung des Amtsrichters fälschlicherweise als „Urteil" bezeichnet, ändert dies an der Statthaftigkeit der Rechtsbeschwerde nichts (KG VRS 100, 134; Göhler/*Seitz*, § 79 Rn 1; KK/*Senge*, § 79 Rn 50).

2. In Fällen, in denen die Rechtsbeschwerde **nicht statthaft** ist, wird sie durch Beschluss **1181**
des Rechtsbeschwerdegerichts – nicht des AGs – als unzulässig verworfen. Die Überprüfung der Statthaftigkeit des Rechtsmittels obliegt ausschließlich dem Rechtsbeschwerdegericht (OLG Düsseldorf DAR 2000, 367; NZV 1990, 444; OLG Koblenz, Beschl. v. 10.6.1986 – 2 Ss 230/85) und darf nicht mit der vom AG nach § 79 Abs. 3 OWiG i.V.m. § 346 durchzuführenden Zulässigkeitsprüfung hinsichtlich der Äußerlichkeiten der Fristwahrung und der Einhaltung der Formvorschrift des § 345 Abs. 2 verwechselt werden (zu Letzterem ausführlich → *Rechtsbeschwerde, Entscheidung*, Teil A Rdn 1102).

☝ Die Rechtsbeschwerde ist nicht statthaft, wenn das Bußgeldverfahren gem. § 81 in ein **Strafverfahren übergeleitet** wurde. In diesem Fall sind ausschließlich die Vorschriften über die Berufung und Revision anzuwenden. Das gilt auch dann, wenn der Betroffene nach der Überleitung in das Strafverfahren letztlich doch nur wegen einer Ordnungswidrigkeit schuldig gesprochen und zu einer Geldbuße verurteilt worden ist (OLG Bamberg DAR 2013, 584). Hat der Beschwerdeführer fälschlicherweise eine Rechtsbeschwerde eingelegt, wird diese **als Berufung behandelt**.

Siehe auch: → *Rechtsbeschwerde, Allgemeines*, Teil A Rdn 1053.

Rechtsbeschwerde, Verfahrensrüge 1182

Das Wichtigste in Kürze:

1. Das Gesetz sieht für die Verfahrensrüge strenge Formvorschriften vor.
2. Der Beschwerdeführer hat bei der Erhebung der Verfahrensrüge die den Mangel begründenden Tatsachen genau und vollständig anzugeben.
3. Das notwendige Rügevorbringen richtet sich nach der konkret im Einzelfall erhobenen Verfahrensrüge.

4. Sind Verfahrensvorschriften verletzt, kann sich nach der StPO daraus ein sog. absoluter oder ein nur relativer Revisionsgrund ergeben.
5. Die Verfahrensrüge ist strikt von den von Amts wegen zu prüfenden Verfahrensvoraussetzungen und Verfahrenshindernissen abzugrenzen.
6. Einer ordnungsgemäß erhobenen Verfahrensrüge darf durch eine nachträgliche Protokollberichtigung die Tatsachengrundlage entzogen werden (sog. Rügeverkümmerung).

1183 **Literaturhinweise:** **Burhoff**, Rechtsbeschwerde im Ordnungswidrigkeitenverfahren, ZAP F. 21, S. 263; *ders.*, Verteidigerfehler in der Tatsachen- und Revisionsinstanz, StV 1997, 432; *ders.*, Entbindung vom Erscheinen in der Hauptverhandlung, VRR 2007, 250; **Fezer**, Anmerkung zu BGH Beschluss 1 StR 466/05 v. 12.1.2006, StV 2006, 290; **Gieg**, Die strafprozessuale Verfahrensrüge in Straßenverkehrssachen Ursachen und Folgen anwaltlicher Preisgabe von Rügeoptionen im Revisions- und Rechtsbeschwerdeverfahren, DAR 2012, 624; **Gieg/Olbermann**, Die anwaltliche Rechtsbeschwerde in Straßenverkehrssachen, DAR 2009, 617; **Gribbohm**, Das Scheitern der Revision nach § 344 StPO, NStZ 1983, 97; **Hamm**, Die Revision in Strafsachen, 7. Aufl. 2010; **Jahn/Widmaier**, BGH v. 12.1.2006 – 1 StR 466/05, Anfragebeschluss: Verwertbarkeit des Hauptverhandlungsprotokolls nach Berichtigung gegen den Revisionsführer, JR 2006, 166; **Junker**, Beweisantragsrecht im Strafprozess, 2014; **Krawczyk**, Der Anfragebeschluss des 1. Strafsenats des BGH vom 12.1.2006 zur Beachtlichkeit nachträglicher Protokollberichtigungen – Steht der Revisionspraxis eine grundlegende Änderung bevor?, HRRS 2006, 344; **Krenberger**, Das Abwesenheitsverfahren im Bußgeldrecht – Rechtsprechungsübersicht 2010/2011 zu §§ 73, 74 OWiG, zfs 2012, 424; *ders.*, Rechtsprechungsübersicht zu §§ 73, 74 OWiG für das Jahr 2012, zfs 2013, 364; **Lampe**, Unzulässigkeit einer „Rügeverkümmerung", NStZ 2006, 366; s. auch die Hinw. bei → *Rechtsbeschwerde, Allgemeines*, Teil A Rdn 1053, bei → *Rechtsmittel/Rechtsbehelfe, Allgemeines*, Teil A Rdn 1289, und bei → *Revision, Verfahrensrüge, Allgemeines*, Teil A Rdn 2307.

1184 **1.** Das Gesetz sieht für die Verfahrensrüge **strenge Formvorschriften** vor, die in der Praxis – ebenso wie bei der Revision – oft zum Scheitern der Rechtsbeschwerde führen (vgl. auch *Gribbohm* NStZ 1983, 97; *Gieg* DAR 2012, 624; *Gieg/Olbermann* DAR 2009, 617). Mit der Verfahrensrüge werden Rechtsfehler gerügt, die den **Verfahrensablauf** und seine **Gestaltung** betreffen (vgl. *Burhoff* ZAP F. 21, S. 263 ff.; vgl. zusammenfassend auch *Gieg/Olbermann*, a.a.O.; *Junker/Veh* VRR 2006, 9 ff. und 50 ff.). Für die Abgrenzung des Verfahrensrechts vom sachlichen Recht ist nicht entscheidend, ob die verletzte Vorschrift in der StPO oder in einem anderen Gesetz zu finden ist, sondern ob sie den Weg bestimmt, auf dem der Richter zur Urteilsfindung berufen und gelangt ist (*Meyer-Goßner/Schmitt*, § 337 Rn 8; LR/*Franke*, § 337 Rn 66; vgl. auch BGHSt 19, 273, 275 und 25, 100).

1185 Hinsichtlich des **Gegenstands der Verfahrensrüge** wird verwiesen auf die Ausführungen zur → *Revision, Verfahrensrüge, Allgemeines*, Teil A Rdn 2307, die im Rechtsbeschwerdeverfahren entsprechend gelten.

1186 **2.a)** Über den gem. § 79 Abs. 3 S 1 OWiG entsprechend anwendbaren **§ 344 Abs. 2 S. 2** hat der Beschwerdeführer bei der Erhebung einer Verfahrensrüge die **den Mangel begründenden Tatsachen** so **genau** und **vollständig** anzugeben, dass das Rechtsbeschwerdegericht allein anhand der Rechtsbeschwerdeschrift – also ohne Rückgriff auf die Akten – das

Vorliegen des Verfahrensfehlers nachvollziehen kann (st. Rspr. – teilweise zur Revision – der Obergerichte, vgl. nur BGHSt 3, 213; NStZ 1994, 47; 1996, 145; StV 1998, 360, 361; BayObLG NStZ 1998, 363; NStZ-RR 1996, 245; KG VRS 73, 469; OLG Düsseldorf VRS 89, 136; 85, 321; 78, 140; OLG Hamm DAR 1999, 276; OLG Karlsruhe VRS 90, 438; 81, 43; OLG Köln VRS 87, 207; vgl. auch *Burhoff*, HV, Rn 2334 m.w.N.). Erfüllen die tatsächlichen Grundlagen einer Verfahrensrüge die Formerfordernisse des § 344 Abs. 2 S. 2 i.V.m. § 79 Abs. 3 S. 1, ist es unschädlich, wenn die Rechtsbeschwerde dem Wortlaut nach nur die Verletzung materiellen Rechts rügt und keinen Hinweis auf die verletzte Verfahrensnorm enthält (KG, Beschl. v. 13.10.2011 – 3 Ws (B) 356/11). **Entscheidend** ist **nicht** die **Bezeichnung** der **Rüge**, sondern allein ihre tatsächliche rechtliche Bedeutung, die dem Sinn und Zweck des Rügevorbringens zu entnehmen ist (vgl. zur Revision BGH, Urt. v. 21.11.2006 – 1 StR 392/06 m.w.N.).

b) Es ergeben sich bei den **allgemeinen Begründungsanforderungen** der Verfahrens- **1187**
rüge **keine Unterschiede** zwischen der Rechtsbeschwerde und der **Revision**. Deshalb wird insoweit auf die Ausführungen zur → *Revision, Verfahrensrüge, Allgemeines*, Teil A Rdn 2307, m.w.N. verwiesen.

3.a) Das notwendige Rügevorbringen richtet sich stets nach der im Einzelfall konkret er- **1188**
hobenen Verfahrensrüge (s. hierzu im Detail die Kommentierungen von *Meyer-Goßner/Schmitt* bei der jeweiligen Vorschrift sowie die Ausführungen zu den einzelnen Verfahrensrügen unter den Stichworten → *Revision, Verfahrensrüge, Allgemeines*, Teil A Rdn 2307 bis → *Revision, Verfahrensrüge, Widerspruchslösung*, Teil A Rdn 2440).

> ☝ Einen guten **Überblick** über die – auch n.v. – Rechtsprechung des BGH gibt die Zusammenstellung von *Cirener* u.a., die jeweils im Januar/Februar-Heft der NStZ-RR erscheint.

Die im OWi-Verfahren **wichtigsten Verfahrensrügen** sollen nachfolgend kurz dargestellt werden:

b) Im Bußgeldverfahren hat die **Aufklärungsrüge** einen besonders hohen Stellenwert. **1189**
Mit ihr wird der Verstoß gegen die richterliche Aufklärungspflicht des § 244 Abs. 2 – ergänzt durch § 77 Abs. 1 OWiG – gerügt. Bei der Aufklärungsrüge sind die Begründungsanforderungen besonders hoch und werden vielfach vom Beschwerdeführer nicht erfüllt (vgl. zur Begründung der Aufklärungsrüge auch *Burhoff* StV 1997, 432, 437; *Burhoff*, HV, Rn 2345 und *Junker*, Rn 246 ff.). Es genügt **nicht**, ganz **allgemein** zu rügen, die Sache sei nicht genügend aufgeklärt worden oder lediglich pauschal zu beanstanden, dass z.B. eine Ortsbesichtigung nicht stattgefunden habe.

Die Aufklärungsrüge ist darauf gerichtet, dass das Gericht ein bestimmtes **Beweismittel** **1190**
nicht benutzt hat, obwohl sich ihm die Notwendigkeit hierzu hätte aufdrängen müssen, und dass die Benutzung dieses Beweismittels zu einem anderen konkreten Beweisergebnis

geführt hätte. Um diese Zweckbestimmung erfüllen zu können, muss im Rechtsbeschwerdeschriftsatz **dargestellt** werden, was unter → *Revision, Verfahrensrüge, Aufklärungsrüge*, Teil A Rdn 2329, näher erläutert ist. Auf diese Ausführungen wird verwiesen.

1191 **c)aa)** Wurde in der Hauptverhandlung ein **Beweisantrag** gestellt und vom Gericht **abgelehnt**, kommt es für die Frage der konkret zu erhebenden Verfahrensrüge auf den Ablehnungsgrund an. Wird der Ablehnungsbeschluss vom Tatgericht auf die Ablehnungsgründe des § 244 Abs. 3 bis 5 gestützt, ist anstelle einer Aufklärungsrüge (vgl. dazu Rdn 1189 f.) grds. die **Rüge** der **fehlerhaften Ablehnung** des **Beweisantrags gem. § 244 Abs. 3 bis 5** zu erheben (so auch *Meyer-Goßner/Schmitt*, § 244 Rn 83). Etwas anderes gilt jedoch, wenn sich das Gericht in seinem Ablehnungsbeschluss auf die wesentlich weiter gehenden Ablehnungsgründe des § 77 Abs. 2 Nr. 1 und Nr. 2 OWiG beruft. In diesem Fall ist nach überwiegender Meinung eine **Aufklärungsrüge** zu erheben (BayObLG VRS 87, 367; OLG Köln StV 2001, 343; VRS 99, 63; 78, 467; Göhler/*Seitz*, § 77 Rn 10; differenzierend KK-OWiG/*Senge*, § 77 Rn 52). Hierbei ist allerdings zu beachten, dass im Rahmen einer solchen Aufklärungsrüge, die sich letztlich gegen die Zurückweisung eines Beweisantrags richtet, sowohl die Begründungsanforderungen für die Aufklärungsrüge als auch diejenigen für die Rüge der fehlerhaften Ablehnung eines Beweisantrags eingehalten werden müssen (BGH NStZ-RR 2004, 242). Zu den **Einzelheiten** gelten die Ausführungen unter → *Revision, Verfahrensrüge, Beweisantragsrecht (§ 244 Abs. 3 bis 6, § 245 StPO)*, Teil A Rdn 2360 entsprechend. Hierauf wird verwiesen.

☝ Stützt sich das Gericht auf **mehrere unterschiedliche Ablehnungsgründe**, also solche nach § 244 Abs. 3 bis 5 und solche nach § 77 Abs. 2 OWiG, muss der Verteidiger ggf. parallel zur Rüge der fehlerhaften Ablehnung des Beweisantrags nach § 244 Abs. 3 bis 5 auch die Aufklärungsrüge gem. § 244 Abs. 2 erheben.

Die **zusätzliche Erhebung** der **Aufklärungsrüge** neben der Rüge der fehlerhaften Ablehnung des Beweisantrags empfiehlt sich auch dann, wenn der Verteidiger zwar davon ausgeht, einen echten förmlichen Beweisantrag gestellt zu haben, das Tatgericht diesen aber nur als **Beweisermittlungsantrag** angesehen hat oder die Gefahr besteht, dass das Rechtsbeschwerdegericht den Antrag nachträglich zum bloßen Beweisermittlungsantrag herabstuft, weil ihm ein bestimmtes Beweisthema, eine bestimmte Beweisbehauptung oder das Merkmal der Konnexität fehlt (vgl. hierzu ausführlich *Junker*, Rn 24 ff., Rn 40 ff., Rn 46 ff.). Da ein Beweisermittlungsantrag nicht förmlich durch einen Beschluss zurückgewiesen werden muss, bestünde ohne die zusätzliche Erhebung einer Aufklärungsrüge die Gefahr, dass die Rüge der fehlerhaften Ablehnung des Beweisantrags ins Leere läuft (ausführlich hierzu *Junker*, Rn 212).

1192 **bb)** Die rechtsfehlerhafte Behandlung eines Beweisantrags kann neben der fehlerhaften Ablehnung auch in dem vollständigen **Unterlassen** der nach § 244 Abs. 6 vorgeschriebenen **Bescheidung** durch Gerichtsbeschluss oder in der Nichtausführung einer auf den Antrag beschlossenen Beweiserhebung bestehen (*Meyer-Goßner/Schmitt*, § 244 Rn 83).

cc) Je nach Ansatzpunkt der Rüge ist im Rechtsbeschwerdeschriftsatz ein entsprechender **Tatsachenvortrag** erforderlich. Dieser ergibt sich aus den Ausführungen unter → *Revision, Verfahrensrüge, Beweisantragsrecht (§ 244 Abs. 3 bis 6, § 245 StPO)*, Teil A Rdn 2360. 1193

dd) Gegenüber der Revision ergibt sich eine Besonderheit, wenn der Beweisantrag in der HV lediglich mit einer gem. **§ 77 Abs. 3** OWiG zulässigen **Kurzbegründung** abgelehnt worden ist, die sich in der Wiedergabe des Gesetzeswortlautes erschöpft. In diesem Fall muss die Ablehnung im tatrichterlichen Urteil im Rahmen der Beweiswürdigung nachträglich so ausführlich begründet werden, dass sie für das Rechtsbeschwerdegericht nachprüfbar ist (BayObLG JR 2003, 518 m. krit. Anm. *Seitz*; OLG Hamm NZV 2007, 319; OLG Jena VRS 106, 302). Als Ansatzpunkte für die Verfahrensrüge der fehlerhaften Ablehnung des Beweisantrags können dann eine im Urteil vollständig fehlende oder eine nicht nachvollziehbare nachträgliche Begründung in Betracht kommen. Soll eine solche Verfahrensrüge Erfolg haben, muss im Rechtsbeschwerdeschriftsatz entweder im Einzelnen dargelegt werden, in welcher Weise die Ablehnung des Beweisantrags in dem Urteil nachträglich begründet wurde oder – was einfacher ist – **zusätzlich** zur Verfahrensrüge die (allgemeine) **Sachrüge** erhoben werden. Durch Letztere werden die Urteilsgründe insgesamt in Bezug genommen, sodass die im Urteil gegebene Ablehnungsbegründung als vollständig vorgetragen gilt (vgl. OLG Hamm NZV 2007, 319). 1194

☝ Zu beachten ist, dass **§ 77 Abs. 2 und 3** OWiG die Möglichkeiten des Richters zur Ablehnung eines Beweisantrags deutlich erweitert. Der Tatrichter kann nach seinem pflichtgemäßen **Ermessen** von der Beweiserhebung absehen, wenn diese aus seiner Sicht zur Erforschung der Wahrheit nicht erforderlich ist. Dies muss der Verteidiger im Auge haben, wenn er die Fehlerhaftigkeit der Ablehnung rügt, da Ermessensentscheidungen nur eingeschränkt überprüfbar sind.

d) Soll gerügt werden, dass der Amtsrichter trotz eines **Ablehnungsantrags** zu Unrecht in der Sache entschieden hat, sind alle mit der Ablehnung in Zusammenhang stehenden Tatsachen im Rechtsbeschwerdeschriftsatz vollumfänglich mitzuteilen. Es gelten insoweit die Ausführungen unter → *Revision, Verfahrensrüge, Abgelehnter Richter*, Teil A Rdn 2292, auf die an dieser Stelle verwiesen werden kann. 1195

☝ Hat der Beschwerdeführer alle notwendigen Tatsachen vorgetragen, trifft das Rechtsbeschwerdegericht eine **eigene Entscheidung** über die Zulässigkeit und Begründetheit des Ablehnungsantrags, ist also nicht an die Bewertung des AG gebunden.

e) Von Bedeutung in der tatrichterlichen Praxis sind auch die Fälle der **Einspruchsverwerfung** nach § 74 Abs. 2 OWiG, wenn der Betroffene ohne genügende Entschuldigung 1196 der HV fernbleibt. Um die Verwerfung des Einspruchs anfechten, muss der Betroffene eine **Verfahrensrüge** erheben und **im Einzelnen darlegen**, warum das AG sein Ausbleiben **nicht als unentschuldigt** ansehen durfte (vgl. BayObLG NStZ-RR 1997, 182; OLG Brandenburg NStZ-RR 1997, 275; OLG Düsseldorf NZV 1990, 444). Zum Rügevortrag gehört z.B., dass der Inhalt eines ärztlichen Attestes, mit dem das Fernbleiben entschuldigt werden sollte, in der Rechtsbeschwerde mitgeteilt wird und auch, ob und ggf. wie das Gericht auf einen Antrag des Betroffenen, ihn vom Erscheinen in der HV zu entbinden, reagiert hat (zur Begründung der Verfahrensrüge in diesen Fällen u.a. OLG Braunschweig zfs 2005, 312; OLG Hamm VRS 109, 360; NZV 2003, 152; NStZ-RR 2003, 89; VA 2005, 105; OLG Koblenz zfs 2005, 311; OLG Rostock zfs 2005, 312; vgl. auch die Zusammenstellung bei *Burhoff* VRR 2007, 250, 255; *Krenberger* zfs 2012, 424; *ders.*, zfs 2013, 364).

1197 **f)** Auch die Verletzung des sich aus **Art. 6 Abs. 1 S. 1 MRK** ergebenden **Beschleunigungsgebots** muss der Beschwerdeführer i.d.R. mit einer Verfahrensrüge geltend machen (BGH NJW 2005, 518 [für das Strafverfahren]; OLG Düsseldorf StraFo 2000, 379; zum Strafverfahren vgl. *Meyer-Goßner/Schmitt*, Art. 6 MRK Rn 9c m.w.N.). Die Begründung einer solchen Verfahrensrüge muss Angaben zur bisherigen Dauer des Verfahrens sowie insbesondere zu Art, Ausmaß und Ursache der Verzögerung enthalten. Zu den Einzelheiten s. → *Revision, Verfahrensrüge, Beschleunigungsgebot*, Teil A Rdn 2344.

1198 **g)** Die **Inbegriffsrüge** gem. § 261 ist zu erheben, wenn gerügt werden soll, dass die im Urteil getroffenen Feststellungen nicht Gegenstand der HV waren bzw. die in der HV erhobenen Beweise im Urteil unzutreffend wiedergegeben werden. Sie ist allerdings nur zulässig, wenn der zu beanstandende Rechtsfehler ohne Rekonstruktion der HV nachgewiesen werden kann. Die Einzelheiten können den Ausführungen unter → *Revision, Verfahrensrüge, Inbegriffsrüge*, Teil A Rdn 2411 entnommen werden.

1199 **4.a)** Sind Verfahrensvorschriften verletzt, kann sich nach der StPO daraus ein sog. **absoluter** oder ein nur **relativer Revisionsgrund** ergeben. Der Unterschied besteht darin, dass beim Vorliegen eines (nur) relativen Revisionsgrundes noch im Einzelnen festgestellt werden muss, ob das Urteil auf dem beanstandeten Verfahrensverstoß **beruht**, d.h. ob bei richtiger Anwendung des Gesetzes die Entscheidung für den Betroffenen möglicherweise günstiger ausgefallen wäre.

☝ Das Vorliegen eines absoluten Revisionsgrundes aus dem Katalog des § 338 erleichtert also nur die Prüfung der **Beruhensfrage**. Die o.g. strengen formalen Begründungserfordernisse in Bezug auf die den Mangel enthaltenden Tatsachen sind auch bei den absoluten Revisionsgründen einzuhalten.

1200 **b)aa)** Geregelt sind die **absoluten Revisionsgründe** in § 338 Nr. 1 bis 7, der im Rechtsbeschwerdeverfahren über § 79 Abs. 3 OWiG entsprechende Anwendung findet. Hierbei gilt es folgendes zu beachten: **§ 338 Nr. 5** ist nur dann anwendbar, wenn die HV gegen den Willen der StA oder des Betroffenen in deren Abwesenheit stattgefunden hat, da insbesondere die Abwesenheit der StA in Bußgeldverfahren der Regelfall ist (§ 75 Abs. 1 OWiG). **§ 338 Nr. 8** ist – trotz der Stellung im Gesetz – **kein absoluter Revisionsgrund**, weil sich die Beschränkung der Verteidigung auf einen **wesentlichen** Punkt beziehen muss, was nur dann der Fall sein kann, wenn das Urteil auf diesem Punkt beruht (BGHSt 30, 131, 135). Im Hinblick auf die Einzelheiten wird verwiesen auf die Ausführungen zu den entsprechenden Verfahrensrügen der Revision (→ *Revision, Verfahrensrüge, Abwesenheit [§ 338 Nr. 5 StPO]*, Teil A Rdn 2299; → *Revision, Verfahrensrüge, Verteidigungsbeschränkung [§ 338 Nr. 8 StPO]*, Teil A Rdn 2434).

bb) Zu den **absoluten Revisionsgründen**, die **uneingeschränkt** auch im Rechtsbeschwerdeverfahren gelten, gehören 1201

- die nicht vorschriftsmäßige **Besetzung** des Gerichts (§ 338 Nr. 1),
- die Mitwirkung eines **ausgeschlossenen** oder **abgelehnten Richters** (§ 338 Nr. 2 und 3),
- die **Unzuständigkeit** des Gerichts (§ 338 Nr. 4),
- die ungesetzliche Beschränkung der **Öffentlichkeit** (§ 338 Nr. 6) sowie
- die fehlende oder verspätete **Urteilsbegründung** (§ 338 Nr. 7 StPO).

> ☝ Wegen der jeweils erforderlichen Begründungsanforderungen wird auf die Ausführungen bei → ***Revision, Verfahrensrüge**, Allgemeines*, Teil A Rdn 2308, m.w.N., verwiesen.

5. Die Verfahrensrüge ist strikt von den von Amts wegen zu prüfenden **Verfahrensvoraussetzungen** und **Verfahrenshindernissen** abzugrenzen. Fehlen die notwendigen Verfahrensvoraussetzungen bzw. bestehen Verfahrenshindernisse, muss das Rechtsbeschwerdegericht diesen Umstand grds. auch **ohne** eine speziell hierauf gerichtete **Rüge** berücksichtigen. Es gilt Folgendes: 1202

- Lag der **Mangel** bereits **vor Erlass** der amtsrichterlichen Entscheidung vor, prüft das Rechtsbeschwerdegericht das Fehlen von Verfahrensvoraussetzungen bzw. das Vorliegen von Verfahrenshindernissen nur, wenn eine zulässige Rechtsbeschwerde vorliegt, die form- und fristgerecht eingelegt und – zumindest mit der allgemeinen Sachrüge – begründet worden ist (vgl. *Burhoff* ZAP F. 21, S. 263 ff.; KK-OWiG/*Senge*, § 79 Rn 98). Ist das nicht der Fall, wird die Rechtsbeschwerde als unzulässig verworfen, auch wenn der Amtsrichter das Verfahrenshindernis übersehen hat (BGHSt 16, 115). Eine Sonderregelung enthält § 80 Abs. 5 OWiG für das Zulassungsverfahren (→ *Rechtsbeschwerde, Zulassung*, Teil A Rdn 1249).
- Ist der **Mangel** erst **nach Erlass** der amtsrichterlichen Entscheidung entstanden, ist er nach herrschender Meinung bereits dann zu berücksichtigen, wenn die Rechtskraft der angefochtenen Entscheidung durch wirksame Rechtsmitteleinlegung gehemmt

worden ist. Auf die Ordnungsgemäßheit der Rechtsbeschwerdebegründung kommt es dann nicht mehr an (BGHSt 22, 213; KK-OWiG/*Senge*, § 79 Rn 99 m.w.N.).

☝ In der bußgeldrechtlichen Praxis ist das bedeutsamste Verfahrenshindernis die **Verfolgungsverjährung**. Sie ist in § 31 OWiG geregelt. Das Ruhen und die Unterbrechung der Verfolgungsverjährung sind Gegenstand der §§ 32 und 33 OWiG. Bei Verkehrsordnungswidrigkeiten nach § 24 StVG beträgt die Frist der Verfolgungsverjährung nur 3 Monate, solange wegen der Handlung weder ein Bußgeldbescheid ergangen noch öffentliche Klage erhoben worden ist; danach beträgt die Verjährungsfrist 6 Monate (§ 26 Abs. 3 StVG).

☝ **Verfahrenshindernisse** wie z.B. der Eintritt der Verfolgungsverjährung sind auch dann noch **voll zu berücksichtigen**, wenn die Rechtsbeschwerde beschränkt wurde. Solange noch ein „Zipfel" des Verfahrens anhängig ist, schlagen fehlende Verfahrensvoraussetzungen oder Verfahrenshindernisse voll durch und zwingen zur Einstellung des Verfahrens insgesamt (BGHSt 11 393, 394; OLG Düsseldorf VRS 96, 378).

1203 **6.** Nach der **Grundsatzentscheidung** des Großen Senats in Strafsachen des BGH v. 23.4.2007 (BGHSt 51, 298; zur Verfassungsmäßigkeit dieser Rechtsprechung BVerfG NJW 2009, 1469) ist zu beachten, dass einer (zunächst) zulässig erhobenen Verfahrensrüge durch eine nachträgliche Protokollberichtigung die Tatsachengrundlage entzogen und sie anschließend als unzulässig verworfen werden kann (sog. **Rügeverkümmerung**; vgl. dazu eingehend *Junker* StRR 2007, 186; zur Entstehung dieser Rechtsprechung vgl. zudem das vom 1. Strafsenat des BGH eingeleitete Vorlageverfahren, BGH StV 2006, 290 m. Anm. *Fezer*; *Jahn/Widmaier* JR 2006, 166 und *Lampe* NStZ 2006, 366 und NJW 2006, 3582 m. Anm. *Widmaier*, sowie die Antworten der übrigen Strafsenate, BGH NStZ-RR 2006, 275; NStZ-RR 2006, 273 und BGH Beschl. v. 9.5.2006 – 5 ARs 13/06; vgl. ergänzend zum früheren Verbot der Rügeverkümmerung BGHSt 34, 11, 12; NStZ 1984, 521; 1986, 374; 1995, 200, 201).

☝ Diese Entscheidung gilt **auch** für das **Rechtsbeschwerdeverfahren**.

1204 Hinsichtlich der **Grundlagen** und der **Tragweite der Entscheidung**, sowie dem nach der Rechtsprechung des Großen Senats für Strafsachen einzuhaltenden **Verfahren** für eine zulässige Protokollberichtigung wird verwiesen auf die Ausführungen unter → *Revision, Rügeverkümmerung*, Teil A Rdn 2207.

Siehe auch: → *Rechtsbeschwerde, Allgemeines*, Teil A Rdn 1053, m.w.N.

Rechtsbeschwerde, Verschlechterungsverbot 1205

Literaturhinweise: s. die Hinweise bei → *Rechtsbeschwerde, Allgemeines*, Teil A Rdn 1053. 1206

1. Im Rechtsbeschwerdeverfahren gilt – wie im Revisionsverfahren – das **Verschlechterungsverbot** des § 358 Abs. 2, der über § 79 Abs. 3 OWiG entsprechend anwendbar ist (vgl. OLG Düsseldorf MDR 1999, 500; OLG Hamm VRS 46, 194; 52, 131). Das bedeutet, dass die angefochtene amtsrichterliche Entscheidung auf eine durch den Betroffenen oder zu seinen Gunsten durch die StA eingelegte Rechtsbeschwerde im Hinblick auf die Rechtsfolgen **nicht zum Nachteil** des Betroffenen geändert werden darf. 1207

☝ Zum Nachteil des Betroffenen kann die Entscheidung des AG allerdings in den Fällen geändert werden, in denen die StA **zuungunsten** des Betroffenen Rechtsbeschwerde eingelegt hat.

2. Das Verschlechterungsverbot bezieht sich jedoch nur auf den **Rechtsfolgenausspruch**, also die verhängte Geldbuße oder verhängte Nebenfolge (z.B. Fahrverbot). Beim Schuldspruch ist hingegen eine „Verböserung" möglich (OLG Celle NJW 1990, 589; OLG Düsseldorf VRS 80, 52). 1208

Demnach **gilt**: Die Anordnung eines bisher **nicht verhängten Fahrverbots** stellt eine Verschlechterung des bloßen Bußgeldausspruchs dar (OLG Karlsruhe VRS 86, 137) und ist deshalb **unzulässig**. Dies gilt selbst dann, wenn die Anordnung eines bisher nicht verhängten Fahrverbots mit einer nachhaltigen Herabsetzung der Geldbuße einhergeht, weil die Verhängung eines Fahrverbots gegenüber der Geldbuße die härtere Sanktion darstellt (OLG Hamm NZV 2007, 635 f.; Beschl. v. 12.8.2004 – 4 Ss OWi 418/04; OLG Karlsruhe NZV 1993, 450). Umgekehrt darf allerdings die Geldbuße grds. erhöht werden, wenn gleichzeitig von der Verhängung eines Fahrverbots abgesehen wird (OLG Hamm NZV 2007, 635 f.); dies stellt keinen Verstoß gegen das Verschlechterungsverbot dar. Die Eintragung von Punkten im VZR wird nicht vom Verschlechterungsverbot des § 358 Abs. 2 erfasst, weil es sich hierbei nicht um eine Sanktion des OWiG handelt. Zulässig ist z.B. auch die Änderung des Schuldspruchs von Tateinheit in Tatmehrheit, selbst wenn dadurch die Punktebewertung für den Betroffenen ungünstiger ausfällt (OLG Hamm VRS 52, 131). 1209

3. Das Verschlechterungsverbot des § 358 Abs. 2 ist sowohl vom **OLG** als auch im Fall einer Zurückverweisung vom **AG** zu beachten (vgl. auch *Meyer-Goßner/Schmitt*, § 358 Rn 11). 1210

Siehe auch: → *Berufung, Verschlechterungsverbot, Allgemeines*, Teil A Rdn 290, m.w.N.; → *Rechtsbeschwerde, Allgemeines*, Teil A Rdn 1053; → *Revision, Verschlechterungsverbot*, Teil A Rdn 2449.

1211 Rechtsbeschwerde, Zulässigkeitsvoraussetzungen

Das Wichtigste in Kürze:

1. Die Rechtsbeschwerde ist, soweit sie das statthafte Rechtsmittel darstellt, ohne besondere Zulassung grds. nur in den enumerativ in § 79 Abs. 1 S. 1 OWiG aufgezählten Fällen zulässig.
2. Die Rechtsbeschwerde ist gem. § 79 Abs. 1 S. 1 Nr. 1 OWiG zulässig, wenn eine Geldbuße von mehr als 250,00 € festgesetzt worden ist.
3. Sind Nebenfolgen verhängt worden, ist für die Zulässigkeit der Rechtsbeschwerde zwischen Nebenfolgen nicht vermögensrechtlicher und vermögensrechtlicher Art zu unterscheiden.
4. Eine tatrichterliche Entscheidung, die nicht zu einer Verurteilung des Betroffenen geführt hat, kann gem. § 79 Abs. 1 S. 1 Nr. 3 OWiG nur von Seiten der StA mit der Rechtsbeschwerde angefochten.
5. Die Rechtsbeschwerde ist zulässig, wenn das AG den Einspruch des Betroffenen durch Urteil als unzulässig verworfen hat.
6. Bei Unzulässigkeit des schriftlichen Verfahrens nach § 72 ist die Rechtsbeschwerde eröffnet.
7. Die Rechtsbeschwerde ist auch dann zulässig, wenn der Amtsrichter unzulässige Rechtsfolgen, die das Gesetz nicht vorsieht, verhängt hat.
8. Die Rechtsbeschwerde kann bei weniger bedeutsamen OWi nach § 79 Abs. 1 S. 2 i.V.m. § 80 OWiG zugelassen werden.
9. § 79 Abs. 2 OWiG enthält eine Sonderregelung für die Zulässigkeit der Rechtsbeschwerde bei mehreren Taten.

1212 **Literaturhinweise:** **Burhoff**, Rechtsbeschwerde im Ordnungswidrigkeitenverfahren, ZAP F. 21, S. 263; **Burmann**, Höhere Geldbußen – ein geeignetes Steuerungsmittel, DAR 2007, 187; **Cramer**, Die Rechtsprechung zur Rechtsbeschwerde nach dem Gesetz über Ordnungswidrigkeiten, VOR 1972, 102 und 133; **Küper**, Zur Auslegung des § 329 I 2 StPO, NJW 1977, 1275; *ders.*, Anm. zu BGH, Beschl. v. 10.8.1977 – 3 StR 240/77, JZ 1978, 205; **Meurer**, Die Zulässigkeit der Rechtsbeschwerde gegen Beschlußentscheidungen in Bußgeldsachen, NStZ 1984, 8; s. auch die Hinw. bei → *Rechtsbeschwerde, Allgemeines*, Teil A Rdn 1053 und → *Rechtsmittel/Rechtsbehelfe, Allgemeines*, Teil A Rdn 1289.

1213 **1.** Die **Rechtsbeschwerde** ist, soweit sie das statthafte Rechtsmittel darstellt (vgl. hierzu → *Rechtsbeschwerde, Statthaftigkeit*, Teil A Rdn 1177), **ohne besondere Zulassung** grds. (vgl. hierzu → *Rechtsbeschwerde, Zulassung*, Teil A Rdn 1249) nur in den enumerativ in § 79 Abs. 1 S. 1 OWiG aufgezählten Fällen zulässig. Die dort aufgestellten Wertgrenzen gelten auch bei einem Verwerfungsurteil nach § 74 (OLG Hamm, Beschl. v. 8.4.2009 – 3 Ss OWi 258/09).

☝ Da § 79 Abs. 1 S. 1 OWiG die Zulässigkeit der Rechtsbeschwerde von der Verhängung bestimmter Rechtsfolgen abhängig macht, kann sich bei einer **rechtsstaatswidrigen Verfahrensverzögerung** im Zusammenhang mit der vom Großen Senat des BGH etablierten **Vollstreckungslösung** (BGHSt 52, 124) die Fragestellung ergeben, ob auf die verhängte oder auf die noch zu vollstreckende Rechtsfolge abzustellen ist. Denkbar wäre z.B., dass das Gericht eine Geldbuße i.H.v. 300,00 € verhängt, aber im Tenor des Urteils aufgrund festgestellter rechtsstaatswidriger Verfahrensverzögerung einen Betrag i.H.v. 100,00 € für bereits vollstreckt erklärt. Oder: Das Gericht verhängt z.B. ein Fahrverbot von 1 Monat, erklärt aber 1 Woche für bereits vollstreckt (vgl. z.B. OLG Hamm DAR 2011, 409 m. krit. Anm. *Deutscher* VRR 2011, 232 [Kompensation erfolgte hier allerdings erst in der Rechtsbeschwerdeinstanz]). Unabhängig davon, ob man die Vollstreckungslösung auf sämtliche Rechtsfolgen für anwendbar hält (vgl. z.B. ablehnend beim Fahrverbot Burhoff/*Deutscher*, OWi, Rn 1457) könnte sich, wenn sie durch eine entsprechende Entscheidung des Tatgerichts zur Anwendung gekommen ist, im Hinblick auf die Wertgrenze bzw. die Dauer des Fahrverbots die Frage stellen, ob die Voraussetzungen des § 79 Abs. 1 S. 1 OWiG nach erfolgter Kompensation nicht mehr erfüllt sind. Da im Rahmen der Vollstreckungslösung aber nicht die **Festsetzung** der Rechtsfolge betroffen ist, sondern lediglich eine Kompensation dahingehend erfolgt, dass ein bezifferter Teil der verhängten Geldbuße oder Nebenfolge **als bereits vollstreckt gilt** (vgl. *Meyer-Goßner/Schmitt*, Art. 6 MRK Rn 9a), richtet sich die Zulässigkeit der Rechtsbeschwerde schon aus systematischen Gründen allein nach der festgesetzten und nicht nach der rein vollstreckungsrechtlich kompensierten Rechtsfolge. Dies folgt auch aus dem Wortlaut des § 79 Abs. 1 S. 1 OWiG, der nur auf die Festsetzung einer bestimmten Rechtsfolge abstellt, nicht auf deren Vollstreckung. Dafür spricht des Weiteren, dass z.B. auch im VZR die festgesetzten Rechtsfolgen eingetragen werden, unabhängig von ihrem jeweiligen Vollstreckungsstand.

Im Einzelnen gilt für die Zulässigkeitsvoraussetzungen Folgendes:

2. Die Rechtsbeschwerde ist gem. **§ 79 Abs. 1 S. 1 Nr. 1** OWiG zulässig, wenn gegen den Betroffenen eine **Geldbuße von mehr als 250,00 €** festgesetzt worden ist. 1214

a) Die Wertgrenze von 250,00 € **gilt** sowohl für die Rechtsbeschwerde des **Betroffenen** als auch für die Rechtsbeschwerde der **StA**. Dies ergibt sich bereits aus dem Wortlaut der Vorschrift, die keine Beschränkung der Zulässigkeit der Rechtsbeschwerde für bestimmte Verfahrensbeteiligte vorsieht (s. auch BGHSt 37, 316). Bei der **Berechnung der Wertgrenze** bleiben Verfahrenskosten und Auslagen der Staatskasse außer Ansatz. 1215

☝ Die Wertgrenze des § 79 Abs. 1 S. 1 Nr. 1 OWiG von 250,00 € ist relativ hoch und führt dazu, dass – soweit nicht ein Fahrverbot verhängt wurde und deshalb § 79 Abs. 1

S. 1 Nr. 2 OWiG gilt – bei **Verkehrsordnungswidrigkeiten** der weitaus größte Teil der Rechtsbeschwerden der Zulassung gem. § 80 OWiG bedarf.

1216 **b)** Keine Schwierigkeiten bereitet die Wertgrenze, wenn der Tatrichter für **eine Tat** im prozessualen Sinne (§ 264 entsprechend) eine einzige Geldbuße verhängt hat. Diese muss über 250,00 € liegen, um die Zulässigkeitsvoraussetzung zu erfüllen. Liegen im Rahmen **einer prozessualen Tat** jedoch **mehrere Handlungen** des Betroffenen vor, die mit Einzelgeldbußen geahndet werden, z.B. mehrere Verkehrsverstöße bei einer Fahrt mit dem Pkw, so gilt Folgendes:

- Wenn die **Rechtsbeschwerde unbeschränkt eingelegt** wird, muss die **Summe** der **Einzelgeldbußen** über 250,00 € liegen (vgl. z.B. OLG Düsseldorf VRS 71, 375; OLG Hamburg MDR 1978, 955; OLG Hamm DAR 1974, 22; VRS 48, 229; OLG Koblenz DAR 1976, 138; OLG Köln VRS 77, 278). Die Rechtsbeschwerde ist somit auch dann zulässig, wenn einzelne Geldbußen niedriger sind als 250,00 €, solange die Summe insgesamt über 250,00 € liegt (BayObLG NStZ-RR 1997, 248; OLG Koblenz VRS 75, 71, 72, jew. zur früher gültigen Wertgrenze von 200,00 DM). Wurden also für materiell-rechtlich in Tatmehrheit stehende Taten, die in prozessualer Hinsicht gleichwohl noch eine einheitliche Tat bilden, mehrere Geldbußen verhängt, sind diese bei der Prüfung, ob die Wertgrenze des § 79 Abs. 1 S. 1 Nr. 1 überschritten ist, zusammenzurechnen (vgl. OLG Hamm, Beschl. v. 1.8.2013 – 1 RBs 128/13).
- Wird die **Rechtsbeschwerde** beim Vorliegen von Tatmehrheit im sachlich-rechtlichen Sinn zulässigerweise auf einzelne abgeurteilte Handlungen **beschränkt**, sind für die Errechnung der Wertgrenze **nur noch die angefochtenen Geldbußen** zu addieren (*Burhoff* ZAP F. 21, S. 159, 160; Burhoff/*Junker*, OWi, Rn 3351).

1217 **c)** Bei **mehreren Taten** im prozessualen Sinn gilt hingegen die **Sonderregelung** des **§ 79 Abs. 2** OWiG. Demnach werden in diesem Fall die Geldbußen **nicht zusammengerechnet**. Die Rechtsbeschwerde ist gem. § 79 Abs. 2 OWiG nur insoweit zulässig, als die Wertgrenze von 250,00 € für die **jeweilige** prozessuale Tat überschritten ist. Der Betroffene kann somit keine Rechtsbeschwerde einlegen, wenn gegen ihn wegen verschiedener Taten mehrere Geldbußen von unter 250,00 € verhängt wurden (zur Regelung des Abs. 2 s. auch unten Rdn 1244 ff.).

1218 **d) Hinweis für den Verteidiger!**

☝ In Fällen, in denen der Tatrichter **mehrere Geldbußen** verhängt hat, ist also zunächst zu prüfen, **wie viele Taten** im prozessualen Sinn vorliegen. Liegt **eine Tat** im prozessualen Sinne vor, werden die Geldbußen für mehrere Handlungen zusammengerechnet. Liegen hingegen **mehrere Taten** im prozessualen Sinne vor, sind diese gesondert zu betrachten.

Die **Betrachtungsweise** ist insoweit eine rein **verfahrensrechtliche**. Es ist also nicht entscheidend, ob der Tatrichter materiell-rechtlich von einer Handlung (Tateinheit nach § 19 OWiG) oder von mehreren Handlungen (Tatmehrheit nach § 20 OWiG) ausgegangen ist. Der Ausdruck „Tat“ wird wie in der StPO im verfahrensrechtlichen Sinn gebraucht (§ 264 Abs. 1; vgl. KK-OWiG/*Senge*, § 79 Rn 40; OLG Hamburg NStZ-RR 1999, 57, 58). Zu prüfen ist deshalb, ob ein **abgrenzbarer einheitlicher geschichtlicher Vorgang gegeben ist**, innerhalb dessen der Betroffene einen oder mehrere Bußgeldtatbestände verwirklicht haben soll (BayObLG NZV 1997, 282; OLG Hamburg NStZ-RR 1999, 57, 58; zu § 264 vgl. BGHSt 22, 105, 106; 29, 341, 342; 32, 215; zum Tatbegriff im Bußgeldverfahren Burhoff/*Gieg*, OWi, Rn 3727).

Verhält sich ein Betroffener in **mehrfacher Weise ordnungswidrig**, ohne dass seine Handlungen sich unter einen einheitlichen geschichtlichen Vorgang fassen lassen, werden seine Verstöße gem. § 79 Abs. 2 OWiG separat gewertet und führen nicht zu einer Addition der jeweiligen Geldbußen.

e) Da die Definition des **Tatbegriffs** vage ist, kann es vorkommen, dass das AG und das OLG bei der Beantwortung der Frage, wie viele prozessuale Taten vorliegen, zu unterschiedlichen Ergebnissen gelangen. 1219

☝ Der Verteidiger sollte deshalb auf diesen Punkt **besonderes Augenmerk** legen. Gelingt es ihm, bei mehreren Handlungen das Vorliegen einer prozessualen Tat zu begründen, kann dies dazu führen, dass die Wertgrenze von 250,00 € aufgrund der zu addierenden Einzelgeldbußen überschritten wird.

Bei der Beurteilung, ob von einer einheitlichen prozessualen Tat auszugehen ist, kommt 1220
es auf die **Umstände des Einzelfalls** an, sodass es sich **weitgehend** um eine **Tatfrage** handelt (BGH JR 1988, 25, 26 m. krit. Anm. *Otto*; BayObLG NZV 1007, 282; OLG Düsseldorf NZV 1998, 78; OLG Jena VRS 97, 265; OLG Stuttgart NZV 1997, 243; s. auch Burhoff/*Gübner*, OWi, Rn 2787). Hierbei ist zu beachten:

- Werden von dem Betroffenen auf einer **einheitlichen Fahrt** mit einem Kfz **verschiedene Verkehrsordnungswidrigkeiten** begangen, erfolgt nicht schon deshalb die Zusammenfassung zu einer prozessualen Tat, weil die OWi auf derselben Fahrt begangen worden sind (BayObLG NZV 1997, 282; BayObLGSt 1995, 91 und 150; OLG Düsseldorf StraFo 1998, 200; OLG Hamm NStZ-RR 199, 23). Mit dem Ende eines bestimmten Verkehrsvorgangs, der durch einen anderen abgelöst wird, ist i.d.R. das die Tat bildende geschichtliche Ereignis – und damit die Tat im prozessualen Sinn – abgeschlossen (OLG Düsseldorf VRS 71, 375 m.w.N.).
- Eine **einheitliche prozessuale Tat** liegt jedoch vor, wenn verschiedene Verkehrsverstöße auf einer einheitlichen Fahrt **innerlich** so **miteinander verknüpft** sind, dass

ihre getrennte Würdigung und Ahndung als unnatürliche Aufspaltung eines ansonsten einheitlichen Lebensvorgangs empfunden würde (BayObLG NZV 1997, 282).

Beispiele:

- Wenn die Verkehrsordnungswidrigkeiten **zeitlich** und **räumlich** in einem **engen Zusammenhang** stehen und von einem **einheitlichen Willen**, eine bestimmte Straße möglichst schnell zu durchfahren, getragen werden, liegt nur eine Tat vor (OLG Düsseldorf VRS 71, 375, 376). Allerdings kann – abstellend auf das nicht unproblematische Abgrenzungskriterium der „unterschiedlichen Verkehrssituation“ – bei **verschiedenen Überholvorgängen** auf derselben Fahrt trotz engen zeitlichen und räumlichen Zusammenhangs von mehreren Taten im verfahrensrechtlichen Sinn ausgegangen werden (BayObLG JR 2002, 523 m. Anm. *Seitz*; OLG München DAR 2005, 647).
- Ebenfalls nur eine Tat im prozessualen Sinn liegt vor, wenn die während des Betriebs des Fahrzeugs an einem Tag begangenen Geschwindigkeitsüberschreitungen auf einem **einheitlichen Sorgfaltsverstoß** beruhen, z.B. der irrtümlich verkannten Geschwindigkeitsbeschränkung des Fahrzeugs aufgrund seiner Bauart (BayObLG NStZ 1998, 293).
- Natürliche Handlungseinheit und somit eine Tat wurden auch angenommen für den Fall von 13 einer einzigen Tachoscheibe zu entnehmenden Geschwindigkeitsüberschreitungen **innerhalb** von **weniger** als **7 Stunden** (OLG Düsseldorf NStZ-RR 1998, 57).
- **Mehrere Taten** im prozessualen Sinn liegen regelmäßig vor, wenn mehrere Verkehrsordnungswidrigkeiten auf einer Fahrt an unterschiedlichen Orten begangen werden und nicht in direktem zeitlichen und räumlichen Zusammenhang stehen (OLG Hamm DAR 1974, 22, 23; OLG Jena VRS 97, 265, 267).

☝ Bei **einheitlichen Fahrten** führt das Vorliegen mehrerer OWi immer wieder zu Abgrenzungsschwierigkeiten. Für den Verteidiger eröffnet sich hierdurch ein entsprechender Argumentationsspielraum. Zu beachten ist insoweit, dass aus der Annahme einer „natürlichen Handlungseinheit“ im sachlich-rechtlichen Sinn zwangsläufig die Bejahung einer einzigen Tat im verfahrensrechtlichen Sinn folgt (BGHSt 36, 151, 154 für das Strafrecht; OLG Hamburg NStZ-RR 1999, 57, 58).

1221 **f)** Wenn der Amtsrichter in rechtsfehlerhafter Weise eine **Strafe** statt einer Geldbuße **verhängt** hat, ist dem Gesetz nicht zu entnehmen, ob die Rechtsbeschwerde in diesem Ausnahmefall zulässig sein soll (vgl. hierzu BayObLG NJW 1969, 1316). Dies wird überwiegend befürwortet, da eine Geldstrafe oder gar Freiheitsstrafe angesichts des Makels, der mit ihr verbunden ist, eine härtere Sanktion darstellt als eine Geldbuße von mehr als

250,00 €. Die Rechtsbeschwerde soll in diesem Fall auch dann zulässig sein, wenn die vom Amtsrichter verhängte Geldstrafe unterhalb von 250,00 € liegt (*Cramer* VOR 1972, 102, 108; KK-OWiG/*Senge*, § 79 Rn 14).

3. Bei der **Verhängung von Nebenfolgen** ist für die Frage der Zulässigkeit der Rechtsbeschwerde nach **§ 79 Abs. 1 S. 1 Nr. 2** OWiG zwischen Nebenfolgen nicht vermögensrechtlicher und vermögensrechtlicher Art zu unterscheiden. 1222

a) Wurde dem Betroffenen eine Nebenfolge **nicht vermögensrechtlicher Art** auferlegt, ist die Rechtsbeschwerde **stets zulässig**. 1223

Zu den **nicht vermögensrechtlichen Nebenfolgen** gehören: 1224

- **Fahrverbot** nach § 25 StVG,
- **Verbot der Jagdausübung** nach § 41a Abs. 1 BJagdG i.V.m. den landesrechtlichen Bestimmungen über § 42 BJagdG,
- **Entziehung des Jagdscheins** nach § 41 BJagdG.

☝ **Keine Nebenfolgen** i.S.d. § 79 Abs. 1 S. 1 Nr. 2 OWiG sind die Eintragung im **VZR** (§ 28 StVG; BayObLG NJW 1969, 2296; OLG Hamm VRS 92, 345), und zwar auch dann nicht, wenn die Eintragung zu einer Nachschulung führt (OLG Hamm DAR 1997, 410) oder die Eintragung im **Gewerbezentralregister** (§ 149 GewO). Derartige Eintragungen stellen keine gegen den Betroffenen verhängte Sanktion dar, sondern bauen auf der verhängten Sanktion auf und sind deshalb verwaltungsinterne Maßnahmen, die als Materialsammlungen für etwaiges späteres Verwaltungshandeln dienen (BVerwG DVBl. 1988, 110).

Die Rechtsbeschwerde ist jedoch auch bei der Verhängung einer nicht vermögensrechtlichen Nebenfolge **nur insoweit** zulässig, als zwischen der Nebenfolge und der Verurteilung ein **innerer Zusammenhang** besteht (KK-OWiG/*Senge*, § 79 Rn 18). Deshalb sind nur diejenigen OWi anfechtbar, auf die sich die **Nebenfolge bezieht**. Sind z.B. Gegenstand einer amtsgerichtlichen Entscheidung ein Verkehrsverstoß und ein gewerberechtlicher Verstoß und wird als Nebenfolge des Verkehrsverstoßes ein Fahrverbot verhängt, so ist der gewerberechtliche Verstoß nicht anfechtbar, weil sich das Fahrverbot nicht auf diesen bezieht. Für den gewerberechtlichen Verstoß könnte die Rechtsbeschwerde nur dann eröffnet sein, wenn ein anderes Zulassungskriterium (z.B. Geldbuße über 250,00 €) erfüllt wäre. 1225

☝ Ein **innerer Zusammenhang** zwischen einer Verurteilung und einer Nebenfolge besteht trotz gleichzeitiger Aburteilung in derselben Entscheidung allerdings **nicht**, wenn **mehrere prozessuale Taten** vorliegen (vgl. zur Zulässigkeit der Rechtsbeschwerde bei mehreren Taten auch unten Rdn 1244 ff.) und sich die Nebenfolge nur auf eine dieser Taten bezieht. Werden z.B. verschiedenartige Verkehrsordnungswidrigkeiten abgeurteilt und zusätzlich ein Fahrverbot verhängt, ist im Einzelfall zu prüfen, ob sich dieses Fahrverbot nur auf eine bestimmte OWi bezieht (z.B. nach § 24a StVG wegen Überschreitung der 0,5 ‰-Grenze) oder an mehrere bzw. alle abgeurteilten Taten anknüpft (BayObLG VRS 69, 385).

1226 **b)** Wurde von Seiten des Tatrichters eine **Nebenfolge vermögensrechtlicher Art** verhängt, ist die Rechtsbeschwerde nur zulässig, wenn deren Wert auf mehr als 250,00 € festgesetzt worden ist. Hierbei sind die **Geldbuße** und die vermögensrechtliche Nebenfolge **zusammenzurechnen**. Enthält die tatrichterliche Entscheidung also die Verurteilung zu einer Geldbuße von unter 250,00 € und zusätzlich zu einer Nebenfolge von unter 250,00 €, ist für die Frage der Zulässigkeit der Rechtsbeschwerde die Summe der Werte der beiden Maßnahmen ausschlaggebend (vgl. *Cramer* VOR 1972, 115; Göhler/*Seitz*, § 79 Rn 5; *Rebmann/Roth/Herrmann*, § 79 Rn 8; ausführlich KK-OWiG/*Senge*, § 79 Rn 21; BayObLG NJW 1994, 534; KG VRS 85, 125; OLG Schleswig VRS 74, 55, 57). Übersteigt der addierte Wert den Betrag von 250,00 €, ist der Rechtsbeschwerdeweg eröffnet.

1227 Die **Wertfestsetzung** der Nebenfolge obliegt dem **Tatrichter**. Seine Entscheidung ist nicht anfechtbar und für das OLG **verbindlich**. Das gilt selbst dann, wenn der Tatrichter den Wert fehlerhaft bestimmt hat und der wirkliche Wert höher ist (KK-OWiG/*Senge*, § 79 Rn 19; *Rebmann/Roth/Herrmann*, § 79 Rn 6).

☝ Anders ist es nur, wenn der Tatrichter die **Wertfestsetzung gänzlich unterlassen** hat. Dann ist die Rechtsbeschwerde nach dem Wortlaut des Gesetzes stets zulässig, weil die vom Gesetz normierte Ausnahme „es sei denn“ in diesem Fall nicht vorliegt (KK-OWiG/*Senge*, § 79 Rn 19; *Rebmann/Roth/Herrmann*, § 79 Rn 5; Göhler/*Seitz*, § 79 Rn 6). Das Fehlen der Wertfestsetzung ist allerdings unschädlich, wenn sich der Wert der Nebenfolge aus den Umständen – z.B. aufgrund der Höhe des einzuziehenden Betrags – ergibt (KK-OWiG/*Senge*, § 79 Rn 19; *Göhler/Seitz*, § 79 Rn 7). Das OLG ist nicht befugt, die unterbliebene Wertfestsetzung nachzuholen. Es darf auch nicht die Rechtsbeschwerde mit der Begründung als unzulässig verwerfen, der Wert der nicht festgesetzten Nebenfolge liege offensichtlich unter 250,00 € (str.; s. KK-OWiG/*Senge*, § 79 Rn 19 m.w.N.).

1228 Zu den **vermögensrechtlichen Nebenfolgen** gehören:

- **Einziehung** nach den §§ 22 ff.,
- **Verfall eines Geldbetrags** nach den §§ 29a, 87 Abs. 6,
- **Abführung des Mehrerlöses** nach den §§ 8 ff. WiStrG 1954.

1229 **4.** Von der in **§ 79 Abs. 1 S. 1 Nr. 3** OWiG geregelten Zulässigkeitsbeschränkung bei **Nichtverurteilung** des Betroffenen ist ausschließlich die Zulässigkeit einer Rechtsbeschwerde der StA betroffen.

a) Das bedeutet, eine tatrichterliche Entscheidung, die nicht zu einer Verurteilung des Betroffenen, sondern zu **Freispruch** (BayObLG VRS 74, 227), **Nichtanordnung** eines **Fahrverbots** oder **Einstellung** des Verfahrens wegen eines Verfahrenshindernisses geführt hat, kann nur von Seiten der StA mit der Rechtsbeschwerde angefochten werden. Bedingung hierfür ist, dass im Bußgeldbescheid oder Strafbefehl zuvor eine Geldbuße von mehr als 600,00 € festgesetzt oder ein Fahrverbot angeordnet worden war, oder dass die StA eine solche Geldbuße von mehr als 600,00 € oder ein Fahrverbot beantragt hatte. 1230

☝ Bei der in § 79 Abs. 1 S. 1 Nr. 3 OWiG angesprochenen **Einstellung** des Verfahrens ist die Einstellung wegen eines **Verfahrenshindernisses** gemeint. Die Einstellung nach § 47 Abs. 2 OWiG ist gem. § 47 Abs. 2 S. 3 OWiG unanfechtbar, sodass § 79 Abs. 1 S. 1 Nr. 3 OWiG hierfür nicht gilt (KK-OWiG/*Senge*, § 79 Rn 22; Göhler/*Seitz*, § 79 Rn 10).

b) Es kann Fälle geben, in denen einem Freispruch weder ein Bußgeldbescheid noch ein Strafbefehl vorausgegangen ist, nämlich dann, wenn die StA wegen einer OWi und einer damit zusammenhängenden Straftat **Anklage** erhoben hat (§ 64 OWiG). Hier hängt die Zulässigkeit der Rechtsbeschwerde davon ab, ob die StA in der HV eine Geldbuße von mehr als 600,00 € oder ein Fahrverbot beantragt hat. 1231

5. Durch die Zulässigkeitsvoraussetzung des **§ 79 Abs. 1 S. 1 Nr. 4** OWiG sollen bei **Verwerfung des Einspruchs** zwei Konstellationen geregelt werden: 1232

- Erfasst werden soll zum einen der Fall, dass das AG den **Einspruch** des Betroffenen in der HV **durch Urteil** als **unzulässig** verworfen hat, nachdem das LG einen gleichlautenden Beschluss des AG auf die sofortige Beschwerde nach § 70 Abs. 2 OWiG zunächst aufgehoben hatte.

  ☝ Der **Gang des Verfahrens** ist bei dieser Konstellation folgender: Das AG verwirft zunächst den Einspruch durch Beschluss. Hiergegen wendet sich der Betroffene mit der sofortigen Beschwerde. Diese hat Erfolg und das LG hebt den Beschluss auf und verweist die Sache an das AG zurück. Da das AG an die Rechtsauffassung des LG nicht gebunden ist (RGSt 59, 241; KK-OWiG/*Senge*, § 79 Rn 23 m.w.N.), kann es nun nach Durchführung einer HV den Einspruch erneut, diesmal durch Urteil, verwerfen. Hiergegen kann sich der Betroffene dann mit der Rechtsbeschwerde wenden.

- Erfasst werden soll darüber hinaus aber auch der Fall, dass sich die Auffassung des Gerichts von der **Unzulässigkeit** des Einspruchs **erst während der HV** ergibt und deshalb seine Verwerfung durch Urteil ausgesprochen wird (BayObLG NJW 1962, 118).

In **beiden Fällen** ist, da das AG durch Urteil entschieden hat, keine Anfechtungsmöglichkeit über die sofortige Beschwerde nach § 70 Abs. 2 OWiG eröffnet. Deshalb sieht § 79 Abs. 1 S. 1 Nr. 4 OWiG die Anfechtungsmöglichkeit über die **Rechtsbeschwerde** vor.

Hat das AG den Einspruch in der HV entgegen § 260 durch Beschluss anstatt durch Urteil verworfen, ist dies für die Zulässigkeit der Rechtsbeschwerde unschädlich, denn maßgebend ist die Form, in der die Entscheidung richtigerweise hätte ergehen müssen (BayObLG NJW 1978, 903).

Auch die StA kann gem. § 79 Abs. 1 S. 1 Nr. 4 OWiG Rechtsbeschwerde einlegen. Sie darf hiervon jedoch nur **zugunsten** des Betroffenen Gebrauch machen.

☝ Die **Verwerfung des Einspruchs** nach **§ 74 Abs. 2 S. 1** OWiG bei unentschuldigtem Ausbleiben des Betroffenen wird von der vorliegenden Vorschrift des§ 79 Abs. 1 S. 1 Nr. 4 OWiG **nicht** erfasst (OLG Düsseldorf NJW 1988, 1681). Auch eine entsprechende Anwendung kommt nicht in Betracht (BayObLG NJW 1970, 622; OLG Düsseldorf VRS 75, 221, 222; OLG Hamm DAR 1975, 219; KK-OWiG/*Senge*, § 79 Rn 25 m.w.N.). Die Zulässigkeit der Rechtsbeschwerde richtet sich insoweit nach den sonstigen Zulässigkeitsbestimmungen, insbesondere nach § 79 Abs. 1 S. 1 Nr. 1 und 2 OWiG (s. → *Rechtsbeschwerde, Zulassung*, Teil A Rdn 1249).

1233 **6.a)** Bei einer Unzulässigkeit des **schriftlichen Verfahrens** nach § 72 OWiG eröffnet die Vorschrift des **§ 79 Abs. 1 S. 1 Nr. 5** OWiG die Rechtsbeschwerde (vgl. eingehend *Meurer* NStZ 1984, 8 ff.; zum Beschlussverfahren, Burhoff/*Gieg*, OWi, Rn 511 ff.). Dies ist der Fall bei

- einer Entscheidung im Beschlussverfahren trotz **rechtzeitigen Widerspruchs** oder
- der Versagung des rechtlichen Gehörs in sonstiger Weise.

1234 **b)** Die Rechtsbeschwerde ist demnach zulässig, wenn der Tatrichter im **schriftlichen Verfahren** nach § 72 OWiG entschieden hat, obwohl seitens des Betroffenen oder der StA diesem Verfahren durch einen **rechtzeitig** (innerhalb der 2-Wochenfrist des § 72 Abs. 1 S. 2 OWiG) erhobenen **Widerspruch** entgegengetreten worden war. Der rechtzeitige Widerspruch ist hierbei die einzige Zulässigkeitsvoraussetzung. Auf die Höhe der Geldbuße oder den Wert eventuell angeordneter Nebenfolgen kommt es insoweit nicht an (KK-OWiG/*Senge*, § 79 Rn 30; Göhler/*Seitz*, § 79 Rn 12).

☝ Die **Rechtzeitigkeit** des Widerspruchs entscheidet sich nach dem **Eingang** bei Gericht. Ein nach Ablauf der Widerspruchsfrist von **2 Wochen** eingegangener Widerspruch ist gem. § 72 Abs. 2 S. 1 OWiG unbeachtlich. Rechtzeitig ist der Widerspruch allerdings dann, wenn die Entscheidung des Tatrichters (rechtsfehlerhaft) bereits vor Ablauf der Frist ergangen, der Widerspruch aber noch fristgemäß eingegangen ist (vgl. OLG Karlsruhe Justiz 1980, 158).

Gem. § 72 Abs. 1 S. 2, Halbs. 2 OWiG i.V.m. § 145a Abs. 1 und 3 muss der **Hinweis** nach § 72 Abs. 1 S. 2 OWiG dem **Verteidiger nicht zusätzlich erteilt** werden. Auch wenn der Betroffene zur Zeit des Hinweises bereits verteidigt war, genügt gleichwohl die ausschließliche Erteilung des Hinweises an den Betroffenen. Der Verteidiger wird hierüber lediglich informiert. Die **Widerspruchsfrist** berechnet sich in diesem Fall somit allein aufgrund des Hinweises an den Betroffenen.

c) War der **Widerspruch verspätet**, kann der Betroffene Wiedereinsetzung in den vorigen Stand gem. § 72 Abs. 2 S. 2 OWiG beantragen. Der Antrag auf Wiedereinsetzung ist binnen **1 Woche** nach Zustellung des gem. § 72 OWiG ergangenen Beschlusses zu erheben. War die Fristversäumung für den Betroffenen unverschuldet und wird ihm deshalb Wiedereinsetzung gewährt, wird der Beschluss nach § 72 OWiG hinfällig (BayObLGSt 1972, 43, 45; KK-OWiG/*Senge*, § 79 Rn 34). Bleibt das Wiedereinsetzungsgesuch beim AG erfolglos, ist auf die sofortige Beschwerde hin die Nachprüfung durch die Strafkammer des LG gem. § 46 Abs. 1 OWiG i.V.m. § 46 Abs. 3 eröffnet. 1235

☝ Beachten muss der Verteidiger das **Zusammenspiel** von **Wiedereinsetzung** und **Rechtsbeschwerde**: Beantragt er Wiedereinsetzung gegen den Beschluss nach § 72 OWiG, so kann er daneben für den Fall der Verwerfung des Wiedereinsetzungsantrags **vorsorglich Rechtsbeschwerde** einlegen. Es gilt dann über § 46 Abs. 1 OWiG die Vorschrift des § 342 mit der Folge, dass der Verteidiger bei der parallelen Erhebung der Rechtsbeschwerde so zu verfahren hat, als wäre der Wiedereinsetzungsantrag nicht gestellt. Er darf also die Entscheidung über den Wiedereinsetzungsantrag nicht abwarten, sondern muss die Rechtsbeschwerde **form- und fristgerecht einlegen und begründen** (ausführlich hierzu → *Rechtsbeschwerde, Einlegung*, Teil A Rdn 1092; → *Rechtsbeschwerde, Form*, Teil A Rdn 1115; → *Rechtsbeschwerde, Frist*, Teil A Rdn 1129; → *Rechtsbeschwerde, Sachrüge*, Teil A Rdn 1157; → *Rechtsbeschwerde, Verfahrensrüge*, Teil A Rdn 1182).

Wird dem **Wiedereinsetzungsantrag stattgegeben**, wird die parallel erhobene Rechtsbeschwerde gegenstandslos (BayObLG NJW 1972, 1724; VRS 61, 137 zum Strafrecht; *Küper* NJW 1977, 1276 und JZ 1978, 207). Wird die Wiedereinsetzung **abgelehnt**, entscheidet das OLG über die vorsorglich parallel erhobene Rechtsbeschwerde (OLG Düsseldorf NJW 1988, 1681, 1682 m.w.N. zum Strafrecht).

Wird **nur Rechtsbeschwerde** eingelegt, gilt gem. § 46 Abs. 1 OWiG i.V.m. § 342 Abs. 3 die unwiderlegbare Vermutung, dass auf den **Wiedereinsetzungsantrag** verzichtet wird. Deshalb muss die Wiedereinsetzung vor oder spätestens gleichzeitig mit der Rechtsbeschwerde beantragt werden, sonst ist der Wiedereinsetzungsantrag unzulässig (vgl. *Burhoff* ZAP F. 21, S. 159, 162; *Meyer-Goßner/Schmitt*, § 342 Rn 3 ff. m.w.N. zum Strafrecht).

d) Ob eine **Widerspruchserklärung** des Betroffenen **vorliegt**, ist unter Berücksichtigung aller Umstände des Einzelfalls, insbesondere des tatsächlichen **Willens des Betroffenen** zu 1236 bestimmen (*Rebmann/Roth/Herrmann*, § 79 Rn 12 m.w.N.; s. auch Burhoff/*Gieg*, OWi, Rn 511 ff.). Der Widerspruch muss deshalb nicht ausdrücklich erklärt werden, sondern kann auch in einem schlüssigen Verhalten zu sehen sein (*Rebmann/Roth/Herrmann*, § 79 Rn 12; *Burhoff* ZAP F. 21, S. 266; KK-OWiG/*Senge*, § 79 Rn 30). Die Rechtsprechung hat teilweise z.B. schon das Bestreiten des Sachverhalts oder der Glaubwürdigkeit von Zeugen genügen lassen (KG VRS 45, 303; OLG Braunschweig VRS 38, 138; OLG Frankfurt/Main VRS 55, 371; krit. hierzu *Rebmann/Roth/Herrmann*, § 79 Rn 12; a.A. BayObLG MDR 1997, 378 = NStZ-RR 1997, 143 [substantiiertes Bestreiten des Tatvorwurfs ist noch kein schlüssig erklärter Widerspruch]). Ein schlüssiger Widerspruch wurde auch dann angenommen, wenn der Betroffene hat erkennen lassen, dass er mit der Entscheidung aufgrund des aktenkundigen Sachverhalts nicht einverstanden ist und weitere Sachaufklärung wünscht (OLG Hamm VRS 43, 450; OLG Karlsruhe Justiz 1974, 29; OLG Koblenz VRS 48, 446). Als nicht ausreichend schlüssiger Widerspruch wurde der Antrag angesehen, das Verfahren wegen Geringfügigkeit einzustellen (BayObLG DAR 1987, 318 [*Bär*]).

1237 **e)** In **entsprechender Anwendung** des § 79 Abs. 1 S. 1 Nr. 5 OWiG ist die Rechtsbeschwerde auch dann zulässig, wenn

- das Gericht den **Hinweis** nach § 72 Abs. 1 S. 2 OWiG auf die Widerspruchsmöglichkeit **unterlassen** hat (BGHSt 27, 85, 87; OLG Düsseldorf VRS 78, 136; DAR 1999, 129, 130; OLG Hamm VRS 113, 360),
- der **Hinweis** nach § 72 Abs. 1 S. 2 OWiG dem Betroffenen oder seinem Verteidiger **nicht zugegangen** ist (OLG Düsseldorf VRS 78, 136) oder
- die **Belehrung unvollständig** und deshalb missverständlich war (vgl. hierzu BGHSt 24, 15, 19; 24, 293, 295 f.; 25, 252, 254 f.; OLG Frankfurt/Main NZV 1991, 45; OLG Hamm VRS 49, 133; OLG Koblenz VRS 45, 130; OLG Saarbrücken VRS 46, 151).

1238 Teilweise wird § 79 Abs. 1 S. 1 Nr. 5 OWiG auch dann für entsprechend anwendbar gehalten, wenn der Tatrichter gegen das **Verschlechterungsverbot** des § 72 Abs. 3 S. 2 OWiG **verstoßen** hat (BayObLG NStZ 1984, 225 [Vorlagebeschluss an den BGH zu BGHSt 32, 394 = NJW 1985, 1038]; OLG Karlsruhe VRS 53, 370; OLG Köln VRS 50, 380; *Rebmann/Roth/Herrmann*, § 79 Rn 12a; *Cramer* VOR 1972, 102, 104 f.). Der **BGH** (BGHSt 32, 394) vertritt die Auffassung, dass bei einem Verstoß gegen das Verschlechterungsverbot die Rechtsbeschwerde jedenfalls dann **nicht** über eine entsprechende Anwendung des § 79 Abs. 1 S. 1 Nr. 5 OWiG zulässig sein soll, wenn das Gericht den Betroffenen nicht auf das Verschlechterungsverbot hingewiesen oder seine Beachtung zugesichert hat. Ist allerdings – auch wenn der BGH diese Frage offengelassen hat – seitens des AG ein ausdrücklicher Hinweis auf das Verschlechterungsverbot erfolgt oder dessen Einhaltung zugesichert worden, kommt eine entsprechende Anwendung des § 79 Abs. 1 S. 1 Nr. 5 OWiG in Betracht und der Verstoß kann mit der Rechtsbeschwerde gerügt werden (OLG Frankfurt/Main NJW 1976, 1327; OLG Hamm

VRS 41, 53, 55; 41, 144, 145; OLG Karlsruhe VRS 53, 370, 371; OLG Köln VRS 51, 442, 443).

f) Sofern die Rechtsbeschwerde auf einen Verstoß gegen die **Hinweispflicht** oder die **Nichtbeachtung des Widerspruchs** gem. § 72 Abs. 1 S. 2 OWiG gestützt wird, handelt es sich nach h.M. um eine **Verfahrensrüge** (BGHSt 23, 298; OLG Koblenz VRS 45, 130; OLG Köln VRS 88, 460; NZV 89, 401; 91, 441; OLG Rostock NStZ 1993, 597; OLG Saarbrücken VRS 46, 151; Göhler/*Seitz*, § 79 Rn 15; *Burhoff* ZAP F. 21, S. 266; KK-OWiG/*Senge*, § 79 Rn 27). Der Beschwerdeführer muss deshalb die den Verfahrensmangel enthaltenden Tatsachen umfassend angeben (§ 79 Abs. 3 OWiG i.V.m. § 344 Abs. 2 S. 2). 1239

☝ Zur **Begründung** der **Verfahrensrüge** müssen somit die Tatsachen angegeben werden, aus denen sich ergibt, dass der Hinweis nach § 72 Abs. 1 S. 2 OWiG nicht in den Empfangsbereich des Betroffenen gelangt oder dass der Widerspruch rechtzeitig bei Gericht eingegangen ist. Den Nachweis für den gerügten Verstoß kann der Beschwerdeführer im **Freibeweisverfahren** erbringen. Unklarheiten über die Abgabe des Widerspruchs gehen zulasten des Betroffenen (vgl. zum Ganzen auch Göhler/*Seitz*, § 79 Rn 15; → *Rechtsbeschwerde, Verfahrensrüge*, Teil A Rdn 1182).

g) Zulässig ist die Rechtsbeschwerde gem. § 79 Abs. 1 S. 1 Nr. 5 OWiG schließlich auch dann, wenn dem Betroffenen in sonstiger Weise das **rechtliche Gehör** versagt wurde. Zu § 46 OWiG i.V.m. § 33a ist die Regelung des § 79 Abs. 1 S. Nr. 5 OWiG lex specialis (Göhler/*Seitz*, § 72 Rn 73 und 81). Die mangelhafte Gewährung rechtlichen Gehörs in sonstiger Weise kommt insbesondere in folgenden Fällen in Betracht: 1240

- Dem Betroffenen wird zwar gem. § 72 Abs. 1 S. 2 OWiG ein Hinweis auf die Möglichkeit des Beschlussverfahrens und des Widerspruchs hiergegen erteilt, ihm wird aber **nicht** zusätzlich auch die **ausdrückliche Gelegenheit zur Äußerung** in der Sache eingeräumt (s. Göhler/*Seitz*, § 72 Rn 73);
- das Gericht klärt den Sachverhalt durch die **Erhebung von Beweisen** (z.B. VZR-Auszug, Urkunden, Zeugenaussagen) im Beschlussverfahren näher auf, gibt dem Betroffenen aber nicht die Gelegenheit, sich zu den Beweiserhebungen zu äußern (s. Göhler/*Seitz*, § 72 Rn 73);
- das Gericht versäumt die **Erteilung eines rechtlichen Hinweises** nach § 46 Abs. 1 OWiG i.V.m. § 265 Abs. 1 bei einer Veränderung des rechtlichen Gesichtspunkts oder der Sachlage (vgl. Göhler/*Seitz*, § 72 Rn 73);
- das Gericht nimmt **entscheidungserhebliches Vorbringen** des Betroffenen nicht zur Kenntnis oder zieht es bei seiner Entscheidung jedenfalls ersichtlich nicht in Erwägung (OLG Jena VRS 117, 357; OLG Köln VRS 102, 469, 470).

h) Die Versagung des rechtlichen Gehörs in sonstiger Weise (§ 79 Abs. 1 S. 1 Nr. 5 OWiG) 1241
ist im Rechtsbeschwerdeverfahren mit der **Verfahrensrüge** geltend zu machen. Der Be-

schwerdeführer hat deshalb gem. § 79 Abs. 3 OWiG i.V.m. § 344 Abs. 2 S. 2 die den Verfahrensmangel enthaltenden Tatsachen umfassend anzugeben.

☝ Hat das Gericht z.B. die schriftliche Aussage eines Zeugen eingeholt und verwertet, den Betroffenen hierzu aber nicht angehört, so ist in der **Rechtsbeschwerdebegründung** neben der richterlichen Verfügung zur Einholung der Aussage auch der Inhalt der Zeugenaussage wörtlich wiederzugeben. Zusätzlich ist darzulegen, dass die Zeugenaussage weder dem Betroffenen noch seinem Verteidiger mitgeteilt wurde, noch sonst bekannt geworden ist (z.B. durch Akteneinsicht) und deshalb keine Möglichkeit zur Stellungnahme bestand. Schließlich ist auszuführen, dass der Betroffene bei Kenntnis der Zeugenaussage dem Beschlussverfahren nicht zugestimmt oder eine Stellungnahme abgegeben hätte. Welchen Inhalt eine solche Stellungnahme gehabt hätte, sollte sicherheitshalber ebenfalls in der Rechtsbeschwerdebegründung mitgeteilt werden (s. zum Ganzen auch → *Rechtsbeschwerde, Verfahrensrüge*, Teil A Rdn 1182).

1242 **7.** Hat der Tatrichter in rechtsfehlerhafter Weise gegen den Betroffenen **Rechtsfolgen verhängt**, die das **Gesetz nicht vorsieht**, ist die Rechtsbeschwerde gegen solche Entscheidungen **uneingeschränkt zulässig** (vgl. KK-OWiG/*Senge*, § 79 Rn 36a; Göhler/*Seitz*, § 79 Rn 18a). Dies folgt im Umkehrschluss aus § 79 Abs. 1 S. Nr. 1 OWiG, demzufolge die Rechtsbeschwerde nur bei einer Geldbuße beschränkt ist, sowie der sinngemäßen Anwendung des § 79 Abs. 1 S. 1 Nr. 2 OWiG (Göhler/*Seitz*, § 79 Rn 18a). Die Rechtsbeschwerde ist deshalb statthaft, wenn z.B. gegen den Betroffenen bei der Umwandlung von Straftatbeständen in Bußgeldtatbestände eine **Geldstrafe** und eine Ersatzfreiheitsstrafe verhängt wird (BayObLG NJW 1969, 1316; KK-OWiG/*Senge*, § 79 Rn 36a m.w.N.). Ebenfalls zulässig ist die Rechtsbeschwerde, wenn gegen einen Jugendlichen oder Heranwachsenden aufgrund einer OWi Jugendstrafe, Zuchtmittel oder Erziehungsmaßregeln verhängt werden (KK-OWiG/*Senge*, § 79 Rn 36a; Göhler/*Seitz*, § 79 Rn 18a). Ebenfalls mit der Rechtsbeschwerde anfechtbar ist die für den Fall der Uneinbringlichkeit einer Geldbuße angeordnete Ersatzhaft (KK-OWiG/*Senge*, § 79 Rn 36a).

1243 **8.** Gem. **§ 79 Abs. 1 S. 2** OWiG ist die **Rechtsbeschwerde** über die o.g. Fälle (vgl. Rdn 1214 ff.) hinaus zulässig, wenn sie nach **§ 80 OWiG zugelassen** wird. Die Zulassung der Rechtsbeschwerde ist nur möglich, wenn der Amtsrichter nach einer HV durch **Urteil** entschieden hat (zur Zulassung der Rechtsbeschwerde s. ausführlich → *Rechtsbeschwerde, Zulassung*, Teil A Rdn 1249).

1244 **9.a) § 79 Abs. 2** OWiG enthält eine **Sonderregelung** für den Fall, dass in dem Urteil oder Beschluss nach § 72 OWiG über **mehrere prozessuale Taten** entschieden wurde, die Voraussetzungen des § 79 Abs. 1 S. 1 Nr. 1 – 3 OWiG oder des S. 2 jedoch nur hinsichtlich einzelner Taten vorliegen. Die Rechtsbeschwerde ist dann nur hinsichtlich derjenigen prozessualen Taten zulässig, bei denen diese Voraussetzungen erfüllt sind.

☝ In den Fällen des **§ 79 Abs. 1 S. 1 Nr. 4 und 5** OWiG kommt es auf das Vorliegen der in Abs. 2 genannten Voraussetzungen nicht an, da hier an Verfahrensfehler angeknüpft wird.

Die Rechtsbeschwerde ist somit z.B. **dann nicht** eröffnet, wenn gegen den Betroffenen wegen verschiedener prozessualer Taten mehrere Geldbußen von jeweils nicht mehr als 250,00 € verhängt wurden. Bei der Anordnung eines Fahrverbots ist die Rechtsbeschwerde nur hinsichtlich der dem Fahrverbot zugrunde liegenden prozessualen Tat zulässig (vgl. hierzu ausführlich oben Rdn 1211 ff.).

b) Die **Beurteilung**, ob eine Tat oder mehrere Taten i.S.d. § 79 Abs. 2 OWiG vorliegen, ist **1245**
anhand **individuell-verfahrensrechtlicher Maßstäbe** zu bestimmen (vgl. KK-OWiG/*Senge*, § 79 Rn 39):

- „**Individuell**" ist der Maßstab, weil für jeden einzelnen Betroffenen eine separate Zulässigkeitsprüfung zu erfolgen hat. Sind hinsichtlich des Betroffenen A die Zulässigkeitsvoraussetzungen nicht erfüllt, ist seine Rechtsbeschwerde unzulässig. Das gilt unabhängig davon, ob beim Betroffenen B die Zulässigkeitsvoraussetzungen gegeben sind, z.B. weil bei ihm die Geldbuße höher als 250,00 € ist. Auch wenn die Betroffenen A und B Beteiligte an derselben Tat sind, ist bei A die Rechtsbeschwerde unzulässig und bei B zulässig (vgl. auch KK-OWiG/*Senge*, § 79 Rn 39).
- „**Verfahrensrechtlich**" ist der Maßstab, weil es nicht darauf ankommt, ob der Tatrichter materiell-rechtlich von einer Handlung (Tateinheit nach § 19 OWiG) oder von mehreren Handlungen (Tatmehrheit nach § 20 OWiG) ausgegangen ist. Der Ausdruck „Tat" wird wie in der StPO im verfahrensrechtlichen Sinn gebraucht (§ 264 Abs. 1; vgl. KK-OWiG/*Senge*, § 79 Rn 40; OLG Hamburg NStZ-RR 1999, 57, 58) und beschreibt einen **abgrenzbaren einheitlichen geschichtlichen Vorgang**, innerhalb dessen der Betroffene einen Bußgeldtatbestand verwirklicht haben soll (BayObLG NZV 1997, 282; OLG Hamburg NStZ-RR 1999, 57; zu § 264 vgl. BGHSt 22, 105; 29, 341, 342; 32, 215).

c) Wenn gegen einen Betroffenen mehrere Geldbußen wegen **mehrerer Handlungen** im **1246**
materiell-rechtlichen Sinn festgesetzt wurden, **prozessual** diese Handlungen aber eine **Einheit** bilden, trifft § 79 Abs. 2 OWiG seinem Wortlaut nach nicht zu. Bei einer unbeschränkt eingelegten Rechtsbeschwerde werden deshalb alle verhängten Geldbußen zusammengerechnet. Bei einer beschränkt eingelegten Rechtsbeschwerde hingegen werden die Geldbußen zunächst getrennt behandelt und anschließend nur insoweit addiert, als die Entscheidung angefochten ist (vgl. hierzu auch oben Rdn 1216 sowie *Burhoff* ZAP F. 21, S. 267).

1247 **10.** Die o.a. zu den Zulässigkeitsvoraussetzungen lassen sich zusammenfassen in folgender

1248 **Übersicht zu den Zulässigkeitsvoraussetzungen**

Fälle des § 79 OWiG	**Zulässigkeit**
§ 79 Abs. 1 S. 1 Nr. 1 OWiG: Es wurde eine Geldbuße von **mehr als 250,00 €** festgesetzt.	**Ja**. Bei mehreren Geldbußen für einen einheitlichen Lebenssachverhalt werden die Einzelgeldbußen addiert. **Vorsicht**: Bei mehreren Taten im prozessualen Sinn gilt § 79 Abs. 2 OWiG und es erfolgt keine Addition der Geldbußen.
§ 79 Abs. 1 S. 1 Nr. 2 OWiG: Bei **Nebenfolgen** ist zu unterscheiden zwischen: Nebenfolgen nicht vermögensrechtlicher Art (z.B. Fahrverbot nach § 25 StVG) und **Nebenfolgen vermögensrechtlicher Art** (z.B. Einziehung, §§ 22 ff.; Verfall eines Geldbetrags, §§ 29a, 87 Abs. 6).	**Stets Zulässigkeit** soweit zwischen Nebenfolge und Verurteilung ein innerer Zusammenhang besteht. **Ja**, wenn Wert mehr als 250,00 €. Geldbuße und Nebenfolge sind zusammenzurechnen.
§ 79 Abs. 1 S. 1 Nr. 3 OWiG: Bei **Nichtverurteilung** des Betroffenen.	Recht steht nur der StA zu.
§ 79 Abs. 1 S. 1 Nr. 4 OWiG: AG hat den **Einspruch** des Betroffenen durch Urteil **als unzulässig verworfen**.	**Ja**.
§ 79 Abs. 1 S. 1 Nr. 5 OWiG: Entscheidung erfolgte in unzulässiger Weise im schriftlichen Verfahren nach § 72.	**Ja**.
Sonderfall: Amtsrichter hat **unzulässige Rechtsfolgen**, die das Gesetz nicht vorsieht, verhängt.	**Ja**, Umkehrschluss aus § 79 Abs. 1 S. 1 Nr. 1 OWiG.
Zulassung der Rechtsbeschwerde bei weniger bedeutsamen OWi nach § 79 Abs. 1 S. 2 OWiG i.V.m. § 80 OWiG.	Nur zur Fortbildung des Rechts oder zur Sicherung der Einheitlichkeit der Rechtsprechung (s. dazu → *Rechtsbeschwerde, Zulassung*, Teil A Rdn 1249 ff.).

Fälle des § 79 OWiG	Zulässigkeit
Sonderregelung des § 79 Abs. 2 OWiG bei **mehreren Taten**.	**Ja**, wenn Wertgrenze für die jeweilige prozessuale Tat überschritten ist. Keine Zusammenrechnung der Geldbußen.

Siehe auch: → *Rechtsbeschwerde, Allgemeines*, Teil A Rdn 1053.

Rechtsbeschwerde, Zulassung 1249

Das Wichtigste in Kürze:

1. Ist die Rechtsbeschwerde nicht bereits nach dem Katalog des § 79 Abs. 1 S. 1 Nr. 1 bis 5 zulässig, kommt ihre Zulassung in Betracht.
2. Die Rechtsbeschwerde wird zugelassen, wenn die Nachprüfung der angefochtenen Entscheidung zur Fortbildung des Rechts geboten ist.
3. Die Zulassung der Rechtsbeschwerde kann auch zur Sicherung einer einheitlichen Rechtsprechung erfolgen.
4. Wenn das amtsgerichtliche Urteil wegen Versagung des rechtlichen Gehörs aufzuheben ist, ist die Rechtsbeschwerde ebenfalls zuzulassen.
5. Verfahrenshindernisse sind im Zulassungsverfahren unbeachtlich, wenn sie vor Erlass des Urteils im ersten Rechtszug vorgelegen haben.
6. Bei „geringfügigen" OWi ist die Zulassung der Rechtsbeschwerde eingeschränkt.
7. Das Verfahren auf Zulassung der Rechtsbeschwerde ist ein Vorschaltverfahren, das der Feststellung der Statthaftigkeit der Rechtsbeschwerde dient.
8. Das Zulassungsverfahren ist ein rein schriftliches Verfahren.

Literaturhinweise: **Baukelmann**, Die Zulassung der Rechtsbeschwerde im Bußgeldverfahren, 1983; **Demuth/Schneider**, Die Zulassung der Rechtsbeschwerde nach § 80 OWiG, NJW 1970, 1999; **Fromm**, Die schier unüberwindbare Hürde der Zulassungsrechtsbeschwerde im Ordnungswidrigkeitenverfahren, zfs 2015, 485; **Weidemann**, Die Zulassung der Rechtsbeschwerde nach § 80 I OWiG bei divergierender Entscheidung, NStZ 1985, 1; s. auch die Hinw. bei → *Rechtsbeschwerde, Allgemeines*, Teil A Rdn 1053 und → *Rechtsmittel/Rechtsbehelfe, Allgemeines*, Teil A Rdn 1298. 1250

1.a) Soweit die **Rechtsbeschwerde** nicht bereits nach dem Katalog des § 79 Abs. 1 S. 1 Nr. 1 bis 5 OWiG zulässig ist (vgl. dazu → *Rechtsbeschwerde, Zulässigkeitsvoraussetzungen*, Teil A Rdn 1211), kann sie gem. **§ 79 Abs. 1 S. 2** OWiG dennoch in Ausnahmefällen möglich sein, wenn sie **zugelassen** wird. Die Voraussetzungen der Zulassung regelt § 80 OWiG. Die Regelung bezweckt, dass bei weniger bedeutsamen OWi eine höchstrichterliche Entscheidung nur noch ausnahmsweise herbeigeführt werden kön- 1251 nen soll und dies gem. § 79 Abs. 1 S. 2 OWiG auch nur dann, wenn durch **Urteil**, d.h. aufgrund einer HV entschieden wurde.

☝ Gegen eine **Beschlussentscheidung** nach § 72 OWiG gibt es **keine Zulassungsbeschwerde** (→ *Rechtsbeschwerde, Zulässigkeitsvoraussetzungen*, Teil A Rdn 1211).

1252 Die Zulassung erfolgt auf **Antrag** durch das Beschwerdegericht (§ 80 Abs. 1 OWiG). Die Zulassungsvoraussetzungen finden sich in § 80 Abs. 1 und 2 OWiG.

1253 **Übersicht zu den Zulassungsvoraussetzungen**

§ 80 Abs. 1 Nr. 1, 1. Alt. OWiG	Zulassung zur Fortbildung des Rechts
§ 80 Abs. 1 Nr. 1, 2. Alt. OWiG	Zulassung zur Sicherung einer einheitlichen Rechtsprechung
§ 80 Abs. 1 Nr. 2 OWiG	Zulassung bei Versagung des rechtlichen Gehörs
§ 80 Abs. 2 Nr. 1 OWiG	■ Einschränkung der Zulassung bei geringfügigen OWi ■ Grenze: Bußgeld bis einschließlich 100,00 € nur zur Fortbildung des materiellen Rechts; Verfahrensrüge nicht möglich; Ausnahme bei Verletzung des rechtlichen Gehörs
§ 80 Abs. 2 Nr. 2 OWiG	■ Einschränkung der Zulassung bei Freispruch oder Einstellung ■ Grenze: Im Laufe des Verfahrens muss Geldbuße von mehr als 150,00 € festgesetzt oder beantragt sein. nur zur Fortbildung des materiellen Rechts; Verfahrensrüge nicht möglich; Ausnahme bei Verletzung des rechtlichen Gehörs

1254 **b)** Die o.g. Zulassungsvoraussetzungen sind auch in solchen Fällen im Einzelnen zu prüfen, in denen das AG **rechtsfehlerhaft ohne Vorliegen der Voraussetzungen des § 77b** OWiG das Urteil nicht mit Gründen versehen hat. Fehlt die Urteilsbegründung, führt dies nicht automatisch zur Zulassung der Rechtsbeschwerde, da die Voraussetzungen des § 80 Abs. 1 und 2 OWiG nicht nur anhand der Urteilsgründe, sondern auch aufgrund des Bußgeldbescheids, des HV-Protokolls oder dienstlicher Äußerungen überprüft werden können (grundlegend hierzu BGHSt 42, 187, 189 ff.; OLG Brandenburg VRS 116, 279; OLG Hamm DAR 2010, 99; OLG Köln NZV 1997, 371).

2. Zugelassen wird die Rechtsbeschwerde gem. § 80 Abs. 1 Nr. 1, 1. Alt. OWiG, wenn es **geboten** ist, die **Nachprüfung** zur **Fortbildung des Rechts** zu ermöglichen. Geboten ist die Nachprüfung nur, wenn sie sich aufdrängt. Nicht ausreichend ist, dass sie nur naheliegt (Göhler/*Seitz*, § 80 Rn 15), z.B. weil sie sinnvoll oder wünschenswert wäre (KK-OWi/*Senge*, § 80 Rn 39). Unter Fortbildung des Rechts wird die **Aufstellung von Leitsätzen** für die Auslegung von Gesetzesbestimmungen des materiellen und formellen Rechts sowie die rechtsschöpferische **Ausfüllung von Gesetzeslücken** verstanden (BGHSt 24, 15, 21; OLG Bamberg VRR 2011, 83; OLG Düsseldorf VRS 96, 295, 296; OLG Hamm NJW 1973, 1851; DAR 2010, 99; OLG Köln NStZ-RR 2010, 88; VRS 58, 245). Die Zulassung der Rechtsbeschwerde zur Rechtsfortbildung ist nur geboten bei Rechtsfragen, die entscheidungserheblich, klärungsbedürftig und als abstraktionsfähige Rechtsfragen von praktischer Bedeutung sind (BayObLG wistra 1996, 39; OLG Bamberg VRR 2011, 83; OLG Düsseldorf VRS 85, 373; OLG Köln VRS 87, 45). Der Sinn der Zulassung der Rechtsbeschwerde zur Fortbildung des Rechts liegt nicht in der Herstellung der rechtlich richtigen Entscheidung im Einzelfall (so ausdrücklich OLG Bamberg, a.a.O.). 1255

☝ Liegt **bereits** eine **höchstrichterliche Entscheidung** vor, die die konkrete Rechtsfrage im beabsichtigten Sinn entschieden hat, ist für eine Fortbildung des Rechts kein Raum (*Demuth/Schneider* NJW 1970, 1999, 2003; *Rebmann/Roth/Herrmann*, § 80 Rn 3; KK-OWi/*Senge*, § 80 Rn 37; abw. BayObLG wistra 1996, 39 f.; OLG Hamburg MDR 1970, 527; Göhler/*Seitz*, § 80 Rn 3). In einem solchen Fall kann – gewissermaßen zur „Untermauerung“ einer bestehenden Rechtsprechung – allenfalls die Variante der „Sicherung einer einheitlichen Rechtsprechung“ gem. § 80 Abs. 1 Nr. 1, 2. Alt. OWiG in Betracht kommen (so auch KK-OWi/*Senge*, § 80 Rn 37), da die Fortbildung des Rechts die Neuartigkeit der Entscheidung bedingt.

Einzelfälle, in denen die Rechtsbeschwerde zur **Fortbildung des Rechts** zugelassen wurde, sind z.B.: 1256

- der **Anwendungsbereich** des§ 80 OWiG selbst (OLG Hamm NJW 1974, 2098),
- die Höhe des **Sicherheitsabzugs** bei Geschwindigkeitsmessungen der Polizei durch Nachfahren mit einem Fahrzeug (OLG Düsseldorf NJW 1988, 1039),
- das **Fehlen** von **Urteilsgründen** (OLG Celle VRS 75, 463; s. auch OLG Hamm NZV 2001, 355).

3.a) Von größerer praktischer Bedeutung als die Zulassung zur Fortbildung des Rechts ist die **Zulassung** zur **Sicherung** einer **einheitlichen Rechtsprechung**. Gem. § 80 Abs. 1 Nr. 1, 2. Alt. OWiG wird die Rechtsbeschwerde auch zur Sicherung einer einheitlichen Rechtsprechung nur zugelassen, wenn dies geboten ist. Die oben unter Rdn 1255 genannten Grundsätze zur Gebotenheit der Zulassung gelten also auch hier. 1257

1258 **b)** Allgemein kann festgehalten werden, dass die Rechtsbeschwerde zur Sicherung der Einheitlichkeit der Rechtsprechung zugelassen wird, wenn bei einer Aufrechterhaltung des amtsrichterlichen Urteils **schwer erträgliche Unterschiede** in der Rechtsprechung entstehen oder fortbestehen würden. Entscheidend ist jedoch, welche Bedeutung die angefochtene Entscheidung für die Rechtsprechung im Ganzen hat (BGHSt 24, 15). Bei einer **Fehlentscheidung**, die sich nur im **Einzelfall** auswirkt, ist die Einheitlichkeit der Rechtsprechung noch **nicht** gefährdet, selbst wenn der Rechtsfehler offensichtlich ist (vgl. u.a. OLG Hamm NJW 1990, 2369; OLG Koblenz NJW 1990, 2398; Göhler/*Seitz*, § 80 Rn 5 m.w.N.). Bereits aus dem Wortlaut der Vorschrift ergibt sich, dass über den Einzelfall hinausgehende, übergreifende Gesichtspunkte vorliegen müssen (OLG Düsseldorf StraFo 1997, 215).

☝ Der Zulassungsgrund der Einheitlichkeit der Rechtsprechung wird namentlich in den Fällen gegeben sein, in denen die angefochtene Entscheidung als Vorbild dienen und aufgrund eines „**Nachahmungseffekts**“ weitere Urteile in derselben Richtung nach sich ziehen könnte (vgl. z.B. OLG Düsseldorf VRS 57, 438; OLG Hamm VRS 74, 36; NJW 1970, 624; OLG Koblenz VRS 68, 227; ausführlich KK-OWi/*Senge*, § 80 Rn 12 und 13 m.w.N.). Ist ein gleich gelagerter Fall, wie der fehlerhaft entschiedene, nach menschlichem Ermessen nicht zu erwarten, kann auch die Einheitlichkeit der Rechtsprechung nicht gefährdet sein.

1259 Gedanklich sind also **folgende Schritte** zu durchlaufen, um festzustellen, ob die Sicherung der Einheitlichkeit der Rechtsprechung geboten ist (vgl. hierzu auch KK-OWi/*Senge*, § 80 Rn 15):

- Ist die maßgebliche **Rechtsfrage bereits höchstrichterlich** (BGH, OLG) **entschieden** und befindet sich das AG in Übereinstimmung mit der höchstrichterlichen Rechtsprechung, ist die Zulassung der Rechtsbeschwerde zu versagen, da ein Sicherungsbedürfnis nicht vorliegt.
- **Weicht** das **AG** in seiner angefochtenen Entscheidung jedoch von der **höchstrichterlichen Rechtsprechung ab**, ist die Sicherung der Einheitlichkeit der Rechtsprechung geboten (OLG Hamm, Beschl. v. 3.2.2009 – 5 Ss OWi 637/08) und zwar unabhängig davon, ob der Amtsrichter bewusst oder unbewusst von der höchstrichterlichen Rechtsprechung abgewichen ist. Bei bewusster Abweichung tritt offen zutage, dass die Rechtsprechung uneinheitlich ist (OLG Düsseldorf NStZ 1991, 395; OLG Köln VRS 57, 132). Bei unbewusster Abweichung sind Wiederholungen grds. nicht auszuschließen, wenn keine Korrektur erfolgt (vgl. demgegenüber auf den Grad der Wiederholungsgefahr abstellend BayObLG VRS 82, 212).
- Ist die Rechtsfrage noch **nicht höchstrichterlich entschieden**, ist in einem ersten Schritt zu prüfen, ob ein Fall der Sicherung der Einheitlichkeit der Rechtsprechung

oder ein Fall der Fortbildung des Rechts vorliegt. Ist eine Fortbildung des Rechts nicht notwendig, weil sich der Fall mit den vorhandenen Rechtsquellen lösen lässt, ist in einem zweiten Schritt zu klären, ob es sich um einen Einzelfall **ohne Wiederholungsgefahr** handelt. Dann ist kein Sicherungsbedürfnis gegeben. Hat der Fall indes weiter reichende Bedeutung, kann zum Zweck der Sicherung einer künftigen einheitlichen Rechtsprechung eine Entscheidung des Rechtsbeschwerdegerichts notwendig sein (vgl. OLG Hamm, Beschl. v. 3.2.2009 – 5 Ss OWi 637/08).

c) Bei der Zulassungsvoraussetzung der Sicherung der Einheitlichkeit der Rechtspre- **1260**
chung **unterscheidet** das Gesetz **nicht** zwischen **Fehlern des sachlichen Rechts** und **Fehlern des Verfahrensrechts**. Die Notwendigkeit einer richtungsweisenden Entscheidung des Rechtsbeschwerdegerichts kann sich auf beiden Rechtsgebieten in gleicher Weise ergeben (KK-OWi/*Senge*, § 80 Rn 22; *Baukelmann*, S. 248 f.; differenzierend OLG Düsseldorf NStZ 1991, 395 m. zust. Anm. *Göhler* sowie Göhler/*Seitz*, § 80 Rn 6).

- **Zulassungsgründe** können sich aus allen Fragen des **sachlichen Rechts** ergeben, z.B. im Bereich des objektiven und subjektiven Tatbestands einer Bußgeldnorm, ihrer Verfassungsmäßigkeit oder der Rechtswidrigkeit oder Vorwerfbarkeit einer Handlung (*Baukelmann*, S. 200 ff.). Auch Fragen der Beweiswürdigung (OLG Düsseldorf VRS 1995, 290) oder Geldbußenbemessung nach § 17 OWiG (OLG Schleswig SchlHA 1973, 192) können eine Entscheidung des Rechtsbeschwerdegerichts zur Sicherung der Einheitlichkeit der Rechtsprechung erforderlich machen.
- Bei Verstößen gegen das **Verfahrensrecht** ist für die Zulassung entscheidend, ob der Fehler eine **Wiederholungsgefahr** in sich trägt. Das wird regelmäßig der Fall sein, wenn **elementare Verfahrensgrundsätze** verletzt sind, wie z.B. das Recht auf Mitwirkung eines Verteidigers (BayObLG DAR 1976, 166) oder der Anspruch auf ein faires Verfahren und umfassende Aufklärung (OLG Düsseldorf NStZ 1984, 320; VRS 78, 140 und 440; OLG Hamm VRS 57, 442).

☝ Als **Faustregel** gilt: Wurde der Fehler durch den Amtsrichter bei einem vorgeschriebenen Verfahrensablauf gemacht, wird regelmäßig Wiederholungsgefahr bestehen, mit der Folge, dass die Zulassung der Rechtsbeschwerde zur Sicherung der Einheitlichkeit der Rechtsprechung zulässig ist. Nur bei reinen Einzelfallentscheidungen kann das Sicherungsbedürfnis verneint werden.

Der Verteidiger muss zudem beachten, dass **Verfahrensfehler** nur dann einen Zulassungsgrund darstellen können, wenn sie in der dem Zulassungsantrag beizufügenden Rechtsbeschwerdebegründung **ordnungsgemäß ausgeführt** sind, d.h. die Rügen den strengen Formerfordernissen des § 344 Abs. 2 S. 2 entsprechen (OLG Düsseldorf MDR 1988, 1079; zu den Formerfordernissen s. → *Rechtsbeschwerde, Verfahrensrüge*, Teil A Rdn 1182).

1261 **Verfahrensverstöße**, die wegen **Wiederholungsgefahr** die Zulassung der Rechtsbeschwerde zur Sicherung der Einheitlichkeit der Rechtsprechung gebieten, sind z.B.:

- die Verletzung des Rechts auf **Anwesenheit** in der HV (OLG Düsseldorf VRS 74, 208, 209),
- das Recht auf **Mitwirkung eines Verteidigers** (BayObLG DAR 1976, 166),
- ein **fehlerhaftes Beweisverfahren** (BayObLG VRS 62, 282),
- **Aufklärungsmängel** (OLG Hamm VRS 57, 442),
- eine **unzulängliche Urteilsbegründung** (OLG Düsseldorf VRS 81, 375; OLG Köln VRS 75, 116),
- die **fehlerhafte Behandlung** eines **Beweisantrags** (OLG Oldenburg DAR 1995, 302; abw. OLG Hamm VRS 56, 357), insbesondere die Ablehnung des Beweisantrags ohne Angabe von Gründen (einzige Ausnahme ist die i.d.R. zulässige „Kurzbegründung" nach § 77 Abs. 2 Nr. 1 OWiG).

1262 **4.a)** Gem. **§ 80 Abs. 1 Nr. 2** OWiG hat das Rechtsbeschwerdegericht die Rechtsbeschwerde zuzulassen, wenn das Urteil wegen **Versagung des rechtlichen Gehörs** aufzuheben ist. Diese Vorschrift wurde zur Entlastung des BVerfG eingefügt, sodass die Zulassung der Rechtsbeschwerde immer dann erfolgen soll, wenn auch das anderenfalls anzurufende BVerfG zur Aufhebung des angefochtenen Urteils gelangen würde (BVerfG NJW 1992, 2811, 2812; OLG Celle VRS 84, 232; OLG Düsseldorf NStZ 2000, 42; OLG Köln VRS 83, 369).

☝ Da die Verfassungsbeschwerde gem. § 93a BVerfGG betragsmäßig nicht eingeschränkt ist, kann auch der Zulassungsgrund des § 80 Abs. 1 Nr. 2 OWiG **nicht durch** einen **Schwellenwert begrenzt** werden (OLG Düsseldorf NJW 1999, 2130). Der Zulassungsantrag wegen Verletzung des rechtlichen Gehörs kann somit auch in allen Fällen mit nur geringer Geldbuße („Bagatellfälle") gestellt werden.

1263 **b)** Systematisch passt der Zulassungsgrund des § 80 Abs. 1 Nr. 2 OWiG nicht zu den anderen Zulassungsgründen, da er voraussetzt, dass der **Mangel tatsächlich vorliegt** (BVerfG NJW 1992, 2811; BayObLG NStZ-RR 1998, 344; OLG Hamm NStZ-RR 1999, 23). Das ergibt sich aus dem Wortlaut, der von der Aufhebung wegen Versagung des rechtlichen Gehörs spricht. Der Betroffene muss deshalb in seiner **Verfahrensrüge** darlegen, was er im Fall seiner Anhörung für sich ins Feld geführt hätte. Anderenfalls ist die Verfahrensrüge unzulässig und die Rechtsbeschwerde nicht zuzulassen (BayObLG NJW 1992, 1907; NStZ-RR 1998, 344; VRS 96, 18; OLG Düsseldorf VRS 97, 57; OLG Hamm NStZ-RR 1999, 23; KK-OWi/*Senge*, § 80 Rn 40c m.w.N.; Göhler/*Seitz*, § 80 Rn 16c; → *Rechtsbeschwerde, Verfahrensrüge*, Teil A Rdn 1182).

1264 **c)** An der Gewährung des rechtlichen Gehörs (Art. 103 Abs. 1 GG) fehlt es, wenn dem Betroffenen **nicht die Möglichkeit** gegeben wird, zu entscheidungserheblichen und ihm nachteiligen Tatsachen und Beweisergebnissen **Stellung zu nehmen** (BayObLG VRS 79, 127; OLG Düsseldorf NStZ 2000, 42; VRS 82, 209; OLG Köln VRS 83, 367; s. auch → *Verfassungsbeschwerde, Begründung, rechtliches Gehör*, Teil C Rdn 999). Dem Gebot des rechtlichen Gehörs ist aber bereits dann Genüge getan, wenn der Betroffene die **Gelegenheit zur Äußerung** hatte (s. auch *Göhler* NStZ 1989, 65), ohne dass es darauf ankommt, ob er tatsächlich von der ihm eingeräumten Möglichkeit zur Äußerung Gebrauch gemacht hat.

Die **Verletzung des rechtlichen Gehörs** ist z.B. in folgenden Fällen gegeben: **1265**

- bei **Verwertung** als gerichtskundig angesehener Tatsachen **ohne** entsprechenden **Hinweis** an den Betroffenen (BGH StV 1998, 251 zum Strafverfahren),
- bei **Erhöhung des Bußgeldes** im gerichtlichen Verfahren **ohne** Hinweis an den Betroffenen (OLG Hamm NStZ 2011, 30; m. abl. Anm. Sandherr DAR 2010, 99; vgl. aber a.A. KG, Beschl. v. 10. 3. 2014 – 3 Ws (B) 78/14; OLG Bamberg DAR 2011, 214; OLG Stuttgart DAR 2010, 590),
- wenn dem Betroffenen oder seinem Verteidiger der **Schlussvortrag** verweigert wird,
- wenn eine **angemessene Verteidigung** verhindert wird (BayObLG NStZ 1988, 281; OLG Karlsruhe VRS 79, 376),
- wenn bei erlaubter Abwesenheit des Betroffenen **überraschenderweise Beweis erhoben** und zum Nachteil des Betroffenen verwertet wird (BayObLG NStZ 1990, 76 [Gö]; OLG Köln NJW 1996, 535),
- wenn **verfahrenserhebliche Beweisanträge** vom Tatrichter **nicht berücksichtigt** (BVerfG NJW 1984, 1026; 1985, 1150; OLG Köln NStZ-RR 1998, 345) oder **rechtsfehlerhaft abgelehnt** werden (vgl. BVerfG NJW 1992, 2811; OLG Hamm NZV 2008, 160; OLG Hamm Beschl. v. 6.7.1999 – 4 Ss OWi 634/99; Beschl. v. 23.8.2005 – 2 Ss OWi 608/05; Beschl. v. 3.2.2006 – 2 Ss OWi 57/06, jew. m.w.N.). Dies gilt insbesondere dann, wenn die Ablehnung des Beweisantrags gegen das Willkürverbot verstößt (BVerfG NJW 1992, 2811; OLG Celle, Beschl. v. 12.5.2010 – 322 SsRs 149/10). Es liegt aber **nicht in jeder** Ablehnung eines Beweisantrags auch stets die Versagung des rechtlichen Gehörs (OLG Hamm VRS 108, 440; NZV 2008, 417). Vielmehr ist im Einzelfall zu entscheiden, inwieweit der Tatrichter bei der Ablehnung bzw. Nichtberücksichtigung von Beweisanträgen seine originäre Amtsaufklärungspflicht in nicht nachvollziehbarer Weise verletzt hat;
- wenn in einem **Verwerfungsurteil** nach § 74 Abs. 2 gegen einen nicht erschienenen Betroffenen der **Antrag auf Entbindung vom persönlichen Erscheinen** (§ 73 Abs. 2) und dessen Behandlung in der Urteilsbegründung nicht erwähnt werden (OLG Hamm NZV 2003, 588; BayObLG DAR 2000, 578; OLG Zweibrücken, Beschl. v. 22.10.2009 – 1 SsRs 34/09), weil sich das Gericht mit den diesbezüglichen Einwendungen und Bedenken gegen die Möglichkeit der Einspruchsverwerfung auseinander-

setzen muss (OLG Celle zfs 2000, 365; OLG Stuttgart zfs 2002, 253; NStZ-RR 2003, 273 zum Vortrag in diesen Fällen OLG Düsseldorf VRR 2011, 274). Es kommt nicht darauf an, ob das AG willkürlich gehandelt hat (vgl. dazu OLG Celle NZV 2008, 582; OLG Hamm NZV 2010, 214; OLG Köln StraFo 2009, 76; OLG Naumburg VRR 2011, 74). Allein der Umstand, dass einem Entbindungsantrag objektiv hätte entsprochen werden müssen und somit ein Urteil nach § 74 Abs. 2 OWiG nicht hätte ergehen dürfen, begründet die Verletzung des rechtlichen Gehörs (OLG Hamm, Beschl. v. 13.7.2011 – III – 4 RBs 193/11). **A.A.** ist insoweit das OLG Frankfurt/Main (u.a. Beschl. v. 14.7.2011 – 2 Ss OWi 398/11 und grds. auch NStZ-RR 2011, 350; nicht ganz eindeutig Göhler/*Seitz*, § 80 Rn 16a). Dieses lässt die Rechtsbeschwerde wegen Verletzung des rechtlichen Gehörs in diesen Fällen nur zu, wenn die Ablehnung des Entbindungsantrags auf sachfremden Erwägungen beruht (vgl. OLG Frankfurt/Main, a.a.O. [bejaht, wenn das AG die Anwesenheit des Betroffenen für erforderlich hält, um ihn **schulmeisterlich** über die Funktionsweise eines Messgeräts und den Sinn und Zweck von Geschwindigkeitsmessungen zu **belehren**]).

1266 **d)** Die Verletzung des rechtlichen Gehörs ist **nur auf Antrag** zu beachten. Dieser muss die **Form einer Verfahrensrüge** wahren (§ 80 Abs. 3 OWiG). Die strengen Anforderungen des § 344 Abs. 2 S. 2 i.V.m. § 79 Abs. 3 S. 1 OWiG sind einzuhalten. Der Betroffene hat also alle **Tatsachen**, die den Mangel begründen, so **genau** und **vollständig** anzugeben, dass das Rechtsbeschwerdegericht das Vorliegen der verfahrenswidrigen Gehörsverweigerung allein anhand seiner auf Zulassung der Rechtsbeschwerde gerichteten Antrags- und Rechtsbeschwerdeschrift nachvollziehen kann (→ *Rechtsbeschwerde, Verfahrensrüge*, Teil A Rdn 1182).

☝ Die **konkreten Begründungserfordernisse** richten sich nach der Art des gerügten Verstoßes. Im Einzelnen gilt:

- Wird z.B. mit der Gehörsrüge des § 80 Abs. 1 Nr. 2 OWiG beanstandet, dass verfahrenserhebliche **Beweisanträge** nicht berücksichtigt wurden, gelten die Grundsätze zur Rüge der Nichtbescheidung bzw. fehlerhaften Ablehnung von Beweisanträgen entsprechend (s. hierzu ausführlich → *Rechtsbeschwerde, Verfahrensrüge*, Teil A Rdn 1182). Der Beschwerdeführer muss also den gestellten Beweisantrag am besten wörtlich mitteilen und angeben, dass dieser Beweisantrag vom Gericht übergangen wurde. Sofern sich das Beweisziel, also die Schlussfolgerung, die das Gericht aus der Beweiserhebung ziehen soll, nicht aus dem Beweisantrag unmittelbar ergibt, sollte auch dieses mitgeteilt werden.
- Wird dem Betroffenen der **Sach- oder Schlussvortrag verweigert**, muss er das prozessuale Geschehen genau beschreiben und darlegen, was er im Fall seiner Anhörung geltend gemacht hätte (vgl. OLG Hamm VRS 97, 412; OLG Köln NZV 1992, 419).

- Wird mit dem Antrag auf Zulassung der Rechtsbeschwerde eine Verletzung des rechtlichen Gehörs des befugt nicht erschienenen Betroffenen dadurch geltend gemacht, dass die **Namen** der zu **vernehmenden** und dann in der HV in seiner Abwesenheit vernommenen **Zeugen** in der **Ladung nicht mitgeteilt** worden sind, muss im Ergebnis konkret dargetan werden, dass der Betroffene – hätte er Kenntnis von der Ladung der Zeugen gehabt – trotz der erfolgten Entbindung zur HV erschienen wäre und er die Zeugen befragt hätte (OLG Hamm VRS 107, 127 = NZV 2004, 595).
- **Allgemein** gilt: Zur ausreichenden Begründung des Zulassungsantrags ist grds. **substantiiert darzulegen**, was der Betroffene im Fall seiner **Anhörung geltend** gemacht hätte. Das gilt besonders dann, wenn zunächst zum Ausdruck gebracht worden ist, der Betroffene werde sich zur Sache nicht äußern, nun aber behauptet wird, bei einer (beantragten kommissarischen) Vernehmung hätte der Betroffene Angaben zur Sache gemacht, sodass diese zu Unrecht abgelehnt worden sei (OLG Hamm NZV 1999, 220; OLG Jena NZV 2010, 636).

5. Verfahrenshindernisse sind gem. **§ 80 Abs. 5** OWiG im Zulassungsverfahren **unbeachtlich**, wenn sie **vor Erlass** des **Urteils** im **ersten Rechtszug** vorgelegen haben, der Rechtsfehler des Urteils also darin liegt, dass sie nicht bereits dort beachtet worden sind (BGH JR 1989, 258; BayObLG NJW 1992, 641; ausführlich zu den Verfahrenshindernissen → *Rechtsbeschwerde, Verfahrensrüge*, Teil A Rdn 1182). Durch diese Regelung ist es dem OLG verwehrt, in eine Nachprüfung des Urteils hinsichtlich möglicher Verfahrenshindernisse einzutreten, solange es die Rechtsbeschwerde nicht zugelassen hat. **Erst nach Zulassung** der Rechtsbeschwerde muss ein Verfahrenshindernis beachtet und das Verfahren eingestellt werden (OLG Köln NJW 1987, 2386). 1267

Bedeutung hat dies vor allem für den in der Praxis wichtigen Fall der **Verfolgungsverjährung**. Dieses Verfahrenshindernis ist im Zulassungsverfahren aufgrund der Regelung des § 80 Abs. 5 OWiG grds. nicht mehr zu prüfen, es sei denn, die Rechtsbeschwerde ist zuzulassen, um speziell zur Frage der Verfolgungsverjährung im Hinblick auf die Einheitlichkeit der Rechtsprechung oder zur Fortbildung des Rechts eine Klärung herbeizuführen (vgl. z.B. BGHSt 42, 283; OLG Hamm NStZ 1988, 137; VRR 2005, 273). Wird die Rechtsbeschwerde wegen eines Fehlers außerhalb der Verfolgungsverjährung zugelassen (z.B. wegen Nichtgewährung rechtlichen Gehörs), muss das OLG die Verfolgungsverjährung im sich dann anschließenden Rechtsbeschwerdeverfahren aber ebenfalls berücksichtigen und das Verfahren einstellen, denn die Beschränkung des § 80 Abs. 5 OWiG gilt nur im Zulassungsverfahren. 1268

☝ Diese Grundsätze gelten bei allen **Verfahrenshindernissen**, die **vor Erlass des Urteils** eingetreten sind, also neben der Verfolgungsverjährung z.B. auch für die

Rücknahme des Einspruchs vor Verkündung des Urteils oder den verspäteten Einspruch gegen den Bußgeldbescheid (BGHSt 36, 59).

1269 **6.** Gem. **§ 80 Abs. 2** OWiG ist die Zulassung der Rechtsbeschwerde bei **„geringfügigen" OWi** eingeschränkt. Der Zulassungsantrag ist hier nur noch zur **Fortbildung des materiellen Rechts** zulässig (vgl. z.B. OLG Hamm NStZ-RR 1999, 23; OLG Köln NStZ-RR 1998, 345). Der Antrag kann dem entsprechend nur auf die Sachrüge gestützt werden. Mit der Rüge von Verfahrensfehlern kann bei derartigen OWi die Zulassung nicht gerechtfertigt werden. Was als „geringfügig" anzusehen ist, bestimmt § 80 Abs. 2 Nr. 1 und 2 OWiG.

☝ Die **Grenze** liegt bei einem Bußgeld von **100,00 €**, was dazu führt, dass z.B. auch nach der BKatV vorgesehene Regelgeldbußen für erhebliche Geschwindigkeitsüberschreitungen in den Anwendungsbereich des § 80 Abs. 2 OWiG fallen können, soweit nicht ein Fahrverbot verhängt wurde. Zu beachten ist, dass die Wertgrenze auch bei einem Verwerfungsurteil nach § 74 gilt (OLG Hamm, Beschl. v. 8.4.2009 – 3 Ss OWi 258/09).

Ausgenommen von dieser Einschränkung nach § 80 Abs. 2 OWiG ist nur die Zulassung der Rechtsbeschwerde wegen Versagung des **rechtlichen Gehörs**. Dies ergibt sich daraus, dass die Einschränkungen des § 80 Abs. 2 OWiG nur in Abs. 1 Nr. 1 genannt werden, nicht aber in Abs. 1 Nr. 2 (OLG Hamm VRS 107, 124; OLG Köln NStZ 1988, 31; NStZ-RR 1998, 345; Göhler/*Seitz*, § 80 Rn 16i).

1270 Die in **§ 80 Abs. 2 Nr. 2** OWiG enthaltene Einschränkung lehnt sich an die Regelung des § 79 Abs. 1 S. 1 Nr. 3 OWiG (vgl. hierzu → *Rechtsbeschwerde, Zulässigkeitsvoraussetzungen*, Teil A Rdn 1211) an, bestimmt aber andere Wertgrenzen. Die Zulassung der Rechtsbeschwerde kann von der StA bei einem Freispruch des Betroffenen oder der Einstellung des Verfahrens durch das AG nur beantragt werden, wenn im Laufe des bisherigen Verfahrens eine Geldbuße von mehr als 150,00 € im Bußgeldbescheid oder Strafbefehl festgesetzt oder von der StA beantragt worden war und die Fortbildung des materiellen Rechts geboten ist.

☝ Beruht der Freispruch oder die Verfahrenseinstellung auf einer **Verletzung** des **Verfahrensrechts** oder geht es bei einer sachlich-rechtlichen Frage nur um die Sicherung der Einheitlichkeit der Rechtsprechung, ist die Zulassung der Rechtsbeschwerde ausgeschlossen.

1271 **7.** Bei dem **Verfahren** auf Zulassung der Rechtsbeschwerde handelt es sich um ein **Vorschaltverfahren**, das der Feststellung der Statthaftigkeit der Rechtsbeschwerde dient (KK-OWi/*Senge*, § 80 Rn 5 und 48; *Weidemann* NStZ 1985, 1 ff.). Die Rechtsbeschwerde, die zugelassen oder nicht zugelassen wird, ist die des § 79 OWiG.

a) Nach **§ 80 Abs. 3 S. 1** OWiG gelten für den Zulassungsantrag die **Vorschriften** über die **Einlegung** der **Rechtsbeschwerde entsprechend**. Das bedeutet im Einzelnen: 1272

- Der Antrag auf Zulassung der Rechtsbeschwerde muss bei dem AG, dessen Urteil angefochten wird, **binnen 1 Woche** nach Verkündung des Urteils bzw. bei Verkündung in Abwesenheit des Beschwerdeführers binnen 1 Woche nach Zustellung des Urteils zu Protokoll der Geschäftsstelle oder schriftlich eingelegt werden (§ 341 i.V.m. §§ 79 Abs. 4 OWiG und 80 Abs. 3 OWiG). Die **Begründung des Zulassungsantrags** sollte (§ 80 Abs. 3 S. 4 ist keine Mussvorschrift) innerhalb 1 Monats nach Zustellung des Urteils erfolgen. Zwingend innerhalb 1 Monats nach Zustellung ist eine **Rechtsbeschwerdeschrift mit Anträgen und Begründung** einzureichen (s. hierzu → *Rechtsbeschwerde, Begründung*, Teil A Rdn 1076).
- **Antragsberechtigt** ist, wer auch zur Einlegung der Rechtsbeschwerde berechtigt ist (s. hierzu → *Rechtsbeschwerde, Einlegung*, Teil A Rdn 1092).

☝ Die Erklärung gegen ein Urteil Rechtsbeschwerde einzulegen, ist als Antrag auf Zulassung der Rechtsbeschwerde **auszulegen** und zu behandeln, wenn die Rechtsbeschwerde der Zulassung bedarf (§ 80 Abs. 3 S. 1 OWiG und § 46 Abs. 1 OWiG i.V.m. § 300; BGHSt 23, 233; BayObLG MDR 1970, 71; OLG Köln NJW 1970, 961; *Rebmann/Roth/Herrmann*, § 80 Rn 14 m.w.N.).

b) Der Zulassungsantrag gilt gem. **§ 80 Abs. 3 S. 2** OWiG als vorsorglich eingelegte Rechtsbeschwerde. Hierdurch wird der Eintritt der **Rechtskraft gehemmt** (§ 79 Abs. 3 OWiG i.V.m. § 343). Eine besondere Einlegung der Rechtsbeschwerde ist entbehrlich. 1273

c) Von zentraler Bedeutung ist **§ 80 Abs. 3 S. 3** OWiG, der regelt, dass die Vorschriften über die Anbringung der Beschwerdeanträge und deren Begründung (§§ 344, 345) zu beachten sind. D.h., dass – obwohl zunächst einmal nur ein Zulassungsantrag vorliegt – die Rechtsbeschwerde ordnungsgemäß, also **form- und fristgerecht**, mit Antragstellung begründet werden muss. Jeder Mangel der Rechtsbeschwerdebegründung ist gleichzeitig dem Zulassungsantrag anzulasten und kann zu dessen Abweisung führen, denn es soll verhindert werden, dass die Rechtsbeschwerde zunächst zugelassen wird, obwohl feststeht, dass sie alsbald danach wegen Nichtbeachtung der für die Rechtsbeschwerdebegründung geltenden Form- und Fristvorschriften verworfen werden muss (OLG Düsseldorf NJW 1999, 2130). 1274

☝ Der Verteidiger muss also seinem Zulassungsantrag eine **vollständige Rechtsbeschwerde beifügen**, die den strengen Form- und Fristvorschriften der §§ 344, 345 genügt (zu den Einzelh. vgl. → *Rechtsbeschwerde, Form*, Teil A Rdn 1115; → *Rechtsbeschwerde, Frist*, Teil A Rdn 1129; → *Rechtsbeschwerde, Sachrüge*, Teil A Rdn 1157; → *Rechtsbeschwerde, Verfahrensrüge*, Teil A Rdn 1182). **Nicht ausreichend** ist die

Beifügung eines bloßen **Entwurfs**, wie es im Zivilprozess bei einem Gesuch auf PKH üblich ist.

1275 **d)** Nicht zu verwechseln ist das nach § 80 Abs. 3 S. 3 OWiG zwingend vorgeschriebene Erfordernis einer form- und fristgerechten Begründung der Rechtsbeschwerde mit der in **§ 80 Abs. 3 S. 4** OWiG geregelten **Begründung des Zulassungsantrags**. Der Zulassungsantrag **soll** begründet werden. Das Fehlen einer Begründung des Zulassungsantrags macht diesen also nicht unzulässig. Gleichwohl ist es sachdienlich dem Gericht mitzuteilen, aus welchen Gründen die Rechtsbeschwerde aus Sicht des Beschwerdeführers zuzulassen ist. Bei der Rüge der Versagung des rechtlichen Gehörs nach § 80 Abs. 1 Nr. 2 OWiG ist ohnehin eine Verfahrensrüge zu erheben, die den Anforderungen der §§ 344, 345 entspricht (vgl. hierzu ausführlich oben Rdn 1274).

☝ Die **Begründung für den Zulassungsantrag** – nicht die Begründung der Rechtsbeschwerdeanträge – kann auch noch außerhalb der Monatsfrist des § 345 vorgebracht und ergänzt werden.

1276 **e) Checkliste: Zulassungsantrag**

- Gem. **§ 80 Abs. 3 S. 1** OWiG gilt:
  - **Einlegung** des Zulassungsantrags schriftlich oder zu Protokoll der Geschäftsstelle bei dem Gericht, dessen Urteil angefochten wird, **binnen 1 Woche** nach Verkündung bzw. Zustellung des Urteils.
  - **Antragsberechtigt** ist, wer auch zur Einlegung der Rechtsbeschwerde berechtigt ist.
  - Die Erklärung, gegen ein Urteil Rechtsbeschwerde einzulegen, ist als Antrag auf Zulassung auszulegen, wenn es der Zulassung bedarf.
- Gem. **§ 80 Abs. 3 S. 2** OWiG gilt:
  Der Zulassungsantrag wird wie eine vorsorglich eingelegte Rechtsbeschwerde behandelt, sodass der Eintritt der Rechtskraft gehemmt wird (§ 79 Abs. 3 OWiG i.V.m. § 343). Eine besondere Einlegung der Rechtsbeschwerde ist entbehrlich.
- Gem. **§ 80 Abs. 3 S. 3** OWiG gilt:
  - Die Vorschriften über die Beschwerdeanträge und deren Begründung (§§ 344, 345 sind zu beachten).
  - Die **Rechtsbeschwerde** muss also – obwohl zunächst ein Zulassungsantrag vorliegt – **form- und fristgerecht** mit Antragstellung begründet werden. Dem Zulassungsantrag ist also eine „ausgewachsene" Rechtsbeschwerde beizufügen.
- Gem. **§ 80 Abs. 3 S. 4** OWiG gilt:
  Der Zulassungsantrag selbst muss nicht begründet werden, da § 80 Abs. 3 S. 4 OWiG eine Sollvorschrift ist. Die Mitteilung der Gründe, aus denen sich die Rechtfertigung

für die Zulassung der Rechtsbeschwerde ergibt, ist jedoch sachdienlich. Die Begründung des Zulassungsantrags (§ 80 Abs. 3 S. 4 OWiG) darf nicht mit der Begründung der Rechtsbeschwerde (§ 80 Abs. 3 S. 3 OWiG) verwechselt werden.

8. Die **Entscheidung** über den Zulassungsantrag regelt **§ 80 Abs. 4** OWiG. Durch die Verweisung in § 80 Abs. 4 S. 2 OWiG auf § 346 wird bestimmt, dass **zunächst** der **Amtsrichter** über den Zulassungsantrag zu entscheiden hat: Dieser verwirft den Antrag bei Nichteinhaltung der Einlegungsfrist oder Nichtbeachtung der Förmlichkeiten der Rechtsbeschwerdebegründung oder stellt das Verfahren ein, wenn ein Verfahrenshindernis **nach** seiner Entscheidung eingetreten ist. Weiter gehende Kompetenzen hat der Amtsrichter nicht. 1277

Der zur Entscheidung berufene zuständige **Bußgeldsenat** entscheidet gem. § 80 Abs. 4 S. 1 OWiG ausschließlich durch **Beschluss**. Das Zulassungsverfahren ist ein rein schriftliches Verfahren. Der Beschluss über den Zulassungsantrag ergeht nach Anhörung des Beschwerdegegners und ist **nicht anfechtbar** (§ 304 Abs. 4). Eine Übersendung der Stellungnahme der StA bei dem OLG an den Betroffenen ist vor der Entscheidung nicht geboten (KK-OWi/*Senge*, § 80 Rn 56; Göhler/*Seitz*, § 80 Rn 39a und 40; OLG Frankfurt/Main NStZ-RR 2007, 211, 212). Insoweit unterscheidet sich das Verfahren zur Zulassung der Rechtsbeschwerde wesentlich von dem nach § 349 Abs. 2 und 3. 1278

☝ Ausnahmsweise kann die Übersendung der Stellungnahme der StA bei dem OLG aber zur Vermeidung einer **Überraschungsentscheidung** geboten sein (vgl. OLG Frankfurt/Main NStZ-RR 2007, 211, 212). Im Fall der aus einer solchen Überraschungsentscheidung resultierenden Verletzung des rechtlichen Gehörs durch das Rechtsbeschwerdegericht kann der Antrag auf **Nachholung des rechtlichen Gehörs** gem. § 356a i.V.m. § 46 Abs. 1 OWiG gestellt werden.

Wird die **Rechtsbeschwerde zugelassen**, entscheidet der Senat nach Übertragung der Sache durch den Einzelrichter in der **Dreierbesetzung** (vgl. ausführlich → *Rechtsbeschwerde, Zuständigkeit*, Teil A Rdn 1282). Wird der Antrag auf Zulassung verworfen, gilt die Rechtsbeschwerde als zurückgenommen (§ 80 Abs. 4 S. 4 OWiG). Der Verwerfungsbeschluss muss gem. § 80 Abs. 4 S. 3 OWiG nicht begründet werden. 1279

9. Hinweis für den Verteidiger! 1280

Für den **Zulassungsantrag** ist auf Folgendes hinzuweisen:

- Der **Antrag** auf Zulassung der Rechtsbeschwerde ist **binnen 1 Woche** nach Verkündung des Urteils – bei Verkündung in Abwesenheit des Betroffenen binnen 1 Woche nach Zustellung – zu stellen (§§ 80 Abs. 3 S. 1 OWiG, 79 Abs. 4 OWiG i.V.m. § 341).
- Die **Begründung** des Zulassungsantrags ist keine Zulässigkeitsvoraussetzung. § 80 Abs. 3 S. 4 OWiG ist lediglich eine Sollvorschrift. Die Gründe können später vor-

getragen oder ergänzt werden. Der Verteidiger kann also zur Vorbereitung der Begründung zunächst Akteneinsicht nehmen.

- Die Anträge für die **Rechtsbeschwerde** und deren Begründung sind gleichwohl **innerhalb** der **Monatsfrist** des § 345 und in der nach § 344 vorgeschriebenen Form anzubringen (§ 80 Abs. 3 S. 3 OWiG). Es empfiehlt sich deshalb folgende **Vorgehensweise**: Zunächst wird innerhalb der 1-wöchigen Frist der Antrag auf Zulassung der Rechtsbeschwerde gestellt. Anschließend wird innerhalb 1 Monats nach Zustellung des Urteils der Zulassungsantrag begründet und die Rechtsbeschwerdeschrift mit Anträgen und Begründung eingereicht (s. hierzu → *Rechtsbeschwerde, Begründung*, Teil A Rdn 1076).

1281 10. Muster: Antrag auf Zulassung der Rechtsbeschwerde

▼

A.14

An das

AG Musterstadt

In dem Ordnungswidrigkeitenverfahren

gegen H. Mustermann

wegen

Az.:

beantrage ich,

gegen das vom AG Musterstadt am verkündete Urteil die Rechtsbeschwerde zuzulassen.

Begründung:

Rechtsanwalt

▲

Siehe auch: → *Rechtsbeschwerde, Allgemeines*, Teil A Rdn 1053, m.w.N.

Rechtsbeschwerde, Zuständigkeit 1282

Das Wichtigste in Kürze:

1. Gem. § 79 Abs. 3 S. 1 OWiG sind die Vorschriften des GVG im Bußgeldverfahren entsprechend anzuwenden.
2. Die OLG entscheiden über die Rechtsbeschwerde durch besondere Senate für Bußgeldsachen.
3. Sofern ein OLG bei seiner Entscheidung von der Entscheidung eines anderen OLG oder des BGH abweichen will, kommen die Vorschriften über die Vorlegung von Rechtssachen an den BGH gem. § 121 Abs. 2 GVG entsprechend zur Anwendung.

Literaturhinweise: s. die Hinw. bei → *Rechtsbeschwerde, Allgemeines*, Teil A Rdn 1053. 1283

1. Die Vorschriften des GVG sind gem. **§ 79 Abs. 3 S. 1** OWiG im Bußgeldverfahren entsprechend anzuwenden. Daraus folgt, dass zur Entscheidung über die Rechtsbeschwerde nach **§ 121 Abs. 1 Nr. 1 Buchst. a) GVG** grds. die **OLG** zuständig sind. 1284

☝ **Ausnahmen** gelten in Verfahren wegen Ordnungswidrigkeiten gemäß § 81 GWB, § 60 WpÜG und § 95 EnWG, da hier das OLG erstinstanzlich zuständig ist (vgl. § 83 GWB, § 62 WpÜG, § 98 EnWG). Über die Rechtsbeschwerde entscheidet dann der BGH (§ 46 Abs. 7 OWiG).

- Das OLG des Landes **Berlin** ist das **KG**.
- In **Bayern** ist nach der Auflösung des BayObLG durch das Gerichtsauflösungsgesetz – BayObLGAuflG v. 20.10.2004 (Drucks. 15/1825 des Bayerischen Landtags) ab dem **1.1.2005** für ganz Bayern das **OLG Bamberg** zuständig (Zuständigkeitskonzentration).

2. Die OLG entscheiden über die Rechtsbeschwerde durch besondere **Senate für Bußgeldsachen** (§ 46 Abs. 7 OWiG). 1285

- Diese sind gem. § 80a Abs. 1 OWiG regelmäßig mit **einem Richter** besetzt.
- In der Besetzung mit **drei Richtern** einschließlich des Vorsitzenden entscheiden die Senate gem. § 80a Abs. 2 und 3 OWiG nur in folgenden Fällen:
  - In den in **§ 79 Abs. 1 S. 1** OWiG genannten Fällen, wenn eine Geldbuße oder eine Nebenfolge vermögensrechtlicher Art von mehr als **5.000,00 €** festgesetzt oder beantragt worden ist (§ 80a Abs. 2 S. 1 OWiG). Die Werte von Geldbuße und vermögensrechtlicher Nebenfolge werden ggf. zusammengerechnet.
  - Durch **Übertragung** der Sache vom Einzelrichter auf den **Dreiersenat**, wenn es geboten ist, das Urteil oder den Beschluss nach § 72 OWiG zur Fortbildung des Rechts oder zur Sicherung einer einheitlichen Rechtsprechung nachzuprüfen (§ 80 Abs. 3 S. 1 OWiG).

- Durch Übertragung der Sache vom Einzelrichter auf den Dreiersenat in Verfahren über eine **zugelassene Rechtsbeschwerde** (§ 80a Abs. 3 S. 2 OWiG), nicht jedoch in Verfahren über die Zulassung selbst.

1286 Die Einzelrichterregelung des § 80a Abs. 1 OWiG gilt auch für **Nebenentscheidungen**. Der Bußgeldsenat entscheidet deshalb grds. auch in folgenden Beispielsfällen in der Besetzung mit **einem Richter**:

- über die Beschwerde gegen einen **Ordnungsmittelbeschluss** im Bußgeldverfahren nach §§ 178, 181 Abs. 1 GVG (OLG Jena VRS 110, 20; OLG Köln NJW 2006, 3298);
- über die weitere Beschwerde gegen eine **Kostenentscheidung**, sofern nicht die Voraussetzungen des § 80a Abs. 2 oder 3 OWiG vorliegen (OLG Stuttgart NZV 2006, 317);
- über die weitere Beschwerde gegen die Anordnung der **Erzwingungshaft** (OLG Hamm NStZ-RR 2006, 320; OLG Karlsruhe, Beschl. v. 19.1.2016 – 2 Ws 441/15; OLG Rostock NStZ 2006, 245).

1287 Die **Strafkammern** der LG in Bußgeldsachen werden – ähnlich wie bei der Sprungrevision nach § 335 – im Instanzenzug **übersprungen**.

1288 **3.** Sofern ein OLG bei seiner Entscheidung von der Entscheidung eines anderen OLG oder des BGH **abweichen** will, kommen die Vorschriften über die **Vorlegung** von Rechtssachen an den BGH gem. § 121 Abs. 2 GVG entsprechend zur Anwendung (vgl. BGHSt 23, 365; 24, 208; 26, 183; 27, 85). Die Vorlegungspflicht dient der Wahrung der Rechtseinheit. Sie gilt jedoch **nicht** in gleicher Weise für die Auslegung von **EG-Recht** (BGHSt 36, 92). In diesem Fall ist ein Senat für Bußgeldsachen durch eine abweichende Rechtsauffassung eines anderen OLG nicht gehindert, der Auffassung des EuGH zu folgen (BGHSt 33, 76).

☝ Die sog. **Innendivergenz** wird von der Vorlegungspflicht des § 121 Abs. 2 GVG **nicht erfasst**. D.h. ein Senat eines OLG kann von einem anderen Bußgeldsenat desselben Gerichts abweichen, ohne die Sache vorlegen zu müssen (*Meyer-Goßner/Schmitt*, § 121 GVG Rn 9). Auch in Entscheidungen über die Einstellung des Verfahrens oder Entscheidungen in Nebenverfahren (z.B. Wiedereinsetzung in den vorigen Stand, Kosten) besteht keine Vorlegungspflicht (*Meyer-Goßner/Schmitt*, § 121 GVG Rn 5).

Siehe auch: → *Rechtsbeschwerde, Allgemeines*, Teil A Rdn 1053.

Rechtsmittel/Rechtsbehelfe, Allgemeines 1289

Das Wichtigste in Kürze:

1. Das Rechtsschutzsystem im Strafverfahren ist nicht frei von Mängeln.
2. Positiven Einfluss auf die Beschuldigtenrechte nehmen insbesondere das Europäische Recht und das GG.
3. Eine Auslegungshilfe stellen auch die RiStBV dar.
4. In der StPO sind Gemeinsamkeiten von Rechtsmitteln und Rechtsbehelfen in §§ 296 – 303 geregelt.
5. Rechtsbehelfe ist der Oberbegriff; Rechtsmittel als Untergruppe unterscheiden sich durch ihre Wirkung.
6. Erste Zulässigkeitsvoraussetzung von Rechtsmitteln/Rechtsbehelfen ist deren Statthaftigkeit.
7. In zweiter Linie muss der Rechtsmittelführer zur Anfechtung berechtigt sein.

Literaturhinweise: **K. Peters**, Strafprozesslehre. Zugleich ein Beitrag zur Rollenproblematik im Strafprozess, in: GS für Hans Peters, 1967, S. 891 ff.; **Satzger**, Vertrags- und verfassungsrechtliche Grundlagen, in: *Sieber* u.a., Europäisches Strafrecht, 2011, § 1, S. 97 ff. 1290

1. Die Eingriffsintensität von staatlichen Maßnahmen, die auf dem Gebiet des Strafrechts getroffen werden können, erfordern aufgrund der stets damit einhergehenden **Beeinträchtigungen individueller Rechtspositionen** effektive Schutzmechanismen, deren Mindeststandards einfachrechtlich vorwiegend in der StPO und dem JGG verankert sind. Rechtsmittel und Rechtsbehelfe nach einfachem Recht stehen jedoch nicht isoliert im Raum; Auslegung und Anwendung werden zum einen beeinflusst durch das Verfassungsrecht, zum anderen in zunehmendem Maße durch europäisches Gemeinschaftsrecht. Ein in der Normenhierarchie StPO und JGG gleichgestelltes Gesetz ist die EMRK, die nicht nur dem einfachen Recht, sondern auch dem GG als Auslegungshilfe dient (BVerfG NJW 2011, 1931). 1291

2. Es ist die vornehmste **Pflicht** des **Verteidigers**, zur **Effektivierung** der **Schutzmechanismen** beizutragen, wie bereits die hier und in den nachfolgenden Kapiteln zitierte Rechtsprechung belegt; denn die Fortschritte, die auf diesem Gebiet zu verzeichnen sind, stammen nur in den seltensten Fällen vom Gesetzgeber selbst. Eher ist vom Gegenteil auszugehen: Beschränkungen, in den 70er Jahren des vorigen Jahrhunderts im Zusammenhang mit der justiziellen Bewältigung der RAF-Kriminalität eingeführt wurden, befinden sich nach wie vor in der StPO (wer weiß, wofür man sie noch brauchen kann?). Rechtsschutzerweiterungen erfolgen i.d.R. eher gezwungenermaßen und – wie es z.B. die aktuelle Situation im Zusammenhang mit der Sicherungsverwahrung widerspiegelt – dann auch noch halbherzig. Die Zahl der von der StA zugunsten eines Angeklagten eingelegten Rechtsmittel und die Fälle, in denen § 301 zum Tragen kommt, sind verschwindend ge- 1292 ring. Eine Gesamtbetrachtung führt deshalb zwangsläufig zu dem Ergebnis, dass es im Wesentlichen, man könnte fast sagen: annähernd zu 100 %, die Verteidiger sind, die das Rechtsschutzsystem am Laufen halten und dessen Fortschreibung vorantreiben.

1293 **3.a)** Das „System" selbst ist träge. Wirklich freiwillig oder von sich aus trägt der Gesetzgeber zum Ausbau der Beschuldigtenrechte (im Gegensatz zur Erweiterung der Opferrechte) schon lange nichts mehr bei. Selbst der zum 1.1.2010 in Kraft getretene § 140 Abs. 1 Nr. 4 entsprang nicht einer in den Reihen der rechtspolitischen Legislative geborenen Idee einer subjektbezogenen Verfahrensgestaltung, sondern geht auf das jahrelange Insistieren der Anwaltschaft zurück (vgl. SK-StPO/*Wohlers*, § 140 Rn 10). Zumeist beruhen Verbesserungen auf äußerem Zwang wie der Pflicht zur Umsetzung einer das Verfahrensrecht betreffenden Richtlinie der Europäischen Union oder Mahnungen/Warnungen durch den EuGH (→ *Rechtsmittel/Rechtsbehelfe, Einfluss Unionsrecht*, Teil A Rdn 1453) der EGMR oder das BVerfG (→ *Rechtsmittel/Rechtsbehelfe, Einfluss Grundgesetz*, Teil A Rdn 1448).

☝ Die **StPO krankt** deshalb – im Gegensatz zum JGG – nach wie vor daran, dass sie in Konflikt- oder Zweifelsfällen immer dem **Verfahrensfortgang Vorrang** vor den Rechten des Verfahrensbetroffenen einräumt.

1294 So statuiert etwa der 1987 eingeführte § 35a die Belehrungspflicht des Verfahrensbetroffenen. Die Verletzung dieser bedeutsamen Pflicht durch das Gericht bleibt indessen folgenlos, wenn nicht der Betroffene das Wiedereinsetzungsverfahren betreibt und in dessen Rahmen dartut, dass er die Frist infolge des Fehlens oder der unzutreffenden Belehrung nicht gekannt hat. Das versteht die StPO u.a. unter „**Kommunikation**", also dem Austausch i.S. eines gegenseitigen Gebens und Nehmens.

1295 **b)** Diese Grundkonzeption schlägt zwangsläufig auf die **Auslegung** und **Anwendung** der über die Auslegung der Verfahrensvorschriften entscheidenden Gerichte durch. **Unzulänglichkeiten** werden deshalb auch durch die **Rechtsprechung toleriert**.

1296 **aa)** Ein besonders krasses Beispiel ist der der Entscheidung BGHSt 51, 298 („**Protokollrüge**") zugrunde liegende Ausgangssachverhalt, dem – wie man es im Nachhinein annehmen muss – zugrunde lag, dass im Hauptverhandlungsprotokoll lediglich vergessen worden war zu vermerken, der Angeklagte habe die Möglichkeit des letzten Wortes gehabt. Anstatt es dabei zu belassen, was sowohl im Hinblick auf das Recht des Angeklagten selbst als auch auf die Anfechtung von Entscheidungen, die darauf beruhen, mangels Protokollierung wesentliche Förmlichkeiten der Hauptverhandlungen nicht eingehalten zu haben, einer gefestigten Rechtstradition entsprochen hatte, wurde – in dogmatisch untadeliger Weise – die Regelung über die Protokollberichtigung fortgeschrieben und dem Verteidiger, der nur das vorgetragen und gerügt hatte, was bislang revisionsrechtliches Allgemeingut war, darüber hinaus noch unlauteres Verhalten vorgeworfen.

bb) Eine Konstellation, in der der Angeklagte, seinerseits Staatsbürger und Mensch, gegenüber dem Verfahrensfortgang das Nachsehen hat, ist die von der Rechtsprechung vorgenommene Ausgestaltung von § 329 Abs. 1, wenn er als **Berufungsführer** in **Urlaub** fährt. Buchung und Reiseantritt sind zuvor ein monatelanges Warten auf die Terminierung einer Berufungshauptverhandlung vorausgegangen, eine Zeitspanne, die das Gericht ohne Begründung, aber auch ohne Rechtfertigung einfach für sich in Anspruch nimmt und – um ihrem Rang als dritte „Gewalt" im Staat auch Ausdruck zu verleihen – noch verlangt, der Angeklagte habe seinen Urlaub gefälligst zu unterbrechen, wenn er vom Gericht gerufen werde (→ *Berufung, Verwerfung, Ausbleiben des Angeklagten*, Teil A Rdn 57). 1297

cc) Die Ausgestaltung des **Revisionsverfahrens** durch die hierzu berufenen Gerichte schmerzen nicht nur den Verteidiger, sondern vor allem den historischen Gesetzgeber der StPO, weil er sich ersichtlich darum bemüht hatte, an die Formstrenge des gesamten Verfahrens hohe Maßstäbe anzulegen. Diese werden heute nahezu nur noch in Richtung gegen den Angeklagten aufrechterhalten bzw. sogar erweitert, während sie in Bezug auf das tatrichterliche Handeln immer mehr aufgeweicht werden. Deshalb musste ein nach wie vor amtierender Bundesrichter auf einer gemeinsam mit Strafverteidigern abgehaltenen Veranstaltung mit alkoholbedingt gelöster Zunge zu vorgerückter Stunde einräumen, dass im Fall der tatsächlicher Berücksichtigung von Verfahrensfehlern in den unteren Instanzen 70 % der Urteile eigentlich der Aufhebung anheimfallen müssten. 1298

dd) Ärgerlich ist der Umstand, dass so sinnvolle und sorgfältig überlegte Regelungen, wie sie in den **RiStBV** enthalten sind (→ *Rechtsmittel/Rechtsbehelfe, Einfluss RiStBV*, Teil A Rdn 1448), mit der Ausrede vom Tisch gewischt werden, sie seien für Gerichte nicht bindend. 1299

ee) Schließlich ist auch der Umstand, dass Verfahrensbetroffene, die **der deutschen Sprache nicht mächtig** sind, faktisch als Bürger zweiter Klasse behandelt werden (→ *Rechtsmittel/Rechtsbehelfe, Sprachunkundigkeit, Allgemeines*, Teil A Rdn 1679), zu beklagen. 1300

ff) Hinzu kommt noch: *„Jeder Akt im Strafprozess, von wem und an welcher Stelle im Verfahren er vorgenommen wird, seine nicht nur vom Recht her bestimmbaren Ursachen"* (*Peters*, S. 905) hat. Dass auch Richter nicht davor gefeit sind, entweder aus Gründen der Arbeitsersparnis oder aus einem falschen Verständnis ihrer Aufgabe heraus auf die alt hergebrachten Grundsätze *„Das haben wir schon immer so gemacht!"* und *„Wo kämen wir hin, wenn …"* zurückzugreifen, rundet das Bild der Rechtswirklichkeit ab. 1301

☝ Dieses Bild hinterlässt in Teilbereichen nicht den Eindruck, der Beschuldigte, Angeschuldigte, Angeklagte oder Verurteilte sei derjenige, um den es im Strafverfahren tatsächlich geht; manches Mal kann man sich des Gefühls nicht erwehren, die Existenzberechtigung eines Angeklagten liege zuvörderst darin, die Beschäftigung der Richter und der Justizangestellten zu sichern.

1302 gg) **Mitverantwortlich** hierfür ist zum Teil auch die **Kommentarliteratur** vor allem, wenn sie – in einem Halbsatz – bedenkenlos Entscheidungen aus den 70er und 80er Jahren des vorigen Jahrhunderts heranzieht, ohne dass diese hinterfragt werden, ob sie dem heute herrschenden Verfahrensverständnis noch entsprechen: Hat gegenüber einem vom AG Verurteilten eine Rechtsmittelbelehrung zu erfolgen, muss sie selbstverständlich den Hinweis darauf enthalten, dass gegen das Urteil auch Sprungrevision statthaft ist, selbst wenn ein solcher Hinweis von drei Kammergerichtsräten 1976 nicht für erforderlich gehalten wurde.

Siehe auch: → *Rechtsmittel/Rechtsbehelfe, Arten*, Teil A Rdn 1303; → *Rechtsmittel/Rechtsbehelfe, Auslegung/Umdeutung*, Teil A Rdn 1312; → *Rechtsmittel/Rechtsbehelfe, Befugnis*, Teil A Rdn 1323; → *Rechtsmittel/Rechtsbehelfe, Begründung*, Teil A Rdn 1329; → *Rechtsmittel/Rechtsbehelfe, Belehrung*, Teil A Rdn 1337; → *Rechtsmittel/Rechtsbehelfe, Beschwer*, Teil A Rdn 1383; → *Rechtsmittel/Rechtsbehelfe, Bezeichnung*, Teil A Rdn 1396; → *Rechtsmittel/Rechtsbehelfe, Einfluss Grundgesetz*, Teil A Rdn 1402; → *Rechtsmittel/Rechtsbehelfe, Einfluss RiStBV*, Teil A Rdn 1448; → *Rechtsmittel/Rechtsbehelfe, Einfluss Unionsrecht*, Teil A Rdn 1453; → *Rechtsmittel/Rechtsbehelfe, Einlegung*, Teil A Rdn 1466; → *Rechtsmittel/Rechtsbehelfe, Entscheidungsbekanntmachung*, Teil A Rdn 1483; → *Rechtsmittel/Rechtsbehelfe, Form*, Teil A Rdn 1509; → *Rechtsmittel/Rechtsbehelfe, Fristen*, Teil A Rdn 1545; → *Rechtsmittel/Rechtsbehelfe, Ladung*, Teil A Rdn 1588; → *Rechtsmittel/Rechtsbehelfe, Rücknahme*, Teil A Rdn 1653; → *Rechtsmittel/Rechtsbehelfe, Sprachunkundigkeit*, Teil A Rdn 1679; → *Rechtsmittel/Rechtsbehelfe, Statthaftigkeit*, Teil A Rdn 1715; → *Rechtsmittel/Rechtsbehelfe, Verzicht*, Teil A Rdn 1732; → *Rechtsmittel/Rechtsbehelfe, Vollmacht*, Teil A Rdn 1768; → *Rechtsmittel/Rechtsbehelfe, Wahlmöglichkeit*, Teil A Rdn 1836; → *Rechtsmittel/Rechtsbehelfe, Zustellung*, Teil A Rdn 1845.

1303 Rechtsmittel/Rechtsbehelfe, Arten

1304 **Literaturhinweise:** s. die Hinweise bei → *Rechtsmittel/Rechtsbehelfe, Allgemeines*, Teil A Rdn 1290.

1305 **1.** Zur Gewährleistung des Rechtsschutzes stellen EGGVG, JGG, OWiG, StPO und StVollzG **Rechtsbehelfe** zur Verfügung, von denen ein **Teil** wegen seiner besonderen Wirkung als Rechtsmittel bezeichnet wird. Des Weiteren wird zwischen ordentlichen und außerordentlichen sowie zwischen förmlichen und formlosen Rechtsbehelfen unterschieden. Zu den Rechtsmitteln/Rechtsbehelfen in Verfahren gegen **Jugendliche** und **Heranwachsende** wird verwiesen auf → *JGG-Besonderheiten, Berufung*, Teil A Rdn 665; → *JGG-Besonderheiten, Revision*, Teil A Rdn 867 ff.

1306 **2. Rechtsmittel** sind ordentliche förmliche Rechtsbehelfe. Sie führen zur Nachprüfung der nicht rechtskräftigen Entscheidung durch ein Gericht höherer Ordnung (**Devolutiv-**

effekt), **Berufung** und **Revision** hindern darüber hinaus die Vollstreckbarkeit der angefochtenen Entscheidung (**Suspensiveffekt**). Das Rechtsmittel der **Beschwerde** löst per se keine Vollzugshemmung aus; jedoch kann das Beschwerdegericht auf Antrag oder von Amts wegen die Vollziehung der angefochtenen Entscheidung aussetzen (§ 307 Abs. 2).

3.a) Weitere **ordentliche förmliche Rechtsbehelfe** sind wegen Fehlens des Devolutiv- 1307
effekts, z.B. der Antrag auf gerichtliche Entscheidung gem. § 98 Abs. 2 (→ *Rechtsbehelfe, Antrag auf gerichtliche Entscheidung*, Teil B Rdn 93 ff.), der Einspruch gegen einen Strafbefehl (→ *Rechtsbehelfe, Strafbefehl, Einspruch*, Teil B Rdn 743 ff.) oder der Antrag auf gerichtliche Entscheidung gem. §§ 23 ff. EGGVG (→ *Rechtsbehelfe, Justizverwaltungsakte, Anfechtung*, Teil B Rdn 309 ff.).

b) Ein **außerordentlicher förmlicher Rechtsbehelf** ist der Wiedereinsetzungsantrag, weil 1308
er die Rechtskraft durchbricht (→ *Rechtsbehelfe, Wiedereinsetzung in den vorigen Stand*, Teil B Rdn 1479 ff.). Zu den außerordentlichen förmlichen Rechtsbehelfen zählen auch die Verfassungsbeschwerde (→ *Verfassungsbeschwerde*, Teil C Rdn 729 ff.) und die Beschwerde zum Europäischen Gerichtshof für Menschenrechte (→ *Menschenrechtsbeschwerde*, Teil C Rdn 1 ff.).

c) Formlose Rechtsbehelfe sind z.B. die Gegenvorstellung (→ *Rechtsbehelfe, Gegenvor-* 1309
stellung, Teil B Rdn 274 ff.) und die Dienstaufsichtsbeschwerde (→ *Rechtsbehelfe, Dienstaufsichtsbeschwerde*, Teil B Rdn 262 ff.).

d) Schaubild: Instrumente des Rechtsschutzes 1310

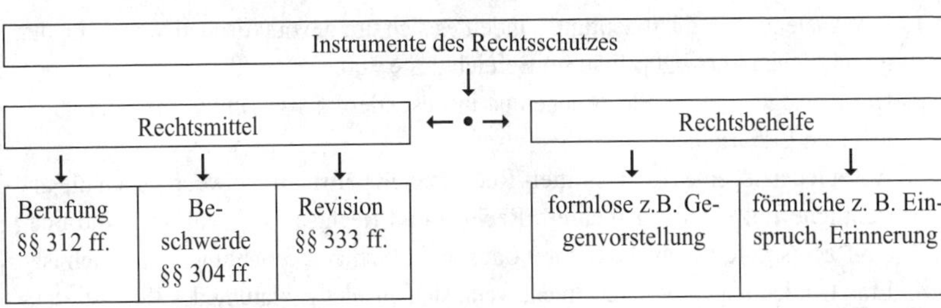

e) Hinweis für den Verteidiger! 1311

Mit **Erfolg** kann sich der Verfahrensbetroffene des einzelnen Rechtsmittels/Rechtbehelfs nur bedienen, wenn dieses(r) **insgesamt zulässig**, also im Einzelnen

- **statthaft** (→ *Rechtsmittel/Rechtsbehelfe, Statthaftigkeit*, Teil A Rdn 1715 ff.) ist,
- er sich gegen eine nicht nur erwartete, sondern **erlassene Entscheidung** richtet (→ *Rechtsmittel/Rechtsbehelfe, Einlegung*, Teil A Rdn 1474),

- ihn die anzufechtende Entscheidung **beschwert** (→ *Rechtsmittel/Rechtsbehelfe, Beschwer*, Teil A Rdn 1383 ff.),
- ihm die **Befugnis** eingeräumt ist, die Entscheidung **anzufechten** (→ *Rechtsmittel/Rechtsbehelfe, Befugnis*, Teil A Rdn 1323 ff.),
- die Anfechtungserklärung gegenüber dem **zuständigen Adressaten** (→ *Rechtsmittel/Rechtsbehelfe, Einlegung*, Teil A Rdn 1466 ff.),
- in der vorgeschriebenen **Form** (→ *Rechtsmittel/Rechtsbehelfe, Form*, Teil A Rdn 1509 ff.) und
- innerhalb der ggf. gesetzlich bestimmten **Frist** (→ *Rechtsmittel/Rechtsbehelfe, Fristen*, Teil A Rdn 1545 ff.) erfolgt und
- er auf die Anfechtung **nicht bereits verzichtet** (→ *Rechtsmittel/Rechtsbehelfe, Verzicht*, Teil A Rdn 1732 ff.) oder das eingelegte Rechtsmittel/den Rechtsbehelf wirksam zurückgenommen (→ *Rechtsmitte Rechtsbehelfe, Rücknahme*, Teil A Rdn 1653 ff.)

hat.

Siehe auch: → *Rechtsmittel/Rechtsbehelfe, Allgemeines*, Teil A Rdn 1289, m.w.N.; → *Rechtsmittel/Rechtsbehelfe, Statthaftigkeit*, Teil A Rdn 1715 ff.

1312 Rechtsmittel/Rechtsbehelfe, Auslegung/Umdeutung

Das Wichtigste in Kürze:

1. Bei Auslegung und Umdeutung handelt es sich um die praktische Umsetzung der gerichtlichen Fürsorgepflicht im Bereich des § 300.
2. Der Auslegung zugrunde zu legen ist insbesondere der gesamte Inhalt der abgegebenen Erklärungen.
3. Auszulegen ist eine (Rechtsmittel-/Rechtsbehelfs-)Erklärung, wenn gegen die gerichtliche Entscheidung mehrere Rechtsmittel/Rechtsbehelfe zulässig sind oder ein Rechtsmittel/Rechtsbehelf mit unterschiedlichen Zielrichtungen möglich ist.
4. Eine Umdeutung ist vorzunehmen, wenn sich aus der Erklärung des Rechtsmittelführers dessen Ziel eindeutig feststellen lässt, dieses aber nicht mithilfe des von ihm eingelegten Rechtsmittels, sondern nur auf andere Weise erreicht werden kann.

1313 **Literaturhinweise:** → *Rechtsmittel/Rechtsbehelfe, Allgemeines*, Teil A Rdn 1290.

1314 **1.** Bei Auslegung und Umdeutung handelt es sich um die praktische Umsetzung der gerichtlichen Fürsorgepflicht im Bereich des § 300, der vorschreibt, dass die Falschbezeichnung eines Rechtsmittels/Rechtsbehelfs dem Erklärungsverfasser nicht zum Nachteil gereichen darf. Auslegung und Umdeutung sind nur möglich, wenn feststeht, dass der Erklärende eine

gerichtliche Entscheidung anfechten will (vgl. u.a. OLG Naumburg, Beschl. v. 5.7.2005 – 1 Ws 367/05; → *Rechtsmittel/Rechtsbehelfe, Bezeichnung*, Teil A Rdn 1396 ff.). Beide erfolgen nach dem Prinzip der **Meistbegünstigung**; im Zweifel hat das Gericht die Deutung so vorzunehmen, dass der erstrebte Erfolg möglichst erreicht werden kann.

☝ Würde das Gericht nämlich den Verfahrensgegenstand in einer Weise auslegen, die das vom Rechtsmittelführer erkennbar verfolgte Rechtsschutzziel ganz oder in wesentlichen Teilen außer Betracht lässt, würde darin eine **Rechtswegverkürzung** liegen, die den Rechtsschutzanspruch des Betroffenen nach Art. 19 Abs. 4 GG verletzen würde. (BVerfG NVwZ 2005, 1304).

2.a) Der **Auslegung** zugrunde zu legen sind der gesamte **Inhalt** der abgegebenen Erklärungen, die **Umstände**, unter denen die Erklärung zustande kam und die **Person** des Erklärenden. Anhand dieser Kriterien ist die Erklärung stets unter besonderer Berücksichtigung des durch den Rechtsmittelführer **erstrebten Erfolgs** betrachten (OLG Nürnberg, Beschl. v. 27.4.2010 – 1 St OLG Ss 39/10). **1315**

☝ Für die Auslegung einer Erklärung ist jedoch dann kein Raum, wenn der Angeklagte über die zulässigen Rechtsmittel mündlich und durch Aushändigung eines **Merkblatts zutreffend** und **wirksam belehrt** worden ist und er daraufhin ein konkret bezeichnetes Rechtsmittel einlegt (OLG Köln NStZ-RR 2011, 283).

b) Einer Unterscheidung bedarf es dabei, ob es sich bei dem Rechtsmittelverfasser um einen **Juristen** oder um einen **juristischen Laien** handelt, da es auch bei Wortgleichheit oder Begriffsähnlichkeit aus Sicht des Rechtsmittelgerichts einen Unterschied macht, wer die Rechtsmittelerklärung abgegeben hat (vgl. KG StraFo 2012, 25). **1316**

Dies gewinnt etwa Bedeutung bei **Berufungen** der **StA**, wenn sie das Rechtsmittel auf den Rechtsfolgenausspruch beschränkt (vgl. Nr. 156 Abs. 1 RiStBV), tatsächlich aber den Schuldspruch angreifen will (OLG Oldenburg NStZ-RR 1996, 77). In einer derartigen Konstellation ist der Erklärung über die Beschränkung der Vorrang vor der Begründung des Rechtsmittels einzuräumen, sodass für eine Auslegung kein Raum bleibt (BayObLG NStZ-RR 2000, 379). Dies gilt aber auch für den **Verteidiger**, wenn er das im Hinblick auf das Rechtsmittelziel unzutreffende Rechtsmittel einlegt (OLG Hamm, Beschl. v. 24.6.2008 – 3 Ss 230/08; OLG Nürnberg NStZ-RR 2007, 151). **1317**

3.a) Auszulegen ist eine (Rechtsmittel-/Rechtsbehelfs-)Erklärung, wenn gegen die gerichtliche Entscheidung **mehrere Rechtsmittel/Rechtsbehelfe zulässig** sind oder ein Rechtsmittel/Rechtsbehelf mit unterschiedlichen Zielrichtungen möglich ist. **1318**

b) Eine Mehrheit von Anfechtungsmöglichkeiten besteht in einer ganzen Reihe von Konstellationen (→ *Rechtsmittel/Rechtsbehelfe, **Wahlmöglichkeit***, Teil A Rdn 1836 ff.). Es **1319**

hängt dann vom Inhalt der Erklärung ab, welcher Rechtsbehelf dem erklärten Willen am ehesten zum Erfolg verhilft. Hinterlässt z.B. der Inhalt einer Erklärung, mit der der Angeklagte Revision statt Berufung einlegt Zweifel, die auch durch eine Auslegung nicht behoben werden können, so hat es bei der Berufung zu verbleiben, da diese die umfassendere Nachprüfung des Urteils erlaubt (OLG Hamm NJW 2003, 1469).

1320 **b)** Zu **berücksichtigen** ist auch, ob Rechtsmittel/Rechtsbehelf mit **unterschiedlichen Zielrichtungen möglich** sind. Wurde z.B. der Einspruch gegen einen Strafbefehl wegen Ausbleibens in der HV verworfen, wogegen der Angeklagte „Widerspruch" einlegt und in der Begründung einen Ladungsmangel geltend macht, kann dies entweder als Berufung gegen das Verwerfungsurteil und gleichzeitig als Antrag auf Wiedereinsetzung in den vorigen Stand gegen die Versäumung der Berufungsfrist oder aber als Wiedereinsetzungsantrag gegen die Versäumung der HV zu behandeln sein.

☝ Lassen sich **Zweifel** am wahren Willen des Angeklagten **nicht beheben**, so ist in der Regel sowohl die Wiedereinsetzung in den vorigen Stand als auch die Berufung durchzuführen (LG Zweibrücken VRS 109, 186).

1321 **4.a)** Eine **Umdeutung** ist vorzunehmen, wenn sich aus der Erklärung des Rechtsmittelführers dessen Ziel eindeutig feststellen lässt, dieses aber nicht mithilfe des von ihm eingelegten Rechtsmittels, sondern **nur** auf **andere Weise erreicht** werden kann. Eine Umdeutung ist **regelmäßig** auch dann vorzunehmen, wenn der Wechsel der richterlichen Zuständigkeit zum Erlass der Anordnungen zugleich zum **Wechsel** der **zugeordneten Rechtsmittelinstanzen** führt. Nimmt also der Verteidiger in Unkenntnis der Tatsache, dass die Bewährung bereits widerrufen wurde, nach Ablauf der ihm hierzu gesetzten Frist zu einem Widerrufsantrag der StA Stellung mit dem Ziel, den Widerruf der Strafaussetzung zu verhindern, so ist die Stellungnahme in eine sofortige Beschwerde gegen den Widerrufsbeschluss **umzudeuten** (OLG Schleswig SchlHA 1990, 125). Zur Umdeutung folgende

1322 **b) Rechtsprechungsübersicht**

	Eingelegter(s) Rechtsmittel/Rechtsbehelf	**Umdeutung in**	**Fundstelle**
§ 33a	Gegenvorstellung	Anhörungsrüge § 33a	BVerfGK 13, 480
	Beschwerde	Anhörungsrüge § 33a	OLG Düsseldorf OLGSt § 300 S. 3
§ 45	Antrag auf Entscheidung des Revisionsgerichts (§ 356 Abs. 2 S. 1)	nicht möglich: Antrag auf Wiedereinsetzung in den vorigen Stand	KG StraFo 2009, 157
§ 81b	Beschwerde	Antrags auf Aufhebung des Beschlusses	LG Bremen StraFo 2011, 506

	Eingelegter(s) Rechtsmittel/Rechtsbehelf	Umdeutung in	Fundstelle
§ 81g	Antrag nach §§ 23 ff. EGGVG	Beschwerde (§ 304)	LG Verden NStZ-RR 2006, 246
	Beschwerde nach rechtskräftigem Verfahrensabschluss	Antrag nach § 2 DNA-IFG	OLG Düsseldorf NStZ 2004, 349
§ 98	Beschwerde gegen allgemeine Beschlagnahmegestattung	Antrag nach § 98 Abs. 2	LG Bielefeld, Beschl. v. 22.11.2007 – I Qs 587/07
§ 100a	Beschwerde gegen inzwischen erledigte Überwachungsmaßnahmen	Antrag auf Feststellung der Rechtswidrigkeit (§ 98 Abs. 2)	OLG Frankfurt/Main StV 2006, 122
101	Beschwerde	Antrag nach § 101 Abs. 7 S. 2	BGHSt 53, 1 = NJW 2009, 454
111a	Beschwerde nach Wechsel der richterlichen Zuständigkeit nach Anklageerhebung	Antrag auf Aufhebung	LG Darmstadt NStZ-RR 2011, 217
§ 111c, § 111d, § 111e	Beschwerde nach Wechsel der richterlichen Zuständigkeit nach Anklageerhebung nach Rechtskraft der Hauptentscheidung	Antrag auf Aufhebung des Beschlusses Tatrichter Ermittlungsrichter 98 Abs. 2, 162	OLG Jena wistra 2010, 80; OLG Hamburg wistra 2011, 195; NStZ 2012, 51;
§ 111i **§ 111l**	Beschwerde	Revision Erinnerung	BGHSt 55, 62 OLG Köln NJW 2004, 2994
§ 117	Haftbeschwerde bei Wechsel der richterlichen Zuständigkeit nach zwischen-zeitlich erfolgter Anklageerhebung nach Übergang von der Berufung zur Sprungrevision	Antrag auf Haftprüfung Antrag auf Aufhebung des Haftbefehls	OLG Stuttgart, Beschl. v. 19.1.2012 – 1 Ws 208/11 KG, Beschl. v. 6.9.2010 – 3 Ws 447/10
§ 123	Beschwerde nach Wechsel der richterlichen Zuständigkeit nach Anklageerhebung	Antrag auf Freigabe der Kaution	LG Gießen StV 2006, 643
§ 127 Abs. 2	Sofortige Beschwerde	Antrag auf Feststellung der Rechtswidrigkeit (§ 98 Abs. 2)	LG Hamburg StV 2009, 485

	Eingelegter(s) Rechtsmittel/Rechtsbehelf	Umdeutung in	Fundstelle
§ 141 Abs. 4	Beschwerde nach Wechsel der richterlichen Zuständigkeit	Antrag auf Bestellung eines Pflichtverteidigers	OLG Celle NStZ-RR 2010, 381; OLG Stuttgart NStZ-RR 2008, 21
§ 147	Antrag auf Akteneinsicht des nicht verteidigten Beschuldigten	Antrag auf Bestellung eines Pflichtverteidigers	OLG Koblenz, Beschl. v. 2.7.2007 – 1 Ws 317/07 u.a.
§ 172	Klageerzwingungsantrag mangels Verletzteneigenschaft	nicht möglich: Antrag im Namen des Opfers	OLG Stuttgart NStZ-RR 2012, 116
§ 244 Abs. 2	Antrag	Beweisantrag	OLG Hamm, Beschl. v. 6.8.2009 – 3 Ss OWi 599/09
§ 244 Abs. 6	Beweisantrag	nicht möglich: Hilfsbeweisantrag	BGH NJW 2005, 2466
§ 304	Beschwerde wegen Versagung des rechtlichen Gehörs	Anhörungsrüge 33a	VerfGH Berlin DAR 2011, 387
	Revision bei Anfechtung des Bewährungsbeschlusses	nicht möglich Beschwerde	OLG Jena, Beschl. v. 24.9.2009 – 1 Ws 364/09
§ 310	Weitere Beschwerde bei angefochtener Entscheidung durch das unzuständige Gericht nein, wenn zwar die funktional unzuständige, gleichwohl aber eine Beschwerdekammer entschieden hat	Beschwerde nicht möglich	OLG Jena NStZ-RR 2012, 94 (Ls.) OLG Jena OLGSt StPO § 310 Nr. 12
	Weitere Beschwerde gegen Haftbefehl nach dessen Aufhebung	Antrag nach § 98 Abs. 2	OLG Jena StRR 2010, 402 (Ls.)
	Weitere Beschwerde gegen Haftentscheidung nach Anklageerhebung	Antrag auf Haftprüfung	OLG Schleswig SchlHA 2007, 285
	Weitere Beschwerde gegen Haftentscheidung nach Abänderung des Haftbefehls durch das Beschwerdegericht	Haftbeschwerde	OLG Naumburg StV 2008, 365; OLG Schleswig SchlHA 2005, 262

	Eingelegter(s) Rechtsmittel/Rechtsbehelf	Umdeutung in	Fundstelle
	Weitere Beschwerde unzulässig	Gegenvorstellung	OLG Jena StraFo 2009, 207
§ 311	Sofortige Beschwerde	Berufung	OLG Celle NJW 1960, 114
	Sofortige Beschwerde unzulässig	nicht möglich: Gegenvorstellung	BGH wistra 2011, 149
§ 312	Wiedereinsetzungsantrag	Berufung	OLG Düsseldorf NJW 1988, 153
	Rechtsbeschwerde	Berufung	OLG Jena VRS 117, 364
§ 318	Berufungsbeschränkung	Beschwerde (§ 305a)	BayObLG VRS 66, 37
		Beschwerde (§ 59 Abs. 1 JGG)	OLG Hamm MDR 1979, 253
§ 333	Antrag auf Wiedereinsetzung in den vorigen Stand	Revision	OLG Köln VRS 75, 113
	Revision nach erfolgter Rechtsmittelbelehrung	nicht möglich: Berufung	OLG Köln NStZ-RR 2011, 283
§ 344 Abs. 2	Sachrüge allgemeine Verfahrensrüge	Verfahrensrüge Aufklärungsrüge	OLG Hamm NStZ-RR 2009, 379; OLG Karlsruhe NZV 2005, 599 BGH NStZ-RR 2007, 52
§ 346 Abs. 2	Wiedereinsetzungsantrag	Antrag auf Entscheidung durch das Revisionsgericht	BGH StraFo 2010, 339
§ 349 Abs. 2	Gegenvorstellung	Anhörungsrüge § 356a	BGH StraFo 2011, 318; StraFo 2005, 251
§ 397a	Auswechslung des Nebenklagevertreters	Antrag auf PKH und Beiordnung eines neuen Vertreters	OLG Köln NStZ-RR 2010, 22
§ 464 Abs. 3	Unzulässige Beschwerde mangels Anfechtbarkeit der Einstellungsentscheidung	Anhörungsrüge § 33a	OLG Oldenburg StraFo 2010, 352
	Beschwerde	nicht möglich: Anhörungsrüge § 33a	LG Kaiserslautern, Beschl. v. 10.1.2005 – 8 Qs 1/05

	Eingelegter(s) Rechtsmittel/Rechtsbehelf	**Umdeutung in**	**Fundstelle**
§ 464b	Kostenfestsetzungsantrag immer möglich möglich, wenn Kostenentscheidung fehlerhaft nur möglich nur bei erkennbarem Anfechtungswillen in der Regel nicht	Sofortige Beschwerde § 464 Abs. 3	OLG Düsseldorf GA 1990, 267; OLG Hamm NStE Nr. 6 zu § 300 StPO; OLG Stuttgart StV 1993, 651; LG Zweibrücken NStZ-RR 2008, 359; KG, NStZ-RR 2004, 190; Beschl. v. 14.8.2007 – 1 Ws 107/07; OLG Celle Jur-Büro 2011, 595; OLG Rostock, Beschl. v. 11.4.2008 – 5 W 63/08, LG Arnsberg SVR 2008, 112 (Ls.)
BtMG § 35	Sofortige Beschwerde	nicht möglich: Vorschaltbeschwerde (§ 24 Abs. 2 EGGVG)	OLG Hamm, Beschl. v. 5.2.2009 – 3 Ws 32/09
OWiG § 62	Rechtsbeschwerde gegen Kostenansatz	Antrag nach § 62 OWiG	OLG Hamm VRR 2011, 234
OWiG § 72 Abs. 3	Sofortige Beschwerde gegen Verfahrenseinstellung	Rechtsbeschwerde	OLG Brandenburg NStZ-RR 2005, 213
OWiG §§ 79, 80	Rechtsbeschwerde	Antrag auf Zulassung der Rechtsbeschwerde	OLG Düsseldorf NJW 1988, 1681
	Rechtsbeschwerde bei Verurteilung zur Geldbuße im Strafverfahren	Berufung	OLG Jena VRS 117, 364

Siehe auch: → *Rechtsmittel/Rechtsbehelfe, Allgemeines*, Teil A Rdn 1289, m.w.N.

Rechtsmittel/Rechtsbehelfe, Befugnis 1323

Literaturhinweise: s. die Hinw. bei → *Rechtsmittel/Rechtsbehelfe, Allgemeines*, Teil A Rdn 1290. 1324

1. Die Befugnis, Rechtsmittel einzulegen, entspricht in etwa der **Aktivlegitimation** im 1325
Zivilrechtsstreit (SK-*Frisch*, vor § 296 Rn 104). Sie haben

- der Beschuldigte, Angeschuldigte, **Angeklagte**, Verurteilte (§ 296 Abs. 1),
- für diesen (aber nicht gegen dessen Willen) der **Verteidiger** (§ 297),
- für diesen ein (rechtsgeschäftlich bevollmächtigter) Vertreter (*Meyer-Goßner/Schmitt*, § 297 Rn 7),
- für diesen, aber auch aus eigenem Recht, der gesetzliche Vertreter (§ 298 Abs. 1),
- der Privatkläger (§ 390 Abs. 1),
- der Nebenkläger mit der Einschränkung des § 400 Abs. 1,
- der Einziehungsbeteiligte (§§ 433 Abs. 1, 440 Abs. 3),
- der Verfallsbeteiligte (§ 442 Abs. 1),
- die juristische Person (§ 444 Abs. 2 S. 2),
- die **StA** (§ 296 Abs. 1).

Darüber hinaus kann **jedermann**, der durch einen gerichtlichen Beschluss/eine gerichtliche 1326
Verfügung **beschwert** ist, durch Rechtsmittel/Rechtsbehelfe dagegen vorgehen.

2. Der **Rechtsmittelführer** kann – in gewissen Grenzen – über **Art** und **Umfang disponieren** (RGSt 69, 110 [Macht zum unmittelbaren Eingriff in die Gestaltung des Rechtsmittels]). Das tritt am deutlichsten darin zutage, dass jeder Rechtsmittelführer eine gegen ihn ergangene Entscheidung nicht in vollem Umfang anfechten muss, sondern sie auch teilweise akzeptieren und nur **bestimmte Beschwerdepunkte anfechten** kann (vgl. §§ 318, 344 Abs. 1, 410 Abs. 2). Die Dispositionsfreiheit ist hier jedoch nicht unbegrenzt, da der rechtlich erforderliche Umfang eines Rechtsmittels unter Umständen weiter reichen kann, als es der Rechtsmittelführer erstrebt (KG, Beschl. v. 17.6.2009 – [4] 1 Ss 170/09; OLG Oldenburg, Beschl. v. 13.7.2010 – 1 Ss 91/10; → *Berufung, Beschränkung, Allgemeines*, Teil A Rdn 227 ff.; → *Revision, Beschränkung*, Teil A Rdn 2085 ff.; → *Strafbefehl, Einspruch*, Teil B Rdn 756 ff.). 1327

Bestimmte Beschwerdepunkte wie etwa die Nichtanwendung von § 64 StGB durch das Erstgericht können **grds.** vom **Rechtsmittelangriff ausgenommen** werden (st. Rspr, vgl. u.a. BGH NStZ 2009, 441; NStZ-RR 2010, 307; OLG Düsseldorf StV 2007, 520; OLG München v. 10.11.2010 – 4St RR 152/10; *Fischer*, § 64 Rn 29; Graf/*Eschelbach*, § 331 Rn 37; → *Berufung, Beschränkung*, Teil A Rdn 231; → *Revision, Beschränkung*, Teil A Rdn 2085 ff.). 1328

Siehe auch: → *Rechtsmittel/Rechtsbehelfe, Allgemeines*, Teil A Rdn 1289, m.w.N.

1329 Rechtsmittel/Rechtsbehelfe, Begründung

1330 **Literaturhinweise:** s. die Hinw. bei → *Revision, Begründung, Allgemeines*, Teil A Rdn 2045.

1331 **1.** Die **Begründung** eines Rechtsmittels oder Rechtsbehelfs **dient** auf Seiten des Rechtsmittelführers mittelbar der Gewährleistung des effektiven Rechtsschutzes (Art. 19 Abs. 4 GG) und des Anspruchs auf rechtliches Gehör (Art. 103 Abs. 1 GG). Auf Seiten des Gerichts und des Verfahrensgegners soll sie zur deren vorläufiger Unterrichtung beitragen.

1332 **2.a)** Die **Verpflichtung**, Rechtsmittel oder Rechtsbehelf zu **begründen**, schreibt die **StPO** nur an **wenigen Stellen** (zwingend) vor.

> ☝ Das Gericht **kann** jedoch **nachfragen**, was mit dem Rechtsmittel/Rechtsbehelf bezweckt werden soll; eine Verpflichtung hierzu besteht von Verfassungs wegen jedoch nicht (BVerfG NJW 2002, 2940).

1333 **b)** Zu **begründen** ist

- nach § 45 Abs. 2 der Antrag auf Wiedereinsetzung in den vorigen Stand (→ *Wiedereinsetzung in den vorigen Stand, Antrag*, Teil B Rdn 1485 ff.),
- nach § 172 Abs. 3 der Antrag auf gerichtliche Entscheidung gegen den ablehnenden Bescheid des vorgesetzten Beamten der StA (→ *Klageerzwingungsverfahren, Antrag, Allgemeines,* Teil B Rdn 494 ff.),
- nach § 344 Abs. 1, Abs. 2 die Revision (→ *Revision, Begründung, Allgemeines*, Teil A Rdn 2045 ff.), was über § 46 Abs. 1 OWiG auch für die Rechtsbeschwerde (→ *Rechtsbeschwerde, Begründung*, Teil A Rdn 1076 ff.) gilt,
- nach **Nr. 156 Abs. 1 RiStBV** die von der **StA** eingelegte **Berufung.**

1334 **3.a)** Ein **Begründungserfordernis** besteht überall dort, wo der angefochtenen Entscheidung ihre **Fehlerhaftigkeit nicht** auf der **Stirn geschrieben** steht, nach Aktenlage also nicht von vornherein erkannt werden kann, da – eigentlich eine Selbstverständlichkeit – der Rechtsmittelführer andernfalls Gefahr läuft, seine Einwände nicht zur Geltung bringen zu können. Hinzuweisen ist hier auf zwei Fälle:

1335 **b)** In den Fällen des § 313 (→ *Berufung, **Annahmeberufung**, Allgemeines*, Teil A Rdn 20 ff.) kommt der Rechtsmittelführer nicht umhin darzulegen, dass entweder überhaupt kein Fall einer Annahmeberufung vorliegt oder weshalb die Berufung anzunehmen ist.

1336 **c) Rechtsmittel** des **Nebenklägers** unterliegen nach **§ 400 Abs. 1** einer Beschränkung. Das Begründungserfordernis ergibt sich daraus, dass geltend gemacht werden muss, es sei eine Rechtsvorschrift über ein den anfechtenden Nebenkläger betreffendes Nebenklagedelikt zu Unrecht nicht in den Schuldspruch der Entscheidung aufgenommen worden (st. Rspr., s. z.B. BGH NStZ-RR 2005, 262; 2009, 253; Beschl. v. 13.7.2011 – 2 StR 198/11; OLG Brandenburg, Beschl. v. 25.1.2010 – 1 Ss 118/09; OLG Hamm NZV 2003, 150; OLG Zweibrücken, Beschl. v. 27.2.2009 – 1 Ws 26/09). Insoweit ist es nicht ausreichend, wenn zur Begründung nur Bezug genommen wird auf Schriftsätze anderer Verfahrensbeteiligter (BGH NStZ-RR 2010, 104 [Ci/Zi]).

Siehe auch: → *Rechtsmittel/Rechtsbehelfe, Allgemeines*, Teil A Rdn 1289, m.w.N.

Rechtsmittel/Rechtsbehelfe, Belehrung, Allgemeines 1337

Das Wichtigste in Kürze:

1. Die Rechtsmittelbelehrung sichert u.a. den Anspruch auf rechtliches Gehör.
2. Die Rechtsmittelbelehrung ist grds. für befristete Rechtsmittel in § 35a geregelt.
3. Die StPO enthält auch noch an anderen Stellen Belehrungserfordernisse.

Literaturhinweise: **Heldmann**, Ausländer und Strafjustiz, StV 1981, 252; **Schünemann**, Von Lissabon über Karlsruhe nach Stockholm. Demokratisches Defizit, mangelnder Mindeststandard, Verlustliste der Verteidigung, StRR 2011, 130; **Ulrici**, Wiedereinsetzung bei fehlender oder fehlerhafter Rechtsbehelfsbelehrung, ZZP 124, 219. 1338

1. Die **Rechtsmittelbelehrung** ist unverzichtbarer Teil des Kommunikationsprozesses jedes rechtsstaatlichen Verfahrens, da sich nur mit ihrer Hilfe der **Anspruch** auf **rechtliches Gehör** (Art. 103 Abs. 1 GG) und das Grundrecht auf **effektiven Rechtsschutz** (Art. 19 Abs. 4 GG), insgesamt betrachtet: der Anspruch auf ein **faires Verfahren** (Art. 2 Abs. 1, 29 Abs. 3 GG) verwirklichen lassen. Sie soll den Verfahrensbetroffenen namentlich vor nachteiligen Folgen seiner Rechtsunkenntnis schützen (OLG Stuttgart StraFo 2007, 114). 1339

2.a) § 35a S. 1 sieht für **befristete Rechtsmittel** eine Belehrung vor, und zwar für Berufung, Revision und sofortige Beschwerde. 1340

b) Die Rechtsmittelbelehrung **nach vorangegangener Verständigung** (§ 257c) hat in **qualifizierter Form** (§ 35a S. 3) zu erfolgen. Die Qualifizierung der Rechtsmittelbelehrung liegt allein darin, dass der Angeklagte ausdrücklich darauf hingewiesen werden muss, dass es ihm (trotz vorangegangener Verständigung, § 257c) frei steht, gegen das auf der Verständigung beruhende Urteil Rechtsmittel einzulegen (vgl. *Burhoff*, HV, Rn 2179 m.w.N.). Allein der Umstand, dass in der qualifizierten Form belehrt worden ist, muss in das HV-Protokoll aufgenommen werden (BGH StraFo 2009, 335; *Meyer-Goßner/Schmitt*, § 35a Rn 20). 1341

3.a) Weitere Belehrungsregelungen enthalten für die 1342

- Abwesenheitsverhandlung und der möglichen Rechtsfolgen § 233 Abs. 2,
- Aufrechterhaltung der Haft §§ 115 Abs. 4 S. 1, 115a Abs. 3 S. 2,
- Berufungsverwerfung durch das AG § 319 Abs. 2 S. 3,

- Beschlagnahme § 98 Abs. 2 S. 5,
- Einhaltung der Ladungsfrist § 228 Abs. 3,
- **Einspruch**smöglichkeit **gegen einen Strafbefehl** § 409 Abs. 1 S. 1 Nr. 7,
- Revisionsverwerfung durch das LG § 346 Abs. 2 S. 3,
- Unterbringung § 126a,
- Verhaftung § 114b Abs. 2 S. 1.

☝ Zu belehren ist im ggf. auch über Anfechtungsmöglichkeiten, wenn eine **Entschädigung** für **Strafverfolgungsmaßnahmen** beantragt, aber versagt wurde (§ 9 Abs. 1 S. 5, § 10 Abs. 2 S. 4, § 11 Abs. 2 StrEG). Gleiches gilt für denjenigen, gegen den ein **Ordnungsmittel** verhängt wurde (§ 181 Abs. 1 GVG).

1343 **b)** Über die Möglichkeit, gegen die Versäumung einer Frist **Wiedereinsetzung in den vorigen Stand** beantragen zu können (§§ 44 f.), muss der Verfahrensbetroffene **nicht in jedem Fall** belehrt werden (BGH NStZ 1997, 560; KMR-*Ziegler*, § 35a Rn 4 m.w.N.), da es sich weder um ein Rechtsmittel noch um einen förmlichen Rechtsbehelf handelt (→ *Wiedereinsetzung in den vorigen Stand, Allgemeines*, Teil B Rdn 1479 ff.). Gesetzlich vorgeschrieben ist eine Belehrung nur bei Zustellung eines **Abwesenheitsurteils** (§ 235 S. 2). Aus diesem Grund und in Ansehung von Nr. 142 Abs. 3 S. 2 RiStBV wendet die h.M. § 35a entsprechend auf die Fälle des Ausbleibens in der (Berufungs-)HV (§§ 329 Abs. 3, 412 S. 1) an. Das **BVerfG** fordert eine Belehrung auch bei **Fehlern**, die den **Gerichten zuzurechnen** sind (BVerfG NJW 2005, 3629; Rpfleger 2002, 279; Beschl. v. 2.3.2014 – 2 BvR 53/13).

1344 **c)** Die **Nr. 142 RiStBV** sieht vor:

> (1) Ist der Angeklagte bei der Verkündung des Urteils anwesend, so belehrt ihn der Vorsitzende über die zulässigen Rechtsmittel (§ 35a StPO). Dabei wird dem Angeklagten ein Merkblatt ausgehändigt, auf das wegen der Einzelheiten verwiesen werden kann. Bei einem Angeklagten, der der deutschen Sprache nicht hinreichend mächtig ist, hat die durch den hinzugezogenen Dolmetscher (Nr. 181 Abs. 1) zu vermittelnde Rechtsmittelbelehrung den Hinweis zu enthalten, dass die schriftliche Rechtsmitteleinlegung in deutscher Sprache erfolgen muss. Die Belehrung wird im Protokoll über die Hauptverhandlung vermerkt.
>
> …
>
> (3) Ist der Angeklagte bei der Verkündung des Urteils abwesend, so ist er über die Einlegung des zulässigen Rechtsmittels schriftlich zu belehren, sofern er nicht durch einen mit einer schriftlichen Vollmacht versehenen Verteidiger vertreten war; es genügt, wenn dem zuzustellenden Urteil ein Merkblatt beigefügt und dies in der Zustellungsurkunde vermerkt wird. In den Fällen der §§ 232, 329 Abs. 1 und 2 und des § 412 StPO ist der Angeklagte zugleich über sein Recht zu belehren, die Wiedereinsetzung in den vorigen Stand zu beantragen (§§ 235, 329 Abs. 3 StPO).

Siehe auch: → *Rechtsmittel/Rechtsbehelfe, Belehrung, Anspruch*, Teil A Rdn 1345; → *Rechtsmittel/Rechtsbehelfe, Belehrung, Form*, Teil A Rdn 1352; → *Rechtsmittel/*

Rechtsbehelfe, Belehrung, Inhalt, Teil A Rdn 1357; → *Rechtsmittel/Rechtsbehelfe, Belehrung, Mängel*, Teil A Rdn 1366; → *Rechtsmittel/Rechtsbehelfe, Belehrung, Sprachunkundigkeit*, Teil A Rdn 1377.

Rechtsmittel/Rechtsbehelfe, Belehrung, Anspruch 1345

Das Wichtigste in Kürze:

1. Die Verfahrensbeteiligten haben ggf. einen Belehrungsanspruch.
2. Eine Belehrung ist entbehrlich, wenn keine Anfechtungsmöglichkeit gegeben ist.
3. Auf die Belehrung kann insgesamt verzichtet werden.
4. Der Verteidiger kann die Belehrung übernehmen.

Literaturhinweise: s. die Hinw. bei → *Rechtsmittel/Rechtsbehelfe, Belehrung, Allgemeines*, Teil A Rdn 1338. 1346

1.a) Mit dem Belehrungserfordernis (→ *Rechtsmittel/Rechtsbehelfe, Belehrung, Allgemeines*, Teil A Rdn 1340 ff.) korrespondiert der **Belehrungsanspruch**. 1347

☝ Die Belehrungspflicht besteht **auch dann**, wenn der Verfahrensbetroffene selbst rechtskundig oder verteidigt ist (*Burhoff*, HV, Rn 2182 m.w.N.; *Meyer-Goßner/Schmitt*, § 35a Rn 4).

Auch bei Zustellung an einen **Verteidiger** ist eine etwa erforderliche Rechtsmittelbelehrung (§ 35a) beizufügen (OLG Hamm v. 7.2.2013 – III-1 Ws 30/13).

b) Durch das Gericht zu **belehren sind** jeweils 1348

- der Beschuldigte, Angeschuldigte, Angeklagte, Verurteilte,
- sein gesetzlicher Vertreter (§§ 149 Abs. 2, 298),
- Neben- (§ 401 Abs. 1 S. 1) und Privatkläger (§ 390 Abs. 1 S. 1),
- Einziehungsbeteiligte (§§ 431 Abs. 1, Abs. 5 S. 2, 441 S. 2),
- Verfallsbeteiligte (§§ 442 Abs. 1, 433 Abs. 1, 440 Abs. 3, 441 Abs. 2),
- Juristische Personen (§ 444),
- **Erziehungsberechtigte** in **Verfahren** nach dem **JGG** nur dann über die Ihnen nach § 67 Abs. 2 JGG zustehenden (Anfechtungs-)Rechte, wenn sie in der HV anwesend sind (KK-*Maul*, § 35a Rn 7 m.w.N.).

☝ Lediglich die **StA** braucht nicht belehrt zu werden.

2. Eine Belehrung ist **entbehrlich**, wenn der Verfahrensbetroffene keine Möglichkeit hat, 1349
die gerichtliche Entscheidung anzufechten, weil

- **kein** statthafter(s) Rechtsbehelf/**Rechtsmittel** existiert (→ *Rechtsmittel/Rechtsbehelfe, Allgemeines Statthaftigkeit*, Teil A Rdn 1715 ff.),
- der Verfahrensbetroffene durch die Entscheidung nicht **beschwert** ist → *Rechtsmittel/Rechtsbehelfe, Beschwer*, Teil A Rdn 1383 ff.) oder
- wenn er auf die Belehrung wirksam **verzichtet** hat.

1350 **3.** In den meisten Fällen steht es Verfahrensbetroffenen frei, sich über die Anfechtungsmöglichkeiten und -modalitäten der gerichtlichen Entscheidung belehren zu lassen. Er kann deshalb auch auf eine Belehrung **verzichten** (h.M., vgl. u.a BGH NStZ 1984, 329; *Burhoff*, HV, Rn 2182 m.w.N.).

☝ **Unverzichtbar (§ 35a S. 3)** ist die gerichtliche Rechtsmittelbelehrung, wenn dem Urteil eine Verständigung (§ 257c) vorausgegangen ist, da in diesem Fall die – qualifizierte – **Belehrung** (Rdn 1341) durch das Gericht nicht nur erfolgen, sondern auch als Verfahrensförmlichkeit auch protokolliert werden muss (u.a. BGH StraFo 2009, 335).

1351 **4.** Die **Delegation** der Belehrung **auf** den **Verteidiger** ist **möglich**, sofern dieser bereit ist, für das Gericht die Rechtsmittelbelehrung zu übernehmen. Der Verteidiger kann dem Richter die Aufgabe der Rechtsmittelbelehrung abnehmen; ob er das tun soll, ist eine andere Frage, da er sich damit unnötig eine besondere Verpflichtung auflastet. Vielmehr sollte er darauf antragen, dass dem Mandanten ein Merkblatt ausgehändigt wird und sich darauf beschränken, dessen Inhalt dem Mandanten zu erläutern.

☝ Übernimmt der Verteidiger die Belehrung, sollte er seinen Mandanten im Zusammenhang mit dem Terminsbericht **schriftlich belehren**. Er muss sich in diesem Fall bewusst sein, dass infolge der Übernahme der Belehrungsverpflichtung durch ihn eine Berufung seines Mandanten auf die Fehlerhaftigkeit der **Belehrung** und damit die Inanspruchnahme des § 44 S. 2 ausscheidet (*Burhoff*, HV, Rn 2182 m.w.N.).

Siehe auch: → *Rechtsmittel/Rechtsbehelfe, Allgemeines*, Teil A Rdn 1289, m.w.N.; → *Rechtsmittel/Rechtsbehelfe, Belehrung, Allgemeines*, Teil A Rdn 1337, m.w.N.; → *Wiedereinsetzung in den vorigen Stand, Voraussetzungen*, Teil B Rdn 1513 ff.

1352 Rechtsmittel/Rechtsbehelfe, Belehrung, Form

1353 **Literaturhinweise:** s. die Hinw. bei → *Rechtsmittel/Rechtsbehelfe, Belehrung, Allgemeines*, Teil A Rdn 1338.

1354 **1.** Die **Form** der **Belehrung** folgt der **Form** der **Bekanntmachung** der Entscheidung (§ 35).

1355 **2.** Bei der **mündlichen Belehrung** können sich situativ **Probleme** ergeben, die den Erfolg einer solchen Belehrung tangieren: Ein forensisch unerfahrener Angeklagter erlebt die

HV als Stresssituation. Der (erstmals) vor Gericht stehende Angeklagte ist, wenn überhaupt in der Lage, Schuld- und Strafausspruch zu erfassen, gedanklich noch mit diesen beschäftigt. Die Anfechtung der Entscheidung kann auf mehrfache Weise möglich sein, was zur Folge hat, dass auch die Rechtsmittelbelehrung umfangreich sein muss (vgl. *Scheffler*, in: HBStrVf, Teil VII, Rn 1176). Schließlich wird auch der Amtsrichter – i.d.R. nach seinem Terminsplan ohnehin in Zeitverzug – spätestens in dem fünften von seinen 10 Terminen an diesem Tag die Belehrung eher schnell hinter sich bringen wollen.

3. Zu Recht ist es deshalb gang und gäbe, dass dem Angeklagten ein **Merkblatt** ausgehän- 1356
digt **wird** (Nr. 142 Abs. 1 S. 1 RiStBV), das die Rechtsbehelfsbelehrung in schriftlicher **Form** enthält. Das ermöglicht es dem Angeklagten, innerhalb der gesetzlich eingeräumten Rechtsmitteleinlegungsfrist, die für ihn bedeutsame Frage, ob er die Entscheidung anfechten soll, außerhalb des Gerichtssaals und in Ruhe zu überlegen (überschlafen). Während die Justizverwaltung davon ausgeht, dass die mündliche Rechtsmittelbelehrung durch eine schriftliche unterstützt werden **muss** (so auch *Meyer-Goßner/Schmitt*, § 35a Rn 7), wird – unverständlicherweise – dies von der Rspr. zur Wiedereinsetzung in den vorigen Stand dadurch relativiert, dass sie § 44 S. 2 nicht uneingeschränkt auch auf Fälle anwendet, in denen die Aushändigung eines Merkblatts unterblieben ist (BVerfG NStZ 2007, 416; NJW 1996, 1811; KG VRS 101, 132 [nicht erforderlich im Hinblick auf Fristberechnung]; → *Wiedereinsetzung in den vorigen Stand, Voraussetzungen*, Teil B Rdn 1513 ff.).

☝ Es stellt sich allerdings die Frage, ob es nicht im Zusammenhang mit der Aufgabe von Richtern und Justizangestellten, für die Wahrung der Rechte von Angeklagten einzustehen und zu sorgen, immer **erforderlich** ist, ein **Merkblatt auszuhändigen**.

Siehe auch: → *Rechtsmittel/Rechtsbehelfe, Belehrung, Allgemeines*, Teil A Rdn 1337, m.w.N.

Rechtsmittel/Rechtsbehelfe, Belehrung, Inhalt 1357

Das Wichtigste in Kürze:

1. Zu belehren ist grds. sowohl über die Anfechtungsmöglichkeiten als auch über die Anfechtungsmodalitäten.
2. Bei der Berufung ergeben sich aus § 35a S. 2 weitere Anforderungen an den Inhalt der Belehrung.
3. Auch nach einem Freispruch oder einer Einstellung entfällt die Belehrungspflicht nicht unbedingt.
4. Zu belehren ist insbesondere über die Rechtsmittelfrist.
5. Die Belehrung muss auch umfassen, in welcher Form das Rechtsmittel einzulegen ist.

6. Bei einem der deutschen Sprache nicht mächtigen Angeklagten ist der Hinweis erforderlich, dass die Einlegung des Rechtsmittels nur dann wirksam ist, wenn sie in deutscher Sprache erfolgt.

1358 **Literaturhinweise:** s. die Hinw. bei → *Rechtsmittel/Rechtsbehelfe, Belehrung, Allgemeines*, Teil A Rdn 1338.

1359 **1.** Zu **belehren** ist sowohl über die Anfechtungsmöglichkeiten als auch über die Anfechtungsmodalitäten, mithin über den **statthaften Rechtsbehelf**, die **Frist**, innerhalb derer er einzulegen und zu begründen ist und die **Form**, in der er einzulegen ist.

1360 **2.** Im Zusammenhang mit einem **berufungsfähigen Urteil** ist der Angeklagte **zusätzlich** (**§ 35a S. 2**) darüber zu belehren, dass

- nach Einlegung dieses Rechtsmittels **durch ihn** die **Zustellung** von gerichtlichen Entscheidungen und Erklärungen auch **öffentlich** erfolgen kann, wenn sie nicht unter einer Anschrift möglich ist, unter der letztmals zugestellt wurde oder die er zuletzt angegeben hat (§ 40 Abs. 3; → *Rechtsmittel/Rechtsbehelfe, Zustellung, Öffentliche Zustellung*, Teil A Rdn 1956 ff.),
- **sein Rechtsmittel** (ohne Sachprüfung) **verworfen** werden kann, wenn er bei Beginn der Berufungshauptverhandlung ausbleibt, sein Ausbleiben nicht genügend entschuldigt und auch nicht ordnungsgemäß vertreten ist (§ 329 Abs. 1; → *Rechtsmittel/Rechtsbehelfe, Berufung, Verwerfung, Ausbleiben des Angeklagten, Allgemeines*, Teil A Rdn 57 ff.),
- er zu dieser Verhandlung aber auch **vorgeführt** oder wegen dieser Verhandlung **verhaftet** werden kann (§ 329 Abs. 4 S. 1) bzw.
- er zu einer Berufungshauptverhandlung auch **vorgeführt** werden kann, wenn das Rechtsmittel von seinem **gesetzlichen Vertreter** eingelegt wurde (§ 330 Abs. 1).

☝ Daneben ist der Angeklagte auch darüber zu belehren, dass er das Urteil **entweder** mit der Berufung **oder** mit der Revision (§ 335; → *Rechtsmittel/Rechtsbehelfe, Wahlmöglichkeit*, Teil A Rdn 1836 ff.) anfechten kann (OLG Köln, Beschl. v. 6.12.2010 – III-2 Ws 790/10; a.A. KG JR 1977, 81; offenbar auch *Meyer-Goßner/Schmitt*, § 35a Rn 14).

1361 **3.** Auch nach einem **Freispruch** oder einer **Einstellung** entfällt die Belehrungspflicht nicht unbedingt. Denn bei einem **Freispruch** kann eine Entschädigung für erlittene Strafverfolgungsmaßnahmen in Betracht kommen, deren Versagung mit der sofortigen Beschwerde anzufechten ist. Wird das **Verfahren** durch Urteil wegen eines Verfahrenshindernisses **eingestellt**, kann nach § 467 Abs. 3 Nr. 2 davon abgesehen werden, die notwendigen Auslagen der Staatskasse aufzuerlegen; auch diese Entscheidung ist mit der sofortigen Beschwerde anzufechten (vgl. → *Beschwerde, sofortige Beschwerde*, Teil A Rdn 550).

4. Zu belehren ist über die **Rechtsmittelfrist**, und zwar über den Beginn und das Ende der Frist und darüber, dass das Rechtsmittel innerhalb der Frist bei Gericht eingegangen sein muss. 1362

Auch hier zeigt sich ein seltsames Verständnis von Kommunikation vor dem Hintergrund gerichtlicher Fürsorgepflicht. Denn der – zwingend – erforderliche Hinweis, dass das Rechtsmittel innerhalb der Frist bei Gericht eingegangen sein muss (LG Saarbrücken NStZ-RR 2002, 334; *Meyer-Goßner/Schmitt*, § 35a Rn 11), macht überhaupt nur dann Sinn, wenn zuvor **bekannt gemacht** wurde, **wann** die **Frist abläuft**. Dem Angeklagten allein die konkrete Berechnung des Fristlaufs, also den für Nichtjuristen schwierigsten Part der Rechtsmitteleinlegung, aufzulasten, ist schlichtweg nicht verständlich (so aber die h.M., KK-*Maul*, § 35a Rn 9; LR-*Graalmann-Scheerer*, § 35a Rn 22; *Meyer-Goßner/Schmitt*, § 35a Rn 11). Bezug genommen wird in den angeführten Kommentarstellen jew. auf eine Entscheidung des BVerfG (BVerfGE NJW 1971, 2217). Allerdings ergibt sich die dargestellte Allgemeinverbindlichkeit dieser verfassungsrechtlichen Erkenntnis aus der Entscheidung selbst nicht. Denn in diesem Einzelfall hat das BVerfG (a.a.O.) – zugegebenermaßen minimalistisch – lediglich zwei Dinge festgestellt, nämlich dass weder § 35a noch einer sonstigen Rechtsnorm entnommen werden kann, der Verfahrensbetroffene müsse auch auf eine mögliche Verlängerung der Anfechtungsfrist gemäß § 43 Abs. 2 hingewiesen werden noch dass es kaum möglich, aber auch nicht erforderlich sei, in einer Rechtsmittelbelehrung auf sämtliche Modalitäten einer Fristberechnung hinzuweisen. 1363

☝ An der Feststellung des BVerfG (BVerfG NJW 1971, 2217) ist – bezogen auf den entschiedenen Fall – für sich genommen nichts auszusetzen. Demgegenüber ist es **unter keinem Gesichtspunkt nachvollziehbar**, dass der Richter, der den Angeklagten über die Frist als solche zu belehren hat und der – im Gegensatz zum Angeklagten – weiß, wann die regelmäßig eine Woche betragende Einlegungsfrist abläuft, i.d.R. nicht aufgrund der ihm obliegenden **Fürsorgepflicht** gehalten sein soll, auch den Zeitpunkt zu benennen, in dem das Rechtsmittel spätestens bei Gericht eingegangen sein muss. Denn gerade das ist Sinn und Zweck der Rechtsmittelbelehrung, wenn sie den Verfahrensbetroffenen namentlich vor nachteiligen Folgen seiner Rechtsunkenntnis schützen soll (OLG Stuttgart StraFo 2007, 114).

5. Die Belehrung muss auch umfassen, in welcher **Form** das Rechtsmittel einzulegen ist (→ *Rechtsmittel/Rechtsbehelfe, Form, Allgemeines*, Teil A Rdn 1509 ff.). Dies erfordert im Zusammenhang mit der Einlegung eines Rechtsmittels zu Protokoll der Geschäftsstelle zumindest den Hinweis, wo sich diese befindet und dass der potenzielle Rechtsmittelführer oder sein wirksam hierzu Bevollmächtigter dort persönlich erscheinen muss (→ *Rechtsmittel/Rechtsbehelfe, Form, Protokoll der Geschäftsstelle*, Teil A Rdn 1519). 1364

1365 **6.** Bei einem der **deutschen Sprache nicht mächtigen** Angeklagten (→ *Rechtsmittel/Rechtsbehelfe, Sprachunkundigkeit, Allgemeines*, Teil A Rdn 1681) ist **zusätzlich** der **Hinweis** erforderlich, dass die Einlegung des Rechtsmittels nur dann wirksam ist, wenn sie in deutscher Sprache erfolgt (Nr. 142 Abs. 1 S. 3 RiStBV; BVerfG NJW 1983, 2762, 2764; BGH StraFo 2005, 419).

Siehe auch: → *Rechtsmittel/Rechtsbehelfe, Allgemeines*, Teil A Rdn 1289, m.w.N.; → *Rechtsmittel/Rechtsbehelfe, Belehrung, Allgemeines*, Teil A Rdn 1337, m.w.N.; → *Wiedereinsetzung in den vorigen Stand, Voraussetzungen*, Teil B Rdn 1513.

1366 Rechtsmittel/Rechtsbehelfe, Belehrung, Mängel

Das Wichtigste in Kürze:

1. Der gravierendste Belehrungsmangel liegt vor, wenn die Belehrung überhaupt unterlassen wurde.
2. Die Rechtsmittelbelehrung darf nicht falsch sein.
3. Eine unvollständige Rechtsmittelbelehrung ist wie eine unterlassene zu behandeln.
4. Die Rechtsmittelbelehrung darf nicht missverständlich sein.
5. Die Rechtsmittelbelehrung darf auch insgesamt keine Widersprüche enthalten.

1367 **Literaturhinweise:** s. die Hinw. bei → *Rechtsmittel/Rechtsbehelfe, Belehrung, Allgemeines*, Teil A Rdn 1338.

1368 **1.** Der **gravierendste Belehrungsmangel** liegt vor, wenn die **Belehrung** überhaupt **unterlassen** wurde. In den Rechtsfolgen gleichgestellt sind die – nachfolgend erörterten – Fälle (vgl. Rdn 1371 ff.), in denen eine **falsche** Rechtsmittelbelehrung erteilt wird oder die **Belehrung unvollständig**, missverständlich oder **widersprüchlich** ist (*Meyer-Goßner/Schmitt*, § 35a Rn 13 ff.).

1369 **Belehrungsmängel** wirken sich deshalb **fatal** aus, weil trotz dieses eklatanten Versäumnisses die **Rechtsmittelfrist nicht gehemmt** ist. § 44 S. 2 sieht in einem solchen Fall lediglich vor, dass dem potenziellen Rechtsmittelführer Wiedereinsetzung in den vorigen Stand zu gewähren ist und dabei die Fristversäumung als unverschuldet angesehen werden muss. Diese Vermutung hebt aber nur das Erfordernis fehlenden Verschuldens des Antragstellers auf, ein ursächlicher Zusammenhang zwischen Belehrungsmangel und Fristversäumnis ist aber auch in diesem Fall darzulegen (BGH NStZ 2001, 45). Zwar dürfen an diesen Vortrag keine überspannten Anforderungen gestellt werden (BVerfG NJW 1991, 2277); der Antragsteller muss aber immerhin dartun, dass er die Frist infolge des Fehlens oder der unzutreffenden Belehrung nicht gekannt hat (OLG Frankfurt/Main NStZ-RR 2007, 206; → *Wiedereinsetzung in den vorigen Stand, Allgemeines*, Teil B Rdn 1479, m.w.N.).

An dieser Stelle ist bereits das Gesetz selbst politisch inkorrekt, weil es – unzulässig – eine **Verlagerung** der **Verantwortung** von dem „Verpflichteten" auf den „**Berechtigten**" vornimmt. Schafft es nämlich Regelungen über Fristen und knüpft es an deren Nichteinhaltung nachteilige Rechtsfolgen wie den Verlust von Rechten, müsste „von Rechts wegen" das Eintreten dieser Folgewirkungen (hier: Beginn und Lauf der Frist) jedenfalls dann ausgeschlossen sein, wenn es seinerseits von Voraussetzungen abhängt, die das Gericht zunächst zu schaffen verpflichtet ist. Es dürfte deshalb nicht sein, dass die Verletzung der Belehrungspflicht durch Unterlassen nur dann nicht zum endgültigen Rechtsverlust des Belehrungsberechtigten führt, wenn dieser das gesonderte Verfahren der Wiedereinsetzung in den vorigen Stand – erfolgreich – betreibt. Die StPO räumt dadurch nicht nur dem Verfahrensfortgang Vorrang vor den Rechten dessen ein, um den es im Verfahren geht, sie toleriert auch ein Verhalten, das man im Schuldrecht unter dem Stichwort des „**venire contra factum proprium**" kennt. **1370**

2. Die **Rechtsmittelbelehrung** darf nicht **falsch** sein. Belehrt der Richter mündlich zutreffend, wird aber das eine unzutreffende Belehrung enthaltendes Merkblatt ausgehändigt, ist die Belehrung insgesamt unzutreffend (*Meyer-Goßner/Schmitt*, § 35a Rn 15). **1371**

3. Auch eine **unvollständige Rechtsmittelbelehrung** ist wie eine unterlassene zu behandeln. Zum Mindestinhalt s. → *Rechtmittel/Rechtsbehelfe, Belehrung, Inhalt*, Teil A Rdn 1357. **1372**

> *Beispiel (nachgebildet BVerfG NJW 1971, 2217):* **1373**
> Ein gegen den Angeklagten erlassener Strafbefehl wurde am 12.12.2012 durch Niederlegung mit ordnungsgemäßer Benachrichtigung (→ *Rechtsmittel/Rechtsbehelfe, Zustellung, Ersatzzustellung*, Teil A Rdn 1903 ff.) zugestellt. Zusammen mit der übrigen Post wurde die Mitteilung durch die Ehefrau des Angeklagten aus dem Briefkasten entnommen. Erst am 25.12.2012 entdeckte der Angeklagte die Mitteilung, holte den Strafbefehl am 27.12.2012 von der Post ab, rief am nächsten Tag seinen Anwalt an, der ihn noch für den gleichen Tag einbestellte, selbst am PC einen Wiedereinsetzungsantrag tippte und diesen auf dem Nachhauseweg in den Nachbriefkasten des zuständigen Gerichts einwarf.

Der **Streit** entzündete sich in diesem Fall, an der Frage, **ob** die **Belehrung** über die Einlegungsfrist **auch** den **Hinweis** enthalten muss, dass sie sich auf den **nächstfolgenden Werktag verlängert**, wenn das **Fristende** auf einen **Sonnabend**, **Sonntag** oder **Feiertag** (§ 43 Abs. 2) fällt (→ *Rechtsmittel/Rechtsbehelfe, Fristen, Fristberechnung*, Teil A Rdn 1566 ff.). Sowohl die Fachgerichte als auch das **BVerfG** (BVerfGE 31, 388) haben diese Frage verneint. Seitens der Fachgerichte wurde die Auffassung vertreten, am 27.12.2010 sei die Einspruchsfrist noch nicht abgelaufen gewesen; dem Angeklagten sei es ohne weiteres möglich und auch zumutbar gewesen, bei dem AG, einem Rechtsanwalt oder einer sonstigen rechtskundigen Person sofort – eventuell telefonisch – Erkundigungen **1374** über das Ende der Einspruchsfrist einzuholen, sodass ihn an der Fristversäumung ein die Wiedereinsetzung ausschließendes Verschulden treffe. Das BVerfG hat sich auf den – minimalistischen – Standpunkt zurückgezogen, weder § 35a noch einer sonstigen Rechtsnorm könne entnommen werden, dass der Betroffene auch auf eine mögliche Verlängerung der Anfechtungsfrist gemäß § 43 Abs. 2 hingewiesen werden müsse. Diese Auffassung wird leider auch in der Lit. geteilt (KK-*Maul*, § 35a Rn 9; LR-*Graalmann-Scheerer*, § 35a Rn 22; *Meyer-Goßner/Schmitt*, § 35a Rn 11).

☝ Bei einer **mündlichen Rechtsmittelbelehrung**, die den Ablauf der Einlegungsfrist in der nächsten Woche betrifft, und gelegentlich derer jeder Richter einen Kalender vor sich liegen hat, spricht – ungeachtet der bestehenden richterlichen Fürsorgepflicht – schon aus praktischen Gründen **nichts dagegen**, dass die Belehrungspflicht auch den **Hinweis auf die nach § 43 Abs. 2 verlängerte Frist umfasst**, weil dem Richter zum Zeitpunkt der Belehrung bereits gegenwärtig ist, dass ihm in der nächsten Woche wegen des dortigen Feiertags kein Sitzungstag zur Verfügung stehen wird. Noch einfacher ist die Berücksichtigung des Anspruchs auf rechtliches Gehör in der schriftlichen Rechtsmittelbelehrung, da es dort lediglich der Aufnahme eines einzigen zusätzlichen Satzes bedarf (LR-*Graalmann-Scheerer*, § 35a Rn 22).

1375 **4.** Die **Rechtsmittelbelehrung** darf **nicht missverständlich** sein. Zu Fehlinterpretationen kann es z.B. kommen, wenn der Bußgeldrichter in der **Belehrung** das Rechtsbeschwerdegericht erwähnt und dies vom Betroffenen dahin gehend verstanden wird, er müsse die Rechtsbeschwerde oder den Antrag auf deren Zulassung dort einlegen (BayObLG VRS 50, 430). Anlass zu Missverständnissen in einer schriftlichen Rechtsmittelbelehrung kann es sein, dass dort ein bestimmtes Gericht als Rechtsbeschwerdegericht namentlich genannt ist (OLG Stuttgart StraFo 2007, 114).

1376 **5.** Schließlich darf die Rechtsmittelbelehrung auch **insgesamt keine Widersprüche** enthalten. Dem Betroffenen, der seitens des Gerichts zunächst zutreffend belehrt wurde, ist deshalb Wiedereinsetzung in den vorigen Stand zu gewähren, wenn ihm die zuständige Rechtspflegerin, die er wegen der Erklärung zu Protokoll der Geschäftsstelle aufsucht, erklärt, er könne die Begründung seines Rechtsmittels schriftlich nachholen (OLG Hamm, Beschl. v. 30.7.2008 – 3 Ss OWi 364/08).

Siehe auch: → *Rechtsmittel/Rechtsbehelfe, Allgemeines*, Teil A Rdn 1289, m.w.N.; → *Rechtsmittel/Rechtsbehelfe, Belehrung, Allgemeines*, Teil A Rdn 1337, m.w.N.; → *Wiedereinsetzung in den vorigen Stand, Voraussetzungen*, Teil B Rdn 1513 ff.

Rechtsmittel/Rechtsbehelfe, Belehrung, Sprachunkundigkeit 1377

Das Wichtigste in Kürze:

1. Bei einem der deutschen Sprache nicht Mächtigen ist der Hinweis darauf erforderlich, dass ein Rechtsmittel nur wirksam eingelegt werden kann, wenn es in deutscher Sprache abgefasst ist.
2. Die mündliche Rechtsmittelbelehrung erfolgt unter Zuziehung eines Dolmetschers, der die Belehrung übersetzt.
3. Erfolgt die Rechtsmittelbelehrung nur schriftlich, muss die Rechtsmittelbelehrung – i.d.R. in Form eines Merkblatts – in einer für den der deutschen Sprache nicht Mächtigen verständlichen Sprache beigefügt werden.

Literaturhinweise: s. die Hinw. bei → *Rechtsmittel/Rechtsbehelfe, Belehrung, Allgemeines*, Teil A Rdn 1338, 1378
und bei → *Rechtsmittel/Rechtsbehelfe, Sprachunkundigkeit, Allgemeines*, Teil A Rdn 1679.

1. Bei einem der deutschen Sprache nicht Mächtigen ist zusätzlich zum Mindestinhalt der 1379
Belehrung eines Deutsch sprechenden Verfahrensbetroffenen, der **Hinweis** darauf erforderlich, dass ein Rechtsmittel nur wirksam eingelegt werden kann, wenn es **in deutscher Sprache** abgefasst ist.

☝ **Fehlt** es an einer **verständlichen Rechtsbehelfsbelehrung** für den der deutschen Sprache nicht mächtigen Adressaten, zeitigt dies die nämliche Wirkung, als ob die Rechtsmittelbelehrung insgesamt unterblieben wäre, sodass ihm Wiedereinsetzung zu gewähren ist (*Kissel/Mayer*, § 184 GVG Rn 23).

2. Die **mündliche** Rechtsmittelbelehrung erfolgt unter **Zuziehung** eines **Dolmetschers**, 1380
der die Belehrung übersetzt. Dies ist protokollierungspflichtig, wobei sich die Beweiskraft des Protokolls nicht nur darauf erstreckt, dass die Belehrung übersetzt wurde, sondern auch darauf, dass sie zutreffend übersetzt wurde (KG NStZ 2009, 406; zur Zuziehung eines Dolmetscher *Burhoff*, EV, Rn 4498 und *Burhoff*, HV, Rn 3646). Dabei folgt aus dem **Benachteiligungsverbot** (→ *Rechtsmittel/Rechtsbehelfe, Sprachunkundigkeit*, Teil A Rdn 1683), dass derjenige, der der deutschen Sprache nicht hinreichend mächtig ist, nicht allein deshalb gegenüber Sprachkundigen benachteiligt werden darf. Der Unkundige hat daher bereits heute, auch ohne dass die Richtlinie über das Recht auf Dolmetschleistungen und Übersetzungen in Strafverfahren umgesetzt ist, einen **Anspruch** auf **Aushändigung** eines **Merkblatts**, das die Rechtsmittelbelehrung in einer für ihn verständlichen Sprache enthält, wenn der Deutsch sprechende Verfahrensbetroffene Anspruch auf Übergabe eines solchen Merkblatts hätte (**a.A.** nur Anspruch auf Übersetzung durch den Dolmetscher

KMR-*Ziegler*, § 35a Rn 15). Dies ist **insgesamt str**. und wird zum Teil verneint (vgl. BVerfG NJW 1976, 1021; OLG Köln VRS 67, 251; Schifffahrtsobergericht Köln, Beschl. v. 18.1.2000 – 3 Ws 2/99 BSch; KK-*Maul*, § 35a Rn 8; KMR-*Ziegler*, § 35a Rn 15; *Meyer-Goßner/Schmitt*, § 35a Rn 9) und zum Teil auf den **nicht verteidigten Angeklagten** beschränkt (LR-*Graalmann-Scheerer*, § 35a Rn 20).

1381 Ohne derartige Meinungsunterschiede zu berücksichtigen, halten die **Justizverwaltungen** schon heute in Ansehung von Nr. 1 **Merkblätter** für die Rechtsmittelbelehrung in zahlreichen Fremdsprachen vor, was die Problemlage erheblich entschärft. Weshalb sich das BMJV als die für die RiStBV verantwortliche Behörde noch nicht dazu entschlossen hat, wie bei der erforderlichen Belehrung im Zusammenhang mit der Inhaftierung, Merkblätter mit fremdsprachigen Rechtsmittelbelehrungen in das Internet einzustellen, ist nicht recht verständlich, wäre in jedem Fall aber zweckmäßig.

1382 **3.** Erfolgt die **Rechtsmittelbelehrung** nur **schriftlich**, z.B. als Anlage zu einem zugestellten Strafbefehl, muss die Rechtsmittelbelehrung – i.d.R. in Form eines Merkblatts – in einer für den der deutschen Sprache nicht Mächtigen verständlichen Sprache beigefügt werden (LR-*Graalmann-Scheerer*, § 35a Rn 20; **a.A.** KK-*Maul*, § 35a Rn 8; KMR-*Ziegler*, § 35a Rn 15; *Meyer-Goßner/Schmitt*, § 35a Rn 9).

Siehe auch: → *Rechtsmittel/Rechtsbehelfe, Allgemeines*, Teil A Rdn 1289, m.w.N.; → *Rechtsmittel/Rechtsbehelfe, Belehrung, Allgemeines*, Teil A Rdn 1337, m.w.N.; → *Rechtsmittel/Rechtsbehelfe, Sprachunkundigkeit, Allgemeines*, Teil A Rdn 1679, m.w.N.; → *Wiedereinsetzung in den vorigen Stand, Voraussetzungen*, Teil B Rdn 1513 ff.

1383 Rechtsmittel/Rechtsbehelfe, Beschwer

Das Wichtigste in Kürze:

1. Die Beschwer ist eine weitere Zulässigkeitsvoraussetzung eines Rechtsmittels/Rechtsbehelfs.
2. Die Beschwer ergibt sich i.d.R. aus dem Urteils- oder Beschlusstenor.
3. Die Beschwer muss zum Zeitpunkt der Einlegung des Rechtsmittels/Rechtsbehelfs noch andauern.
4. Eine Beschwer der StA ist stets gegeben.
5. Die Beschwer des Angeklagten ist bei jeder für ihn nachteiligen Entscheidung anzunehmen.
6. Der Nebenkläger kann nur beschwert sein, wenn der von ihm erstrebte Schuldspruch nicht erfolgt ist.

Literaturhinweise: **Jäger**, Grund und Grenzen des Gesetzlichkeitsprinzips im Strafprozessrecht, GA 2006, 615; **Leitner**, Anklageerhebung ohne Schlussgehör – ein Zustand ohne Beschwer und Folgen?, in: FS für *Klaus Volk* zum 65. Geburtstag, 2009, S. 301; **von Stülpnachgel**, Die wesentliche Voraussetzungen des Einlegens und der Begründung der strafprozessualen Revision, JA 2004, 231. 1384

1. Die Beschwer ist eine weitere – mit der Anfechtungsbefugnis (→ *Rechtsmittel/Rechtsbehelfe, Befugnis*, Teil A Rdn 1323 ff.) korrespondierende – **Zulässigkeitsvoraussetzung** eines Rechtsmittels/Rechtsbehelfs (*Meyer-Goßner/Schmitt*, vor § 296 Rn 8 m.w.N.; krit. SK-StPO/*Frisch*, vor § 296 Rn 123 f.). Das allein auf **Richterrecht** basierende Kriterium soll dazu dienen, (tatsächliche) Belastungen eines Beschwerdeführers zu korrigieren, die ihm durch die angefochtene Entscheidung erwachsen (LR-*Jesse*, vor § 296 Rn 47). 1385

☝ Beschwert ist demzufolge nur, wer durch eine gerichtliche Entscheidung (oder deren Unterlassen [Rdn 1393]) **in seinen Rechten** oder **schutzwürdigen Interessen unmittelbar** beeinträchtigt ist (h.M.; Graf/*Cirener*, § 296 Rn 7/9; *Meyer-Goßner/Schmitt*, Vor § 296 Rn 9 jew. m.w.N.).

2. Sedes materiae einer Beschwer ist i.d.R. der **Urteils- oder Beschlusstenor**; nur in wenigen Fällen kann – da der Grundsatz der Tenorbeschwer kein Dogma darstellt (LR-*Jesse*, vor § 296 Rn 57) – eine Beschwer von den Entscheidungsgründen ausgehen (*Meyer-Goßner/Schmitt*, vor § 296 Rn 11 ff. m.w.N.; zuletzt BGH, Beschl. v. 17.10.2015 – 1 StR 56/15 m.w.N. im Verfahren *Mollath*; u.a. OLG Braunschweig, Beschl. v. 8.2.2016 – 1 Ws 340/15; OLG Frankfurt/Main NStZ-RR 2010, 346, jew. m.w.N.). Anerkannt ist dies z.B., wenn allein in den Urteilsgründen besondere Schuldschwere (§ 57a StGB) angenommen wird (BGHSt 38, 121, 125; vgl.a. noch BGH, Beschl. v. 17.10.2015, a.a.O.). Eine Beschwerde, die sich. Auch die Bereinigung etwaiger Grundrechtsverletzungen durch die Begründung einer Entscheidung ist nicht Aufgabe des strafprozessualen Rechtsmittelsystems (OLG Braunschweig, a.a.O.). 1386

3. Die Beschwer muss zum **Zeitpunkt** der **Einlegung** des Rechtsmittels/Rechtsbehelfs noch **andauern**. Ist sie entfallen, ist das Rechtsmittel unzulässig (OLG Stuttgart Justiz 2012, 301). Dies gilt zunächst auch für beschwerende Entscheidungen, die aufgrund ihres Vollzugs oder auf andere Weise die Rechte des Entscheidungsadressaten aktuell nicht mehr (unmittelbar) beeinträchtigen. I.d.R. handelt es sich hier um Fälle der sog. prozessualen Überholung. 1387

Ausgenommen hiervon sind Konstellationen, in denen Wiederholungsgefahr besteht oder wenn das schutzwürdige Interesse des Verfahrensbetroffenen (wie etwa bei Ordnungsmaßnahmen nach § 181 GVG; *Meyer-Goßner/Schmitt*, vor § 296 Rn 18) beeinträchtigt ist. 1388

☝ In Fällen schwerwiegender Grundrechtsbeeinträchtigung kann es indessen der Anspruch auf Gewährung eines effektiven Rechtsschutzes (Art. 19 Abs. 4 GG) erfordern, in angemessenem zeitlichen Zusammenhang mit dem Vollzug einer gerichtlich angeordneten Maßnahme (BVerfG NJW 2005, 1855) die **Feststellung** der **Rechtswidrigkeit** zu ermöglichen (s. z.B. zur Durchsuchung: *Burhoff*, EV, Rn 1548 ff. m.w.N.; *Burhoff*, EV, Rn 3228 ff.).

1389 **4.** Eine Beschwer der **StA** ist stets gegeben, entweder weil die gerichtliche Entscheidung nicht ihrem Antrag (auch zugunsten des Angeklagten, § 296 Abs. 2) entsprechend ergangen ist oder weil sie ihre Funktion als „Wächterin des Gesetzes" wahrnimmt (*Meyer-Goßner/Schmitt*, Vor § 296 Rn 16 m.w.N.).

1390 **5.a)** Die Beschwer des **Angeklagten** ist bei **jeder für ihn nachteiligen Entscheidung** anzunehmen, insbesondere im Fall eines Schuldspruchs, Strafausspruchs, der Verhängung einer Maßregel der Besserung und Sicherung oder der Verhängung von Nebenfolgen. Bei **Strafaussetzung** zur **Bewährung** beschwert diese den Angeklagten, wenn die Strafe durch – anzurechnende – U-Haft bereits verbüßt ist (BGH NJW 1961, 1220). Auch **Bewährungsauflagen** (§ 56b StGB) und **-weisungen** (§ 56c StGB) können beschweren und deshalb angefochten (§ 305a) werden. Ein Nachteil kann auch darin liegen, dass dem Verurteilten **Zahlungserleichterungen** (§ 42 StGB) **versagt** werden.

☝ Ein **Freispruch** beschwert den Angeklagten nicht (*Meyer-Goßner/Schmitt*, Vor § 296 Rn 13 m.w.N.; BGH, Beschl. v. 17.10.2015 – 1 StR 56/15 m.w.N. im Verfahren *Mollath*; OLG Frankfurt/Main NStZ-RR 2010, 346 m.w.N.).

1391 **b)** Die endgültige **Einstellung** des **Verfahrens** wegen eines **Verfahrenshindernisses** (§ 260 Abs. 3) beschwert den Angeklagten ebenfalls **nicht** (BGH NJW 2007, 3010, 3011); eine **Ausnahme** hiervon besteht nur dann, wenn das Einstellungsurteil den Vorrang des Freispruchs (*Meyer-Goßner/Schmitt*, § 260 Rn 44 m.w.N.) missachtet hat. Allerdings kann eine im Prozessurteil enthaltene **Kostenentscheidung** (§ 467 Abs. 3 S. 2 Nr. 2) Beschwer entfalten und die Anfechtung dieser Nebenentscheidung ermöglichen.

1392 Eine lediglich **vorläufige Verfahrenseinstellung** (§ 206a) wegen eines **Verfahrenshindernisses** beschwert den Angeklagten nach h.M. ebenso wenig (OLG Jena NStZ-RR 2006, 311 [Ls.]; *Burhoff*, EV, Rn 1850 ff.]; **a.A.** SK-*Paeffgen*, § 206a Rn 28 m.w.N.). Ausgenommen hiervon ist die Missachtung von § 206b (*Meyer-Goßner/Schmitt*, § 206a Rn 10).

☝ Zu den **Anfechtungsmöglichkeiten** bei **Verfahrenseinstellung** insbesondere nach dem Opportunitätsprinzip s. die Rechtsmittel-Tabelle bei *Burhoff*, EV, Rn 1856.

1393 **c)** Schließlich kann auch das **Unterlassen (begünstigender) Entscheidungen** eine Beschwer auslösen, was sich zwanglos anhand der versagten Strafaussetzung zur Bewährung belegen lässt. Wurde eine **Maßregel** der Besserung und Sicherung **nicht angeord-**

net, beschwert dies den Angeklagten dagegen **nicht**, weil er auf deren Anordnung keinen Anspruch hat (BGH StraFo 2011, 53; Beschl. v. 19.10.2011 – 2 StR 421/11 m.w.N.), selbst wenn beispielsweise die Unterbringung in einer Entziehungsanstalt (§ 64 StGB) Heilzwecken dient (BGH NStZ-RR 2008, 142) oder die Strafe in Ansehung einer gleichzeitig angeordneten Maßregel niedriger ausgefallen wäre (BGHSt 28, 327).

☝ Beschwert kann der Angeklagte in diesem Zusammenhang aber dadurch sein, dass die **Vollstreckungsreihenfolge** von Freiheitsstrafe und Maßregelvollstreckung (§ 67 StGB) nicht hinreichend berücksichtigt wurde.

6. Der **Nebenkläger** kann nur auf Verurteilung des Angeklagten wegen eines zum An- 1394
schluss als Nebenkläger berechtigenden Delikts antragen. Deshalb kann er nur beschwert sein, wenn der von ihm **erstrebte Schuldspruch nicht erfolgt** ist (§ 400 Abs. 1; *Meyer-Goßner/Schmitt*, § 400 Rn 4). Auf den **Rechtsfolgenausspruch** des gegen den Angeklagten ergangenen Urteils hat er nur in sehr geringem Ausmaß Einfluss, kann also weder wegen einer ihm unangemessen erscheinenden Strafart noch wegen der erfolgten Strafaussetzung zur Bewährung Berufung (Revision) einlegen.

☝ Eine **Beschwer außerhalb** des **Schuldspruchs** wird lediglich anerkannt, wenn die Rechtsmittelrüge darauf abzielt, im Sicherungsverfahren sei zu Unrecht von der Anordnung der Unterbringung in einem psychiatrischen Krankenhaus (§ 63 StGB) abgesehen worden (BGH NStZ-RR 2007, 139).

Aus den genannten Gründen ist der Nebenkläger auch **nicht** i.S. des § 33a beschwert, 1395
wenn er sich vor eine gegen den Angeklagten ergehenden **Haftentscheidung** nicht äußern konnte.

Siehe auch: → *Rechtsmittel/Rechtsbehelfe, Allgemeines*, Teil A Rdn 1289, m.w.N.

Rechtsmittel/Rechtsbehelfe, Bezeichnung 1396

Literaturhinweise: s. die Hinw. bei → *Rechtsmittel/Rechtsbehelfe, Allgemeines*, Teil A Rdn 1289, m.w.N. 1397

1. § 300 enthält den **allgemeinen Rechtsgrundsatz** (BGHSt 50, 180; KG, Beschl. v. 1398
5.11.2001 – 5 Ws 678/01), dass eine **falsche Bezeichnung unschädlich** ist („falsa demonstratio non nocet").

Anwendbar ist die Vorschrift allerdings erst dann, wenn **feststeht**, dass die Erklärung **ein** 1399
Rechtsmittel oder einen **Rechtsbehelf** darstellen soll, der Erklärende also in ihr irgendwie kundtut, dass er gegen eine ergangene gerichtliche Entscheidung vorgehen will. Der Erklärende muss also **Anfechtungswillen** haben (KG, Beschl. v. 14.8.2007 – 1 Ws

107/07), was i.d.R. der **Begriffswahl** Anfechtung, Beschwerde, Einspruch, Widerspruch oder dem Wunsch nach „Überprüfung“ der Entscheidung zu entnehmen sein wird.

☝ Der Grundsatz gilt zwar nicht nur für den juristischen Laien, sondern **auch** für **Verteidiger** und **StA** (BGHSt 50, 180; OLG Hamm NStZ 2010, 105; OLG Jena NStZ 2010, 217). Gleichwohl sollte der Verteidiger in keinem Fall sein Rechtsmittel/seinen Rechtsbehelf vorschnell konkret bezeichnen, da er sich dadurch den Weg zu einer ggf. erforderlich werdenden Umdeutung (→ *Rechtsmittel/Rechtsbehelfe, Auslegung/Umdeutung*, Teil A Rdn 1312 ff.) verstellen kann.

1400 Die Vorschrift dient der Durchsetzung eines effektiven Rechtsschutzes (Art. 19 Abs. 4 GG) und der Verwirklichung des Anspruchs auf rechtliches Gehör (Art. 103 Abs. 1 GG). Ihr Rechtsgedanke ist über den Wortlaut der Vorschrift hinaus **entsprechend anwendbar** auf **andere Rechtsbehelfe** und Anträge (ausführlich SK-*Frisch*, § 300 Rn 22).

1401 **2.** Sind mehrere Rechtsmittel oder Rechtsbehelfe gegen eine Entscheidung zulässig, ist das beabsichtigte Rechtsmittel durch **Auslegung** zu ermitteln (→ *Rechtsmittel/Rechtsbehelfe, Auslegung/Umdeutung*, Teil A Rdn 1318 ff.). Ist das Rechtsmittel/der Rechtsbehelf nur falsch bezeichnet, kann in das/den statthaften und zielführenden Rechtsmittel/Rechtsbehelf **umgedeutet** werden (→ *Rechtsmittel/Rechtsbehelfe, Auslegung/Umdeutung*, Teil A Rdn 1321 ff.).

Siehe auch: → *Rechtsmittel/Rechtsbehelfe, Allgemeines*, Teil A Rdn 1289, m.w.N.

1402 Rechtsmittel/Rechtsbehelfe, Einfluss Grundgesetz

Das Wichtigste in Kürze:

1. Die Vorschriften von StPO und JGG sind stets so auszulegen, dass die Grundrechte des Verfahrensbeteiligten gewahrt werden.
2. Die StPO hat von Anfang an einer Auslegung im Lichte des GG bedurft. Diese ist vom BVerfG vorgenommen worden. Dies zeigt die Übersicht erfolgreicher Verfassungsbeschwerden (Stand: März 2016).

1403 **Literaturhinweise:** s. die Hinw. bei → *Rechtsmittel/Rechtsbehelfe, Allgemeines*, Teil A Rdn 1290, m.w.N., bei → *Verfassungsbeschwerde, Allgemeines*, Teil C Rdn 730, und bei → *Verfassungsbeschwerde, Auslegung der StPO im Lichte des GG*, Teil C Rdn 767.

1404 **1.a)** Die Vorschriften von StPO und JGG sind stets so auszulegen, dass die Grundrechte des Verfahrensbeteiligten gewahrt werden. Nach der Rechtsprechung des BVerfG müssen die Fachgerichte der **normativen Geltung** der **Grundrechte** tatsächliche **Wirksam-**

keit verschaffen (vgl. BVerfGE 35, 263, 274; u.a. a. BVerfG, Beschl. v. 9.8.1990 – 2 BvR 1128/88). Sie haben nicht nur die negative Verpflichtung, mit der Verfassung nicht in Einklang stehende Eingriffe in grundrechtlich geschützte Bereiche zu unterlassen, sondern auch die positive Verpflichtung, die Grundrechte durchzusetzen. Neben den im Katalog der Art. 1 – 19 GG verankerten Grund- und Menschenrechten gilt dies insbesondere für das Grundrecht auf effektiven Rechtsschutz (Art. 19 Abs. 4 GG) und für die sog. Verfahrensgrundrechte der Art. 101, 103 und 104 GG (→ *Verfassungsbeschwerde, Allgemeines*, Teil C Rdn 729; → *Verfassungsbeschwerde, Auslegung der StPO im Lichte des GG*, Teil C Rdn 767).

☝ Der für das Strafverfahren immer mehr an Bedeutung gewinnende **Grundsatz** des **fairen Verfahrens** (Art. 6 Abs. 1 S. 1 EMRK) und die **Unschuldsvermutung** (Art. 6 Abs. 2 EMRK) werden vom BVerfG jeweils in Art. 2 Abs. 1 i.V.m. Art. 20 Abs. 3 GG, also als Rechte mit Verfassungsrang, angesiedelt (→ *Verfassungsbeschwerde, Begründung, faires Verfahren*, Teil C Rdn 863; → *Verfassungsbeschwerde, Begründung, Unschuldsvermutung*, Teil C Rdn 1079).

b) Auf dieser Grundlage hat in der Vergangenheit die Rspr. des BVerfG in einigen Teil- 1405
bereichen zu einem Umdenken in der instanzgerichtlichen Rspr. geführt. Teilweise sind darauf sogar Gesetzesänderungen zurückzuführen. Hinzuweisen ist in dem Zusammenhang z.B. auf den Wandel in der Auffassung (in der Rspr. der OLG), wie lange **U-Haft** dauern darf, da bis zu den maßgeblichen Entscheidungen des BVerfG (vgl. die Nachw. bei Rdn 1420) die Einstellung vorgeherrscht hatte, Art. 2 Abs. 2 GG sei mehr oder weniger eine kosmetische Vorschrift, die gegenüber der Frage, wann sich die Justizbehörden aus ihrer Sicht mit einer Strafsache beschäftigen können und müssen, zurückzutreten habe (vgl. dazu a. *Burhoff*, EV, Rn 2170 ff. m.w.N.). In ähnlicher Weise hat das BVerfG auch dem Schutz der „eigenen vier Wände" im Zusammenhang mit **Durchsuchungen** zu seinem Recht verholfen (vgl. die Nachw. bei Rdn 1417; *Burhoff*, EV, Rn 1360 ff.; → *Verfassungsbeschwerde, Begründung, Hausdurchsuchung*, Teil C Rdn 903). Und: Erst aufgrund der Plenumsentscheidung des BVerfG (BVerfG NJW 2003, 1924) sah sich der Gesetzgeber veranlasst, mit dem Erlass des **Anhörungsrügegesetzes** die Nachholung des rechtlichen Gehörs auch verfahrensrechtlich zu ermöglichen (dazu: → *Anhörungsrügen, Allgemeines*, Teil B Rdn 1 m.w.N.).

2. Obwohl die Anzahl erfolgreicher Verfassungsbeschwerden – bezogen auf sämtliche 1406
Rechtsgebiete – in den letzten Jahren nur noch unter 2 % liegt (http://www.bundesverfassungsgericht.de/organisation/gb2011/A-IV-2.html), ist – wie die nachfolgende **Übersicht erfolgreicher Verfassungsbeschwerde** zeigt – festzustellen, dass die StPO von Anfang an einer Auslegung im Lichte des GG bedurft, diese zum Teil aber auch erfahren hat.

☝ Die Gliederung in der Übersicht folgt der Paragrafenfolge des jeweiligen Gesetzes. Sie hat den Stand von **März 2016**. Die Übersicht erhebt keinen Anspruch auf Vollständigkeit.

1407 **Sachliche Zuständigkeit der Gerichte (§§ 1 – 6)**

StPO	GG		BVerfG
§ 2	Art. 2 Abs. 1, 20 Abs. 3	Verfahrensverbindung	StV 2002, 578

1408 **Ausschließung und Ablehnung von Gerichtspersonen (§§ 22 – 31)**

StPO	GG		BVerfG
§ 22	Art. 101 Abs. 1	Richterausschluss (Ehefrau eines beleidigten Richters)	NJW 1992, 2471
§ 23 Abs. 2		Richterausschluss (vormaliger Revisionsrichter im Wiederaufnahmeverfahren)	BVerfGE 31, 295; NJW 1971, 1033
§ 26a	Art. 101 Abs. 1 + Art. 3 Abs. 1 (Willkürverbot)	Ablehnungsgesuch, Verwerfung	NJW 2007, 1670;
		■ Adhäsionskläger	BVerfGK 8, 376; NJW 2006, 3129
		■ Mitwirkung des abgelehnten Richters	NStZ-RR 2007, 275; NVwZ 2005, 1304;
		■ Unzulässigkeit	NJW 2005, 3410
§ 30	Art. 101 Abs. 1	Selbstablehnung (Handhabung als innerdienstlicher Vorgang)	NJW 1993, 2229

1409 **Gerichtliche Entscheidungen und Kommunikation … (§§ 33 – 41)**

StPO	GG		BVerfG
§ 33a	Art. 103 Abs. 1	Anhörungsrüge (Plenumsbeschluss)	NJW 2003, 1924; StRR 2015, 474 [Ls.; OWi-Verfahren]
	Art. 3 Abs. 1, Art. 103 Abs. 1	Beweisantrag (Zurückweisung)	NJW 1990, 3191

StPO	GG		BVerfG
§ 37 Abs. 1 (§ 180 f. ZPO)	Art. 103 Abs. 1 + Art. 19 Abs. 4	Ersatzzustellung (Wiedereinsetzung in den vorigen Stand)	NStZ-RR 1997, 70; NJW 1988, 817
§ 40 Abs. 1	Art. 19 Abs. 4	Öffentliche Zustellung (Wiedereinsetzung in den vorigen Stand)	NStZ-RR 2005, 205

Fristen (§§ 42 – 43) 1410

StPO	GG		BVerfG
§ 43 Abs. 1	Art. 19 Abs. 4, 103 Abs. 1	Fristablauf	NJW 1976, 747

Wiedereinsetzung in den vorigen Stand (§§ 44 – 47) 1411

StPO	GG		BVerfG
§ 44 S. 1	Art. 19 Abs. 4 103 Abs. 1	Hindernis ■ Form (Einspruch gegen Strafbefehl; Computer-fax)	NJW 2002, 3534
		■ HV (Reifenpanne)	Beschl. v. 11.12.1989 – 2 BvR 36/89
		■ Postlaufzeit, wie Bemessung Justiz/Verwaltung Organisationsmangel Sachverhaltsaufklärung Verzögerung der Beförderung	BVerfGE 40, 41; 41, 356; 42, 258; 43, 75; 43, 151; 45, 360; 46, 404; 50, 397; 41, 341; 54, 80; 62, 216; NJW 1976, 513; 1991, 1167; NStZ 1983, 83; Beschl. v. 17.3.1994 – 2 BvR 2401/93; Beschl. v. 15.4.1980 – 2 BvR 461/79; Beschl. v. 14.5.2000 – 2 BvR 1557/98
	Art. 3 Abs. 1	■ Rechtskraft, entgegenstehende	NStE Nr. 34 zu § 44 StPO
		■ Rechtsmittelbegründung „Distanzierung" durch Geschäftsstellenbeamten	Rpfleger 1993, 56

StPO	GG		BVerfG
		■ Säumnis (Leerung des Briefkastens)	BVerfGE 42, 128
	Art. 19 Abs. 4, 103 Abs. 1	■ Sprachkenntnisse, fehlende	NJW 1975, 1597; 1991, 2208; NVwZ-RR 1996, 120;
		■ Verteidigerauskunft	Beschl. v. 8.5.1991 – 2 BvR 1302/89
		■ Verteidigerversehen	NJW 1991, 351; Beschl. v. 8.5.1991 – 2 BvR 1302/89
§ 44 S. 2	Art. 19 Abs. 4	Rechtsmittelbelehrung ■ nicht erteilte ■ falsch erteilte	 NJW 1996, 1811; NJW 1991, 2277; Beschl. v. 2.3.2014 – 2 BvR 53/13
§ 45 Abs. 1	Art. 19 Abs. 4, 103 Abs. 1	Hindernis ■ Abwesenheit, kurzfristige (urlaubsbedingte)	 BVerfGE 41, 332; NJW 1975, 1355; 1993, 847; 2013, 592; NStE Nr. 34 zu § 44 StPO;
	Art. 103 Abs. 1	■ Behördenversehen ■ PKH-Antrag, Zurückweisung ■ Zustellungsfehler verspätete Aushändigung	BVerfGE 35, 296; NJW 1993, 720; 1994, 1856
§ 45 Abs. 2	Art. 19 Abs. 4, 103 Abs. 1 Art. 19 Abs. 4	Begründung ■ Hindernis, Zeitpunkt des Wegfalls, wie Aktenkundigkeit, Überspannung der Anforderungen ■ Glaubhaftmachung, wie Eigenerklärung, Frist, Überspannung der Anforderungen	NJW1995, 2544 BVerfGE 37, 93; 40, 182; NJW 1974, 1902; Beschl. v. 21.11.1989 – 2 BvR 1089/89 NJW 1969, 1531; 1997, 1770; MDR 1976, 732; 43, 95
§ 46 Abs. 1	Art. 103 Abs. 1	Entscheidung Anhörung des Antragsgegners	NJW 1962, 580
§ 46 Abs. 3	Art. 19 Abs. 4	Beschwerde Frist	NStZ-RR 1997, 70; 2005, 205

Zeugen (§§ 48 – 71) 1412

StPO	GG		BVerfG
§ 55	Art. 2 Abs. 1	Auskunftsverweigerungsrecht Verweigerungsrecht bezüglich abgeurteilter Taten	NJW 2002, 1411
§ 68b	Art. 2 Abs. 1, 20 Abs. 3 (faires Verfahren)	Zeugenbeistand ■ Ausschluss ■ Beiziehungsanspruch	 NJW 1975, 103 NJW 2000, 2660 StraFo 2010, 243
§ 70 Abs. 1	Art. 4 Abs. 1	Eidesverweigerung	NJW 1972, 1183
§ 70 Abs. 2	Art. 2 Abs. 2, 3 Abs. 1 104 Abs. 1 Art. 2 Abs. 2, 104 Abs. 1 Art. 19 Abs. 4 Art. 3 Abs. 1	Erzwingungshaft ■ Aussageverweigerung/ Beugehaft ■ Begründungsmangel ■ Rechtmäßigkeitskontrolle ■ Vollzug der Beugehaft	 Beschl. v. 19.10.1990 – 2 BvR 761/90 NJW 2000, 3775 NJW 1999, 779; 2006, 40 NJW 2000, 273

Sachverständige und Augenschein (§§ 72 – 93) 1413

StPO	GG		BVerfG
§ 81	Art. 2 Abs. 1, 1 Abs. 1 Art. 2 Abs. 2, 104 Abs. 1	**Unterbringung** ■ Mangelnde Mitwirkungsbereitschaft ■ Untersuchungsdauer (Übermaßverbot) ■ Verhältnismäßigkeit	 NJW 2002, 283 NJW 2004, 3697 StV 1995, 617
§ 81a	Art. 2 Abs. 2 Art. 19 Abs. 4 Art. 19 Abs. 4, 3 Abs. 1 (Willkürverbot)	Körperliche Untersuchung ■ Hirnkammerluftfüllung (Pneumoenzephalografie) ■ Liquorentnahme ■ Richtervorbehalt ■ Rechtmäßigkeitskontrolle	 NJW 1963, 2368; 1963, 1597 NJW 2010, 2864 BVerfGK 12, 374 NJW 2007, 1345
§ 81b	Art. 19 Abs. 4, 20 Abs. 3	Erkennungsdienstliche Behandlung	Beschl. v. 11.7.2006 – 2 BvR 1717/04

StPO	GG		BVerfG
§ 81g	Art. 2 Abs. 1, 1 Abs. 1 (Informationelle Selbstbestimmung)	DNA-Analyse	
		■ Anordnung	NJW 2008, 281; StV 2014, 578 [Minderjähriger]; Beschl. v. 16.2.2006 – 2 BvR 561/03
		■ Entnahme	StV 2009, 1
		■ Sachaufklärung	NJW 2001, 879; StV 2003, 1
		■ Speicherung	NJW 2001, 2320
		■ Prognoseentscheidung	StV 2014, 577

1414 Beschlagnahme (§§ 94 – 100; s.a. „Durchsuchung" Rdn 1417)

StPO	GG		BVerfG
§ 97	Art. 2 Abs. 1, 1 Abs. 1	Beschlagnahmefreiheit	
		■ **Arzt** (Patientenunterlagen)	NJW 1972, 1123
	Art. 14 Abs. 1	■ **Rechtsanwalt** (Handakten)	NJW 2009, 281
	Art. 2 Abs. 1, 1 Abs. 1	■ Suchtkrankenberatungsstelle (**Klientenakten**)	NJW 1977, 1489
		■ Presseunterlagen	StV 2016, 65
§ 98	Art. 10 Abs. 1	Beschlagnahme Mobiltelefon	NJW 2005, 1637

1415 Rechtmäßigkeitskontrolle (§ 98 Abs. 2)

StPO	GG		BVerfG
(§ 70 Abs. 2)	Art. 19 Abs. 4	Beugehaft (s.a. Rdn 1412)	NJW 2006, 40
(§ 81a)	Art. 19 Abs. 4	Nichtrichterliche Eilanordnung	NJW 2010, 2684
(§ 81a)	Art. 19 Abs. 4 Art. 3 Abs. 1 (Willkürverbot)	Nichtrichterliche Eilanordnung	BVerfGK 12, 374
(§ 81b)	Art. 19 Abs. 4, 20 Abs. 3	Erkennungsdienstliche Behandlung	Beschl. v. 11.7.2006 – 2 BvR 1717/04
(§ 100a)	Art. 19 Abs. 4	Telefonüberwachung	NJW 2005, 1855
(§ 102)	Art. 13 Abs. 1, Abs. 2	Bindungswirkung (§ 31 Abs. 1 BVerfGG)	NJW 2006, 3199

StPO	GG		BVerfG
(§ 102)	Art. 19 Abs. 4	Kontrolle einer Durchsuchungsanordnung	NJW 2013, 3634 [Ls.]; wistra 2008, 463
(§ 112)	Art. 19 Abs. 4	Untersuchungshaft	StraFo 2006, 20
(§ 127 Abs. 1)	Art. 19 Abs. 4, 20 Abs. 3	Vorläufige Festnahme	Beschl. v. 11.7.2006 – 2 BvR 1717/04
(§ 147 Abs. 2)	Art. 103 Abs. 1	Entscheidungszurückstellung(Akteneinsicht; Geheimhaltungsinteresse)	NStZ 2007, 274

Überwachung der Telekommunikation (§§ 100a – 101) 1416

StPO	GG		BVerfG
§ 100a S. 2	Art. 10 Abs. 1, 12 Abs. 1	Abhören berufsbezogener Gespräche ■ Rechtsanwalt, Festnetz	NJW 2007, 2752
	Art. 19 Abs. 4	■ Rechtmäßigkeitskontrolle	NJW 2005, 1855
§ 100b	Art. 1 Abs. 1; 13 Abs. 1, Abs. 3 Abs. 4; 19 Abs. 4; 20 Abs. 3	Großer Lauschangriff	NJW 2004, 999
§ 100c Abs. 1		GPS (verfassungskonforme Auslegung)	NJW 2005, 1338
§ 100i	Art. 10 Abs. 1, 12 Abs. 1	Abhören berufsbezogener Gespräche (Verteidiger, Mobiltelefon)	StV 2007, 399
§ 100f Abs. 1	Art. 12 Abs. 1	Abhören berufsbezogener Gespräche (Verteidiger, Besucherraum in einer JVA)	StV 2006, 505
§ 100g, §§ 113a, 113b TKG	Art. 10 Abs. 1	Vorratsdatenspeicherung	NJW 2010, 833

1417 **Durchsuchung** (**§§ 102 – 110**; s.a. „Beschlagnahme (§§ 94 – 100)"; Rdn 1414; vgl. auch die Nachw. bei *Burhoff*, EV, Rn 1360 ff.; → *Verfassungsbeschwerde, Begründung, Hausdurchsuchung*, Teil C Rdn 903 ff.).

StPO	**GG**	**Durchsuchung**	**BVerfG**
		Allgemeine Geschäftsräume	
§ 102	Art. 13 Abs. 1, Abs. 2	■ Anordnung, vorschnelle	Beschl. v. 25.7.2007 – 2 BvR 2088/02
		■ Begründungsmangel	Beschl. v. 27.7.2007 – 2 BvR 1994/02
		■ fehlende Begrenzung	Beschl. v. 7.9.2007 – 2 BvR 260/03
		■ fehlender Anfangsverdacht	Beschl. v. 28.4.2007 – 2 BvR 1331/01
		■ Richtervorbehalt	Beschl. v. 5.3.2012 – 2 BvR 1345/08
		■ Verdachtsgrad	Beschl. v. 25.7.2007 – 2 BvR 2088/02
		Besondere Geschäftsräume	
§ 102	Art. 13 Abs. 1, Abs. 2 + Art. 3 Abs. 1 (Willkürverbot)	**Anwaltskanzlei**	
		■ Begründungsmangel	NJW 2007, 1443;
		■ fehlende Differenzierung zwischen § 102 und § 103	NStZ-RR 2005, 203;
		■ fehlender Tatverdacht	NJW 2004, 1517;
		■ Verdachtsbegründung	BVerfGK 11, 88;
		■ Verdachtsgrad	Beschl. v. 25.7.2007 – 2 BvR 2088/02;
		■ Verdachtsgrad, Verhältnismäßigkeit	NJW 2011, 2275; BayVBl 2011, 315
	Art. 13 Abs. 1	**Arztpraxis** Verdachtsgrad	NStZ-RR 2008, 176
§ 97 Abs. 5 S. 2	Art. 5 Abs. 1, Abs. 2	**Radiosender** (Subsidiarität)	NJW 2011, 1859
	Art. 19 Abs. 4	**Redaktionsräume**	StV 2016, 65
		■ Störung der Totenruhe	NJW 2005, 965
		■ Verrat von Dienstgeheimnissen, Ermittlung eines Presseinformanten	NJW 2007, 1117

StPO	GG	Durchsuchung	BVerfG
§ 103 **+ § 97** **Abs. 5 S. 2**	Art. 13 Abs. 1, Abs. 2 + Art. 2 Abs. 1, 20 Abs. 3 Art. 5 Abs. 1, Abs. 2	**Anwaltskanzlei** ■ Prüfungsmangel ■ Verdachtsgewinnung ■ Verhältnismäßigkeit ■ Erforderlichkeit ■ Geeignetheit ■ Rentenbescheid ■ Richterbeleidigung **Notariat** **Radiosender** (Art und Weise)	StraFo 2015, 63 StV 2006, 505 StV 2009, 505 StV 2008, 393 NJW 2009, 281 NJW-RR 2005, 1289 NJW 2008, 2422 PStR 2012, 57 NJW 2011, 1863
		Wohnungen	
§ 102	Art. 13 Abs. 1, Abs. 2	Drogenspürhund	StV 2006, 676
	+ Art. 20 Abs. 3 + Art. 20 Abs. 3 + Art. 19 Abs. 4	Durchsuchungsbeschluss ■ fehlende Begrenzung ■ mangelnde Konkretisierung ■ mangelnde Konkretisierung, Verhältnismäßigkeit ■ mangelnde Umschreibung des Tatvorwurfs ■ Verlust der Rechtswirkung durch Zeitablauf	NJW 1992, 551; Beschl. v. 7.9.2007 – 2 BvR 260/03 NJW 2015, 1585; StV 1990, 483 NJW 2009, 2516; 2015, 1585 Beschl. v. 11.7.2008 – 2 BvR 2486/06, BayVBl 2009, 207; StV 2000, 465; 2005, 643; 2013, 609; Beschl. v. 14.2.2008 – 2 BvR 1915/02, 2 BvR 2029/02; BVerfGE 42, 212; NJW 1997, 2165; StV 1999, 519
		Fehlerhafte Auffindungsprognose	Beschl. v. 28.9.2008 – 2 BvR 1800/07
	+ Art. 19 Abs. 4	Fehlende Strafbarkeit (§ 284 StGB [Sportwetten])	NVwZ 2009, 1281; NVwZ-RR 2009, 785
		Gefahr im Verzug	NJW 2001, 1121
	+ Art. 19 Abs. 4	Rechtsmäßigkeitskontrolle	StV 2002, 348

StPO	GG	Durchsuchung	BVerfG
		Richtervorbehalt	BVerfGK 2, 254, NJW 2005, 1637; 2015, 1585, 2015, 2787; wistra 2012, 63
	+ Art. 103 Abs. 1	Verdachtsgrad	NJW 2014, 1650; StV 2013, 609; StraFo 2014, 67
		■ Nichtberücksichtigung von dagegen sprechendem Vortrag	NJW2004, 1519
		■ Verhältnismäßigkeit	NJW 2006, 976; 2012; 2014, 1650; StV 2011, 68; 2010, 665; 2015, 614; StraFo 2005, 377
	+ Art. 20 Abs. 3	Verhältnismäßigkeit	NJW 2008, 2422; 2014, 1650; 2014, 2265; StV 1999, 519; 2009, 452; 2015, 614; StraFo 2014, 67; NStZ-RR 2006, 110; NVwZ 2006, 1282; StRR 2015, 421; Beschl. v. 26.10.2011 – 2 BvR 1774/10; Beschl. v. 8.4.2009 – 2 BvR 945/08
§ 103		Begründungsmangel	NJW 2007, 1804; StV 2015, 614
§ 110	Art. 2 Abs. 1, 1 Abs. 1	Anwaltskanzlei (Durchsuchung/Beschlagnahme des gesamten Datenbestands)	NJW 2005, 1917

1418 Vorläufige Entziehung der Fahrerlaubnis (§§ 111a)

StPO	GG		BVerfG
§ 111a Abs. 2	Art. 3 Abs. 1	Änderung der Bewertung im Urteil des Erstgerichts durch das Beschwerdegericht	NJW 1995, 124

Sicherstellung von Gegenständen (§§ 111b – 111l) 1419

StPO	GG		BVerfG
§ 111b	Art. 14 Abs. 1	Dinglicher Arrest	
		■ Organstellung bei einer juristischen Person	wistra 2015, 348; WM 2008, 1588
		■ Rückgewinnungshilfe	StraFo 2005, 338
		■ Verfall	StV 2004, 409
§ 111c		Beschlagnahme (Begründungsmangel, Verdacht)	BVerfGK 10, 180
§ 111d		Dinglicher Arrest (Gesamtvermögen, Begründungsmangel)	StV 2006, 449, wistra 2015, 348

Untersuchungshaft (§§ 112 – 126; s.a. → *Verfassungsbeschwerde, Begründung, U-Haft*, Teil C Rdn 1059, und die Nachw. bei *Burhoff*, EV, Rn 2170 ff.; Rn 3695 ff.) 1420

StPO	GG		BVerfG
§ 112	Art. 19 Abs. 4	Rechtmäßigkeitskontrolle	StraFo 2006, 20
	Art. 2 Abs. 2	Untätigkeit	StV 1996, 156
§ 115	Art. 2 Abs. 2, 104 Abs. 1	Haftbefehlserweiterung Ordnungsgemäßheit	StV 2001, 691
§ 116 Abs. 1	Art. 2 Abs. 2	Aufhebungsanspruch	BVerfGE 53, 152 = NJW 1980, 1448
		■ Beschleunigungsgebot	StV 2006, 87
	Art. 2 Abs. 2, 104 Abs. 1	■ Wiederaufleben eines durch rechtskräftige Verurteilung erloschenen Haftbefehls	NJW 2005, 3131
§ 116 Abs. 4	Art. 2 Abs. 2, 104 Abs. 1	■ Invollzugsetzung (Aufhebung, Umstände)	StV 2006, 26; 2006, 139; 2008, 25; 2013, 94; 2013, 96; wistra 2012, 492
		Vollzug der Untersuchungshaft[*)]	
§ 119 Abs. 3 a.F.	Art. 2 Abs. 1, 20 Abs. 3	■ Besitz von Gegenständen (Schreibmaschine)	BVerfGE 35, 5

StPO	GG		BVerfG
	Art. 2 Abs. 1, 1 Abs. 1 6 Abs. 1, Abs. 2 + Art. 5 Abs. 1 + Art. 20 Abs. 3	■ Besuchsverkehr ■ Familienbesuche ■ Journalist ■ Überwachung, akustische	StV 2008, 30 BVerfGE 42, 95; NJW 1993, 3059; 1995, 1478; 996, 983; StV 1997, 257; 1993, 592
	Art. 2 Abs. 1, 1 Abs. 1, + Art. 5 Abs. 1 + Art. 6 Abs. 1 Art. 2 Abs. 1, 20 Abs. 3 19 Abs. 4 Art. 3 Abs. 3	■ Briefverkehr ■ Anhalten ■ Beschlagnahme ■ Übersetzungskosten	NJW 1997, 185 StV 1991, 306 BVerfGE 35, 35; 42, 234; 57, 170; NJW 2004, 1095; NStZ 2007, 413 BVerfGE 35, 35
	Art. 2 Abs. 1, 1 Abs. 1	■ Körperliche Untersuchung (Intimbereich)	StV 2009, 253
	Art. 19 Abs. 4	■ Sachentscheidung (Verweigerung)	Beschl. v. 26.8.2008 – 2 BvR 1198/08
	Art. 2 Abs. 1, Abs. 2 19 Abs. 4	■ Sicherungsmaßnahmen	Beschl. v. 24.1.2008 – 2 BvR 1661/06
	Art. 2 Abs. 1, 20 Abs. 3 (faires Verfahren)	■ Telefonkontakt mit Verteidiger	NJW 2012, 2790
	Art. 5 Abs. 1	■ Unterbrechung der Elektrizitätsversorgung im Haftraum	StV 2008, 259
	Art. 2 Abs. 1, 1 Abs. 1, 20 Abs. 3	■ Urinkontrolle	NStZ 2008, 292
	Art. 5 Abs. 1	■ Zeitschriftenbezug	NStZ 1994, 145
§ 119 Abs. 6 a.F.	Art. 101 Abs. 1	■ Zuständigkeit	NStZ 1995, 253
§ 119 n.F.		■ Einzelfallbegründung	StV 2011, 31
*) Beachte im Zusammenhang mit Entscheidungen zu § 119 die Zuständigkeitsverlagerung im Bereich des Untersuchungshaftvollzugs auf die Länder (Gesetz v. 28.8.2006 – BGBl I S. 2863) und das daraufhin ergangene Landesrecht.			

StPO	GG		BVerfG
§ 121 Abs. 1		**Wichtiger Grund für die Haftfortdauer über sechs Monate** (vgl. a. *Burhoff*, EV, Rn 2172 ff.)	
	Art. 2 Abs. 2, 104 Abs. 1, Abs. 2	■ Abwägungsdefizit	BVerfGK 19, 428; NJW 1991, 689; NStZ 1991, 397; StV 1992, 237 (Ls.); 2006, 251; wistra 1994, 341; **grundlegend**: NJW 2005, 2612; 2005, 3485; 2006, 668; 2006, 672
		■ Anklage zum unzuständigen Gericht	StV 1992, 522
		■ Aufklärung weiterer Straftaten	StV 2001, 694
		■ Auslandszeugen	NJW 1991, 2821
		■ Aussetzung der HV	Beschl. v. 5.9.1991 – 2 BvR 1208/91
		■ Befangenheit des Tatrichters	NJW 1992, 1749; StV 2006, 703
		■ Begründungsmangel/ Begründungstiefe	StV 1999, 40; 2007, 369; 2011, 31; 2013, 640; Beschl. v. 25.11.1996 – 2 BvR 2142/96
	+ Art. 2 Abs. 1	■ Bindungswirkung (§ 31 Abs. 1 BVerfGG)	StV 2006, 73
		■ Ermittlungen, außerhalb der Tatvorwürfe des Haftbefehls	NJW 1992, 1749; NJW 1992, 1750
		■ Ermittlungstätigkeit, schwierige/umfangreiche	StV 1999, 162;
		■ Ermittlungstätigkeit, verzögerte	StV1995, 199;
		■ Gutachtenerstellung	StV 2008, 198;
		■ **Hauptverhandlungs**frequenz	StV 2013, 640
		■ Nachgeschobene Gründe	Beschl. v. 29.9.1990 – 2 BvR 1035/90;
		■ Personalausstattung, fehlende	StV 1992, 121; 1994, 589

StPO	GG		BVerfG
		■ Straferwartung	BVerfGK 7, 412; StV 2008, 421
		■ Überlastung des Tatgerichts	NJW 1974, 307; 1992, 2280; 1999, 2802; 2003, 2895; StV 1997, 535; 2015, 39
		■ Untätigkeit	StV 2007, 644; Beschl. v. 22.1.2014 – 2 BvR 2248/13
		■ Verzögerung Gesamtschau	StV 2009, 479;
		■ Verweisung	NJW 2000, 1401
		■ Wertungsfehler	StV 2007, 254; 2006 366
		■ Zweiter Rechtsgang ■ Straferwartung ■ Terminsfrequenz ■ Verfahrensfehler	 StV2003, 30 u.a. Beschl. v. 24.8.2010 – 2 BvR 1113/10 StV 2006, 73
§ 121 Abs. 1	Art. 2 Abs. 2	Beschleunigung (Überhaft)	BVerfGK 14, 157
		Nach Ergehen des tatrichterlichen Urteils	
§ 121 Abs. 1	Art. 2 Abs. 2	■ Aufhebung und Zurückverweisung (Verfahrensfehler)	NJW 2005, 3485
	Art. 2 Abs. 2, 104 Abs. 1, Abs. 2	■ Verfahrensverzögerung (Urteilsabsetzung und -zustellung)	StV 2006, 81
	Art. 2 Abs. 2	■ während Revisionsverfahren	StV 2005, 220
		Verfahren	
§ 122 Abs. 2	Art. 103 Abs. 1	Fristsetzung	AnwBl 1990, 519
§ 122 Abs. 3	Art. 104 Abs. 4	Benachrichtigung Angehöriger	BVerfGE 38, 32

1421 Einstweilige Unterbringung (§ 126a)

StPO	GG		BVerfG
§ 126a	Art. 2 Abs. 2 S. 1, 104 Abs. 1	Vorläufige Unterbringung	NJW 2012, 513

Vorläufige Festnahme (§§ 127 – 130) 1422

StPO	GG		BVerfG
§ 127 Abs. 1	Art. 19 Abs. 4, 20 Abs. 3	Rechtmäßigkeitskontrolle	Beschl. v. 11.7.2006 – 2 BvR 1717/04

Vorläufiges Berufsverbot (§§ 132a) 1423

StPO	GG		BVerfG
	Art. 12 Abs. 1	■ Voraussetzungen	BVerfGE 44, 105 = NJW 1977, 892
		■ Wiederholungsgefahr	BVerfGK 7, 110

Vernehmung des Beschuldigten (§§ 133 – 136a) 1424

StPO	GG		BVerfG
§ 136 Abs. 1 S. 2	Art. 2 Abs. 1, 1 Abs. 1 20 Abs. 3	Schweigen (Wertungsfehler)	StV 1995, 505

Verteidigung (§§ 137 – 149) 1425

StPO	GG		BVerfG
§ 137 Abs. 1	Art. 2 Abs. 1, 12 Abs. 1, 20 Abs. 3	Geldwäsche (Verfassungskonforme Auslegung)	NJW 2004, 1305
§ 138 Abs. 2	Art. 2 Abs. 1	Wahlverteidigung (Zulassung eines RiOLG i.R.)	NJW 2006, 1502
§ 140 Abs. 1 Nr. 5 a.F.	Art. 3 Abs. 1	Strafhaft	BVerfGE 40, 1; 40, 106
§ 140 Abs. 2	Art. 2 Abs. 1, Abs. 2, 20 Abs. 3 Art. 103 Abs. 1	Notwendige Verteidigung ■ Maßregelvollzug ■ Revisionshauptverhandlung	 StV 2006, 426; NJW 1978, 151
§ 142 Abs. 1	Art. 103 Abs. 1	Pflichtverteidigerbeiordnung Anhörungspflicht	StV 2001, 601

StPO	GG		BVerfG
§ 146	**Art. 2 Abs. 1, 20 Abs. 3** **Art. 12 Abs. 1**	Mehrfachverteidigung (Verbot) ■ Herbeiführung durch Verfahrensverbindung ■ Verteidigung mehrerer Beschuldigter durch Rechtsanwälte einer Sozietät	 StV 2002, 578 BVerfGE 43, 79 = NJW 1977, 99
§ 147 Abs. 1	Art. 3 Abs. 1 Art. 103 Abs. 1	Akteneinsicht ■ Registerauszug ■ Spurenakten	 NJW 1983, 1046; NJW 1983, 1043
		■ Gerichtliche Entscheidung ohne **Akteneinsicht**	NStZ-RR 2013, 379
§ 147 Abs. 2	103 Abs. 1	■ Rechtmäßigkeitskontrolle	NStZ 2007, 274
§ 147 Abs. 3	Art. 2 Abs. 1, Abs. 2 20 Abs. 3, 103 Abs. 1 103 Abs. 1	■ Untersuchungshaft ■ Versagung	NJW 1994, 3219; NJW 1965, 1171
§ 147 Abs. 4	Art. 3 Abs. 1 (Willkürverbot)	■ Einsichtnahme in den Kanzleiräumen	NJW 2012, 141
§ 147 Abs. 5	Art. 103 Abs. 1	■ Beschwerdebegründung	Beschl. v. 27.12.2006 – 2 BvR 1288/05
§ 148	2 Abs. 1, 20 Abs. 3 (faires Verfahren)	■ Telefonkontakt mit Untersuchungsgefangenen	NJW 2012, 2790

1426 Öffentliche Klage (§§ 151 – 157)

StPO	GG		BVerfG
§ 153 Abs. 2	Art. 2 Abs. 1, 20 Abs. 3	■ Schuldfeststellung (Unschuldsvermutung)	NJW 1990, 2741; Beschl. v. 11.9.1989 – 2 BvR 1566/88; Beschl. v. 17.11.2005 – 2 BvR 878/05

StPO	GG		BVerfG
§ 153a Abs. 2	Art. 2 Abs. 2, 20 Abs. 3 Art. 12 Abs. 1, 20 Abs. 3	■ **Schuldfeststellung** (Unschuldsvermutung) ■ Zustimmung zur Verfahrenseinstellung (Wertungsfehler)	Beschl. v. 15.3.1993 – 2 BvR 140/93; StV 1996, 163; NJW 1991, 1530

Vorbereitung der öffentlichen Klage (§§ 158 – 171) 1427

StPO	GG		BVerfG
§ 163a	Art. 2 Abs. 1, 1 Abs. 1 20 Abs. 3	Schweigen (Wertungsfehler)	StV 1995, 505
§ 163b Abs. 1	Art. 2 Abs. 1, 1 Abs. 1 (Informationelle Selbstbestimmung) Art. 2 Abs. 2, 20 Abs. 3, 104 Abs. 2	Identitätsfeststellung ■ Anwendungsvoraussetzungen (Straftat) ■ Festhalten	BVerfGE 92, 191= NJW 1995, 3110; StV 2011, 389; StV 1992, 210
§ 163c	Art. 2 Abs. 2, 104 Abs. 2	Freiheitsentziehung ■ Richtervorführung ■ Verbringen zur Dienststelle	NVwZ 2007, 1044; NStZ-RR 2006, 381
§ 163f	Art. 3 Abs. 1 (Willkürverbot)	Observierung ■ Dokumentationsmangel	StraFo 2009, 453

Klageerzwingung (§§ 172 – 177) 1428

StPO	GG		BVerfG
§ 172 Abs. 1	Art. 19 Abs. 4	Fristeinhaltung/Wertungsfehler	NStZ-RR 2005, 176; Beschl. v. 6.6.2003 – 2 BvR 1659/01
§ 172 Abs. 2	Art. 19 Abs. 4, 103 Abs. 1	Fristeinhaltung (PKH-Antrag, Wiedereinsetzung in den vorigen Stand)	NJW 1993, 720

StPO	GG		BVerfG
§ 172 Abs. 3	Art. 3 Abs. 1 (Willkürverbot) Art. 19 Abs. 4, 103 Abs. 1 Art. 19 Abs. 4 19 Abs. 4, 20 Abs. 3 Art. 3 Abs. 1 (Willkürverbot) Art. 103 Abs. 1	Begründungsanforderungen ■ Überspannung ■ Wertungsfehler	BVerfGK 14, 211; NJW 2016, 44; NStZ 2007, 272; NJW 2000, 1027; Beschl. v. 18.2.1999 – 2 BvR 1201/98; Beschl. v. 5.10.1996 – 2 BvR 502/96; NJW 1993, 382; Beschl. v. 16.9.2010 – 2 BvR 2394/08
	Art. 19 Abs. 4	Unzulässigkeit Wertungsfehler	BVerfGK 10, 244
§ 173 Abs. 2	Art. 103 Abs. 1	Beschuldigter Anhörung	NJW 1964, 1412; 1976, 1629
§ 173 Abs. 3		PKH-Antragsbegründung	Beschl. v. 19.11.2015 – 2 BvR 2577/14
§ 174	Art. 103 Abs. 1	Anklageerhebung (Abbruch der Ermittlungen)	EuGRZ 1998, 466

1429 Entscheidung über die Eröffnung des Hauptverfahrens (§§ 199 – 211)

StPO	GG		BVerfG
§ 199	Art. 2 Abs. 2	Beschleunigungsgebot	StRR 2011, 246
§ 206a		■ Verfahrenseinstellung Gesundheits- und Lebensgefahr ■ Versagung der Auslagenerstattung	NJW 1979, 2349; 2002, 51 Beschl. v. 29.10.2015 – 2 BvR 388/13
§ 210	Art. 19 Abs. 4, 103 Abs. 3	Eröffnung des Hauptverfahrens (Strafklageverbrauch)	StV 2005, 196
§ 211	Art. 3 Abs. 1	Tatsachen/Beweismittel, neue	NJW 1995, 124

1430 Vorbereitung der HV (§§ 212 – 225a)

StPO	GG		BVerfG
§ 216 Abs. 1	Art. 2 Abs. 2, 20 Abs. 3	Ladung Herbeiführung des Ladungsgehorsams	NJW 2001, 1341

HV (§§ 226 – 275) 1431

StPO	GG		BVerfG
§ 230 Abs. 2	Art. 2 Abs. 2, 20 Abs. 3	Haftbefehl ■ Unmöglichkeit der Ladung ■ Verhältnismäßigkeit	 NJW 2001, 1341; BVerfGE 32, 87; NJW 2007, 2318
§ 231 Abs. 2 **§ 231a**		Abwesenheitsverhandlung Nichtbehebung der Verhandlungsunfähigkeit durch den Angeklagten	NJW 1994, 1590
§ 243 Abs. 4	Art. 2 Abs. 1, 1 Abs. 1; 20 Abs. 3	Schweigen (Wertungsfehler)	StV 1995, 505
§ 243 Abs. 4		Mitteilungspflicht/ Verständigung	NJW 2013, 1058; NStZ 2014, 592; 2015, 172
§ 244 Abs. 2	Art. 2 Abs. 2, 3 Abs. 1; 20 Abs. 3, 104 Abs. 1	Kognitionspflicht Weiterer Zeuge	NJW 2003, 2444 StV 2013, 574
§ 244 Abs. 4	Art. 16 Abs. 2; 19 Abs. 4	Weiterer Sachverständiger (Hinzuziehung)	InfAuslR 1990, 161
§ 246a	Art. 2 Abs. 2; 104 Abs. 1	Unterbringung	NJW 1995, 3047
§ 258	Art. 103 Abs. 1	Verteidiger (Anträge, Ausführungen) Angeklagter (Letztes Wort)	MDR 1980, 909
§ 260 Abs. 3	Art. 2 Abs. 2	Verfahrenseinstellung Gesundheits- und Lebensgefahr	BVerfGE 51, 324; NJW 2002, 51
§ 261		Beweiswürdigung	NJW 2003, 2444

Verständigung (§ 257c) 1432

StPO	GG		BVerfG
§ 257c	Art. 2 Abs. 1, 20 Abs. 3 (faires Verfahren)	Verständigung	NJW 2012, 1136; 2013, 1058; 2014, 3506; NStZ 2014, 592; 2015, 172

StPO	GG		BVerfG
	Art. 2 Abs. 1, 20 Abs. 3 (effektiver Rechtsschutz)	Revision: Verfahrensrüge (Anforderung, § 344 Abs. 2 S. 2)	NJW 2012, 1136; 2013, 1058; 2014, 3506; NStZ 2014, 592; 2015, 172
§ 243 Abs. 4		Mitteilungspflicht/Verständigung	NJW 2013, 1058; NStZ 2014, 592; 2015, 172

1433 **Nachträgliche Anordnung der Sicherungsverwahrung (§ 275a)**

	GG		BVerfG
	Art. 2 Abs. 2, 20 Abs. 3, 103 Abs. 2, Abs. 3		NJW 2009, 980

1434 **Rechtsmittel, Allgemeine Vorschriften (§§ 296 – 303)**

StPO	GG		BVerfG
§ 302	Art. 103 Abs. 1	Rechtsmittelverzicht (Nichtaufklärung eines Widerspruchs)	NStZ-RR 2008, 209

1435 **Beschwerde (§§ 304 – 311a)**

StPO	GG		BVerfG
§ 304 Abs. 1	(Art. 13 Abs. 1, Abs. 2)	Bindungswirkung (§ 31 Abs. 1 BVerfGG)	NJW 2006, 3199
	Art. 19 Abs. 4	Prozessuale Überholung	NJW 1998, 2131; 1999, 273; Beschl. v. 9.8.1990 – 2 BvR 1128/88
		Verwirkung	NStZ 2009, 166
§ 305 S. 1	Art. 19 Abs. 4, 103 Abs. 3	Eröffnung des Hauptverfahrens (Strafklageverbrauch)	StV 2005, 196
§ 308 Abs. 1	Art. 103 Abs. 1	Vorenthaltung der Stellungnahme der Gegenseite	BVerfGE 7, 109; 9, 123; 11, 29; 14, 54, NJW 1960, 765; StV 1994, 3 (Ls.); 2001, 601; Beschl. v. 15.11.2010 – 2 BvR 1183/09

StPO	GG		BVerfG
§ 309 Abs. 1		Entscheidung ■ Akteneinsicht ■ Nichtgewährung	NJW 1965, 1171; 2004, 2443
		■ Versagung (Geheimhaltungsinteresse; Entscheidungszurückstellung)	NStZ 2007, 274; Beschl. v. 27.12.2006 – 2 BvR 1288/05
		■ Nichtabwarten der angekündigten Begründung	NJW 1991, 2758
		■ vor Ablauf der gesetzten Frist	NJW 1976, 1837
		■ Frist zur Gegenerklärung, unangemessen	NJW 1955, 1145
	Art. 19 Abs. 4	■ Nichtentscheidung	NStZ-RR 2005, 203; NVwZ 2005, 1304
	Art. 103 Abs. 1	■ Verwertung neuer Beweismittel	StV 2006, 281; NStZ-RR 2008, 16; DAR 1976, 239
§ 311 Abs. 1	Art. 19 Abs. 4	Wiedereinsetzung in den vorigen Stand	NStZ-RR 2005, 205
§ 311a	Art. 19 Abs. 4, 20 Abs. 3 103 Abs. 1	Rechtliches Gehör Anfechtung Nichtentscheidung	NJW 2000, 649

Berufung (§§ 312 – 332a) 1436

StPO	GG		BVerfG
§ 313 Abs. 2	Art. 103 Abs. 1	Verwerfung als offensichtlich unbegründet	NJW 1996, 2785
§ 328 Abs. 1	Art. 3 Abs. 1	Schuldspruchänderung (Tatsachenbezug fehlend)	NJW 1996, 116
§ 329 Abs. 4 a.F.	Art. 2 Abs. 2, 20 Abs. 3	Haftbefehl (Unmöglichkeit der Ladung)	NJW 2001, 1341

1437 **Revision (§§ 333 – 358a)**

StPO	GG		BVerfG
§ 344 Abs. 2 S. 2		Verfahrensrüge ■ Überspannen der Anforderung ■ Verständigung	 NJW 2005, 1999 StV 2006, 57
§ 345 Abs. 2		(Überspannte) Begründungsanforderung Unterbevollmächtigter	NJW 1996, 713; StraFo 2016, 64
§ 349 Abs. 2	Art. 3 Abs. 1 Art. 103 Abs. 1 Art. 103 Abs. 1	Verwerfung als offensichtlich unbegründet ■ Antrag der StA ■ Vor Ablauf der Begründungsfrist	grundlegend NJW 2014, 2563 (keine verfassungsrechtlichen Bedenken NJW 1982, 324; vgl. dazu a. NJW 2014, 2563 BVerfGE 18, 155
§ 350 Abs. 2	Art. 2 Abs. 1, 20 Abs. 3 (faires Verfahren) Art. 103 Abs. 1	Revisionshauptverhandlung ■ Anwesenheit des (Pflicht-)Verteidigers ■ Beiordnungsanspruch	 NJW 1984, 113 NJW 1978, 151
§ 354 Abs. 1	Art. 3 Abs. 1 Art. 103 Abs. 1 Art. 101 Abs. 1	Schuldspruchänderung ■ ohne Tatsachenbezug ■ ohne vorherige Anhörung Zurückverweisung, unterlassene	 NJW 1996, 116 BVerfGE 26, 37 NJW 1991, 2893
§ 354 Abs. 1a	Art. 2 Abs. 1, 20 Abs. 3 (faires Verfahren) 101 Abs. 1 Art. 101 Abs. 1	Strafzumessung durch das Revisionsgericht ■ Verfassungskonforme Auslegung ■ Gleich hohe Strafe trotz Wegfalls von Einzeltaten ■ Schuldspruchkorrektur	 StV 2007, 393 Beschl. v. 23.10.2007 – 2 BvR 2090/05; Beschl. v. 10.10.2007 – 2 BvR 1977/05

Wiederaufnahme (§§ 359 – 373a) 1438

StPO	GG		BVerfG
359 Nr. 5	Art. 2 Abs. 1, 20 Abs. 3 (faires Verfahren) + 3 Abs. 1 (Willkürverbot) Art. 3 Abs. 1	Neue Tatsachen oder Beweismittel ■ Begriff der Nova ■ Existenz von Nova ■ Milderes Strafgesetz	StV 2003, 225 NJW 2007, 207; NZV 2016, 45 NJW 1995, 2024 NStZ-RR 1996, 82
§ 359 Nr. 5 analog	Art. 3 Abs. 1 103 Abs. 2	■ Widerruf der Strafaussetzung nach Freispruch in dem den Widerruf auslösenden Verfahren	Beschl. v. 9.10.1990 – 2 BvR 157/90
§ 367 Abs. 1	Art. 101 Abs. 1	Richterausschluss (§ 23 Abs. 2) (vormaliger Revisionsrichter)	BVerfGE 31, 295 BVerfGE 30, 165
§ 368	Art. 2 Abs. 1, 20 Abs. 3 + Art 19 Abs. 4	Erheblichkeit von Nova ■ Überspannung der Anforderungen)	StRR 2007, 184 Beschl. v. 27.9.1995 – 2 BvR 2575/94
	Art. 3 Abs. 1	■ Verfahrensfunktion (Nichtbeachtung)	NStE Nr. 13 zu § 359
§ 369	Art. 103 Abs. 1	Nichtberücksichtigung von Beweisergebnissen	StV 2003, 223
§ 370	Art. 3 Abs. 1 GG	Prüfungsmaßstab (Abweichung)	NJW 1990, 3193
§ 373a	Art. 2 Abs. 1, 20 Abs. 3	Behebung von Fehlern bei der Tatsachenfeststellung	NJW 1993, 2735

Privatklage (§§ 374 – 394) 1439

StPO	GG		BVerfG
§ 383 Abs. 2	Art. 2 Abs. 1, 20 Abs. 3	Einstellung ■ Wahrnehmung berechtigter Interessen Kosten- und Auslagenentscheidung; s. Rdn 1444	NJW 1991, 29

1440 Nebenklage (§§ 395 – 402)

StPO	GG		BVerfG
§ 397a Abs. 1	Art. 103 Abs. 1 Art. 3 Abs. 1	Beiordnung ■ Anspruch (Überspannung der Anforderungen an den Sachvortrag) ■ Rückwirkende Beiordnung (Kosten- und Auslagenentscheidung; s.a. „Kosten des Verfahrens (§§ 464 – 473a)“; Rdn 1444	NJW 2000, 275 NStZ-RR 1997, 69

1441 Entschädigung des Verletzten (§§ 403 – 406c)

StPO	GG		BVerfG
§ 404 Abs. 2	Art. 101 Abs. 1	Adhäsionsverfahren Richterablehnung Verwerfung (Unzulässigkeit)	NStZ-RR 2007, 275
§ 404 Abs. 5	Art. 3 Abs. 1 (Willkürverbot)	Rücknahme der PKH-Bewilligung bei einem Angeklagten	Beschl. v. 24.10.2007 – 2 BvR 1015/07
§ 406e	+ Art. 2 Abs. 1, 1 Abs. 1 (Informationelle Selbstbestimmung)	Akteneinsicht (Verletzteneigenschaft)	NJW 2003, 501

1442 Verfahren bei Strafbefehlen (§§ 407 – 412)

StPO	GG		BVerfG
§ 410 Abs. 1	Art. 19 Abs. 4, 103 Abs. 1	Einspruchsschreiben ■ Form (Computerfax) ■ Frist ■ Empfangsbekenntnis ■ Organisationsmangel Justiz	 NJW 2002, 3534 NJW 2001, 1563 BVerfG NJW 1997, 1770
§ 411	Art. 3 Abs. 1	Strafklageverbrauch (schwereres Vergehen)	NJW 1984, 604

Strafvollstreckung (§§ 449 – 463d)

1443

StPO	GG		BVerfG
§ 450a	Art. 2 Abs. 2	Anrechnung von Abschiebehaft	BVerfGK 5, 17
§ 454 Abs. 1	Art. 2 Abs. 1 20 Abs. 3 Art. 2 Abs. 1, Abs. 2 20 Abs. 3, 104 Abs. 2 Art. 2 Abs. 2, 20 Abs. 3	Reststrafenbewährung ■ Mündliche Anhörung ■ Schuldschwere (§ 57a StB) ■ Verteidigerbeziehung ■ Vollzugslockerungen	NJW1993, 2301 NJW 1993, 1124 NJW 1992, 2947 StV 1994, 552 StV 2003, 677
§ 454 Abs. 2	Art. 2 Abs. 2 S. 1, 104 Abs. 1	Beschleunigungsgebot	StV 2011, 41
	Art. 2 Abs. 2 S. 1, 104 Abs. 1 Art. 2 Abs. 1, 1 Abs. 1	Sachverhaltsaufklärung	BVerfGK 14, 514 NJW 1992, 2344, 1998, 2202; StV 2009, 37
§ 454a Abs. 1	Art. 2 Abs. 2 104 Abs. 1	Richtervorbehalt	Beschl. v. 29.11.2011 – 2 BvR 1758/10
	Art. 2 Abs. 2 104 Abs. 2	Sachverhaltsaufklärung	StV 2009, 708
§ 454a Abs. 2	Art. 2 Abs. 2 104 Abs. 1	Reststrafenbewährung (Aufhebung)	NJW 2001, 2247
§ 455	Art. 2 Abs. 2 1 Abs. 1	Strafunterbrechung (Krankheit)	R&P 2010, 219
§ 457 Abs. 2	Art. 2 Abs. 2, 19 Abs. 4 104 Abs. 1	Vollstreckungshaftbefehl	NStZ-RR 2004, 252
§ 458 Abs. 1	Art. 2 Abs. 2 Art. 20 Abs. 2, 3 Abs. 1	Anrechnung ■ Maßregelvollzug ■ verfahrensfremder Haft	 Beschl. v. 6.12.1994 – 2 BvR 1872/91 StV 1998, 664; 1999, 546
	Art. 2 Abs. 2 104 Abs. 1	Auslegung (Formulierungsversehen)	Beschl. v. 28.4.1998 – 2 BvR 2172/97
§ 462a Abs. 4	Art. 101 Abs. 1	Nachtragsentscheidungen (Zuständigkeit)	Beschl. v. 20.10.2003 – 2 BvR 1515/03

StPO	GG		BVerfG
§ 463 Abs. 1	Art. 2 Abs. 2 104 Abs. 1	Sachverhaltsaufklärung	R&P 2009, 58
§ 463 Abs. 3		Sachverhaltsaufklärung	Beschl. v. 8.7.2010 – 2 BvR 1771/09
§ 463 Abs. 4		Sachverhaltsaufklärung	NStZ-RR 2010, 122; Beschl. v. 16.2.2008 – 2 BvR 1998/07; Beschl. v. 19.6.2012 – 2 BvR 2521/11

1444 Kosten des Verfahrens (§§ 464 – 473a)

StPO	GG		BVerfG
§ 464a Abs. 2 Nr. 1	Art. 2 Abs. 1, 20 Abs. 3	Kostenerstattung (Privatgutachten des Nebenklägers)	NJW 2006, 136
§ 464a Abs. 2 Nr. 2	Art. 12 Abs. 1	Kostenerstattung (Reisekosten des Pflichtverteidigers	NJW 2001, 1269
§ 464c	Art. 3 Abs. 3	Dolmetscherkosten (Briefkontrolle, Besuchsüberwachung, Kontrolle von Telefonaten)	NJW 2004, 1095
§ 467 Abs. 1	Art. 3 Abs. 1	Freispruch Auferlegung der Verfahrenskosten*	NStE Nr. 4 zu § 467 StPO
§ 467 Abs. 3	Art. 3 Abs. 1 (Willkürverbot) Art. 3 Abs. 1, 20 Abs. 3 Art. 2 Abs. 1, 20 Abs. 3 (faires Verfahren)	Notwendige Auslagen ■ Ermessensfehler ■ Umgehung („Rechtsfortbildung“) ■ Unschuldsvermutung	BVerfGK 3, 229 NJW 1993, 997 NJW 1992, 1611
§ 467 Abs. 4	2 Abs. 1, 20 Abs. 3	Absehen der Überbürdung notwendiger Auslagen auf die Staatskasse (Unschuldsvermutung)	NStZ 1992, 238; StV 2008, 368; Beschl. v. 29.1.1990 – 2 BvR 184/89; 2 BvR 185/89; Beschl. v. 15.3.1993 – 2 BvR 140/93; Beschl. v. 29.10.2015 – 2 BvR 388/13

StPO	GG		BVerfG
§ 471 Abs. 3	Art. 2 Abs. 1, 20 Abs. 3	Verfahrenseinstellung nach § 383 Abs. 2 ■ Auferlegung der Kosten/notwendigen Auslagen des Privatklägers auf den Privatbeklagten (Unschuldsvermutung)	Beschl. v. 14.1.2008 – 2 BvR 1975/06 NJW 1987, 2427; 1992, 1611; NStE Nr. 2 zu § 471 StPO; NStE Nr. 3 zu § 471 StPO; Beschl. v. 11.11.1987 – 2 BvR 745/87; Beschl. v. 11.11.1987 – 2 BvR 1208/86
		■ Kostenverteilung auf beide Verfahrensbeteiligte	NJW 1991, 829
		■ Wahrnehmung berechtigter Interessen (§ 193 StGB)	NJW 1991, 29
§ 472 Abs. 2	Art. 2 Abs. 1, 20 Abs. 3	Verfahrenseinstellung nach § 153a Abs. 2 (Unschuldsvermutung)	NStE Nr. 3 zu § 153a StPO
*) Von der Überbürdung der notwendigen Auslagen durfte nach § 109a Abs. 2 OWiG abgesehen werden.			

Erteilung von Auskünften und Akteneinsicht (§§ 474 – 482) 1445

StPO	GG		BVerfG
§§475,477	2 Abs. 1, 1 Abs. 1 (Informationelle Selbstbestimmung)	Akteneinsicht für Privatpersonen	NJW 2009, 2876
§ 478 Abs. 3	2 Abs. 1, 1 Abs. 1 (Informationelle Selbstbestimmung)	Rechtmäßigkeitskontrolle	NJW 2007, 1052; StraFo 2015, 478

Internationales Recht 1446

	GG		BVerfG
Wiener Übereinkommen über konsularische Beziehungen	2 Abs. 1, 20 Abs. 3 (faires Verfahren)	Nichtberücksichtigung der Rechtsprechung des IGH	StV 2008, 51; 2011, 329

	GG		BVerfG
Überstellung verurteilter Personen (ÜberstÜbk)	Art. 2 Abs. 1, 1 Abs. 1, 30	Ermessen der StA Überprüfbarkeit	NJW 1997, 3013

1447 **Rechtshilfe**

	GG		BVerfG
IRG a.F. § 71 Abs. 1	Art. 2 Abs. 1, 1 Abs. 1, 30	Strafvollstreckung Überstellung in das Heimatland	NJW 1997, 3013
IRG a.F. § 77	Art. 2 Abs. 1, Abs. 2, 25	Auslieferung (Mindeststandards) ■ Ägypten ■ Weißrussland	 NStZ 2006, 102 StV 2004, 440

Siehe auch: → *Rechtsmittel/Rechtsbehelfe, Allgemeines*, Teil A Rdn 1289, m.w.N.; → *Verfassungsbeschwerde, Allgemeines*, Teil C Rdn 729, m.w.N.; → *Verfassungsbeschwerde, Begründung, Bestimmtheitsgrundsatz*, Teil C Rdn 795; → *Verfassungsbeschwerde, Begründung, Beweisverbote*, Teil C Rdn 816; → *Verfassungsbeschwerde, Begründung, effektiver Rechtsschutz (Art. 19 Abs. 4 GG)*, Teil C Rdn 916; → *Verfassungsbeschwerde, Begründung, faires Verfahren*, Teil C Rdn 861; → *Verfassungsbeschwerde, Begründung, gesetzlicher Richter (Art. 101 Abs. 1 S. 2 GG)*, Teil C Rdn 883; → *Verfassungsbeschwerde, Begründung, ineffektiver Rechtsschutz (Art. 19 Abs. 4 GG) (Mindermeinung)*, Teil C Rdn 903; → *Verfassungsbeschwerde, Begründung, Ne bis in idem*, Teil C Rdn 953; → *Verfassungsbeschwerde, Begründung, Nemo-Tenetur-Grundsatz*, Teil C Rdn 965; → *Verfassungsbeschwerde, Begründung, Prüfungsmaßstab*, Teil C Rdn 969; → *Verfassungsbeschwerde, Begründung, Prüfungsumfang*, Teil C Rdn 980; → *Verfassungsbeschwerde, Begründung, Rechtliches Gehör*, Teil C Rdn 999; → *Verfassungsbeschwerde, Begründung, Schuldgrundsatz*, Teil C Rdn 1055; → *Verfassungsbeschwerde, Begründung, U-Haft*, Teil C Rdn 1059; → *Verfassungsbeschwerde, Begründung, Unschuldsvermutung*, Teil C Rdn 1079; → *Verfassungsbeschwerde, Begründung, Verhältnismäßigkeitsprinzip*, Teil C Rdn 1083; → *Verfassungsbeschwerde, Begründung, Wahrheitserforschungsgebot*, Teil C Rdn 1104; → *Verfassungsbeschwerde, Begründung, Zwangsmaßnahmen, Allgemeines*, Teil C Rdn 1112.

Rechtsmittel/Rechtsbehelfe, Einfluss RiStBV 1448

Das Wichtigste in Kürze:

1. Die Richtlinien für das Straf- und Bußgeldverfahren (RiStBV); sind Verwaltungsvorschriften für Strafverfahren gegen Erwachsene.
2. Zu Rechtsmitteln und Rechtsbehelfen enthalten die RiStBV Bestimmungen in den Nr. 153 ff.

Literaturhinweise: **Matthies**, Die Ausübung des pflichtgemäßen Ermessens der Staatsanwaltschaft bei der Einlegung von Rechtsmitteln gegen Urteile Eine kritische Bestandsaufnahme der rechtstatsächlichen Handhabung, StraFo 2009, 229; **Nestler**, Strafverfahren zwischen Wirtschaftlichkeit und Legalitätsprinzip, JA 2012, 88. 1449

1. Die **Richtlinien** für das **Straf- und Bußgeldverfahren (RiStBV)**; sind Verwaltungsvorschriften für **Strafverfahren** gegen **Erwachsene**, die sich teilweise auch an den Richter wenden, dem es jedoch überlassen bleibt, sie zu berücksichtigen (sic!). Es ist ein echtes Kuriosum, dass Bund und Länder ein umfassendes und inhaltlich sinnvolles Regelungswerk schaffen, das aber in Teilbereichen ins Leere geht, weil es von Gerichten nicht einmal von den darin enthaltenen Grundgedanken aufgegriffen zu werden braucht. Man findet die RiStBV im Internet unter http://www.verwaltungsvorschriften-im-internet.de/bsvwvbund_01011977_420821R5902002.htm oder im Anhang Nr. 12 bei *Meyer-Goßner/Schmitt*. 1450

☝ Der Inhalt der RiStBV sollte bei der **Auslegung** der **Rechtsschutzmöglichkeiten** weder vom Gericht noch vom Verteidiger vernachlässigt werden, auch wenn sich die Rspr. gerne darauf beruft, dass sie selbst durch die RiStBV nicht gebunden werde (BayObLG NJW 1996, 1836). Rein formalrechtlich trifft dies zwar zu; jedoch ist jeder Richter nach Art. 20 Abs. 3 GG an Gesetz und Recht gebunden, zu Letzterem die Richtlinien zweifelsfrei zählen.

2. Zu **Rechtsmitteln und Rechtsbehelfen** enthalten die RiStBV 1451

- Gemeinsame Bestimmungen (Nrn. 153 – 157) sowie besondere Bestimmungen für
- Berufung (Nrn. 158 f.). und
- Revision (Nrn. 159 – 169).

Einzelbestimmung bestehen im Zusammenhang mit der 1452

- Belehrung über Rechtsmitte/Rechtsbehelfe (Nr. 142),
- Erklärung von Rechtsmitteln zu Protokoll der Geschäftsstelle (Nr. 150),
- Ladung (Nr. 117),
- Untersuchungshaft (Nrn. 46 – 57),
- Verfahren gegen sprachunkundige Ausländer (Nr. 181),
- Wiederaufnahme des Verfahrens (Nr. 170 f.).

☝ Da die RiStBV auch zur Ausgestaltung eines fairen Verfahrens beitragen, sollte sich der Verteidiger stets **auf sie berufen**, wenn im Verfahrensablauf von ihnen abgewichen wird.

Siehe auch: → *Rechtsmittel/Rechtsbehelfe, Allgemeines*, Teil A Rdn 1289, m.w.N.

1453 Rechtsmittel/Rechtsbehelfe, Einfluss Unionsrecht

Das Wichtigste in Kürze:

1. Das europäische Gemeinschaftsrecht, besteht neben den Rechtsordnungen der Mitgliedstaaten; es ist von diesen unabhängig und eigenständig.
2. Das Gemeinschaftsrecht hat absoluten Vorrang vor nationalem Recht einschließlich Verfassungsrecht.
3. Auch die Rechtsprechung des BVerfG geht im Grundsatz ebenfalls vom Vorrang des Unionsrechts aus.
4. Das Recht der Union auszulegen, ist ausschließlich dem EuGH vorbehalten (Art. 267 AEUV).

1454 **Literaturhinweise:** s. → *Rechtsmittel/Rechtsbehelfe, Allgemeines*, Teil A Rdn 1289, m.w.N.

1455 **1.a)** Die europäische Rechtsordnung, das **Gemeinschaftsrecht**, besteht **neben** den Rechtsordnungen der Mitgliedstaaten; sie ist von diesen **unabhängig** und **eigenständig** (EuGH DRsp Nr. 2006/15863 = Slg. 1964, 1251; BVerfGE NJW 1968, 348; NJW 1971, 2122). Sie besteht aus primären und sekundären Rechtsquellen.

1456 Einen **positiven Ausblick** auf die Fortschreibung des Verfahrensrechts lässt die **Entwicklung** im **Bereich** des **Unionsrechts** zu. Dabei wäre es zunächst ungerecht, Deutschland als „verfahrensrechtliches Schmuddelkind" zu charakterisieren, weshalb der Anlass für ein gemeinschaftsrechtliches Regelungsbedürfnis seitens der Union in erster Linie in anderen Ländern zu verorten ist. Aufgrund seiner Vorrangstellung gewinnt das Unionsrecht aber auch immer mehr an Einfluss auf das deutsche Verfahrensrecht. Gerade durch die Charta der europäischen Grundrechte, deren Auslegung maßgeblich durch die Rechtsprechung des EGMR geprägt ist, entfalten dessen Entscheidungen nunmehr ebenso Bindungswirkung wie dies für grundrechtsbezogene Entscheidungen des EuGH bereits bislang gilt. Ein **Nachholbedarf** besteht bei den **deutschen Gerichten** bis hin zum BVerfG jedoch noch insoweit, als diesen – z.B. im Zusammenhang mit der Auslegung von Charta oder SDÜ – in der Tat Entscheidungskompetenz entzogen wird (vgl. § 1 EuGHG), wogegen erheblicher Widerstand zu spüren ist.

b) Schaubild: Gemeinschaftsrecht 1457

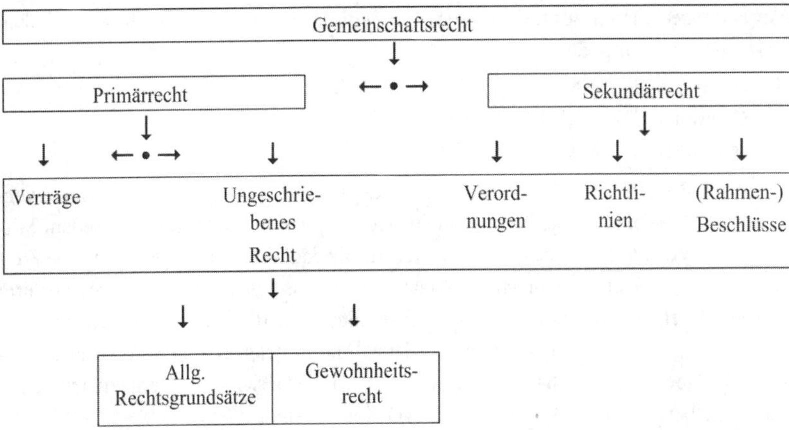

2. Das Gemeinschaftsrecht hat **absoluten Vorrang** vor nationalem Recht einschließlich Verfassungsrecht (Streinz/*Streinz* EUV Art. 4 Rn 35), da es nur auf diese Weise Wirkung entfalten („**effet utile**") und einheitlich für sämtliche Mitgliedstaaten Geltung beanspruchen kann (*Satzger*, Rn 12). Der Vorrang ergibt sich u.a. aus der **Sanktionspflicht** der Mitgliedstaaten (EuGH, Beschl. v. 21.9.1989 – Rs. 68/88 Slg. 1989, 2965). Nach Art. 325 AEUV ist der noch in Art. 209a EGV enthaltene Vorbehalt, wonach die Anwendung des Strafrechts der Mitgliedstaaten und ihre Strafrechtspflege unberührt bleiben, entfallen. 1458

Im Zusammenhang mit einer sich aus der Einführung jüngerer innerstaatlichen Regelungen (**lex posterior**) ergebenden Kollisionslage hat der **EuGH** (NJW 1999, 201) entschieden: „Die Unvereinbarkeit einer später ergangenen Vorschrift des innerstaatlichen Rechts mit dem Gemeinschaftsrecht führt nicht dazu, dass diese Vorschrift inexistent ist. In dieser Situation ist das nationale Gericht verpflichtet, diese Vorschrift unangewendet zu lassen, wobei diese Verpflichtung nicht die Befugnis der zuständigen nationalen Gerichte beschränkt, unter mehreren nach der innerstaatlichen Rechtsordnung in Betracht kommenden Wegen diejenigen zu wählen, die zum Schutz der durch das Gemeinschaftsrecht gewährten individuellen Recht geeignet erscheinen." 1459

3.a) Auch die **Rechtsprechung** des **BVerfG** geht in den „Solange"-Entscheidungen (BVerfGE 22, 293 = NJW 1968, 348; BVerfGE 73, 339 = NJW 1987, 577), der Maastricht-Entscheidung (BVerfGE 89, 155 = NJW 1993, 3047) und der Bananenmarkt-Entscheidung (BVerfGE 102, 147 = NJW 2000, 3124) im Grundsatz ebenfalls vom **Vorrang** des **Unionsrechts** aus. 1460

1461 Das **Primärrecht** besteht in seiner kodifizierten Form aus **EUV** und **AEUV**, den dazugehörigen Protokollen sowie der **Charta der Grundrechte** (Charta; http://www.europarl.europa.eu/charter/pdf/text_de.pdf). Die **sekundärrechtlichen** Rechtsakte sind in Art. 288 AEUV aufgeführt:

- Verordnungen (§ 288 Abs. 2 AEUV),
- Richtlinien (§ 288 Abs. 3 AEUV),
- Beschlüsse (§ 288 Abs. 4 AEUV).

1462 **b)** Sowohl Primär- als auch Sekundärrecht sind für den jeweiligen **Normadressaten verbindlich**. Die **Verordnung** hat allgemeine Geltung und gilt unmittelbar in jedem Mitgliedstaat. Von ihr unterscheidet sich die **Richtlinie** dadurch, dass sie lediglich eine Zielverbindlichkeit festlegt, dem Mitgliedstaat bei der Umsetzung aber die Wahl der Form und der Mittel überlässt. Ist die Frist zur **Umsetzung** einer **Richtlinie** noch nicht abgelaufen, stellt sich die Frage, inwieweit auf die Richtlinie zurückgegriffen werden darf. Anerkannt ist dabei, dass innerhalb der Umsetzungsfrist die Gerichte zur Heranziehung einer Richtlinie berechtigt, jedoch hierzu nicht verpflichtet sind.

1463 **4.** Das Recht der Union **auszulegen**, ist **ausschließlich** dem **EuGH vorbehalten** (Art. 267 AEUV), da nur so unionsweit verbindlich eine einheitliche Auslegung gesichert und das Unionsrecht richterrechtlich fortgebildet werden kann. Die Auslegungskompetenz umfasst **sämtliche Rechtssätze des** Unionsrechts. Sind innerstaatliche Gerichte mit einer entscheidungserheblichen Frage befasst, die die Auslegung von Unionsrecht erfordert, können sie den EuGH im **Rahmen** des **Vorabentscheidungsverfahrens** um die Auslegung ersuchen (Art. 267 Abs. 2 AEUV); Gerichte, deren Entscheidung nicht mehr angefochten werden kann, sind in diesem Fall zur Vorlage an den EuGH verpflichtet (Art. 267 Abs. 3 AEUV; vgl. auch § 1 EuGHG).

1464 **5.** Die Rechtsprechung des EuGH zu einzelnen Grundrechten ist zusammengestellt in der folgenden

1465 **Übersicht: Rechtsprechung des EuGH zu einzelnen Grundrechten**

Charta	EMRK	GG	EuGH
Art. 1	≈ Art. 3	Art. 1	Slg 2001, I-7079 = EuGRZ 2001, 486
Art. 3 Abs. 1	≈ Art. 3	Art. 2 Abs. 2 S. 1	s. Art. 1
Art. 7	Art. 8	Art. 13	NJW 1989, 3080
Art. 12 Abs. 1	Art. 11	Art. 8	NJW 2003, 3185.
Art. 47 Abs. 1	Art. 13	Art. 19 Abs. 4	Slg. 1986, 1651 = AP EWG-Vertrag Art. 119 Nr. 18; Slg. 1987, 4097 = NJW 1989, 657
Art. 47 Abs. 2	Art. 6 Abs. 1 faires Verfahren	Art. 2 Abs. 1, 20 Abs. 3	Slg. 1998, I-8417 = EuGRZ 1999, 26; Slg 2000, I-1 = EuGRZ 2000, 44.

Charta	EMRK	GG	EuGH
	rechtliches Gehör	103 Abs. 1	NJW 1989, 3080
	Beweisverwertung		Slg. 2003, I-3735 = EuZW 2003, 666
Art. 48 Abs. 1	Art. 6 Abs. 2	Art. 20 Abs. 3	BB 2011, 2497; Slg. 2009, I-12073 = WM 2010, 65.
Art. 48 Abs. 2	Art. 6 Abs. 3	Art. 2 Abs. 1, 20 Abs. 3	Beschl. v. 3.9.2008 – C-402/05 P; Slg. 2008, I-6351 = EuGRZ 2008, 480
	Nemo-tenetur-Grundsatz	Art. 1, Art. 20 Abs. 3	Slg 2000, I-1935 = NJW 2000, 1853 m. Anm. von *Bar* JZ 2000, 723; Slg. 1982, 3283
	Akteneinsicht		GRURPrax 2010, 349
	effektive Verteidigung		HFR 2010, 893
Art. 49 Abs. 3		Art. 20 Abs. 3	Slg. 1979, 2137

Siehe auch: → *Rechtsmittel/Rechtsbehelfe, Allgemeines*, Teil A Rdn 1289, m.w.N.; → *Rechtsmittel/Rechtsbehelfe, Einfluss, GG*, Teil A Rdn 1402, m.w.N.

Rechtsmittel/Rechtsbehelfe, Einlegung 1466

Das Wichtigste in Kürze:

1. Je nach Verfahrensart und/oder -situation, sind Rechtsmittel/Rechtsbehelfe bei unterschiedlichen Adressaten anzubringen.
2. Die gerichtliche Entscheidung muss ergangen sein; ein „vorsorglich" eingelegtes Rechtsmittel ist unzulässig.
3. Die Einlegung von Rechtsmitteln ist bedingungsfeindlich.
4. Die Wirksamkeit der Rechtsmitteleinlegung setzt voraus, dass die abgegebene Rechtmittelerklärung in der erfolgten Weise in den Verkehr mit dem Gericht gelangen sollte.
5. Die Einlegung eines Rechtsmittels kann wirksam nur in deutscher Sprache erfolgen.

Literaturhinweise: s. → *Rechtsmittel/Rechtsbehelfe, Allgemeines*, Teil A Rdn 1290, m.w.N. 1467

1. Je nach Verfahrensart und/oder -situation, sind Rechtsmittel/Rechtsbehelfe bei **unterschiedlichen Adressaten** anzubringen. 1468

1469 **a)** Rechtsmittel und Rechtsbehelfe gegen **gerichtliche Entscheidungen**. sind bei dem Gericht einzulegen, das die anzufechtende Entscheidung erlassen hat (sog. judex a quo). **Adressat** ist bei

- **Berufungen** das AG (§ 314 Abs. 1),
- Anträgen auf Entscheidung des Berufungsgerichts **(§ 319 Abs. 2 S. 1)** das AG (§ 306 Abs. 1),
- **Beschwerden** das Gericht, das den angefochtenen Beschluss (die angefochtene Verfügung) erlassen hat (§ 306 Abs. 1),
- **Einsprüchen** gegen Strafbefehle das AG (§ 410 Abs. 1 S. 1)
- **Revisionen** das LG (§ 341 Abs. 1) oder AG (Sprungrevision; § 335),
- **Anträgen** auf **Entscheidung** des **Revisionsgerichts** (§ 346 Abs. 2 S. 1) das AG (Sprungrevision) bzw. das LG (§ 306 Abs. 1),
- **Wiedereinsetzung in den vorigen Stand** das Gericht, bei dem die Frist wahrzunehmen gewesen wäre (§ 45 Abs. 1 S. 1).

☝ Die **Einlegung** beim **Rechtsmittelgericht** führt grds. zur **Unzulässigkeit** jedes befristeten Rechtsmittels/Rechtsbehelfs, sofern er/es nicht noch innerhalb der vorgeschriebenen Frist dem Ausgangsgericht zugeht (→ *Rechtsmittel/Rechtsbehelfe, Fristen, Allgemeines*, Teil A Rdn 1545 ff.).

1470 **b) Beanstandungen** von **Entscheidungen** des **Vorsitzenden** bezüglich der Sachleitung sind – verbunden mit dem Antrag auf gerichtliche Entscheidung – beim erkennenden (Kollegial-)Gericht (§ 238 Abs. 2) anzubringen; dies gilt auch für Verhandlungen vor dem Strafrichter (vgl. dazu eingehend *Burhoff*, HV, Rn 2889).

1471 **c)** Bei **Anträgen** auf **gerichtliche Entscheidung** ist zu differenzieren zwischen der Antragstellung vor Anklageerhebung (Ermittlungsrichter) und dem Zeitpunkt danach (Tatgericht) → *Antrag auf gerichtliche Entscheidung, Allgemeines*, Teil B Rdn 93 ff. m.w.N.).

1472 Der **Klageerzwingungsantrag**, rechtstechnisch ebenfalls ein Antrag auf gerichtliche Entscheidung, ist beim (Strafsenat des) OLG einzureichen (§ 172 Abs. 3 S. 2; → *Klageerzwingungsverfahren, Antrag, Allgemeines*, Teil B Rdn 494).

1473 Auch beim **Wiederaufnahmeantrag** handelt es sich um einen Antrag auf gerichtliche Entscheidung. Er ist beim Wiederaufnahmegericht einzureichen; eine wirksame Einreichung kann aber auch bei dem Gericht erfolgen, dessen Verfahren wiederaufgenommen werden soll (→ *Wiederaufnahmeverfahren, Zuständigkeit*, Teil B Rdn 1464 ff.).

1474 **2.** Die gerichtliche **Entscheidung** muss **ergangen** sein. Ein „vorsorglich" eingelegtes Rechtsmittel ist unzulässig. Allerdings braucht der Rechtsmittelführer bei Einlegung des Rechtsmittels gegen eine tatsächlich ergangene Entscheidung von dieser keine Kenntnis zu haben (BGHSt 25, 187). Zu einer **Ausnahme** → *Beschwerde, Untätigkeit*, Teil A Rdn 560 ff.

3. Die Einlegung von Rechtsmitteln ist **bedingungsfeindlich** und kann daher nicht von außerprozessualen Bedingungen abhängig gemacht werden (BVerfGE 40, 272; *Meyer-Goßner/Schmitt*, Einl. Rn 118). 1475

4. Die Wirksamkeit der Rechtsmitteleinlegung setzt voraus, dass die abgegebene **Rechtmittelerklärung** in der erfolgten Weise in den Verkehr mit dem Gericht gelangen sollte (Ausschluss einer reinen Entwurfsqualität; BGH NStZ-RR 2000, 305; (→ *Rechtsmittel/Rechtsbehelfe, Form, Allgemeines*, Teil A Rdn 1509 ff.). Sie muss die Person des Erklärungsverfassers erkennen lassen (BGH NStZ 2002, 558). Inhaltlich muss ihr ein **Anfechtungswille** zumindest (→ *Rechtsmittel/Rechtsbehelfe, Auslegung/Umdeutung*, Teil A Rdn 1312 ff.) zu entnehmen sein. 1476

5.a) Die Einlegung eines Rechtsmittels kann wirksam **nur** in **deutscher Sprache** erfolgen (§ 184 Abs. 1 S. 1 GVG; vgl. dazu aber a. EuGH NJW 2016, 303 m. Anm. *Böhm*). Darüber ist der Sprachunkundige zu **belehren** (→ *Rechtsmittel/Rechtsbehelfe, Allgemeines*, Teil A Rdn 1377, m.w.N.) ist. 1477

> *Beispiel:* 1478
>
> Ein vom AG Verurteilter, des Deutschen nicht mächtig, wendet sich handschriftlich in einem innerhalb der Wochenfrist bei Gericht eingehenden Schreiben ersichtlich gegen seine Verurteilung mit den Worten „… therefore I want to make an appeal."

b)aa) Die **h.M.** in Rspr. und Lit. (Nachweise bei LR-*Wickern*, § 184 GVG Rn 15 ff.; *Meyer-Goßner/Schmitt*, § 184 GVG Rn 2) geht von der **Unbeachtlichkeit** der Erklärung aus, sofern ihr nicht eine Übersetzung in deutscher Sprache beigefügt ist. Dadurch berücksichtigt sie aber weder den Wesensgehalt des Art. 2 GG i.V.m. Art. 20 Abs. 3 GG in der Ausprägung des Fair-trial-Grundsatzes noch das Diskriminierungsverbot des Art. 21 Charta (i. Erg. ebenso LR-*Wickern*, § 184 GVG Rn 15 ff.; vgl. auch Kissel/*Mayer*, § 184 GVG Rn 9 f.). Im Gegensatz zum Sprachunkundigen werden an den Richter insoweit keine „besonderen Anforderungen" gestellt, selbst wenn er den Inhalt (einer z.B. in Englisch abgefassten Erklärung) erfassen kann (*Meyer-Goßner/Schmitt*, a.a.O.). In Ansehung von Art. 19 Abs. 4, 103 Abs. 1 GG soll der Richter jedoch gehalten sein, den Erklärungsverfasser auf § 184 S. 1 GVG hinzuweisen (BVerfG StV 1995, 394 [Ls.]; zu allem a. EuGH NJW 2016, 303 m. Anm. *Böhm*). 1479

Der in dem vom BVerfG (StV 1995, 394 [Ls.]) entschiedenen Fall angesprochene **Hinweis** auf **§ 184 S. 1 GVG** wird i.d.R. jedoch aus Zeitgründen der Problematik nicht gerecht werden können, zumal es bei einwöchigen Fristen zumindest noch eines zusätzlichen Hinweises auf die Möglichkeit einer Wiedereinsetzung in den vorigen Stand und die dort bestehenden Begründungsanforderungen bedürfen würde. Auch dürfte sich der Richter nicht damit begnügen, den Hinweis nur in deutscher Sprache zu erteilen, weil er dadurch – sehenden Auges – neuerlich den Anspruch aus Art. 19 Abs. 4, 103 Abs. 1 GG verletzen würde; er 1480 müsste den Hinweise vielmehr in eine für den Beschuldigten verständliche Sprache übersetzen lassen und die Übersetzung dem Hinweis beifügen. Damit belegt allein der Beispielsfall bereits die Existenzberechtigung der insoweit vorliegenden europäischen RL und die Erforderlichkeit der Umsetzung in deutsches Recht.

1481 Geht die in einer **Fremdsprache abgefasste Rechtsmittelerklärung** bei Gericht ein, wird sie **Aktenbestandteil** und unterfällt dadurch dem sachlichen Anwendungsbereich der RL, der bis zum rechtskräftigen Abschluss des Verfahrens reicht (→ *Rechtsmittel/Rechtsbehelfe, Sprachunkundigkeit, Regelungsbestand*, Teil A Rdn 1708 ff.). Unbeachtlich ist die Erklärung nur dann, wenn sie trotz zureichender Belehrung nicht rechtzeitig (→ *Rechtsmittel/Rechtsbehelfe, Fristen, Allgemeines*, Teil A Rdn 1548 ff.) eingegangen ist. Inhaltlich handelt es sich ohne Zweifel um eine „wesentliche Unterlage", die der Wahrnehmung der Verteidigungsrechte des Angeklagten dient (Art. 3 Abs. 1 RL) und deshalb unverzüglich zu übersetzen ist. Da **Dolmetschleistungen** hier offensichtlich erforderlich sind, bedarf es einer gesonderten Antragstellung (Art. 3 Abs. 3 RL) nicht.

1482 **bb)** Die Implantierung des Regelungsgehalts der RL in die § 184 ff. GVG wäre zugegebenermaßen schwierig, weil die Vorschrift nicht nur für das Strafverfahren, sondern für alle Verfahrensarten gilt. Als **Bezugsfall** für die **Problemlösung** könnte **§ 23 Abs. 4 VwVfG** herangezogen werden. Der lautet:

> Soll durch eine Anzeige, einen Antrag oder eine Willenserklärung, die in fremder Sprache eingehen, zugunsten eines Beteiligten eine Frist gegenüber der Behörde gewahrt, ein öffentlich-rechtlicher Anspruch geltend gemacht oder eine Leistung begehrt werden, so gelten die Anzeige, der Antrag oder die Willenserklärung als zum Zeitpunkt des Eingangs bei der Behörde abgegeben, wenn auf Verlangen der Behörde innerhalb einer von dieser zu setzenden angemessenen Frist eine Übersetzung vorgelegt wird. Andernfalls ist der Zeitpunkt des Eingangs der Übersetzung maßgebend, soweit sich nicht aus zwischenstaatlichen Vereinbarungen etwas anderes ergibt. Auf diese Rechtsfolge ist bei der Fristsetzung hinzuweisen.

Siehe auch: → *Rechtsmittel/Rechtsbehelfe, Allgemeines*, Teil A Rdn 1289 m.w.N.

1483 Rechtsmittel/Rechtsbehelfe, Entscheidungsbekanntmachung

Das Wichtigste in Kürze:

1. Die Bekanntmachung von Entscheidungen regelt § 35. Sie sind dem davon Betroffenen bekannt zu machen.
2. Adressaten der Bekanntmachung einer gerichtlichen Entscheidung sind zunächst die Verfahrenshauptbeteiligten. Aber auch Verfahrensnebenbeteiligte können von einer Entscheidung betroffen sein.

3. Bekannt zu machen sind an erster Stelle Urteile und Beschlüsse, aber auch Prozess leitende Verfügungen, die sich auf das weitere Verfahren auswirken.
4. Bei nicht ausreichenden Deutschkenntnissen ist für die Bekanntmachung ein Dolmetscher beizuziehen oder eine Übersetzung anzufertigen.

Literaturhinweise: s. → *Rechtsmittel/Rechtsbehelfe, Allgemeines*, Teil A Rdn 1290, m.w.N.; → *Rechtsmittel/* 1484
Rechtsbehelfe, Zustellung, Teil A Rdn 1846, m.w.N.

1.a) Im Rahmen des Strafverfahrens regelt **§ 35**, auf welche Weise gerichtliche Entschei- 1485
dungen und damit untrennbar zusammenhängende Erklärungen (z.B. §§ 35a, 268a, 268c, 268d) dem davon **Betroffenen** zur **Kenntnis gebracht** („bekanntgemacht") werden. Dadurch erfüllt die Bekanntmachung in erster Linie die ihr zugrunde liegende **Informationspflicht**, die gewährleisten soll, dass der Entscheidungsadressat seinen verfassungsmäßig verbürgten Anspruch auf rechtliches Gehör (Art. 103 Abs. 1 GG) geltend machen und – insbesondere durch Einlegung von Rechtsmitteln und/oder Rechtsbehelfen – durchsetzen kann. Dies gilt speziell für Konstellationen, in denen eine gerichtliche Entscheidung nicht in Anwesenheit des davon Betroffenen ergeht, weshalb die Erforderlichkeit besteht, die Information des Betroffenen zu **dokumentieren** und **nachweisen zu können**.

☝ Die **Art** und **Weise** der **Bekanntmachung** selbst ist **nicht anfechtbar**. Ob und wenn ja, in welchem Umfang gegen eine gerichtliche Entscheidung ein Rechtsmittel/Rechtsbehelf eingelegt werden kann und/oder soll, setzt aber nicht nur die Kenntnis der Entscheidung selbst voraus, sondern auch, ob sie in der gesetzlich vorgeschriebenen Form bekannt gemacht wurde.

b) Schaubild: Art und Weise der Bekanntmachung gerichtlicher Entscheidungen 1486

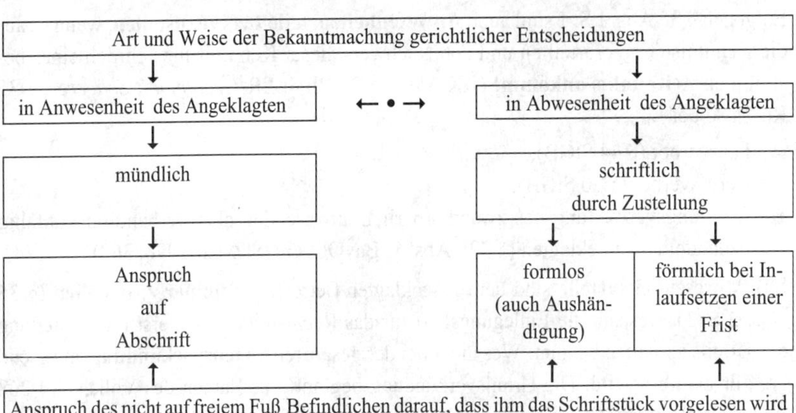

1487 2. **Adressaten** der **Bekanntmachung** einer gerichtlichen Entscheidung sind zunächst die **Verfahrenshauptbeteiligten**, mithin sämtliche Personen, denen das Verfahrensrecht die Möglichkeit einräumt, als Prozesssubjekt gestaltend auf das Verfahren einzuwirken (*Meyer-Goßner/Schmitt*, Einl. Rn 71). Das sind der Beschuldigte/Angeschuldigte/**Angeklagte**/Betroffene, dessen **Verteidiger**(in), die **StA**, der Nebenkläger, der Privatkläger.

1488 Betroffen sein können aber auch **Verfahrensnebenbeteiligte**, so z.B. persönlich der **Verletzte**, der Einziehungs- und Verfallsbeteiligte, Juristische Personen oder Personenvereinigungen oder der **Erziehungsberechtigte** und gesetzliche Vertreter im Verfahren nach JGG (vgl. dazu → *JGG-Besonderheiten, Entscheidungsbekanntmachung*, Teil A Rdn 754 ff.). Institutionell können auch Behörden betroffen sein, so z.B. die Finanzbehörde im Steuerstrafverfahren oder die Verwaltungsbehörde im Ordnungswidrigkeitenverfahren.

1489 3. **Bekannt** zu **machen** sind **Entscheidungen**, an erster Stelle **Urteile** und **Beschlüsse**, aber auch **prozessleitende Verfügungen**, die sich auf das weitere Verfahren auswirken (*Meyer-Goßner/Schmitt*, § 35 Rn 1; weiter gehend, nämlich alle: AnwKomm-StPO/*Rotsch*, § 35 Rn 2), was jedenfalls die Bekanntmachung auch von solchen Entscheidungen erforderlich macht, die keine Frist in Lauf setzen (*Meyer-Goßner/Schmitt*, § 35 Rn 10).

1490 **a)** Bei **Urteilen** ist zwischen Anwesenheitsurteilen und Abwesenheitsurteilen zu **unterscheiden**.

1491 **aa) Urteile** ergehen i.d.R. **in Anwesenheit** des Angeklagten/Betroffenen. Sie werden in der HV **mündlich verkündet** (§§ 268 Abs. 2, 35 Abs. 1 S. 1). Die Einlegungsfristen für Rechtsmittel beginnen deshalb am Tag der Verkündung zu laufen (→ *Rechtsmittel/Rechtsbehelfe, Fristen, Allgemeines*, Teil A Rdn 1549 ff.). Gegenüber einem der **deutschen Sprache nicht mächtigen** Angeklagten kann ein Urteil nicht wirksam verkündet werden, sofern kein Dolmetscher hinzugezogen worden war (KK-*Maul*, § 35 Rn 4; LR-*Graalmann-Scheerer*, § 35 Rn 7).

1492 Entgegen § 35 Abs. 1 S. 1 sind auch **Anwesenheitsurteile** stets **zuzustellen**, wenn es auf die Kenntnis des Verurteilten und den Nachweis dieser Kenntnis hinsichtlich eines bestimmten **Zeitpunkts ankommt** (KK-*Maul*, § 35 Rn 4; LR-*Graalmann-Scheerer*, § 35 Rn 7), so bei

- Fahrverbot (§ 44 StGB),
- Berufsverbot (§ 70 StGB),
- Berufungsverwerfung des zwar körperlich anwesenden aber verhandlungsunfähig behandelten Angeklagten (§ 329 Abs. 1: BayObLG NStZ-RR 1998, 368).

1493 **bb) Abwesenheitsurteile** sind dem Angeklagten/Betroffenen **immer zuzustellen** (§ 35 Abs. 2 S. 1), weshalb die Einlegungsfrist für das Rechtsmittel grds. erst mit Zustellung des Urteils zu laufen beginnt. Wer nicht bei der **gesamten Urteilsverkündung** anwesend ist, **gilt** als **abwesend**. Die Urteilsverkündung beginnt „Im Namen des Volkes" (§ 268 Abs. 1) und enthält die mündlich vorzutragende Urteilsformel (§ 268 Abs. 2 S. 1) sowie die zur erörternden Urteilsgründe (§ 268 Abs. 2 S. 2). Abgeschlossen ist die als einheitliches Ganzes anzusehende Urteilsverkündung (*Meyer-Goßner/Schmitt*, § 268 Rn 3) mit dem letzten Wort der Bekanntgabe der Urteilsgründe (*Meyer-Goßner/Schmitt*, § 268 Rn 8 m.w.N.; zur Urteilsverkündung *Burhoff*, HV, Rn 2761).

☝ **Ausnahmen** hiervon bestehen bezüglich des Angeklagten nach §§ 314 Abs. 2, 341 Abs. 2 in folgenden Fällen:

- in allgemeinen **Vertretungs**fällen des § 234,
- in **Vertretungs**fällen im Rahmen eines Privatklageverfahrens gem. § 387 Abs. 1,
- bei **Vertretung** im Strafbefehlsverfahren nach § 411 Abs. 2 und
- bei **Vertretung** des Einziehungsbeteiligten gem. § 434 Abs. 1 S. 1.

Ein wirksames Vertretungsverhältnis setzt aber stets eine **schriftliche Vertretungsvollmacht** (→ *Rechtsmittel/Rechtsbehelfe, Vollmacht, Vertretungsvollmacht*, Teil A Rdn 1809 ff.) voraus.

cc) Angefochtene Urteile müssen wegen etwaiger Begründungsfristen immer in **vollständiger Form** zugestellt werden (KK-*Maul*, § 35 Rn 4; zur Zustellungsanordnung (→ *Rechtsmittel/Rechtsbehelfe, Zustellung, Anordnung*, Teil A Rdn 1858 ff.; zu Zustellungsfragen a. *Burhoff*, HV, Rn 3620). 1494

☝ Die Zustellung des Urteils löst nur dann die beabsichtigten Rechtswirkungen, insbesondere das **Inlaufsetzen** von **Fristen** aus, wenn zuvor das **Protokoll** der **HV fertiggestellt** wurde; andernfalls ist die Zustellung unwirksam und muss wiederholt werden (§ 273 Abs. 4; *Burhoff*, HV, Rn 2092 ff.).

dd) Zusammen mit den **Abwesenheitsurteilen** ist jeweils die **Rechtsmittelbelehrung** zuzustellen (§§ 35 Abs. 2 S. 1, 35a S. 1; zur Rechtsmittelbelehrung → *Rechtsmittel/Rechtsbehelfe, Belehrung, Allgemeines*, Teil A Rdn 1337, m.w.N.). Zur Bekanntmachung bei nicht ausreichenden Deutschkenntnissen wird verwiesen auf Rdn 1506. Im Übrigen gilt: 1495

- Ist gegen das Urteil **Berufung** möglich, hat die Belehrung auch den Hinweis nach § 35a Abs. 1 S. 2 zu enthalten.
- Bei der Zustellung von **Verwerfungsurteilen** muss darauf hingewiesen werden, dass Wiedereinsetzung in den vorigen Stand möglich ist (§§ 329 Abs. 3, 412 S. 1 i.V.m. 329 Abs. 3).

b)aa) Beschlüsse sind gerichtliche **Entscheidungen**, die weder Urteile (Strafbefehle) noch Verfügungen sind und i.d.R. im Gesetz als **solche bezeichnet** werden (falsa demonstratio non nocet). 1496

☝ Im Hinblick auf § 35 Abs. 2 S. 2 sind alle Beschlüsse zuzustellen, die mit **sofortiger Beschwerde** (→ *Beschwerde, sofortige Beschwerde*, Teil A Rdn 550 ff.) angefochten werden können (KK-*Maul*, § 35 Rn 16).

1497 **bb) Haftentscheidungen** stellen insoweit einen **Sonderfall** dar, als sie sowohl innerhalb als auch außerhalb einer gerichtlichen Verhandlung ergehen können. Das gilt für die **Anordnung** der U-Haft (§§ 112, 112a, 114, 114a), die Außervollzugsetzung des Haftbefehls und Ablehnung (§ 116), die Haftprüfung (§ 117 Abs. 1), die Haftbeschwerde (§ 117 Abs. 2) und für die Haftprüfung durch das OLG betreffend **Haftfortdauer** über sechs Monate (§§ 121, 122).

1498 Zwar gilt insoweit auch hier entweder § 35 Abs. 1 oder Abs. 2; jedoch ist jeder **Haftbefehl** (§§ 112, 112a, 230 Abs. 2, 236, 329 Abs. 4 S. 1, 412 S. 1) dem Beschuldigten/Angeklagten nebst entsprechender Rechtsbehelfsbelehrung **auszuhändigen**.

1499 **cc) In** einer **gerichtlichen Verhandlung** erlassene Beschlüsse werden **mündlich** (mit ihrer wesentlichen Begründung) **verkündet**.

☝ Es besteht grds. ein **Anspruch** auf **unverzügliche Erteilung** einer **Abschrift** (§ 35 Abs. 1 S. 2), wobei es infolge des uneingeschränkten Gesetzeswortlauts auf den Zweck nicht ankommt (KK-*Maul*, § 35 Rn 8; LR-*Graalmann-Scheerer*, § 35 Rn 12; a.A. *Meyer-Goßner/Schmitt*, § 35 Rn 7).

Regelmäßig kommt dies in Betracht bei

- Ablehnung von **Beweisanträgen** (BGH NStZ 2008, 110),
- Außervollzugsetzung von **Haftbefehlen** (insb. bei Anordnung einer Sicherheitsleistung),
- **Ordnungsmittelbeschlüssen** (OLG Karlsruhe Justiz 1977, 385).

1500 Bei in einer **mehrtägigen HV** verkündeten Beschlüssen kann es zur Kollision zwischen § 35 Abs. 1 und § 271 Abs. 1 kommen, da das Protokoll erst nach Ende der HV fertiggestellt werden kann (vgl. *Meyer-Goßner/Schmitt*, § 271 Rn 19). Insoweit richtet sich der Anspruch aus § 35 Abs. 1 S. 2 dann auf **Erteilung** einer **Teilabschrift** (*Meyer-Goßner/Schmitt*, § 35 Rn 6).

1501 **dd) Vor** einer **mündlichen Verhandlung** sind durch **Zustellung** bekannt zu machen

- die **Anklageschrift** (§ 201),
- der **Eröffnungsbeschluss** (§ 215),
- jeder **Strafbefehl** (§ 409), aber auch
- Entscheidungen über **Beiordnung** des **Pflichtverteidigers**,
- Entscheidungen bei ermittlungsrichterlichen Vernehmungen (§ 168c Abs. 3),
- Anordnung der kommissarischen Vernehmung (§§ 223, 224),

- Anordnung eines richterlichen Augenscheins (§ 225),
- **Entbindung** von der Pflicht zum **persönlichen Erscheinen** (§ 233 Abs. 2),
- Entscheidungen über **Terminsverlegungsanträge**.

ee) Nach einer **mündlichen Verhandlung** und damit in Abwesenheit erlassene **Beschlüsse** 1502
sind **immer zuzustellen** (§ 35 Abs. 2 S. 1). Über den Wortlaut des § 35 Abs. 2 S. 2 hinaus gilt dies auch für bestimmte Beschlüsse, durch deren Bekanntmachung keine Frist in Lauf gesetzt wird, speziell dann, wenn die Bekanntgabe der Wahrung des Anspruchs auf rechtliches Gehör dient, z.B. die Entscheidungen nach mündlicher Haftprüfung.

ff) Außerhalb mündlicher Verhandlungen **zuzustellen** ist der **Antrag** im **Wiederaufnah-** 1503
meverfahren, wenn er formgerecht angebracht und ordnungsgemäß begründet ist (§ 368 Abs. 2; → *Wiederaufnahme, Allgemeines*, Teil B Rdn 1053 m.w.N.).

c) (Prozessleitende) Verfügungen werden **wie Beschlüsse** nach § 35 behandelt (vgl. 1504
Rdn 1496 ff.). Maßgeblich ist hierbei weniger ihre Bezeichnung als die Form, in der sie verfahrensrechtlich zutreffend hätten ergehen müssen.

> ☝ Hervorzuheben ist die **Ladungsverfügung**, die wegen der sie beinhaltenden Frist des § 217 Abs. 1 nach dem Wortlaut der Vorschrift zugestellt werden muss (→ *Rechtsmittel/Rechtsbehelfe, Ladung, Allgemeines*, Teil A Rdn 1597 ff.).

4. Für die **Bekanntmachung** von Entscheidungen bei **nicht ausreichenden Deutschkennt-** 1505
nissen gilt (vgl. i.Üb. wegen Überwindung der Sprachbarriere in Strafverfahren im Einzelnen → *Rechtsmittel/Rechtsbehelfe, Sprachunkundigkeit, Allgemeines*, Teil A Rdn 1679 ff.):

a) Vor Gericht ist die Rechtssprache Deutsch (§ 184 GVG). Wird unter Personen verhan- 1506
delt, die der deutschen Sprache nicht mächtig sind, ist zu **gerichtliche Terminen** ein Dolmetscher beizuziehen (§ 185 Abs. 1 S. 1 GVG), soweit dies zur Ausübung der strafprozessualen Rechte des Verfahrensbetroffenen erforderlich ist (§ 186 Abs. 1 GVG; vgl. a. *Burhoff*, EV, Rn 4498; *Burhoff*, HV, Rn 3646).

b) Bei **Haftentscheidungen** ist dafür Sorge zu tragen (vgl. a. *Burhoff*, EV, Rn 4280), dass 1507
der Beschuldigte neben dem in deutscher Sprache ausgefertigten Haftbefehl eine Übersetzung in einer für ihn verständlichen Sprache erhält (**§ 114a Abs. 1 S. 1**) und über die in **§ 114b Abs. 2** aufgeführten Rechte schriftlich in einer für ihn verständlichen Sprache zu belehrt wird.

c) Für **Entscheidungen außerhalb** der **HV** gilt Nr. 181 Abs. 2 RiStBV. Danach sind „La- 1508
dungen, Haftbefehle, Strafbefehle, Anklageschriften und sonstige gerichtliche Sachentscheidungen [sind] dem Ausländer, der die deutsche Sprache nicht hinreichend beherrscht, mit einer **Übersetzung** in eine ihm verständliche Sprache bekannt zu geben".

Siehe auch: → *Rechtsmittel/Rechtsbehelfe, Allgemeines*, Teil A Rdn 1289, m.w.N.; → *Rechtsmittel/Rechtsbehelfe, Zustellung, Allgemeines*, Teil A Rdn 1845, m.w.N.

1509 Rechtsmittel/Rechtsbehelfe, Form, Allgemeines

Das Wichtigste in Kürze:

1. Die Einlegung von Rechtsmitteln erfolgt schriftlich oder zu Protokoll der Geschäftsstelle.
2. Sinn und Zweck des Schriftlichkeitserfordernisses ist es, dem Schriftstück den Inhalt der Erklärung wie auch die Person desjenigen, der sie abgibt, hinreichend zuverlässig entnehmen zu können.
3. Medium der Rechtsmittelerklärung ist jeweils Papier.

1510 **Literaturhinweise:** **Cziongalla**, E-Mail-Sicherheit/Signatur-Anträge ohne Unterschrift?, StraFo, 2001, 257; **Dieckmann**, Elektronischer Rechtsverkehr, Die Kanzlei 06/2002, 9; **Engels**, Berufung per SMS-To-Fax-Service, ITRB 2013, 77; **Goebel**, Der Einsatz moderner Kommunikationsmittel im Prozess, PA 2002, 91; **Hammer**, Rechtsverbindliche Telekooperation, Sicherungsanforderungen der Rechtspflege, CR 1992, 435; **Hartmann**, Waren E-Mails an das BVerfG und an die Fachgerichte die Form?, NJW 2006, 1390; **Köbler**, Schriftsatz per E-Mail – Verfahrensrechtliche Fallen, MDR 2009, 357; **Mertens/Daners**, Der Zugang von E-Mails im Rechtsverkehr, ZAP F. 2, S. 553; **Pape/Notthoff**, Prozeßrechtliche Probleme bei der Verwendung von Telefax, NJW 1996, 417; **Schwachheim**, Abschied vom Telefax im gerichtlichen Verfahren?, NJW 1999, 621; **Viefhues**, Das Gesetz über die Verwendung elektronischer Kommunikationsformen in der Justiz, NJW 2005, 1009; **Wirges**, Prozessuales Schriftformerfordernis und Einsatz des Computerfaxes, AnwBl. 2002, 88.

1511 **1.** Rechtsmittel/Rechtsbehelfe müssen (ausgenommen der Einspruch gegen einen Bußgeldbescheid) **schriftlich** oder zu **Protokoll der Geschäftsstelle** eingelegt werden. Eine dritte Form lässt die StPO nicht zu.

1512 Schaubild: Erklärungsformen Rechtsmittel

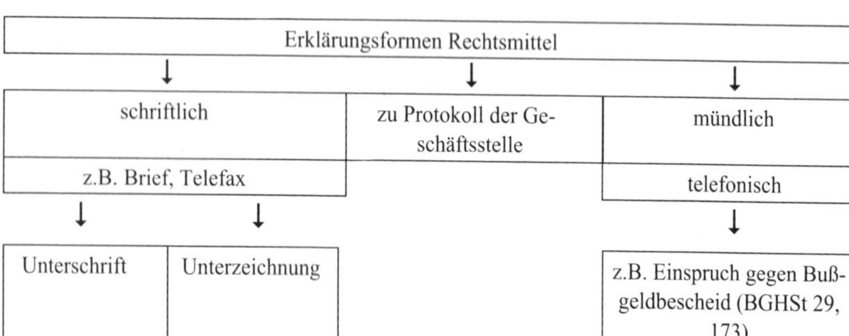

1513 **2. Sinn** und **Zweck** des **Schriftlichkeitserfordernisses** ist es, dem Schriftstück den Inhalt der Erklärung wie auch die Person desjenigen, der sie abgibt, hinreichend zuverlässig entnehmen zu können. Dazu genügt es, wenn ein Absender im Wege der elektronischen Datenübermittlung veranlasst, dass die maßgebliche Erklärung erst andernorts und nur maschinenschriftlich niedergelegt wird. Maßgeblich ist allein die auf Veranlassung des Absenders am Empfangsort erstellte, für den Adressaten bestimmte Urkunde, so dass es nicht darauf ankommt, ob diese auf einer Urschrift beruht, die am Absendeort aufgenommen und vom Erklärenden unterzeichnet worden ist.

3. Medium der **Rechtsmittelerklärung** ist letztlich **Papier**, sei es sowohl bei der Absen- 1514
dung als auch/oder zumindest beim Erklärungsempfang, weil das Gericht eine Akte unterhält, in die es einen **Ausdruck** (vgl. z.B. § 41a Abs. 1 S. 5) der Erklärung einheftet, die auf elektronischem Weg eingegangen ist. Dies gilt selbst für den für möglich gehaltenen telefonischen Einspruch gegen einen Bußgeldbescheid, weil insoweit über das Telefongespräch ein schriftlicher Aktenvermerk gefertigt wird.

Ein **Telefax** kann auch per SMS mit dem Handy oder mit Hilfe einer Fax-App vom 1515
Smartphone aus versandt werden (**SMS-to-Fax**). Seit langem ist anerkannt, dass Rechtsmittelschriften durch Telegramm, Fernschreiben und sog. Computerfax ihrer Art nach dem Schriftlichkeitserfordernis genügen (vgl. GemS NJW 2000, 2340, 2341; BGH NStZ 1983, 36). Ebenso wie bei diesen Übertragungsmitteln wird – anders als etwa bei einer Übermittlung durch elektronische Post über das Internet (E-Mail) – bereits vom Absender ein Ausdruck an Empfängerstelle veranlasst und so ohne Zutun des Empfängers, der entsprechende Technik vorhält, ein Substrat geschaffen. Dieses kann dann die notwendigen Angaben zu Inhalt der Erklärung und Person des Erklärenden erhalten (OLG Brandenburg StraFo 2013, 72).

> ☝ Bei Versand **per SMS** darf das Dokument eine Grösse von 160 Zeichen nicht überschreiten, denn das ist die maximale Textlänge, die per SMS verschickt werden kann. Bei dem Fax Versand **per App** gibt es keine Größenbeschränkung.

Zur Schriftform gehört weiter, dass ein Schriftstück vorliegt, aus dem die **Person**, von der 1516
sie **ausgeht**, schon im Zeitpunkt des Eingangs der Erklärung bei Gericht **entnommen werden kann**. Die Einhaltung von Formvorschriften ist nicht Selbstzweck; auch sie dienen letztlich der Wahrung der materiellen Rechte der Verfahrensbeteiligten, indem sie die einwandfreie Durchführung des Prozesses sicherstellen. Für die Wahrung des Schriftformerfordernisses ist daher auch bei fristgebundenen Rechtsbehelfen eine handschriftliche Unterzeichnung nicht unbedingt notwendig; entscheidend ist, dass aus dem Schriftstück in einer jeden Zweifel ausschließenden Weise oder jedenfalls hinreichend zuverlässig ersichtlich ist, von wem die Erklärung herrührt (OLG Brandenburg StraFo 2013, 72; *Meyer-Goßner/Schmitt*, Einleitung, Rn 128; wegen weiterer Einzelh., insbesondere auch zur **Email**, s. → *Rechtsmittel/Rechtsbehelfe, Form, schriftlich*, Teil A Rdn 1531).

Siehe auch: → *Berufung. Allgemeines*, Teil A Rdn 1; → *Rechtsbeschwerde, Einlegung*, Teil A Rdn 1092; → *Rechtsmittel/Rechtsbehelfe, Allgemeines*, Teil A Rdn 1289, m.w.N.; → *Revision, Einlegung, Allgemeines*, Teil A Rdn 2104.

1517 Rechtsmittel/Rechtsbehelfe, Form, Protokoll der Geschäftsstelle

Das Wichtigste in Kürze:

1. Die Erklärung eines Rechtsmittels zu Protokoll der Geschäftsstelle stellt eine Alternative zur einfach-schriftlichen Einlegung dar.
2. Derjenige, der eine Erklärung zu Protokoll abgeben will, muss sich an zuständige Geschäftsstelle wenden.
3. Die Zuständigkeit des Rechtspflegers ergibt sich aus § 24 RPflG.
4. Die Pflichten im Zusammenhang mit der Protokollierung von Erklärungen durch die Geschäftsstelle regelt Nr. 150 RiStBV.
5. Bei Nichtbeachtung ist (ggf. von Amts wegen) Wiedereinsetzung in den vorigen Stand zu gewähren.
6. Nicht selten versucht der UdG, den mit der Aufnahme der Erklärung verbundenen Arbeits- und Zeitaufwand zu umgehen.
7. Weigert sich der UdG, die Erklärung zu Protokoll zu nehmen, ist eine (Untätigkeits-)Beschwerde ausgeschlossen. Bezüglich der Anfechtungsmöglichkeit besteht Uneinigkeit.

1518 **Literaturhinweise:** s. die Hinw. bei → *Rechtsmittel/Rechtsbehelfe, Form, Allgemeines*, Teil A Rdn 1509.

1519 **1.** Die Erklärung eines Rechtsmittels zu Protokoll der Geschäftsstelle stellt eine **Alternative** zur **einfach-schriftlichen Einlegung** dar, soweit diese – wie bei Einlegung der Berufung (§ 314 Abs. 1) – auch durch den Erklärungsverfasser selbst schriftlich erfolgen könnte. In den Fällen, in denen ein Rechtsanwalt die von ihm verfasste Erklärung unterzeichnen muss, wie z.B. bei der Revisionsbegründung (s.a. → *Rechtsmittel/Rechtsbehelfe, Form, schriftlich*, Teil A Rdn 1534 ff.), bleibt dem anwaltlich nicht vertretenen Erklärungsverfasser von vornherein nur der Weg zur Geschäftsstelle, und zwar desjenigen Gerichts, dessen Entscheidung angefochten werden soll, nicht dagegen zu Protokoll irgendeines deutschen Gerichts (OLG Brandenburg NStZ 2010, 413), wenn er die Erklärung selbst abgeben will.

☝ Zur Abgabe der Erklärung muss der potenzielle Rechtsmittelführer oder sein bevollmächtigter Vertreter in der **Geschäftsstelle persönlich erscheinen**; eine telefonische Erklärung reicht nicht aus (*Meyer-Goßner/Schmitt*, Einl. Rn 140; a.A. LG Münster NJW 2005, 166 zur telefonischen Einlegung der Berufung).

Die Einlegung eines Rechtsmittels zu **Protokoll** der **HV** ist rechtlich zwar **möglich** (BGHSt 31, 109 m. Anm. *Fezer* JR 1983, 383; BayObLG StV 1994, 186), setzt aber voraus, dass das Gericht dies zulässt, da es sich gerade nicht um ein Protokoll „der Geschäftsstelle" handelt (KG, Beschl. v. 18.9.2001 – 2 Ss 208/01), sondern um ein solches des Gerichts, für das nicht der UdG, sondern der Vorsitzende des Gerichts die Verantwortung trägt (§ 271 Abs. 1).

2. Die **Geschäftsstelle** ist ein Institut des Gerichtsverfassungsrechts (vgl. § 153 Abs. 1 **1520**
GVG). Sie besteht aus Urkundsbeamten (UdG), die entweder einem bestimmten Gericht/Spruchkörper zugeordnet sind oder eine bestimmte Funktion (z.B. Rechtsantragstelle) ausüben. An die zuständige Geschäftsstelle muss sich derjenige (ggf. nach Erfragen) wenden, wenn er eine Erklärung zu Protokoll abgeben will (vgl. *Meyer-Goßner/Schmitt*, Einl. Rn 134).

Beispiel: **1521**

Der Angeklagte wurde vom Amtsrichter verurteilt. Darüber ist er so erbost, dass er noch im Gerichtssaal zu Protokoll Berufung einlegen will. Dies wird ihm verweigert.

3. Korrespondierend mit dem gesetzlich vorgesehenen Unterzeichnungserfordernis **1522**
(→ *Rechtsmittel/Rechtsbehelfe, Form, Schriftlich*, Teil A Rdn 1534 ff.), darüber hinausgehend bei weiteren Beschwerden, weist **§ 24 RPflG** die Aufnahme von folgenden Erklärungen der **Zuständigkeit** des **Rechtspflegers** zu (vgl. a. OLG Zweibrücken, Beschl. v. 26.2.2016 – 1 Ss 6/16):

(1) Folgende Geschäfte der Geschäftsstelle werden dem Rechtspfleger übertragen:

1. die Aufnahme von Erklärungen über die Einlegung und Begründung
   a) der Rechtsbeschwerde und der weiteren Beschwerde,
   b) der Revision in Strafsachen;
2. die Aufnahme eines Antrags auf Wiederaufnahme des Verfahrens (§ 366 Abs. 2 der Strafprozeßordnung, § 85 des Gesetzes über Ordnungswidrigkeiten).

☝ Nimmt ein **nicht zuständiger Geschäftsstellenbeamter** von einem erkennbar rechtsunkundigen Betroffenen nicht nur den Antrag auf Zulassung der Revision/Rechtsbeschwerde sondern auch schon dessen nach § 345 Abs. 2 formbedürftige Begründung zu Protokoll auf, führt dies zur **Unzulässigkeit** des Rechtsmittels (OLG Köln Rpfleger 2006, 222; OLG Schleswig SchlHA 2002, 172), ggf. ist Wiedereinsetzung von Amts wegen zu gewähren (OLG Dresden, Beschl. v. 10.7.2015 – 2 OLG 23 Ss 401/15; OLG Zweibrücken, Beschl. v. 26.2.2016 – 1 Ss 6/16).

4.a) Die **Pflichten** im Zusammenhang mit der Protokollierung von Erklärungen durch die **1523**
Geschäftsstelle regelt **Nr. 150 RiStBV** wie folgt:

(1) Legt der Angeklagte die **Berufung** zu Protokoll der Geschäftsstelle ein oder begründet er sie in dieser Form, so ist er zu befragen, ob er das Urteil in seinem ganzen Umfang anfechten oder die Anfechtung auf bestimmte Beschwerdepunkte beschränken will (§ 318 StPO). Das Pro-

tokoll muss dies klar erkennen lassen. Wird eine erneute Beweisaufnahme begehrt, so sind neue Beweismittel genau zu bezeichnen. In den Fällen des § 313 Abs. 1 S. 1 StPO ist der Angeklagte im Hinblick auf die Entscheidung über die Annahme der Berufung nach § 313 Abs. 2 StPO auf die Möglichkeit der Begründung des Rechtsmittels hinzuweisen.

(2) Rechtfertigt der Angeklagte die **Revision** zu Protokoll der Geschäftsstelle (§ 345 Abs. 2 StPO), so soll der Rechtspfleger dafür sorgen, dass er die Gerichtsakten, mindestens aber eine Abschrift des angefochtenen Urteils zur Hand hat. Der Rechtspfleger belehrt den Angeklagten über die richtige Art der Revisionsrechtfertigung und wirkt auf eine den gesetzlichen Vorschriften entsprechende Fassung hin. Der Rechtspfleger ist an den Wortlaut und die Form des zur Begründung der Revision Vorgebrachten nicht gebunden, wohl aber an dessen sachlichen Kern. Er nimmt in das Protokoll auch das Vorbringen auf, für das er die Verantwortung ablehnt; er belehrt den Angeklagten über die sich daraus ergebenden Folgen und vermerkt diese Belehrung im Protokoll.

(3) Das Protokoll muss aus sich heraus **verständlich** sein. Bezugnahmen auf andere Schriftstücke sind unwirksam. Dies gilt vor allem für handschriftliche Erklärungen des Beschwerdeführers. Diese können auch nicht dadurch zu einer zulässigen Begründung der Revision werden, dass sie äußerlich die Form des Protokolls erhalten oder dass sie in das Protokoll übernommen werden, ohne dass sie der Rechtspfleger geprüft und ihnen eine möglichst zweckmäßige Form gegeben hat.

(4) Es ist ein bestimmter **Antrag** aufzunehmen. Dieser muss erkennen lassen, ob der Beschwerdeführer das Urteil im Ganzen anfechten oder ob er die Revision beschränken will; der Umfang der Beschränkung ist genau anzugeben.

(5) Will der Beschwerdeführer rügen, dass das Strafgesetz nicht richtig angewandt worden sei, so ist die Erklärung aufzunehmen, dass die Verletzung sachlichen Rechts gerügt wird; Zusätze müssen rechtlicher Natur sein. Die **allgemeine Sachrüge** ist angebracht, wenn dem Revisionsgericht die materielle Überprüfung des Urteils im Ganzen ermöglicht werden soll.

(6) Wird ein **Verfahrensverstoß** geltend gemacht, so muss der prozessuale Vorgang, in dem der Mangel gefunden wird, z.B. die Ablehnung eines Beweisantrages oder eines Antrages auf Bestellung eines Verteidigers, genau wiedergegeben werden. Es genügt nicht, auf Aktenstellen Bezug zu nehmen. Wohl aber ist es angebracht, auf die Aktenstellen hinzuweisen, aus denen sich die behaupteten Verfahrenstatsachen ergeben. Wird gerügt, dass die Aufklärungspflicht verletzt worden sei, so müssen auch die angeblich nicht benutzten Beweismittel bezeichnet werden.

1524 **b)** Diese **Vorgaben** führen zu folgendem

Pflichtenkatalog für den Rechtspfleger bei der Protokollierung von Erklärungen

- **Vorab**: Insgesamt hat sich der Rechtspfleger an der für ihn verbindlichen Richtlinie **Nr. 150 RiStBV** zu **orientieren**, die ihm zugleich entsprechende Belehrungspflichten auferlegt (OLG Dresden Rpfleger 2005, 563).
- Nimmt ein Rechtspfleger ein Protokoll nach § 345 Abs. 2 auf, trifft ihn gem. Nr. 150 RiStBV die **prozessuale Fürsorgepflicht**, auf eine **sachdienliche Fassung** und Begründung der gestellten Anträge hinzuwirken (BVerfG, Beschl. v. 18.9.2006 – 2 BvR 1612/06).

- Eine **Bezugnahme** auf anliegende Schriftstücke ist **unzulässig** (OLG Bremen, Beschl. v. 7.3.2013 – 2 Ss 81/12; OLG Dresden Rpfleger 2005, 563; Beschl. v. 21.9.2005 – Ss (OWi) 614/05; OLG Schleswig SchlHA 2003, 193). Dies gilt auch, wenn der das Protokoll aufnehmende Rechtspfleger dabei ausführt, er habe sich von der Sachkunde des Rechtsmittelführers überzeugt (BGH NStZ 1988, 449 [Mi]) und sogar dann, wenn der Beschwerdeführer selbst Jurist, nicht aber Rechtsanwalt ist (OLG Celle NStZ-RR 2008, 127).
- Der Urkundsbeamte darf **nicht bloße Schreibkraft** des Erklärenden sein und von diesem vorgegebene Rügen ungeprüft übernehmen (vgl. für die Revision *Meyer-Goßner/Schmitt*, § 345 Rn 21; SSW-StPO/*Widmaier/Momsen*, § 345 Rn 38 jew. m.w.N.; zuletzt a. BGH, Beschl. v. 17.12.2105 – 4 StR 483/15).
- Ein „Etikettenschwindel" liegt vor, wenn der vom Beschwerdeführer stammenden Erklärung nur der **Anschein einer eigenverantwortlichen Protokollierung** durch den Rechtspfleger verliehen wird, indem sie dieser schlichtweg abschreibt (OLG Schleswig SchlHA 2003, 211) bzw. abdiktiert oder er sich die Begründung vom Beschwerdeführer diktieren lässt (OLG Hamm VRS 109, 361) und sie sodann mit der für Protokolle üblichen Eingangs- und Schlussformel umkleidet (OLG Rostock, Beschl. v. 14.4.2000 – 2 Ss (OWi) 10/00 I 22/00; I Ws 118/00). Auch wenn der Rechtspfleger den durch den Rechtsmittelführer fertig geschriebenen Text lediglich in geringfügigem Umfang abändert, wird diese so vorgenommene „Prüfung" dem Zweck des § 345 Abs. 2 nicht gerecht (BGH NStZ-RR 1997, 8).
- Bei Aufnahme einer Revisions- (oder Rechtsbeschwerde-)Begründung „zu Protokoll der Geschäftsstelle" hat der zuständige Rechtspfleger, also ihren Sachinhalt zu prüfen und hierfür die **Verantwortung** zu übernehmen. Ebenso wenig wie der Rechtsanwalt in Fällen, in denen das Gesetz die Unterzeichnung einer Rechtsmittelbegründung vorschreibt (vgl. Teil A Rdn 1534 f.), darf sich der Rechtspfleger auf die bloße Niederschrift eines Begründungsvortrags oder auf die bloße Entgegennahme einer vorbereiteten Rechtsmittelbegründung beschränken (OLG Dresden Rpfleger 2005, 563). Vielmehr hat er die Niederschrift **inhaltlich zu gestalten** (OLG Bremen, Beschl. v. 7.3.2013 – 2 Ss 81/12; OLG Hamm VRS 109, 361). Daran fehlt es, wenn die erhobene Sachrüge ausschließlich nur die Beweiswürdigung und die Richtigkeit der Urteilsfeststellungen angreift (OLG Schleswig SchlHA 2007, 291) oder die Verfahrensrüge nicht aus sich heraus verständlich ist und daher nicht der in § 344 Abs. 2 gebotenen Form entspricht (OLG Hamm, Beschl. v. 3.5.2005 – 3 Ss 21/05).

☝ Besteht der Beschwerdeführer allerdings darauf, seine Rechtsmittelbegründung **wörtlich** zu **protokollieren**, wodurch er den Rechtspfleger allein dazu einsetzt, seinen Vortrag schriftlich zu fixieren, ihn damit faktisch nur als Schreibkraft benutzt, ist sein Rechtsmittel unzulässig (OLG Hamm, Beschl. v. 23.2.2006 – 4 Ss 75/06).

1525 **5.** Die **Verletzung der** in Nr. 150 RiStBV aufgeführten **Pflichten** führt i.d.R. dazu, dass das Rechtsmittel mangels vorgeschriebener Form unzulässig ist. Dieser Umstand kann indessen dem Beschwerdeführer nicht angelastet werden, weil die Unzulässigkeit des Rechtsmittels nicht auf eigenem Verschulden, sondern auf einem der Justiz zurechenbaren Fehler beruht, weshalb ihm **von Amts** wegen **Wiedereinsetzung** in den vorigen Stand (→ *Rechtsbehelfe, Wiedereinsetzung in den vorigen Stand, Voraussetzungen*, Teil B Rdn 1513 ff.) zu gewähren ist (BVerfG Beschl. v. 6.6.2007 – 2 BvR 61/07; OLG Köln Rpfleger 2006, 222). Verstößt der Rechtspfleger bei der Protokollierung danach wiederum gegen Nr. 150 RiStBV, ist Wiedereinsetzung ein weiteres Mal zu gewähren (OLG Bremen, Beschl. v. 7.3.2013 – 2 Ss 81/12).

1526 **6.** Neben den durch Nr. 150 RiStBV umschriebenen Verpflichtungen des UdG, gegen die er verstoßen kann, kommt es in der Praxis nicht selten vor, dass der Rechtspfleger den mit der Protokollierung der Erklärung verbundenen **Arbeits-** und **Zeitaufwand** zu **umgehen** versucht.

1527 *Beispiel:*

Der Verurteilte erschien bei der Rechtspflegerin, um ein Bußgeldurteil anzufechten. Nachdem sie die Erklärung über die Einlegung und den Antrag zu Protokoll genommen hatte, sich die Begründung nach den Ausführungen des Betroffenen sehr umfangreich gestalten würde und es bereits später Nachmittag war, beschied sie den Betroffenen – falsch – dahin gehend, dass er die Begründung auch schriftlich nachholen könne.

Das OLG Hamm (Beschl. v. 30.7.2008 – 3 Ss OWi 364/08) hat den vom Betroffenen neuerlich gestellten Antrag auf Zulassung der Rechtsbeschwerde in einen **Antrag** auf **Wiedereinsetzung** in den vorigen Stand umgedeutet (§ 300) und diese mit der Begründung gewährt, die falsche Auskunft der Rechtspflegerin verletze die Grundsätze des fairen Verfahrens.

1528 **7.** Weigert sich der UdG, die Erklärung zu Protokoll zu nehmen, ist eine (Untätigkeits-)Beschwerde ausgeschlossen, weil der vorzunehmende Rechtsakt der Protokollierung keinen – anfechtbaren – Beschluss eines Gerichts darstellt (§ 304 Abs. 1). Bezüglich der **Anfechtungsmöglichkeit** besteht heute kaum noch **Uneinigkeit**:

1529 Nach einer – im Ergebnis allerdings wenig überzeugenden – Auffassung, soll in dieser Konstellation lediglich eine **Dienstaufsichtsbeschwerde** (vgl. dazu allgemein: → *Dienstaufsichtsbeschwerde*, Teil B Rdn 262 ff.) möglich sein (OLG Hamburg OLGSt StPO § 345 Nr. 1 zu § 11 RPflG a.F.; LR-*Jesse*, § 299 Rn 9; *Meyer-Goßner/Schmitt*, Einl. 132; Zöller/*Greger*; § 129a ZPO Rn 2). Die Weigerung des Rechtspflegers, Erklärungen zu Protokoll der Geschäftsstelle aufzunehmen, stellt vielmehr nach **zutreffender Auffassung** eine gem. § 11 Abs. 2 RPflG mit der **Erinnerung** anfechtbare Entscheidung dar, und zwar aufgrund folgender.

Begründung 1530

- Im Fall einer Verweigerung der Aufnahme von Erklärungen zu Protokoll der Geschäftsstelle ist es – ausgehend vom **Grundsatz** eines **fairen Verfahrens** – geboten, dem Betroffenen die Wahrnehmung der ihm kraft Gesetzes zustehenden Verfahrensrechte durch eine gerichtliche Überprüfungsmöglichkeit zu sichern und diesen nicht auf die (sekundär bestehende) Gewährung rechtlichen Gehörs bzw. Wiedereinsetzung in den vorigen Stand durch das erkennende Gericht zu verweisen. Dabei ist der Begriff der „Entscheidung" in § 11 Abs. 2 RPflG im Hinblick auf die verfassungsrechtlichen Vorgaben in § 19 Abs. 4 GG weit auszulegen. Die Rechtsschutzgarantie des § 19 Abs. 4 GG macht es notwendig, die Weigerung des Rechtspflegers durch die Gerichte überprüfen zu lassen. Ist ein Rechtsmittel nach den allgemeinen verfahrensrechtlichen Vorschriften nicht gemäß § 11 Abs. 1 RPflG zulässig, steht dem Beschwerten die Möglichkeit der Erinnerung nach § 11 Abs. 2 RPflG zur Verfügung, über die nach Maßgabe der Sätze 3 und 4 dieser Vorschrift das Gericht des Rechtspflegers entscheidet, wenn dieser ihr nicht abhilft. Dieser Handhabung trägt Art. 19 Abs. 4 GG Rechnung und berücksichtigt, dass der Gesetzgeber (vgl. BT-Drucks 13/10244, S. 7) bei Änderung des RpflG durch das Gesetz vom 6.8.1998 (BGBl I S. 2030) den Rechtsbehelf der Erinnerung für die Fälle, in denen Entscheidungen des Rechtspflegers nach den allgemeinen Regeln des Verfahrensrechts nicht anfechtbar sind, gerade aus verfassungsrechtlichen Gründen beibehalten hat (vgl. BVerfG NJW-RR 2001, 1077). Einer gerichtlichen Überprüfung steht nicht entgegen, dass der Rechtspfleger gemäß § 24 RPflG Aufgaben der Geschäftsstelle und nicht solche des Richters wahrnimmt (KG Rpfleger 2009, 304).
- Auch im **Strafverfahren** unterliegt die Tätigkeit des UdG einer gerichtlichen Kontrolle (BVerfG Beschl. v. 10.5.2010 – 2 BvR 869/10). So werden z.B. nach § 464b S. 1 die erstattungsfähigen Kosten und Auslagen über §§ 464b S. 3, 103 Abs. 2, 104 Abs. 1 S. 1 ZPO, 21 Nr. 1 RpflG durch den Rechtspfleger festgesetzt. Wird der Beschwerdewert des § 304 Abs. 3 nicht erreicht, ist dessen Entscheidung mit der Erinnerung anfechtbar (§ 11 Abs. 2 RPflG; → *Kostenfestsetzungsbeschluss, Erinnerung*, Teil D Rdn 302) und ist damit der gerichtlichen Kontrolle unterworfen (vgl. OLG Frankfurt/Main NStZ-RR 2012, 54).

Siehe auch: → *Rechtsmittel/Rechtsbehelfe, Allgemeines*, Teil A Rdn 1289, m.w.N.; → *Rechtsmittel/Rechtsbehelfe, Form, Allgemeines*, Teil A Rdn 1509, m.w.N.; → *Rechtsmittel/Rechtsbehelfe, Form, schriftlich*, Teil A Rdn 1531.

1531
Rechtsmittel/Rechtsbehelfe, Form, Schriftlich

Das Wichtigste in Kürze:

1. Für die Schriftlichkeit ist erforderlich, dass der Erklärungsinhalt schriftlich dargestellt sein muss.
2. Bei einigen Rechtsmittelerklärungen ist die Unterzeichnung durch einen Rechtsanwalt vorgeschrieben.
3. Außerhalb des Bereichs der zu unterzeichnenden Erklärungen dient eine Unterschrift lediglich als Identifikationsmerkmal, an die keine so hohen Anforderungen gestellt werden.
4. Ggf. kann die Erklärung durch Computerfax erfolgen.
5. Von der Erklärung durch E-Mail ist abzuraten.

1532 **Literaturhinweise:** s. → *Rechtsmittel/Rechtsbehelfe, Form. Allgemeines*, Teil A Rdn 1509, m.w.N.

1533 **1.** Für die Schriftlichkeit ist erforderlich, dass der Erklärungsinhalt (→ *Rechtsmittel/Rechtsbehelfe, Einlegung*, Teil A Rdn 1466 ff.) schriftlich dargestellt sein muss. Der alleinige Zweck der **Schriftform** liegt darin, die Rechtssicherheit und insbesondere die Verlässlichkeit der Eingabe zu gewährleisten (GmS-OGB NJW 2000, 2340). Mit dem Erfordernis der Schriftform stellt das Verfahrensrecht auch vor dem Hintergrund von Art. 19 Abs. 4 GG **keine unzumutbaren Anforderungen** an den Zugang zum Gericht (BVerfG NJW 1987, 2067; NVwZ 1994, 781), wobei die Anforderungen im Einzelfall allerdings nicht überspannt werden dürfen (BVerfG NJW 2002, 3534).

☝ Der Schriftform ist **genügt**, wenn aus dem in deutscher Sprache abgefassten Schriftstück in einer jeden **Zweifel ausschließenden Weise** sein **Urheber hervorgeht** und als sicher davon ausgegangen werden kann, dass es sich nicht nur um einen Entwurf handelt, der zur Einreichung bei Gericht nicht bestimmt ist. Dabei ist keine jede Möglichkeit des Gegenteils ausschließende Gewissheit erforderlich, sondern entscheidend, ob der Richter eine alle vernünftigen Zweifel ausschließende Überzeugung zu gewinnen vermag (vgl. *Meyer-Goßner/Schmitt*, Einl. Rn 128 ff. m.w.N; OLG Jena, Beschl. v. 19.3.2008 – 1 Ws 99/08, m.w.N.). Die Frage, ob die Berufungsschrift **„handschriftlich“** unterzeichnet sein muss, ist inzwischen in der Rspr. umstr. (vgl. bejahend OLG Dresden StraFo 2014, 163; OLG Karlsruhe NStZ-RR 2015, 19; verneinend OLG Nürnberg StraFo 2016, 72 für Berufung der StA).

1534 **2.a)** Um zu belegen, dass für den Erklärungsinhalt die Verantwortung durch den vom Gesetz bestimmten Erklärungsverfasser übernommen wird, schreibt dieses bei einigen Erklärungen deren **Unterzeichnung** durch einen **Rechtsanwalt** vor (vgl. auch *Burhoff*, HV, Rn 591 [Berufung]). Das gilt in folgenden

Beispielsfällen: 1535

- **Klageerzwingungsantrag** (172 Abs. 3 S. 2; → *Klageerzwingungsverfahren, Antrag, Allgemeines*, Teil B Rdn 494),
- **Rechtsbeschwerdeanträge**/-begründung (§ 345 Abs. 2 i.V.m. § 79 Abs. 3 OWiG; → *Rechtsbeschwerde, Begründung, Form*, Teil A Rdn 1115),
- **Revisionsanträge**/-begründung (§ 345 Abs. 2; → *Revision, Begründung, Form*, Teil A Rdn 2053; vgl. a. noch *Burhoff*, HV, Rn 2271 ff.),
- **Wiederaufnahmeantrag** (§ 366 Abs. 2; → *Wiederaufnahme, Antrag*, Teil B Rdn 1071),
- Revisionsanträge/-begründung und Wiederaufnahmeantrag im **Privatklageverfahren** (§ 390 Abs. 2).

b) Bei der Unterzeichnung handelt es sich um die **Leistung** der **eigenhändigen Unterschrift**. Der für den Erklärungsinhalt verantwortliche Rechtsanwalt kann sich in der Unterschriftsleistung ausschließlich durch seinen (selbst oder durch die Anwaltskammer, § 52 BRAO) bestimmten Vertreter vertreten lassen; andernfalls ist die Rechtsmittelerklärung unwirksam („i.V." Rechtsanwalt: BayObLG 1991, 2095; Assessor beim Empfangsbekenntnis: OLG Stuttgart NJW 2010, 2532; vgl. a. noch *Burhoff*, HV, Rn 2271 ff.). 1536

☝ Hat der Verteidiger einen Kollegen **Untervollmacht** erteilt, ist i.d.R. davon auszugehen, dass dieser die Verantwortung für den Erklärungsinhalt übernimmt (BVerfG NJW 1996, 713; vgl. a. BVerfG StraFo 2016, 64 m.w.N.; BGHSt 59, 284).

Der Idealfall einer eigenhändigen Unterschrift in diesem Sinn liegt bei der **Wiedergabe** des **vollen bürgerlichen Namens** vor; die Unterzeichnung ist aber auch als solche wirksam, wenn sie bei einem Doppelnamen nur einen Namensteil enthält, der keine Zweifel an der Identität des Unterzeichnenden aufkommen lässt (OLG Frankfurt/Main NJW 1989, 3030); eine reine Paraphe reicht hingegen nicht aus (BGH NJW 1982, 1467; vgl. i.Ü. *Meyer-Goßner/Schmitt,* Einl. 129 m.w.N.). 1537

3. Außerhalb des Bereichs der zu unterzeichnenden Erklärungen dient eine Unterschrift lediglich als Identifikationsmerkmal, an die keine so hohen Anforderungen gestellt werden. Dabei reicht ein **Faksimilestempel** aus (OLG Brandenburg, Beschl. v. 13.6.2005 – 1 Ss OWi 106 B 05). Zur Identifizierung genügt bei einer von einem Rechtsanwalt stammenden Rechtsmittelerklärung sogar nur das **Diktatzeichen i.V.m. mit dem Kanzleibriefkopf** des Schreibens, auf dem die Erklärung enthalten ist (OLG Oldenburg NJW 1983, 1072). Bei fehlender Unterschrift reicht aber allein ein Fertigungsvermerk der Rechtsanwaltsfachangestellten (ohne Diktatzeichen) nicht aus (BayObLG NJW 1980, 2367; zu allem a. vgl. a. noch *Burhoff*, HV, Rn 2271 ff.). 1538

1539 **4.** Entspricht ein bestimmender Schriftsatz inhaltlich den prozessualen Anforderungen, so ist die Person des Erklärenden i.d.R. dadurch eindeutig bestimmt, dass seine Unterschrift **eingescannt** oder der Hinweis angebracht ist, dass der benannte Urheber wegen der gewählten Übertragungsform nicht unterzeichnen kann. Auch der Wille, einen solchen Schriftsatz dem Gericht zuzuleiten, kann i.d.R. nicht ernsthaft bezweifelt werden (GmS-OGB NJW 2000, 2340; s.a. noch *Burhoff*, HV, Rn 593 ff.).

1540 **5.** Nahezu jedes Gericht präsentiert sich heute im „www" und gibt hierbei auch eine elektronische Kontaktadresse bekannt. Derartige **E-Mail**-Adressen – worauf teilweise auch ausdrücklich hingewiesen wird – gewährleisten **keinen wirksamen Zugang der Rechtsmittelerklärung**.

1541 Zwar ermöglicht § 41a Abs. 1 die elektronische Kommunikation mit Gerichten in Strafsachen (ausführlich: *Burhoff*, HV, Rn 595 ff., knüpft ihre Wirksamkeit jedoch an folgende Voraussetzungen zur Annahme der **Dokumentenqualität**:

- Es muss mit einer qualifizierten elektronischen Signatur nach dem Signaturgesetz (vgl. § 2 SigG) versehen und
- für die Bearbeitung durch das Gericht (die StA) geeignet sein.

> ☝ Das Dokument ist bei Gericht eingegangen, sobald die für den Empfang bestimmte **Einrichtung** des Gerichts es **aufgezeichnet** hat (§ 41a Abs. 1 S. 3).

1542 § 41a Abs. 1 bietet nur die rechtliche Möglichkeit, derartige elektronische Kommunikationsformen anzubieten. Eine Verpflichtung der Justiz hierzu besteht nicht. Dies führt bereits zu der ersten Einschränkung, dass seitens der Justiz die **Anzahl** der **Teilnehmer** am **elektronischen Rechtsverkehr äußerst begrenzt** ist (http://www.justiz.de/elektronischer_rechtsverkehr/index.php), weshalb schon heute ein Gesetz zur Förderung des elektronischen Rechtsverkehrs in der Justiz vorbereitet wird (http://www.bundesgerichtshof.de/DE/Bibliothek/GesMat/WP17/E/e_rechtsverkehr.html). Die **Ausgestaltungshoheit** liegt bezüglich der Bundesgerichte beim Bund, im Übrigen bei den Ländern (§ 41a Abs. 2; z.B. Hessen: http://www.hessen.de/irj/HMdJ_Internet?cid=ea59aac5b6c2e6d5f1999ba9251c20cd).

1543 Die **Rechtsmitteleinlegung**, deren **Wirksamkeit** vom rechtzeitigen Eingang in der vorgeschriebenen Form abhängt, setzt demzufolge voraus, dass Aufseiten des **Gerichts** überhaupt ein **Empfangsgerät** vorhanden ist, das den Anforderungen des § 41a Abs. 1 S. 3 genügt und die **Qualität** des **Dokuments** in der Weise bestimmt ist, dass es sich zur Bearbeitung eignet (§ 41a Abs. 1 S. 1).

1544 Das Gericht muss also technisch ausreichend ausgestattet sein; insbesondere hat es ein **elektronisches Gerichts-** und **Verwaltungspostfach** (EGVP; http://www.egvp.de/) einzurichten. Letzteres betrifft die im Einzelfall **zulässigen Dateiformate** (vgl. § 2 ERVVO LSA für Sachsen-Anhalt: http://st.juris.de/st/gesamt/ElekRVV_ST.htm).

☝ **Keinem Verteidiger** ist derzeit – worauf auch *Burhoff*, HV, Rn 595 zu Recht hinweist, **anzuraten**, ein **Rechtsmittel per E-Mail** einzulegen, wofür auch die bislang zu dieser Thematik ergangenen Entscheidungen sprechen:

- **Hessen** (LG Gießen NStZ-RR 2015, 344 für Einspruch gegen den Strafbefehl),
- **Niedersachsen** (OLG Oldenburg NJW 2009, 536; NZV 2012, 303 [für Rechtsbeschwerde]),
- **Nordrhein-Westfalen** (inzident: OLG Hamm StR 2013, 346 m. Anm. *Burhoff* für die Erinnerung gegen den Kostenansatz; OLG Hamm, Beschl. v. 8.1.2009 – 3 Ws 512/08; Beschl. v. 16.2.2015 – 1 Ws 667/14),
- **Rheinland-Pfalz** (OLG Koblenz NStZ-RR 2011, 211 [Ls.]; LG Zweibrücken VRS 119, 223),
- **Sachsen-Anhalt** (LG Magdeburg, Beschl. v. 27.10.2008 – 24 Qs 87/08 für das Strafbefehlsverfahren),
- **Schleswig-Holstein** (OLG Schleswig SchlHA 2009, 244 [Dö/Dr]),
- **Zivilverfahren** (BGH NJW-RR 2009, 357; AGS 2015, 226).
- Dies gilt auch für den **Einspruch gegen einen Bußgeldbescheid** (LG Heidelberg SVR 2009, 105 [Ls.]; vgl. insoweit aber Burhoff/*Gieg*, OWi, Rn 1054 mit einer Darstellung des Streitstandes).

Siehe auch: → *Rechtsmittel/Rechtsbehelfe, Allgemeines*, Teil A Rdn 1289, m.w.N.; → *Rechtsmittel/Rechtsbehelfe, Form, Allgemeines*, Teil A Rdn 1509; → *Rechtsmittel/Rechtsbehelfe, Form, Protokoll der Geschäftsstelle*, Teil A Rdn 1517.

Rechtsmittel/Rechtsbehelfe, Fristen, Allgemeines 1545

Literaturhinweise: Beck'scher Juristenkalender 2016; **Beisse/Groß/Irschlinger/Jungbauer/König/Müller/Okon/Schütz**, Fristentabellen. Tipps und Taktik, 2007; **Göhler**, Anmerkung zu BayObLGSt 1996, 61, JR 1996, 434; **Grabenwarter**, Die Revisionsbegründungsfrist nach § 345 I StPO und das Recht auf angemessene Vorbereitung der Verteidigung (Art. 6 III lit. b EMRK), NJW 2002, 109; **Neuhaus**, Die Änderung der StPO durch das Erste Justizmodernisierungsgesetz vom 24.8.2004, StV 2005. 47; **Ostler**, Die gesetzlichen und richterlichen Fristen von einer Woche – ein Anachronismus, ZRP 1981, 59. 1546

1. Die StPO kennt im Zusammenhang mit Rechtsmitteln bzw. Rechtsbehelfen nur **Wochen-** und **Monatsfristen**. 1547

2. Die maßgeblichen **Rechtsmittelfristen** und die sonst in Rechtsmittel- und Rechtsbehelfsverfahren vorgegebenen **Fristen**, wie z.B. die Stellungnahmefrist nach § 347 Abs. 1 S. 2 im Revisionsverfahren, sind in den nachfolgenden **Fristentabellen** (Rdn 1549 ff.) zusammengestellt. 1548

1549 **a) Berufung**

Einlegung	§ 314 Abs. 1	1 Woche ab Verkündung bei Anwesenheit
	§ 314 Abs. 2 Hs. 1	1 Woche ab Zustellung des Urteils bei Abwesenheit
	§ 314 Abs. 2 Hs. 2	**ausgenommen**: Fälle wirksamer Vertretung
Begründung (fakultativ)	§ 317	1 Woche ab Ablauf der Begründungsfrist bzw. ab Zustellung des Urteils
Antrag auf **Entscheidung** des **Berufungsgerichts**	§ 319 Abs. 2 S. 1	1 Woche ab Zustellung des Beschlusses des AG

Wegen der Einzelh. wird verwiesen auf → *Berufung, Allgemeines*, Teil A Rdn 5; → *Berufung, Unzulässigkeit, Verwerfung durch AG*, Teil A Rdn 353 ff.; → *Berufung, Unzulässigkeit, Verwerfung durch LG, Unzulässigkeit*, Teil A Rdn 373 ff.

1550 **b) Wahl Berufung/Revision**

Einlegung	§ 314 Abs. 1	1 Woche ab Verkündung bei Anwesenheit
	§ 341 Abs. 1	1 Woche ab Zustellung des Urteils bei Abwesenheit **ausgenommen**: Fälle wirksamer Vertretung
Ausübung des **Wahlrechts** (keine **Frist** i.S.v. § 43)	§ 345 Abs. 1 S. 2	1 Monat ab Zustellung des Urteils

Wegen der Einzelh. wird verwiesen auf → *Berufung, Annahmeberufung, Allgemeines*, Teil A Rdn 20 ff.; → *Revision, Sprungrevision*, Teil A Rdn 2262 ff.

1551 **c) Revision**

Einlegung	§ 341 Abs. 1	1 Woche ab Verkündung bei Anwesenheit
	§ 341 Abs. 2 Hs. 1	1 Woche ab Zustellung des Urteils bei Abwesenheit
	§ 341 Abs. 2 Hs. 2	**ausgenommen**: Fälle wirksamer Vertretung
Begründung	§ 345 Abs. 1 S. 2	1 Monat ab Zustellung des Urteils

Antrag auf Entscheidung des **Revisionsgerichts**	§ 346 Abs. 2 S. 1	1 Woche ab Zustellung des Beschlusses des LG
Gegenerklärung (fakultativ)	§ 347 Abs. 1 S. 2	1 Woche ab Zustellung der gegnerischen Revisionsschrift

Wegen der Einzelh. wird verwiesen auf → *Revision, Antrag auf Entscheidung des Revisionsgerichts*, Teil A Rdn 2037 ff.; → *Revision, Begründung, Frist*, Teil A Rdn 2063 ff.; → *Revision, Einlegung, Frist*, Teil A Rdn 2123 ff.

d) Rechtsbeschwerde 1552

Einlegung	§ 79 Abs. 4 OWiG	1 Woche ab Zustellung des Beschlusses nach § 72 OWiG
	§§ 79 Abs. 3 OWiG, 345 Abs. 1	1 Woche ab Verkündung des Urteils bei Anwesenheit
	§ 79 Abs. 4 OWiG	1 Woche ab Zustellung des Urteils bei Abwesenheit
Begründung	§§ 79 Abs. 3 OWiG, 345 Abs. 1	1 Monat ab Zustellung des Urteils
Antrag auf **Zulassung, Begründung**	§ 80 Abs. 3 S. 1 OWiG	wie Rechtsbeschwerde
Antrag auf **Entscheidung** des **Rechtsbeschwerdegerichts**	§§ 79 Abs. 3 OWiG, § 346 Abs. 2 S. 1	1 Woche ab Zustellung des Beschlusses des AG

Wegen der Einzelh. wird verwiesen auf → *Rechtsbeschwerde, Antrag auf Entscheidung des Rechtsbeschwerdegerichts*, Teil A Rdn 1072 ff.; → *Rechtsbeschwerde, Begründung*, Teil A Rdn 1076 ff.; → *Rechtsbeschwerde, Einlegung*, Teil A Rdn 1092 ff.

e) Sofortige Beschwerde 1553

Einlegung	§ 311 Abs. 2	1 Woche ab Verkündung bei Anwesenheit
		1 Woche ab Zustellung des Beschlusses (Urteils) bei Abwesenheit
Begründung (fakultativ)	—	

Wegen der Einzelh. wird verwiesen auf → *Beschwerde, sofortige Beschwerde*, Teil A Rdn 550 ff.

1554 **f) Klageerzwingungsverfahren**

Beschwerde	§ 172 Abs. 1	2 Wochen nach Bekanntmachung des Bescheids nach § 171
Antrag auf **gerichtliche Entscheidung**	§ 172 Abs. 2	1 Monat nach Bekanntmachung des ablehnenden Bescheids des vorgesetzten Beamten der StA

Wegen der Einzelh. wird verwiesen auf → *Klageerzwingungsverfahren, Antrag, Allgemeines*, Teil B Rdn 485 ff. m.w.N.

1555 **g) Strafbefehlsverfahren**

Einlegung des **Einspruchs**	§ 410 Abs. 1	2 Wochen ab Verkündung bei Anwesenheit (§ 408a)
	§ 410 Abs. 1	2 Wochen ab Zustellung bei Abwesenheit
Begründung (fakultativ)	—	

Wegen der Einzelh. wird verwiesen auf → *Strafbefehl, Einspruch*, Teil B Rdn 750 ff.

1556 **h) Kosten- und Auslagenentscheidung**

Sofortige Beschwerde	§ 464 Abs. 3 S. 1	1 Woche ab Verkündung des Urteils bei Anwesenheit
	§ 464 Abs. 3 S. 1	1 Woche ab Zustellung des Urteils bei Abwesenheit
Begründung (fakultativ)	—	

Wegen Rechtsmitteln im Kostenfestsetzungsverfahren wird wegen der Einzelh. verwiesen auf → *Kostenfestsetzungsbeschluss, Beschwerde*, Teil D Rdn 267; → *Kostenfestsetzungsbeschluss, Erinnerung*, Teil D Rdn 302.

i) Kostenfestsetzungsverfahren 1557

Sofortige Beschwerde (sofern Beschwerdewert [§ 304 Abs. 3] erreicht)	§ 464b S. 3 i.V.m. §§ 103 ff. ZPO, aber: nach StPO-Grundsätzen	1 Woche ab Zustellung des Beschlusses
Begründung (fakultativ)	—	

Wegen der Einzelh. → *Kostenfestsetzungsbeschluss, Beschwerde*, Teil D Rdn 267; → *Kostenfestsetzungsbeschluss, Erinnerung*, Teil D Rdn 302 m.w.N.

j) Wiedereinsetzungsverfahren 1558

Wiedereinsetzung in den vorigen Stand	Antrag	§ 45 Abs. 1 S. 1	1 Woche ab Wegfall des Hindernisses
	Nachholung der versäumten Prozesshandlung	§ 45 Abs. 2 S. 2	1 Woche ab Wegfall des Hindernisses
	Glaubhaftmachung	§ 45 Abs. 2 S. 1	bei der Antragstellung oder im Verfahren

Wegen der Einzelheiten wird verwiesen auf → *Wiedereinsetzung in den vorigen Stand, Antrag*, Teil B Rdn 1485 ff.

k) Wegen **weiterer Fristen** 1559

wird verwiesen auf:

→ *Anhörungsrüge, Zulässigkeit*, Teil B Rdn 41,

→ *Justizverwaltungsakte, Anfechtung (§§ 23 ff. EGGVG), Antrag, Frist*, Teil B Rdn 341,

→ *Menschenrechtsbeschwerde, Frist*, Teil C Rdn 180,

→ *Nichtigkeitsklage, Frist*, Teil C Rdn 545,

→ *Verfassungsbeschwerde, Frist*, Teil C Rdn 1127.

Siehe auch: → *Rechtsmittel/Rechtsbehelfe, Allgemeines*, Teil A Rdn 1289, m.w.N.; → *Rechtsmittel/Rechtsbehelfe, Fristen, Fristberechnung*, Teil A Rdn 1560; → *Rechtsmittel/Rechtsbehelfe, Fristen, Fristwahrung*, Teil A Rdn 1573; → *Wiedereinsetzung in den vorigen Stand, Allgemeines*, Teil B Rdn 1479, m.w.N.

1560 Rechtsmittel/Rechtsbehelfe, Fristen, Fristberechnung

Das Wichtigste in Kürze:

1. Die Fristberechnung erfolgt nach § 43.
2. Bei der Berechnung der wird bei der Festlegung des Fristbeginns der Tag, in den das Frist auslösende Ereignis fällt, nicht mitgerechnet.
3. Im Normalfall endet die Wochenfrist jeweils mit dem gleichnamigen Tag des den Fristbeginn auslösenden Tags der folgenden Woche und Monatsfrist jeweils mit dem Tag des Folgemonats, der durch seine Zahl dem Tag des Fristbeginns entspricht.
4. Fällt das Fristende auf einen Samstag/Sonntag, endet die Frist am darauf folgenden Montag.
5. § 43 Abs. 2, wonach die an einem Feiertag endende Frist erst am darauf folgenden Werktag um 24:00 Uhr abläuft, betrifft nur staatlich anerkannte, nicht lediglich staatlich geschützte Feiertage.

1561 **Literaturhinweise:** s. die Hinw. bei → *Rechtsmittel/Rechtsbehelfe, Fristen, Allgemeines*, Teil A Rdn 1545.

1562 **1.** Die Fristberechnung erfolgt nach § 43.

1563 **2.** Zur Fristberechnung wird bei der Festlegung des **Fristbeginns** der Tag, in den das Frist auslösende Ereignis (Verkündung, Zustellung) fällt, nicht mitgerechnet, sofern die Entscheidung ordnungsgemäß bekannt gemacht wurde (→ *Rechtsmittel/Rechtsbehelfe, Entscheidungsbekanntmachung*, Teil A Rdn 1483 ff.; → *Rechtsmittel/Rechtsbehelfe, Zustellung, Allgemeines*, Teil A Rdn 1845 ff.).

☝ Wird die für einen Beteiligten bestimmte **Zustellung** an **mehrere Empfangsberechtigte** bewirkt, richtet sich die Berechnung einer Frist nach der zuletzt bewirkten Zustellung (§ 37 Abs. 2), so z.B. im Fall einer an sich unzulässigen Doppelzustellung sowohl an den Angeklagten als auch an seinen Verteidiger (*Meyer-Goßner/Schmitt*, § 37 Rn 29). Bei **Zustellung** an **mehrere Verteidiger** kann dies **faktisch** zu einer **Fristverlängerung** führen (BGHSt 37, 168).

1564 **3.** Im **Normalfall** endet die **Wochenfrist** jeweils mit dem gleichnamigen Tag des den Fristbeginn auslösenden Tags der folgenden Woche (Montag bis Montag usw.) und die **Monatsfrist** jeweils mit dem Tag des Folgemonats, der durch seine Zahl dem Tag des Fristbeginns entspricht (z.B. 15. März bis 15. April).

Hinzuweisen ist auf folgende 1565

Besonderheiten:

Verkündungs-/Zustellungstag	**Fristende**
31. Januar	28. Februar (Schaltjahr: 29. Februar)
29. Februar (Schaltjahr)	1. März
31. März	30. April
30. April	31. Mai
31. Mai	30. Juni
30. Juni	31. Juli
31. August	30. September
30. September	31. Oktober
31. Oktober	30. November
30. November	31. Dezember
31. Dezember	31. Januar

4. Fällt das Fristende auf einen **Samstag (Sonnabend)**, endet die Frist am darauf folgenden Montag. Gleiches gilt, wenn das Fristende auf einen **Sonntag** fällt (§ 43 Abs. 2). 1566

5.a) § 43 Abs. 2, wonach die an einem **Feiertag** endende Frist erst am darauf folgenden Werktag um 24:00 Uhr abläuft, betrifft nur **staatlich anerkannte**, nicht lediglich staatlich geschützte **Feiertage**. Mit Ausnahme des **3. Oktober** (Tag der deutschen Einheit) liegt die Feiertagsregelung in **Länderhoheit**. 1567

☝ Da sich das Fristende ausschließlich nach dem **Ort** des **Gerichts** bestimmt, bei dem die Frist zu wahren ist (*Meyer-Goßner/Schmitt*, § 43 Rn 3), kommt der **Feiertagsregelung** in den einzelnen **Bundesländern** besondere **Bedeutung** zu (vgl. die Zusammenstellung bei Rdn 1572).

b) In **sämtlichen Bundesländern** sind gesetzlich anerkannt die **unbeweglichen** Feiertage 1568

01.01.	Neujahr
01.05.	Tag der Arbeit
03.10.	Tag der deutschen Einheit
25./26.12	Weihnachtstage

1569 sowie die **beweglichen** Feiertage

Karfreitag
Ostermontag
Christi Himmelfahrt
Pfingstmontag

1570 c) **Länderregelungen** für **unbewegliche** Feiertage:

06.01.:	Das Fristende fällt auf **Epiphanias/Hl. Drei Könige**; dieser Tag ist nur in **Baden-Württemberg**, **Bayern** und **Sachsen Anhalt** gesetzlicher Feiertag.
08.08.:	Das Fristende fällt auf das **Augsburger Friedensfest**; dieser Tag ist nur im Stadtbezirk **Augsburg** gesetzlicher Feiertag.
15.08.:	Das Fristende fällt auf **Mariä Himmelfahrt**; dieser Tag ist nur im **Saarland** gesetzlicher Feiertag, in **Bayern** in (1.700 von insgesamt 2.056) Gemeinden mit überwiegend katholischer Bevölkerung (so in den Regierungsbezirken **Ober-** und **Niederbayern**, auch in den Großstädten München, Augsburg, Würzburg, Regensburg, Ingolstadt; **nicht in Nürnberg**, **Fürth** und **Erlangen**; https://www.statistik.bayern.de/statistik/bevoelkerungsstand/00141.php).
31.10.:	Das Fristende fällt auf den **Reformationstag**; dieser Tag ist nur in **Brandenburg**, **Mecklenburg-Vorpommern**, **Sachsen**, **Sachsen-Anhalt** und **Thüringen** gesetzlicher Feiertag.
01.11.:	Das Fristende fällt auf **Allerheiligen**; dieser Tag ist nur in **Baden-Württemberg**, **Bayern**, **Nordrhein-Westfalen**, **Rheinland-Pfalz** und **Saarland** gesetzlicher Feiertag.

1571 d) **Länderregelungen** für **bewegliche** Feiertage:

Fronleichnam:	Dieser Tag ist nur in **Baden-Württemberg**, **Bayern**, **Hessen**, **Nordrhein-Westfalen**, **Rheinland-Pfalz** und **Saarland** gesetzlicher Feiertag, in **Sachsen** nur in bestimmten Gemeinden im Landkreis Bautzen und im Westlausitzkreis (http://www.schnelle-online.info/Sachsen/Feiertage.html), in **Thüringen**, in denjenigen Teilen, in denen er 1994 als gesetzlicher Feiertag begangen wurde (http://www.thueringen.de/imperia/md/content/tim/abteilung2/referat21/merkblatt.pdf).
Buß- und Bettag:	Dieser Tag ist **ausschließlich** in **Sachsen** gesetzlicher Feiertag (zu Baden-Württemberg BGH NStZ 2008, 55).

e) Zu den **Feiertagsregelungen** der einzelnen **Bundesländer**: 1572

Baden-Württemberg	http://www.gaa.baden-wuerttemberg.de/servlet/is/16487/1_3_1.pdf
Bayern	http://www.stmi.bayern.de/buerger/staat/feiertage/
Berlin	http://www.berlin.de/imperia/md/content/balichtenberghohenschoenhausen/gesetze-vorschriften/gesetz_sonn_feiertage.pdf?start&ts=1251313068&file=gesetz_sonn_feiertage.pdf
Brandenburg	http://www.bravors.brandenburg.de/sixcms/detail.php?gsid=land_bb_bravors_01.c.13818.de
Bremen	http://bremen.beck.de/?vpath=bibdata%5Cges%5CBrFtG%5Ccont%5CBrFtG.htm&mode=all
Hamburg	http://www.landesrecht.hamburg.de/jportal/portal/page/bshaprod.psml?showdoccase=1&doc.id=jlr-FeiertGHArahmen&doc
Hessen	http://www.rv.hessenrecht.hessen.de/jportal/portal/t/mzd/page/bshesprod.psml?pid=Dokumentanzeige&showdoccase=1&js_peid=Trefferliste&documentnumber=1&numberofresults=21&fromdoctodoc=yes&doc.id=jlr-FeiertGHE1952rahmen%3Ajuris-lr00&doc.part=X&doc.price=0.0&doc.hl=1
Mecklenburg-Vorpommern	http://www.landesrecht-mv.de/jportal/portal/page/bsmvprod.psml?showdoccase=1&doc.id=jlr-FTGMVrahmen&doc.part=X&doc.origin=bs&st=lr
Niedersachsen	http://www.mi.niedersachsen.de/portal/live.php?navigation_id=14920&article_id=61491&_psmand=33
Nordrhein-Westfalen	https://recht.nrw.de/lmi/owa/br_bes_text?anw_nr=2&gld_nr=1&ugl_nr=113&bes_id=3367&aufgehoben=N&menu=1
Rheinland-Pfalz	http://www.datumsrechner.de/gesetze/RheinlandPfalz.pdf
Saarland	http://www.datumsrechner.de/gesetze/Saarland.pdf
Sachsen	http://www.datumsrechner.de/gesetze/Sachsen.pdf
Sachsen-Anhalt	http://st.juris.de/st/gesamt/FeiertG_ST.htm
Schleswig-Holstein	http://www.datumsrechner.de/gesetze/SchleswigHolstein.pdf
Thüringen	http://landesrecht.thueringen.de/jportal/?quelle=jlink&query=FeierTG+TH&psml=bsthueprod.psml&max=true&aiz=true

Siehe auch: → *Rechtsmittel/Rechtsbehelfe, Allgemeines*, Teil A Rdn 1289, m.w.N.; → *Rechtsmittel/Rechtsbehelfe, Fristen, Allgemeines*, Teil A Rdn 1545; → *Rechtsmittel/Rechtsbehelfe, Fristen, Fristwahrung*, Teil A Rdn 1574; → *Wiedereinsetzung in den vorigen Stand, Allgemeines*, Teil B Rdn 1479, m.w.N.

1573 Rechtsmittel/Rechtsbehelfe, Fristen, Fristwahrung

Das Wichtigste in Kürze:

1. Die Frist ist nur gewahrt, wenn die Anfechtungserklärung rechtzeitig und vollständig vor Fristablauf dem richtigen Adressaten zugeht.
2. Zugang bedeutet, dass die Erklärung vor Ablauf der Frist in den Gewahrsam des richtigen Adressaten gelangt sein muss. In Betracht kommen persönliche Einlieferung oder Postversand, z.B. durch Einschreiben.
3. Befindet sich der Rechtsmittelführer nicht auf freiem Fuß, kann er sein Rechtsmittel und die sich darauf beziehenden Erklärungen auch zur Protokoll der Geschäftsstelle des AG geben, in dessen Bezirk die Anstalt liegt, in der er auf behördliche Anordnung verwahrt wird.

1574 **Literaturhinweise:** s. die Hinw. bei → *Rechtsmittel/Rechtsbehelfe, Fristen, Allgemeines*, Teil A Rdn 1545.

1575 **1.** Die Frist ist **nur gewahrt**, wenn die Anfechtungserklärung **rechtzeitig** und **vollständig** vor Fristablauf dem **richtigen Adressaten** (→ *Rechtsmittel/Rechtsbehelfe, Einlegung*, Teil A Rdn 1466 ff.) zugeht (Rdn 1576 ff.).

1576 **2. Zugang** bedeutet, dass die Erklärung vor Ablauf der Frist in den **Gewahrsam** des richtigen Adressaten gelangt sein muss (BVerfG NJW 1980, 580).

1577 **a)** Besteht eine **gemeinsamen Einlauf-/Poststelle mehrerer Justizbehörden**, was zumeist für AG und LG sowie für die StA der Fall ist, hängt der Frist wahrende Zugang nach der Rspr. von der **zutreffenden Adressierung** der **Anfechtungserklärung** ab (BGH MDR 1983, 214; BayObLG NJW 1988, 714; OLG Frankfurt/Main NStZ-RR 2000, 212; OLG Hamm NStZ-RR 2010, 21; OLG Stuttgart NStZ 1987, 185 m. abl. Anm. *Maul*; *Burhoff*, HV, Rn 585 f., Rn 2363 f.; a.A. HK-*Lemke*, §§ 42, 43 Rn 23; KK-StPO/*Maul*, § 43 Rn 16 [lesenswert!]; LR-*Graalmann-Scherer*, vor § 42 Rn 22 ff.; *Meyer-Goßner/Schmitt*, vor § 42 Rn 17).

☝ Existiert in der **Poststelle** der **Justizbehörde** (auch) ein für die **Stadtverwaltung** bestimmtes Einlagefach, das nach Auskunft des Personals der Poststelle täglich geleert wird, darf der Verteidiger in einem **Ordnungswidrigkeitenverfahren** darauf vertrauen, dass sein Einspruch gegen den Bußgeldbescheid innerhalb von sechs Tagen, davon vier Arbeitstage, bei dem zuständigen Amt eingehen wird (BVerfG NJW 1991, 1167).

b) Die **persönliche Einlieferung** ist möglich durch Einwurf in den (Nacht-)**Briefkasten** (BGH NJW 1981, 1216), und zwar auch, wenn dieser vor Fristablauf nicht mehr geleert wird (BVerfG NJW 1976, 255), oder durch **Abgabe** des Schriftstücks **in der Posteinlaufstelle** des Gerichts. Der **Nachweis** der Rechtzeitigkeit erfolgt über den **Eingangsstempel**, bei dem es sich um eine öffentliche Urkunde (§ 418 Abs. 1 ZPO) handelt, deren Beweiskraft durch die schlichte Behauptung, die Rechtsmittelschrift sei rechtzeitig abgegeben/eingeworfen worden, nicht erschüttert werden kann (KG, Beschl. v. 11.7.2001 – 5 Ws 376/01). 1578

☝ Im Fall der persönlichen Einlieferung tut man gut daran, neben dem einzuliefernden Schriftstück eine **Kopie mitzuführen**, die der in der Posteinlaufstelle tätige Gerichtswachtmeister auf entsprechende Bitte ebenfalls mit dem Eingangsstempel versieht.

c)aa) Beim **Postversand** gelangt das Schriftstück in den gerichtlichen Gewahrsam durch **Einsortierung** in das **Postfach**, bzw. der (dortigen) **Hinterlegung** der **Benachrichtigung** über eine **Einschreibsendung**, und zwar gleichgültig, wann dieses geleert wird (BGH NJW 1986, 2646; OLG Frankfurt/Main NStZ-RR 2007, 206 [Beweislast für die Einsortierung/Einlage hat der Versender]). Denn es kann dem Bürger nicht angelastet werden, wenn eine Behörde den fristgerechten Eingang eines Schriftstückes dadurch vereitelt, dass sie zwar einen eigenen Abholdienst bei der Post unterhält, zugleich aber durch dessen Organisation den Bürger schlechter stellt, als es bei einer Anlieferung der Schriftstücke durch Zustellen der Deutschen Post an die Behörde der Fall wäre (BVerfGE 62, 216). Alternative hierzu ist die Einlieferung in der Posteinlaufstelle durch die Post, wo das Schriftstück dann ebenfalls mit einem Eingangsstempel versehen wird. 1579

bb) Zweifel an der Rechtzeitigkeit der Einlegung können aufkommen, wenn der Rechtsmittelverfasser den verspäteten Eingang mit einer **überlangen Postlaufzeit** begründet. 1580

☝ Die **normale Postlaufzeit** ist objektiv danach bestimmbar, wie die Deutsche Post sie nach ihren organisatorischen und betrieblichen Vorkehrungen für den regelmäßigen Betriebsablauf selbst bemisst (BVerfGE 41, 356).

In Deutschland müssen von den an einem Werktag eingelieferten inländischen Briefsendungen im Jahresdurchschnitt mindestens 80 % an dem ersten auf den Einlieferungstag folgenden Werktag und 95 % bis zum zweiten auf den Einlieferungstag folgenden Werktag ausgeliefert werden (**§ 2 Nr. 3 PUDLV** [Post-Universaldienstleistungsverordnung]). Nach den von der Bundesnetzagentur veröffentlichten Daten (http://www.bundes-netzagentur.de/SharedDocs/Downloads/DE/BNetzA/Presse/Berichte/2009/Tae-tigkeitsberichtPost20082009_Id17895pdf.pdf?__blob=publicationFile) kann für das **Jahr 2008** rechtstatsächlich davon ausgegangen werden, dass etwa (nur) **acht** bis **neun** von **zehn Briefen** tatsächlich „**über Nacht**" den Empfänger erreichen. Neuere Daten liegen nicht vor, da die Bundesnetzagentur eigene Messungen eingestellt hat. 1581

1582 **cc)** Im Hinblick auf §§ 42 ff. ist bei **gewöhnlichen Briefsendungen/Normalbriefen**

- von einer Postlaufzeit **von einem Tag** zwischen Aufgabe der Sendung zur Post an einem **Werktag** und deren Eingang beim Empfänger (BGHR StPO § 44 S. 1 Verschulden 4; OLG Hamm NJW 2009, 2230; einschränkend auf die Versendung innerorts: OLG Stuttgart NStZ-RR 2010, 15),
- bei größerer Entfernung (BVerfG NJW 1994, 1856) bzw. bei Sendungen außerhalb des Ortbestellverkehrs (OLG Stuttgart NStZ-RR 2010, 15) von **zwei Tagen** auszugehen.
- Bei Aufgabe zur Post an einem **Sonn- oder Feiertag** muss der Versender mit einer um einen Tag verlängerten Postlaufzeit rechnen (OLG Hamm StRR 2010, 282 [Ls.]; vgl. a. → *Wiedereinsetzung in den vorigen Stand, Voraussetzungen*, Teil B Rdn 1524).

1583 Dazu ist folgendes zu **beachten:**

- Von dieser tatsächlichen Erwartung darf der Versender **auch** in **Zeiten** ausgehen, in denen die Post besonders **stark in Anspruch** genommen ist (z.B. Vorweihnachtszeit) (BVerfG NJW 1992, 1952).
- Wird die Sendung nicht in der Postfiliale aufgegeben, sondern in einen **Postbriefkasten** eingeworfen, sind dessen **Leerungszeiten** zu beachten.
- Hat er auf der Sendung **keine** oder **eine falsche Postleitzahl** angegeben, darf er dagegen von einer kurzen Postlaufzeit nicht ausgehen (OLG Düsseldorf NJW 1994, 2841; OLG Frankfurt/Main NStZ-RR 1997, 137).
- Der **Nachweis** der rechtzeitigen Aufgabe zur Post kann i.d.R. nur mithilfe des **Poststempels** erbracht werden, der sich auf dem Umschlag der Briefsendung befindet. Wurde dieser **nicht zu den Akten genommen**, sodass Feststellungen zur Postlaufzeit nicht getroffen werden können, ist von der Wahrung der Erklärungsfrist auszugehen (BVerfG NJW 1997, 1770; OLG Brandenburg wistra 2006, 36; OLG Hamm – 2. Ss – NStZ-RR 2009, 112; einschränkend jetzt OLG Hamm – 3 Ss – NStZ-RR 2012, 315 [Ls.]).

1584 **dd)** Bei der Versendungsform „**Einschreiben**" ist zwischen drei Angebotsvarianten der Post (http://www.deutschepost.de/dpag?tab= 1&skin=hi&check=yes&lang=de_DE&xmlFile=link1015321_3915#7825) zu **unterscheiden**:

- Für das **Einwurf-Einschreiben** gelten die gleichen Postlaufzeiten (OLG Hamm [3. Ss] NJW 2009, 2230; *Meyer-Goßner/Schmitt*, § 44 Rn 16; offen gelassen OLG Frankfurt/Main NStZ-RR 2011, 116 = StRR 2011, 82; a.A. OLG Hamm, Beschl. v. 4.11.2008 – 2 Ws 328/08 [vier Tage offenbar bei jedem Einschreiben]).
- Die Sendungen **Eigenhändig/Rückschein** werden auf ihrem Weg vom Absender zum Empfänger besonderen zeitaufwendigen Kontrollen unterzogen. Da somit die Auslieferung am Bestimmungsort zu Verzögerungen führen kann, weil sie z.B. nach Schluss der Gerichtsstunden nicht in den Nachtbriefkasten eingeworfen werden können, sondern erst am nächsten Tag gegen Quittung auf der Briefannahmestelle des Gerichts abgeliefert werden müssen, muss der Versender von einer verlängerten Post-

laufzeit ausgehen (KG NStZ-RR 2006, 142; OLG Frankfurt/Main NStZ-RR 2011, 116 = StRR 2011, 82; OLG Hamm, Beschl. v. 4.11.2008 – 2 Ws 328/08; OLG Schleswig SchlHA 2011, 276 [Dö/Dr]).

☝ Der **Nachweis** des Aufgabezeitpunkts kann jeweils durch den **Einlieferungsschein** erbracht werden.

d) Telefaxsendungen müssen in den Eingangsspeicher des Empfangsgeräts bei Gericht und dadurch in dessen Gewahrsam gelangen; wann die Faxnachricht ausgedruckt wird, ist unerheblich (BGH NJW 2006, 2263 [2265]). Die Rechtzeitigkeit wird anhand des **Eingangsjournals** festgestellt (vgl. OLG Frankfurt/Main NStZ-RR 2007, 206). Ergeben sich Zweifel, kann sich der Absender auf sein Ausgangsjournal stützen. Wird ein Schriftsatz über die Einlegung eines Rechtsmittels aufgrund einer durch Ausfall der Telefonverbindung verursachten **Löschung** des **Sendespeichers** durch einen unvorhergesehenen Ausfalls der Telefonverbindung der Verteidigerin nicht von dem genutzten Telefaxgerät übermittelt und wird dies erst am nächsten Morgen nach Ablauf der Rechtsmitteleinlegungsfrist bemerkt, so ist Wiedereinsetzung in den vorigen Stand geboten (OLG Hamm StRR 2011, 366). 1585

☝ Bei der **Last-minute-Einlegung** von Rechtsmitteln, also der Übermittlung von schriftlichen Anfechtungserklärungen am Ende des Kalendertags, an dem die Frist abläuft, hat der Rechtsmittelverfasser mit der ordnungsgemäßen Nutzung eines funktionstüchtigen Sendegerätes und der zutreffenden Eingabe der Empfängernummer allein das zur Fristwahrung Gebotene noch nicht getan, wenn er mit der Übermittlung nicht so rechtzeitig begonnen hat, dass unter gewöhnlichen Umständen mit ihrem Abschluss am Tage des Fristablaufs bis 24:00 Uhr hätte gerechnet werden dürfen (BVerfG NJW 1996, 2857; HFR 2007, 1155; zum „**Sicherheitspolster**" bei Einlegung durch Fax BVerfG StRR 2014, 181 für das Verfassungsbeschwerdeverfahren).

e) Ungeachtet der in § 41a geschaffenen grundsätzlichen Möglichkeit der rechtswirksamen Übermittlung elektronischer Dokumente (→ *Rechtsmittel/Rechtsbehelfe, Form, Schriftlich*, Teil A Rdn 1540 ff.) können Fristen durch Übersendung einer **E-Mail derzeit nicht** gewahrt werden (zu den heute nicht mehr gebräuchlichen Anfechtungserklärungen mittels **Telebrief**, **Telegramm** oder **Fernschreiben** vgl. *Meyer-Goßner/Schmitt*, Einl. Rn 139). 1586

3. Befindet sich der **Rechtsmittelführer nicht auf freiem Fuß**, kann er sein Rechtsmittel und die sich darauf beziehenden Erklärungen auch zur Protokoll der **Geschäftsstelle** des **AG** geben, in dessen Bezirk die Anstalt liegt, in der er auf behördliche Anordnung verwahrt wird. In diesem Fall ist die Frist gewahrt, wenn das Protokoll innerhalb der zu wahrenden Frist aufgenommen wird (**§ 299 Abs. 2**). 1587

Siehe auch: → *Rechtsmittel/Rechtsbehelfe, Allgemeines*, Teil A Rdn 1289, m.w.N.; → *Rechtsmittel/Rechtsbehelfe, Allgemeines*, Teil A Rdn 1289, m.w.N.; → *Rechtsmittel/Rechtsbehelfe, Fristen, Allgemeines*, Teil A Rdn 1545; → *Rechtsmittel/Rechtsbehelfe, Fristen, Fristberechnung*, Teil A Rdn 1560; → *Wiedereinsetzung in den vorigen Stand, Allgemeines*, Teil B Rdn 1479, m.w.N.

1588 Rechtsmittel/Rechtsbehelfe, Ladung, Allgemeines

Das Wichtigste in Kürze:

1. Da nur eine wirksame Ladung den Ladungsgehorsam auslöst, muss der Verteidiger stets prüfen, ob die Ladung mangelfrei erfolgt ist.
2. Die Ladung stellt die gerichtliche Aufforderung dar, zur HV vor Gericht zu erscheinen. Sie wird vom Vorsitzenden durch Verfügung angeordnet (§ 214 Abs. 1).
3. Die Ladungspflicht besteht gegenüber dem Angeklagten und dem Verteidiger und sonstigen Verfahrensbeteiligten.
4. Die Ladung hat schriftlich zu erfolgen.
5. Die Ladung muss dem Angeklagten zugestellt werden.
6. Nach Nr. 181 Abs. 2 RiStBV sind Ladungen dem Ausländer, der die deutsche Sprache nicht hinreichend beherrscht, mit einer Übersetzung in eine ihm verständliche Sprache bekannt zu geben.
7. Auch andere Verfahrensbeteiligte können Zeugen und/oder Sachverständige unmittelbar zur HV laden (sog. „Selbstladung").

1589 **Literaturhinweise:** **Kropp**, Zur Überprüfung von Terminsbestimmungen des Vorsitzenden in Strafsachen, NStZ 2004, 668; **Krumm**, Terminierung, Verhinderung und Terminsverlegung, StV 2012, 177; **Meyer**, Terminshoheit des Strafrichters? Zum Anspruch des Verteidigers auf Terminsverlegung (unter besonderer Beachtung des Straßenverkehrsrechts), DAR 2010, 421; **E. Müller**, Terminsanberaumung, Terminsverlegung und Strafverteidigung Auf der Suche nach Maßstäben anhand der Kasuistik der veröffentlichten Rechtsprechung über 15 Jahre hinweg, in: Festschrift für *Gunter Widmaier*, 2008, S. 457; **Neuhaus**, Terminsbestimmung, Terminsverlegung und das Recht auf Beistand durch den Verteidiger des Vertrauens, StraFo 1998, 84; **Sieg**, Anm. zu BGH StV 1985, 149 und BayObLG StV 1985, 140, StV 1986, 3; s. auch die Hinw. bei *Burhoff*, EV, Rn 3615, und bei *Burhoff*, HV, Rn 2647.

1590 **1. Rechtsmittel** und **Rechtsbehelfe bei Ladung?** Natürlich ist die Ladung nicht anfechtbar. Da aber nur eine wirksame Ladung den Ladungsgehorsam auslöst, muss der Verteidiger stets prüfen, ob die Ladung mangelfrei erfolgt ist. Lässt sich bei der Prüfung ein – nicht geheilter/heilbarer – Ladungsmangel auffinden, muss der Verteidiger seine Verteidigungsstrategie darauf aufbauen (zur Ladung s. auch *Burhoff*, HV, Rn 1817 ff.).

2.a) Die Ladung stellt die **gerichtliche Aufforderung** dar, zur HV **vor Gericht zu erscheinen**. Sie wird vom Vorsitzenden durch Verfügung angeordnet (§ 214 Abs. 1) und von der Geschäftsstelle entsprechend der Anordnung ausgeführt (§ 214 Abs. 2), nachdem der Vorsitzende den Termin zur HV in Ausübung pflichtgemäßen Ermessens anberaumt hat (§ 213). 1591

☝ Gegen die Ladung zur HV ist **kein Rechtsbehelf** gegeben (§ 305 Abs. 1; *Meyer-Goßner/Schmitt*, § 215 Rn 15).

Da ohne den ausgebliebenen Angeklagten grds. keine HV stattfindet (§ 230 Abs. 1), hängt deren Durchführbarkeit vom Erscheinen des Angeklagten ab. Die öffentlich-rechtliche Verpflichtung hierzu kann wiederum nur aufgrund einer **wirksamen Ladung** entstehen (OLG Hamburg StraFo 2012, 60; OLG Hamm VRS 109, 40), die den sog. „Ladungsgehorsam" auslöst, da das Gericht nur in Fällen des Ladungsungehorsams **Zwangsmaßnahmen** ergreifen (§ 230 Abs. 2; vgl. *Burhoff*, HV, Rn 3661 ff.), die **Berufung** des Angeklagten (§ 329 Abs. 1; → *Berufung, Ausbleiben des Angeklagten, Allgemeines*, Teil A Rdn 66 ff.) oder seinen gegen den Strafbefehl eingelegten **Einspruch** (§ 412 S. 1; → *Strafbefehl, Beschlussverfahren/Hauptverhandlung*, Teil B Rdn 721) **verwerfen** kann. 1592

Zu den Anforderungen an die Ladung nach **Unionsrecht** wird verwiesen auf den **Rahmenbeschluss 2009/299/JI** des Rates vom 26.2.2009 zur Änderung der Rahmenbeschlüsse 2002/584/JI, 2005/214/JI, 2006/783/JI, 2008/909/JI und 2008/947/JI, zur Stärkung der Verfahrensrechte von Personen und zur Förderung der Anwendung des Grundsatzes der gegenseitigen Anerkennung auf Entscheidungen, die im Anschluss an eine Verhandlung ergangen sind, zu der die betroffene Person nicht erschienen ist (ABl L 81 vom 27.3.2009, S. 24). 1593

☝ Die Herbeiführung des Ladungsgehorsams durch einen **Haftbefehl** nach § 230 Abs. 2 verstößt gegen Art. 2 Abs. 2, 20 Abs. 3 GG (BVerfG NJW 2001, 1341).

b) Können die Verfahrensbeteiligten auch gegen die Ladung selbst nicht vorgehen, stellt die **Einhaltung** der in **§§ 214 – 218** enthaltenen Gebote stets eine notwendige **Vorfrage** im Zusammenhang mit der Anfechtung auf die Ladung hin ergangener gerichtlicher Entscheidungen dar. 1594

☝ Deshalb muss im Einzelfall immer **geprüft** werden, ob

- die **Ladungsfrist eingehalten** (→ *Rechtsmittel/Rechtsbehelfe, Ladung, Frist*, Teil A Rdn 1613 ff.) worden,
- die Ladung **inhaltlich** vollständig (→ *Rechtsmittel/Rechtsbehelfe, Ladung, Mängel*, Teil A Rdn 1643 ff.) war,
- den **Formerfordernissen** genügt hat (Rdn 1596) und
- sie **ordnungsgemäß bekannt** gemacht (Rdn 1597) wurde.

Für den Angeklagten und seinen Verteidiger gilt dies speziell im Hinblick auf die Einhaltung der Ladungsfrist, weil deren Nichteinhaltung als Reaktion den **Antrag** auf **Aussetzung** des Verfahrens erfordert (→ *Rechtsmittel/Rechtsbehelfe, Ladung, Frist*, Teil A Rdn 1613 ff.).

1595 **3.** Die **Ladungspflicht** besteht gegenüber dem

- **Angeklagten** (§ 216, Nr. 117 Abs. 1 S. 1 RiStBV), auch wenn dieser nach § 233 vom persönlichen Erscheinen entbunden ist (OLG Schleswig SchlHA 2003, 193),
- **Verteidiger** (§ 218, Nr. 117 Abs. 1, Abs. 2 RiStBV),
  - bei mehreren Verteidigern gegenüber allen (BGH StV 2001, 663; OLG Köln NStZ-RR 2001, 140),
  - auch gegenüber einem aus einer Anwaltskanzlei ausgeschiedener (Mit-)Verteidiger nach Mitteilung seiner neuen Kanzleianschrift (BayObLG NStZ-RR 2001, 377),
  - ausgenommen bei mehreren Verteidigern derselben Sozietät (BGH StV 1995, 57) oder Bürogemeinschaft (BGH StV 2007, 283),
  - zur **Berufungs-HV** auch gegenüber dem in erster Instanz nicht aufgetretenen Verteidiger (OLG Brandenburg StV 1996, 368 [Ls.]),

☝ Nimmt einer von mehreren Verteidigern an einem HV-Termin nicht teil und wird in diesem Termin mündlich ein **Fortsetzungstermin** bestimmt, muss der bei Terminsbestimmung abwesende Verteidiger zum Fortsetzungstermin schriftlich geladen werden (OLG Naumburg StV 2009, 686).

- einem Verteidiger gleichgestellten Verfahrensbeteiligten (**Beistand/Vertreter des Nebenklägers**, Vertreter des Einziehungs- oder Verfallsbeteiligten, Vertreter der juristischen Person),
- **Nebenkläger** (§ 397 Abs. 1 S. 2),
- **Privatkläger** (§ 385 Abs. 1, Abs. 2, Nr. 117 Abs. 1, Abs. 2 RiStBV),
- **Nebenbeteiligten** (§§ 453, 442 Abs. 1, Abs. 2, 444 Abs. 1 S. 1),
- **Zeugen** (Nr. 117 Abs. 1 RiStBV),
- **Sachverständigen** (Nr. 117 Abs. 1 RiStBV),
- ggf. weitere Beteiligte, wie z.B. im JGG-Verfahren (vgl. zu den Ladungspflichten in Verfahren gegen **Jugendliche** und Heranwachsende → *JGG-Besonderheiten, Ladung*, Teil A Rdn 809 ff.

1596 **4.** Die Ladung hat **schriftlich** zu erfolgen Deshalb reicht es nicht aus, dass das Gericht einen Wachtmeister oder die Polizei beim Angeklagten vorbeischickt, der ihn mündlich „lädt". Jedenfalls ist ein **Schriftstück auszuhändigen** und zu **belassen**, in dem Zeit, Ort, Terminsstunde (BayObLG, Beschl. v. 16.10.1985 – 1 Ob OWi 345/85) und Sitzungssaal (Bay-

ObLGSt 1969, 104; KMR-*Eschelbach*, § 216 Rn 9 m.w.N.) vermerkt sind. Andernfalls ist die Ladung unwirksam, es sei denn, der Angeklagte habe **wirksam** auf eine formgerechte Ladung **verzichtet** (KMR-*Eschelbach*, § 216 Rn 27). Das Schriftformerfordernis besteht auch bezüglich der **Warnungen/Belehrungen** hinsichtlich der Folgen unentschuldigten Ausbleibens (BayObLG NJW 1962, 1928 [1929]; OLG Düsseldorf MDR 1987, 868; KMR-*Eschelbach*, § 216 Rn 16, mit **Mustern einer Ladung** eines auf freien Fuß befindlichen und eines inhaftierten Angeklagten bei Rn 18 bzw. Rn 24; vgl. auch noch → *Rechtsmittel/Rechtsbehelfe, Ladung, Mängel*, Teil A Rdn 1643).

5. Die **Ladung muss** dem Angeklagten **zugestellt** werden (§ 217 Abs. 1; BGHSt 24, 1597
143, 149 = NJW 1971, 1278). → *Rechtsmittel/Rechtsbehelfe, Zustellung, Allgemeines*, Teil A Rdn 1845 ff. Davon kann nur **abgesehen** werden, wenn der Angeklagte selbst auf eine schriftliche **Ladung verzichtet** hat (OLG Düsseldorf VRS 83, 202) oder wenn die Ladung an den mit **Vollmacht** nach § 145a Abs. 2 ausgestatteten **Verteidiger** erfolgt ist (→ *Rechtsmittel/Rechtsbehelfe, Vollmacht, Ladungsvollmacht*, Teil A Rdn 1784 ff.).

> ☝ Wurde dem Angeklagten ein **Pflichtverteidiger** bestellt, der über keine diesbezügliche Vollmacht verfügt, fehlt es an einer wirksamen Ladung (OLG Dresden StV 2006, 8; OLG Karlsruhe StraFo 2011, 509).

6. Nach Nr. 181 Abs. 2 RiStBV sind Ladungen „dem **Ausländer**, der die deutsche Sprache 1598
nicht hinreichend beherrscht, mit einer Übersetzung in eine ihm **verständliche Sprache** bekannt zu geben“. Dies folgt aus Art. 2 Abs. 1 i.V. Art. 20 Abs. 3 GG, Art. 6 Abs. 3 Buchst. e EMRK und gilt nicht nur für die Ladung selbst, sondern **auch** für die mit ihr untrennbar zusammenhängenden **Warnungen** und **Hinweise** (s.a. OLG Bremen StV 2005, 433; OLG Dresden StV 2009, 348; OLG Saarbrücken NStZ-RR 2010, 140; LG Heilbronn StV 2011, 91 [Ls.]).

Demgegenüber geht ein **Teil** der **Rspr.** unter Bezugnahme auf § 184 GVG davon aus, 1599
die Gerichtssprache sei deutsch, die Ladung daher in **deutscher Sprache** abzufassen (BGH NJW 1984, 2050; *Meyer-Goßner/Schmitt*, § 184 GVG Rn 3). Bei Nr. 180 Abs. 2 RiStBV handle es sich um eine Verwaltungsvorschrift, die weder die Gerichte binde noch Verfahrensrechte des Angeklagten begründe (BayObLG NJW 1996, 1836). Die Ladung in deutscher Sprache genüge auch bei einem sprachunkundigen Ausländer (*Meyer-Goßner/Schmitt*, § 329 Rn 9 m.w.N.). Wenn er der deutschen Sprache nicht mächtig sei, müsse sich der Angeklagte schon selbst darum kümmern, dass er den Inhalt des ihm zugestellten Schriftstücks zutreffend erfasse (OLG Hamm, Beschl. v. 6.12.2000 – 5 Ws 261/00; Beschl. v. 25.11.2003 – 4 Ws 649/03; OLG Nürnberg NStZ-RR 2010, 286).

☝ Diese Rechtsprechung belegt ein eigenartiges **(Miss-)Verständnis** von einem **fairen Verfahren** (s. dazu ausführlich → *Rechtsmittel/Rechtsbehelfe, Sprachunkundigkeit, Allgemeines*, Teil A Rdn 1679 ff.).

1600 **7.** Auch andere Verfahrensbeteiligte können Zeugen und/oder Sachverständige **unmittelbar** zur HV **laden (sog. „Selbstladung“)**. Dieses Recht steht

- dem Angeklagten (§ 220 Abs. 1, § 323 Abs. 1 S. 1),
- dessen gesetzlichen Vertreter (§§ 298 Abs. 2, 323 Abs. 1 S. 1),
- den Parteien im Privatklageverfahren (§ 386 Abs. 2),
- dem Nebenkläger (§ 397 Abs. 1),
- dem Antragsgegner im Sicherungsverfahren (§ 414 Abs. 1),
- sowie den Nebenbeteiligten (§§ 433 Abs. 1, 440Abs. 3, 444 Abs. 3)

zu. Zum **Verfahren** und **dessen Besonderheiten** s. *Burhoff*, HV, Rn 2036.

Siehe auch: → *Rechtsmittel/Rechtsbehelfe, Allgemeines*, Teil A Rdn 1289, m.w.N.; → *Rechtsmittel/Rechtsbehelfe, Ladung, Auslandsladung*, Teil A Rdn 1601; → *Rechtsmittel/Rechtsbehelfe, Ladung, Frist*, Teil A Rdn 1613; → *Rechtsmittel/Rechtsbehelfe, Ladung, Mängel*, Teil A Rdn 1643.

1601 Rechtsmittel/Rechtsbehelfe, Ladung, Auslandsladung

Das Wichtigste in Kürze:

1. Angeklagte, Zeugen oder Sachverständigen können auch im Ausland geladen werden. Dabei sind besondere Bestimmungen zu beachten.
2. Hinsichtlich des Inhalts Inhalt der Ladung kreist die obergerichtliche Rspr um die Frage, ob, und wenn ja in welchem Umfang die Ladung mit der verbundenen Warnung nach §§ 216 Abs. 1 S. 1, 230 Abs. 2.

1602 **Literaturhinweise: Hartwig**, Die Selbstladung von Auslandszeugen, StV 1996, 626; **Rose**, Die Ladung von Auslandszeugen im Strafprozess, wistra 1998, 11; **Schomburg/Klip**, „Entlastung der Rechtspflege“ durch weniger Auslandszeugen, StV 1993, 208; **Widmaier**, Zur Rechtsstellung des nach §§ 220, 38 StPO vom Verteidiger geladenen Sachverständigen, StV 1985, 526.

1603 **1.** Angeklagte, Zeugen oder Sachverständigen können auch **im Ausland geladen** werden. Der im Ausland lebende deutsche oder ausländische Staatsbürger wird an seinem **ausländischen Wohnsitz geladen**. Bei Ladungen in **Europa** sind dabei folgende Vorschriften zu beachten:

a) In **Mitgliedstaaten** der **Europäischen Union** erfolgt die Ladung gem. **Art. 5 EU-RhÜbk**: 1604

Artikel 5 Übersendung und Zustellung von Verfahrensurkunden

(1) Jeder Mitgliedstaat übersendet Personen, die sich im Hoheitsgebiet eines anderen Mitgliedstaats aufhalten, für sie bestimmte Verfahrensurkunden unmittelbar durch die Post.

…

(3) Wenn Anhaltspunkte dafür vorliegen, dass der Zustellungsempfänger der Sprache, in der die Urkunde abgefasst ist, unkundig ist, so ist die Urkunde – oder zumindest deren wesentlicher Inhalt – in die Sprache oder in eine der Sprachen des Mitgliedstaats, in dessen Hoheitsgebiet der Empfänger sich aufhält, zu übersetzen. Ist der Behörde, die die Verfahrensurkunde ausgestellt hat, bekannt, dass der Empfänger nur einer anderen Sprache kundig ist, so ist die Urkunde – oder zumindest deren wesentlicher Inhalt – in diese andere Sprache zu übersetzen.

…

Der **Begriff** der Urkunden **umfasst auch** Ladungen (vgl. Erläuterungen S. 11, http://eur-lex.europa.eu/LexUriServ/LexUriServ.do?uri=OJ:C:2000:379:0007:0029:DE:PDF). 1605

☝ Die **Zustellung** erfolgt mithilfe der **Post** unmittelbar durch „Einschreiben/Rückschein" → *Rechtsmittel/Rechtsbehelfe, Zustellung, Auslandszustellung*, Teil A Rdn 1868 ff.

b) Für die **Schengen-Staaten**, die **nicht Mitgliedstaaten** der **EU** sind, bzw. in denen das EU-RhÜbk noch nicht in Kraft gesetzt ist, sieht Art. 52 SDÜ als Spezialregelung zu Art. 7 EuRhÜbk (*Schomburg/Lagodny/Gleß/Hackner*, II B. Rn 4), hierzu vor: 1606

Artikel 52 Direkte Übersendung von gerichtlichen Urkunden

(1) Jede Vertragspartei kann Personen, die sich im Hoheitsgebiet einer anderen Vertragspartei aufhalten, gerichtliche Urkunden unmittelbar durch die Post übersenden. Eine Liste der Urkunden, die auf diesem Wege übersandt werden dürfen, wird dem Exekutivausschuss von den Vertragsparteien zugeleitet …

(2) Wenn Anhaltspunkte dafür vorliegen, dass der Zustellungsempfänger der Sprache, in der die Urkunde abgefasst ist, unkundig ist, ist die Urkunde – oder zumindest die wesentlichen Passagen – in die Sprache oder in eine der Vertragspartei, in deren Hoheitsgebiet der Empfänger sich aufhält, zu übersetzen. Wenn der zustellenden Behörde bekannt ist, dass der Empfänger nur einer anderen Sprache kundig ist, ist die Urkunde – oder zumindest die wesentlichen Passagen – in diese andere Sprache zu übersetzen.

…

Die für Deutschland **maßgebliche Liste** der Urkunden **beinhaltet**: 1607

G) Mitteilungen anlässlich der Hauptverhandlung erster Instanz

… 3. **Ladung** der Angeklagten zur Hauptverhandlung …(§ 216 Abs. 1 StPO) …

H) Mitteilungen im Berufungsverfahren

… 3. **Ladung** der Angeklagten zur Hauptverhandlung (§§ 323 Abs. 1, 216 Abs. 1 StPO) …

☝ Die Zustellung erfolgt ebenfalls unmittelbar durch **„Einschreiben/Rückschein"** → *Rechtsmittel/Rechtsbehelfe, Zustellung, Auslandszustellung*, Teil A Rdn 1868 ff.

1608 **c)** In **Staaten**, die weder Mitglieder der EU noch des Schengen-Raums sind, die aber das **2. Zusatzprotokoll zum EuRhÜbk** (2. ZP EuRhÜbk) **ratifiziert** haben (Übersicht bei *Schomburg/Lagodny/Gleß/Hackner*, II B 2 nach Rn 15) erfolgt die Ladung nach **Art. 16 EuRhÜbk** ebenfalls durch (direkte) Zustellung auf dem Postweg. Das Zusatzprotokoll wurde zwar am 8.11.2011 von Deutschland unterzeichnet, aber noch nicht ratifiziert, weshalb vom Abdruck abgesehen wird.

1609 Bei **anderen Vertragsstaaten** des **EuRhÜbk** ist die Ladung nach **Art. 7 EuRhÜbk** zuzustellen → *Rechtsmittel/Rechtsbehelfe, Zustellung, Auslandszustellung*, Teil A Rdn 1868 ff.

1610 **d)** Soweit **völkerrechtlich** die **direkte Übersendung** durch die **Post unzulässig** ist, scheidet die Ladung mittels Postzustellungsurkunde aus. **Deutsche Staatsbürger** können geladen werden, indem die jeweilige Auslandsvertretung die förmliche Zustellung bewirkt (vgl. OLG Düsseldorf VRS 97, 139). **Ausländische Staatsbürger** müssen im Wege der Rechtshilfe geladen werden.

1611 **2.** Hinsichtlich des **Inhalts** der **Ladung** kreist die obergerichtliche Rspr um die Frage, ob, und wenn ja, in welchem Umfang die Ladung mit der verbundenen **Warnung** nach **§§ 216 Abs. 1 S. 1, 230 Abs. 2** auf Zwangsmaßnahmen verbunden werden darf. Die Richtlinien für den Verkehr mit dem Ausland in strafrechtlichen Angelegenheiten (**RiVASt**) geben hierzu in Nr. 116 vor:

> (1) Enthält das zuzustellende Schriftstück eine Aufforderung zum Erscheinen, können die Rechtsfolgen, die beim Ausbleiben eintreten (vgl. z.B. § 329 Abs. 1, § 412 S. 1 StPO), angegeben werden. Zwangsmaßnahmen dürfen beschuldigten Personen nur angedroht werden, wenn in dem zuzustellenden Schriftstück darauf hingewiesen wird, dass diese im Hoheitsgebiet des ersuchten Staates nicht vollstreckt werden können …

1612 Dazu gilt (vgl. dazu auch *Burhoff*, HV, Rn 1822 m.w.N.) folgender

Überblick:

- Mit der Begründung, die nach § 216 Abs. 1 S. 1 vorgeschriebene Warnung beinhalte weder die Androhung von Zwangsmaßnahmen i.S.v. Nr. 116 Abs. 1 RiVASt noch verstoße sie gegen die allgemeinen Regeln des Völkerrechts (Art. 25 GG), hält das OLG Rostock (NStZ 2010, 412) eine ins Ausland gehende, den Hinweis auf die Folgen des Ausbleibens nach § 230 Abs. 2 enthaltende, Ladung **uneingeschränkt** für **zulässig**. Diese Auffassung lässt sich mittelbar auch aus OLG Oldenburg (StV 2005,

432) entnehmen, das den auf § 230 Abs. 2 gestützten Haftbefehl nur deshalb aufhob, weil die Ladung selbst, die eine Warnung nach § 216 Abs. 1 S. 1 enthielt, nicht ordnungsgemäß zugestellt war.

- Die Verbindung der Ladung mit der Warnung wird – **vermittelnd** – nur dann für zulässig erachtet, wenn diese – entsprechend Nr. 116 Abs. 1 RiVASt – mit dem eindeutig Hinweis verbunden ist, dass die **Vollstreckung** der angedrohten Zwangsmaßnahmen **ausschließlich im Geltungsbereich der StPO** erfolgt (KG StV 2011, 716; OLG Karlsruhe StV 2015, 346; OLG Saarbrücken NStZ-RR 2010, 49; i. Erg. wohl auch OLG Brandenburg StRR 2007, 276 m. Anm. *D. Herrmann* unter ausdrücklichem Hinweis auf die RiVASt; *Meyer-Goßner/Schmitt*, § 216 Rn 4).
- Für **generell unzulässig** hält das OLG Köln (NStZ-RR 2006, 22) den Warnhinweis auf § 230 Abs. 2 unter Bezugnahme auf OLG Frankfurt/Main (NStZ-RR 1999, 18) und schlägt stattdessen vor, bei einem erscheinungsunwilligen Angeklagten den Haftgrund der Flucht zu prüfen.

Siehe auch: → *Rechtsmittel/Rechtsbehelfe, Allgemeines*, Teil A Rdn 1289, m.w.N.; → *Rechtsmittel/Rechtsbehelfe, Ladung, Allgemeines*, Teil A Rdn 1545; → *Rechtsmittel/Rechtsbehelfe, Ladung, Frist*, Teil A Rdn 1613; → *Rechtsmittel/Rechtsbehelfe, Ladung, Mängel*, Teil A Rdn 1643; → *Rechtsmittel/Rechtsbehelfe, Zustellung, Auslandszustellung*, Teil A Rdn 1868.

Rechtsmittel/Rechtsbehelfe, Ladung, Frist 1613

Das Wichtigste in Kürze:

1. Die Ladungsfrist ist in § 217 geregelt.
2. Einzuhalten ist die Frist des § 217 Abs. 1 nur bezüglich der Ladung zum ersten HV-Tag.
3. Die Frist beginnt mit der – wirksamen – Zustellung der Ladung.
4. Die Ladungsfrist beträgt mindestens eine Woche.
5. Ist die Ladungsfrist nicht eingehalten, kann gem. § 217 Abs. 2 als „Anfechtung" ein Aussetzungsantrag gestellt werden.
6. Angeklagter und Verteidiger können auf Einhaltung der – jeweils sie betreffenden Ladungsfrist – verzichten.

Literaturhinweise: **Rieß**, Die Stellung des Verteidigers beim Verzicht auf die Verwendung präsenter Beweismittel, NJW 1977, 881; s. die Hinw. bei → *Rechtsmittel/Rechtsbehelfe, Ladung, Allgemeines*, Teil A Rdn 1589. 1614

1.a) Die **Ladungsfrist** ist in § 217 geregelt. **Anspruch** auf **Einhaltung** der **Frist** haben der Angeklagte (§ 217 Abs. 1) und sein Verteidiger (§§ 218 S. 2, 217 Abs. 1), in dem Um- 1615 fang, in dem ihnen gegenüber eine Ladungspflicht besteht (→ *Rechtsmittel/Rechtsbehelfe, Ladung, Allgemeines*, Teil A Rdn 1595 f.). Dadurch soll jeweils ausreichend Zeit für die Vorbereitung eingeräumt werden (vgl. *Burhoff*, HV, Rn 1817 ff., Rn 1829 ff.; KMR-*Eschelbach*, § 217 Rn 1, jew. m.w.N.). Bei **mehreren** Verteidigern – ausgenommen bei Sozietäten und Bürogemeinschaften – kann die Nichteinhaltung der Frist bei einem Verteidiger durch die fristgerechte Ladung des anderen Verteidigers **nicht kompensiert** werden (BGH StV 1995, 57).

☝ Auf die Einhaltung der Ladungsfrist **kann verzichtet** werden (vgl. Rdn 1639).

1616 **b)** Für die **weiteren Verfahrensbeteiligten** besteht ein **Anspruch** auf Einhaltung einer Ladungsfrist **nicht** (*Meyer-Goßner/Schmitt*, § 217 Rn 1; zum Anspruch auf Einhaltung der Ladungsfrist in Verfahren gegen Jugendliche und Heranwachsende → ***JGG-Besonderheiten***, *Ladung*, Teil A Rdn 809 ff.).

1617 **2.a) Einzuhalten** ist die Frist des § 217 Abs. 1 nur bezüglich der Ladung zum **ersten HV-Tag** in erster Instanz sowie im **Berufungsrechtszug** (§ 323 Abs. 1 S. 1) und wenn das Urteil durch das Revisionsgericht aufgehoben und die Sache an das Tatgericht **zurückverwiesen** wurde (*Burhoff*, HV, Rn 1824; *Meyer-Goßner/Schmitt*, § 217 Rn 3).

1618 **b)** Auch auf die neue **HV nach Gewährung** von **Wiedereinsetzung** in den vorigen Stand (vgl. §§ 235, 329 Abs. 3, 412 S. 1; § 74 Abs. 4 OWiG) ist § 217 Abs. 1 anzuwenden (KMR-*Eschelbach*, § 217 Rn 11; LR-*Jäger*, § 217 Rn 5; SK-StPO/*Deiters*, § 217 Rn 4). Ebenso bedarf es der Einhaltung der Ladungsfrist, wenn die **HV wiederholt** werden muss, weil die in § 229 vorgeschriebenen Höchstfristen für eine Unterbrechung überschritten wurden (*Meyer-Goßner/Schmitt*, § 217 § 229 Rn 14). Wird die **erste HV**, zu der unter Einhaltung der Ladungsfrist geladen wurde, **nicht durchgeführt**, muss § 217 Abs. 1 **auch bei der** Ladung **zur neuerlichen** HV beachtet werden (BayObLGSt 1978, 98 = VRS 55, 435).

1619 Für den **Neubeginn** der **HV nach Aussetzung** ist die Frage **umstr.** Die Befürworter der Anwendung des § 217 Abs. 1 stützen sich jedoch zutreffend auf den engen Zusammenhang der Vorschrift mit dem darin in Bezug genommenen § 216 und auf den Schutzzweck der Norm, der auch im Fall des Neubeginns der HV eine ausreichende Vorbereitungszeit – z.B. wegen Änderung der Verteidigungsstrategie – gewährleisten soll (BayObLG VRS 55, 435; AK/StPO-*Kirchhof*, § 217 Rn 2; HK-*Julius*, § 217 Rn 3; KK-*Gmel*, § 217 Rn 3; KMR-*Eschelbach*, § 217 Rn 8 ff m.w.N.; *Meyer-Goßner/Schmitt*, § 217 Rn 4; *Pfeiffer*, § 217 Rn 1; SK-StPO/*Deiters*, § 217 Rn 4). Die Gegenauffassung verweist auf ein obiter dictum in BGHSt 24, 143, 145, das allerdings zu Recht als nicht entscheidungstragend angesehen wird. Die in diesem Zusammenhang zitierten weiteren Entscheidungen des BGH (vgl. StV 1982, 1; NStZ-RR 2003, 98 [Be]) behandeln die Ladung zu Fortsetzungsterminen nach Unterbrechung der HV (vgl. Rdn 1620).

c) Dagegen ist bei **Anberaumung** von **Fortsetzungsterminen** i.S.d. § 229 **keine Ladungsfrist** einzuhalten (BGHSt 24, 143; BGHR StPO § 218 Ladung 4; NStZ-RR 2003, 98 [Be]; *Burhoff*, HV, Rn 1824; *Meyer-Goßner/Schmitt*, § 217 Rn 6; § 229 Rn 12). Zur Ladung auf einen mündlich bestimmten Fortsetzungstermin bei mehreren Verteidigern, von denen einer bei der Terminsbestimmung nicht anwesend ist (→ *Rechtsmittel/ Rechtsbehelfe, Ladung, Allgemeines*, Teil A Rdn 1595). 1620

Gleiches gilt auch für die **Verlegung** der **HV** auf einen späteren Zeitpunkt, da sich in diesem Fall die Vorbereitungszeit vergrößert (OLG Jena VRS 118, 296). Einzuhalten ist die Ladungsfrist dagegen, wenn durch eine **Vorverlegung des Termins** die Frist des § 217 Abs. 1 unterschritten werden würde (KMR-*Eschelbach*; § 217 Rn 18 f.; *Meyer-Goßner/ Schmitt*, § 217 Rn 5), wobei dies nicht schon dann anzunehmen ist, wenn die HV auf eine frühere Stunde desselben HV-Tags vorverlegt wird (OLG Zweibrücken NStZ 1996, 239; KMR-*Eschelbach*, § 217 Rn 20 m.w.N.). 1621

3. Die Frist **beginnt** mit der – wirksamen – Zustellung der Ladung (→ *Rechtsmittel/ Rechtsbehelfe, Ladung, Frist*, Teil A Rdn 1613 ff.). 1622

☝ Der **Beginn** des **Fristlaufs** hängt neben der wirksamen Ladungszustellung davon ab, dass dem Angeklagten der **Eröffnungsbeschluss** bereits **zugestellt** wurde oder spätestens zusammen mit der Ladung zugestellt wird (§ 215 S. 1; BGHSt 29, 224, 230; *Burhoff*, HV, Rn 1827).

4.a) Die Ladungsfrist beträgt – ausgenommen im beschleunigten Verfahren (§ 418 Abs. 2 S. 3) – **mindestens eine Woche** (§ 217 S. 1), gerechnet **ab Zustellung** der **Ladung**. Der Tag der Ladungszustellung und der Terminstag werden nicht mitgerechnet. Zwischen beiden muss also mindestens eine Woche liegen. Darauf, ob das Fristende auf einen Samstag, Sonntag oder Feiertag fällt (§ 43 Abs. 2), kommt es nicht an. 1623

Beispiel: 1624

Bei **Zustellung** der **Ladung** am **Montag** beginnt die **Frist** am **Dienstag** 0:00 Uhr zu laufen und endet, da sie mindestens eine Woche beträgt, mit Ablauf des Dienstags der folgenden Woche um 24:00 Uhr, sodass die HV frühestmöglich am **Mittwoch** der **folgenden Woche** stattfinden kann.

b) Übersicht: Zustellung/HV-Termin 1625

Zustellung am	Fristbeginn	Frühestmöglicher HV-Termin
		Folgewoche
Dienstag	Mittwoch	Donnerstag
Mittwoch	Donnerstag	Freitag

		übernächste Woche
Donnerstag	Freitag	Montag
Freitag	Samstag	Montag
Samstag	Sonntag	Montag

1626 **5.a)** Ist die **Ladungsfrist** nicht **eingehalten**, kann gem. § 217 Abs. 2 als „Anfechtung" ein **Aussetzungsantrag** gestellt werden. Es handelt sich um eine antragsbedingte befristete Verfahrenseinrede (*Meyer-Goßner/Schmitt*, § 217 Rn 8 m.w.N.). Es ist die **Nichteinhaltung** der Ladungsfrist zu **beanstanden** und Antrag auf Aussetzung des Verfahrens zu stellen.

1627 Auf ein **Verschulden** für die Nichteinhaltung kommt es **nicht** an. Wurde die Frist nicht eingehalten, kommt es also nicht darauf an, ob der Angeklagte, bei dem die Bekanntmachung der Ladung im Weg der Ersatzzustellung (→ *Rechtsmittel/Rechtsbehelfe, Zustellung, Ersatzzustellung*, Teil A Rdn 1903 ff.) erfolgte, den HV-Termin hätte objektiv wahrnehmen können, wenn er sich früher um die Übergabe des ersatzweise zugestellten Schriftstücks bemüht hätte (OLG Brandenburg NStZ-RR 2009, 318).

☝ Über sein Recht, einen Aussetzungsantrag stellen zu können, ist der Angeklagte vom **Gericht** zu **belehren** (§ 228 Abs. 3).

Angeklagter und/oder Verteidiger können das **Recht** auf Aussetzung durch Untätigkeit in Kombination mit anderen Umständen **verwirken** (BGH NStZ 2005, 646).

1628 **b)aa)** Die **Antragsbefugnis** steht dem **Angeklagten** selbst und seinem **Verteidiger** für diesen zu, wenn die Ladungsfrist für den Angeklagten nicht eingehalten wurde (zur Antragsbefugnis in Verfahren gegen Jugendliche und Heranwachsende → *Besonderheiten in Verfahren nach JGG*, Teil A Rdn 599 ff.).

☝ Der **Angeklagte** kann darüber hinaus Aussetzung auch verlangen, wenn sein **Verteidiger** zur HV **nicht** (fristgerecht) **geladen wurde** und deshalb dort nicht erscheint, selbst wenn der ihm bestellte Pflichtverteidiger anwesend ist (BGH StV 2008, 563; OLG München NJW 2005, 2470]). Etwas anderes kann nur dann gelten, wenn sich aus dem Verfahrensverhalten des Angeklagten ein Verzicht auf die Anwesenheit eines von mehreren Verteidigern in der HV ergibt (BGH StV 2006, 284). Ist dies nicht der Fall, begründet die Nichtladung des Verteidigers die Revision unter dem Gesichtspunkt des § 338 Nr. 8 (OLG München StV 2007, 291).

1629 **bb)** Der **Verteidiger** und der ihm gleichgestellte Verfahrensbeteiligte hat ein **eigenes Antragsrecht** nur dann, wenn er selbst nicht (fristgerecht) geladen wurde (*Burhoff*, HV, Rn 1827). Voraussetzung ist, er hat seine Mandatierung so **rechtzeitig angezeigt**, dass eine fristgerechte Ladung möglich gewesen wäre (OLG Braunschweig StraFo 2009,

520 m. Anm. *Burhoff* StRR 2009, 401). Dies gilt über den Wortlaut des § 218 S. 1 hinaus auch dann, wenn die Verteidigungsanzeige nicht gegenüber dem Gericht, sondern **nur gegenüber** der **Polizei** (OLG Köln VRS 98, 138) oder der **Verwaltungsbehörde** erfolgte (KG, Beschl. v. 8.11.2000 – 2 Ss 192/00; 3 Ws (B) 403/00; OLG Koblenz VRS 94, 219), auch wenn sie von dieser nicht zu den Akten genommen wurde (OLG Bamberg NJW 2007, 393). Dabei kommt es auf die Vorlage einer Vollmacht nicht an (BGHSt 36, 259, 262). Wird die **Verteidigungsanzeige falsch adressiert**, kann die Nichteinhaltung der Ladungsfrist nur dann beanstandet werden, wenn die Anzeige so rechtzeitig erfolgt war, dass das Gericht noch fristgerecht zur HV laden konnte (OLG Braunschweig, a.a.O.; OLG Stuttgart NJW 2006, 3796; *Burhoff*, HV, Rn 1829).

Nach dem Schutzzweck der Norm kann das Fehlen einer förmlichen Ladung aber dann 1630
unschädlich sein, wenn der Verteidiger **auf andere Weise rechtzeitig** vom **Termin zuverlässig Kenntnis** erlangt hat (BGHSt 36, 259, 262; StV 1985, 133; weiter gehend BayObLG StV 1985, 140 [Ladung stets erforderlich]; ihm jedenfalls im Ansatz folgend OLG München NJW 2005, 2470). Um eine solche zuverlässige Kenntnis zu belegen, reicht es jedoch weder aus, dass der Verteidiger Akteneinsicht genommen hat und daraus den Termin der HV hätte zur Kenntnis nehmen können, noch dass eine Woche vor der HV zwischen dem Verteidiger und dem Vorsitzenden ein Telefonat stattgefunden hat, in dem der Verteidiger die Stellung eines Aussetzungsantrags angekündigt hatte (OLG München, a.a.O.).

> ☝ **Ob** seitens des Verteidigers in eigenem Namen ein **Aussetzungsantrag** gestellt wird, kann – außerhalb der Frage einer ausreichenden Vorbereitungszeit – auch von **strategischen Überlegungen** abhängen (vgl. *Burhoff*, HV, Rn 1834).

d)aa) Soll der Antrag **in** der **HV** gestellt werden, kann dies **wirksam** nur **bis** zur **Verneh-** 1631
mung des **Angeklagten** zur **Sache** (§ 243 Abs. 5 S. 2) geschehen. Dieser Zeitpunkt gilt auch für den Verteidiger, wenn er in eigenem Namen Aussetzung beantragt (KG, Beschl. v. 4.9.2000 – 2 Ss 167/00; 3 Ws [B] 373/00). Möglich ist aber auch eine schriftliche Antragstellung bereits vor dem HV-Termin. Rechtzeitig ist der Antrag, wenn er vor Beginn der HV bei Gericht (z.B. mittels Telefax) eingegangen ist, selbst wenn er dem zuständigen Richter noch nicht vorliegt (LR-*Jäger*, § 217 Rn 8; a.A. OLG Zweibrücken, Beschl. v. 10.7.1996 – 1 Ss 161/96, [30 Minuten vor Beginn der HV eingegangenen Antrag]; vgl. auch die obergerichtliche Rspr. zur Frage, bis wann ein Entbindungsantrag nach §§ 73, 74 OWiG noch rechtzeitig bei Gericht eingegangen ist, wie z.B. KG VRR 2012, 195 m. Anm. *Deutscher*; OLG Bamberg NStZ-RR 2008, 86; NZV 2011, 409; OLG Hamm DAR 2011, 539 m. zutreffend abl. Anm. *Deutscher* VRR 2011, 473).

1632 **bb) Hinweise für den Verteidiger!**

Sinnvoll (s.a. *Burhoff*, HV, Rn 1933 [„ratsam"]) ist es in jedem Fall, die Nichteinhaltung der Ladungsfrist **bereits vor dem HV-Termin** zu beanstanden und Aussetzung des Verfahrens zu beantragen (zu **Musteranträgen** auf Aussetzung wegen Nichteinhaltung der Ladungsfrist s. bezüglich des Angeklagten *Burhoff*, HV, Rn 1828 und des Verteidigers *Burhoff*, HV, Rn 1839). Wird nämlich vorab kein Aussetzungsantrag gestellt, besteht die Pflicht zum Erscheinen im Termin. Wird dieser Verpflichtung nicht nachgekommen, entsteht immer das Risiko, dass das Gericht (das aus seiner Sicht von der eingehaltenen Ladungsfrist ausgeht) bei Ausbleiben des Angeklagten entweder Zwangsmaßnahmen (§ 230) ergreift oder das Rechtsmittel (§ 329 Abs. 1) bzw. den Rechtsbehelf (§ 412 S. 1) verwirft, da die Nichteinhaltung der Ladungsfrist in beiden Fällen einer Verwerfung des Rechtsmittels/Rechtsbehelfs nicht entgegensteht (BGHSt 24, 143). Zwar hat im Ergebnis weder ein Haftbefehl nach § 230 Bestand, wenn damit zu rechnen ist, dass Aussetzung beantragt worden wäre, (OLG Frankfurt/Main NStZ-RR 1999, 18; KMR-*Eschelbach*, § 217 Rn 45 ff.), noch kann dem Angeklagten i.d.R. Wiedereinsetzung in den vorigen Stand gegen die Versäumung der HV (§§ 329 Abs. 3, 412 S. 1, S. 2; KMR-*Eschelbach*, § 217 Rn 48 ff.) versagt werden. Letzteres gilt jedoch nur dann, wenn die Nichteinhaltung der Ladungsfrist für das Säumnis des Angeklagten kausal war (OLG Brandenburg, Beschl. v. 20.10.2010 – 1 Ws 154/10).

1633 In jedem Fall aber ist das Vorgehen gegen die infolge des Ausbleibens des Angeklagten ergangenen Entscheidungen nicht nur mit zusätzlichem Arbeitsaufwand verbunden, sondern kann im **schlimmsten Fall** auch zum **zeitweiligen Freiheitsentzug** des Mandanten führen. Daneben stellt es für den Verteidiger ein nobile officium dar, nach Kräften dem Aufkommen von Irrtümern und Versehen des Gerichts entgegenzuwirken (BGH NJW 2009, 987).

1634 **e) Antragsinhalt** ist die Beanstandung der Nichteinhaltung der Ladungsfrist und das Begehren auf Aussetzung des Verfahrens. Wird dies nicht wörtlich vorgebracht (Angeklagter: „Ohne meinen [nicht / nicht fristgerecht geladenen] Verteidiger möchte ich eigentlich nicht verhandeln!"), ist das Vorbringen auszulegen, da auch insoweit der in § 300 enthaltene Rechtsgedanke zum Tragen kommt (SK-StPO/*Deiters*, § 217 Rn 9).

1635 **f)** Der Aussetzungsantrag hat folgende **Wirkungen**:

- Der **rechtzeitig in** der HV gestellte Antrag führt zu deren Beendigung und zur Aussetzung des Verfahrens. Ein **nach Beginn** der **Vernehmung** des **Angeklagten** gestellter Aussetzungsantrag verpflichtet das Gericht gleichwohl zur Prüfung, ob sich aus der Aufklärungspflicht, der Pflicht zur Gewährung rechtlichen Gehörs sowie der Gewährleistung eines fairen Verfahrens und der Fürsorgepflicht nach pflichtgemäßem Ermessen die Entscheidung über eine Aussetzung der HV nach § 265 Abs. 4 gebietet (KG Beschl. v. 21.9.2000 – 2 Ss 163/00; 5 Ws [B] 602/00).

- Der **rechtzeitig außerhalb** der HV gestellte Antrag befreit den Angeklagten und/ oder seinen (Pflicht-)Verteidiger (auch im Hinblick auf § 145 Abs. 4) von der Pflicht zum Erscheinen in der HV (BGHSt 24, 143; OLG Düsseldorf VRS 97, 139; *Burhoff*, HV, Rn 1932).

g) Über den Antrag entscheidet das Gericht durch **Beschluss**, der im Fall der Antragsablehnung zu **begründen** (§ 34) ist (KMR-*Eschelbach*, § 217 Rn 36). 1636

Ausgehend vom Schutzzweck der Norm, ist das **Ermessen** auf **Null** reduziert, wenn bei objektiver Nichteinhaltung der Frist der Aussetzungsantrag rechtzeitig gestellt wurde (KG NZV 2003, 586, KMR-*Eschelbach*, § 217 Rn 44; *Meyer-Goßner/Schmitt*, § 217 Rn 7). Dies gilt auch dann, wenn der in der HV erschienene Verteidiger den Aussetzungsantrag rechtzeitig (Rdn 1631 f.) stellt und sich danach aus der HV wieder entfernt (KG StV 1996, 10). Ein **Ermessens- oder Beurteilungsspielraum** des Gerichts besteht nur dann, wenn der Angeklagte/Verteidiger den Aussetzungsantrag darauf stützt, dass die – eingehaltene – Ladungsfrist zur erforderlichen Vorbereitung nicht ausreicht (KMR-*Eschelbach*, § 217 Rn 34), z.B. weil sich bei weiter Anreise dadurch die Vorbereitungszeit unzumutbar verkürzt (Graf/*Eschelbach*, § 329 Rn 18). 1637

h) Die **Ablehnung** des Aussetzungsantrags ist **nicht** mit der **Beschwerde** anfechtbar (§ 305 Abs. 1). Sie kann **nur** im Rahmen der **Revision** (OLG Düsseldorf VRS 97, 139) mithilfe einer **Verfahrensrüge** (→ *Revision, Verfahrensrüge, Allgemeines*, Teil A Rdn 2307 ff.) angefochten werden. Nach § 344 Abs. 2 S. 2 sind die den geltend gemachten Verfahrensmangel begründenden Tatsachen vollständig und so genau darzulegen, dass das Revisionsgericht allein anhand der Revisionsbegründung in die Lage versetzt wird, endgültig zu entscheiden (BayObLG StV 1996, 534; OLG Frankfurt/Main NStZ-RR 2008, 381). Hierzu ist mindestens die unterbliebene Ladung des Verteidigers vorzutragen und (unter Vorlage seines Bestellungsschreibens) darzulegen, dass die Wahl des Verteidigers dem Gericht rechtzeitig mitgeteilt worden ist (OLG Hamm StV 1999, 194). Nicht erforderlich ist, dass der Angeklagte (die Negativtatsache) behauptet, er habe auf die Ladung seines Verteidigers nicht verzichtet (OLG Köln StV 2002, 15; NStZ-RR 2001, 140). 1638

☝ Die Rüge ist bereits dann **begründet**, wenn lediglich nicht festgestellt werden kann, dass der Verteidiger zum HV rechtzeitig geladen worden ist (KG, Beschl. v. 7.10.1998 – 2 Ss 291/98, 3 Ws [B] 516/98; OLG Hamm StV 1999, 194).

6.a) Angeklagter und Verteidiger können auf **Einhaltung** der – jeweils sie betreffenden – **Ladungsfrist verzichten** (§ 217 Abs. 3). Will der Verteidiger im Namen des Angeklagten verzichten, ist der Verzicht nur wirksam, wenn hierzu eine besondere Ermächtigung vorliegt (KMR-*Eschelbach*, § 217 Rn 40; *Meyer-Goßner/Schmitt*, § 217 Rn 10). 1639

b) Der Verzicht bedarf **keiner ausdrücklichen Erklärung**, sondern kann sich auch aus schlüssigem Verhalten ergeben (OLG Frankfurt/Main NStZ-RR 2008, 381; *Meyer-Goßner/* 1640

Schmitt, § 217 Rn 10); der nicht verteidigte Angeklagte wird jedoch nur dann wirksam auf die Einhaltung der Frist verzichten können, wenn er zuvor über seine Rechte belehrt worden ist (§ 228 Abs. 3), weshalb allein darin, dass ein Angeklagter keinen Aussetzungsantrag stellt, noch nicht auf eine Verzichtserklärung geschlossen werden kann (KMR-*Eschelbach*, § 217 Rn 38). Hinzukommen muss, dass aus dem Prozessverhalten des Angeklagten geschlossen werden kann, dass das Verfahren trotz Nichteinhaltung der Frist aus seiner Sicht ohne Unterbrechung fortgeführt werden soll (vgl. LR-*Jäger*, § 217 Rn 11).

☝ Bestehen **unterschiedliche Auffassungen** zwischen **Verteidiger** und dem **Angeklagten**, dessen Ladungsfrist nicht eingehalten wurde, ist die Auffassung des Angeklagten maßgeblich, der – auch gegen den Willen seines Verteidigers – auf die Fristeinhaltung verzichten kann (*Meyer-Goßner/Schmitt*, § 217 Rn 10 m.w.N.), was sich den in §§ 297, 302 Abs. 2 enthaltenen Rechtsgedanken entnehmen lässt. Umgekehrt kommt es auf die Auffassung des Verteidigers an, wenn die ihn betreffende Ladungsfrist nicht eingehalten wurde.

1641 **c)** Ist von einem **wirksamen Verzicht** auf die Einhaltung der Ladungsfrist auszugehen, bedeutet dies nicht, dass der Angeklagte zugleich auch auf andere prozessuale Rechte verzichtet hat, wie z.B. auf die Anwesenheit des Wahlverteidigers in der HV (BGH NStZ 2009, 48; KG StV 1996, 10) oder die Bestellung eines Pflichtverteidigers (OLG Hamm StraFo 1998, 164).

☝ Im Zweifel hat das **Interesse** des **Betroffenen** an seiner **Verteidigung** durch einen Rechtsanwalt **Vorrang** vor dem Interesse der Justiz an einer möglichst reibungslosen Durchführung des Verfahrens (OLG Hamm VRR 2008, 123).

1642 **d)** Ein Verzicht kann nach h.M. **nicht widerrufen** werden (KK-StPO/*Gmel*, § 217 Rn 8; *Meyer-Goßner/Schmitt*, § 217 Rn 10; krit. KMR-*Eschelbach*, § 216 Rn 41 f.). → *Rechtsmittel/Rechtbehelfe, Verzicht*, Teil A Rdn 1735 f.

Siehe auch: → *Rechtsmittel/Rechtsbehelfe, Allgemeines*, Teil A Rdn 1289, m.w.N.; → *Rechtsmittel/Rechtsbehelfe, Ladung, Allgemeines*, Teil A Rdn 1588, m.w.N.

1643 Rechtsmittel/Rechtsbehelfe, Ladung, Mängel

Das Wichtigste in Kürze:

1. Entspricht die Ladung – von der Einhaltung der Ladungsfrist abgesehen – nicht den gesetzlichen Vorgaben, ist sie unwirksam.
2. Wirksamkeitsvoraussetzung der Ladung ist, dass sie an die Wohnung des Angeklagten zugestellt wird, in der er sich tatsächlich aufhält.

3. Unwirksam ist eine Ladung bei fehlendem Bezug zum Adressaten.
4. Auch fehlende/falsche Angaben zu Ort und Zeit der HV machen die Ladung unwirksam.
5. Die vorgeschriebene Warnungen für den Fall des Ausbleibens müssen mit der Ladung erfolgen.
6. Will das Gericht Beweispersonen (Zeugen/SV) zur HV laden, hat es dies rechtzeitig mitzuteilen und dabei die Beweispersonen namhaft zu machen.
7. Nach § 216 Abs. 2 S. 2 muss der nicht auf freien Fuß befindliche Angeklagte darüber befragt werden, ob und welche Anträge für die HV er zu stellen habe.
8. Ladungsmängel können nur im Wege der Revision angefochten werden.

Literaturhinweise: s. die Hinw. bei → *Rechtsmittel/Rechtsbehelfe, Ladung, Allgemeines*, Teil A Rdn 1589. 1644

1. Entspricht die Ladung – von der Einhaltung der Ladungsfrist abgesehen – **nicht** den **gesetzlichen Vorgaben**, ist sie **unwirksam**, wenn sich Mängel zum Nachteil des erscheinungswilligen Angeklagten (OLG Stuttgart NStZ-RR 2005, 319) ausgewirkt haben (*Meyer-Goßner/Schmitt*, § 217 Rn 8). 1645

☝ Bei fehlerhafter Ladung muss nicht der **säumige Angeklagte** seine Unkenntnis vom Termin glaubhaft machen; das Gericht hat vielmehr eine entsprechende Kenntnis nachzuweisen bzw. zu belegen (OLG Hamm, Beschl. v. 27.6.1989 – 3 Ws 391/89).

2. Wirksamkeitsvoraussetzung der Ladung ist, dass sie an die **Wohnung** des **Angeklagten zugestellt** wird, in der er sich tatsächlich aufhält (→ *Rechtsmittel/Rechtsbehelfe, Zustellung, Wohnung*, Teil A Rdn 1988 ff.). Hat sich vor der Ladung die Wohnanschrift geändert, setzt die Wirksamkeit der Ladung voraus, dass die Zustellung an die neue Adresse erfolgt, wenn der Angeklagte nunmehr dort tatsächlich wohnt und schläft (OLG Hamm NStZ-RR 2005, 114). 1646

☝ Dies gilt sowohl, wenn der Angeklagte dem Gericht seine neue **Anschrift nicht mitgeteilt** hat (OLG Jena VRR 2007, 403 [Ls.], als auch dann, wenn er sich – für das Gericht nicht erkennbar – in (Untersuchungs-)**Haft** befindet (OLG Düsseldorf StV 1990, 58; OLG Jena VRS 113, 328).

3. Unwirksam ist eine Ladung bei **fehlendem Bezug zum Adressaten**. Das gilt z.B. dann, wenn sie als Gegenstand des Verfahrens lediglich mitteilt: „Einspruch gegen den Strafbefehl vom …“, ohne darauf hinzuweisen, dass es sich um den vom Adressaten in seiner Sache eingelegten Einspruch handelt (OLG Hamburg NStZ-RR 1998, 183). 1647

4. Auch **fehlende/falsche Angaben** zu **Ort** und **Zeit** der **HV** machen die Ladung unwirksam. Der Angeklagte darf sich auf die in der Ladung enthaltenen Zeit- und Ortsangaben verlassen. 1648

Nachteilige Rechtsfolgen dürfen an sein Ausbleiben deshalb dann nicht geknüpft werden, wenn die Ladung fehlerhafte (KG, Beschl. v. 7.3.1997 – 2 Ss 49/97; 5 Ws [B] 148/97) oder widersprüchliche (OLG Frankfurt/Main NStZ-RR 1996, 75) Angaben zur Terminsstunde enthält oder er sich wegen der falschen Bezeichnung des Sitzungssaals nicht weiter erkundigt hat (BayObLGSt 1969, 104).

1649 **5.** Die vorgeschriebenen **Warnungen** für den Fall des **Ausbleibens** bezüglich der Ergreifung von Zwangsmaßnahmen (§§ 216 Abs. 1 S. 1, 230 Abs. 2), der Verwerfung der Berufung (§ 329 Abs. 1) oder des Einspruchs gegen den Strafbefehl (§ 412 S. 1) müssen zusammen mit der Ladung erfolgen (KMR-*Eschelbach*, § 216 Rn 25). Ihr Fehlen macht zwar die Ladung selbst nicht unwirksam, verhindert jedoch den Eintritt der genannten Rechtsfolgen (*Meyer-Goßner/Schmitt*, § 216 Rn 4; § 329 Rn 10; § 412 Rn 2).

1650 **6.** Nach § 216 Abs. 2 S. 2 muss der **nicht auf freien Fuß befindliche Angeklagte** darüber befragt werden, ob und welche Anträge für die HV er zu stellen habe. Unterbleibt der Hinweis oder die Befragung, macht dies die Ladung nicht unwirksam; insbesondere kann kein Aussetzungsantrag nach § 217 Abs. 2 gestellt werden (BGH StV 2008, 617 m. Anm. *Burhoff* StRR 2008, 266; a.A. LG Potsdam StV 2006, 574).

1651 **7.** Will das Gericht Beweispersonen (Zeugen/SV) zur HV laden, hat es dies rechtzeitig mitzuteilen und dabei die **Beweispersonen namhaft** zu machen (§ 222 Abs. 1 S. 1). Dies geschieht regelmäßig bereits im Rahmen der Ladung. Unterbleibt die rechtzeitige Namhaftmachung, macht dies die Ladung nicht unwirksam.

> ☝ Die **Revision** kann aber nur darauf gestützt werden, dass der nicht verteidigte Angeklagte über sein Recht, wegen verspäteter Namhaftmachung die **Aussetzung** des **Verfahrens beantragen** zu können (§ 246 Abs. 2, Abs. 3), nicht belehrt wurde (OLG Jena VRS 113, 345), da das Urteil i.d.R. darauf beruhen (§ 337) wird (*Meyer-Goßner/Schmitt*, § 222 Rn 10; vgl. zur Aussetzung in diesen Fällen *Burhoff*, HV, Rn 506 ff.).

1652 **8. Ladungsmängel** (z.B.: Inhaftierung zum Zeitpunkt der ersatzweisen Ladungszustellung in der Wohnung: OLG Düsseldorf StV 1990, 58) können nur im Wege der **Revision angefochten** werden. Die tatsächlichen Voraussetzungen einer ordnungsmäßigen Ladung werden vom Revisionsgericht auf die zulässig erhobene **Verfahrensrüge** (→ *Revision, Verfahrensrüge*, Teil A Rdn 2307 ff.) im Wege des Freibeweises geprüft (BGH NJW 1987, 1776; BayObLG NStZ 1986, 281; KG Beschl. v. 14.5.1997 – [5] 1 Ss 6/96 [5/96]; OLG Düsseldorf StV 1990, 58).

Siehe auch: → *Rechtsmittel/Rechtsbehelfe, Allgemeines*, Teil A Rdn 1289, m.w.N.; → *Rechtsmittel/Rechtsbehelfe, Ladung, Allgemeines*, Teil A Rdn 1588; → *Rechtsmittel/Rechtsbehelfe, Ladung, Frist*, Teil A Rdn 1613.

Rechtsmittel/Rechtsbehelfe, Rücknahme, Allgemeines 1653

Das Wichtigste in Kürze:

1. Jedes eingelegte Rechtsmittel und jeder eingelegte Rechtsbehelf kann nach § 302 auch wieder zurückgenommen werden.
2. Ein Rechtsmittel kann auch nur teilweise zurückgenommen werden.
3. Die Rücknahme ist zwar nicht fristgebunden, geht aber ins Leere, wenn über das Rechtsmittel/den Rechtsbehelf bereits rechtkräftig entschieden wurde.
4. Wurde das Rechtsmittel/der Rechtsbehelf wirksam zurückgenommen, ist das Verfahren insoweit beendet.
5. Liegt eine Rücknahmeerklärung vor, wird ihre Wirksamkeit durch das Gericht geprüft. Gegen die Feststellung der Wirksamkeit kann nur im Berufungsverfahren sofortige Beschwerde eingelegt werden.

Literaturhinweise: **Burhoff**, Die richtige Bemessung der Sperrfrist, VA 2002, 126; *ders.*, Entziehung der Fahrerlaubnis – Auswirkungen einer langen Verfahrensdauer und Sperrfrist, VA 2012, 142; *ders.*, Die Rechtsprechung im Verkehrsstrafrecht in den Jahren 2010 – 2012 Teil 1, VRR 2013, 246; *ders.*, Die Rechtsprechung im Verkehrsstrafrecht in den Jahren 2010 – 2012 Teil 2, VRR 2014, 48; *ders.*, Die Rechtsprechung zur Entziehung der Fahrerlaubnis im Verkehrsstrafrecht in den Jahren 2010 – 2012, VRR 2014, 208; **Dencker**, Willensfehler bei Rechtsmittelverzicht und Rechtsmittelrücknahme im Strafprozeß, 1972; **Eisenberg/Müller**, Widerrufbarkeit der auf Irrtum beruhenden eigenhändigen Revisionsrücknahme eines in Haft befindlichen Minderjährigen?, Jura 2006, 54; **Gericke**, Anmerkung zu BGHSt 55, 82, NStZ 2011, 110; **Kuhli**, Die Anforderungen an die Ermächtigung zu Rechtsmittelrücknahme oder -verzicht gemäß § 302 II StPO. Zugleich Anmerkung zu KG (Schiffsobergericht Berlin [sic!]), Beschl. vom 19.1.2009 – 3 Ws 474/08, HRRS 2009, 290; **Malek**, Anmerkung zu BGHSt 55, 82, StraFo 2010, 251; **Meyer-Goßner**, Verlust der Revision durch Zurücknahme? Replik zum Beitrag von *Niemöller*, StV 2010, 597, StV 2011, 53; **Niemöller**, Führt die Zurücknahme der Revision zum Verlust des Rechtsmittels?, StV 2010, 597; *ders.*, Duplik zu *Meyer-Goßner*, StV 2011, 54: **Staudinger**, Verständigung und Rechtsmittelverzicht, HRRS 2010, 347. 1654

1. Jedes eingelegte Rechtsmittel und jeder eingelegte Rechtsbehelf kann (SK-*Frisch*, § 302 Rn 1 [prozessdogmatisch selbstverständlich]) auch wieder zurückgenommen werden. Dies folgt aus der **Dispositionsbefugnis** des Rechtsmittelführers (→ *Rechtsmittel/Rechtsbehelfe, Befugnis*, Teil A Rdn 1323 ff.). So kann ein Rechtsmittel bereits in der **Absicht**, es wieder zurückzunehmen, eingelegt worden sein, wenn es auf eine ausführliche Urteilsbegründung ankommt. Auch kann es darum gegangen sein, dass zunächst die **Vollstreckung gehemmt** werden soll (§§ 316 Abs. 1, 343 Abs. 1), wenn etwa eine Therapiezusage noch nicht vorliegt, dem Mandanten aber zwischenzeitlich der Vollzug erspart bleiben soll, dem Mandanten noch Zeit eingeräumt werden muss, um vor dem Strafantritt seine Angelegenheiten zu ordnen oder der Mandant aus Gründen des Familienbesuch noch etwas in U-Haft bleiben will, bevor er die Strafe in der nach dem Vollzugsplan zuständigen (weiter entfernten) JVA verbüßt. 1655

☝ Dies gilt auch für **unzulässige Rechtsmittel**, die ebenfalls eingelegt werden können, um – kurzfristig – die Vollstreckung zu hemmen.

1656 **2.** Ein Rechtsmittel kann auch **nur teilweise** zurückgenommen werden. Häufigster Fall ist die **Beschränkung** des Rechtsmittels in einer HV (→ *Rechtsmittel/Rechtsbehelfe, Berufung, Beschränkung, Allgemeines*, Teil A Rdn 234 f.), zu der der Rechtsmittelgegner seine Zustimmung erteilen muss (§ 303 S. 1).

Verfahrensrechtlich zeitigt die **Teilrücknahme die gleiche Wirkung** wie die Einlegung eines von vornherein beschränkten Rechtsmittels (→ *Rechtsmittel/Rechtsbehelfe, Verzicht*, Teil A Rdn 1735 ff.). Im Unterschied dazu kann sie aber dazu führen, dass das im Umfang der Aufrechterhaltung erfolgreiche Rechtsmittel nicht zu einem entsprechenden Ausspruch über die Kosten und notwendigen Auslagen (§ 473 Abs. 4) führt.

1657 **3.** Die Rücknahme ist zwar nicht fristgebunden, geht aber **ins Leere**, wenn über das Rechtsmittel/den Rechtsbehelf **bereits rechtkräftig entschieden** wurde (BGH NStZ 2011, 713). Das gilt auch bei Aufhebung und Zurückverweisung, wenn der Schuldspruch in Rechtskraft erwachsen ist (OLG Stuttgart NJW 1982, 897) oder die Feststellungen zum Tatgeschehen aufrechterhalten wurden (OLG Zweibrücken NStZ 2010, 459).

☝ Im Fall einer vorausgegangenen **Verständigung** (§ 257c) kann die Rücknahme nach der Rspr. des BGH bereits vor Ablauf der Einlegungsfrist erklärt werden (BGHSt 55, 82 StRR 2010, 263 m. Anm. *Burhoff*; a.A. die Lit., wie *Meyer-Goßner/Schmitt*, § 302 Rn 26f; *Gerke* NStZ 2011, 110; *Malek* StraFo 2010, 251; *Niemöller* StV 2010, 474; *Staudinger* HRRS 2010, 347, jew. in den Anm. zu BGH, a.a.O).

1658 **4.** Wurde das Rechtsmittel/der Rechtsbehelf **wirksam zurückgenommen**, ist das **Verfahren** insoweit **beendet** (vgl. z.B. OLG Koblenz, Beschl. v. 2.1.2007 – 1 Ss 223/06). Nach h.M. impliziert die Rücknahme des Rechtsmittels zugleich den **Verzicht** auf dessen **Wiederholung** (BGHSt 10, 245, 247; *Meyer-Goßner/Schmitt*, § 302 Rn 12 m.w.N.). Zu entscheiden ist nach wirksamer Rechtsmittelrücknahme nur noch über die Verfahrenskosten (*Meyer-Goßner/Schmitt*, § 302 Rn 11).

1659 **5.** Liegt eine **Rücknahmeerklärung** vor, wird ihre **Wirksamkeit** durch das Gericht **geprüft**:

- Wird die **Wirksamkeit verneint**, ist das Verfahren fortzusetzen; eine Entscheidung des Gerichts ist nicht erforderlich. Ergeht eine solche (zur Klarstellung), ist sie für den Verfahrensgegner jedenfalls im Berufungsverfahren nicht anfechtbar, weil die Entscheidung dort die Urteilsfällung vorbereitet (§ 305 S. 1; OLG Frankfurt/Main NStZ-RR 2005, 46).

- Wird die **Wirksamkeit bejaht** und dies von einem Verfahrensbeteiligten bestritten, muss das Gericht durch (deklaratorischen) Beschluss feststellen, dass das Rechtsmittel durch Zurücknahme erledigt ist (BGH NStZ-RR 2011, 267; OLG München NStZ-RR 2010, 19).

☝ Betrifft die **Wirksamkeitsfeststellung** eine Berufung, kann im zuletzt genannten Fall **sofortige Beschwerde** (§ 322 Abs. 2) eingelegt werden (OLG Frankfurt/Main NStZ 1988, 328).

Siehe auch: → *Rechtsmittel/Rechtsbehelfe, Rücknahme, Erklärung*, Teil A Rdn 1660 ff.; → *Rechtsmittel/Rechtsbehelfe, Rücknahme, Verteidiger*, Teil A Rdn 1669 ff.

Rechtsmittel/Rechtsbehelfe, Rücknahme, Erklärung 1660

Das Wichtigste in Kürze:

1. Die Rücknahmeerklärung muss inhaltlich eindeutig und zweifelsfrei sein.
2. Als Prozesshandlung ist die Rücknahmeerklärung ist nur in äußerst engen Grenzen i.S.d. §§ 119, 123 BGB ausnahmsweise anfechtbar oder generell widerruflich.
3. Bei der Rücknahme des Einspruchs gegen den Strafbefehl besteht ein Unterschied.

Literaturhinweise: s. die Hinw. bei → *Rechtsmittel/Rechtsbehelfe, Rücknahme, Allgemeines*, Teil A Rdn 1654. 1661

1.a) Ebenso wie bei der Erklärung über die Einlegung des Rechtsmittels muss auch dessen Rücknahme **inhaltlich eindeutig und zweifelsfrei**, es muss ein **Rücknahmewille** (KG NStZ-RR 2010, 115) feststellbar sein. 1662

b) Aus dem Grundsatz der formalen Akzessorietät folgt, dass die Rücknahmeerklärung in der **Form** der **Rechtsmitteleinlegung** zu erfolgen hat (*Meyer-Goßner/Schmitt*, § 302 Rn 7). 1663

☝ Wer gegen ein Urteil des AG schriftlich Berufung eingelegt hat, kann aber sein Rechtsmittel in der HV wirksam zurücknehmen, wenn er die **Rücknahme** zu Protokoll (der Geschäftsstelle) erklärt.

c) Die Rücknahme des Rechtsmittels stellt eine **prozessuale Bewirkungshandlung** (Prozesshandlung) dar, die erhebliche Rechtsfolgen hat (→ *Rechtsmittel/Rechtsbehelfe, Rücknahme, Allgemeines*, Teil A Rdn 1658). Sie ist darin sowohl **vergleichbar** mit dem **Verzicht** auf das Rechtsmittel (→ *Rechtsmittel/Rechtsbehelfe, Verzicht, Allgemeines*, Teil A Rdn 1732 ff.) als auch mit dessen Beschränkung (vgl. → *Berufung, Beschränkung*, Teil A 1664

Rdn 227 ff.), weshalb die dort entwickelten Grundsätze auch auf die **Rücknahme** angewendet werden können.

1665 Bezogen auf die **Person des Angeklagten** setzt der Verzicht **prozessuale Handlungsfähigkeit** (zur „Verhandlungsfähigkeit" *Burhoff*, HV, Rn 2878 f.) voraus.

☝ Wird der Verteidiger in einem derartigen Zweifelsfall **erstmals nach** erfolgter **Rücknahmeerklärung** eingeschaltet, ist das Rechtsmittel zusammen mit einem Antrag auf Wiedereinsetzung in den vorigen Stand (→ *Wiedereinsetzung in den vorigen Stand, Antrag*, Teil B Rdn 1485 ff.) einzulegen (OLG Jena NJW 2003, 3071).

1666 **2.** Als Prozesshandlung ist die Rücknahmeerklärung nur in äußerst engen Grenzen i.S.d. §§ 119, 123 BGB **ausnahmsweise anfechtbar** oder generell **widerruflich** (BGH BGHR StPO § 302 Abs. 2 Rücknahme 11; s. auch *Burhoff*, HV, Rn 652 [Berufungsrücknahme], Rn 2189 ff.). Anfechtbarkeit oder ein Recht zum Widerruf wird den Rechtsmittelführer nur dort zuerkannt, wo die sie auf eine Einflussnahme durch StA oder Gericht beruht, so in folgenden (vgl. i.Ü. auch *Burhoff*, HV, Rn 2199 f.; zum Parallelfall der „erschlichenen" Berufungsbeschränkung → *Berufung, Beschränkung*, Teil A Rdn 285 ff. m.w.N.)

1667 **Beispielsfällen**

- wenn das **Gericht** sie – erwiesenermaßen – mit **unlauteren Mitteln** herbeigeführt hat (OLG Düsseldorf NStZ-RR 1996, 307),
- wenn im Rahmen der **Verständigung** die Enthaftung des Angeklagten zugesagt, aber dann nicht eingehalten wird (LG Freiburg, Urt. v. 16.3.2005 – 7 Ns 300 Js 130/04 AK 71/04),
- wenn sie aufgrund einer – auch irrtümlich – objektiv **unrichtigen** Erklärung oder Auskunft des Gerichts beruht (BGHSt 46, 257),
- wenn das Gericht unter **Verletzung** des Gebots des **fairen Verfahrens** eine Aufklärung des Angeklagten über den weiteren Fortgang des Verfahrens unterlässt und dadurch der Gefahr einer den Verteidigungsinteressen zuwiderlaufenden Rechtsmittelrücknahme nicht begegnet (BGH NStZ 2004, 636; vgl. auch LG Saarbrücken StraFo 1997, 309),
- **nicht** die Gewährung von Haftverschonung nach Ankündigung einer Rechtsmittelrücknahme, da das keine unzulässige Drohung mit (rechtswidriger) Aufrechterhaltung der **U-Haft** darstellt, die den Verurteilten zu einer Rechtsmittelrücknahme nötigen könnte (BGH StraFo 2006, 244; vgl. auch OLG München StV 2007, 459).

☝ Insgesamt ist eine **Einflussnahme zu verneinen**, wenn der Rechtsmittelbefugte an die **Rücknahme** lediglich Erwartungen knüpft, die danach enttäuscht werden (*Meyer-Goßner/Schmitt*, § 302 Rn 22).

3. Bei der Rücknahme des **Einspruchs** gegen den **Strafbefehl** besteht ein Unterschied. Diese **Rechtsbehelfsrücknahme** führt nämlich nicht zu einem rechtsmittelfähigen Urteil, sondern nur zu einem diesem gleichstehenden (§ 410 Abs. 3) Strafanerkenntnis, das bei Rücknahme des Einspruchs wieder auflebt und Rechtskraft erlangt. „Ficht" der Angeklagte nach Einspruchsrücknahme diese an, ist sein Vorbringen als Antrag auf Fortführung des Strafverfahrens zu verstehen, auf den hin das AG dem Verfahren Fortgang zu geben und eine Entscheidung in der Sache zu treffen oder die Wirksamkeit der Einspruchsrücknahme festzustellen hat (OLG Jena NStZ 2007, 56). 1668

Siehe auch: → *Rechtsmittel/Rechtsbehelfe, Allgemeines*, Teil A Rdn 1289, m.w.N.; → *Rechtsmittel/Rechtsbehelfe, Rücknahme, Verteidiger*, Teil A Rdn 1653; → *Rechtsmittel/Rechtsbehelfe, Rücknahme, Verteidiger*, Teil A Rdn 1669, m.w.N.; → *Rechtsmittel/Rechtsbehelfe, Revision*, Teil A Rdn 2199.

Rechtsmittel/Rechtsbehelfe, Rücknahme, Verteidiger 1669

Das Wichtigste in Kürze:

1. Gem. § 302 Abs. 2 bedarf die Rechtsmittelrücknahme durch den Verteidiger einer Ermächtigung durch den rechtsmittelbefugten Angeklagten.
2. Zu Unklarheiten kann es bei widerstreitenden Erklärungen von Angeklagtem und Verteidiger kommen.

Literaturhinweise: s. die Hinw. bei → *Rechtsmittel/Rechtsbehelfe, Rücknahme, Allgemeines*, Teil A Rdn 1654. 1670

1.a) Gem. **§ 302 Abs. 2** bedarf die Rechtsmittelrücknahme durch den Verteidiger einer **Ermächtigung** durch den rechtsmittelbefugten Angeklagten. Dies gilt auch für eine **Teilrücknahme** (OLG Düsseldorf NStZ 2010, 655; OLG Stuttgart StRR 2010, 442 [Ls.]). 1671

☝ Im **Adhäsionsverfahren** (§§ 403 ff.) ist bei bestehender Prozessvollmacht eine **gesonderte Ermächtigung nicht** erforderlich. Der Verteidiger kann das Rechtsmittel sogar gegen die Weisung seines Auftraggebers zurücknehmen, da § 302 Abs. 2 nur strafprozessuale Rechtsmittel, nicht aber solche betrifft, die sich allein gegen den bürgerlich rechtlichen Teil eines Urteils richten (KG NStZ-RR 2010, 115).

b) Wirksam ist die Ermächtigung, wenn der Ermächtigende **prozessual handlungsfähig** ist (BGH NStZ 1983, 280; vgl. NStZ-RR 2004, 341) und die Ermächtigung zum **Zeitpunkt** der Abgabe der Erklärung **besteht**. Eine nachträgliche Genehmigung ist nicht möglich 1672

(OLG Zweibrücken StraFo 2010, 252). Eine erteilte Ermächtigung darf auch nicht **widerrufen** sein (BGH NStZ-RR 2007, 151).

☝ Die Ermächtigung ist **nicht erteilt**, wenn der **Angeklagte** auf ein **Schreiben** des Verteidigers **schweigt**, in dem eine von diesem vorgeschlagene Rechtsmittelrücknahme für den Fall angekündigt wird, dass der Angeklagte nicht innerhalb einer bestimmten Frist widerspricht (OLG Oldenburg StraFo 2010, 347).

1673 **c)** Eine bestimmte **Form** für die Ermächtigung schreibt das Gesetz **nicht** vor. Die Ermächtigung kann daher nach allgemeiner Auffassung in Rspr. und Lit. auch mündlich oder fernmündlich erteilt werden (BGH NStZ-RR 2010, 55; 2007, 151; 2016, 24; *Meyer-Goßner/Schmitt*, § 302 Rn 32 m.w.N.).

1674 **d)** Die schriftliche Ermächtigung braucht sich **nicht bei der Akte** befinden (OLG Oldenburg VRS 120, 337) und kann auch erst nach Abgabe der Verzichtserklärung nachgewiesen werden (BGH NStZ-RR 2010, 55).

1675 **e)** Die in einer **allgemeinen Verteidigervollmacht** enthaltene Ermächtigung zur Rücknahme von Rechtsmitteln/Rechtsbehelfen reicht jedenfalls dann aus, wenn das Verteidigungsmandat erst/nur für die Durchführung des Rechtsmittelverfahrens erteilt wurde (BGH StraFo 2004, 98; OLG Hamm VRR 2010, 233 [Ls.]). Andernfalls muss die Ermächtigung das **Rechtsmittel/den Rechtsbehelf konkret bezeichnen** (BGH NStZ 2000, 665; Schifffahrtsobergericht Berlin NJW 2009, 1686; vgl. a. *Burhoff*, HV, Rn 3360).

☝ Die in der zu Beginn des Mandatsverhältnisses in einer **allgemeinen Verteidigervollmacht** erteilte Rücknahmeermächtigung **reicht** demzufolge **nicht aus** (*Burhoff*, HV, a.a.O.; a.A. OLG Hamm VA 2005, 183 [Ls.], was sich nach BayVerfGH, Beschl. v. 27.10.2011 – Vf. 138-VI-10, jedoch in dem den Fachgericht eingeräumten Auslegungsspielraum hält).

1676 **2.a)** Zu Unklarheiten kann es bei **widerstreitenden Erklärungen** kommen, wenn entweder sowohl der Angeklagte als auch für diesen dessen Verteidiger oder mehrere Verteidiger für den Angeklagten Rechtsmittel eingelegt und danach das vom einen eingelegte Rechtsmittel zurückgenommen, das des anderen aber aufrechterhalten bleibt oder der einer das Rechtsmittel zurücknimmt und der andere dem widerspricht. Besteht eine Mehrheit von Verteidigern, die sämtlich für den Angeklagten Rechtsmittel eingelegt haben, kann dieses aber zugleich mit Wirkung für alle anderen von jedem Verteidiger zurückgenommen werden, der zur Rücknahme wirksam ermächtigt ist (BGH StraFo 2004, 98).

☝ Erklärt der Angeklagte bei eingelegtem Rechtsmittel dessen Rücknahme und geht ein Schreiben des Verteidigers, in dem die **Rücknahmeerklärung widerrufen** wird, vor Eingang der Rücknahmeerklärung bei Gericht ein, ist die durch den Angeklagten erklärte Rechtsmittelrücknahme unwirksam (OLG Hamm StraFo 2008, 33).

b) Aus der Zusammenschau der §§ 297, 302 Abs. 2 ergibt sich, dass insoweit grds. der **Wille** des **rechtsmittelbefugten Angeklagten maßgeblich** ist. Am Deutlichsten kommt dies darin zum Ausdruck, dass sogar ein jugendlicher Angeklagter ein von ihm bzw. in seinem Namen eingelegtes Rechtsmittel auch ohne Zustimmung seines gesetzlichen Vertreters zurücknehmen kann und sich seine Rücknahmeerklärung auch auf das Rechtsmittel seines Verteidigers erstreckt (BGH StraFo 2005, 161; vgl. auch Beschl. v. 20.4.2005 – 1 StR 552/04; → *JGG-Besonderheiten, Rechtsmittelrücknahme/-verzicht*, Teil A Rdn 857 ff.). Deshalb ist auch bei einem hochbetagten Angeklagten, der laut sachverständiger Begutachtung verhandlungsfähig ist, seine eigenverantwortliche eindeutige Rücknahme der vom Verteidiger zu seinen Gunsten eingelegten Revision auch dann wirksam und unwiderruflich, wenn der Verteidiger die Revision unter Berufung auf die möglicherweise fehlende Urteilsfähigkeit des Angeklagten durchzuführen beabsichtigt (BGH NStZ-RR 2007, 210). 1677

c) Etwas **anderes** gilt – allerdings infolge anderer Voraussetzungen –, wenn der Verteidiger **erst zur Durchführung** des **Rechtsmittelverfahrens mandatiert** und dabei zur Rechtsmittelrücknahme ermächtigt wird. Nimmt er **das Rechtsmittel zurück**, und wendet sich der Angeklagte dagegen, ist die Rücknahmeerklärung in diesem Fall bereits erfolgt und wegen der bestehenden Ermächtigung auch wirksam (OLG Hamm VRR 2010, 233 [Ls.]). 1678

Siehe auch: → *Rechtsmittel/Rechtsbehelfe, Rücknahme, Erklärung*, Teil A Rdn 1660 ff. m.w.N.

Rechtsmittel/Rechtsbehelfe, Sprachunkundigkeit, Allgemeines 1679

Das Wichtigste in Kürze:

1. Die Gerichtssprache ist deutsch. Das als wesentlicher Grundsatz eines rechtsstaatlichen Verfahrens für jedermann geltende Recht auf ein faires Verfahren (Art. 2 Abs. 1 i.V.m. Art. 20 Abs. 3 GG, Art. 6 Abs. 3 Buchst. e EMRK) gewährleistet aber auch dem der deutschen Sprache nicht mächtigen Beschuldigten, Angeschuldigten, Angeklagten und Verurteilten einen Mindestbestand an aktiven verfahrensrechtlichen Befugnissen.
2. Mit der Richtlinie 2010/64/EU des Europäischen Parlaments und des Rates vom 20.10.2010 über das Recht auf Dolmetschleistungen und Übersetzungen in Strafverfahren (ABl L Nr. 280, S. 1) hatte die EU die Vorgaben zusammengefasst, um europaweit eine einheitliche Behandlung sprachunkundiger Ausländer zu forcie-

ren. Im Gesetz zur Stärkung der Beschuldigtenrechte im Strafverfahren v. 2.7.2013 (BGBl I S. 1938) wurde die EU-Richtlinie in § 187 GVG in Deutschland umgesetzt.

3. Sprachunkundigkeit besteht in der mangelnden Fähigkeit oder generellen Unfähigkeit, die in deutscher Sprache stattfindende verbale/nonverbale Kommunikation zu erfassen und/oder sich aktiv an der in deutscher Sprache stattfindenden verbalen/nonverbalen Kommunikation zu beteiligen.

4. Der 15. Titel des GVG befasst sich in den §§ 184 f. GVG mit der Gerichtssprache.

1680 **Literaturhinweise:** **Bittmann**, Gesetz zur Änderung des Untersuchungshaftrechts, NStZ 2010, 13; **Brand**, Dolmetschrechte für Beschuldigte: Magerer zweiter Versuch, DRiZ 2010, 94; **Christl**, Europäische Mindeststandards für Beschuldigtenrechte – Zur Umsetzung der EU-Richtlinien über Sprachmittlung und Information im Strafverfahren, NStZ 2014, 376; **Dettmers/Dimter**, Europäische Entwicklungen im Strafverfahrensrecht, DRiZ 2011, 402; **Eschelbach**, Verwendung fremdsprachiger Urkunden in öffentlichen Klagen HRRS 2007, 466; **Esser**, Garantien in der EU, in: Sieber u.a., Europäisches Strafrecht, 2011, § 53; **Heldmann**, Ausländer und Strafjustiz, StV 1981, 252; **Klocke**, Zugewanderte Inhaftierte und ihre Sprachenrechte, KrimJ 2006, 180; **Kotz**, Dolmetsch- und Übersetzungsleistungen zur Überwindung von Sprachbarrieren im Strafverfahren, StRR 2012, 124 ff.; *ders.*, Anspruch auf Dolmetsch- und Übersetzungsleistungen im Strafverfahren, StV 2012, 626; *ders.*, Anspruch des sprachunkundigen Angeklagten auf schriftliche Übersetzung verfahrenswesentlicher Unterlagen (§ 187 Abs. 2 GVG), StRR 2014, 364; **Kranjcic**, Dolmetschen im Strafverfahren: wider die Wörtlichkeit und für wirkliche Zweckorientierung (oder: Wem dient der Dolmetscher?), NStZ 2011, 657; **Polakiewicz**, Durchsetzung von EMRK-Standards mit Hilfe des EU-Rechts?, Chancen und Risiken Europäischer Rechtsetzung erläutert am Beispiel der Verfahrensgarantien in Strafverfahren, EuGRZ 2010, 11; **Sagel-Grande**, Die Sprache im Strafverfahren und im Strafvollzug, FS 2010, 100; **Schmitz**, Mandatsanbahnung in Haftsachen, NJW 2009, 40; **Stunz/Fahl**, Dolmetsch- und Übersetzungsleistungen im Strafverfahren – Der Richtlinienvorschlag der Europäischen Union vom 9.3.2010 –, SchlHA 2010, 164; s.a. die Hinw. bei *Burhoff*, EV, Rn 4499 und *Burhoff*, HV, Rn 3647.

1681 **1.a)** Die **Gerichtssprache** ist **deutsch** (§ 184 Abs. 1 S. 1 GVG). Das als wesentlicher Grundsatz eines rechtsstaatlichen Verfahrens für jedermann geltende Recht auf ein **faires Verfahren** (Art. 2 Abs. 1 i.V.m. Art. 20 Abs. 3 GG, Art. 6 Abs. 3 Buchst. e EMRK) gewährleistet aber auch dem der deutschen Sprache nicht mächtigen (vgl. Rdn 1690) Beschuldigten, Angeschuldigten, Angeklagten und Verurteilten einen Mindestbestand an aktiven verfahrensrechtlichen Befugnissen. Ihm muss die Möglichkeit eingeräumt sein, zur Wahrung seiner Rechte auf den Gang und das Ergebnis des Verfahrens Einfluss zu nehmen. Dies verbietet es, den der deutschen Sprache nicht oder nicht hinreichend mächtigen Angeklagten zu einem unverstandenen Objekt des Verfahrens herabzuwürdigen. Er muss in die Lage versetzt werden, die ihn betreffenden wesentlichen Verfahrensvorgänge verstehen und sich im Verfahren verständlich machen zu können (vgl. u.a. BVerfG NJW 1983, 2762; s.a. EuGH NJW 2016, 303 m. Anm. *Böhm*).

1682 **b)** Mangelhafte Kenntnis der deutschen Sprache darf **nicht** zu einer **Verkürzung** des **rechtlichen Gehörs** führen. Versäumt daher ein der deutschen Sprache nicht hinreichend mächtiger Ausländer eine Rechtsmittelfrist, so verbieten es die Rechtsschutzgarantien der Art. 19 Abs. 4 und Art. 103 Abs. 1 GG, die Versäumung der Frist, soweit sie auf den unzureichenden Sprachkenntnissen beruht, als verschuldet im Sinne des Rechts auf Wiedereinsetzung in den vorigen Stand anzusehen (BVerfG StV 1995, 394 [Ls.]).

Zum gleichen Ergebnis gelangt man unter Zugrundelegung des **Diskriminierungsverbots** 1683
(Art. 3 Abs. 3 GG), wie es in Art. 21 Charta der Grundrechte der EU (Charta), Art. 14 EMRK oder Art. 2 Abs. 1 IPBPR enthalten ist, da allein aufgrund der Sprache (hier in der Ausprägung der Sprachunkundigkeit) niemand benachteiligt werden darf. Zu einer Benachteiligung gegenüber Beschuldigten mit ausreichenden Deutschkenntnissen kommt es jedoch schon dann, wenn judiziert wird: Sprachunkundige Ausländer, die ein amtliches Schriftstück in deutscher Sprache erhalten und dessen Inhalt nicht verstehen, sind in der Regel gehalten, sich um eine Übersetzung oder Erläuterung zu bemühen (OLG Nürnberg NStZ-RR 2010, 286; vgl. auch *Meyer-Goßner/Schmitt*, § 35a Rn 9 m.w.N.), weil ihnen allein wegen der nicht beherrschten (Gerichts-)Sprache gegenüber deutsch sprechenden Verfahrensbetroffenen eine erhöhte Sorgfaltspflicht und ein Mehraufwand (OLG Hamm, Beschl. v. 25.11.2003 – 4 Ws 649/03 [„besondere Anstrengungen“]) abverlangt wird. Im für ihn günstigsten Fall muss der sprachunkundige Beschuldigte ein Wiedereinsetzungsverfahren in Gang setzen, das Hindernis für die Einhaltung einer Frist darlegen und es glaubhaft machen.

☝ Nicht der Sprachunkundige hat für die daraus folgenden Verfahrensbesonderheiten einzustehen, sondern der (Verfolgungs-)**Staat** hat die **Verpflichtung** ein – unter Berücksichtigung der Sprachunkundigkeit – faires Verfahren zu gewährleisten und jede **sprachbedingte Benachteiligung auszuschließen**!

2.a)aa) Mit der **Richtlinie 2010/64/EU** des Europäischen Parlaments und des Rates vom 1684
20.10.2010 über das Recht auf Dolmetschleistungen und Übersetzungen in Strafverfahren (ABl L Nr. 280, S. 1) hatte die EU die Vorgaben zusammengefasst, um europaweit eine einheitliche Behandlung sprachunkundiger Ausländer zu forcieren.

Die RL verpflichtet die Mitgliedstaaten den **Anspruch** des Beschuldigten in dreierlei 1685
Weise **sicherzustellen**:

- Schaffung eines Feststellungsanspruch,
- Schaffung eines Leistungsanspruchs und
- Schaffung einer Beanstandungsmöglichkeit.

bb) Diesbezüglich statuiert (negativ formuliert) Art. 2 Abs. 5 RL das Recht, eine **Entschei-** 1686
dung, dass **keine Dolmetschleistungen** benötigt werden, im Einklang mit den nach einzelstaatlichem Recht vorgesehenen Verfahren anzufechten, was zweierlei bedeutet:

- Zum einen entsteht dadurch der **Feststellungsanspruch**, dass Dolmetscherleistungen erforderlich sind,
- zum anderen muss die Möglichkeit bestehen, eine negative Entscheidung **anzufechten**.

1687 Ein derartiger **Feststellungsanspruch** wurde bisher überhaupt **verneint**, eine Anfechtung der gerichtlichen Entscheidung des Inhalts, es seien keine Dolmetschleistungen erforderlich im Wege einer Beschwerde (§ 304 Abs. 1), soll an § 305 S. 1 scheitern (OLG Köln NStZ 2011, 360).

☝ Diese Auffassung ist – bezogen auf § 305 S. 1 – allerdings bereits **unzutreffend**, weil es der Urteilsfällung gerade nicht „dient" (vgl. *Meyer-Goßner/Schmitt*, § 305 Rn 1), wenn ein Angeklagter in seinen Verteidigungsrechten beschränkt wird, eine derartige Entscheidung vielmehr über die Urteilsfällung hinausgehende Verfahrenswirkungen zeitigt (OLG Frankfurt/Main NJW 2005, 771).

1688 **b)aa)** Im **Gesetz zur Stärkung der Beschuldigtenrechte im Strafverfahren** v. 2.7.2013 (BGBl I S. 1938) wurde die EU-Richtlinie in § 187 GVG in Deutschland umgesetzt (vgl. dazu – teilweise kritisch *Kotz*, StRR 2012, 124 ff.; *ders.*, StV 2012, 626; *ders.*, StRR 2014, 364; s.a. EuGH NJW 2016, 303 m. Anm. *Böhm*). Die Vorschrift enthält als Mindeststandards (vgl. EuGH NJW 2016, 303)

- die Belehrungspflicht über die Möglichkeit der unentgeltlichen Hinzuziehung eines Dolmetschers oder Übersetzers für das gesamte Verfahren (**§ 187 Abs. 1 S. 2 GVG**),
- den Anspruch des Beschuldigten auf die schriftliche Übersetzung von freiheitsentziehenden Anordnungen, von der Anklageschrift und – mit Einschränkungen – von nicht rechtskräftigen Urteilen (**§ 187 Abs. 2 S. 1 GVG**; vgl. dazu *Kotz* StRR 2012, 124 ff.; *ders.*, StV 2012, 626; *ders.*, StRR 2014, 364).

1689 **bb)** Die **Leistungen** des **Dolmetschers** müssen von solcher **Qualität** sein, dass sie ihren Zweck, nämlich die Wahrung des Rechts dieser Personen auf ein faires Verfahren zu gewährleisten, erfüllen können (Art. 2 Abs. 8, 3 Abs. 9 RL). Ist dies nicht der Fall, kann die Qualität der Dolmetschleistungen beanstanden werden (Art. 2 Abs. 5, 3 Abs. 5 RL).

1690 **3.a) Sprachunkundigkeit** besteht in der mangelnden Fähigkeit oder generellen Unfähigkeit, die in deutscher Sprache stattfindende verbale/nonverbale Kommunikation zu **erfassen** und/oder sich aktiv an der in deutscher Sprache stattfindenden verbalen/nonverbalen Kommunikation zu **beteiligen**. In beiden Fällen werden die verfahrensrechtlichen Befugnisse substanziell eingeschränkt.

☝ Die Sprachunkundigkeit betrifft **nicht nur „Ausländer"** (so die Wortwahl in den RiStBV), sondern auch Deutsche mit Migrationshintergrund. Sie betrifft auch Sprachbehinderte, Taube und Stumme (vgl. § 259 Abs. 2 und § 186 GVG sowie Nr. 21 Abs. 2 RiStBV).

1691 Sprachunkundigkeit, die die Einschaltung eines Dolmetschers erforderlich macht, kann aber im umgekehrten Fall auch bei einem **deutsch sprechenden** Beschuldigten gegeben sein, wenn wesentliche **Aktenbestandteile** in einer **Fremdsprache** verfasst sind (LG Trier NStZ-RR 2009, 159; vgl. auch *Eschelbach* HRRS 2007, 466 ff.).

b) Hinweis für den Verteidiger! 1692

Ob **Sprachunkundigkeit** besteht, wird als „**Tatfrage**" angesehen (Kissel/*Mayer*, § 185 GVG Rn 4). In der Praxis nicht selten anzutreffen ist es, dass ein Dolmetscher erst zur HV („vorsorglich") geladen wird. Der Gerichtsvorsitzende wird dies insb. dann tun, wenn sich aus den Akten Anhaltspunkte dafür ergeben, dass der Angeklagte der deutschen Sprache nicht hinreichend mächtig ist. Zwar sieht Nr. 181 Abs. 1 RiStBV vor, dass bei der ersten verantwortlichen Vernehmung eines Ausländers aktenkundig zu machen ist, ob der Beschuldigte die deutsche Sprache soweit beherrscht, dass ein Dolmetscher nicht hinzugezogen zu werden braucht. Dies bedeutet aber, dass die Feststellung der Sprachunkundigkeit ausschließlich in den Verantwortungsbereich des ersten Vernehmungsbeamten fällt, der – rein subjektiv – mit Wirkung für und gegen den Beschuldigten darüber befindet, ob und in welchem Umfang („**soweit**") dieser die deutsche Sprache beherrscht. Dies allein kann bereits zur **Fehlinterpretation** des Merkmals der **Sprachkundigkeit** führen, wenn z.B. auch der Vernehmungsbeamte die Sprache des Beschuldigten (in Teilbereichen) beherrscht, bei der Vernehmung auf eine dritte Sprache (zumeist Englisch) ausgewichen werden kann (vgl. dazu jetzt der durch das 3. OpferRRG für die Strafanzeige eingefügte § 158 Abs. 4) oder sich – gerade bei einfach gelagerten Tatvorwürfen – die Verständigung mithilfe von Zeichen und Gesten vermeintlich herbeiführen lässt.

☝ Selbst wenn der Beschuldigte die deutsche Sprache in einem Umfang beherrscht, der es erlaubt, sich mit ihm über die Begehung eines Ladendiebstahls zu verständigen, besagt dies noch nichts darüber, dass er deshalb in der Folgezeit in der Lage sein wird, seine **Rechte** als **Verfahrenssubjekt ausreichend wahrzunehmen**!

4.a) Der 15. Titel des GVG befasst sich in den **§§ 184 f. GVG** mit der Gerichtssprache. 1693
Nach § 185 Abs. 1 S. 1 GVG ist ein **Dolmetscher zuzuziehen**, wenn unter Beteiligung von Personen verhandelt wird, die der deutschen Sprache nicht mächtig sind. Wie sich insgesamt aus der Stellung der Vorschriften im GVG ergibt, gilt § 184 GVG selbst nur für Verhandlungen anlässlich von **gerichtlichen Terminen** (Kissel/*Mayer*, § 185 GVG Rn 2).

b) § 187 GVG ist heranzuziehen, wenn es um die Kommunikation gerichtlichen **außerhalb** von **Verhandlungen** geht (Kissel/*Mayer*, § 187 GVG Rn 1). Er enthält eine Einschränkung dahingehend, dass die Zuziehung des Dolmetschers nur in dem Umfang zu erfolgen hat, „soweit dies zur Ausübung seiner strafprozessualen Rechte erforderlich ist" (zur Zuziehung von Dolmetschern s.a. die Hinw. bei *Burhoff*, EV, Rn 4499 ff. und *Burhoff*, HV, Rn 3646 ff; jew. m.w.N.). 1694

Siehe auch: → *Rechtsmittel/Rechtsbehelfe, Allgemeines*, Teil A Rdn 1289, m.w.N.; → *Rechtsmittel/Rechtsbehelfe, Einlegung, Sprachunkundigkeit*, Teil A Rdn 1477; → *Rechtsmittel/Rechtsbehelfe, Sprachunkundigkeit, Dolmetschleistungen*, Teil A Rdn 1695; → *Rechtsmittel/Rechtsbehelfe, Sprachunkundigkeit, Regelungsbestand*, Teil A Rdn 1708.

1695 Rechtsmittel/Rechtsbehelfe, Sprachunkundigkeit, Dolmetschleistungen

Das Wichtigste in Kürze:

1. Ein Anspruch auf Erbringung von Dolmetschleistungen besteht für jeden, der der deutschen Sprache nicht hinreichend mächtig ist.
2. Es ist eine Selbstverständlichkeit, dass der Beschuldigte mit seinem Verteidiger und dieser mit seinem Mandanten in einer verständlichen Sprache kommunizieren können muss.
3. In das Verfahrensstadium „Ermittlungsverfahren" fallen vor allem die Vernehmungen des Beschuldigten und ggf. seine Inhaftierung. Für die HV besteht nach §§ 184 f. GVG die Pflicht zur Zuziehung eines Dolmetschers.
4. Der Angeklagte ist über die Möglichkeit, gegen die ihn belastende Entscheidung Rechtsmittel einlegen zu können, zu belehren.

1696 **Literaturhinweise:** s. die Hinw. bei → *Rechtsmittel/Rechtsbehelfe, Sprachunkundigkeit, Allgemeines*, Teil A Rdn 1680.

1697 **1.** Ein **Anspruch auf Erbringung von Dolmetschleistungen** besteht für jeden, der der deutschen Sprache nicht hinreichend mächtig ist (vgl. dazu a. EuGH NJW 2016, 303). Nach derzeit geltender Rechtslage (→ *Rechtsmittel/Rechtsbehelfe, Sprachunkundigkeit, Übersetzungsleistungen*, Teil A Rdn 1708; → *Rechtsmittel/Rechtsbehelfe, Sprachunkundigkeit, Allgemeines*, Teil A Rdn 1679 ff.) lässt sich der Umfang dieses Anspruchs im Einzelnen wie folgt darstellen:

1698 **2.a)** Es ist eine Selbstverständlichkeit, dass der Beschuldigte mit seinem **Verteidiger** und dieser mit seinem Mandanten in einer verständlichen Sprache **kommunizieren** können muss (*Burhoff*, EV, Rn 4498 ff.).

1699 I.d.R. geht es dabei um die Erbringung **mündlicher Dolmetschleistungen** (zur Übersetzung von weiteren schriftlichen Unterlagen s. (→ *Rechtsmittel/Rechtsbehelfe, Sprachunkundigkeit, Übersetzungsleistungen*, Teil A Rdn 1708). Hierzu schaltet der Verteidiger einen Dolmetscher ein, beauftragt ihn also. Diese Möglichkeit besteht für das gesamte

Verfahren, also bereits für das **Anbahnungsgespräch** (dazu *Schmitz* NJW 2009, 40) bis hin zum **Abschlussgespräch** (OLG München StraFo 2008, 88).

☝ Der Staat kann zwar die Erforderlichkeit der für die Mandantengespräche geltend gemachten Dolmetscherkosten überprüfen, ein Ermessen oder ein **Beurteilungsspielraum** kommen dem **Gericht nicht** zu, und zwar weder vor noch nach der Inanspruchnahme eines Dolmetschers. Das von den Fachgerichten z.T. aufgestellte Erfordernis eines förmlichen Antragsverfahrens vor Inanspruchnahme eines Dolmetschers durch den Wahlverteidiger ist mit den Grundsätzen fairen Verfahrens und dem Diskriminierungsverbot des Art. 3 Abs. 3 S. 1 GG nicht vereinbar (BVerfG NJW 2004, 50; vgl. dazu a. OLG Celle NStZ 2011, 718).

Auf das vom BVerfG im Ergebnis für verfassungswidrig befundene Antragsverfahren kann auch der **Pflichtverteidiger** verzichten (OLG Düsseldorf NStZ 2011, 719). Wer gleichwohl – zur „Sicherheit" – einen entsprechenden Antrag an das Gericht stellen will, findet ein **Antragsmuster** bei *Burhoff*, EV Rn 4514.

b) Der Beschuldigte hat Anspruch auf **unentgeltliche Dolmetschleistung**. Der Verteidi- **1700**
ger haftet als Auftraggeber zunächst für diese, kann sie sich aber als notwendige Auslagen (§ 464a Abs. 2 Nr. 2) erstatten lassen, es sei denn, die Erstattung wäre unter den Voraussetzungen des § 464c ausgeschlossen, was das Gericht aber in der im Urteil ergehenden Grundentscheidung ausdrücklich feststellen muss (eingehend zu den Dolmetscherkosten Burhoff/*Volpert*, RVG, Teil A: Dolmetscherkosten, Erstattung, Rn 637 ff.).

☝ Der Verteidiger braucht jedoch nicht bis zum Abschluss des Verfahrens zuzuwarten, sondern kann bereits während des Verfahrens den **Dolmetscher ermächtigen**, seine **Kosten direkt** mit der Staatskasse abzurechnen (OLG Düsseldorf NStZ 2011, 719). Eine solche Ermächtigung wird man auch darin sehen können, dass der Verteidiger die Kostenrechnung des Dolmetschers an StA oder Gericht zur Erstattung einreicht.

3.a) In das Verfahrensstadium „**Ermittlungsverfahren**" fallen vor allem die Vernehmun- **1701**
gen des Beschuldigten und ggf. seine Inhaftierung (vgl. auch *Burhoff*, EV, Rn 4502 ff.). Zu erbringen sind i.d.R. **mündliche Dolmetschleistungen** (Vernehmung, Eröffnung des Haftbefehls), aber auch die Übersetzung von Aktenbestandteilen, wie z.B. die Anklageschrift (vgl. dazu *Burhoff*, EV, Rn 3660).

b)aa) Für die **HV** besteht nach §§ 184 f. GVG die Pflicht zur Zuziehung eines Dolmetschers **1702**
(wegen Einzelh. s. auch *Burhoff*, HV, Rn 3646 ff.). Lediglich § 259 stellt – ausschließlich bezogen auf die Schlussvorträge der Verfahrensbeteiligten – eine Einschränkung des umfassenden Anspruchs auf Übersetzung der in deutscher Sprache geführten HV dar (KK-*Diemer*, § 184 GVG Rn 1). Allerdings ist diese Sichtweise mit dem heutigen Verständnis der Teilhabe des Angeklagten an dem gegen in geführten Verfahren nicht mehr vereinbar, zumal der An-

geklagte sein in § 258 Abs. 2 Hs. 2 verankertes Recht auf das letzte Wort nur dann umfassend wahrnehmen kann, wenn er zur Kenntnis nehmen konnte, auf welchen Überlegungen die Schlussanträge beruhen (SK-StPO/*Velten*, § 184 GVG Rn 4).

1703 **bb)** Dem anwesenden Angeklagten werden durch den **in** der **HV** zugezogenen Dolmetscher **Tenor** und **mündliche Urteilsgründe übersetzt**. Die **schriftlichen Urteilsgründe**, die dem Angeklagten entweder zugestellt werden müssen oder auf deren formlose Bekanntmachung er im Wege der Übermittlung einer Abschrift des Urteils einen Anspruch hat, wenn es seinem Verteidiger zugestellt wird (§ 145a Abs. 3), werden i.d.R. nicht übersetzt (s. zuletzt u.a. OLG Hamm, Beschl. v. 26.1.2016 – 1 Ws 8/16; OLG Köln NStZ 2012, 471 m. Anm. *Burhoff* StRR 2012, 149; vgl. OLG Hamburg StV 2014, 534; OLG Hamm StV 2014, 534; OLG Nürnberg NStZ-RR 2014, 183 m. Anm. *Hillenbrand* StRR 2014, 343; OLG Stuttgart StV 2014, 536).

1704 Das **verkürzt** die **Rechte** des **Angeklagten**. Ausfluss des **Fair-trial-Prinzips** ist u.a. das Recht, sich selbst verteidigen zu können, weshalb es einzig und allein auf die Kenntnis dessen ankommt, der dieses Recht ausüben können soll. Mag es noch zutreffen, dass der beteiligte Verteidiger in Kenntnis der Formalien des Revisionsrechts insoweit eine „effektive Verteidigung" gewährleisten kann (so OLG Köln NStZ 2012, 471); in der Eigenkenntnis kann auch der beste Verteidiger seinen Mandanten nicht vertreten. Hinzu kommt noch als **allgemeiner Aspekt**, dass in der mündlichen Urteilsbegründung, die dem Angeklagten durch den zugezogenen Dolmetscher übersetzt wird, häufig zwar die „wahren" Urteilsgründe zutage treten, diese sich aber von den **allein maßgeblichen schriftlichen** Urteilsgründen jedoch **unterscheiden** (SK-StPO/*Paeffgen*, Art. 6 EMRK Rn 170). Gerade in einem **Revisionsverfahren** muss der Angeklagte aber schriftliche Urteil kennen, um aus der eigenen Sachkunde heraus die Beweiswürdigung des Gerichts angreifen oder sogar widerlegen zu können. Der Beschuldigte oder Angeklagte ist auch lediglich der deutschen Sprache nicht hinreichend mächtig. Er ist hingegen deswegen **nicht intellektuell minderbegabt** und schon deshalb sehr wohl auch in der Lage, die schriftliche Urteilsbegründung gedanklich zu erfassen, sie zu verarbeiten und sich mir ihr auseinanderzusetzen.

1705 *Beispiel:*

Ein nigerianischer Bankmanager (Sprache u.a.: Englisch) wurde wegen Finanzmanipulationen verurteilt, wobei das Gericht, sachverständig beraten durch die BAFin, die Verurteilung schwerpunktmäßig auf einen Erfahrungssatz aus der Finanzwelt gestützt hat, der in der unterstellten Ausprägung in Nigeria jedoch nicht existiert.

1706 **4.** Der Angeklagte ist über die Möglichkeit, gegen die ihn belastende Entscheidung **Rechtsmittel** einlegen zu können, zu **belehren** (§ 35a; → *Rechtsmittel/Rechtsbehelfe, Belehrung, Sprachunkundigkeit*, Teil A Rdn 1377 ff.). Erfolgt die Belehrung im Anschluss an die Urteilsbegründung mündlich, ist sie durch den **Dolmetscher** zu **übersetzen**. Sie hat den Hinweis zu erhalten, dass ein Rechtsmittel nur dann wirksam eingelegt werden kann, wenn es in deutscher Sprache abgefasst ist.

Soll eine Benachteiligung des sprachunkundigen Verurteilten vermieden werden, ist ihm 1707
danach in jedem Fall, in dem ein Deutscher Anspruch auf **Aushändigung** eines **Merkblatts** haben würde, ein solches in einer für ihn verständlichen Sprache zu übergeben (LK-*Graalmann-Scheerer*, § 35a Rn 20). Dies gilt insbesondere für die qualifizierte Belehrung (§ 35a S. 3) nach einer Verständigung gem. § 257c, da sie zweifelsfrei eine „schwierige Belehrung" i.S.d. BVerfG-Rechtsprechung darstellt.

☝ Es ist dem Angeklagten **nicht zuzumuten**, sich **selbst** um die Übersetzung zu bemühen (LG Bremen StraFo 2005, 29 a.A. *Meyer-Goßner/Schmitt*, § 35a Rn 9 m.w.N.).

Siehe auch: → *Rechtsmittel/Rechtsbehelfe, Allgemeines*, Teil A Rdn 1289, m.w.N.; → *Rechtsmittel/Rechtsbehelfe, Sprachunkundigkeit, Allgemeines*, Teil A Rdn 1679, m.w.N.

Rechtsmittel/Rechtsbehelfe, Sprachunkundigkeit, Übersetzungsleistungen 1708

Das Wichtigste in Kürze:

1. Der sprachunkundige Beschuldigte hat Anspruch darauf, dass ihm sämtliche schriftlichen Unterlagen, die zur Ausübung seiner strafprozessualen Rechte erforderlich sind, übersetzt werden.
2. Im Ermittlungsverfahren sind auf jeden Fall ein Haftbefehl und die Anklageschrift zu übersetzen.
3. Der Angeklagte hat auch Anspruch auf die Übersetzung des nicht rechtskräftigen – schriftlichen – Urteils (§ 187 Abs. 2 S. 1 GVG). Allerdings ist hier ein abgestuftes System vorgesehen.

Literaturhinweise: s. die Hinw. bei → *Rechtsmittel/Rechtsbehelfe, Sprachunkundigkeit, Allgemeines*, Teil A Rdn 1680. 1709

1. Der sprachunkundige Beschuldigte hat **Anspruch** darauf, dass ihm **sämtliche schriftlichen Unterlagen**, die zur Ausübung seiner strafprozessualen Rechte erforderlich sind, **übersetzt werden** (§ 187 Abs. 2 S. 1 GVG; vgl. a. *Burhoff*, EV, Rn 3660 ff.). Im Rahmen von Strafverfahren müssen **Dolmetschleistungen** gem. Art. 2 Abs. 1 RL **unverzüglich** zur Verfügung gestellt werden, und zwar während der Strafverfahren bei Ermittlungs- und Justizbehörden, einschließlich während polizeilicher Vernehmungen, sämtlicher Gerichtsverhand- 1710 lungen sowie aller erforderlicher Zwischenverhandlungen (zur Zuziehung eines Dolmetschers *Burhoff*, EV, Rn 4498 ff.).

☝ Nach der (Verwaltungs-)Vorschrift der **Nr. 181 Abs. 2 RiStBV**, die Gerichte nicht bindet, sind i.Ü. „Ladungen, Haftbefehle, Strafbefehle, Anklageschriften und sonstige gerichtliche Sachentscheidungen dem Ausländer (sic!), der die deutsche Sprache nicht hinreichend beherrscht, mit einer Übersetzung in eine ihm verständliche Sprache bekannt zu geben". Das gilt sinngemäß auch für Einwanderer deutscher Abstammung gilt, wenn sie der deutschen Sprache nicht hinreichend mächtig sind.

1711 Wird festgestellt, dass der Beschuldigte der deutschen Sprache **nicht (hinreichend) mächtig** ist, muss er auch darüber **belehrt** werden, dass er

- Anspruch auf Dolmetschleistungen hat und
- diese – auch im Fall seiner Verurteilung – für ihn keine Kosten verursachen (§ 187 Abs. 1 S. 2 GVG).

Nur auf diese Weise kann vermieden werden, dass der Beschuldigte aus Angst vor solchen Kosten auf sein Recht, sich umfänglich zu verteidigen, verzichtet (SK-StPO/*Paeffgen*, Art. 6 EMRK Rn 169).

1712 **2.** Im **Ermittlungsverfahren** betreffen diese Vorgaben (s. Rdn 1710 f.; vgl. a. *Burhoff*, EV, Rn 3660 ff., 4498 ff.)

- jedenfalls einen erlassenen **Haftbefehl (§ 114a Abs. 1)** sowie die dazu erforderliche Belehrung (**§ 114b Abs. 2 S. 2**). Als Hilfestellung bietet hierzu das BMJ eine Belehrung in vielen – teilweise auch exotischen – Sprachen an, die fortgeschrieben wird (http://www.bmj.de/cln_155/DE/Service/StatistikenFachinfaormationenPublikationen/Fachinformationen/Belehrungsformulare/_node.html),
- die **Anklageschrift**; die wird zwar von der StA verfasst, da sie nach Eingang bei **Gericht** von diesem **zugestellt** werden muss, wobei der Angeschuldigte zur Erklärung aufgefordert wird, ob er Beweiserhebungen beantragen will (§ 201 S. 1), ist die Übersetzung vom Gericht zu veranlassen (BGH NStZ 2014, 725); Bei der Zustellung der Anklage ist – zweckentsprechend – auch die **Belehrung** über die **Möglichkeit** zu **Beweiserhebungen** in einer für den Angeschuldigten verständlichen Sprache beizufügen,
- den **Eröffnungsbeschluss**; der ist für den Angeklagten zwar **nicht anfechtbar** (vgl. auch *Burhoff*, EV, Rn 1983), die Notwendigkeit einer Übersetzung als „wesentliche" Verfahrensunterlage ergibt sich aber jedenfalls dann, wenn die Eröffnung des Hauptverfahrens in Abweichung, insbesondere in **Erweiterung** der **Anklagevorwürfe** ergeht,
- die **Ladung** zur **HV**, die ggf. unter der Warnung vor den Folgen des unentschuldigten Ausbleibens ergeht (→ *Rechtsmittel/Rechtsbehelfe, Ladung, Allgemeines*, Teil A Rdn 1598 f.), sodass eine derartige Warnung auch sie in einer für den Angeklagten verständlichen Sprache beizufügen ist.

3. Der Angeklagte hat auch Anspruch auf die **Übersetzung des nicht rechtskräftigen – schriftlichen – Urteils** (§ 187 Abs. 2 S. 1 GVG). Hier hat der deutsche Gesetzgeber allerdings ein abgestuftes System vorgesehen, mit dessen Hilfe die bislang hierzu vorliegende Rspr. (vgl. OLG Hamburg StV 2014, 534; OLG Hamm StV 2014, 534; Beschl. v. 26.1.2016 – 1 Ws 8/16; OLG Nürnberg NStZ-RR 2014, 183 m. Anm. *Hillenbrand* StRR 2014, 343; OLG Stuttgart StV 2014, 536) gearbeitet hat, und zwar gilt: 1713

- Eine **auszugsweise Übersetzung** ist zulässig, wenn dadurch die strafprosessualen Rechte des Beschuldigten gewahrt werden (§ 187 Abs. 2 S. 2).
- Unter der gleichen Bedingung kann an die Stelle der auszugsweisen Übersetzung auch eine **mündliche Übersetzung der Unterlagen** oder **eine mündliche Zusammenfassung der Unterlagen** treten (§ 187 Abs. 2 S. 4 GVG). Die Bedingung sei i.d.R. dann anzunehmen, wenn der Beschuldigte einen Verteidiger habe (§ 187 Abs. 2 S. 5 GVG).

4. Muster eines Antrags auf Übersetzung weiterer Aktenbestandteile 1714

▼

Amtsgericht Musterstadt A.15

Strafabteilung

In dem Strafverfahren

gegen

Az.:

wegen des Verdachts

beantrage ich, Bl. bis der Akte in die russische Sprache übersetzen zu lassen.

Der gegen den Beschuldigten bestehende Tatverdacht gründet sich ausschließlich auf die belastende Aussage des Zeugen X. Bislang konnte dem Beschuldigten Inhalt und Zielrichtung der Aussage trotz mündlicher Erläuterung nicht nahe gebracht werden, weshalb es erforderlich ist, die Aussage des Zeugen (Bl. ff. d.A.) in die für den Beschuldigten verständliche russische Sprache übersetzen zu lassen, damit er sich ausreichend gegen den Vorwurf verteidigen kann.

Rechtsanwalt

▲

Siehe auch: → *Rechtsmittel/Rechtsbehelfe, Allgemeines*, Teil A Rdn 1289, m.w.N.; → *Rechtsmittel/Rechtsbehelfe, Allgemeines*, Teil A Rdn 1679.

1715 Rechtsmittel/Rechtsbehelfe, Statthaftigkeit

1716 **Literaturhinweise:** s. die Hinw. bei → *Rechtsmittel/Rechtsbehelfe, Allgemeines*, Teil A Rdn 1290, m.w.N.

1717 **1.** Die Statthaftigkeit eines Rechtsmittels/Rechtsbehelfs hängt davon ab, dass das **Verfahrensrecht** ein Rechtsmittel/einen Rechtsbehelf **gegen** die **anzufechtende Entscheidung konstituiert** hat (vgl. u.a. BGH NStZ 1995, 248).

> ☝ Welches Rechtsmittel statthaft ist, **bestimmt** sich dabei nicht nach der Bezeichnung der Entscheidung, sondern nach dem **Entscheidungsinhalt** (BGHSt 25, 242).

1718 **2.** Im **Strafverfahren** gegen Erwachsene sieht die StPO als **Rechtsmittel** vor: **Beschwerde** (→ *Beschwerde, Allgemeines*, Teil A Rdn 399 ff.), **Berufung** (→ *Berufung, Allgemeines*, Teil A Rdn 1 ff.), **Revision** (→ *Revision, Allgemeines*, Teil A Rdn 2006 ff.). In **Ordnungswidrigkeitenverfahren** ist das der Revision vergleichbare Rechtsmittel die **Rechtsbeschwerde** → *Rechtsmittel/Rechtsbehelfe, Rechtsbeschwerde, Allgemeines*, Teil A Rdn 1053 ff.

1719 Diese Rechtsmittel stellen **besondere Rechtsbehelfe** dar, weil sie zur Überprüfung der angefochtenen Entscheidung führen, in den Fällen der Berufung, Revision (Rechtsbeschwerde) und sofortigen Beschwerde durch ein höherrangiges Gericht (**Devolutiveffekt**), in den Fällen von Berufung und Revision (Rechtsbeschwerde) darüber hinaus, weil die angefochtene Entscheidung nicht vollstreckt werden kann (**Suspensiveffekt**).

1720 **3.** Als **förmliche Rechtsbehelfe** werden bezeichnet:

1721 **a) Anträge** auf **gerichtliche Entscheidung** (→ *Antrag auf gerichtliche Entscheidung, Allgemeines*, Teil B Rdn 93 ff., m.w.N.):

- § 98 Abs. 2 S. 2 (originär: Beschlagnahme; entsprechend: Überprüfung von Maßnahmen anderer Art, insbesondere auch nachträgliche Feststellung der Rechtswidrigkeit),
- § 111e Abs. 2 (Anordnung von Beschlagnahme und Arrest),
- § 111f Abs. 5 (Vollziehung von Beschlagnahme und Arrest),
- § 111k S. 2 (Herausgabe sichergestellter Sachen),
- § 111l Abs. 6 (Notveräußerung),
- §§ 119 Abs. 5 S. 1, 119a (→ *Untersuchungshaft, Allgemeines*, Teil B Rdn 806 ff.),
- § 132 Abs. 3 S. 2 (Beschlagnahme zur Verfahrenssicherung),
- § 161a Abs. 3 (Zwangsmittel gegen Zeugen und Sachverständige),
- § 163a Abs. 3 (Vorführung durch die StA),
- § 172 Abs. 2 (→ *Klageerzwingungsverfahren, Antrag, Allgemeines*, Teil B Rdn 485 ff.),
- § 238 Abs. 2 (Beanstandung der Sachleitung des Vorsitzenden (s. *Burhoff*, HV, Rn 2902),
- § 319 Abs. 2 (→ *Berufung, Unzulässigkeit, Verwerfung durch AG*, Teil A Rdn 353 ff.),
- § 319 Abs. 2 (→ *Berufung, Unzulässigkeit, Verwerfung durch LG*, Teil A Rdn 373 ff.),

- § 346 Abs. 2 (→ *Rechtsbeschwerde, Antrag auf Entscheidung des Rechtsbeschwerdegerichts*, Teil A Rdn 1072 ff.),
- § 346 Abs. 2 (→ *Revision, Antrag auf Entscheidung des Revisionsgerichts*, Teil A Rdn 2037 ff.),
- § 109 StVollzG (gegen Einzelmaßnahme im Strafvollzug),
- §§ 23 ff. EGGVG (→ *Justizverwaltungsakte, Anfechtung, Allgemeines*, Teil B Rdn 309 ff.),

b) Anträge auf **Wiedereinsetzung in den vorigen Stand:** **1722**

- § 44 (→ *Wiedereinsetzung in den vorigen Stand, Allgemeines*, Teil B Rdn 1479 ff.),
- § 235 S. 1 (HV in Abwesenheit des Angeklagten)
- § 329 Abs. 3 (→ *Berufung, Ausbleiben des Angeklagten, Anfechtung, Allgemeines*, Teil A Rdn 73 ff.).

c) Antrag auf **Wiederaufnahme** des **Verfahrens** (§§ 359 ff.; → *Wiederaufnahmeverfahren*, **1723**
Teil B Rdn 1053 ff.).

d) Einspruch gegen **Strafbefehl** (§ 410 Abs. 1 S. 1; → *Strafbefehl, Verfahren*, Teil B **1724**
Rdn 743 ff.).

e) Erinnerung (§ 464b; → *Kostenfestsetzungsbeschluss, Erinnerung*, Teil D Rdn 302). **1725**

4. Als **formlose Rechtsbehelfe** gelten → *Dienstaufsichtsbeschwerde*, Teil B Rdn 262 ff. **1726**
und → *Gegenvorstellung, Allgemeines*, Teil B Rdn 274 ff.

5. Die **Nachholung des rechtlichen Gehörs** ist möglich nach §§ 33a, 311a, 356a Abs. 1 **1727**
(→ *Anhörungsrügen, Allgemeines*, Teil B Rdn 1 ff.).

6. Bei **Verfahrensverzögerungen** ist nach § 198 GVG eine → *Verzögerungsrüge*, Teil B **1728**
Rdn 1027 zu erheben.

7. Auf die Rechtsprechung des BVerfG (NJW 1997, 46) im Zusammenhang mit der **1729**
Rechtswegerschöpfung nach § 90 Abs. 2 BVerfGG geht der **außerordentliche Rechtsbehelf** zur **Beseitigung groben prozessualen Unrechts** zurück.

> ☝ Eine **außerordentliche Beschwerde** wird im Verfahrenssystem als fremd angesehen (→ *Beschwerde, Allgemeines*, Teil A Rdn 405).

Ein nach wie vor umstrittener Rechtsbehelf ist die → *Beschwerde, Untätigkeitsbeschwerde*, **1730**
Teil A Rdn 560 ff.

8. Außerhalb der **StPO** kann nach Erschöpfung des fachgerichtlichen Rechtswegs Rechts- **1731**
schutz gesucht werden durch **außerordentliche förmliche Rechtsbehelfe**, wie die → *Verfassungsbeschwerde, Allgemeines*, Teil C Rdn 729 ff., oder → *Menschenrechtsbeschwerde, Allgemeines*, Teil C Rdn 1 ff.

Siehe auch: → *Rechtsmittel/Rechtsbehelfe, Allgemeines*, Teil A Rdn 1289, m.w.N.

1732 Rechtsmittel/Rechtsbehelfe, Verzicht, Allgemeines

Das Wichtigste in Kürze:

1. Der Rechtsmittelverzicht ist Ausfluss der dem Verurteilten eingeräumten Dispositionsbefugnis. Er ist in § 302 geregelt.
2. Mit dem Eingang der – wirksamen – Verzichtserklärung bei Gericht tritt der Verlust des Rechtsmittels ein.
3. § 302 Abs. 1 S. 2 schließt nach einer Verständigung einen Rechtsmittelverzicht durch ausdrückliche Erklärung aus.

1733 **Literaturhinweise:** **Beulke/Angerer**, Mitwirkung eines nicht als Rechtsanwalt zugelassenen Scheinanwalts an der Hauptverhandlung, NStZ 2002, 443; **Burhoff**, Verfahrenstipps und Hinweise für Strafverteidiger (III/2010), ZAP F. 22 R, S. 659; **de Alquen/Daxhammer/Kudlich**, Wirksamkeit des Rechtsmittelverzichts eines jugendlichen Angeklagten unmittelbar im Anschluss an die Urteilsverkündung?, StV 2006, 220; **Eidam**, Anmerkung zu BGH NStZ 2005, 279, StV 2005, 201; **Erb**, Überlegungen zum Rechtsmittelverzicht des Angeklagten unmittelbar nach der Urteilsverkündung, GA 2000, 511; **Gössel**, Anmerkung zu BGHSt 51, 275, JR 2008, 83; **Grunst**, Prozesshandlungen im Strafprozess, 2002; **Koch**, Zur Wirksamkeit eines absprachebedingten Rechtsmittelverzichts und deren Auswirkung im Hinblick auf die Wiedereinsetzung, HRRS 2005, 245; **König**, Anmerkung zu OLG München StV 2007, 459, 2007, 460; **Kuhli**, Die Anforderungen an die Ermächtigung zu Rechtsmittelrücknahme oder -verzicht gemäß § 302 II StPO. Zugleich Anmerkung zu KG (Schifffahrtsobergericht Berlin), Beschl. vom 19.1.2009 – 3 Ws 474/08, HRRS 2009, 290; **F. Meyer**, Willensmängel beim Rechtsmittelverzicht des Angeklagten im Strafverfahren. Eine Untersuchung unter besonderer Berücksichtigung der Absprachenproblematik, 2003; **Meyer-Goßner**, Anmerkung zu OLG Celle NStZ-RR 2012, 20, StV 2012, 143; **Peglau**, Rechtsmittelverzicht durch unvereidigten Angeklagten im Falle notwendiger Verteidigung, NStZ 2002, 464; **Rieß**, Der vereinbarte Rechtsmittelverzicht in: Festschrift für *Lutz Meyer-Goßner*, 2001, S. 447; **Rogall**, Anmerkung zu OLG Hamburg NStZ 1997, 53, StV 1998, 643; **Schnabl**, Rechtsmittelverzicht und Anhörungsrüge, AnwBl 2008, 188; **Staudinger**, Verständigung und Rechtsmittelverzicht, HRRS 2010, 347; **Weider**, Rechtsmittelverzicht und Absprache in: Festschrift für *Klaus Lüderssen* zum 70 Geburtstag am 2.5.2002, 2002, S. 773; s. auch die Hinw. Bei → *Rechtsmittel/Rechtsbehelfe, Allgemeines*, Teil A Rdn 1289, m.w.N.

1734 1. Der **Rechtsmittelverzicht** ist Ausfluss der dem Verurteilten eingeräumten Dispositionsbefugnis (→ *Rechtsmittel/Rechtsbehelfe, Befugnis*, Teil A Rdn 1323 ff.). Jeder Adressat einer gegen ihn gerichteten, ihn beschwerenden Entscheidung hat nämlich die Wahl, die Entscheidung ihrem Inhalt nach hinzunehmen oder sie – in den Grenzen der verfahrensrechtlichen Möglichkeiten – anzufechten. **Gesetzlich ausgeschlossen** ist der Rechtsmittelverzicht nur in unmittelbarem Anschluss an ein Urteil, dem eine **Verständigung** (§ 257c) vorausgegangen ist (§ 302 Abs. 1 S. 2; s. Rdn 1737).

☝ Auch ein **teilweiser Verzicht** auf das Rechtsmittel ist grds. möglich (vgl. SK-StPO/*Frisch*, § 302 Rn 7 ff.).

2. Mit dem Eingang der – wirksamen – Verzichtserklärung bei Gericht tritt der **Verlust des Rechtsmittels** ein (SK-StPO/*Frisch*, § 302 Rn 49); die anfechtbare Entscheidung wird **rechtskräftig** (s. zu den Auswirkungen auf die Haft: *Burhoff*, HV, Rn 2207). Der erklärte Rechtsmittelverzicht erstreckt sich auf alle Rechtsmittel (Rechtsbehelfe), die gegen die Entscheidung zulässig sind (*Meyer-Goßner/Schmitt*, § 302 Rn 17; *Burhoff*, HV, Rn 2206). Ein wirksamer Rechtsmittelverzicht schließt auch jede Möglichkeit der Wiedereinsetzung in den vorigen Stand aus (BGH NStZ 1997, 611; 2006, 351). 1735

Beispiel: 1736

Der wegen eines Einfuhrverbrechens (§ 30 Abs. 1 Nr. 4 BtMG) Angeklagte wird nach sechsmonatiger U-Haft letztlich nur wegen Besitzes eines verbotenen Gegenstands, den die Rauschgiftfahnder bei einer Durchsuchung der Wohnung aufgefunden hatten, zur Freiheitsstrafe von vier Monaten verurteilt. Er habe, so das Urteil, die Kosten des Verfahrens zu tragen. Verteidiger und Mandant sind über das Urteil so erleichtert, dass sie spontan Rechtsmittelverzicht erklären.

Zweifel, die dem Verteidiger später kommen mögen, sind begründet, denn der erklärte Rechtsmittelverzicht führt dazu, dass der Verurteilte die – falsche – Kosten- und Auslagenentscheidung nicht mehr anfechten kann (§ 464 Abs. 3), sondern auch zum Ausschluss einer Entschädigung für die überschießende U-Haft (§ 8 Abs. 3 StrEG).

3. Infolge der ihm eingeräumten Dispositionsbefugnis ist jeder Angeklagte auch berechtigt, auf die Anfechtung eines Urteils zu **verzichten**, das auf einer **Verständigung** beruht, was der Regelfall sein wird. § 302 Abs. 1 S. 2 schließt insoweit nur einen **Verzicht** durch ausdrückliche Erklärung und damit den darauf beruhenden (sofortigen) Eintritt der Rechtskraft aus: Der Angeklagte muss die Rechtsmitteleinlegungsfrist verstreichen lassen (krit. zu dieser Regelung u.a. *Meyer-Goßner/Schmitt*, § 302 Rn 26b ff.; *Burhoff*, HV, Rn 240). Der BGH (vgl. BGHSt 55, 82) sieht es aber offenbar als zulässig an, wenn das Rechtsmittel gegen ein auf einer Verständigung beruhendes Urteil auch ohne Vorliegen besonderer Umstände alsbald nach seiner Einlegung zurückgenommen wird. Darin soll keine Umgehung von § 302 Abs. 1 S. 2 liegen (a.A. die Lit. *Meyer-Goßner/Schmitt*, § 302 Rn 26f; *Gerke* NStZ 2011, 110; *Malek* StraFo 2010, 251; *Niemöller* StV 2010, 474; *Staudinger* HRRS 2011, 347, jeweils in den Anm. zu BGH, a.a.O.). 1737

☝ Beruft sich ein Angeklagter widerspruchsfrei auf eine zustande gekommene Verständigung (und damit auf § 302 Abs. 1 S. 2), kann es bei mangelnder Dokumentation der Verständigung im Protokoll der HV die Pflicht zur Sachverhaltsaufklärung gebieten, Widersprüchen, die sich insbesondere aus dienstlichen Erklärungen anderer Verfahrensbeteiligter ergeben, nachzugehen (BVerfG NJW 2012, 1136; vgl. dazu a. OLG Zweibrücken NJW 2012, 3192).

Siehe auch: → *Rechtsmittel/Rechtsbehelfe, Verzicht, Erklärung*, Teil A Rdn 1738; → *Rechtsmittel/Rechtsbehelfe, Verzicht, Verteidiger*, Teil A Rdn 1751; → *Rechtsmittel/Rechtsbehelfe, Verzicht, Zeitpunkt*, Teil A Rdn 1761.

1738 Rechtsmittel/Rechtsbehelfe, Verzicht, Erklärung

1739 **Literaturhinweise:** s. die Hinw. bei → *Rechtsmittel/Rechtsbehelfe, Verzicht, Allgemeines*, Teil A Rdn 1733.

1740 **1.** Sehr häufig erfolgt der Rechtsmittelverzicht in der Praxis einfach dadurch, dass der Rechtsmittelbefugte die Einlegungsfrist des Rechtsmittels verstreichen lässt (konkludenter Verzicht); andernfalls, z.B. in der HV, wird der Verzicht **ausdrücklich erklärt**.

1741 **2.** Ebenso wie bei der Erklärung über die Einlegung des Rechtsmittels (→ *Rechtsmittel/Rechtsbehelfe, Einlegung*, Teil A Rdn 1466 ff.) muss auch der Verzicht darauf **inhaltlich eindeutig** und **zweifelsfrei** sein. Es muss ein **Verzichtswille** (KG NStZ-RR 2010, 115) festgestellt werden können.

1742 **3.a)** Der Rechtsmittelverzicht stellt eine prozessuale Bewirkungshandlung (**Prozesshandlung**) dar, die erhebliche Rechtsfolgen zeitigt (→ *Rechtsmittel/Rechtsbehelfe, Verzicht, Allgemeines*, Teil A Rdn 1732 ff.). Er ist darin sowohl vergleichbar mit der **Rücknahme** des Rechtsmittels (→ *Rechtsmittel/Rechtsbehelfe, Rücknahme, Allgemeines*, Teil A Rdn 1653 ff.) als auch mit dessen **Beschränkung** (vgl. → *Berufung, Beschränkung, Allgemeines*, Teil A Rdn 227 ff.), weshalb die dort entwickelten Grundsätze **entsprechend** auf den Verzicht angewendet werden können.

Es gelten folgende **Wirksamkeitsvoraussetzungen**:

1743 **b)** Bei einem **nicht verteidigten Angeklagten** setzt die Wirksamkeit des Verzichts eine zutreffende Rechtsmittelbelehrung voraus (§ 35a S. 1; → *Rechtsmittel/Rechtsbehelfe, Belehrung*, Teil A Rdn 1337 ff.). Bei einem **verteidigten Angeklagten** wird sie für entbehrlich gehalten (BGH NStZ-RR 2000, 38 [**K**]; NStZ 2006, 351; *Meyer-Goßner/Schmitt*, § 302 Rn 23).

1744 **c)** Bezogen auf die **Person des Angeklagten** setzt der **Verzicht prozessuale Handlungsfähigkeit** (vgl. zur „Verhandlungsfähigkeit" *Burhoff*, HV, Rn 2878 ff.) voraus.

1745 **aa)** Prüfungsanlass kann bestehen, wenn sich daran **Zweifel** – speziell beim nicht verteidigten – Angeklagten ergeben, wobei solche Zweifel im Ergebnis nur dann zur Unwirksamkeit führen, wenn eine Einschränkung der prozessualen Handlungsfähigkeit (i.d.R. im **Freibeweisverfahren**) festgestellt wird. Das ist z.B. bejaht worden bei einer angeordneten Maßregel nach § 63 StGB gegen einen Angeklagten, dessen Steuerungsfähigkeit wegen eines schweren psychischen Defekts bei der Begehung von durch Willenserklärungen geprägten Straftaten aufgehoben war (BGH wistra 2011, 236). Verneint hat die Rspr. das bei alleiniger Beeinträchtigung der **Geschäfts-** oder **Schuldfähigkeit** des Erklärenden, weil diese nicht zwangsläufig dessen prozessuale Handlungsunfähigkeit zur Folge haben muss (u.a. BGH NStZ-RR 2004, 341 m.w.N.).

☝ Wird der Verteidiger in einem derartigen Zweifelsfall erstmals nach erfolgter Rücknahmeerklärung eingeschaltet, ist das Rechtsmittel zusammen mit einem **Antrag** auf **Wiedereinsetzung** in den vorigen Stand (→ *Wiedereinsetzung in den vorigen Stand, Antrag*, Teil B Rdn 1485 ff.) einzulegen (OLG Jena NJW 2003, 3071).

bb) Notwendige Verteidigung. (Zu Unrecht) **umstr**. ist die Frage ihrer Wirksamkeit, wenn die Verzichtserklärung im Anschluss an eine HV abgegeben wurde, die trotz notwendiger Verteidigung gleichwohl ohne Verteidiger stattgefunden hatte (vgl. a. *Burhoff*, HV, Rn 2198 ff.). Insoweit gilt folgende 1746

Rechtsprechungsübersicht: 1747

- Mit zutreffenden Gründen folgert die weitaus **überwiegende Meinung** in Rspr. und Lit. aus dem Anspruch des Angeklagten auf ein faires Verfahren und aus der prozessualen Fürsorgepflicht des Gerichts, dass ein unter diesen Voraussetzungen erklärter **Rechtsmittelverzicht von Anfang an unwirksam** ist (BayObLG NStE Nr. 20 zu § 302 StPO; KG StV 1998, 646; 2006, 685; 2013, 11; OLG Bremen StV 1984; OLG Celle StV 2013, 12 [Ls.], OLG Düsseldorf NStZ 1995, 147; StV 1998, 647; StV 1993, 237; VRS 97, 357; OLG Frankfurt/Main NStZ 1993, 507; StV 1991, 296; OLG Hamm StraFo 2009, 290; OLG Koblenz StraFo 2006, 27; OLG Köln StV 1998, 645; 2003, 65; 2004, 68 [Ls.]; NStZ-RR 1997, 336; OLG München [5. Ss] NJW 2006, 789 m. Anm. *Kleinbauer* wistra 2007, 38 [a.A. 2. Ss NStZ-RR 2010, 19]; OLG Naumburg [2. Ss] StraFo 2011, 517 [a.A. 1. Ss NJW 2001, 2190]; KMR-*Plöd*, § 302 Rn 19; *Meyer-Goßner/Schmitt*, § 302 Rn 25a; SK-StPO/*Frisch*, § 302 Rn 29).
- **Dagegen** stellt das OLG Brandenburg (StraFo 2001, 136) ohne Berücksichtigung von Verfahrensfairness und Fürsorgepflicht allein darauf ab, ob der Angeklagte prozessual handlungsfähig war, und bejaht dies, wenn sich gegenteilige Anhaltspunkte aus der Akte nicht ergeben. Es teilt dabei im Ergebnis die Auffassung des OLG Hamburg (StV 1998, 641), der zufolge jeder Angeklagte frei darüber entscheiden könne, ob er auf ein Rechtsmittel **verzichte**, vorausgesetzt, er sei sich der Bedeutung und Tragweite seiner **Erklärung** bewusst gewesen (so auch OLG Naumburg NJW 2001, 2190). Ärgerlich ist die Entscheidung des 2. Ss des OLG München (NStZ-RR 2010, 19), der zunächst auf „neuere" Rechtsprechung hinweist. Sie überzeugt jedoch schon deshalb nicht, weil sich der Senat auch auf Entscheidungen beruft, die entweder keinen Fall der notwendigen Verteidigung betreffen oder sogar von der Unwirksamkeit des Verzichts ausgehen.

cc) Mangelnde Deutschkenntnisse können die Verzichtserklärung unwirksam machen. 1748
Dies gilt jedenfalls dann, wenn – obwohl ein Fall der notwendigen Verteidigung bestand –

ohne dessen Zuziehung verhandelt wurde und mit dem anwesenden Dolmetscher Verständigungsschwierigkeiten bestanden (KG, Beschl. v. 20.1.1999 – 4 Ws 303/98s; OLG München StV 1998, 646 zur Rechtsmittelrücknahme).

☝ Die Wirksamkeit der Verzichtserklärung wird aber nicht dadurch berührt, dass der Angeklagte, der die deutsche Sprache nicht beherrscht, nach der ihm vom Dolmetscher übersetzen Rechtsmittelbelehrung durch den Strafkammervorsitzenden in seiner **Muttersprache** die **Erklärung** abgibt, dass er das Urteil annehme (BGH NStZ 2000, 441).

1749 **d)aa)** Der den Prozesshandlungen zuzurechnende Rechtsmittelverzicht ist dem Grundsatz nach **weder anfechtbar noch** kann er **widerrufen** werden (BGH BGHR StPO § 302 Abs. 2 Rücknahme 11; *Burhoff*, HV, Rn 2198; SK-StPO/*Frisch*, § 302 Rn 54).

1750 **bb)** Rechte nach **§§ 119, 123 BGB** werden allenfalls dort anerkannt, wo der Rechtsmittelverzicht auf einer Einflussnahme durch StA oder Gericht beruht, so

- wenn das Gericht ihn – erwiesenermaßen – mit **unlauteren Mitteln** herbeigeführt hat (OLG Düsseldorf NStZ-RR 1996, 307),
- wenn im Rahmen der **Verständigung** die Enthaftung des Angeklagten zugesagt, aber dann nicht eingehalten wird (LG Freiburg, Urt. v. 16.3.2005 – 7 Ns 300 Js 130/04 AK 71/04),
- wenn er aufgrund einer objektiv – auch irrtümlich abgegebenen – **unrichtigen** Erklärung oder Auskunft des **Gerichts** beruht (BGHSt 46, 257 = NJW 2001, 1435; NStZ-RR 2002, 101; KG NStZ 2007, 541).

☝ Eine **Einflussnahme** ist zu verneinen, wenn der Rechtsmittelbefugte an den **Verzicht** lediglich Erwartungen knüpft, die danach enttäuscht werden (*Meyer-Goßner/Schmitt*; § 302 Rn 22; zu allem a. *Burhoff*, HV, Rn 2198 ff.).

Siehe auch: → *Rechtsmittel/Rechtsbehelfe, Verzicht, Allgemeines*, Teil A Rdn 1732; → *Rechtsmittel/Rechtsbehelfe, Verzicht, Verteidiger*, Teil A Rdn 1751 m.w.N.

1751 Rechtsmittel/Rechtsbehelfe, Verzicht, Verteidiger

Das Wichtigste in Kürze:

1. Das Bestehen eines Verteidigungsverhältnisses spielt im Zusammenhang mit dem Rechtsmittelverzicht u.a. auch eine Rolle hinsichtlich des Beratungsanspruchs des Angeklagten und der Frage der notwendigen Verteidigung.
2. Gem. § 302 Abs. 2 bedarf der Rechtsmittelverzicht durch den Verteidiger einer Ermächtigung durch den rechtsmittelbefugten Angeklagten.

3. Bei widerstreitende Erklärungen von Angeklagtem und Verteidiger ist stets der Wille des rechtsmittelbefugten Angeklagten maßgeblich ist.

Literaturhinweise: s. die Hinw. bei → *Rechtsmittel/Rechtsbehelfe, Verzicht, Allgemeines*, Teil A Rdn 1733. 1752

1. Das **Bestehen** eines **Verteidigungsverhältnisses** spielt im Zusammenhang mit dem Rechtsmittelverzicht u.a. auch eine Rolle bezüglich des Beratungsanspruchs eines Angeklagten (→ *Rechtsbehelfe/Rechtsmittel, Verzicht, Zeitpunkt*, Teil A Rdn 1761 ff.) und der Anwesenheit des (notwendigen) Verteidigers in der vor dem Urteil stattgehabten HV (→ *Rechtsbehelfe/Rechtsmittel, Verzicht, Erklärung*, Teil A Rdn 1738 ff.). 1753

2.a) Gem. § 302 Abs. 2 bedarf der Rechtsmittelverzicht durch den Verteidiger einer **Ermächtigung** durch den rechtsmittelbefugten Angeklagten. 1754

b) Wirksam ist die Ermächtigung, wenn der Ermächtigende **prozessual handlungsfähig** ist (BGH NStZ 1983, 280; vgl. NStZ-RR 2004, 341; → *Rechtsbehelfe/Rechtsmittel, Verzicht, Erklärung*, Teil A Rdn 1738 ff.) und die Ermächtigung zum **Zeitpunkt** der Abgabe der Verzichtserklärung **besteht**. Eine nachträgliche Genehmigung ist nicht möglich (OLG Zweibrücken StraFo 2010, 252). Die Ermächtigung darf auch nicht widerrufen sein (BGH NStZ-RR 2007, 151; vgl. *Meyer-Goßner/Schmitt*, § 302 Rn 34 f.). 1755

c) Eine **bestimmte Form** für den Verzicht schreibt die StPO **nicht** vor. Die Ermächtigung kann daher auch mündlich oder fernmündlich erteilt werden (BGH NStZ-RR 2007, 151; 2010, 55; *Meyer-Goßner/Schmitt*, § 302 Rn 32 m.w.N.). 1756

d) Die schriftliche Ermächtigung muss sich nicht bei der Akte befinden (OLG Oldenburg VRS 120, 337) und kann auch erst **nach Abgabe** der Verzichtserklärung **nachgewiesen** werden (u.a. BGH NStZ-RR 2010, 55). 1757

e) Die in einer **allgemeinen Verteidigervollmacht** enthaltene Ermächtigung zum Verzicht auf Rechtsmittel/Rechtsbehelfe **reicht nicht** aus; Die Ermächtigung muss vielmehr das Rechtsmittel/den Rechtsbehelf, auf dessen Einlegung der Verteidiger verzichten können soll, **konkret bezeichnen** (BGH NStZ 2000, 665; Schifffahrtsobergericht Berlin NJW 2009, 1686; OLG Jena zfs 2007, 412; a.A. OLG Hamm VA 2005, 183 [Ls.], was sich nach BayVerfGH, Beschl. v. 27.10.2011 – Vf. 138-VI-10, in dem den Fachgerichten eingeräumten Auslegungsspielraum hält). 1758

3. Aus der Zusammenschau der §§ 297, 302 Abs. 2 folgt, dass bei **widerstreitende Erklärungen** von **Angeklagtem** und **Verteidiger** stets der Wille des rechtsmittelbefugten Angeklagten maßgeblich ist, auch wenn der Verteidiger eine andere Auffassung vertritt. 1759

Beispiel: 1760

Der Angeklagte wurde verurteilt. Der Verteidiger sieht die gesteckten Verteidigungsziele erreicht und äußert sich gegenüber dem Gericht: „Das Urteil werden wir annehmen“. Der

Angeklagte, dem seine im Zuschauerraum sitzende Ehefrau durch Kopfschütteln davon abrät, schweigt.

Ein vom Verteidiger erklärter Rechtsmittelverzicht bedarf bei der Fallgestaltung der ausdrücklichen Zustimmung des Angeklagten. Erklärt sich dieser nicht, ist die durch den Verteidiger abgegebene Verzichtserklärung unwirksam, da allein der fehlende Widerspruch durch den Angeklagten nicht ausreicht (BayObLG NStZ 1995, 142).

Siehe auch: → *Rechtsmittel/Rechtsbehelfe, Verzicht, Allgemeines*, Teil A Rdn 182 m.w.N.

1761 Rechtsmittel/Rechtsbehelfe, Verzicht, Zeitpunkt

1762 **Literaturhinweise:** **Burhoff**, Die richtige Bemessung der Sperrfrist, VA 2002, 126; *ders.*, Entziehung der Fahrerlaubnis – Auswirkungen einer langen Verfahrensdauer und Sperrfrist, VA 2012, 142; s.a. die Hinw. bei → *Rechtsmittel/Rechtsbehelfe, Verzicht, Allgemeines*, Teil A Rdn 1733.

1763 **1.** Auf Rechtsmittel verzichtet werden kann nur bis zum Auflauf der Einlegungsfrist (→ *Rechtsmittel/Rechtsbehelfe, Fristen, Allgemeines*, Teil A Rdn 1545 ff.). In der Praxis stellt sich am häufigsten stellt sich die Frage, ob bereits in **unmittelbarem Anschluss** an die Urteilsverkündung auf Rechtsmittel verzichtet werden soll.

1764 *Beispiel:*

Bei einer etwas strittigen Einzelfrage hat das Gericht „Gnade vor Recht" ergehen lassen und nicht einen besonders schweren Fall angenommen. Der Angeklagte ist erleichtert, der Staatsanwalt murrt.

Hier kann ein sofortiger Rechtsmittelverzicht angezeigt sein, um auch den StA zu einem Verzicht zu bewegen und so einer möglicheren Verschlimmerung in der Berufungsinstanz vorzubeugen.

1765 **2. Hinweis für den Verteidiger!**

a) Nr. 142 Abs. 2 S. 1 RiStBV legt nahe, **der Angeklagte** solle **nicht veranlasst** werden, im unmittelbaren Anschluss an die Urteilsverkündung zu erklären, ob er auf Rechtsmittel verzichte. Etwas anderes kann nur gelten, wenn der Verteidiger die HV so umfassend vorbereitet hat, dass sämtliche Urteilsfolgen bedacht, mit dem Mandanten besprochen und die Schmerzgrenzen festgelegt worden sind.

☝ **Generell ist** jedoch wegen der Wirkung des Rechtsmittelverzichts **von** jeder **Spontanerklärung** am Ende der HV **abzuraten** (*Burhoff*, HV, Rn 2193). In jedem Fall muss der **Angeklagte** die **Möglichkeit** haben, sich mit seinem Verteidiger darüber **zu beraten**, ob er auf die Einlegung eines Rechtsmittels verzichten soll. Dies gilt auch bei einer Mehrheit von Verteidigern, wenn nur ein Verteidiger in der HV anwesend ist (BGH NStZ 2005, 114).

b) Die Frage eines Rechtsmittelverzichts ist mit dem Mandanten **stets zu erörtern**, insbesondere, wenn die **Fahrerlaubnis entzogen** wurde, weil die zwischen den Instanzen verstreichende Zeit vom Berufungsgericht auf die Sperrfrist nicht angerechnet zu werden braucht (§ 69a Abs. 5 StGB), was für einen schnellen Rechtsmittelverzicht sprechen kann. Ist der – vom Gerichtsort weit entfernt wohnende – Angeklagte zur HV mit dem Pkw angereist, wird § 69 Abs. 3 StGB gegen einen sofortigen Rechtsmittelverzicht sprechen (vgl. auch *Burhoff*, HV, Rn 2193; zur Berechnung der Sperrfrist *Burhoff* VA 2002, 126; Burhoff/Kotz/*Burhoff*, Nachsorge, Teil A Rn 457 ff.). 1766

2. Ein im Anschluss an die Urteilsverkündung erklärter Rechtsmittelverzicht wird in das **HV-Protokoll** aufgenommen und nimmt an dessen **Beweiskraft** teil (BGH NStZ 2006, 351; *Burhoff*, HV, Rn 2195). 1767

Siehe auch: → *Rechtsmittel/Rechtsbehelfe, Verzicht, Allgemeines*, Teil A Rdn 1732, m.w.N.

Rechtsmittel/Rechtsbehelfe, Vollmacht, Allgemeines 1768

Das Wichtigste in Kürze:

1. Jedermann kann sich des Beistands eines Rechtsanwalts bedienen.
2. Der Auftrag, als Verteidiger tätig zu werden, enthält zugleich als Innenvollmacht stets die Bevollmächtigung des Rechtsanwalts, den Mandanten zu vertreten.
3. Neben der allgemeinen Verteidigervollmacht kann im Einzelfall auch eine Spezialvollmacht/Bevollmächtigung erforderlich sein.
4. In besonderen Konstellationen benötigt der Verteidiger weitere Vollmachten.
5. Nicht ganz ausgeräumt ist die Streitfrage, ob es die Wirksamkeit einer Abtretungserklärung (§ 43 S. 1 RVG) von Ansprüchen des Mandanten tangiert, wenn diese in der Vollmachtsurkunde enthalten ist.

Literaturhinweise: Büttner, Zustellungsbevollmächtigte – Zeitbomben im Strafverfahren?, DRiZ 2007, 188; Hohmann in: FA Strafrecht, Teil 2 Kap. 1 Rn 12 ff.; **Kuhli**, Die Anforderungen an die Ermächtigung zu Rechtsmittelrücknahme oder -verzicht gemäß § 302 Abs. 2 StPO HRRS 2009, 290; **Meyer-Lohkamp/Venn**, Vom (Un)Sinn der schriftlichen Strafprozessvollmacht, StraFo 2009, 265; **Samini**, Die Rechtsarchitektur der anwaltlichen Vollmacht in der Praxis, zfs 2006, 308; s. auch die Hinw. bei *Burhoff*, EV, Rn 4227, und bei *Burhoff*, HV, Rn 3351. 1769

1. Jedermann kann sich des Beistands eines Rechtsanwalts bedienen. Dies gilt selbstverständlich auch für die von einem Strafverfahren Betroffenen (§ 137 Abs. 1). Mit der Annahme des vom Mandanten erteilten Verteidigungsauftrags durch den Rechtsanwalt kommt 1770 nach h.M. (BGH NJW 1998, 3486) ein **Geschäftsbesorgungsvertrag** (§ 675 BGB) mit Dienstvertragscharakter zustande, der die Leistung höherer Dienste (§ 627 BGB) zum Gegenstand hat (vgl. *Burhoff*, EV, Rn 3642 ff.).

1771 **2.a)** Der Auftrag, als Verteidiger tätig zu werden, enthält zugleich als **Innenvollmacht** stets die Bevollmächtigung des Rechtsanwalts (§ 167 Abs. 1 BGB), den Mandanten in dem Umfang zu vertreten (§ 166 Abs. 2 BGB), wie dies zur Erfüllung des erteilten Auftrags erforderlich ist (BGH NJW 2010, 1203).

1772 **b)** Will der Vollmachtgeber das Vertretungsverhältnis **nach außen** („gegenüber dem Geschäftsgegner") kundtun, kann er es entweder **selbst anzeigen**, das Auftreten seines Auftragnehmers als Bevollmächtigter **dulden** oder diesen hierzu durch Ausstellung einer entsprechenden Urkunde (§ 172 Abs. 1 BGB) **legitimieren**.

1773 *Beispiel:*

Der Angeklagte zeigt die Bevollmächtigung etwa dadurch selbst an, dass er sie in der HV zu Protokoll erklärt.

1774 **c)** Die **Vollmacht** bedarf grds. **keiner** bestimmten **Form** (Palandt/*Ellenberger*, § 167 BGB Rn 2). Dies gilt auch für die (**allgemeine**) Verteidigervollmacht (vgl. z.B. OLG Hamm Rpfleger 1998, 440; OLG Koblenz StraFo 1997, 256; OLG München StV 2008, 127; LG Hagen StV 1983, 145; s.a. BGH NStZ-RR 1998, 18; *Meyer-Lohkamp/Venn* StraFo 2009, 265, 267; s.a. *Burhoff*, EV, Rn 4230 und bei *Burhoff*, HV, Rn 3350 ff.). Wie in allen Rechtsgebieten bestehen hiervon allerdings auch im Strafverfahren **Ausnahmen** (vgl. dazu Rdn 1780 ff.).

1775 *Beispiel:*

Angeklagter A und Verteidiger V erscheinen zusammen in der HV. Solange der Angeklagte einer Prozesshandlung des Verteidigers nicht entgegentritt, ist zumindest von einer Duldungsvollmacht auszugehen.

1776 **d)** Die Bevollmächtigung **umfasst** nur die Ermächtigung zum **Tätigwerden** in dem ihr zugrunde liegende Rechtsverhältnis, dem Strafverfahren.

☝ Deshalb benötigt auch der Verteidiger stets außerhalb der Verteidigervollmacht eine **gesonderte Ermächtigung**, wenn er in Bereichen tätig werden soll, die nicht (mehr) zum Strafverfahren gerechnet werden (z.B. Antrag auf Zurückstellung der Strafvollstreckung nach § 35 BtMG, Kostenfestsetzungsverfahren, Empfang von Geld, Geltendmachung von Ansprüchen nach § 10 StrEG usw.; vgl. Rdn 1780 ff.).

e)aa) Die Bevollmächtigung **endet** 1777

- **zusammen** mit dem sie **auslösenden Auftragsverhältnis**, spätestens also mit dem rechtskräftigen Abschluss des Strafverfahrens, in dem die Beauftragung erfolgt ist (§ 168 S. 1 BGB).
- **Vor** diesem **Zeitpunkt** kann sie z.B. infolge
  - Kündigung durch den Auftraggeber (§ 627 Abs. 1 BGB),
  - Niederlegung des Mandats durch den Rechtsanwalt (beachte: § 627 Abs. 2) oder
  - dessen Ausschließung (§ 138a Abs. 4 S. 1) enden.

> ☝ Soll der Verteidiger nach Erlöschen seiner Bevollmächtigung **wieder** für den Mandanten **tätig** werden, bedarf er deshalb einer neuen Bevollmächtigung.

- Ob sie über den **Tod** des **Vollmachtgebers hinaus** besteht, ist äußerst str. (vgl. Palandt/*Ellenberger*, § 168 BGB Rn 4); für das Strafverfahren ist mit der überwiegenden Meinung in Rspr. und Lit. vom **Fortbestehen** der **Bevollmächtigung** auszugehen (BGHSt 45, 108; OLG Celle NJW 2002, 3720; OLG Frankfurt/Main NStZ-RR 2002, 246; *Burhoff*, EV, Rn 4244; *Meyer-Goßner/Schmitt*, vor § 137 Rn 7 m.w.N.).

bb) Die Bevollmächtigung **endet** jedenfalls **immer** durch **Bestellung** des Rechtsanwalts zum **Pflichtverteidiger**, weil sein Wahlmandat als das ihr zugrunde liegende Rechtsverhältnis (§ 168 S. 1 BGB) damit erlischt (h.M., BGH NStZ 1991, 94; StV 1981, 12; *Meyer-Goßner/Schmitt*, § 142 Rn 7). 1778

> ☝ Sowohl der originäre Pflichtverteidiger als auch der ursprüngliche Wahlverteidiger nach Statusänderung benötigen für jede Tätigkeit, die nicht vom Umfang der Bestellung umfasst ist (vgl. dazu: *Burhoff*, EV, Rn 3005 ff.) jeweils (wieder) eine **gesonderte Ermächtigung**.

3. Neben der allgemeinen **Verteidigervollmacht** (→ *Rechtsmittel/Rechtsbehelfe, Vollmacht, Verteidigervollmacht*, Teil A Rdn 1793 ff.) und der sich aus dem Verteidigungsverhältnis ergebenden Zustellungsvollmacht (→ *Rechtsmittel/Rechtsbehelfe, Vollmacht, Zustellungsvollmacht*, Teil A Rdn 1817 ff.) kann im Einzelfall auch eine **Spezialvollmacht/Bevollmächtigung** erforderlich sein, und zwar zur 1779

- **Vertretung** (→ *Rechtsmittel/Rechtsbehelfe, Vollmacht, Vertretungsvollmacht*, Teil A Rdn 1809 ff.),
- Empfangnahme von **Ladungen** (→ *Rechtsmittel/Rechtsbehelfe, Vollmacht, Vertretungsvollmacht*, Teil A Rdn 1784 ff.)
- **Rechtsmittelrücknahme** (→ *Rechtsmittel/Rechtsbehelfe, Rücknahme, Verteidiger*, Teil A Rdn 1669 ff.) oder zum
- **Rechtsmittelverzicht** (→ *Rechtsmittel/Rechtsbehelfe, Verzicht, Verteidiger*, Teil A Rdn 1751 ff.).

Darüber hinaus sollte sich der Verteidiger immer auch die Frage stellen nach

- dem Abschluss einer schriftlichen **Vergütungsvereinbarung** (Burhoff/*Burhoff*, RVG, Teil A: Vergütungsvereinbarung [§ 3a ff.], Rn 2171 ff.),
- der Ausfertigung/Unterzeichnung einer **Abtretungsurkunde** (vgl. Rdn 1783 f.) und
- ggf. einer **Entbindung** von der ärztlichen Verschwiegenheitsverpflichtung.

1780 **4.** Die **allgemeine Verteidigervollmacht** ist – auftragsakzessorisch – auf die Verteidigung im **Strafverfahren beschränkt**.

1781 **a)** Im Unterschied zur gerichtlichen Grundentscheidung zu den Verfahrenskosten und den notwendigen Auslagen (§ 464 Abs. 2) zählt das **Kostenfestsetzungsverfahren** nach **§ 464b nicht mehr** zum **Strafverfahren** (Burhoff/*Volpert*, RVG, Teil A: Kostenfestsetzung und Erstattung in Strafsachen, Rn 1350; *Meyer-Goßner/Schmitt*, § 464b Rn 2). Da die Kostenfestsetzung i.d.R. nur auf Antrag des Verfahrensbeteiligten erfolgt, kann dieser vom (vormaligen) Verteidiger wirksam nur gestellt werden, wenn er hierzu gesondert bevollmächtigt ist. Dies gilt **auch** für die **Anfechtung** (→ *Kostenfestsetzungsbeschluss, Beschwerde*, Teil D Rdn 267, und → *Kostenfestsetzungsbeschluss, Erinnerung*, Teil D Rdn 302) der auf den Antrag hin ergehenden Entscheidungen.

1782 **b)** Die **Empfangnahme** von **Geld** zählt nicht zum Kernbereich der Verteidigertätigkeit. Eine spezielle Bevollmächtigung hierzu kann aber z.B. erforderlich sein, wenn der Verteidiger mit der Freigabe einer geleisteten Sicherheit oder der Geltendmachung von Kostenerstattungsansprüchen beauftragt ist.

1783 **5.** Nach wie vor nicht ganz ausgeräumt ist die Streitfrage, ob es die Wirksamkeit einer **Abtretungserklärung** (§ 43 S. 1 RVG) von Ansprüchen des Mandanten tangiert, wenn diese in der Vollmachtsurkunde enthalten ist (vgl. einerseits – nicht zulässig: OLG Koblenz VersR 2009, 1348; OLG Nürnberg StRR 2015, 317 m. Anm. Burhoff, LG Düsseldorf AGS 2007, 34 m. Anm. Volpert; LG Konstanz Rpfleger 2008, 596; andererseits – zulässig LG Leipzig StRR 2010, 239; s. auch *Burhoff*, EV, Rn 423; Burhoff/*Volpert*, RVG, § 43 Rn 19 m.w.N. u. m. Muster eines Anfechtungsantrags Rn 49).

☝ Wie so oft, stellt sich aus arbeitsökonomischen Gründen auch hier die Frage, ob es der Verteidiger auf eine nachträgliche Auseinandersetzung mit den Justizbehörden ankommen lassen will oder er bereits zu Beginn des Mandatsverhältnisses einfach eine auf einer gesonderten Urkunde **vorformulierbare Abtretungserklärung ausdrucken** und **unterzeichnen** lässt.

Siehe auch: → *Rechtsmittel/Rechtsbehelfe, Vollmacht, Ladungsvollmacht*, Teil A Rdn 1784 ff.; → *Rechtsmittel/Rechtsbehelfe, Vollmacht, Verteidigervollmacht*, Teil A Rdn 1793 ff.; → *Rechtsmittel/Rechtsbehelfe, Vollmacht, Vertretungsvollmacht*, Teil A

Rdn 1809 ff.; → *Rechtsmittel/Rechtsbehelfe, Vollmacht, Zustellungsvollmacht*, Teil A Rdn 1817 ff.

Rechtsmittel/Rechtsbehelfe, Vollmacht, Ladungsvollmacht 1784

Das Wichtigste in Kürze:

1. Die Ladung des Beschuldigten darf an den Verteidiger nur zugestellt werden, wenn dieser in einer bei den Akten befindlichen Vollmacht ausdrücklich zur Empfangnahme von Ladungen ermächtigt ist.
2. Die Bestellung zum Pflichtverteidiger umfasst nicht zugleich dessen Bevollmächtigung zur Empfangnahme von Ladungen.
3. Außerhalb des Anwendungsbereichs des § 145a Abs. 2 S. 1 wird einem Rechtsanwalt dadurch Ladungsvollmacht erteilt, dass er die Aufgabe eines Zustellungsbevollmächtigten übernimmt, auf den § 145a Abs. 2 S. 1 nicht anzuwenden ist.

Literaturhinweise: s. die Hinw. bei → *Rechtsmittel/Rechtsbehelfe, Vollmacht, Allgemeines*, Teil A Rdn 1769. 1785

1.a) Auf das Bestehen einer Ladungsvollmacht und deren Wirksamkeit kommt es an, 1786
wenn der **Mandant über** seinen **(Wahl-)Verteidiger geladen** werden soll. Die Ladung des Beschuldigten darf an den Verteidiger nur zugestellt werden, wenn dieser in einer bei den Akten befindlichen Vollmacht **ausdrücklich** zur **Empfangnahme** von **Ladungen ermächtigt** ist (§ 145a Abs. 2 S. 1). Dadurch wird die Bedeutung einer solchen Bevollmächtigung gegenüber der Befugnis des Verteidigers zur Entgegennahme von sonstigen Zustellungen i.S. des § 145a Abs. 1 herausgehoben wird.

☝ Die Bevollmächtigung zur Empfangnahme von Ladungen muss **eindeutig**, d.h. für jeden auf Anhieb **zweifelsfrei** als solche zu erkennen sein (OLG Düsseldorf StV 1990, 536; OLG Köln StV 1993, 402; OLG Stuttgart NStZ-RR 2005 2005, 319; *Burhoff*, EV, Rn 4242). Weder genügt eine „allgemeine" Verteidigervollmacht (→ *Rechtsmittel/Rechtsbehelfe, Vollmacht, Verteidigervollmacht*, Teil A Rdn 1793 ff.), noch eine Bevollmächtigung des Inhalts, der Verteidiger sei zur „Entgegennahme von Zustellungen aller Art" ermächtigt (OLG Köln NStZ-RR 1998, 240; *Burhoff*, a.a.O.). Erforderlich ist eine (ggf. in der Vollmachtsurkunde enthaltene [BayObLG NJW 2004, 532]) Ermächtigung, dass der Verteidiger zur Empfangnahme von Ladungen i.S. des § 145a Abs. 2 befugt ist; andernfalls ist die Ladung nicht wirksam.

1787 **b)** Zum **Begriff** der **Ladung** wird auf → *Rechtsmittel/Rechtsbehelfe, Ladung, Allgemeines*, Teil A Rdn 1588 ff., verwiesen. Bloße Mitteilungen über (z.B. Fortsetzungs-)Termine stellen keine Ladung i.S.d. Vorschrift dar (BGHSt 38, 271).

1788 **c) Schriftform** ist erforderlich, da sich die Erklärung über die Bevollmächtigung andernfalls nicht bei den Akten befinden kann. Es ist der Schriftform aber auch Genüge getan, wenn der Beschuldigte eine Erklärung zu Protokoll der Geschäftsstelle abgibt (h.M. SK-StPO/*Wohlers*, § 145a Rn 20 m.w.N.; → *Rechtsmittel/Rechtsbehelfe, Form, Protokoll der Geschäftsstelle*, Teil A Rdn 1517 ff.). Auch reicht eine entsprechende Erklärung des Beschuldigten anlässlich eines Haftprüfungstermins oder im Zusammenhang mit der Aussetzung des Verfahrens, die dort protokollier wird, aus.

☝ Angesichts der Bedeutung der Vorschrift ist diese **eng auszulegen** (OLG Düsseldorf StV 1990, 536). Es ist deshalb kein Grund ersichtlich, vom eindeutigen Gesetzeswortlaut, dass sich die Bevollmächtigung bei den Akten befinden muss, abzuweichen, wenn der Angeklagte oder sein Wahlverteidiger zur Ladungsvollmacht nur mündlich Erklärungen bzw. Versicherungen abgibt.

1789 **d)** Wurde **wirksam Ladungsvollmacht** erteilt, gilt sie nicht nur für die erste, sondern auch für die **Berufungsinstanz** (*Meyer-Goßner/Schmitt*, § 145a Rn 12).

1790 **2.** Die Bestellung zum **Pflichtverteidiger** umfasst **nicht zugleich** dessen **Bevollmächtigung** zur Empfangnahme von **Ladungen**, da das Gericht nur zur Verteidigerbestellung rechtlich befugt ist (OLG Karlsruhe StraFo 2011, 509; OLG Köln NStZ-RR 1999, 334; *Burhoff*, EV, Rn 4242).

1791 **Voraussetzung** einer **wirksamen Ladung** des Beschuldigten ist daher auch in diesem Fall eine vom Beschuldigten erteilte Bevollmächtigung. Dies gilt auch für den Fall, dass der Pflichtverteidiger bereits vor der Bestellung als Wahlverteidiger tätig und hierzu bevollmächtigt war; denn mit der Beiordnung als Pflichtverteidiger endet das frühere Geschäftsbesorgungsverhältnis zwischen Anwalt und Angeklagtem sowie die darauf beruhenden Vollmachten, insbesondere die Berechtigung, Ladungen für den Angeklagten in Empfang zu nehmen (OLG Düsseldorf StV 1982, 127; OLG Köln NStZ-RR 1999, 334).

1792 **3. Außerhalb** des **Anwendungsbereichs** des § 145a Abs. 2 S. 1 wird einem Rechtsanwalt – wie jedem dazu befähigten Dritten – dadurch Ladungsvollmacht erteilt, dass er die Aufgabe eines **Zustellungsbevollmächtigten** (§§ 116a Abs. 3, 127a Abs. 2) übernimmt, auf den § 145a Abs. 2 S. 1 nicht anzuwenden ist (§ 145a Abs. 2 S. 2). Aus der Funktion eines Zustellungsbevollmächtigten folgt ausschließlich in diesen Fällen zugleich die Ermächtigung zur Empfangnahme von Ladungen.

Siehe auch: → *Rechtsmittel/Rechtsbehelfe, Allgemeines*, Teil A Rdn 1289, m.w.N.; → *Rechtsmittel/Rechtsbehelfe, Vollmacht, Allgemeines*, Teil A Rdn 1768.

Rechtsmittel/Rechtsbehelfe, Vollmacht, Verteidigervollmacht 1793

Das Wichtigste in Kürze:

1. Soll die Bevollmächtigung urkundlich dokumentiert werden, reicht es aus, dass sich aus dem Schriftstück ergibt, wer, wen, wozu bevollmächtigt.
2. Jeder Wahlverteidiger ist befugt, Untervollmacht zu erteilen, sofern er in der ihm erteilten Vollmacht hierzu ermächtigt ist.

Literaturhinweise: s. die Hinw. bei → *Rechtsmittel/Rechtsbehelfe, Vollmacht, Allgemeines*, Teil A Rdn 1769. 1794

1.a) Soll die Bevollmächtigung urkundlich dokumentiert werden, reicht es aus, dass sich aus dem Schriftstück ergibt, **wer**, **wen**, **wozu** bevollmächtigt. 1795

b) Muster: Verteidigervollmacht (s.a. *Burhoff*, EV, Rn 4245) 1796

▼

In der Strafsache gegen mich bevollmächtige ich Frau Rechtsanwältin mit meiner Verteidigung.

A.16

Ort, Datum Unterschrift

▲

c) Jeder mit der Verteidigung beauftragte Rechtsanwalt lässt sich ungeachtet des fehlenden Formzwangs vom Mandanten **i.d.R. drei Vollmachtsformulare** unterschreiben. 1797

aa) Die **Vollmachtsvorlage** bei den Verfolgungsbehörden ist zwar **nicht zwingend**, weil das Fehlen einer Urkunde das Verteidigungsverhältnis selbst (Innenvollmacht) nicht berührt (s.a. BGHSt 36, 259, 260; NStZ 2005, 583 [für Rechtsmittelrücknahme]; StraFo 2010, 339; KG VRR 2012, 74 m. Anm. *Burhoff*; OLG Brandenburg VRS 117, 305 [an keine Form gebunden]; OLG Jena VRS 108, 276; OLG München StV 2008, 127; OLG Schleswig SchlHA 2010, 283 [Dö/Dr]; LG Ellwangen NStZ 2003, 331 [für AE]; LG Cottbus StraFo 2002, 233 [für AE]; *Burhoff*, EV, Rn 4231; *Meyer-Goßner/Schmitt*, vor § 137 Rn 9 m.w.N.; *Meyer-Lohkamp/Venn* StraFo 2009, 265, 267). 1798

☝ Äußert das Gericht aber **Zweifel** an der Bevollmächtigung, kann es einen **Nachweis** verlangen (s. z.B. OLG München StV 2008, 127, 128; s. dazu auch BVerfG NJW 2012, 141 mit Anm. *Burhoff* StRR 2011, 426 [nachvollziehbare Gründe erforderlich]).

bb) Befindet sich der Mandant in **U-Haft** oder (in anderer Sache) in Strafhaft, benötigt der Wahlverteidiger eine Vollmachtsurkunde, da er andernfalls (mit Ausnahme des durch 1799

Sprechschein genehmigten Anbahnungsgesprächs) in der JVA nicht als Verteidiger registriert werden wird (vgl. dazu *Burhoff*, EV, Rn 3897 ff.).

1800 **cc)** Eine **weitere Ausfertigung** der Vollmacht sollte für den Fall erforderlicher Ermittlungen vorgehalten werden.

1801 *Beispiel:*

Die Ehefrau des Mandanten ruft am Morgen des HV-Tages in der Kanzlei an und teilt mit, ihr Mann könne zum Termin nicht erscheinen, da er erkrankt sei. Bereits gestern sei der Arzt … da gewesen und habe ihn krankgeschrieben.

Schon weil hier aufgrund der zur Verfügung stehenden Zeit sofortiges Handeln des Verteidigers geboten ist, wenn gerichtliche Zwangsmaßnahmen infolge des Ausbleibens vermieden werden sollen, befreit das Vorhandensein einer Vollmachtsurkunde – wenn er sich nicht bereits eine Entbindungserklärung zu Beginn seiner Tätigkeit hat unterzeichnen lassen – den Verteidiger hier von langwierigen Diskussionen mit dem behandelnden Arzt über dessen Verschwiegenheitsverpflichtung.

1802 **d)** Im Handel erhältliche, vorgedruckte oder in Fachbüchern enthaltene **Vollmachtsmuster** (z.B. *Burhoff*, EV, Rn 4245) beinhalten für den Strafprozess eine Vielzahl von Ermächtigungen des Rechtsanwalts, die alle nur denkbaren Verfahrenskonstellationen abdecken. Ob der Mandant, wenn er das Formular unterschreibt, überhaupt erfasst, in welchem Umfang er seinen Verteidiger ermächtigt, ist schon im Hinblick auf die Ausgestaltung des Formulars als Katalog und die darin enthaltenen juristischen Fachbegriffe äußerst zweifelhaft. Speziell im Fall eines Verteidigerwechsels bei zuvor eingetretenen nachteiligen Rechtsfolgen für den Mandanten bekommt der neue Verteidiger immer wieder zu hören, dass der Mandant den früheren Verteidiger zu dieser oder jener (Prozess-)Handlung überhaupt nicht ermächtigen wollte.

☝ Vorformulierte Vollmachtsformulare stellen **Allgemeine Geschäftsbedingungen** dar (BGH StraFo 2006, 454), sodass ihr Inhalt u.a. auch am Maßstab des § 305c BGB überprüft werden kann.

1803 Jedenfalls müssen vorformulierte Vollmachtsformulare daraufhin durchgesehen werden, ob die erhaltenen Ermächtigungen im **konkreten Einzelfall erforderlich** sind oder sich nicht sogar zum Nachteil des Mandanten auswirken können.

1804 *Beispiel:*

Steht fest, dass der Mandant – aus welchen Gründen auch immer – zu einem künftigen HV-Termin nicht erscheinen will/kann, darf nicht davon ausgegangen werden, dass er seinem Verteidiger auch zur Empfangnahme von Ladungen ermächtigen will.

In dieser Konstellation muss der Verteidiger die in der vorgedruckten **Vollmacht** enthaltene Ermächtigung zur Entgegennahme von Ladungen streichen (vgl. auch *Burhoff*, EV, Rn 4242). 1805

e) Verwendet eine Kanzlei mit mehreren Rechtsanwälten **Formulare**, in denen **alle Mitglieder** der **Kanzlei** aufgeführt sind, ist § 137 Abs. 1 S. 2 zu beachten (vgl. *Burhoff*, EV, Rn 4229 m.w.N.; zur Berechnung *Meyer-Goßner/Schmitt*, § 137 Rn 5 m.w.N.; *Burhoff*, EV, Rn 4405). Die Urkunde sollte in diesen Fällen aber auch wegen § 146a Abs. 1 **höchstens drei Rechtsanwälte** als Verteidiger ausweisen, wobei **für** eine Benennung von drei Verteidigern der Umstand spricht, dass dadurch das Hineindrängen kanzleifremder Verteidiger in das Mandat verhindert wird. 1806

☝ **Bedenkenswert** ist es dennoch, ob die Vollmacht auch in diesen Fällen nicht **nur** auf **einen (Haupt-)Verteidiger** beschränkt wird. Zu Recht weist *Burhoff* (EV, Rn 4229 f. m.w.N.) nämlich darauf hin, dass der benannte Verteidiger dadurch als alleiniger Sachbearbeiter ausgewiesen wird, sodass **Ladungen** und **Zustellungen** ausschließlich ihm zuordnet werden können, was auch die verjährungsunterbrechende Zustellung im OWi-Verfahren betrifft (OLG Hamm NStZ-RR 2013, 23 m. Anm. *Burhoff* StRR 2012, 226; OLG Zweibrücken, Beschl. v. 6.1.2016 – 1 Ss OWi Bs 9/15; AG Landstuhl VRR 2014, 4768; s. die weit.Nachw. bei *Burhoff*, EV, Rn 4229) und auch die Chancen auf die positive Verbescheidung eines **Terminsverlegungsantrags** beträchtlich erhöht.

2.a) Jeder **Wahlverteidiger** ist **befugt**, **Untervollmacht** zu erteilen (BGHST 59, 284 m. Anm. Barton StRR 2015, 62; *Burhoff*, EV, Rn 3671), sofern er in der ihm erteilten Vollmacht hierzu ermächtigt ist. § 305c BGB steht dem nicht entgegen, auch wenn die Ermächtigung in einer vorformulierten Vollmachtsurkunde enthalten ist (BGH StraFo 2006, 454). Sie muss zum Zeitpunkt des Auftretens eines Unterbevollmächtigten auch nicht schriftlich vorliegen, sondern kann nachgereicht werden (BGH a.a.O.). Die Untervollmacht ist akzessorisch zur Hauptvollmacht, besteht als nur so lange, bis diese endet. 1807

b) Der **Pflichtverteidiger** kann sich **nicht** im Wege der Untervollmacht vertreten lassen (BGHSt 59, 284; BGH NStZ 2012, 276; OLG Saarbrücken RVGreport 2015, 64; *Burhoff*, EV, Rn 3015 m.w.N.). Das im Zusammenhang mit einer Verhinderung auftretenden **Problem** ist – alternativ – wie folgt zu lösen: 1808

- Bestellung eines Rechtsanwalts derselben RAK **durch den Rechtsanwalt selbst** für den Fall seiner Verhinderung, wenn der andere Rechtsanwalt die Vertretung übernimmt (§ 53 Abs. 2 S. 1, 2 BRAO): generell für ein Jahr oder im Einzelfall.
- Bestellung eines Rechtsanwalts aus einem anderen Kammerbezirk oder eines Rechtsreferendars zum Vertreter **durch die zuständige RAK** (§ 53 Abs. 2 S. 3 BRAO).
- Bestellung eines (weiteren) Pflichtverteidigers durch das Gericht,

- **Zustimmung** des Gerichtsvorsitzenden zur „Vertretung" (KG NStZ-RR 2005, 327 m.w.N.).

Siehe auch: → *Rechtsmittel/Rechtsbehelfe, Allgemeines*, Teil A Rdn 1289, m.w.N.; → *Rechtsmittel/Rechtsbehelfe, Vollmacht, Allgemeines*, Teil A Rdn 1768.

1809 Rechtsmittel/Rechtsbehelfe, Vollmacht, Vertretungsvollmacht

Das Wichtigste in Kürze:

1. Auch der gewählte Verteidiger benötigt zur Vertretung eine besondere Legitimation.
2. Eine schriftliche Vertretungsvollmacht benötigt auch der dem Angeklagten bestellte Pflichtverteidiger.

1810 **Literaturhinweise:** s. die Hinw. bei → *Rechtsmittel/Rechtsbehelfe, Vollmacht, Allgemeines*, Teil A Rdn 1769.

1811 **1.a)** Auch der gewählte Verteidiger benötigt zur **Vertretung** des Mandanten eine **besondere Legitimation** (*Burhoff*, EV, Rn 4234 f.; *Burhoff*, HV, Rn 3208), weil sich Verteidigung einerseits und Vertretung andererseits nicht nur begrifflich, sondern auch funktional unterscheiden (vgl. OLG Hamm StV 1997, 404 [Ls.]; VRR 2012, 392).

☝ Diesbezüglich sollte die **Vollmachtsurkunde** etwa Folgendes beinhalten: „... wird hiermit (...) **Vollmacht** erteilt zur **Vertretung** in Strafsachen und Bußgeldsachen (§§ 302, 375 StPO) einschließlich der Vorverfahren sowie (für den Fall der Abwesenheit) zur Vertretung nach § 411 Abs. 2 StPO und mit ausdrücklicher Ermächtigung nach §§ 233 Abs. 1, 234 StPO ..." (vgl. u.a. OLG Bamberg NStZ-RR 2007, 180; VRR 2011, 472; StraFo 2006, 425).

1812 **b) Vertretungsfälle.** Jeder Angeklagte kann sich vertreten lassen. Das galt bislang bereits in folgenden

1813 **Vertretungsfällen:**

- in **Bagatellverfahren** (§§ 232 Abs. 1, 234), wenn an ihn der Hinweis ergangen ist, dass auch ohne ihn verhandelt werden kann **und** sein persönliches Erscheinen (ggf. erstmals im Berufungsrechtszug) nicht angeordnet (§ 236) worden war;
- in **Strafbefehlsverfahren** (§ 411 Abs. 2 S. 1), ausgenommen Fälle des § 408 Abs. 3 S. 2, in denen das AG den beantragten Strafbefehl nicht erlassen, sondern auf dessen Basis HV anberaumt hatte. Die Vertretungsmöglichkeit im Ausgangsverfahren wirkt im Berufungsrechtszug fort (OLG Dresden StV 2005, 492), weshalb in diesen Fällen eine

Verwerfung selbst dann nicht möglich ist, wenn das Berufungsgericht das persönliche Erscheinen des Angeklagten angeordnet hat (OLG Düsseldorf StV 1985, 52);

- Handelt es sich um einen **Bagatellvorwurf**, der **im Strafbefehlsverfahren abgeurteilt** wurde, richtet sich die Zulässigkeit der Vertretung ausschließlich nach § 412 Abs. 2 S. 1 (OLG Dresden StV 2005, 492 [lex specialis]; OLG Hamburg NJW 1968, 1687), sodass Vertretung im Berufungsrechtszug auch ohne Hinweis nach § 232 Abs. 1 und trotz Anordnung des persönlichen Erscheinens nach § 236 möglich ist.
- in der **Revisions-HV** (§ 350 Abs. 2 S. 1).

☝ Eine **Ausdehnung** der **Vertretungsmöglichkeit** auf andere Fälle ist durch die EMRK geboten (EGMR StraFo 2012, 490) und dieser Entscheidung folgend durch das Gesetz zur Stärkung des Rechts des Angeklagten auf Vertretung in der Berufungsverhandlung und über die Anerkennung von Abwesenheitsentscheidungen in der Rechtshilfe v. 17.7.2015 (BGBl I S. 1332) erweitert worden für die Vertretung des Angeklagten in der **Berufungshauptverhandlung** (§ 329 Abs. 1; → *Berufung, Ausbleiben des Angeklagten, Allgemeines*, Teil A Rdn 57, m.w.N.).

c) Da die Bevollmächtigung dem Nachweis der Vertretungsbefugnis dient, bedarf sie der **Schriftform** (§§ 234, 411 Abs. 2 S. 1) und sollte dem Gericht spätestens zu Beginn der HV vorliegen. Rechtzeitigkeit ist insoweit auch gegeben, wenn die Vollmacht am Vortag der HV (per Telefax) eingeht, dem Gericht aber erst nach Verwerfung des Rechtsmittels vorgelegt wird (BayObLG NStZ-RR 2002, 79). Die Vertretungsvollmacht kann weder dadurch ersetzt werden, dass der Verteidiger anwaltlich versichert, auch zur Vertretung bevollmächtigt zu sein, noch, dass die zunächst nur mündlich erfolgte Bevollmächtigung im Nachhinein schriftlich bestätigt wird (OLG Saarbrücken NStZ 1999, 265; *Burhoff*, HV, Rn 2574 f.). 1814

☝ Da die Bevollmächtigung selbst nicht der Form, welche für das Rechtsgeschäft bestimmt ist, auf das sich die **Vollmacht** bezieht (§ 167 Abs. 2 BGB), bedarf, kann der **Verteidiger** zur Vertretung des Angeklagten durch diesen mündlich ermächtigt wurde, die **Vertretungsvollmacht selbst unterzeichnen** (BayObLG NStZ 2002, 277; KG StRR 2014, 38; OLG Celle VRR 2014, 83 [Ls.]; OLG Dresden StRR 2013, 26 m. Anm. *Reichling*; einschränkend SK-StPO/*Deiters*, § 234 Rn 4 m.w.N.).

Nach h.M. (vgl. BayObLG NStZ 2002, 277; OLG Celle, Beschl. v. 20.1.2014 – 322 SsRs 24/13; OLG Dresden StRR 2013, 26; *Meyer-Goßner/Schmitt,* § 234 Rn 5; a.A. *Mosbacher* NStZ 2013, 312, 314; offen bei *Hanschke* StRR 2015, 64 in der Anm. zu KG StRR 2015, 64) genügte nach der Rspr. zur **§ 329 a.F.** eine vom Verteidiger selbst aufgrund mündlicher Ermächtigung seines Mandanten **unterzeichnete** Vollmacht. Ob die Rspr. daran festhalten wird, erscheint fraglich. Denn nach der Gesetzesbegründung zur Neufassung des § 329 soll es (ausdrücklich nicht (mehr) genügen, dass die Vollmachtsurkunde aufgrund mündlicher Ermächtigung des Angeklagten vom Verteidiger selbst unterzeichnet wird (so BT-Drucks 18/3562, S. 68; ebenso *Spitzer* StV 2016, 48, 49; → *Berufung, Ausbleiben des Angeklagten, Allgemeines*, Teil A Rdn 57, m.w.N.).

1815 Liegt die schriftliche Vertretungsvollmacht vor, bedarf eine darauf gestützte **Unterbevollmächtigung nicht** (mehr) der **Schriftform** (BayObLG NZV 1991, 403; für das Bußgeldverfahren OLG Celle VRR 2011, 116 m. Anm. *Burhoff*).

1816 **2.** Eine **schriftliche** Vertretungsvollmacht benötigt **auch** der dem Angeklagten bestellte **Pflichtverteidiger** (OLG Brandenburg wistra 2012, 42; OLG Hamm StV 1997, 404 [Ls.]; VRR 2012, 392 m. Anm. *Burhoff*; OLG München VRR 2010, 393; OLG Stuttgart NStZ-RR 2004, 219). War er zuvor Wahlverteidiger, gilt die Vertretungsvollmacht fort, da infolge des Bestellungsakts zwar das Wahlmandatsverhältnis endet, nicht aber eine vor der Bestellung erteilte Vertretungsvollmacht erlischt. **A.A.** sind insoweit z.T. die OLG (vgl. OLG Hamm und OLG München, jew. a.a.O.). Dem muss man entgegenhalten, dass Verteidigungs- und Vertretungsvollmacht zu trennen/unterscheiden sind.

☝ Verhandelt die Berufungskammer in der irrtümlichen Annahme zur Sache, der Pflichtverteidiger sei bereits allein kraft Beiordnung auch zur Vertretung des nicht erschienenen Angeklagten befugt, verletzt sie dadurch **§ 338 Nr. 5** (OLG Hamm StV 1997, 404 [Ls.]).

Siehe auch: → *Berufung, Ausbleiben des Angeklagten, Vertretung*, Teil A Rdn 196; *Rechtsmittel/Rechtsbehelfe, Allgemeines*, Teil A Rdn 1289, m.w.N.; → *Rechtsmittel/Rechtsbehelfe, Vollmacht, Allgemeines*, Teil A Rdn 1768.

1817 Rechtsmittel/Rechtsbehelfe, Vollmacht, Zustellungsvollmacht

Das Wichtigste in Kürze:

1. Zur Empfangnahme von Zustellungen kann rechtsgeschäftlich jede natürliche und verhandlungsfähige Person bevollmächtigt werden.
2. Eine rechtsgeschäftliche Verteidigervollmacht ermächtigt den Verteidiger nur dann zum Zustellungsbevollmächtigen, wenn sie auch ausdrücklich die Berechtigung enthält, „... Zustellungen ... entgegenzunehmen ...".
3. Die Wirksamkeit der Zustellung hängt davon ab, dass sich die Verteidigervollmacht bzw. beim Pflichtverteidiger die Bestellungsverfügung bei den Akten befindet.
4. Beim Wahlverteidiger besteht die Zustellungsvollmacht solange fort, bis ihr Erlöschen dem Gericht entweder durch den (vormaligen) Verteidiger oder durch den

Vollmachtgeber angezeigt wird. Beim Pflichtverteidiger endet die Zustellungsvollmacht, wenn die Bestellung endet.

5. Bedient sich das Gericht bei der Zustellung von Entscheidungen (des Verteidigers als Zustellungsbevollmächtigten, besteht gegenüber dem Mandanten eine Informationspflicht.

6. Andere Personen, die nicht als Verteidiger tätig sind („reine" Zustellungsbevollmächtigte), bedürfen einer besonderen Ermächtigung, um Zustellungen für den ursprünglichen Zustellungsadressaten wirksam entgegennehmen zu können.

Literaturhinweise: s. die Hinw. bei → *Rechtsmittel/Rechtsbehelfe, Vollmacht, Allgemeines*, Teil A Rdn 1769. **1818**

1. Zur Empfangnahme von Zustellungen kann rechtsgeschäftlich **jede natürliche** und **verhandlungsfähige** (LR-*Hilger*, § 116a Rn 14) Person bevollmächtigt werden (§ 167 Abs. 1 BGB; LR-*Graalmann-Scheerer*, § 37 Rn 10). An die Person sind i.Ü. keine besonderen Anforderungen zu stellen. Im Strafverfahren sind **dreierlei Arten** von Zustellungsbevollmächtigung anzutreffen. Diese verdeutlichen folgendes **1819**

Schaubild: Bevollmächtigung zur Empfangnahme von Zustellungen **1820**

Bevollmächtigung zur Empfangnahme von Zustellungen			
Zustande kommen	**rechtsgeschäftlich** § 167 Abs. 1 BGB	**kraft Gesetzes** § 145a Abs. 1	**rechtsgeschäftlich („erzwungen")** § 116a Abs. 3, § 127a Abs. 2, § 132 Abs. 1 S. 1 Nr. 2
Umfang	Ladungen Zustellung sonstige Mitteilungen	**keine Ladungen** Zustellung sonstige Mitteilungen	Ladungen Zustellung sonstige Mitteilungen
Widerrufsmöglichkeit	jederzeit	jederzeit Anzeige bei Gericht erforderlich	keine

2.a) Eine rechtsgeschäftliche **Verteidigervollmacht** ermächtigt den Verteidiger nur dann zur wirksamen Entgegennahme von Zustellungen, wenn sie auch **ausdrücklich** die Berechtigung enthält, „… Zustellungen … entgegenzunehmen …". Beinhaltet sie dagegen nur ganz allgemein einen Verteidigungsauftrag, fehlt es an einer Legitimation zur Entgegennahme jedweder gerichtlichen Äußerung mit Wirkung für und gegen den Mandanten (zur Zustellungsvollmacht eingehend *Burhoff*, EV, Rn 4239 ff.; *Burhoff*, HV, Rn 3362 ff.). **1821**

b) Zur Verfahrenserleichterung wird der **Wahlverteidiger**, wenn er dem Gericht gegenüber eine **schriftliche Verteidigungsvollmacht vorlegt**, ab dem Zeitpunkt, in dem diese zu den Akten genommen wird, zum **Zustellungsbevollmächtigten** kraft **Gesetzes** (§ 145a Abs. 1). **1822**

Damit **erweitert § 145a Abs. 1** die rechtsgeschäftliche **Verteidigervollmacht** um die Zustellungsbevollmächtigung, so sie darin nicht enthalten war. Er **schränkt** sie insoweit **ein**, als er ihre Wirkung von der Anzeige des Erlöschens bei Gericht abhängig macht (*Meyer-Goßner/Schmitt*, § 145a Rn 11). Dies gilt auch für den Fall, in dem die (Muster-)Vollmacht ursprünglich zur Entgegennahme von Zustellungen ermächtigt hat, dieser Satz aber gestrichen wurde (OLG Dresden NStZ-RR 2005, 244; OLG Jena NJW 2001, 3204; OLG Köln NJW 2004, 3196; OLG Rostock NStZ-RR 2003, 336). Die Wirkung des § 145a Abs. 1 tritt auch ein, wenn der Angeklagte dem Verteidiger in der HV Vollmacht zu Protokoll erteilt.

☝ **Nicht** ausreichend ist es dagegen, dass der Verteidiger bei Gericht nur als solcher **auftritt** (BGHSt 41, 303).

1823 Ist die vorgelegte Vollmacht unvollständig, weil sie den Bevollmächtigten nicht ausweist („**Blankovollmacht**"), erfüllt sie die Voraussetzungen des § 145a Abs. 1 **nicht** (KG VRR 2008, 355; OLG Stuttgart NStZ-RR 2001, 24).

1824 **c)** Wird im **OWi-Verfahren** lediglich eine **außergerichtliche** Vollmacht vorgelegt, ist/war str., ob die Verwaltungsbehörde die Verjährung wirksam dadurch unterbrechen kann, dass sie den Bußgeldbescheid an den bevollmächtigten Rechtsanwalt gem. § 51 Abs. 3 S. 1 OWiG zustellt („**Verjährungsfalle**"). Die dazu von einzelnen OLG vertretenen Auffassungen (KG VRR 2009, 275; NStZ-RR 2011, 53; OLG Düsseldorf NJW 2009, 275; OLG Karlsruhe NStZ 2009, 295; OLG Zweibrücken VRR 2008, 356) stellen reine Ergebnisjurisprudenz dar, die außer Acht lässt, dass den Umfang der Bevollmächtigung allein der Vollmachtgeber bestimmt und die Intention, für das verwaltungsbehördliche Ordnungswidrigkeitenverfahren nur eine darauf beschränkte Spezialvollmacht zu erteilen, außer auf einer Umgehung des § 53 Abs. 3 OWiG auf zahlreichen anderen Gründen beruhen kann. **Zutreffend** gehen deshalb andere Stimmen (OLG Brandenburg zfs 2005, 571 m. Anm. *Samimi*; OLG Hamm StraFo 2004, 96; *Burhoff*, EV, Rn 4241; *Burhoff*, HV, Rn 3365) davon aus, dass in dieser Konstellation **keine wirksame Zustellung** des Bußgeldbescheids erfolgen kann, weshalb durch seine Bekanntmachung an den Rechtsanwalt auch die Verjährung nicht unterbrochen wird.

☝ Will der Rechtsanwalt, um hier als Zustellungsbevollmächtigter ausgeschlossen zu sein, nicht nur eine Blankovollmacht vorlegen, darf er gegenüber der Verwaltungsbehörde jedenfalls nicht vortragen, dass diese „den künftigen Schriftwechsel nur mit ihm führen" solle (vgl. KG VRR 2009, 275; NStZ-RR 2011, 53), weil bereits eine derartige Äußerung **nahe legt**, dass er als **Verteidiger tätig** wird (vgl. a. OLG Karlsruhe, a.a.O.).

1825 **3.a)** Die Wirksamkeit der Zustellung hängt davon ab, dass sich die **Verteidigervollmacht** bzw. beim Pflichtverteidiger die Bestellungsverfügung **bei den Akten** befindet. Einen exakten Zeitpunkt, zu dem dieses im Verhältnis zu den einzelnen Schritten der Zustellung geschehen sein muss, benennt das Gesetz nicht. Die Zustellung beginnt aber bereits mit den in § 36 Abs. 1 genannten Schritten, während § 37 Abs. 1 nur das (Vollzugs-)Verfahren regelt.

b) Vor diesem Hintergrund ist zunächst **jede Zustellung unwirksam**, wenn die Übergabe (§ 177 Abs. 1 BGB) erfolgt, sich zu diesem Zeitpunkt die Vollmacht aber **nicht bei** den **Akten** befindet (OLG Düsseldorf VRS 105, 438), sondern faktisch erst nachgereicht wird. Die Vollmacht muss aber bereits auch **bei** der **Anordnung der Zustellung** (→ *Rechtsmittel/ Rechtsbehelfe, Zustellung, Anordnung*, Teil A Rdn 1858 ff.). Aktenbestandteil sein. Die gegenteilige Auffassung, die die nachträgliche Feststellung, dass sich die Verteidigervollmacht zum Zeitpunkt der Anordnung der Zustellung nicht, sondern erst bei deren Durchführung bei den Akten befand (OLG Hamm NStZ 1982, 129 [Ls.]) berücksichtigt nicht hinreichend, dass die Zustellung bereits dann unwirksam ist, wenn die Anordnung zum Zeitpunkt, in dem sie erfolgt, einen nicht existenten Zustellungsbevollmächtigten als Zustellungsadressaten benennt. 1826

☝ Fehlt einerseits zwar eine Verteidigervollmacht in den Akten, besteht aber andererseits für den Verteidiger eine **rechtsgeschäftliche** Zustellungsvollmacht, kann dem Verteidiger gleichwohl wirksam zugestellt werden (u.a. BGH StraFo 2010, 339; OLG Hamm NStZ-RR 2009, 379; vgl. dazu a. OLG Karlsruhe, Beschl. v. 8.10.2015 – 2 (7) SsBs 467/15, dem die Bestätigung des Verteidigers im EB, zur Entgegennahme legitimiert zu sein, zum Nachweis einer rechtsgeschäftlichen Zustellungsvollmacht genügt hat).

4. Unabhängig von der **Beendigung** des **Mandatsverhältnisses** mit dem **Wahlverteidiger**, besteht die Zustellungsvollmacht solange fort, bis ihr Erlöschen dem Gericht entweder durch den (vormaligen) Verteidiger oder durch den Vollmachtgeber angezeigt wird (*Meyer-Goßner/Schmitt*, § 145a Rn 11). Beim **Pflichtverteidiger** endet die Zustellungsvollmacht, wenn die Bestellung endet (LR-*Graalmann-Scheerer*, § 145a Rn 6 m.w.N.). 1827

5. Bedient sich das Gericht bei der **Zustellung** von **Entscheidungen** (BGH StraFo 2003, 172) des Verteidigers als Zustellungsbevollmächtigten, muss es nach § 145a Abs. 3 den **Beschuldigten** zugleich von der Zustellung **unterrichten** und ihm das zugestellte Schriftstück formlos übersenden. 1828

☝ Dies gilt auch umgekehrt für die **Informationspflicht gegenüber** dem **Verteidiger**, wenn die Entscheidung dem Beschuldigten zugestellt wird und auch für den Fall, dass sich die Verteidigervollmacht nicht bei den Akten befindet.

Die Verletzung dieser Informationspflicht lässt zwar die Wirksamkeit der Zustellung unberührt, kann aber unter dem Aspekt der Verletzung der gerichtlichen Fürsorgepflicht eine Grund darstellen, dem Beschuldigten **Wiedereinsetzung** in den **vorigen Stand** zu gewähren (OLG Stuttgart StV 2011, 85). Voraussetzung hierfür ist allerdings, dass der Rechtsanwalt 1829 das Bestehen eines Verteidigungsverhältnisses gegenüber dem Gericht angezeigt hat (OLG München StV 2011, 86 m. Anm. *Bockemühl*). Wird der Verteidiger von der Zustellung an seinen Mandanten absichtlich nicht unterrichtet, kann dies einen Verstoß gegen den Anspruch auf ein faires Verfahren (Art. 2 Abs. 1, 20 Abs. 3 GG) darstellen und die **Revision** begründen (→ *Wiedereinsetzung in den vorigen Stand, Allgemeines*, Teil B Rdn 1479).

1830 **6.a) Andere Personen**, die nicht als Verteidiger tätig sind (**„reine" Zustellungsbevollmächtigte**), bedürfen einer **besonderen Ermächtigung**, um Zustellungen für den ursprünglichen Zustellungsadressaten wirksam entgegennehmen zu können. In Strafverfahren besteht – anders als in § 184 Abs. 1 S. 1 ZPO – für das Gericht keine Möglichkeit, dem nicht verteidigten Verfahrensbetroffenen einen Dritten als Zustellungsbevollmächtigten aufzuzwingen.

☝ Dies gilt auch in den Fällen, in denen der Beschuldigte seinen **Wohnsitz nicht** im **Geltungsbereich** der **StPO** hat, bei der Außervollzugsetzung des Haftbefehls gegen Sicherheitsleistung (§ 116a Abs. 3), der Vermeidung der vorläufigen Festnahme (§ 127a Abs. 2) oder der Abwendung einer Beschlagnahme von mitgeführten Gegenständen (§ 132 Abs. 1 S. 1 Nr. 2).

Allerdings wird hier nicht von einer tatsächlichen Entschließungsfreiheit des Betroffenen ausgegangen werden können, weil ihm **massive Zwangsmaßnahmen** drohen, wenn er nach § 116 Abs. 3 keinen entsprechenden Antrag stellt oder sich in den übrigen Fällen weigert, einen Zustellungsbevollmächtigten zu wählen.

1831 **b)aa)** Die **Wirksamkeit** der Bevollmächtigung hängt ihrerseits zunächst davon ab, dass als Zustellungsbevollmächtigter eine **geeignete natürliche Person** gewählt wird. Sie muss verhandlungsfähig sein (LR-*Hilger*, § 116a Rn 14); i.Ü. sind an sie keine besonderen Anforderungen zu stellen.

☝ In einer Steuerstrafsache kann allerdings nicht der Fahndungsbeamte des Finanzamts als Zustellungsbevollmächtigter gewählt werden, weil dieser nicht **außerhalb** der **Sphäre** der **Ermittlungsbehörden** steht (§ 123 AO; LG Berlin PStR 2012, 58).

1832 **bb)** Weitere Wirksamkeitsvoraussetzung ist, dass sich der gewählte Bevollmächtige **mit** der **Funktion einverstanden erklärt** hat und dieses Einverständnis **nachgewiesen** (OLG Köln VRS 99, 431) und **aktenkundig** (LG Baden-Baden NStZ-RR 2000, 372) ist. Die Vorgabe, der Bevollmächtigte müsse **im Gerichtsbezirk wohnen**, wird heute – mangels eines entsprechenden Bedürfnisses (SK-StPO/*Paeffgen*, § 127a Rn 6) oder weil es die Wirksamkeit der Bevollmächtigung selbst nicht berührt (AnwKomm-StPO/*Walther*, § 132 Rn 8) – relativ großzügig gehandhabt (OLG Koblenz NStZ-RR 2004, 373 [374]), da im Fall des § 116 Abs. 3 auch die Zulassung eines außerhalb des Gerichtsbezirks wohnenden Bevollmächtigten möglich ist (OLG Düsseldorf VRS 71, 369; AnwKomm-StPO/

Lammer § 116a Rn 4; § 127a Rn 5; KK-*Graf*, § 116a Rn 7; KK-*Schultheis*, § 127a Rn 6; LR-*Hilger*, § 116a Rn 7; **a.A.** Graf/*Krauß*, § 116a; KMR-*Wankel*, § 116a C. II; *Meyer-Goßner/Schmitt*, § 116a Rn 5; § 127a Rn 7).

c) Diese im Rahmen der § 116a Abs. 3, § 127a Abs. 2, § 132 Abs. 1 S. 1 Nr. 2 erteilte Zustellungsvollmacht ist **unwiderruflich**; ein **Wechsel** in der **Person** des **Bevollmächtigten** ist nur mit Zustimmung des Gerichts wirksam. **1833**

d) Umfang und **Dauer** der **Bevollmächtigung** hängen grds. vom Willen des Vollmachtgebers ab. Im Unterschied zu der beim Verteidiger fingierten Zustellungsvollmacht des § 145a, der Ladungen ausdrücklich ausnimmt, **umfasst** die Zustellungsbevollmächtigung eines Dritten in den Fällen der § 116a Abs. 3, § 127a Abs. 2, § 132 Abs. 1 S. 1 Nr. 2 auch die wirksame Ermächtigung zur Empfangnahme von Ladungen. **1834**

Beispiel: **1835**

Der niederländische Geschäftsmann G geriet auf der Rückfahrt von einer Geschäftsbesprechung, an der auch Rechtsanwalt R teilgenommen hatte, in eine Polizeikontrolle, in deren Rahmen ihm eine Abstandsverletzung (§ 4 Abs. 1 StVO) vorgeworfen wurde. Gem. §§ 46 Abs. 1 OWiG, 132 Abs. 1 Nr. verlangte die Polizei 500 EUR als Sicherheit und gab ihm auf, einen Zustellungsbevollmächtigten zu benennen. Da G noch die Telefonnummer des R gespeichert hatte, rief er diesen an. R bestätigte nach Weiterreichung des Handys an einen Polizeibeamten, für G als Zustellungsbevollmächtigter fungieren zu wollen und bestätigte dies im Folgenden schriftlich.

R. wurde einige Zeit später ein auf G. lautender Bußgeldbescheid zugestellt. Daraufhin bevollmächtigte G. R. als Verteidiger, der auftragsgemäß gegen den Bußgeldbescheid Einspruch einlegte. Zur HV wurde G über R. geladen; da er dieser unentschuldigt fernblieb, wurde der Einspruch verworfen.

Lösung:

Kernfragen dieser Fallgestaltung (nach OLG Koblenz NStZ-RR 2004, 373) sind wann die Zustellungsbevollmächtigung in den Fällen der der § 116a Abs. 3, § 127a Abs. 2, § 132 Abs. 1 S. 1 Nr. 2 endet und ob § 145a die vorgenannte Zustellungsbevollmächtigung als lex specialis einschränkt, wenn der ursprüngliche Zustellungsbevollmächtigte zum Verteidiger gewählt wurde.

Entsprechend dem Regelungszweck – **Sicherung der Durchführung eines Strafverfahrens** – ist davon auszugehen, dass die in den genannten Fällen erteilte Zustellungsvollmacht für die Dauer des gesamten gegen den Vollmachtgeber eingeleiteten Strafverfahrens gilt, weil vor dessen rechtskräftigem Abschluss Zustellungen erforderlich werden können. Vor Verfahrensabschluss muss sie im Einzelnen enden,

- § 116 Abs. 3: wenn der Haftbefehl aufgehoben oder die Sicherheit freigegeben wird oder wenn sie verfällt,

- § 127a Abs. 2: wenn die Fluchtgefahr entfällt,
- § 132 Abs. 1 S. 1 Nr. 2: wenn der dringende Tatverdacht entfällt.

Die **Statusänderung** vom reinen Zustellungsbevollmächtigten zum Wahl- oder Pflichtverteidiger führt auch in diesen Fällen zur Anwendbarkeit des § 145a (vgl. a. KG NJW 2012, 245 m. Anm. *Hanschke* StRR 2012, 65) . Da daneben aber auch die (erzwungene) rechtsgeschäftliche Zustellungsbevollmächtigung fortbesteht, ist der Verteidiger über § 145a hinaus auch zur Empfangnahme von Ladungen berechtigt. Deshalb lag im Beispielfall eine wirksame Ladung zur HV vor, sodass der Einspruch gegen den Bußgeldbescheid verworfen werden konnte.

Siehe auch: → *Rechtsmittel/Rechtsbehelfe, Allgemeines*, Teil A Rdn 1289, m.w.N.; → *Rechtsmittel/Rechtsbehelfe, Vollmacht, Allgemeines*, Teil A Rdn 1768; → *Rechtsmittel/ Rechtsbehelfe, Zustellung, Allgemeines*, Teil A Rdn 1845, m.w.N.

1836 Rechtsmittel/Rechtsbehelfe, Wahlmöglichkeit

Das Wichtigste in Kürze:

1. Eine Wahlmöglichkeit in Bezug auf die Hauptrechtsmittel – Berufung/Revision besteht i.S. einer ausschließlichen Alternativität nur, wenn Urteile des AG in Strafsachen angefochten werden sollen.
2. Nicht das Hauptrechtsmittel (Berufung/Revision), sondern die (sofortige) Beschwerde ist der statthafte und Erfolg versprechende Rechtsbehelf, wenn lediglich eine Nebenentscheidung zum Urteil angefochten werden soll.

1837 **Literaturhinweise:** **Fezer**, Anmerkung zu BGH NJW 2004, 789, JR 2004, 211; **Hartwig**, Sprungrevision bei Nichtannahme der Berufung. Zugleich ein Beitrag zur Bestimmung des Gegenstandes der Annahmeberufung, NStZ 1997, 111; **Meyer-Goßner**, Annahmeberufung und Sprungrevision, NStZ 1998, 19.

1838 **1.a)** Eine Wahlmöglichkeit in Bezug auf die **Hauptrechtsmittel Berufung und Revision** besteht i.S. einer **ausschließlichen Alternativität** nur, wenn Urteile des AG in Strafsachen angefochten werden sollen. Hier kann der Rechtsmittelführer zwischen Berufung (→ *Berufung, Allgemeines*, Teil A Rdn 1 ff.) und Revision (→ *Revision, Sprungrevision*, Teil A Rdn 2262 ff.) wählen (zu einem **Muster** für die Einlegung eines sog. unbestimmten Rechtsmittels *Burhoff*, HV, Rn 2188).

1839 **b)** Wird der Angeklagte im Urteil des **AG** wegen einer **Straftat und** wegen einer **Ordnungswidrigkeit**, die zusammen keine Tat i.S. des § 264 bilden (Göhler/*Seitz*, § 83 OWiG Rn 8), verurteilt, ist das statthafte Rechtsmittel gegen die Verurteilung wegen der Straftat Berufung, gegen die Verurteilung wegen der Ordnungswidrigkeit die Rechtsbeschwerde (§ 83 Abs. 2 OWiG; → *Rechtsbeschwerde, Allgemeines*, Teil A Rdn 1053 ff.). Die Rechtsmittel können sich dabei **alternativ** nur gegen eine der beiden Verurteilungen oder **kumulativ** gegen beide Verurteilungen richten.

☝ Wird gegen ein derartiges Urteil **sowohl (Sprung-)Revision als auch Rechtsbeschwerde** eingelegt, entscheidet das Revisionsgericht zugleich über die Rechtsbeschwerde (Göhler/*Seitz*, § 83 Rn 13).

c) Alternativ oder kumulativ angefochten werden kann die **Verwerfung** der **Berufung** **1840**
durch das **AG** wegen Versäumung der Einlegungsfrist (§ 319 Abs. 1) sowohl durch Antrag auf Entscheidung des Berufungsgerichts (§ 319 Abs. 2; → *Berufung, Unzulässigkeit, Verwerfung durch AG*, Teil A Rdn 353 ff.) als auch durch Antrag auf Wiedereinsetzung in den vorigen Stand gegen die Versäumung der Einlegungsfrist (→ *Wiedereinsetzung in den vorigen Stand, Allgemeines*, Teil B Rdn 1479).

d) Alternativ oder kumulativ angefochten werden kann die **Verwerfung** der Berufung **1841**
durch das LG wegen Ausbleibens des Angeklagten (→ *Berufung, Unzulässigkeit, Verwerfung durch LG*, Teil A Rdn 373 ff.) sowohl durch Revision (§ 333; → *Revision, Allgemeines*, Teil A Rdn 2006 ff.) als auch durch Antrag auf Wiedereinsetzung in den vorigen Stand gegen die Versäumung der HV (→ *Wiedereinsetzung in den vorigen Stand, Allgemeines*, Teil B Rdn 1479).

☝ Der Verteidiger muss in diesem Fall **§ 342 Abs. 2** beachten, will er die Rechtsposition seines Mandanten nicht schmälern (→ *Berufung, Ausbleiben, Anfechtung, Allgemeines*, Teil A Rdn 73 ff.).

e) Alternativ oder kumulativ angefochten werden kann die **Verwerfung** der Revision **durch** **1842**
das LG wegen Versäumung der Einlegungsfrist (§ 346 Abs. 1) sowohl durch Antrag auf Entscheidung des Revisionsgerichts (§ 346 Abs. 2 S. 1; → *Revision, Antrag auf Entscheidung des Revisionsgerichts*, Teil A Rdn 2037 ff.) als auch durch Antrag auf Wiedereinsetzung in den vorigen Stand gegen die Versäumung der Einlegungsfrist (→ *Wiedereinsetzung in den vorigen Stand, Allgemeines*, Teil B Rdn 1479).

2. Nicht das Hauptrechtsmittel (Berufung/Revision), sondern die **(sofortige) Be-** **1843**
schwerde (→ *Beschwerde, sofortige Beschwerde*, Teil A Rdn 550 ff.) ist der statthafte und Erfolg versprechende Rechtsbehelf, wenn lediglich eine **Nebenentscheidung** zum Urteil angefochten werden soll. Dies gilt vor allem dann, wenn das Hauptrechtsmittel die Anfechtung der Nebenentscheidung nicht umfasst.

☝ Wird nur das Hauptrechtsmittel eingelegt, vermag **§ 300** nur dann zu helfen, wenn sich aus der Rechtsmittelbegründung ergibt, dass **auch** die **Nebenentscheidung** angefochten werden soll (vgl. SK-StPO/*Frisch*, § 300 Rn 17).

1844 Solche **getrennt anfechtbare** Nebenentscheidungen sind z.B.

- der Bewährungsbeschluss (§§ 268a, 304 Abs. 1, 305a Abs. 1),
- die Kosten- und Auslagenentscheidung (§§ 464a Abs. 3, 311),
- die Entscheidung über Entschädigung für Strafverfolgungsmaßnahmen (§§ 8 Abs. 3 StrEG, 311).

Siehe auch: → *Rechtsmittel/Rechtsbehelfe, Allgemeines*, Teil A Rdn 1289, m.w.N.

1845 Rechtsmittel/Rechtsbehelfe, Zustellung, Allgemeines

Das Wichtigste in Kürze:

1. Der Verteidiger hat stets zu überprüfen, ob die Zustellung mangelfrei erfolgt ist.
2. Unter einer Zustellung versteht man die Übermittlung eines Dokuments an eine Person (§§ 37 Abs. 1 StPO, 166 Abs. 1 ZPO.
3. Mit der Zustellung wird ein doppelter Zweck verfolgt.
4. I.d.R. werden Entscheidungen bekannt gemacht.
5. Zustellungsadressaten können sämtliche Verfahrensbeteiligte sein, denen gegenüber eine Entscheidung bekannt zu machen ist.
6. Das Verfahren der Zustellung vollzieht sich in den drei Schritten der Anordnung, der Bewirkung und der Durchführung.
7. Bei jeder Zustellung können Mängel auftreten.

1846 **Literaturhinweise:** **Burhoff**, Die nichteheliche Lebensgemeinschaft im Straf(verfahrens)recht, StRR 2008, 287; **Dübbers**, Das neue „Einwurf Einschreiben" der Deutschen Post AG und seine juristische Einordnung, NJW 1997, 2503; **Dübbers/Kim**, Rechtliche Probleme bei Einwurf- und Übergabeeinschreiben, NJ 2001, 65; **Goldbach/Friedrich**, Verteidigung im Ordnungswidrigkeitenverfahren mit Vollmacht im Hinblick auf die Verjährung, VRR 2008, 208; **Gutt/Krenberger**, Neues zur Verjährungsunterbrechung – eine Rechtsprechungsübersicht zu §§ 31 – 33 OWiG, DAR 2014, 187; **Heß/Burmann**, Die Zustellung des Bußgeldbescheides, NJW-Spezial 2005, 255; **Karst**, Zum Nachweis der Prozeßvollmacht gem. § 80 I ZPO durch Telefax, NJW 1995, 3278; **Kotz**, Verteidigungsansätze im Zusammenhang mit der Zustellung gerichtlicher Entscheidungen – Teil 1, StRR 2013, 4; *ders.*, Verteidigungsansätze im Zusammenhang mit der Zustellung gerichtlicher Entscheidungen – Teil 2, StRR 2013, 44; *ders.*, Verteidigungsansätze im Zusammenhang mit der Zustellung gerichtlicher Entscheidungen – Teil 3, StRR 2013, 84; *ders.*, Verteidigungsansätze im Zusammenhang mit der Zustellung gerichtlicher Entscheidungen – Teil 4, StRR 2013, 124; **Neuhaus/Köther**, Die Möglichkeiten der Ersatzzustellung in der ZPO, MDR 2009, 537; **Rosenbach**, Das neue Verwaltungszustellungsgesetz (VwZG) des Bundes, DVBl. 2005, 816; **Schwab**, Die Zustellung durch die Post mit Zustellungsurkunde, VD 1990, 220; *ders.*, Zustellung durch die Post mittels eingeschriebenen Briefes, VD 1990, 252.

1. Rechtsmittel und **Rechtsbehelfe** bei Zustellung? Natürlich ist die Zustellung nicht anfechtbar, mit Ausnahme der Bewilligung der öffentlichen Zustellung (→ *Rechtsmittel/Rechtsbehelfe, Zustellung, Öffentliche Zustellung*, Teil A Rdn 1935 ff.). Da eine wirksame Zustellung jedoch Fristen in Lauf setzen kann, muss der Verteidiger stets prüfen, ob die **Zustellung** mangelfrei erfolgt ist. Lässt sich bei der Prüfung ein – nicht geheilter/heilbarer – Zustellungsmangel auffinden, muss der Verteidiger seine Verteidigungsstrategie darauf aufbauen. Diese Prüfungspflicht rechtfertigt daneben, dass sich der Verteidiger die gesamte Akte kopiert und diese Auslagen auch erstattet werden müssen (vgl. Burhoff/*Schmidt*, RVG, Nr. 7000 VV Rn 64 ff. m.w.N.). **1847**

2.a) Unter **Zustellung** versteht man die Übermittlung eines Dokuments an eine Person (§§ 37 Abs. 1 StPO, 166 Abs. 1 ZPO). Sie erfolgt **schriftlich** entweder förmlich oder formlos. **1848**

b) Zustellung ist der in gesetzlicher Form zu bewirkende Akt, durch den dem Adressaten Gelegenheit zur Kenntnisnahme eines Schriftstücks verschafft wird (vgl. BGH NJW 1978, 1858). Von der **formlosen Zustellung** unterscheidet sich die **förmliche Zustellung** dadurch, dass der Zugang des Schriftstücks beim Zustellungsadressaten **beurkundet** wird. **1849**

> ☝ Ebenso wenig wie die Ladung kann auch die allein auf § 36 Abs. 1 beruhende Zustellung als solche **angefochten** werden (zur Anfechtung der Anordnung der öffentlichen Zustellung → *Rechtsmittel/Rechtsbehelfe, Zustellung, Öffentliche Zustellung*, Teil A Rdn 1972). Ihre Wirksamkeit stellt jedoch stets eine notwendige Vorfrage im Zusammenhang mit der Anfechtung einer durch (ggf. fehlerhafte) Zustellung bekannt gemachten gerichtlichen Entscheidung dar.

3. Mit der Zustellung wird ein **doppelter Zweck** verfolgt: Zustellungen geschehen nicht nur im Interesse ihres Veranlassers, der mithilfe der Zustellungsurkunde nachweisen kann, dass der Adressat von dem zugestellten Schriftstück Kenntnis nehmen konnte, sondern auch im Interesse des Adressaten. Ihm gegenüber sollen die Vorschriften über Zustellungen gewährleisten, dass er Kenntnis von dem zuzustellenden Schriftstück nehmen und seine Rechtsverteidigung oder Rechtsverfolgung darauf einrichten kann. Die Vorschriften über die Zustellungen dienen damit auch der Verwirklichung des rechtlichen Gehörs (BGH NJW 1978, 1858; KK-*Maul*, § 35 Rn 15 m.w.N.). **1850**

4. I.d.R. werden **Entscheidungen bekannt gemacht**. Zur Frage, welche Entscheidung im Wege der Zustellung bekannt gemacht werden muss (s. → *Rechtsmittel/Rechtsbehelfe, Entscheidungsbekanntmachung*, Teil A Rdn 1483 ff.). **1851**

> ☝ Nach der gesetzlich geregelten Verfahrenslogik können folgende Zustellungen **nicht** die von ihnen beabsichtigte **Rechtswirkung** entfalten:

- **Ladung** zur **HV**, wenn nicht spätestens gleichzeitig der Eröffnungsbeschluss zugestellt wird (§ 215 S. 1; BGHSt 29, 224, 230; *Burhoff*, HV, Rn 1827),
- **Urteilszustellungen**, wenn nicht zuvor das Protokoll der HV fertiggestellt wurde (§ 273 Abs. 4; *Meyer-Goßner/Schmitt*, § 273 Rn 34 m.w.N.).

Ist allerdings (nur) das **Urteil** im Zeitpunkt der Zustellung **nicht fertiggestellt**, hat das keine Auswirkungen auf die Wirksamkeit der Zustellung, das es sich dann nicht um einen Mangel der Zustellung handelt, sondern um einen des Urteils (BGHSt 46, 204; BGH NStZ-RR 2003, 85; OLG Karlsruhe, Beschl. v. 8.10.2015 – 2 (7) SsBs 467/15 [für fehlende Unterschrift]; *Meyer-Goßner/Schmitt*, StPO, 58. Aufl., § 345 Rn 5a; a.A. LR-*Franke*, § 345 Rn 6).

1852 **5. Zustellungsadressaten** können sämtliche Verfahrensbeteiligte sein, denen gegenüber eine Entscheidung bekannt zu machen ist (→ *Rechtsmittel/Rechtsbehelfe, Entscheidungsbekanntmachung*, Teil A Rdn 1483 ff.). Diese Stellung haben sie inne, ob sie erwachsen, minderjährig oder im bürgerlich-rechtlichen Sinn prozessunfähig sind. Werden sie gesetzlich vertreten, ist Zustellungsadressat der Vertreter (LR-*Graalmann-Scheerer*, § 37 Rn 14). Zustellungsadressat ist auch der Zustellungsbevollmächtigte (LR-*Graalmann-Scheerer*, § 37 Rn 6). Zur Zustellung von Entscheidungen in Verfahren gegen **Jugendliche** und Heranwachsende wird verwiesen auf → *JGG-Besonderheiten, Entscheidungsbekanntmachung*, Teil A Rdn 754 ff.

1853 **6.** Das **Verfahren** der Zustellung vollzieht sich in den drei Schritten

- der **Anordnung** (→ *Rechtsmittel/Rechtsbehelfe, Zustellung, Anordnung*, Teil A Rdn 1858, m.w.N.),
- der **Bewirkung** (→ *Rechtsmittel/Rechtsbehelfe, Zustellung, Bewirkung*, Teil A Rdn 1878) und
- der **Durchführung** (→ *Rechtsmittel/Rechtsbehelfe, Zustellung, Durchführung*, Teil A Rdn 1886).

Welche **Vorschriften** auf das Verfahren der Zustellung neben § 166 BGB anzuwenden sind, ergibt sich aus der

Tabelle: Zustellungsvorschriften 1854

Zustellung	StPO	ZPO
Anordnung	§ 36 Abs. 1 S. 1	
Bewirkung	§ 36 Abs. 1 S. 2	§ 168 Abs. 1 § 169 Abs. 2
Durchführung		
■ **Zustellungsart**		
■ Aushändigung		§ 173
■ Empfangsbekenntnis		§ 174
■ Einschreiben Rückschein		§ 175
■ Zustellungsauftrag		§§ 176, 182
■ **Zustellungsort**		
■ Überall		§ 177
■ Wohnung/Geschäftsräume		§ 178
■ Niederlegung		§ 181
■ Ausland		§§ 183, 184
■ öffentliche	§ 40	
■ Heilung von Mängeln		§ 189

7.a) Bei jeder Zustellung können **Mängel** auftreten (siehe insoweit die Einzelheiten bei den jeweiligen Zustellungsarten). 1855

b) Nach **§ 189 ZPO** gelten Zustellungsmängel bei fehlendem Zustellungsnachweis oder nach Zustellung unter Verletzung zwingender Zustellungsvorschriften im Wege einer Fiktion als **geheilt** und das zuzustellende Schriftstück als sie in dem Zeitpunkt zugestellt, in dem das Dokument der Person, an die die Zustellung dem Gesetz gemäß gerichtet war oder gerichtet werden konnte, tatsächlich zugegangen ist. 1856

Dies gilt jedoch nur unter den **Voraussetzungen**, dass ein **Zustellungswille** besteht, den nur der Vorsitzende des Gerichts äußern kann (→ *Rechtsmittel/Rechtsbehelfe, Zustellung, Anordnung*, Teil A Rdn 1862), und die **Übermittlung** des Schriftstücks durch die zuständige Behörde erfolgt (KG NStZ-RR 2011, 86: Rechtspfleger der StA). 1857

☝ Die Heilung umfasst **auch** fehlerhafte Zustellungen, durch die eine **gerichtliche Frist** in Lauf gesetzt wird (OLG Frankfurt/Main NStZ-RR 2004, 336; OLG Hamburg NStZ-RR 2005, 17).

Siehe auch: → *Rechtsmittel/Rechtsbehelfe, Zustellung, Anordnung*, Teil A Rdn 1858; → *Rechtsmittel/Rechtsbehelfe, Zustellung, Auslandszustellung*, Teil A Rdn 1868; → *Rechtsmittel/Rechtsbehelfe, Zustellung, Bewirkung*, Teil A Rdn 1878; → *Rechtsmittel/Rechtsbehelfe, Zustellung, Durchführung*, Teil A Rdn 1886; → *Rechtsmittel/Rechtsbehelfe, Zustellung, Ersatzzustellung*, Teil A Rdn 1903; → *Rechtsmittel/Rechtsbehelfe, Zustellung, Gemeinschaftseinrichtung*, Teil A Rdn 1917; → *Rechtsmittel/Rechtsbehelfe, Zustellung, Geschäftsraum*, Teil A Rdn 1928; → *Rechtsmittel/Rechtsbehelfe, Zustellung, Öffentliche Zustellung*, Teil A Rdn 1935; → *Rechtsmittel/Rechtsbehelfe, Zustellung, Verteidigerzustellung*, Teil A Rdn 1973; → *Rechtsmittel/Rechtsbehelfe, Zustellung, Wohnung*, Teil A Rdn 1988.

1858 Rechtsmittel/Rechtsbehelfe, Zustellung, Anordnung

1859 **Literaturhinweise:** s. die Hinw. bei → *Rechtsmittel/Rechtsbehelfe, Zustellung, Allgemeines*, Teil A Rdn 1846.

1860 **1.** Die **Anordnungspflicht** besteht **für jeden Einzelfall.**

> ☝ Fehlt jegliche Anordnung, ist die gleichwohl bewirkte Zustellung **unwirksam** (BGH StV 1986, 89).

1861 Eine **Heilung** tritt **nicht** über § 37 Abs. 1 i.V.m. § 189 ZPO durch tatsächlichen Zugang ein (OLG Celle NStZ-RR 2011, 45 [Ls.]).

1862 **2.** Die **Anordnungsbefugnis** liegt beim **Vorsitzenden des Gerichts** (zuletzt BGH NJW 2014, 1686 m. Anm. *Burhoff* StRR 2014, 342; NStZ 2011, 591; OLG Bamberg StraFo 2010, 468; DAR 2011, 401; OLG München NStZ-RR 2010, 15 [Ls.]), bei Kollegialgerichten steht sie im Verhinderungsfall des Vorsitzenden auch den geschäftsplanmäßigen Vertretern zu. Eine Delegationsmöglichkeit besteht nicht (OLG Oldenburg NStZ-RR 2009, 219).

1863 **3.** Die Anordnung bedarf der **Schriftform** (*Meyer-Goßner/Schmitt*, § 36 Rn 3); eine „betriebliche Übung" reicht nicht aus. Wurde sie mündlich erteilt, muss sich spätestens im Zeitpunkt der Zustellung ein schriftlicher Vermerk der Geschäftsstelle bei den Akten befinden (LR-*Graalmann-Scheerer*, § 36 Rn 7; vgl. auch BGH NJW 2014, 1686).

1864 **4.** Der **Inhalt** der Anordnung des Vorsitzenden muss so bestimmt sein, dass für die Geschäftsstelle weder Zweifel bestehen können noch ihr eine Auslegung der Anordnung abverlangt oder eine Art von „Zustellungsermessen" eingeräumt wird. Die Geschäftsstelle ist auch nicht befugt, eine inhaltlich unvollständige oder gar fehlerhafte Anordnung durch eine eigene zu ersetzen (LR-*Graalmann-Scheerer*, § 36 Rn 36).

1865 In der Anordnung muss angegeben werden, ob **förmlich oder formlos** zugestellt werden soll.

☝ Das Fehlen der Bestimmung der **Zustellungsart** macht die Zustellung unwirksam (OLG Düsseldorf NStZ-RR 1997, 332; *Meyer-Goßner/Schmitt*, § 36 Rn 4).

Der Vorsitzende hat den **Zustellungsadressaten** ausdrücklich zu **benennen**, andernfalls ist die Zustellung ebenfalls unwirksam. Eine für einen Einzelfall getroffene, wenn auch allgemein gehaltene Anordnung reicht nur dann aus, wenn kein Zweifel darüber besteht, wem zugestellt werden soll (BGH NStZ 1983, 325). 1866

☝ Eine Zustellungsanordnung des Vorsitzenden „an Verteidiger" ist unwirksam; sie kann von der mit der Zustellung betrauten Geschäftsstelle dahin verstanden werden, es sei nur an einen der Verteidiger des Angeklagten zustellen, wobei unklar ist, an welchen; dies begründet den Anschein, der Zustellungsempfänger sei nicht durch den allein hierfür zuständigen Vorsitzenden bestimmt, sondern durch die Geschäftsstelle (BGH NJW 2014, 1686; NStZ 2011, 591).

Besteht Unklarheit darüber, unter welcher von mehreren in der Akte aufgeführten Anschriften zuzustellen ist, muss die Anordnung auch enthalten, an welche **Zustellungsanschrift** (ggf. an mehrere) zuzustellen ist. 1867

Siehe auch: → *Rechtsmittel/Rechtsbehelfe, Allgemeines*, Teil A Rdn 1289, m.w.N; → *Rechtsmittel/Rechtsbehelfe, Zustellung, Allgemeines*, Teil A Rdn 1845, m.w.N.

Rechtsmittel/Rechtsbehelfe, Zustellung, Auslandszustellung 1868

Das Wichtigste in Kürze:

1. Auslandszustellungen (§ 183 ZPO) haben in der Praxis vor allem Bedeutung im Zusammenhang mit der Ladung zu gerichtlichen Terminen.
2. Nach Nr. 115 Abs. 3 RiVASt kommt eine Zustellung durch unmittelbare Übersendung von Schriftstücken ins Ausland auf dem Postweg nur in Betracht, soweit völkerrechtliche Übereinkünfte (z.B. Art. 5 EuRhÜbk 2000) dies zulassen oder der Aufenthaltsstaat diese Möglichkeit einseitig eingeräumt hat.
3. Bei anderen Vertragsstaaten des EuRhÜbk ist die Ladung nach Art. 7 EuRhÜbk zuzustellen.
4. Deutschen Staatsangehörigen kann – nachrangig – im Ausland unter Einschaltung der Auslandsvertretung zugestellt werden.

Literaturhinweise: s. die Hinw. bei → *Rechtsmittel/Rechtsbehelfe, Zustellung, Allgemeines*, Teil A Rdn 1846. 1869

1870 **1.** Auslandszustellungen (**§ 183 ZPO**) haben in der Praxis vor allem Bedeutung im Zusammenhang mit der Ladung zu gerichtlichen Terminen (→ *Rechtsmittel/Rechtsbehelfe, Ladung, Auslandsladung*, Teil A Rdn 1601 ff.). Sofern die Zustellung nicht in Mitgliedstaaten der Europäischen Union (EuRhÜbk), der Unterzeichnerstaaten des Schengener Durchführungsübereinkommens (SDÜ) oder des Europäischen Übereinkommens über die Rechtshilfe in Strafsachen (EuRhÜbk) erfolgt, wird nach dem jeweils (ggf. bilateralen) Rechtshilferecht zugestellt, das im Auslandsteil der RiVASt (http://www.verwaltungsvorschriften-im-internet.de/bsvwvbund_08122008_IIB6935088AnhangII.htm) näher dargestellt ist.

☝ Die **Verordnung (EG) Nr. 1348/2000** des Rates vom 29.5.2000 über die Zustellung gerichtlicher und außergerichtlicher Schriftstücke in Zivil- oder Handelssachen in den Mitgliedstaaten (ABl L 160/37) ist nicht anwendbar.

1871 **2.a)** Für die Zustellung durch **Einschreiben** mit **Rückschein (§ 175 ZPO)** gilt: Nach Nr. 115 Abs. 3 RiVASt kommt eine Zustellung durch unmittelbare Übersendung von Schriftstücken ins Ausland auf dem Postweg nur in Betracht, soweit völkerrechtliche Übereinkünfte (z.B. Art. 5 EuRhÜbk 2000) dies zulassen oder der Aufenthaltsstaat diese Möglichkeit einseitig eingeräumt hat. Unabhängig von der Nationalität des Zustellungsadressaten ist diese Art der Zustellung **möglich** bei den meisten Mitgliedstaaten der **Europäischen Union** (Art. 5 EuRhÜbk) und in **Schengen-Staaten**, die nicht Mitgliedstaaten der EU sind, bzw. in denen das EuRhÜbk noch nicht in Kraft gesetzt ist (Art. 52 SDÜ). Eine Liste der derzeit in Betracht kommenden **Staaten** findet sich bei *Schomburg/Lagodny/Gleß/Hackner*, III B 1 Rn 4 f.

1872 **b)** Bei dieser Art der Zustellung handelt es sich um eine **Briefsendung**, die pauschal gegen Verlust, Entwendung oder Beschädigung versichert ist und **gegen Empfangsbestätigung** ausgehändigt wird (§ 1 Abs. 2 Nr. 1 PUDLV). Ist der eingeschriebene Brief mit dem Vermerk „Eigenhändig" versehen, scheidet die Übergabe an einen Ersatzempfänger aus (*Meyer-Goßner/Schmitt*, § 37 Rn 25).

☝ Eine Zustellung durch **Niederlegung** ist **nicht** zulässig (OLG Oldenburg StV 2005, 432; LG Nürnberg-Fürth StraFo 2009, 381).

1873 **c)** Der unterschriebene **Rückschein** ist der **Nachweis** für die tatsächlich erfolgte **Zustellung** in Form eines schriftlichen Empfangsbekenntnisses (§ 183 Abs. 4 S. 1 ZPO; OLG Brandenburg StV 2003, 324). Enthält er keine Angaben zur Übergabe der Sendung oder sonstigen Art der Übermittlung oder lässt er nicht erkennen, an wen das Schriftstück übermittelt worden ist, ist er als Nachweis einer wirksamen Zustellung ungeeignet (OLG Köln NStZ 2000, 666). **Wirksam** ist die Zustellung im Ausland durch Einschreiben mit Rückschein auch nur dann, wenn der vom Empfänger unterschriebene Rückschein zu den Gerichtsakten gelangt (OLG Brandenburg StV 2003, 324; OLG Oldenburg StV 2005, 432).

3. Bei **anderen Vertragsstaaten** des **EuRhÜbk** (s. *Schomburg/Lagodny/Gleß/Hackner*, II B 1 Rn 8) ist die Ladung nach Art. 7 EuRhÜbk zuzustellen (Zustellung durch Empfangsbekenntnis oder beurkundeter Übergabe). Hierzu ist der ausländische Staat im **Rechtshilfeweg** zu ersuchen. Die Zustellung erfolgt durch **Übergabe** des Schriftstücks an den Empfänger (Art. 7 Abs. 1 S. 2 EuRhÜbk), auf ausdrücklichen Wunsch des ersuchenden Staates wird eine förmliche Zustellung nach dem lex fori bewirkt (Art. 7 Abs. 1 S. 3 EuRhÜbk). **Nachgewiesen** wird die Zustellung durch ein datiertes und vom Empfänger unterschriebenes Empfangsbekenntnis oder eine Erklärung des ersuchten Staates über die Tatsache, die Form und das Datum der Zustellung (Art. 7 Abs. 2 EuRhÜbk). 1874

☝ Allein die **Rücksendung** der Zustellungsurkunde des Zustellungsorgans, ohne Erklärung darüber, dass und wie die Zustellung erfolgt ist, genügt nicht (BayObLG StV 1981, 224).

4. Deutschen Staatsangehörigen kann – nachrangig – im Ausland unter **Einschaltung** der **Auslandsvertretung** zugestellt werden (§ 183 Abs. 2 S. 1 ZPO). 1875

Hierzu bestimmt **Nr. 129 Abs. 3 RiVASt**: 1876

(3) … Im Allgemeinen beschränkt sich die Befugnis zur Amtshilfe auf die Erteilung von Auskünften, die Vornahme von Zustellungen an Deutsche und … die Vernehmung von Deutschen als Zeuginnen, Zeugen, Sachverständige oder Beschuldigte; Zwangsmaßnahmen dürfen hierbei nicht angedroht oder getroffen werden. In diesen Fällen ist der Verkehr zwischen den Heimatbehörden und den Auslandsvertretungen kein zwischenstaatlicher, sondern ein innerstaatlicher Verkehr.

Für Zustellungen regelt **§ 16 KonsG**: 1877

[1]Die Konsularbeamten sind berufen, auf Ersuchen deutscher Gerichte und Behörden Personen, die sich in ihrem Konsularbezirk aufhalten, Schriftstücke jeder Art zuzustellen. [2]Über die erfolgte Zustellung ist ein schriftliches Zeugnis auszustellen und der ersuchenden Stelle zu übersenden.

Siehe auch: → *Rechtsmittel/Rechtsbehelfe, Allgemeines*, Teil A Rdn 1289, m.w.N; → *Rechtsmittel/Rechtsbehelfe, Zustellung, Allgemeines*, Teil A Rdn 1845, m.w.N.

Rechtsmittel/Rechtsbehelfe, Zustellung, Bewirkung 1878

Das Wichtigste in Kürze:

1. Die Ausführung der Anordnung der Zustellung obliegt dem Urkundsbeamten der Geschäftsstelle.
2. Bevor das zuzustellende Schriftstück den Bereich des Gerichts verlässt, ist es von der Geschäftsstelle zu autorisieren.

> **3.** Das Bewirken der Zustellung i.e.S. liegt in der Auswahl der Art der Übermittlung des zuzustellenden Schriftstücks, der Beauftragung von autorisierten Hilfspersonen oder Dienstleistern und der Übergabe zur Durchführung der Zustellung.

1879 **Literaturhinweise:** s. die Hinw. bei → *Rechtsmittel/Rechtsbehelfe, Zustellung, Allgemeines*, Teil A Rdn 1846.

1880 **1.** Die Ausführung der Anordnung der Zustellung (bei → *Rechtsmittel/Rechtsbehelfe, Zustellung, Anordnung*, Teil A Rdn 1858), das sog. Bewirken der Zustellung, **obliegt** dem Urkundsbeamten der **Geschäftsstelle** (§§ 36 S. 2 StPO), der bei Zustellungen als Organ der Rechtspflege handelt (Kissel/*Mayer*, § 153 GVG Rn 26). Zustellungen kann der anordnungsbefugte Richter aber auch selbst bewirken, indem er das Schriftstück dem Zustellungsempfänger an der Amtsstelle aushändigt (§ 173 ZPO).

1881 Jedes **Abweichen** von der richterlichen Anordnung der Zustellung, insbesondere bezüglich der Art oder des Adressaten der Zustellung, macht diese unwirksam (Graf/*Larcher*, § 36 Rn 5; *Meyer-Goßner/Schmitt*, § 36 Rn 8). Das bedeutet: Hat der Vorsitzende **angeordnet**,

- dass dem Verteidiger mittels **Postzustellungsurkunde** zuzustellen ist, kann wirksam nicht gegen Empfangsbekenntnis (§ 174 ZPO) zugestellt werden (BayObLG NStZ-RR 1999, 243).
- Gleiches gilt für die (Urteils-)Zustellung an den Betroffenen, wenn das Gericht die Zustellung an den **Verteidiger** angeordnet hatte (OLG Hamm NZV 1998, 475) und
- umgekehrt, wenn die Zustellung anstelle des in der Anordnung genannten **Angeklagten** an den Verteidiger erfolgte (BayObLG BayObLGSt 1989, 1).

1882 **2.** Bevor das zuzustellende Schriftstück den Bereich des Gerichts verlässt, ist es von der Geschäftsstelle zu **autorisieren**. D.h., es ist auszufertigen, indem ein von der Geschäftsstelle unterschriebener und mit Gerichtssiegel versehener (§ 275 Abs. 4) Ausfertigungsvermerk angebracht oder eine durch ihre Unterschrift beglaubigte Abschrift (Ablichtung) der Entscheidung hergestellt wird (§ 169 Abs. 2 S. 1 ZPO).

> ☝ **Ausfertigung** oder Abschrift müssen der **Urschrift** entsprechen. „Wesentliche" Fehler (vgl. dazu *Burhoff*, HV, Rn 3625 m.w.N.) machen die Zustellung unwirksam.

1883 **3.** Das **Bewirken** der Zustellung **i.e.S.** liegt in der – stets unter dem Vorbehalt einer einschränkenden richterlichen Anordnung stehenden – **Auswahl** der Art der Übermittlung des zuzustellenden Schriftstücks, der **Beauftragung** von autorisierten **Hilfspersonen** (vgl. Zöller/*Stöber*, § 168 ZPO Rn 3) oder Dienstleistern und der **Übergabe** zur Durchführung der Zustellung.

1884 Hat der Vorsitzende lediglich die förmliche Zustellung angeordnet, liegt es im **Ermessen** des Urkundsbeamten (Zöller/*Stöber*, § 168 ZPO Rn 2)

- dem Angeklagten oder seinem Verteidiger (§ 145a), der auf der Geschäftsstelle erscheint, um sich nach dem Verfahrensfortgang zu erkundigen, das Dokument gem. § 174 ZPO **selbst zuzustellen**,
- dem Verteidiger **gegen Empfangsbekenntnis** zuzustellen,
- mit der Zustellung einen **Justizwachtmeister** oder den **Gerichtsvollzieher zu beauftragen** oder
- das Schriftstücke zur Zustellung **mittels Postzustellungsurkunde** zur Post (vgl. § 33 PostG) zu geben.

In den beiden letztgenannten Fällen übergibt die Geschäftsstelle das zuzustellende Schriftstück in einem verschlossenen Umschlag zusammen mit dem vorbereiteten Formular einer Zustellungsurkunde (§§ 176 Abs. 1, 182 S. 1 ZPO; zur Zustellung an **Gefangene** → *Rechtsmittel/Rechtsbehelfe, Zustellung, Gemeinschaftseinrichtung*, Teil A Rdn 1922 ff.). 1885

☝ Auch der **Verteidiger** hat auf diese Weise zu verfahren, wenn er für seinen Mandanten eine **Beweisperson unmittelbar** zur **HV lädt** (§ 220; → *Rechtsmittel/Rechtsbehelfe, Ladung, Allgemeines*, Teil A Rdn 1600).

Siehe auch: → *Rechtsmittel/Rechtsbehelfe, Allgemeines*, Teil A Rdn 1289, m.w.N; → *Rechtsmittel/Rechtsbehelfe, Zustellung, Allgemeines*, Teil A Rdn 1845, m.w.N.

Rechtsmittel/Rechtsbehelfe, Zustellung, Durchführung 1886

Das Wichtigste in Kürze:

1. Die Durchführung der förmlichen Zustellung erfolgt in den zwei Akten der Bekanntmachung und deren Dokumentation.
2. Im Normalfall erfolgt die Zustellung persönlich.
3. Nach § 177 ZPO kann an jedem Ort, an dem der Zustellungsadressat angetroffen wird, zugestellt werden.
4. Nachgewiesen wird die Zustellung u.a. durch Zustellungsurkunde.
5. Zustellungsmängel können geheilt werden.

Literaturhinweise: s. die Hinw. bei → *Rechtsmittel/Rechtsbehelfe, Zustellung, Allgemeines*, Teil A Rdn 1846. 1887

1. Die Durchführung der förmlichen Zustellung erfolgt in den **zwei Akten** der Bekanntmachung (vgl. Rdn 1889 ff.) und deren Dokumentation (vgl. Rdn 1893 ff.). 1888

1889 **2.a)** Im **Normalfall** erfolgt die Zustellung **persönlich**, indem das zuzustellende Dokument dem Zustellungsadressaten übergeben (§ 177 ZPO) und die Übergabe beurkundet (§ 182 S. 1 ZPO) wird.

☝ „**Übergeben**" ist nicht gleichbedeutend mit „In-die-Hand-Drücken", sondern verlangt, dass dem Zustellungsadressaten der **direkte Zugriff** auf das **Dokument eröffnet** wird. Es reicht dabei nicht aus, dass das Schriftstück dem Adressaten nur gezeigt, es in seinen Briefkasten eingeworfen (→ *Rechtsmittel/Rechtsbehelfe, Zustellung, Ersatzzustellung*, Teil A Rdn 1903 ff.) oder unter seiner Wohnungstüre durchgeschoben wird.

1890 **b)** Ist die persönliche Zustellung **nicht ausführbar**, sehen die §§ 178, 180, 181 ZPO, 40 StPO die Möglichkeit einer **ersatzweisen** Zustellung vor. Ist die nach der Zustellungsurkunde erfolgte persönliche Übergabe in Wahrheit gescheitert, kann **nicht** ihre „**Umdeutung**" in eine Ersatzzustellung erfolgen, weil die Zustellung falsch beurkundet wurde (§ 182 Abs. 2 Nr. 4 ZPO; OLG Düsseldorf VRS 87, 441).

☝ Unabhängig von der Durchführbarkeit der persönlichen Zustellung kann einem **Verteidiger** unter den Voraussetzungen des § 145a oder § 171 ZPO wirksam zugestellt werden.

1891 **3.** Nach § 177 ZPO kann an jedem **Ort**, an dem der Zustellungsadressat angetroffen wird, zugestellt werden. Die Zustellung kann auch **im Ausland** (§§ 183, 184 ZPO; → *Rechtsmittel/Rechtsbehelfe, Zustellung, Auslandszustellung*, Teil A Rdn 1868) erfolgen.

1892 Wird der Zustellungsadressat persönlich nicht erreicht, ist die Zustellung **ersatzweise**

- in der **Wohnung** (→ *Rechtsmittel/Rechtsbehelfe, Zustellung, Wohnungszustellung*, Teil A Rdn 1988, m.w.N.),
- in einer **Gemeinschaftseinrichtung** (→ *Rechtsmittel/Rechtsbehelfe, Zustellung, Gemeinschaftseinrichtung*, Teil A Rdn 1917) oder
- in den **Geschäftsräumen** (→ *Rechtsmittel/Rechtsbehelfe, Zustellung, Geschäftsraumzustellung*, Teil A Rdn 1928),
- durch Einlegung in einen **Briefkasten** (§ 180 S. 1 ZPO; s. Rdn 1911) oder
- durch **Niederlegung** (§ 181 Abs. 1 ZPO; → *Rechtsmittel/Rechtsbehelfe, Zustellung, Ersatzzustellung*, Teil A Rdn 1903) oder
- **öffentlich** (§ 40; → *Rechtsmittel/Rechtsbehelfe, Zustellung, öffentliche*, Teil A Rdn 1935) möglich.

1893 **4.a) Dokumentiert/nachgewiesen** wird die Zustellung durch Ausfertigung eines **Erledigungsvermerks** (§ 173 S. 2 ZPO), Ausfertigung einer **Zustellungsurkunde** (§ 182 ZPO) oder im Fall der Zustellung an den Verteidiger (→ *Rechtsmittel/Rechtsbehelfe, Zustellung, Verteidigerzustellung*, Teil A Rdn 1973 ff.) durch dessen **Empfangsbekenntnis** (§ 174 ZPO).

b)aa) Verbunden mit dem Zustellungsauftrag und dem in einem verschlossenen Umschlag befindlichen zuzustellenden Schriftstück erhält der Zusteller von der Geschäftsstelle das **Formular** einer **Zustellungsurkunde** (ZustVV BGBl I 2002, S. 672; http://www.gerichtsvollzieherbund.de/gvaktu/11324.pdf), das er nach Zustellung des Schriftstücks entsprechend den Vorgaben des § 182 Abs. 2 ZPO ausfertigt und an die Geschäftsstelle unverzüglich zurückleitet (§ 182 Abs. 2 ZPO). 1894

☝ Gelangt die **Zustellungsurkunde** (entgegen § 182 Abs. 3 ZPO) später **nicht** zu den **Akten**, kann der Zeitpunkt der Zustellung nicht festgestellt werden (KG, Beschl. v. 17.8.1999 – 1 AR 730/99; 5 Ws 398/99).

bb) Hinsichtlich von **Mängeln** der Urkundenausfertigung im Zusammenhang mit § 182 Abs. 2 ZPO ist zu unterscheiden zwischen (wesentlichen) Mängeln, die zur Unwirksamkeit der Zustellung führen, und unwesentlichen Mängeln. Insoweit gilt: 1895

Wesentliche Mängel 1896

- **Nr. 1**: Falschbezeichnung des Zustellungsempfängers (OLG Celle Nds.Rpfl 1985, 173),
- **Nr. 4**: Beurkundung einer persönlichen Zustellung anstelle der stattgehabten Ersatzzustellung (OLG Hamm VRS 60, 200); Fehlen der Angabe von Niederlegungsort und Benachrichtigung darüber (OLG Düsseldorf NJW 2000, 3511),
- **Nr. 6**: Fehlen der Datumsangabe auf dem Umschlag (LG Berlin NJW 2001, 238), Falschbezeichnung des Aktenzeichens auf dem Umschlag (OLG Koblenz zfs 2004, 285),
- **Nr. 7**: Fehlen der Datumsangabe auf der Urkunde (OLG Hamm OLGSt StPO § 37 Nr. 2),
- **Nr. 8**: Fehlen der Unterschrift des Zustellers (OLG Düsseldorf StraFo 2000, 380).

Unwesentliche Mängel: 1897

- Die unvollständige Angabe der (mehreren gerichtlichen) **Aktenzeichen** auf dem hierfür vorgesehenen Bezeichnungsfeld einer Postzustellungsurkunde führt nicht zur Unwirksamkeit der Zustellung (OLG Hamm NStZ-RR 2011, 210).
- Fehlt auf einer Zustellungsurkunde **entgegen Nr. 142 Abs. 3 S. 1 RiStBV** der Vermerk, dass eine Rechtsmittelbelehrung beigefügt war, beweist dies nicht das Fehlen der Belehrung (OLG Stuttgart NStZ-RR 2011, 17).

c)aa) Die Zustellungsurkunde ist eine **öffentliche Urkunde** (§ 415 ZPO). Der Umfang ihrer **Beweiskraft** ergibt sich aus § 418 Abs. 1 S. 2 ZPO (OLG Brandenburg JMBl BB 1997, 147; OLG Hamm, Beschl. v. 12.11.2015 – 3 Ws 379/15). Ein Gegenbeweis ist möglich (§ 418 Abs. 2 ZPO) 1898

bb) Der Beweis für die **Übereinstimmung** zwischen der **Bezeichnung** der zuzustellenden Postsendung auf der Postzustellungsurkunde und dem **Inhalt** des Briefumschlags kann nicht allein durch die Postzustellungsurkunde, sondern nur in Verbindung mit dem Erledi- 1899 gungsvermerk des Urkundsbeamten der Geschäftsstelle (ebenfalls eine öffentliche Urkunde i.S.d. § 418 ZPO) erbracht werden (OLG Jena, Beschl. v. 15.11.2005 – 1 Ss 316/04).

1900 **cc)** Die **Beweiskraft erstreckt** sich darauf, dass

- die Postsendung dem in der Urkunde bezeichneten **Empfänger** übergeben wurde (§ 182 Abs. 2 Nr. 1 ZPO); durch eine Berichtigung, welche in Form eines in unmittelbaren zeitlichen Zusammenhang mit der Zustellung vom Postzusteller gefertigten und von ihm unterzeichneten Randvermerks erfolgt, wird die Beweiskraft der Postzustellungsurkunde nicht beeinträchtigt (OLG Frankfurt/Main NStZ-RR 2011, 147);
- bei einer **Ersatzzustellung** nach **§ 180 ZPO** (§ 182 Abs. 2 Nr. 4 ZPO) darauf, dass die Zustellung nach § 178 Abs. 1 Nr. 1 oder Nr. 2 ZPO nicht ausführbar gewesen ist und umfass damit auch dass der Zusteller unter der ihm angegebenen Anschrift weder den Adressaten persönlich noch eine zur Entgegennahme einer (vorrangigen) Ersatzzustellung in Betracht kommende Person angetroffen und das Schriftstück in einen zu der Wohnung (oder dem Geschäftsraum) gehörenden Briefkasten (oder in eine ähnliche Vorrichtung) eingelegt hat (OLG Bamberg, Beschl. v. 22.2.2012 – 3 Ss OWi 100/12; OLG Rostock, Beschl. v. 4.5.2011 – I Ws 101/11).
- bei einer **Ersatzzustellung** nach **§ 181 ZPO** (§ 182 Abs. 2 Nr. 4 ZPO) darauf, dass die Ersatzzustellung durch Niederlegung des zuzustellenden Schriftstücks erfolgt ist und darauf, dass der Postzusteller die schriftliche Benachrichtigung über die Niederlegung an dem genannten Tag in der bezeichneten Weise für den Zustellungsempfänger hinterlassen hat (OLG Düsseldorf NJW 2000, 2831; OLG Hamm VRS 101, 439). Sie beweist aber **nicht** den Umstand, dass der Empfänger diesen Benachrichtigungsschein tatsächlich erhalten hat, weshalb die Beweiskraft der Urkunde daher durch eine eidesstattliche Versicherung, eine solche Benachrichtigung nie vorgefunden zu haben, entkräftet werden kann (KG, Beschl. v. 29.11.2000 – 1 AR 1419/00, 4 Ws 221/00).

☝ In Bezug auf die **Rechtfertigung** einer **Ersatzzustellung** (§ 182 Abs. 2 Nr. 4 ZPO) erstreckt sich die Beweiskraft aber **nicht** darauf, dass der Zustellungsadressat an der Zustellungsanschrift **tatsächlich wohnt** (VerfGH Berlin NStZ-RR 2001, 337; OLG Hamm, Beschl. v. 12.11.2015 – 3 Ws 379/15), denn es ist die Aufgabe des Gerichts festzustellen, ob der Verurteilte dort gewohnt hat, wo der Zustellversuch unternommen worden ist. Daraus folgt, dass es zur Entkräftung eines Gegenbeweises gem. § 418 Abs. 2 ZPO nicht bedarf (OLG Jena, Beschl. v. 31.5.2005 – 1 Ws 156/05 u 157/05). Das Gericht kann allerdings aufgrund der Beurkundung der Ersatzzustellung i.d.R. solange davon ausgehen, dass der Zustellungsempfänger dort wohnt, soweit dieser die Indizwirkung nicht durch eine plausible und schlüssige Darstellung entkräftet, wozu die schlichte Behauptung, unter der Zustellungsanschrift nicht zu wohnen, nicht genügt (vgl. OLG Hamm, a.a.O.; BGH NJW 1998, 1716).

4. Der **Nachweis** der **Unrichtigkeit** der **Postzustellungsurkunde** (§ 418 Abs. 2 ZPO) ist substantiiert anzutreten und kann nur durch die vollständige Entkräftung ihres Inhalts geführt werden. Durch bloße Zweifel an der Richtigkeit der urkundlichen Feststellungen ist dieser noch nicht erbracht (vgl. a. noch OLG Hamm, Beschl. v. 12.11.2015 – 3 Ws 379/15). Ein Zustellungsempfänger, der ein Schriftstück nicht erhalten haben will, muss in aller Regel Einzelheiten vortragen und glaubhaft machen, aus denen sich ergeben kann, dass aufgrund der konkreten Umstände ein Abhandenkommen der Sendung möglich erscheint (OLG Hamm, Beschl. v. 6.10.2009 – 3 Ss 425/09). Dies erfordert die volle Überzeugung des Gerichts von der Unrichtigkeit der in der öffentlichen Urkunde bezeugten Tatsache (BGH NJW 2005, 3503). Bei Ersatzzustellungen nach § 180 ZPO erfordert er deshalb den Beleg für eine objektive Falschbeurkundung des Zustellers in der Weise, dass die Beweiswirkung der Zustellungsurkunde vollständig entkräftet und jede Möglichkeit der Richtigkeit der in ihr niedergelegten Tatsachen ausgeschlossen ist (OLG Bamberg, Beschl. v. 22.2.2012 – 3 Ss OWi 100/12). **1901**

Für die Frage, ob den Anforderungen an den Gegenbeweis genügt ist, bedarf es einer **umfassenden Würdigung**, bei der der Beweiskraft der Urkunde die der Gegenbeweismittel gegenüberzustellen und beide gegeneinander abzuwägen sind, wobei der Hinweis auf die von der Urkunde ausgehende Beweiskraft allein nicht ausreichend ist, da anderenfalls der gesetzlich vorgesehene und eröffnete Gegenbeweis praktisch nicht geführt werden könnte (BGH NJW-RR 2001, 571). Einer etwaigen Beweisnot des Betroffenen ist dabei Rechnung zu tragen (OLG Jena, Beschl. v. 14.5.2007 – 1 Ws 97/07). **1902**

☝ Bestehen **Zweifel** an der **Richtigkeit** der Zustellungsurkunde, ist das Fachgericht verpflichtet, weitere Nachforschungen anzustellen (BVerfG NStZ-RR 1997, 70; BayVerfGHE 60, 159), da andernfalls der Anspruch auf rechtliches Gehör (Art. 103 Abs. 1 GG) verletzt ist.

5. Zustellungsmängel können **geheilt** werden (§ 189 ZPO; → *Rechtsmittel/Rechtsbehelfe, Zustellung, Allgemeines*, Teil A Rdn 1855 ff.).

Siehe auch: → *Rechtsmittel/Rechtsbehelfe, Allgemeines*, Teil A Rdn 1289, m.w.N; → *Rechtsmittel/Rechtsbehelfe, Zustellung, Allgemeines*, Teil A Rdn 1845, m.w.N.

Rechtsmittel/Rechtsbehelfe, Zustellung, Ersatzzustellung **1903**

Das Wichtigste in Kürze:

1. Aus dem Begriff der Ersatzzustellung folgt, dass es sich bei der Ersatzzustellung i.S.d. §§ 178 ff. ZPO um eine Sonderform der Zustellung handelt.

2. Die Vornahme einer Ersatzzustellung nach § 178 ZPO setzt voraus, dass zunächst erfolglos versucht wurde, dem Zustellungsadressaten persönlich zuzustellen.

3 .War die nach § 178 Abs. 1 Nr. 1 oder § 178 Abs. 1 Nr. 2 ZPO versuchte Ersatzzustellung nicht ausführbar, kann das Schriftstück in den zur Wohnung oder zum Geschäftsraum gehörenden Briefkasten eingelegt werden (§ 180 ZPO).

4. Für den Fall, dass die Ersatzzustellung in der Gemeinschaftseinrichtung oder – nach versuchter Ersatzzustellung gem. § 178 Abs. 1 Nr. 1 oder Nr. 2 ZPO – auch diejenige nach § 180 S. 1 ZPO nicht ausführbar war, kann das zuzustellende Schriftstück niedergelegt werden.

1904 **Literaturhinweise:** s. die Hinw. bei → *Rechtsmittel/Rechtsbehelfe, Zustellung, Allgemeines*, Teil A Rdn 1846.

1905 **1.a)** Bereits aus dem Begriff „Ersatzzustellung" folgt, dass es sich bei der **Ersatzzustellung** i.S.d. **§§ 178 ZPO** um eine **Sonderform** der Zustellung handelt. Die **Formen** einer (möglichen) Ersatzzustellung verdeutlich das folgende

1906 **b) Schaubild: Ersatzzustellung**

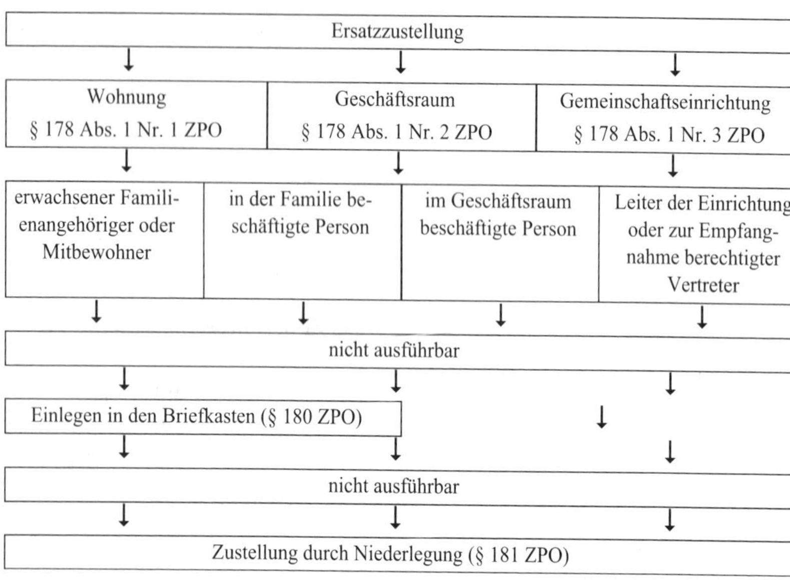

☝ Die Ersatzzustellung hat **Vorrang** vor der **öffentlichen Zustellung** (OLG Oldenburg Nds.Rpfl 1993, 75; → *Rechtsmittel/Rechtsbehelfe, Zustellung, Öffentliche Zustellung*, Teil A Rdn 1935 ff.).

Ein **Rangverhältnis** besteht auch **innerhalb** der **Möglichkeiten** der **Ersatzzustellung**: Vorrang hat die Ersatzzustellung nach § 178 ZPO vor derjenigen nach § 180 ZPO, diese hat wiederrum Vorrang vor der Ersatzzustellung nach § 181 ZPO (BayObLG, Beschl. v. 26.6.1997 – 2St RR 132/97; OLG Zweibrücken MDR 1985, 1048). Die Ersatzzustellungen der Einlage in den Briefkasten und durch Niederlegung sind also nachrangig und stellen einen „Ersatz für den Ersatz" dar.

c) Eine **zulässige Ersatzzustellung** hat zur **Folge**, dass mit dem jeweiligen Vollzug die Zustellung wirksam erfolgt ist, ohne dass es auf den Zeitpunkt ankäme, in dem das zugestellte Schriftstück dem Adressaten ausgehändigt wurde und er die Möglichkeit der Kenntnisnahme von dessen Inhalt hatte (BGHSt 27, 85 88). Durch eine Ersatzzustellung wird auch nicht etwa das Recht, sich **rechtliches Gehör** verschaffen zu können, in verfassungswidriger Weise beschnitten, da die Durchführbarkeit des (summarischen) Strafverfahrens gerade auch von der Möglichkeit abhängt, Ersatzzustellungen vorzunehmen (BVerfG NJW 1969, 1103, 1004 für Strafverfügung/Strafbefehl). Dies gilt auch, soweit die Ersatzzustellung zu einer **Verkürzung** der **Frist** zur Einlegung eines Rechtsmittels/Rechtsbehelfs führt (BayVerfGHE 35, 73). 1907

2.a) Die Vornahme einer **Ersatzzustellung** nach **§ 178 ZPO** setzt voraus, dass zunächst erfolglos versucht wurde, dem Zustellungsadressaten persönlich zuzustellen (Graf/*Larchner*, § 37 Rn 6). Erst wenn dieser nicht angetroffen oder der Zusteller zu ihm nicht vorgelassen wurde (LG Magdeburg StV 2008, 626), darf eine Ersatzzustellung erfolgen. 1908

b) Durch **unberechtigte Verweigerung** der **Annahme** des Schriftstücks kann eine wirksame Ersatzzustellung i.S. des § 178 ZPO nicht verhindert werden. Der Zusteller lässt das Schriftstück in diesem Fall am Zustellungsort zurück und vollzieht dadurch die Zustellung (§ 179 ZPO). 1909

Als **berechtigt** wird die Annahmeverweigerung angesehen, wenn die Zustellung 1910

- zur **Unzeit** (nachts: § 758 Abs. 4 S. 2 ZPO; an Sonn- oder Feiertagen) oder zu einer mit einer Belästigung des Adressaten Gelegenheit (Zöller/*Stöber*, § 177 ZPO Rn 1) erfolgt,
- das Schriftstück an eine nur **vermeintliche Ersatzperson** übergeben werden soll (Zöller/*Stöber*, § 179 ZPO Rn 2) oder
- **Zweifel** über die **Identität** des Zustellungsadressaten bestehen (Prütting/Gehrlein/*Kessen*, § 179 ZPO Rn 3).

3. War die nach § 178 Abs. 1 Nr. 1 ZPO (→ *Rechtsmittel/Rechtsbehelfe, Zustellung, Wohnung*, Teil A Rdn 1988 ff.) oder § 178 Abs. 1 Nr. 2 ZPO (→ *Rechtsmittel/Rechtsbehelfe, Zustellung, Geschäftsraum*, Teil A Rdn 1928 ff.) versuchte Ersatzzustellung nicht ausführbar (auf die Ersatzzustellung nach § 178 Abs. 1 Nr. 3 ZPO findet § 180 ZPO keine Anwendung!), kann das Schriftstück in den zur Wohnung oder zum Geschäftsraum gehörenden **Briefkasten eingelegt** werden. Mit der Einlage ist die Zustellung vollzogen (siehe 1911 im Einzelnen hierzu *Burhoff*, HV, Rn 3634 m.w.N.). Nicht wirksam ist es z.B., das zuzustellende Schriftstück durch Befestigung am Zaun des dem Zustellungsadressaten gehörenden Grundstücks anzubringen (OLG Brandenburg, Beschl. v. 28.1.2008 – 1 Ss 96/07).

1912 **4.a)** Für den Fall, dass die Ersatzzustellung in der Gemeinschaftseinrichtung (§ 178 Abs. 1 Nr. 3 ZPO) oder – nach versuchter Ersatzzustellung gem. § 178 Abs. 1 Nr. 1 oder Nr. 2 ZPO – auch diejenige nach § 180 S. 1 ZPO nicht ausführbar war (OLG Hamburg NStZ-RR 2003, 46), kann das zuzustellende Schriftstück **niedergelegt** werden.

1913 Die Niederlegung ist **zulässig** bei

- der Geschäftsstelle des für den Zustellungsort zuständigen Amtsgerichts (**Justizwachtmeister**, **Gerichtsvollzieher**);
- im Fall der Zustellung durch die **Deutsche Post AG** (oder eines anderen Dienstleisters) hat diese(r) eine Stelle am Zustellungsort oder im Bereich des für den Zustellungsort zuständigen Amtsgerichts zu bestimmen (nicht die nicht die Geschäftsstelle des Amtsgerichts: Zöller/*Stöber* § 181 ZPO Rn 3).

☝ Dies kann auch ein **normales Ladengeschäft** sein, wenn es zugleich als Agentur für den Dienstleister fungiert (für Otto-Shop: OLG Rostock, Beschl v. 12.3.2002 – 2 Ss (OWi) 144/01).

1914 **b)aa) Vollzogen** ist die Zustellung mit der erfolgten **Niederlegung** des zuzustellenden Schriftstücks an dem hierzu bestimmten Ort. Ihre **Wirksamkeit** hängt daneben davon ab, dass dies dem Zustellungsadressaten ordnungsgemäß, nämlich auf dem **vorgesehenen Formular** (http://www.gerichtsvollzieherbund.de/gvaktu/11324.pdf) in der bei gewöhnlichen Briefen üblichen Weise **mitgeteilt** wird (§ 181 Abs. 1 S. 3 ZPO). Das Formular muss ausgefüllt sein (AG Baden-Baden NJW 2001, 839). Die Wirksamkeit der Mitteilung wiederum setzt voraus, dass der Adressat zum Zeitpunkt der Niederlegung noch die Wohnung bewohnt, in deren räumlichen Bezug die Mitteilung erfolgte (OLG Frankfurt/Main NStZ-RR 1997, 138).

1915 **bb) „Gewöhnlich“** erfolgt die Zustellung eines Normalbriefs durch den Einwurf in den Briefkasten des Empfängers, bei dessen Fehlen in der sonst praktizierten und vom Empfänger akzeptierten Weise (BVerfG NJW 1988, 817). Ob das Abgeben der Post bei einem Nachbarn der Gewohnheit entspricht, ist Tatfrage (Zöller/*Stöber*, § 181 ZPO Rn 5). Wurden dem Zustellungsadressaten in der Vergangenheit gewöhnliche Briefsendungen dadurch zugestellt, dass sie in dem von ihm in einer Gemeinschaftseinrichtung benutzten Wohnraum auf den Schreibtisch gelegt wurden, kann auf diese Weise auch die Mitteilung über die Zustellung durch Niederlegung erfolgen (OLG Köln NStZ-RR 2009, 314).

1916 **Ersatzweise** hierzu, wenn die vorgenannte Möglichkeit der Mitteilung ausscheidet, kann die Mitteilung an der Türe von Wohnung, Geschäftsraum oder Gemeinschaftseinrichtung

angeheftet werden. Eine Gartentür ist kein zulässiges Medium für die Mitteilung (*Zöller/Stöber* § 181 ZPO Rn 5). Anheften bedeutet das Herstellen einer künstlichen Verbindung zwischen der schriftlichen Mitteilung und der Türe (Reißzwecken, Klebeband, Schnur); das Einklemmen in den Türspalt reicht nicht aus (BFH NJW 1990, 1500).

Siehe auch: → *Rechtsmittel/Rechtsbehelfe, Allgemeines*, Teil A Rdn 1289, m.w.N; → *Rechtsmittel/Rechtsbehelfe, Zustellung, Allgemeines*, Teil A Rdn 1845, m.w.N.

Rechtsmittel/Rechtsbehelfe, Zustellung, Gemeinschaftseinrichtung 1917

Literaturhinweise: s. die Hinw. bei → *Rechtsmittel/Rechtsbehelfe, Zustellung, Allgemeines*, Teil A Rdn 1846. 1918

1. Auch bei Ersatzzustellung in Gemeinschaftseinrichtungen muss feststehen, dass der Zustellungsadressat dort **tatsächlich wohnt** (OLG Köln NStZ-RR 2008, 379). Danach ist zunächst die persönliche Zustellung zu versuchen (LG München I InfAuslR 2005, 150). 1919

Zu den **Gemeinschaftseinrichtungen zählen**: 1920

- Altenheime,
- Asylbewerberheime,
- Justizvollzugsanstalten (vgl. Rdn 1922),
- Kasernen,
- Krankenhäuser,
- Pflegeeinrichtungen,
- Therapieeinrichtungen (vgl. Rdn 1924),
- Wohnheime usw.

2. Der Zustellungsversuch ist auf die **frei zugänglichen Bereiche** der **Einrichtung beschränkt**. Der Zusteller ist nicht verpflichtet, den Adressaten in dessen Wohnraum aufzusuchen (OLG Nürnberg NStZ-RR 2010, 286). Ist die persönliche Zustellung auf diese Weise nicht ausführbar, erfolgt sie an den **Leiter** der Einrichtung oder einen hierzu bevollmächtigten Mitarbeiter. Dies ist in einem Krankenhaus der ärztliche Direktor und der Leiter der Verwaltung sowie deren Vertreter und Bevollmächtigte (KG, Beschl. v. 2.11.2001 – 5 Ws 653/01). Die Einrichtung führt ein Übergabebuch, in dem wichtige Vorkommnisse und Informationen schriftlich festzuhalten sind. 1921

☝ Anders als in den Fällen der Wohnungszustellung ist eine Ersatzzustellung an **Mitbewohner** des Zustellungsadressaten **unwirksam** (OLG Bremen StV 2005, 541 [Ls.]). Unwirksam ist die Zustellung auch, wenn sie an Krankenhausbedienstete erfolgt (KG, Beschl. v. 30.11.2001 – 5 Ws 749/01).

1922 **3.** Bei der **Zustellung an Gefangene** kann mangels der in § 178 Abs. 1 Nr. 1 und Nr. 2 ZPO vorgesehenen Orte die Ersatzzustellung ausschließlich in der **Gemeinschaftseinrichtung** (§ 178 Abs. 1 Nr. 3 ZPO) vorgenommen werden. Da eine persönliche Übergabe durch den (Post-)Zusteller ausscheidet, weil die Zellen in einer JVA nicht frei zugänglich sind, kommt nur der **Anstaltsleiter** oder sein hierzu **bevollmächtigter Vertreter** als Empfangsbefugter in Betracht (*Meyer-Goßner/Schmitt* § 37 Rn 24). Mit dem dortigen Eingang ist die Zustellung wirksam vollzogen, ohne dass es auf den Zeitpunkt ankäme, in dem das zugestellte Schriftstück dem Gefangenen ausgehändigt worden ist und er die Möglichkeit der Kenntnisnahme von dessen Inhalt hatte (OLG Stuttgart, Beschl. v. 17.4.2012 – 13 U 47/12).

1923 Bereits das Gericht kann (muss) hier einer eklatanten Verletzung des Anspruchs auf rechtliches Gehör (Art. 103 Abs. 1 GG) dadurch vorbeugen, dass es bei der Bewirkung der **Zustellung** (§§ 36 Abs. 1 S. 2 StPO, 168 Abs. 1 S. 2 ZPO) mit dieser einen **Gerichtswachtmeister** (§ 176 Abs. 1 ZPO) beauftragt. Als solcher fungiert dann ein **Justizvollzugsbediensteter**, der dem Gefangenen das zuzustellende Schriftstück persönlich übergibt (BayObLG VersR 1985, 741; LG Saarbrücken StV 2004, 362), dies beurkundet und das Schriftstück dann auf Verlangen vorliest (§ 35 Abs. 3). Die Justizverwaltungen der Länder berücksichtigen dies größtenteils (vgl. die in den Justizportalen und -datenbanken der Länder abrufbaren **Verwaltungsvorschriften**). Die z.B. für Bayern geltende Verwaltungsanweisung (http://www.gesetze-bayern.de/jportal/portal/page/bsbayprod.psml?showdoccase=1&doc.id=VVBY-VVBY000003547&doc.part=X&st=vv) lautet: „*Gefangenen und Untergebrachten soll in Justizvollzugsanstalten nicht durch die Post zugestellt werden, sondern durch einen Bediensteten der Anstalt. Das Zustellungsersuchen ist unter Verwendung des festgestellten Vordrucks oder eines inhaltlich entsprechenden EDV-Ausdrucks an die Justizvollzugsanstalt zu richten; das zuzustellende Schriftstück ist in einem verschlossenen Umschlag beizufügen. Ein Abdruck des zuzustellenden Schriftstücks ist für die Justizvollzugsanstalt beizufügen.*“

☝ Erfolgte die Ersatzzustellung gleichwohl gem. § 178 Abs. 1 Nr. 3 ZPO muss der Verteidiger bei dem Gericht, dessen Entscheidung zugestellt wurde, Antrag auf **Wiedereinsetzung** in den vorigen Stand (→ *Wiedereinsetzung in den vorigen Stand, Allgemeines*, Teil B Rdn 1479) stellen.

1924 **4.a)** Bei einer **stationären Therapie** wohnt der Proband in der Einrichtung, sodass die Ersatzzustellung nach § 178 Abs. 1 Nr. 3 ZPO erfolgt.

1925 **b)** Ist er bei einer **Suchtberatungsstelle** in **ambulanter Behandlung**, kann er diese ggf. wie folgt zur Empfangnahme der Post bevollmächtigen:

> „*Hiermit bescheinige ich … geb. am …, dass meine Post an die Suchthilfe A., Kontakt-Café, K.platz 15, geschickt werden soll. Ich erkläre mich hiermit bereit, werktäglich im Kontakt-Café der Suchthilfe A. nach eingegangener Post für mich zu fragen.*“

Dann ist an den/die Bevollmächtigten, also die in der Einrichtung tätigen Personen, die im Wege der **Passivvertretung** zur Entgegennahme von Zustellungen mit Wirkung für und gegen den Zustellungsadressaten berechtigt sind, zuzustellen (OLG Köln NStZ-RR 2008, 379). 1926

5. Die Ersatzzustellung an einen **Verein** kann nur wirksam erfolgen, wenn der Zustellungsadressat im Gebäude des Vereins wohnt (§ 178 Abs. 1 Nr. 3 ZPO). Wird die Vereinsanschrift lediglich als Kontaktstelle für den Postempfang genutzt, unter der der Adressat sogar „polizeilich gemeldet" ist, bedarf die wirksame Zustellung gleichwohl der Bevollmächtigung der im Zustellungszeitpunkt anwesenden Vereinsmitglieder (§ 171 ZPO; OLG Jena OLGSt StPO § 37 Nr. 13). 1927

Siehe auch: → *Rechtsmittel/Rechtsbehelfe, Allgemeines*, Teil A Rdn 1289, m.w.N; → *Rechtsmittel/Rechtsbehelfe, Zustellung, Allgemeines*, Teil A Rdn 1845, m.w.N.

Rechtsmittel/Rechtsbehelfe, Zustellung, Geschäftsraum 1928

Literaturhinweise: s. die Hinw. bei → *Rechtsmittel/Rechtsbehelfe, Zustellung, Allgemeines*, Teil A Rdn 1846. 1929

1. Wer ein **Geschäftslokal** betreibt, dem kann ersatzweise auch dort zugestellt werden, wobei unter „Geschäftslokal" nicht nur Ladengeschäfte, sondern **auch Behörden**, Büroräume und die **Kanzleien** von Notaren, Rechtsanwälten und Steuerberatern zu verstehen sind. Ebenso wenig wie eine Wohnung darf das Lokal aufgegeben sein (→ *Rechtsmittel/Rechtsbehelfe, Zustellung, Wohnungszustellung*, Teil A Rdn 1992 f. [VI. 1. a]; vgl. auch BGH NJW-RR 2010, 489). 1930

Nur dem **Betreiber** des Geschäftslokals **selbst** können dadurch sämtliche Schriftstücke ersatzweise zugestellt werden. Bei **anderen Personen**, bei denen der Bezug zum Geschäftsraum lediglich aufgrund ihrer dortigen Beschäftigung besteht, scheidet die Zustellungsart aus. Dies gilt auch für den angestellten Geschäftsführer einer GmbH (OLG Bamberg NJW 2006, 1078; OLC Celle zfs 2011, 709). 1931

☝ Einem **Bürogemeinschafter**, der zusammen mit einem anderen Rechtsanwalt in einer gemeinsamen Anwaltskanzlei tätig ist, kann wirksam kein Schriftstück zugestellt werden, das an den anderen Anwalt adressiert ist (OLG München OLGZ 15, 104; Zöller/*Stöber*, § 178 ZPO Rn 18).

2. Zur **Empfangnahme befugt** ist jedermann, also auch der beschäftigte Ehegatte, wenn er mit der Leistung von Diensten für das Geschäft betraut ist, ungeachtet ob es sich dabei um eine Dienstleitung gegen Entgelt handelt. Es muss lediglich als „**Betriebsangehöriger**" angesehen werden können. 1932

1933 **3.** Zugestellt werden kann an den Beschäftigten nur **in dem Geschäftsraum**. Unwirksam ist deshalb eine persönliche Übergabe an eine Angestellte auf deren Weg zur Arbeitsstätte („Können Sie das für ihren Chef mitnehmen").

1934 **4. Wirksam** ist die Zustellung nur dann, wenn die beschäftigte Person im Geschäftsraum auch **anwesend** ist, weil sie nur dann im Geschäftsraum vollzogen werden kann (Zöller/*Stöber*, § 178 ZPO Rn 19)

Siehe auch: → *Rechtsmittel/Rechtsbehelfe, Allgemeines*, Teil A Rdn 1289, m.w.N; → *Rechtsmittel/Rechtsbehelfe, Zustellung, Allgemeines*, Teil A Rdn 1845, m.w.N.

1935 Rechtsmittel/Rechtsbehelfe, Zustellung, Öffentliche Zustellung

Das Wichtigste in Kürze:

1. Die öffentliche Zustellung nach § 40 stellt nur eine Fiktion des Zugangs dar. Sie ist gegenüber der Zustellung nach § 37 lediglich ein Notbehelf.
2. Adressat einer öffentlichen Zustellung kann jeder Erwachsene sein.
3. Die öffentliche Zustellung setzt voraus, dass Versuche einer persönlichen oder Ersatzzustellung fehlgeschlagen sind.
4. Die § 40 Abs. 1 und 2 differenzieren danach, ob der Beschuldigte bereits eine Ladung zur HV zugestellt erhalten hat. Ist dies der Fall, sind die Voraussetzungen für eine öffentliche Zustellung gegenüber Abs. 1 erleichtert.
5. Die öffentliche Zustellung erfolgt in zwei Akten, der Bewilligung und ihrer Durchführung.
6. Die Bewilligung der öffentlichen Zustellung ist nur in den Grenzen des § 305 S. 1 mit der Beschwerde anfechtbar.

1936 **Literaturhinweise:** s. die Hinw. bei → *Rechtsmittel/Rechtsbehelfe, Zustellung, Allgemeines*, Teil A Rdn 1846.

1937 **1.a)** Die öffentliche Zustellung nach **§ 40** stellt nur eine Fiktion des Zugangs dar. Sie ist gegenüber der Zustellung nach § 37 lediglich ein **Notbehelf**, der den Fortgang des Verfahrens ermöglichen soll (OLG Stuttgart Justiz 2001, 227 = StV 2001, 336 [Ls.]). Im Rahmen der Kommunikation zwischen Gericht und dem Zustellungsadressaten ist die öffentliche Zustellung die **ultima ratio** (*Meyer-Goßner/Schmitt*, § 40 Rn 4). Denn sie beschränkt das Recht, sich selbst verteidigen zu können, und damit den Anspruch auf ein **faires Verfahren** (Art. 2 Abs. 1, 20 Abs. 3 GG) dadurch, dass der „Beschuldigte" (§ 40 Abs. 1 S. 1) ihn betreffende Entscheidungen und Erklärungen des Gerichts nicht wirklich zur Kenntnis erhält. Aufgrund der ausschließlich auf das Verfahren gerichteten Zweckbestimmung der Vorschrift des § 40 wird daneben der Anspruch auf **rechtliches Gehör** (Art. 103 Abs. 1 GG) faktisch versagt; dies gilt insbesondere, wenn eine HV stattfindet, zu der der Beschuldigte/Angeklagte im Wege der öffentlichen Zustellung geladen wurde.

☝ **§ 40 Abs. 1 S. 2 fingiert** den **Zugang** und damit die wirksame Zustellung des Schriftstücks, wenn seit dem Aushang an der Gerichtstafel (§ 186 Abs. 2 ZPO) zwei Wochen vergangen sind.

b) Innerhalb der Arten der Ersatzzustellungen handelt es sich bei der öffentlichen Zustellung eine **Sonderform.** Ihre **Zulässigkeit** bestimmt sich nach **§ 40** als lex specialis zu § 185 ZPO. Für die **Ausführung** der öffentlichen Zustellung gelten hingegen die §§ 186, 187 ZPO. Die **Dauer des Aushangs** bestimmt wiederum § 40 Abs. 1 S. 2 (OLG Hamm, Beschl. v. 4.11.2008 – 2 Ws 328/08). **1938**

2.a) Adressat einer öffentlichen Zustellung kann jeder **Erwachsene** sein (zur Zustellung in Verfahren gegen Jugendliche und Heranwachsende → *JGG-Besonderheiten, Entscheidungsbekanntmachung*, Teil A Rdn 761 f.; → *JGG-Besonderheiten, Ladung*, Teil A Rdn 809 ff.). „Beschuldigter" i.S. des § 40 ist auch der bereits rechtskräftig Verurteilte (LR-*Graalmann-Scheerer*, § 40 Rn 3). **1939**

b) Sachlich kommen für die öffentliche Zustellung in Betracht **Urteile, Beschlüsse, Ladungen**, Aufforderungen zu Erklärungen (§§ 201 Abs. 1, 453 Abs. 1 S. 2). **1940**

Ausgeschlossen ist die öffentliche Zustellung **1941**

- **insgesamt**, wenn dem Zustellungsadressaten ein Betreuer für die Bereiche „*Vertretung gegenüber … Behörden und sonstigen Institutionen, die Entgegennahme, das Öffnen und Anhalten der Post sowie (sonstige) Rechts-, Antrags- und Behördenangelegenheiten*" bestellt wurde (OLG Frankfurt/Main NStZ-RR 2004, 210);
- eines **Strafbefehls**, weil der Angeklagte dadurch noch nicht einmal erfährt, dass gegen ihn eine Strafe verhängt wurde (OLG Düsseldorf NJW 1997, 2964; *Meyer-Goßner/Schmitt*, § 409 Rn 21 m.w.N.; LG Kiel SchlHA 1982, 76; **a.A.** LG Heidelberg, Beschl. v. 20.2.2002 – 2 Qs 71/01; LG München I MDR 1981, 71 [wenn eine Beschuldigtenvernehmung stattgefunden hat]).
- faktisch für einen **Weisungen** enthaltender **Beschluss** über die **Aussetzung** der Vollstreckung einer **Restfreiheitsstrafe**, das der Widerruf der Strafaussetzung nicht auf „gröbliche oder beharrliche Verstöße" gegen die Weisungen (§ 56c StGB) gestützt werden, wenn der sie enthaltende Beschluss lediglich öffentlich zugestellt worden ist (OLG Düsseldorf StV 1985, 464; zur Aussetzung der Reststrafe Burhoff/Kotz/*Artkämper/Jacobs*, Teil B Rn 260 ff.).

4.a) Die öffentliche Zustellung **setzt voraus**, dass Versuche einer **persönlichen** oder **Ersatzzustellung fehlgeschlagen** sind, weil nur dann davon ausgegangen werden darf, dass **1942**

„eine Zustellung … nicht in der vorgeschriebenen Weise im Inland bewirkt“ werden kann (§ 40 Abs. 1 S. 1).

☝ Der Aufenthalt des Beschuldigten muss **allgemein unbekannt** und darf nicht nur dem bewilligenden Gericht verborgen geblieben sein (LG Bremen StRR 2008, 70 m. Anm. *Rentzel-Rothe*).

1943 **b)aa)** Den Justizbehörden (in Bußgeldsachen aber auch der Verwaltungsbehörde) obliegt vor der Bewilligung der öffentlichen Zustellung eine sich auf alle Bereiche erstreckende **Nachforschungspflicht**, den Aufenthaltsort des Beschuldigten zu ermitteln. Die Bewilligung ist nämlich erst **zulässig** ist, wenn alle zu Gebote stehenden zumutbaren Mittel und alle nach den Umständen des Einzelfalls verfügbaren Erkenntnismöglichkeiten zur Erforschung des Aufenthalts des Zustellungsadressaten ausgeschöpft sind und sich aufgrund sorgfältiger Prüfung der Nachforschungsergebnisse ergibt, dass andere Zustellungsmöglichkeiten nicht ausführbar sind (BayObLG NStZ 1984, 29; LR-*Graalmann-Scheerer*, § 40 Rn 8 m.w.N.). An die Erfüllung der Pflicht ist ein **strenger Maßstab** anzulegen (BVerfG NStZ-RR 2005, 205).

1944 **bb) Anfrage-/Nachforschungsmöglichkeiten**

- Erholung einer aktuellen **BZR-Anfrage** (LR-*Graalmann-Scheerer*, § 40 Rn 8),
- **Anfrage** bei der örtlichen **StA** nach weiteren Verfahren (KG StraFo 2006, 105), weshalb die Zustellung nach § 40 unzulässig ist, wenn sich in einem anderen Verfahren ein Wahlverteidiger gemeldet hat, der nach der aktuellen Zustellungsanschrift befragt werden kann (OLG Hamm StraFo 2005, 244),
- Anfrage beim **zentralen** staatsanwaltschaftlichen **Verfahrensregister** (§ 492; LR-*Graalmann-Scheerer*, § 40 Rn 8),
- Anfrage bei den örtlichen **Polizeidienststellen** (KG StraFo 2006, 105),
- Anfrage wegen **Ausschreibungen** zur Festnahme (OLG Nürnberg NStZ 1981, 34 [Ls.]),
- Anfrage bei der **JVA** im Fall der Haftentlassung (BVerfG NStZ-RR 2005, 205),
- Anfrage bei der **Meldebehörde**.
- Bei **ausländischen Beschuldigten** hat in jedem Fall vor Anordnung der öffentlichen Zustellung eine Anfrage an das **Bundesverwaltungsamt** – Ausländerzentralregister – (§ 10 AZRG) zu erfolgen (OLG Düsseldorf Rpfleger 1999, 461; OLG Köln StV 1990, 345 [Ls.]).
- **Beiziehung** von **Unterlagen**, wie:
  - **Akten anderer Strafverfahren**, in denen dem Beschuldigten ein Pflichtverteidiger beigeordnet ist, weil auch dieser nach der aktuellen Zustellungsanschrift befragt werden kann (LG Bremen StRR 2008, 70 m. Anm. *Rentzel-Rothe*),

- **Bewährungshefte** anderer Strafverfahren, wenn der Beschuldigte dort unter offener Bewährung steht (OLG Frankfurt/Main StV 1983, 233),
- **Akten** der **Ausländerbehörde** wegen der für den Fall der Abschiebung mitgeteilten Anschrift (OLG Koblenz, Beschl. v. 18.1.1989 – 1 Ss 16/89).

cc) Zu **beachten** sind bei Anfragen und Nachforschungen folgende 1945

Grundsätze/Vorgaben

- Grds. müssen die Justizbehörden **Ermittlungsansätzen nachgehen** (BVerfG NStZ-RR 2005, 205). Sie müssen sich aller ihnen zu Gebote stehenden zumutbaren Mittel zur Erforschung des Aufenthalts des Betroffenen bedienen (BayObLG NStZ 1984, 29). Es darf sich z.B. nicht damit zufriedengegeben werden, wenn die Polizei ein Ersuchen (nur) damit beantwortet, der Aufenthaltsort habe nicht ermittelt werden können (BayObLG, a.a.O.).
- Es können **Erkundigungspflichten** bestehen, so z.B. bei Verteidigern in andern gegen den Beschuldigten geführten Verfahren (OLG Hamm StraFo 2005, 244; LG Bremen StRR 2008, 70 m. Anm. *Rentzel-Rothe*), dem Lebenspartner (BayObLG StV 1991, 458) oder nach Haftentlassung bei den Bediensteten der JVA (BVerfG NStZ-RR 2005, 205). Die Bewilligungsvoraussetzungen sind nicht erfüllt, wenn der Bewährungshelfer mitgeteilt hat, dass der Verurteilte nach einer Zwangsräumung unbekannten Aufenthalts ist, und das Gericht dann nur (ergebnislos) Erkundigungen über die zuständige Polizeidienststelle und das Einwohnermeldeamt eingeholt hat (OLG Düsseldorf VRS 87, 349).
- **Widersprüche** sind **aufzuklären**, so z.B. wenn die Meldebehörde mitteilt, der Verurteilte sei zwischenzeitlich unter einer anderen Wohnanschrift gemeldet, obwohl der Zustellungsadressat dem Gericht mitgeteilt hatte, er wohne nach wie vor unter der dem Gericht bekannten Anschrift (OLG Düsseldorf VRS 89, 291).
- **Vorherige Zustellungsversuche** dürfen sich **nicht** darauf **beschränkt** bleiben, dass bereits bei dem (ersten) Rückläufer einer Zustellung mit dem Vermerk „Empfänger unbekannt“ die öffentliche Zustellung bewilligt wird (OLG Celle StV 1985, 495).

5.a) Die **§ 40 Abs. 1 und 2** differenzieren danach, ob der Beschuldigte bereits eine **Ladung zur HV zugestellt** erhalten hat. Ist dies der Fall, sind nach Abs. 2 die Voraussetzungen für eine öffentliche Zustellung gegenüber Abs. 1 erleichtert. Abs. 3 betrifft Zustellungen im Rahmen eines vom Beschuldigten intendierten Berufungsverfahrens. Das Zusammenspiel der Regelungen verdeutlicht folgendes 1946

1947 **Schaubild: Öffentliche Zustellung gem. § 40**

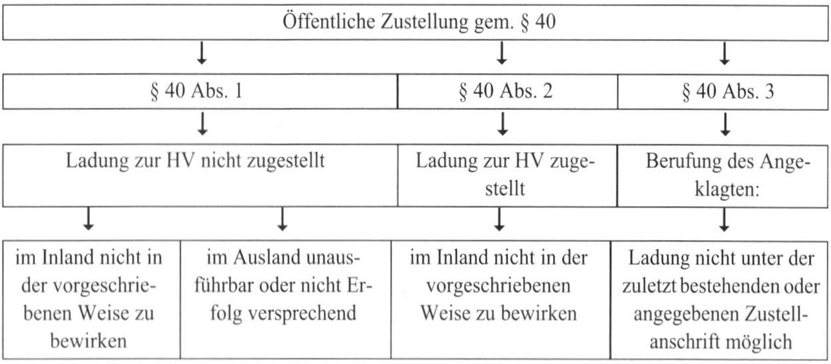

1948 **b)aa) Gemeinsamen Voraussetzung** für die öffentliche Zustellung **nach Abs. 1** oder **Abs. 2** ist – ungeachtet der Zustellung einer Ladung zur HV – die öffentliche Zustellung nur bewilligt werden darf, wenn die **Zustellung nicht** in der vorgeschriebenen Weise im Inland, also nicht nach den **§§ 177, 180, 181 ZPO bewirkt** werden kann.

1949 **bb) Str.** ist die Frage, ob eine öffentliche Zustellung auch dann **zulässig** ist, wenn aufseiten des Beschuldigten ein **Verteidigungsverhältnis** besteht, das i.S. des § 145a dokumentiert ist (→ *Rechtsmittel/Rechtsbehelfe, Vollmacht, Zustellungsvollmacht*, Teil A Rdn 1821 ff.) oder der Beschuldigte über einen (reinen) **Zustellungsbevollmächtigten** verfügt (→ *Rechtsmittel/Rechtsbehelfe, Vollmacht, Zustellungsvollmacht*, Teil A Rdn 1830 ff.). Ein **Teil** der obergerichtlichen **Rspr**. vertritt hierzu die Auffassung, § 145a begründe keine Rechtspflicht, Zustellungen für den Angeklagten an den bevollmächtigten Verteidiger zu bewirken (OLG Düsseldorf VRS 97, 132; OLG Hamm Beschl v. 4.11.2008 – 2 Ws 328/08), was – wie sich aus § 145a Abs. 3 ergibt – für sich genommen zutrifft.

☝ In Bezug auf die Zulässigkeit der öffentlichen Zustellung sprechen der **klare Wortlaut** des § 40 Abs. 1 und Abs. 2 („*kann … nicht bewirkt werden*") und der Gehalt der Vorschrift als **Ultima-ratio-Regelung gegen** diese **Auffassung**, da in derartigen Fällen die Zustellung sehr wohl in einer vorgeschriebenen Weise (§§ 116a Abs. 3, § 127a Abs. 2, § 132 Abs. 1 S. 1 Nr. 2, 145a; vgl. auch RGSt 66, 76, 79) bewirkt werden kann (BayObLG, Beschl. v. 7.4.1991 – 5St RR 22/94; KG NStZ 2009, 111; Beschl. v. 23.9.1998 – 4 Ws 193/98; Beschl. v. 12.4.1999 – 3 Ws 184/99; OLG Köln StV 1998, 211; LG Frankfurt am Main StV 2004, 554; LR-*Graalmann-Scheerer*, § 40 Rn 8; *Meyer-Goßner/Schmitt*, § 40 Rn 3).

cc) Dagegen ist die öffentliche Zustellung auch dann **zulässig**, wenn sich das Gericht der Person des Angeklagten durch den Erlass eines **Vollstreckungshaftbefehls** (§ 453c Abs. 1) hätte versichern können (KG, Beschl. v. 24.6.1998 – 3 Ws 306/98; OLG Zweibrücken MDR 1988, 1077; **a.A.** OLG Braunschweig NStE Nr. 5 zu § 453c StPO; OLG Celle StV 1985, 495; NStE Nr. 6 zu § 453c StPO; OLG Frankfurt/Main StV 1983, 113; OLG Schleswig OLGSt StPO § 40 Nr. 1). Denn der Erlass eines Vollstreckungshaftbefehls ist keine Zustellungsart, sodass zwischen den beiden Maßnahmen auch kein Über- oder Unterordnungsverhältnis bestehen kann. 1950

c)aa) Zusätzliche Voraussetzungen nach **§ 40 Abs. 1** betreffen die Zustellung an einen Beschuldigten, der sich im **Ausland** aufhält. Dabei ist der **Grund** für den Auslandsaufenthalt **unbeachtlich** ist. Er kann darin liegen, dass sich der Angeklagte ins Ausland abgesetzt (BGH, Beschl. v. 19.5.1989 – 4 BJs 54/86 – 1 StB 11/89), seinen Wohnsitz ins Ausland verlegt hat (OLG Hamburg JR 1982, 122 m. Anm. *Wendisch*), an den bestehenden ausländischen Wohnsitz zurückgekehrt ist (KG NStZ 2009, 111; OLG Frankfurt/Main NStZ-RR 2004, 48) oder ins Ausland abgeschoben wurde (OLG Stuttgart NStZ-RR 2004, 219). 1951

☝ **Maßgeblich** ist allein, ob aufgrund der für die **Zustellung** im Ausland bestehenden Vorschriften diese **unausführbar** oder **voraussichtlich erfolglos** ist (vgl. Rdn 1952 ff.).

bb) Unausführbarkeit i.S.d. § 40 Abs. 1 liegt vor, wenn entweder mangels rechthilferechtlicher Regelungen die Zustellung in dem Land, in welchem sich der Beschuldigte aufhält, nicht vorschriftsgemäß (→ *Rechtsmittel/Rechtsbehelfe, Zustellung, Auslandszustellung*, Teil A Rdn 1868 ff.) bewirkt werden kann oder der ausländische Aufenthaltsort des Beschuldigten unbekannt ist. Ist der **Aufenthaltsort bekannt**, kann jedenfalls in den Mitgliedstaaten der EU und den Unterzeichnerstaaten des SDÜ vorschriftsgemäß zugestellt werden, zumal im ersten Fall das Recht auf Freizügigkeit und Aufenthaltsfreiheit (Art. 45 Abs. 1 Charta) auf die Bewilligung der öffentlichen Zustellung Einfluss nimmt. Dies gilt auch, wenn die Wohnsitzverlegung ins Ausland dem Gericht bekannt ist oder sie von der Meldebehörde erfragt werden kann. Wurde der Beschuldigte abgeschoben und ist sein **Aufenthaltsort unbekannt**, muss sich das Gericht jedenfalls um die im Zusammenhang mit der Abschiebung mitgeteilte Anschrift (OLG Koblenz, Beschl. v. 18.1.1989 – 1 Ss 16/89) bemühen. 1952

cc) Voraussichtliche Erfolglosigkeit einer Auslandszustellung setzt eine **Prognose** durch das **Gericht** voraus. Sie kann dazu führen, dass einer öffentlichen Zustellung trotz Bestehens rechthilferechtlicher Regelungen Vorrang einzuräumen ist, wenn erfahrungsgemäß die Rechtshilfe aus politischen oder anderen Gründen verweigert wird (Anfrage beim BMJV oder Auswärtigen Amt). Die Rspr. zum inhaltsgleichen § 185 Nr. 3 ZPO stellt in Bezug auf den „Erfolg" vorwiegend auf den **Zeitaufwand** ab, der mit der Durchführung der Zustellung verbunden ist. In Zivilverfahren wird dabei – insbesondere unter Berücksichtigung des Anspruchs auf rechtliches Gehör des Zustellungsadressaten (BGH 1953

NJW-RR 2009, 855) – eine Zustellungsdauer von 6 – 9 Monaten zur Vermeidung einer öffentlichen Zustellung regelmäßig in Kauf genommen (Zöller/*Stöber*, § 185 ZPO Rn 5).

☝ Trotz des das Strafverfahren beherrschenden **Beschleunigungsgebots** muss in Fällen des bekannten Auslandsaufenthalts eines Beschuldigten stets dessen Anspruch auf ein faires Verfahren und sein rechtliches Gehör Vorrang vor den rein verwaltungstechnischen Aspekten des Aktenumlaufs und der Anzahl nicht erledigter Verfahren im Richterreferat haben.

1954 **d)aa) Erleichterte Voraussetzungen** nach **§ 40 Abs. 2** bestehen, wenn dem Beschuldigten bereits eine Ladung zur HV zugestellt worden war, da er dann zumindest Kenntnis von einem gegen ihn eingeleiteten Strafverfahren und dessen Stadium hat, sodass öffentlich zugestellt werden darf, wenn Zustellungen nach §§ 145a StPO, 177, 180 – 181 ZPO oder an den (reinen) Zustellungsbevollmächtigten nicht bewirkt werden können. Für den Beschuldigten/Angeklagten besteht also insoweit eine **Mitwirkungspflicht**. Aufgrund einer einmal erfolgten wirksamen Ladungszustellung ist er verpflichtet, weitere Zustellungen zu ermöglichen, will er nicht das Risiko eingehen, dass das Verfahren qua öffentlicher Zustellung „über seinen Kopf hinweg" fortgeführt wird (*Meyer-Goßner/Schmitt*, § 40 Rn 3 m.w.N.). Diese Pflicht verletzt der Beschuldigte/Verurteilte, der entgegen der ihm erteilten Weisung, jeden Wohnungswechsel innerhalb der Bewährungszeit dem Gericht anzuzeigen, nach seinem Wechsel ins Ausland unbekannten Aufenthalts war; er verschuldet die öffentliche Zustellung des Widerrufsbeschlusses und damit ggf. die Versäumung der Beschwerdefrist selbst (OLG Düsseldorf OLGSt StPO § 453 Nr. 3).

1955 **bb) Ladung** zur **HV** i.S. des § 40 Abs. 2 ist nicht nur eine solche in dem gegenwärtigen Rechtszug (BayObLG, Beschl. v. 8.2.2001 – 1 ObOWi 31/01), sondern lässt auch öffentliche Zustellungen im Berufungsrechtszug zu, wenn der Beschuldigte die Ladung zur HV vor dem AG zugestellt erhalten hatte (KG, Beschl. v. 23.9.1999 – [5] 1 Ss 163/99]). Darauf, dass die Ladung zugestellt wurde, als sich der Beschuldigte in U-Haft befunden hatte, kommt es nicht an (OLG Frankfurt/Main NStZ-RR 2004, 48).

1956 **e)aa) Erleichterte Voraussetzungen** nach **§ 40 Abs. 3** bestehen gegenüber Abs. 2 und damit auch gegenüber Abs. 1, wenn im Rahmen eines **Berufungsverfahrens** öffentlich zugestellt werden soll. Voraussetzung ist aber, dass das Berufungsverfahren (auch) durch das Rechtsmittel des Angeklagten in Gang gesetzt worden ist. Hintergrund der Regelung ist die § 329 Abs. 1 zugrunde liegende Ausgangsüberlegung, dass es der Dispositionsbefugnis eines Rechtsmittelführers unterliegt, ein von ihm eingelegtes Rechtsmittel weiter zu verfolgen.

1957 **bb) Berufung** ist das als solches bezeichnete oder infolge falscher/fehlender Bezeichnung (§ 300) als solches behandelte **vom Angeklagten** eingelegte (§ 314) Rechtsmittel, nicht auch eine Berufung der StA. Der Angeklagte hat dagegen **keine Berufung** i.S. des § 40 Abs. 3 eingelegt, wenn die StA aufgrund der vom Angeklagten eingelegte Revision

Sperrberufung (→ *Berufung, Allgemeines*, Teil A Rdn 1) einlegt mit der Folge, dass das Rechtsmittel des Angeklagten vorerst lediglich als Berufung behandelt wird (§ 335 Abs. 3; OLG Bremen StV 1991, 150 [Ls.]).

☝ Die in **Abs. 3** vorgesehenen erleichterten Voraussetzungen für eine öffentliche Zustellung gelten **nicht** für die **Zustellung** des **Berufungsurteils** nach **§ 329 Abs. 1**, soweit dadurch die Revisionsbegründungsfrist (§ 345 Abs. 1 S. 2) in Lauf gesetzt werden soll. Denn § 40 Abs. 3 ist auf das Berufungsverfahren beschränkt, das mit der Verkündung des Berufungsurteils endet. Die Zustellung des Berufungsurteils wird erst aufgrund der eingelegten Revision erforderlich und fällt als Akt der Bekanntmachung (§ 35 Abs. 2 S. 1) damit in den Verfahrensabschnitt der Revision (BayObLG StV 1992, 458).

cc) Die Zulässigkeit der öffentlichen Zustellung setzt voraus, dass entweder unter der **zu-** 1958
letzt verwendeten Zustellungsanschrift oder unter der vom Angeklagten angegebenen Anschrift **nicht** im Inland **zugestellt** (§§ 145a StPO, 177, 180 – 181 ZPO) werden kann.

☝ Daher ist die öffentliche Zustellung der **Ladung** zur **Berufungsverhandlung nicht zulässig**, wenn der **Verteidiger** in einer bei den Akten befindlichen Vollmacht ausdrücklich zur Empfangnahme von Ladungen **ermächtigt** ist (BayObLG, Beschl. v. 7.4.1991 – 5St RR 22/94).

Die positive Kenntnis des Gerichts von der Nichtausführbarkeit der Zustellung im Inland 1959
setzt voraus, dass nach der letzten wirksamen Zustellung zunächst **ein weiterer Zustellungsversuch** seitens des Gerichts erfolgt ist, da sich erst aus diesem entweder ergeben kann, dass der Angeklagte nicht mehr unter seiner Anschrift wohnhaft ist oder aber andere Umstände vorliegen, aus denen unzweifelhaft entnommen werden kann, dass der Angeklagte sich nicht mehr unter seiner bisherigen Anschrift aufhält (OLG Hamm NStZ-RR 2006, 309). Ein weiterer Zustellungsversuch ist dagegen **nicht erforderlich**, wenn dem Gericht positiv bekannt ist, dass der Angeklagte nicht mehr unter der Anschrift wohnt, unter der letztmals zugestellt wurde oder die er zuletzt angegeben hat, dass sein Aufenthalt (hier: im Ausland) vielmehr unbekannt ist (BayObLG OLGSt StPO § 40 Nr. 7). Auch eine lange Zeitdauer zwischen Einlegung der Berufung und erfolgter Terminsverfügung berührt die Wirksamkeit der öffentlichen Zustellung nicht (OLG Stuttgart NStZ-RR 2004, 219 für Zeitspanne von 1 Jahr und 8 Monaten).

☝ Die **Anforderungen** an die **Mitwirkungspflicht** des Berufungsführers dürfen **nicht überspannt** werden. Hat ein Angeklagter, der seinen Wohnungswechsel korrekt mitteilt, Zustellungen (nur) dadurch objektiv erschwert, dass er es versäumte, Klingel und/oder Briefkasten zu beschriften (oder sich bei seinen Nachbarn vorstellen), rechtfertigt dies nicht die Anwendung des § 40 Abs. 3 (OLG Koblenz, Beschl. v. 3.4.2006 – 1 Ws 207/06).

1960 **5.** Die öffentliche Zustellung erfolgt in **zwei Akten**, der **Bewilligung** (vgl. Rdn 1961 ff.) und ihrer **Durchführung** (vgl. Rdn 1966 ff.).

1961 **a)aa)** Die öffentliche Zustellung wird durch das Gericht **bewilligt**, bei dem das Straf- oder Strafvollstreckungsverfahren anhängig ist (§ 186 Abs. 1 ZPO; OLG Hamm VA 2007, 74). Wie bei der Anordnung der Zustellung nach § 36 S. 1 hat die Bewilligung auch hier unter Bezeichnung des Schriftstücks in jedem Einzelfall zu erfolgen (Zöller/*Stöber*, § 186 ZPO Rn 3). Dabei handelt es sich um eine Wirksamkeitsvoraussetzung (zu Rechtsmitteln gegen die Bewilligung s. Rdn 1972).

1962 **bb)** Erlangt das zuständige Gericht (s. Rdn 1961) **nachträglich positive Kenntnis** von der Zustellungsanschrift, darf es die öffentliche Zustellung nicht (mehr) bewilligen. Nach erfolgter Kenntnis hat diese, je nach Fortschritt des Durchführungsverfahrens, unterschiedliche Auswirkungen. Das verdeutlichen die nachfolgenden Beispiele:

1963 *Beispiel 1:*

Trotz umfangreicher Bemühungen war es nicht gelungen, den Aufenthaltsort des Beschuldigten zu ermitteln. Nach Bewilligung der öffentlichen Zustellung wurde das Schriftstück an der Gerichtstafel ausgehängt. Einen Tag später erreicht das Gericht in Erledigung eines lange zurückliegenden Ermittlungsauftrags ein Telefax, in dem die Zustellungsanschrift des Beschuldigten mitgeteilt wird.

Das (positive) Bekanntwerden der Zustellungsanschrift entzieht der Zugangsfiktion den Boden, da die Durchführung der öffentlichen Zustellung so lange nicht abgeschlossen ist, als das öffentlich zuzustellende Schriftstück noch an der Gerichtstafel angeheftet und die Zweiwochenfrist des § 40 Abs. 1 S. 2 noch nicht abgelaufen ist (OLG Düsseldorf MDR 1992, 985; OLG Hamm NStZ-RR 2005, 114; OLG Jena, Beschl. v. 3.3.2008 – 1 Ws 4/08). Die öffentliche Zustellung wird **im Nachhinein unzulässig**; die Zustellung ist entsprechend § 37 zu wiederholen.

1964 *Beispiel 2:*

Der ordnungsgemäß belehrte und geladene Angeklagte bleibt im Fortsetzungstermin aus und wird unter Beachtung von § 231 Abs. 1 verurteilt. Zustellungsversuche scheitern. Nach Bewilligung der öffentlichen Zustellung wird das Schriftstück an der Gerichtstafel ausgehängt. Drei Wochen später wird dem Gericht die Zustellungsanschrift des Verurteilten bekannt.

Wird dem die öffentliche Zustellung einer Entscheidung bewilligenden Gericht die Anschrift des Zustellungsempfängers **nach Ablauf der Aushangzeit**, jedoch vor dem Ende der sich anschließenden Rechtsmittelfrist bekannt, berührt das die Wirksamkeit der Zustellung nicht (KG, Beschl. v. 12.6.1998 – 1 AR 610/98; 5 Ws 348/98; OLG Düsseldorf StraFo 2002, 394; OLG Hamm, Beschl. v. 6.2.1984 – 3 Ws 674/83). Die öffentliche Zustellung ist wirksam. Hat das Gericht aber unter Verletzung seiner prozessualen Fürsorgepflicht eine sofortige Unterrichtung des Verurteilten über die ergangene Entscheidung und den drohenden Fristablauf unterlassen und dadurch die Versäumung der Rechtsmittelfrist verursacht, kann dies Wiedereinsetzung in den vorigen Stand (→ *Wiedereinsetzung in den vorigen Stand, Voraussetzungen*, Teil B Rdn 1513 ff.) rechtfertigen (OLG Hamm, Beschl. v. 6.2.1984 – 3 Ws 674/83).

Beispiel 3: 1965

Unter den Voraussetzungen des § 40 Abs. 1 wurde die öffentliche Zustellung der Ladung zur HV am 3.12.2012 bewilligt und durch Aushang an der Gerichtstafel in der Zeit vom 28.9.2012 – 15.10.2012 ordnungsgemäß durchgeführt. Mit einem bei Gericht am 28.11.2012 eingegangenen Schreiben, aus dem auch die Zustellanschrift hervorgeht, erkundigt sich der Angeklagte nach dem Verfahrensfortgang.

Wird nach öffentlicher Zustellung, aber noch **vor Beginn der HV** ein inländischer Aufenthaltsort des Angeklagten bekannt, so ist dieser **erneut** nach **§ 37** zu laden (OLG Oldenburg StraFo 2004, 274; OLG Stuttgart Justiz 2001, 227 = StV 2001, 336 [Ls.]).

b)aa) Entsprechend § 168 Abs. 1 S. 1 ZPO wird die öffentliche Zustellung durch **Aushang** an der Gerichtstafel durch den Urkundsbeamten der Geschäftsstelle **vollzogen**. 1966

bb) Gegenstand der **öffentlichen Zustellung** ist das Schriftstück selbst, das aber nicht (mehr) an die Gerichtstafel angeheftet wird. An dessen Stelle erfolgt eine **Benachrichtigung** (§ 186 Abs. 2 ZPO), die – je nach Bewilligung – an der Gerichtstafel ausgehängt (s. Rdn 1969), oder in ein öffentliches elektronisches Informationssystem eingestellt wird. Zusätzlich kann die Bewilligung eine Bekanntmachung nach § 187 ZPO vorsehen. Wird entgegen § 186 Abs. 2 ZPO nicht die Benachrichtigung, sondern das zuzustellende Schriftstück selbst an der Gerichtstafel angeheftet, ist die öffentliche Zustellung nur dann unwirksam, wenn sie den erforderlichen Mindestinhalt (vgl. Rdn 1968) nicht enthält (OLG Karlsruhe NStZ-RR 2007, 205). 1967

Die **Benachrichtigung** muss gem. § 186 Abs. 2 S. 3 ZPO **enthalten** 1968

- **Nr. 1**: die Person, für die zugestellt wird,
- **Nr. 2**: den Namen und die letzte bekannte Anschrift des Zustellungsadressaten,
- **Nr. 3**: das Datum, das Aktenzeichen des Schriftstücks und die Bezeichnung des Prozessgegenstandes sowie
- **Nr. 4**: die Stelle, an der das Schriftstück eingesehen werden kann.
- **Ferner** muss sie
  - den Hinweis enthalten, dass ein Schriftstück öffentlich zugestellt wird und Fristen in Gang gesetzt werden können, nach deren Ablauf Rechtsverluste drohen können.

- Bei der **Zustellung** einer **Ladung** muss die Benachrichtigung den Hinweis enthalten, dass das Schriftstück eine Ladung zu einem Termin enthält, dessen Versäumung Rechtsnachteile zur Folge haben kann.

☝ Die **öffentliche Zustellung** ist **unwirksam**, wenn die Benachrichtigung nicht das Aktenzeichen des Verfahrens enthält (OLG Dresden StraFo 2006, 375) oder im Zusammenhang mit einer Ladung der Hinweis auf die Rechtsfolgen des Ausbleibens fehlt (OLG Brandenburg, Beschl. v. 8.9.2009 – 1 Ss 53/09; 1 Ws 123/09; OLG Stuttgart Justiz 2006, 235; NJW 2007, 935).

Die **Wirksamkeit** der Zustellung wird dagegen **nicht berührt**, wenn die Benachrichtigung (nur einen Druckfehler enthält, indem bei einer Ladung als Terminstunde 10.00 Uhr, statt wie zutreffend verfügt, 10.40 Uhr, angegeben ist und auch die Angabe des Sitzungssaales fehlt, da es sich hierbei nicht um eine Pflichtangabe handelt (KG StraFo 2009, 240).

1969 **c)** Der **Aushang** der **Benachrichtigung** hat an der Tafel des **Gerichts** zu erfolgen, das für die **Bewilligung** der öffentlichen Zustellung **zuständig** ist („Prozessgericht"; KG StraFo 2009, 240; OLG Hamm NJW 2007, 933, 934; Beschl. v. 21.11.2006 – 3 Ss 460/06, Beschl. v. 4.11.2008 – 2 Ws 328/08; OLG Rostock NJW 2007, 517 [Ls.]; OLG Stuttgart NJW 2007, 935; Justiz 2006, 235; Graf/*Larchner*, § 40 Rn 17; *Meyer-Goßner/Schmitt* § 40 Rn 7; **a.A.** LR-*Graalmann-Scheerer*,§ 40 Rn 19).

☝ Das Anheften der Benachrichtigung an der Gerichtstafel des **unzuständigen Gerichts** macht die öffentliche Zustellung **unwirksam**.

1970 **d)** Die Benachrichtigung ist für die **Dauer von 2 Wochen** auszuhängen. Bei dieser Frist handelt es sich um eine wesentliche Förmlichkeit zum Schutze des Zustellungsadressaten. Wird die Frist unterschritten, ist die öffentliche Zustellung unwirksam (OLG Karlsruhe Justiz 1980, 360).

1971 **e)** In den **Akten** wird vermerkt/**dokumentiert**, wann die Benachrichtigung ausgehängt und wann sie abgenommen wurde (§ 186 Abs. 3 ZPO). Enthält die Akte keinen entsprechenden Vermerk ist die öffentliche Zustellung **unwirksam**.

1972 **6.** Die **Bewilligung** der öffentlichen Zustellung ist nur in den Grenzen des § 305 S. 1 mit der Beschwerde (§ 304 Abs. 1) **anfechtbar**. Damit scheidet die Anfechtung der Ladung durch öffentliche Zustellung aus (KG JR 1995, 38). Wurde die öffentliche Zustellung bereits vollzogen, ist prozessuale Überholung eingetreten und dadurch die Aufhebung der Bewilligung ausgeschlossen (LG Aachen NStZ 1992, 143 m. Anm. *Wendisch*).

Siehe auch: → *Rechtsmittel/Rechtsbehelfe, Allgemeines*, Teil A Rdn 1289, m.w.N; → *Rechtsmittel/Rechtsbehelfe, Zustellung, Allgemeines*, Teil A Rdn 1845, m.w.N.

Rechtsmittel/Rechtsbehelfe, Zustellung, Verteidigerzustellung 1973

Das Wichtigste in Kürze:

1. Wirksam ist die Zustellung an den Verteidiger nur, wenn er gesetzlich (§ 145a) oder rechtsgeschäftlich (§ 171 ZPO) zur Empfangnahme von Zustellungen bevollmächtigt ist.
2. Auch die Zustellung an den Verteidiger muss vom Gerichtsvorsitzenden angeordnet sein.
3. Bestehen mehrere Verteidigungsverhältnisse (Wahl- und Pflichtverteidiger), reicht die Zustellung an einen der beiden aus, um den Lauf gesetzlicher Fristen in Gang zu setzen.
4. Die Wirksamkeit der Zustellung an eine Anwaltssozietät kann fraglich sein.
5. Die Ladung des Angeklagten über seinen Verteidiger ist nur dann wirksam, wenn eine rechtsgeschäftliche Vollmacht zur Empfangnahme von Ladungen besteht.
6. Verbunden mit dem zuzustellenden Schriftstück erhält der Verteidiger von der Geschäftsstelle i.d.R. durch körperliche Einlage in das bei Gericht befindliche Postfach ein das Empfangsbekenntnis beinhaltendes Formular. Der Nachweis der Zustellung erfolgt durch Empfangsbekenntnis.

Literaturhinweise: s. die Hinw. bei → *Rechtsmittel/Rechtsbehelfe, Zustellung, Allgemeines*, Teil A Rdn 1846. 1974

1. Wirksam ist die Zustellung an **den Verteidiger** nur, wenn er gesetzlich (§ 145a) oder 1975
rechtsgeschäftlich (§ 171 ZPO) zur Empfangnahme von Zustellungen bevollmächtigt ist (u.a. OLG Brandenburg zfs 2005, 571; OLG Hamm StraFo 2004, 96; → *Rechtsmitte/ Rechtsbehelfe, Vollmacht, Zustellungsvollmacht*, Teil A Rdn 1817 ff.).

☝ Allein durch die **Unterzeichnung** des **Empfangsbekenntnisses** wird die Zustellungsvollmacht noch nicht belegt (OLG Hamm NStZ-RR 2009, 379; vgl. dazu a. OLG Karlsruhe, Beschl. v. 8.10.2015 – 2 (7) SsBs 467/15, dem die Bestätigung des Verteidigers im EB, zur Entgegennahme legitimiert zu sein, zum Nachweis einer rechtsgeschäftlichen Zustellungsvollmacht genügt hat).

2. Auch die Zustellung an den Verteidiger muss vom Gerichtsvorsitzenden **angeordnet** sein 1976
(→ *Rechtsmittel/Rechtsbehelfe, Zustellung, Anordnung*, Teil A Rdn 1858 ff.). Das **Fehlen**

der Anordnung macht die Zustellung ebenso unwirksam (OLG München NStZ-RR 2010, 15 [Ls.]) wie ihre **Nichtbefolgung**.

☝ Hat der Vorsitzende **angeordnet**, dass dem Verteidiger **mittels Postzustellungsurkunde** zuzustellen ist, kann wirksam nicht gegen Empfangsbekenntnis (§ 174 ZPO) zugestellt werden (BayObLG NStZ-RR 1999, 243).

1977 **3.** Bestehen **mehrere Verteidigungsverhältnisse** (Wahl- und Pflichtverteidiger), reicht die Zustellung an einen der beiden aus, um den Lauf gesetzlicher Fristen in Gang zu setzen (BGH StraFo 2008, 509).

☝ Wird im Fall einer (an sich unzulässigen **Doppelzustellung**) sowohl an den Angeklagten als auch an seinen Verteidiger oder an mehrere Verteidiger zugestellt, richtet sich die Berechnung einer Frist nach der zuletzt bewirkten Zustellung (§ 37 Abs. 2), was **faktisch** zu einer **Fristverlängerung** führen kann (BGHSt 37, 168).

1978 **4.** Zur Wirksamkeit der Zustellung an eine **Anwaltssozietät** gilt: **Unwirksam** ist die **Zustellung** an die Sozietät, wenn die Vollmacht nur auf den einzelnen Verteidiger ausgestellt ist (OLG Celle StraFo 2011, 502; AG Jena zfs 2005, 313; AG Marburg DAR 2012, 404; AG Mayen VRR 2005, 277; AG Husum DAR 2009, 158 [für Partnergesellschaft]; → *Rechtsmitte/Rechtsbehelfe, Vollmacht, Zustellungsvollmacht*, Teil A Rdn 1817 ff.). Etwas anderes gilt allerdings, wenn die Zustellung des Bußgeldbescheids an das „Rechtsanwaltsbüro X“ erfolgt, wenn der Verteidiger unter der Bezeichnung „Kanzlei X“ firmiert, er alleiniger Verteidiger ist und sich die entsprechende Vollmacht im Zeitpunkt der Zustellung bei den Akten befindet (OLG Celle VA 2005, 147 [Ls.]). Etwas anderes gilt auch, wenn der Beschuldigte eine **alle Rechtsanwälte** der **Kanzlei** bzw. **Sozietät** erfassende **Verteidigervollmacht** unterzeichnet hat. Dann kann, wenn sich höchstens drei dieser Anwälte im Verfahren zum Verteidiger bestellt haben, mit verjährungsunterbrechender Wirkung an die Anwaltskanzlei bzw. -sozietät als solche adressiert werden (OLG Hamm NStZ-RR 2013, 23 m. Anm. *Burhoff* StRR 2012, 226).

1979 **5.** Die **Ladung des Angeklagten** über seinen Verteidiger ist nur dann wirksam, wenn eine rechtsgeschäftliche Vollmacht zur Empfangnahme von Ladungen besteht (→ *Rechtsmitte/Rechtsbehelfe, Vollmacht, Ladungsvollmacht*, Teil A Rdn 1784 ff.).

1980 **6.a)** Verbunden mit dem zuzustellenden Schriftstück erhält der Verteidiger von der Geschäftsstelle i.d.R. durch körperliche Einlage in das bei Gericht befindliche Postfach, aber auch per Telefax (§ 174 Abs. 2 S. 1 ZPO) oder auf elektronischem Weg (§ 174 Abs. 3 ZPO) ein das Empfangsbekenntnis beinhaltendes **Formular** (Zöller/*Stöber*, § 174 ZPO Rn 8) zur „**Bewirkung der Zustellung**“. Der Empfang kann aber auch schriftlich ohne Benutzung eines Formulars bestätigt werden.

b)aa) Der **Nachweis** der Zustellung erfolgt durch **Empfangsbekenntnis (§ 174 ZPO).** An den Verteidiger kann auf jede gesetzlich mögliche Art zugestellt werden. Als Organ der Rechtspflege gilt er als besonders zuverlässig (§ 174 Abs. 1 ZPO), weshalb darüber hinaus auch dadurch zugestellt werden kann, dass ihm das Schriftstück ausgehändigt wird und er im Nachhinein dessen Empfang bestätigt. 1981

☝ Auch das ausgefertigte Empfangsbekenntnis ist eine **öffentliche Urkunde** (§ 418 ZPO; BVerfG NJW 2001, 1563; BGH NJW 1996, 2514).

bb) Die Zustellung gegen Empfangsbekenntnis erlangt zustellungsrechtlich **Wirksamkeit** in dem Zeitpunkt, in dem der zustellungsbevollmächtigte Verteidiger (→ *Rechtsmitte/ Rechtsbehelfe, Vollmacht, Zustellungsvollmacht*, Teil A Rdn 1817 ff.) das Schriftstück persönlich zur **Kenntnis** und mit dem Willen, es als zugestellt anzunehmen (Empfangsbereitschaft) in **Empfang** genommen hat. Diesen Zeitpunkt hat er durch Angabe des Datums und durch Unterzeichnung des Empfangsbekenntnisses zu dokumentieren (OLG Celle StraFo 2000, 279). Die Empfangsbereitschaft des Verteidigers, der die Urteilszustellung durch Empfangsbekenntnis nicht bestätigt, sondern zurückgewiesen und die Kenntnisnahme des Urteils – pflichtwidrig – verweigert hat, lässt sich nur aus konkludentem Verhalten nur dann herleiten, wenn er sich auf den Inhalt des zugegangenen Schriftstücks eingelassen hat (BGH NStZ-RR 2005, 77). 1982

☝ **Fehlt** es an einem **Empfangsbekenntnis**, liegt keine wirksame Zustellung vor. Eine **Heilung** über § 189 ZPO ist **nicht möglich**, da diese Vorschrift in den Fällen einer Zustellung gegen Empfangsbekenntnis nur anwendbar ist, wenn seitens des Adressaten auch Empfangsbereitschaft besteht und belegt werden kann (BGH NStZ-RR 2005, 77).

cc) Die Zustellung bleibt **wirkungslos**, wenn das Empfangsbekenntnis **keine Unterschrift** trägt. Gleiches gilt in Fällen, in denen Zustellungsadressat ein **Pflichtverteidiger** ist, das Empfangsbekenntnis aber von einem anderen Rechtsanwalt „i.A." unterzeichnet wurde (BGH BGHR StPO § 37 Abs. 1 Wirksamkeit 3) oder Das Empfangsbekenntnis nur von einem **Assessor** unterzeichnet ist, da dieser nicht über die Voraussetzungen des § 174 Abs. 1 ZPO verfügt (OLG Stuttgart NJW 2010, 2532). 1983

dd) Da der Verteidiger i.d.R. weder selbst sein Gerichtsfach leert noch die eingegangenen Telefaxsendungen dem Gerät entnimmt, sondern damit seine Mitarbeiter(innen) beauftragt hat, die wiederum dazu verpflichtet wurden, eingehende Post mit dem Eingangsstempel zu versehen, können die **Zeitpunkte** des Eingangs eines Schriftstücks in der Anwaltskanzlei und der persönlichen Kenntnisnahme/Empfangsbereitschaft **auseinanderfallen**. 1984

☝ Für die **Wirksamkeit** der Zustellung kommt es allein auf das vom **Verteidiger** in das Empfangsbekenntnis **eingesetzte Datum** der Kenntnisnahme/Empfangsbereitschaft an; fehlt die Datumsangabe, gilt die Zustellung zu dem Zeitpunkt als erfolgt, den der Eingangsstempel ausweist (BGH NJW 1979, 2566).

Als Organ der Rechtspflege darf der **Verteidiger** das Empfangsbekenntnis **nicht falsch datieren** (§ 267 Abs. 1 StGB; OLG Düsseldorf StV 1990, 345). Aus der Urkundsqualität des Empfangsbekenntnisses folgt jedoch, dass Vermutungen über eine Manipulierung des Zustellungsdatums nicht ausreichen, von einem anderen als dem angegebenen Datum auszugehen. Dies ist erst dann möglich, wenn der vollständige Gegenbeweis erbracht ist (§ 418 Abs. 2; OLG Düsseldorf NStZ-RR 1998, 110).

1985 Das **Fehlen jeglicher Datumsangabe** auf dem Empfangsbekenntnis macht die Zustellung selbst nicht unwirksam. Wurde dem Gericht eine derartige Urkunde zurückgeleitet, kann das Datum der Zustellung anhand des **Eingangsstempels** des **Gerichts** ermittelt bzw. konkretisiert werden. Wurde durch die Zustellung eine Frist in Lauf gesetzt, beginnt der Fristlauf zu dem durch den Eingangsstempel des Gerichts dokumentierten Zustellungszeitpunkt (OLG München NStZ-RR 2010, 15 [Ls.]).

1986 Eine **Korrektur der Datumsangabe** ist möglich, da die Angabe eines unrichtigen Datums der Urteilszustellung auf dem Empfangsbekenntnis des Rechtsanwalts nicht gegen die gesetzliche Formvorschrift verstößt und damit die Wirksamkeit der Zustellung unberührt lässt. Der Verteidiger kann deshalb die Datumsangabe in dem von ihm unterzeichneten Empfangsbekenntnis durch nachträgliche Erklärung berichtigen mit der Folge, dass das berichtigte Datum jedenfalls dann für den Beginn der Rechtsmittelfrist maßgeblich ist, wenn seine Richtigkeit für das mit der Prüfung befasste Gericht bewiesen ist (BGH NStZ-RR 2004, 46).

1987 **c)** In gleicher Weise wie die Zustellung an den Verteidiger bewirkt werden kann, hat er das Empfangsbekenntnis an das Gericht **zurückzusenden** (§ 174 Abs. 4 ZPO). Die Bekundung des Willens, ein bereits zugegangenes Schriftstück als zugestellt anzunehmen, kann auch anderweitig und später erklärt werden, wobei der Zeitpunkt der Zustellung sich danach richtet, wann der Rechtsanwalt von der Zustellungsabsicht wusste, bereits bei Zugang des Schriftstücks oder erst bei der späteren Erklärung (OLG Celle StraFo 2000, 279).

Siehe auch: → *Rechtsmittel/Rechtsbehelfe, Allgemeines*, Teil A Rdn 1289, m.w.N; → *Rechtsmittel/Rechtsbehelfe, Zustellung, Allgemeines*, Teil A Rdn 1845, m.w.N.

1988 Rechtsmittel/Rechtsbehelfe, Zustellung, Wohnung

Das Wichtigste in Kürze:

1. Eine Wohnung i.S.d. der Zustellungsvorschriften erfüllt nur dann die Voraussetzungen für eine Ersatzzustellung, wenn der Zustellungsempfänger in den Räumen lebt und insbesondere, wenn er dort schläft. Die Wohnung darf nicht aufgegeben sein.

2. Ersatzpersonen sind erwachsene Familienangehörige und Mitbewohner sowie in der Familie beschäftigte Personen.

Literaturhinweise: s. die Hinw. bei → *Rechtsmittel/Rechtsbehelfe, Zustellung, Allgemeines*, Teil A Rdn 1846. 1989

1.a) Eine Wohnung i.S.d. der Zustellungsvorschriften erfüllt nur dann die Voraussetzungen für eine Ersatzzustellung, wenn der **Zustellungsempfänger** in den Räumen **lebt** und insbesondere, wenn er dort **schläft**. Unwesentlich ist dagegen, ob sich in diesen Räumlichkeiten auch der Wohnsitz des Adressaten i.S.d. § 7 BGB befindet oder ob der Adressat in dieser Wohnung polizeilich gemeldet ist (OLG Jena, Beschl. v. 5.12.2007 – 1 Ss 262/07; *Burhoff*, HV, Rn 3632 m.w.N.). Dies gilt auch, wenn der Zustellungsadressat zwar gegenüber der Gemeinde die Erklärung abgegeben hat, dass er seinen bisherigen Wohnsitz aufgebe, wegen seiner auswärtigen beruflichen Tätigkeit jedoch noch keinen neuen Wohnsitz begründe, und er regelmäßig in die bisher von ihm zusammen mit seiner Mutter bewohnte Wohnung zurückkehrt, insbesondere weil er einer richterlichen Meldeauflage unterliegt (BayObLG, Beschl. v. 20.7.1994 – 3 ObOWi 59/94). 1990

☝ Die tatsächliche Nutzung einer Räumlichkeit zu Wohnzwecken ist allerdings dann nicht Voraussetzung für eine wirksame Ersatzzustellung, wenn die Anschrift vom Zustellungsadressaten als **Kontaktadresse** genutzt wird, er insbesondere die dort für ihn eingehende Post abholt (BayObLGSt 2004, 33 = VRS 106, 452; OLG Hamm NZV 2004, 600; s. Rdn 1992).

Studenten haben während des Semesters ihren Lebensmittelpunkt am Studienort, in den Semesterferien i.d.R. woanders, ggf. bei ihren Eltern (OLG Karlsruhe NStZ-RR 1996, 245; LG Ellwangen StV 1985, 496; *Burhoff*, HV, Rn 3632). Während eines **Auslandssemesters** wohnen sie i.S.d. Zustellvorschriften am ausländischen Aufenthaltsort (OLG Hamm VRR 2007, 403 [Ls.]). 1991

b) Ist der Zustellungsadressat **„ausgezogen"**, scheidet eine Ersatzzustellung aus (AG Eberswalde zfs 2007, 174), weil dann der räumliche Lebensmittelpunkt endgültig verlagert ist (vgl. OLG Hamm NStZ-RR 2006, 309) und eine Beziehung zur bisherigen Wohnung nicht mehr besteht. Es kommt nicht darauf an, ob sich der Adressat bei der Gemeinde auch ordnungsgemäß abgemeldet hat (LG Ravensburg StV 1993, 516 [Ls.]). Maßgeblich ist allein, ob der Zustellungsadressat in seine vormalige Wohnung zurückkehren will (OLG Zweibrücken Beschl. v. 28.1.1988 – 1 Ws 650/87). Auch demjenigen, der seine Wohnung aufgibt, um **unterzutauchen**, kann dort nicht mehr ersatzweise wirksam zugestellt werden (OLG Schleswig SchlHA 1992, 166 [L/T]); ggf. hat eine öffentliche Zustellung zu erfolgen (OLG Oldenburg Nds.Rpfl 1993, 75). Auch wer eine Wohnung lediglich **zum Schein vorhält**, sie sozusagen als **„Bad Bank"** für Zustellungen nutzt, um seine tat- 1992 sächliche Wohnung zu verschleiern, kann sich dadurch vor einer wirksamen Ersatzzustellung nicht schützen (OLG Jena NStZ-RR 2006, 238; *Burhoff*, HV, Rn 3632 m.w.N.).

1993 In den Fällen des **Getrenntlebens** durch Auszug aus der ursprünglich gemeinsamen Wohnung kommt es darauf an, ob und ggf. in welchem Umfang noch eine Beziehung zu dieser besteht. Lebt und wohnt der Zustellungsadressat vom Ehepartner getrennt „**in Scheidung**", so ist die (Ersatz-)Zustellung an den Ehepartner nicht ordnungsgemäß (OLG Hamm MDR 1998, 182). Hat sich dagegen ein Fernfahrer von seiner Ehefrau getrennt und ist (zeitweilig) in einen Lkw „übergesiedelt", wodurch er keine neue Wohnung begründet hat, ist der ursprüngliche Lebensmittelpunkt noch nicht aufgegeben, wenn zwischen dem Adressaten und seiner Ehefrau nach wie vor telefonischer Kontakt besteht (OLG Hamburg NJW 2006, 1685).

1994 **c)aa)** Nicht jede **vorübergehende Abwesenheit**, selbst wenn sie länger dauert, hebt die Eigenschaft der Räumlichkeit als Wohnung im Sinne der Zustellungsvorschriften auf. Diese Eigenschaft geht vielmehr erst verloren, wenn sich während der Abwesenheit des Zustellungsempfängers auch der räumliche Mittelpunkt seines Lebens an den neuen Aufenthaltsort verlagert (BGH NJW 1978, 1858); denn in diesem Fall wird die Räumlichkeit zum Zustellungszeitpunkt **tatsächlich nicht** (mehr) als Wohnung **genutzt** mit der Folge, dass die Ersatzzustellung unzulässig ist (*Burhoff*, HV, Rn 3632 m.w.N.). Dies gilt auch dann, wenn der Adressat sich nur unregelmäßig und allenfalls an Wochenenden in der Räumlichkeit aufhält, teilweise auch über einen längeren Zeitraum überhaupt nicht. Auch das Fehlen eines Nachsendeantrags sowie die weitere Verwendung der Anschrift im Internetauftritt des Adressaten führt nicht zur Wirksamkeit der Ersatzzustellung (KG VRS 120, 31).

☝ „Normale" **Urlaubsabwesenheit** des Zustellungsadressaten hindert die wirksame Ersatzzustellung nicht. Anders kann dies sein, wenn sich der Adressat auf eine mehrmonatige Weltreise begeben hat (LG Berlin MDR 1992, 791).

1995 **bb)** Befindet sich der Zustellungsadressat in **U-Haft** oder **Strafhaft**, kommt es darauf an, ob aufgrund der Haftdauer von der Lösung der Beziehung zur Wohnung auszugehen ist (Tatfrage; vgl. LR-*Graalmann-Scheerer*, § 37 Rn 59 m.w.N.; zur Zustellung an Gefangene → *Rechtsmittel/Rechtsbehelfe, Zustellung, Gemeinschaftseinrichtung*, Teil A Rdn 1922 ff.). Dazu gelten folgende

1996 **Grundsätze:**

- **Strafhaft**: Bejaht bei einer Dauer von **1 Monat** (BGH NJW 1951, 931), von über **2 Monaten** (OLG Jena, Beschl. v. 14.12.1998 – 6 W 739/98), von **3 Monaten** (OLG Jena OLGSt StPO § 37 Nr. 12), von **5 Monaten** (OLG Schleswig SchlHA 2000, 126), von **6 Monaten** (LG Hagen NJW 1980, 1703), von **7 Monaten** (KG VRS 117, 166), von **10 Monaten** (OLG Düsseldorf VRS 96, 27). Verneint hat das KG (Beschl.

v. 4.6.1998 – 1 AR 292/98; 4 Ws 66/98) dagegen die Lösung der Beziehung von der Wohnung bei einer Haftdauer von weniger als 6 Wochen.

- **U-Haft**: Bejaht bei einer Dauer von mehr als **2 Monaten** (BayObLG, Beschl. v. 31.8.1998 – 2St RR 171/98), verneint bei 17 Tagen (OLG Hamm NStZ-RR 2003, 189). In Fällen von U-Haft wird es regelmäßig darauf ankommen, mit welcher Dauer zu rechnen ist (OLG Hamm, NJW 1962, 264).
- Für den Fall des **Vollzugs** einer **Ersatzfreiheitsstrafe** (und anschließender Untersuchungshaft) wurde eine Lösung der Beziehung zur Wohnung bei einer sechsmonatigen haftbedingten Abwesenheit mit der Begründung verneint, die Abwesenheitsdauer sei nicht von vornherein berechenbar gewesen, zumal der Adressat sie durch Zahlung der ursprünglichen Geldstrafe hätte abkürzen können; daneben habe er zu Ehefrau und Tochter zurückkehren wollen (OLG Dresden NStZ 2005, 398 [Einzelfall]).

cc) Bei längerer Abwesenheit des Zustellungsempfängers mit fester, dauernder Unterkunft, wie z.B. in einer **Bundeswehrkaserne**, ist eine Ersatzzustellung in seiner früheren Wohnung unzulässig (BayObLG VRS 41, 281). Dies gilt auch für **Soldaten**, die sich auf einer Auslandsmission in Afghanistan, im Kosovo oder im Rahmen der Mission „**Atalanta**" (EU NAVFOR Somalia) auf See befinden (zur Zustellung an Soldaten s. *Meyer-Goßner/Schmitt*, § 37 Rn 23). 1997

dd) Hält sich jemand mehrere Monate ununterbrochen zu **Therapiezwecken** in einer **Behandlungseinrichtung** und nicht in seiner Wohnung auf, hat er seinen Lebensmittelpunkt in die Einrichtung verlagert, in dieser Zeit wohnt er nicht mehr in seiner Wohnung (OLG Frankfurt/Main NStZ-RR 2003, 174; OLG Hamm NStZ 1982, 521; StraFo StV 2004, 362 [Ls.]). Ein lediglich 2-monatiger stationärer **Klinikaufenthalt** führt dagegen noch zu keiner Verlagerung des Lebensmittelpunkts (BGH NJW 1985, 2197; OLG Zweibrücken MDR 1984, 762). 1998

ee) Ergibt sich aus der beruflichen Tätigkeit des Zustelladressaten (immer wieder) die Notwendigkeit zur **zeitweiligen berufsbedingten Abwesenheit** aus seiner Wohnung, ist deren Begriff auch im Licht des Art. 12 Abs. 1 GG auszulegen. Ein geschäftlich bedingter längerer **Auslandsaufenthalt** kann die Beziehung zur Wohnung lösen, nicht hingegen nur eine kürzere Geschäftsreise (BayObLG MDR 1961, 785; KG, Beschl. v. 28.8.1998 – [4] 1 Ss 214/98 [87/98] für 3 Wochen). An **Seeleute** wird nach „Seemannsart" zugestellt, an **Binnenschiffer** auf allen Wasserstraßen durch Vermittlung der Wasserschutzpolizei (*Meyer-Goßner/Schmitt*, § 37 Rn 21 f.). Befindet sich ein **Landfahrer** auf einer längeren Geschäftsreise und hat er dabei seinen Wohnwagen verschlossen zurückgelassen, sprechen diese Umstände dafür, dass er ihn zum Zeitpunkt der Zustellung nicht als Wohnung nutzt (OLG Frankfurt/Main OLGSt § 37 StPO S. 5). 1999

2.a) Ersatzpersonen sind **erwachsene Familienangehörige** und **Mitbewohner** sowie in der Familie **beschäftigte Personen**. Der Regelung liegt die Überlegung zugrunde, dass in 2000 allen drei Fällen zwischen dem Zustellungsadressaten und der Ersatzperson ein vermutetes Vertrauensverhältnis erwarten lässt, dass der Zusteller mit der Weitergabe des Schriftstücks an den Adressaten rechnen darf (Zöller/*Stöber*, § 178 ZPO Rn 11).

2001 **b)** Zugestellt werden kann an folgende **Ersatzpersonen** (vgl. Zöller/*Stöber*, § 178 ZPO Rn 8 ff., 12 ff.)

2002 **Familienangehörige:**

- der Ehepartner sowie
- Verwandte (§ 1589 BGB) bis zum 3. Grad,
- Pflegeeltern und -kinder,
- der geschiedene Ehegatten nach Wiederaufnahme einer Wohngemeinschaft (a.A. OLG Hamm MDR 1981, 602),
- der in Scheidung lebende Ehegatte, sofern er mit dem Zustellungsadressaten nicht innerhalb der gemeinsamen Wohnung getrennt lebt.

☝ **Erforderlich** ist **nicht**, dass der Familienangehörige in **häuslicher Gemeinschaft** mit dem Zustellungsadressaten lebt (vgl. Zöller/*Stöber*, § 178 ZPO Rn 10).

- Dem **nichtehelichen Lebensgefährten** kann nur dann wie einem **Familienmitglied** ersatzweise zugestellt werden, wenn der Adressat mit einer Familie zusammenlebt (BGHZ 111, 1 = NJW 1990, 1666; a.A. OLG Stuttgart NStZ 1988, 379), **nicht hingegen** wenn die Lebensgemeinschaft ausschließlich aus dem Zustellungsadressaten und seinem Partner besteht (BGHSt 34, 250 = NJW 1987, 1562; OLG Schleswig SchlHA 2001, 132; vgl. auch *Burhoff*, HV, Rn 3633).

☝ Die Ersatzzustellung ist jedenfalls stets dann wirksam. wenn der nichteheliche Lebensgefährte **ständiger Mitbewohner** ist (Zöller/*Stöber*, § 178 ZPO Rn 9; *Burhoff* StRR 2008, 287 ff.; vgl. Rdn 2003).

2003 **Ständige Mitbewohner:**

- Von einem **ständigen Mitbewohner** wird verlangt, dass er **in der Wohnung**, in der zugestellt wird, **lebt und schläft**. Deshalb kann an einen Untermieter, der in eigenen, von der Räumlichkeit des Adressaten getrennten Räumen wohnt und schläft, nicht wirksam zu gestellt werden (Zöller/*Stöber*, § 178 ZPO Rn 12).
- Der nichteheliche Lebensgefährte wird als **ständiger Mitbewohner** angesehen (*Meyer-Goßner/Schmitt*, § 37 Rn 12; Zöller/*Stöber*, § 178 ZPO Rn 9; *Burhoff* StRR 2008, 287 ff.; vgl. Rdn 2003).

In der Familie beschäftigte Person: 2004

- Empfangsbefugt können auch **in der Familie beschäftigte Personen** sein.
- **Unmaßgeblich** ist dabei **Art** und **Intensität** des **Beschäftigungsverhältnisses**; das förmliche Bestehen eines Dienstverhältnisses ist nicht Voraussetzung.
- Die Beschäftigung muss allerdings auf eine **gewisse Dauer** angelegt sein (Zöller/*Stöber*, § 178 ZPO Rn 12 m. zahlr. Beisp.). Eine Verwandte, die „aus Gefälligkeit" für längere Zeit hindurch regelmäßig täglich etwa zwei Stunden lang im Haushalt des Zustellungsadressaten tätig ist und dessen Wohnung sauber hält, ist eine dort beschäftigte Person (OLG Hamm MDR 1982, 516). Ein der deutschen Sprache nicht hinreichend mächtiges Au-pair-Mädchen erfüllt **dagegen** bereits nicht die Voraussetzungen des der Vorschrift zugrunde liegenden Regelungszwecks. Fraglich ist auch, ob eine **Nachbarin**, die in Abwesenheit des Zustellungsadressaten öfters dessen Blumen gießt, oder nur dessen Post entgegennimmt (OLG Nürnberg NJW-RR 1998, 495) als empfangsbefugt anzusehen sein kann.

c) Familienangehörige oder **Mitbewohner** – nicht die in der Familie beschäftigte Person – 2005
müssen „**erwachsen**" sein, ein Begriff, der weder in der StPO noch in der ZPO definiert ist. Volljährigkeit oder Geschäftsfähigkeit wird nicht vorausgesetzt (BGH VersR 1973, 156). Es reicht aus, dass der Empfänger nach Alter und geistiger Entwicklung den Zweck und seine Verpflichtung zur Weitergabe des Dokuments an den Adressaten zu erkennen vermag (BGH NJW 1981, 1614; Prütting/Gehrlein/*Kessen*, § 178 ZPO Rn 5). Der Empfänger muss jedoch seiner körperlichen Entwicklung nach äußerlich einem „Erwachsenen" ähnlich sein (LG Konstanz NJW-RR 1999, 1508). Das ist **bejaht** worden bei einem 17-Jährigen (OLG Hamm NJW 1974, 1150), bei einem 15-Jährigen (BSG MDR 1977, 82, 83), und auch bei einem 14-Jährigen (LG Köln NStZ-RR 1999, 368; a.A. OLG Schleswig SchlHA 1980, 214). Verneint worden ist es hingen bei einem 11-Jährigen (KG Rpfleger 2007, 616; OLG Hamm OLGSt StPO § 37 Nr. 1).

Siehe auch: → *Rechtsmittel/Rechtsbehelfe, Allgemeines*, Teil A Rdn 1289, m.w.N; → *Rechtsmittel/Rechtsbehelfe, Zustellung, Allgemeines*, Teil A Rdn 1845, m.w.N.

Revision, Allgemeines 2006

Literaturhinweise: **Amelunxen**, Die Revision der Staatsanwaltschaft, 1980; **Barton**, Schonung der Ressourcen der Justiz oder effektiver Rechtsschutz?, StRR 2014, 404; **Basdorf**, Formelle und informelle Präklusion im Strafverfahren, StV 1997, 488; *ders.*, Reform des Instanzenzuges in Strafsachen, in: Festschrift für *Karlmann Geiß*, 2000, S. 31; *ders.*, Was darf das Revisionsgericht, NStZ 2013, 186; **Becker**, Was sehen wie viele Augen? Sein und Sollen des Beschlussverfahrens in der strafrechtlichen Revision, HRR 2013, 264; **Berenbrink**, Tatrichter oder Revisionsgericht – Wer bestimmt die Strafe?, GA 2008, 625; **Blaese/Wielop**, Die Förmlichkeiten der Revision in Strafsachen, 3. Aufl. 1991; **Brodowski**, Zur empirischen Herleitung des Zehn-Augen-Prinzips 2007 im Revisionsverfahren, HRRS 2013, 409; **Burhoff**, Verteidigung im Revisionsverfahren, ZAP F. 22, S. 237; *ders.*, Verteidigerfehler in der Tatsachen- und Revisionsinstanz, StV 1997, 432; *ders.*, Abrechnungsbeispiele zum RVG: Revisionsinstanz, RVGreport 2006, 250; **Cirener**, Die Angriffsrichtung der Verfahrensrüge, in: HRRS-Gedächtnisgabe für *Gunter Widmaier*, 2013, S. 27; **Dahs**, Die Revision im Strafprozess, 8. Aufl. 2012 (zitiert: *Dahs*, RV); *ders.*, Die Urteilsrüge, ein Irrweg, NJW 1978, 1551; *ders.*, „Reformeifer" – Zur Rechtsmittelreform in Strafsachen, NJW 2000, 1620; *ders.*, Revisionsverfahren, in: MAH, § 12; *ders.*, Das Schweigen des Verteidigers zu tatrichterlichen Verfahrensfehlern und die Revision, NStZ 2007, 241; **Detter**, Revision, in: FA Strafrecht, Teil 3 Kapitel 2; **El-Ghazi**, Irrwege und Wege zur Abgrenzung von Sach- und Verfahrensrüge, HRRS 2014, 350; **Eschelbach**, Probleme der Revisionsverwerfung gem. § 349 Abs. 2 StPO, ZAP F. 22, S. 745; **Fezer**, Revisionsurteil oder Revisionsbeschluß – Strafverfahrensnorm und Strafverfahrenspraxis in dauerhaftem Widerstreit?, StV 2007, 40; **Fischer**, Unternehmensstrafrecht in der Revision, StraFo 20010, 329; *ders.*, Der Einfluss des Berichterstatters auf die Ergebnisse strafrechtlicher Revisionsverfahren, NStZ 2013, 425; **Fischer/Eschelbach/Krehl**, Das Zehn-Augen-Prinzip – Zur revisionsgerichtlichen Beschlusspraxis in Strafsachen, StV 2013, 395; **Fischer/Krehl**, Strafrechtliche Revision, „Vieraugenprinzip", gesetzlicher Richter und rechtliches Gehör, StV 2012, 550; **Frisch**, Die Erweiterung des Sachenentscheidungsrechts der Revisionsgerichte, StV 2006, 431; **Gage/Sarstedt/Hamm**, Die Revision in Strafsachen, 7. Aufl. 2009; **Geipel**, Markante Rechtsschutzmöglichkeiten im Strafprozess, StraFo 2010, 272; **Gieg/Olbermann**, Die anwaltliche Rechtsbeschwerde in Straßenverkehrssachen, DAR 2009, 617; **R. Hamm/Krehl**, Vier oder zehn Augen bei der strafprozessualen Revisionsverwerfung durch Beschluss? – Worum es wirklich geht, NJW 2014, 903; **Hebenstreit**, Die Wahrheit und nichts als die Wahrheit, HRRS 2008, 172; **Herdegen**, Statement: Verteidigung und Wahrheitspflicht, StraFo 2008, 137; **Jagusch**, Zum Zusammentreffen mehrerer Revisionsrügen, NJW 1962, 1417; **Junker/Veh**, Die Verteidigung im Rechtsbeschwerdeverfahren, Teil 1: VRR 2006, 9; *dies.*, Die Verteidigung im Rechtsbeschwerdeverfahren, Teil 2: VRR 2006, 50; **Kempf**, Der „Missbrauchsgedanke" argumentum pro advocato? – zugleich Erwiderung auf *Fahl* StV 2015, 51 (vorstehend), StV 2015, 55; **Kempf/Schilling**, Revisionsrichterliche Rechtsfortbildung in Strafsachen, NJW 2012, 1850; **Kintzi**, Rechtsmittelreform in Strafsachen – eine unendliche Geschichte?, in: Festschrift für *Peter Rieß*, 2002, S. 225; **Knauer**, Vom Wesen und Zweck der Revision, NStZ 2016, 1; **König**, Revision, in: HBStrVf, Kapitel X; **Lamprecht**, Ein Gericht, zwei Lager Der BGH zwischen Anonymität und Transparenz, NJW 2013, 3563; **Langer**, Zu den Zielen der Revision in Strafsachen, in: Festschrift für *Lutz Meyer-Goßner*, 2001, S. 497; **Leipold**, Die Sachenentscheidung durch das Revisionsgericht nach § 354 Abs. 1a StPO und ihre Grenzen, StraFo 2006, 305; **Leitner**, Unternehmensstrafrecht in der Revision, StraFo 20010, 323, **Meyer-Goßner**, Zur Revision der Revision mit Blick auf die Verteidigung, in: Festschrift 25 Jahre AG Strafrecht, 2009, S. 668; **Mosbacher**, Die Beratungspraxis der Strafsenate des BGH und das Gesetz, NJW 2014, 124; **Norouzi**, Die Angriffsrichtung der Verfahrensrüge – Grund und Grenzen, NStZ 2013, 203; **Rieß**, Gedanken zum gegenwärtigen Zustand und zur Zukunft der Revision in Strafsachen, in: Festschrift für *Ernst-Walter Hanack*, 1999, S. 397; *ders.*, Revision, in: StrafPrax, § 13; *ders.*, Bemerkungen zum „Erfolg" der Revision im Strafverfahren, in: Festschrift für *Ulrich Eisenberg*, 2009, S. 569; **Rosenau**, Die Revision – Qualitätskontrolle und Qualitätssicherung im Strafverfahren, in: Festschrift für *Gunter Widmaier*, 2008, S. 521; **Senge**, Sachentscheidung durch das Revisionsgericht nach § 354a Abs. 1a StPO und ihre Grenzen, StraFo 2006, 309; **Stolz**, Die Abgrenzung zwischen Sach- und Verfahrensrüge bei Revisionsangriffen gegen die Beweiswürdigung, JuS 2003, 71; **Strate**, Die Abschaffung des Revisionsrechts durch die Beweisverbotslehre – Demonstriert am Beispiel des Falles *Wilson Fernandes*, HRRS 2008, 76; **Ventzke**, Ausschluss des absoluten Revisionsgrundes des § 338 Nr. 3 StPO im Fall ordnungsgemäßer Urteilsabsprache?, HRRS 2009, 28; *ders.*, Pleiten, Pech und Pannen – Ein Blick auf die revisionsgerichtliches Praxis der strafverfahrensrechtlichen Rügeverkümmerung, HRRS 2011, 338; **Wahl**, Prüfung des rechtlichen Gehörs durch das Revisionsgericht, in: NJW-Sonderheft für *Gerhard Schäfer*, 2002, S. 73; **Widmaier**, Quo vadis, Revision? Revision, wohin gehst du?, StraFo 2010, 310; **Winkler**, Schreiben wir uns tot? – Vom Mut zur Kürze bei der Begründung eines Urteils in Strafsachen, SchlHA 2006, 245; **Ziegler**, Waffengleichheit im Revisionsverfahren, in: Festschrift 25 Jahre AG Strafrecht, 2009, S. 930; s. auch die Hinw. bei den weiterführenden Stichwörtern und bei → *Rechtsmittel/Rechtsbehelfe, Allgemeines*, Teil A Rdn 1289.

1. In Strafverfahren ist gem. §§ 333, 335 gegen **Urteile** das Rechtsmittel der **Revision** gegeben. Dabei kann es sich auch um Entscheidungen der Strafkammern über Berufungen handeln (zu den Einzelh. → *Revision, Zulässigkeit*, Teil A Rdn 2455) 2008

Urteile sind verkündete Entscheidungen, die **aufgrund** einer **HV** ergehen. Sie können folgenden **Inhalt** haben: 2009

- Freispruch,
- Verurteilung,
- Anordnung einer Maßregel der Besserung und Sicherung,
- Verwarnung mit Strafvorbehalt,
- Verfall,
- Absehen von Strafe oder
- Einstellung des Verfahrens wegen eines Verfahrenshindernisses (§ 260 Abs. 3).

2. Die Revision ist mit **Devolutiv-** und **Suspensiveffekt** ausgestattet, d.h. die Entscheidung über die Revision obliegt einem Gericht höherer Ordnung und der Eintritt der Rechtskraft der angefochtenen Entscheidung wird aufgeschoben. Es findet jedoch **keine neue Tatsachenverhandlung** statt. Die mit der Revision angefochtene Entscheidung wird nur im Hinblick auf eine Verletzung des Gesetzes überprüft (§ 337. Die Prüfung beschränkt sich also darauf, ob eine Rechtsnorm nicht oder nicht richtig angewendet worden ist (ergänzend hierzu s. → *Revision, Entscheidung, Allgemeines*, Teil A Rdn 2132). Es findet deshalb auch **keine Beweisaufnahme** statt (vgl. *Meyer-Goßner/Schmitt*, § 337 Rn 13 m.w.N. aus der Rspr. des BGH; zu Wesen und Zweck der Revision eing. *Knauer* NStZ 2016, 1). 2010

3. Voraussetzung für die Zulässigkeit der Revision ist das Vorliegen einer **Beschwer** (BGHSt 34, 11, 12; *Meyer-Goßner/Schmitt*, vor § 296 Rn 8 m.w.N.; zu den Einzelh. → *Rechtsmittel/Rechtsbehelfe, Beschwer*, Teil A Rdn 1383, m.w.N.; → *Revision, Zulässigkeit*, Teil A Rdn 2455). 2011

4. Die allgemeinen Vorschriften der StPO zu den Rechtsmitteln (§§ 296 bis 303) sind auch im Revisionsverfahren anzuwenden. Das gilt insbesondere für die Frage der **Anfechtungsberechtigung** (→ *Rechtsmittel/Rechtsbehelfe, Befugnis*, Teil A Rdn 1323, m.w.N.; → *Revision, Zulässigkeit*, Teil A Rdn 2455). 2012

5. Einzulegen ist die Revision gem. § 341 Abs. 1 innerhalb einer **Frist** von **1 Woche** bei dem Gericht, dessen Urteil angefochten wird. Die **Einlegung** kann **schriftlich** oder **zu Protokoll der Geschäftsstelle** vorgenommen werden (zu den Einzelh. s. → *Rechtsmittel/Rechtsbehelfe, Form, Allgemeines*, Teil A Rdn 1509, m.w.N.; → *Rechtsmittel/Rechtsbehelfe, Fristen, Allgemeines*, Teil A Rdn 1545, m.w.N.; → *Revision, Einlegung, Form*, Teil A Rdn 2114 und → *Revision, Einlegung, Frist*, Teil A Rdn 2123). 2013

6. Die Revision ist gem. § 344 Abs. 1 zu **begründen**. Fehlt die Begründung, ist die Revision unzulässig (zu den Einzelh. s. → *Revision, Begründung, Form*, Teil A Rdn 2054; 2014

s. auch → *Rechtsmittel/Rechtsbehelfe, Begründung*, Teil A Rdn 1329). Notwendig ist ein **Revisionsantrag** sowie die Erhebung und Begründung von **Sachrügen** und/oder **Verfahrensrügen**. Während die Sachrüge nur relativ geringe Begründungserfordernisse aufweist (s. im Einzelnen → *Revision, Sachrüge, Allgemeines*, Teil A Rdn 2221), unterliegt die Verfahrensrüge strengen Formerfordernissen (ausführlich hierzu → *Revision, Verfahrensrüge, Allgemeines*, Teil A Rdn 2307).

2015 Die Revisionsbegründung muss **schriftlich** durch einen Rechtsanwalt oder zu **Protokoll der Geschäftsstelle** erfolgen (s. hierzu → *Revision, Begründung, Form*, Teil A Rdn 2054; *Rechtsmittel/Rechtsbehelfe, Form, Allgemeines*, Teil A Rdn 1509). Die **Frist** zur Begründung der Revision beträgt **1 Monat** und beginnt entweder direkt nach Ablauf der Einlegungsfrist (§ 345 Abs. 1 S. 1) oder, falls zu dieser Zeit das Urteil noch nicht zugestellt war, mit der Zustellung des Urteils (§ 345 Abs. 1 S. 2; zu den Einzelh. s. → *Revision, Begründung, Frist*, Teil A Rdn 2063).

2016 **7.** Die Revision kann auf abtrennbare Teile, z.B. den Rechtsfolgenausspruch, **beschränkt** werden (s. → *Revision, Beschränkung*, Teil A Rdn 2085; s. auch *Berufung, Beschränkung, Allgemeines*, Teil A Rdn 227, m.w.N.). Auch kann gem. § 302 auf die Einlegung eines Rechtsmittels **verzichtet** (s. hierzu → *Revision, Rechtsmittelverzicht*, Teil A Rdn 2193; allgemein → *Rechtsmittel/Rechtsbehelfe, Verzicht, Allgemeines*, Teil A Rdn 1732, m.w.N.) oder eine bereits eingelegte Revision **zurückgenommen** werden (s. → *Revision, Rücknahme*, Teil A Rdn 2199; → *Rechtsmittel/Rechtsbehelfe, Fristen, Allgemeines*, Teil A Rdn 1653 m.w.N.).

2017 **8.a)** Das **Revisionsgericht** ist entweder gem. § 135 Abs. 1 GVG der **BGH** oder bei Sprungrevisionen bzw. Revisionen gegen Berufungsurteile gemäß § 121 Abs. 1 Nr. 1 GVG das **OLG** (ausführlich hierzu → *Revision, Zuständigkeit*, Teil A Rdn 2463).

2018 **b)** Das Revisionsgericht kann die Revision entweder als **unzulässig** oder als **„offensichtlich unbegründet" verwerfen** (§ 349 Abs. 2) oder die angefochtene Entscheidung **aufheben**. Für den Fall der Aufhebung sieht das Gesetz in § 354 vor, dass das Revisionsgericht entweder **in der Sache selbst entscheidet** (§ 354 Abs. 1 bis 1b) oder die Sache an eine andere Abteilung oder Kammer des Gerichts, dessen Urteil aufgehoben wird, oder an ein anderes Gericht gleicher Ordnung desselben (Bundes-)Landes **zurückverweist** (s. im Einzelnen → *Revision, Entscheidung, Allgemeines*, Teil A Rdn 2132).

2019 **c)** Bei seiner Entscheidung hat das Revisionsgericht das **Verschlechterungsverbot** des § 358 Abs. 2 zu beachten. Auf eine nur vom Angeklagten oder von der StA zugunsten des Angeklagten eingelegte Revision darf das Revisionsgericht die ursprünglich verhängten Rechtsfolgen nicht „verbösern" (s. hierzu → *Revision, Verschlechterungsverbot*, Teil A Rdn 2449; → *Berufung, Verschlechterungsverbot, Allgemeines*, Teil A Rdn 290, m.w.N.).

2020 **d)** Ist eine Revision zu Unrecht **vom Tatrichter als unzulässig** verworfen worden, z.B. wegen angeblicher Nichteinhaltung der Einlegungs- oder Begründungsfrist der Revision, kann der Beschwerdeführer sich hiergegen mit einem **Antrag** auf **Entscheidung** des **Revisionsgerichts** gem. § 346 zur Wehr setzen (s. hierzu → *Revision, Antrag auf Entscheidung des Revisionsgerichts*, Teil A Rdn 2037).

9. Die **Verfassungsbeschwerde** (Art. 93 Abs. 1 Nr. 4 Buchst. a) GG i.V.m. §§ 13 Nr. 8 Buchst. a), 90 ff. BVerfGG) ist gegenüber der Revision **subsidiär**. Sie ist demnach erst zulässig, wenn der Rechtsweg erschöpft ist. Der Betroffene muss also alle ihm zuvor eingeräumten Möglichkeiten, seine Rechte zu wahren, ausgenutzt haben (vgl. *Meyer-Goßner/Schmitt*, Einl. Rn 234; → *Verfassungsbeschwerde, Allgemeines*, Teil C Rdn 729, m.w.N.). 2021

☝ Zur **Erschöpfung** des **Rechtsweges** kann es deshalb je nach Lage des Falles beispielsweise notwendig sein, zunächst Wiedereinsetzung in den vorigen Stand (vgl. auch BVerfG NJW 1988, 1255) bzw. die Anhörungsrüge (s. hierzu → *Revision, Anhörungsrüge*, Teil A Rdn 2022; → ***Anhörungsrüge**, Allgemeines*, Teil B Rdn 1) zu erheben. Ggf. kann auch die Notwendigkeit bestehen, eine Gegenvorstellung zu erheben (vgl. hierzu *Meyer-Goßner/Schmitt*, vor § 296 Rn 25 m.w.N.). Wird die Wiedereinsetzung in den vorigen Stand trotz unverschuldeter Fristversäumung verweigert, kann dies die Verfassungsbeschwerde begründen. Gem. § 356a kommt die Anhörungsrüge auch in Bezug auf einen **Beschluss** des **Revisionsgerichts** in Betracht. D.h., dass bei einem Beschluss des Revisionsgerichts, der zum Nachteil des Angeklagten Tatsachen oder Beweisergebnisse verwertet, zu denen dieser noch nicht gehört worden ist, vor der Erhebung der Verfassungsbeschwerde zunächst ein Antrag auf Nachholung des rechtlichen Gehörs gem. § 356a zu stellen ist (wegen der Einzelh. und der Voraussetzungen → *Revision, Anhörungsrüge*, Teil A Rdn 2022).

Siehe auch: → *Rechtsmittel/Rechtsbehelfe, Allgemeines*, Teil A Rdn 1289, m.w.N; → *Wiedereinsetzung in den vorigen Stand, Allgemeines*, Teil B Rdn 1479 m.w.N.; → *Revision, Gebühren*, Teil D Rdn 355.

Revision, Anhörungsrüge 2022

Das Wichtigste in Kürze:

1. Bei einer Verletzung des rechtlichen Gehörs im Revisionsverfahren eröffnet § 356a die Möglichkeit zur Erhebung einer Anhörungsrüge.
2. Voraussetzung für die Nachholung des rechtlichen Gehörs ist gem. § 356a ein form- und fristgerechter Antrag des Betroffenen.
3. Fehlt es an der notwendigen Begründung und der Glaubhaftmachung der Kenntniserlangung von der Gehörsverletzung und wird der Antrag nicht innerhalb einer Woche nach Kenntniserlangung eingereicht, ist die Anhörungsrüge unzulässig.

> **4.** Ist der Antrag hingegen zulässig und begründet, versetzt das Revisionsgericht das Verfahren in die Lage vor Erlass der angefochtenen Entscheidung zurück.

2023 **Literaturhinweise:** **Beukelmann**, Bedeutung von Anhörungsrüge nach § 356a und Gegenvorstellung, NJW-Spezial 2008, 344; **Burhoff**, Die wesentlichen Neuerungen des Anhörungsrügengesetzes für das Strafverfahren, PA 2005, 13; *ders.*, Die Anhörungsrüge im Strafverfahren, ZAP F. 22, S. 409; *ders.*, Wiederaufleben von Zwangsmaßnahmen bei Rechtskraftdurchbrechung, StRR 2007, 15; **Desens**, Die subsidiäre Verfassungsbeschwerde und ihr Verhältnis zu fachgerichtlichen Anhörungsrügen, NJW 2006, 1243; **Eschelbach**, Anhörungsrügen im Strafprozess, ZAP F. 22, S. 605; **Eschelbach/Geipel/Weiler**, Anhörungsrügen, StV 2010, 325; **Lohse**, Fünf Jahre Anhörungsrüge (§ 356a StPO) – kein Grund zum Feiern, StraFo 2011, 433; **Krumm**, Das Anhörungsrügengesetz in der verkehrsrechtlichen Praxis, SVR 2005, 401; **Meyer-Mews**, Rechtsschutzgarantie und rechtliches Gehör im Strafverfahren, NJW 2004, 716; **Mosbacher**, Freiheit durch Säumnis: Keine Haftfortdauer bei Wiedereinsetzung, NJW 2005, 3110; **Pohlreich**, Zur Fristvorwirkung der Verfassungsbeschwerde im strafgerichtlichen Verfahren, StV 2011, 574; **Schnabl**, Rechtsmittelverzicht und Anhörungsrüge, AnwBl. 2008, 188; **Vielmeier**, Rechtswegerschöpfung bei verzögerter Anhörungsrüge, NJW 2013, 346; s. auch die Hinw. bei → *Revision, Allgemeines*, Teil A Rdn 2006, bei → *Anhörungsrüge, Allgemeines*, Teil A Rdn 1.

2024 **1.a)** Bei einer **Verletzung des rechtlichen Gehörs** im Revisionsverfahren eröffnet § 356a die Möglichkeit zur Erhebung einer Anhörungsrüge (vgl. ausführlich zur Anhörungsrüge → *Anhörungsrüge, Allgemeines*, Teil A Rdn 1, m.w.N.; s.a. noch *Burhoff*, HV, Rn 291). Gegenüber § 33a ist § 356a für das Revisionsverfahren die speziellere Norm (BGH NJW 2009, 1092; NStZ 2007, 236; LR-*Franke*, § 356a Rn 1; KK-*Gericke*, § 356a Rn 2 m.w.N.).

2025 **b)** Das rechtliche Gehör muss **bei einer Revisionsentscheidung verletzt** worden sein (vgl. BGH NStZ-RR 2012, 196, 197). Die Anwendung des § 356a kommt deshalb **vor allem** bei **Beschlussentscheidungen** in Betracht, weil bei einer Revisionsentscheidung durch Urteil i.d.R. im Rahmen der HV rechtliches Gehör gewährt worden sein wird (vgl. BGHSt 55, 36; BGH, Beschl. v. 24.2.2015 – 1 StR 75/14; BGH NStZ-RR 2010, 117).

> ☝ Die Anhörungsrüge nach § 356a kommt aber im **Urteilsverfahren** z.B. dann in Betracht, wenn dem Angeklagten, seinem Verteidiger oder einem anderen Beteiligten der Zeitpunkt der Revisions-HV nicht oder nicht rechtzeitig bekannt gegeben wurde oder wenn ein sonstiger Verhinderungsgrund für ein Erscheinen in der HV vorlag (BGH JR 2007, 172 mit zust. Anm. *Kretschmer*).

2026 **Verletzt** wird das **rechtliche Gehör** durch das Revisionsgericht insbesondere, wenn dieses bei seiner Entscheidung zum Nachteil des Beschwerdeführers Tatsachen oder Beweisergebnisse verwertet hat, zu denen dieser zuvor nicht gehört wurde (vgl. hierzu BGH NJW 2016, 343; BGH, Beschl. v. 28.7.2015 – 4 StR 168/15). Das Gleiche gilt, wenn zu berücksichtigendes Vorbringen übergangen wurde (vgl. ausführlich zu praxisrelevanten Fällen: *Meyer-Goßner/Schmitt*, § 356a Rn 1; KK-*Gericke*, § 356a Rn 3 f.; *Burhoff*, HV, Rn 295 ff.; aus der Rspr. BGH NJW 2007, 92; NStZ 2005, 462, 463; NStZ-RR 2005, 173, 174; wistra 2007, 319; Beschl. v. 21.12.2006 – 2 StR 307/06; BGH, Beschl. v. 13.2.2008 – 3 StR 507/07).

Die Anhörungsrüge gemäß § 356a **kommt** vor allem **in Betracht** (→ *Anhörungsrüge, Allgemeines*, Teil B Rdn 1; vgl. auch noch *Burhoff*, HV, Rn 297) in folgenden 2027

Beispielsfällen: 2028

- wenn das Revisionsgericht bereits über die Revision entschieden hat, obwohl die **Frist** zur **Gegenerklärung** auf den Antrag der StA noch nicht abgelaufen war (BT-Drucks 15/3706, 17; KK-*Gericke*, § 356a Rn 4 m.w.N.),
- wenn dem Angeklagten bzw. seinem Verteidiger der **Antrag** der **StA** vor der Entscheidung über die Revision **nicht zugestellt** worden war (BT-Drucks 15/3706, 17; KK-*Gericke*, § 356a Rn 4 m.w.N.), Die Zustellung an den Verteidiger reicht aus, der Angeklagte muss nicht gesondert benachrichtigt werden (BGH StraFo 2016, 73 und BGH, Beschl. v. 28.7.2015 – 4 StR 168/15 m.w.N.). Bei mehreren Verteidigern erfolgt die Mitteilung des Antrags des GBA an denjenigen, der sich bisher am Revisionsverfahren beteiligt hat (BGH StraFo 2016, 73).
- wenn das Revisionsgericht in **Unkenntnis** einer gemäß § 349 Abs. 3 S. 2 eingereichten **Gegenerklärung** entschieden hat (KK-*Gericke*, § 356a Rn 4 m.w.N); keine Gehörsverletzung liegt allerdings vor, wenn die Gegenerklärung erst nach Ablauf der Frist des § 349 Abs. 2 S. 2 eingeht und das Revisionsgericht zu diesem Zeitpunkt schon entschieden hatte, denn ein unter Überschreitung der Frist des § 349 Abs. 2 S. 2 eingereichter Schriftsatz ist nur dann zu berücksichtigen, wenn er noch vor einer Entscheidung des Revisionsgerichts eingeht (BGH NStZ-RR 2012, 319),
- wenn der Angeklagte bzw. sein Verteidiger keine Gelegenheit hatten, zu vom Revisionsgericht im **Freibeweisverfahren erhobenen Beweisen**, insbesondere zu eingeholten dienstlichen Äußerungen, Stellung zu nehmen (KK-*Gericke*, § 356a Rn 4; vgl. hierzu aber auch BGH NStZ-RR 2015, 257);
- wenn **Mitglieder** des **Revisionssenats abgelehnt** waren und der Beschwerdeführer nach der Revisionsentscheidung den Beschluss anfechten will, durch den das Ablehnungsgesuch zurückgewiesen wurde (BGH NStZ-RR 2009, 85; 2009, 180).

Im Gegensatz dazu lässt sich die Verletzung rechtlichen Gehörs **nicht damit begründen** 2029
(vgl. auch *Burhoff*, HV, Rn 296), dass

Beispielsfälle: 2030

- das Revisionsgericht der **Rechtsauffassung** des Beschwerdeführers nicht gefolgt ist (BGH, Beschl. v. 10.2.2015 – 4 StR 519/14; BGH NJW 2015, 423 = NStZ 2015, 163 = StV 2015, 435; NStZ 2014, 323; NStZ-RR 2005, 173),
- das Revisionsgericht sich nicht ausdrücklich mit der **Rechtsauffassung** des Beschwerdeführers befasst hat (BGH, Beschl. v. 28.1.2015 – 5 StR 491/14; BGH NStZ-RR 2013, 157),

- entgegen dem Antrag des Beschwerdeführers **keine Revisions-HV** durchgeführt wurde (BGH NStZ-RR 2006, 85),
- in der **Revisionsentscheidung nicht** zu **sämtlichen erhobenen Rügen Stellung** genommen wird (BGH StraFo 2009, 293; NStZ-RR 2008, 151),
- der GBA zu zulässigen Ausführungen zur Sachrüge, die erst nach seinem Antrag eingereicht wurden (nachgeschobene Begründung der Sachrüge), nicht Stellung genommen hat (BGH NStZ 2009, 52; wistra 2007, 319),
- eine angekündigte Ergänzung der **Gegenerklärung** des Beschwerdeführers (§ 349 Abs. 3 S. 2 StPO) vom Revisionsgericht vor seiner Entscheidung **nicht abgewartet** wurde (BGH StV 2008, 570),
- das Revisionsgericht die Revision mit einer Begründung verwirft, die von den Ausführungen des GBA abweicht (überraschender **Begründungsaustausch**), ohne dem Beschwerdeführer hierzu vorher Gelegenheit zur Stellungnahme gegeben zu haben (BGH NStZ 2014, 221 = NStZ-RR 2014, 85; wistra 2009, 283),
- der Verwerfungsbeschluss des Revisionsgerichts nach § 349 Abs. 2 **keine Entscheidungsgründe** enthält (u.a. BGH NJW 2016, 343; BGH NStZ-RR 2014, 222 [Ls.]; BGH, Beschl. v. 1.7.2015 – 4 StR 576/14; BGH, Beschl. v. 22.5.2015 – 1 StR 121/15; BGH, Beschl. v. 16.9.2008 – 3 StR 240/08).
- der erkennende Senat nicht nach dem sog. Zehn-Augen-Prinzip, sondern der üblichen Beratungspraxis folgend, lediglich nach dem Vier-Augen-Prinzip entschieden hat (vgl. hierzu BGH NJW 2016, 343 m.w.N.).

2031 **c)** Zusätzlich muss das rechtliche Gehör **in entscheidungserheblicher Weise** verletzt worden sein. Die unterbliebene Anhörung muss sich also auf das Ergebnis der Entscheidung ausgewirkt haben (BT-Drucks 15/3707, S. 17). Das ist nicht der Fall, wenn ausgeschlossen werden kann, dass sich der Beschwerdeführer nicht anders als tatsächlich geschehen hätte verteidigen können oder das Revisionsgericht bei ordnungsgemäßer Anhörung nicht anders entschieden hätte (BGH StraFo 11, 55; BGH NStZ-RR 2008, 282).

2032 **2.** Voraussetzung für die Nachholung des rechtlichen Gehörs ist gem. § 356a ein **form-** und **fristgerechter Antrag** des Betroffenen (vgl. auch → *Anhörungsrüge, Allgemeines*, Teil B Rdn 1 ff.; *Burhoff*, HV, Rn 298). Hierbei ist Folgendes zu **beachten**:

- Der Antrag muss **innerhalb einer Woche** ab Kenntniserlangung von der Verletzung rechtlichen Gehörs gestellt werden (vgl. hierzu auch BGH, Beschl. v. 28.4.2015 – 3 StR 628/14). Hierbei kommt es auf die **Kenntnis der tatsächlichen Umstände** an, die den Verstoß begründen (BGH StV 2010, 297; BGH, Beschl. v. 23.2.2011 – 1 StR 427/10). Wann der Betroffene zur Einschätzung einer Gehörsverletzung gekommen ist, ist hingegen unbeachtlich (BGH NStZ 2007, 236).
- Der Zeitpunkt der Kenntniserlangung ist **glaubhaft** zu machen und innerhalb der Wochenfrist mitzuteilen (BGH, Beschl. v. 28.4.2015 – 3 StR 628/14; BGH StV 2010,

297; StraFo 2006, 375), es sei denn, die Fristwahrung ergibt sich sicher aus den Akten (NStZ 2005, 462).

☝ Wird die Frist des § 356a versäumt, ist Wiedereinsetzung nach § 44 möglich (BGH wistra 2008, 223; *Meyer-Goßner/Schmitt*, § 356a Rn 6). Allerdings ist zu beachten, dass **anders als sonst** im Strafverfahren üblich, ein **Verteidigerverschulden** bei der Versäumung der Wochenfrist dem Mandaten **zugerechnet** wird (BGH StRR 2009, 20).

- Der Antrag muss eine **Begründung** enthalten (§ 356a S. 2). An diese werden allerdings keine hohen Anforderungen gestellt (BT-Drucks 15/3706, S. 18), solange man den gerügten Gehörsverstoß zumindest ansatzweise entnehmen kann, also die Angriffsrichtung des Antrags erkennbar ist. Die Begründung muss nicht durch den Verteidiger erfolgen (*Meyer-Goßner/Schmitt*, § 356a Rn 7).

3. Fehlt es an der notwendigen Begründung und der Glaubhaftmachung der Kenntniserlangung von der Gehörsverletzung und wird der Antrag nicht innerhalb einer Woche nach Kenntniserlangung eingereicht, ist die Anhörungsrüge **unzulässig** (vgl. hierzu auch BGH, Beschl. v. 28.4.2015 – 3 StR 628/14). Wurde das rechtliche Gehör nicht in entscheidungserheblicher Weise verletzt, ist der Antrag **unbegründet**. In beiden Fällen wird der Antrag kostenfällig verworfen (BGH, Beschl. v. 8.3.2006 – 2 StR 387/91; OLG Köln NStZ 2006, 181). Der Verwerfungsbeschluss ist unanfechtbar (§ 304 Abs. 4) und kann auch nicht mit der Verfassungsbeschwerde angegriffen werden (BVerfG NJW 2007, 3563; StraFo 2007, 148; NStZ-RR 2007, 381). 2033

4. Ist der **Antrag** hingegen **zulässig und begründet**, versetzt das Revisionsgericht das Verfahren in die Lage vor Erlass der angefochtenen Entscheidung zurück. Soweit die mit der Anhörungsrüge beanstandete Revisionsentscheidung von der Gehörsverletzung betroffen ist, entfällt deren Rechtskraft (BT-Drucks 15/3706, S. 18). 2034

☝ Durch den Wegfall der Rechtskraft muss eine bereits **begonnene Vollstreckung abgebrochen** werden, wenn nicht zuvor schon ein Vollstreckungsaufschub gemäß § 356a S. 4 i.V.m. § 47 Abs. 2 angeordnet worden war. Eine vor Erlass der Revisionsentscheidung bestehende **U-Haft** oder **Unterbringung** lebt gemäß § 356a S. 4 i.V.m. § 47 Abs. 3 wieder auf. Das Gleiche gilt für sonstige Anordnungen, die zum Zeitpunkt des Eintritts der Rechtskraft bestanden haben (wegen der Einzelh. *Burhoff* StRR 2007, 15).

Das Revisionsgericht hat bei einer zulässigen und begründeten Anhörungsrüge über die **Revision neu zu entscheiden** und sämtliche Verfahrensbeteiligten vorab (erneut) anzuhören. Allerdings können keine neuen Verfahrensrügen nachgeschoben werden (*Meyer-Goßner/Schmitt*, § 356a Rn 11). 2035

2036 5. Muster: Anhörungsrüge

A.17

An den

Bundesgerichtshof

In der Strafsache

gegen

wegen

Az.:

erhebe ich gem. § 356a StPO die Anhörungsrüge

und beantrage,

das Verfahren gem. § 356a StPO in den Stand vor Erlass der Entscheidung des Senats vom zu versetzen.

Begründung:

Der Angeklagte wurde vom Landgericht durch Urt. v. wegen zu einer Freiheitsstrafe von 2 Jahren und 6 Monaten verurteilt. Gegen dieses Urteil hat der Angeklagte mit Verteidigerschriftsatz vom Revision eingelegt. Das schriftliche Urteil wurde mir am zugestellt. Ich habe die Revision form- und fristgerecht mit Verteidigerschriftsatz vom begründet. Die Stellungnahme des Generalbundesanwalts, auf das die vorliegend angegriffene Revisionsentscheidung Bezug nimmt, wurde mir entgegen § 349 Abs. 3 S. 1 StPO nicht mitgeteilt. Die Stellungnahme des Generalbundesanwalts habe ich nicht erhalten, was hiermit anwaltlich versichert wird. Der Angeklagte hatte somit keine Möglichkeit zum Verwerfungsantrag des Generalbundesanwalts Stellung zu nehmen. Der Angeklagte hätte eine Stellungnahme eingereicht und Folgendes dargelegt: . Daraus ergibt sich, dass das rechtliche Gehör in entscheidungserheblicher Weise verletzt wurde.

Der Beschluss des Bundesgerichtshofs vom in der vorliegenden Sache ist bei mir am in der Kanzlei eingegangen. Zur Glaubhaftmachung füge ich eine Kopie des Beschlusses samt Eingangsstempel bei und versichere das Eingangsdatum anwaltlich. Die Wochenfrist des § 356a StPO ist somit gewahrt und der Zeitpunkt der Kenntniserlangung glaubhaft gemacht.

Rechtsanwalt

Siehe auch: → *Revision, Allgemeines*, Teil A Rdn 2006, m.w.N.

Revision, Antrag auf Entscheidung des Revisionsgerichts 2037

Das Wichtigste in Kürze:

1. Gem. § 346 prüft das Tatgericht die Äußerlichkeiten der Fristwahrung des § 341 Abs. 1 und die Einhaltung der Formvorschrift des § 345 Abs. 2.
2. Verwirft der Tatrichter die Revision als unzulässig, kann der Revisionsführer nach § 346 Abs. 2 S. 1 binnen 1 Woche nach Zustellung des Verwerfungsbeschlusses auf die Entscheidung des Revisionsgerichts antragen.
3. Trifft ein Antrag auf Wiedereinsetzung in den vorigen Stand mit dem Antrag nach § 346 Abs. 2 zusammen, entscheidet über den Wiedereinsetzungsantrag gem. § 46 Abs. 1 das Revisionsgericht.

Literaturhinweise: **Burhoff**, Verteidigung im Revisionsverfahren, ZAP F. 22, S. 237; s. auch die Hinw. bei 2038
→ *Revision, Allgemeines*, Teil A Rdn 2006.

1.a) Die Befugnis des Tatrichters, eine Revision als unzulässig zu verwerfen, beschränkt sich auf die Fälle, in denen ein Beschwerdeführer die für die Einlegung und Begründung der Revision vorgeschriebenen Formen oder Fristen nicht gewahrt hat. Gem. **§ 346** prüft das **Tatgericht** nur die **Äußerlichkeiten** der Fristwahrung des § 341 Abs. 1 und die Einhaltung der Formvorschrift des § 345 Abs. 2 (BGH StraFo 2007, 421; NStZ-RR 2015, 288; 2016, 24). Das Tatgericht darf jedoch nicht darüber entscheiden, ob die Revision auch ansonsten zulässig ist, also insbesondere den Begründungsanforderungen des § 344 Abs. 2 genügt (BGH, a.a.O., *Meyer-Goßner/Schmitt*, § 346 Rn 2 m.w.N.). Auch die Befugnis zur Feststellung der Wirksamkeit einer Rechtsmittelrücknahme steht allein dem Revisionsgericht und nicht dem Tatrichter zu (zuletzt u.a. BGH NStZ-RR 2016, 24). 2039

b) Im Einzelnen hat das **Tatgericht** nur die folgenden Punkte zu **untersuchen**: 2040

- Wurde die Revision **innerhalb 1 Woche** nach der **Verkündung** der Entscheidung bzw. bei Abwesenheit des Betroffenen innerhalb 1 Woche nach **Zustellung** der Entscheidung eingelegt? Ist das nicht der Fall, verwirft das Tatgericht die Revision durch Beschluss als unzulässig.
- Sind die **Revisionsbegründungsfrist** des § 345 Abs. 1 und die **Förmlichkeiten** der **Revisionsbegründung** nach § 345 Abs. 2 **gewahrt**? Hinsichtlich der Förmlichkeiten prüft das Tatgericht nur, ob eine von dem Verteidiger oder einem Rechtsanwalt unterzeichnete Revisionsschrift vorliegt oder die Revisionsbegründung zu Protokoll der Geschäftsstelle (des Rechtspflegers) vorgenommen worden ist. Sind die Begründungsfrist und die Förmlichkeiten der Revisionsbegründung nicht ge-

wahrt, wird die Revision ebenfalls durch Beschluss als unzulässig verworfen (vgl. BGH, Beschl. v. 21.10.2013 – 5 StR 464/13; vgl. zu Form und Frist der Revisionseinlegung bzw. -begründung ausführlich → *Revision, Einlegung, Form*, Teil A Rdn 2114, → *Revision, Einlegung, Frist*, Teil A Rdn 2123, → *Revision, Begründung, Form*, Teil A Rdn 2054 und → *Revision, Begründung, Frist*, Teil A Rdn 2063; allgemein zu Form und Frist bei Rechtsmitteln → *Rechtsmittel/Rechtsbehelfe, Form. Allgemeines*, Teil A Rdn 1509 und → *Rechtsmittel/Rechtsbehelfe, Fristen, Allgemeines*, Teil A Rdn 1545, jew. m.w.N.).

- Ist **nach** der **tatrichterlichen Entscheidung** ein **Verfahrenshindernis** eingetreten? In diesem Fall stellt das Tatgericht das Verfahren gem. § 206a ein.

> ☝ Ein **vor** der **tatrichterlichen Entscheidung** eingetretenes und übersehenes Verfahrenshindernis ist hingegen erst vom Revisionsgericht zu berücksichtigen, wenn eine form- und fristgerecht eingelegte und zumindest mit der allgemeinen Sachrüge begründete Revision vorliegt.

2041 **2. Verwirft** der **Tatrichter** die **Revision** als **unzulässig**, kann der Revisionsführer nach § 346 Abs. 2 S. 1 binnen **1 Woche** nach Zustellung des Verwerfungsbeschlusses auf die Entscheidung des Revisionsgerichts antragen. Bei diesem Antrag handelt es sich um einen befristeten Rechtsbehelf eigener Art (BGHSt 16, 111, 118; *Burhoff* ZAP F. 22, S. 237, 240; *Burhoff*, HV, Rn 2251). Zu beachten sind bei der Antragstellung folgende

2042 **Zulässigkeitsvoraussetzungen**

- Der Antrag muss **schriftlich** gestellt werden, bedarf aber sonst keiner besonderen Form (BGHSt 11, 152, 154).
- Der Antrag ist bei dem Gericht **einzureichen**, das den Verwerfungsbeschluss erlassen hat. Dieses kann dem Rechtsbehelf jedoch nicht abhelfen, sondern hat die Akten dem Revisionsgericht vorzulegen (§ 346 Abs. 2 S. 2).
- **Antragsberechtigt** ist nur der Revisionsführer, dessen Revision als unzulässig verworfen worden ist. Der Verteidiger kann den Antrag aufgrund seiner Vollmacht stellen, auch wenn der Angeklagte selbst Revision eingelegt hat.

2043 **3.** Trifft ein **Antrag** auf **Wiedereinsetzung** in den vorigen Stand mit dem **Antrag** nach **§ 346 Abs. 2 zusammen**, gilt Folgendes: Über den Antrag auf Wiedereinsetzung in den vorigen Stand gegen die Versäumung der Frist für die Einlegung oder Begründung der Revision entscheidet gem. § 46 Abs. 1 das Revisionsgericht. Der Wiedereinsetzungsantrag kann mit dem Antrag nach § 346 Abs. 2 verbunden werden (s. auch *Burhoff* ZAP F. 22, S. 237, 240). Wiedereinsetzung ist aber auch noch nach Erlass und sogar noch nach Rechtskraft des Verwerfungsbeschlusses zulässig (BGHSt 25, 89, 91).

Für das **Zusammenspiel** des Wiedereinsetzungsantrags und des Antrags nach § 346 Abs. 2 muss der Verteidiger sich Folgendes vor Augen führen: Der Antrag auf Wiedereinsetzung ist dann begründet, wenn die Revisionseinlegungs- oder die Revisionsbegründungsfrist tatsächlich versäumt war. Der Antrag nach § 346 Abs. 2 greift hingegen dann durch, wenn diese Fristen nicht versäumt waren, der Tatrichter aber fälschlicherweise von Fristversäumung ausgegangen ist und deshalb die Revision als unzulässig verworfen hat.

In **Zweifelsfällen**, in denen der Verteidiger unsicher ist, ob eine Fristversäumung vorliegt oder nicht, **empfiehlt** es sich, sowohl einen Wiedereinsetzungsantrag als auch einen Antrag nach § 346 Abs. 2 zu stellen und **beide** zu begründen, indem die vorgetragenen Tatsachen glaubhaft gemacht werden.

4. Muster: Antrag auf Entscheidung des Revisionsgerichts 2044

A.18

An das

Landgericht

In dem Strafverfahren

gegen

wegen

Az.:

beantrage ich

die Entscheidung des Revisionsgerichts nach § 346 Abs. 2 StPO und die Aufhebung des Beschlusses des LG vom , mit dem die Revision als unzulässig verworfen wurde,

sowie hilfsweise

Wiedereinsetzung in den vorigen Stand wegen Versäumung der Frist zur Revisionsbegründung.

Begründung:

Entgegen der Ansicht des Landgerichts habe ich die Revisionsbegründung am fristgerecht per Telefax eingereicht. Das Faxprotokoll mit dem Sendungsvermerk Seiten „OK" füge ich bei. Die Revisionsbegründungsfrist endete am , da mir die schriftlichen Urteilsgründe ausweislich des anliegenden Empfangsbekenntnisses am zugestellt wurden.

Hilfsweise beantrage ich Wiedereinsetzung in den vorigen Stand, da eine etwaige Fristversäumung dem Angeklagten jedenfalls aus folgenden Gründen nicht zuzurechnen ist:

Rechtsanwalt

▲

Siehe auch: → *Rechtsmittel/Rechtsbehelfe, Allgemeines*, Teil A Rdn 1289, m.w.N.; → *Revision, Allgemeines*, Teil A Rdn 2006, m.w.N; → *Wiedereinsetzung in den vorigen Stand, Allgemeines*, Teil B Rdn 1479, m.w.N.

2045 Revision, Begründung, Allgemeines

Das Wichtigste in Kürze:

1. Die Revision muss gem. § 344 Abs. 1 begründet werden.
2. Gem. § 345 Abs. 2 muss eine schriftliche Revisionsbegründung von dem Verteidiger oder einem Rechtsanwalt ausgeführt und unterzeichnet sein.

2046 **Literaturhinweise:** **Barton**, Schadensersatzpflicht des Verteidigers bei fehlerhafter Revisionsbegründung, StV 1991, 322; *ders.*, Die Abgrenzung der Sach- von der Verfahrensrüge bei der klassischen und der erweiterten Revision in Strafsachen, JuS 2007, 977; **Beulke**, Rechtsmißbrauch im Strafprozeß – Eine Erwiderung auf *Pfister*, StV 2009, 554; **Dahs**, Das Schweigen des Verteidigers zu tatrichterlichen Verfahrensfehlern und die Revision, NStZ 2007, 241; **El-Ghazi**, Irrwege und Wege zur Abgrenzung von sach- und Verfahrensrüge, HRRS 2014, 350; **Geipel**, Markante Rechtsschutzmöglichkeiten im Strafprozess, StraFo 2010, 272; **Gribbohm**, Das Scheitern der Revision nach § 344 StPO, NStZ 1983, 97; **R. Hamm**, Die (Verfahrens-)Rüge in der (Sach-)Rüge, in: Festschrift für *Ruth Rissing van Saan* zum 65. Geburtstag, 2011, S. 195; **Hebbenstett**, Gedanken zur Alternativrüge, in: Festschrift für *Gunter Widmaier*, 2008, S. 267; **Herdegen**, Die Überprüfung der tatsächlichen Feststellung durch das Revisionsgericht aufgrund der Sachrüge, StV 1992, 527; *ders.*, Statement: Verteidigung und Wahrheitspflicht, 24. Herbstkolloquium 2007 der Arbeitsgemeinschaft Strafrecht des DAV, StraFo 2008, 137; **Hilger**, Über die neuere Rechtsprechung des BGH zu den absoluten Revisionsgründen der StPO, in: Festschrift für *Gunter Widmaier*, 2008, S. 277; **Jähnke**, Zur Abgrenzung von Verfahrens- und Sachrüge, in: Festschrift für *Lutz Meyer-Goßner*, 2001, S. 559; **Knauer**, Zur Wahrheitspflicht des Revisionsverteidigers, in: Festschrift für *Gunter Widmaier*, 2008, S. 291; **Küper**, Revisionsgerichtliche Sachprüfung ohne Sachrüge? Zur Prüfungskompetenz des Revisionsgerichts bei Änderung des materiellen Rechts, in: Festschrift für *Gerd Pfeiffer*, 1988, S. 425; **Nack**, Die Abfassung der Revisionsbegründung, in: Festschrift für *Egon Müller*, 2008, S. 519; **Neuhaus**, Zur Revisibilität strafprozessualer Soll-Vorschriften, in: Festschrift für *Rolf Dietrich Herzberg*, 2008, S. 871; **Peglau**, Revisionsbegründung zu Protokoll der Geschäftsstelle – Anforderungen und Wiedereinsetzungsfragen, Rpfleger 2007, 633; **Pfister**, Rechtsmißbrauch im Strafprozeß, StV 2009, 550; **Schäfer**, Die Abgrenzung der Verfahrensrüge von der Sachrüge, in: Festschrift für *Peter Rieß*, 2002, S. 477; **Ventzke**, Die Verständigung in der Revision – „… ist insoweit ersichtlich nichts erwiesen, StraFo 2012, 212; **Weidemann**, Verfahrens- und Sachrüge gegen Prozessurteile, in: Gedächtnisschrift für *Ellen Schlüchter*, 2002, S. 653; s. auch die Hinw. bei → *Revision, Allgemeines*, Teil A Rdn 2006.

2047 **1.a)** Die Revision muss gem. § 344 Abs. 1 begründet werden, d.h. es muss ein **Revisionsantrag** gestellt werden und aus der **Begründung** des **Antrags** muss hervorgehen, ob die

Sachrüge und/oder die Verfahrensrüge erhoben werden (BGH, Beschl. v. 31.8.2005 – 2 StR 359/05). Die Revisionsbegründungsfrist beträgt **1 Monat** (wegen der Einzelh. s. → *Revision, Begründung, Frist*, Teil A Rdn 2063).

☝ Der Revisionsführer muss beachten, dass nur eine **zulässige Revision** die Voraussetzung dafür schafft, dass ein vom Tatgericht **nicht berücksichtigtes Verfahrenshindernis** vom Revisionsgericht zur Aufhebung des Urteils und Einstellung des Verfahrens gem. § 206a Abs. 1 bzw. § 260 Abs. 3 herangezogen werden darf (BGHSt 22, 213; 23, 365, 367; 25, 259, 261; *Meyer-Goßner/Schmitt*, § 346 Rn 11 m.w.N.). Schon aus diesem Grund sollte der Verteidiger immer einen Revisionsantrag stellen und zumindest die allgemeine Sachrüge erheben. **Erst nach Erlass des tatrichterlichen Urteils** eingetretene Verfahrenshindernisse sind vom Revisionsgericht hingegen auch ohne zulässige Revision von Amts wegen zu berücksichtigen (BGHSt 22, 213).

b) Im **Revisionsantrag** ist anzugeben, **inwieweit** die Entscheidung des Tatgerichts **angefochten** und deren Aufhebung beantragt wird. Das Fehlen eines Antrags ist nach der Rspr. nur dann unschädlich, wenn das Ziel des Rechtsmittels aus der Revisionsbegründungsschrift ersichtlich ist (BGH NJW 2013, 3191; NStZ 1990, 96; JZ 1988, 367; StV 1981, 393; vgl. a. *Burhoff*, HV, Rn 2261). Die bloße Erklärung, die Revision sei „vollumfänglich" eingelegt, ist unzureichend, weil hieraus noch nicht einmal eine Sachrüge abgeleitet werden kann (BGH, Beschl. v. 1.8.2013 – 2 StR 242/13). 2048

☝ Erhebt der Revisionsführer **uneingeschränkt** die **Sachrüge**, so ist daraus im Regelfall zu entnehmen, dass er das Urteil insgesamt anficht (BGH NStZ-RR 2000, 38; StV 1981, 393; BGHR StPO § 344 Abs. 1 Antrag 1 und 4; vgl. a. BGH StraFo 2014, 26 m.w.N.). Aus **Gründen der Klarheit** sollte der Verteidiger auf jeden Fall auf einen ordnungsgemäßen Revisionsantrag achten. Bleibt nämlich unklar, was der Angeklagte mit seiner Revision erstrebt, kann dies im schlimmsten Fall zur Unzulässigkeit der Revision führen (BGH, Beschl. v. 9.12.2014 – 3 StR 308/14).

c) Die Begründung der Revision ist **unerlässlich**, sonst ist sie unzulässig. Zumindest muss sich der Anfechtungsgrund durch Auslegung aus der Begründungsschrift ermitteln lassen (BGH, Beschl. v. 3.12.2014 – 4 StR 512/14; vgl. *Gribbohm* NStZ 1983, 97 ff. m.w.N.). 2049

☝ Es können nur **Rechtsfehler** gerügt werden (vgl.§ 337). Die tatsächlichen Feststellungen werden vom Revisionsgericht grds. nicht überprüft. Die Begründung erfolgt durch die Erhebung der **Sachrüge** (s. → *Revision, Sachrüge, Allgemeines*, Teil A Rdn 2221 und/oder der **Verfahrensrüge** (s. → *Revision, Verfahrensrüge, Allgemeines*, Teil A Rdn 2307). Bei der Verfahrensrüge müssen die den Mangel enthaltenden Tatsachen angegeben werden. Besonders **vorsichtig** muss der Verteidiger sein, wenn er die tatrichterliche **Beweiswürdigung** angreifen will. Erschöpfen sich seine Ausführungen nämlich darin, dass er eine eigene Beweiswürdigung vornimmt, ist die Begründung unzureichend und die Revision wird als unzulässig verworfen (vgl. u.a. BGH NStZ 1991, 597; OLG Düsseldorf NStZ 1993, 99).

2050 **2.** Gem. § 345 Abs. 2 muss eine schriftliche Revisionsbegründung von dem **Verteidiger** oder einem **Rechtsanwalt** ausgeführt und **unterzeichnet** sein (zu den Einzelheiten → *Revision, Begründung, Form*, Teil A Rdn 2054; → *Rechtsmittel/Rechtsbehelfe, Form, Schriftlich*, Teil A Rdn 1531).

2051 Der **Angeklagte selbst** kann die Revision nicht schriftlich, sondern nur zu **Protokoll** der **Geschäftsstelle** begründen (zu den Einzelheiten → *Revision, Begründung, Form*, Teil A Rdn 2054; s. auch → *Rechtsmittel/Rechtsbehelfe, Form, Protokoll der Geschäftsstelle*, Teil A Rdn 1517).

2052 **3. (Allgemeines) Muster: Begründung einer Revision**

A.19

An das

Landgericht

In dem Strafverfahren

gegen

wegen

Az.:

stelle ich den Revisionsantrag,

das Urteil des LG vom aufzuheben.

Ich rüge die Verletzung förmlichen und sachlichen Rechts.

I. Verfahrensrügen

II. Sachrügen

Rechtsanwalt

4. Hinweise für den Verteidiger! 2053

- Der Revisionsantrag muss nur den **erstrebten Umfang** der **Urteilsaufhebung** (§ 353 Abs. 1) klarstellen. Er muss sich nicht auf die Folgeentscheidungen wie Zurückverweisung oder eigene Sachentscheidung nach § 354 beziehen (vgl. *Meyer-Goßner/Schmitt*, § 344 Rn 1).
- Zumeist wird in Schriftsatzmustern empfohlen, neben der Aufhebung des Urteils auch die **Zurückverweisung** an eine andere Kammer des LG bzw. an ein anderes LG desselben Bundeslandes zu beantragen. Ein solcher Zurückverweisungsantrag ist jedoch in den meisten Fällen nicht zweckmäßig. Gem. § 354 hat das Revisionsgericht nach einer Aufhebung des Urteils mehrere Möglichkeiten: Es kann in geeigneten Fällen gemäß § 354 Abs. 1 bis 1b in der Sache selbst entscheiden. Alternativ kommt die Zurückverweisung an eine andere Abteilung oder Kammer des Gerichts infrage, dessen Entscheidung aufgehoben wurde. Schließlich kann auch an ein anderes Gericht desselben Landes zurückverwiesen werden.

> ☝ Da das Revisionsgericht eine der in § 354 gesetzlich vorgeschriebenen Folgen wählen muss, wenn es das Urteil aufhebt, ist ein **Antrag** des **Verteidigers** insoweit **entbehrlich**. Grds. sollte deshalb, wenn der Verteidiger nicht ganz bewusst eine bestimmte Aufhebungsfolge beantragen möchte, dieser Punkt offen gelassen werden. Nicht selten können durch eine eigene Sachentscheidung des Revisionsgerichts für den Mandanten günstigere Ergebnisse erzielt werden, als bei einer Zurückverweisung. Hier sollte man dem Revisionsgericht durchaus etwas „freie Hand“ lassen.

Siehe auch: → *Rechtsmittel/Rechtsbehelfe, Allgemeines*, Teil A Rdn 1289, m.w.N.; → *Revision, Allgemeines*, Teil A Rdn 2006, m.w.N.

Revision, Begründung, Form 2054

Das Wichtigste in Kürze:

1. Die Form der Revisionsbegründung regelt § 345 Abs. 2.
2. Bei schriftlicher Begründung durch den Rechtsanwalt oder Verteidiger muss dieser im Zeitpunkt der Unterzeichnung bevollmächtigt sein und die volle Verantwortung für den Inhalt der Begründung übernehmen.
3. Der Angeklagte kann die Revision zu Protokoll der Geschäftsstelle begründen.
4. I.Ü. sind für die Begründung der Revision die (besonderen) Begründungsanforderungen für die Verfahrens- und die Sachrüge zu beachten.

Literaturhinweise: s. auch die Hinw. bei → *Revision, Begründung, Allgemeines*, Teil A Rdn 2046. 2055

2056 **1.** Die **Form** der Revisionsbegründung regelt **§ 345 Abs. 2**. Demnach muss die Revisionsbegründung **grds. schriftlich** durch eine von einem Rechtsanwalt oder dem in erster Instanz tätig gewesenen Verteidiger angefertigte und unterzeichnete Begründungsschrift erfolgen oder zu Protokoll der Geschäftsstelle erklärt werden. Dieses Formerfordernis erfüllt eine gewisse **Filterfunktion** (vgl. *Gribbohm* NStZ 1983, 97, 100), indem die Revision einer Vorprüfung durch eine rechtskundige Person unterzogen wird und auch von dieser ausgearbeitet werden muss. So soll dem Revisionsgericht grundloses und unverständliches Revisionsvorbringen erspart werden (BGHSt 32, 326; BGH NStZ 1987, 336).

2057 Die Revisionsbegründung kann per **Fernschreiben**, **Telegramm**, **Telefax, Computerfax** oder **elektronisches Dokument mit elektronischer Signatur** eingereicht werden. Es ergeben sich insoweit keine Abweichungen zu allgemeinen Grundsätzen für die Einlegung von Rechtsmitteln/der Revision (→ *Rechtsmittel/Rechtsbehelfe, Einlegung*, Teil A Rdn 1466; → *Rechtsmittel/Rechtsbehelfe, Form, Allgemeines*, Teil A Rdn 1509, m.w.N.; → *Revision, Einlegung, Form*, Teil A Rdn 2114). Die **Schriftform** ist nur gewahrt, wenn die Revisionsbegründung und ihre Anlagen **lesbar** sind (vgl. BGHSt 33, 44).

2058 **2.** Bei **schriftlicher Begründung** durch den Rechtsanwalt oder Verteidiger muss dieser im Zeitpunkt der Unterzeichnung bevollmächtigt sein (BGH NStZ 2001, 52). Ein späterer Nachweis der Vollmacht ist möglich. Ein Rechtsanwalt oder Verteidiger, der nur eine **Unterbevollmächtigung** eines Anwaltskollegen und keine rechtzeitig erteilte Vollmacht des Angeklagten besitzt, darf die Revisionsbegründung nicht eigenverantwortlich anfertigen und unterzeichnen (BGH StV 1981, 393; 1982, 213; NStZ 1996, 21 bei *Kusch*). Der Pflichtverteidiger muss die Revisionsbegründung stets selbst unterzeichnen und kann seine Befugnisse auch nicht auf einen Kanzleikollegen übertragen (BGH, Beschl. v. 16.12.2015 – 4 StR 473/15). Die Revisionsbegründung muss die eigenhändige und vollständige Unterschrift des Verteidigers tragen. Eine Paraphe oder ein Faksimilestempel genügen nicht (BGHSt 12, 317; vgl. ausführlich auch *Meyer-Goßner/Schmitt*, Einl. Rn 130). Der die Begründung unterzeichnende Verteidiger muss die **volle Verantwortung** für den Inhalt der Begründung übernehmen (BGH, Beschl. 2.7.2014 – 4 StR 215/14; BGH, Beschl. v. 23.4.2013 – 4 StR 104/13; BGH NJW 2012, 1748; NStZ-RR 2002, 309). Bestehen daran Zweifel, z.B. weil nur auf vom Angeklagten gefertigte Anlagen verwiesen oder Vorbringen des Angeklagten nur in den Schriftsatz eingerückt wird, ist die Begründung unzulässig (BGHSt 25, 272, 273; NJW 1984, 2480; NStZ 1984, 563; 1987, 336; 1997, 45; 2000, 211; NStZ-RR 2006, 84; BGH, Beschl. v. 7.4.2010 – 2 StR 153/09). Der Verteidiger sollte deshalb alle **Formulierungen** vermeiden, aus denen abgeleitet werden könnte, dass er nicht eigenverantwortlicher Verfasser der Begründung ist (vgl. → *Rechtsmittel/Rechtsbehelfe, Form, schriftlich*, Teil A Rdn 1534). Unbedenklich ist es, eine von den Verteidigern **mehrerer Angeklagter** ausgearbeitete und unterschriebene **einheitliche Revisionsbegründung** einzureichen, sofern sich aus dem Schriftsatz ergibt, dass diese von jedem Verteidiger für seinen jeweiligen Mandanten mitverantwortet wird (BGH NStZ 1998, 99).

☝ Hat einer von **mehreren Wahlverteidigern** die von einem anderen Wahlverteidiger verfasste Begründungsschrift nur mit „i.V." oder „für" unterzeichnet, ist umstritten, ob die Revisionsbegründung wegen Formverstoßes unwirksam ist (vgl. zu dieser Problematik BVerfG NJW 1996, 713; BVerfG, Beschl. v. 7.12.2015 – 2 BvR 767/15 m.w.N.; BGHSt 59, 284; *Meyer-Goßner/Schmitt*, § 345 Rn 16; vgl. auch *Burhoff*, HV, Rn 591 [Berufung]).

3.a) Der **Angeklagte** (auch der verteidigte) kann die Revision zu **Protokoll** der **Geschäftsstelle** begründen (vgl. dazu allgemein → *Rechtsmittel/Rechtsbehelfe, Form, Protokoll der Geschäftsstelle*, Teil A Rdn 1517 ff.). Diese Möglichkeit besteht selbst dann, wenn der Verteidiger bereits eine Revisionsbegründung abgegeben hat (BeckOK-StPO/*Wiedner*, § 345 Rn 29). **2059**

☝ Der **Verteidiger** bzw. Rechtsanwalt kann die Revisionsbegründung **nicht** zu Protokoll der Geschäftsstelle erklären (*Meyer-Goßner/Schmitt*, § 345 Rn 9 m.w.N.).

b) Bei der zu Protokoll der Geschäftsstelle erklärten Begründung der Revision soll sichergestellt werden, dass der Inhalt der Begründung von sachkundiger Seite stammt und deshalb gesetzmäßig und sachgerecht ist (BGHSt 25, 272; BGH NStZ 1987, 336). Der **Urkundsbeamte** der Geschäftsstelle muss sich deshalb an der Anfertigung der Revisionsbegründung **gestaltend beteiligen** und die **Verantwortung** für ihren Inhalt **übernehmen**. Lässt er sich den Inhalt der Revisionsbegründung lediglich vom Angeklagten diktieren oder beschränkt er sich darauf, einen vom Angeklagten überreichten Schriftsatz abzuschreiben, wird die Revision unzulässig (BGH NStZ-RR 1997, 8; *Meyer-Goßner*, § 345 Rn 21 m.w.N.). Der Urkundsbeamte darf nicht bloße Schreibkraft des Erklärenden sein und von diesem vorgegebene Rügen ungeprüft übernehmen (vgl. *Meyer-Goßner/Schmitt*, § 345 Rn 21; SSW-StPO/*Widmaier/Momsen*, § 345 Rn 38 jew. m.w.N.; zuletzt a. BGH, Beschl. v. 17.12.2105 – 4 StR 483/15). **2060**

c) Zuständig für die Aufnahme der Revisionsbegründung als Urkundsbeamter ist der Rechtspfleger (§ 24 RPflG) bei dem Gericht, dessen Urteil angefochten wird. Die Beurkundung durch eine hierzu nicht berufene Person oder durch die Geschäftsstelle eines unzuständigen Gerichts führen zur Unwirksamkeit der Revisionsbegründung (BGH NStZ 1994, 25 bei *Kusch*). **2061**

☝ Für den **inhaftierten Angeklagten** gilt eine Ausnahme: Er kann die Revisionsbegründung auch zu Protokoll der Geschäftsstelle des Amtsgerichts erklären, in dessen Bezirk die Justizvollzugsanstalt liegt, in der er verwahrt wird (§ 299 Abs. 1).

2062 **4.** I.Ü. sind für die Begründung der Revision die **(besonderen) Begründungsanforderungen** für die Verfahrens- und die Sachrüge zu beachten (s. hierzu → *Revision, Sachrüge, Allgemeines*, Teil A Rdn 2221 und → *Revision, Verfahrensrüge, Allgemeines*, Teil A Rdn 2307).

Siehe auch: → *Rechtsmittel/Rechtsbehelfe, Allgemeines*, Teil A Rdn 1289, m.w.N.; → *Revision, Allgemeines*, Teil A Rdn 2006, m.w.N.

2063 Revision, Begründung, Frist

Das Wichtigste in Kürze:

1. Die Begründungsfrist der Revision regelt § 345 Abs. 1.
2. Zur Fristwahrung ist bei schriftlicher Begründung der Revision erforderlich, dass die Revisionsbegründungsschrift innerhalb der Monatsfrist bei dem zuständigen Gericht eingegangen ist.
3. Die Frist für die Revisionsbegründung läuft nicht, wenn die zugestellte Urteilsausfertigung unvollständig ist.
4. Bei Nichteinhaltung der Revisionsbegründungsfrist hat das Tatgericht das Rechtsmittel durch Beschluss als unzulässig zu verwerfen. Es kommt ggf. Wiedereinsetzung in den vorigen Stand in Betracht. Ist die Verfahrensrüge zwar erhoben, aber nicht ordnungsgemäß ausgeführt, kommt eine Wiedereinsetzung in den vorigen Stand grds. nicht in Betracht. Auch ein Nachschieben von Verfahrensrügen wird i.d.R. als nicht zulässig angesehen.

2064 **Literaturhinweise:** **Ventzke**, Anmerkung zu *BGH*, Beschl. v. 12.3.1996 – 1 StR 710/95, StV 1997, 227; s. auch die Hinw. bei → *Revision, Allgemeines*, Teil A Rdn 2006, bei → *Revision, Begründung, Allgemeines*, Teil A Rdn 2046 und bei → *Revision, Verfahrensrüge, Allgemeines*, Teil A Rdn 2308.

2065 **1.a)** Die **Begründungsfrist** der Revision regelt § 345 Abs. 1. Sie beträgt **1 Monat** und beginnt nach Ablauf der Frist zur Einlegung des Rechtsmittels (§ 345 Abs. 1 S. 1). Falls zu dieser Zeit das Urteil noch nicht zugestellt war, beginnt die Revisionsbegründungsfrist mit der Zustellung des Urteils (§ 345 Abs. 1 S. 2; s.a. → *Rechtsmittel/Rechtsbehelfe, Fristen, Fristberechnung*, Teil A Rdn 1560).

☝ Eine **Verlängerung** der **Revisionsbegründungsfrist** gibt es im Strafverfahren – im Gegensatz zu allen anderen Verfahrensordnungen – **nicht** (BGH NStZ 1988, 20 [Pf/M]; OLG Düsseldorf NStZ 1984, 91; krit. *Geipel* StraFo 2011, 9).

2066 Hat die **HV** in **Anwesenheit** des **Angeklagten** stattgefunden, **beginnt** mit der **Verkündung** des **Urteils** die 1-wöchige Einlegungsfrist der Revision. Da aber überwiegend die Zustellung des in der HV verkündeten Urteils erst nach Ablauf dieser 1 Woche erfolgt, beginnt die 1-monatige Begründungsfrist für die Revision erst mit der Zustellung des Urteils. Nur falls ausnahmsweise das Urteil binnen 1 Woche nach der Verkündung zugestellt sein sollte, schließt sich an die Einlegungsfrist nahtlos die Begründungsfrist von 1 Monat an. Ein solcher nahtloser Übergang von der Einlegungs- zur Begründungsfrist ergibt sich auch, wenn das zugestellte Urteil in **Abwesenheit** des **Angeklagten** ergangen ist. Hier muss binnen 1 Woche nach Zustellung des Urteils zunächst Revision eingelegt werden und diese anschließend innerhalb 1 Monats (nicht etwa nur 4 Wochen!) begründet werden, gerechnet ab dem Ende der Wochenfrist (nicht ab der tatsächlichen Einlegung der Revision!). Der Angeklagte und sein Verteidiger haben also 1 Woche plus 1 Monat Zeit (vgl. BGHSt 36, 241).

b)aa) Die **Berechnung** der Wochen- und Monatsfrist richtet sich nach § 43 (s.a. → *Rechtsmittel/Rechtsbehelfe, Fristberechnung*, Teil A Rdn 1560). **2067**

Ist das Urteil an den **Angeklagten** und an den **Verteidiger** in gleicher Weise zugestellt worden, ist nach § 37 Abs. 2 die **letzte Zustellung** maßgebend, es sei denn, dass bei der zweiten Zustellung die durch die erste Zustellung in Gang gesetzte Frist bereits abgelaufen war (BGHSt 34, 371; OLG Düsseldorf StV 1996, 473; *Meyer-Goßner*, § 37 Rn 29; s.a. → *Rechtsmittel/Rechtsbehelfe, Fristen, Fristberechnung*, Teil A Rdn 1560; → *Rechtsmittel/Rechtsbehelfe, Zustellung, Allgemeines*, Teil A Rdn 1845). Dasselbe gilt, wenn das Urteil an **mehrere Verteidiger** zugestellt worden ist (BGH, Beschl. v. 1.6.2015 – 4 StR 21/15). Wird allerdings an denselben Empfangsberechtigten mehrfach zugestellt, kommt es nur auf die erste Zustellung an (BGH NJW 1978, 60). Bei **mehreren Angeklagten** beginnt die Revisionsbegründungsfrist für jeden gesondert zu laufen und richtet sich nach der jeweiligen Zustellung an den Angeklagten und/oder seinen Verteidiger (BGH, Beschl. v. 2.11.2010 – 1 StR 544/09). **2068**

bb) Die **Zustellung** des Urteils muss **wirksam** sein, d.h. gem. § 36 auf richterliche Anordnung ergehen (vgl. näher hierzu KK-StPO/*Maul*, § 36 Rn 2; aus der Rspr. zuletzt BGH NJW 2014, 1686 m. Anm. *Burhoff* StRR 2014, 342; NStZ 2011, 591; OLG Bamberg StraFo 2010, 468; DAR 2011, 401; OLG München NStZ-RR 2010, 15 [Ls.]) und an einen Verteidiger erfolgen, dessen Vollmacht sich bei den Akten befindet oder zu Protokoll erklärt worden ist. Fehlt es an der entsprechenden Zustellungsbevollmächtigung des Verteidigers, wird durch die Zustellung an ihn die Revisionsbegründung nicht in Gang gesetzt, selbst wenn er in der HV für den Angeklagten aufgetreten ist (BGH NStZ-RR 2009, 144). **2069**

☝ Hat der Verteidiger eine Vollmacht zu den Akten gereicht, die eine **Zustellungsermächtigung** nach § 145a enthält, setzt die Zustellung der Entscheidung nur an den Angeklagten gleichwohl die Frist in Lauf. Dies sogar auch dann, wenn der Verteidiger nicht gem. § 145a Abs. 3 benachrichtigt worden ist. § 145a enthält nur eine Zustellungsermächtigung, begründet aber keine Pflicht zur Zustellung an den Verteidiger (vgl. BayObLG NJW 1993, 150; OLG München StV 2011, 86). Dies muss der Verteidiger beachten und seinen **Mandanten anhalten**, ihn sofort zu **benachrichtigen**, sobald er eine Zustellung erhält, da sonst die 1-monatige Begründungsfrist für die Revision leicht versäumt werden kann.

2070 **2.** Zur **Fristwahrung** ist bei schriftlicher Begründung der Revision erforderlich, dass die Revisionsbegründungsschrift **innerhalb** der **Monatsfrist** bei dem zuständigen Gericht **eingegangen** ist. Der Eingang bei einer für das zuständige Gericht gebildeten gemeinsamen Eingangsstelle genügt (s.a. → *Rechtsmittel/Rechtsbehelfe, Fristen, Fristwahrung*, Teil A Rdn 1573). Das **zuständige Gericht** ist wie bei der Revisionseinlegung das Gericht, dessen Urteil angefochten wird, nicht das Revisionsgericht. Die Begründung der Revision erfolgt durch die Erhebung von Verfahrens- und/oder Sachrügen (Einzelh. hierzu s. → *Revision, Sachrüge, Allgemeines*, Teil A Rdn 2221 bzw. → *Revision, Verfahrensrüge, Allgemeines*, Teil A Rdn 2307).

☝ Es empfiehlt sich, die Begründung der Revision **vorab mittels Telefax** vorzunehmen und den Schriftsatz anschließend per Boten oder Post an das Gericht zu senden. Auf diese Weise kann zumindest durch den Faxbericht nachgewiesen werden, dass der Schriftsatz bei Gericht eingegangen sein muss.

2071 **3.** Die **Frist** für die Revisionsbegründung **läuft nicht**, wenn die zugestellte **Urteilsausfertigung unvollständig** ist (BGHSt 26, 247; BayObLG StraFo 1997, 248; → *Rechtsmittel/Rechtsbehelfe, Fristen, Allgemeines*, Teil A Rdn 1545, m.w.N.; s.a. *Burhoff*, HV, Rn 3623 ff.). Wurde die 1-wöchige Einlegungsfrist des § 341 ohne Verschulden des Betroffenen versäumt und ist ihm deshalb Wiedereinsetzung in den vorigen Stand gewährt worden, beginnt die Begründungsfrist erst mit der Zustellung des Wiedereinsetzungsbeschlusses (BGHSt 30, 335 = NJW 1982, 1110; BayObLG wistra 1994, 159). Auch wenn der Tatrichter die Revision durch Beschluss als unzulässig verworfen hat, diese Entscheidung aber vom Revisionsgericht nach § 346 Abs. 2 aufgehoben wird, beginnt die Begründungsfrist erst mit der Zustellung des Beschlusses des Revisionsgerichts, da erst mit diesem Klarheit über den weiteren Fristenlauf besteht (BayObLG StraFo 1997, 248; s. auch noch → *Wiedereinsetzung in den vorigen Stand, Allgemeines*, Teil B Rdn 1479, m.w.N.).

2072 **4.a)** Bei **Nichteinhaltung** der **Revisionsbegründungsfrist** hat das Tatgericht das Rechtsmittel durch Beschluss als unzulässig zu verwerfen. Die **Wiedereinsetzung** in den vorigen **Stand** ist bei Versäumung der Revisionsbegründungsfrist unter den Voraussetzungen des § 44 möglich, wenn innerhalb der Monatsfrist des § 345 Abs. 1 überhaupt keine Begründung abgegeben wurde (vgl. BGH NStZ 2015, 282 = StV 2015, 442; NStZ-RR 2012, 316). Hierbei hat der Angeklagte ein Verteidigerverschulden i.d.R. nicht zu vertreten (OLG Düsseldorf VRS 88, 277; s. auch noch → *Wiedereinsetzung in den vorigen Stand, Allgemeines*, Teil B Rdn 1479, m.w.N).

b) Problematisch ist es, wenn einzelne Rügen ausgeführt sind, aber **Berichtigungen** oder **Ergänzungen** vorgenommen werden sollen (vgl. *Dahs*, RV, Rn 555; zu allem auch *Burhoff*, HV, Rn 2282 ff.). Denkbar sind dabei sind folgende – im Ergebnis in Rspr. und Lit. gleich behandelte – 2073

Fallgestaltungen: 2074

- Die **Sachrüge** ist **erhoben**, der Revisionsführer will aber **nach Fristablauf noch zusätzlich Verfahrensrügen** erheben. In diesem Fall ist die die Revision bereits durch die (allgemeine) Sachrüge formgerecht begründet, sodass dem Angeklagten, der mit seinem Verteidiger in der HV anwesend war, Wiedereinsetzung in den vorigen Stand grds. nicht bewilligt werden kann (BGHSt 1, 44; 14, 330, 333; 26, 335, 338; BGH NJW 2008, 2356; OLG Hamm StV 1988, 55 L; OLG Nürnberg NJW 2007, 937 [Ls.]).
- Es ist eine **Verfahrensrüge erhoben**, der Revisionsführer will aber **nach Fristablauf noch weitere Verfahrensrügen** nachschieben. In diesem Fall ist die Revision ebenfalls bereits formgerecht begründet, mit der Folge, dass weitere Verfahrensrügen grds. nicht nachgeschoben (BGH NStZ 1996, 353; NStZ-RR 1996, 201 und 233) oder die bereits erhobenen Verfahrensrügen ergänzt (BGH NStZ 1985, 181) werden können.
- Die **Verfahrensrügen** sind in **nicht zulässiger Form** erhoben und der Revisionsführer will dies **korrigieren**. Hier liegt eine formgerechte Begründung zwar nicht vor, gleichwohl kommt aber auch bei nicht ordnungsgemäß ausgeführten Verfahrensrügen nach der Rechtsprechung eine Wiedereinsetzung in den vorigen Stand grds. nicht in Betracht (BGHSt 31, 161; BGH NStZ 1985, 181; StraFo 2005, 299; OLG Köln NStZ-RR 1996, 212). Die Revision ist vielmehr als unzulässig zu verwerfen.
- Es sind **nur Verfahrensrügen erhoben** und der Revisionsführer will **nach Fristablauf** die **Sachrüge nachschieben**. Auch eine neben einer Verfahrensrüge noch nicht erhobene Sachrüge kann grds. nicht nachgeschoben werden (OLG Köln NStZ-RR 1996, 212).

c) Ausnahmen lässt die (uneinheitliche) Rechtsprechung jedoch zu, wenn in besonders gelagerten Einzelfällen der Revisionsführer durch **äußere Umstände** oder durch **Maßnahmen des Gerichts** an der rechtzeitigen Revisionsbegründung gehindert worden ist (vgl. BGHSt 55, 62, 64; BGH NStZ 1997, 46 [Ls.]; 2008, 705, 706; 2015, 282 = StV 2015, 442; wistra 1993, 347; *Ventzke*, StV 1997, 229). Insoweit gilt: 2075

Ergänzungen pp. **ausnahmsweise zugelassen** 2076

- Verzögerung der **Postbeförderung** (BGHSt 14, 330; BGH NStZ 1981, 110; 1984, 34),
- **Ausfall** des **Telefaxgeräts** des Gerichts (BGH wistra 2005, 344; NStZ 2008, 705; KG NStZ-RR 2007, 24),
- Unmöglichkeit oder Verweigerung der **Akteneinsicht** während des Laufs der Revisionsbegründungsfrist des § 345 Abs. 1 (BGH NStZ 1984, 418; NStZ-RR 1997, 302 [Ls.]; StV 2005, 9 [Ls.]; OLG Jena StV 2006, 461 [Ls]; *Burhoff*, HV, Rn 2282 ff.),

☝ Soll geltend gemacht werden, dass die **fehlende Akteneinsicht** die formgerechte Erhebung einer Verfahrensrüge verhindert habe, muss gleichwohl innerhalb der Revisionsbegründungsfrist die Rüge so genau mitgeteilt werden, wie dies ohne Akteneinsicht möglich ist (BGH NStZ-RR 2015, 67 [Ci/Ni]; wistra 1995, 347) und des Weiteren muss dargelegt werden, inwieweit der Revisionsführer an der ordnungsgemäßen Begründung seiner Rüge durch die fehlende Akteneinsicht gehindert war (BGH NStZ 1997, 45; NStZ-RR 2004, 226 [Be]; 2010, 210; vgl. auch *Burhoff* StV 1997, 432, 437).

- **Unmöglichkeit** des **Zugriffs** auf die **eigenen Akten** (BGH NStZ 2008, 525),
- **Erkrankung** des Verteidigers (BGH NStZ 1985, 204 bei [Pf/M]),
- **Fehlen** der **Unterschrift** des Verteidigers (BGHSt 31, 161),
- Fehler des Büros des Verteidigers (BGH NStZ-RR 2001, 259 [Be]; 2005, 257 [Be]).

2077 Ergänzungen pp. **abgelehnt**, bei

- **Nichtmitgabe** der **Akten** in das Büro des Verteidigers (BGH NStZ 1985, 13 bei [Pf/M]; NStZ-RR 1998, 258 [K]),
- **fehlender Anmahnung**, das **Akteneinsichtsgesuch** zu erledigen (BGH NStZ 1985, 492; 2000, 326),
- fehlenden oder **unzureichenden Bemühungen** um Akteneinsicht (BGH NStZ-RR 2006, 2 bei Becker; BayObLG NStZ-RR 2004, 82),
- dem Ersuchen eines **nachträglich beauftragten Verteidigers**, ihm Wiedereinsetzung zur Anbringung von Verfahrensrügen zu gewähren (BGH StV 1999, 198 L; StraFo 2005, 25),
- der **fristgerechten Einlegung** einer **Sachrüge** durch den ersten Verteidiger und der Versäumung der Frist zur Erhebung von Verfahrensrügen durch den zweiten Verteidiger (BGH StraFo 2008, 423).

Siehe auch: → *Rechtsmittel/Rechtsbehelfe, Allgemeines*, Teil A Rdn 1289, m.w.N.; → *Revision, Allgemeines*, Teil A Rdn 2006, m.w.N; → *Wiedereinsetzung in den vorigen Stand, Allgemeines*, Teil B Rdn 1479.

2078 Revision, Beruhensprüfung

2079 **Literaturhinweise: Herdegen**, Die Beruhensfrage im strafprozessualen Revisionsrecht, NStZ 1990, 513; **Niemöller**, Beruhensprüfung bei Verfahrensfehlern, NStZ 2015, 489; **Radtke**, Anmerkung zum Urteil des BGH vom 10.7.2013 (2 StR 195/12, NStZ 2013, 667) – Zur Rechtsprechung zur Protokollrüge, NStZ 2013, 669; s. auch die Hinw. bei → *Revision, Allgemeines*, Teil A Rdn 2006.

1.a) Gem. § 337 ist die Revision nur dann begründet, wenn das Urteil auf einer Verletzung des Gesetzes **beruht**. Das ist immer dann der Fall, wenn das Urteil ohne die verfahrens- oder sachlich-rechtliche Gesetzesverletzung **möglicherweise** anders ausgefallen wäre (st. Rspr., s.u.a. BGHSt 22, 278, 280; vgl. auch *Meyer-Goßner/Schmitt*, § 337 Rn 37 m.w.N.). 2080

☝ Es genügt also die **Möglichkeit** einer **Kausalität** zwischen dem Rechtsfehler und dem Schuld- oder Rechtsfolgenausspruch (vgl. auch *R. Hamm*, Revision, Rn 517). Das Beruhen i.S.d. § 337 liegt dementsprechend nur dann nicht vor, wenn die Möglichkeit, dass das Urteil durch den Rechtsfehler beeinflusst sein könnte, ausgeschlossen werden kann oder rein theoretisch ist (BGHSt 14, 265, 268; 18, 290, 295; 36, 119, 123; BGH NJW 1988, 1223, 1224 m.w.N.).

b) In den Fällen der **absoluten Revisionsgründe** gem. **§ 338 Nr. 1 bis 7** wird das Beruhen des Urteils auf dem jeweiligen Verfahrensverstoß dem Gesetzeswortlaut zufolge **unwiderlegbar vermutet** („*stets auf einer Verletzung des Gesetzes beruhend anzusehen*"). Diese vermeintliche unwiderlegbare Vermutung hat die Rechtsprechung in einzelnen Fällen jedoch auch schon durchbrochen (vgl. BGH NStZ 2006, 713; 2007, 352; StV 2011, 211 m. Anm. *Kudlich*; NStZ-RR 2003, 5; BGHR § 338 Beruhen 1). Zudem ist zu beachten, dass der „absolute Revisionsgrund" des **§ 338 Nr. 8** nicht in die Vorschrift passt, da er darauf abstellt, dass „die Verteidigung in einem für die Entscheidung wesentlichen Punkt" unzulässig beschränkt worden sein muss. Diese Formulierung hat zur Folge, dass das „Beruhen", d.h. die Kausalität zwischen Rechtsverletzung und Urteilsspruch eben doch nachgewiesen werden muss und entgegen dem sonstigen Wortlaut des § 338 gerade nicht unwiderlegbar vermutet wird. 2081

c) Liegt kein absoluter, sondern nur ein **relativer Revisionsgrund** gem. **§ 337** vor, wird das Beruhen nicht vermutet, sondern muss von Amts wegen geprüft werden (s. *Herdegen*, NStZ 1990, 513, 517; zur Beruhensprüfung bei Verfahrensfehlern s. *Niemöller* NStZ 2015, 489). Hierbei hat das Revisionsgericht die Frage zu beantworten, ob überzeugende Gründe für die Annahme bestehen, dass das rechtsfehlerhaft zustande gekommene Urteil auch bei rechtsfehlerfreiem Verlauf des Verfahrens bzw. bei rechtsfehlerfreier sachlichrechtlicher Begründung genauso ausgefallen wäre (vgl. BGH StV 2010, 193; *Hamm*, Revision, Rn 522). Der von der Revision gerügte Rechtsfehler darf sich also im konkreten Fall in keiner nur denkbaren Weise ausgewirkt haben können. 2082

Rechtsprechungsbeispiele: 2083

- Wird ein **aussageverweigerungsberechtigter Zeuge** nicht oder nicht zutreffend nach § 52 belehrt, beruht das Urteil nicht auf diesem Rechtsfehler, wenn davon auszugehen ist, dass der Zeuge auch bei ordnungsgemäßer Belehrung in gleicher Weise ausgesagt hätte (BGH StV 2002, 3).

- Wird die **unterbrochene HV** unter Verstoß gegen § 229 Abs. 1 und Abs. 4 (3-Wochen-Frist) nicht ordnungsgemäß fortgesetzt, beruht das angefochtene Urteil regelmäßig auf diesem Verfahrensfehler (BGHSt 23, 224, 225; BGH NStZ 1992, 550, 551; 2008, 28; StV 1995, 623, 624; 1996, 3019, 3020).
- Verstößt das Gericht gegen die **Mitteilungspflichten gem. § 243 Abs. 4** zu Erörterungsgesprächen (§§ 202a, 212) mit dem Ziel der Verständigung (§ 257c), liegt zwar kein absoluter Revisionsgrund gem. § 338 Nr. 6 vor (BGH NStZ 2013, 724; 2014, 221, 222), allerdings wird ein Beruhen des Urteils auf einem solchen Verstoß der Mitteilungs- und Dokumentationspflichten nach der verfassungsgerichtlichen Rechtsprechung regelmäßig anzunehmen sein (BVerfG NJW 2013, 1058, 1067 Rn 98). Das Beruhen kann nur ausnahmsweise entfallen, wenn sicher auszuschließen ist, dass das Aussageverhalten des Angeklagten durch die nicht ordnungsgemäße Mitteilung beeinflusst worden sein könnte (zur Beruhensprüfung in den Fällen u.a. auch BGH NJW 2015, 645; NStZ 2014, 416 m. Anm. *Deutscher* StRR 2015, 142; NStZ 2015, 232 m. Anm. *Burhoff* StRR 2015, 140; 2015, 353 m. Anm. *Feldmann*; Beschl. v. 16.9.2015 – 5 StR 364/15).
- Auf der **fehlerhaften Bescheidung** eines **Beweisantrags** beruht das Urteil regelmäßig, denn diesem Bescheid kommt eine wichtige Informationsfunktion zu, die sicherstellen soll, dass sich der Angeklagte vom Standpunkt des Gerichts unterrichten und auf die entstandene Prozesslage einstellen kann (BGHSt 40, 60, 63; 19, 24, 26; BGH NJW 1985, 76, 77; NStZ 1982, 213; 1997, 286; StV 1990, 246; wistra 2010, 410, 412). Ausnahmsweise beruht das Urteil jedoch nicht auf einer fehlerhaften Beweisantragsbescheidung, wenn aufgrund der eindeutigen Beweislage offensichtlich ist, dass ein Nachweis der im Beweisantrag thematisierten Beweistatsache an dem vom Gericht gefundenen Beweisergebnis nichts zu ändern vermocht hätte (BGH NStZ 2014, 168, 169; StraFo 2008, 29) und die Verteidigungsmöglichkeiten des Angeklagten hierdurch nicht eingeschränkt wurden (BGH NJW 1997, 2762, 2764; NStZ 1997, 286; StraFo 2007, 35; NStZ-RR 2010, 211, 212).
- Bei Verfahrensfehlern im Zusammenhang mit einer **Verständigung gem. § 257c** wird das Beruhen des Urteils hierauf nach der Rechtsprechung des BVerfG nur noch in seltenen Ausnahmefällen auszuschließen sein (BVerfG NJW 2013, 1058, 1067 Rn 97). Verstöße gegen die Mitteilungs- und Dokumentationspflichten zum Verständigungsinhalt gem. § 257c Abs. 3 oder gegen die Belehrungspflichten gem. § 257c Abs. 5 sind in die Nähe eines absoluten Revisionsgrundes gerückt worden (*Radtke* NStZ 2013, 669), sodass das Beruhen bei entsprechenden Verstößen unterstellt wird und nur noch ausnahmsweise widerlegt werden kann. Ein Beruhen wird nur dann auszuschließen sein, wenn sich zweifelsfrei aufgrund konkreter Tatsachen feststellen lässt, dass der Angeklagte sich auch bei ordnungsgemäßer Belehrung über die Folgen der Verständigung und bei vollständiger Mitteilung der Verständigungs-

inhalte prozessual nicht anders als geschehen verhalten hätte (BVerfG NJW 2013, 1058, 1067 Rn 99, 1071; BGHSt 59, 172; NStZ 2013, 727; 2013, 728).

2. Der Revisionsführer muss **zur Beruhensfrage keine Ausführungen** machen. § 344 Abs. 2 S. 2 schreibt nur vor, dass die den Mangel, d.h. den Rechtsfehler enthaltenen Tatsachen angegeben werden müssen. Gleichwohl empfiehlt es sich, die Möglichkeit eines kausalen Zusammenhangs zwischen dem gerügten Rechtsfehler und dem Urteil aufzuzeigen, da andernfalls die Gefahr besteht, dass dieser vom Revisionsgericht nicht erkannt und deshalb die Revision verworfen wird. 2084

☝ Zu beachten ist außerdem, dass der Verteidiger nach der Rspr. gehalten ist, **alle Tatsachen vorzutragen**, die für die Prüfung der Beruhensfrage benötigt werden (BGH NStZ 1996, 400). Das gilt vor allem bei **Besonderheiten** im **Verfahrensablauf** (BGH NStZ 1998, 369; KG StV 2000, 198 m.w.N.).

Siehe auch: → *Rechtsmittel/Rechtsbehelfe, Allgemeines*, Teil A Rdn 1289, m.w.N.; → *Revision, Allgemeines*, Teil A Rdn 2006, m.w.N.

Revision, Beschränkung 2085

Literaturhinweise: s. die Hinw. bei → *Revision, Allgemeines*, Teil A Rdn 2006. 2086

1. Eine **Beschränkung** der Revision auf **abtrennbare Teile ist möglich**. Das ergibt sich aus § 344 Abs. 1, der bestimmt, dass der Revisionsführer anzugeben hat, „inwieweit" er das Urteil anfechte. Voraussetzung der Beschränkung ist, dass eine selbstständige Prüfung und rechtliche Beurteilung des Teils möglich ist, auf den sich die Revision nach der Beschränkung noch beziehen soll (st. Rspr. des BGH nach der sog. **Trennbarkeitsformel**, s. BGHSt 5, 252; 10, 101; 16, 239; 19, 48; 21, 258; 22, 217; 24, 187; 27, 72; 29, 364; 41, 59; BGH NStZ 2016, 105; 2012, 588; NStZ-RR 2014, 58; 2009, 148; 2014, 58; 108). Hat der Tatrichter den Angeklagten wegen mehrerer rechtlich selbstständiger Taten verurteilt, sind die einzelnen Taten ebenfalls grds. selbstständig anfechtbar (vgl. BGHSt 21, 256; 24, 185; zur Beschränkung s. auch → *Berufung, Beschränkung, Allgemeines*, Teil A Rdn 227). Der Schuldspruch hinsichtlich einer einheitlichen Tat oder mehrerer in Tateinheit stehender Taten ist demgegenüber unteilbar (BGHSt 6, 230; 19, 48; 21, 258; 43, 149). 2087

☝ Ist eine **selbstständige Prüfung** des nach der Beschränkung verbleibenden Teils **nicht möglich**, ist die **Beschränkung unwirksam** (vgl. hierzu z.B. BGH NStZ-RR 2014, 58). Diese Frage hat das Revisionsgericht von sich aus zu prüfen (vgl. BGHSt 19, 46, 48; 29, 359, 364; BGH NJW 1980, 1807; OLG Frankfurt/Main NStZ-RR 2015, 150; OLG Bamberg, Urt. v. 25.6.2013 – 3 Ss 36/13).

Bei wirksamer Beschränkung erwächst der nicht angefochtene Teil in **Teilrechtskraft** (*Meyer-Goßner/Schmitt*, § 344 Rn 7b).

2088 **2.a)** Der in der Praxis häufigste Fall ist die Beschränkung der Revision – unter Hinnahme des Schuldspruchs – auf den **Rechtsfolgenausspruch**. I.d.R. ist diese Beschränkung **wirksam** (BGHSt 19, 48; 24, 188; 29, 364; 33, 59; BGH NStZ-RR 2015, 88; s. auch → *Berufung, Beschränkung, Allgemeines*, Teil A Rdn 227 ff.). Der Rechtsfolgenausspruch ist in Strafsachen grds. unabhängig von den Feststellungen zum Schuldspruch einer isolierten Nachprüfung zugänglich. Etwas anderes gilt jedoch, wenn zwischen den Erörterungen zum Schuld- und Rechtsfolgenausspruch aufgrund **doppelrelevanter Tatsachen** ein untrennbarer Zusammenhang besteht. Das ist immer dann der Fall, wenn sich der Angriff der Revision gegen strafmildernde oder straferhöhende Umstände richtet, die im Zusammenhang mit den Merkmalen der Tat selbst stehen. Doppelrelevant sind in diesem Sinne sämtliche Strafzumessungsgesichtspunkte, die auch die gesetzlichen Tatbestandsmerkmale betreffen und nicht nur außertatbestandlich angesiedelt sind bzw. äußerlich zur Tat hinzutreten (ausführlich BGHSt 29, 359; vgl. z.B. BGH NStZ-RR 2015, 88; BGH StV 2011, 31 [Ls.; Schadenshöhe und korrespondierendes Tatbestandsmerkmal des Vermögensnachteils gem. § 266 StGB]).

☝ Die Beschränkung auf den Rechtsfolgenausspruch kommt aber nur in Betracht, wenn das **Tatgericht** zur Schuldfrage **hinreichende Feststellungen** getroffen hat (s. *Meyer-Goßner/Schmitt*, § 344 Rn 7 i.V.m. § 318 Rn 16). Sind die Feststellungen zum objektiven oder subjektiven Tatbestand lückenhaft, unklar oder widersprüchlich, so ist die nur teilweise Anfechtung der Entscheidung unwirksam (st. Rspr.; BGHSt 33, 59; BGH NStZ 1994, 130; *Meyer-Goßner/Schmitt*, § 344 Rn 7 i.V.m. § 318 Rn 16 m.w.N.; *Burhoff*, HV, Rn 567 ff. [Berufung]).

2089 **b) Innerhalb** des **Rechtsfolgenausspruchs** sind weitere Beschränkungen möglich (vgl. *Burhoff*, HV, Rn 567 ff. [Berufung]), z.B. bei der **Geldstrafe** auf die Zahl der Tagessätze (OLG Koblenz NJW 1976, 1275) oder die Tagessatzhöhe (BGHSt 27, 70; 34, 90, 92) und bei der **Freiheitsstrafe** auf die Strafbemessung oder das Unterlassen einer Gesamtstrafenbildung (vgl. BGH NStZ-RR 2000, 13). Die Beschränkung kann sich auch auf die Frage der Strafaussetzung zur **Bewährung** beziehen, sofern keine innere Abhängigkeit vom gesamten Strafausspruch besteht (BGHSt 24, 164; NJW 1983, 1624; NStZ 1982, 285, 286). Ebenso zulässig ist die Beschränkung auf die Frage der besonderen Schwere der Schuld nach § 57a Abs. 1 S. 1 Nr. 2 StGB (BGHSt 39, 208, 209; BGH NStZ 1995, 493) oder die Überprüfung von Nebenstrafen und Maßregeln der Besserung und Sicherung, wenn sie sowohl vom Schuld- als auch Strafausspruch getrennt werden können (BGH NStZ 2016, 105; 1993, 97; NStZ-RR 2013, 54; → *Berufung, Beschränkung, Beschränkbarkeit*, Teil A Rdn 239). Ebenfalls grds. gesondert anfechtbar und somit einer Beschränkung zugänglich, sind Anordnungen über den Verfall oder die Einziehung gem. §§ 73 ff. StGB (BGH NStZ-RR 1997, 270; 2008, 276; 2013, 279; NStZ 2000, 137; BGH, Urt. v. 2.10.2008 – 4 StR 153/08). Etwas anderes gilt nur, wenn die Verfalls- oder Einziehungsanordnung nicht unabhängig vom sonstigen Urteilsinhalt geprüft werden kann, weil sie Teil einer einheitlichen Sanktionsentscheidung ist (BGH NStZ-RR 2005, 104).

☝ Da gem. § 358 Abs. 2 S. 3 eine vom Angeklagten unbeschränkt eingelegte Revision die **neue** oder **erstmalige Anordnung von Maßregeln** nach den § 63, 64 StGB nicht hindert (BGHSt 37, 5; BGH NStZ 2002, 197), ist es zu empfehlen, die Nichtanordnung von Maßregeln gem. §§ 63, 64 StGB vom Revisionsangriff auszunehmen und die Revision entsprechend zu beschränken (vgl. hierzu BGHSt 38, 362; BGH NStZ 1992, 539; 2008, 393).

c) Nicht möglich ist eine **Beschränkung** innerhalb des Rechtsfolgenausspruchs auf die 2090
Verhängung eines **Fahrverbots** gem. § 44 StGB (s. *Meyer-Goßner/Schmitt*, § 318 Rn 22 m.w.N.). Aufgrund einer regelmäßig vorliegenden Wechselwirkung zwischen der ausgesprochenen Strafe und einem **Berufsverbot** gem. § 70 StGB (vgl. *Dahs/Dahs*, Rn 78 m.w.N.) ist hier die Beschränkung häufig gleichermaßen unwirksam wie bei der Entziehung der Fahrerlaubnis nach § 69 StGB (BGHSt 10, 379; BGH NStZ 1992, 586; → *Berufung, Beschränkung, Beschränkbarkeit*, Teil A Rdn 239).

3. Die Beschränkung kann entweder **ausdrücklich** erklärt sein oder sich durch **Auslegung** 2091
aus der Revisionsbegründung ergeben, wenn in dieser ein lediglich eingeschränkter Anfechtungswille zum Ausdruck kommt (BGH NJW 1956, 756). Umgekehrt kann bei einem zwar ausdrücklich beschränkten Antrag aber einer hierzu im Widerspruch stehenden Begründung anzunehmen sein, dass eine Beschränkung der Revision tatsächlich nicht gewollt ist. Eine entsprechende Auslegung ist gem. § 300 analog zulässig (BGHSt 43, 149). Fehlt eine ausdrückliche Erklärung, muss der Beschränkungswille den Ausführungen aber zweifelsfrei zu entnehmen sein (BGH NJW 1956, 756). Im **Zweifel** ist stets von einer **unbeschränkten** Revision auszugehen (→ *Berufung, Beschränkung, Vornahme*, Teil A Rdn 277).

4. Muster: Beschränkung einer Revision 2092

▼

An das

Landgericht A.20

In dem Strafverfahren

gegen

wegen

Az.:

beschränke ich die mit Schriftsatz vom eingelegte Revision gegen das Urteil des LG vom auf den Rechtsfolgenausspruch und beantrage,

das Urteil des LG vom im Rechtsfolgenausspruch aufzuheben und gegen den Angeklagten eine Gesamtgeldstrafe von nicht mehr als Tagessätzen zu je 20,00 € festzusetzen.

Ich rüge die Verletzung sachlichen Rechts.

[oder:]

Ohne die Rüge der Verletzung sachlichen Rechts inhaltlich weiter zu beschränken, begründe ich das Rechtsmittel wie folgt:

Begründung:

Rechtsanwalt

▲

Siehe auch: → *Rechtsmittel/Rechtsbehelfe, Allgemeines*, Teil A Rdn 1289, m.w.N.; → *Revision, Allgemeines*, Teil A Rdn 2006, m.w.N.

2093 Revision, Beweiskraft des Protokolls

2094 **Literaturhinweise:** **Dahs**, Das Schweigen des Verteidigers zu tatrichterlichen Verfahrensfehlern und die Revision, NStZ 2007, 241; **Detter**, Die Beweiskraft des Protokolls und die Wahrheitspflicht der Verfahrensbeteiligten, StraFo 2004, 329; **Gaede**, Anmerkung zu BGH, Urt. v. 11.8.2006 – 3 StR 284/05 (Unwahre Protokollrüge), StraFo 2007, 29; **Meyer-Mews**, Wer lügt denn da? Anmerkung zu BGH, Urt. v. 11.8.2006 – 3 StR 284/05, StraFo 2007, 194; **Park**, Die Beweiskraft des Protokolls und die Wahrheitspflicht der Verfahrensbeteiligten, StraFo 2004, 335; **Satzger/Hanft**, Erheben einer bewusst unwahren Protokollrüge im Rahmen der Revision als Rechtsmissbrauch? – Besprechung des Urteils des 3. Strafsenats des BGH vom 11.8.2006 – 3 StR 284/05, NStZ 2007, 185 ff.; s. auch die Hinw. bei → *Revision, Allgemeines*, Teil A Rdn 2006.

2095 **1.a)** Über die HV ist gem. § 271 Abs. 1 ein Protokoll aufzunehmen, das gemäß § 273 Abs. 1 den **Gang und die Ergebnisse der HV** im Wesentlichen wiedergeben und die **Einhaltung der wesentlichen Förmlichkeiten** ersichtlich machen muss. Das Protokoll dient in erster Linie der **Nachprüfung** des gesetzmäßigen Ablaufs der HV durch das Rechtsmittelgericht (vgl. *Meyer-Goßner/Schmitt*, § 273 Rn 1; *Burhoff*, HV, Rn 2092 ff.).

2096 **b)** Aus dem Protokoll muss die **zeitliche Reihenfolge** aller wesentlichen Verfahrensvorgänge ersichtlich sein. Zudem muss die Beachtung der **wesentlichen Förmlichkeiten** wiedergegeben werden.

Übersicht: Wesentliche protokollierungsbedürftigen Förmlichkeiten: 2097

- Angaben über die **Öffentlichkeit** der Verhandlung (§§ 169 ff. GVG),
- die **Anwesenheit** der in § 226 bezeichneten Verfahrensbeteiligten (BGHSt 24, 280),
- die Anwesenheit des Verteidigers in Fällen der **notwendigen Verteidigung**,
- die **An- und Abwesenheit** des Angeklagten (§§ 230 ff.),
- die **Verlesung der Anklage** (BGH NStZ 1984, 521; 1986, 374),
- die **Vernehmung des Angeklagten** zur Person und zur Sache (BGH StV 1995, 513),
- alle gesetzlich vorgeschriebenen **Belehrungen**, einschließlich der Rechtsmittelbelehrung,
- prozessuale **Einverständnis**- und **Verzichtserklärungen**,
- hinsichtlich der **Entscheidung** über die **Vereidigung oder Nichtvereidigung** von Zeugen und Sachverständigen ist die Rechtsprechung uneinheitlich. Eine Ansicht verlangt auch die Protokollierung der Nichtvereidigung als wesentliche Förmlichkeit (BGH StraFo 2005, 244 [1. Strafsenat], BGH NStZ 2005, 340 [3. Strafsenat]). Nach anderer Ansicht soll die Nichtvereidigung nicht in das Protokoll aufzunehmen sein, wenn kein Antrag auf Vereidigung gestellt worden war (BGH NJW 2006, 388 [2. Strafsenat]),
- jede **Beweiserhebung**,
- gesetzlich vorgesehene **Erklärungen** des Angeklagten bzw. der Zeugen,
- **Erörterungen** nach **§ 257b** (s. § 273 Abs. 1 S. 2),
- **Mitteilungen** nach § 243 Abs. 4 (zu den Mitteilungen *Burhoff*, HV, Rn 1866 ff.),
- das **Zustandekommen** einer **Verständigung** nach § 257c (s. § 273 Abs. 1a),
- die **Schlussvorträge** und das **letzte Wort** des Angeklagten.

☝ Ein **Inhaltsprotokoll**, das die wesentlichen Vernehmungsergebnisse zusammenfasst, wird nur beim **AG** beim Strafrichter und beim Schöffengericht geführt (§ 273 Abs. 2). Eine wörtliche Protokollierung findet aber auch hier grds. nicht statt. Diese ist nach § 273 Abs. 3 nur dann vorgeschrieben, wenn es auf die Feststellung eines Vorgangs oder auf den Wortlaut einer Äußerung ankommt (vgl. dazu *Burhoff*, HV, Rn 2114). **Beim LG** wird **nur der Verfahrensvorgang als solcher** protokolliert. Zu den Inhalten von Vernehmungen oder Erklärungen enthält ein landgerichtliches Protokoll keine Eintragungen.

2.a) Die **Beweiskraft** des HV-Protokolls bezieht sich gemäß § 274 S. 1 **ausschließlich** auf 2098
die **Beobachtung** der **wesentlichen Förmlichkeiten** (vgl. z.B. BGH NJW 2012, 1015 = NStZ 2012, 331). Das Inhaltsprotokoll nach § 273 Abs. 2 und das Wortprotokoll nach § 273 Abs. 3 haben daher nicht die formelle Beweiskraft des Sitzungsprotokolls. Allerdings schließt das einen revisionsrechtlichen Angriff auf die Urteilsfeststellungen nicht aus, wenn diese mit dem Inhalts- oder dem Wortprotokoll nicht in Einklang zu bringen

sind bzw. sich mit den dortigen Festschreibungen nicht auseinandersetzen, obwohl eine Würdigung geboten gewesen wäre (vgl. BGHSt 38, 14).

2099 **b)** Die **Beweiskraft** des **Protokolls** kann **sowohl positiv als auch negativ** sein: Auf der einen Seite gelten grds. alle im Protokoll beurkundeten Förmlichkeiten als geschehen, auf der anderen Seite gilt grds. aber auch als nicht geschehen, was nicht beurkundet ist. § 274 S. 1 enthält also eine Beweisregel (BGHSt 51, 298; BGH NJW 2006, 3581), die „gewissermaßen einen Sachverhalt [erzeugt], der kraft gesetzlicher Vorschrift als Tatsache zu behandeln [ist]" (BGHSt 51, 298; BGH, Beschl. v. 6.2.2013 – 1 StR 529/12). Der Verteidiger hat deshalb großen Wert darauf zu legen, dass alle für seine Verteidigung wichtigen Förmlichkeiten, wie z.B. der Widerspruch gegen eine Beweisverwertung, ordnungsgemäß protokolliert werden. Andernfalls wird er große Schwierigkeiten haben, mit einer Revision einen Verfahrensverstoß zu rügen.

2100 Die **Beweiskraft** des Protokolls **entfällt** bei **offensichtlichen Lücken** oder Widersprüchen (BGH wistra 2007, 271), für den von der Lücke oder Widersprüchlichkeit betroffenen Teil (BeckOK-StPO/*Peglau* § 274 Rn 17). Dazu ist hinzuweisen auf folgende

2101 **Rechtsprechungsbeispiele:**

- Eine offensichtliche Lücke liegt z.B. vor, wenn die Wiederherstellung der Öffentlichkeit protokolliert ist, nicht aber ihr Ausschluss (BGHSt 17, 220) oder bei der Bescheidung eines Antrags, dessen Stellung nicht ins Protokoll aufgenommen wurde (BGH NStZ 2002, 271).
- Ein Widerspruch – der stets aus dem Protokoll heraus ersichtlich sein muss – liegt z.B. vor, wenn der Protokollinhalt und der Inhalt einer Anlage auf die das Protokoll verweist, nicht in Einklang zu bringen sind (BGH NStZ 2006, 714).
- Die Beweiskraft des Protokolls entfällt schließlich auch dann, wenn der **Nachweis** der **Fälschung** geführt werden kann. Eine Fälschung liegt vor, wenn das Protokoll von einem Unbefugten hergestellt oder verfälscht wurde, oder eine Urkundsperson bewusst einen falschen Inhalt protokolliert hat (OLG Bamberg NJW 2013, 1251; OLG Düsseldorf StV 1984, 108).

2102 **c)** Problematisch ist die Frage der Beweiskraft allerdings bei einer **Unrichtigkeit des Protokolls**. Es wurde früher nach überwiegender Meinung als zulässig angesehen, dass der Beschwerdeführer in der Revision eine **„unwahre Verfahrensrüge"** erhebt (*Meyer-Goßner/Schmitt*, § 274 Rn 21; *R. Hamm*, Revision, Rn 292; *Sarstedt/Hamm*, Rn 292 m.w.N.; vgl. auch *Dahs/Dahs*, Rn 524; *Park*, StraFo 2004, 335; a.A. wohl *Detter* StraFo 2004, 329; s.a. BGH NStZ 1999, 424), also z.B. die Nichtbescheidung eines Antrags rügt, obwohl er weiß, dass lediglich vergessen wurde, die Verkündung des Ablehnungsbeschlusses in das HV-Protokoll aufzunehmen.

Dem steht jedoch jetzt die **BGH-Rechtsprechung entgegen:** Nach der Rechtsprechung des 3. Strafsenats handelt ein Beschwerdeführer rechtsmissbräuchlich, der sich in der Revision bewusst wahrheitswidrig mit seiner Verfahrensrüge auf ein als unrichtig erkanntes Protokoll beruft (BGH NJW 2006, 3579). Das soll auch dann gelten, wenn eine erst später als „unwahr" erkannte Revisionsrüge gleichwohl weiterverfolgt wird (BGH NStZ 2007, 49 m. krit. Besprechung *Satzger/Hanft* NStZ 2007, 185 ff. und abl. Anm. *Gaede* StraFo 2007, 29 und *Meyer-Mews* StraFo 2007, 194; zu den daraus resultierenden Beweis- und Zurechnungsproblemen (*Dahs* NStZ 2007, 241, 243 ff.). Stellt sich nach Erhebung einer unwahren Revisionsrüge heraus, dass das Protokoll unrichtig ist, z.B. weil das Gericht einen Protokollberichtigungsbeschluss erlässt, kann dies zudem zur „Verkümmerung der Rüge" führen (s. hierzu → *Revision, Rügeverkümmerung*, Teil A Rdn 2207). **2103**

☝ Einen ihm **günstigen Protokollfehler** darf der Verteidiger also nach der Rechtsprechung des BGH **nicht** (mehr) **ausnutzen**, um seiner Revision zum Erfolg zu verhelfen. Umgekehrt kann er aber auf eine Protokollberichtigung antragen, wenn das Protokoll die ihm günstigen Tatsachen versehentlich nicht enthält. Das Revisionsgericht hat dann den wahren Verlauf der HV im Wege des Freibeweises durch Einholung dienstlicher bzw. anwaltlicher Stellungnahmen der Verfahrensbeteiligten oder eidesstattliche Versicherungen sonstiger als Zeugen in Betracht kommender Dritter zu klären.

Siehe auch: → *Rechtsmittel/Rechtsbehelfe, Allgemeines*, Teil A Rdn 1289, m.w.N.; → *Revision, Allgemeines*, Teil A Rdn 2006, m.w.N.

Revision, Einlegung, Allgemeines **2104**

Das Wichtigste in Kürze:

1. Die Revision muss gemäß § 341 Abs. 1 bei dem Gericht, dessen Urteil angefochten wird („iudex a quo"), grds. binnen 1 Woche nach Verkündung des Urteils zu Protokoll der Geschäftsstelle oder schriftlich eingelegt werden.
2. Die Bezeichnung des Rechtsmittels durch den Beschwerdeführer ist für die Wirksamkeit der Revisionseinlegung nicht entscheidend.
3. Die Rechtsmitteleinlegung kann unwirksam sein, wenn der Beschwerdeführer zuvor einen Rechtsmittelverzicht erklärt hat.

Literaturhinweise: Berndt, Neue Tendenzen im Recht der Wiedereinsetzung zur Nachholung von Verfahrensrügen?, StraFo 2003, 112; **Burhoff**, Verteidigerfehler in der Tatsachen- und Revisionsinstanz, StV 1997, 432; s. auch die Hinw. bei → *Rechtsmittel/Rechtsbehelfe, Allgemeines*, Teil A Rdn 1289, m.w.N. und bei → *Revision, Allgemeines*, Teil A Rdn 2006. **2105**

2106 **1.** Die Revision muss gemäß § 341 Abs. 1 bei dem **Gericht, dessen Urteil angefochten** wird („iudex a quo"), grds. **binnen 1 Woche** nach Verkündung des Urteils zu Protokoll der Geschäftsstelle oder schriftlich eingelegt werden (vgl. BGH, Beschl. v. 5.3.2013 – 1 StR 18/13; BGH, Beschl. v. 5.2.2013 – 3 StR 12/13; Einzelh. zu Form und Frist der Revisionseinlegung s. → *Revision, Einlegung, Form*, Teil A Rdn 2114 und → *Revision, Einlegung, Frist*, Teil A Rdn 2123; zum Kreis der Anfechtungsberechtigten s. → *Revision, Zulässigkeit*, Teil A Rdn 2455; allgemein zur Einlegung von Rechtsmitteln; → *Rechtsmittel/Rechtsbehelfe, Einlegung*, Teil A Rdn 1466). Bei der Anfechtung eines Berufungsurteils ist die Erklärung der Revisionseinlegung deshalb an das Berufungsgericht zu richten, nicht an das erstinstanzliche Gericht.

2107 **Rechtzeitig** ist die Revisionseinlegung nur, wenn sie binnen 1 Woche beim **zuständigen Gericht eingeht** (vgl. hierzu BGH NStZ-RR 2013, 254), also zur Eingangsstelle des Gerichts (z.B. Postverteilstelle oder Nachbriefkasten) gelangt (BGH NStZ-RR 2012, 118). Auf den Eingang bei der zuständigen Abteilung eines Gerichts kommt es insoweit nicht an (BGH wistra 1999, 346).

2108 **2.a)** Die **Bezeichnung** des **Rechtsmittels** durch den Beschwerdeführer ist für die Wirksamkeit der Revisionseinlegung **nicht entscheidend** (BGHSt 23, 233, 235; BGH NStZ-RR 1999, 262; OLG Düsseldorf VRS 80, 281; 75, 221, 222). Gem. § 300 ist ein **Irrtum** in der Bezeichnung des zulässigen Rechtsmittels **unschädlich**. Das gilt sowohl für die fehlende als auch für die falsche Bezeichnung des Rechtsmittels (vgl. *Meyer-Goßner/Schmitt*, § 300 Rn 2). Das Ziel des Beschwerdeführers ist aus dem Gesamtwortlaut der Eingabe zu ermitteln (BayObLG wistra 1995, 76). Erforderlich ist nur, dass sich aus der Eingabe deutlich der Wille ergibt, die ergangene Entscheidung anzufechten (→ *Rechtsmittel/Rechtsbehelfe, Auslegung/Umdeutung*, Teil A Rdn 1312 ff.).

> ☝ Bloße Missfallensäußerungen über die tatrichterliche Entscheidung oder nur die Ankündigung, einen Rechtsanwalt beauftragen zu wollen, scheiden als Rechtsmitteleinlegung aus, weil sich hieraus noch nicht der **unbedingte Wille** ergibt, die Entscheidung nicht bestehen lassen zu wollen.

2109 **b)** Die **Erklärung** des Beschwerdeführers ist stets unter dem Gesichtspunkt **auszulegen**, dass der mutmaßliche Wille dahin geht, mit der Eingabe möglichst weitgehend Erfolg zu haben (BGH NJW 1956, 756; s. auch schon RGSt 67, 123, 125).

2110 Hieraus folgen **zwei Schritte**:

- Zunächst hat das Gericht festzustellen, **welches Rechtsmittel** zulässig ist;
- anschließend ist zu prüfen, ob die Erklärung des Beschwerdeführers die **Merkmale** der zulässigen Rechtsmitteleinlegung zu **erfüllen** imstande ist.

3. Die Rechtsmitteleinlegung kann wegen § 302 unwirksam sein, wenn der Beschwerdeführer zuvor einen **Rechtsmittelverzicht** erklärt hat (BGH NStZ-RR 2012, 285 [Ls.]). Ein solcher Rechtsmittelverzicht muss jedoch eindeutig und zweifelsfrei sein (zu den Einzelh. s. → *Rechtsmittel/Rechtsbehelfe, Verzicht, Allgemeines*, Teil A Rdn 1732; → *Revision, Rechtsmittelverzicht*, Teil A Rdn 2193). 2111

☝ Der Verteidiger sollte **bei der Einlegung** der Revision **noch keine Begründung** vornehmen. Problematisch ist es, die Revisionseinlegung mit dem Zusatz zu versehen „gerügt wird die Verletzung sachlichen Rechts“. Will man nämlich in der Folge auch Verfahrensrügen erheben und versäumt hierbei die einmonatige Begründungsfrist des § 345 Abs. 1, bekommt man **keine** Wiedereinsetzung in den vorigen Stand zur **Nachholung von Verfahrensrügen**, da mit dem o.g. Zusatz der allgemeinen Sachrüge die Revision bereits ausreichend begründet ist (zur Nachholung von Verfahrensrügen → *Revision, Begründung, Frist*, Teil A Rdn 2073 ff.). Es liegt dann gar keine Versäumung der Revisionsbegründungsfrist mehr vor, in die Wiedereinsetzung gewährt werden könnte. Verspätet erhobene Verfahrensrügen könnten somit nicht mehr im Wege der Wiedereinsetzung in das Verfahren eingebracht werden (so a. *Burhoff* StV 1997, 432, 436; zu allem a. *Berndt* StraFo 2003, 112).

4. Muster: Einlegung einer Revision 2112

▼

An das

LG

A.21

In dem Strafverfahren

gegen

wegen

Az.:

wird hiermit gegen das am verkündete Urteil des LG

Revision

eingelegt.

Ich beantrage, mir Akteneinsicht zu gewähren, sobald das Hauptverhandlungsprotokoll fertig gestellt und zu den Akten gelangt ist, spätestens jedoch zeitgleich mit der Zustellung des Urteils.

Rechtsanwalt

▲

2113 **5. Hinweis für den Verteidiger!**

Gem. **§ 273 Abs. 4** darf das Urteil nicht zugestellt werden, ehe das HV-Protokoll fertiggestellt ist. Eine vorherige Urteilszustellung ist unwirksam und setzt die von ihr abhängigen Fristen, wie insbesondere die Revisionsbegründungsfrist, nicht in Lauf (vgl. nur BGHSt 27, 80 und *Meyer-Goßner*, § 274 Rn 34 m.w.N.). Zwischen der Fertigstellung des Protokolls und der Zustellung des Urteils liegt also denknotwendig eine gewisse **Zeitspanne**, die der Verteidiger bereits zur Einsichtnahme in die Akten und insbesondere das Protokoll nutzen kann. Allerdings kommt es häufig vor, dass die Akteneinsicht erst deutlich nach der Urteilszustellung gewährt wird. Hierdurch wird die Einhaltung der ohnehin schon knappen Revisionsbegründungsfrist weiter erschwert.

☝ Es **empfiehlt** sich deshalb, bei der Beantragung der Akteneinsicht den im Muster genannten Zusatz zu verwenden und eine Gewährung der Akteneinsicht schon nach Fertigstellung des Protokolls, spätestens aber zeitgleich mit der Urteilszustellung zu fordern.

Siehe auch: → *Rechtsmittel/Rechtsbehelfe, Allgemeines*, Teil A Rdn 1289, m.w.N.; → *Revision, Allgemeines*, Teil A Rdn 2006, m.w.N.

2114 Revision, Einlegung, Form

Das Wichtigste in Kürze:

1. Die Einlegung der Rechtsbeschwerde muss nach § 341 Abs. 1 bei dem Gericht, dessen Urteil angefochten wird, schriftlich oder zu Protokoll der Geschäftsstelle vorgenommen werden.
2. Für die Einlegung zu Protokoll der Geschäftsstelle ist der Rechtspfleger zuständig.
3. Die Schriftform ist eingehalten bei handschriftlichen, maschinenschriftlichen oder mithilfe von Schreibcomputern verfassten Urkunden, die mit der Unterschrift des Urhebers versehen sind.
4. Da die Gerichtssprache deutsch ist, muss der Schriftsatz, mit dem die Revision eingelegt wird, in deutscher Sprache abgefasst sein.

2115 **Literaturhinweise:** s. auch die Hinw. bei und → *Rechtsmittel/Rechtsbehelfe, Allgemeines*, Teil A Rdn 1289, bei → *Rechtsmittel/Rechtsbehelfe, Form, Allgemeines*, Teil A Rdn 1510, und bei → *Revision, Allgemeines*, Teil A Rdn 2006.

1. Die Einlegung der Revision muss nach § 341 Abs. 1 bei dem **Gericht**, dessen **Urteil angefochten** wird, innerhalb 1 Woche (s. → *Revision, Einlegung, Frist*, Teil A Rdn 2123) **schriftlich** (vgl. dazu Rdn 2118) oder zu **Protokoll** der **Geschäftsstelle** (vgl. Rdn 2117) vorgenommen werden. Wird die Revision fälschlicherweise entgegen § 341 Abs. 1 StPO beim Revisionsgericht eingereicht, ist sie nur dann nicht verspätet, wenn sie noch innerhalb der Wochenfrist beim zuständigen Tatgericht eingeht (s.u.a. BGH NJW 1983, 123; OLG Düsseldorf NStZ-RR 2002, 216; *Meyer-Goßner/Schmitt*, vor § 42 Rn 12 ff. m.w.N.; → *Rechtsmittel/Rechtsbehelfe, Einlegung*, Teil A Rdn 1466). 2116

☝ Für den **inhaftierten Angeklagten** macht § 299 eine **Ausnahme**: Dieser kann die Revision zu Protokoll der Geschäftsstelle des AG einlegen, in dessen Bezirk die JVA liegt, in der er inhaftiert ist. Nicht notwendig ist, dass er sich in der Sache in Haft befindet, in der er Revision einlegt (*Meyer-Goßner/Schmitt*, § 299 Rn 3).

2. Für die Einlegung zu **Protokoll** der **Geschäftsstelle** gilt (s. wegen weit. Einzelh. → *Rechtsmittel/Rechtsbehelfe, Form, Protokoll der Geschäftsstelle*, Teil A Rdn 1517): **Zuständig** für die Protokollierung ist der **Rechtspfleger** (§ 24 Abs. 1 Nr. 1 Buchst. a) RPflG). Eine wirksame Protokollierung liegt nur vor, wenn der Revisionsführer oder sein gesetzlicher Vertreter **persönlich** vor dem Rechtspfleger erscheint (vgl. hierzu BGHSt 30, 64 = NJW 1981, 1627). Die Vertretung durch einen Verteidiger bei der Protokollierung ist nicht zulässig (OLG Düsseldorf MDR 1975, 73 [Ls]). 2117

☝ Die **telefonische Einlegung** der Revision ist unzulässig (vgl. BGHSt 30, 64; s. aber LG Münster NJW 2005, 166 für telefonische Berufungseinlegung).

3.a) Die **Schriftform** ist eingehalten bei handschriftlichen, maschinenschriftlichen oder mithilfe von Schreibcomputern verfassten Urkunden, die mit der Unterschrift des Urhebers versehen sind (vgl. wegen weit. Einzelh. → *Rechtsmittel/Rechtsbehelfe, Form*, Teil A Rdn 1531 ff.; *Burhoff*, HV, Rn 587 ff.). 2118

☝ Eine Revision, die auf dem **Briefbogen** des **Verteidigers** gefertigt ist und dessen Diktatzeichen trägt, ist auch dann wirksam, wenn sie versehentlich **ohne Unterschrift** des Verteidigers bei Gericht eingeht (vgl. BVerfG NJW 2002, 3534 m.w.N.).

b) Die Übermittlung kann per **Post**, **Telegramm**, **Fernschreiben** oder **Telefax** erfolgen (s. hierzu z.B. BGHSt 30, 64; BGH NJW 1995, 665 m.w.N. [für das Zivilverfahren]; OLG Düsseldorf NJW 1995, 671; OLG Frankfurt/Main NStZ-RR 2001, 375; OLG Karlsruhe NJW 1986, 2773; OLG Nürnberg NStZ-RR 2008, 316). In der Praxis durchgesetzt, hat sich die Übermittlung fristwahrender Schriftsätze per Telefax in Form der Telekopie (vgl. *Schwachheim* NJW 1999, 621). Diese ist in allen Gerichtszweigen uneingeschränkt zulässig (BVerfG NJW 1996, 2857; OLG Düsseldorf NZV 1995, 85; OLG Karlsruhe StV 1986, 2119

470), wenn das Original handschriftlich unterschrieben ist (OLG Düsseldorf JMBl. NW 1989, 153; OLG Hamburg NJW 1989, 3167). Ein Telefax geht dem Gericht zu, wenn das Schriftstück am Empfangsgerät ausgedruckt wird (BGH NStZ-RR 2013, 53). Technische Fehler, wie z.B. Störungen des Empfangsgerätes bei Gericht durch Papierstau, gehen nicht zulasten des Beschwerdeführers, sondern sind der Sphäre des Gerichts zuzurechnen und ermöglichen die Wiedereinsetzung in den vorigen Stand (BVerfG NJW 1996, 2858).

2120 **c)** Seit der Entscheidung des Gemeinsamen Senats der obersten Gerichtshöfe des Bundes können bestimmende Schriftsätze formwirksam auch durch elektronische Übertragung einer Textdatei mit **eingescannter Unterschrift** an das Gericht übermittelt werden. Anstelle der eingescannten Unterschrift kann auch der **Hinweis** angebracht werden, dass der Urheber wegen der gewählten Übertragungsform nicht unterschreiben kann (GmS-OGB NJW 2000, 2340). Ein **Computerfax** ist somit auch ohne eingescannte Unterschrift wirksam.

2121 **d)** Wenn die Voraussetzungen der §§ 341 Abs. 1, 41a eingehalten sind, kommt auch die Übermittlung durch ein **elektronisches Dokument** in Betracht. Erforderlich ist hierfür aber eine elektronische Signatur nach dem Signaturgesetz und das Dokument muss für die Bearbeitung durch das Gericht geeignet sein (vgl. zu den Einzelheiten *Meyer-Goßner/ Schmitt*, § 41a Rn 1 ff.).

☝ Von der **Einlegung** der Revision per **E-Mail** ist **abzuraten**, da hier das Schriftstück nicht allein auf Veranlassung des Absenders erstellt wird (wie z.B. beim Telefax), sondern nur, wenn es der Empfänger abruft. Es ist deshalb zweifelhaft, ob die Revision wirksam auf diesem Weg übermittelt werden kann (s. auch *Burhoff*, HV, Rn 513; abl. a. BGH NJW-RR 2009, 357; OLG Oldenburg NJW 2009, 536; wegen weiterer Nachw. → *Rechtsmittel/Rechtsbehelfe, Form, Schriftlich*, Teil A Rdn 1541 ff.).

2122 **4.** Da die Gerichtssprache deutsch ist, muss der Schriftsatz, mit dem die Revision eingelegt wird, in **deutscher Sprache** abgefasst sein. Andernfalls ist die Revisionseinlegung unwirksam (BGHSt 30, 182; BGH, Beschl. v. 13.9.2005 – 3 StR 310/05; vgl. wegen der Einzelh. → *Rechtsmittel/Rechtsbehelfe, Einlegung, Allgemeines*, Teil A Rdn 1477).

Siehe auch: → *Rechtsmittel/Rechtsbehelfe, Allgemeines*, Teil A Rdn 1289, m.w.N.; → *Rechtsmittel/Rechtsbehelfe, Einlegung*, Teil A Rdn 1466; → *Rechtsmittel/Rechtsbehelfe, Form, Allgemeines*, Teil A Rdn 1509; → *Revision, Allgemeines*, Teil A Rdn 2006, m.w.N.

Revision, Einlegung, Frist 2123

Das Wichtigste in Kürze:

1. Nach § 341 Abs. 1 ist die Revision bei dem Gericht, dessen Urteil angefochten wird, binnen 1 Woche nach Verkündung des Urteils zu Protokoll der Geschäftsstelle oder schriftlich einzulegen.
2. Zur Fristwahrung ist bei schriftlicher Einlegung der Revision erforderlich, dass die Revisionsschrift innerhalb der Frist bei dem zuständigen Gericht eingegangen ist.
3. Die Wiedereinsetzung in den vorigen Stand wegen Versäumung der Frist ist nach den allgemeinen Vorschriften gem. § 44 möglich.

Literaturhinweise: s. die Hinw. bei → *Revision, Allgemeines*, Teil A Rdn 2006. 2124

1.a) Nach § 341 Abs. 1 ist die Revision bei dem Gericht, dessen Urteil angefochten wird, 2125
binnen 1 Woche nach Verkündung des Urteils zu Protokoll der Geschäftsstelle oder schriftlich **einzulegen** (zur Einlegung allgemein → *Rechtsmittel/Rechtsbehelfe, Einlegung*, Teil A Rdn 1466; → *Revision, Einlegung, Allgemeines*, Teil A Rdn 2104). Die fristgerechte Einlegung der Revision hat zur Folge, dass der Eintritt der **Rechtskraft** der tatrichterlichen Entscheidung **gehemmt** wird, soweit das Urteil angefochten ist (§ 343). Die Frist kann nicht verlängert werden.

Hat die Urteilsverkündung **nicht (vollständig) in Anwesenheit** des Angeklagten statt- 2126
gefunden und war dieser auch nicht in den Fällen der §§ 234, 387 Abs. 1, 411 Abs. 2 oder 434 Abs. 1 S. 1 durch einen schriftlich bevollmächtigten Verteidiger vertreten, beginnt die Frist gem. § 341 Abs. 2 mit der Zustellung des Urteils. Die Revision kann im Fall der Abwesenheit des Angeklagten aber auch bereits vor der Urteilszustellung eingelegt werden (BGHSt 25, 187, 189).

b) Ist die Entscheidung an den **Angeklagten** und an den **Verteidiger** in gleicher Weise 2127
zugestellt worden, ist nach § 37 Abs. 2 die **letzte Zustellung** maßgebend, es sei denn, dass bei der zweiten Zustellung die durch die erste Zustellung in Gang gesetzte Frist bereits abgelaufen war (BGHSt 34, 371; OLG Düsseldorf StV 1996, 473; *Meyer-Goßner/Schmitt*, § 37 Rn 29; → *Rechtsmittel/Rechtsbehelfe, Fristen, Allgemeines*, Teil A Rdn 1545, m.w.N.). Dasselbe gilt, wenn das Urteil an **mehrere Verteidiger** zugestellt worden ist (BGH, Beschl. v. 1.6.2015 – 4 StR 21/15). Wird allerdings an denselben Empfangsberechtigten mehrfach zugestellt, kommt es nur auf die erste Zustellung an (BGH NJW 1978, 60). Bei **mehreren Angeklagten** beginnt die Revisionsbegründungsfrist für jeden gesondert zu laufen und richtet sich nach der jeweiligen Zustellung an den Angeklagten und/oder seinen Verteidiger (BGH, Beschl. v. 2.11.2010 – 1 StR 544/09).

☝ Fehlt es an der entsprechenden Zustellungsbevollmächtigung des Verteidigers, wird durch die Zustellung an ihn die Revisionsbegründung nicht in Gang gesetzt, selbst wenn er in der HV für den Angeklagten aufgetreten ist (BGH NStZ-RR 2009, 144).

Hat der Verteidiger hingegen eine Vollmacht zu den Akten gereicht, die eine **Zustellungsermächtigung** nach § 145a enthält (→ *Rechtsmittel/Rechtsbehelfe, Vollmacht, Zustellungsvollmacht*, Teil A Rdn 1817), setzt die Zustellung der Entscheidung nur an den Angeklagten selbst gleichwohl die Frist in Lauf. Dies sogar auch dann, wenn der Verteidiger nicht gem. § 145a Abs. 3 benachrichtigt worden ist. § 145a enthält nur eine Zustellungsermächtigung, begründet aber keine Pflicht zur Zustellung an den Verteidiger (BayObLG NJW 1993, 150). Dies muss der Verteidiger beachten und seinen Mandanten anhalten, ihn sofort zu benachrichtigen, sobald er eine Zustellung erhält, da sonst die einwöchige Einlegungsfrist für die Revision leicht versäumt werden kann. In den Fällen kann dann aber **Wiedereinsetzung** in Betracht kommen (→ *Wiedereinsetzung in den vorigen Stand, Allgemeines*, Teil B Rdn 1479).

2128 **2.a)** Zur **Fristwahrung** ist bei schriftlicher Einlegung der Revision erforderlich, dass die Revisionsschrift **innerhalb** der **Frist** bei dem zuständigen Gericht **eingegangen** ist (wegen der Einzelh. → *Rechtsmittel/Rechtsbehelfe, Fristen, Fristwahrung*, Teil A Rdn 1573). Der Eingang bei einer für das zuständige Gericht gebildeten gemeinsamen Eingangsstelle oder der Einwurf in den Gerichtsbriefkasten (BGH NStZ-RR 2012, 118) genügen. Das **zuständige Gericht** ist wie bei der Revisionsbegründung das Gericht, dessen Urteil angefochten wird, nicht das Revisionsgericht. Die Revision ist auch dann rechtzeitig eingelegt, wenn irrtümlich ein falscher „Betreff" oder ein falsches Aktenzeichen angegeben worden ist, sofern sich klar ergibt, dass gegen das am … verkündete Urteil des betreffenden Tatgerichts Revision eingelegt werden soll (BGH wistra 1999, 346).

2129 **b)aa)** Die **Fristberechnung** erfolgt gemäß **§ 43** (→ *Rechtsmittel/Rechtsbehelfe, Fristen, Fristberechnung*, Teil A Rdn 1560). Die **Rechtzeitigkeit** des Eingangs wird durch den **Eingangsstempel** des Gerichts nachgewiesen. Wird dessen Richtigkeit beanstandet, ist über die Rechtzeitigkeit des Eingangs ggf. Beweis zu erheben. Verbleibende Zweifel wirken sich zugunsten des Beschwerdeführers aus (BGH NJW 1960, 2202; BayObLG NZV 1992, 498). Lässt sich allerdings nicht klären, ob der Revisionsschriftsatz überhaupt bei Gericht eingegangen ist, findet der Zweifelssatz keine Anwendung und das Rechtsmittel ist als unzulässig zu verwerfen (OLG Düsseldorf MDR 1991, 986; OLG Karlsruhe NStZ 1994, 200).

☝ Es empfiehlt sich deshalb, die Einlegung der Revision **vorab mittels Telefax** vorzunehmen und den Schriftsatz anschließend per Boten oder Post an das Gericht zu senden. Auf diese Weise kann zumindest durch den Faxbericht nachgewiesen werden, dass der Schriftsatz bei Gericht eingegangen sein muss.

bb) Wird die Revision **fälschlicherweise** entgegen § 341 Abs. 1 **beim Revisionsgericht eingelegt**, ist sie nur dann nicht verspätet, wenn sie noch innerhalb der Wochenfrist beim zuständigen Tatgericht eingeht (s.u.a. BGH NJW 1983, 123; OLG Düsseldorf NStZ-RR 2002, 216; *Meyer-Goßner/Schmitt*, vor § 42 Rn 12 ff. m.w.N.). 2130

☝ Für den **inhaftierten Angeklagten** macht § 299 eine **Ausnahme**: Dieser kann die Revision zu Protokoll der Geschäftsstelle des AG einlegen, in dessen Bezirk die JVA liegt, in der er inhaftiert ist. Nicht notwendig ist, dass er sich in der Sache in Haft befindet, in der er Revision einlegt (*Meyer-Goßner/Schmitt*, § 299 Rn 3).

3. Die Wiedereinsetzung in den vorigen Stand wegen Versäumung der Frist ist nach den allgemeinen Vorschriften gem. § 44 möglich (vgl. → *Wiedereinsetzung in den vorigen Stand, Allgemeines*, Teil B Rdn 1479, m.w.N.). Wiedereinsetzung kommt z.B. in Betracht (s. auch → *Wiedereinsetzung in den vorigen Stand, Voraussetzungen*, Teil B Rdn 1513), wenn: 2131

- das dem Angeklagten ausgehändigte **Belehrungsformular** in Bezug auf die Frist zur Einlegung der Revision **unklar** war (OLG Köln JMBl. NW 1973, 33),
- die mündliche **Rechtsmittelbelehrung unvollständig** war (OLG Düsseldorf NJW 1993, 496),
- bei der Zustellung der schriftlichen Urteilsgründe die **Rechtsmittelbelehrung unterbleibt** (OLG Koblenz MDR 1977, 425).

☝ Ein **Verschulden** des **Verteidigers** bei der Fristversäumung ist dem Angeklagten i.d.R. **nicht zuzurechnen** (vgl. BVerfG NJW 1991, 351; BGHSt 14, 306; s. ausführlich *Meyer-Goßner/Schmitt*, § 44 Rn 18 ff.; → *Wiedereinsetzung in den vorigen Stand, Voraussetzungen*, Teil B Rdn 1513).

Siehe auch: → *Rechtsmittel/Rechtsbehelfe, Allgemeines*, Teil A Rdn 1289, m.w.N.; → *Revision, Allgemeines*, Teil A Rdn 2104; → *Revision, Allgemeines*, Teil A Rdn 2006, m.w.N.

Revision, Entscheidung, Allgemeines 2132

Literaturhinweise: **Barton**, Kennzeichen und Effekte der modernen Revisionsrechtsprechung – Führt die Materialisierung des Strafrechts auf den Weg nach Pappenheim, in: Opferschutz, Richterrecht, Strafprozessreform, Schriftenreihe der Strafverteidigervereinigungen, 28. Strafverteidigertag, Karlsruhe 2005, S. 195; *ders.*, Schonung der Ressourcen der Justiz oder effektiver Rechtsschutz?, StRR 2014, 404; **Basdorf**, Was darf das Revisionsgericht, NStZ 2013, 186; **Becker**, Was sehen wie viele Augen? Sein und Sollen des Beschlussverfahrens in der strafrechtlichen Revision, HRR 2013, 264; **Berenbrink**, Tatrichter oder Revisionsgericht – Wer bestimmt die Strafe?, GA 2008, 625; **Brodowski**, Zur empirischen Herleitung des Zehn-Augen-Prinzips im Revisionsverfahren, HRRS 2013, 409; **Detter**, Rechtsgestaltung durch Revisionsrecht: Beschlussverwerfung nach § 349 Abs. 2 StPO, in: Opferschutz, Richterrecht, Strafprozessreform, Schriftenreihe der Strafverteidigervereinigungen, 2133

28. Strafverteidigertag, Karlsruhe 2005, S. 243; *ders.*, Beschlußverwerfung nach § 349 Abs. 2 StPO – Ein notwendiges Übel?, StV 2004, 345; **Eschelbach**, Probleme der Revisionsverwerfung gem. § 349 Abs. 2 StPO, ZAP F. 22, S. 745; **Fezer**, Revisionsurteil oder Revisionsbeschluß – Strafverfahrensnorm und Strafverfahrenspraxis in dauerhaftem Widerstreit?, StV 2007, 40; *ders.*, Anforderungen an die Begründung revisionsgerichtlicher Entscheidungen – Verfahrenswirklichkeit und normativer Anspruch, HRRS 2010, 281; **Fischer**, Der Einfluss des Berichterstatters auf die Ergebnisse strafrechtlicher Revisionsverfahren, NStZ 2013, 425; **Fischer/Eschelbach/Krehl**, Das Zehn-Augen-Prinzip – Zur revisionsgerichtlichen Beschlusspraxis in Strafsachen, StV 2013, 395; **Fischer/Krehl**, Strafrechtliche Revision, „Vieraugenprinzip", gesetzlicher Richter und rechtliches Gehör, StV 2012, 550; **Frisch**, Die Erweiterung des Sachenentscheidungsrechts der Revisionsgerichte, StV 2006, 431; **Gaede**, Verfassungsrechtliche Beschränkung der eigenen Strafzumessung von Revisionsgerichten, HRRS 2007, 292; *ders.*, Faire Strafzumessung durch Revisionsgerichte nur nach effektiver Verfahrensteilhabe, GA 2008, 394; **R. Hamm**, Eingriffe in die „Domäne(n) des Tatrichters" – Besprechung von BVerfG StV 2007, 393 und StV 2007, 561, StV 2008, 205; **R. Hamm/Krehl**, Vier oder zehn Augen bei der strafprozessualen Revisionsverwerfung durch Beschluss? – Worum es wirklich geht, NJW 2014, 903; **Kudlich**, „Unbegründet – und Ende der Durchsage", JA 2014, 792; **Junker**, Die Ausdehnung der eigenen Sachentscheidung in der strafrechtlichen Rechtsprechung des Bundesgerichtshofs, 2002; **Kudlich**, „Unbegründet – und Ende der Durchsage", JA 2014, 792; **Lamprecht**, Ein Gericht, zwei Lager Der BGH zwischen Anonymität und Transparenz, NJW 2013, 3563; **Leipold**, Die Hauptverhandlung vor dem Revisionsgericht, StraFo 2010, 359; **Meyer-Mews/Rotter**, Absehen von der Revisionshauptverhandlung – eine konventionswidrige Besonderheit im deutschen Strafverfahrensrecht?, StraFo 2011, 14; **Mosbacher**, Die Beratungspraxis der Strafsenate des BGH und das Gesetz, NJW 2014, 124; **Paster/Sättele**, Zu den Möglichkeiten einer eigenen Sachentscheidung des Revisionsgerichts nach der Entscheidung des BVerfG zu § 354 Ia 1 StPO, NStZ 2007, 609; **Peglau**, Die Begründungs- und Prüfungspflicht des Revisionsgericht nach der verfassungskonformen Auslegung des § 354 Abs. 1a Satz 1 StPO durch das Bundesverfassungsgericht, JR 2008, 80; **Rissing-van Saan**, Die Hauptverhandlung vor dem Revisionsgericht, StraFo 2010, 353; **Sander**, Die Strafzumessung in der Revision, StraFo 2010, 365; **Rosenau**, Die offensichtliche Ungesetzlichkeit der „ou"-Verwerfung nach § 349 Abs. 2 StPO in der Spruchpraxis des BGH, ZIS 2012, 195; **Schlothauer**, Rechtsgestaltung durch höchstrichterliche Rechtsprechung: Beschlussverwerfung gem. § 349 Abs. 2 StPO; in: Opferschutz, Richterrecht, Strafprozessreform, Schriftenreihe der Strafverteidigervereinigungen, 28. Strafverteidigertag, Karlsruhe 2005, S. 229; *ders.*, Rechtsgestaltung durch höchstrichterliche Rechtsprechung – Beschlußverwerfung gem. § 349 Abs. 2 StPO, StV 2004, 340; **Senge**, Rechtsgestaltung durch höchstrichterliche Rechtsprechung: Beschlussverwerfung gem. § 349 Abs. 2 StPO, in: Opferschutz, Richterrecht, Strafprozessreform, Schriftenreihe der Strafverteidigervereinigungen, 28. Strafverteidigertag, Karlsruhe 2005, S. 229; **Widmaier**, Quo vadis, Revision? Revision, wohin gehst du?, StraFo 2010, 310; s. auch die Hinw. bei → *Revision, Allgemeines*, Teil A Rdn 2006, und bei → *Revision, Verfahrensablauf*, Teil A Rdn 2282.

2134 **1.a)** Über einzelne Zulässigkeitsfragen entscheidet **zunächst** das **Tatgericht**. Gem. § 346 Abs. 1 ist die Zulässigkeitsprüfung beim Tatgericht beschränkt auf die Frage der fristgerechten Einlegung, sowie der form- und fristgerechten Begründung der Revision. Hierbei ist jedoch nur die Einhaltung der Form des § 345 Abs. 2 gemeint.

2135 Das Tatgericht prüft somit also **ausschließlich** Folgendes (vgl. BGH NStZ 2000, 217; 2004, 50; 2005, 150; NJW 2007, 165):

- Die Einhaltung der **Wochenfrist** zur **Einlegung** der Revision (§ 341);
- die Einhaltung der **Monatsfrist** zur **Begründung** der Revision (§ 345 Abs. 1);
- die **Einhaltung** der **Form** des § 345 Abs. 2, d.h. die **Begründung** der Revision mittels einer von einem Rechtsanwalt unterzeichneten Schrift oder zu Protokoll der Geschäftsstelle.

Eine **darüber hinausgehende** Zulässigkeitsprüfung ist dem Tatrichter **untersagt** (BGH NJW 2007, 165; BGH, Beschl. v. 3.12.2013 – 1 StR 412/13). Das Tatgericht darf also **insbesondere nicht** die **Einhaltung** der **Form** bei der **Revisionseinlegung** nach § 341 Abs. 1 prüfen und auch nicht die Einhaltung der Formerfordernisse des § 344 (vgl. ausführlich zum Prüfungsumfang *Meyer-Goßner/Schmitt*, § 346 Rn 2 m.w.N.). 2136

☝ Auch **Verfahrenshindernisse**, die der Tatrichter bei seinem Urteil übersehen hat, berechtigen ihn nicht zur Aufhebung seiner Entscheidung (BGHSt 22, 213, 216). Entsteht allerdings ein Verfahrenshindernis erst nach Urteilserlass und sind die Akten noch nicht gem. § 347 Abs. 2 dem Revisionsgericht vorgelegt worden, hat das Tatgericht das Verfahren gem. § 206a einzustellen.

b) Sind die o.g. Zulässigkeitsvoraussetzungen aus der Sicht des Tatgerichts **nicht eingehalten**, **verwirft** dieses die Revision als **unzulässig** (§ 346 Abs. 1). Überschreitet der Tatrichter seine Prüfungskompetenz oder ist sein Verwerfungsbeschluss inhaltlich fehlerhaft, ist die Entscheidung nicht automatisch unwirksam, sondern der Revisionsführer kann gem. § 346 Abs. 2 die Entscheidung des Revisionsgerichts beantragen (s. hierzu ausführlich → *Revision, **Antrag** auf Entscheidung des **Revisionsgerichts***, Teil A Rdn 2037). Hierbei handelt es sich um einen Rechtsbehelf eigener Art, der entweder zur Bestätigung der tatrichterlichen Entscheidung oder zum Fortgang des Revisionsverfahrens nach § 347 führt. 2137

2.a) Über die (weiteren) Zulässigkeitsvoraussetzungen und die Begründetheit der Revision entscheidet das **Revisionsgericht**. Dieses kann sowohl über die vom Tatgericht bereits zu prüfenden Zulässigkeitsvoraussetzungen abweichend entscheiden, als auch die Einhaltung sämtlicher weiteren Zulässigkeitsvoraussetzungen, insbesondere der strengen Rügevoraussetzungen des § 344 Abs. 2, überprüfen. Das Revisionsgericht hat folgende 2138

Entscheidungsmöglichkeiten: 2139

- **Verwerfung** der Revision durch Beschluss als **unzulässig** (§ 349 Abs. 1),
- **Verwerfung** der Revision durch Beschluss als **offensichtlich unbegründet**, wenn ein entsprechender Antrag der StA vorliegt (§ 349 Abs. 2). Der Beschluss muss einstimmig sein.
- **Aufhebung** des angefochtenen Urteils durch **Beschluss**, wenn die zugunsten des Angeklagten eingelegte Revision einstimmig für begründet erachtet wird (§ 349 Abs. 4).
- **Entscheidung** durch **Urteil** nach Durchführung einer Revisions-HV (§ 349 Abs. 5). Dieses Urteil kann zum Inhalt haben:
  - Die Verwerfung der Revision, auch wenn dies im Gesetz nicht ausdrücklich geregelt ist (vgl. *Meyer-Goßner/Schmitt*, § 353 Rn 1). Dies folgt aus § 353 Abs. 1, der vorsieht, dass das angefochtene Urteil nur soweit aufzuheben ist, als die Revision für begründet erachtet wird.

- Die **Aufhebung** des Urteils gem. § 353 Abs. 1, soweit die Revision für **begründet** erachtet wird. Es kommt sowohl eine Teil- als auch Vollaufhebung in Betracht (vgl. hierzu *Meyer-Goßner/Schmitt*, § 353 Rn 6 ff.; vgl. auch Rdn 2141). Sind von der Gesetzesverletzung, die zur Aufhebung des Urteils führt, auch die Feststellungen des angefochtenen Urteils betroffen, sind gem. § 353 Abs. 2 auch diese aufzuheben.

2140 **b)** Die Entscheidung durch **Beschluss** (s. → *Revision, Entscheidung, Beschluss*, Teil A Rdn 2142) ist in der Praxis die **Regel**, die Entscheidung durch **Urteil** (s. → *Revision, Entscheidung, Urteil*, Teil A Rdn 2156) ist die **Ausnahme** (s. hierzu krit. *Fezer* StV 2007, 40).

2141 **3.** Erachtet das **Revisionsgericht** die Revision für zulässig und begründet, hebt es das Urteil des Tatgerichts auf und trifft entweder gem. § 354 Abs. 1 bis 1b eine **eigene Sachentscheidung** oder **verweist** die **Sache** gem. § 354 Abs. 2 an eine andere Abteilung oder Kammer des Gerichts, dessen Urteil aufgehoben wird, oder an ein zu demselben Land gehörendes Gericht gleicher Ordnung zurück (s. → *Revision, Urteilsaufhebung*, Teil A Rdn 2268).

Siehe auch: → *Rechtsmittel/Rechtsbehelfe, Allgemeines*, Teil A Rdn 1289, m.w.N.; → *Revision, Allgemeines*, Teil A Rdn 2006, m.w.N.; → *Rechtsmittel/Rechtsbehelfe, Entscheidung, Beschluss*, Teil A Rdn 2142; → *Rechtsmittel/Rechtsbehelfe, Entscheidung, Urteil*, Teil A Rdn 2156.

2142 Revision, Entscheidung, Beschluss

Das Wichtigste in Kürze:

1. Das Revisionsgericht kann gem. § 349 in bestimmten Fällen durch Beschluss entscheiden. In der Praxis ist die Beschlussentscheidung die Regel.
2. Gem. § 349 Abs. 1 kann das Revisionsgericht die Revision außerhalb der HV durch Beschluss als unzulässig verwerfen, wenn es die Vorschriften über die Einlegung der Revision oder über die Anbringung der Revisionsanträge als nicht erfüllt ansieht.
3. Gem. § 349 Abs. 2 kann das Revisionsgericht die Revision auch dann durch Beschluss verwerfen, wenn es diese einstimmig als offensichtlich unbegründet erachtet. Voraussetzung ist jedoch ein entsprechender Antrag der StA.
4. Als dritte Variante kommt gem. § 349 Abs. 4 die Entscheidung durch Beschluss in Betracht, wenn das Revisionsgericht die zugunsten des Angeklagten eingelegte Revision einstimmig für begründet erachtet.

2143 **Literaturhinweise: Rosenau**, Die offensichtliche Ungesetzlichkeit der „ou“-Verwerfung nach § 349 Abs. 2 StPO in der Spruchpraxis des BGH, ZIS 2012, 195; **Schlothauer**, Rechtsgestaltung durch höchstrichterliche Rechtsprechung: Beschlussverwerfung gem. § 349 Abs. 2 StPO; in: Opferschutz, Richterrecht, Strafprozessreform, Schriftenreihe der Strafverteidigervereinigungen, 28. Strafverteidigertag, Karlsruhe 2005, S. 229; *ders.*, Rechtsgestaltung durch höchstrichterliche Rechtsprechung – Beschlußverwerfung gem. § 349 Abs. 2

StPO, StV 2004, 340; **Senge**, Rechtsgestaltung durch höchstrichterliche Rechtsprechung: Beschlussverwerfung gem. § 349 Abs. 2 StPO, in: Opferschutz, Richterrecht, Strafprozessreform, Schriftenreihe der Strafverteidigervereinigungen, 28. Strafverteidigertag, Karlsruhe 2005, S. 229; s. auch die Hinw. bei → *Revision, Allgemeines*, Teil A Rdn 2006, und bei → *Revision, Entscheidung, Allgemeines*, Teil A Rdn 2133.

1. Das Revisionsgericht kann gem. § 349 in bestimmten Fällen durch Beschluss entscheiden. Nach der gesetzlichen Systematik stellt die **Beschlussentscheidung** die Ausnahme dar. In der Praxis allerdings ist es genau umgekehrt: Die Entscheidung durch Beschluss gemäß § 349 StPO ist die **Regel**, die Entscheidung durch Urteil nach vorangegangener Revisionshauptverhandlung die seltene Ausnahme. Im Einzelnen gilt Folgendes: **2144**

2.a) Gem. **§ 349 Abs. 1** kann das Revisionsgericht die Revision außerhalb der HV durch Beschluss als **unzulässig verwerfen**, wenn es die Vorschriften über die Einlegung der Revision oder über die Anbringung der Revisionsanträge als nicht erfüllt ansieht. Es prüft die Zulässigkeit der Revision insgesamt (BGHSt 11, 152, 155; 16, 115, 118), während das Tatgericht nur einzelne Zulässigkeitsvoraussetzungen überprüfen darf (s. hierzu → *Revision, Entscheidung, Allgemeines*, Teil A Rdn 2132). Das Revisionsgericht überprüft zudem, ob das Tatgericht das Fehlen von Zulässigkeitsvoraussetzungen übersehen hat (s. hierzu *R. Hamm*, Revision, Rn 1366). **2145**

Die Verwerfung der Revision gem. § 349 Abs. 1 durch das Revisionsgericht wegen Unzulässigkeit kommt vor allem in Betracht folgenden **Beispielsfällen**, wenn **2146**

- das Rechtsmittel der Revision **nicht statthaft** ist (→ *Rechtsmittel/Rechtsbehelfe, Statthaftigkeit*, Teil A Rdn 1715),
- dem Revisionsführer die **Revisionsberechtigung fehlt** (→ *Rechtsmittel/Rechtsbehelfe, Befugnis*, Teil A Rdn 1323),
- der Revisionsführer **nicht beschwert** ist (→ *Rechtsmittel/Rechtsbehelfe, Beschwer*, Teil A Rdn 1383),
- vom Revisionsführer wirksam auf **Rechtsmittel verzichtet** worden ist (→ *Rechtsmittel/Rechtsbehelfe, Verzicht, Allgemeines*, Teil A Rdn 1732, m.w.N.; → *Revision, Rechtsmittelverzicht*, Teil A Rdn 2193),
- die strengen **Rügevoraussetzungen des § 344** nicht eingehalten sind (s. zu den Einzelh. → *Revision, Begründung, Allgemeines*, Teil A Rdn 2045 und → *Revision, Verfahrensrüge, Allgemeines*, Teil A Rdn 2307, m.w.N.),
- der **Tatrichter** die **Revision fälschlich** als **zulässig** erachtet und keine Entscheidung nach § 346 Abs. 1 getroffen hat; hier hat das Revisionsgericht selbst gemäß § 349 Abs. 1 zu entscheiden, weil eine Rückgabe an den Tatrichter ausgeschlossen ist (*Meyer-Goßner/Schmitt*, § 349 Rn 1),
- der **Nebenkläger** mit seiner Revision ein nach § 400 unzulässiges Ziel verfolgt.

2147 **b)** Die Revision kann immer **nur einheitlich als unzulässig** verworfen werden, also nur dann, wenn sich ein Zulässigkeitsmangel oder mehrere unterschiedliche Zulässigkeitsmängel auf die gesamte Revision erstrecken und nicht nur einzelne Rügen betreffen.

☝ Die Verwerfung der Revision als unzulässig kann gem. § 196 Abs. 1 GVG mit **einfacher Mehrheit** beschlossen werden. Eines entsprechenden Antrags des GBA oder GStA bedarf es nicht.

2148 **c)** Ein Verwerfungsbeschluss des Revisionsgerichts, mit dem die Revision als unzulässig zurückgewiesen wird, ist gem. § 304 Abs. 4 **unanfechtbar** (zur Verfassungsbeschwerde → ***Verfassungsbeschwerde,*** *Allgemeines*, Teil C Rdn 729, m.w.N.).

2149 **3.a)** Gem. **§ 349 Abs. 2** kann das Revisionsgericht die Revision auch dann durch Beschluss verwerfen, wenn es diese **einstimmig** als **offensichtlich unbegründet** erachtet. Voraussetzung ist jedoch ein entsprechender Antrag der StA, wobei § 349 Abs. 2 StPO in diesem Antrag nicht ausdrücklich zitiert werden muss (BGH, Beschl. v. 8.7.2014 – 1 StR 605/13 [Entscheidung zur zusätzlich erhobenen Anhörungsrüge]; SSW-StPO/Widmaier § 349 Rn 20).

☝ **Fehlt der Antrag** und entscheidet das Revisionsgericht gleichwohl durch Beschluss gem. § 349 Abs. 2 liegt ein Verstoß gegen das Willkürverbot des Art. 3 Abs. 1 GG vor (BVerfG). In einem solchen Fall soll die verfahrensfehlerhafte Entscheidung des Revisionsgerichts auf eine Anhörungsrüge nach § 356a hin korrigiert werden können (KK-*Gericke*, § 349 Rn 16).

2150 Der Antrag der GStA/des GBA muss gem. § 349 Abs. 3 S. 1 schriftlich begründet und dem Revisionsführer zugestellt werden. Der Revisionsführer hat anschließend das Recht, innerhalb von zwei Wochen eine **Gegenerklärung** beim Revisionsgericht einzureichen (§ 349 Abs. 3 S. 2; → *Revision, Verfahrensablauf*, Teil A Rdn 2282). Diese Frist ist zwar nicht verlängerbar, sie ist aber keine Ausschlussfrist, sodass nach Fristablauf eingehendes Vorbringen vom Revisionsgericht zu berücksichtigen ist, solange eine Entscheidung noch nicht getroffen wurde (BGH, Beschl. v. 12.5.2010 – 1 StR 530/09).

2151 **b)aa)** Der Beschluss, die Revision als offensichtlich unbegründet zu verwerfen, setzt **Einstimmigkeit** in dem zur Entscheidung berufenen Senat voraus. Besteht Uneinigkeit über die Frage der Begründetheit der Revision, kann eine Beschlussentscheidung nach § 349 Abs. 2 nicht ergehen. Dies gilt sogar dann, wenn einzelne Senatsmitglieder die Revision aus unterschiedlichen Gründen für unbegründet erachten. Auch dann liegt keine Einstimmigkeit vor. Ist Einstimmigkeit gegeben, kann von der Verwerfungsmöglichkeit wegen offensichtlicher Unbegründetheit gem. § 349 Abs. 2 uneingeschränkt sowohl bei Revisionen der Verteidigung als auch bei solchen der StA oder des Nebenklägers Gebrauch gemacht werden. Der GBA bzw. die GStA können bei ihrem Verwerfungsantrag durchaus von der Rechtsauffassung der örtlichen StA als Revisionsführerin abweichen.

bb) Trotz der Erfordernisse des staatsanwaltschaftlichen Antrags, der Einstimmigkeit und der offensichtlichen Unbegründetheit ist die **Beschlussverwerfung** nach § 349 Abs. 2 der in der **Praxis** mit großem Abstand **häufigste Fall** und hat den „**Segen** des **BVerfG**" (vgl. NJW 2014, 2563). Da das Revisionsgericht seine Entscheidung nicht begründen muss, bleibt vielfach unklar, weshalb eine ausführliche und gewissenhaft begründete Revision **„offensichtlich" unbegründet** sein soll. Zulässig ist es nach überwiegender Meinung auch, dass das Revisionsgericht in seinem Beschl. v. Antrag und der Antragsbegründung des GBA bzw. der GStA abweicht (BVerfG NJW 1982, 925; *Meyer-Goßner/Schmitt*, § 349 Rn 14 m.w.N.), obwohl es in diesem Fall mit der Offensichtlichkeit nicht mehr allzu weit her sein kann. Schließlich soll offensichtliche Unbegründetheit nur vorliegen, wenn für jeden Sachkundigen ohne längere Prüfung erkennbar ist, welche Rechtsfragen vorliegen, wie sie zu beantworten sind und dass sie der Revision nicht zum Erfolg verhelfen können (BVerfG NJW 2002, 814, 815; NStZ 2002, 487, 489; 2003, 103; vgl. ergänzend auch BGH NJW 2001, 85 = NStZ 2001, 334 = StV 2001, 221). In der Praxis ist mit der Verwerfung wegen offensichtlicher Unbegründetheit insbesondere dann zu rechnen, wenn die Revision ohne Anführung erheblicher neuer Gesichtspunkte Rechtsfragen aufwirft, die bereits durch die höchstrichterliche Rechtsprechung zu Ungunsten des Revisionsführers hinreichend geklärt sind. Da dem Revisionsgericht bei der Frage der offensichtlichen Unbegründetheit ein **weiter Ermessensspielraum** zusteht, der seine Grenze erst bei der Willkürlichkeit einer Entscheidung erreicht (vgl. BVerfG NStZ 2002, 487, 489), werden in der Praxis aus Gründen der Prozessökonomie auch problematische und bislang ungeklärte Rechtsfragen, die eigentlich einer ausführlichen Begründung bedürften, oftmals im Verfahren nach § 349 Abs. 2 entschieden, wenn die Auffassung des Revisionsgerichts nur die Erfolglosigkeit der Revision zum Ergebnis haben kann (vgl. auch BeckOK-StPO/*Wiedner*, § 349 Rn 19). 2152

☝ In diesem Zusammenhang muss sich der Verteidiger auch immer bewusst sein, dass das Revisionsgericht auch dann zur Beschlussverwerfung wegen offensichtlicher Unbegründetheit greifen wird, wenn zwar unstreitig ein auf die Revision zu beachtender Rechtsfehler vorliegt, das Urteil aber auf diesem aus der Sicht des Revisionsgerichts nicht **beruht**.

cc) Eine Diskussion ist im Zusammenhang mit der Beschlussverwerfung um das sog. „Vier-Augen" bzw. **„Zehn-Augen-Prinzip"** entbrannt. Dabei geht es um die Frage, ob die Beschlussfassung gem. § 349 Abs. 2 nach dem „Vier-Augen-Prinzip", das die Informierung des Senats durch den Berichterstatter und den Vorsitzenden als „Zweitleser" genügen lässt, oder nach dem „Zehn-Augen-Prinzip", das die Kenntnis des Sach- und Rechtsstandes aller Senatsmitglieder durch eigene Informationsgewinnung erfordert, erfolgen muss. Die bisherige Praxis des „Vier-Augen-Prinzips" des BGH/der OLG ergibt sich weder aus dem Gesetz noch ist sie mit historischer Auslegung zu begründen. Zudem ist nicht ausgeschlossen, dass 2153 durch den „Berichterstattervortrag", vor allem bei umfangreichen oder komplexen Sachverhalten Informationen nicht wahrgenommen, falsch bewertet oder gänzlich verloren gehen können (vgl. aber BVerfG NJW 1987, 2219; BGH NStZ 1994, 353). Das spricht für eine Abkehr vom „Vier-Augen-Prinzip" zum „Zehn-Augen-Prinzip" (vgl. zu der Diskussion und wegen weiterer Einzelh. *Brodowski* HRRS 2013, 409; *Becker* HRRS 2013, 264; *Fischer/Eschelbach/Krehl* StV 2013, 395; *Fischer/Krehl* StV 2012, 550; *Lamprecht* NJW 2013, 3563; *Mosbacher* NJW 2014, 123; *R. Hamm/Krehl* NJW 2014, 903; zum Einfluss des Berichterstatters auf das Ergebnis des Revisionsverfahrens *Fischer* NStZ 2013, 425; vgl. schließlich auch noch die Stellungnahme „Zur Beratung von Revisionsentscheidungen im Beschlussverfahren" von den Mitgliedern des 5. Strafsenats des BGH in NStZ 2013, 563).

2154 **4.a)** Als dritte Variante kommt gem. **§ 349 Abs. 4** die Entscheidung durch Beschluss in Betracht, wenn das Revisionsgericht die **zugunsten** des Angeklagten eingelegte Revision **einstimmig für begründet** erachtet. In diesem Fall hebt das Revisionsgericht das Urteil auf und verweist die Sache gem. § 354 Abs. 2 an das Gericht erster Instanz zurück oder trifft gem. § 354 Abs. 1 bis 1b eine eigene Sachentscheidung (s. ausführlich → *Revision, Urteilsaufhebung*, Teil A Rdn 2268). Sofern die tatrichterliche Entscheidung aufgehoben und die Sache zu erneuter Entscheidung zurückverwiesen wird, ist wegen § 358 eine zumindest kurze Begründung der die Aufhebung tragenden Rechtsauffassung des Revisionsgerichts notwendig (BeckOK-StPO/*Wiedner*, § 349 Rn 53).

☝ Wenn über voneinander trennbare Teile des Urteils entschieden werden kann, darf die Beschlussentscheidung aus einer **Teilaufhebung** gem. § 349 Abs. 4 und **Teilverwerfung** gem. § 349 Abs. 2 bestehen (vgl. hierzu *Meyer-Goßner/Schmitt*, § 349 Rn 32 m.w.N.; LR-*Hanack*, § 349 Rn 38).

2155 **b)** Soweit die Voraussetzungen für eine **Einstellung** vorliegen, ist zu differenzieren:

- Durch Beschluss gem. § 349 Abs. 4 kann das Revisionsgericht in geeigneten Fällen selbst das Verfahren nach den §§ 153 Abs. 2, 154 Abs. 2 und 154a Abs. 2 durch Beschluss einstellen (s. zu entsprechenden Fallgestaltungen *Junker*, Ausdehnung der eigenen Sachentscheidung, S. 77 ff.).
- Hat der Tatrichter ein **Verfahrenshindernis** übersehen, kann ebenfalls durch Beschluss gem. § 349 Abs. 4 entschieden, das Urteil aufgehoben und das Verfahren eingestellt werden (OLG Koblenz StraFo 2005, 129; s. hierzu ausführlich auch *Meyer-Goßner/Schmitt*, § 349 Rn 29 m.w.N. auch zur Gegenmeinung).
- Ist das Verfahrenshindernis erst im Revisionsverfahren eingetreten (z.B. durch Zurücknahme des Strafantrags), ist für § 349 Abs. 4 kein Raum, sondern das Verfahren ist unmittelbar gemäß § 206a einzustellen.

Siehe auch: → *Rechtsmittel/Rechtsbehelfe, Allgemeines*, Teil A Rdn 1289, m.w.N.; → *Revision, Allgemeines*, Teil A Rdn 2006, m.w.N.; → *Rechtsmittel/Rechtsbehelfe, Ent-*

scheidung, Allgemeines, Teil A Rdn 2132; → *Rechtsmittel/Rechtsbehelfe, Entscheidung, Urteil*, Teil A Rdn 2156.

Revision, Entscheidung, Urteil 2156

Literaturhinweise: s. die Hinw. bei → *Revision, Allgemeines*, Teil A Rdn 2006, und bei → *Revision, Entscheidung, Allgemeines*, Teil A Rdn 2133. 2157

1. Kommt eine Entscheidung durch Beschluss gem. § 349 Abs. 1, 2 oder 4 nicht in Betracht (s. hierzu → *Revision, Entscheidung, Beschluss*, Teil A Rdn 2142), entscheidet das Revisionsgericht gem. § 349 Abs. 5 durch **Urteil**, nachdem es eine **Revisions-HV** (s. → *Revision, Hauptverhandlung*, Teil A Rdn 2174) hierzu durchgeführt hat (§§ 350, 351). 2158

Zu dieser **Verfahrensweise kommt** es, wenn 2159

- die StA **keinen Verwerfungsantrag** nach § 349 Abs. 2 stellt, das Revisionsgericht aber aufgrund **fehlender Einstimmigkeit** auch keinen Gebrauch von der Aufhebung des tatrichterlichen Urteils durch Beschluss gem. § 349 Abs. 4 macht;

> ☝ Schließt sich die StA beim Revisionsgericht also der Revision an und erachtet diese für begründet und kommt es daraufhin gleichwohl zu einer HV, ist dies ein starkes **Indiz** dafür, dass einzelne Mitglieder des Revisionssenats die Revision nicht für begründet halten.

- die StA zwar einen Verwerfungsantrag gem. § 349 Abs. 2 stellt, das Revisionsgericht diesem aber nicht folgen will, weil die **Mehrheit** im **Senat** die **Revision für begründet erachtet**. Mangels Einstimmigkeit kommt auch hier kein Beschluss nach § 349 Abs. 4 in Betracht, sodass eine HV durchzuführen ist;
- die StA einen Verwerfungsantrag gem. § 349 Abs. 2 stellt, dem die Mehrheit im Senat auch folgen würde, aber aufgrund **einzelner abweichender Meinungen** eine einstimmige Beschlussentscheidung nicht erreicht wird;
- das Revisionsgericht eine **zuungunsten** des Angeklagten eingelegte Revision einstimmig oder mehrheitlich für begründet erachtet, weil in diesem Fall die Voraussetzungen des § 349 Abs. 1, 2 und 4 für eine Entscheidung durch Beschluss nicht gegeben sind.

2. Inhaltlich macht es keinen Unterschied, ob das Revisionsgericht durch Beschluss oder Urteil entscheidet: 2160

a) Erachtet es die **Revision** für **begründet**, hebt es das tatrichterliche Urteil auf (§ 353 Abs. 1) und verweist die Sache gem. § 354 Abs. 2 an das Gericht erster Instanz zurück oder trifft gem. § 354 Abs. 1 bis 1b eine eigene Sachentscheidung (s. ausführlich → *Revision, Urteilsaufhebung*, Teil A Rdn 2268). 2161

2162 **b)** Kommt das Revisionsgericht zu dem Ergebnis, dass die **Revision unzulässig und/oder unbegründet** ist, verwirft es diese. Die Verwerfung der Revision durch Urteil ist nicht näher im Gesetz geregelt, folgt aber aus der Vorschrift des § 353, die anordnet, dass die Aufhebung **nur soweit** erfolgt, wie die Revision für begründet erachtet wird.

☝ Wenn über voneinander trennbare Teile des Urteils entschieden werden kann, darf das Urteil auch aus einer **Teilaufhebung** gemäß § 353 Abs. 1 („soweit") und **Teilverwerfung** bestehen (vgl. hierzu *Meyer-Goßner/Schmitt*, § 353 Rn 1 unter Hinweis auf § 260 Rn 8).

2163 **c)** Soweit die Voraussetzungen für eine **Einstellung** nach den §§ 153 Abs. 2, 154 Abs. 2 und 154a Abs. 2 vorliegen, kann das Revisionsgericht das Verfahren auch nach diesen Vorschriften durch Urteil einstellen (s. zu entsprechenden Fallgestaltungen *Junker*, Ausdehnung der eigenen Sachentscheidung, S. 77 ff.). Hat der Tatrichter ein **Verfahrenshindernis** übersehen, wird das Urteil aufgehoben und durch eine eigene Sachentscheidung gemäß § 354 Abs. 1 eingestellt. Ist das Verfahrenshindernis erst während des Revisionsverfahrens entstanden, erfolgt im Rahmen der HV eine Einstellung gemäß § 260 Abs. 3 durch Urteil (außerhalb der HV kann in einem solchen Fall durch Beschluss gem. § 206a Abs. 1 entschieden werden).

2164 **3.** Die **Aufhebung der Feststellungen** des tatrichterlichen Urteils ist gem. § 353 Abs. 2 nur dann geboten, wenn sie durch die festgestellte **Gesetzesverletzung betroffen** sind. Ansonsten bleiben sie bestehen.

☝ **Fehlt** im **Tenor** des **Revisionsurteils** ein **entsprechender Ausspruch**, kann Unsicherheit darüber entstehen, ob die Feststellungen tatsächlich bestehen bleiben sollen oder die Aufhebung der Feststellungen nur versehentlich unterblieben ist. Die Rechtsprechung des BGH hierzu ist uneinheitlich, in der Entscheidung BGH NJW 2007, 1540 wird aber die Auffassung vertreten, dass die Feststellungen bestehen bleiben, wenn sie nicht ausdrücklich bestehen bleiben (krit. *Meyer-Goßner/Schmitt*, § 353 Rn 12 m.w.N.).

Siehe auch: → *Rechtsmittel/Rechtsbehelfe, Allgemeines*, Teil A Rdn 1289, m.w.N.; → *Revision, Allgemeines*, Teil A Rdn 2006, m.w.N.; → *Rechtsmittel/Rechtsbehelfe, Entscheidung, Allgemeines*, Teil A Rdn 2132; → *Rechtsmittel/Rechtsbehelfe, Entscheidung, Beschluss*, Teil A Rdn 2142.

2165 Revision, Erstreckung auf Mitangeklagte

2166 **Literaturhinweise:** s. die Hinw. bei → *Revision, Allgemeines*, Teil A Rdn 2006.

2167 **1.a)** Grds. entscheidet jeder Mitangeklagte selbst darüber, ob er das gegen ihn ergangene Urteil anfechten oder in Rechtskraft erwachsen lassen will. Hierbei kann jedoch die Situation entstehen, dass ein Revisionsführer mit seiner Revision durchdringt, während das tatrichterliche Urteil gegen einen Mitangeklagten schon rechtskräftig ist. Hieraus kann eine **Ungleichbehandlung** entstehen, der die Vorschrift des § 357 vorbeugt (vgl. BGHSt 12, 335, 341). Sofern zugunsten eines Angeklagten die Aufhebung des Urteils erfolgt, kommt dies auch den Mitangeklagten zugute, soweit sich der Rechtsfehler auch auf diese erstreckt (vgl. BGH Beschl. v. 24.10.2013 – 5 StR 371/13; BGH, Beschl. v. 10.4.2013 – 5 StR 29/13). Im Einzelnen gilt:

b) Für die **Erstreckungswirkung** spielt es **keine Rolle**, ob/dass der Mitangeklagte 2168

- keine Revision eingelegt hat,
- seine Revision zurückgenommen hat (BGH NJW 1958, 560; 1996, 2663),
- auf Rechtsmittel verzichtet hat (OLG Hamburg JW 1937, 3152),
- seine Revision beschränkt hat (BGH NJW 1954, 441).

☝ **Unerheblich** ist es auch, ob die Revision des **Mitangeklagten** bereits als **unzulässig verworfen** worden war. Auch in diesem Fall wird die Erstreckungswirkung bejaht (BGHR § 338 Nr. 7 Entscheidungsgründe 2; OLG Zweibrücken wistra 1987, 269; s. auch schon RGSt 40, 219). Etwas anderes gilt nur im Jugendstrafverfahren für einen Mitangeklagten, der Berufung eingelegt hatte und dessen Revision deshalb nach § 55 Abs. 2 JGG unzulässig ist (BGHSt 51, 34; → *JGG-Besonderheiten, Revision*, Teil A Rdn 900) oder wenn der Nichtrevident einer für ihn **nicht unmittelbar begünstigenden Erstreckungsentscheidung widersprochen** hat (BGH NJW 2005, 374; BGH, Beschl. v. 25.11.2013 – 5 StR 475/13).

c) Die Urteilsaufhebung muss wegen einer Gesetzesverletzung bei Anwendung des Strafgesetzes erfolgen. Daraus folgt, dass § 357 bei **sachlich-rechtlichen Fehlern** des tatgerichtlichen Urteils uneingeschränkt anzuwenden ist. Auch die fehlerhafte Beurteilung von **Verfahrensvoraussetzungen bzw. Verfahrenshindernissen** stellt eine Gesetzesverletzung im Sinne des § 357 dar und führt zu einer Erstreckung auf den Mitangeklagten, wenn es diesen gleichermaßen betrifft (BGHSt 19, 320, 321 [fehlender Strafantrag]; 24, 208 [Verfolgungsverjährung]; BGH NStZ 1987, 239 [fehlender Eröffnungsbeschluss]; BGH, Beschl. v. 31.3.2011 – 4 StR 657/10 [Verfolgungsverjährung]). 2169

Die Verletzung des sonstigen Verfahrensrechts, das Gegenstand der **Verfahrensrüge** ist, führt hingegen **nicht** zur Anwendung des § 357 und somit nicht zum Eintritt der Erstreckungswirkung. Das gilt selbst dann, wenn es sich um einen Verfahrensverstoß handelt, der einen absoluten Revisionsgrund i.S.d. § 338 darstellt (BGHSt 17, 176, 179; 37, 329; *Meyer-Goßner/Schmitt*, § 357 Rn 11 m.w.N.; zur verfassungsrechtlichen Unbedenklichkeit der Nichterstreckung bei Verfahrensfehlern BVerfG NJW 1985, 125). 2170

☝ Wenn **sowohl** ein **Verfahrensfehler** als auch ein **sachlich-rechtlicher Fehler** vorliegt, muss der Sachmangel die Entscheidung des Revisionsgerichts zumindest mittragen. Hebt das Revisionsgericht das tatrichterliche Urteil trotz Vorliegens förmlicher und sachlicher Rechtsmängel allein auf die Verfahrensrüge eines Mitangeklagten auf, findet eine Erstreckung auf den Nichtrevidenten nicht statt. Das Revisionsgericht ist nicht gehalten, der Sachrüge den Vorzug zu geben (vgl. BVerfG NJW 1985, 125).

2171 **d)** Der Revisionsführer und der das Urteil nicht anfechtende Mitangeklagte müssen durch **dasselbe tatrichterliche Urteil** (*Meyer-Goßner/Schmitt*, § 357 Rn 12 m.w.N.) und wegen **derselben (prozessualen) Tat** (BGHSt 12, 335, 341; NJW 1955, 1566; 1983, 2097, 2099) verurteilt worden sein, damit eine Erstreckungswirkung eintreten kann.

2172 **e)** Schließlich muss ein **gemeinsamer Revisionsgrund** vorliegen, d.h. die Erwägungen, die zur Aufhebung des tatrichterlichen Urteils führen, müssen für den Revisionsführer und den Mitangeklagten gleichermaßen gelten (vgl. z.B. BGHSt 11, 18; ausführlich *Meyer-Goßner/Schmitt*, § 357 Rn 14 m.w.N.). Hierbei spielt es keine Rolle, ob sich der durchgreifende Revisionsgrund auf den Schuld- oder den Rechtsfolgenausspruch bezieht (*Meyer-Goßner/Schmitt*, § 357 Rn 14 und 15 m.w.N.).

2173 **2.** Da es für die Erstreckungswirkung des § 357 nur darauf ankommt, dass das tatrichterliche Urteil zugunsten eines Mitangeklagten aufgehoben wird, spielt es **keine Rolle**, ob die Urteilsaufhebung durch **Beschluss** gem. **§ 349 Abs. 4** (vgl. BGHSt 24, 208, 213) oder durch **Urteil** gem. **§ 353 Abs. 1** erfolgt. Im weiteren Verfahren wird der Mitangeklagte, der das Urteil nicht angefochten hatte, so behandelt, als habe er erfolgreich Revision eingelegt. Das kann wegen § 357 S. 2 i.V.m. § 47 Abs. 3 dazu führen, dass ein früherer Haftbefehl oder sonstige Anordnungen wieder aufleben. Die Erstreckungsentscheidung gem. § 357 ist zwingend und die entsprechende Entscheidung ergeht beim Vorliegen der Voraussetzungen von Amts wegen. Ein entgegenstehender Wille des Nichtrevidenten ist deshalb unbeachtlich. Allerdings wird in der Rechtsprechung des BGH vereinzelt vertreten, dass dem Mitangeklagten vor der Erstreckungsentscheidung rechtliches Gehör gewährt werden und im Falle eines Widerspruches von der Erstreckung abgesehen werden soll (BGH NJW 2005, 374, 376; 2008, 1460, 1462).

Siehe auch: → *Rechtsmittel/Rechtsbehelfe, Allgemeines*, Teil A Rdn 1289, m.w.N.; → *Revision, Allgemeines*, Teil A Rdn 2006, m.w.N.

2174 Revision, Hauptverhandlung

2175 **Literaturhinweise: Leipold**, Die Hauptverhandlung vor dem Revisionsgericht, StraFo 2010, 353; s. auch die Hinw. bei → *Revision, Allgemeines*, Teil A Rdn 2006.

1. Die HV vor dem Revisionsgericht ist **nicht vergleichbar** mit der HV vor dem **Tatgericht**. Im Einzelnen gilt Folgendes: 2176

2. Weder der Angeklagte noch der Verteidiger müssen geladen werden. Ausreichend ist es gem. § 350 Abs. 1, wenn ihnen **Ort** und **Zeit** der HV **formlos mitgeteilt** werden. Da eine förmliche Ladung nicht ergeht, sind die §§ 217, 218, 145a Abs. 2 nicht anwendbar, sodass Ladungsfristen nicht eingehalten werden müssen. Ist die Terminsmitteilung gänzlich unterblieben, soll dies nach verbreiteter Auffassung folgenlos bleiben (OLG Köln NJW 1957, 74; *Meyer-Goßner/Schmitt*, § 350 Rn 11 m.w.N.). Gem. § 350 Abs. 2 S. 1 kann der Angeklagte in der HV erscheinen, er ist hierzu aber nicht verpflichtet, sondern kann sich auch durch einen mit schriftlicher Vollmacht versehenen Verteidiger vertreten lassen. Da in der HV vor dem Revisionsgericht nur Rechtsfragen erörtert werden, ist ein persönlicher Eindruck ebenso wenig notwendig, wie eine Einlassung des Angeklagten zur Sache (vgl. BGHSt 41, 16, 19). 2177

Auch der **Wahlverteidiger** ist, unabhängig davon, ob ein Fall der notwendigen Verteidigung vorliegt oder nicht, nach dem Wortlaut des § 350 Abs. 1 S. 1 und Abs. 2 grds. nicht zur Anwesenheit verpflichtet (*Pfeiffer*, § 350 Rn 2). Nach Auffassung des 2. Strafsenats des BGH genügt die Praxis, eine Revisions-HV ohne Anwesenheit des Angeklagten und seines gewählten Verteidigers durchzuführen, nicht den Anforderungen des Art. 6 Abs. 3 Buchst. c) EMRK (BGH NJW 2014, 3527 m. Anm. *Pießkalla* StRR 2015, 25 und Anm. *Meyer-Mews* NJW 2014, 3527). Teilt ein Wahlverteidiger, dem der HV-Termin mitgeteilt worden ist, mit, dass er zur HV vor dem Revisionsgericht nicht erscheinen werde, ist er nach Auffassung des 2. Strafsenats des BGH in der Regel zum Pflichtverteidiger für die Revisions-HV zu bestellen (BGH NJW 2014, 3527). Ein nach § 350 Abs. 3 oder gem. § 140 Abs. 2 beigeordneter **Pflichtverteidiger** hat den HV-Termin wahrzunehmen. Bleibt er aus, muss die Sitzung vertagt und ein neuer Verteidiger bestimmt werden (BVerfG NJW 1984, 113; BGHSt 19, 258, 263). Für den Nebenkläger und den Vertreter der revisionsführenden örtlichen StA besteht ebenfalls keine Anwesenheitspflicht. 2178

☝ Ein **inhaftierter Angeklagter** hat gem. § 350 Abs. 2 S. 2 keinen Anspruch auf Anwesenheit (zur verfassungsrechtlichen Unbedenklichkeit s. BVerfGE 54, 100, 116; 65, 171, 177 und darauf Bezug nehmend BGH, Urt. v. 10.12.2013 – 5 StR 387/13). Hat ein inhaftierter Angeklagter keinen Verteidiger, ist ihm auf seinen Antrag ein Pflichtverteidiger beizuordnen (§ 350 Abs. 3; → *Revision, Pflichtverteidiger*, Teil A Rdn 2187).

3. Der **Ablauf** der **HV** vor dem Revisionsgericht ist in **§ 351** geregelt. Er gestaltet sich wie folgt: 2179

a) Zunächst werden im **Vortrag** des **Berichterstatters** der Ablauf und die Ergebnisse des bisherigen Verfahrens dargelegt. Dies kann auch der Vorsitzende übernehmen. 2180

2181 I.d.R. werden in dem Bericht **folgende Aspekte thematisiert**:

- die **Formalitäten** der Anfechtung,
- die **Feststellungen** des tatrichterlichen Urteils, soweit sie für die Revision von Bedeutung sind; hiervon kann abgesehen werden, wenn alle Mitglieder des Gerichts das Urteil kennen,
- die vom Revisionsführer erhobenen **Verfahrensrügen** mit allen dazugehörigen Unterlagen,
- die wesentlichen Teile des tatrichterlichen **HV-Protokolls**,
- etwaige im **Freibeweisverfahren** erhobene Beweisergebnisse.

2182 **b)** Anschließend werden zuerst der **Beschwerdeführer** (ggf. auch der Nebenklägervertreter) und dann die **StA** beim **Revisionsgericht gehört**. Da der Berichterstatter i.d.R. bereits die Verfahrensrügen dargestellt hat, bleibt dem Verteidiger häufig nur die Begründung der Sachrüge. Da die Revision nur die rechtliche Überprüfung eines Urteils eröffnet, muss sich der Verteidiger auf **Rechtsausführungen** beschränken. Nicht selten sucht das Revisionsgericht ein Rechtsgespräch mit dem Verteidiger hinsichtlich der Fragen, die es für die Revisionsentscheidung als wesentlich ansieht und klopft mögliche „Schwachstellen" der Revision im Rahmen einer Diskussion ab.

☝ Der Verteidiger muss sich vor Augen halten, dass eine Revisions-HV regelmäßig nur dann anberaumt wird, wenn die Mitglieder des Revisionsgerichts keine Einstimmigkeit zu den in der Revision aufgeworfenen Fragen erzielt haben. Er muss deshalb **zusätzliche**, seine Revision stützende Argumente in das Rechtsgespräch einbringen bzw. **Kritikpunkte ad hoc entkräften** können, um das Revisionsgericht von seinem Standpunkt zu überzeugen.

2183 **c)** Eine **Beweisaufnahme** zu der abgeurteilten Tat findet beim Revisionsgericht **nicht** statt. Allerdings können tatsächliche Umstände, die Einfluss auf das Vorliegen von Verfahrenshindernissen oder Auswirkungen auf die Zulässigkeit und Begründetheit der erhobenen Verfahrensrügen haben, im Wege des **Freibeweises** in der Revisionshauptverhandlung geklärt werden (BGH NStZ 1993, 349; KG StV 2002, 123; s. auch *Leipold*, StraFo 2010, 353, 358; zum Freibeweisverfahren *Burhoff*, HV, Rn 1562).

2184 **d)** Ist der **Angeklagte anwesend**, hat er gem. § 351 Abs. 2 S. 2 das **letzte Wort**. Hiermit sollte vorsichtig umgegangen werden, da auch insoweit nur reine Rechtsausführungen sachdienlich sind. In seinem letzten Wort und durch sein Auftreten hat der Angeklagte aber durchaus die Chance, dem Revisionsgericht zu vermitteln, dass eine Urteilsaufhebung und Neuverhandlung notwendig sind, um seiner Sache gerecht zu werden (vgl. *Hamm*, Revision, Rn 1410).

2185 **e)** Nach dem Schluss der Verhandlung zieht sich das Revisionsgericht zur **Beratung** und **Abstimmung** zurück.

☝ Trifft das Revisionsgericht eine **eigene Sachentscheidung** nach § 354 Abs. 1, 1a oder 1b entscheidet es entsprechend § 263 Abs. 1 mit **Zweidrittelmehrheit**. In allen anderen Fällen genügt gem. § 196 GVG die einfache Mehrheit (BGHSt 49, 371; KK-*Gericke*, § 263 Rn 7; *Meyer-Goßner/Schmitt*, § 352 Rn 7 m.w.N.).

Die HV wird anschließend fortgesetzt, um die revisionsrichterliche **Entscheidung** zu **verkünden**. Der Verkündungstermin wird den Verfahrensbeteiligten mitgeteilt, der Angeklagte und sein Verteidiger müssen bei der Entscheidungsverkündung aber nicht anwesend sein. Wenn der Verteidiger dennoch anwesend ist, entsteht eine Terminsgebühr Nr. 4132 VV RVG (Burhoff/*Burhoff*, RVG, Nr. 41432 VV Rn 3). **2186**

Siehe auch: → *Rechtsmittel/Rechtsbehelfe, Allgemeines*, Teil A Rdn 1289, m.w.N.; → *Revision, Allgemeines*, Teil A Rdn 2006, m.w.N.; → *Revision, Pflichtverteidiger*, Teil A Rdn 2187.

Revision, Pflichtverteidiger **2187**

Literaturhinweise: s. die Hinw. bei → *Revision, Allgemeines*, Teil A Rdn 2006. **2188**

1. Der Pflichtverteidiger, der **bereits** in der **Tatsacheninstanz beigeordnet** worden war, bleibt auch im Revisionsverfahren Pflichtverteidiger (s. *Burhoff*, EV, Rn 2296). Die Pflichtverteidigung **erstreckt** sich allerdings nur auf die Einlegung und Begründung der Revision, nicht auf die Verteidigung in der Revisions-HV (vgl. BGHSt 32, 326 f.; BGH StV 2011, 645; vgl. auch *Burhoff*, HV, Rn 2382). **2189**

Für die **Revisions-HV** wird der Vorsitzende des Revisionsgerichts (s. BGHSt 19, 258, 261) einen Pflichtverteidiger **bestellen müssen** in folgenden **2190**

Beispielsfällen: **2191**

- wenn es sich um einen **schwerwiegenden Fall** handelt (BVerfG NJW 1965, 147; 1978, 151);
- nach **Art. 6 Abs. 3c EMRK** die unentgeltliche Beiordnung eines Verteidigers im Interesse der Rechtspflege erforderlich ist und der Angeklagte nicht über die Mittel zur Beauftragung eines gewählten Verteidigers verfügt (vgl. EGMR NStZ 1983, 373 m. Anm. *Stöcker*);
- der Angeklagte gem. **§ 350 Abs. 3** einen entsprechenden Antrag auf Beiordnung eines Pflichtverteidigers stellt, weil er sich nicht auf freiem Fuß befindet und zur HV auch nicht vorgeführt wird,
- wenn ein **Wahlverteidiger**, dem der Termin der HV gem. § 350 Abs. 1 mitgeteilt wurde, zur HV vor dem Revisionsgericht **nicht erscheint** oder er vorab mitteilt,

dass er nicht erscheinen werde (BGH NJW 2014, 3527 unter Hinweis auf Art. 6 Abs. 3 Buchst. c EMRK).

☝ Duldet der Vorsitzende das Auftreten des nicht für die HV beigeordneten Instanz-Pflichtverteidigers in der Revisions-HV kann darin eine **stillschweigende Beiordnung** für die Revisions-HV liegen (BGH StraFo 2015, 37; StV 2011, 645 m. Anm. *Burhoff* StRR 2011, 29).

2192 **2.** War der Verteidiger **in** der **Tatsacheninstanz noch nicht beigeordnet**, kommt eine Beiordnung für das Revisionsverfahren unter den Voraussetzungen des **§ 140** in Betracht. Für die Frage, ob eine Beiordnung aufgrund der Schwierigkeit der Sach- und Rechtslage oder der Unfähigkeit zur Selbstverteidigung gerechtfertigt ist, kommt es nicht auf den abgeurteilten Sachverhalt, sondern die **Schwierigkeit** der **vorzunehmenden Revisionsbegründung** an. Das wird insbesondere der Fall sein, wenn komplexe Verfahrensrügen auszuführen sind, die auch nicht zu Protokoll der Geschäftsstelle erklärt werden können (vgl. dazu KG NStZ 2007, 663; OLG Karlsruhe StraFo 2006, 497; OLG Koblenz StraFo 2007, 117; ausführlich auch *Burhoff*, HV, Rn 2387 ff. m.w.N.).

Siehe auch: → *Rechtsmittel/Rechtsbehelfe, Allgemeines*, Teil A Rdn 1289, m.w.N.; → *Revision, Allgemeines*, Teil A Rdn 2006, m.w.N.; → *Revision, Hauptverhandlung*, Teil A Rdn 2174.

2193 Revision, Rechtsmittelverzicht

2194 **Literaturhinweise:** s. die Hinw. bei → *Rechtsmittel/Rechtsbehelfe, Verzicht, Allgemeines*, Teil A Rdn 1732, und bei → *Revision, Allgemeines*, Teil A Rdn 2006.

2195 **1.** Nach § 302 kann auf die Einlegung der Revision verzichtet werden. Der **Rechtsmittelverzicht** muss aber **eindeutig** und **zweifelsfrei** sein (vgl. BGH NStZ 2005, 47; OLG Hamm wistra 2003, 440 m.w.N.; OLG Köln NJW 1980, 2720). Diese Voraussetzungen liegen z.B. vor, wenn der Angeklagte nach Rücksprache mit seinem Verteidiger in der HV nach Verkündung des Urteils und Rechtsmittelbelehrung erklärt: „Ich nehme das Urteil an und verzichte auf Rechtsmittel." und diese Erklärung gem. § 273 Abs. 3 vollständig protokolliert, vorgelesen und genehmigt wurde (wegen der Einzelh. → *Rechtsmittel/Rechtsbehelfe, Verzicht, Erklärung*, Teil A Rdn 1738; wurde die Erklärung nicht vorgelesen und genehmigt, soll dies allerdings nicht deren Wirksamkeit beeinträchtigen, sondern nur eine Frage des Nachweises darstellen, BGH NStZ 2014, 533; 2000, 441 f. m.w.N.; BGH, Beschl. 8.9.2015 – 4 StR 272/15).

☝ Nach gefestigter Rechtsprechung muss dem Angeklagten vor der Erklärung eines Rechtsmittelverzichts Gelegenheit gegeben werden, sich mit seinem Verteidiger oder mit Dritten zu besprechen (BGHSt 45, 51, 57 m.w.N.; BGH NStZ 2014, 533 m.w.N.; vgl. auch BVerfG NStZ-RR 2008, 209). Solange der Angeklagte oder sein Verteidiger Erörterungsbedarf anmelden, kann deshalb ein bindender Rechtsmittelverzicht nicht angenommen werden (BGH NStZ 2014, 533 m.w.N.).

Ein eindeutiger und zweifelsfreier Rechtsmittelverzicht führt unwiderruflich zum endgültigen Verlust der Rechtsmittelbefugnis und zur Rechtskraft der Entscheidung (BGH wistra 2009, 201). Er kann nicht widerrufen, wegen Irrtums angefochten oder sonst zurückgenommen werden (BGH, Beschl. v. 10.11.2015 – 1 StR 520/15; BGH, Beschl. v. 15.10.2015 – 2 StR 390/15; BGH NStZ 2014, 533, 534). Eine spätere Einlegung eines Rechtsmittels ist damit ausgeschlossen (BGH NJW 1978, 330; Beschl. v. 25.4.2012 – 1 StR 80/12).

Solange **Zweifel** an dem **Verzichtswillen** des Angeklagten bestehen, liegt ein wirksamer 2196
Rechtsmittelverzicht nicht vor (BGH wistra 1999, 22; OLG Hamm NStZ 1986, 378; vgl. auch BVerfG NStZ-RR 2008, 209 [solange kein Rechtsmittelverzicht, wie zu erkennen gegeben wird, dass die Frage des Verzichts noch erörtert werden soll]). Die Unwirksamkeit eines Rechtsmittelverzichts kann sich auch daraus ergeben, dass dem Angeklagten vom Gericht eine Verzichtserklärung abverlangt worden ist, ohne dass dieser Gelegenheit hatte, sich vorher mit seinem Verteidiger zu beraten (vgl. hierzu BGH NStZ-RR 1997, 305; OLG Düsseldorf StV 1993, 237, 238; eingehend dazu → *Rechtsmittel/Rechtsbehelfe, Verzicht, Verteidiger*, Teil A Rdn 1751; *Burhoff*, HV, Rn 2189 ff.).

☝ Ausnahmsweise kann ein Rechtsmittelverzicht auch dann unwirksam sein, wenn er lediglich aufgrund einer – sei es auch irrtümlich – **objektiv unrichtigen Erklärung** oder Auskunft des **Gerichts** zustande gekommen ist (vgl. BGH NStZ 2001, 493 m.w.N.; KG DAR 2007, 656).

2. Das **Fehlen** einer **Rechtsmittelbelehrung** hat auf die Wirksamkeit eines Rechtsmittel- 2197
verzichts keinen Einfluss (BGH NStZ 1984, 181; 329; 2006, 351; NStZ-RR 2000, 38; → *Rechtsmittel/Rechtsbehelfe, Belehrung, Allgemeines*, Teil A Rdn 1337, m.w.N.). Die bereits abgegebene Verzichtserklärung kann auch nicht später widerrufen oder angefochten werden (BGH NJW 1984, 1974; NStZ 1984, 181; 329; 1997, 148). Gehen allerdings gleichzeitig ein Verzicht und eine Anfechtungserklärung ein (BGH NJW 1960, 2202), oder kann nicht aufgeklärt werden, welche der beiden Erklärungen eher eingegangen ist (BGH NStZ 1992, 29), ist der Verzicht unbeachtlich.

3. Im Zusammenhang mit verfahrenserledigenden **Absprachen/Verständigungen** be- 2198
stimmt § 302 Abs. 1 S. 2, dass der Rechtsmittelverzicht ausgeschlossen ist, wenn dem Urteil eine Verständigung (§ 257c) vorausgegangen ist (→ *Rechtsmittel/Rechtsbehelfe, Verzicht, Allgemeines*, Teil A Rdn 1737; s. auch noch *Burhoff*, HV, Rn 2202 ff.; vgl. aber BGHSt 55, 82). Der Angeklagte soll hierdurch vor einer übereilten Entscheidung geschützt werden.

Das Verbot des Rechtsmittelverzichts gilt selbstverständlich erst Recht, wenn das Urteil auf einer sog. „informellen Absprache“ beruht, mit welcher die gesetzlichen Regelungen umgangen worden sind (BVerfG NJW 2013, 1058 Rn 78; BGHSt 59, 21 m. Anm. Hillenbrand StRR 2014, 101; BGH NStZ 2015, 53; OLG Celle StV 2012, 141 m. Anm. *Burhoff* StRR 2012, 25; OLG München NJW 2013, 2371; OLG Köln NStZ 2014, 727). Ein entgegen der Regelung des § 302 Abs. 1 S. 2 erklärter Rechtsmittelverzicht ist unwirksam.

Siehe auch: → *Rechtsmittel/Rechtsbehelfe, Verzicht, Allgemeines*, Teil A Rdn 1732; → *Revision, Allgemeines*, Teil A Rdn 2006, m.w.N.

2199 Revision, Rücknahme

2200 **Literaturhinweise:** s. die Hinw. bei → *Revision, Allgemeines*, Teil A Rdn 2006.

2201 **1.a)** Gem. § 302 kann die Revision **ganz** oder **teilweise zurückgenommen** werden. Eine Teilrücknahme ist nichts anderes als eine nachträgliche Rechtsmittelbeschränkung, die in gleicher Weise und in gleichem Umfang zulässig ist, wie eine gem. § 344 Abs. 1 von vornherein erklärte Beschränkung der Revision (s. → *Revision, Beschränkung*, Teil A Rdn 2085; s. auch → *Rechtsmittel/Rechtsbehelfe, Rücknahme, Allgemeines*, Teil A Rdn 1653).

2202 **b) Rücknahmeberechtigt** ist jeder, der auf der Seite eines Beteiligten steht, der Rechtsmittel eingelegt hat. Die Rücknahmeerklärung des Angeklagten erstreckt sich stets auch auf die vom Verteidiger eingelegte Revision (vgl. BGH StraFo 2005, 161; NStZ-RR 2007, 210; wistra 2011, 314). Umgekehrt kann auch der Verteidiger, wenn er zur Rechtsmittelrücknahme ermächtigt ist, eine vom Angeklagten selbst eingelegte Revision wirksam zurücknehmen. Da sich die von mehreren Personen eingelegte Revision gleichwohl als **einheitliches Rechtsmittel** darstellt, kann z.B. auch ein Verteidiger die von mehreren Verteidigern eingelegte Revision insgesamt zurücknehmen (BGH NStZ 1996, 202; BGH, Beschl. v. 17.1.2013 – 2 StR 595/12).

2203 **c)** Die Rücknahme muss **eindeutig**, aber nicht unbedingt ausdrücklich erfolgen. Wie beim Rechtsmittelverzicht (s. deshalb ergänzend → *Revision, Rechtsmittelverzicht*, Teil A Rdn 2193) muss sich der **Wille zur Rücknahme** des Rechtsmittels eindeutig feststellen lassen. Eine eindeutige Rücknahmeerklärung, die einem „gesunden“ Willen entspringt, ist unwiderruflich und unanfechtbar (BGHSt 5, 337, 341; 10, 245, 247; 37, 15, 17; NStZ-RR 2016, 24 m.w.N.; NStZ 1983, 280; zur Rechtsmittelrücknahme s.a. *Burhoff*, HV, Rn 652 [Berufung]). Eine erneute Einlegung des Rechtsmittels ist damit ebenso ausgeschlossen, wie eine Wiedereinsetzung in den vorigen Stand (BGH NJW 1984, 1974; NStZ-RR 2000, 305; 2010, 55; 2013, 381). Wird die Wirksamkeit der Revisionsrücknahme von einem Verfahrensbeteiligten in Zweifel gezogen, hat das Revisionsgericht eine deklaratorische Feststellung zur Wirksamkeit des Rechtsmittelverzichts zu treffen

(BGH NStZ-RR 2016, 24; BGH, Beschl. 14.10.2014 – 3 StR 421/14; BGH, Beschl. v. 5.2.2014 – 1 StR 527/13 m.w.N.).

d) Die **Form** für die Zurücknahme ist die gleiche, die für die Einlegung der Revision vor- 2204
geschrieben ist (s. hierzu → *Revision, Einlegung, Form*, Teil A Rdn 2114; → *Rechtsmittel/Rechtsbehelfe, Rücknahme, Erklärung*, Teil A Rdn 1663).

e) Nach erfolgter **Zurücknahme** ist eine Entscheidung über die Revision überflüssig. Es 2205
ergeht lediglich eine selbstständige **Kostenentscheidung** (vgl. *Meyer-Goßner/Schmitt*, § 302 Rn 11).

2. Für die **Rücknahme** der Revision **durch** den **Verteidiger** oder einen Rechtsanwalt gilt 2206
§ 302 Abs. 2. Demnach bedarf es zur Zurücknahme einer **ausdrücklichen Ermächtigung** durch den Angeklagten (→ *Rechtsmittel/Rechtsbehelfe, Rücknahme, Allgemeines*, Teil A Rdn 1653; → *Rechtsmittel/Rechtsbehelfe, Vollmacht, Allgemeines*, Teil A Rdn 1732; BGH NStZ-RR 2016, 24; NStZ 2014, 54 [ausführlich zum Fehlen der Ermächtigung]; 2000, 665; *Burhoff*, HV, Rn 766 ff. [Berufung]). Eine bestimmte Form ist für diese ausdrückliche Ermächtigung nicht vorgeschrieben. Sie kann auch mündlich erteilt werden (BGH NStZ-RR 2016, 24; BGH NStZ 1995, 356; OLG Brandenburg NStZ-RR 1998, 309). Eine allgemeine Prozessvollmacht genügt insoweit allerdings nach h.M. nicht (BGH NStZ 2014, 54; 2000, 665), es sei denn das Mandat wurde erst für das Rechtsmittelverfahren erteilt (BGH NStZ 1998, 531; OLG Düsseldorf StV 2013, 615; BeckOK-StPO/*Cirener*, § 302 Rn 25 m.w.N.).

☝ Der **Nachweis der Ermächtigung** kann auch noch nach der Abgabe der Rücknahmeerklärung geführt werden (BGHSt 36, 259; BGH NStZ 1995, 356). In geeigneten Fällen genügt hierfür die anwaltliche Versicherung (BGH NStZ-RR 1997, 28 [K]; *Meyer-Goßner/Schmitt*, § 302 Rn 33 m.w.N.). Die Ermächtigung des Verteidigers endet mit dem Mandat. Sie kann auch vom Angeklagten mündlich oder schriftlich widerrufen werden (BVerfG NJW 1993, 456; BGHSt 10, 245 = NJW 1957, 1040). Adressat des Widerrufs kann der Verteidiger oder das Gericht sein. Erklärt der Betroffene den **Widerruf** der **Ermächtigung** gegenüber dem Gericht, ist eine gleichzeitig oder nach dem Widerruf eingehende Rücknahmeerklärung des Verteidigers ohne rechtliche Wirkung (BayObLG NJW 1995, 1230). Geht der Widerruf erst nach der Rücknahmeerklärung bei Gericht ein, ist die Rücknahme wirksam.

Siehe auch: → *Revision, Allgemeines*, Teil A Rdn 2006, m.w.N.; → *Rechtsmittel/Rechtsbehelfe, Rücknahme Allgemeines*, Teil A Rdn 1653.

2207 Revision, Rügeverkümmerung

Das Wichtigste in Kürze:

1. Das Problem der „Rügeverkümmerung“ stellt sich, wenn das Tatgericht nach Erhebung einer Revisionsrüge eine Protokollberichtigung vornehmen will, die der bereits erhobenen Rüge den Boden entzieht.
2. Für das im Rahmen einer Protokollberichtigung einzuhaltende Verfahren hat der Große Senat für Strafsachen allerdings bestimmte Regeln aufgestellt, die die Richtigkeit einer nachträglichen Änderung des Protokolls gewährleisten und Effektivität der Revision sichern sollen.
3. Die Entscheidung des Großen Senats ist von großer Bedeutung für das Revisionsverfahren und die in § 274 normierte absolute Beweiskraft des Protokolls. Der Verteidiger hat sich auf sie einzustellen.

2208 **Literaturhinweise:** **Jahn/Widmaier**, BGH v. 12.1.2006 – 1 StR 466/05, Anfragebeschluss: Verwertbarkeit des Hauptverhandlungsprotokolls nach Berichtigung gegen den Revisionsführer, JR 2006, 166; **Krawczyk**, Der Anfragebeschluss des 1. Strafsenats des BGH vom 12.1.2006 zur Beachtlichkeit nachträglicher Protokollberichtigungen – Steht der Revisionspraxis eine grundlegende Änderung bevor?, HRRS 2006, 344; **Lampe**, Unzulässigkeit einer „Rügeverkümmerung“, NStZ 2006, 366; s. auch die Hinw. bei → *Revision, Allgemeines*, Teil A Rdn 2006, und bei *Burhoff*, HV Rn 2093.

2209 **1.a)** Das Problem der „Rügeverkümmerung“ stellt sich, wenn das Tatgericht nach Erhebung einer Revisionsrüge/Verfahrensrüge eine **Protokollberichtigung** vornehmen will, die der bereits erhobenen Rüge den Boden entzieht. Zwar hat das Hauptverhandlungsprotokoll grds. gem. § 274 (positive und negative) Beweiskraft. Allerdings soll die Berufung des Revisionsführers auf bloße Protokollfehler rechtsmissbräuchlich sein, wenn der Verfahrensablauf in Wirklichkeit ein anderer war und der Revisionsführer dies auch weiß (ausführlich hierzu → *Revision, Beweiskraft des Hauptverhandlungsprotokolls*, Teil A Rdn 2093).

2210 **b) Früher** war es feststehende **Rspr.**, dass eine nachträgliche Protokollberichtigung, die einer bereits erhobenen Verfahrensrüge den Boden entziehen würde, ausgeschlossen sein soll (s.u.a. BGHSt 2, 125; 34; 11). Auf Betreiben des 1. Strafsenats wurde dann aber dem **Großen Senat** für **Strafsachen** die Frage vorgelegt, ob die **Beweiskraft** eines **berichtigten Protokolls** nach § 274 auch dann beachtlich sei, wenn die Protokollberichtigung einer zulässig erhobenen Verfahrensrüge den Boden entziehe (BGH NJW 2006, 3582 m. Anm. *Widmaier*). Der 2. und 3. Strafsenat hatten unter Aufgabe ihrer bisher entgegenstehenden Rechtsprechung einer solchen Verfahrensweise zugestimmt (BGH NStZ-RR 2006, 275 und BGH, Beschl. v. 22.2.2006 – 3 ARs 1/06). Der 4. und 5. Strafsenat hatten hingegen in ihren Anfragebeschlüssen ausgeführt, dass eine Protokollberichtigung, die einer zulässigen Verfahrensrüge zum Nachteil des Beschwerdeführers den Boden entziehe, nicht berücksichtigt werden dürfe (BGH NStZ-RR 2006, 273).

c) Der **Große Senat** für **Strafsachen** hat diese **Streitfrage** dahin gehend **entschieden**, dass durch eine zulässige Berichtigung des Protokolls auch zum Nachteil des Beschwerdeführers einer bereits ordnungsgemäß erhobenen Verfahrensrüge die Tatsachengrundlage entzogen werden kann (BGHSt 51, 298). In seiner für die Rechtspraxis äußerst bedeutsamen Entscheidung hat der Große Senat den Argumenten des 1., 2. und 3. Strafsenats für eine **Änderung** der **Rspr.** zum **Verbot** der **Rügeverkümmerung** den Vorzug gegeben. Das BVerfG hat bestätigt, dass diese Entscheidung des Großen Senats die verfassungsrechtlichen Grenzen richterlicher Rechtsfortbildung wahrt (BVerfG NJW 2009, 1469). Im Ergebnis darf also nun durch eine nachträgliche Protokollberichtigung einer zulässig erhobenen Verfahrensrüge die Tatsachengrundlage entzogen werden. 2211

Der Große Senat begründet seine Entscheidung zunächst damit, dass eine umfassende Berücksichtigung der **nachträglichen Protokollberichtigung** dem **Gesetz nicht widerspreche**. Zwar lasse § 274 S. 2 als Gegenbeweis gegen Beurkundungen des Protokolls nur den Nachweis der Fälschung zu. Eine Berichtigung durch Erklärungen der Urkundspersonen enthalte jedoch einen Widerruf der früheren Beurkundung und entziehe dieser, soweit die Berichtigung reiche, die absolute Beweiskraft, sodass es eines Gegenbeweises nicht mehr bedürfe (unter Bezugnahme auf RGSt 19, 367, 370). Aus diesem Grund habe die Rechtsprechung auch schon bisher nachträgliche Protokollberichtigungen die einer Verfahrensrüge erst zum Erfolg verhalfen, für beachtlich gehalten (RGSt 19, 367; 57, 394, 396 f.; BGHSt 4, 364, 365; BGH NJW 2001, 3794, 3796; NStZ 1988, 85; OLG Köln NJW 1952, 758). 2212

Des Weiteren führt der Große Senat aus, dass das **Gesetz keinen Hinweis** darauf enthalte, dass durch den Eingang der Revisionsbegründung ein besonderes prozessuales Recht auf **Beibehaltung** der **Tatsachengrundlage** für eine Rüge begründet werde. Der Angeklagte habe keinen Anspruch darauf, aus tatsächlich nicht gegebenen Umständen Verfahrensvorteile abzuleiten (vgl. BGH NJW 2006, 3579, 3580; *Lampe* NStZ 2006, 366, 367; AnwKomm-StPO/*Lohse* § 344 Rn 18). Ein Vertrauen des Beschwerdeführers darauf, dass ein inhaltlich unrichtiges Protokoll in der Revisionsinstanz erhalten bleibe, sei nicht schützenswert und könne auch nicht auf das verfassungsrechtlich verbürgte Recht auf effektiven Rechtsschutz (Art. 19 Abs. 4 GG) gestützt werden (insoweit a.A. *Jahn/Widmaier* JR 2006, 166, 169; *Krawczyk* HRRS 2006, 344, 353). Verfahrensrechte könnten nur durch den tatsächlichen Verfahrensverlauf und nicht durch das unrichtige Protokoll verletzt werden. Auch die **Revisionsgerichte seien** der **Wahrheit verpflichtet** (vgl. BGHSt 36, 354, 358 f.). Dies spreche entscheidend dafür, § 274 in einer Weise auszulegen, welche die inhaltliche Richtigkeit der Sitzungsniederschrift gewährleiste. Der Große Senat betont, dass **§ 274** nur eine **Beweisregel** sei, die keinen von der objektiven Wahrheit abweichenden „formellen“ Wahrheitsbegriff schaffe. Die Beweiskraft des Protokolls mache nicht aus Wahr- 2213 heit Unwahrheit. Zudem gebieten nach Ansicht des Großen Senats auch das Beschleunigungsgebot und der Opferschutz die Verpflichtung des Revisionsgerichts zur Entscheidung auf der Grundlage eines zutreffenden Sachverhalts. Es sei deshalb nicht angezeigt, ein Urteil allein wegen eines fiktiven – unwahren – Sachverhalts aufzuheben.

2214 Mit der Änderung der Rspr. zum Verbot der Rügeverkümmerung sollen auch den **Erfolgsaussichten** bewusst **unwahrer Verfahrensrügen Grenzen** gesetzt werden. Der Große Senat rechtfertigt dies insbesondere mit einer **veränderten Einstellung** der **Strafverteidiger**, die sich nicht scheuten, basierend auf einem fehlerhaften Protokoll, Verfahrensrügen auf tatsächlich unwahres Vorbringen zu stützen. Außerdem könnten durch eine Änderung der Rspr. zum Verbot der Rügeverkümmerung die Tendenzen zur Ausweitung der Rspr. zu offensichtlichen Mängeln des Protokolls eingedämmt werden. Es müsse dann nicht mehr nach Möglichkeiten zur Durchbrechung der formellen Beweiskraft des Protokolls gesucht werden.

> ☝ Dem Argument, dass sich die Tatgerichte durch die bisherige Rechtsprechung zur **sorgfältigeren Einhaltung** der Vorschriften über die **Protokollführung** anhalten lassen könnten, weil sie sonst Gefahr liefen, dass ihre Urteile nur aufgrund des unrichtigen Protokolls aufgehoben werden können, folgt der Große Senat ausdrücklich nicht, da gerade ein Protokoll, das offensichtlich unsorgfältig geführt worden sei, von vornherein seine Beweiskraft verloren habe.

2215 Schließlich führt der Große Senat an, dass eine Protokollberichtigung **sichere Erinnerung** bei den Urkundspersonen voraussetze (bestätigend auch BGH StV 2011, 267). Soweit es hieran fehle, könne das Protokoll nicht mehr berichtigt werden, sodass die Effektivität der Revision nicht gefährdet sei. Auch die Gefahr, dass die Urkundspersonen unbewusst Erinnerungsdefizite mit „Erfahrungswissen" ausfüllten, bestünde regelmäßig nicht. Häufig könnten die Urkundspersonen auf Unterlagen als Erinnerungsstütze zurückgreifen.

2216 **2.** Für das im Rahmen einer Protokollberichtigung einzuhaltende Verfahren hat der Große Senat für Strafsachen allerdings **bestimmte Regeln** aufgestellt, die die Richtigkeit einer nachträglichen Änderung des Protokolls gewährleisten und Effektivität der Revision sichern sollen. Aufgrund der Entscheidung des Großen Senats gelten folgende

2217 **Verfahrensregeln für eine Protokollberichtigung:**

- Die **Absicht der Protokollberichtigung** ist dem Beschwerdeführer – im Fall der Angeklagtenrevision zumindest dem Revisionsverteidiger – zusammen mit dienstlichen Erklärungen der Urkundspersonen **mitzuteilen**. Die dienstlichen Erklärungen haben die für die Berichtigung tragenden Erwägungen zu enthalten, also etwa auf markante Besonderheiten des Falles einzugehen. Während der HV getätigte Aufzeichnungen, welche den Protokollfehler belegen, sollten in Abschrift übermittelt werden (zur „Beweiskraft einer ‚hundertprozentigen' Erinnerung", wenn andere Verfahrensbeteiligte sich nicht mehr an den Ablauf des betreffenden Verfahrensabschnitts erinnern können, OLG Dresden StraFo 2007, 420).

- Dem Beschwerdeführer ist **vor der Protokollberichtigung** innerhalb angemessener Frist **rechtliches Gehör** zu gewähren (vgl. dazu OLG Hamm StV 2011, 272).

> ☝ Hiergegen wird häufig verstoßen, indem der Verteidiger einfach einen Protokollberichtigungsbeschluss zur Kenntnisnahme erhält. Die **Verletzung vorherigen rechtlichen Gehörs** macht die **Protokollberichtigung unwirksam**. Es gilt dann weiter das Protokoll in seiner ursprünglichen Fassung. Ist der Revisionsführer also nicht **vor** der durchgeführten Protokollberichtigung angehört worden, kann er der Streitfrage, ob die Erinnerung der Gerichtspersonen zutreffend ist oder nicht, von vornherein aus dem Weg gehen und sich im Revisionsverfahren auch weiterhin auf das ursprüngliche Protokoll berufen (vgl. dazu auch OLG Hamm StV 2009, 349).

- **Widerspricht** der **Beschwerdeführer** der beabsichtigten Protokollberichtigung **substantiiert**, indem er im Einzelnen darlegt, aus welchen Gründen er im Gegensatz zu den Urkundspersonen sicher ist, dass das ursprünglich gefertigte Hauptverhandlungsprotokoll richtig ist, sind erforderlichenfalls weitere dienstliche Erklärungen bzw. Stellungnahmen der übrigen Verfahrensbeteiligten einzuholen. Auch hierzu ist dem Beschwerdeführer rechtliches Gehör, das heißt eine angemessene Frist zur Stellungnahme zu gewähren.
- Halten die Urkundspersonen das HV-Protokoll weiterhin für unrichtig, so haben sie es gleichwohl zu berichtigen. In diesem Fall ist die **Entscheidung** zur **Protokollberichtigung**, dem Rechtsgedanken des § 34 folgend, **mit Gründen** zu **versehen**. Es sind die Tatsachen anzugeben, welche die Erinnerung der Urkundspersonen belegen. Auf das Vorbringen des Beschwerdeführers und eventuelle abweichende Erklärungen der übrigen Verfahrensbeteiligten ist in der Entscheidungsbegründung einzugehen.

> ☝ Eine **erneute Zustellung** des **Urteils** nach Berichtigung der Sitzungsniederschrift ist nicht erforderlich, da eine wirksame Zustellung nur voraussetzt, dass das Protokoll fertig gestellt ist (§ 273 Abs. 4). Die Fertigstellung erfolgt mit der letzten der beiden erforderlichen Unterschriften (§ 271 Abs. 1). Spätere Berichtigungen berühren den Zeitpunkt der Fertigstellung nicht mehr (vgl. BGH Urt. v. 4.9.2014 – 1 StR 75/14 [insoweit nicht abgedr. in StraFo 2015, 70]; LR-*Stuckenberg*, § 271 Rn 31, § 273 Rn 56).

- Die **Gründe** der **Berichtigungsentscheidung** unterliegen im Rahmen der erhobenen Verfahrensrüge der **Überprüfung** durch das **Revisionsgericht**. Sofern sie die Berichtigung tragen, ist das berichtigte Protokoll dem weiteren Revisionsverfahren zugrunde zu legen. Allerdings kommt dem berichtigten Teil des Protokolls nicht die Beweiskraft des § 274 zu, da das Revisionsgericht nur so in die Lage versetzt wird, zum Schutz des Beschwerdeführers die rügevernichtende Protokollberichtigung zu überprüfen. Verbleiben dem Revisionsgericht **Zweifel**, ob die Berichtigung zu Recht erfolgt ist, kann es den Sachverhalt im **Freibeweisverfahren** weiter aufklären. Verbleiben auch nach dieser Überprüfung Zweifel an der Richtigkeit des berichtigten Protokolls, hat das Revisionsgericht seiner Entscheidung das Protokoll in der ursprünglichen Fassung zugrunde zu legen.

☝ Ist das **Berichtigungsverfahren nicht ordnungsgemäß durchgeführt** worden (zur Notwendigkeit der Einhaltung des o.g. Berichtigungsverfahrens vgl. BGH NJW 2012, 1015; StV 2012, 523 = StraFo 2011, 356; StV 2011, 267), soll nach e.A. eine Wiederholung des Verfahrens wegen Verletzung des Rechts des Angeklagten auf ein faires Verfahren ausscheiden (BGH StV 2010, 675), nach a.A. soll eine (auch mehrfache) Wiederholung eines zunächst unwirksamen Protokollberichtigungsverfahrens hingegen zulässig sein (BGH StV 2012, 523 = StraFo 2011, 356). Es gilt dann das Protokoll in der nicht berichtigten Fassung (BGH, a.a.O.; OLG Hamm StV 2011, 272; OLG Saarbrücken NStZ-RR 2011, 319; s. auch BGHSt 51, 298; 55, 31). Auch kommt eine freibeweisliche Aufklärung des Verfahrensablaufs, ggf. allein unter Berücksichtigung abgegebener dienstlicher Erklärungen und damit unter geringeren Anforderungen als im Protokollberichtigungsverfahren nach erhobener Verfahrensrüge und zum Nachteil des Angeklagten nicht in Betracht (BGHSt 51, 298, 316 f.; BGH StV 2010, 675).

2218 **3.a)** Die **Entscheidung** des Großen Senats **ist von großer Bedeutung** für das Revisionsverfahren und die in § 274 normierte absolute Beweiskraft des Protokolls. Sie stellt die Abkehr von dem in der Rspr. früher etablierten Grundsatz dar, dass eine Protokollberichtigung einer ordnungsgemäß erhobenen Verfahrensrüge nicht die Tatsachengrundlage entziehen darf. Dieses Prinzip des sogenannten Verbots der Rügeverkümmerung wurde schon zu Beginn der Reichsgerichtsrechtsprechung (RGSt 2, 76, 77 f.) – aufbauend auf der Rechtsprechung der preußischen Obergerichte – etabliert. Der BGH hatte es bis zu dem nun vorliegenden Beschluss des Großen Senats ebenfalls zur Grundlage seiner Rspr. gemacht. Durch die Entscheidung des Großen Senats für Strafsachen ist jedoch **nun bindend entschieden**, dass eine nachträgliche Protokollberichtigung einer ordnungsgemäß erhobenen Verfahrensrüge den Boden entziehen darf. Damit wird der Verteidiger umzugehen haben.

2219 Da die Entscheidung des Großen Senats hervorhebt, dass das **Revisionsgericht** der **Wahrheit verpflichtet** sei und deshalb künftig den wahren Verfahrensablauf zur Grundlage der Beurteilung einer Verfahrensrüge zu machen habe, wird sich der Verteidiger immer wieder vor die Frage gestellt sehen, was in diesem Zusammenhang die Wahrheit ist: Das, was das

Protokoll bekundet oder das, an was sich die Urkundspersonen erinnern, nachdem sie durch eine Verfahrensrüge mit einem sich aus dem Protokoll ergebenden Verfahrensfehler konfrontiert werden? Es mag unzweifelhaft Fälle geben, in denen sämtliche Verfahrensbeteiligte – einschließlich des Verteidigers – um die Unrichtigkeit des Protokolls wissen. Der Regelfall wird aber der sein, dass die Erinnerung der Verfahrensbeteiligten differiert. Was dann gelten soll, wird sich in jedem Einzelfall gesondert erweisen. Die Entscheidung des Großen Senats wird man vor diesem Hintergrund letztlich als Kompromiss zwischen den Befürwortern und den Gegnern einer Änderung der Rechtsprechung zum Verbot der Rügeverkümmerung sehen müssen. Der Große Senat hat die Voraussetzungen und den Ablauf einer Protokollberichtigung, mit der einer Verfahrensrüge die Tatsachengrundlage entzogen werden soll, deshalb in seiner Entscheidung genau beschrieben.

Auf die **Einhaltung** dieses **Verfahrens** hat der **Verteidiger** deshalb genau zu **achten**.

b) Problematisch sind die Fälle, in denen die **sichere Erinnerung** der **Urkundspersonen** 2220
gegen die **sichere Erinnerung** des **Verteidigers** steht. Dann wird das Revisionsgericht gezwungenermaßen eine Entscheidung über die Glaubhaftigkeit sich widersprechender Aussagen zu treffen haben. In diesem Zusammenhang ist auch zu beachten, dass ein erst in der Revisionsinstanz beauftragter Verteidiger nach der Rechtsprechung des BGH eine **Erkundigungspflicht** im Hinblick auf die tatsächlichen Verfahrensvorgänge **bei den Kollegen** hat, die in der Tatsacheninstanz verteidigt haben (BGHSt 52, 355 ff.; BGH NStZ 2005, 283, 284).

Siehe auch: → *Rechtsmittel/Rechtsbehelfe, Allgemeines*, Teil A Rdn 1289, m.w.N.; → *Revision, Allgemeines*, Teil A Rdn 2006, m.w.N; → *Revision, Beweiskraft des Protokolls*, Teil A Rdn 2093; → *Revision, Verfahrensrüge, Allgemeines*, Teil A Rdn 2307.

Revision, Sachrüge, Allgemeines 2221

Das Wichtigste in Kürze:

1. Die formalen Anforderungen an die Sachrüge sind gering. Sie muss nicht im Einzelnen begründet werden.
2. Das Revisionsgericht hat auch auf die allgemeine Sachrüge hin das Urteil in vollem Umfang auf sachlich-rechtliche Fehler zu überprüfen.
3. Lücken, Widersprüche und Verstöße gegen Denkgesetze und Erfahrungssätze können mit der sog. Darstellungsrüge gerügt werden.
4. Das Revisionsgericht prüft das Urteil auf Subsumtionsfehler.
5. Fehler der Beweiswürdigung können Gegenstand der Sachrüge sein.
6. Mit der Sachrüge kann eine fehlerhafte Bemessung der Rechtsfolgen gerügt werden.

2222 **Literaturhinweise:** **Barton**, Die Abgrenzung der Sach- von der Verfahrensrüge bei der klassischen und der erweiterten Revision in Strafsachen, JuS 2007, 977; **Burhoff**, Verteidigerfehler in der Tatsachen- und Revisionsinstanz, StV 1997, 432; **Detter**, Zum Strafzumessungs- und Maßregelrecht – Teil 1, NStZ 2014, 388; *ders.*, Zum Strafzumessungs- und Maßregelrecht – Teil 2, NStZ 2014, 444; *ders.*, Strafzumessung und Rechtsfolgenverteidigung, in: FA Strafrecht, Teil 8 Kapitel 6; **Eisenhuth**, Grundlagen der Strafzumessung, Jura 2004, 89; **El-Ghazi**, Irrwege und Wege zur Abgrenzung von Sach- und Verfahrensrüge, HRRS 2014, 350; **Fischer**, Schätzungen in der Rechtsprechung des Bundesgerichtshofs, StraFo 2012, 429; **Füllsack**, Steuerhinterziehung: Grundlagen der Strafzumessung, PStR 2005, 91; **Gercke/Wollschläger**, Videoaufzeichnungen und digitale Daten als Grundlage des Urteils Revisionsrechtliche Kontrolle in den Grenzen des Rekonstruktionsverbots, StV 2013, 106; **Hacker/Hoffmann**, Zur Frage der strafschärfenden Berücksichtigung eines Freispruchs aus einem früheren Strafverfahren, JR 2007, 452; **Herdegen**, Bemerkungen zur Beweiswürdigung, NStZ 1987, 193; *ders.*, Die Revisibiltät der Beweiswürdigung, in: Festschrift 25 Jahre AG Strafrecht, 2009, S. 553; **Hillenbrand**, Die kurze Freiheitsstrafe – eine zu häufige Ausnahme, StRR 2015, 168; **Knauer**, Zur Wahrheitspflicht des Revisionsverteidigers, in: Festschrift für *Gunter Widmaier*, 2008, S. 291; **Langrock**, Über die Grenzen der Strafzumessungskompetenz der Revisionsgerichte nach § 354 Abs. 1a StPO, StraFo 2005, 226; **Meier**, Licht ins Dunkel: Die richterliche Strafzumessung, JuS 2005, 769; *ders.*, Licht ins Dunkel: Die richterliche Strafzumessung (Schluss aus JuS 2005, 769), JuS 2005, 879; **Meyer-Goßner/Appl**, Die Urteile in Strafsachen: sowie Beschlüsse und Protokoll der Hauptverhandlung, 29. Aufl. 2014; **Miebach**, Probleme des Allgemeinen Teils des StGB in Strafurteilen aus revisionsrechtlicher Sicht – Teil 2, NStZ 2007, 570; **Mommsen**, Zur Zulässigkeit der strafprozessualen Sachrüge bei Angriffen gegen die Beweiswürdigung, GA 1998, 488; **Nobis**, Strafobergrenze durch hohes Alter – Zugleich Besprechung des Urteils des BGH vom 27.4.2006 (4 StR 572/05), NStZ 2006, 489; **Rademacher/Gerhardt**, Reduzierung der Tagessatzhöhe als Verteidigungsziel, ZAP F. 22, S. 427; **Schmandt**, Höchstrichterliche Anforderungen an besondere Beweiskonstellationen – Aussage gegen Aussage, Aussagen von Mitbeschuldigten oder des „Kronzeugen“, StraFo 2010, 446; **Schmidt**, Rechtsfolgenentscheidung und Strafzumessung beim vertragsärztlichen Abrechnungsbetrug, StV 2013, 589; **Sander**, Verteidigung gegen die Berücksichtigung verjährter und ausgeschiedener Taten oder Tatteile bei der Strafzumessung, StraFo 2004, 47; *ders.*, Die Strafzumessung in der Revision, StraFo 2010, 365; **Streng**, Verfahrensabsprachen und Strafzumessung – Zugleich ein empirischer Beitrag zur Strafzumessung bei Delikten gegen die Person, in: Festschrift für *Hans-Dieter Schwind*, 2006, S. 447; **Strüwe**, Verteidigung in Fällen „Aussage gegen Aussage“ im Ermittlungs-, Haupt- und Revisionsverfahren, StRR 2009, 284; **Stuckenberg**, Strafschärfende Verwertung früherer Einstellungen und Freisprüche – doch ein Verstoß gegen die Unschuldsvermutung, StV 2007, 655; **Weider**, Lücken in der revisionsgerichtlichen Beweiswürdigung, in: Festschrift für *Gunter Widmaier*, 2008, S. 599; s. auch die Hinw. bei → *Revision, Allgemeines*, Teil A Rdn 2006, und bei → *Rechtsmittel/Rechtsbehelfe, Allgemeines*, Teil A Rdn 1289.

2223 **1.a)** Die **formalen Anforderungen** an die Erhebung der **Sachrüge** sind **gering**. Es genügt z.B. die Formulierung „Gerügt wird die Verletzung sachlichen Rechts.“ (allgemeine Sachrüge). Mehr ist nicht erforderlich. Insbesondere braucht der Revisionsführer die Sachrüge **nicht im Einzelnen zu begründen** (vgl. ergänzend BGHSt 25, 272; vgl. zur Begründung der Sachrüge *Burhoff* StV 1997, 432, 438 und *Burhoff*, HV, Rn 2290 ff.). Auch bedarf es keines ausdrücklichen Antrags nach § 344 Abs. 1, da in der Erhebung der uneingeschränkten allgemeinen Sachrüge regelmäßig die Erklärung zu sehen ist, dass das Urteil insgesamt angefochten wird (BGH NJW 2013, 3191).

b) Hinweise für den Verteidiger! 2224

Auf folgende Punkte ist vorab wegen ihrer **Bedeutung** hinzuweisen

- Grds. ist es **ausreichend**, wenn ohne ausdrückliche Erhebung der Sachrüge die Ausführungen erkennen lassen, dass der Beschwerdeführer das angefochtene Urteil wegen sachlich-rechtlicher Fehler überprüft sehen will (vgl. z.B. BGH NStZ-RR 2000, 294; OLG Hamm VRS 100, 459). Bloße **Angriffe** gegen die **Beweiswürdigung** oder die **Tatsachenfeststellungen** stellen aber für sich genommen noch **keine zulässige Sachrüge** dar (BGH NStZ-RR 1998, 18), da das Revisionsgericht grds. an die Feststellungen des Urteils gebunden ist und die Beweiswürdigung des Tatrichters nicht durch eine eigene Beweiswürdigung ersetzen darf.
- Es handelt sich um einen **groben/schweren Verteidigerfehler**, wenn der Verteidiger, selbst wenn er nur Verfahrensverstöße geltend machen will, **neben** der **Verfahrensrüge nicht** auch **zumindest** (vorsorglich) die allgemeine **Sachrüge** erhebt (*Burhoff* StV 1997, 432). Denn nur diese eröffnet dem Revisionsgericht den Zugang auf das Urteil und damit ggf. auch den Zugang auf Urteilsstellen, die für die Verfahrensrüge bedeutsam sein können (st.Rspr., vgl. u.a. BGHSt 38, 302; 38, 372; BGH NStZ 1996, 145; StraFo 2008, 332; u.a. BGH, Beschl. v. 26.3.2008 – 2 StR 61/08; OLG Brandenburg NStZ 1997, 612; OLG Celle StV 2013, 12 m. Anm. *Burhoff* StRr2012, 424; OLG Hamm StraFo 2001, 244; StRR 2008, 308; 2008, 346; *Meyer-Goßner/Schmitt*, § 344 Rn 20). Denn aufgrund einer zulässig erhobenen Sachrüge können – was sonst nicht möglich ist – zusätzlich zum Revisionsvorbringen des Verteidigers die Urteilsgründe berücksichtigt werden. Möglicherweise kann das für die Verfahrensrüge entscheidend sein.

Grds. ist es **ausreichend**, wenn ohne ausdrückliche Erhebung der Sachrüge die Ausführungen 2225
erkennen lassen, dass der Beschwerdeführer das angefochtene Urteil wegen **sachlich-rechtlicher Fehler überprüft sehen** will (vgl. z.B. BGH NStZ-RR 2000, 294; OLG Hamm VRS 100, 459). Bloße Angriffe gegen die Beweiswürdigung oder die Tatsachenfeststellungen stellen aber für sich genommen noch keine zulässige Sachrüge dar (BGH NStZ-RR 1998, 18), da das Revisionsgericht grds. an die Feststellungen des Urteils gebunden ist und die Beweiswürdigung des Tatrichters nicht durch eine eigene Beweiswürdigung ersetzen darf.

2. Das angefochtene Urteil ist vom Revisionsgericht nach Erhebung einer nicht im Einzelnen 2226
begründeten, sog. allgemeinen Sachrüge trotzdem **in vollem Umfang** auf sachlich-rechtliche Fehler zu überprüfen (BGH NJW 2013, 3191). Die Grundlage der Prüfung bilden hierbei **allein die schriftlichen Urteilsgründe** und Abbildungen, auf die im angefochtenen Urteil ausdrücklich nach § 267 Abs. 1 S. 3 wirksam verwiesen worden ist (BGHSt 35, 238, 241; BGH NJW 1998, 3654; NStZ-RR 2012, 216). Alles andere, also insbesondere der Akteninhalt, steht im Rahmen der Sachrüge nicht zur Verfügung und kann vom Revisionsgericht nicht auf die Sachrüge hin, sondern nur im Rahmen einer zulässig erhobenen Verfahrensrüge

berücksichtigt werden. Betrifft die Revision ein **Berufungsverfahren**, unterliegt nur das Berufungsurteil der unmittelbaren Überprüfung, der Inhalt des amtsgerichtlichen Urteils ist im Rahmen der Sachrüge nicht zu berücksichtigen. Auch wenn eine ins Einzelne gehende Begründung der Sachrüge grds. nicht notwendig ist, sind Ausführungen dazu, warum und inwieweit eine Verletzung sachlichen Rechts vorliegt, gleichwohl jedem Verteidiger dringend zu empfehlen, damit das Revisionsgericht diese nicht übersieht.

☝ Der Verteidiger muss hierbei jedoch deutlich machen, dass seine **Einzelausführungen nur** der **Ergänzung** der allgemein erhobenen Sachrüge dienen. Er sollte deshalb z.B. wie folgt formulieren: „Gerügt wird die Verletzung sachlichen Rechts. Mit der **allgemein erhobenen Sachrüge** wird das angefochtene Urteil insgesamt zur Nachprüfung gestellt. Konkrete rechtliche Einwendungen ergeben sich insbesondere in folgender Hinsicht: ...“ (zu den Anforderungen an die Sachrüge s.a. *Burhoff*, HV, Rn 2295).

2227 Ist die Sachrüge erst einmal allgemein erhoben, können **Einzelausführungen** zur Sachrüge (nicht zur Verfahrensrüge! s. → *Revision, Verfahrensrüge, Allgemeines*, Teil A Rdn 2307) noch bis zur Entscheidung **nachgeschoben** werden.

☝ Bei **umfangreichen Revisionen** sollte sich der Verteidiger immer **zuerst** auf die **Verfahrensrügen konzentrieren**, da diese zwingend innerhalb der Revisionsbegründungsfrist des § 345 Abs. 1 von 1 Monat erhoben und im Einzelnen begründet werden müssen. Bei der Sachrüge ist es ausreichend, diese zunächst innerhalb der Monatsfrist allgemein zu erheben und anschließend die Begründung bis zur Entscheidung des Revisionsgerichts nachzuschieben.

2228 **3.** Auf die Sachrüge prüft das Revisionsgericht zum einen, ob das **Recht** auf den festgestellten Sachverhalt **richtig angewendet** worden ist (s. → *Revision, Sachrüge, Rechtsanwendung*, Teil A Rdn 2240). Zum anderen prüft es aber auch, ob die Urteilsfeststellungen überhaupt eine **tragfähige Grundlage** für diese Prüfung darstellen (u.a. BGHSt 14, 162, 165; BGH NJW 1978, 113, 115), insbesondere ob sie frei von Lücken, Widersprüchen und Verstößen gegen Denkgesetze und Erfahrungssätze sind (s. → *Revision, Sachrüge, Tatsachenfeststellungen*, Teil A Rdn 2252). Derartige Verstöße können mit der sog. **Darstellungsrüge** gerügt werden (BGHSt 14, 162, 165; BGH NJW 1978, 113, 115; *Meyer-Goßner/Schmitt*, § 337 Rn 21 m.w.N.).

2229 **4.** Sofern lückenlose und widerspruchsfreie Urteilsfeststellungen vorliegen, prüft das Revisionsgericht, ob diese Feststellungen den Schuldspruch tragen oder ob dem Tatrichter **Subsumtionsfehler** unterlaufen sind. Die Prüfung geht dahin, ob ausreichend Tatsachen zum objektiven und subjektiven Tatbestand vorhanden sind. Fehlt die Tatsachengrundlage für ein Merkmal eines Straftatbestandes, ist das Urteil rechtsfehlerhaft und muss aufgehoben werden (vgl. auch → *Revision, Sachrüge, Rechtsanwendung*, Teil A Rdn 2240).

5. Fehler bei der **richterlichen Überzeugungsbildung** können ebenfalls Gegenstand der Sachrüge sein. Gem. § 261 hat der Tatrichter zwar über das Ergebnis der Beweiswürdigung nach seiner freien, aus dem Inbegriff der HV geschöpften Überzeugung zu entscheiden (eingehend *Herdegen* NStZ 1987, 193). Das bedeutet aber nicht, dass dieser Bereich einer Nachprüfung durch das Revisionsgericht entzogen ist. Der Tatrichter muss seine **Überzeugungsbildung** deshalb im Urteil so ausführlich **darlegen**, dass das Revisionsgericht diese nachvollziehen kann (s. zu den Einzelh. → *Revision, Sachrüge, Beweiswürdigung*, Teil A Rdn 2232). 2230

6. Schließlich können Fehler bei der Bemessung der **Rechtsfolgen**, d.h. insbesondere bei der Strafzumessung mit der Sachrüge gerügt werden (s. zu den Einzelh. → *Revision, Sachrüge, Strafzumessung*, Teil A Rdn 2246). 2231

Siehe auch: → *Rechtsmittel/Rechtsbehelfe, Allgemeines*, Teil A Rdn 1289; → *Revision, Allgemeines*, Teil A Rdn 2006; → *Revision, Verfahrensrüge, Allgemeines*, Teil A Rdn 2307.

Revision, Sachrüge, Beweiswürdigung 2232

Das Wichtigste in Kürze:

1. Das Revisionsgericht prüft die Beweiswürdigung nur auf Rechtsfehler.
2. Erfolg verspricht die Sachrüge gegen die Beweiswürdigung insbesondere in den Fällen, in denen diese lückenhaft oder widersprüchlich ist oder gegen Denkgesetze bzw. Erfahrungssätze verstößt.

Literaturhinweise: Fischer, Glaubwürdigkeitsbeurteilung und Beweiswürdigung, NStZ 1994, 1; s. auch die Hinw. bei → *Revision, Allgemeines*, Teil A Rdn 2006, und bei → *Revision, Sachrüge, Begründung, Allgemeines*, Teil A Rdn 2222. 2233

1.a) Gem. § 261 entscheidet das Gericht über das **Ergebnis** der **Beweisaufnahme** nach seiner **freien**, aus dem Inbegriff der Verhandlung geschöpften **Überzeugung**. Zwar ist die Beweiswürdigung „ureigene Aufgabe" des Tatrichters (s. *Fischer* NStZ 1994, 1), d.h. aber nicht, dass sie nicht revisionsrechtlich überprüfbar wäre. Allerdings überprüft das Revisionsgericht die Beweiswürdigung des Tatrichters nur auf Rechtsfehler, es kann nicht seine eigene Beweiswürdigung an die Stelle der Beweiswürdigung des Tatgerichts setzen (BGHSt 29, 18, 20). Grundlage der Prüfung ist im Rahmen der Sachrüge allein der Inhalt des tatrichterlichen Urteils (BGH NStZ-RR 2008, 148; vgl. auch BGHSt 35, 238, 241; *Burhoff*, HV, Rn 2306). 2234

b) Hinweis für den Verteidiger 2235

Der **Verteidiger** muss sich auf die Rüge entsprechender Rechtsfehler (vgl. a. Rdn 2236 ff.) beschränken. Es nützt ihm nichts, wenn er in seiner Revisionsbegründung lediglich andere Schlussfolgerungen zieht als das Tatgericht. Die Revision kann keinen Erfolg haben mit der

Einwendung, eine andere Würdigung des Beweisergebnisses sei ebenfalls möglich oder sogar einleuchtender oder naheliegender. Auch wenn sich der Tatrichter also in seinem Urteil für die unwahrscheinlichste Bewertung der Beweisergebnisse entschieden haben sollte, ist das Revisionsgericht an diese Beweiswürdigung gebunden und hat sie hinzunehmen (st.Rspr., z.B. BGH NJW 2003, 150, 152; 2005, 2322, 2326; NStZ-RR 2008, 146; 2013, 387; BGH, Urt. v. 17.7.2007 – 5 StR 186/07). Diese Grundsätze gelten gleichermaßen für Verurteilungen wie Freisprüche (vgl. a. BGH NStZ-RR 2010, 85, 86; Urt. v. 26.4.2012 – 4 StR 599/11).

☝ Bei der **Ausarbeitung der Sachrüge** darf der Verteidiger nicht versuchen, seine eigene Beweiswürdigung an die Stelle der tatrichterlichen Beweiswürdigung zu setzen. Verfehlt ist es insbesondere, eine vom Tatrichter gezogene **Schlussfolgerung** als „nicht zwingend“ anzugreifen (BGH NStZ 1990, 28 [Mi], NStZ 1990, 228 [Mi]), weil ein gezogener Schluss nur möglich sein muss, um die gem. § 261 notwendige richterliche Überzeugung herbeizuführen. Logisch unmögliche Schlüsse (Trugschlüsse) können demgegenüber Erfolg versprechend gerügt werden.

2236 2. **Erfolg** verspricht die Sachrüge gegen die Beweiswürdigung insbesondere in den Fällen, in denen diese **lückenhaft** oder **widersprüchlich** ist oder gegen **Denkgesetze** bzw. **Erfahrungssätze** verstößt.

2237 **a) Rechtsprechungsübersicht: Lückenhaftigkeit der Beweiswürdigung**

- die Urteilsgründe lassen nicht erkennen, dass der Tatrichter **alle Umstände erkannt** und in seine **Überlegungen einbezogen** hat, die Schlüsse zugunsten oder zuungunsten des Angeklagten zulassen und somit die Entscheidung beeinflussen können (BGHSt 44, 153, 159; BGH NJW 2006, 925, 928; StV 1995, 6, 7; 1997, 513; 1998, 362; 2001, 440; s. auch *Burhoff*, HV, Rn 2307 ff.); die Pflicht zur Darstellung sämtlicher entscheidungserheblicher Tatsachen zwingt aber nicht zu einer umfassenden Dokumentation der Beweisaufnahme (BGHSt 15, 347, 348; BGH NJW 2004, 2248, 2250;
- **naheliegende Möglichkeiten**, zu deren Erörterung der Sachverhalt drängt, werden **außer Betracht** gelassen (BGHSt 49, 342, 344; BGH NStZ 1987, 474; StraFo 2008, 431 [nicht erschöpfende Beweiswürdigung beim Alibibeweis]; NStZ-RR 2006, 258 [Be]; 2014, 213; BGH, Beschl. v. 1.7.2008 – 1 StR 654/07; hierzu zählt insbesondere auch die Notwendigkeit, sich mit naheliegenden (nicht nur rein theoretischen) Alternativhypothesen zu befassen (BGHSt 45, 164; BGH NJW 2007, 384, 387; BGH Beschl. v. 10.6.2008 – 5 StR 109, 08);
- die Ausführungen des Tatgerichts bleiben so **substanzarm**, dass sie vom Revisionsgericht nicht nachvollzogen werden können, wie z.B. bei der pauschalen und **floskelhaften Bewertung** von Zeugenaussagen als „nachvollziehbar“, „glaubhaft“ oder „plastisch“, ohne dies zumindest bespielhaft mit Tatsachen zu unterlegen (BGH StV 2000, 599);

- die besonderen Anforderungen in Fällen von **Aussage-gegen-Aussage** nicht eingehalten worden sind, weil der Tatrichter nicht alle für die Beurteilung der Glaubwürdigkeit wesentlichen Umstände erkannt und in seine Überlegungen einbezogen hat (BGH NStZ 2012, 110; StV 1995, 340; 1998, 116, jew. m.w.N.; NStZ-RR 1998, 15; 2002, 146; 174; 2010, 317; 2014, 219; Beschl. v. 27.4.2010 – 5 StR 127/10; v. 23.9.2015 – 2 StR 101/15; KG NStZ 2010, 533; OLG Frankfurt/Main StV 2011, 12; s.a. *Meyer-Goßner/Schmitt*, § 261 Rn 11a m.w.N. aus der obergerichtlichen Rspr. und Lit.; s. noch die Hinw. bei Rdn 2233). Solche zu berücksichtigenden Umstände sind insbesondere gegeben, wenn
  - sich ein **Mitangeklagter** oder **tatbeteiligte**r Zeuge entlasten will, indem er andere Mitangeklagte belastet (BGH StV 1991, 452 m.w.N.; 1992, 97 und 98; 1992, 555; 1997, 172 und 173; 2002, 467; 2009, 174 und 176; StraFo 2008, 474);
  - ein Zeuge den Angeklagten erwiesenermaßen **teilweise zu Unrecht belastet** hat (BGH NStZ 1990, 603; 1996, 98; StV 1991, 50; 1991, 409; 1992, 149; 1999, 136; NStZ-RR 2004, 87);
  - ein Zeuge sich früher **selbst** einer **Falschaussage bezichtigt** hat (BGH NStZ 2003, 164);
  - ein Zeuge in einem wesentlichen Punkt von seiner früheren **Tatschilderung abweicht** (BGHSt 44, 256; StraFo 2003, 131; NStZ-RR 2008, 83);
  - ein **Teil** einer Aussage eines Zeugen oder Mitangeklagten für **glaubhaft** ein **anderer** hingegen **nicht** für glaubhaft erachtet wird (BGHSt 44, 153; NJW 1993, 2451; StV 1996, 365; 1999, 305; 2011, 5; NStZ-RR 2003, 332; BGH, Beschl. v. 12.8.2010 – 2 StR 185/10).
- im Urteil nicht sämtliche für den Beweiswert beim (wiederholten) **Wiedererkennen** wesentlichen Gesichtspunkte geprüft und dargelegt werden (eingehend hierzu BGH NStZ 2009, 283; zum wiederholten Wiedererkennen vgl. BVerfG NJW 2003, 2444; BGH NStZ 1996, 350; 1997, 355; zur Frage des Nichtwiedererkennens in der HV vgl. BGH StraFo 2005, 297; s. auch *Burhoff*, EV, Rn 2056 ff.; *Burhoff*, HV, Rn 1581).
- der Tatrichter in den Entscheidungsgründen im Rahmen der Beweiswürdigung die **Einlassung** des Angeklagten nicht wiedergegeben oder sich mit dieser nicht auseinandergesetzt hat (BGH NStZ 1992, 49; 2015, 299; StV 1984, 64; 1983, 8; StraFo 2015, 121; *Meyer-Goßner/Schmitt*, § 267 Rn 12; KK-*Kuckein*, § 267 Rn 14).

> ☝ Unzureichend ist die in der Praxis häufig zu beobachtende Übung, die Einlassung des Betroffenen einfach als „**Schutzbehauptung**" abzutun. Vielfach beschränkt sich der Tatrichter auf diese nichtssagende Floskel. Hat er nicht anhand konkreter Umstände belegt, warum er die Einlassung als bloße „Schutzbehauptung", d.h. als unglaubhaft ansieht, sollte der Verteidiger dies mit der Sachrüge an-

greifen, da der Tatrichter in diesem Fall die Beweise – zu denen auch die Einlassung des Betroffenen gehört – nur unzureichend gewürdigt hat.

- ein **auf einer Verständigung** i.S. des **§ 257c beruhendes Geständnis** nicht auf seine Richtigkeit überprüft und die Prüfungsinhalte und deren Ergebnis im Urteil nicht dargelegt werden (vgl. BVerfG NJW 2013, 1058, 1063);
- sich der Tatrichter bei seiner Überzeugungsbildung auf ein eingeholtes **SV-Gutachten** stützt, aber die Ausführungen des SV nicht zumindest zusammenfassend unter Angabe der dem Gutachten zugrunde liegenden Anknüpfungstatsachen und Schlussfolgerungen insoweit mitteilt, als dies zum Verständnis des Gutachtens und zur Beurteilung seiner gedanklichen Schlüssigkeit erforderlich ist (st. Rspr. der Obergerichte; vgl. z.B. BGHSt 58, 212; NJW 2000, 1350; NStZ 1991, 596; 2007, 538; StV 2014, 587; 2014, 588; StRR 2010, 362 [Ls.]; OLG Hamm StV 2002, 404; StV 2008, 130; Beschl. v. 22.9.2009 – 3 Ss 354/09; OLG Bamberg, Beschl. v. 18.3.2009 – 3 Ss OWi 196/08 [für OWi-Verfahren], jew. m.w.N.; *Meyer-Goßner/Schmitt*, § 267 Rn 13; weit. Nachw. auch bei Burhoff/*Burhoff*, OWi, Rn 2310).

☝ Der Umfang der Darlegungspflicht ist im Einzelfall abhängig davon, ob es sich um eine **standardisierte Untersuchungsmethode** handelt oder nicht, und ob der Beweisfrage eine geringe oder hohe Beweisbedeutung zukommt (BGH NJW 2000, 1350).

- die be- und entlastenden Beweistatsachen zwar im Einzelnen erörtert, aber lediglich isoliert abgehandelt werden, ohne sie in eine **Gesamtwürdigung** einzustellen, in der ihre Bedeutung und ihr Gewicht im Verhältnis zueinander bewertet und abgewogen werden (BGHSt 44, 153, 158 f.; BGH NStZ-RR 2004, 238; 2007, 309, 311) oder die Gesamtwürdigung selbst lückenhaft ist, indem dort einzelne Beweistatsachen ausgeklammert werden (BGH, Urt. v. 23.8.2007 – 4 StR 180/07).

2238 **b) Widersprüchlich** ist die Beweiswürdigung insbesondere dann, wenn sie unter inneren Widersprüchen leidet (vgl. BGH StraFo 1997, 140) oder wenn festgestellte Widersprüche in ihrer Wirkung verkannt werden (vgl. *Dahs*, RV, Rn 443). Es kommt also darauf an, ob sich unterschiedliche Tatsachenfeststellungen im Urteil unvereinbar gegenüberstehen oder ein sich ergebender Widerspruch nicht nachvollziehbar aufgelöst wird (vgl. hierzu BGHSt 3, 213, 215; 14, 162, 164; 15, 1, 3). Widersprüchliche Erwägungen begründen die Revision nur dann, wenn sie maßgebliches Tatgeschehen betreffen.

2239 **c)** Ein Verstoß gegen **Denkgesetze** oder **Erfahrungssätze** liegt u.a. vor, wenn die Feststellungen einem **Kreis-** oder **Zirkelschluss** unterliegen (vgl. BVerfG NJW 2003, 2444, 2446; BGH StraFo 2003, 131; BGH NStZ-RR 2006, 258 [Be] m.w.N.), d.h. aus einer Aussage selbst auf deren Glaubhaftigkeit geschlossen wird. Entsprechendes gilt, wenn die Feststellungen z.B. mit bestimmten **historischen**, **geografischen** oder **physikalischen Gegebenheiten unvereinbar** sind (st. Rspr. des BGH; vgl. u.a. BGHSt 31, 86, 89; ausführlich hierzu *Meyer-Goßner/Schmitt*, § 337 Rn 30a).

Siehe auch: → *Rechtsmittel/Rechtsbehelfe, Allgemeines*, Teil A Rdn 1289; → *Revision, Allgemeines*, Teil A Rdn 2006; → *Revision, Sachrüge, Begründung, Allgemeines*, Teil A Rdn 2222; → *Revision, Verfahrensrüge, Allgemeines*, Teil A Rdn 2307.

Revision, Sachrüge, Rechtsanwendung 2240

Literaturhinweise: s. die Hinw. bei → *Revision, Allgemeines*, Teil A Rdn 2006, und bei → *Revision, Sachrüge, Begründung, Allgemeines*, Teil A Rdn 2222. 2241

1.a) Ein sachlich-rechtlicher Verstoß liegt vor, wenn eine auf den im Urteil festgestellten Sachverhalt anzuwendende Norm nicht richtig angewendet oder wenn eine unanwendbare (Rechts-)Norm angewendet worden ist (*Meyer-Goßner/Schmitt*, § 337 Rn 33). 2242

Eine Sachrüge kann deshalb **insbesondere** in den Fällen erhoben werden, in denen 2243

- der Tatrichter eine **Rechtsnorm falsch ausgelegt** hat,
- der festgestellte Sachverhalt unter eine bestimmte Rechtsnorm **fehlerhaft subsumiert** wurde oder
- eine ungültige, nicht mehr existente oder noch nicht geltende Rechtsnorm zur Anwendung gekommen ist.

b) Die hier denkbaren Fallgestaltungen sind **vielfältig**. Für den Verteidiger besteht bei Fehlern in der Rechtsanwendung ein breiter Argumentationsspielraum. Das Revisionsgericht ist nicht an die vom Tatrichter vertretene **Rechtsauffassung** gebunden, sodass es unter Zugrundelegung der vom Tatrichter festgestellten Tatsachen auch zu einer entgegengesetzten rechtlichen Bewertung des Sachverhalts gelangen kann (vgl. z.B. schon BGH VRS 54, 436). Auch eine übereinstimmende rechtliche Würdigung seitens des Tatgerichts und der Verfahrensbeteiligten im Rahmen einer Verständigung nach § 257c ist für das Revisionsgericht gem. § 257c Abs. 2 S. 3 ohne Bedeutung (BGH StV 2012, 134). Dies ermöglicht es dem Verteidiger, seine eigene Rechtsauffassung in der Revision zur Geltung zu bringen, um zu einer Aufhebung des Urteils zu gelangen. Hierbei ist zu beachten, dass auch die Auslegung **unbestimmter Rechtsbegriffe** durch das Revisionsgericht anders ausfallen kann, als durch das Tatgericht. Dies eröffnet der Revision breite Argumentationsspielräume. Ein Ermessensspielraum des Tatgerichts besteht nach der Rechtsprechung des BGH nur insoweit, als die Ausfüllung des unbestimmten Rechtsbegriffes mit Tatfragen in Rede steht (vgl. z.B. BGHSt 53, 6). Über die Definition der Merkmale des unbestimmten Rechtsbegriffes entscheidet das Revisionsgericht hingegen autonom. Steht dem Tatrichter bei der Anwendung der sachlich-rechtlichen Norm ein **Ermessen** zu, ist die ergangene Ermessenent- 2244 scheidung nur begrenzt durch das Revisionsgericht überprüfbar. In einem solchen Fall kann seitens der Revision nur gerügt werden, dass der Tatrichter sein Ermessen nicht ausgeübt oder nicht alle maßgeblichen Umstände berücksichtigt bzw. unzulässige Umstände einbezogen hat (vgl. BGHSt 15, 390, 393; 18, 238; BGH wistra 2009, 23).

2245 **2.** Zu **unterscheiden** sind Fehler bei der Rechtsanwendung von Fehlern bei der Feststellung von Tatsachen. Die **Rechtsanwendung** ist nur dann betroffen, wenn die Revisionsrüge den im Urteil festgestellten Sachverhalt akzeptiert, ihn aber rechtlich abweichend gewürdigt sehen will. Sollen hingegen Fehler bei der „Herstellung" des im Urteil niedergelegten Sachverhalts gerügt werden, richtet sich die Revision gegen die **Tatsachenfeststellungen** als solche und nicht gegen ihre rechtliche Würdigung (s. hierzu → *Revision, Sachrüge, Tatsachenfeststellungen*, Teil A Rdn 2252).

Siehe auch: → *Rechtsmittel/Rechtsbehelfe, Allgemeines*, Teil A Rdn 1289; → *Revision, Allgemeines*, Teil A Rdn 2006; → *Revision, Sachrüge, Begründung, Allgemeines*, Teil A Rdn 2222; → *Revision, Verfahrensrüge, Allgemeines*, Teil A Rdn 2307.

2246 Revision, Sachrüge, Strafzumessung

Das Wichtigste in Kürze:

1. Die revisionsrechtliche Überprüfung der tatrichterlichen Strafzumessung ist unter dem Gesichtspunkt möglich, dass bereits die Strafzumessungstatsachen fehlerhaft festgestellt worden sind oder dass Fehler in den Strafzumessungserwägungen vorliegen.
2. Die Fälle rechtsfehlerhafter Strafzumessungserwägungen können vielfältig sein.
3. Sind die Strafzumessungserwägungen des Tatrichters rechtsfehlerhaft, hebt das Revisionsgericht den Strafausspruch auf und verweist die Sache entweder gemäß § 354 Abs. 2 zu neuer Strafbemessung zurück oder setzt selbst gemäß § 354 Abs. 1, 1a oder 1b eine schuldangemessene Strafe fest.

2247 **Literaturhinweise:** **Berenbrink**, Tatrichter oder Revisionsgericht – Wer bestimmt die Strafe?, GA 2008, 625; **Detter**, Zum Strafzumessungs- und Maßregelrecht – Teil 1, NStZ 2014, 388; *ders.*, Zum Strafzumessungs- und Maßregelrecht – Teil 2, NStZ 2014, 444; *ders.*, Strafzumessung und Rechtsfolgenverteidigung, in: FA Strafrecht, Teil 8 Kapitel 6; **Hillenbrand**, Die kurze Freiheitsstrafe – eine zu häufige Ausnahme, StRR 2015, 168; **Sander**, Die Strafzumessung in der Revision, StraFo 2010, 365; s. auch die Hinw. bei → *Revision, Allgemeines*, Teil A Rdn 2006, und bei → *Revision, Sachrüge, Allgemeines*, Teil A Rdn 2222.

2248 **1.** Die Strafzumessung ist grds. Aufgabe des Tatrichters. Er hat die be- und entlastenden Tatsachen festzustellen und gegeneinander abzuwägen. Die vom Tatrichter als wesentlich erachteten strafschärfenden bzw. strafmildernden Faktoren und deren Gewichtung sind im

Urteil nachvollziehbar darzulegen (vgl. § 267 Abs. 3 S. 1). Die revisionsrechtliche **Überprüfung** der tatrichterlichen Strafzumessung ist **unter zwei Gesichtspunkten** möglich:

- Zum einen können bereits die **Strafzumessungstatsachen** fehlerhaft festgestellt worden sein. Dies ist eine Frage der fehlerhaften Feststellung der dem Strafausspruch zugrunde liegenden Tatsachen (s. hierzu im Einzelnen → *Revision, Sachrüge, Tatsachenfeststellungen*, Teil A Rdn 2252).
- Zum anderen können Fehler in den **Strafzumessungserwägungen** vorliegen. In diesem Zusammenhang überprüft das Revisionsgericht sämtliche Faktoren, die für die Bildung der verhängten Strafe ausschlaggebend sind.

2. Rechtsfehlerhafte Strafzumessungserwägungen sind beispielhaft (vgl. hierzu ausführlich auch *Sander* StraFo 2010, 365, 366; *Burhoff*, HV, Rn 2313 m. Checkliste bei Rn 2314; *Dahs*, RV, Rn 471; FA Strafrecht-*Detter*, Teil 8 H Kap. 6; die Komm. von *Fischer*, § 46; s.a. die jährliche Zusammenstellung der Rspr. in den Verfahrenstipps von *Burhoff*, zuletzt ZAP F. 22 R., S. 939 m.w.N. und von *Detter*, zuletzt NStZ zuletzt NStZ 2015, 442 m.w.N.) zusammengestellt in folgender **2249**

Rechtsprechungsübersicht: **2250**

- Der Tatrichter ist vom **falschen Strafrahmen** ausgegangen (BGH NStZ-RR 2003, 52; BGH, Beschl. v. 7.4.2010 – 3 StR 80/10).
- **Strafrahmenverschiebungen** nach § 49 StGB wurden nicht berücksichtigt oder falsch berechnet.
- Die **Gesamtstrafenbildung** nach § 54 StGB oder die **nachträgliche Gesamtstrafenbildung** nach § 55 StGB sind fehlerhaft oder gänzlich unterblieben (vgl. BGH, Beschl. v. 17.12.2013 – 4 StR 261/13; BGH, Beschl. v. 17.9.2013 – 1 StR 370/13).
- Bei der Strafmaßbildung wurden Umstände herangezogen, die bereits dem Straftatbestand zugrunde liegen. Dies stellt eine unzulässige **Doppelverwertung** gemäß § 46 Abs. 3 StGB dar (vgl. dazu *Fischer*, § 46 Rn 76 ff. m.w.N.; BGH StV 2015, 635; 2003, 662; NStZ 2014, 476; 2013, 666; 1998, 404; NStZ-RR 2015, 77; 2014, 137; BGH Beschl. v. 6.11.2013 – 1 StR 525/13; BGH, Beschl. v. 8.1.2014 – 2 StR 514/13).
- **Vertypte Milderungsgründe**, die sich nach Lage des Falles aufdrängen, wurden nicht geprüft oder fehlerhaft angewendet (z.B. §§ 21, 23 Abs. 2, 27 Abs. 2 S. 2 StGB; vgl. u.a. BGH StraFo 2007, 501; NStZ-RR 2014, 9; 2013, 145; 2009, 70; 2008, 274; BGH, Beschl. v. 11.9.2013 – 2 StR 287/13; BGH, Urt. v. 28.10.2008 – 5 StR 312/08; BGH, Beschl. v. 10.10.2007 – 5 StR 248/07; BGH, Beschl. 20.11.2007 – 4 StR 408/07).
- Das Vorliegen eines **Täters-Opfer-Ausgleichs** gem. § 46 StGB wurde nicht berücksichtigt (BGH StV 2000, 128; BGH NStZ-RR 2014, 304; s. aber auch BGH, Urt. v. 28.2.2013 – 4 StR 430/12; zum Täter-Opfer-Ausgleich, *Burhoff*, EV, Rn 3476; *Burhoff*, HV, Rn 2586).

- Die **Kronzeugenregelung** gemäß § 46b StGB wurde trotz Vorliegens ihrer Voraussetzungen nicht beachtet (BGH, Beschl. v. 12.2.2013 – 5 StR 27/13; vgl. a. *Burhoff*, HV, Rn 1809 ff.).
- Nach den Urteilsfeststellungen **naheliegende Strafmilderungs-** oder **Strafschärfungsgründe** wurden nicht berücksichtigt (BGH NStZ 1991, 581).
- Die Erörterung eines **besonders schweren oder minder schweren Falles** ist unterblieben oder deren Voraussetzungen wurden verkannt (u.a. BGHSt 20, 121, 125; BGH NJW 2009, 528, 531 f.; NStZ 2014, 510; 2012, 271, 272; 2009, 150; NStZ-RR 2009, 279; StV 2015, 549; Beschl. v. 16.10.2008 – 5 StR 482/08).
- Die Strafaussetzung zur **Bewährung** gemäß § 56 StGB wurde mit **unzureichender oder unvertretbarer Begründung** abgelehnt (vgl. BGH NJW 2009, 528, 533 f.; NStZ 2001, 366, 367; 2002, 312; NStZ-RR 2013, 40; 2007, 232; BGH, Urt. v. 26.9.2012 – 553/11) oder es wurde nur pauschal auf den persönlichen Eindruck des Angeklagten abgestellt, ohne eine Gesamtwürdigung von Tat und Persönlichkeit vorzunehmen (BGH NJW 2014, 3797 = NStZ-RR 2015, 41 = StV 2015, 174; NStZ-RR 2014, 138; NStZ 2009, 161; BGH, Beschl. v. 6.8.2014 – 2 StR 255/14; BGH).
- Die vom Gericht versagte Strafaussetzung zur **Bewährung** könnte naheliegend durch **nicht erörterte Weisungen und Auflagen** herbeigeführt werden (BGHSt 29, 370, 371; BGH, Beschl. v. 26.11.2008 – 5 StR 556/08).
- Die Strafen mehrerer **Mitangeklagter** stehen nicht in einem gerechten Verhältnis zueinander (vgl. BGHSt 56, 262; BGH StV 2009, 351 und 352; 2008, 295 m. Anm. *Köberer*). Die in anderen Verfahren verhängten Strafen führen aber zu keiner, wie auch immer beschaffenen, rechtlichen Bindung des Gerichts bei der Strafzumessung; dies gilt genauso für die Entscheidungen anderer Gerichte (BGHSt 56, 262 m. Anm. *Barton* StRR 2011, 392; BGH, Beschl. v. 4.6.2014 – 1 StR 69/14).
- **Berufliche** bzw. **berufsrechtliche Folgen** der verhängten Strafe wurden nicht berücksichtigt (BGH StV 1991, 207; wistra 2006, 137; BGH bei *Detter*, NStZ 1992, 171; 1991, 275).
- Die Strafhöhe steht in einem **unerträglichen Missverhältnis** zur Schuld des Angeklagten (BGHSt 17, 35, 37; BGH StV 2003, 555; StraFo 2003, 97 m. Anm. *Salditt*).
- Die Strafzumessungserwägungen sind **lückenhaft**, **widersprüchlich** oder verstoßen gegen **Denkgesetze** bzw. **Erfahrungssätze** (vgl. BGHSt 16, 360, 364; *Meyer-Goßner/Schmitt*, § 337 Rn 35 m.w.N.).
- Es fehlt bei einer **rechtsstaatswidrigen Verfahrensverzögerung** an dem konkreten Ausspruch, in welcher Höhe die Strafe bereits als vollstreckt gilt (Vollstreckungslösung, BGHSt 52, 124; ausführlich hierzu *Burhoff*, HV, Rn 2845 ff.) oder die Bemessung der Vollstreckungsanrechnung ist unangemessen hoch oder niedrig ausgefallen bzw. unzureichend begründet (vgl. BGH NJW 2008, 860, 866; NStZ-RR 2008, 368, 369).

- **Zulässiges Verteidigungsverhalten** wurde zulasten des Angeklagten strafschärfend berücksichtigt (u.a. BGH StV 2013, 697; StraFo 2004, 278, 279; NStZ-RR 2013, 170; 2006, 137; BGH, Beschl. v. 8.1.2014 – 3 StR 272/13; BGH, Beschl. v. 15.10.2013 – 3 StR 282/13; weit. Nachw. bei *Burhoff*, EV, Rn 1604 ff.).
- Im **Berufungsverfahren**: Ein sachlich-rechtlicher Fehler in der Strafzumessung liegt vor, wenn das **Berufungsgericht** ohne nähere Begründung eine **gleich hohe Strafe** wie der Erstrichter verhängt, obwohl es von einem wesentlich geringeren Strafrahmen ausgeht (OLG Bamberg NStZ-RR 2012, 138; OLG Hamm StraFo 2005, 33; s. aber OLG Hamm NJW 2008, 2358 und OLG München NJW 2006, 1302 [für Berufungsurteil nach vom AG übersehenem Härteausgleich]; StraFo 2009, 290).

☝ Die **Begründungsanforderungen steigen**, je mehr sich die Strafe dem unteren oder dem oberen Rand des Strafrahmens nähert (vgl. u.a. BGH NStZ-RR 2003, 52).

3. Sind die Strafzumessungserwägungen des Tatrichters **rechtsfehlerhaft**, **hebt** das **Revisionsgericht** den **Strafausspruch auf** und verweist die Sache entweder gemäß § 354 Abs. 2 zu neuer Strafbemessung zurück oder setzt selbst gemäß § 354 Abs. 1, 1a oder 1b eine schuldangemessene Strafe fest (s. hierzu → *Revision, Urteilsaufhebung*, Teil A Rdn 2268). 2251

☝ Will das **Revisionsgericht** in der Sache **selbst entscheiden** und die Strafe selbst festsetzen, bedarf es einer lückenlosen und widerspruchsfreien Feststellung der Strafzumessungstatsachen im tatrichterlichen Urteil. Sind also bereits die Strafzumessungstatsachen fehlerhaft festgestellt, kommt eine eigene Sachentscheidung des Revisionsgerichts gemäß § 354 Abs. 1, 1a oder 1b nicht in Betracht.

Siehe auch: → *Rechtsmittel/Rechtsbehelfe, Allgemeines*, Teil A Rdn 1289; → *Revision, Allgemeines*, Teil A Rdn 2006; → *Revision, Sachrüge, Begründung, Allgemeines*, Teil A Rdn 2222; → *Revision, Verfahrensrüge, Allgemeines*, Teil A Rdn 2307.

Revision, Sachrüge, Tatsachenfeststellungen 2252

Das Wichtigste in Kürze:

1. Die Tatsachenfeststellungen sind der revisionsrechtlichen Überprüfung grds. entzogen.
2. Mit der sogenannten Darstellungsrüge kann der Revisionsführer Rechtsfehler bei der Feststellung der dem Urteil zugrunde gelegten Tatsachen rügen.

2253 **Literaturhinweise:** **Meyer-Goßner**, Hinweise zur Abfassung des Strafurteils aus revisionsrechtlicher Sicht, NStZ 1988, 531; **Meyer-Goßner/Appl**, Die Urteile in Strafsachen: sowie Beschlüsse und Protokoll der Hauptverhandlung, 29. Aufl. 2014; s. auch die Hinw. bei → *Revision, Allgemeines*, Teil A Rdn 2006, und bei → *Revision, Sachrüge, Allgemeines*, Teil A Rdn 2222.

2254 **1.** Die Tatsachenfeststellungen sind der revisionsrechtlichen Überprüfung grds. entzogen. Der Tatrichter ermittelt den Sachverhalt und legt diesen in seinem Urteil nieder. Auch wenn der im Urteil mitgeteilte Sachverhalt tatsächlich unrichtig ist, findet **keine Rekonstruktion** der **HV** durch das Revisionsgericht statt. Die Behauptung, die Urteilsfeststellungen seien „**schlicht unrichtig**" oder „**aktenwidrig**", kann deshalb mit der Sachrüge **nicht** erhoben werden. Das Revisionsgericht prüft die Urteilsfeststellungen nur mit der Maßgabe, ob diese aus sich heraus verständlich und logisch sind. Ob sie auf unzutreffenden Tatsachenfeststellungen beruhen, ist der Prüfung entzogen, da das Revisionsgericht keine Tatsacheninstanz ist. Den Akteninhalt darf das Revisionsgericht bei der Prüfung der Sachrüge nicht berücksichtigen (BGHSt 35, 238, 241).

☝ Der **Verteidiger** muss sich deshalb auf die **angefochtene Entscheidung** und deren Ausführungen **konzentrieren**. Seinem Rügevorbringen hat er **allein** den **im Urteil dargelegten Sachverhalt** zugrunde zu legen. Ausführungen dazu, dass z.B. ein Zeuge in Wahrheit anders ausgesagt hat, als dies im Urteil festgehalten ist, sind unbeachtlich. Auch die Rüge, der Tatrichter habe aus den Feststellungen einen Schluss gezogen, der nicht zwingend ist, geht ins Leere. Ausreichend ist, dass der vom Tatrichter gezogene Schluss möglich ist (u.a. BGHSt 26, 56, 63).

2255 **2.a)** Mit der sogenannten **Darstellungsrüge** (LR-*Franke*, § 337 Rn 125) kann der Revisionsführer allerdings Rechtsfehler bei der Feststellung der dem Urteil zugrunde gelegten Tatsachen rügen (BGHSt 14, 162, 165; BGH NJW 1978, 113, 115; *Meyer-Goßner/Schmitt*, § 337 Rn 21 m.w.N.; vgl. auch *Burhoff*, HV, Rn 2302 ff.).

☝ Dabei geht es nicht darum, was in Wirklichkeit geschehen ist, sondern ob der im Urteil festgestellte Sachverhalt eine **tragfähige Grundlage** für den Schuld- und Rechtsfolgenausspruch bildet.

Im Einzelnen gilt Folgendes:

2256 **b)** Die Darstellung des Sachverhalts im Urteil muss **in sich geschlossen**, **klar**, **übersichtlich** und **aus sich selbst heraus verständlich** sein (vgl. BGH NStZ 2000, 441; 1994, 400; NStZ-RR 1996, 109; NStZ-RR 2003, 4 [Be], m.w.N; *Meyer-Goßner/Schmitt*, NStZ 1988, 531). Mit der Sachrüge kann deshalb **Erfolg versprechend** gerügt werden, dass die Sachdarstellung

- sich auf die Wiedergabe **des Gesetzeswortlauts beschränkt** (BGH NStZ 2000, 607),

- **formelhaft, unvollständig** oder **unverständlich** ist (BGHSt 7, 75; 3, 213, 215; BGH NStZ 1994, 352; StV 1994, 7; BGHR § 267 I 1 Sachdarstellung 1) oder
- in den **Urteilsgründen verstreut** wurde und daraus ein gänzlich unübersichtlicher Urteilsaufbau resultiert (BGH NStZ 1989, 15 [Mi]; BGH, Beschl. v. 5.12.2008 – 2 StR 424/08).

☝ Zu beachten ist jedoch, dass die Revisionsgerichte es häufig genügen lassen, wenn sich tragfähige Feststellungen **„aus dem Zusammenhang der Urteilsgründe"** entnehmen lassen (vgl. BGHR StPO § 267 I 1 Feststellungen 1; BGH, Beschl. v. 5.12.2008 – 2 StR 2008, 424/08; BGH, Urt. v. 17.3.2011 – 1 StR 407/10).

c) Unzureichend und mit der Sachrüge angreifbar ist auch die Beschreibung von Tatsachen mithilfe von **Rechtsbegriffen** (BGH StV 1994, 7). Vor allem bei der Feststellung von inneren Tatsachen müssen die äußeren Geschehensabläufe mitgeteilt werden, aus denen der Tatrichter auf die subjektiven Tatbestandsmerkmale schließt (vgl. zu dieser Problematik RGSt 55, 204; LR-*Stuckenberg*, § 267 Rn 41 ff.; LR-*Franke*, § 337 Rn 143; KK-*Kuckein*, § 267 Rn 10 m.w.N.). Unzureichend ist z.B. die häufig zu lesende, lapidare Feststellung, der Angeklagte habe einen bestimmten Taterfolg „billigend in Kauf genommen", ohne dass mitgeteilt wird, wie das Gericht zu diesem Schluss kommt. 2257

d) Lückenhafte Feststellungen begründen ebenfalls die Sachrüge. Lückenhaftigkeit liegt vor, wenn nicht sämtliche objektiven und subjektiven Tatbestandsmerkmale des anzuwendenden Gesetzes mit entsprechenden Tatsachen unterfüttert sind (vgl. u.a. BGH NStZ 1990, 496; wistra 1982, 32). Das Gleiche gilt, wenn die tatsächlichen Grundlagen der Rechtswidrigkeit und Schuld oder einer Prozessvoraussetzung wie z.B. dem Strafantrag nicht dargelegt werden. 2258

☝ Ein **nicht seltener Fehler** in tatrichterlichen Urteilen ist das **Fehlen** der Wiedergabe der **Einlassung** des Angeklagten und ihre Würdigung im Urteil. Fehlerhaft ist das deshalb, weil das Revisionsgericht dann nicht nachprüfen kann, ob dem dem Angeklagten gemachten Schuldvorwurf eine rechtlich einwandfreie Beurteilung zugrunde liegt (vgl. u.a. BGH NStZ 2015, 299; StV 1984, 64 [Ls.]; OLG Bamberg DAR 2009, 655 [Ls.]; OLG Celle VRR 2010, 432; OLG Hamm StV 2008, 401; StraFo 2003, 133; OLG Köln DAR 2011, 150; ähnlich OLG Frankfurt/Main StRR 2015, 123 [Ls.]).

e) Unzulässig ist auch die **Bezugnahme auf Aktenteile** im tatrichterlichen Urteil wie z.B. die Anklageschrift, das Sitzungsprotokoll, Schriftstücke oder Gutachten (BGH NStZ 1987, 374; NStZ-RR 2003, 99 [B]; StV 2004, 4; BGH, Beschl. v. 28.5.2009 – 4 StR 101/09; OLG Hamm StraFo 2002, 132), da jedes Urteil aus sich selbst heraus verständlich sein muss. Die Verweisungsmöglichkeit des **§ 267 Abs. 1 S. 3** für **Abbildungen**, die sich bei den Akten 2259 befinden, gilt nur im Hinblick auf deren Einzelheiten. Daraus folgt, dass die Abbildung und deren inhaltliche Aussage auf jeden Fall im Urteil beschrieben werden müssen (vgl. ausführlich *Meyer-Goßner/Schmitt*, § 267 Rn 10). Die Verweisungsfragen spielen vor allem im bußgeldrechtlichen Verfahren eine große Rolle (vgl. dazu grundlegend BGHSt 41, 376; zu den Anforderungen an das Urteil im Fall der sog. **Täteridentifizierung** Burhoff/*Gübner*, OWi, Rn 2704). Inzwischen hat der BGH entschieden, dass auf einen **Videofilm** nicht Bezug genommen werden darf/kann (vgl. BGHSt 57, 53 = NZV 2012, 143 m. Anm. *Sandherr* und m.w.N. zu teilweise abw. OLG-Rspr., wie der BGH schon KG VRS 126, 102; OLG Jena zfs 2012, 168; OLG Saarbrücken VA 2013, 104).

2260 **f)** Die Tatsachenfeststellungen müssen frei von **Widersprüchen** sein (st. Rspr. des BGH, vgl. BGHSt 3, 213, 215; 14, 162, 164; 15, 1, 3). Das bedeutet, dass nicht an unterschiedlichen Stellen im Urteil sich gegenseitig ausschließende „Feststellungen" getroffen werden dürfen, weil sonst unklar bleibt, was in tatsächlicher Hinsicht Gegenstand und Ergebnis der Beweisaufnahme in der HV war. Manchmal zeigen sich Widersprüche in den Urteilsfeststellungen auch in Form eines **Verstoßes gegen Denkgesetze** (vgl. hierzu BGHSt 6, 70, 72; 19, 33, 34). Hier sind dann die an unterschiedlichen Stellen des Urteils festgestellten Tatsachen denklogisch unvereinbar, was ebenfalls einen sachlich-rechtlichen Mangel darstellt.

2261 **g)** Schließlich kann die Sachrüge begründet sein, wenn die Urteilsfeststellungen mit **Erfahrungssätzen**, **Naturgesetzen** oder **anerkannten Ergebnissen der Wissenschaft** nicht in Einklang zu bringen sind (vgl. ausführlich *Meyer-Goßner/Schmitt*, § 337 Rn 31 m.w.N.). Hierzu zählen insbesondere die Gesetzmäßigkeiten der Physik, Chemie und Medizin. Zwar stellt der Verstoß gegen wissenschaftliche Erkenntnisse keinen unmittelbaren Verstoß gegen eine Rechtsnorm dar, gleichwohl ist aber auch in solchen Fällen das Recht „nicht richtig angewendet worden" im Sinne des § 337 Abs. 2. Ein strafrechtliches Urteil darf nicht auf Umstände gestützt werden, die gegen wissenschaftliche Erkenntnisse, Erfahrungssätze und Naturgesetze verstoßen, weil die Verurteilung des Angeklagten nicht mit einem in tatsächlicher Hinsicht unmöglichen Ergebnis begründet werden kann.

Siehe auch: → *Rechtsmittel/Rechtsbehelfe, Allgemeines*, Teil A Rdn 1289; → *Revision, Allgemeines*, Teil A Rdn 2006; → *Revision, Sachrüge, Begründung, Allgemeines*, Teil A Rdn 2222; → *Revision, Verfahrensrüge, Allgemeines*, Teil A Rdn 2307.

2262 Revision, Sprungrevision

2263 **Literaturhinweise:** s. die Hinw. bei → *Revision, Allgemeines*, Teil A Rdn 2006, und bei → *Rechtsmittel/Rechtsbehelfe, Allgemeines*, Teil A Rdn 1289.

2264 **1.a)** Gem. § 335 Abs. 1 kann ein Urteil, gegen das die Berufung zulässig ist, statt mit der Berufung mit der Revision angefochten werden. Diese sog. **Sprungrevision** richtet sich also gegen erstinstanzliche Urteile des Strafrichters oder des Schöffengerichts. Die Vorschrift bringt eine Verfahrenserleichterung für die Fälle, in denen der Beschwerdeführer nur die **Klärung** von **Rechtsfragen** anstrebt, weil dann eine zweite Tatsacheninstanz erspart werden kann (BGHSt 2, 63, 65; 5, 338, 339). Da diese Frage vor Erhalt der schriftlichen Urteilsgründe regelmäßig nicht abschließend beantwortet werden kann, ist es im Einzelfall zweckmäßig, das Urteil **zunächst unbestimmt anzufechten** und erst später eine Entscheidung zwischen den beiden möglichen Rechtsmitteln zu treffen (vgl. BGHSt 2, 63; 5, 338; 6, 206; 17, 44, 49; 33, 183; vgl. auch → *Rechtsmittel/Rechtsbehelfe, Wahlmöglichkeit*, Teil A Rdn 1836; *Burhoff*, HV, Rn 2183, und u. Rdn 2267).

☝ Die **Einlegung** des **unbestimmten Rechtsmittels** erfolgt einfach durch den Satz: „Gegen das Urteil des Amtsgerichts … vom … Az.: … wird hiermit Rechtsmittel eingelegt."
Zum Ausdruck kommen muss nur, dass der Angeklagte das Urteil anficht, **ohne** sich **bereits endgültig** auf ein Rechtsmittel **festgelegt** zu haben (vgl. BGHSt 17, 44, 48; 25, 321, 324).

b) Der Verteidiger hat aber auch die Möglichkeit, innerhalb der noch laufenden Revisions- **2265**
begründungsfrist des § 345 von der Berufung zur Revision (vgl. BGH NJW 2004, 789; *Meyer-Goßner/Schmitt*, § 335 Rn 11 m.w.N.) bzw. von der Revision zur Berufung überzugehen (vgl. BGHSt 13, 388; 17, 44; 25, 321; 33, 183, 188; *Meyer-Goßner/Schmitt*, § 335 Rn 10 m.w.N.). Die Wahl des Rechtsmittels erfolgt in der für die Einlegung des jeweiligen Rechtsmittels erforderlichen Form gem. § 314 bzw. § 341 und ist gegenüber dem AG zu erklären (BGHSt 40, 395, 398; BayObLG NStZ-RR 1998, 51; wistra 2001, 279 f.). An eine nach Zustellung der Urteilsgründe getroffene Wahl ist der Beschwerdeführer gebunden (*Meyer-Goßner/Schmitt*, § 335 Rn 3 m.w.N.), er kann nicht noch einmal wechseln. Handelt es sich um einen Fall der Annahmeberufung gem. § 313 kann der Angeklagte **unmittelbar** Sprungrevision einlegen und muss nicht erst auf Annahme der Berufung antragen (BGHSt 40, 395, 397; BayObLG StV 1993, 572; KG NStZ-RR 1999, 146; OLG Hamm NJW 2003, 3286; OLG Karlsruhe NJW 2004, 1887; OLG Stuttgart NStZ-RR 1996, 75; OLG Zweibrücken NStZ 1994, 203; OLG Dresden, Urt. v. 31.8.2015 – 2 OLG 21 Ss 210/15). Nach der Verwerfung einer der Annahme bedürftigen Berufung kann ein ausdrücklich als Berufung bezeichnetes Rechtsmittel allerdings auch dann nicht mehr als Sprungrevision fortgeführt werden, wenn der Übergang noch innerhalb der Revisionsbegründungsfrist erklärt wird (OLG Bamberg, Beschl. v. 11.2.2015 – 1 Ws 49/15; OLG Oldenburg NStZ 2012, 54).

☝ Werden von den Verfahrensbeteiligten **unterschiedliche Rechtsmittel** eingelegt, z.B. von Seiten der StA Berufung und von Seiten des Angeklagten Revision, wird die form- und fristgerecht eingelegte Revision des Angeklagten gem. § 335 Abs. 3

S. 1 als Berufung behandelt, solange die Berufung der StA nicht zurückgenommen oder als unzulässig verworfen worden ist. Der Verteidiger muss in einem solchen Fall nach § 335 Abs. 3 S. 2 seine Revision gleichwohl innerhalb der Frist des § 345 Abs. 1 ordnungsgemäß begründen. Andernfalls könnte ihr die StA bei Zurücknahme ihrer Berufung den Boden entziehen (vgl. hierzu z.B. OLG Köln NStZ-RR 2001, 86; OLG Bamberg NStZ 2006, 591).

2266 **2.a)** Gemäß § 335 Abs. 2 **entscheidet** über eine Sprungrevision das **Gericht**, das zur Entscheidung berufen wäre, wenn die **Revision** nach durchgeführter Berufung eingelegt worden wäre. Dies ist gemäß § 121 Abs. 1 Nr. 1 GVG das OLG und nicht, wie bei erstinstanzlichen Urteilen des LG, der BGH (s. auch → *Revision, Zuständigkeit*, Teil A Rdn 2463).

2267 **b)** Trifft der Verteidiger **keine Wahl** (s. Rdn 2264), wird das Rechtsmittel **automatisch** als **Berufung** durchgeführt (BGHSt 40, 395; 33 183, 189). Entsprechendes gilt bei einer nicht eindeutigen oder den Formerfordernissen des § 314 bzw. § 341 nicht genügenden Erklärung (OLG Hamm NJW 2003, 1469; *Meyer-Goßner/Schmitt*, § 335 Rn 5 m.w.N.). Eine Rechtsmittelwahl zwischen Berufung und Sprungrevision kann nur bis zum Ablauf der Revisionsbegründungsfrist rechtswirksam ausgeübt werden (KG, Beschl. v. 14.10.2015 – (4) 161 Ss 232/15 (199/15)). Eine Wiedereinsetzung in den vorigen Stand, mit dem Ziel der Revisionswahl ist nach Ablauf der Revisionsbegründungsfrist ausgeschlossen (KG, Beschl. v. 14.10.2015 – (4) 161 Ss 232/15 (199/15); OLG Hamm StRR 2012, 148 [auch nicht im Jugendrecht]; OLG München StRR 2009, 202 [Ls.]; s.a. schon BGHSt 33, 183, 188; BayObLG wistra 2001, 279; OLG Naumburg StraFo 2009, 388; → *Wiedereinsetzung in den vorigen Stand, Allgemeines*, Teil B Rdn 1479, m.w.N.).

Siehe auch: → *Rechtsmittel/Rechtsbehelfe, Wahlmöglichkeit*, Teil A Rdn 1836; → *Revision, Allgemeines*, Teil A Rdn 1880, m.w.N.

2268 Revision, Urteilsaufhebung

Das Wichtigste in Kürze:

1. Die Aufhebung des Urteils kann den Schuldspruch und/oder den Rechtsfolgenausspruch erfassen.
2. Wird das tatrichterliche Urt. v. Revisionsgericht aufgehoben, stellt sich die Frage, ob es die Sache zu neuer Entscheidung zurückverweisen muss oder in der Sache selbst entscheiden kann.
3. Ausnahmsweise kann das Revisionsgericht auch in der Sache selbst entscheiden.

Literaturhinweise: **Berenbrink**, Tatrichter oder Revisionsgericht – Wer bestimmt die Strafe?, GA 2008, 625; **Paster/Sättele**, Zu den Möglichkeiten einer eigenen Sachentscheidung des Revisionsgerichts nach der Entscheidung des BVerfG zu § 354a 1 StPO, NStZ 2007, 609; **Peglau**, Die Begründungs- und Prüfungspflicht des Revisionsgericht nach der verfassungskonformen Auslegung des § 354 Abs. 1a Satz 1 StPO durch das Bundesverfassungsgericht, JR 2008, 80; s. auch die Hinw. bei → *Revision, Allgemeines*, Teil A Rdn 2006, und bei → *Revision, Verfahrensablauf*, Teil A Rdn 2282. 2269

1.a)aa) Ziel der Revision ist es, die Aufhebung des tatrichterlichen Urteils zu erreichen. Die **Aufhebung** kann den **Schuldspruch** und/oder **den Rechtsfolgenausspruch** erfassen. Sie kann sich auch lediglich auf einen abtrennbaren der tatrichterlichen Entscheidung beziehen (§ 353 Abs. 1). Die Aufhebung des Schuldspruchs zieht grds. auch die Aufhebung des Rechtsfolgenausspruchs nach sich, es sei denn, der Schuldspruch wird lediglich berichtigt oder es wird eine tateinheitliche Verurteilung aufgehoben, auf der die verhängte Rechtsfolge nicht beruht. Wird ein Urteil nur teilweise aufgehoben, erwächst der bestehen bleibende Teil in Rechtskraft und kann in einem neuen Verfahren durch den Tatrichter nicht mehr nachgeprüft und verhandelt werden (BGHSt 54, 135, 137; KK-*Gericke*, § 353 Rn 31). Gem. § 353 Abs. 2 sind gleichzeitig auch die dem Urteil zugrunde liegenden **Tatsachenfeststellungen** aufzuheben, sofern sie durch die Gesetzesverletzung betroffen werden, die zur Aufhebung des Urteils führt. Dies gilt unabhängig von einem entsprechenden Antrag des Revisionsführers. 2270

☝ Es **genügt** deshalb, wenn der Revisionsführer sich auf folgende Antragsformulierung beschränkt:

„Es wird beantragt, das Urteil des Landgerichts … vom … Az.: … aufzuheben."

bb) Rechtsprechungsübersicht: Urteilsaufhebung: 2271

- Wird ein **Prozesshindernis** übersehen oder zu Unrecht angenommen, hängt die Aufhebung der Tatsachenfeststellungen davon ab, ob ein Befassungs- oder ein Bestrafungsverbot vorliegt (s. eingehend *Meyer-Goßner/Schmitt*, § 353 Rn 13 und Einl. Rn 143; vgl. auch BGHSt 51, 202, 205; OLG Hamm NStZ-RR 2008, 383; OLG München NJW 2008, 3151, 3153). Bei reinen Bestrafungsverboten, z.B. aufgrund fehlenden Strafantrags oder Verjährungseintritts, können die Feststellungen ggf. bestehen bleiben (vgl. BGHSt 4, 287, 289). Liegt hingegen ein Befassungsverbot vor, z.B. aufgrund fehlender Anklage, fehlender örtlicher oder sachlicher Zuständigkeit oder Strafklageverbrauchs, ist das angefochtene Urteil mitsamt seinen Feststellungen aufzuheben (vgl. BGHSt 41, 308).
- Das Vorliegen eines **Verfahrensfehlers** zwingt regelmäßig auch zur Aufhebung der dem Urteil zugrunde liegenden Tatsachenfeststellungen (KK-*Gericke*, § 353 Rn 28; vgl. auch BGH NStZ 2003, 218), es sei denn, die Auswirkungen der fehlerhaften Verfahrenshandlung für das Urteil lassen sich isolieren (vgl. BGHSt 32, 84).

- Liegt der Aufhebung ein **sachlich-rechtlicher Mangel** zugrunde, können die Feststellungen insoweit aufrechterhalten werden, wie sie von der Gesetzesverletzung nicht betroffen sind (vgl. BGHSt 14, 30, 35). Ist z.B. nur die Frage der Schuldfähigkeit von der Aufhebung betroffen, können die Feststellungen zum Tathergang bestehen bleiben (BGH NStZ 154, 155). Das Gleiche gilt, wenn ein eindeutiger Sachverhalt vom Tatgericht lediglich rechtlich unzutreffend gewürdigt wurde (*Dahs*, RV, Rn 621).
- Wird das Urteil aufgehoben, weil es **Darstellungsmängel** aufweist, lässt sich regelmäßig nicht ausschließen, dass der neue Tatrichter ergänzende Feststellungen treffen kann. Zur Ermöglichung einer widerspruchsfreien neuen Sachprüfung sind deshalb in einem solche Fall die Feststellungen regelmäßig mit aufzuheben.
- Das Gleiche gilt bei insgesamt dürftigen Feststellungen, die ihre Grundlage in einer **Verständigung** gem. § 257c haben. Auch hier kann die Aufhebung der Sachverhaltsfeststellungen geboten sein, um dem neuen Tatrichter eine umfassende neue Tatsachenermittlung zu ermöglichen (vgl. BVerfG NJW 2013, 1058, 1059; BGHSt 59, 21; BGH StV 2012, 703; s.a. *Burhoff*, HV, Rn 186 m.w.N.).
- Die Aufhebung eines den Angeklagten **freisprechenden Urteils** muss regelmäßig auch die Aufhebung der Feststellungen nach sich ziehen, denn der Angeklagte konnte diese mangels Beschwer in der Revision nicht angreifen. Er muss deshalb in einer neuen Verhandlung die Möglichkeit haben, sich wieder umfassend gegen die ihn erhobenen Vorwürfe zu verteidigen, was nur durch eine Gesamtaufhebung des Urteils erreicht werden kann (vgl. BGH NStZ-RR 2012, 355, 357; BGH, Beschl. v. 23.2.2000 – 3 StR 595/99).

2272 **b)** Soweit die **Tatsachenfeststellungen aufrechterhalten** bleiben, ist der **neue Tatrichter**, an den die Sache gem. § 354 Abs. 2 zurückverwiesen wird, an diese **gebunden** (§ 358 Abs. 2; BGH NStZ 2015, 182; NStZ-RR 2015, 351). Eine neue Beweisaufnahme findet dann insoweit nicht statt (BGHSt 14, 30, 38; 30, 340; 44, 119). Auch dürfen die aufrecht erhaltenen Feststellungen nicht korrigiert oder uminterpretiert werden, selbst wenn sich in der neuen tatrichterlichen Verhandlung Hinweise für ihre Unrichtigkeit ergeben (BGH NStZ-RR 2006, 317; KK-*Gericke*, § 353 Rn 32).

2273 **2.** Wird das tatrichterliche Urt. v. Revisionsgericht aufgehoben, stellt sich des Weiteren die Frage, ob es die Sache **zu neuer Entscheidung zurückverweisen** muss oder in der Sache selbst entscheiden kann. **Grds.** verweist das Revisionsgericht gem. § 354 Abs. 2 bei einer zulässigen und begründeten Revision die Sache an eine andere Abteilung oder Kammer des Gerichts, dessen Urteil aufgehoben wird, oder an ein zu demselben Land gehörendes Gericht gleicher Ordnung zurück. Gem. § 354 Abs. 2 kann auch eine Zurückverweisung an ein Gericht niederer Ordnung erfolgen, wenn die noch infrage kommende strafbare Handlung zu dessen Zuständigkeit gehört. In jedem Fall gelangt die Sache somit an einen bislang mit der Sache noch nicht befassten Spruchkörper. Hierdurch soll die Unvoreingenommenheit des Tatgerichts sichergestellt werden (*Dahs*, RV, Rn 631).

3. Ausnahmsweise kann das Revisionsgericht auch in der Sache **selbst entscheiden** und damit das Strafverfahren zu einem rechtskräftigen Abschluss führen. Im Einzelnen gilt Folgendes: 2274

a) Die **eigene Sachentscheidungsbefugnis** des Revisionsgerichts ist zunächst in **§ 354 Abs. 1** geregelt. Eine eigene Sachentscheidung kommt demnach beim Vorliegen eines **sachlich-rechtlichen Mangels** oder eines **Prozesshindernisses** in Betracht, solange die Feststellungen von dem Mangel nicht betroffen sind (s. BGHSt 13, 268, 274; *Meyer-Goßner/Schmitt*, § 354 Rn 2). 2275

☝ Beim **Vorliegen** eines **Verfahrensverstoßes** kommt eine eigene Sachentscheidung nicht in Betracht, weil die Feststellungen dann nicht einwandfrei getroffen sind und in einer neuen Verhandlung vor dem Tatrichter in fehlerfreier Weise getroffen werden müssen (vgl. *Meyer-Goßner/Schmitt*, § 354 Rn 2).

Gem. **§ 354 Abs. 1** kann das Revisionsgericht auf Freispruch, Einstellung oder eine absolut bestimmte Strafe erkennen bzw. auf Antrag der StA die gesetzlich niedrigste Strafe verhängen oder von Strafe absehen. 2276

☝ Die Einstellung des Verfahrens nach § 354 Abs. 1 betrifft nur die Einstellung wegen eines **Verfahrenshindernisses**, nicht die nach §§ 153 ff. (vgl. KK-StPO/*Gericke*, § 354 Rn 7).

Im Rahmen der eigenen Sachentscheidung sind dem Revisionsgericht **eigene Tatsachenfeststellungen verwehrt**, da die Sachentscheidung gem. § 354 Abs. 1 „ohne weitere tatsächliche Erörterung“ zu treffen ist. Sind die Urteilsfeststellungen fehlerhaft, sodass sie nicht aufrechterhalten werden können, muss die Sache grds. gem. § 354 Abs. 2 an den Tatrichter zurückverwiesen werden (vgl. *Jagusch* NJW 1962, 1417; KK-StPO/*Gericke*, § 354 Rn 2; *Meyer-Goßner/Schmitt*, § 354 Rn 2). Dasselbe gilt, wenn eine eigene Sachentscheidung ergänzender Feststellungen bedarf (KK-StPO/*Gericke*, § 354 Rn 2). 2277

b) Durch das 1. Justizmodernisierungsgesetz (**1. JuMoG** vom 24.8.2004, BGBl I S. 2198) wurde § 354 Abs. 1 u.a. um den Abs. 1a ergänzt. Dieser sieht in S. 1 vor, dass das Revisionsgericht auch dann von einer **Aufhebung** des angefochtenen Urteils **absehen** kann, wenn lediglich eine **Gesetzesverletzung bei** der **Zumessung** der **Rechtsfolgen** vorliegt und die verhängte Rechtsfolge angemessen ist. Nach S. 2 kann das Revisionsgericht die Rechtsfolgen auch angemessen **herabsetzen**, sofern die StA dies beantragt. 2278

Die Vorschrift des **§ 354 Abs. 1a S. 1** ist jedoch nur bei verfassungsgemäßer Auslegung mit dem **GG vereinbar**. Den Leitsätzen den entsprechenden Entscheidungen des BVerfG (BVerfG NJW 2007, 2977; NStZ 2007, 710) zufolge gelten hierfür folgende 2279

2280 **Voraussetzungen verfassungsgemäßer Auslegung:**

- Dem Revisionsgericht muss für seine Entscheidung nach § 354 Abs. 1a S. 1 ein **zutreffend ermittelter, vollständiger und aktueller Strafzumessungssachverhalt** zur Verfügung stehen. Das Revisionsgericht kann regelmäßig nicht selbst feststellen, ob ihm ein solcher im angefochtenen Urteil unterbreitet wurde. Deshalb wird der Angeklagte hierzu **anzuhören** sein, indem das Revisionsgericht seine Absicht zur eigenen Sachentscheidung nach § 354 Abs. 1a ankündigt und ihm Gelegenheit zur Stellungnahme gibt.

> ☝ Will der Revisionsführer deutlich machen, dass der Strafzumessungssachverhalt im angefochtenen Urteil zutreffend und vollständig dargestellt ist und die Bereitschaft des Revisionsgerichts zur eigenen Sachentscheidung erhöhen, kann er das ansonsten notwendige Anhörungsverfahren abkürzen und gleich selbst einen entsprechenden **Antrag** auf **eine eigene Sachentscheidung** in Form einer neuen Strafzumessung durch das Revisionsgericht stellen. Ein solcher Antrag muss nicht beziffert sein und das Revisionsgericht ist im Maß der Strafherabsetzung auch nicht an einen bezifferten Antrag gebunden (BT-Drucks 15/999 S. 29; 15/3482 S. 22; OLG Karlsruhe StV 2005, 11).
>
> Ein solcher Antrag kann wie folgt lauten:
>
> „Es wird beantragt, das Urteil des Landgerichts … vom … Az.: … aufzuheben und die verhängte Strafe gem. § 354 Abs. 1a StPO angemessen herabzusetzen."
>
> Sofern auch die StA einen entsprechenden Antrag stellt (§ 354 Abs. 1 S. 2) wäre der Weg für eine eigene Sachentscheidung auch ohne die ansonsten notwendige Anhörung frei. Bei antragsgemäßer (bezogen auf den Antrag der StA) oder einer dem Angeklagten günstigeren Entscheidung kann sogar durch Beschluss gem. § 349 Abs. 4 entschieden werden (BGH NJW 2006, 1605; *Meyer-Goßner/Schmitt*, § 354 Rn 29 m.w.N.).

- Verfährt das Revisionsgericht nach § 354 Abs. 1a S. 1, muss es seine **Entscheidung** jedenfalls dann **begründen**, wenn die für die Strafzumessung relevanten Umstände und deren konkretes Gewicht dem Angeklagten sonst nicht nachvollziehbar wären.
- Eine Strafzumessungsentscheidung des Revisionsgerichts ist **ausgeschlossen**, wenn zugleich eine neue Entscheidung über einen – **fehlerhaften** – **Schuldspruch** erfolgen muss.

2281 **c)** Schließlich kann das Revisionsgericht gem. **§ 354 Abs. 1b** in Fällen **fehlerhafter** tatrichterlicher **Gesamtstrafenbildung** (§§ 53, 54, 55 StGB) die Entscheidung über eine neue Festsetzung der (nachträglichen) Gesamtstrafe dem Beschlussverfahren nach §§ 460, 462 überlassen. Dies gilt jedoch nur, wenn kein „echter Zumessungsfehler" vorliegt, also die Begründung der für den Tatrichter wesentlichen Zumessungstatsachen nicht bereits als solche fehlerhaft ist (u.a. BGH StV 2006, 402).

Siehe auch: → *Rechtsmittel/Rechtsbehelfe, Allgemeines*, Teil A Rdn 1289, m.w.N.; → *Revision, Allgemeines*, Teil A Rdn 2006.

Revision, Verfahrensablauf 2282

Literaturhinweise: **Barton**, Kennzeichen und Effekte der modernen Revisionsrechtsprechung – Führt die Materialisierung des Strafrechts auf den Weg nach Pappenheim, in: Opferschutz, Richterrecht, Strafprozessreform, Schriftenreihe der Strafverteidigervereinigungen, 28. Strafverteidigertag, Karlsruhe 2005, S. 195; **Basdorf**, Was darf das Revisionsgericht, NStZ 2013, 186; **Becker**, Was sehen wie viele Augen? Sein und Sollen des Beschlussverfahrens in der strafrechtlichen Revision, HRR 2013, 264; **Berenbrink**, Tatrichter oder Revisionsgericht – Wer bestimmt die Strafe?, GA 2008, 625; **Brodowski**, Zur empirischen Herleitung des Zehn-Augen-Prinzips im Revisionsverfahren, HRRS 2013, 409; **Detter**, Rechtsgestaltung durch Revisionsrecht: Beschlussverwerfung nach § 349 Abs. 2 StPO, in: Opferschutz, Richterrecht, Strafprozessreform, Schriftenreihe der Strafverteidigervereinigungen, 28. Strafverteidigertag, Karlsruhe 2005, S. 243; *ders.*, Beschlußverwerfung nach § 349 Abs. 2 StPO – Ein notwendiges Übel?, StV 2004, 345; **Fezer**, Revisionsurteil oder Revisionsbeschluß – Strafverfahrensnorm und Strafverfahrenspraxis in dauerhaftem Widerstreit?, StV 2007, 40; *ders.*, Anforderungen an die Begründung revisionsgerichtlicher Entscheidungen – Verfahrenswirklichkeit und normativer Anspruch, HRRS 2010, 281; **Fischer**, Der Einfluss des Berichterstatters auf die Ergebnisse strafrechtlicher Revisionsverfahren, NStZ 2013, 425; **Fischer/Eschelbach/Krehl**, Das Zehn-Augen-Prinzip – Zur revisionsgerichtlichen Beschlusspraxis in Strafsachen, StV 2013, 395; **Fischer/Krehl**, Strafrechtliche Revision, „Vieraugenprinzip", gesetzlicher Richter und rechtliches Gehör, StV 2012, 550; **Gaede**, Verfassungsrechtliche Beschränkung der eigenen Strafzumessung von Revisionsgerichten, HRRS 2007, 292; *ders.*, Faire Strafzumessung durch Revisionsgerichte nur nach effektiver Verfahrensteilhabe, GA 2008, 394; **R. Hamm**, Eingriffe in die „Domäne(n) des Tatrichters" – Besprechung von BVerfG StV 2007, 393 und StV 2007, 561, StV 2008, 205; **R. Hamm/Krehl**, Vier oder zehn Augen bei der strafprozessualen Revisionsverwerfung durch Beschluss? – Worum es wirklich geht, NJW 2014, 903; **Kudlich**, „Unbegründet – und Ende der Durchsage", JA 2014, 792; **Leipold**, Die Hauptverhandlung vor dem Revisionsgericht, StraFo 2010, 359; **Meyer-Mews/Rotter**, Absehen von der Revisionshauptverhandlung – eine konventionswidrige Besonderheit im deutschen Strafverfahrensrecht?, StraFo 2011, 14; **Paster/Sättele**, Zu den Möglichkeiten einer eigenen Sachentscheidung des Revisionsgerichts nach der Entscheidung des BVerfG zu § 354 Ia 1 StPO, NStZ 2007, 609; **Peglau**, Die Begründungs- und Prüfungspflicht des Revisionsgericht nach der verfassungskonformen Auslegung des § 354 Abs. 1a Satz 1 StPO durch das Bundesverfassungsgericht, JR 2008, 80; **Rissing-van Saan**, Die Hauptverhandlung vor dem Revisionsgericht, StraFo 2010, 353; **Sander**, Die Strafzumessung in der Revision, StraFo 2010, 365; **Rosenau**, Die offensichtliche Ungesetzlichkeit der „ou"-Verwerfung nach § 349 Abs. 2 StPO in der Spruchpraxis des BGH, ZIS 2012, 195; **Schlothauer**, Rechtsgestaltung durch höchstrichterliche Rechtsprechung: Beschlussverwerfung gem. § 349 Abs. 2 StPO; in: Opferschutz, Richterrecht, Strafprozessreform, Schriftenreihe der Strafverteidigervereinigungen, 28. Strafverteidigertag, Karlsruhe 2005, S. 229; *ders.*, Rechtsgestaltung durch höchstrichterliche Rechtsprechung – Beschlußverwerfung gem. § 349 Abs. 2 StPO, StV 2004, 340; **Senge**, Rechtsgestaltung durch höchstrichterliche Rechtsprechung: Beschlussverwerfung gem. § 349 Abs. 2 StPO, in: Opferschutz, Richterrecht, Strafprozessreform, Schriftenreihe der Strafverteidigervereinigungen, 28. Strafverteidigertag, Karlsruhe 2005, S. 229; **Widmaier**, Quo vadis, Revision? Revision, wohin gehst du?, StraFo 2010, 310; s. auch die Hinw. bei → *Revision, Allgemeines*, Teil A Rdn 2007. 2283

1. Der Ablauf des Revisionsverfahrens ist in den **§§ 344, 345, 347, 349 ff.** geregelt. Er lässt sich wie folgt **skizzieren** (s. auch *Burhoff*, HV, Rn 2398 ff.): 2284

2285 **2. Zunächst prüft** das **Tatgericht**, ob der Revisionsführer die Revision gem. § 341 **fristgerecht eingelegt** und gem. § 345 Abs. 1 und 2 **form-** und **fristgerecht begründet** hat (→ *Revision, Einlegung, Allgemeines*, Teil A Rdn 2104). Ist dies nicht der Fall, verwirft es die Revision gem. § 346 Abs. 1 als unzulässig (s. hierzu ausführlich → *Revision, Entscheidung, Allgemeines*, Teil A Rdn 2132, m.w.N.). Gegen diesen Verwerfungsbeschluss kann der Revisionsführer gem. § 346 Abs. 2 die **Entscheidung** des **Revisionsgerichts** beantragen (s. hierzu ausführlich → *Revision, Antrag auf Entscheidung des Revisionsgerichts*, Teil A Rdn 2037).

2286 **3.** Hat das Tatgericht seine Zulässigkeitsprüfung abgeschlossen und erachtet es die Revision als zulässig, sind die **Akten** gem. § 347 Abs. 1 S. 1 dem **Gegner** des Beschwerdeführers **zuzustellen**. Diesem steht es nach § 347 Abs. 1 S. 2 anschließend frei, innerhalb **einer Woche** eine **schriftliche Gegenerklärung** einzureichen. Nach Eingang der Gegenerklärung oder Ablauf der Wochenfrist sendet die StA die Akten an das Revisionsgericht (§ 347 Abs. 2). Dies geschieht in der Weise, dass die Akten an die **GStA** beim zuständigen OLG geschickt werden, wenn sich die Revision gegen ein amtsgerichtliches Urteil (Sprungrevision) oder ein Berufungsurteil richtet, bzw. der **GBA** die Akten erhält, wenn die Revisionsentscheidung in die Zuständigkeit des BGH fällt, weil ein erstinstanzliches Urteil eines LG angefochten wird.

2287 **4.a)** Die zuständige **GStA** bzw. der **GBA** legt die Sache schließlich dem zur Entscheidung berufenen Revisionssenat beim OLG bzw. BGH zusammen mit einem **Antrag** gem. **§ 349** vor (s. hierzu ausführlich → *Revision, Entscheidung, Allgemeines*, Teil A Rdn 2132). Stellt die zuständige Revisionsstaatsanwaltschaft einen Antrag auf Verwerfung der Revision als offensichtlich unbegründet gem. § 349 Abs. 2, was der Regelfall ist (*R. Hamm*, Revision, Rn 1365), teilt sie diesen Antrag dem Revisionsführer mit den Gründen mit (§ 349 Abs. 3 S. 1; zum rechtlichen Gehör BGH NJW 2002, 3266; dazu a. *Ventzke* NStZ 2003, 104 in der Anm. zu BGH, a.a.O.). Ausreichend ist die Zustellung des Antrags des GStA bzw. GBA an den Verteidiger; der Beschwerdeführer muss nicht benachrichtigt werden, auch dann nicht, wenn er die Revision selbst eingelegt oder zu Protokoll der Geschäftsstelle begründet hat (BGH, Beschl. v. 28.7.2015 – 4 StR 168/15 m.w.N.; Beschl. v. 9.7.2013 – 5 StR 233/13 m.w.N.).

2288 **b)** Der Beschwerdeführer kann hierauf gem. § 349 Abs. 3 S. 2 binnen einer **Frist** von **zwei Wochen** eine schriftliche **Gegenerklärung** beim Revisionsgericht einreichen.

☝ Der Verteidiger sollte, wenn er neue Argumente hat oder er sich mit den Erwägungen der StA auseinandersetzen will, **erwidern** (zum Umfang der Erwiderung s. BGH StraFo 2009, 293). Notwendig ist eine Erwiderung jedoch nicht. Die Erwiderung ermöglicht es nicht, weitere Verfahrensrügen zu erheben (BGH wistra 2010, 312).

Die Erwiderung sollte **auf jeden Fall innerhalb der Frist** erfolgen, da die Revisionsgerichte i.d.R. zeitnah nach Ablauf der Frist entscheiden. Eine Verlängerung der Frist kommt zudem nicht in Betracht (BGH NStZ-RR 2015, 283; 2009, 37 [Ci] unter Hinw. u.a. auf BVerfG NJW 2006, 1336; NStZ-RR 2010, 193 [Ci/Zi]; wistra 2007, 231; BGH, Beschl. v. 30.11.2011 – 1 StR 528/11). Wird die Frist versäumt, kann auch kein Antrag auf Wiedereinsetzung in den vorigen Stand erfolgen. Wird dem Verteidiger/Angeklagten rechtliches Gehör nicht gewährt, kommt allerdings die **Anhörungsrüge** nach § 356a in Betracht (→ *Revision, Anhörungsrüge*, Teil A Rdn 2022; → *Anhörungsrüge, Allgemeines*, Teil B Rdn 1).

Die **StA** muss zu der Erwiderung **nicht nochmals** Stellung nehmen (BVerfG StraFo 2007, 463), und zwar auch dann nicht, wenn der Verteidiger in seiner Erklärung weitere Ausführungen zur Sachrüge gemacht hat (BGH, a.a.O.; NStZ-RR 2005, 14; 2010, 193 [Ci/Zi]). **2289**

☝ Auch zu einer sog. **nachgeschobenen Begründung** des Revisionsführers muss die StA nicht noch einmal Stellung nehmen (BGH NStZ 2009, 52; NStZ-RR 2008, 385; wistra 2007, 319.

5. Das **Revisionsgericht** kann anschließend bei seiner Entscheidung von den Vorschriften des § 349 Abs. 1, 2 oder 4 Gebrauch machen und die Revision durch **Beschluss** verwerfen oder dieser stattgeben und das Urteil aufheben (s. ausführlich → *Revision, Entscheidung, Beschluss*, Teil A Rdn 2142). **2290**

6. Entscheidet das **Revisionsgericht** nicht durch Beschluss, ist gem. §§ 349 Abs. 5, 350, 351, 353 eine **HV** anzuberaumen und durch **Urteil** zu entscheiden. In der Revisions-HV findet keine Beweisaufnahme zur Schuld- und Straffrage statt, da das Revisionsgericht an die Tatsachenfeststellungen des tatrichterlichen Urteils gebunden ist. Das Revisionsgericht kann die Revision durch sein Urteil entweder verwerfen oder ihr stattgeben (s. ausführlich → *Revision, Entscheidung, Urteil*, Teil A Rdn 2156). **2291**

Siehe auch: → *Rechtsmittel/Rechtsbehelfe, Allgemeines*, Teil A Rdn 1289; → *Revision, Allgemeines*, Teil A Rdn 2006.

Revision, Verfahrensrüge, Abgelehnter Richter (§ 338 Nr. 3) **2292**

Literaturhinweise: s. die Hinw. bei → *Revision, Allgemeines*, Teil A Rdn 2006; und bei → *Revision, Verfahrensrüge, Allgemeines*, Teil A Rdn 2307. **2293**

1. Hat der Verteidiger bzw. der Angeklagte einen **Richter** oder **Schöffen** in der HV erfolgreich wegen Besorgnis der **Befangenheit** (§§ 24, 31 Abs. 1) abgelehnt oder ist ein entsprechendes Ablehnungsgesuch zu Unrecht verworfen worden, liegt ein absoluter Revisionsgrund gem. §§ 24, 338 Nr. 3 vor. Dieser kann in der Revision nur mit einer Verfahrensrüge **2294**

geltend gemacht werden. Zu beachten ist, dass ein erkennender Richter, d.h. ein nach Eröffnung des Hauptverfahrens tätiger Richter, abgelehnt worden sein muss (BGHSt 31, 15, 16; zum Ablehnungsverfahren s. *Burhoff*, EV, Rn 1 ff. und *Burhoff*, HV, Rn 8 ff., jew. m.w.N.).

2295 Zu **Unrecht verworfen** im Sinne des § 338 Nr. 3 ist das Befangenheitsgesuch, wenn es

- nach Beurteilung des Revisionsgerichts **sachlich begründet** war oder
- das Tatgericht **§ 26a unzutreffend herangezogen** und den Befangenheitsantrag rechtsfehlerhaft als unzulässig verworfen hat. Das gilt nach Entscheidungen des BVerfG selbst dann, wenn sich der Befangenheitsantrag in der Sache zwar als unbegründet erweist, aber der Tatrichter den auf bloße Formalentscheidungen und die Missbrauchsabwehr gerichteten Rahmen des § 26a willkürlich überschritten hat (BVerfG NJW 2005, 3410; 2006, 3129; NStZ-RR 2007, 275).

2296 **2.** Will der Betroffene rügen, dass der oder die Tatrichter trotz eines **Ablehnungsantrags** zu Unrecht in der Sache entschieden haben, sind gem. § 344 Abs. 2 alle mit der Ablehnung in Zusammenhang stehenden Tatsachen im Revisionsbegründungsschriftsatz mitzuteilen (anschaulich z.B. BGH, Beschl. v. 7.2.2012 – 5 StR 432/11). Der gem. § 344 Abs. 2 **notwendige Rügeinhalt** einer auf § 338 Nr. 1 gestützten Revision lässt sich feststellen anhand folgender

2297 **Checkliste:**

- Der Vortrag, dass in der HV ein zur Urteilsfindung **berufener Richter** oder Schöffe wegen Besorgnis der Befangenheit **abgelehnt** worden ist und dessen genaue namentliche Bezeichnung,
- der vollständige Sachverhalt, aus dem die Besorgnis der Befangenheit abgeleitet worden ist, also insbesondere das **Verhalten** des abgelehnten Richters und der **Anlass** für sein Verhalten; auch eigenes Verhalten, das dem Ablehnungsantrag und damit der Revisionsrüge den Boden entziehen könnte, muss der Revisionsführer mitteilen (BGH StraFo 2011, 312),
- die vollständige Mitteilung des **Ablehnungsantrags** im Wortlaut und der Zeitpunkt seiner Anbringung (BGHSt 21, 334; BGH StV 1996, 2; NStZ-RR 2002, 134; 2008, 283),
- die **Schilderung** des **weiteren Verfahrensablaufs** und wörtliche Mitteilung der dienstlichen Äußerungen der ablehnten Richter (BGH StV 1996, 2) oder sonstiger Verfahrensbeteiligter (z.B. des Sitzungsvertreters der StA), sowie die Erwiderungen auf dienstliche Äußerungen,
- **dienstliche Äußerungen** und Erwiderungen hierauf, sofern diese vorliegen,
- die vollständige **Entscheidung** des **Gerichts** über den Ablehnungsantrag im Wortlaut,
- der Vortrag, dass der im Ablehnungsantrag namentlich bezeichnete Richter an der **Urteilsfindung mitgewirkt** hat,

- zusätzlich **alle Tatsachen**, aus denen sich die **Zulässigkeit** und **Begründetheit** des Ablehnungsantrags **ergibt**, insbesondere die Mitteilung des Sachverhalts, aus dem sich ergibt, dass der Ablehnungsantrag rechtzeitig im Sinne des § 25 gestellt worden ist (vgl. hierzu BGH StV 2007, 118), sofern sich diese Umstände nicht bereits vollständig aus dem Ablehnungsantrag selbst ergeben.
- Als **Negativtatsache** muss mitgeteilt werden, dass es nach der Zurückweisung des Ablehnungsantrags nicht zu einer **Urteilsabsprache** gem. § 257c unter Mitwirkung des Angeklagten gekommen ist bzw. im Falle einer Verständigung die zugesagte Strafobergrenze nicht eingehalten wurde, denn nach Auffassung des 1. Strafsenats des BGH stellt es ein missbräuchliches Prozessverhalten dar, wenn der Angeklagte nach Stellung eines Befangenheitsantrags an einer Urteilsabsprache mitwirkt und dann später gleichwohl die Revisionsrüge nach § 338 Nr. 3 erhebt (BGH NStZ 2009, 159 m. abl. Anm. *Beulke/Witzigmann* StV 2009, 394).

☝ Daraus **folgt**, dass zur Frage

- der Rechtzeitigkeit gem. § 25 Abs. 1 bei vor der HV bekannt gewordenen Ablehnungsgründen bzw.
- der Unverzüglichkeit gem. § 25 Abs. 2 bei später bekannt gewordenen Ablehnungsgründen

die **zeitlichen Abläufe**, der Zeitpunkt der Kenntnis des Angeklagten von den Ablehnungsgründen sowie die unverzügliche Anbringung des Ablehnungsgesuchs (ohne schuldhaftes Zögern) im Einzelnen darzustellen sind.

3. Sind alle notwendigen Tatsachen vorgetragen, trifft das Revisionsgericht eine **eigene** 2298
Entscheidung über die Zulässigkeit und Begründetheit des Ablehnungsantrags, ist also nicht an die Bewertung des Tatgerichts gebunden. Ob die im Ablehnungsantrag genannten Umstände vorgelegen haben, kann das Revisionsgericht im Freibeweisverfahren aufklären (BGHSt 1, 34). Hierbei ist zu beachten, dass Gegenstand der revisionsgerichtlichen Entscheidung nur die Anlehnungsgründe sind, die bereits im Ablehnungsgesuch vorgetragen wurden. Ein **Nachschieben** von **Ablehnungsgründen** ist somit **ausgeschlossen** (BGHSt 21, 85, 88; RGSt 74, 297). Umgekehrt gilt: Auch für die Entscheidung des Revisionsgerichts, ob der Befangenheitsantrag begründet ist, muss nach h.M. auf den Zeitpunkt der Entscheidung des nach § 27 zuständigen Gerichts abgestellt werden. Das Revisionsgericht darf also nur die zu diesem Zeitpunkt vorhandenen Tatsachen und Beweismittel berücksichtigen (BGHSt 21, 85; BGH NJW 2009, 690; 1960, 2106; *Meyer-Goßner/Schmitt*, § 338 Rn 27; **a.A.** LR-*Franke*, § 338 Rn 64).

Siehe auch: → *Rechtsmittel/Rechtsbehelfe, Allgemeines*, Teil A Rdn 1289; → *Revision, Verfahrensrüge, Allgemeines*, Teil A Rdn 2307, m.w.N.

2299
Revision, Verfahrensrüge, Abwesenheit (§ 338 Nr. 5)

2300 **Literaturhinweise:** s. die Hinw. bei → *Revision, Allgemeines*, Teil A Rdn 2006, und bei → *Revision, Verfahrensrüge, Allgemeines*, Teil A Rdn 2307.

2301 **1.a)** Hat die HV **vollständig** oder **zeitweise in Abwesenheit** der StA oder einer Person, deren Anwesenheit das Gesetz vorschreibt, stattgefunden, liegt der absolute Revisionsgrund des § 338 Nr. 5 i.V.m. der entsprechenden Anwesenheitsvorschrift des § 145 (Verteidiger bei notwendiger Verteidigung) § 226 (StA, Gericht, Protokollführer), §§ 230 ff., 247 (Angeklagter) oder § 185 GVG (Dolmetscher) vor (zur Anwesenheit in der HV *Burhoff*, HV, Rn 2310 ff.). Sind die genannten Personen lediglich physisch anwesend, aber geistig abwesend im Sinne einer Verhandlungsunfähigkeit, liegt ebenfalls eine Abwesenheit im Sinne des § 338 Nr. 5 vor. Das ist z.B. der Fall bei folgenden

2302 **Rechtsprechungsbeispielen**

- **Schlaf** (BGHSt 2, 14; LR-*Franke*, § 338 Rn 83 und 43; zum „schlafenden" Richter *Burhoff*, HV, Rn 2687),
- **Trunkenheit** (BGHSt 23, 331, 334),
- Einfluss von **Medikamenten oder Betäubungsmitteln** (BGH MDR 1971, 723 [D]; LR-*Franke*, § 338 Rn 83 und 42);
- **fehlender Möglichkeit der Einflussnahme auf die Verhandlung**, z.B. wenn aufgrund der Positionierung im Raum die visuelle oder akustische Wahrnehmbarkeit von Hauptverhandlungsinhalten unmöglich gemacht wird (BGH, Beschl. 19.6.2013 – 4 StR 26/13).

> ☝ Für die **Abwesenheit** von **Berufsrichtern** und **Schöffen** gilt allerdings nicht § 338 Nr. 5 sondern die speziellere Vorschrift des § 338 Nr. 1 (BGHSt 44, 361, 365), unabhängig davon, ob die fehlerhafte Besetzung der Richterbank oder die körperliche bzw. geistige Abwesenheit der zuständigen Richter gerügt wird (vgl. KK-*Gericke*, § 338 Rn 71).

2303 **b)** Liegt eine nur **vorübergehende Abwesenheit** vor, ist ein Revisionsgrund nur gegeben, wenn der versäumte Teil der HV wesentlich war (BGHSt 15, 263; 26, 84, 91; BGH NStZ 2011, 233, 34; *Meyer-Goßner/Schmitt*, § 338 Rn 36 m.w.N.). Ein **wesentlicher Teil der HV** ist insbesondere gegeben, in folgenden

2304 **Rechtsprechungsbeispielen**

- der **Vernehmung** des **Angeklagten** zur Person und zur Sache (BGHSt 9, 243, 244; BGH NStZ 1983, 375; vgl. *Burhoff*, HV, Rn 3067 ff. und 3072 ff.),
- der Verlesung des **Anklagesatzes** (BGHSt 9, 243, 244; s. *Burhoff*, HV, Rn 2921),

- sämtlichen Vorgängen, die zur **Beweisaufnahme** zählen (BGHSt 9, 243, 244; 15, 306; 21, 332, 334),
- der Vernehmung eines **Mitangeklagten** (BGH StV 1986, 288),
- der Vernehmung der **Zeugen** zur Person (OLG Hamm NJW 1992, 3252; s. *Burhoff*, Rn 3094),
- der Erteilung eines **gerichtlichen Hinweises** nach § 265 (vgl. *Burhoff*, HV, Rn 1720 ff.),
- den **Schlussvorträgen** (OLG Hamburg StV 1984, 111; s. dazu *Burhoff*, HV, Rn 2011 ff.),
- der Verlesung der **Urteilsformel** (BGHSt 8, 41; 15, 263; 16, 178, 180; zur Urteilsverkündung *Burhoff*, HV, Rn 2761).

☝ Demgegenüber soll z.B. **kein wesentlicher Teil** der HV vorliegen, beim Aufruf von Zeugen und Sachverständigen (BGHSt 15, 263) oder der Feststellung ihrer Vernehmungsfähigkeit (BGH StraFo 2010, 493), sowie der mündlichen Eröffnung der Urteilsgründe (BGHSt 15, 263; 16, 178, 180; BGH NStZ-RR 1998, 237).

Ein **Verfahrensfehler** nach § 338 Nr. 5 kann vor dem Tatgericht unproblematisch dadurch **geheilt** werden, dass der betroffene Verfahrensvorgang in Anwesenheit aller Verfahrensbeteiligten wiederholt wird (BGHSt 37, 48; BGH StraFo 2014, 335).

2. Der gem. § 344 Abs. 2 **notwendige Rügeinhalt** einer auf die vorschriftswidrige Abwesenheit gestützten Revision (§ 338 Nr. 5) lässt sich prüfen an folgender 2305

Checkliste: 2306

- Der Vortrag, welche zur Anwesenheit verpflichtete **Person gefehlt** hat bzw. geistig im Sinne einer Verhandlungsunfähigkeit abwesend war,
- die detaillierte Schilderung der **Gründe für die Abwesenheit** dieser Person (z.B. unterbliebene oder nicht ordnungsgemäße Ladung, nicht ordnungsgemäße Entbindung vom Erscheinen, Schlaf, Trunkenheit),
- soweit die Abwesenheit auf einer **Entfernung** der betroffenen Person beruht, wie z.B. bei der Entfernung des Angeklagten gem. § 247, die vollständige Mitteilung des entsprechenden **Gerichtsbeschlusses** im Wortlaut und dessen Ausführung, sowie die **Dauer** der Abwesenheit und damit zusammenhängend der Vortrag, dass der **Ausschluss** des Angeklagten für den durchgeführten Verhandlungsteil **nicht zulässig** war,
- die Darlegung, welche **Verfahrensvorgänge** sich **in Abwesenheit** dieser Person ereignet haben, und damit zusammenhängend der Vortrag, dass und warum es sich bei den in ihrer Abwesenheit vollzogenen Verfahrensvorgängen um einen **wesentlichen Teil der HV** gehandelt hat (BGHSt 15, 263, 264; 26, 84, 91),

- im Fall der Abwesenheit des Angeklagten die Schilderung der Tatsachen, aus denen sich entnehmen lässt, dass diese **nicht eigenmächtig** nach § 231 Abs. 2 war,
- im Fall der Abwesenheit des Verteidigers die Mitteilung, dass ein Fall der notwendigen Verteidigung gem. § 140 vorgelegen hat (OLG Hamm NStZ-RR 2001, 373),
- der Vortrag der Negativtatsache, dass es bis zum Ende der Urteilsverkündung nicht zu einer **Heilung** des Verfahrensfehlers durch Wiederholung des von der Abwesenheit betroffenen Teils der HV in Anwesenheit aller erforderlichen Personen gekommen ist,
- der weitere Vortrag der Negativtatsache, dass nicht von **gesetzlichen Regelungen** Gebrauch gemacht wurde, die eine Abwesenheit der betroffenen Person ermöglichen, wie z.B. der Verzicht auf die Hinzuziehung eines Protokollführers beim Strafrichter gem. § 226 Abs. 2 oder die Beurlaubung des Angeklagten gem. § 231c,
- der Vortrag, dass der Angeklagte im Hinblick auf die in Abwesenheit einer anwesenheitspflichtigen Person durchgeführten Verfahrensteile **nicht freigesprochen** wurde und das Verfahren auch nicht nach § 154 Abs. 2 **eingestellt** wurde.

Siehe auch: → *Rechtsmittel/Rechtsbehelfe, Allgemeines*, Teil A Rdn 1289; → *Revision, Verfahrensrüge, Allgemeines*, Teil A Rdn 2307, m.w.N.

2307 Revision, Verfahrensrüge, Allgemeines

Das Wichtigste in Kürze:

1. Für die Verfahrensrüge gelten strenge Formvorschriften.
2. Der Beschwerdeführer hat bei der Erhebung der Verfahrensrüge die den Mangel begründenden Tatsachen genau und vollständig anzugeben.
3. Das notwendige Rügevorbringen richtet sich nach der konkret im Einzelfall erhobenen Verfahrensrüge.
4. Die Verletzung von Verfahrensvorschriften der kann einen absoluten oder relativen Revisionsgrund darstellen.
5. Die Verfahrensrüge ist abzugrenzen von den Verfahrensvoraussetzungen und Verfahrenshindernissen.
6. Einer ordnungsgemäß erhobenen Verfahrensrüge darf durch eine nachträgliche Protokollberichtigung die Tatsachengrundlage entzogen werden (sog. Rügeverkümmerung).

2308 **Literaturhinweise: Barton**, Die Abgrenzung der Sach- von der Verfahrensrüge bei der klassischen und der erweiterten Revision in Strafsachen, JuS 2007, 977; **Berndt**, Neue Tendenzen im Recht der Wiedereinsetzung zur Nachholung von Verfahrensrügen, StraFo 2003, 112; **Cirener**, Die Angriffsrichtung der Verfahrensrüge, in: HRRS-Gedächtnisgabe für Gunter Widmaier, 2013, S. 27; *dies.*, Die Zulässigkeit von Verfahrensrügen in der Rechtsprechung des BGH – Teil 1, NStZ-RR 2014, 33; *dies.*, Die Zulässigkeit von Verfahrensrügen in der Rechtsprechung des BGH

– Teil 2, NStZ-RR 2014, 68; *dies.*, Die Zulässigkeit von Verfahrensrügen in der Rechtsprechung des BGH – Teil 3, NStZ-RR 2014, 100; *dies.*, Die Zulässigkeit von Verfahrensrügen in der Rechtsprechung des BGH – Teil 1, NStZ-RR 2015, 1; *dies.*, Die Zulässigkeit von Verfahrensrügen in der Rechtsprechung des BGH – Teil 2, NStZ-RR 2015, 69; **Dahs**, Die Revisionsbegründung – Puzzle oder Glückspiel?, StraFo 1995, 41; *ders.*, Neue Aspekte zu § 344 Abs. 2 „Heilung“ von Vortragsmängeln durch das Revisionsgericht – Verpflichtung zum Vortrag von „Negativtatsachen“, in: Festschrift für *Hanskarl Salger*, 1995, S. 217; *ders.*, Das Schweigen des Verteidigers zu tatrichterlichen Verfahrensfehlern und die Revision, NStZ 2007, 241; *ders.*, Das Schweigen des Verteidigers und die Revision, in: Festschrift für *Kay Nehm*, 2006, S. 243; **Detter**, Die Beweiskraft des Protokolls und die Wahrheitspflicht der Verfahrensbeteiligten, StraFo 2004, 335; **Diemer**, Verfahrensrügen im Zusammenhang mit der audiovisuellen Vernehmung nach § 247a, NStZ 2001, 393; **El-Ghazi**, Anforderungen an die Begründung einer Verfahrensrüge ZStW 2013, 862; *ders.*, Irrwege und Wege zur Abgrenzung von Sach- und Verfahrensrüge, HRRS 2014, 350; **Fahl**, Unwahre Verfahrensrüge und Strafvereitelung, StV 2015, 51; **Gribbohm**, Das Scheitern der Revision nach § 344, NStZ 1983, 97; **R. Hamm**, Verkümmerung der Form durch Große Senate oder: Die Pilatusfrage zum Hauptverhandlungsprotokoll, NJW 2007, 3166; **Junker**, Beweisantragsrecht im Strafprozess, 2. Aufl. 2014; **Kempf**, Der „Missbrauchsgedanke“ argumentum pro advocato? – zugleich Erwiderung auf *Fahl* StV 2015, 51 (vorstehend), StV 2015, 55; **Krenberger**, Das Abwesenheitsverfahren im Bußgeldrecht. Rechtsprechungsübersicht 20120/2011 zu §§ 73, 74 OWiG, zfs 2012, 424; *ders.*, Rechtsprechungsübersicht zu §§ 73, 74 OWiG für das Jahr 2012, zfs 2013, 364; **Kudlich**, „Missbrauch“ durch bewusste Berufung auf ein unrichtiges Hauptverhandlungsprotokoll, HRRS 2007, 9; **Lindemann/Reichling**, Sieg der Wahrheit über die Form. Die Neuere Rechtsprechung des Bundesgerichtshofs zur „unwahren“ Verfahrensrüge, StV 2007, 152; **Müller-Jacobsen**, Die Zulässigkeit von Verfahrensrügen im Lichte neuerer Entscheidungen des Bundesverfassungsgerichts, in: Festschrift BRAK, 2006, S. 411; **Nack**, Aufhebungspraxis der Strafsenate des BGH, NStZ 1997, 153; **Norouzi**, Die Angriffsrichtung der Verfahrensrüge – Grund und Grenzen, NStZ 2013, 203; **Park**, Die Beweiskraft des Protokolls und die Wahrheitspflicht der Verfahrensbeteiligten, StraFo 2004, 329; **Paulus**, Die begründete „Verfahrensrüge“ in der strafprozessualen Revision, in: Gedächtnisschrift für *Ellen Schlüchter*, 2002, S. 342; **Tepperwien**, Die unwahre Verfahrensrüge – unzeitgemäßer Sieg der Form?, in: Festschrift für *Lutz Meyer-Goßner*, 2001, S. 595; **Ventzke**, § 344 Abs. 2 Satz 2 – Einfallstor revisionsgerichtlichen Gutdünkens?, StV 1992, 338; *ders.*, Ausschluss des absoluten Revisionsgrundes des § 338 Nr. 3 im Fall ordnungsgem.er Urteilsabsprache?, HRRS 2009, 28; *ders.*, Pleiten, Pech und Pannen – Ein Blick auf die revisionsgerichtliche Praxis der strafverfahrensrechtlichen Rügeverkümmerung, HRRS 2011, 338; *ders.*, Die Verständigung in der Revision – „… ist insoweit ersichtlich nichts erwiesen“, StraFo 2012, 212; **Weidemann**, Fälle mit Lösungen zur strafprozessualen Revision – Verfahrens- und Verwertungsfragen, JA 2008, 129; **Weiler**, Substantiierungsanforderungen an die Verfahrensrüge gem. § 344 Abs. 2 S. 2, in: Festschrift für *Lutz Meyer-Goßner*, 2001, S. 571; **Widmaier**, Anforderungen an die Verfahrensrüge nach § 344 Abs. 2 Satz 2, StraFo 2006, 437; *ders.*, Quo vadis, Revision? Revision, wohin gehst du?, StraFo 2010, 310; s. auch die Hinw. bei → *Revision, Allgemeines*, Teil A Rdn 2006, und bei → *Revision, Begründung, Allgemeines*, Teil A Rdn 2045.

1.a) Für die Verfahrensrüge sieht das Gesetz **strenge Formvorschriften** vor, die in der Praxis oft zum Scheitern der Revision führen (vgl. *Gribbohm* NStZ 1983, 97). Mit der Verfahrensrüge werden Rechtsfehler gerügt, die den **Verfahrensablauf** und seine **Gestaltung** betreffen. Entscheidend für die Abgrenzung des Verfahrensrechts vom sachlichen Recht ist nicht, ob die verletzte Vorschrift in der StPO oder in einem anderen Gesetz steht, sondern ob sie den Weg bestimmt, auf dem der Richter zur Urteilsfindung berufen und gelangt ist (*Meyer-Goßner/Schmitt*, § 337 Rn 8; LR-*Franke*, § 337 Rn 66; *Burhoff*, HV, Rn 2326; *Barton* JuS 2007, 977; vgl. auch BGHSt 19, 273, 275 und 25, 100). 2309

☝ Der Verteidiger muss/sollte neben der Verfahrensrüge **immer auch** die **Sachrüge** erheben (→ *Revision, Sachrüge, Allgemeines*, Teil A Rdn 2217); zum **Nachschieben/**

Nachholen von Verfahrensrüge gelten die Ausführungen bei → *Revision, Begründung, Frist*, Teil A Rdn 2073. Nur so ist dem Revisionsgericht der Zugang zum Urteilsinhalt unproblematisch möglich.

2310 **b) Gegenstand** der Verfahrensrüge könnten sein folgende

Fallbeispiele:

- die sachliche und örtliche **Unzuständigkeit** des Gerichts,
- die **Ablehnung** des Richters wegen Befangenheit,
- die Nichtgewährung des **letzten Wortes**,
- die Verletzung der **Unmittelbarkeit** der HV, z.B. durch die unstatthafte Verlesung einer Vernehmungsniederschrift,
- die Verletzung des Grundsatzes der **Öffentlichkeit**,
- die Verletzung der **Aufklärungspflicht**,
- die fehlerhafte Ablehnung von **Beweisanträgen**,
- **Verfahrensfragen** im Zusammenhang mit der Zulässigkeit des schriftlichen Verfahrens und einer Beschlussentscheidung nach § 72,
- Verletzungen der **Hinweispflichten** aus § 243 Abs. 4 S. 1 (Schweigerecht des Betroffenen),
- Fehler bei der Erhebung des **Zeugenbeweises**,
- die Nichtbeachtung eines **Beweiserhebungs-** oder **Beweisverwertungsverbots**.

☝ **Verletzt** ist das Verfahrensrecht immer dann, wenn eine gesetzlich vorgeschriebene **Handlung unterblieben** oder **fehlerhaft** vorgenommen worden ist oder wenn sie überhaupt **unzulässig** war (*Meyer-Goßner/Schmitt*, § 337 Rn 9 m.w.N.). Abzustellen ist hierbei auf die Sachlage, wie sie dem Revisionsgericht bekannt ist, nicht auf die Sachlage, die der Tatrichter gekannt und beurteilt hat (BGHSt 10, 303; 16, 178, 180). Ob also dem Revisionsführer oder dem Tatrichter die den Mangel begründenden Tatsachen bereits im erstinstanzlichen Verfahren bekannt waren, ist gleichgültig (BGHSt 20, 98; 22, 266).

2311 **2.** Gem. **§ 344 Abs. 2 S. 2** hat der Beschwerdeführer bei der Erhebung einer Verfahrensrüge die **den Mangel begründenden Tatsachen** so **genau** und **vollständig** anzugeben, dass das Revisionsgericht allein anhand der Revisionsbegründungsschrift – also ohne Rückgriff auf die Akten – das Vorliegen des Verfahrensfehlers nachvollziehen kann (st. Rspr. der Obergerichte, vgl. nur BGHSt 3, 213; 19, 273; 21, 334; 29, 203; BGH NJW 2009, 605; NStZ 1994, 47; 1996, 145; 2002, 216; NStZ-RR 2013, 222; StV 1998, 360, 361, vgl. auch *Burhoff*, HV, Rn 2334 ff. m.w.N.).

☝ Der **Verteidiger** muss bei der Erhebung von Verfahrensrügen **beachten**, dass das Revisionsgericht **nur** von seinem **Schriftsatz** und dem **Urteil** auszugehen hat. Er hat also alle Vorgänge, die er rügen will, so detailliert zu beschreiben, dass sie für einen mit der Sache noch nie befassten Dritten nachvollziehbar sind. Auch die protokollierten Verfahrensvorgänge hat der Verteidiger in seinem Revisionsschriftsatz genau zu schildern. Das Protokoll dient nur als Beweismittel für die Richtigkeit des Tatsachenvortrags des Verteidigers, kann diesen aber nicht ersetzen. Im Zweifel sollte der Verteidiger deshalb lieber zu viel Sachverhalt mitteilen als zu wenig (vgl. allgemein zur Begründung der Verfahrensrüge auch *Burhoff* StV 1997, 432, 437).

Zu beachten sind folgende **2312**

Allgemeine Vorgaben:

- Der Beschwerdeführer muss den aus seiner Sicht fehlerhaften **Verfahrensvorgang** im Einzelnen **beschreiben** und dessen **Fehlerhaftigkeit rügen**. Der Tatsachenvortrag muss genau und vollständig sein (st. Rspr., s. nur BGHSt 40, 218, 240), muss sich gegen andere Verfahrensvorgänge abgrenzen und darf keine dem Beschwerdeführer nachteiligen Tatsachen verschweigen (BGH, Beschl. v. 27.8.2013 – 4 StR 234/13). Der Beschwerdeführer muss die **Tatsachen** zudem **bestimmt behaupten** (BGH NJW 1962, 500; 1980, 1292; StraFo 2006, 454; OLG München NJW 2006, 1985).

  ☝ Er darf sie also **nicht nur** als **möglich** bezeichnen oder eine Vermutung über ihr Vorliegen äußern (BGHSt 19, 273, 276). Auch genügt es nicht, sich nur darauf zu berufen, dass etwas „dem HV-Protokoll zufolge" geschehen oder nicht geschehen sei, da mit dieser Formulierung offenbleibt, ob ein tatsächlicher Rechtsfehler vorliegt oder ein bestimmter Vorgang nur unzutreffend im Sitzungsprotokoll wiedergegeben wird (OLG Hamm StRR 2009, 144 m. Anm. *Burhoff*).

- Die den Mangel begründenden Tatsachen muss der Beschwerdeführer angeben, soweit sie ihm **zugänglich** sind (vgl. hierzu BGHSt 28, 290, 292 [präsidiumsinterne Vorgänge] und BGHSt 29, 162, 164 [kammerinterne Vorgänge]). Ggf. muss er sich die benötigten Informationen mittels Akteneinsicht verschaffen.
- **Bloße Bezugnahmen** und **Verweisungen** auf den Akteninhalt, Schriftstücke oder das Protokoll sind zur Begründung der Verfahrensrüge **unzulässig** (vgl. BGH NJW 2006, 457). Entsprechendes gilt für andere Unterlagen (BGH NJW 2006, 457), wie z.B. die Revisionsbegründungen anderer Verfahrensbeteiligter (BGH NJW 2007, 1541 [Ls.]; BGH NStZ-RR 2010, 104 [Ci/Zi]; vgl. a. BGH StraFo 2015, 71 f.; OLG Celle NStZ-RR 2015, 112 [Ls.]).

- Die für den Revisionsvortrag **wesentlichen Schriftstücke** oder **Aktenstellen** müssen ebenso wie die darin **in Bezug genommenen Unterlagen** in ihrem **Wortlaut** oder wenigstens ihrem wesentlichen **Inhalt** nach wiedergegeben werden (vgl. z.B. BGH StV 2008, 174 f.; NStZ-RR 2013, 222; OLG Hamm Rpfleger 1998, 367). Hierbei ist zu beachten, dass zusammenhanglos in die Revisionsbegründung eingefügte Ablichtungen (eines Teils) des Protokolls oder anderer Schriftstücke nicht ausreichend sind (BGH NStZ 1987, 36: 1987, 221; vgl. auch noch BGH, Beschl. v. 24.6.2008 – 3 StR 515/07).
- Grds. zulässig ist es, die für die Verfahrensrüge **wesentlichen Schriftstücke**, wie z.B. Anträge des Verteidigers und hierauf ergangene Entscheidungen des Gerichts in die Revisionsbegründung an die passende Stelle **hinein zu kopieren**, um ihren **Inhalt und Wortlaut** wiederzugeben. Auch dies darf aber nicht zusammenhanglos geschehen (vgl. z.B. BGH NStZ 1987, 36). Verweisen einkopierte Schriftstücke ihrerseits auf weitere Unterlagen, sind diese, soweit sie für die Rüge erheblich sind, ebenfalls vorzulegen (vgl. z.B. für einen einkopierten Gerichtsbeschluss, der auf eine vorangegangene Entscheidung oder einen bestimmten Akteninhalt Bezug nimmt, BGH NStZ-RR 1998, 1, 4 [M] oder für eigene Anträge, die sich auf vorangehende Schriftsätze oder Urkunden beziehen, BGH, Urt. v. 27.11.2008 – 5 StR 96/08).
- Neben den Tatsachen muss auch der **Verfahrensverstoß bestimmt behauptet** werden. Es genügt nicht, zur Prüfung zu stellen, „**ob**" ein Verfahrensverstoß vorliegt oder vorliegen könnte (BGHR § 344 Abs. 2 S. 2 Aufklärungsrüge 1; NStZ-RR 1998, 148). Zudem muss die **Angriffsrichtung der Rüge** eindeutig bestimmt sein, wenn nach dem Tatsachenvortrag mehr als ein Verfahrensmangel in Betracht kommt (BGH NJW 2003, 3676).
- Für einen vollständigen Revisionsvortrag kann u.U. auch die Mitteilung erforderlich sein, dass bestimmte Tatsachen nicht vorliegen bzw. bestimmte Vorgänge nicht geschehen sind (**Negativtatsachen**), so z.B. die Mitteilung, dass eine Heilung des behaupteten Mangels nicht erfolgt ist. Der Vortrag derartiger Negativtatsachen wird jedoch nur verlangt, wenn eine der Verfahrensrüge entgegenstehende negative Verfahrenslage ernsthaft infrage kommt (BGHSt 37, 245, 248 f.; 45, 248; NStZ 2000, 49, 50; 2005, 522; NStZ-RR 2007, 53, 54; vgl. zu den Anforderungen an den Rügevortrag insbesondere auch BVerfG NJW 2005, 1999 = StV 2005, 369; vgl. a. *Widmaier* StraFo 2006, 437; *Dahs* StraFo 1995, 41, 44; *Herdegen* NStZ 1990, 510; *Ventzke* StV 1992, 338, 340; eingehend zu Negativtatsachen *Burhoff*, HV, Rn 2385).

> ☝ Das prägnanteste Beispiel in diesem Zusammenhang ist die Rüge, dass eine **Urkunde**, die im Urteil verwertet worden ist, entgegen § 249 Abs. 1 in der HV **nicht verlesen** wurde. Zur Zulässigkeit einer solchen Rüge gehört – als Negativtatsache – auch der Vortrag, dass die Urkunde auch nicht auf andere zulässige Weise, etwa

durch Erörterung oder Vorhalt, in die HV eingeführt worden ist (u.a. BGH NJW 2001, 2558; vgl. zu weiteren Beispielen *Burhoff*, HV, Rn 2330).

Ist das Ziel einer Rüge die Darlegung einer Verletzung der **richterlichen Hinweispflicht** bei Veränderung der Sach- oder Rechtslage gemäß § 265 Abs. 1, muss als Negativtatsache mitgeteilt werden, dass die veränderte Sach- oder Rechtslage für den Revisionsführer auch nicht aus **anderen Umständen**, die in der HV zutage getreten sind, ersichtlich geworden ist (BGH StV 1991, 502).

Soll gerügt werden, dass dem in der HV **schweigenden Angeklagten** zu Unrecht eine Erklärung seines Verteidigers zugerechnet worden ist, gehört zur Zulässigkeit einer solchen Rüge neben dem Hinweis auf das Schweigen des Betroffenen auch – als Negativtatsache – der Vortrag, dass eine Bestätigung der Verteidigererklärung weder ausdrücklich noch durch Gesten (z.B. Nicken o.Ä.) vonseiten des Betroffenen erfolgt ist (vgl. z.B. KG StRR 2011, 21 = VRR 2011, 25).

- Die Rechtsprechung verlangt also vom Revisionsführer, dass er ggf. auch die ihm **nachteiligen Tatsachen** vorträgt, selbst wenn diese seiner Rüge den Boden entziehen würden (BGH NStZ-RR 1997, 71 f.; NJW 1994, 1015).
- Ist die Rügbarkeit eines Verfahrensverstoßes von bestimmten Voraussetzungen abhängig, z.B. von der Erhebung eines **Widerspruchs** in der HV (sog. Widerspruchslösung des BGH) oder der Herbeiführung eines **Gerichtsbeschlusses nach § 238 Abs. 2** (als Zwischenrechtsbehelf), so sind auch diese in der Revisionsbegründung im Einzelnen mitzuteilen (vgl. BGHSt 50, 272, 274; BGH NJW 2007, 3587; NStZ-RR 2010, 148; BGH NStZ 2007, 234, 235; → *Revision, Verfahrensrüge, Widerspruchslösung*, Teil A Rdn 2440; → *Revision, Verfahrensrüge, Antrag auf Gerichtsbeschluss*, Teil A Rdn 2319).

☝ Die Rechtsprechung des BGH verlangt im Zusammenhang mit der Geltendmachung von Beweisverboten mittlerweile einen sog. **spezifizierten Widerspruch**, der auch die Angriffsrichtung des Widerspruchs erkennen lässt (BGHSt 52, 38). In der Revisionsbegründung ist also detailliert darzulegen, **dass** und unter **welchem rechtlichen Gesichtspunkt** gegen eine für unzulässig erachtete Beweiserhebung Widerspruch erhoben worden ist (vgl. z.B. OLG Hamm NJW 2011, 468 [zur Verletzung von § 81a Abs. 2]; zur Widerspruchslösung eingehend *Burhoff*, HV, Rn 3433).

- Zur **Beruhensfrage** (§ 337) müssen grds. keine Ausführungen gemacht werden. Ausreichend und erforderlich ist i.d.R. die Darlegung der Tatsachen, aufgrund derer die Beruhensfrage vom Revisionsgericht geprüft werden kann (BGHSt 30, 131, 135; NStZ 1999, 145, 146; NStZ-RR 2007, 52, 53; StV 2006, 516). Wegen der zunehmend erkennbaren Tendenz in der Rspr. des BGH, viele Fragen über die „Beruhensfrage" zu lösen, sollte der Verteidiger ggf. aber doch dazu Stellung nehmen.

- **Pauschale Rügen**, wie z.B. die Beweisaufnahme (Vernehmung von Zeugen o.Ä.) sei nicht dem Gesetz entsprechend durchgeführt worden, sind **unzulässig**. Das Gleiche gilt für mehrdeutige Verfahrensrügen, die nicht genau erkennen lassen, welcher Vorgang im Einzelnen als Verfahrensverstoß bemängelt wird.
- Ist der Tatsachenvortrag **lückenhaft**, kann dies nur unschädlich sein, wenn sich die fehlenden Tatsachen aus dem Urteilsinhalt ergänzen lassen, und das Revisionsgericht von diesem von Amts wegen (BGH NJW 1990, 1859; OLG Celle StV 2013, 12 [Ls.] m. Anm. Burhoff StRR 2012, 442; OLG Köln NStZ-RR 1998, 345 [für das Verfahren nach § 80]) oder jedenfalls aufgrund einer **parallel** zur Verfahrensrüge **erhobenen allgemeinen Sachrüge** Kenntnis nehmen muss (vgl. BGHSt 36, 384; 38, 302; 38, 372; 45, 203; 46, 189; BGH NJW 1995, 2047; 2011, 1526; NStZ 2007, 712; NStZ-RR 2000, 294 [K]; StV 2002, 588; StraFo 2009, 115).

2313 **3.** Das im **Einzelfall notwendige Rügevorbringen** richtet sich stets nach der **konkret erhobenen Verfahrensrüge** (s. hierzu im Detail die Kommentierungen von *Meyer-Goßner* bei der jeweiligen Vorschrift und die sehr detaillierten Ausführungen zu einer Vielzahl ausgewählter Verfahrensrügen von *Schlothauer/Weider*, Verteidigung im Revisionsverfahren, 2. Aufl. 2013). Die wichtigsten (allgemeinen) Verfahrensrügen werden unter speziellen Stichworten, wie z.B. → *Revision, Verfahrensrüge, Aufklärungsrüge*, Teil A Rdn 2329, → *Revision, Verfahrensrüge, Inbegriffsrüge*, Teil A Rdn 2411 oder → *Revision, Verfahrensrüge, Beweisantragsrecht*, Teil A Rdn 2360 dargestellt.

> ☝ Einen guten **Überblick** über die – auch n.v. – Rechtsprechung des BGH gibt die jährliche Zusammenstellung von *Cirener*, die in der NStZ-RR erscheint (zuletzt NStZ-RR 2016, 33 m.w.N. zu früherer Rspr.-Übersicht). Schließlich ist in den Verfahrenstipps von *Burhoff* in der ZAP einmal im Jahr die veröffentlichte und nicht veröffentlichte Rspr. zu diesen Fragen zusammengestellt (zuletzt ZAP F. 22 R, S. 897; frühere Veröffentlichungen sind auf www.burhoff.de eingestellt).

2314 **4.a)** Die Verletzung von Verfahrensvorschriften kann nach der zu einem sog. **absoluten** oder nur zu einem **relativen Revisionsgrund** führen. Der Unterschied besteht darin, dass beim Vorliegen eines (nur) relativen Revisionsgrundes noch im Einzelnen festgestellt werden muss, ob das Urteil auf dem beanstandeten Verfahrensverstoß **beruht**, d.h. ob bei richtiger Anwendung des Gesetzes die Entscheidung für den Angeklagten möglicherweise günstiger ausgefallen wäre.

> ☝ Das Vorliegen eines absoluten Revisionsgrundes aus dem Katalog des § 338 erleichtert also nur die Prüfung der **Beruhensfrage**. Die o.g. strengen formalen Begründungserfordernisse in Bezug auf die den Mangel enthaltenden Tatsachen sind auch bei den absoluten Revisionsgründen einzuhalten.

b)aa) Die **absoluten Revisionsgründe** sind geregelt in § 338 Nr. 1 bis 7. Es sind dies 2315

- die nicht vorschriftsmäßige **Besetzung** des Gerichts (§ 338 Nr. 1),
- die Mitwirkung eines **ausgeschlossenen** oder **abgelehnten Richters** (§ 338 Nr. 2 und Nr. 3),
- die **Unzuständigkeit** des Gerichts (§ 338 Nr. 4),
- die vorschriftswidrige Abwesenheit eines Verfahrensbeteiligten (§ 338 Nr. 5),
- die ungesetzliche Beschränkung der **Öffentlichkeit** (§ 338 Nr. 6) sowie
- die fehlende oder verspätete **Urteilsbegründung** (§ 338 Nr. 7).

☝ Die absoluten Revisionsgründe werden im Einzelnen unter **speziellen Stichworten** wie z.B. → *Revision, Verfahrensrüge, Besetzung (§ 338 Nr. 1)*, Teil A Rdn 2350 dargestellt.

bb) § 338 Nr. 8 ist – trotz der Stellung im Gesetz – **kein absoluter Revisionsgrund**, weil sich die Beschränkung der Verteidigung auf einen **wesentlichen** Punkt beziehen muss, was nur dann der Fall sein kann, wenn das Urteil auf diesem Punkt beruht (BGHSt 30, 131, 135; → *Revision, Verteidigungsbeschränkung, § 338 Nr. 8*, Teil A Rdn 2434). 2316

☝ Will der Verteidiger z.B. eine Beschränkung der Verteidigung durch die Gewährung nur **unvollständiger Akteneinsicht** rügen, muss er zur ausreichenden Begründung einer solchen Verfahrensrüge die konkret-kausale Beziehung zwischen diesem geltend gemachten Verfahrensfehler und einem für die Entscheidung wesentlichen Punkt darlegen (BGH NStZ-RR 2004, 50). Da der Revisionsgrund des § 338 Nr. 8 in diesem Fall nur geltend gemacht werden kann, wenn ein infolge der unvollständigen Akteneinsicht gestellter Antrag auf Unterbrechung oder Aussetzung der HV abgelehnt worden ist, muss der Verteidiger also auch vortragen, dass er diese Anträge gestellt hat und ihm Unterbrechung bzw. Aussetzung nicht gewährt worden ist. Anderenfalls ist seine Verfahrensrüge unzulässig (s.a. *Burhoff*, EV, Rn 377 ff.).

5. Abzugrenzen ist die Verfahrensrüge von den von Amts wegen zu prüfenden **Verfahrensvoraussetzungen** und **Verfahrenshindernissen**. Fehlen die notwendigen Verfahrensvoraussetzungen bzw. bestehen Verfahrenshindernisse, muss das Revisionsgericht diesen Umstand grds. auch **ohne** eine speziell hierauf gerichtete **Rüge** berücksichtigen (zu den Einzelh. s. → *Revision, Verfahrensvoraussetzungen und -hindernisse*, Teil A Rdn 2443). 2317

6. Nach der **Grundsatzentscheidung** des Großen Senats in Strafsachen des BGH v. 23.4.2007 (GSSt 1/06, BGHSt 51, 298) ist zu beachten, dass einer (zunächst) zulässig erhobenen Verfahrensrüge durch eine nachträgliche Protokollberichtigung die Tatsachengrundlage entzogen und sie anschließend als unzulässig verworfen werden kann (sog. **Rü-** 2318

geverkümmerung; vgl. dazu eingehend *Junker* StRR 2007, 186 in der Anm. zu BGH, a.a.O.: und → *Revision, Rügeverkümmerung*, Teil A Rdn 2207).

Siehe auch: → *Rechtsmittel/Rechtsbehelfe, Allgemeines*, Teil A Rdn 1289; → *Revision, Allgemeines*, Teil A Rdn 2006; → *Revision, Sachrüge, Allgemeines*, Teil A Rdn 2221, m.w.N.; → *Revision, Verfahrensrüge, Abgelehnter Richter (§ 338 Nr. 3)*, Teil A Rdn 2292; → *Revision, Verfahrensrüge, Abwesenheit (§ 338 Nr. 5)*, Teil A Rdn 2299; → *Revision, Aufklärungsrüge (§ 244 Abs. 2)*, Teil A Rdn 2319; → *Revision, Aufklärungsrüge (§ 244 Abs. 2)*, Teil A Rdn 2329; → *Revision, Verfahrensrüge, Ausgeschlossener Richter (§ 338 Nr. 2)*, Teil A Rdn 2337; → *Revision, Verfahrensrüge, Beschleunigungsgebot*, Teil A Rdn 2344; → *Besetzung (§ 338 Nr. 1)*, Teil A Rdn 2350; → *Revision, Verfahrensrüge, Beweisantragsrecht (§ 244 Abs. 3 bis 6, § 245)*, Teil A Rdn 2360; → *Revision, Verfahrensrüge, Beweisverbote*, Teil A Rdn 2403; → *Revision, Verfahrensrüge, Inbegriffsrüge*, Teil A Rdn 2411; → *Revision, Verfahrensrüge, Öffentlichkeit (§ 338 Nr. 6)*, Teil A Rdn 2416; → *Revision, Verfahrensrüge, Unzuständigkeit (§ 338 Nr. 4)*, Teil A Rdn 2423; → *Revision, Verfahrensrüge, Urteilsformfehler (§ 338 Nr. 7)*, Teil A Rdn 2429; → *Revision, Verfahrensrüge, Verteidigungsbeschränkung (§ 338 Nr. 8)*, Teil A Rdn 2434; → *Revision, Verfahrensrüge, Widerspruchslösung*, Teil A Rdn 2440.

2319 Revision, Verfahrensrüge, Antrag auf Gerichtsbeschluss (§ 238 Abs. 2)

2320 **Literaturhinweise: Erker**, Das Beanstandungsrecht gem. § 238 II StPO, 1988; s. auch die Hinw. bei → *Revision, Allgemeines*, Teil A Rdn 2006, und bei → *Revision, Verfahrensrüge, Allgemeines*, Teil A Rdn 2307, sowie bei *Burhoff*, HV, Rn 2322.

2321 **1.** Die **fehlende Herbeiführung** eines **Gerichtsbeschlusses** nach § 238 Abs. 2 in der HV kann zur **Verwirkung** einer an sich gegebenen Verfahrensrüge führen (vgl. *Erker*, S. 147 ff.; *Dahs/Dahs, RV*, Rn 383). § 238 Abs. 2 ist ein **Zwischenrechtsbehelf**, mit dem die auf die Sachleitung bezogenen Anordnungen des Vorsitzenden beanstandet werden können.

> ☝ § 238 Abs. 2 gilt nach wohl überwiegender Meinung auch für das Verfahren vor dem **Strafrichter**, obwohl hier Vorsitzender und Gericht identisch sind (*Meyer-Goßner/Schmitt*, § 238 Rn 18 m.w.N.). Relevant wird dies bei einer eventuellen Sprungrevision, weil dann der versäumte Antrag auf gerichtliche Entscheidung zum Rügeverlust führen kann.

2322 Der Zwischenrechtsbehelf hat eine **gewisse Doppelfunktion**: So sollen einerseits durch den Antrag auf gerichtliche Entscheidung Fehler des Vorsitzenden im Rahmen der HV korrigiert und Revisionen vermieden werden (BGHSt 51, 144 m. Anm. *Widmaier* NStZ 2007, 230). Andererseits ist die Erhebung dieses Zwischenrechtsbehelfs grds. die Voraussetzung, um sich überhaupt eine spätere Rügemöglichkeit in der Revision zu erhalten, wenn das Gericht den Fehler des Vorsitzenden nicht korrigiert. Die Versäumung des Antrags auf gerichtliche Entscheidung nach § 238 Abs. 2 führt deshalb nach der Rechtsprechung regelmäßig zum Rügeverlust in der Revision, wenn eine sachleitende Anordnung des Vorsitzenden beanstandet werden soll (BGHSt 1, 322, 325; 3, 368; 4, 364, 366; 11, 213, 215; 51, 144; BGH NStZ 2013, 608; eingehend zu § 238 Abs. 2 und zur Verhandlungsleitung des Vorsitzenden *Burhoff*, HV, Rn 2889 ff.).

2. Der Begriff **Sachleitung** ist gleichbedeutend mit dem Begriff der Verhandlungsleitung 2323
des § 238 Abs. 1 (s. *Meyer-Goßner/Schmitt*, § 238 Rn 12). Zur Verhandlungsleitung des Vorsitzenden, zu der gem. § 238 Abs. 2 ein Gerichtsbeschluss herbeigeführt werden kann, gehören alle Maßnahmen zur Durchführung der HV, wie z.B. (s. ausführlich *Burhoff*, HV Rn 2889 ff.). Dazu folgende

Rechtsprechungsbeispiele (weitere Beispiele bei *Burhoff*, HV, Rn 2897 f.): 2324

- Unzureichende **Anhörung** des Angeklagten,
- Entscheidung über das Bestehen eines **Auskunftsverweigerungsrechts** nach § 55 (BGHSt 10, 104; 51, 144),
- unzureichende Einräumung von **Besprechungsmöglichkeiten** zwischen Verteidiger und Angeklagtem,
- Zurückweisung eines **Beweisermittlungsantrags** (BGH NStZ 2008, 109; aber nicht eines Beweisantrags, denn dieser ist zwingend gemäß § 244 Abs. 6 zu bescheiden, sodass es keines Beschlusses nach § 238 Abs. 2 bedarf),
- Entziehung des **Fragerechts** (BGHSt 48, 372),
- **Fristsetzung** zur Stellung von Beweisanträgen (BGHSt 52, 355),
- **Unterbrechung** oder Fortsetzung der HV,
- Anordnung der **Verlesung** einer Urkunde;
- **Vorhalte** an Zeugen,
- Entscheidung über die **Vereidigung** von Zeugen,
- Weigerung nach **Schluss der Beweisaufnahme** noch Beweisanträge entgegenzunehmen.

3. Der Verteidiger muss **unmittelbar** nach einer Prozess leitenden Anordnung bzw. Ver- 2325
fügung des Vorsitzenden auf die gerichtliche Entscheidung gemäß § 238 Abs. 2 antragen, wenn er die Verhandlungsleitung beanstanden will. Sämtliche Verfahrensbeteiligten haben dann zunächst ein Recht zur Stellungnahme. Anschließend hat das Gericht durch **Beschluss** über die Beanstandung zu entscheiden.

> ☝ Dies kann z.B. insbesondere bei Anträgen, die grds. **keinen Gerichtsbeschluss erfordern**, die Möglichkeit eröffnen, doch noch zu einer Beschlussentscheidung des gesamten Spruchkörpers zu gelangen.
>
> Unterbleibt der Beschluss, rechtfertigt das für sich genommen allerdings noch nicht die Revision, sondern kann allenfalls eine Beschränkung der Prozessführungsmöglichkeiten des Angeklagten darstellen, welche in der Revision näher ausgeführt werden müsste (BGH NStZ 2014, 513).

2326 **4.** § 238 Abs. 2 sieht **keine bestimmte Form** der Beanstandung vor, sodass neben einer ausdrücklichen Beanstandung auch schlüssiges Verhalten genügt, wenn sich aus diesem ergibt, dass eine Gerichtsentscheidung verlangt wird (*Meyer-Goßner/Schmitt*, § 238 Rn 16). Der Antrag auf gerichtliche Entscheidung ist jedoch nur Erfolg versprechend, wenn die Unzulässigkeit der auf die Sachleitung bezogenen Anordnung des Vorsitzenden gerügt und eine **Beschwer** behauptet wird. Bloß unzweckmäßige oder unangebrachte Anordnungen können nicht angegriffen werden.

2327 Daraus **folgt**, dass die Maßnahme des Vorsitzenden

- gegen **gesetzliche Vorschriften** oder
- gegen **ungeschriebene Verfahrensgrundsätze** verstoßen muss

oder aber

- ein **Ermessensnicht- bzw. -fehlgebrauch** vorliegt und
- der Antragsteller durch diese Maßnahmen **beschwert** ist.

2328 Sofern sich die **Angriffsrichtung** nicht bereits für alle Beteiligten von selbst ergibt, sollte der Verteidiger seinen Antrag auf gerichtliche Entscheidung sorgfältig begründen.

Siehe auch: → *Rechtsmittel/Rechtsbehelfe, Allgemeines*, Teil A Rdn 1289; → *Revision, Allgemeines*, Teil A Rdn 2006, m.w.N.

2329 Revision, Verfahrensrüge, Aufklärungsrüge (§ 244 Abs. 2)

Das Wichtigste in Kürze:

1. Unabhängig davon, ob in der HV ein Beweisantrag gestellt wurde, kann mit der Revision die sogenannte Aufklärungsrüge nach § 244 Abs. 2 erhoben werden.
2. Die Aufklärungsrüge braucht grds. nicht erhoben zu werden, wenn ein Beweisantrag gestellt und abgelehnt worden ist.
3. Die Begründungserfordernisse sind bei der Aufklärungsrüge besonders hoch und werden vielfach vom Beschwerdeführer nicht erfüllt.

Literaturhinweise: **Fezer**, Grenzen der Beweisaufnahme durch das Revisionsgericht; s. auch die Hinw. bei → *Revision, Allgemeines*, Teil A Rdn 2006, und bei → *Revision, Verfahrensrüge, Allgemeines*, Teil A Rdn 2307, sowie bei *Burhoff*, HV, Rn 331. 2330

1. Unabhängig davon, ob in der HV ein Beweisantrag gestellt wurde, kann mit der Revision die sog. **Aufklärungsrüge** nach **§ 244 Abs. 2** erhoben werden. Ihr kommt ein besonders hoher Stellenwert zu, weil mit ihr der Verstoß gegen die Amtsaufklärungspflicht gerügt wird. Die Aufklärungsrüge ist darauf gerichtet, dass das Gericht ohne entsprechende Beweisanträge der Beteiligten ein **bestimmtes Beweismittel nicht benutzt** hat, obwohl sich ihm die Notwendigkeit hierzu hätte aufdrängen müssen, und die Benutzung dieses Beweismittels zu einem anderen konkreten Beweisergebnis geführt hätte (vgl. hierzu BGHSt 23, 176, 187; BGH NStZ 1999, 45 f.; StV 1998, 635; 2002, 350; LR-*Becker*, § 244 Rn 46; *Meyer-Goßner/Schmitt*, § 244 Rn 80; *Burhoff*, HV, Rn 329 ff.). Die denkbaren Fallgestaltungen sind vielfältig, denn das Tatgericht hat die Beweisaufnahme von Amts wegen auf alle zur **Wahrheitserforschung** bedeutsamen Tatsachen und Beweismittel zu erstrecken, soweit nicht **Schätzklauseln** eingreifen (vgl. BGHSt 1, 94, 96; 23, 176, 187; 32, 115, 122; *Fezer*, Grenzen der Beweisaufnahme, S. 95; KK-*Krehl*, § 244 Rn 28 ff. und 60 ff.; *Meyer-Goßner/Schmitt*, § 244 Rn 12 m.w.N und Rn 14 ff.). Hierbei kann die Verletzung der Aufklärungspflicht die Nichtberücksichtigung aller nach der StPO zur Verfügung stehenden Beweismittel betreffen. Grds. steigt die Aufklärungspflicht im Sinne einer möglichst vollständigen Ausschöpfung sämtlicher zur Verfügung stehender Beweismittel, je weniger das Beweisergebnis gesichert erscheint und je gewichtiger die **Unsicherheitsfaktoren** bzw. **Widersprüchlichkeiten** sind, die in der Beweisaufnahme zutage getreten sind (vgl. *Dahs*, RV, Rn 326). Dies gilt in besonderem Maße in Fällen von **Aussage-gegen-Aussage** in denen objektive Beweisanzeichen fehlen (BGH NStZ-RR 2003, 314). 2331

2. Die Aufklärungsrüge braucht grds. nicht erhoben zu werden, wenn ein Beweisantrag gestellt und abgelehnt worden ist. Dann ist die **Rüge** der **fehlerhaften Behandlung** des **Beweisantrags** nach den §§ 244 Abs. 3 bis 6, 245 **vorrangig** (*Meyer-Goßner/Schmitt*, § 244 Rn 80; zu dieser Rüge s. → *Revision, Verfahrensrüge, Beweisantragsrecht*, Teil A Rdn 2360). Liegt allerdings nur ein Beweisermittlungsantrag oder eine Beweisanregung und kein förmlicher Beweisantrag vor, muss der Verteidiger die fehlerhafte Behandlung seines Beweisermittlungsantrags bzw. seiner Beweisanregung zum Gegenstand einer Aufklärungsrüge nach § 244 Abs. 2 machen. Das Gleiche gilt, wenn ein Beweisantrag als unzulässig abgelehnt worden ist (*Meyer-Goßner/Schmitt*, § 244 Rn 80 m.w.N.; zum Beweisantragsrecht und zum Verfahren der Beweisaufnahme in der HV s. *Burhoff*, HV, Rn 835 ff., 971 ff.). 2332

☝ Die **zusätzliche Erhebung** der **Aufklärungsrüge** neben der Rüge der fehlerhaften Ablehnung des Beweisantrags **empfiehlt** sich aber dann, wenn der Verteidiger zwar davon ausgeht, einen förmlichen Beweisantrag gestellt zu haben, das Tatgericht diesen aber nur als **Beweisermittlungsantrag** angesehen hat oder die **Gefahr** besteht, dass das Revisionsgericht den Antrag nachträglich zum bloßen Beweisermittlungsantrag herabstuft (siehe hierzu die Entscheidung BGHSt 39, 251, 550 mit Anm. *Widmaier* NStZ 1993 u. Anm. *Hamm* StV 1993, 454). Die Gefahr einer solchen Herabstufung ist durch die seitens der Rechtsprechung stark verschärften Konnexitätserfordernisse (vgl. hierzu *Meyer-Goßner/Schmitt*, § 244 Rn 21a und eingehend *Junker*, Rn 46 ff.) nicht zu unterschätzen. Da ein Beweisermittlungsantrag nicht förmlich durch einen Beschluss zurückgewiesen werden muss, bestünde ohne die zusätzliche Erhebung einer Aufklärungsrüge die Gefahr, dass die Rüge der fehlerhaften Ablehnung des Beweisantrags ins Leere läuft (ausführlich hierzu *Junker*, Beweisantragsrecht, Rn 212 und unten Rdn 2336). Werden jedoch **sowohl** die **Aufklärungs- als auch** die **Beweisantragsrüge** erhoben, ist es für das Revisionsverfahren irrelevant, ob das Revisionsgericht die vom Verteidiger gestellten Anträge als Beweisanträge oder lediglich als Beweisermittlungsanträge ansieht. Geht das Revisionsgericht von förmlichen Beweisanträgen aus, greift die Rüge der Verletzung der §§ 244 Abs. 3 bis 6, 245 durch. Geht das Revisionsgericht hingegen von bloßen Beweisermittlungsanträgen aus, greift die Aufklärungsrüge nach § 244 Abs. 2 durch.

2333 **3.a)** Die **Begründungserfordernisse** sind bei der Aufklärungsrüge **besonders hoch** und werden vielfach vom Beschwerdeführer nicht erfüllt (vgl. zur Begründung der Aufklärungsrüge auch *Burhoff*, HV, Rn 2345; *Burhoff* StV 1997, 432, 437; *Junker*, Beweisantragsrecht, Rn 246 ff.). Es genügt **nicht**, ganz **allgemein** zu rügen, die Sache sei nicht genügend aufgeklärt worden oder lediglich zu beanstanden, dass z.B. eine Ortsbesichtigung nicht stattgefunden habe.

2334 **b)** Das gem. § 344 Abs. 2 S. 2 **notwendige Rügevorbringen** für eine zulässige Aufklärungsrüge (vgl. hierzu a. BGH NJW 2005, 1381, 1382) lässt feststellen anhand folgender

2335 **Checkliste:**

- zunächst die konkrete Schilderung der **Beweisfrage**, um die es geht (BGHSt 37, 162; BGH NStZ 2009, 635; NStZ-RR 2010, 181) und
- damit zusammenhängend die Angabe, auf welche **Beweismittel** das Gericht sich in seinem Urteil diesbezüglich **gestützt** hat;
- anschließend die konkrete Bezeichnung des **Beweismittels**, das aus der Sicht des Beschwerdeführers **hätte benutzt** werden müssen und nicht benutzt worden ist (BGH NJW 2005, 1381), sowie
- damit zusammenhängend die konkrete Angabe dessen, **welche Tatsachen** die **Benutzung** dieses Beweismittels **erbracht hätte** (so konkret und bestimmt wie bei

der Fassung des Beweisthemas in einem Beweisantrag, ggf. mit Darlegung der Konnexität zwischen Beweistatsache und Beweismittel, BGH NStZ 2008, 232);

- schließlich die **bestimmte Behauptung** des **(mutmaßlichen) Beweisergebnisses** (vgl. BGHSt 2, 168; BGHR StGB § 27 I Vorsatz 9; BGH NStZ-RR 2003, 71; 2010, 316, 317; BGH, Beschl. v. 5.9.2013 – 3 StR 199/13) und die daraus resultierenden günstigen Auswirkungen für den Betroffenen, sowie
- die Umstände, aufgrund derer sich das **Gericht** hätte **gedrängt** sehen müssen, von dem infrage stehenden Beweismittel **Gebrauch zu machen** (vgl. BGH NJW 2012, 244; 1993, 3337 f.; 2000, 370 f.; NStZ 2015, 36; 2013, 672; NStZ-RR 2014, 251; 1996, 299; BGHR JGG § 52a Anrechnung 2; BGH, Beschl. v. 25.3.2015 – 1 StR 179/14). Sind zu der aufklärungsbedürftigen Tatsache Beweisanträge oder Beweisermittlungsanträge gestellt oder Beweisanregungen gegeben worden, sind diese und die darauf ergangene Entscheidung des Gerichts im Wortlaut mitzuteilen (BGH NStZ 2013, 672; 2010, 403; 2006, 713). Beim Fehlen jeglicher Antragstellung ist zu begründen, warum in der HV keine entsprechenden Beweisanträge, Beweisermittlungsanträge oder Beweisanregungen gestellt worden sind.

☝ Werden die o.g. Umstände im Rügevorbringen nicht **konkret** und **bestimmt** mitgeteilt, ist die Aufklärungsrüge unzulässig und die Revision wird dementsprechend verworfen. Das Aufzeigen bloßer Möglichkeiten oder Erwartungen eines bestimmten Beweisergebnisses reicht nicht aus (BGH NJW 2003, 150, 152; NStZ 2001, 425; 2004, 112).

Die Beanstandung, das Gericht habe ein **benutztes Beweismittel nicht vollständig ausgeschöpft**, also z.B. einem Zeugen bestimmte Fragen nicht gestellt oder bestimmte Vorhalte nicht gemacht, kann nicht zum Gegenstand der Aufklärungsrüge gemacht werden (BGHSt 4, 125, 126; 17, 351, 352 = NJW 1962, 1832; BGH NStZ 2000, 156 f.; BGH, Beschl. v. 13.11.2008 – 3 StR 403/08 [insoweit nicht abgedr. in NStZ 2009, 497]).

c) Der Revisionsführer muss die Aufklärungsrüge u.U. auch dann gem. den oben genannten Begründungsanforderungen vollständig ausarbeiten, wenn sich die **Aufklärungsrüge** nach § 244 Abs. 2 und die Rüge der **fehlerhaften Behandlung** eines **Beweisantrags** nach § 244 Abs. 3 bis 6 teilweise **überlagern**. Zu einer Überlagerung der beiden Rügemöglichkeiten kann es häufig kommen, weil Beweisanträge, Beweisermittlungsanträge und Beweisanregungen die Aufklärungspflicht des Gerichts in den Fällen aktualisieren, in denen das Aufklärungsgebot des § 244 Abs. 2 die Beweiserhebung verlangt (KK-*Krehl*, § 244 Rn 35; *Hamm*, Revision, Rn 569). Dies beruht darauf, dass das Beweisantragsrecht systematisch und historisch aus der Aufklärungspflicht entwickelt wurde. Die Aufklärungspflicht ist deshalb der übergeordnete Gesichtspunkt. Zu beachten ist aber insoweit, dass das originäre Gebiet der Aufklärungsrüge erst dort beginnt, wo das förmliche Beweisantragsrecht endet (*Hamm*, Revision, Rn 570). Die Rüge der **fehlerhaften Behandlung** 2336 eines **Beweisantrags** ist deshalb **grds. vorrangig** zu erheben und macht eine Aufklärungsrüge regelmäßig entbehrlich. Nur dort, wo die Aufklärungsrüge nach § 244 Abs. 2 über die Beweisantragsrüge nach § 244 Abs. 3 bis Abs. 6 thematisch hinausgeht, ist die Aufklärungsrüge zusätzlich zu erheben.

☝ **Parallel** und **nahezu inhaltsgleich** zu einer Rüge der fehlerhaften Behandlung eines Beweisantrags wird der Verteidiger die Aufklärungsrüge aber dann erheben müssen, wenn er nicht sicher sein kann, ob sein Beweisantrag auch vom Revisionsgericht als förmlicher Beweisantrag angesehen wird (s. oben Rdn 2332 f.).

Verweisungen zwischen den unterschiedlichen Rügen sollten **nicht** vorgenommen werden.

Siehe auch: → *Rechtsmittel/Rechtsbehelfe, Allgemeines*, Teil A Rdn 1289; → *Revision, Allgemeines*, Teil A Rdn 2006, m.w.N.

2337 Revision, Verfahrensrüge, Ausgeschlossener Richter (§ 338 Nr. 2)

2338 **Literaturhinweise:** s. die Hinw. bei → *Revision, Allgemeines*, Teil A Rdn 2006, und → *Revision, Verfahrensrüge, Allgemeines*, Teil A Rdn 2307.

2339 **1.** Von der Ausübung des Richteramtes sind Richter bzw. Schöffen in den Fällen der §§ 22, 23, 31 Abs. 1 und 148a Abs. 2 S. 1 kraft Gesetzes ausgeschlossen (zum Ausschluss eines Richters *Burhoff*, EV, Rn 647 u. *Burhoff*, HV, Rn 440). Hat ein nach den o.g. Vorschriften der §§ 22, 23, 31 Abs. 1 und 148a Abs. 2 S. 1 ausgeschlossener Richter an der Urteilsfindung mitgewirkt, ist dieses aber nicht automatisch unwirksam. Vielmehr bleibt es gültig, solange es nicht form- und fristgerecht mit einer Verfahrensrüge angefochten wird (BGHSt 29, 351, 355).

2340 Ein solcher Ausschluss kommt also u.a. (vgl. i.Ü. *Burhoff*, EV, Rn 647 u. *Burhoff*, HV, Rn 440) dann **in Betracht**, wenn der Richter oder Schöffe

- in einem anderen Verfahren als **Zeuge** zum selben Geschehen vernommen wurde, das jetzt zur Aburteilung ansteht (BGHSt 31, 358; 45, 342, 353; BGH NStZ 2006, 113, 114; StV 2008, 283),
- in der Sache als **Beamter der StA** mitgewirkt hat (BGH NJW 1952, 1149; NStZ 1982, 78; StV 2008, 123),
- mit dem Beschuldigten oder dem Verletzten in einer der in § 22 Nr. 3 genannten Formen **verwandt oder verschwägert** ist oder

- durch die zur Aburteilung stehende Tat unmittelbar selbst betroffen und deshalb **Verletzter** der Straftat ist (BGHSt 1, 298; 51, 100, 109 f.) oder ein Angehöriger die Verletzteneigenschaft aufweist.

Im Einzelnen **gilt** Folgendes: 2341

- Die **Mitwirkung** eines ausgeschlossenen Richters **am Urteil** begründet den absoluten Revisionsgrund des **§ 338 Nr. 2**. Zugleich ist das Gericht auch nicht vorschriftsmäßig besetzt i.S. des § 338 Nr. 1. Der Revisionsgrund des § 338 Nr. 2 ist hier lex specialis, sodass die in § 338 Nr. 1 Hs. 2 vorgesehene Rügepräklusion nicht eingreift (KK-*Gericke*, § 338 Rn 57; LR-*Franke*, § 338 Rn 61).
- Die **Mitwirkung** eines ausgeschlossenen Richters **am Verfahren in anderer Weise**, z.B. bei der Terminsbestimmung, ist zwar ein Verfahrensfehler. Es liegt aber insoweit nicht der absolute Revisionsgrund des § 338 Nr. 2 vor, da dieser eine Mitwirkung am Urteil voraussetzt. Die Revision kann dann allenfalls auf einen relativen Revisionsgrund im Sinne des § 337 gestützt werden, wenn das Urteil auf der Mitwirkungshandlung beruht. Bedeutung erlangt insoweit insbesondere die Vorschrift des § 336, welche die Revision auch für Entscheidungen eröffnet, die dem Urteil vorausgegangen sind (vgl. BVerfGE 4, 412, 418; LR-*Franke*, § 338 Rn 61 und § 336 Rn 6).

2. Das i.S. des § 344 Abs. 2 S. 2 **notwendige Rügevorbringen** lässt sich feststellen mit folgender 2342

Checkliste: 2343

- Der kraft Gesetzes ausgeschlossene **Richter** ist **namentlich** zu **bezeichnen** bzw. es ist auszuführen, dass dem Beschwerdeführer der Name des betreffenden Richters auf Verlangen nicht bekannt gegeben wurde.
- Es ist vorzutragen, dass er **am Urteil mitgewirkt** hat.
- Die den **Ausschlussgrund** der §§ 22, 23, 31 Abs. 1 bzw. 148a Abs. 2 S. 1 **begründenden Tatsachen** sind ggf. samt wörtlicher oder zumindest inhaltlicher Wiedergabe der entsprechenden Unterlagen, Aktenstellen und dienstlichen Erklärungen vollständig mitzuteilen.

Siehe auch: → *Rechtsmittel/Rechtsbehelfe, Allgemeines*, Teil A Rdn 1289; → *Revision, Allgemeines*, Teil A Rdn 2006, m.w.N.

Revision, Verfahrensrüge, Beschleunigungsgebot 2344

Literaturhinweise: s. die Hinw. bei → *Revision, Allgemeines*, Teil A Rdn 2006, und bei → *Revision, Verfahrensrüge, Allgemeines*, Teil A Rdn 2307, sowie bei → *Verfahrensverzögerung/Verzögerungsrüge*, Teil B Rdn 1028, und zur Verfahrensbeschleunigung/Verfahrensverzögerung auch noch bei *Burhoff*, EV, Rn 4142 und bei *Burhoff*, HV, Rn 2826. 2345

2346 **1.a)** Will der Betroffene eine Verletzung des sich aus **Art. 6 Abs. 1 S. 1 MRK** ergebenden **Beschleunigungsgebots** rügen, muss er i.d.R. eine Verfahrensrüge erheben (BVerfG NJW 2007, 3563; Beschl. v. 14.8.2007 – 2 BvR 1305/07; BGH NJW 2005, 518; OLG Brandenburg StRR 2010, 282 [Ls.]; vgl. *Meyer-Goßner/Schmitt*, Art. 6 MRK Rn 9c m.w.N.; *Burhoff*, HV, Rn 2851). Gemeint ist hier nur die **rechtsstaatswidrige Verfahrensverzögerung** (vgl. zu diesem Begriff BGHSt 52, 124; zur Verfahrensverzögerung s. *Burhoff*, EV, Rn 4141 ff.; *Burhoff*, HV, Rn 2825 ff.). Diese ist nach der Rechtsprechung des Großen Strafsenats des BGH in der Weise zu kompensieren, dass der Tatrichter in seinem Urteil ausspricht, dass ein zu beziffernder Teil der verhängten Strafe als bereits vollstreckt gilt (BGH, a.a.O.). In besonders gelagerten Fällen kann zur Kompensation auch die Einstellung des Verfahrens nach §§ 153, 153a notwendig sein (BGH StV 2008, 356).

2347 Ob eine rechtsstaatswidrige Verletzung des sich aus Art. 6 Abs. 1 S. 1 MRK ergebenden Beschleunigungsgebots vorliegt, richtet sich nach den **besonderen Umständen** des **Einzelfalls**. Im Rahmen einer **Gesamtwürdigung** sind insbesondere gegeneinander abzuwägen (s. *Schlothauer/Weider*, Revisionsverfahren, Rn 1926 ff.; wegen der Einzelh. *Burhoff*, EV, Rn 4141 ff.; *Burhoff*, HV, Rn 2825 ff.),

- der **Zeitraum** der Verfahrensverlängerung, der durch Verzögerungen in der Sphäre der Justizorgane entstanden ist,
- die **Gesamtdauer** des Verfahrens,
- die **Schwere** des Tatvorwurfs,
- der **Umfang** und die **Schwierigkeit** des Verfahrensgegenstandes sowie
- das Ausmaß der **Belastungen** für den Betroffenen aufgrund des schwebenden Verfahrens.

2348 **2.** Das i.S.d. § 344 Abs. 2 S. 2 **notwendige Rügevorbringen** einer Verfahrensrüge, mit der ein Verstoß gegen das Beschleunigungsgebot geltend gemacht werden soll, ergibt sich (vgl. auch *Schlothauer/Weider*, Revisionsverfahren, Rn 1926 ff.) aus folgender

2349 **Checkliste:**

- Es ist mitzuteilen, wann das **EV** gegen den Angeklagten **begonnen** hat und wann dem Angeklagten die **Einleitung** des EV **bekannt gegeben** wurde (erst ab diesem Zeitpunkt sind die Belastungen spürbar).
- Des Weiteren ist vorzutragen, wann **Anklage** erhoben wurde und was Gegenstand der Anklage war.
- Der Zeitpunkt der **Eröffnung des Hauptverfahrens** und des **Beginns der HV** sind ebenso mitzuteilen, wie die **Dauer der HV**, d.h. die Zahl der HV-Tage und der Zeitraum, über den sich die HV erstreckt hat.
- Um die Rechtsstaatswidrigkeit der Verfahrensverzögerung zu belegen, ist exakt vorzutragen, in welchen **Verfahrensstadien** und in welchen **Zeiträumen** das Verfahren sei-

tens der Justizorgane nicht gefördert wurde. Dies kann z.B. dadurch belegt werden, dass mit der Revision die paginierten Aktenteile vorgelegt werden, die den Beginn und das Ende eines Zeitraums markieren, in dem das Verfahren ersichtlich nicht gefördert wurde.

- Anzugeben ist auch, dass und warum die fehlende Verfahrensförderung durch die Justizorgane zu vertreten und **nicht dem Angeklagten zuzurechnen** ist.
- Da mit der Revision auch solche Tatsachen vorzutragen sind, die der Rüge den Boden entziehen können, sind ggf. auch die Zeiträume darzulegen, in denen das Verfahren aus Gründen, die in der **Sphäre des Angeklagten** liegen, nicht gefördert werden konnte (z.B. Erkrankung, zeitintensive Verteidigungsaktivitäten).
- Mitzuteilen ist auch die **Gesamtdauer** des **Verfahrens** von dessen Einleitung bis zum Urteil.
- Bei Angeklagten, die sich in **U-Haft** befinden, sind auch die Haftdaten mitzuteilen, da hier die Beschleunigungspflicht noch stärker ausgeprägt ist und auch die für den Angeklagten aufgrund des Verfahrens bestehenden Belastungen größer sind.
- In entsprechenden Fällen, in denen **zunächst verfahrensfördernde Maßnahmen** ergriffen wurden, ist schließlich im Hinblick auf dennoch entstandene Verfahrensverzögerungen vorzutragen, dass diese **nicht ordnungsgemäß überwacht** wurden bzw. Dritte, wie z.B. Sachverständige, nicht ausreichend durch Fristsetzung oder Mahnung zu entsprechender Verfahrensförderung angehalten wurden.

Siehe auch: → *Rechtsmittel/Rechtsbehelfe, Allgemeines*, Teil A Rdn 1289; → *Revision, Allgemeines*, Teil A Rdn 2006, m.w.N.; → *Verfahrensverzögerung/Verzögerungsrüge*, Teil B Rdn 1027.

Revision, Verfahrensrüge, Besetzung (§ 338 Nr. 1) 2350

Literaturhinweise: s. die Hinw. bei → *Revision, Allgemeines*, Teil A Rdn 2006. 2351

1. Der absolute Revisionsgrund des § 338 Nr. 1 sichert das **Recht auf den gesetzlichen Richter**. Eine Verfahrensrüge kommt deshalb in Betracht, wenn gegen Vorschriften zur Gerichtsbesetzung, insbesondere der §§ 21a ff., 59, 70, 76 Abs. 2, 78 Abs. 2, 122 GVG oder 18, 19, 29, 37 DRiG verstoßen worden ist. Das Recht auf den gesetzlichen Richter erstreckt sich hierbei nur auf eine bestimmte Zusammensetzung der Richterbank, nicht darauf, wer im Einzelfall welche Funktion ausübt (s. BGH, Beschl. v. 6.8.2014 – 1 StR 333/14 [zeitweise Übertragung der Verhandlungsleitung auf den Beisitzer]). Nicht unter die Vorschrift fallen Verstöße gegen die örtliche, sachliche und funktionelle Zuständigkeit. Verfahrensfehler im Zusammenhang mit der örtlichen oder funktionellen Zuständigkeit sind gemäß § 338 Nr. 4 zu rügen. Die sachliche Zuständigkeit ist stets von Amts wegen zu prüfen. 2352

2353 Der Verteidiger sollte deshalb insbesondere folgende **Problemfelder** im Auge haben (zu Besetzungsfragen ausführlich *Burhoff*, EV, Rn 940 ff. u. *Burhoff*, HV, Rn 791 ff., mit Checklisten):

- Liegen Mängel bei der Aufstellung bzw. Abänderung des **Geschäftsverteilungsplans** (vgl. BGHSt 3, 353; 11, 106, 109; 12, 402; s. auch BVerfG NJW 2003, 345) oder der internen Zuständigkeitsverteilung des Spruchkörpers vor?

  ☝ Bei **Abweichungen** der Gerichtsbesetzung vom **Geschäftsverteilungsplan**, soll die Rüge des § 338 Nr. 1 nach der Rspr. nur bei Willkür oder sonstigem Rechtsmissbrauch begründet sein (BGHSt 11, 106, 110; BGH NStZ 1984, 181; 2004, 89; NStZ-RR 2013, 221; vgl. auch BGH NJW 2009, 931 zur Bestimmung des Vorsitzenden einer Großen StK).

- Wenn an der HV nur **zwei Berufsrichter** teilnehmen ist stets zu prüfen, ob überhaupt eine Entscheidung nach § 76 Abs. 2 GVG ergangen ist. Falls ja, ist weiter zu prüfen, ob diese Entscheidung ordnungsgemäß getroffen wurde, d.h. insbesondere die Frage der Notwendigkeit eines dritten Berufsrichters im Hinblick auf den Umfang und die Schwierigkeit der Sache zu Recht verneint wurde (BGHSt 44, 328; BGH NJW 2003, 3644; 2010, 3045; eingehend zur reduzierten Besetzung im Hinblick auf die Neuregelung des § 76 Abs. 2 GVG *Burhoff*, EV, Rn 3252, und *Burhoff*, HV, Rn 2208, jew. m.w.N. aus der Lit.).
- Ist die **Verhinderung** der ordentlichen Kammermitglieder ausreichend festgestellt, falls vertretungsweise außerordentliche Kammermitglieder am Verfahren teilnehmen (BGH NStZ 1996, 48; 2001, 491)?
- Ist die Besetzung der Strafkammer mit **Schöffen** ordnungsgemäß (vgl. z.B. BGHSt 37, 245 ff. [fehlerhafte Besetzung des Wahlausschusses]; BGH StV 2001, 156 [Überprüfung von Vorschlagslisten]; NStZ-RR 1999, 49 [Wiederholung einer vorschriftswidrigen Schöffenwahl]; BayObLG StV 1998, 8 [Fristeinhaltung bei der Auslage der Vorschlagslisten]).

  ☝ Der **Besetzungsmangel muss** immer **das erkennende Gericht betreffen**, also die Personen, die das angegriffene Urteil gefällt haben. Auf einen Mangel in der Person eines abgelösten Richters, der durch einen Vertretungs- oder Ergänzungsrichter ersetzt wurde, kann die Revision nicht gestützt werden (BGHSt 47, 220).

2354 **2.a)** Bei **erstinstanzlichen Verfahren** vor dem **LG** oder dem **OLG** muss die Gerichtsbesetzung nach § 222a mitgeteilt werden. Will der Verteidiger die vorschriftswidrige Besetzung des Gerichts rügen, muss er seine **Einwände** gem. § 222b spätestens bis zum Beginn der Vernehmung des ersten Angeklagten in Form einer Besetzungsrüge geltend machen (ausführlich zum Besetzungseinwand mit einer umfangreichen **Checkliste** *Burhoff*, HV, Rn 791 ff. und Rn 801 f.). Andernfalls kann er sich auf den Verfahrensfehler der vorschriftswidrigen Besetzung nach § 338 Nr. 1 in der Revision nicht mehr berufen (**Rügepräklusion**). Der Besetzungseinwand ist in der HV **mündlich** zu erheben und so zu begründen, wie eine Besetzungsrüge in der Revision. Das heißt, die Rügevoraussetzungen des § 344 Abs. 2 S. 2 sind einzuhalten, sonst ist der Besetzungseinwand unzulässig (BGHSt 44, 161).

☝ Aufgrund der **strengen Formerfordernisse empfiehlt** es sich, den Besetzungseinwand und seine Begründung **schriftlich** zu **formulieren** und diesen schriftlichen Einwand in der HV zu verlesen und als Anlage zum Protokoll zu übergeben.

Die Tatsachen, aus denen sich die vorschriftswidrige Besetzung des Gerichts ergibt, müssen **genau bezeichnet** werden. Insbesondere sind die Namen der Richter und die Gründe, die ihrer Mitwirkung entgegenstehen, genau anzugeben (vgl. zu den Einzelheiten *Burhoff*, HV, Rn 795). Alle Beanstandungen sind gleichzeitig geltend zu machen. Ein Nachschieben von Tatsachen ist nicht zulässig.

b) Wird erst **später als eine Woche** vor der HV bzw. erst in der HV die Gerichtsbesetzung 2355
bekannt gegeben, kann der Verteidiger nach § 222a Abs. 2 die Unterbrechung der HV beantragen, um die Besetzung des Gerichts überprüfen zu können. Der Unterbrechungsantrag ist ebenfalls spätestens bis zum Beginn der Vernehmung des ersten Angeklagten zur Sache zu stellen (§ 222a Abs. 2).

3. Keines Besetzungseinwands in der HV bedarf es allerdings in den Fällen des **§ 338** 2356
Nr. 1a bis d (zu den Einzelheiten s. *Meyer-Goßner/Schmitt*, § 338 Rn 17 ff.) oder wenn der **Mangel** erst **entstanden** oder **erkennbar** geworden ist, nachdem er nicht mehr bis zum Zeitpunkt des § 222b Abs. 1 S. 1 gerügt werden konnte (BGHSt 44, 361, 364; BGH StraFo 2005, 162). Die **Rügepräklusion** greift demnach **nicht** ein in folgenden

Beispielsfällen: 2357

- die **Vorschriften** über die **Mitteilung** nach § 222a Abs. 1 **verletzt** sind, z.B. bei unterlassener, unrichtiger oder unvollständiger (BGH, Beschl. v. 29.1.2012 – 2 StR 497/12), sowie bei verspäteter, d.h. nicht vor der Vernehmung des Angeklagten zur Person erfolgter Mitteilung (§ 338 Nr. 1a; vgl. hierzu auch BGH NJW 2001, 3062);
- der Besetzungseinwand **übergangen** oder zurückgewiesen wurde (§ 338 Nr. 1b);
- die **Unterbrechung** der **HV** zur Prüfung der Gerichtsbesetzung **abgelehnt** wurde (§ 338 Nr. 1c);
- eine **Entscheidung** in **unrichtiger Besetzung** erfolgt, obwohl dem Besetzungseinwand stattgegeben wurde, das Gericht sich also über seinen eigenen Beschluss hinwegsetzt (§ 338 Nr. 1d);

- der Besetzungsfehler zum Zeitpunkt des § 222b Abs. 1 S. 1 (Beginn der Vernehmung des ersten Angeklagten zur Sache) **objektiv nicht erkennbar** war oder erst im Laufe der HV eingetreten ist (vgl. BVerfG NStZ 1984, 370, 371; BGHSt 34, 236; 44, 361, 364; BGH NStZ 1996, 48; StV 1997, 59; 1999, 529, 530; 2012, 196; StraFo 2005, 162).

2358 **4.** Das i.S.d. § 344 Abs. 2 S. 2 **notwendige Rügevorbringe** ergibt sich aus folgender

2359 **Checkliste:**

- Die **Tatsachen**, aus denen sich eine **vorschriftswidrige Besetzung** ergibt, sind umfassend mitzuteilen (BGHSt 12, 33; BGH NStZ 1995, 221 [K]), insbesondere sind die Namen der Richter und die Gründe, die ihrer Mitwirkung entgegenstanden, detailliert anzugeben (BGHSt 22, 169).
- Bei sämtlichen Rügen, die sich auf den **Geschäftsverteilungsplan** beziehen, ist auch dieser **im Wortlaut beizufügen** (BGH, Beschl. v. 29.6.2006 – 4 StR 146/06). Werden Fehler bei der Aufstellung oder Abänderung des Geschäftsverteilungsplans gerügt, ist vorzutragen, warum er gesetzeswidrig war (BGHSt 40, 218, 240).
- Es ist darzulegen, **welche andere Richter** oder Schöffen bei zutreffender Gerichtsbesetzung zur Mitwirkung berufen gewesen wären (BGHSt 36, 138, 139; BGH NJW 2002, 2963).
- Der in der HV erhobene **Besetzungseinwand** gegen die vorschriftswidrige Besetzung ist **im Wortlaut mitzuteilen** und es ist vorzutragen, dass dieser rechtzeitig bis zum Zeitpunkt des § 222b Abs. 1 S. 1 geltend gemacht wurde (BGH StV 1986, 516 L). Konnte der Besetzungseinwand nicht bis zu diesem Zeitpunkt erhoben werden, sind die Gründe hierfür anzugeben, insbesondere, dass der Mangel erst später erkennbar war.
- Im **Wortlaut** wiederzugeben ist schließlich der **Beschluss**, durch den der erhobene Besetzungseinwand vom Gericht **zurückgewiesen** wurde (BGH NJW 1990, 3219, 3220; 2001 3062).

Siehe auch: → *Rechtsmittel/Rechtsbehelfe, Allgemeines*, Teil A Rdn 1289; → *Revision, Allgemeines*, Teil A Rdn 2006, m.w.N.

2360 Revision, Verfahrensrüge, Beweisantragsrecht (§ 244 Abs. 3 bis 6, § 245)

Das Wichtigste in Kürze:

1. Die Behandlung eines Beweisantrags durch das Gericht kann unter verschiedenen Gesichtspunkten fehlerhaft sein.

2. Zu den allgemeinen Rügevoraussetzungen der Beweisantragsrüge im Revisionsverfahren zählen die Stellung eines Beweisantrags in der HV und das Vorliegen der Rügeberechtigung.
3. Neben den allgemeinen Voraussetzungen einer Verfahrensrüge sind besondere Rügevoraussetzungen bei der Beweisantragsrüge zu beachten.
4. Über die Rüge der fehlerhaften Behandlung eines Beweisantrags hat das Revisionsgericht allein auf der Grundlage der nachgewiesenen Verfahrenstatsachen zu entscheiden.
5. Das Vorliegen eines Verfahrensfehlers kann grds. nur durch das HV-Protokoll und dessen absolute Beweiskraft nach § 274 bewiesen werden.
6. Anhand von Beispielen Erfolg versprechender Rügen zu den einzelnen Ablehnungsgründen des § 244 Abs. 3 bis 6 bzw. des § 245 wird deutlich, an welchen Punkten der Verteidiger mit der Revision ansetzen kann.

Literaturhinweise: **Alsberg**, Der Beweisantrag im Strafprozess, 6. Aufl. 2013; **Becker**, Die Rechtsprechung des BGH zum Beweisantragsrecht, NStZ 2004, 436; **Fezer**, Die „Herabstufung" eines Beweisantrags in der Revisionsinstanz, in: Festschrift für *Meyer-Goßner*, S. 629 ff.; **Hamm/Hassemer/Pauly**, Beweisantragsrecht, 2. Aufl. 2007; **Witting/Junker**, Aktuelle Entwicklungen der BGH-Rspr. zum Beweisantragsrecht, StRR 2011, 288 ff.; s. auch die Hinw. bei → *Revision, Allgemeines*, Teil A Rdn 2006, und bei → *Revision, Verfahrensrüge, Allgemeines*, Teil A Rdn 2307. 2361

1. Die Behandlung eines Beweisantrags durch das Gericht kann unter verschiedenen Gesichtspunkten fehlerhaft sein. Eine Verfahrensrüge in Form der **Beweisantragsrüge** kommt **insbesondere dann** in Betracht, 2362

- wenn ein **Beweisantrag nicht** oder **nicht rechtzeitig beschieden** worden ist,
- wenn der Ablehnungsbeschluss **keine Begründung** enthält oder die im Ablehnungsbeschluss enthaltene Begründung den gesetzlichen Anforderungen nicht genügt,
- wenn der Ablehnungsbeschluss im **Widerspruch mit dem Urteilsinhalt** steht,
- wenn einen **Beweisantrag stattgegeben** wurde, ohne dass der Beweis tatsächlich erhoben worden ist,
- wenn das Gericht seine **Hinweispflichten** verletzt hat.

In allen Fällen der fehlerhaften Behandlung eines Beweisantrags wird die Verfahrensrüge auf eine **Verletzung der §§ 244 Abs. 3 bis 6 bzw. 245** gestützt. Liegt ein **förmlicher Beweisantrag** vor, der fehlerhaft behandelt wurde, bedarf es grds. keiner (zusätzlichen) Aufklärungsrüge nach § 244 Abs. 2 (vgl. *Meyer-Goßner/Schmitt*, § 244 Rn 80). Eine Aufklärungsrüge ist nur dann notwendig, ein Beweisantrag nicht gestellt oder als unzulässig abgelehnt (BGH NStZ 1984, 210 [Pf/M]) bzw. nach Beweisantragsgrundsätzen verbeschieden worden ist (BGH NStZ 2004, 370) und dennoch ein Aufklärungsdefizit vorliegt. Da **Beweisanregungen** und **Beweisermittlungsanträge** keine förmlichen Beweisanträge im Sinne der §§ 244 Abs. 3 bis 6, 245 sind, kann der fehlerhafte Umgang mit ihnen nicht mit einer 2363

Beweisantragsrüge nach den §§ 244 Abs. 3 bis 6, 245, sondern nur mit einer Aufklärungsrüge gerügt werden (vgl. hierzu ausführlich auch unten Rdn 2366; → *Verfahrensrüge, Aufklärungsrüge [§ 244 Abs. 2]*, Teil A Rdn 2329).

2364 Besonders **problematisch** sind die Fälle, in denen der Verteidiger meint, einen förmlichen Beweisantrag gestellt zu haben, das Tatgericht diesen aber nur als Beweisermittlungsantrag angesehen hat oder das Revisionsgericht den Antrag **zum bloßen Beweisermittlungsantrag „herabstuft"** (s. zu dieser Problematik ausführlich *Fezer*, S. 629 ff.). Hier reicht es nicht aus, lediglich eine Verletzung der §§ 244 Abs. 3 bis 6 bzw. 245 zu rügen, da diese Rügen leer laufen, wenn das Revisionsgericht die vom Verteidiger gestellten Anträge lediglich als Beweisermittlungsanträge ansehen sollte.

☝ Es muss deshalb in diesen Fällen **zusätzlich** zur Rüge der fehlerhaften Behandlung des Beweisantrags nach §§ 244 Abs. 3 bis 6 bzw. 245 noch eine Aufklärungsrüge nach § 244 Abs. 2 erhoben werden (BGHSt 39, 251 = NStZ 1993, 550 mit Anm. *Widmaier* = StV 1993, 454 mit Anm. *Hamm*; → *Verfahrensrüge, Aufklärungsrüge [§ 244 Abs. 2]*, Teil A Rdn 2329). Nur dann ist es irrelevant, ob das Revisionsgericht die vom Verteidiger gestellten Anträge als Beweisanträge oder lediglich als Beweisermittlungsanträge ansieht. Geht das Revisionsgericht von förmlichen Beweisanträgen aus, greift die Rüge der Verletzung der §§ 244 Abs. 3 bis 6, 245. Geht das Revisionsgericht hingegen von bloßen Beweisermittlungsanträgen aus, greift die Aufklärungsrüge nach § 244 Abs. 2.

2365 **2.** Zu den **allgemeinen Rügevoraussetzungen** der Beweisantragsrüge im Revisionsverfahren zählen die Stellung eines Beweisantrags in der HV und das Vorliegen der Rügeberechtigung.

2366 **a)** Um eine Rüge nach den §§ 244 Abs. 3 bis 6 bzw. 245 erheben zu können, bedarf es **zwingend** eines **förmlichen Beweisantrags** in der **HV**. Da die fehlerhafte Behandlung eines förmlichen Beweisantrags Gegenstand der Rüge ist, kann sie von vornherein keinen Erfolg haben, wenn lediglich an eine Beweisanregung (vgl. dazu *Burhoff*, HV, Rn 828), einen Beweisermittlungsantrag (s. *Burhoff*, HV, Rn 1007) oder einen tatsächlich (nicht nur angeblich) unzulässigen Beweisantrag angeknüpft wird. Der Verteidiger muss also, wenn er mit einer Rüge nach den §§ 244 Abs. 3 bis 6 bzw. 245 in der Revision erfolgreich an einen Beweisantrag anknüpfen will, die formalen Voraussetzungen des Beweisantrags sorgfältig einhalten. Ein Beweisantrag liegt nur vor, wenn der Antragsteller eine **bestimmte Beweistatsache** behauptet (vgl. BGHSt 37, 162; 39, 251), hierfür ein **bestimmtes Beweismittel** bezeichnet (vgl. BGH NStZ 2009, 649; 2011, 231; NStZ-RR 2014, 251) und die zwischen Beweistatsache und Beweismittel bestehende **Konnexität** (vgl. BGHSt 43, 321, 329 f.; BGH NJW 2001, 3793 f; NStZ 2006, 585 f.; 2009, 171, 172) darlegt. Zudem muss der Beweisantrag **in der HV mündlich gestellt** worden sein. Beweisanträge des Verteidigers und

Entscheidungen des Gerichts im Ermittlungs- und Zwischenverfahren sind in aller Regel der Revision entzogen (*Hamm/Hassemer/Pauly*, Rn 539). Etwas anderes kann nur dann gelten, wenn eine fehlerhafte Entscheidung des Gerichts im Ermittlungs- oder Zwischenverfahren noch bis zum Urteil fortwirkt (*Alsberg*, Rn 1595; zu den inhaltlichen und formellen Anforderungen an einen zulässigen Beweisantrag vgl. ausführlich *Burhoff*, HV, Rn 835 ff.; *Junker*, Rn 24 ff.). Bei Rügen nach § 245 muss außerdem dargelegt werden, dass es sich um ein präsentes Beweismittel gehandelt hat, auf das sich der Beweisantrag bezieht. Da die Vorladung von Beweispersonen im Sinne des § 245 gemäß §§ 220, 38 nur mithilfe eines Gerichtsvollziehers bewirkt werden kann (vgl. BGH NStZ 1981, 401) ist auch die förmliche Ladung nachzuweisen, wenn sie nicht aktenkundig ist und sollte im Revisionsschriftsatz wörtlich wiedergegeben werden (vgl. BGH StraFo 2012, 145).

b)aa) Rügeberechtigt ist stets derjenige, der einen Beweisantrag gestellt hat, wobei der **Angeklagte und sein Verteidiger** insoweit als Einheit angesehen werden (*Alsberg*, Rn 1615). Haben sich der Angeklagte bzw. sein Verteidiger **Beweisanträgen** anderer Verfahrensbeteiligter (z.B. StA oder Mitangeklagte) **angeschlossen**, besteht auch insoweit das Recht, eine fehlerhafte Behandlung dieser Beweisanträge zu rügen (*Hamm/Hassemer/Pauly*, Rn 533). Allerdings erkennt die Rspr. unabhängig von einer Anschlusserklärung auch dann eine Rügeberechtigung an, wenn Beweisanträge von anderen Verfahrensbeteiligten gestellt wurden, die zugunsten des Revisionsführers wirken (BGHSt 32, 10, 12; BGH NStZ 1981, 96 [Pf]; StV 1987, 189; *Meyer-Goßner/Schmitt*, § 244 Rn 84; LR-*Becker*, § 244 Rn 374; *Alsberg*, Rn 1620). 2367

Die **StA** kann grds. unabhängig von einer Beschwer die Verletzung der §§ 244 Abs. 3 bis 6, 245 rügen. Dies gilt allerdings nicht, wenn seitens der StA nur Revision zugunsten des Angeklagten eingelegt wurde (*Eisenberg*, Rn 299). Auch die fehlerhafte Anwendung von Rechtsnormen, die den Angeklagten schützen soll, wie z.B. die Wahrunterstellung eines Beweisantrags gemäß § 244 Abs. 3 S. 2 kann vonseiten der StA nicht mit dem Ziel der Urteilsaufhebung zuungunsten des Angeklagten gerügt werden (BGH NStZ 1984, 564; LR-*Becker*, § 244 Rn 374). 2368

bb) Die **Rügeberechtigung** setzt grds. **nicht voraus**, dass der Revisionsführer im Rahmen der HV bereits die **fehlerhafte Behandlung** seines Beweisantrags **beanstandet** hat (BGH NStZ 2004, 436 [B]; KK-*Herdegen*, 5. Aufl., § 244 Rn 108). Die Rspr. hat jedoch in einigen Fällen die Rügeberechtigung des Revisionsführers gleichsam als verwirkt angesehen, wenn er einem **Missverstehen** (BGH StV 1989, 465 mit abl. Anm. *Schlothauer*; BGH NStZ-RR 2004, 370) seines Antrags bzw. der unvollständigen (OLG Düsseldorf VRS 85, 358), veränderten (BGHR § 244 Abs. 6, Entscheidung 2) oder einengenden (BGH StV 2001, 436 und 505) Befolgung des Beweisantrags oder seiner fehlerhaften Wahrunterstellung (BGHR § 244 Abs. 2, Wahrunterstellung 4) nicht bereits in der HV entgegengetreten ist. Beim **Austausch des Beweismittels** hat die Rspr. im Einzelfall 2369 die Herbeiführung eines Gerichtsbeschlusses gemäß § 238 Abs. 2 in der HV als Voraussetzung für eine spätere Revisionsrüge gefordert (BGH StV 1983, 6 mit abl. Anm. *Schlothauer*; abl. auch KK-*Herdegen*, 5. Aufl., § 244 Rn 108 und *Eisenberg*, Rn 300a).

2370 **3.** Neben den allgemeinen Voraussetzungen einer Verfahrensrüge (→ *Verfahrensrüge, Begründung, Allgemeines*, Teil A Rdn 2307) sind **besondere Rügevoraussetzungen** zu beachten, denen die Revisionsbegründungsschrift in Anwendung des § 344 Abs. 2 bei der Erhebung der Beweisantragsrüge genügen muss. Im Hinblick auf das i.S.d. § 344 Abs. 2 S. 2 **notwendige Rügevorbringen** gilt Folgendes:

2371 **a)** Die **rechtsfehlerhafte Behandlung** eines Beweisantrags kann in dem **Unterlassen der Bescheidung**, in der **Nichtausführung** einer auf den Antrag beschlossenen Beweiserhebung oder in der **mangelhaften Ablehnung** des Antrags bestehen (*Meyer-Goßner/Schmitt*, § 244 Rn 83). Für die Rüge der fehlerhaften Behandlung eines Beweisantrags, ist im Revisionsschriftsatz neben den unter Rdn 2373 f. und Rdn 2375 ff. aufgeführten Besonderheiten **stets Folgendes** zu **beachten**:

2372 **Allgemeine Darstellungsanforderungen**

- Wird die **Nichtbescheidung** des Beweisantrags gerügt, muss der gestellte Beweisantrag samt Begründung zumindest inhaltlich, besser wörtlich, mitgeteilt werden (*R. Hamm*, Revision, Rn 660 m.w.N.). Zusätzlich muss angegeben werden, dass über den Beweisantrag nicht entschieden und diesem auch nicht nachgegangen wurde. Ferner sollte das Beweisziel, also die Schlussfolgerung, die das Gericht aus der Beweiserhebung ziehen sollte, näher ausgeführt werden, wenn sich dieses nicht bereits aus dem Beweisantrag oder seiner Begründung unmittelbar ergibt. Schließlich ist bestimmt zu behaupten, welches dem Betroffenen günstige mutmaßliche Beweisergebnis die unterlassene Beweiserhebung ergeben hätte.
- Wird die **fehlerhafte Ablehnung** des Beweisantrags gerügt, muss der Inhalt des Antrags (Beweistatsache und Beweismittel) einschließlich seiner Begründung, sowie der Inhalt des gerichtlichen Ablehnungsbeschlusses mitgeteilt werden. Beides am besten wörtlich, zumindest aber inhaltlich vollständig (vgl. BGH NStZ 1986, 519; 1987, 36; 1999, 399; Urt. v. 13.2.1992 – 4 StR 549/91; *Meyer-Goßner/Schmitt*, § 244 Rn 85). Fehlt es daran, kann nicht geprüft werden, ob es sich überhaupt um einen förmlichen Beweisantrag oder lediglich um einen Beweisermittlungsantrag bzw. eine Beweisanregung gehandelt hat (BGH StraFo 2004, 354, 355). Zusätzlich müssen die die Fehlerhaftigkeit des Ablehnungsbeschlusses ergebenden Tatsachen mitgeteilt werden (BGHSt 3, 213; *Meyer-Goßner/Schmitt*, § 244 Rn 85). Auch hier sollte das Beweisziel dargelegt werden, wenn dieses nicht bereits aus dem Beweisantrag oder seiner Begründung unmittelbar ersichtlich ist. Schließlich ist konkret und bestimmt das dem Betroffenen günstige mutmaßliche Beweisergebnis der unterlassenen Beweiserhebung zu behaupten.

☝ Auch wenn die Rspr. nur die inhaltliche Wiedergabe des Beweisantrags und des Ablehnungsbeschlusses bzw. weiterer für die Verfahrensrüge wichtiger Schriftstücke fordert (vgl. etwa BGH NStZ-RR 2005, 1), sollte der Verteidiger auf „Nummer sicher" gehen und den Antrag, den Beschluss und evtl. notwendige weitere Schriftstücke **stets im Wortlaut** wiedergeben, wenn er die fehlerhafte Behandlung eines Beweisantrags rügen will. Er läuft sonst Gefahr etwas zu vergessen, mit der Folge, dass die Rüge als unzulässig verworfen wird.

- Eine Verfahrensrüge, mit der die **Ablehnung** eines **Hilfsbeweisantrags** gerügt wird, ist dagegen schon dann zulässig erhoben, wenn sich der Inhalt des Beweisantrags und seiner Bedingung (BGH NStZ-RR 2013, 349) sowie die hierzu ergangene Entscheidung des Gerichts aus den schriftlichen Urteilsgründen ergeben und diese dem Revisionsgericht durch eine zulässig erhobene (allgemeine) Sachrüge zugänglich gemacht wurden (BGH StraFo 2004, 245).
- Soll die **Nichtbenutzung** eines **präsenten Beweismittels** als Verstoß gegen § 245 Abs. 1 gerügt werden, müssen die Ladung durch das Gericht und das Erschienensein der Beweisperson dargelegt werden (OLG Düsseldorf StV 2001, 106).

b) Wird über einen in der HV gestellten Beweisantrag **nicht**, wie in § 244 Abs. 6 vorgesehen, durch **Gerichtsbeschluss entschieden**, gelten im Rahmen der Revision folgende 2373

Besonderheiten bei der Nichtbescheidung eines Beweisantrags: 2374

- Die **Rüge der Nichtbescheidung** eines Antrags ist auf § 244 Abs. 6 zu stützen. Sie kommt immer dann in Betracht, wenn ein förmlicher **Beweisantrag vollständig übergangen** worden ist (vgl. hierzu BGH NStZ 2003, 562 = StV 2003, 318; StV 1999, 359; BGH 4 StR 405/00). Hierbei ist zu beachten, dass ein Verstoß gegen § 244 Abs. 6 nicht vorliegen kann, wenn der Antrag des Beschwerdeführers nicht sämtliche Voraussetzungen eines förmlichen Beweisantrags erfüllt, z.B. weil es an der konkreten Benennung eines bestimmten Beweismittels oder Beweisthemas fehlt (vgl. LR-*Becker*, § 244 Rn 372). Des Weiteren kann die Nichtbescheidung eines Beweisantrags nur dann als Verstoß gegen § 244 Abs. 6 gerügt werden, wenn sich im HV-Protokoll kein Eintrag findet, aus dem sich eine Verbescheidung des Antrags bzw. die Erhebung der in dem Beweisantrag angebotenen Beweise ergibt. Diese Tatsache hat der Revisionsführer ausdrücklich zu behaupten.

☝ **Besonders problematisch** ist bei der Rüge der Nichtbescheidung eines Beweisantrags die Frage, ob das **Urteil gem. § 337 auf diesem Rechtsfehler beruht** (vgl. hierzu BGH NStZ 1983, 422; BGH BGHR StPO § 244 Abs. 6 Entscheidung 8; BGHR StPO § 244 VI Entscheidung 9; BGH NStZ-RR 2006, 338). Das Beruhen des Urteils auf dem Rechtsfehler wird insbesondere dann fraglich sein, wenn der

Beweisantrag unter Heranziehung der Ablehnungsgründe des §§ 244 Abs. 3 bis 5 und 245 rechtsfehlerfrei hätte abgelehnt werden dürfen (vgl. auch *Hamm/Hassemer/Pauly*, Rn 529). Dieser Ansatz kommt allerdings nur in den Fällen in Betracht, in denen der Antragsteller durch die unterbliebene Bescheidung seines Beweisantrags unter keinen Umständen behindert worden sein kann (BGH MDR 1971, 18 [D]; OLG Frankfurt/Main StV 1981, 172; LR-*Becker*, § 244 Rn 377).

- Einer **Beanstandung** nach § 238 Abs. 2 StPO bedarf das Unterlassen der Verbescheidung eines Beweisantrages nicht (BGH NJW 2011, 2821). Dass der Angeklagte oder sein Verteidiger die Pflicht haben, eine **Entscheidung** über ihre Beweisanträge **anzumahnen**, wenn diese beim Gericht in Vergessenheit geraten sind, wird überwiegend verneint (LR-*Becker*, § 244 Rn 371; *Schlothauer*, StV 1989, 466; *Hamm/Hassemer/Pauly*, Rn 528; KK-*Krehl*, § 244 Rn 123). Allerdings sind gewisse Tendenzen in der Rspr. sichtbar, bei unterlassener Verteidigerreaktion auf Entscheidungen des Gerichts eine Revisibilität zu verneinen (vgl. hierzu z.B. BGH NStZ 2003, 381; StraFo 2004, 204;). Übertragen auf die Nichtbescheidung eines Beweisantrags würde sich aus diesen Tendenzen auch eine Obliegenheit des Verteidigers folgern lassen, die Bescheidung seines Antrags bereits in der HV anzumahnen. Will der Verteidiger das Gericht allerdings nicht unmittelbar auf seinen Fehler hinweisen, kann er diesem Dilemma z.B. dadurch zu entgehen versuchen, dass er seinen Beweisantrag entweder von vornherein mit einer geeigneten Bedingung versieht oder einen möglicherweise bereits in Vergessenheit geratenen unbedingten Beweisantrag nochmals als bedingten Beweisantrag stellt. Aus der Nichtbescheidung eines solchen bedingten Antrags darf der Verteidiger schließen, dass lediglich die Bedingung nicht eingetreten ist. Er muss nicht annehmen, dass das Gericht einen seiner Anträge tatsächlich vergessen hat.

2375 **c)** Sofern das Gericht einen **Ablehnungsbeschluss** gem. § 244 Abs. 6 erlässt, **variieren** die **Rügevoraussetzungen**, das notwendige Revisionsvorbringen und die Ansatzpunkte für Erfolg versprechende Revisionsrügen bei den **unterschiedlichen Ablehnungsgründen** des **§ 244 Abs. 3 bis 5** stark (zu den Ablehnungsgründen a. *Burhoff*, HV, Rn 858 ff.). Im Einzelnen gilt Folgendes:

2376 **Unzulässigkeit der Beweiserhebung:**

- Die **Rüge** der **Unzulässigkeit** der **Beweiserhebung** kann in der Revision in zwei Richtungen ausgestaltet sein:
  - Zum einen kann gerügt werden, dass eine Beweiserhebung durchgeführt wurde, obwohl diese tatsächlich, z.B. wegen des Vorliegens eines Beweisverbotes unzulässig gewesen wäre.

  - Zum anderen kann gerügt werden, dass ein Beweisantrag zu Unrecht als unzulässig abgelehnt worden ist, die Beweiserhebung also entgegen der Ansicht des Gerichts tatsächlich zulässig gewesen wäre.
- In diesen Fällen muss in der Revision der **Sachverhalt vollständig vorgetragen** werden, der die Unzulässigkeit bzw. Zulässigkeit der Beweiserhebung belegt. Vorliegend ist vor allem die zweite Variante, in der ein tatsächlich zulässiger Beweisantrag rechtsfehlerhaft als unzulässig abgelehnt worden ist von Interesse, da der Verteidiger die Erhebung unzulässiger, also z.B. durch ein Beweisverbot gesperrter Beweise regelmäßig nicht mittels eines Beweisantrags verlangen wird. Nimmt allerdings das Gericht zu Unrecht ein Beweisverbot bei einer vom Verteidiger beantragten Beweiserhebung über eine entlastende Zeugenaussage an, wird die Rüge der fehlerhaften Behandlung des Beweisantrags in Betracht gezogen werden müssen.

Offenkundigkeit der Beweistatsache: 2377

- Ein Ablehnungsantrag, der die **Offenkundigkeit** einer unter Beweis gestellten Tatsache annimmt, wird regelmäßig nicht Gegenstand einer Revisionsrüge sein, da dieses Ergebnis dem Angeklagten und seinem Verteidiger nützt. Allerdings kann ein Beweisantrag auch dann abgelehnt werden, wenn das **Gegenteil der Beweistatsache offenkundig** ist. Dieser Ablehnungsgrund kann den Interessen des Angeklagten zuwiderlaufen, sodass die Revision sich dagegen richten müsste, die vom Tatgericht angenommene Offenkundigkeit des Gegenteils einer Beweistatsache zu widerlegen. Die Revision muss in diesem Fall alle Tatsachen darlegen, aus denen sich ergibt, dass das Gegenteil der im Beweisantrag behaupteten Beweistatsache weder allgemein- noch gerichtskundig ist.

Bedeutungslosigkeit der Beweistatsache: 2378

- Lehnt das Tatgericht einen Beweisantrag mit der Begründung ab, die unter Beweis gestellte **Tatsache** sei für die Entscheidung **ohne Bedeutung**, muss der Ablehnungsbeschluss begründet werden und erkennbar machen, ob die Beweistatsache aus rechtlichen oder aus tatsächlichen Gründen als bedeutungslos angesehen wird (vgl. BGH StV 2002, 181; BGH NStZ 1997, 27 [K]; BGHR StPO § 244 Abs. 3 S. 2 Bedeutungslosigkeit 9; LR-*Becker*, § 244 Rn 225 m.w.N.). Für die Revision ergeben sich daraus folgende Anknüpfungspunkte:
  - Enthält der Ablehnungsbeschluss bereits **keine ausreichende Begründung**, warum die unter Beweis gestellte Tatsache bedeutungslos sein soll, begründet dies bereits für sich genommen die Revision.
  - Hat das Tatgericht in der Begründung seines Ablehnungsbeschlusses angenommen, die Beweistatsache sei **aus rechtlichen Gründen bedeutungslos**, muss in der Revision dahin gehend argumentiert werden, dass es für den Schuld- bzw. den

Rechtsfolgenausspruch entgegen der Ansicht des Tatgerichts eben gerade doch auf die Beweistatsache ankommt.

- Stützt sich der Ablehnungsbeschluss darauf, dass die Beweistatsache **aus tatsächlichen Gründen bedeutungslos** sein soll, sind die Begründungsanforderungen für den Tatrichter besonders hoch (vgl. hierzu z.B. BGH StV 1991, 408; LR-*Becker*, § 244 Rn 225). Er muss darlegen, dass die behauptete Beweistatsache die Entscheidung des Gerichts unter keinen Umständen zu beeinflussen vermag (vgl. BGH NJW 1988, 501; NStZ 1982, 126; StV 1981, 271; 1992, 259; *Meyer-Goßner/Schmitt*, § 244 Rn 56 m.w.N.). Die Revision kann somit sowohl bei der Frage anknüpfen, ob eine ausreichend **aussagekräftige Begründung** des Ablehnungsbeschlusses vorliegt, als auch die Begründung des Ablehnungsbeschlusses mit dem Inhalt der Urteilsgründe vergleichen. Die Beweiswürdigung im Urteil darf die in einem Ablehnungsbeschluss als bedeutungslos bezeichneten Tatsachen nicht aufgreifen und auch nicht vom Gegenteil einer solchen Tatsache ausgehen (vgl. *Hamm/Hassemer/Pauly*, Rn 510; aus der Rspr. vgl. z.B. BGH NJW 2000, 370, 371; NStZ 2000, 267, 268; 1999, 578, 579; StV 1993, 173; 1996, 648, 649; 2002, 181; 2001, 96).

2379 **Erwiesensein der Beweistatsache:**

- Der Ablehnungsbeschluss bedarf keiner eingehenden Begründung, wenn das Gericht eine unter Beweis gestellte **Tatsache bereits als erwiesen** ansieht. In diesem Fall kann sich die Begründung des Ablehnungsbeschlusses auf die **Wiedergabe des Gesetzeswortlauts** beschränken. Es muss nicht dargelegt werden, warum das Gericht eine Tatsache als erwiesen ansieht.
- In der Revision kann deshalb nur gerügt werden, dass eine als erwiesen erachtete Tatsache dem Urteil nicht entsprechend zugrunde gelegt worden ist. Das Gericht muss in seinem Urteil von einer als erwiesen erachteten Tatsache uneingeschränkt, das heißt ohne Veränderung oder Einengung ausgehen. Verstößt es hiergegen, liegt ein Verfahrensfehler vor (BGHR § 244 Abs. 3 S. 2 erwiesene Tatsache 2; KK-*Krehl*, § 244 Rn 148; *Hamm/Hassemer/Pauly*, Rn 512).

2380 **Ungeeignetheit des Beweismittels:**

- Da die völlige **Ungeeignetheit** eines **Beweismittels** nur in Ausnahmefällen vorliegen wird, muss das Gericht einen diesbezüglichen Ablehnungsbeschluss eingehend begründen und darlegen, woraus sich die tatsächliche Wertlosigkeit des angebotenen Beweismittels ergeben soll (LR-*Becker*, § 244 Rn 243 m.w.N.). Die **Darlegungsanforderungen** an die Revisionsbegründung hängen von der Art des angebotenen Beweismittels ab. Der Verteidiger muss alle Tatsachen mitteilen, aus denen sich ergibt, dass das angebotene Beweismittel entgegen der Ansicht des Gerichts gerade nicht völlig ungeeignet ist, den angebotenen Beweis zu erbringen.

Unerreichbarkeit des Beweismittels: 2381

- Lehnt das Gericht einen Beweisantrag wegen **Unerreichbarkeit** des **Beweismittels** ab, muss es im Ablehnungsbeschluss begründen, ob das Beweismittel aus rechtlichen oder tatsächlichen Gründen nicht zur Verfügung stand (LR-*Becker*, § 244 Rn 246 f., 264). Der Ablehnungsbeschluss kann somit schon deshalb rechtsfehlerhaft sein, weil er eine solche Begründung nicht im notwendigen Umfang enthält. Der Verteidiger muss dann in der Revision darlegen, warum das Beweismittel tatsächlich nicht unerreichbar war bzw. welche konkreten Aktivitäten das Gericht zur Herbeischaffung des Beweismittels (noch) hätte vornehmen können und müssen (vgl. hierzu BGH NStZ 1997, 73 [K]; BGH StV 1999, 195; BGHR StPO § 247a Audiovisuelle Vernehmung 5).

Verschleppungsabsicht: 2382

- Ein Ablehnungsbeschluss, mit dem ein Beweisantrag wegen **Verschleppungsabsicht** abgelehnt werden soll, muss besonderen Anforderungen genügen. Das Gericht muss in der Begründung seines Ablehnungsbeschlusses alle Umstände aufzeigen, die aus seiner Sicht die Verschleppungsabsicht belegen und darf sich **nicht** auf **formelhafte Wendungen** beschränken (LR-*Becker*, § 244 Rn 286). Das heißt, dass im Ablehnungsbeschluss dargelegt werden muss, dass die Durchführung der Beweisaufnahme das Verfahren mehr als nur unwesentlich verzögern würde, dass das Ergebnis der Beweisaufnahme die Entscheidung nicht beeinflussen könnte und dass sich auch der Antragsteller keine Förderung des Verfahrens von der Beweiserhebung versprochen hätte (LR-*Becker*, § 244 Rn 286).
- Nimmt der Ablehnungsbeschluss nicht zu allen diesen Umständen Stellung, liegt bereits hierin ein Mangel, der mit der Revision geltend gemacht werden kann (vgl. auch *Hamm/Hassemer/Pauly*, Rn 507). Liegt jedoch eine Stellungnahme zu allen für die Frage der Verschleppungsabsicht relevanten Punkten vor, muss die Revision darlegen, dass der **prozessuale Sachverhalt** im **Ablehnungsbeschluss unrichtig wiedergegeben** worden ist. Das heißt, der Verteidiger muss in der Revisionsbegründung erschöpfende Ausführungen zur Frage des Verzögerungseffektes der Beweiserhebung, zur Bedeutsamkeit des zu erwartenden Beweisergebnisses und zur Intention des Antragstellers machen (vgl. zu den Darlegungsanforderungen BGH NStZ 1994, 47 = BGHR § 344 Abs. 2 S. 2 Prozessverschleppung 1).

☝ Zu **beachten** ist jedoch, dass nach der neueren Rspr. des BGH das Gericht nach Abschluss der aus seiner Sicht für erforderlich gehaltenen Beweiserhebungen die übrigen Verfahrensbeteiligten unter **Fristsetzung** auffordern kann, etwaige Beweisanträge zu stellen (vgl. hierzu ausführlich BGHSt 51, 333; BGH NJW 2005, 2466; NStZ 2007, 716; StV 2008, 9; zuletzt sehr konkret BGHSt 52, 355 sowie BGHSt 54, 39; *Witting/*

Junker, StRR 2011, 288 f.; *Burhoff*, HV, Rn 3179 ff.). Werden Anträge nicht innerhalb der gesetzten Frist gestellt, hat der Antragsteller die Gründe hierfür substantiiert darzulegen. Besteht aus der Sicht des Gerichts kein nachvollziehbarer Grund für die verfristete Antragstellung, kann der Antrag – falls nicht die Aufklärungspflicht des § 244 Abs. 2 entgegensteht – wegen Verschleppungsabsicht abgelehnt werden (vgl. insbesondere BGHSt 51, 333). Dies gilt explizit auch für **Hilfsbeweisanträge**, obwohl diese stets erst nach der Fristsetzung im Rahmen des Plädoyers gestellt werden (BGH, a.a.O.).

Der 5. Strafsenat hat allerdings (BGHSt 54, 39) ausgeführt, dass eine Fristsetzung regelmäßig **erst nach zehn HV-Tagen** in Betracht kommen soll. Des Weiteren soll eine Fristsetzung überhaupt nur bei bestimmten **Anzeichen für eine Verschleppungsabsicht** im bisherigen Verteidigungsverhalten möglich sein. Diese Anzeichen hat der Vorsitzende im Zusammenhang mit der Anordnung der Frist entsprechend zu benennen. Dies hat das Bundesverfassungsgericht bestätigt (BVerfG NJW 2010, 2036).

2383 **Wahrunterstellung:**

- Wird in einem Ablehnungsbeschluss die unter Beweis gestellte **Tatsache als wahr unterstellt**, ist ebenso wie bei der Ablehnung wegen Erwiesenheit der Beweistatsache, eine über den Wortlaut des Gesetzes hinausgehende **Begründung nicht erforderlich** (*Alsberg*, Rn 1441 m.w.N.; LR-*Becker*, § 244 Rn 305). Ansatzpunkte für die Revision können sich deshalb nur ergeben, wenn das Gericht im Verlauf der HV von der Wahrunterstellung abgewichen ist und den Antragsteller hierauf nicht hingewiesen hat (vgl. LR-*Becker*, § 244 Rn 306), oder wenn das Gericht die als wahr unterstellte Tatsache seinem Urteil nicht uneingeschränkt zugrunde legt (vgl. BGH NStZ 1989, 129 mit Anm. *Volk*; NStZ 1991, 546 = StV 1991, 503; BGH wistra 1990, 196; BGHR § 244 Abs. 3 S. 2 StPO Wahrunterstellung 21).
- Ein **Verstoß gegen** die **Wahrunterstellung** liegt z.B. dann vor, wenn die Urteilsgründe im Widerspruch zu den als wahr unterstellten Tatsachen stehen (vgl. BGH StV 1995, 172; NStZ-RR 1998, 13) oder wenn die als wahr unterstellten Tatsachen dadurch relativiert werden, dass sie lediglich als möglich bezeichnet werden (vgl. BGHSt 1, 137, 139). Ein weiterer Ansatzpunkt für die Revision kann auch darin liegen, dass sich das Gericht in den Urteilsgründen überhaupt nicht mit einer als wahr unterstellten Tatsachenbehauptung auseinandergesetzt hat (vgl. BGHR § 244 Abs. 3 S. 2 Wahrunterstellung 5, 12 und 13).

☝ Nach **der Rspr.** des 5. Strafsenats des BGH ist das Gericht aber nicht unwiderruflich an eine einmal vorgenommene Wahrunterstellung gebunden. Vielmehr soll es zu einer **nachträglichen Änderung von Ablehnungsgründen** befugt sein. Inwieweit der Angeklagte allerdings auf eine solche nachträgliche Änderung des Ablehnungsgrundes und damit ein Abrücken von der Wahrunterstellung hinzuweisen ist, wird unterschiedlich beurteilt. In seiner Entscheidung vom 21.6.2007 hat der 5. Strafsenat (BGH NJW 2007, 2566) ausgeführt, dass das Gericht den Angeklagten nicht im Urteil damit überraschen darf, dass es eine zunächst als wahr unterstellte Tatsache nunmehr als bereits erwiesen ansehen will, vielmehr müsse es den Angeklagten darauf in der HV hinweisen. Der Unterschied zwischen der Wahrunterstellung und der Ablehnung des Beweisantrags wegen Erwiesenheit der Beweistatsache liegt darin, dass sich bei der Wahrunterstellung Schlussfolgerungen zulasten des Angeklagten verbieten; nur entlastende Tatsachen dürfen als wahr unterstellt werden. Der Angeklagte genießt deshalb insoweit einen Vertrauensschutz, der nur durch einen **gerichtlichen Hinweis während der laufenden HV** beseitigt werden kann. Etwas anderes soll jedoch nach einer weiteren Entscheidung des 5. Strafsenats (BGHR § 244 III 2 Wahrunterstellung 40) gelten, wenn eine zunächst als wahr unterstellte Beweistatsache später im Urteil als bedeutungslos behandelt wird: Eine solche Wahrunterstellung, die „sich im Urteil nicht mehr günstig für den Angeklagten auf die Schuld- und Rechtsfolgenfrage ausgewirkt hat, mithin bedeutungslos war, nötigte das LG nicht zu einem Hinweis vor Urteilsverkündung.“ (vgl. aber auch noch BGH StraFo 2012, 230; StRR 2012, 302; *Burhoff*, HV, Rn 886 ff.).

Sachverständigenbeweis: 2384

- Sind aus der Sicht des Verteidigers Beweisanträge auf Einholung eines Sachverständigengutachtens zu Unrecht abgelehnt worden, ergeben sich ebenfalls weitreichende Anknüpfungspunkte in der Revision. Hierbei ist zu unterscheiden zwischen der Ablehnung eines Sachverständigenbeweises aufgrund **eigener Sachkunde** des Gerichts und der Ablehnung eines Beweisantrags auf einen **weiteren Sachverständigen** (zum SV-Beweis *Burhoff*, EV, Rn 3307 u. *Burhoff*, HV, Rn 2436).

Eigene Sachkunde des Gerichts: 2385

- Ist der Beweisantrag auf Einholung eines Sachverständigengutachtens unter **Berufung auf die eigene Sachkunde** abgelehnt worden, sind in der Revision der Ablehnungsbeschluss und der Urteilsinhalt daran zu messen, ob das Gericht sich die behauptete eigene Sachkunde, also die Entscheidung der Beweisfrage ohne Rückgriff auf Fachleute, zutrauen durfte. Hierbei müssen der Ablehnungsbeschluss und das Urteil immer im Zusammenhang gesehen werden, da die Rspr. es zulässt, dass der Ablehnungsbeschluss sich auf die Angabe des Ablehnungsgrundes beschränkt und die erforderlichen inhaltlichen Ausführungen später im Urteil „nachgeschoben“ werden (BGHSt 12, 18, 20; LR-*Becker*, § 244 Rn 326).
- Bei der **Annahme eigener Sachkunde** wird den Gerichten ein **weiter Spielraum** zugestanden (vgl. BGHSt 23, 12; LR-*Becker*, § 244 Rn 323, 339). Die Revision

muss deshalb eingehend darlegen, warum die Beweisfrage nur von Angehörigen einer wissenschaftlichen Fachdisziplin hätte beurteilt werden können. Dieser Nachweis wird regelmäßig schwierig zu führen sein, weil der Verteidiger mit seiner Revisionsbegründung die Komplexität einer Beweisfrage aufzeigen muss. Ideal ist es, wenn sich der Verteidiger hierfür eines **Privatgutachtens** bedienen kann, in dem die Komplexität der Beweisfrage aufgearbeitet wird. Dieses Privatgutachten kann er dann zum Gegenstand seiner Revisionsrüge machen (vgl. hierzu *Hamm/Hassemer/Pauly*, Rn 520).

2386 **Weiterer Sachverständiger:**

- Hat das Gericht es abgelehnt, einen **weiteren Sachverständigen** zu einer Beweisfrage zu bestellen, ergeben sich in der Revision nur eingeschränkt Anknüpfungspunkte (zum „Obergutachter“ *Burhoff*, EV, Rn 2715 u. *Burhoff*, HV, Rn 1963). Die Problematik liegt darin, dass das Gericht ja bereits einen Sachverständigen angehört und somit die erforderliche Sachkunde zur Beantwortung einer Beweisfrage erworben hat, wenn auch mit einem aus der Sicht des Angeklagten nicht zufrieden stellenden Ergebnis. In der Revision kann deshalb nur die fehlerhafte Anwendung des Ablehnungsgrundes des § 244 Abs. 4 S. 2 gerügt werden.
- Bestehen aus der Sicht der Verteidigung **Zweifel an der Sachkunde des (ersten) Gutachters** kann dem entsprechend nur gerügt werden, dass das Gericht diese Zweifel zu Unrecht nicht geteilt hat. Die Zweifelhaftigkeit der Sachkunde muss der Verteidiger mit allein schriftlichen Quellen belegen, da in der Revision eine Rekonstruktion der HV nicht stattfindet. Er kann sich also allein auf den Ablehnungsbeschluss, das Urteil und das schriftliche Gutachten o.ä. stützen. Sieht das Gericht mögliche Zweifel an der Sachkunde des Gutachters im Ablehnungsbeschluss durch das mündlich erstattete Gutachten als ausgeräumt an, wird die Revisionsrüge ins Leere laufen (vgl. *Hamm/Hassemer/Pauly*, Rn 523).
- Hat sich das Gericht in seinem Ablehnungsbeschluss darauf gestützt, dass das **Gegenteil der unter Beweis gestellten Tatsache** bereits durch das frühere Gutachten belegt sei, darf es sich zu diesem Ablehnungsbeschluss im Urteil nicht in Widerspruch setzen. Liegt jedoch ein solcher Widerspruch vor, kann dies die Verfahrensrüge begründen (vgl. *Hamm/Hassemer/Pauly*, Rn 524).
- Soweit ein Beweisantrag auf Einholung eines weiteren Sachverständigengutachtens damit begründet worden ist, dass der weitere Sachverständige über **überlegene Forschungsmittel** verfüge, kann mit der Revision gerügt werden, dass in einem Ablehnungsbeschluss die Bedeutung des Rechtsbegriffs „überlegene Forschungsmittel“ verkannt worden ist (vgl. *Hamm/Hassemer/Pauly*, Rn 524).

Besonderes Rügevorbringen beim Sachverständigenbeweis: 2387

- Bei Beweisanträgen auf Einholung eines (ersten oder weiteren) Sachverständigengutachtens gelten **Besonderheiten** beim **Rügevorbringen**. Über die Wiedergabe des Beweisantrags und des Ablehnungsbeschlusses hinaus ist regelmäßig die eingehende Darlegung **weiterer Tatsachen** erforderlich. Hierzu folgende

Beispiele:

- Setzt ein Sachverständigengutachten die Bereitschaft zur **Mitwirkung anderer Prozessbeteiligter** (z.B. des Geschädigten) oder Dritter voraus, muss mit der Revisionsbegründung dargelegt werden, dass diese Personen zur Mitwirkung an dem Gutachten bereit gewesen wären. Fehlt dieses Rügevorbringen ist eine entsprechende Verfahrensrüge unzulässig (BGH 1 StR 284/04).
- Nimmt ein Beweisantrag auf Einholung eines weiteren Sachverständigengutachtens auf ein **früheres Gutachten** Bezug, um z.B. die Widersprüchlichkeiten dieses Gutachtens aufzuzeigen, muss dieses frühere Gutachten in der Revisionsbegründung vollständig wiedergegeben werden (BGH NStZ 2002, 659; StV 1999, 195; 1996, 529; 2006, 62; NStZ-RR 2003, 371; NStZ 2005, 265.
- Wird gerügt, ein Sachverständiger habe **wesentliche Anknüpfungstatsachen** in seinem Gutachten unberücksichtigt gelassen, sind die als wesentlich erachteten Anknüpfungstatsachen in der Revisionsbegründung im Einzelnen darzulegen (BGH StV 2003, 430).

☝ Zu beachten ist allerdings, dass **nicht** das **schriftliche Gutachten** die **Grundlage** des **Urteils** bildet, sondern hierfür allein das in der HV erstattete mündliche Gutachten maßgeblich ist. So können z.B. Zweifel an der Sachkunde des Gutachters oder Widersprüchlichkeiten des schriftlichen Gutachtens durch die mündliche Erstattung des Gutachtens ausgeräumt worden sein. Eine sich nur auf das schriftliche Gutachten stützende Revision liefe somit ins Leere (vgl. hierzu BGH wistra 2004, 339 sowie *Becker* NStZ 2004, 436). Der Verteidiger darf sich deshalb nicht mit der bloßen Wiedergabe des schriftlichen Urteils in der Revisionsbegründung begnügen, sondern muss auch darlegen, dass der Gutachter im Rahmen der mündlichen Erstattung des Gutachtens nicht von dem schriftlichen Gutachten abgewichen ist.

4. Über die Rüge der fehlerhaften Behandlung eines Beweisantrags hat das Revisionsgericht **allein auf** der **Grundlage** der **nachgewiesenen Verfahrenstatsachen** zu **entscheiden**. Es prüft deshalb z.B. nicht die tatsächlichen Umstände, die zur Ablehnung eines Beweisantrags geführt haben. Der Inhalt eines Beweisantrags und eines Ablehnungsbeschlusses sind für das Revisionsgericht in der Form verbindlich, wie sie Eingang in die 2388

HV gefunden haben. Daraus folgt, dass das Tatgericht **keine neuen Ablehnungsgründe** im Urteil **nachschieben** kann (BGH NStZ 1982, 41; LR-*Becker*, § 244 Rn 369, 375). Dennoch vom Tatgericht im Urteil nachgeschobene Gründe sind im Revisionsverfahren unbeachtlich. Auch ist es dem Revisionsgericht grds. verwehrt, einen Ablehnungsgrund, den das Tatgericht angenommen hat, nachträglich gegen einen anderen **Ablehnungsgrund auszutauschen** (BGH NStZ 2000, 437; 2003, 101, 102; *Meyer-Goßner/Schmitt*, § 244 Rn 86; LR-*Becker*, § 244 Rn 375). Hiervon ist der BGH im Fall der Verschleppungsabsicht allerdings schon abgewichen und hat angenommen, dass die Ablehnung eines Beweisantrags wegen Verschleppungsabsicht auch die Ablehnung nach § 244 Abs. 5 S. 2 beim Auslandszeugen mit umfasse (BGH StV 1994, 635 mit abl. Anm. *Müller*; zum Verhältnis von Verschleppungsabsicht und Wahrunterstellung vgl. BGH NStZ 1997, 28 [K]).

☝ Zu beachten ist, dass das Revisionsgericht bei bloßen **Beweisermittlungsanträgen** eine **weitreichende Überprüfung** der Ablehnungsmöglichkeiten für sich in Anspruch nimmt. Liegt aus der Sicht des Revisionsgerichts nur ein Beweisermittlungsantrag vor, wird ein Beruhen des Urteils auf einer fehlerhaften Ablehnung des Antrags immer schon dann ausgeschlossen, wenn der Antrag mit anderer Begründung rechtsfehlerfrei hätte abgelehnt werden können (BGH NStZ 1998, 98; NStZ 1993, 229 [K]; OLG Hamm NZV 1993, 122). Dies gilt allerdings nur soweit sich die alternativen Ablehnungsgründe aus dem Urteilsinhalt ergeben (*Hamm/Hassemer/Pauly*, Rn 538).

2389 **5.a)** Das Vorliegen eines Verfahrensfehlers kann grds. nur durch das **HV-Protokoll** und dessen absolute Beweiskraft nach § 274 bewiesen werden (→ *Revision, Beweiskraft des Protokolls*, Teil A Rdn 2093). Dies gilt sowohl in positiver als auch in negativer Hinsicht für das Vorliegen bzw. Nichtvorliegen einer bestimmten Verfahrenshandlung. Will der Verteidiger also z.B. die Nichtbescheidung eines Beweisantrags als Verstoß gegen § 244 Abs. 6 rügen, darf sich im Protokoll kein Eintrag finden, aus dem sich eine Verbescheidung des Antrags bzw. die Erhebung der in dem Beweisantrag angebotenen Beweise, z.B. die Vernehmung eines Zeugen, ergibt.

2390 **b)** Problematisch ist die Frage der Beweiskraft bei einer **Unrichtigkeit des Protokolls**. Es wurde früher nach überwiegender Meinung als zulässig angesehen, dass der Beschwerdeführer eine „**unwahre Verfahrensrüge**" erhebt (*Meyer-Goßner/Schmitt*, § 274 Rn 21; *Sarstedt/Hamm*, Rn 292 m.w.N.; *Dahs*, RV, Rn 524; *Park* StraFo 2004, 335; a.A. wohl *Detter* StraFo 2004, 329; siehe auch BGH NStZ 1999, 424), also z.B. die Nichtbescheidung eines Antrags rügt, obwohl er weiß, dass lediglich vergessen wurde, die Verkündung des Ablehnungsbeschlusses in das HV-Protokoll aufzunehmen. Dem steht jedoch die aktuelle BGH-Rspr. entgegen. So soll nach der Rspr. des 3. Strafsenats ein Beschwerdeführer rechtsmissbräuchlich handeln, der sich in der Revision bewusst wahrheitswidrig mit seiner Verfahrensrüge auf ein als unrichtig erkanntes Protokoll beruft (BGH NJW 2006,

3579). Des Weiteren hat der **Große Senat für Strafsachen** entschieden (BGHSt 51, 298), dass das **Protokoll im laufenden Revisionsverfahren berichtigt** und dadurch einer bereits erhobenen Revisionsrüge der Boden entzogen werden darf (**Rügeverkümmerung**, s. hierzu ausführlich → *Revision, Rügeverkümmerung*, Teil A Rdn 2207).

6. Das gesamte Spektrum möglicher Ansatzpunkte für eine Verfahrensrüge wegen fehler- 2391
hafter Behandlung eines Beweisantrags lässt sich nicht darstellen. Jeder Einzelfall liegt anders. Allerdings kann anhand von **Beispielen Erfolg versprechender Rügen** zu den einzelnen Ablehnungsgründen des § 244 Abs. 3 bis 6 bzw. des § 245 verdeutlicht werden, an welchen Punkten der Verteidiger mit der Revision ansetzen kann.

a) Ablehnung eines Beweisantrages wegen Unzulässigkeit der Beweiserhebung: 2392

- **Verweigert** ein **Zeuge** eine **Untersuchung** seiner Person, schließt dies ein psychiatrisches Gutachten über ihn nicht in jedem Fall aus. Ein hierauf gerichteter Beweisantrag ist also nicht von vornherein unzulässig (vgl. BGH NStZ 1991, 47; anders allerdings BGH StV 1991, 405 [Beweisantrag auf Einholung eines Glaubwürdigkeitsgutachtens ist bei Weigerung des Zeugen, sich untersuchen zu lassen, in der Regel unzulässig]).
- Ist dem Gericht aus den Akten oder sonstigen Erkenntnisquellen die Identität eines Zeugen bekannt, steht eine behördliche **Sperrerklärung** einer Ladung und Vernehmung dieses Zeugen nicht entgegen. Ein entsprechender Beweisantrag des Verteidigers kann somit nicht als unzulässig abgelehnt werden (vgl. BGHSt 39, 141 = NJW 1993, 1214 = StV 1993, 170 = NStZ 1993, 293).

b) Ablehnungsgrund der Bedeutungslosigkeit der Beweistatsache: 2393

- Erwartet der Tatrichter, dass durch die Aussage eines benannten Zeugen die **bisherige Beweislage unverändert bleiben** würde, rechtfertigt dies nicht die Ablehnung des Beweisantrags wegen Bedeutungslosigkeit der Beweistatsache (vgl. BGH StV 2001, 95).
- Ist eine Beweistatsache als bedeutungslos abgelehnt worden, darf das **Urteil nicht** vom **Gegenteil** der **behaupteten Beweistatsache** ausgehen (vgl. BGH NStZ 1994, 195; StV 1993, 173; 1993, 622; 2001, 96). Auch darf der Beweistatsache im Urteil nicht in anderer Weise Bedeutung beigemessen worden sein (vgl. BGH StV 1997, 338).
- Die Beurteilung der Qualität eines Zeugen bzw. seiner Aussage muss der Befragung des Zeugen in der HV vorbehalten bleiben und darf nicht in einem auf die Bedeutungslosigkeit der Beweistatsache gestützten Ablehnungsbeschluss vorweggenommen werden (vgl. BGH NJW 1997, 2762 = NStZ 1997, 503 = StV 1997, 567; StV 2001, 95 f.).
- Lehnt das Gericht den Beweisantrag wegen Bedeutungslosigkeit ab, muss es den **Grund** hierfür so **konkret benennen**, dass dieser vom Revisionsgericht überprüft werden kann (vgl. BGH StV 1990, 340; 1991, 408).

- Durch die Ablehnung eines Beweisantrags wegen Bedeutungslosigkeit darf die Aufklärung von Tatsachen, die **zugunsten** des **Angeklagten** sprechen, nicht verhindert werden (vgl. BGH StV 1990, 291; 1990, 292 f.).

2394 **c) Ablehnungsgrund Tatsache bereits erwiesen**:

- Zu der als erwiesen erachteten Beweistatsache darf sich das **Urteil nicht** in **Widerspruch** setzen (vgl. BGHR § 244 Abs. 3 S. 2 erwiesene Tatsache 1).
- Ist ein Beweisantrag darauf gerichtet, durch Vernehmung eines benannten Zeugen eine Tatsache zu widerlegen, die ein **anderer Zeuge** bekundet hat, darf er nicht mit der Begründung abgelehnt werden, die Tatsache sei bereits erwiesen (vgl. RG JW 1913, 163).

2395 **d) Ablehnungsgrund der völligen Ungeeignetheit des Beweismittels**:

- Die Ungeeignetheit eines Beweismittels kann grds. nicht durch die **antizipatorische Einschätzung** des **Gerichts** begründet werden, ein benanntes Beweismittel werde die behauptete Beweistatsache nicht bestätigen (vgl. BGH NStZ-RR 1997, 302 f.).
- Auch ein Beweismittel das eine **Beweisbehauptung nur** als **wahrscheinlich** und nicht als sicher erweislich erscheinen lässt, ist kein völlig ungeeignetes Beweismittel (vgl. BGH NStZ 1984, 564; StV 1990, 7; 1997, 338; vgl. auch *Burhoff*, HV, Rn 951).

2396 **e) Ablehnungsgrund Unerreichbarkeit eines Beweismittels**:

- Ein **im Ausland lebender Zeuge**, dessen Aufenthaltsort bekannt ist, ist nicht schon deshalb unerreichbar, weil seine Ladung im Rechtshilfeweg oder seine kommissarische Vernehmung das Verfahren verzögern würden (vgl. BGH StV 1986, 418; zum Auslandszeugen *Burhoff*, HV, Rn 396).
- Ist ein im **Ausland lebender Zeuge** im Rechtshilfeweg zu laden, ist er mit der Ladung zugleich auf das ihm nach Rechtshilferecht zustehende freie Geleit hinzuweisen. Die Unerreichbarkeit des Zeugen kann nicht angenommen werden, bevor ein solcher Hinweis nicht erfolgt ist (vgl. BGH NJW 1982, 2738).
- **Scheitert** der Versuch, einen Zeugen durch einen Polizeibeamten „über das **Wochenende** zu allen möglichen Tages- und Nachtzeiten“ zu **erreichen** und zu laden, liegt darin noch keine Unerreichbarkeit des Zeugen (vgl. BGH NStZ 1984, 213).
- Ein Zeuge ist **nicht unerreichbar**, nur weil Nachforschungen nach seinem Aufenthalt eine **Unterbrechung** oder **Aussetzung** der HV erforderlich machen (vgl. BGH StV 1982, 55).

2397 **f) Ablehnungsgrund Prozessverschleppung**:

- Zur Annahme einer Verschleppungsabsicht reicht es nicht aus, den Ablehnungsbeschluss mit **der formelhaften Begründung** zu versehen, ein Beweisantrag habe „früher gestellt werden können und müssen" (vgl. BGH NStZ 1998, 207; vgl. auch BGH NStZ 1982, 41).

- Soll ein **Hilfsbeweisantrag** wegen Prozessverschleppung abgelehnt werden, muss dies noch in der HV erfolgen (vgl. BGH StV 1990, 394). Eine Ablehnung des Hilfsbeweisantrags unter dem Gesichtspunkt der Prozessverschleppung erst im Urteil ist unzulässig (vgl. BGHSt 22, 124 = NJW 1968, 1339).

g) Ablehnungsgrund Wahrunterstellung: 2398

- Im Einzelfall kann die **Beweiswürdigung lückenhaft** sein, wenn eine als wahr unterstellte Tatsache im Urteil im Rahmen der Beweiswürdigung nicht ausdrücklich mit erwägt wird (vgl. BGH wistra 2001, 150 ff.).
- Die als wahr unterstellte Beweistatsache darf **nicht** im **Widerspruch** zu den Urteilsgründen stehen (vgl. BGH NStZ-RR 1998, 13).
- Die Ablehnung eines Beweisantrags mithilfe einer Wahrunterstellung ist nur zulässig, wenn darin **keine Verletzung** der **Aufklärungspflicht** liegt (vgl. BGH NStZ-RR 1997, 8).
- Eine Wahrunterstellung darf den **Sinn** einer **Beweisbehauptung nicht einengen** oder umdeuten (vgl. BGH NStZ 1984, 564; StV 1982, 356; 1990, 7; 1990, 149, 1990, 293).

h) Ablehnung eines Beweisantrages auf Hinzuziehung eines Sachverständigen bzw. eines weiteren Sachverständigen: 2399

- Das Tatgericht muss in seinem Ablehnungsbeschluss die Umstände, aus denen es seine **eigene Sachkunde** ableitet, für das Revisionsgericht **nachprüfbar darlegen** (vgl. BGH StraFo 2001, 15).
- Bei der Beurteilung schwerer psychischer Erkrankungen (z.B. **Schizophrenie**) darf sich das Gericht keine eigene Sachkunde zumessen (vgl. BGH NStZ 2000, 437).
- Die Zeugnisverweigerung eines Zeugen schließt ein **Glaubwürdigkeitsgutachten** nicht aus (vgl. BGHSt 14, 21).
- Zur Beantwortung der Frage, ob eine **Erkrankung Auswirkungen** auf die **Aussagetüchtigkeit** eines Zeugen hat, bedarf es in der Regel medizinischer und nicht lediglich aussagepsychologischer Fachkenntnisse (vgl. BGH StV 1997, 60).
- Die richterliche Aufklärungspflicht kann die Einholung eines **weiteren Sachverständigengutachtens** auch unabhängig von einem Beweisantrag erforderlich machen (vgl. BGHSt 10, 116).

i) Ablehnung eines Beweisantrags auf Einnahme eines Augenscheins (§ 244 Abs. 5): 2400

- In Bezug auf die Beweisfrage nach beweiserheblichen räumlichen Gegebenheiten ist der **Augenschein** gegenüber der Zeugenbefragung als **überlegenes Beweismittel** anzusehen (vgl. BGH StV 1994, 411).

- Ein Antrag auf Einnahme eines Augenscheins kann **nicht** unter **Berufung** auf die **Glaubwürdigkeit** eines Zeugen abgelehnt werden (vgl. BGHSt 8, 177).

2401 **j) Fehlen des nach § 244 Abs. 6 erforderlichen Gerichtsbeschlusses**:

- Ist ein Beweisantrag zu einem Vorgang gestellt worden, der eine nach § 154 **eingestellte Tat** betrifft, ist eine Bescheidung des Antrags gleichwohl erforderlich, wenn er auch für nicht eingestellte Taten noch von Bedeutung sein kann (vgl. BGH StV 1999, 636).
- Werden für eine bestimmte Beweistatsache **mehrere Beweismittel** angeboten, muss über die Verwendung aller Beweismittel jeweils begründet entschieden werden (vgl. BGH StV 1987, 236).
- Das Gericht darf seinem Ablehnungsbeschluss kein anderes als das **wirkliche Beweisthema zugrunde legen** (vgl. BGH StV 1989, 140).

> ☝ Ein Beweisantrag kann **nur vom Gericht**, nicht allein vom Vorsitzenden abgelehnt werden (st. Rspr., vgl. BGH StV 1994, 172).

2402 **k) Ablehnung der Erhebung eines präsenten Beweises** (zum sog. präsenten Beweismittel s. *Burhoff*, HV, Rn 2036):

- Den Beweisantrag auf Vernehmung eines präsenten Sachverständigen kann das Gericht **nicht** mit dem Hinweis auf **eigene Sachkunde** ablehnen (vgl. BGH StV 1994, 358).
- Der Beweisantrag auf Verwertung eines präsenten Beweismittels kann **nicht** wegen **Bedeutungslosigkeit** abgelehnt werden (vgl. BGH StV 1993, 287).

Siehe auch: → *Rechtsmittel/Rechtsbehelfe, Allgemeines*, Teil A Rdn 1289; → *Revision, Verfahrensrüge, Allgemeines*, Teil A Rdn 2006, m.w.N.

2403 Revision, Verfahrensrüge, Beweisverbote

Das Wichtigste in Kürze:

1. Die StPO kennt keine Wahrheitserforschung um jeden Preis. Die Aufklärung und Ahndung von Straftaten muss deshalb zurückstehen, wenn höherrangige Rechtsgüter, insbesondere die Grundrechte auf Schutz der Menschenwürde und der freien Entfaltung der Persönlichkeit entgegenstehen.
2. Nach der Rspr. des BGH ist für die Annahme eines BVV eine umfassende Rechtsgüterabwägung vorzunehmen.

Literaturhinweise: **Beling**, Die Beweisverbote als Grenzen der Wahrheitserforschung im Strafprozeß; **Beulke**, Die Vernehmung des Beschuldigten – Einige Anmerkungen aus der Sicht der Prozeßrechtswissenschaft, StV 1990, 180; **Gössel**, Über das Verhältnis von Beweisermittlungsverbot und Beweisverwertungsverbot unter besonderer Berücksichtigung der Amtsaufklärungsmaxime der §§ 160, 244 II StPO – Zugleich eine Besprechung der Beschlüsse des Ermittlungsrichters und des BGH – 1 BGs 65/97 und 1 BGs 88/97,NStZ 1998, 126; **Widmaier**, Mitwirkungspflicht des Verteidigers in der Hauptverhandlung und Rügeverlust(?), NStZ 1992, 519; s. auch die Hinw. bei → *Revision, Allgemeines*, Teil A Rdn 2006, bei → *Revision, Verfahrensrüge, Allgemeines*, Teil A Rdn 2307, bei → *Revision, Verfahrensrüge, Widerspruchslösung*, Teil A Rdn 2440, und zu BVV bei *Burhoff*, EV, Rn 1015, sowie *Burhoff*, HV, Rn 1018. 2404

1. Die StPO kennt keine Wahrheitserforschung um jeden Preis (BGHSt 14, 365; 31, 308). 2405
Die Aufklärung und Ahndung von Straftaten muss deshalb zurückstehen, wenn **höherrangige Rechtsgüter**, insbesondere die Grundrechte auf Schutz der Menschenwürde und der freien Entfaltung der Persönlichkeit entgegenstehen (BGHSt 19, 325, 326). Der Wahrung dieser Rechtsgüter dienen die Beweisverbote, die die Beweisgewinnung und Beweisverwertung im Strafprozess beschränken (der Begriff Beweisverbote geht zurück auf *Beling*, Die Beweisverbote als Grenzen der Wahrheitserforschung im Strafprozess).

☝ **Terminologisch** herrscht rund um die Beweisverbote ein **kaum durchschaubares Durcheinander** (s. auch *Burhoff*, EV, 1015 ff., sowie *Burhoff*, HV, Rn 1018 ff., jew. m.w.N.). Der Verteidiger sollte sich deshalb darauf beschränken, sich einen Überblick über die Theorie der Beweisverbote und die umfangreiche Kasuistik der Rspr. zu verschaffen.

Im Folgenden sollen die Beweisverbote in **Beweiserhebungsverbote** und **BVV** unter- 2406
schieden werden. Die herrschende Meinung kennt keinen Grundsatz, dass jeder Verstoß gegen ein Beweiserhebungsverbot auch automatisch ein BVV zur Folge hat (vgl. z.B. BGHSt 19, 331; 38, 219; NStZ 1988, 142 m. Anm. *Döring*; NJW 1990, 1801; KK-*Fischer*, Einl. Rn 387; *Meyer-Goßner/Schmitt*, Einl. Rn 55). Abgesehen von den Fällen, in denen ein Verwertungsverbot ausdrücklich gesetzlich angeordnet ist (wie z.B. in §§ 69 Abs. 3, 136a, 252, § 393 Abs. 2 AO, § 51 Abs. 1 BZRG), herrscht eine weitreichende Rechtsunsicherheit, die die Rspr. unkalkulierbar macht (siehe *Beulke*, StV 1990, 180, 184; *Gössel*, NStZ 1998, 126 ff.; *Burhoff*, EV, Rn 1015 ff.; *Burhoff*, HV, Rn 1018 ff.).

2.a) Nach der **Rspr.** des **BGH** ist für die Annahme eines **BVV** eine **umfassende Rechts-** 2407
güterabwägung vorzunehmen: Dient die verletzte Verfahrensvorschrift nicht oder nicht in erster Linie dem Schutz des Angeklagten, wie z.B. § 55 Abs. 2, liegt ein Verwertungsverbot fern (Rechtskreistheorie). Soll durch die verletzte Verfahrensvorschrift allerdings die verfahrensrechtliche Stellung des Angeklagten gesichert werden, liegt ein Verwertungsverbot nahe (BGHSt 38, 214, 220; vgl. dazu eingehend *Burhoff*, EV, Rn 1015 ff.; *Burhoff*, HV, Rn 1018 ff.).

2408 **b)** Infolge der grundlegenden Entscheidung des BGH vom 27.2.1992 (BGHSt 38, 240; fortgeführt u.a. durch BGHSt 39, 349 und 42, 15) verwendet die Rspr. bei der Frage der Verwertbarkeit unzulässig erhobener Beweise zunehmend die sogenannte **Widerspruchslösung** (vgl. dazu eingehend *Burhoff*, HV, Rn 3433). Diese besagt, dass jedenfalls der **verteidigte Angeklagte** ein BVV in der Revision nicht mehr geltend machen kann, wenn er der Verwertung des Beweismittels in der HV nicht rechtzeitig widersprochen hat. Hiervon ausgenommen sind nur die Fälle, in denen das Gesetz die Verwertung unzulässig erhobener Beweise unabhängig von der Zustimmung des Angeklagten verbietet, wie z.B. § 136a Abs. 3 bei verbotenen Vernehmungsmethoden.

2409 Die Rspr. verlangt insoweit mittlerweile sogar einen sog. **spezifizierten Widerspruch** (BGHSt 52, 38). Es ist also nicht ausreichend, dass der Verteidiger einer Beweiserhebung bzw. Beweisverwertung überhaupt bis zum Zeitpunkt des § 257 widersprochen hat, wenn er sich später in der Revision auf das Vorliegen eines Beweisverbotes berufen möchte. Vielmehr muss er seinen Widerspruch begründen. In der Begründung ist zumindest in groben Zügen anzugeben, **unter welchem Gesichtspunkt** der Angeklagte den zu erhebenden oder bereits erhobenen Beweis für unverwertbar hält. Die Begründung muss auch die **Angriffsrichtung** erkennen lassen, die den Prüfungsumfang des Tatgerichts begrenzt. So kann sich der Angeklagte z.B. in einem Fall, in dem der Verwertung einer Aussage nur unter Hinweis auf die fehlende Belehrung widersprochen worden ist, später nicht darauf berufen, dass auch Verständigungsschwierigkeiten mit dem Dolmetscher bestanden hätten. Der Verteidiger muss deshalb sehr sorgfältig die Zielrichtung seines Widerspruchs darlegen (vgl. *Burhoff*, HV, Rn 3449; s.a. aus der Rspr. der OLG – weitgehend in Zusammenhang mit Geltendmachung eines BVV wegen Verletzung des Richtervorbehalts bei der Blutentnahme – OLG Hamm NJW 2011, 468; StV 2009, 459; 2009, 462; OLG Schleswig SchlHA 2011, 276 [Dö/Dr]).

☝ Der in der HV **versäumte Widerspruch** gegen die Verwertung eines unzulässig erhobenen Beweises führt nicht lediglich zu einem Rügeverlust in der Revision, sondern dazu, dass das BVV erst gar nicht entsteht (BGHSt 38, 214, 225; 42, 15, 22). Der **Widerspruch ist** also **tatbestandliche Voraussetzung** für ein BVV (vgl. *Widmaier* NStZ 1992, 519, 521). Der Widerspruch muss spätestens bis zu dem in § 257 genannten Zeitpunkt, also nach jeder einzelnen zu beanstandenden Beweiserhebung vorgebracht werden (BGHSt 38, 214, 225; 42, 15, 22). Der Verteidiger sollte sicherheitshalber auch schon vor der Beweiserhebung widersprechen und einen Gerichtsbeschluss gem. § 238 Abs. 2 herbeiführen. Nach der Beweiserhebung sollte er zusätzlich der Verwertung des Beweises widersprechen. Zudem muss er dringend auf eine vollständige Protokollierung seines jeweiligen Widerspruchs achten bzw. den Widerspruch schriftlich vorbereiten, verlesen und zum Protokoll reichen (vgl. wegen der Einzelh. des einzuhaltenden Verfahrens *Burhoff*, HV, Rn 3441 ff.).

c) Einige besonders **praxisrelevante Einzelfälle** für das Vorliegen von Beweisverboten sind die folgenden 2410

Rechtsprechungsbeispiele (wegen weit. Beispiele *Burhoff*, EV, Rn 1015 ff.; *Burhoff*, HV, Rn 1018 ff.):

- **Heimliche Tonbandaufnahmen** und **tagebuchartige Aufzeichnungen**, die der Intimsphäre des Angeklagten angehören, sind im Hinblick auf die Grundrechte aus Art. 1 und 2 GG unverwertbar (BGHSt 14, 358; 19, 325 [1. Tagebuchurteil]). Allerdings hat der BGH zur Aufklärung besonders schwerer Straftaten die Verwertung intimer Aufzeichnungen des Angeklagten zugelassen (BGHSt 34, 397 [2. Tagebuchurteil]; diese Entscheidung billigend BVerfG StV 1990, 1 ff., 3).
- **Unterlagen**, die der Angeklagte **zu seiner Verteidigung** angefertigt hat, dürfen nicht beschlagnahmt und nicht gegen seinen Willen verwertet werden. Dies folgt aus der entsprechenden Anwendung des § 97 Abs. 1 i.V.m. Art. 2 Abs. 1, Art. 20 Abs. 3 GG (BGH NStZ 1998, 309).
- Beweisergebnisse aus der **Überwachung eines Verteidigertelefons** unterliegen unstreitig einem Verwertungsverbot (BGHSt 33, 47).
- **Verbotene Vernehmungsmethoden** nach § 136a Abs. 1 und 2 ziehen stets ein Verwertungsverbot nach sich, selbst dann, wenn der Angeklagte einwilligt oder der Verwertung nachträglich zustimmt (§ 136a Abs. 3; eingehend *Burhoff*, EV, Rn 3767 ff.).
- Wird der Verteidiger entgegen der **Benachrichtigungspflicht** des § 168c Abs. 5 nicht von einer richterlichen Vernehmung in Kenntnis gesetzt, zieht dies ebenfalls ein umfassendes Verwertungsverbot nach sich. Sowohl die Vernehmung des Ermittlungsrichters als auch Vorhalte aus dem Vernehmungsprotokoll sind in der Folge unzulässig (BGHSt 31, 140; BGH NStZ 1986, 207; a.A. allerdings BGHSt 34, 231; vgl. auch *Burhoff*, EV, Rn 3281 m.w.N.).
- Bei Verletzungen des **Rechts auf Verteidigerkonsultation** nach § 136 Abs. 1 S. 2 ist eine Aussage des Angeklagten ebenfalls unverwertbar: Will der Angeklagte sich bei einer polizeilichen Vernehmung des Beistands eines Verteidigers bedienen, muss die Vernehmung aufgeschoben bzw. abgebrochen werden (BGHSt 38, 372). Zudem müssen ernsthafte Bemühungen des Polizeibeamten erfolgen, dem Angeklagten bei der Kontaktaufnahme zu einem Verteidiger behilflich zu sein (BGHSt 42, 15). Ein Verstoß gegen diese Grundsätze begründet ein BVV (vgl. auch *Burhoff*, EV, Rn 3087, m.w.N.).
- Str. ist der **Umfang** der Verwertungsverbote bei rechtswidriger **Durchsuchung und Beschlagnahme**. Grds. wird ein Verwertungsverbot nur angenommen bei besonders schwerwiegenden Verstößen (LG Saarbrücken NStZ 1988, 424; KG StV 1985, 404), wenn die Maßnahme gegen Normen verstößt, die auch den Beschuldigten schützen sollen (Rechtskreistheorie; BGHSt 11, 213), oder wenn das Beweismittel nicht auch auf

rechtmäßige Weise hätte erlangt werden können (BGH NStZ 1989, 375; zu BVV bei Durchsuchung/Beschlagnahme s. *Burhoff*, EV, Rn 799 ff., Rn 1461 ff., m.w.N.).

Siehe auch: → *Rechtsmittel/Rechtsbehelfe, Allgemeines*, Teil A Rdn 1289; → *Revision, Verfahrensrüge, Allgemeines*, Teil A Rdn 2307, m.w.N.; → *Revision, Verfahrensrüge, Widerspruchslösung*, Teil A Rdn 2440.

2411 Revision, Verfahrensrüge, Inbegriffsrüge

2412 **Literaturhinweise:** s. die Hinw. bei → *Revision, Allgemeines*, Teil A Rdn 2006, und bei → *Revision, Verfahrensrüge, Allgemeines*, Teil A Rdn 2307.

2413 **1.** Soll gerügt werden, dass die im Urteil getroffenen Feststellungen nicht Gegenstand der HV waren bzw. die in der HV erhobenen Beweise im Urteil unzutreffend wiedergegeben werden, ist eine Verfahrensrüge gem. **§ 261 (Inbegriffsrüge)** zu erheben. Diese ist allerdings **nur zulässig**, wenn der zu beanstandende Rechtsfehler **ohne Rekonstruktion** der **HV** nachgewiesen werden kann.

2414 Insoweit gelten folgende

Grundsätze/Rügeanforderungen:

- Hat der Angeklagte entgegen den Urteilsfeststellungen in Wirklichkeit in der HV **keine Angaben zur Sache** gemacht, kann dies unter Hinweis auf das HV-Protokoll gerügt werden. Es ist insoweit aber zusätzlich vorzutragen, dass auch der Verteidiger keine Erklärung für den Angeklagten abgegeben hat (BayObLGSt 2002, 120 = NStZ 2003, 388). Zum **notwendigen Rügevorbringen** zählt in diesem Fall:
  - Die Mitteilung, dass das Urteil Feststellungen unter Bezugnahme auf eine (angebliche) Einlassung des Angeklagten in der HV getroffen hat,
  - der Vortrag, dass sich der Angeklagte in der HV zu keiner Zeit zur Sache geäußert hat, auch nicht in Form von Erklärungen nach § 257 oder im Rahmen des letzten Wortes,
  - der Hinweis, dass auch der Verteidiger keine dem Angeklagten zurechenbare Erklärung zur Sache abgegeben hat bzw. sofern der Verteidiger Erklärungen abgegeben haben sollte, der Angeklagte sich diese nicht zu eigen gemacht hat und
  - die Erklärung, dass in der HV keine als Einlassung zu wertende schriftliche Erklärung des Angeklagten gem. § 249 verlesen wurde.
- Hat sich der Angeklagte in der HV **zur Sache eingelassen** und wird im Urteil fälschlicherweise festgestellt, der Angeklagte habe vollumfänglich geschwiegen, kann auch dies nach § 261 unter Hinweis auf das HV-Protokoll zum Gegenstand der Inbegriffsrüge gemacht werden (BGH StV 2008, 235).

Zum **notwendigen Rügevorbringen** zählt in diesem Fall:

- Die Mitteilung, dass und wann im Laufe der HV der Angeklagte eine Einlassung zur Sache abgegeben hat;
- sofern nur der Verteidiger eine Erklärung abgegeben hat, der Vortrag, dass diese dem Angeklagten zuzurechnen war bzw. sich dieser die Verteidigererklärung zu eigen gemacht hat;
- nachdem das Urteil die Einlassung des Angeklagten nicht wiedergibt, obwohl deren Inhalt in den Urteilsgründen zwingend darzustellen und gem. § 261 zu würdigen ist, genügt der Hinweis auf die Urteilsgründe und eine parallel zur Verfahrensrüge erhobene allgemeine Sachrüge, um den Verstoß gegen § 261 zu belegen.

- **Grds. unzulässig** ist demgegenüber die Rüge, ein **Zeuge** habe **in Wirklichkeit anders ausgesagt**, als dies im Urteil wiedergegeben wird. Sofern keine wörtliche Protokollierung der Zeugenaussage gem. § 273 Abs. 3 vorliegt, wäre dieser Mangel nur durch die im Revisionsverfahren unzulässige Rekonstruktion der HV beweisbar, sodass einer solchen Rüge der Weg versperrt ist (s. auch *Meyer-Goßner/Schmitt*, § 261 Rn 38a; BGH NStZ 2015, 473 = StraFo 2015, 121; NStZ 2013, 98; 2012, 344; OLG Brandenburg NStZ-RR 2009, 209). Das Rekonstruktionsverbot kann auch nicht durch die Vorlage eigener Aufzeichnungen zum Inhalt einer Zeugenaussage umgangen werden, selbst wenn diese zu Protokoll genommen worden sein sollten (BGHSt 43, 212; BGH NStZ 1990, 35). Liegt hingegen eine **wörtliche Protokollierung** der **Zeugenaussage** vor oder wurde in der HV das **Vernehmungsprotokoll** einer Zeugenaussage verlesen, kann die Inbegriffsrüge gem. § 261 erhoben werden, wenn das Urteil diese schriftlich fixierten Aussageinhalte unzutreffend wiedergibt (BGH StV 1993, 115; BGH NStZ 1987, 18 [Pf/M]; BayObLG StV 1985, 226; OLG Köln StV 1995, 630). Der Verteidiger muss in diesem Fall den Wortlaut der protokollierten Aussage bzw. der Vernehmungsniederschrift in seiner Revisionsbegründung entweder durch ein wörtliches Zitat oder durch das Einkopieren des verlesenen Vernehmungsprotokolls im Einzelnen mitteilen.
- Wird im Urteil ein **Beweismittel verwertet**, das **nicht** zum **Gegenstand** der **HV** gemacht worden war, ist offensichtlich, dass das Gericht seine Überzeugung entgegen der Regelung des § 261 nicht aus dem Inbegriff der HV geschöpft haben kann.
  Zum **notwendigen Rügevorbringen** zählt in diesem Fall:
  - Die bestimmte Behauptung, dass das fragliche Beweismittel auf keine zulässige Art und Weise in die HV eingeführt worden ist;
  - damit zusammenhängend muss vorgetragen werden, dass eine im Urteil verwertete Urkunde, Vernehmungsniederschrift, schriftliche Erklärung o.ä. weder förmlich verlesen, noch sonst z.B. im Wege des Vorhalts, des Selbstleseverfahrens oder eines Berichts des Vorsitzenden zum Gegenstand der Erörterung in der HV gemacht wurde (BGH NJW 1990, 1189; 1990, 1190; NStZ 2007, 235; OLG Düsseldorf StV 1995, 120).

  - Der Inhalt der im Urteil verwerteten Urkunde oder des Schriftstückes ist vollständig im Wortlaut mitzuteilen, bei einer Teilverlesung sind die Passagen kenntlich zu machen, die nicht verlesen worden sind.
- Wird ein **tatsächlich erhobenes, entscheidungsrelevantes Beweismittel** im **Urteil nicht mehr erwähnt**, hat das Gericht seinem Urteil nicht das gesamte beweisrelevante Ergebnis der HV zugrunde gelegt. Auch in diesem Fall verspricht die Inbegriffsrüge nach § 261 Erfolg (BGH NStZ 2006, 650; 2008, 705; 2009, 404; StV 1991, 548, 1991, 549; 2008, 288). Auch insoweit ist jedoch das Verbot der Rekonstruktion der HV zu beachten, sodass nur wörtlich protokollierte Aussagen bzw. verlesene Urkunden (auch Vernehmungsprotokolle) die Rüge stützen können.
  Zum **notwendigen Rügevorbringen** zählt in diesem Fall:
  - Die tatsächliche Erhebung des Beweises zu Beweiszwecken unter Hinweis auf das HV-Protokoll ist darzulegen und
  - der Inhalt der Beweismittel ist in der Revisionsbegründung im Wortlaut wiederzugeben.
  - Aufgrund der strengen Anforderungen gemäß § 344 Abs. 2 S. 2 ist weiter die Darlegung notwendig, dass sich durch den Gang der HV die Beweiserheblichkeit des betreffenden Beweismittels, dessen Würdigung vermisst wird, nicht verändert hat, d.h. sich das entsprechende Beweisthema bis zum Schluss der Beweisaufnahme nicht aufgrund anderer Beweiserhebungen überholt oder erledigt hat (BGH StV 2002, 354; BGHR StPO § 344 II 2 Beweiswürdigung 6).
  - Schließlich ist vorzutragen, dass die Beweiserhebung erfolgen durfte und der Inhalt insoweit verwertbar war.

2415 **2.** Verstöße gegen § 261 lassen sich regelmäßig nur durch einen **Vergleich** der Urteilsgründe mit den in der Revision vorgetragenen Tatsachen belegen. Der Verteidiger muss deshalb neben den oben genannten Rügeerfordernissen darauf achten, dass er dem Revisionsgericht durch die **Erhebung** der **allgemeinen Sachrüge** vollumfänglichen Zugriff auf die Urteilsgründe verschafft. Nur so kann er sicherstellen, dass seine Verfahrensrüge den Anforderungen des § 344 Abs. 2 genügt und nicht als unzulässig verworfen wird (→ *Revision, Sachrüge, Allgemeines*, Teil A Rdn 2221).

Siehe auch: → *Rechtsmittel/Rechtsbehelfe, Allgemeines*, Teil A Rdn 1289; → *Revision, Verfahrensrüge, Allgemeines*, Teil A Rdn 2307, m.w.N.

2416 Revision, Verfahrensrüge, Öffentlichkeit (§ 338 Nr. 6)

2417 **Literaturhinweise:** s. die Hinw. bei → *Revision, Allgemeines*, Teil A Rdn 2006; und bei → *Revision, Verfahrensrüge, Allgemeines*, Teil A Rdn 2307.

1. Die **HV** ist gem. § 169 GVG **grds. öffentlich**. Allerdings kann die Öffentlichkeit unter Beachtung der Vorschriften der §§ 171a bis 175, 177 GVG und § 48 JGG ausgeschlossen werden (vgl. *Burhoff*, HV, Rn 419 ff., m.w.N.). Sofern eine Verletzung der Öffentlichkeit gem. § 169 GVG oder eine Verletzung der Ausschlussregelungen der §§ 171a ff. GVG vorliegt, ist der Rügebereich des absoluten Revisionsgrundes des § 338 Nr. 6 eröffnet (zur Verlegung der HV an einen anderen Ort vgl. *Burhoff*, HV, Rn 2917). 2418

Das ist der Fall in folgenden 2419

Beispielsfällen:

- wenn der **Zutritt** zur Verhandlung **nur** in den **Sitzungspausen** möglich ist (BGH NStZ 2004, 510);
- die Öffentlichkeit über die in dem Ausschließungsbeschluss **vorgesehene Dauer hinaus** ausgeschlossen war (BGHSt 7, 218);
- **kein Gerichtsbeschluss** oder nur eine Verfügung des Vorsitzenden zum Ausschluss der Öffentlichkeit vorliegt (OLG Hamm StraFo 2000, 195; BGHSt 17, 220, 222);
- der **Ausschließungsbeschluss nicht** gem. § 174 Abs. 1 S. 3 GVG **begründet** worden ist (BGHSt 1, 334; 2, 56; 27, 117, 187; einschr. BGHSt 45, 117; BGH NStZ-RR 1999, 263 [K]; 2002, 262 [B]).

☝ In der Praxis zu beachten ist auch folgender **Sonderfall**: Wird der Inhalt außerhalb der HV geführter Verständigungsgespräche unter **Verstoß gegen § 243 Abs. 4** unzureichend mitgeteilt, liegt darin ein Verstoß gegen den Öffentlichkeitsgrundsatz, der zwar nicht unmittelbar dem absoluten Revisionsgrund des § 338 Nr. 6 unterfällt, bei dem aber ein Beruhen des Urteils auf dem Rechtsfehler regelmäßig gegeben sein wird (BVerfG NStZ 2015, 172 = StV 2015, 269).

2. Der Verfahrensverstoß des fehlerhaften Ausschlusses der Öffentlichkeit muss auf einem **Verschulden des Gerichts** beruhen (BGHSt 21, 72, 74; 22, 297). Das Verschulden untergeordneter Beamter vermag deshalb die Revision ebenso wenig zu begründen (OLG Karlsruhe NZV 2004, 421), wie ein zufälliges Ereignis (BGHSt 21, 72). Allerdings kann das Verschulden des Gerichts auch dann vorliegen, wenn es seine Aufsichtspflicht, z.B. gegenüber untergeordneten Beamten, verletzt hat (BGHSt 22, 297, 301; vgl. a. *Burhoff*, HV, Rn 2919 für die Fälle der Verlegung der HV an einen anderen Ort). 2420

☝ Der Verstoß gegen den Öffentlichkeitsgrundsatz kann **geheilt** werden, indem das Gericht den fehlerhaften Verfahrensabschnitt vollständig wiederholt (vgl. BGH NStZ-RR 2009, 35 [Ci]).

2421 **3.** Das i.S. des § 344 Abs. 2 S. 2 **notwendige Rügevorbringen** ergibt sich aus folgender

2422 **Checkliste:**

- Die **Mitteilung sämtlicher Tatsachen**, aus denen sich ergibt, dass das Gericht die Öffentlichkeit beschränkt hat (BGH NJW 2006, 1220).
- Sofern der Öffentlichkeitsausschluss auf einem Beschluss beruht, ist dieser ebenso im Wortlaut mitzuteilen, wie ein auf den Ausschluss der Öffentlichkeit abzielender Antrag eines Verfahrensbeteiligten.
- Die Darlegung, dass und warum der Ausschluss der Öffentlichkeit rechtsfehlerhaft war (z.B. wegen fehlender Begründung des Beschlusses [§ 174 Abs. 1 S. 3]) und
- der Vortrag, dass und warum das Gericht den fehlerhaften Öffentlichkeitsausschluss zu **vertreten** hat, soweit dies dem Revisionsführer möglich ist (BayObLG VRS 1987, 139; OLG Hamm StV 2002, 474; OLG Saarbrücken NStZ-RR 2008, 50).
- War der Zugang tatsächlich nicht beschränkt, muss der Revisionsführer ausführen, warum sich dennoch jemand, z.B. aufgrund eines **missverständlichen Aushangs**, von Teilnahme an der Sitzung hat abhalten lassen.
- Als **Negativtatsache** der Vortrag, dass eine Heilung des Verfahrensfehlers durch Wiederholung des unter Ausschluss der Öffentlichkeit vorgenommenen Verfahrensabschnitts nicht stattgefunden hat.
- Schließlich ist detailliert auszuführen, was unter Ausschluss der Öffentlichkeit verhandelt wurde (BGH NStZ 2015, 226; 181) und dass im Falle eines entsprechenden Gerichtsbeschlusses, dieser den unter Ausschluss der Öffentlichkeit erfolgten Verhandlungsteil nicht zutreffend erfasst hat.

Siehe auch: → *Rechtsmittel/Rechtsbehelfe, Allgemeines*, Teil A Rdn 1289; → *Revision, Verfahrensrüge, Allgemeines*, Teil A Rdn 2307, m.w.N.

2423 Revision, Verfahrensrüge, Unzuständigkeit (§ 338 Nr. 4)

2424 **Literaturhinweise:** s. die Hinw. bei → *Revision, Allgemeines*, Teil A Rdn 2006.

2425 **1.a)** Der absolute Revisionsgrund des § 338 Nr. 4 bezieht sich nach seinem Wortlaut auf die **örtliche** Zuständigkeit (BGHSt 11, 130, 131), die **sachliche** Zuständigkeit und die **besondere Zuständigkeit** gleichrangiger Gerichte gem. §§ 74 Abs. 2, 74a und 74c GVG (zur Zuständigkeit *Burhoff*, EV, Rn 4481, *Burhoff*, HV, Rn 3610).

☝ Da die **sachliche Zuständigkeit** gem. § 6 eine **von Amts wegen** zu prüfende Verfahrensvoraussetzung ist, hat die Vorschrift des § 338 Nr. 4 insoweit jedoch keine Bedeutung (*Meyer-Goßner/Schmitt*, § 338 Rn 32 m.w.N.).

Die Rüge des § 338 Nr. 4 ist hingegen eröffnet, wenn das Gericht seine **örtliche** oder seine **besondere Zuständigkeit** zu Unrecht angenommen hat. Wurde die vorrangige Zuständigkeit der Jugendgerichte nicht beachtet, ist deshalb ebenfalls eine Verfahrensrüge nach § 338 Nr. 4 zu erheben (BGHSt 18, 79; 26, 191; 198; BGH NStZ 1996, 250; StraFo 2007, 337). Hat ein Jugendgericht statt des allgemeinen Gerichts entschieden, kann dies wegen § 47a JGG nicht gerügt werden (BGH StraFo 2004, 103). 2426

2. Das i.S.d. § 344 Abs. 2 S. 2 **notwendige Rügevorbringen** ergibt sich aus folgender 2427

Checkliste: 2428

- Wird die **örtliche Zuständigkeit** gerügt, sind sämtliche Tatsachen mitzuteilen, aus denen das Revisionsgericht ersehen kann, dass ein Gerichtsstand nach den §§ 7 bis 11 bei dem erkennenden Gericht nicht begründet war. Da die Rüge der örtlichen Unzuständigkeit die rechtzeitige Erhebung des Einwands nach § 16 voraussetzt, ist des Weiteren mitzuteilen, dass dieser Einwand erhoben und rechtzeitig angebracht worden war und welchen Inhalt und Wortlaut er hatte (vgl. *Meyer-Goßner/Schmitt*, § 338 Rn 31 m.w.N.). Schließlich ist – am Besten im Wortlaut – darzulegen, wie der Einwand vom Gericht beschieden worden ist (vgl. OLG Köln StV 2004, 314).
- Wird die **besondere Zuständigkeit gleichrangiger Spruchkörper** zum Gegenstand der Revision gemacht, sind ebenfalls sämtliche Tatsachen mitzuteilen, aus denen das Revisionsgericht ersehen kann, dass die Voraussetzungen der §§ 74 Abs. 2, 74a und 74c GVG nicht eingehalten wurden.

> ☝ Die Rüge kann allerdings nicht auf das Erfordernis der besonderen Kenntnisse des Wirtschaftslebens gem. § 74c Abs. 1 Nr. 6 GVG gestützt werden (BGH NStZ 1985, 464, 466).

- Da die Rüge die **rechtzeitige Erhebung** des **Einwands** nach **§ 6a** voraussetzt, ist des Weiteren mitzuteilen, dass dieser Einwand erhoben und rechtzeitig angebracht worden war und welchen Inhalt und Wortlaut er hatte (vgl. *Meyer-Goßner/Schmitt*, § 338 Rn 33). Zudem ist – am Besten im Wortlaut – darzulegen, wie der Einwand vom Gericht beschieden worden ist (vgl. OLG Köln StV 2004, 314). Wurde die Zuständigkeit der Jugendgerichte nicht beachtet, ist der Einwand allerdings nicht notwendig, um die Revisionsrüge zu eröffnen (BGHSt 30, 260; StV 1981, 77; KG StV 1985, 408).

Siehe auch: → *Rechtsmittel/Rechtsbehelfe, Allgemeines*, Teil A Rdn 1289; → *Revision, Verfahrensrüge, Allgemeines*, Teil A Rdn 2307, m.w.N.

2429 Revision, Verfahrensrüge, Urteilsformfehler (§ 338 Nr. 7)

2430 **Literaturhinweise: Rieß**, Die Urteilsabsetzungsfrist (§ 275 I StPO), NStZ 1982, 441; s. auch die Hinw. bei → *Revision, Allgemeines*, Teil A Rdn 2006; und bei → *Revision, Verfahrensrüge, Allgemeines*, Teil A Rdn 2307.

2431 **1.** Der Revisionsgrund des § 337 Nr. 7 **liegt vor**, wenn

- die **schriftlichen Urteilsgründe vollständig fehlen** (RGSt 40, 184; LR-*Franke*, § 338 Rn 116), z.B. weil einer der am Urteil beteiligten Berufsrichter vor der Abfassung der schriftlichen Urteilsgründe verstorben (OLG Celle NJW 1959, 1674 f.) oder aus dem Justizdienst ausgeschieden ist (BGHR § 338 Nr. 7 Entscheidungsgründe 2) oder die Urteilsgründe in sonstiger Weise abhandengekommen sind und nicht rekonstruiert werden können (*Meyer-Goßner/Schmitt*, § 338 Rn 53).

> ☝ **Unvollständige** oder **mangelhafte Entscheidungsgründe** fallen nicht unter den absoluten Revisionsgrund des § 338 Nr. 7 (*Meyer-Goßner/Schmitt*, § 338 Rn 53), können aber einen relativen Revisionsgrund nach § 337 bilden.

- die **schriftlichen Urteilsgründe verspätet**, d.h. außerhalb der Fristen des § 275 Abs. 1 zu den Akten gelangt sind (*Rieß* NStZ 1982, 441; LR-*Stuckenberg*, § 275 Rn 4 ff.; *Meyer-Goßner/Schmitt*, § 338 Rn 54).

> ☝ Eine **Überschreitung** der **Frist** ist gemäß § 275 Abs. 1 S. 4 in **Ausnahmefällen zulässig**. Das Gericht muss durch einen nicht vorhersehbaren unabwendbaren Umstand an der Einhaltung der Frist gehindert sein. Ausnahmegründe sind z.B. die Erkrankung des einzigen Berufsrichters (s. *Meyer-Goßner/Schmitt*, § 275 Rn 13) oder das überraschende Versterben des Berichterstatters (BGH NStZ-RR 2007, 88).

- Entscheidend für die Einhaltung der Frist soll nach der Rechtsprechung sein, dass der zuletzt unterschreibende Richter das Urteil fristgemäß in die Akten eingelegt und auf den Weg zur Geschäftsstelle gebracht hat (BGHSt 29, 43; BGH wistra 1985, 72). Hierzu soll es ausreichen, dass die Akte mit dem Urteil auf dem „Abtrag" im Richterzimmer gelegen hat (BGHSt 29, 43, 47). Der Eingangsvermerk der Geschäftsstelle hingegen soll nicht entscheidend sein und hat auch keine absolute Beweiskraft (*Meyer-Goßner/Schmitt*, § 275 Rn 18).

2432 **2.** Das i.S.d. § 344 Abs. 2 S. 2 **notwendige Rügevorbringen** ergibt sich aus folgender

2433 **Checkliste:**

- Der Vortrag **sämtlicher Tatsachen**, die dem Revisionsgericht eine **Berechnung** und **Überprüfung** der **Frist** des § 275 Abs. 1 S. 2 ermöglichen, d.h.

  - die Zahl der Verhandlungstage,
  - das Datum der Urteilsverkündung,
  - die Dauer der Absetzungsfrist.
- Die Mitteilung, **zu welchem Zeitpunkt** das **Urteil in die Akten** gelangt ist bzw. auf den Weg zur Geschäftsstelle gebracht wurde (BGH StV 1999, 198).
- Die Angabe sämtlicher Tatsachen, die der Annahme **besonderer Umstände** zur **Fristverlängerung entgegenstehen** bzw. der Vortrag, dass trotz Vorliegens besonderer Umstände im Sinne des § 275 Abs. 1 S. 4 und der daraus folgenden zulässigen Fristüberschreitung das Urteil nicht mit größtmöglicher Beschleunigung zu den Akten gebracht worden ist (vgl. BGH StV 1995, 514; OLG Düsseldorf StV 2008, 131).

Siehe auch: → *Rechtsmittel/Rechtsbehelfe, Allgemeines*, Teil A Rdn 1289; → *Revision, Verfahrensrüge, Allgemeines*, Teil A Rdn 2307, m.w.N.

Revision, Verfahrensrüge, Verteidigungsbeschränkung (§ 338 Nr. 8) 2434

Literaturhinweise: s. die Hinw. bei → *Revision, Allgemeines*, Teil A Rdn 2006, und bei → *Revision, Verfahrensrüge, Allgemeines*, Teil A Rdn 2307. 2435

1.a) Der Revisionsgrund des § 338 Nr. 8 ist in Wirklichkeit **kein absoluter Revisionsgrund**. Das ergibt sich daraus, dass die Beschränkung der Verteidigung „in einem für die Entscheidung wesentlichen Punkt" erfolgt sein muss. Damit ist nichts anderes gemeint, als das „Beruhen" im Sinne des § 337, denn wesentlich ist die Beschränkung nur dann, wenn das Urteil auf ihr beruht. 2436

b) Folgendes ist zu **beachten**: 2437

- Der Revisionsgrund ist nur eröffnet, wenn die **Beschränkung** der Verteidigung auf einem **Beschluss des Gerichts** beruht. Der Gerichtsbeschluss muss in der HV ergangen sein, ein Beschluss vor oder außerhalb der HV genügt nicht (BGHSt 21, 334, 359; KK-*Gericke*, §§ 338 Rn 102). Auch eine Anordnung des Vorsitzenden ist nicht ausreichend (BGH NStZ 2009, 51; vgl. zur Verhandlungsleitung des Vorsitzenden und zu den Beschlüssen nach § 238 Abs. 2 *Burhoff*, HV, Rn 2889 ff.).
- Die Verteidigungsbeschränkung muss **unzulässig** sein. Das ist sie nach h.M. nur, wenn eine besondere Verfahrensvorschrift verletzt ist (BGHSt 21, 334, 360; 30, 131, 137; NStZ 1981, 361), oder das Gericht gegen den Grundsatz des fairen Verfahrens verstoßen bzw. seine Fürsorgepflicht nicht beachtet hat. Unzulässige Beschränkungen der Verteidigung in diesem Sinne sind z.B. (s. auch *Burhoff*, HV, Rn 2889 ff.)

- die Weigerung, **Anträge des Verteidigers** entgegenzunehmen (BGH NJW 1964, 1485; NStZ 1992, 346),
- die **Überraschung** des Verteidigers und des Angeklagten mit einem abweichenden mündlichen SV-Gutachten in der Berufungs-HV (OLG Hamm NStZ 1996, 454),
- die Unterlassung einer gebotenen **Aktenbeiziehung** (BGH NStZ 2010, 530 m.w.N.),
- Ermessensfehler bei der **Terminierung** unter Zurückweisung eines Aussetzungsantrags nach § 228 (OLG Hamm StV 1990, 56 m. Anm. *Julius*),
- die Verweigerung einer Aussetzung des Verfahrens trotz **unzureichender Vorbereitung** des Verteidigers (BGH NStZ 2000, 212; KG StV 1982, 10; OLG Karlsruhe StV 1991, 199).

- Zwischen der unzulässigen Verteidigerbeschränkung und dem Urteil muss eine **konkret-kausale Beziehung** bestehen, da die Beschränkung einen für die Entscheidung wesentlichen Punkt betreffen muss (BGHSt 30, 131, 135; 44, 82, 90; BGH NStZ 2000, 212 m. Anm. *Hammerstein* NStZ 2000, 327). Eine Beschränkung, die nur generell (abstrakt) geeignet ist, die Entscheidung des Gerichts zu beeinflussen, reicht nicht aus (BGH NJW 2014, 2456).

2438 **2.** Das i.S.d. § 344 Abs. 2 S. 2 **notwendige Rügevorbringen** ergibt sich aus folgender

2439 **Checkliste:**

- sämtliche **Tatsachen**, aus denen sich die **Beschränkung** der Verteidigung unter **Verstoß** gegen **Verfahrensvorschriften ergibt** (BGH NStZ 2008, 110). Da sich der Sachvortrag in der Revision nach der jeweils verletzten Verfahrensvorschrift richtet, kann hier nur allgemein darauf hingewiesen werden, dass Vortrag umfassend die Grundlagen des Verfahrensverstoßes benennen und deutlich machen muss, warum dieser Verstoß eine Beschränkung der Verteidigung zur Folge hat (vgl. z.B. BGH, Beschl. v. 16.4.2015 – 1 StR 490/14 [insoweit nicht abgedr. in NStZ 2016, 42]).
- Des Weiteren die inhaltliche, besser noch wörtliche **Mitteilung** des **Beschlusses**, durch den das Gericht die Beschränkung vorgenommen hat. Ging dem Beschluss ein Antrag der Verteidigung voraus, ist auch dieser wenigstens inhaltlich, besser wörtlich, mitzuteilen.
- Schließlich die genaue Darlegung, aufgrund welcher Tatsachen, die Beschränkung einen **für** das **Urteil wesentlichen Punkt** betrifft (BGHSt 30, 131, 135; 49, 317, 327; BGH NStZ 2008, 115).

Siehe auch: → *Rechtsmittel/Rechtsbehelfe, Allgemeines*, Teil A Rdn 1289; → *Revision, Verfahrensrüge, Allgemeines*, Teil A Rdn 2307, m.w.N.

Revision, Verfahrensrüge, Widerspruchslösung 2440

Literaturhinweise: s. die Hinw. bei → *Revision, Allgemeines*, Teil A Rdn 2006; bei → *Revision, Verfahrensrüge, Allgemeines*, Teil A Rdn 2307, und zur „Widerspruchslösung" des BGH *Burhoff*, HV, Rn 3433. 2441

Seit der grundlegenden Entscheidung des BGH vom 27.2.1992 (BGHSt 38, 214; fortgeführt u.a. durch BGHSt 39, 349 und 42, 15) hängt die Frage der Verwertbarkeit unzulässig erhobener Beweise zunehmend vom Widerspruch des Verteidigers in der **HV** ab (**Widerspruchslösung**). Der **verteidigte Angeklagte** kann ein BV in der Revision nicht mehr geltend machen, wenn er der Verwertung des Beweismittels in der HV nicht rechtzeitig, d.h. bis zum Zeitpunkt des § 257 (unmittelbar nach jeder einzelnen Beweiserhebung) widersprochen hat. Hiervon ausgenommen sind nur die Fälle, in denen das Gesetz die Verwertung unzulässig erhobener Beweise unabhängig von der Zustimmung des Angeklagten verbietet, wie z.B. § 136a Abs. 3 bei verbotenen Vernehmungsmethoden (*Burhoff*, EV, Rn 3767, m.w.N.). 2442

☝ Mittlerweile verlangt die Rspr. sogar einen sog. **spezifizierten Widerspruch** (BGHSt 52, 38; zu den Einzelh. s. → *Revision, Verfahrensrüge, Beweisverbote*, Teil A Rdn 2403; eingehend zu den mit der Widerspruchlösung zusammenhängenden (Verfahrens) Fragen *Burhoff*, HV, Rn 3433 ff. m.w.N. aus Rspr. und Lit.).

Siehe auch: → *Rechtsmittel/Rechtsbehelfe, Allgemeines*, Teil A Rdn 1289; → *Revision, Verfahrensrüge, Allgemeines*, Teil A Rdn 2307, m.w.N.

Revision, Verfahrensvoraussetzungen und Verfahrenshindernisse 2443

Literaturhinweise: s. die Hinw. bei → *Revision, Allgemeines*, Teil A Rdn 2006, und bei → *Revision, Verfahrensrüge, Allgemeines*, Teil A Rdn 2307. 2444

1. Hängt die Zulässigkeit des Verfahrens vom (positiven) Vorliegen bestimmter Voraussetzungen ab, spricht man von **Verfahrensvoraussetzungen**. Das Vorliegen eines **Verfahrenshindernisses** steht der Durchführung des Verfahrens entgegen, ist also negativer Natur (*Dahs, RV*, Rn 94; BGHSt 10, 74; 32, 345, 350; 36, 294, 295). Die **Grenzen** sind **fließend**. 2445

2. Fehlt eine Verfahrensvoraussetzung bzw. liegt ein Verfahrenshindernis vor, ist im Revisionsverfahren Folgendes zu **beachten**: 2446

- Fehlt es an einer Verfahrensvoraussetzung **erst** im **Revisionsverfahren** bzw. tritt das Verfahrenshindernis erst im Revisionsverfahren ein, stellt das Revisionsgericht das Verfahren entweder gem. § 206a durch Beschluss oder gem. § 260 Abs. 3 durch Urteil ein.

☝ Dies gilt allerdings nur, wenn die **Rechtskraft** der angefochtenen Entscheidung durch wirksame Rechtsmitteleinlegung **gehemmt** worden ist. Auf die Ordnungsgemäßheit der Revisionsbegründung kommt es dann aber nicht mehr an (BGHSt 22, 213).

- Fehlte die Verfahrensvoraussetzung **bereits** in der **Tatsacheninstanz** bzw. lag das Verfahrenshindernis bereits in der Tatsacheninstanz vor und hat der Tatrichter dies übersehen, ist das tatrichterliche Urteil rechtsfehlerhaft und die Revision begründet. Das Revisionsgericht hebt in diesem Fall das tatrichterliche Urteil entweder durch Beschluss (§ 349 Abs. 4) oder durch Urteil (§ 349 Abs. 5) auf und stellt das Verfahren gem. § 354 Abs. 1 ein.

☝ Lag der **Mangel** bereits **vor Erlass** der amtsrichterlichen Entscheidung vor, prüft das Revisionsgericht das Fehlen von Verfahrensvoraussetzungen bzw. das Vorliegen von Verfahrenshindernissen allerdings nur, wenn eine zulässige Revision vorliegt, die form- und fristgerecht eingelegt und – zumindest mit der allgemeinen Sachrüge – begründet worden ist. Ist das nicht der Fall, wird die Revision als unzulässig verworfen, auch wenn der Tatrichter das Verfahrenshindernis übersehen hat (BGHSt 16, 115).

2447 **3.** Zu **Verfahrensvoraussetzungen** ist hinzuweisen auf folgende (s.a. *Burhoff*, EV, Rn 1866 ff.)

Beispielsfälle:

- Die **Anklage** und der **Eröffnungsbeschluss** (vgl. BGH NStZ 1986, 276); der Eröffnungsbeschluss soll allerdings noch im laufenden Verfahren nachgeholt werden können (BGHSt 19, 224; zu Anklage/EÖB s. *Burhoff*, EV, Rn 462 ff., 19652 ff. u. *Burhoff*, HV, Rn 1484 ff.),
- Die **deutsche Gerichtsbarkeit**, die sachliche Zuständigkeit des Gerichts und bis zur Eröffnung des Hauptverfahrens auch die örtliche Zuständigkeit des Gerichts,
- die **Verhandlungsfähigkeit** des Angeklagten (s. *Burhoff*, HV, Rn 2878 ff.),
- der fristgerechte und vom Berechtigten gestellte **Strafantrag** (s. *Burhoff*, EV, Rn 1882 ff.).

2448 **4. Zu Verfahrenshindernissen** ist hinzuweisen auf folgende (s.a. *Burhoff*, EV, Rn 1866 ff.)

Beispielsfälle:

- Die **anderweitige Rechtshängigkeit**,
- die entgegenstehende **Rechtskraft**,
- der **Strafklageverbrauch** (s. dazu *Burhoff*, EV, Rn 1875 ff.),
- der **Tod** des Angeklagten,
- die **Verjährung**,
- die **Immunität**.

☝ **Verfahrensvoraussetzungen bzw. Verfahrenshindernisse** sind auch dann noch **voll zu berücksichtigen**, wenn die Revision beschränkt wurde. Solange noch ein „Zipfel" des Verfahrens anhängig ist, schlagen fehlende Verfahrensvoraussetzungen oder Verfahrenshindernisse voll durch und zwingen zur Einstellung des Verfahrens insgesamt (BGHSt 11 393, 394).

Siehe auch: → *Revision, Allgemeines*, Teil A Rdn 1289, m.w.N.

Revision, Verschlechterungsverbot 2449

Literaturhinweise: s. die Hinw. bei → *Revision, Allgemeines*, Teil A Rdn 2006, und bei → *Berufung, Verschlechterungsverbot, Allgemeines*, Teil A Rdn 292. 2450

1.a) § 358 Abs. 2 sieht für die Revision ein **Verschlechterungsverbot** (Verbot der reformatio in peius) vor. Danach darf eine eigene Sachentscheidung des Revisionsgerichts nach § 354 Abs. 1, 1a und 1b das angefochtene Urteil ebenso wenig in **Art und Höhe zum Nachteil** des Angeklagten ändern, wie eine neue tatrichterliche Entscheidung, die nach der Zurückverweisung der Sache erfolgt (vgl. auch *Meyer-Goßner/Schmitt*, § 358 Rn 11). Der Grund für diese Regelung ist einfach: Der Angeklagte soll keine Verschlechterung seiner Position befürchten müssen, wenn er Revision einlegt (BGHSt 7, 86, 87; 45, 308, 310). 2451

b) Voraussetzung ist, dass lediglich der Angeklagte selbst, sein Verteidiger oder sein gesetzlicher Vertreter Revision eingelegt hat. 2452

☝ Für eine **Revision** der **StA** gilt das Verschlechterungsverbot grds. nur, wenn diese ihr Rechtsmittel zugunsten des Angeklagten eingelegt hat. Allerdings hat die Rechtsprechung über den Wortlaut des § 358 Abs. 2 hinaus auch dann ein Verschlechterungsverbot angenommen, wenn eine zuungunsten des Angeklagten eingelegte Revision der StA allein zu seinen Gunsten Erfolg hat (BGHSt 13, 41, 42; 38, 66, 67).

2. Zu **beachten** ist, dass das Verschlechterungsverbot uneingeschränkt **nur** für den Strafausspruch gilt, nicht aber für den Schuldspruch. Dieser darf verschärft werden. Allerdings muss auch bei einer Verschärfung des Schuldspruchs die ursprünglich vom Tatgericht verhängte Strafe als Obergrenze bestehen bleiben. Insoweit gelten folgende (vgl. a. → *Berufung, Verschlechterungsverbot, Allgemeines*, Teil A Rdn 290, m.w.N.) 2453

Grundsätze: 2454

- § 358 Abs. 2 hindert nicht eine den **Schuldspruch** erweiternde oder verschärfende Berichtigung des Urteilstenors (vgl. BGHSt 14, 5, 7; BGH NStZ 2006, 34, 35; StV, 2014, 285; BGH, Beschl. 17.4.2014 – 3 StR 61/14; BGH, Beschl. v. 30.10.2008 –

3 StR 156/08; BGH, v. 3.12.2008 – 2 StR 425/08). Diese kann auch vom Revisionsgericht selbst vorgenommen werden (BGH, Beschl. v. 22.8.2013 – 5 StR 365/13).

- Die **Kostenentscheidung** darf zu Ungunsten des Angeklagten geändert werden (BGHSt 5, 52; BGH NStZ-RR 2003, 6 [B]).
- **Unzulässig** ist gem. § 358 Abs. 2 hingegen
  - die Erhöhung einer verhängten Einzel- oder Gesamtstrafe (BGHSt 7, 86; 38, 66; BGH StraFo 2014, 28),
  - die Verhängung von Erwachsenenstrafe statt Jugendstrafe (BGHSt 29, 269),
  - die Verhängung von Freiheitsstrafe statt Geldstrafe (BGH StV 1997, 465),
  - die Feststellung der besonderen Schwere der Schuld (BGH NStZ 1993, 449; 2000, 197),
  - die Heraufsetzung der Tagessatzhöhe (BGHSt 30, 93, 97).

☝ Das Verschlechterungsverbot gilt **nicht** für eine **Verschärfung des Bewährungsbeschlusses** nach § 268a (*Meyer-Goßner/Schmitt*, § 268a Rn 8 m.w.N.; BGH, Beschl. v. 29.11.1994 – 4 StR 657/94) und nach § 358 Abs. 2 S. 2 auch nicht für die **Unterbringung** in einem psychiatrischen Krankenhaus oder einer Entziehungsanstalt nach **§§ 63, 64 StGB** (BGH, Beschl. v. 3.6.2015 – 4 StR 167/15; Beschl. v. 5.8.2014 – 3 StR 271/14). Daraus folgt, dass insbesondere bei Bewährungsstrafen letztlich auf dem Umweg über den Bewährungsbeschluss doch eine Schlechterstellung des Angeklagten erfolgen kann, oder die Unterbringung aufgehoben und stattdessen eine Strafe verhängt werden kann.

Siehe auch: → *Berufung, Verschlechterungsverbot, Allgemeines*, Teil A Rdn 290; → *Revision, Allgemeines*, Teil A Rdn 2006, m.w.N.

2455 Revision, Zulässigkeit

2456 **Literaturhinweise:** s. die Hinw. bei → *Revision, Allgemeines*, Teil A Rdn 2006.

2457 **1.a)** Die Revision ist **zulässig gegen** folgende **Arten von Urteilen**:

- Erstinstanzliche Urteile der **OLG** gem. § 120 GVG,
- erstinstanzliche Urteile der Strafkammern und Schwurgerichte beim **LG**,
- Berufungsurteile der Strafkammern beim **LG**,
- Urteile der Strafrichter und der Schöffengerichte beim **AG**, die mit der Berufung angefochten werden können (Sprungrevision gem. § 335).

☝ **Maßgebend** für die Frage der Zulässigkeit der Revision ist nicht die Form oder Bezeichnung der gerichtlichen Entscheidung, sondern der **Inhalt** der angefochtenen

Entscheidung (BGHSt 18, 381; 50, 180; s. auch *Meyer-Goßner/Schmitt*, § 333 Rn 1). Auch wenn eine Entscheidung fälschlicherweise nicht als Urteil bezeichnet wurde, ist das Rechtsmittel der Revision eröffnet, wenn einer der o.g. Entscheidungsinhalte vorliegt.

b) Bei der Anfechtung **amtsgerichtlicher Urteile** von Strafrichtern bzw. Schöffengerichten kann der Verteidiger zwischen der Berufung gem. § 312 und der Sprungrevision gemäß § 335 **wählen** (s. hierzu → *Revision, Sprungrevision*, Teil A Rdn 2262). **2458**

☝ Im **Jugendstrafverfahren** ist die Revision allerdings für denjenigen ausgeschlossen, der bereits Berufung eingelegt hatte (§ 55 Abs. 2 JGG; eingehend dazu → *JGG-Besonderheiten, Rechtsmittelbeschränkungen*, Teil A Rdn 817 ff.).

2. Zum Kreis der **Anfechtungsberechtigten** gehören somit sämtliche Verfahrensbeteiligte außer Zeugen und Sachverständige (ausführlich hierzu *Meyer-Goßner/Schmitt*, § 296 Rn 1 ff.; → *JGG-Besonderheiten, Anfechtungsberechtigung*, Teil A Rdn 651; → *Rechtsmittel/Rechtsbehelfe, Befugnis*, Teil A Rdn 1323). **2459**

Die **Revisionsberechtigten** sind somit **namentlich** **2460**

- der **Angeklagte** (§ 296 Abs. 1),
- die **StA** (§ 296 Abs. 1), die sowohl zugunsten als auch zuungunsten des Angeklagten Revision einlegen kann,
- der **Verteidiger** (§ 297), solange er nicht gegen den ausdrücklichen Willen des Angeklagten handelt,
- der gesetzliche Vertreter des Angeklagten (§ 298),
- der **Nebenkläger** (§ 401), allerdings mit den Beschränkungen des § 400, woraus sich ergibt, dass er die Revision nicht einlegen kann, um einen anderen Rechtsfolgenausspruch oder eine Verurteilung wegen einer nicht anschlussfähigen Tat zu erreichen (s. z.B. *Meyer-Goßner/Schmitt*, § 400 Rn 6 m.w.N.),
- die Nebenbeteiligten (§§ 433 Abs. 1 S. 1, 440 Abs. 3, 442 Abs. 1, 444 Abs. 2 S. 2).

3. Die Revision ist nur zulässig, wenn eine **Beschwer** vorliegt (BGHSt 34, 11, 12; *Meyer-Goßner/Schmitt*, vor § 296 Rn 8 m.w.N.; → *Rechtsmittel/Rechtsbehelfe, Beschwer*, Teil A Rdn 1383). Beschwert ist der Rechtsmittelführer, wenn die ergangene Entscheidung einen **unmittelbaren Nachteil** für ihn mit sich bringt, also in seine Rechte und geschützten Interessen unmittelbar eingegriffen worden ist (BGHSt 7, 153). Die Beschwer muss sich unmittelbar aus dem **Entscheidungsausspruch** herleiten, nicht erst aus den Entscheidungsgründen (BGH, a.a.O.). **2461**

☝ Da es auf die Entscheidungsgründe nicht ankommt, ist der Angeklagte durch ein **freisprechendes Urteil** in keinem Fall beschwert (*Meyer-Goßner/Schmitt*, Vor

§ 296 Rn 13 m.w.N.; BGH, Beschl. v. 17.10.2015 – 1 StR 56/15 m.w.N. im Verfahren *Mollath*; OLG Frankfurt/Main NStZ-RR 2010, 346 m.w.N.).

2462 **4.** Die Revision muss **form- und fristgerecht eingelegt** (→ *Revision, Einlegung, Form*, Teil A Rdn 2114; → *Revision, Einlegung, Frist*, Teil A Rdn 2123) und **form-** und **fristgerecht begründet** worden sein (→ *Revision, Begründung, Form*, Teil A Rdn 2054; → *Revision, Begründung, Frist*, Teil A Rdn 2063).

Siehe auch: → *Rechtsmittel/Rechtsbehelfe, Allgemeines*, Teil A Rdn 1289; → *Revision, Allgemeines*, Teil A Rdn 2006.

2463 Revision, Zuständigkeit

2464 **Literaturhinweise:** s. die Hinw. bei → *Revision, Allgemeines*, Teil A Rdn 2006.

2465 **1.** Über die Revision **entscheidet**

- bei einem erstinstanzlichen Urteil eines Strafsenats des OLG oder einer Strafkammer des LG regelmäßig der **BGH** (§ 135 Abs. 1 GVG);

  ☝ Nur in den Fällen, in denen die Revision **ausschließlich** auf die **Verletzung** von **Landesrecht** gestützt wird, entscheidet das OLG (§ 121 Abs. 1 Nr. 1c GVG).

- bei einem sonstigen Urteil, also insbesondere einem erstinstanzlichen Urteil des Strafrichters oder des Schöffengerichts beim AG im Fall der Sprungrevision oder einem Berufungsurteil der kleinen Strafkammer beim LG entscheidet das **OLG** (§ 121 Abs. 1 Nr. 1b GVG).

2466 **2.** Damit die Rechtseinheit gewahrt bleibt, kann es für ein Revisionsgericht notwendig sein, eine **Divergenzvorlage** zu machen. Hier gilt Folgendes:

- Will ein OLG von einer nach dem 1.4.1950 ergangenen Entscheidung eines anderen OLG oder des BGH in einer Rechtsfrage abweichen, hat es die Sache gem. **§ 121 Abs. 2 GVG** dem BGH vorzulegen.
- Will ein BGH-Senat von der Rechtsprechung eines anderen BGH-Senats abweichen, muss er zunächst bei dem betroffenen Senat anfragen, ob dieser an seiner Rechtsprechung festhalte und anschließend die Sache dem Großen Senat für Strafsachen vorlegen, falls der betroffene Senat seine Rechtsauffassung auf die Anfrage hin nicht ändert (**§ 132 GVG**).

Siehe auch: → *Revision, Allgemeines*, Teil A Rdn 2006.

Teil B: Rechtsbehelfe

Anhörungsrügen, Allgemeines 1

Das Wichtigste in Kürze:

1. Die Anhörungsrüge ist ein Vorschaltrechtsbehelf vor der Verfassungsbeschwerde.
2. Die Anhörungsrüge geht auf die Rechtsprechung des BVerfG zurück.
3. Das Experiment, zur Selbstentlastung nach jeder letztinstanzlichen fachgerichtlichen Entscheidung in allen Prozessordnungen von Verfassungs wegen einen Sonderrechtsbehelf an den iudex a quo zu fordern, ist allerdings fehlgeschlagen.
4. Der dogmatische Hintergrund der Anhörungsrügenrechtsprechung beruht auf der Annahme, dass Art. 19 Abs. 4 GG nicht umfassenden Rechtsschutz gegen den Richter gewährleistet, sondern teleologisch zu reduzieren ist.
5. Gegen diese Prämissen sind Bedenken/Kritik anzumelden, die im Fall einer Rechtsnormverfassungsbeschwerde – sei es gegen die Anhörungsrüge, sei es für eine weiter gehende Rüge der Verletzung von Grundrechten oder grundrechtsgleichen Rechten – im Ausgangsverfahren und im Verfassungsbeschwerdeverfahren zu erörtern wären.

Literaturhinweise: **Allgayer**, Auswirkungen des Anhörungsrügenverfahren auf die Zulässigkeit von Verfassungsbeschwerden, NJW 2013, 3484 ff.; **Benda/Klein**, Verfassungsprozessrecht, 2012; **Beukelmann**, Bedeutung von Anhörungsrüge nach § 356a und Gegenvorstellung, NJW-Spezial 2008, 344; **Bloching/Kettinger**, Verfahrensgrundrechte im Zivilprozess – Nun endlich das Comeback der außerordentlichen Beschwerde? NJW 2005, 860 ff.; **Burhoff**, Die wesentlichen Neuerungen des Anhörungsrügengesetzes für das Strafverfahren, PA 2005, 13; *ders.*, Die Anhörungsrüge im Strafverfahren, ZAP F. 22, S. 409; **Dallmeyer**, Beweisführung im Strengbeweisverfahren, 2002; **Desens**, Die subsidiäre Verfassungsbeschwerde und ihr Verhältnis zu fachgerichtlichen Anhörungsrügen, NJW 2006, 1243; **Eschelbach**, Gehör vor Gericht, GA 2004, 228 ff.; *ders.*, Anhörungsrügen im Strafprozess, ZAP F. 22, S. 605; **Eschelbach/Geipel/Weiler**, Anhörungsrügen, StV 2010, 325 ff.; **Gaede**, HRRS 2007, 402 ff. mit Anm. zu BGHSt 52, 38 ff.; **Gehb**, Vom langsamen Ende eines verfassungsrechtlichen Dogmas? – Der trickreiche Weg des Bundesverfassungsgerichts zum Anhörungsrügengesetz – DÖV 2005, 683 ff.; **Gertler**, Neuere Rechtsprechung des Bundesverfassungsgerichts zur Anhörungsrüge in: *Emmenegger/Widemann* (Hrsg.), Linien der Rechtsprechung des Bundesverfassungsgerichts, 2011, 53 ff.; **von Häfen/Kessen**, § 93 BVerfG und Subsidiarität der Urteilsverfassungsbeschwerde S. 93 ff. in: Linien der Rechtsprechung des Bundesverfassungsgerichts, 3. Aufl. (Hrsg.: Becker/Lange); **Hartmann** in: *Pieroth/Silberkuhl* (Hrsg.), Die Verfassungsbeschwerde, 2008; **Hartwig**, JR 1998, 359 ff. mit Anm. zu BayObLG NJW 1997, 404 ff.; **Ignor**, Plädoyer für die Widerspruchslösung, in: FS *Rieß*, 2002, S. 185 ff.; **Jahn** in: Jahn/Krehl/Löffelmann/Güntge, Die Verfassungsbeschwerde in Strafsachen, 2011; **Jost**, Verfassungsprozessuale Probleme der Anhörungsrüge in: Linien der Rechtsprechung des Bundesverfassungsgerichts, Hrsg. von *Hartmut Rensen; Stefan Brink*, 2009, S. 59 ff.; **Kettinger**, Die Verfahrensgrundrechtsrüge, Das Anhörungsrügengesetz in der zivilprozessualen Praxis – § 321a ZPO, 2007; **Kirchberg**, Die Anhörungsrüge – viel Aufwand, wenig Ertrag?, FS *Krämer*, 2009, S. 43 ff.; **Lenz/Hansel**, Kommentar zum BVerfGG, 2.Aufl. 2015; **Lübbe-Wolff**, Substantiierung 2 und Subsidiarität der Verfassungsbeschwerde, EuGRZ 2004, 669 ff.; *dies.*, Die erfolgreiche Verfassungsbeschwerde, AnwBl. 2005, 509 ff.; **Maul/Eschelbach**, Zur „Widerspruchslösung" von Beweisverbotsproblemen in der Rechtsprechung, StraFo 1996, 66 ff.; **Meyer-Mews**, Rechtsschutzgarantie und rechtliches Gehör im Strafverfahren, NJW 2004, 716; *ders.*; Die Ratio der Widerspruchslösung, StraFo 2009, 141 ff.; **Mosbacher**, Freiheit durch Säumnis: Keine Haftfortdauer bei Wiedereinsetzung, NJW 2005, 3110; **Papier**, Verhältnis des Bundesverfassungsgerichts zu den Fachgerichtsbarkeiten, DVBl. 2009, 473 ff.; **Pohlreich**, Zur Fristvorwirkung der Verfassungsbeschwerde im strafgerichtlichen Verfahren, StV 2011, 574; **Reichart**, Revision und Verfassungsbeschwerde in Strafsachen, 2008; **Rüsken**, Wird die Gegenvorstellung abgeschafft?, NJW 2008, 481 ff.; **Salecker**, Das Äußerungsrecht des Angeklagten und seines Verteidigers gemäß § 257 StPO, 2009; **Schenke**, Außerordentliche Rechtsbehelfe im Verwaltungsprozessrecht nach Erlass des Anhörungsrügengesetzes NVwZ 2005, 729 ff.; **Schnabl**, Rechtsmittelverzicht und Anhörungsrüge, AnwBl. 2008, 188; *ders.*, Die Kombination von Anhörungsrüge und Befangenheitsablehnung, ZAP, Fach 13 S. 1523 ff.; **Graf von Schliefen**, Neues von der Widerspruchslösung in: FS 25 Jahre Arbeitsgemeinschaft Strafrecht des DAV, 2009, S. 801 ff.; **Schneider**, Gehörsrüge des § 321a – Anhörungsrüge, Ausnahmeberufung, Ausnahmebeschwerde, Willkürverbot, MDR 2006, 969 ff.; **Schlothauer**, Anm. zu BGHSt 50, 272 ff., StV 2006, 397 f.; **Voßen**, Die Rechtsprechung des Bundesverfassungsgerichts zur Rechtsweggarantie des Art. 19 Abs. 4 GG, den Verfahrensgarantien nach Art. 101 Abs. 1 S. 2 GG, zum Prozessrecht der Fachgerichte, 2002; **Zuck**, Rechtsstaatswidrige Begründungsmängel in der Rechtsprechung des BGH, NJW 2008, 479; *ders.*, Die Anhörungsrüge im Zivilprozess, 2008, zitiert: Anhörungsrüge; *ders.*, Das Recht der Verfassungsbeschwerde, 4. Aufl. 2013, zitiert: Verfassungsbeschwerde; s.a. die Hinw. bei → *Revision, Anhörungsrüge*, Teil A Rdn 2023.

3 **1.** Die Anhörungsrüge nach §§ 33a, 311a, 356a, § 55 Abs. 4 JGG (s. dazu auch: → *JGG Besonderheiten, Anhörungsrüge*, Teil A Rdn 657) ist der Sache nach quasi eine in das fachgerichtliche Verfahren **vorgezogene Verfassungsbeschwerde** (vgl. BGH wistra 2009, 33, 34 f.), die auf die Rüge der **Verletzung** des **Anspruchs** auf **rechtliches Gehör** gem. Art. 103 Abs. 1 GG beschränkt ist.

4 **2.** Die Anhörungsrüge ist nach § 31 BVerfGG eine mit Gesetzeskraft ausgestattete Erfindung des **BVerfG** (vgl. dazu BVerfG NJW 2003, 1924), die – unausgesprochen – der Entlastung dieses Gerichts dienen soll und auf die Rüge der Verletzung des rechtlichen Gehörs bezogen wurde. Grund für diese (Neu-)Regelung ist, dass Gehörsrügen innerhalb des Kanons aller Grundrechtsrügen seit jeher besonders häufig vorkommen und das BVerfG stark belastet haben, obwohl scheinbar häufig banale „Pannenfälle" vorkamen, die aber wegen der Wirkungsweite des Prozessgrundrechts nicht nach dem Maßstab der **Heck'schen Formel** als verfassungsrechtlich unerheblich beiseitegelegt werden konnten.

5 **3.a)** Das **Experiment**, zur Selbstentlastung nach jeder letztinstanzlichen fachgerichtlichen Entscheidung in allen Prozessordnungen von Verfassungs wegen einen Sonderrechtsbehelf an den iudex a quo zu fordern, was aufgrund des Justizgewährungsanspruches i.S. eines Normerlassanspruches an den Prozessgesetzgeber verfassungsrechtlich geschuldet sei, ist allerdings längst **fehlgeschlagen**. Die **Zahl** der **Gehörsrügen** ist nämlich **nicht geringer** geworden. Dafür wurde der Rechtsprechungsaufwand bei den Fachgerichten und auch beim BVerfG im Ganzen erhöht, ohne dass für die Beschwerdeführer ein statistisch nennenswerter Ertrag gewonnen worden wäre. So war z.B. im Jahr 2013 weder bei den Zivilsenaten des BGH noch bei den Strafsenaten eine Anhörungsrüge

erfolgreich. Auch für andere Zeiträume oder andere Gerichte sind **erfolgreiche Anhörungsrügen kaum ersichtlich**.

b) Alle **Prämissen** der **Plenarentscheidung** (BVerfG NJW 2003, 1924), die unter Änderung der jahrzehntelangen Rspr. des BVerfG, dass aus Art. 19 Abs. 4 und 20 Abs. 3 GG kein Anspruch auf Rechtsschutz gegen den Richter bestehe und ein Instanzenzug oder bestimmte Rechtsmittel nicht von Verfassungs wegen zwingend erforderlich seien, sind **falsch**. Die Folgen waren bis in jüngste Zeit ein beträchtliches **Chaos** im **Verfassungsprozessrecht** über die Fragen der Wahrung der Subsidiarität der Verfassungsbeschwerde, die Frist für die Einlegung und Begründung der Verfassungsbeschwerde, den Streitgegenstand des Verfassungsprozesses und die Reichweite des Gehörsanspruchs, sowie die Erforderlichkeit eines weiter gehenden Sonderrechtsbehelfs auch für andere Rügen der Verletzung von Grundrechten oder grundrechtsgleichen Rechten. 6

Für Rechtssuchende eröffnet die **Anhörungsrüge** eine beständige **Quelle** von **Fallen** auf dem Weg zum Verfassungsgericht. Partiell ist die Verfassungsbeschwerde zum BVerfG blockiert, weil die Gehörsrüge unter dem Gesichtspunkt der **Rechtswegerschöpfung** zur Vorbedingung für die Erhebung einer zulässigen Verfassungsbeschwerde gemacht wird und zwar nach derzeitigem Stand der Kammerrechtsprechung hinsichtlich aller Grundrechtsrügen zum gleichen Streitgegenstand. Eine Anhörungsrüge kann also auch dann Zulässigkeitsvoraussetzung einer Verfassungsbeschwerde sein, wenn der Beschwerdeführer keine ausdrückliche Gehörsverletzung vor dem Verfassungsgericht geltend macht, wohl aber „der Sache nach" oder wenn zu erwarten gewesen wäre, dass „ein vernünftiger Verfahrensbeteiligter eine Anhörungsrüge erhoben hätte" (vgl. BVerfG, NJW 2013, 3506). Senatsrechtsprechung zu den verfassungsprozessualen Folgen fehlt bisher weitestgehend. Was „der Sache nach" eine Gehörsrüge ist, eröffnet erheblichen Bewertungs- und Beurteilungsspielraum (vgl. *Allgayer* NJW 2013, 3484). Die Kammerrechtsprechung führte jedenfalls bis in die jüngere Vergangenheit ein Eigenleben mit zum Teil unveröffentlichten und nicht selten divergierenden Entscheidungen (zur Frage der Rechtswegerschöpfung im Fall der Menschenrechtsbeschwerde → *Menschenrechtsbeschwerde, Rechtswegerschöpfung*, Teil C Rdn 251). 7

☝ Besondere Probleme ergeben sich immer noch bei der „**vergessenen**" oder „**unvollständigen**" Anhörungsrüge. Wann nämlich zu erwarten gewesen wäre, dass „ein vernünftiger Verfahrensbeteiligter eine Anhörungsrüge erhoben hätte" (vgl. BVerfG, NJW 2013, 3506), ist unklar (s. dazu auch → *Anhörungsrüge, Zulässigkeit*, Teil B Rdn 41 und → *Verfassungsbeschwerde, Zulässigkeit, formelle Subsidiarität*, Teil C Rdn 1172).

4. Der dogmatische Hintergrund der Anhörungsrügenrechtsprechung beruht auf der Annahme, dass Art. 19 Abs. 4 GG nicht umfassenden Rechtsschutz gegen den Richter ge- 8 währleistet, sondern teleologisch zu reduzieren ist. Zur öffentlichen Gewalt im Sinne dieser Verfassungsnorm gehöre nicht die „spruchrichterliche“ Rspr., sondern nur die Exekutive oder der Strafrichter, wenn er (als Ermittlungsrichter bei der Eingriffsgestattung) quasi-exekutivisch handele. Weiterhin sei daher nicht von Verfassungs wegen ein Instanzenzug geschuldet, sonst drohe ein „Rechtsweg ad infinitum“. Indes könne aus dem allgemeinen Justizgewährungsanspruch aus den materiellen Grundrechten in Verbindung mit dem Rechtsstaatsprinzip, der eine Auffangfunktion besitze, ein Mehr an Rechtsschutzgewährleistung entnommen werden. Der Anspruch auf Gehör vor Gericht sei ein prozessuales Urrecht und besitze besondere Bedeutung. Werde er in einem gerichtlichen Verfahren nicht beachtet, dann sei auch der Anspruch auf Justizgewährung nicht erfüllt. Da das Verfassungsbeschwerde-Verfahren nur subsidiär zur Verfügung stehe, müsse ein **Sonderrechtsbehelf** im fachgerichtlichen Verfahren zur Verfügung gestellt werden, um die Durchsetzung der Gehörsgewährleistung zu garantieren. Der Sonderrechtsbehelf könne sich auch an den iudex a quo wenden; es müsse kein Rechtsmittel an ein Gericht höherer Ordnung vorhanden sein, um effektiven Rechtsschutz im Bereich des Gehörsanspruchs zu eröffnen. Zur Vermeidung eines Rechtswegs ad infinitum sei darauf zu verweisen, dass eine einmalige Rügemöglichkeit den Justizgewährungsanspruch ausreichend erfülle (vgl. BVerfG NJW 2003, 1924).

9 **5.a)** Gegen diese Prämissen sind **Bedenken/Kritik** anzumelden (vgl. *Eschelbach* GA 2004, 228 ff.). Zunächst leuchtet es nicht ein, dass Art. 19 Abs. 4 GG teleologisch reduziert werden muss, um dadurch eine Rechtsschutzlücke zu schaffen, die anschließend mit einem aus Art. 20 Abs. 3 GG in Verbindung mit materiellen Grundrechten – richterrechtlich – entwickelten allgemeinen Justizgewährungsanspruch überwunden werden soll, der nicht genau denselben normativen Gehalt hat. **Art. 19 Abs. 4 GG** ist das verfassungsgeschichtlich erstmals durch das Grundgesetz in den Grundrechtskatalog aufgenommene **prozessuale Hauptgrundrecht**.

☝ Ihn mit Blick auf frühere Verfassungsnormen zu interpretieren, ist daher **verfehlt.**

10 Art. 19 Abs. 4 GG sollte nach den umfassenden Unrechtserfahrungen mit dem Dritten Reich, die nicht nur Unrecht durch die Exekutive (so aber die unzutreffende Akzentsetzung in BVerfG NJW 2003, 1924 ff.), sondern auch Unrechtsakte im Gewand von Rspr. einschlossen, ein Novum darstellen. Für einen allgemeinen Justizgewährungsanspruch des ungeschriebenen Verfassungsrechts ist danach weder Raum noch Bedarf. Art. 19 Abs. 4 GG eröffnet aber den Rechtsweg gegen Rechtsverletzungen aller Art durch die öffentliche Gewalt.

☝ Damit ist die Beschränkung eines Rechtsbehelfspostulats auf eine bestimmte Rügenkategorie unvereinbar und es besteht **kein Anlass** zu der **Annahme**, dass die **Rspr. nicht** zur **öffentlichen Gewalt** gehöre. Der Strafrichter ist auch dann, wenn er erkennender Richter ist, nicht nur „spruchrichterlich" tätig, sondern er greift durch den Schuldspruch und einen Straf- oder Maßregelausspruch originär hoheitlich in die Rechte des Bürgers ein; die Unterscheidung zwischen dem Spruchrichter, für den Art. 19 Abs. 4 GG nicht gelten soll, und den Ermittlungsrichter, der Art. 19 Abs. 4 GG unterworfen sein soll, ist daher falsch.

Die Befürchtung, es könne ein **Rechtsweg ad infinitum** gefordert werden, wenn auch Rechtsprechungsakte der Rechtsschutzgewährleistung unterworfen würden, geht hier nicht weiter als bei der Herleitung einer singulären Grundrechtsrüge aus einem allgemeinen Justizgewährungsanspruch. Es muss eben nur die Einmaligkeit der Rechtsmittelmöglichkeit aufgrund immanenter Schranken des Art. 19 Abs. 4 GG aus den gegenläufigen Akzenten des Rechtsstaatsprinzips auch hier betont werden. Es gibt damit keine „zweite" Anhörungsrüge gegen den die Anhörungsrüge zurückweisenden Beschluss (vgl. BVerfG, Beschl. v. 26.4.2011 – 2 BvR 597/11), wobei unklar ist, ob das auch bei einem Pannenfall (z.B. in der Einlaufstelle liegen gebliebener Schriftsatz). Zudem ist die Einmaligkeit der Rechtsbehelfsgarantie auch bei der Anhörungsrügenlösung kein absoluter Schutz vor dem „Rechtsweg ad infinitum". 11

☝ Da das **Anhörungsrügenverfahren** ein Gerichtsverfahren ist, kann dort eine Richterablehnung wegen **Besorgnis** der **Befangenheit erfolgen**. Da das Richterablehnungsverfahren kein reines Internum, sondern ein gerichtliches Zwischenverfahren ist, kann dort eine Verletzung des rechtlichen Gehörs gerügt werden (vgl. BGH NJW 2009, 1092 f.). Diese Prozedur kann theoretisch beliebig oft wiederholt werden, was beweist, dass die Anhörungsrügenlösung durch das Postulat der Einmaligkeit der Rügenmöglichkeit jedenfalls nicht besser als eine Rechtsmittelgarantie aus Art. 19 Abs. 4 GG Schutz vor der Gefahr eines „Rechtswegs ad infinitum" bietet.

b) Der **Rechtsbehelf** zum **iudex a quo** ist zudem, wie die Praxis beweist, **nicht effektiv**, solange es jedenfalls nicht um Fälle von „Pannenkorrekturen" geht, bei denen der iudex a quo etwa einen übersehenen Schriftsatz noch nachträglich zu sichten bereit ist. In allen anderen Konstellationen ist der iudex a quo, der über das Vorliegen einer Verletzung von Art. 103 Abs. 1 GG in dem von ihm selbst betriebenen Verfahren und seiner eigenen Entscheidung entscheiden soll, zur Rechtsschutzgewährleistung systematisch ungeeignet. Er ist in gewisser Weise **Richter in eigener Sache** und daher voreingenommen (vgl. *Zuck*, Verfassungsbeschwerde, Rn 342). Diese Verfahrenspsychologie hat der Gesetzgeber vollkommen ausgeblendet. Dass das Gesetz seine Zuständigkeit (iudex a quo) postuliert, beruht auf einer **Fiktion** der **Unvoreingenommenheit**, die jedenfalls dann, wenn auch nur leichte Anzeichen einer Voreingenommenheit aus dem Umständen des Einzelfalls hinzutreten, zu einer berechtigten Ablehnung wegen Besorgnis der Befangenheit führen müsste. 12

13 Ein **Hauptgeburtsfehler** ist zudem die Unklarheit über die Reichweite des Anspruches auf rechtliches Gehör und die Unklarheit der Antwort auf die Frage, ob auch für andere Rügen der Verletzung grundrechtsgleicher Rechte oder auch materieller Grundrechte ein entsprechender Sonderrechtsbehelf erforderlich sein soll. Der erstere Punkt wird deutlich, wenn die Frage der Begründungspflicht für letztinstanzliche Gerichtsentscheidungen aufgeworfen wird.

14 **c)** Nach der Rspr. vor der Plenarentscheidung der BVerfG (BVerfG NJW 2003, 1924) war stets angenommen worden, von Verfassungs wegen seien die Gerichte der letzten fachgerichtlichen Instanz, insbesondere der Revisionsinstanzen, nicht zur Begründung ihrer Entscheidungen verpflichtet – weil sie nicht mit Rechtsmittel anfechtbar sind und daher durch eine Entscheidungsbegründung der Kontrolle offen stehen müssen. Wird nun zur **Gehörsgewährung** eine **Kontrolle postuliert**, dann muss an sich die **letztinstanzliche Entscheidung** auch **begründet** werden, weil sonst nicht nachvollziehbar ist, ob das Gericht den Verfahrensbeteiligten in den entscheidungserheblichen Punkten tatsächlich das rechtliche Gehör gewährt hat oder nicht. Die Anhörungsrüge gegen Entscheidungen, die keiner Begründung bedürfen und nicht begründet werden, läuft leer (vgl. *Zuck* NJW 2008, 479 f. zu den Leerlaufketten in Zivilprozessen vor dem BGH). Gleichwohl wird in der jüngeren Rspr. mit Hinweisen auf ältere Entscheidungen vor dem Plenarbeschluss über die fehlende Begründungspflicht am Problem vorbeiargumentiert – um den groben und generellen Mangel des Anhörungsrügenkonzepts nicht sichtbar werden zu lassen. Wäre aber von Verfassungs wegen eine Anhörungsrügenmöglichkeit geboten und müsste der Sonderrechtsbehelf nach dem Prinzip des effektiven Rechtsschutzes auch wirkungsvoll sein, so würde eigentlich kein Weg an der Notwendigkeit einer Begründung aller letztinstanzlichen Gerichtsentscheidungen vorbei führen. Die h.A. zieht diese Konsequenz jedoch nicht. Mittlerweile ist davon auszugehen, dass die Anhörungsrüge nur dann erforderlich ist, wenn eine **eigenständige Gehörsverletzung** (sog. primäre Gehörsverletzung) durch die letztinstanzliche Entscheidung geltend gemacht wird. Der sog. **perpetuierende Gehörsverstoß** (sog. sekundäre Gehörsverstoß), d.h. die Nichtabhilfe eines von den/der Vorinstanz(en) begangenen Gehörsverstoßes erfordert keine Anhörungsrüge. Damit ist der Nachweis einer eigenständigen Gehörsverletzung durch das letztinstanzliche Gericht freilich erschwert, aber gleichwohl ist das Procedere nach h.A. nicht zu beanstanden. Nur wenn sich trotz der Begründungslosigkeit „genügend Anhaltspunkte" für einen eigenen Gehörsverstoß durch das letztinstanzliche Gericht ergeben, bleibt der Anwendungsbereich der Anhörungsrüge offen. Ohne solche Anhaltspunkte besteht von Verfassungs wegen keine Veranlassung für eine Anhörungsrüge und es kann sofort Verfassungsbeschwerde erhoben werden (vgl. BVerfG NJW 2011, 1497 ff.).

15 Für das **Strafverfahren** würde die Minderansicht bedeuten, dass **OU-Beschlüsse** nach **§ 349 Abs. 2** (→ *Revision, Entscheidung, Beschluss*, Teil A Rdn 2142; → *Revision, Verfah-*

rensablauf, Teil A Rdn 2282) bei Meidung einer Gehörsverletzung nicht ohne (substantielle) Begründung erfolgen dürften, zumal § 34 eine Begründung fordert und das geläufige Weglassen einer Begründung also contra legem scriptam praktiziert wird. Eine **Formelbegründung** („... weil die Nachprüfung des Urteils anhand der Revisionsbegründung keinen Rechtsfehler zum Nachteil des Beschwerdeführers ergeben hat ...") wäre danach **unzureichend**. Auch die Begründung des **Verwerfungsantrages** der **StA** bei dem Revisionsgericht wäre nicht ohne Weiteres aufgrund einer **stillschweigenden Bezugnahme** des **Revisionsgerichts** hierauf als Begründungssurrogat ausreichend, dies jedenfalls dann, wenn der Beschwerdeführer darauf repliziert hat und die StA danach keine Äußerung mehr abgegeben hat. So agiert die Praxis aber nicht. Letztinstanzliche Entscheidungen ohne Begründung sind unverändert als richterrechtlich selbst geschaffenes „System" (vgl. BGH NStZ-RR 2008, 385) **contra legem** (§ 34) die Regel. Gleichwohl sollte der anwaltliche Praktiker davon ausgehen, dass durch die stillschweigende Bezugnahme auf den Verwerfungsantrag der StA eine begründete Entscheidung vorliegt und diese auf eine eigenständige Gehörsverletzung durch das Revisionsgericht untersuchen. Beim geringsten Ansatzpunkt für einen solchen primären Gehörsverstoß ist die Anhörungsrüge zu erheben und parallel die Verfassungsbeschwerde im allgemeinen Register zu parken (vgl. BVerfGK 18, 301; *von Häfen/Kessen*, S. 94).

☝ Dies beweist, dass die **Anhörungsrügenregelung** ein **potemkinsches Dorf** ist. Es geht um Justizentlastung, die aber misslungen und in eine nutzlose Mehrbelastung umgeschlagen ist. „Rechtsstaatliche Defizite" des früheren Rechtsmittelrechts mit paralegalen Rechtsbehelfen (vgl. BVerfG NJW 2003, 1924) – Gegenvorstellung und außerordentliche Beschwerde – sind nicht behoben worden, sondern nur umfirmiert.

Siehe auch: → *Rechtsmittel/Rechtsbehelfe, Allgemeines*, Teil A Rdn 1289; → *Revision, Allgemeines*, Teil A Rdn 2006; → *Revision; Anhörungsrüge*, Teil A Rdn 2022; → *Anhörungsrüge, Begründetheit*, Teil B Rdn 16; → *Anhörungsrüge, Zulässigkeit*, Teil B Rdn 41; → *Verfassungsbeschwerde, Allgemeines*, Teil C Rdn 729, m.w.N.

Anhörungsrügen, Begründetheit 16

Das Wichtigste in Kürze:

1. Die Anhörungsrüge ist begründet, wenn die angegriffene letztinstanzliche Entscheidung auf einer Verletzung von Art. 103 Abs. 1 GG beruht.
2. Nach einer in Rspr. und Lit. vertretenen und mittlerweile herrschenden Ansicht betrifft die Anhörungsrüge nur erstmalige Gehörsverstöße in der letzten fachgerichtlichen Instanz, nicht das Unterlassen einer Heilung vorinstanzlicher Gehörsverletzungen.

> **3.** § 356a erfasst, ebenso wie § 33a, damit nicht jede Verletzung von Art. 103 Abs. 1 GG, sondern nur sog. primäre Gehörsverletzungen.
> **4.** Eine Gegenvorstellung wegen anderer verfassungsrechtlicher Beanstandungen bleibt möglich, ist aber nicht Zulässigkeitsvoraussetzung einer nachfolgenden Verfassungsbeschwerde. Die Verfassungsbeschwerde ist zwingend parallel einzulegen.

17 **Literaturhinweise:** s. die Hinw. bei → *Anhörungsrüge, Allgemeines*, Teil B Rdn 1.

18 **1.** Die Anhörungsrüge ist **begründet**, wenn die angegriffene letztinstanzliche Entscheidung auf einer **Verletzung** von **Art. 103 Abs. 1 GG** beruht. Eine Gehörsverletzung durch das Revisionsgericht ist nach Ansicht der Rechtsprechung „kaum vorstellbar", wenn der Angeklagte oder Verteidiger vor dem Revisionsgericht anwesend sind (vgl. u.a. BGH, Beschl. v. 25.9.2012 – 1 StR 534/11).

> ☝ Ist ein Vortrag des Antragstellers durch eine fehlerhafte Prozesshandlung abgeschnitten und dadurch sein Anspruch auf Gehör vor Gericht verletzt worden, dann ist erforderlich, dass der Antragsteller das Versäumte, d.h. mitteilt, was er vorgetragen und zu welchem Ergebnis dies geführt hätte, nachholt, damit eine **Beruhensprüfung** stattfinden kann.

19 Für einen Erfolg der Anhörungsrüge genügt es nicht, dass die Verletzung einer Pflicht des Gerichts zur Information der Verfahrensbeteiligten, zur Einräumung einer Äußerungsmöglichkeit oder zur Berücksichtigung des Vorbringens bei der Entscheidung dargelegt und festgestellt worden ist. **Erforderlich** ist auch die **Feststellung** des **Beruhens** der Entscheidung auf der Verletzung des Prozessgrundrechts (BVerfGE 28, 17, 19). Das erfordert eine Darlegung, warum der übergangene Vortrag erheblich ist, bzw. bei einem unterlassenen Hinweis, dass Erhebliches (was konkret) vorgetragen worden wäre (*von Häfen/Kessen*, S. 98).

20 **2.a)** Nach mittlerweile h.M. betrifft die Anhörungsrüge **nur eigenständige Gehörsverstöße** in der **letzten fachgerichtlichen Instanz**, nicht das Unterlassen einer Heilung vorinstanzlicher Gehörsverletzungen (BVerfG NJW 2011, 1497 ff.; BGH NJW 2008, 923; BayVerfGH BayVBl. 2007, 757, 758; *Papier* DVBl. 2009, 473, 476). Die bloße Nichtheilung eines Gehörsverstoßes der Vorinstanz soll keine eigene Verletzung von Art. 103 Abs. 1 GG durch das letztinstanzliche Gericht sein, der die Anhörungsrüge rechtfertigt. Das wird damit begründet, dass andernfalls auch eine ablehnende Anhörungsrügenentscheidung wiederum eine Verletzung von Art. 103 Abs. 1 GG wäre, die eine erneute Anhörungsrüge gebieten müsste, so dass der Rechtsweg ad infinitum drohen würde (vgl. *Jost*, S. 59, 79). Die Gefahr vor einem Rechtsweg ad infinitum kann aber nie gänzlich gebannt werden (s. dazu auch: → *Anhörungsrügen, Allgemeines*, Teil B Rdn 1).

☝ Damit gibt es aber **zwei Klassen** von **Verstößen gegen Art. 103 Abs. 1 GG**, nämlich solche, die in einer Instanzentscheidung wirksam geworden und vom Rechtsmittelgericht nicht geheilt wurden, und solche, die das letztinstanzliche Rechtsmittelgericht selbst begeht. Für Erstere besteht die Rechtsmittelmöglichkeit, für Letztere die Anhörungsrügenmöglichkeit.

b) Die Frage, ob z.B. eine **fehlerhaft begründete Rechtsmittelentscheidung** über eine schon im Rechtsmittelverfahren geltend gemachte Gehörsrüge zur ersteren oder zur letzteren **Kategorie** gehören soll, dürfte durch die Entscheidung vom 8.12.2010 (BVerfG, NJW 2011, 1497 ff.) überholt sein, da die sekundäre Gehörsrüge unzulässig ist (*Lenz/Hansel*, BVerfGG, § 90 Rn 371; *Lechner/Zuck*, BVerfGG, § 90 Rn 147d). Nach dem Ansatz der Plenarentscheidung des BVerfG sollte die Anhörungsrüge zwar alle Arten von Verletzungen des Anspruchs auf Gehör vor Gericht erfassen (vgl. BVerfG NJW 2003, 1924), weshalb in Fortführung dieser Ansicht eine Differenzierung zwischen perpetuierenden oder erstmaligen Gehörsverletzungen nicht gerechtfertigt ist. Die ältere Kammerrechtsprechung sah dies teils ebenso (vgl. BVerfG, Beschl. v. 21.6.2005 – 2 BvR 658/05), teils anders (vgl. BVerfG NJW 2008, 2635). Gleichwohl soll mittlerweile in der fachgerichtlichen Rechtsprechung und Lehre Einigkeit darüber bestehen, dass eine solche Rüge unzulässig ist und nicht einmal mehr die Frist zur Erhebung der Verfassungsbeschwerde wahrt (vgl. BVerfG, Beschl. v. 21.4.2013 – 1 BvR 423/11). Richtig ist daran, dass wenn ein Gehörsverstoß erneut behauptet würde, dann würde eine Anhörungsrüge eine Kontrolle gerichtlicher Entscheidungen nur **unsinnig verdoppeln**, nicht aber im Sinne eines Instanzenzuges aufeinander beziehen. 21

Aber bereits die ältere Frage nach der **Differenzierung** zwischen fortgesetzten oder erstmaligen Gehörsverletzungen oder deren einheitlicher Behandlung zeigt, dass das **Anhörungsrügenkonzept grundlegend verfehlt** ist. Statt Entlastung bringt es Probleme über Probleme, meist zum Nachteil der Rechtsschutz Suchenden. Die Praxis zeigt, dass trotz wiederholter Befassung in der Literatur die „sichere Alternative" des sog. Parken der Verfassungsbeschwerde im AR-Register und parallele Anhörungsrüge nur vereinzelt erfolgt und nicht allgemein bekannt ist (vgl. *von Häfen/Kessen*, S. 94 f.). 22

☝ Die **Entscheidung** über die **Anhörungsrüge** kann selbstständig mit der **Verfassungsbeschwerde** angegriffen werden (vgl. BVerfG MDR 2008, 223) und sollte/muss – bei unklarer Rechtslage (*Jost*, S. 59, 74 ff.) – mit den sonstigen belastenden Entscheidungen angegriffen werden (s. dazu auch: → *Verfassungsbeschwerde, Zulässigkeit, Beschwerdegegenstand*, Teil C Rdn 1156). Unabhängig davon, ob die Entscheidung über die Anhörungsrüge mit der Verfassungsbeschwerde angegriffen wird, muss diese binnen eines Monats nach Eingang dem BVerfG mitgeteilt/vorgelegt werden, ebenso wie der Zeitpunkt des Eingangs beim Beschwerdeführer bzw. dessen Anwalt (vgl. BVerfG, Beschl. v. 6.12.2011 – 1 BvR 1681/11; Beschl. v. 30.5.2013 – 2 BvR 885/13).

23 **3.a) § 356a erfasst**, ebenso wie § 33a, damit **nicht** mehr jede **Verletzung** von **Art. 103 Abs. 1 GG**, sondern **nur primäre Gehörsverletzungen** (s.o. Rdn 20). Worin eine **Verletzung** des Anspruches auf rechtliches Gehör liegt, ist allerdings **nicht in allen Einzelheiten klar** (s. dazu auch: → *Verfassungsbeschwerde, Begründung, rechtliches Gehör*, Teil C Rdn 1156). Gesichert ist, dass die Beteiligten eines gerichtlichen Verfahrens nach Art. 103 Abs. 1 GG weder vom Ergehen der Entscheidung an sich, noch von deren tatsächlichem oder rechtlichem Inhalt überrascht werden dürfen. Gesichert ist weiter, dass einer gerichtlichen Entscheidung nur solche Tatsachen und Beweisergebnisse zugrunde gelegt werden dürfen, zu denen sich die Verfahrensbeteiligten äußern konnten. Daraus folgen allerdings keine umfassenden Informationspflichten des Gerichts (vgl. z.B. BVerfG, Beschl. v. 29.3.2007 – 2 BvR 120/07), sofern die Verfahrensbeteiligten den Sachstand selbst aus den Akten oder dem Inbegriff der HV entnehmen können.

24 **b)** Auch ein **Anspruch** auf eine **bestimmte Verfahrensweise** folgt **nicht** aus **Art. 103 Abs. 1 GG**; insbesondere ist eine revisionsgerichtliche HV nicht garantiert, sofern die Verfahrensbeteiligten auch in einem Beschlussverfahren alle entscheidungserheblichen Informationen erhalten. Geklärt ist aber auch, dass die bloße **Information** der Verfahrensbeteiligten **über Tatsachen** und **rechtliche Aspekte** vor der Gerichtsentscheidung andererseits wiederum nicht zur Gewährleistung des rechtlichen Gehörs genügt. Vielmehr muss für die Verfahrensbeteiligten auch eine **konkrete Möglichkeit** der **Äußerung** zum Sachverhalt bestehen. Art. 103 Abs. 1 GG will nämlich verhindern, dass das Gericht ihm bekannte, einem Verfahrensbeteiligten aber verschlossene Sachverhalte zu dessen Nachteil verwertet. Vor Art. 103 Abs. 1 GG werden nicht nur tatsachenbezogene Äußerung geschützt, sondern auch die Möglichkeit der Verfahrensbeteiligten zu einer **Äußerung** zur **Rechtslage**. Das wird von den Strafgerichten oft übersehen.

25 **c)** Praktisch besonders wichtig ist, dass die Gerichte gem. Art. 103 Abs. 1 GG gehalten sind, die **Ausführungen** der **Prozessbeteiligten** nicht nur zu ermöglichen, sondern sie auch **zur Kenntnis** zu **nehmen** und bei der Entscheidung in Erwägung zu ziehen. Denn nur im Zusammenspiel von Äußern und Gehörtwerden kann sich die zentrale prozessuale Befugnis, die Art. 103 Abs. 1 GG gewährleistet, verwirklichen. Das beinhaltet die Pflicht der Gerichte, Sachvortrag oder Beweisanträge, die sie für erheblich halten, nicht zu übergehen. Adressat des Anspruchs auf rechtliches Gehör ist das Gericht. Damit wird der zuständige Spruchkörper, bei Kollegialgerichten auch jeder einzelne Richter, der zur Mitwirkung an der Entscheidung berufen ist, in die Pflicht zur Gewährung des rechtlichen Gehörs an die Verfahrensbeteiligten einbezogen. Das bedeutet demnach, dass das entscheidende Gericht durch **alle mit dem Verfahren befassten Richter**

die Ausführungen der Prozessbeteiligten zur Kenntnis nehmen und in Erwägung ziehen muss (vgl. BVerfGE 11, 218, 220; 46, 315, 319).

d) Herkömmlich gilt bei **Kollegialgerichten** für das Lesen der Akten das **Vier-Augen-Prinzip**. Dass stets alle Richter eines Kollegiums selbst die Akten lesen, ist nicht erforderlich (vgl. BVerfG NJW 1987, 2219 f.). Die näheren Umstände einer konkreten Beschlussfassung eines Kollegialgerichts im Einzelfall, entziehen sich einer Rekonstruktion durch externe Betrachter oder eine Rechtskontrollinstanz. „Über den Hergang bei der Beratung und Abstimmung“ haben die an der Entscheidung beteiligten Richter gem. § 43 DRiG zu schweigen. Folglich sind auch dienstliche Äußerungen der Richter über die Art und Weise der Beschlussfassung des Spruchkörpers unzulässig. Das BVerfG hat allerdings in einem Kammerbeschluss postuliert, dass es nicht erforderlich sei, dass der Vorsitzende eines Strafsenats beim BGH jede Akte selbst lesen müsse. Das wurde damit begründet, dass alle Mitglieder des Spruchkörpers uneingeschränkt vollständig über den „Sach- und Streitstand“ informiert sein müssen (BVerfG NJW 2012, 2334). Wie sich wiederum der jeweilige nicht als Berichterstatter eingesetzte Richter uneingeschränkt vollständig über den „Sach- und Streitstand“ informiert, ob durch eigenes Lesen der Akten oder nicht, sei wiederum jedem Richter selbst überlassen, der die Akten zwar lesen dürfe, aber nicht müsse (BVerfG, a.a.O., Rn 25). Das ist freilich absurd, denn es lässt sich schlicht nicht bestreiten, dass man wirklich umfassend nur durch eigene Aktenlektüre informiert sein kann, nicht durch Hörensagen. Das gilt vor allem in der strafprozessualen Revision, in der es auf „jedes Wort“ ankommen kann (*Fischer/Krehl* StV 2012, 550, 554 ff.) und bei der „erweiterten Revision“ bereits prinzipiell ausgeschlossen (vgl. *Paeffgen/Wasserburg* GA 2012, 535, 548). 26

e) Das wiederum bedeutet jedenfalls, wenn nicht das gesamte Beschlusssystem ins Wanken geraten ist (→ *Verfassungsbeschwerde, Auslegung der StPO im Lichte des GG*, Teil C Rdn 766, m.w.N.), dass zur Überprüfung der Gewährung rechtlichen Gehörs deshalb nur die **Begründung** der **Entscheidung** des Gerichts zur Verfügung steht (vgl. *Eschelbach* GA 2004, 228, 238 ff.). Infolgedessen folgt vor diesem Hintergrund und dem Recht der Verfahrensbeteiligten auf rechtliches Gehör eine prinzipielle Verpflichtung des Gerichts zur Begründung seiner Entscheidung (vgl. OLG Koblenz, Beschl. v. 5.9.2007 – 12 U 514/07; Mangoldt/Klein/Starck/*Nolte*, GG Art. 103 I Rn 58; Maunz/Dürig/*Schmidt-Aßmann*, GG Art. 103 I Rn 99; Dreier/*Schulze-Fielitz*, GG Art. 103 I Rn 74; *Voßen*, S. 448). 27

☝ Eine lückenlose Darstellung der Begründung hinsichtlich aller nur denkbaren Aspekte lässt sich aus Art. 103 Abs. 1 GG nicht ableiten, wohl aber bezüglich der Überlegungen des Gerichts zu den wesentlichen der Rechtsverfolgung und Rechtsverteidigung dienenden Tatsachenbehauptungen und Erwägungen der Verfahrensbeteiligten (vgl. BVerfGE 47, 182, 189; 54, 43, 46).

28 Nach der **Rspr.** des **BVerfG** soll für letztinstanzliche Entscheidungen eine **Ausnahme** davon gelten. Das bedeutet aber faktisch, dass dann die Anhörungsrüge leer läuft, weil die **letztinstanzliche Entscheidung** auf Gehörsverletzungen in tragenden Punkten der Entscheidung nicht nachgeprüft werden kann, wenn sie keine Begründung enthält.

29 **f)aa) Geklärt** ist auch, dass das Gericht ein Vorbringen von Beteiligten aus Gründen des formellen oder materiellen Rechts ganz oder teilweise unberücksichtigt lassen darf (vgl. BVerfGE 21, 191, 194; 22, 267, 273; 51, 188, 191; 60, 1, 5). **Präklusionsnormen** des geschriebenen Rechts sind damit grds. im Hinblick auf Art. 103 Abs. 1 GG **unbedenklich**, wenn die betroffene Partei ausreichend Gelegenheit hatte, sich in allen für sie wichtigen Punkten zur Sache zu äußern, dies aber aus von ihr zu vertretenden Gründen versäumt hat (vgl. BVerfGE 3, 92; 55, 72, 95; 69, 126, 137). Fraglich ist aber – auch mangels eingehender Rüge –, welche verfassungsrechtlichen Konsequenzen bei „**informeller Präklusion**" auf richterrechtlicher Grundlage (z.B. nach der Widerspruchslösung für unselbstständige Beweisverwertungsverbote) gezogen werden müssen. Für zivilprozessuale Präklusionsvorschriften ist geklärt, dass diese Ausnahmecharakter haben. Ihre Anwendung bedarf daher in besonderem Maße der Rechtsklarheit (vgl. BVerfGE 60, 1, 6; 69, 126, 136), die bei ungeschriebenem Rechts generell nicht in gleicher Weise besteht, wie bei Präklusionsnormen des ungeschriebenen Rechts.

30 **bb)** Es ist **weder** ausreichend **geklärt**, **noch** dogmatisch **begründet**, warum im eingriffsintensiven Strafverfahren zum Nachteil von Angeklagten im Bereich des ungeschriebenen Rechts strengere Anforderungen als im Zivilprozess bestehen sollen oder können. Wenn die **Widerspruchslösung** Begründungsanforderungen aufstellt (vgl. BGHSt 52, 38, 42 mit Anm. *Gaede* HRRS 2007, 402 ff, abl. *Salecker*, S. 106; eingehend zur Widerspruchslösung *Burhoff*, HV, Rn 3433; s.a. → *Revision, Verfahrensrüge, Widerspruchslösung*, Teil A Rdn 2440), die denjenigen nach § 222b entsprechen (vgl. *Graf von Schlieffen*, S. 801, 811), und wenn der einmal versäumte Widerspruch auch in einer neuen Tatsacheninstanz nicht mehr nachgeholt werden kann (vgl. BGHSt 50, 272 ff. mit Anm. *Fezer* JZ 2006, 474 ff. und *Schlothauer* StV 2006, 397 f.; BayObLG NJW 1997, 404, 405 f. mit Anm. *Hartwig* JR 1998, 359 ff.; OLG Celle StV 1997, 68 f.; NStZ 2014, 118 m. abl. Anm. *Burhoff* StRR 2014, 68 OLG Stuttgart NStZ 1997, 405; *Salecker*, S. 133 ff.) leuchtet nicht ein, wie dies mit der verfassungsgerichtlichen Rspr. zum Zivilprozess in Einklang gebracht werden kann. Zivilprozessual ist geklärt, dass die analoge Anwendung von Präklusionsnormen und die Nichtzulassung von Parteivorbringen wegen Fristversäumnis bei unklarer Fristsetzung zu einer Verletzung von Art. 103 Abs. 1 GG führt und es auch nicht zu einer „Überbeschleunigung" kommen darf (vgl. BVerfGE 59, 330, 334 f.; 60, 1, 6).

31 Die Widerspruchslösung, die mit **Beweiswürdigungs-**, **Strafzumessungs-** oder **Anrechnungslösungen** zur Kompensation von Verfahrensfehlern konkurriert, welche keine Be-

wirkungshandlungen voraussetzen, ist **Richterrecht** (vgl. *Maul/Eschelbach* StraFo 1996, 66 ff.) mit einer starken Ausdehnungstendenz, das sich mit seinen inzwischen weit fortgeschriebenen Aussagen an § 222b Abs. 1 anlehnt.

☝ Fraglich ist, ob es sich vor diesem Hintergrund noch um Lückenfüllung im Bereich der insgesamt nicht geregelten Beweisverwertungsverbote oder um eine zu weit gehende **Rechtssetzung** handelt (dafür *Ignor*, S. 185 ff.; dagegen *Dallmeyer*, S. 230; *Meyer-Mews* StraFo 2009, 141 ff.).

Die **Frage** muss auch nach Inkrafttreten des „Gesetzes zur Neuregelung der Telekommunikationsüberwachung und anderer verdeckter Ermittlungsmaßnahmen" (TKÜ-ErwG v. 21.12.2007; BGBl I, S. 3198), das **Beweisverbote regelt**, ohne die Widerspruchslösung zu erwähnen, mit Blick auf das Prinzip vom Vorrang und vom Vorbehalt des Gesetzes neu gestellt werden. Zumindest die Präklusion aufgrund einer unterlassenen Bewirkungshandlung auch für eine neue HV **beschränkt** die **Verteidigung ohne zwingenden Grund** zu weitgehend (vgl. *Schlothauer* StV 2006, 397 f.), weil die Verteidigungsstrategie in einer neuen HV anders gestaltet werden kann als in der früheren HV. Zudem ist es unangemessen, wenn die Verteidigung zu einer vorzeitigen Disposition über die Verwertbarkeit oder Unverwertbarkeit eines Beweisinhalts veranlasst werden soll, wenn andererseits das Gericht seinen Standpunkt zu dessen Verwertbarkeit und Beweisbedeutung bis zum Urteil zurückhalten darf. Eine wirkliche Dispositionsfreiheit der Verteidigung bestünde nur, wenn sie die Bedeutung des bemakelten Beweises aus der Sicht des Gerichts einschätzen könnte. Das Gericht aber muss sich nach der Rspr. nicht sogleich äußern, es muss auch nicht einmal über die Berechtigung des Widerspruchs sofort entscheiden. 32

☝ Dies ist inzwischen **verfassungsrechtlich gebilligt** worden (vgl. BVerfG, Beschl. v. 18.3.2009 – 2 BvR 2025/07). Es fehlt aber noch ein präziser und alle Vorbedingungen erfüllender Angriff auf das Konzept der Widerspruchslösung als solches, weshalb sich bisherige Rspr. des BVerfG auf ein **Kurieren am Symptom** beschränkt.

Bei der Überprüfung der richterlichen Fortentwicklung des Verfahrensrechts muss die **kompetenzrechtliche Abgrenzung** zwischen der **ersten** und der **dritten** Gewalt beachtet und begründet werden. Insbesondere nach den Novellen des Prozessrechts im Bereich der heimlichen Ermittlungsmethoden (vgl. **TKÜErwG** v. 21.12.2007; BGBl I, S. 3198), die Beweisverbote regeln, ohne eine Widerspruchslösung aufzustellen, ebenso nach der **Absprachengesetzgebung**, die in § 257c Abs. 4 S. 3 die Unverwertbarkeit eines Geständnisses auch nicht von einem Widerspruch abhängig macht, muss das BVerfG im Fall einer angemessen vorbereiteten und in zulässiger Weise präsentierten Verfassungsbeschwerde mit der Rüge der Verletzung von Art. 103 Abs. 1 GG bei Nichtbeachtung des Vorbringens 33 zu einem BVV entscheiden, ob die Strafgerichte einen hinreichend klar erkennbaren Willen des Gesetzgebers hintangestellt und durch eine eigene, für vorzugswürdig erachtete Regelungskonzeption ersetzt und sich dadurch von der Gesetzesbindung gelöst haben. Dabei kommt es nicht darauf an, ob das Rechtsprechungsmodell zweckmäßiger oder sachgerechter als das die Befolgung des geschriebenen Rechts erscheint. Das Demokratieprinzip und das Funktionsgefüge des Grundgesetzes nähmen nachhaltig Schaden, könnte sich die Rspr. immer dann über eine gesetzgeberische Entscheidung hinwegsetzen, wenn sie die Konsequenzen einer solchen Entscheidung als unzweckmäßig ansieht. Erkennbare gesetzgeberische Regelungskonzepte sind vom Richter zu respektieren. Auch kann § 257 StPO als **Schutznorm** zugunsten der Verfahrensbeteiligten nicht in eine Präklusionsregel zu deren Nachteil umgewandelt werden (vgl. *Salecker*, S. 117 ff.).

34 4.a) **Nicht entschieden** ist die Frage, ob der **Justizgewährungsanspruch** von Verfassungs wegen auch eine **Grundrechtsrüge** gegen letztinstanzliche fachgerichtliche Entscheidungen außer der Anhörungsrüge **postuliert**. Richtig ist, dass der Gesetzgeber des AnhörungsrügenG sich bewusst auf Art. 103 Abs. 1 GG als Gegenstand des Sonderrechtsbehelfs beschränkt hat, weil das BVerfG ihn nur zu einer solchen Regelung aufgefordert hat und der Gesetzgeber von der Richtigkeit des Konzepts nicht überzeugt war, aber sich dem Normerlassbefehl beugen musste (vgl. *Gehb* DÖV 2005, 683 ff.). Das „prozessuale Urrecht" steht aber nicht alleine, denn andere Grundrechte können im gerichtlichen Verfahren verletzt werden und vergleichbares Gewicht besitzen (vgl. hierzu die ausführliche Argumentation mit Blick auf § 321a ZPO bei *Kettinger*, a.a.O.).

35 **b)** Sofern die Verfassung überhaupt eine Rechtsschutzgewährleistung des Inhalts einschließt, den das Plenum des BVerfG zuletzt (vgl. BVerfGE 107, 395, 408 ff. = NJW 2003, 1924) – unter Aufgabe abweichender früherer jahrzehntelanger Rechtsprechung, die danach ihrerseits verfassungswidrig gewesen wäre – formuliert hat, erschließt sich nicht, dass und warum der Justizgewährungsanspruch sich nur auf eine Durchsetzungsgarantie des Gehörsanspruches beschränken soll. Hat das Gericht der letztinstanzlichen fachgerichtlichen Instanz sein Verfahren unfair gestaltet (Art. 2 Abs. 1 GG in Verbindung mit Art. 20 Abs. 3 GG), hat es **willkürlich** entschieden (Art. 3 Abs. 1, 101 Abs. 1 S. 2 GG) oder hat es das Freiheitsrecht des Angeklagten ohne ausreichende Schrankenregelung und unter Überschreitung des Verhältnismäßigkeitsgebots verletzt (Art. 2 Abs. 2 S. 2 GG) oder sogar die Menschenwürde (Art. 1 Abs. 1 GG), dann kommt auch dieser Verletzung von Grundrechten oder grundrechtsgleichen Rechten erhebliches Gewicht zu. Das Strafrecht ist besonders eingriffsintensiv, so dass die verletzten materiellen Grundrechte höchste Bedeutung haben. Die Prozessgrundrechte auf Fairness und willkürfreie Entscheidung wiegen ebenso schwer im Hinblick auf die Eingriffsintensität einer Rechtsverletzung wie der Gehörsanspruch, zumal Überschneidungen bestehen (vgl. *Eschelbach* GA 2004, 228, 235 ff.).

Der zu Unrecht nicht abgelehnte **befangene Richter** gewährt kein rechtliches Gehör, weil er das Vorbringen eines Verfahrensbeteiligten wegen seiner Voreingenommenheit nicht ernsthaft in Betracht zieht. 36

☝ Es ist nicht einzusehen, warum – so die h.M. – nur für den Anspruch auf Gehör vor Gericht und nicht für andere Verletzungen von Grundrechten oder grundrechtsgleichen Rechten ein Sonderrechtsbehelf besteht.

Das alles zeigt, dass der **Gehörsanspruch wichtig**, aber **nicht allein entscheidend** und nicht mit markantem Abstand das bedeutsamste Prozessgrundrecht ist, zu dessen Durchsetzung deswegen alleine ein Sonderrechtsbehelf erforderlich sein soll. Das Plenum des BVerfG (BVerfG NJW 2003, 1924) hat diese Frage bewusst offen gelassen. Der Hintergrund ist natürlich, dass das Anhörungsrügenkonzept, wonach einerseits entgegen dem überkommenen Dogma doch auch ein „Rechtsschutz gegen den Richter" gewährleistet sein muss, dies andererseits nicht zu einem Rechtsweg ad infinitum führen darf, sich als praktisch unbrauchbar erweist, wenn in jeder letzten fachgerichtlichen Instanz gegen alle Arten von Grundrechtsverletzungen ein Rechtsbehelf bestehen müsste, um das BVerfG zu entlasten und der Verfassungsbeschwerde vorzubeugen. 37

c) Unklar bleibt weiter, ob die **Verletzung anderer Grundrechte** oder grundrechtsgleicher Rechte als des Anspruchs auf rechtliches Gehör im fachgerichtlichen Verfahren überhaupt, oder jetzt bereits zumindest mit einer Gegenvorstellung (vgl. *Hartmann*, § 90 BVerfGG Rn 245; *Reichart*, S. 282 ff.; *Kirchberg*, S. 43, 54; *Schenke* NVwZ 2005, 729, 739; s.a. *Bloching/Kettinger* NJW 2005, 860, 863), die vom Gesetzgeber nicht abgeschafft werden sollte (vgl. BT-Drucks 15/3706, S. 14 und BR-Drucks 663/04, S. 33) geltend gemacht werden kann. Nach dem Ansatz des Plenums des BVerfG muss es einen Rechtsbehelf geben, wobei eine Gegenvorstellung von Verfassungs wegen nicht unzulässig ist, aber weder zur Erschöpfung des Rechtswegs, noch zur Wahrung des Subsidiaritätsgrundsatzes nötig ist und auch keine Auswirkungen auf die Frist zur Einlegung einer Verfassungsbeschwerde hat (vgl. BVerfGE 122, 190 ff.; BVerfGE 118, 212, 241; 122, 190, 200 f.; zur Gegenvorstellung → *Gegenvorstellung, Allgemeines*, Teil B Rdn 274, m.w.N.). 38

Es ist also nicht ausgeschlossen, dass Prozessbevollmächtigte auf der Grundlage des dogmatisch verfehlten Ansatzes des BVerfG doch **auch weiter gehende Grundrechtsrügen einfordern**. 39

Teile der **Obergerichte** (vgl. BGH (NJW-RR 2007, 1295; BSG NJW 2006, 860; BAG NZA 2006, 1255; BFH NJW 2006, 861 und das BVerwG, Beschl. v. 9.1.2007 – 10 B 74/06) gehen bzw. gingen von der **Statthaftigkeit** von **Gegenvorstellungen** bei **Verletzungen** von **Prozessgrundrechten** außer Art. 103 Abs. 1 GG bzw. bei greifbarer Gesetzeswidrigkeit aus. Aufgrund dieser ungeklärten Rechtslage hatte der **BFH** einen Vor- 40 lagebeschluss an den gemeinsamen Senat der obersten Gerichtshöfe erlassen (vgl. NJW 2008, 543 ff.), der durch die Entscheidung BVerfG NJW 2009, 829 überholt wurde. Demnach ist die Gegenvorstellung **nicht abgeschafft**.

☝ Ob beim **Fachgericht** eine **weitergehende Grundrechtsrüge** über eine Gegenvorstellung erfolgt, ist zu **bejahen**. Eine **Zulässigkeitsvoraussetzung** für eine nachfolgende Verfassungsbeschwerde (mit der kein Gehörsverstoß gerügt werden soll) ist dies **aber nicht** (vgl. BVerfG NJW 2009, 829). Es muss zur Vermeidung der sog. Neunzigzwei-Dreiundneunzigeins-Falle parallel Verfassungsbeschwerde eingelegt werden (vgl. *Lübbe-Wolff* AnwBl. 2005, S. 509, 514 und BVerfGE 122, 190, 205).

Siehe auch: → *Anhörungsrüge, Allgemeines*, Teil B Rdn 1, m.w.N.; → *Gegenvorstellung, Allgemeines*, Teil B Rdn 207; → *Verfassungsbeschwerde, Allgemeines*, Teil C Rdn 729.

41 Anhörungsrügen, Zulässigkeit

Das Wichtigste in Kürze:

1. Die Einlegung einer zulässigen Anhörungsrüge ist, soweit jedenfalls eine Verletzung von Art. 103 Abs. 1 GG gerügt wird, nach dem Subsidiaritätsgrundsatz eine Zulässigkeitsvoraussetzung für die spätere Einlegung der Verfassungsbeschwerde.
2. Die Anhörungsrüge ist nur gegen letztinstanzliche Entscheidungen, die nicht mehr mit Rechtsmitteln anfechtbar sind, statthaft.
3. Hat das Gericht bei einer Revisions- oder Rechtsbeschwerdeentscheidung den Anspruch eines Beteiligten auf rechtliches Gehör in entscheidungserheblicher Weise verletzt, dann versetzt es gem. § 356a insoweit auf Antrag das Verfahren durch Beschluss in die Lage zurück, die vor dem Erlass der Entscheidung bestand.
4. § 33a greift nur in den Fällen, die von § 356a, auch in Verbindung mit § 55 Abs. 4 JGG, nicht erfasst werden, ein.
5. Adressat der Anhörungsrüge ist der iudex a quo. Das führt zu Problemen bei der Ablehnung des Richters wegen Besorgnis der Befangenheit.
6. Die Anhörungsrüge ist schriftsätzlich innerhalb einer Woche ab Kenntniserlangung von den tatsächlichen Umständen der Gehörsverletzung einzulegen und zu begründen.

42 **Literaturhinweise:** s. die Hinw. bei → *Anhörungsrüge, Allgemeines*, Teil B Rdn 1.

43 **1.a)** Die **Einlegung** einer zulässigen **Anhörungsrüge** ist, soweit jedenfalls eine Verletzung von Art. 103 Abs. 1 GG gerügt wird und nicht von vornherein aussichtslos ist,

nach dem **Subsidiaritätsgrundsatz** eine **Zulässigkeitsvoraussetzung** für die spätere Einlegung der **Verfassungsbeschwerde** (vgl. *Beukelmann* NJW-Spezial 2008, 344 ff.) und zwar – nach einem Teil der Rspr. – bezüglich aller dort zu erhebenden Grundrechtsrügen (vgl. BVerfG NJW 2005, 3059 ff.; 2007, 3054 f.; Saarländischer VerfGH Beschl. v. 10.1.2008 – Lv 4/07; *Jost*, S. 59, 63 ff.), also bezüglich der Verfassungsbeschwerde im Ganzen. Das „**Vergessen**" des Einlegens der Anhörungsrüge spielt für die Zulässigkeit der späteren Verfassungsbeschwerde nur dann keine Rolle, wenn im Verfassungsbeschwerdeverfahren der Verstoß gegen Art. 103 Abs. 1 GG nicht erhoben oder jedenfalls zurückgenommen wurde und auch ein vernünftiger Verfahrensbeteiligter mit Rücksicht auf die geltend gemachte Beschwer die Anhörungsrüge nicht ergriffen hätte (vgl. BVerfGE 134, 106, 115 f.; 126, 1, 17 f.; *Gertler*, S. 53, 61 f. m.w.N.; str. s. dazu auch → *Verfassungsbeschwerde, Zulässigkeit, formelle Subsidiarität*, Teil C Rdn 1171 und → *Verfassungsbeschwerde, Streitgegenstand*, Teil C Rdn 1138). Kommen **mehrere Gehörsverstöße** in Betracht und ist die Anhörungsrüge **unvollständig** erfolgt, ist die nachfolgende auf Art. 103 Abs. 1 GG gestützte Verfassungsbeschwerde **insofern unzulässig**, als diese Beanstandung bereits mit der Anhörungsrüge vorgebracht werden hätte können. Die Zulässigkeit der sonstigen Grundrechtsrügen in der Verfassungsbeschwerde bleibt aber unberührt, wenn diese einen anderen Streitgegenstand betreffen (vgl. BVerfGE, 134, 106, 116; *Gertler*, S. 53, 62 f. m.w.N.).

☝ Nur wenn eine **Verletzung** von **Art. 103 Abs. 1 GG nicht gerügt** (*Jost*, S. 59, 73), die Rüge in zulässiger Weise (s.o.) zurückgenommen wird oder die Rüge – sei sie erhoben oder nicht – von vornherein aussichtslos ist (*Jost*, S. 59, 67 ff.), bleibt das Anhörungsrügenverfahren für die Verfassungsbeschwerde unerheblich.

b) Die **Frist** nach **§ 93 Abs. 1 BVerfGG beginnt** dann aber jedenfalls mit der **letzten fachgerichtlichen Sachentscheidung**, nicht mit dem Bescheid über die Verwerfung einer Anhörungsrüge. Eine aussichtslose oder unsubstantiierte Gehörsrüge hat keinen Einfluss auf die – früher ansetzende – Frist zur Einlegung und Begründung der Verfassungsbeschwerde (vgl. BVerfG, Beschl. v. 29.3.2007 – 2 BvR 170/07). Eine Anhörungsrüge kommt zudem nach einem Rechtsmittelverzicht oder einer Rechtsmittelrücknahme nicht infrage (vgl. aus zivilprozessualer Sicht *Schnabl* AnwBl 2008, 188 ff.). Die Unanfechtbarkeit als Zulässigkeitsvoraussetzung der Anhörungsrüge meint die abstrakt-generelle Unanfechtbarkeit, nicht die gewillkürt im Einzelfall durch Rechtsmittelverzicht oder Rechtsmittelrücknahme herbeigeführte Unanfechtbarkeit. Das gegenteilige Resultat wäre mit dem **Subsidiaritätsgedanken** (s. dazu auch → *Verfassungsbeschwerde, Zulässigkeit, formelle Subsidiarität*, Teil C Rdn 1171 und → *Verfassungsbeschwerde, Zulässigkeit, materielle Subsidiarität*, Teil C Rdn 1177), welcher insgesamt der Anhörungsrügenkonzeption zugrunde liegt, unvereinbar. 44

45 **2.a)** Die Anhörungsrüge ist **nur gegen letztinstanzliche Entscheidungen**, die nicht mehr mit Rechtsmitteln anfechtbar sind, **statthaft**. Soweit noch eine Rechtsmittelmöglichkeit besteht, ist die Rüge der Verletzung von Art. 103 Abs. 1 GG dort anzubringen. Wenn aber keine Rechtsmittelmöglichkeit mehr vorhanden ist, dann kommt der Sonderrechtsbehelf zum Zuge. Die Unanfechtbarkeit ist also paradoxerweise gleichsam Anfechtungsvoraussetzung der Anhörungsrüge. Das gilt prinzipiell nach allen letztinstanzlichen Entscheidungen, seien sie Hauptsacheentscheidungen oder Entscheidungen in Zwischenstreitverfahren.

☝ Eine **Anhörungsrüge** ist daher ebenso gegen den unanfechtbaren **Eröffnungsbeschluss** wie gegen ein Endurteil oder die Verwerfung einer sofortigen Beschwerde im Wiederaufnahmeverfahren statthaft (s. dazu auch → *Verfassungsbeschwerde, Zulässigkeit, Beschwerdegegenstand*, Teil C Rdn 1156; → *Wideraufnahmeverfahren, Rechtsmittel*, Teil B Rdn 1331; zum Eröffnungsbeschluss *Burhoff*, EV, Rn 1965).

46 **b)** Nach mittlerweile herrschender Ansicht unterfallen nur **eigenständige Gehörsverletzungen** der **letzten Instanz** dem Anwendungsbereich der Anhörungsrüge. Für davor liegende, von der letzten Instanz nicht geheilte Gehörsverletzungen (**perpetuierende, sekundäre Gehörsverstöße**) ist der Anwendungsbereich nicht (mehr) eröffnet. Teilweise wird insofern sogar eine offensichtliche Unzulässigkeit der Anhörungsrüge angenommen (s. dazu auch → *Anhörungsrügen, Begründetheit*, Teil B Rdn 16 und → *Verfassungsbeschwerde, Zulässigkeit, formelle Subsidiarität*, Teil C Rdn 1171).

☝ Die **Unterscheidung** zwischen verschiedenen Anhörungsrügennormen (§§ 33a, 311a, 356a, § 55 Abs. 4 JGG) ist vor allem deshalb **wichtig**, weil unterschiedliche Regeln über die Befristung oder Unbefristetheit vorhanden sind. Im Übrigen ist das Anforderungsprofil von Verfassungs wegen gleich, es wird aber in den Einzelnormen etwa hinsichtlich der Begründungsanforderungen unterschiedlich ausgestaltet.

47 **3.a)** Hat das Gericht bei einer **Revisionsentscheidung** – gleich, ob sie durch Urteil (vgl. BGH JR 2007, 172) oder Beschluss erfolgt (vgl. OLG Hamburg NStZ-RR 2008, 317 f.) – den Anspruch eines Beteiligten auf rechtliches Gehör in entscheidungserheblicher Weise verletzt, dann versetzt es gem. **§ 356a** insoweit auf Antrag das Verfahren durch Beschluss in die Lage zurück, die vor dem Erlass der Entscheidung bestand. Für das **Rechtsbeschwerdeverfahren** im Bußgeldverfahren gilt dasselbe (vgl. KG, Beschl. v. 8.7.2008 – 3 Ws (B) 48/08 – 2 Ss 33/08).

☝ Eine Entscheidung erfolgt nur auf **rechtzeitigen Antrag** des **Betroffenen**, sie ist – anders als bei § 33a oder § 311a – nicht von Amts wegen möglich. Der Antrag ist **binnen einer Woche** nach Kenntnis von der Verletzung des rechtlichen Gehörs schriftlich oder zu Protokoll der Geschäftsstelle beim Revisions- bzw. Rechtsbeschwerdegericht zu stellen und zu begründen (wegen der Einzelh. s. auch *Burhoff*, HV, Rn 291; Burhoff/*Burhoff*, OWi, Rn 394).

b) § 356a ist im **Verhältnis zu § 33a** die **speziellere Regelung**. Wegen der strengeren Voraussetzungen von § 356a kommt eine Anwendung von § 33a für Gehörsverletzungen im Revisionsverfahren nicht in Betracht (vgl. BGH NJW 2009, 1092 m. Anm. *Burhoff* StRR 2009, 305; NStZ 2007, 236; OLG Nürnberg, NJW 2007, 1013). Auch **Entscheidungen** über die **Zulässigkeit** der **Revision** nach § 346 Abs. 2 gelten als Revisionsentscheidungen, auf die § 356a anwendbar ist (vgl. OLG Hamburg NStZ-RR 2008, 317 f.; OLG Jena NJW 2008, 534 f.). Nach der Absicht des Gesetzgebers soll die unbefristete Möglichkeit einer Rechtskraftdurchbrechung im Revisionsverfahren ausgeschlossen sein (vgl. BR-Drucks 663/04, S. 43; BT-Drucks 15/3706, S. 18.). Eine als Rüge nach § 33a bezeichnete Beanstandung einer revisionsgerichtlichen Entscheidung ist daher als Gehörsrüge nach § 356a zu behandeln (§ 300). 48

c) Auch gegen **Entscheidungen** des Revisionsgerichtes über eine **Richterablehnung** im **Revisionsverfahren** soll nur eine Anhörungsrüge nach § 356a angebracht werden können (vgl. BGH, NJW 2009, 1092 f. m. Anm. *Burhoff* StRR 2009, 305, dazu a. *Winkler* jurisPR-StrafR 9/2009 Anm. 2), da es sich um ein selbstständiges **Zwischenverfahren** handelt (s. dazu auch → *Verfassungsbeschwerde, Zulässigkeit, Beschwerdegegenstand*, Teil C Rdn 1156), das mit Zurückweisung des Ablehnungsgesuches durch eine nicht anfechtbare Gerichtsentscheidung abgeschlossen wird (vgl. BVerfGE 119, 292, 294). Freilich geht das über den Wortlaut des § 356a hinaus (a.A. BGH, a.a.O., der die Gebote der Rechtssicherheit und des Rechtsfriedens betont, aber das Gebot der Rechtsmitteklarheit übergeht), denn eine Entscheidung über ein Ablehnungsgesuch ist keine „Revisionsentscheidung". Nach dem Grundsatz der Rechtsmittelklarheit (vgl. BVerfGE 107, 395, 416 f.) müsste insoweit eigentlich doch § 33a anwendbar sein. 49

d) Ob eine **analoge Anwendung** von § 356a bei **Verletzung anderer grundlegender Verfahrensrechte** als des Gehörsanspruches in Betracht kommt (ggf. als **Gegenvorstellung**), war in der Rspr. **bislang offengeblieben** (BGH, StraFO 2011, 218) und wird vom 2. Strafsenat verneint (BGH NStZ-RR 2013, 214). Das überzeugt jedenfalls bei der Verletzung anderer Verfahrensgrundrechte nicht (vgl. *Eschelbach/Geipel/Weiler* StV 2010, 325; Beck-OK/*Wiedner*, StPO,§ 356a Rn 5). Bei offenkundigen entscheidungserheblichen Grundrechtsverstößen könnte dies jedenfalls als Gegenvorstellung zu bejahen sein (vgl. BGH NStZ-RR 2008, 68 [Be]; Beschl. vom 7.2.2006 – 5 StR 481/05; s. dazu auch → *Anhörungsrügen, Begründetheit*, Teil B Rdn 16). 50

e) Ist **in Fällen** des **Wahlrechtsmittels** im **Jugendstrafverfahren** ausnahmsweise das Berufungsgericht die letzte Instanz, dann gilt beim **Angriff auf eine Berufungsentschei-** 51

dung mit der Rüge der Verletzung des Anspruchs auf rechtliches Gehör nach **§ 55 Abs. 4 JGG** die Regelung des § 356a entsprechend (→ *JGG-Besonderheiten, Anhörungsrüge*, Teil A Rdn 657). Auch insoweit ist **binnen einer Woche** ab Kenntnis von der Gehörsverletzung durch das Berufungsurteil die Anhörungsrüge einzulegen und zu begründen.

☝ Auf andere berufungsgerichtliche Entscheidungen, wie etwa die **Verwerfung** einer **Annahmeberufung** mangels Annahme (vgl. BeckOK-StPO/*Eschelbach*, § 322a Rn 15 ff.), kann § 356a nach dem Grundsatz der Rechtsmittelklarheit, der paralegale Rechtsmittelregeln ausschließt, **nicht entsprechend** angewendet werden. § 55 Abs. 4 JGG gestattet insoweit einen Umkehrschluss.

52 **4. § 33a** greift nur in den Fällen, die von § 356a, auch in Verbindung mit § 55 Abs. 4 JGG, nicht erfasst werden, ein (zu § 33a im EV *Burhoff*, EV, Rn 2655 ff. und im Bußgeldverfahren Burhoff/*Burhoff*, OWi, Rn 3064 ff.).

☝ **§ 311a** ist dagegen **praktisch obsolet**, weil er keine anderen Voraussetzungen aufstellt und sein Regelungsgehalt von § 33a in der Fassung des AnhörungsrügenG voll umfasst ist, der alle Fälle der Verletzung von Art. 103 Abs. 1 GG umfasst, auch den in § 311a besonders angesprochenen Fall der Verletzung des Grundsatzes audiatur et altera pars.

53 Hat ein Gericht in einem Beschluss den **Anspruch** eines Beteiligten auf **rechtliches Gehör** in entscheidungserheblicher Weise **verletzt** und steht diesem gegen den Beschluss keine Beschwerde und kein anderer Rechtsbehelf zu, so versetzt das Gericht nach § 33a, sofern der Verfahrensbeteiligte durch die Gehörsverletzung noch beschwert ist, **von Amts wegen** oder **auf Antrag** insoweit das Verfahren durch Beschluss in die Lage zurück, die vor dem Erlass der Entscheidung bestand.

☝ Es ist also nicht einmal ein **Antrag** erforderlich, wenngleich dieser meist **zweckmäßig** erscheint.

54 Eine **Frist als solches** besteht nicht, wohl aber ist die sog. **Fristvorwirkung** zu beachten, wenn eine Verfassungsbeschwerde nachfolgen soll.

☝ Stellt das einfache Prozessrecht einen zeitlich unbefristeten Rechtsbehelf zur Verfügung (z.B. § 33a), ist dieser gleichwohl in der **Frist** des **§ 93 BVerfGG** zu erheben (vgl. *Lübbe-Wolff* EuGRZ 2004, 669, 773).

55 Von **besonderen Förmlichkeiten** ist der Sonderrechtsbehelf nicht abhängig, zumal das Gericht auch von Amts wegen der Gehörsverletzung abhelfen kann (vgl. a. *Burhoff*, EV, Rn 2655 ff.).

Die **krassen Unterschiede** zwischen den Sonderrechtsbehelfen nach §§ 356a und § 55 Abs. 4 JGG einerseits und §§ 33a, 311a andererseits und deren inkonsequent geregelte Anwendungsbereiche werfen die **Frage** danach auf, ob die Voraussetzungen bei der **Anhörungsrüge** gegen **Entscheidungen** der **Berufungs-** und **Revisionsgerichte** zu eng **gefasst** sind und mit Blick auf das Gebot der Gewährleistung effektiven Rechtsschutzes der Änderung bedürfen. 56

5. Adressat der Anhörungsrüge ist der **iudex a quo**. Im Fall des Richterwechsels kann auch ein anderer Richter an der Anhörungsrügenentscheidung mitwirken. Das ist aber nur zufällig und – angesichts der knappen Frist nach § 356a oder § 55 Abs. 4 JGG – eher ausnahmsweise der Fall; denn die geschäftsplanmäßige Zuständigkeit bleibt im Anhörungsrügenverfahren erhalten (vgl. BGH NStZ-RR 2009, 353). Der **Richter**, der die Ausgangsentscheidung erlassen hat, soll dann einen Verfassungsverstoß **in eigener Sache** prüfen, feststellen und durch Fortsetzung des Ausgangsverfahrens, ggf. unter Durchbrechung der formellen Rechtskraft der angegriffenen Entscheidung, sanktionieren. 57

Das ist viel verlangt, verfahrenspsychologisch eher zu viel. Auch deshalb ist der Sonderrechtsbehelf **praktisch ineffektiv**. Wenn schon gem. **§ 140a GVG** und **§ 23**, wonach in Wiederaufnahmeverfahren, in denen nicht einmal ein Fehler des Erstgerichts den Verfahrensgegenstand bildet, sondern nur ein Novum, schon zur Vermeidung des Anscheins einer Befangenheit ein anderer Spruchkörper oder zumindest ein anderer Richter zuständig sein soll, so zeigt dies, dass das Anhörungsrügenkonzept verfehlt ist. 58

☝ Der iudex a quo kann als Richter **in eigener Sache nicht unbefangen** entscheiden. Das BVerfG-Plenum hat sich in BVerfGE 107, 395, 416 nicht mit der systematischen Voreingenommenheit des iudex a quo als quasi-Verfassungsrichter in eigener Sache befasst. Anders formuliert: „Der Rechtssuchende muss sein Anliegen erneut beim iudex a quo vortragen, der ja schon bislang die Ursache für die Beschwer gesetzt hat. [...] Die Überfrachtung des Verfahrens mit neuen, aus grundrechtsgleichen Verfahrensgarantien deduzierten Rechtsbehelfen erscheint daher nicht zu Ende gedacht und letztlich selbst aus Sicht der um Entlastung ringenden Verfassungsgerichte nicht hilfreich, da der Vorgang zwar verzögert, am Ende des Tages aber doch ihnen zur Entscheidung vorgelegt wird" (*Benda/Klein*, Rn 483).

Um dem **Dilemma** der **Befangenheit** des **iudex a quo** zu **entgehen** wird u.a. **empfohlen**, die **Anhörungsrüge** mit einem **Ablehnungsgesuch** wegen Besorgnis der Befangenheit zu **kombinieren** (vgl. *Schnabl* ZAP Fach 13, 1523 ff.). Die Rspr. geht aber davon aus, dass die gesetzliche Kompetenzzuweisung dazu führt, dass nicht schon die Rüge der Verletzung des Prozessgrundrechts auf Gehör vor Gericht die Annahme rechtfertigt, der iudex a quo begründe die Besorgnis der Befangenheit. Die Richterablehnung ist zwar im Anhörungsrügenverfahren nicht abstrakt-generell ausgeschlossen, weil es ein gericht- 59 liches Verfahren, kein reines Internum, ist und in allen Gerichtsverfahren auch Art. 101 Abs. 1 S. 2 GG gilt, der eine Ablehnungsmöglichkeit verbürgt. Andererseits ist ein Ablehnungsantrag nach der Rspr. gem. § 25 Abs. 2 S. 2 nach dem letzten Wort in der Revisions-HV oder – „sinngemäß" ebenso (vgl. OLG Nürnberg NJW 2007, 1013 f.) – im Beschlussverfahren unzulässig.

☝ Demnach kann eine im Revisionsverfahren **versäumte Richterablehnung nicht** im Anhörungsrügenverfahren **nachgeholt** werden (vgl. u.a. BGH NStZ 2008, 55). Ob dies anders sein kann, wenn ein neuer Ablehnungsgrund aufgrund der angegriffenen Entscheidung, die ihrerseits den Beschwerdeführer in einem „prozessualen Unrecht" verletzt hat, aufgezeigt werden kann, bleibt vorerst offen (zur verspäteten Besetzungsmitteilung BVerfG StraFo 2007, 370).

60 Eine Richterablehnung bedarf aber jedenfalls der individuellen und auf den Einzelfall bezogenen Begründung und es müssen konkrete Anhaltspunkte vorliegen, die berechtigte Zweifel an der Unvoreingenommenheit des abgelehnten Richters ergeben. Dazu kann im Einzelfall auf die Art und Weise der Gehörsverletzung und das Hinzutreten weiterer Grundrechtsverletzungen verwiesen werden. Ein Fall, der nur der „Pannenkorrektur" bedarf, weil etwa ein rechtzeitig bei Gericht eingegangener Schriftsatz nur nicht rechtzeitig vorgelegt oder zur Kenntnis genommen wurde, rechtfertigt danach kaum eine Richterablehnung. Ist im Einzelfall aber nicht nur eine Gehörsrüge gerechtfertigt, sondern Unfairness des Verfahrens zu rügen oder sonst ein grober Verstoß gegen subjektive Rechte zu verzeichnen, dann liegt die Besorgnis der Befangenheit näher.

61 **6.** Für die **Begründung** der **Anhörungsrüge** gilt Folgendes (wegen der Einzelh. s. auch *Burhoff*, HV, Rn 298; Burhoff/*Burhoff*, OWi, Rn 403 ff.):

62 **a)** Die Anhörungsrüge nach § 356a ist **schriftsätzlich** (→ *Rechtsmittel/Rechtsbehelfe, Form*, Teil A Rdn 1531) einzureichen und muss die **angegriffene Entscheidung bezeichnen** und den **Beanstandungsgrund** im Sinne des Art. 103 Abs. 1 GG genau kennzeichnen. Bei mehreren Gehörsrügen ist jeweils eine entsprechende Begründung erforderlich, welche die Angriffsrichtung und den Beanstandungspunkt kennzeichnet. Anders als in den Fällen des § 33a, bei denen von Amts wegen die Entscheidung getroffen oder aufgrund eines Antrages auf andere Gehörsverletzungen gestützt werden kann, gestattet § 356a nicht ein freihändiges Prüfen durch den iudex a quo; der Antragsteller muss vielmehr den **spezifischen Gehörsverstoß erläutern**, den das Gericht dann alleine zu prüfen hat. Weiter geht die Kompetenz des Gerichts zur Rechtskraftdurchbrechung dann nicht.

☝ Vor allem ist nach dem Subsidiaritätsgrundsatz auch eine spätere **Verfassungsbeschwerde** nur insoweit zulässig, als bestimmte Gehörsrügen zuvor im Ausgangsverfahren gegenüber dem iudex a quo thematisiert worden waren (vgl. *Jost*, S. 59, 70).

Die **Darlegung** und **Glaubhaftmachung** des **Zeitpunkts** der **Kenntniserlangung** von der Gehörsverletzung als Anknüpfungspunkt für den Beginn der Wochenfrist gehört zum notwendigen Inhalt der Rüge, wobei die Beweisführungslast für die Wahrung der Wochenfrist beim Antragsteller liegt (vgl. BGH wistra 2008, 223 f.). Das wird von den Fachgerichten als Ansatzpunkt genutzt, um eine Anhörungsrüge – und mit ihr die nachfolgende Verfassungsbeschwerde – leer laufen zu lassen (vgl. *Zuck* NJW 2008, 479 ff.). Die Beweisführungslast für die Wahrung der Wochenfrist liegt beim Antragsteller. 63

b)aa) Die Anhörungsrüge des § 356a ist **innerhalb einer Woche ab Kenntniserlangung** von den tatsächlichen Umständen (vgl. BGH NStZ 2007, 236 f.) der Gehörsverletzung **einzulegen** und zu **begründen**. 64

☝ Die Frist zur Einlegung der Anhörungsrüge kann wohl weder mit **mündlicher Bekanntgabe** der Entscheidungsgründe, noch mit Bekanntgabe durch Pressemitteilungen beginnen (vgl. BGH, Beschl. v. 15.7.2010 – I ZR 160/06; BSG, Beschl. v. 29.10.2015 – B 12 KR 11/15; a.A. noch *Zuck*, Anhörungsrüge, Rn 100; ohne weitere Begründung offengelassen vom BGH, Beschl. v. 17.2.2012 – 1 StR 95/09.

bb) Zur **Kritik** an dieser Regelung: Diese **Wochenfrist** ist **einmalig**. Soweit – nur – die StPO (s. § 321a Abs. 2 ZPO: zwei Wochen) sonst Wochenfristen vorsieht, betreffen diese nur die Einlegung von Rechtsmitteln, nicht auch die Begründung. Die Frist unterschreitet die Monatsfrist für die Einlegung und Begründung der Verfassungsbeschwerde, welcher die Anhörungsrüge vorgreifen soll (Rdn 1), erheblich. Ob dies alleine aufgrund der Beschränkung auf die Rüge des rechtlichen Gehörs gerechtfertigt ist, erscheint zweifelhaft. Dies gilt namentlich deshalb, weil der Gegenstand und Umfang des Gehörsanspruches entgegen anderslautenden Bemerkungen in der verfassungsgerichtlichen Rspr. durchaus nicht abschließend geklärt ist. 65

☝ Wegen des massenhaften Zustroms von Asylbewerbern kam es zu einer Einschränkung der entsprechenden Asylverfahrensregelungen. Bei sog. Flughafenverfahren hielt das BVerfG angesichts der dortigen Besonderheiten eine Frist von insgesamt einer Woche für die Stellung (3 Tage) und die Begründung (weitere 4 Tage) des Eilantrags, für den Zeitraum, der dem Antragsteller für eine wirksame Wahrnehmung seiner Rechte zur Verfügung stehen muss, für angemessen (vgl. BVerfGE 94, 166, 207). Dass der Bürger, bei dem die Besonderheiten des Flughafenverfahrens nicht gelten, auch nur eine Frist von einer Woche für Antragstellung und Begründung einer Gehörsrüge haben soll, erscheint **unerträglich**.

cc) Bei **unverschuldeter Fristversäumung** kommt ein Antrag auf **Wiedereinsetzung** in den vorigen Stand in Betracht (→ *Wiedereinsetzung in den vorigen Stand, Allgemeines*, Teil B Rdn 1479, m.w.N.). An die Voraussetzungen fehlenden Verschuldens sind im In- 66 teresse der Rechtssicherheit bei § 356a aber nach der Rspr. hohe Anforderungen zu stellen. Ein **Verteidigerverschulden** ist einem Angeklagten bei verspäteter Einlegung der Gehörsrüge – ebenso wie bei der Verfassungsbeschwerde – gem. § 356a **zuzurechnen** (vgl. BGH NJW 2009, 1092 f.; StV 2010, 297 m. Anm. *Burhoff* StRR 2009, 20).

Siehe auch: → *Rechtsmittel/Rechtsbehelfe, Allgemeines*, Teil A Rdn 1289, m.w.N.; → *Anhörungsrüge, Allgemeines*, Teil B Rdn 1; → *Anhörungsrüge, Begründetheit*, Teil B Rdn 16; → *Verfassungsbeschwerde, Allgemeines*, Teil C Rdn 729, m.w.N.

67 Antrag auf gerichtliche Entscheidung, Akteneinsicht

Das Wichtigste in Kürze:

1. Eine wirksame Verteidigung des Beschuldigten ist nur möglich, wenn er und sein Verteidiger die dem Beschuldigten zur Last gelegten Umstände bzw. Vorwürfe kennen, um das weitere Verteidigungsverhalten darauf effektiv einstellen zu können.
2. Private Dritte können nach § 478 Abs. 3 S. 1 gegen die versagende Entscheidung der StA ebenfalls den Antrag auf gerichtliche Entscheidung stellen.
3. Gegen die Versagung der AE durch die StA kann der Verletzte nach § 406e Abs. 4 S. 2 den Antrag auf gerichtliche Entscheidung stellen.
4. Die Zuständigkeit des anzurufenden Gerichts ergibt sich aus § 162. I.Ü. gelten für das Verfahren die Rechtsmittelvorschriften gem. §§ 297 – 300, 302, 306 – 309, 311a und 473a. Der Antrag auf gerichtliche Entscheidung ist nicht fristgebunden, sollte gleichwohl zeitnah gestellt werden.
5. Die Versagung des AER kann u.U. als unzulässige Beschränkung der Verteidigung eine Verfahrensrüge im Revisionsverfahren begründen.

68 **Literaturhinweise: Amelung/Wirth**, Die Rechtsprechung des Bundesverfassungsgerichts seit 1990 zum Schutz der materiellen Grundrechte im Strafverfahren, StV 2002, 161; **Baumhöfener**, Informationsrechte der Nebenklage – Gefährdung des Grundsatzes der Wahrheitsermittlung, StraFo 2012, 2; *ders.*, Aktenkenntnis des Nebenklägers – Gefährdung des Untersuchungszwecks bei der Konstellation Aussage-gegen-Aussage, NStZ 2014, 135; **Beulke/Witzigmann**, Das Akteneinsichtsrecht des Strafverteidigers in Fällen der Untersuchungshaft, NStZ 2011, 254; **Bittmann**, Gesetz zur Änderung des Untersuchungshaftrechts, NStZ 2010, 13; **Börner**, Akteneinsicht nach Durchsuchung und Beschlagnahme, NStZ 2007, 680; *ders.*, Grenzfragen der Akteneinsicht nach Zwangsmaßnahmen, NStZ 2010, 417; **Bosch**, Akteneinsicht, Aussageverweigerung und U-Haft – ein in der Strafprozeßordnung nicht vorgesehenes Theater?, StV 1999, 333; **Bottke**, Rechtsbehelfe der Verteidigung im Ermittlungsverfahren – eine Systematisierung, StV 1986, 120; **Burhoff**, Dauerbrenner: (Akten)Einsicht in Messunterlagen im OWi-Verfahren, VRR 2011, 250; *ders.*, Akteneinsicht im Bußgeldverfahren Sonderproblem Bedienungsanleitung/Messunterlagen, VA 2012, 50; *ders.*, A never ending story? – Akteneinsicht in Messunterlagen im OWi-Verfahren, VRR 2012, 130; **Dedy**, Die Neuregelung des Akteneinsichtsrechts durch das Gesetz zur Änderung und Ergänzung des Strafverfahrensrechts (Strafverfahrensände-

rungsgesetz 1999) – Fortschritt oder Stillstand?, StraFo 2001, 149; **Gatzweiler**, Folgen des Strafverfahrensänderungsgesetzes 1999 (StVÄG 1999) – Änderung des Akteneinsichtsrechts, StraFo 2001, 1; **Graalmann-Scheerer**, Die Übermittlung personenbezogener Informationen zu Forschungszwecken, NStZ 2005, 434; **Hilger**, Zum Strafverfahrensrechtsänderungsgesetz 1999 (StVÄG 1999) – 1. Teil, NStZ 2000, 561; *ders.*, Zum Strafverfahrensrechtsänderungsgesetz 1999 (StVÄG 1999) – 2. Teil, NStZ 2001, 15; *ders.*, Das Strafverfahrensrechtsänderungsgesetz 1999 (StVÄG 1999), StraFo 2001, 109; **Hoffmann**, Die Akteneinsicht des „Verletzten" nach § 406e StPO, StRR 2007, 249; **Keller**, Zur gerichtlichen Kontrolle prozessualer Ermessensentscheidungen der Staatsanwaltschaft, GA 1983, 497; **Kieschke/Osterwald**, Art. 5 Abs. 4 EMRK contra § 147 Abs. 2 StPO, NJW 2002, 2003 [EGMR 13.2.2001 – 24479/94]; **Michalke**, Das Akteneinsichtsrecht des Strafverteidigers – Aktuelle Fragestellungen, NJW 2013, 2334; **Park**, Der Anspruch auf rechtliches Gehör im Rechtsschutzverfahren gegen strafprozessuale Zwangsmaßnahmen, StV 2009, 276; **Rau**, Rechtliches Gehör aufgrund von Akteneinsicht in strafprozessualen Beschwerdeverfahren, StraFo 2008, 9; **Riedel/Wallau**, Das Akteneinsichtsrecht des „Verletzten" in Strafsachen – und seine Probleme, NStZ 2003, 393; **Schäfer**, Das Recht eines früheren Beschuldigten auf Akteneinsicht und das Geheimhaltungsinteresse des öffentlichen Dienstes, MDR 1984, 454; *ders.*, Die Einsicht in Strafakten durch Verfahrensbeteiligte und Dritte, NStZ 1985, 198; **Schlothauer**, Zum Rechtsschutz des Beschuldigten nach dem StVÄG 1999 bei Verweigerung der Akteneinsicht durch die Staatsanwaltschaft, StV 2001, 192; **Schmitz**, Das Recht auf Akteneinsicht bei Anordnung von Untersuchungshaft, wistra 1993, 319; **Steffens**, Notwendige Beschränkungen des Akteneinsichtsrechts des Verletzten (§ 406e Abs. 2 StPO), StraFo 2006, 60; **Strubel/Sprenger**, Die gerichtliche Nachprüfbarkeit staatsanwaltschaftlicher Verfügungen, NJW 1972, 1734; **Walischewski**, Das Recht auf Akteneinsicht bei strafprozessualen Zwangsmaßnahmen im Ermittlungsverfahren, StV 2001, 243; **Weider**, Das Gesetz zur Änderung des Untersuchungshaftrechts, StV 2010, 102; **Welp**, Rechtsschutz gegen verweigerte Akteneinsicht, StV 1986, 446; **Zieger**, Akteneinsichtsrecht des Verteidigers bei Untersuchungshaft, StV 1993, 320; s.a. die Hinw. bei → *Antrag auf gerichtliche Entscheidung, Allgemeines*, Teil B Rdn 93.

1.a) Eine wirksame Verteidigung des Beschuldigten ist nur möglich, wenn er und sein **69**
Verteidiger die dem Beschuldigten zur Last gelegten Umstände bzw. Vorwürfe kennen, um das weitere Verteidigungsverhalten darauf effektiv einstellen zu können. Dies erfordert eine eingehende Kenntnis der Strafakten, sodass das **AER** gem. § 147 als Ausfluss des Rechts auf rechtliches Gehör sowie des Rechts auf faires Verfahren (s. OLG Brandenburg NJW 1996, 67; *Walischewski* StV 2001, 243, 244 f.) neben dem Beweisantrags- und Fragerecht zutreffend als das **Kernstück** der **Verteidigung** (so *Burhoff*, EV, Rn 148) bezeichnet wird. Zur Absicherung dieses Rechts sieht **§ 147** für den **Beschuldigten** in bestimmten Fallkonstellationen **Rechtsschutzmöglichkeiten** vor. Bei der Wahl des Rechtsmittels etwa gegen die Ablehnung der AE ist wiederum danach zu **differenzieren**, **wer** die anzufechtende Entscheidung getroffen hat und **in welchem Verfahrensstadium** diese getroffen wurde.

b) Die im **EV** getroffene Entscheidung der **StA** gegenüber Verfahrensbeteiligten wurde **70**
bis zu der Neuregelung durch das StVÄG 1999 (BGBl I, S. 1253) als Prozesshandlung angesehen (statt vieler OLG Hamm NStZ 1984, 280 m.w.N.; vgl. auch eingehend *Welp* StV 1986, 446 ff.), was für den Beschuldigten nach früher h.M. (vgl. die zahlr. Nachw. bei *Dedy* StraFo 2001, 149, 150 und LR-*Lüderssen/Jahn*, § 147 Rn 157; a.A. früher *Bottke* StV 1986, 120, 123 [§ 23 EGGVG]), gestützt durch die Rspr. des BVerfG (vgl. BVerfG NJW 1985, 1019; NJW 1994, 573; NJW 1994, 3219), zur Folge hatte, dass die ablehnende

Entscheidung der StA zur AE grds. nicht anfechtbar war. Nachdem **§ 147 Abs. 5** durch das StVÄG 1999 **eingefügt** (zur Kritik an der Neuregelung s. *Dedy* StraFo 2001, 149, 151 ff. und *Schlothauer* StV 2001, 192 ff.) und durch das 2. OpferRRG 2009 (BGBl I, S. 2280) geringfügig modifiziert worden ist, hat der **Beschuldigte** nunmehr explizit in den folgenden **vier Fällen** die Möglichkeit, mit dem **Antrag auf gerichtliche Entscheidung** gem. **§ 147 Abs. 5 S. 2** (i.V.m. § 147 Abs. 7 S. 2) gegen die **verweigerte AE** vorzugehen (s.a. *Burhoff*, EV, Rn 364 ff.):

71 **Abschluss der Ermittlungen**

- Die Versagung der AE erfolgt im Fall des § 147 Abs. 5 S. 2 1. Var., **nachdem** also die StA bereits den **Abschluss der Ermittlungen** (§ 169a; s. hierzu *Burhoff*, EV, Rn 67 f.) in ihren Akten verfügt hat (so schon früher OLG Frankfurt am Main StV 1989, 96; StV 1993, 297 f.; StV 1996, 310, 311). Dieser Rechtsschutz ist nicht nur möglich, wenn die StA das EV eingestellt hat (*Burhoff*, EV, Rn 364; HK-*Julius*, § 147 Rn 28; KK-*Laufhütte/Willnow*, § 147 Rn 26; *Schlothauer* StV 2001, 192, 193; so schon früher OLG Karlsruhe NStZ 1996, 151), sondern auch dann, wenn nunmehr Anklage erhoben wird (*Hilger* StraFo 2001, 109, 113; *Schlothauer*, a.a.O.). Gleiches gilt ebenfalls nach rechtskräftigem Abschluss des Verfahrens (OLG Hamm NJW 2003, 768; OLG Schleswig SchlHA 2007, 293 [Ls.]; *Börner* NStZ 2007, 680, 683; KK-*Laufhütte/Willnow*, a.a.O.; *Meyer-Goßner/Schmitt*, § 147 Rn 39; SK-StPO/*Wohlers*, § 147 Rn 118). Es kommt auch nicht darauf an, ob sich die StA auf § 147 Abs. 2 beruft (*Burhoff*, a.a.O.; LR-*Lüderssen/Jahn*, § 147 Rn 163a; a.A. LG Landau StV 2001, 613 m. abl. Anm. *Schlothauer*) oder darauf, dass die Nichtgewährung aufgrund technischer oder faktischer Unzulänglichkeiten nicht erteilt werden kann (SK-StPO/*Wohlers*, § 147 Rn 111 m.w.N.). § 147 Abs. 5 S. 2 1. Var. macht insofern keine Einschränkungen (s.a. *Schlothauer* StV 2001, 614 in der Anm. zu LG Landau StV 2001, 613). Ein Antrag auf gerichtliche Entscheidung kann selbst dann – auch ohne (vorherige) Abschlussverfügung – zulässig sein, wenn die StA deutlich zu erkennen gegeben hat, dass die Ermittlungen abgeschlossen sind und sich der eigentlich erforderliche Vermerk als bloße „Förmelei" erweist (vgl. zum OWi-Verfahren AG Bergisch Gladbach SVR 2014, 476 f. m. zust. Anm. *Flamming*).

☝ Da der Verteidiger über den Abschluss der Ermittlungen nicht informiert wird, sollte dieser in seinem Antrag auf AE zugleich auch ausdrücklich **beantragen**, ihn vom **Abschluss der Ermittlungen** zu **unterrichten**, damit er ggf. noch vor Anklageerhebung im EV Stellung nehmen und den Antrag auf gerichtliche Entscheidung stellen kann. Ansonsten besteht nämlich die Gefahr, dass der potenzielle Rechtsschutz ins Leere läuft (zutreffend *Burhoff*, EV, Rn 364 und *Schlothauer* StV 2001, 192, 193 f.).

Privilegierte Unterlagen 72

- Die Versagung der AE betrifft gem. § 147 Abs. 5 S. 2 2. Var. die in **§ 147 Abs. 3 bezeichneten Unterlagen**, also etwa die Einsicht in Niederschriften über die Vernehmung des Beschuldigten sowie in die Gutachten von SV (so schon früher OLG Celle NStZ 1983, 379; OLG Hamm NStZ 1987, 572; StV 1995, 571 m. Anm. *Mehle/Hiebl*; OLG Karlsruhe NStZ 1996, 151).

☝ In diesem Zusammenhang gilt es zu bedenken, dass das von der Rspr. bis zu der Neuregelung durch das StVÄG 1999 insoweit als zulässig angesehene Verfahren nach §§ 23 ff. EGGVG (→ *Justizverwaltungsakt, Anfechtung, Allgemeines*, Teil B Rdn 309) auch beschritten werden konnte, wenn um die Frage gestritten wurde, welche Aktenteile zu den durch § 147 Abs. 3 privilegierten Unterlagen gehören (OLG Celle NStZ 1983, 379; s.a. OLG Hamburg StV 1986, 422; *Schlothauer* StV 2001, 192, 194). Deshalb kann sich der **Antrag auf gerichtliche Entscheidung** gerade auch in den Fällen empfehlen, in denen die AE unter Hinweis auf § 147 Abs. 2 mit der Behauptung verweigert wird, es seien keine nach § 147 Abs. 3 **privilegierten Aktenteile** vorhanden bzw. sämtliche diesbezügliche Unterlagen seien der Verteidigung überlassen worden (so bereits *Burhoff*, EV, Rn 364; *Schlothauer*, a.a.O.). Dem steht der (ausdrückliche) Wortlaut des § 147 Abs. 3 nicht entgegen. Der Rechtsschutz würde sich zudem sonst auf den in der Praxis nur wenig relevanten Fall beschränken, dass die StA das Vorhandensein von privilegierten Aktenteilen einräumt, aber dennoch keine AE gewährt.

Beschuldigte nicht auf freiem Fuß 73

- Der Beschuldigte befindet sich nach § 147 Abs. 5 S. 2 3. Var. **nicht** auf **freiem Fuß**. Dieser muss sich also **tatsächlich** in Haft befinden, da bis zu deren Vollzug das Geheimhaltungsinteresse der Strafverfolgungsbehörden gegenüber dem Informationsinteresse des Betroffenen überwiegt und ihm damit kein AER zusteht (vgl. BVerfG NStZ-RR 1998, 108, 109; OLG Hamm NStZ-RR 2001, 254; OLG München StV 2009, 538; *Amelung* StV 2002, 161, 164; a.A. LR-*Lüderssen/Jahn*, § 147 Rn 77; für Einzelfallbetrachtung *Beulke/Witzigmann* NStZ 2011, 254, 257 f. m.w.N.; *Börner* NStZ 2010, 417, 420 f. und *Park* StV 2009, 276, 283). So kann dem Beschuldigten AE auch bei einem allein auf den Haftgrund der Flucht(-gefahr) gestützten HB versagt werden, solange dieser noch nicht vollzogen ist (KG StV 2012, 358 m. krit. Anm. *Burhoff* StRR 2011, 470 f.). Im Rahmen des § 147 Abs. 5 S. 2 3. Var. kam es aber nach bislang h.M. (etwa *Burhoff*, EV, Rn 364; *Hilger* StraFo 2001, 109, 113; Radtke/Hohmann/*Hohmann*, § 147 Rn 33; HK-*Julius*, § 147 Rn 26; LR-*Lüderssen/Jahn*, § 147

Rn 160b; *Meyer-Goßner/Schmitt*, § 147 Rn 39; *Schlothauer* StV 2001, 192, 194; SK-StPO/*Wohlers*, § 147 Rn 111) nicht darauf an, ob sich der Beschuldigte gerade in dem anhängigen Verfahren in Haft befindet. Vielmehr reichte hierfür **jede Freiheitsentziehung** im weiteren Sinn aus, etwa U-Haft oder Unterbringung gem. 126a, Strafhaft in anderer Sache (LG München I StV 2006, 11; a.A. LG Mannheim StV 2001, 613 m. abl. Anm. *Schlothauer*) und im Ausland vollstreckte Auslieferungshaft (LG Regensburg StV 2004, 369). Dem ist jedoch nunmehr der Ermittlungsrichter beim BGH (StV 2012, 321 m. abl. Anm. *Tsambikakis*) insoweit entgegengetreten, als dieser unter Hinweis auf die Gesetzesbegründung, den Wortlaut sowie Sinn und Zweck des Gesetzes die Auffassung vertritt, dass mit dem Tatbestandsmerkmal „befindet sich der Beschuldigte nicht auf freiem Fuß" eine Freiheitsentziehung aufgrund des Verfahrens gemeint ist, in dessen Akte die Einsichtnahme begehrt wird. Damit ist der Rechtschutz in den Fällen des § 147 Abs. 5 S. 2 3. Var. lediglich solchen Antragstellern eröffnet, die sich gerade in dem **anhängigen Verfahren** in Haft befinden (so auch MüKo-StPO/*Thomas/Kämpfer*, § 147 Rn 58; a.A. SSW-StPO/*Beulke*, § 147 Rn 51). Dessen ungeachtet führt der Rechtsbehelf zur Überprüfung sowohl des Rechtsbegriffs der „Gefährdung des Untersuchungszwecks" als auch der Ausübung des der StA in § 147 Abs. 2 eingeräumten Ermessens (*Schlothauer*, a.a.O.).

☝ Wenn nicht oder nicht ausreichend AE gewährt werden kann, ist ggf. ein gegen den Beschuldigten bestehender **HB aufzuheben** bzw. die dem Beschuldigten insoweit vorenthaltene **Akte unverwertbar** (EGMR StV 2001, 201, 203, 205; 2008, 475 m. Anm. *Hagmann* StV 2008, 483 und *Pauly* StV 2008, 484; NJW 2002, 2013; BVerfG NJW 1994, 3219; KG StV 1993, 370 m. zust. Anm. *Schlothauer*; OLG Hamm NStZ 2003, 386, 387 f.; AG Halle StRR 2012, 356 m. zust. Anm. *Hunsmann*; s. dazu eingehend etwa *Beulke/Witzigmann* NStZ 2011, 254 ff.; *Bosch* StV 1999, 333, 337 ff.; HK-*Julius*, § 147 Rn 15; *Kieschke/Osterwald* NJW 2002, 2003 ff.; *Rau* StraFo 2008, 9 ff. und *Walischewski* StV 2001, 243, 245 f.). Vor diesem Hintergrund ist § 147 Abs. 2 S. 2 durch das Gesetz zur Änderung des Untersuchungshaftrechts vom 29.7.2009 (BGBl I, S. 2274) dahin gehend neu gefasst worden, dass dem Verteidiger nunmehr im Fall der Freiheitsentziehung Einsicht in die für die Beurteilung von deren Rechtmäßigkeit maßgeblichen Aktenteile zu gewähren ist (vgl. u.a. *Bittmann* NStZ 2010, 13, 16; *Weider* StV 2010, 102, 105 f.). Der Antrag auf gerichtliche Entscheidung gegen die Weigerung der StA, nach § 147 Abs. 2 S. 2 n.F. AE zu ermöglichen, dürfte allerdings ins Leere laufen, da innerhalb der kurzen Vorführungsfristen bis zur Entscheidung über den HB-Antrag der StA kaum eine Entscheidung des Rechtsmittelgerichts vorliegen wird. Angesichts dessen wird dem Betroffenen aus Gründen der Verfahrensfairness einzuräumen bzw. zu empfehlen sein, den Antrag auf gerichtliche Entscheidung zugleich mit dem Antrag auf **Feststellung** der **Rechtswidrigkeit** der versagten AE zu verbinden (so *Weider* StV 2010, 102, 105). Zum **Rechtsschutz** des **inhaftierten Beschuldigten** gegen die Verweigerung der AE im EV s.a. OLG Frankfurt/Main StV 1989, 96; 1993, 292; 1993, 297; *Schmitz* wistra 1993, 319 ff.; *Zieger* StV 1993, 320 ff. Ähnliches gilt bei (teilweise) verweigerter AE auch im Hinblick auf den **Rechtsschutz** gegen einen **Durchsuchungsbeschluss** (vgl. LG Berlin StV 2010, 352), wonach eine Entscheidung ausschließlich auf die dem Beschuldigten durch AE vermittelten Tatsachen und Beweismittel gestützt werden darf.

Nicht verteidigter Beschuldigter 74

- Der **Antrag** des **nicht verteidigten** Beschuldigten, ihm **Auskünfte** oder **Abschriften** zu erteilen, wird von der StA versagt. Dagegen steht dem Beschuldigten gem. **§ 147 Abs. 7 S. 2** ebenfalls der **Antrag auf gerichtliche Entscheidung** nach § 147 Abs. 5 S. 2 offen. Auch insoweit dürften die in § 147 Abs. 7 S. 1 genannten Rechtsbegriffe (Angemessenheit der Verteidigung; Gefährdung des Untersuchungszwecks; überwiegendes, schutzwürdiges Interesse Dritter) einer gerichtlichen Überprüfung zugänglich sein.

c)aa) Fraglich ist, ob die **Rechtsschutzmöglichkeiten** damit **erschöpft** sind (eingehend hierzu *Burhoff*, EV, Rn 369). Die h.M. in Rspr. (BGH NStZ-RR 2009, 145; OLG Frankfurt/Main NStZ-RR 2005, 376; OLG Hamm wistra 2003, 317; LG Neubrandenburg NStZ 2008, 655) und Lit. (Radtke/Hohmann/*Hohmann*, § 147 Rn 34; SSW-StPO/*Beulke*, § 147 Rn 52; *Meyer-Goßner/Schmitt*, § 147 Rn 40) bejaht dies unter Hinweis auf den Wortlaut der Neuregelung in § 147 Abs. 5 S. 2 und geht davon aus, dass über die dort geregelten Fälle hinaus ein Rechtsbehelf nicht gegeben sein soll. Dementsprechend wird auch der Rechtsschutz über den Antrag nach §§ 23 ff. EGGVG (→ *Justizverwaltungsakt, Anfechtung, Allgemeines*, Teil B Rdn 309), verneint (OLG Frankfurt/Main, a.a.O.; OLG Hamm NJW 2003, 768; *Meyer-Goßner/Schmitt,* a.a.O.; SSW-StPO/*Beulke*, § 147 Rn 53). Nach der vorzugswürdigen und hier vertretenen Gegenansicht sind die Regelungen in § 147 indes nicht abschließend (s. *Burhoff,* a.a.O.). Sinn und Zweck der Einführung des § 147 Abs. 5 S. 2 bestand nämlich u.a. darin, die Rechtsschutzmöglichkeiten der Verteidigung zu stärken und an das OpferschutzG, das dem Verletzten in stärkerem Maß als dem Beschuldigten Rechtsschutz gegen die Versagung von AE eingeräumt hat, anzugleichen (in diesem Sinn BT-Drucks 14/1484, S. 22; s.a. LR-*Lüderssen/Jahn*, § 147 Rn 158 und *Schlothauer* StV 2001, 192, 196 [„Waffengleichheit“]). Dieses gesetzgeberische Anliegen würde aber unterlaufen, wenn die Einführung der Rechtsschutzmöglichkeiten in § 147 Abs. 5 S. 2 dazu geführt hätte, in den Fällen, in denen die Rspr. schon früher – über die gesetzliche Regelung hinaus – Rechtsschutz im Wege des Antrags nach §§ 23 ff. EGGVG (→ *Justizverwaltungsakt, Anfechtung, Allgemeines*, Teil B Rdn 239) gewährt hat, jetzt keinen Rechtsschutz mehr einzuräumen. Ein solch einschränkendes 75

Verständnis lässt sich auch nicht der Gesetzesbegründung zum StVÄG 1999 entnehmen. Vielmehr wollte der Gesetzgeber erst im Gesamtzusammenhang mit einer Reform aller Rechtsmittel abschließend darüber befinden, ob und inwieweit dem Beschuldigten bzw. seinem Verteidiger auch in anderen Fällen gegen die Versagung von AE vor Abschluss des EV eine weiter gehende Eröffnung des Rechtsweges zu gewähren ist (so ausdrücklich BT-Drucks 14/1484, S. 22; wie hier auch LR-*Lüderssen/Jahn*, § 147 Rn 161; MüKo-StPO/*Thomas/Kämpfer*, § 147 Rn 59).

76 **bb)** Deshalb wird man in den Fällen, in denen bis zur gesetzlichen Neuregelung durch das StVÄG 1999 Rechtsschutz nach § 23 EGGVG eingeräumt worden ist und die nun nicht durch § 147 Abs. 5 S. 2 erfasst sind, etwa bei Versagung der AE **vor** Abschluss der Ermittlungen, **weiterhin** zumindest den **Antrag nach §§ 23 ff. EGGVG** (→ *Justizverwaltungsakt, Anfechtung, Allgemeines*, Teil B Rdn 309), für **zulässig** erachten können (s.a. *Burhoff*, EV, Rn 368; LR-*Lüderssen/Jahn*, § 147 Rn 159). In Rspr. (OLG Saarbrücken NStZ-RR 2008, 48 [Ls.]; a.A. LG Neubrandenburg NStZ 2008, 655) und Lit. (s. HK-*Julius*, § 147 Rn 3 und Rn 26 [rechtsstaatlich geboten]; SK-StPO/*Wohlers*, § 147 Rn 112; MüKo-StPO/*Thomas/Kämpfer*, § 147 Rn 59; in diese Richtung auch *Börner* NStZ 2007, 680, 683 f.; *ders.* NStZ 2010, 417, 422) wird in diesem Zusammenhang sogar erwogen, für **alle Fälle versagter AE** in **Analogie** zu **§ 147 Abs. 5 S. 2** Rechtschutz zu gewähren, was auch dem **Verletzten** oder dem am Verfahren nicht beteiligten **Dritten** zugebilligt wird (OLG Stuttgart NJW 2006, 2565, 2567; a.A. *Burhoff*, EV, Rn 371 und LR-*Lüderssen/Jahn*, § 147 Rn 159). Eine analoge Anwendung des § 147 Abs. 5 S. 2 auf alle Versagungsfälle dürfte m.E. jedoch **zu weitgehend** sein und an der planwidrigen Regelungslücke des Gesetzgebers scheitern, da Letzterer nämlich in Kenntnis der bisherigen Rechtsschutzmöglichkeiten bewusst nur die oben (Rdn 70) aufgeführten Fallkonstellationen explizit in § 147 Abs. 5 verankert hat (a.A. *Börner* NStZ 2007, 680, 683 [§ 147 Abs. 5 S. 2 planwidrig lückenhaft]).

77 **d)** I.Ü. wird der **Rechtsschutz** für **Ausnahmekonstellationen** anerkannt bzw. ist weiterhin auch unter der Neuregelung in § 147 Abs. 5 **anzuerkennen**:

78 **Ausnahmekonstellationen: Rechtsschutz**

- Dem Beschuldigten steht der Antrag nach §§ 23 ff. EGGVG (→ *Justizverwaltungsakt, Anfechtung, Allgemeines*, Teil B Rdn 309) offen, wenn er AE in **Spurenakten** erzwingen möchte, die den Ermittlungsakten selbst nicht beigefügt waren (BVerfG NJW 1983, 1043; OLG Hamm NStZ 1984, 423 m. Anm. *Meyer-Goßner*; s.a. *Burhoff*, a.a.O.; LR-*Lüderssen/Jahn*, § 147 Rn 162; *Meyer-Goßner/Schmitt*, § 147 Rn 40; a.A. KK-*Laufhütte/Willnow*, § 147 Rn 26).
- Rechtsschutz greift auch bei ganz **speziell** und **außergewöhnlich** gelagerten **Umständen** (BGHSt 49, 317, 330; HK-*Julius*, § 147 Rn 3). Die Anfechtbarkeit der AE-Ablehnungsentscheidung der StA über den Antrag nach §§ 23 ff. EGGVG

(→ *Justizverwaltungsakt, Anfechtung, Allgemeines*, Teil B Rdn 309) wird man deshalb dann noch bejahen müssen, wenn die **Grenze** des **effektiven** Rechtsschutzes des Beschuldigten **erreicht** ist (s. dazu OLG Hamm StV 1993, 299, 300 [für ein fast sechs Jahre dauerndes EV, in dem AE nicht gewährt worden war]; vgl. aber OLG Hamm NStZ-RR 1997, 179 [noch nicht bei 21-monatiger Dauer des EV, das unter schwierigen und aufwendigen Voraussetzungen geführt wird]; OLG Karlsruhe NJW 1997, 267, 268 [noch nicht bei deutlich über drei Jahre andauernden EV]; s.a. OLG Saarbrücken NStZ-RR 2008, 48 [Ls.] [aus verfassungsrechtlichen Gründen sofort zu überprüfen]).

- Die Versagung der AE durch die StA stellt sich als **willkürlich** dar (HK-*Julius*, § 147 Rn 26). Dies ist in der Vergangenheit bejaht worden, wenn die StA nach Abschluss der Ermittlungen, aber vor Übergang der Verfahrensherrschaft auf das Gericht dem Verteidiger die AE verweigert hat, obwohl das mit der Anbringung des Vermerks nach § 169a entstandene Einsichtsrechts des Verteidigers unter keinem Gesichtspunkt mehr eingeschränkt werden darf (vgl. OLG Frankfurt/Main StV 1993, 297 f.; StV 1996, 310, 311 [jew. § 23 EGGVG]; s. dazu jetzt OLG Frankfurt/Main NStZ-RR 2005, 376 [§ 161a Abs. 3 analog]. Gerichtlicher Rechtschutz gegen die Versagung der AE soll in diesem Zusammenhang auch dann zu erlangen sein, wenn das Ermittlungsverfahren aus schlechthin unhaltbaren Erwägungen eingeleitet oder aus Gründen fortgeführt wird, die unter keinem Gesichtspunkt mehr nachvollziehbar sind (OLG Frankfurt/Main StV 1996, 310, 311 unter Hinw. auf BVerfG NStZ 1984, 228, 229; OLG Hamm NStZ-RR 1997, 179; wistra 2003, 317 f.). Ein Verstoß gegen das Willkürverbot ist schließlich dann anzunehmen, wenn die Ablehnung der Aktenübersendung und die Beschränkung auf Einsichtnahme in der Geschäftsstelle nur den Zweck haben soll, Zweifel an der Bevollmächtigung auszuräumen oder den Mangel einer fehlenden Bevollmächtigung zu beheben (BVerfG NJW 2012, 141 m. Anm. *Burhoff* StRR 2011, 426).

☝ Als ein wirksames Mittel, um nach einer Ablehnung der AE vor Abschluss der Ermittlungen doch noch AE zu erlangen, bietet es sich auch an, der StA mitzuteilen, dass der Beschuldigte von seinem **Aussageverweigerungsrecht** solange Gebrauch mache, wie keine AE gewährt werde. Häufig ist die StA, wenn eine Einlassung des Beschuldigten nach erfolgter AE in Aussicht gestellt wird, eher bereit, Einsicht in die Akten zu gewähren (so *Burhoff*, EV, Rn 368).

e) Dessen ungeachtet bleibt es dem Verteidiger jedenfalls unbenommen, daneben den **informellen Weg** zu beschreiten oder ggf. **Dienstaufsichtsbeschwerde** (→ *Dienstaufsichtsbeschwerde*, Teil B Rdn 262) einzulegen bzw. **Gegenvorstellung** (→ *Gegenvorstellung, Allgemeines*, Teil B Rdn 274) zu erheben (*Burhoff*, a.a.O.). Dies wurde 79 schon vor Einführung des § 147 Abs. 5 S. 2 als zulässig angesehen (vgl. u.a. OLG Hamm NStZ-RR 1997, 179 [Ls.]) und wird man, da durch das StVÄG 1999 die Rechte der Verteidigung erweitert werden sollten, auf jeden Fall auch jetzt noch für zulässig erachten müssen (s.a. LG Neubrandenburg NStZ 2008, 655; *Meyer-Goßner/Schmitt*, § 147 Rn 40).

80 **f)** Nach den § 147 Abs. 4 S. 2 besteht allgemein hinsichtlich der Anfechtbarkeit von Entscheidungen über die AE folgende **Ausnahme**: Die Entscheidung über die **Mitgabe** von **Akten** zur Einsichtnahme oder deren Verweigerung kann **nicht** angefochten werden (so Radtke/Hohmann/*Hohmann*, § 406e Rn 25). Das gilt auch für eine Entscheidung, die nur die **Modalitäten** der Mitnahme regelt, etwa, dass der Verteidiger keinen Anspruch auf Akteneinsicht in der Kanzlei hat und die Akten auf der Geschäftsstelle abholen muss (BGHSt 27, 244, 245 f.; BGH NStZ-RR 2008, 48 [Ls.]; OLG Hamm MDR 1993, 788). Wohl aber hat der Verteidiger in diesem Zusammenhang einen Anspruch darauf, dass über seinen Antrag auf Gewährung von AE sowie über deren Durchführung **willkürfrei** entschieden wird (BVerfG NJW 2012, 141 m. Anm. *Burhoff* StRR 2011, 426).

81 **g)** Eine Entscheidung der **StA** über die Verweigerung der Einsicht in bereits **weggelegte** Akten kann nach § 147 Abs. 5 S. 2 ebenso wie die Entscheidungen der StA über AE nach Verfahrensabschluss oder nach Einstellung des Verfahrens mit dem **Antrag auf gerichtliche Entscheidung** angefochten werden (*Burhoff*, EV, Rn 376).

82 **h) Richterliche Entscheidungen**, auch des OLG im ersten Rechtszug (Radtke/Hohmann/*Hohmann*, § 147 Rn 35; *Meyer-Goßner/Schmitt*, § 147 Rn 41; SK-StPO/*Wohlers*, § 147 Rn 114), über die AE können von dem **Beschuldigten**/Angeschuldigten/Angeklagten mit der **Beschwerde** (→ *Beschwerde, Allgemeines*, Teil A Rdn 400) nach § 304 Abs. 1, Abs. 4 S. 2 Nr. 4 angefochten werden (OLG Brandenburg NJW 1996, 67 m.w.N.; OLG Frankfurt/Main StV 1996, 310, 311; OLG Koblenz NStZ 1995, 611; *Burhoff*, EV, Rn 372; HK-*Julius*, § 147 Rn 27; Graf/*Wessing*, § 147 Rn 27a). Das gilt auch für Entscheidungen des Ermittlungsrichters nach § 147 Abs. 5 S. 2 (vgl. *Meyer-Goßner/Schmitt*, a.a.O.) sowie des erkennenden Gerichts (*Burhoff*, a.a.O.). Insofern steht § 305 S. 1 dem grds. nicht entgegen (s. OLG Brandenburg, a.a.O.; OLG Koblenz, a.a.O.; OLG Stuttgart NJW 1996, 1908; im Ergebnis auch SK-StPO/*Wohlers*, § 147 Rn 115; MüKo-StPO/*Thomas/Kämpfer*, § 147 Rn 60; SSW-StPO/*Beulke*, § 147 Rn 58). Etwas **anderes** gilt nach Auffassung der Rspr., wenn es der Sache nach nicht um die AE, sondern in der **Zeit zwischen Eröffnung des Hauptverfahrens und Urteilsfällung** um Umfang und Gegenstand der Beweisaufnahme, mithin um die **Vorbereitung** der **HV** geht (vgl. OLG Naumburg NStZ-RR 2010, 151 [Ls.]; OLG Nürnberg NStZ-RR 2015, 250 [Ls.]; a.A. *Lüderssen* StV 2004, 363 in der Anm. zu OLG Frankfurt/Main StV 2004, 362). Das ist angenommen worden in folgenden

Beispielsfällen: 83

- bei einem Antrag, fremdsprachige **TÜ-Protokolle übersetzen** zu lassen (vgl. OLG Koblenz, a.a.O.),
- bei einem Antrag, die **Videoaufnahme** der Vernehmung eines früheren Mitbeschuldigten (OLG Koblenz StV 2003, 608) oder eines Zeugen (OLG Naumburg NStZ-RR 2010, 151) zu **überlassen**,
- bei einem Antrag, **Fotokopien** von denjenigen Asservaten **anfertigen** zu können, die sich in der Asservatenkammer befinden (OLG Frankfurt/Main StV 2004, 362 f. m. abl. Anm. *Lüderssen*),
- bei einem Antrag auf **Beiziehung** von bzw. auf Einsichtnahme in eine(r) nicht bei der Gerichtsakte befindliche(n) **Bedienungsanleitung** eines **Messgeräts** (OLG Celle NStZ 2014, 525, 526; OLG Frankfurt/Main NStZ 2014, 525),
- bei einem Antrag, in die **Mitschriften** der **Berufsrichter** aus einer ausgesetzten HV (OLG Hamm NStZ 2005, 226) oder in das **Senatsheft** (BGH, Beschl. v. 5.2.2009 – 1 StR 697/08, Rn 4) Einsicht nehmen zu können.

Insoweit kann **in** der **laufenden HV AE** grds. **nicht** gewährt werden (OLG Hamm NJW 2004, 381; OLG Naumburg NStZ-RR 2010, 151 [Ls.]; HK-*Julius*, § 147 Rn 27; a.A. wohl OLG Brandenburg, a.a.O.; zur AE während der HV s.a. *Burhoff*, HV, Rn 279 f.). Möglich ist dann aber ein **Aussetzungsantrag** nach § 265 Abs. 4, wenn AE nicht rechtzeitig, nicht vollständig gewährt wurde oder in der Verhandlung weitere verfahrensbezogene Ermittlungen angestellt worden sind (BGH StV 2001, 4 f.; StV 2005, 652 f.; OLG Hamm, a.a.O.; OLG Naumburg, a.a.O.; HK-*Julius*, a.a.O.). 84

☝ Die Versagung der – ohne Weiteres möglichen – AE unmittelbar vor der HV (OLG Zweibrücken StV 1996, 650; s.a. LG Köln StV 1987, 381, 382 [unter keinem denkbaren Gesichtspunkt vertretbare Verweigerung der AE]) sowie die Ablehnung, Verfahrensakten beizuziehen (vgl. BayObLG StV 1992, 411 f.), kann die Ablehnung des erkennenden Richters wegen Besorgnis der **Befangenheit** rechtfertigen (HK-*Julius*, a.a.O.; SK-StPO/*Wohlers*, § 147 Rn 117). Wird der Eröffnungsbeschluss erlassen, ohne dass die beantragte ergänzende AE gewährt wird, kann daneben die darin liegende Verletzung des rechtlichen Gehörs zum Gegenstand einer ***Gehörsrüge*** (→ *Anhörungsrüge, Allgemeines*, Teil B Rdn 1) nach § 33a gemacht werden (KG StV 2007, 517).

2. Die AE für **nichtverfahrensbeteiligte Dritte**, die sich bislang nur nach den Nrn. 182 ff. RiStBV richtete (vgl. zum früheren Recht *Schäfer* NStZ 1985, 198 ff.; *ders.* MDR 1984, 454 ff.), ist nunmehr durch das StVÄG 1999 in den **§§ 474 ff.** gesetzlich geregelt worden. Danach erhalten nunmehr **Gerichte**, **StA** und andere **Justizbehörden** gem. § 474 Abs. 1 85

AE, wenn dies für Zwecke der Rechtspflege erforderlich ist. Andere **öffentliche Stellen/ Behörden**, die nicht im Interesse der Rechtspflege tätig werden, aber hoheitliche Aufgaben wahrnehmen, erhalten dagegen nur **Auskünfte** in den in § 474 Abs. 2 genannten Fällen. **Privatpersonen** schließlich erhalten – abgesehen von den Verletzten, für den § 406e gilt (s.u. Rdn 88) – keine AE, sondern nach § 475 Abs. 4 i.V.m. § 475 Abs. 1 **Auskünfte**, wenn sie ein berechtigtes Interesse darlegen (vgl. BGH NStZ-RR 2010, 246 und KG StV 2010, 298 jew. zur Akteneinsicht eines Zeugenbeistands sowie OLG Köln NJOZ 2015, 740 zur Akteneinsicht eines Insolvenzverwalters).

86 **a)** Für den **Rechtsschutz** des **privaten Dritten** i.S.d. § 475 gilt insoweit:

- Nach **§ 478 Abs. 3 S. 1** kann gegen die Entscheidung der **StA** der **Antrag auf gerichtliche Entscheidung** gestellt werden. Dieser Rechtsbehelf ist sowohl bei stattgebender als auch bei ablehnender Entscheidung gegeben, steht also sowohl dem Beschuldigten als auch demjenigen zu, der Auskunft/AE beantragt hat (*Burhoff*, EV, Rn 302). Der **Antrag nach §§ 23 ff. EGGVG** (→ *Justizverwaltungsakt, Anfechtung, Allgemeines*, Teil B Rdn 309) ist demgegenüber **nicht** eröffnet (vgl. OLG Hamm wistra 2002, 118; s.a. OVG Nordrhein-Westfalen NJW 2001, 3803 [für Vertreter der Presse]). Wird dem Beschuldigten vor der AE an Dritte kein rechtliches Gehör gewährt, kann er **nachträglich** die **Feststellung** der **Rechtswidrigkeit** der bewilligten AE beantragen (LG Dresden StV 2006, 11, 12; LG Kassel StraFo 2005, 428; Radtke/Hohmann/*Hohmann*, § 478 Rn 8).
- Die Entscheidung des **Gerichts** über die AE ist nach § 478 Abs. 3 S. 3 bis zum Abschluss der Ermittlungen **unanfechtbar** (zum früheren Recht OLG Hamburg NJW 2002, 1590). Danach kann sie aufgrund der Änderung durch das 2. OpferRRG jetzt mit der **Beschwerde** (→ *Beschwerde, Allgemeines*, Teil A Rdn 400) angefochten werden (*Burhoff*, EV, Rn 374; LR-*Hilger*, § 478 Rn 14; a.A. KG StV 2014, 279; dagegen zutr. *Rübenstahl* StraFo 2013, 341).

87 **b)** Sofern in den Fällen der §§ 474, 476 **Justizbehörden** bzw. **Forschungsstellen Rechtsschutz** begehren, gilt Folgendes:

- Gegen ganz oder teilweise **ablehnende** Entscheidungen der **StA** kann der Antragsteller, wenn er Träger eigener Rechte und Pflichten i.S.d. § 24 Abs. 1 GVG ist, selbst nach rechtskräftigem Abschluss des Verfahrens mit dem **Antrag nach §§ 23 ff. EGGVG** (→ *Justizverwaltungsakt, Anfechtung, Allgemeines*, Teil B Rdn 309) zumindest eine Verletzung des Anspruchs auf ermessensfehlerfreie Entscheidung geltend machen (*Burhoff*, EV, Rn 303; *Graalmann-Scheerer* NStZ 2005, 434, 440; Radtke/Hohmann/*Hohmann*, § 478 Rn 9; LR-*Hilger*, § 478 Rn 16; *Meyer-Goßner/Schmitt*, § 478 Rn 4 m.w.N.; Graf/*Wittig*, § 478 Rn 6; KMR-*Gemählich*, § 478 Rn 7; dagegen offengelassen HK-*Temming*, § 478 Rn 5; s. zum alten Recht u.a. OLG Karlsruhe NJW 1997, 267 f.).

- **Gewährt** die StA einem Antragsteller Auskunft/AE, kann der dadurch beschwerte **Beschuldigte** ebenfalls den **Antrag nach §§ 23 ff. EGGVG** (→ *Justizverwaltungsakt, Anfechtung, Allgemeines*, Teil B Rdn 309) stellen (vgl. OLG Karlsruhe NStZ-RR 2013, 385; *Burhoff*, a.a.O.; *Graalmann-Scheerer*, a.a.O.; *Hohmann*, a.a.O.; *Meyer-Goßner/Schmitt*, a.a.O.; offengelassen HK-*Temming*, a.a.O.; s.a. OLG Celle NJW 1992, 253; OLG Hamm NStZ-RR 1996, 10, 11 m.w.N.; OLG Frankfurt/Main NJW 1996, 1484 [alle zum früheren Recht]). Das gilt jedoch – auch weiterhin – nur, sofern die AE in keinem Zusammenhang mit der Führung und Ausgestaltung des Verfahrens durch die StA steht, also nicht eine Ermittlungshandlung angegriffen werden soll (OLG Frankfurt/Main, a.a.O.; OLG Hamm, a.a.O. [jeweils für Insolvenzverwalter]). Kann der Beschuldigte die **AE** nicht (mehr) verhindern, weil sie dem Dritten **schon gewährt** worden ist, muss der Beschuldigte die **Feststellung** der **Rechtswidrigkeit** beantragen, wenn zu befürchten ist, dass dem Dritten möglicherweise nochmals AE gewährt werden wird (vgl. OLG Celle, a.a.O.).
- Gegen **gerichtliche Entscheidungen** steht Dritten nach Maßgabe der §§ 304 ff. die Beschwerde (→ *Beschwerde, Allgemeines*, Teil A Rdn 400) offen (*Graalmann-Scheerer*, a.a.O.; *Hohmann*, a.a.O.; LR-*Hilger*, § 478 Rn 15; *Meyer-Goßner/Schmitt*, a.a.O.; *Wittig*, a.a.O.), **nicht** hingegen das Antragsrecht gem. **§§ 23 ff. EGGVG** (vgl. u.a. BGHSt 39, 112, 115 ff. m.w.N.; OLG Köln NJW 1985, 336). Dies gilt sowohl für den Beschuldigten als auch für den Antragsteller sowie den in § 304 Abs. 2 aufgeführten Personenkreis (*Graalmann-Scheerer*, a.a.O.; *Hohmann*, a.a.O.; *Meyer-Goßner/Schmitt*, a.a.O.).

3. Die **Anfechtung** der gerichtlichen Entscheidung über die AE war für den **Verletzten** 88
nach früherem Recht ohne Einschränkung ausgeschlossen. Dies ist durch das 2. OpferRRG dahin gehend modifiziert worden, dass gem. § 406e Abs. 4 S. 4 die Unanfechtbarkeit nur für die Dauer des noch nicht abgeschlossenen EV gilt, sodass lediglich gegen die Entscheidung des Ermittlungsrichters keine Beschwerde eröffnet ist (s. Radtke/Hohmann/*Hohmann*, § 406e Rn 20; *Meyer-Goßner/Schmitt*, § 406e Rn 11; KMR-*Stöckel*, § 406e Rn 23). I.Ü. stehen dem **Verletzten** – und damit auch dem **Nebenkläger** (vgl. OLG Naumburg NStZ 2011, 118) – gem. **§ 406e** das Recht auf **AE** zu (eingehend *Hoffmann* StRR 2007, 249 ff.; *Riedel/Wallau* NStZ 2003, 393 ff.; zur Verletzteneigenschaft einer Gesellschaft s. LG Mühlhausen wistra 2006, 76 und eines Insolvenzverwalters s. OLG Köln NJOZ 2015, 740; LG Hildesheim NJW 2008, 531 jew. m.w.N.), wobei auch hier bzgl. der Rechtsschutzmöglichkeiten wie folgt zu **unterscheiden** ist:

Gerichtliche Entscheidung nach Abschluss der Ermittlungen 89

- Seit der Neufassung des § 406e StPO durch das 2. OpferRRG ist gem. **§ 406e Abs. 4 S. 4 StPO** nach Abschluss der Ermittlungen eine Anfechtung der **gerichtlichen** Entscheidung mittels **Beschwerde** (→ *Beschwerde, Allgemeines*, Teil A Rdn 400) zulässig (vgl. Graf/*Weiner*, § 406e Rn 6; a.A. SSW-StPO/*Schöch*, § 406e Rn 18), d.h. sowohl gegen die Entscheidung des erkennenden Gerichts über die AE im Hauptverfahren (BT-Drucks 16/12098, S. 36; ferner OLG Hamburg NStZ 2015, 105, 106) als auch gegen die Entscheidung des nach § 406e Abs. 4 S. 2 angerufenen Gerichts (dazu sogleich) nach Einstellung des Verfahrens bzw. nach dessen rechtskräftigem Abschluss (*Meyer-Goßner/Schmitt*, a.a.O.). Dieses Anfechtungsrecht gilt für alle Verfahrensbeteiligte und damit auch für den Verletzten (vgl. dazu BT-Drucks 16/12098, S. 57; ferner BGHSt 59, 183). Die Beschwerde gegen erstinstanzliche Entscheidungen des OLG ist allerdings nicht statthaft (BGH, a.a.O.). I.Ü. gelten die Vorschriften der §§ 304 ff. StPO (HK-*Kurth/Pollähne*, § 406e Rn 18).

90 Entscheidungen der StA

- **Gegen** die **Versagung** der AE **durch** die **StA** kann der Verletzte ebenfalls nach **§ 406e Abs. 4 S. 2** den **Antrag auf gerichtliche Entscheidung** stellen (BGHSt 39, 112, 115). Gegenstand der gerichtlichen Überprüfung sind die Verletzteneigenschaft sowie die Frage, ob – falls dies nicht nach § 406e Abs. 1 S. 2 entbehrlich ist – ein berechtigtes Interesse (Abs. 1 S. 1) ausreichend dargelegt und ob das Vorhandensein von Versagungsgründen (Abs. 2) zutreffend beurteilt worden ist (HK-*Kurth/Pollähne*, § 406e Rn 17; LR-*Lüderssen/Jahn*, § 406e Rn 17; zum inhaltlichen Prüfungsumfang eingehend BGH StV 2012, 327, 328 ff.). Im Hinblick auf die Einschätzung des Tatverdachts ist das Gericht indes an die tatsächliche und rechtliche Bewertung des bisherigen Ermittlungsergebnisses seitens der StA gebunden (a.A. KMR-*Stöckel*, § 406e Rn 25), es sei denn, diese erweist sich als grob fehlerhaft und nicht mehr vertretbar (LG Stralsund StraFo 2006, 76; s.a. LR-*Lüderssen/Jahn*, a.a.O.). Diese richterliche Entscheidung ist – anders als noch unter der Geltung des StVÄG 1999 – wiederum anfechtbar. Der Rechtsweg über den **Antrag nach §§ 23 ff. EGGVG** (→ *Justizverwaltungsakt, Anfechtung, Allgemeines*, Teil B Rdn 309) ist demgegenüber **nicht** gegeben (*Burhoff*, EV, Rn 284; KMR-*Stöckel*, § 406e Rn 24). Wie die Verweisung in **§ 406e Abs. 5 a.E.** klarstellt, ist die **Ablehnung** der **Auskunfts-** und **Abschriftserteilung** gleichermaßen nach Maßgabe des § 406e Abs. 4 mit dem **Antrag auf gerichtliche Entscheidung** anfechtbar (HK-*Kurth/Pollähne*, § 406e Rn 19; *Meyer-Goßner/Schmitt*, § 406e Rn 12).
- Gegen Entscheidungen der StA konnte nach § 406e a.F. nur gegen die Versagung der AE nach Maßgabe des § 161a Abs. 3 S. 2 bis 4 gerichtliche Entscheidung beantragt werden. Diese Regelung war aber nach h.M. ebenfalls auf den Fall der Gewährung von AE anzuwenden (vgl. etwa BGHSt 39, 112, 115 m. krit. Anm. *Otto* NStZ 1993, 352). Durch das StVÄG 1999 wurde diese Unterscheidung aufgehoben, sodass nach der Neufassung des § 406e Abs. 4 alle Entscheidungen der StA gleichermaßen mit dem Antrag auf gerichtliche Entscheidung anfechtbar sind. Insofern ist nicht nur

die (teilweise) Versagung der AE durch den **Verletzten**, sondern auch – umgekehrt – die Gewährung von AE an den Verletzten durch den **Beschuldigten** anfechtbar (HK-*Julius*, § 147 Rn 29; *Meyer-Goßner/Schmitt*, § 406e Rn 11). Kommt es also zur **Gewährung** von **AE** durch die **StA**, kann der **Beschuldigte** diese Entscheidung nach **§ 406 Abs. 4 S. 2** gleichfalls mit dem Antrag auf gerichtliche Entscheidung anfechten (vgl. OLG Dresden StV 2006, 11, 12; OLG Hamm NJW 1991, 2782 f.; NStZ-RR 1996, 11, 12; OLG Koblenz NStZ 1990, 604; LG Hildesheim NJW 2008, 531; LG Krefeld NStZ 2009, 112; LG Stade StV 2001, 159, 160; LG Stralsund StraFo 2006, 76 m. zust. Anm. *Steffens* StraFo 2006, 60). Hierbei wird die StA, wenn der Beschuldigte der AE durch den Verletzten widersprochen hat, auch schon vor der Gewährung der AE die Akten dem nach § 162 zuständigen Gericht zur Entscheidung vorlegen können (LG Stade, a.a.O.). Bewilligt also die StA die Informationsübermittlung an **Dritte** bzw. an den **Verletzten**, so hat sie, falls mit einem Antrag auf gerichtliche Entscheidung zu rechnen ist, mit der Ausführung eine angemessene Zeit zu abzuwarten, ob der Antrag eingeht bzw. bis die richterliche Entscheidung ergangen ist (so LR-*Hilger*, § 478 Rn 13). Im Fall unterbliebener Gehörs- oder Rechtsschutzgewährung kann der Beschuldigte selbst nach **vollzogener AE** gerichtliche Entscheidung, gerichtet auf nachträgliche **Feststellung** der **Rechtswidrigkeit** der bewilligten AE, beantragen (LG Krefeld, a.a.O.; LG Stralsund, a.a.O.; HK-*Kurth/Pollähne*, § 406e Rn 17; *Meyer-Goßner/Schmitt,* a.a.O.; SSW-StPO/*Schöch*, § 406e Rn 17; *Steffens* StraFo 2006, 60, 61; Graf/*Weiner*, § 406e Rn 6; s.a. Radtke/Hohmann/*Hohmann*, § 406e Rn 23).

☝ Für den Fall, dass die Gewährung der AE an den Verletzten angefochten wird, ist von Bedeutung, dass § 406e Abs. 4 S. 3 auch auf § 307 verweist. Durch den Antrag auf gerichtliche Entscheidung wird also der **Vollzug** der angefochtenen Entscheidung **nicht gehemmt**. Deshalb sollte der Verteidiger ausdrücklich die Aussetzung der Vollziehung beantragen, um so sicher zu stellen, dass nicht ggf. schon vor der Entscheidung über sein Rechtsmittel AE gewährt wird (zutreffend *Burhoff*, EV, Rn 284).

4. Für die **Zuständigkeit** und das **Verfahren** im Hinblick auf den **Antrag auf gerichtliche Entscheidung** gilt: Aufgrund der Verweisungen in §§ 147 Abs. 5 S. 2; 478 Abs. 3 S. 1; 406e Abs. 4 S. 2 bestimmt sich die gerichtliche Zuständigkeit nach **§ 162**. Da insoweit durch das 2. OpferRRG die Zuständigkeit derjenigen im Rahmen des gerichtlichen Rechtsschutzes nach § 161a Abs. 3 S. 1 angeglichen worden ist (vgl. Graf/*Wessing*, § 147 Rn 27), gelten diesbezüglich auch insoweit die bei dem Antrag auf gerichtliche Entscheidung (→ *Antrag auf gerichtliche Entscheidung, Vernehmung*, Teil B Rdn 229) gemachten Ausführungen. Entsprechendes gilt auch hinsichtlich der übrigen Verfahrensvorschriften, da die §§ 147 Abs. 5 S. 3; 478 Abs. 3 S. 2; 406e Abs. 4 S. 3 ebenfalls auf die Rechtsmittelvorschriften gem. §§ 297 bis 300, 302, 306 bis 309, 311a und 473a ver- 91 weisen. Der Antrag auf gerichtliche Entscheidung ist **nicht fristgebunden** (*Schlothauer* StV 2001, 192, 193). Gleichwohl sollte der Verteidiger im Fall der AE den Antrag alsbald nach Verweigerung der AE stellen (*Burhoff*, EV, Rn 493). Wird zwischenzeitlich AE gewährt, fällt die Beschwer weg (*Schlothauer*, a.a.O.). Das nach § 162 zuständige Gericht hat die **Zulässigkeit** der Maßnahme zu prüfen (vgl. dazu *Meyer-Goßner/Schmitt*, § 162 Rn 14). Da über die Verweisungen jeweils auch § 309 Abs. 2 gilt, entscheidet das Gericht grds. in der Sache selbst. Insoweit wird bei begründeten Anträgen entweder die verlangte AE direkt gewährt, oder, falls dies nicht möglich ist, die StA hierzu angewiesen (OLG Hamm wistra 2008, 195, 198; *Meyer-Goßner/Schmitt*, § 147 Rn 39; *Schlothauer* StV 2001, 192, 194; SK-StPO/*Wohlers*, § 147 Rn 113). Wird demgegenüber die AE ganz oder teilweise versagt, so ist dem Antragsteller ein Bescheid zu erteilen, der kurz zu begründen ist, wenn dadurch nicht der Untersuchungszweck gefährdet wird (vgl. §§ 147 Abs. 5 S. 4; 478 Abs. 3 S. 4; 406e Abs. 4 S. 5; s.a. LR-*Hilger*, § 406e Rn 17a; *Meyer-Goßner/Schmitt*, § 406e Rn 11 i.V.m. Rn 10; SK-StPO/*Wohlers*, a.a.O.). Nicht in der Sache selbst entscheidet das Gericht hingegen im Rahmen von Ermessenserwägungen. Hat also die StA unter Berufung auf § 147 Abs. 2 die AE versagt und kommt das Gericht zu dem Ergebnis, dass das der StA insoweit eingeräumte Ermessen falsch ausgeübt worden ist, wird die StA den AE-Antrag unter Beachtung der Auffassung des Gerichts neu zu bescheiden haben (so zutreffend *Burhoff*, EV, Rn 496). **Vor** der (gerichtlichen) **Entscheidung** über die beantragte Akteneinsicht ist dem Beschuldigten oder sonstigen Dritten, deren grundrechtlich geschützten Positionen durch die Informationsgewährung betroffen sind, regelmäßig **rechtliches Gehör** zu gewähren (statt vieler Radtke/Hohmann/*Hohmann*, § 478 Rn 8; LR-*Hilger*, § 406e Rn 16 und § 478 Rn 7).

92 **5.** Die Versagung des AER kann u.U. als unzulässige Beschränkung der Verteidigung eine Verfahrensrüge im Revisionsverfahren begründen. Zur Geltendmachung nicht rechtzeitig, unvollständig gewährter sowie unterbliebener AE im **Revisionsverfahren** vgl. insoweit BGH NStZ 2014, 347; *Burhoff*, EV, Rn 377 und HK-*Julius*, § 147 Rn 30 jew. m.w.N.

Siehe auch: → *Antrag auf gerichtliche Entscheidung, Allgemeines*, Teil B Rdn 93.

93 Antrag auf gerichtliche Entscheidung, Allgemeines

Das Wichtigste in Kürze:

1. Ein geschlossenes Rechtsschutzsystem gegen Zwangsmaßnahmen im EV ist dem deutschen Strafverfahrensrecht fremd.
2. Aufgrund der fehlenden inneren Systematik der StPO blieb lange Zeit ungeklärt, auf welchem Weg, in welchem Umfang und bis zu welchem Zeitpunkt (einheitlicher) Rechtsschutz zu erlangen ist. Insoweit hat sich aber durch richterliche

Rechtsfortbildung inzwischen ein einheitliches und transparenteres Rechtsschutzsystem herausgebildet.

3. Für einige strafprozessuale Eingriffe ist der Rechtsschutz gem. § 98 Abs. 2 S. 2 analog ausdrücklich anerkannt worden.

Literaturhinweise: **Amelung**, Probleme des Rechtsschutzes gegen strafprozessuale Grundrechtseingriffe, NJW 1979, 1687; *ders.*, Strafrechtlicher Grundrechtsschutz gegen die Polizei, ZRP 1991, 143; *ders.*, Entwicklung, gegenwärtiger Stand und zukunftsweisende Tendenzen der Rechtsprechung zum Rechtsschutz gegen strafprozessuale Grundrechtseingriffe, FG-BGH, S. 911; *ders.*, Der Rechtsschutz gegen strafprozessuale Grundrechtseingriffe und die neue Rechtsprechung zur Ausweitung des Eingriffsbegriffs bei staatlichen Ermittlungsmaßnahmen, StV 2001, 131; **Amelung/Wirth**, Die Rechtsprechung des Bundesverfassungsgerichts seit 1990 zum Schutz der materiellen Grundrechte im Strafverfahren StV 2002, 161; **Bachmann**, Einheitlicher Rechtsschutz im Ermittlungsverfahren, NJW 1999, 2414; **Bickenbach**, Grundfälle zu Art. 19 Abs. 4 GG, JuS 2007, 910; **Biernat**, Rechtsschutz gegen Zwangsmaßnahmen im Ermittlungsverfahren, JuS 2004, 401; **Bottke**, Rechtsbehelfe der Verteidigung im Ermittlungsverfahren – eine Systematisierung, StV 1986, 120; **Burghardt**, Der Rechtsschutz gegen Zwangsmittel im Ermittlungsverfahren, JuS 2010, 605; **Dauster**, Die Entscheidung des BVerfG vom 27.5.1997 zur Gültigkeitsdauer richterlicher Untersuchungshandlungen und ihre Auswirkungen auf die strafprozessuale Praxis im übrigen, StraFo 1998, 408; **Engländer**, Die Rechtsbehelfe gegen strafprozessuale Zwangsmaßnahmen, Jura 2010, 414; **Eschelbach**, Gehör vor Gericht, GA 2004, 228; **Eschelbach/Geipel**, Die Wahrung der Grundrechte im Strafprozess, ZAP Fach 22, 515; **Dörr**, Rechtsschutz gegen vollzogene Durchsuchungen und Beschlagnahmen im Strafermittlungsverfahren, NJW 1984, 2258; **Esskandari**, Zum Rechtsschutz bei prozessualer Überholung (§§ 304 ff., 33 a StPO) – Überlegungen im Anschluss an BVerfG NJW 1997, 2163 ff. [BVerfG 30.4.1997 – 2 BvR 817/90], StraFo 1997, 289; **Fezer**, Rechtsschutz gegen erledigte strafprozessuale Grundrechtseingriffe, Jura 1982, 126; *ders.*, Effektiver Rechtsschutz bei Verletzung der Anordnungsvoraussetzung „Gefahr im Verzug", in: Festschrift für *Peter Rieß*, 2002, S. 93; **Fűßer/Viertel**, Der Anspruch auf Abschlussverfügung im Ermittlungsverfahren und seine Durchsetzung, NStZ 1999, 116; **Genzel**, Zulässigkeit des Rechtswegs gegen Maßnahmen der Staatsanwaltschaft nach § 81a StPO, NJW 1969, 1562; **Glaser**, Der Rechtsschutz nach § 98 Abs. 2 Satz 2 StPO, 2008; **Gusy**, Verfassungsfragen des Strafprozessrechts, StV 2002, 153; **Hilger**, Über den „Richtervorbehalt" im Ermittlungsverfahren, JR 1990, 485; **Jahn**, Die Ermittlungsverfahrensanfechtungs-"Klage". Der Rechtsschutz des Beschuldigten gegen die Einleitung und Fortführung eines Ermittlungsverfahrens nach geltendem Strafprozessrecht, in: FS-BRAK, S. 335; **Keller**, Zur gerichtlichen Kontrolle prozessualer Ermessensentscheidungen der Staatsanwaltschaft, GA 1983, 497; **Kölbel**, (Vorbeugender) Rechtsschutz gegen Ermittlungsverfahren, JR 2006, 322; **Krach**, Rechtsschutz gegen strafprozessuale Zwangsmaßnahmen, Jura 2001, 737; **Kreutzinger**, Rechtsschutz gegen Maßnahmen der Steuerfahndung, DStZ 1987, 346; **Landau/Sander**, Ermittlungsrichterliche Entscheidungen und ihre Revisibilität, StraFo 1998, 397; **Laser**, Das Rechtsschutzsystem gegen strafprozessuale Zwangsmaßnahmen, NStZ 2001, 120; **Löffelmann**, Der Rechtsschutz gegen Ermittlungsmaßnahmen – Zugleich Besprechung von BGH, Beschl. v. 8.10.2008 – StB 12–15/08, StV 2009, 3; StV 2009, 379; **Meyer**, Die Fortsetzungsfeststellungsklage im Strafprozessrecht, in: HRRS-Festgabe für *Gerhard Fezer*, 2008, S. 131; **Meyer-Mews**, Rechtsschutzgarantie und rechtliches Gehör im Strafverfahren, NJW 2004, 716; **Meyer/Rettenmaier**, Zur Praxis des nachträglichen Rechtsschutzes gegen strafprozessuale Zwangsmaßnahmen – Rückkehr der prozessualen Überholung?, NJW 2009, 1238; **Nagel**, Rechtsschutz gegen verfahrenseinleitende und -fortführende Maßnahmen der Strafverfolgungsbehörden im Ermittlungsverfahren, StV 2001, 185; **Park**, Der Anspruch auf rechtliches Gehör im Rechtsschutzverfahren gegen strafprozessuale Zwangsmaßnahmen, StV 2009, 276; **Rieß**, Neuordnung des Rechtsschutzes gegen strafprozessuale Zwangsmaßnahmen, ZRP 1981, 101; *ders.*, Verfassungsrecht und Strafprozess, StraFo 1995, 94; **Rieß/Thym**, Rechtsschutz gegen strafprozessuale Zwangsmaßnahmen, GA 1981, 189; **Schenke**, Rechtsschutz bei strafprozessualen Eingriffen von Staatsanwaltschaft und Polizei, 94

NJW 1976, 1816; *ders.*, Rechtsschutz gegen doppelfunktionale Maßnahmen der Polizei, NJW 2011, 2838; **Schlothauer**, Ermittlungsrichterliche Entscheidungen und ihre Revisibilität, StraFo 1998, 402; **Schmidt**, Zur Bindungswirkung strafprozessualer Beschwerdeentscheidungen für das erkennende Gericht, NStZ 2009, 243; **Schoch**, Doppelfunktionale Maßnahmen der Polizei, Jura 2013, 115; **Schroth**, Der Rechtsschutz gegen strafprozessuale Grundrechtseingriffe, StV 1999, 117; **Strubel/Sprenger**, Die gerichtliche Nachprüfbarkeit staatsanwaltschaftlicher Verfügungen, NJW 1972, 1734; s.a. die Hinw. bei den nachstehenden weiterführenden Stichwörtern.

95 **1.** Ein geschlossenes Rechtsschutzsystem gegen Zwangsmaßnahmen im EV ist dem deutschen Strafverfahrensrecht fremd (*Meyer* JR 2009, 318). Insbesondere gegen **nichtrichterlich** angeordnete strafprozessuale Eingriffe wird der **Rechtsschutz** in der StPO nur **schwach** und **rudimentär** abgebildet. Dies lässt sich bereits daran festmachen, dass nur eine geringe Anzahl von Vorschriften in der StPO direkt oder unter Verweisung die richterliche Überprüfung ihrer Rechtmäßigkeit im Wege des **Antrags auf gerichtliche Entscheidung** gestattet. Hierbei handelt es sich im Einzelnen um folgenden

96 **Maßnahmenkatalog**:

- Verweigerung der AE des Beschuldigten gem. **§ 147 Abs. 5 S. 2** (ggf. i.V.m. **§ 147 Abs. 7 S. 2**), des Verletzten gem. **§ 406e Abs. 4 S. 2** sowie eines Dritten gem. **§ 478 Abs. 3 S. 1** (→ *Antrag auf gerichtliche Entscheidung, Akteneinsicht*, Teil B Rdn 67)
- Speicherung von Daten zur DNA-Identitätsfeststellung gem. **§ 81g Abs. 5 S. 4** (→ *Antrag auf gerichtliche Entscheidung, Körperliche Untersuchung*, Teil B Rdn 192)
- Anordnung der Beschlagnahme gem. **§ 98 Abs. 2 S. 2** (→ *Antrag auf gerichtliche Entscheidung, Beschlagnahme*, Teil B Rdn 110) bzw. im Zusammenhang mit Sicherstellung gem. **§ 132 Abs. 3 S. 2** (→ *Antrag auf gerichtliche Entscheidung, Sicherheitsleistung*, Teil B Rdn 205)
- Durchsicht von Papieren und elektronische Speichermedien gem. **§ 110 Abs. 3 S. 2 Hs. 2** (→ *Antrag auf gerichtliche Entscheidung, Durchsicht von Papieren*, Teil B Rdn 144)
- Anordnung der Beschlagnahme bzw. des dinglichen Arrestes gem. **§ 111e Abs. 2 S. 3** (→ *Antrag auf gerichtliche Entscheidung, Dinglicher Arrest*, Teil B Rdn 132)
- Maßnahmen in Vollziehung der Beschlagnahme bzw. des dinglichen Arrestes gem. **§ 111f Abs. 5** (→ *Antrag auf gerichtliche Entscheidung, Dinglicher Arrest*, Teil B Rdn 132)
- Anordnung der Notveräußerung gem. **§ 111l Abs. 6 S. 1** (→ *Antrag auf gerichtliche Entscheidung, Dinglicher Arrest*, Teil B Rdn 132)
- Entscheidungen oder Maßnahmen bei Anordnung bzw. im Vollzug der U-Haft gem. **§ 119 Abs. 5 S. 1** bzw. gem. **§ 119a Abs. 1** (→ *Untersuchungshaft, Vollzug*, Teil B Rdn 995)

- Anordnung von Ordnungs- und Zwangsmitteln bei Vernehmung von Zeugen oder SV durch die StA gem. **§ 161a Abs. 3 S. 1** bzw. durch die Polizei gem. **§ 163 Abs. 3 S. 3** sowie Rechtmäßigkeit der Vorführung zur Beschuldigtenvernehmung gem. **§ 163a Abs. 3 S. 3** (→ *Antrag auf gerichtliche Entscheidung, Vernehmung*, Teil B Rdn 229)
- Ablehnender Bescheid auf Beschwerde gegen Einstellungsverfügung der StA gem. **§ 172 Abs. 2 S. 1** (→ *Klageerzwingungsverfahren, Allgemeines*, Teil B Rdn 485)
- Zulässigkeit der Strafvollstreckung bzw. gegen Anordnungen der Vollstreckungsbehörden gem. **§ 458 Abs. 1** und **Abs. 2** (→ *Antrag auf gerichtliche Entscheidung, Vollstreckungsverfahren*, Teil B Rdn 242)
- Als Sonderfall: Nachträglicher Rechtsschutz gegen verdeckte Ermittlungsmaßnahmen gem. **§ 101 Abs. 7 S. 2** (→ *Rechtsbehelfe, Antrag auf gerichtliche Entscheidung, Verdeckte Ermittlungen*, Teil B Rdn 211)

2.a) Nicht zuletzt aufgrund der – durch vorstehende Aufstellung augenfällig gewordenen – fehlenden inneren Systematik der StPO blieb **lange Zeit ungeklärt**, auf welchem Weg, in welchem Umfang und bis zu welchem Zeitpunkt **(einheitlicher) Rechtsschutz** zu erlangen ist (vgl. *Singelnstein* NStZ 2009, 481). Angesichts dessen hat das **BVerfG** in seinen grundlegenden Beschlüssen vom 30.4.1997 (BVerfG NJW 1997, 2163) und vom 27.5.1997 (BVerfG NJW 1997, 2165 m. Anm. *Dauster* StraFo 1998, 408 ff.) den durch Art. 19 Abs. 4 GG verfassungsrechtlich gebotenen effektiven Rechtsschutz angemahnt und hierzu (erste) Voraussetzungen für eine wirksame gerichtliche Kontrolle geschaffen (zu den Einzelheiten eingehend *Bachmann* NJW 1999, 2414 ff.; *Burhoff*, EV, Rn 3226 ff.; *Laser* NStZ 2001, 120 ff.). Insbesondere den Umstand, dass in der täglichen Praxis eine Überprüfung strafprozessualer Eingriffe zumeist daran scheitert(e), dass diese regelmäßig bereits vollzogen waren, bevor der Beschuldigte überhaupt auf sie reagieren konnte (*Esskandari* StraFo 1997, 289), und nach früherer h.M. der (Ober-)Gerichte eine Überprüfung dieser Maßnahme insoweit wegen **prozessualer Überholung** nicht mehr zulässig war (vgl. z.B. BGHSt 28, 57, 58), hat das BVerfG (a.a.O.) zum Anlass genommen, auch in solchen Fällen dem Betroffene Gelegenheit zu geben, die Berechtigung des schwerwiegenden Eingriffs gerichtlich klären zu lassen. Ein Rechtsschutzinteresse wird demzufolge nicht nur so lange angenommen, wie ein gerichtliches Verfahren dazu dienen kann, eine gegenwärtige Beschwer auszuräumen, einer Wiederholungsgefahr zu begegnen oder eine fortwirkende Beeinträchtigung durch einen an sich beendeten Eingriff zu beseitigen, sondern greift nach verfassungsgerichtlicher Rspr. darüber hinaus auch in Fällen **tief greifender Grundrechtseingriffe**, in denen die direkte Belastung durch den angegriffenen Hoheitsakt nach dem typischen Verfahrensablauf auf eine Zeitspanne beschränkt bleibt, in welcher der Betroffene die gerichtliche Entscheidung in der von der Prozessordnung vorgesehenen Instanz kaum erlangen kann. Ein solcher Grundrechtseingriff ist wiederum dann i.d.R. 97

als gegeben anzusehen, wenn in ein Schutzgut eingegriffen wird, für die die StPO einen Richtervorbehalt vorsieht (s.a. *Burhoff*, EV, Rn 3227). Der Rechtsschutz ist dann auf die Feststellung der Rechtswidrigkeit der Anordnung und/oder der Art und Weise des Vollzugs gerichtet.

98 **b)aa)** Insoweit hat sich durch richterliche Rechtsfortbildung (vgl. nur BGHSt 44, 171; 44, 265; 45, 183) ein **einheitliches** und transparenteres **Rechtsschutzsystem** herausgebildet (s. dazu Überblick bei *Bachmann*, a.a.O.; *Biernat* JuS 2004, 401 ff.; *Burhoff*, EV, Rn 3234; *Krach* Jura 2001, 737 ff.; *Laser*, a.a.O.; *Murmann* JuS-Beil. 2007, 1, 10 f.): Danach kann es heute als geklärt angesehen werden, dass Rechtsschutz gegen strafprozessuale Zwangsmaßnahmen sowohl gegen die **Anordnung** selbst, als auch gegen die **Art** und **Weise** des Vollzugs erlangt werden kann. Soweit dabei **richterliche** Anordnungen angegriffen werden, ist die **Beschwerde** (→ *Beschwerde, Allgemeines*, Teil A Rdn 400, m.w.N.) gem. **§ 304** einschlägig. Gegen **Anordnungen** und **Vorgehensweisen** der **StA** sowie ihrer Ermittlungspersonen ist auch bzgl. solcher Ermittlungsmaßnahmen, bei denen Rechtsschutz in der StPO nicht explizit vorgesehen ist, der **Antrag auf gerichtliche Entscheidung** gem. **§ 98 Abs. 2 S. 2 analog** zulässig. Sofern es dabei um die nachträgliche Überprüfung strafprozessualer Eingriffe in Freiheitsgrundrechte geht, ermöglicht § 98 Abs. 2 S. 2 eine **vollständige**, sich auch auf den materiellen Gehalt einer Eingriffsmaßnahme erstreckende **Rechtmäßigkeitsprüfung** (BVerfG, Beschl. v. 11.7.2006 – 2 BvR 1717/04; ferner OLG Karlsruhe NJW 2013, 3738). Zu prüfen sind neben den vom Tatbestand der Eingriffsnorm genannten Voraussetzungen für ein behördliches Tätigwerden auch die Notwendigkeit und Zweckmäßigkeit der durchgeführten Maßnahme. Dies folgt unmittelbar aus dem Rechtsstaatsprinzip, da Art. 20 Abs. 3 GG dem Einzelnen einen Anspruch auf umfassende tatsächliche und rechtliche Bewertung eines einem Gericht unterbreiteten Sachverhalts gibt (vgl. BVerfG NJW 1981, 39, 41). Ebenso ist anerkannt, dass ein solcher Rechtsschutz auch **nach Erledigung** der angefochtenen Maßnahme begehrt werden kann, sofern hierfür ein Rechtsschutzbedürfnis besteht. Letzteres hat nunmehr seine gesetzliche Ausprägung in dem Antrag auf gerichtliche Entscheidung gem. § 101 Abs. 7 S. 2 gegen die in § 101 Abs. 1 aufgeführten verdeckte Ermittlungsmaßnahmen erfahren (s. → *Antrag auf gerichtliche Entscheidung, Verdeckte Ermittlungen*, Teil B Rdn 211).

99 **bb)** Gegen Maßnahmen der StA, die nur die **Einleitung**, **Ablauf** und **Beendigung** des **EV** betreffen, hat der Beschuldigte demgegenüber **keine Rechtsschutzmöglichkeiten** (BVerfG NStZ 2004, 447; OLG Frankfurt/Main NStZ-RR 2005, 13, 14; s.a. *Bottke* StV 1986, 120 ff.; *Füßer/Viertel* NStZ 1999, 116; *Krach* Jura 2001, 737, 739; *Löffelmann* StV 2009, 379, 380 f.; *Strubel/Sprenger* NJW 1972, 1734, 1735 f.). So sind etwa die Einleitung bzw. Fortführung des EV (BVerfG, a.a.O.; OLG Jena NStZ 2005, 343; OLG Karlsruhe NStZ 1982, 434; OLG Hamm, Beschl. v. 11.3.2014 – 1 VAs 13/14), die ver-

zögerte Behandlung des EV (OLG Hamm NStZ 1983, 38) oder die verweigerte Zustimmung der StA zu einer Verfahrenseinstellung nach den §§ 153 ff. (OLG Hamm NStZ 1985, 472; vgl. ferner OLG Celle StraFo 2015, 204 zum umgekehrten Fall einer (unzulässigen) Anfechtung einer Einstellung gem. § 153a StPO seitens der StA) der Anfechtung entzogen.

☝ **Anders** kann es allenfalls dann liegen, wenn schlüssig dargetan ist, dass das Ermittlungsverfahren aus schlechthin **unhaltbaren Erwägungen eingeleitet** oder offenbar aus Gründen fortgeführt wird, die unter keinem Gesichtspunkt mehr nachvollziehbar sind, also ein **objektiv willkürliches Handeln** der StA zum Nachteil des Beschuldigten in Rede steht (so BVerfG NStZ 1984, 228, 229).

3. Vor diesem Hintergrund ist in Rspr. und Lit. – über die bereits eingangs erwähnten Ermittlungsmaßnahmen hinaus – für die folgenden strafprozessualen Eingriffe der **Rechtsschutz** gem. **§ 98 Abs. 2 S. 2 analog** ausdrücklich anerkannt worden in folgenden **100**

Beispielsfällen: **101**

- Ausschreibung gem. **§§ 131**, **131a** (→ *Antrag auf gerichtliche Entscheidung, Ausschreibung*, Teil B Rdn 105)
- Sicherheitsleistung gem. **§ 132** (→ *Antrag auf gerichtliche Entscheidung, Sicherheitsleistung*, Teil B Rdn 205)
- Durchsuchung gem. **§ 105** (→ *Antrag auf gerichtliche Entscheidung, Durchsuchung*, Teil B Rdn 153)
- Erkennungsdienstliche Behandlung gem. **§ 81b** (→ *Antrag auf gerichtliche Entscheidung, Erkennungsdienstliche Behandlung*, Teil B Rdn 175)
- Vorläufige Festnahme/Unterbringung gem. **§ 126a** bzw. **§ 127** (→ *Antrag auf gerichtliche Entscheidung, (vorläufige) Festnahme/Unterbringung*, Teil B Rdn 256)
- Herausgabeverlangen gem. § 95 (→ *Antrag auf gerichtliche Entscheidung, Herausgabeverlangen*, Teil B Rdn 186)
- Körperliche Untersuchungen gem. **§§ 81a**, **81c**, **81g** (→ *Antrag auf gerichtliche Entscheidung, Körperliche Untersuchung*, Teil B Rdn 192).

4. Zusammenfassend lässt sich das Rechtsschutzsystem wie folgt **überblicksartig** darstellen (s.a. Zusammenstellung bei → *Antrag auf gerichtliche Entscheidung, Beschlagnahme*, Teil B Rdn 126 ff. und → *Antrag auf gerichtliche Entscheidung, Durchsuchung*, Teil B Rdn 170 ff.): **102**

103 **a)** Die Maßnahme wurde **vom Richter** angeordnt.

Welchen Stand hat das Verfahren?	**Welches Ziel wird verfolgt?**	**Welcher Rechtsbehelf ist zu wählen?**
Die (Zwangs-) Maßnahme **dauert** noch **an**.	**Aufhebung** der Maßnahme	→ ***Beschwerde,*** *Allgemeines*, Teil A Rdn 400 nach § 304
Die (Zwangs-) Maßnahme **dauert** noch **an**.	Beanstandung der **Art** und **Weise** der Durchführung	**Antrag** auf **gerichtliche Entscheidung** gem. § 98 Abs. 2 S. 2 analog, es sei denn, Art und Weise bereits Bestandteil der Anordnung, dann → ***Beschwerde,*** *Allgemeines*, Teil A Rdn 400 gem. § 304
Die (Zwangs-) Maßnahme ist **beendet**.	**Aufhebung** der Anordnung bzw. **Feststellung** der **Rechtswidrigkeit** der Anordnung	→ ***Beschwerde,*** *Allgemeines*, Teil A Rdn 400 gem. § 304 bei tief greifendem Grundrechtseingriff bzw. Wiederholungsgefahr. Bei den in § 101 Abs. 1 genannten heimlichen Ermittlungsmaßnahmen ist jetzt aber immer der Vorrang des **§ 101 Abs. 7 S. 2** zu beachten (vgl. dazu BGHSt 53, 1).
Die (Zwangs-) Maßnahme ist **beendet**.	Beanstandung der **Art** und **Weise** der Durchführung	**Antrag** auf **gerichtliche Entscheidung** gem. § 98 Abs. 2 S. 2 analog, es sei denn, Art und Weise bereits Bestandteil der Anordnung, dann → ***Beschwerde,*** *Allgemeines*, Teil A Rdn 400 gem. § 304. Bei den in § 101 Abs. 1 genannten heimlichen Ermittlungsmaßnahmen ist jetzt aber immer der Vorrang des **§ 101 Abs. 7 S. 2** zu beachten (vgl. dazu BGHSt 53, 1).

b) Die Maßnahme wurde **von** den **Ermittlungsbehörden** angeordnet: 104

Welchen Stand hat das Verfahren?	**Welches Ziel wird verfolgt?**	**Welcher Rechtsbehelf ist zu wählen?**
Die (Zwangs-) Maßnahme **dauert** noch **an**.	**Aufhebung** der Maßnahme	**Antrag auf gerichtliche Entscheidung** gem. § 98 Abs. 2 S. 2 (analog)
Die (Zwangs-) Maßnahme **dauert** noch **an**.	Beanstandung der **Art** und **Weise** der Durchführung	**Antrag auf gerichtliche Entscheidung** gem. § 98 Abs. 2 S. 2 (analog)
Die (Zwangs-) Maßnahme ist **beendet**.	**Aufhebung** der Anordnung bzw. **Feststellung** der **Rechtswidrigkeit** der Anordnung	**Antrag auf gerichtliche Entscheidung** gem. § 98 Abs. 2 S. 2 (analog) bei tief greifendem Grundrechtseingriff bzw. Wiederholungsgefahr. Bei den in § 101 Abs. 1 genannten heimlichen Ermittlungsmaßnahmen ist jetzt aber immer der Vorrang des **§ 101 Abs. 7 S. 2** zu beachten (vgl. dazu BGHSt 53, 1).
Die (Zwangs-) Maßnahme ist **beendet**.	Beanstandung der **Art** und **Weise** der Durchführung	**Antrag auf gerichtliche Entscheidung** gem. § 98 Abs. 2 S. 2 (analog). Bei den in § 101 Abs. 1 genannten heimlichen Ermittlungsmaßnahmen ist jetzt aber immer der Vorrang des **§ 101 Abs. 7 S. 2** zu beachten (vgl. dazu BGHSt 53, 1).

Siehe auch: → *Beschwerde, Allgemeines*, Teil B Rdn 359; → *Rechtsmittel/Rechtsbehelfe, Allgemeines*, Teil A Rdn 1289, m.w.N.; → *Antrag auf gerichtliche Entscheidung, Akteneinsicht*, Teil B Rdn 67; bei → *Antrag auf gerichtliche Entscheidung, Ausschreibung*, Teil B Rdn 105; bei → *Antrag auf gerichtliche Entscheidung, Beschlagnahme*, Teil B Rdn 110; bei → *Antrag auf gerichtliche Entscheidung, Dinglicher Arrest*, Teil B Rdn 132; bei → *Antrag auf gerichtliche Entscheidung, Durchsicht von Papieren*, Teil B Rdn 144; bei → *Antrag auf gerichtliche Entscheidung, Durchsuchung*, Teil B Rdn 153; bei → *Antrag auf gerichtliche Entscheidung, Erkennungsdienstliche Behandlung*, Teil B Rdn 175; bei → *Antrag auf gerichtliche Entscheidung, (vorläufige) Festnahme/Unterbringung*, Teil B

Rdn 256; bei → *Antrag auf gerichtliche Entscheidung, Körperliche Untersuchung*, Teil B Rdn 192; → *Antrag auf gerichtliche Entscheidung, Sicherheitsleistung*, Teil B Rdn 205; → *Antrag auf gerichtliche Entscheidung, Verdeckte Ermittlungen*, Teil B Rdn 211; → *Antrag auf gerichtliche Entscheidung, Vernehmung*, Teil B Rdn 229; → *Antrag auf gerichtliche Entscheidung, Vollstreckungsverfahren*, Teil B Rdn 242; → *Anträge auf gerichtliche Entscheidung, Abrechnung*, Teil D Rdn 62.

105 Antrag auf gerichtliche Entscheidung, Ausschreibung

106 **Literaturhinweise: Hilger**, Über den „Richtervorbehalt" im Ermittlungsverfahren, JR 1990, 485; *ders.*, Das Strafverfahrensänderungsgesetz 1999 (StVÄG 1999), StraFo 2001, 109; **Soiné**, Strafverfahrensänderungsgesetz 1999, Krim 2001, 173; s.a. die Hinw. bei → *Antrag auf gerichtliche Entscheidung, Allgemeines*, Teil B Rdn 93, m.w.N.

107 **1.** Aufgrund eines HB oder eines Unterbringungsbefehls können der Richter oder die StA, bei Gefahr in Verzug, auch ihre Ermittlungspersonen gem. § 131 Abs. 1 die **Ausschreibung** zur **Festnahme** veranlassen. Auf diese Vorschrift kann auch die internationale Fahndung, etwa im Schengener Informationssystem (SIS), gestützt werden (OLG Celle NStZ 2010, 534; *Meyer-Goßner/Schmitt*, § 131 Rn 1). Nach § 131a Abs. 1 kann eine Ausschreibung ebenfalls in solchen Fällen erfolgen, in denen der Aufenthalt des Beschuldigten oder eines Zeugen nicht bekannt ist. Gleiches gilt gem. § 131a Abs. 2 für die Ausschreibung des Beschuldigten, wenn sie zur Sicherstellung seines Führerscheins, zur erkennungsdienstlichen Behandlung, zur Anfertigung einer DNA-Analyse oder zur Feststellung seiner Identität erforderlich ist (eingehend zu den Fahndungsmaßnahmen *Burhoff*, EV, Rn 2033 ff.).

> ☝ Soweit ein Richter diese Ausschreibungen angeordnet hat, ist das Rechtsmittel der **Beschwerde** (→ *Beschwerde, Allgemeines*, Teil A Rdn 400) gem. § 304 gegeben (*Burhoff*, EV, Rn 2054; LR-*Hilger*, § 131 Rn 30).

108 **2.a)** Rechtsmittel gegen die **nichtrichterliche Anordnung** sowohl der **Ausschreibung** zur **Festnahme** als auch der Ausschreibung zur **Aufenthaltsermittlung** sind demgegenüber gesetzlich nicht geregelt. Dies erscheint jedoch angesichts der mit diesen Fahndungsmaßnahmen teilweise einhergehenden, tief greifenden Eingriffe in die Persönlichkeitsrechte der Betroffenen als unbefriedigend. Man denke nur an die diskriminierende Prangerwirkung einer öffentlichkeitswirksamen Fahndung (vgl. *Hilger* JR 1990, 485, 486). Vor diesem Hintergrund ist in Lit. (s. *Burhoff*, a.a.O.; *Hilger* StraFo 2001, 109, 111; HK-*Ahlbrecht*, § 131 Rn 16; KMR-*Wankel*, § 131 Rn 9; KK-*Schultheis*, § 131 Rn 20; Radtke/Hohmann/*Kretschmer*, § 131 Rn 14 und § 131a Rn 5; LR-*Hilger*, a.a.O.;

Meyer-Goßner/Schmitt, § 131 Rn 7 und § 131a Rn 3; s. aber SK-StPO/*Pfaeffgen*, § 131 Rn 14 und *Soiné* Krim 2001, 173, 175) und Rspr. (OLG Brandenburg NStZ 2007, 54 [Ausschreibung zur Aufenthaltsermittlung]; OLG Celle NStZ 2010, 534 [Ausschreibung zur Festnahme im SIS]) anerkannt, dass insoweit auch Rechtsschutz über **§ 98 Abs. 2 S. 2 analog** zu erlangen ist. Ist also die Ausschreibung durch die StA oder ihre Ermittlungspersonen erfolgt, kann der Betroffene sowohl gegen die **Anordnung** als auch gegen die **Gestaltung** der Fahndung **gerichtliche Entscheidung** beantragen (*Hilger* StraFo 2001, 109, 111). Damit unterliegen nicht nur die Voraussetzung der Fahndungsanordnung selbst, sondern – im Hinblick auf das allgemeine Verhältnismäßigkeitsprinzip – Art und Umfang der gewählten Maßnahme ebenso der richterlichen Überprüfung wie auch die Anwendung der Begriffs „Gefahr in Verzug" (LR-*Hilger,* a.a.O).

☝ Gegen diese richterliche Entscheidung dürfte wiederum nach allgemeinen Regeln die **Beschwerde** (→ *Beschwerde, Allgemeines*, Teil A Rdn 400) nach § 304 Abs. 1 statthaft sein.

b) Inwiefern eine gerichtliche Überprüfung auch bei **prozessual überholten Fahndungsanordnungen** statthaft ist, dürfte maßgeblich davon abhängen, ob der Fall eines tief greifenden Grundrechtseingriffs i.S.d. Rspr. des BVerfG (BVerfG NJW 1997, 2163; BVerfG NJW 1998, 2131) gegeben ist. Angesichts des bereits erwähnten Umstandes, dass namentlich von einer Medienfahndung die Gefahr irreparabler Schäden, etwa eines nachhaltigen Ansehensverlustes, ausgeht, wird dem Betroffenen unter Berücksichtigung der verfassungsgerichtlichen Rspr. auch nach Vollzug der Fahndungsmaßnahme die Möglichkeit einer Rechtmäßigkeitskontrolle einzuräumen sein (LR-*Hilger*, § 131 Rn 30). Das hat zur Folge, dass dieser gegen zwischenzeitlich **erledigte** Anordnungen der **StA** sowie ihrer Ermittlungspersonen nach h.M. in Lit. (HK-*Ahlbrecht*, § 131 Rn 16; KK-*Schultheis*, § 131 Rn 20; SSW-StPO/*Satzger*, § 131 Rn 26 [jew. unter Hinw. auf BGHSt 44, 171]; LR-*Hilger*, a.a.O.; MüKo-StPO/*Gerhold*, § 131 Rn 21) und Rspr. (OLG Brandenburg NStZ 2007, 54 [Ausschreibung zur Aufenthaltsermittlung]) **gerichtliche Entscheidung entsprechend § 98 Abs. 2 S. 2** beantragen kann. Um einen einheitlichen Rechtsschutz an das sachnächste Gericht zu gewährleisten, ist insofern **nicht** der **Antrag nach den §§ 23 ff. EGGVG** (→ *Justizverwaltungsakt, Anfechtung, Allgemeines*, Teil B Rdn 309) an das OLG, sondern der **Antrag auf gerichtliche Entscheidung** an das zuständige AG zu stellen (OLG Brandenburg, a.a.O.; OLG Celle, a.a.O.; s.a. *Kretschmer,* a.a.O.). 109

Siehe auch: → *Antrag auf gerichtliche Entscheidung, Allgemeines*, Teil B Rdn 93.

110 Antrag auf gerichtliche Entscheidung, Beschlagnahme

Das Wichtigste in Kürze:

1. Hinsichtlich des Rechtsschutzes gegen Beschlagnahmeanordnungen ist bei noch nicht erledigten, d.h. noch andauernden bzw. noch nicht vollzogene, Beschlagnahmeanordnungen bezüglich des Rechtsschutzes hinsichtlich des Anordnenden zu differenzieren.
2. Auch bei erledigten Beschlagnahmeanordnungen ist nachträglicher Rechtsschutz möglich.
3. Soll die Art und Weise der Vollziehung bemängelt werden, kann, solange der Vollzug andauert, bei dem für die Beschlagnahmeanordnung zuständigen Richter nach § 98 Abs. 2 S. 2 richterliche Entscheidung beantragt werden. Ist der Vollzug erledigt, die Beschlagnahme also beendet, ist ggf. eine Anrufung des Gerichts möglich.
4. Hinsichtlich der Zulässigkeit und zum weiteren Verfahren der jeweiligen Rechtsschutzmöglichkeiten sowie zur Prüfungskompetenz des angerufenen Gerichts sind Besonderheiten zu beachten.
5. Die zur Beschlagnahme nach § 98 entwickelten Grundsätze gelten gleichermaßen auch für die weiteren, in der StPO geregelten Beschlagnahmeanordnungen.
6. Weder der Antrag auf gerichtliche Entscheidung noch die Beschwerde bedürfen einer Begründung. Diese ist jedoch zu empfehlen.

111 **Literaturhinweise:** **Amelung**, Der Rechtsschutz gegen strafprozessuale Grundrechtseingriffe und die neue Rechtsprechung zur Ausweitung des Eingriffsbegriffs bei staatlichen Ermittlungsmaßnahmen, StV 2001, 131; **Bachmann**, Einheitlicher Rechtsschutz im Ermittlungsverfahren, NJW 1999, 2414; **Biernat**, Rechtsschutz gegen Zwangsmaßnahmen im Ermittlungsverfahren, JuS 2004, 401; **Burhoff**, Beschlagnahme von Unterlagen beim Steuerberater, PStR 1999, 243; *ders.*, Durchsuchung und Beschlagnahme im Strafverfahren, ZAP Fach 22, 299; **Dörr**, Rechtsschutz gegen vollzogene Durchsuchungen und Beschlagnahmen im Strafermittlungsverfahren, NJW 1984, 2258; **Fezer**, Effektiver Rechtsschutz bei Verletzung der Anordnungsvoraussetzung „Gefahr im Verzug“, in: Festschrift für *Peter Rieß*, 2002, S. 93; **Hilger**, Über den „Richtervorbehalt“ im Ermittlungsverfahren, JR 1990, 485; **Laser**, Das Rechtsschutzsystem gegen strafprozessuale Zwangsmaßnahmen, NStZ 2001, 120; **Locklair**, Sind Rechtsmittel gegen Durchsuchungen und Beschlagnahmen zweckmäßig?, PStR 1999, 37; **Löffelmann**, Der Rechtsschutz gegen Ermittlungsmaßnahmen – Zugleich Besprechung von BGH, Beschl. v. 8.10.2008 – StB 12–15/08, StV 2009, 3; StV 2009, 379; **Meyer**, Die Fortsetzungsfeststellungsklage im Strafprozessrecht, in: HRRS-Festgabe für *Gerhard Fezer*, 2008, S. 131; **Nagel**, Rechtsschutz gegen verfahrenseinleitende und -fortführende Maßnahmen der Strafverfolgungsbehörden im Ermittlungsverfahren, StV 2001, 185; **Park**, Der Anspruch auf rechtliches Gehör im Rechtsschutzverfahren gegen strafprozessuale Zwangsmaßnahmen, StV 2009, 276; *ders.*, Die Anfechtung von Durchsuchungs- und Beschlagnahmeanordnungen, StRR 2008, 4; **Roxin**, Zur richterlichen Kontrolle von Durchsuchungen und Beschlagnahmen, zugleich Anm. zu BVerfG StV 1997, 393/94; LG Neuruppin StV 1997, 506, StV 1997, 654; s.a. die Hinw. bei → *Antrag auf gerichtliche Entscheidung, Allgemeines*, Teil B Rdn 93 und bei → *Rechtsbehelfe, Antrag auf gerichtliche Entscheidung, Durchsuchung*, Teil B Rdn 153.

1. Die Beschlagnahme ist in erster Linie, im Fall des § 98 Abs. 2 S. 2 ausschließlich durch das nach § 162 zuständige Gericht anzuordnen. Bei Gefahr in Verzug sind auch die StA und – nachrangig – ihre Ermittlungspersonen für die Beschlagnahmeanordnung zuständig. Insoweit ist gegen noch **nicht erledigte**, d.h. noch andauernde bzw. noch nicht vollzogene Beschlagnahmeanordnungen bezüglich des Rechtsschutzes wie folgt zu **differenzieren** (eingehend hierzu *Burhoff*, EV, Rn 830 ff.): 112

Nichtrichterliche Beschlagnahmeanordnung 113

- Für die **nichtrichterliche** Beschlagnahmeanordnung steht der Weg nach § 98 Abs. 2 zur Verfügung. D.h. zum einen obliegt es dem Beamten, mithin dem StA oder seiner Ermittlungsperson, der die Anordnung getroffen hat, die **gerichtliche Bestätigung** unter den in **§ 98 Abs. 2 S. 1** genannten Voraussetzungen herbeizuführen, sofern nicht bereits ein Antrag nach § 98 Abs. 2 S. 2 vorliegt (*Meyer-Goßner/Schmitt*, § 98 Rn 13). Zum anderen kann der Betroffene selbst gegen die – auch formlose (vgl. OLG Düsseldorf wistra 1997, 77) – Beschlagnahmeanordnung der StA und ihrer Ermittlungspersonen nach **§ 98 Abs. 2 S. 2** den **Antrag auf gerichtliche Entscheidung** stellen.

☝ Ein in diesem Kontext unzutreffend als „**Beschwerde**" bezeichneter Rechtsbehelf ist in einen solchen Antrag auf gerichtliche Entscheidung nach § 98 Abs. 2 S. 2 **umzudeuten** (OLG Koblenz NStZ 2007, 285; LG Bielefeld wistra 2008, 117; LG Essen wistra 2010, 78; LG Frankfurt an der Oder StraFo 2008, 330; HK-*Gercke*, § 98 Rn 33; MüKo-StPO/*Hauschild*, § 98 Rn 39). Gleiches gilt auch für einen „**Widerruf**" der zunächst freiwilligen Herausgabe (OLG Düsseldorf, a.a.O.; HK-*Gercke*, a.a.O.; KK-*Greven*, § 98 Rn 18; MüKo-StPO/*Hauschild*, a.a.O.). Hat das Gericht die Anordnung der Beschlagnahme nach § 98 Abs. 2 S. 1 bestätigt, so ist der Antrag als **Gesuch** um **Aufhebung** des **Bestätigungsbeschlusses** anzusehen (LG Lüneburg JZ 1984, 343; HK-*Gercke*, a.a.O.; *Meyer-Goßner/Schmitt*, § 98 Rn 19). Wurde in jenem Verfahren dagegen die Rechtswidrigkeit der Maßnahme bereits festgestellt oder die Beschlagnahme zwischenzeitlich aufgehoben, ist der Antrag auf gerichtliche Entscheidung **gegenstandslos**, soweit er durch die gerichtliche Entscheidung erledigt ist (BGH NStZ 2000, 154). Angesichts dessen sollte der Betroffene mit der Einlegung des Antrags nicht allzu lange zuwarten (s.a. *Burhoff*, EV, Rn 833).

Richterliche Beschlagnahmeanordnung u.a. 114

- Die **richterliche Beschlagnahmeanordnung**, die **Bestätigung** nach § 98 Abs. 2 S. 1 und die **Ablehnung** des **Antrags** nach § 98 Abs. 2 S. 2 können jeweils mit der **Beschwerde** (→ *Beschwerde, Allgemeines*, Teil A Rdn 400) nach § 304 angefochten werden (*Burhoff* ZAP Fach 22, 299, 316; HK-*Gercke*, § 98 Rn 39; *Laser* NStZ 2001,

120, 121; LR-*Menges*, § 98 Rn 70; *Meyer-Goßner/Schmitt*, § 98 Rn 31; MüKo-StPO/*Hauschild*, § 98 Rn 40). Sie hat keine aufschiebende Wirkung (*Park* StRR 2008, 4). Anfechtbar sind auch Entscheidungen des erkennenden Gerichts nach § 305 S. 2 (OLG Frankfurt/Main StV 2006, 122). Die Beschwerde gegen Entscheidungen des OLG und des Ermittlungsrichters des BGH (§ 304 Abs. 4 S. 2 Nr. 1, Abs. 5) ist aber nur zulässig, soweit die Rechtmäßigkeit der Anordnung beanstandet wird (BGH NJW 2000, 84; NStZ 2000, 154; NStZ 2002, 215 [für Durchsuchung]; *Burhoff*, EV, Rn 833; HK-*Gercke*, a.a.O.; zweifelnd KK-*Greven*, § 98 Rn 27). Im Hinblick auf die Beanstandung der Rechtmäßigkeit der Art und Weise des Vollzugs kann jedoch die Entscheidung nach § 98 Abs. 2 S. 2 beantragt werden (BGH NJW 2000, 84 [für Durchsuchung]). Die weitere Beschwerde ist wegen § 310 Abs. 2 unzulässig (OLG Köln NStZ-RR 2002, 244; HK-*Gercke*, a.a.O.; LR-*Menges*, § 98 Rn 72; *Park*, a.a.O.).

☝ Im Übrigen können ebenfalls mit der **Beschwerde** (→ *Beschwerde, Allgemeines*, Teil A Rdn 400) gem. § 304 die nachfolgenden (Rdn 116 ff.) **gerichtlichen Entscheidungen** angefochten werden, die in **entsprechender Anwendung** des **§ 98 Abs. 2 S. 2** – etwa in Fällen erledigter Beschlagnahmen oder bei Beanstandungen der Art und Weise des Vollzugs – ergangen sind (HK-*Gercke*, a.a.O.; *Meyer-Goßner/Schmitt*, § 98 Rn 31).

115 **2.** Bei **erledigten Beschlagnahmeanordnungen** ist nachträglicher Rechtsschutz mit folgender Maßgabe möglich:

116 **Richterliche angeordnete Beschlagnahme**

- Nach Erledigung einer **richterlich** angeordneten **Beschlagnahme** war früher die Beschwerde (→ *Beschwerde, Allgemeines*, Teil A Rdn 400) – ebenso wie bei der Durchsuchung – wegen prozessualer Überholung grds. unzulässig (BVerfG NJW 1979, 154). Bei schwerwiegenden – ggf. verfassungswidrigen – Verstößen wurde nur ausnahmsweise eine Beschwerde für zulässig erachtet (BVerfG NJW 1979, 1539; BGHSt 22, 26). Insoweit wird aber nunmehr die jüngere Rspr. des BVerfG zum Rechtsschutz gegen richterlich angeordnete und abgeschlossene Durchsuchungsmaßnahmen (vgl. BVerfG NJW 1997, 2163; s.a. → *Antrag auf gerichtliche Entscheidung, Durchsuchung*, Teil B Rdn 153) bei erledigten richterlichen Beschlagnahmeanordnungen entsprechend anzuwenden sein (vgl. BVerfG NJW 1999, 273 [für Beschlagnahmen im Rahmen einer Wohnungsdurchsuchung]; BGHSt 45, 183; LG Neuruppin NStZ 1997, 563 m. Anm. *Roxin* StV 1997, 654), wonach im Interesse eines effektiven Rechtsschutzes namentlich bei **tiefgreifenden**, jedoch nicht mehr fortwirkenden **Grundrechtseingriffen** ein Bedürfnis an gerichtlicher Klärung besteht, wenn sich die Belastung durch die Maßnahme nach dem typischen Verfahrensablauf

auf eine Zeitspanne beschränkt, in welcher der Betroffene die gerichtliche Entscheidung im Beschwerdeverfahren kaum erlangen kann (LG Neuruppin, a.a.O.; s.a. *Burhoff* ZAP Fach 22, 299, 316; Graf/*Cirener*, § 296 Rn 13; KK-*Greven*, § 98 Rn 28 i.V.m. Rn 23; *Meyer-Goßner*, Vor § 296 Rn 18a; *Roxin* StV 1997, 654, 656). Ein solches Rechtsschutzinteresse ist darüber hinaus zu bejahen, wenn die „diskriminierende" Folge des Eingriff fortwirkt und damit ein **Rehabilitationsinteresse** gegeben ist (vgl. *Amelung* NJW 1979, 1687, 1688 f. m.w.N.), ferner dann, wenn die **Gefahr einer Wiederholung** besteht (OLG Hamm NStZ-RR 2009, 293; *Beulke*, Strafprozessrecht, Rn 327; *Amelung* NJW 1979, 1687, 1689; *Biernat* JuS 2004, 401, 402; Graf/*Cirener*, a.a.O.; KK-*Greven*, § 98 Rn 24; *Laser* NStZ 2001, 120, 121; *Löffelmann* StV 2009, 379, 380; krit. dagegen *Roxin*, a.a.O.). Insoweit steht dem Betroffenen auch nach Abschluss der Maßnahmen gem. § 304 die **Beschwerde** (→ *Beschwerde, Allgemeines*, Teil A Rdn 400) gerichtet auf **nachträgliche Feststellung** der **Rechtswidrigkeit**, offen (so schon *Biernat*, a.a.O.; *Dörr* NJW 1984, 2258, 2262; *Laser*, a.a.O.; *Park* StRR 2008, 4).

- Unter diesen Voraussetzungen ist ebenfalls gegen die **richterliche Bestätigung** einer Beschlagnahmeanordnung nach § 98 Abs. 2 S. 2 die **Beschwerde** (→ *Beschwerde, Allgemeines*, Teil A Rdn 400) zulässig, auch wenn sich die Beschlagnahme erledigt hat (BVerfG NJW 1999, 273; NJW 2002, 1333; *Burhoff*, EV, Rn 840; KK-*Greven*, § 98 Rn 29).
- **Fraglich** ist allerdings, **wann** bei der Beschlagnahme, dem Eingriff in das durch Art. 14 GG geschützte Eigentumsrecht, ein **tiefgreifender Eingriff** i.S.d. Rspr. des BVerfG vorliegt. Dazu hat sich in der Rspr. eine reichhaltige Kasuistik herausgebildet (s.a. *Burhoff*, EV, Rn 836): Das LG Neuruppin (a.a.O.) etwa geht davon aus, dass entweder die Beschlagnahme länger als **zwei Monate** gedauert haben oder sie für den Betroffenen faktisch den **endgültigen Entzug** des Eigentums bedeutet haben muss (krit. *Roxin*, a.a.O.). Das LG Köln (StV 2002, 413) hat eine **sieben Monate**, das LG Dresden (NStZ 2003, 567) eine **drei Monate** dauernde Durchsicht von Papieren als unverhältnismäßig angesehen. Nach Auffassung des LG Kiel (StraFo 2004, 93) ist die **neun Monate** andauernde Beschlagnahme eines Computers bei nur **geringem Tatverdacht** als unverhältnismäßig anzusehen. Das AG Bremen (StV 2012, 14 f.) hat eine Beschlagnahme für die Dauer von **fünf Monaten** jedenfalls dann als tief greifenden Grundrechtseingriff angesehen, wenn dem Verteidiger für diesen Zeitraum zugleich die Gewährung von AE verwehrt wurde. Das BVerfG hat in der sog. „Cicero-Entscheidung" (NJW 2007, 1117) die Frage, ob eine erledigte Beschlagnahme von Gegenständen, die weniger als zwei Monate gedauert habe, nur dann einen tief greifenden Grundrechtseingriff darstelle, wenn sie für den Betroffenen faktisch den endgültigen Entzug des Eigentums bedeute, ausdrücklich **offengelassen** und auf die Verletzung des Grundrechts der Pressefreiheit abgestellt.

☝ Angesichts dessen verbietet sich nach der hier vertretenen Auffassung die schematische Festlegung auf eine zeitliche Grenze, ab der von einem tief greifenden Eingriff auszugehen ist (gegen „starre Grenzen" auch *Roxin*, a.a.O.). Vielmehr ist – in Anlehnung an die zu § 121 entwickelten Grundsätze – **einzelfallbezogen** die **Stärke** des **Tatverdachts**, die **Dauer** der **Beschlagnahme** bzw. **Maßnahme**, deren **Wirkung** für den Betroffenen sowie das **betroffene Rechtsgut** in eine Gesamtabwägung einzustellen (für Einzelfallbezogenheit auch *Löffelmann* StV 2009, 379, 380; in diese Richtung auch *Biernat* JuS 2004, 401, 402; a.A. wohl HK-*Gercke*, § 98 Rn 37 [Beschlagnahmen „grds." schwerwiegender Grundrechtseingriff]). Mit anderen Worten: Je länger die Beschlagnahme oder sonstige Maßnahme andauert und je geringer der Tatverdacht ist, desto eher wird man ein nachwirkendes Rechtsschutzbedürfnis („Feststellungsinteresse") annehmen müssen. Hierbei wird auch dann, wenn sich die richterliche Beschlagnahmeanordnung als **willkürlich** oder **eklatant (ermessens-) fehlerhaft** darstellen sollte, nachträglicher Rechtsschutz eröffnet sein (vgl. insoweit BVerfG NStZ-RR 2004, 252, 253 [Vollzug eines Vollstreckungshaftbefehls]; LG Bremen NJW 1997, 1168 [Vollzug einer Durchsuchung- und Beschlagnahmeanordnung]; s.a. KK-*Greven*, § 98 Rn 28 m.w.N.).

117 **Nichtrichterliche Beschlagnahmeanordnung**

- Bei der nichtrichterlichen Anordnung der Beschlagnahme gelten diese vom **BVerfG** (BVerfG NJW 1997, 2163) im Zusammenhang mit der Durchsuchung entwickelten **Grundsätze entsprechend**. Insofern wird unter den vorstehend (vgl. Rdn 116) dargestellten Voraussetzungen vom BVerfG und vom BGH in neueren Entscheidungen gem. **§ 98 Abs. 2 S. 2 (analog)** der Antrag auf gerichtliche Entscheidung zugelassen (BVerfG NJW 2002, 1333; NJW 2005, 1855; BGHSt 44, 171; 44, 265; 45, 183; zur früheren st. Rspr. s. BGHSt 28, 57, 58; 37, 79, 82; OLG Karlsruhe NStZ 1992, 97; ebenso auch die ganz h.M., vgl. *Beulke*, Strafprozessrecht, Rn 325a; *Burhoff*, EV, Rn 838; *ders.* ZAP Fach 22, 299, 316; KK-*Greven*, § 98 Rn 22 f.; *Laser* NStZ 2001, 120, 122; *Meyer*, in: FS für *Fezer*, S. 142 m.w.N.; *Meyer-Goßner/Schmitt*, § 98 Rn 23; SK-StPO/*Wohlers*, § 98 Rn 51). Der Rechtsweg ist dementsprechend nicht zuletzt auch zur Vereinheitlichungen des Rechtsschutzes **nicht** über den **Antrag nach §§ 23 ff. EGGVG** (→ *Justizverwaltungsakt, Anfechtung, Allgemeines*, Teil B Rdn 309) eröffnet (h.M., vgl. BGHSt 44, 265 und *Meyer-Goßner/Schmitt*, a.a.O.; a.A. *Dörr* NJW 1984, 2258, 2260 m.w.N.).

118 **3.a)** Soll die **Art und Weise** der Vollziehung bemängelt werden, kann, solange der **Vollzug andauert**, bei dem für die Beschlagnahmeanordnung zuständigen Richter nach **§ 98 Abs. 2 S. 2 richterliche Entscheidung beantragt** werden, da dieser im Rahmen der Kontrolle der Anordnung als solcher auch die Modalitäten des Vollzugs regeln kann (so *Beul-*

ke, Strafprozessrecht, Rn 323 f.; *Burhoff*, EV, Rn 839; *ders.* ZAP Fach 22, 299, 316; vgl. ferner BVerfG wistra 1984, 221 [für die Durchsuchung]; NJW 1997, 2163; NJW 2002, 1410; BGH StV 1981, 597; HK-*Gercke*, § 98 Rn 37; *Laser* NStZ 2001, 120, 124). Gegen dessen Entscheidung ist wiederum die Beschwerde (→ *Beschwerde, Allgemeines*, Teil A Rdn 400) zulässig. Dies gilt allerdings nicht, wenn **Art und Weise** der Vollziehung bereits **Gegenstand einer richterlichen Anordnung** gewesen ist. Dann ist von vornherein nämlich allein die **Beschwerde** (→ *Beschwerde, Allgemeines*, Teil A Rdn 400) gem. § 304 das statthafte Rechtsmittel (vgl. *Beulke*, Strafprozessrecht, Rn 324).

b) Ist der **Vollzug erledigt**, die Beschlagnahme also beendet, ist eine **Anrufung** des **Gerichts** möglich, und zwar unter folgenden 119

Voraussetzungen: 120

- Nach Auffassung des BGH ist die Art und Weise des Vollzugs einer bereits erledigten **nichtrichterlichen** (Durchsuchungs-) Maßnahme mit dem **Antrag auf gerichtliche Entscheidung** nach **§ 98 Abs. 2 S. 2 (analog)** zu überprüfen (BGHSt 44, 265; BGH NStZ 1999, 151 m. Anm. *Fezer*). Die angeführten Entscheidungen sind zwar zur Durchsuchung ergangen, lassen sich aber ohne Weiteres auch auf die **Beschlagnahme übertragen** (ganz h.M.; vgl. in diese Richtung BGHSt 44, 171; ferner *Beulke*, Strafprozessrecht, Rn 325a; *Burhoff*, EV, Rn 840; KK-*Greven*, § 98 Rn 26; *Laser* NStZ 2001, 120, 123; *Meyer-Goßner/Schmitt*, § 98 Rn 23; *Park* StRR 2008, 4, 5; *ders.* StV 2009, 276, 282; SK-StPO/*Wohlers*, § 98 Rn 51), sodass der Antrag auf gerichtliche Entscheidung und **nicht** der **Antrag nach §§ 23 ff. EGGVG** (→ *Justizverwaltungsakt, Anfechtung, Allgemeines*, Teil B Rdn 309) zulässig ist (KK-*Greven*, a.a.O.; *Meyer*, in: FS für *Fezer*, S. 145 f. m.w.N.; a.A. *Dörr*, a.a.O.). Auch insoweit wird allerdings ein etwa infolge von schwerwiegenden Grundrechtseingriffen nachwirkendes Rechtsschutzbedürfnis im oben dargestellten Sinn zu verlangen sein (vgl. BVerfG NStZ-RR 2004, 252, 253 [zum Vollzug eines Vollstreckungshaftbefehls]).
- Geht es um die Überprüfung der Art und Weise des Vollzugs einer **richterlich angeordneten erledigten** Maßnahme, ist ebenfalls gem. **§ 98 Abs. 2 S. 2 (analog)** vorzugehen und der **Antrag auf gerichtliche Entscheidung** nach den vorstehenden Grundsätzen statthaft (BGHSt 45, 183; NJW 2000, 84, 86; ebenso OLG Hamburg StV 1999, 301; *Beulke*, Strafprozessrecht, Rn 326a; *Burhoff*, EV, Rn 840; *Meyer-Goßner/Schmitt*, § 98 Rn 23; *Park* StRR 2008, 4, 5) und **nicht** der **Antrag nach §§ 23 ff. EGGVG** (→ *Justizverwaltungsakt, Anfechtung, Allgemeines*, Teil B Rdn 309; ferner *Laser* NStZ 2001, 120, 124). Etwas anderes gilt jedoch dann, wenn die **Art und Weise** des Vollzuges bereits ausdrücklicher und evidenter **Bestandteil** der **richterlichen Beschlagnahmeanordnung** war (in diese Richtung auch *Biernat* JuS 2004, 401, 402; HK-*Gercke*, § 98 Rn 36 und *Meyer*, in: FS für *Fezer*, S. 141 f. jew. m.w.N.). Insofern bedarf es keiner entsprechenden Anwendung des § 98

Abs. 2 S. 2, da Art und Weise des Vollzuges dann zum Gegenstand der **Beschwerde** (→ *Beschwerde, Allgemeines*, Teil A Rdn 400) gem. § 304 gemacht werden kann.

121 **4.** Hinsichtlich der **Zulässigkeit** und zum **weiteren Verfahren** der jeweiligen Rechtsschutzmöglichkeiten sowie zur **Prüfungskompetenz** des angerufenen Gerichts gilt Folgendes:

122 **Antrag auf gerichtliche Entscheidung fem. § 98 Abs. 2 S. 2 analog**

- Beim **Antrag auf gerichtliche Entscheidung** gem. § 98 Abs. 2 S. 2 (analog) sind der Gewahrsamsinhaber, der Eigentümer und der Besitzer der beschlagnahmten Sache selbst dann **antragsberechtigt**, wenn diese freiwillig herausgegeben wurde (BVerfG NJW 2007, 3343; HK-*Gercke*, § 98 Rn 34; Radtke/Hohmann/*Joecks*, § 98 Rn 17; KK-*Greven*, § 98 Rn 18; *Meyer-Goßner/Schmitt*, § 98 Rn 20). Aber auch sonstige Betroffene sind zur Antragstellung befugt, soweit durch die Beschlagnahme unmittelbar in ihre eigenen Rechte eingegriffen wird (KG NJW 1999, 2979, 2980 [Kontoinhaber]; BGHR StPO § 304 Abs. 2 Betroffener 1 [Briefempfänger]; wie hier auch HK-*Gercke*, a.a.O.; KK-*Greven*, a.a.O.; SK-StPO/*Wohlers*, § 98 Rn 48; einschränkend dagegen Radtke/Hohmann/*Joecks*, a.a.O. und *Meyer-Goßner/Schmitt*, a.a.O. [nur soweit personenbezogene Daten betroffen sind]). Die Stellung als Beschuldigter für sich genommen reicht demgegenüber nicht aus, wenn dieser weder Gewahrsamsinhaber (BVerfG NJW 2007, 3343) noch aus einem anderen Grund Betroffener (BGHR StPO § 94 Beweismittel 2) ist (KK-*Greven*, a.a.O.; SK-StPO/*Wohlers*, a.a.O.).
- Der Antrag ist an **keine Form** oder **Frist** gebunden; er kann **jederzeit** erhoben werden (KK-*Greven*, a.a.O.). Ausnahmsweise kann der unbefristete Rechtsbehelf aber infolge **Verwirkung** unzulässig werden (LG Saarbrücken NStZ-RR 2008, 113; SSW-StPO/*Eschelbach*, § 98 Rn 42), was namentlich dann der Fall ist, wenn der Berechtigte längere Zeit untätig bleibt, obwohl er die Rechtslage kannte oder in zumutbarer Weise hätte erkennen können.
- Die **Zuständigkeit** bestimmt sich nach **§ 162** (zur Zuständigkeit eingehend HK-*Gercke*, § 98 Rn 5 ff.; *Meyer-Goßner/Schmitt*, § 98 Rn 21 i.V.m. Rn 16 und SK-StPO/*Wohlers*, § 98 Rn 50). Danach ist bis zur Erhebung der öffentlichen Klage das AG zuständig, in dessen Bezirk die antragstellende StA (bzw. Zweigstelle) ihren Sitz hat, danach das mit der Sache befasste Gericht. Ist das insofern nach § 98 Abs. 2 S. 3 zuständige Gericht nicht mit dem AG identisch, in dessen Bezirk die Beschlagnahme stattgefunden hat, kann der Betroffene stets den Antrag auch bei Letzterem stellen. Dieses Gericht leitet dann gem. § 98 Abs. 2 S. 4 den Antrag an das zuständige Gericht weiter.
- Galt nach (früher) h.M. die **Prüfung** des **Gerichts** nicht der Frage, ob die Anordnung der StA bzw. ihrer Ermittlungspersonen zu Recht ergangen ist, sondern allein der Frage, ob die Beschlagnahme zur Zeit der Prüfung gerechtfertigt ist (*Krekeler* NJW

1977, 1420; *Meyer-Goßner/Schmitt*, § 98 Rn 17; *Schnarr* NStZ 1991, 214 m.w.N.), so dürfte sich die Kompetenz des Gerichts nunmehr im Anschluss an die neuere Rspr. des BVerfG (BVerfG NJW 2001, 1121) auf eine **umfassende Rechtsüberprüfung** dahin gehend erstrecken, ob aus einer ex-ante-Sicht die Anordnungsvoraussetzungen für eine Beschlagnahme zum Zeitpunkt der gerichtlichen Entscheidung vorliegen (so HK-*Gercke*, § 98 Rn 30; s.a. *Fezer* Jura 1982, 127; Radtke/Hohmann/*Joecks*, § 98 Rn 16; KK-*Greven*, § 98 Rn 20; LR-*Menges*, § 98 Rn 72; SK-StPO/*Wohlers*, § 98 Rn 46). Denn die richterliche Prüfung dient als Ausgleich dafür, dass der Richtervorbehalt und der damit einhergehende präventive Rechtschutz nicht greifen konnte, weswegen eine umfassende Prüfung erforderlich ist (zutreffend HK-*Gercke*, a.a.O.). Ob **Gefahr in Verzug** vorliegt und dementsprechend die Kompetenz der StA und ihrer Ermittlungsorgane gegeben ist, unterliegt damit ebenso der **uneingeschränkten gerichtlichen Kontrolle** (BVerfG NJW 2002, 1333 [zur Durchsuchung]; BVerfG StraFo 2001, 154 m. Anm. *Park*; KK-*Greven*, § 98 Rn 14), wie die Voraussetzungen des **Tatverdachts**, die potenzielle **Beweisbedeutung** des beschlagnahmten Gegenstandes und die **Verhältnismäßigkeit** der Maßnahme (HK-*Gercke*, a.a.O.; KK-*Greven*, § 98 Rn 20; SSW-StPO/*Eschelbach*, § 98 Rn 34). Vor seiner Entscheidung hat der Richter gem. § 33 Abs. 2 die StA und – abgesehen von den Fällen des § 33 Abs. 4 S. 1 – auch nach § 33 Abs. 3 den Betroffenen zu hören (KK-*Greven*, a.a.O.). In der **Entscheidung** sind die beschlagnahmten Gegenstände genau zu bezeichnen (Radtke/Hohmann/*Joecks*, § 98 Rn 15).

- Ist die Beschlagnahmeanordnung **fehlerhaft**, wird ihre Rechtswidrigkeit festgestellt bzw. deren Aufhebung ausgesprochen (HK-*Gercke*, § 98 Rn 32), anderenfalls die Beschlagnahme bestätigt bzw. der hiergegen gerichtete Rechtsbehelf verworfen.

Beschwerde 123

- Im Rahmen der **Beschwerde** (→ *Beschwerde, Allgemeines*, Teil A Rdn 400) gem. § 304 ist die StA, deren Antrag auf Erlass der Anordnung abgelehnt worden war, ebenso **beschwerdeberechtigt** wie der Eigentümer, der Besitzer der beschlagnahmten Sache sowie der letzte Gewahrsamsinhaber (zu Letzterem vgl. OLG Celle NJW 1965, 362). Beschwert ist ebenfalls der Inhaber einer Urkunde, die nicht beschlagnahmt, sondern nur abgelichtet zu den Akten genommen worden ist (OLG Hamburg NJW 1967, 166; OLG München NJW 1978, 601; *Burhoff*, EV, Rn 833; HK-*Gercke*, § 98 Rn 39; *Meyer-Goßner/Schmitt*, § 98 Rn 31). Schließlich kann – im Fall der Ablehnung eines Beschlagnahmeantrags – auch der Beschuldigte insofern beschwert sein, als er ein berechtigtes Interesse daran haben kann, das Beweismittel (zu seinen Gunsten) durch Beschlagnahme sichergestellt werden (s.a. HK-*Gercke*, a.a.O.; KK-*Greven*, § 98 Rn 30; *Meyer-Goßner/Schmitt*, a.a.O.).

- Hinsichtlich der **Zuständigkeit** und für das weitere **Verfahren** gelten die **Beschwerdegrundsätze** nach den §§ 304 ff.
- Zur **Prüfungstiefe** und zum Inhalt der **Entscheidung** gelten die vorstehenden, im Rahmen des Antrags auf gerichtliche Entscheidung gemachten Ausführungen entsprechend (vgl. Rdn 122). Dabei ist Gegenstand der Entscheidung die Rechtmäßigkeit bzw. Verhältnismäßigkeit der Zwangsmaßnahme. Die Frage der **Verwertbarkeit** dagegen prüft das erkennende Gericht (LG Würzburg StRR 2007, 149; *Burhoff*, EV, Rn 833; *Meyer-Goßner/Schmitt*, § 98 Rn 23; a.A. wohl AG Essen StraFo 2007, 505 [zur Blutentnahme unter Verletzung des Richtervorbehalts]).

124 **5.a)** Die vorstehenden, zur Beschlagnahme nach § 98 entwickelten Grundsätze gelten gleichermaßen auch für die weiteren, in der StPO geregelten Beschlagnahmeanordnungen. So kann gegen die **Beschlagnahme** von **Zufallsfunden** nach § 108 Abs. 1 gem. **§ 98 Abs. 2 S. 2 analog richterliche Entscheidung beantragt** werden, gegen die – ausgenommen in den Fällen des § 304 Abs. 4 und Abs. 5 (BGHSt 28, 349) – wiederum die **Beschwerde** (→ *Beschwerde, Allgemeines*, Teil A Rdn 400) statthaft ist (Radtke/Hohmann/*Ladiges*, § 108 Rn 16; *Meyer-Goßner/Schmitt*, § 108 Rn 8; SSW-StPO/*Hadamitzky*, § 108 Rn 14). Sofern allerdings inzwischen die Beschlagnahme nach §§ 94, 98 richterlich angeordnet worden ist, muss sich die Beschwerde unmittelbar gegen den Beschlagnahmebeschluss richten (KK-*Bruns*, § 108 Rn 10; Radtke/Hohmann/*Ladiges*, a.a.O.; *Meyer-Goßner/Schmitt*, a.a.O.).

125 **b)** Polizei und StA dürfen bei Gefahr in Verzug unter den Voraussetzungen des § 111a Abs. 1 den **Führerschein** gem. § 94 Abs. 3 **beschlagnahmen**. Gegen diese **Anordnung** steht dem Betroffenen gem. **§ 98 Abs. 2 S. 2** der **Antrag auf gerichtliche Entscheidung** offen. Das nach §§ 98 Abs. 2 S. 3, 162 zuständige Gericht entscheidet nicht über die Zulässigkeit der Maßnahme, sondern ordnet selbst die **vorläufige Entziehung der Fahrerlaubnis** an, die gem. 111a Abs. 3 S. 1 zugleich als Bestätigung der Beschlagnahme wirkt, oder lehnt sie ab (vgl. § 111a Abs. 4; *Meyer-Goßner/Schmitt*, § 111a Rn 15; Radtke/Hohmann/*Pegel*, § 111a Rn 25). Gegen diese Entscheidung wiederum bzw. gegen die richterlich angeordnete **vorläufige Entziehung der Fahrerlaubnis** kann der Betroffene Rechtsschutz über die **Beschwerde** (→ *Beschwerde, Allgemeines*, Teil A Rdn 400) erlangen (*Biernat* JuS 2004, 401; *Junker/Armatage*, Rn 222; *Meyer-Goßner/Schmitt*, § 111a Rn 19; Radtke/Hohmann/*Pegel*, § 111a Rn 24; SSW-StPO/*Harrendorf*, § 111a Rn 25). Das Beschwerderecht steht ebenfalls der StA bei einer die vorläufige Entziehung ablehnenden Entscheidung des Ermittlungsrichters zu (LG Zweibrücken NStZ-RR 1998, 249, 250). Eine weitere Beschwerde ist indes nicht möglich (*Pegel*, a.a.O.).

126 **6.** Die o.a. Ausführungen lassen sich in folgenden **Übersichten** festhalten, wobei auch hier – ebenso wie bei der Durchsuchung – nach dem Stand des Verfahrens, dem Ziel des Rechtsbehelfs und danach zu unterscheiden ist, wer die Beschlagnahme angeordnet hat (nach *Burhoff*, EV, Rn 842 f.):

a) Die Beschlagnahme wurde von **StA** oder **Polizei** angeordnet: 127

Welchen Stand hat das Verfahren?	**Welches Ziel wird verfolgt?**	**Welcher Rechtsbehelf ist zu wählen?**
Die Beschlagnahme **dauert** noch **an**.	**Aufhebung** der Beschlagnahme	**Antrag auf gerichtliche Entscheidung** gem. § 98 Abs. 2 S. 2
Die Beschlagnahme **dauert** noch **an**.	Beanstandung der **Art** und **Weise** der Durchführung	**Antrag auf richterliche Entscheidung** gem. § 98 Abs. 2 S. 2 (analog)
Die Beschlagnahme ist **beendet**.	**Aufhebung** der Maßnahme bzw. **Feststellung der Rechtswidrigkeit** der Anordnung	**Antrag auf gerichtliche Entscheidung** gem. § 98 Abs. 2 S. 2 (analog) bei tief greifendem Grundrechtseingriff bzw. Wiederholungsgefahr
Die Beschlagnahme ist **beendet**.	Beanstandung der **Art** und **Weise** der Durchführung	**Antrag auf gerichtliche Entscheidung** gem. § 98 Abs. 2 S. 2 (analog)

b) Die Beschlagnahme wurde vom **Richter** angeordnet: 128

Welchen Stand hat das Verfahren?	**Welches Ziel wird verfolgt?**	**Welcher Rechtsbehelf ist zu wählen?**
Die Beschlagnahme **dauert** noch **an**.	**Aufhebung** der Beschlagnahme.	→ ***Beschwerde**, Allgemeines*, Teil A Rdn 400 gem. § 304
Die Beschlagnahme **dauert** noch **an**.	Beanstandung der **Art** und **Weise** der Durchführung	**Antrag auf gerichtliche Entscheidung** gem. § 98 Abs. 2 S. 2 (analog)
Die Beschlagnahme ist **beendet**.	**Aufhebung** der Anordnung bzw. der **Feststellung** der **Rechtswidrigkeit** der Anordnung	→ ***Beschwerde**, Allgemeines*, Teil A Rdn 400 gem. § 304 bei tief greifendem Grundrechtseingriff bzw. Wiederholungsgefahr
Die Beschlagnahme ist **beendet**.	Beanstandung der **Art** und **Weise** der Durchführung	**Antrag auf gerichtliche Entscheidung** gem. § 98 Abs. 2 S. 2 (analog)

129 **7. Hinweise für den Verteidiger!**

a) Weder der Antrag auf gerichtliche Entscheidung noch die Beschwerde bedürfen einer Begründung. Gleichwohl ist eine **Begründung** der **Regelfall** und erscheint vor allem nach AE als zweckmäßig und empfehlenswert (*Park* StRR 2008, 4), um nicht zuletzt auch auf diese Weise das angerufene Gericht zu einer vertieften Prüfung und eingehenden Auseinandersetzung mit den Argumenten der Verteidigung zu veranlassen. Eine Begründung ist insbesondere dann erforderlich, wenn in einem einheitlichen Rechtsbehelf verschiedene Angriffsziele zusammengefasst werden, der Betroffene etwa sowohl die Anordnung selbst als auch die Art und Weise der Vollziehung rügt (vgl. hierzu *Park* StRR 2008, 4, 5 f.).

☝ Es sollte insofern deutlich herausgestellt werden, gegen **welche Maßnahmen** sich die einzelnen Anträge bzw. **Angriffe konkret** richten.

130 **b)** Nach § 78c Abs. 1 Nr. 4 StGB unterbrechen nur rechtmäßige richterliche Beschlagnahmeanordnungen und diese bestätigende richterliche Entscheidungen die **Verjährung** (BGH NStZ 2000, 427, 428; 2004, 275; StraFo 2006, 339). Dies gilt auch für Entscheidungen über Beschwerden Dritter gegen eine Beschlagnahmeanordnung (BGH StV 1995, 585 m.w.N.). Angesichts dessen wird sich der Verteidiger genau zu überlegen haben, ob sich ein Rechtsmittel gegen die Beschlagnahmeanordnung empfiehlt (so bereits *Burhoff*, EV, Rn 844; *Park* StRR 2008, 4, 6). Denn wird erfolgreich die Rechtswidrigkeit einer Beschlagnahmeanordnung bzw. -bestätigung geltend gemacht, kann ggf. eine rechtmäßige Anordnung bzw. Bestätigung getroffen werden, welche die Verjährung unterbrechen kann.

131 **c)** Schließlich gilt es – wie auch sonst – grds. zu bedenken, dass mit Einlegung eines Rechtsbehelfs regelmäßig eine **Verfahrensverzögerung** einhergeht und im Fall seiner Erfolglosigkeit die Gefahr besteht, dass der Tatverdacht „festgeschrieben" wird und für das weitere Verfahren eine **Präjudizwirkung** entfaltet (*Park*, a.a.O.).

Siehe auch: → *Antrag auf gerichtliche Entscheidung, Allgemeines*, Teil B Rdn 93 ff. und → *Rechtsbehelfe, Antrag auf gerichtliche Entscheidung, Durchsuchung*, Teil B Rdn 153 ff.

Antrag auf gerichtliche Entscheidung, Dinglicher Arrest 132

Das Wichtigste in Kürze:

1. Die Anordnung und Vollziehung der Beschlagnahme nach § 111c sowie des dinglichen Arrestes gem. § 111d ist insbesondere in umfangreichen Wirtschaftsstrafverfahren gängige Praxis geworden.
2. Da die Anordnung des dinglichen Arrestes bzw. der Beschlagnahme nach § 111e Abs. 1 ist nicht ausschließlich dem Richter vorbehalten ist, sondern bei Gefahr im Verzug auch von der StA getroffen werden kann, ist bei der Wahl des Rechtsbehelfs zu differenzieren.
3. Einwendungen gegen die Art und Weise der Vollstreckung hat der Betroffene über § 111f Abs. 5 ebenfalls mit dem Antrag auf gerichtliche Entscheidung geltend zu machen.
4. Gegen die Entscheidung der StA, sichergestellte Sachen an den Verletzten herauszugeben, kann der Betroffene gleichfalls den Antrag auf gerichtliche Entscheidung stellen.
5. Schließlich sieht § 111l Abs. 6 vor, dass auch gegen die staatsanwaltliche Anordnung der Notveräußerung nach § 111l Abs. 2 S. 1, Abs. 3 S. 2 Hs. 1 sowie gegen die Anordnung zu ihrer Durchführung gem. § 111l Abs. 5 der Antrag auf gerichtliche Entscheidung statthaft ist.

Literaturhinweise: **Achenbach**, Polizeiliche Inverwahrnahme und strafprozessuales Veräußerungsverbot, NJW 1982, 2809; **Bosch**, Drittinterventionsrecht gegen dinglichen Arrest im Strafverfahren – Rechtsweg, NStZ 2006, 708; **Fette**, Reform der Rückgewinnungshilfe, PStR 2007, 8; **Greeve**, Verstärkte Rückgewinnungshilfe und Vermögensabschöpfung seit dem 1.1.2007, NJW 2007, 14; **Hofmann/Riedel**, Verteidigungsmöglichkeiten gegen den im Ermittlungsverfahren angeordneten dinglichen Arrest, wistra 2005, 405; **Huber**, Die Vermögensabschöpfung – Beschlagnahme, dinglicher Arrest und vorrangiges Befriedungsrecht nach §§ 111g, 111h StPO, Rpfleger 2005, 285; **Kunz**, Sicherung von Steueransprüchen durch dinglichen Arrest nach Einleitung eines Strafverfahrens – Voraussetzungen und Anwendungsbereich der sog. Rückgewinnungshilfe, BB 2006, 1198; **Meyer**, Die Fortsetzungsfeststellungsklage im Strafprozessrecht, in: HRRS-Festgabe für *Gerhard Fezer*, 2008, S. 131; **Park**, Der Anspruch auf rechtliches Gehör im Rechtsschutzverfahren gegen strafprozessuale Zwangsmaßnahmen, StV 2009, 276; **Schenke**, Rechtsschutz bei strafprozessualen Eingriffen von Staatsanwaltschaft und Polizei, NJW 1976, 1816; **Spieker**, Verfall, Einziehung und dinglicher Arrest im Ermittlungsverfahren: Möglichkeiten der Strafverteidigung, StraFo 2002, 43; **Wulf**, Dinglicher Arrest: Tatbestandsvoraussetzungen und Verteidigungsmöglichkeiten, PStR 2006, 10; s.a. die Hinw. bei → *Antrag auf gerichtliche Entscheidung, Allgemeines*, Teil B Rdn 93, m.w.N. 133

1. Die Anordnung und Vollziehung der Beschlagnahme nach § 111c sowie des dinglichen Arrestes gem. § 111d ist insbesondere in umfangreichen Wirtschaftsstrafverfahren **gängige Praxis** geworden. Obwohl es sich hierbei nur um vorläufige Mittel handelt, den 134 rechtwidrig erlangten Vermögensvorteil des Täters bzw. dem Verfall/der Einziehung unterliegende Gegenstände etwa zum Zwecke der Rückgewinnungshilfe sicherzustellen, kann dies für den Beschuldigten weitreichende und irreparable Folgen bis hin zu dessen Existenzvernichtung haben (*Hofmann/Riedel* wistra 2005, 405). Angesichts dessen sind für eine sachgerechte Verteidigung nicht nur eine eingehende Prüfung der Anordnungsvoraussetzungen (vgl. hierzu eingehend *Burhoff*, EV, Rn 1273 ff.; *Spieker* StraFo 2002, 43 ff.; *Wulf* PStR 2006, 10 ff.), sondern auch Kenntnisse der komplexen Rechtsschutzmöglichkeiten unabdingbar. Dabei sind je nach Rechtschutzziel, nach Art der Maßnahme, nach dem Verfahrensstadium sowie nach der Person des Anordnenden wie folgt mehrere Konstellationen voneinander zu unterscheiden:

135 **2.** Die **Anordnung** des **dinglichen Arrestes** bzw. der **Beschlagnahme** nach § 111e Abs. 1 ist nicht ausschließlich dem Richter vorbehalten, sondern kann bei Gefahr im Verzug auch von der StA getroffen werden. Deshalb ist bei der Wahl des Rechtsbehelfs folgende **Differenzierung** geboten:

136 **Anordnung durch die StA**

- Wurde der Arrest bzw. die Beschlagnahme durch die **StA angeordnet**, so kann der Betroffene gegen die Anordnung selbst gem. **§ 111e Abs. 2 S. 3** jederzeit die **richterliche Entscheidung beantragen** (statt vieler *Burhoff*, EV, Rn 1276; *Hofmann/Riedel* wistra 2005, 405 f.; *Huber* Rpfleger 2005, 285, 290; *Spieker* StraFo 2002, 43, 46). Betroffen ist jeder, in dessen Gewahrsam oder Rechte durch die Anordnung eingegriffen wurde (Radtke/Hohmann/*Kiethe*, § 111e Rn 7; LR-*Johann*, § 111e Rn 33).
- Das Antragsrecht des Betroffenen, der entsprechend § 98 Abs. 2 S. 6 über seine Rechte belehrt werden muss (vgl. *Achenbach* NJW 1982, 2809; HK-*Gercke*, § 111e Rn 7; Radtke/Hohmann/*Kiethe*, a.a.O.; KMR-*Mayer*, § 111e Rn 8), setzt die Einhaltung einer **Frist nicht** voraus (HK-*Gercke*, a.a.O.; *Meyer-Goßner/Schmitt*, § 111e Rn 8). Eine Beschwerde (→ *Beschwerde, Allgemeines*, Teil A Rdn 400) gegen die nichtrichterliche Anordnung wird als Antrag auf gerichtliche Entscheidung umzudeuten sein (*Hofmann/Riedel* wistra 2005, 406; HK-*Gercke*, a.a.O.; *Meyer-Goßner/Schmitt*, a.a.O.).
- Der Antrag auf gerichtliche Entscheidung ist entsprechend § 98 Abs. 2 S. 3–5 grds. bis zur Anklageerhebung an den nach § 162 Abs. 1 **zuständigen** Ermittlungsrichter, danach an das Gericht der Hauptsache zu richten (*Hofmann/Riedel*, a.a.O.; *Meyer-Goßner/Schmitt*, § 111e Rn 9).
- Hinsichtlich des **Prüfungsumfangs** wird nach Maßgabe der Rspr. des BVerfG (NJW 2005, 3630, 3631) zu verlangen sein, dass das angerufene Gericht die tatsächlichen Grundlagen einer Arrestanordnung selbst ermittelt und ihre rechtliche Auffassung unabhängig von der Exekutive gewinnt und begründet. Mit einzelfallbezogenen Ausführungen müssen die eigene richterliche Prüfung der Voraussetzungen des Eingriffs

und die Abwägung zur Feststellung seiner Angemessenheit dargelegt werden. Es findet also eine umfassende Rechtsüberprüfung statt, ob die aufgrund der Eilkompetenz getroffene Maßnahme rechtmäßig sowie verhältnismäßig war und ob zum Zeitpunkt der richterlichen Entscheidung die Voraussetzungen des dinglichen Arrestes bzw. der Beschlagnahme noch vorliegen (eingehend HK-*Gercke*, § 111e Rn 8 und LR-*Johann*, § 111e Rn 13; zu eng *Hofmann/Riedel*, a.a.O.).

- Im Fall der Fehlerhaftigkeit der Anordnung **stellt** das Gericht die **Rechtswidrigkeit fest** und **hebt** – sollten die Anordnungsvoraussetzungen zum Zeitpunkt der richterlichen Entscheidung nicht gegeben sein – die **Anordnung auf** (HK-*Gercke*, a.a.O.). Die richterliche Entscheidung wiederum ist mit der **Beschwerde** (→ *Beschwerde, Allgemeines*, Teil A Rdn 400) anfechtbar (KK-*Spillecke*, § 111e Rn 20).

☝ Da gem. § 111e Abs. 2 S. 3 in „allen Fällen" und „jederzeit" der Antrag auf gerichtliche Entscheidung gestellt werden kann, gebietet schon der Wortlaut dieser Vorschrift die Gewährung des Rechtsschutzes auch im Fall **bereits vollzogener** oder **aufgehobener**, nichtrichterlicher Anordnungen, ohne dass es weiterer Zulässigkeitsvoraussetzungen, etwa eines qualifizierten Rechtsschutzbedürfnisses bedarf (*Burhoff,* EV, Rn 1276; *Hofmann/Riedel*, a.a.O.; i. Erg. ebenso MüKo-StPO/*Bittmann*, § 111e Rn 17; a.A. wohl im Rahmen der Vollstreckung HK-*Gercke*, § 111f Rn 12 und LR-*Johann*, § 111f Rn 13 [jew. nur bei tiefgreifendem Grundrechtseingriff]). Andernfalls würde dieser Rechtsbehelf leerlaufen, da in solchen Fällen, in denen Gefahr in Verzug bejaht wurde, die Anordnung des dinglichen Arrestes mit deren Vollzug in der Regel zusammenfallen dürfte (s.a. *Hofmann/Riedel*, a.a.O.). Der Betroffene kann also **nachträglichen Rechtsschutz** durch den Antrag auf **Feststellung** der **Rechtswidrigkeit** erlangen (s.a. *Wulf* PStR 2006, 10, 16).

Richterliche Anordnung 137

- Den **richterlich angeordneten** Arrest bzw. Beschlagnahme kann der Beschuldigte nach den allgemeinen Grundsätzen mit der **Beschwerde** (→ *Beschwerde, Allgemeines*, Teil A Rdn 400) gem. § 304 anfechten (HK-*Gercke*, § 111e Rn 14; *Hofmann/Riedel*, a.a.O.; *Huber*, a.a.O.; Radtke/Hohmann/*Kiethe*, § 111e Rn 8; KK-*Spillecke*, § 111e Rn 20; LR-*Johann*, § 111e Rn 34; MüKo-StPO/*Bittmann*, § 111e Rn 18; *Wulf*, a.a.O.), was auch bei anzugreifenden Entscheidungen des erstinstanzlich zuständigen OLG und des Ermittlungsrichters beim BGH gilt (*Hofmann/Riedel*, a.a.O. m.w.N.; zu Letzterem vgl. BGH NJW 1979, 1612).
- Mit **Anklageerhebung** ist eine noch nicht beschiedene Beschwerde in einen Antrag auf gerichtliche Entscheidung an das erstinstanzliche Gericht umzudeuten (OLG Jena wistra 2010, 80; OLG Stuttgart NStZ-RR 2003, 142; *Meyer-Goßner/Schmitt*, § 111e Rn 20).

- Eine weitere Beschwerde (→ *Beschwerde, Weitere*, Teil A Rdn 585) ist nach § 310 Abs. 1 Nr. 3 nur dann statthaft, sofern der im Arrestbeschluss bezifferte zu sichernde Anspruch die **Wertgrenze von 20.000 €** übersteigt. Ob die Möglichkeit der weiteren Beschwerde seitens der StA auch für den Fall der Aufhebung einer Arrestanordnung oder bei Bestätigung der Ablehnung eines Arrestantrages durch das Beschwerdegericht gilt, ist dagegen insbesondere in der obergerichtlichen Rspr. umstritten (für eine weitere Beschwerde etwa KG NStZ 2011, 175; OLG Celle StV 2009, 120; OLG Jena StRR 2011, 346; dagegen OLG München NJW 2008, 389; s.a. zahlr. Nachw. bei *Meyer-Goßner*, § 310 Rn 9 und SSW-StPO/*Burghart*, § 111e Rn 14). In Anlehnung an die Rspr. des BVerfG zum Rechtsschutz gegen bereits erledigte Maßnahmen (BVerfG NJW 1997, 2163; 1998, 2131), dürfte der Betroffenen auch bei schon **aufgehobenen** bzw. **vollzogenen** richterlichen Anordnungen ein nachwirkendes Rechtsschutzinteresse an der Feststellung der Rechtswidrigkeit haben und ihm somit der Beschwerdeweg eröffnet sein (so auch *Hofmann/Riedel*, a.a.O. m.w.N.; zweifelnd MüKo-StPO/*Bittmann*, § 111e Rn 18).

☝ Ist zum Zweck der sog. Rückgewinnungshilfe ein dinglicher Arrest angeordnet, muss dem Betroffenen jedenfalls vor einer ihm nachteiligen Letztentscheidung über eine hiergegen gerichtete Beschwerde **Akteneinsicht** gewährt werden. Die Übermittlung **polizeilicher Ermittlungsberichte**, die keine hinreichende Unterrichtung über die von den Gerichten für die Entscheidung herangezogenen Tatsachen und Beweismittel ermöglichen, **reicht** insoweit **ebenso wenig aus** wie eine genaue Bezeichnung oder **Beschreibung** der in oder bei den Ermittlungsakten verwahrten **Beweisstücke** in den Gründen einer im Ermittlungsverfahren ergehenden Gerichtsentscheidung (BVerfG NJW 2006, 1048; ausf. zum Umfang des AER LG Ravensburg NStZ-RR 2007, 114; s.a. *Kunz* BB 2006, 1198, 1201 f.; *Junker/Armatage*, Rn 239; *Wulf* PStR 2006, 10, 17).

138 **Ablehnung/Aufhebung des Arrestes**

- Rechtsmittel gegen die **Ablehnung** oder **Aufhebung** des Arrestes stehen dem Betroffenen mangels Beschwer weder im EV noch nach Erhebung der öffentlichen Klage zu (vgl. LR-*Johann*, § 111e Rn 36 i.V.m. § 98 Rn 70 f.).

139 **3.a)** Einwendungen gegen die **Art** und **Weise** der Vollstreckung hat der Betroffene über **§ 111f Abs. 5** ebenfalls mit dem **Antrag auf gerichtliche Entscheidung** geltend zu machen (vgl. KK-*Spillecke*, § 111f Rn 7; MüKo-StPO/*Bittmann*, § 111f Rn 5). Mit diesem durch das Gesetz zur Stärkung der Rückgewinnungshilfe und der Vermögensabschöpfung bei Straftaten (BGBl I 2006, S. 2350) neu in § 111f eingeführten Rechtsbehelf ist nunmehr klargestellt, dass sämtliche Einwendungen gegen Maßnahmen, die in Vollzie-

hung der Arrestanordnung getroffen werden, im strafprozessualen Rechtsweg durch den mit der Arrestanordnung befassten Strafrichter zu erledigen sind (OLG Bamberg wistra 2013, 120; LG Braunschweig StraFo 2015, 65; *Fette* PStR 2007, 8; *Greeve* NJW 2007, 14, 15; Radtke/Hohmann/*Kiethe*, § 111f Rn 10; KK-*Spillecke*, § 111f Rn 7; *Meyer-Goßner/Schmitt*, § 111f Rn 15; KMR-*Mayer*, § 111c Rn 27; im Ergebnis auch *Hofmann/Riedel* wistra 2005, 405, 407). Dies gilt – u.U. nach Durchführung des Zwischenverfahrens gem. § 31 Abs. 6 RPflG – auch für Einwendungen des nach §§ 22 Nr. 2, 31 Abs. 1 Nr. 2 RPflG tätig gewordenen Rechtspflegers (HK-*Gercke*, § 111f Rn 11; KK-*Spillecke*, § 111f Rn 7; *Meyer-Goßner/Schmitt*, a.a.O.).

b) Angesichts dessen sind im EV der Ermittlungsrichter (LG Braunschweig StraFo 2015, 140
65), nach Anklageerhebung das Gericht der Hauptsache (OLG Düsseldorf NStZ-RR 2014, 85 [Ls.]), nach Rechtskraft das Gericht des ersten Rechtszuges (OLG Celle NStZ 2011, 175; OLG Stuttgart NStZ 2015, 50, 52 f.; a.A. OLG Düsseldorf NStZ-RR 2014, 85 [Ls.] [Ermittlungsrichter]) ebenfalls für die **zwangsvollstreckungsrechtlichen Rechtsbehelfe**, wie etwa die Vollstreckungserinnerung gem. § 766 ZPO oder die Drittwiderspruchsklage gem. § 771 ZPO zuständig (vgl. OLG Hamburg NStZ-RR 2008, 347; LG Berlin wistra 2004, 38; *Fette*, a.a.O.; HK-*Gercke*, a.a.O.; *Meyer-Goßner/Schmitt*, a.a.O.; KMR-*Mayer*, § 111c Rn 27 und § 111d Rn 31; SSW-StPO/*Burghart*, § 111f Rn 10; a.A. noch zur alten Rechtslage BGH NJW 2006, 65 m. abl. Anm. *Bosch* NStZ 2006, 709; OLG Frankfurt/Main NStZ-RR 2006, 15 [jew. für Eröffnung des Zivilrechtsweges]). Der **Rechtsschutz Drittbetroffener** gegen Vollstreckungsmaßnahmen wird insoweit gem. § 310 Abs. 2 auch **nicht** über eine **weitere Beschwerde** (→ *Beschwerde, Weitere*, Teil A Rdn 585), sondern allein durch § 111f Abs. 5 gewährleistet (OLG Hamburg NJW 2008, 1830, 1831; OLG Köln StV 2011, 613 [Ls.]). Im Verfahren nach § 111f Abs. 5 gelten – wie sonst bei einer strafprozessualen Beschwerde – entsprechend § 244 Abs. 2 das **Freibeweisverfahren** sowie der **Amtsermittlungsgrundsatz** und nicht etwa der Beibringungsgrundsatz (OLG Hamburg, a.a.O.; OLG Köln StraFo 2011, 392; *Bosch* NStZ 2006, 709, 710; *Meyer-Goßner/Schmitt*, a.a.O.). Gegenstand der gerichtlichen Überprüfung ist nur die angegriffene Vollzugsmaßnahme selbst, nicht die ihr zugrunde liegende Beschlagnahme- bzw. Arrestanordnung (HK-*Gercke* a.a.O.). Gegen die gerichtliche Entscheidung ist wiederum die Anfechtung mit der **Beschwerde** (→ *Beschwerde, Allgemeines*, Teil A Rdn 400) nach § 304 möglich (OLG Hamburg, a.a.O.; OLG Köln, a.a.O.; HK-*Gercke* a.a.O; KK-*Spillecke*, § 111f Rn 7; LR-*Johann*, § 111f Rn 15; *Meyer-Goßner/Schmitt*, a.a.O.; KMR-*Mayer*, § 111d Rn 31).

☝ Da mit § 111f Abs. 5 explizit die Möglichkeit geschaffen wurde, auch Rechtsbehelfe zwangsvollstreckungsrechtlicher Natur wie bspw. die Vollstreckungserinnerung und Drittwiderspruchsklage (§§ 766, 771 ff. ZPO) im Strafverfahren geltend zu machen (*Greeve*, a.a.O.), bedarf es nunmehr – anders als noch das LG Wuppertal (StV

2006, 687 [Ls.] [Drittwiderspruch]) – **keines** Rückgriffs mehr auf den Antrag auf gerichtliche Entscheidung in **analoger Anwendung** des **§ 98 Abs. 2 S. 2**, um die **Art** und **Weise** der Vollziehung des dinglichen Arrestes zu rügen.

141 **4.** Da in **§ 111k S. 2** auf die Anfechtungsmöglichkeit nach **§ 111f Abs. 5** verwiesen wird, gelten insoweit die vorstehenden Ausführungen entsprechend. Gegen die Entscheidung der StA, **sichergestellte Sachen** an den **Verletzten herauszugeben**, kann der Betroffene also gleichfalls den **Antrag auf gerichtliche Entscheidung** stellen (s.a. *Meyer-Goßner/Schmitt*, § 111k Rn 13). Antragsberechtigt sind im Umfang ihrer Beschwer der Beschuldigte, der Verletzte, der letzte Gewahrsamsinhaber und jeder Dritte, der Ansprüche geltend macht (so *Meyer-Goßner/Schmitt*, a.a.O.). Die Entscheidung des Gerichts nach § 111k S. 2 ist wiederum mit der **Beschwerde** (→ *Beschwerde, Allgemeines*, Teil A Rdn 400) gem. § 304 anfechtbar, wobei sowohl die StA als auch derjenige, der ein Recht an der Sache behauptet, beschwerdeberechtigt ist (*Meyer-Goßner/Schmitt*, a.a.O.).

142 **5.a)** Schließlich sieht **§ 111l Abs. 6** vor, dass auch gegen die staatsanwaltliche **Anordnung** der **Notveräußerung** nach § 111l Abs. 2 S. 1, Abs. 3 S. 2 Hs. 1 sowie gegen die **Anordnung** zu ihrer **Durchführung** gem. § 111l Abs. 5 der **Antrag auf gerichtliche Entscheidung** statthaft ist, wobei ein Antrag gegen Anordnungen einer ihrer Ermittlungspersonen zunächst der StA zum zuständigen Befinden vorgelegt werden muss (HK-*Gercke*, § 111l Rn 13; Radtke/Hohmann/*Kiethe*, § 111l Rn 8; LR-*Johann*, § 111l Rn 25). Ein derartiges Zwischenverfahren ist gem. § 31 Abs. 6 RPflG auch dann einzuhalten, wenn bei der Durchführung der Notveräußerung gem. 31 Abs. 1 Nr. 2 RPflG der Rechtspfleger anstelle des StA gehandelt hat. In diesen Fällen ist erst nach Bestätigung der Rechtmäßigkeit durch die StA der Strafrichter anzurufen (HK-*Gercke* a.a.O; KMR-*Mayer*, § 111l Rn 15; *Hofmann/Riedel* wistra 2005, 406, 407; *Huber* Rpfleger 2005, 285, 291; a.A. LR-*Johann*, § 111l Rn 25 und MüKo-StPO/*Bittmann*, § 111l Rn 5 [unmittelbare Anrufung des Gerichts]). Antragsberechtigt ist jeder, dem ein Recht an der arrestierten Sache zusteht (HK-*Gercke*, § 111l Rn 14; Radtke/Hohmann/*Kiethe*, a.a.O.; KK-*Spillecke*, § 111l Rn 8; LR-*Johann*, § 111l Rn 24; *Meyer-Goßner/Schmitt*, § 111l Rn 12).

143 **b) Zuständig** ist im Vorverfahren und nach rechtskräftigem Abschluss des Verfahrens gem. § 111l Abs. 6 S. 1 i.V.m. § 162 das Ermittlungsgericht, in dessen Bezirk die StA ihren Sitz hat, nach Erhebung der öffentlichen Klage das mit der Hauptsache befasste Gericht und im Revisionsverfahren der letzte Tatrichter (Radtke/Hohmann/*Kiethe*, a.a.O.; *Meyer-Goßner/Schmitt*, § 111l Rn 13). Nach § 111l Abs. 6 S. 3 kann das Gericht, in dringenden Fällen der Vorsitzende, die Aussetzung der Notveräußerung anordnen. Die **gerichtliche Entscheidung** wiederum war nach früherem Recht entsprechend § 161a Abs. 3 S. 4 a.F. unanfechtbar, eine Beschwerde (→ *Beschwerde, Allgemeines*, Teil A Rdn 400) insoweit unzulässig (zum alten Recht s. HK-*Gercke*, § 111l Rn 18; KK-*Spillecke*, § 111l Rn 8).

Durch die Änderungen des 2. OpferRRG vom 29.7.2009 (BGBl I, S. 2280) sind die Kontrollentscheidungen gem. § 111l Abs. 6, da sie gem. § 162 grds. vom Ermittlungsrichter getroffen werden, nunmehr mit der **Beschwerde** (→ *Beschwerde, Allgemeines*, Teil A Rdn 400), anfechtbar (vgl. BT-Drucks 16/12098, S. 21; OLG Hamburg NStZ-RR 2011, 345, 346; Radtke/Hohmann/*Kiethe*, a.a.O.; *Meyer-Goßner/Schmitt*, § 111l Rn 16; KMR-*Mayer*, § 111l Rn 17).

☝ Der dingliche Arrest zur Sicherung des Verfalls von Vermögensteilen und dessen Vollziehung durch Pfändungsmaßnahmen fügt dem Betroffenen einen erheblichen Nachteil zu. Für die Zeit der Aufrechterhaltung der Maßnahme ist seine wirtschaftliche Handlungsfreiheit gravierend beeinträchtigt. Mittelbare Beeinträchtigungen, etwa im Beruf oder bei der Kreditwürdigkeit, sind auch nach einer eventuellen Aufhebung der Maßnahme und einer strafrechtlichen Entschädigung irreparabel (so explizit die Einschätzung des BVerfG NJW 2004, 2443, 2444). Vor diesem Hintergrund liegt insbesondere bei länger andauernden Arresten bzw. hohen Arrestbeträgen ein tiefgreifender Grundrechtseingriff vor, sodass auch **nach Vollzug** etwa der im Rahmen der **§§ 111f** und **111l** getroffenen Arrestmaßnahmen ein nachwirkendes **Rechtsschutzbedürfnis** auf Herbeiführung einer **gerichtlichen Entscheidung** – etwa gestützt auf **§ 98 Abs. 2 S. 2 analog** (so Radtke/Hohmann/*Kiethe*, a.a.O.) – gegeben sein dürfte (s.a. HK-*Gercke*, § 111f Rn 12; LR-*Johann*, § 111f Rn 13 und § 111l Rn 27; KMR-*Mayer*, § 111l Rn 15; MüKo-StPO/*Bittmann*, § 111l Rn 5; in diese Richtung auch BVerfG NJW 2004, 2443 [keine Unzulässigkeit einer Verfassungsbeschwerde wegen Zeitablaufs]; vgl. hierzu *Kunz* BB 2006, 1198, 1202 und *Park* StV 2009, 276, 279).

Siehe auch: → *Antrag auf gerichtliche Entscheidung, Allgemeines*, Teil B Rdn 93 und → *Antrag auf gerichtliche Entscheidung, Beschlagnahme*, Teil B Rdn 110.

Antrag auf gerichtliche Entscheidung, Durchsicht von Papieren 144

Das Wichtigste in Kürze:

1. Die Durchsicht von Papieren nach § 110 Abs. 1 dient der Sichtung möglicher Beweismittel und der Klärung der Frage, ob sichergestellte Papiere beschlagnahmt oder wieder herausgegeben werden sollen.
2. Gegen die Mitnahme von Papieren zur Durchsicht ist ein Antrag auf gerichtliche Entscheidung nach § 98 Abs. 2 S. 2 unmittelbar nicht zulässig.
3. Während der noch (länger) andauernden Durchsicht kann grds. auch gegen die Zulässigkeit der Fortdauer der Durchsuchung bzw. Durchsicht, etwa wenn die Behör-

den nicht zügig arbeiten, ebenfalls analog § 98 Abs. 2 S. 2 richterliche Entscheidung beantragt werden.

4. Mit dem Antrag auf gerichtliche Entscheidung gem. § 98 Abs. 2 S. 2 analog kann in der Phase der Durchsuchung bzw. Durchsicht der Papiere ggf. (daneben) der Wegfall der allgemeinen Durchsuchungsvoraussetzungen geltend gemacht werden.
5. Wird i.Ü. die Art und Weise der Durchsicht gerügt, gelten die im Zusammenhang mit der Beschlagnahme entwickelten Grundsätze.
6. Die allgemeinen Grundsätze gelten für den von der Durchsuchung Betroffenen grds. auch bei einer sog. Online-Sichtung nach § 110 Abs. 3.

145 **Literaturhinweise:** **Artkämper**, Die „Durchsicht von Papieren" nach § 110 StPO, StRR 2007, 12; **Bär**, Der Zugriff auf Computerdaten im Strafverfahren, 1992; *ders.*, Durchsuchungen im EDV-Bereich, CR 1995, Teil I: CR 1995, 158; Teil II: CR 1995, 227; *ders.*, Telekommunikationsüberwachung und andere verdeckte Ermittlungsmaßnahmen – Gesetzliche Neuregelungen zum 1.1.2008, MMR 2008, 215; **Beyer**, Die Dauer der Durchsicht gem. § 110 StPO, AO-StB 2009, 147; **Brodowski/Eisenmenger**, Zugriff auf Cloud-Speicher und Internetdienste durch Ermittlungsbehörden, ZD 2014, 119; **Burhoff**, Die Durchsicht von Papieren nach dem JuMoG, PStR 2005, 7; **Dauster**, Betroffenheit in der Vertraulichkeitssphäre, polizeiliche „venia legendi" aufgrund richterlicher Beschlagnahmeanordnung und die Restriktionen des § 110 StPO, StraFo 1999, 186; **Gaede**, Der grundrechtliche Schutz gespeicherter E-Mails beim Provider und ihre weltweite strafprozessuale Überwachung, StV 2009, 96; **Gercke**, Zur Zulässigkeit sog. Transborder Searches – Der strafprozessuale Zugriff auf im Ausland gespeicherte Daten, StraFo 2009, 271; **Graulich**, Die Sicherstellung von während einer Durchsuchung aufgefundenen Gegenständen – Beispiel Steuerstrafverfahren, wistra 2009, 299; **Haffke**, Zum Rechtsschutz bei bevorstehender richterlicher Durchsicht beschlagnahmefreier Papiere, NJW 1974, 1983; **Hilger**, Über den „Richtervorbehalt" im Ermittlungsverfahren, JR 1990, 485; **Hoffmann/Wissmann**, Zur zulässigen Dauer von Durchsuchungsmaßnahmen, NStZ 1998, 443; **Hornung**, Rechtswidrigkeit heimlicher Computerausforschung, CR 2007, 144; **Jahn/Kudlich**, Die strafprozessuale Zulässigkeit der Online-Durchsuchung, JR 2007, 57; **Kasiske**, Neues zur Beschlagnahme von E-Mails beim Provider, StraFo 2010, 228; **Kemper**, Die „Mitnahme zur Durchsicht" – Ein vom Gesetz nicht vorgesehenes Instrument zur Sicherstellung von Beweismitteln?, wistra 2010, 295; **Knierim**, Fallrepetitorium zur Wohnraumüberwachung und anderen verdeckten Eingriffen nach neuem Recht, StV 2009, 206; **Lessner**, Sicherstellung und Beschlagnahme von auf dem Server des Providers gespeicherten Emails, AO-StB 2012, 252; **Meyer**, Die Fortsetzungsfeststellungsklage im Strafprozessrecht, in: HRRS-Festgabe für *Gerhard Fezer*, 2008, S. 131; **Michalke**, Durchsuchung und Beschlagnahme – Verfassungsrecht im Alltag, StraFo 2014, 89; **Mildeberger/Riveiro**, Zur Durchsicht von Papieren gem. § 110 StPO, StraFo 2004, 43; **Park**, Der Anwendungsbereich des § 110 StPO bei Durchsuchungen in Wirtschafts- und Steuerstrafsachen, wistra 2000, 453; **Schlegel**, „Online-Durchsuchung light" – Die Änderung des § 110 StPO durch das Gesetz zur Neuregelung der Telekommunikationsüberwachung, HRRS 2008, 23; **Soiné**, Durchsuchung persönlicher Datenspeicher und Grundrechtsschutz, NJW 2011, 2922; **Sommer**, Moderne Strafverteidigung – Strafprozessuale Änderungen des Justizmodernisierungsgesetzes, StraFo 2004, 295; **Szesny**, Durchsicht von Daten gem. § 110 StPO, WiJ 2012, 228; **Zerbes/El-Ghazi**, Zugriff auf Computer: Von der gegenständlichen zur virtuellen Durchsuchung, NStZ 2015, 425; s.a. die Hinw. bei → *Antrag auf gerichtliche Entscheidung, Allgemeines*, Teil B Rdn 93, m.w.N.

146 **1.** Die Durchsicht von Papieren nach **§ 110 Abs. 1** dient der Sichtung möglicher Beweismittel und der Klärung der Frage, ob sichergestellte Papiere beschlagnahmt oder wieder herausgegeben werden sollen (*Artkämper* StRR 2007, 12; *Park* wistra 2000, 453; zum

Ganzen s. *Burhoff*, EV, Rn 1491 ff.). Die Mitnahme derartiger Papiere, wozu auch sog. räumlich getrennte Speichermedien zählen, stellt selbst noch keine Sicherstellung oder Beschlagnahme, sondern lediglich eine vorbereitende Maßnahme dar, deren Durchführung dem Beschleunigungsgebot unterliegt (BVerfG NJW 2002, 1410; 2003, 2669; *Artkämper*, a.a.O.,). Um insbesondere dem damit korrespondierenden Anspruch des Betroffenen auf zeitnahe Sichtung zur Durchsetzung zu verhelfen und den mit der „Durchsicht" einhergehenden Eingriff in dessen Eigentumsrecht nach Art. 14 Abs. 1 GG (vgl. BVerfG NJW 2003, 2669) insoweit möglichst gering zu halten, hat die Verteidigung **folgende Rechtsschutzmöglichkeiten** in Erwägung zu ziehen:

2. Gegen die **Mitnahme** von **Papieren** zur Durchsicht ist ein Antrag auf gerichtliche Entscheidung nach **§ 98 Abs. 2 S. 2 unmittelbar nicht** zulässig (*Artkämper* StRR 2007, 12, 14; *Beyer* AO-StB 2009, 147, 149; *Burhoff*, EV, Rn 1532; *Meyer-Goßner/Schmitt*, § 110 Rn 10 m.w.N.), da diese – wie bereits ausgeführt – noch Teil der Durchsuchung und keine Beschlagnahme ist (vgl. u.a. BVerfG NStZ-RR 2002, 144, 145; BGH NStZ 2003, 670, 671; OLG Bremen wistra 1999, 74, 75; OLG Jena NJW 2001, 1290, 1293 m.w.N.). In Betracht kommt aber nach st. Rspr. (BVerfG NJW 2002, 1410; 2003, 2669; NStZ-RR 2002, 144, 145; BGHSt 44, 265, 273; 45, 183; NStZ 2003, 670; LG Frankfurt am Main NJW 1997, 1170; LG Koblenz WM 1998, 2290, 2291) und h.M. (*Artkämper*, a.a.O.; *Beyer*, a.a.O.; *Burhoff*, a.a.O.; HK-*Gercke*, § 110 Rn 36; *Graulich* wistra 2009, 299, 301; *Kemper* wistra 2009, 295, 297; KK-*Bruns*, § 110 Rn 9; Radtke/Hohmann/*Ladiges*, § 110 Rn 20; *Meyer-Goßner/Schmitt*, a.a.O.; KMR-*Hadamitzky*, § 110 Rn 31; Satzger/Schluckebier/Widmaier/*Hadamitzky*, § 110 Rn 31; MüKo-StPO/*Hauschild*, § 110 Rn 22; *Mildeberger/Riveiro* StraFo 2004, 43, 45) der **Antrag** auf **gerichtliche Entscheidung** in **analoger Anwendung** von **§ 98 Abs. 2 S. 2**, da die vorläufige amtliche Verwahrung der Sachen zur Durchführung der Durchsicht eine der Beschlagnahme vergleichbare Beschwer darstellt, die von derjenigen aufgrund der Durchsuchung zu unterscheiden ist. Nachfolgend ist dann das Rechtsmittel der **Beschwerde** (→ *Beschwerde, Allgemeines*, Teil A Rdn 400) gegeben (BVerfG, a.a.O.; HK-*Gercke*, a.a.O.; KK-*Bruns*, a.a.O.). 147

☝ Das gilt jedoch dann **nicht** mehr, wenn – nach zunächst nur vorläufiger Sicherstellung – inzwischen die richterliche **Beschlagnahme** der bei der Durchsuchung sichergestellten Papiere beantragt worden ist (BGH NJW 1995, 3397). Dann muss (direkt) gegen die Beschlagnahmeanordnung vorgegangen werden (BGH, a.a.O.). Entsprechendes gilt, wenn die Durchsuchungsbeamten bereits „vor Ort" entschieden haben, welche Papiere beschlagnahmt und deshalb mitgenommen werden sollen. Eine spätere Durchsicht ist dann „**Auswertung**" der Unterlagen (OLG Bremen wistra 1999, 74, 76).

3.a) Während der noch (länger) andauernden Durchsicht kann grds. auch gegen die Zulässigkeit der **Fortdauer** der **Durchsuchung** bzw. **Durchsicht**, etwa wenn die Behörden 148 nicht zügig arbeiten, ebenfalls **analog § 98 Abs. 2 S. 2 richterliche Entscheidung beantragt** werden (so BVerfG NJW 2002, 1410; LG Frankfurt am Main, a.a.O.; s.a. *Burhoff*, EV, Rn 1524; *Hoffmann/Wissmann*, NStZ 1998, 443, 444; *Mildeberger/Riveiro* StraFo 2004, 43, 45 f.). Hierbei gilt allerdings die Rspr. des BVerfG zur zeitlichen Geltung von Durchsuchungsbeschlüssen (vgl. BVerfG NJW 1997, 2165) nicht (mehr) für die Phase der Durchsicht von Unterlagen (BVerfG NJW 2002, 1410; *Artkämper* StRR 2007, 12, 14; *Graulich* wistra 2009, 299, 302; KK-*Bruns*, a.a.O.; a.A. *Hoffmann/Wißmann*, a.a.O. [6-Monats-Frist]). Ein Überschreiten der zulässigen zeitlichen Dauer der Durchsuchungsmaßnahme kann der Verteidiger erfolgreich also nur dann rügen, wenn nach allgemeinen **Verhältnismäßigkeitsgesichtspunkten** die Durchsicht der Unterlagen **im Einzelfall** unzumutbar lange andauert (so wohl BVerfG, a.a.O.; BGH NStZ 2003, 670; LG Limburg StraFo 2006, 198; LG Mühlhausen StraFo 2003, 237; AG Karlsruhe StraFo 2007, 152; *Burhoff*, a.a.O.; *Graulich*, a.a.O.). Vor diesem Hintergrund verbietet sich eine Festlegung auf „starre Fristen" (ebenso *Beyer* AO-StB 2009, 147, 148).

149 **b)** Bei der **Bestimmung** der **zulässigen Dauer** muss man vielmehr den Umfang des Materials, die Angewiesenheit des Betroffenen auf die Unterlagen und ferner den Umstand berücksichtigen, dass z.B. Daten auf einer Festplatte gespeichert sind, die mit einem der StA unbekannten, noch zu entschlüsselnden Kennwort gesichert sind (zu weiteren Abwägungskriterien vgl. *Beyer* AO-StB 2009, 147, 148 f.; *Graulich* wistra 2009, 299, 302). Bei dieser **Abwägung** bietet es sich an, die zu § 121 entwickelten Grundsätze einer Beschleunigungs- und Verfahrensförderungspflicht entsprechend heranzuziehen (zutreffend *Artkämper* StRR 2007, 12, 14, a.a.O. und *Burhoff*, EV, Rn 1524). Auf dieser Grundlage hat das LG Köln (StV 2002, 413) eine sieben Monate, das LG Dresden (NStZ 2003, 567) eine drei Monate, das LG Limburg eine acht (StraFo 2006, 198), nicht indes eine zwei (PStR 2011, 112, 113) Monate dauernde Durchsicht von Papieren als unverhältnismäßig angesehen. Die Durchsicht hat **zügig** zu erfolgen (BGH NStZ 2003, 670, 671; LG Mühlhausen, a.a.O.; *Artkämper*, a.a.O.; *Graulich* wistra 2009, 299, 301), damit die Papieren **möglichst schnell** und ggf. schon sukzessive zurückgegeben werden können. Das gilt vor allem bei der Durchsicht einer EDV-Anlage. Hier ist eine schnelle Spiegelung der Daten möglich (AG Karlsruhe StraFo 2007, 152). Die Herausgabe kann insoweit nicht etwa mit Begründung verweigert bzw. herausgezögert werden, dass keine passenden Festplatten vorhanden seien und erst für ca. 200 € beschafft werden müssten (AG Karlsruhe, a.a.O.).

150 **4.** Mit dem **Antrag** auf **gerichtliche Entscheidung** gem. **§ 98 Abs. 2 S. 2 analog** kann in der Phase der Durchsuchung bzw. Durchsicht der Papiere ggf. (daneben) der **Wegfall** der allgemeinen **Durchsuchungsvoraussetzungen** geltend gemacht werden (BGH StV 1988, 90; Radtke/Hohmann/*Ladiges*, § 110 Rn 20; LR-*Tsambikakis*, § 110 Rn 28; *Meyer-Goßner/Schmitt*, § 110 Rn 10; s.a. *Soiné* NJW 2011, 2922, 2924), etwa dass eine neue Beweislage eingetreten und dadurch der Anfangsverdacht entfallen ist, wodurch die Durch-

suchungsmaßnahme unzulässig wird (LG Leipzig StraFo 2008, 294). Gerichtliche Entscheidung kann ebenfalls dann beantragt werden, wenn die **Grenzen der Anordnungsentscheidung nicht eingehalten** (vgl. BGH NStZ 2003, 670, 671) und bspw. die thematisch begrenzten Zielvorgaben eines nur bestimmte Datensätze umfassenden Durchsuchungsbeschlusses überschritten werden (BVerfG NJW 2003, 2669, 2670 f.; NJW 2009, 2518, 2519 ff.; *Burhoff*, EV, Rn 1523; Radtke/Hohmann/*Ladiges*, a.a.O.; *Meyer-Goßner/Schmitt*, a.a.O.; KMR-*Hadamitzky*, § 110 Rn 32).

☝ Nach LG Oldenburg (PStR 2002, 95) soll der von der Durchsuchung Betroffene **während** der **Durchsuchung** keinen Anspruch auf Prüfung der Beschlagnahmefreiheit von Unterlagen durch den Richter haben (a.A. KMR-*Hadamitzky*, § 110 Rn 31; s.a. *Burkhard* PStR 2001, 159).

5. Wird schließlich i.Ü. die **Art und Weise** der Durchsicht gerügt, so gelten auch hier die 151
bereits im Zusammenhang mit der Beschlagnahme entwickelten Grundsätze (→ *Antrag auf gerichtliche Entscheidung, Beschlagnahme*, Teil B Rdn 110; ferner OVG Hamburg NVwZ-RR 2012, 845, 847; KK-*Bruns*, § 110 Rn 10). Hat also etwa die Polizei während der Durchsuchung aufgefundene Unterlagen entgegen § 110 Abs. 2 ohne Genehmigung eigenständig gesichtet (vgl. OLG Jena NJW 2001, 1290, 1294) oder keine Versiegelung der vorläufig sichergestellten Unterlagen vorgenommen, so kommt für den Betroffenen der **Antrag** auf **gerichtliche Entscheidung** gem. **§ 98 Abs. 2 S. 2 analog** auf Feststellung der Rechtswidrigkeit in Betracht (so schon *Mildeberger/Riveiro* StraFo 2004, 43, 44; a.A. wohl *Dauster* StraFo 1999, 186, 188 [§ 23 EGGVG]). Die gerichtliche Entscheidung ist wiederum mit der **Beschwerde** (→ *Beschwerde, Allgemeines*, Teil A Rdn 400) anfechtbar (*Mildeberger/Riveiro*, a.a.O.). Gleiches dürfte in diesem Zusammenhang auch im Hinblick auf den Rechtsschutz bereits erledigter Maßnahmen gelten (vgl. LR-*Tsambikakis*, a.a.O.).

☝ Soll die Frage der **Rechtsmitteleinlegung** in **Ruhe** nach Abschluss der Durchsuchung **entschieden** werden, empfiehlt es sich, um nicht „prozessuale Überholung" eintreten zu lassen, auf der Versiegelung der Unterlagen zu **bestehen**, da die Durchsuchung erst nach Durchsicht der Papiere abgeschlossen ist (so *Burhoff*, EV, Rn 1524; *Wehnert* StraFo 1996, 79). Außerdem wird damit deutlich nach außen **dokumentiert**, dass die Durchsuchung **beendet** und damit die ihr zugrunde liegende Durchsuchungsanordnung verbraucht ist.

6. Die **vorstehenden Grundsätze** gelten für den von der Durchsuchung **Betroffenen** 152
grds. auch bei einer sog. **Online-Sichtung** nach **§ 110 Abs. 3** (*Burhoff*, EV, Rn 1526), welche durch das TKÜErwG vom 21.11.2007 (BGBl I, S. 3198) zum 1.1.2008 eingeführt worden ist (vgl. dazu eingehend *Schlegel* HRRS 2008, 23 ff.; *Meyer-Goßner/Schmitt*,

§ 110 Rn 6; zur Netzwerkdurchsicht s.a. *Knierim* StV 2009, 206, 211 f.). Danach darf die Durchsicht eines elektronischen Speichermediums bei dem von der Durchsuchung Betroffenen auf hiervon **räumlich getrennte Speichermedien** erstreckt werden, soweit auf sie von dem Speichermedium aus zugegriffen werden kann, wenn andernfalls der Verlust der gesuchten Daten zu besorgen ist. Die „Durchsicht" i.S.d. § 110 Abs. 3 hat ebenso wie diejenige nach Abs. 1 den Zweck, nach einer inhaltlichen Kenntnisnahme zu entscheiden, ob aufgefundene Papiere/Daten des externen Speichers als Beweismittel in Betracht kommen und nach § 110 Abs. 3 S. 2 Hs. 1 zu sichern sind (s. *Schlegel* HRRS 2008, 23, 25). Da von dieser – offenen – Maßnahme auch ein **Dritter**, der **Inhaber** des **externen Speichermediums**, betroffen sein kann, dessen Rechte zu wahren sind, steht diesem jederzeit aufgrund des Verweises im Hs. 2 ebenfalls der **Antrag auf gerichtliche Entscheidung** nach **§ 98 Abs. 2 S. 2** offen (*Burhoff*, EV, Rn 1527; HK-*Gercke*, § 110 Rn 31; KK-*Bruns*, § 110 Rn 8; *Knierim* StV 2009, 206, 212; Radtke/Hohmann/*Ladiges*, § 110 Rn 21; *Meyer-Goßner/Schmitt*, § 110 Rn 11; *Schlegel* HRRS 2008, 23, 30). Darüber ist er nach § 98 Abs. 2 S. 5 zu belehren (*Knierim*, a.a.O.; Radtke/Hohmann/*Ladiges*, a.a.O.; *Schlegel*, a.a.O.). Überdies hat der Verweis auf § 98 Abs. 2 zur Folge, dass der die Durchsicht durchführende Beamte binnen drei Tagen die gerichtliche Bestätigung der Sicherung der vorgefundenen Daten beantragen muss (HK-*Gercke*, a.a.O.; *Meyer-Goßner/Schmitt*, § 110 Rn 8; *Schlegel*, a.a.O.; *Soiné* NJW 2011, 2922, 2925). Zuständig zur Entscheidung ist nach § 162, solange die öffentliche Klage noch nicht erhoben ist, das Gericht am Sitz der StA; ist öffentliche Klage erhoben, entscheidet das damit befasste Gericht (*Schlegel*, a.a.O.). Wird die Sicherstellung nicht bestätigt, ist der zuvor bestehende Zustand durch irreversible Löschung der Daten, notfalls durch Vernichtung des Datenträgers wiederherzustellen (so *Meyer-Goßner/Schmitt*, a.a.O.; s.a. Radtke/Hohmann/*Ladiges*, a.a.O.).

Siehe auch: → *Antrag auf gerichtliche Entscheidung, Allgemeines*, Teil B Rdn 93; → *Antrag auf gerichtliche Entscheidung, Beschlagnahme*, Teil B Rdn 110; → *Antrag auf gerichtliche Entscheidung, Durchsuchung*, Teil B Rdn 153.

153 Antrag auf gerichtliche Entscheidung, Durchsuchung

Das Wichtigste in Kürze:

1. Während früher der Rechtsschutz gegen eine Durchsuchungsanordnung – ebenso wie der gegen eine Beschlagnahme – nur rudimentär ausgebildet war, hat sich die Rechtslage durch die verfassungsgerichtliche Rspr. deutlich verbessert.
2. Gegen richterliche Durchsuchungsanordnungen, auch des erkennenden Gerichts, stehen dem Betroffenen während des noch andauernden Vollzugs einer Durchsuchungsmaßnahme grds. die Beschwerde.

3. Gegen die noch nicht vollzogenen Durchsuchungsanordnungen der StA und ihrer Ermittlungspersonen ist entsprechend § 98 Abs. 2 S. 2 der Antrag auf gerichtliche Entscheidung zulässig.
4. Nach Erledigung nichtrichterlicher Anordnungen ist entsprechend § 98 Abs. 2 S. 2 der Antrag auf gerichtliche Entscheidung zulässig.
5. Der Betroffene kann auch die Art und Weise der Durchsuchung beanstanden. Ist die Durchsuchung noch nicht beendet, ist gegen Art und Weise der Vollstreckung in entsprechender Anwendung von § 98 Abs. 2 S. 2 der Antrag auf gerichtliche Entscheidung bei demjenigen Richter zu stellen.

Literaturhinweise: **Achenbach**, Anfechtbarkeit der erledigten richterlichen Anordnung einer Durchsuchung bei Presse und Rundfunk – BVerfG, NJW 1998, 2131, JuS 2000, 27; **Amelung**, Probleme des Rechtsschutzes gegen strafprozessuale Grundrechtseingriffe, NJW 1979, 1687; *ders.*, Die Rechtsprechung des Bundesverfassungsgerichts seit 1990 zum Schutz der materiellen Grundrechte im Strafverfahren StV 2002, 161; **Bachmann**, Einheitlicher Rechtsschutz im Ermittlungsverfahren, NJW 1999, 2414; **Bickenbach**, Grundfälle zu Art. 19 Abs. 4 GG, JuS 2007, 910; **Biernat,** Rechtsschutz gegen Zwangsmaßnahmen im Ermittlungsverfahren, JuS 2004, 401; **Burhoff**, Durchsuchung und Beschlagnahme im Strafverfahren, ZAP Fach 22, 299; *ders.*, Rechtsschutz nach Durchsuchung beim Beschuldigten im Steuerstrafverfahren, PStR 1998, 114; **Cassardt**, Zur Gültigkeitsdauer ermittlungsrichterlicher Durchsuchungsanordnungen, NJW 1996, 554; **Dauster**, Die Entscheidung des BVerfG vom 27.5.1997 zur Gültigkeitsdauer richterlicher Untersuchungshandlungen und ihre Auswirkungen auf die strafprozessuale Praxis im übrigen, StraFo 1998, 408; **Dörr**, Rechtsschutz gegen vollzogene Durchsuchungen und Beschlagnahmen im Strafermittlungsverfahren, NJW 1984, 2258; **Esskandari**, Zum Rechtsschutz bei prozessualer Überholung (§§ 304 ff., 33 a StPO) – Überlegungen im Anschluss an BVerfG NJW 1997, 2163 ff., StraFo 1997, 289; **Fezer**, Rechtsschutz gegen erledigte strafprozessuale Grundrechtseingriffe, Jura 1982, 126; *ders.*, Effektiver Rechtsschutz bei Verletzung der Anordnungsvoraussetzung „Gefahr im Verzug", in: Festschrift für *Peter Rieß*, 2002, S. 93; **Glaser**, Der Rechtsschutz nach § 98 Abs. 2 Satz 2 StPO, 2008; **Gusy**, Verfassungsfragen des Strafprozessrechts, StV 2002, 153; **Heuchemer**, Die Praxis der Hausdurchsuchung und Beschlagnahme und die Wirksamkeit von Rechtsbehelfen im Wirtschaftsstrafrecht, NZWiSt 2012, 137; **Hilger**, Über den „Richtervorbehalt" im Ermittlungsverfahren, JR 1990, 485; **Hoffmann/Wissmann**, Zur zulässigen Dauer von Durchsuchungsmaßnahmen, NStZ 1998, 443; **Kindler**, Anfechtung des Durchsuchungsbeschlusses: Wer zu spät kommt, den bestraft das Finanzgericht, PStR 2012, 140; **Krach**, Rechtsschutz gegen strafprozessuale Zwangsmaßnahmen, Jura 2001, 737; **Kruis/Wehowsky**, Verfassungsgerichtliche Leitlinien zur Wohnungsdurchsuchung, NJW 1999, 682; **Ladiges**, Stillschweigende Durchsuchungsanordnungen im Strafverfahren, NStZ 2014, 609; **Landau/Sander**, Ermittlungsrichterliche Entscheidungen und ihre Revisibilität, StraFo 1998, 397; **Laser**, Das Rechtsschutzsystem gegen strafprozessuale Zwangsmaßnahmen, NStZ 2001, 120; **Locklair**, Sind Rechtsmittel gegen Durchsuchungen und Beschlagnahmen zweckmäßig?, PStR 1999, 37; **Meyer**, Die Fortsetzungsfeststellungsklage im Strafprozessrecht, in: HRRS-Festgabe für *Gerhard Fezer*, 2008, S. 131; **Michalke**, Durchsuchung und Beschlagnahme – Verfassungsrecht im Alltag, StraFo 2014, 89; **Nagel**, Rechtsschutz gegen verfahrenseinleitende und -fortführende Maßnahmen der Strafverfolgungsbehörden im Ermittlungsverfahren, StV 2001, 185; **Park**, Der Anspruch auf rechtliches Gehör im Rechtsschutzverfahren gegen strafprozessuale Zwangsmaßnahmen, StV 2009, 276; *ders.*, Die Anfechtung von Durchsuchungs- und Beschlagnahmeanordnungen, StRR 2008, 4; **Puschke/Singelnstein**, Telekommunikationsüberwachung, Vorratsdatenspeicherung und (sonstige) heimliche Ermittlungsmaßnahmen der StPO nach der Neuregelung zum 1.1.2008, NJW 2008, 113; **Rau**, Rechtliches Gehör aufgrund von Akteneinsicht in strafprozessualen Beschwerdeverfahren, StraFo 2008, 9; **Rieß**, Neuordnung des Rechtsschutzes gegen strafprozessuale Zwangsmaßnahmen, ZRP 1981, 101; *ders.*, Verfassungsrecht und 154

Strafprozess, StraFo 1995, 94; **Rieß/Thym**, Rechtsschutz gegen strafprozessuale Zwangsmaßnahmen, GA 1981, 189; **Roxin**, Zur richterlichen Kontrolle von Durchsuchungen und Beschlagnahmen, zugleich Anm. zu BVerfG StV 1997, 393/94; LG Neuruppin StV 1997, 506, StV 1997, 654; **Schenke**, Rechtsschutz bei strafprozessualen Eingriffen von Staatsanwaltschaft und Polizei, NJW 1976, 1816; **Schlothauer**, Ermittlungsrichterliche Entscheidungen und ihre Revisibilität, StraFo 1998, 402; **Schroth**, Der Rechtsschutz gegen strafprozessuale Grundrechtseingriffe, StV 1999, 117; **Sommermeyer**, Neuralgische Aspekte der Betroffenenrechte und ihres Rechtsschutzes bei strafprozessualen Hausdurchsuchungen, NStZ 1991, 257; **Sterzinger**, Durchsuchung von Büro- und Kanzleiräumen durch die Steuerfahndung, NJOZ 2010, 1766; **Streck**, Erfahrungen bei der Anfechtung von Durchsuchungs- und Beschlagnahmebeschlüssen in Steuerstrafsachen, StV 1984, 348; **Wenzler**, Rechtsbehelfe gegen nicht ordnungsgemäß begründete Durchsuchungsbeschlüsse, AO-StB 2006, 238; s.a. die Hinw. bei → *Antrag auf gerichtliche Entscheidung, Allgemeines*, Teil B Rdn 93, m.w.N., und bei → *Antrag auf gerichtliche Entscheidung, Beschlagnahme*, Teil B Rdn 110.

155 **1.a)** Während früher der **Rechtsschutz** gegen eine Durchsuchungsanordnung – ebenso wie der gegen eine Beschlagnahme (s.a. Hinw. bei → *Antrag auf gerichtliche Entscheidung, Beschlagnahme*, Teil B Rdn 110) – nur **rudimentär** ausgebildet war (vgl. u.a. *Esskandari* StraFo 1997, 289 ff.; *Sommermeyer* NStZ 1991, 257 ff.; *Streck* StV 1984, 348 ff.; *Rieß/Thym* GA 1981, 189; *Eisele* StV 1999, 298 in der Anm. zu BGH NJW 1999, 730; zur Frage der Zweckmäßigkeit eines Rechtsmittels *Locklair* PStR 1999, 37), hat sich die Rechtslage durch die verfassungsgerichtliche Rspr. (vgl. BVerfG NJW 1997, 2163 ff. m. Anm. *von Kühlewein* NStZ 1998, 580 ff.) deutlich verbessert. Danach darf eine Beschwerde gegen eine richterliche Durchsuchungsanordnung nicht mehr allein wegen prozessualer Überholung als unzulässig verworfen werden. Vielmehr fordert das BVerfG im Interesse eines **effektiveren Rechtsschutzes**, dem Betroffenen – zumindest in den Fällen eines tief greifenden Grundrechtseingriffs – auch dann noch die Möglichkeit zur gerichtlichen Klärung zu geben, wenn sich die Maßnahme erledigt hat. In Fortführung dieser Rspr. des BVerfG ist inzwischen der früher zersplitterte und unübersichtliche **Rechtsschutz** durch die übrige obergerichtliche Rspr. im Wesentlichen **vereinheitlicht** worden (vgl. eingehend *Burhoff*, EV, Rn 1198 ff.; s.a. *Bachmann* NJW 1999, 2414 ff.; *Biernat* JuS 2004, 401 ff.; *Laser* NStZ 2001, 120 ff.). Bei der Wahl des zulässigen Rechtsbehelfs muss sich der Verteidiger gleichwohl immer fragen, **wer** die Maßnahme angeordnet hat, **in welchem Stadium** sich das Durchsuchungsverfahren befindet und **welches Ziel** mit dem Rechtbehelf verfolgt werden soll (s. *Kruis/Wehowsky* NJW 1999, 682, 684).

156 **b) Hinweise für den Verteidiger**

Ist dem Betroffenen **bislang keine AE** gewährt worden, gebietet Art. 103 Abs. 1 GG im **Beschwerdeverfahren** gegen Durchsuchungsentscheidungen einen **Anspruch** auf **Gewährung** von (Teil-) **AE** (BVerfG NStZ 2007, 274; s.a. BGH NJW 2000, 84; HK-*Gercke*, § 105 Rn 87; *Park* StV 2009, 276, 279 ff.; *Walischewski* StV 2001, 243; offengelassen noch von BVerfG NStZ-RR 2003, 176, 177; a.A. LG Saarbrücken NStZ-RR 2006, 80, 81). Dementsprechend darf im Rechtsschutzverfahren gegen einen Durchsuchungsbeschluss eine Entscheidung ausschließlich auf die dem Beschuldigten durch AE vermittelten Tatsachen und Beweismittel gestützt werden (LG Berlin StV 2010, 352). Kann dem Beschuldigten aus ermittlungstaktischen Gründen zunächst noch keine vollständige AE gewährt werden, darf die Entscheidung über eine Beschwerde gegen die Durchsuchungsanordnung – anders als bei einem HB – zunächst zurückgestellt werden (LG Saarbrücken wistra 1999, 116 unter Hinw. auf BVerfG NJW 1997, 2163). Über das Rechtsmittel wird dann nach Gewährung der AE entschieden (krit. *Burhoff*, EV, Rn 1199).

☝ Will der Verteidiger gegen eine Durchsuchungs-/Beschlagnahmemaßnahme **Verfassungsbeschwerde** einlegen, darf er nicht übersehen, dass diese **subsidiär** ist. Es ist also zuvor der Rechtsweg auszuschöpfen. Dazu gehört auch die **Gehörsrüge** (→ *Anhörungsrüge, Allgemeines*, Teil B Rdn 1) nach § 33a bzw. § 311a (vgl. u.a. BVerfG NJW 2003, 1513 m.w.N.; zum Rechtsweg s.a. BVerfG NJW 2009, 2518; ferner Radtke/Hohmann/*Ladiges*, § 105 Rn 36).

2.a) Gegen **richterliche Durchsuchungsanordnungen**, auch des erkennenden Gerichts, steht dem Betroffenen während des noch **andauernden** Vollzugs einer Durchsuchungsmaßnahme grds. die **Beschwerde** (→ *Beschwerde, Allgemeines*, Teil A Rdn 400) nach § 304 offen (statt vieler *Burhoff*, EV, Rn 1199 f.; HK-*Gercke*, § 105 Rn 82; Radtke/Hohmann/*Ladiges*, a.a.O.; LR-*Tsambikakis*, § 105 Rn 131; *Meyer-Goßner/Schmitt*, § 105 Rn 15; *Park* StRR 2008, 4; *Sterzinger* NJOZ 2010, 1766, 1768) und zwar so lange, bis die Durchsuchung abgeschlossen ist. **Abgeschlossen** ist die Durchsuchung im rechtlichen Sinn wiederum dann, wenn sie ohne Sicherstellung vollzogen worden ist, wenn die bei ihrem Vollzug sichergestellten Gegenstände an den Verdächtigen (§ 102) oder den betroffenen Dritten (§ 103) wieder herausgegeben worden sind oder wenn hinsichtlich der bei ihr sichergestellten Gegenstände die Beschlagnahme ausgesprochen worden ist (zum Beendigungszeitpunkt vgl. *Burhoff*, EV, Rn 1199 und KK-*Bruns*, § 105 Rn 20; s.a. zuletzt BGH NJW 1995, 3397; zur Beendigung einer [ersten] Durchsuchung s.a. BGHSt 36, 119; krit. dazu *Fezer* StV 1989, 292 f.; *Roxin* NStZ 1989, 378). 157

Der Beschuldigte muss **unmittelbar beschwert** sein, sodass er etwa eine Anordnung, mit der seine Bank durchsucht wird, nicht anfechten kann (LG Köln StV 1983, 275; *Meyer-Goßner/Schmitt*, a.a.O.; a.A. LG Bonn StV 2002, 358 f.). Beschwerden gegen Entscheidungen des OLG und des Ermittlungsrichters beim BGH (§ 304 Abs. 4 S. 2 Nr. 1, Abs. 5) sind ebenfalls nur zulässig, soweit die Rechtmäßigkeit der Anordnung beanstandet wird (BGH NJW 2000, 84, 85; NStZ 2000, 154; NStZ 2002, 215, 216). Die Beschwerdeentscheidung selbst ist wiederum gem. § 310 Abs. 2 unanfechtbar (Radtke/Hohmann/*Ladiges*, a.a.O.). 158

159 Die **Prüfungskompetenz** des Beschwerdegerichts wird durch die Funktion des Richtervorbehalts eingeschränkt. Um der Funktion einer vorbeugenden Kontrolle der Durchsuchung durch eine unabhängige und neutrale Instanz gerecht zu werden, darf das Beschwerdegericht seine Entscheidung nicht auf Gründe stützen, die dem Ermittlungsrichter unbekannt waren und die erst durch die Durchsuchung gewonnen worden sind. Prüfungsmaßstab bleibt im Beschwerdeverfahren die Sach- und Rechtslage zur Zeit des Erlasses des Durchsuchungsbeschlusses. Lässt der Durchsuchungsbeschluss in seiner Gesamtheit in ausreichendem Maße erkennen, dass der Ermittlungsrichter die Voraussetzungen für seinen Erlass eigenständig geprüft hat, können anfängliche Mängel bei der Prüfung der Verdachtslage oder Darstellung geheilt werden, indem das Beschwerdegericht die Konkretisierung der den Akten zu entnehmenden, den Anfangsverdacht belegenden Umstände in seiner Beschwerdeentscheidung nachholt (eingehend hierzu MüKo-StPO/*Hauschild*, § 105 Rn 41b; Radtke/Hohmann/*Ladiges*, § 105 Rn 38 und *Meyer-Goßner/Schmitt*, § 105 Rn 15a jew. m.w.N.).

☝ Eine **vor Erlass** der Durchsuchungsanordnung eingelegte Beschwerde ist dagegen **unzulässig**, wird aber wie eine Schutzschrift zu behandeln sein (vgl. *Sommermeyer* NStZ 1991, 257, 259).

160 **b)aa)** Nach **beendeter** Durchsuchung war nach **früherer h.M.** eine **Beschwerde** (→ *Beschwerde, Allgemeines*, Teil A Rdn 400) **unzulässig**, da prozessuale Überholung eingetreten sei (zuletzt BGH NJW 1995, 3397). Das war in der Lit. schon immer kritisiert worden (vgl. die Nachw. bei BGHSt 44, 265 und *Achenbach* JuS 2000, 27, 29 f.). Diese Rspr. ist allerdings seit der schon mehrfach zitierten Entscheidung des BVerfG vom 30.4.1997 (BVerfG NJW 1997, 2163 ff. m. Anm. *von Kühlewein* NStZ 1998, 580 ff.) **überholt**. Das BVerfG hat ausgeführt, dass es zwar grds. zulässig sei, ein Rechtsschutzinteresse (nur) so lange zu bejahen, wie das Verfahren dazu dienen könne, eine gegenwärtige Beschwer auszuräumen, einer Wiederholungsgefahr zu begegnen oder eine fortwirkende Beeinträchtigung zu beseitigen. Darüber hinaus müsse ein Rechtsschutzinteresse aber auch in den Fällen **tiefgreifender Grundrechtseingriffe** (s.a. Hinw. bei → *Antrag auf gerichtliche Entscheidung, Beschlagnahme*, Teil B Rdn 110) gegeben sein, in denen sich die direkte Belastung des Betroffenen nach dem typischen Verfahrensablauf auf eine Zeitspanne beschränke, in welcher der Betroffene eine gerichtliche Entscheidung kaum erlangen könne. **Effektiver Rechtsschutz** gebiete es, dass auch in diesen Fällen der Betroffene Gelegenheit erhalte, die Berechtigung des schwerwiegenden Eingriffs klären zu lassen (zuletzt u.a. BVerfG StV 2002, 348).

161 **bb)** Einen solchen **tiefgreifenden Eingriff** hat das BVerfG bei einer **Durchsuchung** wegen der Bedeutung des durch sie tangierten Grundrechts aus Art. 13 Abs. 2 GG, in

das nur aufgrund richterlicher Anordnung eingegriffen werden könne, **stets** und „nicht nur ausnahmsweise“ als gegeben angesehen (zu allem u.a. eingehend *Esskandari*, a.a.O.; *Kruis/Wehowsky* NJW 1999, 682, 685). Dies gilt wegen Art. 5 Abs. 1 S. 2 GG erst recht bei der Durchsuchung von Wohn- und **Redaktionsräumen** von Medienunternehmen (BVerfG StV 1997, 505 [auch bei **präventivrichterlicher Durchsuchungsanordnung**]; NJW 1998, 2131, 2132 m. Anm. *Achenbach* JuS 2000, 27 ff.; NJW 2005, 1855; StV 2005, 643; OLG Dresden StraFo 2008, 118; LG Magdeburg StraFo 1998, 271). Das BVerfG geht i.Ü. auch davon aus, dass die unter einer **Grundrechtsverletzung** erfolgte Verwerfung der Beschwerde gegen eine richterliche Durchsuchungsanordnung sich in der weiteren Entscheidung über die richterliche Bestätigung der bei der Durchsuchung erfolgten Beschlagnahme fortsetzen kann (BVerfG NJW 1999, 273 f.).

Insoweit steht dem Betroffenen auch nach Abschluss der Maßnahmen gem. § 304 die **Beschwerde** (→ *Rechtsbehelfe, Beschwerde, Allgemeines*, Teil A Rdn 400) gerichtet auf **nachträgliche Feststellung** der **Rechtswidrigkeit**, offen (ganz h.M., vgl. KMR-*Hadamitzky*, § 105 Rn 40; SSW-StPO/*Hadamitzky*, § 105 Rn 40; MüKo-StPO/*Hauschild*, § 105 Rn 41a; Radtke/Hohmann/*Ladiges*, § 105 Rn 36; *Meyer-Goßner/Schmitt*, § 105 Rn 15; *Kindler* PStR 2012, 140; *Park* StRR 2008, 4; *Schroth* StV 1999, 117, 118; *Sommermeyer* NStZ 1991, 257, 260; a.A. wohl HK-*Gercke*, § 105 Rn 82 [§ 98 Abs. 2 S. 2 analog]). Ein schutzwürdiges Interesse des Betroffenen, wird insoweit grds. **nicht mehr** – wegen **prozessualer Überholung** – verneint (werden) (so auch BVerfG NJW 1998, 2131, 2132). Darüber hinaus greift das Beschwerderecht selbstverständlich auch weiterhin in denjenigen Fällen, in denen ein schwerwiegender Grundrechtseingriff i.S.d. Rspr. des BVerfG zwar nicht vorliegt, aber einer der **(Ausnahme-) Fälle** gegeben ist, in denen nach der Rspr. früher schon eine Beschwerde nach bereits vollendeter Durchsuchung als zulässig angesehen worden ist (s. dazu etwa OLG Celle NJW 1997, 2964 f. [Unzulässigkeit eines Durchsuchungsbeschlusses gegenüber Sozialamt anstelle richterlicher Anordnung nach § 73 SGB X]), so auch bei **Willkürlichkeit** der Anordnungen (vgl. LG Bremen NJW 1997, 1168 f.; s. dazu *Achenbach* JuS 2000, 27, 30). 162

☝ Diese Rspr. des BVerfG gewährt aber **nicht zeitlich unbegrenzten Rechtsschutz** (s. HK-*Gercke*, § 105 Rn 86). Das Rechtsmittel muss schon in einem hinreichenden zeitlichen Zusammenhang zu der Durchsuchungsmaßnahme stehen (BVerfG NJW 2005, 1855, 1856). Allerdings schadet weder ein Zeitraum von „wenigen Monaten“ noch der Umstand, dass das Rechtsmittel nicht bereits im Ermittlungs- oder Eröffnungsverfahren eingelegt worden ist (BVerfG, a.a.O.). Ist aber die Ermittlungsmaßnahme nicht nur vollzogen, sondern das Verfahren auch noch mit Zustimmung des Beschuldigte endgültig eingestellt und legt der Beschuldigte erst längere Zeit nach dem Vollzug und dem Abschluss des Verfahrens Beschwerde ein, ist diese unzulässig (BVerfG NJW 2003, 1514, 1515 [zwei Jahre]; Beschl. v. 6.3.2006 – 2 BvR 371/06, juris [nahezu fünf Jahre]; Beschl. v.16.4.2007 – 2 BvR 463/07, juris [4 1/2 Jahre]; s. ähnlich auch OLG Frankfurt/Main NStZ-RR 2003, 175, 176 [nicht mehr nach Rechtskraft]; zur „Verwirkung" s.a. LG Saarbrücken NStZ-RR 2008, 113 f.).

163 **3.** Gegen die noch **nicht vollzogenen Durchsuchungsanordnungen** der **StA** und ihrer Ermittlungspersonen ist **entsprechend § 98 Abs. 2 S. 2** der **Antrag auf gerichtliche Entscheidung** zulässig (st. Rspr.; vgl. u.a. BGHSt 44, 171; s.a. OLG Karlsruhe NJW 1992, 642, 643; LG Frankfurt am Main. NJW 1997, 1170 [gegen Fortdauer der Durchsuchung]; s.a. in der Lit. *Burhoff*, EV, Rn 1203; *Cassardt* NJW 1996, 554, 558; HK-*Gercke*, § 105 Rn 83; *Kruis/Wehowsky* NJW 1999, 682, 685; *Kindler* PStR 2012, 140; KMR-*Hadamitzky*, § 105 Rn 42; Satzger/Schluckebier/Widmaier/*Hadamitzky*, § 105 Rn 42; MüKo-StPO/*Hauschild*, § 105 Rn 42; Radtke/Hohmann/*Ladiges*, § 105 Rn 40; LR-*Tsambikakis*, § 105 Rn 133; *Meyer-Goßner/Schmitt*, § 105 Rn 16; *Schroth* StV 1999, 117, 118 f.; *Sommermeyer*, a.a.O.; *Sterzinger* NJOZ 2010, 1766, 1768), wogegen wiederum die **Beschwerde** (→ *Beschwerde, Allgemeines*, Teil A Rdn 400) gegeben ist (LR-*Tsambikakis*, § 105 Rn 134). Die Rechtmäßigkeit und auch die Modalitäten der Durchsuchung im Zeitpunkt der gerichtlichen Entscheidung sind dabei Gegenstand richterlicher Überprüfung (KK-*Bruns*, § 105 Rn 16). Ob **„Gefahr im Verzug"** vorgelegen hat, unterliegt ebenfalls der uneingeschränkten gerichtlichen Kontrolle (BVerfG NJW 2001, 1121; 2002, 1333; 2003, 2303, 2304; StV 2002, 348; s. dazu *Kruis/Wehowsky*, a.a.O.; LR-*Tsambikakis*, § 105 Rn 135 m.w.N.). Wird das Vorliegen von „Gefahr im Verzug" **verneint**, wird die Durchsuchungsanordnung aufgehoben. Ist die Durchsuchungsmaßnahme noch nicht beendet, muss sie abgebrochen werden; ist sie bereits vollzogen, wird deren Rechtswidrigkeit festgestellt (HK-*Gercke*, a.a.O.; *Meyer-Goßner/Schmitt*, a.a.O.). Gegen die **vorläufige amtliche Verwahrung** bzw. Mitnahme von Sachen zur Durchführung der Durchsicht kann ebenfalls entsprechend § 98 Abs. 2 S. 2 vorgegangen werden (BVerfG NJW 2002, 1410; 2009, 2518; NStZ-RR 2002, 144; HK-*Gercke*, a.a.O.; s.a. → *Antrag auf gerichtliche Entscheidung, Durchsicht von Papieren*, Teil B Rdn 144).

164 **4.** Vorstehendes galt nach der früher h.M. **nach Abschluss** der **Durchsuchung** nur, wenn ein nachwirkendes Bedürfnis zur Feststellung der Rechtswidrigkeit der Maßnahme bestand (*Sommermeyer* NStZ 1991, 260 f.). Ansonsten war Rechtsschutz allein über einen Antrag nach §§ 23 ff. EGGVG (→ *Justizverwaltungsakt, Anfechtung, Allgemeines*, Teil B Rdn 309) zu erlangen (vgl. etwa OLG Nürnberg NStZ 1986, 575). Insoweit sind aber nun-

mehr die o.a. (vgl. Rdn 160 ff.) Grundsätze der Rspr. des BVerfG (vgl. NJW 1997, 2163) aus Gründen des effektiven Rechtsschutzes entsprechend anzuwenden (*Burhoff*, EV, Rn 1203; vgl. BGHSt 44, 171; 44, 265), sodass auch nach **Erledigung** nichtrichterlicher Anordnungen **entsprechend § 98 Abs. 2 S. 2** der **Antrag** auf **gerichtliche Entscheidung** zulässig ist (statt vieler BGH wistra 1999, 66; LG Bremen StV 1998, 180; KMR-*Hadamitzky*, a.a.O.; Radtke/Homann/*Ladiges*, a.a.O.; LR-*Tsambikakis*, § 105 Rn 133; *Meyer-Goßner/Schmitt*, a.a.O.; *Sommermeyer* NStZ 1991, 257, 261). Gegen die richterliche (bestätigende) Anordnung ist wiederum die **Beschwerde** (→ *Beschwerde, Allgemeines*, Teil A Rdn 400) gem. § 304 statthaft (*Kruis/Wehowsky*, a.a.O.).

5.a) Der Betroffene kann auch die **Art** und **Weise** der Durchsuchung beanstanden. Hierzu 165
zählen etwa (s.a. die Aufstellung bei *Burhoff*, EV, Rn 1555 und HK-*Gercke*, § 105 Rn 85) folgende

Beispielsfälle: 166

- die **Beschränkung** der **Bewegungsfreiheit** des Betroffenen (BGHSt 45, 183; OLG Stuttgart NJW 1972, 2146 f.),
- das **Fotografieren** der **durchsuchten Räume** zur Dokumentation der Durchsuchung (OLG Celle StV 1985, 137, 138; zur Zulässigkeit des Fotografierens vgl. LG Hamburg StV 2004, 368),
- die Verhängung eines **Telefonverbots** (BGHSt 37, 79, 82; OLG Karlsruhe StraFo 1997, 13; OLG Stuttgart, a.a.O.),
- die **Nichtzuziehung** von **Durchsuchungszeugen** (OLG Celle, a.a.O.),
- die **unterlassene Mitteilung** des **Tatvorwurfs** und dessen **Begründung** (BGHSt 37, 79, 82),
- **Verstöße** gegen **§ 110** (OLG Celle, a.a.O.; LR-*Tsambikakis*, § 105 Rn 136; s.a. die Hinw. bei → *Antrag auf gerichtliche Entscheidung, Durchsicht von Papieren*, Teil B Rdn 144), gegen **§ 106** (KMR-*Hadamitzky*, § 106 Rn 17; LR-*Tsambikakis*, § 105 Rn 136) und **§ 107** (OLG Karlsruhe NJW 1995, 1976; Radtke/Hohmann/*Ladiges*, § 107 Rn 7; LR-*Tsambikakis*, § 105 Rn 136; s.a. KMR-*Hadamitzky*, § 107 Rn 9; vgl. aber *Meyer-Goßner/Schmitt*, § 107 Rn 5 [§ 23 EGGVG]), gegen **§ 108** (KMR-*Hadamitzky*, § 108 Rn 14; s.a. Radtke/Hohmann/*Ladiges*, § 108 Rn 16) sowie **§ 109** (LR-*Tsambikakis*, § 105 Rn 136; ferner LG Gießen wistra 2000, 76 [allerdings § 23 EGGVG]; a.A. KMR-*Hadamitzky*, § 109 Rn 5; *Meyer-Goßner/Schmitt*, § 109 Rn 2 [jew. kein Rechtsschutz, da bloße „Ordnungsvorschrift"]),
- die Zuziehung von **parteiischen Zeugen** (OLG Hamm NStZ 1986, 326),
- die Zuziehung von (externen) **SV** durch die StA (vgl. dazu BVerfG HRRS 2007, Nr. 961; LG Kiel NJW 2006, 3224),

- die **Wahl** des **Zeitpunkts** der Maßnahme (OLG Hamm NStZ 1984, 136),
- **nicht** jedoch, wenn der Beschuldigte nach vollzogener Durchsuchung geltend macht, die „**Vollziehungsfrist**" sei **überschritten**, wozu er vorträgt, die Maßnahme habe zwei Monate nach ihrer richterlichen Anordnung nicht mehr durchgeführt werden dürfen (OLG Karlsruhe NStZ 1992, 97).

167 **b)** Ist die Durchsuchung noch **nicht beendet**, ist gegen **Art** und **Weise** des Vollstreckung in **entsprechender Anwendung** von **§ 98 Abs. 2 S. 2** der **Antrag auf gerichtliche Entscheidung** bei demjenigen Richter zu stellen, der die Durchsuchung angeordnet hat (*Biernat* JuS 2004, 401, 402; HK-*Gercke*, § 105 Rn 84; KMR-*Hadamitzky*, § 105 Rn 43; Radtke/Hohmann/*Ladiges*, § 105 Rn 37; *Park* StRR 2008, 4, 5; *Sommermeyer* NStZ 1991, 257, 262). Gegen dessen Entscheidung kann dann wiederum Beschwerde (→ *Beschwerde, Allgemeines*, Teil A Rdn 400) gem. § 304 eingelegt werden (BVerfG wistra 1984, 221; NJW 2002, 1410; *Meyer-Goßner/Schmitt*, § 98 Rn 23). Sofern allerdings die **Art** und **Weise** des Vollzugs bereits evidenter und ausdrücklicher **Bestandteil** der **richterlichen Anordnung** war, dürfte von vornherein lediglich die **Beschwerde** (→ *Beschwerde, Allgemeines*, Teil A Rdn 400) gem. § 304 das statthafte Rechtsmittel sein (*Ladiges*, a.a.O.; LR-*Tsambikakis*, § 105 Rn 131; so auch allgemein *Löffelmann* StV 2009, 379). Der subsidiäre Rechtsweg über einen **Antrag nach §§ 23 ff. EGGVG** (→ *Justizverwaltungsakt, Anfechtung, Allgemeines*, Teil B Rdn 309) ist somit **nicht** eröffnet (vgl. BGHSt 44, 171; ferner *Biernat*, a.a.O. und Radtke/Hohmann/*Ladiges*, a.a.O.).

168 **c)** Nach **vollständigem Vollzug** einer Durchsuchungsmaßnahme ist hinsichtlich der Rechtschutzmöglichkeiten wie folgt zu **differenzieren**:

169 **Rechtsschutzmöglichkeiten**

- Nach Auffassung des BGH ist auch die Art und Weise des Vollzugs einer bereits erledigten **nichtrichterlichen** (Durchsuchungs-) Maßnahme mit dem **Antrag** nach **§ 98 Abs. 2 S. 2** zu überprüfen (BGHSt 44, 171; 44, 265; NStZ 1999, 151 m. Anm. *Fezer*; s.a. in der Lit. HK-*Gercke*, a.a.O.; Radtke/Hohmann/*Ladiges*, § 105 Rn 40; *Kindler* PStR 2012, 140; *Laser* NStZ 2001, 120, 123; *Meyer-Goßner/Schmitt*, § 105 Rn 17; *Park*, a.a.O.).
- Geht es um die Überprüfung der Art und Weise des Vollzugs einer **richterlich angeordneten erledigten** Durchsuchung, ist **ebenfalls** gem. **§ 98 Abs. 2 S. 2 analog** mit dem **Antrag auf gerichtliche Entscheidung** vorzugehen (BGHSt 45, 183; NJW 2000, 84, 86; ebenso OLG Hamburg StV 1999, 301; LG Berlin, Beschl. v. 9.3.2005 – 528 Qs 49/04; *Kindler*, a.a.O.; Radtke/Hohmann/*Ladiges*, § 105 Rn 37; *Laser*, a.a.O.; *Meyer-Goßner/Schmitt*, a.a.O.).
- **Offengelassen** hat der BGH (NJW 2000, 84, 86; BGHSt 45, 183) die Frage, ob das auch gilt, wenn Art und Weise des Vollzugs bereits im **richterlichen Beschluss**

geregelt ist. Insoweit dürfte allerdings wohl die **Beschwerde** (→ *Beschwerde, Allgemeines*, Teil A Rdn 400) nach § 304 in Betracht kommen (in diese Richtung auch LG Berlin, a.a.O.; ebenso *Amelung* JR 2000, 481 in der Anm. zu BGH, a.a.O.; *Eisele* StV 1999, 299, 300 in der Anm. zu BGH NJW 1999, 730; HK-*Gercke*, a.a.O.; LR-*Tsambikakis*, § 105 Rn 131; MüKo-StPO/*Hauschild*, § 105 Rn 43; *Meyer-Goßner/Schmitt*, a.a.O. m.w.N.; offengelassen *Laser* NStZ 2001, 120, 124; a.A. *Katholnigg* NStZ 2000, 156).

- **Ausdrücklich noch nicht entschieden** ist, ob gegen die nach **§ 98 Abs. 2 S. 2** getroffene Entscheidung ggf. **Beschwerde** (→ *Beschwerde, Allgemeines*, Teil A Rdn 400) eingelegt werden kann (s. aber BVerfG NStZ-RR 2002, 144). Dies dürfte allerdings aus Gründen effektiven Rechtsschutzes ebenfalls zu bejahen sein (im Ergebnis ebenso *Kindler*, a.a.O.; Radtke/Hohmann/*Ladiges*, § 105 Rn 40 und KK-*Bruns*, § 105 Rn 19).
- **Nicht** mit der Beschwerde **anfechtbar** sind Entscheidungen des **Ermittlungsrichters** des BGH oder des erstinstanzlich zuständigen OLG über Einwendungen gegen die Art und Weise des Vollzugs (BGHSt 44, 265, 275; BGH NJW 2000, 84, 86; HK-*Gercke*, § 105 Rn 85; *Meyer-Goßner/Schmitt*, a.a.O.).

6. Die o.a. Ausführungen lassen sich – nach dem derzeitigen Stand der Rspr. – in folgenden **Übersichten** festhalten (s.a. *Burhoff*, EV, Rn 1556 f.): 170

a) Die Durchsuchung wurde von **StA** oder Polizei angeordnet 171

Welchen Stand hat das Verfahren?	**Welches Ziel wird verfolgt?**	**Welcher Rechtsbehelf ist zu wählen?**
Die **Durchsuchung** dauert noch **an**.	**Aufhebung** der Anordnung/ **Einstellung** der Durchsuchung	**Antrag auf gerichtliche Entscheidung** gem. § 98 Abs. 2 S. 2
Die **Durchsuchung** dauert noch an.	Beanstandung der **Art** und **Weise** der Durchführung	**Antrag** auf **gerichtliche Entscheidung** gem. § 98 Abs. 2 S. 2 analog
Die Durchsuchung ist **beendet**.	**Aufhebung** der Maßnahme bzw. **Feststellung der Rechtswidrigkeit** der Anordnung	**Antrag** auf **gerichtliche Entscheidung** gem. § 98 Abs. 2 S. 2 analog, da „stets" tief greifender Grundrechtseingriff
Die Durchsuchung ist **beendet**.	Beanstandung der **Art** und **Weise** der Durchführung	Antrag auf **gerichtliche Entscheidung** nach § 98 Abs. 2 S. 2 analog

172 **b)** Die Durchsuchung wurde **vom Richter** angeordnet

Welchen Stand hat das Verfahren?	**Welches Ziel wird verfolgt?**	**Welcher Rechtsbehelf ist zu wählen?**
Die Durchsuchung **dauert** noch **an**.	**Aufhebung** der Anordnung/ **Einstellung** der Durchsuchung	→ ***Beschwerde**, Allgemeines*, Teil A Rdn 400 gem. § 304
Die Durchsuchung **dauert** noch **an**.	Beanstandung der **Art** und **Weise** der Durchführung	**Antrag** auf **gerichtliche Entscheidung** gem. § 98 Abs. 2 S. 2 analog, es sei denn, Art und Weise bereits Bestandteil der Anordnung, dann → ***Beschwerde**, Allgemeines*, Teil A Rdn 400 gem. § 304
Die Durchsuchung ist **beendet**.	**Aufhebung** der Anordnung bzw. **Feststellung** der **Rechtswidrigkeit** der Anordnung	→ ***Beschwerde**, Allgemeines*, Teil A Rdn 400 gem. § 304, da „stets" tief greifender Grundrechtseingriff
Die Durchsuchung ist **beendet**.	Beanstandung der **Art** und **Weise** der Durchsuchung	**Antrag** auf **gerichtliche Entscheidung** gem. § 98 Abs. 2 S. 2 analog, es sei denn, Art und Weise bereits Bestandteil der Anordnung, dann → ***Beschwerde**, Allgemeines*, Teil A Rdn 400 gem. § 304

☝ Ggf. muss der Betroffene also **unterschiedliche Rechtsmittel** einlegen, so z.B., wenn er sich nicht nur gegen die richterliche Anordnung der Maßnahme, sondern auch gegen die Art und Weise ihrer Durchführung wenden will. Da für die Entscheidung in diesem Fall jeweils unterschiedliche Gerichte zuständig sind, spricht einiges dafür, beide Rechtsbehelfe separat geltend zu machen. Allerdings wird es i.d.R. auch zulässig sein, die Anträge in einem einheitlichen Rechtsbehelf zusammenzufassen. Allerdings sollte dann deutlich herausgestellt werden, wogegen sich die einzelnen Angriffe konkret richten (*Park* StRR 2008, 4, 5).

7. Hinweise für den Verteidiger! 173

Bei seiner Entscheidung, ob er einen der ggf. möglichen Rechtsbehelfe einlegt oder nicht, muss der **Verteidiger** darauf **achten** (wegen weiterer Einzelheiten s. die Praxishinweise bei *Burhoff*, EV, Rn 1558; *Park* StRR 2008, 4, 6 und bei → *Antrag auf gerichtliche Entscheidung, Beschlagnahme*, Teil B Rdn 110), dass

- zwischen Einlegung des Rechtsmittels und dem Zeitpunkt der Beendigung der Maßnahme ein „**hinreichender zeitlichen Zusammenhang**" bestehen muss (vgl. BVerfG NJW 1997, 2163),
- die o.a. Rechtsmittel **keine aufschiebende Wirkung** haben (s. aber BVerfG PStR 2002, 191 zum Erlass einer einstweiligen Anordnung),
- ein Interesse daran bestehen kann, eine rechtswidrige Durchsuchungsanordnung bestehen zu lassen, da eine solche **nicht** die **Verjährung** nach § 78c Abs. 1 Nr. 4 StGB **unterbricht**,
- eine die Durchsuchungsanordnung bestätigende Entscheidung des LG eine nicht gewünschte **präjudizierende Wirkung** haben kann,
- bei Erfolglosigkeit des fachgerichtlichen Rechtsmittels wegen des in der unzulässigen Durchsuchungsmaßnahme liegenden Verstoßes gegen Art. 13 GG **Verfassungsbeschwerde** (→ *Verfassungsbeschwerde, Allgemeines*, Teil C Rdn 729) einzulegen ist.

8. Antragsmuster (s. *Burhoff*, EV, Rn 1560) 174

▼

An das B.1

Amtsgericht

Musterstadt

In dem Ermittlungsverfahren

gegen H. Muster

Az.:

wegen des Verdachts der Hehlerei u a.

zeige ich an, dass ich Herrn H. Muster verteidige und überreiche in der Anlage auf mich lautende Vollmacht.

Es wird beantragt, gerichtlich festzustellen, dass die Art und Weise der am 22.8.2015 durchgeführten Durchsuchungsmaßnahme rechtswidrig war.

Begründung:

Am 22.8.2015 haben Polizeibeamte aufgrund eines Durchsuchungsbeschlusses des Amtsgericht Musterstadt vom 21.8.2015 die Wohnung von Herrn H. Muster durchsucht. Herr Muster hat zu Beginn, nachdem ihm von den Beamten gestattet worden war, mit mir telefonischen Kontakt aufzunehmen, nach meiner Beratung ausdrücklich darum gebeten, zur Durchsuchung Durchsuchungszeugen hinzuzuziehen. Das ist ihm von den Durchsuchungsbeamten mit der Begründung verwehrt worden, dafür habe man keine Zeit. Das mache man grundsätzlich nicht.

Da einer der Ausnahmefälle, in denen von der Zuziehung eines Durchsuchungszeugen abgesehen werden kann, nicht vorliegt, ist wegen des damit gegebenen Verstoßes gegen § 105 Abs. 2 StPO die Art und Weise der Durchsuchung rechtswidrig.

Rechtsanwalt

▲

Siehe auch: → *Antrag auf gerichtliche Entscheidung, Allgemeines*, Teil B Rdn 93; → *Antrag auf gerichtliche Entscheidung, Beschlagnahme*, Teil B Rdn 110; → *Antrag auf gerichtliche Entscheidung, Durchsicht von Papieren*, Teil B Rdn 144.

175 Antrag auf gerichtliche Entscheidung, Erkennungsdienstliche Behandlung

Das Wichtigste in Kürze:

1. Für die Wahl des Rechtsmittels gegen erkennungsdienstliche Maßnahmen ist es zunächst von Bedeutung, ob es sich um Maßnahmen im Strafverfahren (§ 81 1. Alt.) oder um präventiv-polizeiliche Maßnahmen (§ 81b 2. Alt.) handelt.
2. Für die Anfechtung von erkennungsdienstlichen Maßnahmen nach Polizeirecht gem. § 81b 2. Alt. kann die Anordnung der Maßnahme nur im Verwaltungsstreitverfahren angefochten werden.
3. Wenn im Rahmen des Strafverfahrens der Mandant gem. § 81b 1. Alt. aufgefordert wird, einer erkennungsdienstlichen Behandlung Folge zu leisten, ist für die Anfechtung dieser Maßnahmen danach zu unterscheiden, ob die Anordnung durch einen Richter oder durch die StA bzw. Polizei erfolgt.
4. Ein erst nach Durchführung der Maßnahme eingelegtes Rechtsmittel ist wegen prozessualer Überholung grds. ausgeschlossen.

176 **Literaturhinweise:** **Amelung**, Probleme des Rechtsschutzes gegen strafprozessuale Grundrechtseingriffe, NJW 1979, 1687; **Dreier**, Erkennungsdienstliche Maßnahmen im Spannungsfeld von Gefahrenabwehr und Strafverfolgung, JZ 1987, 1009; **Fugmann**, Erkennungsdienstliche Maßnahmen zu präventivpolizeilichen Zwecken, NJW 1981, 2227; **Geerds**, Strafprozessuale Personenidentifizierung, Juristische und kriminalisti-

sche Probleme der §§ 81b, 163b, 163c StPO, Jura 1986, 9; **Glaser**, Der Rechtsschutz nach § 98 Abs. 2 Satz 2 StPO, 2008; **Hilger**, Über den „Richtervorbehalt" im Ermittlungsverfahren, JR 1990, 485; **Kay**, Erkennungsdienstliche Maßnahmen – Rechtsgrundlagen und Zwangsverfahren, Krim 2006, 279; **Kleinschmidt**, Die Zulässigkeit der erkennungsdienstlichen Behandlung nach § 81b Alt. 2 StPO, Krim 2013, 252; **Krach**, Einheitlicher Rechtsschutz gegen die erkennungsdienstliche Behandlung des Beschuldigten, JR 2003, 140; *ders.*, Rechtsschutz gegen strafprozessuale Zwangsmaßnahmen, Jura 2001, 737; **Kramer**, Grundfragen der erkennungsdienstlichen Behandlung nach § 81b StPO, JR 1994, 224; **Mayer**, Die erkennungsdienstliche Behandlung gemäß § 81b 2. Alt. StPO, Krim 2015, 520; **Meyer**, Die Fortsetzungsfeststellungsklage im Strafprozessrecht, in: HRRS-Festgabe für *Gerhard Fezer*, 2008, S. 131; **Park**, Der Anspruch auf rechtliches Gehör im Rechtsschutzverfahren gegen strafprozessuale Zwangsmaßnahmen, StV 2009, 276; **Schenke**, Die Rechtsnatur einer erkennungsdienstlichen Maßnahme gem. § 81b Alt. 2 StPO, JZ 2006, 707; *ders.*, Rechtsschutz bei strafprozessualen Eingriffen von Staatsanwaltschaft und Polizei, NJW 1976, 1816; *ders.*, Rechtsschutz gegen doppelfunktionale Maßnahmen der Polizei, NJW 2011, 2838; **Schoch**, Doppelfunktionale Maßnahmen der Polizei, JA 2013, 1115; **Schroth**, Der Rechtsschutz gegen strafprozessuale Grundrechtseingriffe, StV 1999, 117; **Vahle**, Erkennungsdienst und Datenschutz, Krim 1992, 157, 229; **Waldhoff**, Polizeirecht: Strafverfolgungsvorsorge zwischen Polizei- und Strafprozessrecht, JuS 2013, 94; **Waszczynski**, Rechtsschutzmöglichkeiten gegen erkennungsdienstliche Maßnahmen unter besonderer Berücksichtigung der Rechtsnatur des § 81b Alt. 2 StPO, JA 2013, 60; s.a. die Hinw. bei → *Antrag auf gerichtliche Entscheidung, Allgemeines*, Teil B Rdn 93, m.w.N.

1. Nach § 81b können auch gegen den Willen des Beschuldigten erkennungsdienstliche **177**
Maßnahmen und zwar sowohl für strafverfahrensrechtliche Ermittlungshandlungen als auch für polizeiliche Zwecke angeordnet werden (wegen der Einzelh. s.a. *Burhoff*, EV, Rn 1921 ff.). Für die Wahl des **Rechtsmittels** gegen erkennungsdienstliche Maßnahmen ist es also zunächst von Bedeutung, ob es sich um **Maßnahmen im Strafverfahren** (§ 81b 1. Alt.) oder um **präventiv-polizeiliche Maßnahmen** (§ 81b 2. Alt.) handelt. Soweit nämlich die angeordnete erkennungsdienstliche Maßnahme der Identifizierung des Beschuldigten und damit der Durchführung eines Strafverfahrens dient, liegt die Verfahrenshandlung einer Strafverfolgungsbehörde vor, mit der Folge, dass die strafprozessualen Rechtsbehelfe einschlägig sind. Dient die Maßnahme dagegen nicht der Erforschung und Aufklärung von Straftaten, sondern vielmehr vorbeugend dem erkennungsdienstlichen Zweck, der Polizei zukünftig die Identifizierung tatverdächtiger Personen zu erleichtern, handelt es sich um in die StPO aufgenommenes materielles Polizeirecht (a.A. mit beachtlichen Argumenten *Mayer* Krim 2015, 520), sodass insoweit allein der Verwaltungsrechtsweg eröffnet ist (*Dreier* JZ 1987, 1009, 1012; *Meyer-Goßner/Schmitt*, § 81b Rn 3).

☝ Wegen der unterschiedlichen Rechtswege muss der Verteidiger **sorgfältig überprüfen**, ob eine gegen den Beschuldigten angeordnete Maßnahme auf **polizeirechtlichen** oder **strafprozessualen** Erwägungen beruht. Für die Abgrenzung dürfte hierbei insbesondere entscheidend sein, ob gegen den Betroffenen lediglich einer vager Tatverdacht besteht, oder ob bereits **zureichend tatsächliche Anhaltspunkte** vorliegen, die nach pflichtgemäßer Beurteilung der Strafverfolgungsbehörde Anlass zu dem Verdacht geben, dass der Betroffene eine Straftat begangen hat (BGHSt 10, 8, 12). Denn nur im letztgenannten Fall ist der Betroffene als Beschuldigter anzusehen und die (strafprozessuale) Identifizierungsmaßnahme nach § 81b 1. Alt. einschlägig bzw. zulässig (eingehend zur Abgrenzung *Dreier* JZ 1987, 1009 und *Schenke* JZ 2006, 707 ff.; *ders.* NJW 2011, 2838, 2841 ff.).

178 **2.a)** Für die Anfechtung von erkennungsdienstlichen Maßnahmen nach **Polizeirecht** gem. § 81b 2. Alt. kann die Anordnung der Maßnahme nur im **Verwaltungsstreitverfahren** (so BVerwG NJW 1983, 772; JZ 2006, 727 m. abl. Anm. *Eisenberg/Puschke*; BVerwG StV 2012, 7 f.; BGHSt 28, 206, 209; OLG Celle, NStZ-RR 2012, 254; AG München NStZ 1999, 528, 529 und i.Ü. die zahlr. Nachw. bei KMR-*Bosch*, § 81b Rn 26; *Meyer-Goßner/Schmitt*, § 81b Rn 22 f.; *Schenke* JZ 2006, 707, 711; zu allem auch BVerfG NJW 2006, 1225; a.A. *Eisenberg/Puschke* JZ 2006, 729, 732; *Krach* JR 2003, 140, 142 f.; *ders.* Jura 2001, 737, 741; *Mayer* Krim 2015, 520, 524 [jew. § 98 Abs. 2 S. 2 analog]; offengelassen Radtke/Hohmann/*Beukelmann*, § 81b Rn 15 f.) angefochten werden. Der **Antrag nach §§ 23 ff. EGGVG** (→ *Justizverwaltungsakt, Anfechtung, Allgemeines,* Teil B Rdn 309) ist ausgeschlossen (a.A. Hess. VGH StV 2011, 395; *Kramer* JR 1994, 224, 230).

179 **b)** Dem Betroffenen steht bereits gegen die **Aufforderung**, sich zur Durchführung erkennungsdienstlicher Maßnahmen bei der **Polizei einzufinden**, der **Widerspruch** nach § 68 VwGO bzw. die **Anfechtungsklage** gem. § 42 VwGO offen (BVerwG NJW 1983, 772; HK-*Brauer*, § 81b Rn 19; KK-*Senge*, § 81b Rn 10; KMR-*Bosch,* § 81b Rn 26; LR-*Krause*, § 81b Rn 35; *Meyer-Goßner/Schmitt*, § 81b Rn 22; SSW-StPO/*Bosch*, § 81b Rn 17). Der Widerspruch nach § 68 VwGO hat dabei grds. aufschiebende Wirkung, es sei denn, es ist nach § 80 VwGO die sofortige Vollziehung angeordnet worden. Die **Anordnung des Sofortvollzuges** ist allerdings nur dann geboten, wenn konkrete Umstände des Einzelfalles den Verdacht einer kriminellen Neigung des Täters und damit eine Wiederholungsgefahr nahelegen (vgl. OVG Koblenz NVwZ-RR 2001, 238; ferner VG München StraFo 2004, 52 [kein Sofortvollzug bei einmaliger Tat eines Jugendlichen]; VG Saarlouis, 21.1.2010 – 6 K 860/08 [kein Sofortvollzug nur allein wegen Vorliegens einer Sexualstraftat]; zur Wiederholungsprognose s.u.a. BayVGH, Beschl. v. 23.3.2011 – 10 Cs 10.3068; VG Ansbach, Urt. v. 15.2.2011 – AN 1K 10.02380; VG Würzburg, Beschl. v. 11.2.2011 – W 5 S 11.53 und Urt. v. 12.4.2012 – W 5 K 11.757; s.a. KMR-*Bosch*, § 81b Rn 26; gegen die Anordnung des sofortigen Vollzuges mit beachtlichen Argumenten LR-*Krause*, a.a.O.). Zu den Anforderungen, die sowohl inhaltlich als auch formell an die Anordnung einer erkennungsdienstlichen Behandlung zum Zwecke der polizeilichen Gefahrenabwehr zu stellen sind vgl. die jüngeren Entscheidungen des OVG Sachsen-Anhalt (StV 2011, 391) sowie des VG Regensburg (StV 2012, 8).

180 **3.** Wenn im Rahmen des **Strafverfahrens** der Mandant gem. **§ 81b 1. Alt.** aufgefordert wird, einer erkennungsdienstlichen Behandlung Folge zu leisten, ist für die Anfechtung

dieser Maßnahmen wiederum danach zu unterscheiden, ob die Anordnung durch einen **Richter** oder durch die **StA** bzw. **Polizei** erfolgt ist:

Anfechtungsmöglichkeiten 181

- **Gerichtliche Anordnungen** kann der Beschuldigte mit der **Beschwerde** (→ *Beschwerde, Allgemeines*, Teil A Rdn 400) nach § 304 anfechten, soweit diese nicht nach den §§ 202 S. 2, 304 Abs. 4, Abs. 5, 305 S. 1 StPO ausgeschlossen ist (HK-*Brauer*, § 81b Rn 18; KK-*Senge*, § 81b Rn 8; KMR-*Bosch*, § 81b Rn 24; LR-*Krause*, § 81b Rn 31; *Meyer-Goßner/Schmitt*, § 81b Rn 21). Eine weitere Beschwerde (→ *Beschwerde, Weitere*, Teil A Rdn 585) nach § 310 Abs. 2 findet jedoch nicht statt. Zuständig ist – abgesehen von Verfahren nach § 120 GVG – der Ermittlungsrichter des AG (KK-*Senge*, a.a.O.).

  ☝ Gem. § 307 Abs. 1 StPO hat die Einlegung der Beschwerde keine aufschiebende Wirkung. Deswegen sollte der Verteidiger stets die Anordnung der **Vollzugshemmung** nach § 307 Abs. 2 StPO **beantragen**.

- Gegen (repressive) **Anordnungen** der **StA** und der **Polizei** kann der Betroffene im Hinblick auf die Rechtsschutzgarantie des Art. 19 Abs. 4 GG nach inzwischen h.M. in Lit. (vgl. *Beulke*, Strafprozessrecht, Rn 328; HK-*Brauer*, § 81b Rn 18; *Junker/Armatage*, Rn 198; KK-*Senge*, § 81b Rn 9; KMR-*Bosch*, § 81b Rn 25; *Krach* JR 2003, 140, 141; LR-*Krause*, § 81b Rn 35; *Meyer-Goßner/Schmitt*, § 81b Rn 21 jew. m.w.N; s.a. *Park* StV 2009, 276, 283; a.A. *Bottke* StV 1986, 120, 122; *Fezer* Jura 1982, 126, 128; *Schenke* JZ 2006, 707, 712 [jew. § 23 EGGVG]) und Rspr. (s.u.a. OLG Braunschweig NStZ 1991, 551 [Anfertigung von Lichtbildern]; OLG Braunschweig Nds.Rpfl. 1992, 56 [Erkennungsdienstliche Behandlung allgemein]; OLG Hamburg MDR 1977, 68 [Erkennungsdienstliche Behandlung allgemein]; OLG Oldenburg NStZ 1990, 504 [Erkennungsdienstliche Behandlung allgemein] m. Anm. *Katholnigg*; OLG Stuttgart MDR 1986, 689 [Anfertigung von Lichtbildern]; LG Flensburg StV 1987, 56 [Erkennungsdienstliche Behandlung allgemein]; LG Stade Nds.Rpfl. 2007, 280 [Abnahme einer Geruchsprobe]) gem. **§ 98 Abs. 2 S. 2 analog** beim (Amts-) Gericht einen **Antrag auf gerichtliche Entscheidung** stellen (s.a. Antragsmuster, Rdn 149).

  ☝ Es kann zudem eine **Gegenvorstellung** (→ *Gegenvorstellung, Allgemeines*, Teil B Rdn 274) erhoben bzw. **Dienstaufsichtsbeschwerde** (→ *Dienstaufsichtsbeschwerde*, Teil B Rdn 262) eingelegt werden. Der Antrag hat keine aufschiebende Wirkung. Allerdings dürfte eine Anordnung des Gerichts in entsprechender Anwendung des § 307 Abs. 2 in Betracht kommen (*Burhoff*, EV, Rn 1937).

- Wird die **Art** und **Weise** des Vollzugs der erkennungsdienstlichen Behandlung angegriffen, dürfte ebenfalls in entsprechender Anwendung des **§ 98 Abs. 2 S. 2** nicht zuletzt auch wegen der größeren Sachnähe das zuständige Gericht anzurufen und **nicht** der **Antrag nach §§ 23 ff. EGGVG** (→ *Justizverwaltungsakt, Anfechtung, Allgemeines*, Teil B Rdn 309) zu stellen sein (in diese Richtung OLG Hamburg MDR 1977, 68 [Ls.]).

182 **4.a)** Häufig werden Rechtsmittel gegen erkennungsdienstliche Maßnahmen wegen **zwischenzeitlich erledigter Durchführung** der Behandlung gegenstandslos, bevor über sie entschieden worden ist. Ein erst nach Durchführung der Maßnahme eingelegtes Rechtsmittel ist jedoch wegen **prozessualer Überholung** grds. ausgeschlossen (BGHSt 10, 88, 91; s.a. KK-*Senge*, § 81b Rn 8; LR-*Krause*, § 81b Rn 31). Gleichwohl hat das BVerfG (Beschl. v. 11.7.2006 – 2 BvR 1717/04) einen **nachträglichen Rechtsschutz** explizit für die **erkennungsdienstliche Behandlung** nach § 81b **bejaht** und ausgeführt, dass eine solche insbesondere dann, wenn sie gegen den Willen des Betroffenen durchgesetzt werde, zu der Gruppe der Maßnahmen gehöre, die einer nachträglichen gerichtlichen Überprüfung zugänglich sein müsse. Dies finde – so das BVerfG (a.a.O.) weiter – seinen Grund darin, dass der auf Anwendung von Zwang beruhende Vollzug der Ermittlungstätigkeit stets mit einer grundrechtsrelevanten Freiheitsbeschränkung des Maßnahmeadressaten einhergehe.

183 **b)** Angesichts dessen können auch zwischenzeitlich erledigte Maßnahmen nach § 81b **wie folgt angefochten** werden:

- Soweit **gerichtliche Anordnungen**, die zwischenzeitlich gegenstandslos geworden sind, mit der **Beschwerde** nach § 304 angefochten werden bzw. wurden, bleibt diese zulässig (einschränkend Satzger/Schluckebier/Widmaier/*Bosch*, § 81b Rn 16: nur bei berechtigtem Interesse). Die Beschwerde ist dann nicht mehr auf Aufhebung der Maßnahme, sondern auf **Feststellung** der **Rechtswidrigkeit** der angeordneten Maßnahme gerichtet (s.a. LR-*Krause*, § 81b Rn 31).
- Sind dagegen (repressive) **Anordnungen** der **StA** und der **Polizei** zwischenzeitlich vollzogen worden, kann der Betroffene angesichts des tiefgreifenden Grundrechtseingriffs ebenfalls **nachträglichen Rechtsschutz** über **§ 98 Abs. 2 S. 2 analog** erlangen (BVerfG, Beschl. v. 11.7.2006 – 2 BvR 1717/04 [Anfertigung von Lichtbildern und Abnahme von Fingerabdrücken]; OLG Hamburg, Beschl. v. 28.10.2004 – 1 Ws 207/04 [Identitätsfeststellung]; OLG Koblenz StV 2002, 127, 128 [Anfertigung von Lichtbildern]; LG Rostock StV 2008, 627 [Einholung von Lichtbildern von Passbehörde]; s.a. OLG Brandenburg, Beschl. v. 6.3.2013 – 11 W 40/12, juris Rn 4; *Burhoff*, EV, Rn 1937; KMR-*Bosch*, § 81b Rn 25). Insoweit ist der nachträgliche Rechtsschutz wegen der größeren Orts- und Sachnähe des erkennenden AG und zur Vermeidung von Rechtswegspaltungen **nicht** über einen **Antrag nach §§ 23 ff. EGGVG**

(→ *Justizverwaltungsakt, Anfechtung, Allgemeines*, Teil B Rdn 309) zu gewähren (so etwa OLG Hamburg, a.a.O.). Der Antrag auf gerichtliche Entscheidung ist auch hier auf **Feststellung** der **Rechtswidrigkeit** der angeordneten Maßnahme gerichtet.

5. Ob und inwiefern auch gegen die **Aufbewahrung** nach § 81b gewonnener **Unterlagen** Rechtsschutzmöglichkeiten bestehen, hängt ebenfalls von der Rechtsnatur der getroffenen Maßnahme ab. Insoweit gilt: 184

- Die zum Zweck der Durchführung des **Strafverfahrens** gewonnenen Unterlagen werden **Bestandteil** der **Strafakten** (OVG Hamburg MDR 1977, 80; *Dreier* JZ 1987, 1009, 1010). Sie teilen deren Schicksal und werden daher so lange wie diese aufbewahrt bzw. erst zusammen mit diesen vernichtet (vgl. auch § 483; *Meyer-Goßner/Schmitt*, § 81b Rn 17). Ihre **Entfernung** oder Vernichtung kann der Beschuldigte **nicht** verlangen (*Junker/Armatage*, Rn 199; LR-*Krause*, § 81b Rn 26; a.A. SK-StPO/*Wolters*, § 163c Rn 32).
- Die aus **erkennungsdienstlichen Maßnahmen** der **Polizei** herrührenden Unterlagen werden gem. § 481 nach Maßgabe der Polizeigesetze von der **Kriminalpolizei aufbewahrt** (vgl. *Meyer-Goßner/Schmitt*, § 81b Rn 18). Für die Speicherung von Daten gelten ebenfalls die §§ 483 ff.; die Löschung richtet sich nach § 489 (vgl. dazu auch OLG Hamburg StV 2009, 234; KG StV 2010, 513). Die Ablehnung eines auf Vernichtung **erkennungsdienstlicher** Unterlagen gerichteten Antrags stellt einen Verwaltungsakt dar, der nur im verwaltungsgerichtlichen Verfahren im Wege der **Verpflichtungsklage** gem. § 42 VwGO (h.M.; BVerfG NJW 1963, 1819; BGHSt 28, 209; HK-*Brauer*, § 81b Rn 20; KK-*Senge*, § 81b Rn 10; KMR-*Bosch*, § 81b Rn 26; LR-*Krause*, § 81b Rn 36; SSW-StPO/*Bosch*, § 81b Rn 17; *Meyer-Goßner/Schmitt*, § 81b Rn 23 jew. m.w.N; s.a. *Fugmann*, NJW 1981, 2227, 2229) und, falls die Löschung bereits erfolgte, mit einer **Fortsetzungsfeststellungsklage** (MüKo-StPO/*Trück*, § 81b Rn 14) angefochten werden kann. Maßgebend für die Beurteilung der Rechtmäßigkeit der Aufbewahrung ist hierbei der Zeitpunkt der verwaltungsgerichtlichen Entscheidung (VGH Mannheim NJW 1973, 1663; OVG Münster NJW 1972, 2147, 2148). Sollten sich die zu vernichtenden Unterlagen allerdings nicht mehr bei der Polizei, sondern in den Akten der StA befinden, ist der Rechtsschutz über einen **Antrag nach §§ 23 ff. EGGVG** (→ *Justizverwaltungsakt, Anfechtung, Allgemeines*, Teil B Rdn 309) zu erlangen (Radtke/Hohmann/*Beukelmann*, § 81b Rn 17; HK-*Brauer*, § 81b Rn 20; Satzger/Schluckebier/Widmaier/*Bosch*, § 81b Rn 17; *Meyer-Goßner/Schmitt*, § 81b Rn 23; MüKo-StPO/*Trück*, § 81b Rn 13 jew. m.w.N.). Der Antrag nach §§ 23 ff. EGGVG (→ *Justizverwaltungsakt, Anfechtung, Allgemeines*, Teil B Rdn 309) ist ebenfalls dann einschlägig, wenn sich die Aufbewahrung der Unterlagen nach Strafverfahrensrecht richtet (vgl. § 484 Abs. 4; *Beukelmann*, a.a.O.; HK-*Brauer*, a.a.O.; *Meyer-Goßner/Schmitt*, a.a.O.; SK-StPO/*Rogall*, § 81b Rn 70).

185 **6. Antragsmuster** (s.a. *Burhoff*, EV, Rn 1943)

B.2

An das

Amtsgericht

In dem Ermittlungsverfahren gegen Herrn

Aktenzeichen:

wegen

beantrage ich unter Hinweis auf die Vollmacht meines Mandanten,

gem. § 98 Abs. 2 Satz 2 StPO analog die angeordnete Abnahme der Fingerabdrücke meines Mandanten durch der PI Musterstadt vom aufzuheben.

[bzw. bei Erledigung:

gem. § 98 Abs. 2 Satz 2 StPO analog festzustellen, dass die angeordnete Abnahme der Fingerabdrücke meines Mandanten durch der PI Musterstadt vom rechtswidrig war.]

Begründung:

Am wurde in Musterstadt der Pkw mit dem amtlichen Kennzeichen XX-X 100 gestohlen. Mein Mandant wurde in der Nähe des Tatorts vorläufig festgenommen. In der anschließenden polizeilichen Vernehmung hat er die Entwendung des Fahrzeugs vollumfänglich eingeräumt.

Nachdem der Pkw inzwischen sichergestellt wurde, ist nunmehr doch noch die Anfertigung von Fingerabdrücken meines Mandanten durch die PI Musterstadt am angeordnet worden. Die Anordnung dieser erkennungsdienstlichen Maßnahmen ist jedoch unverhältnismäßig, da die Abnahme der Fingerabdrücke angesichts des Geständnisses meines Mandanten nicht mehr erforderlich ist. Auch sonst liegen keine polizeilichen Erkenntnisse vor, die unter Berücksichtigung des Verhältnismäßigkeitsgrundsatzes die Anordnung dieser Maßnahme rechtfertigen.

Ich beantrage, bis zur Entscheidung über den Antrag in entsprechender Anwendung von § 307 Abs. 2 StPO die Vollziehung der angekündigten Maßnahme auszusetzen.

Rechtsanwalt

Siehe auch: → *Antrag auf gerichtliche Entscheidung, Allgemeines*, Teil B Rdn 93, m.w.N.

Antrag auf gerichtliche Entscheidung, Herausgabeverlangen 186

Literaturhinweise: **Bittmann**, Das staatsanwaltliche Auskunftsverlangen gemäß § 95 StPO – Zugleich Besprechung zu LG Halle und LG Gera, NStZ 2001, 27, NStZ 2001, 231; **Kopp/Pfisterer**, Vorauseilender Gehorsam?, CCZ 2015, 98 (1. Teil), 151 (2. Teil); **Kusnik**, Behördliche Anfragen zum Versicherungsnehmer zwecks Strafverfolgung, VersR 2014, 550; s.a. die Hinw. bei → *Antrag auf gerichtliche Entscheidung, Allgemeines*, Teil B Rdn 93; → *Antrag auf gerichtliche Entscheidung, Beschlagnahme*, Teil B Rdn 110; → *Antrag auf gerichtliche Entscheidung, Durchsuchung*, Teil B Rdn 153. 187

1.a) Gem. § 95 kann vom Gewahrsamsinhaber eines beschlagnahmefähigen Gegenstandes i.S.d. § 94 dessen Herausgabe verlangt werden. Ein Vorgehen der Ermittlungsbehörden nach dieser Vorschrift bietet sich immer dann als strafprozessuales Instrument an, wenn anzunehmen ist, dass der Herausgabepflichtige die gesuchten Beweisgegenstände freiwillig herausgibt, es zur Erlangung des Gegenstandes nicht auf einen Überraschungseffekt ankommt, die Maßnahme erfolgversprechend ist und weder das Gebot der Verfahrensbeschleunigung entgegensteht noch ein das Ermittlungsverfahren bedrohender Verlust der begehrten Sache oder gar Verdunkelungsmaßnahmen zu besorgen sind (LG Dresden NZI 2014, 236, 237 m. Anm. *Köllner*; LG Saarbrücken NStZ 2010, 534). Das Herausgabeverlangen kann insofern im Vergleich zu einer Durchsuchung die mildere Maßnahme sein; sie geht dann einer Durchsuchungsanordnung vor (LG Saarbrücken NStZ-RR 2013, 183). Für das Herausgabeverlangen sind der Richter, die StA und die Polizei zuständig; Letztere sind auch dann zuständig, wenn keine Gefahr im Verzug besteht (LG Gera NStZ 2001, 276; LG Halle NStZ 2001, 276, 277; LG Lübeck NJW 2000, 3148 f.). 188

b) Vor diesem Hintergrund richtet sich der **Rechtsschutz** wie folgt danach, **wer** das Herausgabeverlangen ausgesprochen hat. Insoweit gilt: 189

- Gegen die **richterliche** Anordnung sowohl der Herausgabepflicht als auch der Zwangsmittel ist die Beschwerde nach § 304 StPO zulässig (HK-*Gercke*, § 95 Rn 12; KK-*Greven*, § 95 Rn 8; MüKo-StPO/*Hauschild*, § 95 Rn 21; *Meyer-Goßner/Schmitt*, § 95 Rn 12). 190
- Haben die **StA** oder seine **Ermittlungspersonen** gehandelt, steht dem betroffenen Gewahrsamsinhaber spätestens dann, wenn die Verhängung von Ordnungs- und Zwangsmitteln nach §§ 95 Abs. 2, 70 beantragt wurde, gem. **§ 98 Abs. 2 S. 2 analog** das Recht zu, eine richterliche Entscheidung darüber herbeizuführen, ob die Voraussetzungen für eine Auslieferung des von der StA herausverlangten Beweisgegenstandes vorliegen (LG Gera NStZ 2001, 276; HK-*Gercke*, a.a.O.; KK-*Greven*, a.a.O.; MüKo-StPO/*Hauschild*, a.a.O.; *Meyer-Goßner/Schmitt*, a.a.O.; *Bittmann* NStZ 2001, 231; krit. SSW-StPO/*Eschelbach*, § 95 Rn 19). Gegen die richterliche – das Herausgabeverlangen bestätigende – Entscheidung ist wiederum die **Beschwerde** gem. § 304 eröffnet (vgl. LG Stuttgart, Beschl. v. 23.9.2014 – 11 Qs 8/14, juris Rn 1 und Rn 4).

191 **2.** Da ein Herausgabeverlangen gem. § 95 – anders als die Beschlagnahme nach § 98 – nicht der richterlichen Präventivkontrolle unterliegt (vgl. LG Gera NStZ 2001, 276; LG Halle NStZ 2001, 276, 277; LG Stuttgart, Beschl. v. 23.9.2014 – 11 Qs 8/14), ist dem Gewahrsamsinhaber über § 98 Abs. 2 S. 2 analog auch **nachträglicher Rechtsschutz** einzuräumen (vgl. LG Gera NStZ 2001, 276), zumal die – mit Zwangsmittelandrohung einhergehende – Herausgabe bzw. Erteilung von Auskünften mit einem nicht unerheblichen Eingriff in Freiheitsrechte, insbesondere dem der informationellen Selbstbestimmung, einhergehen dürfte (vgl. BVerfG, Beschl. v. 11.7.2006 – 2 BvR 1717/04).

Siehe auch: → *Antrag auf gerichtliche Entscheidung, Allgemeines*, Teil B Rdn 93, m.w.N.; →*Antrag auf gerichtliche Entscheidung, Beschlagnahme*, Teil B Rdn 110; → *Antrag auf gerichtliche Entscheidung, Durchsuchung*, Teil B Rdn 153.

192 Antrag auf gerichtliche Entscheidung, Körperliche Untersuchung

Das Wichtigste in Kürze:

1. Bei der Anordnung bzw. Durchführung körperlicher Untersuchungen oder anderer körperlicher Eingriffe gem. §§ 81a ff. stehen dem Verteidiger nur rudimentär ausgestaltete Überprüfungsmöglichkeiten/Rechtsmittel zur Verfügung.
2. Gegen noch nicht vollzogene richterliche Anordnungen einer körperlichen Untersuchung des Beschuldigten, insbesondere einer Entnahme der Blutprobe nach § 81a, ist im EV die Beschwerde nach § 304 zulässig.
3. Die Ausführungen gelten allesamt auch für die körperliche Untersuchung von Zeugen gem. § 81c.
4. Dem Betroffene steht gegen die richterliche Anordnung sowohl der DNA-Analyse gem. §§ 81e, 81f als auch der Entnahme von Körperzellen für die Zwecke der DNA-Identitätsfeststellung gem. § 81g das Recht der Beschwerde nach § 304 Abs. 1 zu.
5. Die Ablehnung der vorgenannten Maßnahmen ist von der StA mit der Beschwerde anfechtbar.

193 **Literaturhinweise:** **Amelung**, Die Rechtsprechung des Bundesverfassungsgerichts seit 1990 zum Schutz der materiellen Grundrechte im Strafverfahren StV 2002, 161; **Biernat**, Rechtsschutz gegen Zwangsmaßnahmen im Ermittlungsverfahren, JuS 2004, 401; **Bottke**, Rechtsbehelfe der Verteidigung im Ermittlungsverfahren – eine Systematisierung, StV 1986, 120; **Geerds**, Körperliche Untersuchung, Jura 1988, 1; **Genzel**, Zulässigkeit des Rechtswegs gegen Maßnahmen der Staatsanwaltschaft nach § 81a StPO, NJW 1969, 1562; **Hilger**, Über den „Richtervorbehalt" im Ermittlungsverfahren, JR 1990, 485; **Meier**, Richtervorbehalt bei der Blutprobe: Verzichtbare Belastung aller Verfahrensbeteiligten, ZRP 2010, 223; **Meyer**, Die Fortsetzungsfeststellungsklage

im Strafprozessrecht, in: HRRS-Festgabe für *Gerhard Fezer*, 2008, S. 131; **Park**, Der Anspruch auf rechtliches Gehör im Rechtsschutzverfahren gegen strafprozessuale Zwangsmaßnahmen, StV 2009, 276; **Schenke**, Rechtsschutz bei strafprozessualen Eingriffen von Staatsanwaltschaft und Polizei, NJW 1976, 1816; **Schroth**, Der Rechtsschutz gegen strafprozessuale Grundrechtseingriffe, StV 1999, 117; s.a. die Hinw. bei → *Antrag auf gerichtliche Entscheidung, Allgemeines*, Teil B Rdn 93.

1. Bei der Anordnung bzw. Durchführung körperlicher Untersuchungen oder anderer körperlicher Eingriffe gem. §§ 81a ff. stehen dem Verteidiger nur rudimentär ausgestaltete **Überprüfungsmöglichkeiten/Rechtsmittel** zur Verfügung (s.a. *Burhoff*, EV, Rn 2480; KK-*Senge*, § 81a Rn 14; *Meyer-Goßner/Schmitt*, § 81a Rn 30 m.w.N.). Insofern richtet sich die Wahl der zutreffenden Rechtschutzmöglichkeit danach, welche Maßnahme von wem und zu welchem Zeitpunkt verfügt wurde: 194

2.a) Gegen **noch nicht vollzogene richterliche** Anordnungen einer **körperlichen Untersuchung** des **Beschuldigten**, insbesondere einer Entnahme der Blutprobe nach § 81a, ist im EV die **Beschwerde** (→ *Beschwerde, Allgemeines*, Teil A Rdn 400) nach § 304 zulässig (Radtke/Hohmann/*Beukelmann*, § 81a Rn 27; *Meyer-Goßner/Schmitt*, § 81a Rn 30). Etwas anderes gilt, wenn es sich um einen Beschluss handelt, der gem. § 202 S. 2 im Eröffnungsverfahren oder gem. § 304 Abs. 4 S. 2 vom OLG erlassen worden ist (*Burhoff*, EV, Rn 2480; KK-*Senge*, § 81a Rn 14; LR-*Krause*, § 81a Rn 84). Das Beschwerdegericht prüft Rechtmäßigkeit und Zweckmäßigkeit der Anordnung (OLG Hamm StraFo 2004, 93; LG Göttingen MDR 1952, 629; Radtke/Hohmann/*Beukelmann*, a.a.O.; KMR-*Bosch*, § 81a Rn 47), darf aber dem Tatrichter eine für notwendig erachtete Sachverhaltsaufklärung nicht verwehren (so *Meyer-Goßner/Schmitt*, a.a.O.; LR-*Krause*, § 81a Rn 88). 195

b) Die Beschwerde war zudem nach früherer Rspr. unzulässig, wenn sie erst nach der **Untersuchung** oder dem **Eingriff** eingelegt wird bzw. wenn diese sich zwischenzeitlich **erledigt** hat (zuletzt BGHSt 28, 57 f. m.w.N.; OLG Celle NJW 1973, 863). Insoweit wird aber nunmehr in Anlehnung an die Rspr. des BVerfG zum Rechtsschutz gegen richterlich angeordnete und abgeschlossene Durchsuchungsmaßnahmen (vgl. BVerfG NJW 1997, 2163) auch auf bereits erledigte, richterliche Untersuchungsanordnungen entsprechend anzuwenden sein (s.a. *Burhoff*, EV, Rn 2480), weil es sich insbesondere bei körperlichen Eingriffen um einen tiefgreifenden, jedoch nicht mehr fortwirkenden Grundrechtseingriff in die körperliche Integrität nach Art. 2 Abs. 2 GG handelt und sich die Belastung durch die Maßnahme nach dem typischen Verfahrensablauf auf eine Zeitspanne beschränkt, in welcher der Betroffene die gerichtliche Entscheidung im Beschwerdeverfahren kaum erlangen kann. Von daher steht dem Betroffenen auch **nach Abschluss** der **körperlichen Untersuchungsmaßnahmen** gem. § 304 die **Beschwerde** (→ *Beschwerde, Allgemeines*, Teil A Rdn 400), gerichtet auf **nachträgliche Feststellung** der **Rechtswidrigkeit**, offen (im Ergebnis ebenso Radtke/Hohmann/*Beukelmann*, § 81a Rn 27; KK-*Senge*, a.a.O.; KMR-*Bosch*, § 81a Rn 46; LR-*Krause*, § 81a Rn 86). 196

197 **c)** Anordnungen des **erkennenden Gerichts** können mit der **Beschwerde** (→ *Beschwerde, Allgemeines*, Teil A Rdn 400) gem. § 304 nur dann angefochten werden, wenn der Inhalt der Anordnung bzw. Intensität der Maßnahme einer der in § 305 S. 2 aufgeführten Zwangsmaßnahmen gleichkommt (Radtke/Hohmann/*Beukelmann,* § 81a Rn 27; KMR-*Bosch*, § 81a Rn 45; LR-*Krause*, § 81a Rn 87; *Meyer-Goßner/Schmitt*, a.a.O.). Dies ist bei **körperlichen Eingriffen** jedweder Art der Fall, weil hierdurch regelmäßig die durch Art. 2 Abs. 2 GG geschützte körperliche Unversehrtheit betroffen ist (wohl h.M., vgl. zuletzt u.a. OLG Brandenburg, Beschl. vom 16.1.2008 – 1 Ws 309/07; OLG Jena StV 2007, 24; OLG Hamburg StV 1998, 639 m.w.N.; Radtke/Hohmann/*Beukelmann,* § 81a Rn 27; KMR-*Bosch*, a.a.O.; KK-*Senge*, a.a.O.; LR-*Krause*, a.a.O.; teilw. a.A OLG Koblenz NStZ 1994, 355 [nicht bei unerheblichen Eingriffen]). Da es insoweit auf die Erheblichkeit des Eingriffs nicht ankommt, greift das Beschwerderecht auch bei Anfechtung einer **Blutprobe** ein (OLG Bremen StV 2010, 122; OLG Hamburg StV 1998, 639; Radtke/Hohmann/*Beukelmann*, a.a.O.; KK-*Senge*, a.a.O.; LR-*Krause*, a.a.O.; SSW-StPO/*Bosch*, § 81a Rn 30; *Meier* ZRP 2010, 223, 226; a.A. OLG Hamm MDR 1975, 1040; OLG Köln NStZ 1986, 234; *Burhoff*, EV, Rn 2482). Die Beschwerde ist ferner eröffnet, wenn körperliche Untersuchungen mit (kurzfristigen) **Freiheitsentziehungen** einhergehen (vgl. OLG Bremen, a.a.O.; OLG Celle NJW 1971, 256; OLG Schleswig NStZ 1982, 81; KMR-*Bosch*, a.a.O.; *Meyer-Goßner/Schmitt*, a.a.O.; HK-*Brauer*, § 81a Rn 36). Dementsprechend gilt dies nicht für die Anordnung einer psychiatrischen Untersuchung, wenn der Beschuldigte nicht untergebracht, sondern lediglich exploriert bzw. allgemein untergesucht werden soll (OLG Düsseldorf StV 2001, 156; OLG Nürnberg NStZ-RR 1998, 242 und OLG Zweibrücken MDR 1990, 75 [jew. für die Anordnung einer „normalen" psychiatrischen Untersuchung]; ebenso LR-*Krause*, a.a.O.).

198 **d)** Die bei „Gefahr im Verzug" nach § 81a Abs. 2 zulässigen Anordnungen der **StA** und der **Polizei** werden sofort vollzogen, sodass regelmäßig die gerichtliche Überprüfung einer bereits erledigten Maßnahme in Rede steht. Wurde hiergegen in der Vergangenheit nur ausnahmsweise ein Antrag nach §§ 23 ff. EGGVG (→ *Justizverwaltungsakt, Anfechtung, Allgemeines*, Teil B Rdn 309) für zulässig erachtet (so etwa *Genzel* NJW 1969, 1562, 1566), wenn ein rechtliches Interesse an nachträglicher Feststellung der Rechtswidrigkeit bestand (vgl. BGHSt 37, 79, 82 [nachträgliche Überprüfung einer Hausdurchsuchung]), kommt jetzt nach der Rspr. des BVerfG (NJW 2007, 1345) für die **nachträgliche Prüfung** der **Rechtmäßigkeit** einer Blutprobe – und damit auch anderer körperlicher Eingriffe – ein **Antrag auf gerichtliche Entscheidung gem. § 98 Abs. 2 S. 2 analog** in Betracht (s.a. Radtke/Hohmann/*Beukelmann*, § 81a Rn 28; *Burhoff*, EV, Rn 2483; KK-*Senge*, § 81a Rn 14; KMR-*Bosch*, § 81a Rn 44; LR-*Krause*, § 81a Rn 91; *Meyer-Goßner/Schmitt*, § 81a Rn 31), zumal hierdurch regelmäßig die grundrechtliche Position des Betroffenen beeinträchtigt ist (ähnlich LR-*Krause*, § 81a Rn 89). Ebenso verhält es sich, wenn **Art** und **Weise** des Vollzugs einer (nicht-) richterlich angeordneten Maßnahme beanstandet wird (SSW-StPO/*Bosch*, § 81a Rn 29; KK-*Senge*,

a.a.O.; LR-*Krause*, § 81a Rn 92; a.A. KMR-*Bosch*, § 81a Rn 44 [§ 23 EGGVG]). Dabei wird nicht allein die Rechtmäßigkeit der Anordnung, sondern auch das Vorliegen des Merkmals „Gefahr im Verzug" einer gerichtlichen Prüfung zugänglich sein (*Meyer-Goßner/Schmitt*, a.a.O.).

3.a) Die vorstehenden Ausführungen gelten allesamt auch für die **körperliche Untersuchung** von **Zeugen** gem. **§ 81c** (vgl. *Meyer-Goßner/Schmitt*, § 81c Rn 31 m.w.N.). Danach ist insbesondere gegen die **richterliche Anordnung** die **Beschwerde** (→ *Beschwerde, Allgemeines*, Teil A Rdn 400) nach § 304 zulässig, es sei denn, es handelt sich um einen Gerichtsbeschluss nach **§ 81c Abs. 3 S. 3**. Letzterer ist nämlich gem. § 81c Abs. 3 S. 4 **unanfechtbar**. 199

b) Die **Beschwerde** gem. § 304 (→ *Beschwerde, Allgemeines*, Teil A Rdn 400) ist bei Vorliegen eines Rechtsschutzinteresses, welches bei einem von der Untersuchungsmaßnahme betroffenen Tatunverdächtigen regelmäßig zu bejahen sein dürfte (vgl. LR-*Krause*, § 81c Rn 61), auch gegen bereits **vollzogene** und mittlerweile **erledigte** Anordnungen des Gericht **zulässig** (Radtke/Hohmann/*Beukelmann*, § 81c Rn 25; LR-*Krause*, a.a.O.). Anordnungen der **StA** und der **Polizei** sind nicht über einen Antrag nach §§ 23 ff. EGGVG (→ *Justizverwaltungsakt, Anfechtung, Allgemeines*, Teil B Rdn 309), sondern mittels eines **Antrags auf gerichtliche Entscheidung gem. § 98 Abs. 2 S. 2 analog** anfechtbar (Radtke/Hohmann/*Beukelmann*, § 81c Rn 26; KK-*Senge*, § 81c Rn 24; LR-*Krause*, § 81c Rn 63; *Meyer-Goßner/Schmitt*, § 81c Rn 31; SSW-StPO/*Bosch*, § 81c Rn 32). Dies dürfte wegen der nach Art. 19 Abs. 4 GG gebotenen engen Auslegung des § 81c Abs. 3 S. 4 auch für die besonderen Anordnungen der **StA** nach **§ 81c Abs. 3 S. 3** gelten (ebenso *Meyer-Goßner/Schmitt*, a.a.O.). 200

4. Dem Betroffene steht gegen die **richterliche Anordnung** sowohl der **DNA-Analyse** gem. **§§ 81e, 81f** als auch der Entnahme von Körperzellen für die Zwecke der **DNA-Identitätsfeststellung** gem. **§ 81g** das Recht der **Beschwerde** (→ *Beschwerde, Allgemeines*, Teil A Rdn 400) nach § 304 Abs. 1 zu (Radtke/Hohmann/*Beukelmann*, § 81f Rn 4 und § 81g Rn 21; HK-*Brauer*, § 81f Rn 9 und § 81g Rn 39; KK-*Senge*, § 81f Rn 11 und § 81g Rn 26; KMR-*Bosch*, § 81f Rn 11 und § 81g Rn 32; LR-*Krause*, § 81f Rn 35 und § 81g Rn 76; *Meyer-Goßner/Schmitt*, § 81f Rn 8 und § 81g Rn 22). Beschwerdefähig ist entsprechend § 305 S. 2 auch die Anordnung des erkennenden Gerichts (OLG Köln NStZ-RR 2002, 306; Radtke/Hohmann/*Beukelmann*, § 81f Rn 4; KK-*Senge*, § 81f Rn 11; KMR-*Bosch*, § 81f Rn 11). Die Bestimmung des Sachverständigen ist dagegen nicht isoliert anfechtbar (*Meyer-Goßner/Schmitt*, § 81f Rn 8; HK-*Brauer*, § 81f Rn 9; a.A. KK-*Senge*, a.a.O. [für die StA bei Abweichung von ihrem Vorschlag]). Eine **weitere Beschwerde** (→ *Beschwerde, weitere Beschwerde*, Teil A Rdn 585) ist gem. § 310 Abs. 2 **ausgeschlossen**; sie kann aber bei einem schwerwiegenden Mangel – etwa bei Verletzung des rechtlichen Gehörs – in eine Gegenvorstellung (→ *Gegenvorstellung, Allgemei-* 201 *nes*, Teil B Rdn 274) umgedeutet werden (OLG Karlsruhe StV 2002, 59; KMR-*Bosch*, a.a.O.; LR-*Krause*, § 81f Rn 35).

202 Da die **DNA-Identitätsfeststellung** gem. **§ 81g** ebenfalls mit einem grundrechtlich relevanten körperlichen Eingriff verbunden ist, hat der Betroffene das Recht, **Art** und **Weise** einer bereits vollzogenen, **richterlich** angeordneten Maßnahme mit dem **Antrag auf gerichtliche Entscheidung gem. § 98 Abs. 2 S. 2 analog** überprüfen zu lassen (OLG Karlsruhe NJW 2002, 3117, 3118; Radtke/Hohmann/*Beukelmann*, § 81g Rn 21; KMR-*Bosch*, § 81g Rn 32; LR-*Krause*, § 81g Rn 76; *Meyer-Goßner/Schmitt*, § 81g Rn 22). Gleiches muss aus Gründen der oben im Rahmen der körperlichen Untersuchung entwickelten Grundsätze (s.o. Rdn 198) und nicht zuletzt wegen der Rechtschutzgarantie aus Art. 19 Abs. 4 GG auch für **nichtrichterliche** Anordnungen gelten.

203 Die Anordnung einer **molekulargenetische Reihenuntersuchung** gem. **§ 81h** ist nach § 81h Abs. 2 S. 5 hingegen **unanfechtbar**. Auch gegen die gegenüber dem Betroffenen konkret angeordnete Untersuchung ist Rechtsschutz nicht möglich, weil dieser aufgrund der schriftlich erteilten Einwilligung nicht beschwert ist (Radtke/Hohmann/*Beukelmann*, § 81h Rn 7; KMR-*Bosch*, § 81h Rn 20; *Meyer-Goßner/Schmitt*, § 81h Rn 14).

204 **5.** Die **Ablehnung** der vorgenannten Maßnahmen (s. Rdn 195, 199, 201) ist dagegen – wie auch sonst bei Ablehnung **beantragter Untersuchungsmaßnahmen** – von der **StA** mit der **Beschwerde** (→ *Beschwerde, Allgemeines*, Teil A Rdn 400) nach § 304 Abs. 1, abgesehen von den Fällen des § 304 Abs. 5, anfechtbar (vgl. Radtke/Hohmann/*Beukelmann*, § 81f Rn 4; *Meyer-Goßner/Schmitt*, § 81f Rn 8; KK-*Senge*, § 81f Rn 11; KMR-*Bosch*, § 81c Rn 37, § 81f Rn 11 und § 81h Rn 20; LR-*Krause*, § 81c Rn 62).

Siehe auch: → *Antrag auf gerichtliche Entscheidung, Allgemeines*, Teil B Rdn 93; → *Antrag auf gerichtliche Entscheidung, Erkennungsdienstliche Behandlung*, Teil B Rdn 175.

205 Antrag auf gerichtliche Entscheidung, Sicherheitsleistung

206 **Literaturhinweise: Dünnebier**, Sicherstellung der Strafvollstreckung durch Sicherheitsleistung (§§ 127a, 132 StPO), NJW 1968, 1752; **Geppert**, Die Ahndung von Verkehrsverstößen durchreisender ausländischer Kraftfahrer, GA 1979, 281; **Greßmann**, Strafbefehlsverfahren mit Auslandsberührung, NStZ 1991, 216; s.a. die Hinw. bei → *Antrag auf gerichtliche Entscheidung, Allgemeines*, Teil B Rdn 93.

207 **1.** Gem. § 132 kann gegen einen Beschuldigten, der im Inland über keinen festen Wohnsitz oder Aufenthaltsort verfügt – i.d.R. der durchreisende ausländische Kraftfahrer –, angeordnet werden, dass dieser zur Sicherstellung des Strafverfahrens eine Sicherheit zu leisten und einen Zustellungsbevollmächtigten zu benennen hat. Befolgt der Be-

schuldigte diese Anordnung nicht, so können Beförderungsmittel und andere Sachen, die dieser mit sich führt, beschlagnahmt werden. Da über § 132 Abs. 3 S. 2 die §§ 94 und 98 entsprechend gelten, kann der Beschuldigte gegen die **nichtrichterlich** angeordnete **Beschlagnahme** gem. **§ 98 Abs. 2 S. 2** einen **Antrag auf gerichtliche Entscheidung** (→ *Antrag auf gerichtliche Entscheidung, Beschlagnahme*, Teil B Rdn 110) stellen.

2.a) Der Beschuldigte hat grds. die Befugnis, die richterliche Entscheidung überall dort nachzusuchen, wo der StA oder seine Ermittlungspersonen bei Gefahr in Verzug statt des an sich zuständigen Richters gehandelt haben (LR-*Hilger*, § 132 Rn 13). Deshalb steht ihm gem. **§ 98 Abs. 2 S. 2 analog** das Recht zu, auch schon gegen die **Anordnung selbst**, soweit diese, was regelmäßig der Fall sein dürfte, durch einen Beamten der StA oder Ermittlungsbeamten gem. § 132 Abs. 2 ausgesprochen worden ist, die **gerichtliche Entscheidung** zu beantragen. Dies ist zwar, soweit ersichtlich, noch nicht richterlich entschieden worden, entspricht aber der ganz h.M. in der Lit. (s.u.a. *Dünnebier* NJW 1968, 1752, 1755; *Geppert* GA 1979, 281, 302; *Greßmann* NStZ 1991, 216, 217; HK-*Ahlbrecht*, § 132 Rn 8; KK-*Schultheis*, § 132 Rn 8; KMR-*Wankel*, § 132 Rn 6; LR-*Hilger*, a.a.O.; *Meyer-Goßner/Schmitt*, § 132 Rn 12; SSW-StPO/*Satzger*, § 131 Rn 15; a.A. SK-StPO/*Pfaeffgen*, § 132 Rn 7 [§ 23 EGGVG]). 208

Gegen diese richterliche Entscheidung ist – wie auch gegen die richterliche Anordnung nach § 132 selbst – wiederum die **Beschwerde** (→ *Beschwerde, Allgemeines*, Teil B Rdn 453) nach § 304 Abs. 1 statthaft, wenn nicht § 305 S. 1 eingreift (*Dünnebier*, a.a.O.; *Greßmann*, a.a.O.; HK-*Ahlbrecht*, a.a.O.; KK-*Schultheis*, a.a.O.; KMR-*Wankel*, a.a.O.; LR-*Hilger*, a.a.O.; *Meyer-Goßner/Schmitt*, a.a.O.; SSW-StPO/*Satzger*, a.a.O.). 209

☝ Im Rahmen der Gestellung einer Sicherheit nach § 132 steht dem Betroffenen also in **zweifacher** Weise der **Antrag auf gerichtliche Entscheidung** offen – und zwar sowohl in **direkter** Anwendung des § 98 Abs. 2 S. 2 gegen die **nichtrichterliche Beschlagnahme** der Beförderungsmittel etc. als auch **analog** § 98 Abs. 2 S. 2 bereits gegen deren **Anordnung**.

b) Da insbesondere die Beschlagnahme von Beförderungsmitteln mit einem erheblichen Eingriff in Freiheitsrechte einhergeht, dürfte – in Anlehnung an die Rspr. des BVerfG (Beschl. v. 11.7.2006 – 2 BvR 1717/04) – auch **nachträglicher Rechtschutz** möglich und damit gegen zwischenzeitlich **erledigte** Anordnungen der StA sowie ihrer Ermittlungspersonen ebenfalls der **Antrag auf gerichtliche Entscheidung entsprechend § 98 Abs. 2 S. 2** zulässig sein. 210

Siehe auch: → *Antrag auf gerichtliche Entscheidung, Allgemeines*, Teil B Rdn 93, m.w.N.; → *Antrag auf gerichtliche Entscheidung, Beschlagnahme*, Teil B Rdn 110.

211 Antrag auf gerichtliche Entscheidung, Verdeckte Ermittlungen

Das Wichtigste in Kürze:

1. Ausgehend von einer Entscheidung des BVerfG zum sog. Großen Lauschangriff sieht nunmehr die StPO bei einigen verdeckten Ermittlungsmaßnahmen auch nach Erledigung der Maßnahme der Antrag auf gerichtliche Entscheidung vor.
2. Der Anwendungsbereich des nachträglichen Rechtsschutzes gem. § 101 Abs. 7 S. 2 ist auf die in § 101 Abs. 1 aufgeführten heimlichen Ermittlungsmaßnahmen beschränkt.
3. Das Recht auf nachträglichen Rechtsschutz steht nach § 101 Abs. 4 S. 1 nur den dort genannten Personen zu.
4. Der nachträgliche Rechtsschutz ist nach § 101 Abs. 7 S. 2 innerhalb von zwei Wochen nach Erhalt der Benachrichtigung zu beantragen.
5. Inhaltlich kann sich der Betroffene sowohl gegen die Rechtmäßigkeit der Anordnung an sich als auch gegen die Art und Weise ihres Vollzugs wenden.
6. Nach § 101 Abs. 7 S. 2 i.V.m. S. 1 entscheidet vor Erhebung der öffentlichen Klage das für die Anordnung der entsprechenden Maßnahme zuständige Gericht, mithin grds. der Ermittlungsrichter.
7. Nach § 101 Abs. 7 S. 3 kann gegen die Entscheidung des Anordnungsgerichts wiederum die sofortige Beschwerde eingelegt werden.

212 **Literaturhinweise:** **Bernsmann/Jansen**, Heimliche Ermittlungsmethoden und ihre Kontrolle, StV 1998, 217; **Burghardt**, Der Rechtsschutz gegen Zwangsmittel im Ermittlungsverfahren, JuS 2010, 605; *ders.*, Die neue Unübersichtlichkeit – Die Rechtsprechung des BGH zum nachträglichen Rechtsschutz gegen verdeckte Ermittlungsmaßnahmen, HRRS 2009, 567; **Glaser**, Der Rechtsschutz gegen „verdeckte" strafprozessuale Grundrechtseingriffe, JR 2010, 423; **Klaws**, Die Neuregelung des Telekommunikationsüberwachungsrechts im Strafverfahren, StRR 2008, 7; **Knierim**, Fallrepetitorium zur Wohnraumüberwachung und anderen verdeckten Eingriffen nach neuem Recht, StV 2009, 206; **Löffelmann**, Das Gesetz zur Umsetzung des Urteils des Bundesverfassungsgerichts vom 3.3.2004 (akustische Wohnraumüberwachung), ZIS 2006, 87; *ders.*, Die Übertragbarkeit der Judikatur des Bundesverfassungsgerichts zur akustischen Wohnraumüberwachung auf die Telekommunikationsüberwachung und andere verdeckte Ermittlungsmaßnahmen, ZStW 118 (2006), 358; *ders.*, Der Rechtsschutz gegen Ermittlungsmaßnahmen – Zugleich Besprechung von BGH, Beschl. v. 8.10.2008 – StB 12–15/08 –, StV 2009, 3; StV 2009, 379; *ders.*, Zum Übergang der Zuständigkeit zur Entscheidung über Rechtsbehelfe gegen Ermittlungsmaßnahmen auf das erkennende Gericht und andere Absonderlichkeiten des Rechtsschutzsystems im Ermittlungsverfahren, ZIS 2009, 495; **Meyer**, Die Fortsetzungsfeststellungsklage im Strafprozessrecht, in: HRRS-Festgabe für *Gerhard Fezer*, 2008, S. 131; *ders.*, Die Stellung des § 101 Abs. 7 StPO innerhalb der strafprozessualen Rechtsbehelfe, JR 2009, 318; **Meyer/Rettenmaier**, Zur Praxis des nachträglichen Rechtsschutzes gegen strafprozessuale Zwangsmaßnahmen – Rückkehr der prozessualen Überholung?, NJW 2009, 1238; **Nagel**, Rechtsschutz gegen verfahrenseinleitende und -fortführende Maßnahmen der Strafverfolgungsbehörden im Ermittlungsverfahren, StV 2001, 185; **Park**, Der Anspruch auf rechtliches Gehör im Rechtsschutzverfahren gegen strafprozessuale Zwangsmaßnahmen, StV 2009, 276; **Puschke/Sin-**

gelnstein, Telekommunikationsüberwachung, Vorratsdatenspeicherung und (sonstige) heimliche Ermittlungsmaßnahmen der StPO nach der Neuregelung zum 1.1.2008, NJW 2008, 113; **Schmidt**, Zur Bindungswirkung strafprozessualer Beschwerdeentscheidungen für das erkennende Gericht, NStZ 2009, 243; **Singelnstein**, Rechtsschutz gegen heimliche Ermittlungsmaßnahmen nach Einführung des § 101 Abs. 7 S. 2–4 StPO, NStZ 2009, 481; **Wesemann**, Die Neuregelung des § 101 StPO, StraFo 2009, 505; s.a. die Hinw. bei → *Antrag auf gerichtliche Entscheidung, Allgemeines*, Teil B Rdn 93.

1.a) Ausgehend von einer Entscheidung des BVerfG zum sog. Großen Lauschangriff (BVerfG BVerfG NJW 2004, 999, 1017) sieht nunmehr die StPO bei einigen verdeckten Ermittlungsmaßnahmen **explizit** den **nachträglichen Rechtsschutz** vor. Durch das TKÜErwG vom 21.12.2007 (BGBl I, S. 3198) ist insofern in **§ 101 Abs. 7 S. 2** für die heimlichen Ermittlungsmaßnahmen die Möglichkeit der nachträglichen gerichtlichen Überprüfung eingeführt worden (zur Neuregelung s. *Klaws* StRR 2008, 7 ff. und *Puschke/Singelnstein* NJW 2008, 113 ff.; zu den Rechtsschutzmöglichkeiten nach früherem Recht s. *Löffelmann* ZIS 2006, 87, 97; *ders.* ZStW 118, 358, 368 f.). Jetzt steht für alle gem. § 101 Abs. 4 S. 1 grds. zu benachrichtigenden Betroffene, selbst wenn von der Benachrichtigung abgesehen werden kann, auch nach **Erledigung** der Maßnahme der **Antrag auf gerichtliche Entscheidung** offen (eingehend *Burhoff*, EV, Rn 3236 ff.; KK-*Bruns*, § 101 Rn 29; s.a. *Glaser* JR 2010, 423 ff.; *Löffelmann* StV 2009, 379, 380; *Meyer* JR 2009, 318 ff.; *Meyer/Rettenmaier* NJW 2009, 1238, 1240) 213

b)aa) In Rspr. und Lit. besteht allerdings Streit, in welchem **Konkurrenzverhältnis** die neue Regelung zu dem vom BVerfG entwickelten Rechtsschutz für bereits beendete Maßnahmen steht (zu Letzterem s. die Hinw. bei → *Antrag auf gerichtliche Entscheidung, Allgemeines*, Teil B Rdn 97 f., und bei → *Antrag auf gerichtliche Entscheidung, Durchsuchung*, Teil B Rdn 116). In der Rspr. (BGHSt 53, 1; ebenso BGH StRR 2014, 220; OLG Celle StraFo 2012, 138 m. zust. Anm. *Hunsmann* StRR 2012, 262) und Teilen der Lit. (*Beulke*, Strafprozessrecht, Rn 327a; *Burhoff*, EV, Rn 3236; *Glaser* JR 2010, 423, 425; *Engländer* Jura 2010, 414, 417; Graf/*Hegmann*, § 101 Rn 42; *Meyer-Goßner/Schmitt*, § 101 Rn 26 m.w.N.; *Mosbacher* JuS 2009, 696, 698; Radtke/Hohmann/*Röwer*, § 101 Rn 17) geht man davon aus, dass es sich bei § 101 Abs. 7 um eine abschließende **Sonderregelung** und **nicht** nur um einen **„Auffangtatbestand"** (so aber HK-*Gercke*, § 101 Rn 16; *Löffelmann* StV 2009, 379, 384; *Meyer/Rettenmaier* NJW 2009, 1238, 1240 f.; *Puschke/Singelnstein* NJW 2008, 113, 116) handelt. Das hat zur Folge, dass – jedenfalls für bereits beendete Maßnahmen – die **Beschwerde** (→ *Beschwerde, Allgemeines*, Teil A Rdn 400) sowie der von der Rspr. entwickelte Rechtsschutz über **§ 98 Abs. 2 S. 2 analog verdrängt** wird (BGH, a.a.O.; s.a. *Burhoff*, EV, Rn 3236; *Glaser*, a.a.O.; *Meyer-Goßner/Schmitt*, a.a.O.; a.A. LR-*Hauck*, § 101 Rn 45; *Burghardt* HRRS 2009, 567, 572; *Eisenberg*, Rn 2499, 2535; *Löffelmann* ZIS 2009, 495; *ders.*, StV 2009, 379, 384; *Schmidt* NStZ 2009, 243, 246; *Wesemann* StraFo 2009, 505, 507). Zwar sind die gegen diese Rspr. erhobenen Einwände nicht von der Hand zu weisen, wonach hierdurch die 214 vom Gesetzgeber mit Einführung des § 101 Abs. 2 S. 2 bezweckte Stärkung des Rechtsschutzes unterlaufen werde (*Löffelmann* StV 2009, 379, 382; *Meyer* JR 2009, 318, 320; *Meyer/Rettenmaier*, a.a.O.; *Singelnstein* NStZ 2009, 481, 483; *Wesemann*, a.a.O.). Trotzdem dürfte **§ 101 Abs. 7 S. 2** angesichts der in ihr niedergelegten speziellen Fristen- und Zuständigkeitsregelung sowie der Tatsache, dass es für ihre Anwendung keines Nachweises eines Rechtsschutzinteresses bedarf (s. dazu *Engländer* Jura 2010, 414, 416; *Glaser* JR 2010, 423, 427), jedenfalls **nach Beendigung** der verdeckten Maßnahmen als lex specialis **abschließend** sein und die anderen Rechtsmittel verdrängen.

215 **bb)** Demgegenüber verdeutlicht die in § 101 Abs. 7 S. 2 gewählte Formulierung „*auch* nach Beendigung der Maßnahme", dass **vor Beendigung** der jeweiligen (Ermittlungs-) Maßnahme **Rechtsschutz** über die **allgemeinen Rechtsmittel** nach wie vor **möglich** ist (so *Beulke*, a.a.O.; *Engländer* Jura 2010, 414, 417; *Glaser* JR 2010, 423, 424; KMR-*Bär*, § 101 Rn 34; Radtke/Hohmann/*Röwer*, § 101 Rn 13; *Singelnstein* NStZ 2009, 481; a.A. offenbar SSW-StPO/*Eschelbach*, § 101 Rn 30 f. und *Meyer-Goßner/Schmitt*, § 101 Rn 25 [§ 101 Abs. 7 S. 2 auch in Fällen vor Beendigung];). Das gilt etwa dann, wenn der Betroffene, ohne benachrichtigt worden zu sein, anderweitig Kenntnis von der Durchführung der Maßnahme erhält (Radtke/Hohmann/*Röwer*, a.a.O.; SK-StPO/*Wolter*, § 101 Rn 39; s.a. *Meyer* JR 2009, 318, 323). Insofern steht § 101 Abs. 7 S. 2 dem nicht entgegen, gegen die (noch nicht erledigte) **Anordnung** der Maßnahme als solche **Beschwerde** (→ *Beschwerde, Allgemeines*, Teil A Rdn 400) nach § 304 zu erheben (*Engländer*, a.a.O.; *Singelnstein* NStZ 2009, 481, 483; SK-StPO/*Wolter*, a.a.O.) sowie gem. **§ 98 Abs. 2 S. 2 analog** die **gerichtliche Überprüfung** der **Art** und **Weise** ihres Vollzugs zu **beantragen** (s. wohl auch BGH, a.a.O.; *Burhoff*, EV, Rn 3236; *Engländer* Jura 2010, 414, 418; Graf/*Hegmann*, § 101 Rn 43; KK-*Bruns*, § 101 Rn 34; Radtke/Hohmann/*Röwer*, § 101 Rn 17; SK-StPO/*Wolter*, a.a.O.).

> ☝ In diesem Fall sollte der Verteidiger aber **konkret darlegen**, dass eine bestimmte Maßnahme noch vollzogen wird (*Meyer-Goßner/Schmitt*, § 101 Rn 26a). Andernfalls könnte vertreten werden, dass der Rechtsbehelf nicht statthaft sei, weil sonst die Gefahr der „Ausforschung" der Ermittlungsbehörden bestünde (vgl. KK-*Bruns*, a.a.O.).

216 **2.** Der **Anwendungsbereich** des nachträglichen Rechtsschutzes gem. § 101 Abs. 7 S. 2 ist auf die in **§ 101 Abs. 1** aufgeführten heimlichen Ermittlungsmaßnahmen beschränkt (s. *Burhoff*, EV, Rn 3238). Diese sind im enumerativen Katalog des § 101 Abs. 4 enthalten. Es handelt sich um folgenden

217 **Maßnahmenkatalog des § 101 Abs. 4:**

- die Auskunft über Erhebung von Telekommunikationsverkehrsdaten/Vorratsdatenspeicherung nach §§ 100g, 100i,

- den Einsatz technischer Mittel/Maßnahmen ohne Wissen des Betroffenen nach den §§ 100c, 100f und 100h,
- die Netzfahndung/Datenspeicherung,
- die längerfristige Observation durch die Polizei,
- die Polizeiliche Beobachtung,
- die Postbeschlagnahme,
- die Rasterfahndung,
- die Telefonüberwachung,
- den Einsatz eines VE.

3. Das Recht auf nachträglichen Rechtsschutz steht nach **§ 101 Abs. 4 S. 1** nur den dort genannten **Personen** zu (*Glaser* JR 2010, 423, 427). Das ist grds. der **Beschuldigte** und der sonst **von** der **Maßnahme (Dritt-) Betroffene** (*Burhoff,* EV, Rn 3238), wie z.B. der Gesprächspartner einer überwachten Telekommunikation (s. BGH StV 2010, 169; BGHR StPO § 475 Drittbetroffener 1) oder der Absender und der Adressat der Postsendung bei einer Postbeschlagnahme (wegen der Einzelh. s. die Regelung in § 101 Abs. 4 S. 1 Nr. 1 – 12). Diese Personen sind von den getroffenen Maßnahmen zu **benachrichtigen**, unabhängig davon, ob die durch die Ermittlungsmaßnahme gewonnenen Ergebnisse im Verfahren berücksichtigt worden sind. Da nach § 101 Abs. 4 S. 2 bei dieser Benachrichtigung auf die Möglichkeit des nachträglichen Rechtsschutzes und die dafür vorgesehene Frist hinzuweisen ist, erfahren die Personen auf diese Weise von der heimlichen Ermittlungsmaßnahme und den ihnen zustehenden Rechtsschutzmöglichkeiten. 218

Die **Benachrichtigung** nach § 101 Abs. 4 S. 2 ist aber **nicht Voraussetzung** für den **Rechtsschutz** (*Burhoff,* EV, Rn 3238; *Singelnstein* NStZ 2009, 481, 484). Dieser kann auch beantragt werden, wenn der Betroffene auf **andere Weise** von der Ermittlungsmaßnahme **erfährt** (*Burhoff*, a.a.O.; *Glaser* JR 2010, 423, 427; Graf/*Hegmann,* § 101 Rn 43; HK-*Gercke*, § 101 Rn 16; KK-*Bruns*, § 101 Rn 30; *Meyer-Goßner/Schmitt*, § 101 Rn 25). Ansonsten läge es im Ermessen der Behörde, über die Benachrichtigung und damit über die Möglichkeit nachträglichen Rechtsschutzes zu befinden (Radtke/Hohmann/*Röwer*, § 101 Rn 13). In diesen Fällen kann der Betroffene somit weiterhin Rechtsschutz über einen **Antrag auf gerichtliche Entscheidung** gem. **§ 98 Abs. 2 S. 2 analog** erlangen (Graf/*Hegmann*, a.a.O.).

☝ Er hat jedoch hierbei – anders als beim Rechtsschutz nach § 101 Abs. 7 S. 2 – ein **konkretes Rechtsschutzbedürfnis** darzulegen (BT-Drucks 16/5846, S. 62; Graf/*Hegmann*, a.a.O.). Um diesen Rechtsbehelf insofern fundiert begründen zu können, wird ihm **AE** – beim Antrag eines nicht am Verfahren Beteiligten Dritten über § 475 StPO – zu gewähren sein (eingehend BGH StV 2010, 169 f.; Graf/*Hegmann*, a.a.O.; *Meyer-Goßner/Schmitt*, § 101 Rn 25d und *Singelnstein* NStZ 2009, 481,

485 f.; zum Rechtsschutz bei verweigerter AE s. die Hinw. bei → *Antrag auf gerichtliche Entscheidung, Akteneinsicht*, Teil B Rdn 67).

219 **4.** Der nachträgliche Rechtsschutz ist nach § 101 Abs. 7 S. 2 innerhalb von **zwei Wochen** nach Erhalt der Benachrichtigung zu beantragen. Die zweiwöchige Frist greift als **Ausschlussfrist** aber nur für den Fall einer Benachrichtigung ein (*Burhoff*, EV, Rn 3241; KK-*Bruns*, § 101 Rn 30; *Meyer-Goßner/Schmitt*, § 101 Rn 25; SK-StPO/*Wolter*, § 101 Rn 40), und zwar auch dann, wenn der Betroffene schon vorher anderweitig Kenntnis von der Maßnahme erlangt hat (*Meyer-Goßner/Schmitt*, § 101 Rn 25 m.w.N.; *Wesemann* StraFo 2009, 505, 506). Andererseits führt ein Fehlen der Benachrichtigung nicht etwa zu einer zeitlich unbeschränkten Rechtsbehelfsmöglichkeit (so auch Graf/*Hegmann*, § 101 Rn 44). Sofern nämlich der Betroffene auf andere Weise von der verdeckten Ermittlungsmaßnahme erfahren hat, kann nach **Verwirkungsgrundsätzen** die verspätete Geltendmachung gegen Treu und Glauben verstoßen und das Rechtsschutzbedürfnis entfallen lassen (BVerfG NStZ 2009, 166; KMR-*Bär*, § 101 Rn 34b; zu weitgehend allerdings Graf/*Hegmann*, a.a.O. [zweiwöchige Frist ab Kenntnisnahme]; so aber wohl auch *Knierim* StV 2009, 206, 210 a.E.). Eine besondere **Form** sieht die StPO demgegenüber für den Antrag nicht vor. Der Antrag sollte aber schriftlich gestellt werden (*Burhoff*, EV, Rn 3243).

Da es sich um eine **Ausschlussfrist** handelt, kommt **Wiedereinsetzung in den vorigen Stand nicht** in Betracht (*Singelnstein* NStZ 2009, 481, 483). Zu Recht wird in der Lit. (vgl. *Burhoff*, EV, Rn 3241; HK-*Gercke*, a.a.O.; *Klaws* StRR 2008, 7, 10; *Puschke/Singelnstein* NJW 2008, 113, 116) darauf hingewiesen, dass die Frist zu kurz bemessen ist und dem Verteidiger kaum die Möglichkeit gibt, nachträglichen Rechtsschutz zu erlangen. Denn häufig wird in diesen Fällen auch AE erforderlich sein, die innerhalb der kurzen Frist kaum wird gewährt werden (können) (s.a. SK-StPO/*Wolter*, a.a.O.). Deshalb wird es dem Betroffenen aus Gründen effektiven Rechtsschutzes nachzulassen sein, eine eingehende **Antragsbegründung nachzureichen** (so bereits *Burhoff*, a.a.O.). Dies setzt allerdings zwingend voraus, dass der Betroffene bzw. Verteidiger, wenn er über eine Benachrichtigung oder in sonstiger Weise von einer heimlichen Ermittlungsmaßnahme erfährt, **unverzüglich** einen Antrag nach § 101 Abs. 7 S. 2 stellen sollte, um so die **Antragsfrist** zu **wahren**. Zur „unverzüglichen" Antragstellung zwingt vor allem auch die Regelung in § 101 Abs. 8 S. 1 (*Burhoff*, a.a.O.; KK-*Bruns*, § 101 Rn 30). Danach sind die erlangten Daten u.a. dann zu löschen, wenn sie für eine gerichtliche Überprüfung der Ermittlungsmaßnahme nicht mehr erforderlich sind. Nur durch einen zeitnahen Antrag kann der Verteidiger also die Löschung der erlangten Daten verhindern.

☝ Der Angeklagte ist an der Geltendmachung eines Verwertungsverbots nicht gehindert, wenn er die zweiwöchige **Ausschlussfrist** des § 101 Abs. 7 S. 2 **versäumt** (*Burhoff*, EV, Rn 3247; KK-*Bruns*, § 101 Rn 35) oder einen **Antrag** nach **§ 101 Abs. 7 nicht**

gestellt hat (*Meyer-Goßner/Schmitt*, § 101 Rn 26; *Wesemann* StraFo 2009, 505, 507). Denn die Frage der Verwertbarkeit bleibt dem erkennenden Gericht eigenständig und ohne Bindungswirkung überlassen (BT-Drucks 16/5846, S. 62; HK-*Gercke*, § 101 Rn 17; *Meyer-Goßner/Schmitt*, a.a.O.).

5. Inhaltlich kann sich der Betroffene sowohl gegen die **Rechtmäßigkeit** der **Anordnung** an sich als auch gegen die **Art** und **Weise** ihres **Vollzugs** wenden. In diesem Zusammenhang kann insbesondere die Frage des Zeitpunkts bzw. der Umstände der Benachrichtigung nachträglich zum Gegenstand gerichtlicher Überprüfung nach § 101 Abs. 7 bzw. § 98 Abs. 2 gemacht werden (LR-*Hauck*, § 101 Rn 47; MüKo-StPO/*Günther*, § 101 Rn 69; ferner eingehend OLG Celle StraFo 2012, 138 m. zust. Anm. *Hunsmann* StRR 2012, 138), da effektiver Grundrechtsschutz erst durch die Benachrichtigungspflicht selbst ermöglicht und Letztere damit zum integralen Bestandteil des Telekommunikationsüberwachungsverfahrens wird (OLG Celle, a.a.O.). 220

6. Für die **Zuständigkeit** zur **Entscheidung** über die Maßnahme gilt: 221

Entscheidung vor Anklageerhebung 222

- Nach § 101 Abs. 7 S. 2 i.V.m. S. 1 entscheidet **vor Erhebung** der öffentlichen Klage das für die **Anordnung** der entsprechenden Maßnahme **zuständige Gericht**, mithin grds. der Ermittlungsrichter (vgl. *Glaser* JR 2010, 423, 427). Dieses ist auch zuständig, soweit eine Benachrichtigung des Angeklagten noch nicht erfolgt ist (BVerfG NJW 2004, 999, 1017; *Burhoff*, EV, Rn 3245; KK-*Bruns*, § 101 Rn 32; LR-*Hauck*, § 101 Rn 58; *Meyer-Goßner/Schmitt*, § 101 Rn 25a).

Entscheidung nach Anklageerhebung 223

- **Nach Erhebung** der öffentlichen Klage *und* Benachrichtigung des Angeklagten entscheidet nach § 101 Abs. 7 S. 4 das **erkennende Gericht** in der das Verfahren abschließenden Entscheidung (zum Zuständigkeitswechsel vgl. BGH NJW 2009, 454 f.; NStZ 2009, 399, 400; eingehend auch *Burghardt* HRRS 2009, 567, 572 ff.; *Glaser* JR 2010, 423, 428; KMR-*Bär*, § 101 Rn 35; SK-StPO/*Wolter*, § 101 Rn 43; *Meyer-Goßner/Schmitt*, § 101 Rn 25a jew. m.w.N.; krit. insoweit *Löffelmann* StV 2009, 379, 383 und *Meyer* JR 2009, 318, 323), wobei eine Entscheidungsform „in oder neben dem Urteil" (so BGHSt 54, 30; vgl. aber BGH NStZ 2010, 225, 226 [„Beschlusswege"]) oder in einem Beschluss außerhalb der HV in Betracht kommt (eingehend hierzu *Meyer-Goßner/Schmitt*, a.a.O., m.w.N.; MüKo-StPO/*Günther*, § 101 Rn 79 ff.). Mit dieser, dem allgemeinen Rechtsgedanken aus § 162 nachempfundenen Zuständigkeitsregelung soll der Gefahr divergierender Entscheidungen vorgebeugt werden (vgl. BGH NStZ 2009, 399, 400; 2010, 225, 226), wenn das erkennende Gericht bei der Prüfung eines Verwertungsverbots zugleich zur Rechtmäßigkeit einer von § 101 erfassten Ermittlungsmaßnahme Stellung nehmen muss (BGH NJW 2009, 454 f.; Radtke/Hohmann/*Röwer*, § 101 Rn 14; SK-StPO/*Wolter*, § 101 Rn 42). Sofern nur gegen einzelne von mehreren Beschuldigten öffentliche Klage erhoben worden ist, soll dieser **Zuständigkeitswechsel** auch für die **nicht angeklagten (Mit-) Beschuldigten** gelten (a.A. SK-StPO/*Wolter*, § 101 Rn 43), sodass über die Rechtmäßigkeit der Maßnahme (insgesamt) erst im Rahmen der abschließenden Entscheidung, also – wie auch sonst – etwa „in oder neben dem Urteil" (BGH NJW 2009, 3177, 3178; NStZ 2010, 225, 226; vgl. auch BT-Drucks 16/5846, S. 63; Graf/*Hegmann*, § 101 Rn 46; KMR-*Bär*, § 101 Rn 35; *Meyer-Goßner/Schmitt*, a.a.O.; Radtke/Hohmann/*Röwer*, § 101 Rn 15; offen gelassen *Löffelmann* ZIS 2009, 495, 496) oder in einem gesonderten Beschlussverfahren außerhalb der HV (KK-*Bruns*, § 101 Rn 37; *Singelnstein* NStZ 2009, 481, 485; s.a. *Löffelmann*, a.a.O.) entschieden werden. Allerdings wird diese Entscheidung zur Vermeidung von Verfahrensverzögerungen im laufenden Verfahren zunächst zurückgestellt werden können, bis die das Verfahren abschließende Entscheidung vorliegt (*Burhoff*, EV, Rn 3241; in diese Richtung auch BGH NStZ 2010, 225, 226; KMR-*Bär*, a.a.O. und *Singelnstein*, a.a.O.).

224 Nach Verfahrensabschluss

- Nach rechtskräftigem Abschluss des Strafverfahrens ist für die Maßnahme des nachträglichen Rechtsschutzes (wieder) das **Gericht** zuständig, dass die Maßnahme **angeordnet** hat (OLG Koblenz StV 2010, 562 [Ls.]; MüKo-StPO/*Günther*, § 101 Rn 72).

225 Betroffener nicht Verfahrensbeteiligter

- Problematisch ist die Regelung des § 101 Abs. 7 auch in den Fällen, in denen über einen Antrag eines (Dritt-) Betroffenen zu entscheiden ist, der **nicht Verfahrensbeteiligter** ist, wie z.B. bei der Postbeschlagnahme der Absender der Sendung (vgl. § 101 Abs. 4 S. 1 Nr. 2) oder bei der Telefonüberwachung der Gesprächspartner des Angeklagten (vgl. § 101 Abs. 4 S. 1 Nr. 3). Dessen prozessrechtliche Situation ist nämlich völlig ungeklärt. Die Gesetzesformulierung in § 101 Abs. 7 S. 4 legt aber nahe, dass auch insoweit ein **Zuständigkeitswechsel** (BGH NJW 2009, 454, 455; NStZ 2010, 225, 226; ebenso OLG Celle StraFo 2012, 138 m. zust. Anm. *Hunsmann* StRR 2012, 262) mit der Folge eintritt, dass eine Entscheidung über dessen Antrag durch das erkennende Gericht ebenfalls erst im Urteil bzw. in einem mit dem Urteil verbundenen Beschluss (so bereits Graf/*Hegmann*, § 101 Rn 46a; ähnlich *Singelnstein* NStZ 2009, 481, 484; krit. aber KK-*Bruns*, a.a.O.; offengelassen *Burghardt* HRRS 2009, 567, 574 [kein Zuständigkeitswechsel oder Zuständigkeitswechsel mit Entscheidung im gesonderten Beschluss]) oder durch Beschluss außerhalb der HV (*Burhoff*, EV, Rn 3246 zu treffen ist. Mit anderen Worten: § 101 Abs. 7 S. 4 ist ausdehnend dahin gehend auszulegen, dass die Zuständigkeit des **erkennenden Gerichts** auch dann gegeben ist, wenn – auch nach Abschluss des Verfahrens – die **nachträgliche Überprüfung** einer verdeckten Ermittlungsmaßnahme von einem **Drittbetroffenen** begehrt wird oder wenn ein **nicht angeklagter Beschuldigter** sich im Verfahren nach § 101 Abs. 7 S. 2 gegen heimliche Ermittlungsmaßnahmen wendet, die in dem ursprünglich gemeinsam geführten Ermittlungsverfahren angeordnet worden sind (so ausdr. OLG Celle, a.a.O.).

7.a) Nach § 101 Abs. 7 S. 3 kann gegen die Entscheidung des **Anordnungsgerichts** wiederum die **sofortige Beschwerde** (→ *Beschwerde, Sofortige*, Teil A Rdn 550) eingelegt werden (*Glaser* JR 2010, 423, 429; Graf/*Hegmann*, § 101 Rn 47; KMR-*Bär*, § 101 Rn 36; KK-*Bruns*, § 101 Rn 36; *Meyer-Goßner/Schmitt*, § 101 Rn 25c; *Singelnstein* NStZ 2009, 481, 486), und zwar auch gegen Entscheidungen des OLG und des Ermittlungsrichters des BGH (vgl. § 304 Abs. 5 und § 304 Abs. 4 S. 2 Hs. 2 Nr. 1; *Burhoff*, EV, Rn 2483; KK-*Bruns*, a.a.O.; KMR-*Bär*, a.a.O.; *Meyer-Goßner/Schmitt*, a.a.O.; SK-StPO/*Wolter*, § 101 Rn 41). Erfasst werden aber nur Entscheidungen nach § 101 Abs. 7 S. 1 und 2, nicht auch andere, wie etwa Verweisungen aufgrund fehlender Zuständigkeit (OLG Saarbrücken, Beschl. v. 23.10.2008 – 1 Ws 181/08; *Burhoff*, a.a.O.). 226

b) Wurde die Entscheidung über die Rechtmäßigkeit der angegriffenen Maßnahme gem. § 101 Abs. 7 S. 4 durch das **erkennende Gericht** (im Urteil) getroffen, steht dem Angeklagten **auch** insoweit die **sofortige Beschwerde** (→ *Beschwerde, Sofortige*, Teil A Rdn 550) offen. Es entscheidet also nicht etwa das Revisionsgericht, sondern das nach §§ 73 Abs. 1, 74a Abs. 3, 74b S. 2, 74c Abs. 2, 121 Abs. 1 Nr. 2, 135 Abs. 2 GVG zuständige Beschwerdegericht (Graf/*Hegmann*, § 101 Rn 47a; KMR-*Bär*, a.a.O.; *Meyer-Goßner/Schmitt*, a.a.O.). Denn nach der h.M. in Rspr. (BGH NJW 2009, 3177, 3178) und Lit. (*Burghardt* HRRS 2009, 567, 575; *ders.* JuS 2010, 605, 607; *Glaser* JR 2010, 423, 430 f.; Graf/*Hegmann*, a.a.O.; *Meyer-Goßner/Schmitt*, a.a.O.; *Singelnstein* NStZ 2009, 481, 486; **a.A.** *Burhoff*, a.a.O.; HK-*Gercke*, § 101 Rn 18; *Löffelmann* ZIS 2009, 495, 496 und SK-StPO/*Wolter*, § 101 Rn 42 [Rechtsmittel der Hauptsache]) ist § 101 Abs. 7 dahin auszulegen, dass Rechtsmittel gegen die Entscheidung des Anordnungs- bzw. des Hauptsachegerichts **stets** die **sofortige Beschwerde** (→ *Beschwerde, Sofortige*, Teil A Rdn 550) ist, zumal mit der Revision verdeckte Ermittlungsmaßnahmen nur von den zur Revisionseinlegung nach den allgemeinen Vorschriften Befugten und lediglich insofern zur Überprüfung gestellt werden, als das Urteil auf der (Nicht-) Verwertung der dabei gewonnenen Erkenntnisse beruht. Dabei schließen weder § 336 S. 2 die Überprüfung der Verwertbarkeit der durch die Ermittlungsmaßnahme gewonnenen Erkenntnisse in der Revision, noch § 305 S. 1 StPO die Beschwerdemöglichkeit gegen die in oder neben dem Urteil getroffene Entscheidung nach § 101 Abs. 7 aus. Die Prüfung der Rechtmäßigkeit verdeckter Ermittlungsmaßnahmen nach § 101 Abs. 7 StPO und 227 die Prüfung der Verwertbarkeit der bei solchen Maßnahmen gewonnenen Erkenntnisse im Urteil sind nämlich nicht identisch (so ausdr. BT-Drucks 16/5846, S. 62; BGH, a.a.O.; Graf/*Hegmann*, a.a.O.). Dass sich hierdurch divergierende Entscheidungen über die Rechtmäßigkeit der Ermittlungsmaßnahme nicht vermeiden lassen, ist hinzunehmen, zumal ohnehin nicht auszuschließen ist, dass etwa das Anordnungsgericht über den Antrag eines Beschuldigten nach § 101 Abs. 7 anders entscheidet als das nach der Anklageerhebung mit der Sache befasste Gericht über einen solchen Antrag eines Drittbetroffenen oder über das Bestehen eines Verwertungsverbots bezüglich der bei der Maßnahme gewonnenen Beweise, welches dann inzident zur Überprüfung der Entscheidung über den nachträglichen Rechtsschutz führt (BGH, a.a.O.).

228 **c)** Dasselbe gilt erst recht für **Nichtverfahrensbeteiligte**, da diese die im Rahmen der Hauptsache getroffene Entscheidung nach § 101 Abs. 7 noch nicht einmal mit der Berufung bzw. Revision anfechten können (vgl. *Glaser* JR 2010, 423, 430). Insoweit steht auch ihnen gegen die Entscheidung des nach der Anklageerhebung mit der Sache befassten Gerichts ebenfalls das Rechtsmittel der **sofortigen Beschwerde** (→ *Beschwerde, Sofortige*, Teil A Rdn 550) offen (BGH NJW 2009, 3177, 3178).

Siehe auch: → *Antrag auf gerichtliche Entscheidung, Allgemeines*, Teil B Rdn 93, m.w.N.

229 Antrag auf gerichtliche Entscheidung, Vernehmung

Das Wichtigste in Kürze:

1. Die StA hat die Möglichkeit, im EV zur Straffung und Beschleunigung des Verfahrens Ordnungsstrafverfügungen gegen Zeugen und SV zu erlassen.
2. Gegen solche Entscheidungen der StA kann der Betroffene nach § 161a Abs. 3 S. 1 einen Antrag auf gerichtliche Entscheidung stellen.
3. Der Antrag auf gerichtliche Entscheidung ist auch zulässig gegen in Zusammenhang mit der Bestellung eines Vernehmungsbeistandes von StA getroffene, den Zeugen belastende Maßnahmen.
4. Über den Antrag entscheidet das nach § 162 zuständige Gericht. Antragsberechtigt ist der betroffene Zeuge oder SV, aber auch der Beschuldigte: Der Antrag ist schriftlich zu stellen.
5. Die Entscheidung des Gerichts, die auf den Antrag hin ergangen ist, ist nicht anfechtbar.
6. Wird der Beschuldigte von der StA zur Vernehmung mit Androhung der Vorführung geladen, kann der Beschuldigte den Antrag auf gerichtliche Entscheidung stellen.

Literaturhinweise: Amelung, Probleme des Rechtsschutzes gegen strafprozessuale Grundrechtseingriffe, NJW 1979, 1687; **Erb**, Kritische Bemerkungen zur geplanten Einführung einer strafprozessualen Erscheinens- und Aussagepflicht des Zeugen vor der Polizei, StV 2010, 655; **Hilger**, Über den „Richtervorbehalt" im Ermittlungsverfahren, JR 1990, 485; **Matt/Dierlamm/Schmidt**, Das (neue) Recht vom Zeugenbeistand und seine verfassungswidrigen Einschränkungen, StV 2009, 715; **Meyer**, Die Fortsetzungsfeststellungsklage im Strafprozessrecht, in: HRRS-Festgabe für *Gerhard Fezer*, 2008, S. 131; **Schenke**, Rechtsschutz bei strafprozessualen Eingriffen von Staatsanwaltschaft und Polizei, NJW 1976, 1816; s.a. die Hinw. bei → *Antrag auf gerichtliche Entscheidung, Allgemeines*, Teil B Rdn 93. **230**

1. Die in § 161a normierten Maßnahmen zur Konzentration des Ermittlungsverfahrens in der Hand der StA sollen zu dessen Straffung und Beschleunigung und damit auch zu einer bestmöglichen Aufklärung des Sachverhalts führen (KK-*Griesbaum*, § 161a Rn 1). Hierzu sind der StA gegenüber Zeugen und SV Zwangsmittel eingeräumt worden, mit deren Hilfe sie ihr Erscheinen und die Aussage zur Sache bzw. die Erstattung des Gutachtens verlangen kann. So kann die StA bei unberechtigtem Ausbleiben eines ordnungsgemäß geladenen **Zeugen** nach § 161a Abs. 2 S. 1 i.V.m. § 51 Abs. 1 S. 1 und 2 durch eine sog. Ordnungsstrafverfügung diesem die durch sein Ausbleiben verursachten Kosten auferlegen und ein Ordnungsgeld gegen ihn festsetzen. Überdies ist die StA befugt, die zwangsweise Vorführung des Zeugen gem. § 51 Abs. 1 S. 3 anzuordnen, wenn die ordnungsgemäße Ladung einen Hinweis auf diese Folge enthalten hat. Bei unberechtigter Zeugnisverweigerung kann die StA nach § 70 Abs. 1 dem Zeugen die durch die Weigerung verursachten Kosten auferlegen und gegen ihn ein Ordnungsgeld festsetzen (s. *Burhoff*, EV, Rn 4022). Entsprechendes gilt auch für den **SV**: Weigert sich ein SV unter Verletzung seiner Gutachterpflicht (§§ 75, 76), das verlangte Gutachten zu erstatten, oder erscheint ein solcher SV trotz ordnungsgemäßer Ladung unter Hinweis auf die gesetzlichen Folgen des Ausbleibens ohne genügende Entschuldigung nicht zum Termin, sind ihm in entsprechender Anwendung des § 77 Abs. 1 die dadurch verursachten Kosten und ein Ordnungsgeld aufzuerlegen. **231**

2. Gegen die vorerwähnten Entscheidungen der StA kann der Betroffene nach **§ 161a Abs. 3 S. 1** einen **Antrag auf gerichtliche Entscheidung** stellen. Im Einzelnen gilt folgende **232**

Übersicht: **233**

- Der Antrag ist zunächst gegen die **Ordnungsstrafverfügungen** zulässig, in denen einem Zeugen oder SV die durch sein Nichterscheinen bzw. seine Weigerung verursachten **Kosten** auferlegt oder gegen ihn **Ordnungsgelder** festgesetzt wurden (statt vieler *Burhoff*, EV, Rn 491; HK-*Zöller*, § 161a Rn 14; KK-*Griesbaum*, § 161a Rn 18).
- Anfechtbar sind insoweit auch die Entscheidungen der StA gegenüber dem (erschienenen) Zeugen bzw. SV, ein geltend gemachtes **Zeugnis-** oder **Auskunftsverweigerungsrecht nicht anzuerkennen** bzw. die **Beanstandung** einer **Frage zurückzuweisen** (HK-*Zöller*, § 161a Rn 14; SK-StPO/*Wohlers*, § 161a Rn 49).

- Die **Anordnung** der zwangsweisen **Vorführung** berechtigt den betroffenen Zeugen ebenfalls zu einem Antrag auf gerichtliche Entscheidung (HK-*Zöller,* § 161a Rn 14; Radtke/Hohmann/*Kretschmer*, § 161a Rn 14; KK-*Griesbaum*, § 161a Rn 19; KMR-*Plöd*, § 161a Rn 16; SK-StPO/*Wohlers,* § 161a Rn 49). Da diese indes grds. ohne vorherige Anhörung erlassen und dem Zeugen auch nicht gesondert mitgeteilt wird, erhält er von ihr regelmäßig erst durch deren Vollzug Kenntnis (KK-*Griesbaum*, a.a.O.). Der folglich erst nach Beginn der Vorführung gestellte Antrag ist aber mit der Beendigung der Vorführung prozessual überholt (*Burhoff*, EV, Rn 491; *Meyer-Goßner/Schmitt*, § 161a Rn 20a; Graf/*Patzak*, § 161a Rn 14). Gleichwohl ist auch bei einer solchen, bereits **erledigten** Vorführung das Rechtsschutzinteresse an einem Antrag auf nachträgliche **Feststellung** der **Rechtswidrigkeit** zu bejahen (HK-*Zöller*, a.a.O.; KK-*Griesbaum*, a.a.O.; KMR-*Plöd*, a.a.O.; LR-*Erb*, § 161a Rn 53 [jew. unter Hinw. auf BVerfG NJW 1997, 2163 und NJW 2006, 40]; s.a. SK-StPO/*Wohlers*, § 161a Rn 50 m.w.N.; vgl. in diesem Kontext auch BVerfG, Beschl. v. 9.8.1990 – 2 BvR 1128/88 [Verwerfung einer Beschwerde gegen eine Ladungsverfügung im Verfahren der internationalen Rechtshilfe mit der Begründung prozessualer Überholung verletzt Anspruch auf effektiven Rechtsschutz]).
- Dementsprechend ist aus Gründen des effektiven Rechtsschutzes der Antrag auf gerichtliche Entscheidung schon gegen die häufig in der Ladung ausgesprochene **Androhung** der zwangsweisen **Vorführung** zuzulassen (BGHSt 39, 96, 98; *Burhoff*, EV, Rn 491; HK-*Zöller,* § 161a Rn 14; Radtke/Hohmann/*Kretschmer,* § 161a Rn 14; KMR-*Plöd*, § 161a Rn 17; *Meyer-Goßner/Schmitt,* § 161a Rn 20a; Graf/*Patzak,* § 161a Rn 14; SK-StPO/*Wohlers,* § 161a Rn 50 m.w.N.), da selbst bei Anerkennung nachträglichen Rechtsschutzes der in der Vorführung liegende Eingriff nicht wieder rückgängig gemacht werden kann (KK-*Griesbaum*, § 161a Rn 20). Schon durch die Androhung der Vorführung ist der Zeuge beschwert, weil er trotz des bestehenden Ermessens der StA, ob sie die Vorführung tatsächlich anordnen will, mit der Vorführung rechnen muss, wenn er ohne genügende Entschuldigung der Vernehmung fernbleibt (KK-*Griesbaum,* § 161a Rn 20; *Meyer-Goßner/Schmitt*, a.a.O.).

> ☝ Rechtsschutz ist jedoch **nicht** gegen den bloß formularmäßigen **Hinweis** auf die möglichen gesetzlichen **Folgen** eines unentschuldigten **Ausbleibens** eröffnet (HK-*Zöller,* § 161a Rn 14; *Meyer-Goßner/Schmitt,* § 161a Rn 20a; SK-StPO/*Wohlers,* § 161a Rn 50). Die Ordnungsmäßigkeit der Ladung unterliegt insoweit auch dann **nicht** der Nachprüfung, wenn sie in Art einer Rechtsbelehrung den **Hinweis** auf die **Möglichkeit** der zwangsweisen **Vorführung** enthält, da diesem kein Eingriffscharakter zukommt (BGH, Beschl. v. 26.7.2007 – StB 31/07 und StB 32/07; SSW-StPO/*Ziegler/Vordermeyer*, § 161a Rn 19; KK-*Griesbaum,* § 161a Rn 20).

- Auch eine **Teilanfechtung** der staatsanwaltschaftlichen Anordnung durch den Zeugen bzw. Sachverständigen ist möglich, soweit der angefochtene Teil einer selbstständigen Prüfung zugänglich ist (HK-*Zöller,* § 161a Rn 14). So kann der Antrag auch auf einen bestimmten Beschwerdepunkt, bspw. die Höhe des Ordnungsgeldes, beschränkt werden (KK-*Griesbaum*, § 161a Rn 23; LR-*Erb*, § 161a Rn 58; *Meyer-Goßner/Schmitt*, § 161a Rn 21).
- Gegen **andere** Entscheidungen der StA als denen nach § 161a Abs. 2 S. 1 ist der Antrag auf gerichtliche Entscheidung **nicht** möglich, weil diese Vorschrift eine **abschließende** Regelung darstellt (KK-*Griesbaum*, § 161a Rn 21).

3. Durch das 2. OpferRRG vom 29.7.2009 (BGBl I, S. 2280) sind die Rechte von Verletzten und Zeugen im Strafverfahren erheblich gestärkt worden, indem in § 68b Abs. 1 das Recht auf einen allgemeinen **Vernehmungsbeistand** grundlegend neu geregelt worden ist (im Einzelnen s. *Burhoff*, EV, Rn 3958 ff. und *Matt/Dierlamm/Schmidt* StV 2009, 715 ff.). Bei einer **staatsanwaltlichen** Vernehmung trifft die StA die Entscheidung darüber, ob und inwiefern sich ein Zeuge anwaltlichen Beistands bedienen kann. Stellt sich diese Entscheidung aus Sicht des Zeugen, etwa beim Ausschluss des Zeugenbeistands nach § 68b Abs. 1 S. 3 oder bei verweigerter Beiordnung eines anwaltlichen Beistands gem. § 68b Abs. 2 S. 1, als belastend dar, kann dieser – anders als bei gerichtlichen Maßnahmen (vgl. § 68b Abs. 3) – gem. **§ 161a Abs. 3 S. 2 i.V.m. § 68b Abs. 1** dagegen ebenfalls den **Antrag auf gerichtliche Entscheidung** stellen (*Burhoff*, EV, Rn 3970; *Meyer-Goßner/Schmitt*, § 161a Rn 20b; Graf/*Patzak*, § 161a Rn 14). Es liegt dann im pflichtgemäßen Ermessen der StA, ob sie die Vernehmung fortsetzt oder zunächst die Entscheidung des angerufenen Gerichts abwartet (so *Meyer-Goßner/Schmitt*, § 161a Rn 21; a.A. *Matt/Dierlamm/Schmidt* StV 2009, 715, 718 [von Verfassung wegen vorübergehendes Recht zur Aussageverweigerung]). Da die StA bei einer **polizeilichen** Vernehmung gem. § 163 Abs. 3 S. 2 ebenfalls über die Beiordnung eines Beistandes befindet, ist deren Entscheidung auch in diesem Zusammenhang nach **§ 163 Abs. 3 S. 3 i.V.m. § 161a Abs. 3 S. 2 i.V.m. § 68b Abs. 1** mit dem **Antrag auf gerichtliche Entscheidung** überprüfbar (*Burhoff*, a.a.O.; *Matt/Dierlamm/Schmidt* StV 2009, 715). 234

☝ Alle **gerichtliche** Entscheidungen in diesem Kontext sind allerdings im Interesse eines schleunigen Verfahrens **unanfechtbar** (vgl. § 161a Abs. 3 S. 4; statt vieler Radtke/Hohmann/*Kretschmer*, § 161a Rn 14 und Graf/*Patzak*, § 161a Rn 17).

4.a) Nach altem Recht war gem. § 161a Abs. 3 S. 2 a.F. dasjenige LG zuständig, in dessen Bezirk die StA ihren Sitz hatte (ausf. zum alten Recht LR-*Erb*, § 161a Rn 56). Diese Zuständigkeit ist durch das 2. OpferRRG als nicht sachgerecht entfallen (vgl. BGBl I, S. 2280 und BT-Dr. 16/12098, S. 38 f.). Aus Gründen der Verfahrenskonzentration ist nunmehr gem. § 161a Abs. 3 S. 1 das nach **§ 162 zuständige Gericht** zur Entscheidung 235 berufen. Dies führt nach den insoweit ebenfalls maßgeblichen Änderungen des § 162 durch das Gesetz zur Änderung des Untersuchungshaftrecht vom 29.7.2009 (vgl. BGBl I, S. 2274 und BT-Drucks 16/11644, S. 35; s.a. *Burhoff*, EV, Rn 494) zu folgenden

236 **Zuständigkeiten:**

- **Vor Erhebung** der **Anklage** ist der Ermittlungsrichter bei dem AG zuständig, in dessen Bezirk die StA oder ihre Zweigstelle ihren Sitz hat (§ 161a Abs. 3 S. 1 i.V.m. § 162 Abs. 1 S. 1).
- **Nach Erhebung** der **Anklage** ist das Gericht zuständig, das mit der Sache befasst ist (§ 161a Abs. 3 S. 1 i.V.m. § 162 Abs. 3 S. 1).
- **Während** des **Revisionsverfahrens** ist das Gericht zuständig, dessen Urteil angefochten worden ist (§ 161a Abs. 3 S. 1 i.V.m. § 162 Abs. 3 S. 2).
- Nach **rechtskräftigem Abschluss** des **Verfahrens** ist wieder der Ermittlungsrichter zuständig, in dessen Bezirk die StA oder ihre Zweigstelle ihren Sitz hat (§ 161a Abs. 3 S. 1 i.V.m. § 162 Abs. 3 S. 3, 1).
- **Nach** einem **Wiederaufnahmeantrag** ist das für das Wiederaufnahmeverfahren zuständige Gericht zuständig (§ 161a Abs. 3 S. 1 i.V.m. § 162 Abs. 3 S. 4).
- In Fällen, in denen das EV Straftaten zum Gegenstand hat, die nach § 120 GVG im **ersten Rechtszug** zur **Zuständigkeit** des **OLG** gehören oder in denen der GBA die Ermittlungen führt, ist der Ermittlungsrichter des OLG bzw. des BGH neben dem Ermittlungsrichter des AG zuständig (*Meyer-Goßner/Schmitt*, § 161a Rn 20 i.V.m. § 169 Rn 2a).

237 **b) Antragsberechtigt** ist der betroffene **Zeuge** oder **SV**, aber auch der **Beschuldigte**, wenn er durch eine Entscheidung beschwert ist, so etwa dann, wenn von der Auferlegung der Säumniskosten auf einen Zeugen oder Sachverständigen abgesehen oder eine solche Entscheidung nachträglich wieder aufgehoben wird (*Burhoff*, EV, Rn 491; KK-*Griesbaum*, § 161a Rn 18; SK-StPO/*Wohlers*, § 161a Rn 51). Die Antragstellung ist ebenfalls nach § 297 durch einen Rechtsanwalt oder gem. § 298 durch den gesetzlichen Vertreter zulässig (HK-*Zöller*, a.a.O.; LR-*Erb*, § 161a Rn 57; SK-StPO/*Wohlers*, a.a.O.).

238 **c)** Der Antrag auf gerichtliche Entscheidung ist nach § 161a Abs. 3 S. 3 i.V.m. § 306 Abs. 1 **schriftlich** oder zu **Protokoll** der **Geschäftsstelle** zu stellen (→ *Rechtsmittel/Rechtsbehelfe, Form, Allgemeines*, Teil A Rdn 1509). Dabei ist der Betroffene jedoch an **keine Frist** gebunden (*Burhoff*, EV, Rn 493; LR-*Erb*, § 161a Rn 58; SK-StPO/*Wohlers*, § 161a Rn 53), wobei jedoch auch hier die Grundsätze der Verwirkung zu beachten sein dürften. Der Antrag hat gem. § 161a Abs. 3 S. 3 i.V.m. § 307 Abs. 1 **keine aufschiebende Wirkung**, doch kann sowohl die StA als auch das Gericht den Vollzug aussetzen (LR-*Erb*, a.a.O.).

239 **d)** Für das **weitere Verfahren** gilt: Hilft die StA dem Antrag nicht ab, so legt sie diesen dem Gericht zum zuständigen Befinden vor (§ 161a Abs. 3 S. 3 i.V.m. § 306 Abs. 2). Das

Gericht entscheidet zwar sodann nach § 161a Abs. 3 S. 3 i.V.m. § 309 Abs. 2 in der Sache selbst, prüft hierbei jedoch nur die **Zulässigkeit** und nicht etwa die Zweckmäßigkeit und Notwendigkeit der gerügten staatsanwaltlichen Maßnahme nach § 161a (*Burhoff*, EV, Rn 496; *Meyer-Goßner/Schmitt*, § 162 Rn 14). Im Übrigen bestimmt § 161a Abs. 3 S. 3 die entsprechende Anwendungen des überwiegenden Teils der allgemeinen Rechtsmittelvorschriften (§§ 297–300; 302, 306–309, 311a, 473a).

5. Nicht anfechtbar ist gem. § 161a Abs. 3 S. 4 die **Entscheidung** des Gerichts, die **auf** 240
den **Antrag hin ergangen** ist, und zwar sowohl im Ganzen als auch bezüglich der Kosten des Antrags, über die vom Gericht mit entschieden wird (s. *Burhoff*, EV, Rn 497; KMR-*Plöd*, § 161a Rn 20; SK-StPO/*Wohlers*, § 161a Rn 54; zum alten Recht vgl. KK-*Griesbaum*, § 161a Rn 24; HK-*Zöller*, § 161a Rn 18). Dagegen bleibt die Festsetzung von Ordnungs- und Erzwingungshaft durch den Richter selbst (vgl. § 161a Abs. 2 S. 2) grds. beschwerdefähig (HK-*Zöller*, a.a.O.; SK-StPO/*Wohlers*, a.a.O.).

6. Der **Beschuldigte** ist nach **§ 163a** wie der Zeuge und der SV ebenfalls verpflichtet, auf 241
Ladung vor der **StA** zu **erscheinen**. Gem. § 163a Abs. 3 S. 2 i.V.m. §§ 133 ff. kann zudem in der Ladung die Vorführung des Beschuldigten angedroht und schließlich ein Vorführungsbefehl erlassen werden. Hiergegen steht auch dem Beschuldigten Rechtsschutz offen, indem gem. **§ 163a Abs. 3 S. 3** auf seinen **Antrag** hin das nach § 162 zuständige **Gericht** über die **Rechtmäßigkeit**, nicht dagegen über die Zweckmäßigkeit, der **Vorführung** zu **entscheiden** hat (Radtke/Hohmann/*Kretschmer*, § 163a Rn 12). Insoweit gelten zur Frage der Anfechtbarkeit der staatsanwaltlichen Entscheidungen, des zuständigen Gerichts und zum Verfahren die vorstehenden Erläuterungen zu § 161a entsprechend. Insbesondere ist auch hier zugunsten des Beschuldigten ein **fortbestehendes Rechtsschutzinteresse** an gerichtlicher Überprüfung zwischenzeitlich **erledigter** Entscheidungen der StA anzuerkennen. Da der Vorführungsbefehl nicht vor der Vollstreckung mitgeteilt wird, ist ferner der Antrag auf gerichtliche Entscheidung schon gegen die **Androhung** in der Ladung als solche zulässig, da ansonsten effektiver Rechtsschutz nicht hinreichend sicherzustellen ist (Radtke/Hohmann/*Kretschmer*, a.a.O.; KMR-*Plöd*, § 163a Rn 20; *Meyer-Goßner/Schmitt*, § 163a Rn 22).

☝ Der Beschuldigte kann u.U. auch **Art** und **Weise** seiner **Vernehmung** gerichtlich überprüfen lassen. So hält das LG Ravensburg (NStZ-RR 2008, 45 ff. m. Anm. *Mosbacher* JuS 2008, 688, 690 f.) die richterliche Überprüfung von Eingriffen für möglich, zu denen es während einer Vernehmung kommt. Insofern stelle – so das LG Ravensburg (NStZ-RR 2008, 45, 46) – etwa der Angriff auf die Freiheit der Willensentschließung und Willensbetätigung eines Beschuldigten durch **verbotene**, in § 136a StPO nur beispielhaft aufgeführte **Vernehmungsmethoden** eine Zwangsmaßnahme in einem grundrechtlich geschützten Bereich nach Art. 1 Abs. 1, Art. 2 GG dar. Da der Anwendungsbereich des § 98 Abs. 2 S. 2 StPO nicht auf Beschlagnahmen und Durchsuchungen beschränkt sei, vielmehr alle Eingriffe in grundrechtlich geschützte Rechtspositionen und grundrechtsberührende Ermittlungshandlungen umfasse, sei auch gem. **§ 98 Abs. 2 S. 2 StPO analog nachträglich** der **Antrag** auf **gerichtliche Entscheidung**, gerichtet auf **Feststellung** der **Rechtswidrigkeit**, zulässig (in diesem Sinne LG Ravensburg, a.a.O.).

Siehe auch: → *Antrag auf gerichtliche Entscheidung, Allgemeines*, Teil B Rdn 93.

242 Antrag auf gerichtliche Entscheidung, Vollstreckungsverfahren

Das Wichtigste in Kürze:

1. Gem. § 458 Abs. 1 3. Var. können gegen die Zulässigkeit der Strafvollstreckung („Ob"), nicht jedoch gegen die Art und Weise des Vollzugs („Wie") sowie gegen die Rechtmäßigkeit des Straferkenntnisses Einwendungen geltend gemacht werden.
2. Einwendungsberechtigt ist jeder von der Vollstreckung Betroffene. Zuständig für die Prüfung der Einwendungen ist die Vollstreckungsbehörde. Inhaltlich müssen sich die Einwendungen gegen die Zulässigkeit der Strafvollstreckung als solche und damit gegen den Bestand und Umfang des staatlichen Vollstreckungsanspruchs richten.
3. Nach § 458 Abs. 2 können über Abs. 1 hinaus auch einzelne Vollstreckungsanordnungen gerichtlich angegriffen werden, wobei sich die gerichtliche Nachprüfung allerdings auf Ermessensfehler beschränkt.
4. Durch das Verfahren nach § 458 Abs. 1 und 2 wird die Vollstreckung grds. nicht gehemmt. Gem. § 458 Abs. 3 kann das Gericht allerdings vorläufig auf Antrag oder von Amts wegen Aufschub oder Unterbrechung der Vollstreckung anordnen.
5. Der im Verfahren nach §§ 458, 462 ergehende Beschluss des Gerichts unterliegt gem. § 462 Abs. 3 der sofortigen Beschwerde. Erneute Einwendungen sind nach rechtskräftigem Abschluss des Verfahrens zulässig, sofern sie auf neue Tatsachen und Beweismittel gestützt werden.

243 **Literaturhinweise: Neuhaus/Putzke**, Rechtsschutz in der Strafvollstreckung, ZAP Fach 22, 447; s.a. die Hinw. bei → *Antrag auf gerichtliche Entscheidung, Allgemeines*, Teil B Rdn 93.

244 **1.** Wenn im Vollstreckungsverfahren über die Auslegung eines Strafurteils oder über die Berechnung der erkannten Strafe Zweifel entstehen oder wenn Einwendungen gegen die Zulässigkeit der Strafvollstreckung erhoben werden, so ist gem. **§ 458 Abs. 1** die Ent-

scheidung des Gerichts herbeizuführen. Der Absatz 1 dieser Vorschrift umfasst – auf den ersten Blick nicht erkennbar – zwei völlig verschiedene gerichtliche Entscheidungen (s. HK-*Pollähne*, § 458 Rn 1): Die Erste kommt ausschließlich auf Antrag der Vollstreckungsbehörde zustande, wenn diese Zweifel entweder an der Auslegung eines Urteils (Abs. 1 1. Var.) oder an der Strafberechnung hat (Abs. 1 2. Var.). Die zweite – hier allein interessierende – gerichtliche Entscheidung ergeht dagegen auf **Einwendungen** des Betroffenen gegen die **Zulässigkeit** der **Strafvollstreckung** (Abs. 1 3. Var.). Bei der Vollstreckung von Sicherungsmaßregeln (§ 463 Abs. 1) gilt § 458 Abs. 1 entsprechend, für die Einwendungen gegen die Geldstrafenvollstreckung geht § 459h als lex specialis vor (HK-*Pollähne*, a.a.O.; KK-*Appl*, § 458 Rn 2; KMR-*Stöckel*, § 458 Rn 3; LR-*Graalmann-Scheerer*, § 458 Rn 23; *Meyer-Goßner/Schmitt*, § 458 Rn 1; SSW-StPO/*Hanft*, § 458 Rn 1; zur Strafvollstreckung gegen Erwachsene eingehend Burhoff/Kotz/*Artkämer/Jacobs*, Nachsorge, Teil B Rn 241a ff; gegen Jugendliche Burhoff/Kotz/*Schimmel*, Nachsorge, Teil B Rn 724).

☝ Soweit § 458 eine gerichtliche Entscheidung zulässt, ist der Rechtsweg nach §§ 23 ff. EGGVG ausgeschlossen (vgl. § 23 Abs. 3 EGGVG; HK-*Pollähne*, § 458 Rn 8; LR-*Graalmann-Scheerer*, § 458 Rn 24; *Meyer-Goßner/Schmitt*, § 458 Rn 15; SSW-StPO/*Hanft*, § 458 Rn 1; → *Justizverwaltungsakte, Anfechtung, Allgemeines*, Teil B Rdn 309; → *Justizverwaltungsakte, Anfechtung (§§ 23 ff. EGGVG), Maßnahmen im Strafvollstreckungsverfahren*, Teil B Rdn 417 ff.).

2.a) Einwendungsberechtigt nach § 458 Abs. 1 3. Var. ist jeder, gegen den vollstreckt **245** wird bzw. werden soll. Dies kann nicht nur der Verurteilte und sein Verteidiger, sein gesetzlicher Vertreter, ein Verfalls-, Einziehungs- oder sonstiger Nebenbeteiligter sein (§§ 431 Abs. 1, 442, 444 Abs. 1), sondern jeder Dritte, der behauptet, gegen ihn werde ohne Rechtsgrundlage die Vollstreckung betrieben, so etwa der Eigentümer einer Sache, der deren Identität mit einer im Urteil eingezogenen Sache bestreitet, oder ein Erbe, dessen Nachlass von der Vollstreckung betroffen ist (vgl. HK-*Pollähne*, § 458 Rn 4; KK-*Appl*, § 458 Rn 9; KMR-*Stöckel*, § 458 Rn 19; LR-*Graalmann-Scheerer*, § 458 Rn 25 ff.; *Meyer-Goßner/Schmitt*, § 458 Rn 5; SSW-StPO/*Hanft*, § 458 Rn 4).

☝ Die **StA** ist demgegenüber als Strafverfolgungsbehörde auch dann nicht einwendungsbefugt, wenn sie Einwendungen zugunsten des Verurteilten erhebt (OLG Düsseldorf NStZ-RR 1997, 220, *Meyer-Goßner/Schmitt*, § 458 Rn 7). Erhebt der Verurteilte keine Einwendungen, so kann die Vollstreckungsbehörde ihre eigenen Zweifel ebenfalls nicht gerichtlich klären lassen (OLG Celle Nds.Rpfl. 1987, 110, 111; OLG Rostock NStZ 1994, 303, 304; KMR-*Stöckel*, § 458 Rn 19; LR-*Graalmann-Scheerer*, § 458 Rn 7; *Meyer-Goßner/Schmitt*, § 458 Rn 5; SSW-StPO/*Hanft*, § 458 Rn 4). Die Einwendungen bedürfen **keiner Form** (KK-*Appl*, § 458 Rn 11; KMR-*Stöckel*, § 458 Rn 20).

246 **b)** Hinsichtlich der **Zuständigkeit** gilt: Anders als in den Fällen des Antrages auf gerichtliche Entscheidung ist eine unmittelbare bzw. sofortige Herbeiführung einer Entscheidung des Gerichts nicht möglich (KG StV 2008, 202, 203 m.w.N.). Die Einwendungen sind vielmehr zunächst gegenüber der **Vollstreckungsbehörde** zur Überprüfung ihrer eigenen Entscheidung anzubringen (KG, a.a.O.; *Meyer-Goßner/Schmitt*, § 458 Rn 6). Erst bei deren Nichtabhilfe leitet sie die Einwendungen an das nach § 462a zuständige Gericht weiter (zur Zuständigkeit s. KK-*Appl*, § 458 Rn 2; LR-*Graalmann-Scheerer*, § 458 Rn 1; SSW-StPO/*Hanft*, § 458 Rn 6; *Neuhaus/Putzke* ZAP Fach 22, S. 447, 450). Das weitere Procedere bestimmt sich nach § 462, der Grundverfahrensvorschrift für die Nachtragsentscheidungen in der Strafvollstreckung.

247 **c) Inhaltlich** müssen sich die Einwendungen gegen die Zulässigkeit der Strafvollstreckung als solche und damit gegen den **Bestand** und **Umfang** des **staatlichen Vollstreckungsanspruchs** richten (BGHSt 44, 19, 22 f.; OLG Düsseldorf NJW 1977, 117; OLG Hamburg NJW 1975, 1132; Radtke/Hohmann/*Baier*, § 458 Rn 5; HK-*Pollähne*, § 458 Rn 5; KK-*Appl*, § 458 Rn 10; LR-*Graalmann-Scheerer*, § 458 Rn 10; *Meyer-Goßner/Schmitt*, § 458 Rn 8). Dabei ist Folgendes zu **beachten**:

248 **Vollstreckungsvoraussetzungen/-hindernisse**

- Nach § 458 Abs. 1 3. Var. kann das **Fehlen** allgemeiner Vollstreckungsvoraussetzungen sowie das Vorliegen von Vollstreckungshindernissen („Ob" der Strafvollstreckung) **geltend gemacht** werden (HK-*Pollähne,* § 458 Rn 5; LR-*Graalmann-Scheerer*, § 458 Rn 6; *Meyer-Goßner/Schmitt*, § 458 Rn 1). Zu diesen gehören bspw. die fehlende Rechtskraft einer Entscheidung (OLG Hamburg VRS 117 (2009), 201), die fehlende Identität des Betroffenen mit dem Verurteilten (KG NStZ-RR 2004, 240, 242), die bereits erfolgte Vollstreckung der Strafe, der Straferlass (vgl. BGHSt 7, 97, 98), der Vertrauensschutz (OLG Karlsruhe NStZ-RR 1997, 253), der Verjährungseintritt, die Nichtigkeit eines Vollstreckungstitels (KG NStZ 1982, 241 m. Anm. *Katholnigg*), der Verstoß gegen die Reihenfolge der Vollstreckung nach § 67 Abs. 1 StGB (OLG Brandenburg NStZ 2000, 500, 501 m. Anm. *Rautenberg*; OLG Celle NStZ-RR 2002, 349, 350; OLG Düsseldorf NStZ 1981, 366), eine Amnestie und der Gnadenerweis (zu weiteren Einwendungen s. Radtke/Hohmann/*Baier*, § 458 Rn 5; KK-*Appl*, § 458 Rn 12; KMR-*Stöckel*, § 458 Rn 9 ff.; LR-*Graalmann-Scheerer*, § 458 Rn 9).

☝ Hat sich eine Vollstreckungsmaßnahme während eines Verfahrens nach § 458 Abs. 1 **erledigt**, kann jedenfalls bei gravierenden Grundrechtseingriffen Rechtsschutz im Wege des **Fortsetzungsfeststellungsbegehrens** vor dem nach § 462a zuständigen Gericht und nicht über einen Antrag nach §§ 23 ff. EGGVG (→ *Justizverwaltungsakt, Anfechtung, Allgemeines*, Teil B Rdn 309, m.w.N.) erlangt werden (OLG Frankfurt/

Main NJW 1998, 1165 [Vollzug eines Fahrverbots]; s.a. OLG Celle NStZ-RR 2002, 349, 350 [Vollzug sog. Organisationshaft]; vgl. ferner HK-*Pollähne*, § 458 Rn 8; KK-*Appl*, § 458 Rn 22; s. aber auch OLG Stuttgart NStZ-RR 2003, 60 [Prozessuale Überholung bei Einwendungen gegen die Berechnung der Strafe]).

Art und Weise des Vollzugs 249

- Dagegen können **keine Einwendungen** gegen die Art und Weise des Vollzugs („Wie" der Strafvollstreckung) erhoben werden. So kann bspw. weder der Vollzug einer Jugendstrafe in einer Erwachsenenanstalt (KG NJW 1978, 284, 285 m. abl. Anm. *Frenzel*; HK-*Pollähne*, § 458 Rn 5; KK-*Appl*, § 458 Rn 10; LR-*Graalmann-Scheerer*, § 458 Rn 10; a.A. KMR-*Stöckel*, § 458 Rn 3) noch der gemeinsame Vollzug des zu einer Freiheitsstrafe Verurteilten mit einem Sicherungsverwahrten (BGHSt 19, 240, 241; LR-*Graalmann-Scheerer*, a.a.O.; *Meyer-Goßner/Schmitt*, § 458 Rn 11), noch Einwendungen gegen die Ladung zum Strafantritt (OLG Düsseldorf, Beschl. v. 11.2.2014 – 3 Ausl 22/14) zum Gegenstand des Verfahrens nach §§ 458, 462 gemacht werden, da diese Maßnahmen allein die Durchführung und eben nicht die Zulässigkeit der Strafvollstreckung betreffen (zu weiteren Einwendungen vgl. insoweit auch KK-*Appl*, § 458 Rn 13 f. und LR-*Graalmann-Scheerer*, a.a.O.). Rechtsschutz gegen **Einzelmaßnahmen** im **Strafvollzug** selbst ist insofern nur über die **§§ 109 ff. StVollzG** zu erlangen, soweit ihre gerichtliche Prüfung nicht ausdrücklich in § 458 Abs. 2 (s.u. Rdn 251) zugelassen ist (KK-*Appl*, a.a.O.; *Meyer-Goßner/Schmitt*, a.a.O.).

Einwendungen gegen Bestand/Rechtmäßigkeit eines gerichtlichen Straferkenntnisses 250

- Ebenfalls **nicht unter § 458 Abs. 1 3. Var.** fallen schließlich Einwendungen, die gegen den Bestand oder die Rechtmäßigkeit eines gerichtlichen Straferkenntnisses gerichtet sind, da § 458 Abs. 1 nicht die Durchbrechung der Rechtskraft bezweckt (OLG Frankfurt/Main NStZ-RR 1996, 318, 319; Radtke/Hohmann/*Baier*, § 458 Rn 6; HK-*Pollähne,* § 458 Rn 5; KK-*Appl*, § 458 Rn 13; LR-*Graalmann-Scheerer*, § 458 Rn 13; *Meyer-Goßner/Schmitt*, § 458 Rn 9). Dies gilt auch für den rechtskräftig ausgesprochenen Widerruf der Strafaussetzung nach § 56f StGB (OLG Düsseldorf JR 1992, 126 m. zust. Anm. *Wendisch*; Radtke/Hohmann/*Baier*, a.a.O.; KMR-*Stöckel*, § 458 Rn 13; LR-*Graalmann-Scheerer*, a.a.O.; *Meyer-Goßner/Schmitt*, a.a.O.). Der Einwand der Doppelbestrafung (vgl. Art. 103 Abs. 3 GG) ist, da dieser den sachlichen Inhalt der zu vollstreckenden Entscheidung betrifft, gleichfalls nicht im Rahmen des Vollstreckungsverfahrens nach den §§ 458, 462 zu prüfen, sondern entweder im Wege der Wiederaufnahme des Verfahrens oder mittels einer Verfassungsbeschwerde (→ *Verfassungsbeschwerde, Allgemeines*, Teil C Rdn 729) geltend zu machen (OLG Düsseldorf NStZ 1989, 44, 45 m. zust. Anm. *Feiber*; KK-*Appl*, a.a.O.; *Baier*, a.a.O.; LR-*Graalmann-Scheerer*, § 458 Rn 11; **a.A.** OLG Koblenz NStZ 1981, 195 m. abl. Anm. *Rieß* JR 1981, 522; *Meyer-Goßner/Schmitt*, a.a.O.). Die Nichtigkeitserklärung eines Gesetzes durch das BVerfG, auf dem ein Urteil beruht, begründet die Wiederaufnahme nach § 79 Abs. 1 BVerfGG, nicht dagegen den Rechtsschutz über § 458 (BVerfG NJW 1963, 756; OLG Bremen NJW 1962, 2169; *Baier*, a.a.O.; KK-*Appl*, § 458 Rn 16; KMR-*Stöckel*, a.a.O.; LR-*Graalmann-Scheerer*, § 458 Rn 14; *Meyer-Goßner/Schmitt*, a.a.O.). Zum Verhältnis zwischen dem Verfahren nach §§ 458, 462 und dem Wiederaufnahmeverfahren s. eingehend KK-*Appl*, § 458 Rn 15.

251 **3.a)** Nach **§ 458 Abs. 2** können über Abs. 1 hinaus auch einzelne **Vollstreckungsanordnungen** gerichtlich angegriffen werden, wobei sich die gerichtliche Nachprüfung allerdings auf Ermessensfehler beschränkt, soweit diese im pflichtgemäßen Ermessen der Vollstreckungsbehörde stehen (OLG Hamm NStZ-RR 2009, 189 [Gewährung von Strafunterbrechung]; s. ferner KMR-*Stöckel*, § 458 Rn 22). Dies betrifft Entscheidungen der Vollstreckungsbehörde in folgenden

252 **Beispielsfällen:**

- über die **Reihenfolge** (§ 454b Abs. 1) oder die **Unterbrechung** der **Strafvollstreckung** (§ 454b Abs. 2),
- über die **Ablehnung** von **Aufschub** oder **Unterbrechung** der **Strafvollstreckung** in den Fällen des § 57 Abs. 1 und Abs. 2 Nr. 1 StGB (§ 454b Abs. 2; s.a. KK-*Appl*, § 458 Rn 18), bei einer Geisteskrankheit oder anderen lebensgefährlichen Krankheiten des Verurteilten (§ 455) oder eines ihm bzw. seiner Familie drohenden, außerhalb des Strafzwecks liegenden erheblichen Nachteils (§ 456) und in den Fällen des Berufsverbots (§ 456c Abs. 2) (zum Ganzen s.a. *Neuhaus/Putzke* ZAP Fach 22, S. 447, 449) sowie
- über die **Nachholung** der **Strafvollstreckung** an einem Ausgewiesenen oder Ausgelieferten (§ 456a Abs. 2; OLG Oldenburg NStZ-RR 2015, 156, 157; KK-*Appl*, a.a.O.; KMR-*Stöckel*, § 458 Rn 14; LR-*Graalmann-Scheerer*, § 458 Rn 17; vgl. auch OLG Stuttgart NStZ-RR 2011, 94; a.A. OLG Karlsruhe NStZ-RR 2012, 221 [§ 23 EGGVG]).
- Angesichts dessen ist § 458 Abs. 2 **nicht** auf Einwendungen gegen Maßnahmen nach **§§ 455a, 457** anwendbar (KK-*Appl*, § 458 Rn 19). Da § 458 Abs. 2 explizit nur auf die in § 454b Abs. 2 aufgeführten Unterbrechungstatbestände Bezug nimmt, ist im Hinblick auf die Unterbrechung zum Halbstrafenzeitpunkt im Fall des **§ 57 Abs. 2 Nr. 2 StGB** (OLG Frankfurt/Main NStZ-RR 2011, 221; KK-*Appl*, a.a.O.; *Meyer-Goßner/Schmitt*, § 458 Rn 12) für eine gerichtliche Entscheidung nach § 458 Abs. 2 ebenso wenig Raum wie bzgl. der Unterbrechung einer Strafe, deren Rest bereits einmal

zur Vollstreckung ausgesetzt war (**§ 454b Abs. 2 S. 2**; BGH NJW 1991, 2030; *Meyer-Goßner/Schmitt*, a.a.O.). Schließlich greift § 458 Abs. 2 nicht ein, wenn es die Vollstreckungsbehörde ablehnt, gem. **§ 456a Abs. 1** von einer Vollstreckung abzusehen (OLG Hamm NStZ-RR 2013, 30; KK-*Appl*, § 458 Rn 19; LR-*Graalmann-Scheerer*, § 458 Rn 18), die Vollstreckung nach **§ 35 BtMG** zurückzustellen (KK-*Appl*, § 458 Rn 17; LR-*Graalmann-Scheerer*, a.a.O.) oder zur Ermöglichung einer solchen Zurückstellung die Vollstreckungsreihenfolge gem. **§ 43 Abs. 4 StrVollStrO** zu ändern (OLG Köln NStZ-RR 2010, 157; LR-*Graalmann-Scheerer*, § 458 Rn 16; s. aber OLG Stuttgart NStZ-RR 2009, 28). In Betracht kommt aber insoweit der Antrag nach §§ 23 ff. EGGVG (→ *Justizverwaltungsakt, Anfechtung, Allgemeines*, Teil B Rdn 309; so BGH, a.a.O.; OLG Hamm StraFo 2003, 276; OLG Köln, a.a.O.; KK-*Appl*, § 458 Rn 17; LR-*Graalmann-Scheerer*, § 458 Rn 18; *Meyer-Goßner/Schmitt*, a.a.O.; *Neuhaus/Putzke* ZAP Fach 22, S. 447, 452).

b) Auch in den Fällen des § 458 Abs. 2 ist jeder **einwendungsberechtigt**, gegen den voll- **253**
streckt werden soll (s.o. Rdn 245). Anders als jedoch im Verfahren nach § 458 Abs. 1 kann der Betroffene gem. § 31 Abs. 6 S. 1 RPflG seinen Antrag auf gerichtliche Entscheidung bzw. seine Einwendungen **unmittelbar** bei **Gericht** selbst dann geltend machen, wenn zunächst der nach § 31 Abs. 2 RPflG zuständige Rechtspfleger entschieden hat (KK-*Appl*, § 458 Rn 21; *Meyer-Goßner/Schmitt*, § 458 Rn 12). Das Gericht hat dann der Vollstreckungsbehörde Gelegenheit zu geben, ihre Entscheidung ggf. selbst abzuändern (s. KK-*Appl*, a.a.O.). Anträge und Stellungnahmen gegenüber dem Gericht sind dem StA und nicht etwa dem Rechtspfleger vorbehalten (§ 142 Abs. 1 GVG; LR-*Graalmann-Scheerer*, § 458 Rn 19).

4. Durch das Verfahren nach § 458 Abs. 1 und 2 wird die Vollstreckung grds. nicht ge- **254**
hemmt. Gem. § 458 Abs. 3 kann das Gericht allerdings **vorläufig** auf **Antrag** oder **von Amts wegen** (KG StV 2008, 202, 203; OLG Stuttgart MDR 1992, 289 f.) **Aufschub** oder **Unterbrechung** der Vollstreckung anordnen (OLG Düsseldorf NJW 1993, 1087; OLG Rostock NStZ 1994, 303, 304). Geben die Einwendungen des Verurteilten Anlass, an der Rechtmäßigkeit der Strafvollstreckung zu zweifeln, so kann bereits die Vollstreckungsbehörde Aufschub oder Unterbrechung anordnen (so KK-*Appl*, § 458 Rn 20; KMR-*Stöckel*, § 458 Rn 21; s.a. HK-*Pollähne*, § 458 Rn 7; LR-*Graalmann-Scheerer*, § 458 Rn 20; *Meyer-Goßner/Schmitt*, § 458 Rn 13). In den Fällen des Berufsverbots nach § 456c Abs. 2 kann durch einstweilige Anordnung eine angemessene Regelung getroffen werden (§ 458 Abs. 3 S. 2).

5. Der im Verfahren nach §§ 458, 462 ergehende Beschluss des Gerichts unterliegt gem. **255**
§ 462 Abs. 3 der **sofortigen Beschwerde** (→ *Beschwerde, sofortige Beschwerde*, Teil A Rdn 550). Zur Einlegung der Beschwerde sind sowohl die Einwendungsberechtigten (s.o. Rdn 245) als auch die StA als Strafverfolgungsbehörde berechtigt (KK-*Appl*, § 458 Rn 22;

KMR-*Stöckel*, § 458 Rn 22; LR-*Graalmann-Scheerer*, § 458 Rn 30). Die sofortige Beschwerde der StA gegen eine nach § 458 Abs. 3 angeordnete Vollstreckungsunterbrechung hat aufschiebende Wirkung (§ 462 Abs. 3 S. 2). Die weitere Beschwerde (→ *Beschwerde, Weitere*, Teil A Rdn 585) ist nach § 310 ausgeschlossen (KK-*Appl*, a.a.O.; KMR-*Stöckel*, a.a.O.; LR-*Graalmann-Scheerer*, a.a.O.; *Meyer-Goßner/Schmitt*, § 458 Rn 16). Lehnt das Gericht eine vorläufige Maßnahme nach § 458 Abs. 3 ab, ist ein weitere Rechtsbehelf ebenfalls unstatthaft (OLG Nürnberg NStZ 2003, 390; KK-*Appl*, a.a.O.; *Meyer-Goßner/Schmitt*, a.a.O.; vgl. aber auch KG StV 2008, 202 ff.).

☝ **Erneute Einwendungen** sind nach rechtskräftigem Abschluss des Verfahrens zulässig, sofern sie auf **neue Tatsachen** und **Beweismittel** gestützt werden (OLG Düsseldorf StV 1993, 87; HK-*Pollähne*, § 458 Rn 8; KK-*Appl*, § 458 Rn 22; KMR-*Stöckel*, § 458 Rn 24; LR-*Graalmann-Scheerer*, § 458 Rn 32; *Meyer-Goßner/Schmitt*, § 458 Rn 14). Nach vollständigem Abschluss der Strafvollstreckung sind sie demgegenüber ausgeschlossen (OLG Stuttgart NStZ-RR 2003, 60; KK-*Appl*, a.a.O.; KMR-*Stöckel*, a.a.O.; LR-*Graalmann-Scheerer*, § 458 Rn 30), etwa dann, wenn der Verurteilte bereits aus dem Justizvollzug entlassen worden ist (OLG Celle NStZ 2010, 108).

Siehe auch: → *Antrag auf gerichtliche Entscheidung, Allgemeines*, Teil B Rdn 93, m.w.N.; → *Justizverwaltungsakte, Anfechtung, Allgemeines*, Teil B Rdn 309, m.w.N.; → *Justizverwaltungsakte, Anfechtung (§§ 23 ff. EGGVG), Maßnahmen im Strafvollstreckungsverfahren*, Teil B Rdn 417.

256 Antrag auf gerichtliche Entscheidung, (vorläufige) Festnahme/Unterbringung

257 **Literaturhinweise:** **Laser**, Das Rechtsschutzsystem gegen strafprozessuale Zwangsmaßnahmen, NStZ 2001, 120; **Schroth**, Der Rechtsschutz gegen strafprozessuale Grundrechtseingriffe, StV 1999, 117; s.a. die Hinw. bei → *Antrag auf gerichtliche Entscheidung, Allgemeines*, Teil B Rdn 93, m.w.N.

258 **1.a)** Wird ein Beschuldigter nach § 127 Abs. 2 vorläufig festgenommen und soll seine Festnahme andauern, so regelt sich das weitere Verfahren nach § 128, mit der Folge, dass nunmehr das **Rechtsschutzsystem** des **Haftrechts** greift (→ *Untersuchungshaft, Haftbeschwerde*, Teil B Rdn 880; → *Untersuchungshaft, Haftprüfung*, Teil B Rdn 907 ff.). Wenn also der Betroffene die vorläufige Festnahme beanstanden will, entscheidet der Richter über die Fortdauer der Freiheitsentziehung (HK-*Posthoff*, § 127 Rn 31; *Meyer-Goßner/Schmitt*, § 127 Rn 23). Gleiches gilt für eine nach § 127 Abs. 1 S. 1 vorläufig festgenommene Person, die den Strafverfolgungsbehörden übergeben wurde (LR-*Hilger*, § 127 Rn 46).

b) Problematisch ist jedoch, ob und inwiefern ein nach § 127 Abs. 2 Festgenommener eine Nachprüfung der vorläufigen Festnahme erreichen kann, wenn dieser **ohne Vorführung** vor den Richter gem. § 128 wieder freigelassen wird, zumal sich diese Maßnahme zwischenzeitlich (immer) **erledigt** haben wird. Die ältere Auffassung (vgl. Nachw. bei LR-*Hilger*, § 127 Rn 47 und *Schroth* StV 1999, 117, 119), wonach prozessual überholte Maßnahmen einer gerichtlichen Nachprüfung nicht mehr zugänglich seien, dürfte angesichts der Entscheidung des BVerfG vom 30.4.1997 (BVerfG NJW 1997, 2163) nicht mehr haltbar und dem Betroffenen aus Gründen des effektiven Rechtsschutzes auch im Kontext der vorläufigen Festnahme **nachträglicher Rechtschutz** zuzugestehen sein. Dies gilt umso mehr, als der Betroffene im Hinblick auf die Schwere des Grundrechtseingriffs einer solchen Maßnahme ein **fortbestehendes Rechtsschutzbedürfnis** an gerichtlicher Klärung hat. Denn insbesondere dann, wenn die vorläufige Festnahme vor den Augen der Öffentlichkeit erfolgen und damit geeignet sein sollte, das Ansehen des Betroffenen etwa gegenüber Nachbarn oder Passanten herabzusetzen, oder wenn eine solche Maßnahme auch nur wenige Stunden andauern und dadurch die Freiheitsrechte des Betroffenen nicht unerheblich eingeschränkt worden sein sollten (vgl. LR-*Hilger*, § 127 Rn 48), gebietet allein schon das Rehabilitationsinteresse des Festgenommenen die Eröffnung einer nachträglichen Rechtmäßigkeitskontrolle. 259

☝ Mit ähnlichen Erwägungen ist auch bei **gegenstandslos gewordenen Haftbefehlen** gem. § 230 Abs. 2 (OLG Braunschweig NStZ-RR 2012, 385 [Ls.]; OLG Celle NStZ-RR 2003, 177; OLG Düsseldorf NStZ-RR 2001, 382; OLG Frankfurt/Main NStZ-RR 2007, 349; a.A. OLG Hamm NJW 1999, 229) und Vollstreckungshaftbefehlen (BVerfG NStZ-RR 2004, 252), erledigten Fällen der Beugehaft gem. § 70 Abs. 2 (BVerfG NJW 2006, 40), erledigter Abschiebehaft nach Ausländerrecht (BVerfG NJW 2002, 2456), nach beendeten Freiheitsentziehungsmaßnahmen zur Durchsetzung eines Platzverweises (BVerfG NJW 1999, 3773) sowie in Fällen gegenstandslos gewordener Unterbringung psychisch Kranker nach Landesrecht (BVerfG NJW 1998, 2432; OLG Schleswig NJW 1999, 222) nachträglicher Rechtsschutz – etwa durch Zulassen der weiteren Beschwerde in Haftsachen trotz prozessualer Überholung – gewährt worden.

c) Angesichts dessen wird dem Betroffenen nach heute h.M. in Lit. (HK-*Posthoff*, § 127 Rn 31; KK-*Schultheis*, § 127 Rn 48; *Laser* NStZ 2001, 120, 122; LR-*Hilger*, § 127 Rn 47; *Meyer-Goßner/Schmitt*, a.a.O.; *Schroth*, a.a.O.; Radtke/Hohmann/*Tsambikakis*, § 127 Rn 11; MüKo-StPO/*Böhm/Werner*, § 127 Rn 15) und Rspr. (BGHSt 44, 171; BGH StV 1981, 597; OLG Jena, Beschl. v. 19.10.2010 – 1 VAs 5/10; KG, Beschl. v. 22.9.1999 – 1 AR 913/99 – 4 VAs 27–29/99; Hess. VGH, Beschl. v. 9.11.2007 – 8 TP 2192/07; OLG Brandenburg, Beschl. v. 6.3.2013 – 11 W 40/12; AG Berlin-Tiergar- 260 ten wistra 2007, 199) eingeräumt, gem. **§ 98 Abs. 2 S. 2 analog** zu beantragen, die **Rechtswidrigkeit** der vorläufigen **Festnahme** festzustellen. Um eine einheitliche Überprüfungsmöglichkeit zu gewährleisten, wird dieser Antrag bei dem mit dieser Sache befassten (Ermittlungs-) Richter beim AG und insofern **nicht** als **Antrag nach §§ 23 ff. EGGVG** (→ *Justizverwaltungsakt, Anfechtung, Allgemeines*, Teil B Rdn 309) an das OLG zu stellen sein (BGHSt 44, 171 m.w.N.; KG, a.a.O.; Hess. VGH, a.a.O.; KK-*Schultheis*, a.a.O.; LR-*Hilger*, a.a.O.; a.A. SK-StPO/*Paeffgen*, § 127 Rn 36 [§ 23 EGGVG]). Dasselbe wird nun – entgegen früherer Meinung (vgl. noch BGHSt 37, 79 [zur Hausdurchsuchung]) – auch dann gelten müssen, sofern die **Art** und **Weise** des **Festnahmevollzuges** beanstandet wird (so bereits KG, a.a.O. [Festnahme zur Durchführung einer Blutentnahme]; HK-*Posthoff*, a.a.O.; KK-*Schultheis*, a.a.O.; LR-*Hilger*, a.a.O.; *Meyer-Goßner/Schmitt*, a.a.O.; SSW-StPO/*Herrmann*, § 127 Rn 51). Gegen diese richterlichen Entscheidungen dürfte dann wiederum die **Beschwerde** (→ *Beschwerde, Allgemeines*, Teil A Rdn 400) nach § 304 Abs. 1 eröffnet sein.

261 **2.** Aufgrund derselben Eingriffsqualität und der gleichgelagerten Interessenlage gelten die vorstehenden Erwägungen entsprechend für die vorläufige Unterbringung nach § 126a. Auch hier bestimmt sich der Rechtsschutz danach, ob die noch **andauernde vorläufige Unterbringung selbst** angefochten oder die **Rechtmäßigkeit** bzw. Art und Weise einer bereits **erledigten Maßnahme** überprüft werden soll. Es gilt:

- Im erstgenannten Fall sind etwa der Erlass des Unterbringungsbefehls, seine Ablehnung, die Umwandlung in einen Haftbefehl oder umgekehrt sowie die Ablehnung der jeweiligen Umwandlung mit der **Beschwerde** (→ *Beschwerde, Allgemeines*, Teil A Rdn 400) gem. § 304 und der **weiteren Beschwerde** (→ *Beschwerde, Weitere*, Teil A Rdn 585) nach § 310 anzufechten.
- Steht dagegen die nachträgliche Überprüfung einer **erledigten** einstweiligen Unterbringung in Rede, ist wegen des damit einhergehenden tiefgreifenden Grundrechtseingriffs sowohl gegen **richterlich** als auch **nichtrichterlich** angeordnete Maßnahmen gem. **§ 98 Abs. 2 S. 2 analog** über einen **Antrag auf gerichtliche Entscheidung** der Rechtsweg zum AG eröffnet (so ausdrücklich LG Kiel SchlHA 2004, 162 [Fixierung des Untergebrachten]).

Siehe auch: → *Antrag auf gerichtliche Entscheidung, Allgemeines*, Teil B Rdn 93; → *Untersuchungshaft, Haftbeschwerde*, Teil B Rdn 880; → *Untersuchungshaft, Haftprüfung*, Teil B Rdn 907 ff.

Dienstaufsichtsbeschwerde 262

Das Wichtigste in Kürze:

1. Die Dienstaufsichtsbeschwerde gehört ebenso wie die Gegenvorstellung zu den im Gesetz nicht geregelten formlosen Rechtsbehelfen.
2. Die von jedermann zu erhebende Dienstaufsichtsbeschwerde ist grds. an keine Form und Frist gebunden.
3. Die Dienstaufsichtsbeschwerde ist grds. gegen alle Maßnahmen/Anordnungen der StA zulässig. Bei polizeilichen Maßnahmen im EV kann mit der Dienstaufsichtsbeschwerde sowohl die eigentliche Sachbehandlung als auch das dienstliche Verhalten des Polizeibeamten gerügt werden. Im Kernbereich der richterlichen Tätigkeit sind Maßnahmen der Dienstaufsicht dagegen unzulässig.
4. Der Verteidiger sollte sich sorgfältig überlegen, ob er überhaupt eine Dienstaufsichtsbeschwerde einlegt, da eine solche u.U. nachteilige Auswirkungen auf das Gesprächsklima unter den Verfahrensbeteiligten haben kann. Jedenfalls sollte diese sachlich abgefasst und korrekt begründet sein.

Literaturhinweise: **Bindel**, Verhältnis Staatsanwaltschaft (StA) – Polizei, DRiZ 1994, 165; **Dünnebier**, Die Grenzen der Dienstaufsicht gegenüber der Staatsanwaltschaft, JZ 1958, 417; **Finck**, Verhältnis der Anwaltschaft zur Richterschaft, DRiZ 1959, 14; **Ostler**, Richter und Rechtsanwalt. Betrachtungen, Wünsche und Forderungen im Interesse der Rechtspflege, DRiZ 1958, 61; **Reinicke**, Richter und Anwalt, DRiZ 1959, 310; **Thode**, Die Einstellungsbeschwerde im Strafverfahren, DRiZ 2007, 57. 263

1. Die Dienstaufsichtsbeschwerde gehört – ebenso wie die Gegenvorstellung (→ *Gegenvorstellung, Allgemeines*, Teil B Rdn 274) – zu den im Gesetz nicht geregelten **formlosen Rechtsbehelfen**. Sie ist eine Erscheinungsform des sich aus Art. 17 GG ergebenden Petitionsrechts (BVerwG NJW 1977, 118) und richtet sich an den die Dienstaufsicht führenden Vorgesetzten. Mit ihr kann sowohl das dienstliche Verhalten des Beamten (persönliche Dienstaufsichtsbeschwerde oder Dienstaufsichtsbeschwerde i.e.S.) als auch dessen Sachbehandlung (Sachaufsichtsbeschwerde) beanstandet werden (s.a. *Burhoff*, EV, Rn 1262 ff.; *Dahs*, Rn 1091 ff.; *Dünnebier* JZ 1958, 417 ff.; HK-*Rautenberg*, § 296 Rn 4; KK-*Paul*, vor § 296 Rn 4; KMR-*Plöd*, vor § 296 Rn 6; LR-*Jesse*, vor § 296 Rn 88; *Meyer-Goßner/Schmitt*, vor § 296 Rn 22; Radtke/Hohmann/*Radtke*, § 296 Rn 14; SSW-StPO/*Hoch*, vor § 296 Rn 48). 264

2. Für das **Verfahren** gilt: Die von jedermann zu erhebende Dienstaufsichtsbeschwerde ist grds. an **keine Form** und **Frist** gebunden (statt vieler *Burhoff*, EV, Rn 1263). Sie wird in der Praxis gleichwohl schriftlich eingelegt und auch begründet (zum Inhalt s.u. Rdn 266). Zudem dürften Dienstaufsichtsbeschwerden – wie auch die Gegenvorstellung (→ *Gegenvorstellung, Zulässigkeitsvoraussetzungen*, Teil B Rdn 301) – bei grundlos ver- 265

zögertem, unangemessenen Zeitablauf nach den Grundsätzen der Verwirkung unstatthaft sein (LR-*Jesse*, vor § 296 Rn 88; Radtke/Hohmann/*Radtke*, § 296 Rn 15). Auf die Dienstaufsichtsbeschwerde muss die zur Entscheidung zuständige Behörde einen **Bescheid** erlassen, aus dem zu erkennen sein muss, dass die Beschwerde geprüft und ob etwas veranlasst worden ist (vgl. BVerfG NJW 1953, 817 [zu Art. 17 GG]; *Burhoff*, a.a.O.; KMR-*Plöd,* vor § 296 Rn 6; LR-*Jesse*, a.a.O.; *Meyer-Goßner/Schmitt,* vor § 296 Rn 22; SSW-StPO/*Hoch*, vor § 296 Rn 48). Lediglich bei offensichtlich querulatorischen oder beleidigenden Dienstaufsichtsbeschwerden besteht keine Bescheidungspflicht (KMR-*Plöd*, vor § 296 Rn 8; Radtke/Hohmann/*Radtke*, a.a.O.; s. aber auch Rdn 273).

266 **3.a)** Im **Ermittlungsverfahren** hat die Dienstaufsichtsbeschwerde ihr Hauptanwendungsgebiet bei den **staatsanwaltlichen Anordnungen** und denen der **Polizei**. Insoweit gilt:

267 **Maßnahmen der StA**

- Die Dienstaufsichtsbeschwerde ist grds. gegen **alle Maßnahmen**/Anordnungen der **StA** zulässig. Da die StA gem. § 146 GVG weisungsgebunden ist, kann sich die Dienstaufsichtsbeschwerde sowohl gegen den **sachlichen Inhalt** als auch gegen die **äußerliche Erledigung** des Dienstgeschäfts richten (s. aber zu den Grenzen des Weisungsrechts *Meyer-Goßner/Schmitt*, § 146 GVG Rn 3 ff. m.w.N.).
- Sie kann bei dem **unmittelbaren Vorgesetzten** des sachbearbeitenden StA und damit auch bei der GStA eingelegt werden. Letzteres ist etwa dann der Fall, wenn der Anzeigeerstatter gegen die Einstellung eines EV sowohl Einstellungsbeschwerde als auch Dienstaufsichtsbeschwerde erhebt (vgl. *Burhoff*, EV, Rn 1264; KMR-*Plöd*, vor § 296 Rn 6; *Thode* DRiZ 2007, 57 ff.). Gegen Entscheidungen des GStA (oder unmittelbar) kann sich der Betroffene wiederum an das Justizministerium wenden (§ 147 GVG). Eine weitere Dienstaufsichtsbeschwerde gegen einen Bescheid des Justizministeriums dürfte demgegenüber nicht mehr möglich sein (vgl. HK-*Rautenberg*, a.a.O.; a.A. wohl *Meyer-Goßner/Schmitt*, § 172 Rn 18).

☝ Die Dienstaufsichtsbeschwerde ist das einzige „Rechtsmittel“, das über die in § 147 Abs. 5 eingeräumten Rechtsschutzmöglichkeiten hinaus bei **Verweigerung** der **AE** durch die StA gegeben ist (OLG Frankfurt/Main NStZ-RR 2005, 376; LG Neubrandenburg NStZ 2008, 655; *Meyer-Goßner/Schmitt*, § 147 Rn 40; wegen der Einzelh. s. → *Antrag auf gerichtliche Entscheidung, Akteneinsicht*, Teil B Rdn 67).

268 **Maßnahmen der Polizei**

- Gegen **polizeiliche** Maßnahmen im EV ist die Dienstaufsichtsbeschwerde ebenfalls zulässig, und zwar kann sowohl die **Sachbehandlung** (Sachaufsichtsbeschwerde) als auch das (konkrete) **dienstliche Verhalten** des Polizeibeamten (Dienstaufsichtsbeschwerde i.e.S.) als solches gerügt werden (*Burhoff*, EV, Rn 1264).

- **Zuständig** für die Entscheidung ist der **Dienstvorgesetzte** des Beamten, es sei denn, die Beamten sind als Ermittlungspersonen der StA tätig geworden. In diesem Fall entscheidet der Dienstvorgesetzte nur über die Dienstaufsichtsbeschwerde, die das (dienstliche) Verhalten des Beamten betrifft; i.Ü., d.h. in Bezug auf die Sachbehandlung, ist der Leiter der **StA** zuständig, für die die Ermittlungsperson tätig geworden ist (OVG Hamburg NJW 1970, 1699; 1700; *Bindel* DRiZ 1994, 165, 171; *Dahs*, Rn 1095; *Meyer-Goßner/Schmitt*, § 152 GVG Rn 8; a.A. LR-*Erb*, § 163 Rn 95 [immer StA]).

☝ Die Dienstaufsichtsbeschwerde ist unabhängig davon zulässig, ob die Wirkungen der gerügten Ermittlungshandlungen bzw. die beanstandeten Verhaltensweisen des Beamten immer noch **andauern** oder sich bereits **erledigt** haben (HK-*Zöller,* § 163 Rn 35; LR-*Erb*, § 163 Rn 94). Im erstgenannten Fall einer noch nicht vollzogenen Maßnahme kommt jedoch eine **Abhilfe** durch die Polizei – ggf. auf Anweisung der StA nach § 161 Abs. 1 S. 2 – in Betracht, wodurch sich dann die Dienstaufsichtsbeschwerde erledigt (HK-*Zöller*, § 163 Rn 35; KK-*Griesbaum*, § 163 Rn 45).

b) Daneben kommt die Dienstaufsichtsbeschwerde ebenfalls gegen eine **Maßnahme**/Anordnung beim **Vollzug** der **U-Haft** bzw. **Strafhaft** in Betracht: 269

- Handelt es sich um eine Maßnahme der **Anstaltsleitung**, die der Zuständigkeit des Richters nach § 119 Abs. 6 unterliegt, führt gem. Nr. 75 Abs. 1 UVollzO der **Richter** die Dienstaufsicht. Über eine Dienstaufsichtsbeschwerde gegen Maßnahmen der **Anstaltsbeamten** entscheidet gem. Nr. 75 Abs. 2 UVollzO grds. der **Anstaltsleiter**, in Ausnahmefällen die vorgesetzte Vollzugsbehörde (*Burhoff*, EV, Rn 1267).
- Schließlich sieht § 108 Abs. 3 StVollzG ausdrücklich vor, dass dem **Strafgefangenen** im Rahmen seines Beschwerderechts die Möglichkeit der Einlegung einer Dienstaufsichtsbeschwerde unbenommen bleibt.

c) Die Dienstaufsichtsbeschwerde kann auch gegen **richterliche Anordnungen** eingelegt werden. Da allerdings die in Art. 97 GG garantierte richterliche Unabhängigkeit einer Einwirkung des Dienstvorgesetzten auf die Sachbehandlung des Richters entgegen steht, muss der Verteidiger insoweit bei Einlegung einer Dienstaufsichtsbeschwerde sehr sorgfältig zwischen dem richterlichen Dienstgeschäft und dessen äußerlicher Erledigung **unterscheiden** (s. *Burhoff*, EV, Rn 1267). 270

Insoweit **gilt**: 271

- Im **Kernbereich** der **richterlichen Tätigkeit**, sind Maßnahmen der Dienstaufsicht **unzulässig** (zur Abgrenzung s. *Schmidt-Räntsch*, Deutsches Richtergesetz, § 26 Rn 24 m.w.N.). Auch gegen den sachlichen Inhalt des richterlichen Dienstgeschäfts kann gem. § 26 Abs. 1 DRiG keine Dienstaufsichtsbeschwerde erhoben werden. Die Sachentscheidung ist vielmehr im Rechtsmittelverfahren anzufechten.

- Die Dienstaufsichtsbeschwerde ist **nur** gegen die **„äußerliche Erledigung“** i.S.d. § 26 Abs. 2 DRiG zulässig (vgl. dazu *Schmidt-Räntsch*, Deutsches Richtergesetz, § 26 Rn 23). Zur Art der Ausführung eines Amtsgeschäfts gehört z.B. Pünktlichkeit und die Einhaltung gesetzlicher Fristen und Termine sowie ein angemessenes Verhalten im Umgang mit den Verfahrensbeteiligten (*Schmidt-Räntsch*, a.a.O.; zum Verhältnis Richter/Rechtsanwälte s. *Finck* DRiZ 1959, 14; *Ostler* DRiZ 1958, 61; *Reinicke* DRiZ 1959, 310).

> ☝ Da das Strafverfahren eine „Untätigkeitsbeschwerde“ nicht kennt (BGH NJW 1993, 1279, 1280; *Meyer-Goßner/Schmitt*, § 304 Rn 3; vgl. aber → *Beschwerde Untätigkeitsbeschwerde*, Teil A Rdn 560), stellt die Dienstaufsichtsbeschwerde häufig die einzige Möglichkeit dar, das **Unterlassen** rechtlich gebotener Entscheidungen zu beanstanden. So ist bislang in der Rspr. die Dienstaufsichtsbeschwerde etwa gegen die unterlassene Anklagezustellung und Eröffnung des Hauptverfahrens (KG, Beschl. v. 7.11.1997 – 4 Ws 223/97) sowie gegen die unterbliebene Übersendung einer vollständigen Urteilsausfertigung (KG, Beschl. v. 10.2.1999 – 4 VAs 1/99) als der allein statthafte Rechtsbehelf angesehen worden.

272 **4. Hinweise für den Verteidiger!**

a) Der Verteidiger sollte sich sorgfältig überlegen, ob er **überhaupt** eine **Dienstaufsichtsbeschwerde** einlegt (vgl. auch *Burhoff*, EV, Rn 1269). Denn ebenso wie ein Ablehnungsgesuch im HV-Termin kann auch eine Dienstaufsichtsbeschwerde nachteilige Auswirkungen auf die Kommunikationsstruktur haben. Denn ist sie erst einmal eingelegt, ist damit oftmals die Gelegenheit zu einem (vertraulichen) Gespräch mit den Verfahrensbeteiligten, vor allem aber mit dem Beamten der StA vertan (zutreffend *Burhoff*, a.a.O.; *Park* StRR 2008, 4, 7). Dies gilt umso mehr, als der Dienstaufsichtsbeschwerde das (negative) Prädikat der **„Frist-, Form- und Fruchtlosigkeit“** anhaftet. Der Verteidiger muss daher im Interesse seines Mandanten abwägen, ob es neben der Dienstaufsichtsbeschwerde andere, insbesondere informelle Möglichkeiten der Beschwerdeführung gibt, die häufig erfolgversprechender sind (s.a. *Dahs*, Rn 1091). Unter Umständen kann es sogar zielführender sein, die direkte und offene Aussprache mit dem zuständigen Sachbearbeiter zu suchen, als sich „hinter dessen Rücken“ bei dem Dienstvorgesetzten zu beschweren.

273 **b)** Hat sich der Verteidiger allerdings nach sorgfältiger Überlegung und Besprechung mit seinem Mandanten, den er auf die vorgenannten Risiken hinweisen muss, zur Dienstauf-

sichtsbeschwerde entschieden, muss er auf die **Formulierung** und **Begründung** der Dienstaufsichtsbeschwerde besondere Sorgfalt verwenden. Dabei sollte der Verteidiger alle Übertreibungen unterlassen und **sachlich** und **korrekt** begründen, da eine Dienstaufsichtsbeschwerde ansonsten empfindliche Reaktionen bei dem betreffenden Sachbearbeiter auslösen kann und kaum dessen Bereitschaft wecken wird, sich inhaltlich mit dem Vorbringen auseinanderzusetzen (*Dahs*, Rn 1098). Zwar darf insbesondere der erkennende Richter ggf. mit „drastischen" Formulierungen angegriffen werden (KG StV 1997, 485, 486) oder eine Dienstaufsichtsbeschwerde gar ehrverletzende Äußerungen enthalten, solange diese nicht allein auf die Diffamierung des Betroffenen abzielen (BVerfG NJW 2005, 3274 [Anspielung auf NS-Zeit]; OLG Hamm StraFo 2015, 293 ff. [Bezeichnung eines Richters als „Lügner" und „Krimineller"]). Jedoch dürfte man in der Sache kaum Gehör finden, wenn man von vornherein mit der Dienstaufsichtsbeschwerde als Mittel der „Abreaktion" Emotionen zu kanalisieren glaubt (vgl. aber LR-*Jesse*, vor § 296 Rn 88).

☝ Wird **nur** der **Mandant** von der angegriffenen Maßnahme **betroffen**, kann es der Verteidiger ihm auch selbst überlassen, die Dienstaufsichtsbeschwerde **im eigenen Namen** einzulegen. Es bestehen keine Bedenken, wenn der Verteidiger die Beschwerde für den Mandanten formuliert. Allerdings ist er dann auch für Inhalt und Form verantwortlich (so *Burhoff*, Rn 1269; *Dahs*, Rn 1098).

Siehe auch: → *Rechtsmittel/Rechtsbehelfe, Allgemeines*, Teil A Rdn 1289, m.w.N.; → *Gegenvorstellung, Allgemeines*, Teil B Rdn 274; → *Dienstaufsichtsbeschwerde, Gebühren*, Teil D Rdn 155.

Gegenvorstellung, Allgemeines 274

Das Wichtigste in Kürze:

1. Die Gegenvorstellung gehört zu den in der StPO nicht geregelten formlosen Rechtsbehelfen.
2. Da die Gegenvorstellung nicht zum Rechtsweg i.S.d. § 90 Abs. 2 BVerfGG zählt, vermag ihre Erhebung nicht die Monatsfrist für die Einlegung einer Verfassungsbeschwerde offen zu halten.
3. Die Gegenvorstellung richtet sich an den Entscheidungsträger selbst mit dem Ziel, dass letzterer aufgrund erneuter Prüfung zu einer Modifikation seiner Entscheidung bewogen werden soll.
4. Aus verteidigungstaktischen Gründen kann es angezeigt sein, anstelle einer Beschwerde Gegenvorstellung zu erheben, um so ein Präjudiz zu vermeiden.

275 **Literaturhinweise:** **Beukelmann**, Bedeutung der Anhörungsrüge nach § 356a StPO und Gegenvorstellung, NJW-Spezial 2008, 344; **Hohmann**, Die Gegenvorstellung – „Stiefkind" des Strafverfahrens?, JR 1991, 10; **Holzinger**, Die Gegenvorstellung im Strafverfahren, ein verkannter Rechtsbehelf!, StRR 2008, 208; **Lemke**, Gegenvorstellungen gegen rechtskräftige, die Strafaussetzung widerrufende Beschlüsse, ZRP 1978, 281; **Lübbe-Wolff/Frotz**, Neuere Rechtsprechung des BVerfG zum Straf-, Untersuchungshaft- und Maßregelvollzug – Teil 1, NStZ 2009, 616; **Matt**, Die Gegenvorstellung im Strafverfahren, MDR 1992, 820; **Meyer-Mews**, Der Befangenheitsantrag nach erfolgloser Gegenvorstellung, StraFo 2000, 369; **Nöcker**, Verhältnis der Anhörungsrüge zur Gegenvorstellung, AO-StB 2011, 55; **Rüsken**, Wird die Gegenvorstellung abgeschafft? – Die Anrufung des gemeinsamen Senats durch den BFH, NJW 2008, 481; **Schneider**, Die Gegenvorstellung als Grundrechtsrüge, ZAP 2007, 1067; *ders.*, Die Gegenvorstellung – ein Verwirrspiel, ZAP Fach 13, 1333; **Weis**, Gegenvorstellungen bei der Verletzung von Verfahrensgrundrechten, NJW 1987, 1314; **Werner**, Strafprozessuale Gegenvorstellung und Rechtsmittelsystem, NJW 1991, 19; **Woesner**, Die Gegenvorstellung im Strafverfahren, NJW 1960, 2129; **Wölfl**, Die Gegenvorstellung im Strafprozess, StraFo 2003, 222; s.a. die Hinw. bei → *Anhörungsrüge, Allgemeines*, Teil B Rdn 1.

276 **1.a)** Die Gegenvorstellung gehört zu den in der StPO nicht geregelten **formlosen Rechtsbehelfen**. Im Unterschied zu den Rechtsmitteln entfaltet die Gegenvorstellung weder Suspensiv- noch Devolutiveffekt (*Hohmann* JR 1991, 10, 11; *Holzinger* StRR 2008, 208, 209; LR-*Jesse*, vor § 296 Rn 78; *Matt* MDR 1992, 820, 824; *Nöcker* AO-StB 2011, 55, 56; *Wölfl* StraFo 2003, 222). Sie steht außerhalb der Verfahrensordnung (BGH NStZ 1993, 600; NStZ-RR 1998, 51) und zählt damit grds. nicht zum Rechtsweg gem. § 90 Abs. 2 BVerfGG (BVerfG NJW 2000, 273; NStZ-RR 2002, 109; NJW 2009, 829, 831; *Lübbe-Wolff/Frotz* NStZ 2009, 616, 617; s. aber noch BVerfG NJW 1983, 1900). Gleichwohl ist sie als Ausprägung des Petitionsrechts nach Art. 17 GG – auch verfassungsgerichtlich – grds. **anerkannt** (vgl. BVerfG NJW 1959, 427, 430; BVerwG NJW 1976, 637; OLG Frankfurt/Main NStZ-RR 1996, 251; OLG Hamm wistra 2000, 318, 318; OLG Karlsruhe NStZ 1993, 88; in der Lit. zum Strafverfahrensrecht s.u.a. *Beukelmann* NJW-Spezial 2008, 344; *Burhoff*, EV, Rn 2081 ff.; HK-*Rautenberg*, § 296 Rn 5; *Hohmann* JR 1991, 10; *Holzinger* StRR 2008, 208; KK-*Paul*, vor § 296 Rn 4; KMR-*Plöd*, vor § 296 Rn 3; LR-*Jesse*, StPO, vor § 296 Rn 77; *Matt* MDR 1992, 820; *Meyer-GoßnerSchmitt*, vor § 296 Rn 23; Beck/*Michalke*/*Hamm*, S. 696 ff.; Radtke/Hohmann/*Hohmann*, StPO, § 296 Rn 8; *Werner* NJW 1991, 19; *Woesner* NJW 1960, 2129; *Wölfl* StraFo 2003, 222).

277 **b)** Die Gegenvorstellung kommt in der Verfahrenspraxis vor allem dann zum Tragen, wenn die **Zulässigkeitsvoraussetzungen anderer Rechtsbehelfe** bzw. Rechtsmittel **nicht** (mehr) vorliegen (*Schneider* ZAP 2007, 1067; *Woesner* NJW 1960, 2129, 2130; *Wölfl* StraFo 2003, 222).

☝ Die Gegenvorstellung hat ihre **Bedeutung** durch die Einführung der Anhörungsrüge bzw. die Erweiterung der Möglichkeiten der Gehörsrüge (→ *Anhörungsrüge, Allgemeines*, Teil B Rdn 1, m.w.N.) **nicht verloren**. Aufgrund des unterschiedlichen Regelungsgehaltes stehen diese beiden Rechtsbehelfe dem Betroffenen nebeneinander offen (vgl. *Burhoff*, EV, Rn 2081; *Hohmann* JR 1991, 10, 11; *Matt* MDR 1992, 820,

822; *Nöcker* AO-StB 2011, 55, 58; *Schneider* ZAP Fach 13, S. 1333, 1334; *Wölfl* StraFo 2003, 222; s. aber VGH Mannheim NJW 2005, 920 und BFH NJW 2008, 543; dazu *Nöcker* AO-StB 2011, 55 und *Rüsken* NJW 2008, 481; offen gelassen OVG Lüneburg Nds.Rpfl. 2005, 354; krit. auch *Beukelmann* NJW-Spezial 2008, 344 und *Werner* NJW 1991, 19, 20).

2.a) Zwar ist in der verfassungsgerichtlichen Rspr. seit Langem anerkannt, dass die Gegenvorstellung – wie bereits ausgeführt – **nicht** zum **„Rechtsweg"** i.S.d. § 90 Abs. 2 BVerfGG gehört (BVerfG NJW 2000, 273; NStZ-RR 2002, 109). Gleichwohl wurde es bisher dem Betroffenen, wenn es um die Beseitigung groben prozessualen Unrechts ging, im Hinblick auf die Erschöpfung des Rechtswegs angesonnen, **zunächst Abhilfe** im **fachgerichtlichen Verfahren** auch durch Einlegung eines außerordentlichen Rechtsbehelfs – wie eben der Gegenvorstellung (→ *Gegenvorstellung, Statthaftigkeit*, Teil B Rdn 293) – zu suchen (so explizit BVerfG NJW 1997, 46, 47; *Werner* NJW 1991, 19, 20). Dabei ist die **Monatsfrist** zur Einlegung der Verfassungsbeschwerde durch eine auf einen solchen Rechtsbehelf hin ergangene Entscheidung neu in Lauf gesetzt worden (BVerfG, a.a.O.). Eine Gegenvorstellung wurde in diesem Kontext ausnahmsweise ebenfalls dann als fristwahrend anerkannt, wenn mit ihr die Verletzung von Prozessgrundrechten (→ *Gegenvorstellung, Statthaftigkeit*, Teil B Rdn 293) durch das letzterkennende Gericht gerügt wurde (BVerfGE 5, 17, 19 f.; 63, 77, 78; 69, 233, 242; BVerfG NJW 2000, 273; NStZ-RR 2002, 109; → *Anhörungsrüge, Allgemeines*, Teil B Rdn 1, m.w.N.), sodass dem Verteidiger, wenn er gegen eine Entscheidung Verfassungsbeschwerde (→ *Verfassungsbeschwerde, Allgemeines*, Teil C Rdn 729, m.w.N.) einlegen wollte, nur dazu geraten werden konnte, zuvor bzw. zugleich Gegenvorstellung zu erheben, sofern die Möglichkeit der Selbstkorrektur nicht von vornherein ausgeschlossen war (vgl. dazu BVerfG NJW 2002, 3387). Denn anderenfalls hätte die Gefahr bestanden, dass seine Verfassungsbeschwerde mangels Ausschöpfung des Rechtsweges als **unzulässig** verworfen wird (vgl. zum Ganzen *Burhoff*, EV, Rn 2090). 278

b) Seit der Entscheidung des Plenums des BVerfG in seinem Beschl. v. 30.4.2003 (BVerfG NJW 2003, 1924) dürfte allerdings die Einlegung einer Gegenvorstellung allein aus Gründen der **Subsidiarität** der Verfassungsbeschwerde **nicht** mehr geboten und damit die zur Vermeidung von Rechtsverlusten **parallel** erfolgte **Erhebung** von Gegenvorstellung und Verfassungsbeschwerde dem Rechtssuchenden **nicht** mehr zuzumuten sein (vgl. ferner BVerfG NJW 2009, 829, 830; s.a. Radtke/Hohmann/*Radtke*, StPO, § 296 Rn 10). Insofern hat das BVerfG (a.a.O.) darauf verwiesen, dass mangels einer zuverlässigen gesetzlichen Regelung die rechtsstaatlichen Anforderungen an die Rechtsmittelklarheit nicht erfüllt seien. Die hieraus folgenden rechtsstaatlichen Defizite außerordentlicher Rechtsbehelfe würden es daher ausschließen, ihre vorherige erfolglose Einlegung 279 zur Zulässigkeitsvoraussetzung für eine Verfassungsbeschwerde zu machen. Dies hat das BVerfG in einer weiteren Entscheidung vom 25.11.2008 (BVerfG NJW 2009, 829, 831) noch einmal bestätigt und zugleich klargestellt, dass die Gegenvorstellung **nicht** zum **Rechtsweg** zählt mit der Folge, dass dessen rechtzeitiges Beschreiten **nicht** die **Frist** zur Einlegung der Verfassungsbeschwerde **offenhält**.

☝ Da die Zulässigkeit der Verfassungsbeschwerde folglich nicht länger von der vorherigen erfolglosen Einlegung einer Gegenvorstellung abhängig ist, m.a.W. die Gegenvorstellung keine Zulässigkeitsvoraussetzung der Verfassungsbeschwerde (mehr) darstellt (Radtke/Hohmann/*Radtke*, § 296 Rn 10), wird Letztere **nicht** (mehr) als geeignet angesehen, die **Monatsfrist** zur Einlegung der Verfassungsbeschwerde in **Lauf** zu setzen bzw. die **Frist** für die Einlegung der Verfassungsbeschwerde – wie bislang bei den offensichtlich unbegründeten Gegenvorstellungen (vgl. BVerfG NJW 2000, 274; NStZ-RR 2002, 109) – **offen zu halten** (BVerfG NJW 2009, 829, 831). Angesichts dessen hat der Verteidiger im Zweifel ggf. schon vor bzw. unabhängig von der Entscheidung über die Gegenvorstellung Verfassungsbeschwerde einzulegen, da ansonsten eine erst auf die Entscheidung über die Gegenvorstellung hin erhobene Verfassungsbeschwerde regelmäßig verfristet sein dürfte (*Lübbe-Wolff/Frotz* NStZ 2009, 616).

280 **3.a)** Durch Erhebung einer Gegenvorstellung soll die Stelle, die die Entscheidung erlassen hat, noch einmal dazu bewogen werden, ihre **eigene Entscheidung** zu **überdenken**, um diese aus besserer Einsicht heraus nachträglich **aufzuheben** bzw. **abzuändern** (OLG Karlsruhe NStZ 1993, 88; HK-*Rautenberg*, § 296 Rn 5; KMR-*Plöd*, vor § 296 Rn 4; SSW-StPO/*Hoch*, vor § 296 Rn 39; *Woesner* NJW 1960, 2129, 2130; *Wölfl* StraFo 2003, 222) Sie zielt also vornehmlich darauf ab, dass bereits **verwertete Tatsachen** einer neuen bzw. **nochmaligen Würdigung** und Bewertung unterzogen werden (so *Burhoff*, EV, Rn 2081; vgl. auch Beck/*Michalke*/*Hamm*, S. 698). Dieser Rechtsbehelf hat also – im Gegensatz zur Dienstaufsichtsbeschwerde (→ *Dienstaufsichtsbeschwerde*, Teil B Rdn 262) – den Entscheidungsträger selbst zum Adressaten. Von der Gehörsrüge gem. § 33a (→ *Anhörungsrüge, Allgemeines*, Teil B Rdn 1) wiederum unterscheidet sie sich dadurch, dass ihr Schwergewicht nicht auf der Auseinandersetzung mit Tatsachen liegt, die verwertet worden sind, ohne dass der Beschuldigte dazu gehört worden wäre. Mit der Gegenvorstellung können vielmehr inhaltlich **bislang unberücksichtigt gebliebene** bzw. vom Entscheidungsträger **übersehene** – auch juristische – Gesichtspunkte vorgetragen und so die Tatsachen- wie Argumentationsbasis nachträglich verbreitert werden (vgl. BVerfG NJW 2008, 1582; *Hohmann* JR 1991, 10, 11; *Holzinger* StRR 2008, 208, 209).

☝ Da die Gegenvorstellung auf die Abänderung bzw. Aufhebung der angefochtenen Entscheidung abzielt, kann mit ihr die bloße **Untätigkeit** des angerufenen Gerichts **nicht geltend** gemacht werden. Eine reine „Untätigkeitsbeschwerde" ist insofern nicht anerkannt (HK-*Rautenberg*, § 296 Rn 8; wohl a.A. *Matt* MDR 1992, 820, 825). Im Verfahren über die Gegenvorstellung ist auch eine **Ablehnung** des an der Ursprungsentscheidung beteiligt gewesenen Richters bzw. Gerichts wegen Besorgnis der Befangenheit **nicht** (mehr) zulässig (BGH NStZ-RR 2001, 333; OLG Hamm MDR 1993, 789; *Burhoff*, EV, Rn 2089; zur Gegenvorstellung im Ablehnungsverfahren s.a. *Meyer-Mews* StraFo 2000, 369).

b) Ob das Gegenvorstellungsverfahren daneben auch die Aufgabe hat, sich mit nach die- **281**
sem Zeitpunkt **neu vorgebrachten Umständen** auseinanderzusetzen, ist umstritten. Die **Lit**. tendiert dazu, dass auch neue tatsächliche wie rechtliche Gesichtspunkte im Rahmen einer Gegenvorstellung Eingang finden können (vgl. *Hohmann* JR 1991, 10, 11; *Holzinger* StRR 2008, 208, 209, LR-*Jesse*, vor § 296 Rn 79; *Matt* MDR 1992, 820, 824, 826; *Wölfl* StraFo 2003, 222). Die **Rspr**. lehnt hingegen die Berücksichtigung neu vorgebrachter Tatsachen ab (BGH HRRS 2007 Nr. 384 [Gegenvorstellung gegen Haftbeschwerdeentscheidung]; s.a. *Burhoff*, EV, Rn 2064; a.A. wohl BGH, Beschl. v. 5.9.2001 – 2 ARs 280/00). Im Ergebnis wird jedenfalls **nach rechtskräftigem Abschluss** eines Verfahrens für die Würdigung **neuen Sachvortrags** im Gegenvorstellungsverfahren **kein Raum** sein (so BGH HRRS 2005 Nr. 630).

☝ Letztlich sind die Gerichte im Interesse eines effektiven Rechtsschutzes gehalten, ein **Rechtsmittel** so zu **deuten**, dass der erstrebte **Erfolg möglichst erreicht** wird. Das gilt auch für die Abgrenzung, ob es sich um eine unzulässige weitere Beschwerde (→ *weitere Beschwerde*, Teil A Rdn 585) handelt oder ggf. um eine Gegenvorstellung (eingehend OLG Hamm wistra 2000, 318; OLG Karlsruhe StV 2002, 60; s.a. BVerfG NJW 2000, 649; ferner *Burhoff*, EV, Rn 2064; KMR-*Plöd*, vor § 296 Rn 4).

4. Hinweise für den Verteidiger! 282

a) In manchen Fällen wird der Verteidiger bereits im **EV** genau zu prüfen haben, ob er nicht aus **verteidigungstaktischen Gründen** anstelle einer zulässigen Beschwerde (→ *Beschwerde, Allgemeines*, Teil A Rdn 400) besser die Gegenvorstellung erhebt, was zulässig ist (→ *Gegenvorstellung, Statthaftigkeit*, Teil B Rdn 293). Die Erhebung einer Gegenvorstellung wird sich immer dann als sinnvoll erweisen, wenn der Verteidiger die Vorlegung der Sache an das Beschwerdegericht vermeiden will, um auf diese Weise zum einen eine **Verfahrensverzögerung** zu vermieden und zum anderen zu verhindern, dass durch eine Entscheidung in der Beschwerdeinstanz ein **Präjudiz** geschaffen wird (*Burhoff*, EV, Rn 2091). Diese Erwägung kann bspw. in **Haftsachen** von Bedeutung sein. Denn eine Haftbeschwerde geht nicht selten mit einer wesentlichen Verzögerung des EV einher. Zudem liegt in der frühen haftbefehlsbestätigenden Beschwerdeentscheidung ein nicht zu unterschätzendes, negatives Präjudiz etwa für die Bejahung des dringenden bzw. hinreichenden Tatverdachts im nachfolgenden Erkenntnisverfahren (*Dahs*, Rn 1099; *Hohmann* JR 1991, 10, 12; *Matt* MDR 1992, 820, 825; Beck/*Michalke*/*Hamm*, S. 698; ähnlich *Holzinger* StRR 2008, 208, 211). Demgegenüber hat die Gegenvorstellung den weiteren Vorteil, dass sie die Ausgangsinstanz zu einer erneuten Prüfung zwingt, ohne dass der Betroffene hierdurch sein Beschwerderecht verliert, zumal eine Haftbeschwerde grds. nur einmal gegen den Haftbefehl zulässig ist (*Holzinger*, a.a.O.). Entsprechendes gilt bei der **vorläufigen Entziehung der Fahrerlaubnis** (vgl. *Burhoff*, a.a.O.). Auch hier kann es sich im Gegenvorstellungsverfahren anbieten, mit einer tragfähigen Argumentation den Ermittlungsrichter zu einer Aufhebung des Beschlusses nach § 111a zu veranlassen. Denn andernfalls ist bei Nichtabhilfe des Ermittlungsrichters eine Entscheidung des nächstinstanzlichen Gerichts herbeizuführen. Dann aber besteht die Gefahr, dass die tragenden Gründe einer die Beschwerde verwerfenden Entscheidung, bspw. die charakterliche Ungeeignetheit i.S.d. § 69 StGB betreffend, für die spätere HV gleichsam festgeschrieben werden, da das AG insoweit die Einschätzung des LG „hinter sich weiß" (*Holzinger* StRR 2008, 208, 210; *Junker*/*Armatage*, Rn 222 und 224).

283 **b)** Da die Gegenvorstellung gegen alle Verfügungen und Beschlüsse zulässig ist, deren Anfechtbarkeit nach § 305 S. 1 ausgeschlossen ist (→ *Gegenvorstellung, Statthaftigkeit*, Teil B Rdn 293), kommt diesem Rechtsbehelf vor allem auch gegen im Rahmen der **HV** getroffene Entscheidungen besondere Bedeutung zu. Mangels Abänderbarkeit einer Entscheidung von Amts wegen stellt sie in diesem Kontext oftmals das einzige Mittel dar, das Gericht zu einer nachträglichen Änderung eines an sich nicht beschwerdefähigen Beschlusses zu bewegen (eingehend *Holzinger*, StRR 2008, 208, 210). Insofern sind Beschlüsse über die Abtrennung und Verbindung von Verfahren, die Ablehnung von Beweisanträgen (vgl. BGH NStZ 2002, 656) oder die (Nicht-) Beiziehung von Akten typische Anwendungsbereiche einer Gegenvorstellung.

284 **5. Muster einer Gegenvorstellung** (s. *Burhoff*, EV, Rn 2092)

▼

B.3

An die

Staatsanwaltschaft

In dem Ermittlungsverfahren gegen Herrn

Aktenzeichen:

wegen

wird

Gegenvorstellung

gegen die Anordnung, mir Akteneinsicht nicht zu gewähren, erhoben.

Vorab wird ausdrücklich darauf hingewiesen, dass ich die Eingabe nur als Gegenvorstellung verstanden wissen will. Von einer Beschwerde (§ 147 Abs. 5 S. 2 StPO) gegen die die Akteneinsicht ablehnende Entscheidung wird, um nicht noch weitere zeitliche Verzögerungen hervorzurufen, abgesehen.

Es wird gebeten, die dortige Entscheidung unter Berücksichtigung der nachstehenden Ausführungen zu überdenken. Zwar sind die Ermittlungen noch nicht abgeschlossen. Die ablehnende Entscheidung übersieht aber, dass unter Hinweis auf § 147 Abs. 3 StPO Akteneinsicht in das Protokoll der Beschuldigtenvernehmung, die Protokolle über solche richterlichen Untersuchungshandlungen, bei denen der Verteidiger anwesend war bzw. ihm die Anwesenheit hätte gestattet werden müssen sowie in Sachverständigengutachten beantragt worden war.

Diese hätte auf jeden Fall gewährt werden müssen.

Rechtsanwalt

▲

Siehe auch: → *Rechtsmittel/Rechtsbehelfe, Allgemeines*, Teil A Rdn 1289, m.w.N.; → *Anhörungsrüge, Allgemeines*, Teil B Rdn 1, m.w.N.; → *Dienstaufsichtsbeschwerde*, Teil B Rdn 262.

Gegenvorstellung, Entscheidung 285

Das Wichtigste in Kürze:

1. Der Antragsteller hat Anspruch auf sachliche Überprüfung und Bescheidung seiner Gegenvorstellung.
2. Ist die Gegenvorstellung unzulässig/unbegründet, genügt eine formlose Mitteilung des Gerichts. Ist die Gegenvorstellung dagegen erfolgreich, ist die neue Entscheidung in derselben Form zu erlassen und in gleicher Weise anfechtbar wie die Ursprungsentscheidung.
3. Im Gegenvorstellungsverfahren gilt das Verbot der Schlechterstellung.

Literaturhinweise: s. die Hinw. bei → *Gegenvorstellung, Allgemeines*, Teil B Rdn 274. 286

1.a) Der Antragsteller hat grds. einen **Anspruch** darauf, dass die Gegenvorstellung **überprüft** und über sie sachlich **entschieden** wird, da ansonsten das Petitionsrecht leer laufen würde, wenn der Betroffene zwar die Gegenvorstellung anbringen könnte, diese aber keiner Sachprüfung unterzogen werden müsste (vgl. BVerwG NJW 1976, 637, 638; *Burhoff*, EV, Rn 2089; *Hohmann* JR 1991, 10, 13; *Holzinger* StRR 2008, 208, 212; LR-*Jesse*, vor 287

§ 296 Rn 85; *Meyer-Goßner/Schmitt*, vor § 296 Rn 26; Radtke/Hohmann/*Radtke*, § 296 Rn 12; *Woesner* NJW 1960, 2129, 2131; *Wölfl* StraFo 2003, 222, 226; a.A. KK-*Paul*, vor § 296 Rn 4 [nur „nobile officium"]; KMR-*Plöd*, Vor § 296 Rn 4; SSW-StPO/*Hoch*, vor § 296 Rn 46 und *Werner* NJW 1991, 19, 20 [jew. gegen Entscheidungspflicht]).

288 **b) Ausnahmen** von der Prüfungs- und Entscheidungspflicht ergeben sich allerdings dann, wenn die Gegenvorstellung inhaltlich **nicht** ein Mindestmaß an **Sachlichkeit** erfüllt, was etwa in den äußerst eng begrenzten Fällen des erkennbaren Missbrauchs oder bei beleidigenden wie offensichtlich querulatorischen Eingaben der Fall ist (HK-*Rautenberg*, § 296 Rn 7; *Woesner* NJW 1960, 2129, 2132). Gleiches gilt auch für sich inhaltlich **wiederholende** Eingaben. Denn aus dem Petitionsrecht nach Art. 17 GG folgt ebenfalls kein Anspruch auf erneute Sachentscheidung, wenn eine bereits sachlich beschiedene Eingabe lediglich wiederholt wird, ohne dass neue entscheidungserhebliche Tatsachen vorgetragen werden (so HK-*Rautenberg*, a.a.O. [unter Hinw. auf BVerfG NJW 1953, 817 und BGH NStZ 2007, 283]).

289 **2.** In welcher **Form** und mit welchem **Inhalt** der Antragsteller zu **bescheiden** ist, hängt wiederum maßgeblich vom Ergebnis und den damit verbundenen Wirkungen der Entscheidung über die Gegenvorstellung ab. Insoweit gilt:

290 **Gegenvorstellung nicht statthaft**

- Ist die Gegenvorstellung nicht statthaft (→ *Gegenvorstellung, Statthaftigkeit*, Teil B Rdn 293) oder gibt sie keinen Anlass zur Abänderung bzw. Aufhebung der gerügten Entscheidung bedarf es keiner förmlichen Entscheidung. Es genügt vielmehr eine kurze, **formlose Mitteilung** des Gerichts oder gar nur des Vorsitzenden, in welchem dem Antragsteller lediglich mitgeteilt wird, warum es bei der angefochtenen Entscheidung sein Bewenden hat (LR-*Jesse*, vor § 296 Rn 86; Radtke/Hohmann/*Radtke,* § 296 Rn 12; ähnlich *Woesner* NJW 1960, 2129, 2132 und *Wölfl* StraFo 2003, 222; s. aber *Hohmann* JR 1991, 10, 13 [insoweit weitere Differenzierung zwischen unzulässigen und unbegründeten Gegenvorstellungen]). Eine (weiter gehende bzw. eingehende) Begründung ist hingegen nicht erforderlich (LR-*Jesse*, a.a.O.; *Meyer-Goßner/ Schmitt,* vor § 296 Rn 26). Dies gilt auch dann, wenn im Gegenvorstellungsverfahren neue Tatsachen oder Beweismittel beigebracht wurden (a.A. *Matt* MDR 1992, 820, 826 [in diesem Fall immer „förmliche" Entscheidung, die als Beschluss nach den §§ 304 ff. anfechtbar ist]).
- Diese Entscheidung ist **nicht anfechtbar**, selbst wenn sie – unnötigerweise – als förmlicher Gerichtsbeschluss ergeht; ein zusätzlicher Beschwerderechtszug ist insofern nicht eröffnet (LR-*Jesse*, a.a.O.; Radtke/Hohmann/*Radtke*, § 296 Rn 13).
- Auch ein **Befangenheitsantrag** gegen die Richter innerhalb des Gegenvorstellungsverfahrens ist **unzulässig** (Radtke/Hohmann/*Radtke,* a.a.O., m.w.N.).

Gegenvorstellung erfolgreich 291

- Hat die Gegenvorstellung indes Erfolg, führt sie zur Aufhebung bzw. Abänderung der beanstandeten Entscheidung. Diese modifizierende Entscheidung muss in **derselben gesetzlichen Form**, etwa Beschlussform, und mit **derselben Begründungstiefe** ergehen, wie die ursprüngliche Entscheidung (HK-*Rautenberg*, § 296 Rn 5; *Hohmann* JR 1991, 10, 13; LR-*Jesse*, vor § 296 Rn 87; Radtke/Hohmann/*Radtke*, § 296 Rn 12; s. aber KMR-*Plöd*, vor § 296 Rn 4 und *Wölfl* StraFo 2003, 222, 227 [jew. nur für Formgleichheit]).
- Es ist insbesondere erneut **rechtliches Gehör** zu gewähren sowie die **Bekanntmachung** der Entscheidung gegenüber allen Verfahrensbeteiligten zu veranlassen (*Hohmann*, a.a.O.; LR-*Jesse*, a.a.O.; Radtke/Hohmann/*Radtke*, a.a.O.). Da dies in der Sache – vergleichbar mit dem Abhilfeverfahren nach § 306 Abs. 2 – eine von Amts wegen neue Entscheidung über den ursprünglich gestellten Antrag darstellt, ist sie auch im gleichen Maße wie die vorherige Entscheidung mit den ordentlichen Rechtsmitteln **anfechtbar** (überw. Meinung; vgl. HK-*Rautenberg*, a.a.O.; *Hohmann*, a.a.O.; KMR-*Plöd*, a.a.O.; LR-*Jesse*, a.a.O.; *Meyer-Goßner/Schmitt*, vor § 296 Rn 26; Radtke/Hohmann/*Radtke*, § 296 Rn 13; *Woesner* NJW 1960, 2129, 2132; *Wölfl* StraFo 2003, 222, 227).

Eine bloß **mündliche** Mitteilung der ablehnenden Entscheidung dürfte **nicht** ausreichen (so aber HK-*Rautenberg*, § 296 Rn 5; *Holzinger* StRR 2008, 208, 211). Da nämlich das BVerfG die Möglichkeit der Selbstkorrektur durch die Erhebung einer Gegenvorstellung im Hinblick auf die Rechtswegerschöpfung nicht für ausgeschlossen hält (vgl. dazu BVerfG NJW 2002, 3387), wird insoweit zu Nachweiszwecke für das ggf. sich anschließende verfassungsgerichtliche Verfahren grds. eine **schriftliche** Entscheidung zu verlangen sein.

3. Im Verfahren der Gegenvorstellung **gilt** das **Verbot** der **Schlechterstellung** (reformatio in peius) (vgl. *Holzinger* StRR 2008, 208, 211; *Meyer-Goßner/Schmitt*, vor § 296 Rn 26; *Wölfl* StraFo 2003, 222, 227; a.A. *Woesner* NJW 1960, 2129, 2132 [unter Hinw. auf das Beschwerderecht]). Der Entscheidungsträger kann also die angegriffene Entscheidung nicht zum Nachteil des Antragstellers abändern, und zwar vor folgendem Hintergrund: Die Gegenvorstellung ist Ausdruck des grundgesetzlich verankerten Petitionsrechts. Mit ihr soll dem Petenten die Möglichkeit gegeben werden, staatliche Stellen zu der Prüfung zu veranlassen, ob eine Entscheidung nicht in seinem Sinne abgeändert werden kann. Art. 17 GG wirkt insofern zugunsten des Grundrechtsträgers. Damit wäre es allerdings schlechterdings nicht zu vereinbaren, wenn den Behörden bzw. Gerichten die Befugnis eröffnet wäre, den Betroffenen schlechter zu stellen, zumal dann dieses Rechtsinstitut aus Befürchtung vor einer Verböserung leer laufen würde (zutreffend *Wölfl*, a.a.O.). 292

Siehe auch: → *Dienstaufsichtsbeschwerde*, Teil B Rdn 262; → *Gegenvorstellung, Allgemeines*, Teil B Rdn 274; → *Gegenvorstellung, Statthaftigkeit*, Teil B Rdn 293.

293 Gegenvorstellung, Statthaftigkeit

Das Wichtigste in Kürze:

1. Die Gegenvorstellung ist grds. nur dann statthaft, wenn der Adressat befugt ist, seine eigene Entscheidung nachträglich zu ändern oder aufzuheben.
2. Bei Verletzung von (Verfahrens-) Grundrechten ist trotz fehlender Abänderungsbefugnis die Erhebung einer Gegenvorstellung zulässig.

294 **Literaturhinweise:** s. die Hinw. bei → *Gegenvorstellung, Allgemeines*, Teil B Rdn 274.

295 **1.a)** Die Gegenvorstellung ist nur dann **zulässig**, wenn der Adressat überhaupt dazu befugt ist, seine **Entscheidung selbst** wieder **aufzuheben** bzw. **abzuändern** oder eine entsprechende **Anordnung** zu **treffen** (BGH wistra 1998, 307; wistra 1999, 28; OLG Frankfurt/Main NStZ-RR 1997, 273; OLG Hamm wistra 2000, 318, 319; OLG Koblenz NStZ-RR 1996, 300, 301; vgl. auch Nachw. bei *Burhoff*, EV, Rn 1591 ff.; KK-*Paul*, vor § 296 Rn 4; KMR-*Plöd*, vor § 296 Rn 4; SSW-StPO/*Hoch*, vor § 296 Rn 40; *Werner* NJW 1991, 19, 20; *Wölfl* StraFo 2003, 222, 225). Davon ist auszugehen in folgenden

296 **Beispielsfällen:**

- wenn eine Entscheidung **nichtig** ist, da eine solche keine Bindungswirkung entfaltet und ihre nachträgliche Aufhebung nur deklaratorische Bedeutung hat (OLG Hamm NJW 1971, 1624; OLG Schleswig NJW 1978, 1016; LR-*Jesse*, vor § 296 Rn 82),
- wenn ein **Beschluss** oder eine **Verfügung** mit dem Rechtsmittel der einfachen **Beschwerde** (→ *Beschwerde, Allgemeines*, Teil A Rdn 400) **angefochten** werden kann (*Burhoff*, EV, Rn 1590; *Holzinger* StRR 2008, 208, 210; KMR-*Plöd,* vor § 296 Rn 4; LR-*Jesse*, a.a.O.; *Meyer-Goßner/Schmitt*, vor § 296 Rn 24; SSW-StPO/*Hoch*, vor § 296 Rn 40; Radtke/Hohmann/*Radtke*, § 296 Rn 8; *Woesner* NJW 1960, 2129, 2131) und daher der Abhilfemöglichkeit nach § 306 Abs. 2 unterliegt,
- als eine der Urteilsfällung vorausgehende Entscheidung nur deshalb **nicht** angefochten werden kann, weil **§ 305** S. 1 **entgegensteht** (*Burhoff*, a.a.O.; HK-*Rautenberg*, § 296 Rn 5; *Hohmann* JR 1991, 10, 12; KK-*Paul,* vor § 296 Rn 4; KMR-*Plöd,* vor § 296 Rn 4; LR-*Jesse*, a.a.O.; Radtke/Hohmann/*Radtke*, a.a.O.; *Woesner*, a.a.O.),
- weil der **Rechtsmittelzug erschöpft** ist (BGHSt 19, 365; OLG Hamm wistra 2000, 318, 319; *Burhoff*, a.a.O.; *Hohmann* JR 1991, 12; KMR-*Plöd*, a.a.O.; *Meyer-Goßner/Schmitt*, a.a.O.; *Woesner* NJW 1960, 2129, 2130),

- insbesondere wenn eine **Haftentscheidung** des **OLG** abgeändert bzw. aufgehoben werden soll (KK-*Paul*, a.a.O.).

☝ Zulässig muss die Gegenvorstellung aber auch dann sein, wenn der **Beschwerdeweg nicht** oder alsbald nicht **beschritten** werden soll. Denn ist die Entscheidung noch mit der einfachen Beschwerde (→ *Beschwerde, Allgemeines*, Teil A Rdn 400) anfechtbar und kann sie deshalb vom Gericht im Wege der Abhilfe gem. § 306 Abs. 2 noch geändert werden, besteht kein Grund, die Gegenvorstellung nicht zuzulassen (*Burhoff*, a.a.O.; *Meyer-Goßner/Schmitt*, vor § 296 Rn 24).

Die Gegenvorstellung ist wie die Dienstaufsichtsbeschwerde (→ *Dienstaufsichtsbeschwerde*, Teil B Rdn 262) der einzige Rechtsbehelf, der über die in § 147 Abs. 5 eingeräumten Rechtsschutzmöglichkeiten hinaus bei **Verweigerung** der **AE** durch die StA gegeben ist (OLG Frankfurt/Main NStZ-RR 2005, 376; LG Neubrandenburg NStZ 2008, 655; wegen der Einzelh. s. → *Antrag auf gerichtliche Entscheidung, Akteneinsicht*, Teil B Rdn 67).

b) Unzulässig ist die Gegenvorstellung indes sowohl gegen Entscheidungen, bei denen der Adressat durch die angefochtene Entscheidung bereits **selbst gebunden** ist, als auch dann, wenn diese nur von einem **übergeordneten Gericht abgeändert** werden dürfen (vgl. LR-*Jesse*, vor § 296 Rn 83; *Matt* MDR 1992, 820, 824). Eine mangelnde Abänderungs- bzw. Abhilfebefugnis besteht insofern bei solchen Entscheidungen/ 297

Beispielsfällen 298

- die – wie etwa bei Urteilen – bereits in **materielle Rechtskraft** erwachsen sind (vgl. BVerfG NJW 2009, 829, 831; OLG Koblenz NStZ-RR 2015, 122; *Burhoff*, EV, Rn 1592; *Hohmann* JR 1991, 10, 11; *Holzinger* StRR 2008, 208, 210; Radtke/Hohmann/*Radtke*, § 296 Rn 9; *Woesner* NJW 1960, 2129, 2131; *Wölfl* StraFo 2003, 222, 225),
- die solche Urteile inhaltlich bestätigen bzw. aufheben, wie dies bspw. bei **Beschlüssen** des Revisionsgerichts nach **§ 349 Abs. 2** und **Abs. 4**, die eine urteilsgleiche, verfahrensabschließende Sachentscheidung enthalten, der Fall ist (BGHSt 17, 94, 97; BGH wistra 1999, 28; wistra 2005, 270; wistra 2006, 271 und 465; OLG Jena NStZ-RR 1997, 10; HK-*Rautenberg,* § 296 Rn 5; *Holzinger*, a.a.O.; KK-*Paul,* vor § 296 Rn 4; KMR-*Plöd,* vor § 296 Rn 4; Radtke/Hohmann/*Radtke*, a.a.O.; *Woesner*, a.a.O.; *Wölfl* StraFo 2003, 222, 226; sehr weitgehend *Hohmann* JR 1991, 10, 12 [Unabänderbarkeit des Verwerfungsbeschlusses auch bei Irrtum des Gerichts über Zulässigkeitsumstände]),

☝ Gerade gegen **Verwerfungsbeschlüsse** gem. **§ 349 Abs. 2** werden in der Praxis häufig unzulässige Gegenvorstellungen eingelegt und die eigentlich vorgesehene **Anhörungsrüge** nach **§ 356a** übersehen. Der BGH **deutet** zwar in diesen Fällen den unzutreffenden Rechtsbehelf regelmäßig in eine Anhörungsrüge **um**, welche jedoch meistens wegen Überschreitung der **Wochenfrist** des **§ 356a S. 2** als unzulässig verworfen wird (vgl. z.B. BGH StraFo 2005, 251; wistra 2006, 271 und 465; NStZ 2007, 236; zum Ganzen *Holzinger*, a.a.O.; → *Anhörungsrüge, Allgemeines*, Teil B Rdn 1, m.w.N.).

- deren **Anfechtung gesetzlich ausgeschlossen** ist (vgl. KG NStZ-RR 2013, 218),
- gegen die die **sofortige Beschwerde** (→ *Beschwerde, sofortige*, Teil A Rdn 550) zulässig ist oder bei Vorhandensein einer (weiteren) Beschwerdeinstanz zulässig wäre, da allein das Beschwerdegericht mit einer Änderungsbefugnis ausgestattet ist (§ 311 Abs. 3 S. 1; OLG München MDR 1987, 782, 783; *Burhoff*, a.a.O.; *Hohmann* JR 1991, 10, 11; *Holzinger*, a.a.O.; *Matt*, a.a.O.; KMR-*Plöd*, a.a.O.; *Meyer-Goßner/Schmitt*, vor § 296 Rn 25 m.w.N.; Radtke/Hohmann/*Radtke*, a.a.O.; *Woesner*, a.a.O.; *Wölfl* StraFo 2003, 222, 225; aus der Rspr. zuletzt LG Koblenz StraFo 2007, 41 m.w.N.), es sei denn, dass das rechtliche Gehör verletzt worden ist (§ 311 Abs. 3 S. 2; s. HK-*Rautenberg*, a.a.O.),
- die vom **Ausgangsgericht** getroffen worden sind, die Sache aber mittlerweile in der **Rechtsmittelinstanz anhängig** ist (Radtke/Hohmann/*Radtke,* § 296 Rn 9),
- wenn diese – im umgekehrten Fall – von der **Beschwerdeinstanz** getroffen worden sind, die Sache jedoch mittlerweile wieder beim **unteren** (ersten) **Gericht anhängig** ist (OLG Schleswig SchlHA 1989, 107; LR-*Jesse*, StPO, vor § 296 Rn 84; *Meyer-Goßner/Schmitt*, vor § 296 Rn 24; a.A. *Matt* MDR 1992, 820, 826 [im Rahmen des Haftrechts]),
- die sich durch Fortgang des Verfahrens **überholt** haben, etwa bei Aufhebung des Haftbefehls, bzw. die durch eine später in der Hauptsache ergangene Entscheidung **konsumiert** wurden (zutr. LR-*Jesse*, a.a.O.; Radtke/Hohmann/*Radtke*, a.a.O.; *Wölfl* StraFo 2003, 222, 226; ähnlich *Woesner*, a.a.O.).

299 **2. Ausnahmsweise** ist **trotz Selbstbindung** des Adressaten eine **Abänderung** bzw. **Aufhebung** der eigenen Entscheidung für einige Fallkonstellationen anerkannt (krit. hierzu LR-*Jesse,* vor § 296 Rn 84 wegen „unklarer" Kasuistik). Dazu folgende

300 **Beispielsfälle:**

- Rechtskräftige bzw. unanfechtbare Entscheidungen sind modifizierbar, wenn die Unabänderbarkeit zu einem nicht anders zu beseitigenden **groben prozessualen Unrecht** führen oder den Betroffenen **praktisch rechtlos** stellen würde (BVerfG NJW 1997, 46 [unzutreffende Auslagenentscheidung]; OLG Düsseldorf MDR 1980, 335 [Mitwirkung eines nach § 23 Abs. 2 ausgeschlossenen Richters]; NStZ 1982, 395 [Entscheidung eines unzuständigen Gerichts]; OLG Hamm NJW 1971,

1632; OLG Köln NJW 1981, 2208; OLG Schleswig NJW 1978, 1016; HK-*Rautenberg,* § 296 Rn 5; KMR-*Plöd,* vor § 296 Rn 4; *Weis* NJW 1987, 1314, 1315 m.w.N.; *Wölfl* StraFo 2003, 222, 225). Dies gilt insbesondere dann, wenn die gerügte Entscheidung

- entweder auf einer **Verkennung** des Vorliegens tatsächlicher **Zulässigkeitsvoraussetzungen** beruht, etwa ein befristetes Rechtsmittel deshalb als unzulässig verworfen wurde, weil das Gericht **irrtümlich** von einer **Fristversäumung** ausgegangen ist (OLG Nürnberg MDR 1966, 351; 524; OLG Jena StraFo 2009, 207; *Burhoff,* EV, Rn 1592; KMR-*Plöd,* a.a.O.; *Meyer-Goßner/Schmitt,* vor § 296 Rn 25; *Woesner* NJW 1960, 2129, 2130 f. m.w.N.; vgl. auch die Nachw. bei *Werner* NJW 1991, 19, Fn 4)
- oder unter **Verletzung** des **rechtlichen Gehörs** oder des Anspruchs auf den **gesetzlichen Richter** getroffen worden ist (BVerfG NJW 2003, 575; NJW 2008, 1582; BGH wistra 1999, 28; OLG Karlsruhe NStZ 1993, 88).
- Trotz Selbstbindung kann mit der Gegenvorstellung eine **Grundrechtsverletzung** bzw. eine Verletzung von Verfahrensgrundrechten **gerügt** werden, sodass durch die abändernde Entscheidung eine Verfassungsbeschwerde vermieden wird (BVerfGE 63, 77, 79; 87, 334, 338 f.; 91, 125, 133; BVerfG NStZ-RR 1998, 73; OLG Düsseldorf MDR 1980, 335; MDR 1982, 518; OLG Zweibrücken wistra 2000, 400; vgl. auch KK-*Paul,* vor § 296 Rn 4; KMR-*Plöd,* a.a.O.; *Meyer-Goßner/Schmitt,* a.a.O.; *Nöcker* AO-StB 2011, 55, 57; *Wölfl* StraFo 2003, 222, 225; a.A. *Werner* NJW 1991, 19, 20; *Zuck* JZ 1985, 921; eingehend zur Gegenvorstellung bei Verletzung von Verfahrensgrundrechten *Weis* NJW 1987, 1314 ff. m.w.N.).

Siehe auch: → *Dienstaufsichtsbeschwerde,* Teil B Rdn 262; → *Gegenvorstellung, Allgemeines,* Teil B Rdn 274; → *Gegenvorstellung, Zulässigkeit,* Teil B Rdn 301.

Gegenvorstellung, Zulässigkeitsvoraussetzungen 301

Das Wichtigste in Kürze:

1. Die Gegenvorstellung kann formlos erhoben werden und ist grds. an keine Frist gebunden.
2. Sie sollte aus Gründen der Rechtssicherheit und zur Klarstellung gleichwohl in Schriftform eingelegt werden.
3. Die Gegenvorstellung kann von jedem am Prozess Beteiligten erhoben werden.
4. Sie muss sich allerdings an den zuständigen Entscheidungsträger richten.
5. Schließlich wird ein allgemeines Rechtsschutzbedürfnis zu verlangen sein.

Literaturhinweise: s. die Hinw. bei → *Gegenvorstellung, Allgemeines,* Teil B Rdn 274. 302

303 **1.a)** Die Gegenvorstellung kann **formlos** erhoben werden (a.A. *Wölfl* StraFo 2003, 222, 225 [„schriftlich" unter Hinw. auf die Formulierung in Art. 17 GG]). Sie ist zudem – im Gegensatz zum Zivilverfahren (vgl. nur BGH NJW 2002, 1577; OLG Bremen MDR 2009, 889 OLG Dresden NJW 2006, 851; OLG Koblenz MDR 2008, 644; OLG Rostock MDR 2009, 49; [jew. zweiwöchige Notfrist gem. § 321a ZPO analog]) – grds. an **keine Frist** gebunden (ebenso für Form- und Fristlosigkeit statt vieler OLG Karlsruhe NStZ 1993, 88; *Burhoff*, EV, Rn 2084; HK-*Rautenberg*, § 296 Rn 3; *Hohmann* JR 1991, 10, 11; KK-*Paul*, vor § 296 Rn 4; LR-*Jesse*, vor § 296 Rn 78; *Matt* MDR 1992, 820, 824; *Meyer-Goßner/Schmitt*, vor § 296 Rn 23; *Nöcker* AO-StB 2011, 55, 57; Radtke/Hohmann/*Radtke*, § 296 Rn 7; *Werner* NJW 1991, 19, 20; *Woesner* NJW 1960, 2129, 2130).

304 **b)** Letzteres gilt allerdings **nicht ausnahmslos**: Zunächst können unbefristete Rechtsbehelfe infolge **Verwirkung** unzulässig werden, wenn der Berechtigte längere Zeit hindurch untätig bleibt, obwohl er die Rechtslage kannte oder in zumutbarer Weise hätte kennen müssen (HK-*Rautenberg*, § 296 Rn 6; *Meyer-Goßner/Schmitt*, vor § 296 Rn 6 m.w.N.; s.a. BVerfG NStZ 2009, 166; vgl. ferner Radtke/Hohmann/*Radtke*, § 296 Rn 11). So sind in der Rspr. bislang Gegenvorstellungen, die mit mehr als einjähriger (OLG Koblenz MDR 1985, 344) bzw. fünfzehnmonatiger (OLG Stuttgart NStZ 2002, 448 [Ls.]) Verspätung erhoben wurden, als verwirkt angesehen worden (krit. insoweit *Wölfl* StraFo 2003, 222, 226). Überdies wird in der höchstrichterlichen Rspr. bei Gegenvorstellungen gegen revisionsgerichtliche Entscheidungen nach § 349 Abs. 2 (i.V.m. § 349 Abs. 4) – sofern die Anhörungsrüge nach § 356a nicht greift – eine entsprechende Anwendbarkeit der **einwöchigen Fristenschranke** des **§ 356a S. 2** in Erwägung gezogen (BGH wistra 2006, 271; BGH, Beschl. v. 7.2.2006 – 5 StR 481/05; vgl. hierzu *Beukelmann* NJW-Spezial 2008, 344).

☝ Angesichts dessen kann dem Verteidiger im Zweifel nur angeraten werden, die Gegenvorstellung **möglichst zeitnah** und ggf. parallel zu anderen Rechtsbehelfen einzulegen.

305 **2. Hinweis für den Verteidiger!**

Obwohl die Gegenvorstellung keiner Form bedarf, sollte sie trotzdem **schriftlich** erhoben werden, um so sicherzustellen, dass der Vorgang auch **aktenkundig** gemacht wird. Zum anderen sollte die Gegenvorstellung auch ausdrücklich **als solche bezeichnet** werden, um insbesondere in den Fällen, in denen die gerügte Entscheidung auch mittels einfacher Beschwerde gem. § 304 (→ *Beschwerde, Allgemeines*, Teil A Rdn 400) angefochten werden kann, zu verdeutlichen, dass eine abändernde **Entscheidung** des **iudex a quo** und gerade **nicht** eine (kostenpflichtige) **Beschwerdeentscheidung** der übergeordneten Instanz begehrt wird (*Hohmann* JR 1991, 10, 12; *Holzinger* StRR 2008, 208, 209 f.). Andernfalls besteht die Gefahr der Umdeutung nach § 300 (*Burhoff*, EV, Rn 2091).

3. Die Gegenvorstellung kann, anders als bei Rechtsmitteln, wie z.B. der Beschwerde (→ *Rechtsmittel/Rechtsbehelfe, Beschwer*, Teil A Rdn 1383), auch **ohne** den konkreten Nachweis einer **persönlichen Beschwer** bzw. **Nachteils** und daher von **jedem** am Strafprozess **Beteiligten** erhoben werden (OLG Schleswig NJW 1978, 1016 [Gegenvorstellung des Verteidigers nach Tod des Beschuldigten]; *Burhoff*, EV, Rn 2084; HK-*Rautenberg*, § 296 Rn 5; *Holzinger* StRR 2008, 208, 210; LR-*Jesse*, vor § 296 Rn 78; *Matt* MDR 1992, 820, 824; *Meyer-Goßner/Schmitt*, vor § 296 Rn 23; Radtke/Hohmann/*Radtke*, § 296 Rn 8; *Werner* NJW 1991, 19, 20; *Wölfl* StraFo 2003, 222, 226). Diese Befugnis steht also auch dem **Verletzten** zu (*Matt*, a.a.O.; s.a. *Hohmann* JR 1991, 10, 12 f. [für Fälle des § 172 Abs. 2 S. 3]; zum Begriff des Verletzten s. → *Klageerzwingungsverfahren, Begriff des Verletzten*, Teil B Rdn 541). Da die Gegenvorstellung Ausfluss des Petitionsrechts nach Art. 17 GG ist und sich in ihrem Anwendungsbereich originär auf die Verteidigung des Beschuldigten bzw. Angeklagten im Strafverfahren beschränkt, ist die **StA** – sofern man ihr mangels eigener Grundrechtsfähigkeit überhaupt das Recht zur Gegenvorstellung einräumen will – jedenfalls **nicht** befugt, diesen Rechtsbehelf **zuungunsten** anderer Verfahrensbeteiligten einzulegen (*Matt*, a.a.O.; *Wölfl*, a.a.O.; dagegen ohne Einschränkung *Woesner* NJW 1960, 2129, 2130). 306

☝ Da die Gegenvorstellung eine persönliche Beschwer nicht voraussetzt, hat sie gegenüber allen anderen Rechtsbehelfen den Vorzug, dass sie nicht nur zur Abwehr rechtswidriger Maßnahmen, sondern auch dann offen steht, wenn der Entscheidungsträger zur Abänderung bzw. Aufhebung an sich **rechtmäßiger Ermessensakte** bewogen werden soll (vgl. *Wölfl* StraFo 2003, 222; *ders.* JuS 2001, 795, 797 jew. m.w.N.).

4. Die Gegenvorstellung ist allerdings nur dann statthaft, wenn sie sich gegen den **Adressaten** – in der Regel dem iudex a quo – richtet, der auch in der Sache **zuständig** ist und die angegriffene Entscheidung erlassen hat (*Woesner* NJW 1960, 2129, 2130; *Wölfl* StraFo 2003, 222, 225), da ansonsten das auf eine Modifikation der Entscheidung gerichtete Begehren ins Leere liefe. Dabei kommt im Strafverfahren als Entscheidungsträger sowohl das **Gericht** als auch die **StA** in Betracht (*Holzinger* StRR 2008, 208, 209; *Matt* MDR 1992, 820, 824). Damit stellt die Gegenvorstellung nicht nur gegen Entscheidungen des Ermittlungsrichters oder erkennenden Gerichts der Hauptsache, sondern ebenfalls gegen Verfügungen der StA das geeignete Mittel dar, eine Abänderung oder Aufhebung der angegriffenen Entscheidung herbeizuführen (*Hohmann* JR 1991, 10, 12). 307

5. Schließlich wird das Vorliegen eines allgemeinen **Rechtsschutzbedürfnisses** zu verlangen sein (*Wölfl* StraFo 2003, 222, 226; s. aber *Matt* MDR 1992, 820, 824 [kein „besonderes“ Rechtsschutzbedürfnis]). Dies ist insbesondere dann gegeben, wenn derjenige, der die Gegenvorstellung erhebt, entweder Adressat der gerügten Entscheidung oder sonst hierdurch in eigenen Rechten betroffen ist. Andererseits ist es aber für die Annahme 308 des Rechtsschutzbedürfnisses nicht erforderlich, dass mit der Gegenvorstellung allein nur Rechtsverstöße oder gar die Verletzung von Grundrechten gerügt werden kann (in diesem Sinne auch *Wölfl*, a.a.O.).

Siehe auch: → *Dienstaufsichtsbeschwerde*, Teil B Rdn 262; → *Gegenvorstellung, Allgemeines*, Teil B Rdn 274; → *Gegenvorstellung, Statthaftigkeit*, Teil B Rdn 293.

309 Justizverwaltungsakte, Anfechtung (§§ 23 ff. EGGVG), Allgemeines

Das Wichtigste in Kürze:

1. Mit den §§ 23 ff. EGGVG steht ein besonderer Rechtsbehelf gegen Justizverwaltungsakte vor den ordentlichen Gerichten zur Verfügung.
2. Durch Gesetzesänderungen und neue Entwicklungen in der Rechtsprechung ist der Anwendungsbereich der §§ 23 ff. EGGVG deutlich eingeschränkt worden.
3. §§ 23 ff. EGGVG ist gegenüber anderen Regelungen, die die Zuständigkeit der ordentlichen Gerichte begründen, subsidiär (§ 23 Abs. 3 EGGVG).
4. Das Verfahren wird durch einen Antrag eingeleitet. Dieser ist strengen formellen und inhaltlichen Anforderungen unterliegt und fristgebunden.

310 **Literaturhinweise:** **Beckemper**, Der Antrag auf Bestellung eines Pflichtverteidigers im Ermittlungsverfahren, NStZ 1999, 221; **Bottke**, Rechtsbehelfe der Verteidigung im Ermittlungsverfahren – eine Systematisierung, StV 1986, 120; **Brete/Thomsen**, Anspruch auf Beendigung des steuerstrafrechtlichen Ermittlungsverfahrens, wistra 2008, 367; **Conrad**, Der sogenannte Justizverwaltungsakt, Schriften zum Öffentlichen Recht Band 1186, 2011; **Dörr**, Rechtsschutz gegen vollzogene Durchsuchungen und Beschlagnahmen im Strafermittlungsverfahren, NJW 1984, 2258; **Eisenberg/Conen**, § 152 II StPO: Legalitätsprinzip im gerichtsfreien Raum?, NJW 1998, 2241; **Feiter**, Die Bedeutung des Rechtsschutzes nach §§ 23 ff. EGGVG für den Bereich der Strafrechtspflege, 1992; **Füßer/Viertel**, Der Anspruch auf Abschlussverfügung im Ermittlungsverfahren und seine Durchsetzung, NStZ 1999, 116; **Hilgendorf**, Verfahrensfragen bei der Ablehnung eines befangenen Staatsanwalts, StV 1996, 50; **Hunsmann**, Rechtsschutz im Rahmen des Absehens von Strafverfolgung gemäß § 398a AO, NZWiSt 2012, 102; **Keller**, Zur gerichtlichen Kontrolle prozessualer Ermessensentscheidungen der Staatsanwaltschaft, GA 1983, 497; **Kölbel**, (Vorbeugender) Rechtsschutz gegen Ermittlungsverfahren?, JR 2006, 322; **Küppers**, Die Bedeutung des Bundeszentralregisters in der anwaltlichen Beratungspraxis, StRR 2014, 128; **Nagel**, Rechtsschutz gegen verfahrenseinleitende und -fortführende Maßnahmen der Strafverfolgungsbehörden im Ermittlungsverfahren?, StV 2001, 185; **Neuling**, Unterlassung und Widerruf vorverurteilender Medienauskünfte der Ermittlungsbehörden, StV 2008, 387; **Sauerland**, Rechtsweg bei pressrechtlichen Auskunftsansprüchen im Steuerstrafverfahren, NZWiSt 2015, 246; **Schenke**, Rechtsschutz gegen doppelfunktionale Maßnahmen der Polizei, NJW 2011, 2838; **Schroth**, Der Rechtsschutz gegen strafprozessuale Grundrechtseingriffe, StV 1999, 117; **Strubel/Sprenger**, Die gerichtliche Nachprüfbarkeit staatsanwaltschaftlicher Verfügungen, NJW 1972, 1734; **Terbach**, Rechtsschutz gegen die staatsanwaltschaftliche Zustimmungsverweigerung zur Verfahrenseinstellung nach §§ 153 II, 153a II StPO, NStZ 1998, 172; **Vogler**, Die Bedeutung der Rechtsweggarantie des Grundgesetzes für den Rechtsschutz in Rechtshilfeverfahren, NJW 1982, 468; **Wohlers**, Zur gerichtlichen Durchsetzung des Anspruchs auf Ablösung eines disqualifizierten Staatsanwalts, GA 2006, 403; s.a. noch die Hinw. bei *Burhoff*, EV, Rn 500.

1. Mit den §§ 23 ff. EGGVG steht dem von einem Justizverwaltungsakt Betroffenen ein **eigenständiges Rechtsbehelfsinstrumentarium** zur Verfügung, das aufgrund seiner abgelegenen Stellung im Gesetz, seines unvollkommenen Inhalts und der vorrangig durch fortlaufende Kasuistik geprägten Ausfüllung vielen Rechtsanwendern erhebliche Schwierigkeiten bereitet. Selbst für Sachkenner sind Zuständigkeit und Verfahrensgestaltung in Justizverwaltungssachen kaum mehr durchschaubar (KK-*Mayer*, § 23 EGGVG Rn 9). Die Bedeutung hat freilich aufgrund von geänderter Rechtsprechung und Aktivitäten des Gesetzgebers in jüngerer Zeit deutlich nachgelassen. Wesentliche, bislang mittels der §§ 23 ff. EGGVG kontrollierbare staatliche Maßnahmen unterliegen nunmehr hiervon abweichenden Rechtsschutzmöglichkeiten. Hierzu haben mehrere wichtige Entscheidungen des BVerfG beigetragen. So hielt es etwa für den Bereich des Jugendstrafvollzugs die Regelungen der §§ 23 ff. EGGVG für unzureichend (NJW 2006, 2093) und veranlasste dadurch den Gesetzgeber zur Schaffung speziellerer Regelungen (§ 92 Abs. 1 JGG). Darüber hinaus hat es auch an die Instanzgerichte appelliert, den nach bis dahin geltendem Recht schwer zu durchschauenden und mehrfach gespaltenen Rechtsschutz durch die Fachgerichtsbarkeit in effektiver Weise zu gewährleisten (NJW 1997, 2165). Diesem Aufruf sind die Gerichte der ordentlichen Gerichtsbarkeit durch erweiterte Anwendung sachnäherer Rechtsschutzmöglichkeiten nachgekommen (BGH NJW 1999, 730,731), wie z.B. Überprüfung der Art und Weise polizeilicher Maßnahmen nunmehr analog § 98 Abs. 2 S. 2). 311

Maßnahmen im **Ermittlungsverfahren** sind dadurch weitestgehend dem Anwendungsbereich der §§ 23 ff. EGGVG entzogen (→ *Justizverwaltungsakte, Anfechtung (§§ 23 ff. EGGVG), Maßnahmen im Ermittlungsverfahren*, Teil B Rdn 400). Weiterhin große Bedeutung kommt diesen Vorschriften indessen insbesondere im Bereich der **Strafvollstreckung** zu (→ *Justizverwaltungsakte, Anfechtung (§§ 23 ff. EGGVG), Maßnahmen im Strafvollstreckungsverfahren*, Teil B Rdn 417), wenngleich auch hier eine zunehmende Neigung der Rspr. zu einer vorrangigen Anwendung strafprozessualer Vorschriften zu beobachten ist. Zudem eröffnen die Vorschriften dem Verteidiger die Möglichkeit, auf neue Rechtsentwicklungen hinzuwirken und bislang als nicht bzw. vor den ordentlichen Gerichten nur eingeschränkt justiziabel bewertete Maßnahmen rund um das Strafverfahren über §§ 23 ff. EGGVG gerichtlich kontrollierbar zu machen. 312

2.a) § 23 EGGVG eröffnet den Rechtsweg zu den ordentlichen Gerichten und stellt somit eine abdrängende Sonderzuweisung im Sinne des § 40 Abs. 1 S. 1 VwGO dar. Das Prozessrecht ist im Wesentlichen von der **Parallelität** zum **Verwaltungsprozess** geprägt (*Conrad*, S. 224 f.). Ähnlich den §§ 42, 75, 113, 114 VwGO finden sich auch in den §§ 23 ff. EGGVG Regelungen zu Anfechtungs-, Verpflichtungs-, Untätigkeits- und Fortsetzungsfeststellungsklage. Der Begriff des **Justizverwaltungsakt**es deutet hingegen nur scheinbar auf eine Parallelität zum Verwaltungsrecht (§ 35 VwVfG) hin. Schon aus Grün- 313 den der Garantie effektiven Rechtsschutzes – §§ 23 ff. EGGVG sind eine Konkretisierung von Art. 19 Abs. 4 GG (Kissel/*Mayer*, § 23 EGGVG Rn 8) – wird er von der h.M. weiter gefasst (BVerwG NJW 1989, 412, 413); *Conrad*, S. 160 f.; → *Justizverwaltungsakte, Anfechtung (§§ 23 ff. EGGVG), Anfechtungsgegenstand/Begriff des Justizverwaltungsakts*, Teil B Rdn 317). Zwar ist § 23 EGGVG als Ausnahmevorschrift zu § 40 VwGO („einem anderen Gericht *ausdrücklich* zugewiesen") eng auszulegen (vgl. BVerwG DöV 1972, 792, 793; BGH NJW 2003, 2989, 2990). Dies steht indessen einer Auslegung der Vorschrift nach Sinn und Zweck nicht entgegen (BVerwG NJW 1989, 412, 413). Eine abschließende Regelung, welche Maßnahmen im Einzelnen über §§ 23 ff. EGGVG der Kontrolle unterliegen, existiert nicht (BGHSt 16, 225, 230). Dadurch hat sich eine **umfangreiche Kasuistik** entwickelt, die ihren Abschluss noch nicht gefunden hat.

314 **b)** Die **Lückenhaftigkeit** der §§ 23 ff. EGGVG erfordert den **Rückgriff** auf **anderweitige Verfahrensvorschriften**. Während in § 29 Abs. 2 EGGVG a.F. noch ein ausdrücklicher Bezug auf die Vorschriften der StPO vorgesehen war, ist dieser – möglicherweise versehentlich (Kissel/*Mayer*, § 29 EGGVG Rn 1) – durch das FGG-RG (Gesetz zur Reform des Verfahrens in Familiensachen und in den Angelegenheiten der freiwilligen Gerichtsbarkeit [FGG-Reformgesetz – FGG-RG] v. 17.12.2008 BGBl I S. 2586) entfallen. Gleichwohl wird bei strafprozessual gefärbten Maßnahmen weiterhin auf die Regeln der StPO zurückgegriffen (*Meyer-Goßner/Schmitt*, § 28 EGGVG Rn 13), während nach einer sich im Vorkommen befindenden Ansicht ein Rückgriff auf die §§ 58 ff. FamFG vorzunehmen ist (Kissel/*Mayer*, § 29 EGGVG Rn 2; KK-*Mayer*, § 29 EGGVG Rn 2; *Conrad*, S. 201). Praktische Auswirkungen hat dieser Streit indessen kaum.

315 **3.** Die **Anwendung** der §§ 23 ff. EGGVG ist **ausgeschlossen**, wenn die ordentliche Gerichte bereits aufgrund anderer Vorschriften angerufen werden können (§ 23 Abs. 3 EGGVG). Maßgeblich für die Beurteilung ist dabei, ob dem Betroffenen der Rechtsbehelf grds. zur Verfügung steht. Kann er von dem Rechtsbehelf keinen Gebrauch (mehr) machen – etwa durch Fristversäumung – bleibt ihm ein Rückgriff auf §§ 23 ff. EGGVG versagt (OLG Frankfurt/Main NStZ-RR 2005, 220; OLG Jena ZfStrVo 2003, 306, 307).

☝ Gerade hier bedarf es einer **genauen Prüfung** durch den Verteidiger: Nicht nur sieht die StPO in einer Vielzahl von Fällen bereits einschlägige Rechtsbehelfsmöglichkeiten vor (etwa §§ 98 Abs. 2 S. 2, 147 Abs. 5 S. 2, 161a Abs. 3, 163 Abs. 3, 458 Abs. 2, 459h). Wegen der oben (Rdn 311) erwähnten Neigung der Rspr., auch i.Ü. einer analogen Anwendung der Vorschriften in der StPO den Vorzug zu geben und der damit verbundenen unterschiedlichen Form- und Fristerfordernisse droht bei einer falschen Rechtswegwahl die Verwerfung des Rechtsbehelfs als unzulässig.

316 **4.** Das Verfahren wird durch einen **Antrag** eingeleitet (KK-*Mayer*, § 23 EGGVG Rn 47), der strengen formellen und inhaltlichen Anforderungen unterliegt und fristgebunden ist

(→ *Anfechtung von Justizverwaltungsakten (§§ 23 ff. EGGVG), Antrag, formelle und inhaltliche Anforderungen*, Teil B Rdn 266; → *Justizverwaltungsakte, Anfechtung (§§ 23 ff. EGGVG), Antrag, Frist*, Teil B Rdn 341; → *Justizverwaltungsakte, Anfechtung (§§ 23 ff. EGGVG), Antragsarten*, Teil B Rdn 349). In manchen Fällen muss der Antragsteller zudem ein **Vorverfahren** erfolglos durchgeführt haben (→ *Justizverwaltungsakte, Anfechtung (§§ 23 ff. EGGVG), Durchführung eines Vorverfahrens*, Teil B Rdn 358). Im gerichtlichen Verfahren findet keine alleinige Rechtskontrolle der angefochtenen Entscheidung durch das zuständige OLG statt. Vielmehr hat das Gericht auch in **tatsächlicher Hinsicht die Rechtmäßigkeit** der im Streit stehenden Maßnahme zu überprüfen (LR-*Böttcher*, § 28 EGGVG Rn 2). Hierzu hat es ggf. **Beweis** zu erheben. Eine mündliche Verhandlung findet im Verfahren nach §§ 23 ff. EGGVG nicht statt.

☝ Die Entscheidung des OLG ist regelmäßig **unanfechtbar** (→ *Justizverwaltungsakten, Anfechtung (§§ 23 ff. EGGVG), Rechtsmittel*, Teil B Rdn 456). Die Gewährung **einstweiligen Rechtsschutzes** ist möglich (→ *Justizverwaltungsakte, Anfechtung (§§ 23 ff. EGGVG), Einstweiliger Rechtsschutz*, Teil B Rdn 365). **PKH** für entstehende Kosten und Auslagen kann nach den Regeln der ZPO bewilligt werden (→ *Justizverwaltungsakte, Anfechtung (§§ 23 ff. EGGVG), Prozesskostenhilfe/Beiordnung*, Teil B Rdn 450; → *Justizverwaltungsakte, Anfechtung (§§ 23 ff. EGGVG), Kosten*, Teil B Rdn 384).

Siehe auch: → *Rechtsmittel/Rechtsbehelfe, Allgemeines*, Teil A Rdn 1289, m.w.N.; → *Justizverwaltungsakte, Anfechtung (§§ 23 ff. EGGVG), Anfechtungsgegenstand/Begriff des Justizverwaltungsakts*, Teil B Rdn 317; → *Justizverwaltungsakte, Anfechtung (§§ 23 ff. EGGVG), Antrag, formelle und inhaltliche Anforderungen*, Teil B Rdn 333; → *Justizverwaltungsakte, Anfechtung (§§ 23 ff. EGGVG), Antrag, Frist*, Teil B Rdn 341; → *Justizverwaltungsakte, Anfechtung (§§ 23 ff. EGGVG), Antragsarten*, Teil B Rdn 349; → *Justizverwaltungsakte, Anfechtung (§§ 23 ff. EGGVG), Durchführung eines Vorverfahrens*, Teil B Rdn 358; → *Justizverwaltungsakte, Anfechtung (§§ 23 ff. EGGVG), Einstweiliger Rechtsschutz*, Teil B Rdn 365; → *Justizverwaltungsakte, Anfechtung (§§ 23 ff. EGGVG), Erledigung*, Teil B Rdn 369; → *Justizverwaltungsakte, Anfechtung (§§ 23 ff. EGGVG), Kosten*, Teil B Rdn 384; → *Justizverwaltungsakte, Anfechtung (§§ 23 ff. EGGVG), Maßnahmen der Vollzugsbehörden*, Teil B Rdn 391; → *Justizverwaltungsakte, Anfechtung (§§ 23 ff. EGGVG), Maßnahmen im Ermittlungsverfahren*, Teil B Rdn 400; → *Justizverwaltungsakte, Anfechtung (§§ 23 ff. EGGVG), Maßnahmen im Strafvollstreckungsverfahren*, Teil B Rdn 417; → *Justizverwaltungsakte, Anfechtung (§§ 23 ff. EGGVG), Prozesskostenhilfe/Beiordnung*, Teil B Rdn 450; → *463Justizverwaltungsakte, Anfechtung (§§ 23 ff. EGGVG), Rechtsmittel*, Teil B Rdn 456; → *Justizverwaltungsakte, Anfechtung (§§ 23 ff. EGGVG), Verweigerung von Akteneinsicht*, Teil B Rdn 461;

→ *Justizverwaltungsakte, Anfechtung (§§ 23 ff. EGGVG), Weitergabe und Aufbewahrung von Daten*, Teil B Rdn 475; → *Anfechtung von Justizverwaltungsakten, (§§ 23 ff. EGGVG), Gebühren*, Teil D Rdn 41.

317 Justizverwaltungsakte, Anfechtung (§§ 23 ff. EGGVG), Anfechtungsgegenstand/Begriff des Justizverwaltungsakts

Das Wichtigste in Kürze:

1. Der Begriff des Justizverwaltungsaktes ist weiter als der des Verwaltungsaktes gem. § 35 VwVfG.
2. Als Justizbehörde werden alle Behörden angesehen, die kraft Gesetzes Aufgaben wahrnehmen, die unmittelbar der Strafrechtspflege dienen.
3. Zu den nach §§ 23 ff. EGGVG anfechtbaren Maßnahmen zählen auch schlichtes Verwaltungshandeln oder Realakte mit Außenwirkung, soweit diese geeignet sind, Rechte des Betroffenen zu verletzen.
4. Hingegen sind Prozesshandlungen der Gerichte und der StA dem Anwendungsbereich der §§ 23 ff. EGGVG entzogen.
5. Maßnahmen im Zusammenhang mit Auslieferungsersuchen anderer Staaten sind nicht erfasst.

318 **Literaturhinweise:** s. die Hinw. bei → *Justizverwaltungsakte, Anfechtung (§§ 23 ff. EGGVG), Allgemeines*, Teil B Rdn 310.

319 **1.** Der Rechtsweg zu den ordentlichen Gerichten ist gem. § 23 Abs. 1 EGGVG eröffnet, wenn es um die Überprüfung einer von einer **Justizbehörde** (vgl. Rdn 320) (nicht) erlassenen **Maßnahme**, die zur **Regelung** einzelner Angelegenheiten (vgl. Rdn 322) auf dem Gebiet der **Strafrechtspflege** (vgl. Rdn 327) getroffen wird, geht.

320 **a)** Der Begriff der **Justizbehörde** ist nach h.M. in einem **funktionalen Sinn** zu verstehen. Demnach werden als solche alle Behörden angesehen, die kraft Gesetzes Aufgaben wahrnehmen, die unmittelbar der Strafrechtspflege dienen (BVerwG NJW 1984, 2233, 2234; *Meyer-Goßner/Schmitt*, § 23 EGGVG Rn 2 m.w.N.). Dies bedeutet, dass Justizbehörden auch solche sind, die zwar ressortmäßig anderen Geschäftsbereichen angehören, aber kraft ausdrücklicher Bestimmung Aufgaben zu erfüllen haben, wie sie auch Justizbehörden im organisationsrechtlichen Sinn obliegen (LR-*Böttcher*, § 23 EGGVG Rn 2). Eine nur mittelbare Einflussnahme auf die Strafrechtspflege genügt hingegen nicht (BGH NJW 1989, 587,588; Kissel/*Mayer*, § 23 EGGVG Rn 14; *Conrad*, S. 155). Danach **zählen** zu den Justizbehörden vor allem:

Übersicht: Justizbehörden

321

- die **ordentlichen Gerichte**, wenn sie in ihrer Eigenschaft als Organe der Justizverwaltung tätig werden. Gerichte stellen in ihrer rechtsprechenden Funktion keine Justizbehörden i.S.d. §§ 23 ff. EGGVG dar (BVerfG NJW 1979, 154, 155). Damit sind nicht nur Urteile oder Beschlüsse, einschließlich deren Wortwahl (VGH München NJW 1995, 2940), sondern auch alle diesen vorausgehenden gerichtlichen Maßnahmen (etwa Terminierung und Ladung) einer Kontrolle außerhalb der hierfür in der StPO vorgesehenen Rechtsbehelfe entzogen. Dies gilt auch für die in **Zusammenhang** mit der **Rspr**. **erforderlichen Verwaltungsmaßnahmen,** wie Geschäftsverteilung durch das Präsidium (BVerwG NJW 1976, 1224, 1225; LR-*Böttcher*, § 23 EGGVG Rn 9), Schöffenwahl (OLG Stuttgart NJW 1985, 2343, 2344) und sitzungspolizeiliche Maßnahmen (OLG Hamburg NStZ 1992, 509). § 23 EGGVG schafft hierfür auch keinen Auffangtatbestand, falls das Strafverfahrensrecht Rechtsbehelfe gegen einzelne gerichtliche Maßnahmen nicht vorsieht. Dies ist verfassungsrechtlich unbedenklich, weil Art. 19 Abs. 4 GG keinen Rechtsschutz gegen Gerichte gewährt (LR-*Böttcher*, vor § 23 EGGVG, Rn 3).

  ☝ Für das Vorliegen von Akten der Rechtsprechung ist die **Person** des **Handelnden** (Richter, Rechtspfleger, Urkundsbeamter der Geschäftsstelle) **ohne Bedeutung** (KG NJW-RR 1995, 637, 638; OLG Frankfurt/Main JurBüro 1976, 1701; Kissel/*Mayer*, § 23 EGGVG Rn 9; s.a. → *Justizverwaltungsakte, Anfechtung (§§ 23 ff. EGGVG), Verweigerung von Akteneinsicht*, Teil B Rdn 461).

- die **StA** als Strafverfolgungs-, Anklage- und Vollstreckungsbehörde. Hier wird von der Rspr. aber eine wesentliche Einschränkung gemacht, als Maßnahmen, die im Rahmen eines laufenden Strafverfahrens ergehen (z.B. Einleitung des EV, Anklageerhebung, Einstellung), nicht als Justizverwaltungsakte, sondern als Prozesshandlungen angesehen werden, bei denen eine Anfechtbarkeit nach § 23 EGGVG von vornherein nicht in Betracht komme. Sowohl Begründung als auch Ergebnis dieser Auffassung werden im Schrifttum heftig kritisiert (*Füßer/Viertel* NStZ 1999, 118; *Brete/Thomsen* wistra 2008, 367; *Eisenberg/Conen* NJW 1998, 2241). Einigkeit besteht nur insoweit, dass im Hinblick auf Art. 19 Abs. 4 GG für Maßnahmen der StA bei der Vollstreckung gerichtlicher Entscheidungen nach § 36 Abs. 2 und bei Grundrechtseingriffen im Rahmen eines Ermittlungsverfahrens eine Anfechtbarkeit – allerdings nicht notwendigerweise nach §§ 23 ff. EGGVG – gegeben sein muss (LR-*Böttcher*, § 23 EGGVG Rn 56; s.a. → *Justizverwaltungsakte, Anfechtung (§§ 23 ff. EGGVG), Maßnahmen im Ermittlungsverfahren*, Teil B Rdn 400;→ *Justizverwaltungsakte, Anfechtung (§§ 23 ff. EGGVG), Maßnahmen im Strafvollstreckungsverfahren*, Teil B Rdn 417; → *Justizverwaltungsakte, Anfechtung (§§ 23 ff. EGGVG), Verweigerung von Akteneinsicht*, Teil B Rdn 461),

- **Polizeibehörden** (einschließlich der Landeskriminalämter, Hess. VGH VerwRspr 1977, 1009, 1012), wenn sie zur Strafverfolgung tätig sind. Maßnahmen zur Gefahrenabwehr müssen vor dem VG angefochten werden (vgl. dazu → *Justizverwaltungsakte, Anfechtung (§§ 23 ff. EGGVG), Maßnahmen im Ermittlungsverfahren*, Teil B Rdn 408),
- **Finanzbehörden** im Rahmen eines Steuerstrafverfahrens (§§ 386 Abs. 2, 399 Abs. 1, 402 AO; dazu → *Justizverwaltungsakte, Anfechtung (§§ 23 ff. EGGVG), Maßnahmen im Ermittlungsverfahren*, Teil B Rdn 411),
- **Behörden** der **Bundes- oder Landesjustizverwaltung** (z.B. Justizminister, Bundesamt für Justiz),
- **Vollzugsbehörden** stehen den Justizbehörden nach § 23 Abs. 1 S. 2 EGGVG gleich, soweit sie im Rahmen des Vollzugs der Untersuchungshaft oder von Freiheitsstrafe oder Maßregeln der Besserung und Sicherung, die außerhalb des Justizvollzugs stattfinden, tätig werden (→ *Justizverwaltungsakte, Anfechtung (§§ 23 ff. EGGVG), Maßnahmen der Vollzugsbehörden*, Teil B Rdn 391).

322 **b) § 23 Abs. 1 S. 1 EGGVG** bestimmt, dass es sich bei den Justizverwaltungsakten um **Anordnungen, Verfügungen oder sonstige Maßnahmen zur Regelung** einer **einzelnen Angelegenheit** handeln muss. Dieses Tatbestandsmerkmal birgt die meisten Schwierigkeiten.

323 **aa)** Einigkeit besteht noch insoweit, dass die Voraussetzungen eines Verwaltungsaktes i.S.d. § 35 VwVfG nicht vorliegen müssen, sondern **auch schlichtes Verwaltungshandeln** oder **Realakte** von § 23 EGGVG erfasst werden (BGHSt 46, 261, 263; KG NJW-RR 1994, 571; OLG Dresden NJW 2000, 1503; OLG Hamm NJW 2005, 834, 835; OLG Naumburg NJW 2003, 2921; *Conrad*, S. 160 f. m.w.N.). An den Begriff der Regelung dürfen daher keine überzogenen Anforderungen gestellt werden (LR-*Böttcher*, § 23 EGGVG Rn 45). **Umstr.** ist aber, ob der Maßnahme **Außenwirkung** zukommen und ob sie geeignet sein muss, den Betroffenen in seinen Rechten zu verletzen. Beides wird von der **h.M. verlangt**. Während der Streit um die Geeignetheit zur Rechtsverletzung weitestgehend akademischer Natur ist, weil eine solche wegen § 24 Abs. 1 EGGVG jedenfalls im Rahmen der Antragsbefugnis erforderlich ist, führt das Erfordernis einer Außenwirkung dazu, dass Warnungen (OLG Karlsruhe NJW 1965, 1545), Wissenserklärungen (OLG Stuttgart NStZ 2008, 359, 360, Stellungnahmen (OLG Hamm NJW 1985, 2040, 2041), Mitteilungen von Rechtsansichten (OLG Celle NStZ 2011, 598) oder rein behördeninterne Akte (OLG Stuttgart NStZ 1998, 212, 214) nicht von § 23 Abs. 1 S. 1 EGGVG erfasst werden. Die Gegenmeinung (*Conrad*, S. 168) hält wegen der umfassenden Rechtsschutzgarantie aus Art. 19 Abs. 4 GG eine Außenwirkung für nicht erforderlich.

☝ Entgegen OLG Hamburg (MDR 1979, 337), ist die **behördeninterne Zuweisung** eines **Sitzungsaals nicht** nach §§ 23 ff. EGGVG **anfechtbar**. Zum einen handelt es sich um eine Maßnahme, die funktional der Rspr. zuzuordnen ist (Zöller-*Lückemann*,

§ 23 EGGVG Rn 4). Zum anderen fehlt einer solchen Maßnahme die nach h.M. erforderliche Außenwirkung. Diese tritt erst durch die Terminierung des Vorsitzenden ein, welche nur mit Mitteln des Strafverfahrensrechts angegriffen werden kann (KK-*Mayer*, § 23 EGGVG Rn 94; Kissel/*Mayer*, § 23 EGGVG Rn 153).

Die abschlägige Bescheidung einer **Dienstaufsichtsbeschwerde** stellt **keinen Justizverwaltungsakt** dar (BGH NJW 1965, 1017), da sie lediglich besagt, dass die Dienstaufsichtsbehörde keinen Anlass zum Einschreiten gefunden hat. Eine Anfechtung nach §§ 23 ff. EGGVG kommt aber in Betracht, wenn der Bescheid eine selbstständige Rechtsverletzung enthält (LR-*Böttcher*, § 23 EGGVG Rn 80; → *Dienstaufsichtsbeschwerde*, Teil B Rdn 262). 324

Stichwortartig werden regelmäßig **Auskünfte** als Beispiel für das Nichtvorliegen eines Justizverwaltungsaktes benannt (*Meyer-Goßner/Schmitt*, § 23 EGGVG Rn 6; Kissel/*Mayer*, § 23 EGGVG, Rn 26; *Conrad*, S. 167). Richtigerweise ist zu **unterscheiden**: Besteht ein Rechtsanspruch auf Auskunft, stellt die Versagung einen Eingriff in ein subjektives Recht des Antragstellers dar; mithin liegt auch ein Justizverwaltungsakt vor (KK-*Mayer*, § 23 EGGVG Rn 60; Radtke/Hohmann/*Hagemeier*, § 23 EGGVG Rn 20; OLG Celle, Beschl. v. 27.7.2011 – 2 VAs 6/11; OLG Frankfurt/Main NStZ-RR 2006, 208; OLG Hamm NJW 1973, 1089 1090). Steht die Auskunftserteilung dabei im Ermessen der Behörde, hat der Antragsteller zumindest Anspruch auf Ausübung pflichtgemäßen Ermessens (KK-*Mayer*, § 23 EGGVG Rn 60). Auskünfte an **Dritte**, die subjektive Rechte des Betroffenen berühren, sind ebenfalls nach §§ 23 ff. EGGVG angreifbar (*Meyer-Goßner/Schmitt*, § 478 Rn 4). Nur bei fehlender Rechtsbetroffenheit einer Auskunft ist daher der Rechtsweg nach §§ 23 ff. EGGVG verschlossen. Die ist etwa bei Rechtsauskünften (OLG Hamburg JR 1965, 189; OLG Schleswig GA 1964, 185) oder bei der begehrten Auskunft nach einem Aktenzeichen der Fall, weil davon keine rechtliche Regelungswirkung ausgeht (OLG Celle, Beschl. v. 14.2.2000 – 1 VAs 17/99 [nur Dienstaufsichtsbeschwerde möglich]; → *Dienstaufsichtsbeschwerde*, Teil B Rdn 262). 325

bb) Ein **Einzelfall** liegt auch bei einer sog. **Allgemeinverfügung**, die einen **konkreten Sachverhalt** für einen **größeren Personenkreis** regelt, vor (OLG Hamm NStZ 1988, 93; LR-*Böttcher*, § 23 EGGVG Rn 45 m.w.N.). Abstrakt-generelle Regelungen, die nicht unmittelbar in die Rechte des Einzelnen eingreifen, sind dem gegenüber weder anfechtbar (OLG Hamm, a.a.O.) noch einklagbar (OLG Celle, Beschl. v. 12.9.2003 – 2 VAs 24/03 [Ermöglichung von Verteidigerbesuchen an Samstagen]; OLG Karlsruhe NStZ 1997, 407 [Zulassung zukünftiger Verteidigerbesuche ohne Beschränkung]). 326

c) Die Maßnahme muss schließlich auf dem **Gebiet der Strafrechtspflege** getroffen worden sein. 327

☝ Für die Anfechtung von Justizverwaltungsakten auf den Gebieten des **bürgerlichen Rechts**, des Zivilprozesses und der **freiwilligen Gerichtsbarkeit** wird auf entsprechende Darstellungen in der gängigen Kommentarliteratur verwiesen (etwa Zöller/*Lückemann*, EGGVG §§ 23 ff.; Kissel/*Mayer*, EGGVG §§ 23 ff.).

328 Hierzu zählen **alle Maßnahmen**, die der **Durchführung** der **Strafverfolgungs- und Strafvollstreckungstätigkeit dienen** (LR-*Böttcher*, § 23 EGGVG Rn 27). Dies umfasst aufgrund eines weiten Verständnisses auch die damit in Zusammenhang stehenden Maßnahmen zur Ermöglichung der Durchführung der Straf- bzw. Strafvollstreckungsverfahren (OVG Lüneburg NJW 1984, 940) bzw. solche, die strafrechtliche Randgebiete betreffen.

329 Für Maßnahmen nach dem **BZRG** wird verwiesen auf. → *Justizverwaltungsakte, Anfechtung (§§ 23 ff. EGGVG), Weitergabe und Aufbewahrung von Daten*, Teil B Rdn 478). Für Maßnahmen nach dem OWiG steht mit §§ 62, 67 ff., 103 und 104 **OWiG** ein umfassender Rechtsschutz zur Verfügung, der wegen § 23 Abs. 3 EGGVG einen Antrag nach §§ 23 ff. EGGVG ausschließt (OLG Hamburg NJW 1987, 2173). Dies gilt auch für polizeiliche Maßnahmen innerhalb des Ordnungswidrigkeitenverfahrens (OLG Frankfurt/Main NStZ-RR 1997, 246).

330 **Nicht erfasst** werden Maßnahmen, die nur **bloße Auswirkungen** auf die **Strafrechtspflege** haben, ohne über einen unmittelbaren Bezug zu dieser zu verfügen (vgl. *Conrad*, S. 157; kritisch VG Schleswig SchlHA 2012, 112, 113 [entscheidend der Gesamtzusammenhang]). Lehnt etwa der Dienstherr eines Richters oder Beamten die Erteilung einer **Aussagegenehmigung** ab (§ 54), handelt es sich nicht um eine die Strafrechtspflege betreffende Entscheidung, sondern um eine solche, die dem allgemeinen Dienstrecht entspringt. Daher kann diese nur vor den Verwaltungsgerichten gem. § 126 BRRG eingeklagt werden (BVerwG StV 1982, 463, 465; OLG Stuttgart m. Anm. *Hilger*, NStZ 1985, 136, 137; OVG Berlin StV 1984, 280; VG Düsseldorf StraFo 2015, 416, 417), auch wenn die für die Erteilung oder Versagung der Genehmigung zuständige Behörde der Justizminister ist (OLG Hamm NJW 1968, 1440; LR-*Ignor/Bertheau*, § 54, Rn 24; s. auch *Burhoff*, EV, Rn 636 ff. und *Burhoff*, HV, Rn 409).

331 Zur Anfechtbarkeit von **Sperrerklärungen** nach § 96 siehe → *Sperrerklärung, Zulässigkeit einer Klage*, Teil B Rdn 686.

332 Der **Anwendungsbereich beschränkt** sich auf das Gebiet der **innerstaatlichen Strafrechtspflege**. Die aufgrund eines **Auslieferungsersuchens** anderer Staaten veranlassten Maßnahmen deutscher Behörden zählen nicht hierzu. Sie sind demnach nicht nach §§ 23 ff. EGGVG anfechtbar (OLG Stuttgart StV 1990, 123, 124; OVG Berlin StV 2002, 87, 88; *Vogler* NJW 1982, 468, 469), unterliegen aber gerichtlicher Kontrolle nach dem **IRG**. Ersuchen deutscher Behörden an das Ausland beinhalten noch keinen Eingriff in

das Freiheitsgrundrecht des Verfolgten und sind daher mangels unmittelbarer Außenwirkung ebenfalls nicht anfechtbar (OLG Celle Nds.Rpfl. 2009, 431, 432; OLG München NJW 1975, 509, 510).

Siehe auch: → *Antrag auf gerichtliche Entscheidung, Allgemeines*, Teil B Rdn 93, m.w.N.; → *Justizverwaltungsakte, Anfechtung (§§ 23 ff. EGGVG), Allgemeines*, Teil B Rdn 309, m.w.N.; → *Sperrerklärung, Zulässigkeit einer Klage*, Teil B Rdn 686.

Justizverwaltungsakte, Anfechtung (§§ 23 ff. EGGVG), Antrag, formelle und inhaltliche Anforderungen 333

Das Wichtigste in Kürze:

1. Für den Antrag gelten strenge Formerfordernisse. Der Sachverhalt muss in schlüssiger Form vorgetragen werden, und zwar so, dass sich ohne Rückgriff auf Anlagen oder den Inhalt der Akten die behauptete Rechtsverletzung durch das Gericht überprüfen lässt.
2. Der Antrag ist entweder schriftlich beim zuständigen OLG oder zur Niederschrift der Geschäftsstelle des OLGs oder eines beliebigen AGs zu stellen. Es besteht kein Anwaltszwang.

Literaturhinweise: s. die Hinw. bei → *Justizverwaltungsakte, Anfechtung (§§ 23 ff. EGGVG), Allgemeines*, Teil B Rdn 310. 334

1. Für einen zulässigen Antrag nach den §§ 23 ff. EGGVG sind spezielle Formerfordernisse zu beachten. 335

2.a) Der Antrag unterliegt nach der Rspr. vieler OLG **strengen formellen und inhaltlichen Anforderungen**. Anders als im (normalen) strafprozessualen Beschwerdeverfahren ist es nicht Aufgabe der OLG, die nötigen Akten und Unterlagen beizuziehen und auszuwerten, um sich durch Aktenstudium die Gegenstände und Gründe für das Antragsbegehren selbst zu erschließen (OLG Celle NStZ-RR 2013, 187). In der Praxis ist zu beobachten gewesen, dass viele Anträge bereits an dieser Hürde scheiterten. Soweit allerdings derart erhöhte Darlegungsanforderungen wie etwa im Klageerzwingungsverfahren gefordert worden sind, ist dem das BVerfG (NStZ-RR 2013, 187) entgegengetreten. 336

☝ Allerdings sollte auch nach dieser Entscheidung darauf **geachtet werden**, das OLG durch einen übersichtlichen Aufbau und eine klare Sachdarstellung zu überzeugen, um eine Verwerfung des Antrags als unzulässig zu vermeiden (*Dahs*, Rn 1090).

337 **b)** Zu beachten sind **im Einzelnen** folgende

Antragsanforderungen:

- Der Antragsteller muss nach **§ 24 Abs. 1 EGGVG** geltend machen, durch die Maßnahme oder deren Ablehnung bzw. Unterlassung in seinen Rechten verletzt zu sein. Dabei genügt die bloße Behauptung einer **Rechtsverletzung** nicht. Erforderlich ist vielmehr eine – wenn auch zunächst in groben Zügen – die **Schlüssigkeitsprüfung ermöglichende Sachdarstellung**, also der Vortrag von Tatsachen, die, wenn sie zutreffen, ergeben, dass dem Betroffenen zumindest unter einem denkbaren rechtlichen Gesichtspunkt die beanspruchten Rechte zustehen und die Behörde diese Rechte verletzt (KG, Beschl. v. 1.12.2012 – 4 VAs 6/12; OLG Frankfurt/Main NStZ-RR 2005, 282, 283; *Meyer-Goßner/Schmitt*, § 24 EGGVG Rn 1). Diese Anforderung ist vom BVerfG (NStZ-RR 2013, 187) als rechtmäßig gebilligt worden. Der Anspruch auf rechtliches Gehör gebietet es dabei nicht, den Antragsteller auf die erhöhten Anforderungen an das Antragsvorbringen hinzuweisen (KG StRR 2014, 438).

  > ☝ Eine mündliche Verhandlung findet im Verfahren nach §§ 23 ff. EGGVG nicht statt. **Sämtlicher** relevanter **Vortrag** muss daher **innerhalb** der **Frist** schriftlich erfolgen.

- Auf **Anlagen** zur Antragsschrift durfte nach bisheriger Rspr. vieler OLG bislang nicht **Bezug** genommen werden, wenn erst durch die Kenntnisnahme vom Inhalt dieser Anlagen die erforderliche geschlossene Sachdarstellung erreicht wurde (etwa OLG Celle, Beschl. v. 26.10.2009 – 2 VAs 12/09). Diese Auffassung lässt sich nach der Entscheidung des BVerfG (NStZ-RR 2013, 187) nicht mehr aufrechterhalten (OLG Celle Nds.Rpfl. 2014, 53, 54; OLG Frankfurt/Main StraFo 2013, 351). Gleichwohl führt dies nicht dazu, dass etwa eine Bezugnahme „auf den gesamten bisherigen Vortrag" ausreicht (so schon *Götz/Tolzmann*, Bundeszentralregistergesetz, 4. Aufl. 2002, § 25 BZRG, Rn 41).
- Der **Antragsgegner** muss im Antrag **bezeichnet** werden. Nur so ist das OLG in der Lage zu prüfen, ob die behauptete Rechtsverletzung durch eine Maßnahme einer Justiz- oder Vollzugsbehörde erfolgt sein soll (KG GA 1978, 244; OLG Stuttgart NJW 1985, 2343, 2344; KK-*Mayer*, § 23 EGGVG Rn 49; Kissel/*Mayer*, § 23 EGGVG Rn 50). Die Bezeichnung des Rechtsträgers der Justizverwaltung kann aus demselben Grund nicht genügen (a.A. Zöller/*Lückemann*, § 23 EGGVG Rn 28).
- Im Fall eines **Verpflichtung**sbegehrens muss vorgetragen werden, dass, wann und wie die Justizbehörde den Erlass des Justizverwaltungsaktes abgelehnt hat (KG NJW 1968, 609) sowie weshalb der Antragsteller meint, einen Rechtsanspruch auf die abgelehnte oder unterlassene Maßnahme zu haben (OLG Hamm NStZ-RR 2012, 126).

- Bei einem **erledigten Streitgegenstand** muss der Vortrag darlegen, woraus sich das **berechtigte Interesse** an der **Feststellung** ergibt (OLG Frankfurt/Main NStZ-RR 1996, 364). Insbesondere bei Geltendmachung einer Wiederholungsgefahr bedarf es einer substantiierten Darlegung, woraus diese erfolgt (KG NStZ 1986, 135; OLG Nürnberg StV 1988, 372, 373; vgl. hierzu → *Justizverwaltungsakte, Anfechtung (§§ 23 ff. EGGVG), Erledigung*, Teil B Rdn 369).
- Soweit Streitgegenstand eine Entscheidung der Justizbehörde ist, bei der diese ihr **Ermessen** ausgeübt hat und dem Gericht daher nur eine eingeschränkte Überprüfung der Rechtmäßigkeit ermöglicht ist (**§ 28 Abs. 3 EGGVG**), müssen die tragenden Gesichtspunkte der Ermessensausübung mitgeteilt werden. Eine solche Entscheidung ist nur daraufhin überprüfbar, ob die Justizbehörde die gesetzlichen Grenzen des Ermessens überschritten hat oder vom Ermessen in einer dem Zweck der Ermächtigung nicht entsprechenden Weise Gebrauch gemacht worden ist und ob die Justizbehörde den Sachverhalt in dem gebotenen Umfang unter Ausschöpfung der ihr zur Verfügung stehenden Erkenntnisquellen ausgeschöpft hat (OLG Hamm NStZ 1982, 483, 484). Zudem muss sich der Antragsteller mit den tragenden Erwägungen der angefochtenen Entscheidung auseinandersetzen. Eine bloß von der Entscheidung abweichende Gewichtung der Abwägungskriterien führt zur Unzulässigkeit des Antrags (BVerfG, NStZ-RR 2013, 187).
- Bei einem **Untätigkeit**santrag muss eine bestimmte Maßnahme beantragt werden. Ein Antrag auf Bearbeitung schlechthin reicht nicht aus (KG NJW 1968, 609). Zudem muss der Vortrag beinhalten, dass die ausstehende Entscheidung ohne zureichenden Grund noch nicht getroffen worden ist.

☝ Ist **fraglich**, ob eine **Maßnahme** vor dem **VG** oder nach **§§ 23 ff. EGGVG** anzufechten ist und entscheidet sich der Antragsteller für den Verwaltungsrechtsweg, findet das Formerfordernis der §§ 23 ff. EGGVG auch Anwendung, wenn das VG den Rechtsstreit nach § 17a Abs. 2 GVG an die ordentlichen Gerichte verweist. Denn die Bindungswirkung der Verweisung eröffnet lediglich den Rechtsweg nach § 23 Abs. 1 EGGVG, begründet aber noch nicht die Zulässigkeit eines Antrags gem. den speziellen Voraussetzungen der §§ 23 ff. EGGVG (OLG Hamm NStZ-RR 1996, 209). Es bietet sich daher an, in Zweifelsfällen schon bei Einreichung der Klage zum VG trotz der dort weniger strengen Anforderungen einen denjenigen der §§ 23 ff. EGGVG genügenden Vortrag aufzunehmen.

3.a) Der Antrag ist entweder **schriftlich** beim zuständigen OLG oder zur **Niederschrift** 338
der Geschäftsstelle des OLG oder eines beliebigen AG zu stellen (§ 26 Abs. 1 EGGVG). Die Übermittlung per einfacher E-Mail ist ausgeschlossen (OLG Frankfurt/Main NStZ-RR 2015, 320; wegen der Einzelh. der Form → *Rechtsmittel/Rechtsbehelfe, Form,*

Allgemeines, Teil A Rdn 1509, m.w.N.). Es besteht **kein Anwaltszwang** (Kissel/*Mayer*, § 26 EGGVG Rn 25).

☝ Die Formulierung in **§ 26 Abs. 1 EGGVG** kann **leicht in die Irre führen**! Nur bei der Entscheidung, den Antrag zur Niederschrift der Geschäftsstelle einzureichen, steht dem Antragsteller die Möglichkeit offen, dies bei einem AG seiner Wahl zu tun. Schriftliche bei einem AG (oder auch bei der Justizbehörde) eingereichte Anträge genügen nur, wenn sie von dort an das zuständige OLG weitergeleitet werden und dort innerhalb der Frist des § 26 Abs. 1 EGGVG auch eingehen (Kissel/*Mayer*, § 26 EGGVG Rn 21).

339 **b) Zuständig** für die Entscheidung über den Antrag ist gem. § 25 Abs. 1 S. 1 EGGVG das OLG, in dessen Bezirk die Justiz- oder Vollzugsbehörde ihren Sitz hat. In NW gilt nach § 25 Abs. 2 EGGVG i.V.m. Art. 1 § 12 JustG NW in Strafsachen eine Alleinzuständigkeit des OLG Hamm.

340 War ein **Verfahren** nach **§ 24 Abs. 2 EGGVG vorgeschaltet**, bestimmt sich die Zuständigkeit nach dem Sitz der Beschwerdebehörde (§ 25 Abs. 1 S. 2 EGGVG). Dies ist verfassungsrechtlich unbedenklich, auch wenn das Vorschaltverfahren auf einer Verwaltungsvorschrift beruht (OLG Hamm NStZ 1988, 380 [BMJ als Beschwerdeinstanz nach § 21 StrVollstrO bei Maßnahmen des GBA; dadurch Zuständigkeit des KG]).

Siehe auch: → *Rechtsmittel/Rechtsbehelfe, Form, Allgemeines*, Teil A Rdn 1509, m.w.N.; → *Justizverwaltungsakte, Anfechtung (§§ 23 ff. EGGVG), Allgemeines*, Teil B Rdn 309.

341 Justizverwaltungsakte, Anfechtung (§§ 23 ff. EGGVG), Antrag, Frist

Das Wichtigste in Kürze:

1. Der Antrag muss innerhalb eines Monats nach schriftlicher Bekanntgabe oder Zustellung erhoben werden.
2. Eine Wiedereinsetzung in den vorigen Stand ist möglich. Dessen Regeln weichen von denen der §§ 44, 45 StPO ab. Ein Verschulden des Rechtsanwalts an der Fristversäumnis wird dem Antragsteller grds. zugerechnet.

342 **Literaturhinweise:** s. die Hinw. bei → *Justizverwaltungsakte, Anfechtung (§§ 23 ff. EGGVG), Allgemeines*, Teil B Rdn 310, und bei → *Rechtsmittel/Rechtsbehelfe, Frist, Allgemeines*, Teil A Rdn 1545.

343 **1.a)** Der Antrag auf gerichtliche Entscheidung muss **innerhalb eines Monats** nach Zustellung oder schriftlicher Bekanntgabe des Bescheids gestellt und begründet werden.

Ist ein Vorschaltverfahren vorgesehen, läuft die Frist erst nach förmlicher Zustellung des Beschwerdebescheides (§ 26 Abs. 1 EGGVG).

☝ Ist **fraglich**, ob ein **Vorschaltverfahren** durchgeführt werden muss, läuft der Verteidiger Gefahr, die Monatsfrist des § 26 Abs. 1 EGGVG zu versäumen, wenn er sich für das Verwaltungsverfahren entscheidet. Daher wird der vorsichtige Verteidiger sowohl den vorgeschriebenen förmlichen Rechtsbehelf einlegen als auch den Antrag an das OLG einreichen (*Dahs*, Rn 1088).

b) Die **Fristberechnung** bestimmt sich nach § 43 (*Meyer-Goßner/Schmitt*, § 26 EGGVG 344
Rn 3; a.A., aber inhaltsgleich KK-*Mayer*, § 26 EGGVG Rn 2 u. Kissel/*Mayer*, § 26 EGGVG Rn 2: § 222 ZPO i.V.m. § 16 Abs. 2 FamFG i.V.m. §§ 186 ff. BGB). Der Tag des den Fristbeginn auslösenden Ereignisses wird nicht mitgezählt (Kissel/*Mayer*, a.a.O.). Die Zustellung erfolgt nach den für die jeweilige Behörde in dem entsprechenden Bereich geltenden Bestimmungen (LR-*Böttcher*, § 26 EGGVG Rn 3; a.A. Kissel/*Mayer*, § 26 EGGVG Rn 3 [VwZG maßgeblich]; zur Fristberechnung allgemein → *Rechtsmittel/Rechtsbehelfe, Frist, Fristberechnung*, Teil A Rdn 1560).

☝ Keinen eigenständigen Regelungsinhalt haben und daher nicht selbstständig anfechtbar sind sog. **wiederholende Verfügungen**. Durch deren Erlass wird daher **keine neue Frist** ausgelöst. Vielmehr läuft die Frist ab Bekanntgabe des Erstbescheids. Erlässt die Behörde aber einen sog. **Zweitbescheid** mit eigenständigem Regelungsgehalt, ist dieser für die Berechnung der Frist maßgeblich (KK-*Mayer*, § 23 EGGVG, Rn 42). Die Abgrenzung kann teilweise schwierig sein (hierzu etwa OLG Hamburg NStZ 1999, 197, 198; OLG Karlsruhe Justiz 1980, 395).

Fehlt es an einer **schriftlichen Bekanntgabe** oder Zustellung des Justizverwaltungsaktes 345
– etwa bei **Realakten** –, wird eine Frist nicht in Gang gesetzt (BGH NJW 1963, 1789). Das Antragsrecht kann allerdings bei allzu langem Abwarten **verwirkt** werden (OLG Jena VRS 115, 439, 441). Die überwiegende Rspr. orientiert sich dabei an den gesetzlichen Ausschlussfristen der §§ 26 Abs. 4, 27 Abs. 3 EGGVG, die ein Jahr betragen (OLG Frankfurt/Main NStZ-RR 2005, 220, 221; OLG Karlsruhe NStZ-RR 2005, 191, 192; a.A. OLG Jena ZfStrVo 2003, 306, 308).

2.a) War der Antragsteller **ohne Verschulden** verhindert, die Frist des § 26 Abs. 1 346
EGGVG einzuhalten, hat er die Möglichkeit, **Wiedereinsetzung in den vorigen Stand** nach § 26 Abs. 2 bis 4 EGGVG zu beantragen (allgemein zur Wiedereinsetzung → *Wiedereinsetzung in den vorigen Stand, Allgemeines*, Teil B Rdn 1479, m.w.N.). Diese Regelungen **unterscheiden** sich von denen der **§§ 45, 45**. Sie sind vielmehr der Regelung in § 60 Abs. 1 bis 3 VwGO nachgebildet. Eine Auslegung ist daher daran auszurichten (OLG Hamm GA 1968, 310; KK-*Mayer*, § 26 EGGVG Rn 9; LR-*Böttcher*, § 26 EGGVG Rn 8).

☝ **Wesentlichster Unterschied** ist die **Antragsfrist**. Das Gesuch muss binnen **zwei Wochen** nach Wegfall des Hindernisses eingelegt sein. Ein entsprechender Antrag muss Tatsachen darlegen, aus denen sich die versäumte Frist, der Hinderungsgrund und der Zeitpunkt seines Wegfalls ergibt. Diese sind glaubhaft zu machen, wobei dies auch noch nach Ablauf von zwei Wochen nachgeholt werden kann (*Meyer-Goßner/Schmitt*, § 26 EGGVG Rn 6).

347 b) **Unverschuldet** i.S.v. § 26 Abs. 2 EGGVG ist die Fristversäumnis, wenn der Antragsteller die gebotene und ihm nach den gesamten Umständen zumutbare Sorgfalt beachtet hat (Meyer-Goßner/*Schmitt*, § 26 EGGVG, Rn 7). Zwei Fallgestaltungen stehen dabei im Vordergrund (vgl. auch → *Wiedereinsetzung in den vorigen Stand, Voraussetzungen*, Teil B Rdn 1513):

- Zumindest teilweise **umstr.** ist die Frage, ob dem Antragsteller das **Verschulden eines** gewählten oder nach § 29 Abs. 4 EGGVG bestellten **Rechtsanwalts zuzurechnen** ist. Dies wird von der h.M. unter Hinweis auf allgemeine Prozessgrundsätze (§ 85 Abs. 2 ZPO, § 11 S. 5 FamFG) bejaht (KG StRR 2014, 438; OLG Frankfurt/Main Rpfleger 2008, 570, 572). Eine Ausnahme soll nach Ansicht einiger OLG gelten, wenn der Antrag einen Justizverwaltungsakt in einer Strafvollstreckungs- oder Gnadensache betrifft (OLG Hamm NStZ 1982, 483; OLG Stuttgart NStZ 1988, 430; a.A. OLG Celle Beschl. v. 29.11.2006 – 2 VAs 16/06; OLG Hamburg NStZ-RR 2004, 185, 186).

  ☝ Bei **Kanzleiversehen** bedarf es daher Ausführungen, die auch ein Organisationsverschulden des Rechtsanwalts ausschließen (KG StraFo 2008, 221)!

- Bei **Fehlen** einer **Rechtsbehelfsbelehrung** im Justizverwaltungsakt wird nach § 26 Abs. 2 S. 2 EGGVG das Fehlen des Verschuldens vermutet. Anders als nach § 44 S. 2 ist die Vermutung aber widerlegbar, etwa bei positiver Rechtskenntnis oder sonstiger fehlenden Ursachenzusammenhangs (LR-*Gärditz*, Nachtr. § 26 EGGVG, Rn 8).

☝ **Anwaltliche Vertretung** schließt einen Wiedereinsetzungsgrund nicht aus (arg e § 232 S. 2 ZPO); vielmehr kommt es auf die Gesamtwürdigung der Umstände an (LR-*Gärditz*, Nachtr. § 26 EGGVG, Rn 9).

348 c) Regelmäßig **ausgeschlossen** ist die Wiedereinsetzung mit **Ablauf** der **Jahresfrist** (§ 26 Abs. 4 EGGVG). Eine Wiedereinsetzung gegen die Versäumung dieser Frist ist nicht möglich (Meyer-Goßner/*Schmitt*, § 26 EGGVG Rn 9). Der Antragsteller kann sich nur noch auf eine Verhinderung durch höhere Gewalt berufen. Ähnliches gilt nach § 27 Abs. 3 EGGVG für Untätigkeitsklagen.

☝ Die **Ablehnung** der Wiedereinsetzung ist allein mit einer zugelassenen Rechtsbeschwerde möglich (Zöller/*Lückemann*, § 26 EGGVG Rn 8).

Siehe auch: → *Rechtsmittel/Rechtsbehelfe, Frist, Allgemeines*, Teil A Rdn 159, m.w.N.; → *Justizverwaltungsakte, Anfechtung (§§ 23 ff. EGGVG), Allgemeines*, Teil B Rdn 310, m.w.N.; → *Wiedereinsetzung, Voraussetzungen*, Teil B Rdn 1513.

Justizverwaltungsakte, Anfechtung (§§ 23 ff. EGGVG), Antragsarten 349

Das Wichtigste in Kürze:

1. Die in §§ 23 ff. EGGVG vorgesehenen Hauptsacheantragsarten orientieren sich in Konzeption und Inhalt an denen, die die §§ 42 ff. VwGO im Bereich öffentlich-rechtlicher Streitigkeiten vorsehen (Anfechtungs-, Verpflichtungs-, Untätigkeitsklage).
2. Die Möglichkeit eines allgemeinen Leistungsantrags oder Feststellungsantrags ist in den §§ 23 ff. EGGVG nicht vorgesehen und wird daher von der h.M. abgelehnt.

Literaturhinweise: s. die Hinw. bei → *Justizverwaltungsakte, Anfechtung (§§ 23 ff. EGGVG), Allgemeines*, Teil B Rdn 310. 350

1. Die in §§ 23 ff. EGVG vorgesehenen **Hauptsacheantragsarten orientieren** sich in Konzeption und Inhalt an den Klagearten, die die **§§ 42 ff. VwGO** im Bereich öffentlich-rechtlicher Streitigkeiten vorsehen. Sie bleiben indessen in der Vielfalt hinter diesen zurück. Regelmäßig wird daher unter Hinweis auf Art. 19 Abs. 4 GG eine Erweiterung möglicher Rechtsschutzziele diskutiert. 351

a) Die klassischste Antragsart stellt die **Anfechtung** dar (§ 23 Abs. 1 EGGVG). Sie ist darauf gerichtet, dass der Justizverwaltungsakt aufgehoben wird, weil der Antragsteller in seinen Rechten verletzt ist (§ 28 Abs. 1 S. 1 EGGVG). Ist die Maßnahme bereits vollzogen worden, kommt ein **Folgenbeseitigungsanspruch** in Betracht (§ 28 Abs. 1 S. 2 und 3 EGGVG). Liegt keine unmittelbare Rechtsbetroffenheit beim Antragsteller mehr vor, sieht § 28 Abs. 1 S. 4 EGGVG die Möglichkeit eines **Fortsetzungsfeststellungsantrag**s vor (→ *Justizverwaltungsakte, Anfechtung (§§ 23 ff. EGGVG), Erledigung*, Teil B Rdn 369). 352

b) Mit dem **Verpflichtungsantrag** (§ 23 Abs. 2 EGGVG) wird der Erlass eines beantragten und von der Behörde abgelehnten Justizverwaltungsaktes begehrt. Ist bei der zuständigen Behörde noch gar kein Antrag auf Erlass einer konkreten Maßnahme gestellt, ist ein 353

Verpflichtungsantrag mangels Rechtsschutzbedürfnis unzulässig (KG NJW 1968, 609). Handelt es sich um eine Maßnahme, deren Erlass in das **Ermessen** der Justizbehörde gestellt ist, kann ein Verpflichtungsantrag regelmäßig nur dann vollumfänglichen Erfolg haben, wenn er mit dem Ziel, die Behörde zu verpflichten, über den Antrag des Antragstellers neu zu bescheiden, gestellt ist (§ 28 Abs. 2 S. 2 EGGVG). Nur im Fall von Spruchreife (also einer Ermessensreduzierung auf Null) kann das Gericht die Behörde zur Vornahme der begehrten Maßnahme verpflichten (§ 28 Abs. 2 S. 1 EGGVG).

☝ Zwar führt nach h.M. bei einem unbeschränkt gestellten Verpflichtungsantrag die teilweise Zurückweisung aufgrund fehlender Spruchreife nicht zu einer (Teil-)Kostentragungspflicht (OLG Zweibrücken wistra 2010, 118, 120; LR-*Böttcher*, § 30 EGGVG Rn 1). Diese Auffassung ist aber nicht zwingend. Der **Verteidiger** ist daher gut beraten, das **Ziel** des **Verpflichtungsantrages** deutlich **herauszuarbeiten**.

354 **c)** Einen Sonderfall stellt der **Untätigkeitsantrag** nach § 27 EGGVG dar. Mit dieser kann der Antragsteller gegen behördliches Untätigsein, regelmäßig nach Ablauf von drei Monaten (vgl. § 27 Abs. 1 S. 2 EGGVG), vorgehen und die Vornahme einer bestimmten Maßnahme oder die Entscheidung über einen förmlichen Rechtsbehelf erzwingen. Ein verfrüht gestellter Antrag führt zu dessen Unzulässigkeit (Kissel/*Mayer*, § 27 EGGVG, Rn 2; zur Untätigkeitsbeschwerde → *Beschwerde, Untätigkeitsbeschwerde*, Teil A Rdn 560).

355 **d)** Bislang von der überwiegenden Rspr. nicht anerkannt ist die Möglichkeit eines **allgemeinen Leistungsantrags**, wie er als Klage im Verwaltungsprozess nach §§ 43, 113 Abs. 4 VwGO vorgesehen ist (OLG Frankfurt/Main NStZ 1982, 134; OLG Hamm JR 1996, 257, 258; OLG Karlsruhe NStZ 1997, 407; OLG Koblenz NJW 1985, 2038, 2040; OLG München NJW 1975, 509, 511). Aufgrund des weiten Begriffs des Justizverwaltungsakts i.S.d. §§ 23 ff. EGGVG, der auch Maßnahmen umfasst, die nicht als Verwaltungsakte im herkömmlichen Sinn zu verstehen sind, scheint die Frage nach der Anerkennung eines allgemeinen Leistungsantrags eher dogmatischer Natur zu sein (vgl. *Conrad*, S. 210 ff.). Anders verhält es sich aber mit sich erst abzeichnenden Maßnahmen, gegen die ein Betroffener im Wege der vorbeugenden Unterlassungsklage vorgehen will. Da anerkannt ist, dass Art. 19 Abs. 4 GG grds. auch vorbeugenden Rechtsschutz gebietet, wenn anders wirksamer Rechtsschutz nicht möglich ist, müsste ein solcher auch über §§ 23 ff. EGGVG gewährleistet sein (OLG Karlsruhe NStZ 2015, 606, 607; LR-*Böttcher*, § 23 EGGVG Rn 77; *Neuling* StV 2008, 387, 389).

356 **e)** Ähnliches gilt für einen **allgemeinen Feststellungsantrag** außerhalb von § 28 Abs. 1 S. 4 EGGVG. Die Möglichkeit eines solchen Antrags wird von der **h.M. abgelehnt**, weil dieser in den §§ 23 ff. EGGVG nicht vorgesehen sei (OLG Hamburg NStZ-RR 1996, 13, 14; OLG Hamm GA 1975, 150, 151; OLG Karlsruhe NStZ 1985, 525, 526; OLG

München NJW 1975, 509, 511; OLG Schleswig SchlHA 1988, 108). Das Argument greift indessen zu kurz, da in Strafvollzugssachen ein allgemeiner Feststellungsantrag anerkannt ist, obwohl auch die dortigen Vorschriften, die sich an den Wortlaut der §§ 23, 28 EGGVG anlehnen, diesen nicht ausdrücklich vorsehen (*Neuling* StV 2008, 387, 389). Jedenfalls bei einem qualifizierten Rechtsschutzbedürfnis sollte von der Zulässigkeit eines allgemeinen Feststellungsbegehrens ausgegangen werden (LR-*Böttcher*, § 24 EGGVG Rn 77).

2. Für die **Beurteilung** der **Rechtmäßigkeit** ist im Fall des Anfechtungsbegehrens die **Sach-** und **Rechtslage** zum **Zeitpunkt** der **letzten behördlichen Entscheidung**, im Fall des Verpflichtungsantrags die zum Zeitpunkt der Entscheidung durch das OLG zugrunde zu legen (LR-*Böttcher*, § 24 EGGVG Rn 77). Noch nicht abschließend geklärt ist, ob die Behörde bei Ermessensentscheidungen Umstände, die im Zeitpunkt der Entscheidung bereits vorlagen, aber in der Begründung keine Berücksichtigung gefunden haben, im gerichtlichen Verfahren noch geltend machen kann (**Nachschieben von Gründen**). Die h.M. hält dies entsprechend der Rspr. im Verwaltungsprozess für zulässig, solange dadurch die Maßnahme nicht in ihrem Wesen geändert wird (OLG Celle Nds.Rpfl. 2014, 53, 54; Kissel/*Mayer*, § 28 EGGVG, Rn 8; OLG Karlsruhe Justiz 1980, 450, 451). In vergleichbaren Fällen unter Anwendung des **StVollzG** sehen das viele OLG freilich kritisch (OLG Frankfurt/Main ZfStrVO 1987, 111, 112; OLG Hamm NStZ-RR 1997, 63; OLG Koblenz NStZ 1981, 495; vgl. Burhoff/Kotz/*Schmidt-Clarner*, Nachsorge, Teil C Rn 269). Wie in § 115 Abs. 5 StVollzG fehlt es zudem auch § 28 Abs. 4 EGGVG einer dem § 114 S. 2 VwGO entsprechenden Regelung. Hier wird die weitere Entwicklung abzuwarten sein. 357

Siehe auch: → *Justizverwaltungsakte, Anfechtung (§§ 23 ff. EGGVG), Allgemeines*, Teil B Rdn 309, m.w.N.

Justizverwaltungsakte, Anfechtung (§§ 23 ff. EGGVG), Durchführung eines Vorverfahrens 358

Das Wichtigste in Kürze:

1. Nach § 24 Abs. 2 EGGVG ist vor einem Antrag nach §§ 23 ff. EGGVG ein Vorverfahren durchzuführen, wenn dies vorgesehen ist.
2. Dies gilt insbesondere für Strafvollstreckungssachen (§ 21 StrVollstrO) und in Angelegenheiten nach dem BZRG, in manchen Ländern auch für Gnadensachen.
3. Die Einleitung des Vorschaltverfahrens allein reicht für die Zulässigkeit eines Antrags auf gerichtliche Entscheidung nicht aus.

4. Wo die Beschwerde zu erheben ist, ist in den seltensten Fällen geregelt. Es empfiehlt sich, diese bei der Behörde zu erheben, die die Maßnahme getroffen hat.
5. Sieht das Verwaltungsverfahren eine Frist voraus und wird diese vom Antragsteller versäumt, hat auch ein Antrag nach §§ 23 ff. EGGVG keinen Erfolg.

359 **Literaturhinweise:** s. die Hinw. bei → *Justizverwaltungsakte, Anfechtung (§§ 23 ff. EGGVG), Allgemeines*, Teil B Rdn 310.

360 **1.** Gem. § 24 Abs. 2 EGGVG muss ein von einem Justizverwaltungsakt Betroffener zunächst ein Vorschaltverfahren erfolglos durchgeführt haben, wenn ihm ein förmlicher Rechtsbehelf im Verwaltungsverfahren zur Verfügung steht. Hierzu **zählen** neben **gesetzlich vorgesehenen** (z.B. § 25 Abs. 2 BZRG; → *Justizverwaltungsakte, Anfechtung (§§ 23 ff. EGGVG), Weitergabe und Aufbewahrung von Daten*, Teil B Rdn 478) auch solche, die durch eine **Verwaltungsvorschrift angeordnet** werden, die jedem, den es angeht, bekannt werden kann und für jeden gleich gehandhabt wird, für die Verwaltung verbindlich ist und wie eine Norm als objektives Recht angewendet wird (*Meyer-Goßner/Schmitt*, § 24 EGGVG, Rn 5). Dies betrifft insbesondere die **Einwendungen nach § 21 StrVollstrO** (KG StV 1989, 26 27; OLG Hamburg MDR 1981, 607; OLG Hamm NStZ 1988, 380; OLG Oldenburg NStZ 1991, 512; OLG Stuttgart NStZ 1986, 141, 142), meint aber in manchen Ländern auch die **Einwendungen** im **Gnadenverfahren**. Die Möglichkeit einer Dienstaufsichtsbeschwerde zählt hierzu nicht (OLG Celle Nds.Rpfl. 1965, 103; KK-*Mayer*, § 24 EGGVG Rn 8; → *Dienstaufsichtsbeschwerde*, Teil B Rdn 262).

361 **2.** Eines solchen Vorverfahrens bedarf es nach nahezu einhelliger Auffassung indessen **nicht**, wenn sich die **angegriffene Maßnahme** vor Antragstellung **erledigt** hat und das Verwaltungsverfahren bloß auf Feststellung der Rechtswidrigkeit der Maßnahme gerichtet werden könnte (KG, Beschl. v. 4.6.2009 – 1 VAs 22/09; OLG Stuttgart NStZ 1998, 212, 213; diff. LR-*Böttcher* § 24 EGGVG, Rn 16). Denn der Zweck der Vorschrift – die mögliche Selbstkorrektur der Behörde und infolgedessen die Entlastung der Gerichte – kann nicht mehr erreicht werden.

362 **3.** Die Einleitung des Vorschaltverfahrens allein reicht für die Zulässigkeit eines Antrags auf gerichtliche Entscheidung nicht aus. Unschädlich ist aber, wenn der **Bescheid** der Behörde erst nach Antragstellung auf gerichtliche Entscheidung ergeht Er muss lediglich zum **Zeitpunkt der gerichtlichen Entscheidung** vorliegen (KG Rpfleger 2009, 142; OLG Hamm NStZ 1982, 134135). Das Gericht ist allerdings bei Befassung nicht verpflichtet, das Ende des Vorschaltverfahrens abzuwarten (OLG Hamm NStZ-RR 2011, 191 [Ls.]).

363 **4. Wo** die Beschwerde zu **erheben** ist, ist in den seltensten Fällen geregelt. Es empfiehlt sich, diese bei der Behörde zu erheben, die die Maßnahme getroffen hat (*Volckart*, Ver-

teidigung in der Strafvollstreckung und im Vollzug, Rn 482), und zwar entspr. § 306 Abs. 1 **schriftlich** (für Maßnahmen des BZR vgl. *Götz/Tolzmann*, Bundeszentralregistergesetz, 4. Aufl. 2001, § 25 Rn 35).

5. Sieht das Verwaltungsverfahren eine **Frist** voraus und wird diese vom Antragsteller ver- 364
säumt, hat auch ein Antrag nach §§ 23 ff. EGGVG keinen Erfolg. Hier muss versucht werden, die Fristversäumnis über die Regeln der **Wiedereinsetzung in den vorigen Stand** zu beseitigen. Im Verfahren nach dem BZRG richtet sich dies in analoger Anwendung der §§ 44 ff. nach den üblichen Voraussetzungen (*Götz/Tolzmann*, a.a.O., § 25 Rn 37; → *Wiedereinsetzung in den vorigen Stand, Voraussetzungen*, Teil B Rdn 1513). Teilweise wird aber auch eine analoge Anwendung der § 70 Abs. 2 i.V.m. § 60 Abs. 1 bis 4 VwGO – mit längerer Antragsfrist – vertreten (Meyer-Goßner/*Schmitt*, § 24 EGGVG Rn 4; *Schmid* NStZ 1990, 451). Über einen solchen Antrag hat die Justizbehörde zu befinden. Entscheidet diese trotz Fristversäumnis in der Sache, ist umstritten, ob dadurch der Mangel im Verfahren geheilt und die Möglichkeit der Anfechtung eines Justizverwaltungsaktes eröffnet wird (vgl. OLG Oldenburg Nds.Rpfl. 1968, 234, 235; OLG Stuttgart NJW 1970, 718; Meyer-Goßner/*Schmitt*, a.a.O. einerseits [Antrag unzulässig] und OLG Celle NJW 1969, 522; Radtke/Hohmann/*Hagemeier*, § 24 EGGVG Rn 6; LR-*Böttcher*, § 24 EGGVG Rn 9; Kissel/*Mayer*, § 24 EGGVG Rn 5 andererseits [Antrag zulässig]). Wendet man §§ 44 ff. an, ist wegen § 46 Abs. 2 von einer Bindungswirkung auszugehen (i.Ü. vgl. die Nachw. bei Kopp/*Schenke*, VwGO, 21. Aufl. 2015, § 70 VwGO Rn 13).

Siehe auch: → *Justizverwaltungsakte, Anfechtung (§§ 23 ff. EGGVG), Allgemeines*, Teil B Rdn 309, m.w.N; → *Wiedereinsetzung in den vorigen Stand, Allgemeines*, Teil B Rdn 1479, m.w.N.

Justizverwaltungsakte, Anfechtung (§§ 23 ff. EGGVG), Einstweiliger Rechtsschutz 365

Literaturhinweise: s. die Hinw. bei → *Justizverwaltungsakte, Anfechtung (§§ 23 ff. EGGVG), Allgemeines*, 366
Teil B Rdn 310.

1. Trotz Fehlens gesetzlicher Regelung nimmt die **h.M.** die Möglichkeit **einstweiligen** 367
Rechtsschutzes im Verfahren nach den §§ 23 ff. EGGVG über eine entsprechende Anwendung von §§ 114 Abs. 2 StVollzG, 123 Abs. 1 VwGO an (KK-*Mayer*, § 28 EGGVG Rn 24; *Meyer-Goßner/Schmitt*, § 28 EGGVG Rn 13; OLG Karlsruhe NStZ 1994, 142 143; OLG München StV 2015, 685; in der Begründung abweichend Kissel/*Mayer*, § 28 EGGVG Rn 24; *Conrad*, S. 222 [§ 64 Abs. 3 FamFG analog]; a.A. OLG Celle JR 1984, 297; OLG Hamm GA 1975, 150, 151; offengelassen KG, Beschl. v. 5.4.2012 – 4 VAs 14/12; OLG Celle, Beschl. v. 5.11.2007 – 2 VAs 17/07). **Vorausgesetzt** ist eine solch

schwere und **unzumutbare**, anders nicht abwendbare Nachteile hervorrufende **Beeinträchtigung**, deren nachträgliche Beseitigung im Hauptsacheverfahren nicht mehr in Betracht kommt. Die einstweilige Anordnung darf indessen nicht dazu führen, dass die Hauptsache vorweggenommen wird (Kissel/*Mayer*, § 28 EGGVG Rn 25). Eine isolierte einstweilige Anordnung ohne Hauptsacheantrag kommt nicht in Betracht (Zöller/*Lückemann*, § 23 EGGVG Rn 32).

368 **2.** Dem Antrag auf gerichtliche Entscheidung kommt nach allg. Auffassung **keine aufschiebende Wirkung** zu. Entsprechend § 307 Abs. 2 (bzw. § 64 Abs. 3, 2. Hs. FamFG) kann das Gericht aber die **Vollziehung** der **angefochtenen Maßnahme aussetzen**, wenn die Gefahr besteht, dass die Verwirklichung eines Rechts vereitelt oder erschwert wird und ein höheres Interesse am sofortigen Vollzug nicht entgegensteht (BVerfG NJW 1974, 1079; KK-*Mayer*, § 28 EGGVG, Rn 25). Eine solcher Antrag kann auch schon während des ggf. erforderlichen Vorschaltverfahrens gestellt werden (*Conrad*, S. 222; Kissel/*Mayer*, § 28 EGGVG Rn 24).

Siehe auch: → *Justizverwaltungsakte, Anfechtung (§§ 23 ff. EGGVG), Allgemeines*, Teil B Rdn 309, m.w.N.

369 Justizverwaltungsakte, Anfechtung (§§ 23 ff. EGGVG), Erledigung

Das Wichtigste in Kürze:

1. Im Fall der Erledigung der angefochtenen Maßnahme kann der Antragsteller sein Begehren auf Feststellung der Rechtswidrigkeit dieser richten, wenn er hierfür ein berechtigtes Interesse hat.
2. Ein solches Interesse wird von der Rspr. bei konkreter Wiederholungsgefahr, eingeschränkt auch bei diskriminierenden und schwerwiegenden Eingriffen sowie zur Vorbereitung eines Amtshaftungsprozesses angenommen.
3. Ein Vorverfahren nach § 24 Abs. 2 EGGVG ist in diesem Fall nicht erforderlich.
4. Nach h.M. entfällt bei Erledigung das Erfordernis der Durchführung eines in der Sache erfolglosen Vorschaltverfahrens im Sinne des § 24 Abs. 2 EGGVG.
5. „Erledigt" sich nach Antragsstellung eine Untätigkeit der Behörde (§ 27 EGGVG) durch eine Entscheidung der Justizbehörde in der Sache, muss der Antrag auf einen solchen nach § 23 Abs. 1 EGGVG – nunmehr gegen die getroffene Maßnahme – umgestellt werden.
6. Hat der Antragsteller nach Erledigung der Maßnahme kein besonderes Feststellungsinteresse, ist eine Rücknahme des ursprünglichen Antrags aus Kostengründen zu vermeiden.

Literaturhinweise: s. die Hinw. bei → *Justizverwaltungsakte, Anfechtung (§§ 23 ff. EGGVG), Allgemeines*, Teil B Rdn 310. 370

1. Fällt die von einem Justizverwaltungsakt ausgehende Beschwer nachträglich weg, kann hiergegen nicht mehr mit einem Anfechtungsantrag vorgegangen werden. Für diesen Fall eröffnet § 28 Abs. 1 S. 4 EGGVG die Möglichkeit, den erhobenen Anfechtungsantrag auf einen **Fortsetzungsfeststellungsantrag** umzustellen. 371

Unbestritten findet die Regelung des § 28 Abs. 1 S. 4 EGGVG analoge Anwendung in der Konstellation, bei der sich die angefochtene Maßnahme **bereits vor Anrufung des Gerichts erledigt** hat (OLG Frankfurt/Main NJW 1965, 2315). Ebenfalls kann mit einem solchen Feststellungsantrag die Rechtswidrigkeit der Ablehnung eines vom Antragsteller begehrten Justizverwaltungsaktes geltend gemacht werden, wenn dieser aus tatsächlichen oder rechtlichen Gründen nicht mehr erlangt werden kann (KG StV 1985, 70, 71). 372

2. Erledigung liegt vor, wenn ein außerprozessuales Ereignis eine Aufhebung der Maßnahme unmöglich gemacht oder dazu geführt hat, dass der Antragsteller aus anderen Gründen kein Interesse an der Aufhebung mehr haben kann (LR-*Böttcher*, § 28 EGGVG Rn 7). Dies ist der Fall etwa in folgenden 373

Beispielsfällen: 374

- **Rücknahme** der angefochtenen Maßnahme durch die Justizbehörde,
- **Ersetzung** der Maßnahme durch eine andere,
- **Zeitablauf**,
- **Rechtsänderung**,
- **Vollzug** der **Maßnahme**, wenn danach keine unmittelbaren nachteiligen Auswirkungen für den Antragsteller bestehen (zur Besonderheit der Vollziehung eines Vollstreckungshaftbefehls s. → *Justizverwaltungsakte, Anfechtung (§§ 23 ff. EGGVG), Maßnahmen im Strafvollstreckungsverfahren*, Teil B Rdn 436).

3. Zulässig ist ein solches Feststellungsbegehren nur, wenn der Antragsteller ein **berechtigtes Interesse an** einer entsprechenden **Feststellung der Rechtswidrigkeit** hat. Entsprechend der im Verwaltungsprozessrecht zu § 113 Abs. 1 S. 4 VwGO entwickelten Kasuistik ist ein solches Interesse in folgenden Konstellationen anzunehmen: 375

a) Wiederholungsgefahr muss konkret gegeben sein. Bloß allgemeine Befürchtungen reichen nicht (BGH NJW 1990, 2758, 2759; OLG Hamm NStZ 1989, 85; OLG Koblenz StV 1994, 284, 286). 376

b) Geht es um die **Rehabilitierung** des Antragstellers beschränkt die **Rspr.** dies auf die Fälle, in denen ein Nichtbeschuldigter eine Maßnahme mit diskriminierendem Charakter erfährt. Der Beschuldigte könne seine Rehabilitierung i.d.R. in dem gegen ihn gerichteten Strafverfahren bzw. durch Entschädigung nach StrEG geltend machen (BGH NJW 1990, 377

2758, 2759; KG NStZ 1986, 135; OLG Hamm NStZ 1989, 85; OLG Koblenz StV 1994, 284, 286; OLG Nürnberg NStZ 1986, 575). Die Gegenansicht der **Lit**. beruft sich darauf, dass Einstellung oder Freispruch i.d.R. nichts über die Rechtmäßigkeit einzelner Maßnahmen besage (*Bottke* StV 1986, 120, 125; *Feiter*, S. 129 f.). Tatsächlich dürfte eine pauschale Verweisung des Beschuldigten auf die Möglichkeit einer Rehabilitierung im anhängigen Strafverfahren zu kurz greifen (LR-*Böttcher*, § 28 EGGVG Rn 11). Weil bei Maßnahmen im EV gegen den Beschuldigten aufgrund einer vorrangigen Anwendbarkeit von § 98 Abs. 2 S. 2 indessen nur noch selten der Rechtsweg nach § 23 EGGVG eröffnet ist, (s. → *Justizverwaltungsakte, Anfechtung (§§ 23 ff. EGGVG), Maßnahmen im Ermittlungsverfahren*, Teil B Rdn 400), ist der Streit jedenfalls an dieser Stelle von untergeordneter Bedeutung.

378 **c)** Bei **sonstigen Eingriffen** in **Grundrechte** ist zu **unterscheiden**: Die fehlende Möglichkeit gerichtlicher Überprüfung erledigter Maßnahmen ist grds. mit Art. 19 Abs. 4 GG vereinbar. Handelt es sich aber um **schwerwiegende Eingriffe**, bei denen die direkte Belastung durch den angegriffenen Hoheitsakt sich nach dem typischen Verfahrensablauf auf eine Zeitspanne beschränkt, in welcher der Betroffene die gerichtliche Entscheidung in der von der Prozessordnung gegebenen Instanz kaum erlangen kann, ist von einem Rechtsschutzbedürfnis für einen Feststellungsantrag auszugehen (BVerfG NStZ-RR 2004, 252, 253).

379 **d)** Ein berechtigtes Interesse wird auch bei der **Vorbereitung** eines **Amtshaftungsprozesses** angenommen, allerdings nach h.M. nur in Ausnahmefällen, da anders als im Verwaltungsprozess hierfür keine prozessökonomischen Gründe sprechen sollen (KG GA 1976, 79, 80). Daran ändert auch nichts, dass die Entscheidung über die Rechtswidrigkeit der Maßnahme für den Amtshaftungsprozess präjudizielle Wirkung entfaltet (BGH NJW 1994, 1950, 1951). Denn der Antragsteller kann seinen Rechtsschutz ebenso auch im Zivilprozess erhalten, in dem von den Zivilgerichten über die Rechtswidrigkeit der beanstandeten Maßnahme als Vorfrage entschieden wird (KG NStZ 1997, 563; OLG Dresden NJW-RR 2002, 718; OLG Karlsruhe NStZ 1986, 567, 568; a.A. *Dörr* NJW 1984, 2258, 2261). Tritt die Erledigung des Antrags aber erst ein, wenn schon Entscheidungsreife gegeben ist, ist ausnahmsweise ein Feststellungsinteresse anzunehmen (KG, Beschl. v. 4.6.2009 – 1 VAs 22/09; OLG Hamm NStZ 1987, 183, 184). Der Prozessökonomie gebührt jedenfalls in solchen Fällen der Vorrang gegenüber der Vorfragenkompetenz der Zivilgerichte.

380 **e) Ausnahmsweise** kann auch dann eine gerichtliche Feststellung der Rechtswidrigkeit einer Maßnahme begehrt werden, wenn ein am Maßstab des einfachen Rechts so eklatantes fehlerhaftes Vorgehen eines Hoheitsträgers geltend gemacht wird, dass objektive **Willkür** naheliegt (KG NStZ-RR 2009, 324, 325; 2012, 357; OLG Hamm, Beschl. v. 8.4.2011 – 1 VAs 4/11).

4. Nach h.M. **entfällt** bei Erledigung das Erfordernis der Durchführung eines in der Sache erfolglosen **Vorschaltverfahrens** im Sinne des § 24 Abs. 2 EGGVG (s. dazu → *Justizverwaltungsakte, Anfechtung (§§ 23 ff. EGGVG), Durchführung eines Vorverfahrens*, Teil B Rdn 358). War indessen die Frist im Vorschaltverfahren vom Antragsteller bereits versäumt worden, heilt die Erledigung der Maßnahme diesen Mangel nicht (KK-*Mayer*, § 28 EGGVG Rn 17). 381

5. „**Erledigt**" sich nach Antragsstellung eine **Untätigkeit** der Behörde (§ 27 EGGVG) durch eine Entscheidung der Justizbehörde in der Sache, muss der Antrag auf einen solchen nach § 23 Abs. 1 EGGVG – nunmehr gegen die getroffene Maßnahme – umgestellt werden. Ein ggf. jetzt durchzuführendes Vorschaltverfahren muss nachgeholt werden (OLG Hamm MDR 1990, 465). 382

6. Hat der Antragsteller nach Erledigung der Maßnahme kein besonderes Feststellungsinteresse, ist eine Rücknahme des ursprünglichen Antrags aus **Kostengründen** zu vermeiden (→ *Justizverwaltungsakte, Anfechtung (§§ 23 ff. EGGVG), Kosten*, Teil B Rdn 387). Die Erledigung löst keine Gebühren aus (*Meyer-Goßner/Schmitt*, § 30 EGGVG Rn 2). Ein **Antrag** auf **Feststellung** der **Kostentragungspflicht** der **Landeskasse** kommt nicht in Betracht, zumal die eigenen Auslagen auch im Obsiegensfall nur in Ausnahmefällen von der Landeskasse zu tragen sind (→ *Justizverwaltungsakte, Anfechtung (§§ 23 ff. EGGVG), Kosten*, Teil B Rdn 384). 383

Siehe auch: → *Antrags auf gerichtliche Entscheidung, Allgemeines*, Teil B Rdn 93, m.w.N.

Justizverwaltungsakte, Anfechtung (§§ 23 ff. EGGVG), Kosten 384

Literaturhinweise: s. die Hinw. bei → *Justizverwaltungsakte, Anfechtung (§§ 23 ff. EGGVG), Allgemeines*, Teil B Rdn 310. 385

1. Für die **Gerichtskosten** des Verfahrens nach §§ 23 ff. EGGVG gelten die Vorschriften des GNotKG (§ 1 Abs. 2 Nr. 19 GNotKG) Nach § 13 Abs. 1 i.V.m. § 22 Abs. 1 GNotKG kann das OLG die Zahlung eines Kostenvorschusses verlangen (*Meyer-Goßner/Schmitt*, § 30 EGGVG Rn 2). 386

Gerichtsgebühren entstehen nur, wenn der Antrag zurückgenommen (Ziff. 15300 KV zum GNotKG: 0,5 Gebühr) oder zurückgewiesen wird (1,0 Gebühr). Ansonsten besteht Kostenfreiheit (*Hartmann*, 45. Aufl. 2015, § 1 GNotKG, Rn 1), auch bei Erledigung ohne Feststellungsantrag nach § 28 Abs. 1 S. 4 EGGVG. Die Höhe richtet sich nach dem nach § 79 Abs. 1 GNotKG festzusetzenden Geschäftswert und beträgt bei Fehlen tatsächlicher Anknüpfungspunkte für eine Wertfestsetzung 5.000 € (§ 36 Abs. 3 GNotKG). 387

Bei Anträgen von Strafgefangenen wird der Geschäftswert indessen regelmäßig niedriger angesetzt (KK-*Mayer*, § 30 EGGVG Rn 7). Die Wertfestsetzung ist unanfechtbar (§ 83 Abs. 1 S. 5 i.V.m. § 81 Abs. 3 S. 3 GNotKG).

388 **2.** Eine **Erstattung der außergerichtlichen Kosten** aus der Staatskasse erfolgt nur, wenn das OLG dies nach billigem Ermessen so bestimmt (§ 30 S. 1 EGGVG). Hierfür reicht allein der Erfolg des Antrags nicht aus (OLG Naumburg OLGSt § 10 StVollzG Nr. 3, S. 7; OLG Zweibrücken wistra 2010, 118, 120). Hinzukommen müssen besondere Umstände, die die Kostentragungspflicht der Landeskasse auslösen, wie etwa ein offensichtlich fehlerhaftes oder gar willkürliches Verhalten der Justizbehörde (KG JurBüro 2015, 537, 538; OLG Hamm JVBl 1970, 238, 239). Die Entscheidung des OLG ist unanfechtbar (§ 30 S. 3 EGGVG).

389 **3.** Die im **Vorschaltverfahren** entstandenen Kosten sind nicht erstattungsfähig (OLG Hamm NStZ 1984, 332; Kissel/*Mayer*, § 30 EGGVG Rn 5).

390 **4.** Zu den dem Verteidiger zustehenden **anwaltlichen Gebühren** vgl. → *Anfechtung von Justizverwaltungsakten, Gebühren*, Teil D Rdn 41.

Siehe auch: → *Justizverwaltungsakte, Anfechtung (§§ 23 ff. EGGVG), Allgemeines*, Teil A Rdn 273; → *Allgemeine Gebührenfragen, Allgemeines*, Teil D Rdn 1, m.w.N.; → *Anfechtung von Justizverwaltungsakten, Gebühren*, Teil D Rdn 41.

391 Justizverwaltungsakte, Anfechtung (§§ 23 ff. EGGVG), Maßnahmen der Vollzugsbehörden

392 **Literaturhinweise:** s. die Hinw. bei → *Justizverwaltungsakte, Anfechtung (§§ 23 ff. EGGVG), Allgemeines*, Teil B Rdn 310, und bei Burhoff/Kotz/*Schmidt-Clarner*, Nachsorge, Teil C Rn 180.

393 **1. Vollzugsbehörden** stehen den **Justizbehörden** nach § 23 Abs. 1 S. 2 EGGVG **gleich**, soweit sie Maßnahmen im Rahmen des Vollzugs der Untersuchungshaft oder von Freiheitsstrafe oder Maßregeln der Besserung und Sicherung, die außerhalb des Justizvollzugs stattfinden, anordnen.

394 **2.a)** Schon nach dem Wortlaut sind demnach Maßnahmen **innerhalb** des **Strafvollzugs nicht** nach §§ 23 ff. EGGVG **anfechtbar**. Hier eröffnen §§ 109 ff. StVollzG den Rechtsweg zum LG (vgl. hierzu eingehend Burhoff/Kotz/*Schmidt-Clarner*, Nachsorge, Teil C Rn 179 ff.).

☝ Dies gilt auch für den Fall, wenn der **Gefangene** inzwischen **entlassen** worden ist (KG NStZ 2008, 226; OVG Koblenz NStZ 1986, 333).

§§ 23 ff. EGGVG finden hingegen Anwendung bei Vollzug von Freiheitsstrafen außerhalb des Justizvollzugs, etwa bei **Soldaten** nach Art. 5 Abs. 2 EGWStG.

b) Einen **Sonderfall** stellt das Begehren eines Strafgefangenen auf **Verlegung in** ein **anderes Bundesland** dar. Nach wohl h.M. muss die ablehnende Entscheidung der JVA, in der sich der Gefangene befindet, nach §§ 109 ff. StVollzG angefochten werden. Dabei umfasst die gerichtliche Prüfung aber nicht die Kontrolle, ob das Aufnahmeland seine Aufnahmewilligkeit zu Recht abgelehnt hat. Hierfür muss der Antragsteller über §§ 23 ff. EGGVG stattdessen ein weiteres Verfahren **gegen** die **Justizbehörde** des **Aufnahmelandes** anstrengen (KG NStZ-RR 2007, 124, 125; OLG Bamberg RuP 2010, 232; OLG Hamm StV 2004, 86, 87; OLG Naumburg NStZ 2012, 395; OLG Stuttgart NStZ 1997, 103, 104; AK-StVollzG/*Kamann/Spaniol*, § 111 StVollzG Rn 4; tendenziell auch BGH NStZ-RR 2002, 26). Hiervon abweichend wird z.T. vertreten, dass die Entscheidung des Aufnahmelandes inzidenter im Verfahren gegen die JVA nach §§ 109 ff. StVollzG überprüft wird (OLG Zweibrücken ZfStrVo 1983, 248, 249; *Arloth*, StVollzG: Strafvollzugsgesetze, 3. Aufl. 2011, § 8 StVollzG, Rn 11). Nach einer weiteren Auffassung soll auch die ablehnende Entscheidung der JVA einer Kontrolle nach §§ 23 ff. EGGVG (statt §§ 109 ff. StVollzG) zugänglich sein (OLG Schleswig NStZ-RR 2008, 126). Insgesamt erscheint die h.M. dogmatisch am saubersten, ist aber wegen des doppelt (jedoch nicht notwendig nacheinander, OLG Naumburg FS 2013, 56) zu bestreitenden Rechtswegs dennoch unbefriedigend. 395

3. Maßnahmen, die im Rahmen des **Maßregelvollzugs** in psychiatrischen Krankenhäusern oder Entziehungsanstalten erfolgen, sind nur nach §§ 138 Abs. 3, 109 ff. StVollzG anfechtbar (§ 23 Abs. 3 EGGVG). 396

4. Bis zum 1.1.2008 konnte Rechtsschutz gegen Maßnahmen im **Vollzug** von **Jugendstrafe** und -arrest nur über §§ 23 ff. EGGVG beantragt werden. Nach Beanstandung durch das BVerfG (NJW 2006, 2093) und Neuregelung durch den Gesetzgeber richtet sich der Rechtsschutz nunmehr nach § 92 Abs. 1 S. 2 JGG, der auf §§ 109 ff. StVollzG verweist. Zu beachten ist ein ggf. durchzuführendes **Schlichtungsverfahren** (§ 92 Abs. 1 S. 2, 2. Hs. JGG, z.B. nach § 87 Abs. 4 SaarlJVollzG; zu allem a. Burhoff/Kotz/*Schimmel*, Nachsorge, Teil C Rn 531). 397

5. Für die in § 23 Abs. 1 S. 2 EGGVG ausdrücklich erwähnten Maßnahmen der Behörden in **Untersuchungshaftvollzugssachen** ist der Anwendungsbereich der §§ 23 ff. EGGVG aufgrund der Subsidiaritätsklausel des § 23 Abs. 3 EGGVG durch die vorgehende Regelung des § 119a erheblich eingeschränkt worden (OLG Naumburg, Beschl. v. 17.8.2010 – 2 ARs 7/10). Regelmäßig zuständig ist demnach für Einwendungen gegen solche Maßnahmen der **Haftrichter** (OLG Jena StV 2011, 35, 36). Wegen § 114b Abs. 2 S. 1 Nr. 8c gilt dies auch für Verpflichtungsbegehren (LR-*Böttcher*, § 23 EGGVG, Rn 126; a.A. *Grube* StV 2013, 534, 537). 398

☝ Entgegen der Auffassung des OLG Hamm (NStZ-RR 2012, 62) finden §§ 23 ff. EGGVG auch dann **keine Anwendung**, wenn **nicht** eine **konkrete Einzelmaßnahme**, sondern eine allgemeine Regelung im Streit steht, die wegen ihres generellen Organisationscharakters über den individuellen Interessenbereich einzelner Gefangener hinausgeht und die Gesamtverhältnisse in der JVA zur Gestaltung der Untersuchungshaft betrifft. Auch insoweit geht § 119a vor. Traditionell zählen nämlich auch Allgemeinverfügungen zu den „Maßnahmen". Für ein abweichendes Verständnis des Begriffs in § 119a sind keine Anhaltspunkte ersichtlich (vgl. auch *Schultheis* NStZ 2013, 87, 91; fraglich daher auch LG Göttingen Nds.Rpfl 2016, 24).

399 **6.** Maßnahmen in Vollziehung eines **Unterbringungsbefehls** nach § 126a sind nach § 126a Abs. 2 S. 1 i.V.m. § 119a anfechtbar. Für §§ 23 ff. EGGVG besteht demnach kein Raum (§ 23 Abs. 3 EGGVG).

Siehe auch: → *Justizverwaltungsakte, Anfechtung (§§ 23 ff. EGGVG), Allgemeines*, Teil B Rdn 309, m.w.N.; → *Untersuchungshaft, Vollzug*, Teil B Rdn 995.

400 Justizverwaltungsakte, Anfechtung (§§ 23 ff. EGGVG), Maßnahmen im Ermittlungsverfahren

Das Wichtigste in Kürze:

1. Die Frage, ob sich ein Betroffener auch während eines laufenden EV mit einem Antrag nach §§ 23 ff. EGGVG gegen Maßnahmen der Ermittlungsbehörden zur Wehr setzen kann ist noch nicht abschließend geklärt.
2. Gegen die Begründung der Eigenschaft als Beschuldigter und die (weitere) Durchführung eines Ermittlungsverfahrens steht dem Betroffenen nach h.M. kein Rechtsschutz zur Verfügung.
3. Nach h.M. sind Maßnahmen im EV weitgehend der Anfechtbarkeit nach §§ 23 ff. EGGVG entzogen.
4. Von dem Postulat fehlender Anfechtbarkeit Prozess gestaltender Maßnahmen der StA im Ermittlungsverfahren ausgehend, macht auch die h.M. aus Gründen der Gewährung effektiven Rechtsschutzes dann eine Ausnahme, wenn eine entsprechende Maßnahme in Grundrechte des Beschuldigten oder Dritten eingreift.
5. Gegen repressive Maßnahmen der Polizei ist der Rechtsweg nach §§ 23 ff. EGGVG dennoch ebenfalls regelmäßig ausgeschlossen, da eine gerichtliche Kontrolle über eine analoge Anwendung von § 98 Abs. 2 S. 2 erfolgt. Handelt die Polizei hingegen präventiv, ist der Verwaltungsrechtsweg nach § 40 Abs. 1 VwGO eröffnet.
6. Nehmen die Finanzbehörden in steuerstrafrechtlichen Ermittlungsverfahren nach §§ 386 Abs. 2, 399 Abs. 1 oder § 402 Abs. 1 AO Maßnahmen vor, unterliegen diese den Rechtsbehelfen der StPO.

7. Gegen die Ablehnung der Ersetzung eines befangenen StA besteht allein die Möglichkeit zu einer Gegenvorstellung bzw. Dienstaufsichtsbeschwerde.
8. Geben StA oder Polizei- bzw. Finanzbehörden eine Presseerklärung in Zusammenhang mit einem laufenden EV zur Information der Öffentlichkeit ab, kann sich ein Betroffener nach Auffassung der Rspr. der ordentlichen Gerichtsbarkeit hiergegen über §§ 23 ff. EGGVG zur Wehr setzen.

Literaturhinweise: s. die Hinw. bei → *Justizverwaltungsakte, Anfechtung (§§ 23 ff. EGGVG), Allgemeines*, Teil B Rdn 310. **401**

1. Ein weitestgehend **noch nicht abgeschlossenes Diskussionsfeld** bietet die Frage, ob sich ein Betroffener auch während eines **laufenden EV** mit einem Antrag nach §§ 23 ff. EGGVG gegen Maßnahmen der Ermittlungsbehörden zur Wehr setzen kann. **402**

2. Gegen die **Begründung** der **Eigenschaft** als **Beschuldigter** und die (weitere) **Durchführung** eines **Ermittlungsverfahrens** steht dem Betroffenen nach **h.M. kein Rechtsschutz** zur Verfügung (KG StraFo 2010, 428; OLG Frankfurt/Main NStZ-RR 2008, 78; OLG Hamburg NJW 1972, 1586; OLG Hamm, Beschl. v. 11.3.2014 – 1 VAs 13/14; OLG Jena NStZ 2005, 343; OLG Karlsruhe NStZ 1982, 434; OLG Stuttgart OLGSt § 23 EGGVG, Nr. 11, S. 18; i.E. a. *Bottke* StV 1986, 120, 121). Solche Maßnahmen der StA seien funktional nicht der Justizverwaltung, sondern der Rechtspflege zuzuordnen. Als Ausdruck Prozess gestaltender Betätigung können diese nicht einer besonderen gerichtlichen Nachprüfung außerhalb des Strafverfahrensrechts unterliegen (*Altenhain* DRiZ 1970, 105). Dies gelte auch bei einer verzögerlichen Bearbeitung eines staatsanwaltschaftlichen Ermittlungsverfahrens (OLG Hamm NStZ 1983, 38, 39). Solche Maßnahmen lassen sich daher allenfalls mit den in der StPO vorgesehenen Mitteln angreifen (Kissel/*Mayer*, § 23 EGGVG Rn 31). **403**

Dem gegenüber vertritt eine beachtliche Meinung im **Schrifttum** die Auffassung, dass §§ 23 ff. EGGVG auch derartige Prozesshandlungen der StA einschließe und im Hinblick auf Art. 19 Abs. 4 GG ein entsprechender Rechtsschutz zur Verfügung stehen muss, den die StPO gerade nicht vorsieht (*Eisenberg/Conen* NJW 1998, 2241, 2247; *Kölbel* JR 2006, 322, 323; *Füßer/Viertel* NStZ 1999, 116, 118; *Brete/Thomsen* wistra 2008, 367, 370; siehe nun auch BayVGH, Beschl. v. 10.12.2015 – 5 C 15.2518). **404**

☝ Das **letzte Wort** ist in der hierzu stattfindenden Diskussion wohl **noch nicht gesprochen**. Das BVerfG neigt dazu, im Hinblick auf Art. 19 Abs. 4 GG eine Ausnahme vom Grundsatz der Unanfechtbarkeit staatsanwaltschaftlicher Prozesshandlungen zu bejahen, wenn ein Verstoß gegen das Willkürverbot geltend gemacht wird (vgl. etwa NStZ 2004, 447). Dem folgend schließen Teile der Rspr. jedenfalls in extremen Fällen eine Anwendung der §§ 23 ff. EGGVG nicht mehr kategorisch aus (OLG Frankfurt/

Main NStZ-RR 2008, 78; OLG Jena NStZ 2005, 343; OLG Schleswig SchlHA 2008, 268). Den Entscheidungen des BVerfG ist indessen nicht zu entnehmen, dass die Überprüfung analog §§ 23 ff. EGGVG durch das OLG zu erfolgen habe (KG StraFo 2010, 428; s.a. *Nagel* StV 2001, 185, 188 [Rechtsschutz über § 98 Abs. 2 S. 2 analog denkbar]. Die weitere Entwicklung bleibt daher abzuwarten.

405 **3.** Nach h.M. sind – folgerichtig – der Anfechtbarkeit nach §§ 23 ff. EGGVG weitere Maßnahmen im EV ebenfalls entzogen. Dabei handelt es sich um folgende

406 **Weitere „Maßnahmen" im EV**

- **Anklageerhebung** (OLG Frankfurt/Main NJW 1966, 363; OLG Karlsruhe NStZ 1994, 142, 143),
- **Einstellung** bzw. Beschränkungen nach §§ 153 ff.; diese sind grds. und im Speziellen auch nicht über §§ 23 ff. EGGVG anfechtbar (OLG Karlsruhe StRR 2015, 402 [Ls.]; LR-*Böttcher*, § 23 EGGVG Rn 122). Dies gilt auch für den Beschuldigten selbst (KG StraFo 2010, 428), der auch die Weigerung der StA, einer Einstellung des Verfahrens gegen ihn nach §§ 153 ff. zuzustimmen, nicht nach §§ 23 ff. EGGVG angreifen kann (OLG Hamm NStZ 1985, 472; a.A. *Terbach* NStZ 1998, 172, 174; *Strubel/Sprenger* NJW 1972, 1734, 1737; zur Einstellung eines EV durch die StA nach § 170 Abs. 2 vgl. → *Klageerzwingungsverfahren, Allgemeines*, Teil B Rdn 485, m.w.N.).
- Die Bejahung eines **besonderen öffentlichen Interesses** (h.M., BGHSt 16, 225, 230; *Feiter*, S. 109; a.A. *Strubel/Sprenger* NJW 1972, 1734, 1737; für Überprüfung im Strafverfahren als Prozessvoraussetzung *Bottke* StV 1986, 120, 124; *Keller* GA 1983, 497, 520). Verneint die StA das besondere öffentliche Interesse, verbleibt dem Antragsteller nur die Möglichkeit, Privatklage zu erheben (OLG Karlsruhe StRR 2015, 402 [Ls.]). Siehe hierzu *Burhoff*, EV, Rn 3178, und *Burhoff*, HV, Rn 2067).
- Das Unterlassen eines Antrags nach § 141 Abs. 3 S. 2 zur Beiordnung eines **Pflichtverteidigers** im **Ermittlungsverfahren** (OLG Oldenburg StV 1993, 511; OLG Karlsruhe NStZ 1998, 315, 316 [evtl. anders bei Willkür]; zur Frage, ob dem Beschuldigten ein eigenes Recht zusteht, die Beiordnung eines Pflichtverteidigers zu beantragen, vgl. BGH NJW 2015, 3383 m. Anm. *Müller-Jacobsen* und *Barton* StRR 2015, 459; *Burhoff*, EV, Rn 3050 ff.

407 **4.** Von dem Postulat fehlender Anfechtbarkeit Prozess gestaltender Maßnahmen der StA im Ermittlungsverfahren ausgehend, macht auch die h.M. aus Gründen der Gewährung effektiven Rechtsschutzes dann eine Ausnahme, wenn eine entsprechende Maßnahme in **Grundrechte** des Beschuldigten oder Dritten eingreift. Gleichwohl ist auch hier der Rechtsweg nach §§ 23 ff. EGGVG **wegen** des **Vorrangs strafprozessualer Rechtsbehelfe regelmäßig ausgeschlossen** (§ 23 Abs. 3 EGGVG). Für Beschlagnahmeanord-

nungen der StA ergibt sich dies ausdrücklich aus **§ 98 Abs. 2 S. 2**. Die Rspr. wendet diese Vorschrift auch bei allen anderen Eingriffsmaßnahmen der StA entsprechend an (BGHSt 44, 170, 174 [Festnahme nach § 127 Abs. 2]; BGH StV 1988, 90 [Durchsuchung]; OLG Brandenburg NStZ 2007, 54 [Ausschreibung zur Aufenthaltsermittlung]; OLG Celle NStZ 2010, 534 [Ausschreibung zur Festnahme]; OLG Hamburg MDR 1977, 68 [ED-Behandlung]; OLG Koblenz StV 2002, 127, 128; OLG Oldenburg NStZ 1990, 504; OLG Stuttgart MDR 1986, 689, 690; vgl. wegen der Einzelh. die Ausf. → *Antrag auf gerichtliche Entscheidung, Allgemeines*, Teil B Rdn 93, m.w.N.). Überwiegend wird auch nicht mehr danach differenziert, ob es sich um eine originär dem Richter oder originär der StA zustehende Maßnahme handelt, auch wenn teilweise noch für Letzteres §§ 23 ff. EGGVG für einschlägig gehalten wird (*Brete/Thomsen* wistra 2008, 367, 370; Radtke/Hohmann/*Kretschmer*, § 163b Rn 15; VerfG Brandenburg, Beschl. v. 30.9.2010 – 31/10; hingegen mit Recht SK-*Wolter*, § 163b Rn 55; LR-*Erb*, § 163b Rn 47). Die Entwicklung, den früher auf diesem Gebiet von der h.M. vertretenen Rechtsschutz nach §§ 23 ff. EGGVG insgesamt durch bereichsspezifische Regelungen abzulösen, dürfte unumkehrbar sein. Dies gilt **auch**, wenn sich die Maßnahme inzwischen **erledigt** hat oder wenn nicht die Rechtswidrigkeit der Anordnung, sondern die der konkreten Durchführung der Maßnahme festgestellt werden soll (BGHSt 37, 79, 82; NJW 1999, 730, 731; 1999, 3499; 2000, 84, 86). Ergänzend wird auch eine erweiterte Auslegung von § 161a Abs. 3 in Erwägung gezogen (LR-*Böttcher*, § 23 EGGVG Rn 93).

☝ Für Ermittlungsmaßnahmen der StA **ohne Grundrechtsbetroffenheit** des Beschuldigten verbleibt es hingegen bei der **fehlenden Anfechtbarkeit** (OLG Dresden NJW 1998, 3368 [Anordnung schriftlicher Zeugenaussage]; OLG Hamm NStZ 1995, 412 [Fragebogenaktion]; OLG Frankfurt/Main NStZ-RR 2005, 13 (14) [Übersendung von Zeugenfragebogen]; oben Rdn 403 ff.). Dies gilt auch für die Erteilung oder Versagung des Einvernehmens nach § 72 Abs. 4 S. 1 AufenthG (OLG Frankfurt/Main NStZ-RR 2014, 29).

5.a) Aufgrund des funktional zu verstehenden Begriffs der Justizbehörde in § 23 EGGVG fallen hierunter **auch Polizeibehörden**, soweit diese im Einzelfall zur Strafverfolgung tätig werden (BVerwG NJW 1975, 893, 894). Hierbei spielt es keine Rolle, ob sie als Ermittlungspersonen der Staatsanwaltschaft nach § 152 Abs. 1 GVG oder aus eigener Initiative handeln (OLG Karlsruhe NJW 1976, 1417, 1418; *Conrad*, S. 128; a.A. *Markworth* DVBl 1975, 575, 577: im letzteren Fall Verwaltungsrechtsweg). Gegen **repressive** Maßnahmen der Polizei ist der Rechtsweg nach §§ 23 ff. EGGVG dennoch ebenfalls regelmäßig ausgeschlossen, da eine gerichtliche Kontrolle über eine analoge Anwendung von **§ 98 Abs. 2 S. 2** erfolgt (OLG Hamm NJW 2013, 3738; *Meyer-Goßner/Schmitt*, § 98 Rn 23; abw. OLG München StRR 2013, 265; bei Ausübung des Selbsthilferechts nach § 164 soll 408 nach h.M. §§ 23 ff. EGGVG gelten (KK-*Griesbaum*, § 164 Rn 11; OVG Lüneburg NJW 2012, 2057)). Bezieht sich die angefochtene Maßnahme allerdings auf Einleitung, Durchführung oder Gestaltung eines Ermittlungsverfahrens, gilt auch insoweit das zu Rdn 403 ff. Gesagte (KG, Beschl. v. 12.2.2013, 4 VAs 3/13).

409 **b)** Handelt die Polizei hingegen **präventiv**, ist der **Verwaltungsrechtsweg** nach § 40 Abs. 1 VwGO eröffnet.

☝ Als **Faustregel** gilt, dass Maßnahmen auf der Grundlage der StPO den Rechtsweg zu den ordentlichen Gerichten eröffnen, Maßnahmen nach den Polizeigesetzen der Länder vor den Verwaltungsgerichten anzufechten sind. Allerdings enthält die StPO auch Vorschriften, die nach ihrem sachlichen Gehalt dem allgemeinen Polizeirecht zuzuordnen sind. Hierzu zählt insbesondere § 81b, 2. Alt., der die Polizeibehörden zur Anordnung von Maßnahmen für erkennungsdienstliche Zwecke berechtigt. Eine Überprüfung kann nach übereinstimmender Auffassung von BGH (NJW 1979, 882) und BVerwG (StraFo 2011, 312) nur im verwaltungsgerichtlichen Verfahren erfolgen (OLG Celle, NStZ-RR 2012, 254; *Hebeler* JA 2011, 959, 960). Den Gegenmeinungen, die die Zuständigkeit der ordentlichen Gerichte bejahen (*Müller* GA 2013, 510, 513; *Kramer* JR 1994, 224, 230 [§ 23 EGGVG]; *Krach* JR 2003, 140, 143 [§ 98 Abs. 2 S. 2] entspr.) kommt in der Praxis keine Bedeutung mehr zu (vgl. auch → *Antrag auf gerichtliche Entscheidung, Erkennungsdienstliche Behandlung*, Teil B Rdn 175).

410 **c) Schwierigkeiten** bereitet die **Abgrenzung**, wenn sich das polizeiliche Handeln **sowohl** als **repressiv** als auch als **präventiv** darstellt. Nach h.M. kommt es auf den Schwerpunkt der Tätigkeit nach dem objektiven Gesamteindruck an (BVerwG NJW 1975, 893, 895; OLG Nürnberg StV 1988, 372, 373; VGH München NVwZ 1986, 655; OVG Lüneburg NJW 1984, 940). Dabei wird darauf abgestellt, wie sich der konkrete Lebenssachverhalt einem verständigen Bürger in der Lage des Betroffenen bei natürlicher Betrachtungsweise darstellt (BVerwG, a.a.O.). Teilweise wird auch auf die Zielsetzung der Polizei abgestellt (OVG Koblenz NJW 1994, 2108, 2109; OVG Hamburg MDR 1977, 80). Ergibt sich nach diesen Kriterien für den Betroffenen keine eindeutige Zuordnung, ist nach der Rspr. der VGe OVG NW NWVBl 2012, 364 der Verwaltungsrechtsweg eröffnet, wenn zumindest auch eine präventiv-polizeiliche Ermächtigungsgrundlage in Betracht kommt (OVG Lüneburg NVwZ-RR 2014, 327; OVG NW NWVBl 2012, 364). Nach gegenteiliger Auffassung ist im Zweifel vom Vorrang strafverfolgender Maßnahmen auszugehen. Von einer einheitlichen Behandlung dieser Frage sind Rechtsprechung und Schrifttum weit entfernt (*Conrad*, S. 129). Str. ist darüber hinaus, ob das mit der Sache befasste Gericht nach § 17 Abs. 2 GVG die Rechtmäßigkeit des polizeilichen Handelns auch unter rechtswegfremden Aspekten messen darf (bejahend OVG NW, a.a.O.; *Conrad*, S. 140; Eyermann/*Rennert*, Verwaltungsgerichtsordnung, 14. Aufl., 2014, § 40 Rn 130; vernei-

nend OVG Schleswig NVwZ-RR 2007, 817, 818; *Kopp/Schenke*, VwGO, 21. Aufl. 2015, § 179, Rn 7; *Schenke* NJW 2011, 2838, 2843). Dafür spricht, dass sich der Rechtsschutz gegen nur eine Handlung der Polizei richtet, deren Rechtmäßigkeit sich aus verschiedenen Ermächtigungsgrundlagen ergeben kann (*Conrad*, S. 141). Eine abschließende obergerichtliche Klärung steht hierzu aber noch aus.

6. Nehmen die **Finanzbehörden** in steuerstrafrechtlichen EV nach §§ 386 Abs. 2, 399 Abs. 1 oder § 402 Abs. 1 AO Maßnahmen vor, sind diese als Justizverwaltungsakte zu qualifizieren (OLG Celle NJW 1990, 1802; OLG Karlsruhe NStZ 1995, 48). Ihre Anfechtung unterliegt indessen wie bei vergleichbaren Maßnahmen der StA und Polizeibehörden nicht den §§ 23 ff. EGGVG, sondern den Rechtsbehelfen der StPO. 411

Noch **nicht geklärt** ist die Frage, ob die Entscheidung der Finanzbehörde, ein nach Abgabe einer **Selbstanzeige** zu deren Prüfung eingeleitetes strafrechtliches Ermittlungsverfahren statt nach § 170 Abs. 2 nur nach § 398a AO (gegen Zahlung einer Auflage) einzustellen, einem Rechtsbehelf unterliegt (verneinend *Hunsmann* BB 2011, 2519, 2526; einschränkend in NZWiSt 2012, 102, 104). Soweit dies bejaht wird, werden eine Anwendbarkeit der §§ 23 ff. EGGVG (*Wulf/Kamps*, DB 2011, 1711, 1716) bzw. ein Antrag entsprechend § 98 Abs. 2 S. 2 (AG Hamburg, Beschl. v. 28.11.2012 – 234 Gs 40/12; *Beckemper/Schmitz/Wegner/Wulf* wistra 2011, 281, 288; *Külz/Maurer* PStR 2013, 150, 153) diskutiert. 412

7. Das geltende Recht sieht ein förmliches Ablehnungs- und/oder Ersetzungsrecht bei **Befangenheit** des **StA** für den Beschuldigten nicht vor, sodass dieser auch nicht in seinen Rechten verletzt sein kann. Zwar räumt § 145 Abs. 1 GVG dem LOStA das Recht ein, mit der Wahrnehmung von Amtsverrichtungen einen anderen als den zunächst zuständigen StA zu beauftragen. Dies gibt dem Beschuldigten aber nach h.M. keinen Anspruch auf Austausch (*Meyer-Goßner/Schmitt*, § 145 GVG Rn 6; OLG Celle Beschl. v. 5.11.2007 – 2 VAs 17/07; OLG Frankfurt/Main NStZ-RR 1999, 81; OLG Hamm NJW 1969, 808; OLG Karlsruhe MDR 1974, 423). Die Gegenmeinung (etwa *Hilgendorf* StV 1996, 50, 53; *Wohlers* GA 2006, 403, 404; i.E. a. *Arloth* NJW 1983, 207, 209; *Bottke* StV 1986, 120, 123 [§§ 22 ff. analog]) hat sich bislang nicht durchsetzen können. Eine Anfechtungsmöglichkeit nach §§ 23 ff. EGGVG scheidet damit aus. Sie wäre mit § 150 GVG auch nur schwerlich zu vereinbaren. Dem Beschuldigten bleibt hier **allein** die Möglichkeit zu einer **Gegenvorstellung** bzw. **Dienstaufsichtsbeschwerde** (→ *Dienstaufsichtsbeschwerde*, Teil B Rdn 262; → *Gegenvorstellung, Allgemeines*, Teil B Rdn 274, m.w.N.; s.a. *Burhoff*, EV, Rn 58, und *Burhoff*, HV, Rn 38, jew. m.w.N.). 413

> ☝ Zudem kann die Mitwirkung eines zu Recht abgelehnten StA in der HV einen *Revisionsgrund* nach § 337 darstellen (BGH NJW 1980, 845; StV 1996, 297; *Burhoff*, HV, Rn 45; *Knauer* JuS 2012, 711, 713).

414 **8.** Geben StA oder Polizei- bzw. Finanzbehörden eine **Presseerklärung** in Zusammenhang mit einem laufenden EV zur Information der Öffentlichkeit ab, kann sich ein Betroffener nach Auffassung der **Rspr.** der **ordentlichen Gerichtsbarkeit** hiergegen über §§ 23 ff. EGGVG zur Wehr setzen (OLG Celle, Beschl. v. 4.12.2003 – 2 VAs 23/03; OLG Hamm NStZ 1995, 412, 413; OLG Karlsruhe NJW 1995, 899; OLG Koblenz StV 1987, 430; OLG Stuttgart NJW 2001, 3797; *Sauerland* NZWiSt 2015, 246, 248). Regelmäßig wird der Antrag dabei auf Feststellung der Rechtswidrigkeit (§ 28 Abs. 1 S. 4 EGGVG) oder – im Fall aufgestellter Tatsachenbehauptungen – auf Widerruf als Folgenbeseitigungsanspruch (§ 28 Abs. 1 S. 2 EGGVG) gerichtet sein (*Neuling* StV 2008, 387, 390). Begehrt der Antragsteller die Abgabe einer Presseerklärung, reicht das Berufen auf das allgemeine Interesse der Öffentlichkeit an Information für die Geltendmachung eigener Rechte nicht aus (OLG Celle, Beschl. v. 4.4.2002 – 2 VAs 2/02).

415 Die **verwaltungsgerichtliche Rspr.** sieht hingegen den **Verwaltungsrechtsweg** für eröffnet (BVerwG NJW 1989, 412, 413; 1992, 62; VG Düsseldorf wistra 2012, 84; VG Berlin NJW 2001, 3799; *Janich* JuS 2012, 636, 638 f.), da es sich bei Presseerklärungen regelmäßig nicht um spezifisch justizmäßige Maßnahmen handele.

☝ Im Hinblick auf die Auffassung der OLGe ist der Praxis zu **raten**, gegen Pressemaßnahmen der StA das schnellere Verfahren nach den **§§ 23 ff. EGGVG** zu wählen (Zöller/*Lückemann*, § 23 EGGVG, Rn 13).

416 Mitteilungen der StA an die Presse zum Ziel der Aufforderung an die Öffentlichkeit, Hinweise über konkrete Straftaten mitzuteilen, stellen **Fahndungsmaßnahmen** dar, die entsprechend § 98 Abs. 2 S. 2 kontrolliert werden können (KK-*Mayer*, § 23 EGGVG Rn 28; a.A. *Schroth* StV 1999, 117, 120 [Rechtsweg nach § 23 EGGVG eröffnet]).

Siehe auch: → *Antrag auf gerichtliche Entscheidung, Ausschreibung*, Teil B Rdn 105; → *Antrag auf gerichtliche Entscheidung, Beschlagnahme*, Teil B Rdn 110; → *Antrag auf gerichtliche Entscheidung, Durchsuchung*, Teil B Rdn 153; → *Antrag auf gerichtliche Entscheidung, Erkennungsdienstliche Behandlung*, Teil B Rdn 175; → *Antrag auf gerichtliche Entscheidung, Körperliche Untersuchung*, Teil B Rdn 192; → *Dienstaufsichtsbeschwerde*, Teil B Rdn 262; → *Gegenvorstellung, Allgemeines*, Teil B Rdn 274, m.w.N.

Justizverwaltungsakte, Anfechtung (§§ 23 ff. EGGVG), Maßnahmen im Strafvollstreckungsverfahren 417

Das Wichtigste in Kürze:

1. Generell unterfallen Maßnahmen der StA bei der Strafvollstreckung der Anfechtbarkeit nach §§ 23 ff. EGGVG, weil die Tätigkeit als Vollstreckungsbehörde zum Gebiet der Justizverwaltung gerechnet wird. Wegen § 23 Abs. 3 EGGVG gehen indessen die bereits in der StPO enthaltenen Rechtsschutzmöglichkeiten vor.

2. Häufiger Anwendungsfall der §§ 23 ff. EGGVG ist die Entscheidung der StA nach § 456a.

3. Häufig Gegenstand eines Antrags nach §§ 23 ff. EGGVG ist die Entscheidung der StA, die Strafvollstreckung nicht nach § 35 BtMG zurückzustellen.

4. Zwangsmaßnahmen zur Durchführung der Strafvollstreckung (Vorführungs- und Vollstreckungshaftbefehl nach § 457 Abs. 2) sind nach §§ 23 ff. EGGVG angreifbar.

5. Entscheidungen der StA, die die Unterbrechung von Strafhaft betreffen, können ggf. nach §§ 23 ff. EGGVG anfechtbar sein.

6. Entscheidungen der StA über die Reihenfolge der Vollstreckung mehrerer Freiheitsstrafen (§ 43 StrVollstrO) unterfallen der Anfechtungsmöglichkeit der §§ 23 ff. EGGVG.

7. Lehnt die StA die Möglichkeit, die Vollstreckung einer Ersatzfreiheitsstrafe durch Erbringung gemeinnütziger Arbeit abwenden zu können, ab kann ggf. der Rechtsweg nach den § 3 23 ff. EGGVG eröffnet sein.

8. Wird ein Ersuchen um Übernahme der Strafvollstreckung an das Heimatland des Verurteilten zu richten (§ 71 Abs. 1 IRG) abgelehnt, unterliegt das ausgeübte Ermessen der gerichtlichen Kontrolle nach §§ 23 ff. EGGVG.

9. Im Rahmen der Vollstreckung von jugendrichterlichen Entscheidungen durch den Jugendrichter als Vollstreckungsleiter (§ 82 Abs. 1 JGG) hängt die Art des Rechtsschutzes von der Funktion des Jugendrichters im konkreten Fall ab.

10. Die Ablehnung von Gnade ist aufgrund der außerrechtlichen Natur des Gnadenakts unanfechtbar.

Literaturhinweise: s. die Hinw. bei → *Justizverwaltungsakte, Anfechtung (§§ 23 ff. EGGVG), Allgemeines*, Teil B Rdn 310. 418

1.a) Generell unterfallen Maßnahmen der StA bei der Strafvollstreckung der Anfechtbarkeit nach **§§ 23 ff. EGGVG**, weil die Tätigkeit als Vollstreckungsbehörde zum Gebiet der Justizverwaltung gerechnet wird. Ob die Maßnahme durch den funktionell zuständigen 419

Rechtspfleger oder den StA ergangen ist, spielt dabei keine Rolle (§ 31 Abs. 6 RPflG). Zudem ist regelmäßig nach § 21 StrVollstrO ein Vorschaltverfahren durchzuführen (vgl. hierzu → *Justizverwaltungsakte, Anfechtung [§§ 23 ff. EGGVG], Durchführung eines Vorverfahrens*, Teil B Rdn 358).

420 Wegen § 23 Abs. 3 EGGVG gehen indessen die bereits in der **StPO enthaltenen Rechtsschutzmöglichkeiten vor** (vgl. a. → *Antrag auf gerichtliche Entscheidung, Vollstreckungsverfahren*, Teil B Rdn 242). Dies gilt für folgende

421 **Beispielsfälle:**

- Einwendungen gegen die **Zulässigkeit** der Strafvollstreckung allgemein (wie z.B. fehlende Rechtskraft, Verjährung, Strafaussetzung zur Bewährung),
- den Rechtsschutz gegen Entscheidungen zu **Strafzeitberechnung** nach §§ 37 ff. StrVollstrO (§ 458 Abs. 1),
- **Unterbrechungen** nach § 454b Abs. 2,
- Strafaufschub und -unterbrechung nach **§ 455**,
- **Strafaufschub** nach **§ 456**,
- Anordnung der **Nachholung** der **Strafvollstreckung** nach § 456a Abs. 2 S. 3 (§ 458 Abs. 2; vgl. zur Abgrenzung zum Widerruf der Absehensentscheidung nach § 456a OLG Hamm NStZ-RR 2013,30; vgl. auch Rdn 424 ff.),
- **Zahlungserleichterungen** bei Geldstrafe nach § 459a,
- **Geldstrafenbeitreibung** nach § 459c,
- Anordnung der Vollstreckung von **Ersatzfreiheitsstrafe** nach § 459e (§ 459h).

422 **b)** Insbesondere gegen die **Ladung** zum **Strafantritt** (§ 27 StrVollstrO) ist hingegen der Rechtsweg nach **§ 23 Abs. 1 EGGVG** eröffnet, sei es, weil der Verurteilte direkt eine Aufnahme in den offenen Vollzug anstrebt (OLG Hamm NStZ-RR 2008, 357 358, OLG Naumburg OLGSt § 10 StVollzG Nr. 3, S. 4; OLG Zweibrücken StraFo 2010, 129, 130), oder weil er in eine vom Vollstreckungsplan abweichende JVA aufgenommen werden will (OLG Hamm NStZ-RR 2012, 126, zugleich zu den Anforderungen an einen zulässigen Antrag) oder weil er die Ladung selbst für rechtsmissbräuchlich erachtet (OLG Düsseldorf, Beschl. v. 11.2.2014 – 3 Ausl 22/14). Befindet sich der Verurteilte bereits in Haft, ist auch die Entscheidung über die **Einweisung** in eine andere JVA nach § 23 EGGVG (und nicht gem. § 109 StVollzG) angreifbar (OLG Celle Beschl. v. 27.5.2008 – 1 Ws 203/08; OLG Karlsruhe NStZ-RR 1998, 378, 379; OLG Schleswig SchlHA 2008, 268; OLG Stuttgart NStZ 1997, 103, 104). Nach Auffassung des OLG Frankfurt/Main (NStZ-RR 2012, 389) erfolgt in **Hessen** Rechtsschutz nur über **§§ 109 ff. StVollzG**.

423 **c)** Die für die **Einleitung** des **Strafvollstreckungsverfahrens** notwendige **Bescheinigung** (§ 451 Abs. 1 StPO) erlässt der Urkundsbeamte der Geschäftsstelle des erkennenden Gerichts. Seine Entscheidung zählt daher noch zum gerichtlichen Verfahren, sodass

§§ 23 ff. EGGVG keine Anwendung findet. Unbeschadet des Fehlens einer speziellen Regelung steht dem Verurteilten hiergegen ein Antrag auf gerichtliche Entscheidung zu (Radtke/Hohmann/*Baier*, § 451 Rn 19). Nimmt die StA die Vollstreckung ohne die Bescheinigung vor, kann dies gem. § 23 Abs. 1 EGGVG angefochten werden (OLG Hamburg StV 2000, 518, 519).

2. Häufiger Anwendungsfall der §§ 23 ff. EGGVG ist die Entscheidung der StA nach 424
§ 456a (zu § 456a Burhoff/Kotz/*Artkämper/Jacobs*, Nachsorge, Teil C Rn 242 ff.).

a) Lehnt die StA das Begehren des Verurteilten, von der (weiteren) Strafvollstreckung im 425
Hinblick auf eine Auslieferung, Überstellung oder Ausweisung abzusehen, **ab**, steht dem Verurteilten der Rechtsweg nach den **§§ 23 ff. EGGVG offen** (OLG Celle StV 2000, 380; OLG Hamburg NJW 1975, 1132; OLG Karlsruhe NStZ 2008, 222, 223; StraFo 2009, 83 84; OLG Stuttgart StV 1993, 258, 259; einschränkend nunmehr aber in StraFo 2011, 114). Gem. § 24 Abs. 2 EGGVG ist zuvor das Beschwerdeverfahren nach § 21 StrVollstrO durchzuführen. Der Ablehnung gleichgestellt ist der analog § 49 VwVfG erfolgte Widerruf der Absehensentscheidung (OLG Hamm, NStZ-RR 2013, 30).

b) Hinweis für den Verteidiger! 426

Das OLG überprüft die im Ermessen der Vollstreckungsbehörde liegende Entscheidung nur auf **Ermessensfehler** (KG NStZ 2009, 527; StV 2009, 594; OLG Hamm, Beschl. v. 21.4.2011 – 1 VAs 12/11; OLG Koblenz NStZ 1996, 255). Daher bedarf es für einen zulässigen **Antrag** der **Darstellung** der **tragenden Erwägungen** in den angefochtenen Bescheiden und ggf. der rechtsfehlerhaft nicht berücksichtigenden Umstände.

Regelmäßig sind daher – zumindest in groben Zügen – **mitzuteilen**: 427

- der **Tenor** des zu vollstreckenden Urteils,
- die in dem Urteil getroffenen **Feststellungen** zu den Umständen der Tat und der Schwere der Schuld,
- wie sich der **Vollstreckungsstand** darstellt (insb. die Dauer des verbüßten Teils und die ggf. durch Untersuchungshaft anzurechnende Zeit),
- die persönlichen und familiären **Lebensumstände** des Verurteilten,
- ggf. das **Datum** der **Ausweisungsverfügung**, deren Bestandskraft und der Wille der Ausländerbehörde, die Ausweisung demnächst durchzuführen,
- Inhalt und Begründung der das Absehen **ablehnenden Bescheide** von StA und GStA, der eine eigenständige Begründung beinhalten muss (KG StraFo 2012, 337).

☝ Nur so kann das **OLG überprüfen**, ob die StA von einem zutreffenden Sachverhalt ausgegangen ist und das öffentliche Interesse an nachhaltiger Vollstreckung mit den Belangen des Verurteilten, insb. seiner sozialen und familiären Situation, ermessensfehlerfrei in Abwägung gebracht hat.

428 **c)** Die **Entscheidung** der StA, von der weiteren Strafvollstreckung nach § 456a **abzusehen**, kann von dem Verurteilten **nicht** nach **§§ 23 ff. EGGVG** angefochten werden (OLG Frankfurt/Main NStZ-RR 1999, 126 (127)). Insoweit **fehlt** es dem Antragsteller nämlich an einer **Beschwer** (→ *Rechtsmittel/Rechtsbehelfe, Beschwer*, Teil A Rdn 1383). Eine solche kann allein in der im Zusammenhang mit der Entscheidung stehenden Ausweisungsverfügung durch die Verwaltungsbehörde zu sehen sein, die aber nur vor den Verwaltungsgerichten angefochten werden kann.

☝ Für den Fall einer **Auslieferung** an einen ausländischen Staat richtet sich der Rechtsschutz nach dem **IRG**. Die dortigen Rechtsschutzmöglichkeiten sind allerdings sehr begrenzt. Gegen Haftbefehle nach § 15 Abs. 1 IRG oder Art. 16 EuAlÜbk steht dem Verfolgten lediglich das Recht der Einwendung nach § 23 IRG zu, über das dasselbe Oberlandesgericht befindet, das den Haftbefehl erlassen hat. Die Entscheidung über die Auslieferung selbst ist nicht anfechtbar. Hier kann nur im Vorfeld versucht werden, deren Unzulässigkeit aufzudecken bzw. nach ergangener Entscheidung neue Umstände vorzubringen (§ 33 IRG), die den Senat zu einer neuen Entscheidung veranlassen könnten.

429 **d)** Die **angekündigte Weitervollstreckung** nach erfolgter Wiedereinreise (§ 456a Abs. 2 S. 3) kann wegen § 458 Abs. 2 nicht vor dem OLG, sondern nur vor dem **LG** angegriffen werden (OLG Karlsruhe NStZ 1994, 254). **Einwendungen** gegen einen **Vollstreckungshaftbefehl** nach § 456a Abs. 2 S. 3 sind hingegen nach **§§ 23 ff. EGGVG** geltend zu machen (KG, Beschl. v. 4.6.2009 – 1 VAs 22/09). Schwierigkeiten ergeben sich hier in der Abgrenzung, wenn der Betroffene zugleich mit Anfechtung des Vollstreckungshaftbefehls die Aussetzung der nach § 456a Abs. 2 S. 3 angeordneten Nachholung der Vollstreckung begehrt. Teilweise wird dann ein Vorrang der Zuständigkeit des LG nach § 458 Abs. 2 angenommen (OLG Oldenburg StraFo 2015, 85; OLG Stuttgart StraFo 2011, 114; a.A. OLG Celle StraFo 2014, 482, 483; OLG Karlsruhe NStZ-RR 2012, 221).

430 **3.** Ebenfalls häufig Gegenstand eines Antrags nach §§ 23 ff. EGGVG ist die Entscheidung der StA, die Strafvollstreckung nicht nach **§ 35 BtMG** zurückzustellen (zu den materiellen Voraussetzungen einer Zurückstellung nach § 35 BtMG Burhoff/Kotz/*Nobis*, Nachsorge, Teil B Rn 91 ff.).

431 **a)aa)** Bei Verurteilung zu einer Freiheitsstrafe von nicht mehr als zwei Jahren und einer BtM-Abhängigkeit als Tatursache kommt eine Zurückstellung der Strafvollstreckung nach § 35 Abs. 1 BtMG in Betracht (zu den weiteren Voraussetzungen für den hierzu erforderlichen Antrag vgl. Körner/Patzak/Volkmer/*Patzak*, BtMG, 8. Aufl. 2016, § 35 BtMG Rn 49 ff.). Zuständig für die Entscheidung hierüber ist die StA, die vor einer positiven Entscheidung die Zustimmung des Gerichts des ersten Rechtszugs einholen muss. Die **Ablehnung** des Gerichts, der **Zurückstellung zuzustimmen**, kann **nur** von der **StA**,

nicht aber vom Verurteilten angefochten werden (§ 35 Abs. 2 S. 1 BtMG). Bleibt es bei der fehlenden gerichtlichen Zustimmung, muss die StA die Zurückstellung ablehnen, selbst wenn sie eine Therapie für Erfolg versprechend hält (Körner/Patzak/Volkmer/*Patzak*, a.a.O., § 35 BtMG Rn 281).

Erst **gegen** die **Ablehnungsentscheidung** der **StA** kann der **Verurteilte** vorgehen. Dabei ist zunächst immer das Beschwerdeverfahren nach § 21 StrVollstrO zu durchlaufen, bevor nach § 35 Abs. 2 S. 2 BtMG i.V.m. **§§ 23 ff. EGGVG** Antrag auf gerichtliche Entscheidung gestellt werden kann (OLG Oldenburg StV 2000, 325). Dies gilt selbst dann, wenn die Ablehnung allein auf der fehlenden Zustimmung des Gerichts beruht (OLG Stuttgart StV 1994, 30; OLG Zweibrücken NStZ-RR 1999, 59). Im gerichtlichen Verfahren vor dem OLG erfolgt eine Überprüfung der Ermessensentscheidung der StA auf Rechtsfehler (§ 28 Abs. 3 BtMG; OLG Frankfurt/Main NStZ-RR 1998, 314; OLG Hamm NStZ-RR 1998, 315, 316), wobei im Fall fehlender gerichtlicher Zustimmung auch diese Entscheidung inzidenter überprüft wird (OLG Saarbrücken NStZ-RR 1996, 50).Wird ein Zurückstellungsantrag nicht bearbeitet oder nach längerer Zeit nicht beschieden, stellt dies ebenfalls eine Versagung der Zurückstellung dar (Körner/Patzak/Volkmer/*Patzak*, a.a.O., § 35 BtMG Rn 335). 432

bb) Hinweis für den Verteidiger 433

Der **Antrag** nach §§ 23 ff. EGGVG erfordert inhaltlich eine **umfassende Darlegung** der relevanten Umstände (KG StV 2013, 711; vgl. → *Justizverwaltungsakte, Anfechtung (§§ 23 ff. EGGVG), Antrag, formelle und inhaltliche Anforderungen*, Teil B Rdn 333). Um eine Verwerfung als unzulässig zu vermeiden, ist zu achten auf folgende

Anforderungen an den Antrag: 434

- der **Tenor** des zu vollstreckenden Urteils,
- der **aktuelle Vollstreckungsstand**,
- die **Ursächlichkeit** der **BtM-Abhängigkeit** für die **abgeurteilte Tat**; ist diese im Urteil festgestellt, müssen die entsprechenden Ausführungen wiedergegeben werden; ist diese im Urteil nicht behandelt worden, muss sie anderweitig dargelegt und belegt werden, die reine Behauptung einer BtM-Abhängigkeit genügt nicht; insbesondere wenn die Taten nicht typisch für BtM-Abhängigkeit sind und die tatrichterlichen Feststellungen gerade keine Hinweise auf einen solchen Zusammenhang enthalten, muss umfassend begründet werden, warum dennoch ein solcher Zusammenhang bestehen soll. Dies gilt vor allem, wenn im Urteil selbst eine BtM-Abhängigkeit verneint worden ist. Hier bedarf es im Vortrag einer Mitteilung des der Verurteilung zugrunde liegenden Sachverhalts und der durch das erkennende Gericht vorgenommenen Auseinandersetzung sowie einer Angabe dem widersprechender, eindeutiger und beweiskräftiger Feststellungen (OLG Stuttgart NStZ 1999, 626, 627; vgl. auch OLG

Karlsruhe StraFo 2012, 206); da der Zweifelsgrundsatz keine Anwendung findet, genügt eine wenn auch mit gewichtigen Anhaltspunkten begründete Vermutung, dass die Tat ihre Ursachen in der Sucht hatte, nicht (KG StV 2013, 711),

- bei der **Vollstreckung mehrerer Strafen** die Darlegung, dass kein Ausschlussgrund für eine Zurückstellung besteht (vgl. § 35 Abs. 6 BtMG), wobei auch hier die Mitteilung der anderweitigen Urteile, der diesen zugrunde liegenden Taten und der Vollstreckungsstand erforderlich ist,
- die bestehende **Therapiebereitschaft** des Verurteilten,
- die **Meldebereitschaft** des Verurteilten (§ 35 Abs. 4 BtMG),
- der **Verlauf bisheriger** BtM-Entwöhnungstherapien,
- das Vorliegen einer **Kostenzusage**, ggf. auch den Inhalt des Sozialberichts, der zur Bewilligung einer Therapie durch den Kostenträger geführt haben soll,
- die **Art** der **geplanten Therapie**, wobei insb. bei einem ambulanten Therapiekonzept Art, Umfang und Dauer der Behandlung, Beratung und Kontrolle des Antragstellers eindeutig hervorgehen müssen (Körner/Patzak/Volkmer/*Patzak*, a.a.O., § 35 BtMG Rn 152); ein derartiges Konzept muss auch Regelungen enthalten, ob ein steigender Beigebrauch von Drogen und Straftaten während der ambulanten Therapie als Therapieabbruch gewertet und den Strafverfolgungsbehörden gemeldet wird,
- das **Vorliegen** bzw. **Fehlen** der **Zustimmung** des Gerichts,
- **Inhalt** und **Begründung** der die Zurückstellung ablehnenden **Bescheide** von **StA** und **StA**.

435 **b)** Wird eine einmal bewilligte **Zurückstellung** durch die StA nach § 35 Abs. 5 oder 6 BtMG **widerrufen**, kann der Verurteilte nach § 35 Abs. 7 S. 2 und 4 BtMG das Gericht erster Instanz anrufen. Ein Antrag nach §§ 23 ff. EGGVG ist gem. § 23 Abs. 3 EGGVG ausgeschlossen.

436 **4.** Zwangsmaßnahmen zur Durchführung der Strafvollstreckung (Vorführungs- und **Vollstreckungshaftbefehl** nach § 457 Abs. 2) sind nach **§§ 23 ff. EGGVG angreifbar** (OLG Düsseldorf MDR 1989, 1016; OLG Hamm NStZ 1982, 524; OLG Saarbrücken NJW 1973, 1010, 1012).

437 **Nach Überführung** in **Strafhaft** ist das Ziel der Anfechtung indessen nicht mehr erreichbar. Hier kommt allein ein **Antrag** nach **§ 28 Abs. 1 S. 4 EGGVG** in Betracht, weil sich die Zwangsmaßnahme erledigt hat (KG, Beschl. v. 22.3.2013 – 4 VAs 1/13). Voraussetzung ist ein berechtigtes Interesse an der nachträglichen Feststellung der Rechtswidrigkeit der Maßnahme. Die **Rspr.** der OLG ist hierzu **nicht einheitlich**. Teilweise wird das Interesse bereits aus dem Eingriff in die persönliche Freiheit abgeleitet (OLG Koblenz StraFo 2006, 86), überwiegend wird dies indessen nicht als ausreichend angesehen, weil bereits das auf Freiheitsstrafe erkennende rechtskräftige Urteil die für den Grundrechtseingriff hinreichende Grundlage biete (KG a.a.O.; OLG Frankfurt/Main NStZ-RR 2002,

224; OLG Hamm, Beschl. v. 8.4.2011 – 1 VAs 4/11). Darüber hinaus könnten mit der Festnahme aufgrund Vollstreckungshaftbefehls verbundene nachteilige Folgen bei der Entscheidung der JVA über die Verlegung in den offenen Vollzug oder die Gewährung von Vollzugslockerungen durch eine inzident zu erfolgende Prüfung im Verfahren nach §§ 109 ff. StVollzG beseitigt werden (KG NStZ-RR 2009, 324; OLG Frankfurt/Main, a.a.O.). Dies ist zweifelhaft. Dem Betroffenen kann nämlich nicht zugemutet werden, erst einen negativen Bescheid der JVA abzuwarten, wenn die Gründe, die zu diesem Bescheid führen, ihrerseits auf rechtswidrigem Verwaltungshandeln beruhen (OLG Hamm StV 2005, 676). Aus Gründen der Rehabilitierung von der diskriminierenden Wirkung einer zwangsweisen Einweisung in den Strafvollzug ist daher regelmäßig von einem Feststellungsinteresse auszugehen. Dies gilt zudem auch in den Fällen, bei denen eine eklatant fehlerhafte und unverhältnismäßige Art und Weise der Durchführung der Vollstreckung geltend gemacht wird (KG, Beschl. v. 16.7.2012 – 4 VAs 34/12; OLG Dresden Rpfleger 2008, 389; OLG Karlsruhe NStZ-RR 2005, 249, 250).

5. Eine **Unterbrechung** der **Strafvollstreckung**, die mit einer Freilassung des Gefange- **438**
nen verbunden ist, sieht die StPO nur in §§ 455 Abs. 4, 455a vor. Darüber hinausgehende Unterbrechungsgründe kann der Verurteilte daher nur über den **Gnadenweg** verfolgen (zum Gnadenverfahren Burhoff/Kotz/*Schulz-Merkel*, Nachsorge, Teil G Rn 1 ff.).

Lehnt die StA eine Unterbrechung trotz Vorliegens von **Krankheitsgründen** nach § 455 **439**
Abs. 4 ab, steht dem Betroffenen Rechtsschutz nach § 458 Abs. 2 offen, der den Rechtsweg der **§§ 23 ff. EGGVG ausschließt** (§ 23 Abs. 3 EGGVG).

Eine Unterbrechung aus **organisatorischen Gründen** (§ 455a) kann der Betroffene man- **440**
gels subjektiver Rechte zwar nicht geltend machen. Er kann sich aber nach h.M. über §§ 23 ff. EGGVG gegen die Anordnung einer solche Unterbrechung wehren, wenn er eine Rechtsbetroffenheit – etwa weil eine spätere Vollstreckung dazu führt, dass konkret geplante Maßnahmen nicht umgesetzt werden können – geltend machen kann (KG Rpfleger 2005, 162, 163; KK-*Appl*, § 455a Rn 6; a.A. *Meyer-Goßner/Schmitt*, § 455a, Rn 6; Kissel/*Mayer*, § 23 EGGVG Rn 166).

6.a) Entscheidungen der StA über die **Reihenfolge** der **Vollstreckung** mehrerer Frei- **441**
heitsstrafen (§ 43 StrVollstrO) unterfallen der Anfechtungsmöglichkeit der **§§ 23 ff. EGGVG** (BGH NJW 1991, 2030, 2031; OLG Hamm StV 2010, 696; OLG Karlsruhe Beschl. v. 31.7.2015 – 2 Ws 319–322/15; OLG Köln NStZ-RR 2010, 157). Dies gilt auch für die Anordnung beim Zusammentreffen von Freiheitsstrafe mit Unterbringung aus verschiedenen Verfahren im Fall von§ 44b StrVollstrO (OLG Dresden StraFo 2012, 382, 383; OLG Frankfurt/Main NStZ-RR 2005, 324, 325; OLG Hamm NStZ 1999, 535; OLG Karlsruhe, Beschl. v. 5.6.2015 – 2 VAs 9/15; OLG Nürnberg NStZ 1990, 152; OLG Saarbrücken, Beschl. v. 6.10.2015 – VAs 14/15); bei identischem Verfahren gilt schon § 67 StGB.

442 **b)** Bei **Entscheidungen** der StA im **Zusammenhang** mit der Unterbrechung einer Strafvollstreckung zur Vorbereitung einer gerichtlichen Entscheidung über die **vorzeitige Aussetzung** der **Reststrafe** muss wie folgt unterschieden werden:

- Geht es um die **Unterbrechung** i.S.d. **§ 454b Abs. 2** kann eine belastende Entscheidung nach § 458 Abs. 2 angefochten werden.
- Ist aber über eine **in § 454b Abs. 2 nicht geregelte Abweichung** von der in § 43 StrVollstrO vorgesehenen **Vollstreckungsreihenfolge** zu entscheiden, ist gegen diese Entscheidung ausschließlich nach §§ 23 ff. EGGVG vorzugehen (OLG Hamm StV 2010, 696). Dies gilt sowohl für die Versagung einer Unterbrechung zum Halbstrafenzeitpunkt im Fall des § 57 Abs. 2 Nr. 2 StGB (OLG Celle Nds.Rpfl. 1989, 299; OLG Frankfurt/Main NStZ-RR 2011, 221; OLG Hamm NStZ 1999, 56; offen gelassen OLG Jena NStZ 2012, 389; a.A. OLG Zweibrücken NStZ 1989, 592 [§ 458 Abs. 2 StPO vorrangig]) als auch bei der Ablehnung, eine i.S.d. § 35 BtMG nicht zurückstellungsfähige Strafe vorab zu vollstrecken (OLG Köln NStZ-RR 2010, 157; a.A. OLG Stuttgart StV 2010, 696, 697 [§ 458 Abs. 2]) bzw. die Vollstreckung eines widerrufenen Strafrestes zum Zweck nochmaliger Aussetzung zu unterbrechen (BGH NJW 2012, 1016; OLG Karlsruhe StV 2003, 348).

☝ Für einen zulässigen Antrag bedarf es der genauen **Darstellung** der **einzelnen Verurteilungen**, der angeordneten Rechtsfolgen und des gegenwärtigen Vollstreckungsstandes!

443 **7.** Die Möglichkeit, die **Vollstreckung** einer **Ersatzfreiheitsstrafe** durch **Erbringung gemeinnütziger Arbeit** abwenden zu können, richtet sich nach landesrechtlichen Vorschriften (Art. 293 EGStGB). Hiervon haben die meisten Länder Gebrauch gemacht. Lehnt die StA die Abwendungsmöglichkeit ab, hängt auch die Rechtsschutzmöglichkeit von der **landesrechtlichen Regelung** ab (BGH NJW 2009, 3587, 3588). Dies erklärt die unterschiedlichen Ansichten in der Rspr. der OLG, die teilweise §§ 23 ff. EGGVG – mit vorheriger Beschwerde nach § 21 StrVollstrO – für eröffnet halten (OLG Dresden NStZ 1999, 160), teilweise § 459h als vorrangige Regelung ansehen (OLG Frankfurt/Main NStZ-RR 2013, 292; OLG Jena, StV 2015, 236; OLG Karlsruhe NStZ-RR 2009, 220; OLG Koblenz NStZ-RR 2010, 190; OLG Zweibrücken, Beschl. v. 2.2.2011 – 1 VAs 1/11). In Bayern ist die Gestattung der Abwendung von Ersatzfreiheitsstrafe nur als Gnadenakt vorgesehen, vgl. hierzu Rdn 447 ff.

444 **8.** Lehnt die StA bzw. das Landesjustizministerium als oberste Fachaufsichtsbehörde es ab, ein Ersuchen um **Übernahme** der **Strafvollstreckung** an das Heimatland des Verurteilten zu richten (§ 71 Abs. 1 IRG), unterliegt das von ihr ausgeübte Ermessen der gerichtlichen Kontrolle nach **§§ 23 ff. EGGVG** (OLG Frankfurt/Main NStZ-RR 2002, 310; OLG Hamburg NStZ 1999, 197; OLG Hamm StV 2001, 523, 524;OLG München FS

2013, 63). Lediglich allgemein- und außenpolitische Erwägungen sind einer gerichtlichen Überprüfung entzogen (BVerfG NStZ-RR 2005, 182). Anderes gilt, wenn der Betroffene sich gegen die Entscheidung der StA, ein entsprechendes Ersuchen zu stellen, wehren will. Hier wird durch § 2 Abs. 2 ÜAG und § 71 Abs. 4 IRG bereits eingeschränkter gerichtlicher Rechtsschutz gewährt. Daneben ist – auch soweit deren Voraussetzungen nicht vorliegen – eine gerichtliche Prüfung nicht vorgesehen (Schomburg/Lagodny/*Schomburg/Hackner*, § 2 ÜAG, Rn 3 ff.)

9. Im Rahmen der **Vollstreckung** von **jugendrichterlichen Entscheidungen** durch den 445
Jugendrichter als Vollstreckungsleiter (§ 82 Abs. 1 JGG) hängt die Art des Rechtsschutzes von der Funktion des Jugendrichters im konkreten Fall ab (vgl. zur Vollstreckung jugendrichterlicher Entscheidungen Burhoff/Kotz/*Schimmel*, Nachsorge, Teil B Rn 724 ff, zum Rechtsschutz Rn 869). Insoweit gilt folgender

Überblick: 446

- Da die Vollstreckung **grds.** eine Angelegenheit der Justizverwaltung ist, sind getroffene Maßnahmen nach **§§ 23 ff. EGGVG anfechtbar** (*Eisenberg*, JGG, § 83 Rn 2 f.), soweit nicht speziellere Regelungen der StPO (§ 2 JGG) Vorrang haben (§ 23 Abs. 3 EGGVG).

  ☝ Zuvor ist nach § 21 StrVollstrO **Beschwerde** zur **GStA** (!) zu erheben.

- Handelt es sich hingegen um **Entscheidungen**, die der Jugendrichter in **richterlicher Unabhängigkeit** trifft – wie sie auch bei der Strafvollstreckung von Freiheits- oder Geldstrafen durch ein Gericht zu treffen wären (etwa Aussetzung einer Restjugendstrafe zur Bewährung oder deren Widerruf (§ 88 Abs. 6 i.V.m. § 59 JGG)) – ist die **sofortige Beschwerde** eröffnet (→ *Beschwerde, sofortige Beschwerde*, Teil A Rdn 550). § 83 Abs. 3 JGG sieht vor, dass einige Maßnahmen, die eher der Justizverwaltung zuzuordnen wären, gleichwohl als jugendrichterliche Entscheidungen gelten (insb. Absehen von der Vollstreckung des Jugendarrestes (§ 87 Abs. 3 JGG), Unterbrechung und Vollstreckung der Jugendstrafe neben Freiheitsstrafe (§ 89a JGG) und Herausnahme aus dem Jugendvollzug (§ 89b Abs. 2 JGG)). Für die Abgabe der Vollstreckung an einen anderen Jugendrichter nach § 85 Abs. 6 JGG verbleibt es hingegen beim Rechtsweg nach § 23 EGGVG (LG Koblenz NStZ-RR 1997, 53, 54).

10.a) Die **Ablehnung** von **Gnade** ist aufgrund der außerrechtlichen Natur des Gnaden- 447
akts **unanfechtbar** (OLG Celle Nds.Rpfl. 1996, 310; OLG Hamburg JR 1997, 255, 256; OLG Stuttgart NStZ 1985, 331, 332; zum Gnadenverfahren Burhoff/Kotz/*Schulz-Merkel*, Nachsorge, Teil G Rn 1 ff.).

Der gegenteiligen Auffassung, die sich auf eine Verrechtlichung des Gnadenwesens durch 448
die GnO der Länder beruft (*Feiter*, S. 115, 117; *Baltes* DVBl 1972, 562, 564) steht die **Bindungswirkung** der Entscheidungen des **BVerfG** (NJW 1969, 1895 und NJW 2001, 3771)

entgegen (OLG München NJW 1977, 115; s.a. HessStGH NJW 1974, 791, 792; BayVerfGH Entsch. v. 30.11.1972 – Vf. 4-VI-72 [Landesverfassungsbeschwerde zulässig]).

449 **b)** Hingegen kann der **Widerruf** gewährter Gnade nach §§ 23 ff. EGGVG **angefochten** werden (KG NStZ 1993, 54, 55; OLG Celle NJW 1989, 114, 115; OLG Hamburg NStZ-RR 2004, 223; OLG Saarbrücken MDR 1979, 338; OLG Schleswig SchlHA 2008, 268; OLG Stuttgart MDR 1988, 886). Dabei ist unerheblich, ob das Begnadigungsrecht auf eine Justizbehörde im organisationsrechtlichen Sinn übertragen worden ist oder von dieser für den Inhaber des Gnadenrechts ausgeübt wird (BVerwG NJW 1976, 305, 306; Kissel/*Mayer*, § 23 EGGVG, Rn 169; KK-*Mayer*, § 23 EGGVG Rn 78; *Feiter*, S. 116 f.; a.A. *Trautmann* MDR 1971, 173, 177 [im letzteren Fall Verwaltungsrechtsweg]).

☝ In den **GnO** mancher Länder ist ein **Beschwerderecht** gegen Entscheidungen der Gnadenbehörde vorgesehen (etwa § 41 GnO BW, § 18 BayGnO; § 30 Hess GnO; § 39 GnO NW; Nr. 35 GnO Sachs; § 41 GnO LSA; § 32 Thür.GnO), das vor einem Antrag nach § 23 EGGVG auszuüben ist (§ 24 Abs. 2 EGGVG) und teilweise nur verkürzte Fristen vorsieht (§ 39 Abs. 2 GnO NW, § 41 GnO LSA [1 Woche]). In anderen GnO ist das Beschwerderecht nach seinem Wortlaut nur für ablehnende Entscheidungen vorgesehen (etwa § 27 Abs. 1 GnO Bbg; § 39 GnO Nds.; § 16b GnO MV; Nr. 41 GnO RhPf). Gleichwohl ist vorsorglich in den Fällen der Rücknahme oder des Widerrufs einer gewährten Gnade neben dem Antrag auf gerichtliche Entscheidung Beschwerde zu erheben, da die Rspr. teilweise ein über den Wortlaut hinausgehendes allgemeines Beschwerderecht annimmt (für Niedersachen OLG Celle, NJW 1989, 114, 115).

Siehe auch: → *Antrag auf gerichtliche Entscheidung, Vollstreckungsverfahren*, Teil B Rdn 242; → *Justizverwaltungsakte, Anfechtung (§§ 23 ff. EGGVG), Allgemeines*, Teil B Rdn 309, m.w.N.

450 Justizverwaltungsakte, Anfechtung (§§ 23 ff. EGGVG), Prozesskostenhilfe/Beiordnung

451 **Literaturhinweise:** s. die Hinw. bei → *Justizverwaltungsakte, Anfechtung (§§ 23 ff. EGGVG), Allgemeines*, Teil B Rdn 310.

452 **1.a)** Nach § 29 Abs. 4 EGGVG besteht die Möglichkeit, für den Antrag nach §§ 23 ff. EGGVG **PKH** nach den Vorschriften der ZPO in Anspruch zu nehmen. Seiner systematischen Stellung nach scheint die Vorschrift zwar nur für das Rechtsmittelverfahren Anwendung zu finden, der Gesetzgeber wollte aber mit der Neufassung den Regelungsgehalt des § 29 Abs. 3 EGGVG a.F. übernehmen (BT-Drucks 16/6308, S. 318), sodass PKH **auch** für die Instanz vor dem **OLG** beantragt werden kann.

Hierfür wird eine zusammenhängende und aus sich heraus **verständliche Sachdarstellung** verlangt (*Meyer-Goßner/Schmitt*, § 29 EGGVG Rn 11). 453

☝ Wegen der durch § 30 EGGVG ausgelösten Kostenpflicht bei erfolglosem Hauptsacheverfahren bietet sich an, den Antrag nach § 23 EGGVG von der gleichzeitig beantragten **Bewilligung** von **PKH abhängig** zu **machen**. Ein den inhaltlichen Antragserfordernissen entsprechender Antrag auf PKH wahrt die Frist des § 26 Abs. 1 EGGVG (LR-*Böttcher*, § 26 EGGVG Rn 1; Kissel/*Mayer*, § 26 EGGVG Rn 19).

b) Die **Bewilligung** richtet sich nach **§§ 114 ff. ZPO**. Die Versagung von Prozesskostenhilfe ist gem. § 29 Abs. 4 EGGVG i.V.m. § 567 Abs. 1 ZPO **nicht** mit der **sofortigen Beschwerde** anfechtbar (BGH, Beschl. v. 27.1.2011 – 5 ARs 6/11). Bei Zulassung durch das OLG kann die Versagung aber mit der Rechtsbeschwerde angefochten werden (§ 29 Abs. 4 EGGVG i.V.m. § 574 Abs. 1 Nr. 2 ZPO). 454

2. Die **Beiordnung** eines **Verteidigers/Rechtsanwalts** entsprechend § 140 Abs. 2 kommt im Verfahren nach §§ 23 ff. EGGVG nicht in Betracht (*Meyer-Goßner/Schmitt*, § 29 EGGVG Rn 11). Eine Beiordnung kann nur im PKH-Verfahren nach § 121 Abs. 2 ZPO erreicht werden. 455

Siehe auch: → *Justizverwaltungsakte, Anfechtung (§§ 23 ff. EGGVG), Allgemeines*, Teil B Rdn 309, m.w.N.; → *Allgemeine Gebührenfragen, Allgemeines*, Teil D Rdn 1, m.w.N.

Justizverwaltungsakte, Anfechtung (§§ 23 ff. EGGVG), Rechtsmittel 456

Literaturhinweise: s. die Hinw. bei → *Justizverwaltungsakte, Anfechtung (§§ 23 ff. EGGVG), Allgemeines*, Teil B Rdn 310. 457

1.a) Die Entscheidung des OLG ist **regelmäßig unanfechtbar**. 458

☝ Gemäß § 29 Abs. 1 EGGVG kommt eine **Rechtsbeschwerde** zum **BGH** nur in Betracht, wenn diese durch das OLG wegen der grundsätzlichen Bedeutung der Rechtssache oder aus Gründen der Einheitlichkeit der Rechtsprechung oder der Fortbildung des Rechts (§ 29 Abs. 2 S. 1 EGGVG) **zugelassen** worden ist. Schweigen über die Frage der Zulassung bedeutet Nichtzulassung (BGH StraFo 2011, 319).

b) Hat das OLG die Rechtsbeschwerde **zu Unrecht nicht zugelassen**, bleibt dem Antragsteller nur die Möglichkeit, über die Geltendmachung der Verletzung des rechtlichen Gehörs **analog § 33a** eine Änderung der Entscheidung herbeizuführen (*Meyer-Goßner/* 459

Schmitt, § 29 EGGVG Rn 1; ähnlich, aber mit der Folge einer Frist von zwei Wochen *Conrad*, S. 224 [§ 44 FamFG]). Ansonsten verbleibt es bei deren Endgültigkeit (BGH, Beschl. v. 1.9.2011 – 5 AR (VS) 46/11). Eine Gegenvorstellung ist ausgeschlossen (OLG Koblenz NStZ-RR 2015, 122; zur Gegenvorstellung → *Gegenvorstellung, Allgemeines*, Teil B Rdn 274 m.w.N.).

460 **2.** Das **weitere Verfahren** in der **Rechtsmittelinstanz** richtet sich über § 29 Abs. 3 EGGVG nach **§§ 71 bis 74a FamFG**. Die Rechtsbeschwerde ist binnen eines Monats nach schriftlicher Bekanntgabe des Beschlusses (§ 71 Abs. 1 FamFG) beim BGH einzulegen und – unter Möglichkeit einer Fristverlängerung in Ausnahmefällen (§ 71 Abs. 2 FamFG i.V.m. § 551 Abs. 2 S. 5 u. S. 6 ZPO) – revisionsähnlich zu begründen (§§ 71 Abs. 3, 72 Abs. 1 FamFG). Wiedereinsetzung in den vorigen Stand ist über § 29 Abs. 3 EGGVG i.V.m. § 17 FamFG möglich. Eine entgegen § 28 Abs. 4 EGGVG unterbliebene oder fehlerhafte Rechtsbehelfsbelehrung begründet die gem. § 29 Abs. 3 EGGVG i.V.m. § 17 Abs. 2 FamFG widerlegbare Vermutung einer unverschuldeten Fristversäumnis. Die Unzuständigkeit des OLG kann nicht gerügt werden (§ 72 Abs. 2 FamFG). Für den Beschwerdegegner besteht nach § 73 S. 1 FamFG die Möglichkeit, sich der Rechtsbeschwerde innerhalb eines Monats nach deren Bekanntgabe anzuschließen.

Siehe auch: → *Anhörungsrüge, Allgemeines*, Teil B Rdn 1, m.w.N.; → *Justizverwaltungsakte, Anfechtung (§§ 23 ff. EGGVG), Allgemeines*, Teil B Rdn 309, m.w.N.

461 Justizverwaltungsakte, Anfechtung (§§ 23 ff. EGGVG), Verweigerung von Akteneinsicht

Das Wichtigste in Kürze:

1. Auch nach der Neufassung der Vorschriften über die AE in der StPO werden auch jetzt noch zahlreiche Fragen des Rechtsschutzes streitig behandelt.
2. Gerichtliche Entscheidungen über Anträge auf AE stellen keine Justizverwaltungsakte dar und sind daher nicht über §§ 23 ff. EGGVG angreifbar.
3. Die Frage der AE kann sich insbesondere auch in Zusammenhang mit Besetzungsfragen stellen.

462 **Literaturhinweise:** s. die Hinw. → *Justizverwaltungsakte, Anfechtung (§§ 23 ff. EGGVG), Allgemeines*, Teil B Rdn 310, und bei → *Antrag auf gerichtliche Entscheidung, Akteneinsicht*, Teil B Rdn 67.

463 **1.a)** Zum Thema **Verweigerung** der **AE** durch die **StA** sind in der Vergangenheit zahlreiche Entscheidungen im Zusammenhang mit §§ 23 ff. EGGVG ergangen. Diesen kommt nach der Neufassung der Vorschriften über die AE nur noch geringe Bedeu-

tung zu. Gleichwohl werden auch jetzt **noch zahlreiche Fragen streitig** behandelt (vgl. auch → *Antrag auf gerichtliche Entscheidung, Akteneinsicht*, Teil B Rdn 67, sowie eingehend zu den Fragen der AE *Burhoff*, EV, Rn 138 ff.; zu den Rechtsmitteln Rdn 404 ff.).

b) Unstr. ist, dass **§§ 23 ff. EGGVG** dann **keine Anwendung** finden, wenn einer der in **§ 147 Abs. 5 S. 2** benannten Fälle einschlägig ist. Denn unabhängig von der Frage, ob Entscheidungen der StA im EV über die Gewährung von AE als Justizverwaltungsakte oder als Prozesshandlungen anzusehen sind, greift jedenfalls die Subsidiaritätsklausel des § 23 Abs. 3 EGGVG ein. 464

c) Kontrovers werden die Fälle diskutiert, die **nicht** unter **§ 147 Abs. 5 S. 2** zu subsumieren sind. Dazu folgender 465

Überblick: 466

- Nach Auffassung des OLG Frankfurt/Main (NStZ-RR 2005, 376 ist im **laufenden EV** ein Rückgriff auf §§ 23 ff. EGGVG ausgeschlossen, so weit nicht willkürliche Versagung der AE im Raum stehe. Demnach verbleiben allein die Möglichkeiten einer Gegenvorstellung bzw. Dienstaufsichtsbeschwerde (→ *Dienstaufsichtsbeschwerde*, Teil B Rdn 262; → *Gegenvorstellung, Allgemeines*, Teil B Rdn 274, m.w.N.).
- Im Fall der Einstellung nach **§ 170 Abs. 2** bzw. **§ 154 Abs. 1** geht die h.M. von einer entsprechenden Anwendung von § 147 Abs. 5 S. 2 aus (OLG Hamm NJW 2003, 768; SK-*Wohlers*, § 147 Rn 118; KK-*Laufhütte/Willnow*, § 147 Rn 26; a.A. LR-*Lüderssen/Jahn*, § 147, Rn 164 [§§ 23 ff. EGGVG]; vgl. a. *Burhoff*, EV, Rn 342 ff.).
- Auch nach **rechtskräftigem Abschluss** des **Verfahrens** soll § 147 Abs. 5 S. 2 Anwendung finden (LR-*Lüderssen/Jahn*, § 147 Rn 165; *Meyer-Goßner/Schmitt*, § 147 Rn 39; a.A. Radtke/Hohmann/*Hohmann*, § 147 Rn 34; zu allem a. *Burhoff*, EV, Rn 348 ff.).
- In dem besonderen Fall der Versagung der Einsicht in die den Ermittlungsakten nicht beigefügten **Spurenakten** nimmt die noch h.M. ausgehend von BVerfG NJW 1983, 1043 die Eröffnung der §§ 23 ff. EGGVG an (*Meyer-Goßner/Schmitt*, § 147 Rn 40; KK-*Mayer*, § 23 EGGVG Rn 96; Kissel/*Mayer*, § 23 EGGVG Rn 157; OLG Hamm NStZ 1984, 423; s. *Burhoff*, EV, Rn 318 ff.). Auch hier hat sich aber bereits eine Gegenmeinung gebildet, die § 147 Abs. 5 S. 2 generell den Vorrang einräumt (OLG Rostock NZWiSt 2015, 351, 353; KK-*Laufhütte/Willnow*, § 147 Rn 26; LR-*Böttcher*, § 23 EGGVG Rn 117).
- Wird dem Beschuldigten AE gewährt, kann der Verletzte dies ebenfalls über § 147 Abs. 5 S. 2 anfechten (OLG Stuttgart NJW 2006, 2565, 2567; SK-*Wohlers*, § 147 Rn 111; a.A. LR-*Lüderssen/Jahn*, § 147 Rn 159 [§§ 23 ff. EGGVG]; vgl. a. *Burhoff*, EV, Rn 262 ff.).

☝ Insgesamt ist noch einiges nicht abschließend geklärt. Verteidigern kann in entsprechenden Situationen nur **empfohlen** werden, auch in Zukunft um **gerichtlichen Schutz nachzusuchen**, um die Gerichte zu animieren, in einschlägigen extremen Fällen zumindest ein Mindestmaß an Rechtsschutz für den Beteiligten zu verwirklichen (*Dallmeyer* in: HBStrVf Kap. II, Rn 359; *Burhoff*, EV, Rn 361 ff.).

467 **d)** Werden die strafrechtlichen Ermittlungen durch die **Finanzbehörden** durchgeführt (§ 386 Abs. 2 AO), richtet sich das Recht auf AE über § 385 AO nach denselben Regelungen, die im Fall der StA als aktenführender Behörde gilt. Nach Abschluss des Verfahrens kann bei Versagung von AE diese nur vor den Finanzgerichten durchgesetzt werden (BFH NJW 1978, 78; OLG Karlsruhe NJW 1978, 1338).

468 **e)** Werden von den **Polizeibehörden** Kriminalakten geführt, die der Durchführung eines konkreten Strafverfahrens dienen, stellt die Versagung der AE eine Maßnahme einer Justizbehörde im Sinne des § 23 Abs. 1 EGGVG dar (Kissel/*Mayer*, § 23 EGGVG, Rn 104). Verbleibt die Akte indessen nach Abschluss des Verfahrens bei der Polizei, nimmt die verwaltungsgerichtliche Rspr. einen Schwerpunkt in der Aktenführung aus präventiven Gründen an, sodass die Versagung von AE vor den Verwaltungsgerichten anzufechten wäre (BVerwG NJW 1990, 2765). Dies wird teilweise kritisch gesehen (KK-*Mayer*, § 23 EGGVG Rn 57), allerdings deutet § 484 Abs. 4 einen entsprechenden Willen des Gesetzgebers an.

469 **f)** Der durch eine Straftat **Verletzte** erhält AE nach Maßgabe von § 406e. Gegen die Versagung durch die StA steht der Rechtsbehelf nach § 406e Abs. 4 S. 2 zur Verfügung. Dies gilt auch für den hiervon Betroffenen, soweit die StA AE bewilligt (→ *Antrag auf gerichtliche Entscheidung, Akteneinsicht*, Teil B Rdn 67 ff.; *Meyer-Goßner/Schmitt*, § 406e, Rn 11; *Burhoff*, EV, Rn 262 ff.).

470 Das AER **sonstiger Dritter** unterliegt den Regelungen der §§ 474 ff. Entscheidungen der StA über die AE an Private nach § 475 unterliegen dem besonderen Rechtsbehelf nach § 478 Abs. 3; dies gilt auch für Akteneinsichtsgesuche des Verteidigers in Verfahren gegen Dritte (OLG Hamm wistra 2002, 118). Für andere Fälle, insbesondere Entscheidungen nach §§ 474, 476 ist der Rechtsweg nach §§ 23 ff. EGGVG eröffnet, und zwar sowohl für den Antragsteller als auch den von der AE Betroffenen (→ *Antrag auf gerichtliche Entscheidung, Akteneinsicht*, Teil B Rdn 67 ff.; *Meyer-Goßner/Schmitt*, § 478 Rn 4; *Burhoff*, EV, Rn 288 ff.).

471 **2. Gerichtliche Entscheidungen** über Anträge auf AE stellen keine Justizverwaltungsakte dar und sind daher nicht über §§ 23 ff. EGGVG angreifbar. Sie unterliegen den allgemeinen **Beschwerderegeln** (→ *Beschwerde, Allgemeines*, Teil A Rdn 399, m.w.N., insbesondere → *Beschwerde, Beschwerdeeinschränkung, Akteneinsicht*, Teil A Rdn 449; vgl. noch *Burhoff*, EV, Rn 361 ff.).

3. Die Frage der AE kann sich insbesondere auch in Zusammenhang mit **Besetzungsfragen** stellen (vgl. dazu *Burhoff*, EV, Rn 940 ff.; *Burhoff*, HV, Rn 986 ff.). 472

a) Einsichtnahme in den **Geschäftsverteilungsplan** steht nach § 21e Abs. 9 GVG jedermann zu. Ist diese dem Antragsteller nicht möglich oder unzumutbar, kann er über §§ 23 ff. EGGVG einen Anspruch auf Auskunft gegen die Justizverwaltung geltend machen (Kissel/*Mayer*, § 21e GVG, Rn 75). Darüber hinaus besteht kein Anspruch auf Übersendung einer Ausfertigung oder von Ablichtungen (OLG Frankfurt/Main NStZ-RR 2006, 208; OLG Jena NStZ-RR 2015, 23). 473

b) Will der Verteidiger die **ordnungsgemäße Besetzung** des Spruchkörpers überprüfen, steht ihm (auch) ein Rechtsanspruch auf Einsicht in die **Schöffenlisten** zu (vgl. zu den Besetzungsfragen *Burhoff*, EV, Rn 940 ff.; *Burhoff*, HV, Rn 986 ff.). Der Anspruch ist ebenfalls gegen die Justizverwaltung zu richten (OLG Düsseldorf MDR 1979, 1043). Weigert sich diese, die Unterlagen offenzulegen, ist der Anspruch über § 23 Abs. 2 EGGVG einklagbar (Kissel/*Mayer*, § 44 GVG, Rn 8). Eine **Ausnahme** soll nach h.M. im Verfahren erster Instanz vor der StK gelten. Das in § 222a Abs. 3 ausdrücklich angeordnete Einsichtsrecht soll danach gerichtlich nicht durchsetzbar sein (OLG Hamm NJW 1980, 1009; LR-*Jäger*, § 222a, Rn 17). Eine Verletzung lasse allenfalls die Rügepräklusion des § 338 Nr. 1, 2. Hs. entfallen (*Meyer-Goßner/Schmitt*, § 222a, Rn 23; KK-*Gmel*, § 222a Rn 14). 474

☝ Eine **Differenzierung** danach, vor welchem Spruchkörper die HV stattfindet, ist indessen **wenig sachgerecht** und auch kaum mit Art. 19 Abs. 4 GG zu vereinbaren. Dem Verteidiger wird nämlich die Möglichkeit zu einem substantiierten Besetzungseinwand vor der Kammer (§ 222b Abs. 1 S. 2) und ggf. auch zu einer ordnungsgemäßen Verfahrensrüge in der Revision genommen (KMR-*Eschelbach*, § 222a Rn 71). Daher muss in jedem Fall der Rechtsweg nach §§ 23 ff. EGGVG eröffnet sein (LR-*Gittermann*, § 45 GVG Rn 23; SK-*Deiters*, § 222a Rn 26).

Siehe auch: → *Beschwerde, Beschwerdeeinschränkung, Akteneinsicht*, Teil A Rdn 449; → *Antrag auf gerichtliche Entscheidung, Akteneinsicht*, Teil B Rdn 67; → *Justizverwaltungsakte, Anfechtung (§§ 23 ff. EGGVG), Allgemeines*, Teil B Rdn 309.

Justizverwaltungsakte, Anfechtung (§§ 23 ff. EGGVG), Weitergabe und Aufbewahrung von Daten 475

Literaturhinweise: s. die Hinw. bei → *Justizverwaltungsakte, Anfechtung (§§ 23 ff. EGGVG), Allgemeines*, Teil B Rdn 310. 476

1. Der Rechtsweg nach den **§§ 23 ff. EGGVG** kann bei einer Anfechtung von Entscheidungen, die in Zusammenhang mit der Weitergabe und Aufbewahrung von Daten ergangen sind, in **folgenden Fällen eröffnet** sein: 477

478 **2.a)** Lehnt das Bundesamt für Justiz als für die Führung des **Bundeszentral- und Erziehungsregisters** zuständige Stelle (§ 1 BZRG) eine den Betroffenen begünstigende Maßnahme ab, ist dies nach **§§ 23 ff. EGGVG anfechtbar** (vgl. a. Burhoff/Kotz/*Küppers*, Nachsorge, Teil E Rn 269 ff.).

479 **b) Hinsichtlich der Erforderlichkeit** eines **Vorverfahrens** ist zu **unterscheiden**:

- Betrifft die Ablehnung die vorzeitige **Entfernung** einer Eintragung nach §§ 10, 11 BZRG (§ 25 Abs. 1 BZRG), die **Nichtaufnahme** von Verurteilungen ins Führungszeugnis (§ 39 Abs. 1 BZRG), die Entfernung ausländischer Verurteilungen (§ 55 Abs. 2 BZRG) oder die vorzeitige Entfernung nach § 63 Abs. 3 BZRG bzw. Tilgung nach § 49 Abs. 1 BZRG ist zunächst ein **Vorschaltverfahren** nach § 24 Abs. 2 EGGVG durchzuführen (§§ 25 Abs. 2, 39 Abs. 3, 49 Abs. 3, 55 Abs. 2 S. 3, 63 Abs. 3 S. 2 BZRG). Dafür gilt:
  - Die Beschwerde ist entspr. § 306 Abs. 1 **schriftlich** beim BZR einzulegen (*Götz/Tolzmann*, Bundeszentralregistergesetz, 4. Aufl. 2002, § 25 Rn 35) und unterliegt einer **zweiwöchigen Frist**.
  - **Wiedereinsetzung** ist nach §§ 44 analog möglich (*Götz/Tolzmann*, a.a.O., Rn 37).
  - Gem. § 25 Abs. 1 S. 2 EGGVG ist das KG als Gericht am Sitz der Beschwerdebehörde (BMJ) für den Antrag nach §§ 23 ff. EGGVG **zuständig**.
  - Zu den Anforderungen an die **Substantiierung** eines Antrags gegen die Versagung der vorzeitigen Tilgung einer Eintragung im BZR siehe KG StRR 2013, 345.
- Lehnt die Registerbehörde die Begünstigung in **anderen Fällen** ab (etwa die Tilgung nach Ablauf der Tilgungszeit oder Anträge nach § 48 BZRG) oder handelt es sich um sonstige belastende Maßnahmen, findet **kein Vorverfahren** statt (OLG Karlsruhe wistra 2003, 478 (479). Die Zuständigkeit für einen Antrag nach §§ 23 ff. EGGVG liegt dann beim **OLG Hamm**, da das Bundesamt für Justiz seinen Sitz in Bonn (§ 1 Abs. 2 BfJG) und NW von der Möglichkeit des § 25 Abs. 2 EGGVG Gebrauch gemacht hat (Art. 1 § 12 JustG NW).

480 **3.** Die **Löschung personenbezogener Daten** i.S.d. § 489 (etwa im staatsanwaltschaftlichen Verfahrensregister) kann nach **§§ 23 ff. EGGVG** verfolgt werden (OLG Dresden StV 2004, 68; OLG Frankfurt/Main NStZ-RR 2010, 350, 351; OLG Hamburg StV 2009, 234, 235; OLG Zweibrücken NStZ 2007, 55). Werden solche Daten nach § 484 Abs. 4 für Zwecke künftiger Strafverfahren in Dateien der Polizeibehörden gespeichert, ist eine Löschung vor den Verwaltungsgerichten zu verfolgen (OVG Lüneburg Nds.VBl. 2008, 323).

481 **4.** Den Anspruch auf **Vernichtung** von **Kopien beschlagnahmter Schriftstücke** kann der Betroffene nach Beendigung des Verfahrens gem. §§ 23 ff. EGGVG geltend machen (OLG Stuttgart NJW 1977, 2276, 2277). Eine Verfolgung des auf Naturalrestitution gerichteten Amtshaftungsanspruchs auf dem Zivilrechtsweg ist daneben ausgeschlossen

(OLG Frankfurt/Main, Beschl. v. 30.11.2011 – 1 W 54/11). Vor Abschluss des Strafverfahrens verbleiben dem Betroffenen die allgemeinen Beschwerdemöglichkeiten der StPO. Werden Unterlagen nicht mehr für Zwecke des Strafverfahrens benötigt, aber gleichwohl bei den Polizeibehörden aufbewahrt, muss der Vernichtungsanspruch vor den Verwaltungsgerichten verfolgt werden (BGH NJW 1975, 2075, 2076 zu ED-Unterlagen).

5.a) Abweichend von der früheren Rspr., die **Mitteilungen** von Gerichten oder StA **an andere Behörden** regelmäßig nicht als Justizverwaltungsakte ansah, weil ihnen die Außenwirkung fehle (OLG Karlsruhe NStZ 1988, 184; OLG Hamm NJW 1972, 2145), unterfallen solche nunmehr über § 22 EGGVG den Rechtsbehelfen der **§§ 23 ff. EGGVG**. 482

b) Hierbei sind indessen **Besonderheiten** zu beachten: 483

- § 22 EGGVG kommt nur zur Anwendung, wenn die Mitteilung ihre **Rechtsgrundlage nicht** im **Verfahrensrecht** der übermittelnden Stelle hat.
- Darüber hinaus gehen den Rechtsschutz gegen die Übermittlung regelnde **bereichsspezifische Regelungen vor**. Dass diese fehlen, stellt indessen praktisch den Normalfall dar (KK-*Mayer*, § 22 EGGVG Rn 1).
- Hat der Empfänger der Mitteilung dem Betroffenen aufgrund der übermittelten Daten schon vor Antragstellung eine Entscheidung oder andere Maßnahme bekannt gegeben, **entfällt** der **Rechtsschutz** nach §§ 23 ff. EGGVG. Die Rechtswidrigkeit kann dann nur vor dem Gericht, das gegen die Entscheidung oder Maßnahme des Empfängers angerufen werden kann, in der dafür vorgesehenen Verfahrensart überprüft werden (§ 22 Abs. 1 S. 2 EGGVG).

c) In der Praxis kommen §§ 22, 23 EGGVG besondere Relevanz bei der **Übermittlung** einer verkehrsstrafrechtlichen **Verurteilung** durch die StA an das **Kraftfahrt-Bundesamt** mit daraus folgender Verwarnung durch die Führerscheinstelle (anschaulich dazu OLG Jena NStZ-RR 2006, 321). Dazu gilt: 484

- Die Mitteilung nach § 28 Abs. 4 StVG ist eine **Mitteilung** i.S.d. **§ 22 EGGVG**.
- **§ 22 Abs. 1 S. 1 EGGVG** steht einer Anwendung der §§ 23 ff. EGGVG **nicht entgegen**:
  - § 28 Abs. 4 StVG ist nicht Teil der das Verfahren der StA als Vollstreckungsbehörde regelnden Vorschriften.
  - Ein bereichsspezifischer Rechtsschutz ist nicht vorgesehen.
- § 22 Abs. 1 S. 2 EGGVG steht einer Anfechtung der Mitteilung nicht entgegen:
  - dabei ist unerheblich, dass die Verwarnung nicht von der die Mitteilung empfangenen Stelle ausgesprochen worden ist (OVG Bautzen NJW 2007, 169, 170).
  - die Verwarnung nach § 4 Abs. 3 S. 1 StVG ist aber nicht selbstständig anfechtbar (BVerwG NJW 2007, 1299, 1300).

- **§ 24 Abs. 2 EGGVG** steht einem Antrag ebenfalls nicht entgegen, da es sich bei der Mitteilung nicht um eine vollstreckungsrechtliche Maßnahme nach § 21 StrVollstrO handelt (s.a. KG StraFo 2015, 518; OLG Stuttgart StraFo 2008, 128, 129).

Siehe auch: → *Justizverwaltungsakte, Anfechtung (§§ 23 ff. EGGVG), Allgemeines*, Teil B Rdn 309, m.w.N.

485 Klageerzwingungsverfahren, Allgemeines

486 **Literaturhinweise:** **Burhoff**, Klageerzwingungsverfahren: So rechnen Sie als Vertreter des Antragstellers ab, RVGprofessionell 2014, 216; *ders.*, Klageerzwingungsverfahren: So rechnen Sie als Vertreter des Antragstellers mit „Einzelauftrag" ab, RVGprofessionell 2015, 14; *ders.*, Klageerzwingungsverfahren Das können Sie als Vertreter für Ihre anwaltliche Tätigkeit abrechnen, RVGprofessionell 2015, 33; *ders.*, Anwaltsvergütung für Tätigkeiten im sog. Klageerzwingungsverfahren, RVGreport 2016, 2; **Deckenbrock/Dötsch**, Heilung durch sachliche Einlassung bei § 172 Abs. 1 StPO?, StraFo 2003, 372; **Kröpil**, Zur Erledigung des Klageerzwingungsverfahrens bei Wiederaufnahme staatsanwaltlicher Ermittlungen, NStZ 2010, 558; **Krumm**, Begründungsanforderungen an den Klageerzwingungsantrag, StraFo 2011, 205; *ders.*, Klageerzwingungsanträge richtig stellen, NJW 2013, 2948; **Thode**, Die Einstellungsbeschwerde im Strafverfahren, DRiZ 2007, 57; **Würdinger**, Die Zeitenwende im Klageerzwingungsverfahren, HRRS 2016, 29; s.a. die Hinw. bei → *Justizverwaltungsakte, Anfechtung (§§ 23 ff. EGGVG), Allgemeines*, Teil B Rdn 310, und bei → *Klageerzwingungsverfahren, Gebühren*, Teil D Rdn 252.

487 **1.a)** Die **§§ 172 – 177 StPO** enthalten die Regelungen für ein **verselbstständigtes Zwischenverfahren** im EV (SK-*Wohlers,* § 172 Rn 1), das dazu dient, dem (Straf-) Antragsteller die Möglichkeit einer gerichtlichen Überprüfung der von der StA gem. § 170 Abs. 2 getroffenen **Einstellungsentscheidung** zu eröffnen (wegen weiterer Einzelh. *Meyer-Goßner/Schmitt*, §§ 172 ff., bei KK-*Moldenhauer*, §§ 172 ff.; LR-*Graalmann-Scheerer*, §§ 172 ff.; *Krumm* StraFo 2011, 205). Vorgesehen ist ein Antrag auf gerichtliche Entscheidung; in der Praxis wird anschaulicher vom „Klageerzwingungsverfahren" gesprochen.

> ☝ Die §§ 172 ff. enthalten eine **abschließende Regelung**. Soweit danach das Klageerzwingungsverfahren nicht eröffnet ist, kann der Verletzte nach h.M. auch nicht einen Antrag nach §§ 23 ff. EGGVG stellen (LR-*Graalmann-Scheerer*, § 172 Rn 5; zu diesen Anträgen → *Justizverwaltungsakte, Anfechtung (§§ 23 ff. EGGVG), Allgemeines*, Teil B Rdn 309, s. auch *Burhoff*, EV, Rn 499 ff.).

488 **b)** In der Praxis scheitern die Mehrheit der bei den OLG anhängigen Klageerzwingungsverfahren i.d.R. aus formellen Gründen (s. dazu LR-*Graalmann-Scheerer*, § 172 Rn 3), weil meist der Antrag auf gerichtliche Entscheidung nach § 172 Abs. 3 nicht den an ihn von der Rspr. der OLG gestellten formellen Anforderungen gerecht wird. Die inhaltlichen **Zulässigkeitsvoraussetzungen** sollen daher dargestellt werden bei (→ *Klage-*

erzwingungsverfahren, Antrag, inhaltliche Anforderungen, Teil B Rdn 511, die Ausführungen zu den allgemeinen Fragen betreffend den Antrag befinden sich bei → *Klageerzwingungsverfahren, Antrag, Allgemeines,* Teil B Rdn 494). Die Ausführungen zum **Antragsteller** sind bei → *Klageerzwingungsverfahren, Antragsteller*, Teil B Rdn 533, aufgenommen. Der Begriff des **Verletzten** wird näher erläutert bei → *Klageerzwingungsverfahren, Begriff des Verletzten*, Teil B Rdn 541). Zudem werden einige für die Praxis wichtige **Verfahrensfragen** dargestellt bei → *Klageerzwingungsverfahren, Verfahren*, Teil B Rdn 592). Die allgemeine Zulässigkeit des Verfahrens behandelt schließlich → *Klageerzwingungsverfahren, Zulässigkeit*, Teil B Rdn 602 (zu den gebührenrechtlichen Fragen s. → *Klageerzwingungsverfahren, **Gebühren***, Teil D Rdn 252).

2. Der Sache nach handelt es sich beim Klageerzwingungsverfahren um einen **Antrag auf** 489
gerichtliche Entscheidung (§ 172 Abs. 2 S. 1) an das OLG (§ 172 Abs. 4 S. 1) mit dem Verfahrensziel, dass die **Erhebung der öffentlichen Klage angeordnet** wird (§ 175 S. 1). Das Anklagemonopol der StA wird also nicht durchbrochen, da der Antragsteller nicht selbst Anklage erheben, sondern mit seinem Klageerzwingungsverfahren nur erreichen kann, dass die StA zur Anklageerhebung gezwungen wird (vgl. BVerfG NJW 2002, 2859). Allerdings besteht nach dem GG grds. kein **Anspruch** auf **Strafverfolgung** (u.a. BVerfG NJW 2015, 150 [Gorch Fock]; NStZ-RR 2015, 117 [Tennessee Eisenberg]), aus der staatlichen Pflicht zum Schutz höchstpersönlicher Rechtsgüter folgt jedoch in bestimmten Fallgruppen ein Anspruch auf effektive Strafverfolgung (vgl. wegen der Einzelh. BVerfG, a.a.O.; NJW 2015, 150 [Gorch Fock]; 2015, 3550 [Kundus]; NStZ-RR 2015, 117 [Tennessee Eisenberg]; 2015, 347 [Münchner Lokalderby], jew. m.w.N.; eingehend *Würdinger* HRRS 2016, 29 ff.).

3. Das Klageerzwingungsverfahren zählt zum **innerstaatlichen Rechtsweg**, ist also 490
durchzuführen, bevor eine Verfassungsbeschwerde erhoben wird (→ ***Verfassungsbeschwerde,** Zulässigkeit, **Rechtswegerschöpfung***, Teil C Rdn 1182).

> ☝ Ein Klageerzwingungsverfahren kann **erforderliches Vorverfahren** für **ein weiteres Klageerzwingungsverfahren** sein. Dies ist etwa der Fall, wenn gegen einen StA ein Verfahren wegen Rechtsbeugung nach § 172 betrieben werden soll. Dieses Verfahren setzt voraus, dass der Antragsteller zuvor sämtliche Möglichkeiten ausschöpfen muss, die ihm nach der StPO zur Durchsetzung einer **Strafverfolgung im Ursprungsverfahren** zustehen. Dazu gehört auch, dass der Antragsteller das Klageerzwingungsverfahren im (Ausgangs-) Verfahren der StA bis hin zum Antrag auf gerichtliche Entscheidung betreiben muss, wenn ihm die aus Rechtsgründen nicht verwehrt ist (OLG Dresden NStZ-RR 1998, 338).
>
> Der Klageerzwingungsantrag kann, wenn **neue Tatsachen** oder Beweismittel vorliegen, **wiederholt** werden (OLG Köln NStZ 2003, 682).

491 **4.a)** Das Klageerzwingungsverfahren ist in den §§ 172 ff. **dreistufig aufgebaut**. Nur der Antragsteller, der zugleich Verletzter ist und der schon den (Straf-) Antrag i.S.d. § 171 i.V.m. § 158 gestellt hat, kann das Verfahren betreiben. Dem Antrag auf gerichtliche Entscheidung nach § 172 Abs. 3 muss eine fristgebundene Beschwerde an den „vorgesetzten Beamten der StA" (GStA) vorausgehen (§ 172 Abs. 1). Sie ist eine Vorschaltbeschwerde auf dem Weg zum Gericht.

492 **b)** Die unterschiedlichen **Verfahrensschritte** veranschaulicht folgendes

493 Schaubild: Klageerzwingungsverfahren

1. Stellung eines (Straf-)Antrags durch den Verletzten

Strafanzeige (§ 158), Strafantrag (§ 77 StGB), Strafverlangen (§ 77e StGB)
→ *Klageerzwingungsverfahren, Antragsteller*, Teil B Rdn 533;
→ *Klageerzwingungsverfahren, Begriff des Verletzten*, Teil B Rdn 541;

↓

Antragsbescheidung durch die StA (§ 171): Nichterhebung der öffentlichen Klage, Einstellung des Verfahrens

↓

2. Befristete Beschwerde an den Vorgesetzten Beamten der StA (§ 172 Abs. 1 S. 1), sog. Vorschalt- oder Einstellungsbeschwerde

↓

Ablehnungsbescheid durch den Vorgesetzten Beamten der StA (GStA)t

↓

3. Befristeter Antrag auf gerichtliche Entscheidung (§ 172 Abs. 2 S. 1),
→ *Klageerzwingungsverfahren, Antrag, Allgemeines*, Teil B Rdn 494, m.w.N.

Siehe auch: → *Rechtsmittel/Rechtsbehelfe, Allgemeines*, Teil A Rdn 1289, m.w.N.; → *Klageerzwingungsverfahren, Antrag, Allgemeines*, Teil B Rdn 494; → *Klageerzwingungsverfahren, Checkliste*, Teil B Rdn 508; → *Klageerzwingungsverfahren, Antrag, inhaltliche Anforderungen*, Teil B Rdn 511; → *Klageerzwingungsverfahren, Antragsteller*, Teil B Rdn 533; → *Klageerzwingungsverfahren, Begriff des Verletzten*, Teil B Rdn 541; → *Klageerzwingungsverfahren, Prozesskostenhilfe/Notanwalt*, Teil B Rdn 586; → *Klageerzwingungsverfahren, Verfahren*, Teil B Rdn 503; → *Klageerzwingungsverfahren, Zulässigkeit*, Teil B Rdn 610; → *Klageerzwingungsverfahren, Gebühren*, Teil D Rdn 252.

Klageerzwingungsverfahren, Antrag, Allgemeines 494

Das Wichtigste in Kürze:

1. Das Hauptproblem im Klageerzwingungsverfahren ist die Zulässigkeit des Antrags auf gerichtliche Entscheidung durch das OLG.
2. Über den Klageerzwingungsantrag entscheidet als zuständiges Gericht das OLG, in dessen Bezirk die StA ihren Sitz hat, die den Einstellungsbescheid erlassen hat.
3. Zulässigkeitsvoraussetzung ist weiterhin, dass der Antragsteller im Klageerzwingungsverfahren antragsbefugt ist.
4. Die Antragsfrist beträgt einen Monat.
5. Der Antrag muss in Schriftform durch einen Rechtsanwalt gestellt werden.

Literaturhinweise: s. die Hinw. bei → *Klageerzwingungsverfahren, Allgemeines,* Teil B Rdn 485. 495

1. Das **Hauptproblem** im Klageerzwingungsverfahrens ist die Zulässigkeit des Antrags auf gerichtliche Entscheidung durch das OLG gem. § 172 Abs. 2 – 4. Im Folgenden sind die **allgemeinen Zulässigkeitsfragen** zusammengestellt. Die Ausführungen zu den Anforderungen an den Inhalt eines zulässigen Klageerzwingungsantrags finden sich bei → *Klageerzwingungsverfahren, Antrag, inhaltliche Anforderungen*, Teil B Rdn 511 ff.). 496

2. Der Klageerzwingungsantrag ist beim **zuständigen Gericht** zu stellen. Zuständiges Gericht ist das **OLG**. Örtlich zuständig ist das OLG, in dessen Bezirk die StA ihren Sitz hat, die den Einstellungsbescheid (§ 171) erlassen hat. Hat ein LMJ gem. §§ 145 Abs. 1, 147 Nr. 2 GVG eine in einem anderen OLG-Bezirk als der Tatortstaatsanwaltschaft liegende StA mit der Wahrnehmung der staatsanwaltschaftlichen Aufgaben beauftragt, richtet sich die örtliche Zuständigkeit des OLG allein nach dem Sitz der beauftragten StA, auch wenn im Bezirk dieses OLG kein Gerichtsstand begründet ist (OLG Karlsruhe NStZ 2015, 717). 497

☝ Die Einreichung des Antrags bei der **StA** oder bei der **GStA** genügt zur Fristwahrung **nicht**.

3. Zulässigkeitsvoraussetzung ist weiterhin, dass der Antragsteller im Klageerzwingungsverfahren **antragsbefugt** ist. Das ist (nur) der Antragsteller i.S.d. §§ 171 ff. vorgesehenen Weise (vgl. dazu → *Klageerzwingungsverfahren, Antragsteller*, Teil B Rdn 533; s. auch noch → *Rechtsmittel/Rechtsbehelfe,* Teil A Rdn 1323). 498

4.a) Die **Antragsfrist** beträgt nach § 172 Abs. 2 S. 1 **einen Monat**. Sie beginnt mit der Bekanntmachung der auf die Einstellungsbeschwerde (§ 172 Abs. 1) hin ergangenen Beschwerdeentscheidung, falls mit ihr eine ordnungsgemäße Belehrung nach § 172 Abs. 2 S. 2 verbunden ist (→ *Rechtsmittel/Rechtsbehelfe, Fristberechnung*, Teil A Rdn 1560). 499

Die Frist wird durch rechtzeitigen Eingang der Antragsschrift bei dem zuständigen OLG (vgl. Rdn 497) gewahrt (zur [Un]Zulässigkeit des Klageerzwingungsverfahrens, wenn der GStA eine verspätet eingegangene Einstellungsbeschwerde lediglich im Wege der Dienstaufsicht beschieden hat, s. OLG Stuttgart NStZ-RR 1996, 143; → *Rechtsmittel/Rechtsbehelfe, Fristwahrung*, Teil A Rdn 1573). Die Antragsfrist kann **nicht verlängert** werden (OLG Düsseldorf NJW 1987, 2453).

☝ Das gilt auch, wenn der **Antragsteller** sich **nicht auf freiem Fuß** befindet. Die Monatsfrist wird nicht etwa nach § 299 durch eine rechtzeitig zu Protokoll der Geschäftsstelle des AG genommene Erklärung der Anträge gewahrt. § 299 findet im Klageerzwingungsverfahren keine Anwendung (KG, Beschl. v. 27.10.2009 – 3 Ws 505/00; allgemein zur § 299 → *Rechtsmittel/Rechtsbehelfe, Form, Protokoll der Geschäftsstelle,* Teil A Rdn 1517).

500 Ein ausreichend begründeter Antrag muss innerhalb der Antragsfrist vorliegen. Die **Begründung** kann **nicht später nachgereicht** werden (OLG Hamm DAR 2003, 87). Wird allerdings der (eigentliche) Klageerzwingungsantrag nach der Entscheidung über die Bewilligung von PKH (→ *Klageerzwingungsverfahren, **Prozesskostenhilfe**/Notanwalt*, Teil B Rdn 586) nachgeholt, gilt die **Frist** des § 172 Abs. 2 S. 1 und nicht die Wochenfrist des § 45 (OLG Hamburg StraFo 2007, 157).

501 **b)aa)** Gegen die **Versäumung** der Antragsfrist kann **Wiedereinsetzung** in den **vorigen Stand** beantragt werden (zur Zuständigkeit s. OLG Stuttgart NStZ-RR 1996, 239; allgemein zur Wiedereinsetzung in den vorigen Stand → *Wiedereinsetzung in den vorigen Stand, Allgemeines*, Teil B Rdn 1480, m.w.N.).

☝ Anders als sonst im Wiedereinsetzungsverfahren (→ *Wiedereinsetzung in den vorigen Stand, Voraussetzungen*, Teil B Rdn 1513) wird ein **Verschulden** des **Rechtsanwalts**, der den Antrag gestellt hat, an der Fristversäumung dem Antragsteller **zugerechnet** (BGHSt 30, 309; OLG Frankfurt/Main NStZ-RR 2003, 369). Die Frist zur Stellung des Wiedereinsetzungsantrags beginnt, wenn der Bevollmächtigte erkannt hat oder hätte erkennen müssen, dass die Antragsfrist versäumt ist (OLG Frankfurt/Main, a.a.O.; → *Wiedereinsetzung in den vorigen Stand, Voraussetzungen*, Teil B Rdn 1513).

502 **bb)** Ist die Antragsfrist aufgrund eines **amtlichen Verschuldens** versäumt, kommt eine **Wiedereinsetzung** in den vorigen Stand **von Amts** wegen (§ 44) nur dann in Betracht, wenn der Klageerzwingungsantrag nicht auch aus anderen Gründen unzulässig ist. Dies ist z.B. der Fall, wenn der Klageerzwingungsantrag nicht von einem Rechtsanwalt, sondern vom Antragsteller selbst unterzeichnet ist und ein ggf. gleichzeitig gestellter Prozesskostenhilfeantrag nicht die erforderlichen Angaben über die Tatsachen, die die öf-

fentliche Klage begründen sollen, enthält (vgl. KG, Beschl. v. 27.10.2009 – 3 Ws 505/00 für nach § 299 zu Protokoll der Geschäftsstelle gestellter Antrag).

5.a)aa) Der Antrag muss in **Schriftform** durch einen **Rechtsanwalt** gestellt werden. Antragstellung zu Protokoll der Geschäftsstelle ist nicht möglich (s. Rdn 499). Der schriftlichen Einlegung stehen die telegrafische, fernschriftliche oder durch **Telekopie** erfolgende Einlegung gleich, nicht aber die bloß fernmündliche, auch wenn hierüber ein Aktenvermerk gefertigt wird (LR-*Graalmann-Scheerer*, § 172 Rn 138; zur Form von Rechtsbehelfen → *Rechtsmittel/Rechtsbehelfe, Form., Allgemeines*, Teil A Rdn 1509). 503

☝ Den Antrag kann nur ein **Rechtsanwalt**, der bei einem Gericht im Geltungsbereich der StPO zugelassen ist, stellen. Der Rechtsanwalt muss innerhalb der Monatsfrist bevollmächtigt sein, jedoch genügt der spätere Nachweis der rechtzeitig erteilten Vollmacht (*Meyer-Goßner/Schmitt*, § 172 Rn 32). Eine **Befreiung** vom **Anwaltszwang** ist ebenso **ausgeschlossen** wie die Möglichkeit, den Antrag zu Protokoll der Geschäftsstelle des OLG zu stellen.

bb) Nach § 172 Abs. 3 S. 2 muss der Antrag auf gerichtliche Entscheidung vom **Rechtsanwalt unterzeichnet** sein, und zwar i.S. einer Mitprüfung und **Übernahme** der **Verantwortung**. Ergibt sich aus einem Zusatz oder aus sonstigen Umständen, dass der Rechtsanwalt die Verantwortung nicht übernommen hat, ist die Unterschrift unwirksam und der Antrag unzulässig (so grds.a. StraFo 2016, 64 m.w.N.; BGHSt 59, 284 m. Anm. *Barton* StRR 2015, 61 [verneint für „für Rechtsanwalt…"]; vgl. u.a. BGHSt 32, 326; → *Rechtsmittel/Rechtsbehelfe, Form, schriftlich*, Teil A Rdn 1509). 504

☝ Eine **Heilung** dieses Mangels nach Ablauf der Frist ist **ausgeschlossen** (für die Revision BayObLG VRS 50, 298; KK-*Kuckein*, § 345 Rn 16).

Unzulässigkeit des **Klageerzwingungsantrags** ist – in der Vergangenheit – z.B. angenommen worden für einen Antrag, der nur den Stempel des Rechtsanwalts und die Unterschrift des Rechtsanwalts auf dem vom Antragsteller selbst verfassten Schriftsatz enthielt (OLG Düsseldorf NJW 1990, 1002; ebenso OLG Frankfurt/Main NStZ-RR 2013, 355; OLG Hamm NStZ-RR 2001, 300 m.w.N). Als unzulässig ist der Antrag auch angesehen worden, wenn „i.V. für den nach Diktat verreisten Rechtsanwalt" unterzeichnet worden ist (vgl. auch OLG Düsseldorf NJW 1989, 3296; OLG Hamm StRR 2012, 227 mit Anm. *Lange* [Unterzeichnung „i.V."]; OLG Hamm NStZ 2014, 728 [für RA, nach Diktat verreist]; vgl. aber schon auch BGHSt 59, 284; OLG Köln NZV 2006, 321 unter Hinw. auf BVerfG NJW 1996, 713). Die Rspr. wird sich nach dem BVerfG StraFo 2016, 64) kaum aufrecht erhalten lassen. Das BVerfG (a.a.O.) hat nämlich entschieden dass Zweifel an der Verantwortungsübernahme für eine Rechtsmittelbegründung nicht allein daraus hergeleitet werden dürfen, dass der unterzeichnende Rechtsanwalt zuvor nicht für den Be- 505 schuldigten/Angeklagten/Betroffenen tätig geworden ist. Anderes könne nur gelten, wenn der Unterzeichner sich im Schriftsatz oder auch an anderer Stelle vom Inhalt distanziert oder sich sonst aus dem Inhalt der Schrift ergibt, dass der Anwalt die Verantwortung dafür nicht übernehmen kann oder will. Das hat das BVerfG für den Zusatz „i.V. nach Diktat verreist" verneint (vgl. a. noch BGHSt 59, 284 [für „für Rechtsanwalt…".]).

☝ Auch wenn das **BVerfG** und der **BGH** (jew. a.a.O.) in ihrer Rspr. „anwaltsfreundlich" entschieden haben, sollte der für einen anderen Rechtsanwalt unterzeichnende Rechtsanwalt jeden **Zusatz** bei seiner Unterschrift **vermeiden**, der Anlass geben könnte, an der Übernahme von Verantwortung zu zweifeln.

Der Rechtsanwalt sollte es sich zur **Devise** machen: „Die Antragsschrift unterzeichne ich **handschriftlich selbst**". Das gilt vor allem auch im Hinblick darauf, dass nach Ablauf der Begründungsfrist gegebene Erläuterungen, der Unterzeichner habe gleichwohl die inhaltliche Verantwortung tragen wollen, an der Formunwirksamkeit nichts mehr ändern (BayObLG NJW 1991, 2095, 2096; KG JR 1987, 217; OLG Frankfurt NStZ-RR 2013, 355; OLG Hamburg JR 1955, 233 m. zust. Anm. *Sarstedt*; *Meyer-Goßner/Schmitt*, § 345 Rn 16). Denn es geht um den Erklärungsinhalt und nicht etwa um den Nachweis der Vollmacht (dazu OLG Nürnberg NJW 2007, 1767, 1768; zur Vollmacht s.a. *Burhoff*, EV, Rn 4226 ff.).

506 Als formgültige Antragsschrift des Rechtsanwalts **reicht** i.Ü. auch **nicht** ein Schriftsatz, in dem er sich lediglich auf ein **beigefügtes**, vom Antragsteller selbst gefertigtes **Schreiben bezieht** (OLG Frankfurt/Main NStZ-RR 2002, 15). Die Schriftform ist auch nicht gewahrt, wenn die Antragsschrift nicht durch den Rechtsanwalt handschriftlich unterzeichnet ist und stattdessen lediglich den Zusatz enthält, dass das Schreiben elektronisch erstellt sei und deshalb keine Unterschrift enthalte (OLG Dresden StraFo 2014, 163 für sofortige Beschwerde der StA gegen die Nichteröffnung des Hauptverfahrens). Eine **Faksimile**-Unterschrift ist allerdings ausreichend (OLG Hamm StRR 2015, 42 [Ls.; für Strafantrag; OLG Brandenburg, Beschl. v. 13.6.2005 – 1 Ss OWi 106 B 05 für Einlegung der Rechtsbeschwerde).

507 Zudem sollte der Rechtsanwalt im Hinblick auf die revisionsrechtliche Rechtsprechung des BGH zur Formgültigkeit der Revisionsschrift Rechtsanwalt daher **alles vermeiden**, was zu **Zweifeln** an der **vollen Übernahme** der **Verantwortung** führen kann. In der Rspr. (zur Revision) ist nämlich inzwischen umstritten, ob z.B. Formulierungen wie „Nach Auffassung des Angeklagten …" oder „Auf Wunsch meines Mandanten trage ich noch vor …" oder „Der Angeklagte lässt vorbringen …" (BGH NJW 2012, 1748; NStZ 2004, 166; NStZ-RR 2003, 292 [Be]; OLG Hamm StraFo 2000, 345; s. i.Ü. wegen weit. Formulierungen *Meyer-Goßner/Schmitt*, § 345 Rn 16) zur Unzulässigkeit führen (a.A. OLG Köln NZV 2006, 321 unter Hinw. auf BVerfG NJW 1996, 713 [für die Unterzeichnung einer Rechtsbeschwerdebegründung mit dem Zusatz „für Rechtsanwalt …“ durch einen anderen Rechtsanwalt]). Grds. wird aber ein in **Untervollmacht** tätiger Rechtsanwalt für den Rechtsanwalt des Antragstellers den Klageerzwingungsantrag unterzeichnen können (BVerfG, a.a.O.; StraFo 2016, 64 m.w.N.; BGHSt 59, 284; OLG Köln, a.a.O., für Rechtsbeschwerde).

Siehe auch: → *Klageerzwingungsverfahren, Allgemeines*, Teil B Rdn 485, m.w.N.; → *Klageerzwingungsverfahren, Antragsteller*, Teil B Rdn 533; → *Klageerzwingungsverfahren, Antrag, inhaltliche Anforderungen*, Teil B Rdn 511.

Klageerzwingungsverfahren, Antrag, Checkliste 508

Auf der Grundlage der Ausführungen bei → *Klageerzwingungsverfahren, Antrag, Allgemeines*, Teil B Rdn 494, und bei → *Klageerzwingungsverfahren, Antrag, inhaltliche Anforderungen*, Teil B Rdn 511, sollte der Rechtsanwalt des Antragstellers seinen **Klageerzwingungsantrag** vor Absendung noch einmal sorgfältig **überprüfen** (vgl. auch FA Strafrecht-*Plöd*, Teil 7, Kap 1 und Rn 102). 509

Eine **Arbeitshilfe** dabei ist folgende 510

Checkliste:

(1.) Zum **Sachverhalt** (vgl. → *Klageerzwingungsverfahren, Antrag, inhaltliche Anforderungen*, Teil B Rdn 515 ff.):

- Ist Sachverhalt in sich **geschlossen** und **verständlich** geschildert worden?
- Ergibt sich aus dieser Darstellung, welche Straftatbestände wem vorgeworfen werden.
- Sind also ausreichend die Voraussetzungen für einen **objektiven** Tatbestand des StGB/der Nebengebiete geschildert worden.
- Lässt sich der Darstellung ein **subjektiver** Tatbestand entnehmen, sind also die Merkmale von Vorsatz oder Fahrlässigkeit ausreichend dargelegt.

(2.) Zu den **Verfahrensvoraussetzungen** (vgl. → *Klageerzwingungsverfahren, Antrag, inhaltliche Anforderungen*, Teil B Rdn 513 ff.):

- Bei einem **Strafantragsdelikt**: Ergibt sich aus der Darstellung, dass der erforderliche Strafantrag rechtzeitig von dem dazu Berechtigten gestellt worden ist?
- Wenn Bedenken hinsichtlich der **Verletzteneigenschaft** des Antragstellers bestehen könnten: Sind ausreichend Umstände dargelegt, aus denen sich die Verletzteneigenschaft des Antragstellers ableiten lässt?
- Wenn Anlass besteht: Warum ist ggf. trotz langen Zeitablaufs (noch) keine **Verjährung** eingetreten? Ist die Verjährungsfrist ggf. durch (welche? Ermittlungshandlungen unterbrochen worden?

- Wird (ausnahmsweise) nach einer **Einstellung nach den §§ 153 ff.** der Antrag gestellt: Lässt sich der Begründung entnehmen, dass und weshalb der Antragsteller gerade die Bewertung der StA im Hinblick auf einen bestimmten Verbrechenstatbestand für falsch hält.
- Sind ggf. Ausführungen zur **Prozessfähigkeit** erforderlich?

(3.) Zum **Einstellungsbescheid/zur Beschwerdeentscheidung** der StA (vgl. → *Klageerzwingungsverfahren, Antrag, inhaltliche Anforderungen*, Teil B Rdn 511):

- Welchen Inhalt hatte die Einstellungsentscheidung?
- Welchen Inhalt hatte der **Beschwerdebescheid**?
- Setzen sich die Ausführungen ausreichend und im Einzelnen mit der **Argumentation** des **StA** auseinander.
- Ergibt sich aus dem Antragsschrift hinreichend deutlich, warum die vorliegenden **Beweise** von der StA **anders** hätten gewürdigt werden müssen?
- Stehen **weitere** Beweismittel zur Verfügung, die nicht ausgeschöpft worden sind?
- Welchen Inhalt hatte die Einstellungsbeschwerde?

(4.) Zu den **Fristen** (vgl. → *Klageerzwingungsverfahren, Antrag, inhaltliche Anforderungen*, Teil B Rdn 529):

- Von **wann** datiert der Einstellungsbescheid der StA?
- **Wann** ist gegen den Einstellungsbescheid Einstellungsbeschwerde eingelegt worden? Wann wurde diese abgesandt?
- **Wann** ist der ablehnende Beschwerdebescheid der GStA **zugegangen**?
- **Wann** ist gegen diesen der Antrag auf gerichtliche Entscheidung gestellt worden?

(5.) Wenn es sich um einen „**wiederholten Antrag**" handelt:

- Warum ist der ausnahmsweise zulässig?

(6.) Zum Nachweis des Antragsvorbringens:

- Ist nicht auf Anlagen und Urkunden Bezug genommen worden (vgl. → *Klageerzwingungsverfahren, Antrag, inhaltliche Anforderungen*, Teil B Rdn 524)?

(7.) **Schlussprüfung:**

- Versetzt meine Antragsbegründung in der Antragsschrift das OLG in die Lage, ohne Rückgriff auf die Ermittlungsakten der StA oder dem Antrag beigefügte Anlagen eine Schlüssigkeitsprüfung hinsichtlich der Erfolgsaussichten des Antrags in formeller und materieller Hinsicht vorzunehmen?
- Oder: Besteht auf der Grundlage meiner Antragsbegründung **hinreichender Anlass** zur **Durchführung** des **Strafverfahrens**?

(8.) **Unterzeichnung:**

- Ist der Antrag **von mir unterzeichnet** worden (vgl. → *Klageerzwingungsverfahren, Antrag, Allgemeines*, Teil B Rdn 503)?

Siehe auch: → *Klageerzwingungsverfahren, Allgemeines*, Teil B Rdn 485, m.w.N.; → *Klageerzwingungsverfahren, Antrag, Allgemeines*, Teil B Rdn 494; → *Klageerzwingungsverfahren, Antrag, inhaltliche Anforderungen*, Teil B Rdn 511; → *Klageerzwingungsverfahren, Antragsteller*, Teil B Rdn 533.

Klageerzwingungsverfahren, Antrag, inhaltliche Anforderungen 511

Das Wichtigste in Kürze:

1. Die meisten Anträge auf gerichtliche Entscheidung nach den §§ 172 ff. scheitern daran, dass die strengen Anforderungen an den (formellen) Inhalt nicht erfüllt sind.
2. Erforderlich im Klageerzwingungsantrag ist zunächst eine aus sich heraus verständliche Schilderung des Sachverhalts.
3. Die Verletztenstellung und die Antragsbefugnis müssen, sofern sie nicht ohne Weiteres ersichtlich sind, ebenfalls begründet werden.
4. Der Beschuldigte ist grds. namhaft zu machen, wenn das zumutbar ist.
5. Bei der Fertigung des Klageerzwingungsantrags darf sowohl zur Darlegung der Verletzteneigenschaft als auch zur Darstellung des Sachverhalts nicht auf die Akten und Beiakten, frühere Eingaben oder andere Schriftstücke Bezug genommen werden.
6. Angeführt werden müssen in der Antragsschrift zudem die Beweismittel, mit denen nach Ansicht des Antragstellers der hinreichende Tatverdacht bewiesen wird.
7. Besondere Sorgfalt ist auf die Darstellung der Wahrung der Frist des § 172 Abs. 1 und 2 zu verwenden.

Literaturhinweise: s. die Hinw. bei → *Klageerzwingungsverfahren, Allgemeines*, Teil B Rdn 486. 512

1.a) Die meisten Anträge auf gerichtliche Entscheidung nach den §§ 172 ff. scheitern daran, dass die (zu) **strengen Anforderungen** an den (formellen) **Inhalt**, die die Rspr. der OLG aus § 172 Abs. 3 ableitet, nach Auffassung des zuständigen OLG nicht erfüllt sind. Diese Anträge werden dann als unzulässig verworfen. 513

☝ In der **verfassungsgerichtlichen Rspr**. ist allerdings inzwischen mehrfach darauf hingewiesen worden, dass die Anforderungen an die **formellen Voraussetzungen** für einen zulässigen Klageerzwingungsantrag **nicht weiter** gehen dürfen, als es durch ihren **Zweck geboten** ist (zuletzt BVerfG NJW 2016, 44; vgl. a. schon BVerfG 2000, 1027; NStZ 2007, 272; zuletzt Beschl. v. 4.9.2008 – 2 BvR 967/07; s.a. VerfGH Berlin NJW 2004, 2728; SächsVerfGH NJW 2004, 2729). Das hat z.T. auch schon zu Reaktionen in der Rspr. der OLG geführt (vgl. OLG Frankfurt NStZ-RR 2006, 311; s.u. Rdn 531), obwohl m.E. die OLG die Hürden für einen erfolgreichen Klageerzwingungsantrag immer noch zu hoch legen (s. nur den Sachverhalt von BVerfG NJW 2016, 44; a. noch *Würdinger* HRRS 2016, 29).

514 **b)** Im Interesse der Antragsteller/Verletzten sind vom Rechtsanwalt, der einen Klageerzwingungsantrag begründet, aber nach Möglichkeit (immer noch) die nachfolgend dargestellten **inhaltliche Anforderungen** (vgl. Rdn 515 ff.) **unbedingt** zu **erfüllen**. Darauf sollte der Vertreter des Antragstellers vor allem auch deshalb achten, weil die OLG nach der Rspr. nicht verpflichtet sind, dem Vertreter einen Hinweis zu geben, falls weitere Darlegungen für die Zulässigkeit des Antrags für erforderlich gehalten werden (OLG Nürnberg NStZ-RR 2002, 112; wegen weiterer Einzelh. *Krumm* StraFo 2011, 205; *Meyer-Goßner/Schmitt*, § 172 Rn 27 ff.).

☝ Festzuhalten bleibt, dass die **Anforderungen nicht überspannt** werden dürfen (zuletzt BVerfG NJW 2016, 44; s.a. noch Beschl. v. 4.9.2008 – 2 BvR 967/07, jew. m.w.N.; s.a. *Meyer-Goßner/Schmitt*, § 172 Rn 27a).

515 **2.a)** Erforderlich im Klageerzwingungsantrag ist zunächst eine aus sich heraus **verständliche Schilderung** des **Sachverhalts**, der bei Unterstellung des hinreichenden Tatverdachts die Erhebung der öffentlichen Klage in materieller und formeller Hinsicht rechtfertigen würde (aus neuerer Zeit [grds.a.] BVerfG NJW 2016, 44; VerfGH Berlin NJW 2004, 2728; OLG Celle NJW 2008, 2202 zur Körperverletzung durch „Mobbing“; Nds.Rpfl. 2010, 285; OLG Düsseldorf, Beschl. v. 28.2.2011 – III-4 Ws 33/11; OLG Frankfurt/Main NStZ-RR 2013, 107; OLG Rostock, Beschl. v. 12.3.2004 – I Ws 120/03). Hinzuweisen ist im Einzelnen auf folgende (wegen weiterer Einzelh. s. auch *Meyer-Goßner/Schmitt*, § 172 Rn 27a)

516 **Rechtsprechungsbeispiele: Schilderung des Sachverhalts**

- Der geschilderte Sachverhalt muss den Tatbestand eines von dem Beschuldigten begangenen **Offizialdelikts** erfüllen (OLG Nürnberg StraFo 2013, 261 [insoweit nicht in StV 2014, 296] für § 303a StGB).
- Zur ausreichenden/verständlichen Schilderung des Sachverhalts gehören z.B. bei einem **Unterlassungsdelikt** die Gründe, aus denen sich die Handlungspflicht (OLG Karlsruhe StV 2001, 120) bzw. bei einem durch Unterlassen begangenen Betrug die Aufklärungspflicht des Beschuldigten ergibt (OLG Bamberg NStZ-RR 2012, 248 m. Anm. *Westen* StRR 2012, 273).
- Ist vor der Einstellung des EV bereits der Erlass eines **Strafbefehls abgelehnt** worden, weil der Beschuldigte der Tat nicht hinreichend verdächtig ist, müssen

die tragenden Gründe der Ablehnungsentscheidung mitgeteilt werden (OLG Frankfurt/Main NStZ-RR 2002, 78).

- Ist über den Gegenstand des Verfahrens ein **Zivil-** oder **Verwaltungsverfahren** anhängig bzw. anhängig gewesen, kann dessen Darstellung erforderlich sein (OLG Stuttgart NStZ-RR 2003, 331).
- Ist die **Aufnahme (neuer) Ermittlungen abgelehnt** worden, weil bereits früher ein EV nach § 170 Abs. 2 eingestellt worden ist, so muss sich der Antrag auch mit diesem früheren Verfahren auseinandersetzen (OLG Frankfurt/Main NStZ-RR 2003, 268).
- Bestehen Anhaltspunkte dafür, dass sich der Antragsteller eines Klageerzwingungsverfahrens bereits in einem früheren Verfahren wegen desselben Anzeigesachverhalts gegen die dortige Verfahrenseinstellung mit der Beschwerde und einem (erfolglosen) Antrag auf gerichtliche Entscheidung gewandt oder aber von der Möglichkeit der Beschwerde und eines Antrags auf gerichtliche Entscheidung bewusst keinen Gebrauch gemacht hat, muss auch der **Gang des früheren EV dargestellt** werden (OLG Bamberg, Beschl. v. 8.12.2015 – 3 Ws 38/15).
- Wird eine gewerbsmäßige **Patentverletzung** nach § 142 Abs. 2 PatG geltend gemacht, muss, da es sich insoweit abweichend vom Grundtatbestand nach § 142 Abs. 1 PatG nicht um ein Privatklagedelikt i.S. des § 374 handelt, eine substantiierte und nachvollziehbare Darstellung gegeben werden, was das Patent konkret umfasst und wie durch den Beschuldigten das Patent beeinträchtigt wird (OLG Celle wistra 2010, 494).
- Betreibt ein **ausländischer Verein** das Klageerzwingungsverfahren, sind Darlegungen zu den Vertretungsverhältnissen und zur Prozessfähigkeit (§ 56 ZPO; KG, Beschl. v. 9.11.2015 – 3 Ws 554/15).

b)aa) Die Sachdarstellung muss auch in **groben Zügen** den **Gang** des **EV**, den **Inhalt** der angegriffenen (Einstellungs-/Beschwerde) **Bescheide** und die Gründe für deren behauptete **Unrichtigkeit** mitteilen (vgl. die zahlr. Nachw. bei *Meyer-Goßner/Schmitt*, § 172 Rn 27a; vgl. u.a. OLG Bamberg, Beschl. v. 7.10.2008 – 3 Ws 60/08; Beschl. v. 8.12.2015 – 3 Ws 38/15; OLG Düsseldorf NJW 1989, 3296; Beschl. v. 28.2.2011 – III-4 Ws 33/11; OLG Koblenz NStZ-RR 2007, 317 [Ls.]; s. aber auch BVerfG NJW 1979, 364 [Ls.]; 2016, 44; NJW 2000, 1027; NStZ 2007, 272; Beschl. v. 4.9.2008 – 2 BvR 967/07). Die Darlegungsanforderungen dürfen jedoch **nicht überspannt** werden (zuletzt BVerfG NJW 2016, 44). Das ist aber der Fall, wenn von dem Antragsteller verlangt wird, sich mit rechtlich Irrelevantem auseinanderzusetzen, sich ohne Veranlassung Kenntnis von den Akten zu verschaffen oder die staatsanwaltschaftlichen Entscheidungen oder die Einlassungen des Beschuldigten auch in irrelevanten Abschnitten wiederzugeben, obwohl sich deren wesentlicher Inhalt aus der Antragsschrift ergibt (BVerfG, a.a.O.). 517

518 Erforderlich ist auch die Darlegung, aus welchen **tatsächlichen** oder **rechtlichen Gründen** die **Erwägungen** der **StA nicht zutreffen** sollen, wozu die Beweislage vollständig wiederzugeben ist (OLG Stuttgart NStZ-RR 2002, 79). Das gilt insbesondere dann, wenn gegen ihn in derselben Sache Anklage erhoben worden ist (OLG Stuttgart, a.a.O.). Handelt es sich um einen **wiederholten Antrag**, muss sich ergeben, dass die StA unter Verletzung des Legalitätsprinzips die Wiederaufnahme der Ermittlungen abgelehnt hat (zum ggf. wiederholten Antrag a. OLG Bamberg, Beschl. v. 8.12.2015 – 3 Ws 38/15). Die neuen Tatsachen bzw. neuen Beweismittel sind dann darzulegen (vgl. zuletzt OLG Celle StRR 2011, 44 6 [Ls.]; OLG Köln NStZ 2003, 682; → *Klageerzwingungsverfahren, Verfahren*, Teil B Rdn 592). Hat die StA aus rechtlichen Gründen, z.B. wegen Strafklageverbrauch, nach einer Strafanzeige keinerlei Ermittlungen ausgeführt, muss der Antragsteller in tatsächlicher Hinsicht darlegen, dass das Verfahrenshindernis des Strafklageverbrauchs nicht gegeben ist (OLG Stuttgart, Beschl. v. 6.7.2015 – 6 Ws 2/15 [Fall „*Buback*"]).

☝ Ist (ausnahmsweise) ein Klageerzwingungsantrag **nach** einer **Einstellung** gem. den **§§ 153 ff.** zulässig (vgl. → *Klageerzwingungsverfahren, Zulässigkeit*, Teil B Rdn 610), muss sich der Begründung entnehmen lassen, dass und weshalb der Antragsteller gerade die Bewertung der StA im Hinblick auf einen bestimmten Verbrechenstatbestand für falsch hält (OLG Bamberg NStZ 2011, 534).

519 **bb) Nicht erforderlich** ist aber die **Wiedergabe** der **kompletten Aussage** des **Geschädigten** und aller **Zeugen** sowie des Inhalts der staatsanwaltschaftlichen Ermittlungsakte (SächsVerfGH NJW 2004, 2729). Allerdings ist dann, wenn die StA das EV mit der Begründung eingestellt hat, nach einem aussagepsychologischen Gutachten seien Aussagetüchtigkeit und Aussagezuverlässigkeit von Zeugen als fraglich anzusehen, eine Auseinandersetzung mit dieser Ansicht erforderlich (OLG Stuttgart Justiz 2007, 260). I.Ü. ist aber eine Auseinandersetzung mit einem **SV-Gutachten** im Einzelnen nicht erforderlich (BVerfG NStZ 2007, 272; vgl. a. BVerfG NJW 2016, 44, wonach die verfassungsrechtlichen Vorgaben verletzt sind, wenn gefordert wird, auch die Gründe für die Gutachtenaufträge an SV sowie die Kontexte wiederzugeben, in denen die aus den Gutachten zitierten Passagen im Original stehen, obwohl dies für eine Prüfung der Schlüssigkeit des Klageerzwingungsantrags ohne Relevanz ist). Auch müssen die Einstellungsbescheide dann nicht wörtlich wieder gegeben werden, wenn sich deren Inhalt aus dem Klageerzwingungsantrag erschließt (BVerfG NStZ 2007, 272; ähnlich BVerfG, Beschl. v. 4.9.2008 – 2 BvR 967/07).

☝ Der Antragsteller ist **nicht verpflichtet**, sich für seinen Antrag **Kenntnis** von den **Akten** zu verschaffen, wenn hierfür keine Veranlassung besteht (BVerfG NJW 2007, 1027; 2016, 44; Beschl. v. 4.9.2008 – 2 BvR 967/07).

3. Die **Verletztenstellung** (→ *Klageerzwingungsverfahren, Begriff des Verletzten*, Teil B Rdn 541) und die **Antragsbefugnis** (→ *Klageerzwingungsverfahren, Antragsteller*, Teil B Rdn 533) müssen, sofern sie nicht ohne Weiteres ersichtlich sind, ebenfalls **begründet** werden (s. dazu OLG Celle NJW 2008, 2202, zur vorsätzlichen Körperverletzung durch „Mobbing"; OLG Rostock, Beschl. v. 12.3.2004 – I Ws 120/03; wegen der Einzelh. *Burhoff* ZAP F. 22, S. 375; eingehend auch *Rackow* GA 2001, 483). Ggf. ist die **Prozessfähigkeit** darzulegen (KG, Beschl. v. 9.11.2015 – 3 Ws 554/15 [für ausländischen Verein]; OLG Stuttgart NJW 2009, 3524 [für ausländische Gesellschaft]). 520

4. Der **Beschuldigte** ist grds. **namhaft** zu machen, wenn das zumutbar ist. Das OLG muss keine Ermittlungen darüber anstellen, wer als Beschuldigter in Betracht kommen könnte (OLG Zweibrücken, Beschl. v. 8.8.2006 – 1 Ws 273/06). Kann der Beschuldigte nicht namhaft gemacht werden, muss er zumindest so genau umschrieben werden, dass die Identifizierung möglich ist (OLG Karlsruhe StV 2001, 120). 521

☝ Ein Klageerzwingungsverfahren **gegen Unbekannt** ist **unzulässig** (OLG Hamm NStZ-RR 2001, 83; OLG Rostock, Beschl. v. 12.3.2004 – I Ws 120/03; OLG Stuttgart NStZ-RR 2003, 331 [Antrag gegen die „Verantwortlichen" einer GmbH & Co. KG]).

Unzulässig ist auch ein Antrag, wenn gegen den Beschuldigten **nicht** vor einem **deutschen Gericht** verhandelt werden kann (OLG Stuttgart NStZ 2003, 682), so z.B. bei einem im Ausland lebenden Beschuldigten wegen fehlenden Haftgrundes (OLG Celle NStZ-RR 2008, 78). Hier müsste dann zumindest vorgetragen werden, dass und wie den deutschen Strafverfolgungsbehörden es ggf. möglich sein soll, die Gestellung des im Ausland lebenden Beschuldigten vor einem deutschen Gericht zu erzwingen. Vorzutragen wäre also ggf. zu einem Haftgrund i.S. des § 112 Abs. 2 (vgl. dazu OLG Celle, a.a.O.). Dabei ist darauf zu achten, dass von der wohl überwiegenden Meinung der OLG für ein „Sich-Entziehen" i.S.d. § 112 Abs. 2 S. 2 allein ein rein passives Verhalten und selbst Ungehorsam gegenüber Ladungen nicht genügt (vgl. u.a. OLG Hamm StV 2005, 35; OLG Karlsruhe NJW 2004, 3725; s. auch *Burhoff*, EV, Rn 3718 ff.). 522

5.a) Bei der Fertigung des Klageerzwingungsantrags ist unbedingt darauf zu achten, dass – sowohl zur Darlegung der Verletzteneigenschaft (vgl. Rdn 520) als auch zur Darstellung des Sachverhalts (vgl. Rdn 515) – eine **Bezugnahme** auf die **Akten** und **Beiakten**, frühere Eingaben oder andere Schriftstücke **unzulässig** ist (OLG Koblenz NJW 1977, 1461). Zudem muss fremdsprachigen Urkunden eine beglaubigte Übersetzung in die deutsche Sprache beigefügt werden (OLG Stuttgart NStZ 2007, 664 [Ls.]). 523

b) Auch auf **Anlagen zum Antrag** selbst darf grds. **nicht Bezug** genommen werden, wenn erst durch diese Bezugnahme und die Kenntnisnahme vom Inhalt dieser Anlagen die erforderliche geschlossene Sachdarstellung erreicht wird (OLG Bamberg, Beschl. v. 7.10.2008 – 3 Ws 60/08; OLG Brandenburg, Beschl. v. 7.3.2008 – 1 Ws 15/08; 524

OLG Celle Nds.Rpfl. 2010, 285; OLG Hamm VRS 107, 197; OLG Saarbrücken wistra 1995, 36; OLG Schleswig SchlHA 1988, 109 [E/L]; a.A. OLG Bamberg NStZ 1990, 202 [zur Feststellung der Wahrung der Frist]; ähnlich auch OLG Düsseldorf JMBl. NW 1997, 223; OLG Hamm DAR 2000, 368). Die Anlagen dürfen schließlich auch nicht als Ablichtungen in die Antragsschrift aufgenommen werden, um dann die eigene Sachdarstellung nur auf die verbindenden Sätze zu beschränken (BerlVerfGH NJW 2004, 2728, 2729; OLG Brandenburg, Beschl. v. 7.3.2008 – 1 Ws 15/08; OLG Celle NStZ 1997, 406; Nds.Rpfl. 2010, 285 [nicht in die Antragsschrift „integriert"]; wistra 2010, 494 [ausländische Urkunde]; OLG Düsseldorf StV 1983,498).

☝ Anlagen können also **allenfalls** zur **Ergänzung** des Antrags verwendet werden. M.E. sollten Aktenbestandteile auch **nicht** in die Antragsschrift **hineinkopiert** werden; denn das kann ggf. zur Unzulässigkeit führen (OLG Hamm NStZ-RR 2015, 81 [Ls.]). Dieser Weg sollte allenfalls dann beschritten werden, wenn es auf den Wortlaut der hineinkopierten Unterlagen ankommt und das Hineinkopieren lediglich das – anderenfalls notwendig gewordene – vollständige Abschreiben dieser Unterlagen ersetzt. Dann müssen die Kopien aber systematisiert zusammengestellt werden (OLG Hamm, a.a.O.).

525 **6.a)** Angeführt werden müssen in der Antragsschrift zudem die **Beweismittel**, mit denen nach Ansicht des Antragstellers der hinreichende Tatverdacht bewiesen wird (OLG Celle NStZ 1988, 568). Der Antragsteller muss bestimmt behaupten, dass diese Beweismittel wahrscheinlich zur Verurteilung des Beschuldigten führen (OLG Stuttgart NStZ-RR 2005, 113), Zweifel des Antragstellers führen zur Unzulässigkeit.

☝ Handelt es sich bei den Beweismitteln um **fremdsprachige Urkunden**, muss eine beglaubigte Übersetzung in die deutsche Sprache beigefügt werden (OLG Stuttgart NStZ 2007, 664 [Ls.]).

526 **b)** In dem Zusammenhang sind **Ausführungen** dazu erforderlich, wie sich der Beschuldigte gegen die gegen ihn erhobenen Vorwürfe **eingelassen** hat (vgl. u.a. BVerfGK 14, 211; OLG Stuttgart NStZ-RR 2005, 113). Die Antragsschrift muss also angeben, ob der Beschuldigte verantwortlich vernommen worden ist und wie er sich gegebenenfalls eingelassen hat. Hat er sich nicht eingelassen, muss auch das mitgeteilt werden (wegen Nachw. s. *Krumm* StraFo 200, 205, 208 m.w.N. aus n.v. Rspr. des OLG Hamm). Ist jedoch die Einlassung dargelegt, darf der Klageerzwingungsantrag nicht allein deshalb als unzulässig verworfen werden, weil in der Antragsschrift (auch noch) die Bestätigung fehlt, dass es keine weiteren wesentlichen Einlassungen gibt (BVerfG NJW 2016, 44).

527 Der erforderliche Vortrag zu den Beweismitteln umfasst auch Ausführungen zu **Zeugenaussagen** im EV und welchen Inhalt diese hatten sowie zu etwa eingeholten SV-Gutach-

ten (vgl. *Krumm*, a.a.O). I.Ü. ist aber eine Auseinandersetzung mit einem **SV-Gutachten** im Einzelnen nicht erforderlich (BVerfG NStZ 2007, 272; vgl. noch BVerfG 2016, 44 u. oben Rdn 517 f.).

7. Hinweise für den Rechtsanwalt! 528

a) Besondere Sorgfalt ist auf die **Darstellung** der **Wahrung** der **Frist** des § 172 Abs. 1 und 2 zu verwenden. Der Antragsschrift muss nach (noch) h.M. unbedingt die **Wahrung** der **Fristen** des § 172 Abs. 1 und 2 zu entnehmen sein (vgl. u.a. OLG Bamberg NStZ-RR 2012, 248; Beschl. v. 5.11.2015 – 3 Ws 553/15; OLG Celle StraFo 2011, 226; OLG Hamm NStZ-RR 1997, 308 m.w.N.; OLG Frankfurt/Main NStZ-RR 2000, 113; OLG Stuttgart NStZ-RR 2009, 245; dazu *Meyer-Goßner/Schmitt*, § 172 Rn 27 m.w.N.; *Krumm* StraFo 2011, 205, 207; AnwKomm-StPO/*Walther*, § 172 Rn 25). Dieses Inhaltserfordernis ist verfassungsrechtlich grds. nicht beanstandet worden (BVerfG NJW 2004, 1585; NStZ-RR 2005, 175 m.w.N. aus der Rspr. des BVerfG; EuGRZ 2006, 308; vgl. auch Beschl. v. 15.12.2005 – 2 BvR 205/05). 529

Zu den insoweit erforderlichen Angaben gehören grds. **auch Angaben** zum **Zeitpunkt** der **Bekanntmachung** (OLG Bamberg, Beschl. v. 5.11.2015 – 3 Ws 553/15, m.w.N.). Die StPO spricht in § 172 Abs. 2 S. 1 von der „Bekanntmachung" des Beschwerdebescheids als Zeitpunkt des Fristbeginns. Welcher Zeitpunkt damit gemeint ist, erläutert die dazu erlassene Nr. 91 RiStBV unter der Überschrift „Bekanntgabe" in Nr. 91 Abs. 2 S. 1 RiStBV. Danach ist die Mitteilung über die Einstellung des Verfahrens dem Antragsteller im Regelfall formlos zu übersenden. In Nr. 91 Abs. 2 S. 2 RiStBV ist für den Fall eines zu erwartenden Klageerzwingungsverfahrens vorgesehen, dass dann die förmliche Zustellung von der GStA angeordnet werden soll. Geschieht das lässt sich der Zeitpunkt der Bekanntmachung unschwer feststellen: Es ist der Zeitpunkt der Zustellung der Beschwerdeentscheidung der GStA. Anderenfalls kommt es auf das Datum des formlosen Zugangs des Beschwerdebescheids, ggf. an den Verfahrensbevollmächtigten des Anzeigeerstatters an (OLG Stuttgart NStZ 2009, 245 m.w.N.; so auch OLG Bamberg NStZ 1990, 202; allgemein s. auch → *Rechtsmittel/Rechtsbehelfe, Entscheidungsbekanntmachung*, Teil A Rdn 1483). 530

☝ Ist allerdings die Wahrung der Frist des § 172 Abs. 2 S. 1 ohne Weiteres **schon anhand** der Angabe des **Datums** der (Beschwerde) Entscheidung und des auf der Antragsschrift angebrachten Eingangsstempels erkennbar, ist es ausnahmsweise unschädlich, wenn nicht mitgeteilt wird, an welchem Tage dem Antragsteller der Bescheid der GStA zugegangen ist (OLG Düsseldorf, Beschl. v. 28.2.2011 – III-4 Ws 33/11).

b) An dieser Stelle **bewegt** sich die **obergerichtliche Rspr.** inzwischen ein wenig. So geht das OLG Frankfurt/Main (vgl. NStZ-RR 2006, 311, 313; 2007, 209 [Ls.]) unter 531

Hinw. auf die Rspr. des BVerfG davon aus, dass es für die Zulässigkeit eines Antrags nicht erforderlich ist, dass der Antragsteller in seiner Antragsschrift vorträgt, wann der Einstellungsbescheid der StA ihm oder seinem Bevollmächtigten zuging und ob die Frist für die „Vorschaltbeschwerde" eingehalten wurde (vgl. a. OLG Bamberg, Beschl. v. 5.11.2015 – 3 Ws 553/15). Die Zulässigkeitsprüfung dürfe nicht formalistischer Selbstzweck werden (s.a. schon OLG Hamm DAR 2000, 368, wonach es [in Ausnahmefällen] ausreichen kann, wenn sich die Einhaltung der Beschwerdefrist mühelos durch einen einfachen Blick in beigefügte Anlagen ergibt, und OLG Bamberg NStZ 1990, 202, wonach zur Feststellung der Wahrung der Fristen auf Anlagen Bezug genommen werden darf).

☝ Auf die zur Einhaltung der Fristen notwendigen Darlegungen sollte der Rechtsanwalt aber dennoch **weiterhin besondere Sorgfalt** verwenden, da nicht sicher ist, ob sich die anderen OLG dieser Auffassung ohne Weiteres anschließen werden. Es **empfiehlt** sich daher nach wie vor, aus Gründen der Klarheit und Sicherheit in der Antragsschrift die **Zustellungs-** und **Absendedaten** sowie das – ggf. durch **Einsichtnahme** in die Akten ermittelte – Datum des Eingangs der Beschwerdeschrift bei der StA mitzuteilen (vgl. aber BVerfG NJW 2004, 1585 [kann nicht verlangt werden]). Das Datum des Eingangs der Antragsschrift ergibt sich aus dieser selbst.

532 **c)** Es sind **eindeutige Formulierungen** zu **verwenden**. Denn: „unter dem (…) erhoben" bedeutet nicht unbedingt, dass die Beschwerdeschrift auch fristgemäß eingegangen und die Beschwerdefrist gewahrt ist. Entsprechendes gilt für „unter dem (…) eingelegt" und für „am (…) Einstellungsbeschwerde erhoben" (vgl. aber OLG Hamm, Beschl. v. 16.6.2009 – 3 Ws 140/09). Es muss deutlich formuliert werden, wann die (Einstellungs) Beschwerde abgesandt worden ist. Verbleibt dann noch genügend Zeit für einen fristgemäßen Eingang, ist die Einhaltung der Beschwerdefrist hinreichend dargelegt (BVerfG, a.a.O. [für zwei Postbeförderungstage]). Noch mögliche Postlaufzeiten von fünf, acht oder sogar neun oder elf Tagen hat das BVerfG als „nicht mehr vertretbar" angesehen (vgl. BVerfG EuGRZ 2006, 308 [elf Tage]).

☝ Das gilt auch, wenn mitgeteilt wird, dass die **Beschwerde unverzüglich** nach Eingang des Einstellungsbescheides **eingelegt** worden ist. Dann müssen besondere Umstände hinzukommen, wenn sie als nicht fristgemäß eingegangen behandelt werden soll. Etwas anderes gilt, wenn die Beschwerde erst kurz vor Ablauf der Frist eingelegt worden ist (OLG Hamm MDR 1993, 566; s.a. BVerfG NJW 1993, 382). Dann wird i.d.R. die genaue Angabe des Eingabedatums erforderlich sein. Datiert die Beschwerde vom letzten Tag vor Ablauf der Beschwerdefrist, wird auch nach der (neuen) Rspr. des BVerfG (a.a.O.; vgl. auch NJW 2004, 1585) außerdem auch noch die Angabe erforderlich sein, dass sie auch an diesem Tag zur Post gegeben wurde (OLG

Hamm, Beschl. v. 27.1.1998 – 2 Ws 525/97 [n.v.]). Denn nur dann besteht ja überhaupt die Möglichkeit, dass die Beschwerde rechtzeitig bei der StA eingegangen ist.

Siehe auch: → *Klageerzwingungsverfahren, Allgemeines*, Teil B Rdn 485; → *Klageerzwingungsverfahren, Antrag, Allgemeines*, Teil B Rdn 485; → *Klageerzwingungsverfahren, Antragsteller*, Teil B Rdn 533.

Klageerzwingungsverfahren, Antragsteller 533

Literaturhinweise: s. die Hinw. bei → *Klageerzwingungsverfahren, Allgemeines*, Teil B Rdn 494. 534

1.a) Antragsteller i.S.d. §§ 172 ff. ist derjenige, der sich schon bei der StA mit der in **§ 171** 535
vorgesehenen Weise, also durch

- Strafanzeige (§ 158),
- Strafantrag (§ 77 StGB)
- Strafverlangen (§ 77e StGB) oder
- infolge Ermächtigung zur Strafverfolgung (§§ 77e, 90 Abs. 4, 90b Abs. 2, 194 Abs. 4, 353a Abs. 2 StGB)

in das (Straf)**Verfahren eingeschaltet** bzw. auf den es ggf. sogar überhaupt erst zurückgeht.

b) I.d.R. wird es dabei um einen **förmlichen Strafantrag** gehandelt haben (zum Straf- 536
antrag s. auch die Komm. bei *Fischer*, §§ 77 ff.). Der für die Antragsbefugnis notwendige Strafantrag i.S. des § 172 liegt vor, wenn der Verletzte der StA einen **tatsächlichen Sachverhalt mitteilt**, aus dem sich der **Verdacht** einer **Straftat ergibt**, und dabei eindeutig zu erkennen gibt, dass er im Fall der Begründetheit seines Verdachts die Strafverfolgung wünscht (OLG Celle NStZ-RR 2011, 280; vgl. zum Strafantrag *Burhoff*, EV, Rn 1882 ff.). Auf welche Weise die Mitteilung erfolgt, ist unerheblich; maßgeblich ist allein, dass dem Verhalten des Antragstellers der Wunsch zu entnehmen ist, dass eine Straftat verfolgt werden soll. Es genügt hingegen nicht, wenn der Verletzte mit einer Mitteilung des Sachverhalts lediglich eine disziplinarrechtliche Reaktion herbeiführen will und sich deshalb an die insoweit zuständige Stelle wendet, die die Eingabe dann aufgrund einer eigenen Entschließung an die StA weiterleitet (OLG Koblenz NStZ-RR 2012, 317; LR-*Graalmann-Scheerer*, § 171 Rn 2).

Zeitlich kann der Antrag kann auch noch während eines laufenden oder eines bereits 537
eingestellten EV gestellt werden (OLG Karlsruhe Justiz 1992, 187; Graf/*Graf*, § 171 Rn 2). Ein erst mit der Einstellungsbeschwerde oder dem Antrag auf gerichtliche Entscheidung nach § 172 Abs. 2 S. 1 gestellter Antrag (vgl. zum Verfahrensablauf → *Klageerzwingungsverfahren, Allgemeines,* Teil B Rdn 485, und → *Klageerzwingungs-*

verfahren, Verfahren, Teil B Rdn 592) genügt hingegen nicht (mehr) (sog. „Quereinstieg" – SK-StPO/*Wohlers*, § 172 Rn 18; OLG Düsseldorf JMBl. NW 1990, 108; OLG Oldenburg MDR 1997, 431).

538 c) **Wirksamkeitsvoraussetzung** ist, dass der Antragsteller **prozessfähig** (§ 50 ZPO) ist (OLG Düsseldorf wistra 1989, 320; OLG Stuttgart NJW 2009, 3524 für eine ausländische Gesellschaft; vgl. a. KG, Beschl. v. 9.11.2015 – 3 Ws 554/15 für einen ausländischen Erfolg). **Kinder** werden durch den Sorgeberechtigten vertreten, Besteht ein gemeinsames Sorgerecht, muss der Antrag von beiden Sorgeberechtigten gestellt werden. Es genügt aber, wenn ein Elternteil den Antrag in der Form des § 158 Abs. 2 stellt und der andere mündlich zustimmt oder den Handelnden zur Stellung des Strafantrags ermächtigt (vgl. zuletzt BGH, Beschl. v. 14.12.2011 – 1 StR 532/11). Ist der Strafantrag von einem **Betreuer** gestellt, ist die Frage zu prüfen, ob diesem die Strafantragsbefugnis (ausdrücklich) zugewiesen war (vgl. BGH NJW 2014, 2968 m. Anm. *Deutscher* StRR 2014, 491; zur Berechtigung des Betreuers zum Stellen eines Strafantrags s. *Fischer*, § 77 Rn 14; s. auch OLG Celle NStZ 2012, 702; OLG Karlsruhe NStZ-RR 2014, 143; LG Hamburg NStZ 2002, 39).

☝ Für **juristische Personen** können nur deren Vertretungsorgane handeln. Zwischen dem Antragsteller i.S.d. § 171 und dem Beschwerdeführer i.S.d. § 172 Abs. 1 muss Identität bestehen (OLG Frankfurt NJW 2011, 691 zu einzelnen Konzerngesellschaften).

539 **d)** Bei Stellung des Strafantrages muss die (Schrift-)**Form** des § 158 Abs. 2 eingehalten worden sein (vgl. dazu *Meyer-Goßner/Schmitt*, § 158 Rn 9 ff.). Das gilt vor allem, wenn es sich um den durch einen Behördenleiter gestellten Strafantrag handelt, der ggf. nur maschinell erstellt ist. Nach Auffassung des AG Düsseldorf (StRR 2009, 147) ist ggf. die Schriftform dann nicht gewahrt, wenn nicht individuelle Unterschriftsmerkmale vorliegen und nur maschinell die Benennung des Urhebers des Strafantrags erfolgt (a.A. zuletzt aber OLG Düsseldorf, Urt. v. 11.11.2008 – 5 Ss 198/08 m.w.N. aus der obergerichtlichen Rspr.). Zur Einhaltung der Schriftform genügt es nach wohl h.M. aber, dass der vom Antragsteller vor einem Polizeibeamten selbst auf **Tonträger** gesprochene Strafantrag von demselben Polizeibeamten schriftlich niedergelegt wird (vgl. zuletzt BayObLG NStZ 1997, 453 m.w.N.; so auch *Meyer-Goßner/Schmitt*, § 158 Rn 11; *Stree* JR 1997, 524 in der Anm. zu BayObLG, a.a.O.). Auch eine **Faksimile-Unterschrift** ist ausreichend (OLG Hamm StRR 2015, 42 [Ls.]).

540 **2.** Das Antragsrecht ist ein **persönliches Recht**. Es geht **nicht** auf die Angehörigen oder **Erben** des Verletzten über (OLG Bamberg, Beschl. v. 7.10.2008 – 3 Ws 60/08; Beschl. v. 17.12.2015 – 3 Ws 47/15; OLG Brandenburg, Beschl. v. 30.9.2008 – 1 Ws 147/08; OLG Celle NStZ 1988, 568; OLG Düsseldorf NJW 1992, 2370; OLG Schleswig SchlHA 2007,

286). Das gilt auch bei Eigentums- oder Vermögensdelikten (OLG Bamberg, a.a.O.; OLG Hamm NJW 1977, 64; Beschl. v. 31.7.2001 – 1 Ws 218/2001). Ebenso wenig kann das Antragsrecht **rechtsgeschäftlich erworben** werden (OLG Braunschweig Nds.Rpfl 1992, 269; OLG Hamm NJW 1977, 64).

☝ Mit dem **Tod des Antragstellers** erlischt sein Erzwingungsrecht (OLG Celle, a.a.O.). Das Verfahren ist dann zu beenden.

Siehe auch: → *Klageerzwingungsverfahren, Allgemeines*, Teil B Rdn 485, m.w.N; → *Klageerzwingungsverfahren, Begriff des Verletzten*, Teil B Rdn 541.

Klageerzwingungsverfahren, Begriff des Verletzten 541

Das Wichtigste in Kürze:

1. Das Klageerzwingungsverfahren kann nur betreiben, wer den Antrag auf Erhebung der öffentlichen Klage nach § 171 gestellt hat und zugleich Verletzter ist.
2. Antragsteller ist derjenige, der sich schon bei der StA mit dem (Straf-)Antrag nach § 171 in das Verfahren eingeschaltet hat.
3. Dem Antragsteller wird vom Verfahrensrecht selbst die Verletzteneigenschaft in den Fällen zuerkannt, in denen er sich einem Strafverfahren als Nebenkläger (§ 395) anschließen kann.
4. Der Verletztenbegriff des § 172 ist nach h.M. weit auszulegen.
5. Nicht nur natürliche Personen können Verletzte sein, sondern Institutionen/Organisationen, Behörden und sonstige Organisationen.
6. Zu Verletzteneigenschaft gibt es eine umfangreiche Kasuistik, die hier nach den einzelnen Abschnitten des StGB bzw. der Nebengebiete zusammengestellt ist.

Literaturhinweise: **Albrecht**, Der Verletzte i.S.d. § 172 bei Vermögensdelikten, 2015; **Frisch**, Der Begriff des „Verletzten" im Klageerzwingungsverfahren, JZ 1974, 7; **Hilger**, Über den Begriff des Verletzten im Fünften Buch der StPO, GA 2007, 287; **Peglau**, Der Begriff des „Verletzten" i.S.v. § 172 I StPO, JA 1999, 55; **Rackow**, Die Darstellung der Verletzteneigenschaft durch den Anwalt im Antrag auf gerichtliche Entscheidung im Klageerzwingungsverfahren, GA 2001, 482; **Tiedemann**, Zur Klageerzwingungsbefugnis von Aktionären und GmbH-Gesellschaftern, insbesondere bei Organuntreue, in: Festschrift für *Volkmar Mehle*, zum 65. Geburtstag, 2009, S. 625; **Zielinski**, Zur Verletzteneigenschaft des einzelnen Aktionärs im Klageerzwingungsverfahren bei Straftaten zum Nachteil des Aktionärs, wistra 1993, 6; s.a. die Hinw. bei → *Klageerzwingungsverfahren, Allgemeines*, Teil B Rdn 485. 542

1. Das Klageerzwingungsverfahren kann nur betreiben, wer den Antrag auf Erhebung der öffentlichen Klage nach § 171 StPO gestellt hat (s. → *Klageerzwingungsverfahren, Antragsteller*, Teil B Rdn 533) und **zugleich Verletzter** (s. dazu u. Rdn 547 ff.). 543

544 **2. Antragsteller** ist derjenige, der sich schon bei der StA mit dem (Straf) Antrag nach § 171 in das Verfahren eingeschaltet hat (wegen der Einzelh. (s. → *Klageerzwingungsverfahren, Antragsteller*, Teil B Rdn 533).

545 **3.a)** Dem Antragsteller (vgl. → *Klageerzwingungsverfahren, Antragsteller*, Teil B Rdn 533) wird vom Verfahrensrecht selbst die Verletzteneigenschaft in den Fällen zuerkannt, in denen er sich einem Strafverfahren als **Nebenkläger** (§ 395) anschließen kann (vgl. dazu *Burhoff*, EV, Rn 2670 ff.; *Burhoff*, HV, Rn 1917 ff.). Dies wird aber gleichzeitig insoweit wieder eingeschränkt, als das Klageerzwingungsverfahren nicht zulässig ist, wenn das Verfahren ausschließlich eine Straftat zum Gegenstand hat, die vom Verletzten im Wege der Privatklage verfolgt werden kann (vgl. § 172 Abs. 2 S. 3; dazu → *Klageerzwingungsverfahren, Zulässigkeit*, Teil B Rdn 610; zur Privatklage *Burhoff*, EV, Rn 3178 ff.). Das **materielle Strafrecht** geht dort von einer Verletzteneigenschaft des Tatbetroffenen i.S. des § 172 aus, wo es ihm das Recht auf Stellung eines Strafantrags einräumt (SK-*Wohlers*, § 172 Rn 26).

546 **b)** Soweit sich die Verletzteneigenschaft nicht aus den vorstehenden Konstellationen ergibt, muss jeweils dem einzelnen **Straftatbestand** entnommen werden können, dass sein **Schutzzweck auch** ein **Individualrechtsgut** umfasst, da bei rein überindividuellen Rechtsgütern einer Strafnorm das Klageerzwingungsverfahren, das keine Popularklage erlauben soll, ausscheidet (SK-*Wohlers*, § 172 Rn 28). Aus dem gleichen Grund kann auch aus der Begehung eines **abstrakten Gefährdungsdelikts** nicht der Verletztenstatus hergeleitet werden; **konkrete Gefährdungsdelikte** können ihn allerdings begründen, jedoch nur dann, wenn es sich nicht um Privatklagedelikte handelt (SK-*Wohlers*, § 172 Rn 30).

547 **4.a)** Im Blick auf die Betroffenheit des Einzelnen ist der **Verletztenbegriff** des § 172 nach h.M. **weit auszulegen** (vgl. u.a. OLG Celle NJW 2008, 1463; OLG Düsseldorf StraFo 2000, 21; OLG Stuttgart Justiz 2004, 213; LR-*Graalmann-Scheerer*, § 172 Rn 50; KK-*Moldenhauer*, § 172 Rn 18; *Meyer-Goßner/Schmitt*, § 172 Rn 10; *Albrecht*, a.a.O.), da der Schutz des Legalitätsprinzips innerhalb des gesetzlichen Rahmens des § 172 umfassend sein soll (*Hilger* GA 2007, 287).

Verletzter ist daher, wer durch die behauptete Tat – ihre tatsächliche Begehung unterstellt – **unmittelbar** in einem **Rechtsgut verletzt** ist (u.a. OLG Bamberg, Beschl. v. 17.12.2015 – 3 Ws 47/15; OLG Frankfurt/Main NStZ-RR 2002, 174; OLG Hamburg wistra 2012, 397 m. Anm. *Stephan* StRR 2012, 383; OLG Hamm NStZ 1986, 327; OLG Köln StRR 2008, 429 m. Anm. *Burhoff*; OLG München NJW 1985, 2430; OLG Stuttgart StV 2014, 279 [Ls.]; Justiz 2010, 309; *Meyer-Goßner/Schmitt*, § 172 Rn 9 m.w.N.), wobei jedoch nur das von der Strafrechtsordnung anerkannte Interesse berücksichtigt wird (OLG Celle Nds.Rpfl. 1962, 141; s. auch noch OLG Hamburg, a.a.O. [auch der nur mittelbar Geschädigte, wenn die verletzte Strafnorm zwar nicht den Antragsteller schützt, dieser aber zivilrechtliche Schadensersatzansprüche hätte; für die Akteneinsicht]).

☝ **Maßgeblich** ist grds. die zivil- und strafrechtliche **Beurteilung** des Sachverhalts **durch** den **Antragsteller** (OLG Brandenburg NJ 1997, 377). Dabei ist von der im Zeitpunkt der Stellung des Klageerzwingungsantrags bestehenden Rechtslage auszugehen (OLG Bremen NStZ 1988, 39).

Bei einer **Mehrheit von Verletzten** steht jedem von ihnen das Antragsrecht zu. Nähere Verwandte schließen entferntere nicht aus (LR-*Graalmann-Scheerer*, § 172 Rn 84).

Aus dem Vorstehenden folgt:

b) Ein **Abtretungsempfänger** ist mangels unmittelbarer Betroffenheit ebenso wenig Verletzter (OLG Brandenburg NStZ-RR 2009, 245) wie derjenige, der nach Abtretung seiner Ansprüche im Zivilprozess sodann als Zeuge auftritt, und in dem der Abtretungsempfänger Opfer eines Prozessbetrugs der Gegenseite wird (OLG Celle NJW 2008, 1463). Dies gilt auch für nur mittelbar geschädigte spätere **Erben** bzw. eine Erbengemeinschaft (OLG Bamberg, Beschl. v. 7.10.2008 – 3 Ws 60/08; Beschl. v. 17.12.2015 – 3 Ws 47/15; OLG Düsseldorf wistra 1994, 155 m.w.N.; OLG Hamm, Beschl. v. 31.7.2001 – 1 Ws 218/2001; OLG Stuttgart NJW 1986, 3153) oder den **Unterhaltsverpflichteten** bei einem (versuchten) Betrug zum Nachteil des Unterhaltsberechtigten (OLG Nürnberg, Beschl. v. 16.11.2006 – 1 Ws 655/06). Auch allein ein allgemeines Interesse an der Strafverfolgung reicht nicht aus (OLG Köln StRR 2008, 429 m. Anm. *Burhoff*; s. zu reinen Staatsschutzdelikten auch OLG Düsseldorf NJW 1988, 2906). 548

Tatbeteiligte können **nicht** Verletzte nach § 172 sein (OLG Hamburg NJW 1980, 848 m. Anm. *Bloy* JR 1980, 480). Dies gilt auch für den erfolglos zu einer Straftat **Angestifteten** (OLG Düsseldorf MDR 1990, 568). 549

c) Die „Verletzteneigenschaft" ist **höchstpersönlich** und geht daher **nicht** auf die **Erben** über (OLG Bamberg, Beschl. v. 7.10.2008 – 3 Ws 60/08; Beschl. v. 17.12.2015 – 3 Ws 47/15; OLG Brandenburg NJ 2008, 518; Beschl. v. 30.9.2008 – 1 Ws 147/08; OLG Celle NStZ 1988, 568; OLG Schleswig SchlHA 2007, 286). Zwar unterliegen einer Nachlassverwaltung alle vermögensrechtlichen Bestandteile des Nachlasses samt den nach dem Erbfall entstandenen Ansprüchen, **nicht** aber höchstpersönliche Rechte des Erblassers, wie z.B. die des § 172 (OLG Düsseldorf wistra 1994, 155; OLG Hamm NJW 1977, 64; OLG Stuttgart NJW 1986, 3153; a.A. LR-*Graalmann-Scheerer*, § 172 Rn 89). 550

5. Nicht nur natürliche Personen können Verletzte i.S. des § 172 sein, sondern **auch Institutionen**/Organisationen, **Behörden** und **sonstige Organisationen**. Im Einzelnen gilt dazu hinsichtlich der **Verletzteneigenschaft** (vgl. auch die Zusammenstellung ab Rdn 555 ff.): 551

552 **Verletzteneigenschaft bejaht:**

- für den **Arrestbeklagten** bei einer sein Vermögen gefährdenden falschen eidesstattlichen Versicherung (OLG Bremen NJW 1950, 960),
- für **Verfassungsorgane** (Regierung, Gesetzgebungsorgan [§§ 90b, 105 ff. StGB] (vgl. *Meyer-Goßner/Schmitt*, § 172 Rn 10 a.E.),
- für **Behörden**,
- stets, soweit sich die Tat gegen solche ihnen zugeordnete Rechtsgüter richtet, die ihnen zur Erfüllung ihrer Aufgaben zur Verfügung stehen, etwa bei **Eigentums- oder Vermögensdelikten**, die der Behörde zugeordnete Vermögenswerte betreffen (LR-*Graalmann-Scheerer*, § 172 Rn 60),
- die **Eltern** eines **getöteten** – minderjährigen oder volljährigen – **Kindes** (OLG Frankfurt/Main NJW 1963, 1368),
- für die **Staatskasse** im Fall des **Erschleichens** von **PKH** im Klageerzwingungsverfahren (OLG Düsseldorf MDR 1988, 77),
- aber auch für das **Kreiswehrersatzamt** bei einer Wehrpflichtentziehung der §§ 109, 109a StGB (OLG Hamm MDR 1973, 516 [wohl obsolet infolge der Aussetzung der Wehrpflicht durch G v. 28.4.2011, BGBl I S. 678]) oder
- auch für den **Dienstvorgesetzten**, der ein Antragsrecht nach § 194 Abs. 3 S. 1 StGB hat (BGHSt 9, 265 f.).
- für **juristische Personen** (des **öffentlichen** wie des **privaten** Rechts) hinsichtlich ihrer Rechte auf Eigentum und Vermögen uneingeschränkt,
- zur Frage, ob bei Schädigung einer **GmbH** bzw. **GmbH & Co KG**, deren Gesellschafter Verletzter i.S.d. § 172 Abs. 1 sein kann, s. OLG Celle NJW 2007, 1223 [verneint], OLG Braunschweig Nds.Rpfl. 1992, 268 und OLG Stuttgart NJW 2001, 840; vgl. auch *Tiedemann*, S. 625; s. auch noch OLG Celle NStZ-RR 2013, 348 [Ls.], insoweit nicht in StV 2014, 99),
- für das **Kind** eines **getöteten Elternteils** (KG JR 1957, 71),
- für **Kirchen** und **Religionsgesellschaften** für die Delikte der §§ 166 ff. StGB (vgl. dazu Rdn 560),
- für einen **Betriebsrat** als Interessenvertreter, wenn durch die Tat in seine nach §§ 43, 45 BetrVG verbrieften Rechte eingegriffen wurde, was auch § 119 Abs. 2 BetrVG belegt wird, wodurch ihm ein Strafantragsrecht eingeräumt wird (OLG Stuttgart NStZ 1989, 31),
- für die nach § 395 Abs. 2 **nebenklageberechtigten Angehörigen** des durch die Straftat Getöteten, z.B. der Ehegatte bei Tötung des anderen Ehegatten (OLG Celle NStZ-RR 2011, 280 [Ls.]; OLG Frankfurt/Main NStZ-RR 2013, 107 [für Eltern]; OLG Hamm MDR 1952, 247; Burhoff, EV, Rn 2670), also nicht für eine gefährliche Körperverletzung (OLG Frankfurt/Main, a.a.O.),

- für **privatrechtliche Vereinigungen** und **Verbänden** (nur) dann, wenn sich die Straftat gegen die ihnen zugeordneten Rechtsgüter (z.B. Hausrecht, Eigentum, Vermögen) richtet (OLG Karlsruhe NJW 1987, 1835; s. auch u. Rdn 554).

> ☝ **Privatrechtliche Vereinigungen** und **Verbänden** werden grds. aber **nicht** schon dadurch zu **Verletzten** i.S.d. §§ 171 f., dass zu ihrem satzungsmäßigen Ziel die Pflege gemeinschaftsbezogener Rechtsgüter oder fremder Vermögensinteressen gehört (OLG Braunschweig MDR 1971, 1028 für Kinderschutzbund; OLG Hamm MDR 1970, 946; Beschl. v. 26.4.2001 – 5 Ws 95/01 für Tierschutzverein; ähnlich KG, Beschl. v. 9.11.2015 – 3 Ws 554/15 für einen Verein zur Wahrnehmung palästinensischer Interessen). **Etwas anderes gilt**, soweit die Vertretung rechtlich geschützter Interessen nicht nur zu ihrem satzungsmäßigen Ziel gehört, sondern ihnen darüber hinaus durch die Rechtsordnung deren Geltendmachung **ausdrücklich zugewiesen** worden ist, sei es ausschließlich oder neben dem individuellen Betroffenen.

Verletzt sein können daher z.B. 553

- nach UrhG gebildete **Verwertungsgesellschaften** bei Straftaten gegen das Urheberrecht (§ 54h UrhG),
- **Verbraucherschutzverbände** bei Verstößen gegen verbraucherschützende Vorschriften oder
- **Verbände** zur Förderung gewerblicher Interessen bei Straftaten des gewerblichen Rechtsschutzes, z.B. § 8 Abs. 3 UWG (OLG Brandenburg NJ 2008, 518).

Verletzteneigenschaft verneint: 554

- für den einzelnen **Aktionär** einer **AG** (OLG Braunschweig wistra 1993, 31; vgl. auch OLG Frankfurt NJW 2011, 691; zur Klageerzwingung des Aktionärs s. auch *Tiedemann*, S. 625),
- wenn der **Antragsteller** durch die Tat **nur** wie jeder andere Staatsbürger **mittelbar betroffen** ist, z.B. dadurch, dass der Beschuldigte pornografische Schriften verbreitet (OLG Hamburg NJW 1966, 1933), ein **Staatsschutzdelikt** begeht (OLG Düsseldorf NJW 1988, 2906) oder eine **Strafvereitelung** gem. §§ 258, 258a StGB, von der der Antragsteller nur als Mitglied der Rechtsgemeinschaft betroffen ist (OLG Düsseldorf wistra 1992, 357; OLG Nürnberg NStZ-RR 2000, 54 [Ls.]) oder er bei der **Rechtsbeugung** (§ 339 StGB) weder am Verfahren beteiligt noch unmittelbar in einem Individualrechtsgut betroffen ist (OLG Karlsruhe StraFo 2001, 162) oder als Strafverteidiger in einem Verfahren, in dem ein Meineid geschworen wurde (OLG Brandenburg StRR 2010, 42 [Ls.]),

- für die **Ausländerbehörde** bei Verstößen gegen das AufenthG (OLG Karlsruhe NJW 1987, 1835),
- für die **Eltern** des Opfers eines **sexuellen Missbrauchs** (OLG Stuttgart StraFo 2012, 189; zur Frage ob ein ggf. allein sorgeberechtigter Elternteil für den nicht prozessfähigen Sohn das Klageerzwingungsverfahren betreiben kann, oder ob hierfür die Vertretung durch einen gerichtlichen Ergänzungspfleger erforderlich ist (s. einerseits OLG Stuttgart Justiz 1999, 348 [Anschluss an Nebenklage]; andererseits OLG Frankfurt, FamRZ 2009, 1227),
- für die mittelbar geschädigten späteren **Erben** bzw. eine Erbengemeinschaft (OLG Bamberg, Beschl. v. 7.10.2008 – 3 Ws 60/08; Beschl. v. 17.12.2015 – 3 Ws 47/15; OLG Stuttgart NJW 1986, 3153; OLG Düsseldorf wistra 1994, 155 m.w.N.; OLG Hamm, Beschl. v. 31.7.2001 – 1 Ws 218/2001),
- für die **Finanzbehörde** bei Steuerdelikten (Hübschmann/Hepp/Spitaler/*Hellmann* § 403 AO Rn 43 ff.),
- i.d.R. für eine wegen Vermögenslosigkeit **gelöschten** (vgl. § 394 FamFG) **Gesellschaft** (OLG Hamburg wistra 2015, 80 m. zust. Anm. *Moldenhauer*),
- für den Konkurs-/**Insolvenzverwalter** und **Testamentsvollstrecker** hinsichtlich Straftaten gegen die von ihnen zu verwaltende Masse (KG JR 1964, 470; GA 1971, 47; s. auch OLG Jena NJW 2012, 547 [Insolvenzverwalter nur dann Verletzter i.S. des § 403, wenn er nach der Insolvenzeröffnung geschädigt worden ist]); jedoch kann der Verwalter das Klageerzwingungsverfahren für die verletzte Konkursmasse oder den Nachlass anstrengen (LR-*Graalmann-Scheerer*, § 172 Rn 45, 89; vgl. auch OLG Köln ZInsO 2011, 288 [Ausübung der Rechte wie ein Verletzter]; vgl. auch LG Hildesheim NJW 2009, 3799),
- für den Kapitalanleger in **Verfahren** wegen **Marktmanipulation** (OLG Stuttgart StV 2014, 279 [Ls.]; LG Berlin, Beschl. v. 15.2.2010 – [519] 3 Wi Js 1665/07 KLs [03/09]; AG Tiergarten wistra 2013, 328; a.A. LG Berlin WM 2008, 1470, jew. zu § 406e),
- für die **Naturschutzbehörde** bei einer Straftat gegen ein Naturschutzgesetz (OLG Celle OLGSt § 172 StPO, S. 54).
- für **berufsständische Organisationen**, wie
  - der **Ärztekammer** bei unerlaubter Ausübung des ärztlichen Berufs (OLG Stuttgart NJW 1969, 569),
  - der (Rechts) **Anwaltskammer** bei Verstößen gegen das vormalige RBerG (OLG Celle JR 1967, 348 mit Anm. *Kohlhaas*; OLG Karlsruhe Justiz 1966, 105).
- für den Eigentümer eines von einem Jäger erschossenen Hundes, da durch die Bestimmungen des **TierschutzG** menschliche Interessen nicht geschützt werden (OLG Stuttgart Justiz 2010, 309),

- für den **Tierhalter** hinsichtlich eines Verstoßes gegen das TierSchG (OLG Braunschweig NStZ 2014, 174; OLG Celle NJW 2007, 3737 [Ls.]),
- für einen **Tierschutzverein** bei Tierquälerei (OLG Hamm MDR 1970, 946; Beschl. v. 26.4.2001 – 5 Ws 95/01
- für die **Insassenvertretung** einer **JVA** (§ 160 StVollzG), ungeachtet einer Aktivlegitimation bei Anträgen nach § 109 StVollzG (OLG Hamburg NStZ 2002, 531 [Ls.]) bezüglich des Vorwurfs der Körperverletzung im Amt bei Doppelbelegung von Hafträumen (GStA Hamburg, Verfg. v. 1.7.2003 – Zs 369/03, zit. n. LR-*Graalmann-Scheerer*, § 172 Rn 60).
- für **privatrechtliche Vereinigungen** und **Verbänden**, wenn die Pflege gemeinschaftsbezogener Rechtsgüter oder fremder Vermögensinteressen nur zu ihrem satzungsmäßigen Ziel gehört (vgl. o. Rdn 552) und ihnen nicht darüber hinaus durch die Rechtsordnung deren Geltendmachung **ausdrücklich zugewiesen** worden ist,
- für einen der Wahrnehmung palästinensischer Interessen verpflichteter Verein für **Volksverhetzung**, denn das individualisierte Rechtsgut des § 130 StGB ist die Menschenwürde, die nur natürlichen Personen zukommt (KG, Beschl. v. 9.11.2015 – 3 Ws 554/15).

6.a) Zu Verletzteneigenschaft gibt es eine **umfangreiche Kasuistik** (vgl. dazu auch *Burhoff*, EV, Rn 2376 ff., LR-Graalmann-*Scheerer*, § 172 Rn 63 ff.; *Meyer-Goßner/Schmitt*, § 172 Rn 11 f.; *Schroth*, Rn 204). Die nachfolgende **Zusammenstellung** richtet sich nach den einzelnen Abschnitten des StGB bzw. der Nebengebiete und ermöglicht so beim jeweiligen Delikt eine schnelle Information. 555

b) Verletzteneigenschaft nach dem StGB 556

Widerstand gegen die Staatsgewalt (§§ 111 – 121 StGB)			
StGB	**Tatbestand**	**Klageerzwingung**	**Verletzte**
§ 113	Widerstand gegen Vollstreckungsbeamte	**ja** (BGH VRS 22, 435)	der genötigte Vollstreckungsbeamte
§ 114	Widerstand gegen Vollstreckungsbeamten gleichstehende Personen	**ja** (BGH VRS 22, 435)	die dem Vollstreckungsbeamten gleichstehende genötigte Person

557

Straftaten gegen die öffentliche Ordnung (§§ 123 – 145d StGB)			
StGB	**Tatbestand**	**Klageerzwingung**	**Verletzte**
§ 123	Hausfriedensbruch	**nein**, da Privatklagedelikt (→ *Klageerzwingungsverfahren, Zulässigkeit*, Teil B Rdn 610).	

Straftaten gegen die öffentliche Ordnung (§§ 123 – 145d StGB)			
StGB	**Tatbestand**	**Klageerzwingung**	**Verletzte**
§ 124	Schwerer Hausfriedensbruch	**ja**, da Offizialdelikt	Inhaber des Hausrechts
§ 130	Volksverhetzung	**ja**	str.: **bejaht**: bei einem einzelnen Angehörigen einer Bevölkerungsgruppe: (OLG Karlsruhe NJW 1986, 1276 [Zigeuner]; OLG Stuttgart NJW 2002, 2893; KK-*Moldenhauer*, § 172 Rn 23; *Meyer-Goßner/Schmitt* § 172 Rn 11); **verneint**: KG, Beschl. v. 9.11.2015 – 3 Ws 554/15 für ausländischen Verein; OLG München NJW 1985, 2430; OLG Stuttgart Justiz 1992, 18
§ 132	Amtsanmaßung	**nein**, da fehlender Individualrechtsschutz (OLG Brandenburg, Beschl. v. 29.11.2010 – 1 Ws 172/10)	
§ 132a	Missbrauch von Berufsbezeichnungen	s. § 132 StGB	
§ 136	Verstrickungsbruch	**ja** (*Nothmann* GA 1932, 76)	die von der Verstrickung begünstigte Person
§ 138	Nichtanzeige geplanter Straftaten	**ja**, nach dem Schutzzweck der Norm (LK-*Hanack*, § 138 StGB Rn 2 f.)	das potenzielle Verbrechensopfer
§ 142	Unerlaubtes Entfernen vom Unfallort	**ja**, nach dem Schutzzweck der Norm: LK-*Geppert*, § 142 StGB Rn 1; Schönke/Schröder/Cramer/*Sternberg-Lieben*, § 142 StGB Rn 1	der Unfallbeteiligte

558

Geld- und Wertzeichenfälschung (§§ 146 – 152b StGB			
StGB	**Tatbestand**	**Klageerzwingung**	**Verletzte**
§ 146 Abs. 1 Nr. 1, Nr. 2	Geldfälschung	**nein**, da fehlender Individualrechtsschutz	auch nicht Notenbank (LR-*Graalmann-Scheerer*, § 172 Rn 70 m.w.N.)
§ 148	Wertzeichenfälschung	**ja** (LR-*Graalmann-Scheerer*, § 172 Rn 70	z.B. **Justizkasse** bei Gerichtskostenmarken, **Post** (OLG Koblenz NJW 1983 1625 m. Anm. *Lampe* JR 1984 163); allerdings fraglich nach Privatisierung der Post
§ 149	Vorbereitung der Fälschung von Geld und Wertzeichen	**nein**, da fehlender Individualrechtsschutz	auch nicht Notenbank LR-*Graalmann-Scheerer*, § 172 Rn 70 m.w.N.
§ 151	Wertpapiere	**ja**	gutgläubige Erwerber von Wertpapier-Falsifikaten (LR-*Graalmann-Scheerer*, § 172 Rn 70)
§ 152a	Fälschung von Zahlungskarten, Schecks und Wechseln	**nein**, da fehlender Individualrechtsschutz	

559

Falsche uneidliche Aussage und Meineid (§§ 153 -165 StGB)			
StGB	**Tatbestand**	**Klageerzwingung**	**Verletzte**
§ 153	Falsche uneidliche Aussage	**ja** (KG, Beschl. v. 3.2.2006 – 3 Ws 312/05; OLG Brandenburg StRR 2010, 42 [Ls.]; OLG Bremen NStZ 1988 39; OLG Düsseldorf MDR 1988 695; NStZ 1995 49; StraFo 2000, 21; StraFo 2001, 165; OLG Hamburg NJW 1970, 1561; OLG Hamm NJW 1961, 1687; Beschl. v. 17.8.2006 – 2 Ws 181/06; OLG Jena OLGSt § 172 Nr. 41; OLG Schleswig SchlHA 2002, 153; SchlHA 2003, 191 [Dö/Dr]; SchlHA 2010, 230 [Dö/Dr])	**persönlich:** Angeklagter, Beigeladener; Beklagter, Kläger, Nebenintervenient, Privatkläger, wenn ihre Stellung im Prozess erschwert wurde oder bei abgeschlossenem Verfahren sich die Aussage zu ihrem Nachteil ausgewirkt hat; **nicht**: Mitglieder der betreffenden Rechtspflegeorgane; **nicht**: Strafverteidiger in einem Verfahren, in dem ein Meineid geschworen wurde (OLG Brandenburg StRR 2010, 42 [Ls.]); **nicht**: Zeuge, dem nicht geglaubt wurde (OLG Brandenburg StRR 2010, 42 [Ls.]; OLG Düsseldorf

Falsche uneidliche Aussage und Meineid (§§ 153 -165 StGB)			
StGB	**Tatbestand**	**Klageerzwingung**	**Verletzte**
			VRS 98, 136; OLG Stuttgart Justiz 1989, 68); auch nicht, wenn die Falschaussage des Anderen seine Ehre beeinträchtigt (OLG Hamm NJW 1961, 1687; Beschl. v. 17.8.2006 – 2 Ws 181/06); **fraglich**: Tatopfer bei auf falscher Zeugenaussage beruhendem Freispruch des Täters (LR-*Graalmann-Scheerer*, § 172 Rn 73) **sachlich:** nicht (mehr), sofern sich die Falschaussage überhaupt nicht merkbar auf die Prozesslage und/oder Entscheidung ausgewirkt hat (OLG Hamm NJW 1961, 1687; OLG Köln JMBl. NW 1967, 23; a.A. wohl OLG Bremen NJW 1950, 961) **nicht unmittelbar**: der an einem Zwangsvollstreckungsverfahren nicht beteiligte Gläubiger (OLG Frankfurt/Main NStZ-RR 2002, 174)
§ 154	Meineid	**ja**, s. § 153 StGB	
§ 155	Eidesgleiche Bekräftigung	**ja**, s. § 153 StGB	
§ 156	Falsche Versicherung an Eides statt	**ja** (OLG Bremen NJW 1950, 960; OLG Düsseldorf MDR 1988, 695; OLG Frankfurt/Main MDR 1974, 1036	s. § 153 StGB; **nicht**: der an einem Zwangsvollstreckungsverfahren nicht beteiligten Gläubiger (OLG Frankfurt/Main NStZ-RR 2002, 174), es sei denn, er macht innerhalb der Frist von drei Jahren nach Abgabe der eidesstattlichen Versicherung glaubhaft, dass der Schuldner Vermögensgegenstände erworben hat
§ 164	Falsche Verdächtigung	**ja** (OLG Hamburg Alsb. E 1 393	der falsch Verdächtigte, auch nach Verfahrenseinstellung oder Freispruch

560

Straftaten, welche sich auf die Religion und Weltanschauung beziehen (§§ 166 – 168 StGB)			
StGB	**Tatbestand**	**Klageerzwingung**	**Verletzte**
§ 166	Beschimpfung von Bekenntnissen, Religionsgesellschaften und Weltanschauungsvereinigungen	**ja** (OLG Hamburg MDR 1962 594; OLG Nürnberg NStZ-RR 1999, 238)	Religionsgesellschaft, Weltanschauungsvereinigung; **verneint** bei einem einzelnen Angehörigen der Gesellschaft/Vereinigung (KG Beschl. v. 9.5.2011 – 3 Ws 638/00)
§ 167	Störung der Religionsausübung	**ja** (OLG Hamburg MDR 1962, 594	Religionsgesellschaft, Weltanschauungsvereinigung; Teilnehmer an der Veranstaltung
§ 167a	Störung einer Bestattungsfeier	**ja** (OLG Hamburg MDR 1962, 594	Teilnehmer an der Veranstaltung
§ 168	Störung der Totenruhe	**ja** (KG NStZ 1990 185; OLG Frankfurt/Main NJW 1975, 217; OLG Zweibrücken MDR 1992, 503)	Angehörige der verstorbenen Person

561

Straftaten gegen den Personenstand, die Ehe und die Familie (§§ 169 – 173 StGB)			
StGB	**Tatbestand**	**Klageerzwingung**	**Verletzte**
§ 170	Unterhaltspflichtverletzung	**ja** (OLG Hamm NJW 1958, 640; NStZ-RR 2003, 116 [Ls.])	Unterhaltsberechtigte, Sozialhilfeträger, auch Verpflichtete nach § 1606 Abs. 2 BGB; **fraglich** bei Unterhaltsleistung aus lediglich sittlich/moralischer Verpflichtung (LR-*Graalmann-Scheerer*, § 172 Rn 75; a.A. OLG Hamm Rpfleger 2000, 423)
§ 171	Verletzung der Fürsorge- oder Erziehungspflicht	**ja** (LR-*Graalmann-Scheerer*, § 172 Rn 70; vgl. auch BGH MDR 1979, 949)	Person unter sechzehn Jahren; **nicht**: der Vater des Kindes (OLG Brandenburg FamRZ 2009, 1257)
§ 172	Doppelehe	**ja** (KG JR 1960, 388; heute fraglich: vgl. Schönke/Schröder/Stree/*Lenckner*, § 172 Rn 1 m.w.N.)	Ehegatte
§ 173	Beischlaf zwischen Verwandten	**ja** (LR-*Graalmann-Scheerer*, § 172 Rn 75; a.A. LR-*Rieß* [24. Aufl.]; § 173 StGB Rn 75	Partner(in) des Beischlafs wegen Verletzung der psychischen Integrität

562

Straftaten gegen die sexuelle Selbstbestimmung (§§ 174 – 184g StGB)			
StGB	**Tatbestand**	**Klageerzwingung**	**Verletzte**
§§ 174 – 180	Sexualstraftaten	**ja**, s. § 395 Abs. 1 Nr. 1	in der sexuellen Selbstbestimmung verletzte Person; wohl **nicht Ehemann** des Opfers (a.A. LR-*Graalmann-Scheerer*, § 172 Rn 76; OLG Celle NJW 1960, 835) und auch nicht die **Eltern** des minderjährigen Opfers (OLG Stuttgart NStZ-RR StraFo 2012, 189).
§ 180a	Ausbeutung von Prostituierten	**ja**, s. § 395 Abs. 1 Nr. 1; a.A. zur früheren Rechtslage: BGH GA 1973,117; OLG Hamm NJW 1972,1874	Prostituierte
§ 181a	Zuhälterei	**ja**, wie § 180 StGB	Prostituierte
§ 182	Sexueller Missbrauch von Jugendlichen	**ja**, § 395 Abs. 1 Nr. 1	die missbrauchte Person sowie deren Eltern (LR-*Graalmann-Scheerer*, § 172 Rn 76)
§ 183	Exhibitionistische Handlungen	**ja** (LR-*Graalmann-Scheerer*, § 172 Rn 76	die durch die Handlung belästigte Person
§ 183a	Erregung öffentlichen Ärgernisses	**ja** (LR-*Graalmann-Scheerer*, § 172 Rn 76	die durch die Handlung belästigte Person
§ 184 Abs. 1 Nr. 6	(unaufgeforderte) Verbreitung pornografischer Schriften	**nein**, für Abs. 1 Nr. 1 – 5 (OLG Hamburg NJW 1966, 1933); **ja** nach dem Schutzzweck der Norm (Schönke/Schröder/Lenckner/*Perron/Eisele*, § 184 Rn 3; *Fischer,* § 184 StGB Rn 2)	der/die Empfänger(in) der Schrift

563

Beleidigung (§§ 185 – 200 StGB)			
StGB	**Tatbestand**	**Klageerzwingung**	**Verletzte**
§§ 185 – 189	Beleidigung, Üble Nachrede, Verleumdung, Verunglimpfung des Andenkens Verstorbener	**nein**, da Privatklagedelikte (→*Klageerzwingungsverfahren, Zulässigkeit*, Teil B Rdn 522).	
§ 194 Abs. 4	Beleidigung u.a. von politischen Körperschaften	**ja,** s. § 194 Abs. 4 StGB (BGHSt 9, 265)	Körperschaft, der Dienstvorgesetzte des Beamten

564

Verletzung des persönlichen Lebens- und Geheimbereichs (§§ 201 – 206 StGB)			
StGB	**Tatbestand**	**Klageerzwingung**	**Verletzte**
§ 201	Verletzung der Vertraulichkeit des Wortes	**ja,** s. § 205 Abs. 1 S. 1 StGB	die Person, deren nicht öffentlich gesprochenes Wort aufgenommen oder verbreitet wird
§ 201a	Verletzung des höchstpersönlichen Lebensbereichs durch Bildaufnahmen	**ja,** s. § 205 Abs. 1 S. 1 StGB	die in ihrem Lebensbereich verletzte Person
§ 202	Verletzung des Briefgeheimnisses	**nein**, da Privatklagedelikt (→ *Klageerzwingungsverfahren, Zulässigkeit*, Teil B Rdn 610).	
§§ 202a, 202b	Verletzung fremder Datenbestände	**ja,** s. § 205 Abs. 1 S. 1 StGB (OLG Köln StRR 2008, 429)	die über die Daten verfügungsberechtigte Person; **nicht** ein aus der Funktion als Zeitschriften-Chefredakteur hergeleitetes, lediglich allgemeines Interesse an der Strafverfolgung
§ 203	Verletzung von Privatgeheimnissen	**ja** (OLG Hamm NStZ 1986 327; OLG Köln NStZ 1983 412 m. Anm. *Rogall*; vgl. auch OLG Schleswig NJW 1985, 1090)	die anvertrauende Person; bei Drittgeheimnis auch der Geheimnisträger; **nicht** der wegen Abrechnungsbetrug verfolgte Arzt, wenn in Anschreiben an potenziell Geschädigte in konjunktivischer Form darauf hingewiesen wird, dass lediglich ein Verdacht besteht (OLG Bamberg OLGSt StGB § 203 Nr. 4); **nicht** Angehörige eines Verstorbenen (OLG Stuttgart Justiz 2006, 236); **nicht** Krankenhausträger bei Preisgabe von Patientendaten durch Mitarbeiter (KG JR 2001, 480)
§ 204	Verwertung fremder Geheimnisse	**ja,** s. § 205 Abs. 1 S. 1 StGB	die anvertrauende Person; bei Drittgeheimnis auch der Geheimnisträger

565

Straftaten gegen das Leben (§§ 211 – 222 StGB)			
StGB	**Tatbestand**	**Klageerzwingung**	**Verletzte**
§§ 211, 212	Mord, Totschlag (**vollendet**)	**ja** (OLG Celle MDR 1959, 60; OLG Frankfurt/Main MDR 1963, 1368; OLG Hamburg NJW 1955, 1770; OLG Hamm MDR 1952, 247)	**Eltern** (OLG Frankfurt/Main NJW 1963, 1368; NStZ-RR 2013, 107; OLG Hamburg NJW 1955, 1770), **Kinder** (KG Berlin JR 1957, 71; OLG Celle NJW 1954,1660), **Geschwister** (str.; a.A. OLG Koblenz NJW 1977,1461; *Meyer-Goßner/Schmitt*, § 172 Rn 11 [„nicht ohne weiteres"], **Ehegatten** (OLG Celle NStZ-RR 2011, 280 [Ls.]; OLG Hamm MDR 1952, 247) und **Lebenspartner** (§ 18 Nr. 4 LPartG; str. bei sog. Ehe nach Sinti-Art oder nach islamischem Recht, bejahend LR-*Graalmann-Scheerer*, § 172 Rn 83; a.A. BVerfG NJW 1993, 3316 zu § 395 Abs. 2 Nr. 1 StPO); Personen **mit engen Beziehungen**, z.B. oben nicht aufgeführte Angehörige (Großeltern, Verlobte, Nichten oder Neffen), aber auch Pflegeeltern oder Pflegekinder, **nicht** auf Dauer angelegte nichteheliche Lebenspartner. Rein **freundschaftliche** (kameradschaftliche) **Beziehung** reichen dagegen **nicht** aus (OLG Celle MDR 1959, 60).
	Mord, Totschlag (versucht)	**ja**, s. § 395 Abs. 1 Nr. 2	nur das Tatopfer (s. §§ 223 ff. StGB)
§ 218	Schwangerschaftsabbruch gegen den Willen der Schwangeren	**ja** (LR-*Graalmann-Scheerer*, § 172 Rn 85)	die Schwangere, der Erzeuger des ungeborenen Kindes

Straftaten gegen das Leben (§§ 211 – 222 StGB)			
StGB	**Tatbestand**	**Klageerzwingung**	**Verletzte**
	Schwangerschaftsabbruch mit den Willen der Schwangeren	**ja** (OLG Hamburg GA 74, 314; a.A. aufgrund der geänderten Rechtslage: LR-*Graalmann-Scheerer*, § 172 Rn 85	Ehemann/Vater
§ 219a	Werbung für den Abbruch der Schwangerschaft	**nein**, nach dem Schutzzweck der Norm (*Fischer*, § 219a Rn 1)	
§ 221	Aussetzung	**ja,** s. § 395 Abs. 1 Nr. 3	die ausgesetzte Person
§ 222	Fahrlässige Tötung	**ja,** s. § 395 Abs. 2 Nr. 1	**Kinder, Eltern, Geschwister, Ehegatten, Lebenspartner** (OLG Celle NStZ-RR 2011, 280 [Ls.]); **nicht** für Erben bzw. eine Erbengemeinschaft (OLG Bamberg OLGSt StPO § 172 Nr. 47)

566

Straftaten gegen die körperliche Unversehrtheit (§§ 223 – 231 StGB)			
StGB	**Tatbestand**	**Klageerzwingung**	**Verletzte**
§ 223	Körperverletzung	**nein**, da Privatklagedelikt (→ *Klageerzwingungsverfahren, Zulässigkeit*, Teil B Rdn 610)	
§§ 224 – 226	Gefährliche und schwere Körperverletzung, Misshandlung Schutzbefohlener	**ja** (LR-*Graalmann-Scheerer*, § 172 Rn 86)	nur das Tatopfer, nicht Angehörige OLG Frankfurt/Main NStZ-RR 2013, 107 [für Eltern])
§ 227	Körperverletzung mit Todesfolge	**ja,** s. § 395 Abs. 2 Nr. 1	**Kinder, Eltern, Geschwister, Ehegatten, Lebenspartner**; s. auch §§ 211, 212 StGB
§ 229	Fahrlässige Körperverletzung	**nein**, da Privatklagedelikt (→ *Klageerzwingungsverfahren, Zulässigkeit*, Teil B Rdn 610)	

567

Straftaten gegen die persönliche Freiheit (§§ 232 – 241a StGB)			
StGB	**Tatbestand**	**Klageerzwingung**	**Verletzte**
§§ 232 – 233a	Menschenhandelsdelikte	**ja,** s. § 395 Abs. 1 Nr. 4	die ausgebeutete Person; bei §§ 232 Abs. 3 Nr. 1, 233a Abs. 2 Nr. 1 StGB auch deren Eltern
§§ 234, 234a	Menschenraub und Verschleppung	**ja,** s. § 395 Abs. 1 Nr. 4	die „geraubte" bzw. verschleppte Person
§ 235	Entziehung Minderjährigen	**ja,** s. § 395 Abs. 1 Nr. 4	Jugendamt als Sorgeberechtigter (OLG Düsseldorf NStZ 1981 102 m. Anm. *Bottke* JR 1981 386), **nicht**: Pflegeeltern
§ 236	Kinderhandel	**ja,** s. § 395 Abs. 1 Nr. 4	**Abs. 1**: das betroffene Kind **Abs. 2**: die betroffene Person unter achtzehn Jahren
§ 238 Abs. 1	Nachstellung	**nein**, da Privatklagedelikt (→ *Klageerzwingungsverfahren, Zulässigkeit*, Teil B Rdn 610)	
§ 238 Abs. 2	Gefährliche Nachstellung	**ja,** s. § 395 Abs. 1 Nr. 4	die von der Nachstellung betroffene Person
§ 238 Abs. 3	Nachstellung mit Todesfolge	**ja,** s. § 395 Abs. 2 Nr. 1	Kinder, Eltern, Geschwister, Ehegatten, Lebenspartner; s.a. § 211, 212 StGB
§ 239	Freiheitsberaubung	**ja** (OLG Hamm, Beschl. v. 20.9.2007 – 3 Ws 230/07; 3 Ws 231/07)	die der Freiheit beraubte Person; **nicht**: Witwe bei einer an ihrem Ehemann begangenen Freiheitsberaubung (OLG Koblenz NJW 1985, 1409)
§ 239 Abs. 3	Freiheitsberaubung über eine Woche oder mit schwerer Gesundheitsgefährdung	**ja,** s. § 395 Abs. 1 Nr. 4	die der Freiheit beraubte Person
§§239a, 239b	Erpresserischer Menschenraub, Geiselnahme	**ja,** s. § 395 Abs. 1 Nr. 4	Entführte, Genötigte

Straftaten gegen die persönliche Freiheit (§§ 232 – 241a StGB)

StGB	Tatbestand	Klageerzwingung	Verletzte
§ 240	Nötigung	**ja** (OLG Hamm, Beschl. v. 20.9.2007 – 3 Ws 230/07; 3 Ws 231/07)	die genötigte Person
§ 240 Abs. 4	Nötigung in besonders schwerem Fall	**ja,** s. § 395 Abs. 1 Nr. 4	die genötigte Person
§ 241	Bedrohung	**nein**, da Privatklagedelikt (→ *Klageerzwingungsverfahren, Zulässigkeit*, Teil B Rdn 610)	

Diebstahl und Unterschlagung (§§ 242 – 248c StGB) 568

StGB	Tatbestand	Klageerzwingung	Verletzte
§§ 242 – 244a	Diebstahlsdelikte	**ja** (LR-*Graalmann-Scheerer*, § 172 Rn 90); zu § 244 Abs. 1 Nr. 3 StGB s. auch § 395 Abs. 3	Eigentümer und Gewahrsamsinhaber
§ 246	Unterschlagung	**ja** (LR-*Graalmann-Scheerer*, § 172 Rn 90)	Gewahrsamsinhaber und der Anvertrauende

Raub und Erpressung (§§ 249 – 256 StGB) 569

StGB	Tatbestand	Klageerzwingung	Verletzte
§§ 249 – 252	Raubdelikte	**ja** (LR-*Graalmann-Scheerer*, § 172 Rn 90); s. auch § 395 Abs. 3	Eigentümer, Gewahrsamsinhaber, Genötigte
§§ 253, 255	Erpressungsdelikte	**ja** (LR-*Graalmann-Scheerer*, § 172 Rn 90); s. auch § 395 Abs. 3	Eigentümer, Gewahrsamsinhaber, Genötigte

Begünstigung und Hehlerei (§§ 257 – 262 StGB) 570

StGB	Tatbestand	Klageerzwingung	Verletzte
§ 257	Begünstigung	**ja** (OLG München NJW 1956, 356)	der durch die Vortat Verletzte
§§ 258, 258a	Strafvereitelung, Strafvereitelung im Amt	**nein**, da fehlender Individualrechtsschutz (OLG Dresden NStZ-RR 1998, 338; OLG Düsseldorf wistra 1992, 357; OLG	

Begünstigung und Hehlerei (§§ 257 – 262 StGB)			
StGB	**Tatbestand**	**Klageerzwingung**	**Verletzte**
		Frankfurt/Main NStZ-RR 1998, 279; OLG Nürnberg NStZ-RR 2000, 54 [Ls.]; OLG Schleswig SchlHA 1996, 94 [L/T]; OLG Stuttgart Justiz 2002, 414)	
§§ 259 – 260a	Hehlerei	**ja** (LR-*Graalmann-Scheerer*, § 172 Rn 94)	der durch die Vortat Verletzte
§ 261	Geldwäsche	**nein**, da fehlender Individualrechtsschutz	

571

Betrug und Untreue (§§ 263 – 266 StGB)			
StGB	**Tatbestand**	**Klageerzwingung**	**Verletzte**
§§ 263, 265b	Betrugsdelikte	**ja** (LR-*Graalmann-Scheerer*, § 172 Rn 91)	die **geschädigte** Person/ Institution; die **getäuschte** Person/ Institution (OLG Celle NJW 2008, 1463); bei **juristischen Personen** nur die Gesellschaft, nicht die Anteilseigner (KG, Beschl. v. 18.12.2000 – 3 Ws 492/200; OLG Braunschweig wistra 1993, 31; OLG Celle NJW 2007, 1223; vgl. auch OLG Frankfurt NJW 2011, 691; zur Klageerzwingung des Aktionärs s. auch *Tiedemann*, S. 625) Zur Verletzteneigenschaft bei Vermögensdelikten s. *Albrecht*, a.a.O.
	- PKH-Betrug **- Prozessbetrug**		**Staatskasse**, nicht Gegenpartei (OLG Düsseldorf MDR 1988, 77) die **Gegenpartei** des Betrügers (OLG Bamberg NStZ 1982, 247); bei abgetretener Forderung nur der Zessionar nicht Zedent OLG Koblenz OLGSt a.F. § 172 S. 95; GA 1981, 324)
§ 263a	Computerbetrug	**ja** (LR-*Graalmann-Scheerer*, § 172 Rn 91)	die geschädigte Person/ Institution und die für die Datenverarbeitung verantwortliche Person
§ 264	Subventionsbetrug	**ja** (LR-*Graalmann-Scheerer*, § 172 Rn 91)	Subventionsgeber

Betrug und Untreue (§§ 263 – 266 StGB)			
StGB	**Tatbestand**	**Klageerzwingung**	**Verletzte**
§ 264a	Kapitalanlage-betrug	**nein**, da fehlender Individualrechtsschutz	
§ 266	Untreue	**ja** (LR-*Graalmann-Scheerer*, § 172 Rn 92	die in ihren Vermögensinteressen **benachteiligte Person**; bei **öffentlichen Haushalten** nur diese, nicht der einzelne Bürger (OLG Köln MDR 1952, 568); bei **GmbH** nur diese, nicht die Gesellschafter (OLG Celle NJW 2007, 1223; OLG Stuttgart NJW 2001, 840; s. aber OLG Celle NStZ-RR 2013, 348 [Ls.], insoweit nicht in StV 2014, 99); bei **AG** nur diese, nicht der einzelne Aktionär (OLG Braunschweig wistra 1993, 31; OLG Frankfurt/Main NJW 2011, 691; Beschl. v. 21.12.2006 – 2 Ws 151/06).
§ 266a	Vorenthalten und Veruntreuen von Arbeitsentgelt	**ja** (LR-*Graalmann-Scheerer*, § 172 Rn 91)	**Abs. 1**: Sozialversicherungsträger und deren Einzugsstellen **Abs. 2**: Arbeitnehmer
§ 266b	Missbrauch von Scheck- und Kreditkarten	**ja** (LR-*Graalmann-Scheerer*, § 172 Rn 92)	der Aussteller der Karte

572

Urkundenfälschung (§§ 267 – 282 StGB)			
StGB	**Tatbestand**	**Klageerzwingung**	**Verletzte**
§ 267	Urkundenfälschung	**ja** (OLG Karlsruhe Justiz 2003, 271; OLG Stuttgart Justiz 1989, 198)	die Person, zu deren Nachteil die gefälschte Urkunde im Rechtsverkehr gebraucht wird oder werden soll
§ 268	Fälschung technischer Aufzeichnungen	s. § 267 StGB	
§ 269	Fälschung beweiserheblicher Daten	s. § 267 StGB	

Urkundenfälschung (§§ 267 – 282 StGB)			
StGB	**Tatbestand**	**Klageerzwingung**	**Verletzte**
§ 271	Mittelbare Falschbeurkundung	s. § 267 StGB	
§ 274	Urkundenunterdrückung; Veränderung einer Grenzbezeichnung	**ja** (LR-*Graalmann-Scheerer*, § 172 Rn 93)	die Person, der der zum Tatbestand gehörende „Nachteil" zugefügt werden soll
§ 278	Ausstellen unrichtiger Gesundheitszeugnisse	(LR-*Graalmann-Scheerer*, § 172 Rn 93)	**Patienten**, wenn das erstellte Gesundheitszeugnis zulasten des Patienten inhaltlich unrichtig ist (OLG Stuttgart OLGSt StPO § 172 Nr. 23); mangels unmittelbarer Betroffenheit **nicht** derjenige, der nach Abtretung seiner Ansprüche im Zivilprozess sodann als Zeuge auftritt (OLG Celle NJW 2008, 1463).

573

Insolvenzstraftaten (§§ 283 – 283d StGB)			
StGB	**Tatbestand**	**Klageerzwingung**	**Verletzte**
§§283ff.	Bankrott, Verletzung der Buchführungspflicht, Gläubiger- und Schuldnerbegünstigung	**ja** nach dem Schutzzweck der Norm (LK-*Tiedemann*, Vor § 283 Rn 45 ff.; Schönke/Schröder/Stree/*Heine*, vor § 283, Rn 2; *Fischer*, vor § 283 Rn 3)	**Gläubiger**, soweit die Vorschriften einer Befriedigung ihrer geldwerten Ansprüche dienen; **nicht Insolvenzverwalter** hinsichtlich Straftaten gegen die von ihnen zu verwaltende Masse (KG JR 1964, 470; GA 1971, 47; s. auch OLG Jena NJW 2012, 547 [Insolvenzverwalter nur dann Verletzter i.S. des § 403, wenn er nach der Insolvenzeröffnung geschädigt worden ist]); jedoch kann der Verwalter das Klageerzwingungsverfahren für die verletzte (Konkurs) Masse oder den Nachlass anstrengen (LR-*Graalmann-Scheerer*, § 172 Rn 45, 89; vgl. auch OLG Köln ZInsO 2011, 288 [Ausübung der Rechte wie ein Verletzter]; vgl. auch LG Hildesheim NJW 2009, 3799).

574

Strafbarer Eigennutz (§§ 284 – 297 StGB)			
StGB	**Tatbestand**	**Klageerzwingung**	**Verletzte**
§ 291	Wucher	**ja** (OLG Hamm NJW 1972, 1874)	die „bewucherte“ Person

575

Straftaten gegen den Wettbewerb (§§ 298 – 305a StGB			
StGB	**Tatbestand**	**Klageerzwingung**	**Verletzte**
§ 299	Bestechlichkeit und Bestechung im geschäftlichen Verkehr	**nein**, da Privatklagedelikt (→ *Klageerzwingungsverfahren, Zulässigkeit*, Teil B Rdn 610)	
§ 300	Besonders schwere Fälle der Bestechlichkeit und Bestechung im geschäftlichen Verkehr	**Ja**, s. § 301 StGB	der in seinen Geschäftsinteressen verletzte Mitbewerber Gewerbetreibende, Verbände und Kammern nach UWG

576

Sachbeschädigung (§§ 303 – 305a StGB)			
StGB	**Tatbestand**	**Klageerzwingung**	**Verletzte**
§ 303	Sachbeschädigung	**nein**, da Privatklagedelikt (→ *Klageerzwingungsverfahren, Zulässigkeit*, Teil B Rdn 610)	
§§ 303a, 303b	Datenveränderung, Computersabotage	**ja,** s. § 303c StGB	die über die Daten verfügungsberechtigte Person, auch die Person, die die Daten gespeichert hat (BayObLG wistra 1993, 304)
§§ 304 – 305a	Gemeinschädliche Sachbeschädigung, Zerstörung von Bauwerken, Zerstörung wichtiger Arbeitsmittel	**ja** (LR-*Graalmann-Scheerer*, § 172 Rn 90)	Eigentümer; auch der dinglich oder persönlich Nutzungsberechtigte

577

Gemeingefährliche Straftaten (§§ 306 – 323c StGB)			
StGB	**Tatbestand**	**Klageerzwingung**	**Verletzte**
§§ 306 – 306b, 306d	Brandstiftung	**ja** (LR-*Graalmann-Scheerer*, § 172 Rn 97)	Eigentümer oder Nutzungsberechtigte der in Brand gesetzten Gegenstände

Gemeingefährliche Straftaten (§§ 306 – 323c StGB)			
StGB	**Tatbestand**	**Klageerzwingung**	**Verletzte**
§ 306c	Brandstiftung mit Todesfolge	**ja**, s. § 395 Abs. 2 Nr. 1	Kinder, Eltern, Geschwister, Ehegatten, Lebenspartner
§§ 315 Abs. 1 Nr. 1, 315b Abs. 1 Nr. 1	Gefährliche Eingriffe in den Bahn-, Luft-, Schiffs- und Straßenverkehr	**ja** (LR-*Graalmann-Scheerer*, § 172 Rn 97)	das betroffene Verkehrsunternehmen
§ 315c	Gefährdung des Straßenverkehrs	**ja**, wenn hinreichende Anhaltspunkte dafür sprechen, dass der drohende Unfall aufseiten des Antragstellers einen tödlichen Ausgang hätte nehmen können (OLG Brandenburg VRS 114, 373; OLG Celle NStZ-RR 2004 369); **nein** bei Gefahr einer Körperverletzung, die ein Privatklagedelikt darstellt (OLG Stuttgart NStZ 1997, 254; a.A. OLG Koblenz VRS 63, 359, da Privatklage- und Offizialdelikt eine Tat i.S. des § 264 bilden); **generell nein:** LR-*Graalmann-Scheerer*, § 172 Rn 58, 97)	die gefährdete Person
§ 316	Trunkenheit im Verkehr	**nein,** da fehlender Individualrechtsschutz	
§ 316a	Räuberischer Angriff auf Kraftfahrer	**ja** (LR-*Graalmann-Scheerer*, § 172 Rn 97); s. auch § 395 Abs. 3	der in den genannten Rechten verletzte Kraftfahrer
§ 316c	Angriffe auf den Luft- und Seeverkehr	**ja** (LR-*Graalmann-Scheerer*, § 172 Rn 97)	der in den genannten Rechten verletzte Person
§ 317	Störung von Telekommunikationsanlagen	**ja** (LR-*Graalmann-Scheerer*, § 172 Rn 97)	das betroffene Telekommunikationsunternehmen
§ 323a	Vollrausch	**ja**, aber abhängig von der Rauschtat **nein,** wenn die Rauschtat ein Privatklagedelikt ist.	das Tatopfer

Gemeingefährliche Straftaten (§§ 306 – 323c StGB)			
StGB	**Tatbestand**	**Klageerzwingung**	**Verletzte**
§ 323c	Unterlassene Hilfeleistung	**ja** (OLG Celle NJW 1989, 1102 m. Anm. *Rieß* OLGSt StPO § 172 Nr. 25; OLG Düsseldorf VRS 83, 351)	die durch die unterlassene Hilfeleistung gefährdete/verletzte Person, nicht deren Angehörige (OLG Düsseldorf NJW 1992, 2370)

578

Straftaten gegen die Umwelt (§§ 324 – 330d StGB)			
StGB	**Tatbestand**	**Klageerzwingung**	**Verletzte**
§§ 324 – 330d	Umweltstraftaten	str.; generell **nein**, da fehlender Individualrechtsschutz (OLG Karlsruhe, Beschl. v. 3.8.2004 – 1 Ws 157/03; OLG Köln NJW 1972, 1338 [WHG])	
§§ 324, 324a, 326	Unerlaubter Umgang mit gefährlichen Abfällen	**ja** (LR-*Graalmann-Scheerer*, § 172 Rn 97)	entsorgungspflichtiger Grundstückseigentümer bei unbefugter gefährlicher Ablagerung von Abfällen

579

Straftaten im Amt (§§ 331 – 358 StGB)			
StGB	**Tatbestand**	**Klageerzwingung**	**Verletzte**
§§ 331, 333	Vorteilsannahme, Vorteilsgewährung	**nein**, da fehlender Individualrechtsschutz (OLG Koblenz wistra 1985, 83)	auch nicht der Dienstherr des strafbaren Amtsträgers (OLG Nürnberg NStZ 1997, 254)
§§ 332, 334, 335	Bestechlichkeit, Bestechung	**nein**, da fehlender Individualrechtsschutz (OLG Koblenz wistra 1985, 83)	auch nicht der Dienstherr des strafbaren Amtsträgers (OLG Nürnberg NStZ 1997, 254)
§ 339	Rechtsbeugung	**durch Richter**: **ja** **durch StA** bei „richtergleicher" Tätigkeit: **ja** (OLG Bremen NStZ 1986, 120; OLG Dresden NStZ-RR 1998, 338; OLG Karlsruhe NStZ-RR 2001, 162)	nicht der Wahlverteidiger, dessen Mandanten ein Zwangsverteidiger beigeordnet wird (KG v. 26.10.2011 – 3 Ws 406/01); nicht die weder am (Bezugs-) Verfahren Beteiligten noch unmittelbar in einem Individualrechtsgut Betroffenen

Straftaten im Amt (§§ 331 – 358 StGB)			
StGB	**Tatbestand**	**Klageerzwingung**	**Verletzte**
§ 340	Körperverletzung im Amt	**ja**, da unechtes Amtsdelikt auch bei § 223 StGB, s. §§ 224 – 226 StGB	nicht die Gefangenenmitverantwortung nach § 160 StVollzG (GStA Hamburg Verfg. v. 1.7.2003 – Zs 369/03, zit. n. LR-*Graalmann-Scheerer*, § 172 Rn 60)
§ 343	Aussageerpressung	**ja,** auch bei § 223 StGB, s. §§ 224 – 226 StGB und § 240 StGB (vgl. dazu auch i.S. *Gaefgen* EGMR NJW 2007, 2461; NStZ 2008, 699)	die erpresste Person
§ 344	Verfolgung Unschuldiger	**ja** (OLG Düsseldorf NJW 1987, 2453 mit Anm. *Langer* JR 1989, 95; OLG München NStZ 1985, 549	die verfolgte Person
§ 345	Vollstreckung gegen Unschuldige	**ja,** s. § 344 StGB	
§ 348	Falschbeurkundung im Amt	**ja**, da unechtes Amtsdelikt, s. § 267 StGB	nicht der Zeuge bei unvollständiger Protokollierung einer Zeugenaussage im Rechtsstreit, da das Protokoll insoweit nicht an der Beweiskraft öffentlicher Urkunden nach § 415 ZPO teilnimmt (OLG Stuttgart OLGSt StGB § 348 Nr. 3) nicht, wenn die Beweisposition des Antragstellers (Bürgers) durch die Berichtigung des Protokolls einer Gemeinderatssitzung nicht verschlechtert wird (OLG Stuttgart Justiz 1989, 198)
§§ 352, 353	Gebühren- und Abgabenüberhebung	**ja**, da unechte Amtsdelikte, s. § 263 StGB	
§ 353b	Verletzung des Dienstgeheimnisses und einer besonderen Geheimhaltungspflicht	**ja,** s. § 353b Abs. 4 StGB	die verletzte Bundes- oder Landesbehörde nach Erteilung der Ermächtigung

Straftaten im Amt (§§ 331 – 358 StGB)			
StGB	**Tatbestand**	**Klageerzwingung**	**Verletzte**
§ 353d	Verbotene Mitteilungen über Gerichtsverhandlungen	nach dem Schutzzweck der Norm **ja** bei Nr. 2 und Nr. 3: zwar abstraktes Gefährdungsdelikt, aber mit Schutzreflex auf Verfahrensbeteiligte (s. dazu: BVerfGE 71, 216; OLG Hamburg NStZ 1990, 283; OLG Köln JR 1980, 473 mit Anm. *Bottke*)	die durch die Mitteilung der Anklageschrift oder anderer amtlicher Schriftstücke bloßgestellte Person
§ 355	Verletzung des Steuergeheimnisses	**ja** (OLG Hamm PStR 2008, 81 m. Anm. *Krekeler/ Grobarek* PStR 2008, 81	die steuerpflichtige Person
§ 356	Parteiverrat	**ja** (OLG Hamm NJW 1976, 120)	der Mandant, nicht aber der Prozessgegner

c) Verletzteneigenschaft nach nebenstrafrechtlichen Vorschriften 580

581

Aktienrecht			
AktG	**Tatbestand**	**Klageerzwingung**	**Verletzte**
§ 400	Unrichtige Darstellung	**ja** (OLG Braunschweig wistra 1993, 31; s. dazu: *Zielinski* wistra 1993, 6; *Tiedemann*, S. 625 ff.; LR-*Graalmann-Scheerer*, § 172 Rn 100)	nicht, wenn der Aktionär das Vertrauen in die Richtigkeit und Vollständigkeit bestimmter Erklärungen, u.a. von Vorstandsmitgliedern einer Aktiengesellschaft, infolge vorliegender gegenteiliger Informationen nicht haben konnte

582

Betäubungsmittelrecht			
BtMG	**Tatbestand**	**Klageerzwingung**	**Verletzte**
§ 30 Abs. 1 Nr. 3	Leichtfertige Todesverursachung	**ja,** § 395 Abs. 2 Nr. 1	Kinder, Eltern, Geschwister, Ehegatten, Lebenspartner

583

Rechte auf geistiges Eigentum			
	Tatbestand	**Klageerzwingung**	**Verletzte**
§ 25 Abs. 1 GebrMG	Unerlaubter Umgang mit einem Gegenstand, der Gebrauchsmuster ist	**nein**, da Privatklagedelikt (→ *Klageerzwingungsverfahren, Zulässigkeit*, Teil B Rdn 610)	
§ 25 Abs. 2 GebrMG	Gewerbsmäßiger unerlaubter Umgang i.S. des Abs. 1	**ja**, s. § 395 Abs. 1 Nr. 6	Inhaber der Rechte
§ 33 Kunst-UrhG	Verbreiten, Zur-Schau-Stellen eines Bildnisses entgegen §§ 22 f.	**nein**, da Privatklagedelikt (→ *Klageerzwingungsverfahren, Zulässigkeit*, Teil B Rdn 610)	
§ 143 Abs. 1 MarkenG	Strafbare Kennzeichenverletzung	**nein**, da Privatklagedelikt (→ *Klageerzwingungsverfahren, Zulässigkeit*, Teil B Rdn 610)	
§ 143 Abs. 2 MarkenG	Gewerbsmäßiger Verstoß gegen Abs. 1	**ja** [Offizialdelikt], s. § 395 Abs. 1 Nr. 6	
§ 143a Abs. 1	Strafbare Verletzung einer Gemeinschaftsmarke	**nein**, da Privatklagedelikt (→ *Klageerzwingungsverfahren, Zulässigkeit*, Teil B Rdn 610)	
§ 143a Abs. 2 MarkenG	Gewerbsmäßiger Verstoß gegen Abs. 1 i.V.m. § 143 Abs. 2 MarkenG	**ja** [Offizialdelikt], s. § 395 Abs. 1 Nr. 6	Inhaber der Rechte
§ 144 Abs. 1, Abs. 2 MarkenG	Strafbare Benutzung geografischer Herkunftsangaben	**nein**, da Privatklagedelikt (→ *Klageerzwingungsverfahren, Zulässigkeit*, Teil B Rdn 610)	
§ 142 Abs. 1 PatG	Unerlaubter Umgang mit einem Erzeugnis, das Gegenstand eines Patents ist	**nein**, da Privatklagedelikt (→ *Klageerzwingungsverfahren, Zulässigkeit*, Teil B Rdn 610)	
§ 142 Abs. 2 PatG	Gewerbsmäßiger Verstoß gegen Abs. 1	**ja**, Offizialdelikt; s. § 395 Abs. 1 Nr. 6 (OLG Celle wistra 2010, 494)	Inhaber der Rechte
§ 106 UrhG	Unerlaubte Verwertung urheberrechtlich geschützter Werke	**nein**, da Privatklagedelikt (→ *Klageerzwingungsverfahren, Zulässigkeit*, Teil B Rdn 610)	
§ 107 UrhG	Unzulässiges Anbringen der Urheberbezeichnung	**nein**, da Privatklagedelikt (→ *Klageerzwingungsverfahren, Zulässigkeit*, Teil B Rdn 610)	

Rechte auf geistiges Eigentum			
	Tatbestand	**Klageerzwingung**	**Verletzte**
§ 108 UrhG	Unerlaubte Eingriffe in verwandte Schutzrechte	**nein**, da Privatklagedelikt (→ *Klageerzwingungsverfahren, Zulässigkeit*, Teil B Rdn 610)	
§ 108a UrhG	Gewerbsmäßige unerlaubte Verwertung	**ja**, Offizialdelikt; s. § 395 Abs. 1 Nr. 6 (vgl. auch LG Frankfurt am Main ZUM-RD 2006, 445)	Inhaber der Rechte
§ 108b Abs. 1, Abs. 2 UrhG	Unerlaubte Eingriffe in technische Schutzmaßnahmen und zur Rechtewahrung erforderliche Informationen	**nein**, da Privatklagedelikt (→ *Klageerzwingungsverfahren, Zulässigkeit*, Teil B Rdn 610)	
§ 108b Abs. 3 UrhG	Gewerbsmäßiger Verstoß gegen § 108b Abs. 1, Abs. 2 UrhG	**ja**, s. § 395 Abs. 1 Nr. 6	Inhaber der Rechte

584

Tierschutz			
Tier-SchG	**Tatbestand**	**Klageerzwingung**	**Verletzte**
§ 17 Nr. 1	Tötung ohne vernünftigen Grund	**str. (bejahend**: OLG Karlsruhe, Beschl. v. 14.12.1988 – 1 Ws 676/88; **verneinend**: OLG Stuttgart Justiz 2010, 309)	Eigentümer, Tierhalter
§ 17 Nr. 2	Tierquälerei	**str.** (**bejahend** KG, Beschl. v. 18.7.2001 – 3 Ws 230/01; s; OLG Stuttgart Justiz 1976, 306; **verneinend** OLG Braunschweig NStZ 2014, 174; OLG Celle NJW 2007, 3737 m. Anm. *Iburg* NStZ 2007, 483; OLG Hamm MDR 1970, 946; Beschl. v. 26.4.2001 – 5 Ws 95/01 [Tierschutzverein]; OLG Stuttgart Justiz 2010, 309)	Eigentümer, Tierhalter

585

Wettbewerbsrecht			
UWG	**Tatbestand**	**Klageerzwingung**	**Verletzte**
§§ 16 – 19	Straftaten	**nein**, da Privatklagedelikte (→ *Klageerzwingungsverfahren, Zulässigkeit*, Teil B Rdn 610)	

Siehe auch: → *Klageerzwingungsverfahren, Allgemeines*, Teil B Rdn 485, m.w.N.; → *Klageerzwingungsverfahren, Antragsteller*, Teil B Rdn 533; → *Klageerzwingungsverfahren, Zulässigkeit*, Teil B Rdn 610.

586 Klageerzwingungsverfahren, Prozesskostenhilfe/Notanwalt

Das Wichtigste in Kürze:

1. Der Antragsteller kann für das Klageerzwingungsverfahren PKH beantragen.
2. Wird PKH bewilligt, muss dem Antragsteller auch ein Rechtsanwalt beigeordnet werden.

587 **Literaturhinweise:** s. die Hinw. bei → *Klageerzwingungsverfahren, Allgemeines*, Teil B Rdn 486.

588 **1.a)** Der Antragsteller kann für das Klageerzwingungsverfahren **PKH** beantragen (§ 172 Abs. 3 S. 2 Hs. 2).

589 Für den **Antrag** gelten folgende

Antragsvoraussetzungen:

- Der PKH-Antrag muss nach h.M. **vor Ablauf** der **Monatsfrist** des § 172 Abs. 2 S. 1 gestellt werden (vgl. u.a. OLG Koblenz MDR 1985, 957; *Meyer-Goßner/Schmitt*, § 172 Rn 21a; a.A. u.a. OLG Celle Nds.Rpfl. 1995, 73; zur Antragsfrist → *Klageerzwingungsantrag, Antrag, Allgemeines*, Teil B Rdn 485).
- Für den Antrag gelten die §§ 114 ff. ZPO entsprechend. Dem PKH-Antrag muss also die **Erklärung** über die persönlichen und **wirtschaftlichen Verhältnisse** auf dem vorgeschriebenen Vordruck beigefügt sein (OLG Hamm MDR 1996, 861; OLG Koblenz, a.a.O.; OLG Stuttgart NStZ 1984, 574).

  ☝ Aus der Verwendung einer **vereinfachten Erklärung** darf dem Antragsteller aber **kein Nachteil** erwachsen. Er darf vielmehr darauf vertrauen, dass das OLG, wenn es seine Angaben für unvollständig hält, ihm Gelegenheit gibt, diese zu entkräften (BVerfG NJW 2000, 275 [für einen PKH-Antrag, bei dem der Vordruck nicht vollständig ausgefüllt, sondern diesem Leistungsbescheide beigefügt waren, aus denen sich die wirtschaftlichen Verhältnisse ergaben]).

- Der Antrag muss **begründet** sein, allerdings sind insoweit **nicht** schon die **strengen Anforderungen** wie an den eigentlichen Klageerzwingungsantrag zu stellen (vgl. u.a. *Meyer-Goßner/Schmitt*, § 172 Rn 21a; OLG Hamm NStZ-RR 1998, 279; OLG

Brandenburg, Beschl. v. 30.9.2008 – 1 Ws 147/08; OLG Frankfurt/Main, Beschl. v. 7.11.2012 – 3 Ws 895/12, jeweils m.w.N.; vgl. zu den Anforderungen an den „Klageerzwingungsantrag" → *Klageerzwingungsverfahren, Antrag, Allgemeines,* Teil B Rdn 494; → *Klageerzwingungsantrag, Antrag, inhaltliche Anforderungen*, Teil B Rdn 511).

☝ Nach der Rspr. des BVerfG (s. StV 1996, 445) dürfen im PKH-Verfahren **keine zu strengen Anforderungen** gestellt werden, damit der Rechtsweg nicht schon aus formalen Gründen abgeschnitten ist (s. auch noch BVerfG, Beschl. v. 13.2.2008 – 2 BvR 2226/07).

b) Wird dem Antragsteller vom OLG **PKH gewährt**, muss ggf. der **Antrag** auf gerichtliche Entscheidung in der **Form** des **§ 172 Abs. 3 nachgeholt** werden (zu den Formerfordernissen → *Klageerzwingungsverfahren, Antrag, Allgemeines*, Teil B Rdn 494; → *Klageerzwingungsantrag, Antrag, inhaltliche Anforderungen*, Teil B Rdn 511). Gegen die ggf. eingetretene Versäumung der Antragsfrist des § 172 Abs. 2 S. 1 wird, wenn PKH rechtzeitig beantragt worden ist, Wiedereinsetzung in den vorigen Stand gewährt (allgemein dazu → *Wiedereinsetzung in den vorigen Stand, Allgemeines*, Teil B Rdn 1479, m.w.N.). Maßgebend für die Frist zur Nachholung des Antrags ist die Frist des § 172 Abs. 2 S. 1, nicht die Wochenfrist des § 45 Abs. 1 S. 1 i.V.m. § 45 Abs. 2 S. 2 (OLG Hamburg StraFo 2007, 157; jetzt auch *Meyer-Goßner/Schmitt*, § 172 Rn 25). **590**

2. Wird PKH bewilligt, muss dem Antragsteller auch ein **Rechtsanwalt beigeordnet** werden (*Meyer-Goßner/Schmitt*, § 172 Rn 23 m.w.N.). Fraglich ist, ob dann, wenn der Antragsteller behauptet, keinen Rechtsanwalt zu finden, ggf. ein Rechtsanwalt in entsprechender Anwendung des § 78b ZPO beigeordnet werden muss (sog. **Notanwalt**). Während das früher von der h.M. verneint wurde, geht die überw. Auffassung in der Lit. inzwischen davon aus, dass ein Notanwalt beigeordnet werde muss (vgl. *Meyer-Goßner/Schmitt*, a.a.O.; KK-*Moldenhauer*, § 172 Rn 55; LR-*Graalmann-Scheerer*, § 172 Rn 160, jeweils m.w.N.). Auch in der Rspr., die früher weitgehend übereinstimmend die Bestellung eines Notanwalts abgelehnt hat, wird inzwischen die Möglichkeit der Bestellung u.a. bejaht vom OLG Bamberg (NJW 2007, 2274), vom OLG Köln (NStZ-RR 2008, 117) und vom OLG Stuttgart (Justiz 2001, 222). Die (ältere) überw. Auffassung in der obergerichtlichen Rspr. hatte das (noch) verneint (vgl. zuletzt OLG Hamm, Beschl. v. 11.2.2014 – 1 Ws 23/14; s.a. OLG Hamm NJW 2003, 3286; offen gelassen von OLG Hamm NJW 2008, 245). Der ersten Auffassung dürfte im Hinblick auf die Änderungen in der ZPO der Vorzug gebühren (s. OLG Bamberg, OLG Stuttgart, jeweils a.a.O., m.w.N.). Zutreffend weist zudem *Meyer-Goßner/Schmitt* (a.a.O., m.w.N.) darauf hin, dass ein Notanwalt auch schon deshalb zu bestellen ist, weil das Klageerzwingungsverfahren Anwaltszwang vorschreibt und somit die Vertretung durch einen Rechtsanwalt sicher zu stellen ist. **591**

☝ Der Antragsteller muss aber auf jeden Fall **glaubhaft** machen, dass er trotz intensiver Suche **keinen Rechtsanwalt gefunden** hat, der bereit war, das Mandat zu übernehmen (OLG Bamberg und OLG Hamm, jeweils a.a.O.).

Siehe auch: → *Klageerzwingungsverfahren, Allgemeines*, Teil B Rdn 485, m.w.N.

592 Klageerzwingungsverfahren, Verfahren

Das Wichtigste in Kürze:

1. Das Klageerzwingungsverfahren ist in den §§ 172 ff. 3-stufig aufgebaut.
2. Im Verfahren ist die GStA zu hören. Das OLG kann ggf. Ermittlungen anordnen.
3. Das OLG entscheidet durch begründeten Beschluss.
4. Wurde die Erhebung der öffentlichen Klage vom OLG angeordnet, ist die StA an die tatsächliche und rechtliche Würdigung, wie sie vom OLG vorgenommen wurde, gebunden, das zuständige Tatgericht jedoch nicht.
5. Der Klageerzwingungsantrag kann, wenn neue Tatsachen oder Beweismittel vorliegen, wiederholt werden.

593 **Literaturhinweise:** s. die Hinw. bei → *Klageerzwingungsverfahren, Allgemeines*, Teil B Rdn 485.

594 **1.** Das Klageerzwingungsverfahren ist in den §§ 172 ff. **3-stufig** aufgebaut. Nur der Antragsteller, der zugleich Verletzter ist und der schon den (Straf-) Antrag i.S.d. § 171 i.V.m. § 158 gestellt hat, kann das Verfahren betreiben. Dem Antrag auf gerichtliche Entscheidung nach § 172 Abs. 3 muss eine fristgebundene Beschwerde an den „vorgesetzten Beamten der StA" (GStA) vorausgehen (§ 172 Abs. 1). Sie ist eine sog. Vorschaltbeschwerde auf dem Weg zum Gericht. Das Klageerzwingungsverfahren findet vor dem OLG statt (vgl. auch → *Klageerzwingungsverfahren, Antrag, Allgemeines*, Teil B Rdn 494; → *Klageerzwingungsverfahren, Antragsteller*, Teil B Rdn 533).

2. Zum Verfahren ist auf Folgendes **hinzuweisen**:

595 **a)** Zu dem Klageerzwingungsantrag des Verletzten wird die GStA gehört. Die **Anhörung** des **Beschuldigten** steht im Ermessen des OLG. Sie unterbleibt i.d.R., wenn der Antrag unzulässig ist. Soll dem Antrag hingegen stattgegeben werden, findet eine Anhörung des Beschuldigten statt (§ 175 S. 1; Art. 103 GG). Ist die Anhörung unterblieben, muss sie nachgeholt werden (§ 33a).

☝ Die Anhörung des Beschuldigten **ersetzt nicht** dessen **Vernehmung** nach § 163a Abs. 1. Ist sie unterblieben, muss sie noch vor der Entscheidung des OLG, ggf. nach § 173 Abs. 3, nachgeholt werden (SK-StPO/*Wohlers* § 175 Rn 7).

b)aa) Das OLG kann **weitere Ermittlungen anordnen** (vgl. § 173 Abs. 3). Diese werden von einem Mitglied des OLG-Senats oder von einem ersuchten Richter durchgeführt. In der Praxis wird häufig auch die GStA um Durchführung der Ermittlungen gebeten. Diese ist jedoch, wie sich aus dem eindeutigen Wortlaut des § 173 Abs. 3 ergibt, zu deren Durchführung nicht verpflichtet. 596

☝ Das OLG kann das Verfahren auch nach den **§§ 153, 153a einstellen** (OLG Braunschweig NStZ 2014, 174; zur Einstellung s. *Burhoff*, EV, Rn 1693 ff. und Teil B Rdn 1381 ff.).

Diese Ermittlungen werden i.d.R. aber in erster Linie **„lückenschließender" Art** sein und nicht darauf hinauslaufen, dass das OLG das EV überwiegend oder vollständig führt (KG NStZ 1990, 355; OLG Hamm StV 2002, 128; OLG Koblenz NStZ 1995, 50; OLG Rostock, Beschl. v. 12.3.2004 – I Ws 120/03; OLG Zweibrücken NStZ-RR 2001, 387). Das wäre nämlich mit der prinzipiellen strafprozessualen Aufgabenverteilung im EV nicht vereinbar, in der dem Gericht grds. die Kontrollfunktion zukommt, ob die StA als verantwortliche Ermittlungsbehörde entsprechend dem Legalitätsprinzip verfahren ist (OLG Celle NStZ-RR 2011, 280 [Ls.]). Die Ermittlungsbefugnis dient insbesondere nicht dazu, den noch unbekannten Täter/Beschuldigte erst zu ermitteln bzw. zu ermitteln lassen (OLG Rostock, a.a.O.). 597

In **Ausnahmefällen** kann das OLG jedoch auch die im Gesetz nicht vorgesehene **Wiederaufnahme** der Ermittlungen durch die StA **anordnen**. Dies kommt insbesondere dann in Betracht, wenn der Sachverhalt zwar durch die StA in einem beschränkten Umfang aufgeklärt worden ist, diese Aufklärung aber nach Rechtsauffassung des OLG so unvollständig ist, dass weitere umfangreiche Ermittlungen notwendig sind (OLG Celle NStZ-RR 2011, 280 [Ls.]; OLG Hamm StV 2002, 128; OLG Rostock, Beschl. v. 12.3.2004 – I Ws 120/03; LR-*Graalmann-Scherer*, § 175 Rn 18 f.; a.A.: SK-STPO/*Wohlers,* § 175 Rn 2 m.w.N. [unstatthaft]). Das gilt z.B. auch, wenn die StA aus rechtlichen Gründen, z.B. wegen Strafklageverbrauch, nach einer Strafanzeige keinerlei Ermittlungen ausgeführt hat (OLG Stuttgart, Beschl. v. 6.7.2015 – 6 Ws 2/15 [Fall *„Buback"*]). Das Klageerzwingungsverfahren wird in diesen Fällen zum Ermittlungserzwingungsverfahren. 598

Das kann **insbesondere** der **Fall** sein (vgl. a. KG NStZ-RR 2014, 14; OLG Hamm StV 2012, 128; OLG München [2. Strafsenat] NJW 2007, 3734; OLG Rostock, Beschl. v. 12.3.2004 – I Ws 120/03; OLG Stuttgart, Beschl. v. 6.7.2015 – 6 Ws 2/15; *Meyer-Goßner/Schmitt/Schmitt*, § 175 Rn 2; a.A. OLG München [3 Strafsenat] StraFo 2014, 422), wenn die StA 599

- rechtsirrig den **Anfangsverdacht** einer strafbaren Handlung einer lebenden Person **verneint** hat,
- völlig **unzulänglich ermittelt** hat,

- grobe, den Kernbereich der zu ermittelnden Tatbestände betreffende **Ermittlungsfehler** begangen hat oder
- **abwegige Schlussfolgerungen** aus den ermittelten Tatsachen gezogen hat,
- ein Verfahrenshindernis angenommen und deshalb keine Ermittlungen ausgeführt hat (OLG Stuttgart, a.a.O.).

☝ Eine solche „Ermittlungsanordnung" wird jedoch dann i.d.R. **unzulässig** sein, wenn die noch ausstehenden Ermittlungen oder Schlussfolgerungen unter **keinen Umständen geeignet** sind, einen hinreichenden Tatverdacht i.S. des § 203 zu begründen (OLG Rostock Beschl. v. 12.3.2004 – I Ws 120/03).

600 **bb)** Werden die Ermittlungen **wieder aufgenommen**, ist **umstr.**, ob das Klageerzwingungsverfahren dadurch infolge prozessualer Überholung **erledigt** ist (verneint von OLG Hamm NStZ-RR 1999, 148 m.w.N.; bejaht u.a. von OLG Bamberg NStZ 2010, 590; Beschl. v. 17.12.2015 – 3 Ws 33/15; OLG Jena NStZ-RR 2007, 223; OLG München, Beschl. v. 10.2.2009 – 2 Ws 626, 627/08 Kl; vgl. auch *Meyer-Goßner/Schmitt*, § 172 Rn 36 u. § 175 Rn 2 und *Kröpil* NStZ 2011, 558, der davon ausgeht, dass in diesen Fällen der Antrag unzulässig ist/wird). Die Ablehnung der Fortführung des Klageerzwingungsverfahrens bei Wiederaufnahme der staatsanwaltschaftlichen Ermittlungen ist aber jedenfalls nicht willkürlich (BayVerfGH, Beschl. v. 21.1.2010 – Vf. 27-VI-09).

☝ Allerdings kann nach formloser Erledigung eines Klagerzwingungsantrag durch Wiederaufnahme des EV im Hinblick auf die deliktsunabhängige Nebenklagebefugnis gem. § 395 Abs. 2 Nr. 2 ein berechtigtes Interesse des früheren Antragstellers bestehen, den **Erfolg** seines Antrags **festzustellen** (OLG München NStZ-RR 2011, 378).

601 **3.** Das OLG entscheidet durch zu begründenden **Beschluss (§ 175)**.

602 **a)aa)** In diesem wird der Klageerzwingungsantrag bei einem **unzulässigen** bzw. **unbegründeten** Antrag als unzulässig bzw. unbegründet **verworfen**. Ggf. genügt das OLG seiner Begründungspflicht, wenn es den Antrag ohne eigene Sachausführungen unter Bezugnahme auf die Stellungnahme der GStA ablehnt (OLG Koblenz, Beschl. v. 11.9.2014 – 2 Ws 289/14 für Rechtsbeugung und Bezugnahme auf BGH-Rspr. in der Stellungnahme der GStA; bestätigt durch VerfGH Rheinland-Pfalz, Beschl. v. 30.6.2015 – VGH B 15/15 [Insoweit nicht in NStZ-RR 2015, 346).

603 **bb)** Ist der Antrag **begründet**, wird – unter Aufhebung der staatsanwaltschaftlichen Einstellungsentscheidung und des diese bestätigenden Beschlusses der GStA – die Erhebung der öffentlichen Klage beschlossen (§ 175 S. 1; s. dazu das Beispiel bei OLG Hamm StraFo 1997, 174). Entscheidend für die Begründetheit des Antrags ist, ob genügender Anlass zur Erhebung der öffentlichen Klage besteht. Das wird bejaht, wenn **hin-**

reichender Tatverdacht i.S.d. §§ 170 Abs. 1, 203 gegeben ist (BVerfG NJW 2002, 2859; VerfGH Rheinland-Pfalz NStZ-RR 2015, 346 [Rechtsbeugung]; OLG Hamm NStZ-RR 1999, 148; OLG Karlsruhe Justiz 2003, 270; OLG Rostock NStZ-RR 1996, 272; vgl. *Burhoff*, EV, Rn 1828). Maßgeblicher Zeitpunkt zur Beurteilung des dringenden Tatverdachts ist der Zeitpunkt der Entscheidung des OLG (OLG Bamberg NStZ-RR 2008, 10; OLG Hamm, Beschl. v. 28.4.2011 – III-1 Ws 135/11). Da es sich beim „hinreichenden Tatverdacht" um einen unbestimmten Rechtsbegriff handelt, ist dem OLG ein **Beurteilungsspielraum** eröffnet, zumal es sich auch um eine Prognoseentscheidung handelt. Das OLG stellt also insoweit ohne Bindung an die Entscheidungen der StA eigene tatsächliche und rechtliche Erwägungen an. Dabei nimmt es eine vorläufige Beweisbarkeitsprognose vor, bei der zweifelhafte Tatfragen in eigener Verantwortung zu entscheiden sind; insbesondere dürfen Beweisfragen nur dann der gerichtlichen Entscheidung im Hauptverfahren überlassen werden, wenn zur Behebung dieser Zweifel die Nutzung der besseren Aufklärungsmöglichkeiten der HV unerlässlich ist (OLG Bamberg, a.a.O.).

☝ Nach § 35 Abs. 2 ist der **Beschluss** dem Antragsteller, dem Beschuldigten und der StA **mitzuteilen** (→ *Rechtsmittel/Rechtsbehelfe, Entscheidungsbekanntmachung*, Teil A Rdn 1483).

cc) Für die **Kostenentscheidung** gilt: Wird der (zulässige) **Antrag verworfen**, werden **604**
nach § 177 dem Antragsteller die die durch das Verfahren veranlassten Kosten auferlegt. Bei diesen „veranlassten Kosten" handelt es sich u.a. um die notwendigen Auslagen des Beschuldigten im Verfahren vor dem OLG (vgl. KK-*Moldenhauer,* § 177 Rn 3). Hierzu zählten (grds.) auch die durch das Klageerzwingungsverfahren veranlassten Verteidigerkosten. Hat sich der Beschuldigte im EV ohnehin eines Verteidigers bedient, so ist dessen Tätigkeit im Klageerzwingungsverfahren aber grds. durch die Gebühren Nr. 4100 ff. RVG abgegolten (OLG Koblenz RVGreport 2014, 397 m. Anm. *Burhoff*; → *Klageerzwingungsverfahren, Gebühren*, Teil D Rdn 252). Eine **Kostenentscheidung unterbleibt**, wenn die StA das EV wieder aufnimmt und den angefochtenen Einstellungsbescheid aufhebt (OLG Jena NStZ-RR 2007, 223).

☝ Wird der Klageerzwingungsantrag vom Antragsteller **zurückgenommen**, bevor das OLG in die Begründetheitsprüfung eingetreten ist, ist umstr., ob dem Antragsteller dann (auch) die Kosten aufzuerlegen sind. Das OLG Hamburg hat das vor einiger Zeit verneint (vgl. NStZ-RR 2012, 192 [Ls.] m. eingehender Darstellung des Streitstandes).

c) Der **Beschluss** des OLG (§ 175) ist **unanfechtbar**. Im Klageerzwingungsverfahren ist **605**
das OLG zwar als erstes Gericht mit der Sache befasst, jedoch nicht i.S. des § 304 Abs. 4 S. 2 Hs. 2 OLG im ersten Rechtszug zuständig: Dies ist vielmehr, wenn das OLG die Kla-

geerhebung anordnet, ein AG oder ein LG (BGH NStZ 2003, 501). Die Kosten einer ggf. erfolglosen Gehörsrüge sind nach Auffassung des OLG in analoger Anwendung von § 465 StPO dem Verletzten der angezeigten Straftat aufzuerlegen (OLG Koblenz, Beschl. v. 13.5.2015 – 2 Ws 289/14; m.E. fraglich):

606 **4.a)** Wurde die Erhebung der öffentlichen **Klage** vom OLG **angeordnet**, ist die **StA** an die tatsächliche und rechtliche Würdigung, wie sie vom OLG vorgenommen wurde, **gebunden**. Welcher Verfahrensart (z.B. beschleunigtes Verfahren, Strafbefehlsverfahren) sie sich dabei bedient, bleibt aber ihr vorbehalten.

607 Nach dem Opportunitätsprinzip (§§ 153 ff.) kann die StA das Verfahren grds. auch **nicht mehr einstellen** (*Meyer-Goßner/Schmitt*, § 175 Rn 3). Hiervon bestehen lediglich Ausnahmen bei

- mit Offizialdelikten zusammentreffenden Privatklagedelikten (möglich: Einstellung nach **§ 154a**),
- **Auslandstaten** (möglich: Einstellung nach § 153c Abs. 1 Nr. 1 und Nr. 2, Abs. 2),
- **politischen Straftaten** (§ 153d Abs. 1).

608 **b)** Das infolge der Anklageerhebung zuständige **Tatgericht** ist an die Würdigung durch das OLG **nicht gebunden** (OLG Karlsruhe NJW 1977, 62): Es kann z.B. die Eröffnung des Hauptverfahrens ablehnen; die StA ist insoweit nicht verpflichtet, dagegen Beschwerde einzulegen. Es kann aber auch nach Opportunitätsgrundsätzen (§§ 153 ff.; 47 JGG) verfahren und das Verfahren einstellen. Auch hier ist die StA ist nicht gehindert, einer derartigen Verfahrensbehandlung zuzustimmen.

> ☝ Der Antragsteller kann sich dem Verfahren als **Nebenkläger anschließen** (§ 395 Abs. 2 Nr. 2).

609 **5.** Der Klageerzwingungsantrag kann, wenn **neue Tatsachen** oder Beweismittel vorliegen, **wiederholt** werden (vgl. u.a. OLG Köln NStZ 2003, 682). Es müssen jedoch neue Tatsachen benannt werden (vgl. auch OLG Celle StRR 2011, 44 6 [Ls.]). Die bloße Wiederholung eines von der StA bereits abgeschlossenen Sachverhalts ohne Angabe neuer Tatsachen oder Beweismittel eröffnet nicht noch einmal das Klageerzwingungsverfahren (OLG Celle, a.a.O.; *Meyer-Goßner/Schmitt*, § 172 Rn 34 und 37; LR-*Graalmann-Scheerer*, § 172, Rn 36 und 39; KK-*Schmid*, § 172 Rn 58). Etwas anderes kann ggf. gelten, wenn der Antragsteller am ersten Klageerzwingungsverfahren nicht beteiligt war (offen gelassen von OLG Celle, a.a.O.).

Siehe auch: → *Klageerzwingungsverfahren, Allgemeines*, Teil B Rdn 485, m.w.N.; → *Klageerzwingungsverfahren, Gebühren*, Teil D Rdn 252.

Klageerzwingungsverfahren, Zulässigkeit 610

Das Wichtigste in Kürze:

1. Das Klageerzwingungsverfahren ist unzulässig bei Straftaten, die der Verletzte im Privatklageverfahren verfolgen kann.
2. Bei Verfahrenseinstellungen durch die StA nach dem Opportunitätsprinzip (§§ 153 ff.) ist das Klageerzwingungsverfahren ebenfalls grds. unzulässig.
3. Ist in einem Zivilprozess über einen vermögensrechtlichen Verfahrensgegenstand ein Vergleich abgeschlossen worden, fehlt einem Klageerzwingungsantrag insoweit das (allgemeine) Rechtschutzinteresse.
4. Als unzulässig angesehen worden ist ein Klageerzwingungsverfahren auch im Hinblick auf die Verfolgung einer in einer erhobenen Anklage nicht aufgeführten Gesetzesverletzung oder eines dort nicht gewürdigten Tatteils.
5. Wurde das EV nach § 154d S. 3 eingestellt, ist das Klageerzwingungsverfahren grds. zulässig.

Literaturhinweise: s. die Hinw. bei → *Klageerzwingungsverfahren, Allgemeines*, Teil B Rdn 486. 611

Für die **Zulässigkeit** des Klageerzwingungsverfahrens gilt: 612

1. Das Klageerzwingungsverfahren ist **unzulässig** bei Straftaten, die der Verletzte im **Privatklageverfahren** (vgl. dazu *Burhoff*, EV, Rn 3178) verfolgen kann (OLG Brandenburg, Beschl. v. 29.11.2010 – 1 Ws 172/10; OLG Stuttgart Justiz 2010, 309). Die StA kann i.Ü. ein wegen eines Privatklagedelikts geführtes EV auch dann noch unter Verweisung auf den Privatklageweg einstellen, wenn sie in einem früheren Verfahrensstadium das öffentliche Interesse an der Erhebung öffentlicher Klage zunächst noch bejaht hatte (OLG Brandenburg, Beschl. v. 12.11.2007 – 1 Ws 228/07). Ausgenommen hiervon sind Privatklagedelikte, die mit Offizialdelikten eine prozessuale Tat bilden (OLG Frankfurt NStZ-RR 2006, 47). Hat das Klageerzwingungsverfahren neben Privatklagedelikten auch ein Offizialdelikt zum Gegenstand, so ist der Antrag aber insgesamt unzulässig, wenn der Antrag in Bezug auf das Offizialdelikt unzulässig ist (KG, Beschl. v. 9.11.2015 – 3 Ws 554/15). 613

☝ Im **Verfahren gegen Jugendliche/Heranwachsende** ist Privatklage ausgeschlossen (§ 80 Abs. 1 JGG), ein Klageerzwingungsverfahren daher grds. möglich. Dies gilt jedoch nur, soweit das Verfahren nach § 170 Abs. 2 eingestellt wurde (OLG Braunschweig NJW 1960, 1214; OLG Hamm NJW 1960, 1968; OLG Oldenburg MDR 1970, 164).

614 **2.** Bei Verfahrenseinstellungen durch die StA nach dem **Opportunitätsprinzip (§§ 153 ff.**; s. *Burhoff,* EV, Rn 1678 ff., und *Burhoff,* HV, Rn 1299 ff., jew. m.w.N. (OLG Celle StraFo 2011, 226; s. dazu auch BVerfG NStZ 2002, 211) ist das Klageerzwingungsverfahren ebenfalls grds. unzulässig. Das gilt dann auch hinsichtlich des Teils der Tat, der in der Einstellung nicht ausdrücklich genannt wird (OLG Frankfurt/Main NStZ-RR 2001, 20 [Ls.]). Im **Verfahren** gegen **Jugendliche/Heranwachsende** erfolgt die Verfahrenseinstellung nach § 45 JGG; ein Klageerzwingungsverfahren ist entsprechend § 172 Abs. 2 S. 2 immer dann nicht möglich, wenn der Einstellung Opportunitätserwägungen zugrunde lagen (SK-StGB/*Wohlers* § 172 Rn 42 m.w.N.). Auch die Einstellung eines **Ordnungswidrigkeitenverfahrens** erfolgt nach Opportunitätsgrundsätzen (§ 46 Abs. 3 S: 3 OWiG).

615 Unbeschadet des gesetzlichen Ausschlusses kann das Klageerzwingungsverfahren **ausnahmsweise zulässig** sein,

- wenn die StA beim **Zusammentreffen** eines **Verbrechens**- und eines **Vergehensverdachtes** den hinreichenden Tatverdacht hinsichtlich des möglichen Verbrechenstatbestands verneint und von der (weiteren) Verfolgung der Tat und der Erhebung der öffentlichen Klage unter dem rechtlichen Gesichtspunkt des Vergehens nach § 153a Abs. 1 abgesehen hat (OLG Bamberg NStZ 2011, 534 [zugleich auch zu den Anforderungen an die Zulässigkeit des Antrags in diesen Fällen]; OLG Hamm StraFo 1997, 174 m.w.N.).
- Zulässigkeit wird auch angenommen, wenn die endgültige Einstellung nach **§ 153a** erfolgt, obwohl die Auflagen/Weisungen nicht erfüllt wurden (OLG Karlsruhe Justiz 1990, 28).

616 **3.** Ist in einem **Zivilprozess** über den/einen vermögensrechtlichen Verfahrensgegenstand ein **Vergleich** abgeschlossen worden, fehlt einem Klageerzwingungsantrag das (allgemeine) Rechtschutzinteresse, solange der Vergleich wirksam ist (OLG Stuttgart NJW 2002, 2191).

617 **4.** Als **unzulässig** angesehen worden ist ein Klageerzwingungsverfahren auch dann, wenn die StA wegen einer bestimmten Tat im verfahrensrechtlichen Sinne Anklage erhoben, im Hinblick auf die Verfolgung einer in der **Anklage** nicht aufgeführten Gesetzesverletzung oder eines dort **nicht gewürdigten Tatteils** gerichtet ist (OLG Karlsruhe NJW 1977, 62; a.A. OLG Hamm NJW 1974, 68). Entsprechendes gilt auch in den Fällen, in denen die Tat nicht durch Anklage, sondern durch Strafbefehlsantrag gerichtlicher Prüfung unterbreitet worden ist; und zwar auch dann, wenn der Verletzte die Strafverfolgung unter einem im Strafbefehl nicht gewürdigten rechtlichen Gesichtspunkt erstrebt, der eine erhöhte Strafbarkeit begründen würde (OLG Karlsruhe, a.a.O.). Entsprechendes gilt, wenn gegen den Beschuldigten wegen derselben Tat (§ 264), allerdings hinsichtlich eines anderen Geschädigten, ein **Strafbefehl erlassen** und das Verfahren später gem. § 153 Abs. 2 einge-

stellt wurde, da die Verfahrenseinstellung durch das AG die gesamte prozessuale Tat erfasst, sodass zugleich auch Strafklageverbrauch im Hinblick auf die Straftat zum Nachteil des Antragstellers eingetreten ist (OLG Zweibrücken OLGSt StPO § 172 Nr. 51).

5. Wurde das EV nach **§ 154d S. 3 eingestellt**, ist das Klageerzwingungsverfahren grds. **618**
zulässig (s. aber OLG Stuttgart NStZ-RR 2003, 145). Das OLG entscheidet allerdings nur darüber, ob die Voraussetzungen für die Fristsetzung nach § 154d S. 1 erfüllt waren und ob diese Entscheidung oder die Einstellung nach Ablauf der Frist ermessensfehlerhaft war (OLG Brandenburg NJ 1997, 377; OLG Nürnberg StraFo 2011, 184; zur Einstellung des Verfahrens nach § 154d zur Entscheidung einer Vorfrage *Burhoff*, EV, Rn 1809).

Siehe auch: → *Klageerzwingungsverfahren, Allgemeines*, Teil B Rdn 485, m.w.N.

Sperrerklärung, Begründetheit einer Klage **619**

Das Wichtigste in Kürze:

1. Das VG prüft, ob die Sperrerklärung formell wirksam ist und die Behörde ihr Ermessen sachgerecht ausgeübt hat.
2. Nach § 99 Abs. 1 S. 2 VwGO ist die oberste Aufsichtsbehörde (auch) im verwaltungsgerichtlichen Verfahren berechtigt, die Vorlage von Akten oder die Erteilung von Auskünften zu verweigern.
3. Die Sperrerklärung ist nach § 96 formell ordnungsgemäß zustande gekommen, wenn sie von der zuständigen obersten Dienstbehörde erlassen worden ist.
4. Der Sperrerklärung liegt ein zutreffender rechtlicher Maßstab zugrunde, wenn die Behörde sie auf die in § 96 genannten Gründe gestützt hat.
5. Der Erlass einer Sperrerklärung ist nach § 96 nur möglich, wenn das Bekanntwerden der Akten der Behörde oder der sonstigen vom Strafgericht gewünschten Auskünfte im konkreten Fall dem Wohl des Bundes oder eines Landes Nachteile bereiten würde.
6. Die Behörde muss weiter prüfen, ob unter Berücksichtigung des Verhältnismäßigkeitsgrundsatzes ggf. ein milderes Mittel als die Nichtvorlage der vom Strafgericht geforderten Akten oder die Nichterteilung der erwünschten Auskünfte in Betracht kommt.
7. Kommt die Vernehmung eines Informanten in der HV ausnahmsweise nicht in Betracht, erlässt die Behörde also eine umfängliche Sperrerklärung nach § 96, ist der gesperrte Zeuge als Beweismittel unerreichbar i.S.v. § 244 Abs. 3 Alt. 5.
8. Hinsichtlich der Folgen des Ausgangs eines verwaltungsgerichtlichen Rechtsmittels für die strafrechtliche HV ist zu unterscheiden, ob das VG die Klage abgewiesen oder ihr stattgegeben hat.

620 **Literaturhinweise:** s. die Hinw. bei → *Sperrerklärung, Rechtsmittel*, Teil B Rdn 677.

621 **1.** Die Klage gegen eine Sperrerklärung ist begründet, wenn die Rechte des Klägers, insbesondere also das Recht des Angeklagten auf ein faires, rechtsstaatliches Verfahren, durch die Sperrung des Beweismittels verletzt werden. Da ein eigenständiger Vorlage- oder Auskunftsanspruch des Angeklagten selbst oder eines anderen Verfahrensbeteiligten gegen die Behörde nicht besteht, kann sich eine **Rechtsverletzung allein** aus der **rechtswidrigen Ablehnung** eines entsprechenden **(straf-)gerichtlichen Ersuchens** ergeben (siehe → *Sperrerklärung, Zulässigkeit einer Klage*, Teil B Rdn 696). Das VG (siehe zum Rechtsweg → *Sperrerklärung, Rechtsmittel*, Teil B Rdn 684) prüft auf eine zulässige Klage, ob die sperrende Behörde Gründe dargelegt und belegt hat, die die Feststellung zulassen, die Verweigerung der Aktenvorlage oder Auskunftserteilung sei aus einem der in § 96 genannten Gründe unumgänglich (BVerfG NJW 1981, 1719, 1724 f.; BVerwG NJW 1987, 202, 203; DVBl 1984, 857; LR-*Menges*, § 96 Rn 111). Dabei kann allein aus einem sicherheitsrelevanten Aufgabenbereich der Behörde nicht automatisch auf ein Überwiegen der Geheimhaltungsinteressen geschlossen werden (siehe dazu BVerfG NJW 1981, 1719, 1724; BVerwG NJW 1987, 202, 204). Andererseits rechtfertigt die Durchführung eines Strafverfahrens für sich genommen nicht eine ausnahmslose Aufdeckung geheimhaltungsbedürftiger Vorgänge, da hierdurch die Wahrnehmung staatlicher Aufgaben wesentlich erschwert oder sogar unmöglich gemacht werden könnte (BVerwG, a.a.O.). Das VG hat daher die **gegenläufigen Interessen** der Behörde, die für eine Sperrung des Beweismittels sprechen, und des klagenden Verfahrensbeteiligten auf Einführung des Beweismittels in den Strafprozess gegeneinander **abzuwägen**.

622 **2.** Nach § 99 Abs. 1 S. 2 VwGO ist die oberste **Aufsichtsbehörde** (auch) im **verwaltungsgerichtlichen Verfahren berechtigt**, die Vorlage von **Akten** oder die **Erteilung** von **Auskünften** zu **verweigern**, wenn deren Bekanntwerden dem Wohl des Bundes oder eines Landes Nachteile bereiten würde oder die Vorgänge nach dem Gesetz oder ihrem Wesen nach geheim gehalten werden müssen. Hiervon wird die Behörde angesichts der von ihr für das Strafverfahren angenommenen Geheimhaltungsbedürftigkeit in aller Regel auch im verwaltungsgerichtlichen Verfahren Gebrauch machen. Das VG kann sich in diesem Fall allein auf die ihm vorliegenden Angaben und Unterlagen stützen, insbesondere also die von der Behörde für die Sperrerklärung abgegebene Begründung. Ein besonderes **(Zwischen-)Verfahren** zur Überprüfung der Rechtmäßigkeit der Verweigerung der Aktenvorlage bzw. Auskunftserteilung **im Verwaltungsprozess** regelt **§ 99 Abs. 2 VwGO**; siehe hierzu näher → *Sperrerklärung, **In-camera-Verfahren***, Teil B Rdn 667 ff.

623 Der **Umfang** der **Prüfung** durch das VG ist, wenn ihm der Inhalt der gesperrten Akten danach unbekannt ist, auf folgende **Punkte begrenzt** (vgl. BVerwG NJW 2004, 963, 964; NJW 1987, 202, 203; DVBl 2003, 869, 870; VG Darmstadt NVwZ 1996, 92, 93):

Prüfungsumfang 624

- Ist die Sperrerklärung formell **ordnungsgemäß zustande** gekommen (dazu u. Rdn 625 f.)?
- Liegt der Sperrerklärung ein **zutreffender rechtlicher Maßstab** zugrunde (dazu u. Rdn 628 ff.)?
- Hat die Behörde **alle** danach **erheblichen Umstände berücksichtigt** und genügt die Sperrerklärung auch im Übrigen angesichts der Umstände des Einzelfalls nach ihrem Inhalt und Erklärungswert den Anforderungen des § 96 (dazu u. Rdn 637 ff.; s. auch noch BVerfG NJW 1981, 1719, 1725; BVerwG NJW 1983, 638, 639)?

3.a) Die Sperrerklärung ist nach § 96 **formell ordnungsgemäß** zustande gekommen, wenn sie von der zuständigen **obersten Dienstbehörde erlassen** worden ist (BVerfG NJW 1981, 1719, 1725; BGH NJW 1981, 1052; 1996, 2738, 2739). Das ist der jeweilige Fachminister (KK-*Greven*; § 96 Rn 15; vgl. auch noch *Burhoff*, EV, Rn 2118 ff.). Dieser muss zwar nicht persönlich entscheiden; es genügt, dass die Entscheidung von einem Mitarbeiter des Ministeriums getroffen wird, für dessen Handeln der Minister die politische Verantwortung trägt (BGH NStZ 1988, 563, 564 m. Anm. *Naucke*). Die Entscheidung einer nachgeordneten Behörde reicht dagegen auch dann nicht aus, wenn, was etwa im Hinblick auf die Erteilung von Aussagegenehmigungen regelmäßig der Fall ist, die oberste Dienstbehörde die Kompetenz auf diese übertragen hat (BGHSt 35, 82, 85 f.; 42, 175, 177 f. m. Anm. *Geerds*; StV 1989, 377; 2001, 214; LR-*Menges*, § 96 Rn 76). Das bedeutet **im Einzelnen**: 625

Übersicht: Zuständigkeiten 626

- Für die Erteilung einer Sperrerklärung in Bezug auf **polizeilich** geheim gehaltene **Vertrauenspersonen** und **verdeckte Ermittler** (beachte insoweit § 110b Abs. 3 S. 3) ist der **Innenminister** zuständig (BGHSt 41, 36, 37 f.; LR-*Menges*, § 96 Rn 76 [daneben besteht **keine** Zuständigkeit des Justizministers, selbst wenn der Informant auch bei der Ahndung von Straftaten herangezogen wird]).
- Dasselbe gilt für Informanten der **Verfassungsschutzämter** des Bundes und der Länder (BVerwG DVBl 2006, 851, 852; VG Berlin StV 2004, 251, 252).
- Handelt es sich um einen **Informanten** (ausschließlich) der **StA**, ist der **Justizminister** oberste Dienstbehörde (BGH StV 1988, 45, 46).
- In Bezug auf **Parlamentsakten** ist der jeweilige **Parlamentspräsident** aufgrund der ihm durch die Geschäftsordnungen der Parlamente übertragenen Befugnisse (vgl. etwa § 5 Abs. 1 GO des Landtags NRW) oberste Dienstbehörde (BGHSt 20, 189, 190).

b) Die **Sperrerklärung** ist zu **begründen**. Die Begründung soll das Gericht und die Verfahrensbeteiligten in die Lage versetzen, die Überlegungen der Behörde und ihre Entscheidung nachvollziehen zu können (BVerwG NJW 1987, 202, 203; KK-*Greven*, § 96 627

Rn 17). Eine Begründung ist nur dann **nicht** erforderlich, wenn die **Geheimhaltungsbedürftigkeit** der von der Sperrerklärung betroffenen Akten oder Auskünfte – ausnahmsweise – **offensichtlich** ist (BVerwG NJW 1984, 202, 205). Dies dürfte allerdings nur sehr selten der Fall sein. Ansonsten muss die Begründung der Sperrerklärung erkennen lassen, dass der maßgebliche Sachverhalt sowie die gegenläufigen Interessen der Behörde einerseits und des Gerichts und der Verfahrensbeteiligten des Strafprozesses andererseits bei der Entscheidung berücksichtigt worden sind. Die Behörde muss ihre Weigerung so einleuchtend darlegen, dass das Gericht sie als triftig anerkennen kann (BGH NStZ 2000, 265, 266; 2010, 445, 448; BVerwG NJW 1984, 2233, 2235). Auch wenn die Behörde dabei den Geheimhaltungserfordernissen Rechnung tragen darf, ist sie verpflichtet, ihre Gründe soweit mitzuteilen, wie die geheimhaltungsbedürftigen Vorgänge dies zulassen (BGHSt 32, 115, 125; BVerwG NJW 1987, 202, 204). Kommt danach nur eine inhaltlich eingeschränkte Begründung in Betracht, muss die Behörde zumindest darlegen, warum eine weiter gehende Offenbarung ihrer Gründe nicht möglich ist (BVerwG NJW 1987, 202, 204).

☝ **Bloß formelhafte Wendungen** sind **in keinem Fall ausreichend**. Erschöpft sich die Begründung in allgemein gehaltenen oder floskelhaften Ausführungen oder ist sie sonst offensichtlich fehlerhaft, kann das Strafgericht zur Erhebung einer Gegenvorstellung verpflichtet sein, bei deren Unterlassen es ggf. gegen die Aufklärungspflicht aus § 244 Abs. 2 verstößt (BGHSt 32, 115, 126; 36, 159, 161; 42, 175, 178 zur Verweigerung einer Aussagegenehmigung; *Meyer-Goßner/Schmitt*, § 96 Rn 9; zur Aussagegenehmigung a. *Burhoff*, EV, Rn 636; *Burhoff*, HV, Rn 409; s. näher → *Sperrerklärung, Gegenvorstellung*, Teil B Rdn 664 ff.). Sind von der Sperrung Teile einer größeren Aktenmenge betroffen, muss die Sperrerklärung zudem jeden zurückgehaltenen Aktenbestandteil und jede unkenntlich gemachte Textstelle konkret bezeichnen. Zudem muss die Behörde angeben, auf welchen Umstand sie die einzelne Sperrung jeweils stützt (OVG Berlin-Brandenburg Beschl. v. 22.8.2011 – 95 A 4/10).

628 **4.a)** Der Sperrerklärung liegt ein **zutreffender rechtlicher Maßstab** zugrunde, wenn die Behörde sie auf die **in § 96 genannten Gründe** gestützt hat. Durch die Sperrung des Beweismittels muss also beabsichtigt werden zu verhindern, dass ein Bekanntwerden der fraglichen Akten oder des Namens und der Anschrift eines Zeugen dem Wohl des Bundes oder eines Landes Nachteile bereiten würde. Der unbestimmte Rechtsbegriff des „Wohles" des Bundes oder eines Landes umfasst nicht nur den Bestand der Gebietskörperschaft und ihre Funktionsfähigkeit, sondern weiter gehend alle verfassungsmäßig legitimierten öffentlichen Aufgaben, die zu ihrer Erfüllung der Geheimhaltung bedürfen (VG Weimar NVwZ-RR 2002, 394, 395). In der Rspr. haben sich insbesondere **folgende Kategorien** herausgebildet, die **generell geeignet** sind, eine Sperrerklärung zu rechtfertigen:

b) Eine Sperrung von Beweismitteln ist grds. zulässig, um ein **Bekanntwerden** der **Arbeitsweisen** der **Sicherheitsbehörden** und der Methoden ihrer Erkenntnisgewinnung zu **verhindern** (BVerfG NStZ 2000, 151, 152; BVerwG NJW 1987, 202, 204; NVwZ 2003, 348, 349; DVBl 2006, 851, 853; VGH Kassel StV 1986, 52, 53). Anderenfalls bestünde die Gefahr, dass die künftige Erfüllung der verfassungsmäßigen Aufgaben der Sicherheitsbehörden wesentlich erschwert werden würde (BVerwG NVwZ 2006, 1423; DVBl 2006, 851, 853; VG Stuttgart NJOZ 2006, 4582, 4584). 629

c) Ähnlich zu beurteilen sind die Fälle, in denen die Sperrerklärung erfolgt, um die **Zusammenarbeit** der Behörde **mit anderen Behörden nicht** zu **gefährden** (BVerwG DVBl 2006, 851, 853; DVBl 2003, 869, 871). Auch insoweit dient die Geheimhaltung zum Schutz vor Erschwernissen bei der behördlichen Aufgabenerfüllung. Hierbei wird nicht allein auf die Gefahr abgestellt, die für die sperrende Behörde durch eine Offenlegung ihrer Methoden in Zusammenarbeit mit anderen Behörden entstünde. Auch anderen Behörden gegenüber abgegebenen Vertraulichkeitszusagen, etwa im Bereich des geheimdienstlichen Nachrichtenaustauschs, kommt Bedeutung zu. Eine Sperrung von Beweismitteln kommt daher in Betracht, wenn die Behörde befürchten müsste, bei einer Offenlegung von einem weiteren Informationsaustausch ausgeschlossen zu werden (BVerwG NJW 2004, 963, 964 zur „Hamburger Terrorzelle"). 630

d) Aus der Pflicht des Staates zum Schutz des Lebens und der Gesundheit seiner Bürger vor rechtswidrigen Angriffen folgt, dass eine Sperrerklärung auch zur **Abwehr** einer **Gefahr** für **Leben, Gesundheit** und **Freiheit** eines **Zeugen** erlassen werden kann (BVerfG NJW 1981, 1719, 1724; BVerwG NJW 1987, 202, 204; Beschl. v. 2.7.2009 – 20 F 4/09; BGH NStZ 1985, 466, 468; s.a. BGHSt 39, 141, 145; StV 2003, 316 [auch strafprozessual kann ohne Verstoß gegen § 244 Abs. 2, 3 von der Vernehmung eines in einem Beweisantrag namentlich genannten Zeugen abgesehen werden, soweit durch die Vernehmung eine Gefahr für Leib oder Leben des Zeugen droht]). Es kommt nicht darauf an, dass die Gefahr gerade für den zu vernehmenden Zeugen besteht. Ausreichend ist eine von der Offenlegung des Beweismittels ausgehende Gefahr für die im Auftrag der Behörde Tätigen oder Dritte (BVerwG DVBl 2006, 851, 853; vgl. auch § 110b Abs. 3 S. 3: „… oder einer anderen Person …"). 631

Ob eine Gefährdung vorliegt, beurteilt sich nach den **konkreten Umständen** des **Einzelfalls**; es genügt nicht, wenn die Behörde auf eine in ihrem Tätigkeitsbereich abstrakt bestehende Gefahr hinweist, wenngleich die Anforderungen nicht überspannt werden dürfen (BVerwG, Beschl. v. 2.7.2009 – 20 F 4/09; VGH Mannheim NJW 1991, 2097, 2098; VG Dresden NVwZ-RR 2003, 649, 650 [nicht zu entfernt liegende Wahrscheinlichkeit von Wiederholungstaten]; s.a. BGH NJW 1989, 3291, 3293). 632

e) Eine Sperrung von Beweismitteln kommt grds. auch in Betracht, wenn die **Behörde** einem Informanten gegenüber eine **Vertraulichkeitszusage abgegeben** hat (BVerfG NJW 633

2010, 925, 927; VG Stuttgart NJOZ 2006, 4582, 4584). Ansonsten bestünde die Gefahr, dass das Vertrauen in Zusagen der Strafverfolgungsbehörden erschüttert und die Funktionstüchtigkeit der Strafrechtspflege dadurch insgesamt beeinträchtigt würde (BVerfG, a.a.O.). Sperrerklärungen, die **ausschließlich** auf eine **Vertraulichkeitszusage** gegründet sind, begegnen jedoch **Bedenken** (s.a. BGH NJW 1989, 3291, 3293). Denn damit läge die Entscheidung, ob ein Zeuge vor Gericht aussagen muss oder nicht, allein in der Hand der Behörde und nicht des (Straf-)Gerichts und der Beteiligten des Strafverfahrens. Eine im Ermessen der Behörde liegende, nahezu voraussetzungslose Möglichkeit, dem Strafverfahren Beweismittel vorzuenthalten, beeinträchtigte die Funktionstüchtigkeit der Strafrechtspflege, die auch und vor allem durch das Gericht wahrgenommen wird, in vergleichbarer Weise. Es erscheint daher vorzugswürdig, eine Vertraulichkeitszusage als Grundlage einer Sperrerklärung nur dann anzuerkennen, wenn mit einer Offenbarung des Beweismittels und einer Aussage im Strafverfahren weitere Gefahren, insbesondere für den Zeugen selbst, verbunden sind (LR-*Menges*, § 96 Rn 65). Auch in dem vom BVerfG (a.a.O.) entschiedenen Fall bestand eine konkrete Gefährdung für die gesperrten Zeugen, auf die das BVerfG „namentlich" abgestellt hat; vergleichbares gilt für die zitierte Entscheidung des VG Stuttgart. Eine allein auf **subjektiven Befindlichkeiten** des **Informanten** oder unspezifischen Befürchtungen der Behörde beruhende Sperrung genügt den Maßstäben des § 96 dagegen nicht (ablehnend auch BVerwG, Beschl. v. 2.7.2009 – 20 F 4/09).

☝ Hiervon zu **unterscheiden** sind die Fälle, in denen keine Sperrerklärung nach § 96 vorliegt, sondern die Behörde die Auskunft über die Identität eines Zeugen allein aufgrund einer diesem gegenüber abgegebenen **Vertraulichkeitszusage** verweigert (s. hierzu → *Sperrerklärung, Rechtsmittel*, Teil B Rdn 681).

634 **f)** Aus **§ 110b Abs. 3** S. 3 folgt, dass die Identität eines **Verdeckten Ermittlers** auch geheim gehalten werden darf, wenn eine Offenbarung dessen **weitere Verwendung** gefährden könnte (s. hierzu a. BGHSt 42, 175, 178 m. Anm. *Geerds* NStZ 1996, 608; zum Verdeckten Ermittler eingehend *Burhoff*, EV, Rn 3813 ff. m.w.N.). Die Vorschrift gilt unmittelbar nur für Verdeckte Ermittler i.S.v. § 110a Abs. 2. Ob sie darüber hinaus auf andere Auskunftspersonen (V-Leute oder sonstige Informanten) analog anwendbar ist, ist umstritten (einschr. KK-*Bruns*, § 110b Rn 17; zw. a. Graf/*Hegmann*, § 110b Rn 10, jeweils unter Hinweis auf § 101 Abs. 5; nach *Meyer-Goßner/Schmitt*, [§ 110b Rn 8] hat die Regelung „Bedeutung hinsichtlich anderer gefährdeter oder weiter zu verwendender Auskunftspersonen"; befürwortend LR-*Menges*, § 96 Rn 64, die aber zutreffend darauf hinweist, dass die gesetzliche Regelung nicht die Notwendigkeit einer Abwägung im Einzelfall ersetzen kann: siehe hierzu unten Rdn 637 ff.). Nach VGH Mannheim, NJW 2013, 102, 103, ist – ohne Rückgriff auf § 110b – die weitere Verwendbarkeit einer Vertrauensperson in der Verbrechensbekämpfung vom Begriff des Wohls des Landes i.S.v. § 96 umfasst.

g) In Lit. und Rspr. wird teilweise die Möglichkeit einer Sperrerklärung zum **Schutz privater Geschäftsgeheimnisse** erwogen (etwa VG Weimar NVwZ-RR 2002, 394, 396 unter Hinw. auf eine zu § 99 VwGO ergangene Entscheidung des OVG Münster NVwZ 2000, 449; s.a. SK-StPO/*Wohlers*, § 96 Rn 22 m.w.N.). Das erscheint **zweifelhaft**, da § 96 S. 1 öffentliche Belange als Grundlage einer Sperrerklärung in den Blick nimmt (SK-StPO/*Wohlers*, a.a.O.). Soweit eine Sperrerklärung zum Schutz privater Umstände jedenfalls dann für möglich gehalten wird, wenn diese auch von speziellen öffentlich-rechtlichen Normen, wie etwa dem Steuergeheimnis (§ 30 AO), geschützt werden (so VG Weimar, a.a.O.; s. zudem BVerfG NJW 1984, 2271, 2273 zu parlamentarischen Untersuchungsausschüssen), überzeugt auch das im Ergebnis nicht. Unter welchen Voraussetzungen im Besteuerungsverfahren bekannt gewordene Tatsachen im Strafverfahren verwendet werden können, regelt § 393 AO. Für eine weiter gehende Sperrung von Beweismitteln nach § 96 verbleibt daneben ein allenfalls begrenzter Anwendungsbereich. Zudem erscheint es schwer vorstellbar, dass privaten Interessen gegenüber öffentlichen Strafverfolgungsinteressen und dem Gebot eines fairen Strafverfahrens (siehe zur Abwägung u. Rdn 637 ff.) der Vorrang zukommen könnte (so im Ergebnis a. VG Weimar, a.a.O.). 635

h) Nicht geeignet, um als **Grundlage** einer Sperrerklärung in Betracht zu kommen, sind dagegen die **Aufgaben** der **Behörde** im Bereich der **Strafverfolgung** oder der **geheimdienstlichen Nachrichtenbeschaffung** als solche. Eine Pflicht zur Aktenvorlage oder zur Auskunftserteilung an das Strafgericht kann daher nicht allein mit dem Hinweis ausgeschlossen werden, die Tätigkeit der Behörde in einem sicherheitsrelevanten Bereich erlaube eine solche Offenlegung nicht (BVerfG NJW 1981, 1719, 1724; BVerwG NJW 1987, 202, 204; DVBl 2003, 869, 871; *Meyer-Goßner/Schmitt*, § 96 Rn 7). Ebenso wenig kann **allgemein** auf die **Bedeutung des Quellenschutzes** für die Strafverfolgungsbehörden abgestellt werden (BVerwG, Beschl. v. 2.7.2009 – 20 F 4/09. Vielmehr sind auch die im Bereich der Strafverfolgung und der geheimdienstlichen Nachrichtenbeschaffung tätigen Behörden grds. zur Vorlage ihrer Akten an das Strafgericht sowie zur Auskunftserteilung verpflichtet (BVerfG, a.a.O.; BVerwG NJW 1987, 202, 204; DVBl 2003, 869, 871). Das gebieten der hohe Rang der gerichtlichen Wahrheitsfindung und das Gewicht des Freiheitsanspruchs des Beschuldigten (BVerwG NJW 1987, 202, 204). 636

5.a) Der Erlass einer Sperrerklärung ist nach § 96 nur möglich, wenn das Bekanntwerden der Akten der Behörde oder der sonstigen vom Strafgericht gewünschten Auskünfte im **konkreten Fall** dem **Wohl** des **Bundes** oder eines **Landes Nachteile bereiten** würde (BVerwG NJW 2004, 963, 964; 1987, 202, 204 f.; VGH Mannheim NJW 1991, 2097, 2098). Ob das der Fall ist, ist nicht nur anhand der Zugrundelegung eines zutreffenden rechtlichen Maßstabs zu entscheiden (dazu oben Rdn 628). Denn eine Sperrer- 637 klärung ist nicht allein deshalb rechtmäßig, weil für ihren Erlass abstrakt Gründe vorlagen; die Sperrung eines Beweismittels steht vielmehr im pflichtgemäßen Ermessen der Behörde (BVerwG NVwZ 2003, 347, 348; VG Berlin StV 2004, 251, 253; KK-*Greven*, § 96 Rn 18). Um ihr **Ermessen sachgerecht auszuüben**, muss die Behörde **alle** für die Entscheidung **bedeutsamen Umstände erkennen** und **zutreffend gewichten**. Hierfür ist erforderlich, dass sie die widerstreitenden Interessen an der Offenlegung des Beweismittels einerseits und an seiner Geheimhaltung andererseits gegeneinander abwägt. Für eine Offenlegung des Beweismittels sprechen dabei nicht nur die (privaten) Interessen des vor dem VG klagenden strafprozessualen Verfahrensbeteiligten, etwa im Hinblick auf eine Entlastung von den gegen ihn erhobenen strafrechtlichen Vorwürfen. Zu gewichten ist auch das öffentliche Interesse an der Wahrheitsermittlung im Strafverfahren, selbst wenn dem Strafgericht selbst ein Klagerecht gegen die Sperrerklärung nicht zusteht (BVerwG DVBl 2003, 869, 871; VG Berlin StV 2004, 251, 253).

638 **b) Ausgangspunkt** der **Abwägung** ist die grds. bestehende Verpflichtung jeder Behörde, dem Strafgericht die von diesem geforderten Akten vorzulegen und die gewünschten Auskünfte zu erteilen (BVerwG NJW 1987, 202, 204).

☝ Die **Sperrung** eines Beweismittels stellt eine **Ausnahme** von diesem Grundsatz dar, die die Erforschung der Wahrheit im Strafverfahren behindert und daher „einen Eingriff in den Gang der Rechtspflege" darstellt (BGHSt 35, 82, 85; NStZ 2005, 43). An eine Sperrerklärung sind aus diesem Grund generell **strenge Anforderungen** zu stellen; sie muss auf Ausnahmefälle beschränkt bleiben (BGH, a.a.O.).

639 Zu berücksichtigen bei der Abwägung nach der Rspr. des **BVerfG** und des **BVerwG** (s. etwa BVerfG NJW 1981, 1719, 1724; BVerwG NJW 1987, 202, 204; 1984, 2233; DVBl 1984, 836, 837) folgende

640 **Abwägungskriterien**:

- die **Schwere** der **Straftat**, die im Strafprozess aufgeklärt werden soll,
- das **Ausmaß** der dem Kläger bei einer Nichterhebung des Beweises **drohenden Nachteile**,
- der **Stellenwert**, der dem gesperrten **Beweismittel** im Rahmen des Strafprozesses zukommt,
- das **konkrete Gewicht** der einer Aktenvorlage bzw. einer Auskunftserteilung **entgegenstehenden Gründe**.

641 Die **konkrete Abwägung** ist eine **Frage** des **Einzelfalls**. Die Rspr. hat im Rahmen der praktischen Anwendung der genannten Kriterien abgestellt auf folgende

Abwägungsumstände: 642

- Das **Gewicht** der **Gründe**, die einer Vorlage der vom Strafgericht geforderten Behördenakten entgegensteht, wird geringer, wenn die maßgeblichen Vorgänge bereits längere Zeit zurückliegen, das Verwaltungsverfahren abgeschlossen und auch zukünftig keine weitere Entscheidung der Behörde in dieser Sache zu erwarten ist (BVerwG NJW 1987, 202, 205; VG Weimar NVwZ-RR 2002, 394, 398).
- Je konkreter die bei einer Offenlegung der behördlich geführten Akten **drohenden Gefahren** sind, desto größer ist auch das Gewicht der für eine Geheimhaltung sprechenden Gründe. Ergeben sich etwa aus den als Beweismittel bezeichneten Akten die Klarnamen von Informanten, die im Rahmen von Terrorismus- oder Bandenkriminalitätsverfahren mit den Sicherheitsbehörden zusammengearbeitet haben, wird eine Offenlegung in der Regel nicht in Betracht kommen, da in diesen Bereichen mit Racheakten zu rechnen ist (BVerwG DVBl 2006, 851, 853; s.a. *Detter* StV 2006, 544, 545).
- Darüber hinaus fällt für eine Sperrung bei der Bekämpfung bestimmter Bereiche besonders gefährlicher Kriminalität ins Gewicht, dass insoweit ohne den Einsatz von V-Leuten in der Regel nicht auszukommen ist (siehe hierzu BVerfG NJW 1992, 168). Das gilt namentlich bei **Bandendelikten** und **Rauschgifthandel** (OVG Lüneburg NJW 2001, 1665).
- Gegen eine Sperrung spricht, wenn die Behörde die gegenständlichen Akten – zumindest zum Teil – **bereits** in einem **anderen Verfahren** vor einem anderen Gericht **vorgelegt** hat, die geheim zu haltenden Informationen also bereits bekannt sind (OLG München StV 2005, 430, 431 [dort hatte das baden-württembergische Justizministerium eine Vorlage von Akten an den GBA verweigert, die zuvor schon von der StA Stuttgart teilweise an den Ermittlungsrichter beim AG gesandt worden waren, um verschiedene strafprozessuale Maßnahmen zu erwirken]). Entsprechendes gilt, wenn die Behörde einen Zeugen sperrt, dessen Personalien der Angeklagte ohnehin kennt (SK-StPO/*Wohlers*, § 96 Rn 28).
- Im Rahmen des bei der Abwägung zu berücksichtigenden Stellenwerts des Beweismittels kann die Behörde gewichten, dass für die Tatsachen, für die die gesperrte Vertrauensperson als Zeuge in Betracht kam, auch noch **weitere Beweismittel** – im konkreten Fall ein unter Einschränkungen freigegebener verdeckter Ermittler als Zeuge – zur Verfügung stehen (VGH Mannheim NJW 1994, 1362, 1363).
- Die dem **Kläger** gegen eine Sperrerklärung bei einer Nichterhebung des Beweises **drohenden Nachteile** müssen – insofern spiegelbildlich zu der bei einer Offenlegung drohenden Gefahr für Ermittler, V-Personen oder Dritte – **konkret** zu **befürchten** sein. Bloß abstrakte Nachteile für die Beweisführung reichen nicht (VG Dresden NVwZ-RR, 649).

- Hat das Strafgericht zu erkennen gegeben, dass von dem gesperrten Beweismittel **ohnehin keine verfahrensrelevanten Erkenntnisse** zu erwarten seien, soll auch das – ergänzend – bei der Abwägung herangezogen werden können (BVerwG DVBl 2003, 869, 871).

643 **c)** Im Verfahren vor dem VG von der Behörde **nachgeschobene Gründe** sind für die Entscheidung **unbeachtlich**. Das gilt auch dann, wenn sie an sich geeignet wären, die Sperrerklärung zu rechtfertigen (BVerwG NJW 1987, 202, 205). Denn das Recht auf ein faires, rechtsstaatliches (Straf-)Verfahren ist durch eine rechtswidrige Sperrerklärung auch dann verletzt, wenn die Behörde andere Gründe hätte geltend machen können, die eine Sperrung des Beweismittels abstrakt möglich gemacht hätten. Ein Nachschieben von Gründen soll nach VG Berlin (StV 2004, 251, 252) jedoch nicht vorliegen, wenn die Behörde die Sperrerklärung im Strafverfahren gegenüber dem Strafgericht, und nicht auf der verwaltungsprozessualen Ebene, nachbessert. Eine solche Differenzierung ist abzulehnen, wenn und soweit sie dazu führt, dass die Behörde allein durch die Auswahl des Adressaten der nachgebesserten Sperrerklärung erreichen kann, dass die Gründe, auf die sie sich für ihre Sperrung nunmehr (zusätzlich) berufen will, Berücksichtigung finden.

☝ **Unproblematisch** ist die Nachbesserung aber jedenfalls, wenn sie zeitlich **vor** der Erhebung des verwaltungsgerichtlichen Rechtsmittels erfolgt.

644 **6.a)** Ergibt die Abwägung, dass unter Zugrundelegung der bei Rdn 637 ff. genannten Kriterien eine Sperrung des in Rede stehenden Beweismittels grds. in Betracht kommt, führt dies nicht automatisch zur Rechtmäßigkeit einer Sperrerklärung. Die Behörde muss vielmehr **weiter prüfen**, ob unter Berücksichtigung des **Verhältnismäßigkeitsgrundsatzes** ggf. ein **milderes Mittel** als die Nichtvorlage der vom Strafgericht geforderten Akten oder die Nichterteilung der erwünschten Auskünfte in Betracht kommt. Denn die Vorenthaltung von Akten oder sonstigen Informationen bedeutet einen Eingriff in den Gang der Rechtspflege und eine Behinderung der Erforschung der Wahrheit, sodass ihr Ausnahmecharakter zukommen muss (s.o. Rdn 637 ff.). Es ist somit zunächst alles Zumutbare und der Bedeutung der Sache Angemessene zu unternehmen, um die der Heranziehung des Beweismittels im Strafverfahren entgegenstehenden Gründe auszuräumen (BVerfG NJW 1981, 1719, 1724; BVerwG NJW 1987, 202, 204; Beschl. v. 2.7.2009 – 20 F 4/09; VG Darmstadt NVwZ 1996, 92, 95). Kann den Bedenken der Behörde daher bereits durch **verfahrensrechtliche Vorkehrungen** im **Strafprozess** begegnet werden, kommt diesen der Vorrang vor einer kompletten Sperrung zu (BVerwG NJW 1987, 202, 204; VGH Kassel NJW 2014, 240, 242; *Meyer-Goßner/Schmitt*, § 96 Rn 12). Der Behörde steht allerdings bei der Frage, ob und ggf. welche Maßnahmen zur Sicherung des Geheimhaltungsinteresses in Betracht kommen, ein Beurteilungsspielraum zu (OLG Hamm NStZ 1985, 566, 567; *Meyer-Goßner/Schmitt*, a.a.O., m.w.N. a. zur a.A.). Nach Ansicht des VGH

Kassel (NJW 2014, 240) soll angesichts der Weiterentwicklung des Strafprozessrechts und der Kommunikationstechnik eine vollständige Sperrung eines Zeugen i.d.R. unwirksam sein, wenn vor dem Strafgericht eine audiovisuelle Vernehmung mit weiteren Schutzvorkehrungen vor einer Enttarnung stattfinden kann, etwa durch Ausschluss des Angeklagten und der Öffentlichkeit und Anwesenheit des Führungsbeamten am Vernehmungsort. Dem ist das OVG Münster allerdings u.a. unter Hinweis auf die Funktionstüchtigkeit der Strafrechtspflege und eine mögliche Weitergabe von Identifizierungsmerkmalen durch die Verteidiger entgegen getreten (NJW 2015, 1977).

b) Zur **Vermeidung** einer **vollständigen Sperrung** des Beweismittels im Strafverfahren kommen insbesondere folgende **Möglichkeiten** in Betracht, die – wenn nicht jeweils für sich genommen, so ggf. in ihrer Kumulierung (vgl. VGH Kassel NJW 2014, 240, 242) – dazu führen können, den Bedenken der Behörde Rechnung zu tragen (vgl. auch *Burhoff*, EV, Rn 3867 ff. und Rn 4178 ff., sowie *Burhoff*, HV, Rn 3307 ff. u. Rn 3336 ff.): **645**

Vermeidungsstrategien: **646**

- Besteht bei Offenlegung der wahren Identität eines Zeugen eine ihm selbst oder einer anderen Person drohende Gefahr für Leben, Leib oder Freiheit, kann das Strafgericht ihm nach **§ 68 Abs. 3** gestatten, **Angaben zur Person nicht** oder nur über eine frühere Identität zu machen (vgl. LR-*Menges*, § 96 Rn 71).
- Ergeben sich Anhaltspunkte für eine Gefährdung des Zeugen, die gerade durch seine Vernehmung in der HV droht, etwa weil in diesem Fall eine Identifizierung zu befürchten ist, kann die Behörde die Sperrerklärung nur hierauf beschränken (vgl. BGHSt 32, 115, 126 f.; KK-*Gmel*, § 223 Rn 9). In diesem Fall kommt eine **kommissarische Vernehmung** des gesperrten Zeugen durch einen beauftragten oder ersuchten Richter nach § 223 Abs. 1 in Betracht. Die für die Aussage in der HV erlassene Sperrerklärung stellt ein „anderes nicht zu beseitigendes Hindernis" i.S.d. Vorschrift dar (BGHSt 32, 115, 126 f.; s.a. *Detter* StV 2006, 544, 545). Die über die Vernehmung gefertigte Niederschrift kann nach § 251 Abs. 1 Nr. 2 in der HV verlesen werden, da der Zeuge infolge der Sperrung („anderer Grund") für das Gericht unerreichbar ist (BGHSt 29, 109, 111; *Meyer-Goßner*, § 251 Rn 9 m.w.N.).
- Darüber hinaus kann eine **Videovernehmung** eines gefährdeten Zeugen unter Vornahme einer **optischen** und/oder **akustischen Abschirmung** erfolgen (BGH NStZ 2006, 648; NStZ 2005, 43; StV 2004, 241, 242 m. Anm. *Wattenberg*; VG Stuttgart NJOZ 2006, 4582, 4584 f.; s.a. KK-*Greven*, § 96 Rn 12 [gegenüber den vorgenannten Verfahrensweisen „in der Regel vorzugswürdig"]; zur Videovernehmung in der HV *Burhoff*, HV, Rn 3307). Dabei wird der Zeuge nach § 247a an einem Ort außerhalb des Sitzungssaales vernommen und seine Vernehmung zeitgleich nach dort übertragen. Die Übertragung von Bild und Stimme des Zeugen kann zudem durch technische Vorkehrungen so modifiziert werden, dass seine Identifizierung zwar verhindert,

die Beobachtung von Mimik und Gestik sowie von Tonfall und Stimmfärbung jedoch nicht in erheblicher Weise beeinträchtigt wird (vgl. BGH NJW 2003, 74). Dies wird von der Rspr. insbesondere dann für zulässig gehalten, wenn die Behörde ansonsten auf einer Sperrerklärung bestanden hätte (BVerfG NJW 2010, 925, 926; BGHSt 51, 232, 235; BGH NStZ 2006, 648; NStZ 2005, 43; StV 2004, 241, 242; KK-*Diemer*, § 247a Rn 14 m.w.N.). Zudem kann die Vernehmung im Beisein des polizeilichen Führungsbeamten erfolgen, sodass dieser eingreifen kann, wenn sich der Zeuge durch möglicherweise unbedachte Äußerungen in die Gefahr einer Enttarnung begeben könnte (VGH Kassel NJW 2014, 240, 243). Wird auch hierdurch eine dem Zeugen drohende Gefahr nicht ausgeräumt, kann das Gericht nach § 247 S. 2 2. Alt. für die Dauer der Übertragung die Entfernung des Angeklagten aus dem Sitzungssaal anordnen (BGH NStZ 2006, 648; *Meyer-Goßner/Schmitt*, § 247 Rn 12). Hierdurch wird das **Konfrontationsrecht** des Angeklagten aus Art. 6 Abs. 3 lit. d EMRK dann nicht verletzt, wenn der Verteidiger anwesend ist und das Fragerecht wahrnehmen kann. Denn Art. 6 EMRK gewährt dem Angeklagten keinen Anspruch auf eine höchstpersönliche Ausübung des Konfrontationsrechts (BVerfG NStZ 2007, 534). Erforderlichenfalls ist dem Angeklagten nach der Unterrichtung über die Vernehmung Gelegenheit zu geben, weitere Fragen über seinen Verteidiger stellen zu lassen (BVerfG, a.a.O.). Teilweise wird zudem darauf abgestellt, ob es sich bei dem Zeugen um einen als Verdeckten Ermittler eingesetzten Polizeibeamten oder eine Privatperson als Hinweisgeber handelt. Während bei einem Verdeckten Ermittler vor allem seine Legende, auch wegen einer möglichen weiteren Verwendung, zu schützen sei, bestünde bei einer Enttarnung für eine Privatperson oftmals eine Gefahr für Leben und Gesundheit. Zudem könnten bei privaten Informanten leichter Rückschlüsse aus Sprachduktus, Mimik und Gestik gezogen werden, wenn es sich um eine Person aus dem näheren Umfeld des Angeklagten handele (BGH NStZ 2005, 43; OVG Münster NJW 2015, 1977, 1978). Daher komme bei **privaten Hinweisgebern eher** eine **vollständige Sperrung** in Betracht.

- Als **nicht ausreichend** zur Vermeidung einer Sperrerklärung wird dagegen angesehen, dass das Strafgericht lediglich **einzelne Fragen** an den Zeugen **nicht zulässt**, die evtl. Rückschlüsse auf seine Identität ermöglichen könnten. Denn das Gericht kann nicht in jedem Einzelfall im Vorhinein erkennen, ob eine bestimmte Frage an den Zeugen die Gefahr seiner Enttarnung in sich birgt (VG Stuttgart NJOZ 2006, 4582, 4585).
- Bei dem Strafgericht vorzulegenden Akten der Behörde kann es **genügen**, **geheim zu haltende Bereiche**, etwa enthaltene **Klarnamen** von Verdeckten Ermittlern oder sonstigen Informanten, **unkenntlich** zu machen (BVerwG DVBl 2006, 851, 853). Reicht das nicht aus, ist zu erwägen, ob die Akten dem Strafgericht wenigstens **teilweise** zugänglich gemacht werden können (BVerwG, a.a.O.; DVBl 2003, 869, 871; Beschl. v. 2.7.2009 – 20 F 4/09).

7. Kommt die Vernehmung eines Informanten in der HV auch unter Beachtung der unter Rdn 644 f. genannten Einschränkungen – ausnahmsweise – nicht in Betracht, erlässt die Behörde also eine umfängliche **Sperrerklärung** nach § 96, ist der gesperrte **Zeuge** als Beweismittel **unerreichbar** i.S.v. § 244 Abs. 3 Alt. 5 (BGHSt 30, 34, 37; 36, 159, 161; vgl. a. *Burhoff*, EV, Rn 2118 ff.). Gleichwohl kann die **Aufklärungspflicht** nach § 244 Abs. 2 auf eine Einführung der Erkenntnisse in die HV drängen (zur Aufklärungspflicht *Burhoff*, HV, Rn 329 ff.). In diesem Fall kann auf Mitarbeiter der Polizei oder des Verfassungsschutzes, die den gesperrten Zeugen, etwa als „**V-Mann-Führer**", kennen und über dessen Wissen informiert sind, als Zeugen vom Hörensagen zurückgegriffen werden (BGHSt 49, 112, 119 m.w.N.; KK-*Diemer*, § 250 Rn 13). Allerdings sind die über eine Vernehmung eines mittelbaren Zeugen eingeführten Erkenntnisse bei der **Beweiswürdigung** besonders vorsichtig zu würdigen und zurückhaltend zu gewichten, was das Gericht in den Urteilsgründen deutlich zu machen hat. Sie bedürfen in aller Regel einer Bestätigung durch andere wichtige Beweisanzeichen; eine Verurteilung kann sich, insbesondere wenn der Informant anonym geblieben ist, nicht allein auf sie stützen (st. Rspr., siehe etwa BGH, a.a.O.; NStZ 1994, 502; NStZ-RR 2002, 176; *Meyer-Goßner/Schmitt*, § 96 Rn 10 m.w.N.). 647

☝ Durch die Vernehmung eines mittelbaren Zeugen über die Erkenntnisse des gesperrten Informanten darf zudem das **Fragerecht** des **Angeklagten** nicht mehr als notwendig eingeschränkt werden. Daher kann der Angeklagte – auch noch nach der Vernehmung des mittelbaren Zeugen – einen Katalog von Fragen erstellen, der dem gesperrten Zeugen vorgelegt wird. Die hierauf gegebenen Antworten des gesperrten Informanten werden dann wiederum – soweit sie ihrerseits nicht der Sperrung unterfallen – in der HV von dem mittelbaren Zeugen wiedergegeben (vgl. Art. 6 Abs. 3 lit. d EMRK; BVerfG NJW 1992, 168; BGH NStZ 1993, 292; NStZ-RR 2002, 176; KK-*Diemer*, § 250 Rn 13; *Burhoff*, HV, Rn 1532 ff.).

8. Hinsichtlich der **Folgen** des **Ausgangs** eines **verwaltungsgerichtlichen Rechtsstreits** für die strafrechtliche HV ist zu unterscheiden: 648

Weist das VG die gegen die Sperrerklärung gerichtete **Klage ab**, ist das betroffene Beweismittel **unerreichbar** (§ 244 Abs. 3 Alt. 5; s.o. Rdn 647). Die Sperrung führt jedoch nicht zu einem Beweisverbot. Kann das Gericht daher etwa den gesperrten Zeugen aufgrund anderer Quellen identifizieren oder bestehen zumindest Anhaltspunkte für eine Identifizierung, darf es ihn nicht als unerreichbar behandeln und entsprechende Beweisanträge hierauf gestützt ablehnen (BGH NStZ 1993, 248; NStZ 2003, 610 f.; *Meyer-Goßner/Schmitt*, § 96 Rn 13). Etwas anderes gilt aber, wenn dem Zeugen infolge einer Vernehmung eine Gefahr für Leib oder Leben droht. In diesem Fall darf das Gericht von einer Vernehmung absehen (BGHSt 39, 141, 145; NStZ 1984, 31 f.; 2003, 610 f.; s.a. oben Rdn 541). Vorliegen und Ausmaß einer Gefahr für den Zeugen hat das Gericht in eigener 649

Verantwortung zu prüfen. Lehnt es einen Beweisantrag auf Vernehmung des Zeugen deswegen ab, hat es die maßgeblichen Gründe im Ablehnungsbeschluss darzulegen (BGH NStZ 1993, 350 f.).

650 **Gibt** das VG der gegen die Sperrerklärung gerichteten **Klage statt**, kann die Beweisaufnahme im Strafverfahren durchgeführt werden; bei Vorliegen eines entsprechenden Beweisantrags, der auch nicht aus anderen Gründen abzulehnen ist, oder wenn es die Aufklärungspflicht gebietet, ist das Strafgericht verpflichtet, den Beweis zu erheben.

> ☝ Dem vorgelagert ist die Frage, ob für den Fall, dass ein Verfahrensbeteiligter eine Sperrerklärung verwaltungsgerichtlich angreift, die strafrechtliche **HV** nach § 228 Abs. 1 **ausgesetzt** werden kann oder muss. Ob eine Aussetzung in Betracht kommt, ist zum einen eine Frage der Aufklärungspflicht (§ 244 Abs. 2), zum anderen kann sie ein Gebot der Verfahrensfairness sein (BGH NStZ 1985, 466, 467; NStZ-RR 2009, 4 [C]). Das Strafgericht muss bei seiner Entscheidung die Bedeutung des Beweismittels für die Wahrheitsermittlung einerseits und die durch eine Aussetzung eintretende Verzögerung des Verfahrens gegeneinander abwägen (BGH, a.a.O.). Zudem sind die Erfolgsaussichten des verwaltungsgerichtlichen Rechtsmittels zu gewichten; hält das Strafgericht die Sperrerklärung vertretbar für rechtmäßig, spricht auch das gegen eine Aussetzung (BGH NStZ 1985, 466, 468; StraFo 2007, 25; SK-StPO/*Wohlers*, § 96 Rn 58; s.a. BGH NStZ 2007, 649, 651 [Aussetzung „im Einzelfall" möglich]).

Siehe auch: → *Sperrerklärung, Rechtsmittel*, Teil B Rdn 676, m.w.N.

651 Sperrerklärung, einstweiliger Rechtsschutz

Das Wichtigste in Kürze:

1. Soweit bei einer Klage gegen eine Sperrerklärung eine Aussetzung des Strafverfahrens nicht erfolgt, muss geprüft werden, ob ggf. ein Antrag auf einstweiligen Rechtsschutz beim VG zu stellen ist.
2. Statthaft ist – unabhängig von der im Hauptsacheverfahren zu wählenden Klageart – der Antrag auf Erlass einer einstweiligen Anordnung nach § 123 VwGO.
3. Durch die einstweilige Regelung des Rechtsverhältnisses darf die Hauptsache nicht vorweggenommen werden.

652 **Literaturhinweise:** s. die Hinw. bei → *Sperrerklärung, Rechtsmittel*, Teil B Rdn 677.

653 **1.** Soweit bei einer Klage gegen eine Sperrerklärung eine Aussetzung des Strafverfahrens nicht erfolgt (s. dazu → *Sperrerklärung, Begründetheit einer Klage*, Teil B Rdn 619), be-

steht die Gefahr, dass eine verwaltungsgerichtliche Entscheidung zu spät, nämlich erst nach Erlass eines Strafurteils, ergeht. Um diese Situation – und die Risiken eines Wiederaufnahmeverfahrens – zu vermeiden, muss geprüft werden, ob ggf. ein Antrag auf **einstweiligen Rechtsschutz beim VG** zu stellen ist.

2.a) Statthaft ist – unabhängig von der im Hauptsacheverfahren zu wählenden Klageart 654
(VG Stuttgart NJOZ 2006, 4582, 4583) – der Antrag auf Erlass einer **einstweiligen Anordnung** nach **§ 123 VwGO**, da es in der Sache um die Erweiterung der Rechtsstellung des Antragstellers und nicht um die Abwehr eines Eingriffs in eine bereits bestehende rechtlich geschützte Position geht (siehe etwa BVerwG DVBl 2006, 869; NJW 2004, 963; OVG Lüneburg NJW 2001, 1665; VG Berlin, Beschl. v. 17.3.2003 – 34 A 41/03; VG Schwerin NVwZ 2007, 852). Eine einstweilige Anordnung kann ergehen, wenn der Antragsteller einen Anordnungsanspruch (vgl. Rdn 655) und einen Anordnungsgrund (Rdn 656) glaubhaft macht.

b) Ein **Anordnungsanspruch** für den Angeklagten kann sich aus seinem Anspruch auf 655
ein faires Verfahren und – insoweit auch für die weiteren Verfahrensbeteiligten, insbesondere den Nebenkläger – dem Recht ergeben, durch Beweisanträge und -anregungen auf den Strafprozess einzuwirken (BVerwG NJW 2004, 963; Beschl. v. 10.2.2003 – 6 VR 2/03). Wie bei der Zulässigkeit einer verwaltungsgerichtlichen Klage gegen eine Sperrerklärung ist aber auch hier zu berücksichtigen, dass den Verfahrensbeteiligten im Strafverfahren kein eigener Anspruch gegen die sperrende Behörde auf Vorlage bestimmter Akten oder die Erteilung bestimmter Auskünfte zusteht. Ein Anordnungsanspruch besteht daher **nur insoweit**, als das **Strafgericht** zuvor das gesperrte Beweismittel für das Verfahren **angefordert** hat (BVerwG NJW 2004, 963; s. näher → *Sperrerklärung, Zulässigkeit einer Klage*, Teil B Rdn 696). Gericht und StA stehen dagegen keine subjektiv-öffentliche Rechte zu, sodass für sie eine Inanspruchnahme einstweiligen verwaltungsgerichtlichen Rechtsschutzes ausscheidet.

c) Ein **Anordnungsgrund** ist gegeben, wenn eine besondere Eilbedürftigkeit besteht, die 656
eine einstweilige Anordnung erforderlich erscheinen lässt (s. näher u. Rdn 657 sowie allgemein *Redeker/von Oertzen*, VwGO, 15. Aufl. 2012, § 123 Rn 16). Er entfällt nicht, wenn das Verfahren vor dem Tatgericht, etwa mit der Verkündung eines Urteils, abgeschlossen ist, solange dieses Urteil noch mit einem Rechtsmittel angegriffen wird, das im Erfolgsfall zu einer erneuten Beweisaufnahme unter Einschluss des gesperrten Beweismittels führen kann (VGH Mannheim NJW 2013, 102, 103).

3. Durch die einstweilige Regelung des Rechtsverhältnisses darf die **Hauptsache grds.** 657
nicht vorweggenommen werden. Ordnet das VG im Wege der einstweiligen Anordnung die Aufhebung einer Sperrerklärung an oder stellt es sonst ihre Rechtswidrigkeit fest, besteht für die Behörde kein Recht, die Vorlegung von Akten oder die Erteilung von Auskünften an das Strafgericht zu verweigern. Das von der Sperrung betroffene Beweismittel

kann in die HV eingeführt werden; eine Möglichkeit der Geheimhaltung besteht nicht mehr. Das bedeutet zugleich, dass das Hauptsacheverfahren vor dem VG um die Rechtmäßigkeit der Sperrerklärung überflüssig geworden ist. Eine solche Vorwegnahme der Hauptsache ist im Verfahren des vorläufigen Rechtsschutzes grds. nicht möglich (vgl. KK-*Greven*, § 96 Rn 35, der hieraus den Schluss auf eine Unzulässigkeit des Erlasses einer einstweiligen Anordnung zieht). In der verwaltungsgerichtlichen Rspr. ist jedoch anerkannt, dass in **Ausnahmefällen** eine **Vorwegnahme** der **Hauptsache** in Betracht kommen kann, wenn dem Antragsteller bei einem Abwarten schwere und unzumutbare Nachteile drohten, die auch durch die spätere Entscheidung in der Hauptsache nicht nachträglich wieder beseitigt werden könnten (BVerwG NJW 2000, 160, 162; VGH Mannheim NJW 1991, 2097, 2098; 1994, 1362; VG Schwerin NVwZ 2007, 852; *Redeker/von Oertzen*, a.a.O., § 123 Rn 14). Das kann etwa der Fall sein, wenn der Abschluss der strafrechtlichen HV bevorsteht und bis dahin eine Entscheidung des VG im Hauptsacheverfahren sicher nicht zu erwarten ist (vgl. VGH Mannheim, a.a.O.; VG Hamburg, Beschl. v. 10.4.2002 – 3 VG 888/02). In diesen Fällen ist jedoch ein strenger Maßstab an die – im Eilverfahren vorzunehmende – summarische Prüfung von Anordnungsanspruch und Anordnungsgrund vorzunehmen (BVerwG NJW 2000, 160, 162; VG Schwerin NVwZ 2007, 852).

Siehe auch: → *Sperrerklärung, Rechtsmittel*, Teil B Rdn 676, m.w.N.

658 Sperrerklärung, Gegenvorstellung

Das Wichtigste in Kürze:

1. Das Strafgericht hat die behördliche Sperrung eines Beweismittels auf ihre Rechtmäßigkeit hin zu überprüfen.
2. Ziel einer Gegenvorstellung ist es, die oberste Dienstbehörde zu einer Überprüfung ihrer Entscheidung zu veranlassen, ein bestimmtes Beweismittel für das Strafverfahren zu sperren.
3. Die gerichtliche Aufklärungspflicht kann das Gericht zu der Erhebung einer Gegenvorstellung zwingen.

659 **Literaturhinweise:** s. die Hinw. bei → *Sperrerklärung, Rechtsmittel*, Teil B Rdn 677.

660 **1.** Das Strafgericht hat aufgrund seiner **Aufklärungspflicht** (§ 244 Abs. 2) eine Sperrerklärung, die auf eine Beweismittelanforderung hin von einer Behörde nach § 96 erlassen wurde, darauf zu überprüfen, ob die Sperrung rechtmäßig ist und wie ggf. eine Beweiserhebung in der HV ermöglicht werden kann (s. etwa BGH NStZ 1989, 282).

Ist das Gericht der Auffassung, die Sperrung des Beweismittels sei **rechtmäßig**, können Sicherheitsbedenken der Behörde ggf. durch besondere verfahrensrechtliche **Vorkehrungen** im **Strafprozess** ausgeräumt werden. Dazu hat das Gericht alle nach den Umständen gebotenen Bemühungen zu entfalten, um das der Beweiserhebung entgegenstehende Hindernis zu beseitigen (so BGHSt 36, 159, 161 m.w.N.; StV 2004, 241, 242 m. Anm. *Wattenberg*; siehe hierzu → *Sperrerklärung, Begründetheit einer Klage*, Teil B Rdn 644 f.). 661

Kommt das Gericht dagegen zu der Überzeugung, die Sperrerklärung sei **nicht rechtmäßig**, kann es **versuchen**, ihre Aufhebung zu erreichen. Die Rechtswidrigkeit der Sperrerklärung kann sich dabei etwa aus einer fehlenden oder unverständlichen Begründung, ihrem Beruhen auf einer unrichtigen tatsächlichen Grundlage oder auf einer falschen Rechtsanwendung durch die Behörde ergeben (BGH NStZ 1989, 282; 2010, 445, 448). Entsprechendes gilt, wenn die Sperrerklärung bereits älter ist und sich die Umstände seit ihrem Erlass geändert haben (BGH, Urt. v. 7.3.1995 – 1 StR 803/94; s.a. BGH StV 2004, 241, 242 [bloßer Zeitablauf reicht für sich genommen nicht aus]). 662

☝ Das **Strafgericht** ist jedoch **nicht befugt**, **selbst Klage** gegen eine Sperrerklärung zu erheben, da ihm als staatlichem Organ ein eigenes Klagerecht nicht zusteht (siehe → *Sperrerklärung, Rechtsmittel*, Teil B Rdn 683). Es bleibt die Möglichkeit der Erhebung einer gegen die Sperrerklärung gerichteten **Gegenvorstellung** bei der obersten Dienstbehörde; unter Umständen ist das Gericht hierzu verpflichtet (s.u. Rdn 664).

2. Ziel einer **Gegenvorstellung** ist es, die oberste Dienstbehörde zu einer Überprüfung ihrer Entscheidung zu veranlassen, ein bestimmtes Beweismittel für das Strafverfahren zu sperren. Dabei soll die Behörde vor die Alternative gestellt werden, die vom Gericht beanstandeten Mängel, etwa bei der Begründung der Sperrung oder im Rahmen der tatsächlichen und rechtlichen Abwägung, entweder zu beseitigen oder die Sperrerklärung zurückzunehmen (BGHSt 36, 159, 1612). Hält die oberste Dienstbehörde die Sperrerklärung auf die Gegenvorstellung hin aufrecht, besteht i.d.R. **keine Verpflichtung** des Strafgerichts zu einer **wiederholten Gegenvorstellung** (BGH NStZ 1989, 282). Allerdings ist der Umstand, dass eine umfassende Beweiserhebung durch die Behörde verhindert worden ist, bei der Beweiswürdigung zu berücksichtigen (BVerfG StV 2010, 337, 338 [gesteigerte Sorgfalt]; BGH, a.a.O.; NStZ-RR 2002, 176; KK-*Greven*, § 96 Rn 14; s.a. *Burhoff*, HV, Rn 3341 f.). 663

3.a) Das Gericht kann unter Aufklärungsgesichtspunkten dazu **verpflichtet** sein, eine Gegenvorstellung gegen eine Sperrerklärung zu erheben (vgl. näher BGH NStZ 2010, 445, 448; Urt. v. 7.3.1995 – 1 StR 803/94; LR-*Menges*, § 96 Rn 79, 81). 664

Das ist der **Fall**, wenn 665

- die Sperrerklärung nach Auffassung des Gerichts **rechtswidrig** ist,
- die **Aufklärungspflicht** zu einer **Erhebung** des gesperrten Beweises **drängt** und

- die **konkrete Aussicht** besteht, dass die Behörde ihren Standpunkt, die angeforderten Akten dem Strafgericht nicht zur Verfügung zu stellen bzw. die erwünschten Auskünfte nicht zu erteilen, **ändern** wird (BGH StV 2004, 241, 242; Urt. v. 7.3.1995 – 1 StR 803/94; s.a. BGHSt 36, 159, 162 [eine Gegenvorstellung könne unterbleiben, wenn sie „von vorneherein aussichtslos sei"]).

666 **b)** Erhebt das Gericht trotz Vorliegens der genannten Voraussetzungen **keine Gegenvorstellung**, kann ein hierin liegender Verstoß gegen die Aufklärungspflicht mit der **Aufklärungsrüge** beanstandet werden (s. nur *Meyer-Goßner/Schmitt*, § 96 Rn 15). Zur zulässigen Erhebung der Rüge ist nach § 344 Abs. 2 erforderlich, das gesperrte Beweismittel zu bezeichnen und die Sperrerklärung jedenfalls ihrem wesentlichen Inhalt nach wiederzugeben sowie weiter darzulegen, warum sich die Beweiserhebung aufdrängte (BGH StV 2004, 241, 242; Urt. v. 7.3.1995 – 1 StR 803/94; allgemein zur Aufklärungsrüge → *Revision, Verfahrensrüge, Aufklärungsrüge [§ 244 Abs. 2]*, Teil A Rdn 2329). Das **beinhaltet** auch die Angabe von Anhaltspunkten, nach denen die Behörde auf eine Gegenvorstellung des Gerichts die Sperrerklärung aufgehoben oder zumindest eingeschränkt hätte. Auch wenn die Verfahrensbeteiligten des Strafprozesses regelmäßig wenig Einblick in die Entscheidungsfindung der Behörde haben werden, können sich dennoch Anhaltspunkte hierfür aus einer unvollständigen oder fehlerhaften Begründung der Sperrerklärung ergeben. Hat die Behörde etwa die Möglichkeit einer audiovisuellen Vernehmung unter Abschirmung ihres Informanten überhaupt nicht erwogen, erscheint es nicht fernliegend, dass eine Gegenvorstellung des Strafgerichts, in der die erforderliche Sicherung des Zeugen garantiert wird, zu einer Änderung ihrer Einstellung hätte führen können. Schließlich ist, wie üblich, das von der Beweisaufnahme zu erwartende Ergebnis bestimmt darzustellen (s. BGH NStZ-RR 2003, 71).

Siehe auch: → *Sperrerklärung, Rechtsmittel*, Teil B Rdn 676, m.w.N.

667 Sperrerklärung, in-camera-Verfahren

Das Wichtigste in Kürze:

1. Die Beteiligten des Verwaltungsprozesses können in einem Zwischenverfahren vor einem besonderen Fachsenat des OVG bzw. des BVerwG die Rechtmäßigkeit der Verweigerung der Aktenvorlage bzw. der Auskunftserteilung überprüfen zu lassen.
2. Der Antrag auf Durchführung des Zwischenverfahrens ist nicht form- oder fristgebunden.
3. Zuständig für das „in-camera-Verfahren" ist grds. das OVG.
4. Der Fachsenat prüft, ob die Weigerung der Behörde, die Informationen dem Verwaltungsgericht zugänglich zu machen, rechtmäßig ist.
5. Gegen die Entscheidung des Fachsenats eines OVG ist die Beschwerde statthaft.

Literaturhinweise: s. die Hinw. bei → *Sperrerklärung, Rechtsmittel*, Teil B Rdn 677. 668

1. Nach **§ 99 Abs. 1 S. 1 VwGO** sind Behörden im Verwaltungsprozess verpflichtet, dem Gericht Urkunden und Akten vorzulegen und Auskünfte zu erteilen. Die oberste Aufsichtsbehörde kann jedoch nach § 99 Abs. 1 S. 2 VwGO die Vorlage und **Auskunftserteilung verweigern**, wenn sie dem Wohl des Bundes oder eines Landes **Nachteile bereiten** würde oder die Vorgänge nach einem Gesetz oder ihrem Wesen nach geheim gehalten werden müssen. Will die Behörde verhindern, dass die von ihr für das Strafverfahren nach § 96 gesperrten Akten oder Informationen im Verfahren um die Rechtmäßigkeit der Sperrerklärung vor dem VG offengelegt werden, wird sie von dieser Möglichkeit Gebrauch machen (vgl. BVerwG DVBl 2003, 869, 870). Das VG ist an die Weigerung der Behörde gebunden; eine eigene Überprüfungsmöglichkeit steht ihm nicht zu (BVerwG NVwZ 2004, 745, 746; *Redeker/von Oertzen*, VwGO § 99 Rn 17). Dagegen haben die Beteiligten des Verwaltungsprozesses nach § 99 Abs. 2 S. 1 VwGO die Möglichkeit, die Verweigerung der Aktenvorlage bzw. der Auskunftserteilung in einem gesonderten Verfahren durch einen speziellen Spruchkörper überprüfen zu lassen. Dabei werden einem für Verfahren dieser Art gebildeten Fachsenat des OVG bzw. des BVerwG die gesperrten Akten zur Verfügung gestellt bzw. die verweigerten Auskünfte erteilt (§ 99 Abs. 2 S. 5 VwGO). Der **Fachsenat entscheidet** sodann unter Beachtung des materiellen Geheimschutzes (§ 99 Abs. 2 S. 7 VwGO) darüber, ob die Weigerung der Behörde, die Akten oder Informationen im verwaltungsgerichtlichen Hauptsacheverfahren zur Verfügung zu stellen, berechtigt ist. Weder die Beteiligten des Hauptsacheverfahrens noch die Öffentlichkeit erhalten hierbei Kenntnis vom Inhalt der Akten oder vom Gegenstand der Auskünfte („in-camera“). 669

2.a) Der **Antrag** auf Durchführung des Zwischenverfahrens ist **nicht form-** oder **fristgebunden**. Er kann von allen Beteiligten des verwaltungsgerichtlichen Verfahrens bei dem Gericht der Hauptsache gestellt werden (§ 99 Abs. 2 S. 3 VwGO; s.a. *Redeker/von Oertzen*, VwGO, 16. Aufl. 2014, § 99 Rn 18). 670

b) Zur Klarstellung des Gegenstands des Zwischenverfahrens ist grds. **erforderlich**, dass das **VG** die **Entscheidungserheblichkeit** der nach § 99 Abs. 1 S. 2 VwGO verweigerten Akten oder Auskünfte für das (Hauptsache-)Verfahren **förmlich bejaht** hat (BVerwG NJW 2010, 2295, 2296; NVwZ 2006, 1423; 2010, 1495, 1496; 2012, 112). 671

> ☝ Auf einen entsprechenden **Beweisbeschluss** oder eine ähnlich förmliche Äußerung des Gerichts kommt es jedoch **nicht** an, wenn Gegenstand des verwaltungsgerichtlichen Hauptsacheverfahrens eine **Klage** gegen eine **Sperrerklärung** nach § 96 ist. Denn die im Verwaltungsprozess zurückgehaltenen Informationen sind in Fällen dieser Art zweifelsfrei rechtserheblich. Die Rechtserheblichkeit ist nämlich immer dann gegeben, wenn – wie hier – die Pflicht zur Vorlage der Akten bzw. Erteilung der Aus-

künfte gerade Gegenstand des Hauptsacheverfahrens vor dem VG ist und dessen Entscheidung allein von der Frage der Geheimhaltungsbedürftigkeit abhängt (BVerwG NVwZ 2006, 1423; 2010, 1495, 1496; OVG Lüneburg NVwZ-RR 2005, 819).

672 **3.a) Zuständig** für das „in-camera-Verfahren" ist grds. das OVG (§ 99 Abs. 2 S. 1 VwGO). Erfolgt die Verweigerung der Aktenvorlage bzw. Auskunftserteilung im Verwaltungsprozess durch eine oberste Bundesbehörde, begründet dies nach § 99 Abs. 2 S. 2 VwGO die Zuständigkeit des BVerwG. Gleiches gilt, wenn das **BVerwG** für die Entscheidung in der Hauptsache zuständig ist. Das ist nach § 50 Abs. 1 Nr. 4 VwGO bei Klagen der Fall, denen Vorgänge im Geschäftsbereich des **Bundesnachrichtendienstes** zugrunde liegen.

673 **b)** Das bedeutet für „in-camera-Verfahren" bei **Klagen gegen strafprozessuale Sperrerklärungen**: Ist die Sperrerklärung durch ein Landesministerium erlassen worden und verweigert im Verwaltungsprozess dementsprechend eine oberste Landesbehörde die Aktenvorlage oder Auskunftserteilung, ist der Fachsenat des OVG zuständig. Das betrifft insbesondere Fälle von Sperrungen von Informationen der Landespolizeibehörden oder der Landesämter für Verfassungsschutz. Ist die Sperrerklärung – etwa in Bezug auf Erkenntnisse des BfV (in Bezug auf Erkenntnisse des BND folgt die Zuständigkeit des BVerwG bereits aus § 99 Abs. 2 S. 2 i.V.m. § 50 Abs. 1 Nr. 4 VwGO) – von einer obersten Bundesbehörde erlassen worden und verweigert diese auch dem VG gegenüber die Vorlage oder Auskunft, besteht die Zuständigkeit des entsprechenden Fachsenats des BVerwG.

674 **4.** Der **Fachsenat prüft** anhand der ihm zugänglich gemachten Informationen, ob die Entscheidung der obersten Aufsichtsbehörde, die Akten dem VG nach § 99 Abs. 1 S. 2 VwGO nicht vorzulegen bzw. die angeforderten Auskünfte nicht zu erteilen, rechtmäßig ist. Rechtsfehler können sich dabei sowohl aus der Zugrundelegung eines unrichtigen oder unvollständigen Sachverhalts und einer fehlerhaften Anwendung der Voraussetzungen von § 99 Abs. 1 S. 2 VwGO ergeben, als auch daraus, dass die Behörde das ihr nach dieser Vorschrift eingeräumte Ermessen fehlerhaft ausgeübt hat (BVerwG NJW 2010, 2295, 2297; NVwZ 2008, 554, 556; 2003, 348, 349; s.a. → *Sperrerklärung, Begründetheit einer Klage*, Teil B Rdn 637 ff.). Ist die Weigerung der Behörde nach § 99 Abs. 1 S. 2 VwGO **rechtswidrig**, stellt der Fachsenat dies durch Beschluss fest. Da in diesem Fall die Berechtigung der Behörde, die Akten bzw. Auskünfte dem VG gegenüber zurückzuhalten, nicht mehr besteht, ist sie nach § 99 Abs. 1 S. 1 VwGO zur **Vorlage bzw. Auskunftserteilung verpflichtet**. Auch wenn sich somit die Entscheidung im Zwischenverfahren zwar allein auf die Rechtmäßigkeit der Verweigerung der Aktenvorlage und Auskunftserteilung **im verwaltungsgerichtlichen Verfahren** und nicht auf ihre Sperrung im Strafprozess bezieht (vgl. BVerwG NVwZ 2008, 554, 556; 2010, 1495, 1498), ist mit der Entscheidung des Fachsenats die Hauptsacheentscheidung faktisch vorweggenommen. Denn mit der Aktenvorlage nach § 99 Abs. 1 S. 1 VwGO entsteht auch das Recht der Ver-

fahrensbeteiligten auf Akteneinsicht nach § 100 Abs. 1 VwGO, sodass der Inhalt der für das Strafverfahren gesperrten Akten auf diesem Weg bekannt und die Sperrerklärung nach § 96 obsolet wird (s.a. BVerwG NVwZ 2008, 554, 555).

5. Gegen die Entscheidung des Fachsenats eines **OVG** ist die **Beschwerde** statthaft (§ 99 **675**
Abs. 2 S. 12 VwGO). Über diese entscheidet – ebenfalls „in-camera" – das BVerwG (§ 99 Abs. 2 S. 13, 14 VwGO).

☝ Beruht die Rechtswidrigkeit der Vorlage- bzw. Auskunftsverweigerung auf einer mangelhaften Sperrerklärung im Sinne von § 99 Abs. 1 S. 2 VwGO, kann die Behörde eine **neue Sperrerklärung** nach dieser Vorschrift abgeben, in der sie die durch den Fachsenat aufgezeigten Mängel beseitigt (BVerwG NJW 2010, 2295, 2298). Hiervon zu unterscheiden sind die Fälle, in denen die oberste Dienstbehörde die strafprozessuale Sperrerklärung nach § 96 auf eine neue Begründung stützt und diese sodann zum Gegenstand des verwaltungsgerichtlichen Hauptsacheverfahrens machen will (s. hierzu → *Sperrerklärung, Begründetheit einer Klage*, Teil B Rdn 643).

Siehe auch: → *Sperrerklärung, Rechtsmittel*, Teil B Rdn 676, m.w.N.

Sperrerklärung, Rechtsmittel **676**

Das Wichtigste in Kürze:

1. Eine oberste Dienstbehörde kann Beweismittel nach § 96 StPO sperren und so die Beweiserhebung in der HV verhindern.
2. Hiervon zu unterscheiden sind (einfache) Vertraulichkeitszusagen der Ermittlungsbehörden; sie haben auf das Strafverfahren keinen Einfluss.
3. Anders als das Gericht und die StA haben die übrigen Beteiligten des Strafprozesses die Möglichkeit, eine Sperrerklärung gerichtlich anzugreifen.
4. Für die Klage gegen eine Sperrerklärung ist der Verwaltungsrechtsweg eröffnet.

677 **Literaturhinweise:** **Arloth**, Vorlage von Behördenakten zum Strafverfahren; Geheimhaltungsbedürftigkeit von Verfassungsschutzakten, Anm. zu BVerwG Urt. v. 19.8.1986 – 1 C 7/85, NStZ 1987, 520; *ders.*, Zur Aufhebung einer Sperrerklärung, Anm. zu OLG Stuttgart Beschluss v. 23.7.1990 – 4 VAs 21/90, NStZ 1992, 96; **Detter**, Einige Gedanken zu audiovisueller Vernehmung, V-Mann in der Hauptverhandlung und der Entscheidung des Bundesgerichtshofs in der Sache *El Motassadeq*, StV 2006, 544; **Ellbogen**, Anfechtung der behördlichen Verweigerung einer Aussagegenehmigung durch die Staatsanwaltschaft?, NStZ 2007, 310; **Gaede**, Die besonders vorsichtige Beweiswürdigung bei der exekutiven Sperrung von Beweismaterial im Konflikt mit dem Offenlegungsanspruch des Art. 6 I 1 EMRK, StraFo 2004, 195; *ders.*, Schranken des fairen Verfahrens gemäß Art. 6 EMRK bei der Sperrung verteidigungsrelevanter Informationen und Zeugen, StV 2006, 599; **Safferling**, Verdeckte Ermittler im Strafverfahren – deutsche und europäische Rechtsprechung im Konflikt?, NStZ 2006, 75; vgl. auch noch die Hinw. bei *Burhoff*, EV, Rn 2118; 3814, 4179, und bei *Burhoff*, HV, Rn 3337.

678 **1.a)** Nach § 96 S. 1 kann die **Vorlegung** oder Auslieferung von Akten oder anderen in amtlicher Verwahrung befindlichen Schriftstücken an das Strafgericht **verweigert** werden, wenn die jeweilige **oberste Dienstbehörde** diese für das Verfahren **sperrt**. Die Vorschrift bezieht sich ihrem Wortlaut nach zwar allein auf Urkunden. Sie wird jedoch sowohl auf andere Gegenstände, die sich in behördlicher Verwahrung befinden, analog angewendet, als auch auf Auskünfte über Namen und Anschrift von Zeugen, um die das Gericht die Behörde ersucht, die diese aber geheim zu halten beabsichtigt (vgl. nur BGHSt 29, 390, 393; KK-*Greven*, § 96 Rn 6 f.).

679 **b)** Die **Sperrung** eines im öffentlichen Dienst beschäftigten Zeugen ist **abzugrenzen** von der (bloßen) Nichterteilung einer **Aussagegenehmigung** nach § 54 Abs. 1 in Verbindung mit den jeweiligen beamtenrechtlichen Vorschriften (vgl. dazu *Burhoff*, EV, Rn 636 ff., und *Burhoff*, HV, Rn 409 ff.). Denn die Sperrerklärung nach § 96 verhindert nicht nur die Aussage des Beamten vor Gericht, sondern macht, da der Name des Ermittlers dem Gericht nicht offenbart wird, bereits seine Identifizierung und Ladung unmöglich. Für Verdeckte Ermittler i.S.v. § 110a Abs. 2, also unter einer Legende ermittelnde Polizeibeamte, ordnet §.110b Abs. 3 ausdrücklich die Möglichkeit einer Geheimhaltung ihrer Identität „nach Maßgabe" des § 96 an. § 110b Abs. 3 S. 3 konkretisiert dabei über § 96 hinaus die Gründe, die für eine Verweigerung der Offenbarung in Betracht kommen können. So ermöglichen „insbesondere" eine zu besorgende Gefahr für den Ermittler oder andere Personen oder die Gefährdung seiner weiteren Verwendungsmöglichkeit eine Geheimhaltung.

680 **c)** Schließlich kommt eine Sperrerklärung analog § 96 auch in Betracht bei der beabsichtigten **Inaugenscheinnahme geheimhaltungsbedürftiger Gegenstände** (OLG Karlsruhe NStZ-RR 2008, 315; zu Einzelh., insbesondere zur Einführung gesperrter Beweismittel und zu ihrer Verwertung, vgl. *Burhoff*, HV, Rn 411 ff., 3336 ff.

681 **2.** Von einer Sperrerklärung nach § 96 zu **unterscheiden** sind **Vertraulichkeitszusagen**, die die Ermittlungsbehörde Informanten gegenüber abgibt, die als Zeugen in Betracht kommen. Grundlage solcher Zusagen sind insbesondere die Gemeinsamen Richtlinien der Justiz- und Innenminister der Länder über die Inanspruchnahme von Informanten sowie über den Einsatz von Vertrauenspersonen (V-Personen) und Verdeckten Ermittlern im Rahmen der Strafverfolgung (Anlage D zu den RiStBV).

682 Derartige Zusagen **binden** die **Strafgerichte nicht** (BGHSt 30, 34, 35 ff.; 35, 82, 85; StV 2001, 214). Solange keine Sperrerklärung der obersten Dienstbehörde nach § 96 vorliegt, darf das Gericht den Zeugen daher nicht als unerreichbar ansehen und auf seine Vernehmung gerichtete Beweisanträge nach § 244 Abs. 3 Alt. 5 ablehnen. Auch die Aufklärungspflicht (§ 244 Abs. 2) kann zu einer Vernehmung des Zeugen drängen. Wenn der Name und die Anschrift des Zeugen nicht auf andere Weise ermittelt werden können, hat das Gericht die notwendigen Informationen von der Behörde, also insbesondere der StA

oder der Polizei, herauszuverlangen. Die Behörde darf die Herausgabe der Informationen nicht verweigern (BGH StV 2001, 214; KK-*Greven*, § 96 Rn 2).

3. Eine Sperrerklärung beeinträchtigt die Aufklärung des strafrechtlich relevanten Sachverhalts und damit die Wahrheitsfindung im Strafprozess. Sie kann insbesondere in das Recht des Angeklagten auf ein faires Verfahren eingreifen. Sowohl für das Gericht wie auch für einzelne Verfahrensbeteiligte kann daher das Interesse bestehen, eine Sperrerklärung zu beseitigen und das gesperrte Beweismittel in die HV einzuführen. Eine **gerichtliche Überprüfung** der Sperrerklärung können jedoch weder das Strafgericht noch die StA (anders SK-StPO/*Wohlers*, § 96 Rn 54; s. dagegen etwa KK-*Greven*, § 96 Rn 32) oder andere am Verfahren beteiligte Behörden, etwa die Finanzverwaltung, veranlassen (BGH NStZ 2007, 649, 651 zur Verweigerung einer Aussagegenehmigung). Denn Organen des Staates stehen im Strafprozess keine subjektiv-öffentlichen Rechte zu. Zudem führte eine Anfechtung durch das Gericht oder die StA zu einem unzulässigen In-sich-Prozess staatlicher Gewalt (LR-*Menges*, § 96 Rn 102; *Meyer-Goßner/Schmitt*, § 96 Rn 14). 683

☝ Namentlich das **Strafgericht** ist daher, wenn das Ersuchen um Vorlage von Urkunden oder Augenscheinsobjekten oder um Namhaftmachung eines Zeugen von der zuständigen Behörde abgelehnt und eine Sperrerklärung erlassen wird, auf die Erhebung einer **Gegenvorstellung** beschränkt (BGH NJW 1995, 2569, 2570; NStZ 2007, 649, 651; s. näher → *Sperrerklärung, Gegenvorstellung*, Teil B Rdn 662 ff.). **Für andere Verfahrensbeteiligte**, insbesondere den Angeklagten, aber auch den Nebenkläger (h.M., vgl. LR-*Menges*, § 96 Rn 103), deren Rechtspositionen durch eine Sperrerklärung berührt sind, besteht dagegen grds. die **Befugnis**, die Sperrung eines Beweismittels **gerichtlich überprüfen** zu lassen.

4.a) Die Frage, **welcher Rechtsweg** für die Anfechtung einer Sperrerklärung durch einen Verfahrensbeteiligten eröffnet ist, war lange Zeit umstritten. Während verschiedene OLG die Sperrerklärung als Justizverwaltungsakt ansahen, über dessen Anfechtung nach § 23 Abs. 1 EGGVG die ordentlichen Gerichte zu entscheiden hatten, hielten andere OLG und die überwiegende verwaltungsgerichtliche Rechtsprechung den Verwaltungsrechtsweg nach § 40 Abs. 1 VwGO für eröffnet (vgl. Nachw. in BGHSt 44, 107, 109 ff.). Der Streit ist – jedenfalls soweit nicht Sperrerklärungen eines Justizministeriums betroffen sind – durch den Beschluss des BGH vom 24.6.1998 (BGH, a.a.O.) für die Praxis entschieden. Danach ist für die Anfechtung einer Sperrerklärung der **Verwaltungsrechtsweg** eröffnet. Zur Begründung hat der BGH maßgeblich auf das mit der Sperrerklärung verfolgte Ziel abgestellt: Erfolge die Sperrung – wie regelmäßig – zum Schutz des Zeugen und solle sie darüber hinaus dessen weitere Verwendbarkeit für Ermittlungen erhalten sowie allgemeine Strategien der Kriminalitätsbekämpfung verschleiern, diene sie vorrangig der 684

Gefahrenabwehr und nicht der Verfolgung strafbarer Handlungen. Damit handele die die Sperrerklärung erteilende Behörde, bei Verdeckten Ermittlern und von der Polizei geführten Vertrauenspersonen also der jeweilige Innenminister (s. hierzu BGHSt 41, 36, 37 f.), nicht als Justizbehörde i.S.v. § 23 EGGVG, selbst wenn die Sperrung Auswirkungen auf die Strafrechtspflege habe (vgl. zusammenfassend KK-*Greven*, § 96 Rn 34).

685 **b) Umstr.** bleibt, ob eine Ausnahme – mit der Folge der Rechtswegeröffnung zu den ordentlichen Gerichten – für den Fall zu machen ist, dass die **Sperrerklärung** von einem **Justizministerium** als **oberster Dienstbehörde** erlassen worden ist (so *Meyer-Goßner/ Schmitt*, § 96 Rn 14 unter Hinw. auf OVG Münster NJW 1977, 1790). Dem ist zumindest in dieser Allgemeinheit nicht zuzustimmen (ablehnend auch LR-*Menges*, § 96 Rn 107; KK-*Greven*, § 96 Rn 34; BeckOK-StPO/*Ritzert*, § 96 Rn 8). Da die Frage, ob eine Justizbehörde im Bereich der Strafrechtspflege gehandelt hat, maßgeblich nach einer funktionalen Betrachtung zu entscheiden ist, kommt es auf die handelnde Behörde nicht an. Entscheidend ist auch insoweit vielmehr, welche Ziele mit der Sperrerklärung verfolgt werden. Immer dann, wenn zumindest auch präventivpolizeiliche Erwägungen in die Entscheidung eingeflossen sind, handelt es sich nicht um einen Justizverwaltungsakt, sodass der Rechtsweg zu den ordentlichen Gerichten ausscheidet. Bei Verdeckten Ermittlern dürfte dies wegen § 110b Abs. 3 S. 3 ohnehin regelmäßig („insbesondere") der Fall sein: Die dort aufgeführten Gründe für den Erlass einer Sperrerklärung sind sämtlich präventiv-polizeilicher Natur; ihre Heranziehung führt somit zur Eröffnung des Verwaltungsrechtswegs.

Siehe auch: → *Justizverwaltungsakte, Anfechtung (§§ 23 ff. EGGVG), Allgemeines*, Teil B Rdn 309, m.w.N.

686 Sperrerklärung, Zulässigkeit einer Klage

Das Wichtigste in Kürze:

1. Für die gerichtliche Überprüfung einer Sperrerklärung ist der **Verwaltungsrechtsweg** nach § 40 Abs. 1 VwGO eröffnet.
2. Zur Beseitigung einer Sperrerklärung kommen verschiedene Klagearten in Betracht; wesentliche sachliche Unterschiede ergeben sich hieraus nicht.
3. Ein Rechtsschutzbedürfnis besteht für die Beteiligten des Strafverfahrens nur, wenn die Behörde die Sperrerklärung auf ein Beweisverlangen des Strafgerichts hin erlassen hat.
4. Für den Fall der Erhebung einer Anfechtungs- oder Verpflichtungsklage ist nach § 42 Abs. 2 VwGO Voraussetzung, dass der Kläger eine Verletzung eigener Rechte geltend machen kann.

5. Darüber hinaus muss der Kläger ein allgemeines Rechtsschutzbedürfnis geltend machen können.
6. Der Durchführung eines Vorverfahrens nach § 68 VwGO bedarf es auch bei Durchführung einer Anfechtungs- oder Verpflichtungsklage wegen § 68 Abs. 1 Nr. 1 VwGO nicht.

Literaturhinweise: s. die Hinw. bei → *Sperrerklärung, Rechtsmittel*, Teil B Rdn 677. 687

1. Für die gerichtliche Überprüfung einer Sperrerklärung ist der **Verwaltungsrechtsweg** nach § 40 Abs. 1 VwGO eröffnet, da es sich um eine öffentlich-rechtliche Streitigkeit nichtverfassungsrechtlicher Art handelt, die keinem anderen Gericht durch Gesetz ausdrücklich zugewiesen ist (siehe hierzu, insbesondere zur Abgrenzung zu §§ 23 ff. EGGVG, → *Sperrerklärung, Rechtsmittel*, Teil B Rdn 684; s.a. noch → *Justizverwaltungsakte, Anfechtung (§§ 23 ff. EGGVG), Allgemeines*, Teil B Rdn 309, m.w.N). 688

2.a) Welche **Klageart** für das verwaltungsgerichtliche Streitverfahren **statthaft** ist, bestimmt sich nach dem jeweils verfolgten **Klageziel**. Hier kommen **verschiedene Begehren** in Betracht: So kann es ausreichen, die Sperrerklärung zu beseitigen, da die Behörde dann die Vorlage der fraglichen Akten oder die Erteilung der gewünschten Auskünfte nicht mehr verweigern kann. Darüber hinaus kann die Aktenvorlage bzw. Auskunftserteilung unmittelbar oder jedenfalls die Verpflichtung der Behörde hierzu erstritten werden. Eine Festlegung auf eine bestimmte Klageart ist in der verwaltungsgerichtlichen Rspr. nicht auszumachen (s. etwa BVerwG NJW 1984, 2233 f. [offen gelassen, ob Vorlage gesperrter Akten mit einer Verpflichtungs- oder sonstigen Leistungsklage zu erreichen sei oder ob ein mit Anfechtungs- oder negativer Feststellungsklage zu verfolgender Abwehranspruch bestehe]; ebenso BVerwG NJW 1987, 202, 203; DVBl 2006, 851, 852 [dem Kläger, der eine Anfechtungsklage vor dem VG erhoben hatte, stehe eine „statthafte Klageart zur Verfügung"]; s. auch VGH Mannheim NJW 1991, 2097 [offen gelassen]; VG Berlin StV 2004, 251, 252 [erhobene Anfechtungsklage zulässig]; VG Dresden, Urt. v. 8.11.2002 – 7 K 1894/02 [Anfechtungs- und Verpflichtungsklage, zumindest aber … Feststellungs- oder Leistungsklage]; VG Stuttgart NJOZ 2006, 4582 [offen gelassen]; VG Weimar NVwZ-RR 2002, 394, 395 [offen gelassen]). 689

b) Die **Auswirkungen** der mit den unterschiedlichen Klagezielen verbundenen **Klagearten** sind in der Praxis allerdings **begrenzt**. Denn für keine der in Betracht kommenden Klageformen bestehen bei der Überprüfung einer Sperrerklärung nach § 96 besondere Sachurteilsvoraussetzungen, deren Nichterfüllung zur Unzulässigkeit der Klage führen könnte (vgl. BVerwG NJW 1984, 2233, 2234; VG Weimar NVwZ-RR 2002, 394, 395). Insbesondere ist wegen § 68 Abs. 1 Nr. 1 VwGO **kein Vorverfahren** erforderlich, da die Sperrerklärung nach § 96 von der obersten Dienstbehörde erlassen wird (BVerwG, a.a.O., s.a. BGHSt 41, 36, 37 f.; → *Sperrerklärung, Begründetheit einer Klage*, Teil B Rdn 625). 690

Entsprechendes gilt für die Einhaltung einer **Klagefrist** nach § 74 Abs. 1 S. 2 VwGO. Die Frist wird mangels Bekanntgabe der Sperrerklärung an die Beteiligten des Strafprozesses für diese nicht in Gang gesetzt (BVerwG NJW 1984, 2233, 2234). Auch beim **einstweiligen Rechtsschutz** ergeben sich keine Unterschiede (→ *Sperrerklärung, einstweiliger Rechtsschutz*, Teil B Rdn 654).

☝ Zur Sicherheit sollte für den Fall, dass das Gericht eine andere als die gewählte Klageart für statthaft hält, ein **Hinweis erbeten** werden.

691 **3.** Über die in Betracht kommenden **Klageziele** und die **Klagearten**, mit denen das jeweilige Ziel verfolgt werden kann (siehe die Übersichten bei BVerwG NJW 1984, 2233, 2234 und VG Weimar, NVwZ-RR 2002, 394, 395) informiert folgender

692 **Überblick:**

- Wird die Sperrerklärung als Verwaltungsakt angesehen (vgl. LR-*Menges*, § 96 Rn 72), kann dieser mit der **Anfechtungsklage** beseitigt werden. Der Behörde steht in diesem Fall die aus § 96 folgende Berechtigung, die Vorlage der begehrten Akten oder die Erteilung der gewünschten Auskünfte zu verweigern, nicht mehr zu.
- Wird die Sperrerklärung nicht als Verwaltungsakt, sondern als Verwaltungsinternum qualifiziert (so VGH Kassel NJW 2014, 240), kann ihre Rechtmäßigkeit mit einer **Feststellungsklage** überprüft werden. Ist die Sperrerklärung rechtswidrig, genügt diese Feststellung, um ein weiteres Weigerungsrecht der Behörde auszuschließen.
- Wird die Beseitigung der Sperrung nicht als ausreichend angesehen, sondern soll darüber hinaus die Behörde zu einer positiven Neubescheidung des strafgerichtlichen Ersuchens und darüber zur Vorlage der Akten bzw. zur Erteilung der geforderten Auskunft verpflichtet werden, ist, wenn dieser Bescheid als Verwaltungsakt angesehen wird, eine **Verpflichtungsklage** zu erheben.
- Zur Erreichung desselben Ziels ist die **allgemeine Leistungsklage** statthafte Klageart, wenn die Erklärung der Behörde nicht als Verwaltungsakt angesehen wird (vgl. VG Darmstadt NVwZ 1996, 92, 93: dort war allerdings keine Sperrerklärung ergangen, sondern die Erteilung einer Aussagegenehmigung verweigert worden).

693 **4.** Für den Fall der Erhebung einer **Anfechtungs-** oder **Verpflichtungsklage** ist nach § 42 Abs. 2 VwGO Voraussetzung, dass der Kläger eine Verletzung eigener Rechte geltend machen kann. Die **Klagebefugnis** des **Angeklagten** ergibt sich – neben dem Anspruch auf ein faires Verfahren (LR-*Menges*, § 96 Rn 109 m.w.N.) – daraus, dass durch die Sperrung von Beweismitteln sein strafprozessuales Recht, Beweisanträge zu stellen und die Ermittlung entscheidungserheblicher Umstände anzuregen, verletzt sein kann (BVerwG NJW 1984, 2233, 2234). Entsprechendes gilt für alle Beteiligten des Strafprozesses, soweit sie berechtigt sind, auf die Beweiserhebung einzuwirken, insbesondere also für den

Nebenkläger, soweit ein zum Anschluss berechtigendes Delikt betroffen ist (§ 397 Abs. 1 S. 3; KK-*Krehl*, § 244 Rn 97).

5. Darüber hinaus muss der **Kläger** ein **allgemeines Rechtsschutzbedürfnis** geltend machen können. Hierbei ist sowohl eine zeitliche (vgl. Rdn 695) wie eine inhaltliche Komponente (vgl. Rdn 696 ff.) zu beachten. 694

a) In **zeitlicher Hinsicht** kann eine verwaltungsgerichtliche Überprüfung nur begehrt werden, wenn der Kläger von der Rechtsbeeinträchtigung durch die Sperrung des Beweismittels noch betroffen ist. Das ist nicht nur während der laufenden strafgerichtlichen HV – auch in der Berufungsinstanz – der Fall, sondern bis zur Rechtskraft des Strafurteils (OLG Frankfurt/Main StV 1983, 53, 54; LR-*Menges*, § 96 Rn 110). Denn bis zu diesem Zeitpunkt können die Beteiligten des Strafverfahrens mit der Revision eine Verletzung der gerichtlichen Aufklärungspflicht aus § 244 Abs. 2 rügen und eine zumindest teilweise neue Beweisaufnahme erreichen. Weitergehend kann ein Rechtsschutzbedürfnis auch nach rechtskräftigem Abschluss des Strafverfahrens bestehen, wenn mit dem gesperrten Beweismittel eine Wiederaufnahme angestrebt wird (OLG Hamm NStZ 1990, 44, 45). 695

b)aa) In **sachlicher Hinsicht** ist zu beachten, dass sich die strafprozessualen Rechte der Verfahrensbeteiligten, namentlich das Recht des Angeklagten auf ein **faires (Straf-)Verfahren**, nicht gegen die die Sperrerklärung erlassende Behörde, sondern **nur gegen** das **Strafgericht** richten. Insbesondere hat der Angeklagte keinen Anspruch gegen die Behörde auf Vorlage bestimmter Akten oder die Erteilung von Auskünften für das Strafverfahren (BVerwG NJW 1987, 202, 203). Eine solche Befugnis steht allein dem Strafgericht zu; nur das Gericht bestimmt über die Verwendung einzelner Beweismittel (BVerwG, a.a.O.; NJW 2004, 963; DVBl. 2006, 851, 852; VG Weimar NVwZ-RR 2002, 394, 395). Auch § 96 geht, wie Wortlaut und systematischer Zusammenhang zeigen, davon aus, dass staatliche Organe die Vorlegung oder Auslieferung der Akten von der Behörde „fordern". 696

☝ Ein Verstoß gegen § 96 und damit eine Verletzung der strafprozessualen Rechte der Verfahrensbeteiligten kann daher nur dann vorliegen, wenn die Sperrerklärung auf ein strafgerichtliches Vorlage- oder Auskunftsersuchen hin ergangen ist (BVerwG NJW 1987, 202, 203; BVerwG DVBl. 2006, 851, 852; Beschl. v. 10.2.2003 – 6 VR 2/03, juris). Ein solches **gerichtliches Verlangen** an die Behörde, ein bestimmtes Beweismittel zugänglich zu machen, ist Voraussetzung einer Klage vor dem Verwaltungsgericht (BVerwG, a.a.O.; KK-*Greven*, § 96 Rn 35).

bb) Ist die Sperrerklärung dagegen **nicht** auf eine **strafgerichtliche Anforderung** hin ergangen, sondern auf das Ersuchen einer anderen Behörde, etwa der StA, **reicht** das **nicht** aus; die Klage eines Verfahrensbeteiligten des Strafprozesses wäre unzulässig (vgl. 697

BVerwG Beschl. v. 10.2.2003 – 6 VR 2/03, [die im Verfahren des vorläufigen Rechtsschutzes angegriffene Sperrerklärung war „auf Vorstoß" der Bundesanwaltschaft abgegeben worden]). Ausreichend ist, dass das Strafgericht bis zum Abschluss der HV die Akten bzw. Auskünfte von der Behörde angefordert und in der Folge nicht zu erkennen gegeben hat, dass es an dieser Anforderung – allein aus Gründen der Aufklärungspflicht – nicht weiter festhält. Eine **Gegenvorstellung** des Gerichts gegen die Sperrerklärung ist für die Zulässigkeit der Klage **nicht erforderlich** (VG Weimar NVwZ-RR 2002, 394; → *Sperrerklärung, Gegenvorstellung*, Teil B Rdn 658). Liegt der Sperrerklärung kein Herausgabe- oder Auskunftsverlangen des Strafgerichts zugrunde, fehlt einer verwaltungsgerichtlichen Überprüfung durch die Verfahrensbeteiligten zwar die Grundlage. Die unterlassene Beweiserhebung durch das Strafgericht kann allerdings, je nach prozessualer Situation, mit einer auf eine fehlerhafte Ablehnung eines Beweisantrags oder auf die Aufklärungsrüge gestützten strafprozessualen Revision gerügt werden (BVerwG NJW 1987, 202, 203).

698 **6.** Der Durchführung eines **Vorverfahrens** nach § 68 VwGO bedarf es auch bei Durchführung einer Anfechtungs- oder Verpflichtungsklage wegen § 68 Abs. 1 Nr. 1 VwGO **nicht** (s.o. Rdn 689).

Siehe auch: → *Sperrerklärung, Begründetheit einer Klage*, Teil B Rdn 619; → *Sperrerklärung, Rechtsmittel*, Teil B Rdn 676, m.w.N.

699 Strafbefehl, Allgemeines

Das Wichtigste in Kürze:

1. Strafbefehle ergehen auf schriftlichen Antrag der StA (der Finanzbehörden) im Rahmen eines summarischen Verfahrens mit im Vergleich zu Urteilen geringeren Anforderungen an die richterliche Überzeugungsbildung.
2. Das gerichtliche Verfahren wird mit Eingang des Strafbefehlsantrags anhängig. Rechtshängigkeit tritt erst mit Erlass des Strafbefehls ein.
3. Die Antrags- und Dispositionsbefugnis liegt im Strafbefehlsverfahren zunächst bei der StA (§ 407 Abs. 1), in Steuerstrafverfahren bei den Finanzbehörden (§ 386 Abs. 1 S. 2 AO).
4. Gegenstand des Strafbefehlsverfahrens kann nur ein Vergehen sein (§ 407 Abs. 1 S. 1).
5. Rechtliches Gehör durch das Gericht muss dem Angeschuldigten vor Erlass des Strafbefehls nicht gewährt werden (§§ 407 Abs. 3, 33 Abs. 3).
6. Ein Strafbefehl, gegen den nicht in zulässiger Weise Einspruch eingelegt wurde, steht in seiner Wirkung einem rechtskräftigen Urteil gleich (§ 410 Abs. 3).

Literaturhinweise: **Burhoff**, Das Strafbefehlsverfahren in der Praxis, PStR 2003, 222; **Burkhard**, Umgrenzungs-, Informations- und Akzeptanzfunktion im Strafbefehl im Steuerstrafverfahren, StraFo 2004, 342; **Deckers/Kuschnik**, Darf trotz Abwesenheit und Unkenntnis des Angeklagten nach § 408a StPO von der Hauptverhandlung in das Strafbefehlsverfahren gewechselt werden?, StraFo 2008, 418; **Esser**, Anm. zu OLG Stuttgart StV 2007, 325; **Geuenich/Höwer**, Die neue gesetzliche Normierung strafrechtlicher Verständigungen – Berührungspunkte und Parallelen zu steuerlichen Absprache, DStR 2009, 2320; **Haizmann**, Strafbefehlsverfahren in: FA Strafrecht, Teil 2 Kap. 7; **Huber**, Aus der Praxis: Volles Risiko oder doch nur Teileinspruch gegen Strafbefehl?, JuS 2003, 1209; **Lammer**, Das Strafbefehlsverfahren, in: StrafPrax, § 7; **Leipold/Wojtech**, Strafbefehl bis zu zwei Jahren Freiheitsstrafe, ZRP 2010, 243; **Nobis**, Strafverfahren vor den Amtsgerichten, Strafbefehlsverfahren und beschleunigtes Verfahren in: MAH, § 10; *ders.*, Strafverteidigung vor dem Amtsgericht, 2011; **Ranft**, Grundzüge des Strafbefehlsverfahrens, JuS 2000, 633; **Raul/Zschieschack**, Reaktionsmöglichkeiten der Staatsanwaltschaft auf verfassungswidrige Strafbefehle, JuS 2005, 802; **Schmuck/Leipner**, § 411 Abs. 2 S. 1 StPO und Befangenheitsantrag, StraFo 2012, 95, **Sommerfeld/Guhra**, Zur „Entschädigung des Verletzten" im Verfahren bei Strafbefehlen, NStZ 2004, 420; **Zähres**, Erlass eines Strafbefehls gem. § 408a StPO in der gem. § 408 III 2 StPO anberaumten Hauptverhandlung?, NStZ 2002, 296; s.a. die Hinw. bei *Burhoff*, EV, Rn 3449, und bei *Burhoff*, HV, Rn 2569 und bei → *Einspruch, Strafbefehlsverfahren*, Teil D Rdn 170. 700

1. Der **Strafbefehl** stellt die Entscheidung im Rahmen eines summarischen Strafverfahrens dar, mit der das Gericht zum Ausdruck bringt, dass es den Angeklagten (vgl. § 407 Abs. 1 S. 3) bezüglich der ihm vorgeworfenen Straftat für **hinreichend verdächtig** hält. Es handelt sich damit um ein „Angebot an den, den es angeht", denn der Angeklagte kann den Strafbefehl rechtskräftig werden lassen und damit die Strafsache kostensparend, ohne Zeitverlust und ohne Aufsehen zu Ende bringen (BVerfG NJW 1969, 1103); andernfalls legt er gegen den Strafbefehl Einspruch ein und erzwingt dadurch die Durchführung einer HV (§ 411 Abs. 1 S. 2). Obwohl der Verurteilung durch Strafbefehl keine strafrechtliche HV vorausgegangen ist, verletzt sie das konventionsverbürgte Recht auf ein faires Verfahren (Art. 6 EMRK) nicht (EGMR NJW 1993, 717). 701

2. Das gerichtliche Verfahren wird mit Eingang des Strafbefehlsantrags **anhängig**. **Rechtshängigkeit** tritt erst mit Erlass des Strafbefehls ein (OLG Zweibrücken OLGSt StPO § 411 Nr. 1; HK-*Kurth*, § 407 Rn 11; KK-*Maur*, § 407 Rn 5; KMR-*Metzger*, § 401 Rn 42; *Meyer-Goßner/Schmitt*, vor § 407 Rn 3; a.A. BGHSt 13, 186; OLG Karlsruhe NStZ 1991, 602). Die Gegenauffassung berücksichtigt nicht hinreichend, dass der Strafbefehlsantrag als Anklageschrift fungiert (OLG Köln StraFo 2001, 200). In Bezug auf diese tritt Rechtshängigkeit aber erst mit Erlass des Eröffnungsbeschlusses ein (BGHSt 29, 341, 343). Zudem ergibt sich aus § 433 Abs. 1 S. 2, dass dem Einziehungsbeteiligten die Rechte eines Angeklagten auch erst ab Erlass des Strafbefehls zuerkannt werden. 702

3. Die **Antrags- und Dispositionsbefugnis** liegt im Strafbefehlsverfahren zunächst bei der StA (§ 407 Abs. 1), in Steuerstrafverfahren bei den Finanzbehörden (§ 386 Abs. 1 S. 2 AO). 703

a) Bis zur **Rechtshängigkeit** kann die StA wie folgt disponieren: 704

- **Vor Erlass** des Strafbefehls kann der Antrag entsprechend § 156 **zurückgenommen** werden.

- **Ab Erlass** des Strafbefehls bis zu dem Zeitpunkt, zu dem ein zulässiger Einspruch eingeht oder nicht mehr möglich ist, erscheint es sachgerecht, der StA die Dispositionsbefugnis über deren Antrag ebenfalls zuzubilligen (str., s. OLG Karlsruhe NStZ 1991, 602).
- **Nach Eingang** eines zulässigen **Einspruchs** bis zum Beginn der HV kann der Antrag auf Erlass des Strafbefehls ebenfalls nach freier Entscheidung der StA zurückgenommen werden (§ 411 Abs. 3); die gilt nicht in Fällen des § 408a (§ 411 Abs. 3 S. 3).

705 **b)aa)** Mit **Eingang** des **Strafbefehlsantrags** beim AG erhält **zusätzlich** auch das **Gericht** eine eigene Dispositionsbefugnis. Die ist dargestellt in folgendem

706 **Schaubild: Dispositionsbefugnis AG**

Dispositionsbefugnis AG

Schriftlicher Strafbefehlsantrag der StA
(§ 407 Abs. 1 S. 1)

↓

Strafrichter
Schöffengericht

← ↓ →

Erlass des Strafbefehls (§ 408 Abs. 3 S. 1)	Ablehnung des Erlasses (§ 408 Abs. 2 S. 1)	Anberaumung der HV (§ 408 Abs. 3 S. 2

707 **bb)** Will das AG den Strafbefehl erlassen, kann es dies – anders als bei einer erhobenen Anklage (§ 296) – nur unter Zugrundelegung des unveränderten Strafbefehlsantrags tun (**Konsensualprinzip**; HK-*Kurth*, § 407 Rn 3). Nicht möglich ist, dass es eigenständig Änderungen vornimmt. Dies gilt auch für etwaige Zahlungserleichterungen gem. § 42 StGB (*Meyer-Goßner/Schmitt* § 407 Rn 13). Bedarf es seiner Auffassung nach Änderungen, muss es die Sache der StA mit entsprechendem Hinweis zurückgeben; gibt die StA einem derartigen Hinweis keine Folge, kann das Gericht bei hinreichendem Tatverdacht nur HV anberaumen.

☝ Im Rahmen der **Akteneinsicht** ist deshalb **stets zu prüfen**, ob der erlassene Strafbefehl mit dem Strafbefehlsantrag der StA übereinstimmt.

708 Umfasst der Strafbefehlsantrag **zwei Taten** im **prozessualen Sinn**, von denen für Tat A nach Auffassung des Gerichts hinreichender Tatverdacht besteht, bezüglich Tat B ein solcher aber fehlt, kann das AG aber den Erlass des Strafbefehls bezüglich Tat B ablehnen und die Entscheidung über den Erlass des Strafbefehls bezüglich Tat A bis zur Rechtskraft der (Teil-)Ablehnung zurückstellen (LG München II NStE § 408 StPO Nr. 2).

4. Gegenstand des Strafbefehlsverfahrens kann nur ein **Vergehen** sein (§ 407 Abs. 1 S. 1), **Adressat** des Strafbefehls nur ein **Erwachsener** oder **Heranwachsender**, bei dem Erwachsenenstrafrecht angewendet wird (§ 109 Abs. 2 S. 1 JGG). 709

☝ Gegen **Jugendliche** ist der Erlass eines Strafbefehls **unzulässig** (§ 79 Abs. 1 JGG).

5. Rechtliches Gehör durch das Gericht muss dem Angeschuldigten vor Erlass des Strafbefehls nicht gewährt werden (§§ 407 Abs. 3, 33 Abs. 3), da er bereits gem. § 163a Abs. 1 im EV angehört wurde. Auch wenn diese Anhörung unterblieben ist, wird der erlassene Strafbefehl dadurch nicht unwirksam (*Meyer-Goßner/Schmitt*, § 407 Rn 24 m.w.N.). Die Verletzung rechtlichen Gehörs kann sich nach Einspruchseinlegung und dessen Beschränkung auf den Rechtsfolgenausspruch allerdings auf die dann zu treffende **Kostenentscheidung** auswirken, da in diesem Fall die ab der Einlegung des Einspruchs angefallenen Verfahrenskosten analog § 473 Abs. 4 von der Staatskasse zu tragen sind (LG Flensburg NStZ-RR 2005, 96; *Burhoff*, EV, Rn 3455; *Burhoff*, HV, Rn 2580 ff.). 710

6. Ein Strafbefehl, gegen den nicht in zulässiger Weise Einspruch eingelegt wurde, steht in seiner **Wirkung** einem **rechtskräftigen Urteil** gleich (§ 410 Abs. 3). 711

Siehe auch: → *Rechtsmittel/Rechtsbehelfe, Allgemeines*, Teil A Rdn 1289, m.w.N.; → *Strafbefehl, Bekanntmachung/Zustellung*, Teil B Rdn 712 ff.; → *Strafbefehl, Beschlussverfahren/Hauptverhandlung*, Teil B Rdn 721 ff.; → *Strafbefehl, Einspruch*, Teil B Rdn 743 ff.; → *Strafbefehl im Hauptverfahren*, Teil B Rdn 770 ff.; → *Strafbefehl, Inhalt*, Teil B Rdn 789 ff.; → *Strafbefehl, Pflichtverteidigung*, Teil B Rdn 802 ff.; → *Einspruch, Strafbefehlsverfahren*, Teil D Rdn 169.

Strafbefehl, Bekanntmachung/Zustellung 712

Literaturhinweise: s. die Hinw. bei → *Strafbefehl, Allgemeines*, Teil B Rdn 700. 713

1. Der **Strafbefehl** ist ein **gerichtlicher Beschluss**, der – auch in den Fällen des § 408a – in Abwesenheit des Angeklagten ergeht und deshalb nach § 35 Abs. 2 S. 1 zuzustellen ist. Einem anwesenden Angeklagten kann er ausgehändigt werden (*Meyer-Goßner/Schmitt*, § 409 Rn 16). 714

2.a) Wie und **an wen** ein **Strafbefehl** zuzustellen ist, ordnet der **Vorsitzende** an (§ 36 Abs. 1 S. 1). 715

☝ Die **öffentliche Zustellung** eines Strafbefehls ist **unzulässig** (OLG Düsseldorf NJW 1997, 2965; LG Köln MDR 1982, 601; AnwKomm-StPO/*Böttger*, § 409 Rn 12; HK-*Kurth*, § 409 Rn 19; KK-*Maur*, § 409 Rn 19; KMR/*Metzger*, § 409

Rn 39; *Meyer-Goßner/Schmitt*, § 409 Rn 21; **a.A.** LG Heidelberg, Beschl. v. 20.2.2002 – 2 Qs 71/01; LG München I MDR 1981, 71).

716 **b)** Zugestellt werden kann an folgende **Zustellungsadressanten**:

- an den **Angeklagten**,
- an **Zustellungsbevollmächtigten** (§§ 116a Abs. 3, 127a Abs. 2, 132 Abs. 1 S. 1 Nr. 2; vgl. dazu a. EuGH NJW 2016, 303 m. Anm. *Böhm*),

> ☝ Ist der **Zustellungsbevollmächtigte zugleich Wahlverteidiger**, legt er durch einen Antrag auf Bestellung als Pflichtverteidiger zwar konkludent sein Mandat nieder, wodurch seine allgemeine Strafprozessvollmacht erlischt; die besondere und über dieses Mandatsverhältnis hinausgehende Ernennung zum Zustellungsbevollmächtigten bleibt aber für die gesamte Dauer des Verfahrens bestehen (KG NJW 2012, 245 m. Anm. *Hanschke* StRR 2012, 65).

- an den **Verteidiger** des Angeklagten,

> ☝ Beim Wahlverteidiger, dessen Vollmacht sich bei den Akten befinden muss (§ 145a Abs. 1), oder beim Pflichtverteidiger kommt es hinsichtlich des **Zeitpunkts** der Zustellung darauf an, **dass** und **wann** er **persönlich** von dem Gewahrsam des ihm zustellungshalber übermittelten Schriftstücks mit dem Willen **Kenntnis erlangt hat**, das Schriftstück als zugestellt anzunehmen, nicht hingegen auf den tatsächlichen – zumeist durch aufbringen des Eingangsstempels durch Kanzleiangestellte dokumentierten – Eingang des Schriftstücks und in der Kanzlei (BGH NJW 1979, 2566). Den Zeitpunkt der persönlichen Kenntnisnahme muss der Rechtsanwalt im **Empfangsbekenntnis** angeben, da er zu dessen Ausfertigung/Unterzeichnung standesrechtlich verpflichtet ist (OLG Düsseldorf StV 1990, 345; zu den Vollmachtsfragen → *Rechtsmittel/Rechtsbehelfe, Vollmacht, Allgemeines*, Teil A Rdn 1768, m.w.N.).

- an **Nebenbeteiligte**, die eine ausgeurteilte Rechtsfolge betrifft,
- an **bevollmächtigte Vertreter** (§§ 438 Abs. 1, 442 Abs. 1, 444 Abs. 2 S. 2).

717 **c)** Der **gesamte Strafbefehl** ist **zuzustellen**, einschließlich der **Rechtsbehelfsbelehrung** (§ 409 Abs. 1 Nr. 7; vgl. → *Rechtsmittel/Rechtsbehelfe, Belehrung, Allgemeines*, Teil A Rdn 1337, m.w.N.), der etwaigen Belehrung bei Verhängung einer Bewährungsstrafe (§ 268a Abs. 3 S. 1), der etwaigen Belehrung bei Anordnung eines Fahrverbots (§ 268c S. 1).

> ☝ **Weicht** die **zugestellte Ausfertigung** von der **Urschrift** ab (Akteneinsicht!), ist die Zustellung unwirksam und zu wiederholen (OLG Düsseldorf VRS 58, 41; OLG Oldenburg VRS 32, 356).

d) Zu den **Zustellungsarten** wird verwiesen auf → *Rechtsmittel/Rechtsbehelfe, Zustellung, Allgemeines*, Teil A Rdn 1845, m.w.N. 718

e) Zur Bekanntmachung des **Strafbefehls** bei Angeklagten, die der **deutschen Sprache nicht mächtig** sind, wird verwiesen auf s. → *Rechtsmittel/Rechtsbehelfe, Sprachunkundigkeit, Allgemeines*, Teil A Rdn 1679, m.w.N. (vgl. a. s.a. EuGH NJW 2016, 303 m. Anm. *Böhm*). 719

3. Formlos bekannt gegeben wird der **Strafbefehl** dem **gesetzlichen Vertreter** des Angeklagten (§ 409 Abs. 2), dem **Verteidiger**, wenn der **Strafbefehl** dem Angeklagten zugestellt wurde (§ 145a Abs. 3 S. 2). 720

☝ Einem **Nebenklageberechtigten** wird der **Strafbefehl** nicht bekannt gegeben, da er dagegen keinen Einspruch einlegen kann (*Meyer-Goßner/Schmitt*, § 409 Rn 19). Sein Bevollmächtigter muss Antrag auf Akteneinsicht (§ 406e) stellen.

Siehe auch: → *Rechtsmittel/Rechtsbehelfe, Allgemeines*, Teil A Rdn 1289, m.w.N.; → *Strafbefehl, Allgemeines*, Teil B Rdn 699, m.w.N.

Strafbefehl, Beschlussverfahren/Hauptverhandlung 721

Das Wichtigste in Kürze:

1. Nach Einlegung des Einspruchs entscheidet das Gericht über dessen Zulässigkeit und über den weiteren Verfahrensverlauf.
2. Will das Gericht den Einspruch als unzulässig verwerfen (§ 411 Abs. 1 S. 1), hat es zuvor die StA anzuhören (§ 33 Abs. 2).
3. Wurde der Einspruch auf die Höhe des Tagessatzes beschränkt, kann das Gericht mit Zustimmung der Verfahrensbeteiligten im Beschlusswege entscheiden (§ 411 Abs. 1 S. 3).
4. Die HV ist nach den §§ 212 ff. vorzubereiten und nach den §§ 226 ff. durchzuführen. Lediglich in Bezug auf die Anwesenheit des Angeklagten ergeben sich Unterschiede, je nachdem, ob der Strafbefehl erlassen oder ob aufgrund des Strafbefehlsantrags HV anberaumt wurde.
5. Im Strafbefehlsverfahren gilt das Verbot der reformatio in peius nicht.
6. Einspruch und Klage können bis zur Urteilsverkündung zurückgenommen werden (§ 411 Abs. 3 S. 1).

Literaturhinweise: s. die Hinw. bei → *Strafbefehl, Allgemeines*, Teil B Rdn 599. 722

1. Nach Einlegung des **Einspruchs** entscheidet das Gericht über dessen Zulässigkeit und über den weiteren Verfahrensverlauf. 723

724 Schaubild: Verfahrensverlauf

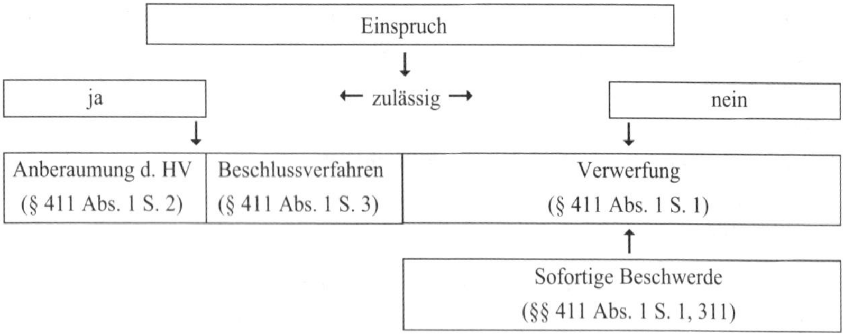

725 **2.a)** Will das Gericht den Einspruch als **unzulässig verwerfen** (§ 411 Abs. 1 S. 1), hat es zuvor die StA anzuhören (§ 33 Abs. 2). Bei Zweifeln über die Zulässigkeit des Einspruchs ist dieser als zulässig zu behandeln (BayObLG NJW 1966, 947).

726 **b)** Im Fall der **Versäumung** der **Einspruchsfrist** (→ *Strafbefehl, Einspruch*, Teil B Rdn 750 ff.) kann – auch von Amts wegen – **Wiedereinsetzung** in den vorigen Stand (→ *Wiedereinsetzung in den vorigen Stand, Allgemeines*, Teil B Rdn 1479, m.w.N.) gewährt werden. Wird Wiedereinsetzung versagt, muss auch der Einspruch gegen den **Strafbefehl** verworfen werden (OLG Celle NStZ-RR 2004, 300). Dagegen ist ebenfalls sofortige Beschwerde (§§ 46 Abs. 3, 311; → *Beschwerde, sofortige Beschwerde*, Teil A Rdn 550 ff.) gegeben. Hat das AG **trotz Unzulässigkeit** des **Einspruchs verhandelt**, diesen Mangel aber noch in der HV bemerkt, ist der Einspruch durch Urteil zu verwerfen (BayObLG NJW 1962, 118), das mit Berufung oder Revision angefochten werden kann. Im Rechtsmittelzug wird ein fälschlich ergangenes Sachurteil aufgehoben und der Einspruch gegen den **Strafbefehl** verworfen (OLG Hamm NStZ-RR 2010, 21).

☝ Ist das Gericht **fälschlich** von der **Unzulässigkeit** des **Einspruchs** ausgegangen, wird der Verwerfungsbeschluss auf sofortige Beschwerde, das Verwerfungsurteil auf Berufung oder Revision aufgehoben und die Sache an das AG zurückverwiesen (*Meyer-Goßner/Schmitt*, § 411 Rn 14).

727 **3.** Wurde der Einspruch **auf** die **Höhe** des **Tagessatzes beschränkt**, kann das Gericht mit Zustimmung der Verfahrensbeteiligten im **Beschlusswege** entscheiden (§ 411 Abs. 1 S. 3). Das gilt i.Ü. auch, wenn der Einspruch gegen den Strafbefehl nur auf die Gewährung einer Zahlungserleichterung nach § 42 StGB gerichtet ist, da das Beschlussverfahren – entgegen seinem Wortlaut- nicht auf die Entscheidung über die Höhe der Tagessätze beschränkt ist (AG Kehl StRR 2015, 427 m. Anm. *Burhoff*).

Der Beschluss kann mit der **sofortigen Beschwerde** (§ 311; → *Beschwerde, sofortige Beschwerde*, Teil A Rdn 550 ff.) angefochten werden. 728

☝ Nur in dieser Konstellation gilt auch im Strafbefehlsverfahren wegen § 411 Abs. 4 das Verbot der **reformatio in peius** (vgl. dazu Rdn 739).

4.a) Die **HV** ist nach den §§ 212 ff. **vorzubereiten** und nach den §§ 226 ff. durchzuführen. 729
Lediglich in Bezug auf die Anwesenheit des Angeklagten ergeben sich Unterschiede, je nachdem, ob der Strafbefehl erlassen oder ob aufgrund des Strafbefehlsantrags HV anberaumt wurde (vgl. zur HV a. *Burhoff*, HV, Rn 2568 ff.).

b) Angeklagter und Verteidiger sind zur HV zu **laden** (§§ 214 – 218; → *Rechts-* 730
mittel/Rechtsbehelfe, Ladung, Teil A Rdn 1588 ff.). Die öffentliche Zustellung der Ladung ist unter den Voraussetzungen des § 40 Abs. 1 zulässig.

☝ Wird der Angeklagte über die **Folgen** des **Ausbleibens nicht belehrt**, darf der Einspruch nicht verworfen werden (BayObLG VRS 55, 281) Dem Fehlen der Belehrung steht es auch gleich, wenn der Angeklagte, der der deutschen Sprache nicht mächtig ist, nicht in einer ihm verständlichen Sprache geladen und/oder belehrt wird (LG Heilbronn StV 2011, 91; a.A. OLG Nürnberg NStZ-RR 2010, 286; → *Rechtsmittel/Rechtsbehelfe, Sprachunkundigkeit, Dolmetschleistung,* Teil A Rdn 1695 ff.).

Der **Verteidiger**, dessen Mandatsverhältnis dem Gericht bekannt ist, muss gem. § 218 731
S. 1 zur HV geladen werden.

☝ Liegt ein Fall der **notwendigen Verteidigung** (§ 140) vor, wurde aber kein Pflichtverteidiger bestellt und folglich auch nicht geladen, soll dies die Verwerfung des Einspruchs nicht hindern (OLG München, Beschl. v. 18.6.2007 – 4St RR 88/07). Erscheinen weder der Angeklagte noch der bestellte Pflichtverteidiger zur HV, kann das Rechtsmittel ebenfalls verworfen werden, weil eine Verhandlung zur Sache nicht stattfindet und deshalb kein Fall des § 338 Nr. 5 vorliegt (KG, Beschl. v. 15.11.2000 – [4] 1 Ss 357/00 [189/00]).

c)aa) Der Angeklagte ist als Subjekt des Strafverfahrens „notwendiger Bestandteil" der 732
HV (vgl. → *Berufung, Ausbleiben des Angeklagten, Allgemeines*, Teil A Rdn 57). **§ 411 Abs. 2** gibt ihm jedoch das Recht, sich **vertreten** zu lassen und damit der HV fernzubleiben.

☝ Der Angeklagte hat **stets** ein **Anwesenheitsrecht**; auch bei einer rechtlich möglichen Vertretung ist er **nicht verpflichtet**, sich **vertreten** zu **lassen**.

733 Das Recht, sich vertreten zu lassen, kann mit der **gerichtlichen Aufklärungspflicht** (§ 244 Abs. 2) **kollidieren**, weshalb das Gericht trotz bestehender Vertretung das persönliche Erscheinen des Angeklagten (§ 236) anordnen kann. Vor diesem Hintergrund ist die Frage zu beantworten, auf welche Weise zu verfahren ist, wenn der Angeklagte in der HV nicht erscheint.

734 **bb)** Bleibt der Angeklagte der **HV fern**, wird sein **Einspruch** gegen den **Strafbefehl** nach § 412 S. 1 **verworfen** (BayObLG wistra 2004, 17), wenn

735 **Checkliste:**

- er nicht bereits gem. § 411 Abs. 1 S. 1 zu verwerfen war (→ Rdn 725),
- ein wirksamer Strafbefehl vorliegt (→ *Strafbefehl, Inhalt*, Teil B Rdn 789 ff.),
- der auch wirksam zugestellt wurde (→ *Strafbefehl, Bekanntmachung/Zustellung*, Teil B Rdn 712 ff.),
- der Angeklagte ordnungsgemäß geladen wurde (→ Rdn 730 f.),
- der Angeklagte unentschuldigt der HV ferngeblieben (→ *Berufung, Ausbleiben des Angeklagten, Allgemeines*, Teil A Rdn 57 ff., m.w.N.) und
- auch nicht ordnungsgemäß vertreten ist (→ *Berufung, Ausbleiben des Angeklagten, Vertretung*, Teil A Rdn 206 ff.).

☝ Da sich der Angeklagte nach § 411 Abs. 2 durch den dazu legitimierten **Verteidiger vertreten** lassen kann (*Burhoff*, HV, Rn 2574), scheidet die Verwerfung des Einspruchs aus, wenn der Angeklagte ordnungsgemäß vertreten ist. Es gelten die **allgemeinen Regeln** (vgl. → *Rechtsmittel/Rechtsbehelfe, Vollmacht, Vertretungsvollmacht*, Teil A Rdn 1809 ff.).

Dies gilt auch **für das gesamte folgende Verfahren**, und damit auch in der Berufungs-HV. Der Angeklagte kann auch dann von einem mit schriftlicher Vollmacht ausgestatteten Verteidiger **vertreten** werden, wenn sein persönliches Erscheinen angeordnet ist (OLG Dresden StV 2005, 492).

736 **cc)** Bei **vorheriger Anordnung** des **persönlichen Erscheinens** und wirksamer Vertretung kann das Gericht zwar den Einspruch nicht verwerfen; ihm steht aber über §§ 412 S. 1, 329 Abs. 3, 230 Abs. 2 nunmehr der Weg offen, den Angeklagten vorführen zu lassen oder seine Verhaftung anzuordnen (KG NJW 2007, 2345; vgl. a. *Burhoff*, HV, Rn 2577, 3661 ff.).

☝ In einer derartigen Konstellation ist jedoch immer danach zu fragen, ob das Ergreifen dieser Zwangsmaßnahmen noch dem Grundsatz der **Verhältnismäßigkeit** entspricht.

d) Der **Strafbefehlsantrag** fungiert als **Anklageschrift** (OLG Köln StraFo 2001, 200), der erlassene Strafbefehl als Eröffnungsbeschluss. Zu etwaigen Mängeln und deren Auswirkungen → *Strafbefehl, Inhalt*, Teil B Rdn 789 ff. 737

e) Wie im beschleunigten Verfahren gilt ein **vereinfachtes Beweisverfahren** (§§ 411 Abs. 2 S. 2, 420), das allerdings z.T. die Zustimmung der Verfahrensbeteiligten voraussetzt. Im Übrigen verläuft die HV wie im **herkömmlichen Erkenntnisverfahren** (vgl. a. *Burhoff*, HV, Rn 2584 ff.). 738

5. Wird gegen einen Strafbefehl Einspruch eingelegt, ist das Gericht nicht gehindert, auch bei unverändertem Sachverhalt und ohne Hinzutreten neuer Umstände eine **höhere Strafe festzusetzen** (OLG Stuttgart StV 2007, 232 m. Anm. *Esser*); im Strafbefehlsverfahren gilt das Verbot der **reformatio** in **peius nicht**. Etwas anderes gilt nur bei Beschränkung des Einspruchs auf die Höhe des Tagessatzes (411 Abs. 1 S. 3; → *Strafbefehl, Einspruch*, Teil B Rdn 744 ff.). 739

6. Einspruch und **Klage** können bis zur Urteilsverkündung **zurückgenommen** werden (§ 411 Abs. 3 S. 1). Nach Beginn der HV bedarf die Rücknahme jeweils der Zustimmung des „Verfahrensgegners" bedarf (§ 303; allgemein zur Rücknahme → *Rechtsmittel/Rechtsbehelfe, Rücknahme, Allgemeines*, Teil A Rdn 1653, m.w.N.). Ausgenommen hiervon ist die Rücknahme des Strafbefehlsantrags im Fall des § 408a (§ 411 Abs. 3 S. 1). 740

Im Übrigen gilt für die **Rücknahme** durch die **StA** folgendes 741

Schaubild: Rücknahme StA 742

Strafbefehl erlassen?			
↓	↓		
Nein	ja		
	Einspruch hingelegt?		
	unbeschränkt	beschränkt	nein
Rücknahme möglich	Rücknahme möglich (Strafbefehl wirkungslos)	Rücknahme nicht möglich	Rücknahme nicht möglich

☝ Die Zustimmung des am Verfahren beteiligten **Nebenklägers** ist jeweils nicht erforderlich (§§ 411 Abs. 3 S. 2, 303 S. 2).

Siehe auch: → *Rechtsmittel/Rechtsbehelfe, Allgemeines*, Teil A Rdn 1289, m.w.N.; → *Strafbefehlsverfahren, Allgemeines*, Teil B Rdn 699, m.w.N.

743 Strafbefehl, Einspruch

Das Wichtigste in Kürze:

1. Der Einspruch gegen den Strafbefehl ist kein strafprozessuales Rechtsmittel, da ihm der dazu erforderliche Devolutiveffekt fehlt.
2. Zur Einspruchseinlegung befugt ist insbesondere der Angeklagte, aber ggf. auch Nebenbeteiligte.
3. Die Frist zur Einspruchseinlegung beträgt zwei Wochen.
4. Der Einspruch ist schriftlich oder zu Protokoll der Geschäftsstelle einzulegen.
5. Der Einspruch ist beim Ausgangsgericht einzulegen, das den Strafbefehl erlassen hat.
6. Die Bezeichnung des Rechtsbehelfs als Einspruch ist nicht erforderlich.
7. Der Einspruch kann auf bestimmte Beschwerdepunkte beschränkt werden (§ 410 Abs. 2).
8. Der – prozessuale handlungsfähige – Angeklagte kann seinen Einspruch gegen den Strafbefehl bis zur Verkündung des Urteils durch das AG ganz oder teilweise zurücknehmen.
9. Der Angeklagte kann darauf verzichten, gegen einen ihm gegenüber erlassenen Strafbefehl Einspruch einzulegen.

744 **Literaturhinweise:** s. die Hinw. bei → *Strafbefehl, Allgemeines*, Teil A Rdn 631.

745 **1.a)** Der **Einspruch** gegen den **Strafbefehl** ist kein strafprozessuales Rechtsmittel, da ihm der dazu erforderliche Devolutiveffekt fehlt. Als **förmlicher Rechtsbehelf** entfaltet er jedoch einen Suspensiveffekt.

746 **b)** Der Strafbefehl muss **erlassen** sein. Ein **vor Erlass eingelegter Einspruch** richtet sich nur gegen den Strafbefehlsantrag und bleibt – auch wenn der Strafbefehl später erlassen wird – **wirkungslos** (OLG Koblenz MDR 1978, 511). Allerdings kann gegen einen – erlassenen – Strafbefehl **schon vor** dessen **Zustellung** auch dann Einspruch eingelegt werden, wenn der Adressat vom Erlass noch keine Kenntnis erlangt hat (BGHSt 25, 187). Dasselbe soll gelten, wenn der vorschnell verfasste (abgesandte) Rechtsbehelf erst nach Erlass des Strafbefehls bei Gericht eingeht (OLG Jena, Beschl. v. 1.9.2011 – 1 Ws 393/11).

747 **2.a)** Zur **Einspruchseinlegung befugt** sind der der Angeklagte und der gesetzliche Vertreter des Angeklagten. Befugt sind auch der betroffene Verfalls- oder Nebenbeteiligte (§§ 438, 442), der weitere Nebenbeteiligte (§ 444 Abs. 2 S. 2), eine durch Verhängung eines Bußgeldes nach § 30 OWiG betroffene juristische Person/Personenvereinigung, der Betroffene, soweit eine OWi Gegenstand des Strafbefehls ist.

☝ Der **Verteidiger** kann gegen den **Strafbefehl** nur **mit Willen** des **Angeklagten** Einspruch einlegen (§§ 410 Abs. 1 S. 2, 297); dieser Beschränkung unterliegt nach § 298 Abs. 1 der gesetzliche Vertreter nicht.

b) Weder **StA** noch **Finanzbehörde** können als jeweilige Antragstellerin gegen den von ihr beantragten Strafbefehl Einspruch einlegen. Das folgt einerseits aus deren Dispositionsbefugnis, da es ihnen möglich ist, den Strafbefehlsantrag bis zum Beginn der HV zurückzunehmen, andererseits aus dem Konsensualprinzip in § 408, wonach der Strafrichter den Strafbefehl nur unverändert erlassen darf. Lehnt er den Erlass des Strafbefehls ab, kann die antragstellende Behörde dagegen Beschwerde einlegen (§§ 408 Abs. 2 S. 2 i.V.m. 210 Abs. 2). **748**

c) Dem **nebenklageberechtigten Verletzten** steht **keine Einspruchsbefugnis** zu (s. dazu: LR-*Gössel*, vor § 407 Rn 39 f.). Einen „Nebenkläger" kann es in diesem Verfahrensstadium noch nicht geben, da die Anschlusserklärung des § 396 Abs. 1 S. 2, S. 3 erst mit der Anberaumung eines HV-Termins wirksam werden kann (*Meyer-Goßner/Schmitt*, § 396 Rn 6). **749**

☝ Hat der **Strafbefehl** ein Nebenklagedelikt zum Gegenstand, sollte sich der Verteidiger zusammen mit der Einspruchseinlegung deshalb aus Kostengründen zunächst darum bemühen, dass (noch) kein HV-Termin angesetzt wird (MAH-*Nobis*, Teil 7 Rn 17).

3.a) Die **Frist** zur Einspruchseinlegung beträgt **zwei Wochen** (→ *Rechtsmittel/Rechtsbehelfe, Fristen, Fristberechnung*, Teil A Rdn 1560 ff.). Die Frist beginnt mit der – wirksamen – **Zustellung** des **Strafbefehls** (→ *Rechtsmittel/Rechtsbehelfe, Zustellung, Allgemeines*, Teil A Rdn 1845 ff.; → *Strafbefehl, Bekanntmachung/Zustellung*, Teil B Rdn 712 ff.). **750**

☝ Wenn sich – etwa in Strafverfahren wegen Straßenverkehrsdelikten – das den **Strafbefehl** erlassende AG in einem anderen Bundesland befinden kann, ist darauf zu achten, dass es sich ggf. bei einem Feiertag, auf den das Fristende zur Einspruchseinlegung im Wohn- oder Kanzleisitzbundesland fällt, auch in dem Bundesland um einen allgemeinen Feiertag handelt, in dem das AG seinen Sitz hat (→ *Rechtsmittel/Rechtsbehelfe, Fristen, Fristberechnung*, Teil A Rdn 1560 ff.).

b) Wird die **Frist versäumt**, ist unter den Voraussetzungen der §§ 44 – 47 (→ ***Wiedereinsetzung** in den vorigen Stand, Allgemeines*, Teil B Rdn 1479 ff.; Muster für einen Antrag auf Wiedereinsetzung in den vorigen Stand gegen die Versäumung der Einspruchsfrist bei→ *Wiedereinsetzung in den vorigen Stand, Antrag*, Teil B Rdn 1485 ff.) möglich. Auch im Rahmen dieses Verfahrens dürfen die Anforderungen schon deshalb nicht überspannt werden, weil es sich beim Einspruch gegen den Strafbefehl um den ersten Zugang zum Gericht handelt, weshalb den Rechtsschutzgarantien aus Art. 19 Abs. 4 **751**

GG und Art. 103 Abs. 1 GG besonderes Gewicht beizumessen ist, was nicht nur für die Begründetheit des Wiedereinsetzungsantrags, sondern bereits für dessen Zulässigkeit gilt (BVerfG, Beschl. v. 21.11.1989 – 2 BvR 1089/89; VerfGH Berlin, Beschl. v. 7.6.2011 – 78/08, 108/08, m.w.N.).

☝ Ist der einzig sichere Beweis aus Gründen, die in der Sphäre der Justizbehörden liegen, nicht möglich, weil der **(Brief-)Umschlag** der Einspruchsschrift vom Gericht **nicht aufbewahrt** wurde, weshalb sich das Aufgabedatum der Briefsendung nicht mehr feststellen lässt, hat das zur Entscheidung über den Wiedereinsetzungsantrag berufene Gericht bei seiner Überzeugungsbildung den Umstand in Rechnung zu stellen, dass eine Glaubhaftmachung von die Wiedereinsetzung begründenden Tatsachen bei fehlendem behördlichen Versagen unschwer möglich wäre. In diesem Fall kann dann – ungeachtet der Zweifel am Vorbringen des Antragstellers – dessen eigene schlichte Erklärung zum Wiedereinsetzungsgrund für die Glaubhaftmachung ausreichen (BVerfG StV 1995, 393; vgl. dazu a. noch BVerfG NJW 1997, 1770; OLG Brandenburg wistra 2006, 36; OLG Hamm NStZ-RR 2009, 112).

752 Eine **Versagung** der Wiedereinsetzung lässt sich insbesondere **nicht** stützen auf (vgl. → *Wiedereinsetzung in den vorigen Stand, Voraussetzungen*, Teil B Rdn 1513 ff.)

- die Fristversäumung aufgrund **kurzfristiger Abwesenheit** von der ständig genutzten Wohnung (BVerfG NJW 2013, 592; OLG Naumburg, Beschl. v. 3.1.2013 – 2 Ws 233/12),
- das **nicht rechtzeitige** Bemühen um eine **Übersetzung** (BVerfG NJW 1975, 1597),
- ein **Verteidigerverschulden**,
- die **fehlende Glaubhaftmachung** von Umständen, die aktenkundig oder gerichtsbekannt sind oder
- die Darlegung des Fehlens von **Umständen**, die nach dem geschilderten Sachverhalt **fernliegen** oder aus sonstigen Gründen der allgemeinen Lebenserfahrung zuwiderlaufen; ebenso wenig
- auf das **Versagen organisatorischer und betrieblicher Vorkehrungen**, auf die der Bürger keinen Einfluss hat (BVerfG NStZ 1983, 83).

☝ Wird bei einem mit einem Wiedereinsetzungsantrag gegen die Versäumung der Einspruchsfrist verbundenen **Einspruch** gegen einen **Strafbefehl zunächst allein** über den **Wiedereinsetzungsantrag entschieden** und Wiedereinsetzung rechtskräftig versagt, entfaltet dieser Beschluss keine Bindungswirkung hinsichtlich der Wirksamkeit der Zustellung des **Strafbefehls** bei der späteren Entscheidung über die Zulässigkeit des **Einspruchs** (OLG Celle NStZ-RR 2004, 300; OLG Naumburg, Beschl. v. 3.1.2013 – 2 Ws 233/12).

4. Der Einspruch ist **schriftlich** oder **zu Protokoll der Geschäftsstelle** einzulegen (→ *Rechtsmittel/Rechtsbehelfe, Form, Allgemeines*, Teil A Rdn 1509 m.w.N.). 753

☝ Eine nur **telefonische Einspruchseinlegung** wahrt die Formerfordernisse **nicht** (OLG Zweibrücken StV 1982, 415). Die Entscheidung des BGH in NJW 1980, 1290 zur telefonischen Einspruchsmöglichkeit gegen einen Bußgeldbescheid ist auf das Strafbefehlsverfahren nicht anwendbar (*Meyer-Goßner/Schmitt* Einl 140 m.w.N; **a.A.** LG Münster NJW 2005, 166 zur Berufungseinlegung).

5. Der Einspruch ist beim **Ausgangsgericht einzulegen**, das den Strafbefehl erlassen hat (→ *Rechtsmittel/Rechtsbehelfe, Einlegung*, Teil A Rdn 1466 ff.). Ein an die StA adressierter Einspruch gegen einen Strafbefehl, der bei der gemeinsamen Posteingangsstelle von AG, LG und StA eingeht, geht zunächst der (unzuständigen) StA und nicht auch gleichzeitig dem (zuständigen) AG zu. Dem AG geht er erst zu, wenn er an dieses weitergeleitet wurde (OLG Hamm NStZ-RR 2010, 21). 754

6. Die **Bezeichnung** des Rechtsbehelfs **als** Einspruch ist **nicht erforderlich** (§ 300). Deshalb kann auch eine eingelegte „Beschwerde" in einen Einspruch umgedeutet werden (LG Berlin NStZ 2005, 119; → *Rechtsmittel/Rechtsbehelfe, Auslegung/Umdeutung*, Teil A Rdn 1312 ff.). 755

7.a) Der Einspruch kann **auf bestimmte Beschwerdepunkte beschränkt** werden (§ 410 Abs. 2). 756

☝ **Subsumtionsfehler** des Strafrichters, die zu einer unzutreffenden rechtlichen Würdigung im Strafbefehl führen, stehen der Wirksamkeit der Einspruchsbeschränkung nicht entgegen (OLG München wistra 2006, 395).

Der **Wille eines Rechtsmittelführers**, nur einen bestimmten Teil eines Strafbefehls anzufechten, kann aber nur dann angenommen werden, wenn er in der Rechtsmittelerklärung eindeutig und zweifelsfrei zum Ausdruck kommt, wobei wegen der Unwiderruflichkeit der Erklärung und ihrer sonstigen weitreichenden Folgen strenge Anforderungen zu stellen sind. Ist die Erklärung unklar und führt auch ihre Auslegung zu keinem eindeutigen Ergebnis, darf eine Rechtsbehelfsbeschränkung nicht angenommen werden. Bei der Auslegung einer solchen Erklärung sind die Erfahrung oder mangelnde Erfahrung des Erklärenden in gerichtlichen Angelegenheiten sowie seine sprachliche Gewandtheit oder Unbeholfenheit zu berücksichtigen (KG Beschl. v. 19.3.1998 – [4]) 1 Ss 39/98 [23/98]). Es gelten die Ausführungen bei → *Berufung, Beschränkung, Allgemeines*, Teil A Rdn 227, m.w.N., entsprechend (vgl. a. Rdn 761 ff.). 757

☝ Verfahrensrechtliche **Besonderheiten** ergeben sich bei der Einspruchsbeschränkung in der HV, bei der es sich rechtstechnisch um eine **Teilrücknahme** des Rechtsbehelfs (§ 302 Abs. 2) handelt. Hierfür bedarf der Verteidiger einer ausdrücklichen Ermächtigung des Angeklagten gem. § 302 Abs. 2 (OLG Düsseldorf NStZ 2010, 655; → *Rechtsmittel/Rechtsbehelfe, Rücknahme, Allgemeines*, Teil A Rdn 1653 ff.).

758 Erwächst der **Schuldspruch** eines Strafbefehls aufgrund wirksamer Einspruchsbeschränkung **in Rechtskraft**, so ist das Gericht gehindert weitere Feststellungen zu den Tatbestandsvoraussetzungen zu treffen, da insoweit der (erneuten) Entscheidung das Verfahrenshindernis der eingetretenen Rechtskraft entgegensteht (OLG Schleswig zfs 2001, 91).

759 **b)** Bei **zwei** oder **mehreren Taten** ist zu differenzieren:

- Bei einer Tat, die mit einer anderen in **Tateinheit (§ 52 StGB)** steht, ist die Beschränkung des Einspruchs auf einen oder mehrere rechtliche Gesichtspunkte unzulässig (OLG Hamm NZV 2008, 164).
- Bilden **mehrere Taten i.S.v. § 53 StGB** eine Tat im verfahrensrechtlichen Sinn (§ 264) ist der Einspruch nur dann auf einen der materiell-rechtlichen Vorwürfe beschränkbar, wenn dessen Überprüfung möglich ist, ohne dass sich das Gericht zu den übrigen rechtskräftig abgeurteilten Straftaten (§ 410 Abs. 3) in **Widerspruch** setzen würde (OLG Düsseldorf VRS 74, 366; OLG Jena NStZ-RR 2005, 276; OLG Oldenburg zfs 2008, 702).
- Kann über ein **Konkurrenzverhältnis** erst **nach Durchführung** der **HV** befunden werden, ist der Einspruch ebenfalls **nicht beschränkbar** (OLG Köln NStE § 318 StPO Nr. 14).

☝ Ist der Angeklagte wegen fahrlässiger Körperverletzung in Tateinheit mit fahrlässiger **Gefährdung** des **Straßenverkehrs** und wegen anschließendem unerlaubten Entfernen vom Unfallort in Tateinheit mit Trunkenheit am Steuer verurteilt worden, so kann er den **Einspruch** nicht auf die Verurteilung wegen unerlaubten Entfernens vom Unfallort in Tateinheit mit Trunkenheit am Steuer beschränken (BGHSt 25, 72).

760 **c)** Der **Schuldspruch** kann **nicht isoliert** angefochten werden. Dies gilt auch für Teile des Schuldspruchs (OLG Oldenburg NStZ-RR 1996, 77) oder die aus dem **Strafbefehl** hervorgehende rechtliche Würdigung des Sachverhalts (OLG Frankfurt StraFo 2003, 383).

☝ Die Frage der eingeschränkten Einsichts- oder Steuerungsfähigkeit (**§ 21 StGB**) ist hingegen nicht Teil der Schuldfrage (BGHSt 7, 283; OLG Köln NStZ 1984, 379; *Meyer-Goßner/Schmitt*, § 318 Rn 15 m.w.N.).

761 **d)aa)** Die Einspruchsbeschränkung auf den **Rechtsfolgenausspruch** ist – wie bei Berufung und Revision (vgl. auch → *Berufung, Beschränkung*, Teil A Rdn 227 ff.; → *Revision, Beschränkung*, Teil A Rdn 2085 ff.) – möglich (OLG Celle StV 2008, 587; OLG Hamm,

Beschl. v. 31.3.2009 – 1 Ss 111/09; *Meyer-Goßner/Schmitt*, § 410 Rn 4), und zwar auf die Höhe der Freiheitsstrafe, die Anzahl der verhängten Tagessätze, die Höhe des einzelnen Tagessatzes, und wegen der Versagung von Zahlungserleichterungen (§ 42 StGB; vgl. dazu AG Kehl StRR 2015, 427 m. Anm. *Burhoff*).

☝ Die **Höhe** des **Tagessatzes** kann jedoch nicht wirksam von der Anfechtung des Rechtsfolgenausspruches ausgenommen werden, wenn dieser auch die Verhängung eines Fahrverbotes umfasst. Denn zum Ausgleich des Wegfalles des Fahrverbotes kann eine Erhöhung des Tagessatzes in Betracht kommen (BayObLG NStE Nr. 2 zu § 410 StPO).

bb) Innerhalb des Rechtsfolgenausspruchs kann der Einspruch auf die Entziehung der Fahrerlaubnis oder die Verhängung eines Fahrverbots beschränkt werden (vgl. auch Rdn 765). 762

Die **Beschränkung** des Einspruchs auf den Rechtsfolgenausspruch ist nur dann **wirksam**, wenn der Strafbefehl **ausreichende Feststellungen** zur Tat enthält. Daran fehlt es, in folgenden 763

Beispielsfällen: 764

- bei Delikten, die sowohl vorsätzlich als auch fahrlässig begangen werden können, wenn sich der Strafbefehl **nicht** zur **inneren Tatseite** verhält (OLG Düsseldorf NStZ-RR 1997, 113) oder die diesbezüglichen Feststellungen so knapp, unvollständig, unklar und widersprüchlich sind, dass sie keine ausreichende Grundlage für die Überprüfung der Rechtsfolgenentscheidung bilden können (OLG Koblenz NStZ 2003, 617) oder
- bei einer festgestellten BAK von 2,34 ‰ nicht damit auseinandersetzt, ob der Angeklagte überhaupt **schuldfähig** war (BayObLG NJW 2003, 2397; DAR 2004, 282).
- Wird neben der Freiheitsstrafe zusätzlich eine Geldstrafe verhängt (§ 41 StGB) und der **Verfall** von **Wertersatz** (§ 73a StGB) angeordnet, müssen die Feststellungen ergeben, dass die Bereicherung durch die abgeurteilte Tat erfolgte und die persönlichen und wirtschaftlichen Verhältnissen des Angeklagten diese Sanktion erlauben. Bezüglich der Verfallsanordnung ist daneben darauf einzugehen, ob dieser Nebenfolge nicht Ansprüche Dritter im Sinne von § 73 Abs. 1 S. 2 StGB entgegenstehen (OLG Celle StV 2008, 587).

☝ Eine **Beschränkung** des **Einspruchs** auf die **Höhe** der im **Strafbefehl** verhängten **Tagessätze** ist auch dann **zulässig**, wenn nur unzureichende Feststellungen zur Tat getroffen wurden, denn für die Bestimmung der Höhe der Tagessätze sind nicht die Feststellungen im **Strafbefehl** zum Schuldspruch, sondern allein die aktuellen wirtschaftlichen und persönlichen Verhältnisse des Täters maßgeblich (OLG Hamm DAR 2001, 133).

765 **cc) Innerhalb** des **Rechtsfolgenausspruchs** gelten folgende **Besonderheiten** (vgl. auch → *Berufung, Beschränkung, Allgemeines*, Teil A Rdn 310):

- Bei Anfechtung nur des **Fahrverbots** kann die Höhe des Tagessatzes nicht wirksam vom Rechtsbehelfsangriff ausgenommen werden, da zum Ausgleich des Wegfalls des Fahrverbotes eine Erhöhung des Tagessatzes in Betracht kommen kann (BayObLG NStE § 410 StPO Nr. 2). Aufgrund der **Wechselwirkung** zwischen Haupt- und Nebenstrafe sind Fälle, in denen das verhängte Fahrverbot allein angefochten werden kann, **seltene Ausnahmen** (vgl. OLG Hamm VRS 49, 119; OLG Koblenz v. 6.11.1989 – 2 Ss 416/89).
- Eine isolierte Anfechtung der **Entziehung der Fahrerlaubnis** ist **möglich**, wenn es nur darum geht, ob aus den nicht beanstandeten Feststellungen des Strafbefehls der **rechtliche Schluss** gezogen werden kann/muss, dass die Fahrerlaubnis zu entziehen ist (OLG Dresden VRS 109, 172; OLG Frankfurt NZV 2002, 382; OLG Stuttgart NZV 1997, 316). Im Ergebnis gilt dies auch bei einer Entziehung der Fahrerlaubnis wegen **geistiger oder körperlicher Defizite**, weil diese in der Regel mit der Frage der Strafzumessung nicht in Zusammenhang stehen. Sofern zwischen Hauptstrafe und Fahrerlaubnisentziehung eine **Wechselwirkung** besteht, z.B. wenn die Strafe wegen der Anordnung der Maßregel höher oder milder bemessen wurde (LR/*Gössel*, § 318 Rn 108; *Meyer-Goßner/Schmitt*, § 318 Rn 28), ist die Beschränkung des Einspruchs wirksam nicht möglich. Das Gleiche gilt, wenn die Fahrerlaubnis infolge **charakterlicher Mängel** des Angeklagten entzogen wurde, da dann Straf- und Maßregelausspruch grds. in einer so engen gegenseitigen Abhängigkeit stehen, dass sich ein Angriff gegen die Anordnungen nach §§ 69, 69a StGB auch auf die Strafzumessung insgesamt erstrecken muss (OLG Jena VRS 118, 279), weshalb eine von der Strafzumessung getrennte Überprüfung der Maßregel durch das Gericht ausscheidet (OLG Naumburg, Beschl. v. 19.1.2000 – 2 Ss 203/99). Ebenso unwirksam ist die Einspruchsbeschränkung auf die Maßregelanordnung, wenn **gleichzeitig** über die Verhängung einer Freiheitsstrafe unter sechs Monaten, über eine Strafaussetzung und über die Entziehung der Fahrerlaubnis oder eine isolierte Sperrfrist entschieden worden oder zu entscheiden ist, weil andernfalls ein Widerspruch zu den ebenfalls auf den Charakter abzielenden Fragen im Zusammenhang mit §§ 47 Abs. 1, 56 Abs. 1 StGB entstehen könnte (OLG Brandenburg JMBl. BB 1999, 32).

766 **8.a)** Der – prozessuale handlungsfähige – **Angeklagte** kann seinen Einspruch gegen den Strafbefehl bis zur Verkündung des Urteils durch das AG **ganz** oder **teilweise zurücknehmen**. Eingeschränkt wird dies nur dadurch, dass ab Beginn der HV die Zustimmung der StA erforderlich ist (§ 303 S. 1). Beides gilt auch, wenn das Verfahren nach erfolgreicher Sprungrevision an das AG zurückverwiesen wurde (*Meyer-Goßner/Schmitt*, § 411 Rn 9 m.w.N.; → *Berufung, Beschränkung, Vornahme*, Teil A Rdn 277; → *Rechtsmittel/Rechtsbehelfe, Rücknahme, Allgemeines*, Teil A Rdn 1653, m.w.N.). Die Einspruchsrück-

nahmeerklärung des Angeklagten soll unwirksam sein den Angeklagten nicht binden, wenn sie aufgrund eines Motivirrtums und einer „Unüberlegtheit“ abgegeben wurde, insbesondere das Gericht das Gebot fairer Prozessführung verletzt hat (LG Osnabrück StraFo 1997, 309).

☝ Nimmt der Angeklagte in der HV seinen Einspruch gegen den Strafbefehl zurück und wendet er sich **nachfolgend gegen** die **Wirksamkeit** der **Rücknahme**, ist sein Vorbringen als Antrag auf Fortführung des Strafverfahrens zu verstehen. Auf einen solchen Antrag hin hat das AG dem Verfahren Fortgang zu geben und eine Entscheidung in der Sache zu treffen oder die Wirksamkeit der Einspruchsrücknahme festzustellen (OLG Jena NStZ 2007, 56).

b) Der **Verteidiger** benötigt zur Rücknahme eine **ausdrückliche Ermächtigung** (§§ 302 Abs. 2, 410 Abs. 1 S. 2; → *Rechtsmittel/Rechtsbehelfe, Rücknahme, Verteidiger*, Teil A Rdn 1669). **767**

9. Der **Angeklagte** kann darauf **verzichten** kann, gegen einen ihm gegenüber erlassenen Strafbefehl Einspruch einzulegen. Das folgt aus der ihm zustehenden Dispositionsbefugnis (→ *Rechtsmittel/Rechtsbehelfe, Befugnis*, Teil A Rdn 1323 ff.). Eine Ausnahme hiervon enthält lediglich § 302 Abs. 1 S. 2 bei vorangegangener Verständigung (→ *Strafbefehl im Hauptverfahren*, Teil B Rdn 770 ff.). Die Bezahlung der verhängten Geldstrafe kann i.Ü. ein Indiz dafür sein, dass der Angeklagte den Strafbefehl gg. hinnimmt; ohne Hinzutreten weiterer Umstände lässt sich aber auch daraus nicht auf einen Verzicht zur Einlegung des Einspruchs schließen (OLG Rostock NZV 2002, 139; OLG Stuttgart NZV 1998, 81 jew. zum Einspruch gegen den Bußgeldbescheid). **768**

Der **Verteidiger** bedarf in jedem Fall der gesonderten Ermächtigung zur Erklärung eines Rechtsmittelverzichts (*Meyer-Goßner/Schmitt*, § 302 Rn 30 ff.; → *Rechtsmittel/Rechtsbehelfe, Verzicht, Allgemeines*, Teil A Rdn 1732 ff.). **769**

Siehe auch: → *Rechtsmittel/Rechtsbehelfe, Allgemeines*, Teil A Rdn 1289, m.w.N.; → *Strafbefehl, Allgemeines*, Teil B Rdn 699, m.w.N.; → *Wiedereinsetzung in den vorigen Stand, Allgemeines*, Teil B Rdn 1479, m.w.N.

Strafbefehl, Hauptverfahren **770**

Das Wichtigste in Kürze:

1. Kann die HV zeitnah (vorübergehend) nicht durchgeführt werden kann, kann nach § 408a vorgegangen werden.
2. Aufgrund des Wechsels vom Haupt- ins Strafbefehlsverfahren sind die Vorschriften der §§ 407 ff. anzuwenden.

3. Korrespondierend mit dem Wechsel der Verfahrensart ist auch ein Wechsel in der Bewertung des Verfahrensgegenstands durch die StA erforderlich.
4. Die Durchführung der HV braucht nicht generell unmöglich zu sein. Auf das Verfahren nach § 408a können StA und Gericht bereits dann zurückgreifen, wenn eine HV auf absehbare Zeit nicht durchgeführt werden kann.
5. Wie jeder Strafbefehl setzt auch der nach § 408a einen Antrag der StA voraus.
6. Der Strafrichter hat über den Strafbefehlsantrag zu befinden und ist damit in gleicher Situation und Position wie bei jedem (schriftlichen) Strafbefehlsantrag der StA.

771 **Literaturhinweise:** s. die Hinw. bei → *Strafbefehl, Allgemeines*, Teil B Rdn 700.

772 **1.a)** Kann die **HV** zeitnah (vorübergehend) **nicht durchgeführt** werden(vgl. Rdn 779), kann nach **§ 408a** vorgegangen werden. Diese Vorschrift dient der Beschleunigung.

☝ § 408a kann **nicht angewendet** im beschleunigten Verfahren (§§ 417 ff.), dieses Verfahren wäre vom Gericht bereits abgelehnt worden (§ 419 Abs. 3 Hs. 1) und in Verfahren nach Überleitung eines Bußgeldverfahrens (§ 81 OWiG).

773 Der **Strafbefehlserlass** nach § 408a führt zu einem **Wechsel** der **Verfahrensart**. Das zeigt das

774 **Schaubild: Strafbefehl nach § 408a**

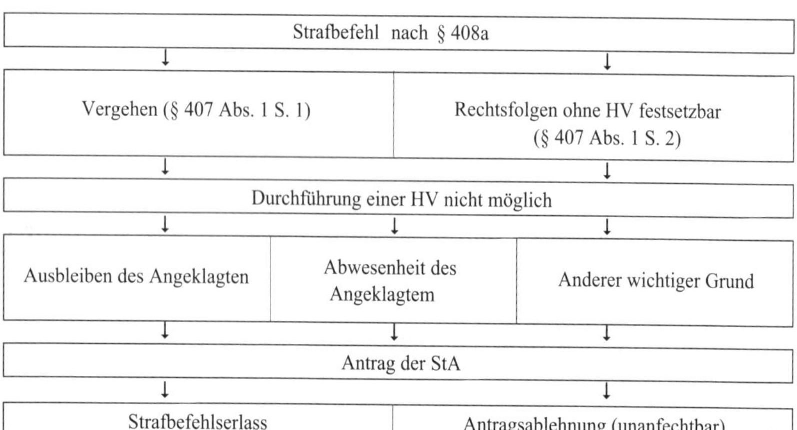

775 **b)** Der **Angeklagte** kann den **Übergang** vom Regel- in das Strafbefehlsverfahren **nicht** verhindern; dasselbe gilt für den Nebenkläger. Von dem sich gegen den Verfahrenswech-

sel sträubenden Angeklagten dürfte jedoch die Einlegung eines Einspruchs zu erwarten sein, weshalb sich vor dem Hintergrund der Verfahrensökonomie die Frage stellen wird, ob diese Verfahrensgestaltung im Ergebnis dann tatsächlich der Beschleunigung dient (vgl. KMR-*Metzger*, § 408a Rn 12).

2. Aufgrund des Wechsels vom Haupt- ins Strafbefehlsverfahren sind die Vorschriften der **§§ 407 ff. anzuwenden**. Erforderlich ist ein Antrag der StA (→ Rdn 783 ff.) und ein vom Gericht erlassener (wirksamer) Strafbefehl (→ *Strafbefehl, Inhalt*, Teil B Rdn 789 ff.). 776

☝ Deshalb darf im Verfahren nach Erlass eines Strafbefehls gem. § 408a Abs. 3 S. 1 der Einspruch jedenfalls dann nicht nach §§ 412 S. 1, 329 Abs. 1 verworfen werden, wenn der Strafbefehl weder Tatbezeichnung noch Tatort oder Tatzeit enthält (OLG Düsseldorf, Beschl. v. 25.4.2012 – III-1 RVs 6/12) oder die zugestellte Ausfertigung des Strafbefehls **keinen Strafausspruch** enthält (KG, Beschl. v. 12.7.2002 – [5] 1 Ss 136/02 [22/02]).

In Zweifel gezogen wird, ob in den Fällen des § 408a die **Wirksamkeit** des **Strafbefehls** von seiner **ordnungsgemäßen Zustellung abhängt**, nachdem die gerichtliche Informationspflicht bereits durch Zustellung von Anklageschrift und Eröffnungsbeschluss erfüllt wurde und die Ladung zu der dem Erlass des **Strafbefehls** nach § 408a vorausgegangenen HV wirksam erfolgte (s. dazu OLG Köln StraFo 2001, 200). 777

3. Korrespondierend mit dem Wechsel der Verfahrensart ist auch ein **Wechsel** in der **Bewertung** des **Verfahrensgegenstands** durch die **StA** erforderlich, da sie zunächst von der Durchführung eines Strafbefehlsverfahren abgesehen und Anklage erhoben und dadurch zum Ausdruck gebracht hatte, dass sich die Aburteilung im Wege eines Strafbefehls nicht eignet (Nr. 175 Abs. 3 RiStBV). 778

4.a) Die **Durchführung** der **HV** muss **nicht generell unmöglich** sein. Auf das Verfahren nach § 408a können StA und Gericht bereits dann zurückgreifen, wenn eine HV auf absehbare Zeit (KMR-*Metzger*, § 408a Rn 13 [mehrere Monate]) nicht durchgeführt werden kann. 779

b) Anwendungsvoraussetzung des § 408a ist das Vorliegen eines **wichtigen Grundes**, wofür das Gesetz beispielhaft des Ausbleiben oder die Abwesenheit des Angeklagten nennt (vgl. Rdn 781 f.). Er kann z.B. aber auch in einer mehrmonatigen Abordnung des Referatsrichters liegen. Auch der beschleunigte Verfahrensabschluss, auf den sich Gericht, StA und Verteidiger sich **verständigt (§ 257c)** haben, kann einen wichtigen Grund darstellen. Auch die Unerreichbarkeit eines für die Durchführung der Beweisaufnahme unverzichtbaren Zeugen (Nichtverlesbarkeit der polizeilichen Aussage, Auftauchen neuer bisher nicht gestellter Fragen) kann ein Anwendungsfall sein (Nr. 175a Buchst. d RiStBV; *Meyer-Goßner/Schmitt*, § 408a Rn 4). 780

781 **c)aa)** § 408a kann **auch** beim **Ausbleiben** des **Angeklagten** angewendet werden. Dieser gesetzliche Anknüpfungspunkt verwundert zunächst deshalb, weil der Angeklagte, war er wirksam zur HV geladen, zum Erscheinen in der HV verpflichtet ist, sodass er im Fall des unentschuldigten Ausbleibens vorgeführt oder seine Verhaftung angeordnet werden kann (§ 230 Abs. 2; vgl. *Burhoff*, HV, Rn 361 ff., *Burhoff*, EV, Rn 4280 ff.]). Sachgrund kann insoweit entweder ein **Ladungs-** oder **Zustellungsmangel** (einschr. OLG Köln StraFo 2001, 200) sein oder dem Ergreifen von Zwangsmaßnahmen steht der **Grundsatz** der **Verhältnismäßigkeit** entgegen (OLG Düsseldorf NStZ-RR 1998, 180; KMR-*Metzger*, § 408a Rn 12). Die Durchführung der HV ist aber auch unmöglich, wenn der Angeklagte längere Zeit erkrankt ist, dies aber nicht zur Anwendung des § 206a führen kann (Nr. 175a Buchst. b RiStBV) oder kein Fall des § 232 möglich ist (Nr. 175a Buchst. c RiStBV).

782 **bb)** Für die Anwendung des § 408a bei **Abwesenheit** des **Angeklagten** war Ausgangsüberlegung des Gesetzgebers die § 276 zugrunde liegende Konstellation, in der der Angeklagte im Ausland lebt, seine „Gestellung" vor das zuständige Gericht jedoch entweder nicht ausführbar oder nicht angemessen erscheint (Nr. 175a Buchst. a RiStBV; KK-*Maur*, § 408a Rn 9). Von Abwesenheit kann aber auch ausgegangen werden, wenn nach Verfahrenseröffnung bekannt wird, dass der Angeklagte eine mehrmonatige Auslandsreise angetreten hat.

783 **5.** Wie jeder **Strafbefehl** setzt auch der nach § 408a einen **Antrag** der **StA** voraus.

> ☝ Der Wechsel der Verfahrensart tritt bereits mit der Antragstellung ein, da das Verfahren selbst bereits rechtshängig ist.

784 **a)** Der **Antragsinhalt** ist § 409 zu entnehmen (→ *Strafbefehl, Inhalt*, Teil B Rdn 789 ff.).

785 **b)** Die **Antragsform** hängt davon ab, ob der Antrag innerhalb oder außerhalb der HV gestellt wird. **Außerhalb** der **HV** besteht **Schriftformerfordernis** (h.M.; KMR-*Metzger*, § 408a Rn 10; *Meyer-Goßner/Schmitt*, § 408a Rn 2).

786 *Beispiel:*

Strafrichter, StA und Verteidiger warten auf das Erscheinen des Angeklagten zur HV und nutzen die Zeit, Überlegungen zum Verfahrensausgang anzustellen. Nachdem die HV bereits vor einer halben Stunde hätte beginnen sollen, gelingt es dem Verteidiger, Gericht und StA vom Verfahren nach § 408a zu überzeugen.

Das Gericht wird die Sache aufrufen (§ 243 Abs. 1) und dann feststellen, dass der – wirksam – geladene Angeklagte nicht erschienen ist. Der StA beantragt sodann – **mündlich** – den Erlass eines Strafbefehls nach § 408a, wobei der wesentliche Inhalt in das Protokoll aufzunehmen ist. (§ 408a Abs. 1 S. 2). Der Antrag muss, da die in Bezug genommene Anklageschrift hierzu keine Aussage trifft, **einen Rechtsfolgenausspruch** enthalten.

6. Der Strafrichter hat über den Strafbefehlsantrag zu **entscheiden** und ist damit in gleicher Situation und Position wie bei jedem (schriftlichen) Strafbefehlsantrag der StA, was seine Dispositionsbefugnis (→ *Strafbefehl, Allgemeines*, Teil B Rdn 699 ff.) betrifft. Er kann den Strafbefehl erlassen oder den Erlass ablehnen. 787

Jeder Strafbefehl wird im schriftlichen Verfahren (§ 407 Abs. 1 S. 1) erlassen. Wurde der Antrag in der **HV** gestellt, ist diese ggf. zum Zweck des Strafbefehlserlasses zu **unterbrechen**. Ob das Gericht den erlassenen Strafbefehl in Fortsetzung der HV dort verkündet, ist deshalb nicht von Belang, weil er stets dem Angeklagten zugestellt werden muss (→ *Strafbefehl, Bekanntmachung/Zustellung*, Teil B Rdn 712 ff.), der gegen den Strafbefehl Einspruch einlegen kann (→ *Strafbefehl, Einspruch*, Teil B Rdn 743 ff.). 788

Siehe auch: → *Strafbefehl, Allgemeines*, Teil B Rdn 699, m.w.N.

Strafbefehl, Inhalt 789

Literaturhinweise: s. die Hinw. bei → *Strafbefehl, Allgemeines*, Teil B Rdn 700. 790

1. Den **Inhalt** eines **Strafbefehls** gibt § 409 Abs. 1 S. 1 vor, wobei sich die Vorschrift z.T. an der **Anklageschrift** (§ 200 Abs. 1 S. 1), z.T. am Strafurteil (§ 275 Abs. 3) **orientiert**. In der Praxis dient der überwiegende Teil der erlassenen Strafbefehle der justiziellen Bewältigung von Massenkriminalität, wodurch es auch zu den einer Massenabfertigung immanenten Ungenauigkeiten kommt: 791

2. Die gesetzlichen Vorgaben des § 409 werden **keineswegs strikt eingehalten**, faktisch handelt es sich beim Strafbefehl um ein „**Urteil light**". Dies ist **bedenklich**, weil die h.M. § 409 Abs. 1 damit faktisch zur Soll- oder Ordnungsvorschrift degradiert, wenn sie über nahezu jeden Mangel mit der Begründung hinwegsieht, der Angeklagte könne gegen den Strafbefehl ja Einspruch einlegen. Das führt im Ergebnis dazu, dass jedes mit dem Ergehen einer gesetzlich so nicht vorgesehenen gerichtlichen Entscheidung einhergehende Risiko dem Angeklagten überbürdet wird. So berühren nach der h.M. auf Verstößen gegen § 409 Abs. 1 beruhende Mängel die Wirksamkeit des Strafbefehls i.d.R. nicht; allenfalls zeitigen sie nach Einlegung des Einspruchs Wirkung. Dazu folgende 792

3. Übersichten zu (inhaltlichen) Mängeln des Strafbefehls 793

a) Allgemeine Vorgaben/Mängel 794

- **Nr. 1 (Adressat Angeklagter Nebenbeteiligte)** Mängel führen **nicht** zur Unwirksamkeit des Strafbefehls

> ☝ Der Strafbefehl richtet sich gegen die im Rubrum benannte Person, selbst wenn diese die Tat nicht begangen haben sollte, sodass der Adressat Angeklagter ist und

einen **Einspruch** gegen den Strafbefehl **einlegen muss**. Insoweit besteht ein Unterschied zum Strafurteil, da durch dieses abgeurteilt wird, wer (unter welchem Namen auch immer) angeklagt und in der HV verurteilt worden ist (LG Berlin NStZ 2005, 119).

- **Nr. 2 (Verteidiger[in])**: Mängel führen **nicht** zur Unwirksamkeit des **Strafbefehls**
- **Nr. 3 (Tatbezeichnung)**: Mängel führen **nicht** zur Unwirksamkeit des **Strafbefehls**

☝ Wird gegen einen Strafbefehl, der in Bezug auf die Tatbezeichnung Mängel aufweist, allerdings Einspruch eingelegt, muss der Strafbefehlsantrag die **Funktion** der – zugelassenen – **Anklage** (§ 407 Abs. 1 S. 4) **erfüllen** können. Genügt er nicht den Anforderungen des § 200, liegt ein Verfahrenshindernis vor, das zur Verfahrenseinstellung führt (OLG Karlsruhe StV 2005, 599).

- **Nr. 4 (Angewandte Vorschriften)**: Mängel führen **nicht** zur Unwirksamkeit des Strafbefehls
- **Nr. 5 (Beweismittel)**: Mängel führen **nicht** zur Unwirksamkeit des Strafbefehls

☝ Zeugen sollen jedoch mit Namen und Anschrift angegeben werden (BayObLG MDR 1970, 440; OLG Celle NJW 1970, 580 zu den Angaben im Bußgeldbescheid). Eine **Bezugnahme** auf den **Akteninhalt** ist **nicht zulässig**.

795 **b) Mängel bei den Rechtsfolgen**

- **Nr. 6 (Rechtsfolgen)**:
  In einem Strafbefehl können nach § 407 Abs. 3 **ausschließlich** die **folgenden Rechtsfolgen** festgesetzt werden:
  - Absehen von Strafe,
  - Bekanntgabe der Verurteilung,
  - Einziehung,
  - Entziehung der Fahrerlaubnis (Höchstfrist der Sperre: zwei Jahre),
  - Fahrverbot,
  - Freiheitsstrafe bis zu einem Jahr mit Strafaussetzung zur Bewährung,
  - Geldbuße gegen eine juristische Person oder Personenvereinigung,
  - Geldstrafe (bis 360 Tagessätze; bei Tatmehrheit bis 720 Tagessätze),
  - Unbrauchbarmachung,
  - Verfall,
  - Vernichtung,
  - Verwarnung mit Strafvorbehalt.

Die **Behandlung** von **Fehlern** bei der **Festsetzung** von **Rechtsfolgen** ist **umstr**. Es wird wie folgt **differenziert**: 796

- Teilweise wird generell **Nichtigkeit** angenommen (LR-*Gössel*, § 409 Rn 17), da nicht der Rechtskraft fähig (vgl. BGHSt 30, 93), sodass auch kein Strafklageverbrauch eintritt.
- Teilweise wird generell von **Unwirksamkeit** (Unbeachtlichkeit) ausgegangen mit der Folge, dass kein Strafklageverbrauch eintritt und der Erlass eines neuen Strafbefehls wegen desselben Tatvorwurfs möglich ist (OLG Düsseldorf wistra 1984, 200; AnwKomm-StPO/*Böttger*, § 409 Rn 4; HK-*Kurth*, § 409 Rn 9; KMR-*Metzger*, § 409 Rn 19).
- Zum Teil wird schließlich davon ausgegangen, dass der Strafbefehl **nichtig**, wenn kein Einspruch eingelegt wird, er hingegen **wirksam** nach **Einlegung** des **Einspruchs** als zugelassene Anklage, da diese keine Aussage über den Rechtsfolgenausspruch trifft und dieser auch nicht Teil des Eröffnungsbeschlusses nach § 207 ist (KK-*Maur*, § 409 Rn 24; *Meyer-Goßner/Schmitt*, § 409 Rn 7; SK/*Weßlau*, § 409 Rn 16).

☝ Dogmatisch am **überzeugendsten** ist es bei Fehlen von Rechtsfolgen insgesamt, von der **Nichtigkeit** des Strafbefehls auszugehen, da dieser infolge seines Mangels nicht rechtskräftig werden kann, mithin das Verfahren daher rechtshängig bleibt, weshalb einem wegen desselben Tatvorwurfs neu erlassenen Strafbefehl das Verfahrenshindernis der anderweitigen Rechtshändigkeit entgegengehalten werden kann. Darüber hinaus darf die Frage, ob eine gerichtliche Entscheidung nichtig ist, nicht davon abhängig gemacht werden, ob sie angefochten wird (LR-*Gössel* § 409 Rn 17).

Für **Mängel** bei der Festsetzung von **Nebenfolgen** gilt: 797

- Da sich die materielle Rechtskraft einer gerichtlichen Entscheidung lediglich auf den – im Tenor enthaltenen – Schuld- und Rechtsfolgenausspruch erstreckt, ist jeder Strafbefehl, der diese beiden Komponenten enthält, der Rechtskraft fähig und einem rechtskräftigen Urteil gleichgestellt (§ 410 Abs. 3). Das bedeutet:
  - Hätte im Strafbefehl ein Gegenstand **eingezogen** werden müssen, ist aber die Einziehung **nicht** im **Tenor** ausgesprochen, wurde diese Nebenfolge unabänderlich nicht verhängt.
  - Gleiches gilt bei der Ahndung von **Verkehrsdelikten** im Strafbefehl, wenn die Geldstrafe nach Tagessatzanzahl und -höhe festgesetzt wurde: Mängel im Zusammenhang mit der Verhängung eines Fahrverbots oder der Entziehung der Fahrerlaubnis können – mit Ausnahme der Korrektur offenbarer Unrichtigkeiten/eines Schreibversehens – dann nicht mehr berichtigt werden. Das gilt z.B. beim Fehlen der Entscheidung über die Entziehung der Fahrerlaubnis. Eine Ergänzung ist dann trotz Anordnung einer isolierten Sperrfrist nicht möglich (LG München I DAR 2000, 87). Entsprechendes gilt für Fehlen der Entscheidung über die Entziehung der Fahrerlaubnis und Einziehung des Führerscheins (LG Freiburg zfs 2001,

332; LG Mannheim StV 1995, 460). Dagegen soll ein Strafbefehl des Inhalts „Die Entziehung der Fahrerlaubnis ist geboten, §§ 69, 69a StGB. Ihr Führerschein, ausgestellt von der Kreisverwaltung …, Liste Nr. …, wird eingezogen. Der Verwaltungsbehörde wird untersagt, Ihnen vor Ablauf von weiteren … Monaten eine neue Fahrerlaubnis zu erteilen“ in Bezug auf das Fehlen der Entscheidung über die Entziehung der Fahrerlaubnis **berichtigungsfähig** sein, da aus den Vorgängen bei der Urteilsverkündung für alle Verfahrensbeteiligten offensichtlich war (der Angeklagten war die Fahrerlaubnis zuvor gem. § 111a vorläufig entzogen worden), dass ein bloßes Versehen vorliegt und erkennbar wird, was das Gericht tatsächlich gewollt habe (LG Zweibrücken NZV 2006, 610).

798 Für die Festsetzung **unzulässiger Rechtsfolgen** gilt:

- Werden im Strafbefehl unzulässige Rechtsfolgen (z.B. Verhängung einer Geldbuße wegen einer OWi) festgesetzt, soll dies **nicht** zur **Nichtigkeit** des Strafbefehls führen, solange er – nach Einlegung des Einspruchs – eine ausreichende Grundlage für die Durchführung des Verfahrens darstellt (OLG Koblenz NStZ 2000, 41; *Meyer-Goßner*, § 409 Rn 7). Gegen diese Auffassung spricht (s.o.), dass die Frage, ob eine gerichtliche Entscheidung nichtig ist, nicht davon abhängig gemacht werden darf, ob sie angefochten wird (LR-*Gössel*, § 409 Rn 17).

799 **c) Sonstige Mängel**

- **Nr. 7 (Rechtsbehelfsbelehrung)**: Mängel führen **nicht** zur Unwirksamkeit des **Strafbefehls**

> ☝ In entsprechender Anwendung von § 44 S. 2 ist dem Angeklagten bei **fehlender Rechtsbehelfsbelehrung** allerdings **Wiedereinsetzung** in den vorigen Stand (→ *Wiedereinsetzung in den vorigen Stand, Allgemeines*, Teil B Rdn 1479) zu gewähren.

- **Abs. 2 (Belehrung bei Bewährung)**: Mängel führen **nicht** zur Unwirksamkeit des Strafbefehls

> ☝ Ein Strafbefehl, mit dem eine zur Bewährung ausgesetzte **Freiheitsstrafe** verhängt wird oder eine Verwarnung mit Strafvorbehalt erfolgt, muss darüber hinaus gem. § 268 Abs. 3 S. 1 die **Belehrung** über Inhalt und Bedeutung der verhängten Sanktion enthalten.
>
> Im Fall der Anordnung eines **Fahrverbots** ergibt sich die Belehrungspflicht aus § 268c (§ 409 Abs. 1 S. 2).

- **§ 275 Abs. 2 (Unterschrift)**: Mängel führen **nicht** zur Unwirksamkeit des Strafbefehls (str.)

☝ Auch hier verfährt die **h.M. äußerst großzügig**: Lediglich wenn die Unterschrift gänzlich fehlt, führt dies zur Unwirksamkeit des Strafbefehls (OLG Karlsruhe Justiz 1993, 203). Hand- oder Faksimilezeichen sollen ausreichen, wenn sich daraus auf die Person des den Strafbefehl erlassenden Richters schließen lässt (LR-*Gössel*, § 409 Rn 36; *Meyer-Goßner/Schmitt*, § 409 Rn 13) oder in anderer Weise erkennbar ist, dass es sich um die Willensäußerung des Richters handelt (OLG Stuttgart MDR 1970, 68). Unverständlich ist diese Großzügigkeit deshalb, weil der rechtskräftige Strafbefehl einem Urteil gleichsteht (§ 410 Abs. 3), das seinerseits zu unterschreiben ist. Es ist dabei ein die Identität des Unterschreibenden ausreichender individuell gestalteter Namenszug zu Papier zu bringen, der die Absicht erkennen lässt, eine volle Unterschrift zu leisten, die Urkunde also nicht nur mit einem abgekürzten Handzeichen zu versehen (BayObLG NStZ-RR 2003, 305 m.w.N.).

4. Umstr. ist, ob der Antrag auf **vorläufige Entziehung** der **Fahrerlaubnis** mit der Bedingung **„Einspruchseinlegung" verknüpft** werden kann. 800

Beispiel: 801

Die StA Stuttgart reichte beim AG einen Strafbefehlsantrag wegen unerlaubten Entfernens vom Unfallort (Fremdschaden 2.000 EUR) ein, der als Sanktion die Verhängung einer Geldstrafe enthielt. Ferner beantragte sie für den Fall, dass gegen den Strafbefehl Einspruch eingelegt werde, die vorläufige Entziehung der Fahrerlaubnis (§ 111a). Die gegen den antragsgemäß ergangenen Beschluss des AG eingelegte Beschwerde wurde vom LG Stuttgart (VRR 2011, 271 m. Anm. *Deutscher* und abl. Anm. *Bergmann* DAR 2011, 420) als unbegründet verworfen.

Das LG Stuttgart (VRR 2011, 271) hat sich auf den Standpunkt gestellt, der Grundsatz, dass Prozesshandlungen bedingungsfeindlich seien, gelte nicht uneingeschränkt. Prozesshandlungen könnten immer dann mit einer Bedingung versehen werden, soweit dies mit Ihrer besonderen Zweckbestimmung vereinbar sei und das mit der Sache befasste Gericht die durch die Bedingung hervorgerufene Ungewissheit selbst beseitigen könne. Ein von der StA bedingt gestellter Antrag für den Fall des (rechtzeitigen) Einspruchs mit der sich aus § 411 Abs. 1 S. 2 ergebenden Folge der Anberaumung eines HV-Termins entspreche zudem der besonderen Zweckbestimmung des § 111a. Eine Verknüpfung sei zulässig.

☝ Gegen eine solche Verknüpfung hat sich mit beachtlichen Gründen das AG Montabaur (NZV 2011, 214 m. Anm. *Burhoff* VRR 2010, 431; vgl. auch *Bergmann* DAR 2011, 420 in der Anm. zu LG Stuttgart VRR 2011, 271) ausgesprochen.

Siehe auch: → *Strafbefehl, Allgemeines*, Teil B Rdn 699, m.w.N.

802 Strafbefehl, Pflichtverteidigung

Literaturhinweise: **Böttcher/Mayer**, Änderungen des Strafverfahrensrechts durch das Entlastungsgesetz, NStZ 1993, 153; **Brackert/Staechlin**, Die Reichweite der im Strafbefehlsverfahren erfolgten Pflichtverteidigerbestellung, StV 1995, 547; **Burhoff**, Persönlicher Geltungsbereich des Teils 4 VV RVG – eine Bestandsaufnahme der Rechtsprechung, RVGreport 2011, 85; **Hohendorf**, Probleme bei Pflichtverteidigerbestellung nach § 408b StPO, MDR 1993, 597; **Kreutz**, Pflichtverteidigerbestellung nach § 408b StPO, Verfassungsrechtliche und prozessökonomische Bewegungen, AnwBl 2002, 212; **Lutz**, Wie weit reicht die Verteidigerbestellung gem. § 408b StPO?, NStZ 1998, 395; **Schellenberg**, Zur Verhängung von Freiheitsstrafen im Strafbefehlsweg, NStZ 1994, 570; **Siegismund/Wickern**, Das Gesetz zur Entlastung der Rechtspflege – ein Überblick über die Änderungen der Strafprozeßordnung, des Gerichtsverfassungsgesetzes, des Jugendgerichtsgesetzes und des Strafgesetzbuches, wistra 1993, 81; s. auch die Hinw. bei → *Strafbefehl, Allgemeines*, Teil B Rdn 700.

803 **1.** Dem Angeklagten ist im Strafbefehlsverfahren nach § 408 ein Pflichtverteidiger zu bestellen, wenn das Gericht „erwägt", den auf die **Verhängung** einer zur **Bewährung ausgesetzten Freiheitsstrafe** lautenden Strafbefehlsabtrag zu erlassen. Das Verfahren über die Bestellung richtet sich nach §§ 141 ff. (vgl. dazu *Burhoff*, EV, Rn 3016 ff.)

804 **2.** Einzig **umstr.** ist (vorwiegend in Zusammenhang mit der Vergütung des Pflichtverteidigers; → *Einspruch, Strafbefehlsverfahren*, Teil D Rdn 169 ff.; s. auch Burhoff/*Burhoff*, RVG, Teil A: Strafbefehlsverfahren, Abrechnung, Rn 1842 ff.) die **Reichweite** der **Bestellung**, also die Frage, ab welchem Zeitpunkt die Bestellungswirkung endet. Während das AG Höxter (NJW 1994, 2842) den Bestellungsumfang bis zur Entscheidung über den Erlass des Strafbefehls beschränkt, halten/hielten andere Stimmen – weiter gehend – auch noch die Einlegung des Einspruchs von der Bestellungswirkung umfasst (OLG Düsseldorf NStZ 2002, 390 m.w.N.; KMR-*Metzger*, Rn 10; *Meyer-Goßner/Schmitt*, § 408b Rn 6; *Pfeiffer*, § 408b Rn 4). Die weitaus **h.M.** in der **Lit.** (AnwKomm-StPO/*Böttger*, § 408b Rn 9; HK-*Kurth*, § 408n Rn 6; KK-*Maur*, § 408b Rn 8; LR-*Gössel*, § 408b Rn 12; Radtke/Hohmann/*Alexander*, § 408b Rn 7;) vermag eine Beschränkung **weder** aus **Wortlaut** oder **Telos noch** aus der **Gesetzessystematik herzuleiten**. Dieser Auffassung haben sich mittlerweile auch das OLG Celle (StV 2011, 661), das OLG Düsseldorf (StraFo 2008, 441), das OLG Köln (StV 2010, 68) angeschlossen (vgl. auch noch AG Oberhausen JurBüro 2012, 423; offen gelassen OLG Oldenburg StraFo 2010, 420; unzutreffend a.A. OLG Saarbrücken RVGreport 2015, 358; LG Aurich StRR 2010, 116).

805 Zu dieser Problematik folgende **Argumentationshilfe für** den **Verteidiger**:

- § 408b selbst enthält **keine zeitliche Begrenzung** der Reichweite der Beiordnung (anders: §§ 118a Abs. 2 S. 3, § 350 Abs. 3 S. 1). Dies gilt auch, soweit § 408b S. 2 auf § 141 Abs. 3 Bezug nimmt, zumal die Verweisung auf diese Vorschrift (Bestellung eines Verteidigers vor Zustellung der Anklageschrift) eher die Bestellungswirkung für das gesamte Verfahren nahe legt.
- Der Zweck des § 408b besteht darin, **Verfahrensnachteile** des Angeklagten **auszugleichen** (Kompensationsfunktion; s. BT-Drucks 12/3832 S. 42 [besondere pro-

zessuale Situation des Angeklagten]). Solche Nachteile liegen **vor Erlass** des Strafbefehls darin, dass ihm überhaupt kein rechtliches Gehör gewährt werden muss (*Meyer-Goßner/Schmitt*, § 407 Rn 24), aber auch, dass er – anders als bei Zustellung der Anklageschrift nach § 201 – weder Erklärungen abgeben noch Beweisanträge stellen kann. Die Nachteile setzen sich **nach Erlass** des Strafbefehls schon dadurch fort, dass dem Angeklagten – im Unterschied zum Regelstrafverfahren – nunmehr eine Reaktion abverlangt wird, will er die gerichtliche Entscheidung nicht hinnehmen. Er kann mit seinem Verteidigungsvorbringen die nach Anklageerhebung obligatorische HV dazu nicht einfach abwarten, sondern muss eine solche erst durch Einlegung des Einspruchs herbeiführen, was ihm aber die zusätzliche Durchführung eines frist- und formgebundenen Verfahrens abfordert (→ *Strafbefehl, Einspruch*, Teil B Rdn 743 ff.).

- Die verfahrensimmanenten Nachteile machen aber auch nicht vor der **HV** Halt; denn es gelten nach Einspruch gegen den Strafbefehl im Unterschied zum Regelstrafverfahren die die Verfahrensdurchführung für das Gericht erleichternden Beweisvorschriften des § 420, welche die **Rechte** des Angeklagten ebenfalls **einschränken** (§§ 411 Abs. 2 S. 2, 420 Abs. 1, Abs. 3, Abs. 4), beispielsweise in Hinblick auf
  - die gerichtliche Aufklärungspflicht (§ 244 Abs. 2)
  - das Beweisantragsrecht (§§ 244 Abs. 3 – 5, 420 Abs. 4; bis hin zu einer Beweisantizipation [*Meyer-Goßner/Schmitt*, § 420 Rn 10]) oder
  - den Unmittelbarkeitsgrundsatz der §§ 250 f. (§ 420 Abs. 1, Abs. 3).

☝ **Ausgeglichen** werden können diese Nachteile dabei **nicht** allein dadurch, dass die Anwendung des vereinfachten Beweisrechts u.a. auch von der **Zustimmung** des Angeklagten abhängt, da es sich um z.T. schwierige Verfahrensfragen handelt, weshalb ein juristischer Laie Bedeutung und Tragweite bereits der Zustimmung zu einer solchen Verfahrensweise überhaupt nicht erfassen kann.

- Schließlich führt auch eine Auslegung unter **systematischen Gesichtspunkten** nicht zu einem anderen Ergebnis. Ein **Vergleich** des Strafbefehlsverfahrens **mit dem** in Bezug genommenen (§ 411 Abs. 2 S. 2) **beschleunigten Verfahren** ergibt, dass der Gesetzgeber dort bereits bei einer zu erwartenden Freiheitsstrafe von mindestens sechs Monaten (§ 418 Abs. 4), sei es als Vollzugs- oder Bewährungsstrafe (*Meyer-Goßner/Schmitt*, § 418 Rn 11) von der **Notwendigkeit** der Verteidigung **für das gesamte Verfahren** ausgegangen ist. Für das Strafbefehlsverfahren nach § 408b, das zu einer Freiheitsstrafe von einem Jahr führen kann, ließe sich nach den vom Gesetzgeber im Zusammenhang mit dem beschleunigten Verfahren aufgestellten Maßstäben daher nicht vereinbaren.

Siehe auch: → *Strafbefehl, Allgemeines*, Teil B Rdn 699, m.w.N.

806 Untersuchungshaft, Allgemeines

Das Wichtigste in Kürze:

1. Der gesetzlich vorgesehene Rechtsschutz im Rahmen von Anordnung und Vollzug der U-Haft ist vielfältig.
2. Die Rechtsbehelfe haben – mit Ausnahme der weiteren Beschwerde – keinen Devolutiveffekt.
3. Trotz der Fülle an Rechtsschutzmöglichkeiten handelt es sich aber in der Praxis regelmäßig um nur „stumpfe Waffen".
4. Für eine sachgerechte und angemessene Bearbeitung bedarf es immer der umfassenden Akteneinsicht in sämtliche Aktenteile.
5. Die Verteidigung kann vor der Ergreifung eines Rechtsbehelfes entweder das Ergebnis bereits eingeleiteter weiter gehender Ermittlungen (Zeugenaussagen, Sachverständigengutachten etc.) abwarten oder diese selbst initiieren.
6. Eine Haftentscheidung hat, gleichgültig ob sie nun positiv oder negativ ausfällt, regelmäßig präjudizierende Wirkung auf das gesamte Strafverfahren.
7. Der Verteidiger darf nicht übersehen, dass eine negative Gerichtsentscheidung auch zu einer Verzögerung des Strafverfahrens insgesamt führen kann und möglicherweise eine Verlängerung der Inhaftierung bedeutet.
8. Welcher ordentliche oder außerordentliche Rechtsbehelf sinnvoll und Erfolg versprechend erscheint, hängt vom Einzelfall ab.
9. Die Einreichung von Antrag oder Beschwerde kann sowohl beim zuständigen Gericht als auch bei der StA erfolgen.
10. Die Verteidigung sollte eigenständig die Einhaltung von Fristen sowie eine zügige Bearbeitung innerhalb der Justiz selbstständig überwachen.

807 **Literaturhinweise:** **Broß**, Verfahrensdauer und Verfassungsrecht, StraFo 2009, 10; **Dahs**, Handbuch des Strafverteidigers, 8. Aufl. 2015; **Deckers**, Verteidigung in Haftsachen, NJW 1994, 2261; **Gebauer**, Die Rechtswirklichkeit der Untersuchungshaft in der Bundesrepublik Deutschland, eine empirische Untersuchung zur Praxis der Haftanordnung und des Haftverfahrens, 1987; **Herrmann**, Untersuchungshaft, 2008, Rn 985; **Hohmann**, Rechtsbehelf bei „Überhaft": Antrag auf Haftprüfung oder Haftbeschwerde?, NJW 1990, 1649 ff.; **Jahn**, „Parität des Wissens"? – Die konventionskonforme Auslegung der Neuregelung des Akteneinsichtsrechts (§ 147 StPO), in: Festschrift für *Imme Roxin*, 2012, S. 585; **König** in: MAH, § 4; **Kruse**, Rechtsschutz im Haftverfahren aus anwaltlicher Sicht, JA 2008, 219; **Mayer/Hunsmann**, Leitlinien für die verfassungsrechtlich gebotene Begründungstiefe in Untersuchungshaftsachen, NStZ 2015, 325; **Münchhalffen/Gatzweiler**, Das Recht der Untersuchungshaft, 3. Aufl. 2009; **Park/Schlothauer**, Rechtswidrige Untersuchungshaft: Nachträglicher Rechtsschutz und Wiedergutmachung, in: Festschrift für *Gunter Widmaier*, 2008, S. 387; **Schlicht/Leipold**, Zur praktischen Anwendung des § 307 Abs. 2 StPO, StraFo 2005, 90; **Schlothauer**, Der Beweiserhebungsanspruch des Beschuldigten gegenüber dem Ermittlungsrichter (§ 166 Abs. 1 StPO), StV 1995, 158; **Schlothauer/Weider**, Untersuchungshaft, 4. Aufl. 2010; **Schröder**, Die jederzeitige Haftprüfung von Amts wegen, NStZ 1998, 68; **Wankel**, Zuständigkeitsfragen im Haftrecht, 2002; **Welp**, Haft und Haftprüfung in: Festschrift für *Christian Richter II*, 2006, S. 572

1. Der gesetzlich vorgesehene Rechtsschutz im Rahmen von Anordnung und Vollzug der U-Haft ist vielfältig (ausführlich hierzu: *Burhoff*, EV, Rn 3751; *Herrmann*, Rn 985; SSW-StPO/*Herrmann*, § 117, Rn 1; MAH-*König*, § 4 Rn 194; *Schlothauer/Weider*, Rn 724; *Welp* S. 572, 573, 581). 808

a)aa) Neben der grundsätzlichen Pflicht der Justiz zur Überprüfung der Anordnung und Fortführung der U-Haft selbst (vgl. § 120) besteht für die Verteidigung die Möglichkeit „**informelle Gespräche**" zu führen. In Gesprächen mit den Ermittlungsbehörden und dem Gericht kann eine „einvernehmliche Haftverschonung unter Auflagen" oder auch die „einvernehmliche Aufhebung des Haftbefehls" erreicht werden. 809

☝ Solche Gespräche machen häufig **Sinn**, um sich zunächst einmal zu **orientieren**. Sie sollten sich praktischerweise an den Vorgaben von § 120 orientieren.

bb) Fruchtet dies nicht, können **förmliche Rechtsbehelfe** ergriffen werden. Die Verteidigung hat in diesem Zusammenhang verschiedene 810

Rechtsschutzmöglichkeiten: 811

- **Antrag** auf **Aufhebung** oder **Außervollzugsetzung** des **Haftbefehls** gem. § 116 stellen (→ *Untersuchungshaft Antrag auf Aufhebung oder Außervollzugsetzung des Haftbefehls*, Teil B Rdn 843).
- Antrag auf **Haftprüfung** stellen. Diese kann schriftlich (vgl. § 117 Abs. 1; s. Rdn 933) oder darüber hinaus auch mündlich (vgl. § 117 Abs. 1 i.V.m. § 118 Abs. 1; → *Untersuchungshaft, Haftprüfung, mündliche §§ 117 Abs. 1, 118 Abs. 1 StPO*, Teil B Rdn 907) stattfinden.
- **Haftbeschwerde**; diese kann sich gegen den Haftbefehl selbst (vgl. § 304; s. Rdn 880) oder gegen die zuletzt ergangene (negative) Haftentscheidung (vgl. § 117 Abs. 2 i.V.m. § 304; → *Untersuchungshaft, Haftbeschwerde, § 304 StPO*, Teil B Rdn 882) richten.
- **weitere Beschwerde** (vgl. § 310; → *Untersuchungshaft, weitere Beschwerde, § 310 StPO*, Teil B Rdn 1014; s. auch → *Beschwerde, weitere Beschwerde*, Teil A Rdn 585).

cc) Neben diesen ordentlichen Rechtsbehelfen gibt es darüber hinaus die **außerordentlichen Rechtsbehelfe** der 812

- **Verfassungsbeschwerde** (§ 93 Abs. 1 Nr. 4a GG, §§ 90 BVerfGG; → *Untersuchungshaft, Rechtsbehelfe, außerordentliche*, Teil B Rdn 1276; ausführlich → *Verfassungsbeschwerde, Allgemeines*, Teil C Rdn 729 und → *Verfassungsbeschwerde, Begründung, U-Haft*, Teil C Rdn 1059),
- **Individualbeschwerde** zum EGMR (Art. 34 EMRK; auch „Menschenrechtsbeschwerde" → *Untersuchungshaft, Rechtsbehelfe, außerordentliche*, Teil B Rdn 982; ausführlich → *Menschenrechtsbeschwerde*, Teil C Rdn 1, m.w.N.).

813 **dd)** Anordnungen im Rahmen des **Vollzuges** der **U-Haft** nach den §§ 119 und 119a können ebenfalls einer gerichtlichen Überprüfung zugeführt (vgl. § 119 Abs. 5 S. 1; § 119a Abs. 1 S. 1, S. 2) oder, wenn bereits eine gerichtliche Entscheidung vorliegt, mit der Beschwerde angegriffen werden (vgl. § 119a Abs. 3); s. hierzu → *Untersuchungshaft, Vollzug*, Teil B Rdn 995).

814 Ein Beschwerderecht steht auch dem von den angeordneten Auflagen betroffenen **Dritten** zu (BGHSt 27, 175 m. abl. Anm. *Peters* JR 1978, 83 zum Besuchsrecht).

815 **b)** Auch der **flüchtige Beschuldigte** ist **beschwerdeberechtigt** (OLG Stuttgart NStZ 1990, 247). *Schlothauer/Weider* (Untersuchungshaft, Rn 389) diskutieren in diesem Zusammenhang auch eine „Haftbeschwerde ins Blaue hinein". Bestehe kein Haftbefehl, dann sei diese als unzulässig zurückzuweisen und der Verteidiger wisse woran sein Mandant sei. Existiere tatsächlich ein Haftbefehl, dann müsse die Beschwerdeentscheidung bekannt gemacht werden (vgl. § 35 S. 2), schon um den Weg der weiteren Beschwerde zu eröffnen. In diesem Zusammenhang müsse dann aber auch der Haftbefehl selbst offen gelegt werden. Dagegen könne dann gegebenenfalls qualifiziert vorgegangen werden. Von beiden Autoren wird aber bereits selbst darauf hingewiesen, dass eine solche Vorgehensweise nicht unproblematisch sein kann. Denn es sei durchaus denkbar, dass durch eine solche Vorgehensweise die Ermittlungsbehörden möglicherweise überhaupt erst auf den Betroffenen oder die Möglichkeit von Zwangsmaßnahmen gegen diesen aufmerksam gemacht werden.

816 **c)** Ob dem Betroffenen auch (noch) die Möglichkeit eines **nachträglichen Rechtsschutzes** zusteht, ist **str**.: Grds. besteht auch nach Aufhebung eines Haftbefehls im Hinblick auf den mit der Inhaftierung verbundenen tief greifenden Grundrechtseingriff ein Rechtsschutzinteresse, die Rechtswidrigkeit des Erlasses des Haftbefehls feststellen zu lassen (vgl. OLG München StV 2006, 317 mit Anm. *Kirchner*; *Park/Schlothauer*, S. 387; s. zum Ganzen auch SSW-StPO/*Herrmann*, § 117 Rn 34; SK-StPO/*Paeffgen*, § 117 Rn 15). Nach a.A. Ansicht soll dies nur gelten, wenn die U-Haft beendet ist und der Untersuchungsgefangene ohne Zuerkennung eines solchen Interesses mangels Beschwer eine gerichtliche Überprüfung der freiheitsentziehenden Maßnahme nicht mehr erreichen könnte. Dies sei nicht der Fall, wenn die U-Haft um zusätzliche Tatvorwürfe auf erweiterter Grundlage weiter vollzogen wird, die der Angeklagte wiederum vollumfänglich angreifen kann (OLG Frankfurt/Main NStZ-RR 2007, 349 [dort HB nach § 230]; OLG Koblenz StV 2007, 589; ebenfalls verneinend OLG Hamm NStZ 2008, 582 [zur Frage der Anrechnung von U-Haft auf die Strafe gem. § 51 StGB]).

Das **BVerfG** sieht dies **anders**: Eine **gerichtliche Überprüfung** ist wegen des besonderen Feststellungsinteresses auch **möglich**, wenn der Eingriff inzwischen beendet ist. War ein Haftbefehl von Anfang an rechtswidrig, ist das so festzustellen.

Die weitere Beschwerde auch gegen einen aufgehobenen Haftbefehl gehört zu **Erschöpfung** des **Rechtswegs** (BVerfG NStZ 2007, 147; s. auch BVerfG NStZ 2000, 153; 2002, 157; 2007, 413).

d) Unabhängig von den zur Verfügung stehenden formlosen und förmlichen Rechtsbehelfen gegen die Anordnung der U-Haft findet nach sechsmonatiger Dauer der U-Haft von Amts wegen eine **besondere Haftprüfung** gem. **§ 121 Abs. 1 S. 1** statt. 817

☝ Auch in diesem Zusammenhang kann durch Eingaben der Verteidigung Einfluss auf Haftfragen genommen werden. An sich handelt es sich insofern aber nicht um einen Rechtsbehelf. Eine ausführliche Darstellung unterbleibt deshalb an dieser Stelle (ausführlich hierzu *Burhoff*, EV, Rn 2170; *Herrmann*, Rn 1140; SSW-StPO/*Herrmann*, § 121 Rn 3; *Schlothauer/Weider*, Rn 892).

2.a) Die Rechtsbehelfe werden allgemein als **Rechtsmittel** bezeichnet (vgl. § 296 StPO). Dies erscheint dogmatisch nicht korrekt, da Rechtsmittel eigentlich einen **Devolutiveffekt** haben, d.h. das Verfahren wird alleine durch Einlegung in die nächsthöhere Instanz gebracht (zur Abgrenzung s.a. → *Rechtsmittel/Rechtsbehelfe, Allgemeines*, Teil A Rdn 1289). Dies ist bei den genannten Rechtsbehelfen mit Ausnahme der weiteren Beschwerde jedoch nicht der Fall. 818

b) Sämtliche genannten Rechtsbehelfe haben **keinen Suspensiveffekt** (vgl. für den Vollzug der U-Haft § 307 Abs. 1 [für die Haftbeschwerde] und für die Ausgestaltung der U-Haft § 119 Abs. 5 S. 2 [für die Beschwerde gegen die Auferlegung von Beschränkungen im Rahmen des Vollzuges der U-Haft]; § 119a Abs. 2 S. 1 [für den Antrag auf gerichtliche Entscheidungen gegen behördliche Anordnungen gegen die Auferlegung von Beschränkungen im Rahmen des Vollzuges der U-Haft]; s. hierzu auch *Schlicht/Leipold* StraFo 2005, 90). 819

3. In der Vielzahl an unterschiedlichen Rechtsbehelfen gegen die Anordnung und den Vollzug der U-Haft zeigt sich der hohe Stellenwert, der dem Grundrecht auf Freiheit der Person und damit einhergehend der Unschuldsvermutung beigemessen wird. Trotz der Fülle an Rechtsschutzmöglichkeiten handelt es sich aber in der Praxis regelmäßig um nur „**stumpfe Waffen**“ (*Dahs*, [5. Aufl.] Rn 346; ihm folgend u.a.: *Burhoff*, EV, Rn 3753 [„stumpfes Schwert“]; *Herrmann*, Rn 988; SSW-StPO/*Herrmann*, § 117, Rn 5; Radtke/Hohmann/*Tsambikakis*, § 117 Rn 1 und *Schlothauer/Weider*, Rn 726). 820

Den Rechtsbehelfen kommt regelmäßig **nur beschränkte prozessuale Wirkung** zu. Sie haben relativ gesehen erstaunlich selten Erfolg. Über 50 % der ersten Anträge auf Haftprüfung und nahezu 90 % der Haftbeschwerden sollen erfolglos sein (*Gebauer*, S. 286; ebenfalls kritisch: SK-StPO/*Paeffgen* § 117 Rn 2; *Schlothauer/Weider*, Rn 726). 821

☝ Bevor ein Rechtsbehelf ergriffen wird, sind **zunächst allgemeine Fragen** zu **klären**. Der Verteidiger muss sich immer wieder Gedanken dazu machen, ob es im gegenwärtigen Stadium des Verfahrens unter Berücksichtigung des aktuellen Ermittlungsstandes tatsächlich sinnvoll ist, gegen den bestehenden Haftbefehl vorzugehen und eine Aufhebung des Haftbefehls oder zumindest dessen Außervollzugsetzung unter Auflagen anzustreben. Dabei sind **Chancen und Risiken** der jeweiligen Rechtsbehelfe gegeneinander **abzuwägen**. Der Blick muss offen sein auch für die Fernwirkungen eines solchen Vorgehens (zur präjudiziellen Wirkung obergerichtlicher Entscheidungen ausführlich sogleich). All dies muss mit dem Mandanten differenziert besprochen werden. Er hat einen Anspruch auf umfassende aber auch ehrliche Beratung.

822 **4.a)** Gleichgültig, welcher Rechtsbehelf in Erwägung gezogen oder dann ergriffen wird: Für eine sachgerechte und angemessene Bearbeitung bedarf es **immer** der **umfassenden Akteneinsicht** in sämtliche Aktenteile. Gerade in Haftsachen sollte die Akteneinsicht auch jeweils zeitnah und aktuell sein. Problematisch hierbei ist, dass die gesetzlichen Vorgaben des **§ 147 Abs. 2** der Verteidigung bei richtiger Auslegung ein solches umfassendes Recht auf Akteneinsicht bereits zugestehen, die Praxis aber nach wie vor nicht selten ein verfehltes Rechtsverständnis pflegt und die dringend gebotene (und auch berechtigte!) Akteneinsicht allenfalls verzögert gewährt (ausführlich hierzu SSW-StPO/*Herrmann*, vor § 112 Rn 58; s. zum Ganzen auch *Beulke/Witzigmann* NStZ 2011, 254; *Börner* NStZ 2010, 417; *Borggräfe/Schütt* StraFo 2006, 133 [vornehmlich zum dinglichen Arrest]; *Burhoff*, EV, Rn 145 [allgemein] und Rn 3705 [zur U-Haft]; *Deckers* StraFo 2009, 444; *Esser/Gaede/Tsambikakis* NStZ 2011, 78, 82; *Herrmann*, Rn 360; *ders.*, StRR 2010, 4; *Jahn*, S. 585; *Kempf* StV 2001, 207; *Park* StV 2009, 276, 279; *ders.*, in: FS für Rieß, S. 217; *Meyer-Goßner/Schmitt*, § 147 Rn 25a; *Michalke* NJW 2010, 18; *Morgenstern* ZIS 2011, 240, 243; *Münchhalffen/Gatzweiler*, 3. Aufl. 2009, Rn 75; *Park* StV 2009, 276; *Püschel* StraFo 2009, 134, 135; *Rau* StraFo 2008, 9; *Schlothauer* StV 2001, 193; *Walischewski* StV 2001, 243; *Strafner* NStZ 2009, 164, 165 [Anm. zu EGMR NStZ 2009, 164]; *Weider* StV 2010, 102, 105; *Wohlers/Schlegel* NStZ 2010, 486).

823 **b)** Gewährt die StA als Herrin des EV keine Akteneinsicht, dann kann nach § 147 Abs. 5 **Antrag** auf **gerichtliche Entscheidung** gestellt werden (vgl. a. → *Antrag auf gerichtliche Entscheidung, Akteneinsicht*, Teil B Rdn 67; → *Justizverwaltungsakte, Anfechtung [§§ 23 EGGVG], Verweigerung von Akteneinsicht*, Teil B Rdn 461). Gelegentlich hilft auch dies nichts, i.Ü. verzögert sich die Angelegenheit dadurch weiter. Meist bietet sich dann ein sog. „**kombinierter Antrag**" auf Akteneinsicht und zeitgleich die Einlegung eines Rechtsbehelfes, sinnvollerweise der Haftprüfung bzw. Haftbeschwerde an.

☝ Dieser Antrag gliedert sich in **zwei Teile**:

- Zum einen wird ein gegenüber der zuständige StA gestellt, mit dem Hinweis auf einen zeitgleich eingelegten Antrag auf Haftprüfung bzw. eine eingelegte Haftbeschwerde.
- Zum anderen wird Haftprüfung beantragt bzw. Haftbeschwerde eingelegt, jeweils zum zuständigen Gericht (vgl. hierzu § 126) mit dem Hinweis, dass unter dem gleichen Datum ein Antrag auf Akteneinsicht zur StA gestellt wurde und dass eine Begründung des Rechtsmittels sowie ein sachgerechter Antrag zur Frage der Haft erst nach erfolgter Akteneinsicht erfolgen bzw. gestellt werden.

Ergänzt werden sollte dieser Antrag um den Hinweis, dass um Vermittlung der bei der StA beantragten Akteneinsicht gebeten wird (s. hierzu bereits *Schlothauer/Weider*, Rn 242; s.a. *Herrmann*, Rn 419).

c) Eine auch weiterhin in der Praxis immer wieder vertretene **Beschränkung** des Rechts auf **Akteneinsicht** bedeutet letztlich eine Fortsetzung des überkommenen, einseitig inquisitorischen Strafverfahrens. Sie verstößt gegen den „**Grundsatz** der **Waffengleichheit**". Inzwischen ist allgemein anerkannt und steht außer Frage, dass der Beschuldigte einen Anspruch darauf hat, dass das **Verfahren kontradiktorisch geführt** wird (ausführlich SSW-StPO/*Herrmann*, vor § 112 Rn 61 a.E.). **824**

☝ Auf **Aktenteile**, die dem Beschuldigten sowie dessen Verteidiger **unbekannt** sind, darf eine Entscheidung über Anordnung oder Fortdauer der U-Haft nicht gestützt werden. Insoweit hat die Rechtsprechung ein **verfassungsrechtliches Verwertungsverbot** anerkannt (BVerfG NJW 1994, 3219, 3220; OLG Hamm StV 2002, 318; ähnlich OLG Brandenburg OLGSt § 114 StPO Nr. 1; LG Magdeburg StV 2004, 327; AG Halberstadt StV 2004, 549; AG Halle/Saale StV 2013, 166 m. Anm. *Hunsmann* StRR 2012, 356; AG Magdeburg, Beschl. v. 2.2.2016 – 5 Gs 254 Js 39963/15; s.a. *Burhoff*, Rn 147, Rn 2637 und Rn 3705; *Herrmann*, Rn 360; SSW-StPO/*Herrmann*, vor § 112 Rn 62; *Weider* StV 2010, 102, 105).

5. Die Verteidigung kann **vor** der **Einlegung** eines **Rechtsbehelfes** entweder das Ergebnis bereits eingeleiteter **weiter gehender Ermittlungen** (Zeugenaussagen, Sachverständigengutachten etc.) abwarten oder diese selbst initiieren (vgl. zu eigenen Ermittlungen des Verteidigers *Burhoff*, EV, Rn 1573). Denn je differenzierter die Auseinandersetzung mit dem konkreten Sachverhalt im konkreten Einzelfall erfolgt, umso erfolgversprechender erscheint die Beurteilung der Chancen und Risiken von Rechtsbehelfen. **825**

6. Eine **Haftentscheidung** hat, gleichgültig ob sie nun positiv oder negativ ausfällt, regelmäßig **präjudizierende Wirkung** auf das gesamte Strafverfahren. **826**

827 **a)** Erreicht man eine **Haftverschonung** durch Außervollzugsetzung oder gar Aufhebung des Haftbefehls, dann beruhigt sich in der überwiegenden Zahl der Fälle die Sache. StA und Richter sehen die Angelegenheit dann gelassener, man kann teils distanzierter und sachlicher verteidigen.

828 **b)** Bei **negativen Haftentscheidungen** stellt man hingegen immer wieder fest, dass im weiteren Verlauf des Verfahrens die verbüßte U-Haft zum Maßstab bzw. zur „**guideline**" wird. Insbesondere die Dauer der Inhaftierung findet ihren Niederschlag im Urteil, wo die Haft so weit wie möglich gerechtfertigt wird. Dennoch kann es in diesem Zusammenhang aber auch durchaus sinnvoll und der Sache dienlich sein, trotz des bestehenden Risikos die Argumente der Gegenseite kennenzulernen (vgl. *Herrmann*, Rn 990; MAH Strafverteidigung/*König*, § 4 Rn 224).

☝ Entscheidend kommt es auf den jeweiligen **Einzelfall** an. Immer wieder stellt man fest, dass ausführlich zu allgemeinen Überlegungen vorgetragen wird. Dies bringt wenig. Die gesetzlichen Vorgaben sind den Beteiligten regelmäßig bekannt. Es bedarf einer Diskussion nahe am konkreten Sachverhalt.

829 Die Problematik zeigt sich besonders deutlich bei der Einlegung und Durchführung einer **weiteren Beschwerde** (§ 310; → *Untersuchungshaft, weitere Beschwerde, § 310 StPO*, Teil B Rdn 1014). Verfolgt man die Beschwerde in der nächsten Instanz weiter und wendet sich an das OLG, dann muss insbesondere dort eine solche, möglicherweise präjudizierende Wirkung bedacht werden. Denn oftmals werden die Ausführungen des OLG aus dem Haftfortdauerbeschluss mehr oder weniger wörtlich von der StA oder dem Tatgericht übernommen. Eigene (weiter gehende oder nachfolgende) Erkenntnisse, z.B. auch aus der HV, werden dann nur noch selten ausreichend berücksichtigt. Dies gilt insbesondere für die tatsächliche und rechtliche Beurteilung des dringenden Tatverdachts, aber auch hinsichtlich der gelegentlich vom OLG mehr oder weniger kursorisch und manchmal leider ungewöhnlich differenziert (eigentlich unverständlich) in den Raum gestellten Straferwartung, die sich im Urteil dann nicht selten erstaunlich treffsicher realisiert.

☝ Die Verteidigung darf aber **keinesfalls** vor lauter Sorge um eine präjudiziell wirkende Entscheidung des Obergerichts (und möglicherweise auch entsprechend deutlichen Hinweisen vonseiten der Richter) jeglichen **Versuch** eines **Vorgehens gegen** die **Inhaftierung** seines **Mandanten unterlassen**. Hier muss mit Augenmaß abgewogen werden, ob der konkrete Einzelfall eine sinnvolle Argumentation zulässt, oder ob die U-Haft aufgrund der bekannten Vorgaben nicht möglicherweise doch gerechtfertigt erscheint. Umgekehrt ist es oft auch sinnvoll, sich nicht „ins Bockshorn" jagen zu lassen, sondern auch einmal Rückgrat zu beweisen. Immerhin erfährt man so die Sichtweise der Gegenseite sehr viel differenzierter, weil vom OLG regelmäßig ausführliche Begründungen verfasst werden.

All dies muss dem **Mandanten** auch **klar** und **deutlich vor Augen** geführt werden. Die Verteidigung sollte in solchen Fällen möglicherweise eher auf die Strafzumessung ausgerichtet werden. In der Praxis hat nicht selten ein aus der Haft vorgeführter Mandant, wenn es um eine Strafaussetzung zur Bewährung geht, „bessere Karten" als ein aus Freiheit erscheinender Angeklagter. Wenn die Verteidigung dann noch darlegen kann, dass die Einwirkung der bisherigen Haft gravierend war und ausreicht, um neben den weiteren Überlegungen entsprechend § 56 StGB eine positive Prognose annehmen zu können, dann stehen die Chancen für einen akzeptablen endgültigen Abschluss des Verfahrens oft besser, als nach einem Zwischenerfolg in Haftsachen (Stichwort: „**Pyrrhussieg**"). In diesem Zusammenhang können bereits eine schnelle Anklageerhebung oder eine zügige Terminierung der Sache einen Erfolg bedeuten, wenn der Mandant dann früher in Strafhaft kommt und dort die Basis für Vergünstigungen und die vorzeitige Haftentlassung geschaffen wird.

7. Darüber hinaus darf der Verteidiger nicht vergessen, dass eine negative Gerichtsent- **830**
scheidung auch zu einer **Verzögerung des Strafverfahrens insgesamt** führen kann und möglicherweise eine Verlängerung der Inhaftierung bedeutet.

a) Entscheidungen über einen Haftprüfungsantrag dauern **durchschnittlich 13 Tage** **831**
(vgl. hierzu aber beispielsweise den Wortlaut in § 118 Abs. 5: „*unverzüglich*" – ausführlich zu diesem Problem bei → *Untersuchungshaft, Haftprüfung, mündliche §§ 117 Abs. 1, 118 Abs. 1 StPO*, Teil B Rdn 919), bis zur Beschwerdeentscheidung vergehen **im Mittel acht Tage** (*Gebauer*, S. 284; allgemein hierzu s. auch *Schlothauer/Weider*, Rn 6). Und das obwohl die durchschnittliche Bearbeitungszeit einer Haftsache beim Haftgericht bei ca. 20 Minuten liegt (*Cornel* StV 1994, 207; *Nobis* StraFo 2013, 318 [dort Fn 46]; es ist kein Grund ersichtlich, warum sich dies geändert haben soll; Ermittlungsrichter bestätigen vielmehr immer wieder ihr immenses Arbeitspensum, gerade auch zum Wochenende hin).

Oft kommt es zu **Verzögerungen** bei der **Übersendung** der **Akten**. Erfahrungsgemäß gilt **832**
dies sehr viel häufiger bei Rechtsbehelfen des Beschuldigten als bei solchen der StA, die teils sogar binnen weniger Stunden bei Gericht vorliegen!

☝ Die Verteidigung muss die **Bearbeitung** (insbesondere den Aktenlauf) der von ihr eingelegten Rechtsbehelfe **kritisch verfolgen** und gegebenenfalls mit Nachdruck Einfluss auf eine sofortige Vorlage von Akten nehmen.

Nicht selten tritt in diesem Zusammenhang eine Verzögerung auch deshalb ein, weil **833**
keine **Zweitakten** zur Verfügung stehen und die Hauptakten nach Gewährung rechtlichen

Gehörs von der StA dem Gericht vorgelegt werden müssen, sodass eine weitere Sachbearbeitung bei den Ermittlungsbehörden nicht oder nur verzögert möglich ist.

☝ Einer Verzögerung des Verfahrens wegen fehlender Zweitakten kann vonseiten der Verteidigung wirksam mit dem Vorwurf des Verstoßes gegen den Beschleunigungsgrundsatz („**allgemeines Gebot der Beschleunigung** in **Haftsachen**“) begegnet werden (BVerfG StV 1999, 162; OLG Düsseldorf StV 2001, 695; *Meyer-Goßner/Schmitt*, § 121 Rn 23; allgemein zum Beschleunigungsgrundsatz s. nur SSW-StPO/*Herrmann*, § 121 Rn 7; *Burhoff*, EV, Rn 2173).

834 Auch eine nur zögerliche Versendung der Akten an die verschiedenen Verteidiger bei mehreren Beschuldigten kann bereits eine Verzögerung bedeuten. Hier erscheint eine Weitergabe im „**Rundlaufverfahren**“, also von einem Verteidiger zum nächsten, **sinnvoll**.

835 **b)** Dem **Anspruch** einer **zügigen Sachbearbeitung** muss sich aber **auch** der **Verteidiger selbst** stellen. Zur Einsicht herausgegebene Akten müssen zeitnah zurückgegeben werden. Angekündigte Stellungnahmen sind zügig einzureichen. Auf Ausführungen der StA muss unverzüglich repliziert werden. Der weitere Gang des Rechtsmittelverfahrens darf nicht verzögert werden. Die Vorlage und Weiterleitung von Akten unterliegt nicht der Disposition des Verteidigers (OLG Hamm StV 2002, 492; differenzierend: LR-*Matt*, § 306 Rn 7, der entweder ein Zuwarten des Beschwerdegerichts oder bei zu langem Zeitablauf die Setzung einer kurzen Stellungnahmefrist fordert; a.A. *Meyer-Goßner/Schmitt*, § 306 Rn 11 a.E. [hier strikt ablehnend]).

836 **8.** Welcher ordentliche oder außerordentliche Rechtsbehelf sinnvoll und Erfolg versprechend erscheint, hängt vom **Einzelfall** ab. Insoweit gilt:

837 Einerseits kommt es auf den erhobenen **Tatvorwurf**, den dringenden Tatverdacht sowie die angenommenen Haftgründen an. Andererseits spielt aber auch der **Beschuldigte** selbst eine entscheidende Rolle. Die Überlegungen greifen ineinander und entfalten grds. auch eine **Wechselwirkung** (ausführlich hierzu *Herrmann*, Rn 1016; *Schlothauer/Weider*, Rn 796).

838 **Stichpunktartig** gilt i.Ü.:

- Ein persönlicher Eindruck kann nur im Rahmen einer mündlichen Verhandlung entstehen.
- Rechtsfragen lassen sich regelmäßig schriftlich besser ausformulieren und diskutieren.
- Die Überlegungen greifen ineinander und entfalten grds. auch eine Wechselwirkung.

839 *König* geht davon aus, dass der Haftprüfung immer der Vorzug zu geben sei („*in dubio pro Haftprüfung*“; *ders.*, in: MAHStrafverteidigung/*König*, § 4 Rn 196; s. auch AnwKomm-U-Haft/*König* § 117 Rn 14; weiter gehend sogar noch: *Deckers* NJW 1994, 2261, 2266 [„*Kunstfehler, nicht sämtliche Rechtsbehelfe zu ergreifen*“]). Eine solche **schematische**

Vorgehensweise ist **abzulehnen**. Es bedarf vielmehr einer individuellen Überprüfung, welcher Rechtsbehelf im konkreten Einzelfall eher Erfolg verspricht. Mit der Durchführung möglicherweise unangebrachter Rechtsbehelfsverfahren wird ansonsten ggf. Zeit vertan.

☝ Die zur Verfügung stehenden Rechtsbehelfe sollten keinesfalls geradezu automatisch hintereinander abgespult und der Reihe nach Haftprüfung beantragt und Haftbeschwerde sowie weitere Beschwerde erhoben werden. Ein solcher „**Rechtsbehelfsautomatismus**" führt nicht nur zu einer **erheblichen Verzögerung** der Angelegenheit. Häufig wird darüber hinaus an den tatsächlichen Gegebenheiten des Falles vorbei argumentiert oder dem Mandanten blinder Aktionismus vorgespielt, der aber der Sache selbst nicht förderlich sein kann (ebenso *Burhoff*, EV, Rn 3756; *Dahs*, Rn 352; *Herrmann*, Rn 1000; *Schlothauer/Weider*, Rn 699).

9. Die **Einreichung** von Antrag oder Beschwerde kann sowohl beim zuständigen Gericht als auch bei der StA – sinnvollerweise verbunden mit der Bitte um unverzügliche Weiterleitung gemeinsam mit den regelmäßig dort befindlichen (Ermittlungs-)Akten an das zuständige Gericht – erfolgen (→ *Rechtsmittel/Rechtsbehelfe, Einlegung*, Teil A Rdn 1466). 840

Der **Fristenlauf** bei Gericht (§ 118 Abs. 5 sowie § 306 S. 2) beginnt erst mit Eingang des Schriftsatzes bei Gericht. Das Haftgericht fordert dann zunächst die StA zur Stellungnahme und Vorlage der Akten auf. Gehen Antrag oder Beschwerde in Abschrift zeitgleich bei der StA ein, dann kann eine Verzögerung verhindert werden. Vorsorglich sollte jeweils auf das Anschreiben an die anderen Beteiligten hingewiesen werden, um so einer mehrfachen Anhängigkeit und einer Verzögerung der Sache zu begegnen (*Herrmann*, Rn 1016). 841

10. Gelegentlich kommt es vor, dass der **Eingang** von **Anträgen bei Gericht nicht vorgemerkt** wird und die StA lediglich formlos zur Vorlage der Akten aufgefordert wird, ohne dass dies überwacht wird. Eine Fristenkontrolle oder auch nur die Überwachung einer zügigen, dem allgemeinen Beschleunigungsgebot angemessene Bearbeitung findet in diesen Fällen nicht statt. Es bleibt dann dem individuellen Engagement der Beteiligten überlassen, das Verfahren zu fördern oder nicht. Ein solches Vorgehen ist unprofessionell und widerspricht dem Grundsatz der Beschleunigung in Haftsachen. 842

☝ Die Verteidigung sollte eigenständig die **Einhaltung** von **Fristen** sowie eine zügige Bearbeitung innerhalb der Justiz **selbstständig überwachen** und frühzeitig intervenieren, wenn Verzögerungen zu befürchten sind.

Eine verzögerte Vorlage der Akten kann darüber hinaus die **Besorgnis** der **Befangenheit** begründen (ebenso OLG Hamm NStZ 2007, 85; *Burhoff*, EV, Rn 2644; KK/*Graf*,

§ 118 Rn 6; *Herrmann*, Rn 1068; SK-StPO/*Paeffgen*, § 118 Rn 6; *Schlothauer/Weider*, Rn 761).

Teils wird auch ein Recht zur **Untätigkeitsbeschwerde** anerkannt (OLG Braunschweig StV 2005, 39; OLG Hamm NStZ 2007, 85; OLG Köln NStZ 2009, 656; KK/*Graf*, § 118 Rn 6; SK-StPO/*Paeffgen*, § 118 Rn 6; s. zum Ganzen a. *Burhoff*, EV, Rn 915 f.).

Ggf. sind eine **Dienstaufsichtsbeschwerde** oder nötigenfalls sogar eine **Strafanzeige** wegen Freiheitsberaubung in Erwägung zu ziehen (s.a. → *Beschwerde, Untätigkeitsbeschwerde*, Teil A Rdn 560; → *Dienstaufsichtsbeschwerde*, Teil B Rdn 262).

Siehe auch: → *Untersuchungshaft, Antrag auf Aufhebung oder Außervollzugsetzung des Haftbefehls*, Teil B Rdn 843; → *Untersuchungshaft, Ermittlungen, weitere nach § 117 Abs. 3 StPO*, Teil B Rdn 871; → *Untersuchungshaft, Haftbeschwerde, § 304 StPO*, Teil B Rdn 880; → *Untersuchungshaft, Haftprüfung, mündliche §§ 117 Abs. 1, 118 Abs. 1 StPO*, Teil B Rdn 907; → *Untersuchungshaft, Haftprüfung, schriftliche § 117 Abs. 1 StPO*, Teil B Rdn 933; → *Untersuchungshaft, Informelle Überprüfung der Haftfortdauer durch Staatsanwaltschaft und Gericht*, Teil B Rdn 957; → *Untersuchungshaft, Prüfungsmaßstab und inhaltliche Begründung der Rechtsbehelfe*, Teil B Rdn 964; → *Untersuchungshaft, Rechtsbehelfe, außerordentliche*, Teil B Rdn 982; → *Untersuchungshaft, Vollzug*, Teil B Rdn 995; → *Untersuchungshaft, Untersuchungshaft, weitere Beschwerde, § 310 StPO*, Teil B Rdn 1014; → *U-Haft-Fragen, Gebühren*, Teil D Rdn 414.

843 Untersuchungshaft, Antrag auf Aufhebung oder Außervollzugsetzung des Haftbefehls

Das Wichtigste in Kürze:

1. Der Beschuldigte oder sein Verteidiger können jederzeit beim zuständigen Gericht einen Antrag auf Aufhebung oder Außervollzugsetzung des Haftbefehls stellen.
2. Ein entsprechender Antrag ist formlos möglich und grds. an keine Frist gebunden.
3. Die Außervollzugsetzung eines Haftbefehls kommt während des gesamten Verfahrens in Betracht.
4. Der Antrag kann auch gestellt werden, wenn der angegriffene Haftbefehl nicht vollzogen wird, sei es weil der Beschuldigte flüchtig ist, er sich in anderer Sache in Haft befindet.
5. Ein schriftlicher Antrag auf Aufhebung oder Außervollzugsetzung des Haftbefehls kommt in Betracht, wenn es darum geht, **rechtliche oder tatsächliche**

Argumente schriftlich vorzutragen und der persönliche Eindruck des Mandanten nicht entscheidend ist.

6. Es besteht ein Anspruch auf Entscheidung.
7. Eine Beschränkung der Möglichkeit eines entsprechenden Antrages nur auf den Zeitraum nach Beginn der HV ist sachlich nicht nachvollziehbar.
8. Die Aufhebung des Haftbefehls beseitigt diesen insgesamt.
9. Bei der Außervollzugsetzung des Haftbefehls geht es ganz allgemein um die Anordnung weniger einschneidender Maßnahmen als des Vollzuges der U-Haft.
10. Wurde ein Haftbefehl unangefochten außer Vollzug gesetzt, dann ist jede nachfolgend neue haftrechtliche Entscheidung, mit der die Haftverschonung aufgehoben oder geändert wird, nur unter den einschränkenden Voraussetzungen des § 116 Abs. 4 zulässig.
11. Der Erlass eines neuen Haftbefehls nachdem der ursprüngliche außer Vollzug gesetzt war, ist ebenfalls nur unter den engen Voraussetzungen des § 116 Abs. 4 zulässig.
12. Die Verfahrensbeteiligten können Beschwerde (§ 304) und weitere Beschwerde (§ 310) einlegen.

Literaturhinweise: **Albrecht/Schädler**, Der hessische Modellversuch zur Anwendung der „elektronischen Fußfessel“, ZRP 2000, 466; **Amelung**, Die Sicherheitsleistung gem. § 116 StPO, StraFo 1997, 300; **Amendt**, Die Verfassungsmäßigkeit der strafprozessualen Sicherheitsleistungsvorschriften, 1986; **Herrmann**, Neue Umstände i.S.v. § 116 Abs. 4 Nr. 3 StPO, StRR 2013, 12; **Hohlweck**, Sicherheitsleistung bei Verdunkelungsgefahr, NStZ 1998, 600, 6; **Hudy**, Elektronisch überwachter Hausarrest, 1999; **Mayer**, Modellprojekt Elektronische Fußfessel. Wissenschaftliche Befunde zur Modellphase des hessischen Projekts. Max-Planck-Institut für ausländisches und internationales Strafrecht, forschung aktuell – research in brief, Nr. 23; **Nehm**, Umfang der Bindung des Ermittlungsrichters an Anträge der Staatsanwaltschaft, in: Festschrift für *Meyer-Goßner*, 2001, S. 277; **Neuhaus**, Haftverschonungsauflagen und ihre Kontrolle, StV 1999, 340; *ders.*, Die Befristung der Haftverschonung: Stets unzulässiger Urlaub aus der Untersuchungshaft?, StraFo 2000, 13; **Rixen**, Kaution durch die Kommune? – § 116 I Nr. 4 und das Kommunalrecht, NStZ 1999, 329; **Schlicht/Leipold**, Zur praktischen Anwendung des § 307 Abs. 2 StPO, StraFo 2005, 90; **Schlothauer**, Caution – Kaution! Fallstricke für Beschuldigte und Verteidiger, in: FS 25 Jahre AG Strafrecht, 2009, S. 1039; **Seebode**, Der Vollzug der Untersuchungshaft, 1985; **Ullrich**, Handlungsmöglichkeiten des Strafverteidigers im Haftverfahren?, StV 1986, 268; **Weichert**, Der elektronische Hausarrest aus Sicht des Datenschutzes, StV 2000, 335; **Wittstamm**, Zur Anwendbarkeit eines amerikanischen Sanktionsmodells, 1999; **Wolsfeld**, Wenn der Mandant „einrücken soll“, PStR 2001, 280; s.a. die Hinw. bei → *Untersuchungshaft, Allgemeines*, Teil B Rdn 806. 844

1. Der Beschuldigte oder sein Verteidiger können **jederzeit** beim zuständigen Gericht einen **Antrag** auf Aufhebung oder Außervollzugsetzung des Haftbefehls stellen. Es geht letztlich um einen Antrag an das Gericht, seine Entscheidung zu überprüfen und diese aufgrund nachträglich besserer Einsicht von Amts wegen aufzuheben oder abzuändern, Letzteres ggf. unter Auflagen (vgl. § 116). 845

2. Ein entsprechender Antrag ist **formlos** möglich und grds. an **keine Frist** gebunden. 846

847 **3.** Die Außervollzugsetzung eines Haftbefehls kommt **während** des **gesamten Verfahrens** in Betracht. Schon bei seinem Erlass kann eine Haftverschonung erfolgen (*Meyer-Goßner/Schmitt*, § 116 Rn 1). Auch das OLG kann im Rahmen der besonderen Haftprüfung nach den §§ 121, 122 eine Außervollzugsetzung beschließen (OLG Hamm StV 2000, 631; zur Problematik der Außervollzugsetzung des Haftbefehls nach § 116 nach Rechtskraft s. *Schweckendieck* NStZ 2011, 10). Der Antrag ist stets statthaft, insbesondere auch dann, wenn bspw. eine Beschwerde unzulässig ist.

848 **4.** Der Antrag kann **auch** gestellt werden, wenn der angegriffene **Haftbefehl nicht vollzogen** wird, sei es weil der Beschuldigte flüchtig ist, er sich in anderer Sache in Haft befindet (Überhaft) oder der Haftbefehl gem. § 116 außer Vollzug gesetzt ist (vgl. zum Ganzen *Burhoff*, EV, Rn 3763; *Schlothauer/Weider*, Rn 787; s. auch *Ullrich* StV 1986, 268; allgemein zur Gegenvorstellung → *Gegenvorstellung, Allgemeines*, Teil B Rdn 274, m.w.N.; s. auch *Meyer-Goßner/Schmitt*, Vor § 296 Rn 23; KK-*Paul*, vor § 296 Rn 4; einschr. MAHStrafverteidigung/*König*, § 4 Rn 203).

849 **5.** Ein schriftlicher **Antrag** auf Aufhebung oder Außervollzugsetzung des Haftbefehls kommt **in Betracht**, wenn es darum geht, **rechtliche oder tatsächliche Argumente** schriftlich vorzutragen und der persönliche Eindruck des Mandanten nicht entscheidend erscheint. Durch einen entsprechenden Antrag kann auch der negativen präjudizierenden Wirkung einer eventuellen Entscheidung im Beschwerdeverfahren begegnet werden. Denn wenn das Gericht nicht abhilft, hat sich der Antrag erledigt (vgl. zum Ganzen *Burhoff*, EV, Rn 3763; *Herrmann*, Rn 1009; *Schlothauer/Weider*, Rn 757; *Ullrich*, StV 1986, 268; allgemein zur Gegenvorstellung → *Gegenvorstellung, Allgemeines*, Teil B Rdn 274, m.w.N.; *Meyer-Goßner/Schmitt*, vor § 296 Rn 23; KK-*Hannich*, Vor § 296 Rn 4; *Wölfl* StraFo 2003, 222). I.Ü. verzögert sich hier die Angelegenheit nicht durch die Übersendung der Akten an das Beschwerdegericht (*Dahs*, Rn 846; *Wölfl* StraFo 2003, 22).

850 **6.** Es besteht ein **Anspruch auf Entscheidung**. Eine Begründung ist zwar wünschenswert, soll aber nicht erforderlich sein (*Meyer-Goßner/Schmitt*, vor § 296 Rn 26; *Wölfl* StraFo 2003, 222, 227; a.A. KK-*Hannich*, Vor § 296 Rn 4).

851 **7.a)** Eine **Beschränkung** der **Möglichkeit** eines entsprechenden Antrages nur auf den Zeitraum **nach Beginn** der **HV** ist sachlich **nicht nachvollziehbar** (so aber MAH Strafverteidigung/*König*, § 4 Rn 203). Zuzugestehen ist allerdings, dass einem entsprechenden Antrag im Rahmen der HV ganz besondere Bedeutung zukommen kann. Denn dann muss die Haftentscheidung vom Tatgericht getroffen werden (zum Sonderproblem der „unverzüglichen" mündlichen Haftprüfung während laufender HV ausführlich → *Haftprüfung, mündliche*, Teil B Rdn 927).

☝ In der **Praxis** bietet sich der Weg eines **Antrages** auf Aufhebung oder Außervollzugsetzung des Haftbefehls vor allem an, um dem **Gericht neue** oder **zusätzliche Argumente** vorzutragen, wenn nur dessen Einschätzung angestrebt wird. Da allerdings davon ausgegangen werden muss, dass der Haftrichter die angegriffene Entscheidung kurz zuvor erst erlassen hat, sollten die Erfolgsaussichten nicht überschätzt werden. In Einzelfällen kann aber, vornehmlich wenn tatsächlich neue Aspekte zum Tragen kommen, mit einem Erfolg gerechnet werden.

b) Die Frage der **Besetzung** der **Strafkammer** bzw. des **Schöffengerichts** bei der Entscheidung über den Antrag ist **str.!** Die **Rspr**. geht nahezu übereinstimmend davon aus, dass insbes. aus Gründen der Beschleunigung des Verfahrens immer in der Besetzung außerhalb der HV, also ohne Schöffen, zu entscheiden sei (BGH NStZ 2011, 356 mit Anm. *Krüger* NStZ 2012, 341 u. *Börner* JR 2011, 262; KG StraFo 2015, 110 ff (3. Strafsenat) – anders aber KG StraFo 2015, 419 (mit Anm. zum Meinungsstreit von *Herrmann*, ebenda): OLG Hamburg NJW 1998, 2988; OLG Hamm StV 1998, 388; OLG Jena StraFo 1999, 212; StV 2010, 34 [Ls.]; OLG Köln NJW 2009, 3113; OLG München StRR 2007, 83 [Ls.]; OLG Naumburg NStZ-RR 2001, 347; LG München StraFo 2010, 383; s. auch KK-*Graf*, § 118a Rn 4 und § 126 Rn 10). Eine Ausnahme soll in den Fällen der §§ 268b, 120 Abs. 1 gelten (vgl. z.B. OLG Jena, StV 2010, 34 [Ls.]; KK-*Graf*, a.a.O.). In der **Lit**. wird hingegen überwiegend vertreten, dass die Entscheidung grds. unter Mitwirkung der Schöffen zu treffen ist (vgl. u.a. *Bertram* NJW 1998, 2934; *Dehn* NStZ 1997, 608 und *Foth* NStZ 1998, 262, jew. in den Anm. zu OLG Köln NJW 1998, 2989; *Katholnigg* JR 1998, 170; *Schlothauer* StV 1998, 144, jew. in der Anm. zu OLG Hamburg, a.a.O.; s. auch *Paeffgen* NStZ 1999, 78; ausführlich zum Ganzen *Sowada* NStZ 2001, 169; *ders*. in Anm. zu OLG Koblenz StV 2010, 37; *Krüger* NStZ 2009, 590 in der Anm. zu OLG Köln, a.a.O; differenzierend *Meyer-Goßner/Schmitt*, § 126 Rn 8; Aus der Rspr. s. insofern auch OLG Koblenz StV 2010, 36; 2010, 37). Teilweise werden **zusätzlich differenzierende Auffassungen** vertreten (vgl. u.a. *Gittermann* DRiZ 2012, 12; *Börner* JA 2011, 481; zur Besetzung des erstinstanzlichen OLG-Senats s. BGHSt 43, 91 [„Fünfer-Besetzung"]; zum Ganzen s. auch *Herrmann* in Anm. zu KG StraFo 2015, 110 (3. Strafsenat) einerseits und KG StraFo 2015, 419 (4. Strafsenat) andererseits in: StraFo 2015, 423). **852**

Nach Ansicht von *Burhoff* (HV, Rn 1671), der ich mich hier anschließe, ist über einen **in oder während** der **HV gestellten Antrag** gemeinsam mit den Schöffen zu entscheiden. Aus dem Gesetz ergeben sich keine Anhaltspunkte für eine andere Besetzung (s. auch OLG Koblenz StV 2010, 36; 2010, 37; *Meyer-Goßner/Schmitt*, § 126 Rn 8; *Sowada* StV 2010, 37 in der Anm. zu OLG Koblenz, a.a.O.; s.a. *Herrmann* in Anm. zu KG StraFo 2015, 110). Rechtsstaatlichkeit muss hier vor Effizienz gehen. Über einen **außerhalb** der **HV gestellten Antrag** ist ohne Schöffen zu entscheiden (vgl. *Meyer-Goßner/Schmitt*, **853**

§ 126 Rn 8; § 30 GVG Rn 3; s. zum Ganzen auch BVerfG NJW 1998, 2962). Dies gilt i.Ü. ja auch für andere Anträge, über die ohne mündliche Verhandlung entschieden werden kann. Klarheit wird nur der Gesetzgeber schaffen können (ebenso schon *Sowada* StV 2010, 37 in der Anm. zu OLG Koblenz, ebenda). Ein Antrag, der während einer **Unterbrechung** der **HV** gestellt wurde, ist formal nicht in der HV gestellt, während der die Präsenz von bestimmten Verfahrensbeteiligten geboten ist (vgl. § 226; s. hierzu *Bertram* NJW 1998, 2936; a.A. *Schlothauer* StV 1998, 144, 145 in der Anm. zu OLG Hamburg, a.a.O.; *Meyer-Goßner/Schmitt*, § 126 Rn 8). Über einen solchen Antrag ist deshalb ohne Schöffen zu entscheiden (*Meyer-Goßner/Schmitt*, § 126 Rn 8). Etwas anderes dürfte bei einer nur **kurzfristigen Unterbrechung** der HV, bspw. Pausen, gelten (*Meyer-Goßner/Schmitt*, § 126 Rn 8; OLG Hamm StV 1998, 388). Dann kommt es auf den Sachzusammenhang an. Ein entsprechender Antrag ist je nach Prozesssituation außerhalb oder eben während der HV gestellt/wiederholt.

854 **8.** Die **Aufhebung** des **Haftbefehls beseitigt** diesen **insgesamt**. Hiervon erfasst sind auch nachgeordnete Entscheidungen zur U-Haft, z.B. Beschränkungsbeschlüsse. Auch deren Wirkung entfällt.

855 **9.a)** Bei der **Außervollzugsetzung** des **Haftbefehls** nach **§ 116** geht es ganz allgemein um die Anordnung weniger einschneidender Maßnahmen als des Vollzuges der U-Haft. Dem Beschuldigten dürfen keine unzumutbaren Auflagen gemacht werden (zur Außervollzugsetzung eingehend a. *Burhoff*, EV, Rn 666). Hinsichtlich der Voraussetzungen differenziert § 116 nach den **im Gesetz genannten Haftgründen**. Korrespondierend hierzu werden einige geeignete Maßnahmen genannt, die eine Haftverschonung ermöglichen sollen.

☝ Dieser Katalog ist **nicht abschließend** (vgl. Rdn 856, 860).

856 **b)** Nach h.M. ist auch beim Haftgrund der **Flucht** gem. **§ 112 Abs. 2 Nr. 1** eine **Außervollzugsetzung** des Haftbefehls **möglich**, obwohl dies im Gesetz nicht ausdrücklich vorgesehen ist (OLG Stuttgart NStZ 1999, 247; AnwKomm-StPO/*Deckers*, § 116 Rn 3; SSW-StPO/*Herrmann*, § 116 Rn 14; LR-*Hilger*, § 116 Rn 2; AnwKomm-U-Haft/*König*, § 116 StPO Rn 3; *Meyer-Goßner/Schmitt*, § 116 Rn 4; *Neuhaus*, StV 1999, 340, 341; *Schlothauer/Weider*, Rn 512 [unter Anpassung des Haftgrundes in Fluchtgefahr]; a.A. KK/*Graf*, § 116 Rn 3; SK-StPO/*Paeffgen*, § 116 Rn 3 und 5; *Pfeiffer*, § 116 Rn 2).

857 **c)aa)** Die Außervollzugsetzung des Haftbefehls bei **Fluchtgefahr** gem. **§ 112 Abs. 2 Nr. 2** ist in **§ 116 Abs. 1** geregelt. In dem unter Nr. 1 bis 4 genannten Katalog werden verschiedene Maßnahmen genannt, die eine Außervollzugsetzung rechtfertigen können, weil auch durch deren Erfüllung der Zweck der U-Haft erreicht werden kann. Im Einzelnen kommen in Betracht (vgl. auch *Burhoff*, EV, Rn 666) folgender

Auflagenkatalog: 858

- Gem. **§ 116 Abs. 1 S. 2 Nr. 1** kann eine **Meldeauflage** bestimmt werden. Der Beschuldigte wird verpflichtet, sich an bestimmten Tagen, ggf. zu bestimmten Zeiten bei Gericht, StA oder (der Regelfall) bei der für ihn zuständigen Polizeidienststelle oder einer anderen öffentlichen Stelle zu melden. Die Frequenz der Meldeauflage hängt vom konkreten Einzelfall ab. Eine Meldeauflage kann vorübergehend ausgesetzt oder räumlich und zeitlich verlegt werden (OLG Hamm StV 1999, 38), ggf. ist sie dauerhaft anzupassen.
- Gem. **§ 116 Abs. 1 S. 2 Nr. 2** kann der Beschuldigte verpflichtet werden, seinen **Wohn-** oder **Aufenthaltsort** oder einen bestimmten Bereich nicht ohne Erlaubnis des Gerichts oder der StA zu verlassen. Für eine solche Entlassung auf Ehrenwort bedarf es aber eines besonderen Vertrauens (OLG Celle StV 1991, 473; OLG Karlsruhe StV 2010, 30, 31 a.E.; Burhoff, EV, Rn 673; LR-*Hilger*, § 116 Rn 20; *Meyer-Goßner/Schmitt*, § 116 Rn 8).
- Gem. **§ 116 Abs. 1 S. 2 Nr. 3** kann der Beschuldigte angewiesen werden, seine Wohnung nur unter Aufsicht zu verlassen. Ein solcher **Hausarrest** findet in Deutschland aber – soweit ersichtlich – bisher kaum oder gar keine Anwendung (ausführlich hierzu *Seebode*, S. 56; s.a. SK-StPO/*Paeffgen*, § 116 Rn 13). Mit Einverständnis des Beschuldigten könnte auch hier die **elektronische Fußfessel** oder elektronisch überwachter Hausarrest genutzt werden (ausführlich zum Ganzen: SSW-StPO/*Herrmann*, § 116 Rn 21; *Schlothauer/Weider*, Rn 597; s.a. *Münchhalffen/Gatzweiler*, Rn 306).
- Gem. **§ 116 Abs. 1 S. 2 Nr. 4** kann eine **Sicherheitsleistung** durch den Beschuldigten oder einen Dritten hinterlegt werden (s. hierzu auch Art. 5 Abs. 3 S. 2 EMRK; EGMR NJW 2007, 3699 [*McKay* v. Großbritannien]; vgl. a. Rdn 859). Die Möglichkeit der Hinterlegung einer Kaution verstößt auch nicht gegen den Gleichheitsgrundsatz des Art. 3 Abs. 1 GG. Zwar wird eingewandt, dass wohlhabende Beschuldigte hier privilegiert würden. Ein Ausgleich findet aber über die Höhe der zu hinterlegenden Summe statt (s.a. *Amendt*, S. 24 und S. 41 mit umfangreichem statistischem Zahlenmaterial; KK/*Graf*, § 116 Rn 18; *Meyer-Goßner/Schmitt*, § 116 Rn 10; SK-StPO/*Paeffgen*, § 116 Rn 14; *Püschel* StraFo 2009, 134, 138; *Schlothauer/Weider*, Rn 600; a.A. [soweit ersichtlich einzig] KMR-*Wankel*, § 116 Rn 3). Die Anordnung einer entsprechenden Auflage ist formal nicht vom **Einverständnis** des **Beschuldigten** abhängig, ohne dieses aber sinnlos (SK-StPO/*Paeffgen*, § 116 Rn 14; s.a. BGH NStZ 1992, 286 [zur Weigerung des entlassungsunwilligen Beschuldigten, eine Kaution zu stellen]).

☝ Bei einem **Verstoß** gegen **Auflagen** droht der **Verfall der Sicherheit** (§ 124). Der auf dem Beschuldigten lastende wirtschaftliche Druck hält ihn von der Flucht ab.

Die Hinterlegung durch nahe stehende Dritte (Familienangehörige, Arbeitgeber etc.) wirkt grds. zusätzlich stabilisierend (OLG Hamm StraFo 2002, 338; OLG Zweibrücken StV 2011, 164 [Ls.]). Dies wird von Gerichten und StA nicht selten anders gesehen, teils verkannt.

859 **bb)** Die **Sicherheitsleistung nach Nr. 4** (vgl. Rdn 858) **dient** ausschließlich der **Erfüllung** des **Zwecks** der **U-Haft**, dass der Beschuldigte sich dem weiteren Verfahren stellt. Eine Verrechnung der Kaution mit einer evtl. später ausgesprochenen oder gar anderweitigen Geldstrafe oder den Verfahrenskosten ist nicht zulässig (OLG Frankfurt/Main StV 2000, 509; LG München II StV 1998, 554 m. zust. Anm. *Eckstein*). Eine gegenteilige Erklärung darf vom Beschuldigten nicht verlangt werden (LG München I StraFo 2003, 92 m. zust. Anm. *Eckstein*; LG München II StV 1998, 554 m. zust. Anm. *Eckstein*; s.a. *Paeffgen*, NStZ 2000, 135). Auch das Verbot, den Freigabeanspruch auf Rückzahlung der Kaution an Dritte abzutreten, ist unzulässig, eine entsprechende Auflage unwirksam (LG München I StraFo 2003, 92; ausführlich *Püschel* StraFo 2009, 134, 139; *Schlothauer*, S. 1039, 1043; s.a. *Schlothauer/Weider*, Rn 604; a.A. AG Hamburg StV 2000, 512 m. abl. Anm. *Schlothauer*; LG Gießen StV 2006, 643, 645).

☝ **Vereinzelt** wird dennoch ein **gesetzliches Abtretungsverbot** angenommen (OLG München StV 2000, 509 m. abl. Anm. *Sättle* sowie OLG Hamm StRR 2009, 271 m. abl. Anm. *Bleicher*). Das ist nicht haltbar (ausführlich *Schlothauer*, S. 1039, 1043; s.a. BGH NJW 2004, 3630). Eine Sicherung von Ansprüchen Dritter durch die Ermittlungsbehörden hat ggf. über die §§ 111b zu erfolgen. Die Regelungen zur U-Haft dürfen hierfür nicht herhalten, ihr Zweck ist ein anderer.

860 **cc)** Der **Katalog** der im Gesetz genannten **Möglichkeiten** von **Auflagen** ist **nicht abschließend**. Es kommen je nach Einzelfall weitere geeignete Anordnungen in Betracht. Diese haben sich aber immer an dem bereits oben dargestellten verfassungsrechtlichen Maßstab zu orientieren (ausführlich *Neuhaus*, StV 1999, 340, 342 mit einer Darstellung vieler weiterer Auflagen, die in der Praxis bereits umgesetzt wurden; s. auch SSW-StPO/*Herrmann*, § 116 Rn 30). Denkbar und in der Praxis längst üblich sind beispielsweise, jeden Wohnungswechsel mitzuteilen oder sämtliche Ausweisdokumente zu hinterlegen. Eine **Kombination verschiedener Auflagen** ist **möglich** und in der Praxis auch die Regel. Oft bietet erst eine Kumulation von Auflagen eine ausreichende Gewähr für die Annahme, der Beschuldigte werde sich dem Verfahren nicht durch Flucht entziehen.

861 Als **unzulässig** angesehen wurden u.a. (umfassend *Neuhaus* StV 1999, 340) folgende

Auflagen/Rechtsprechungsbeispiele:

- die Verpflichtung des Beschuldigten zur **Arbeitsaufnahme**,

- **Rückkehr** zur getrennt lebenden **Ehefrau** (wenn beide dies nicht wollen),
- **Kontaktverbot** mit Personen die in häuslicher Gemeinschaft leben, die Verpflichtung, in künftigen Vernehmungen Angaben machen zu müssen, polizeilichen Ladungen Folge leisten zu müssen (LG Dortmund StV 1999, 607),
- **Ladungen** der **Ausländerbehörde** zu befolgen (OLG Frankfurt/Main StV 1995, 476),
- der **Ladung** eines **Sachverständigen** Folge zu leisten,
- aktiv an einer **psychiatrischen Exploration** teilnehmen zu müssen (OLG Celle StV 1988, 207),
- den behandelnden Arzt von der diesem obliegenden **Verschwiegenheitsverpflichtung** zu **entbinden**,
- private **Tagebücher vorzulegen**,
- sich öffentlich zu **entschuldigen**,
- den **Kontakt** zum **Verteidiger** zu **unterlassen**.

☝ Eine mit der Auflage verbundene **Einschränkung** der **Berufsausübungsfreiheit** macht die Maßnahme **nicht unwirksam**. Ein Berufsverbot ist aber nur unter den Voraussetzungen des § 132a zulässig. Die Verhängung eines vorläufigen Berufsverbotes kommt nur dann in Betracht, wenn neben den in § 132a genannten Voraussetzungen zusätzlich festgestellt ist, dass das Verbot schon vor dem rechtskräftigen Abschluss des Hauptverfahrens als Präventivmaßnahme zur Abwehr konkreter Gefahren für wichtige Gemeinschaftsgüter erforderlich ist (OLG Hamm StV 2002, 315; *Meyer-Goßner/Schmitt*, § 116 Rn 5 a.E.; *Neuhaus* StV 1999, 340, 342).

d)aa) Beim Haftgrund der **Verdunkelungsgefahr** gem. **§ 112 Abs. 2 Nr. 3** richtet sich die Möglichkeit der Außervollzugsetzung nach **§ 116 Abs. 2**. Sie ist geboten, wenn weniger einschneidende Maßnahmen die Erwartung hinreichend begründen, dass sich die Verdunkelungsgefahr erheblich vermindern werde. Die Gefahr möglicher weiterer Verdunkelungshandlungen muss nicht vollständig beseitigt sein (*Meyer-Goßner/Schmitt*, § 116 Rn 14 [„braucht nicht restlos beseitigt zu sein“]). Es genügt mithin eine Annäherung an die Erreichung des Haftzweckes. § 116 Abs. 2 ist als „**Kann-Vorschrift**“ formuliert. Auch hier hat das Gericht aber Haftverschonung anzuordnen, wenn die entsprechenden Voraussetzungen vorliegen. 862

bb) In § 116 Abs. 2 S. 2 ist ein **Kontaktaufnahmeverbot** formuliert. Es kann ausgesprochen werden gegenüber Mitbeschuldigten, Zeugen, Sachverständigen aber auch sonstigen Dritten (s. hierzu KK/*Graf*, § 116 Rn 21; *Burhoff*, EV, Rn 680; *Dahs*, Rn 361; *Meyer-Goßner/Schmitt*, § 116 Rn 15; MAH-*König*, § 4 Rn 170). Die betreffenden Personen, zu denen kein Kontakt aufgenommen werden darf, sind konkret zu benennen. 863

☝ Der Kontakt zu einer in häuslicher Gemeinschaft lebenden Person darf nicht unterbunden werden (*Amelung* StraFo 1997, 15; LR-*Hilger*, § 116 Rn 26).

Das **Kontaktverbot** darf **keinesfalls** den **Verteidiger** erfassen (vgl. § 148). Bei einem entsprechenden Verdacht kann dieser allenfalls aus dem Verfahren ausgeschlossen werden (§ 138a; vgl. LR-*Hilger*, § 116 Rn 27; MAHStrafverteidigung/*König*, § 4 Rn 170; teils a.A. LG München I StraFo 1998, 209 m. krit. Anm. *Wüllrich*; zum Verteidigerausschluss *Burhoff*, EV, Rn 4055).

864 **cc)** Auch bei Verdunkelungsgefahr ist eine **Haftverschonung** gegen **Sicherheitsleistung** möglich (**str.**, abl.; KG JR 1990, 34; OLG Frankfurt/Main NJW 1978, 838; OLG Hamm StV 2001, 688OLG Nürnberg StraFo 2003, 89; LG Köln StV 1999, 609; ebenso wohl auch *Meyer-Goßner/Schmitt*, § 116 Rn 16 [i.d.R. auch keine geeignete Maßnahme]; SK-StPO/*Paeffgen*, § 116 Rn 18; *Paeffgen* NStZ 1992, 482 [geeignet, aber wegen des Wortlautes nicht zulässig]; **bej.** OLG Hamm StV 2001, 688; OLG Nürnberg StraFo 2003, 89; LG Bochum StV 1998, 207; LG München I StraFo 1998, 209; *Amelung* StraFo 1997, 300; *Burhoff*, EV, Rn 680; *Burhoff* StraFo 2000, 109, 119; AnwKomm-StPO/*Deckers*, § 112 Rn 25 und § 116 Rn 7; KK/*Graf*, § 116 Rn 19; *Herrmann*, Rn 1219; SSW-StPO/*Herrmann*, § 116 Rn 41; LR-*Hilger*, § 116 Rn 18; *Hohlweck* NStZ 1998, 600; *Münchhalffen/Gatzweiler*, Rn 314; *Park* wistra 2001, 247, 251; *Püschel* StraFo 2009, 134, 138; *Schlothauer/Weider*, Rn 640; MAHStrafverteidigung/*König*, § 4 Rn 170).

☝ Ist eine Beweisvereitelung objektiv nicht mehr möglich, dann muss eine **Anpassung** der **Auflagen** bzw. die Aufhebung des Haftbefehls geprüft werden.

865 **e)** Die Außervollzugsetzung des Haftbefehls wegen **Wiederholungsgefahr** gem. **§ 112a** ist **in § 116 Abs. 3** geregelt. Es kommt darauf an, dass die Erwartung hinreichend begründet ist, der Beschuldigte werde bestimmte Anweisungen befolgen und dadurch der Zweck der U-Haft auch ohne deren Vollzug erreicht wird. Konkrete Beispiele nennt das Gesetz hier nicht. In Betracht kommen u.a. eine ärztliche oder psychiatrische bzw. psychotherapeutische Behandlung, Kontaktverbote, oder auch die Stellung einer Sicherheitsleistung (hierzu s.o. Rdn 860).

866 **f) Auch** beim Haftgrund der **Tatschwere § 112 Abs. 3** muss eine **Außervollzugsetzung** des Haftbefehls in Betracht kommen. Gesetzliche Vorgaben hierzu finden sich nicht. Dennoch ergibt sich dies aus dem allgemeinen Grundsatz der Verhältnismäßigkeit und einer entsprechend gebotenen verfassungskonformen Auslegung. Die U-Haft darf als ultima ratio nur dann vollstreckt werden, wenn nicht bereits mildere Mittel den Zweck, die Sicherung des Verfahrens, erfüllen. Der Vollzug kann hier entsprechend § 116 Abs. 1 und 2 ausgesetzt werden (BVerfG NJW 1966, 243, 244; OLG Celle StV 2005, 620; OLG Frankfurt/Main StV 2000, 374, 375 [Fall *Weimar*; s. dazu *Maeffert* StV 2000, 398];

OLG Oldenburg StV 2008, 84; KK/*Graf*, § 116 Rn 3 und 23; *Meyer-Goßner/Schmitt*, § 116 Rn 18; *Neuhaus* StV 1999, 340; *Schlothauer/Weider*, Rn 643).

10.a) Wurde ein Haftbefehl unangefochten außer Vollzug gesetzt, dann ist jede **nachfolgend neue haftrechtliche Entscheidung**, mit der die Haftverschonung aufgehoben oder geändert wird, nur unter den **einschränkenden Voraussetzungen** des **§ 116 Abs. 4** zulässig (BVerfG NStZ 2007, 83; 2008, 138 m. Anm. *Burhoff* StRR 2007, 275; StV 2013, 94; wistra 2012, 429; KG StraFo 1997, 27; OLG Dresden StV 2010, 29; OLG Düsseldorf StV 2002, 207; OLG Hamm StRR 2015, 277 m. Anm. *Lorenz*; wegen weiterer Einzelh. KK/*Graf*, § 116 Rn 24; *Herrmann*, Rn 1225; SSW-StPO/*Herrmann*, § 116 Rn 51; *ders.*, StRR 2013, 12; *Meyer-Goßner/Schmitt*, § 116 Rn 22; *Schlothauer/Weider*, Rn 1255 und a. *Burhoff*, EV, Rn 682). 867

Der **Erlass eines neuen Haftbefehls** nachdem der **ursprüngliche außer Vollzug** gesetzt war bedeutet faktisch ebenfalls nichts anderes als eine Anordnung nach **§ 116 Abs. 4**. Diese ist aber ebenfalls nur unter den dort genannten engen Voraussetzungen zulässig. Die Widerrufsvoraussetzungen einer Haftverschonungsentscheidung können deshalb nicht dadurch umgangen werden, dass kurzerhand ein neuer Haftbefehl erlassen wird. Ein solches Vorgehen verletzt u.a. das Freiheitsrecht des Beschuldigten aus Art. 2 Abs. 2 S. 2 GG (BVerfG StV 2007, 84, 85; OLG Dresden StV 2009, 521, 522; OLG Düsseldorf StV 1993, 480; OLG Karlsruhe wistra 2005, 316; OLG Köln StV 2008, 258; s. hierzu auch *Herrmann* StRR 2013, 12). 868

b) Der **erneute Vollzug des Haftbefehls** oder der **Erlass eines neuen Haftbefehls** können also nur angeordnet werden, wenn der Beschuldigte 869

- gegen die ihm **auferlegten Pflichten** oder **Beschränkungen verstößt**, diesen gröblich zuwiderhandelt (§ 116 Abs. 4 Nr. 1),
- **Anstalten** zur **Flucht** trifft oder auf ordnungsgemäße Ladungen ohne Entschuldigung ausbleibt oder sich auf andere Weise zeigt, dass das in ihn gesetzte Vertrauen nicht gerechtfertigt war (§ 116 Abs. 4 Nr. 2),
- oder **neu hervorgetretene Umstände** die Verhaftung erforderlich machen (§ 116 Abs. 4 Nr. 3).

☝ Eine **lediglich andere Beurteilung** bei i.Ü. gleichbleibenden **Umständen** kann einen Widerruf ebenfalls nicht rechtfertigen (BVerfG StV 2006, 26; 2013, 94; wistra 2012, 429; KG StV 2012, 212; OLG Düsseldorf StRR 2014, 42 [Ls.]; OLG Frankfurt/Main StV 2004, 493; OLG Nürnberg StV 2013, 519; SSW-StPO/*Herrmann*, § 116 Rn 57; LR-*Hilger*, § 116 Rn 44).

11. Den Verfahrensbeteiligten steht zunächst der Rechtsbehelf der **Beschwerde** (§ 304) zu. Da Entscheidungen über den Vollzug der U-Haft Fragen der Verhaftung betreffen, ist 870 auch die **weitere Beschwerde** (§ 310) eröffnet (vgl. § 305 S. 2; → *Beschwerde, Allgemeines*, Teil A Rdn 359; → *Beschwerde, weitere Beschwerde*, Teil B Rdn 629; → *Untersuchungshaft, weitere Beschwerde, § 310 StPO*, Teil B Rdn 1014; zum Ganzen s. SSW-StPO/*Herrmann*, § 116 Rn 60).

Siehe auch: → *Untersuchungshaft, Allgemeines*, Teil B Rdn 806, m.w.N.

871 Untersuchungshaft, Ermittlungen, weitere nach § 117 Abs. 3 StPO

Das Wichtigste in Kürze:

1. Das Gericht kann weiter gehende Ermittlungen anordnen (§ 117 Abs. 3).
2. Erforderliche Beweiserhebungen können vom beauftragten oder ersuchten Richter durchgeführt werden.
3. Das Gericht kann die Entscheidung über den Haftantrag vorläufig zurückstellen, insb. eine mündliche Haftprüfung unterbrechen, und das Ergebnis der ergänzenden Ermittlungen abwarten.
4. Die Verteidigung kann die Durchführung entlastender Beweiserhebungen beantragen. Dem muss das Gericht aber nur aufgrund der eigenen Aufklärungspflicht nachgehen.
5. Eine Verzögerung der Entscheidung, den Haftbefehl aufzuheben, um abzuwarten, ob nicht doch noch belastende Momente zum Tragen kommen könnten, ist unstatthaft.

872 **Literaturhinweise:** **Aymans**, Rolle und Bedeutung des präsenten aussagepsychologischen Sachverständigen, StraFo 2007, 364; **Baumann**, Eigene Ermittlungen des Verteidigers, 1999; **Bender**, Zeugenvernehmung durch den Rechtsanwalt, ZAP F. 22, S. 15; **Bockemühl**, Private Ermittlungen im Strafprozess. Ein Beitrag zu der Lehre von den Beweisverboten, 1996; **Brüning**, Privatisierungstendenzen im Strafprozess – Chancen und Risiken der Mitwirkung sachverständiger Privatpersonen im strafrechtlichen Ermittlungsverfahren, StV 2008, 100; **Helle**, Der Ausschluss privatrechtlichen Ehrenschutzes gegenüber Zeugenaussagen im Strafverfahren, NJW 1987, 233; **Heynert**, Detektivkosten – Höhe und Erstattung, AnwBl 1999, 140; **Jakubetz**, Die Rechtsprechung zur Erstattungsfähigkeit von Kosten für ein Privatgutachten im Strafprozess, JurBüro 1999, 564; **Jungfer**, Eigene Ermittlungstätigkeit des Strafverteidigers – Strafprozessuale und standesrechtliche Möglichkeiten und Grenzen, StV 1981, 100; *ders.*, Strafverteidiger und Detektiv, StV 1989, 495; *ders.*, Ein Brief an *Christian Richter II*: Zum 65. Geburtstag Eigene Ermittlungen und mehr, in: Festschrift für *Christian Richter II*, 2006, S. 277; **Kassebohm**, Zeugen richtig befragen, NJW 2009, 200; **Kempf**, „Wahrnehmungen des Rechts“: Einflussnahme auf Zeugen, StraFo 2003, 79; **König**, Wege und Grenzen eigener Ermittlungstätigkeit des Strafverteidigers, StraFo 1996, 98; **Krause**, Der „Gehilfe“ der Verteidigung und sein Schweigerecht (§ 53a StPO), Zur Einbeziehung Dritter in die Verteidigungstätigkeit, StraFo 1998, 1; *ders.*, Die zivilrechtliche Haftung des Strafverteidigers, NStZ 2000, 225; **Krekeler**, Probleme der Verteidigung in Wirtschaftsstrafsachen, wistra 1983, 43; **Krekeler/Schonard**, Der Berufshelfer im Sinne des § 53a StPO, wistra 1998, 137; **Leipold**, Zulässige Einwirkung und Belehrung von Zeugen durch den Verteidiger, StraFo 1998, 79; *ders.*, Eigene Ermittlungen des Anwalts, NJW-Spezial 2005, 375; *ders.*, Verdunkelungsgefahr bei eigenen Ermittlungen des Verteidigers, NJW-

Spezial 2008, 728; **Meyer**, Auslagenerstattung für eigene Ermittlungen des (Pflicht-)Verteidigers, JurBüro 1993, 8; *ders.*, Wann können die von einem nicht verurteilten Angeklagten verauslagten Entschädigungen für unmittelbar geladene (§ 220 StPO) oder gestellte (§ 222 StPO) Beweispersonen im Kostenfestsetzungsverfahren nach §§ 464b, 464a StPO zur Erstattung festgesetzt werden?, JurBüro 1984, 655; **Münchhalffen**, Der „Gehilfe" der Verteidigung (§ 53a StPO) und das Beschlagnahmeverbot (§ 97 Abs. 4 StPO), in: Festschrift für *Christian Richter II*, 2007, S. 407; **Neuhaus**, Eigene Ermittlungen des Verteidigers, in: MAH § 15; **Otto**, Die strafprozessuale Verwertbarkeit von Beweismitteln, die durch Eingriff in Rechte anderer von Privaten erlangt wurden, in: Festschrift für *Kleinknecht*, 1985, S. 319; **Parigger**, Zeugengewinnung und -vernehmung durch den Verteidiger, StraFo 2003, 262; **Rückel**, Die Notwendigkeit eigener Ermittlungen des Strafverteidigers, in: Festgabe für *Karl Peters*, 1984, S. 265; **Scharf**, Zivilrechtliche Erstattung von Verteidigungskosten, Bußgeldern, Geldauflagen und Geldstrafen, in: MAH, § 43; **Salditt**, Der Verteidiger vernimmt Zeugen – was britische Handbücher raten, StV 1988, 451; *ders.*, Die Befragung von Zeugen durch den Verteidiger, StraFo 1992, 52; **Stern**, Informationsquellen des Strafverteidigers, StraFo 1994, 8; **Tondorf/Waider**, Der Sachverständige, ein „Gehilfe" auch des Strafverteidigers?, StV 1997, 493; **Vahle**, Rechtsstellung und Rechte der Privatdetektive, Krim 1994, 510, 593; **Wächtler**, Informationsgewinnung durch die Verteidigung, StraFo 2007, 141; **Wölfl**, Heimliche private Tonaufnahmen im Strafverfahren, StraFo 1999,74; s. auch die Hinw. bei *Burhoff*, EV, Rn 1573, 2625.

1. Erscheinen im Rahmen von Haftprüfung oder Haftbeschwerde zunächst weitere Ermittlungen angezeigt, um eine sachgerechte Haftentscheidung treffen zu können, dann hat das **Gericht** diese **anzuordnen** (vgl. § 117 Abs. 3). Dies kann durch den Haftrichter oder das Beschwerdegericht, darüber hinaus aber auch noch durch das OLG im Rahmen der besonderen Haftprüfung nach § 122 erfolgen. § 117 Abs. 3 ist dort jeweils entsprechend anzuwenden (OLG Hamburg StV 2002, 317). **873**

Auch das **Beschwerdegericht** kann weitere aus seiner Sicht gebotene Ermittlungen dem nach § 126 Abs. 1 zuständige Haftgericht zuweisen (OLG Hamburg, a.a.O.).

2. Erforderliche Beweiserhebungen können vom **beauftragten** oder **ersuchten Richter** durchgeführt werden. Darüber hinaus kann das Gericht die StA im Rahmen der dieser obliegenden Ermittlungspflicht anweisen, weitere Untersuchungen durchzuführen. Die StA wiederum kann aufgrund des ihr zustehenden Anordnungs- (§ 152 Abs. 1 GVG) und Auftragsrechts (§ 161 S. 2) die Ermittlungsbehörden verpflichten, entsprechend tätig zu werden (AK-StPO/*Krause*, § 117 Rn 11; KK/*Graf*, § 117 Rn 12; *Meyer-Goßner/Schmitt*, § 117 Rn 15). Nach **a.A.** sei ein solches Vorgehen zwar „verständlich", es bestünden aber systematische Bedenken hinsichtlich der Anordnungskompetenzen des Gerichts gegenüber den Ermittlungsbehörden; gegenüber der StA bleibe deshalb einzig die Möglichkeit der „Anregung", hier seien allenfalls der beauftragte und ersuchte Richter verpflichtet (s. SK-StPO/*Paeffgen*, § 117 Rn 11). **874**

3. Das **Gericht** kann die Entscheidung über den Haftantrag vorläufig zurückstellen, insb. eine mündliche Haftprüfung unterbrechen, und das Ergebnis der ergänzenden Ermittlungen abwarten. **875**

☝ Sinnvollerweise wird schon wegen des Beschleunigungsgebotes in Haftsachen eine **Frist** zur Erledigung der weiteren Ermittlungen **gesetzt**.

876 Das Gericht kann seine (Ermittlungs-)Anordnung sinnvollerweise mit der **Ankündigung** verbinden, dass der Haftbefehl aufzuheben oder **außer Vollzug** zu setzen sein wird, wenn die weiteren Ermittlungen unterbleiben (AnwKomm-U-Haft/*König*, § 117 StPO Rn 11; KMR-*Wankel*, § 117 Rn 26).

877 **4.** Die **Verteidigung** kann die Durchführung entlastender Beweiserhebungen **beantragen**. Dem muss das Gericht aber nur im Rahmen der eigenen Aufklärungspflicht nachgehen.

☝ Anders als bei der richterlichen Vernehmung bei mündlicher Haftprüfung gilt **§ 166 nicht**.

878 Es besteht also **kein Anspruch** auf entsprechende Beweiserhebungen (so jedenfalls KK/*Graf*, § 117 Rn 12; LR-*Hilger*, § 117 Rn 27; *Meyer-Goßner/Schmitt*, § 117 Rn 15; *Schlothauer/Weider*, Rn 759). Der Richter ist aber auch hier in seinem Ermessen gebunden, entlastende Ermittlungsergebnisse sind zugunsten des Beschuldigten zu recherchieren und zu beachten.

879 **5.** Gem. **§ 120 Abs. 1 S. 1** ist der **Haftbefehl aufzuheben**, sobald die Voraussetzungen der U-Haft nicht mehr vorliegen. Eine Verzögerung dieser Entscheidung, um abzuwarten, ob nicht doch noch belastende Momente zum Tragen kommen könnten, ist unstatthaft (*Herrmann*, Rn 1037; LR-*Hilger*, § 117 Rn 27 a.E.).

Siehe auch: → *Untersuchungshaft, Allgemeines*, Teil B Rdn 806, m.w.N.

880 Untersuchungshaft, Haftbeschwerde (§ 304 StPO)

Das Wichtigste in Kürze:

1. Gegen die zuletzt ergangene (negative) Haftentscheidung kann jederzeit Haftbeschwerde gem. § 304 Abs. 1 erhoben werden.
2. Der Beschuldigte oder die StA müssen beschwert sein.
3. Eine Untätigkeitsbeschwerde als solche ist nicht vorgesehen.
4. Richtet sich die Haftbeschwerde gegen eine bereits einmal angegriffene Entscheidung, wird sie in einen Antrag auf Haftprüfung umgedeutet.
5. Die Haftbeschwerde ist neben einem Antrag auf schriftliche oder mündliche Haftprüfung unzulässig.
6. Ändert sich die Zuständigkeit vor Entscheidung über die Haftbeschwerde kann es zu Problemen bei dem für die Entscheidung dann zuständigen Gericht kommen.

7. Für die Haftbeschwerde gelten hinsichtlich der Formalien die allgemeinen Regeln.
8. Das Beschwerdeverfahren richtet sich nach den allgemeinen Vorgaben entsprechend den §§ 306 ff.
9. Das Beschwerdegericht kann trotz der ihm zustehenden eigenen Sachentscheidungskompetenz die Invollzugsetzung eines außer Vollzug gesetzten Haftbefehls nur unter den engen Voraussetzungen des § 116 Abs. 4 beschließen.
10. Die Prüfkompetenz des Beschwerdegerichts ist je nach Verfahrensstand eingeschränkt.
11. Im Beschwerdeverfahren gegen Haftverschonungsbeschlüsse gilt das Verbot der „reformatio in peius“ (Verschlechterungsverbot).
12. Die Beschwerdeentscheidung ist zu begründen.
13. Gegen die Entscheidung im Beschwerdeverfahren ist die weitere Beschwerde (§ 310) eröffnet.

Literaturhinweise: **Gimbel,** Einführung einer allgemeinen Untätigkeitsbeschwerde im Strafprozess durch Gesetz – Begrüßenswerte Neuerung oder Irrweg?, ZRP 2004, 35; **Hoffmann,** Die Untätigkeitsbeschwerde der Staatsanwaltschaft bei Nichtentscheidung über die Eröffnung des Hauptverfahrens – Versuch einer neuen Grenzziehung, NStZ 2006, 256; **Mayer/Hunsmann,** Leitlinien für die verfassungsrechtlich gebotene Begründungstiefe in Untersuchungshaftsachen, NStZ 2015, 325; **Kruse,** Rechtsschutz im Haftverfahren aus anwaltlicher Sicht, JA 2008, 219; **Park,** Der Anspruch auf rechtliches Gehör im Rechtsschutzverfahren gegen strafprozessuale Zwangsmaßnahmen, StV 2009, 276; **Park/Schlothauer** Rechtswidrige Untersuchungshaft: Nachträglicher Rechtsschutz und Wiedergutmachung, in: FS für *G. Widmaier*, 2008, S. 387; **Rostek,** Die aufgedrängte Haftprüfung, StV 2002, 225; **Schlicht/Leipold,** Zur praktischen Anwendung des § 307 Abs. 2 StPO, StraFo 2005, 90; **Welp,** Haft und Haftprüfung in: Festschrift für *Christian Richter II*, 2007, S. 572; s.a. die Hinw. bei → *Untersuchungshaft, Allgemeines*, Teil B Rdn 806. 881

1. Gegen die **zuletzt ergangene (negative) Haftentscheidung** kann **jederzeit** Haftbeschwerde gem. § 304 Abs. 1 erhoben werden (vgl. zum Ganzen KK-*Graf*, § 115 Rn 18; *Burhoff*, EV, Rn 2148, 2151; *Herrmann*, Rn 1086 ff.; SSW-StPO/*Herrmann*, § 117 Rn 33; *Kruse* JA 2000, 210; *Meyer-Goßner*, § 117 Rn 8; SK-StPO/*Paeffgen*, § 115 Rn 13 f.; *Schlothauer/Weider*, Rn 789. 882

Die Haftbeschwerde ist **zulässig** gegen **jede** im Zusammenhang mit der U-Haft ergangene (Haft-)**Entscheidung**, insbesondere gegen 883

- den **Haftbefehl**,
- die Zurückweisung des Antrages auf dessen Erlass,
- die **Aufhebung** des Haftbefehls (§ 120),
- die **Außervollzugsetzung** des Haftbefehls unter Auflagen (§ 116),
- die Entscheidung über eine schriftliche oder mündliche **Haftprüfung**,
- die Anordnung von Auflagen und Weisungen im Zusammenhang mit dem **Vollzug** der U-Haft oder der Außervollzugsetzung des Haftbefehls,

- die vorrangige Vollstreckung von **Erzwingungshaft** oder U-Haft vor anderen freiheitsentziehenden Maßnahmen gem. § 116b S. 2,
- eine Ablehnung der Benachrichtigung über die U-Haft oder des Rechts auf Versendung eines Zugangsbriefes gem. **§ 114b**.

☝ Bereits der **im Dezernatsweg erlassene Haftbefehl** kann angegriffen werden, noch bevor er überhaupt eröffnet und in Vollzug gesetzt wurde. Der Haftbefehl muss nicht erst vollstreckt werden (OLG Hamm NStZ-RR 2001, 254).

884 **2.a)** Der Beschuldigte oder die StA müssen **beschwert** sein (vgl. §§ 296 ff.). In Haftsachen ist dies – für den Beschuldigten – regelmäßig schon durch die Einschränkung der Freiheit der Fall (allgemein zur Beschwer → *Rechtsmittel/Rechtsbehelfe, Beschwer*, Teil A Rdn 1383, m.w.N.).

☝ Auch der **flüchtige Beschuldigte** ist beschwerdeberechtigt (OLG Stuttgart NStZ 1990, 247).

885 **b)** Eine Beschwer kann auch **noch nach Erledigung** der **hoheitlichen Maßnahme** vorliegen. Eine gerichtliche Überprüfung ist wegen des besonderen Feststellungsinteresses auch möglich, wenn der Eingriff inzwischen beendet ist (u.a. BVerfG NStZ 2007, 147; s. auch BVerfG NStZ 2000, 153; 2002, 157; 2007, 413; OLG München StV 2006, 317 mit Anm. *Kirchner*; a.A. OLG Koblenz StV 2007, 589 [Ls.]; s. zum Ganzen auch SK-StPO/*Paeffgen*, § 117 Rn 15; *Park/Schlothauer*, S. 387, allgemein a. *Burhoff*, EV, Rn 3225).

886 **3.** Eine **Untätigkeitsbeschwerde** als solche ist **nicht vorgesehen** (*Burhoff*, EV, Rn 2164 mit Verweis auf Rn 911; SSW-StPO/*Herrmann*, § 117 Rn 35; *Schlothauer/Weider*, Rn 771; vgl. → *Beschwerde, Untätigkeitsbeschwerde*, Teil A Rdn 560). Die Beschwerde kann aber bei Untätigkeit gegen die Unterlassung einer rechtlich gebotenen Entscheidung erhoben werden, wenn diese selbst mit der Beschwerde angreifbar wäre. Für das Haftverfahren ist dies für zulässig erachtet worden, wenn die Frist von zwei Wochen zur Durchführung der mündlichen Haftprüfung gem. § 118 Abs. 5 Hs. 2 überschritten wurde (OLG Braunschweig StV 2005, 39; OLG Hamm NStZ-RR 2006, 17).

887 **4.** Richtet sich die Haftbeschwerde gegen eine **bereits einmal angegriffene Entscheidung**, dann ist der Rechtsweg erschöpft, und die Haftbeschwerde wird in einen Antrag auf Haftprüfung umgedeutet (OLG Düsseldorf StV 1992, 237 [Ls.]; OLG Hamm StV 1997, 197; KK-*Graf*, § 115 Rn 24; *Burhoff*, EV, Rn 2163; SSW-StPO/*Herrmann*, § 117 Rn 37; *Meyer-Goßner/Schmitt*, § 117 Rn 8; *Schlothauer/Weider*, Rn 765; → *Untersuchungshaft, Haftprüfung, schriftliche, § 117 Abs. 1 StPO*, Teil B Rdn 933).

888 **5.** Die Haftbeschwerde ist **neben** einem **Antrag** auf **schriftliche** oder **mündliche Haftprüfung unzulässig** (§ 117 Abs. 2 S. 1). Dies gilt auch für einen Antrag auf Vorführung

vor das zuständige Gericht (§ 115). Ein solcher Antrag kann aber jederzeit zurückgenommen werden, um dann Haftbeschwerde gem. § 304 einlegen zu können. Wird der Antrag erst nach Erhebung der Haftbeschwerde zurückgenommen, dann bleibt diese unzulässig (OLG Stuttgart Justiz 2005, 334; ausführlich *Meyer-Goßner/Schmitt*, § 117 Rn 14).

☝ Die Haftbeschwerde wird **gegenstandlos**, wenn über sie bei Erlass der Entscheidung des OLG nach § 122 oder nach Eintritt der Urteilsrechtskraft noch nicht entschieden ist (OLG Hamm NStZ 2008, 582; *Meyer-Goßner/Schmitt*, § 117 Rn 13).

6. Hinsichtlich der **Zuständigkeit** gilt Folgendes: 889

a) Grds. entscheidet über die Haftbeschwerde das **nächsthöhere Gericht**. 890

b) In der Praxis kommt es nicht selten nach Einlegung der Beschwerde zu einem **Wechsel** 891
der **Zuständigkeit**. In derartigen Fällen gilt nach allgemeiner Meinung:

- **Nach Erhebung** der **Anklage** ist eine bereits eingelegte, aber noch nicht erledigte Beschwerde in einen Antrag auf **Haftprüfung** nach § 117 Abs. 1 **umzudeuten** (OLG Naumburg StraFo 1997, 250; LG Mannheim NStZ 2006, 592; *Burhoff*, EV, Rn 2163; *Herrmann*, Rn 1099; SSW-StPO/*Herrmann*, § 117 Rn 40; *Meyer-Goßner/Schmitt*, § 117 Rn 8; *Schlothauer/Weider*, Rn 794; krit.: *Paeffgen*, NStZ 1999, 75 [dort insbesondere Fn 9]; *Rostek*, StV 2002, 225). Dann ist das mit der Sache **befasste Gericht zuständig** (OLG Düsseldorf StV 1992, 428; 1993, 482; OLG Frankfurt/Main NJW 1985, 1233; OLG Karlsruhe StV 2002, 225; OLG Stuttgart Justiz 2004, 166).

  ☝ Erst gegen die von diesem Gericht erlassene Haftentscheidung ist **dann Haftbeschwerde** möglich.

- Das Vorgenannte **gilt auch** für den Fall, dass vor einer Entscheidung über die **weitere Beschwerde** gem. § 310 Anklage erhoben wurde (OLG Düsseldorf, StV 1992, 428), auch wenn über die Beschwerde selbst zuvor bereits entschieden worden ist (OLG Düsseldorf wistra 1999, 318; OLG Hamm wistra 1996, 321; s. auch SSW-StPO/*Herrmann*, § 117 Rn 41; *Meyer-Goßner/Schmitt*, § 117 Rn 12; KK-*Schultheis*, § 126 Rn 8).
- Nach Eingang der Akten beim **Berufungsgericht** nach § 321 S. 2 wird eine eingelegte, aber noch nicht entschiedene Beschwerde gegen eine Haftentscheidung des erstinstanzlichen Gerichts als **Antrag** auf **Haftprüfung** nach § 117 Abs. 1 durch das Berufungsgericht behandelt. Hierbei spielt es keine Rolle, ob das LG schon vorher einmal eine Beschwerdeentscheidung getroffen hat (OLG Düsseldorf StV 1993, 482).

  ☝ Die **Umdeutung** der Haftbeschwerde in einen Antrag auf Haftprüfung erscheint **bedenklich**. Sie ist gesetzlich nicht vorgesehen. Sie wurde entwickelt, um im Fall einer Anklage zum LG keine Divergenz der Entscheidung des Beschwerdegerichts zu provozieren. Der Beschuldigte hat grds. aber ein eigenes

Wahlrecht, ob er Haftprüfung beantragen oder Haftbeschwerde einlegen will. Ihm steht die Rechtsmittelautonomie zu (*Rostek* StV 2002, 225, 226; s. auch OLG München StV 2006, 317 mit Anm. *Kirchner*). Und in der Praxis kommt es immer wieder zu Fallgestaltungen, auf die der grundsätzliche Wechsel der Zuständigkeit nicht passt (s. OLG Hamm NStZ-RR 2010, 358 [Ls.]; OLG Düsseldorf StV 1993, 592). Hier sind **individuelle Lösungen** anhand des Einzelfalles **angezeigt**.

892 **7.** Für die **Haftbeschwerde** gelten hinsichtlich der **Formalien** die **allgemeinen Regeln** (→ *Beschwerde, Allgemeines*, Teil A Rdn 289, m.w.N.; → *Rechtsmittel/Rechtsbehelfe, Allgemeines*, Teil A Rdn 1289, m.w.N.). Das bedeutet:

893 **Anforderungen Formalien**

- Die Haftbeschwerde ist beim **judex a quo**, d.h. bei dem Gericht zu erheben, dessen Entscheidung angegriffen wird (§ 306 Abs. 1).
- Sie ist an keine **Frist** und auch keine besondere **Form** gebunden. Sie ist **schriftlich** oder **mündlich** zu Protokoll der Geschäftsstelle zu erheben.
- Die Haftbeschwerde muss nicht, sie **sollte** aber **begründet werden**.

☝ Es empfiehlt sich, einen **konkreten Antrag** zu stellen um das Ziel der Haftbeschwerde darzulegen.

- **Ergänzend** können **Beweiserhebungen** angeregt bzw. beantragt werden (vgl. § 308 Abs. 2; → *Untersuchungshaft, Eigene Ermittlungen nach § 117 Abs. 3 StPO*, Teil B Rdn 873). Hieran ist das Beschwerdegericht aber nicht gebunden.

☝ Die Haftbeschwerde kann in demselben Verfahren **mehrfach** erhoben werden.

894 **8.a)** Das **Beschwerdeverfahren** richtet sich nach den **allgemeinen Vorgaben** entsprechend den §§ 306 (*Burhoff*, EV, Rn 911, 913; *Gimbel* ZRP 2004, 35; *Herrmann*, Rn 1117; *Hoffmann* NStZ 2006, 256; *Schlothauer/Weider*, Rn 801).

895 **b)** Das **Ausgangsgericht** hat die **Möglichkeit** zur **eigenständigen Abhilfe**. Dies wird dort **gelegentlich verkannt**. Immer wieder gehen Richter davon aus, Haftbeschwerden unverzüglich dem übergeordneten Beschwerdegericht vorlegen zu müssen, was sie dann meist auch (erstaunlicherweise dann aber erst verzögert) tun. Eine eigenständige Prüfung findet in diesen Fällen oftmals nicht noch einmal statt. Eine langjährige Ermittlungsrichterin hat mir einmal mitgeteilt, dass sie keine Zeit habe, Haftbeschwerden zu lesen.

☝ Dem muss die **Verteidigung** mit entsprechend deutlichen Worten **begegnen**. Problematisch hieran erscheint aber, dass dann die berufenen Richter „erst Recht" nicht mehr motiviert sind, die Angelegenheit anhand der Beschwerdebegründung zu prüfen. Schließlich haben sie sich ja bereits einmal entschieden.

c) Erst wenn das Haftgericht nach (eigenständiger) Prüfung der Haftbeschwerde nicht abhilft, soll die Beschwerde sofort – entsprechend der **Vorlagefrist** des **§ 306 Abs. 2 Hs. 2** spätestens **vor Ablauf von drei Tagen** – dem Beschwerdegericht **vorgelegt** werden. 896

☝ Diese Frist wird **regelmäßig nicht eingehalten**. Teils wird sie nicht einmal vorgemerkt oder überwacht. Warum Staatsanwälte und Richter sie immer wieder gerne übersehen oder (schlimmer noch) bewusst missachten, ist unerfindlich und widerspricht rechtsstaatlichem Selbstverständnis.

Zwar wird **vertreten**, dass es sich nur um eine **reine Sollvorschrift** handele, die lediglich „nach Möglichkeit" einzuhalten sei (KK-*Zabeck*, § 306 Rn 18; LR-*Matt*, § 306 Rn 23; *Meyer-Goßner/Schmitt*, § 306 Rn 11). Eine solche Sicht verkennt aber schon das Beschleunigungsgebot in Haftsachen (ausdrücklich hierzu in diesem Zusammenhang KG StV 2015, 157 m. Anm. *Herrmann* StRR 2015, 35; OLG Naumburg StV 2011, 39; ebenso bereits früher OLG Hamm StV 2000, 153; StV 2002, 492; StV 2006, 91). Eine Verzögerung kann auch hier nicht hingenommen werden. Ebenso wie bei der Frist des § 118 Abs. 5 Hs. 2 darf die gesetzlich vorgesehene Frist nicht nur zur Formalie mutieren. 897

☝ **Konsequenz** eines Verstoßes muss deshalb die **Aufhebung des Haftbefehls** sein (vgl. insofern zu § 118 Abs. 5 OLG Oldenburg StV 1995, 87; AG Frankfurt am Main StV 1993, 33; AG Kamen StV 1995, 476; StV 2002, 315; *Burhoff*, EV, Rn 2642 und Rn 2164 [hier auch zu § 306 Abs. 2 Hs. 2]; *Hagmann*, StV 2001, 693 ff in der Anm. zu BVerfG StV 2001, 691); *Herrmann*, Rn 1109 zu § 306 Abs. 2 Hs. 2; SSW-StPO/*Herrmann*, § 117 Rn 46; *Schlothauer/Weider*, Rn 802; **a.A.** aber OLG Hamm NStZ-RR 2006, 17; OLG Köln StraFo 2009, 205; KK-*Graf*, § 118 Rn 6; *Meyer-Goßner*, § 118 Rn 4; offen gelassen KG StV 2015, 157; OLG Naumburg StV 2011, 39).

Eine **Zeitspanne** von **zwei Monaten** zwischen Eingang der weiteren Beschwerde und Vorlage der Akten beim Senat ist aber in jedem Fall **nicht mehr hinnehmbar** (s. auch OLG Hamm StV 2000, 154, 155; 2002, 492 [dort war die Verzögerung allerdings vom Verteidiger zu verantworten!]; s. auch KG StV 2015, 157 m. Anm. *Herrmann* StRR 2015, 35; *Meyer-Goßner/Schmitt*, § 306 Rn 11 a.E.; differenzierend: LR-*Matt*, § 306 Rn 7).

d) Üblicherweise entscheidet das Beschwerdegericht nach **Anhörung** der **Verfahrensbeteiligten**. Für die StA gilt insofern § 33 Abs. 2. Eine mündliche Anhörung findet aber regelmäßig nicht statt (§ 309 Abs. 1). 898

☝ Auf **Antrag** des Beschuldigten oder von Amts wegen kann aber zunächst eine **mündliche Verhandlung** durchgeführt werden (vgl. § 118 Abs. 2).

899 **9.** Das Beschwerdegericht kann trotz der ihm zustehenden eigenen Sachentscheidungskompetenz die **Invollzugsetzung** eines außer Vollzug gesetzten Haftbefehls nur unter den engen **Voraussetzungen des § 116 Abs. 4** beschließen (OLG Stuttgart StRR 2007, 38 mit kritischer Anm. *Herrmann*; → *Untersuchungshaft, Antrag auf Aufhebung oder Außervollzugsetzung des Haftbefehls*, Teil B Rdn 867).

900 Legt nur der vom Vollzug der U-Haft verschonte Beschuldigte Haftbeschwerde ein, um den Haftbefehl über die gewährte Außervollzugsetzung hinaus aufheben zu lassen, kommt der Widerruf einer gewährten Haftverschonung allenfalls dann in Betracht, wenn sich die konkreten **Umstände** ganz **wesentlich verändert** haben. Das Rechtsmittelgericht darf den Vollzug der U-Haft auch **nicht deshalb** anordnen, weil es die **Haftfrage** als solche **anders beurteilt** (BVerfG NStZ 2007, 83; StV 2013, 94; OLG Düsseldorf StV 1993, 480; ebenso: *Meyer-Goßner/Schmitt*, vor § 304 Rn 5 a.E.).

901 Bei einer **wesentlichen Änderung** des **Sachverhalts** soll dem Beschwerdegericht aber die Befugnis zustehen, den Haftbefehl aufzuheben und einen neuen zu erlassen, wenn der alte Haftbefehl den Anforderungen des § 114 Abs. 1 S. 1 nicht entspricht und der Beschuldigte sonst auf freien Fuß gesetzt werden müsste (OLG Dresden StV 2006, 700 mit ablehnender Anm. *Bosbach*; s. auch OLG Brandenburg StV 1997, 140; OLG Düsseldorf StV 1996, 440 mit Anm. *Weider*; OLG Hamm StV 2000, 155; OLG Köln StV 1999, 156; zum Ganzen *Herrmann*, Rn 1119 f.; *Schlothauer/Weider*, Rn 803 f.).

☝ Dies ist **nicht hinnehmbar**. Denn damit wird die dem Beschuldigten zugestandene Möglichkeit des Rechtsschutzes ungerechtfertigt einschränkt. Schließlich stehen dem Beschuldigten gegen einen im Beschwerdeverfahren neu erlassenen Haftbefehl die vom Gesetz vorgesehenen Rechtschutzmöglichkeiten nicht mehr zu. Er kann allenfalls noch weitere Beschwerde einlegen, eine Haftprüfung scheint aber im Instanzenzug ebenso wenig möglich wie eine Haftbeschwerde, die ja schon anhängig ist. Dem Beschuldigten ist hier der gesetzliche Richter entzogen, es liegt ein Verstoß gegen Art. 101 Abs. 1 S. 2 GG vor (ebenso *Bosbach*, StV 2006, 701 in der Anm. zu OLG Dresden StV 2006, 700; s. auch *Weider* StV 1996, 441 in der Anm. zu OLG Düsseldorf StV 1996, 440).

902 **10.** Die **Prüfkompetenz** des **Beschwerdegerichts** ist je nach Verfahrensstand eingeschränkt: Während des **Laufs** der **HV** ist neben dem Akteninhalt auch das Ergebnis der bisherigen Beweisaufnahme zu berücksichtigen. Da das Beschwerdegericht an dieser nicht selbst teilnimmt, steht ihm nur ein eingeschränkter Prüfungsmaßstab zu (BGH StV 2004, 143; NStZ-RR 2013, 86 [Ls.]; KG NStZ-RR 2015, 115 [insoweit nicht in StV 2015, 303 (Ls.)]; OLG Hamm wistra 2006, 279). Entscheidend kommt dann es darauf

an, ob der Inhalt der angefochtenen Haftentscheidung grob fehlerhaft ist oder der dringende Tatverdacht aus tatsächlichen und rechtlichen Gründen nicht angenommen werden kann (BGH NStZ-RR 2003, 368; OLG Brandenburg StraFo 2000, 318; OLG Braunschweig StV 2005, 39; OLG Hamm StV 2006, 191; OLG Jena StV 2005, 559).

11. Im Beschwerdeverfahren gegen Haftverschonungsbeschlüsse gilt das **Verbot** der „**reformatio in peius**" (Verschlechterungsverbot). Wenn nur der Beschuldigte gegen den Haftbefehl Beschwerde einlegt, dann kommt der Widerruf einer gewährten Haftverschonung allenfalls in Betracht, wenn sich die Umstände ganz erheblich zu seinen Lasten verändert haben (zu den engen Voraussetzungen des Widerrufes einer Haftverschonung s. SSW-StPO/*Herrmann*, § 116 Rn 64). Eine lediglich andere Bewertung der Ausgangssituation genügt hierfür nicht (BVerfG StV 2006, 26; 2013, 94; OLG Düsseldorf StV 1993, 480; *Herrmann*, Rn 1122; SSW-*Herrmann*, StPO, § 116 Rn 65; *Meyer-Goßner/Schmitt*, vor § 304 Rn 5 a.E; *Schlothauer/Weider*, Rn 803; KMR-*Wankel*, § 117 Rn 20; zu allem a. → *Untersuchungshaft, Antrag auf Aufhebung oder Außervollzugsetzung des Haftbefehls*, Teil B Rdn 867, m.w.N.). 903

12. Die **Beschwerdeentscheidung** ist **zu begründen** (EGMR NJW 2003, 1439; BVerfG NJW 2006, 1336; StV 2006, 251 [teils zu § 121]; Beschl. v. 22.1.2014 – 2 BvR 2301/13 m.w.N.; BayVGH NStZ-RR 2014, 50 mit Anm. *Kotz* StRR 2014, 157; s. auch *Burhoff*, EV, Rn 2167; *Mayer/Hunsmann* NStZ 2015, 325 mit einer Zusammenfassung der Rspr. des BVerfG). Aus ihr muss hervorgehen, welcher Taten der Angeklagte dringend verdächtigt ist und worauf die richterliche Überzeugungsbildung beruht. Der bloße Verweis auf einen früheren Haftbefehl oder die Wiedergabe des Gesetzestextes zur Begründung genügen regelmäßig nicht (vgl. BVerfG, a.a.O.). 904

☝ Ist das Beschwerdegericht an einer eigenen Sachentscheidung mangels hinreichender Tatsachengrundlagen gehindert, kann dies im Rahmen des Beschwerdeverfahrens nur zur **Aufhebung** des **Haftfortdauerbeschlusses** führen. Der für die U-Haft konstitutive Haftbefehl selbst ist aber nicht auch zwingend aufzuheben (OLG Hamm NStZ-RR 2010, 55).

Die Entscheidung, die das Beschwerdegericht in einer Haftsache trifft, ist vom Ausgangsgericht dem weiteren Verfahren zugrunde zu legen und bindet dieses, solange sich der zu beurteilende Sachverhalt nicht ändert (OLG Braunschweig StRR 2015, 235 mit ausführl. und kritischer Anm. *Herrmann*).

13. Gegen die Entscheidung im Beschwerdeverfahren ist die **weitere Beschwerde** (§ 310) eröffnet (wegen der Einzelh. → *Untersuchungshaft, weitere Beschwerde, § 310 StPO*, Teil B Rdn 1014). 905

Sind die gegen eine Haftentscheidung zulässigen Rechtsmittel ausgeschöpft, so ist eine unzulässige erneute Haftbeschwerde grds. in einen Antrag auf Haftprüfung umzudeuten.

Dieser Umdeutung steht nicht entgegen, dass das Rechtsmittel von dem Verteidiger des Angeklagten erhoben worden ist, weil auch entsprechende Erklärungen der StA und von Verteidigern der Auslegung unter Berücksichtigung des verfolgten Zieles zugänglich sind. Eine sachgerechte Behandlung der Sache, die den aus § 300 folgenden allgemeinen Rechtsgedanken berücksichtigt, verbietet es, bei rein formalistischer Betrachtung allein auf den vom Rechtsmittelführer gewählten Wortlaut abzustellen. Es ist vielmehr eine inhaltliche, auf die Rechtsmittelbegründung und das Vorliegen eines Anfechtungswillens abstellende sowie das Rechtsmittelziel berücksichtigende Betrachtungsweise maßgeblich (KG, Beschl v. 22.1.2016 – 4 Ws 9/16 141 AR 36/16).

906 14. Antragsmuster: Haftbeschwerde

B.4

An das

zuständige Gericht (s.u.)

Adresse

Gs / Ds / KLs / Ks / (Aktenzeichen der zuletzt ergangenen/angegriffenen Haftentscheidung)

zu Js / (Aktenzeichen der zuständigen Staatsanwaltschaft)

Achtung

Bitte die Frist des § 306 Abs. 2 Halbsatz 2 StPO vormerken

Weiterleitung an die Staatsanwaltschaft nicht erforderlich,

sie erhält unmittelbar eine Abschrift der Haftbeschwerde

In Sachen

(Name des Mandanten)

wegen des Vorwurfes des ,

zeige ich die Vertretung von Herrn/Frau (Name des Mandanten) an. Bevollmächtigung wird ausdrücklich versichert. Gegen den Haftbefehl vom (die zuletzt ergangene Haftentscheidung) erhebe ich

Haftbeschwerde.

Ich beantrage die

Aufhebung des Haftbefehls, hilfsweise dessen Außervollzugsetzung.

Zur Begründung der mündlichen Haftprüfung ist auf folgendes hinzuweisen: (gegebenenfalls ausführen).

Vorsorglich beantrage ich nochmals

Akteneinsicht.

Ich bitte um Vermittlung meines Gesuches gegenüber der Staatsanwaltschaft. Ich habe der Staatsanwaltschaft mit gleichem Datum mitgeteilt, dass Haftbeschwerde eingelegt wurde und nochmals Akteneinsicht erbeten.

Ich bitte um telefonische Absprache, wann die Akten bei Gericht eingesehen oder von mir abgeholt werden können. Im Hinblick auf die Frist des § 306 Abs. 2 Halbsatz 2 StPO werde ich die Akten nur kurz einsehen und unverzüglich zurückgeben.

Sollte von Seiten der Staatsanwaltschaft eine Stellungnahme zur Haftbeschwerde abgegeben werden, dann bitte ich um Übersendung zur Gewährung von rechtlichem Gehör.

Auf die Vorlagefrist des § 306 Abs. 2 Halbsatz 2 StPO weise ich vorsorglich ausdrücklich hin.

Sollte die Staatsanwaltschaft die Akten nicht unverzüglich vorlegen, dann ist der Haftbefehl auch aus diesem Grund aufzuheben.

Die Staatsanwaltschaft wurde unmittelbar informiert. Ich habe erneut Akteneinsicht beantragt. In diesem Zusammenhang wurde ihr eine Abschrift der Haftbeschwerde zur Verfügung gestellt. Eine Übersendung der Haftbeschwerde erscheint vor diesem Hintergrund nicht mehr erforderlich. Vorsorglich bitte ich dennoch um Vermittlung der bereits oben beantragten Akteneinsicht.

Unterschrift

Rechtsanwalt

▲

Siehe auch: → *Rechtsmittel/Rechtsbehelfe, Beschwerde, Allgemeines*, Teil A Rdn 290, m.w.N.; → *Untersuchungshaft, Allgemeines*, Teil B Rdn 806, m.w.N.

Untersuchungshaft, Haftprüfung, mündliche §§ 117 Abs. 1, 118 Abs. 1 StPO 907

Das Wichtigste in Kürze:

1. Die Haftprüfung kann schriftlich oder mündlich erfolgen.
2. Die mündliche Haftprüfung ist der Praxis der häufigste Rechtsbehelf gegen die Anordnung und den Vollzug der U-Haft.
3. I.d.R. hat der Verteidiger keinen Erfolg, wenn er einen Antrag auf mündliche Haftprüfung unmittelbar nach der Eröffnung des Haftbefehls stellt.
4. Den Antrag auf eine mündliche Haftprüfung können der Beschuldigte oder sein Verteidiger schriftlich oder ggf. mündlich zu Protokoll der Geschäftsstelle stellen.

5. Der Antrag auf mündliche Haftprüfung muss erkennen lassen, dass eine mündliche Verhandlung angestrebt wird.
6. Schon im Rahmen der Antragsstellung, also noch vor der eigentlichen Haftprüfung, können Beweisanträge gestellt werden.
7. Die mündliche Verhandlung ist „unverzüglich", d.h. ohne vermeidbare Verzögerungen, durchzuführen. Der Termin hat „spätestens innerhalb von zwei Wochen" stattzufinden.
8. Der Ablauf der mündlichen Verhandlung ist in § 118a geregelt.
9. Auf eine zunächst beantragte mündliche Verhandlung kann nachträglich verzichtet werden. Der Antrag kann bis zum Schluss der Verhandlung jederzeit zurück genommen werden.
10. Die StPO regelt drei verschiedene Sachverhalte, in denen die grds. mögliche mündliche Verhandlung nicht stattfindet.
11. Gegen eine ablehnende Entscheidung im Rahmen der mündlichen Haftprüfung kann Haftbeschwerde eingelegt werden.

908 **Literaturhinweise:** **Broß**, Verfahrensdauer und Verfassungsrecht, StraFo 2009, 10; **Kruse**, Rechtsschutz im Haftverfahren aus anwaltlicher Sicht, JA 2008, 219; **Schlothauer**, Zum Rechtsschutz des Beschuldigten nach dem StVÄG 1999 bei Verweigerung der Akteneinsicht durch die Staatsanwaltschaft, StV 2001, 192; **Schröder**, Die jederzeitige Haftprüfung von Amts wegen, NStZ 1998, 62; s.a. die Hinw. bei → *Untersuchungshaft, Allgemeines*, Teil B Rdn 806.

909 **1.** Die **Haftprüfung** kann **schriftlich** oder **mündlich** erfolgen. Ergänzend zu den Ausführungen hier finden sich deshalb weiter gehende Informationen auch unter → *Untersuchungshaft, Haftprüfung, schriftliche § 117 Abs. 1 StPO*, Teil B Rdn 935). Die dortigen Ausführungen ergänzen die Überlegungen zur Haftprüfung, ohne dass sie hier wiederholt werden.

910 **2.** Der in der Praxis am häufigsten genutzte Rechtsbehelf ist der **Antrag** auf **mündliche Haftprüfung** gem. § 117 Abs. 1 i.V.m. § 118 Abs. 1 (ausführlich hierzu *Burhoff*, EV, Rn 2633 ff.; *Herrmann*, Rn 1043 ff.; SSW-StPO/*Herrmann*, § 117 Rn 26 ff. und § 118 Rn 2, 4 ff.; *Schlothauer/Weider*, Rn 735 ff.).

911 **3.** I.d.R. hat der Verteidiger mit einem Antrag auf mündliche Haftprüfung **keinen Erfolg**, wenn er ihn **unmittelbar nach** der **Eröffnung** des **Haftbefehls** stellt. Denn der Haftrichter hat sich entschieden und den Haftbefehl eben erst verkündet und in Vollzug gesetzt. Eine Ausnahme hiervon gilt für den „kombinierten Antrag" auf Haftprüfung i.V.m. Akteneinsicht (s. hierzu → *Untersuchungshaft, Allgemeines*, Teil B Rdn 823; *Schlothauer/Weider*, Rn 242 f.; *Herrmann*, Rn 419 f. sowie AG Halberstadt StV 2004, 549). Dabei geht es aber vornehmlich darum, schnellstmöglich Akteneinsicht zu erhalten (s. dazu u.a. SSW-StPO/*Herrmann*, vor § 112 Rn 58).

Sinnvollerweise sollte **unmittelbar nach Eröffnung** des **Haftbefehls** zunächst um eine **umfassende Akteneinsicht gekämpft** werden, wenn diese nicht schon – den gesetzlichen Vorgaben des § 147 Abs. 2 entsprechend – gewährt wurde (ausführlich → *Untersuchungshaft, Rechtsbehelfe, Allgemeines*, Teil B Rdn 822; vgl. a. SSW-StPO/*Herrmann*, vor § 112 Rn 58 m.w.N.). Hinsichtlich der dem Beschuldigten und der Verteidigung nicht bekannten Aktenteile besteht ein **verfassungsrechtliches Verwertungsverbot** (BVerfG NJW 1994, 3219, 3220; OLG Hamm StV 2002, 318; ähnlich OLG Brandenburg OLGSt § 114 StPO Nr. 1; LG Magdeburg StV 2004, 327; AG Halberstadt StV 2004, 549; AG Magdeburg, Beschl. v. 2.2.2016 – 5 Gs 254 Js 39963/15; s.a. *Burhoff*, EV, Rn 2637 und 3703 f.; *Herrmann*, Rn 360; SSW-StPO/*Herrmann*, vor § 112 Rn 62; *Weider* StV 2010, 102, 105 f.). 912

4.a) Der **Antrag** auf mündliche Verhandlung wird in der Praxis grds. **schriftlich** oder **mündlich** zu Protokoll der Geschäftsstelle gestellt. Dies ist zu Dokumentationszwecken sinnvoll. 913

b) Den Antrag können der **Beschuldigte** (vgl. § 118b) und sein **Verteidiger**, dieser allerdings nicht gegen den Willen seines Mandanten (vgl. §§ 118b i.V.m. 297), sowie der gesetzliche Vertreter (vgl. §§ 118b i.V.m. 298) und der Erziehungsberechtigte (vgl. § 67 Abs. 1 JGG) stellen. 914

☝ Der Beschuldigte ist über sein Antragsrecht **zu belehren** (§ 115 Abs. 4).

Die **StA** hat **kein eigenes Antragsrecht**, sie kann eine mündliche Verhandlung allenfalls anregen. Auf ihren entsprechenden Antrag hin ist der Haftbefehl aber ggf. aufzuheben (vgl. § 120 Abs. 3 S. 1). 915

5. Der Antrag auf mündliche Haftprüfung muss erkennen lassen, dass eine **mündliche Verhandlung** angestrebt wird (vgl. § 118 Abs. 1; s. auch *Burhoff*, EV, Rn 2641; *Herrmann*, Rn 1060; LR-*Hilger*, § 117 Rn 15; *Schlothauer/Weider*, Rn 748). 916

☝ Der **zunächst gestellte Antrag** ist **nicht bindend**. Ergibt sich während der mündlichen Verhandlung eine andere Einschätzung der Sachlage, dann kann er bis zum Schluss der mündlichen Verhandlung geändert und angepasst, ggf. auch **zurückgenommen** werden.

6. Schon im Rahmen der Antragsstellung, also noch vor der eigentlichen Haftprüfung, können **Beweisanträge** gestellt werden. Das Gericht braucht diesen aber nicht nachzugehen. Denn es handelt sich lediglich um Anregungen zur Beweiserhebung, die keiner förmlichen Bescheidung nach § 244 bedürfen (*Burhoff*, EV, Rn 2651; *Meyer-Goßner/Schmitt*, § 118a Rn 4). Werden entsprechende Anträge im Haftprüfungstermin selbst gestellt, dann ist das Gericht aber zur Beweiserhebung verpflichtet, sofern entweder der Verlust des Beweises zu besorgen ist oder die Beweiserhebung die Freilassung des Beschuldigten begründen kann. 917

☝ Nachdem dies in den meisten Fällen zumindest theoretisch anzunehmen sein wird, ist dem Beweisantrag **nachzugehen** (vgl. **§ 166 Abs. 1**; s. auch *Burhoff*, EV, Rn 2638 sowie Rn 961 ff.; *Herrmann*, Rn 1064; SSW-StPO/*Herrmann*, § 117 Rn 29; *Schlothauer/Weider*, Rn 773 sowie Rn 464 ff.; *Schlothauer*, StV 1995, 158).

918 **Vereinzelt** wird **vertreten**, dass **§ 166 nur** im **EV** gelte, nicht auch nach Erlass eines Urteils. Dann gebietet aber zumindest der Anspruch auf rechtliches Gehör nach Art. 103 Abs. 1 GG, die angebotenen Beweise zu überprüfen. Ein Anspruch des Beschuldigten auf Beweiserhebungen im Haftverfahren ergibt sich insbesondere auch aus der grds. denkbaren Möglichkeit einer dann gebotenen Freilassung (vgl. OLG Hamm StV 2002, 209 mit diff. Anm. *Nobis*; s. auch *Schlothauer/Weider*, Rn 464, 773).

919 **7.a)** Die mündliche Verhandlung ist „**unverzüglich**", d.h. ohne vermeidbare Verzögerungen, durchzuführen (vgl. den Wortlaut von § 118 Abs. 5 Hs. 2). Der Termin hat **„spätestens innerhalb von zwei Wochen" (!)** nach Antragstellung stattzufinden. Dies bedeutet, dass er entgegen einer vielfach vertretenen Ansicht in der Praxis nicht „regelmäßig" erst in zwei Wochen stattzufinden hat. Die Vorlage der Akten durch die StA und die Einarbeitung in den Sachverhalt haben grds. schneller zu erfolgen. Haftsachen haben **Vorrang** vor anderen Nichthaftsachen.

920 Die unverzügliche mündliche Haftprüfung **kann** schon in **unmittelbarem Anschluss** an die **Haftbefehlseröffnung** selbst erfolgen (instruktiv zu diesem Gedanken der „logischen Sekunde" zwischen Haftbefehlseröffnung und der sich daran anschließenden Rechtsmittelsituation (AG Halberstadt StV 2004, 549 [dort vornehmlich zur Frage der Akteneinsicht]).

☝ Entgegen den klaren gesetzlichen Vorgaben wird in der Praxis von Ermittlungsrichtern häufig ein Termin für die mündliche Anhörung erst verzögert vereinbart oder gar vorgegeben. Hierdurch entsteht eine genau genommen nicht hinnehmbare Verzögerung der Sache. Zu denken ist auch insofern an einen Verstoß gegen den **Grundsatz** der **Beschleunigung**. Es hängt vom konkreten Einzelfall ab, ob dies vonseiten der Verteidigung gerügt wird oder nicht.

Mit Zustimmung des Beschuldigten kann ausnahmsweise eine **spätere Terminierung** erfolgen, bspw. wenn weitere Ermittlungen durchzuführen sind oder auch die Verteidigung verhindert ist. Hierin kann gegebenenfalls auch die **Rücknahme des ursprünglichen Antrages** nebst Stellung eines neuen gesehen werden. Ansonsten ist ein solches Vorgehen aber unzulässig.

921 **b)** Die **Berechnung** der **Frist** richtet sich nach **§ 43**. Sie beginnt mit Eingang des Antrages beim zuständigen Gericht oder entsprechender Antragstellung zu Protokoll der Geschäftsstelle des Gerichts des Verwahrungsortes (vgl. § 299; ebenso KK/*Graf*, § 118

Rn 6; *Meyer-Goßner/Schmitt*, § 118 Rn 4; a.A. LR-*Hilger*, § 118 Rn 19). Der Eingang des Antrages bei der StA genügt hierfür nicht (zur Fristberechnung → *Rechtsmittel/Rechtsbehelfe, Fristen, Fristberechnung*, Teil A Rdn 1560).

c) Teilweise wird vertreten, dass ein **Verstoß** gegen **die Zwei-Wochen-Frist nicht** automatisch zu einer **Haftentlassung** führt (OLG Hamm NStZ-RR 2006, 17 m. abl. Anm. *Paeffgen* NStZ 2007, 85; OLG Köln StV 2009, 653 m. abl. Anm. *Kühne*; KK/*Graf*, § 118 Rn 6; LR-*Hilger* [26. Aufl.], § 118 Rn 20; LR-*Wendisch* [24. Aufl.], § 118 Rn 20; *Meyer-Goßner/Schmitt*, § 118 Rn 4; *Münchhalffen/Gatzweiler*, Rn 399). **922**

☝ Dies mag zwar in der gerichtlichen Praxis die Regel sein, unter Berücksichtigung der verfassungsrechtlichen Rechtsprechung ist ein solches Vorgehen aber **nicht akzeptabel**. Gem. Art. 104 Abs. 1 S. 1 GG darf in die Freiheit der Person nur aufgrund eines förmlichen Gesetzes eingegriffen werden. Verstöße gegen die durch Art. 104 GG gewährleisteten Voraussetzungen und Formen freiheitsbeschränkender Gesetze stellen stets auch eine Verletzung der Freiheit der Person dar (BVerfGE 58, 208, 220; BVerfG StV 2001, 691, 692 m. Anm. *Hagmann*; ähnlich BVerfG NJW 2001, 1121 [zur Frage der „Gefahr in Verzug"] und BVerfG NJW 2002, 3161 [zum „Richtervorbehalt bei Freiheitsentziehung"]; ausführlich hierzu *Broß* StraFo 2009, 10; *Burhoff*, EV, Rn 2643 f.; *Herrmann*, Rn 1068 ff.; *Paeffgen*, NStZ 2010, 206, dort insb. Fn 31; *Schlothauer/Weider*, Rn 761 f.).

Die gesetzlich vorgegebene Frist darf nicht zur Formalie mutieren. **Konsequenz** eines Verstoßes **muss** deshalb die **Aufhebung** des **Haftbefehls** sein (vgl. jeweils zu § 118 Abs. 5 OLG Oldenburg StV 1995, 87; AG Frankfurt am Main StV 1993, 33; AG Hamburg-Harburg StV 2005, 395 m. zust. Anm. *Meyer-Lohkamp*; AG Kamen StV 1995, 476; StV 2002, 315; *Burhoff*, EV, Rn 2642 f. und Rn 2164 [zur Vorlagefrist nach § 306 Abs. 2 Hs. 2]; *Hagmann*, StV 2001, 693 ff. in der Anm. zu BVerfG StV 2001, 691); *Herrmann*, Rn 1068 [zu § 118 Abs. 5] und Rn 1109 [zu § 306 Abs. 2 Hs. 2]; *Schlothauer/Weider*, Rn 761). **923**

☝ Unabhängig von diesen Überlegungen besteht für den Fall eines Fristverstoßes die Möglichkeit zur **Dienstaufsichtsbeschwerde** (*Herrmann*, Rn 1068 ff.; *Münchhalffen/Gatzweiler*, Rn 399; *Schlothauer/Weider*, Rn 761; → *Dienstaufsichtsbeschwerde*, Teil B Rdn 262).

Eine verzögerte Vorlage der Akten kann darüber hinaus die **Besorgnis** der **Befangenheit** begründen (ebenso OLG Hamm NStZ 2007, 85; *Burhoff*, EV, Rn 1972; KK-*Graf*, § 118 Rn 6; *Herrmann*, Rn 1068; SK-StPO/*Paeffgen*, § 118 Rn 6; *Schlothauer/Weider*, Rn 761).

Teils wird auch ein Recht zur **Untätigkeitsbeschwerde** anerkannt (OLG Braunschweig StV 2005, 39; OLG Hamm NStZ 2007, 85; OLG Köln NStZ 2009, 656; KK-

Graf, § 118 Rn 6; SK-StPO/*Paeffgen*, § 118 Rn 6; s. zum Ganzen a. *Burhoff*, EV, Rn 916; zur Untätigkeitsbeschwerde → *Beschwerde, Untätigkeitsbeschwerde*, Teil B Rdn 603).

Ggf. ist, wenn gar nichts hilft, sogar eine **Strafanzeige** wegen Freiheitsberaubung im Amt in Erwägung zu ziehen.

924 **8.** Der **Ablauf** der **mündlichen Verhandlung** ist in § 118a geregelt. Der Beschuldigte und der Verteidiger sowie die StA sind über Ort und Zeit der mündlichen Verhandlung zu **benachrichtigen**.

925 Hat der **Verteidiger** mitgeteilt, an dem Termin teilnehmen zu wollen und **verzögert** sich sein **Erscheinen**, dann hat das Gericht angemessen zu warten (VerfGH Rheinland-Pfalz StV 2006, 315 mit Anm. *Kühne/Haufs-Brusberg*; VerfGH Brandenburg NJW 2003, 2009; *Burhoff*, EV, Rn 2647).

☝ Für die Teilnahme an der mündlichen Haftprüfung entsteht eine **Terminsgebühr** nach Nr. 4102 Ziffer 3 VV RVG (→ *U-Haft-Fragen, Gebühren*, Teil D Rdn 414; ausführlich hierzu a. Burhoff/*Burhoff*, RVG, Nr. 4102 Ziff. VV Rn 25 ff. m.w.N.).

926 **9.** Sind sich die Verfahrensbeteiligten nach Einlegung eines Rechtsbehelfs über den Fortgang der Sache einig und geht es nur noch um die praktische Umsetzung der Aufhebung oder Außervollzugsetzung des Haftbefehls, dann kann auf eine zunächst beantragte mündliche Verhandlung **nachträglich verzichtet** werden und zum schriftlichen Verfahren übergegangen werden. Die Durchführung einer mündlichen Verhandlung ist dann entbehrlich. Eine Entscheidung kann im schriftlichen Verfahren ergehen.

☝ **Anders** verhält sich dies i.d.R. aber, wenn der Beschuldigte noch **Erklärungen abgeben** soll, beispielsweise ein Geständnis zu protokollieren ist. Aber auch in einem solchen Fall kann bei entsprechendem Vertrauen eine Einlassung nachträglich schriftlich vorgelegt werden, um eine Haftverschonung nicht weiter zu verzögern.

927 **10.** Das Gesetz regelt **drei** verschiedene **Sachverhalte**, in denen die grds. mögliche **mündliche Verhandlung nicht stattfindet**. Dazu gilt:

928 **Negative Haftentscheidung liegt vor (§ 118 Abs. 3)**

- Nach **§ 118 Abs. 3** hat der Beschuldigte nach einer negativen Haftentscheidung nur dann einen Anspruch auf eine erneute mündliche Verhandlung, wenn die U-Haft seit mindestens **drei Monaten andauert** und darüber hinaus seit der **letzten mündlichen** Verhandlung **mindestens zwei Monate** vergangen sind. Für die Fristberechnung ist es unerheblich, ob die frühere mündliche Verhandlung auf Antrag oder von Amts wegen stattgefunden hat (OLG Köln NStZ 2007, 608; *Meyer-Goßner/Schmitt*, § 118 Rn 2).

- Der Beschuldigte muss sich **nicht ununterbrochen** in **U-Haft** befunden haben (allgemeine Meinung, vgl. nur *Burhoff*, EV, Rn 2636; KK/*Graf*, § 117 Rn 18; *Meyer-Goßner/Schmitt*, § 118 Rn 2). Für die Berechnung der Frist sind sämtliche in derselben Sache erlittenen **Haftzeiten zusammenzurechnen**.
- Das Gericht soll unabhängig davon jederzeit, auch schon **vor Ablauf** der **Frist**, eine mündliche Verhandlung terminieren dürfen, wenn dies **geboten** erscheint. Denn das Gericht habe in jeder Lage des Verfahrens von Amts wegen zu entscheiden. Die Rechte des Beschuldigten würden hier dadurch gewahrt, dass eine mündliche Verhandlung ohne entsprechenden Antrag allein aufgrund des Ermessens des Gerichts keine Sperrwirkung i.S.d. § 118 Abs. 3 entfalte (so *Schröder* NStZ 1998, 69 f.; **a.A.** die **h.M.**, vgl. u.a.: *Burhoff*, EV, Rn 2635; LR-*Hilger*, § 117 Rn 10; *Meyer-Goßner/Schmitt*, § 118 Rn 2).
- Die **Sperrwirkung** des § 118 Abs. 3 greift **nur bei angeordneter Haftfortdauer**. Ist der Haftbefehl aufgehoben (vgl. § 120) oder außer Vollzug gesetzt (vgl. § 116) worden und wird später ein neuer Haftbefehl erlassen oder ein früherer wieder in Vollzug gesetzt, dann verfängt § 118 Abs. 3 nicht. Denn in der vorhergehenden mündlichen Verhandlung zur Anwendbarkeit dieser Vorschrift muss nach dem Wortlaut der Norm die U-Haft „**aufrechterhalten**" worden sein. Ist dies nicht der Fall, dann sind die § 114a anzuwenden, es bedarf dann einer Haftbefehlseröffnung (OLG Köln NStZ 2007, 608; KK/*Graf*, § 118 Rn 3; *Meyer-Goßner/Schmitt*, § 118 Rn 2; SK-StPO/*Paeffgen*, § 118 Rn 4).
- Ist der **Haftbefehl** außerhalb einer mündlichen Verhandlung **aufgehoben** oder **außer Vollzug** gesetzt worden und ist er in der Folgezeit nach § 116 Abs. 4 wieder in Vollzug gesetzt worden, dann erfolgt keine Beschränkung nach § 118 Abs. 3, wenn die U-Haft in einer mündlichen Verhandlung aufrechterhalten worden war (*Meyer-Goßner/Schmitt*, § 118 Rn 2; SK-StPO/*Paeffgen*, § 118 Rn 4).

☝ Die **Sperrfrist** des § 118 Abs. 3 kann durch **Rücknahme des Antrages**, der noch in der mündlichen Verhandlung möglich ist, **umgegangen** werden. Zeichnet sich nach Anhörung des Beschuldigten sowie eventueller Zeugen (vgl. § 118a Abs. 3) keine positive Haftentscheidung ab, dann verhindert die Rücknahme des Antrags auf Haftprüfung noch vor einer zu erwartenden negativen Haftentscheidung zur Haftfortdauer die Folge der Sperrwirkung des § 118 Abs. 3.

A.A. ist insoweit das OLG Köln (NStZ 2007, 608 [im Termin sei alles geschehen, was der Angeklagte durch seinen Antrag habe erreichen können]; s. hierzu auch die Darstellung bei *Paeffgen* NStZ 2008, 135, 138 f.; zum Ganzen *Meyer-Goßner/Schmitt*, § 118 Rn 2 [a.E.]). Dagegen spricht folgendes: Eine **Beschränkung** der **Dispositionsfreiheit des Beschuldigten** hinsichtlich seiner prozessualen Recht ist **nicht gerechtfertigt**: Der Beschuldigte mag es insofern in der Hand haben, die Fristen des § 118

Abs. 3 erneut zu nutzen. Die Praxis kann mit einer solchen weitestgehend anerkannten Verfahrensweise gut leben. Das Recht auf Freiheit und die gebotenen Möglichkeiten einer Überprüfung überwiegen Bedenken zu eventuellem Missbrauch bei Weitem (s.a. SSW-StPO/*Herrmann*, § 118 Rn 13; AnwKomm-U-Haft/*König*, § 118 Rn 2; MAH Strafverteidigung/*König*, § 4 Rn 212; Radtke/Hohmann/*Tsambikakis*, § 118 Rn 3 [a.E.]).

929 **Laufende HV/Abschluss der Instanz**

- Nach **§ 118 Abs. 4** besteht während **laufender HV (1. Alt.)** oder nach Abschluss der Instanz durch die nicht zwingend rechtskräftige **Verurteilung** zu einer Freiheitsstrafe oder einer freiheitsentziehenden Maßregel der Besserung und Sicherung **(2. Alt.) kein Anspruch** auf mündliche Verhandlung über die Haftprüfung. Grds. geht man davon aus, dass das Gericht aufgrund des Verfahrensganges über bessere Erkenntnisse verfüge, als dies im Rahmen einer (weiteren) mündlichen Verhandlung denkbar wäre bzw. sich im Fall einer Verurteilung auf dieser Basis bereits entschieden habe (vgl. § 268b). Dennoch kann das Gericht nach seinem **Ermessen jederzeit** eine **mündliche Verhandlung** durchführen (KK/*Graf*, § 118 Rn 4; AK-StPO/*Krause*, § 118 Rn 5; SK-StPO/*Paeffgen*, § 118 Rn 5).

930 **In der HV**

- In der HV können Haftfragen **jederzeit** mündlich erörtert werden. Die HV muss aber **andauern**. Davon ist nicht auszugehen, wenn sie längere Zeit unterbrochen wird. In den Fällen des § 229 Abs. 2 wird allgemein von einer solchen länger andauernden Unterbrechung ausgegangen (vgl. KK/*Graf*, § 118 Rn 4; LR-*Hilger*, § 118 Rn 11; AnwKomm-U-Haft/*König*, StPO, § 118 Rn 5; *Meyer-Goßner/Schmitt*, § 118 Rn 3; SK-StPO/*Paeffgen*, § 118 Rn 5). Dies soll aber auch in den Fällen des § 229 Abs. 1 und Abs. 3 gelten.

☝ **Entscheidend** kommt es auf den **Zeitablauf** der in **§ 118 Abs. 5** genannten Frist von maximal zwei Wochen an. Droht diese seit Antragstellung zu verfristen, dann verzögert sich die Überprüfung unzumutbar. Dann hat der Beschuldigte Anspruch auf eine „unverzügliche“ mündliche Verhandlung über die Haftfragen.

- Dem Beschuldigten muss die Möglichkeit zu einer gerichtlichen Überprüfung **allgemein zeitnah** zustehen. (ebenso SSW-StPO/*Herrmann*, § 118 Rn 16; AnwKomm-StPO/*Lammer*, § 118 Rn 4; AnwKomm-U-Haft/*König*, StPO, § 118 Rn 5; diff. nach der zeitlichen Nähe zum letzten HV-Termin und dem Inhalt des gestellten Antrages: OLG Celle StV 1996, 387).

11. Gegen eine ablehnende Entscheidung im Rahmen der mündlichen Haftprüfung kann Haftbeschwerde eingelegt werden (→ *Untersuchungshaft, **Haftbeschwerde**, § 304 StPO*, Teil B Rdn 880). 931

12. Antragsmuster: Antrag auf mündliche Haftprüfung 932

▼

An den

zuständigen Ermittlungsrichter

____ Gs ____ / ____ (Aktenzeichen des Haftbefehls)

zu ____ Js ____ / ____ (Aktenzeichen der zuständigen Staatsanwaltschaft)

In Sachen

(Name des Mandanten)

wegen des Vorwurfes des ____,

zeige ich die Vertretung von Herrn/Frau (Name des Mandanten) an. Bevollmächtigung wird ausdrücklich versichert. Ich beantrage

mündliche Haftprüfung.

Ich werde beantragen:

Der Haftbefehl wird aufgehoben,

hilfsweise

der Haftbefehl wird außer Vollzug gesetzt.

Zur Begründung der mündlichen Haftprüfung ist auf folgendes hinzuweisen: (gegebenenfalls ausführen).

Im Vorgriff auf die mündliche Verhandlung stelle ich bereits jetzt folgenden

Beweisantrag:

Ich beantrage die Einvernahme von Herrn ____ (Name des Zeugen) zum Beweis der Tatsache, dass mein Mandant den bei ihm aufgefundenen Pelzmantel nicht unterschlagen, sondern als Sicherheit für ein von ihm gewährtes Darlehen erhalten hat. Der benannte Zeuge wird bekunden, dass (gegebenenfalls ausführen).

Zur Vorbereitung der mündlichen Haftprüfung und um gegebenenfalls ergänzend vorzutragen beantrage ich

Akteneinsicht noch vor dem Termin zur mündlichen Haftprüfung.

Ich bitte um Vermittlung meines Gesuches gegenüber der Staatsanwaltschaft. Ich habe mit gleichem Datum gegenüber der Staatsanwaltschaft mitgeteilt, dass Antrag auf mündliche Haftprüfung gestellt wurde und nochmals Akteneinsicht beantragt.

Ich bitte um Zuleitung der Akten über das Anwaltsfach meiner Kanzlei. Alternativ hierzu kann eine Abholung der Akten durch eine Mitarbeiterin meiner Kanzlei nach vorheriger Absprache erfolgen.

Sollte von Seiten der Staatsanwaltschaft eine Stellungnahme zum Antrag auf mündliche Haftprüfung abgegeben werden, dann bitte ich vorab um Übersendung zur Gewährung von rechtlichem Gehör.

Falls das Gericht beabsichtigt, zum Termin Zeugen zu laden, dann bitte ich, mir dies vorab mitzuteilen.

Um Terminskollisionen zu vermeiden bitte ich um telefonische Abstimmung des Termins zur mündlichen Verhandlung mit meiner Kanzlei.

Die Staatsanwaltschaft wurde unmittelbar informiert. Ihr wurde eine Abschrift des Antrages auf Haftprüfung zur Verfügung gestellt.

Unterschrift

Rechtsanwalt

▲

Siehe auch: → *Untersuchungshaft, Allgemeines*, Teil B Rdn 806, m.w.N.; → *Untersuchungshaft, Antrag auf Haftprüfung, schriftliche*, Teil B Rdn 935

933 Untersuchungshaft, Haftprüfung, schriftliche § 117 Abs. 1 StPO

Das Wichtigste in Kürze:

1. Die Haftprüfung kann schriftlich oder mündlich erfolgen.
2. Der Beschuldigte und/oder der Verteidiger können gegenüber dem Gericht einen Antrag auf schriftliche Haftprüfung stellen (§ 117 Abs. 1).
3. Die schriftliche Haftprüfung ist auch für Haftbefehle nach § 230 Abs. 2, nach § 236 und nach § 329 Abs. 4 S. 1 statthaft.
4. Eine Überprüfung im Rahmen der Haftprüfung ist während der gesamten Dauer des Verfahrens möglich. Der Haftbefehl muss sich aber in Vollzug befinden.
5. Für den Haftprüfungsantrag gelten die allgemeinen Regeln.
6. Das Gericht entscheidet nach Gewährung rechtlichen Gehörs.
7. Das Gericht entscheidet durch Beschluss.

8. Die Frage der Besetzung der Strafkammer bzw. des Schöffengerichts bei der Entscheidung ist str.

9. Gegen eine ablehnende Entscheidung im Rahmen der schriftlichen Haftprüfung kann Haftbeschwerde eingelegt werden.

Literaturhinweise: **Beulke/Witzigmann**, Das Akteneinsichtsrecht des Strafverteidigers in Fällen der Untersuchungshaft, NStZ 2011, 254; **Börner**, Grenzfragen der Akteneinsicht nach Zwangsmaßnahmen, NStZ 2010, 417; **Borggräfe/Schütt**, Grundrechte und dinglicher Arrest – zugleich Anmerkung zum Beschluss des BVerfG vom 19.1.2006, StraFo 2006, 133; **Esser/Gaede/Tsambikakis**, Übersicht zur Rechtsprechung des EGMR in den Jahren 2008 bis Mitte 2010 – Teil I, NStZ 2011, 78; **Hohmann**, Rechtsbehelf bei „Überhaft": Antrag auf Haftprüfung oder Haftbeschwerde?, NJW 1990, 1649; **Kempf**, Zur Gewährung von Akteneinsicht bei Untersuchungshaft (Anm. zu EGMR), StV 2001, 207; **Park**, Der Anspruch auf rechtliches Gehör im Rechtsschutzverfahren gegen strafprozessuale Zwangsmaßnahmen, StV 2009, 276; **Scharf/Kropp**, Zeitliche Schranken beim Haftbefehl nach § 230 StPO, NStZ 2000, 297; **Strafner**, Akteneinsicht im Haftbeschwerde-Verfahren, NStZ 2009, 164; **Weider**, Das Gesetz zur Änderung des Untersuchungshaftrechts, StV 2010, 102, 105; s.a. die Hinw. bei → *Untersuchungshaft, Allgemeines*, Teil B Rdn 888, und bei → *Untersuchungshaft, Haftprüfung, mündliche, §§ 117 Abs. 1, 118 Abs. 1 StPO*, Teil B Rdn 838. **934**

1. Die Haftprüfung kann **schriftlich** oder **mündlich** erfolgen. Ergänzend zu den Ausführungen hier finden sich deshalb weitergehende Informationen auch unter → *Untersuchungshaft. Haftprüfung, mündliche §§ 117 Abs. 1, 118 Abs. 1 StPO*, Teil B Rdn 907. Die dortigen Ausführungen ergänzen die Überlegungen zur schriftlichen Haftprüfung, ohne dass sie hier wiederholt werden. **935**

2. Der **Beschuldigte** (zum Begriff vgl. § 118b) kann gegenüber dem Gericht einen Antrag auf schriftliche Haftprüfung stellen (§ 117 Abs. 1). Das Recht steht auch seinem **Verteidiger**, diesem allerdings nicht gegen den Willen seines Mandanten (vgl. § 118b i.V.m. § 297) zu. Gleiches gilt für einen Jugendlichen, dessen **gesetzlichen Vertreter** und den Erziehungsberechtigten, diesen aber jeweils auch gegen den Willen des Beschuldigten (vgl. § 118b i.V.m. § 298 bzw. § 67 Abs. 1 JGG). **936**

☝ Der **Beschuldigte** ist über sein Antragsrecht **zu belehren** (§ 115 Abs. 4).

StA und **Nebenkläger** sind **nicht** antragsberechtigt (KK-*Graf*, § 117 Rn 2; SSW-StPO/*Herrmann*, § 117 Rn 11; LR-*Hilger*, § 117 Rn 12). **937**

3. Die schriftliche Haftprüfung ist **auch** für Haftbefehle nach **§ 230 Abs. 2**, nach **§ 236** und nach **§ 329 Abs. 4 S. 1** statthaft (OLG Stuttgart MDR 1990, 75; s. auch KK-*Graf*, § 117 Rn 2; *Meyer-Goßner/Schmitt*, § 117 Rn 2; *Scharf/Kropp* NStZ 2000, 297), nicht aber für den Sicherungshaftbefehl (§ 453c Abs. 2 S. 2; vgl. LG Freiburg NStZ 1989, 387 [mit Anm. *Fuchs* NStZ 1989, 388 und Anm. *Fischer* NStZ 1990, 52]). **938**

4.a) Eine Überprüfung im Rahmen der Haftprüfung ist **während** der **gesamten Dauer** des **Verfahrens** möglich. **939**

940 **b)** Der Haftbefehl muss sich aber **in Vollzug** befinden (OLG Frankfurt/Main NStZ-RR 1996, 302; *Burhoff*, EV, Rn 3760; KK-*Graf*, § 117 Rn 2; LR-*Hilger*, § 117 Rn 6; *Hohmann* NJW 1990, 1649; *Meyer-Goßner/Schmitt*, § 117 Rn 4; SK-StPO/*Paeffgen*, § 117 Rn 5 a.E.; *Schlothauer/Weider*, Rn 736; s.u. zu einer Ausnahme). Ausnahmsweise kann aber auch die Aufhebung eines außer Vollzug befindlichen Haftbefehls begehrt werden (s. OLG Karlsruhe Justiz 1986, 144; KK-*Graf*, a.a.O.).

☝ Eine **Ausnahme** ist zudem anzunehmen, wenn der **Vollzug** des Haftbefehls **unmittelbar bevorsteht**, weil z.B. Überhaft notiert ist und eine zu vollstreckende Strafhaft endet. Dann muss dem Beschuldigten bereits präventiv die Möglichkeit zu effektivem Rechtsschutz zur Verfügung stehen (OLG Hamburg MDR 1974, 861; LG Saarbrücken NJW 1990, 1679; LG Stuttgart NJW 1990, 1679; s. auch KK-*Graf*, § 117 Rn 2; SSW-*Herrmann*, StPO, § 117 Rn 14; LR-*Hilger*, § 117 Rn 8; *Meyer-Goßner/Schmitt*, § 117 Rn 4). Er muss sich nicht darauf verweisen lassen, dass der Haftbefehl zunächst in Vollzug zu setzen ist um ihn dann angreifen zu können.

941 **5.a)** Für den Haftprüfungsantrag gelten die **allgemeinen Regeln** (→ *Rechtsmittel/Rechtsbehelfe, Allgemeines*, Teil A Rdn 1289, m.w.N.).

☝ Ein Antrag auf Haftprüfung kann **beliebig oft** gestellt werden (ebenso SSW-StPO/*Herrmann*, § 117 Rn 13; SK-StPO/*Paeffgen*, § 117 Rn 5).

942 Im Einzelnen gilt:

- Der Antrag ist darauf gerichtet, den **Haftbefehl** nach § 120 **aufzuheben** oder entsprechend § 116 **außer Vollzug** zu setzen.
- Der Antrag ist an **keine Form oder Frist** gebunden.

  ☝ **Ausschlussfristen** sind hier, anders als für die mündliche Haftprüfung (vgl. hierzu § 118 Abs. 3 und 4), **nicht** zu beachten (→ *Untersuchungshaft, Haftprüfung, mündliche, §§ 117 Abs. 1, 118 Abs. 1 StPO*, Teil B Rdn 1206).

- Der Antrag kann **schriftlich** oder auch **mündlich** zu Protokoll des Urkundsbeamten der Geschäftsstelle des Gerichts gestellt werden (KK-*Graf*, § 117 Rn 4; *Meyer-Goßner/Schmitt*, § 117 Rn 5). Dies ist auch im Zusammenhang mit der Vorführung vor das zuständige Gericht (§ 115 Abs. 4; s. hierzu auch AG Halberstadt StV 2004, 549) oder den nächsten Richter (§ 115a Abs. 2) möglich.

☝ Ein unzulässiger Antrag auf Haftprüfung kann **umgedeutet** werden in eine Haftbeschwerde (*Hohmann* NJW 1990, 1649; *Meyer-Goßner/Schmitt*, § 117 Rn 4).

b) Adressat des **Antrages** ist vor Erhebung der Anklage das Gericht, das den Haftbefehl erlassen hat (§ 126 Abs. 1), danach das mit der Strafsache befasste Tatgericht (§ 126 Abs. 2). Der Antrag kann auch bei dem Gericht gestellt werden, in dessen Bezirk die Haftanstalt liegt, in der der Beschuldigte einsitzt (vgl. § 118b i.V.m. § 299 Abs. 1). 943

☝ Wird der **Antrag gegenüber** der **StA** gestellt, dann hat diese unter Vorlage der Akten eine Haftprüfung zu vermitteln. Die Zuständigkeit des Gerichts für weitere Entscheidungen nach Erlass des Haftbefehls ergibt sich aus § 126 (vgl. hierzu SSW-StPO/*Herrmann*, § 126 Rn 1). Der Grundsatz der Beschleunigung in Haftsachen gilt auch hier.

c) Der Antrag kann **jederzeit zurückgenommen** werden. Der Verteidiger bedarf zur Rücknahme aber der ausdrücklichen Ermächtigung (vgl. §§ 118b i.V.m. 302 Abs. 2; → *Rechtsmittel/Rechtsbehelfe, Rücknahme, Verteidiger*, Teil A Rdn 1669). 944

6.a) Das Gericht **entscheidet** nach **Gewährung rechtlichen Gehörs**. Der Haftrichter muss den Beschuldigten über die Grundlagen der Entscheidung informieren. Der Beschuldigte ist insbesondere zu hören, bevor zu seinem Nachteil Tatsachen oder Beweisergebnisse verwertet werden (vgl. § 33 Abs. 3). Dies soll mündlich oder auch schriftlich, beispielsweise durch Übersendung von Vernehmungsprotokollen, möglich sein. Eine solche Information muss sinnvollerweise auch gegenüber dem zwingend vorhandenen (Pflicht-)Verteidiger (vgl. § 140 Abs. 1 Nr. 4 i.V.m. § 141 Abs. 3 S. 4) geschehen. 945

b) Der Verteidigung ist zur Wahrung des rechtlichen Gehörs **umfassend Akteneinsicht** zu gewähren (ebenso *Borggräfe/Schütt*, StraFo 2006, 133 [vornehmlich zum dinglichen Arrest]; *Esser/Gaede/Tsambikakis* NStZ 2011, 78, 82; *Kempf* StV 2001, 207; *Park* StV 2009, 276, 279; *Weider* StV 2010, 102, 105; enger *Beulke/Witzigmann* NStZ 2011, 254; *Börner* NStZ 2010, 417, 421; *Strafner* NStZ 2009, 164, 165; ausführlich zum Ganzen SSW-StPO/*Herrmann*, vor § 112 Rn 58; → *Untersuchungshaft, Allgemeines*, Teil B Rdn 822; s.a. *Burhoff*, EV, Rn 242). 946

☝ Vom Anspruch auf rechtliches Gehör kann **unter keinen Umständen abgesehen** werden. Die Einschränkung des § 33 Abs. 4 verfängt hier nicht. Sie gilt nicht für die Aufrechterhaltung der U-Haft, der Beschuldigte befindet sich ja bereits in Haft. Eine Gefährdung des Zwecks der Anordnung steht somit nicht zu befürchten (zum Ganzen KK-*Graf*, § 117 Rn 10; *Herrmann*, Rn 1033; SSW-StPO/*Herrmann*, vor § 112 Rn 58; *Schlothauer/Weider*, Rn 783; SK-StPO/*Paeffgen*, § 117 Rn 9).

c) Die StPO sieht im Rahmen der schriftlichen Haftprüfung **keine gesonderte Information** des **Verteidigers** durch das Gericht vor (LR-*Hilger*, § 117 Rn 24; *Schlothauer/Weider*, Rn 784). Insbesondere § 168c Abs. 1 greift nicht, denn hier findet keine mündliche Anhörung statt. 947

☝ Die Verteidigung muss aber dennoch darauf hinwirken, die Rechte des Beschuldigten wahrzunehmen und beispielsweise **(nochmals) Akteneinsicht** beantragen, die Übersendung von Stellungnahmen der StA erbitten und auch Beweiserhebungen anregen (*Herrmann*, Rn 1033; *Schlothauer/Weider*, Rn 783).

Ist eine Information und einhergehend damit eine Entscheidung im schriftlichen Haftprüfungsverfahren anders nicht möglich, dann ist ein **Übergang** zur **mündlichen Haftprüfung** möglich aber auch geboten (vgl. § 118 Abs. 1 S. 1 Alt. 2). Ein solches Vorgehen steht im Ermessen des Gerichts.

948 **7.** Für die auf den Haftprüfungsantrag ergehende **Entscheidung** gilt:

949 **a) Prüfungsmaßstab** für die schriftliche Haftprüfung sind das Vorliegen der im Haftbefehl genannten **Voraussetzungen** für die Anordnung der **U-Haft**, wie der Tatvorwurf, der dringende Tatverdacht, die Haftgründe und die Verhältnismäßigkeit der Haftfortdauer der U-Haft.

950 Zum **Gegenstand** der Überprüfung ist der **gesamte Inhalt** der **Ermittlungsakte** zu machen. Das Gericht hat hierbei stets eine neue, selbstständige Prüfung vorzunehmen (OLG Jena StV 2007, 588).

951 **b)** Dem Richter steht eine **umfassende Entscheidungskompetenz** zu. Er kann den Haftbefehl aufrechterhalten, gem. § 120 aufheben oder entsprechend § 116 außer Vollzug setzen. Er kann ihn auch inhaltlich ändern oder anpassen (KK-*Graf*, § 117 Rn 11; LR-*Hilger*, § 117 Rn 28; *Meyer-Goßner/Schmitt*, § 117 Rn 6; sinngemäß ebenso *Schlothauer/Weider*, Rn 785). An Anträge und Anregungen ist er nicht gebunden.

952 **c)** Eine **Frist zur Entscheidung** über die schriftliche Haftprüfung existiert, anders als für die mündliche Haftprüfung (vgl. hierzu § 118 Abs. 5 bzw. § 118a Abs. 4), nicht. Dennoch muss unter Beachtung des **Beschleunigungsgebotes in Haftsachen** zügig entschieden werden (zum Ganzen KK-*Graf*, § 117 Rn 10; *Herrmann*, Rn 1032; LR-*Hilger*, § 117 Rn 23; *Schlothauer/Weider*, Rn 781; ausführlich hierzu SSW-StPO/*Herrmann*, § 121 Rn 7).

☝ Hat der Richter **weitergehende Ermittlungen** (s. hierzu → *Untersuchungshaft, Ermittlungen, weitere*, Teil B Rdn 873) **veranlasst**, dann kann deren Ergebnis ggf. **abgewartet** werden. Dies darf aber nur zu einer unwesentlichen Verzögerung führen. Andernfalls ist unverzüglich zu entscheiden. Später zu erwartende Ermittlungsergebnisse können nach ihrem Eingang im Rahmen einer dann möglicherweise neu anstehenden (ggf. auch eigenverantwortlich durch das Gericht vorzunehmenden) Haftentscheidung berücksichtigt werden (KK-*Graf*, § 117 Rn 12 f.; LR-*Hilger*, § 117 Rn 26; *Meyer-Goßner/Schmitt*, § 117 Rn 15 f.; sinngemäß ebenso *Schlothauer/Weider*, Rn 785).

d) Die Entscheidung des Gerichts ergeht mittels **Beschluss**. Dieser ist zu begründen (vgl. § 34) und formlos bekannt zu machen (vgl. § 35 Abs. 2 S. 2). Die Gründe müssen u.a. eine weiter gehende Überprüfung, nötigenfalls im Rahmen der Haftbeschwerde ermöglichen. Eine **Bezugnahme** auf den **Haftbefehl** und frühere Entscheidungen soll zulässig sein (*Meyer-Goßner/Schmitt*, § 117 Rn 7; zur Begründung a. *Mayer/Hunsmann* NStZ 2015, 325) und ist in der Praxis häufig der Fall. **953**

☝ Ein solches Vorgehen trägt aber meist wenig dazu bei, die Entscheidung für den Beschuldigten nachvollziehbar und verständlich zu machen. Der Grundsatz des „**fair trial**“ gebietet es, dem Beschuldigten eine nachvollziehbare Auseinandersetzung des Gerichts mit vorgebrachten Argumenten darzulegen.

8. Die Frage der **Besetzung** der **Strafkammer** bzw. des **Schöffengerichts** bei der Entscheidung ist str.! Ausführlich hierzu s. → *Untersuchungshaft, Antrag auf Aufhebung oder Außervollzugsetzung des Haftbefehls*, Teil B Rdn 851. **954**

9. Gegen eine ablehnende Entscheidung im Rahmen der schriftlichen Haftprüfung kann **Haftbeschwerde** eingelegt werden (→ *Untersuchungshaft, Haftbeschwerde, § 304 StPO*, Teil B Rdn 880). **955**

10. Antrag auf schriftliche Haftprüfung **956**

▼

An das

zuständige Amtsgericht **B.6**

– Ermittlungsrichter –

Gs / (Aktenzeichen des Ermittlungsrichters)

zu Js / (Aktenzeichen der Staatsanwaltschaft)

In Sachen

(Name des Mandanten)

wegen des Vorwurfes des

beantrage ich

schriftliche Haftprüfung gemäß § 117 Abs. 1 StPO.

Im Rahmen der Haftprüfung beantrage ich die

Aufhebung des Haftbefehls,

hilfsweise die

Außervollzugsetzung des Haftbefehls.

Zur Begründung des Antrages trage ich vorläufig Folgendes vor: (gegebenenfalls ausführen).

Vor einer Entscheidung in der Sache beantrage ich vorsorglich nochmals

Akteneinsicht.

Ich werde nach Einsicht in die Ermittlungsakte sowie die weiteren Beiakten ergänzend vortragen. Ich darf in diesem Zusammenhang darum bitten, dass eine eventuelle Stellungnahme der Staatsanwaltschaft unverzüglich an mich weiter geleitet wird. Ich möchte hierauf erwidern.

Sollte das Gericht weitergehende Ermittlungen für angezeigt halten (§ 117 Abs. 3 StPO), dann bitte ich, hierüber und über deren Ergebnisse zeitnah informiert zu werden. Auch hierzu möchte ich mich äußern.

Für den Fall, dass das Gericht eine mündliche Verhandlung für angezeigt erachtet (§ 118 Abs. 1 StPO) bitte ich rechtzeitig um Terminsabsprache mit meiner Kanzlei.

Sollte eine Außervollzugsetzung des Haftbefehls gemäß § 116 StPO in Erwägung gezogen werden und nur unter Auflagen in Betracht kommen, dann bitte ich vor einer eventuellen Entscheidung um Kontaktaufnahme. Ich halte eine Absprache hinsichtlich der dann im Raum stehenden Auflagen für sinnvoll aber auch geboten.

Unterschrift

Rechtsanwalt

▲

Siehe auch: → *Untersuchungshaft, Allgemeines*, Teil B Rdn 806, m.w.N.; → *Untersuchungshaft, Antrag auf Haftprüfung, mündliche*, Teil B Rdn 907

957 Untersuchungshaft, Informelle Überprüfung der Haftfortdauer durch StA und Gericht

958 **Literaturhinweise:** s. die Hinweise unter: → *Untersuchungshaft, Allgemeines*, Teil B Rdn 806.

959 **1.a) StA** und **Gericht** haben in jeder Lage des Verfahrens **von Amts** wegen die Voraussetzungen hinsichtlich der Anordnung und Durchführung der U-Haft zu prüfen. Sie müssen insbesondere selbstständig überwachen, ob der Haftbefehl aufzuheben ist (vgl. § 120) oder außer Vollzug gesetzt werden kann oder muss (vgl. § 116; zu dieser „**informellen Pflicht** zur Überprüfung der Voraussetzungen U-Haft" s. auch Nr. 54 Abs. 1 RiStBV; zum Ganzen vgl. KK-*Graf*, § 117 Rn 1; SSW-StPO/*Herrmann*, § 117 Rn 6 ff.; LR-*Hilger*, § 117 Rn 1; AnwKomm-U-Haft/*König*, StPO, § 117 Rn 1; SK-StPO/*Paeffgen*, § 117 Rn 2).

☝ Für **Jugendliche** und Heranwachsende ist ergänzend § 72 Abs. 1 JGG zu beachten (→ *JGG-Besonderheiten, Untersuchungshaft*, Teil A Rdn 947).

b) Die **StA** ist Herrin des EV. Bei ihr befinden sich regelmäßig bis zur Abschlussverfügung die Akten. Sind sie versandt, dann ist dies zu vermerken. Es findet eine Überwachung des Verfahrensganges statt. Der sachbearbeitende StA „kennt seine Fälle". Meist führt er Haftlisten, jedenfalls sollte er dies. Er muss ständig im Auge behalten, ob inzwischen eine Haftverschonung oder gar eine Aufhebung des Haftbefehls angezeigt ist. Dies ist der Fall, wenn weitere Ermittlungsergebnisse es nahe legen, aber auch wenn eine Verfahrensverzögerung und damit ein Verstoß gegen das allgemeine Beschleunigungsgebot in Haftsachen anzunehmen sind. **960**

c) Unklar ist, wie der jeweilige **Haftrichter** eine solche Prüfung selbstständig vornehmen soll. **961**

- **Vor Anklageerhebung** befinden sich die Ermittlungsakten regelmäßig bei der StA. Von da aus werden die weiteren Ermittlungen geführt. Meist wird darüber hinaus die Kontrolle des Vollzugs der U-Haft vom Gericht auf die StA übertragen (vgl. a. § 119 Abs. 2 S. 2). Eine Haftkontrolle findet vor diesem Hintergrund im EV außerhalb der gesetzlich vorgegebenen Fristen (vgl. §§ 120, 121) durch das Gericht grds. nicht statt (s. hierzu a. SSW-StPO/*Herrmann*, § 117 Rn 7; AnwKomm-U-Haft/*König*, StPO, § 117 Rn 1).

  ☝ Eine Überprüfung durch das Gericht kann somit allenfalls auf **konkreten Hinweis** hin oder im Rahmen turnusgemäßer Wiedervorlagen erfolgen.

- **Nach Erhebung der Anklage** ist das mit der **Hauptsache** befasste **Gericht zuständig**. Es hat einhergehend mit der Entscheidung über die Eröffnung des Verfahrens und die Zulassung der Anklage auch über die Fortdauer der U-Haft (§ 207 Abs. 4). Dies geschieht allerdings meist nur formelhaft durch die Kopie des Textes der Anklage in den neuen Haftbefehl. Dieser darf aber erst nach Anhörung des Beschuldigten erlassen werden.

  ☝ In der **Praxis** wird der **Haftbefehl oft gar nicht angepasst**, sondern die Sache wird terminiert und verhandelt. Die gesetzlichen Vorgaben werden dadurch bewusst missachtet. Der Inhaftierte und sein Verteidiger müssen insofern aber nicht auf eine ordnungsgemäße Verkündung eines geänderten (neuen) Haftbefehls hinwirken. Dies ist und bleibt Aufgabe der jeweils zuständigen Stellen der Justiz (BVerfG NStZ 2002, 157 mit Anm. *Hagmann* StV 2001, 691; s. dazu a. *Paeffgen* NStZ 2003, 76, 83).

  In der Praxis findet die gesetzlich vorgesehene **Selbstkontrolle** durch StA und Gericht **vielfach** also **nicht** statt.

962 **2.** Das **Ergebnis** einer eventuellen informellen Prüfung durch Staatsanwaltschaft und Gericht **muss nicht aktenkundig** gemacht werden, es handelt sich hierbei um kein förmliches Verfahren (*Meyer-Goßner/Schmitt*, § 117 Rn 2).

963 Aus Gründen der **Transparenz** und insbesondere auch im Hinblick auf den Grundsatz der **Beschleunigung** in Haftsachen böte sich allerdings eine Dokumentation an. Dadurch könnten StA und Gericht belegen, dass sie tatsächlich „in jeder Lage des Verfahrens" die Haftfrage geprüft haben. Im Übrigen wurde das Recht der Untersuchungshaft durch die Reform zum 1.1.2010 stark formalisiert (vgl. SSW-StPO/*Herrmann*, vor § 112 Rn 21 ff.). Warum dies nicht auch hier gelten soll, erschließt sich nicht.

☝ Es **obliegt** der **Verteidigung**, ggf. entsprechende **Hinweise** zu geben und auf eine Prüfung der Haftfragen hinzuwirken. Informelle Gespräche zur Entwicklung des Verfahrens und der Frage der Fortdauer der U-Haft sind in der Praxis nicht selten zielführend.

Siehe auch: → *Untersuchungshaft, Allgemeines*, Teil B Rdn 806, m.w.N.

964 Untersuchungshaft, Prüfungsmaßstab und inhaltliche Begründung der Rechtsbehelfe

Das Wichtigste in Kürze:

1. Bei der Entscheidung über einen haftrechtlichen Rechtsbehelf steht dem Richter eine umfassende Entscheidungskompetenz zu.
2. Der Haftbefehl bzw. die jeweils weiter gehende Haftentscheidung gründen sich inhaltlich auf drei Säulen, nämlich auf dringenden Tatverdacht, einen Haftgrund und die Verhältnismäßigkeit der U-Haft.
3. Von einem dringenden Tatverdacht ist auszugehen, wenn nach dem bisher vorliegenden Ermittlungsergebnis in seiner Gesamtheit eine erhebliche, hohe oder große Wahrscheinlichkeit besteht, dass der Beschuldigte Täter oder Teilnehmer einer Straftat ist.
4. Weiter bedarf es eines (gesetzlich normierten) Haftgrundes.
5. Die U-Haft muss verhältnismäßig sein.

965 **Literaturhinweise:** **Mayer/Hunsmann**, Leitlinien für die verfassungsrechtlich gebotene Begründungstiefe in Untersuchungshaftsachen, NStZ 2015, 325; s.a. die Hinw. bei → *Untersuchungshaft, Allgemeines*, Teil B Rdn 807.

1. Bei der Entscheidung über einen haftrechtlichen Rechtsbehelf steht dem Richter eine umfassende Entscheidungskompetenz zu. Er kann den Haftbefehl aufrechterhalten, gem. § 120 aufheben oder entsprechend § 116 außer Vollzug setzen. Er kann ihn auch inhaltlich ändern oder anpassen (KK-*Graf*, § 117 Rn 11; LR-*Hilger*, § 117 Rn 28; *Meyer-Goßner/Schmitt*, § 117 Rn 6; sinngemäß ebenso *Schlothauer/Weider*, Rn 785). An Anträge und Anregungen ist er nicht gebunden. 966

2. Der Haftbefehl bzw. die jeweils weiter gehende Haftentscheidung gründen sich inhaltlich auf **drei Säulen**: Es bedarf eines **dringenden Tatverdachts** (§ 112 Abs. 1) sowie des Vorliegens mindestens eines der gesetzlich normierten **Haftgründe** (§§ 112 Abs. 2, Abs. 3 und § 112a), darüber hinaus darf die U-Haft **nicht unverhältnismäßig** sein (§ 112 Abs. 1 S. 2). Ein Sonderfall gilt für die in § 112 Abs. 3 geregelten Fälle der Schwerkriminalität. Dort bedarf es keines Haftgrundes nach § 112 Abs. 2. U-Haft kann insofern schon aufgrund der Umstände des Falles selbst angeordnet werden. 967

☝ Zum **Gegenstand der Überprüfung** der Haftentscheidung ist der gesamte Inhalt der Ermittlungsakte zu machen. Das Gericht hat hierbei stets eine neue, selbstständige Prüfung vorzunehmen (OLG Jena StV 2007, 588).

3.a) Von einem **dringenden Tatverdacht** ist auszugehen, wenn nach dem bisher vorliegenden Ermittlungsergebnis in seiner Gesamtheit eine erhebliche, hohe oder große Wahrscheinlichkeit besteht, dass der Beschuldigte Täter oder Teilnehmer einer Straftat ist (s. z.B. BVerfG NJW 1996, 1049; BGH NJW 1992, 1975 m. Anm. *Baumann* NStZ 1992, 449 u. Anm. *Schroeder* JZ 1992, 976; OLG Bremen StV 2010, 581; KK-*Graf*, § 112, Rn 3; *Herrmann*, Rn 581; SSW-StPO/*Herrmann*, § 112 Rn 6; LR-*Hilger*, § 112 Rn 16; AnwKomm-U-Haft/*König*, § 112 Rn 5; *Meyer-Goßner/Schmitt*, § 112 Rn 5; *Schlothauer/Weider*, Rn 413; MAH-*König*, § 4 Rn 2; *Burhoff*, EV, Rn 3695, 3709 ff.). 968

Ob dies der Fall ist, hängt vom jeweiligen **Stand** der **Ermittlungen** und auch des Verfahrens ab. Während etwa zu Beginn eines EV Indizien vorhanden sein können, die einen dringenden Tatverdacht begründen, kann er später wegfallen, wenn Lücken in der Indizienkette auftreten, sodass keine hohe Wahrscheinlichkeit mehr dafür besteht, dass der Beschuldigte in einer HV überführt werden kann (OLG Brandenburg StV 1996, 157; LR-*Hilger*, § 112 Rn 19). Dies gilt z.B. auch dann, wenn die Strafverfolgungsbehörden gebotene Untersuchungen unterlassen haben (OLG Celle StV 1986, 392; OLG Karlsruhe StV 2004, 325). 969

b) Die Anordnung der U-Haft basiert in der Praxis nicht selten auf einer **bedenklich weiten Ausdehnung** des **Begriffs** des dringenden Tatverdachts (ausführlich SSW-StPO/*Herrmann*, § 112 Rn 8). Es kommt vor, dass der zunächst nicht vorliegende dringende Tatverdacht sich erst aus einem aufgrund der Verhaftung abgelegten **Geständnis** des **Beschuldigten** ergibt. 970

☝ Eine solche Praxis ist rechtlich nicht zulässig. Das Strafverfahren kennt keinen **Geständniszwang** (BGHSt 49, 56; BGH StraFo 2011, 60). Weder Anordnung noch Fortdauer der U-Haft dürfen davon abhängig gemacht werden, dass der Beschuldigte gesteht. Die objektiv rechtswidrige Anordnung des Vollzuges der U-Haft begründet ein **Verwertungsverbot** der Angaben des Beschuldigten, die dieser dann in der U-Haft gemacht hat (LG Bad Kreuznach StV 1993, 629 [Fall „Glykol-Skandal"]; das Urteil wurde allerdings vom BGH in der Revision aufgehoben und an das LG Koblenz zurückverwiesen). Voraussetzung für ein Verwertungsverbot soll sein, dass die U-Haft absichtlich („gezielt") als Mittel zur Erlangung einer Aussage angewandt worden sei (BGH NJW 1995, 2933 m. krit. Anm. *Fezer* StV 1996, 77 und Anm. *Samson* StV 1996, 93; zu unzulässigen Vernehmungsmethoden s. *Burhoff*, EV, Rn 3767 ff.; vgl. a. noch Rdn 975).

971 **c)** Für den dringenden Tatverdacht **genügt**, dass eine **Verurteilung möglich** ist, eine Wahrscheinlichkeit hierfür ist nicht erforderlich (BGH NStZ 81, 94; *Meyer-Goßner/Schmitt*, § 112 Rn 5; *Schlothauer/Weider*, Rn 397; a.A. OLG Bremen StV 2010, 581 [Verurteilung mit großer Wahrscheinlichkeit zu erwarten]). Der dringende Tatverdacht muss aber auf **bestimmten Tatsachen** beruhen. Bloße Vermutungen genügen nicht. Auch erst künftig erwartete Ermittlungsergebnisse können ihn nicht begründen (LG Frankfurt am Main StV 2009, 477; zum Ganzen s. auch SSW-StPO/*Herrmann*, § 112 Rn 11).

☝ Bei der Überprüfung des dringenden Tatverdachts ist zwischen **Tatfragen** und **Rechtsfragen** zu unterscheiden. Tatsächliche Feststellungen unterliegen einer Plausibilitätskontrolle. Rechtsfragen müssen dagegen vom Richter immer eindeutig entschieden werden. Hier kann eine hohe Wahrscheinlichkeit, dass eine bestimmte Auslegung geboten ist, nicht ausreichen (KK-*Graf*, § 112 Rn 5; *Herrmann*, Rn 589; SSW-StPO/*Herrmann*, § 112 Rn 13; LR-*Hilger*, § 112 Rn 18; AnwKomm-U-Haft/*König*, § 112 Rn 6; *Meyer-Goßner/Schmitt*, § 112 Rn 5; SK-StPO/*Paeffgen* § 121 Rn 6; *Schlothauer* StV 1996, 391; MAH-*König*, § 4 Rn 2 a.E.).

972 **d)** In der Praxis wird der dringende Tatverdacht i.S.d. § 112 Abs. 1 S. 1 regelmäßig anhand **vordergründig überzeugender Indizien** angenommen. Eine genauere Betrachtung zeigt aber, dass dies so ohne Weiteres nicht möglich ist. Zu nennen sind folgende

973 **Rechtsprechungsbeispiele:**

- Aus dem umfassenden **Schweigen des Beschuldigten** dürfen keine negativen Schlüsse gezogen werden.
- Bei „**Aussage gegen Aussage**" kommt es entscheidend auf die Richtigkeit der einen oder anderen Aussage an (OLG Koblenz StV 2002, 313; OLG Köln StV 1991, 304;

LG Hamburg StV 1994, 317). Belastende Aussagen sind hinsichtlich ihres Zustandekommens und Inhaltes zu hinterfragen (BGH StV 1997, 196, 197; OLG Bremen StV 1992, 383; LG Düsseldorf StV 2014, 228; LG Frankfurt am Main NJW 1998, 3727; StV 1985, 331; LG Hamburg StV 1994, 317).

- **Lichtbildvorlagen** müssen regelrecht zustande gekommen sein (OLG Bremen StV 1992, 383; LG Essen StV 2000, 32; LG Frankfurt am Main StV 1986, 13).
- Bei einem Verstoß gegen das **Recht** auf **konfrontative Befragung** von **Belastungszeugen** gem. Art. 6 Abs. 3 Buchst. d) EMRK kommt der zu berücksichtigenden Aussage auf der Grundlage der vom BGH angenommenen Beweiswürdigungslösung ein nur reduzierter Beweiswert zu (vgl. hierzu BGHSt 46, 93 [Fall „Kaiisi"]; BGHSt 51, 150 [Fall „Münchner Straßenbahn"]; BGH StV 2005, 533 [Fall „Ingolstädter Verteidiger verzichten auf Anwesenheit"], mit zu Recht kritischer Anm. *Wohlers* StV 2005, 534; s. hierzu auch BGHSt 55, 70 m. krit. Anm. *Sommer* StraFo 2010, 281; ausführlich zum Ganzen *Herrmann*, Rn 75; *Wohlers* StV 2010, 151; *Burhoff*, EV, Rn 3047 ff.; *Burhoff*, HV, Rn 1539; *Herrmann*, Rn 602; SSW-StPO/*Herrmann*, § 112 Rn 15).

4.a) Weiter bedarf es eines **Haftgrundes**. Das Gesetz sieht fünf Haftgründe vor: 974

- Flucht, § 112 Abs. 2 Nr. 1,
- Fluchtgefahr, § 112 Abs. 2 Nr. 2,
- Verdunkelungsgefahr, § 112 Abs. 2 Nr. 3,
- „Tatschwere", § 112 Abs. 3,
- Wiederholungsgefahr, § 112a.

☝ Eine **ausführliche Darstellung** der einzelnen Haftgründe kann hier Stelle nicht erfolgen. Insoweit wird die einschlägigen **Kommentierungen** zu den §§ 112 ff., bspw. in SSW-StPO/*Herrmann*, §§ 112, Rn 17, oder auf die Kompendien zur U-Haft von *Herrmann*, Rn 985; *Münchhalffen/Gatzweiler* und insbes. *Schlothauer/Weider* sowie die Kommentarliteratur verwiesen (vgl. a. noch *Burhoff*, EV, Rn 3717 ff.).

b) Neben den gesetzlich geregelten Haftgründen gibt es sog. **„apokryphe Haftgründe"**. Hierbei handelt es sich um Haftgründe, die gesetzlich nicht vorgesehen, aber in der Praxis regelmäßig tatsächlich ausschlaggebend für die Anordnung und den Fortbestand der U-Haft sind. U-Haft auf dieser Grundlage ist rechtswidrig. Als typische „apokryphe Haftgründe" können die **folgenden Gründe** genannt werden (vgl. hierzu *Burhoff*, EV, Rn 3717; *Cornell* StV 1994 202, 207; *Dahs*, S. 227; *Deckers* AnwBl. 1983 422; *Dünkel* StV 1994, 610, 617; *Eidam* HRRS 2013, 292; *ders.* 2008, 242; *Herrmann*, Rn 638; SSW-StPO/*Herrmann*, § 112 Rn 20; LR-*Hilger*, § 112, Rn 54; SK-StPO/*Paeffgen*, § 112 Rn 21, 27; *Paeffgen* NJW 1990, 537; *ders.* NStZ 1995, 21; *Parigger* NStZ 1986, 211; *Schlothauer/Weider*, Rn 661; *Seebode* StV 1989, 118, 119): Druck der öffentlichen Meinung, Erleichterung der Ermittlungen, Förderung der Geständnis- 975 bereitschaft, Förderung der Kooperationsbereitschaft, Förderung der Therapie- und Behandlungsbereitschaft, Krisenintervention bei Jugendlichen und Heranwachsenden, Erleichterung ausländerrechtlicher Maßnahmen, Vorwegnahme der (abzusehenden) Strafhaft. Es gibt darüber hinaus eine Vielzahl weiterer „apokrypher Haftgründe", mit denen Haftbefehle begründet und aufrechterhalten werden, ohne dass hierfür eine gesetzliche Grundlage ersichtlich ist.

☝ In der Praxis legen nicht selten verschiedene **Indizien** die **Annahme „apokrypher Haftgründe"** nahe. Vermeintliche Begründungen im Text von Haftbefehlen, die einer Überprüfung nicht ansatzweise standhalten und die mit den gesetzlichen Vorgaben nicht in Einklang zu bringen sind, belegen gesetzesfremde Ziele und Zwecke. So werden regelmäßig Haftbefehle wegen angeblicher Fluchtgefahr lapidar einzig mit der „Höhe der zu erwartenden Strafe" begründet. Nicht selten kommen Leerfloskeln zum Einsatz, die hinterfragt werden müssen. Mit den gesetzlichen Vorgaben steht all dies nicht in Einklang.

Derartige **Leerfloskeln** scheinen dennoch nicht ausrottbar. Sie sind **schlicht gesetzwidrig**, soweit sie nicht auf weitere Umstände gestützt werden können. Manche vermeintliche Begründung grenzt dabei an Tatsachenmanipulation. Eine noch härtere Kritik erscheint oft nur deshalb vermeidbar, weil auf die Erhebung der persönlichen und wirtschaftlichen Verhältnisse oft wenig Wert gelegt wird und die Einschätzung überwiegend auf Unkenntnis zurückzuführen ist (ebenso deutlich LG München I StV 2005, 38 [zwar etwas verkürzt und allgemeiner formuliert, aber dennoch fast wörtlich wiedergegeben!]).

976 **5.** Die U-Haft muss **verhältnismäßig** sein (§ 112 Abs. 1 S. 2).

977 **a)** Sie wird nur dann als zulässig angesehen, wenn die umfassende Aufklärung der Tat sowie die zügige Durchführung des Verfahrens einschließlich der **Verurteilung** und der **Vollstreckung** des **Urteils nicht anders gesichert** werden können (BVerfG NJW 1966, 1703; KK-*Graf*, vor § 112 Rn 7; *Meyer-Goßner/Schmitt*, § 112 Rn 9 sowie vor § 112 Rn 2; MAH-*König*, § 4 Rn 51). Sie ist auf streng begrenzte Ausnahmefälle zu beschränken. Der Grundsatz der Verhältnismäßigkeit ergibt sich aus dem Rechtstaatsprinzip sowie den Freiheitsgrundrechten der Art. 2 Abs. 2 und 104 GG. Er folgt nicht zuletzt auch aus der Unschuldsvermutung (vgl. OLG Karlsruhe StV 2010, 30; s.a. BVerfG NStZ 2009, 134 m. Anm. *Herrmann* StRR 2008, 355). Bei der Prüfung der Voraussetzungen der Untersuchungshaft ist nicht danach zu fragen, ob diese angeordnet werden kann, sondern vielmehr ob ihre Verhängung – als ultima ratio – wegen überwiegender Belange des Gemeinwohls zwingend geboten ist (KG StV 2014, 26 mit Anm. *Burhoff* StRR 2013, 356).

978 **b)** Bei der **Abwägung** sind stets der individuelle Freiheitsanspruch des als unschuldig geltenden Beschuldigten mit dem Interesse des Staates an einer wirksamen, eine vorläufige

Inhaftierung gebietenden Strafverfolgung, gegeneinanderzustellen (BVerfG NJW 1966, 243, 244; 1966, 1259; 1980, 1448; *Meyer-Goßner/Schmitt*, vor § 112 Rn 2; MAH-*König*, § 4 Rn 53).

Kann das mit der Inhaftierung verfolgte Ziel auch mit **milderen Mitteln**, z.B. einem Suchvermerk im Bundeszentralregister (vgl. hierzu OLG Rostock StV 2006, 311; *Meyer-Goßner/Schmitt*, § 112 Rn 9 a.E.), erreicht werden, dann ist die U-Haft unverhältnismäßig und der Antrag auf Erlass eines Haftbefehls zurückzuweisen. Ein bereits erlassener Haftbefehl ist aufzuheben, es genügt in diesem Fall nicht, ihn lediglich nicht zu vollziehen. 979

☝ Die Entscheidung über die Verhältnismäßigkeit der U-Haft ist, auch wenn dies allgemein nur selten eingestanden wird, immer auch eine **„Entscheidung aus dem Bauch heraus"**. Es macht keinen Sinn Realität und Rechtswirklichkeit zu leugnen. Entscheidend ist hierbei, dass der Richter seine subjektive Beurteilung des Sachverhaltes anhand der Fakten des konkreten Einzelfalles für die Beteiligten nachvollziehbar begründet und darüber hinaus auch eine Diskussion der soeben dargestellten Wirklichkeit („Bauchentscheidung") zulässt. Nur dann kann sinnvoll und erfolgreich argumentiert werden. Andernfalls bieten weder wissenschaftliche Erkenntnisse noch pragmatische Lösungsvorschläge Erfolg (ebenso SSW-StPO/*Herrmann*, § 112 Rn 110).

c) Bei der Entscheidung über die Verhältnismäßigkeit dürfen nur die Tatumstände zugrunde gelegt werden, die **Gegenstand** des **Haftbefehls** sind (OLG Hamm NStZ 2003, 386; OLG Naumburg NStZ-RR 2011, 123; *Burhoff*, EV, Rn 3746 ff.). Von Bedeutung können vor allem sein folgende 980

Umstände: 981

- der **Deliktstypus** der begangenen Straftat,
- der individuelle **Tatvorwurf**,
- Besonderheiten bei der **Tatausführung**,
- der gesetzlich vorgesehene Strafrahmen,
- die im konkreten Fall zu **erwartende** Strafe,
- die Persönlichkeit des Beschuldigten,
- seine **soziale Situation**, insb. seine Lebensumstände, Auswirkungen auf dessen Familie, Angehörige und ihm sonst nahestehende Personen,
- **Auswirkungen** auf das Arbeitsverhältnis des Beschuldigten,
- Folgen für dessen Unternehmen und die dort tätigen Arbeitnehmer,
- der entstandene **Schaden**,
- eine eventuelle **Wiedergutmachung** des Schadens,
- die Interessen des Opfers,

- schließlich auch der Verlauf des Verfahrens und auch eventuelle **Verfahrensverzögerungen**.

> ☝ Ein eventueller **Bewährungswiderruf** in **anderer Sache** ist aber nicht zu berücksichtigen (OLG Hamm NStZ 2000, 80; OLG Naumburg NStZ-RR 2011, 123).

Siehe auch: → *U-Haft, Allgemeines*, Teil A Rdn 764, m.w.N.

982 Untersuchungshaft, Rechtsbehelfe, außerordentliche

983 **Literaturhinweise:** s. die Hinw. bei → *Untersuchungshaft, Allgemeines*, Teil B Rdn 806, bei → *Menschenrechtsbeschwerde*, Teil C Rdn 1, und bei → *Verfassungsbeschwerde, Individualbeschwerde*, Teil C Rdn 729.

984 **1.a)** Als außerordentlicher Rechtsbehelf ist gegen Haftentscheidungen auch die Möglichkeit der **Verfassungsbeschwerde** gegeben.

> ☝ Nicht zuletzt wegen der besonderen Bedeutung des Freiheitsgrundrechts erscheint die **Erfolgsquote** von Verfassungsbeschwerden in Haftsachen im Verhältnis zum allgemeinen Durchschnitt **deutlich erhöht**.

985 Die Verfassungsbeschwerde muss aber **qualifiziert begründet** werden (instruktiv für die Verteidigung: BVerfG StRR 2007, 203 [Ls.]; VerfGH Berlin, Beschl. v. 25.4.2008, 164/07, zit. nach *Paeffgen* NStZ 2010, 200, 201, der diese „Beweislast“ aber auch die dortigen Überlegungen zum Grundsatz der Beschleunigung im Hinblick auf u.a. den Grundsatz des „nemo tenetur“ und auch § 136a sehr kritisch würdigt; vgl. auch → *Verfassungsbeschwerde, Begründung, U-Haft*, Teil C Rdn 1057; Radtke/Hohmann/*Tsambikakis*, § 117 Rn 17, dort insbes. auch Fn 25).

986 **b)** Das BVerfG kann nur eingreifen, wenn die Untergerichte **Verfassungsrecht verletzt** haben. Dies ist nicht schon dann anzunehmen, wenn die angegriffene Entscheidung objektiv fehlerhaft ist. Der Fehler muss vielmehr in der Nichtbeachtung von Grundrechten liegen. Das kann in der Regel erst angenommen werden, wenn eine grds. unrichtige Anschauung von der Bedeutung eines Grundrechts oder eine fehlerhafte Rechtsanwendung bei verständiger Würdigung der das Grundgesetz beherrschenden Gedanken nicht mehr verständlich ist (BVerfG NJW 1997, 929 mit Anm. *Ambos* StV 1997, 39 u. Anm. *Strack* JZ 1997, 142; s. auch *Herrmann*, Rn 1181 ff.; MAH-*Eschelbach*, § 28 Rn 2 [dort insbes. Fn 1]; → *Verfassungsbeschwerde, Allgemeines*, Teil C Rdn 729, m.w.N.).

987 **c)** Vorab ist der ordentliche **Rechtsweg auszuschöpfen**. Dies gilt selbst dann, wenn die Möglichkeit der Einlegung eines Rechtsmittels in Rspr. und Lit. strittig ist (wegen der Einzelh. → *Verfassungsbeschwerde, Zulässigkeit, Rechtswegerschöpfung*, Teil C Rdn 1182).

☝ Nach Ansicht des BVerfG bedarf es selbst dann der Einlegung einer weiteren **Beschwerde** gegen einen **aufgehobenen Haftbefehl**, wenn dieser durch einen neuen Haftbefehl prozessual überholt ist (BVerfG NStZ 2007, 147).

2. Konventionsverstöße gegen die **EMRK** können mittels **Individualrechtsbeschwerde** verfolgt werden (eingehend dazu → *Menschenrechtsbeschwerde, Allgemeines*, Teil C Rdn 1, m.w.N.). **988**

a) Auch wenn die unmittelbare Wirkung der **Rechtsprechung** des **EGMR** als gering angesehen wird (MAH-*Eschelbach*, § 29 Rn 7), dürfen dennoch die Orientierungswirkung sowie die normative Leitfunktion entsprechender Judikate bei der Auslegung innerstaatlichen Rechts nicht verkannt werden (*Esser* StV 2005, 348, 352; *Vogel/Matt* StV 2007, 206; MAH-*Eschelbach*, a.a.O.). **989**

b) Die im Zusammenhang mit dem Recht auf **Akteneinsicht** gem. § 147 Abs. 2 S. 2 StPO (s. hierzu → *Rechtsbehelf, Untersuchungshaft, Allgemeines*, Teil B Rdn 822 ff.) ergangenen Entscheidungen des EGMR sind wegweisend für die Entwicklung der nationalen Rspr. und haben die Gesetzgebung im Rahmen der Reform des Rechts der U-Haft zum 1.1.2010 wesentlich beeinflusst (vgl. nur EGMR Nr. 11364/03, Urteil der 5. Kammer v. 13.12.2007 [*Mooren* v. Deutschland I] StV 2008, 475 mit Anm. *Hagmann* und *Pauly* u. mit Anm. *J. Herrmann/D. Herrmann* StRR 2008, 98; s. auch EGMR Nr. 11364/03, Urt. der Großen Kammer v. 9.7.2009 [*Mooren* v. Deutschland II] StV 2010, 490 ff. mit Anm. *Pauly* u. mit Anm. *D. Herrmann* StRR 2009, 473; s. auch EGMR StV 1993, 283; 2001, 201, 203, 205 m. zust. Anm. *Kempf* StV 2001, 207; NJW 2002, 2013 [*Lietzow*]; NJW 2002, 2015 [*Schöps*]; EGMR NJW 2002, 2018 [*Garcia Alva*]; zum Ganzen a. *Burhoff*, EV, Rn 218 ff.; *Deckers* StraFo 2009, 444; *Herrmann*, Rn 360 ff.; *Kempf*, S. 217 ff.; *Meyer-Goßner*, § 147 Rn 25a; *Michalke* NJW 2010, 18; *Park* StV 2009, 276; *Püschel* StraFo 2009, 134, 135; *Schlothauer* StV 2001, 193; *Weider* StV 2010, 102). **990**

c) Auch die Urteile des EGMR zu Fragen der **Beschleunigung** in **Haftsachen** gem. Art. 5 Abs. 3 S. 1 Hs. 2 EMRK und Art. 6 Abs. 1 S. 1 EMRK bestätigen deren Bedeutung für das nationale Recht. Der verhaftete Beschuldigte hat Anspruch auf Aburteilung innerhalb einer angemessen Frist oder auf Haftentlassung (vgl. EGMR StV 2005, 136; s. auch *Kühne* StV 2002, 383). **991**

d) Schließlich sind europarechtlich für Fälle der rechtswidrigen Festnahme oder Freiheitsentziehung **Entschädigungsansprüche** nach **Art. 5 Abs. 5 EMRK** denkbar, der einen verschuldensunabhängigen Schadensersatzanspruch gegen den Staat ermöglicht (s. EGMR Nr. 11364/03, Urt. der 5. Kammer v. 13.12.2007 [*Mooren* v. Deutschland I] StV 2008, 475 mit Anm. *Hagmann* und *Pauly* u. mit Anm. *J. Herrmann/D. Herrmann* StRR 2008, 98; insbes. EGMR Nr. 11364/03, Urt. der Großen Kammer v. 9.7.2009 [*Mooren* v. Deutschland II] StV 2010, 490 ff. mit Anm. *Pauly* u. mit Anm. *D. Herrmann* StRR 2009, **992**

473; zum Ganzen auch *Broß* StraFo 2009, 10; LR-*Esser*, Erl. zu Art 5 EMRK; → *Verfahrensverzögerung/Verzögerungsrüge*, Teil B Rdn 1027, m.w.N.).

993 **e)** Entscheidungen des EGMR dienen in erster Linie der **Durchsetzung** von **Konventionsgarantien**. Sie wollen einen Ausgleich und auch eine gütliche Einigung zwischen den Verfahrensbeteiligten herbeiführen. Es handelt sich um einen völkerrechtlichen Rechtsbehelf eigener Art (EGMR NJW 2004, 3407, 3409; ausführlich zum Ganzen MAH-*Eschelbach*, § 29 Rn 5 und Rn 43; *Vogel/Matt* StV 2007, 206, 211).

994 **f)** Die Individualbeschwerde ist erst zulässig, wenn sämtliche innerstaatlichen Rechtsbehelfe erschöpft sind, sie ist **subsidiär** (vgl. Art. 35 Abs. 1 EMRK). Die konkreten **Vorgaben einer Individualbeschwerde**, insbesondere formelle Anforderungen und entsprechende Formularvorgaben sowie Fristen, Form und Inhalt, insbesondere Begründungsanforderungen und schließlich auch der Verfahrensablauf sind ausführlich dargestellt bei → *Menschenrechtsbeschwerde, Allgemeines*, Teil C Rdn 1, m.w.N.

Siehe auch: → *Untersuchungshaft, Allgemeines*, Teil B Rdn 806, m.w.N.; → *Menschenrechtsbeschwerde, Allgemeines*, Teil C Rdn 1, m.w.N.; → *Verfassungsbeschwerde, Allgemeines*, Teil C Rdn 729, m.w.N.

995 Untersuchungshaft, Vollzug

Das Wichtigste in Kürze:

1. Die Rechtsbehelfe des Inhaftierten hinsichtlich der Vollstreckung der Untersuchungshaft sind differenziert geregelt. Soweit nicht das Rechtsmittel der Beschwerde statthaft ist, kann Antrag auf gerichtliche Entscheidung gestellt werden (§ 119 Abs. 5).
2. Zum Rechtsbehelf der Beschwerde gelten allgemein die Ausführungen zur Haftbeschwerde.
3. Der Antrag auf gerichtliche Entscheidung erfasst in erster Linie diejenigen Fälle, in denen die Anordnung nicht vom Gericht getroffen wurde.
4. Das Recht zum Antrag auf gerichtliche Überprüfung erfasst auch Entscheidungen im Vollzug der U-Haft.
5. Auch bei Untätigkeit der Behörde kann ein Antrag auf gerichtliche Entscheidung gestellt werden.
6. Auch für den Antrag auf gerichtliche Entscheidung bedarf es eines Rechtsschutzbedürfnisses. Der Antragsteller muss beschwert sein.
7. Die Zuständigkeit für die Entscheidung über Anträge nach § 119a richtet sich danach, ob die öffentliche Klage bereits erhoben ist.

8. Der Prüfungsmaßstab für einen Antrag auf gerichtliche Entscheidung ist der gleiche wie bei § 119.
9. Die Entscheidung über den Antrag ist dem Betroffenen gem. § 35 Abs. 2 S. 2 formlos mitzuteilen. Die mündliche Mitteilung durch die JVA ist nicht ausreichend.

Literaturhinweise: **Herrmann**, Zur Reform des Rechts der Untersuchungshaft, StRR 2010, 4 ff.; **Paeffgen**, Das Niedersächsische Justizvollzugsgesetz vom 14.12.2007, StV 2009, 46; **Seebode**, Das „Recht des Untersuchungshaftvollzugs" im Sinne des Art. 74 GG, HRRS 2008, 236, 239; **Tsambikakis**, Moderne Einwirkungen auf die Strafprozessordnung – Beispiel Untersuchungshaft, ZIS 2009, 503 ff.; **Weider**, Das Gesetz zur Änderung des Untersuchungshaftrechts, StV 2010, 102 ff.; s.a. die Hinw. bei → *Untersuchungshaft, Allgemeines*, Teil B Rdn 806. 996

1.a) Die Rechtsbehelfe des Inhaftierten hinsichtlich der Vollstreckung der U-Haft sind differenziert geregelt. Grds, gilt: Soweit nicht das Rechtsmittel der **Beschwerde** statthaft ist (vgl. Rdn 999), kann **Antrag auf gerichtliche Entscheidung** gestellt werden (§ 119 Abs. 5; vgl. Rdn 1001 ff.). 997

b) Der Beschuldigte ist im Rahmen der Haftbefehlseröffnung und dessen Verkündung über seine Rechte zu **belehren**. Die gilt sowohl hinsichtlich der Möglichkeit der Haftbeschwerde als auch des Antrages auf gerichtliche Entscheidung (vgl. § 115 Abs. 4). 998

☝ Aufgrund der schwierigen, nicht unproblematischen Rechtslage wird diese Belehrung ebenso differenziert wie ausführlich zu geschehen haben (s. auch die Kommentierung bei SSW-StPO/*Herrmann*, §§ 119, 119a).

2. Zum Rechtsbehelf der **Beschwerde** gelten allgemein die Ausführungen bei → *Untersuchungshaft, Haftbeschwerde*, Teil B Rdn 880 ff. (; s. auch noch → *Beschwerde, Allgemeines*, Teil B Rdn 453, m.w.N.). 999

Ergänzend ist Folgendes zu **beachten**: 1000

- Ein Beschwerderecht steht hier auch dem von den angeordneten Auflagen betroffenen **Dritten** zu (BGHSt 27, 175 m. abl. Anm. *Peters* JR 1978, 83 [zum Besuchsrecht]; *Meyer-Goßner/Schmitt*, § 119 Rn 36).
- Der die Anordnung treffende **Anstaltsleiter** hat hingegen kein eigenes Beschwerderecht, da für diesen § 119a Abs. 3 gilt (AnwKomm-U-Haft/*König*, § 119 Rn 63; *Meyer-Goßner/Schmitt*, § 119 Rn 36). Der JVA kommt keine Regelungskompetenz zur Sicherung der Haftzwecke zu (*Schlothauer/Weider*, Rn 1012).
- Handelt es sich um eine Entscheidung des erkennenden Gerichts i.S.v. § 305, dann ist der **Begriff** der „**Verhaftung**" weit auszulegen. Hierunter fallen sämtliche Entscheidungen im Zusammenhang mit der U-Haft (OLG Karlsruhe StV 1997, 312 [zur Höhe der Sicherheitsleistung]; *Meyer-Goßner/Schmitt*, § 119 Rn 37 [mit Verweis auf § 305 Rn 7]; Radtke/Hohmann/*Tsambikakis*, § 119 Rn 19).

1001 **3.** Der **Antrag** auf **gerichtliche Entscheidung** erfasst in erster Linie diejenigen Fälle, in denen die **Anordnung nicht** vom **Gericht** getroffen wurde. Da es sich bei Anordnungen zur Beschränkung der U-Haft letztlich um einen Eingriff in die Grundrechte des Inhaftierten handelt, muss der Rechtsweg eröffnet sein (Art. 19 Abs. 4 S. 1 GG). Die Überprüfung kann sich gegen sämtliche **allgemeinen und individuellen Anordnungen** der Justizvollzugsanstalt richten (zum Antrag auf gerichtliche Entscheidung allgemein → *Antrag auf gerichtliche Entscheidung, Allgemeines*, Teil B Rdn 93, m.w.N.).

☝ Damit unterliegen insbesondere Entscheidungen der StA oder der Anstaltsleitung einer gerichtlichen Kontrolle.

1002 **Darüber hinaus** sind hiervon aber auch die Fälle erfasst, in denen ein **Gericht entschieden** hat, **ohne** dass eine **Beschwerdemöglichkeit eröffnet** ist. Dies trifft auf Entscheidungen in Haftsachen durch den Ermittlungsrichter beim BGH oder das OLG zu, die nunmehr gerichtlich überprüft werden können (vgl. § 304 Abs. 5; s. hierzu auch BT-Drucks 16/11644, S. 30).

☝ Der Antrag auf gerichtliche Entscheidung hat **keine aufschiebende Wirkung** (vgl. § 119 Abs. 5 S. 3 und 4; § 119a Abs. 2 S. 1). Das Gericht kann aber nach vorläufige Anordnungen treffen (vgl. § 119 Abs. 5 S. 3 und 4; § 119a Abs. 2 S. 2).

1003 **4.a)** Das Recht zum Antrag auf gerichtliche Überprüfung erfasst **auch Entscheidungen** im **Vollzug** der **U-Haft**, auch dort kann ein entsprechender Antrag gestellt werden (§ 119a).

☝ Hinsichtlich der ergangenen Anordnung muss eine **fehlerfreie Ermessensausübung nachvollziehbar** dargelegt sein (OLG Celle StRR 2011, 207 [mit Hinweis auf § 167 Abs. 4 NJVollzG, der auf § 115 StVollzG verweist; zum Bezug von Bio- oder Reformkostprodukten in der U-Haft]; zum Begründungszwang in verfassungsrechtlicher Hinsicht s. auch *Mayer/Hunsmann* NStZ 2015, 325).

1004 Aus der Vielzahl der **Einzelfälle** in der Praxis von möglichen Anordnungen können exemplarisch genannt werden folgende

Beispielsfälle:

- die generelle **Beschränkung** der **Gesprächsdauer** für **Verteidiger** (*Schlothauer/Weider*, Rn 83),
- die Versagung eines **außerordentlichen Verteidigerbesuches** (*Schlothauer/Weider*, Rn 85),
- **Eingangskontrollen** der Verteidiger (*Schlothauer/Weider*, Rn 88 a.E. und Rn 93),

- eine **unverhältnismäßige Durchsuchung** von sowohl Verteidiger als auch Gefangenem, Letzterem insb. bei Aufnahme in die Haftanstalt (zur unverhältnismäßigen Inspektion des Anus eines Steuerberaters bei Aufnahme in der Haftanstalt ohne jeglichen Hinweis auf Drogentransport s. BVerfG NStZ 2010, 206 m. Anm. *Meyer-Mews* NJ 2009, 253 ff. u. m. Anm. *Herrmann* StRR 2009, 198 [zum alten Recht]),
- **erkennungsdienstliche Behandlung** in der JVA (*Schlothauer/Weider*, Rn 1044),
- **gemeinsame Unterbringung** (OLG Frankfurt/Main NStZ-RR 2004, 184; *Schlothauer/Weider*, Rn 1058),
- Anordnungen zu **Haftraum** und Ausstattung (*Schlothauer/Weider*, Rn 1061),
- Herausgabe von Gegenständen aus der **Habe** (*Schlothauer/Weider*, Rn 1065),
- Behandlung durch einen **Arzt** des Vertrauens (*Schlothauer/Weider*, Rn 1114),
- **Bezug** von Bio- oder **Reformkostprodukten** (OLG Celle StRR 2011, 207 [mit Hinweis auf § 167 Abs. 4 NJVollzG, der auf § 115 StVollzG verweist]),
- **Disziplinarmaßnahmen** (*Schlothauer/Weider*, Rn 1131; s.a. *Meyer-Goßner/Schmitt*, § 119a Rn 4),
- **Urinproben** (BVerfG NStZ 2008, 292 m. Anm. *Herrmann* StRR 2008, 75 [dort sachlich gerechtfertigt, aber von der JVA formal fehlerhaft ausgeführt]; KG StV 2015, 306; OLG Oldenburg StV 2007, 88 m. krit. Anm. *Pollähne*; OLG Saarbrücken NStZ 1992, 350 [fehlende Rechtsgrundlage]; LG Koblenz StraFo 2008, 119; LG Traunstein StV 2004, 144 [fehlende Rechtsgrundlage]; s.a. *Paeffgen* NStZ 2008, 135, 139),
- **Beschränkung** von **Besuchen** (*Schlothauer/Weider*, Rn 1170),
- **Besuchsüberwachung** (*Schlothauer/Weider*, Rn 1174),
- **Postkontrolle** und Beanstandung von Schreiben durch die JVA (*Schlothauer/Weider*, Rn 1219),
- die **Fesselung** des Gefangenen wegen besonderer Fluchtgefahr (OLG Hamm StRR 2011, 287 [für Strafgefangenen]; OLG Koblenz StV 1989, 209; OLG Oldenburg NJW 1975, 2219; ausführlich *Hoffmann/Wißmann* StV 2001, 706 ff.; s.a. *Meyer-Goßner/Schmitt*, § 119 Rn 23),
- die **Übermittlung** von **Erkenntnissen** der JVA an **StA** und **Gericht** nach § 114e (*Schlothauer/Weider*, Rn 1141, 1144; s. hierzu auch SSW-StPO/*Herrmann*, § 114e Rn 2).

☝ Eine ausführliche Darstellung dieser und auch weiterer Beispiele findet sich bei SK-StPO/*Paeffgen*, § 119a Rn 23 ff. sowie bei *Schlothauer/Weider*, Rn 83 ff. und Rn 1044 ff. (s. zum Ganzen a. SSW-StPO/*Herrmann*, § 119a Rn 10).

b) In diesem Bereich besteht aber ein ganz wesentliches **praktisches Problem**: Der Bundesgesetzgeber meinte offenbar, sämtliche in § 119 Abs. 3 a.F. geregelten Punkte auch **1005**

weiterhin in eigener Kompetenz regeln zu dürfen. Denn der Zweck der U-Haft liege für die Haftgründe der Flucht- oder Verdunkelungsgefahr (§ 112 Abs. 2 Nr. 2 und 3) in der geordneten Durchführung des Strafverfahrens und für den Haftgrund der Wiederholungsgefahr (§ 112a) in der Gefahrenabwehr. Deshalb seien nicht nur die Anordnung sondern auch die damit einhergehenden Beschränkungen zur Erreichung der genannten Zwecke Teil des gerichtlichen Verfahrens und damit der dem **Bund** zustehenden **Gesetzgebung i.S.d. Art. 74 Abs. 1 GG** (BT-Drucks 16/11644, S. 30). Eine klare Trennung dieser Bereiche ist in der Praxis aber nicht möglich. Hier kommt es zu **Überschneidungen** (vgl. *Herrmann* StRR 2010, 4; *Seebode* HRRS 2008, 236, 239; *Paeffgen* StV 2009, 46; *Tsambikakis* ZIS 2009, 503; *Weider* StV 2010, 102).

1006 **5.** Auch bei **Untätigkeit der Behörde** kann ein Antrag auf gerichtliche Entscheidung gestellt werden. Nach § 119a Abs. 1 S. 2 muss die Behörde innerhalb einer **Frist von 3 Wochen** über Anträge im Vollzug der U-Haft entscheiden. Die Unschuldsvermutung und das Gebot der Verhältnismäßigkeit, dort insb. auch der Beschleunigungsgrundsatz, gebieten die Möglichkeit zu angemessenem (zeitnahem) Rechtsschutz.

☝ Die Frist ist deshalb u.a. **deutlich kürzer** als im **Strafvollzug** bemessen (vgl. § 113 Abs. 1 StVollzG [Vornahmeantrag grds. nicht vor drei Monaten seit Antragstellung]). Laut Gesetzesbegründung soll die U-Haft i.Ü. oftmals bereits beendet sein (BT-Drucks 16/11644, S. 32; BR-Drucks 829/08, S. 46; zur Frage der Verfassungswidrigkeit der Vorschrift s. SK-StPO/*Paeffgen*, § 119a Rn 11 f.

1007 In Fällen der **Hauptverhandlungshaft** (§ 127b Abs. 2) geht diese Regelung aufgrund der Kürze der dort vorgesehenen Zeit von lediglich einer Woche ins Leere. Dies soll der Betroffene hinnehmen müssen (BT-Drucks 16/11644, S. 32). Dass insofern kein Rechtschutz besteht, erscheint äußerst bedenklich (s. hierzu auch AnwKomm-U-Haft/*König*, § 119a StPO Rn 3; SK-StPO/*Paeffgen*, § 119a Rn 12 a.E.).

1008 **6.a)** Auch für den Antrag auf gerichtliche Entscheidung bedarf es eines Rechtsschutzbedürfnisses. Der Antragsteller muss **beschwert** sein.

1009 **b)** Hat sich die Anordnung inzwischen **erledigt**, dann besteht wegen des **Fortsetzungsfeststellungsinteresses** dennoch die Möglichkeit zur Überprüfung (allgemein hierzu: BVerfG StraFo 2006, 20; OLG Frankfurt/Main NStZ-RR 2004, 184 [unzulässige Einweisung in mehrfach belegte Zelle; Überprüfung nach Haftentlassung]; OLG München OLG München StV 1995, 140 [Beanstandung von Briefen]; StV 2006, 317 [m. Anm. *Kirchner*; zum Erlass des Haftbefehls]; **a.A.** OLG Frankfurt/Main NStZ-RR 2007, 349 [für Haftbefehl nach § 230]; OLG Koblenz StV 2007, 589; s. zum Ganzen auch *Burhoff*, EV, Rn 3751 ff.; LR-*Hilger*, § 119 Rn 147; *Meyer-Goßner/Schmitt*, § 119a Rn 8; SK-StPO/*Paeffgen*, § 119a Rn 10; *Park/Schlothauer* in: FS Widmaier, S. 387 ff.; KK-*Mayer*, § 23 EGGVG Rn 31a f.; s.a. SSW-StPO/*Herrmann*, § 119 Rn 79).

7. Zuständig für die Entscheidung über **Anträge** nach **§ 119a** ist vor Erhebung der öffentlichen Klage gem. § 126 Abs. 1 S. 1 das Gericht, das den Haftbefehl erlassen hat. Nach Erhebung der öffentlichen Klage entscheidet gem. § 126 Abs. 2 das Gericht, das mit der Sache befasst ist (s.a. OLG Stuttgart Justiz 2011, 184 f.; *Meyer-Goßner/Schmitt*, § 119a Rn 2; Radtke/Hohmann/*Tsambikakis*, § 119a Rn 4). 1010

☝ Liegen Sitz des Gerichts und Ort der JVA in verschiedenen Bundesländern, dann regelt sich die Ausgestaltung der U-Haft nach dem Recht des Bundeslandes, in dem die Anstalt ansässig ist (ausführlich zum **interlokalen Untersuchungshaftvollzugsrecht** SSW-StPO/*Herrmann*, vor § 112 Rn 21 ff.).

Dass der Haftrichter dann über Entscheidungen einer Behörde eines anderen Bundeslandes und auch nach dortigem Vollzugsrecht zu entscheiden hat, wurde vom Gesetzgeber **bewusst in Kauf genommen**. Dies sei eher vertretbar und sachgerechter als eine Übertragung der Zuständigkeit auf das Haftgericht am Sitz der Anstalt (BT-Drucks 16/11644, S. 32; BR-Drucks 829/08, S. 45; AnwKomm-U-Haft/*König*, § 119a StPO Rn 2; *Meyer-Goßner/Schmitt*, § 119a Rn 2 a.E.; Radtke/Hohmann/*Tsambikakis*, § 119a Rn 4).

8. Der **Prüfungsmaßstab** für einen Antrag auf gerichtliche Entscheidung ist der gleiche wie bei § 119. Es ist Aufgabe des Staates eine Verkürzung der Rechte der U-Haft-Gefangenen zu vermeiden (BVerfG NStZ 2008, 521 [nächtliche Stromabschaltung in der U-Haft]; StV 2009, 255). 1011

☝ Der U-Haft-Gefangene darf **nur** den **absolut unvermeidlichen Haftbeschränkungen** unterworfen werden. Der Unschuldsvermutung und der Verhältnismäßigkeit kommen dabei besondere Bedeutung zu.

9. Entscheidungen, durch die (wie hier) keine Frist in Lauf gesetzt wird, müssen dem Betroffenen gem. § 35 Abs. 2 S. 2 **formlos mitgeteilt** werden. Anordnungen sind schriftlich zu treffen und zu begründen. I.d.R. wird eine Ausfertigung oder Abschrift ausgehändigt (h.M.; vgl. nur *Meyer-Goßner/Schmitt*, § 35 Rn 12; → *Rechtsmittel/Rechtsbehelfe, Entscheidungsbekanntmachung*, Teil A Rdn 1483). 1012

Eine nur **mündliche Bekanntgabe** der Entscheidung durch das **Vollzugspersonal** kann grds. **nicht ausreichen** (vgl. LG München I StV 2000, 517, 518). Dies ergibt sich regelmäßig zwar nicht aus den jeweiligen Landesgesetzen zum Vollzug der U-Haft. Andernfalls wär aber eine Überprüfung durch einen Antrag auf gerichtliche Entscheidung nicht möglich (*Schlothauer/Weider*, Rn 1024). Dem Betroffenen muss die Möglichkeit eröffnet werden, sein weiteres prozessuales Vorgehen abzuwägen und insb. zu prüfen, ob er Rechtsmittel einlegen will (BVerfG NStZ 2008, 292 m. Anm. *Herrmann* StRR 2008, 75 [zur Disziplinarmaßnahme bei Verweigerung einer Urinprobe; dort allerdings nach 1013 richterlicher Anordnung ohne Bekanntmachung; zum alten Recht]; OLG Oldenburg StV 2007, 88 m. krit. Anm. *Pollähne*; OLG Saarbrücken NStZ 1992, 350 [fehlende Rechtsgrundlage]; LG Koblenz StraFo 2008, 119; LG Traunstein StV 2004, 144 [fehlende Rechtsgrundlage]; s.a. LR-*Graalmann-Scheerer*, § 35 Rn 1; *Paeffgen* NStZ 2008, 135, 139 f.; SK-StPO/*Weßlau*, § 35 Rn 1).

Siehe auch: → *Untersuchungshaft, Allgemeines*, Teil B Rdn 806, m.w.N.

1014 Untersuchungshaft, weitere Beschwerde (§ 310 StPO)

1015 **Literaturhinweise:** **Matt**, Zur weiteren Beschwerde nach §§ 304, 310 StPO, NJW 1991, 1801; s.a. die Hinw. bei → *Beschwerde, Allgemeines*, Teil A Rdn 290, m.w.N., und bei → *Untersuchungshaft, Allgemeines*, Teil B Rdn 807.

1016 **1.** Als weiterer ordentlicher Rechtsbehelf kann in Haftsachen nach der Haftbeschwerde die **weitere Beschwerde** erhoben werden (vgl. § 310 Abs. 1 Nr. 1).

1017 Bei § 310 handelt sich um eine **Ausnahmevorschrift**. Sie ist eng auszulegen (→ *Beschwerde, weitere Beschwerde*, Teil A Rdn 585; *Burhoff*, EV, Rn 4370 ff.; *Herrmann*, Rn 1125 ff.; SSW-StPO/*Herrmann*, § 117 Rn 53 ff.; *Meyer-Goßner/Schmitt*, § 310 Rn 4; *Schlothauer/Weider*, Rn 806 ff.; MAH-*König*, § 4 Rn 222).

1018 **Fraglich** ist, ob das Recht zur weiteren Beschwerde nur dem Beschuldigten oder nicht auch zu dessen Lasten der **StA** zusteht. Die (erneute) Ablehnung des Erlasses eines Haftbefehls im Rahmen der weiteren Beschwerde betrifft aber nicht die Verhaftung oder einstweilige Unterbringung (vgl. den Wortlaut von § 310 Abs. 1 Nr. 1 und 2), sondern genau genommen deren Gegenteil. Der Rechtsbehelf ist aber so ausgestaltet, dass nur gravierende Eingriffe in die Freiheitsrechte des Beschuldigten erfasst werden (OLG Braunschweig NJW 1965, 1288; vgl. auch LR-*Matt*, § 310 Rn 18; MAH-*König*, § 4 Rn 222).

1019 **2.** Mit **Verhaftung** i.S.d. § 310 Abs. 1 Nr. 1 sind Haftbefehle nach den §§ 112 ff. aber auch § 230 Abs. 2 gemeint. Die Erzwingungshaft (§ 70 Abs. 2) oder die Ordnungshaft (§ 51) sollen aber nicht erfasst sein. Die einstweilige Unterbringung i.S.d. § 310 Abs. 1 Nr. 2 meint die Fälle des § 126a und § 71 Abs. 1 JGG, nicht aber die Unterbringung des Beschuldigten nach § 81 (s. zum Ganzen → *Beschwerde, weitere Beschwerde*, Teil A Rdn 585; *Burhoff*, EV, Rn 4377; *Meyer-Goßner*, § 310 Rn 5 f.; **a.A.** für **Erzwingungshaft** OLG Frankfurt/Main NStZ-RR 2000, 382O; LG Frankfurt am Main NStZ-RR 1999, 640).

1020 **3.** Mit der weiteren Beschwerde kann **nur** die **zuletzt ergangene Entscheidung** zum Bestand und Vollzug des Haft- oder Unterbringungsbefehls überprüft werden.

1021 Eine **darüber hinausgehende Prüfungskompetenz** des Gerichts im Rahmen der weiteren Beschwerde ist umstr. Für die Anordnung, Änderung oder Aufhebung von Auflagen soll die weitere Beschwerde ausgeschlossen sein (OLG Bremen StV 2001, 689; OLG Celle NStZ-RR 2006, 222; OLG Hamburg StV 1994, 323, 324; zum Ganzen *Burhoff*, EV, Rn 4370 ff.; *Herrmann*, Rn 1128; SSW-StPO/*Herrmann*, § 117 Rn 57; *Meyer-Goßner/Schmitt*, § 310 Rn 7; *Schlothauer/Weider*, Rn 808).

4. Ist der **Haftbefehl außer Vollzug gesetzt**, gehen die meisten OLG davon aus, dass die 1022
weitere Beschwerde dennoch zulässig ist. Denn auch ein nicht vollzogener Haftbefehl bedeutet einen massiven Eingriff in die Persönlichkeits- und Freiheitsrechte des Beschuldigten und muss deshalb überprüfbar sein (so KG NJW 1979, 2626 mit Anm. *Kopp*; OLG Hamburg StV 1994, 323; OLG Hamm StraFo 2002, 140; OLG Koblenz NStZ 1990, 102 mit zustimmender Anm. *Hohmann* NStZ 1990, 507; OLG Köln StV 1994, 321; **a.A.**: OLG Bremen StV 1981, 131 mit Anm. *Klawitter*; OLG Düsseldorf NStZ 1990, 248; StV 1990, 309; OLG Zweibrücken StV 1991, 219 mit ablehnender Anm. *Wendisch*; ausführlich zum Ganzen *Herrmann*, Rn 1129; SSW-StPO/*Herrmann*, § 117 Rn 56; *Matt* NJW 1991, 1801; *Schlothauer/Weider*, Rn 808).

5. Auch für die weitere Beschwerde gilt der **Vorrang** des **Antrages** auf **Haftprüfung** 1023
gem. § 117 Abs. 2 S. 1. Insofern gelten deshalb die gleichen Vorgaben wie bei der Haftbeschwerde (s. hierzu → *Untersuchungshaft, Haftbeschwerde*, Teil B Rdn 880 ff.).

6.a) Für die weitere Beschwerde gelten die **allgemeinen Regeln**. Die weitere Beschwerde 1024
ist also ebenso wie die Haftbeschwerde nach § 304 an **keine Frist** gebunden (s. i.Ü. → *Untersuchungshaft, Haftbeschwerde, § 304 StPO*, Teil B Rdn 880 ff.).

b) Die weitere Beschwerde ist bei dem Gericht **einzulegen**, das die Entscheidung erlassen 1025
hat („judex a quo"). Dieses prüft zunächst selbstständig eine Abhilfe. Eine Begründung des Nichtabhilfebeschlusses ist nicht erforderlich, das Ergebnis der Prüfung ist aber in den Akten zu vermerken. Etwas anderes gilt, wenn der angefochtene Beschluss begründet worden ist und das Beschwerdevorbringen (neue) Tatsachenbehauptungen enthält. Dann muss das Gericht sich hierzu verhalten.

c) Zuständig für die **Entscheidung** über die weitere Beschwerde ist, sofern das Be- 1026
schwerdegericht nicht selbst abhilft, das übergeordnete OLG gem. § 121 Abs. 1 Nr. 2 GVG oder, sofern Entscheidungen des OLG nach § 120 Abs. 2 GVG betroffen sind, der BGH gem. § 135 Abs. 2 GVG (vgl. BGHSt 34, 392; OLG Hamm StV 1996, 421; LG Potsdam NStZ-RR 2001, 20; *Meyer-Goßner/Schmitt*, § 310 Rn 10).

Siehe auch: → *Beschwerde, Allgemeines*, Teil A Rdn 290, m.w.N.; → *Untersuchungshaft, Allgemeines*, Teil B Rdn 806, m.w.N.

1027 Verfahrensverzögerung/Verzögerungsrüge

Das Wichtigste in Kürze:

1. Am 3.12.2011 sind durch das „Gesetz über den Rechtsschutz bei überlangen Gerichtsverfahren und strafrechtlichen Ermittlungsverfahren" v. 24.11.2011 die §§ 198 ff. GVG in das GVG eingefügt worden.
2. Nach § 198 Abs. 1 GVG wird angemessen entschädigt, wer infolge unangemessener Dauer eines Gerichtsverfahrens als Verfahrensbeteiligter einen Nachteil erleidet. Erfasst wird auch das Ermittlungsverfahren.
3. Eine Entschädigung kommt in Betracht, wenn die angemessene Verfahrensdauer überschritten ist.
4. Ein Entschädigungsanspruch setzt nach § 198 Abs. 3 GVG voraus, dass im Ausgangsverfahren die sog. Verzögerungsrüge erhoben worden ist.
5. Umfang und Höhe des Entschädigungsanspruchs sind in § 198 Abs. 1 und 2 GVG geregelt. Einen Entschädigungsanspruch muss der Betroffene ggf. auf im Entschädigungsprozess klageweise durchsetzen.

1028 **Literaturhinweise:** **Althammer/Schäuble**, Effektiver Rechtsschutz bei überlanger Verfahrensdauer – Das neue Gesetz aus zivilrechtlicher Perspektive, NJW 2012, 1; **Burhoff**, Verfahrensverzögerung, überlange Gerichtsverfahren und Verzögerungsrüge – die Neuregelungen im GVG, StRR 2012, 4; *ders.*, Verfahrensverzögerung, überlange Gerichtsverfahren und Verzögerungsrüge – die Neuregelungen im GVG, VRR 2012, 44; *ders.*, Entschädigung für überlange Straf- und Bußgeldverfahren – die Neuregelungen im GVG, ZAP F. 22, S. 591; **Gaede**, Licht und Schatten – Verfahrensabschnittsbezogene Prüfung des Rechts auf Verfahrensbeschleunigung (Art. 6 Abs. 1 Satz 1 EMRK) und Außerachtlassung der völkerrechtlichen Organisationspflicht durch den BGH, HRRS 2005, 377; **Geipel**, Das Gesetz über den Rechtsschutz bei überlangen Gerichtsverfahren aus zivilrechtlicher Sicht, ZAP F. 13, S. 1767; **Gercke/Heinisch**, Auswirkungen der Verzögerungsrüge auf das Strafverfahren, NStZ 2012, 300; **Graf**, Rechtsschutz bei überlangen Gerichtsverfahren und strafrechtlichen Ermittlungsverfahren, NZWiSt 2012, 221; **Keller/Meyer-Mews**, Anforderungen an das Beschleunigungsgebot in Haftsachen während der Hauptverhandlung und nach dem Urteil, StraFo 2005, 353; **Kotz**, Auch wer schläft, sündigt!, ZRP 2011, 85; *ders.*, Verzögerungsrüge als Fallbeil für die Untätigkeitsbeschwerde, StRR 2012, 207; **Link/van Dorp**, Rechtsschutz bei überlangen Gerichtsverfahren, 2012; **Maier/Percic**, Aus der Rechtsprechung zur Verletzung des Beschleunigungsgebots aus Art. 6 I 1 EMRK – 1. Teil, NStZ-RR 2009, 297; **Mack/Wollweber**, Neues Gesetz zur Entschädigung bei überlangen Gerichts- und Steuerstrafverfahren, Stbg 2012, 1; **Nack**, Verfahrensverzögerung und Beschleunigungsgebot, in: Festschrift BRAK, 2006, S. 425; **Ossenbühl**, Staatshaftung bei überlangen Gerichtsverfahren, DVBl 2012, 857; **Peglau**, Behandlung rechtsstaatswidriger Verfahrensverzögerung (Art. 6 I 1 EMRK) in der Rechtsprechung, JuS 2006, 704; **Rinklin**, Rechtsprechungsübersicht zur (rechtsstaatswidrige) Verfahrensverzögerung und deren Auswirkung auf das Straf- und Bußgeldverfahren – Teil 1, StRR 2015, 44; *ders.*, Rechtsprechungsübersicht zur (rechtsstaatswidrige) Verfahrensverzögerung und deren Auswirkung auf das Straf- und Bußgeldverfahren – Teil 2, StRR 2015, 84; **H. Schneider**, Kosten in Rechtsschutzverfahren bei überlangen Gerichtsverfahren, AGS 2012, 53; **N. Schneider**, Abrechnung in Verfahren nach dem Gesetz über den Rechtsschutz bei überlangen Gerichtsverfahren, RVGreport 2012, 82; **Sommer**, Die Verzögerungsrüge: „Auf der Suche nach der verlorenen Zeit", StV 2012, 107; **Steinbeiß-Winkelmann**, Amtshaftungsansprüche wegen überlanger Verfahrensdauer, NJW 2014,

1276; **Steinbeiß-Winkelmann/Ott**, Gesetz über den Rechtsschutz bei überlangen Gerichtsverfahren, 2013; **Steinbeiß-Winkelmann/Sporrer**, Rechtsschutz bei überlangen Gerichtsverfahren Eine Zwischenbilanz anhand der Rechtsprechung, NJW 2014, 177; s.a. die Hinw. bei *Burhoff*, EV, Rn 2171, Rn 4142, und bei *Burhoff*, HV, Rn 2826.

1.a) Am **3.12.2011** sind durch das „Gesetz über den Rechtsschutz bei überlangen Gerichtsverfahren und strafrechtlichen Ermittlungsverfahren" v. 24.11.2011 die **§§ 198 ff. GVG** in das GVG eingefügt worden (vgl. BGBl I S. 2302). Dadurch ist in den §§ 198, 199 GVG eine Entschädigungsregelung eingeführt worden, wenn Gerichtsverfahren zu lange dauern (vgl. dazu (vgl. BT-Drucks 17/3802). Das Fehlen einer solchen Regelung hatte in der Vergangenheit auch der EGMR mehrfach gerügt (vgl. z.B. NJW 2006, 2971; StV 2009, 519 m. Anm. *Artkämper* StRR 2009, 228) und eine innerstaatliche Entschädigungsregelung angemahnt (vgl. EGMR NJW 2001, 2692; vgl. dazu *Sommer* StV 2012, 107, 108). Eine (potenzielle) **Entschädigung** hängt nach § 198 Abs. 3 GVG aber davon ab, dass im Laufe des Verfahrens eine sog. **Verzögerungsrüge** erhoben wird (vgl. dazu Rdn 1041 ff.; zu den Auswirkungen auf die Untätigkeitsbeschwerde *Kotz* StRR 2012, 207 und → *Beschwerde, Untätigkeitsbeschwerde*, Teil A Rdn 560; krit. zur Neuregelung *Ossenbühl* DVBl 2012, 857; zu den Erfahrungen mit der gesetzlichen Neuregelung BT-Drucks 18/2950 u. *Steinbeiß-Winkelmann/Sporrer* NJW 2014, 177). 1029

b) Da es nicht nur im EV und im erstinstanzlichen gerichtlichen Verfahren, dort vor allem in der HV, zu Verzögerungen kommen kann, sondern auch noch im Rechtsmittelverfahren, sollen die Regelungen der §§ 198, 199 GVG auch hier in einem **Überblick** dargestellt werden (wegen der Einzelh. i.Ü. vgl. für das EV *Burhoff*, EV, Rn 4141 ff., und für die HV *Burhoff*, HV, Rn 2825 ff.; s. auch noch *Burhoff* StRR 2012, 4; *ders.*, VRR 2012, 44). Das Hauptanwendungsgebiet der Regelung wird aber im EV bzw. im gerichtlichen Hauptverfahren liegen. 1030

2. Nach § 198 Abs. 1 GVG wird **angemessen entschädigt** (vgl. dazu *Burhoff*, EV, Rn 4168; *Burhoff*, HV, Rn 2825), wer infolge unangemessener Dauer (vgl. dazu Rdn 1037 ff.) eines Gerichtsverfahrens (vgl. dazu Rdn 1032 ff.) als Verfahrensbeteiligter (Rdn 1036 f.) einen (materiellen oder immateriellen) Nachteil (vgl. dazu Rdn 1050 ff.) erleidet. 1031

a) Unter „**Gerichtsverfahren**" ist nach § 198 Abs. 6 Nr. 1 GVG **jedes Straf-/Bußgeldverfahren** von der Einleitung bis zum rechtskräftigen Abschluss zu verstehen (vgl. *Sommer* StV 2012, 107, 111 ff.; *Graf* NZWiSt 2012, 221). 1032

aa) Der Begriff „**Einleitung**" des Verfahrens in § 198 Abs. 6 Nr. 1 GVG meint alle Arten und Formen gemeint, mit denen ein Strafverfahren in Gang gesetzt werden kann. Das ist nicht etwa erst die „Anklageerhebung" (zuletzt u.a. EGMR StV 2009, 519; ähnlich BGH NJW 2014, 220, 221; wegen weiterer Nachw. bei *Burhoff*, EV, Rn 4148 ff; vgl. auch die Gesetzesbegründung in der BT-Drucks 17/3802, S. 24, die den Anfangspunkt „für den 1033

Beschuldigten [setzt], sobald einer Person offiziell mitgeteilt wird, dass ihr die Begehung einer Zuwiderhandlung vorgeworfen wird oder ihre Rechtsposition durch Ermittlungsmaßnahmen ernsthaft beeinträchtigt ist davon“).

1034 **bb)** Nicht geregelt ist, wann das Verfahren i.S. des § 198 Abs. 6 Nr. 1 GVG **endet** bzw. welche Verfahrensdauer zu berücksichtigen ist. Das ist nach der Rspr. des EGMR und des BVerfG der Fall, wenn das Verfahren durch eine **endgültige** und **verbindliche Entscheidung** über die Anklage beendet worden ist (EGMR NJW 2001, 2692). Dazu gehört auch noch eine ggf. erforderliche Entscheidung über das Strafmaß. Auch das Rechtsmittelverfahren wird erfasst (vgl. BVerfG NJW 2005, 2612; 2006, 672; *Wohlers/Gaede* NStZ 2004, 9, 13 ff.; *Schmitt* StraFo 2008, 313, 315 ff.), und zwar auch das Verfahren vor dem BVerfG (EGMR NJW 2002, 2856; StV 2009, 561; zum Bezugspunkt bei Aufhebung mehrerer aufeinanderfolgender Urteile in derselben Sache wegen unterschiedlicher Verfahrensfehler s. BGH NStZ 2009, 472 m. Anm. *Burhoff*; StV 2009, 692).

1035 **Streit** besteht zwischen dem **BGH** und dem **BVerfG** in der Frage, ob die **Aufhebung** eines **Urteils** im **Revisionsverfahren** als **rechtsstaatswidrige Verfahrensverzögerung** mit der Folge einer Berücksichtigung bei der anzurechnenden Verfahrensdauer anzusehen ist oder nicht. Insoweit gilt:

- Das **BVerfG** hat das im Zusammenhang mit Haftfragen bzw. dem Beschleunigungsgrundsatz in den Fällen bejaht, wenn ein Urteil in der Revisionsinstanz wegen eines Verfahrensfehlers aufgehoben worden ist (vgl. NJW 2006, 672). Insoweit macht das BVerfG (a.a.O.) keine Einschränkungen mehr (vgl. zur früheren Rspr. NJW 2003, 2897).
- Demgegenüber hält der **BGH** an der älteren/früheren Rspr. ausdrücklich fest (vgl. NJW 2006, 1529; StV 2006, 241; sowie BGHSt 52, 48 m. Anm. *Junker* StRR 2008, 23, jew. m.w.N.; wie der BGH OLG München, Beschl. v. 4.4.2006 – 2 Ws 289/06; s. i.Ü. auch *Burhoff*, HV, Rn 2837).

1036 **b)** Mit dem Begriff „**Verfahrensbeteiligter**“ i.S. des § 198 Abs. 1 GVG sind alle die Personen und Stellen gemeint, die nach der StPO im Strafverfahren eine **Prozessrolle ausüben**, d.h. durch eigene Erklärungen im prozessualen Sinn gestaltend als Prozesssubjekt mitwirken müssen oder dürfen (vgl. § 198 Abs. 6 Nr. 2 GVG). Verfahrensbeteiligter ist also der Beschuldigte/Angeklagte, aber auch der Nebenkläger (vgl. auch *Burhoff* StRR 2012, 4, 5; zum Nebenkläger inzidenter OLG Bremen NJW 2013, 3109). Insoweit gelten die Ausführungen zum Begriff des Verfahrensbeteiligten bei *Burhoff*, EV, Rn 103 und bei *Burhoff*, HV, Rn 166 ff. entsprechend.

☝ **Nicht verfahrensbeteiligt** sind Zeugen, Sachverständige und Verletzte. Auch nicht verfahrensbeteiligt ist nach der ausdrücklichen Regelung in § 199 Abs. 4 GVG der **Privatkläger**.

3.a) Eine Entschädigung kommt in Betracht, wenn die **angemessene Verfahrensdauer überschritten** ist. (vgl. zur unangemessenen Verfahrensdauer a. *Althammer/Schäuble* NJW 2012, 1, 3). Für die Frage der Angemessenheit der Verfahrensdauer ist unter Berücksichtigung von Art. 19 Abs. 4 GG, 20 Abs. 3 GG und Art. 6 Abs. 1 MRK auf die **Umstände** des **Einzelfalls** abzustellen (§ 198 Abs. 1 S. 1 GVG; *Burhoff* StRR 2012, 4, 5; eingehend *Burhoff*, EV, Rn 4151; *Burhoff*, HV, Rn 2829 ff.; *Graf* NZWiSt 2012, 221; BVerfG NJW 2013, 2342; BGH NJW 2014, 220 m. Anm. *Deutscher* StRR 2014, 117; 2014, 1183; Beschl. v. 5.12.2012 – 1 StR 531/12, insoweit nicht in StRR 2013, 97 m. Anm. *Arnoldi*; NStZ-RR 2012, 237 [Ci/Zi; insoweit nicht in StV 2010, 228]; KG, Beschl. v. 30.8.2012 – 121 Ss 171/12). 1037

b) Damit ergeben sich in etwa folgende **Kontrollfragen** (zum EV s. *Burhoff*, EV, Rn 4154; vgl. auch *Sommer* StV 2012, 107, 111 f.): 1038

Rechtsmittelverfahren, Allgemein 1039

- Ist das **Beschleunigungsgebot** allgemein auch im Berufungs- und/oder Revisionsverfahren **beachtet** worden (vgl. dazu *Krehl/Eidam* NStZ 2006, 7; vgl. z.B. BGH StV 2009, 638; StV 2011, 407 [Verfahrensdauer im Revisionsverfahren von zwei Jahren]; NStZ-RR 2008, 208 und Beschl. v. 16.6.2009 – 3 StR 179/09 [zur verzögerten Vorlage der Akten beim Revisionsgericht]; OLG Hamburg StV 2015, 309 [Protokollgenehmigungen nach HV];)? Allerdings sollen Verzögerungen nach dem erstinstanzlichen Urteil geringer ins Gewicht fallen, weil bis dahin die Unschuldsvermutung stärker für den Angeklagten streitet (KG, Beschl. v. 15.5.2007 – 1 Ws 78/07).
- Hat das Beschleunigungsgebot vor allem dann Beachtung gefunden, wenn es **schon zuvor** im Verfahren zu **Verzögerungen** gekommen ist bzw. mit dem Rechtsmittel eine Verfahrensverzögerung geltend gemacht worden ist?

Gerichtliches Verfahren/(Berufungs) HV 1040

- Ist **rechtzeitig Termin** zur Berufungs-HV bestimmt worden (*Burhoff*, EV, Rn 2220)? Nach Aufhebung und Zurückverweisung durch das Revisionsgericht muss, wenn bis dahin schon längere Zeit verstrichen ist, besonders zügig terminiert werden (vgl. BVerfG NJW 2006, 672). Entsprechendes gilt, wenn ein Ablehnungsantrag Erfolg hatte (BGH StraFo 2009, 245).
- Sind allgemein die **gesteigerten Anforderungen** an die beschleunigte Erledigung von **Haftsachen** beachteten worden (*Burhoff*, EV, Rn 2170 ff.).
- Insbesondere: Ist die **Berufungs-HV** selbst **ausreichend straff** geführt worden (*Burhoff*, EV, Rn 2179; dazu a. *Keller/Meyer-Mews* StraFo 2005, 353; s. aber a. BGH NStZ 2006, 296; *Krehl/Eidam* NStZ 2006, 7)? Das bedeutet, dass genügend HV-Tage mit ausreichend langer Dauer durchgeführt werden müssen (vgl. dazu grundlegend BVerfG NJW 2006, 672; StV 2013, 640 m. Anm. *Herrmann* StRR 2013, 228; vgl. i.Ü. *Burhoff*, HV, Rn 2840 m.w.N.).

- Sind **nach** der **Verkündung** des **Urteils** alle Möglichkeiten zur Beschleunigung genutzt worden (vgl. dazu BVerfG NJW 2005, 2612; vgl. wegen weiterer Einzelh. *Krehl/Eidam* NStZ 2006, 7; *Burhoff*, EV, Rn 2182). Instruktiv ist in dem Zusammenhang die Entscheidung des BVerfG v. 16.3.2006 (NJW 2006, 1336). Dort hat das BVerfG auch kleinste Verzögerungen (im nichtrichterlichen) Bereich, wie z.B. Verzögerungen bei Zustellungen, als Verfahrensverzögerung moniert.

1041 **4.a)aa)** Ein Entschädigungsanspruch setzt nach § 198 Abs. 3 GVG voraus, dass im Ausgangsverfahren die sog. **Verzögerungsrüge erhoben** worden ist.

☝ Die Erhebung der **Verzögerungsrüge** ist **zwingende Voraussetzung** für die spätere Gewährung von Entschädigung. Fehlt eine Verzögerungsrüge ganz, sind Entschädigungsansprüche für den Verfahrensbeteiligten ausgeschlossen, der die Rügeobliegenheit verletzt hat. Die Verspätung der Rüge kann Auswirkungen auf die Höhe der Entschädigung haben. Beides wird im Entschädigungsverfahren von Amts berücksichtigt. Die Verzögerungsrüge kann auch **noch** im **Rechtsmittelverfahren** erhoben werden.

Die Verzögerungsrüge ist aber **nicht Voraussetzung** für eine Kompensation von Verfahrensverzögerung im Rahmen der Vollstreckungslösung (vgl. BGHSt 52, 124) und für die **Zulässigkeit** einer in dem Zusammenhang ggf. zu erhebenden **Verfahrensrüge** (s. zutreffend *Arnoldi* StRR 2013, 98 in der Anm. zu BGH StRR 2013, 196, und *Rinklin* StRR 2015, 64 in der Anm. zu BGH StV 2015, 154 [Ls.], wo das erwogen worden ist).

1042 Durch eine Verzögerungsrüge wird **kein eigenständiges (Zwischen) Verfahren** eingeleitet. Auch muss die Rüge vom Gericht nicht förmlich beschieden werden (BT-Drucks 17/3802, S. 20; krit. *Sommer* StV 2012, 107, 109). Das folgt aus ihrem **Sinn** und **Zweck**. Sinn und Zweck der Verzögerungsrüge ist es nämlich zunächst, dem bearbeitenden Richter – soweit erforderlich – die Möglichkeit zu einer beschleunigten Verfahrensförderung zu eröffnen und insofern als Vorwarnung zu dienen. Darüber hinaus soll die Obliegenheit, im Ausgangsverfahren eine Verzögerungsrüge erheben zu müssen, gegenüber dem Betroffenen einen Ausschluss der Möglichkeit zum „Dulde und Liquidiere" bewirken (BT-Drucks 17/3802, S. 20; *Althammer/Schäuble* NJW 2011, 1, 2).

☝ Das **Hinnehmen/Erdulden** einer Verfahrensverzögerung im Hinblick darauf, dass dafür später dann Entschädigung gewährt werden soll, ist also **ausgeschlossen**.

1043 **bb)** Eine besondere **Form** ist für die **Verzögerungsrüge** nicht vorgesehen. Im Zweifel wird die Verzögerungsrüge aber **schriftlich** erhoben werden (vgl. *Burhoff* StRR 2011, 4, 6; → *Rechtsmittel/Rechtsbehelfe, Form, schriftlich*, Teil A Rdn 1531). Wegen ihrer „Warnfunktion" (vgl. Rdn 1042) muss sie bei dem Gericht erhoben werden, bei dem das Verfahren anhängig ist.

☝ Der **Verteidiger** kann **für** den **Beschuldigten**/Angeklagten die Verzögerungsrüge erheben (→ *Rechtsmittel/Rechtsbehelfe, Vollmacht, Allgemeines*, Teil A Rdn 1732).

cc) Der (frühestmögliche) **Zeitpunkt** für eine Verzögerungsrüge ist in **§ 198 Abs. 3 S. 2 GVG** geregelt. Danach kann die Verzögerungsrüge frühestens erhoben werden, wenn der Verfahrensbeteiligte erstmals Anhaltspunkte dafür hat, dass das Verfahren keinen angemessen zügigen Fortgang nimmt. I.d.R. werden sich diese Anhaltspunkte nicht erst im Rechtsmittelverfahren ergeben, sondern meist schon im gerichtlichen Hauptverfahren auftreten. Treten die Anhaltspunkte jedoch erst im Berufungs-/Revisionsverfahren zutage, gelten die allgemeinen Regeln: Maßgeblich ist deshalb die **Besorgnis** der **Gefährdung**, dass das Verfahren nicht in angemessener Zeit abgeschlossen werden kann, d.h. die konkrete Möglichkeit einer Verzögerung (BT-Drucks 17/3802 S. 20 f.). Ein bloß allgemeine Gefahr für eine Verfahrensverzögerung, die grds. jedem Verfahren immanent ist, reicht nicht aus (vgl. *Burhoff*, EV, Rn 4161 ff.; *Burhoff*, HV, Rn 3291 ff.). 1044

Wird die **Rüge nach diesem Zeitpunkt** eingelegt, ist dies grds. unschädlich, kann aber, wenn sich das Verhalten des Betroffenen bei Würdigung der Gesamtumstände eher als ein „Dulde und Liquidiere" darstellt, vom Entschädigungsgericht sowohl bei der Beurteilung der Angemessenheit der Verfahrensdauer gem. § 198 Abs. 1 GVG berücksichtiget werden als auch bei der Frage, ob Wiedergutmachung auf andere Weise durch Feststellung der Überlänge gem. § 198 Abs. 4 GVG ausreicht (vgl. Rdn 1050). 1045

b) Die **inhaltlichen Anforderungen** an eine Substantiierung der Verzögerungsrüge sind in **§ 198 Abs. 3 S. 3 GVG** geregelt (vgl. dazu BT-Drucks 17/3802, S. 21). Diese Anforderungen orientieren sich daran, dass die Rüge keinen eigenständigen Rechtsbehelf darstellt, sondern nur eine Obliegenheit als Voraussetzung für den Entschädigungsanspruch aus § 198 Abs. 1 GVG ist (vgl. Rdn 1041 f.). Der Verfahrensbeteiligte muss deshalb zwar zum **Ausdruck bringen**, dass er mit der **Verfahrensdauer nicht einverstanden** ist. Er muss aber nicht begründen, aus welchen Umständen sich die Unangemessenheit der Verfahrensdauer ergibt und welche Alternativen zur Verfahrensgestaltung in Betracht kommen. 1046

☝ An eine Verzögerungsrüge sind **keine hohen Anforderungen** zu stellen. Ausreichend ist es grds., wenn sich aus der Verzögerungsrüge ergibt, dass der Angeklagte mit der Verfahrensdauer nicht einverstanden ist (zur Begründung einer „Verzögerungsbeschwerde im verfassungsgerichtlichen Verfahren BVerfG NJW 2013, 2341). Die Verzögerungsrüge/Eingabe sollte, damit eindeutig ist, worum es sich handelt und die „Warnfunktion" nach außen zu Tage tritt, auf jeden Fall aber **als solche bezeichnet** werden.

Übersehen werden darf jedoch nicht, dass die Verzögerungsrüge auch eine **präventive Warnfunktion** gegenüber dem Gericht hat und auch zu einer Beschleunigung des Ver- 1047 fahrens führen soll. Deshalb muss der Angeklagte neben dem Verlangen nach Beschleunigung auf solche Umstände hinweisen, die für das Maß der gebotenen Zügigkeit wichtig, aber noch nicht in das Verfahren eingeführt sind. Dies können beispielsweise besondere Nachteile wie drohender Wohnungs-/Arbeitsplatzverlust oder bevorstehende Insolvenz sein. Diese Nachteile müssen im Ausgangsverfahren nicht nachgewiesen werden. Es reicht aus, wenn die Rüge die drohenden Nachteile/Umstände benennt. Auch eine Glaubhaftmachung dieser Tatsachen ist unter dem Blickwinkel der Warnfunktion im Ausgangsverfahren nicht erforderlich (BT-Drucks 17/3802, S. 21).

☝ Auf die **Formulierung** und Substantiierung der Verzögerungsrüge sollte der Verteidiger, auch wenn gesetzliche inhaltliche Anforderungen nicht bestehen, dennoch **Sorgfalt** verwenden. In § 198 Abs. 4 S. 4 GVG ist nämlich bestimmt, dass Umstände, die noch nicht in das Verfahren eingeführt sind und auch im Rahmen der Begründung nicht benannt werden, vom Entschädigungsgericht im Entschädigungsverfahren unberücksichtigt bleiben. Konnte beispielsweise das Gericht von einem drohenden Arbeitsplatz-/Wohnungsverlust keine Kenntnis haben, so kann das Entschädigungsgericht die Verfahrensdauer – anders als bei Berücksichtigung dieser Tatsache aufgrund Hinweises in der Verzögerungsrüge – noch als angemessen einstufen (BT-Drucks 17/3802, a.a.O.). Das erfordert vom Verteidiger, dass solche Umstände in der Verzögerungsrüge nicht übersehen werden dürfen.

1048 **c)** Grds. ist es **ausreichend**, um die Warnfunktion gegenüber dem Gericht zu erfüllen, wenn die Verzögerungsrüge nur **einmal** erhoben wird (BT-Drucks 17/3802, S. 21). Das gilt auch, wenn später weitere Verzögerungen eintreten (BT-Drucks 17/3802, S. 21). Das bedeutet, dass eine im EV und/oder im Hauptverfahren erhobene Verzögerungsrüge im Rechtsmittelverfahren grds. nicht wiederholt werden muss (vgl. aber Rdn 1049).

1049 Eine **mehrfache Erhebung/Wiederholung** der Verzögerungsrüge ist nicht ausgeschlossen. Eine Verzögerungsrüge kann allerdings erst nach sechs Monaten erneut erhoben werden. Die Gesetzesbegründung (BT-Drucks 17/3802, S. 21) geht jedoch davon aus, dass in besonders gelagerten Fällen eine Fristverkürzung in Betracht kommen kann. Das ist im Rechtsmittelverfahren insbesondere von Bedeutung, wenn es nach einer Aussetzung der Berufungs-HV zu einem Wechsel auf der Richterbank kommt (arg. e. § 198 Abs. 3 S. 5 GVG) oder wenn nach einer Revision das Verfahren an einen anderen Spruchkörper des Ausgangsgerichts **zurückverwiesen** worden ist (§ 198 Abs. 3 S. 5 GVG; vgl. a. *Burhoff*, EV, Rn 4165 f., *Burhoff*, HV, Rn 3295 f.).

1050 **5.a)** Die Regelung in den §§ 198 ff. GVG ist **zweistufig** angelegt (vgl. dazu *Burhoff*, EV, Rn 4167; *Burhoff*, HV, Rn 3279; *Burhoff* StRR 2012, 4; *ders.*, VRR 2012, 44). Wegen dieser Zweistufigkeit des (Entschädigungs) Verfahrens spielen **Umfang und Höhe** des späteren **Entschädigungsanspruchs** im sog. Ausgangsverfahren zunächst keine wesentliche

Rolle. Das ist erst im eigentlichen Entschädigungsprozess der Fall. Wegen der Einzelh. wird verwiesen aus *Burhoff*, EV, Rn 4175 und auf *Burhoff*, HV, Rn 3297 ff.).

☝ Nach **§ 199 Abs. 3 GVG** ist es im Strafverfahren als eine ausreichende Entschädigung anzusehen, wenn im Rahmen der von der Rechtsprechung praktizierte sog. **Strafvollstreckungslösung** eine Verfahrensverzögerung kompensiert wird. Eine Entschädigung in Geld ist dann ausgeschlossen (vgl. § 199 Abs. 3 S. 1 GVG). Die Anwendung der **Vollstreckungslösung** des BGH (BGHSt 52, 124) setzt aber nicht voraus, dass zuvor die Verzögerungsrüge erhoben worden ist (vgl. dazu eingehend/zutreffend *Gercke/Heinisch* NStZ 2012, 300, 303 f; *Arnoldi* StRR 2013, 97 in der Anm. zu BGH StRR 2013, 96 und *Rinklin* StRR 2015, 64 in der Anm. zu BGH StV 2015, 154 [Ls.], wo das allerdings jeweils erwogen worden ist; a.A. offenbar *Sommer* StV 2012, 107, 110).

b) Einen Entschädigungsanspruch muss der Betroffene ggf. auf der zweiten Stufe im Entschädigungsprozess **klageweise** durchsetzen. Dazu wird auf den Überblick bei *Burhoff*, EV, Rn 4175, verwiesen (zu den *Gebühren*/Kosten → *Verfahrensverzögerung/Verzögerungsrüge, Abrechnung*, Teil D Rdn 451; *H. Schneider* AGS 2012, 53; *N. Schneider* RVGreport 2012, 82). 1051

6. Antragsmuster: Verzögerungsrüge 1052

▼

An das

Landgericht Musterstadt

B.7

In dem Strafverfahren

gegen H. Muster

Az.:

wegen des Verdachts der Hehlerei u.a.

wird namens und in Vollmacht des Beschuldigten

Verzögerungsrüge gem. § 198 Abs. 3 GVG erhoben.

Ich rüge die Dauer der vorliegenden Verfahrens.

Das Verfahren ist eingeleitet worden durch

Seitdem ist das Verfahren bislang nur wie folgt betrieben worden.

Das Urteil des AG datiert vom

Berufung habe ich am eingelegt. Das Verfahren wird seitdem nicht mehr betrieben und ist folglich noch nicht abgeschlossen. Damit dauert das Verfahren jetzt schon insgesamt . Damit besteht Anlass zur Besorgnis, dass das Verfahren nicht in einer angemessenen Zeit abgeschlossen wird.

oder:

Es besteht Anlass zur Besorgnis, dass das Verfahren nicht in einer angemessenen Zeit abgeschlossen wird, und zwar aus folgenden Gründen:

Zum Nachweis beziehe ich mich auf die Verfahrensakten, insbesondere auf:

Ich weise für den Beschuldigten ausdrücklich auf Folgendes hin: Der Beschuldigte ist Berufskraftfahrer. Sein Arbeitgeber hat nach dem Erlass des § 111a-Beschlusses vom davon abgesehen, den Beschuldigten, der für die Ausübung seines Berufes auf die Fahrerlaubnis angewiesen ist, zu entlassen. Er hat ihn vielmehr seitdem im Innendienst beschäftigt. Der Arbeitgeber hat aber inzwischen mit in Fotokopie anliegendem Schreiben vom erklärt, dass er die aufgrund der vorläufigen Entziehung der Fahrerlaubnis erfolgte Umsetzung des Beschuldigten nicht länger aufrechterhalten kann und er dem Beschuldigten kündigen wird. Dem Beschuldigten droht also der Verlust des Arbeitsplatzes und damit ein erheblicher materieller Schaden.

Im Fall der Kündigung wird der Beschuldigte auch nicht in der Lage sein, seinen monatlichen Verpflichtungen ausreichend nachzukommen. Es ist damit zu rechnen, dass dann auch das Mietverhältnis über die derzeit von ihm bewohnte Wohnung gekündigt werden wird. Damit würden dem Beschuldigten erhebliche Umzugs- und Folgekosten entstehen.

Rechtsanwalt

▲

Siehe auch: → *Verfassungsbeschwerde, Allgemeines*, Teil C Rdn 729, m.w.N.; → *Verfahrensverzögerung/Verzögerungsrüge, Abrechnung*, Teil D Rdn 451.

1053 Wiederaufnahme, Allgemeines

Das Wichtigste in Kürze:

1. Als Rechtsbehelf eigener Art dient das Wiederaufnahmeverfahren dazu, ein bereits rechtskräftiges Urteil, das sich als unrichtig herausstellt, überprüfen und korrigieren zu lassen.
2. In der täglichen Praxis der Strafverteidigung spielt die Wiederaufnahme eine eher untergeordnete Rolle. Amtliche Statistiken zur Erledigung in Wiederaufnahmeverfahren existieren nicht.
3. Erfolgreiche Wiederaufnahmeanträge sind regelmäßig spektakulär.

4. Das Wiederaufnahmeverfahren kann nur aufgrund eines Antrags eingeleitet werden. Es unterscheidet sich seinem Wesen nach von dem Erkenntnisverfahren.
5. Wiederaufnahmeverfahren können zugunsten oder zuungunsten des Verurteilten/Abgeurteilten durchgeführt werden.
6. Das Wiederaufnahmeverfahren gliedert sich mit Ausnahme der Fälle des § 371 Abs. 1 und 2 im Wesentlichen in drei Abschnitte: Aditionsverfahren, Probationsverfahren, neue HV gem. § 370 Abs. 2.
7. Die Wiederaufnahme ist nur gegen rechtskräftige Urteile, rechtskräftige Strafbefehle und (unter analoger Anwendung der §§ 359 ff.) gegen Beschlüsse statthaft.
8. Ziel eines Wiederaufnahmeverfahrens zugunsten des Angeklagten kann nur die Freisprechung, die Strafmilderung aufgrund eines milderen Strafgesetzes und die wesentlich andere Entscheidung über die Maßregel der Besserung und Sicherung sein. Eine bloße Schuldspruchänderung kommt nur in Ausnahmefällen in Betracht.
9. Auch im Ordnungswidrigkeitenverfahren ist eine Wiederaufnahme grds. möglich.
10. Bevor ein Mandat zur Stellung eines Wiederaufnahmeantrags angenommen wird muss der Verteidiger prüfen, ob er über genügend Zeit und der Mandant über genügend Geld verfügt, um zu prüfen, ob überhaupt hinreichende Erfolgsaussichten für eine Wiederaufnahme bestehen oder ob er in der Lage ist, das Mandat als Pflichtverteidiger zu führen.

Literaturhinweise: **Alsberg**, Justizirrtum und Wiederaufnahme, 1913; **Arnhold**, Strafbarer Ungehorsam gegen rechtswidrige Verwaltungsakte, JZ 1977, 789; **Arzt**, Ausschließung und Ablehnung des Richters im Wiederaufnahmeverfahren, NJW 1971, 1112; **Beulke**, Strafprozessrecht, 12. Aufl., 2012; **Brauns**, Die gescheiterte Wiederaufnahme des Strafverfahrens gegen Carl von Ossietzky – Grund für eine Gesetzesänderung?, JZ 1995, 494; **Bock/Eschelbach/Geipel/Hettinger/Röschke/Wille**, Die erneute Wiederaufnahme des Strafverfahrens, GA 2013, 328; **Czerner**, Inter partes- versus erga omnes-Wirkung der EGMR-Judikate in den Konventionsstaaten gemäß Art. 46 MRK – Eine Problemanalyse auch aus strafverfahrensrechtlicher Perspektive, AVR 46 (2008), 345; **Darnstädt**, Der Richter und sein Opfer – Wenn die Justiz sich irrt, 2013; **Der Strafverteidiger**, Redaktion, Dokumentation: Wiederaufnahmesache Marinus van der Lubbe, StV 1981, 140; **Eisenberg**, Aspekte des Verhältnisses von materieller Wahrheit und Wiederaufnahme des Verfahrens gemäß § 359 ff. StPO, JR 2007, 360; **Eschelbach**, Defizite der Sicherungen gegen Fehlurteile in Strafsachen, ZAP 2015, 503; *ders.*, Absprachenpraxis versus Wiederaufnahme des Verfahrens. Informelle Verfahrensgestaltung im Konflikt mit dem gesetzlichen Verfahrensrecht, HRRS 2008, 191; **Feiber**, Verfassungswidriges Wiederaufnahmerecht, NJW 1986, 699 f.; **Feilke/Schiller**, Aus der Rechtsprechung zur Wiederaufnahme in Strafsachen – 1. Teil, NStZ-RR 2016, 1; **Förschner**, Der Deal und seine Folgen … Geständniswiderruf und Wiederaufnahme, StV 2008, 443; **Fornauf**, Die Neuheit bereits erörterter Tatsachen im Wiederaufnahmeverfahren, StraFo 2013, 235; **Gerhards**, Die Strafbarkeit des Ungehorsams gegen Verwaltungsakte, NJW 1978, 86; **Gorka**, Wiederaufnahme des Verfahrens, in: *Breyer/Endler*, Anwaltformulare Strafrecht, 3. Aufl., 2013, Kap. 7; **Gössel**, Zur Zuständigkeit für die Nachholung einer Entscheidung über die Strafaussetzung nach einem erfolgreichen Wiederaufnahmeverfahren, NStZ 1991, 556 (zugleich Anmerkung zu OLG Koblenz, NStZ 1991, 555); **Günther**, Verbot der antizipierten Beweiswürdigung im strafprozessualen Wiederaufnahmeverfahren?, MDR 1974, 93; **Hannover**, Die 1054

Republik vor Gericht, Band 2 1975 – 1995, 1999; **Hellebrand**, Geständniswiderruf und Wiederaufnahmeverfahren, NStZ 2008, 374; **Jehle**, Was und wie häufig sind Fehluteile?, FPPK 2013, 220; **Jung/Lemmer**, Der Fall Peggy: Die Geschichte eines Skandals, 2013; **Kaspar/Arnemann**, Die Wiederaufnahme des Strafverfahrens zur Korrektur fehlerhafter Urteile, R & P (2016) 34: 58 – 64; **Krehl**, Anmerkung zu OLG Hamburg v. 8.2.2000 – 2 Ws 287/99, NStZ-RR 2000, 241 [Probationsverfahren]), JR 2001, 211; **Kühne**, Strafprozessrecht, 7. Auf., 2007; **Kunz**, Gesetz über die Entschädigung für Strafverfolgungsmaßnahmen: StrEG, 4. Aufl., 2010; **Laubenthal**, Wiederaufnahme des Verfahrens zugunsten eines vor Rechtskraft des verkündeten Urteils verstorbenen Angeklagten? GA 1989, 20; **Laufhütte/Möhrenschläger**, Umweltstrafrecht in neuer Gestalt, ZStW 92 (1980), 912 (920 f.); **Lehr**, Probleme der Bestandskraft und der Aufhebung politisch motivierter Strafurteile aus der Zeit der Weimarer Republik und des Nationalsozialismus, 2007; **Malkewitz**, Zum Begriff der restriktiven Auslegung, NJW 1971, 2287; **Marxen/Tiemann**, Die Wiederaufnahme in Strafsachen, 3. Aufl., 2014; **Marxen**, Ende gut, aber keineswegs alles gut – Defizite des strafrechtlichen Wiederaufnahmeverfahrens, in: *Albrecht/Kirsch*, Festschrift für Walter Kargl zum 70. Geburtstag, 2015, S. 323; **Maur**, Verletzung der Europäischen Konvention zum Schutze der Menschenrechte und Grundfreiheiten als neuer Wiederaufnahmegrund im Strafverfahren, NJW 2000, 338; **D. Meyer**, StrEG. Gesetz über die Entschädigung für Strafverfolgungsmaßnahmen, 9. Aufl. 2014; **J. Meyer**, Der „Fall Ossietzky" – auch eine Sache des Gesetzgebers, ZRP 1993, 284; *ders.*, Zum Begriff der Neuheit von Tatsachen oder Beweismitteln im Wiederaufnahmeverfahren, JZ 1968, 7; **Meyer-Goßner**, Die Unterbrechung der Verjährung durch einen fehlerhaften Eröffnungsbeschluss (Anmerkung zu BGHSt 29, 351), JR 1981, 379; **Miebach/Hohmann**, Wiederaufnahme in Strafsachen, 2016; **Nestler**, Bauer Rupp Reloaded – Überlegungen zur Reform des Ermittlungsverfahrens, ZIS 2014, 594; **Peters**, Fehlerquellen im Strafprozeß, Band 3, 1975; *ders.*, Strafprozeß, 4. Aufl., 1985; **Pflüger**, Auswirkungen des Todes des Angeklagten auf die Kostenentscheidung, NJW 1983, 1894; **Putzke**, Ignoranz meets Arroganz, ZAP 2015, 279; **Sauer**, Völkerrechtliche Folgenbeseitigung im Strafverfahren (zugleich Besprechung von EGMR, Urt. v. 1.6.2010 – *Gaefgen ./. Deutschland*), JZ 2011, 23; **Schenke**, Strafbarkeit der Zuwiderhandlung gegen einen sofort vollziehbaren, nachträglich aufgehobenen strafbewehrten Verwaltungsakt?, JR 1970, 449; **Schmahl/Köber**, Durchbrechung der Rechtskraft nationaler Gerichtsentscheidungen zugunsten der Effektivität des Unionsrechts?, EuZW 2010, 927; **Schöneborn**, Strafprozessuale Wiederaufnahmeproblematik, 1980; **Schünemann**, Das strafprozessuale Wiederaufnahmeverfahren propter nova und der Grundsatz „In dubio pro reo", ZStW 84 (1972), 870; **Seier**, Bilanz und Analyse der neueren Rechtsprechung zum strafprozessualen formellen Kostenrecht, NStZ 1982, 270; **Selbmann**, Anpassungsbedarf der Regelungen zur Wiederaufnahme des Verfahrens an die Vorgaben der EMRK, ZRP 2006, 124; **Stern**, Zur Verteidigung des Verurteilten in der Wiederaufnahme, NStZ 1993, 409; **Strate**, Der Fall Mollath – Vom Versagen der Justiz und Psychiatrie, 2014; *ders.*, Die Tragweite des Verbots der Beweisantizipation im Wiederaufnahmeverfahren, in: *Geppert/Dehnike*, Gedächtnisschrift für *Karlheinz Meyer*, 1990, 469; *ders.*, Der Schlaf der Gerechten – zum Umgang der Strafverteidiger mit der Wiederaufnahme, StraFo 2077, 47 ff.; *ders.*, Wiederaufnahmeverfahren, in: MAH § 27; **Stree**, Zur Gesamtstrafenbildung nach Wiederaufnahme des Strafverfahrens und Aufrechterhaltung des früheren Urteils, JR 1982, 336 (zugleich Anmerkung zu BayObLG JR 1982, 335); **Tiemann**, Die erweiterte Darlegungslast des Antragstellers im strafrechtlichen Wiederaufnahmeverfahren, 1993; **Wasserburg**, Die Funktion des Grundsatzes „in dubio pro reo" im Aditions- und Probationsverfahren, ZStW 94 (1982), 914; **Wasserburg/Eschelbach**, Die Wiederaufnahme des Verfahrens propter nova als Rechtsschutzmittel, GA 2003, 335; **Weigend**, Die Europäische Menschenrechtskonvention als deutsches Recht – Kollisionen und ihre Lösung, StV 2000, 384; **Weiler**, Unzuständigkeit eines mit der Sache vorbefassten Gerichts in der Wiederaufnahme, NJW 1996, 1042.

1055 **1.** Als Rechtsbehelf eigener Art (*Meyer-Goßner/Schmitt*, Vor § 359 Rn 2) dient das Wiederaufnahmeverfahren dazu, ein bereits **rechtskräftiges Urteil**, das sich als unrichtig herausstellt, **überprüfen** und **korrigieren** zu lassen. Es steht damit im Spannungsverhältnis zwischen Rechtsfrieden schaffender Rechtskraft und materieller Gerechtigkeit (vgl. ausführlich: BVerfG NStZ 1995, 43 f.; näher *Kühne*, § 65 Rn 1106) und führt im Erfolgsfall dazu, dass die Rechtskraft und damit das Prinzip der Rechtssicherheit (so BVerfGE 22, 322, 329) durchbrochen und die Strafsache in das Stadium der gerichtlichen HV zurückversetzt wird (*Meyer-Goßner/Schmitt*, Vor § 359 Rn 2).

☝ „Das Wiederaufnahmeverfahren dient der **Beseitigung rechtskräftiger Fehlentscheidungen**, deren Bestand aus Gründen der Wahrheit, der Gerechtigkeit und Rechtsbewährung unerträglich ist." (*Peters*, Strafprozeß, S. 668).

2.a) In der täglichen Praxis der Strafverteidigung spielt die Wiederaufnahme eine **eher untergeordnete Rolle**. Amtliche Statistiken zur Erledigung in Wiederaufnahmeverfahren existieren nicht (AnwKomm-StPO/*Rotsch*, Vor §§ 359 ff. Rn 10). Das mag daran liegen, dass – wie *Strate* es formuliert – *„unser Rechtsstaat zwar viele Mängel hat, im Ergebnis jedoch überwiegend die Richtigen trifft"* (MAH-*Strate*, § 27 Rn 9) und daher die Zahl der unschuldig Verurteilten eher gering sein dürfte. Jedoch ist mit *Strate* darauf zu verweisen, dass empirische Untersuchungen zur Rechtswirklichkeit der Wiederaufnahme nur *Peters* (Fehlerquellen im Strafprozess) und *Schöneborn* durchgeführt haben. Auch das dem Interesse der Rechtssicherheit geschuldete komplexe Verfahren mit seinen sehr engen Voraussetzungen, welche das Wiederaufnahmeverfahren als eine „vierte Instanz" verhindern sollen, befördert die **Lethargie** im **Umgang mit** dem **Wiederaufnahmeverfahren** bei den professionell Beteiligten, insbesondere den Verteidigern (*„Ihr Seelenfrieden ist umhegt durch einen Panzer. Haben sie ihren Realitätssinn nicht verloren, werden manche mit der Zeit zu lächelnden Zynikern, ist der Realitätssinn entschwunden, gebärden sie sich als schmallippige Heuchler"*, so *Strate*, StraFo 2007, 47). Hinzu kommt, dass die richterliche Praxis schon seit Inkrafttreten der RStPO dazu tendiert, *„Wiederaufnahmeanträge abzublocken"* (so KMR-*Eschelbach*, Vor § 359 Rn 5). Schon *Alsberg* konstatierte 1913: *„Daß aber diese Praxis so versagt, wie es tatsächlich der Fall ist, dafür ist nicht nur das Gesetz verantwortlich zu machen. Unsere Praxis ist von dem denkbar größten Vorurteil gegenüber Wiederaufnahmegesuchen beherrscht. Daß der Antragsteller ein gewisses Vorurteil zu überwinden hat, ist auf der Hand liegend bei einem Gesuch, das den nach seiner Behauptung unschuldig Verurteilten an den Richter verweist, der ihn verurteilt hat. Aber dieses Vorurteil könnte kein so großes sein, wie es ist, wenn es nicht durch das allgemeine* ***Vorurteil der Justiz gegenüber Wiederaufnahmeanträgen*** *genährt würde. Nicht nur, daß die eigene Fehlbarkeit bloßgestellt werden soll: die Fehlbarkeit der Justiz schlechthin soll ja durch den Angriff des Antragstellers dargetan werden! So empfindet der Richter, der über das Wiederaufnahmegesuch entscheiden soll. Der Angriff auf sein Urteil wird ihm zu einem* ***Angriff auf die Grundlagen und das Ansehen der Rechtsprechung schlechthin.*** *Als Schützer der Autorität der Rechtspflege fühlt sich der Richter, der dem Wiederaufnahmegesuch kritisch zu Leibe geht. Ein gefährliches Schlagwort kommt ihm hierbei zu Hilfe, durch das seine Schützerrolle das sie rechtfertigende* 1056

Argument erhält. Man sagt: Das Prinzip der Rechtskraft widerstrebe der Wiederaufnahme eines rechtskräftig abgeschlossenen Verfahrens" (Justizirrtum und Wiederaufnahme, 1913, S. 84 f.). An diesem Befund hat sich bis heute nichts geändert, die Lage hat sich eher noch infolge der Wiederaufnahmefeindlichkeit der Rechtsprechung bis zur Funktionslosigkeit des Instituts der Wiederaufnahme verschärft (KMR-*Eschelbach*, Vor § 359 Rn 29; *Geipel* in: *Miebach/Hohmann*, Wiederaufnahme in Strafsachen, Kap. A.I.2.; zu den Defiziten des Wiederaufnahmeverfahrens s. *Marxen*, a.a.O., S. 324; zu Reformdiskussionen s. *Kaspar/Arnemann*, a.a.O., S. 62).

1057 **b)** Wiederaufnahmeverfahren werden **in amtlichen Statistiken** hinsichtlich ihrer Erfolgs- bzw. Misserfolgsquoten **nicht erfasst** (Geipel in: *Miebach/Hohmann*, Wiederaufnahme in Strafsachen, Kap. A.I.1.; *Kaspar/Arnemann*, Die Wiederaufnahme des Strafverfahrens zur Korrektur fehlerhafter Urteile, R & P (2016) 34: 58 – 64; zur Häufigkeit von Fehlurteilen: *Jehle*, a.a.O.). Die in der Vorauflage noch genannten Auswertungen des Landesamtes für Statistik in NRW für die Jahre 1997 – 2001 ließen den Verteidiger doch insoweit **Hoffnung** schöpfen, als sie den Wiederaufnahmeanträgen **gegen amtsgerichtliche Urteile** in allen ausgewerteten Jahren in **mehr als 50 %** der Fälle den **Erfolg** einer Wiederaufnahme zuwiesen und auch gegen Berufungsurteile noch signifikante, wenn auch geringere Erfolge zwischen 11,1 % und 41,4 % in den untersuchten Jahren bescheinigten. Die Erfolgsquote von Wiederaufnahmeanträgen gegen erstinstanzielle Urteile von LG und OLG in NRW lag immerhin noch bei beachtlichen 7,5 % bis 22,7 % (vgl. hierzu: SK-StPO/*Frister/Deiters*, [3. Aufl.] Vor § 359 Rn 30 f.). Ließen diese Erfolgsquoten jeden Revisonsspezialisten vor Neid erblassen, führte die auf weitere Nachfrage von *Frister* erfolgte Mitteilung des Landesamtes für Statistik, man habe ein tiefgreifendes Problem erkannt und könne „derzeit keine konsistenten Daten" liefern, zu schneller Ernüchterung (vertiefend hierzu nunmehr: SK-StPO/*Frister*, Vor § 359 Rn 28).

☝ Warum bislang auf Länderebene **belastbare statistische Zahlen** zu Wiederaufnahmeverfahren nicht erhoben werden, ist nicht nachvollziehbar und sollte zur Verbesserung der Rechtstatsachenforschung **mit Nachdruck gefordert** werden (zum Forschungsbedarf s. *Kaspar/Arnemann*, a.a.O., S. 64).

1058 **3. Erfolgreiche Wiederaufnahmeanträge** sind regelmäßig **spektakulär**. Folgend einige bekannte

1059 **Beispielsfälle** (einen guten Überblick über bekannte Fälle der letzten Jahre gibt: *Darnstädt*, a.a.O.)

- ***Carl von Ossietzky*** (erfolglos; vgl. *Hannover*, Kap. 19, S. 371 ff.; kurz aber instruktiv auch http://www.heinrich-hannover.de/ossietzky.htm);

- ***Monika Weimar*** (erfolgreich und doch erfolglos; vgl. die Dokumentation des Prozessverlaufs bei: *Friedrichsen/Mauz*, a.a.O.; vgl. auch Der Spiegel, Heft 50/1995, S. 90 ff., online abrufbar unter http://www.spiegel.de/spiegel/print/d-9247546.html; einzelne Beispiele aus diesem Verfahren finden sich auch bei MAH-*Strate*, S. 973 ff., der die Verurteilte seinerzeit auch im Wiederaufnahmeverfahren vertreten hatte; eine detaillierte Chronologie des Verfahrens mit weiteren Fundstellen hat zudem *Hamm* zur Verfügung gestellt: http://www.hammpartner.de/vorlesung/chrono.htm);
- ***Marinus van der Lubbe*** (im sog. Reichstagsbrandprozess verurteilt und 1934 hingerichtet; Wiederaufnahme erfolgreich; vgl. StV 1981, 140);
- der Fall des im Mai 2012 verstorbenen Schauspielers ***Günther Kaufmann*** (vgl. http://www.spiegel.de/panorama/0,1518,338625,00.html);
- in jüngerer Zeit **das Verfahren gegen die Familie *Rupp*** (OLG München StRR 2010, 386; vgl. die Fallschilderung bei: *Sommer*, Einleitung Rn 31 – 33; *Nestler*, a.a.O.);
- ***Harry Wörz*** aus Baden-Württemberg (vgl. zahlreiche Artikel bei Spiegel Online, abrufbar unter http://www.spiegel.de/thema/fall_harry_woerz/; umfassend und mit zahlreichen Zeitungsartikel auch http://www.harrywoerz.de);
- ***Ulvi K.*** (*Jung/Lemmer*, a.a.O.);
- Jürgen ***Mollath*** (OLG Nürnberg NJW 2013, 2692; *Strate*, a.a.O.);
- ***Horst Arnold*** (*Darnstädt*, a.a.O., S. 303)

4. Das Wiederaufnahmeverfahren kann nur aufgrund eines **Antrags** (→ *Wiederaufnahme, Antrag*, Teil B Rdn 1071 ff.) eingeleitet werden. Es unterscheidet sich seinem Wesen nach von dem Erkenntnisverfahren, welches von der Inquisitionsmaxime geprägt ist, dahin gehend, dass die **Darlegungs- und Beweislast**, mithin die Stoffsammlung, maßgeblich im Verantwortungsbereich des Antragstellers liegt, während hingegen das Gericht insbesondere auf die den Antragsteller treffenden Obliegenheiten bei der Darlegungs- und Beweislast – gleich einem Zivilgericht nach § 139 ZPO – hinzuweisen hat (*Marxen/Tiemann*, Rn 8 ff.; vertiefend: *Tiemann*, S. 79 ff.; differenzierend LR-*Gössel*, vor § 359 Rn 5 ff.). 1060

☝ Allerdings betont das BVerfG: „*Ungeachtet des Streits um Geltung und Umfang der Offizialmaxime im Probationsverfahren ergibt sich aus dem Recht auf ein faires, rechtstaatliches Verfahren, dass auch für die außerhalb des prozessualen Hauptverfahrens zu treffenden Entscheidungen die **Ermittlung des wahren Sachverhaltes von zentraler Bedeutung** bleibt, weil sonst das materielle Schuldprinzip nicht verwirklicht werden kann.*" (BVerfG StV 2003, 223; vgl. hierzu auch MAH-*Strate*, § 27 Rn 7).

5.a) Wiederaufnahmeverfahren können **zugunsten** oder **zuungunsten** des Verurteilten/Abgeurteilten durchgeführt werden (zum Wiederaufnahmeverfahren von Jugendlichen und Heranwachsenden → *JGG-Besonderheiten, Wiederaufnahmeverfahren*, Teil A Rdn 1022 ff.), und zwar in folgenden 1061

1062 **Fallgestaltungen**:

Grund	zugunsten	zuungunsten
Amtspflichtverletzung	§ 359 Nr. 3	§ 362 Nr. 3
→ *Wiederaufnahme, Antragsgründe, Amtspflichtverletzung*, Teil B Rdn 1100		
Aufhebung eines Zivilurteils	§ 359 Nr. 4	—
→ *Wiederaufnahme, Antragsgründe, Urteilsaufhebung*, Teil B Rdn 1195		
BVerfG-Entscheidung	**§ 79 BVerfGG**	—
→ *Wiederaufnahme, Antragsgründe, BVerfG-Entscheidung*, Teil B Rdn 1115		
EGMR-Entscheidung	§ 359 Nr. 6	—
→ *Wiederaufnahme, Antragsgründe, EGMR-Entscheidung*, Teil B Rdn 1130		
Geständnis, nachträgliches	—	§ 362 Nr. 4
→ *Wiederaufnahme, Antragsgründe, Geständnis*, Teil B Rdn 1248		
Tatsachen/Beweismittel, neu	§ 359 Nr. 5	—
→ *Wiederaufnahme, Antragsgründe, Nova*, Teil B Rdn 1144		
Urkunde, unecht/verfälscht	§ 359 Nr. 1	§ 362 Nr. 1
→ *Wiederaufnahme, Antragsgründe, Urkunde (unechte und verfälschte)*, Teil B Rdn 1179		
Zeuge/Sachverständiger	§ 359 Nr. 2	§ 362 Nr. 2
→ *Wiederaufnahme, Antragsgründe, Zeuge/Sachverständiger*, Teil B Rdn 1207		

☝ Daneben ist die Wiederaufnahme eines **Strafbefehlsverfahrens** möglich, wenn neue Tatsachen oder Beweismittel bekannt werden, die geeignet sind, eine Verurteilung wegen eines Verbrechens herbeizuführen (§ 373a; zur Aufklärungspflicht im Wiederaufnahmeverfahren gegen einen rechtskräftigen Strafbefehl BVerfG, NZV 2016, 45).

1063 **b) Nicht** um ein **Wiederaufnahmeverfahren** i.S.d. §§ 359 ff. handelt es sich, wenn das Verfahren bezüglich vorläufig eingestellter Tatvorwürfe (**§§ 154, 154a**) „wiederaufgenommen“ wird (zur Einstellung nach den §§ 154, 154a und zur „Wiederaufnahme“ s. *Burhoff*, EV, Rn 1772 ff., 1799 ff.; *Burhoff*, HV, Rn 1336 ff., 1351 ff.).

1064 **6.** Das Wiederaufnahmeverfahren **gliedert** sich mit Ausnahme der Fälle des § 371 Abs. 1 und 2 im Wesentlichen in **drei Abschnitte**:

- **Aditionsverfahren** (Zulässigkeit des Wiederaufnahmeantrags; → *Wiederaufnahme, Zulässigkeitsprüfung [Adition]*, Teil B Rdn 1440 ff.),

- **Probationsverfahren** (Begründetheit des Wiederaufnahmeantrags; hierzu gehört auch die Beweiserhebung gem. § 369; → *Wiederaufnahme, Begründetheitsprüfung [Probation]*, Teil B Rdn 1216 ff.),
- **neue HV** gem. § 370 Abs. 2.

☝ Da der dritte Verfahrensabschnitt „**neue HV**" – soweit nicht eine Entscheidung ohne HV ergeht (§ 371 Abs. 1 und Abs. 2) – vollständig den **allgemeinen Regeln** der **StPO** zum Erkenntnisverfahren folgt, werden hier nur die ersten beiden Abschnitte behandelt.

7. Die Wiederaufnahme ist nur gegen **rechtskräftige Urteile**, rechtskräftige **Strafbefehle** und (unter analoger Anwendung der §§ 359 ff.) gegen **Beschlüsse statthaft**. (→ *Wiederaufnahme, Antrag*, Teil B Rdn 1069 ff.). Sie kann sich dagegen nicht gegen einen rechtskräftigen Bewährungswiderruf (OLG Stuttgart NStZ-RR 1996, 176; wistra 2001, 239; OLG Düsseldorf StraFo 2004, 146) richten und ist auch nicht im Verfahren nach § 109 StVollzG anwendbar (OLG Hamburg NStZ 2001, 391), wenn das Urteil noch mit der Revision angegriffen werden kann (LG Göttingen Beschl. v. 25.8.2005 – 8 KLs 4/04) oder wenn das Ziel lediglich die nachträgliche Anwendung der sog. Vollstreckungslösung ist (OLG Celle NStZ-RR 2010, 386). 1065

8. Auch die **Ziele** des Wiederaufnahmeverfahrens **zugunsten** des Verurteilten sind eng begrenzt (zu den Zielen bei Wiederaufnahmeverfahren **zuungunsten** eines Angeklagten → *Wiederaufnahme, Ziele*, Teil B Rdn 1412 ff.): Es darf nur die **Freisprechung** des Verurteilten, eine **wesentlich andere Entscheidung** über die **Maßregel** der **Besserung** oder **Sicherung** oder in **Anwendung eines milderen Strafgesetzes** eine geringere Bestrafung angestrebt werden (§ 359 Abs. 5). Eine **mildere Bestrafung** bei Anwendung des gleichen Strafgesetzes ist kein zulässiges Wiederaufnahmeziel. Ausschließlich in den Fällen des § 359 Nr. 1 bis 4 kann darüber hinaus die bloße Schuldspruchänderung angestrebt werden. 1066

9. Auch im **Ordnungswidrigkeitenverfahren** ist eine Wiederaufnahme grds. möglich; es sind aber die Besonderheiten des § 85 OWiG zu beachten (→ *Wiederaufnahme, Bußgeldsachen*, Teil B Rdn 1233 ff.). 1067

10. Bevor ein **Mandat** zur Stellung eines Wiederaufnahmeantrags **angenommen** wird (zu Überlegungen nach Mandatsübernahme → *Wiederaufnahme, Vorbereitung*, Teil B Rdn 1394 ff.), muss der Verteidiger prüfen, ob er über **genügend Zeit** und der Mandant über **genügend Geld** verfügt, um in einem ersten Schritt zu prüfen, ob überhaupt hinreichende Erfolgsaussichten für eine Wiederaufnahme bestehen oder ob er in der Lage ist, das Mandat als Pflichtverteidiger zu führen, vgl. insoweit auch § 49 Abs. 1 BRAO (→ *Wiederaufnahme, Verteidigerbestellung*, Teil B Rdn 1363 ff.; allgemein zur Übernahme des Mandats *Burhoff*, EV, Rn 3642 ff.). 1068

☝ Auch der Gesetzgeber erkennt den besonderen Arbeitsaufwand für die **Vorbereitung** eines Wiederaufnahmeantrages an, indem er ausnahmsweise dem Verteidiger bereits für diese Tätigkeit eine **Geschäftsgebühr** nach **Nr. 4136 VV RVG** zuerkennt (→ *Vergütungsfragen, Wiederaufnahmeverfahren, Strafverfahren, Gebühren*, Teil D Rdn 611).

1069 Um die **Erfolgsaussichten beurteilen** zu können, benötigt der Verteidiger zunächst die schriftlichen Urteilsgründe, denn sie sind der Maßstab, an dem sich ein Wiederaufnahmegrund beweisen muss. Ggf. sind die gesamten Verfahrensakten einschließlich des Hauptverhandlungsprotokolls in die vorbereitende Prüfung mit ein zu beziehen. Dies kann sehr zeitaufwendig sein und muss deshalb angemessen vom Mandanten honoriert werden, auch auf die Gefahr hin, dass zu guter Letzt die Aussicht auf Erfolg verneint und von der Verfahrensdurchführung abgeraten wird.

1070 Bei der Prüfung der Erfolgsaussichten muss sich der Verteidiger seines **Rollenwechsels** bewusst sein, die ihm die Besonderheiten des Wiederaufnahmeverfahrens abverlangen: Kann sich der Verteidiger im Erkenntnisverfahren mit den Zweifeln an der Schuld seines Mandanten begnügen, so muss er im Wiederaufnahmeverfahren – gleich einem Richter – von der Unschuld des Mandanten überzeugt sein, zumindest **von** einem „nachhaltigen Unschuldsverdacht getragen" sein (so MAH-*Strate*, § 27 Rn 10 f.: *„Allein das einer inneren Gewissheit nahekommende Gespür dafür, dass der Verurteilte unschuldig sei, schafft für alle Mühen ein Motiv."*).

Siehe auch: → *Wiederaufnahme, Antrag*, Teil B Rdn 1071 ff.; → *Wiederaufnahme, Antragsgründe, Amtspflichtverletzung*, Teil B Rdn 1100 ff.; → *Wiederaufnahme, Antragsgründe, BVerfG-Entscheidung*, Teil B Rdn 1115 ff.; → *Wiederaufnahme, Antragsgründe, EGMR-Entscheidung*, Teil B Rdn 1130 ff.; → *Wiederaufnahme, Antragsgründe, Neue Tatsachen oder Beweismittel (Nova)*, Teil B Rdn 1144 ff.; → *Wiederaufnahme, Antragsgründe, StA, Geständnis*, Teil B Rdn 1248 ff.; → *Wiederaufnahme, Antragsgründe, Urkunde (unechte oder verfälschte)*, Teil B Rdn 1179 ff.; → *Wiederaufnahme, Antragsgründe, Urteilsaufhebung*, Teil B Rdn 1195; → *Wiederaufnahme, Antragsgründe, Zeuge/Sachverständiger*, Teil B Rdn 1207 ff.; → *Wiederaufnahme, Begründetheitsprüfung (Probationsverfahren)*, Teil B Rdn 1216 ff.; → *Wiederaufnahme, Bußgeldsachen*, Teil B Rdn 1233; → *Wiederaufnahme, Darlegungslast, erweiterte*, Teil B Rdn 1247 ff.; → *Wiederaufnahme, Entschädigungsfragen*, Teil B Rdn 1261 ff.; → *Wiederaufnahme, Geeignetheit von Tatsachen/Beweismitteln*, Teil B Rdn 1282 ff.; → *Wiederaufnahme, Neuheit von Tatsachen/Beweismitteln*, Teil B Rdn 1311 ff.; → *Wiederaufnahme, Rechtsmittel*, Teil B Rdn 1331 ff.; → *Wiederaufnahme, Verteidigerbestellung*, Teil B Rdn 1363 ff.; → *Wiederaufnahme, Vollstreckungshemmung*, Teil B Rdn 1385 ff.; → *Wiederaufnahme, Vorbereitung*, Teil B Rdn 1394 ff.; → *Wiederaufnahme, Wiederaufnahmeziele*, Teil B Rdn 1412 ff.;

→ *Wiederaufnahme, Zulässigkeitsprüfung (Aditionsverfahren)*, Teil B Rdn 1440 ff.; → *Wiederaufnahme, Zuständigkeit*, Teil B Rdn 1464 ff.; → *Wiederaufnahmeverfahren, Abrechnung, Allgemeines*, Teil D Rdn 590, m.w.N.

Wiederaufnahme, Antrag 1071

Das Wichtigste in Kürze:

1. Ein Wiederaufnahmeverfahren wird ausschließlich auf Antrag eingeleitet.
2. Die Antragsberechtigung setzt eine Beschwer voraus; die StA ist immer beschwert.
3. Zuungunsten des Angeklagten ist vor allem die StA berechtigt, mit der sich aus § 362 ergebenden Begründung einen Wiederaufnahmeantrag zu stellen.
4. Der Antrag ist jederzeit nach Rechtskraft der angegriffenen Entscheidung und damit auch unabhängig von einer möglicherweise bereits begonnenen oder gar abgeschlossenen Vollstreckung zulässig.
5. Der Wiederaufnahmeantrag ist formgebunden (§ 366).
6. Im Wiederaufnahmeantrag müssen insbesondere der Wiederaufnahmegrund, das Ziel und die Beweismittel benannt werden.
7. Die örtliche Zuständigkeit für den zu stellenden Antrag ergibt sich aus den möglichen Orten der Antragstellung.

Literaturhinweise: **Laubenthal**, Wiederaufnahme des Verfahrens zugunsten eines vor Rechtskraft des verkündeten Urteils verstorbenen Angeklagten? GA 1989, 20; **Miebach/Hohmann**, Wiederaufnahme in Strafsachen, 2016; **Nowak**, Der Wiederaufnahmeantrag in Strafsachen zugunsten des Verurteilten (§ 359 Nr. 5 StPO), 2011; **Strate**, Wiederaufnahme des Verfahrens, in: *Hamm/Leipold*, Beck'sches Formularbuch für den Strafverteidiger, 5. Aufl. 2010, Kap. IX); **Pflüger**, Auswirkungen des Todes des Angeklagten auf die Kostenentscheidung, NJW 1983, 1894; s.a. die Hinw. bei → *Wiederaufnahme, Allgemeines*, Teil B Rdn 1054. 1072

1. Ein Wiederaufnahmeverfahren wird **ausschließlich auf Antrag** eingeleitet. Der Kreis 1073
der Antragsberechtigten unterscheidet sich jeweils danach, ob der Antrag zugunsten oder zuungunsten des Angeklagten eingelegt wird.

2.a) Antragsberechtigt ist nur, wer durch die angefochtene Entscheidung **beschwert**, 1074
also nachteilig betroffen ist. Die Beschwer folgt aus dem **Entscheidungstenor**, nicht aus den Urteilsgründen (LR-*Gössel*, vor § 359 Rn 125; → *Rechtsmittel/Rechtsbehelfe, Beschwer*, Teil A Rdn 1383 ff.). Eine Beschwer ist fraglich, wenn der Angeklagte mangels Schuldfähigkeit freigesprochen wurde (*Marxen/Tiemann*, Rn 53). Sie ist im Ergebnis aber zu bejahen, auch wenn sich die Beschwer in diesem Fall nicht aus dem Tenor ergibt, da der Freigesprochene durch die ansonsten nicht zu beseitigende Eintragung im Bundeszentralregister (§ 11 BZRG) rechtlich nachteilig betroffen wäre (*Peters*, Strafprozeß, S. 613 ff.).

1075 **b) Kreis** der **Antragsberechtigten**:

- der Verurteilte (§§ 365, 296 Abs. 1),
- der Verteidiger (§§ 365, 297) – nicht gegen den ausdrücklichen Willen des Verurteilten,
- der gesetzliche Vertreter des Verurteilten (§§ 365, 298),
- die Erziehungsberechtigten (§ 67 Abs. 3 JGG),
- im Fall des Wiederaufnahmeantrags nach dem Tod des Verurteilten die Verwandten in auf- und absteigender gerader Linie, Geschwister und Ehegatten bzw. Lebenspartner (§ 361),
- die StA (§§ 365, 296 Abs. 2).

☝ Hat der Verurteilte hierfür keinen Verteidiger, kann ihm das Gericht unter den besonderen Voraussetzungen der §§ 364a, 364b einen **Pflichtverteidiger** beiordnen (→ *Wiederaufnahme, Verteidigerbestellung*, Teil B Rdn 1363 ff.).

1076 **c)** Sofern ein Wiederaufnahmeantrag durch den **gesetzlichen Vertreter** (ggf. auch gegen den Willen des Erziehungsberechtigten, vgl. *Meyer-Goßner/Schmitt*, § 365 Rn 4) gestellt wurde (§§ 298, 67 Abs. 3 JGG) und die gesetzliche Vertretung endet bzw. der Verurteilte volljährig wird, bevor nach § 370 über die Begründetheit des Antrags entschieden worden ist, wird der Antrag unzulässig, wenn der Verurteilte nicht selbst als Antragsteller in das Verfahren eintritt (so *Marxen/Tiemann*, Rn 42; *Miebach/Hohmann*, a.a.O., Kap. F. Rn 151; LR-*Gössel*, § 365 Rn 6; KK-*Schmidt*, § 365 Rn 5; **a.A.** HK-*Krehl*, § 365 Rn 4; *Meyer-Goßner/Schmitt*, § 365 Rn 4).

☝ Es ist daher in jedem Fall **ratsam**, als Verurteilter in den Antrag des gesetzlichen Vertreters **einzutreten**.

1077 **d)** Gem. **§ 361** kann die Wiederaufnahme auch beantragt werden, wenn der **Verurteilte bereits verstorben** oder für tot erklärt worden (§§ 2 ff. VerschG) ist. Denn in diesem Fall besteht gleichwohl ein Rehabilitationsinteresse, weshalb die Wiederaufnahme zugunsten eines Verstorbenen zulässig ist (zur Pflichtverteidigerbestellung für den antragstellenden Angehörigen des verstorbenen Verurteilten OLG Stuttgart NStZ 1999, 587; → *Wiederaufnahme, Verteidigerbestellung*, Teil B Rdn 1363 ff.). Die Wiederaufnahme **zuungunsten** (§ 362) eines Verstorbenen ist dagegen stets **unzulässig**.

1078 **Antragsberechtigt** sind in diesem Fall ausschließlich die in **§ 361 Abs. 2** abschließend genannten Angehörigen, der **Ehegatte**, auch wenn er nach dem Tod des Verurteilten erneut geheiratet hat (nicht aber der geschiedene Ehegatte), der **Lebenspartner**, nicht aber nach Aufhebung der Lebenspartnerschaft (§ 15 LPartG), **Verwandte** auf- und absteigender Linie, **Geschwister**. Diese haben zudem ein **Eintrittsrecht** in den noch zu Lebzeiten vom Verurteilten gestellten Wiederaufnahmeantrag (BGHSt 21, 373 ff. für den Fall, dass die Wiederaufnahme zum Zeitpunkt des Todes des Antragstellers bereits angeordnet war; LR-*Gössel*, § 371 Rn 13).

☝ Ob diesen Personen nach §§ 364a, 364b ein **Pflichtverteidiger** beigeordnet werden kann, ist **umstr**. (→ *Wiederaufnahme, Verteidigerbestellung*, Teil B Rdn 1363 ff.).

Ob § 361 Abs. 2 entsprechend angewendet werden kann, wenn der **Verurteilte vor** 1079
Rechtskraft des **Urteils verstorben** ist, ist umstr. (gegen eine entsprechende Anwendung *Meyer-Goßner/Schmitt*, § 361 Rn 3 unter Verweis auf BGH NStZ 1983, 179; *Laubenthal* GA 1989, 20 mit dem Vorschlag einer legislatorischen Ausdehnung der §§ 361, 371; dafür LR-*Gössel*, § 361 Rn 9; wohl ebenfalls dafür, aber letztlich offen gelassen *Pflüger* NJW 1983, 1894).

☝ Wurde jemand **unter** dem **Namen** eines **Verstorbenen verurteilt**, können dessen Angehörige die Urteilsberichtigung analog § 361 Abs. 2 verlangen (*Meyer-Goßner/Schmitt*, § 361 Rn 3 m.w.N.).

e) Die **StA kann** – **muss aber nicht** – **zugunsten** des Verurteilten die Wiederaufnahme 1080
des Verfahrens beantragen (Nr. 147 Abs. 1 RiStBV betrifft nur Rechtsmittel). Dies soll mit der Besonderheit des Wiederaufnahmeverfahrens zusammenhängen, dass die „Rehabilitierung des Verurteilten erst mit der Anordnung der Wiederaufnahme nach § 370 Abs. 2 wieder zum Gegenstand öffentlichen Interesses“ wird (*Marxen/Tiemann*, Rn 44), da der „Gesetzgeber mit Eintritt der Rechtskraft die öffentlichen Rechtsschutzinteressen hinsichtlich der Sache selbst als erledigt ansieht“ (*Marxen/Tiemann*, Rn 9). Der Rechtsfrieden sei durch das rechtskräftige Urteil wiederhergestellt und es könne „allenfalls noch der persönliche Rechtsfrieden privater Verfahrensbeteiligter, die ihre privaten Rechtsschutzinteressen durch das Urteil nicht verwirklicht sehen“, gestört sein. Mag dies zunächst der Struktur des Wiederaufnahmeverfahrens (vgl. dazu vertiefend *Marxen/Tiemann*, Rn 8 ff.) entsprechen, so **widerspricht** es doch der das EV beherrschenden **Untersuchungsmaxime**.

☝ Die StA ist nicht Partei, sondern zur neutralen Ermittlung verpflichtet (§ 160 Abs. 2) getreu ihrer geflügelten Bezeichnung als „objektivste Behörde der Welt“. Mit dieser Maßgabe ist die Wahlfreiheit der StA, das Wiederaufnahmeverfahren zu beantragen oder nicht, nicht in Einklang zu bringen. Die **StA** ist daher dazu **verpflichtet**, bei neuen Erkenntnissen, die den Verurteilten entlasten, einen Wiederaufnahmeantrag zu stellen (SK-StPO/*Frister* [4. Aufl.], § 365 Rn 4, a.A. Alexander in: Miebach/Hohmann, a.a.O., Kap. F.I.1.c) dd).

1081 **3.a) Zuungunsten** des Angeklagten ist vor allem die **StA** berechtigt, mit der sich aus § 362 ergebenden Begründung einen Wiederaufnahmeantrag zu stellen (*Marxen/Tiemann*, Rn 303; *Meyer-Goßner/Schmitt*, § 362 Rn 2). Nach h.M. ist sie sogar aus dem in § 152 Abs. 2 verankerten Legalitätsprinzip grds. bei Vorliegen zureichender tatsächlicher Anhaltspunkte verpflichtet, die Wiederaufnahme zulasten des Angeklagten zu beantragen (vgl. nur LR-*Gössel*, § 362 Rn 1; KK-*Schmidt*, § 362 Rn 4). A.A. sind insoweit *Marxen/Tiemann* (Rn 297) mit dem Argument, dass § 152 Abs. 2 schon aus formellen Gründen nicht anwendbar sei, da die Regelung nur das Verfahren im ersten Rechtszug betreffe; zudem sei es ein Unterschied, ob eine gerichtliche Entscheidung erst vorbereitet werde oder schon getroffen sei. I.Ü. sei mit der Rechtskraft auch eine Befriedungsfunktion verbunden; eine Pflicht ergebe sich daher nur dann, wenn die Entscheidung keinen Rechtsfrieden zu stiften vermöge.

1082 **b)** Auch der **Privatkläger** kann die Wiederaufnahme – nur – zuungunsten des Verurteilten beantragen, § 390 Abs. S. 2.

1083 In diesen Fällen soll dem Antragsgegner zwar kein Pflichtverteidiger nach § 364a zustehen (*Marxen/Tiemann*, Rn 405; a.A. für § 362 Nr. 1 – 3 SK-StPO/*Frister* [4. Aufl.], § 364a Rn 13), es kommt bei einem durch die StA angestrengten Wiederaufnahmeverfahren aber eine Beiordnung nach Art. 6 Abs. 3 lit. C EMRK und **§ 140 Abs. 2** analog in Betracht (→ *Wiederaufnahme, Verteidigerbestellung*, Teil B Rdn 1363 ff.).

1084 **c)** Der **Nebenkläger** ist dagegen seit Streichung des § 390 Abs. 1 S. 2 durch das Opferschutzgesetz vom 18.12.1986 (BGBl I, 2496) **nicht** mehr **antragsberechtigt**. Ebenso wenig kann sich der Nebenkläger der Wiederaufnahme eines anderen Verfahrensbeteiligten anschließen (*Marxen/Tiemann*, Rn 47 m.w.N.). Die §§ 395 Abs. 4, 401 Abs. 1. S. 1 ändern daran nichts, denn die Wiederaufnahme ist kein Rechtsmittel i.S.d. StPO, sondern ein Rechtsbehelf eigener Art (→ *Wiederaufnahme, Allgemeines*, Teil B Rdn 1053 ff.). Will das Wiederaufnahmegericht ohne HV (§ 371 Abs. 2) freisprechen, muss aber auch dem Nebenkläger rechtliches Gehör gewährt werden (Art. 103 Abs. 1 GG).

☝ Die **Mitwirkung** im **wiederaufgenommenen Verfahren** ist dem Nebenkläger nach den allgemeinen Regelungen der StPO nicht verwehrt.

1085 **4.a)** Der Antrag ist **jederzeit** nach Rechtskraft der angegriffenen Entscheidung und damit auch unabhängig von einer möglicherweise bereits begonnenen oder gar abgeschlossenen Vollstreckung **zulässig** (§ 361 Abs. 1). Dies gilt auch im Fall einer Vollstreckungsverjährung, Begnadigung oder Amnestie. Auch eine Tilgung im BZR (§§ 45 ff. BZRG) und das Verbot, getilgte oder tilgungsreife Eintragungen zum Nachteil des Betroffenen zu verwerten (§ 51 BZRG), hindert die Wiederaufnahme nicht (*Meyer-Goßner/Schmitt*, § 361 Rn 1).

1086 **b)** Die Wiederaufnahme **zugunsten** des Verurteilten ist an **keine Frist** gebunden (*Kühne*, § 65 III, Rn 1117). Ebenso schließt weder die abgeschlossene Vollstreckung (§ 361

Abs. 1), noch eine etwaige Verfolgungsverjährung (*Marxen/Tiemann*, Rn 122) die Wiederaufnahme zugunsten des Verurteilten aus.

Dagegen ist die Wiederaufnahme **zuungunsten** des Angeklagten durch die Frist für die **Verfolgungsverjährung** nach § 78 StGB **befristet**. Bei der Fristberechnung wird die Freisprechung nicht berücksichtigt, da andernfalls auch geringfügige Straftaten noch nach Jahrzehnten verfolgt werden könnten (*Meyer-Goßner/Schmitt*, § 362 Rn 1; a.A. BGH GA 1974, 149; vgl. auch OLG Düsseldorf StraFo 2001, 102; OLG Stuttgart MDR 1986, 608 f.). **1087**

5. Der Wiederaufnahmeantrag ist **formgebunden** (§ 366; vgl. Rdn 1089 ff.). Der Antrag der StA ist in einfacher Schriftform möglich (*Meyer-Goßner/Schmitt*, § 366 Rn 4 unter Verweis auf *Meyer-Goßner/Schmitt*, Einl. Rn 128), für den Privatkläger gilt § 390 Abs. 2. **1088**

Wird die Wiederaufnahme vom Verurteilten oder seinen Angehörigen (§ 361 Abs. 2) beantragt, muss der Antrag aber von einem Verteidiger oder einem Rechtsanwalt gem. § 366 Abs. 2 S. 1 **unterzeichnet** oder **zu Protokoll** der **Geschäftsstelle erklärt** werden (→ *Rechtsmittel/Rechtsbehelfe, Form, Allgemeines*, Teil A Rdn 1509, m.w.N.). Zu beachten sind hierbei folgende **1089**

Besonderheiten: **1090**

- Der Antrag ist trotz eigenhändiger Unterschrift eines **Verteidigers** bzw. Rechtsanwaltes unzulässig, wenn nicht zweifelsfrei erkennbar ist, dass der Unterzeichnende auch die **Verantwortung** für den **Antragsinhalt übernimmt** (*Meyer-Goßner/Schmitt*, § 366 Rn 4; KK-*Schmidt*, § 366 Rn 14; BVerfG NJW 1996, 713; Beschl. v. 7.12.2015 – 2 BvR 767/15 m.w.N.; BGHSt 59, 284; vgl. a. → *Revision, Begründung, Form*, Teil A Rdn 278). Das ist etwa dann nicht der Fall, wenn der Anwalt völlig ungeprüft den von seinem Mandanten vorgefertigten Antrag unterzeichnet (*Marxen/Tiemann*, Rn 118); anders ist dies allenfalls nur, wenn der Mandant selbst Rechtskenntnisse oder sonstige spezielle Sachkunde besitzt (*Marxen/Tiemann*, Rn 119; vgl. → *Rechtsmittel/Rechtsbehelfe, Form, Schriftlich*, Teil A Rdn 1531).
- Diese Einschränkungen gelten auch für den für die Entgegennahme der Erklärung zu **Protokoll** allein (sachlich) zuständigen (§ 24 Abs. 1 Nr. 2 RPflG) **Rechtspfleger**:
  - Wird der Antrag zu Protokoll der Geschäftsstelle abgegeben, muss der Rechtspfleger zumindest beraten und die Erklärung selbst formulieren (*Marxen/Tiemann*, Rn 121); dabei wird von ihm keine umfangreiche Detailprüfung erwartet, insbesondere darf er nicht die Zulässigkeitsprüfung des Gerichts vorwegnehmen (OLG Düsseldorf JR 1992, 124); er darf aber den Vortrag auch nicht völlig ungeprüft niederschreiben (OLG Düsseldorf JR 1992, 124) und sodann weiterreichen (vgl. dazu KG VRS 99, 460; Beschl. v. 21.8.2000, 4 Ws 136/00 [Vorprüfungs-

pflicht]; Beschl. v. 27.9.2000, 3 Ws 469/00; → *Rechtsmittel/Rechtsbehelfe, Form, Protokoll der Geschäftsstelle*, Teil A Rdn 1517).

- Da der **Rechtspfleger** den Antragssteller bei Bedarf **beraten** und die Erklärung selbst formulieren muss (OLG Düsseldorf JR 1992, 124), ist er damit mehr als nur Schreibkraft des Antragstellers (s.a. OLG Hamm, Beschl. v. 9.11.2001 – 2 Ws 284/01; vgl. für die Revision *Meyer-Goßner/Schmitt*, § 345 Rn 21; SSW-StPO/*Widmaier/Momsen*, § 345 Rn 38 jew. m.w.N.; zuletzt a. BGH, Beschl. v. 17.12.2015 – 4 StR 483/15). SK-StPO/*Frister* ([4. Aufl.], § 366 Rn 8) stellt dagegen auf Sinn und Zweck der Vorschrift ab und bestehen lediglich auf eine „kommunikative Situation" zwischen dem Rechtspfleger und dem Antragsteller, weil nur dies dem Rechtspfleger die Möglichkeit der Beratung verschaffe. Wenn aber der Antragsteller darauf bestehe, den von ihm vorformulierten Text zu Protokoll zu geben, müsse dies den Formvorschriften genügen. Der Rechtspfleger trage nicht die Verantwortung für das Antragsvorbringen, zumal er verpflichtet ist, auch einen völlig aussichtslosen Antrag zu protokollieren (LR-*Gössel*, § 366 Rn 17 m.w.N.). Auch eine „widerwillige" Protokollierung führe nicht zu einem Formmangel.

1091 **6.** Im Antrag müssen der **Wiederaufnahmegrund**, das **Ziel** des Antrags und die **Beweismittel** angegeben werden. Dabei ergeben sich jeweils einige **Besonderheiten**, die es zu beachten gilt:

1092 **a)** Der Antrag muss **schlüssig** sein, d.h. eine aus sich heraus verständliche Sachverhaltsschilderung enthalten (OLG Hamburg StraFo 2003, 430). Eine zunächst unvollständige Darstellung darf bis zur Entscheidung jedoch noch ergänzt werden (OLG Düsseldorf wistra 1993, 159).

1093 **b)aa)** Umstr. ist, ob **Verweisungen** und **Bezugnahmen**, die auf das Formerfordernis keinen Einfluss haben (*Marxen/Tiemann*, Rn 117), **Einfluss** auf die **Schlüssigkeit** und damit die Zulässigkeit des Antrags haben. Nach der h.M. in Rspr. (OLG Hamm NJW 1980, 717; OLG Stuttgart NJW 1965, 1239) und Lit. (*Meyer-Goßner/Schmitt*, § 366 Rn 1, LR-*Gössel*, § 366 Rn 2, 10) machen sie den Antrag unzulässig. Einzelne Stimmen in der Lit. halten dagegen Verweisungen und Bezugnahmen dann für zulässig, wenn sich die in Bezug genommenen Schriftstücke in der Verfahrensakte, die mit dem Wiederaufnahmeantrag vorgelegt wird, befinden (*Marxen/Tiemann*, Rn 130 sprechen unter Verweis auf *Peters* [Fehlerquellen, S. 123 f.] von „überflüssigem Formalismus"). Ein Teil der Rspr. hält immerhin die Bezugnahme auf einen nach § 364 S. 1 verworfenen Antrag für zulässig (OLG Düsseldorf GA 1980, 393, 394). Der völlige Verzicht auf Verweisungen und Bezugnahmen ist in der Praxis schwer umzusetzen und wird daher zu Recht als nicht sachgerecht eingestuft, zumal ein völliger Ausschluss von Bezugnahmen vom Gesetz nicht vorgesehen ist (*Marxen/Tiemann*, Rn 130).

☝ Der Verteidiger, der den Wiederaufnahmeantrag fertigt, ist gleichwohl gut beraten, auf Bezugnahmen und Verweise – auch auf Anlagen – soweit als möglich zu **verzichten** und wie bei der Revision **ausnahmslos alles in** den **Antrag aufzunehmen**, was im Zeitalter von „Copy and Paste" die meisten Verteidiger nicht überfordern dürfte.

bb) Auch der **Rechtspfleger** darf, wenn er einen Wiederaufnahmeantrag zu Protokoll nimmt, weder Verweisungen noch Bezugnahmen auf andere Schriftstücke vornehmen. Insoweit gilt **Nr. 150 RiStBV**: 1094

> (3) Das Protokoll muss aus sich heraus verständlich sein. Bezugnahmen auf andere Schriftstücke sind unwirksam. Dies gilt vor allem für handschriftliche Erklärungen des Beschwerdeführers. Diese können auch nicht dadurch zu einer zulässigen Begründung der Revision werden, dass sie äußerlich die Form des Protokolls erhalten oder dass sie in das Protokoll übernommen werden, ohne dass sie der Rechtspfleger geprüft und ihnen eine möglichst zweckmäßige Form gegeben hat. 1095

c) Der Antrag muss sein **Wiederaufnahmeziel** (→ *Wiederaufnahme, Wiederaufnahmeziele*, Teil B Rdn 1412 ff.) **erkennen** lassen (*Meyer-Goßner/Schmitt*, § 366 Rn 1 m.w.N.), also das angegriffene Urteil und den Umfang des Aufhebungsbegehrens (Freispruch, mildere Strafe aufgrund milderen Gesetzes oder andere Maßregel der Besserung und Sicherung) genau bezeichnen. Bleiben aufgrund der Formulierung Zweifel, ist der Antrag nicht unzulässig, sondern dem Antragsteller aufgrund der Fürsorgepflicht des Gerichts Gelegenheit zur Konkretisierung zu geben (*Meyer-Goßner/Schmitt*, § 366 Rn 1, 3). Der Wiederaufnahmegrund (§§ 359, 362) ist anzugeben (vgl. § 368). 1096

d) Die **neuen Beweismittel** sind so genau anzugeben, dass das Gericht diese § 369 entsprechend nutzen kann (OLG Nürnberg MDR 1964, 171; s. dazu bei den jeweiligen Antragsgründen, → *Wiederaufnahme, Allgemeines*, Teil B Rdn 1053, m.w.N.). Bei Zeugen reicht die Mitteilung von Tatsachen, aufgrund welcher der Zeuge ermittelt werden kann (*Meyer-Goßner/Schmitt*, § 366 Rn 2). 1097

7. Die **örtliche Zuständigkeit** für den zu stellenden Antrag ergibt sich aus den möglichen Orten der Antragstellung, die wahlweise an der Geschäftsstelle des Wiederaufnahmegerichts (§ 140a GVG), an der Geschäftsstelle des Gerichts, dessen Urteil angefochten wird (§ 367 Abs. 1) oder falls sich der Verurteilte nicht auf freiem Fuß befindet – an der Geschäftsstelle des Amtsgerichts, in dessen Bezirk er sich in Verwahrung befindet (§§ 356, 299 Abs. 1) möglich ist (→ *Wiederaufnahme, Zuständigkeit*, Teil B Rdn 1464 ff.). 1098

1099 **8. Antragsmuster: Wiederaufnahmeantrag** (wegen weiterer Anträge s. *Marxen/Tiemann*, Rn 588, Beck/*Strate*, S. 785 ff.; *Gorka*, Wiederaufnahme des Verfahrens, in: Breyer/*Endler*, Kap. 7, Rn 142; *Nowak*, a.a.O., Anhang IX):

▼

B.8

Amtsgericht Musterstadt

Strafabteilung

In der Strafsache

gegen Herrn Manfred Mustermann

zeige ich unter Vollmachtsvorlage an, dass ich den Verurteilten anwaltlich vertrete. Für den Verurteilten wird

beantragt,

das Verfahren wiederaufzunehmen und den Antrag erforderlichenfalls an das zuständige Wiederaufnahmegericht weiterzuleiten.

Begründung:

I.

Der Antragsteller wurde rechtskräftig durch Strafbefehl des Amtsgerichts Musterstadt vom   , Aktenzeichen   , (Anlage) wegen unerlaubten Entfernens vom Unfallort zu einer Geldstrafe von 30 Tagessätzen zu je 50,- € verurteilt. Der Strafbefehl ist seit dem   rechtskräftig. Ihm liegt folgender Sachverhalt (Strafbefehl, S. 1) zugrunde:

Der Antragsteller fuhr am 10.2.2010 gegen 14:30 Uhr mit dem Pkw, Typ BMW, Kennzeichen M-BW 1234 auf der Ismaninger Straße in Musterhausen. Infolge vermeidbarer Unachtsamkeit stieß der Antragsteller mit seinem Fahrzeug beim Einparken gegen den ordnungsgemäß geparkten Pkw Audi mit dem Kennzeichen MUS-UD 4321 der Geschädigten Musterfrau mit der Folge, dass dieser an der Stoßstange und am Kühlergrill vorne beschädigt wurde. Der Fremdsachschaden betrug 2.000,- € netto.

Obwohl der Antragsteller den Unfall bemerkte und erkannte bzw. damit rechnete, dass ein nicht völlig unbedeutender Fremdsachschaden entstanden war, verließ er die Unfallstelle, bevor er eine nach den Umständen angemessene Zeit gewartet hatte, ohne dass jemand bereit war, zugunsten der Geschädigten die erforderlichen Feststellungen zu treffen.

Der Antragsteller wurde daher beschuldigt, sich als Unfallbeteiligter nach einem Unfall im Straßenverkehr vom Unfallort entfernt zu haben, bevor er eine nach den Umständen angemessene Zeit gewartet hätte, ohne dass jemand bereit war, zugunsten der andere Unfallbeteiligten und des Geschädigten die Feststellung seiner Person, seines Fahrzeugs und der Art seiner Beteiligung an dem Unfall zu treffen, strafbar als unerlaubtes Entfernen vom Unfallort gemäß § 142 Abs. 1 Nr. 2 StGB.

II.

Zur Beweiswürdigung hat das erkennende Gericht in der im Strafbefehlsverfahren üblichen Weise auf die Beweismittel verwiesen und insoweit ausgeführt (Strafbefehl, S. 2):

„Der Sachverhalt steht zur Überzeugung des Gerichts fest aufgrund der Einlassung des Beschuldigten vom 14.4.2010 – soweit dieser gefolgt werden konnte, nachdem er in seiner Vernehmung den gegen ihn erhobenen Tatvorwurf bestritten hatte – in Verbindung mit den Angaben der Zeugen POM Fritz und Mandy Musterfrau sowie der im Zuge der polizeilichen Ermittlungen gefertigten Lichtbilder und Skizzen sowie den Auszügen aus dem BZR und dem VZR."

III.

Der Beschuldigte, der sich weder die Hinzuziehung eines Anwalts noch die Kosten einer Hauptverhandlung leisten konnte, glich den nach Rechtskraft des Strafbefehls geforderten Betrag in Höhe der Geldbuße zuzüglich der Verfahrenskosten am 2.10.2010 aus. Aufgrund seiner knappen finanziellen Ressourcen unterließ er es, ein Sachverständigengutachten in Auftrag zu geben bzw., da er die Kosten für den Fall einer Verurteilung fürchtete, einen entsprechenden Beweisantrag zu stellen. Ebenfalls lediglich aus wirtschaftlichen Gründen sah der Antragsteller auch von einer Einspruchseinlegung ab.

IV.

Der Wiederaufnahmeantrag wird auf § 359 Nr. 5 StPO gestützt. Mit ihm wird der Strafbefehl des Amtsgerichts Musterstadt vom   , Aktenzeichen   , in vollem Umfang mit dem Ziel der Freisprechung des Antragstellers angegriffen.

V.

Der Wiederaufnahmeantrag ist auch gemäß § 359 Nr. 5 StPO begründet: Nach dem gegen den Antragsteller ergangenen Strafbefehl des Amtsgerichts Musterstadt wurde der Antragsteller vor dem Amtsgericht Musterstadt in einem unter dem Az.   geführten Zivilverfahren auf Zahlung einer Regressforderung in Höhe von 2.500,- €, welche der von der angeblichen Geschädigten in Anspruch genommene Kfz-Haftpflichtversicherer des vom Antragsteller zur angeblichen Tatzeit geführten Kraftfahrzeugs an die Klägerin in dem dortigen Verfahren abgetreten hatte, in Anspruch genommen. Zur Klärung des Schadenshergangs wurde durch das Amtsgericht Musterhausen am 15.2.2011 ein Beweisbeschluss (Anlage) erlassen, mit welchem die Erholung eines Sachverständigengutachtens angeordnet wurde.

In den Gutachten der Dekra Automobil GmbH vom   (Anlage) kommt der beauftragte Sachverständige zu dem Ergebnis, dass der am Fahrzeug der angeblichen Geschädigten entstandene Schaden nicht vom Antragsteller verursacht worden sein kann.

Mit dem zwischenzeitlich in Rechtskraft erwachsenen Zivilurteil des Amtsgerichts Musterstadt vom [blank], Aktenzeichen [blank], wurde die gegen den Antragsteller gerichtete Klage vollumfänglich abgewiesen. In den Entscheidungsgründen führte das erkennende Gericht unter Bezugnahme auf das Gutachten aus, dass es bereits an einer Unfallbeteiligung des Antragstellers fehle. Deshalb habe auch keine Verpflichtung des Antragstellers bestanden, an der angeblichen Unfallstelle zu warten, um Feststellungen Dritter zu ermöglichen.

VI.

Die Feststellungen des Amtsgerichts Musterstadt in dem Zivilverfahren, insbesondere die Feststellungen in dem erholten Gutachten der Dekra Automobil GmbH und im Zivilurteil des Amtsgerichts Musterstadt sind geeignet, den Schuldspruch im Strafbefehl des Amtsgerichts Musterstadt vom [blank] zu erschüttern.

Das Gutachten der Dekra Automobil GmbH ist ein neues Beweismittel. Es enthält neue Tatsachen. Im Strafbefehlsverfahren war ein Sachverständigengutachten nicht erholt worden, obwohl hierfür im Hinblick auf die bestreitende Einlassung des Antragstellers eine Notwendigkeit bestanden hätte. Wäre das Gutachten bereits im Strafverfahren erholt worden, hätte bereits damals die Täterschaft des Antragstellers widerlegt werden können.

Das neue Beweismittel und die neuen Tatsachen sind geeignet, die Freisprechung des Antragstellers zu begründen. Durch die Feststellungen im Gutachten der Dekra Automobil GmbH steht fest, dass der Antragsteller an dem ihm zur Last gelegten Unfall nicht beteiligt gewesen sein kann. Damit scheidet auch die Verwirklichung des Tatbestandes des § 142 StGB aus.

Es besteht daher eine hinreichende Aussicht, dass die neuen Tatsachen und Beweismittel die den Schuldspruch tragenden Feststellungen erschüttern werden. Es ist davon auszugehen, dass das vormals mit der Sache befasste Amtsgericht Musterhausen anders entschieden hätte, wenn ihm ein den Antragsteller entlastendes Sachverständigengutachten bekannt gewesen wäre.

Rechtsanwalt

▲

Siehe auch: → *Wiederaufnahme, Allgemeines*, Teil B Rdn 1053, m.w.N.

Wiederaufnahme, Antragsgründe, Amtspflichtverletzung 1100

Das Wichtigste in Kürze:

1. Nach § 359 Nr. 3 bzw. § 362 Nr. 3 liegt ein absoluter Wiederaufnahmegrund vor, wenn einem der im wiederaufzunehmenden Verfahren beteiligten Richter eine Amtspflichtverletzung vorzuwerfen ist.
2. Die Amtspflichtverletzung muss nach überwiegender Ansicht strafbar sein.
3. Im Wiederaufnahmeantrag muss nicht dargelegt werden, dass das Urteil auf der Amtspflichtverletzung beruht; vielmehr gilt von Gesetzes wegen eine unwiderlegbare Vermutung (sog. absoluter Wiederaufnahmegrund).
4. Hat der Angeklagte die Amtspflichtverletzung selbst oder durch Dritte veranlasst, ist die Wiederaufnahme ausgeschlossen.
5. Im Wiederaufnahmeantrag muss der Richter/Schöffe namentlich benannt und die Pflichtverletzung bezeichnet werden. Ideales Beweismittel ist die Verurteilung des Richters/Schöffen.

Literaturhinweise: **Brauns**, Die gescheiterte Wiederaufnahme des Strafverfahrens gegen *Carl von Ossietzky* – Grund für eine Gesetzesänderung?, JZ 1995, 492; **Bock/Eschelbach/Geipel/Hettinger/Röschke/Wille**, Die erneute Wiederaufnahme des Strafverfahrens, GA 2013, 328; **Lehr**, Probleme der Bestandskraft und der Aufhebung politisch motivierter Strafurteile aus der Zeit der Weimarer Republik und des Nationalsozialismus, 2007; **Meyer-Goßner**, Die Unterbrechung der Verjährung durch einen fehlerhaften Eröffnungsbeschluss (Anmerkung zu BGH JR 1981, 370), JR 1981, 379); s.a. die Hinw. bei → *Wiederaufnahme, Allgemeines*, Teil B Rdn 1054. 1101

1. Nach § 359 Nr. 3 bzw. § 362 Nr. 3 liegt ein absoluter Wiederaufnahmegrund vor, wenn einem der im wiederaufzunehmenden Verfahren beteiligten **Richter** eine **Amtspflichtverletzung** vorzuwerfen ist. Von der Vorschrift erfasst sind auch die **Schöffen** (*Marxen/Tiemann*, Rn 153). Eine entsprechende Anwendung auf andere am Verfahren beteiligte Personen ist dagegen ausgeschlossen. Die §§ 359, 362 sind aber in der Praxis kaum bedeutsam (so bereits *Peters*, Fehlerquellen, S. 47). 1102

2. Für eine Wiederaufnahme nach § 359 Nr. 3 bzw. § 362 Nr. 3 müssen folgende **Voraussetzungen** gegeben sein: 1103

a) Die **Amtspflichtverletzung** muss nach überwiegender Ansicht **strafbar** sein (*Marxen/Tiemann*, Rn 153; krit. KMR-*Eschelbach*, § 359 Rn 107) und sich **auf** die **Strafsache** gegen den **Angeklagten** beziehen. 1104

☝ Sie muss sich **nicht zwingend gegen diesen** selbst richten. Straftatbestände, die ein Richter nur „bei Gelegenheit" verwirklicht hat, etwa eine Beleidigung des Angeklagten, unterfallen aber nicht §§ 359 Nr. 3, 362 Nr. 3 (*Marxen/Tiemann*, Rn 155).

1105 Die Pflichtverletzung muss **in** der **Instanz** begangen worden sein, deren (Sach)Entscheidung **in Rechtskraft erwachsen** ist. Wird etwa in der Berufungsinstanz oder im Fall einer Zurückweisung aufgrund erfolgreicher Revision der Sachverhalt erneut festgestellt, erfassen die Vorschriften nicht mehr die strafbare Amtspflichtverletzung in der vorangegangenen Instanz (BGHSt 31, 365, 372 [Wiederaufnahme des Reichstagsbrandprozesses]).

1106 **b)** Unter Berücksichtigung dieser Maßstäbe ist für eine mögliche Wiederaufnahme nach §§ 359 Nr. 3, 362 Nr. 3 an **folgende Straftaten** zu denken:

- § 239 (**Freiheitsberaubung**),
- § 240 (Nötigung),
- § 257 (Begünstigung),
- § 267 (Urkundenfälschung),
- § 331 (Vorteilsannahme),
- § 332 (Bestechlichkeit),
- § 339 (**Rechtsbeugung**; vgl. zum alten Recht LG Düsseldorf NJW 1959, 1334; LG Lübeck NJW 1998, 1285),
- § 343 (Aussageerpressung) und
- § 344 (**Verfolgung Unschuldiger**).

☝ Hinsichtlich der Frage, ob eine **Rechtsbeugung** vorlag, ist jeweils das Rechtsverständnis zur Zeit der Verurteilung zugrunde zu legen (BGHSt 39, 75, 85 f. [*Carl von Ossietzky*]; *Brauns* JZ 1995, 495). Insbesondere bei rechtsfehlerhaften strafprozessualen Absprachen ist an den „vergessenen Wiederaufnahmegrund" der Rechtsbeugung zu denken (*Bock/Eschelbach/Geipel/Hettinger/Röschke/Wille*, a.a.O.).

1107 **c)** Der Umstand, dass der im Ursprungsverfahren (mit)entscheidende **Richter** sein **Amt durch Täuschung erlangt** hat, reicht nicht aus (*Meyer-Goßner/Schmitt*, § 359 Rn 14; LR-*Gössel*, § 359 Rn 39). Dies erscheint zwar auf den ersten Blick nicht nachvollziehbar, da bei Fehlen der Voraussetzungen für die Befähigung zum Richteramt (§ 5 DRiG) die Ernennung zum Richter nichtig ist (§ 18 DRiG). Sein Urteil wird dadurch aber gleichwohl nicht nichtig (LR-*Gössel*, Einl. Kap. 16, Rn 9 und § 359 Rn 36, 39): Das Gericht war zwar in diesem Fall nicht vorschriftsmäßig besetzt, was einen absoluten Revisionsgrund nach § 338 Nr. 1 darstellt, dieser Umstand wird aber mit Rechtskraft des Urteils bedeutungslos, da – anders als etwa im Zivilrecht, das eine Nichtigkeitsklage kennt (§ 579 Abs. 1 Nr. 1 ZPO) – § 359 Nr. 3 darin gerade keinen Wiederaufnahmegrund sieht. Umstände, die zur Zeit des Urteils nicht erkennbar waren, sollen – auch lange Zeit zurückliegende – Urteile nicht in Zweifel ziehen (BGHSt 29, 351; vgl. auch BGH JR 1981, 377 m. zust. Anm. *Meyer-Goßner* JR 1981, 379, wonach eine gänzliche Unwirksamkeit mit der Folge rechtlicher Unbeachtlichkeit einer gerichtlichen Entscheidung allenfalls in seltenen Ausnahmefällen in Betracht kommt).

3. Bei § 359 Nr. 3 bzw. § 362 Nr. 3 handelt es sich um einen **absoluten Wiederaufnahmegrund**. Nach der Rspr. des BGH (BGHSt 31, 365, 372 [Reichstagsbrand]) muss daher nicht festgestellt werden, dass die Entscheidung auf der Pflichtverletzung beruht, diese also Einfluss auf die Entscheidung hatte. Es gilt vielmehr eine **unwiderlegbare gesetzliche Vermutung**, die im Hinblick auf das Beratungsgeheimnis, welches einer Aufklärung letztlich entgegensteht, auch zweckmäßig ist (KK/*Schmidt*, § 359 Rn 13; SK-StPO/*Frister*, [4. Aufl.], § 359 Rn 29; *Marxen/Tiemann*, Rn 155). 1108

4.a) Die Wiederaufnahme **zugunsten** des Verurteilten ist nach dem Wortlaut der § 359 Nr. 3 **ausgeschlossen**, wenn der Angeklagte die Pflichtverletzung selbst veranlasst hat (krit. dazu *Marxen/Tiemann*, Rn 156, die an der sachlichen Rechtfertigung zweifeln und daher für eine Streichung der Ausschlussregelung eintreten; a.A. AK-*Loos*, § 359 Rn 33, der auf das Erfordernis des Verschuldens verzichten will). Das gilt auch, wenn dies ein Dritter im Auftrag des Angeklagten oder mit seinem Einverständnis die Pflichtverletzung veranlasst hat (vgl. dazu im Einzelnen SK-StPO/*Frister*, [4. Aufl.], § 359 Rn 30). 1109

☝ **Bloße Kenntnis** des Angeklagten von der Veranlassung der Amtspflichtverletzung durch Dritte **genügt** dagegen **nicht**.

b) Bei der Wiederaufnahme **zuungunsten** ist es unerheblich, ob der Angeklagte die Pflichtverletzung zu vertreten hat (*Meyer-Goßner/Schmitt*, § 362 Rn 3). 1110

5.a) Für die **Anforderungen** an die **Antragsbegründung** gelten zunächst die **allgemeinen Ausführungen** zum Wiederaufnahmeantrag (→ *Wiederaufnahme, Antrag*, Teil B Rdn 1071). 1111

b) Darüber hinaus ist auf Folgendes zu **achten**: 1112

aa) Im Rahmen der Antragsbegründung muss der Richter oder Schöffe **namentlich benannt** und die **Pflichtverletzung bezeichnet** werden (zur **Darlegung** der **Neuheit** s. → *Wiederaufnahme, Neuheit von Tatsachen/Beweismitteln (Nova)*, Teil B Rdn 1144 ff.). 1113

☝ Der **Ursachenzusammenhang** wird dagegen unwiderleglich **vermutet** und muss nicht dargelegt werden (*Marxen/Tiemann*, Rn 155; *Meyer-Goßner/Schmitt*, § 359 Rn 16; LR-*Gössel*, § 359 Rn 44).

bb) Als Beweismittel für die Amtspflichtverletzung naheliegend ist das dieselbe feststellende Urteil **gegen** den **Richter** oder Schöffen; andernfalls ist auf andere förmliche Beweismittel (Zeugen, Sachverständige, Urkunden und Augenschein) zurückzugreifen (*Marxen/Tiemann*, Rn 158; *Meyer-Goßner/Schmitt*, Einl. Rn 49). Ist noch kein Urteil ergangen, muss der Antragsteller darlegen, wodurch die Straftat begangen worden ist und 1114 welche Gründe der Einleitung oder Durchführung des Verfahrens gegen den Täter entgegenstehen (KG, Beschl. v. 13.1.1997 – 4 Ws 219/96).

Siehe auch: → *Wiederaufnahmen, Allgemeines*, Teil B Rdn 1053, m.w.N.

1115 Wiederaufnahme, Antragsgründe, BVerfG-Entscheidung

Das Wichtigste in Kürze:

1. § 79 BVerfGG regelt den Ausnahmefall einer Wiederaufnahme aus rechtlichen Gründen; es handelt sich um einen absoluten Wiederaufnahmegrund.
2. Ein Vollstreckungsverbot von Strafurteilen enthält § 79 BVerfGG nach seinem Wortlaut nicht; gleichwohl wird ein solches zumindest in Einzelfällen, teilweise auch generell bejaht.
3. Die Wiederaufnahme nach § 79 BVerfGG ist zulässig, wenn ein rechtskräftiges Strafurteil auf einer mit dem GG für unvereinbar oder nach § 78 BVerfGG für nichtig erklärten Norm oder auf der Auslegung einer Norm beruht, die vom BVerfG für nichtig bzw. unvereinbar mit dem GG erklärt worden ist.
4. Umstritten ist auch, ob die Wiederaufnahme nur zugunsten oder auch zulasten des Angeklagten angestrebt werden kann.
5. Im Wiederaufnahmeantrag muss neben einer schlüssigen Sachverhaltsdarstellung die Entscheidung des BVerfG benannt werden, durch welche die der strafgerichtlichen Verurteilung zugrunde liegende Norm oder ihre Auslegung für verfassungswidrig erklärt wurde.
6. Es bestehen verfahrensrechtliche Besonderheiten.

1116 **Literaturhinweise:** **Angerer/Stumpf**, Nochmals: Auswirkungen der neuen Sitzblockade – Entscheidung des BVerfG – Wiederaufnahme aller bisherigen Verfahren oder nur der nach der ersten verfassungsgerichtlichen Entscheidung ergangenen Strafurteile?, NJW 1996, 2216 (kritische Replik auf *Graßhof*, NJW 1995, 3085); **Bahlmann**, Der verfassungsrechtliche Wiederaufnahmegrund nach § 79 Abs. 1 des Bundesverfassungsgerichtsgesetzes, MDR 1963, 541; **Bertram**, Einzelne Fragen zum Wiederaufnahmeverfahren nach BVerfGG §§ 79 Abs. 1, StPO 359 ff., MDR 1962, 535; **Dehn**, Liegt in der Rechtsprechung des BVerfG zum Verfolgungshindernis bzw. zur Strafmilderung in Fällen von geheimdienstlicher Agententätigkeit von Angehörigen des MfS der früheren DDR ein Wiederaufnahmegrund?, NStZ 1997, 143; **Dingeldey**, Strafrechtliche Konsequenzen einer etwaigen Nichtigkeitserklärung des Parteifinanzierungsgesetzes durch das BVerfG, NStZ 1985, 337; **Fornauf/Heger**, Die Wiederaufnahme nach § 79 BVerfGG unter dem Blickwinkel der Sicherungsverwahrung – ein Mittel zur Wiedererlangung verfassungswidrig entzogener Freiheit, StraFo 2014, 284; **Gast-de-Haan**, Steuerstrafrechtliche Konsequenzen der Entscheidungen des Bundesverfassungsgerichts zum Familienlastenausgleich, BB 1991, 2490; **Göhler**, Folgeänderungen aus der Entscheidung des BVerfG zur PreisangabenVO für abgeschlossene Bußgeldverfahren, wistra 1984, 89; **Graßhof**, Auswirkungen der neuen Sitzblockade-Entscheidung des BVerfG, NJW 1995, 3085; **Kneser**, Der Einfluß der Nichtigerklärung von Normen auf unanfechtbare Entscheidungen, AöR 1964, 129; **Kreß**, Die verfassungsrechtliche Pflicht der deutschen Strafverfolgungsbehörden zur Berücksichtigung des Wiener Konsularabkommens, GA 2007, 296; **Krey**, Das Bundesverfassungsgericht in Karlsruhe – ein Gericht läuft aus dem Ruder. Kritische Anmerkungen anlässlich des Sitzblockaden-Beschlusses des Ersten Senats vom 10.1.1995, JR 1995, 221, 265; **Rau/Zschieschack**, Reaktionsmöglichkeiten der Staatsanwaltschaft auf verfassungswidrige Strafbefehle, JuS 2005, 802; **Roellecke**, Bio-Recht oder die Sanftmut von Gesäß-Protestierern, NJW 1995, 1525; **Wasserburg**, § 79 Abs. 1 BVerfGG im Spannungsverhältnis zwischen Rechtssicherheit und materieller Gerechtigkeit, StV 1982, 237; **Weber-Klatt**, Die Wiederaufnahme zu Ungunsten des Angeklagten, 1996; **Weyand**, Wiederaufnahme rechtskräftig abgeschlossener Steuerstrafverfahren, PStR 2007, 189; **Wingerter**, Möglichkeiten des Betreibens von Wiederaufnahmeverfahren gegen zu Unrecht verfolgte Verurteilungen in Strafverfahren wegen Verstoßes gegen das Asylverfahrensgesetz, StV 2006, 496; **Zimmermann**, Wiederaufnahme von Bagatellverfahren nach dem Cannabis-Beschluss des BVerfG? – Ein Beitrag zur Auslegung von § 79 BVerfGG, NJW 1995, 2471; s.a. die Hinw. bei → *Wiederaufnahme, Allgemeines*, Teil B Rdn 1054.

1. Bei § 79 BVerfGG handelt es sich um einen **absoluten Wiederaufnahmegrund** (*Wasserburg* StV 1982, 237 m.w.N.; a.A. *Reiff* NJW 1960, 1559). Er steht systematisch außerhalb des Wiederaufnahmerechts, da hier – anders als in den Fällen des § 359 Nr. 1 – 5 – nicht Tatsachen, sondern **Rechtsfragen** die Wiederaufnahme begründen können. Es handelt sich damit um einen **eigenständigen Wiederaufnahmetatbestand** (BGHSt 18, 339; zu den Unterschieden zwischen § 359 und § 79 BVerfGG vgl. BGH NJW 1963, 1364), sodass die §§ 359, 362, 363, 364 nicht gelten (BGH NJW 1963, 1364; LR-*Gössel*, vor § 359 Rn 165) und die Entscheidung des BVerfG keine unmittelbare Wirkung auf den Bestand strafrechtlicher Erkenntnisse hat (*Wasserburg* StV 1982, 237). **1117**

2. § 79 Abs. 2 BVerfGG regelt die **Aussetzung** der **Vollstreckung rechtskräftiger Entscheidungen**, wenn sie auf einer verfassungswidrigen Norm beruhen. Hinsichtlich **strafgerichtlicher Entscheidungen** soll die Entscheidung des BVerfG aber **keine Auswirkungen** haben: Nach h.M. soll § 79 Abs. 2 S. 2 BVerfGG nur die Vollstreckbarkeit sonstiger rechtskräftiger Entscheidungen betreffen, denn mit Abs. 1 sei eine Sonderregelung getroffen worden, die den Betroffenen eine weiter gehende Möglichkeit gegeben habe, das strafgerichtliche Urteil anzugreifen (so BVerfGE 15, 303, 309, das auf Wortlaut und Sinnzusammenhang der Abs. 1 und 2 abstellt; BVerfGE 16, 246, 250; OLG Bremen NJW 1962, 2169; LR-*Gössel*, vor § 359 Rn 155 m.w.N.; *Reiff* NJW 1960, 1559; *Creifelds* JR 1962, 362). **1118**

Diese Auffassung **überzeugt** indes **nicht**: Nachdem der Gesetzgeber strafrechtlichen Urteilen eine besondere Bedeutung beigemessen und ihnen in Abs. 1 eine eigene Regelung gewidmet hat, die zudem 1970 erheblich erweitert wurde (in § 79 BVerfGG a.F. war nur die Nichtigerklärung einer Norm nach § 78 BVerfGG erfasst), können **strafrechtliche Urteile erst recht nicht vollstreckbar** i.S.v. § 79 Abs. 2 S. 2 BVerfGG sein (so zutreffend *Marxen/Tiemann*, Rn 519 unter Verweis auf OLG Schleswig SchlHA 1963, 60; *Maurer* JZ 1963, 666; vgl. a. OLG Celle Nds.Rpfl. 1963, 88). Zutreffend weist *Wasserburg* (StV 1982, 237) auch darauf hin, dass jedenfalls beim **Austausch** der verfassungswidrigen ge- **1119** gen eine verfassungsgemäße Norm § 79 Abs. 2 BVerfGG anzuwenden sei. Dies hatte das BVerfG in seiner für diese Streitfrage maßgeblichen Entscheidung (BVerfGE 15, 309) offen gelassen.

☝ In der **Praxis** ist § 79 BVerfGG **selten** (vgl. auch StrafPrax-*Wasserburg*, § 16 Rn 111), häufig aber dann **relevant**, wenn die Wiederaufnahme **steuerstrafrechtlicher** Verurteilungen angestrebt wird, nachdem eine für die Verurteilung maßgebliche steuerrechtliche Norm vom BVerfG für verfassungswidrig erklärt wurde (vgl. dazu *Weyand* PStR 2007, 189).

1120 **3.** Folgende **Voraussetzungen** müssen für eine Wiederaufnahme nach § 79 BVerfGG vorliegen:

1121 **a)** Mit § 79 Abs. 1 BVerfGG können nach seinem Wortlaut **rechtskräftige Strafurteile** angegriffen werden (OLG Zweibrücken NJW 1996, 2246). Es ist jedoch unstrittig, dass damit alle hoheitlichen Entscheidungen gemeint sind, die nach strafprozessualen Regeln zustande gekommen sind; erfasst werden daher **auch Strafbefehle** und **Bußgeldbescheide** (LR-*Gössel*, vor § 359 Rn 162; KK-*Schmidt*, Vor § 359 Rn 20; Göhler/*Seitz*, § 85 Rn 12; *Preiser* NJW 1962, 844; *Kohlhaas* NJW 1963, 454; **a.A.** bezüglich der Anwendung von § 79 BVerfGG auf Bußgeldbescheide BayObLG NJW 1962, 2166; OLG Schleswig SchlHA 1961, 306; *Kneser* AöR 1964, 129, 170 f.; *Marxen/Tiemann*, Rn 522 Fn 12) weisen jedoch zutreffend darauf hin, dass diese Auffassung verkennt, dass eine genaue Trennung zwischen Straftaten und Ordnungswidrigkeiten nicht existiert.

1122 Es kommt darauf an, dass ein **Schuldspruch** ergangen ist, auf dem das **Urteil beruht**. Ist der Antragsteller mangels Beweisen freigesprochen worden, ist ein Wiederaufnahmeverfahren mit dem Ziel, der Staatskasse die außergerichtlichen Kosten aufzuerlegen oder wegen erwiesener Unschuld freigesprochen zu werden, unzulässig (*Wasserburg* StV 1982, 237, der zutreffend darauf hinweist, dass es in diesem Fall an einer Beschwer fehle; zudem beruhe das Urteil nicht auf einer verfassungswidrigen Norm, sondern auf tatsächlichen Feststellungen; a.A. *Bertram* MDR 1962, 537).

☝ Ein **Beschluss** nach **§ 153 Abs. 2** kann daher nicht mit § 79 BVerfGG angegriffen werden (OLG Zweibrücken NJW 1996, 2246; *Meyer-Goßner/Schmitt*, Vor § 359 Rn 7).

1123 **b)** Die Norm oder die Auslegung einer **Norm**, auf der das Strafurteil aus dem Ursprungsverfahren beruht, muss vom **BVerfG** für **verfassungswidrig erklärt** worden sein. Dabei ist es unerheblich, ob die Norm selbst für nichtig oder mit dem Grundgesetz für unvereinbar erklärt wurde oder ihre Auslegung mit dem Grundgesetz unvereinbar war (*Marxen/Tiemann*, Rn 523 m.w.N.; für den Fall einer Weitergeltungsanordnung nach § 35 BVerfGG beachte aber OLG München NJW-Spezial 2014, 729; wonach die Wiederaufnahme bis zum Ablauf der befristeten Weitergeltung ausgeschlossen sei; a.A. OLG München StV 2014, 129; OLG Köln Beschl.v. 28.2.2013 – III-2 Ws 81/13, 2 Ws 81/13). Deshalb ist § 79 BVerfGG auch dann anwendbar, wenn das BVerfG eine Norm nur bei restriktiver Auslegung als noch verfassungsgemäß bezeichnet hat und das Urteil auf einer nicht restriktiven und damit nicht mehr verfassungsgemäßen Auslegung beruht (LG Dortmund StV 1981, 173 zum Mordmerkmal der Heimtücke).

c) Umstr. ist, ob lediglich Normen des materiellen Rechts von § 79 BVerfGG erfasst werden oder ob auch Strafverfahren der Wiederaufnahme unterliegen, die auf verfassungswidrigen **verfahrensrechtlichen** bzw. **gerichtsverfassungsrechtlichen Normen** oder deren Auslegung beruhen. Die vom Gesetzgeber grds. gewollte **restriktive Auslegung** des Wiederaufnahmerechts spricht für diese einschränkende Auffassung (BVerfGE 11, 263; LR-*Gössel*, vor § 359 Rn 161 m.w.N.). *Zimmermann* (NJW 1995, 2471) will § 79 BVerfGG immerhin auf solche verfahrensrechtlichen Normen anwenden, denen eine „materiellrechtliche Korrektivfunktion" zukomme, wobei er konkret die §§ 153, 153a, 153b sowie §§ 29 Abs. 5, 31a BtMG benennt). Dagegen lässt sich indes der **offene Wortlaut** des § 79 BVerfGG anführen, der die Anwendbarkeit gerade nicht auf materiellrechtliche Normen beschränkt. Auch die **Parallelität** zu **§ 337 Abs. 1** spricht für die Anwendung der Norm auch auf verfahrens- und gerichtsverfassungsrechtliche Normen (vgl. ausführl. dazu BGHSt 42, 314, 318, wo diese Streitfrage jedoch letztlich offen gelassen werden konnte; gegen die restriktive Auslegung *Marxen/Tiemann*, Rn 528 unter Verweis auf Anm. *Böckenförde* zu LG Hannover NJW 1970, 870; *Hoppner* NJW 1960, 514). 1124

☝ Der letztgenannten Auffassung ist zugutezuhalten, dass der Wortlaut eine einschränkende Auslegung nicht erfordert. Letztlich ist auch kein sachlicher Differenzierungsgrund erkennbar, weshalb § 79 BVerfGG allein auf materiellrechtliche Normen anwendbar sein soll. Die **weiter gehende Auslegung** von § 79 BVerfGG ist daher **vorzugswürdig**.

d) Das **Urteil** des **Ursprungsverfahrens** muss auf der **verfassungswidrigen Norm** oder ihrer Auslegung **beruhen**. Das ist dann der Fall, wenn die Rechtsfolge der verfassungswidrigen Norm entnommen wurde (LR-*Gössel*, vor § 359 Rn 164) oder – folgt man der hier vertretenen Auffassung – das Urteil bei verfassungsgemäßer Anwendung der verfahrens- und gerichtsverfassungsrechtlichen Normen günstiger ausgefallen wäre (*Marxen/Tiemann*, Rn 529). 1125

e) § 79 BVerfGG ist als Ausnahmevorschrift restriktiv auszulegen und daher einer **Analogie nur eingeschränkt zugänglich** (vgl. *Wasserburg* StV 1982, 237 (243)). Es ist aber allgemein anerkannt, dass § 79 BVerfGG über die Fälle des § 95 Abs. 3 S. 3 BVerfGG hinaus analog anwendbar ist, wenn ein **Gesetz** für **verfassungswidrig** erklärt 1126 wurde (*Marxen/Tiemann*, Rn 524; BGHSt 42, 314, 317 m. Anm. *Dehn* NStZ 1997, 143 f.; *Angerer/Stumpf* NJW 1996, 2216) oder ein **Landesverfassungsgericht** eine Norm oder ihre Auslegung für landesverfassungswidrig erklärt (*Marxen/Tiemann*, Rn 525; LR-*Gössel*, vor § 359 Rn 159; vgl. hierzu a. Anm. *Böckenförde* zu LG Hannover NJW 1970, 870).

1127 **4.** Es ist ebenfalls **umstr.**, ob eine Wiederaufnahme nach § 79 BVerfGG sowohl **zugunsten** als auch **zuungunsten** oder nur zugunsten des Verurteilten angestrebt werden kann. Da das Gesetz keine Einschränkung vornimmt, soll nach einer Ansicht über § 79 BVerfGG die Wiederaufnahme auch zuungunsten des Verurteilten angestrebt werden können (so *Reiff* NJW 1960, 1559; vgl. a. LR-*Gössel*, vor § 359 Rn 168 m.w.N.). Nach **zutreffender** Ansicht ist die Wiederaufnahme nach § 79 BVerfGG dagegen nur für die Fälle verfassungswidriger Verurteilung und damit **nur zugunsten** des Verurteilten zulässig. Das lässt sich zum einen den Gesetzesmaterialien entnehmen (so *Marxen/Tiemann*, Rn 520 m.w.N.; vgl. für diese Auffassung auch BVerfGE 11, 263, 265; OLG Bamberg NJW 1962, 2168; LG Aachen NJW 1962, 1973; LG Wiesbaden NJW 1963, 2332; AK-*Loos*, Vor § 359 Rn 29; *Dingeldey* NStZ 1985, 337, 338; *Wasserburg* StV 1982, 237 m.w.N.). Außerdem ist – anders als ein verfassungswidriger Freispruch – nur das Fortbestehen einer verfassungswidrigen Verurteilung unerträglich (*Marxen/Tiemann*, Rn 520 unter Verweis auf BVerfGE 12, 338). Wurde rückwirkend auf den Tatzeitraum eine verfassungswidrige Norm durch eine verfassungsgemäße ersetzt, ist § 79 BVerfGG ebenfalls anwendbar (BVerfGE 15, 303, 307 f.). In diesen Fällen genügt ein einfacher **Beschluss**, mit dem das Urteil berichtigt wird (vgl. dazu ausführlich *Wasserburg* StV 1982, 237, 241 f. m.w.N.).

1128 **5.** Im **Wiederaufnahmeantrag** muss neben einer **schlüssigen Sachverhaltsdarstellung** die **Entscheidung** des BVerfG **benannt** werden, durch welche die der strafgerichtlichen Verurteilung zugrunde liegende Norm oder ihre Auslegung für verfassungswidrig erklärt wurde (*Marxen/Tiemann*, Rn 530). Da es sich um einen absoluten Wiederaufnahmegrund handelt (*Wasserburg* StV 1982, 237), sind Ausführungen zur Frage des **Beruhens** an sich nicht erforderlich.

☝ **Ausführungen** zum **Beruhen** sind aber **dringend zu empfehlen**, insbesondere nachdem die Gerichte dies in Verkennung der Systematik der Norm verlangen (KG NStZ 2013, 125; KG Beschl. v. 18.8.1999 – 4 Ws 209/99) und zudem **strenge Anforderungen** an die Darlegung des Wiederaufnahmegrundes stellen. Obwohl in allen anderen Bereichen die Beruhensprüfung von Amts wegen durchgeführt wird (StrafPrax-*Wasserburg*, § 16 Rn 111), hat das BVerfG dies gebilligt (BVerfG, Beschl. v. 6.4.1999 – 2 BvR 1153/96); für eine genaue Darlegung des Beruhens auch KG (vgl. NStZ 2013, 125; Beschl. v. 18.8.1999 – 4 Ws 209/99; s.a. *Marxen/Tiemann*, Rn 530).

6. Auf folgende **verfahrensrechtliche Besonderheiten** ist hinzuweisen: 1129

- Da die Wiederaufnahme hier aus Rechtsgründen betrieben wird, können **Zulässigkeits-** und **Begründetheitsentscheidung zusammenfallen**.
- Auch eine **Beweisaufnahme** nach § 369 ist **entbehrlich**. Vielmehr kann sogleich ein **Beschluss** nach **§ 370 Abs. 2** gefasst werden (OLG Oldenburg NJW 1963, 457; LR-*Gössel*, vor § 359 Rn 176; a.A. AK-*Loos*, vor § 359 Rn 32).
- Da in diesen Fällen eine neue **HV** ebenfalls regelmäßig **entbehrlich** sein dürfte, kann eine neue Sachentscheidung durch Beschluss ohne HV ergehen, insbesondere dann, wenn eine verfassungswidrige Norm durch eine verfassungsgemäße ersetzt wurde (LR-*Gössel*, vor § 359 Rn 177). Die **tatsächlichen Feststellungen** können aufrechterhalten bleiben, wenn der Rechtsfehler sie nicht beeinflusst hat (BGHSt 19, 280, 218 ff.).
- Zur umstrittenen Frage der **Gerichtskosten** vgl. *Marxen/Tiemann* (Rn 535), wonach mit OLG Oldenburg NJW 1963, 457 die Kosten gem. §§ 476 Abs. 1, 473 Abs. 1 analog der Staatskasse auferlegt werden sollen.

Siehe auch: → *Wiederaufnahme, Allgemeines*, Teil B Rdn 1053, m.w.N.

Wiederaufnahme, Antragsgründe, EGMR-Entscheidung 1130

Das Wichtigste in Kürze:

1. § 359 Nr. 6 regelt die Wiederaufnahme konventionswidriger Strafurteile nach einer Entscheidung des EGMR, durch die die Verletzung der EMRK festgestellt wurde.
2. Im Verfahren entfällt regelmäßig die Beweisaufnahme, sodass Aditions- und Probationsentscheidung zusammenfallen. Auch wird häufig eine neue HV entbehrlich sein, sodass gem. § 371 sogleich entschieden werden kann.
3. Der Antrag muss die EGMR-Entscheidung bezeichnen, durch die der EMRK-Verstoß festgestellt wurde. Es muss auch dargelegt werden, weshalb das angegriffene Urteil auf dem Verstoß beruht; eine gesetzliche Vermutung existiert nicht. Als Beweis dient letztlich nur die Entscheidung des EGMR.

Literaturhinweise: **Czerner**, Inter partes- versus erga omnes-Wirkung der EGMR-Judikate in den Konventionsstaaten gemäß Art. 46 EMRK – Eine Problemanalyse auch aus strafverfahrensrechtlicher Perspektive, AVR 46 (2008), 345; **Kleine-Cosack**, Verfassungsbeschwerden und Menschenrechtsbeschwerde, 3. Aufl., 2013; **Jahn**, Innerstaatliche Wiederaufnahme und EMRK, JuS 2013, 273; **Jokisch**, Gemeinschaftsrecht und Strafverfahren, 2000; **Maur**, Verletzung der Europäischen Konvention zum Schutze der Menschenrechte und Grundfreiheiten als neuer Wiederaufnahmegrund im Strafverfahren, NJW 2000, 338; **Sauer**, Völkerrechtliche Folgenbeseitigung im Strafverfahren, JZ 2011, 23 (zugleich Besprechung von EGMR, Urt. v. 1.6.2010 – 1131

Gaefgen/Deutschland); **Schmahl/Köber**, Durchbrechung der Rechtskraft nationaler Gerichtsentscheidungen zugunsten der Effektivität des Unionsrechts?, EuZW 2010, 927; **Selbmann**, Anpassungsbedarf der Regelungen zur Wiederaufnahme des Verfahrens an die Vorgaben der EEMRK, ZRP 2006, 124; **Weigend**, Die Europäische Menschenrechtskonvention als deutsches Recht – Kollisionen und ihre Lösung, StV 2000, 384; s. die Hinw. bei → *Wiederaufnahme, Allgemeines*, Teil B Rdn 1054.

1132 **1.a) § 359 Nr. 6** wurde erst im Jahr 1998 (BGBl I, S. 1802) in die StPO aufgenommen. Zuvor war eine Wiederaufnahme weder über eine analoge Anwendung des § 359 Nr. 5 noch über eine Analogie zu § 79 BVerfGG möglich (vgl. noch BVerfG NJW 1986, 1425, 1426; OLG Stuttgart MDR 1985, 605). Wie § 79 BVerfGG ist § 359 Nr. 6 **strukturell** ein **Fremdkörper** im Wiederaufnahmerecht, denn mit diesem Wiederaufnahmegrund werden – anders als bei den übrigen Wiederaufnahmegründen des § 359 – **nachträglich Rechtsfehler** und nicht fehlerhafte Sachverhaltsfeststellungen **korrigiert** (*Marxen/Tiemann*, Rn 276).

1133 **b)** § 359 Nr. 6 kommt nur zur **Anwendung**, wenn **Verletzungen** der **EMRK**, die unmittelbar geltendes Recht im Rang eines einfachen Bundesgesetzes ist (Art. II des Zustimmungsgesetzes vom 7.8.1952, BGBl II, S. 685, 953) und daher in jedem Strafverfahren beachtet werden muss, nicht – was erforderlich wäre (!) – schon im Instanzenzug korrigiert wurden (vgl. *Meyer-Goßner/Schmitt*, § 359 Rn 52 unter Verweis auf BGH NStZ-RR 1999, 176; *Marxen/Tiemann*, Rn 277).

☝ Die von der EMRK eingeräumte Möglichkeit der **Individualbeschwerde** (Art. 34 EMRK) bietet insoweit **keinen ausreichenden Rechtsschutz**, da die daraufhin ergehenden Entscheidungen sich auf die **Feststellung** beschränken, dass eine bestimmte Entscheidung konventionswidrig war. Soweit nicht nach Art. 41 EMRK eine Entschädigung zugesprochen wird, haben Entscheidungen des EGMR **keine Gestaltungswirkung** (*Marxen/Tiemann*, Rn 277; allgemein zur Menschenrechtsbeschwerde → *Menschenrechtsbeschwerde, Allgemeines*, Teil C Rdn 1, m.w.N.).

1134 I.Ü. **gelten** die **allgemeinen Grundsätze**: Auch bei einer Wiederaufnahme nach § 359 Nr. 6 muss der Antragsteller eines der gesetzlich eng vorgeschriebenen **Wiederaufnahmeziele** verfolgen. Die Wiederaufnahme des Strafverfahrens zur nachträglichen Anwendung der sog. Vollstreckungslösung beispielsweise ist daher auch im Fall des § 359 Nr. 6 nicht zulässig, weil die Nachholung einer Entschädigungs- oder Kompensationsentscheidung nicht zu den zulässigen Zielen eines Wiederaufnahmeverfahrens gehört (OLG Celle NStZ-RR 2010, 251).

☝ Auch hier tritt mit Zulässigkeit des Antrags **nicht automatisch** eine **Vollstreckungshemmung** ein (BVerfG NJW 2000, 1480; vgl. auch → *Wiederaufnahme, Antragsgründe, BVerfG-Entscheidung*, Teil B Rdn 1115, 1118, m.w.N.).

2. Die **Besonderheiten im Verfahren** nach § 359 Nr. 6 führen dazu, dass regelmäßig die Beweisaufnahme gem. § 369 entfällt. Zulässigkeits- und Begründetheitsentscheidung können daher ausnahmsweise miteinander verbunden werden, sodass sogleich durch Beschluss nach § 370 Abs. 2 über die Begründetheit entschieden werden kann. Dass schließlich eine **neue HV** regelmäßig **entbehrlich** sein soll mit der Folge, dass sofort nach § 371 durch Beschluss eine neue Sachentscheidung ergehen kann (so *Marxen/Tiemann*, Rn 289) wird eher die **Ausnahme** sein, da die Feststellung von konventionswidrigen Verfahrensfehlern in der Regel eine neue HV nicht entbehrlich, sondern unter Heilung des konventionswidrigen Verfahrensfehlers erforderlich macht. 1135

3. Folgende **Voraussetzungen** gelten **für** den **Antrag** nach § 359 Nr. 6: 1136

a) Zunächst muss eine **Verletzung** der EMRK vorliegen, die vom EGMR ausdrücklich festgestellt wurde. **Fehlt** es an einer entsprechenden **Entscheidung** des **EGMR**, ist § 359 Nr. 6 **nicht** anwendbar (OLG Karlsruhe Justiz 2005, 21; SK-StPO/*Frister*, § 359 Rn 75). **A.A.** ist das LG Ravensburg (NStZ-RR 2001, 115). Dieses befürwortet eine analoge Anwendung, sofern ein „offensichtlicher" Konventionsverstoß vorliegt, Die Auffassung ist aber mit der Gesetzesbegründung (BT-Drucks 13/10333 S. 3 f.) unvereinbar, denn dort heißt es: „Für die Einführung eines neuen Wiederaufnahmegrundes wegen offensichtlicher Rechtsfehler bestehe kein Bedürfnis, da es aus der gerichtlichen Praxis der letzten Jahrzehnte keinerlei Anhaltspunkte für die Notwendigkeit einer solchen Regelung gäbe" (vgl. auch *Marxen/Tiemann*, Rn 285). § 359 Nr. 6 ist daher auch **nicht** auf **Entscheidungen** des **EuGH analog anwendbar** (OLG Karlsruhe Justiz 2005, 21; *Meyer-Goßner/Schmitt*, § 359 Rn 52; vgl. aber zur Durchbrechung der Rechtskraft nationaler Gerichtsentscheidungen durch Entscheidungen des EuGH *Schmahl/Köber*, EuZW 2010, 927). Zwar wird für diese Fälle eine Analogie zu § 79 Abs. 1 BVerfGG in Betracht gezogen (vgl. dazu *Jokisch*, S. 225 ff.), dies hat das OLG Karlsruhe unter Berufung auf die Gesetzesmaterialien aber ebenfalls abgelehnt (OLG Karlsruhe Justiz 2005, 21). 1137

b) Das Urteil des Ursprungsverfahrens muss auf dem **Verstoß** gegen die **EMRK beruhen**. Dies folgt schon aus dem Wortlaut des § 359 Nr. 6. Daran fehlt es z.B., wenn der Verstoß gegen die EMRK schon im weiteren Verfahren korrigiert wurde (OLG Frankfurt/Main JuS 2013, 273 [Fall *Gäfgen*]; *Maur*, NJW 2000, 338; KK-*Schmidt*, § 359 Rn 40; *Marxen/Tiemann*, Rn 285). Für das Beruhen gelten nach der Intention des Gesetzgebers (vgl. BT-Drucks 13/10333) die aus dem **Revisionsverfahren** bekannten Maßstäbe (vgl. → *Revision, Beruhensprüfung*, Teil A Rdn 2078; OLG Bamberg, Beschl. v. 5.3.2013 – 1 Ws 98/13; OLG Frankfurt JuS 2013, 273; *Jahn*, a.a.O.; SK-StPO/*Frister*, § 359 Rn 74; KK-*Schmidt*, § 359 Rn 42; *Maur* NJW 2000, 338), sodass es darauf ankommt, ob die **angegriffene Entscheidung ohne** den **Verstoß** gegen die **EMRK günstiger ausgefallen** wäre (vgl. zum Revisionsrecht BGHSt 22, 278, 280). 1138

☝ Im Wiederaufnahmerecht ist bei der Beruhensprüfung wegen der bereits bestehenden Rechtskraft ein noch **strengerer Maßstab** anzulegen, weshalb stets eine **Einzelfallentscheidung** zu treffen ist (KK-*Schmidt*, § 359 Rn 42; *Marxen/Tiemann*, Rn 280).

1139 Wurde etwa konventionswidrig **kein Pflichtverteidiger beigeordnet** (vgl. Art. 6 Abs. 3 Buchst. c EMRK), liegt ein **bloßer Verfahrensfehler** vor, der nicht zwingend zu dem Schluss führt, dass ohne Verletzung der EMRK eine günstigere Entscheidung ergangen wäre (OLG Stuttgart NStZ-RR 2000, 243). Auch kann es am Beruhenserfordernis fehlen, wenn das Urteil eine **überlange Verfahrensdauer** durch Verletzung des Beschleunigungsgebots (Art. 6 Abs. 1 S. 1 EMRK) bereits in der Strafzumessung zugunsten des Verurteilten berücksichtigt wurde (KK-*Schmidt*, § 359 Rn 42; vgl. hierzu aber auch *Marxen/Tiemann*, Rn 281 f.; → *Verfahrensverzögerung/Verzögerungsrüge*, Teil B Rdn 1027).

1140 **c)** Nach allgemeiner Auffassung muss der **Antragsteller** die **Entscheidung** des EGMR, die den Verstoß feststellt, **selbst herbeigeführt** haben (OLG Bamberg, Beschl.v. 5.3.2013 – 1 Ws 98/13; KK-*Schmidt*, § 359 Rn 40; SK-StPO/*Frister*, § 359 Rn 75). Diese Zulässigkeitsvoraussetzung ist indes umstr., da sie nicht aus dem Wortlaut des § 359 Nr. 6 folgt. Die überwiegende Auffassung stützt sich auf Formulierungen in den Gesetzesmaterialien (BT-Drucks 13/10333 S. 3 f.) und darauf, dass den Entscheidungen des EGMR lediglich eine Wirkung „inter partes zukommt (OLG Bamberg, Beschl. v. 5.3.2013 – 1 Ws 98/13). Die Gegenmeinung weist indes darauf hin, dass sich ein solches Erfordernis nicht eindeutig aus den Gesetzesmaterialien ergibt und auch systemwidrig ist, da auch § 79 BVerfGG diese Einschränkung nicht vorsieht (*Marxen/Tiemann*, Rn 285; *Miebach/Hohmann*, a.a.O., Kap. E.II.6.a); vgl. instruktiv *Czerner* AVR 46 [2008], 345).

☝ Für die Gegenmeinung spricht auch die **Bindungswirkung** von **Entscheidungen** des **EGMR** nach Rechtsprechung des BVerfG (Fall *Görgül*), wonach alle staatlichen Organe verpflichtet sind, fortdauernde Konventionsverstöße – im Rahmen ihrer Zuständigkeit und ohne gegen Gesetz und Recht Art. 20 Abs. 3 GG zu verstoßen – zu beenden und einen konventionsgemäßen Zustand herzustellen (BVerfG NJW 2005, 2685).

1141 **4.** An den **Wiederaufnahmeantrag** sind folgende **Anforderungen** zu stellen (vgl. allgemein → *Wiederaufnahme, Antrag*, Teil B Rdn 1071, m.w.N.):

1142 **a)** Der Antrag muss schlüssig sein, also aus sich heraus verständlich sein und eine in sich **geschlossene Sachverhaltsdarstellung** enthalten, sodass bei deren unterstellter Richtigkeit die Wiederaufnahme des Verfahrens gerechtfertigt wäre. Er muss dazu die **Entscheidung** des **EGMR** genau **bezeichnen**, mit welcher der Konventionsverstoß festgestellt wurde. Auch das **Beruhen** der angegriffenen Entscheidung muss sich aus dem Antrag ergeben, denn hier existiert keine gesetzliche Vermutung, die den Antragsteller entlasten würde. Es muss daher aufgrund der Antragsbegründung zumindest möglich sein, dass das angegriffene Urteil ohne den Verstoß günstiger ausgefallen wäre (vgl. zu allem OLG Stuttgart NStZ-RR 2000, 243; ebenso *Marxen/Tiemann*, Rn 287).

☝ Hier wirkt sich in besonderem Maße der bei Rdn 1140 dargestellte Streit zur Frage der **Herbeiführung** der **EGMR-Entscheidung durch den Verurteilten** aus: Hat er die Entscheidung selbst herbeigeführt, fallen die Anforderungen an den Nachweis des Beruhens geringer aus. Dies gilt wiederum in besonderem Maße für prozessuale Verstöße und wirkt sich bei – jeweils gleich zu behandelnden – materiellrechtlichen Verstößen weniger deutlich aus (vgl. dazu *Weigend*, StV 2000, 384; dieses weitere Argument für die h.M. räumen auch *Marxen/Tiemann*, Rn 286 ein).

b) Geeignetes Beweismittel ist hier lediglich die Entscheidung des EGMR, die den Kon- **1143**
ventionsverstoß feststellt (*Marxen/Tiemann*, Rn 288), denn das Gericht darf auch bei durch andere Beweismittel belegten, offensichtlichen Verstößen gegen die EMRK § 359 Nr. 6 nicht analog anwenden (vgl. Rdn 1137).

Siehe auch: → *Wiederaufnahme, Allgemeines*, Teil B Rdn 1053, m.w.N.; → *Wiederaufnahmeverfahren, Geeignetheit von Tatsachen und/oder Beweismitteln*, Teil B Rdn 1282.

Wiederaufnahme, Antragsgründe, Neue Tatsachen oder Beweismittel (Nova) 1144

Das Wichtigste in Kürze:

1. § 359 Nr. 5 ist der in der Praxis am häufigsten geltend gemachte Wiederaufnahmegrund.
2. Neue Tatsachen sind alle dem Beweis zugänglichen tatsächlichen gegenwärtigen oder vergangenen Vorgänge, Verhältnisse oder Zustände. Geänderte Bewertungen oder Rechtsauffassungen sind keine neuen Tatsachen, ebenso wenig Rechtsfehler oder sachlich-rechtliche Fehler, Verfahrensfehler und sog. Rechtstatsachen.
3. Neue Beweismittel können alle förmlichen Beweismittel der StPO sein, also nicht der Verurteilte.
4. Die Tatsachen oder Beweismittel müssen neu und geeignet sein.
5. Der Wiederaufnahmeantrag muss in sich schlüssig sein und die neuen Tatsachen oder Beweismittel konkret benennen; die neuen Tatsachen müssen als sicher behauptet, die neuen Beweise konkret benannt werden.

1145 **Literaturhinweise:** **Brauns**, Die gescheiterte Wiederaufnahme des Strafverfahrens gegen *Carl von Ossietzky* – Grund für eine Gesetzesänderung?, JZ 1995, 492; **Eisenberg**, Aspekte des Verhältnisses von materieller Wahrheit und Wiederaufnahme des Verfahrens gemäß § 359 ff. StPO, JR 2007, 360; *ders.*, Histrionische Zeugen und Wiederaufnahme des Verfahrens gemäß § 359 Nr. 5 StPO in: Festschrift für *Knut Amelung* zum 70. Geburtstag, 2009, S. 585; **Förschner**, Der Deal und seine Folgen … Geständniswiderruf und Wiederaufnahme, StV 2008, 443; **Fornauf**, Die Neuheit bereits erörterter Tatsachen im Wideraufnahmeverfahren, StraFo 2013, 235; **Hellebrand**, Geständniswiderruf und Wiederaufnahmeverfahren – Urteilsabsprachen unter dem Aspekt des Wiederaufnahmerechts nach der Rechtsprechung des BVerfG, NStZ 2008, 374; **Stern**, Zur Verteidigung des Verurteilten in der Wiederaufnahme, NStZ 1993, 409; **Wasserburg/Eschelbach**, Die Wiederaufnahme des Verfahrens propter nova als Rechtsschutzmittel, GA 2003, 335; s.a. die Hinw. bei → *Wiederaufnahme, Allgemeines*, Teil B Rdn 1054.

1146 **1.** § 359 Nr. 5 ist der in der **Praxis** am **häufigsten** vorgetragene Wiederaufnahmegrund (vgl. MAH-*Strate*, § 27 Rn 3 [99 % aller Wiederaufnahmeverfahren]; vgl. auch *Eisenberg* JR 2007, 360). Er regelt den Fall, dass der Verurteilte neue Tatsachen oder Beweismittel vorträgt, die allein oder in Verbindung mit früher erhobenen Beweisen geeignet sind, das Antragsziel zu begründen (*Marxen/Tiemann*, Rn 168). Es müssen **neue Tatsachen** oder **Beweise** vorgetragen werden, die sodann im Probationsverfahren (→ *Wiederaufnahme, Begründetheitsprüfung [Probationsverfahren]*, Teil B Rdn 1216 ff.) überprüft werden. Sagt beispielsweise ein Zeuge – wie im Antrag angekündigt – im Rahmen der Beweisaufnahme aus, ist für die Frage der Begründetheit davon auszugehen, dass er auch in der HV entsprechend aussagen wird (OLG Koblenz NStZ-RR 2007, 313).

1147 **2.a) Neue Tatsachen** sind **alle** dem **Beweis** zugänglichen **tatsächlichen**, gegenwärtigen oder vergangenen **Vorgänge, Verhältnisse** oder **Zustände** (BGHSt 39, 75, 80; vgl. a. BVerfG StV 2003, 225 [als existierend feststellbare Vorgänge oder Zustände, die der Gegenwart oder Vergangenheit zugehören]; LR-*Gössel* § 359 Rn 58; vgl. a. *Fornauf* StraFo 2013, 235 ff.), die nicht bei der Überzeugungsbildung des erkennenden Gerichts berücksichtigt wurden (BVerfG NJW 2007, 207; *Meyer-Goßner/Schmitt*, § 359 Rn 30; → *Wiederaufnahme, Neuheit von Tatsachen/Beweismitteln (Nova)*, Teil B Rdn 1311).

> ☝ **Geänderte Bewertungen** und Rechtsauffassungen sind **keine neuen Tatsachen** (BGHSt 39, 75)!

1148 **b)** Die Tatsachen müssen **nicht zwingend** den **Sachverhalt** selbst betreffen, sie können auch den **Verurteilten** betreffen, also z.B. das Lebensalter beim angeblich Strafunmündigen (*Peters*, Fehlerquellen, S. 61) oder des zu Unrecht als Erwachsener Behandelten (OLG Hamburg NJW 1952, 1150; LG Landau NStZ-RR 2003, 28). Erfasst werden auch Tatsachen, die den Strafantrag, die Verjährung, Amnestievoraussetzungen oder Rechtfertigungs-, Strafausschließungs- und **Schuldausschließungsgründe**, insbesondere die Schuldunfähigkeit des Verurteilten (vgl. dazu *Meyer-Goßner/Schmitt*, § 359 Rn 22 m.w.N.).

Ebenso können die Tatsachen **Beweisfragen** betreffen, etwa Indizien, die im Urteil verwertet wurden, oder die Zulässigkeit der verwendeten Beweismittel, also z.B. die Richtigkeit eines Gutachtens oder die Glaubwürdigkeit eines Zeugen (OLG Celle NJW 1967, 216; OLG Düsseldorf VRS 82, 198; OLG Frankfurt/Main NJW 1966, 2423; zu histrionischen Zeugen vgl. *Eisenberg*, S. 585) oder etwa die Fehlwahrnehmung bei einer Inaugenscheinnahme durch das erkennende Gericht (OLG Düsseldorf NStZ-RR 2014, 22). 1149

Insbesondere der **Wegfall** eines **Geständnisses** des Verurteilten ist eine neue Tatsache (BVerfG NStE Nr. 13 zu § 359 StPO; BGH NJW 1977, 59; OLG München NJW 1981, 593; OLG Schleswig NJW 1974, 714; LG Landau StV 2009, 237; LG Nürnberg-Fürth, Beschl. v. 6.9.2006 – 2 Ns 706 Js 71234/06; AG Starnberg StV 2008, 516; *Förschner* StV 2008, 443). Hier muss der Antragstellende jedoch der **erweiterten Darlegungslast** (→ *Wiederaufnahme, Darlegungslast, erweiterte*, Teil B Rdn 1250 ff.; → *Wiederaufnahme, Geeignetheit von Tatsachen und/oder Beweismittel*, Teil B Rdn 1282 ff.) nachkommen; andernfalls ist sein Antrag unzulässig. 1150

☝ Insoweit ist nur eine **Ausnahme** anerkannt: Hat der Antragsteller im Ursprungsverfahren **geschwiegen** und will er nun Angaben machen, trifft ihn **keine erweiterte Darlegungslast**, denn aus dem früheren Schweigen dürfen ihm auch jetzt keine Nachteile entstehen (OLG Jena NStZ-RR 2010, 251). Eine Einspruchs- bzw. Rechtsmittelrücknahme dürfte insoweit einem Schweigen gleichzusetzen sein (vgl. BVerfG NStE Nr. 13 zu § 359 StPO).

Auch der **Widerruf belastender Angaben** eines Zeugen (BGH NJW 1977, 59; KG JR 1975, 166; OLG Köln NJW 1963, 698) oder eines Mitangeklagten (OLG Celle JR 1967, 150; OLG Hamburg JR 1951, 218) ist eine neue Tatsache. 1151

c)aa) Die neuen Tatsachen dürfen sich **nicht nur auf Verfahrensfehler** beziehen (RGSt 19, 321; KG GA 1974, 25; *Meyer-Goßner/Schmitt*, § 359 Rn 22; a.A. LR-*Gössel*, § 359 Rn 66 bei gegenseitigen Bezügen; *Peters*, Fehlerquellen, S. 54). 1152

☝ **Ausgeschlossen** ist daher ein Wiederaufnahmeantrag gegen ein **Revisionsurteil**, denn dort ergeht keine neue Sachentscheidung (vgl. BGHSt 51, 202, 208; OLG Frankfurt/Main JR 1978, 522 m. abl. Anm. *Rieß*) und gegen Verwerfungsurteile (KG GA 1974, 25).

bb) Rechtsfehler und **sachlich-rechtliche Fehler** sind ebenfalls **unerheblich**, denn die Wiederaufnahme soll nicht zu einer „zeitlich unbefristeten Revision" werden (*Brauns* JZ 1995, 494; vgl. auch BVerfG NStZ-RR 2007, 29, 30). Das gilt auch dann, wenn diese Fehler offensichtlich sind (BGHSt 39, 75, 79) oder in einem Urteil gegen einen Mittäter oder Nebenbeteiligten eine anderslautende rechtliche Beurteilung oder Beweiswürdigung erfolgt ist (BGH wistra 1991, 30; LG Mannheim StV 1992, 103 m. krit. Anm. *Wasserburg*). 1153

Das Argument für die Unzulässigkeit der Wiederaufnahme lautet insoweit, dass zwar eine neue Tatsache vorliege, diese aber an der Beweislage nichts ändere und es an einer strafprozessualen Bindungswirkung zwischen den einzelnen Strafgerichten fehle (zur Abgrenzung zwischen bloßem Rechtsfehler und Nichtberücksichtigung entscheidungserheblicher Tatsachen s. BVerfG NZV 2016, 45).

1154 **cc)** Der Begriff „**Rechtstatsachen**" ist geprägt von *Peters* (Fehlerquellen, S. 65 ff.), der diese ebenfalls unter Tatsachen i.S.v. § 359 Nr. 5 subsumiert (abl.: *Marxen/Tiemann*, Rn 174, die den Begriff als konturlos bezeichnen und eine entsprechende Differenzierung darüber hinaus zutreffend für überflüssig halten; OLG Zweibrücken wistra 2009, 488). Er umfasst **Bewertungen** und **Rechtsauffassungen**, die aber nach h.M. gerade **keine Tatsachen** sind. Dadurch werden in unzulässiger Weise Rechtsgrundlagen, rechtliche Bewertungen oder Rechtsfolgen, die eine bestimmte Beurteilung von Tatsachen enthalten oder zu einer solchen führen, mit den zu beurteilenden Tatsachen vermengt (so BGHSt 39, 75, 80). Allein eine Veränderung der rechtlichen Bewertung eines bereits bekannten Sachverhalts durch Wegfall oder Änderung des angewendeten Gesetzes oder einen Wandel in der Rechtsprechung (vgl. hierzu OLG Bamberg NJW 1982, 1714; ebenso KG NJW 1977, 1162) ist gerade keine neue Tatsache (BGHSt 39, 75, 79 unter Verweis auf BVerfGE 12, 338, 340). Soweit nach *Peters* (Strafprozeß, S. 674) von dem Begriff „Rechtstatsachen" auch Verstöße gegen Beweismittelverbote und Verbote des § 136a sowie das Fehlen eines Strafgesetzes und Verstöße gegen eindeutige Normen erfasst sein sollen, ist er überflüssig: Die beiden letztgenannten Fälle können eine Wiederaufnahme schon aus systematischen Gründen nicht rechtfertigen, da hiermit nur die fehlerhafte Rechtsanwendung, die gerade nicht eine Wiederaufnahme begründen können soll, in § 359 Nr. 5 einbezogen würde. Gleiches gilt für die **für** die **Wiederaufnahme irrelevante Änderung** der **Rspr**. oder der Gesetzeslage (BGHSt 39, 75, 79; *Meyer-Goßner/Schmitt*, § 359 Rn 24). Verstöße gegen Beweismittelverbote oder § 136a begründen hingegen einen Wiederaufnahmeantrag nach § 359 Nr. 5, da sie einen Einstellungsgrund und damit auch ein legitimes Wiederaufnahmeziel bezeichnen (*Marxen/Tiemann*, Rn 80, 82; LR-*Gössel*, § 359 Rn 66 ff.). Für den strittigen Fall der nachträglichen Aufhebung eines rechtswidrigen Verwaltungsaktes s. → *Wiederaufnahme, Urteilsaufhebung*, Teil B Rdn 1195 ff.

1155 **dd) Ändert** sich **rückwirkend** der **zivilrechtliche Status** des **Verurteilten**, ist obergerichtlich bisher **nicht abschließend geklärt**, ob dieser Umstand eine neue Tatsache i.S.v. § 359 Nr. 5 darstellt. So hat das OLG Hamm entschieden, dass eine erfolgreiche Vaterschaftsanfechtung eine neue Tatsache und damit ein Wiederaufnahmegrund i.S.v. § 359 Nr. 5 gegen eine Verteilung nach § 170 StGB sei (OLG Hamm NJW 2004, 2461; *Meyer-Goßner/Schmitt*, § 359 Rn 24). Das LG Mainz und das OLG Koblenz sind dagegen der Auffassung, dass es sich bei der nach Rechtskraft einer Verurteilung wegen Waffenbesitzes ergebende Berechtigung aufgrund rückwirkender Erbenstellung (§ 28 Abs. 4

Nr. 1 WaffG a.F.) um keine neue Tatsache i.S.v. § 359 Nr. 5 handeln soll (LG Mainz, Beschl. v. 22.3.2002 – 3551 Js 19342/01 – 5 KLs, bestätigt durch OLG Koblenz, Beschl. v. 13.5.2002 – 2 Ws 392/02).

Die Konzeption des Wiederaufnahmerechts im Allgemeinen (Ausnahmeregelung) und Parallelen zu verschiedenen Einzelfragen des Wiederaufnahmerechts, etwa der Bedeutungslosigkeit einer später eingetretenen Änderung einer rechtlichen Bewertung eines Sachverhalts oder der nachträglichen Änderung einer Rechtsauffassung oder der Gesetzeslage und auch der restriktiven Auslegung im Zusammenhang mit dem Wiederaufnahmegrund der Amtspflichtverletzung, wo es bei dem Tatbestand der Rechtsbeugung auf das Rechtsverständnis zum Zeitpunkt der Verurteilung ankommt, legen den **Schluss nahe**, dass ein **nachträglich geänderter zivilrechtlicher Status keine neue Tatsache** i.S.v. § 359 Nr. 5 und damit kein Wiederaufnahmegrund ist. Diese Beispiele haben jedoch keine Rückwirkung. Anders ist dies bei der – strittigen – Frage der Auswirkung der Aufhebung eines rechtswidrigen aber bestandskräftigen Verwaltungsakts. Wird dies – wie hier – als zulässiger Wiederaufnahmegrund angesehen, ist es nur konsequent, auch im Fall einer rückwirkenden Statusänderung des Verurteilten von einem zulässigen Wiederaufnahmegrund auszugehen. Denn im Unterschied zu den oben genannten Beispielen liegt hier (ebenso wie im Fall der Aufhebung eines Verwaltungsakts) eine Rückwirkung vor, die die damalige Rechtslage konkret beeinflusst: Hätte man die nun rückwirkend eingetretenen Umstände damals gekannt, wäre die Entscheidung anders ausgefallen. Ähnlich verhält es sich zudem mit der Beibringung eines neuen Sachverständigengutachtens, das u.a. dann zulässig ist, wenn der Sachverständige über neue wissenschaftliche Erkenntnisse verfügt, die dem damaligen Gutachter noch nicht bekannt gewesen sein konnten. Auch der Rechtsgedanke des Wiederaufnahmegrundes des § 79 BVerfGG spricht für diese Auffassung (→ *Wiederaufnahme, Antragsgründe, BVerfG-Entscheidung*, Teil B Rdn 1115 ff.).

ee) Aufgrund der sog. Vorfragenkompetenz der Strafgerichte in Steuerstrafsachen kann **1156**
die spätere, **von den Bewertungen im Strafurteil abweichende Steuerfestsetzung** allein die Wiederaufnahme wegen neuer Tatsachen und Beweismittel nicht begründen, weil es sich bei der nachträglichen Änderung von Steuerbescheiden nur um sog. Rechtstatsachen handelt (OLG Zweibrücken wistra 2009, 488 m. krit. Anm. Weidemann wistra 2010, 198, der darauf abstellt, ob von den Steuerbehörden neue Tatsachen (nachträglich) zur Verneinung des Steueranspruches führten, die vom Strafgericht nicht berücksichtigt wurden).

3. Beweismittel i.S. des § 359 Nr. 5 sind **alle förmlichen Beweismittel** der **StPO**, also **1157**
Zeugen, Sachverständige, Augenschein und Urkunden. Der **Verurteilte** selbst ist daher kein Beweismittel (OLG Karlsruhe NJW 1958, 1247; KG JR 1976, 76 m. abl. Anm. *Peters*; Meyer-Goßner/Schmitt, § 359 Rn 26; *Marxen/Tiemann*, Rn 174). Zu der in der Praxis besonders komplizierten Konstellation der Begründung des Wiederaufnahmeantrags

durch ein **neues Sachverständigengutachten** (→ *Wiederaufnahme, Neuheit von Tatsachen und/oder Beweismitteln*, Teil B Rdn 1324 ff.).

1158 **4.** Tatsachen und/oder Beweismittel müssen **neu** (→ *Wiederaufnahme, Neuheit von Tatsachen/Beweismitteln*, Teil B Rdn 1311 ff.) und **geeignet** (→ *Wiederaufnahme, Geeignetheit von Tatsachen/Beweismitteln*, Teil B Rdn 1282 ff.) sein.

1159 **5.a)** Für die **Anforderungen** an die **Antragsbegründung** gelten zunächst die allgemeinen Ausführungen zum Wiederaufnahmeantrag (→ *Wiederaufnahme, Antrag*, Teil B Rdn 1071 ff.). Der Antrag muss auf die neuen Tatsachen oder Beweismittel gestützt werden. Es reicht aus, entweder das eine **oder** das andere vorzutragen, denn es handelt sich um verschiedene Wiederaufnahmealternativen (LR-*Gössel*, § 359 Rn 58 ff.; a.A. SK-*Frister*, § 359 Rn 36, wonach es sich um einen einheitlich zu deutenden Wiederaufnahmegrund handele und damit ein „neues Beweisergebnis" gemeint sei). Der Antrag muss aus sich heraus verständlich und in sich **schlüssig** sein (*Marxen/Tiemann*, Rn 258).

1160 **b)** Die neuen Tatsachen oder Beweismittel sind **konkret** zu **benennen**; ihr Vorliegen ist **mit Bestimmtheit behaupten** (*Meyer-Goßner/Schmitt*, § 359 Rn 45; LR-*Gössel*, § 359 Rn 179). Vermutungen alleine reichen nicht aus (KG, Beschl. v. 22.4.1999 – 3 Ws 221/99; *Günther* MDR 1974, 93), der Antrag wäre dann ebenso unzulässig wie bei bloßen Anregungen an das Gericht (KG, Beschl. v. 22.4.1999, 3 Ws 221/99; *Marxen/Tiemann*, Rn 260). Auch Schlussfolgerungen sind unzureichend; so reicht es nicht aus, zu behaupten, dass eine krankhafte Störung der Geistestätigkeit nach § 20 StGB vorgelegen habe oder der Verurteilte in Notwehr gehandelt habe; es müssen vielmehr die **Tatsachen** angegeben werden, aus denen sich dieses ergibt (*Meyer-Goßner/Schmitt*, § 359 Rn 45; LR-*Gössel*, § 359 Rn 179).

☝ Die **Anforderungen** an die Darlegung von Tatsachen sind dabei ähnlich **hoch** wie bei der Begründung von Verfahrensrügen im Revisionsverfahren (*Marxen/Tiemann*, Rn 260; → *Revision, Verfahrensrüge, Allgemeines*, Teil A Rdn 2307, m.w.N.).

1161 Die Beweismittel müssen so genau benannt werden, dass das Gericht sie **überprüfen**, also **beiziehen** und **benutzen** kann (*Meyer-Goßner/Schmitt*, § 359 Rn 50; *Marxen/Tiemann*, Rn 261; LR-*Gössel*, § 359 Rn 185; KK-*Schmidt* § 359 Rn 37). Auch **welche Tatsachen** damit **bewiesen** werden sollen, muss **vorgetragen** werden (zur Darlegung der Neuheit s. → *Wiederaufnahme, Neuheit von Tatsachen/Beweismitteln*, Teil B Rdn 1311 ff.).

1162 Im Einzelnen gelten folgende

Anforderungen

- Dass **Zeugen** eine in ihr Wissen gestellte Tatsache bestätigen können, muss **mit Bestimmtheit behauptet** werden (*Meyer-Goßner/Schmitt*, § 359 Rn 50); auch hier reichen Vermutungen nicht aus (LR-*Gössel*, § 359 Rn 186). Eine **ladungsfähige An-**

schrift sollte mitgeteilt werden, soweit sie nicht schon aktenkundig ist; jedenfalls aber ist bei Fehlen einer ladungsfähigen Anschrift anzugeben, wie der Aufenthaltsort zu ermitteln ist (OLG Nürnberg MDR 1964, 171).

☝ Der Antragsteller muss notfalls entsprechende **eigene Ermittlungen** durchführen, denn das Wiederaufnahmegericht ist nicht verpflichtet, aufwendige Ermittlungen selbst anzustellen und kann daher vor der Ablehnung des Antrags vom Antragsteller nähere Angaben verlangen (*Marxen/Tiemann*, Rn 261 f. unter Verweis auf die Fürsorgepflicht des Gerichts; LR-*Gössel*, § 359 Rn 186).

- Ein neues, schon existierendes **privates SV-Gutachten** ist stets **vorzulegen** (BGHSt 31, 365, 370; OLG Koblenz OLGSt Nr. 5); hilfsweise kann angegeben werden, wo das Gutachten angefordert werden kann.

☝ Wird dagegen geltend gemacht, dass eine **sachverständige Untersuchung** zu bestimmten Ergebnissen kommen werde, genügt die Angabe, welchem Fachgebiet der neue Sachverständige angehören soll (*Marxen/Tiemann*, Rn 261).

- Auch **Urkunden** und **Augenscheinsobjekte** sind vorzulegen (*Marxen/Tiemann*, Rn 261).

c) Wird der Antrag auf neue Tatsachen gestützt, müssen dafür auch **Beweismittel benannt** werden – die ihrerseits im Zeitpunkt der Urteilsverkündung durchaus schon **bekannt** gewesen sein können (vgl. etwa OLG Hamburg StV 2003, 229). **1163**

☝ Eine **Ausnahme** besteht nur dann, wenn der Wiederaufnahmeantrag darauf gestützt wird, dass zum damaligen Zeitpunkt ein **falsches Geständnis** abgegeben wurde oder ein Mitangeklagter seine damalige Aussage revidiert. Dann sind keine Beweismittel erforderlich, sondern lediglich eine **„einleuchtende Erklärung“** für das geänderte Aussageverhalten (*Marxen/Tiemann*, Rn 132), was letztlich einer **erweiterten Darlegungslast gleichkommt**, weshalb ursprünglich ein falsches Geständnis abgegeben wurde (vgl. im Einzelnen und zu weiteren Fallgruppen der „erweiterten Darlegungslast“: *Marxen/Tiemann*, Rn 244 f.; *Meyer-Goßner/Schmitt*, § 359 Rn 23, 46 ff.; → *Wiederaufnahme, Darlegungslast, erweiterte*, Teil B Rdn 1247, m.w.N.).

Siehe auch: → *Wiederaufnahme, Allgemeines*, Teil B Rdn 1053, m.w.N.; → *Wiederaufnahme, Neuheit von Tatsachen/Beweismitteln (Nova)*, Teil B Rdn 1311; → *Wiederaufnahme, Geeignetheit von Tatsachen/Beweismitteln*, Teil B Rdn 1282.

1164 Wiederaufnahme, Antragsgründe, StA, Geständnis

Das Wichtigste in Kürze:

1. § 362 Nr. 4 regelt den einzigen Wiederaufnahmegrund zuungunsten des freigesprochenen Angeklagten, der ausschließlich von der Staatsanwaltschaft und dem Privatkläger (vgl. § 390 Abs. 1 S. 2) geltend gemacht werden kann.
2. Der Freigesprochene selbst muss nach erfolgtem Freispruch vor Gericht oder außergerichtlich ein glaubhaftes und verwertbares Geständnis abgelegt haben.
3. Das Geständnis muss eine Straftat zum Gegenstand haben.
4. Der Sachvortrag im Wiederaufnahmeantrag muss zum einen enthalten, wann und vor wem das Geständnis abgelegt wurde, zum anderen ist anzugeben, woraus sich die Glaubhaftigkeit des Geständnisses ergibt.
5. Dem auf § 362 Nr. 4 gestützten Wiederaufnahmeantrag steht die eingetretene Verfolgungsverjährung entgegen.

1165 **Literaturhinweise:** **Gössel**, Bindung der Wiederaufnahme zuungunsten des Verurteilten an die Verjährungsfrist?, NStZ 1988, 537; **Hanack/von Gerlach/Wahle**, Denkschrift zur Reform des Rechtsmittelrechts und der Wiederaufnahme des Verfahrens im Strafprozeß, Tübingen 1971; **Mansdörfer**, Wiederaufnahme im Strafverfahren: Brutaler Rechtsstaat, in: Legal Tribune Online, 11.9.2015 (abgerufen am: 26.2.2016); **Pabst**, Wider die Erweiterung der Wiederaufnahme zuungunsten des Angeklagten, ZIS 2010, 126; **Radtke**, Materielle Rechtskraft bei der Anordnung freiheitsentziehender Maßregeln der Besserung und Sicherung, ZStW 110 (1998), 297 ff.; **Wolf**, „Fehleinweisung" in das psychiatrische Krankenhaus (§ 63 StGB) – Erledigungserklärung oder Wiederaufnahme?, NJW 1997, 779 ff.; s.a. die Hinw. bei → *Wiederaufnahme, Allgemeines*, Teil B Rdn 1054.

1166 **1.** § 362 Nr. 4 ist der einzige Wiederaufnahmegrund, der kein Pendant in § 359 hat. Er betrifft ausschließlich den (ganz oder teilweise) Freigesprochenen und kann **nur** von der **StA** und dem **Privatkläger** (vgl. § 390 Abs. 1 S. 2) geltend gemacht werden. Der **Nebenkläger** ist **nicht** mehr berechtigt, die Wiederaufnahme zu beantragen (SK-*Frister* [4. Aufl.], § 362 Rn 22). Es handelt sich um den „bedenklichsten" Wiederaufnahmegrund des § 362 (KMR-*Eschelbach*, § 362 Rn 83), dessen praktische Bedeutung jedoch überaus gering ist (zur Vereinbarkeit des Erfordernisses eines „glaubwürdigen Geständnisses" mit dem Bestimmtheitsgebot des Art. 103 Abs. 3 GG vgl. SK-*Frister* [4. Aufl.], § 362 Rn 4 f.; KMR-*Eschelbach*, § 362 Rn 85).

1167 **2.a)** § 362 Nr. 4 setzt nach dem **Wortlaut** einen **vollkommenen Freispruch** voraus (KK-*Schmidt*, § 362 Rn 9). Erfolgte zu Unrecht nur eine Verurteilung wegen einer weniger schweren Tat, ist die Wiederaufnahme ausgeschlossen (RGSt 3, 399 zum Geständnis eines Mordes nach Verurteilung wegen Totschlags; vgl. a. LR-*Gössel*, § 362 Rn 8 m.w.Bsp.; a.A. *Peters*, Strafprozeß, S. 678, für den Fall, dass die „wirklich verdiente Strafe" deutlich über der bisher verhängten Strafe liegt). Sofern neben dem Freispruch die **Unterbringung** angeordnet wurde, hindert dies die Wiederaufnahme nach § 362 Nr. 4 nicht (KK-*Schmidt*, § 362 Rn 9; LR-*Gössel*, § 362 Rn 10 m.w.Bsp.).

b) Eine Wiederaufnahme kommt daneben aber **auch** in Betracht, wenn ein Verfahren bei in Tatmehrheit begangenen Delikten mit einem **Teilfreispruch** geendet hat (OLG Celle Nds.Rpfl. 1959, 120; KK-*Schmidt*, § 362 Rn 9; LR-*Gössel*, § 362 Rn 9; *Meyer-Goßner/ Schmitt*, § 362 Rn 4; SK-*Frister*, § 362 Rn 14). Dies gilt jedoch nur dann, wenn eine wesentliche Verschärfung der Strafe zu erwarten ist (*Marxen/Tiemann*, Rn 310). **1168**

c) Nach vereinzelten Stimmen in der **Lit**. soll § 362 Nr. 4 **entsprechend** auf Entscheidungen **anwendbar** sein, wenn sie in ihrer Wirkung einem **Freispruch gleich kommen**. Wurde ein **Verfahren eingestellt** und hat die Verfahrenseinstellung die Wirkung eines Freispruchs, weil sie das Verfahren dauerhaft beendet, soll sie dem Freispruch gleich stehen und eine entsprechende Anwendung von § 362 Nr. 4 rechtfertigen (LR-*Gössel*, § 362 Rn 11; *Marxen/Tiemann*, Rn 311). Dies soll im Ergebnis auch für das Vorliegen von Strafbefreiungsgründen gelten, wenn bei einem Angeklagten **von Strafe abgesehen** oder er **für straffrei erklärt** wurde (*Marxen/Tiemann*, Rn 312). Schließlich soll auch der Wegfall wesentlicher Teile einer **fortgesetzten Handlung** einem Teilfreispruch gleichstehen (*Marxen/Tiemann*, Rn 310), wobei diese Konstellation in der Praxis seit BGHSt 40, 138 aber kaum noch anzutreffen sein wird. **1169**

☝ Diese weit **über den Wortlaut hinausgehende Ausdehnung** des § 362 Nr. 4 ist vor dem Hintergrund des Art. 103 Abs. 3 GG **abzulehnen**, da sie eine **Analogie zulasten** des Angeklagten darstellen würde (KMR-*Eschelbach*, § 362 Rn 94 zur Einstellung des Verfahrens). Das Absehen von Strafe einem Freispruch gleichzustellen, überzeugt zudem nicht: Während der Freispruch auf dem fehlenden Tatnachweis beruht, hängt die Straffreierklärung (z.B. § 199 StGB) oder das Absehen von Strafe (z.B. §§ 46b, 60 StGB) von besonderen Umständen ab, die in der – nachgewiesenen – Tat zum Ausdruck gekommen sind (so auch LR-*Gössel*, § 362 Rn 10, wenn auch ohne Begründung; ebenso KK-*Schmidt*, § 362 Rn 9, wonach immer dann kein Freispruch i.S. des § 362 vorliege, wenn es zu einem Schuldspruch gekommen sei).

3.a) Voraussetzung für den Wiederaufnahmeantrag der StA ist zunächst ein **Geständnis** des **Freigesprochenen nach dessen Freisprechung** (*Marxen/Tiemann*, Rn 313; KK-*Schmidt*, § 362 Rn 13). Das Geständnis eines Mittäters reicht nicht aus (BayObLGSt 21, 226; 26, 172; *Marxen/Tiemann*, Rn 315; KMR-*Eschelbach*, § 362 Rn 86). **1170**

b) Um ein **Geständnis** handelt es sich, wenn der Freigesprochene den äußeren Tatbestand und seine Täterschaft einräumt (*Marxen/Tiemann*, Rn 316; LR-*Gössel*, § 362 Rn 14; KK-*Schmidt*, § 362 Rn 11; *Meyer-Goßner/Schmitt*, § 362 Rn 5). Die **rechtliche Bewertung** des Freigesprochenen bei seinem Geständnis ist unerheblich; es muss lediglich die gleiche **prozessuale Tat** (§ 264) gemeint sein (LR-*Gössel*, § 362 Rn 14; KK-*Schmidt*, § 362 Rn 12; *Marxen/Tiemann*, Rn 321). **1171**

1172 Ob es auf vorgetragene **Rechtfertigungs-** und **Entschuldigungsgründe** oder das Bestreiten des **Vorsatzes** ankommt, ist **umstr.**: Teilweise wird vertreten, dass es darauf nicht ankomme, da ihr Vorliegen/Fehlen ohnehin nur in der neuen HV überprüft werden könne (BayObLGSt 21, 226; *Marxen/Tiemann*, Rn 318; LR-*Gössel*, § 362 Rn 14; KK-*Schmidt*, § 362 Rn 11; *Meyer-Goßner/Schmitt*, § 362 Rn 5) und sich andernfalls ein Freigesprochener „unter Beifügung der völlig haltlosen Behauptung, in Notwehr gehandelt zu haben, gefahrlos schwerster Straftaten rühmen" könnte (*Marxen/Tiemann*, Rn 318). Nach **a.A.** reicht das Einräumen der objektiven Tatbestandsmerkmale allein nicht aus, wenn zugleich Rechtfertigungs- oder Entschuldigungsgründe vorgetragen werden (KMR-*Eschelbach*, § 362 Rn 90; SK-*Frister*, § 362 Rn 16; *Peters*, Fehlerquellen, S. 105), da zum einen schon der Wortlaut das Geständnis einer Straftat verlange, also auch das Einräumen der Rechtswidrigkeit und Schuldhaftigkeit, zum anderen werde das Rechtsbewusstsein der Bevölkerung, das von § 362 geschützt werden solle, „nicht dadurch erschüttert, dass sich durch spätere Angaben des Angeklagten die fehlerhafte Begründung eines im Ergebnis richtigen Urteils" ergebe (so SK-*Frister* [4. Aufl.], § 362 Rn 16).

☝ Hat das freisprechende **Urteil** dagegen **rechtfertigende** oder **entschuldigende** Umstände zum Inhalt, kommt es darauf an, dass der Freigesprochene erklärt, diese Umstände hätten nicht vorgelegen (*Marxen/Tiemann*, Rn 318).

1173 **c)** Das Geständnis muss **nach** dem **Freispruch** erfolgt sein. Auf die Rechtskraft der letzten Sachentscheidung kommt es nicht an (*Marxen/Tiemann*, Rn 314; LR-*Gössel*, § 362 Rn 12; **a.A.** mit beachtlichen Gründen: KMR-*Eschelbach*, § 362 Rn 96). Wurde erst nach dem Freispruch ein bereits zuvor abgelegtes Geständnis ermittelt, liegt dagegen lediglich eine (unbeachtliche) neue Tatsache vor (KK-*Schmidt*, § 362 Rn 13), auf welche eine Wiederaufnahme zuungunsten des Angeklagten aber gerade nicht gestützt werden kann, weil diese nicht als Wiederaufnahmegrund in § 362 genannt ist (LR-*Gössel*, § 362 Rn 12; *Marxen/Tiemann*, Rn 314).

1174 **d)** Das **Geständnis** muss zudem **verwertbar** sein. Daran fehlt es z.B., wenn unter Verstoß gegen § 55 Abs. 2 ein zunächst Freigesprochener bei einer späteren Zeugenaussage ein Geständnis abgelegt hat (vgl. LG Göttingen, Beschl. v. 8.3.2004 – 2 Qs 24/04) oder wenn das Geständnis unter Verletzung von § 136a zustande gekommen ist (LR-*Gössel*, § 362 Rn 19; zu unzulässigen Vernehmungsmethoden s. *Burhoff*, EV, Rn 3767).

1175 **e)** Das Geständnis muss auch **glaubhaft** sein (LR-*Gössel*, § 362 Rn 19). Über letzteres entscheidet das Wiederaufnahmegericht nach pflichtgemäßem Ermessen. Glaubhaft ist das Geständnis dann, wenn es denkgesetzlich möglich ist und der Lebenserfahrung entspricht (KK-*Schmidt*, § 362 Rn 14). Sein späterer **Widerruf** steht der Glaubhaftigkeit nicht ohne Weiteres entgegen (OLG Hamm GA 1957, 123).

f) **Wem gegenüber** das Geständnis abgelegt wurde, ist unerheblich. Es kann gegenüber einem **Gericht** – unabhängig von der Gerichtsbarkeit (vgl. LR-*Gössel*, § 362 Rn 16), aber auch gegenüber einer **Privatperson** abgegeben werden (KK-*Schmidt*, § 362 Rn 13; KMR-*Eschelbach*, § 362 Rn 97; diff. *Marxen/Tiemann*, Rn 322 ff., wonach dies dann nicht gilt, wenn sich der Freigesprochene „unter dem Siegel der Verschwiegenheit einer Vertrauensperson [ge]offenbart" hat). Auf eine mögliche Verschwiegenheitspflicht des Geständnisadressaten nach **§ 203 StGB** oder auf den **Anlass** des Geständnisses soll es nicht ankommen (vgl. ausführlich LR-*Gössel*, § 362 Rn 18; s. a. KK-*Schmidt*, § 362 Rn 13; *Meyer-Goßner/Schmitt*, § 362 Rn 6; **a.A.** AK-*Loos*, § 362 Rn 21; KMR-*Eschelbach*, § 362 Rn 100; SK-*Frister*, § 362 Rn 17). 1176

4. Der Sachvortrag im **Wiederaufnahmeantrag** muss zum einen enthalten, **wann** und **vor wem** das Geständnis abgelegt wurde, zum anderen ist anzugeben, woraus sich die Glaubhaftigkeit des Geständnisses ergibt. Liegt ein Geständnis in schriftlicher Form vor, sollte es dem Wiederaufnahmeantrag beigefügt werden (LR-*Gössel*, § 362 Rn 20; *Meyer-Goßner/Schmitt*, § 362 Rn 8). Auch die **Beweggründe** für das Geständnis und seine **Begleitumstände**, unter welchen es abgegeben wurde, sollten mitgeteilt werden (*Marxen/Tiemann*, Rn 324). 1177

5. Dem auf § 362 Nr. 4 gestützten Wiederaufnahmeantrag steht die eingetretene **Verfolgungsverjährung** entgegen: Würde dieses Verfahrenshindernis ausgeblendet, könnten auch geringfügige Straftaten noch Jahrzehnte nach ihrer Begehung verfolgt werden. Nach zutreffender Auffassung ist die Verjährungsfrist deshalb ab dem Zeitpunkt der Tatbeendigung im Ganzen zu bemessen (so auch OLG Nürnberg NStZ 1988, 555; *Fischer*, § 78b Rn 11a; KK-*Schmidt*, § 362 Rn 7; KMR-*Eschelbach*, § 362 Rn 100; *Marxen/Tiemann*, Rn 18; *Meyer-Goßner/Schmitt*, § 362 Rn 1; SK-*Frister* [4. Aufl.], § 362 Rn 20 f.; SSW/StGB-*Rosenau*, § 78b Rn 12; **a.A.** BGH GA 1974, 154; OLG Düsseldorf StraFo 2001, 102; NJW 1988, 2251 m. abl. Anm. *Lenzen* JR 1988, 519; LK-*Schmid*, § 78 Rn 11; LR-*Gössel*, § 361 Rn 3). 1178

Siehe auch: → *Wiederaufnahme, Allgemeines*, Teil B Rdn 1053 m.w.N.

Wiederaufnahme, Antragsgründe, Urkunde (unechte oder verfälschte) 1179

Das Wichtigste in Kürze:

1. Der Antragsgrund nach § 359 Nr. 1 greift nur bei einer zugunsten des Verurteilten angestrebten Wiederaufnahme.
2. Der Wiederaufnahmegrund ist – zumal es sich um einen verfahrensbezogenen handelt – restriktiv auszulegen.

3. Es gilt der materielle Urkundsbegriff des § 267 StGB, technische Aufzeichnungen sind nicht erfasst.
4. Die Urkunde muss im Ursprungsverfahren verwendet worden sein und das Urteil beeinflusst haben; die Verurteilung wegen einer Straftat ist nicht erforderlich.
5. In der Antragsbegründung müssen die Urkunde und die Tatsachen, aus denen sich die Unechtheit oder die Verfälschung ergibt, ebenso bezeichnet werden wie die Verwertung der Urkunde in der Verhandlung und die theoretische Möglichkeit einer nachteiligen Beeinflussung des Urteils durch sie. Aufgrund einer Kausalitätsvermutung braucht die tatsächliche Beeinflussung nicht dargelegt zu werden.

1180 **Literaturhinweise:** s. die Hinw. bei → *Wiederaufnahme, Allgemeines*, Teil B Rdn 1054, m.w.N.

1181 **1.** Der Antragsgrund nach **§ 359 Nr. 1** greift **nur** bei einer **zugunsten** des Verurteilten angestrebten Wiederaufnahme. In der HV, die Grundlage der rechtskräftigen Verurteilung war, muss zu seinen Ungunsten eine Urkunde als echt angesehen worden sein, die tatsächlich aber unecht oder verfälscht war (*Marxen/Tiemann*, Rn 135).

1182 **2.** Der Wiederaufnahmegrund nach Nr. 1 ist **restriktiv auszulegen**, nachdem in § 362 Nr. 1 ein identischer Wiederaufnahmegrund auch zuungunsten des Verurteilten normiert wurde, der Gesetzgeber diese Wiederaufnahmegründe nur sehr eng umgrenzt halten wollte und zudem verfahrensbezogene Wiederaufnahmegründe nach dem Willen des Gesetzgebers generell zurückhaltend angewendet werden (*Marxen/Tiemann*, Rn 136) sollten.

☝ Durch die enge Auslegung der Nr. 1 und auch der übrigen verfahrensbezogenen Wiederaufnahmegründe entsteht dem Verurteilten indes kein Nachteil, da **in Grenzfällen** stets **§ 359 Nr. 5** herangezogen werden kann (*Marxen/Tiemann*, Rn 136).

1183 **3.a)** Es **gilt** der **materielle Urkundenbegriff** des **§ 267 StGB** (*Meyer-Goßner/Schmitt*, § 359 Rn 4 m.w.N., *Miebach/Hohmann*, Wiederaufnahme in Strafsachen, 2016, Kap. E.I.1.a) bb)). A.A. sind *Peters*, Fehlerquellen, S. 48 und *Marxen/Tiemann* (Rn 136). Nach ihrer Auffassung soll der prozessuale Urkundenbegriff des § 249 gelten. *Marxen/Tiemann* (a.a.O.) argumentieren dabei damit, dass allein dieser prozessuale Urkundenbegriff, wonach eine Urkunde i.S. des § 359 Nr. 1 nur schriftliche Gedankenerklärungen sind, die beweisgerichtet und handschriftlich unterzeichnet sind, der gebotenen restriktiven Auslegung gerecht werde (vgl. zur weiteren Begründung *Marxen/Tiemann*, Rn 138 f.). Ob **technische Aufzeichnungen** ebenfalls unter den Urkundsbegriff des § 359 Nr. 1 fallen (so *Meyer-Goßner/Schmitt*, § 359 Rn 9), dürfte dagegen wegen der auch im materiellen Recht deutlichen Unterscheidung (§ 268 StGB) zw. sein (s. auch *Marxen/Tiemann*, Rn 139 m.w.N.; für eine analoge Anwendung KK-*Schmidt* § 359 Rn 6).

b)aa) Urkunde i.S. des § 359 Nr. 1 ist damit eine **verkörperte Gedankenerklärung**, die geeignet und bestimmt ist, im Rechtsverkehr Beweis zu erbringen und die ihren Aussteller erkennen lässt (vgl. statt vieler BGHSt 3, 85; Schönke/Schröder/*Schuster/Heine*, § 267 Rn 2). Dies wird teilweise anders gesehen (vgl. Nachw. bei *Fischer*, § 267 Rn 2), hat sich aber in der Rspr. nicht durchgesetzt. 1184

bb) Verfälscht ist eine Urkunde, wenn die bereits fixierte Gedankenerklärung in eine andere verändert, also die Beweisrichtung geändert wird (BGH GA 1963, 17). Dies ist selbst dann der Fall, wenn der Inhalt dadurch erst inhaltlich „wahr" wird (*Fischer*, § 267 Rn 33). Auch der Aussteller selbst kann die Urkunde verfälschen (*Fischer*, § 267 Rn 34 m.w.N.). 1185

cc) Unecht ist die Urkunde, wenn sie ausgestellt wird, als sei sie von einer anderen Person, also eine Identitätstäuschung vorliegt (*Fischer*, § 267 Rn 27). Es wird also über die Person des Ausstellers getäuscht (BGHSt 1, 121). Daran fehlt es z.B., wenn der Aussteller regelmäßig ein Pseudonym verwendet, sich aber unter diesem anderen Namen den Inhalt der Erklärung zurechnen lassen will (BGHSt 33, 159). Es liegt dann keine Identitätstäuschung, sondern lediglich eine Täuschung über den Namen vor, was zwar eine schriftliche Lüge, aber nicht vom Tatbestand des § 267 StGB erfasst ist (vgl. dazu auch *Seier* JA 1979, 133, 136). 1186

4. Es gelten folgende **Antragsvoraussetzungen**: 1187

a) Die Urkunde muss **im Ursprungsverfahren** zum Beweis für ihren Inhalt **verwendet** (vgl. §§ 249, 251, 256) und durch Verlesung (§ 249 Abs. 1, Abs. 2) ordnungsgemäß in den Prozess eingeführt worden sein, denn nur dann ist sie als echt vorgebracht worden. Sofern nicht verlesbar, muss die Urkunde in Augenschein genommen worden sein. 1188

☝ Der bloße **Vorhalt genügt** dagegen **nicht** (*Marxen/Tiemann*, Rn 141, *Meyer-Goßner/Schmitt*, § 359 Rn 7; KK-*Schmidt*, § 359 Rn 7; LR-*Gössel*, § 359 Rn 22; **a.A.** KMR-*Eschelbach*, § 359 Rn 53, weil der Vorhalt einer Urkunde jedenfalls das Aussageverhalten und damit mittelbar das Urteil beeinflussen könne, wenn es sich auf die Aussage stütze).

b) Die Wiederaufnahme kann auf die unechte oder verfälschte Urkunde nur dann gestützt werden, wenn nicht auszuschließen ist, dass sie das **Urteil zum Nachteil** des Angeklagten **beeinflusst** hat (*Meyer-Goßner/Schmitt*, § 359 Rn 8; *Marxen/Tiemann*, Rn 142; **a.A.** KMR-*Eschelbach*, § 359 Rn 56). 1189

c) In den Fällen des § 359 Nr. 1 kommt es – anders als beispielsweise bei Nr. 2 (→ *Wiederaufnahme, Antragsgründe, Zeuge/Sachverständiger*, Teil B Rdn 1071 ff.) – für eine darauf gestützte Wiederaufnahme nach h.M. **nicht** darauf an, dass eine **Straftat begangen** wurde oder gar eine rechtskräftige Verurteilung deswegen erfolgt ist (OLG Nürnberg NJW 2013, 2629; *Meyer-Goßner/Schmitt*, § 359 Rn 6 m.w.N.). Starke Stimmen in der Lit. verlangen im Hinblick auf die restriktive Auslegung des § 359 Nr. 1 hingegen die Begehung einer Straftat (so *Marxen/Tiemann*, Rn 140, KK-*Schmidt*, § 359 Rn 9; SK- 1190

Frister, § 359 Rn 20; *Roxin*, Strafverfahrensrecht, § 55 Rn 8). Eine Urkunde, die nicht zur Täuschung, sondern **versehentlich** falsch vorgebracht wurde, könne danach kein Wiederaufnahmegrund sein (*Marxen/Tiemann*, Rn 139; **a.A.** aber LR-*Gössel*, § 359 Rn 21; *Meyer-Goßner*, § 359 Rn 6). Dieser Auffassung ist zugutezuhalten, dass § 364 nach seinem Wortlaut nur für § 359 Nr. 5 eine Ausnahme vom Erfordernis der rechtskräftigen Verurteilung macht. Fehlt es an der Strafbarkeit, steht die Wiederaufnahme nach § 359 Nr. 5 noch zur Verfügung (KK-*Schmidt*, § 359 Rn 9; SK-*Frister*, § 359 Rn 25).

1191 **5.a)** Für die **Anforderungen** an die **Antragsbegründung** gelten zunächst die allgemeinen Ausführungen zum Wiederaufnahmeantrag (→ *Wiederaufnahme, Antrag*, Teil B Rdn 1071 ff.). Im Übrigen:

1192 **b)aa)** Um die Wiederaufnahme nach § 359 Nr. 1 schlüssig zu begründen, muss die **Urkunde selbst** bezeichnet und die **Tatsachen**, aus denen sich ihre **Unechtheit** oder **Verfälschung** ergibt, **genannt** werden (vgl. nur KG, Beschl. v. 8.12.2000 – 4 Ws 228/00). Zudem muss angegeben werden, wie sie in der HV **verwertet** wurde und dass das **Urteil** dadurch **nachteilig beeinflusst** werden konnte (*Marxen/Tiemann*, Rn 143).

☝ Nach § 370 Abs. 1 existiert dann eine – für den Fall der Nichtberücksichtigung der Urkunde – allerdings widerlegliche – **Kausalitätsvermutung**, weshalb nicht dargelegt zu werden braucht, dass die Verwertung der Urkunde sich tatsächlich nachteilig für den Verurteilten ausgewirkt hat (vgl. LR-*Gössel*, § 359 Rn 25; *Peters*, Fehlerquellen, S. 50).

1193 Wäre indes das **Beweisergebnis** mit und ohne Berücksichtigung der Urkunde **gleichermaßen ausgefallen**, ist die Kausalitätsvermutung ebenfalls **widerlegt** (BGHSt 19, 365, 366; LR-*Gössel*, § 370 Rn 25; a.A. *Marxen/Tiemann*, Rn 144, die sich darauf berufen, dass der Sinn der gesetzlichen Vermutung gerade darin bestehe, hypothetische Erwägungen dieser Art auszuschließen), wenn sich dies aus den Gründen des angefochtenen Urteils deutlich ergibt (OLG Brandenburg NStZ-RR 2010, 22). Folgt man der oben unter Rdn 1190 dargestellten Auffassung, muss darüber hinaus dargelegt werden, dass die Urkunde im Wege einer Straftat eingeführt wurde (*Marxen/Tiemann*, Rn 143). Zur **Darlegung** der **Neuheit** s. → *Wiederaufnahme, Neuheit von Tatsachen/Beweismitteln*, Teil B Rdn 1311 ff.

1194 **bb)** Als **Beweismittel** kommt zwar vor allem eine im Nachgang des Ursprungsverfahrens ergangene Verurteilung wegen § 267 StGB in Betracht (*Marxen/Tiemann*, Rn 145), es können aber auch alle übrigen nach der StPO zulässigen Beweise herangezogen werden, also insbesondere Zeugen.

Siehe auch: → *Wiederaufnahme, Allgemeines*, Teil B Rdn 1053, m.w.N.; → *Wiederaufnahmeverfahren, Geeignetheit von Tatsachen und/oder Beweismitteln*, Teil B Rdn 1282.

Wiederaufnahme, Antragsgründe, Urteilsaufhebung, Zivilurteils 1195

Das Wichtigste in Kürze:

1. § 359 Nr. 4 regelt die Wiederaufnahme nach Aufhebung eines Zivilurteils, das dem Strafurteil zugrunde lag.
2. Die Norm erfasst auch den Wegfall arbeits-, sozial-, verwaltungs- und finanzgerichtlicher Entscheidungen. Teilweise wird vertreten, dass auch der Wegfall eines Verwaltungsaktes § 359 Nr. 4 unterfallen soll.
3. Der Wiederaufnahmeantrag muss das weggefallene Zivilurteil und die rechtskräftige aufhebende Entscheidung bezeichnen und darlegen, dass das Strafurteil auf der früheren Zivilentscheidung gründete.

Literaturhinweise: **Arnhold**, Strafbarer Ungehorsam gegen rechtswidrige Verwaltungsakte, JZ 1977, 789; **Gerhards**, Die Strafbarkeit des Ungehorsams gegen Verwaltungsakte, NJW 1978, 86; **Laufhütte/Möhrenschläger**, Umweltstrafrecht in neuer Gestalt, ZStW 921980, 912; **Schenke**, Strafbarkeit der Zuwiderhandlung gegen einen sofort vollziehbaren, nachträglich aufgehobenen strafbewehrten Verwaltungsakt?, JR 1970, 449; **Weyand**, Wiederaufnahme rechtskräftig abgeschlossener Steuerstrafverfahren, PStR 2007, 189; s.a. die Hinw. bei → *Wiederaufnahme, Allgemeines*, Teil B Rdn 1054. 1196

1. Beruhte das Strafurteil auf einem Zivilurteil und ist dieses nach Rechtskraft der strafrechtlichen Verurteilung aufgehoben worden, kann nach **§ 359 Nr. 4** eine Wiederaufnahme hierauf gestützt werden. 1197

2.a) Neben **Zivilurteilen** sind über den Wortlaut der Norm hinaus **auch arbeits-, sozial-, finanz- und verwaltungsgerichtliche Urteile** erfasst. Dies beruht auf historischen Gründen, vor allem aber darauf, dass eine Differenzierung nicht sachgerecht wäre (ganz h.M., vgl. nur *Marxen/Tiemann*, Rn 160; *Peters*, Fehlerquellen, S. 53, KK-*Schmidt*, § 359 Rn 15; LR-*Gössel*, § 359 Rn 46; *Meyer-Goßner/Schmitt*, § 359 Rn 17; a.A. KMR-*Eschelbach*, § 359 Rn 115; für finanzgerichtliche Urteile s.a. *Weyand* PStR 2007, 189). 1198

b) Nicht erfasst sind nach überwiegender Auffassung dagegen aufgehobene **Strafurteile** (*Meyer-Goßner/Schmitt*, § 359 Rn 17; KK-*Schmidt*, § 359 Rn 15; a.A. SK-*Frister*, § 359 Rn 33). 1199

c) Ob **aufgehobene Verwaltungsakte** § 359 Nr. 4 unterfallen, ist **umstr**. Insoweit gilt folgender 1200

Meinungsstand: 1201

- Der **BGH** und Teile der Lit. **lehnen** dies **ab** (*Meyer-Goßner/Schmitt*, § 359 Rn 17; KK-*Schmidt*, § 359 Rn 15; BGHSt 23, 86, 94; vgl. dazu aber *Schenke* JR 1970, 449; wie der BGH a. OLG Karlsruhe JZ 1977, 478 m. abl. Anm. *Arnhold* JZ 1977, 789; vgl. dazu a. *Gerhards* NJW 1978, 86), wobei sich die Ablehnung auf alle strafrechtlich bedeutsamen Bereiche des öffentlichen Rechts erstreckt (vgl. etwa *Laufhütte/Möhrenschläger* ZStW 92, 912, 920 f. für das Umweltrecht).

- Nach einer Entscheidung des BVerfG **unterfallen** aufgehobene Verwaltungsakte dagegen dem **Wiederaufnahmegrund** des § 359 Nr. 4 (BVerfGE 22, 21, 27). Diese Ansicht hat weitgehend Zustimmung in der Lit. (LR-*Gössel*, § 359 Rn 47; *Arnhold* JZ 1977, 789; *Peters*, Fehlerquellen, S. 69; *Schenke* JR 1970, 449; *Gerhards* NJW 1978, 86) und teilweise auch in der Rspr. (OLG Frankfurt/Main NJW 1967, 262) gefunden.
- Teilweise wird zwischen formell und materiell rechtswidrigen Verwaltungsakten **differenziert** (*Marxen/Tiemann*, Rn 161 f., dort Fn 274) und nur bei materiell rechtswidrigen Verwaltungsakten die Wiederaufnahme zugelassen.

☝ Dass die Aufhebung eines Verwaltungsaktes ebenfalls die Wiederaufnahme begründen kann, lässt sich auch damit rechtfertigen, dass die Aufhebung einer **verwaltungsbehördlichen** Entscheidung einer Wiederaufnahme erst recht zugänglich sein muss für eine Wiederaufnahme, wenn bereits der Wegfall einer **verwaltungsgerichtlichen** Entscheidung die Wiederaufnahme nach § 359 Nr. 4 begründen kann (*Marxen/Tiemann*, Rn 162 m.w.N.). Die Auffassung des BVerfG verdient daher **Zustimmung**.

1202 **d) Aufgehoben** i.S. des § 359 Nr. 4 ist ein Urteil, wenn es nach §§ 578 ff. ZPO im zivilgerichtlichen Wiederaufnahmeverfahren **beseitigt** wurde oder das neue Urteil zumindest **inhaltlich** vom alten Urteil **abweicht** (*Meyer-Goßner/Schmitt*, § 359 Rn 18; *Marxen/Tiemann*, Rn 163). Das neue Urteil muss zudem **rechtskräftig** sein.

1203 **e)** Das Strafurteil gründete auf dem Zivilurteil, wenn jenes **als Urkunde Beweisgrundlage** war (§ 249 Abs. 1 S. 2) oder es sich um ein bindendes Gestaltungsurteil gehandelt hat (§ 262; vgl. LR-*Gössel*, § 359 Rn 49; *Meyer-Goßner/Schmitt*, § 359 Rn 19; *Marxen/Tiemann*, Rn 165).

1204 **3.a)** Für die **Anforderungen** an die **Antragsbegründung** gelten zunächst die allgemeinen Ausführungen zum Wiederaufnahmeantrag (→ *Wiederaufnahmeverfahren, Antrag*, Teil B Rdn 1071 ff.). Im Übrigen:

1205 **b)aa)** Im Antrag muss das **ältere Zivilurteil** (o.ä.) sowie das neuere, abweichende, rechtskräftige **Aufhebungsurteil benannt** werden. Zudem ist es zwingend erforderlich, die **Kausalität** des früheren Urteils für das Strafurteil darzulegen (*Meyer-Goßner/Schmitt*, § 359 Rn 20; *Marxen/Tiemann*, Rn 166; LR-*Gössel*, § 359 Rn 50).

1206 **bb)** Das neue, die alte Entscheidung aufhebende Urteil ist auch das am ehesten geeignete **Beweismittel** für die Wiederaufnahme (*Marxen/Tiemann*, Rn 167).

Siehe auch: → *Wiederaufnahme, Allgemeines*, Teil B Rdn 1053, m.w.N.; → *Wiederaufnahmeverfahren, Geeignetheit von Tatsachen und/oder Beweismitteln*, Teil B Rdn 1282.

Wiederaufnahme, Antragsgründe, Zeuge/Sachverständiger 1207

Das Wichtigste in Kürze:

1. §§ 359 Nr. 2, 362 Nr. 2 regeln die Wiederaufnahme des Verfahrens, wenn im Ursprungsverfahren eine falsche Aussage geleistet oder ein falsches Gutachten erstattet wurde. Die Vorschriften gelten auch für falsche Übersetzungen durch den Dolmetscher.
2. Voraussetzung ist grds. eine Verurteilung des Zeugen wegen Falschaussage.
3. Der Antrag muss die angegriffene Beweiserklärung bezeichnen, ihre Unrichtigkeit belegen und damit begründet werden, dass sich die falsche Aussage zum Nachteil für den Angeklagten ausgewirkt haben kann. Es greift dann die Kausalitätsvermutung des § 370 Abs. 1.

Literaturhinweise: **Krehl**, Probationsverfahren (Anmerkung zu OLG Hamburg JR 2001, 207), JR 2001, 211, s.a. die Hinw. bei → *Wiederaufnahme, Allgemeines*, Teil B Rdn 1054. 1208

1. Der Antragsgrund der §§ 359 Nr. 2 bzw. § 362 Nr. 2 ermöglicht die Wiederaufnahme des Verfahrens, wenn sich ein **Zeuge** durch seine Aussage bzw. ein **SV** durch sein Gutachten wegen Meineids oder uneidlicher **Falschaussage** schuldigt gemacht hat (*Marxen/Tiemann*, Rn 146). Die Verlesung einer Zeugenaussage nach § 251 steht der Zeugenvernehmung gleich (*Marxen/Tiemann*, Rn 147; KK-*Schmidt*, § 359 Rn 10; LR-*Gössel*, § 359 Rn 28). 1209

☝ Der **Dolmetscher** (191 GVG) unterscheidet sich nicht vom SV (*Meyer-Goßner/Schmitt*, § 359 Rn 10; *Marxen/Tiemann*, Rn 148; KK-*Schmidt*, § 359 Rn 11, LR-*Gössel*, § 359 Rn 29; a.A. SK-*Frister* [4. Aufl.], § 359 Rn 23, weil der Dolmetscher „Beteiligter eigener Art" sei, der sich nicht wegen uneidlicher Falschaussage strafbar machen könne, wenn er nicht als Zeuge oder SV vernommen wurde).

2. Die **Falschaussage** muss nach den §§ 153 – 155, 161 StGB **strafbar** gewesen sein (ganz h.M.; vgl. nur KK-*Schmidt*, § 359 Rn 12, *Peters*, Fehlerquellen, S. 49, LR-*Gössel*, § 359 Rn 30, *Meyer-Goßner/Schmitt*, § 359 Rn 11). Es müssen folglich **alle** Voraussetzungen für eine Strafbarkeit erfüllt sein (vgl. nur *Marxen/Tiemann*, Rn 149 m.w.N.; **a.A.** nur AK-*Loos*, § 359 Rn 23, 29, der auf das Erfordernis des Verschuldens verzichten will). 1210

☝ **Entscheidend** ist bei der **Wiederaufnahme zugunsten des Verurteilten** nach § 359 Nr. 2, dass die Aussage, die sich im Nachhinein als falsch herausgestellt hat, **Grundlage** der **Beweiswürdigung** war und sich **zuungunsten** des Verurteilten **aus-**

gewirkt haben **kann** (vgl. BGHSt 31, 365, 371 [Ablehnung hinsichtlich der Wiederaufnahme des Reichstagsbrandprozesses von 1933]). Unerheblich ist dagegen, ob das Urteil auf dem Teil der Aussage, der Gegenstand der Verurteilung wegen einer der o.g. Straftaten war, beruht, weil nicht auszuschließen ist, dass die Glaubhaftigkeit der Angaben des Zeugen dann auch zu anderen Umständen anders zu beurteilen gewesen wäre (LG Kiel StV 2003, 235; LR-*Gössel*, Rn 32; *Meyer-Goßner/Schmitt*, § 359 Rn 12; *Marxen/Tiemann*, Rn 150).

1211 Daran **fehlt** es z.B. bei **Strafunmündigkeit** (OLG Hamburg NJW 1969, 2159, 2160), bei entschuldbarem Irrtum (*Meyer-Goßner/Schmitt*, § 359 Rn 11 m.w.N.) oder auch bei Vorliegen eines Schuldausschließungsgrundes (KG JZ 1997, 629 m. Anm. *Marxen* JZ 1997, 630 f.).

1212 Die Tat kann **auch im Ausland begangen** worden sein, solange sie im Inland strafbar wäre (LR-*Gössel*, § 359 Rn 30).

1213 **3.a)** Für die **Anforderungen** an die **Antragsbegründung** gelten zunächst die allgemeinen Ausführungen zum Wiederaufnahmeantrag (→ *Wiederaufnahme, Antrag*, Teil B Rdn 1071 ff.). Im Übrigen:

1214 **b)aa)** Der Wiederaufnahmeantrag muss die **angegriffene Beweiserklärung** bezeichnen, ihre **Unrichtigkeit belegen** und im Fall des Wiederaufnahmeantrags zugunsten des Verurteilten damit begründet werden, dass sich die falsche Aussage oder das falsche Gutachten zum **Nachteil** für den Angeklagten auf die Entscheidung ausgewirkt haben kann (*Marxen/Tiemann*, Rn 151). Zur **Darlegung der Neuheit** s. → *Wiederaufnahme, Neuheit von Tatsachen/Beweismitteln*, Teil B Rdn 1311 ff.

☝ Hinsichtlich der **Kausalität** greift wiederum die gesetzliche Vermutung des § 370 Abs. 1 (*Meyer-Goßner/Schmitt*, § 359 Rn 13), weshalb nicht dargelegt zu werden braucht, dass sich die falsche Aussage tatsächlich negativ ausgewirkt hat (*Marxen/Tiemann*, Rn 151).

1215 **bb) Ideales Beweismittel** ist die **Verurteilung** des Zeugen (Sachverständigen) wegen Meineids oder falscher uneidlicher Aussage. Fehlt es – etwa aus Gründen der Verjährung – daran, muss der Wiederaufnahmeantrag auf andere förmliche Beweismittel gestützt werden (vgl. dazu im Einzelnen *Marxen/Tiemann*, Rn 131 ff., 152) und die Falschaussage im Rahmen der das Probationsverfahren einleitenden Beweisaufnahme (§ 369) bewiesen werden. Für die **Zulässigkeit** reicht es gem. § 364 S. 1 Alt. 2 aber aus, wenn genügend Anhaltspunkte für einen **Anfangsverdacht** vorhanden sind (OLG Hamburg NStZ-RR 2000, 241 m. abl. Anm. *Krehl* JR 2001, 211, wonach schon eine genügende Bestätigung gem. § 370 Abs. 1 ausreiche und die Falschaussage nicht erwiesen sein muss; OLG Oldenburg StV 2003, 234; a.A. LG Saarbrücken, Beschl. v. 20.8.2013 – 2 Ks 05 Js 216/06

(1/13), wonach ein konkreter Verdacht erforderlich sei, der die Stärke eines hinreichenden Verdachtes erreiche).

Siehe auch: → *Wiederaufnahme, Allgemeines*, Teil B Rdn 1053, m.w.N.; → *Wiederaufnahmeverfahren, Geeignetheit von Tatsachen und/oder Beweismitteln*, Teil B Rdn 1282.

Wiederaufnahme, Begründetheitsprüfung (Probationsverfahren) 1216

Das Wichtigste in Kürze:

1. Im Probationsverfahren wird gem. § 370 Abs. 1 die Begründetheit des Wiederaufnahmeantrags geprüft.
2. Es ist umstr., ob im Probationsverfahren die Offizialmaxime oder die Dispositionsmaxime gilt.
3. Auch im Probationsverfahren kann das Wiederaufnahmegericht den Antrag auf seine Zulässigkeit hin prüfen und ihn gem. § 368 noch als unzulässig verwerfen.
4. Der Antrag ist begründet, wenn die Feststellungen im angegriffenen Urteil durch die neuen Tatsachen oder Beweismittel derart erschüttert worden sind, dass genügender Anlass zur Durchführung einer neuen HV besteht.
5. Über die Frage der Begründetheit des Wiederaufnahmeverfahrens wird unabhängig vom Ausgang der Entscheidung ohne mündliche Verhandlung (§ 370 Abs. 1) durch zu begründenden (§ 34) Beschluss entschieden.
6. Ist der Wiederaufnahmeantrag begründet, wird – wenn kein Ausnahmefall des § 371 gegeben ist – eine neue HV angeordnet (§ 370 Abs. 2).
7. Der Verwerfungsbeschluss muss dem Antragsteller förmlich zugestellt werden.
8. Der Wiederaufnahmebeschluss hat zahlreiche Rechtsfolgen. Vor allem wird die Rechtskraft des alten Urteils durchbrochen, das Verfahren ist wieder rechtshängig und die Vollstreckung muss sofort beendet werden. Alte Haftbefehle leben nicht wieder auf.

Literaturhinweise: **Eisenberg**, Aspekte des Verhältnisses von materieller Wahrheit und Wiederaufnahme des Verfahrens gemäß §§ 359 ff. StPO, JR 2007, 367; **Gössel**, Zur Zuständigkeit für die Nachholung einer Entscheidung über die Strafaussetzung nach einem erfolgreichen Wiederaufnahmeverfahren, NStZ 1991, 556 (zugleich Anmerkung zu OLG Koblenz, NStZ 1991, 555); **Hellebrand**, Geständniswiderruf und Wiederaufnahmeverfahren, NStZ 2008, 374; **Krehl**, Probationsverfahren, JR 2001, 211 (zugleich Anmerkung zu OLG Hamburg JR 2001, 207); **Strate**, Die Tragweite des Verbots der Beweisantizipation im Wiederaufnahmeverfahren, in: Gedächtnisschrift für *Karlheinz Meyer*, Berlin 1990, S. 469 ff.; **Stree**, Zur Gesamtstrafenbildung nach Wiederaufnahme des Strafverfahrens und Aufrechterhaltung des früheren Urteils, JR 1982, 336 (zugleich Anmerkung zu BayObLG JR 1982, 335); s.a. auch die Hinw. bei → *Wiederaufnahme, Allgemeines*, Teil B Rdn 1054. 1217

1218 **1.** Das Probationsverfahren (§ 370) schließt sich an ein erfolgreich durchlaufenes Aditionsverfahren (*Meyer-Goßner/Schmitt*, § 370 Rn 2; → *Wiederaufnahme, Zulässigkeitsprüfung [Aditionsverfahren]*, Teil B Rdn 1440 ff.), also der bereits erfolgten Überprüfung der Zulässigkeit des Wiederaufnahmeantrags an. In ihm wird darüber **entschieden**, ob der **Wiederaufnahmeantrag begründet** ist, d.h. ob die im Rahmen der Beweisaufnahme nach § 369 erhobenen Beweise geeignet sind, das Ziel des Wiederaufnahmeantrags (→ *Wiederaufnahme, Wiederaufnahmeziele*, Teil B Rdn 1412 ff.) zu erreichen. Das ist dann der Fall, wenn die im Antrag aufgestellten Behauptungen durch die angebotenen Beweise genügend bestätigt wurden (*Meyer-Goßner/Schmitt*, § 370 Rn 4 m.w.N.; KK-*Schmidt*, § 370 Rn 4 ff.). Sodann wird die Wiederaufnahme des Verfahrens und in der Regel die Erneuerung der HV angeordnet (*Marxen/Tiemann*, Rn 7, 394), wobei eine Freisprechung auch ohne HV erfolgen kann, wenn die Voraussetzungen des § 371 gegeben sind.

☝ Ist die Beweiserhebung zwischen Aditions- und Probationsverfahren entbehrlich, können beide **Beschlüsse** miteinander **verbunden** werden (RGSt 35, 351; OLG Brandenburg NStZ-RR 2010, 22; OLG Bremen GA 1960, 216 (217); OLG München MDR 1974, 775; LR-*Gössel*, § 369 Rn 1a; § 370 Rn 3; *Meyer-Goßner/Schmitt*, § 370 Rn 2).

1219 **2.** Es ist **umstr.**, ob im Probationsverfahren die **Offizialmaxime** (so *Meyer-Goßner/Schmitt*, § 369 Rn 5; LR-*Gössel*, § 369 Rn 3; KK-*Schmidt*, § 369 Rn 2; *Alexander*, in: *Miebach/Hohmann*, Kap. F.II.2.c) bb)) oder die **Dispositionsmaxime** (so konsequent im Hinblick auf die dort entwickelte Struktur des Wiederaufnahmeverfahrens *Marxen/Tiemann*, Rn 369; ebenso SK-*Frister*, § 369 Rn 10) gilt. Das **BVerfG** hat diesen Streit in einer bedeutsamen Entscheidung zu den Anforderungen an den Wiederaufnahmeantrag bewusst offen gelassen, aber darauf hingewiesen, dass es der auch hier zu beachtende Grundsatz des fairen Verfahrens zwingend vorschreibt, dass die **Ermittlung** des **wahren** Sachverhalts auch im Wiederaufnahmeverfahren von **zentraler Bedeutung** ist, da andernfalls das materielle Schuldprinzip nicht verwirklicht werde (BVerfG StV 2003, 223; vgl. hierzu auch MAH-*Strate*, § 27 Rn 7; *Strate*, S. 474 m.w.N.).

1220 Der eindeutige Wortlaut des § 369 Abs. 2 („*Aufnahme der angetretenen Beweise*“) gibt der Anwendung der Dispositionsmaxime den Vorzug. Allein Antragsteller und -gegner bestimmen die Stoffsammlung, nicht aber das Wiederaufnahmegericht. Es muss dem Antragsteller überlassen bleiben, ob er Beweise in das Wiederaufnahmeverfahren einführt, da er auch das Risiko des Verbrauchs zu tragen hat. Die Entscheidung BVerfG StV 2003, 223 steht dem nicht entgegen, da das Erfordernis der „*Ermittlung des wahren Sachverhaltes*“ lediglich die Ausschöpfung der angetretenen Beweise verlangt (AK-*Loos*, § 369 Rn 3; *Marxen/Tiemann*, Rn 370).

3.a)aa) Auch im Probationsverfahren kann das Wiederaufnahmegericht den Antrag auf seine Zulässigkeit hin prüfen und ihn gem. § 368 **noch als unzulässig verwerfen** (KG, Beschl. v. 14.9.2001 – 4 Ws 123/01; OLG Hamburg GA 1967, 317; OLG Koblenz NStZ-RR 2007, 317 [Ls.]; *Meyer-Goßner/Schmitt*, § 370 Rn 2; LR-*Gössel*, § 370 Rn 8 ff.). Voraussetzung ist aber, dass sich erst in diesem Verfahrensabschnitt herausstellt, dass eine formale Zulässigkeitsvoraussetzung, etwa gem. § 366 Abs. 2, von vornherein fehlte (OLG Hamburg StV 2003, 229) und dies erst im Probationsverfahren erkannt wurde (a.A. *Peters*, Fehlerquellen, S. 150, wonach der Antrag als unbegründet zu verwerfen sei). 1221

bb) Dies gilt aber nur für Zulässigkeitsvoraussetzungen, die der Sachprüfung im Aditionsverfahren vorgelagert sind. Die Verwerfung als unzulässig ist daher **nicht mehr** möglich, wenn im Aditionsverfahren eine **Sachentscheidung getroffen**, also die Erfolgsaussicht des Antrags im Aditionsverfahren auf der zur Verfügung stehenden Beweisgrundlage bejaht wurde (vgl. ausführlich *Marxen/Tiemann*, Rn 389 f.). 1222

b) Bestehen an der Zulässigkeit keine Zweifel, prüft das Wiederaufnahmegericht im Probationsverfahren **i.Ü. ausschließlich** die vom Antragssteller vorgebrachten **Wiederaufnahmegründe** (*Meyer-Goßner/Schmitt*, § 370 Rn 3; OLG Hamburg JR 2001, 207 mit abl. Anm. *Krehl*) und hierbei insbesondere folgende 1223

Umstände für die Begründetheit: 1224

- in den Fällen der **§§ 359 Nr. 1 und 2, 362 Nr. 1 und 2** (unechte oder verfälschte Urkunde bzw. falsche Zeugenaussage) nur den **ursächlichen Zusammenhang**, wenn eine Verurteilung erfolgt ist (§ 364 S. 1). Dieser wird zwar gesetzlich vermutet (BGHSt 19, 365) und muss daher vom Antragssteller nicht nachgewiesen werden; er ist aber gerade **widerleglich**. Kann die Vermutung jedoch nicht mit Sicherheit widerlegt werden, ist die Wiederaufnahme begründet (*Meyer-Goßner/Schmitt*, § 370 Rn 5 unter Verweis auf BGHSt 19, 365). Ist in diesen Fällen **keine Verurteilung** erfolgt, muss die behauptete **Straftat erwiesen** sein (OLG Hamburg JR 2001, 207; OLG Oldenburg StV 2003, 234). Gelingt dies mit den vorgebrachten Beweisen nicht, ist der Wiederaufnahmeantrag unbegründet. **Zweifel** gehen hier zulasten des Antragsstellers (*Meyer-Goßner/Schmitt*, § 370 Rn 3; s.a. → *Wiederaufnahme, Antragsgründe, Urkunde*, Teil B Rdn 1179, m.w.N.),
- im Fall der **§§ 359 Nr. 3, 362 Nr. 3** (Amtspflichtverletzung) nur die **rechtskräftige Verurteilung**, denn sie begründet in jedem Fall die Wiederaufnahme (*Meyer-Goßner/Schmitt*, § 370 Rn 3; → *Wiederaufnahme, Antragsgründe, Amtspflichtverletzung*, Teil B Rdn 1100),
- im Fall des **§ 359 Nr. 4** (Aufhebung eines zivilgerichtlichen Urteils) wiederum nur der **ursächliche Zusammenhang** zwischen dem weggefallenen Zivilurteil etc. und dem

Strafurteil (*Meyer-Goßner/Schmitt*, § 370 Rn 3; → *Wiederaufnahme, Antragsgründe, Urteilsaufhebung*, Teil B Rdn 1195),

- im Fall des **§ 362 Nr. 4** (Geständnis des Freigesprochenen) die **genügende Bestätigung**, dass der Angeklagte ein **Geständnis** abgelegt hat (*Meyer-Goßner/Schmitt*, § 370 Rn 3),
- im Fall des **§ 359 Nr. 5** (neue Tatsachen oder Beweismittel), ob der Tatsachenvortrag der Wiederaufnahme **genügend bestätigt** wurde; ihre **Richtigkeit** muss nach der Beweisaufnahme (§ 369) **hinreichend wahrscheinlich** sein (→ *Wiederaufnahme, Antragsgründe, Nova*, Teil B Rdn 1115).

☝ Ein **voller Beweis** muss in diesem Verfahrensstadium noch **nicht** erbracht werden (*Meyer-Goßner/Schmitt*, § 370 Rn 4 unter Verweis auf BVerfG NStZ 1990, 499; BGHSt 42, 314, 323; OLG Karlsruhe GA 1975, 250; OLG Schleswig NJW 1974, 714; OLG Stuttgart StV 1990, 539; LG Hamburg NJW 1987, 3016). Dies bleibt der (neuen) HV vorbehalten.

1225 **4.a)** Der Antrag ist begründet, wenn die **Feststellungen** im angegriffenen Urteil durch die neuen Tatsachen oder Beweismittel derart **erschüttert** worden sind, dass **genügend Anlass** zur **Durchführung** einer **neuen HV** besteht (KG JR 1984, 393; OLG Hamm NJW 1962, 68; OLG Karlsruhe GA 1974, 250), wobei das Gericht den Standpunkt des früheren Gerichts einnehmen muss (wie hier BVerfG NStZ 1990, 499; BGHSt 19, 365; OLG Bremen OLGSt § 359 S. 55; a.A. LR-*Gössel*, § 359 Rn 157 ff.; *Eisenberg* JR 2007, 367 [das Gericht hat vielmehr von seinem eigenen Standpunkt aus zu entscheiden]). Alle Ergebnisse der neuen Beweisaufnahme (OLG Karlsruhe GA 1974, 250; OLG Köln NJW 1968, 2119) müssen dabei mit denjenigen des angegriffenen Urteils verglichen werden, die sich aus den Urteilsfeststellungen ergeben (OLG Bremen NJW 1957, 1730). Insgesamt muss es **hinreichend wahrscheinlich** sein, dass in einer neuen HV eine **günstigere Entscheidung** für den Angeklagten ergehen wird, weil das Vorbringen aus dem Wiederaufnahmeantrag sich dort bestätigen wird. Darüber hinausgehende Anforderungen an die Wahrscheinlichkeit eines günstigeren Ergebnisses für den Verurteilten, etwa eine mit an Sicherheit grenzende Wahrscheinlichkeit einer günstigeren Entscheidung darf indes nicht gefordert werden (*Hellebrand* NStZ 2008, 378, der sich mit Urteilsabsprachen unter dem Aspekt des Wiederaufnahmerechts nach der Rechtsprechung des BVerfG befasst).

1226 **b)** Der **Zweifelssatz** gilt **nicht**, und zwar weder im Aditionsverfahren noch im Probationsverfahren (*Meyer-Goßner/Schmitt*, § 370 Rn 5 m.w.N.). Es reicht aber für einen Beschluss nach § 370 Abs. 2 aus, wenn in der neuen HV voraussichtlich der Zweifelssatz angewendet werden wird (OLG Bremen NJW 1957, 1730; OLG Koblenz NStZ-RR 2007, 317 [Ls.]).

5. Über die Frage der Begründetheit des Wiederaufnahmeverfahrens wird **ohne mündli- 1227
che Verhandlung** (§ 370 Abs. 1) durch zu begründenden (§ 34) **Beschluss** entschieden. Etwas anderes gilt nur in den Fällen des § 371, dort ist der Beschluss obsolet (*Meyer-Goßner/Schmitt*, § 371 Rn 1). Wie auch im Aditionsverfahren kommt eine Einstellung nach § 206a nicht in Betracht (*Marxen/Tiemann*, Rn 385 m.w.N.). Der Beschluss ist zwingende Prozessvoraussetzung für das weitere Verfahren (BGHSt 18, 339, 341; LG Ravensburg NStZ-RR 1998, 112; *Marxen/Tiemann*, Rn 394; LR-*Gössel*, § 370 Rn 29) und wird in das BZR eingetragen (§ 16 Abs. 1 BZRG). Wie im Aditionsverfahren (→ *Wiederaufnahme, Zulässigkeitsprüfung, Aditionsverfahren*, Teil B Rdn 1440 ff.) ist auch im Probationsverfahren eine **teilweise Begründetheit** des Antrags möglich (*Marxen/Tiemann*, Rn 386, Fn 706; *Meyer-Goßner/Schmitt*, § 370 Rn 8 m.w.N.).

6.a) Ist der Wiederaufnahmeantrag **begründet**, wird durch Beschluss gem. § 370 Abs. 2 1228
die **Erneuerung** der **HV angeordnet**, wobei dieser Beschluss nicht zwingend erforderlich ist (*Meyer-Goßner/Schmitt*, § 370 Rn 17).

> Er ist in jedem Fall für die StA **unanfechtbar** (*Meyer-Goßner/Schmitt*, § 370 Rn 19; *Marxen/Tiemann*, Rn 460). Das gilt sogar dann, wenn der Beschluss durch Täuschung erschlichen wurde (LR-*Gössel*, § 370 Rn 52; OLG Köln NJW 1955, 314).

b) Ist der Wiederaufnahmeantrag dagegen **unbegründet**, wird er als unbegründet verwor- 1229
fen. Der verwerfende Beschluss ist zu begründen (§ 34), denn dagegen ist die sofortige Beschwerde zulässig (§ 372; → *Wiederaufnahmeverfahren, Rechtsmittel*, Teil B Rdn 1331 ff.).

7. Der Verwerfungsbeschluss muss dem Antragsteller **förmlich zugestellt** (§ 35 Abs. 2 1230
S. 1), den übrigen Verfahrensbeteiligten formlos gem. § 35 Abs. 2 S. 2 bekannt gegeben werden. Beantragt die StA die Wiederaufnahme zugunsten des Angeklagten und ist diese begründet, bedarf es keiner förmlichen Zustellung an den Angeklagten, denn der Antrag ist nicht beschwerdefähig (*Meyer-Goßner/Schmitt*, § 370 Rn 19). Ist der Wiederaufnahmeantrag teilweise begründet und teilweise unbegründet, ist sowohl dem Antragsgegner als auch dem Antragsteller förmlich zuzustellen (*Marxen/Tiemann*, Rn 393, 342). Es ist in jedem Fall auch der **aktuelle Verteidiger** des Antragstellers zu **informieren** (*Marxen/Tiemann*, Rn 393, 343).

8. Der Beschluss nach § 370 Abs. 2 hat folgende 1231

Rechtsfolgen: 1232

- Die **Urteilsrechtskraft** wird **beseitigt** (*Meyer-Goßner/Schmitt*, § 370 Rn 10 unter Verweis auf BGHSt 14, 64, 66; 19, 280, 282; 21, 373, 375; LR-*Gössel*, § 370 Rn 31 ff.; *Marxen/Tiemann*, Rn 395),
- Das **Verfahren** wird **wieder rechtshängig** (*Marxen/Tiemann*, Rn 398), also in den Stand vor dem angegriffenen Urteil zurückversetzt wird (BayObLG JR 1982, 335

m. zust. Anm. *Stree*; OLG Frankfurt/Main GA 1980, 282), also bei erstinstanzlichen Urteilen in das Stadium nach Erlass des Eröffnungsbeschlusses (BGHSt 14, 64, 66; BayObLG NJW 1992, 1120) bzw. bei Berufungsurteilen nach Anberaumung der Berufungs-HV (RGSt 77, 282, 284; LR-*Gössel*, § 370 Rn 35),

- Die **Vollstreckbarkeit** des **Urteils endet sofort** (→ *Wiederaufnahme, Vollstreckungshemmung*, Teil B Rdn 1385 ff.); die Vollstreckung muss daher sofort beendet werden (*Meyer-Goßner/Schmitt*, § 370 Rn 11 unter Verweis auf OLG Bremen NJW 1956, 316; LR-*Gössel*, § 370 Rn 36). Das Gericht muss der **Vollstreckungsbehörde** eine entsprechende **Weisung** erteilen (*Marxen/Tiemann*, Rn 400; LR-*Gössel*, § 370 Rn 36). Ist eine **Gesamtstrafe** gebildet worden, ist die weitere Vollstreckung der Einzelstrafen möglich (LR-*Gössel*, § 370 Rn 38; BGHSt 14, 85, 89). Ggf. muss durch das Gericht des ersten Rechtszugs erneut über eine mögliche Bewährung entschieden werden (OLG Koblenz NStZ 1991, 555 m. abl. Anm. *Gössel*, der die StVK für zuständig hält),
- Eine **Maßregel** der **Besserung** und **Sicherung** wird **gegenstandslos** (*Meyer-Goßner/Schmitt*, § 370 Rn 12),
- Das **Eigentum** des **Angeklagten** an **eingezogenen Gegenständen lebt wieder auf** (*Fischer*, § 74e Rn 2a),
- Der Angeklagte erlangt **entzogene Rechte wieder**, wie z.B. die entzogene Fahrerlaubnis (BayObLG NJW 1992, 1120; *Marxen/Tiemann*, Rn 400), die nach § 45 StGB verlorenen Rechte (*Marxen/Tiemann*, Rn 400) oder seine Beamtenrechte (seit der Reform des Beamtenrechts §§ 42 BBG, 24 Abs. 2 BeamtStG),
- **Gnadenentscheidungen** werden **hinfällig** (*Meyer-Goßner/Schmitt*, § 370 Rn 13 unter Verweis auf BayObLGSt 1951, 403),
- Die **frühere Verteidigervollmacht oder -bestellung** fällt weg (*Marxen/Tiemann*, Rn 403, 408; LR-*Gössel*, § 373 Rn 4),
- Die bis dahin ruhende **Verjährungsfrist beginnt wieder** zu **laufen** (OLG Köln DAR 1979, 344), ohne jedoch neu zu beginnen (*Meyer-Goßner/Schmitt*, § 370 Rn 14; KK-*Schmidt*, § 370 Rn 19; **a.A.** LR-*Gössel*, § 370 Rn 39 m.w.N.; *Marxen/Tiemann*, Rn 404, 17 ff.),
- Die **Rücknahme von Strafanträgen** § 77d Abs. 1 StGB ist **wieder zulässig** (LR-*Gössel*, § 370 Rn 42; *Marxen/Tiemann*, Rn 402).

☝ **Haftbefehle** leben nicht wieder auf, können aber **jederzeit wieder neu** erlassen werden (*Marxen/Tiemann*, Rn 403; LR-*Gössel*, § 370 Rn 46; *Meyer-Goßner/Schmitt*, § 370 Rn 15 unter Verweis auf *Mosbacher* NJW 2005, 3111 zur Wiedereinsetzung). § 47 Abs. 3 gilt nicht (*Meyer-Goßner/Schmitt*, a.a.O.).

Siehe auch: → *Wiederaufnahme, Allgemeines*, Teil B Rdn 1053, m.w.N.; → *Wiederaufnahme, Zulässigkeit (Aditionsverfahren)*, Teil B Rdn 1440.

Wiederaufnahme, Bußgeldsachen 1233

Das Wichtigste in Kürze:

1. Grds. gelten im Bußgeldverfahren die Regelungen der StPO (§ 85 Abs. 1 OWiG). § 85 Abs. 2 – 4 OWiG regeln die zu beachtenden Besonderheiten.
2. Hinsichtlich der Antragsberechtigung ergeben sich keine Änderungen zu den allgemeinen Regelungen.
3. Die Wiederaufnahme ist gegen alle im Bußgeldverfahren möglichen Entscheidungen zulässig, nur gegen die Verwarnung nicht.
4. § 85 Abs. 2 OWiG beschränkt die Zulässigkeit der Wiederaufnahme im Fall des § 395 Nr. 5 auf die Fälle, in denen eine Geldbuße oder Nebenfolge im Wert von mindestens 250,- € verhängt wurde oder die noch nicht drei Jahre rechtskräftig sind.
5. Die Wiederaufnahme zulasten des Betroffenen ist nur zulässig, wenn eine Verurteilung nach einem Strafgesetz erfolgen soll (§ 85 Abs. 3 OWiG).
6. § 85 Abs. 4 OWiG regelt die Zuständigkeit des Gerichts.
7. Im Verfahren gelten einige Besonderheiten.

Literaturhinweise: **Fromm**, Das Rechtsinstitut des Wiederaufnahmeverfahrens in Verkehrs-Bußgeldsachen mit dem Ziel des Freispruchs, § 85, VRR 2011, 47; **Krumm**, Wiederaufnahmeverfahren nach Messung mit Poliscan Speed, DAR 2011, 46; s. die Hinw. bei → *Wiederaufnahme, Allgemeines*, Teil B Rdn 1054. 1234

1. Eine Wiederaufnahme ist grds. auch in Bußgeldsachen möglich und richtet sich gem. 1235
§ 85 Abs. 1 OWiG nach den entsprechenden Regelungen in der StPO. Die zu beachtenden **Besonderheiten** für die Wiederaufnahme ergeben sich lediglich aus den **§§ 85 Abs. 2 – 4 OWiG** (vgl. auch Burhoff/*Gübner*, OWi, Rn 4502 ff.).

2. Hinsichtlich der **Antragsberechtigung** ergeben sich keine Änderungen zu den all- 1236
gemeinen Regelungen (→ *Wiederaufnahme, Antrag*, Teil B Rdn 1071 ff.). Die **Verwaltungsbehörde** hat nach §§ 365, 296 ff. **kein eigenes Antragsrecht**, sondern kann die Wiederaufnahme lediglich bei der StA anregen (BeckOK OWiG/*Ganter*, § 85 Rn 25; KK-OWiG/*Lutz*, § 85 Rn 35).

3. Die Wiederaufnahme kann sich **richten gegen** 1237

- einen **Bußgeldbescheid** einer Verwaltungsbehörde,
- das **Urteil** eines Gerichts im Bußgeldverfahren,
- ein **strafgerichtliches Urteil** (auch Strafbefehl), wenn darin eine Geldbuße oder Nebenfolge wegen einer Ordnungswidrigkeit verhängt wurde oder der Angeklagte insoweit freigesprochen wurde,
- einen **Beschluss** nach **§ 72 OWiG**,

- ein Urteil oder einen Beschluss nach einer **Rechtsbeschwerde** (§ 79 Abs. 5, 6 OWiG),
- die **Einstellung** wegen eines nicht behebbaren Verfahrenshindernisses (§ 46 Abs. 1 OWiG i.V.m. § 206a oder § 260 Abs. 3).

1238 Die jeweilige Entscheidung muss **materiell rechtskräftig** geworden sein. Hierbei ist aber zu beachten, dass der **Bußgeldbescheid** nur eine **beschränkte Rechtskraft** aufweist und lediglich die Verfolgung weiterer Ordnungswidrigkeiten hindert, nicht aber die Verfolgung von Straftaten (§ 84 Abs. 1 OWiG). Wurde ein Verfahren nach § 47 Abs. 2 OWiG aus Opportunitätsgründen eingestellt, bedarf es bei neuen Tatsachen keines Wiederaufnahmeverfahrens. Die **Verwarnung** kann gem. § 56 OWiG **nicht** mit der Wiederaufnahme angefochten werden (vgl. KK-OWiG/*Lutz*, § 85 Rn 4 f.).

☝ Hat der Antragsteller **gegen** den **Bußgeldbescheid keinen Einspruch** eingelegt und strengt er nun das Wiederaufnahmeverfahren unter Hinweis auf einen erst jetzt benannten Zeugen und damit auf ein neues Beweismittel an, trifft ihn eine **erweiterte Darlegungslast** (→ *Wiederaufnahmeverfahren, Darlegungslast, erweiterte*, Teil B Rdn 1247 ff.): Er muss ausführen, weswegen er nicht schon im Ursprungsverfahren Einspruch eingelegt und diesen Zeugen nicht schon damals benannt hat (LG Landshut VRR 2014, 193 m. Anm. *Werning*; LG Stuttgart VRR 2008, 283; *Burhoff/Gübner*, OWi, Rn 4506).

1239 **4.a)** Auch für die **Antragsziele** gelten bei der Wiederaufnahme **zugunsten des Betroffenen** die **allgemeinen Regeln** nach § 85 Abs. 1 OWiG i.V.m. § 363 Abs. 1, wonach das Ziel einer milderen Bußgeldentscheidung nur dann zulässig ist, wenn sie aufgrund eines anderen Gesetzes als Bemessungsgrundlage erfolgen muss. Die Berufung nur auf eine andere Strafzumessungsrichtlinie genügt dagegen nicht (so AG Hamburg-Altona NZV 1994, 451, 452; a.A. – jedoch mangels Abgrenzungskriterien kaum überzeugend – *Marxen/Tiemann*, Rn 545, wonach auch dann ein zulässiges Antragsziel vorliegen soll, wenn eine „wesentliche Milderung" zu erwarten sei). Auch eine geringere Beteiligungsform reicht wegen des Einheitstäters im Ordnungswidrigkeitenverfahren nicht aus (KK-OWiG/*Lutz*, § 85 Rn 32).

1240 **b)** Eine **Ausnahme** gilt im Fall der Wiederaufnahme nach **§ 395 Nr. 5**. Nach § 85 Abs. 2 OWiG ist eine Wiederaufnahme zugunsten des Betroffenen unzulässig und damit eingeschränkt, wenn sie auf Nova gem. § 359 Nr. 5 gestützt wird und in der angegriffenen Entscheidung gegen den Betroffenen **nur** eine **Geldbuße** oder eine Nebenfolge vermögensrechtlicher Art von **nicht mehr als 250,- €** verhängt wurde (§ 85 Abs. 2 S. 1 Nr. 1 und S. 2 OWiG) oder **seit** der **Rechtskraft** der Bußgeldentscheidung **mehr als drei Jahre vergangen** sind (§ 85 Abs. 2 S. 1 Nr. 2 OWiG).

1241 Im Gegenschluss zu § 85 Abs. 2 S. 2 OWiG ist die **Beseitigung** einer **Nebenfolge nicht vermögensrechtlicher Art** jedoch **ausreichend** (KK-OWiG/*Lutz*, § 85 Rn 23). Eine

Wiederaufnahme ist daher z.B. dann zulässig, wenn zwar nur eine Geldbuße, die unterhalb der Grenze des § 85 Abs. 2 S. 1 Nr. 2 OWiG liegt (im konkreten Fall 200,– DM anstelle der damaligen Untergrenze von 500,– DM), daneben aber ein Fahrverbot von einem Monat verhängt wurde (AG Wetzlar DAR 2000, 376).

c) Die **übrigen Wiederaufnahmegründe** (§ 359 Nr. 1 bis 4) können zwar uneingeschränkt herangezogen werden, müssen aber im Lichte des Ordnungswidrigkeitenverfahrens gesehen werden (*Marxen/Tiemann*, Rn 5, jeweils m.w.N.; KK-OWiG/*Lutz*, § 85 Rn 7). Insoweit gilt: 1242

- Für **§ 359 Nr. 1** genügt es, wenn die falsche Urkunde im Ermittlungsverfahren der Verwaltungsbehörde zum Nachteil des Betroffenen verwertet wurde.
- Der Wiederaufnahmegrund des **§ 359 Nr. 2** kann bei einer Vernehmung durch die Verwaltungsbehörde oder die Polizei nicht eröffnet sein; dafür müsste schon im früheren Verfahren eine richterliche Vernehmung stattgefunden haben.
- In den Fällen des **§ 359 Nr. 3** ist entscheidend, ob der den Bußgeldbescheid erlassende Amtsträger in strafbarer Weise die Amtspflichten verletzt hat.
- **§ 359 Nr. 4** greift nur dann, wenn der Bußgeldbescheid auf einem aufgehobenen zivilgerichtlichen Urteil fußt.

5. Nach § 85 Abs. 3 S. 1 OWiG ist die **Wiederaufnahme zuungunsten** des **Betroffenen** nur insoweit zulässig, als mithilfe der in § 362 dargestellten Wiederaufnahmegründe die **Verurteilung** nach einem **Strafgesetz** herbeigeführt werden soll und damit ebenfalls eingeschränkt. Sie ist ferner nach § 85 Abs. 3 S. 2 OWiG auch dann zulässig, wenn Nova allein oder ergänzt durch schon bekannte Beweise die Verurteilung wegen eines **Verbrechens** begründen können – und damit im Verhältnis zu den strafverfahrensrechtlichen Regeln erheblich erweitert (vgl. ausführlich *Marxen/Tiemann*, Rn 552 ff.). 1243

6. § 85 Abs. 4 OWiG regelt, dass das nach § 68 OWiG **zuständige Gericht** auch über die Wiederaufnahme entscheidet. 1244

Eine **Ausnahme** gilt nur bei **Kartellordnungswidrigkeiten**. Dort ist für die Wiederaufnahme das OLG zuständig, in dessen Bezirk die Kartellbehörde ihren Sitz hat (§ 83 GWB).

7. Im Wiederaufnahmeverfahren nach dem OWiG gelten folgende 1245

Verfahrensbesonderheiten: 1246

- Die **StA** übernimmt die Aufgabe der **Verfolgungsbehörde** (§§ 85 Abs. 4 S. 3, 69 Abs. 4 S. 1 OWiG), nachdem diese die Akten im Fall des Wiederaufnahmeantrags – unabhängig davon, wer den Antrag stellt, § 85 Abs. 4 S. 2 OWiG – an die StA übersandt hat.

- Eine **neue HV** findet auch dann statt, wenn im wiederaufzunehmenden Verfahren eine solche nicht stattgefunden hatte, etwa bei einem Antrag gegen einen Bußgeldbescheid oder einen Beschluss nach § 72 OWiG (*Marxen/Tiemann*, Rn 558 m.w.N.).
- Bei einer **Wiederaufnahme zugunsten** des Betroffenen kommt es zu einer HV im Bußgeldverfahren, sodass die Vorschriften des OWiG gelten und die Bußgeldbehörde zu beteiligen ist (§ 76 OWiG).
- Bei einer **Wiederaufnahme zulasten** des Betroffenen wird aufgrund der bereits dargestellten eingeschränkten Wiederaufnahmemöglichkeit in ein Strafverfahren übergeleitet. Auch hier ist ein Freispruch ohne neue HV, eine Einstellung wegen eines Verfahrenshindernisses oder eine Einstellung nach § 47 Abs. 2 OWiG möglich. Letzteres wird kritisch gesehen, da mit Begründetheit des Wiederaufnahmeantrags auch „ein besonderes öffentliches Interesse an der Durchführung der HV" bestehe (vgl. zum Ganzen näher *Marxen/Tiemann*, Rn 559 m.w.N.).

Siehe auch: → *Wiederaufnahme, Allgemeines*, Teil B Rdn 1053, m.w.N.

1247 Wiederaufnahme, Darlegungslast, erweiterte

Das Wichtigste in Kürze:

1. In Fällen eines widersprüchlichen Prozessverhaltens trifft den Antragsteller eine erweiterte Darlegungslast.
2. Das gilt für den Widerruf des Geständnisses, und zwar auch dann, wenn das Geständnis im Rahmen einer Verständigung abgegeben wurde. Weitere Fallgruppen sind das im Ursprungsverfahren bewusst zurückgehaltene oder nicht eingeforderte Beweismittel, der Verzicht auf die Einlegung eines Einspruchs im Strafbefehls- oder Bußgeldverfahren, die Änderung der Aussage eines Belastungszeugen oder Mitangeklagten und die Beibringung eines neuen Sachverständigen bzw. eines Gegengutachtens.
3. Fehlen die begründenden Ausführungen, die im Rahmen der erweiterten Darlegungslast vorzutragen sind, ist der Antrag unzulässig, soweit sich nicht aus dem Antrag von selbst eine „reale Möglichkeit des betreffenden Beweisergebnisses" ergibt.

1248 **Literaturhinweise: Eschelbach**, Absprachenpraxis versus Wiederaufnahme des Verfahrens, HRRS 2008, 191; **Förschner**, Der Deal und seine Folgen … Geständniswiderruf und Wiederaufnahme, StV 2008, 443; **Hellebrand**, Geständniswiderruf und Wiederaufnahmeverfahren, NStZ 2008, 374; *ders.*, Geständniswiderruf und Wiederaufnahmeverfahren, NStZ 2004, 413; → *Wiederaufnahme, Allgemeines*, Teil B Rdn 1053, m.w.N.

1249 **1.** An den Inhalt eines Wiederaufnahmevorbringens sind bereits grds. strenge Anforderungen zu stellen (→ *Wiederaufnahme, Antrag*, Teil B Rdn 1071 ff.). In Fällen eines widersprüchlichen Prozessverhaltens trifft den Antragsteller darüber hinaus eine **erweiterte Darlegungslast** (krit. zum Begriff *Marxen/Tiemann*, Rn 244, welche von einer Situation eingeschränkten Beweiswerts bei „verfahrensinterner Widersprüchlichkeit" sprechen). Das gilt z.B. dann, wenn der Antragsteller seinen Wiederaufnahmeantrag auf Tatsachen oder Beweismittel stützt, die ihm zum Zeitpunkt des Ursprungsverfahrens bereits bekannt waren, er sie aber nicht vorgetragen hatte, oder wenn er ein abgegebenes **Geständnis widerruft**. Die bereits entschiedenen zahlreiche Einzelfälle führen im Ergebnis stets dazu, dass der Antragsteller den beschränkten Beweiswert eines Beweismittels dadurch ausgleicht, dass er den **Widerspruch zwischen** dem **Ursprungsverfahren und** dem nun zu **erwartenden Beweisergebnis erklärt** (SK-*Frister*, § 359 Rn 53).

☝ In der Praxis scheitern Wiederaufnahmeanträge häufig daran, dass die Anforderungen an die erweiterte Darlegungslast nicht erfüllt werden (*Marxen/Tiemann*, Rn 259). Hier ist daher **besondere Sorgfalt** geboten.

2.a) Das Geständnis in der HV schließt die Wiederaufnahme nicht aus (BVerfG NStE § 359 StPO Nr. 13). Der Widerruf nimmt dem Geständnis jedoch auch nicht seinen Beweiswert. Das Urteil des Ursprungsverfahrens hat nicht nur vorbehaltlich des Widerrufs des Geständnisses Bestand. Der **Geständniswiderruf** ist **in der Praxis häufig** und daher bereits mehrfach Gegenstand der Rspr. gewesen (BGH JR 1977, 217 m. abl. Anm. *Peters*; KG JR 1975, 166 m. abl. Anm. *Peters*; OLG Bremen NJW 1952, 678; OLG Hamm NStZ 1981, 155 m. krit. Anm. *Peters* JR 1981, 439; OLG Frankfurt/Main StV 1984, 17 m. abl. Anm. *Sieg*; OLG Köln NJW 1963, 967, 968; NStZ 1991, 96; StV 1989, 98, 99 f; AG Starnberg StV 2008, 516). 1250

Wegen des hohen Beweiswerts eines Geständnisses muss der Antragsteller **plausibel darlegen**, **weshalb** er im Ursprungsverfahren ein **falsches Geständnis** abgelegt hat und weshalb er (erst jetzt) seine damaligen Angaben korrigiert (KG, Beschl. v. 22.1.1999 – 5 Ws 680/98; Beschl. v. 30.9.1999 – 5 Ws 463/99). 1251

☝ Im Fall eines Geständnisses im Rahmen einer **Verständigung** und des späteren Widerrufs gilt dasselbe (vgl. BayVerfGH NStZ 2004, 447; OLG Düsseldorf NStZ 2004, 454 m. krit. Anm. *Hellebrand* NStZ 2004, 413; OLG Nürnberg OLGST StPO § 359 Nr. 6; OLG Stuttgart NJW 1999, 375 376; LG Landau StV 2009, 237), wenn der Angeklagte vorträgt, **zum Geständnis genötigt** worden zu sein oder in anderer Weise plausibel sein (falsches) Geständnis erklärt (vgl. auch *Meyer-Goßner/Schmitt*, § 359 Rn 47; LR-*Gössel*, § 359 Rn 182; *Marxen/Tiemann*, Rn 244).

Da der Widerruf letztlich nur die Kehrseite einer bereits bekannten Hilfstatsache (Geständnis) ist (*Marxen/Tiemann*, Rn 244), muss insbesondere der **Widerspruch** zwischen der eigenen Sachverhaltsdarstellung im Ursprungsverfahren und im Wiederaufnahme- 1252 verfahren **erklärt werden**, also weshalb seinerzeit ein (falsches) Geständnis abgegeben wurde (SK-*Frister* [4. Aufl.], § 359 Rn 52). Der Erfolg einer Wiederaufnahme in diesen Fällen ist daher nicht die Regel, sondern die Ausnahme (OLG München NJW 1981, 593).

☝ Wurde im Rahmen einer **Verständigung** im Ursprungsverfahren ein Geständnis abgelegt und auf eine **weitere Beweisaufnahme im Übrigen verzichtet**, erschüttert schon der insoweit substantiierte Widerruf, dass das Geständnis seinerzeit nur aufgrund des Risikos einer erheblich höheren Strafe abgegeben wurde, die Urteilsgrundlage (vgl. dazu OLG Stuttgart NJW 1999, 375; *Marxen/Tiemann*, Rn 244; *Hellebrand* NStZ 2004, 413, 417 ff.; *Eschelbach* HRRS 2008, 191 ff.). Wurde das Geständnis indes erst **nach einer belastenden Beweisaufnahme** abgegeben, stellt der Geständniswiderruf regelmäßig **keinen Wiederaufnahmegrund** dar (KG; Beschl. v. 30.8.1999 – 4 Ws 209/99; Beschl. v. 16.5.2007 – 3 Ws 73/06 [Geständnis hatte zudem keinen Beweiswert]).

1253 **b)** Wird ein im Ursprungsverfahren **für nicht erforderlich gehaltenes** oder **bewusst zurückgehaltenes** (neues) **Beweismittel** benannt, muss erklärt werden, weshalb der Antragsteller damals auf das Beweismittel verzichtet hat (OLG Frankfurt/Main StV 1984, 17; OLG Hamm NStZ-RR 2000, 85; OLG Stuttgart NStZ-RR 2003, 210; vgl. auch LR-*Gössel*, § 359 Rn 180) oder es möglicherweise sogar bewusst zurückgehalten wurde (KG, Beschl. v. 22.1.1999 – 5 Ws 680/98; Beschl. v. 8.12.2000 – 4 Ws 228/00; OLG Hamm Rpfleger 1963, 82; NStZ-RR 2000, 85 zur **Vereitelung** der Zeugeneinvernahme; OLG Koblenz, Beschl. v. 8.1.2001 – 1 Ws 718/99). Der Antragsteller muss **erklären** können, **weshalb** ihn das Beweismittel **nunmehr entlasten** können soll (*Marxen/Tiemann*, Rn 252) und weshalb er es nicht schon früher zu seiner Entlastung vorgetragen hat (*Meyer-Goßner/Schmitt*, § 359 Rn 49a; a.A. StrafPrax-*Wasserburg* § 16 Rn 121, der darin eine zu weitgehende Bemessung einer Beweisbedeutung des Prozessverhaltens selbst erkennt). In diese Fallgruppe gehört auch, dass ein Zeuge aus der ersten Instanz im Berufungsverfahren zwar geladen, aber **nicht erschienen** ist und der Angeklagte hiergegen **nichts unternommen** hatte, sich aber nun im Wiederaufnahmeverfahren gegen das Berufungsurteil wendet (*Marxen/Tiemann*, Rn 252; das OLG Oldenburg MDR 1985, 518 [insoweit zu Unrecht] schon die Neuheit des Beweismittels verneint).

☝ Wird bei einem **lange zurückliegenden Sachverhalt** ein **Zeuge** zu einem für ihn belanglosen Erlebnis als neues Beweismittel angeführt, muss zusätzlich dargelegt werden, weshalb sich der Zeuge trotz des zwischenzeitlichen Zeitablaufs erinnern können soll (OLG München NStZ 1984, 380).

1254 **c)** Hat der Antragsteller im Ursprungsverfahren **keinen Einspruch** gegen den **Strafbefehl** oder **Bußgeldbescheid** eingelegt und strebt er nun die Wiederaufnahme des Verfahrens an, muss er erklären, weshalb er seinerzeit den Strafbefehl oder Bußgeldbescheid in Rechtskraft erwachsen ließ (LG Stuttgart VRR 2008, 283).

d) Bei einem **Widerruf** bzw. einer **Änderung** der **Aussage** des **Belastungszeugen** oder 1255
Mitbeschuldigten muss in besonderer Weise begründet werden, woraus sich die Fehlerhaftigkeit der früheren Aussage ergibt und unter welchen Umständen und aus welchen Gründen der Zeuge seine ursprüngliche Aussage nunmehr abgeändert bzw. für falsch erklärt hat (BVerfG NJW 1994, 510; BGH NJW 1977, 59 m. abl. Anm. *Peters* JR 1977, 217; KG JR 1975, 166 m. Anm. *Peters*; OLG Hamm NStZ 1981, 155 m. Anm. *Peters* JR 1981, 439; OLG Karlsruhe Justiz 1984, 308; OLG Neustadt NJW 1964, 678; LR-*Gössel*, § 359 Rn 184 f.).

☝ Behauptet der Antragsteller nur die Tatsache, dass ein Zeuge nun anders als früher aussagen werde, muss er **nachvollziehbar beantworten, weshalb** sich der **Zeuge** von seiner **früheren Aussage distanziert** und weshalb er ursprünglich fehlerhafte Angaben gemacht hat, damit der Antrag zulässig ist (BVerfG NJW 1994, 510; OLG Karlsruhe NStZ-RR 2005, 179, 180; *Marxen/Tiemann*, Rn 248 m.w.N.). Dabei können jedoch an die erweiterte Darlegungspflicht nicht die gleichen Anforderungen wie bei einem widerrufenen Geständnis gestellt werden, da der Antragsteller zur Darlegung eines einleuchtenden Motivs für die Falschaussage auf die Mitwirkung des Zeugen angewiesen wäre, die er jedoch nicht erzwingen kann. Deshalb genügt es, die genauen Umstände darzulegen, unter denen der Zeuge von seiner Aussage abgerückt ist (KG NStZ 2014, 670; LG Saarbrücken, Beschl. v. 20.8.2013 – 2 Ks 05 Js 216/06 (1/13)).

Widerruft ein **Mitangeklagter** (zumindest teilweise) sein Geständnis, muss ebenfalls der 1256
erweiterten Darlegungslast genügt werden (KG, Beschl. v. 5.11.2001 – 5 Ws 651/01; StrafPrax-*Wasserburg*, § 16 Rn 119; wobei auch hier die sich aus KG NStZ 2014, 670; LG Saarbrücken, Beschl. v. 20.8.2013 – 2 Ks 05 Js 216/06 (1/13) ergebenden Einschränkungen gelten müssen, vgl. Rdn 1255).

e) Hat der Antragsteller im Ursprungsverfahren seine **Tatbeteiligung bestritten**, sich ab- 1257
weichend vom jetzigen Vortrag eingelassen oder konnte er sich (vorgeblich) nicht mehr erinnern, und stellt er den **Sachverhalt** nun **abweichend** oder in **Erweiterung** der früheren Einlassung dar, sodass er sich in Widerspruch zu seinen eigenen Angaben im Ursprungsverfahren setzt, muss er ebenfalls im Antrag erläutern, weshalb er nun eine veränderte Einlassung abgibt (KG JR 1975, 166; OLG Bremen NJW 1981, 2827; OLG Frankfurt/Main StV 1984, 17 f.; LR-*Gössel*, § 359 Rn 183).

f) Wird das Wiederaufnahmebegehren auf die **Erkenntnisse** eines **weiteren Sachver-** 1258
ständigen gestützt, der andere Ergebnisse als der im Ursprungsverfahren gehörte Sachverständige erzielen soll oder erzielt hat, muss dargelegt werden, weshalb das ursprünglich eingeholte Sachverständigengutachten falsch ist und das neue Gutachten zu einem anderen Ergebnis führen kann, etwa aufgrund neuer Anknüpfungstatsachen oder wegen

überlegener Forschungsmittel (OLG Bremen OLGSt StPO § 359 Nr. 3; OLG Düsseldorf NStE § 359 StPO Nr. 11). Dies gilt erst recht für **Gegengutachten** zu einem aussagepsychologischen Gutachten aus dem Ursprungsverfahren (StrafPrax-*Wasserburg* § 16 Rn 122). In solchen Fällen müssen **schwere methodische Fehler** (vgl. zu den wissenschaftlichen Anforderungen an die Methodik BGHSt 45, 164; 167 ff.; *Burhoff*, EV, Rn 3332 ff.; *Burhoff*, HV, Rn 2454 ff.]) vorgetragen werden, damit der erweiterten Darlegungslast genügt wird (OLG Stuttgart Justiz 2001, 362 ff.).

1259 g) Ein **Schweigen** im Ursprungsverfahren braucht der Verurteilte hingegen **nicht zu erklären**, da ihm aus der Inanspruchnahme dieses Rechts (§ 243 Abs. 5 S. 1) auch im Wiederaufnahmeverfahren kein Nachteil entstehen darf (OLG Jena NStZ-RR 2010, 251; *Meyer-Goßner/Schmitt*, § 359 Rn 47).

1260 3. **Fehlen** die **Ausführungen**, die im Hinblick auf eine erweiterte Darlegung in diesen Einzelfällen gefordert werden, hat dies grds., aber nicht zwingend die **Unzulässigkeit** des Wiederaufnahmeantrags zur Folge. Aus dem Antrag muss sich eine „reale Möglichkeit des betreffenden Beweisergebnisses" ergeben (SK-*Frister* [4. Aufl.], § 359 Rn 53). Ergibt sich dies auch ohne umfangreiche Ausführungen, bleibt der Antrag auch ohne erweiterte Darlegung zulässig (vgl. BVerfG, Beschl. v. 26.3.2002 – 2 BvR 357/02).

Siehe auch: → *Wiederaufnahme, Allgemeines*, Teil B Rdn 1053, m.w.N.

1261 Wiederaufnahme, Entschädigungsfragen

Das Wichtigste in Kürze:

1. War das Wiederaufnahmeverfahren erfolgreich, hat der Antragsteller also den Wegfall oder die Milderung einer früheren Verurteilung erreicht, können ihm Entschädigungsansprüche nach dem StrEG zustehen.
2. Das Gericht muss von Amts wegen und i.d.R. sogleich über den Entschädigungsanspruch entscheiden.
3. Im Grundverfahren wird nur über den Anspruch dem Grunde nach entschieden.
4. Im Betragsverfahren wird anschließend die Höhe der zu zahlenden Entschädigung ermittelt.
5. Im Betragsverfahren ist der Anspruch auf Entschädigung bei derjenigen StA geltend zu machen, die zuletzt die Ermittlungen im ersten Rechtszug geführt hat Der Antrag ist binnen sechs Monaten ab Belehrung über die Möglichkeit der Antragstellung zu stellen.
6. Die StA prüft und entscheidet sodann über den Antrag.
7. Gegen die Entscheidung der StA steht der Rechtsweg zu den ordentlichen Gerichten offen.

Literaturhinweise: **Forkert-Hasser**, Die Entschädigung des Verurteilten nach erfolgreicher Wiederaufnahme, in: *Miebach/Hohmann*, Wiederaufnahme in Strafsachen, 2016, Kap. L; **Kotz**, Hinweise zur Geltendmachung der Entschädigung für Strafverfolgungsmaßnahmen – Teil 1, StRR 2010, 164; *ders.*, Hinweise zur Geltendmachung der Entschädigung für Strafverfolgungsmaßnahmen – Teil 2, StRR 2010, 204; *ders.*, Hinweise zur Geltendmachung der Entschädigung für Strafverfolgungsmaßnahmen – Teil 3, StRR 2010, 244; **Kunz**, Gesetz über die Entschädigung für Strafverfolgungsmaßnahmen: StrEG, 4. Aufl. 2010; **D. Meyer**, StrEG. Gesetz über die Entschädigung für Strafverfolgungsmaßnahmen, 9. Aufl. 2014 (zitiert: *D. Meyer*, Paragraf und Rn); **Seier**, Bilanz und Analyse der neueren Rechtsprechung zum strafprozessualen formellen Kostenrecht NStZ 1982, 270; s.a. die Hinw. bei → *Wiederaufnahme, Allgemeines*, Teil B Rdn 1054, und bei Burhoff/Kotz/*Kotz*, Nachsorge, Teil I Rn 281. 1262

1. Das auch für das Wiederaufnahmeverfahren geltende Entschädigungsverfahren ist im Gesetz über die Entschädigung für Strafverfolgungsmaßnahmen (**StrEG**), geregelt. Nach § 1 StrEG wird derjenige, der durch eine strafgerichtliche Verurteilung einen Schaden erlitten hat, aus der Staatskasse entschädigt, soweit die Verurteilung im **Wiederaufnahmeverfahren** oder sonst, nachdem sie rechtskräftig geworden ist, in einem Strafverfahren fortfällt oder gemildert wird. Dies gilt auch für die Wiederaufnahme in **Bußgeldverfahren** (§ 4 Abs. 2 StrEG; § 110 OWiG) und nach § 1 Abs. 2 StrEG zudem für **Maßregeln** der Besserung und Sicherung bzw. für **Nebenfolgen**. Das StrEG-Verfahren teilt sich in das **Grundverfahren** und das **Betragsverfahren** auf (wegen der Einzelh. s. *Kotz* StRR 2012, 164 ff.; Burhoff/Kotz/*Kotz*, Nachsorge, Teil I Rn 281 ff.). 1263

2. War die **Wiederaufnahme erfolgreich**, muss das Gericht **von Amts wegen** und i.d.R. **sogleich** über den Entschädigungsanspruch entscheiden (§ 8 Abs. 1 S. 1 StrEG). Ein **nachträgliches Beschlussverfahren** ist von Gesetzes wegen nur dann gestattet, wenn gem. § 371 ohne HV über die Wiederaufnahme entschieden wurde (§ 8 Abs. 1 S. 2 StrEG) Gleichwohl macht die Praxis hiervon regelmäßig Gebrauch (vgl. krit. dazu *D. Meyer*, § 8 Rn 18), obwohl es sich um eine Ausnahmevorschrift handelt und durch Zeitablauf und Besetzungsänderungen bedeutsame Gesichtspunkte aus der HV verloren gehen können (*Marxen/Tiemann*, Rn 580). 1264

☝ Aus diesem Grund ist es für den Verteidiger **ratsam, vorsorglich gleichzeitig** mit dem Wiederaufnahmeantrag auch einen **Antrag** nach dem **StrEG** zu stellen. In diesem Fall ist auf eine präzise Formulierung und auf Nachweise bzw. die Benennung von Beweismitteln zu achten (*Marxen/Tiemann*, Rn 580, 583). Gegen die Entscheidung im Grundverfahren besteht nach § 8 Abs. 3 StrEG die Möglichkeit der sofortigen Beschwerde, wobei hier zu beachten ist, dass zwar das Beschwerdegericht an die tatsächlichen Feststellungen gebunden ist, das Verbot der reformatio in peius hier jedoch nicht gilt (vertiefend *Marxen/Tiemann*, Rn 581; vgl. a. *Kotz* StRR 2012, 164 ff., 204 ff., 244 ff.; Burhoff/Kotz/*Kotz*, Nachsorge, Teil I Rn 500 ff.).

3.a) Im sog. **Grundverfahren** wird nur über den **Anspruch dem Grunde nach** entschieden. Dabei ist entscheidungserheblich, ob der Betroffene überhaupt einen Anspruch auf 1265 eine Entschädigung hat und keine Ausschluss- oder Versagungsgründe gem. §§ 5, 6 StrEG bestehen (wegen der Einzelh. Burhoff/Kotz/*Kotz*, Nachsorge, Teil I Rn 481 ff.).

1266 **aa)** Damit ein Anspruch dem Grunde nach überhaupt entstehen kann, ist der **Wegfall** der **Verurteilung** – unabhängig davon, ob ein neues Verfahren durchgeführt wurde oder die Freisprechung ohne neue HV erfolgt ist (*Marxen/Tiemann*, Rn 561) – **erforderlich**.

1267 Fallen von **tatmehrheitlichen Handlungen** eine oder mehrere weg, muss damit für eine Entschädigung in Betracht kommt, insgesamt eine Milderung eintreten (OLG Frankfurt/Main NJW 1983, 2398 [2399]; *Meyer-Goßner/Schmitt*, § 1 StrEG Rn 3; **a.A.** *Marxen/Tiemann*, Rn 563, wonach auch der Wegfall einer Einzeltat ohne Einfluss auf die Gesamtstrafe eine Entschädigung auslösen kann, wenn der Schaden nachweislich auf dieser Einzeltat beruht; ebenso *D. Meyer*, § 1 Rn 25).

1268 Wird das Verfahren nach der Wiederaufnahme **eingestellt**, entsteht **ebenfalls** ein **Entschädigungsanspruch**. Dies gilt auch für Einstellungen nach § 153a, denn die erteilte Auflage hat keinen Strafcharakter (*Marxen/Tiemann*, Rn 563, dort Fn 7). Ob allerdings eine für den StrEG-Anspruch erforderliche Milderung vorliegt, ist in der **Gesamtschau** zu ermitteln (*Marxen/Tiemann*, Rn 564) und ergibt sich aus einem Vergleich der früheren und der jetzigen Rechtsfolge (OLG München StV 1984, 471, 472; OLG Nürnberg MDR 1975, 779, 780; *Meyer-Goßner/Schmitt*, § 1 StrEG Rn 3).

1269 **Ändert** sich **nur** der **Schuldspruch**, ist dies keine Milderung (*D. Meyer*, § 1 Rn 29). Wird eine ursprünglich verhängte Freiheitsstrafe im Wiederaufnahmeverfahren zur **Bewährung** ausgesetzt, gilt dies gleichermaßen (*D. Meyer*, § 1 Rn 30), da die Aussetzung zur Bewährung nur eine Modifikation der Vollstreckung ist (*Marxen/Tiemann*, Rn 564).

1270 **bb) Besonders problematisch** sind im Zusammenhang mit einer erfolgreichen Wiederaufnahme die **§§ 5, 6 StrEG**, wonach die dort abschließend geregelten Ausschluss- bzw. Versagungsgründe – ein Rückgriff auf § 254 BGB ist nicht zulässig (vgl. *Marxen/Tiemann*, Rn 567) – den Anspruch beseitigen können. Hierbei handelt es sich aber letztlich um nichts anderes als eine **Haftungsbegrenzung** durch Berücksichtigung möglichen Mitverschuldens gem. § 254 BGB (*Marxen/Tiemann*, Rn 565; allgemein zu den Ausschlussgründen Burhoff/Kotz/*Kotz*, Nachsorge, Teil I Rn 314 ff.).

☝ Entscheidend ist daher jeweils die Frage, ob der **Angeklagte schuldhaft Anlass** zu **Strafverfolgungsmaßnahmen** gegeben hat (*Forkert-Hasser*, a.a.O., Kap. L.II.4.c).

1271 Hinsichtlich eines möglichen Ausschlusses ist in der Praxis besonders **§ 5 Abs. 2 S. 1 StrEG** von Bedeutung, wenn also **vorsätzlich** oder **grob fahrlässig** (BGH MDR 1983, 450 f.; OLG Düsseldorf VRS 1981, 124, 127 [Strafverfolgungsmaßnahme „geradezu heraus(ge)fordert"]; *Marxen/Tiemann*, Rn 570) die **Strafverfolgungsmaßnahme durch** den **Betroffenen verursacht** wurde. Ein Ausschluss des StrEG-Anspruchs nach § 5 Abs. 2 S. 1 StrEG ist danach vor allem dann zu erwarten, wenn das Wiederaufnahmeverfahren von der **erweiterten Darlegungslast** abhing, also beispielsweise wegen widersprüchlichen Verhaltens des Beschuldigten/Angeklagten im Ursprungsverfahrens oder weil ein Geständnis zurückgenommen wurde, der wahre Täter gedeckt wurde oder Beweismittel im ursprünglichen Verfahren zurückgehalten wurden (*Marxen/Tiemann*, Rn 571; → *Wiederaufnahme, Darlegungslast, erweiterte*, Teil B Rdn 1247, m.w.N.).

☝ Hier wird wie auch schon **im Rahmen** der erweiterten **Darlegungslast** entsprechend zu **argumentieren** sein, weshalb das prozessuale Verhalten sich seinerzeit so und nicht anders gestaltet hat.

Das **vollständige Schweigen zur Sache** auch das Unterlassen des Einlegens eines Rechtsmittels führt aber noch nicht zu einem Ausschluss (vgl. vertiefend *Marxen/Tiemann*, Rn 571 f.; Burhoff/Kotz/*Kotz*, Nachsorge, Teil I Rn 639 ff.). Dies ist konsequent, denn das Schweigen darf für den Angeklagten mit keinerlei Nachteilen verbunden sein und führt deshalb auch nicht zu einer erweiterten Darlegungslast (OLG Jena NStZ-RR 2010, 251). Daneben hat auch der Versagungsgrund des **§ 6 Abs. 1 Nr. 1 StrEG** in der Praxis einiges Gewicht: Danach kann der Anspruch versagt werden, wenn sich der Beschuldigte **prozessual widersprüchlich eingelassen** hat (vgl. aber *Marxen/Tiemann*, Rn 568, Fn 17). **1272**

Die **Kausalität** ist nach der **Adäquanzformel** zu bestimmen (*Marxen/Tiemann*, Rn 569 unter Verweis auf *D. Meyer*, § 5 Rn 39), wonach nur solche Ursachen, die dem Verantwortlichen billigerweise zugerechnet werden können, also nach der **allgemeinen Lebenserfahrung** den Erfolg herbeigeführt haben, kausal sind. Beruht die eine Entschädigung auslösende Maßnahme also überwiegend auf dem rechtswidrigen Tun oder Unterlassen der Strafverfolgungsorgane, entfällt die Zurechenbarkeit des Erfolgs beim Betroffenen (vgl. OLG Hamm MDR 1975, 167; 1984, 253; OLG Stuttgart NJW 1977, 641; s. auch *Meyer-Goßner/Schmitt*, § 5 StrEG Rn 7). **1273**

b) Es ist für das **Grundverfahren umstr.**, ob sich der Mandant **anwaltliche Fehler zurechnen** lassen muss. Teile der Lit. lehnen dies ab (vgl. *Marxen/Tiemann*, Rn 579, LR-*Graalmann-Scheerer*, § 44 Rn 62). Die Rspr. (vgl. OLG Karlsruhe MDR 1980, 693) und ein Teil der Lit. (*Meyer-Goßner/Schmitt*, § 8 StrEG Rn 18; *Seier* NStZ 1982, 270, 275) wollen dagegen auch hier zivilprozessrechtliche Grundsätze anwenden, sodass anwaltliche Fehler dem Mandanten zurechenbar wären (zum Betragsverfahren s. Rdn 1275). **1274**

☝ Für die Auffassung, anwaltliche Fehler im Grundverfahren dem Mandanten nicht zuzurechnen, spricht, dass das **Grundverfahren** gem. § 8 Abs. 1 StrEG **dem Strafverfahren zugerechnet** wird (*Marxen/Tiemann*, Rn 579, dort Fn 43; ebenso LR-*Graalmann-Scheerer*, § 44 Rn 62). Deshalb ist – anders als im Betragsverfahren (vgl. *Marxen/Tiemann*, Rn 573) – für das Grundverfahren auch keine gesonderte Vollmacht erforderlich (*D. Meyer*, Vorbem. vor §§ 8 – 9 Rn 8).

1275 **4.a)** Im **Betragsverfahren** wird anschließend die **Höhe** der zu zahlenden **Entschädigung ermittelt** (§ 7 StrEG). Hier gelten unstreitig zivilprozessrechtliche Grundsätze (*Marxen/Tiemann*, Rn 579; *Meyer-Goßner/Schmitt*, § 10 StrEG Rn 5; *D. Meyer*, § 7 Rn 23 f.; Burhoff/Kotz/*Kotz*, Nachsorge, Teil I Rn 537 ff.), sodass anwaltliche Fehler stets dem Mandanten zugerechnet werden (vgl. etwa zur Fristversäumnis BGHZ 66, 122; zum Grundverfahren Rdn 1274 f.).

1276 **b) Zentrale Vorschrift** im Betragsverfahren ist **§ 7 StrEG** (vgl. aber auch Nr. 201 und 295 RiStBV und die Ausführungsvorschriften zum StrEG, abgedr. bei *Kunz* Anh. B und Anh. B1.1 bis B1.16 als insoweit bedeutsame Verwaltungsvorschriften) und dort im Hinblick auf **immaterielle Schäden** insbesondere **Abs. 3**: Danach bekommt ein Freigesprochener für jeden Tag unrechtmäßiger **Freiheitsentziehung** 25,- €. Der Betrag wurde zwar erst vor kurzem von zuvor 11,- € signifikant angehoben, ist aber noch immer verschwindend gering für das Unrecht, das dem Betroffenen widerfahren ist. Soweit ein **Vermögensschaden** entstanden ist, wird dieser ebenfalls ersetzt. Die **Ersatzpflicht ist nach oben** auch **nicht begrenzt** (*Marxen/Tiemann*, Rn 575; zu den typischerweise zu ersetzenden Schäden vgl. *D. Meyer*, § 7 Rn 16). Der Betroffene trägt die Beweislast (*Marxen/Tiemann*, Rn 579). Allerdings kann hier – anders als im Grundverfahren – das **Mitverschulden** gem. § 254 BGB in vollem Umfang **berücksichtigt** werden (BGH NJW 1988, 1141, 1142). Ganz generell wird bei der Berechnung des Schadens auf die zivilrechtlichen Regelungen nach den §§ 249 ff. BGB zurückgegriffen (BGHZ 65, 170, 173; *D. Meyer*, § 7 Rn 5, 11; zu allem auch *Kotz* StRR 2010, 164 ff.; 2004, 244 ff.; Burhoff/Kotz/*Kotz*, Nachsorge, Teil I Rn 537 ff.).

☝ Erfolgte im Wiederaufnahmeverfahren ein sog. „**Freispruch zweiter Klasse**", muss die Verteidigung besonderes Augenmerk darauf legen, dass sich die verbliebenen Zweifel nicht auf den Entschädigungsanspruch auswirken, über den das Strafgericht selbst entscheidet. Denn ein mögliches Mitverschulden, das nach den §§ 5, 6 StrEG den Anspruch beseitigen könnte, muss zwingend einen prozessualen Bezug haben (*D. Meyer*, vor §§ 5 und 6 Rn 3; vgl. a. *Marxen/Tiemann*, Rn 566).

1277 **5.a)** Im **Betragsverfahren** ist der Anspruch auf Entschädigung bei derjenigen **StA** geltend zu machen, die zuletzt die **Ermittlungen im ersten Rechtszug** geführt hat (§ 10 Abs. 1 S. 1 StrEG; dazu *Kotz* StRR 2010, 244, 246; allgemein zum Betragsverfahren Burhoff/Kotz/*Kotz*, Nachsorge, Teil I Rn 449 ff.).

1278 **b)** Hierbei gilt gem. § 10 Abs. 1 S. 2 und 3 StrEG eine **6-Monats-Frist** ab Zustellung der von der StA vorzunehmenden Belehrung über Antragsrecht und -frist (Burhoff/Kotz/*Kotz*, Nachsorge, Teil I Rn 464 ff.).

☝ Jedenfalls gilt aber eine **einjährige absolute Ausschlussfrist** nach § 12 StrEG, sodass auch **keine Wiedereinsetzung** möglich ist (BGHZ 108, 14, 16 f.; vgl. vertiefend *Marxen/Tiemann*, Rn 582).

c) Immaterielle Schäden werden nur in Bezug auf die möglicherweise erfolgte **Inhaftierung** erstattet. Insoweit reicht es aus, die Haftdauer und die Grundlage dafür mitzuteilen. **Materielle Schäden** müssen nach Art und Umfang benannt und möglichst detailliert belegt oder mit Beweismitteln untermauert werden (*Marxen/Tiemann*, Rn 583; dazu *Kotz* StRR 2010, 244 f.; Burhoff/Kotz/*Kotz*, Nachsorge, Teil I Rn 5374 ff.). 1279

6. Die StA prüft und entscheidet sodann über den Antrag (krit. dazu *Marxen/Tiemann*, Rn 584), wobei neben Anerkennung und Zurückweisung auch eine Lösung im Wege eines Vergleichs möglich ist (*D. Meyer*, § 10 Rn 19). Die Entscheidung ist in jedem Fall zu **begründen**. Der Betroffene ist zudem über den Rechtsweg und die Klagefristen zu **belehren** (*Marxen/Tiemann*, Rn 586), damit er die Entscheidung gegebenenfalls angreifen kann. 1280

☝ Nach der Rspr. des BGH (MDR 1983, 1002) beginnt mangels gesetzlicher Regelung dieser Belehrungspflicht die **Frist** zur **Klage auch** bei fehlender oder **unterbliebener Belehrung** zu laufen (ebenso *Meyer-Goßner/Schmitt*, § 13 Rn 1; *D. Meyer*, StrEG § 13 Rn 11).

7. Dem Antragsteller steht der **Rechtsweg** zu den **ordentlichen Gerichten** offen. Aus § 13 StrEG folgt die sachliche Zuständigkeit der Zivilkammern der LG (vgl. vertiefend *Marxen/Tiemann*, Rn 587; dazu *Kotz* StRR 2010, 244, 248 f.; Burhoff/Kotz/*Kotz*, Nachsorge, Teil I Rn 449 ff.). 1281

Siehe auch: → *Wiederaufnahme, Allgemeines*, Teil B Rdn 1053, m.w.N.

Wiederaufnahme, Geeignetheit von Tatsachen und/oder Beweismitteln 1282

Das Wichtigste in Kürze:

1. Die Zulässigkeit eines Wiederaufnahmeverfahrens nach § 359 Nr. 5 hängt neben der Neuheit der Tatsachen oder Beweismittel, davon ab, ob diese überhaupt geeignet sind, das Ziel der Wiederaufnahme zu erreichen. Diese Prüfung geht über eine abstrakte Schlüssigkeitsprüfung hinaus.
2. Die Prüfung der Erheblichkeit ist anhand der schriftlichen Urteilsgründe vorzunehmen. Das Gericht ist an die Beweiswürdigung des erkennenden Gerichts gebunden.

Ist das Beweismittel erheblich, muss zwischen unmittelbarer und mittelbarer Erheblichkeit zu unterschieden werden.

3. Die neuen Tatsachen oder Beweismittel haben hinreichende Erfolgsaussicht, wenn sich die neuen Haupttatsachen als richtig bzw. „beweiskräftig" erweisen, bzw. die neuen Hilfstatsachen oder Beweismittel tatsächlich vorliegen und zum Beweis der entlastenden Haupttatsache ausreichen, auf die sie sich beziehen.
4. Als Konkretisierungshilfe für die Beurteilung der Geeignetheit bietet sich eine mittelbare Anwendung von § 244 Abs. 3 bis 5 an.
5. Sowohl die Erheblichkeit als auch die Erfolgsaussichten der neuen Tatsachen oder Beweismittel müssen im Antrag gesondert dargelegt werden, wenn es sich nicht ohnehin aus dem Antragsvorbringen.

1283 **Literaturhinweise: Eisenberg**, Aspekte des Verhältnisses von materieller Wahrheit und Wiederaufnahme des Verfahrens gemäß §§ 359 ff. StPO, JR 2007, 363; **Förschner**, Der Deal und seine Folgen ...Geständniswiderruf und Wiederaufnahme, StV 2008, 443; **Fornauf**, Die Neuheit bereits erörterter Tatsachen im Wiederaufnahmeverfahren, StraFo 2013, 235; **Günther**, Verbot der antizipierten Beweiswürdigung im strafprozessualen Wiederaufnahmeverfahren?, MDR 1974, 93; **J. Meyer**, Zum Begriff der Neuheit von Tatsachen oder Beweismitteln im Wiederaufnahmeverfahren, JZ 1968, 7; *ders.*, Der „Fall Ossietzky" – auch eine Sache des Gesetzgebers, ZRP 1993, 284; **Peters**, Anm. zu BGH JR 1977, 215, JR 1977, 218; **Schünemann**, Das strafprozessuale Wiederaufnahmeverfahren propter nova und der Grundsatz „In dubio pro reo", ZStW 84 (1972), S. 870; **Wasserburg**, Die Funktion des Grundsatzes „in dubio pro reo" im Aditions- und Probationsverfahren, ZStW 94 (1982), 914; s.a. die Hinw. bei → *Wiederaufnahme, Allgemeines*, Teil B Rdn 1054.

1284 **1.a)** Die Zulässigkeit eines Wiederaufnahmeverfahrens nach § 359 Nr. 5 hängt neben der Neuheit der **Tatsachen** oder **Beweismittel**, die alleine nicht ausreichend ist, davon ab, ob diese – als „inhaltliche Voraussetzung" (LR-*Gössel*, § 368 Rn 19) – überhaupt **geeignet** sind, das Ziel der Wiederaufnahme zu erreichen. Diese Prüfung geht über eine **abstrakte Schlüssigkeitsprüfung hinaus** (st. Rspr., vgl. nur BGHSt 17, 303, 304; BGH NJW 1977, 59 m. abl. Anm. *Peters* JR 1977, 217; aus Gründen der der Prozessökonomie (!)]; BGH NStZ 2000, 218). Kritisch wird das von *Strate* gesehen (vgl. MAH-*Strate*, § 27 Rn 67 ff.), der eine schlichte Schlüssigkeitsprüfung für ausreichend hält (dagegen aber wiederum LR-*Gössel*, § 368 Rn 23 f.).

1285 **b)aa)** Die neuen Tatsachen oder Beweismittel müssen allein oder in Verbindung mit den früher erhobenen Beweisen (vgl. auch LG Kaiserslautern, Beschl. v. 27.3.2003 – 6034 Js 4296/02.4 KLs) **geeignet**, also **erheblich** sein und eine **hinreichende Erfolgsaussicht** bieten (für diese differenzierte Prüfung und Nomenklatur *Marxen/Tiemann*, Rn 202). *Meyer-Goßner/Schmitt* (§ 368 Rn 8) und LR-*Gössel* (§ 368 Rn 22) sprechen schlicht von „hypothetischer Schlüssigkeitsprüfung" (in der Formulierung unklar StrafPrax-*Wasserburg*, § 16 Rn 116 ff.). Anstelle der hinreichenden Erfolgsaussicht wird teilweise auch der Begriff der „Beweiskraft" verwendet (vgl. etwa MAH-*Strate*, § 27 Rn 72). Bei dieser Prüfung handelt es sich letztlich um eine **antizipierte Beweiswürdigung** (krit. hierzu

Marxen/Tiemann, Rn 254), die jedoch allenfalls soweit zulässig ist, als keine förmliche Beweisaufnahme erforderlich ist (BGH NJW 1977, 59 m. Anm. *Peters* JR 1977, 217; OLG Koblenz StV 2003, 229; vgl. auch StrafPrax-*Wasserburg*, § 16 Rn 116; MAH-*Strate*, § 27 Rn 71 [„unverschiebbaren Grenze“]). Insbesondere darf die Eignungsprüfung nicht die Durchführung der HV ersetzen (OLG München StRR 2010, 386 [Fall *Rupp*]).

bb) Die **Rspr.** hatte diese Beweiswürdigung ursprünglich in erheblichem Maße **ausgedehnt** und letztlich in **richterliches Ermessen** abgleiten lassen (so MAH-*Strate*, 1286
§ 27 Rn 68): So sei im Rahmen dieser Geeignetheitsprüfung ein „*gewisses Abwägen*“ der Beweiskraft der neuen Beweismittel mit den Beweisergebnissen aus dem Ursprungsverfahren erforderlich (OLG Celle GA 1967, 284, 285, [„gewisse Vorwegnahme“ der Beweiswürdigung sei unvermeidbar]; s.a. OLG Nürnberg, MDR 1964, 171). Erst das **BVerfG** hat dem mit einer bedeutsamen Entscheidung **Einhalt** geboten (BVerfG NStZ 1995, 2024). Danach darf das Wiederaufnahmegericht im Zulassungsverfahren nicht Beweise würdigen und Feststellungen treffen, die an der Struktur des Strafprozesses der HV vorbehalten sind. Auch darf die Feststellung solcher Tatsachen, die den Schuldspruch wesentlich tragen, nur in der HV erfolgen (ebenso schon früher, aber unbeachtet geblieben, OLG Bremen NJW 1957, 1730 f.); eigene neue Feststellungen darf das Gericht im Zulassungsverfahren hingegen nicht treffen (z.B. die unzulässige Feststellung einer anderen Tatzeit als im Urteil, vgl. *Meyer-Goßner/Schmitt*, § 368 Rn 9). Dem folgen die Obergerichte mittlerweile überwiegend (vgl. etwa OLG Frankfurt StRR 2014, 242; KG, Beschl. v. 5.7.2001 – 4 Ws 64/01; OLG Koblenz NStZ-RR 2005, 272; a.A. in Verkennung der verfassungsgerichtlichen Rspr. noch immer OLG Schleswig, SchlHA 2005, 264). Weicht das Wiederaufnahmegericht von den Grundsätzen des Wiederaufnahmeverfahrens im Sinne einer wesentlichen Verschlechterung der Chancen des Verurteilten auf Erlangung eines gerechten Richterspruchs ab, so verfehlt es dessen Ziel, den Konflikt zwischen materialer Gerechtigkeit und Rechtssicherheit angemessen zu lösen. Wird das Wiederaufnahmeverfahren – an diesem Ziel gemessen – derart ineffektiv, so steht dies in Widerspruch zum Rechtsstaatsprinzip des Grundgesetzes und verletzt den Verurteilten in dessen Recht auf effektiven Rechtsschutz (st. Rspr. BVerfG, zuletzt NZV 2016, 45).

☝ Die Prüfung der Geeignetheit ist von **erheblicher praktischer Bedeutung** und verlangt **besondere Sorgfalt**, denn mangelnde Geeignetheit ist ein in der Praxis häufiger Grund für die Unzulässigkeit des Wiederaufnahmeantrags (*Marxen/Tiemann*, Rn 199; MAH-*Strate*, § 27 Rn 64). Es empfiehlt sich zudem, die Entscheidung des BVerfG vorsorglich auch auszugsweise im **Wortlaut** zu **zitieren** (s. auch MAH-*Strate*, § 27 Rn 71).

cc) Die hier besprochene Problematik ist **ausschließlich** bei **Anträgen nach § 359 Nr. 5** 1287
relevant (s. auch zutreffend SK-*Frister*, § 368 Rn 8 ff.). I.Ü. gilt für die

1288 **anderen Wiederaufnahmegründe**:

- Im Fall der Wiederaufnahme nach **§§ 359 Nr. 3, 362 Nr. 3** spielt die Geeignetheit keine Rolle, weil sich die Frage der strafbaren Amtspflichtverletzung nur in einer neuen HV beantworten lässt (→ *Wiederaufnahme, Antragsgründe, Amtspflichtverletzung*, Teil B Rdn 1100, m.w.N.).
- In den Fällen des **§§ 359 Nrn. 1, 2, 362 Nrn. 1, 2** (falsche Urkunde bzw. Zeugenaussage) ist die Eignung des Beweismittels nach dem Wortlaut des § 370 Abs. 1 kein Zulässigkeitskriterium (**a.A.** contra legem KK-*Schmidt*, § 368 Rn 5; LR-*Gössel*, § 368 Rn 12; → *Wiederaufnahme, Antragsgründe, Urkunde, (unechte oder verfälschte)*, Teil B Rdn 1179; → *Wiederaufnahme, Antragsgründe, Zeuge/Sachverständiger*, Teil B Rdn 1207).
- In den Fällen des **§ 359 Nrn. 4, 6** ist zwar die Geeignetheit von Bedeutung, weil das Strafurteil auf dem Zivilurteil begründet sein bzw. auf der Konventionsverletzung beruhen muss; dies bedarf aber keiner gesonderten Beweiserhebung, sodass auch nicht im Vorfeld eine antizipierte Beweiswürdigung erforderlich ist (→ *Wiederaufnahme, Antragsgründe, Aufhebung eines Zivilurteils*, Teil B Rdn 1195; → *Wiederaufnahme, Antragsgründe, EGMR-Entscheidung*, Teil B Rdn 1130).
- Im Fall des **§ 362 Nr. 4** (Geständniswiderruf) wird eine Vorabprüfung der Glaubwürdigkeit nach h.M. abgelehnt wird (LR-*Gössel*, § 368 Rn 14; KK-*Schmidt*, § 368 Rn 7; a.A. KMR-*Paulus* § 368 Rn 7), weil § 362 Nr. 4 keine über § 368 Abs. 1 hinausgehenden Zulässigkeitsvoraussetzungen kennt.

1289 **2.a)** Die **Prüfung** der **Erheblichkeit** ist anhand der **schriftlichen Urteilsgründe** vorzunehmen (MAH-*Strate*, § 27 Rn 72). Das Gericht ist an die Beweiswürdigung des erkennenden Gerichts gebunden (st. Rspr., vgl. nur BVerfG NStZ 1995, 43; zuletzt OLG München StRR 2010, 386 [Fall *Rupp*]). Ist das Beweismittel erheblich (zur Unerheblichkeit s.u. Rdn 1304 ff.), muss zwischen unmittelbarer und mittelbarer Erheblichkeit zu unterschieden werden.

☝ Der Grundsatz „**in dubio pro reo**" gilt bei der Frage der Erheblichkeit **nicht** (OLG Braunschweig NJW 1959, 1984; *Meyer-Goßner/Schmitt*, § 368 Rn 10; a.A. *Schünemann* ZStW 84 (1972), 870; *Wasserburg* ZStW 94 (1982), 914 [mittelbare Anwendung]).

1290 **b) Unmittelbar erheblich** sind nur **neue Haupttatsachen**, also solche, die von unmittelbarer Bedeutung für die Rechtsfolge sind (*Marxen/Tiemann*, Rn 203). **Mittelbar erheblich** sind **neue Hilfstatsachen** und **neue Beweismittel**, denn sie lassen lediglich einen Rückschluss auf die unmittelbar rechtsfolgenrelevante Haupttatsache zu (LR-*Gössel*, § 359 Rn 125 f.). Diese kann, muss aber nicht neu sein. Auf die Richtigkeit und die Beweiskraft kommt es in diesem Prüfungsstadium noch nicht an, beides wird unterstellt (BGHSt 17, 303, 304; OLG Braunschweig NJW 1959, 1984; OLG Celle JR 1967, 150; OLG Köln NJW 1968, 968; StrafPrax-*Wasserburg*, § 16 Rn 116; LR-*Gössel*, § 368 Rn 22), solange nur denkbar ist, dass sie die in Rede stehende Haupttatsache beweisen können (*Marxen/Tiemann*, Rn 204).

c) Wann eine neue Tatsache oder ein neues Beweismittel **erheblich** ist, hängt davon ab, 1291
welches Antragsziel der Antragsteller mit seinem Antrag nach **§ 359 Nr. 5** verfolgt:

aa) Strebt der Antragsteller einen **Freispruch** an, kommt es entscheidend darauf an, dass 1292

- entweder neue **Haupttatsachen** im Hinblick auf die **Schuldfeststellungen** des Gerichts vorgetragen werden, die erheblich sind, also den Schuldfeststellungen die **Grundlage entziehen** (*Marxen/Tiemann*, Rn 206 mit dem Fallbeispiel, dass der wegen Körperverletzung Verurteilte durch den neuen Tatsachenvortrag in seinem Wiederaufnahmeantrag unmittelbar die Voraussetzungen der Notwehr belegt), sodass der Verurteilte nunmehr freizusprechen ist. Beruft sich etwa der Antragsteller auf einen Verbotsirrtum, muss die Unvermeidbarkeit des Irrtums gegeben sein (Beispiel bei Beck/*Strate*, S. 751),
- oder neue **Hilfstatsachen** oder neuen **Beweismittel Rückschlüsse** auf Haupttatsachen zulassen und deshalb erheblich sind. Das kann etwa die Frage der Täterschaft betreffen; dann muss aber die Täterschaft unter jedem rechtlichen Gesichtspunkt ausgeschlossen sein (*Marxen/Tiemann*, Rn 209; vgl. dazu das Beispiel bei LR-*Gössel*, § 359 Rn 166: Trägt der Antragsteller vor, ein Dritter habe den tödlichen Schuss abgegeben, wäre er aber auch nach seinem eigenen Vortrag noch als Mittäter anzusehen, ist das Beweismittel ungeeignet). Daneben können neue Hilfstatsachen oder Beweismittel beispielsweise auch vorgetragen werden, die für die Annahme von Rechtfertigungs- oder Schuldausschließungsgründen erheblich sind (*Marxen/Tiemann*, Rn 2010 f. mit dem Fallbeispiel, dass neue Hilfstatsachen und Beweismittel die schon im Ursprungsverfahren aufgestellte Behauptung des wegen Körperverletzung Angeklagten, der Geschädigte habe ihn zuvor mit dem Messer angegriffen, belegen).

bb) Wird die **Einstellung** des **Verfahrens** oder eine vergleichbare Entscheidung wie 1293
das **Absehen** von **Strafe** oder die Straffreierklärung angestrebt, müssen neue Haupttatsachen die **tatsächlichen Voraussetzungen** des **Straflosigkeitsgrundes** betreffen, aufgrund dessen das Verfahren eingestellt werden kann, oder neue Hilfstatsachen oder Beweismittel vorgetragen werden, die den **Rückschluss** auf diese Voraussetzungen zulassen (*Marxen/Tiemann*, Rn 212).

cc) Zielt der Wiederaufnahmeantrag des Verurteilten auf eine **Strafmilderung**, beste- 1294
hen mehrere Möglichkeiten. Insoweit sind von Bedeutung u.a (Beispiele bei *Marxen/Tiemann*, Rn 213 ff.) folgende:

1295 **Fallkonstellationen:**

- Neue Haupttatsachen können einen **erstmals vorgetragenen Privilegierungstatbestand** belegen.
- Neue Haupttatsachen können einen benannten oder unbenannten **Strafmilderungsgrund** belegen.
- Neue Hilfstatsachen oder Beweismittel müssen es etwa zumindest als denkbar erscheinen lassen, dass ein vom Gericht im Ursprungsverfahren bejahter **Qualifikationstatbestand nicht erfüllt** war.
- Neue Hilfstatsachen oder Beweismittel müssen es etwa zumindest als denkbar erscheinen lassen, dass ein vom Gericht geprüfter, aber verneinter benannter oder unbenannter **Strafmilderungsgrund doch vorliegt**.
- Durch neue Hilfstatsachen oder Beweismittel kann die Strafmilderung aufgrund eines Privilegierungstatbestandes im Wiederaufnahmeverfahren erreicht werden, wenn das erkennende Gericht die Privilegierung im Ursprungsverfahren geprüft, aber **abgelehnt** hat und nun durch die neuen Hilfstatsachen oder Beweismittel **Rückschlüsse** auf das **Bestehen** des **Privilegierungstatbestandes möglich** sind.
- Wird eine wesentliche Strafmilderung bei unveränderter Rechtsgrundlage als zulässiges Antragsziel erachtet, sind neue Hilfstatsachen oder Beweismittel erheblich, wenn sie **Rückschlüsse** auf das Nichtvorliegen erschwerender Strafzumessungsgesichtspunkte erlauben; gleichermaßen können mit neuen Haupttatsachen neue begünstigende Strafzumessungsgesichtspunkte vorgetragen werden.

☝ Weder **§ 47 Abs. 1 StGB** noch **§ 56 StGB** sind mildere Strafgesetze i.S. des § 359 Nr. 5 StPO (vgl. dazu OLG Nürnberg NStZ-RR 2015, 318).

1296 **dd)** Strebt letzthin der Verurteilte eine **wesentlich andere Maßregelentscheidung** an, sind neue Hilfstatsachen und Beweismittel erheblich, wenn sie Rückschlüsse darauf zulassen, dass die Maßregel nicht hätte angeordnet werden darf, weil ihre Voraussetzungen nicht vorlagen, oder neue Haupttatsachen erheblich, wenn ihretwegen die Anordnung einer der Art nach günstigeren Maßregel oder ihre Milderung hätte erfolgen müssen (*Marxen/Tiemann*, Rn 216 f. mit Fallbeispiel).

1297 **3.a)** Die neuen Tatsachen oder Beweismittel haben **hinreichende Erfolgsaussicht**, wenn sich die neuen Haupttatsachen als richtig (bzw. „beweiskräftig“) erweisen, bzw. die neuen Hilfstatsachen oder Beweismittel tatsächlich vorliegen und zum Beweis der entlastenden Haupttatsache ausreichen, auf die sie sich beziehen. Da über die Richtigkeit und Beweiskraft erst im Hauptverfahren entschieden wird, kommt es für die Zulässigkeit des Antrags **entscheidend** auf die **Prognose** (vgl. Rdn 1298 ff.) an, ob das neu Vorgebrachte eine Aussicht auf die angestrebte Entscheidung begründet (vgl. zu allem

Marxen/Tiemann, Rn 218). An einer hinreichenden Erfolgsaussicht fehlt es nur dann eindeutig, wenn – was selten sein dürfte – denkgesetzliche Unmöglichkeit vorliegt (*Marxen/Tiemann*, Rn 219 m.w.N.).

b) Es ist **umstr**., welcher **Prognosemaßstab** herangezogen werden soll. 1298

aa) Aufgrund der Vergleichbarkeit des Stadiums, in dem sich die Wiederaufnahme an 1299
dieser Stelle befindet, mit der Frage der Eröffnung des Hauptverfahrens (§ 203) im Erkenntnisverfahren, liegt es nahe, hier – anstelle eines hinreichenden Tatverdachts – eine „**hinreichende Erfolgsaussicht**" zu verlangen (OLG Frankfurt/Main StV 1996, 138, [39 [Fall *Weimar*]; LG Gießen NJW 1994, 465, 466; *Meyer-Goßner/Schmitt*, § 368 Rn 10; *Marxen/Tiemann*, Rn 221) Ein voller Beweis wird einstimmig nicht gefordert. Soweit vereinzelt nur die Möglichkeit der Zielerreichung gefordert und insoweit auf den Grundsatz „in dubio pro reo" abgestellt wird (*Schünemann* ZStW 84 (1972), 870, 898; KMR-*Eschelbach*, § 359 Rn 210), ist dies ungeeignet (vgl. *Marxen/Tiemann*, Rn 223, die zutreffend darauf hinweisen, dass der **Zweifelsgrundsatz** lediglich eine Beweisregel ist, die beim Erfordernis sicherer Tatsachengrundlage zur Anwendung kommt). Der Zweifelsgrundsatz ist nur dann im Rahmen der Geeignetheitsprüfung von Bedeutung, wenn „in der neuen HV Raum für [seine] Anwendung bleibt" (OLG Karlsruhe Justiz 1984, 308, 309; ebenso KG, Beschl. v. 5.7.2001 – 4 Ws 64/01).

bb) Welcher **Wahrscheinlichkeitsmaßstab** insoweit angewendet werden muss, ist eben- 1300
falls **umstr**. Während im Fall des § 203 zu Recht ein hoher Wahrscheinlichkeitsgrad gefordert wird, weil den Beschuldigten schon die Durchführung der HV besonders belastet, ist dies im Wiederaufnahmerecht gerade nicht der Fall; die neue HV ist vom Antragsteller gerade gewünscht. Die Anforderungen sollten daher nicht zu hoch angesetzt werden. Es reicht, wenn sein Vorbringen schlicht „wahrscheinlich" zum gewünschten Erfolg führt (*Marxen/Tiemann*, Rn 224 f.). Ein sicherer oder nahezu sicherer Erfolg wird nicht verlangt (vgl. etwa OLG Schleswig NJW 1974, 714: Der Antragsteller muss das frühere Urteil **nur „erschüttern"**, die Aufklärung sich widersprechender Zeugenaussagen bleibt der HV vorbehalten (*Meyer-Goßner/Schmitt*, § 368 Rn 10, der von *„genügender Wahrscheinlichkeit"* spricht).

> ☝ Wahrscheinlich ist der Erfolg dann, wenn durch den neuen Vortrag **ernsthafte Zweifel** an der **Richtigkeit** des **angegriffenen Urteils** aufkommen (OLG Rostock, Beschl. v. 7.4.2004 – I Ws 117/04; OLG Stuttgart, StV 1990, 539 f.).

c) Auch von welchem **Standpunkt** aus die oben beschriebene **Prognose** zu treffen ist, ist 1301
umstr. Insoweit kommt der Standpunkt des erkennenden Gerichts im Ursprungsverfahren, der des Wiederaufnahmegerichts und schließlich der des Gerichts der neuen HV in Betracht (vgl. ausführlich *Marxen/Tiemann*, Rn 227 ff.).

1302 **aa)** Die **Rspr**. vertritt **einhellig** (vgl. nur BVerfG NJW 1993, 2735, 2736; NJW 1994, 510; BGHSt 17, 303, 304; 18, 225, 226; 19, 365, 366; BGH MDR 1993, 167, 169; OLG Frankfurt StRR 2014, 242; OLG Hamburg StraFo 2003, 430; OLG Hamm MDR 1974, 250 f.; OLG Karlsruhe Justiz 1984, 308, 309; LG Mannheim StV 1992, 104), die Lit. teilweise (KK-*Schmidt*, § 368 Rn 14 mit dem Argument, dass das Wiederaufnahmegericht an die Rechtsauffassung des erkennenden Gerichts gebunden ist; *Meyer-Goßner/Schmitt*, § 368 Rn 9) die Auffassung, dass es auf den **Standpunkt des erkennenden Gerichts** ankomme. Dies wird aber nicht konsequent durchgehalten: So soll etwa die Beweiswürdigung des erkennenden Gerichts außer Betracht bleiben, wenn sie schlechthin fehlerhaft und unter keinem Gesichtspunkt tragfähig ist (so etwa KK-*Schmidt*, § 368 Rn 14; vgl. zur Kritik ausführlich auch *Marxen/Tiemann*, Rn 228).

1303 **bb)** Nach **zutreffender** und im Vordringen befindlicher **Meinung** in der **Lit**. kommt es stattdessen auf den **Standpunkt** des **Wiederaufnahmegerichts** an (*Förschner* StV 2008, 443; *Marxen/Tiemann*, Rn 227 ff. mit umfangreicher Begründung; *Wasserburg* StV 1992, 104, 105; LR-*Gössel*, § 368 Rn 26). Soweit sich das Wiederaufnahmegericht nach der h.M. in das erkennende Gericht hineinversetzen und ein neues Beweismittel in die frühere Beweiskette einfügen müsse (so z.B. auch LG Mannheim StV 1992, 103), ist es beinahe unmöglich, genau festzustellen, welche Aspekte des neuen Beweismittels von dem damals erkennenden Gericht als ausschlaggebend oder als unbeachtlich angesehen werden (*Wasserburg* StV 1992, 104, 105; *Marxen/Tiemann*, Rn 227 [psychologisch unmöglich]). Auch ist es nicht mit der gesetzgeberischen Intention vereinbar, den früher mit der Sache befassten Richter von der Entscheidung über die Wiederaufnahme auszuschließen (so *Peters* JR 1977, 218, 219).

1304 **4.a)** Letztlich lässt sich nach wie vor nicht klar umschreiben, ob ein neues Beweismittel oder eine neue Tatsache **geeignet** ist, das Wiederaufnahmeziel zu erreichen. Häufig hilft aber eine negative Abgrenzung für die Frage der Geeignetheit. Als **Konkretisierungshilfe** bietet sich daher in **mittelbarer Anwendung § 244 Abs. 3** bis **5** an (SK-*Frister*, § 368 Rn 11; *Marxen/Tiemann*, Rn 232; a.A. – allerdings generell abweichend von den Vorgaben des BVerfG – OLG Schleswig, SchlHA 2005, 264). Eine direkte und auch analoge Anwendung ist im Wiederaufnahmeverfahren nach überwiegender Ansicht ausgeschlossen, vgl. nur BGH NJW 1977, 59 = JR 1977, 217, 218; **a.A.** OLG Köln NJW 1963, 967, 968; LR-*Gössel*, § 359 Rn 169).

1305 Daraus **folgen** (vgl. a. SK-*Frister*, § 368 Rn 11, wonach hier generell die für das Beweisantragsrecht entwickelten Grundsätze Anwendung finden können) nachstehende

1306 **Grundsätze zur Geeignetheit**:

- Ein neues Beweismittel ist von vornherein **nicht erheblich**, wenn ihm der **Charakter als Beweismittel fehlt** oder die **Verwendung** des Beweismittels nach § 244 Abs. 3

S. 1 **unzulässig** ist (sog. rechtliche Unzulässigkeit); Gleiches gilt, wenn das Beweismittel **unerreichbar** oder **völlig ungeeignet** ist (*Meyer-Goßner/Schmitt*, § 368 Rn 7; vgl. auch SK-*Frister*, § 368 Rn 11). Darunter fällt beispielsweise das Angebot der polygrafischen Untersuchung (Lügendetektor) des Verurteilten, (vgl. OLG München, Beschl. v. 21.7.2015 – 3 Ws 367, 368, 461, 462/15; KG, Beschl. v. 2.6.2000 – 4 Ws 110/00).

- **Völlig ungeeignet** ist ein Beweismittel darüber hinaus nur dann, wenn es lediglich zur Prozessverzögerung eingesetzt wird, zur Sachaufklärung aber nichts beitragen kann (BGHSt 14 339, 342), etwa wenn ein Tauber oder Blinder als Zeuge für etwas benannt wird, was er gehört oder gesehen haben soll (LR-*Becker* [26. Aufl.], § 244 Rn 233; zu den Ablehnungsgründen des § 244 s.a. *Burhoff*, HV, Rn 875 ff.).
- Ein neues Beweismittel hat danach **keine hinreichende Erfolgsaussicht**, wenn die **Beweiserhebung** in der **neuen HV** nach § 244 Abs. 3 bis 5 **abgelehnt** werden würde (*Marxen/Tiemann*, Rn 232).
- Ein neues **SV-Gutachten** (*Marxen/Tiemann*, Rn 235 ff.) sowie Beweise über den wissenschaftlichen Wert dürfen im Aditionsverfahren gerade noch nicht erhoben werden (LR-*Gössel*, § 368 Rn 25; **a.A.** OLG Braunschweig GA 1956, 266).

b) Problematisch sind darüber hinaus diejenigen Fälle, in denen **belastende Hilfstatsachen nicht** vom **neuen Sachvortrag betroffen** sind. Bezieht sich also das neue Vorbringen nicht oder nur teilweise auf Hilfstatsachen, die das Urteil aber maßgeblich stützen, sind die neuen entlastenden Hilfstatsachen oder der Wegfall einzelner belastender Hilfstatsachen aufgrund der neuen Beweismittel nur dann geeignet und der Wiederaufnahmeantrag damit zulässig, wenn die Beweiskraft der übrigen belastenden Hilfstatsachen wahrscheinlich nicht mehr ausreicht (*Marxen/Tiemann*, Rn 238 f. mit Fallbeispiel). Die Beweiskraft der verbliebenen Hilfstatsachen kann dadurch aber erschüttert werden (vgl. OLG Hamburg StV 2003, 229). 1307

c) Die Geeignetheit steht zudem dann in Zweifel, wenn ein Fall der **verfahrensinternen Widersprüchlichkeit** vorliegt, weil im Wiederaufnahmevorbringen auf bereits berücksichtigte Beweismittel zurückgegriffen wird. Diese Zweifel müssen vom Antragsteller im Rahmen der Antragsbegründung ausgeräumt werden. So hat z.B. das LG Nürnberg-Fürth zur praktisch bedeutsamen Frage der Eignung eines **Geständniswiderrufs** konkret entschieden: „Die Eignung zur Erreichung des Wiederaufnahmeziels setzt in diesem Fall abweichend vom Grundsatz abstrakter Eignungsprüfung voraus, dass das frühere Geständnis durch den Widerruf konkret in seiner Beweiskraft und tragenden Bedeutung für die Feststellung des rechtskräftigen Urteils entwertet wird. Dazu ist der Widerruf des Geständnisses aber so lange nicht geeignet, als nicht ernsthafte Anhaltspunkte für die Unrichtigkeit des früheren Schuldbekenntnisses beigebracht werden. (…) Dazu bedarf es der Darlegung eines nach Sachlage einleuchtenden Motivs 1308 für das behauptete Falschgeständnis." (LG Nürnberg-Fürth, Beschl. v. 6.9.2006 – 2 Ns 706 Js 71234/06). Zu dem darin zum Ausdruck gekommenen Erfordernis der **erweiterten Darlegungslast** ausführlich → *Wiederaufnahme, Darlegungslast, erweiterte*, Teil B Rdn 1247 ff.

1309 **5.a)** Sowohl die **Erheblichkeit** als auch die **Erfolgsaussichten** der neuen Tatsachen oder Beweismittel müssen im Antrag **gesondert dargelegt** werden, wenn es sich nicht ohnehin aus dem Antragsvorbringen ergibt. Die Anforderungen an den Wiederaufnahmeantrag sind streng (vgl. etwa OLG Hamburg StraFo 2003, 430; vgl. auch *Marxen/Tiemann*, Rn 270 ff. mit zahlreichen Formulierungsbeispielen).

1310 **b)** Sofern die **Nutzlosigkeit** einer **Beweisaufnahme prima facie** auf der Hand zu liegen scheint, muss der Antragsteller darlegen, weshalb eine für ihn günstige Beweisaufnahme gleichwohl zumindest möglich ist (BGH NJW 1977, 59 m. abl. Anm. *Peters* JR 1977, 218 f.; OLG München NStZ 1984, 380 [Ls.; Zeuge, soll sich an ein mehrere Jahre zurückliegendes Geschehen erinnern können]). Das gilt z.B. auch dann, wenn nunmehr Zeugen benannt werden, die in der HV bewusst verschwiegen wurden (OLG Düsseldorf NStZ 1993, 504; OLG Frankfurt/Main MDR 1984, 74 zu einem Zeugen, der sich an einen zehn Jahre zurückliegenden Sachverhalt erinnern soll; OLG Hamm NStZ-RR 2000, 85) oder den Verurteilten damals belastet haben, ihn heute aber entlasten sollen (OLG Köln NStZ 1991, 98; → *Wiederaufnahme, Darlegungslast, erweiterte*, Teil B Rdn 1247 ff.).

☝ Sofern neue **Haupttatsachen** vorgetragen werden, ergibt sich ihre Erheblichkeit schon aus der **schlüssigen Darlegung**.

Werden neue **Hilfstatsachen** oder **Beweismittel** vorgebracht, müssen dagegen **zusätzlich** die **Haupttatsachen**, auf die sie einen Rückschluss zulassen sollen, genau, vollständig und bestimmt **vorgetragen** werden (*Marxen/Tiemann*, Rn 269).

Siehe auch: → *Wiederaufnahme, Allgemeines*, Teil B Rdn 1053, m.w.N.; → *Wiederaufnahme, Antragsgründe, Amtspflichtverletzung*, Teil B Rdn 1100; → *Wiederaufnahme, Antragsgründe, Urkunde, (unechte oder verfälschte)*, Teil B Rdn 1179; → *Wiederaufnahme, Antragsgründe, Urteilsaufhebung (Zivilurteil)*, Teil B Rdn 1195; → *Wiederaufnahme, Antragsgründe, Zeuge/Sachverständiger*, Teil B Rdn 1207; → *Wiederaufnahme, Antragsgründe, EGMR-Entscheidung*, Teil B Rdn 1130.

Wiederaufnahme, Neuheit von Tatsachen und/oder Beweismitteln 1311

Das Wichtigste in Kürze:

1. Es reicht aus, wenn Tatsachen oder Beweismittel neu sind.
2. Maßgeblicher Zeitpunkt für die Bestimmung der Neuheit ist der Urteilserlass.
3. Eine Tatsache ist neu, wenn sie dem Spruchkörper zum Zeitpunkt des Urteilserlasses unbekannt war.
4. Beweismittel sind neu, wenn sie unbekannt waren oder trotz Kenntnis unbenutzt geblieben sind. Wesentliche Fälle in der Praxis sind neue Zeugen und neue Sachverständige.
5. Der Antragsteller muss die Neuheit darlegen.
6. Wurde eine neue Tatsache oder ein neues Beweismittel in einem Wiederaufnahmeantrag vorgebracht und dieser im Wege einer Sachentscheidung als unzulässig verworfen, ist dieses Vorbringen für weitere Wiederaufnahmeanträge zwar noch neu, aber verbraucht.

Literaturhinweise: **Eisenberg**, Aspekte des Verhältnisses von materieller Wahrheit und Wiederaufnahme des Verfahrens gemäß §§ 359 ff. StPO, JR 2007, 363; **Fornauf**, Die Neuheit bereits erörterter Tatsachen im Wiederaufnahmeverfahren, StraFo 2013, 235; **J. Meyer**, Zum Begriff der Neuheit von Tatsachen oder Beweismitteln im Wiederaufnahmeverfahren, JZ 1968, 7; *ders.*, Der „Fall Ossietzky" – auch eine Sache des Gesetzgebers, ZRP 1993, 284; s.a. die Hinw. bei → *Wiederaufnahme, Allgemeines*, Teil B Rdn 1054. 1312

1. Es **reicht** aus, wenn die für § 359 Nr. 5 herangezogenen **Tatsachen oder Beweismittel neu** sind. Werden neue Tatsachen vorgetragen, können sie auch mit alten Beweismitteln belegt werden, solange sie geeignet sind (→ *Wiederaufnahme, Geeignetheit von Tatsachen und/oder Beweismitteln*, Teil B Rdn 1282 ff.). Ebenso können schon bekannte Tatsachen mit neuen Beweismitteln belegt bzw. widerlegt werden (OLG Celle GA 1967, 284; *Meyer-Goßner/Schmitt*, § 359 Rn 29; *Günther* MDR 1974, 93). 1313

2. **Entscheidend** für die Frage der Neuheit ist, ob die Tatsachen oder Beweismittel zum **Zeitpunkt** des **Urteilserlasses** bekannt waren (OLG Hamm GA 1957, 90 [genauer: Abschluss der Urteilsberatung]; *Meyer-Goßner/Schmitt*, § 359 Rn 28, 30; *Marxen/Tiemann*, Rn 177 f.; a.A., nämlich Abschluss der mündlichen Verhandlung: LR-*Gössel*, § 359 Rn 88; *J. Meyer* JZ 1968, 7). Wurde ein **Strafbefehl** erlassen, kommt es darauf an, ob die Tatsache oder das Beweismittel **aktenkundig** war (LR-*Gössel*, § 359 Rn 88, 90a; *Rieß/Hilger* NStZ 1987, 206). 1314

3.a)aa) **Tatsachen** sind **neu**, wenn sie dem Gericht als ganzem Spruchkörper, nicht nur einzelnen Richtern (vgl. OLG Hamm GA 1957, 90; *Marxen/Tiemann*, Rn 181) bei der Urteilsberatung (*Meyer-Goßner/Schmitt*, § 359 Rn 30) unbekannt waren und deshalb nicht 1315 berücksichtigt wurden (OLG Düsseldorf NJW 1987, 2030 für den Fall, dass ein Zeuge zwar in der HV zu einer Tatsache ausgesagt hat, das Gericht diesen Teil der Aussage aber nicht zur Kenntnis genommen oder falsch verstanden hat; OLG Frankfurt/Main NJW 1978, 841; zu nachträglich vorgetragenen Umständen, die die Tat rechtfertigen, vgl. OLG Bamberg NJW 1962, 457).

☝ Auf die **Kenntnis** des **Verurteilten** (OLG Frankfurt/Main JR 1984, 40 m. zust. Anm. *Peters*) kommt es **nicht** an. Unerheblich ist auch, dass die Tatensachen **Akteninhalt** waren und deshalb theoretisch hätten behandelt werden können (LR-*Gössel*, § 359 Rn 93; vgl. auch BVerfG NJW 2007, 207, 208; OLG Frankfurt/Main NJW 1978, 841; a.A. *Meyer-Goßner/Schmitt*, § 368 Rn 5). Das gilt sogar auch bei bewusstem Zurückhalten (OLG Düsseldorf NStZ 1993, 504 mit der Folge der erweiterten Darlegungslast; OLG Frankfurt/Main StV 1984, 17; LR-*Gössel*, § 359 Rn 96; *Meyer-Goßner/Schmitt*, § 359 Rn 30).

1316 **bb) Neu** sind auch Tatsachen, die **unter Verstoß gegen § 261** dem Urteil zugrunde gelegt wurden (**str.,** dafür *Meyer-Goßner/Schmitt*, § 359 Rn 30; SK-*Frister*, § 359 Rn 45; *J. Meyer* JZ 1968, 7; abl. OLG Stuttgart NStZ-RR 2012, 290; OLG Hamm GA 1957, 90; *Marxen/Tiemann*, Rn 183; LR-*Gössel*, § 359 Rn 94; vertiefend *Fornauf* StraFo 2013, 235). Unerheblich ist, dass das Gegenteil der neuen Tatsache schon im Urteil festgestellt wurde (OLG Frankfurt/Main NJW 1978, 841; KK-*Schmidt*, § 359 Rn 24; a.A. LR-*Gössel*, § 359 Rn 99 ff.; OLG Karlsruhe NJW 1958, 1247). Anders ist dies nur dann, wenn die Tatsache lediglich das denknotwendige Gegenteil ist (BGH NStZ 2000, 218; OLG Karlsruhe NJW 1958, 1247 [der Angeklagte hatte nach den Feststellungen sein lebendes Kind begraben; Wiederaufnahme wurde mit der neuen Tatsache begründet, das Kind sei zum Zeitpunkt des Eingrabens bereits tot gewesen]) oder das Gericht sich ausdrücklich auch mit dem Gegenteil befasst hat (*Marxen/Tiemann*, Rn 186 m.w.N.).

Nach der überwiegenden Ansicht in der Lit., können auch solche Tatsachen neu sein, die zwar in der HV erörtert wurden, aber gleichwohl nicht in den schriftlichen Urteilsgründen zu finden sind (LR-*Gössel*, § 359 Rn 97; KK-*Schmidt*, § 359 Rn 24; differenzierend *Marxen/Tiemann*, Rn 185, die darauf abstellen, ob sich aus dem Gesamtzusammenhang der Urteilsgründe ergibt, dass auch Tatsachen außerhalb der schriftlichen Urteilsgründe berücksichtigt wurden).

Die Rspr. d. BVerfG stellt tendenziell nicht auf die Möglichkeit der Kenntnis der Tatsache durch das erkennende Gericht ab, sondern darauf, ob die Tatsache bei der Urteilsfindung verwertet wurde (BVerfG NJW 2007, 207). Danach ist nicht die subjektive Kenntnis bzw. deren Nichtvorliegen, sondern die objektive Verwertung der Tatsache maßgeblich (so Fornauf StraFo 2013, 239).

b) Der **Beweis** der **Neuheit** der Tatsachen ist geführt, wenn die **Tatsachen weder** im **Protokoll** noch in den **Urteilsgründen** aufgeführt sind, obwohl sie im Protokoll hätten vermerkt werden müssen (*J. Meyer* JZ 1968, 7; diff. *Marxen/Tiemann*, Rn 185, die darauf hinweisen, dass sich auch aus dem Gesamtzusammenhang der Urteilsgründe ergeben könne, dass eine Tatsache zwar nicht ausdrücklich erwähnt, aber gleichwohl berücksichtigt worden sei). Dagegen sollen sie **nicht neu** sein, wenn sie erörtert, bei der Entscheidung aber **schlicht nicht berücksichtigt** wurden (OLG Düsseldorf NStE § 359 StPO Nr. 16; OLG Rostock, Beschl. v. 7.4.2004 – I Ws 117/04; *Meyer-Goßner/Schmitt*, § 359 Rn 30; **a.A.** LR-*Gössel*, § 359 Rn 97; *Eisenberg* JR 2007, 363; *Marxen/Tiemann*, Rn 183), etwa weil das Gericht den Inhalt einer Aussage oder eines Gutachtens übersehen oder missverstanden hat (so zur Zeugenaussage (OLG Celle Nds.Rpfl 1961, 231; a.A. OLG Düsseldorf NJW 1987, 2030; LR-*Gössel*, § 359 Rn 97); zum SV-Gutachten a.A. OLG Frankfurt/Main NJW 1978, 841; LG Kiel StV 2003, 235 m. Anm. *Moß*). 1317

4.a) Die **Neuheit** von **Beweismitteln** beurteilt sich ebenfalls danach, ob sie vom erkennenden Gericht im **Ursprungsverfahren bei seiner Entscheidung berücksichtigt** wurden. Dabei kommt der Nichterwähnung im HV-Protokoll eine maßgebliche Indizwirkung zu (*Meyer-Goßner/Schmitt*, § 368 Rn 6; *Marxen/Tiemann*, Rn 187).Es fehlt an der **Neuheit**, wenn sich das Gericht ihrer schon im Ursprungsverfahren bedient hatte. Waren die Beweismittel im Zeitpunkt der Entscheidung unbekannt oder unbenutzt, sind sie neu (LR-*Gössel*, § 359 Rn 105; *Meyer-Goßner/Schmitt*, § 359 Rn 32; unvertretbar LG Karlsruhe NStZ 2003, 108 m. abl. Anm. *Murmann* NStZ 2003, 618). 1318

b)aa) Ein **Zeuge** ist dann ein neues Beweismittel, wenn er in der vormaligen HV **nicht gehört** wurde. Ein tatbeteiligter **Zeuge** ist ein neues Beweismittel, wenn er in der HV nicht vernommen worden ist, und die in sein Wissen gestellten Tatsachen bei Unterstellung ihrer Richtigkeit geeignet sind, die Freisprechung zu begründen (OLG Koblenz StV 2003, 229). Auch ein **früherer Mitangeklagter**, der jetzt als Zeuge vernommen werden kann, ist ein neues Beweismittel (LR-*Gössel*, § 359 Rn 111; SK-*Frister*, [4. Aufl.], § 359 Rn 44; a.A. *Meyer-Goßner/Schmitt*, § 359 Rn 33; OLG Düsseldorf JZ 1985, 452). 1319

Im Übrigen ist hinzuweisen auf folgende 1320

Rechtsprechungsbeispiele: Zeuge nicht gehört

- entweder weil er **unbekannt** oder **nicht erreichbar** war (vgl. dazu OLG Hamm NJW 1956, 803 [Ls.]),
- weil der Angeklagte ihn **nicht benannt** (OLG Frankfurt/Main JR 1984, 40 m. zust. Anm. *Peters*) hatte,
- weil auf Einvernahme des Zeugen **verzichtet** (vgl. zum Verzicht OLG Köln NJW 1963, 967),

- weil der Zeuge **zurückgehalten** wurde (KG, Beschl. v. 31.1.2001 – 3 Ws 514/00; OLG Stuttgart NStZ-RR 203, 210).

☝ Sowohl der Verzicht als auch das Zurückhalten führt in der Begründung des Wiederaufnahmeantrags zu einer **erweiterten Darlegungslast** (s. Rdn 1329 ff.).

- weil der Zeuge die Aussage verweigert hat (vgl. dazu OLG Hamm JR 1981, 439 m. krit., aber i. Erg. zust. Anm. *Peters*; OLG Koblenz NStZ-RR 2005, 272; nach OLG Köln; Beschl. v. 15.7.2013 – 2 Ws 288/13 allerdings dann kein neues Beweismittel, wenn die Aussage des Zeugen im Ermittlungsverfahren durch Vernehmung der Verhörsperson in die HV eingeführt wurde).

1321 **bb)** Soll ein **bereits vernommener Zeuge** zu einem **anderen Beweisthema** aussagen, ist str., ob er als neues Beweismittel anzusehen ist (so die überwiegende Ansicht, vgl. dazu OLG Rostock, Beschl. v. 7.4.2004 – I Ws 117/04; *Meyer-Goßner/Schmitt*, § 359 Rn 33; LR-*Gössel*, § 359 Rn 110; a.A. *Marxen/Tiemann*, Rn 188). Die Streitfrage hat jedoch keine praktische Bedeutung, da die Angaben zum neuen Beweisthema jedenfalls neue Tatsachen sind (*Marxen/Tiemann*, Rn 188).

1322 **cc)** Hat der schon im Ursprungsverfahren gehörte Zeuge seine **frühere belastende Aussage widerrufen**, ist er ebenfalls ein **neues Beweismittel** (OLG Rostock NStZ 2007, 357; ebenso KG, Beschl. v. 8.3.2000 – 5 Ws 122/00). Nach Auffassung des LG Regensburg (StraFo 2009, 522) ist der Wegfall der Aussage das neue Beweismittel, weshalb es nicht mehr auf eine Verurteilung wegen Falschaussage ankommt, wie es für § 359 Nr. 2 erforderlich wäre; es müsse aber eine genaue Geeignetheitsprüfung erfolgen (→ *Wiederaufnahmeverfahren, Geeignetheit von Tatsachen/Beweismitteln*, Teil B Rdn 1282 ff.).

☝ Der Grund für die Richtigstellung einer früher zu Unrecht belastenden Aussage sollte **substantiiert dargelegt** werden (vgl. KG, Beschl. v. 12.2.2001 – 3 Ws 82/01; OLG Schleswig StraFo 2003, 385; s.a. Rdn 1329).

1323 **dd)** Der **Eintritt** in die **Eidesmündigkeit** führt nicht dazu, dass der Zeuge ein neues Beweismittel ist (LR-*Gössel*, § 359 Rn 111), wobei auch dies unschädlich ist, denn es liegt darin jedenfalls eine neue Tatsache (*Marxen/Tiemann*, Rn 188).

1324 **c)** Der **Sachverständigenbeweis** ist i.d.R. **dann** ein neues Beweismittel, wenn das Gericht im Ursprungsverfahren **keinen Anlass** für die **Einholung** eines Sachverständigengutachtens gesehen oder aufgrund **eigener Sachkunde** entschieden hatte (LR-*Gössel*, § 359 Rn 115; *Meyer-Goßner/Schmitt*, § 359 Rn 34; dagegen verneint LG Stuttgart StraFo 2016, 74 die Neuheit, wenn das Gericht aufgrund eigener Sachkunde entscheidet und diese in nachvollziehbarer Weise darlegt; ebenso LG Landshut DAR 2014, 214 m. Anm. *Werning* VRR 2014, 194). In diesen Fällen liegen ebenfalls zugleich neue Tatsachen vor. Das gilt auch dann, wenn ein schon gehörter Sachverständiger nun zu neuen Ergebnissen kommt (*Marxen/Tiemann*, Rn 192).

Ein **weiterer Sachverständiger** ist dagegen ein besonders **praxisrelevantes Problem.** 1325
Insoweit ist auf Folgendes zu achten:

Beispiele: Weiterer Sachverständiger 1326

- Der weitere Sachverständige wird **nicht allein** dadurch zum neuen Beweismittel, dass er **andere Ergebnisse** als der frühere Sachverständige erzielen kann (BGHSt 31, 365, 370; KG NJW 1991, 2505, 2507; ebenso bei gleichen Anknüpfungstatsachen OLG Frankfurt/Main StraFo 2006, 114). A.A. ist dazu LR-*Gössel* (§ 359 Rn 119), wonach zunächst jeder Sachverständige ein neues Beweismittel sei; er sei aber ungeeignet, wenn er auf derselben Tatsachengrundlage arbeite wie der frühere Sachverständige.
- Ein neues Beweismittel ist der weitere Sachverständige nur, wenn er auf einem **anderen Fachgebiet** tätig ist oder über **bessere Forschungsmittel** verfügt (OLG Frankfurt/Main StraFo 2006, 114; OLG Rostock Beschl. v. 7.4.2004 – I Ws 117/07; einschränk. BGHSt 39, 75, 84; *Meyer-Goßner/Schmitt*, § 359 Rn 35; krit. allerdings *J. Meyer* ZRP 1993, 284; vgl. auch OLG Hamm StraFo 2002, 168).
- **Überlegene Sachkunde** reicht nicht aus (OLG Hamburg JR 2000, 380 m. zust. Anm. *Gössel*) Etwas anderes gilt nur dann, wenn die **Sachkunde** des bereits gehörten Sachverständigen **unzureichend oder zweifelhaft** ist (OLG Düsseldorf VRS 86, 134; OLG Frankfurt/Main StraFo 2006, 114; OLG Stuttgart StV 2003, 232).
- Verfügt der neue Sachverständige zugleich über **neue Anknüpfungstatsachen**, liegen jedenfalls neue Tatsachen vor, sodass es nicht mehr darauf ankommt, ob der Sachverständige zugleich neues Beweismittel ist oder nicht (OLG Düsseldorf VRS 86, 134; OLG Frankfurt/Main StV 2006, 114 m. zust. Anm. *Wolf*; LG Gießen NJW 1994, 467; nach OLG Rostock [Beschl. v. 7.4.2004 – I Ws 117/07] ist er neben den neuen Tatsachen auch neues Beweismittel). Das gilt auch bei **neuen wissenschaftlichen Erkenntnissen** (OLG Hamm StraFo 2002, 168) oder wenn der frühere Sachverständige sein Gutachten auf **falscher bzw. unzureichender Tatsachengrundlage** erstattet hat (OLG Frankfurt/Main StraFo 2006, 114; *Meyer-Goßner/Schmitt*, § 359 Rn 35).

d) Der **Augenscheinsbeweis** ist neu, wenn bisher **keine Inaugenscheinnahme** durchgeführt oder eine solche **falsch** wahrgenommen wurde (OLG Düsseldorf NStZ-RR 2014, 22; LR-*Gössel*, § 359 Rn 120 ff.; SK-*Frister*, § 359 Rn 42). Eine fehlerhafte Würdigung bei zutreffender Wahrnehmung reicht dagegen nicht aus (*Marxen/Tiemann*, Rn 196). Hat das Gericht den Augenscheinsbeweis zulässig (§ 244) durch andere Beweismittel ersetzt, ist er nicht neu (*Meyer-Goßner/Schmitt*, § 359 Rn 36). Hatte das Gericht etwa anstelle ei- 1327 nes Augenscheinsbeweises einen Zeugen vernommen, kann der Angeklagte dagegen mit einem neuen Augenscheinsbeweis die Glaubwürdigkeit des Zeugen erschüttern (OLG Frankfurt/Main NJW 1966, 2423).

1328 **e)** Eine **Urkunde** ist neu, wenn sie im Urteilsverfahren nicht als Beweismittel berücksichtigt wurde. Ein bloßer Vorhalt reicht insoweit **nicht** aus (*Marxen/Tiemann*, Rn 194; LR-*Gössel*, § 359 Rn 109; SK-*Frister*, § 359 Rn 42). Ob die Urkunde prozessordnungsgemäß in das Verfahren eingeführt worden ist, soll unerheblich sein mit der Folge, dass eine bei den Akten befindliche Urkunde auch dann nicht neu ist, wenn sie der Beweiswürdigung zugrunde gelegt wurde, ohne ordnungsgemäß durch Verlesung eingeführt worden zu sein (*Marxen/Tiemann*, Rn 194). Die **fehlerhafte Würdigung** ist ebenfalls **unerheblich**, die Urkunde ist dann verbraucht. Sie ist nur bei fehlerhafter Wahrnehmung neu (vgl. LR-*Gössel*, § 359 Rn 109).

1329 **5.** Der Antragsteller muss die **Neuheit darlegen**. Er muss also mit **Bestimmtheit behaupten**, dass die neuen Tatsachen oder Beweismittel bei der angegriffenen Entscheidung noch nicht berücksichtigt wurden Dies ist besonders dann schwierig, wenn die Umstände bereits vor Erlass des Urteils vorlagen oder wenn die Tatsachen oder Beweismittel sogar schon aktenkundig und dem Gericht bekannt waren, was häufig bei der Anfechtung von Strafbefehlen der Fall ist (vgl. etwa LG Landau NStZ-RR 2003, 28; wegen weiterer Einzelh. zur erweiterten Darlegungslast → *Wiederaufnahme, Darlegungslast, erweiterte*, Teil B Rdn 1247 ff.).

☝ Hier bietet es sich an, **dienstliche Äußerungen** der erkennenden Richter vom Wiederaufnahmegericht einholen zu lassen oder die Neuheit der Umstände darauf zu stützen, dass sie nicht in den Urteilsgründen erwähnt wurden, obwohl dies von ihrer Bedeutung für die Sache her nahegelegen hätte, wenn das Gericht sie berücksichtigt hätte (*Marxen/Tiemann*, Rn 263 mit Fallbeispiel Rn 264).

1330 **6.** Wird über einen Wiederaufnahmeantrag durch **Sachentscheidung ablehnend entschieden**, also die Wiederaufnahme nicht nur aus formalen Gründen als unzulässig verworfen, sind die **Tatsachen**, die darin als neu vorgetragen wurden, für einen weiteren Wiederaufnahmeantrag, der grds. möglich ist, **verbraucht** (vgl. nur *Marxen/Tiemann*, Rn 294 m.w.N.; a.A. *Peters*, Fehlerquellen, S. 137 [Verwerfung als unzulässig kann nie einen Verbrauch begründen, da Entscheidungen im Aditionsverfahren stets formalen Charakter haben]). Zwar ändert sich nichts an ihrer Neuheit, denn sie wurden nach wie vor im Ursprungsverfahren nicht berücksichtigt (*Marxen/Tiemann*, Rn 180); ein weiterer Wiederaufnahmeantrag kann auf diese Tatsachen aber deshalb nicht mehr gestützt werden, weil sie verbraucht sind (KG, Beschl. v. 14.4.2000 – 4 Ws 83/00; Beschl. v. 22.6.2000 – 4 Ws 120/00).

☝ Der Verteidiger kann die an sich „verbrauchten" Tatsachen oder Beweismittel gleichwohl noch in einen weiteren Wiederaufnahmeantrag aufnehmen, insbesondere dann, wenn sie geeignet sind, **gemeinsam** mit **anderem neuen Vorbringen** den neuen Antrag zu **begründen** (LR-*Gössel*, § 372 Rn 22; *Meyer-Goßner/Schmitt*, § 372 Rn 9). Gleiches gilt für ohnehin schon im Ursprungsverfahren bekannte Tatsachen oder Beweismittel: **Ergänzend** können auch sie herangezogen werden (*Marxen/Tiemann*, Rn 177, Fn 299).

Siehe auch: → *Wiederaufnahme, Allgemeines*, Teil B Rdn 1053, m.w.N.; → *Wiederaufnahme, Darlegungslast, erweiterte*, Teil B Rdn 1247.

Wiederaufnahme, Rechtsmittel 1331

Das Wichtigste in Kürze:

1. Die Ausschöpfung sämtlicher Rechtsmittel ist in Wiederaufnahmeverfahren häufig erforderlich, um das auf die Wiederaufnahme gerichtete Interesse des Mandanten durchzusetzen.
2. Gegen die Entscheidungen der Unzulässigkeit oder der Unbegründetheit steht dem Antragsteller und der StA die sofortige Beschwerde zu. Gegen den Zulassungsbeschluss steht der StA kein Rechtsmittel zu.
3. Gegen Entscheidungen nach §§ 364a, b sowie gegen sonstige, nicht unmittelbar die Zulässigkeit oder Begründetheit des Wiederaufnahmeantrags oder die Vollstreckung des Urteils aus dem Ursprungsverfahren betreffende Entscheidungen besteht die Möglichkeit der einfachen Beschwerde.
4. Der Antrag auf Nachholung des rechtlichen Gehörs nach § 33a wird häufig – insbesondere vor Einlegung einer Verfassungsbeschwerde – übersehen.
5. Die Verfassungsbeschwerde ist das schärfste Schwert zur Durchsetzung der Interessen des Mandanten.
6. Eine Begründung der Rechtsmittel ist zu empfehlen.
7. Die Rechtsmittelverfahren richten sich nach den allgemeinen Regeln.

Literaturhinweise: **Arzt**, Ausschließung und Ablehnung des Richters im Wiederaufnahmeverfahren, NJW 1971, 1112; **Jahn/Krehl/Löffelmann/Güntge**, Die Verfassungsbeschwerde in Strafsachen, 2011; **Malkewitz**, Zum Begriff der restriktiven Auslegung, NJW 1971, 2287; **Wasserburg/Rübenstahl**, Verfahrensfehler bei Zwischenentscheidungen im Probationsverfahren und ihre Anfechtung, GA 2002, 39; s.a. die Hinw. bei → *Wiederaufnahme, Allgemeines*, Teil B Rdn 1054. 1332

1. Übernimmt ein Verteidiger ein Wiederaufnahmemandat, muss er sich darüber im Klaren sein, dass die **Ausschöpfung aller** vorhandenen **Rechtsmittel** häufig **unvermeidlich** 1333 ist, um das Interesse seines Mandanten an der Wiederaufnahme des Verfahrens durchzusetzen. Als Rechtsmittel stehen ihm die **sofortige Beschwerde** (§§ 372, 311; vgl. Rdn 1336 ff.) und die **einfache Beschwerde** (§§ 365, 304; vgl. Rdn 1340 ff.) sowie – als außerordentlicher Rechtsbehelf – die **Verfassungsbeschwerde** (vgl. Rdn 1345 ff.) zur Verfügung.

1334 Über § 365 sind die **§§ 296 – 301** auch im Wiederaufnahmerecht **anwendbar** (weitgehend unstr.; vgl. *Meyer-Goßner/Schmitt*, § 365 Rn 2 ff.). Es gelten folgende

1335 **Besonderheiten**

- **§ 301** kann nur in der neuen HV Geltung beanspruchen (*Meyer-Goßner/Schmitt*, § 365 Rn 5; a.A. SK-*Frister*, § 365 Rn 10, wonach die Norm auch für den Antrag der Wiederaufnahme gilt).
- **§ 302** ist jedenfalls teilweise anwendbar (*Meyer-Goßner/Schmitt*, § 365 Rn 6; a.A. SK-*Frister*, § 365 Rn 11 f.).
- **§ 303** ist nicht anwendbar, weil die Rücknahme des Antrags nicht möglich ist (LR-*Gössel*, § 365 Rn 11; a.A. SK-*Frister*, § 365 Rn 11 f.).

> ☝ Die Vorschriften über die **Beschränkungen** von Rechtsmitteln (§§ 318, 327, 344 Abs. 1, 352 Abs. 1) sind **analog** anwendbar (BGHSt 11, 361; vgl. zur Beschränkung → *Berufung, Beschränkung*, Teil A Rdn 227; → *Revision, Beschränkung*, Teil A Rdn 2085).

1336 **2.a) Sofortige Beschwerde** kann sowohl der Antragsteller (→ *Wiederaufnahme, Antrag*, Teil B Rdn 1071 ff.) als auch die StA erheben (*Meyer-Goßner/Schmitt*, § 372 Rn 3; allgemein zur sofortigen Beschwerde → *Beschwerde, sofortige Beschwerde*, Teil A Rdn 550).

1337 **b)** Die sofortige Beschwerde ist nach § 372 S. 1 **statthaft** (vgl. dazu a. BGH NJW 1976, 431)

- gegen **alle Entscheidungen**, die aus Anlass eines Antrags auf Wiederaufnahme von dem **Gericht** im **ersten Rechtszug** nach § 367 Abs. 1, § 140a GVG erlassen wurden (BGHSt 37, 356, 357; OLG Düsseldorf NJW 1958, 1248). Dies betrifft im Wesentlichen Entscheidungen über die **Unzulässigkeit** oder **Unbegründetheit** des **Wiederaufnahmeantrags** nach §§ 368 Abs. 1, 370 Abs. 1,
- daneben auch gegen **Entscheidungen** nach **§§ 360 Abs. 2, 371 Abs. 1, 2** (*Meyer-Goßner/Schmitt*, § 372 Rn 1),
  - Nichtanordnung des Vollstreckungsaufschubs oder der Vollstreckungsunterbrechung,
  - Ablehnung der Wiederaufnahme in Bezug auf den bereits verstorbenen Verurteilten;

- **entgegen** der **h.M.** aus Gründen des effektiven Rechtsschutzes (Art. 19 Abs. 4 GG) zudem gegen **Zwischenentscheidungen** im **Probationsverfahren** zutr. *Wasserburg/Rübenstahl* GA 2002, 39) bzw.
- **allein** für die **StA**, wenn der Antragsteller gem. § 371 Abs. 2 ohne deren Zustimmung **sofort freigesprochen** wurde (*Marxen/Tiemann*, Rn 461; LR-*Gössel*, § 371 Rn 30).

> ☝ In einem Verfahren über die Wiederaufnahme ist die einen Befangenheitsantrag **zurückweisende** Entscheidung nur zusammen mit der **Endentscheidung** anfechtbar (Innendivergenz: OLG Frankfurt/Main [1. Ss] NStZ-RR 2007, 148; a.A. OLG Frankfurt/Main [2. Ss] NStZ 2008, 378 [§ 28 Abs. 2 S. 2 im Wiederaufnahmeverfahren nicht entsprechend anwendbar]; vgl. ausführlich auch SK-*Frister* [4. Aufl.] § 372 Rn 3, der gegen derartige Beschlüsse die sofortige Beschwerde zulassen will).

- Hat das **AG** als **unzuständiges Gericht** in der **Sache entschieden** und das **LG** diesen Mangel in der Beschwerdeentscheidung **nicht erkannt**, ist die Beschwerdeentscheidung als erstinstanzliche Entscheidung anfechtbar („unechte" weitere Beschwerde; → *Beschwerde, weitere Beschwerde*, Teil A Rdn 585 ff.). Sie kann mit der sofortigen Beschwerde angefochten werden (KG NStZ 2009, 592 [Ls.], das auf die allein maßgebliche Sach- und Verfahrenslage abstellt).
- Der **Zulassungsbeschluss** nach **§ 372 S. 2**, mit dem die Wiederaufnahme des Verfahrens angeordnet wird, kann von der StA **nicht angefochten** werden Dies gilt selbst dann, wenn der Beschluss durch Täuschung erschlichen wurde (*Marxen/Tiemann*, Rn 460). Ebenso wenig haben in diesem Fall der **Privat-** oder **Nebenkläger** ein Anfechtungsrecht, da ihnen keine weiter gehenden Rechte als der StA zustehen (SK-*Frister* [4. Aufl.], § 372 Rn 4).

c) Die sofortige Beschwerde ist **schriftlich** und **binnen einer Woche** nach Bekanntgabe 1338
der Entscheidung (§ 311 Abs. 2) bei dem Gericht einzulegen, das die anzufechtende Entscheidung erlassen hat (→ *Beschwerde, sofortige Beschwerde*, Teil A Rdn 550 ff.). Wurde die **Frist** unverschuldet **versäumt**, kann Wiedereinsetzung in den vorigen Stand beantragt werden (→ *Wiedereinsetzung in den vorigen Stand, Antrag*, Teil B Rdn 1485; zur Begründung s.u. Rdn 1356 ff.).

3. Für die fristungebundene **einfache Beschwerde** nach § 304 Abs. 1 gilt: 1339

a) Angegriffen werden können sowohl durch die StA als auch durch Antragsteller (*Mar-* 1340
xen/Tiemann, Rn 483) die Entscheidungen des Gerichts im Rahmen der **§§ 364a, 364b**. Diese sind keine Entscheidungen „aus Anlass" des Wiederaufnahmeantrags (SK-*Frister*, § 372 Rn 2). Die Beschwerde kann dabei auf die **Auswahl** des **Verteidigers beschränkt** werden (*Marxen/Tiemann*, Rn 483 m.w.N.; zur Begründung der Beschwerde s.u. Rdn 1356 ff.).

1341 **b)** Ebenso ist die einfache Beschwerde das **zulässige Rechtsmittel**, wenn **andere Beschlüsse**, die nicht unmittelbar mit der Zulässigkeit oder Begründetheit des Wiederaufnahmeantrags oder der Vollstreckung des Urteils zusammenhängen, angegriffen werden sollen (OLG Koblenz NJW 1961, 1418; StrafPrax-*Wasserburg*, § 16 Rn 147). Über § 365 gelten dabei die Einschränkungen des **§ 305 S. 1** (OLG Frankfurt/Main NJW 1965, 314). § 305 S. 1 schließt auch die Anfechtung von Beschlüssen über den **Umfang** der **Beweisaufnahme** nach **§ 369** aus (*Meyer-Goßner/Schmitt*, § 372 Rn 2 m.w.N.). Dies gilt auch für sonstige vorbereitende Beschlüsse, etwa die Entscheidung, mit der die Vernehmung eines Zeugen angeordnet wird, sodass diese ebenfalls nur zusammen mit der Endentscheidung angefochten werden können (SK-*Frister*, § 372 Rn 3 m.w.N.).

1342 **c)** Eine **Untätigkeitsbeschwerde** ist in der gesamten StPO weder gesetzlich normiert noch anderweitig vorgesehen (BGH NJW 1993, 1279, 1280; LG Stuttgart NStZ 1991, 204) und damit auch im Wiederaufnahmerechts grds. unzulässig. Das folgt schon daraus, dass die sofortige Beschwerde nach §§ 372, 311 nur dann zulässig ist, wenn eine angreifbare Entscheidung vorliegt (StrafPrax-*Wasserburg*, § 16 Rn 150).

☝ Kommt allerdings die Untätigkeit des Gerichts einer **endgültigen Ablehnung** gleich, kann das Nichtentscheiden mit der **einfachen Beschwerde** angegriffen werden (KG, Beschl. v. 9.5.2000 – 4 Ws 63/00; wegen der Einzelh. → *Beschwerde, Untätigkeitsbeschwerde*, Teil A Rdn 560 ff.).

1343 **d)** Fasst der Antragsteller ins Auge, wegen der **Verfahrensverzögerung** immateriellen Schadensersatz geltend zu machen, muss er dies durch Erhebung der **Verzögerungsrüge** (→ *Verfahrensverzögerung/Verzögerungsrüge*, Teil B Rdn 1027) vorbereiten.

1344 **4.** Der **Antrag** auf **Nachholung** des **rechtlichen Gehörs** nach § 33a (→ *Anhörungsrügen, Zulässigkeit*, Teil B Rdn 41 ff.) wird häufig – insbesondere vor Einlegung einer Verfassungsbeschwerde – übersehen (vgl. nur BVerfGE 33, 192 [194]; 42, 243 [250]; NJW 2003, 1513). Daher muss zumindest parallel zur Verfassungsbeschwerde auch ein Antrag nach § 33a gestellt werden, um nicht mangels Rechtswegerschöpfung mit Verfassungsbeschwerde zu scheitern (anschauliches Beispiel bei StrafPrax-*Wasserburg*, § 16 Rn 162; → *Verfassungsbeschwerde, Rechtswegerschöpfung*, Teil C Rdn 1182 ff.).

1345 **5.a)** Die **Verfassungsbeschwerde** (→ *Verfassungsbeschwerde, Allgemeines*, Teil C Rdn 729, m.w.N.) ist das **schärfste Schwert** zur Durchsetzung der Interessen des Mandanten. *Strate* führt zahlreiche Beispiele dafür an, dass oft erst die Verfassungsbeschwerde als letztes Mittel zum Erfolg verhilft (MAH-*Strate*, § 27; FA Strafrecht-*Strate*, Teil 4; weitere Beispiele bei StrafPrax-*Wasserburg*, § 16 Rn 167 ff.; zur **Begründung** der Verfassungsbeschwerde s. Rdn 1358 und allgemein → *Verfassungsbeschwerde, Allgemeines*, Teil C Rdn 786, m.w.N.).

b) Die **allgemeinen verfassungsrechtlichen Fragen** sind inzwischen **geklärt**: 1346

- Die **§§ 359 ff.** sind **verfassungskonform** (BVerfG NJW 1994, 510; StV 2002, 225).
- Es ist verfassungsrechtlich auch nicht zu beanstanden, dass zunächst die **Zulässigkeit** der Wiederaufnahme geprüft (BVerfG NJW 1995, 2024; vgl. auch BVerfG StRR 2007, 184 m. Anm. *Barton*) und eine **Eignungsprüfung** vorgenommen wird (BVerfG, StV 2003, 225).
- Zudem ist die **Wiederaufnahme zuungunsten** des Verurteilten nicht wegen Art. 103 Abs. 3 GG ausgeschlossen, denn der **Eingriff** in den Schutzbereich ist **gerechtfertigt**, wenn das Festhalten an der Rechtskraft zu schlechthin unerträglichen Ergebnissen führen würde. Soweit dies voraussetzt, dass die Gründe für die Wiederaufnahme zuungunsten des Verurteilten klar umrissen sind, genügt § 362 diesem Erfordernis. Geboten ist jedoch eine **restriktive Handhabung** der Wiederaufnahmegründe, die sich aber nicht nur am Willkürmaßstab orientieren kann; es ist „*eine weiterreichende, an der Wirkkraft von Art. 103 Abs. 3 GG orientierte Prüfung*" geboten (vgl. dazu insgesamt *Jahn/Krehl/Löffelmann/Güntge*, Rn 854 f. m.w.N.).

c)aa) Darüber hinaus musste das **BVerfG** jedoch in zahlreichen **Einzelentscheidungen** die **gerichtliche Praxis** in Wiederaufnahmeverfahren **korrigieren**. Zwar unterliegt die Anwendung und Auslegung einfachen Rechts grds. nicht der verfassungsgerichtlichen Kontrolle (BVerfG NStE § 395 StPO Nr. 13). Wenn jedoch – wie häufig – die Wiederaufnahmegerichte die Anforderungen an einen Wiederaufnahmeantrag zugunsten der Rechtssicherheit überspannen, kommt eine Grundrechtsverletzung in Betracht (BVerfG NZV 2016, 45; *Jahn/Krehl/Löffelmann/Güntge*, Rn 845). Dabei spielen sowohl im Aditions- als auch im Probationsverfahren insbesondere das Recht auf ein faires Verfahren (vgl. Rdn 1348) und das Recht auf effektiven Rechtsschutz (vgl. Rdn 1349) eine zentrale Rolle. 1347

bb) Das **Recht** auf ein **faires Verfahren** verbietet im **Aditionsverfahren** dem Wiederaufnahmegericht die Eignungsprüfung (ausführlich dazu → *Wiederaufnahme, Geeignetheit von Tatsachen und/oder Beweismittel*, Teil B Rdn 1282 ff.) dazu zu missbrauchen, die HV zu ersetzen und schon im Aditionsverfahren die Beweise zu würdigen und Feststellungen zu treffen, die strukturell der HV vorbehalten sind. Denn nur in diesem Rahmen darf über die strafrechtliche Schuld des Angeklagten entschieden werden; nur hier besteht für den Angeklagten die Möglichkeit, auf das Verfahren Einfluss zu nehmen, indem er Beweisanträge stellt oder Zeugen befragt. Das ist indes nicht mehr möglich, wenn früher festgestellte Tatsachen im Aditionsverfahren durch neue ersetzt werden, die ohne HV ermittelt wurden (vgl. dazu BVerfG NJW 1995, 2024, 2025; StRR 2007, 184 m. Anm. *Barton*; *Jahn/Krehl/Löffelmann/Güntge*, Teil 10, Rn 847). 1348

cc) Der **effektive Rechtsschutz** ist im Aditionsverfahren insbesondere dann in verfassungswidriger Weise eingeschränkt, wenn das Wiederaufnahmegericht die Anforderun- 1349 gen an den Wiederaufnahmeantrag so hoch steckt, mithin indem die prozessrechtlichen Möglichkeiten des Antragstellers so eingeschränkt werden, dass es ersichtlich nicht mehr zu einer Entscheidung in der Sache selbst kommen kann. Andernfalls kann das vom Gesetzgeber mit dem Wiederaufnahmeverfahren verfolgte Ziel nicht erreicht werden (BVerfG StRR 2007, 184 m. Anm. *Barton*). Das gilt auch, wenn das Gericht die Anforderungen an die Sachverhaltsfeststellungen selbst derart eng auslegt, dass eine Entscheidung in der Sache nicht mehr möglich ist (BVerfGE 108, 129, 137 f.; BVerfGK 4, 119; *Jahn/Krehl/Löffelmann/Güntge*, Teil 10, Rn 846). Das widerspricht dem Rechtsstaatsprinzip des GG, das auch die Gewährleistung eines wirkungsvollen Rechtsschutzes enthält, um eine grds. umfassende tatsächliche und rechtliche Prüfung des Verfahrensgegenstands zu ermöglichen (vgl. auch BVerfGE 54, 277, 291; 70, 297, 308; 101, 275, 294 f.; 108, 129, 137 f.; BVerfG StRR 2007, 184).

1350 **dd)** Einen **Verstoß** gegen das **GG** angenommen (Beispiele aus *Jahn/Krehl/Löffelmann/Güntge*, Teil 10, Rn 848) hat das BVerfG in folgenden

1351 **Beispielsfällen:**

- wenn das Wiederaufnahmegericht einen **unzutreffenden Maßstab bei der Geeignetheitsprüfung** der neuen Tatsache angewendet hat („an Sicherheit grenzende Wahrscheinlichkeit" statt „genügende Wahrscheinlichkeit"; BVerfG StRR 2007, 184),
- wenn **Argumentationslücken** bei der **Beweiswürdigung** vorhanden waren, eine **Beweiswürdigung ohne ausreichend gesicherte Basis** für diese Würdigung vorgenommen wurde oder **Beweismittel nicht ausgeschöpft** wurden (BVerfG StRR 2007, 184).
- wenn das **Wiederaufnahmeverfahren wegen** eines **Geständnisses** im Ursprungsverfahren **ausgeschlossen** wurde, was einen Verstoß gegen das Willkürverbot darstellte (BVerfG NStE § 359 StPO Nr. 13),
- wenn die abgelehnte Wiederaufnahme sich gegen einen **rechtskräftigen Bewährungswiderruf** richtete, obwohl der Antragsteller in dem den Widerruf auslösenden Verfahren letztlich **freigesprochen** wurde (BVerfG, Beschl. v. 9.10.1990 – 2 BvR 157 /90).
- wenn die **Würdigung** von **Zeugenaussagen** in unzulässiger Art und Weise **vorweggenommen** wurde (BVerfG, Beschl. v. 27.9.1995 – 2 BvR 2575/94; s.a. auch BVerfG NJW 1994, 510, wo eine zulässige Vorwegnahme der Würdigung einer Zeugenaussage angenommen wurde),
- wenn das Wiederaufnahmegericht die Möglichkeit einer Verurteilung wegen eines **milderen Gesetzes nicht in Betracht** gezogen hat (BVerfG NStZ-RR 1996, 82 [Beihilfe anstelle von Täterschaft; Verstoß gegen das Willkürverbot]),

- wenn durch das Wiederaufnahmegericht das **Datum** der **Tat geändert** wurde (BVerfG NJW 1995, 2024) oder überzogene Anforderungen an den Wiederaufnahmeantrag gestellt wurden (→ *Wiederaufnahme, Antrag*, Teil B Rdn 1071 ff.),
- wenn in **willkürlicher** Art und Weise der Sachverhalt oder die vorgetragenen neuen Tatsachen **gewürdigt** wurden (BVerfG NJW 1990, 3191),
- wenn ein **Richter** an der Entscheidung im Revisionsverfahren mitgewirkt hatte und gleichwohl im Wiederaufnahmeverfahren mitwirkte, obwohl er nach § 23 Abs. 2 **ausgeschlossen** wäre (Verstoß gegen Art. 101 Abs. 1 S. 2, 3 GG; vgl. BVerfGE 30, 165; 31, 295; vgl. hierzu auch *Arzt* NJW 1971, 1112; *Malkewitz* NJW 1971, 2287).

☝ Auch im Wiederaufnahmeverfahren muss eine Richterablehnung vor Ergehen der Entscheidung durch das Wiederaufnahmegericht erfolgen (KG, Beschl. v. 5.4.2012 – 4 Ws 31/12).

d) Im **Probationsverfahren** (§ 370) darf das Wiederaufnahmegericht nach der Beweisaufnahme gem. § 369 **keinen zu engen Maßstab** an die genügende Bestätigung des Wiederaufnahmevorbringens durch das benannte Beweismittel angelegen („voller, jeden Zweifel ausschließender Beweis"), ausreichend ist vielmehr schon eine hinreichende Wahrscheinlichkeit (BVerfG, NJW 1990, 3193, 3194; → *Wiederaufnahme, Begründetheitsprüfung [Probationsverfahren]*, Teil B Rdn 1216 ff.). Die Beweiswürdigung darf auch hier nicht Sinn und Zweck des Wiederaufnahmeverfahrens missachten (→ *Wiederaufnahme, Allgemeines*, Teil B Rdn 1053 ff.), denn eine wesentliche Verschlechterung der vom Gesetz vorgesehenen Chance auf Wiederaufnahme bedeutet einen Verstoß gegen das Recht auf effektiven Rechtsschutz (BVerfG StRR 2007, 184 m. Anm. *Barton*). Hier gelten die schon zum Aditionsverfahren zitierten Entscheidungen (vgl. Rdn 1351) ebenfalls, denn auch im Probationsverfahren ist die Ermittlung des wahren Sachverhalts von zentraler Bedeutung (vgl. ausführlich *Jahn/Krehl/Löffelmann/Güntge*, Rn 850). 1352

Verfassungswidrigkeit ist daher anzunehmen in folgenden 1353

Beispielsfällen:

- die Anlegung eines zu **strengen Prüfungsmaßstabs** bei der **Beweiswürdigung** oder wen sich das Gericht bei der Beweiswürdigung in Widerspruch zu dem Ergebnis der Beweisaufnahme setzt (BVerfG NJW 1990, 3193, 3194),
- Beweise derart zu würdigen und Feststellungen schon so weit zu treffen, dass dies die Durchführung der **HV ersetzt** (BVerfG StRR 2007, 184 m. Anm. *Barton*),
- das nicht vollständige Ausschöpfen der angebotenen Beweise oder das Zugrundelegen einer Sachverhaltsgestaltung, die sich weder auf die Erkenntnisse im Ursprungsverfahren noch auf die im Rahmen der Beweisaufnahme nach § 369 erhobenen Beweise stützt (BVerfG StV 2003, 223 zum Sachverständigengutachten).

1354 **e)** Im **Strafbefehlsverfahren** gilt zunächst die **Besonderheit**, dass die Wiederaufnahme nach **§ 373a Abs. 1** auch dann zuungunsten des Betroffenen zulässig ist, wenn neue Tatsachen oder Beweismittel eine Verurteilung wegen eines Verbrechens ermöglichen. Dies ist verfassungsrechtlich nicht zu beanstanden; ein weiter gehender Eingriff in die Rechtskraft der Entscheidung ist jedoch trotz des summarischen Charakters des Strafbefehlsverfahrens nicht möglich (vgl. ausführlich BVerfGE 65, 377; *Jahn/Krehl/Löffelmann/Güntge*, Teil 10, Rn 851). Zugunsten des Verurteilten gelten gem. § 373a Abs. 2 i.Ü. die **§§ 359 ff. entsprechend**.

☝ Allerdings ist für die **Frage** der **Neuheit** der Tatsachen oder Beweismittel auf die **Aktenlage abzustellen**. Außerdem ist es im Hinblick auf das summarische Verfahren rechtsstaatlich geboten, sich aus den Akten aufdrängende, klar auf der Hand liegende Fehler bei der Tatsachenfeststellung zu beachten (BVerfG NJW 1993, 2735 f.; vgl. auch BVerfG NJW 2007, 207; StV 2003, 225 f.; *Jahn/Krehl/Löffelmann/Güntge*, Rn 852). Tatsachen sind im Strafbefehlsverfahren nur dann **nicht neu**, wenn sie Eingang in die **Verfahrensakten und** in den **Strafbefehl** gefunden haben (BVerfG NJW 2007, 207).

1355 **6.** Für die **Begründung** der Rechtsmittel gilt:

1356 **a)** Eine **Begründung** der **Beschwerde** ist **nicht erforderlich** denn nach überwiegender Ansicht können im wiederaufnahmerechtlichen Beschwerdeverfahren keine neuen Tatsachen oder Beweismittel nachgeschoben werden (KG JR 1967, 32; OLG Düsseldorf NJW 1982, 839; OLG München MDR 1982, 250; *Meyer-Goßner/Schmitt*, § 372 Rn 7; *Marxen/Tiemann*, Rn 346; a.A. OLG Hamm NJW 1976, 1417; krit. auch StrafPrax-*Wasserburg*, § 16 Rn 155).

☝ Die Begründung der Beschwerde ist aber **empfehlenswert!!**

1357 Möglich ist aber ein **ergänzender** oder **konkretisierender Tatsachenvortrag** (OLG Celle NJW 1966, 943; **a.A.** OLG München NJW 1971, 577 [578]; ebenso *Marxen/Tiemann*, Rn 347; krit. dazu aber wiederum SK-*Frister*, § 372 Rn 8, die mit der überwiegenden Meinung zwischen völlig neuem Vorbringen [unzulässig] und Ergänzungen zu schon Vorgetragenem [zulässig]) oder die **Konkretisierung** eines bereits benannten **Beweismittels** differenzieren; vgl. auch BGH NStZ 1985, 496 [Pf/M]).

☝ Der Beschwerdeführer muss in diesen Fällen darauf **hinweisen**, dass sein Vortrag **keine nachgeschobenen Wiederaufnahmegründe** enthält, sondern die bereits geltend gemachten lediglich ergänzt oder konkretisiert (StrafPrax-*Wasserburg*, § 16 Rn 151 f.).

b) Für die **Begründung** der **Verfassungsbeschwerde** gelten weitere **Besonderheiten**: Es muss neben einer substantiierten Darlegung des Lebenssachverhalts die angegriffene Entscheidung ebenso vorgelegt werden wie das ursprüngliche Strafurteil. Außerdem darf weder der vollständige Wiederaufnahmeantrag noch der Rechtsmittelschriftsatz fehlen, da nur so geprüft werden kann, ob die Beurteilung der neuen Tatsachen oder Beweismittel durch die Wiederaufnahmegerichte mit dem GG in Einklang steht (s. BVerfG, Beschl. v. 3.2.1999 – 2 BvR 1435/98; Beschl. v. 6.4.1999 – 2 BvR 1153/96; Beschl. v. 4.2.2002 – 2 BvR 1240/01; zur Begründung der Verfassungsbeschwerde allgemein → *Verfassungsbeschwerde, Allgemeines*, Teil C Rdn 786, m.w.N.). 1358

7.a) Bei **einfachen Beschwerden** (vgl. Rdn 1340) kann das das Ausgangsgericht uneingeschränkt **abhelfen** (→ *Beschwerde, Entscheidung*, Teil A Rdn 498). Bei **sofortigen Beschwerden** (vgl. Rdn 1336) hat das Gericht, dessen Entscheidung angegriffen wird, **keine Abhilfemöglichkeit** (§ 311 Abs. 3 S. 1), es sei denn es hätte zum Nachteil des Beschwerdeführers Tatsachen oder Beweisergebnisse verwertet, zu denen dieser noch nicht gehört worden war (§ 311 Abs. 3 S. 2). Andernfalls legt das Ausgangsgericht die Akten über die StA dem Beschwerdegericht vor. Der Verteidiger erhält dann die Stellungnahme der StA und zudem Gelegenheit, hierzu erneut Stellung zu nehmen; andernfalls ist der Anwendungsbereich des § 33a eröffnet (StrafPrax-*Wasserburg*, § 16 Rn 154; → *Beschwerde, sofortige Beschwerde*, Teil A Rdn 550). 1359

b) Das **Beschwerdegericht entscheidet** i.d.R. in der Sache selbst (§ 309 Abs. 2). Bei nicht behebbaren Verfahrensmängeln muss das Beschwerdegericht die Sache **zurückverweisen** (*Meyer-Goßner/Schmitt*, § 372 Rn 8). Das ist angenommen worden in folgenden 1360

Beispielsfällen: 1361

- wenn ein nach § 23 Abs. 2 **ausgeschlossener Richter mitgewirkt** hat (OLG Bremen NJW 1966, 605; OLG Saarbrücken NJW 1966, 167) und der Antrag nicht unzulässig war (KG JR 1967, 266);
- wenn der Antrag **fälschlicherweise nach § 368 verworfen** wurde (OLG Frankfurt NJW 1983, 2399; OLG Hamm NJW 1980, 717);
- wenn **keine ordnungsgemäße Beweisaufnahme** nach § 369 stattgefunden hat (OLG Hamm JMBl. NW 1978, 116);
- wenn das **rechtliche Gehör** (§ 369 Abs. 4) **nicht gewährt** wurde (OLG Düsseldorf NJW 1982, 839; OLG Hamburg MDR 1977, 865; OLG Hamm NJW 1974, 689),
- wenn bei der Entscheidung nach § 370 Abs. 1 **polizeiliche oder staatsanwaltschaftliche Protokolle verwertet** wurden (LR-*Gössel*, § 370 Rn 51);
- wenn die Benachrichtigung vom **Termin zur Beweisaufnahme** entgegen §§ 369 Abs. 3, 224 Abs. 1 die **Schlussanhörung** gem. § 369 Abs. 4 **unterblieben** ist (*Marxen/Tiemann*, Rn 459 m.w.N.).

1362 **c)** Wird die **sofortige Beschwerde verworfen**, erwächst die Entscheidung in formelle Rechtskraft; eine weitere Beschwerdemöglichkeit existiert nicht (BGH NStZ 1981, 489), auch eine Wiederholung des Antrags ist nicht zulässig (SK-*Frister*, § 372 Rn 10).

☝ Ab diesem Zeitpunkt sind die bis dahin **vorgetragenen Tatsachen** oder **Beweismittel verbraucht** (StrafPrax-*Wasserburg*, § 16 Rn 156).

Siehe auch: → *Beschwerde, Allgemeines*, Teil A Rdn 399, m.w.N.; → *Wiederaufnahme, Allgemeines*, Teil B Rdn 1053, m.w.N.; → *Verfassungsbeschwerde, Allgemeines*, Teil C Rdn 729, m.w.N.

1363 Wiederaufnahme, Verteidigerbestellung

Das Wichtigste in Kürze:

1. Die Beiordnung eines Pflichtverteidigers im Wiederaufnahmeverfahren ist in den §§ 364a und 364b geregelt.
2. Für die Bestellung eines Pflichtverteidigers zur Vorbereitung eines Wiederaufnahmeantrags ergeben sich die Voraussetzungen aus § 364b.
3. Für die Verteidigerbestellung für das eigentliche Wiederaufnahmeverfahren gilt § 364a.

1364 **Literaturhinweise:** **Krägeloh**, Verbesserungen im Wiederaufnahmerecht durch das Erste Gesetz zur Reform des Strafverfahrensrechts (1. StVRG), NJW 1975, 137; **Marxen/Tiemann**, Die Wiederaufnahme in Strafsachen, 3. Aufl. 2014; **Stern**, Zur Verteidigung des Verurteilten in der Wiederaufnahme, NStZ 1993, 409; **Wasserburg**, Die Pflichtverteidigerbestellung unter besonderer Berücksichtigung des Wiederaufnahmerechts, GA 1982, 304; s.a. die Hinw. bei → *Wiederaufnahme, Allgemeines*, Teil B Rdn 1054, und bei → *Allgemeine Gebührenfragen, Allgemeines*, Teil D Rdn 1.

1365 **1.a)** Im **Wiederaufnahmeverfahren** kann dem Antragsteller ein Verteidiger beigeordnet werden, wenn die **Voraussetzungen** des **§ 364a** vorliegen und er dies beantragt. Schon für die **Vorbereitung** des Wiederaufnahmeverfahrens ist dies nach – dem allerdings enger gefassten – **§ 364b** möglich (vgl. Rdn 1367 ff.).

☝ Diese Regelungen schließen die **Anwendbarkeit** des **§ 140 Abs. 2** grds. aus. Eine Ausnahme wird für den: Wiederaufnahmeantrag der StA zuungunsten des Freigesprochenen gemacht (vgl. dazu OLG Stuttgart NStZ-RR 2003, 114).

Seine **Gebühren** erhält der Verteidiger auch dann, wenn er letztlich vom Antrag abrät (§ 17 Nr. 12 RVG i.V.m. Nr. 4136 VV RVG) nach **Nrn. 4136 ff. VV RVG** (→ *Wiederaufnahmeverfahren, Abrechnung, Allgemeines*, Teil D Rdn 590 m.w.N.).

b) Zuständig ist jeweils **das Gericht** (nicht allein der Vorsitzende), das auch über den **Wiederaufnahmeantrag** zu **entscheiden** hat (§§ 367 Abs. 1 S. 1, 140a GVG). Wird der Antrag bei dem Gericht eingereicht, dessen Entscheidung angegriffen wird, wird der Antrag von dort an das zuständige Gericht weitergeleitet (*Marxen/Tiemann*, Rn 480). Die StA wird angehört (§ 33), es ergeht sodann Entscheidung durch Beschluss (§ 367 Abs. 2). Gegen die ablehnende Entscheidung steht dem Antragsteller das Rechtsmittel der einfachen Beschwerde (§ 304 Abs. 1; → *Wiederaufnahme, Rechtsmittel*, Teil B Rdn 1331) zu, § 372 gilt hier nicht (BGH NJW 1976, 431; OLG Koblenz NJW 1961, 1418; *Meyer-Goßner/Schmitt*, § 364a Rn 9; *Peters*, Fehlerquellen, S. 142). **1366**

2.a) Für die **Verteidigerbestellung** zur **Vorbereitung** des **Wiederaufnahmeverfahrens** nach **§ 364b** gilt: Hat der Verurteilte **keinen Verteidiger**, bestellt ihm das Gericht, das für die Entscheidungen im Wiederaufnahmeverfahren zuständig ist (§ 140a GVG; → *Wiederaufnahme, Zuständigkeit*, Teil B Rdn 1464 ff.), auf seinen Antrag hin einen Verteidiger schon in der frühen Phase der Vorbereitung des Wiederaufnahmeverfahrens. **1367**

☝ Nach h.M. **gilt** die um **Ursprungsverfahren erfolgte Bestellung** eines Pflichtverteidigers noch bis zum rechtskräftigen Anschluss des Wiederaufnahmeverfahrens **fort** (*Meyer-Goßner/Schmitt*, § 140 Rn 33 und § 364a Rn 2 m.w.N.; KG NJW 2013, 182, StRR 2013, 162 [Ls.]; OLG Braunschweig NStZ-RR 2014, 314; OLG Frankfurt/Main, Beschl. v. 29. 6. 2014 – 1 Ws 3/12; a.A. OLG Jena StV 2015, 16 [Ls.]; OLG Oldenburg StraFo 2009, 242 m.w.N. und der Darstellung des Streitstandes).

b)aa) Die **Bestellung** erfolgt unter folgenden in § 364b Abs. 1 S. 1 Nr. 1 – 3 normierten **Beiordnungsvoraussetzungen:** **1368**

☝ Aus dem Gesetzeswortlaut ergibt sich, dass diese **Voraussetzungen kumulativ** vorliegen müssen.

Anhaltspunkte für Zulässigkeit des Antrags (Nr. 1) **1369**

- Nach § 364b Abs. 1 S. 1 Nr. 1 müssen hinreichende **tatsächliche Anhaltspunkte** dafür vorliegen, dass bestimmte **Nachforschungen** zu Tatsachen oder Beweismitteln führen, welche die **Zulässigkeit** eines **Antrags** auf Wiederaufnahme des Verfahrens begründen können. Dazu gilt:
  - **Hinreichende tatsächliche Anhaltpunkte** i.S.v. § 364b Abs. 1 S. 1 Nr. 1 liegen vor, ein **Anfangsverdacht** i.S.d. § 152 Abs. 2 gegeben ist, also „Tatsachen vorliegen, aus denen sich ergibt, dass bestimmte Nachforschungen zur Aufdeckung von Tatsachen oder Beweismitteln führen werden, die einen Antrag nach § 359 Nr. 5 begründen können" (*Meyer-Goßner/Schmitt*, § 364b Rn 5). Eine nicht nur entfernte Möglichkeit reicht dafür aus (OLG Koblenz OLGSt § 364a StPO

S. 1), nicht aber die bloße Vermutung (KMR-*Eschelbach*, § 364b Rn 24; allgemein zum Anfangsverdacht a. *Burhoff*, EV, Rn 453).

- Die Voraussetzungen müssen im **Antrag** schon durch **Tatsachen untermauert** werden (*Meyer-Goßner/Schmitt*, § 364b Rn 8; OLG Karlsruhe GA 1976, 344; OLG Koblenz OLGSt § 364a StPO S. 1). Der Antrag muss Art und Richtung der Nachforschungen benennen und Angaben dazu enthalten, welche neuen Tatsachen oder Beweismittel von ihnen zu erhoffen sind (OLG Düsseldorf OLGSt StPO § 364a Nr. 1).

☝ Zutreffend wird aber darauf hingewiesen, dass die **Anforderungen** an den Antrag auf Beiordnung eines Pflichtverteidigers **nicht zu hoch angesetzt** werden dürfen (*Marxen/Tiemann*, Rn 491). Immerhin soll der Verteidiger demjenigen helfen, der nicht in der Lage ist, die Beweismittel selbst zu beschaffen, sodass diese Beweismittel gerade noch nicht detailliert benannt werden können. Das KG hat dies dahin gehend konkretisiert, dass „in dem Antrag auf Bestellung eines Verteidigers zur Vorbereitung des Wiederaufnahmeverfahrens (…), wenn auch in knapper Zusammenfassung, die Tatsachen mitgeteilt werden [müssen], die hinreichende Anhaltspunkte für die Erfolgsaussichten des künftigen Wiederaufnahmeverfahrens geben. Es muß [danach] ferner dargelegt werden, welche Nachforschungen nach Ansicht des Verurteilten zu neuen Tatsachen führen können.“ (KG, Beschl. v. 8.1.2000 – 3 Ws 644/00).

1370 **Schwierigkeit der Sach- und Rechtslage (Nr. 2)**

- § 364b Abs. 1 S. 1 Nr. 2 verlangt, dass wegen der Schwierigkeit der **Sach**- oder Rechtslage die Mitwirkung eines Verteidigers geboten erscheinen muss. Dazu gilt:
  - Für die **Schwierigkeit** der **Sach-** oder **Rechtslage** kommt es auf die **Schwierigkeit** der **Nachforschungen** an, nicht auf die der späteren Wiederaufnahme (LG Köln MDR 1991, 666), die Schwere der Tat oder die Höhe der Strafe (s. dazu Rdn 1379).

1371 **Mittellosigkeit des Verurteilten (Nr. 3)**

- § 364b Abs. 1 S. 1 Nr. 3 verlangt der **Verurteilte außerstande** ist, ohne Beeinträchtigung des für ihn und seine Familie notwendigen Unterhalts auf **eigene Kosten** einen Verteidiger zu beauftragen. Dazu gilt:
  - Der **Verurteilte** muss für die Beiordnung gleichzeitig **außerstande** sein, die **notwendigen Nachforschungen** für den **Antrag** nach **§ 359 Nr. 5 selbst anzustellen**, das Material dafür zu sammeln und die Erfolgsaussichten abzuwägen. Die Möglichkeiten des Verteidigers sind zwar im Verhältnis zu denen der StA, die nicht verpflichtet ist, ihm zu helfen (*Meyer-Goßner/Schmitt*, § 364b Rn 3; a.A.

SK-*Frister*, § 364b Rn 9), schon mangels Zwangsbefugnissen begrenzt, im Übrigen muss er sich an die allgemeinen Gesetze und an das Standesrecht halten (einen guten Überblick verschafft insoweit *Strate* StV 1999, 228). Er darf und soll aber Zeugen ermitteln und befragen, Sachverständige beauftragen und Auskünfte einholen (*Dahs*, Rn 1000 ff.; StrafPrax-*Wasserburg*, Rn 81 ff. LR-*Gössel*, § 364b Rn 6; *Meyer-Goßner/Schmitt*, § 364b Rn 3). Der Verteidiger bringt außerdem die nötige Erfahrung und das erforderliche Wissen mit, um abzuwägen, ob der Antrag schlussendlich erfolgversprechend sein kann.

- Ob **Mittellosigkeit** vorliegt, wird anhand einer Erklärung des Verurteilten über seine persönlichen und wirtschaftlichen Verhältnisse (analog §§ 117 Abs. 2 bis 4 ZPO) und deren Glaubhaftmachung (analog § 118 Abs. 2 S. 1, 2, 4 ZPO) ermittelt. Andernfalls wird dem Verurteilten zugemutet, den Wiederaufnahmeantrag selbst zu finanzieren.

c) Ist ein einmal **beigeordneter Pflichtverteidiger ausgeschieden**, soll kein Rechts- 1372
anspruch auf Ersetzung durch einen neuen Pflichtverteidiger bestehen (LR-*Gössel*, § 364b Rn 4; *Meyer-Goßner/Schmitt*, § 364b Rn 2). Diese Auffassung überzeugt jedoch nicht: Die Voraussetzungen der Beiordnung sind durch das Ausscheiden des Pflichtverteidigers nicht ebenfalls weggefallen, sondern leben vielmehr gerade wieder auf, da der Verurteilte nun nicht mehr verteidigt ist. Es ist daher in diesem Fall ein **neuer Pflichtverteidiger beizuordnen** (so auch StrafPrax-*Wasserburg*, Rn 174; *Wasserburg* GA 1982, 319 ff.).

d) Den in § 361 Abs. 2 genannten Personen – Wiederaufnahme **nach dem Tod des Ver-** 1373
urteilten – soll dagegen in keinem Verfahrensstadium ein Verteidiger beigeordnet werden können (*Meyer-Goßner/Schmitt*, § 364b Rn 2), was aber weder im Fall des § 364a noch hier überzeugt (s. dazu u. Rdn 1472).

3. Hinsichtlich der **Verteidigerbestellung** für das (eigentliche) **Wiederaufnahmever-** 1374
fahren nach **§ 364a** gilt:

a) Ist nicht schon für die Nachforschungen und damit im Vorfeld des Wiederaufnahme- 1375
verfahrens nach § 364b ein Verteidiger bestellt worden (vgl. dazu Rdn 1367 ff.) und hat der Verurteilte auch sonst **keinen Verteidiger** (vgl. im Einzelnen *Meyer-Goßner/Schmitt*, § 364a Rn 2; *Burhoff*, EV, Rn 3005 ff. und oben Rdn 1368 ff.), kommt über § 364a im Vorfeld der Antragstellung (*Marxen/Tiemann*, Rn 466 m.w.N.), aber auch noch im schon laufenden Verfahren die Beiordnung eines Verteidigers in Betracht.

> ☝ Die Bestellung erfolgt wiederum nur auf Antrag und nur bei **hinreichender Erfolgsaussicht** (vgl. Rdn 1378) und schwieriger Sach- oder Rechtslage (vgl. z.B. OLG Hamm, Beschl. v. 9.11.2011 – 3 Ws 209/01).

1376 **b) Antragsberechtigt** sind der Verurteilte, sein gesetzlicher Vertreter, bei Jugendlichen der Erziehungsberechtigte oder die StA stellen. **Inhaltlich** muss der **Antrag** folgende Punkte umfassen: die Bezeichnung des angegriffenen Urteils, das Ziel der beabsichtigten Wiederaufnahme und einen kurzen Tatsachenvortrag zu den Wiederaufnahmegründen (OLG Karlsruhe GA 1976, 344, 345. Bezieht sich der Antrag nur auf einen **Teilaspekt**, etwa die Stellungnahme nach § 369 Abs. 4, muss der Antrag zudem beinhalten, weshalb der Verurteilte genau diese Handlung nicht in sachgerechter Weise selbst vornehmen kann (*Marxen/Tiemann*, Rn 479).

☝ Wie auch bei § 364b (vgl. Rdn 1369) dürfen die **Anforderungen** an den Antrag **nicht zu hoch angesetzt** werden, um die Intention des Gesetzes nicht zu unterlaufen (*Marxen/Tiemann*, Rn 479; LR-*Gössel*, § 364a Rn 11).

1377 **c)** Kann der Verurteilte aufgrund besonderer Umstände keine sachgemäßen Anträge im Wiederaufnahmeverfahren stellen, muss das **Gericht** im Rahmen seiner **Fürsorgepflicht** darauf hinwirken, dass der Antragsteller auch einen Antrag auf Beiordnung eines Verteidigers stellt (*Marxen/Tiemann*, Rn 477).

1378 **d)** Wird der **Wiederaufnahmeantrag** nur **mutwillig** gestellt oder ist er **offensichtlich aussichtslos**, wird **kein Verteidiger** beigeordnet (*Meyer-Goßner/Schmitt*, § 364a Rn 5). Es erfolgt auch dann keine Beiordnung, wenn der Anwalt selbst es schon abgelehnt hat, den Antrag zu stellen (OLG Bremen AnwBl 1964, 288; LR-*Gössel*, § 364a Rn 7; *Marxen/Tiemann*, Rn 470, 475), denn dann ist der Antragsteller schon nicht ohne Verteidiger. Eine hinreichende Erfolgsaussicht des **Wiederaufnahmeantrags** selbst wird indes nicht verlangt. Die Prüfung von Zulässigkeit und Begründetheit soll – anders als bei § 364a, der die Erfolgsaussicht des Antrags zur Voraussetzung hat – gerade nicht vorweggenommen werden (*Marxen/Tiemann*, Rn 474). Es genügt die Beschränkung auf die negative Prüfung, ob der Antrag nicht offensichtlich aussichtslos ist (*Marxen/Tiemann*, Rn 475 m.w.N.). Es gelten folgende

1379 **Beiordnungsvoraussetzungen**

- Bei **einfacher Sachlage** ist die **Beiordnung** schon **nicht erforderlich**. So hat etwa das KG (Beschl. v. 17.5.1999 – 4 Ws 117/99) entschieden, dass im Fall einer angestrebten Unterbringung in einer Entziehungsanstalt anstelle der Freiheitsstrafe als Ziel der Wiederaufnahme, wenn der Verurteilte ohnehin schon in ambulanter psychiatrischer Behandlung ist, eine Beiordnung nicht erforderlich sei.
- Eine **schwierige Sach-** oder **Rechtslage** ist gegeben, wenn es dem Antragsteller ohne Rechtsbeistand **nicht möglich** ist, **sachgerechte Anträge** zu stellen oder etwa seine Rechte im Rahmen des § 369 wahrzunehmen oder eine Erklärung nach § 369 Abs. 4 abzugeben (*Marxen/Tiemann*, Rn 472). **Unerheblich** sind dagegen wie auch bei

§ 364b die Schwere der Tat, das verhängte Strafmaß oder auch der Rang des zuständigen Gerichts (KK-*Schmidt*, § 364a Rn 4; *Meyer-Goßner/Schmitt*, § 364a Rn 6; LR-*Gössel*, § 364a Rn 8; allgemein zur Beiordnung eines Pflichtverteidigers wegen Schwierigkeit der Sach- oder Rechtslage *Burhoff*, EV, Rn 2882 ff.).

☝ Die Bestimmung der Schwierigkeit der Sach- oder Rechtslage erfolgt **nicht allein objektiv**. Auch das subjektive Kriterium der **intellektuellen Fähigkeiten** des **Antragstellers** ist entscheidungserheblich (LR-*Gössel*, § 364a Rn 8). Hinzu kommt die Beweislast, die den Antragsteller trifft und in der Regel schon eine Überforderung darstellt (KK-*Schmidt*, § 364a Rn 4; *Meyer-Goßner/Schmitt*, § 364a Rn 6; LR-*Gössel*, § 364a Rn 8). Die Anforderungen dürfen daher nicht überspannt werden, sodass es letztlich auf die Frage ankommt, ob es dem Antragsteller ausnahmsweise zumutbar ist, den Antrag ohne Verteidiger zu stellen; andernfalls ist er auf die Möglichkeit des Antrags bei der Geschäftsstelle hinzuweisen (*Marxen/Tiemann*, Rn 473).

e) Ist die Sach- oder Rechtslage schwierig, muss **analog § 364a nach dem Tod des Verurteilten** auch den **Hinterbliebenen** ein **Pflichtverteidiger beigeordnet** werden (OLG Stuttgart NStZ 1999, 587). Dies wird in der Lit. teilweise mit dem Argument abgelehnt, das Interesse der Angehörigen an einer Rehabilitierung sei weniger dringlich als das des noch lebenden Verurteilten (*Meyer-Goßner/Schmitt*, § 364a Rn 1, § 364b Rn 2; SK-*Frister*, § 364a Rn 11). Diese Differenzierung vermag nicht zu überzeugen, denn das Rehabilitierungsinteresse besteht auch postmortal noch für die verstorbene Person selbst, sodass es auf das Interesse der Angehörigen nicht ankommt. 1380

☝ Im Fall des § 361 Abs. 2 machen die Hinterbliebenen die Rehabilitierung nur geltend; die **Intensität** des **Rehabilitationsinteresses** ändert sich dadurch indes nicht (vgl. auch *Marxen/Tiemann*, Rn 513).

f) Wird die **Wiederaufnahme** seitens der **StA zuungunsten** des Freigesprochenen angestrebt, sieht das Gesetz eine Pflichtverteidigerbeiordnung zwar ebenfalls nicht vor. Hier hat das OLG Düsseldorf indes aus **Art. 6 Abs. 3 Buchst. c EMRK** einen Anspruch auf Beiordnung eines Pflichtverteidigers nach Maßgabe des **§ 140 Abs. 2** hergeleitet (OLG Düsseldorf NJW 1989, 676) und zu Recht allgemeine Zustimmung in der Lit. erfahren (SK-*Frister*, § 364a Rn 13, LR-*Gössel*, § 364a Rn 2, *Meyer-Goßner/Schmitt*, § 364a Rn 1; *Marxen/Tiemann*, Rn 465), da die Voraussetzungen des § 140 weniger eng sind. 1381

g) Die Beiordnung kann **in jeder Lage** des **Verfahrens**, also auch schon für die Antragstellung (*Meyer-Goßner/Schmitt*, § 364a Rn 3; LR-*Gössel*, § 364a Rn 4; a.A. *Peters*, Rn 681), aber auch während des Verfahrens, beispielsweise für die Teilnahme an der Beweisaufnahme (§ 369) oder für die Erklärung nach § 369 Abs. 4 erfolgen. 1382

1383 **Umstr**. ist, ob die Beiordnung **nur** für die **Beschwerde** gegen die Ablehnung des Wiederaufnahmeantrags erfolgen darf (abl. OLG Rostock NStZ-RR 2004, 273; OLG Stuttgart NStZ-RR 2003, 114; 334; zust. OLG Karlsruhe NStZ-RR 2003, 116). Weshalb der Antragsteller nach einer Ablehnung seines Wiederaufnahmeantrags weniger schutzwürdig sein soll als vorher, ist nicht ersichtlich. Vielmehr ist es durchaus denkbar, dass erst nach der oder sogar durch die Ablehnung seines Antrags das Bedürfnis der Verteidigerbeiordnung entsteht.

☝ Eine Beiordnung ist danach auch nur für die Beschwerde gegen die Ablehnung des Wiederaufnahmeantrags **möglich**.

1384 **h)** Die Beiordnung **endet** erst mit **Rechtskraft** der Entscheidungen nach §§ 368 Abs. 1, 370 Abs. 1 oder mit Rechtskraft des Beschlusses nach § 370 Abs. 2 (LG Ulm, Beschl. v. 7.1.2013 – 2 Qs 2088/12). Im wiederaufgenommenen Verfahren ist sodann neu über die Beiordnung zu entscheiden, wobei hier wiederum allein § 140 maßgebend ist (*Wasserburg* GA 1982, 309).

Siehe auch: → *Wiederaufnahme, Allgemeines*, Teil B Rdn 1053 m.w.N.

1385 Wiederaufnahme, Vollstreckungshemmung

Das Wichtigste in Kürze:

1. Die Unterbrechung der Strafvollstreckung oder ein Strafaufschub kann nach § 360 Abs. 2 vom Gericht gewährt werden, wenn der Wiederaufnahmeantrag Erfolgsaussichten hat.
2. Zuständig für die vorzunehmende Entscheidung ist ausschließlich das nach § 140a GVG zuständige Gericht.
3. Allein der Antrag auf Wiederaufnahme des Verfahrens oder die Zulässigkeit eines Wiederaufnahmeantrags begründen noch nicht automatisch die Vollstreckungshemmung.
4. Gegen die Versagung der Vollstreckungshemmung kann sofortige Beschwerde eingelegt werden (§ 372 S. 1). Dem Nebenkläger steht jedoch kein Rechtsmittel gegen eine solche Entscheidung zu.
5. Fallen die Voraussetzungen des § 360 Abs. 2 weg, kann die Vollstreckungshemmung jederzeit wieder aufgehoben werden.

1386 **Literaturhinweise:** **Radtke**, Materielle Rechtskraft bei der Anordnung freiheitsentziehender Maßregeln der Besserung und Sicherung, ZStW 110, 297; s.a. die Hinw. bei → *Wiederaufnahme, Allgemeines*, Teil B Rdn 1054.

1.a) Grds. wird erst mit dem Beschluss nach § 370 Abs. 2 über die Wiederaufnahme des Verfahrens und die neue HV die Vollstreckung unterbrochen (*Meyer-Goßner/Schmitt*, § 370 Rn 11), da die angegriffene Entscheidung aufgrund ihrer Rechtskraft die Vermutung der Richtigkeit enthält (*Marxen/Tiemann*, Rn 494). Die **Unterbrechung** der **Strafvollstreckung** oder ein Strafaufschub, ebenso die Vollstreckung von freiheitsentziehenden Maßregeln der Besserung und Sicherung (§§ 63 – 66 StGB) kann nach § 360 Abs. 2 aber schon früher vom Gericht gewährt werden, wenn der **Wiederaufnahmeantrag Erfolgsaussichten** hat (KG, Beschl. v. 27.3.2000 – 4 Ws 67/00; LG Gießen NJW 1994, 467). 1387

☝ Ein gesonderter Antrag ist nicht erforderlich, die Entscheidung ergeht **von Amts wegen** (*Marxen/Tiemann*, Rn 501).

b) Eine Entscheidung über die Vollstreckungshemmung ist **unabhängig** davon möglich, ob nur eine **Einzelstrafe** oder eine **Gesamtstrafe** vollstreckt wird. Es ist in diesem Fall aber über die Vollstreckung der weiteren Einzelstrafen nach §§ 449 ff. zu entscheiden (OLG Hamm JMBl. NW 1990, 140). Eine Unterbrechung oder ein Aufschub ist auch bei verhängtem **Berufsverbot** (§ 70 StGB) oder bei einem **Fahrverbot** (§ 44 StGB), nicht aber bei der Entziehung der **Fahrerlaubnis** nach § 69 StGB) möglich (offen gelassen von OLG Hamm VRS 38, 39; vgl. zu den Einzelheiten *Marxen/Tiemann*, Rn 496). Für **Verfalls-** und Einziehungsanordnungen gilt § 68 Abs. 1 S. 1 StrVollstrO: Von der Verwertung, Vernichtung oder Unbrauchbarmachung kann danach vorübergehend abgesehen werden. 1388

☝ Erfolgt im wiederaufgenommenen Verfahren erneut eine Verurteilung, gilt der Zeitraum während des Wiederaufnahmeverfahrens, in welchem die Vollstreckung gehemmt wurde, als Unterbrechung der Vollstreckung i.S.v. **§ 462a Abs. 1 S. 2** (OLG Frankfurt/Main NStZ-RR 2005, 30 f.).

2. Zuständig für die vorzunehmende Entscheidung ist ausschließlich das nach § 140a GVG zuständige Gericht. Die StA ist anzuhören (§ 33 Abs. 2), wenn sie den Antrag nicht selbst gestellt hat. Wenn ein Beschluss gem. §§ 368 Abs. 2, 370 Abs. 1 ergangen ist und hiergegen sofortige Beschwerde eingelegt wurde, dann ist das Beschwerdegericht auch für die Entscheidung nach § 360 Abs. 2 zuständig (*Meyer-Goßner/Schmitt*, Rn 4 m.w.N.). 1389

3.a) Allein der **Wiederaufnahmeantrag hemmt** die Vollstreckung noch **nicht** (§ 360 Abs. 1). Auch der **Zulassungsbeschluss** allein reicht für eine Vollstreckungshemmung nach h.M. in der Rspr. nicht aus (vgl. etwa KG, Beschl. v. 19.11.1998, 4 Ws 250/98; Beschl. v. 27.3.2000, 4 Ws 67/00; OLG Hamm MDR 1978, 691; Beschl. v. 12.10.1988, 2 Ws 443/88). In der Praxis ist es aber weitgehend üblich, dass die Gerichte bei einem zulässigen Antrag auf Wiederaufnahme die Vollstreckung aufschieben oder unterbrechen 1390 (vgl. a. *Kühne*, § 65 III, Rn 1119). Jedenfalls mit **erfolgreichem Abschluss** des **Probationsverfahrens** ist die Unterbrechung der Vollstreckung aber **geboten** (LG Aschaffenburg, StV 2003, 238).

☝ Die **Voraussetzungen** für eine Vollstreckungshemmung sind danach **relativ eng**, was damit zusammenhängt, dass selbst im Stadium der Zulässigkeit der Wiederaufnahme strukturell die Rechtskraft gegenüber der Einzelfallgerechtigkeit noch nicht durchbrochen und daher auch noch stärker gewichtet wird. Die behaupteten Tatsachen und Beweise müssen daher für eine Vollstreckungshemmung so erfolgversprechend sein, dass die **weitere Vollstreckung bedenklich** erscheint (KG, Beschl. v. 27.3.2000 – 4 Ws 67/00; OLG Hamm GA 1970, 309; MDR 1987, 691; JMBl. NW 1990, 140; OLG Karlsruhe Justiz 1979, 237).

1391 **b)** Ob eine **Sicherheitsleistung** (§ 116 Abs. 1 S. 2 Nr. 4) verlangt werden kann, ist umstr. Ohne weitere Nachweise und Begründung lehnt *Meyer-Goßner/Schmitt* (§ 360 Rn 3) dies ab. Das OLG Düsseldorf (OLGSt § 359 StPO Nr. 4) und auch Teile der Lit. (KK-*Schmidt*, § 360 Rn 2) vertreten dagegen die Auffassung, dass eine Sicherheitsleistung verlangt werden könne. *Marxen/Tiemann* (Rn 498) lassen zwar die Berücksichtigung einer **freiwilligen Leistung** zu, meinen aber, dies könne nicht „verlangt" werden, da mangels einer konkreten Regelung § 116 Abs. 1 S. 2 nicht anwendbar sei. Dieser vermittelnden Auffassung ist zuzustimmen: Es sind aber keine Gründe ersichtlich, weshalb eine solche Möglichkeit nicht angeboten werden sollte.

☝ Soweit es dem Mandanten möglich ist, sollte eine **Sicherheitsleistung** daher vom Verteidiger in jedem Fall **angeboten** werden. Nur so hat das Gericht überhaupt die Möglichkeit, darüber zu entscheiden.

1392 **4.** Gem. § 372 S. 1 kann gegen alle Entscheidungen, die aus Anlass eines Wiederaufnahmeverfahrens getroffen wurden, **sofortige Beschwerde** eingelegt werden (→ *Wiederaufnahme, Rechtsmittel*, Teil B Rdn 1331, m.w.N.). So auch hier. Die StA kann immer, der Verurteilte nur gegen den ablehnenden Beschluss sofortige Beschwerde einlegen (*Meyer-Goßner/Schmitt*, § 360 Rn 5 m.w.N.). Der Nebenkläger hat indes kein Rechtsmittel gegen die Unterbrechung der Vollstreckung im Wiederaufnahmeverfahren (OLG Oldenburg StraFo 2007, 336).

☝ Gegen die Beschwerdeentscheidung steht **kein weiteres Rechtsmittel** mehr zur Verfügung (OLG Düsseldorf NJW 1958, 1248; OLG Hamm NJW 1961, 2363).

1393 **5. Fallen** die **Voraussetzungen** des § 360 **weg**, etwa weil die Beweisaufnahme nach § 369 ungünstig verlaufen ist, kann die Anordnung des Aufschubs jederzeit aufgehoben werden (*Marxen/Tiemann*, Rn 499). Andernfalls gilt sie bis zur Entscheidung nach § 370 fort.

Siehe auch: → *Wiederaufnahme, Allgemeines*, Teil B Rdn 1053, m.w.N.; → *Wiederaufnahme, Rechtsmittel*, Teil B Rdn 1331, m.w.N.

Wiederaufnahme, Vorbereitung 1394

Das Wichtigste in Kürze:

1. Nach der Mandatsübernahme beginnt für den Verteidiger neben der (soweit erforderlich) Aneignung der rechtlichen Besonderheiten des Wiederaufnahmeverfahrens die facettenreiche Auseinandersetzung mit dem Ursprungsverfahren. Insoweit muss sich die Herangehensweise jeweils am Einzelfall orientieren.
2. Problematisch ist häufig die Finanzierung, da Wiederaufnahmeverfahren zeit- und arbeitsintensiv sind, die Verurteilten aber häufig keine Mittel mehr zur Verfügung haben. Der Verteidiger muss sich also genau überlegen, ob er willens und in der Lage ist, gegebenenfalls pro bono zu arbeiten.
3. Es ist Aufgabe des Verteidigers, dem Mandanten das komplexe Verfahren zu erklären.
4. Ausgangspunkt jeder Wiederaufnahme sind die schriftlichen Urteilsgründe und sämtliche Akten, die mit dem Fall zusammenhängen.
5. Die Verteidigung im Wiederaufnahmeverfahren erfordert einen erheblichen Zeitaufwand. Der Verteidiger ist ggf. auf die Mitarbeit von Hilfskräften angewiesen.
6. Der Wiederaufnahmeantrag muss schließlich sorgfältig formuliert werden und ein einheitliches Bild abgeben.

Literaturhinweise: **Amelung, Martin**, Ein gelöstes Problem schafft viele neue, Anmerkung zu BVerfGE 63, 45, StV 1983, 181; **Gorka**, Vorbereitung der Wiederaufnahme, in: *Miebach/Hohmann*, Wiederaufnahme in Strafsachen, 2016, Kap. D; **Meyer-Goßner**, Die Behandlung kriminalpolizeilicher Spurenakten im Strafverfahren, NStZ 1982, 353; **Stern**, Zur Verteidigung des Verurteilten in der Wiederaufnahme, NStZ 1993, 409; **Strate**, Der Schlaf der Gerechten – zum Umgang der Strafverteidiger mit der Wiederaufnahme, StraFo 2007, 47; *ders.*, Der Verteidiger in der Wiederaufnahme, StV 1999, 228; **Wasserburg**, Das Einsichtsrecht des Anwalts in die kriminalpolizeilichen Spurenakten, NJW 1980, 2440; *ders.*, Einsichtsrecht des Verteidigers in kriminalpolizeiliche Spurenakten, NStZ 1981, 211; s.a. die Hinw. bei → *Wiederaufnahme, Allgemeines*, Teil B Rdn 1054. 1395

1. Hat sich der Verteidiger dazu entschlossen, das Mandat anzunehmen und dem Mandanten, der seine letzte Hoffnung in ihn setzt (vgl. anschaulich: *Stern*, NStZ 1993, 409 und MAH-*Strate*, § 27 Rn 9 ff.), zu helfen (zu den Vorüberlegungen → *Wiederaufnahme, Allgemeines*, Teil B Rdn 1053 ff.), beginnt neben der (soweit erforderlich) selbstverständlichen Aneignung der rechtlichen Besonderheiten des Wiederaufnahmeverfahrens eine **facettenreiche Auseinandersetzung** mit dem **Ursprungsverfahren**. Hierfür lässt sich in- 1396 des keine auf alle Fälle gleichermaßen anwendbare Vorgehensweise präsentieren – vielmehr muss sich die Herangehensweise jeweils **am Einzelfall orientieren** (*Strate* StV 1999, 228 ff.). Auch die nachfolgenden Ausführungen können lediglich eine Handreichung sein und sollen zumindest die wichtigsten Überlegungen und Handlungsempfehlungen erörtern.

1397 **2.a) Finanzielle Erwägungen** sollten **nicht im Vordergrund** stehen, wenn der Verteidiger sich entscheiden muss, ob er ein ihm angetragenes Mandat einer Wiederaufnahme annehmen oder ablehnen will, zumal häufig der hilfesuchende Mandant seine Ersparnisse bereits bei den Kollegen gelassen hat, die eine rechtskräftige Verurteilung nicht abwenden konnten. *Strate* (FA Strafrecht-*Strate*, Teil 4 Rn 2) stellt daher in Aussicht, dass es sich überwiegend um pro-bono-Mandate handeln wird und wirft in diesem Zusammenhang die Frage auf, ob auch deshalb die Wiederaufnahme nur ein Schattendasein in der anwaltlichen Berufspraxis führt. Zwar besteht gem. § 364b die Möglichkeit der Beiordnung eines Verteidigers schon zur Vorbereitung (→ *Wiederaufnahme, Verteidigerbestellung*, Teil B Rdn 1363 ff.). Gleichwohl liegt es auf der Hand, dass mit den nach Nrn. 4136 ff. VV RVG vorgesehenen Gebühren für die gesonderte Verteidigertätigkeit (→ *Wiederaufnahmeverfahren, Abrechnung, Allgemeines*, Teil D Rdn 590) der Arbeitsaufwand nicht annähernd angemessen abgegolten wird. Dies gilt, obwohl sogar dann eine Gebühr entsteht, wenn letztlich dem Mandanten abgeraten wird, einen Wiederaufnahmeantrag zu stellen (sog. Abrategebühr; → *Vergütungsfragen, Wiederaufnahmeverfahren, Strafverfahren, Gebühren*, Teil D Rdn 611 ff.).

1398 **b) Motivation** muss deshalb primär der **Wille** zur Erreichung eines **materiell gerechten Urteils** sein, wobei das BVerfG hier den Verteidigern mit zwei bedeutsamen Entscheidungen den Rücken gestärkt hat. So darf die Zulässigkeitsprüfung eines Wiederaufnahmeantrags durch das Gericht nicht dazu führen, dass das Wiederaufnahmeverfahren seiner Zweckbestimmung als Rechtsbehelf (→ *Wiederaufnahme, Allgemeines*, Teil B Rdn 1363 ff.) beraubt wird und das Recht auf effektiven Rechtsschutz (Art. 19 Abs. 4 GG) verloren geht. Die Anforderungen an die Zulässigkeit eines Wiederaufnahmeantrags dürfen daher insgesamt nicht überspannt werden (BVerfG NStZ 1995, 43 f.). Insbesondere darf das Wiederaufnahmegericht die Anforderungen an die Beweislage nicht zu hoch ansetzen: Von der StPO wird nicht verlangt, dass der Antragsteller für die im Antrag aufgestellten Behauptungen den vollen Beweis erbringt; vielmehr reicht es aus, wenn die im Antrag aufgestellten Behauptungen (→ *Wiederaufnahme, Antrag*, Teil B Rdn 1071 ff.) **„genügende Bestätigung"** finden; weitergehende Anforderungen an die Beweissituation seien weder mit dem Sinn und Zweck des Wiederaufnahmeverfahrens vereinbar noch vom Wortlaut des § 370 Abs. 1 gedeckt (BVerfG StV 1990, 530).

☝ Diese beiden Entscheidungen zeigen, dass es sich für den Verteidiger **lohnen** kann, alle ihm vom Gesetz zugestandenen **Rechtsschutzmöglichkeiten** (→ *Wieder-*

aufnahme, Rechtsmittel, Teil B Rdn 1331 ff.) **auszuschöpfen** und das Wiederaufnahmeverfahren mit aller **Entschiedenheit** zu betreiben (StrafPrax-*Wasserburg*, § 16 Rn 45), ohne sich von der Blockadehaltung der Wiederaufnahmegerichte beeindrucken zu lassen.

c) Die Motivation des Verteidigers muss sein, ein **belastbares Vertrauensverhältnis zum Mandanten aufzubauen**, weil der Glaube des Mandanten an seinen Verteidiger in der Vorbereitungsphase nicht selten auf eine harte Probe gestellt wird, da der Mandant den kritischen Perspektivenwechsel seines Verteidigers auf den Fall häufig nicht nachzuvollziehen vermag. Dabei kommt es nicht darauf an, dass der Verteidiger von der Unschuld des Mandanten überzeugt ist, denn die „Erkenntnis der reinen Wahrheit" darf auch der Verteidiger nicht erwarten (StrafPrax-*Wasserburg*, § 16 Rn 50). 1399

☝ **Aber:** „Ein Strafverteidiger, der nach gründlichem Studium der Akten und gewissenhafter Befragung des Mandanten nicht von dessen Unschuld überzeugt ist, jedenfalls von einen nachhaltigen ‚Unschuldsverdacht' getragen wird, sollte von jeder weiteren Aktivität ablassen." (FA Strafrecht-*Strate*, Teil 4 Rn 4).

d) Motivation kann auch die **reale Erfolgsaussicht** zumindest bei Wiederaufnahmeanträgen gegen Entscheidungen des **AG** sein (→ *Wiederaufnahme, Allgemeines*, Teil B Rdn 1053 ff.). 1400

3. Ein (nicht selten inhaftierter) Mandant, der sich zu Unrecht rechtskräftig verurteilt sieht, ist kein unkomplizierter Klient. Er geht regelmäßig davon aus, dass der Verteidiger ihm als unschuldig Verurteilten, doch helfen können muss. **Aufgabe** des **Verteidigers** ist es daher auch, das **komplexe Verfahren** und seine „Fußangeln" zu **erklären**, um dieses grundlegende Missverständnis ausräumen (*Dahs*, Rn 1001 ff.). Der Verteidiger, der sich einer Wiederaufnahme angenommen hat, sollte es dabei vermeiden, dem Mandanten ein schnelles Ergebnis seiner Arbeit präsentieren zu wollen (StrafPrax-*Wasserburg*, § 16 Rn 55). 1401

☝ Um späteren Auseinandersetzungen mit dem möglicherweise enttäuschten Mandanten von vornherein aus dem Wege zu gehen, ist es **zwingend erforderlich**, den Mandanten über alle Aspekte umfassend **schriftlich aufzuklären**, die eine seriöse Vertretung im Wiederaufnahmeverfahren mit sich bringen.

Zur **umfassenden Aufklärung** gehört der Hinweis auf das erhebliche **Kostenpotenzial** bei vergleichsweise geringen **Erfolgschancen**, den erheblichen erforderlichen **Zeitaufwand** und die Möglichkeit, am Ende einer langwierigen Prüfung mitteilen zu müssen, dass die Wiederaufnahme voraussichtlich keinen Erfolg haben werde und deshalb von der Stellung eines Wiederaufnahmeantrags **abgeraten** werden müsse (StrafPrax-*Wasser*- 1402 *burg*, § 16 Rn 47, 49). Hinzu kommt im Einzelfall das Risiko, anstelle der früheren Verurteilung nun z.B. wegen Strafvereitelung verurteilt zu werden. *Dahs* (Rn 1002) weist zudem zutreffend darauf hin, dass es pflichtwidrig wäre, den Mandanten nicht darüber aufzuklären, dass die mögliche Zulassung des Antrags keineswegs die Begründetheit und die Aufhebung des angegriffenen Urteils garantiert.

☝ Deshalb ist auch die **Zweckmäßigkeit** einer **Wiederaufnahme**, gerade im Hinblick auf die möglicherweise entstehenden Kosten, gemeinsam mit dem Mandanten zu **erörtern**.

1403 **4.a)** Der Verteidiger muss die **Prüfung** mit der Lektüre des **Urteils**, dem Ausgangspunkt jeder Wiederaufnahme (ausführlich dazu MAH-*Strate*, § 27 Rn 14 ff., insbesondere zur psychologischen Bedeutung eines vordergründig schlüssigen Urteils und der kritischen Auseinandersetzung mit der Logik der Beweisführung; etwas abgekürzt auch *Strate* StV 1999, 228 und zuletzt FA Strafrecht-*Strate*, Teil 4 Rn 14 ff.), und der **sorgfältigen Durchsicht** der **Ermittlungsakten** (s.a. *Stern* NStZ 1993, 409, 411 f.) beginnen.

1404 **b)** Dazu ist **umfassende Akteneinsicht** nicht nur in die **Hauptakten**, sondern auch in

- **Bei-** und **Nebenakten** (StrafPrax-*Wasserburg*, § 16 Rn 113),
- **Spurenakten** (die nach Auffassung der Rspr. nicht Teil der Ermittlungsakten sind, vgl. BVerfGE 63, 45, 59 ff. m. abl. Anm. *Amelung, Martin* StV 1983, 181; BGHSt 30, 131; a.A. im Einzelfall BGH StV 1983, 186; *Meyer-Goßner*, NStZ 1982, 353; *Wasserburg* NJW 1980, 2440; *ders.* NStZ 1981, 211; MAH-*Strate*, § 27 Rn 95),
- in eventuell vorhandene Akten aus einem **Vorermittlungsverfahren** (deren Einsichtnahme aus denselben Gründen problematisch werden kann, vgl. dazu StrafPrax-*Wasserburg*, § 16 Rn 126) erforderlich.

☝ **Asservate** sind **in Augenschein** zu nehmen (StrafPrax-*Wasserburg*, § 16 Rn 128; MAH-*Strate*, § 27 Rn 98).

1405 Das **Verständnis** des **Akteninhalts** kann manches Mal **durch** den **Verurteilten gefördert** werden (StrafPrax-*Wasserburg*, § 16 Rn 127). Es sind also auch zeitaufwendige Mandatsbesprechungen einzukalkulieren, wobei eine konfrontative Befragung des Mandanten Grundlage für die weitere Bearbeitung der Wiederaufnahme sein kann und ggf. sein muss (so auch FA Strafrecht-*Strate*, Teil 4 Rn 6 [„In der Wiederaufnahme bewährt sich nur der Anwalt als guter Verteidiger, der in dem besseren Staatsanwalt sein Spiegelbild sieht.“]).

☝ Das genaue Aktenstudium ist schon deshalb von besonderer Bedeutung, weil sich einerseits bereits **daraus neue Tatsachen** oder **Beweismittel** ergeben können (Straf-

Prax-*Wasserburg*, § 16 Rn 114), wenn und weil sie nicht Gegenstand der Urteilsberatung waren (vgl. im Einzelnen: → *Wiederaufnahme, Neuheit von Tatsachen/Beweismitteln*, Teil B Rdn 1311 ff.).

c) Zuletzt bietet es sich an, den **Prozess begleitende Veröffentlichungen** oder die **Akten** von den sich an den Strafprozess anschließenden Verfahren zu studieren, etwa solche aus **Disziplinarverfahren, Zivilverfahren** oder **berufsrechtlichen Verfahren**, da sich auch daraus Anhaltspunkte für neue Tatsachen oder Beweismittel ergeben können (*Dahs*, Rn 1004). Hinzuweisen ist dazu z.B. auf das OLG Frankfurt/Main (NJW 1966, 2423). Dort hatte sich erst im Disziplinarverfahren gegen einen Lehrer, der wegen sexueller Handlungen mit Kindern strafrechtlich bereits rechtskräftig verurteilt worden war, bei einer Ortsbesichtigung herausgestellt, dass es den von den Kindern benannten Tatort möglicherweise nicht gab. Der Wiederaufnahmeantrag i.S. *Harry Wörz* (→ *Wiederaufnahme, Allgemeines*, Teil B Rdn 1058) konnte mit Aussicht auf Erfolg erst gestellt werden, nachdem das LG Karlsruhe die Schmerzensgeldklage der Eltern der getöteten Ehefrau aufgrund durchgreifender Zweifel an der Schuld des Verurteilten abgewiesen hatte. 1406

5. Der sich an die Aktenlektüre anschließende **Arbeitsaufwand** ist **enorm** und ein Wiederaufnahmeverfahren verlangt vom Verteidiger wegen der Blockadehaltung zahlreicher Wiederaufnahmegerichte zudem eine hohe Frustrationstoleranz. Ein professionell betriebenes Wiederaufnahmeverfahren nimmt **nicht Wochen**, **sondern Monate** der Vorbereitung in Anspruch und erst recht die spätere Durchführung lässt sich **zeitlich kaum seriös eingrenzen**, zumal völlig unabsehbar ist, wie viel Zeit die Ausschöpfung aller – selten überflüssigen – Rechtsbehelfe in Anspruch nimmt, die das Gesetz einschließlich der Verfassungsbeschwerde vorsieht (vgl. auch StrafPrax-*Wasserburg*, § 16 Rn 112). Der Verteidiger muss neben der genauen Lektüre der gesamten verfahrensbezogene Akte gegebenenfalls auch selbst **Zeugen ermitteln** und **vernehmen** oder **Sachverständige kontaktieren**. Die eigenen Ermittlungen werden nicht nur dadurch erschwert, dass viele Fährten ins Leere gehen, etwa weil Zeugen verstorben sind oder sich einer Mithilfe verweigern, weil Spuren nicht mehr nachvollziehbar oder Akten nicht mehr vorhanden sind oder weil eine Laienhypothese von einem Sachverständigen widerlegt wird (Beispiele bei MAH-*Strate*, § 27 Rn 12). Hinzu kommt, dass der Verteidiger nicht über die Möglichkeiten der StA und deren Ermittlungsapparat verfügt. Aber der Verteidiger ist im Rahmen des gesetzlich Zulässigen grds. zu eigenen Ermittlungen befugt, denn der Verurteilte ist im Wiederaufnahmeverfahren beweisbelastet. Dabei muss der Verteidiger jeden Anschein vermeiden, er habe auf Zeugen oder Sachverständigen in unlauterer Weise eingewirkt (*Dahs*, Rn 1004; zu eigenen Ermittlungen des Verteidigers s.a. *Burhoff*, EV, Rn 1573). 1407

☝ Macht ein neuer Zeuge Angaben, ist dies in Form einer vom Zeugen **unterschriebenen schriftlichen Erklärung** festzuhalten, denn **eidesstattliche Versicherungen reichen nicht** aus, um einen Wiederaufnahmeantrag zu stützen (BGHSt 17, 303, 304). Denkbar ist auch die **Protokollierung** der Zeugenaussage durch den Verteidiger (MAH-*Strate*, § 27 Rn 105; vgl. a. *Burhoff*, EV, Rn 1583 ff.).

1408 All dies bedeutet aber nicht nur für den Verteidiger eine erhebliche Zusatzbelastung, sondern vor allem für den Mandanten einen **erheblichen Kostenaufwand**. Um den Kanzleibetrieb nicht völlig zu lähmen (vgl. zu dieser Gefahr FA Strafrecht-*Strate*, Teil 4 Rn 3), muss der mit der Wiederaufnahme betraute Verteidiger daher erforderlichenfalls **Hilfskräfte** engagieren – vom studentischen Mitarbeiter bis zum Hochschullehrer, vom Detektiv bis zum Sachverständigen – (StrafPrax-*Wasserburg*, § 16 Rn 48 f., 54; krit. Zur Beauftragung von Detektiven MAH-*Strate*, § 27, Rn 100, da die wenigsten seriös und die Rechnungen meist zu hoch seien).

☝ Für diesen Fall muss der Verteidiger daran denken, die Hilfskräfte zur anwaltlichen Verschwiegenheit i.S.v. **§ 53a** zu verpflichten (*Dahs*, 969; zu Mitarbeitern des Verteidigers s. *Burhoff*, EV, Rn 2625).

1409 Allerdings gibt *Strate* (MAH-*Strate*, § 27 Rn 99) zu bedenken, dass der Verteidiger manches Mal auf seine Autorität als Rechtsanwalt angewiesen ist, weil nur diese ihm „Türen öffnet". Es empfiehlt sich zudem, ein **vorbereitendes Anschreiben**, in welchem kursorisch auf den Sachverhalt und den möglichen Justizirrtum hingewiesen wird.

1410 **6.a)** Sind die Vorbereitungen abgeschlossen, muss der **Wiederaufnahmeantrag sorgfältig formuliert** werden (→ *Wiederaufnahme, Antrag*, Teil B Rdn 1071 ff., vgl. a. MAH-*Strate*, § 27 Rn 103). Der Antrag sollte ein einheitliches Bild abgeben (ausführlich dazu a. FA Strafrecht-*Strate*, Teil 4 Rn 34 ff.).

☝ **Zeugenaussagen** sind in den Antrag ebenso vollständig zu integrieren wie **Sachverständigengutachten**, **Augenscheinsobjekte** sind zu fotografieren und die Bilder in den Text einzuarbeiten.

1411 **b)** Neben den rechtlichen Besonderheiten des Wiederaufnahmeverfahrens muss der Verteidiger aber auch an bedeutsame Nebenaspekte denken, insbesondere an die Frage der **Strafvollstreckungshemmung**. Zwar ist spätestens mit Anordnung der Wiederaufnahme nach § 370 Abs. 2 die Entlassung des Mandanten aus der Haft zu beantragen, sofern nicht schon zuvor die Entlassung von Amts wegen angeordnet wurde; denn die Anordnung der Wiederaufnahme beseitigt die Rechtskraft, sodass eine verhängte Strafe nicht mehr vollstreckt werden darf. Es kann im Einzelfall aber auch schon früher, etwa nach einer positiven Entscheidung über die Zulässigkeit des Antrags, ein Antrag auf Unterbrechung der Vollstreckung zu stellen sein (→ *Wiederaufnahme, Vollstreckungshemmung*, Teil B Rdn 1385 ff.). Schließlich empfiehlt sich ein **Beiordnungsantrag** nach § 364a, sofern nicht schon eine Beiordnung für die Vorbereitung nach § 364b erfolgt ist (→ *Wiederaufnahme, Verteidigerbestellung*, Teil B Rdn 1363 ff.).

Siehe auch: → *Wiederaufnahme, Allgemeines*, Teil B Rdn 1053, m.w.N.

Wiederaufnahme, Wiederaufnahmeziele 1412

Das Wichtigste in Kürze:

1. Wiederaufnahmeziele zuungunsten des Angeklagten sind gesetzlich nicht normiert.
2. Der Wiederaufnahmeantrag zugunsten des Angeklagten ist nur zulässig, um eines der folgenden, vom Gesetz eng vorgegebenen Ziele zu erreichen, nämlich die Freisprechung des Angeklagten, die wesentlich andere Entscheidung über die Maßregel der Besserung und Sicherung, die geringe Bestrafung in Anwendung eines milderen Strafgesetzes oder in den Fällen des § 359 Nr. 1 bis 4 und 6 auch eine Schuldspruchänderung.
3. Die Freisprechung des Angeklagten lässt sich nur erreichen mit neuen Tatsachen oder Beweismitteln.
4. Die Wiederaufnahme kann auf eine wesentlich andere Entscheidung über die Maßregel der Besserung und Sicherung abzielen.
5. Ziel der Wiederaufnahme kann es auch sein, mithilfe eines milderen Strafgesetzes eine geringere Bestrafung anzustreben.
6. Die Schuldspruchänderung als Ziel der Wiederaufnahme in den Fällen des § 359 Nr. 1 bis 4 und 6 ergibt sich nicht unmittelbar aus dem Gesetz, ist aber gleichwohl höchstrichterlich anerkannt.

Literaturhinweise: **Marxen/Tiemann**, Die Korrektur des Rechtsfolgenausspruchs im Wege der Wiederaufnahme, StV 1992, 534; s.a. die Hinw. bei → *Wiederaufnahme, Allgemeines*, Teil B Rdn 1054. 1413

1. Wiederaufnahmeziele zuungunsten des **Angeklagten** sind gesetzlich **nicht normiert**. Es genügt daher, eine vom **Tenor** des **angegriffenen Urteils** zum Nachteil des Angeklagten **abweichende Entscheidung anzustreben**, also im Fall eines Freispruchs die Verurteilung, andernfalls eine Strafschärfung oder eine Verschärfung der Maßregel (*Marxen/Tiemann*, Rn 298). 1414

☝ Dabei darf – im Fall einer schon bestehenden Verurteilung – nur eine Änderung des Hauptstrafenausspruchs und zudem **nur** eine **wesentliche Veränderung** der Strafe bzw. der Maßregel zum Nachteil des Verurteilten angestrebt werden (*Marxen/Tiemann*, Rn 299).

1415 **2.a)** Der **Wiederaufnahmeantrag zugunsten** des Angeklagten ist nur zulässig, um eines der folgenden, vom Gesetz **eng vorgegebenen Ziele** zu erreichen, nämlich die Freisprechung des Angeklagten (vgl. Rdn 1417 ff.), die wesentlich andere Entscheidung über die Maßregel der Besserung und Sicherung, die geringe Bestrafung in Anwendung eines milderen Strafgesetzes oder in den Fällen des § 359 Nr. 1 bis 4 und 6 auch eine Schuldspruchänderung.

☝ Diese Ziele sind ausdrücklich zwar nur in § 359 Nr. 5 StPO formuliert, werden aber **allgemeingültig** auf **alle Wiederaufnahmegründe** angewendet (*Marxen/Tiemann*, Rn 69; *Meyer-Goßner/Schmitt*, § 359 Rn 2; LR-*Gössel*, § 359 Rn 11; KK/StPO-*Schmidt*, § 359, Rn 4).

1416 **b)** Im **Umkehrschluss** bedeutet dies, dass **allein** eine **mildere Bestrafung aufgrund desselben Strafgesetzes kein zulässiges Wiederaufnahmeziel** ist. Es genügt also nicht, wenn die Verurteilung wegen eines nur minder schweren Falls angestrebt wird (OLG Stuttgart Justiz 2004, 26). Auch die Verurteilung wegen verminderter Schuldfähigkeit gem. § 21 StGB ist nach § 363 Abs. 2 kein zulässiges Antragsziel (krit. *Marxen/Tiemann*, Rn 99 unter Verweis auf SK-*Frister*, § 363 Rn 21 f., die sich kritisch zu dieser Ausnahmevorschrift äußeren und deren Verfassungsmäßigkeit bezweifeln; anders aber noch BVerfGE 5, 22, 23 f.). Zudem folgt aus § 359 Nr. 5, dass es nicht isoliertes Ziel der Wiederaufnahme sein kann, anstelle einer Freiheitsstrafe die erstmalige Anordnung einer Maßregel der Besserung und Sicherung zu erreichen (OLG Köln, NStZ-RR 2011, 382). Es kann lediglich eine wesentlich andere Entscheidung über eine Maßregel – etwa deren erhebliche Verkürzung oder der Austausch durch eine andere Maßregelart – erreicht werden. Schließlich sind weder § 47 Abs. 1 StGB noch § 56 StGB mildere Strafgesetze i.S. des § 359 Nr. 5 (OLG Nürnberg NStZ-RR 2015, 318).

1417 **3.a)** Die **Freisprechung** des **Angeklagten** lässt sich nur mit **neuen Tatsachen** oder **Beweismitteln** erreichen, die entweder geeignet sind, die Täterschaft des Angeklagten ganz auszuschließen oder zumindest Rechtfertigungs-, Entschuldigungs-, Strafausschließungs- oder Strafaufhebungsgründe belegen können (*Meyer-Goßner/Schmitt*, § 359 Rn 38; *Marxen/Tiemann*, Rn 71; vgl. a. *Fornauf* StraFo 2013, 235). Wird im Rahmen des Wiederaufnahmeantrags die **Schuldunfähigkeit** des Angeklagten vorgetragen und damit der Freispruch angestrebt, ist dies zwar zulässig; es kommt aber die Verhängung einer Maßregel der Besserung und Sicherung in Betracht (*Marxen/Tiemann*, Rn 72; vgl. aber OLG Köln NStZ-RR 2011, 382). Der Hauptanwendungsfall in der Praxis ist dabei das **Bestreiten der Täterschaft** und die Darlegung eines von den Urteilsfeststellungen abweichenden Geschehensablaufs (vgl. auch *Marxen/Tiemann*, Rn 73).

b) Soweit ersichtlich, sind bislang **entschieden** worden folgende 1418

Sachverhaltskonstellationen: 1419

- Ist eine **wahlweise Verurteilung** erfolgt, genügt es, eine der beiden wahlweisen Verurteilungen anzugreifen (LG Stuttgart StV 2003, 233; *Meyer-Goßner/Schmitt*, § 359 Rn 38; LR-*Gössel*, § 359 Rn 137; KK-*Schmidt*, § 359 Rn 31).
- Erklärt der Verurteilte, er habe ein **falsches Geständnis** abgegeben und nur die Schuld für einen anderen übernommen, steht eine mögliche neue Verurteilung wegen Vortäuschens einer Straftat (§ 145d StGB), falscher Verdächtigung (§ 164 StGB) und Strafvereitelung (258 StGB) einer Wiederaufnahme der anderen Tat nicht entgegen, denn es handelt sich um eine prozessual andere Tat (BGHSt 32, 146, [48 f.; BayObLG NStZ 1984, 569; OLG Celle JZ 1985, 147 f., LR-*Gössel*, § 359 Rn 134; **a.A.** *Peters*, Fehlerquellen, S. 43).

> ☝ Hier muss der Verteidiger für den Fall, dass die in Betracht kommenden Taten noch nicht verjährt sind, das **Risiko einer anderweitigen Verurteilung** abwägen, da möglicherweise eine höhere Bestrafung droht, und dies mit dem Mandanten besprechen (vgl. auch *Marxen/Tiemann*, Rn 75).

- Wurde in **Altfällen** wegen **fortgesetzter Handlung** verurteilt, soll der Wegfall einzelner Akte nach obergerichtlicher Rspr., nur noch Einfluss auf die Strafzumessung haben, sodass eine Wiederaufnahme unzulässig wäre (OLG Düsseldorf VRS 84, 298; OLG München MDR 1982, 250; OLG Kiel SchlHA 1950, 197). Zustimmung verdient dagegen die weiter gehende Auffassung, wonach es ausreicht, wenn eine Reduzierung der Verurteilung um wesentliche Teile der fortgesetzten Handlung angestrebt wird. Insoweit ist der Fall ebenso zu behandeln wie ein Teilfreispruch bei einer Verurteilung wegen tatmehrheitlicher Begehung (LG Bielefeld NStZ 1986, 282 m. zust. Anm. *Peters*; *Stern* NStZ 1993, 411; *Marxen/Tiemann*, Rn 78). Eine Wiederaufnahme ist daneben unstreitig dann möglich, wenn der Verurteilte den Wegfall der ganzen Verurteilung oder aller Einzelakte mit einer Ausnahme anstrebt, denn dann kommt ein Freispruch in Betracht (OLG Oldenburg NJW 1952, 1029; OLG Schleswig, SchlHA 1978, 190 [E/J]); **a.A.** aber *Marxen/Tiemann*, StV 1992, 536; *Peters*, Fehlerquellen, S. 10, 93). Auch wenn der Große Senat des BGH die Rechtsfigur der fortgesetzten Handlung zwischenzeitlich faktisch abgeschafft hat (BGHSt 40, 138) und deshalb die praktische Bedeutung mit der Zeit nachlassen wird (*Marxen/Tiemann*, Rn 78), verbleibt es für die Wiederaufnahme von Altfällen bei dieser Differenzierung.
- Ist dagegen eine **tatmehrheitliche Verurteilung** erfolgt, kann sich das Wiederaufnahmebegehren zulässigerweise auf einen Teilfreispruch beschränken (BGHSt 14, 85; LR-*Gössel*, § 359 Rn 12; *Meyer-Goßner/Schmitt*, § 359 Rn 3). Etwas anderes

soll dann gelten, wenn im Rahmen der Wiederaufnahme nur die Verurteilung wegen solcher Taten angegriffen wird, die für die Verurteilung insgesamt völlig nebensächlich waren, denn dann sei der Rechtsfrieden nicht durch die Beibehaltung der Rechtskraft bedroht; ein entsprechender Antrag sei daher unzulässig (so *Marxen/Tiemann*, Rn 77). Dem kann in dieser Pauschalität nicht gefolgt werden: Ist die – wenn auch für die Gesamtstrafe unwesentliche – Einzelstrafe für den Verurteilten von besonderer Bedeutung, etwa weil sie eine angebliche Tat betrifft, hinsichtlich der er ein gesteigertes Rehabilitationsinteresse hat, muss auch ein solcher Antrag zulässig sein.

☝ Hier ist eine Abwägung im Einzelfall vorzunehmen, was einen **besonderen Begründungsaufwand** vom Verteidiger erfordert.

1420 **c)** Dem Ziel des Freispruchs steht das **Ziel** einer **Einstellung** wegen **Fehlens** einer **Prozessvoraussetzung** gleich, wenn sie unmittelbar tatbezogen ist, denn die Einstellung ist mehr als eine Minderbestrafung (OLG Bamberg NJW 1955, 1121; *Peters*, S. 62; vgl. auch *Hassemer* NJW 1983, 2356; *Geppert* GA 1972, 179). *Marxen/Tiemann* (Rn 80 f.) sehen das Merkmal „tatbezogen" krit.. Nach Ihrer Auffassung kommt es nicht auf die Tatbezogenheit an, sondern darf nur auf solche Einstellungsgründe abgestellt werden, die das Verfahren dauerhaft beenden. Die **Formulierung** „Freisprechung" ist danach **nicht wörtlich** zu nehmen: Der Freisprechung sind vielmehr alle richterlichen Urteile gleichzustellen, die in ihrer **Bedeutung** und **Wirkung** der **Freisprechung gleich kommen**, gleich in welche Formel sie gekleidet werden (OLG Bamberg NJW 1955, 1121). Dies betrifft insbesondere die angestrebte Einstellung in folgenden **Beispielsfällen:**

1421 **Zulässigkeit bejaht:**

- bei einem fehlenden und nicht mehr nachholbaren, verspäteten oder zurückgenommenen **Strafantrags** (beispielhaft genannt in: OLG Bamberg NJW 1955, 1121),
- **wegen Strafunmündigkeit** (*Peters*, Strafprozeß, S. 61),
- wegen Vorliegens der tatsächlichen Voraussetzungen eines schon bei der Verurteilung in Kraft gewesenen **Straffreiheitsgesetzes** (so OLG Bamberg NJW 1955, 1121),
- wegen **Verfolgungsverjährung** vor Urteilserlass (*Schöneborn* MDR 1975, 6, 11),
- bei einem Verstoß gegen **§ 136a** (*Peters*, Strafprozeß, S. 54 f.),
- wegen eines intensiven **Lockvogeleinsatzes** (*Beulke*, Strafprozessrecht, Rn 288, *Marxen/Tiemann*, Rn 82),
- Verstoßes gegen das Verbot der **Doppelbestrafung** gem. Art. 103 Abs. 3 GG (LG Bochum MDR 1970, 259; LG Darmstadt NJW 1968, 1642 m. Anm. Hoffmann; LR-*Gössel*, § 359 Rn 70), wobei in diesen Fällen auch eine Lösung über § 458 möglich sei soll, indem festgestellt wird, dass die Vollstreckung unzulässig sei (OLG Koblenz JR 1981, 520 m. krit. Anm. *Rieß*; *Peters*, Strafprozeß, S. 13).

☝ Da diese Lösung aber nicht den verfassungswidrigen Zustand zweier rechtskräftiger Urteile in derselben Sache beseitigt, ist die Wiederaufnahme in diesen Fällen zulässig (so auch OLG Saarbrücken NStZ-RR 2003, 180; LG Frankfurt am Main NStZ-RR 2003, 80 m.w.N.; *Müller* JR 1997, 125; *Marxen/Tiemann*, Rn 84).

- bei extrem **überlanger Verfahrensdauer** (BVerfG NStZ 1984, 128; StV 2003, 383, 385; wistra 2004, 15, 17; BGHSt 46, 159, 171; insbes. zu der jetzt vertretenen Strafvollstreckungslösung BGHSt 52, 124, *Marxen/Tiemann*, Rn 82 Fn 121).

Zulässigkeit verneint: 1422

- wenn eine Einstellung nach den §§ 153 ff. angestrebt wird (a.A. wohl *J. Meyer* NJW 1969, 1360, 1361],
- bei **Verhandlungsunfähigkeit** des Verurteilten in der HV (*Meyer-Goßner/Schmitt*, § 359 Rn 39),
- bei **Prozessunfähigkeit** des **Privatklägers** (LR-*Gössel*, § 359 Rn 74).

d) Umstr. ist, ob die Geltendmachung von **Strafbefreiungsgründen** die Wiederauf- 1423
nahme begründen kann. Die Straffreierklärung (§ 199) beispielsweise soll dem Freispruch nicht gleichstehen (LR-*Gössel*, § 359 Rn 135). Dem ist aber (s.a. *Marxen/Tiemann*, Rn 86) entgegenzuhalten, dass im einen wie im anderen Fall die Verhängung strafrechtlicher Folgen unterbleibt. Weitere Beispiele gleicher Art sind das Absehen von Strafe (z.B. nach §§ 23 Abs. 3, 60, 157 Alt. 2, 218a Abs. 4 StGB, § 29 Abs. 5 BtmG) und die Verwarnung mit Strafvorbehalt gem. § 59 StGB (vgl. vertiefend *Naucke* Jura 1979, 42 ff.).

4.a) Die Wiederaufnahme kann auf eine **wesentlich andere Entscheidung** über die **Maß-** 1424
regel der **Besserung** und **Sicherung** abzielen, wenn die Maßregel selbstständig angeordnet und im Übrigen freigesprochen wurde, wenn eine Verurteilung im Sicherungsverfahren nach § 413 ff. erfolgt ist oder wenn sie neben einer Strafe verhängt wurde (LR-*Gössel*, § 359 Rn 151). Die **Anwendung eines anderen Strafgesetzes**, wie es das Ziel der geringeren Bestrafung voraussetzt, wird hier **nicht verlangt** (*Meyer-Goßner/Schmitt*, § 359 Rn 42). Welche Maßregeln der Besserung und Sicherung dafür in Betracht kommen, ergibt sich aus der **abschließenden Aufzählung** in **§ 61 StGB**. Eine analoge Anwendung auf Nebenfolgen und Nebenstrafen ist ausgeschlossen (*Meyer-Goßner/Schmitt*, § 359 Rn 42; *Marxen/Tiemann*, Rn 101). Soll die Maßregel die Strafe ersetzen, muss die Wiederaufnahme das Ziel einer Freisprechung verfolgen (*Marxen/Tiemann*, StV 1992, 534). Die isolierte erstmalige Anordnung einer Maßregel der Besserung und Sicherung ist kein zulässiges Antragsziel (OLG Köln NStZ-RR 2011, 382).

b) Die Entscheidung über die Maßregel der Besserung und Sicherung fällt **wesentlich an-** 1425
ders aus, wenn sie **entfällt, erheblich verkürzt** oder durch eine **objektiv mildere ersetzt**

wird (*Marxen/Tiemann*, StV 1992, 537). Wie im gesamten Wiederaufnahmeverfahren zugunsten des Verurteilten (vgl. § 373 Abs. 2) gilt auch hier das **Verbot** der **reformatio in peius** (*Radtke* ZStW 110, 316 ff.). Dagegen verstößt es nicht, wenn nach dem Wegfall der Maßregel am Ende der neuen HV möglicherweise eine Strafe verhängt wird (*Marxen/Tiemann*, Rn 184).

1426 **c)** Ist das **Ziel** die **erhebliche Verkürzung** der Maßregel, lässt sich zwar keine konkrete Zahl bestimmen. Der Zeitraum, der entfallen soll, muss aber in **Relation** zum **Gesamtzeitraum** gesetzt werden (*Marxen/Tiemann*, Rn 106).

1427 **d)** Auch der **Austausch** der **Maßregelart** ist ein **zulässiges Antragsziel**, sofern die neue Maßregel günstiger ist als die frühere (*Meyer-Goßner/Schmitt*, § 359 Rn 42; a.A. AK-*Loos*, § 359 Rn 19, wonach auf Einzelfallerwägungen abzustellen sei). Die **Reihenfolge** (bei abnehmender Belastung) lautet in Übereinstimmung mit *Marxen/Tiemann*, Rn 105 wie folgt: Sicherungsverwahrung (§ 66 StGB) – Psychiatrisches Krankenhaus (§ 63 StGB) – Unterbringung in einer Entziehungsanstalt (§ 64 StGB).

1428 **e) Hinweis für den Verteidiger**

Genau abzugrenzen ist der Wiederaufnahmeantrag mit dem Ziel einer anderen Maßregelentscheidung von den in **Vollstreckung** und **Vollzug** vorgesehenen Möglichkeiten der **Einflussnahme** auf die **Maßregel:** So sieht z.B. § 67c Abs. 2 S. 5 StGB die Erklärung der Maßregel für erledigt vor; nach § 67d Abs. 5 S. 1 StGB kann der Vollzug der Unterbringung in einer Entziehungsanstalt abgebrochen werden (vgl. hierzu ergänzend BVerfGE 90, 1 ff., wonach die frühere Regelung, dass die Maßregel mindestens ein Jahr andauern müsse, verfassungswidrig ist). Zudem kann z.B. in den Fällen der Heilung (OLG Karlsruhe GA 1983, 87, 88), der Unverhältnismäßigkeit des Vollzugs (BVerfGE 70, 297) oder der Undurchführbarkeit der Maßregel (LG Bonn NJW 1977, 345 f.; a.A. OLG München NJW 1978, 552 f.) die Maßregel für erledigt erklärt werden. Der entscheidende Unterschied liegt darin, dass mit der Wiederaufnahme eine Korrektur der Entscheidung des erkennenden Gerichts herbeigeführt wird, während mit den hier beispielhaft genannten Möglichkeiten in Vollstreckung und Vollzug eine Anpassung der Entscheidung des erkennenden Gerichts an später eingetretene Veränderungen stattfindet (vgl. vertiefend *Marxen/Tiemann*, Rn 107 m.w.N.).

1429 **5.a)** Ziel der Wiederaufnahme kann es auch sein, **mithilfe** eines **milderen Strafgesetzes** eine **geringere Bestrafung** anzustreben. Ein Wegfall oder die Milderung einer Nebenstrafe reicht dafür nicht aus (LR-*Gössel*, § 359 Rn 144; KK/StPO-*Schmidt*, § 363 Rn 3; krit. *Marxen/Tiemann*, Rn 87, Fn 135; anders im Bußgeldverfahren *Göhler/Seitz*, § 85 OWiG Rn 11). Es muss stattdessen die **Herabsetzung** der **Hauptstrafe** verfolgt werden (*Meyer-Goßner/Schmitt*, § 359 Rn 40).

b) Liegt ein Fall der **Tateinheit** (§ 52 StGB) vor, muss sich das Wiederaufnahmebegehren gegen die Verurteilung nach der **schwereren Strafnorm** richten (RG JW 1930, 3422; OLG Hamburg MDR 1953, 119; OLG Hamm NJW 1980, 717; a.A. *Peters*, Fehlerquellen, S. 91; AK-StPO-*Loos*, § 363 Rn 7; *Marxen/Tiemann*, StV 1992, 536 [es reicht aus, wenn mit einer wesentlich milderen Strafzumessungsentscheidung zu rechnen ist]; vgl. dazu ausführlich a. *Marxen/Tiemann*, Rn 88 ff., 95 f.). Sind die Strafnormen von der Sanktion her jeweils gleichwertig, ist es für die Frage der Zulässigkeit der Wiederaufnahme unerheblich, wogegen sich der Verurteilte richtet: § 363 Abs. 1 steht der Wiederaufnahme in diesen Fällen nicht entgegen (vgl. BGHSt 48, 153 = NStZ 2003, 678 m. Anm. *Loos*; im Erg. zust. *Gössel*, JR 2003, 518; s. dazu auch unten zum Wiederaufnahmegrund der Schuldspruchänderung bei Rdn 1436). 1430

c) Kein zulässiges **Wiederaufnahmeziel** ist die Beseitigung einer im Wege der **Gesetzeskonkurrenz** zurückgetretenen Vorschrift (KK-*Schmidt*, § 363 Rn 10; LR-*Gössel*, § 363 Rn 7; *Marxen/Tiemann*, Rn 97; a.A. *Peters*, Fehlerquellen, S. 94); Gleiches soll für die Annahme eines **minder schweren Falles** (OLG Stuttgart Justiz 2004, 26) oder den Wegfall eines besonders schweren Falles gelten, denn es handele sich dabei jeweils grds. um dasselbe Strafgesetz (BGH NJW 1977, 1830). 1431

d) Zulässig soll die Wiederaufnahme dagegen nach überwiegender Ansicht bei **benannten Strafmilderungsgründen** wie z.B. § 49 Abs. 2 StGB (LR-*Gössel*, § 363 Rn 10) sein, wenn etwa § 46a StGB anzuwenden gewesen wäre (*Meyer-Goßner/Schmitt*, § 363 Rn 4 m.w.N.) oder wenn nach § 51 Abs. 3 StGB **Auslandshaft** anzurechnen ist (OLG Stuttgart NJW 1968, 2206). 1432

☝ Entscheidend ist daher, dass es sich **nicht um dasselbe Gesetz** i.S.d. § 363 handelt.

e)aa) Überwiegend wird die Zulässigkeit der Wiederaufnahme bei **unbenannten Strafmilderungsgründen** (z.B. § 213 Abs. 2 StGB) daher abgelehnt (OLG Stuttgart NJW 1968, 2206; LR-*Gössel*, § 363 Rn 8 ff.; *Meyer-Goßner/Schmitt*, § 363 Rn 4; KK-*Schmidt*, § 363 Rn 7). Wird das **Regelbeispiel eines besonders schweren Falles** angegriffen, soll dies ebenso wie ein auf benannte Strafänderungsgründe gerichteter Antrag zulässig sein. Unzulässig ist es aber wiederum dann, wenn sich der Antrag gegen einen **atypischen besonders schweren Fall** richtet (AK-StPO-*Loos*, § 363 Rn 9). 1433

☝ Die äußerst komplexe und im Einzelfall **undurchsichtige Judikatur**, etwa bei den nicht tatbestandlich vertypten Strafänderungsgründen (für die Zulässigkeit der Wiederaufnahme in diesen Fällen: OLG Hamm NJW 1955, 565; BGHSt 11, 361; OLG Stuttgart NJW 1968, 2206; a.A. OLG Düsseldorf NStZ 1984, 571), spricht für eine Überprüfung der Kriterien für eine zulässige Wiederaufnahme. Teilweise wird daher vertreten, dass die Einführung von Regelbeispielen zeige, dass die Strafmaßwiederaufnahme auf eine neue Grundlage gestellt werden müsse (SK-*Frister*, § 363 Rn 13). Die ohnehin nicht nachvollziehbare Unterteilung in benannte und unbenannte Strafänderungsgründe sei durch die Regelbeispiele „gesprengt" worden (vgl. ausführlich und mit zahlreichen Argumenten *Marxen/Tiemann*, Rn 88 ff.).

1434 **bb)** Nach zutreffender Ansicht ist daher die Wiederaufnahme schon dann **zulässig, wenn im Einzelfall mit einer wesentlich milderen Strafzumessungsentscheidung zu rechnen** ist. Das Wesentlichkeitsprinzip ist ein im Recht der Wiederaufnahme schon für die Abänderung der Maßregelentscheidung gem. § 359 Nr. 5 angewendetes Kriterium (*Marxen/Tiemann*, Rn 91 f.), sodass damit keine neuen Maßstäbe eingefordert werden. Zudem bestehen wegen der aufgrund der bestehenden Gesetzeslage teilweise willkürlichen Ergebnisse (vgl. auch Gesetzentwurf vom 29.1.1996, BT-Drucks 13/3594) erhebliche verfassungsrechtliche Bedenken (ausführlich dazu *Marxen/Tiemann*, Rn 89 f.), sodass zu Recht eine Neuregelung gefordert wird (vgl. etwa *Marxen/Tiemann*, Rn 93).

1435 **f)** Die Wiederaufnahme ist jedenfalls dann **zulässig**, wenn die angestrebte Verurteilung das Ziel hat, nur

- wegen **Tateinheit** statt **Tatmehrheit** (*Meyer-Goßner/Schmitt*, § 359 Rn 41),
- wegen **Beihilfe** statt **Täterschaft** oder Anstiftung (*Meyer-Goßner/Schmitt*, § 359 Rn 41),
- wegen **Versuchs** statt **Vollendung** (OLG Hamm NJW 1964, 1040; OLG Oldenburg NJW 1953, 435),
- wegen **weniger schwerwiegender Rauschtat** i.S.d. § 323a StGB (OLG Hamm NJW 1964, 1040),
- wegen **Strafvereitelung statt** wegen der **Haupttat** (LR-*Gössel*, § 359 Rn 148),
- wegen der Annahme eines **vermeidbaren Verbotsirrtums** (*Peters*, Fehlerquellen, S. 93),
- nach dem **JGG** anstelle des Erwachsenenstrafrechts (OLG Hamburg NJW 1952, 1150; *Peters*, Fehlerquellen, S. 14)

verurteilt zu werden.

1436 **6.a)** Die **Schuldspruchänderung** als Ziel der Wiederaufnahme in den Fällen des **§ 359 Nr. 1 bis 4 und 6** ergibt sich nicht unmittelbar aus dem Gesetz, ist aber gleichwohl auch **höchstrichterlich anerkannt**. Die dogmatische Herleitung dieses Wiederaufnahmeziels folgt daraus, dass § 363 Abs. 1 die Zulässigkeit der Wiederaufnahme nur für die Fälle der Strafmaßänderung einschränkt, indem die Anwendung eines anderen Strafgesetzes verlangt wird. Für eine Änderung des Schuldspruchs gilt dies daher schon nach dem Wortlaut der Vorschrift nicht (BGHSt 48, 153, 156 f., m. Anm.: *Gössel* JR 2003, 517; *Loos* NStZ 2003, 680, 681). Auch lässt sich die Beschränkung der Zulässigkeit auf die in § 359 Nr. 5 genannten Ziele der Wiederaufnahme nicht auf die anderen Wiederaufnahmegründe übertragen (*Marxen/Tiemann*, Rn 109 m.w.N.). Die praktische Bedeutung ist indes gering (vgl. *Marxen/Tiemann*, Rn 114).

Auch dieses Antragsziel ist zudem mit dem Grundprinzip des Wiederaufnahmerechts in Einklang zu bringen, wonach nur dann **ausnahmsweise** eine **Korrektur** des rechtskräftigen Urteils erfolgen soll, wenn die Rechtskraft im Hinblick auf die Einzelfallgerechtigkeit unerträglich ist (→ *Wiederaufnahmeverfahren, Allgemeines*, Teil B Rdn 1053 ff.). Die Unrichtigkeit des Schuldspruchs muss den Verurteilten daher **schwer belasten** (BGHSt 48, 153, 159). 1437

☝ Dabei ist zu **differenzieren** zwischen einer angestrebten bloßen Schuldspruchänderung und einer angestrebten Schuldspruchänderung, die auch (positiven) Einfluss auf die Rechtsfolgenentscheidung hat (*Marxen/Tiemann*, Rn 110; vgl. Rdn 1438 f.).

b)aa) Wird lediglich allein die **Schuldspruchänderung ohne Einfluss** auf die **Rechtsfolgenentscheidung** verfolgt, muss der Verurteilte in seiner **Ehre** durch den unrichtigen Schuldspruch in **besonders schwerem Maße beeinträchtigt** sein (SK-*Frister*, [4. Aufl.], § 363 Rn 17; ebenso BGHSt 48, 153 [der Antragsteller war wegen Völkermordes in Tateinheit mit Mord in 30 Fällen verurteilt worden, strebte aber eine Änderung des Schuldspruchs auf Völkermord in Tateinheit mit Mord in nur 8 Fällen an]). Wird dagegen beispielsweise nur eine Schuldspruchänderung dahin gehend angestrebt, dass eine Verurteilung wegen Betrugs anstelle von Diebstahl hätte erfolgen müssen, reicht dies auch vor dem Hintergrund der Rspr. des BGH (BGHSt 48, 153) nicht aus, da es am erforderlichen ideellen Rehabilitierungsinteresse fehlt (*Marxen/Tiemann*, Rn 112; SK-*Frister*, [4. Aufl.], § 363 Rn 17; a.A., aber im Hinblick auf das Grundprinzip des Wiederaufnahmerechts zu weitgehend *Loos*, NStZ 2003, 680, 681, der keine derartige Differenzierung vornimmt und nach welchem die Schuldspruchänderung selbst dann zulässiges Wiederaufnahmeziel sein soll, wenn keine besondere Diskriminierung durch den fehlerhaften Schuldspruch vorliegt). 1438

bb) Hat die angestrebte **Schuldspruchänderung** auch **Einfluss auf** die **Rechtsfolgenentscheidung**, wird ebenfalls eine besondere Belastung des Verurteilten gefordert (vgl. hierzu im Einzelnen *Marxen/Tiemann*, Rn 113). 1439

☝ Ist allerdings – wie oftmals – eine Änderung der Rechtsfolgenentscheidung die Konsequenz aus der Schuldspruchänderung, wird der Sache nach eine **Strafmilderung** angestrebt, sodass auch die dort geltenden Voraussetzungen zu erfüllen sind (*Marxen/Tiemann*, Rn 114).

Siehe auch: → *Wiederaufnahme, Allgemeines*, Teil B Rdn 1053, m.w.N.

1440 Wiederaufnahme, Zulässigkeitsprüfung (Aditionsverfahren)

Das Wichtigste in Kürze:

1. Im Aditionsverfahren prüft das nach §§ 367 Abs. 1 S. 1, § 140a GVG zuständige Wiederaufnahmegericht die Zulässigkeit des Wiederaufnahmeantrags.
2. Das Gericht prüft zunächst die allgemeinen Zulässigkeitsvoraussetzungen.
3. Sodann prüft das Gericht, ob hinsichtlich des Antrags die besonderen wiederaufnahmerechtlichen Zulässigkeitsvoraussetzungen vorliegen.
4. Über die Zulässigkeit (§ 368) wird ohne mündliche Verhandlung durch Beschluss entschieden.
5. Zeichnet sich eine Entscheidung ab, muss der Verfahrensbeteiligte, für den die Entscheidung negativ ausfällt, nach dem aus § 33 und Art. 103 Abs. 1 GG herzuleitenden Rechtsgedanken des rechtlichen Gehörs vor der verwerfenden Entscheidung angehört werden.
6. Die Zulassung eines Teils des Antrags ist möglich, wenn es sich um abtrennbare Teile des Urteils handelt.
7. Ist der Antrag zulässig, werden die im Antrag genannten Beweise gem. § 369 erhoben und sodann ggf. das Probationsverfahren durchgeführt.
8. Bereits im Aditionsverfahren findet eine kursorische (Beweis-)Würdigung der bisher nur angebotenen, aber noch nicht erhobenen Beweise in Form einer Geeignetheitsprüfung statt.
9. Die Verwerfung des Antrags als unzulässig richtet sich nach § 368 Abs. 1. Sowohl die Entscheidung, dass der Wiederaufnahmeantrag zulässig ist, als auch dessen Verwerfung als unzulässig sind für den jeweils Beschwerten mit der sofortigen Beschwerde anfechtbar.

1441 **Literaturhinweise:** **Hanack**, Zur Reform des Rechts der Wiederaufnahme des Verfahrens im Strafprozeß, JZ 1973, 393; **Marxen/Tiemann**, Die Wiederaufnahme in Strafsachen, 3. Aufl. 2014; **Peters**, Fehlerquellen im Strafprozess, Band 3, 4. Aufl. 1985; **Schünemann**, Das strafprozessuale Wiederaufnahmeverfahren propter nova und der Grundsatz „in dubio pro reo", ZStW 84 (1972), 870; **Stern**, Zur Verteidigung des Verurteilten in der Wiederaufnahme, NStZ 1993, 409; s.a. die Hinw. bei → *Wiederaufnahme, Allgemeines*, Teil B Rdn 1054.

1442 **1.** Im **Aditionsverfahren prüft** das nach §§ 367 Abs. 1 S. 1, § 140a GVG zuständige Wiederaufnahmegericht (→ *Wiederaufnahme, Zuständigkeit*, Teil B Rdn 1464 ff.) die **Zulässigkeit** des Wiederaufnahmeantrags. Das Gericht ist dabei gehalten, das einmal begonnene Wiederaufnahmeverfahren in angemessener Zeit durchzuführen (Art. 6 Abs. 1 S. 1 EMRK; *Peters*, Fehlerquellen, S. 140). Der Begriff des sog. Aditionsverfahrens hat seinen Ursprung im lat. „adire“ = „herangehen, hingehen“ sowie in der speziellen Redewendung „adire at praetorem in ius“ = „vor Gericht klagbar werden“ (vgl. ausführlich MAH-*Strate*, § 24, Fn 5 unter Verweis auf *Georges*, Kleines Lateinisch-Deutsches Handwörterbuch, 7. Aufl., 1897, S. 38).

2. Das Gericht prüft zunächst die folgenden, **allgemeinen Zulässigkeitsvoraussetzungen** (vgl. anschaulich zu den Voraussetzungen eines zulässigen Wiederaufnahmeantrags OLG Rostock, Beschl. v. 7.4.2004 – I Ws 117/04). Diese lassen sich nachvollziehen anhand folgender 1443

Checkliste: Allgemeine Zulässigkeitsvoraussetzungen 1444

- die **allgemeinen Prozessvoraussetzungen**, wobei bei Wiederaufnahmen **zugunsten** des Verurteilten das Rehabilitationsinteresse die Durchführung des Verfahrens trotz Fehlens allgemeiner Prozessvoraussetzungen oder Vorliegens von Prozesshindernissen gebieten kann, wie § 361 verdeutlicht, der analog auf Fälle der Verhandlungsunfähigkeit des Verurteilten, der Verfolgungs- und Vollstreckungsverjährung nach § 79 StGB, der Begnadigung und Amnestie anwendbar ist (*Meyer-Goßner/Schmitt*, § 361 Rn 1; *Marxen/Tiemann*, Rn 15 ff.), während hingegen die eingetretene Verfolgungsverjährung einer Wiederaufnahme **zuungunsten** des Angeklagten entgegensteht (zur Berechnung des Fristablaufes vertiefend *Marxen/Tiemann*, Rn 18; LR-*Gössel*, § 362 Rn 3);
- die **Statthaftigkeit** des Antrags (vgl. a. → *Wiederaufnahme, Antrag*, Teil B Rdn 1071, m.w.N.):
  - **Nur gegen** rechtskräftige Urteile, rechtskräftige Strafbefehle und – unter analoger Anwendung der §§ 359 ff. – Beschlüsse.
  - **Nicht**
    - **gegen** einen **rechtskräftigen Bewährungswiderruf** (OLG Düsseldorf StraFo 2004, 146; OLG Stuttgart NStZ-RR 1996, 176; wistra 2001, 239),
    - im Verfahren nach **§ 109 StVollzG** (OLG Hamburg NStZ 2001, 391), wenn das Urteil noch mit der Revision angegriffen werden kann (LG Göttingen, Beschl. v. 25.8.2005, 8 KLs 4/04),
    - wenn das Ziel lediglich die **nachträgliche Anwendung** der sog. **Vollstreckungslösung** ist (OLG Celle NStZ-RR 2010, 386).
- die **Antragsberechtigung** und die **Beschwer** (vgl. a. → *Wiederaufnahme, Antrag*, Teil B Rdn 1071, m.w.N.),
- die **örtliche und sachliche Zuständigkeit** des Gerichts (§§ 367 StPO, 140a GVG; → *Wiederaufnahme, Zuständigkeit*, Teil B Rdn 1464).

1445 **3.** Sodann prüft das Gericht hinsichtlich des Antrags folgende

1446 **Besondere Zulässigkeitsvoraussetzungen:**

- ein zulässiges **Antragsziel** (→ *Wiederaufnahme, Wiederaufnahmeziele*, Teil B Rdn 1412 ff.),
- die Einhaltung von **Form und Frist** (→ *Wiederaufnahme, Antrag*, Teil B Rdn 1071 ff.),
- das Vorbringen eines **Wiederaufnahmegrundes** (vgl. dazu im Einzelnen die gesondert dargestellten Wiederaufnahmegründe zugunsten und zuungunsten des Verurteilten); denn nur dieser Wiederaufnahmegrund wird auch der Prüfung unterzogen (*Meyer-Goßner/Schmitt*, § 368 Rn 1), insbesondere auf seine Geeignetheit hin,
- **kein Ausschluss** nach den **§§ 363, 364**,
- **kein Verbrauch** des Vorbringens (→ *Wiederaufnahme, Rechtsmittel*, Teil B Rdn 1362 f.).

1447 **4.** Über die **Zulässigkeit (§ 368)** wird **ohne mündliche Verhandlung** und ohne Schöffen (§§ 30 Abs. 2, 76 Abs. 1 S. 2 GVG) durch **Beschluss** entschieden (§ 367 Abs. 2). Anders ist dies nur in den Fällen des § 371. Dort ist der Beschluss nach § 370 Abs. 2 entbehrlich (*Meyer-Goßner/Schmitt*, § 371 Rn 1), da entweder das Wiederaufnahmeverfahren für zulässig erklärt oder der Antrag als unzulässig verworfen wird.

1448 **5.a)** Zeichnet sich eine Entscheidung ab, muss der **Verfahrensbeteiligte**, für den die **Entscheidung negativ** ausfällt, nach dem aus § 33 und Art. 103 Abs. 1 GG herzuleitenden Rechtsgedanken des rechtlichen Gehörs vor der verwerfenden Entscheidung **angehört** werden (*Marxen/Tiemann*, Rn 331; **a.A.** die wohl noch **h.M.**, wie z.B. BVerfG NJW 1963, 758; *Meyer-Goßner/Schmitt*, § 368 Rn 11; KK-*Schmidt*, § 368 Rn 15; wohl a. Graf/*Hoffmann-Holland*, § 368 Rn 11, wonach der Verwerfungsbeschluss nach ausschließlicher Anhörung der StA nach § 33 Abs. 2 ohne Anhörung des Gegners ergeht). Die Regelungen zum rechtlichen Gehör sind jedoch mit § 368 Abs. 2 im Wiederaufnahmeverfahren nur unzureichend ausgestaltet (*Marxen/Tiemann*, Rn 328).

> ☝ Das Gericht hat eine **Fürsorgepflicht** gegenüber privaten Verfahrensbeteiligten/juristischen Laien und muss es diesen daher ermöglichen, sachdienliche Anträge zu stellen (*Peters*, Fehlerquellen, S. 140 unter Berufung auf den Grundsatz des fairen Verfahrens). Bei kleineren Mängeln ist Gelegenheit zur Antragsergänzung zu geben (OLG Hamm NJW 1980, 717; *Meyer-Goßner/Schmitt*, § 366 Rn 3; LR-*Gössel*, § 366 Rn 1).

1449 **b)** Bei **der Entscheidung** über den **Antrag** des **Verurteilten** ist gem. § 33 Abs. 2 die **StA** immer und ggf. auch der Privatkläger zu hören (LR-*Gössel*, § 368 Rn 28, 30; *Meyer-Goßner/Schmitt*, § 368 Rn 11; *Peters*, Fehlerquellen, S. 140), da er ein berechtigtes Interesse an der Sache selbst hat (*Marxen/Tiemann*, Rn 329).

☝ Der **Nebenkläger** dagegen wird lediglich über die ggf. erfolgende Wiederaufnahme **informiert** (vgl. ausführlich *Marxen/Tiemann*, Rn 329).

c) Bei der Entscheidung über den **Antrag** der **StA zugunsten** des **Verurteilten** muss der Verurteilte konsequenterweise nicht gehört werden (*Peters*, Fehlerquellen, S. 140), da die Entscheidung für ihn nicht negativ ist. A.A. sind *Marxen/Tiemann* (Rn 331) unter Verweis auf den Anspruch des Verurteilten auf rechtliches Gehör, wenn der Antrag der StA als unzulässig verworfen werden soll (Rn 331). 1450

d) Bei der Entscheidung über den **Antrag** der **StA zuungunsten** des **Verurteilten** müssen der Verurteilte und sein (aktueller) Verteidiger (OLG Karlsruhe NJW 1968, 1438 f.; *Peters*, Fehlerquellen, S. 140), ggf. auch sein gesetzlicher Vertreter oder der Erziehungsberechtigte (§ 67 Abs. 1 JGG), angehört und ihnen eine Abschrift des Antrags der StA zugestellt werden (*Marxen/Tiemann*, Rn 335). Denn schon die Zulässigkeitsentscheidung bedeutet für den Angeklagten/Verurteilten einen Rechtsnachteil (*Marxen/Tiemann*, Rn 332; dazu u.a. auch KK-*Schmidt*, § 368 Rn 11, SK-*Frister* [4. Aufl.], § 368 Rn 12; *Peters*, Fehlerquellen, S. 140). Es kann eine angemessene und verlängerbare Frist zur Stellungnahme gesetzt werden. Nach *Marxen/Tiemann* (Rn 335) soll diese wie die Beschwerdefrist des § 311 Abs. 2 mindestens eine Woche betragen. 1451

☝ Soweit teilweise noch eine **gegenteilige Auffassung** vertreten wird, wonach es ausreichen soll, dem Angeklagten/Verurteilten bei Anträgen der StA lediglich der Zulassungsbeschluss mit der Einräumung einer Erklärungsmöglichkeit und -frist zuzustellen (so etwa KG, Beschl. v. 28.7.1999 – 4 Ws 179/99; *Meyer-Goßner/Schmitt*, § 368 Rn 13; vgl. etwas zurückhaltender auch LR-*Gössel*, § 368 Rn 35), ist dies **nicht** mit **Art. 103 Abs. 1 GG vereinbar** (zutreffend *Marxen/Tiemann*, Rn 333; a.A. aber auch noch BVerfG NJW 1963, 758, das keine verfassungsrechtlichen Bedenken gegen diese Vorgehensweise hatte).

6. Die **Zulassung** eines **Teils** des **Antrags** ist **möglich**, wenn es sich um **abtrennbare Teile** des Urteils handelt. Das ist insbesondere bei einzelnen von mehreren tatmehrheitlichen Fällen (*Meyer-Goßner/Schmitt*, § 368 Rn 12, LR-*Gössel*, § 368 Rn 32, *Peters*, Fehlerquellen, S. 141) und bei der Strafzumessung der Fall (BGHSt 11, 361, 362). Teilweise wird vertreten, dass dies auch für wesentliche Einzelakte einer fortgesetzten Handlung gelten soll (*Marxen/Tiemann*, Rn 338, 78). **Umstr.** ist zudem, ob eine **Beschränkung** auf **einzelne** von **mehreren Wiederaufnahmegründen** zulässig ist (so OLG Hamburg GA 1967, 317 f.; LR-*Gössel*, § 368 Rn 33; *Meyer-Goßner/Schmitt*, § 368 Rn 12; *Marxen/Tiemann*, Rn 338; a.A. *Peters*, Fehlerquellen, S. 138; SK-*Frister*, [4. Aufl.] § 368 Rn 14). **Innerhalb** eines **einzelnen Wiederaufnahmegrundes** ist dagegen nur eine einheitliche Entscheidung möglich (*Meyer-Goßner/Schmitt*, § 368 Rn 12; KK-*Schmidt*, § 368 Rn 17, 1452 jeweils unter Verweis auf BGH NJW 1966, 2177). Nicht überzeugen kann dagegen die vereinzelt vertretene Ansicht, dass neben Zulassung und Verwerfung auch eine **Einstellung** nach **§ 206a** wegen Vorliegens eines Verfahrenshindernisses möglich sein soll (so aber LR-*Gössel*, § 368 Rn 3 ff.; SK-*Frister*, [4. Aufl.] § 368 Rn 4; vgl. dazu ausführlich *Marxen/Tiemann*, Rn 339, die zutreffend darauf hinweisen, dass es schon an einer für die analoge Anwendung des § 206a erforderlichen Regelungslücke fehlt).

1453 **7.** Ist der **Antrag zulässig**, werden die im Antrag genannten **Beweise** gem. § 369 **erhoben** (*Marxen/Tiemann*, Rn 7) und **sodann** ggf. das **Probationsverfahren** durchgeführt.

1454 Auch im Probationsverfahren kann das Wiederaufnahmegericht aber den Antrag noch **gem. § 368** als **unzulässig verwerfen** (KG, Beschl. v. 14.9.2001 – 4 Ws 123/01; OLG Hamburg GA 1967, 317; OLG Koblenz NStZ-RR 2007, 317 [Ls.]; *Meyer-Goßner/Schmitt*, § 370 Rn 2; LR-*Gössel*, § 370 Rn 8 ff.), wenn sich erst in diesem Verfahrensabschnitt herausstellt, dass eine formale Zulässigkeitsvoraussetzung, etwa gem. § 366 Abs. 2, von vornherein fehlte (OLG Hamburg, StV 2003, 229) und dies erst im Probationsverfahren erkannt wurde (a.A. *Peters*, Fehlerquellen, S. 150, wonach der Antrag als unbegründet zu verwerfen sei).

☝ Dies gilt aber nur für Zulässigkeitsvoraussetzungen, die der Sachprüfung im Aditionsverfahren vorgelagert sind. Die Verwerfung als unzulässig ist daher **nicht mehr möglich**, wenn im Aditionsverfahren eine **Sachentscheidung** getroffen, also die Erfolgsaussicht des Antrags im Aditionsverfahren auf der zur Verfügung stehenden Beweisgrundlage bejaht wurde (vgl. ausführlich *Marxen/Tiemann*, Rn 387 f.).

1455 **8.a)** Bereits im Aditionsverfahren findet eine **kursorische (Beweis-)Würdigung** der bisher nur angebotenen, aber noch nicht erhobenen Beweise in Form einer **Geeignetheitsprüfung** statt (*Marxen/Tiemann*, Rn 198 ff.), die sich in die Prüfung der Erheblichkeit (vgl. im Einzelnen *Marxen/Tiemann*, Rn 203 ff.) und der hinreichenden Erfolgsaussicht (vgl. ausführlich *Marxen/Tiemann*, Rn 218 ff.) aufgliedert. Ein schlüssiger Vortrag allein reicht deshalb für einen zulässigen Antrag nicht aus. Es **muss** auch die **Eignung** der neuen **Beweismittel dargelegt** werden, um die kursorische Beweiswürdigung vornehmen zu können (OLG Stuttgart NStZ-RR 2003, 210; OLG Hamm, Beschl. v. 9.9.2009 – 3 Ws 311/09; LG Karlsruhe, Beschl. v. 25.8.2008 – 3 Qs 70/08).

1456 Gerade hinsichtlich der hinreichenden Erfolgsaussicht **leidet** die *Praxis* der **Verteidigung** in Wiederaufnahmeverfahren unter den zu **strengen Anforderungen**, die seitens der Gerichte oftmals erhoben werden. Das beklagt auch *Stern* (NStZ 1993, 409, 414), der von „maßlos überspannten" Anforderungen spricht und darauf hinweist, dass faktisch häufig der Unschuldsbeweis verlangt werde, obwohl genügen müsse, dass die Zuverlässigkeit bisher erhobener Beweise erschüttert werde und sich daraus Zweifel an der Schuld – in dubio pro reo – ergebe. Das führt dazu, dass die Gerichte dazu neigen, nur solche Anträge für zulässig zu erklären, in denen ein Erfolg nahezu sicher ist (*Marxen/Tiemann*, Rn 226; vgl. a. *Schünemann*, ZStW 84 (1972), 870, 888), was nicht nur von Verteidigern (vgl. etwa MAH-*Strate*, § 27 Rn 3 mit zahlr. Beispielen), sondern auch seitens der Richterschaft selbst kritisiert wird (vgl. insoweit *Hanack* JZ 1973, 393, 396; → *Wiederaufnahme, Geeignetheit von Tatsachen/Beweismitteln*, Teil B Rdn 1282 ff.).

b) Immerhin hat das **BVerfG** im Sinne der Verteidigung in einer Grundsatzentscheidung 1457
(BVerfG NStZ 1995, 43) den Wiederaufnahmegerichten zwei wesentliche **Hürdenaufgestellt**, die eine **vorschnelle Zurückweisung** des Wiederaufnahmeantrags **verhindern** sollen:

- Das Wiederaufnahmegericht darf **nicht** schon im Rahmen der Eignungsprüfung im Zulässigkeitsverfahren **Beweise würdigen** und Feststellungen treffen, die der Hauptverhandlung vorbehalten sind (vgl. auch BayVerfGH VerfGHE 2004, 447, 449).
- Auch darf die **Feststellung** solcher **Tatsachen**, die den **Schuldspruch überwiegend tragen**, etwa weil sie die abgeurteilte Tat in ihren wesentlichen Merkmalen eingrenzen oder deren Bestätigung oder Widerlegung ein zentraler Aspekt der Verteidigung ist, **nur** in der **HV** erfolgen.
- Zudem wird in der Entscheidung des BVerfG (a.a.O.) erneut darauf hingewiesen, dass der Verurteilte innerhalb der Verfahrensstruktur des Wiederaufnahmeverfahrens einen **Anspruch** auf **effektiven Rechtsschutz** hat (so schon BVerfG NJW 1993, 2735 u. jetzt BVerfG NZV 2016, 45).

c) Es findet eine abstrakte Prüfung der angebotenen Beweise statt. Im Rahmen dieser **abs-** 1458
trakten Beweiswürdigung ist zu unterstellen, dass benannte Zeugen die behaupteten Aussagen machen werden, nicht hingegen, dass diese Aussagen inhaltlich richtig sind oder dass die Bekundungen zu einer entsprechenden Überzeugungsbildung führen müssen und den benannten Beweismitteln der ihnen zugedachte Beweiswert beigemessen werden kann (KG, Beschl. v. 14.9.2001 – 4 Ws 123/01; teilweise abweichend OLG Rostock, Beschl. v. 7.4.2004 – I Ws 117/04, wonach das Gericht grds. auch unterstellt, dass die beigebrachten Beweismittel den ihnen zugedachten Erfolg haben werden). Denn das Wiederaufnahmegericht ist im Zulassungsverfahren nicht auf eine abstrakte Schlüssigkeitsprüfung beschränkt, sondern hat bei der Beurteilung der Eignung des Beweismittels nach § 368 Abs. 1 eine gewisse Wertung der Beweiskraft vorzunehmen, soweit sie ohne förmliche Beweisaufnahme möglich ist. Die Bewertung des Antragsvorbringens kann aber immer nur vorläufiger Art sein, weil es nicht möglich ist, die Erheblichkeit eines neuen Beweismittels bereits im Zulassungsverfahren wegen Unglaubwürdigkeit zu verneinen. **Die endgültige Entscheidung** über die **Glaubwürdigkeit des Beweismittels** kann vielmehr grds. nur in einer neuen HV getroffen werden, die ein Probationsverfahren voraussetzt (KG, Beschl. v. 5.7.2001 – 4 Ws 64/01, im Anschluss an KG, Beschl. v. 20.11.1980 – 2 Ws 217/80; ebenso OLG Karlsruhe 1984, 308). Die vorweggenommene

Beweiswürdigung ist in gewissen Grenzen zulässig und geboten (OLG Rostock, Beschl. v. 7.4.2004 – I Ws 117/04). Schon der Wortlaut des § 368 Abs. 1 verlange „die vorgetragenen neuen Tatsachen und Beweismittel selbst auf ihre Eignung hin zu prüfen, wobei im Wege des Freibeweises schon im Rahmen der Zulässigkeitsprüfung dieses auch dahin zu erfolgen hat, ob die Schuldfrage vom Standpunkt des erkennenden Gerichts anders entschieden worden wäre, wenn die neuen Tatsachen und Beweismittel dem Gericht bekannt gewesen wären" (KG, Beschl. v. 14.9.2001 – 4 Ws 123/01).

☝ **Entscheidend** ist folglich, dass eine **hypothetische Beweiswürdigung** zulässig ist, soweit sie **ohne Beweiserhebung erfolgen** kann. Sie darf die Durchführung der HV nicht ersetzen (OLG München StRR 2010, 386). Deshalb sind die Grenzen der Zulässigkeit vorweggenommener Beweiswürdigung überschritten, wenn den Angaben eines Zeugen, der bei „Aussage gegen Aussage" nunmehr zugunsten des Verurteilten aussagen will, ohne vorherige Vernehmung die Glaubhaftigkeit abgesprochen wird (OLG Koblenz NStZ-RR 2005, 272).

Zudem **bindet** das **angegriffene Urteil** das Wiederaufnahmegericht durch seine **tatsächlichen Feststellungen**. Das Gericht darf nicht die Tatzeit nach vorne oder hinten verschieben, um anschließend die Geeignetheit eines neuen Beweismittels zu verneinen (OLG Jena NStZ-RR 2005, 379).

1459 **d)** Dieses berücksichtigend prüft das Wiederaufnahmegericht – ausschließlich hinsichtlich der vom Antragssteller vorgebrachten Wiederaufnahmegründe (*Meyer-Goßner/Schmitt*, § 368 Rn 1), aber ohne Bindung an sein Beweisangebot (OLG Koblenz, Beschl. v. 19.10.2003 – 1 Ws 678/03) – daher

- in den Fällen der **§§ 359 Nr. 1 bis 4, 362 Nr. 1 bis 4** die **Vollständigkeit des Antragsvorbringens** und die **Eignung der Beweise**. Fehlt es an einem Urteil (§ 364), muss zumindest der konkrete Verdacht einer Straftat begründet sein, wobei umstritten ist, ob dies mit dem Anfangsverdacht (so OLG Düsseldorf VRS 88, 48) oder mit einem hinreichenden Tatverdacht (so *Marxen/Tiemann*, Rn 291; SK-*Frister*, § 364 Rn 7) gleichzusetzen ist. Die bloße Behauptung einer Straftat genügt dagegen nicht (*Meyer-Goßner/Schmitt*, § 364 Rn 1). Der Antrag nach §§ 359 Nr. 1 und 2, 362 Nr. 1 und 2 ist unzulässig, wenn offensichtlich kein ursächlicher Zusammenhang zwischen Straftat und Urteil besteht (*Meyer-Goßner/Schmitt*, § 368 Rn 2). Geeignete Beweise sind in den Fällen der §§ 359 Nr. 1 bis 4 und 362 Nr. 1 bis 3 insbesondere das Straf- oder Zivilurteil, auf das der Antrag gestützt wird (*Meyer-Goßner/Schmitt*, § 368 Rn 2; vgl. dazu ausführlich die Ausführungen zu den jeweiligen Wiederaufnahmegründen).
- Im Fall des **§ 362 Nr. 4** kommt es während des Aditionsverfahrens noch nicht auf die Glaubhaftigkeit des Geständnisses an; diese wird erst im Probationsverfahren geprüft (LR-*Gössel*, § 368 Rn 14; → *Wiederaufnahme, Begründetheitsprüfung [Probations-*

verfahren], Teil B Rdn 1216 ff.). Geeignete Beweismittel sind hier beispielsweise Zeugen oder Urkunden, die das Geständnis beweisen können (*Meyer-Goßner/Schmitt*, § 368 Rn 2).

- im Fall des **§ 358 Nr. 5**, ob die Tatsachen oder Beweismittel tatsächlich neu sind (→ *Wiederaufnahme, Neue Tatsachen oder Beweismittel (Nova)*, Teil B Rdn 1144 ff.) und sodann, ob sie geeignet sind. Hierbei ist wiederum zwischen Erheblichkeit und hinreichender Erfolgsaussicht zu differenzieren (→ *Wiederaufnahme, Geeignetheit von Tatsachen/Beweismitteln*, Teil B Rdn 1282 ff.).

☝ Die Prüfung **unterscheidet** sich von derjenigen im **Probationsverfahren** daher dadurch, dass hier die Richtigkeit des Vorbringens nicht untersucht, sondern zunächst unterstellt wird (KG, Beschl. v. 14.9.2001, 4 Ws 123/01 *Meyer-Goßner/Schmitt*, § 368 Rn 1; LR-*Gössel*, § 368 Rn 9).

Verfahrenshindernisse sind in diesem Stadium **noch nicht** von **Bedeutung** (vgl. hierzu ausführlich *Meyer-Goßner/Schmitt*, § 368 Rn 1a).

9.a) Die **Verwerfung** des Antrags **als unzulässig** richtet sich nach **§ 368 Abs. 1**. Der Antrag wird dann gem. § 368 Abs. 1 als unzulässig verworfen, wenn **1460**

- der Antrag **nicht formgerecht** i.S.d. § 366 Abs. 2 gestellt wurde (→ *Wiederaufnahme, Antrag*, Teil B Rdn 1071) bzw.
- im Antrag in ihm **entgegen § 366 Abs. 1**
  - **kein gesetzlicher Wiederaufnahmegrund** genannt oder
  - **kein geeignetes Beweismittel** benannt wurde.

b) Wird der Antrag als unzulässig verworfen, weil die genügende Bestätigung oder der ursächliche Zusammenhang fehlt, muss die Verwerfung **ausführlich begründet** werden (§ 34), damit der Antragsteller seine dagegen zulässige sofortige Beschwerde (§ 372 Abs. 1; → *Wiederaufnahme, Rechtsmittel*, Teil B Rdn 1331 ff.) begründen (OLG Hamm NJW 1951, 166) und das Beschwerdegericht die Entscheidung überprüfen kann (*Meyer-Goßner/Schmitt*, § 368 Rn 11; LR-*Gössel*, § 368 Rn 29, 34). **1461**

c) Bei Unzulässigkeit des Antrags ist auch über die **Kosten** zu entscheiden, die in der Regel der **Antragsteller** zu tragen hat (§ 473 Abs. 6 Nr. 1). Anders ist dies nur dann, wenn der **Antrag teilweise zulässig** ist: In diesen Fällen bleibt die Kostenentscheidung bis zum Abschluss des Wiederaufnahmeverfahrens vorbehalten. Auch hier greift aber wieder die Fürsorgepflicht des Gerichts, das den Antragsteller erforderlichenfalls auf die Möglichkeit der Beschränkung hinzuweisen hat, um Kosten zu sparen (*Marxen/Tiemann*, Rn 340). **1462**

d) Für die **Zustellung/Bekanntmachung** der Entscheidung gilt (vgl. allgemein → *Rechtsmittel/Rechtsbehelfe, Entscheidungsbekanntmachung*, Teil A Rdn 1483; → *Rechtsmittel/Rechtsbehelfe, Zustellung, Allgemeines*, Teil A Rdn 1845 m.w.N.): **1463**

- Die **Verwerfungsentscheidung** muss dem Antragsteller förmlich zugestellt (§ 35 Abs. 2 S. 1), den übrigen Verfahrensbeteiligten formlos gem. § 35 Abs. 2 S. 2 mitgeteilt werden.
- Der **Zulassungsbeschluss** wird dem Antragsgegner ebenfalls förmlich zugestellt (§ 368 Abs. 2).
- Beantragt die **StA** die Wiederaufnahme **zugunsten** des Angeklagten und ist diese zulässig, bedarf es keiner förmlichen Zustellung an den Angeklagten, denn er ist kein Antragsgegner. Mangels Beschwer ist er nicht beschwerdebefugt (§ 35 Abs. 2 S. 2), sodass die formlose Mitteilung eine ausreichende Grundlage für seine Beteiligung am weiteren Verlauf des Wiederaufnahmeverfahrens schafft (LR-*Gössel*, § 368 Rn 36).
- Ist der Wiederaufnahmeantrag **teilweise zulässig** und **teilweise unzulässig**, ist sowohl dem Antragsgegner als auch dem Antragsteller förmlich zuzustellen (*Marxen/Tiemann*, Rn 342). Es ist in jedem Fall auch der aktuelle Verteidiger des Antragstellers zu informieren (*Marxen/Tiemann*, Rn 343).

☝ Sowohl die Entscheidung, dass der Wiederaufnahmeantrag zulässig ist, als auch dessen Verwerfung als unzulässig sind für den jeweils Beschwerten mit der **sofortigen Beschwerde** binnen **einer Woche** anfechtbar, § 372 Abs. 1 (→ *Wiederaufnahme, Rechtsmittel*, Teil B Rdn 1331 ff.).

Siehe auch: → *Wiederaufnahme, Allgemeines*, Teil B Rdn 1053, m.w.N.

1464

Wiederaufnahme, Zuständigkeit

Das Wichtigste in Kürze:

1. Die Zuständigkeit für das gesamte Wiederaufnahmeverfahren ist in § 367 Abs. 1 i.V.m. § 140a GVG geregelt. Der Wiederaufnahmeantrag kann aber auch bei dem Gericht gestellt werden, dessen Entscheidung angefochten werden soll.
2. Hinsichtlich der sachlichen Zuständigkeit gilt, dass immer ein Gericht entscheidet, das die gleiche sachliche Zuständigkeit hat wie dasjenige, dessen Entscheidung angegriffen wird. Dabei ist das Gericht entscheidend, das zuletzt über die Schuldfrage entschieden hat.
3. Die örtliche Zuständigkeit richtet sich nach dem Geschäftsverteilungsplan, der jährlich vom Präsidium des OLG erlassen wird.
4. Besonderheiten ergeben sich für die Entscheidung durch ein unzuständiges Gericht.

5. § 23 Abs. 2 regelt auch im Wiederaufnahmeverfahren den Ausschluss von Richtern. Wer an der angegriffenen Entscheidung mitgewirkt hat, darf nicht auch an der Entscheidung über den Wiederaufnahmeantrag bzw. im wiederaufgenommenen Verfahren mitwirken.
6. Das zuständige Gericht entscheidet über die Anträge auf Zulassung des Wiederaufnahmeverfahrens und auch über die Anträge nach §§ 364a, 364b ohne mündliche Verhandlung durch Beschluss.
7. Die Zuständigkeit der StA richtet sich nach der Zuständigkeit des Wiederaufnahmegerichts. Dies betrifft auch die Frage der Vollstreckungshemmung.

Literaturhinweise: **Feiber**, Verfassungswidriges Wiederaufnahmerecht, NJW 1986, 699 f.; **Weiler**, Unzuständigkeit eines mit der Sache vorbefassten Gerichts in der Wiederaufnahme, NJW 1996, 1042; s.a. die Hinw. bei → *Wiederaufnahme, Allgemeines*, Teil B Rdn 1054. **1465**

1. Die Zuständigkeit für die Entscheidungen im Wiederaufnahmeverfahren ergibt sich aus **§ 367 Abs. 1 i.V.m. § 140a GVG**. Das gilt auch für Entscheidungen im Kostenfestsetzungsverfahren (LG Karlsruhe StraFo 2008, 265) und für den Antrag zur Vorbereitung des Wiederaufnahmeverfahrens (§ 140 Abs. 7 GVG). **1466**

Ein Wiederaufnahmeantrag kann ebenso wie ein Antrag nach §§ 364a, 364b (→ *Wiederaufnahmeverfahren, Verteidigerbestellung*, Teil B Rdn 1363 ff.) aber **auch** bei dem **Gericht** gestellt werden, **dessen Urteil angefochten** werden soll. Dieses leitet dann den Antrag an das zuständige Gericht weiter (§ 367 Abs. 1 S. 2, 2. Hs.). Dazu erlässt der Vorsitzende eine Verfügung (*Meyer-Goßner/Schmitt*, § 367 Rn 3). Wurde der Wiederaufnahmeantrag in zulässiger Weise beim BGH gestellt, ergeht ein Beschluss des Senats (BGH NStZ 1996, 327 [K]). Die Möglichkeit, die Wiederaufnahme bei dem Gericht einzulegen, dessen Entscheidung angegriffen wird, dient der Vermeidung eines nur deswegen unzulässigen Antrags, weil dieser bei einem unzuständigen Gericht gestellt wurde (BGH GA 1985, 419; *Krägeloh* NJW 1979, 139). **1467**

☝ Die vom erkennenden Gericht angenommene **sachliche** und **funktionelle Zuständigkeit** gilt für das Wiederaufnahmeverfahren **fort** (OLG München MDR 1980, 601).

2. Aus **§§ 367 StPO, 140a Abs. 1 GVG** ergeben sich folgende **1468**

Sachliche Zuständigkeiten: **1469**

- **Grds.** entscheidet sowohl über den Antrag auf Zulassung des Wiederaufnahmeantrags als auch im neuen Hauptverfahren immer ein **anderes Gericht** mit **gleicher sachlicher Zuständigkeit** wie das Gericht, dessen Urteil angefochten wurde, sog. Grundsatz gleicher sachlicher Zuständigkeit, § 140a Abs. 1 S. 1 GVG. **Entscheidend** ist dabei jeweils, welches Gericht **zuletzt** über die **Schuldfrage** entschieden hat Es kommt daher auf das letzte **Sachurteil** an. Wurde das Verfahren seinerzeit in erster Instanz bei dem AG beendet, ist danach auch ein AG für die Wiederaufnahme zuständig. Wird dagegen ein Urteil aus der ersten Instanz beim LG oder nach einer Berufungs-HV dort angegriffen, ist auch ein LG für die Wiederaufnahme zuständig (OLG Celle MDR 1960, 604), denn es hat in beiden Fällen zuletzt über die Schuldfrage entschieden.

> ☝ Wurde die **Berufung** aber als unzulässig **verworfen** nach § 322 Abs. 1 S. 2 (→ *Berufung, Unzulässigkeit, Verwerfung durch LG*, Teil A Rdn 373) oder weil der Angeklagte nicht erschienen ist (§ 329 Abs. 1; s. → *Berufung, Ausbleiben des Angeklagten, Allgemeines*, Teil A Rdn 57), oder diente die Berufung nur der Überprüfung des Strafmaßes und war sie daher auf den **Rechtsfolgenausspruch beschränkt**, ist wiederum ein **AG** für die Wiederaufnahme zuständig (vgl. zum Ausbleiben des Angeklagten KG, Beschl. v. 10.10.2001, 3 Ws 480/01), denn in allen Beispielsfällen hat ein AG zuletzt über die Schuldfrage entschieden (*Marxen/Tiemann*, Rn 57).

- Wird ein das Verfahren beendende **Revisionsurteil** angefochten, entscheidet ausnahmsweise ein anderes Gericht in der gleichen Ordnung wie dasjenige, dessen Urteil mit der Revision überprüft wurde (§ 140a Abs. 1 S. 2 GVG; vgl. a. *Marxen/Tiemann*, Rn 60; BGH NStZ-RR 1999, 176).
- Wurde im **Revisionsverfahren** die Sache **zurückverwiesen** und über sie dann dort abschließend entschieden, ergeben sich keine Abweichungen vom Regelfall des § 140a Abs. 1 GVG (*Marxen/Tiemann*, Rn 63). Dies gilt auch dann, wenn das Revisionsgericht die Feststellungen zum äußeren Tatbestand aufrechterhalten hat (OLG Hamm NJW 1968, 313 f.). Wurde das Urteil indes nur im Rechtsfolgenausspruch aufgehoben und nur diesbezüglich zurückverwiesen, bestimmt sich die Zuständigkeit für das Wiederaufnahmeverfahren nach § 140a Abs. 2 GVG (*Marxen/Tiemann*, Rn 63 unter Verweis auf OLG Hamm NJW 1968, 313 f.; OLG Köln MDR 1973, 603; KK-*Schmidt*, § 140a GVG Rn 7; *Meyer-Goßner/Schmitt*, § 140a GVG Rn 10). Angesichts dieser Besonderheiten ist es auch durchaus möglich, dass das Gericht, das nach der Zurückverweisung durch das Revisionsgericht über die Sache entschieden hat, auch für die Entscheidungen im Wiederaufnahmeverfahren zuständig ist (KK-*Schmidt*, § 140a GVG Rn 7; *Meyer-Goßner/Schmitt*, § 140a GVG Rn 10).

> ☝ Insoweit ist aber aus Verteidigersicht besonderes Augenmerk auf die Besorgnis der **Befangenheit** zu legen (*Marxen/Tiemann*, Rn 64 vgl. auch LR-*Gössel*, § 367 Rn 21).

- Wenn in **erster Instanz** das **OLG** entschieden, gilt nach § 140a Abs. 6 GVG, dass über die Wiederaufnahme durch einen anderen Senat desselben OLG entschieden wird.
- Ist eine **jugendgerichtliche** Entscheidung ergangen, ist nach § 140a GVG wiederum ein Jugendgericht zuständig. Daran ändert sich auch nichts, wenn der Angeklagte zwischenzeitlich erwachsen geworden ist (*Marxen/Tiemann*, Rn 61; → *JGG-Besonderheiten, Wiederaufnahmen*, Teil A Rdn 1022).
- Eine **nachträgliche Gesamtstrafenbildung** hat keinen Einfluss auf die Zuständigkeit im Wiederaufnahmeverfahren (*Marxen/Tiemann*, Rn 62).

☝ **§ 140a GVG** gilt aber nur, wenn sich der Wiederaufnahmeantrag gegen die Entscheidung eines Gerichts richtet, das **noch existiert**. Andernfalls gelten – in der Praxis heute allerdings bedeutungslose – Spezialregelungen (vgl. vertiefend LR-*Gössel*, § 367 Rn 24 ff.).

3.a) Die **örtliche Zuständigkeit** des **anderen** LG bzw. in den Fällen des § 140a Abs. 3 GVG die jeweils zuständige Kammer desselben LG ergibt sich aus dem **Geschäftsverteilungsplan**, der zu Beginn eines jeden Jahres vom Präsidium des **OLG** bestimmt wird (§ 140a Abs. 2 GVG). Sofern Einzelkonstellationen bei der Verfassung des Geschäftsverteilungsplans nicht bedacht wurden, kann dieser im Laufe des Geschäftsjahres ergänzt werden (LG Bad Kreuznach NJW 1996, 1070). Zwar bestehen begründete Zweifel an der Verfassungsmäßigkeit der Zuständigkeitsverteilung mittels Geschäftsverteilungsplan (vgl. dazu *Weiler* NJW 1996, 1042 in der Anm. zu LG Bad Kreuznach, a.a.O.; *Feiber* NJW 1986, 699 f.), da das Recht auf den gesetzlichen Richter verletzt sein dürfte (vgl. auch *Marxen/Tiemann*, Rn 55, Fn 72, die insbesondere darauf abstellen, dass dieser Geschäftsverteilungsplan nicht veröffentlicht werden muss). Das BVerfG hat die Verfassungsmäßigkeit indes mit dem Argument bejaht, dass „nicht alle Regeln über den gesetzlichen Richter im Gesetz fixiert werden" können (BVerfG, Beschl. v. 7.5.1987 – 2 BvR 410/87). Wurde ein Urteil mit der **Revision** angegriffen und an ein **benachbartes Gericht zurückverwiesen** (§ 354 Abs. 2 S. 1), sind beide Gerichte örtlich unzuständig (LG Bad Kreuznach NJW 1996, 1070; a.A. OLG Koblenz NJW 1996, 1072 [das mit der Sache vorbefasste Gericht ist auch dann zuständig, wenn es nach dem Geschäftsverteilungsplan das für die Wiederaufnahme von Entscheidungen des anderen LG, an das nach der Revision gem. § 354 Abs. 2 S. 1 zurückverwiesen wurde, zuständig ist]; vgl. auch hierzu *Weiler*, a.a.O.). 1470

b) § 140a GVG regelt auch **Sonderfälle**, die sich abhängig von der Organisation der Gerichte aufgrund **länderspezifischer Gerichtsorganisation** in einem Bundesland ergeben können. Dazu folgende 1471

1472 **Übersicht:**

- Ist im Bezirk eines OLG **nur ein LG** vorhanden, entscheidet eine andere Kammer desselben LG (§ 140a Abs. 3 GVG). Dies betraf bis Ende 1997 das OLG Braunschweig. Seit dem 1.1.1998 gehört aber neben dem LG Braunschweig auch das LG Göttingen zum Bezirk des OLG Braunschweig. Die Regelung hat deshalb heute keine praktische Bedeutung mehr.
- Gibt es in einem Bundesland **nur ein LG und nur ein OLG**, gilt § 140a Abs. 3 S. 1 GVG entsprechend (§ 140a Abs. 4 S. 1 GVG). Dies betrifft **Hamburg**, **Bremen** und das **Saarland**.
- Gibt es in einem Bundesland nur ein LG und ist die **Zuständigkeit für Strafsachen aus allen AG-Bezirken bei einem AG konzentriert**, entscheidet also ein AG über die Strafsachen auch aus den Bezirken der anderen AG, gelten die §§ 140a Abs. 3 S. 1, Abs. 4 S. 2 GVG entsprechend. Dies betrifft das Land **Berlin**.

☝ Der Verteidiger kann sich die Zeit, die eine Prüfung der örtlichen Zuständigkeit angesichts der komplexen Regelung des § 140a GVG, der jeweiligen erst noch einzusehenden Geschäftsverteilungspläne und zudem möglicherweise ausgeübter Ermächtigungen der Landesregierungen zu abweichenden Regelungen (vgl. § 140a Abs. 3 S. 2 und 3, Abs. 4 S. 2 GVG) in Anspruch nehmen würde, sparen. Denn **§ 367 Abs. 1 S. 2** erlaubt es dem Verurteilten, den Antrag auf Wiederaufnahme des Verfahrens und auch die Anträge nach §§ 364a, 364b bei dem **Gericht** zu stellen, **dessen Entscheidung angegriffen** wird.

1473 **4.** Für die **Entscheidung durch** ein **unzuständiges Gericht** gilt:

1474 **a)** Hat ein **örtlich unzuständiges Gericht** über die Zulässigkeit des Wiederaufnahmeantrags entschieden und diese bejaht, soll es auch die Beweise erheben und über die Begründetheit entscheiden (LR-*Gössel*, § 367 Rn 41; zust. *Meyer-Goßner/Schmitt*, § 367 Rn 5). Ordnet es zudem die neue HV an, muss es auch das Gericht bestimmen, vor dem diese stattzufinden hat. All dies ist jedoch in keiner Weise nachvollziehbar: Vielmehr muss das Gericht die Sache an das **zuständige Gericht abgeben** (so auch SK-*Frister*, § 367 Rn 5). Insoweit ist es auch nur konsequent, dass bei einer sofortigen Beschwerde nach § 372 gegen eine Entscheidung eines örtlich unzuständigen Gerichts unstreitig das OLG den Beschluss aufheben und die Sache an das zuständige Gericht verweisen muss (OLG Saarbrücken OLGSt § 367 S. 5; vgl. dazu a. OLG Düsseldorf JMBl. NW 1979, 259). Schon dies spricht dafür, dass die Gegenauffassung wenig sachgerecht ist.

1475 **b)** Hat ein **sachlich unzuständiges** Gericht entschieden, gilt:

- War **anstelle** des **LG** das **AG zuständig**, hat aber das LG entschieden, gilt seine Entscheidung (OLG Hamm JMBl. NW 1957, 155). Erkennt das LG indes seine Unzuständigkeit, muss es die Sache an das AG abgeben (OLG Frankfurt/Main NStZ-RR 2006, 275; a.A. LR-*Gössel*, § 367 Rn 36, 39, wonach § 269 analog anzuwenden sei). Hat das LG den Antrag zutreffend verworfen, verwirft das OLG gem. § 372 auch die sofortige Beschwerde dagegen (LR-*Gössel*, § 367 Rn 40; *Meyer-Goßner/Schmitt*, § 367 Rn 5).

- War **anstelle** des **AG** das **LG zuständig**, hat aber das AG entschieden, ist das LG an die Entscheidung des AG ebenfalls gebunden (OLG Düsseldorf JMBl. NW 1979, 259). So kann z.B. das sachlich unzuständige AG wegen Formmangels (§ 366 Abs. 2) den Wiederaufnahmeantrag gem. § 368 Abs. 1 als unzulässig verwerfen (KG, Beschl. v. 10.8.1999 – 4 Ws 178/99).

5. Durch die Versetzung von Richtern und die kompliziertem Zuständigkeitsregelungen 1476
kann sich im Einzelfall die Konstellation ergeben, dass ein mit der Sache schon zuvor befasster Richter auch für die Entscheidung über die Wiederaufnahme zuständig ist. Insoweit regelt **§ 23 Abs. 2** auch im **Wiederaufnahmeverfahren** den **Ausschluss** von **Richtern**: Wer an der angegriffenen Entscheidung mitgewirkt hat, darf nicht auch an der Entscheidung über den Wiederaufnahmeantrag bzw. im wiederaufgenommenen Verfahren mitwirken. Dies betrifft indes nur die Fälle, in denen der betroffene Richter an dem Urteil mitgewirkt hat, aus dem sich der **Schuldspruch** ergibt. Hat er dagegen nur am Rechtsfolgenurteil, also z.B. bei einer auf die Rechtsfolgen beschränkten Berufung, mitgewirkt, ist er von der Mitwirkung im Wiederaufnahmeverfahren nicht ausgeschlossen (OLG Nürnberg NStZ-RR 1999, 305).

☝ Dies wird **weit ausgelegt** und gilt auch für Entscheidungen über **Beschwerden** im Wiederaufnahmeverfahren: Ein Richter ist gem. § 23 Abs. 2 auch dann von der Mitwirkung an der Beschwerdeentscheidung ausgeschlossen, wenn er an der mit dem Wiederaufnahmeantrag aufgegriffenen Entscheidung nur in der Weise mittelbar beteiligt war, dass es als Mitglied einer StK den Angeklagten freigesprochen, dabei jedoch die tatsächlichen Feststellungen getroffen hat, die dem späteren Schuldspruch durch das Revisionsgericht zugrunde gelegen haben (OLG Koblenz NStZ-RR 1997, 111).

6. Das zuständige Gericht **entscheidet** über die Anträge auf Zulassung des Wiederaufnah- 1477
meverfahrens und auch über die Anträge nach §§ 364a, 364b **ohne mündliche Verhandlung** durch **Beschluss** (§ 367 Abs. 2). Das LG entscheidet über die Anträge in der Besetzung nach § 76 Abs. 1 S. 1 GVG (*Marxen/Tiemann*, Rn 59). Wurde eine Entscheidung der kleinen StK angegriffen, entscheidet der Vorsitzende allein (*Meyer-Goßner/Schmitt*, § 367 Rn 4). Die Besetzung des Senats beim OLG besteht aus drei Richtern einschließlich des Vorsitzenden (§ 122 Abs. 1 GVG).

1478 **7.** Die **Zuständigkeit** der **StA** richtet sich nach § 143 GVG, wonach die StA beim Wiederaufnahmegericht zuständig ist. Dies betrifft auch die Entscheidungen nach § 360 Abs. 2 wegen der möglichen **Vollstreckungshemmung**.

☝ An der **Zuständigkeit** für Fragen der **Vollstreckung** des **angegriffenen Urteils** ändert sich indes nichts durch das begonnene Wiederaufnahmeverfahren (*Meyer-Goßner/Schmitt*, § 367 Rn 2). Hier bleibt die StA zuständig, die das Ursprungsverfahren geführt hat.

Siehe auch: → *Wiederaufnahme, Allgemeines*, Teil B Rdn 1053 m.w.N.

1479 Wiedereinsetzung in den vorigen Stand, Allgemeines

1480 **Literaturhinweise: Bernd**, Neue Tendenzen im Recht der Wiedereinsetzung zur Nachholung von Verfahrensrügen, StraFo 2003, 112; **Büttner**, Die Wiedereinsetzung in den vorigen Stand, 1996; **Burhoff**, Wiederaufleben von Zwangsmaßnahmen bei Rechtskraftdurchbrechung. StRR 2007, 15; **Meyer-Goßner**, Wiedereinsetzung in den vorigen Stand und Rechtsmittel, in: Festschrift für *Rainer Hamm* zum 65. Geburtstag, S. 443; **Mosbacher**, Freiheit durch Säumnis: Keine Haftfortdauer bei Wiedereinsetzung, NJW 2005, 3110; **Prechtel**, Die Wiedereinsetzung in der Praxis, ZAP F. 13, S. 1335; **Roth**, Wiedereinsetzung nach Fristversäumnis wegen Belegung des Telefaxgerätes des Gerichts, NJW 2008, 785; **Schmidt**, Über Glaubhaftmachung im Strafprozeß, SchlHA 1981, 73; **Sommer**, Verteidigung bei Versäumung von Fristen – insbesondere die Wiedereinsetzung in den vorigen Stand – Teil 1: StRR 2008, 88; *ders.*, Verteidigung bei Versäumung von Fristen – insbesondere die Wiedereinsetzung in den vorigen Stand – Teil 2: StRR 2008, 168; s.a. die Hinw. bei den u.a. Stichwörtern.

1481 **1.a)** Nach § 44 Abs. 1 ist demjenigen, der **ohne Verschulden verhindert** war, eine **Frist einzuhalten** (vgl. dazu → *Wiedereinsetzung in den vorigen Stand, Voraussetzungen*, Teil B Rdn 1513), auf Antrag Wiedereinsetzung in den vorigen Stand (im Folgenden kurz: Wiedereinsetzung) zu gewähren. Die Wiedereinsetzung ist **kein Rechtsmittel**, sondern ein förmlicher Rechtsbehelf anderer Art, da mit ihm nicht die Nachprüfung einer Entscheidung begehrt wird (vgl. zur Abgrenzung Rechtsmittel/Rechtsbehelf → *Rechtsmittel/Rechtsbehelfe, Allgemeines*, Teil A Rdn 1289; s. auch *Burhoff*, EV, Rn 4382; *Burhoff*, HV, Rn 3464; Burhoff/*Burhoff*, OWi, Rn 4515; *Sommer* StRR 2008, 88).

☝ Über den **Wortlaut** der §§ 44ff. **hinaus** wird demjenigen Wiedereinsetzung gewährt, der zwar keine Frist versäumt hat, aber zu Unrecht so behandelt worden ist (vgl. *Meyer-Goßner/Schmitt*, § 44 Rn 2 m.w.N.; so jetzt zuletzt a. KG StraFo 2011, 43; s. aber zw. OLG Hamm, Beschl. v. 16.2.2015 – 1 Ws 677/14). Mit einem Wiedereinsetzungsantrag kann jedoch **nicht** versucht werden, **Zulässigkeitsmängel** von fristgemäß gestellten Anträgen nachträglich zu heilen (zuletzt BGH StV 2013, 552 m. Anm. *Burhoff* StRR 2012, 462; Beschl. v. 6.5.2014 – 3 StR 265/13; KG JurBüro 2015, 43.

b) Die Wiedereinsetzung hat im Strafverfahren **in der Praxis** insbesondere bei den strafverfahrensrechtlichen Rechtsmitteln **erhebliche Bedeutung**, da diese in der Regel befristet sind (zur Verteidigung bei der Versäumung von Fristen *Sommer* StRR 2008, 88 ff., *ders.*, StRR 2008, 168 ff.). Hinzuweisen ist in dem Zusammenhang auf folgende 1482

Rechtsmittel-/Rechtsbehelfs-Übersicht: 1483

- die Einlegung einer **Berufung** oder **Revision** – eine Woche – (§§ 314, 341; → *Berufung, Allgemeines*, Teil A Rdn 1, m.w.N.; → *Revision*, Teil A Rdn 2123; allgemein a. → *Rechtsmittel/Rechtsbehelfe, Fristen, Allgemeines*, Teil A Rdn 1545),
- die Erhebung der **Anhörungsrüge** (§ 356a S. 2; → *Revision, Anhörungsrüge,* Teil A Rdn 2022; → *Anhörungsrüge, Zulässigkeit*, Teil B Rdn 41;
- zum Sonderproblem der Wiedereinsetzung im Revisionsverfahren zur **Nachholung** von **Verfahrensrügen** → *Revision, Begründung, Frist*, Teil A Rdn 2073 ff.; vgl. dazu a. *Burhoff*, HV, Rn 2282 ff. m.w.N.,
- die Stellung von **Anträgen** auf **gerichtliche Entscheidung**, soweit diese befristet sind (vgl. → *Anträge auf gerichtliche Entscheidung, Allgemeines*, Teil B Rdn 93, m.w.N.; zu dem Antrag nach § 101 Abs. 7 S. 2→ *Wiedereinsetzung in den vorigen Stand, Voraussetzungen*, Teil B Rdn 1517),
- die Einlegung der **sofortigen Beschwerde** – eine Woche – (§ 311 Abs. 2; → *Beschwerde, sofortige Beschwerde*, Teil A Rdn 550),
- die Einlegung des Einspruchs gegen den **Strafbefehl** – zwei Wochen – (§ 410 Abs. 1; → *Strafbefehl, Einspruch*, Teil B Rdn 743; → *Strafbefehl, Beschlussverfahren/Hauptverhandlung*, Teil B Rdn 721),
- die Stellung des **Wiedereinsetzungsantrags** – eine Woche – (§ 45 Abs. 1 S. 1; → *Wiedereinsetzung in den vorigen Stand, Antrag*, Teil B Rdn 1496),
- des **Klageerzwingungsantrags** – einen Monat – (§ 172 Abs. 2 S. 1; → *Klageerzwingungsverfahren, Antrag, Allgemeines*, Teil B Rdn 494,
- ggf. bei der **Versäumung** die **Wahrnehmung** eines **HV-Termins**, wenn auf die §§ 44 ff. ausdrücklich verwiesen wird, wie z.B.
  - beim Ausbleiben des Angeklagten in der Berufungs-HV (**§ 329 Abs. 3**; → *Berufung, Ausbleiben des Angeklagten, Allgemeines*, Teil A Rdn 57, m.w.N.),
  - beim Ausbleiben des Angeklagten in der nach einem Einspruch Strafbefehl gegen einen Strafbefehl anberaumten HV (**§ 412 S. 1**; → *Strafbefehl, Beschlussverfahren*, Teil B Rdn 721),
  - im Fall der Durchführung der HV ohne den Angeklagten nach **§ 232**(s. § 235; *Burhoff*, HV, Rn 2853 ff.).

☝ Nach der der Rspr. des BVerfG (vgl. u.a. NJW 2005, 3629 m.w.N.; StRR 2009, 162 [Ls.]) gehört der Wiedereinsetzungsantrag zur sog. **Erschöpfung** des **Rechtsweges.**

Kann also mit einem Rechtsmittel, für das Wiedereinsetzung in den vorigen Stand zu gewähren ist, erreicht werden, dass fachgerichtlicher Rechtsschutz gewährt wird, muss zunächst dieser Weg beschritten werden, bevor Verfassungsbeschwerde erhoben wird (→ ***Verfassungsbeschwerde**, Zulässigkeit, Rechtswegerschöpfung*, Teil C Rdn 1182). Etwas anderes gilt allerdings dann, wenn der Wiedereinsetzungsantrag ungeeignet ist, eine inhaltliche Auseinandersetzung mit dem als verfassungswidrig beanstandeten Verhalten herbeizuführen (BVerfG Rpfleger 1988,327; zuletzt BVerfG, Beschl. v. 17.12.2015 – 2 BvR 767/15).

1484 **2.** Die folgenden Ausführungen geben einen ersten **Überblick** über die mit einem Wiedereinsetzungsantrag zusammenhängenden Fragen und Probleme. Wegen weiterer Einzelh. wird verwiesen auf *Büttner*, a.a.O., auf *Sommer* StRR 2008, 88 und StRR 2008, 168 sowie für die Wiedereinsetzung im Bußgeldverfahren auf Burhoff/*Burhoff*, OWi, Rn 4515 ff. (zum Zivilrecht s. *Prechtel* ZAP F. 13, S. 1335). Nachfolgend sind die Voraussetzungen für einen (erfolgreichen) Wiedereinsetzungsantrag dargestellt bei → *Wiedereinsetzung in den vorigen Stand, Voraussetzungen*, Teil B Rdn 1513. Das Verfahren wird behandelt bei → *Wiedereinsetzung in den vorigen Stand, Verfahren*, Teil B Rdn 1500. Die Anforderungen an den Antrag sind zusammengestellt bei → *Wiedereinsetzung in den vorigen Stand, Antrag*, Teil B Rdn 1485.

Siehe auch: → *Berufung, Allgemeines*, Teil A Rdn 1, m.w.N.; → *Beschwerde, Allgemeines*, Teil A Rdn 290, m.w.N.; → *JGG-Besonderheiten, Wiedereinsetzung*, Teil A Rdn 1030; → *Revision, Allgemeines*, Teil A Rdn 2006, m.w.N.; → *Klageerzwingungsverfahren, Antrag, Allgemeines*, Teil B Rdn 494; → *Strafbefehl, Allgemeines*, Teil B Rdn 699; → *Wiedereinsetzung in den vorigen Stand, Antrag*, Teil B Rdn 1485; → *Wiedereinsetzung in den vorigen Stand, Verfahren*, Teil B Rdn 1500; → *Wiedereinsetzung in den vorigen Stand, Voraussetzungen*, Teil B Rdn 1513; → *Wiedereinsetzungsverfahren, Abrechnung*, Teil D Rdn 634.

1485 Wiedereinsetzung in den vorigen Stand, Antrag

Das Wichtigste in Kürze:

1. Die Wiedereinsetzung ist in den §§ 45, 46 geregelt.
2. Das Wiedereinsetzungsverfahren wird eingeleitet durch einen schriftlichen Wiedereinsetzungsantrag.
3. Gem. § 45 Abs. 2 S. 2 ist im Wiedereinsetzungsantrag zunächst innerhalb der Antragsfrist die versäumte Handlung nachzuholen, falls das noch nicht geschehen sein sollte.

4. Der Wiedereinsetzungsantrag muss nach § 45 Abs. 2 S. 1 so vollständig begründet werden, dass ihm die unverschuldete Verhinderung des Antragstellers an der Fristversäumung entnommen werden kann.
5. Die Tatsachen zur Begründung des Antrags sind gem. § 45 Abs. 2 S. 1 entweder bei der Antragstellung, spätestens jedoch im Verfahren über den Antrag, glaubhaft zu machen.
6. Nach § 45 Abs. 1 S. 1 beträgt die Antragsfrist für die Stellung des Wiedereinsetzungsantrags eine Woche nach Wegfall des Hindernisses.

Literaturhinweise: s. die Hinw. bei → *Wiedereinsetzung in den vorigen Stand, Allgemeines*, Teil B Rdn 1479. **1486**

1. Die Wiedereinsetzung wird nach/in einem **besonderen Verfahren**, das in den §§ 45, 46 geregelt ist, gewährt (zum Vorrang des Wiedereinsetzungsantrags gegenüber einer Verfassungsbeschwerde und zur Ausschöpfung des Rechtsweges s. BVerfG NJW 2005, 3629; → *Verfassungsbeschwerde, Zulässigkeit, Rechtswegerschöpfung*, Teil C Rdn 1182). **1487**

Durch ein Wiedereinsetzungsverfahren werden **andere Verfahren/Anträge nicht ausgeschlossen**. So ist z.B. im Revisionsverfahren, wenn die Revision vom Tatgericht wegen Fristversäumung nach § 346 Abs. 1 verworfen worden ist, neben einem Wiedereinsetzungsantrag immer auch ein Antrag nach § 346 Abs. 2 zulässig (vgl. dazu → *Revision, Antrag auf Entscheidung des Revisionsgerichts*, Teil A Rdn 2037; *Burhoff*, HV, Rn 2222). Entsprechendes gilt im Berufungsverfahren für die Verwerfung des Antrags durch das AG nach § 319 (→ *Berufung, Unzulässigkeit, Verwerfung durch das AG*, Teil A Rdn 353). **1488**

☝ Diese Anträge sollte der Verteidiger aus Gründen der anwaltlichen Vorsorge neben einem Wiedereinsetzungsantrag auch **immer stellen**.

2. Das Wiedereinsetzungsverfahren wird eingeleitet durch einen schriftlichen **Wiedereinsetzungsantrag** (zu den Anforderungen an den Antrag s. unten Rdn 1491 ff.; eingehend auch BGH NStZ-RR 2010, 378; OLG Dresden NStZ 2005, 398). Für die **Form** des Antrages gelten die allgemeinen Regeln (→ *Rechtsmittel/Rechtsbehelfe, Form, Allgemeines*, Teil A Rdn 1509 ff., m.w.N.). **1489**

3. Gem. § 45 Abs. 2 S. 2 ist im Wiedereinsetzungsantrag zunächst innerhalb der Antragsfrist die **versäumte Handlung nachzuholen**, falls das noch nicht geschehen ist. Ist dafür eine besondere Form vorgesehen, muss diese eingehalten werden, anderenfalls ist der Antrag unzulässig (vgl. u.a. BGH NStZ 1989, 15 [M]; ähnlich OLG Brandenburg, Beschl. v. 9.1.2009 – 1 Ss (OWi) 228 B/08). Das gilt auch, wenn es sich um eine Wiedereinsetzung von Amts wegen wegen eines ausschließlich auf Fehlern der Justiz beruhenden Unzulässigkeit beruht (OLG Zweibrücken, Beschl. v. 26.2.2016 – 1 Ss 6/16). **1490**

☝ Das bedeutet, dass im Revisionsverfahren ggf. die (Form) **Voraussetzungen** der §§ 344 Abs. 2, 345 Abs. 2 zu **beachten** sind (→ *Revision, Begründung, Allgemeines*, Teil A Rdn 2045 ff., m.w.N.). Es gilt die Monatsfrist des § 345 Abs. 1 S. 1 (OLG Zweibrücken, Beschl. v. 26.2.2016 – 1 Ss 6/16).

1491 **4.a)** Der Wiedereinsetzungsantrag muss nach § 45 Abs. 2 S. 1 – innerhalb der Antragsfrist (vgl. dazu Rdn 1496) – unter Behauptung von Tatsachen so vollständig **begründet** werden, dass ihm die unverschuldete Verhinderung des Antragstellers an der Fristversäumung entnommen werden kann (BGH NStZ-RR 2010, 378; OLG Hamm, Beschl. v. 13.7.2012 – III 3 RBs 192/12; wegen der Einzelh. auch *Sommer* StRR 2008, 168, 169). Die Tatsachen, die die Wiedereinsetzung begründen sollen, müssen also so umfangreich dargelegt werden, dass dem Wiedereinsetzungsrecht eine Beurteilung der zu entscheidenden Fragen ermöglicht (s. z.B. OLG Köln StraFo 2011, 266; zum Muster eines Wiedereinsetzungsantrages s. unten Rdn 1499).

☝ Der Sachvortrag muss so umfangreich und plausibel sein, dass er der Sache nach ein **hinreichendes Maß** an **Wahrscheinlichkeit** aufweist (BVerfG NJW 1969, 1531; BGHSt 21, 350). Das Vollständigkeitserfordernis bezieht sich allerdings nicht auf Umstände, die das Wiedereinsetzungsgericht aufgrund eigener Akteneinsicht nachvollziehen kann (s. auch *Sommer* StRR 2008, 168, 169). Hierzu gehören z.B. die Daten der Niederlegung eines Schriftstücks oder die unterlassene Rechtsmittelbelehrung.

Zur ausreichenden Begründung eines Wiedereinsetzungsantrags gehören aber auf jeden Fall Angaben über den Zeitpunkt des **Wegfalls des Hindernisses** (BGH NStZ 2006, 54 f.; 2012, 276; 2013, 474; NStZ-RR 2015, 145; Beschl. v. 30.4.2015 – 1 StR 135/15 m.w.N.; OLG Düsseldorf StraFo 1997, 77; *Meyer-Goßner/Schmitt*, § 45 Rn 5 m.w.N.). Das wird häufig übersehen. Etwas anderes gilt allenfalls dann, wenn sich aus dem bisherigen Verfahrensgang ergibt, dass der Beschuldigte von der Versäumung der Frist keine Kenntnis hat (vgl. dazu LG Gera StraFo 1998, 381).

1492 **b)** Hinzuweisen ist auf folgende **Rechtsprechungsbeispiele** zu

1493 **Begründungsanforderungen**:

- bei Geltendmachung einer unvorhergesehen **langen Postlaufzeit** müssen die Umstände der Aufgabe der Sendung nach Zeit und Ort genau dargelegt werden (OLG Jena StraFo 1997, 331),
- zu den Anforderungen bei nur mündliche **Rechtsmittelbelehrung** (OLG Hamm NJW 2001, 3279),
- zu den Anforderungen, wenn Wiedereinsetzung gegen eine **versäumte Rechtsmittelfrist** begehrt wird, vgl. BGH NStZ-RR 2010, 378, wonach der Antrag die Angabe

enthalten muss, wann genau dem Verurteilten die Versäumung der Revisionsbegründungsfrist bekannt wurde,

- wird die Versäumung der Frist zur **Einlegung** eines **Rechtsmittels** durch einen beauftragten Verteidiger begehrt, gehört zum schlüssigen Wiedereinsetzungsvorbringen regelmäßig auch Vortrag dazu, dass und wie der Verteidiger den Auftrag angenommen hat (OLG Köln VRS 126, 199),
- zur Unkenntnis von der **Dauer** der Rechtsmittelfrist (OLG Frankfurt/Main NJW 2007, 2712 [Ls.]),
- bei Geltendmachung einer **Erkrankung** als **Entschuldigung** für die Versäumung der Hauptverhandlung deren Art anzugeben sowie der Umfang der von ihr ausgehenden körperlichen und geistigen Beeinträchtigungen darzulegen (zuletzt u.a. OLG Braunschweig, Beschl. v. 8.1.2014 – 1 Ws 380/13; ähnlich KG JurBüro 2015, 43), die bloße Mitteilung der Diagnose ist für sich genommen i.d.R. nicht aussagekräftig (vgl. KG, a.a.O., m.w.N.),
- soll die **Unwirksamkeit** der **Zustellung** einer Entscheidung geltend gemacht werden, müssen die Gründe vorgetragen (und glaubhaft) gemacht werden, die die Indizwirkung der Zustellung entfallen lassen (OLG Karlsruhe StRR 2009, 65; s. auch → *Rechtsmittel/Rechtsbehelfe, Zustellung, Allgemeines*, Teil A Rdn 1845),
- soll geltend gemacht werden, dass ein **Ausländer** die **Rechtsmittelbelehrung nicht verstanden** hat, muss auch vorgetragen werden, dass diese von einem Dolmetscher nicht übersetzt worden ist (OLG Oldenburg NStZ-RR 2008, 150; vgl. auch → *Rechtsmittel/Rechtsbehelfe, Belehrung, Sprachunkundigkeit*, Teil A Rdn 1377),
- soll geltend gemacht werden, dass eine **Rechtsmittelbelehrung unterblieben** ist, muss dennoch zum ursächliche Zusammenhang zwischen Belehrungsmangel und Fristversäumung vorgetragen werden, da die Vermutung des § 44 S 2 lediglich das Erfordernis des fehlenden Verschuldens des Antragstellers aufhebt (BGH NStZ 2001, 45; OLG Hamm, Beschl. v. 27.8.2015 – 1 Ws 312/15; vgl. auch → *Rechtsmittel/Rechtsbehelfe, Belehrung*, Teil A Rdn 1337),
- bei Versäumung einer Frist müssen ggf. konkrete Umstände genannt werden, die trotz Vorliegens einer **Zustellungsurkunde** ein **Abhandenkommen** des eingelegten Schriftstücks möglich erscheinen lassen, ein schlichtes Bestreiten des Zugangs genügt nicht (OLG Hamm, Beschl. v. 29.10.2009 – 3 Ws 388/09),
- wenn die **Wahrung** der **Frist** des § 45 Abs. 1 nach Aktenlage **nicht offensichtlich** ist, gehört zur formgerechten Anbringung des Wiedereinsetzungsantrags, dass der Antragsteller mitteilt, wann das Hindernis, das der Fristwahrung entgegenstand, weggefallen ist (u.a. BGH NStZ 2006, 54 f.; 2012, 276; 2013, 474 m.w.N.).

1494 **5.a)** Die **Tatsachen** zur Begründung des Antrags sind gem. § 45 Abs. 2 S. 1 entweder bei der Antragstellung, spätestens jedoch im Verfahren über den Antrag, **glaubhaft** zu machen (zum „Grad" der Glaubhaftmachung s. OLG Jena NStZ-RR 2006, 345).

☝ Als Mittel der **Glaubhaftmachung** kommen **alle Mittel** in Betracht, die geeignet sind, die Wahrscheinlichkeit des vorgetragenen Sachverhalts zu unterstützen (*Sommer* StRR 2008, 168, 170).

1495 **b)** Hinzuweisen ist auf folgende in der Praxis **häufige Mittel** der Glaubhaftmachung (s. z.B. auch *Sommer* StRR 2008, 168, 170):

- Häufig verwendet werden **eidesstattliche Versicherungen** von Zeugen (OLG Düsseldorf StV 1994, 283). Nicht ausreichend ist es, wenn eine „eidesstattliche Versicherung" lediglich in Form einer bloßen Kopie der die Erklärung enthaltenden privatschriftlichen Urkunde vorgelegt wird. Als geeignetes Mittel zur Glaubhaftmachung reichen neben dem Original der Urkunde lediglich gerichtlich oder notariell beglaubigte Abschriften der Urschrift (OLG Düsseldorf, a.a.O.).
- Vorlage **schriftlicher Unterlagen**, wie z.B. Reisedokumente (*Sommer*, a.a.O.) oder ärztliche Atteste, aber nicht ein Attest, das sich ohne weitere Ausführungen in der Feststellung der Verhandlungsunfähigkeit erschöpft (OLG Braunschweig, Beschl. v. 8.1.2014 – 1 Ws 380/13),
- Die **Versicherung** des **Verteidigers** als Mittel der Glaubhaftmachung reicht nur insoweit, als sie sich auf Gegenstände erstreckt, zu denen der Verteidiger aus seinem Wissen bekunden kann (LG Gera StraFo 1998, 381; vgl. dazu a. BGH NStZ-RR 2007,1 30 [Be]; zur Frage, wann die Vorlage eines Fax-Sendeberichts als alleiniges Mittel der Glaubhaftmachung ausreichend sein kann, s. OLG Hamm, Beschl. v. 6.12.2007 – 4 Ss OWi 479/07). Gespräche zwischen dem Beschuldigten/Angeklagten und seiner Mutter gehören z.B. nicht dazu (BGH NStZ 1996, 149).
- **Nicht** ausreichend ist die **bloße Zeugenbenennung** (BGH NStZ-RR 2010, 378; OLG Hamm, Beschl. v. 12.11.2015 – 3 Ws 379/15).

  ☝ Sie **reicht** zur Glaubhaftmachung **nur** aus, wenn gleichzeitig dargetan wird, dieser habe eine schriftliche Bestätigung verweigert, er sei nicht unverzüglich erreichbar oder es handele sich um einen für die Säumnis verantwortlichen Beamten (BGH, a.a.O.).

- Auch eine eigene Erklärung oder **eidesstattliche Versicherung** des **Angeklagten** reicht zur Glaubhaftmachung **nicht** aus (BGH NStZ-RR 2010, 378; Beschl. v. 23.9.2015 – 4 StR 364/15; SSW-StPO/*Tsambikakis*, § 45 Rn 17 m.w.N.; zum Bußgeldverfahren s. BayVerfGH NJW 2015, 3085, zugleich zu den Beweismitteln gegen die Behauptung der Verwaltungsbehörde, der Nachtbriefkasten habe ordnungsgemäß funktioniert).

6.a) Nach § 45 Abs. 1 S. 1 beträgt die **Antragsfrist** für die Stellung des Wiedereinsetzungsantrags **eine Woche nach Wegfall des Hindernisses** (zur Wochenfrist *Sommer* StRR 2008, 168). Diese Wochenfrist wird nach § 43 berechnet. Sie beginnt mit der Beseitigung des Hindernisses, d.h. der Unkenntnis, auf der die Fristversäumung beruht (allgemein zur Fristberechnung → *Rechtsmittel/Rechtsbehelfe, Fristen, Fristberechnung*, Teil A Rdn 1560). Das gilt auch bei einer verfrühten und deshalb unzulässigen Rechtsmitteleinlegung (OLG Bamberg VRR 2012, 203 [Ls.]). Geht z.B. ein rechtzeitig aufgegebener Brief verloren, ist das Hindernis weggefallen, wenn dem Absender der Verlust bekannt wird (zum Anwaltsverschulden s. BVerfG NJW 1994, 1856 m.w.N.). Ist/war eine „qualifizierte Belehrung" erforderlich, beginnt die Wochenfrist erst mit Erteilung dieser Belehrung (BVerfG NJW 2013, 446). 1496

Zweifel an der Einhaltung der Frist gehen grds. zulasten des die Wiedereinsetzung Begehrenden (BGH NStZ-RR 2015, 145; *Meyer-Goßner/Schmitt*, § 45 Rn 3 m.w.N.), es sei denn, dieser hatte überhaupt keine Möglichkeit, die Rechtzeitigkeit seines Wiedereinsetzungsantrags darzulegen (s. dazu OLG Hamm NStZ 1999, 97; zum Beginn der Frist im Klageerzwingungsverfahren s. OLG Frankfurt/Main NStZ-RR 2003, 369). Angaben zum Wegfall des Hindernisses müssen auch dann gemacht werden, wenn der Verteidiger eigenes Verschulden geltend macht (BGH NStZ 2012, 276; KG NZV 2005, 656). 1497

b) Für die Frage, wann das **Hindernis weggefallen** ist, kommt es auf die **persönliche Kenntnis** des von ihm Betroffenen an, nicht auf die früher oder später erlangte Kenntnis des Verteidigers (zuletzt BGH NStZ 2012, 276; BayObLG NJW 1956, 154; 1957, 192; OLG Schleswig SchlHA 1984, 98). 1498

☝ Gegen die **Versäumung** der **Frist** des § 45 Abs. 1 S. 1 ist **Wiedereinsetzung** nach § 44 möglich (OLG Düsseldorf NJW 1982, 60; OLG Hamm NJW 1958, 1104).

7. Muster für einen Antrag auf Wiedereinsetzung in den vorigen Stand gegen Versäumung der Einspruchsfrist gegen einen Strafbefehl 1499

▼

An das

Amtsgericht Musterstadt B.9

In dem Strafverfahren

gegen H. Muster

Az.:

wegen des Verdachts der Hehlerei u.a.

wird beantragt,

dem Angeklagten wegen der Versäumung der Einspruchsfrist Wiedereinsetzung in den vorigen Stand zu gewähren und

gegen den Strafbefehl des Amtsgerichts vom 23.10.2015 wird Einspruch eingelegt.

Begründung:

Der vom Amtsgericht am 23.10.2015 erlassene Strafbefehl ist dem Angeklagten am 30.10.2015 zugestellt worden. Er hat mich dann am 31.10.2015 beauftragt und bevollmächtigt, dagegen Einspruch einzulegen. Ich bin am folgenden Tag in Urlaub gefahren und habe deshalb die Einspruchseinlegung versäumt. Zur Glaubhaftmachung des vorstehenden Sachverhalts liegt die Kopie meiner Reisebuchung an, i.Ü. versichere ich die Richtigkeit anwaltlich. Damit trifft den Angeklagten kein Verschulden i.S.d. § 44 StPO an der verspäteten Einlegung des Einspruchs.

Der Angeklagte hat erst am heutigen Tag, an dem ihm die Aufforderung der Staatsanwaltschaft zur Zahlung der im Strafbefehl festgesetzten Geldstrafe zugegangen ist, davon Kenntnis erhalten, dass ein Einspruch gegen den Strafbefehl nicht beim Gericht eingegangen ist.

Der Einspruch wird auf die vom Gericht festgesetzten Rechtsfolgen beschränkt.

Die Anzahl der vom Gericht festgesetzten Tagessätze ist angesichts des Umstandes, dass der Zeuge X bei dem vom Angeklagten verursachten Verkehrsunfall nur geringfügig verletzt worden ist, zu hoch.

Auch die Tagessatzhöhe ist niedriger festzusetzen. Der Angeklagte verfügt zurzeit nur noch über ein monatliches Nettoeinkommen von 1.000,00 €. Unter Berücksichtigung der bestehenden Unterhaltspflichten – der Angeklagte ist verheiratet und hat zwei Kinder – ist ein Tagessatz von 60,00 € zu hoch.

Rechtsanwalt

▲

Siehe auch: → *Rechtsmittel/Rechtsbehelfe, Allgemeines*, Teil A Rdn 1289, m.w.N.; → *Wiedereinsetzung in den vorigen Stand, Allgemeines*, Teil B Rdn 1479, m.w.N.

1500 Wiedereinsetzung in den vorigen Stand, Verfahren

Das Wichtigste in Kürze:

1. Über den Antrag entscheidet das Gericht, bei dem die Frist hätte eingehalten werden müssen.
2. Im Verfahren ist dem Angeklagten/Betroffenen rechtliches Gehör zu gewähren.
3. Über den Wiedereinsetzungsantrag wird durch Beschluss entschieden.

4. Durchbricht die positive Wiedereinsetzungsentscheidung die Rechtskraft einer Entscheidung gilt § 47 Abs. 3.
5. Wird der Wiedereinsetzungsantrag verworfen, ist nach § 46 Abs. 3 sofortige Beschwerde zulässig.

Literaturhinweise: s. die Hinw. bei → *Wiedereinsetzung in den vorigen Stand, Allgemeines*, Teil B Rdn 1479. 1501

1. Zum (Wiedereinsetzungs-)**Verfahren** ist auf Folgendes **hinzuweisen**: 1502

a) Über den Antrag entscheidet im **Strafverfahren** nach § 46 Abs. 1 das **Gericht**, bei dem 1503
die Frist hätte eingehalten werden müssen. Selbst wenn der Antrag zulässiger Weise beim Rechtsmittelgericht eingelegt wurde, hat zunächst der Instanzgericht zu entscheiden (LR-*Graalmann-Scheerer*, § 46 Rn 5 ff.).

☝ Hat ein **unzuständiges Gericht** entschieden, also z.B. das Tatgericht anstelle des Revisionsgerichts, ist das aber für das weitere Verfahren bindend (*Meyer-Goßner/Schmitt*, § 46 Rn 7 m.w.N.).

b) Im **Bußgeldverfahren** richtet sich die **Zuständigkeit** zur **Entscheidung** über den 1504
Wiedereinsetzungsantrag nach § 52 Abs. 1 und 2 OWiG. Insoweit gilt:

- **Grds.** entscheidet über den Wiedereinsetzungsantrag wegen Versäumung der Einspruchsfrist die **Verwaltungsbehörde** (§ 52 Abs. 2 S. 1 OWiG).
- Das **AG** entscheidet über den Wiedereinsetzungsantrag wegen Versäumung der Einspruchsfrist nach § 52 Abs. 2 S. 2 OWiG, wenn es mit dem Rechtsbehelf selbst schon befasst ist. Das ist dann der Fall, wenn ihm die Akten nach Einspruch gegen den Bußgeldbescheid zur Entscheidung bereits vorgelegt worden sind und die Verwaltungsbehörde eine Fristversäumung übersehen hat (Göhler/*Seitz*, § 52 Rn 38). Das OLG hat insoweit keine Zuständigkeit (vgl. dazu Göhler/*Seitz*, § 52 Rn 4).
- Über die Versäumung der Frist zur Einlegung und Begründung der **Rechtsbeschwerde** entscheidet nach § 46 Abs. 1, § 52 Abs. 1 OWiG das OLG.
- Über den Wiedereinsetzungsantrag nach **§ 74 Abs. 4 OWiG** entscheidet das AG.

2. Im Verfahren ist dem Angeklagten/Betroffenen **rechtliches Gehör** zu gewähren. Ins- 1505
besondere ist er ggf. aufzufordern, ergänzende Mittel der Glaubhaftmachung beizubringen, falls das vorliegende Material aus Sicht des Gerichts nicht ausreichend erscheint (vgl. → *Wiedereinsetzung in den vorigen Stand, Antrag,* Teil B Rdn 1485).

☝ Nach § 45 Abs. 2 S. 1 kann die **Glaubhaftmachung** im Verfahren über den Wiedereinsetzungsantrag **nachgeholt** werden.

3. Über den Wiedereinsetzungsantrag wird durch **Beschluss** entschieden, der entweder Wie- 1506
dereinsetzung in den vorigen Stand gewährt oder den Wiedereinsetzungsantrag verwirft.

1507 **4.a) Durchbricht** die positive Wiedereinsetzungsentscheidung die **Rechtskraft** einer Entscheidung, also z.B. eines Berufungsurteils, gilt **§ 47 Abs. 3** (vgl. zum früheren Rechtszustand BVerfG NJW 2005, 3131 m.w.N. m. Anm. *Mosbacher* NJW 2005, 3110 m.w.N.). Danach werden ggf. Haftbefehle und Unterbringungsbefehle bzw. „sonstige Anordnungen", die zum Zeitpunkt des Eintritts der Rechtskraft bestanden haben und gegenstandslos geworden sind, wieder wirksam werden. Die damit zusammenhängenden Fragen spielen vor allem eine Rolle, wenn die Frist zur Einlegung der Berufung oder Revision gegen ein Urteil versäumt und dagegen Wiedereinsetzung gewährt worden ist. Sie können aber auch Bedeutung erlangen, wenn die Einspruchsfrist gegen den Strafbefehl nicht eingehalten wurde (→ *Berufung, Allgemeines*, Teil A Rdn 1, m.w.N.; → *Revision, Einlegung, Frist*, Teil A Rdn 2123; → *Strafbefehl, Einspruch*, Teil B Rdn 743; allgemein zu Fristen → *Rechtsmittel/Rechtsbehelfe, Fristen, Allgemeines*, Teil A Rdn 1545, m.w.N.).

1508 **b)** § 47 Abs. 3 **unterscheidet** zwischen Maßnahmen mit und Maßnahmen ohne freiheitsentziehendem Charakter (s. eingehend *Burhoff* StRR 2007, 18). Dazu folgender

1509 **Überblick:**

- Bei Maßnahmen **mit freiheitsentziehendem Charakter**, also beim Haftbefehl und beim Unterbringungsbefehl, richtet sich das Verfahren nach § 47 Abs. 3 S. 2 und 3. Nach S. 2 hat bereits das Wiedereinsetzungsgericht den Haft- oder Unterbringungsbefehl aufzuheben, wenn sich „ohne weiteres" ergibt, dass dessen Voraussetzungen nicht mehr vorliegen. Anderenfalls hat das Tatgericht nach S. 3 eine unverzügliche Haftprüfung durchzuführen (vgl. die verschiedenen Fallkonstellationen bei *Burhoff* StRR 2007, 15, 16 ff.). Eine verbüßte Strafhaft wandelt sich nachträglich aber nicht rückwirkend in U-Haft um (BGHSt 18, 34; OLG Düsseldorf, Beschl. v. 7.5.2009 – III-3 Ws 179/09).

  ☝ Die Formulierung „ohne weiteres" in § 47 Abs. 3 S. 2 entspricht der Formulierung in § 126 Abs. 3. Der Haftbefehl ist also schon vom Wiedereinsetzungsgericht aufzuheben, wenn sich **ohne weitere Ermittlungen** ergibt, dass er nicht aufrechterhalten werden kann (zum Verfahren *Burhoff* StRR 2007, 17 f.).

  Ein besonderer (Haft-) Prüfungsantrag ist nicht erforderlich. Das Gericht muss von Amts wegen tätig werden. Der Verteidiger sollte jedoch **vorsorglich**, schon, um das Gericht an seine Verpflichtung aus § 47 Abs. 3 zu erinnern, einen **Antrag** stellen.

- Bei Maßnahmen **ohne freiheitsentziehendem Charakter**, also bei den „sonstigen Anordnungen" i.S.d. § 47 Abs. 3, sieht § 47 Abs. 3 kein besonderes Verfahren vor. In der StPO ist nicht definiert, was eine „**sonstige Anordnung**" ist. I.d.R. wird es sich dabei um den Betroffenen belastende Maßnahmen handeln. In Betracht kommen insbesondere Beschlüsse nach § 111a, ein vorläufiges Berufsverbot (§ 132a), aber auch Beschlagnahmen (vgl. *Burhoff* StRR 2007, 18 f.).

☝ Hier ist also auf jeden Fall ein **Aufhebungsantrag** des Verteidigers erforderlich.

5. Für die **Anfechtung** von Beschlüssen betreffend Wiedereinsetzungsanträge gilt: 1510

a) In **Strafverfahren** sind die die Wiedereinsetzung bewilligenden Beschlüsse nach § 46 1511
Abs. 2 unanfechtbar. Wird der Wiedereinsetzungsantrag **verworfen**, ist hingegen nach § 46 Abs. 3 sofortige **Beschwerde** zulässig (vgl. dazu → *Beschwerde, sofortige Beschwerde*, Teil A Rdn 550; s.a. *Burhoff*, EV, Rn 3366 ff.).

☝ Wird die **Beschwerdefrist versäumt**, kann dagegen (erneut) Wiedereinsetzung in den vorigen Stand beantragt werden.

b) Im **Bußgeldverfahren** gilt: 1512

- Die die Wiedereinsetzung **bewilligenden Beschlüsse** sind nach § 46 Abs. 2, § 52 Abs. 1 OWiG **unanfechtbar**.
- Wird der Wiedereinsetzungsantrag von der **Verwaltungsbehörde verworfen**, ist nach § 52 Abs. 2 S. 3 OWiG der befristete Antrag auf gerichtliche Entscheidung nach § 62 OWiG zulässig (vgl. dazu Burhoff/*Gieg*, OWi, Rn 414). Die auf diesen Antrag ergehende Entscheidung ist unanfechtbar (§ 62 Abs. 2 S. 3 OWiG).
- Wird im gerichtlichen Verfahren der Wiedereinsetzungsantrag vom **AG verworfen**, ist nach § 46 Abs. 2, § 52 Abs. 1 OWiG die **sofortige Beschwerde** zum LG zulässig (zur sofortigen Beschwerde → *Beschwerde, sofortige Beschwerde*, Teil B Rdn 594; s.a. *Burhoff*, EV, Rn 3366 ff.). Es entscheidet die Kammer für Bußgeldsachen beim LG.

Siehe auch: → *Wiedereinsetzung in den vorigen Stand, Allgemeines*, Teil B Rdn 1479, m.w.N.

Wiedereinsetzung in den vorigen Stand, Voraussetzungen 1513

Literaturhinweise: Allgaier, Postalische Briefverzögerung im Rechtsverkehr – Rechtliche Bedeutung der 1514
Brieflaufzeiten, JurBüro 2012, 396; s.a. die Hinw. bei → *Wiedereinsetzung in den vorigen Stand, Allgemeines*, Teil B Rdn 1479.

1. Nach § 44 Abs. 1 ist auf Antrag Wiedereinsetzung in den vorigen Stand zu gewähren, 1515
wenn eine Frist versäumt worden ist (vgl. dazu Rdn 1516) und den Antragsteller daran **kein Verschulden** trifft (zur Wiedereinsetzung in den vorigen Stand zur Nachholung ei-

ner Verfahrensrüge → *Revision, Begründung, Frist*, Teil A Rdn 2073 ff.; *Burhoff*, HV, Rn 2280 ff. und Burhoff/*Junker*, OWi, Rn 3234; vgl. a. noch u.a. BGHSt 31, 161; BGH NStZ-RR 2011, 99 [Ci/Zi]; BGH, Beschl. v. 23.8.2012 – 1 StR 346/12; OLG Köln NStZ-RR 1996, 212). Im Einzelnen gilt:

1516 **2.** Wiedereinsetzung in den vorigen Stand kommt nur bei **Versäumung** einer **Frist** i.S.d. § 44 in Betracht. Das sind, wie die §§ 45, 46 zeigen, **prozessuale**, notwendigerweise bei Gericht wahrzunehmende Pflichten, gleichgültig, ob sie gesetzliche oder richterliche, ursprüngliche oder verlängerte Fristen sind (*Meyer-Goßner/Schmitt*, § 44 Rn 3).

1517 § 44 gilt grds. **nicht** für (s. *Meyer-Goßner/Schmitt*, § 44 Rn 3; dazu *Burhoff*, EV, Rn 4386; *Burhoff*, HV, Rn 3468):

- **Erklärungsfristen** und (Ausschluss-) Fristen, wie z.B. nach §§ 6a S. 3, 16 S. 3, 222a, 222b,
- die **2-wöchige Antragsfrist** des § 101 Abs. 7 S. 2, da es sich dabei ebenfalls um eine Ausschlussfrist handeln soll (KK-*Nack*, § 101 Rn 30; s. aber die Nachw. zur a.A. bei *Meyer-Goßner/Schmitt/Schmitt*, § 101 Rn 25),
- die Frist zur rechtzeitigen Stellung eines **Ablehnungsantrags** wegen Besorgnis der Befangenheit (§ 25; vgl. dazu *Burhoff*, EV, Rn 52; *Burhoff*, HV, Rn 116 ff.),
- **vom Gericht gesetzte Fristen**, wie z.B. für die, die das Gericht zur Begründung einer Beschwerde gesetzt hat (OLG Karlsruhe MDR 1983, 250; OLG Stuttgart StRR 2015, 388 [Frist zur Gewährung rechtlichen Gehörs]),
- den Fall, dass der Angeklagte oder sein Verteidiger **zu spät Kenntnis** von einer gesetzlichen Bestimmung oder von höchstrichterlicher Rechtsprechung **genommen** haben (BGH StV 2010, 475),
- die Frist zur **Wahl** des **endgültigen Rechtsmittels**, nachdem zunächst nur ein unbestimmtes Rechtsmittel eingelegt worden ist, ist ausgeschlossen (vgl. OLG Hamm StRR 2012, 148 [auch nicht im JGG-Verfahren]; OLG München wistra 2009, 327; OLG Naumburg StraFo 2009, 388.

1518 **3.** Der Angeklagte/Betroffene muss „**verhindert**" gewesen sein, die Frist einzuhalten. Das waren er oder sein Verteidiger nur dann, wenn äußere Umstände, die er nicht steuern konnte, ihn an der der Fristwahrung gehindert haben. Kennt der Angeklagte/Verteidiger die Frist und lässt er sie bewusst verstreichen, ist eine Wiedereinsetzung in den vorigen Stand ausgeschlossen. Derjenige, der von einem befristeten Rechtsbehelf bewusst keinen Gebrauch gemacht hat, ist grds. nicht verhindert i.S. des § 44. Unzutreffende rechtliche Einschätzungen und **fehlerhafte Beratungen** können durch das Wiedereinsetzungsverfahren also **nicht repariert** werden (BGH NStZ 2001, 160; 2012, 652; NStZ-RR 2012, 285 [Ls.]; OLG Hamm, Beschl. v. 9.9.2014 – 5 RVs 67/14). Wiedereinsetzung wird auch nicht mehr gewährt, wenn ein Rechtsmittel bereits wirksam zurückgenommen worden ist (BGH NStZ-RR 2013, 381).

☝ In den Fällen hilft dann auch nicht die Behauptung des Angeklagten, er habe sich nur von seinem (damaligen) Verteidiger „**überreden**" lassen, von einer „unsinnigen" Revision abzusehen (BGH NStZ-RR 2012, 285 [Ls.]).

4.a) Die Frist muss **ohne eigenes Verschulden** des zur Fristwahrung Verpflichteten versäumt worden sein (wegen der Einzelh. *Meyer-Goßner/Schmitt*, § 44 Rn 10 m.w.N.; *Sommer* StRR 2008, 90 ff.; *Burhoff*, EV, Rn 4388 ff.; *Burhoff*, HV, Rn 3470). Die Frist beginnt mit der Zustellung (zum Beweiswert einer Postzustellungsurkunde s. OLG Düsseldorf NJW 2000, 2831; OLG Hamm VRS 101, 439, jeweils m.w.N.; → *Rechtsmittel/Rechtsbehelfe, Zustellung, Allgemeines*, Teil A Rdn 1845). 1519

☝ Die Frist ist dann unverschuldet versäumt, wenn der Betroffene die ihm persönlich zumutbare und **gebotene Sorgfalt beachtet** hat.

Die Anforderungen an die persönliche Sorgfalt des Beschuldigten dürfen nicht überspannt werden. Das gilt vor allem, wenn es um den sog. „ersten Zugang zum Gericht" geht (BbgVerfG NStZ-RR 2002, 239; *Meyer-Goßner/Schmitt*, § 44 Rn 11 m.w.N.).

b) Ein **Verschulden** des **Verteidigers** wird dem Beschuldigten i.d.R. **nicht zugerechnet**, was sowohl für den Wahl- als auch für den Pflichtverteidiger als auch für Anwaltspersonal, nicht aber für sonstige Dritte gilt (vgl. u.a. BVerfG NJW 1994, 1856; BGH NJW 1994, 3112; KG, Beschl. v. 20.3.2012 – 121 Ss 51/12 [Fristversäumung infolge unterlassener Fristnotierung]; OLG Hamm NZV 2012, 254 [Fristversäumung infolge Faxdefekt]; OLG Naumburg StRR 2014, 42 [Ls.; Wiedereinsetzung von Amts wegen trotz Fristversäumung durch Verschulden des Verteidigers]; OLG Schleswig SchlHA 2011, 275 [Dö/Dr]; zur Fristenkontrolle bei einer elektronisch geführten Handakte BGH NJW 2014, 3102 für familiengerichtliches Verfahren und BGH NJW 2015, 2040 für Zivilverfahren; → *Anhörungsrüge, Zulässigkeit*, Teil B Rdn 41). 1520

☝ Das „Zurechnungsverbot" umfasst i.Ü. nicht nur die eigentliche Versäumung der Frist, sondern auch durch den Verteidiger verursachte **Mängel** des **Wiedereinsetzungsantrags** (vgl. VGH Bayern AnwBl. 2010, 624 [Ls.]; OLG Hamm VRS 104, 361).

Etwas **anderes** gilt wegen der Nähe zur Verfassungsbeschwerde, wenn es um die Zurechnung des Verschuldens bei Versäumung der Frist zur Erhebung der **Anhörungsrüge** nach § 356a geht (BGH StV 2010, 297 m. Anm. *Burhoff* StRR 2009, 20; StraFo 2011, 318). Dann erfolgt eine Zurechnung. Entsprechendes gilt bei **sonstigen Verfahrensbevollmächtigen** (vgl. z.B. BGH StraFo 2013, 458 [Nebenklage]; BGH, Beschl. v. 17.10.2010 – 2 StR 27/10 [ebenfalls Nebenklageverfahren; OLG Hamm, Beschl. v. 14.8.2006 – 1 VAs 53/06 [Zurechnung im Verfahren nach §§ 23 ff. EGGVG]; Beschl. v. 18.8.2015 – 3 Ws 269/15 [Nebenklage]; zu allem *Meyer-Goßner/Schmitt*, § 44 Rn 19), im **Klageerzwin-** 1521

gungsverfahren und auch im Strafvollzugsverfahren (vgl. u.a. OLG Hamm, Beschl. v. 17.9.2015 – 1 Vollz (Ws) 275 u. 276/15; zu allem *Meyer-Goßner/Schmitt*, § 44 Rn 19 m.w.N.; → *Justizverwaltungsakte, Anfechtung (§§ 23 ff. EGGVG), Antrag, Frist*, Teil B Rdn 341; → *Klageerzwingungsverfahren, Antrag, Allgemeines*, Teil B Rdn 494).

1522 Der Beschuldigte ist auch zur **Überwachung** des **Verteidigers** grds. **nicht verpflichtet** (BGH NStZ 1990, 25 [M]), es sei denn, ihm ist die Unzuverlässigkeit seines Verteidigers bekannt (BGHSt 25, 89, 93; OLG Köln StraFo 2012, 224; ähnlich OLG Schleswig SchlHA 2011, 275 [Dö/Dr]; zum „untätigen" Verteidiger u.a. BGH NStZ-RR 2000, 33 [K] und a. noch BGH NStZ-RR 2011, 115). Bei **sonstigen Dritte** besteht ggf. eine Überwachungspflicht, wie z.B. bei Beauftragung eines **Dritten** mit der Fristüberwachung (u.a. OLG Frankfurt/Main NJW 2001, 1589 [Ls.; Ehefrau]; LG Würzburg DAR 2001, 231 [Arbeitgeber]).

1523 **c)** Die Rspr. zum „**Verschulden**" ist unüberschaubar. Daher kann dazu hier nur ein **Überblick** gegeben werden (vgl. auch *Sommer* StRR 2008, 88, 91 ff. m.w.N. und seine Systematisierung von Problembereichen; *Burhoff*, EV, Rn 4390 ff.; *Burhoff*, HV, Rn 3471 ff.; Burhoff/*Burhoff*, OWi, Rn 4526 f.). Hinzuweisen auf folgende für die **Praxis** wichtige **Rechtsprechungsbeispiele:**

1524 **Verschulden bejaht:**

- bei **unzulässiger** Vereinbarung eines Rechtsmittelverzichts durch eine **Absprache** (BGHSt 45, 227 m.w.N.; s. aber BGHSt 50, 40),
- bei **mehrwöchiger Abwesenheit** des Beschuldigten (OLG Celle StraFo 2002, 17 m.w.N.; OLG Hamm, Beschl. v. 11.5.2010 – 2 RVs 29/10 für Abwesenheit wegen mehrwöchiger Wehrübung; LG Zweibrücken NJW 1998, 3748 [Ls.]; vgl. auch BVerfG NJW 1976, 747 [ggf. Verschulden]), allerdings darf eine Wiedereinsetzung nicht deswegen versagt werden, weil der Betroffene wegen einer nur vorübergehenden, relativ **kurzfristigen** Abwesenheit von seiner ständigen Wohnung keine besonderen Vorkehrungen wegen der möglichen Zustellung eines Bußgeldbescheids getroffen hat (zuletzt BVerfG NJW 2013, 592 m.w.N.), wobei es auch nicht darauf ankommt, ob die urlaubsbedingte Abwesenheit in die allgemeine Ferienzeit oder eine sonstige Jahreszeit fällt,
- bei **falscher Adressierung** einer **Postsendung**, z.B. mit falscher Postleitzahl (OLG Frankfurt/Main NStZ-RR 1997, 137; OLG Hamm NStZ 2009, 472 [Ls.] [Adressierung an die StA anstatt an das Gericht]; NStZ-RR 2009, 347 [Ls.]; BFH NJW 2000, 1520; s. auch OLG Düsseldorf, Beschl. v. 18.11.2013 – 15 U 172/13 [für das Zivilverfahren]),
- für eine nicht oder **nicht ausreichender Frankierung** der Rechtsmittelschrift und darauf beruhendem verspätetem Eingang (OLG Hamm, Beschl. v. 22.4.2014 – 5 RVs 30/14),

- der Verurteilte hat sich bei Versäumung der Frist des § 356a zur Einlegung der **Anhörungsrüge** nach Kenntnis der verfahrensabschließenden Entscheidung, durch die nach seiner Meinung sein Recht auf Gehör verletzt worden ist, nicht sofort über etwaige weitere rechtliche Möglichkeiten informiert (BGH HRRS 2006 Nr. 560; → *Anhörungsrügen, Allgemeines*, Teil B Rdn 1 ff.),
- zur **Ausschöpfung** der **Rechtsmittelfristen** (BVerfG NJW 1986, 244 m.w.N.; zum „**Sicherheitspolster**" bei Einlegung durch Fax BVerfG StRR 2014, 181 für Verfassungsbeschwerdeverfahren),
- ggf. wenn ein **Einschreiben** erst einen Tag vor Ablauf der Frist abgesandt wird, da bei dieser besonderen Versendungsart nicht von einer i.d.R. eintägigen Postlaufzeit ausgegangen werden kann (OLG Hamm, Beschl. v. 4.11.2008 – 2 Ws 328/08; OLG Schleswig SchlHA 2011, 276 [Dö/Dr]; zu den Postlaufzeiten *Allgaier* JurBüro 2012, 396; vgl. aber OLG Oldenburg NStZ-RR 2014, 113 [auch bei Einschreiben reicht 1 Tag]),
- wenn ein Strafgefangener den Brief, durch den ein Rechtsmittel eingelegt werden soll erst am **Tag** des **Fristablaufs zur Post** gibt (BGH StRR 2012, 362 [Ls.]), wobei der **Strafgefangene** nicht darauf vertrauen darf, dass an jedem Tag ein Urkundsbeamter in der Haftanstalt zur Verfügung steht, um von der Möglichkeit des § 299 Gebrauch machen zu können (KG NStZ-RR 2009, 19; vgl. auch BGH NStZ-RR 2015, 67 [Ci/Ni]), er allerdings so rechtzeitig zur Protokollierung des Rechtsmittels vorzuführen ist, dass eine Protokollierung vor Ablauf der Rechtsmittelfrist im Zuge eines ordentlichen Geschäftsgangs möglich ist (vom OLG Hamm NStZ 2011, 227 verneint bei einem Antrag, der zwei Tage vor Ablauf der Rechtsbeschwerdefrist verfasst und dessen Absendungsdatum offen ist; ähnlich OLG Hamm NStZ-RR 2015, 327),
- wenn ein unter **Betreuung** Stehender von seinem Bewährungshelfer auf den zu erwartenden **Zugang** eines Schriftstückes **aufmerksam gemacht** worden ist und er sich nach Erhalt nicht rechtzeitig mit dem Bewährungshelfer zwecks Erklärung und Beratung in Verbindung gesetzt hat (OLG Brandenburg NStZ-RR 2009, 219),
- zum – verneinten – amtlichen Verschulden, wenn ein fristgebundener Schriftsatz beim unzuständigen Gericht eingereicht und von diesem nur im ordentlichen Geschäftsgang weitergeleitet wird (KG StRR 2011, 246 [Ls.]; OLG Hamm NJW 1997, 2829; StraFo 2004, 51; NStZ-RR 2008, 283; 2009, 347 [Ls.]; OLG Naumburg NStZ-RR 2001, 272; vgl. zur **Rechtsmitteleinlegung** beim **unzuständigen** Gericht auch noch OLG Düsseldorf StraFo 1999, 176; 2002, 216; s. dazu auch LG Karlsruhe StV 2001, 345 m.w.N. auf n.v. des OLG Karlsruhe; früher a.A. OLG Hamm StraFo 2004, 51; bei **missverstandenen Rechtsmittelbelehrung** (BGH NStZ-RR 2013, 254),
- ggf. bei **Kenntnis** von der **Unzuverlässigkeit** des **Verteidigers** (BGH NStZ-RR 2011, 115), aber dann nicht, wenn der Betroffene selbst aufgrund Erkrankung nicht in der Lage ist, geeignete Schritte zu unternehmen (BGH, a.a.O.),

- wenn der Angeklagte bei der **Ladung** zur **Berufungshauptverhandlung** nicht auch nach § 35a S. 2 belehrt worden ist (OLG Hamm NStZ 2014, 421 m. Anm. *Kotz* StV 2014, 227),
- bei **mangelhafter EDV-Organisation** in der Rechtsanwaltskanzlei (OLG Oldenburg NJW 2011, 2305 [Zivilrecht]),
- bei **unterlassenen Vorkehrungen** zur Sicherstellung einer **Vertretung** im Fall der Erkrankung des Rechtsanwalts (BGH NJW-RR 2014, 701 [Zivilrecht]),
- ggf. bei nicht ausreichender Fristkontrolle bei einer **elektronisch geführten Handakte** (BGH NJW 2014, 3102; 2015, 2040, jew. Zivilverfahren und m.w.N. aus der Rspr. des BGH),
- und zur **Überwachungspflicht** bei Beauftragung eines **Dritten** mit der Fristüberwachung u.a. (OLG Frankfurt/Main NJW 2001, 1589 [Ls.] = NStZ-RR 2001, 85 [Ehefrau]; OLG Hamm NStZ-RR 2009, 242 [Bewährungshelfer]; LG Würzburg DAR 2001, 231 [Arbeitgeber]),
- zur erforderlichen **Überwachung** des **Büropersonals** durch den Rechtsanwalt hinsichtlich der Eintragung von Fristen (BGH StraFo 2013, 458 für Nebenklage),
- zum möglichen Mitverschulden bei (nur) mündlicher **Rechtsmittelbelehrung** eines (ausländischen) Angeklagten (BGH NStZ-RR 2011, 100 [Ci/Zi]; OLG Dresden NStZ-RR 2002, 171; OLG Hamm NJW 2001, 3279 m.w.N.; LG Berlin NZV 2009, 51; vgl. auch BGH StraFo 2005, 419 [Belehrung darüber, dass Rechtsmitteleinlegung in deutscher Sprache erfolgen muss]; zur sog. „**qualifizierten Belehrung**" s. BVerfG NJW 2005, 3629, 15; NStZ-RR 2005, 238; zur **fehlerhaften Rechtsmittelbelehrung** s. *Sommer* StRR 2008, 93, 94; allgemein zu den hiermit zusammenhängenden Fragen → *Rechtsmittel/Rechtsbehelfe, Belehrung, Allgemeines*, Teil A Rdn 1337, m.w.N.),
- bei **missverstandener Rechtsmittelbelehrung** (BGH NStZ-RR 2013, 254),
- wenn ein sprachkundiger Ausländer, der ein amtliches Schriftstück in deutscher Sprache erhält, dessen Inhalt er nicht versteht, sich **nicht** um eine **Übersetzung** oder Erläuterung **bemüht** (OLG Nürnberg NStZ-RR 2010, 286 für Ladung; vgl. auch noch BGH NStZ-RR 2011, 100 [Ci/Zi]; → *Rechtsmittel/Rechtsbehelfe, Belehrung, Sprachunkundigkeit*, Teil A Rdn 1377, m.w.N),
- bei zu **später** oder nicht eindeutiger **Beauftragung** eines **Rechtsanwalts** (BGH MDR 1956, 11 [D]; OLG Düsseldorf VRS 96, 374; vgl. auch BGH NStZ-RR 2011, 100 [Ci/Zi] für Auftragserteilung durch Inhaftierten),
- zum **Irrtum** eines zweiten Verteidigers über den **Ablauf** der **Revisionsbegründungsfrist** s. BGH StraFo 2005, 25 (rechtfertigt nicht Wiedereinsetzung),
- wenn der Verteidiger ggf. zunächst nur „**zur Fristwahrung**" ein Rechtsmittel eingelegt hat, da der Beschuldigte dann seinem Verteidiger mitteilen muss, dass das Rechtsmittel durchgeführt werden soll oder er einen anderen Rechtsanwalt beauftragen muss (BGH StRR 2014, 463 [Ls.]),

- beim Vertrauen auf eine **(falsche) Verteidigerauskunft** (LG Potsdam NStZ-RR 2013, 317 [Ls.]),
- bei **Verborgenhalten** in der Bewährungszeit und/oder Nichtangabe des Aufenthaltsortes entgegen einer richterlichen Weisung (BGHSt 26, 127; OLG Köln NStZ 2012, 528),
- wenn der Angeklagte nach vollständiger Eröffnung der Urteilsgründe, jedoch noch vor Erteilung der Rechtsmittelbelehrung **eigenmächtig** den **Sitzungssaal verlassen** hat (OLG Bamberg NStZ 2014, 376; OLG Köln NStZ 2009, 655 [Ls.]),
- wenn bei **Zweifeln** über die Wirksamkeit eines **Rechtsmittelverzichts** zu lange gezögert wird (OLG Jena NJW 2003, 3071).

Nichtverschulden bejaht: 1525

- bei relativ **kurzfristiger Abwesenheit** von der ständigen Wohnung, ohne besondere Vorkehrungen wegen der möglichen Zustellung eines Bußgeldbescheids getroffen zu haben (zuletzt BVerfG NJW 2013, 592 m.w.N.), wobei es auch nicht darauf ankommt, ob die urlaubsbedingte Abwesenheit in die allgemeine Ferienzeit oder eine sonstige Jahreszeit fällt (vgl. auch noch OLG Naumburg, Beschl. v. 3.1.2012 – 2 Ws 233/12),
- bei **Belegung** des **Telefaxempfangsgerätes** des Gerichts (*Roth* NJW 2008, 785), wobei regelmäßig die erforderliche Sorgfalt erfüllt hat, wer einen über die zu erwartende Übermittlungsdauer der zu faxenden Schriftsätze samt Anlagen hinausgehenden **Sicherheitszuschlag** von 20 Minuten einkalkuliert; dieser Sicherheitszuschlag gilt auch für die Faxübersendung nach Wochenenden oder gesetzlichen Feiertagen (BVerfG StRR 2014, 181 m. Anm. *Burhoff*),
- **nicht** allein der Umstand, dass der Zustellungsempfänger unter **Betreuung** steht (OLG Brandenburg NStZ-RR 2009, 219; → *Rechtsmittel/Rechtsbehelfe, Zustellung, Allgemeines*, Teil A Rdn 1845, m.w.N.),
- bei sorgfältiger Auswahl und Überwachung des **Büropersonals** und einer zur Verhinderung von Fristüberschreitungen tauglichen Büroorganisation (BGH, Beschl. v. 17.10.2010 – 2 StR 27/10),
- zum verneinten Verschulden, wenn der **Briefumschlag**, mit dem die Rechtsmittelschrift befördert wurde, **nicht** zu den **Akten genommen** wird und deshalb ungewiss bleibt, ob die Fristversäumung auf einer überlangen Postlaufzeit beruht (BVerfG NJW 1997, 1770; OLG Brandenburg wistra 2006, 36; OLG Hamm [2. Ss] NStZ-RR 2009, 112; enger jetzt OLG Hamm [3. Ss] NStZ-RR 2012, 315 [Ls.]),
- wenn über einen **zeitgleich** mit der **Einlegung** der **Revision** gestellten Antrag auf **Beiordnung** eines **Pflichtverteidigers** erst nach Ablauf der Revisionsbegründungsfrist entschieden wird (OLG Braunschweig StV 2014, 275),

- bei **überlanger Postlauffrist** (BGH NStZ-RR 2013, 67 [Ci/Zi; 3 Tage]; OLG Frankfurt/Main NStZ-RR 2002, 12; OLG Oldenburg NStZ-RR 2014, 113 [auch bei Einschreiben reicht 1 Tag]; vgl. auch BVerfG NJW 2001, 744; s. aber KG NStZ-RR 2006, 142 [Postlauffrist bei Einschreiben] und. aber OLG Stuttgart NStZ-RR 2010, das davon ausgeht, dass nur im sog. Ortsbestellverkehr auf den Zugang bereits am darauffolgenden Werktag vertraut werden darf, bei Briefsendungen außerhalb des Ortsbestellverkehrs hingegen mit einer Postlaufzeit von zwei Werktagen gerechnet werden muss [s. wohl auch BGH NStZ-RR 2012, 197 (Ci/Zi)], und ähnlich LG Zweibrücken VRS 123, 175], und OLG Hamm NJW 2009, 2230; StRR 2010, 282 [Ls.], wonach auch bei Aufgabe am Sonntag nicht mit dem Zugang am nächsten Tag gerechnet werden kann; zu den Postlaufzeiten *Allgaier* JurBüro 2012, 396),
- bei **Aufnahme** einer **Revisionsbegründung** durch einen **Justizangestellten** oder einen Beamten, der Geschäftsstellenaufgaben wahrnimmt, anstelle des zuständigen Rechtspflegers (OLG Dresden, Beschl. v. 10.7.2015 – 2 OLG 23 Ss 401/15; OLG Zweibrücken, Beschl. v. 26.2.2016 – 1 Ss 6/16; vgl. a. OLG Köln Rpfleger 2006, 222; OLG Schleswig SchlHA 2002, 172),
- bei **Ungewissheit** über die tatsächlich **benötigte Postlaufzeit**, die auch auf dem frühen Dienstschluss eines Gerichtes an einem Freitag bereits um 12.00 Uhr beruhen kann (OLG Oldenburg StraFo 2011, 219 [Verschulden liegt auch nicht darin, dass der Versender nicht die Versendungsform „Einwurf-Einschreiben" gewählt hat]; zu den Postlaufzeiten *Allgaier* JurBüro 2012, 396),
- ggf. wenn **nicht ordnungsgemäß** über Rechtsmittel **belehrt** worden ist, wozu der Hinweis gehört, dass die schriftliche Rechtsmitteleinlegung in deutscher Sprache erfolgen muss (BGH StraFo 2005, 419; OLG Koblenz, Beschl. v. 1.4.2011 – 2 Ss 154/10; zur Erkundigungspflicht s. aber LG Berlin NZV 2009, 51; zu allem a. → *Rechtsmittel/Rechtsbehelfe, Belehrung, Allgemeines*, Teil A Rdn 1337, m.w.N.),

> ☝ Der **Protokollvermerk** im HV-Protokoll, dass eine Rechtsmittelbelehrung erteilt worden ist, beweist allerdings deren Vollständigkeit und Richtigkeit. Einer weiteren schriftlichen Rechtsmittelbelehrung bei Urteilszustellung bedarf es nicht (KG NStZ 2009, 406; OLG Hamm, Beschl. v. 10.11.2009 – 3 Ss OWi 805/09 m.w.N.).

- wenn entgegen der Vorschrift des **§ 145a Abs. 1, 4** dem bestellten Verteidiger bei Zustellung an den Angeklagten der Strafbefehl weder **zugestellt** noch mitgeteilt worden ist (KG NJ 2007, 233 [Ls.]; OLG Hamm, Beschl. v. 8.5.2007 – 4 Ws 210/07; OLG Köln, Beschl. v. 10.6.2011 – 2 Ws 308/11; LG Köln StraFo 1998, 190; LG Siegen zfs 2010, 289 [für das Strafverfahren und zugleich auch zur sog. Doppelzustellung]; s. auch BayObLG StV 2000, 407; vgl. noch OLG Stuttgart StV 2011, 85 m. zust. Anm. *Bockemühl* StV 2011, 87 [Wiedereinsetzung, sofern die Nichteinhaltung der Frist darauf beruht, dass der Verteidiger vom Inhalt der Entscheidung keine Kenntnis nehmen konnte]; a.A: OLG München StV 2011, 86 m. abl. Anm. *Bockemühl*, a.a.O.) oder ggf., wenn ein **Verstoß** gegen die **Mitteilungspflicht** des § 145a Abs. 3 S. 1 vorliegt (BGH wistra 2006, 188); die Erteilung einer Abschrift „zur Kenntnisnahme" ohne weitere Hinweise stellt keine ordnungsgemäße Benachrichtigung i.S.d. § 145a Abs. 3 S. 2 das diese Form der Mitteilung nicht dem Zweck dieser Vorschrift genügt (LG Aurich StRR 2011, 348 m. Anm. *Hunsmann*; → *Rechtsmittel/Rechtsbehelfe, Zustellung, Verteidigerzustellung*, Teil A Rdn 1973),

- bei Vorliegen **besonderer persönlicher Umstände**, wobei allerdings eine bloß allgemeine Unbeholfenheit nicht ausreicht (OLG Schleswig StV 2010, 62 [Wiedereinsetzung bei einem 16-jährigen Jugendlichen ohne Schulabschluss bejaht]),
- wenn der Zustellungsempfänger keine Kenntnis von der Zustellung erlangt hatte, weil ein **Familienangehöriger** den **Bußgeldbescheid an sich genommen** und ihm nicht gezeigt hat; ein Betroffener muss ohne besondere Anhaltspunkte nicht damit rechnen, dass ihm Familienangehörige die Zustellung vorenthalten (AG Bersenbrück zfs 2010, 531 für Zustellung eines Bußgeldbescheides im OWi-Verfahren),
- ggf. bei **Fehlen** der bzw. unterbliebener **Rechtsmittelbelehrung**, wobei allerdings das Fehlen des Vermerks auf der Zustellungsurkunde entgegen Nr. 142 Abs. 3 S. 1 RiStBV, dass eine Rechtsmittelbelehrung beigefügt war, nicht das Fehlen der Rechtsmittelbelehrung beweist (OLG Stuttgart NStZ-RR 2011, 17 zugleich auch zur Glaubhaftmachung) oder auch das **Nichtaushändigen** eines Rechtsmittelmerkblatts (BVerfG NStZ 2007, 416; vgl. aber OLG Köln, Beschl. v. 6.12.2010 – 2 Ws 790/10; → *Rechtsmittel/Rechtsbehelfe, Belehrung, Allgemeines*, Teil A Rdn 1337 ff.; → *Rechtsmittel/Rechtsbehelfe, Zustellung, Allgemeines*, Teil A Rdn 1845),
- bei **(rechtzeitiger) Verteidigerbeauftragung** zur Einlegung eines Rechtsmittels (vgl. u.a. LG Schwerin NJW 2006 1448 m.w.N. aus der Rspr.; s. aber a. oben Rdn 1524),
- wenn der Angeklagte auf die **rechtzeitige Begründung** des Rechtsmittels **vertrauen** durfte, sein Wahlverteidiger aber im Hinblick auf einen schon länger gestellten Pflichtverteidigerantrag untätig geblieben ist (BGH, Beschl. v. 18.3.2015 – 2 StR 26/15),
- bei **Nichtaushändigen** eines **Rechtsmittelmerkblatts** (BVerfG NStZ 2007, 416; vgl. aber OLG Köln, Beschl. v. 6.12.2010 – 2 Ws 790/10),
- beim **Vertrauen** auf eine **falsche richterliche Auskunft** (OLG Oldenburg NStZ 2012, 51 [für Revisionsbegründung; auch dann, wenn noch nicht nachgeholt).

Für die unterbliebene Rechtsmittelbelehrung ist noch auf folgendes hinzuweisen: Nach **1526**
§ 44 S. 2 ist die Versäumung einer Rechtsmittelfrist als unverschuldet anzusehen, wenn die **Rechtsmittelbelehrung unterblieben** ist. Dadurch wird aber nur das Erforder-

nis des fehlenden Verschuldens des Antragstellers aufgehoben. Der ursächliche Zusammenhang zwischen dem Belehrungsmangel und der Fristversäumung wird aber weiter vorausgesetzt (BGH NStZ 2001, 45; OLG Hamm, Beschl. v. 27.8.2015 – Ws 312/15; *Meyer-Goßner/Schmitt*, § 44 Rn 22 m.w.N.; wegen der Einzelh. → *Rechtsmittel/Rechtsbehelfe, Belehrung, Allgemeines*, Teil A Rdn 1337, m.w.N.).

☝ Eine **Ausnahme** von der Ausnahme des § 44 S. 2 gilt bei einem **wirksamen Verzicht** auf die die Rechtsmittelbelehrung. Ein solcher Verzicht kann aber nicht durch den rechtsunkundigen Beschuldigten selbst erfolgen. Der Verteidiger kann allerdings – da die Vorschrift der Belehrung letztendlich der Disposition der Verteidigung unterliegt – wirksam auf eine Belehrung verzichten. Dies setzt aber voraus, dass die ihm erteilte Vollmacht ausdrücklich diesen Verzicht auf ein Rechtsmittel umfasst (OLG Zweibrücken MDR 1978, 861). Der Verzicht in der HV ist protokollierungspflichtig (OLG Hamm OLGSt § 35a 9; *Sommer* StRR 2008, 88, 92 ff.).

Die unvollständige, widersprüchliche oder **falsche Rechtsmittelbelehrung** steht einer fehlenden Rechtsmittelbelehrung gleich (*Meyer-Goßner/Schmitt*, § 44 Rn 23 m.w.N.; wegen der Einzelh. → *Rechtsmittel/Rechtsbehelfe, Belehrung, Allgemeines*, Teil A Rdn 1337, m.w.N.).

Siehe auch: → *Rechtsmittel/Rechtsbehelfe, Belehrung, Allgemeines*, Teil A Rdn 1337, m.w.N; → *Rechtsmittel/Rechtsbehelfe, Zustellung, Allgemeines*, Teil A Rdn 1845, m.w.N → *Wiedereinsetzung in den vorigen Stand, Allgemeines*, Teil B Rdn 1479, m.w.N.

Teil C: Außerordentliche und konventionsrechtliche Rechtsbehelfe

Menschenrechtsbeschwerde, Allgemeines 1

Literaturhinweise: **Breuer**, Zur Anordnung konkreter Abhilfemaßnahmen, EuGRZ 2004, 257; *ders.*, Urteilsfolgen bei strukturellen Problemen – Das erste „Piloturteil" des EGMR, EuGRZ 2004, 445; *ders.*, Das Recht auf Individualbeschwerde zum EGMR im Spannungsfeld zwischen Subsidiarität und Einzelfallgerechtigkeit, EuGRZ 2008, 121; **Broß**, Zulässigkeitsanforderungen von Individualrechtsbehelfen – Aus der Sicht des Bundesverfassungsgerichts, EuGRZ 2006, 506; **Caflisch**, Rechtsfolgen von Normenkontrollen – Die Rechtsprechung des EGMR: Die Technik der PilotFälle, EuGRZ 2006, 521; **Calliess/Ruffert**, EUV/AEUV, 4. Aufl. 2011; **Cremer**, Zur Bindungswirkung von EGMR-Urteilen, EuGRZ 2004, 683; *ders.*, Freiheitsentzug und Zwangsbehandlung in einer Privatklinik, Rechtskraftdurchbrechung und (mittelbare) Drittwirkung der EMRK, EuGRZ 2008, 562; **Eschelbach/Geipel/Weiler**, Anhörungsrügen, StV 2010, 325; **Esser**, Die Umsetzung der Urteile des Europäischen Gerichtshofs für Menschenrechte im nationalen Recht – ein Beispiel für die Dissonanz völkerrechtlicher Verpflichtungen und verfassungsrechtlicher Vorgaben?, StV 2005, 348; **Frowein**, Der freundschaftliche Ausgleich im Individualbeschwerdeverfahren nach der Menschenrechtskonvention und das deutsche Recht, JZ 1969, S. 213; **Frowein/Peukert**, Europäische Menschenrechtskonvention, 2009; **Garlicki/Westerdiek**, Rechtsfolgen von Normenkontrollen – Die Rechtsprechung des EGMR: Das klassische Umfeld, EuGRZ 2006, 517; **Geiger/Khan/Kotzur**, EUV/AEUV, 5. Aufl., 2010; **Giegerich**, Vorbehalte zu Menschenrechtsabkommen. Zulässigkeit, Gültigkeit und Prüfungskompetenz von Vertragsgremien, ZaöRV 55 (1990), 713; **Grabenwarter**, Grundrechtsvielfalt und Grundrechtskonflikte im europäischen Mehrebenensystem – Wirkungen von EGMR-Urteilen und der Beurteilungsspielraum der Mitgliedstaaten, EuGRZ 2011, 229; **Grabenwarter/Papel**, Europäische Menschenrechtskonvention, 5. Aufl. 2012; **Grabitz/Hilf**, Das Recht der Europäischen Union, Loseblattkommentar, Bd. III EUV/EGV, Stand: Oktober 2009; **Grabitz/Hilf/Nettesheim**, Das Recht der Europäischen Union, Loseblattkommentar; **Grote/Marauhn**, EMRK/GG – Konkordanzkommentar, 2006; **Hummer/Obwexer**, Der Vertrag von Lissabon, 2009; **Jacob**, Der Europäische Gerichtshof für Menschenrechte – eine aktuelle Bestandsaufnahme von Organisation, Arbeitsweise und Entscheidungsfindung, DVBl 2015, 61; **Jaeger**, Menschenrechtsschutz im Herzen Europas. Zur Kooperation des Bundesverfassungsgerichts mit dem Europäischen Gerichtshof für Menschenrechte und dem Gerichtshof für die Europäischen Gemeinschaften, EuGRZ 2005, 193; **Jestaedt/Lepsius/Möllers/Schönberger**, Das entgrenzte Gericht, Berlin 2011; **Karpenstein/Mayer**, EMRK – Konvention zum Schutz der Menschenrechte und Grundfreiheiten, 2012; **Klinger**, Der Sicherungshaftbefehl gem. § 453c StPO im Lichte der Rechtsprechung des EGMR zum Widerruf der Strafaussetzung, NStZ 2012, 70; **Krüger**, Vorläufige Maßnahmen nach Art. 36 der Verfahrensordnung der Europäischen Kommission für Menschenrechte (insbesondere in Ausweisungs- und Auslieferungsfällen), EuGRZ 1996, 346; **Lauff**, Der Schutz bürgerlicher und politischer Rechte durch die Vereinten Nationen, NJW 1981, 2611; **Lübbe-Wolff**, Substantiierung und Subsidiarität der Verfassungsbeschwerde – Die Zulässigkeitsrechtsprechung des Bundesverfassungsgerichts, EuGRZ 2004, 669; **Masuch**, Zur fallübergreifenden Bindungswirkung von Urteilen des EGMR, NVwZ 2000, 1266; **Meyer-Ladewig**, Oral hearings before the new European Court of Human Rights, GS Ryssdal, S. 921; *ders.*, Unklarheiten bei der Berechnung der Beschwerdefrist in Straßburg?, NJW 2011, 1559; *ders.*, EMRK – Europäische Menschenrechtskonvention, 3. Aufl. 2011; **Meyer-Ladewig/Petzold**, Die Bindung deutscher Gerichte an Urteile des EGMR, NJW 2005, 15; *dies.*, Trivialbeschwerden in der Rechtsprechung des EGMR, NJW 2011, 3126; **Myer/Mol/Kempees/v. Steijn/Bockwinkel/Uerpmann**, EGMR-Verfahren – Die häufigsten Irrtümer bei Einreichen einer Beschwerde, MDR 2007, 505; **Nagler**, Verteidigung gegen im Ausland gewonnene Ermittlungsergebnisse, StV 2013, 324; **Nicolaou**, The New Perspective of the EurCourtHR on the Effectiveness of its 2

Judgment, in: Festschrift für *Renate Jaeger*, S. 163; **Oellers-Frahms**, Verbindlichkeit einstweiliger Maßnahmen: Der EGMR vollzieht – endlich – die erforderliche Wende in seiner Rechtsprechung, EuGRZ 2003, 689; *dies.*, Verbindlichkeit einstweiliger Anordnungen des EGMR – Epilog, EuGRZ 2005, 347; **Okresek**, Die Umsetzung der EGMR-Urteile und ihre Überwachung – Probleme der Vollstreckung und der Behandlung von Wiederholungsfällen, EuGRZ 2003, 168; **Pabel**, Die Rolle der Großen Kammer des EGMR bei Überprüfung von Kammer-Urteilen im Lichte der bisherigen Praxis, EuGRZ 2006, 3; **Papier**, Umsetzung und Wirkung der Entscheidungen des Europäischen Gerichtshofs für Menschenrechte aus der Perspektive der nationalen deutschen Gerichte, EuGRZ 2006, 1; **Ress**, Wirkung und Beachtung der Urteile und Entscheidungen des Straßburger Konventionsorgane, EuGRZ 1996, 350; **Rogge**, Die Einlegung einer Menschenrechtsbeschwerde, EuGRZ 1996, 341; **Rudolf/v. Raumer**, Die Beschwerde vor dem Europäischen Gerichtshof für Menschenrechte – Eine kaum genutzte Chance, AnwBl. 2009, 313; **Ruffert**, Die Europäische Menschenrechtskonvention und innerstaatliches Recht, EuGRZ 2007, 245; **Schiemann**, Zulässigkeitsanforderungen bei Individualrechtsbehelfen – Aus Sicht des Gerichtshofs der Europäischen Gemeinschaften, EuGRZ 2006, 507; **Schlette**, Europäischer Menschenrechtsschutz nach der Reform der EMRK, JZ 1999, 219; **Schmahl**, Piloturteile des EGMR als Mittel der Verfahrensbeschleunigung, EuGRZ 2008, 369; **Sommer**, Kompatibilitätsprobleme zwischen dem BGH und dem Europäischen Gerichtshof für Menschenrechte – Die Entscheidung des BGH vom 18.11.1999 zur polizeilichen Tatprovokation, StraFo 2000, 150; *ders.*, Zur Frage der Einbeziehung der Europäischen Menschenrechtskonvention in den deutschen Strafprozess, StraFo 2010, 284; *ders.*, Die Verzögerungsrüge: „Die Suche nach der verlorenen Zeit", StV 2012, 107; **Stahn**, Vorbehalte zu Menschenrechtsverträgen, EuGRZ 2000, 607; **Stöcker**, Wirkungen der Urteile des Europäischen Gerichtshofs für Menschenrechte in der Bundesrepublik, NJW 1982, 1905; **Trechsel**, Aus der Rechtsprechung des Europäischen Gerichtshofs für Menschenrechte, StV 1993, 98; **v. d. Groeben/Schwarze**, Kommentar zum Vertrag über die Europäische Union und zur Gründung der Europäischen Gemeinschaft, 6. Aufl. 2003; **Weigend**, Die Europäische Menschenrechtskonvention als deutsches Recht – Kollisionen und ihre Lösung, StV 2000, 384; **Wittinger**, Die Einlegung einer Individualbeschwerde vor dem EGMR, NJW 2001, 1238; s.a. die Hinw. bei den u.a. weiterführenden Stichwörtern.

3 **1.** Die Menschenrechtsbeschwerde ist ein **Instrument** des **individuellen Menschenrechtsschutzes**. Mit ihr wird die Verletzung eines völkerrechtlichen Vertrages in einem konkreten Einzelfall geltend gemacht. Den Entscheidungen des Europäischen Gerichtshof für Menschenrechte (EGMR) kommt daher weder eine allgemein unmittelbare Bindungswirkung zu, noch erwachsen sie, wie etwa Urteile oder Beschlüsse des BVerfG nach § 31 BVerfGG, in Gesetzeskraft.

☝ Entscheidungen des EGMR entfalten ihrer, begrenzten und nicht kassatorischen, Legitimation entsprechend **ausschließlich** für den jeweiligen Streitgegenstand eine unmittelbare Wirkung des endgültigen Urteils für die **beteiligte Vertragspartei** („res iudicata") (→ *Menschenrechtsbeschwerde, Urteil, Rechtswirkungen*, Teil C Rdn 320 ff.). Auch deswegen steht dem EGMR, anders als dem BVerfG, kein Annahmeermessen zu.

4 Darüber hinaus dient die EMRK und die **Rspr**. des **EGMR** als **Auslegungshilfe** auf der Ebene des Verfassungsrechts über den Einzelfall hinaus dazu, den Garantien der MRK in der Bundesrepublik Deutschland möglichst umfassend Geltung zu verschaffen (BVerfGE 111, 307, 320). Die nationalen Instanzgerichte sind somit i.d.R. auch im Allgemeinen an die Urteile des EGMR gebunden (→ *Menschenrechtsbeschwerde, Urteil, Rechtswirkun-*

gen, Teil C Rdn 340 ff.). Dies zeigt sich, wenn auch zunächst in der Beachtung zaghaft, im Besonderen für den menschenrechtlich sensiblen Bereich des Straf- und Strafverfahrensrechts (vgl. zur „Kleinen Strafprozessreform“: *Schorm*, EMRK, S. 26).

Die Tragung von **Dolmetscherkosten** im Strafverfahren (EGMR, Urt. v. 28.11.1978 – 6210/73 [*Luedicke* u.a./Deutschland], EGMR-E 1, 344; zur Zuziehung eines Dolmetschers *Burhoff*, EV, Rn 4498; *Burhoff*, HV, Rn 3396; → *Rechtsmittel/Rechtsbehelfe, Sprachunkundigkeit, Allgemeines*, Teil A Rdn 1679), die Bestellung eines **Pflichtverteidigers** für die HV vor dem Revisionsgericht (EGMR, Urt. v. 25.4.1983 – 8398/78 [*Pakelli*/Deutschland], EGMR-E 2, 271; BGH StV 2015, 79 [Vorlagebeschluss]; → *Revision, Pflichtverteidiger*, Teil A Rdn 2187), die im Fall der **U-Haft** im EV zu gewährende **Akteneinsicht** (zuletzt EGMR, Urt. v. 13.12.2007 – 11364/03 [*Mooren*/Deutschland], StV 2008, 475 mit Anm. *Hagmann* u. Anm. *Pauly* u. m. Anm. *Herrmann* StRR 2008, 99; [GK], Urt. v. 9.7.2009, EuGRZ 2009, 566; zur Akteneinsicht allgemein *Burhoff*, EV, Rn 145 ff., m.w.N.) und von den Strafgerichten bei Durchführung des Hauptverfahrens zu gewährleistende Verhandlungsdichte (EGMR, Urt. v. 29.7.2004 – 49746/99 [*Čevicović*/Deutschland] NJW 2005, 3125; zum Beschleunigungsgrundsatz *Burhoff*, EV, Rn 2173, und *Burhoff*, HV, Rn 1653) sowie die an einen Widerruf der Bewährung wegen einer erneuten Verurteilung zu stellenden Anforderungen (EGMR, Urt. v. 3.10.2002 – 37568/97 [*Böhmer*/Deutschland] NJW 2004, 43), die im Bereich der Sicherungsverwahrung erfolgten gesetzlichen Änderungen (BVerfG NJW 2011, 1931 in der Folge von EGMR, Urt. v. 17.12.2009 - 19359/04 [M./Deutschland] NJW 2010, 2495) und die zulässige Vertretung des ausbleibenden Angeklagten in der Berufung (EGMR, Urt. v. 8.11.2012 – 30804/07 [*Neziraj*/Deutschland] NStZ 2013, 350) oder die zu kompensierende **Tatprovokation** (EGMR, Urt. v. 23.10.2014 – 54648/09 [*Furcht*/Deutschland] NJW 2015, 3631) sind nur einige Beispiele, die dies ebenso belegen, wie die beginnende Etablierung strafprozessualer Verwertungsverbote als **Bestandteil** eines **fairen Verfahrens** (EGMR, Urt. v. 2.9.2010 – 35623/05 [*Uzun*/Deutschland] NJW 2011, 1333 zu Art. 8 EMRK). 5

2.a) Diese beachtliche allgemeine Entwicklung sollte aber nicht den Blick darauf verstellen, dass bereits **im innerstaatlichen Verfahren** jede geeignete, zuvörderst von der Verteidigung zu nutzende, Möglichkeit einer etwaigen **Behebung** des **Konventionsverstoßes** durch die nationalen Entscheidungsträger **wahrzunehmen** ist. Für eine unmittelbare Freilassung aus der U-Haft, einen Freispruch infolge eines Verwertungsverbots oder das Absehen von einem Bewährungswiderruf in Beachtung der Konvention durch die nationalen Strafgerichte ist eine erfolgreiche Menschenrechtsbeschwerde zumeist kein adäquater Ersatz. 6

Dies ist sowohl Folge der derzeitigen Verfahrensdauer beim EGMR als auch einer grds. zu erkennenden Tendenz, dem Sekundärrechtsschutz in Form einer Kompensation – teilweise 7 in mehr oder weniger „kleiner Münze“ – gegenüber einer unmittelbaren Abhilfe der Konventionsverletzung den Vorzug einzuräumen (BVerfG NJW 2006, 2613; 2006, 3701). So ist z.B. ein **konventionsrechtlicher Primärrechtsschutz** durch den EGMR auf dem Gebiet der U-Haft de facto **nicht existent**. An die nach der Verfahrensordnung bestehenden Möglichkeiten eines Eilrechtsschutzes werden vom EGMR hohe Anforderungen gestellt (→ *Menschenrechtsbeschwerde, Einstweiliger Rechtsschutz*, Teil C Rdn 156).

8 **b)** Auch sind **Tendenzen** erkennbar, die Möglichkeiten der **Einflussnahme** des EGMR zu **beschränken**. Dies geht bis zu Bestrebungen, dem EGMR eine bloß beratende Funktion für die innerstaatlichen Gerichte zu Teil werden zu lassen. Ein entsprechender Vorschlag Großbritanniens bei der Konferenz in Brighton vom 19. und 20.4.2012 blieb allerdings erfolglos. Gleichwohl zeigt sich auch hier, dass die Überlastung eines Gerichts unter Hervorhebung und Betonung seiner zu gewährleistenden Funktionsfähigkeit im Ergebnis geeignet ist, dem Rechtsuchenden zum Nachteil zu gereichen. Beflissentlich übersehen wird hierbei regelmäßig, dass die Aufstockung personeller Ressourcen und nicht eine Verkürzung des Rechtsschutzes in der Gestalt vielfältiger Präklusionsvorschriften in der Regel das wirksamere Mittel einer durch erhöhtes Arbeitsaufkommen verursachten Überlastung ist.

☝ Eine **vorausschauende Verteidigung** ist somit, mit Blick auf die Zulässigkeit der Menschenrechtsbeschwerde ohnehin (→ *Menschenrechtsbeschwerde, Rechtswegerschöpfung*, Teil C Rdn 251 ff.), gehalten, **frühzeitig** eine **Verletzung** der **Konvention** vor den innerstaatlichen Strafgerichten zu **beanstanden**, um unmittelbar Abhilfe zu schaffen. Erst wenn dies im Ergebnis misslingt, ist der Aufgabenbereich der Menschenrechtsbeschwerde eröffnet.

9 **c)** I.d.R. **nicht** von **Erfolg** gekrönt sind daher Versuche, **im Nachhinein** eine **Verletzung** der **EMRK geltend** zu machen. Fehler und Versäumnisse der Verteidigung im innerstaatlichen Verfahren, etwa vor den Instanzgerichten vorgenommene und für die Opfereigenschaft oder Beschwerdebefugnis relevante Handlungen, sind einer Korrektur i.d.R. nicht zugänglich. Wird z.B. nach der Anwendung verbotener Vernehmungsmethoden infolge und Kenntnis einer qualifizierten Belehrung ein erneutes Geständnis oder im letzten Wort des Angeklagten eine Entschuldigung abgegeben, so steht selbst ein festgestellter schwerwiegender Konventionsverstoß einer entsprechenden Verwertung des bemakelten Beweismittels nicht (mehr) entgegen (EGMR [GK], Urt. v. 1.6.2010 – 22978/05 [*Gaefgen*/Deutschland], NJW 2010, 3145; zu BVV bei unzulässigen Vernehmungsmethoden s. *Burhoff*, EV, Rn 3767; allgemein zu BVV *Burhoff*, EV, Rn 1014 ff.; *Burhoff*, HV, Rn 1018 ff.).

10 **3.** Auch aus diesem Grund ist die **Menschenrechtsbeschwerde** i.d.R. **kein Ersatz** für eine **effektive Verteidigung**. Sie ist aber gleichwohl im Einzelfall in der Lage, einer solchen

letztendlich zum Erfolg zu verhelfen und – hierüber hinaus – allgemeine Maßstäbe für den Bereich der europäischen Strafrechtspflege zu erstreiten. Mit den Ausführungen in diesem Handbuch, welche weder den Anspruch erheben Kommentar noch Lehrbuch zu sein, wird der Versuch unternommen, der Verteidigung, für den formalen Aufbau einer Menschenrechtsbeschwerde (→ *Menschenrechtsbeschwerde, Beschwerdeschrift, formale Anforderungen*, Teil C Rdn 82 ff.) und inhaltlichen (→ *Menschenrechtsbeschwerde, Beschwerdebegründung*, Teil C Rdn 41 ff.), eine kleine Hilfestellung für den ersten Einstieg in die praktische Umsetzung an die Hand zu geben.

Siehe auch: → *Menschenrechtsbeschwerde, Auslegung der Konvention*, Teil C Rdn 11; → *Menschenrechtsbeschwerde, Behinderungsverbot*, Teil C Rdn 24; → *Menschenrechtsbeschwerde, Beschwerdebefugnis*, Teil C Rdn 33; → *Menschenrechtsbeschwerde, Beschwerdebegründung*, Teil C Rdn 40; → *Menschenrechtsbeschwerde, Beschwerdegegenstand*, Teil C Rdn 62; → *Menschenrechtsbeschwerde, Beschwerdegegner*, Teil C Rdn 72; → *Menschenrechtsbeschwerde, Beschwerdeschrift, formale Anforderungen*, Teil C Rdn 80; → *Menschenrechtsbeschwerde, Drittbeteiligung*, Teil C Rdn 90; → *Menschenrechtsbeschwerde, EGMR – Verfahrensgrundsätze*, Teil C Rdn 126; → *Menschenrechtsbeschwerde, EGMR, Aufbau und Besetzung*, Teil C Rdn 104; → *Menschenrechtsbeschwerde, Einigungsverfahren*, Teil C Rdn 136; → *Menschenrechtsbeschwerde, Einstweiliger Rechtsschutz*, Teil C Rdn 149; → *Menschenrechtsbeschwerde, Entschädigung*, Teil C Rdn 161; → *Menschenrechtsbeschwerde, Frist*, Teil C Rdn 180; → *Menschenrechtsbeschwerde, Kosten*, Teil C Rdn 193; → *Menschenrechtsbeschwerde, mündliche Verhandlung*, Teil C Rdn 209; → *Menschenrechtsbeschwerde, Opfereigenschaft*, Teil C Rdn 193; → *Menschenrechtsbeschwerde, Prozesskostenhilfe*, Teil C Rdn 234; → *Menschenrechtsbeschwerde, Recherche*, Teil C Rdn 243; → *Menschenrechtsbeschwerde, Rechtswegerschöpfung*, Teil C Rdn 251; → *Menschenrechtsbeschwerde, Sprache*, Teil C Rdn 290; → *Menschenrechtsbeschwerde, Streichung aus der Liste*, Teil C Rdn 297; → *Menschenrechtsbeschwerde, Subsidiaritätsgrundsatz*, Teil C Rdn 306; → *Menschenrechtsbeschwerde, Urteil/Rechtswirkungen*, Teil C Rdn 335; → *Menschenrechtsbeschwerde, Urteil/Entscheidung*, Teil C Rdn 320; → *Menschenrechtsbeschwerde, Verfahrensablauf nach Beschwerdeeingang*, Teil C Rdn 354; → *Menschenrechtsbeschwerde, Verfahrensablauf, Verfahren vor der Großen Kammer*, Teil C Rdn 367; → *Menschenrechtsbeschwerde, Verfahrensablauf, Verfahren vor der Kammer*, Teil C Rdn 383; → *Menschenrechtsbeschwerde, Vollmacht*, Teil C Rdn 401; → *Menschenrechtsbeschwerde, Wiederaufnahme des Verfahrens*, Teil C Rdn 407; → *Menschenrechtsbeschwerde, Zulässigkeit, formale Voraussetzungen*, Teil C Rdn 423; → *Menschenrechtsbeschwerde, Zulässigkeit, Zulässigkeitsvoraussetzungen*, Teil C Rdn 417; → *Menschenrechtsbeschwerde, Abrechnung*, Teil D Rdn 314.

11 # Menschenrechtsbeschwerde, Auslegung der Konvention

Das Wichtigste in Kürze:

1. Die EMRK ist ein völkerrechtlicher Vertrag und daher als solcher auszulegen.
2. Nach der Rspr. des EGMR ist die EMRK ein „lebendes Instrument", welches im Licht der aktuellen Bedingungen auszulegen ist.
3. Auch die EMRK selbst gibt Auslegungsregelungen vor.

12 **Literaturhinweise: Rudolf/v. Raumer**, Der Schutzumfang der Europäischen Menschenrechtskonvention – Individuelle Freiheitsrechte, Verfahrensgarantien und Diskriminierungsverbote im Vergleich zum GG, AnwBl 2009, 318; **Weigend**, Die Europäische Menschenrechtskonvention als deutsches Recht – Kollisionen und ihre Lösung, StV 2000, 384; s.a. die Hinweise bei → *Menschenrechtsbeschwerde, Allgemeines*, Teil C Rdn 2.

13 **1.a)** Die EMRK ist ein **völkerrechtlicher Vertrag** und daher als solcher auszulegen. Neben allgemeinen Regeln des Völkerrechts sind hierfür im Wesentlichen die **Auslegungsgrundsätze** des **Wiener Vertragsrechtsübereinkommens** von 1969 (Art. 31 – 33 WVK) maßgeblich (EGMR [GK], Urt. v. 9.1.2008 – 13229/03 [*Saadi*/GB Nr. 61 f.], NVwZ 2009, 375). Wie grds. bei multilateralen zum Beitritt offenen rechtssetzenden Verträgen, die nicht wechselseitige Verpflichtungen regeln, sondern einen gemeinsamen übernationalen Schutzzweck verfolgen, ist diese **gemeinsame Zielsetzung** zugleich Richtmaß für die Auslegung der Konventionsbestimmungen (LR-*Esser*, EMRK Einführung Rn 179 m.w.N.).

☝ Deren Bedeutung ist nach dem Wortlaut der maßgeblichen Sprachen, anderen vertraglichen Vereinbarungen der Vertragsparteien die Konvention betreffend, einer Übereinkunft oder bekannten Absicht über dessen Auslegung, der späteren Übung bei Anwendung des Vertrags und jedem in der Beziehung zwischen den Vertragsparteien anwendbaren einschlägigen Völkerrechtssatz zu ermitteln (**Art. 31 WVK**). **Ergänzende Auslegungsmittel** können nach Art. 32 WVK **hinzugezogen** werden, wenn die zuvor genannten nicht zu einem eindeutigen oder zu einem unvernünftigen Ergebnis kommen.

14 **b)** Ausweislich der Schlussklausel der EMRK sind die **englische** und die **französische** Sprache für den **Wortlaut** der **Konvention** gleichermaßen verbindlich und damit **Grundlage** deren **Auslegung**. Nach Art. 33 Abs. 3 WVK wird vermutet, dass beiden Texten jeweils dieselbe Bedeutung zukommt. Differenzen sind dahin gehend aufzulösen, dass zunächst die Bedeutung ermittelt wird, bei der die verschiedensprachigen Texte am weitesten miteinander in Einklang gebracht werden („**harmonisierende Interpretation**" *Grabenwarter/Pabel*, § 5 Rn 4).

☝ Soweit eine Übereinstimmung der beiden Texte im Wege der Auslegung nach den allgemeinen Regelungen der Art. 31 f. WVK nicht erzielt werden kann, ist der bestehende **Konflikt** nach **Sinn** und **Zweck aufzulösen**. Es ist die Auslegung maßgebend, die Sinn und Zweck des Vertrags am besten entspricht, Art. 33 Abs. 4 WVK.

c) Der **historischen Auslegung** kommt nur eine untergeordnete Bedeutung zu (LR-*Esser*, EMRK Einführung Rn 187). Die historische Interpretation einzelner Menschenrechte ist im Wesentlichen auf die Entstehungsgeschichte des Vertrags, den seinerzeitigen Willen der Vertragsstaaten und den rechtlichen Zusammenhang zum Entstehungszeitpunkt in allen Vertragsstaaten beschränkt (*Grabenwarter/Pabel*, § 5 Rn 7). 15

2. Der **EGMR** betont in ständiger Rspr., dass die **EMRK** ein lebendes Instrument („**living instrument**"/"instrument vivant") sei, welches im Licht der aktuellen Bedingungen auszulegen sei, so dass er mit ihrer Anwendung den **gewandelten Verhältnissen** in wirtschaftlicher, sozialer und ethischer Hinsicht Rechnung tragen kann (statt vieler: EGMR [GK], Urt. v. 23.3.1995 – 15318/89 – Preliminary Objections [*Loizidou*/Türkei Nr. 71]). Der EGMR legt die EMRK im Einklang mit den Grundsätzen des Völkerrechts aus (EGMR, Urt. v. 12.12.2001 – 52207/99 [*Banković*/17 Nato-Staaten Nr. 55–58], NJW 2003, 413) und berücksichtigt dabei auch andere internationale Vereinbarungen (EGMR, Urt. v. 8.12.1999 – 28541/95 [*Pelligrin*/Frankreich Nr. 66], NVwZ 1995, 237), unabhängig davon, ob der betroffenen Staat diese Verpflichtung selbst eingegangen ist (EGMR [GK], Urt. v. 12.11.2008 – 34503/97 [*Demir* u. *Baykara*/Türkei Nr. 69 ff., 78], NZA 2010, 1425). 16

Er nimmt im Übrigen insbesondere zur Klärung **unbestimmter Rechtsbegriffe** eine **„autonome" Auslegung** vor (EGMR, Urt. v. 8.6.1976 – 5100/71 [*Engel* u.a./Niederlande Nr. 80 ff., EGMR-E 1, 178 [189] zum Begriff „strafrechtlicher Anklage"). Hierzu berücksichtigt der EGMR die Systematik der EMRK, deren Zielsetzung und die Gemeinsamkeiten sowie Unterschiede der nationalen Rechtsordnungen (EGMR, Urt. v. 28.6.1978 – 6232/73 [*König*/Deutschland Nr. 88 f.], EGMR-E 1, 278, 298 zum Begriff „zivilrechtlicher Ansprüche und Verpflichtungen"). Zu Letzterem bedient sich der EGMR einer wertenden Rechtsvergleichung, in die im Idealfall alle Rechtsordnungen der Vertragsstaaten einbezogen werden (EGMR, Urt. v. 9.6.2009 – 33401/02 [*Opuz*/Türkei Nr. 87–90, 138 f.]). Aus der Rechtsprechung des EGMR zu den einzelnen Konventionsartikeln kann daher der insoweit gewährte Schutz in seiner aktuellen Ausübung geschlossen werden (*Rudolf/v. Raumer* AnwBl. 2009, 318). 17

☝ **Begriffe** der **deutschen Fassung** der **EMRK** oder ihre Umschreibungen müssen in ihrer Bedeutung nicht denen der deutschen StPO entsprechen. So endet etwa die mit Art. 5 Abs. 1 Buchst. c) EMRK erfasste U-Haft durch eine erstinstanzliche Verurteilung

(LR-*Esser*, Art. 5 EMRK Rn 64 m.w.N.), die dann – soweit sie durch ein zuständiges Gericht erfolgt ist – ihrerseits einen Haftgrund nach Abs. 1 Buchst. a) bildet. Die Formulierung „über eine gegen sie erhobene Anklage" in Art. 6 Abs. 1 EMRK beschränkt dessen Anwendungsbereich keineswegs auf Fälle, in denen es tatsächlich zu einer Anklageerhebung i.S.d. StPO gekommen ist (s. dazu a. *Weigend* StV 2000 S. 387).

18 **3.** Auch die **EMRK** selbst gibt **Auslegungsregelungen** vor.

19 **a) Art. 17** EMRK bestimmt, dass die Konvention nicht in einer Weise ausgelegt werden darf, als begründe sie das Recht Handlungen vorzunehmen, die darauf abzielen, die **Konventionsrechte abzuschaffen** oder stärker als in der Konvention selbst vorgesehen ist zu **beschneiden**. Erfasst werden Handlungen und Äußerungen des Staates, von Gruppen oder Einzelpersonen. Gruppen- und personenbezogen soll Art. 17 EMRK insbesondere verhindern, dass Konventionsrechte zu totalitären Zwecken missbraucht werden (EGMR [GK], Urt. v. 6.1.2011 – 34932/04 [*Paksas*/Litauen Nr. 87], NVwZ 2011, 1307 m.w.N.). Ein solcher Missbrauch liegt vor, wenn sich die Äußerung oder Tätigkeit gegen grundlegende Werte der EMRK richtet, jedenfalls bei der Leugnung des Holocaust (EGMR [GK], Urt. v. 23.9.1998 – 25662/94 [*Lehideux u. Isorni*/Frankreich Nr. 47, 53]). Art. 17 EMRK ist allerdings restriktiv auszulegen, da die EMRK nicht zuletzt auch kontroverse, polemische und unpopuläre Äußerungen und Verhaltensweisen schützt (Karpenstein/Mayer/*Mensching*, Art. 17 Rn 7 m.w.N., s. etwa EGMR [GK], Urt. v. 26.9.1995 – 17851/91 [*Vogt*/Deutschland Nr. 52] wegen politischen Engagements einer verbeamteten Lehrerin für die DKP).

20 **b)** Gem. Art. 18 EMRK dürfen die nach der Konvention **zulässigen Einschränkungen** von gewährten Rechten und Freiheiten auch **nur zu** den in der Konvention **vorgesehenen Zwecken** erfolgen. Eingriffe in Menschenrechte mit Schrankenbestimmungen unterliegen daher der Überprüfung des EGMR auch hinsichtlich der nationalen Schrankenbestimmung oder -umsetzung (s. etwa EGMR, Urt. v. 13.11.2007 – 35615/06 [*Cebotari*/Moldawien Nr. 53]). So soll verhindert werden, dass Schrankenbestimmungen konventionswidrig eingesetzt werden. Regelmäßig prüft der EGMR allerdings keine Verletzung des Art. 18 EMRK neben einer bereits festgestellten anderen Konventionsverletzung (anders aber beispielsweise noch EKMR [Pl.], Entsch. v. 3.3.1978 – 6871/75 [*Caprino*/Vereinigtes Königreich S. 20], EuGRZ 1979, 74) zur Rechtmäßigkeit der Freiheitsentziehung im Rahmen eines Ausweisungsverfahrens im Sinne von Art. 5 Abs. 1 Buchst. F EMRK, wenn die Freiheitsentziehung verfahrensbezogen erfolgt oder EGMR, Entsch. v. 27.5.2010 – 13772/05 [*Lebedev*/Russland Nr. 310 ff.] zur Zulässigkeitsprüfung).

21 Der EGMR stellt **hohe Anforderungen** an die **Darlegungslast** desjenigen, der die Verletzung von Art. 18 EMRK rügt (Karpenstein/Mayer/*Karpenstein*/*Johann*, Art. 18 EMRK Rn 4). Der EGMR vermutet generell, dass die Behörden der Mitgliedstaaten

ohne böse Absicht handeln; um diese Vermutung zu widerlegen, muss der Betroffene überzeugend darlegen, dass die wahren Absichten der staatlichen Stellen nicht den insoweit vorgegebenen entsprechen (EGMR, Urt. v. 31.5.2011 – 5829/04 [*Khodorkovskiy*/Russland Nr. 255]).

c) Art. 53 EMRK stellt schließlich fest, dass die EMRK nicht in einer Weise ausgelegt werden darf, die Menschenrechte und **Grundfreiheiten** beschränkt oder beeinträchtigt, die in einem **Vertragsstaat** gelten. Die **EMRK** soll lediglich einen europäischen **Mindeststandard** gewährleisten, nicht aber eine Obergrenze des Menschenrechtschutzes bilden (EGMR; Entsch. v. 19.1.2010 – 15371/07 [*Nersesyan*/Armenien Nr. 25]). Den Vertragsstaaten steht es demnach frei, „mehr" Menschenrechtsschutz als nach der Konvention vorgegeben zu gewähren. 22

Art. 53 EMRK führt indes **nicht** zu einer **Erweiterung** des **Prüfmaßstabs** in dem Sinne, dass etwa nationale Grundrechte angesetzt würden (Karpenstein/Mayer/*Thienel*, Art. 53 EMRK Rn 12 m.w.N.). Allerdings kann das Erfordernis der Gewährleistung effektiven Rechtsschutzes durch die Konvention die Beschränkung der Grundrechte bis zu deren völligen Rücktritts hinter das zu schützende Menschenrechte verlangen (EGMR Urt. v. 24.6.2004 – 59320/00 [*von Hannover*/Deutschland Nr. 56 ff.], NJW 2004, 2647). 23

Siehe auch: → *Menschenrechtsbeschwerde, Allgemeines*, Teil C Rdn 1, m.w.N.; → *Menschenrechtsbeschwerde, Sprache*, Teil C Rdn 290.

Menschenrechtsbeschwerde, Behinderungsverbot 24

Literaturhinweise: s. die Hinw. bei → *Menschenrechtsbeschwerde, Allgemeines*, Teil C Rdn 2. 25

1.a) Art. 34 S. 2 EMRK garantiert einen **Anspruch** auf **ungestörte Kommunikation mit dem Gerichtshof**. Die Konvention verbietet jeden Eingriff des Staates in das Recht des Einzelnen, beim EGMR eine Beschwerde einzulegen und diese in effektiver Weise weiter zu verfolgen (EGMR [GK], Urt. v. 4.2.2005 – 42687/99 [*Mamatkulov* u. *Askarov*/Russland Nr. 102], EuGRZ 2005, 357). 26

Eine Verletzung des Verbots der Behinderung kann **eigenständig** mit der Menschenrechtsbeschwerde **beanstandet** werden. Die Erschöpfung innerstaatlicher Rechtsbehelfe ist hierfür nicht erforderlich (EGMR, Urt. v. 6.11.2008 – 30209/04 [*Ponushkov*/Russland Nr. 78]). 27

☝ Teilweise wird der Verstoß sogar, wenn die festgestellten und vorgetragenen Tatsachen dies nach Auffassung des EGMR nahelegen, **ohne eine entsprechende Rüge** des Beschwerdeführers **geprüft** (EGMR, Urt. v. 12.4.2005 – 36378/02 [*Chamaïev*/Georgien u. Russland Nr. 468]).

28 Dies mag im Hinblick auf die auch nicht unbegrenzte Kompetenz des Gerichtshofs bedenklich sein (vgl. Karpenstein/Meyer/*Schäfer*, Art. 34 EMRK Rn 16 ff.), ist aber jedenfalls dann nicht zu beanstanden, wenn der Konventionsverstoß das Behinderungsverbot des Art. 34 S. 2 EMRK betrifft (Übersicht bei: EGMR, Urt. v. 30.11.2010 – 47672/09 [*Mocny*/Polen Nr. 2]). Ansonsten bestünde insbesondere die Gefahr, dass der Rechtsschutz durch den EGMR leerläuft und die staatliche Behinderung im Einzelfall unbeanstandet und somit ungeahndet bleibt.

29 **b)** Im **Schwerpunkt** betrifft das Behinderungsverbot Verfahren aus dem Bereich des **Strafvollzugs-** und **Strafvollstreckungsrecht**. Insassen von Haftanstalten sind aufgrund ihrer persönlichen Situation regelmäßig besonders angreifbar. Fälle der **Bestrafung** für die **Kommunikation** mit dem **Gerichtshof** (EGMR, Urt. v. 15.6.2006 – 61005/00 [*Kornakovs*/Russland Nr. 168 f.]), **Einschüchterungsversuche** oder **Befragungen** durch die für den behaupteten Verstoß verantwortlichen Behörden mit Blick auf eine beim Gerichtshof anhängige Beschwerde (EGMR, Urt. v. 27.6.2000 – 21986/93 [*Salman*/Türkei Nr. 133], NJW 2001, 2001) können hier als Beispiele genannt werden.

> ☝ **Auch** die **Beschränkung** der **Vorbereitung** einer **Menschenrechtsbeschwerde**, z.B. durch eine Weigerung Schreiben weiterzuleiten oder entsprechende Kopien zu fertigen und die Bereithaltung finanzieller Mittel hierzu (s. zu den Einschränkungen *Meyer-Ladewig*, Art. 34 EMRK Rn 45), oder die Nichtaushändigung **von** Dokumenten (Karpenstein/Mayer/*Schäfer*, Art. 34 EMRK Rn 95 f.) wird von Art. 34 Abs. 1 S. 2 EMRK erfasst, allerdings nur, soweit der Gerichtshof diese Schriftstücke für wesentlich erachtet.

30 **2.** Das Verbot der Behinderung dient darüber hinaus dem **Schutz** des **Verfahrensbevollmächtigten**. Dieser soll nicht durch staatliche Maßnahmen, wie etwa die Einleitung polizeilicher Ermittlungen, an der Einlegung einer Menschenrechtsbeschwerde oder der Fortführung eines Beschwerdeverfahrens gehindert werden. Dazu folgende

31 **Rechtsprechungsbeispiele**:

- So wurde z.B. die Verweigerung und Behinderung der **Kontaktaufnahme** zu einem **inhaftierten Mandanten** mittels einer Trennscheibe und der begründete Verdacht, dass Gespräche mit dem Verfahrensbevollmächtigten abgehört werden, mit Erfolg beanstandet (EGMR, Urt. v. 19.12.2006 [*Offerta Plus SRL*/Moldau Nr. 147, 156], NJW 2007, 3409).
- Aber auch in einem **allgemeinen Schreiben** der **GStA** an die RAK, in dem die Kontaktaufnahme „bestimmter Verteidiger" zu internationalen Organisationen gerügt wird (EGMR, Urt. v. 23.10.2007 – 29089/06 [*Colibaba*/Moldawien Nr. 67]), kann eine Behinderung liegen.

- Ebenso kann schließlich die **Nichtbefolgung** einer **Empfehlung** vorläufiger Maßnahmen (Art. 39 VerfO-EGMR) eine Verletzung des Art. 34 Abs. 1 S. 2 EMRK begründen (→ *Menschenrechtsbeschwerde, **Einstweiliger Rechtsschutz***, Teil C Rdn 149). Ansonsten bestünde die Gefahr, dass vollendete Tatsachen geschaffen werden und dem Beschwerdeführer der eigentlich von der EMRK gewährte Schutz genommen wird, da der Gerichtshof die Beschwerde nicht mehr wirksam prüfen kann (EGMR, Urt. v. 20.7.2007 [*Al-Moayad*/Deutschland Nr. 119 f.], NVwZ 2008, 761).

3. Dem Behinderungsverbot trägt schließlich auch das „Europäische **Übereinkommen** über die an **Verfahren** vor dem Europäischen Gerichtshof für Menschenrechte teilnehmenden Personen" vom 5.3.1995 Rechnung (BGBl 2001 II S. 358). Dieses gewährt sämtlichen Verfahrensbeteiligten zur Sicherung ihrer Redefreiheit und Unabhängigkeit, die für die Wahrnehmung ihrer Funktionen, Aufgaben und Pflichten oder für die Ausübung ihrer Rechte gegenüber dem Gerichtshof erforderlich sind, **umfassende Immunitäten** und **Erleichterungen**. Hierzu zählen insbesondere ein ungehinderter schriftlicher Verkehr mit dem EGMR, eine umfassende Bewegungs- und Reisefreiheit sowie Immunität für den Beschwerdeführer und seinen Vertreter vor der Gerichtsbarkeit für ihre mündlichen oder schriftlichen Äußerungen. 32

☝ Für **Inhaftierte** bestimmt Art. 3 des Übereinkommens ausdrücklich, dass diese berechtigt sind, schriftlich mit einem Anwalt zu verkehren und sich mit ihm persönlich zu beraten, ohne dass ein Dritter mithört. Der Schutzbereich für die Kommunikation zwischen dem Verfahrensbevollmächtigten und seinem Mandanten entspricht somit im Wesentlichen dem des § 148 und erfasst zudem ausdrücklich die Reise- und Bewegungsfreiheit (zum Verkehr mit dem inhaftierten Beschuldigten *Burhoff*, EV, Rn 3888).

Siehe auch: → *Menschenrechtsbeschwerde, Allgemeines*, Teil C Rdn 1, m.w.N.

Menschenrechtsbeschwerde, Beschwerdebefugnis 33

Literaturhinweise: s. die Hinw. bei → *Menschenrechtsbeschwerde, Allgemeines*, Teil C Rdn 2. 34

1. Die **Partei-** und **Prozessfähigkeit** ist in Art. 34 S. 1 EMRK geregelt. Für die Parteifähigkeit (vgl. Rdn 37 ff.) wird ausschließlich verlangt, dass der Beschwerdeführer Träger der in der EMRK oder ihren Zusatzprotokollen gewährleisteten Rechte sein kann. 35

☝ Eine **besondere Prozessfähigkeit** ist in der Konvention **nicht** ausdrücklich geregelt. Allgemein wird hierunter die Fähigkeit verstanden, Prozesshandlungen selbst oder durch einen Vertreter wirksam vorzunehmen (vgl. Rdn 36).

36 **2.** Die **Prozessfähigkeit** wird vor dem Hintergrund des durch die Konvention zu gewährleistenden Menschenrechtsschutzes grds. unterstellt (Frowein/Peukert/*Peukert*, Art. 34 EMRK Rn 20 f.). Auch geschäfts- und schuldunfähige, unter Betreuung stehende, untergebrachte oder minderjährige Personen sind mithin in der Lage, ein Konventionsrecht prozessual (selbst) geltend zu machen (vgl. z.B. EGMR, Urt. v. 6.12.2001 – 31178/96 [*Petersen*/Deutschland], NJW 2003, 1921).

37 **3.a)** Für die **Parteifähigkeit** i.S.d. Art. 34 S. 1 EMRK gilt dies für **natürliche Personen** mehr oder weniger entsprechend. Diese sind grds. uneingeschränkt parteifähig. Der Beschwerdeführer muss nicht Staatsangehöriger der beschwerdegegnerischen Vertragspartei sein, auch Ausländer oder Staatenlose sind parteifähig. Ebenso wenig spielt das Alter, die Schuld- oder Geschäftsfähigkeit oder persönliche Verfehlungen (Ausnahme: Art. 17 EMRK [Missbrauch der Rechte]) eine Rolle (s. aber → *Menschenrechtsbeschwerde, Opfereigenschaft*, Teil C Rdn 227). Auch Strafgefangene sind daher parteifähig (EGMR [GK], Urt. v. 6.10.2005 – 74025/01 [*Hirst*/Vereinigtes Königreich Nr. 2] – Wahlrecht für Strafgefangene).

38 **b)** Im Hinblick auf **nicht staatliche Organisationen** und **Personengruppen** ist stets die Fähigkeit und das Ziel der Geltendmachung eigener Rechte und nicht lediglich solcher der Mitglieder maßgeblich (Frowein/Peukert/*Peukert*, Art. 34 EMRK Rn 18). Bei der Abgrenzung einer nicht staatlichen von einer staatlichen Organisation kann der Grad der Unabhängigkeit von politischer Einflussnahme entscheidend sein. Nicht parteifähig sind Gebietskörperschaften und sonstige juristische Personen des öffentlichen Rechts, soweit diese an der Ausübung von Hoheitsgewalt teilnehmen oder unter staatlicher Kontrolle öffentliche Versorgungsaufgaben erfüllen.

39 Bei der Bezeichnung „**Personengruppen**" handelt es sich im Ergebnis um eine Klarstellung der Zulässigkeit von **Sammelklagen** (vgl. auch Karpenstein/Mayer/*Schäfer*, Art. 34 EMRK Rn 48 m.w.N.). Verschiedene Opfer einer einheitlichen Konventionsverletzung können gemeinsam Beschwerde einlegen (→ *Menschenrechtsbeschwerde, Vollmacht*, Teil C Rdn 405). Jedes Mitglied dieser Personengruppe muss sich dabei auf die Verletzung eigener Rechte berufen können. Hierdurch wird die Abgrenzung einer Sammelklage von einer (unzulässigen) Popularklage gewährleistet.

Siehe auch: → *Menschenrechtsbeschwerde, Allgemeines*, Teil C Rdn 1, m.w.N.

Menschenrechtsbeschwerde, Beschwerdebegründung 40

Das Wichtigste in Kürze:

1. Vor der Begründung der Menschenrechtsbeschwerde ist zunächst der Geltungsbereich der EMRK bezogen auf die beanstandete Verletzung zu überprüfen.
2. Der Vortrag muss hinreichend substantiiert sein.
3. Der Aufbau der Begründung sollte in Sachverhalt und rechtlichen Ausführungen im Allgemeinen und bezogen auf den konkreten Einzelfall unterteilt werden.
4. Der Sachverhalt ist dezidiert unter Vorlage entsprechender Belege darzulegen.
5. Jeder einzelne Konventionsverstoß ist konkret zu benennen und darzulegen.
6. Der Gerichtshof ist keine „Vierte Instanz"; seine Prüfungskompetenz erstreckt sich allein auf die Feststellung von Konventionsverletzungen.

Literaturhinweise: **Myer/Mol/Kempees/van Steijn/Bockwinkel/Uerpmann**, EGMR-Verfahren: Die häufigsten Irrtümer bei Einreichen einer Beschwerde, MDR 2007, 505; **Rogge**, Die Einlegung einer Menschenrechtsbeschwerde, EuGRZ 1996, 341; s.a. die Hinw. bei → *Menschenrechtsbeschwerde, Allgemeines*, Teil C Rdn 2. 41

1. Vor der eigentlichen Ausarbeitung der konventionsrechtlichen Begründung der einzelnen Rügen muss zunächst überprüft werden, ob der Beschwerdegegner (→ *Menschenrechtsbeschwerde, Beschwerdegegner*, Teil C Rdn 74) also die im Fall einer Verurteilung durch den EGMR verpflichtete Partei, die **EMRK** und **ihre Zusatzprotokolle als Vertragspartei ratifiziert** hat. Bislang liegen 16 Protokolle zur Ergänzung der EMRK vor. Die in der Konvention geregelten Verfahren betreffen die Protokolle Nr. 2, 3, 5, 8, 9, 11, 15 und 16. Die übrigen Protokolle, welche materielle Grundrechte gewähren, sind als Zusatzprotokolle ausgestaltet. Sie binden grds. nur die ratifizierenden Staaten mit der Folge unterschiedlicher Standards. 42

☝ Es ist also stets **vorab** zu **klären**, ob das **Konventionsrecht überhaupt** gegenüber der belangten Vertragspartei mit Blick auf die gerügte Maßnahme **geltend gemacht** werden kann oder ob es den Staat mangels Ratifikation des betreffenden Protokolls oder wegen eines Vorbehalts nach Art. 57 EMRK nicht bindet (→ *Menschenrechtsbeschwerde, Zulässigkeit, Zulässigkeitsvoraussetzungen*, Teil C Rdn 424, 442).

Ist der räumliche (ratione loci), persönliche (ratione personae), zeitliche (ratione temporis) und materielle (ratione materiae) **Geltungsbereich** der EMRK **eröffnet** (SK-StPO-*Paeffgen*, Art. 1 EMRK Rn 4 f.) und sind auch die übrigen **Voraussetzungen der Zulässigkeit** erfüllt (→ *Menschenrechtsbeschwerde, Zulässigkeit, Zulässigkeits-* 43 *voraussetzungen*, Teil C Rdn 423; → *Menschenrechtsbeschwerde, Frist*, Teil C Rdn 180), kann mit der Ausarbeitung der materiellen Begründung der Menschenrechtsbeschwerde begonnen werden.

44 **2.** Ein „**Patentrezept**" für die inhaltliche Gestaltung einer Beschwerdeschrift gibt es **nicht**. Dem Beschwerdeführer steht, in den Grenzen der Verfahrensanordnungen, der Verfahrensordnung und der Konvention (→ *Menschenrechtsbeschwerde, Beschwerdeschrift, formale Anforderungen*, Teil C Rdn 80), die Ausgestaltung seiner materiellen Rügebegründung grds. frei. Der Vortrag des Beschwerdeführers muss **aber inhaltlich ausreichend substantiiert** sein. Auch wenn die Anforderungen nicht so streng sind wie bei einer Verfassungsbeschwerde (EGMR, Urt. v. 10.8.2006 – 75737/01 [*Schwarzenberger*/Deutschland Nr. 31], NJW 2007, 3553), sind die einzelnen Beschwerdepunkte gleichwohl aus sich heraus verständlich und in der Sache hinreichend deutlich darzulegen (→ *Menschenrechtsbeschwerde, Beschwerdegegenstand*, Teil C Rdn 62; zur Verfassungsbeschwerde → *Verfassungsbeschwerde, Begründung, Allgemeines*, Teil C Rdn 786, m.w.N.; zur Revision → *Revision, Allgemeines*, Teil A Rdn 2045, m.w.N.).

45 **3.a) Angelehnt** an die Praxis der **höchstrichterlichen** Rspr. bei der **Urteilsabfassung** (*Pabel* EuGRZ 2006, 8 für den EGMR; *Jestedt/Lepsius/Möllers/Schönberger*, S. 147 f. für das BVerfG) bietet sich für die **formale Gestaltung** an, nach den Feststellungen zum Sachverhalt nicht sogleich eine konkrete rechtliche Prüfung des Falls anhand der paraten Fakten, sondern zunächst eine knappe Darstellung der entsprechenden, von der Rspr. herausgearbeiteten, allgemeinen konventionsrechtlichen Grundsätze vorzunehmen. Im Anschluss hieran können diese als Maßstab für die Begründung der konkreten Rüge herangezogen werden. Diese Arbeitsweise **gewährleistet** für den Bearbeiter einer Menschenrechtsbeschwerde die für eine sachgerechte **Schwerpunktbildung** notwendige **Übersichtlichkeit** und **mindert** die **Gefahr** der **Wiederholung**.

46 **b)** Die Begründung einer Menschenrechtsbeschwerde sollte daher, nach der Prüfung ihrer Zulässigkeit, in **drei wesentliche Bereiche unterteilt** werden:

- die **konkrete und objektive Darlegung** eines aus sich selbst heraus verständlichen **Sachverhalts** in Form eines in sich geschlossenen Vortrags (1. Stufe; vgl. Rdn 47 ff.),
- eine hieran anschließende **allgemeine Darstellung** der maßgeblichen **Konventionsgarantien** unter Zusammenfassung der **relevanten Rspr.** des EGMR als Bezugspunkt und Grundlage (2. Stufe; vgl. Rdn 51 ff.) für
- eine den vorliegenden Fall und seine Besonderheiten berücksichtigende **(konventions-)rechtliche Bewertung** der **vorhandenen Tatsachen** zur Begründung der jeweils gerügten Konventionsverletzung im Konkreten (3. Stufe; vgl. Rdn 54).

☝ **Entscheidend** für die Gestaltung ist letztendlich das **individuelle Verfahren**. Die vorstehende Aufteilung ist daher nicht als starre Richtlinie sondern ausschließlich als Leitfaden und Anregung gedacht.

4.a) Die **Darlegung** des **Sachverhalts – 1. Stufe** – sollte aus sich selbst heraus verständlich sein und mit Sachlichkeit (→ *Menschenrechtsbeschwerde, Zulässigkeit, Zulässigkeitsvoraussetzungen*, Teil C Rdn 417) und unter Vorlage der wesentlichen Unterlagen (beanstandete Entscheidungen, Schriftsätze usw. (→ *Menschenrechtsbeschwerde, Zulässigkeit, formale Anforderungen*, Teil C Rdn 86) erfolgen. Auf Vermutungen, **Wertungen** und nicht zwingende Schlussfolgerungen ist somit ebenso zu **verzichten** wie auf Wiederholungen. 47

b) Die wesentlichen **für** und **gegen** das **Vorbringen sprechenden** Tatsachen des innerstaatlichen Verfahrens und Lebenssachverhalts sind mit Bestimmtheit innerhalb eines geschlossenen Vortrags zu behaupten und im Wege einer Auseinandersetzung mit den widerstreitenden Gesichtspunkten zu diskutieren, sowie bei Bedarf zu belegen. I.d.R. ist es nicht die Aufgabe des EGMR den, vom Berichterstatter bei bestehenden Zweifeln durch Nachfragen bei den Parteien bereits im Vorfeld aufbereiteten (→ *Menschenrechtsbeschwerde, Verfahrensablauf nach Beschwerdeeingang*, Teil C Rdn 362 f.), innerstaatlich festgestellten Sachverhalt infrage zu stellen und auf seine „Richtigkeit" hin zu untersuchen (EGMR, Urt. v. 12.7.1988 – 10862/84 [*Schenk*/Deutschland Nr. 45], NJW 1989, 654). 48

Anders verhält es sich, wenn **Anknüpfungstatsachen** für einen **falschen Vortrag** ersichtlich sind. Der Gerichtshof übernimmt dann den von den nationalen Gerichten festgestellten Sachverhalt nicht (EGMR, Urt. v. 10.7.2001 – 25657/94 [*Avsar*/Türkei Nr. 283]) und kann die **Vorlage** von **Beweisen verlangen** oder auch eigene Ermittlungen auch an einem anderen Ort im Hoheitsgebiet der Mitgliedsstaaten anstellen (Art. 19 Abs. 1 VerfO-EGMR). Der EGMR folgt dem Untersuchungsgrundsatz (*Meyer-Ladewig*, Art. 38 EMRK Rn 2) und ermittelt somit unabhängig vom Vortrag der Parteien den Sachverhalt (→ *Menschenrechtsbeschwerde, EGMR – Verfahrensgrundsätze*, Teil C Rdn 129). Dies gilt aber nur, soweit er es für notwendig erachtet oder die Tatsachenfeststellungen streitig sind. 49

Im **Streitfall** ist, neben einem konkreten Vortrag der Tatsachen, daher erforderlichenfalls das dazugehörige **Beweismaterial vorzulegen**. Dies geschieht innerhalb der schriftlichen Begründung i.d.R. durch Verweis auf oder Vorlage von Unterlagen, Urteilen und anderen Dokumenten. 50

☝ Hierbei kann es sich auch, um **Nachweise einer bestimmten** Rechtstradition oder **Praxis** der **nationalen Rechtsprechung** (welche durch z.B. Urteile, Beschlüsse, aber auch Aufsätze usw. zu belegen ist) eine konkrete Rechtsfrage betreffend handeln.

Diese kann z.B. die vom BGH an eine Verfahrensrüge zu stellenden Anforderung betreffen (EGMR, Urt. v. 1.2.2007 – 78041/01 [*Paljic*/Deutschland], NJOZ 2008, 1098). Weitergehendes Wissen betreffend die innerstaatliche Rechtslage darf aufseiten des Gerichtshofs hier nicht als selbstverständlich vorausgesetzt werden.

51 **5.a)** Für die **Darstellung** der für den gerügten Konventionsverstoß maßgeblichen **Rechtsprechung** des **EGMR** ist auf der **2. Stufe** diese zunächst, auch zur eigenen Orientierung, in Hinblick auf deren aktuellen Stand zu recherchieren (→ *Menschenrechtsbeschwerde, Recherche*, Teil C Rdn 243) und in ihren wesentlichen(!) Punkten zusammenzufassen.

52 In Bezug auf die individuellen Verfahrenstatsachen ist zu beachten, dass es dem **Gerichtshof freisteht**, den auf Grundlage des vorliegenden oder ermittelten Beweismaterials dargelegten **Sachverhalt rechtlich anders** zu qualifizieren als der Beschwerdeführer (EGMR [GK], Urt. v. 22.3.2001 – 34044/96 [*Streletz, Kessler u. Krenz*/Deutschland Nr. 111], NJW 2001, 3035) und ihm überdies seine eigene Rechtsprechung grds. bekannt sein dürfte.

53 Es **empfiehlt** sich daher **nicht**, **eine vollumfängliche Dokumentation** aller einschlägigen Entscheidungen und Urteile des Gerichtshofs zu erstellen. Stattdessen sollten – soweit für die weitere Prüfung maßgeblich – vorhandene Besonderheiten oder auch Widersprüche und andere Kritikpunkte innerhalb der Rechtsprechung des EGMR, im Rahmen einer **knappen und übersichtlichen Gesamtschau** der Entscheidungen herausgearbeitet werden. Dies dient vor allem auch der Übersichtlichkeit und inhaltlichen Klarheit und kann in der anschließenden konventionsrechtlichen Aufarbeitung des Einzelfalls unter konkreter Bezugnahme auf die relevanten Tatsachenfeststellungen im Sachverhalt zu dessen konventionsrechtlicher Überprüfung herangezogen werden.

☝ **Keinesfalls** sollte eine **weitschweifige Stellungnahme** abgegeben werden. Eine solche kann in Extremfällen, unbeschadet des Art. 38 Abs. 3 EMRK, zur Verweigerung der Annahme und zum Ausschluss des Vertreters führen (Art. 44d VerfO-EGMR). Insbesondere wenn die konventionsrechtliche Beurteilung eindeutig ist, sollte der Vortrag kurz und knappgehalten, sowie auf die Möglichkeit der beschleunigten Bearbeitung wegen offensichtlicher Begründetheit (Art. 28 Abs. 1 Buchst. b) EMRK) hingewiesen werden.

54 **b)** Wenn **keine** unmittelbar oder mittelbar **relevante Judikatur** des **Gerichtshofs** gefunden werden kann, verlagert sich die konventionsrechtliche Überprüfung sogleich auf die **3. Stufe** der Begründung. Dort ist die rechtliche Überprüfung, i.d.R. Regel mit einem **erhöhten (Begründungs-)Aufwand**, anhand der Konvention und ihrer anerkannten Auslegungshilfen (→ *Menschenrechtsbeschwerde, Auslegung der Konvention*, Teil C Rdn 13) vorzunehmen. Der Beschwerdeführer ist dabei nicht nur gehalten, einen über-

zeugenden Bezug zwischen seiner Rüge und einem bereits existenten Maßstab des Gerichtshofs herzustellen, sondern muss überdies **eigenständig** den **Kern** der **konventionsrechtlichen Problematik** und dessen Bedeutung für den beanstandeten Einzelfall widerspruchsfrei darlegen.

6.a) Bei der **konkreten Begründung** der einzelnen **Rüge** auf Grundlage der festgestellten Tatsachen darf nicht vergessen werden, dass der EGMR, wie das BVerfG, **keine „Superrevisionsinstanz"** ist (*Myer u.a.* MDR 2007, 505 [„fourth instance"], → *Menschenrechtsbeschwerde, Zulässigkeit, Zulässigkeitsvoraussetzungen*, Teil C Rdn 417). Auch wenn der Gerichtshof nicht ausschließlich über Rechts- sondern auch über Tatsachenfragen entscheidet, geschieht dies **stets ausschließlich anhand** der **relevanten Konventionsrechte** und der hierzu ergangenen Entscheidungen. 55

b)aa) Für den **Bereich** des **Strafverfahrens** wurde seitens des EGMR hierzu bereits früh eine entsprechende **Zuständigkeitsformel** zur **Begrenzung** seiner **Prüfungskompetenz** entwickelt. Fehlerversäumnisse und Rechtsverletzungen der nationalen Gerichte bei der Tatsachenfeststellung, der Rechtsanwendung oder der Richtigkeit eines Schuldspruches in Strafverfahren sind demnach nur insoweit überprüfbar, als dadurch **Konventionsrechte verletzt** worden sein können. Insbesondere enthält der Art. 6 EMRK keine Vorgaben über die Zulässigkeit von Beweiserhebung und -würdigung (Grote/Marauhn/*Schorkopf*, Kap. 30 Rn 37 m.w.N.). Der EGMR **überprüft** regelmäßig **nicht** die **Auslegung** und **Anwendung** des **innerstaatliches Recht** oder, ob das innerstaatliche Verfahren zu einem „richtigen" Ergebnis geführt hat. 56

☝ Eine **ausdrückliche Ausnahme** bilden hier Beanstandungen von Konventionsverletzungen innerhalb des Vollzugs der **U-Haft** (Art. 5 Abs. 1 EMRK). In diesem Bereich verweist die Konvention unmittelbar auf das innerstaatliche Recht und fordert dessen richtige Anwendung (z.B. EGMR, Urt. v. 25.3.1999 – 31195/96 [*Nicolova*/Bulgarien Nr. 58, persönliche Anhörung], NJW 2000, 2883; Urt. v. 9.5.2007 – 12788/04 [*Homann*/Deutschland, Zugang zum Gericht], NJW 2008, 2320; Urt. v. 12.5.1992 – 13770/88 [*Megyeri*/Deutschland, anwaltlicher Beistand], NJW 1992, 2945). Es erfolgt insoweit, in den Grenzen der offensichtlichen Rechtswidrigkeit und Willkür, eine konventionsrechtliche Überprüfung der Anwendung und Auslegung des innerstaatlichen Rechts (EGMR [GK], Urt. v. 9.7.2009 – 11364/03 [*Mooren*/Deutschland Nr. 76 f.], EuGRZ 2009, 566).

bb) Bei Rügen der Verletzung des Gebots einer **fairen Verfahrensführung** hingegen prüft der EGMR ausschließlich nach Maßgabe der Konvention im Rahmen einer Gesamtschau, ob die Entscheidung willkürlich war oder **ersichtlich** ist, dass **kein faires Verfahren stattgefunden** hat. 57

58 **cc)** Ob das Recht auf ein faires Verfahren mit der Folge eines **Verwertungsverbotes** dann verletzt ist, hängt nach Auffassung des EGMR stets von der Beachtung der übrigen Verteidigungsrechte, der **Prüfung** der Art und Weise der rechtswidrigen Gewinnung des Beweismittels, dessen Beweiskraft und Verlässlichkeit sowie der Natur und der Schwere der Verletzung des anderen Konventionsrechts im **jeweiligen Einzelfall** ab (EGMR, Urt. v. 10.3.2009 – 4378/02 [*Bykov*/Russland], NJW 2010, 213). Dieses kann zudem mit Art. 6 EMRK identisch sein und einen weiteren Verstoß gegen das faire Verfahren in Form der Verwertung eines ebenso unfair gewonnenen Beweismittels begründen (EGMR [GK], Urt. v. 27.11.2008 – 36391/02 [*Salduz*/Türkei], StRR 2009, 97 – Geständnis ohne Verteidiger; zu BVV bei unzulässigen Vernehmungsmethoden s. *Burhoff*, EV, Rn 3767; allgemein zu BVV *Burhoff*, EV, Rn 1014 ff.; *Burhoff*, HV, Rn 1018 ff.).

59 Dass hierbei mittelbar auch eine **Überprüfung** der **innerstaatlichen Rechtsanwendung** stattfindet, ist in Ansehung der Regelungskonzeption des Art. 6 EMRK nicht unproblematisch (Karpenstein/Meyer/*Schäfer*, Art. 35 EMRK Rn 130), muss aber im Wege eines entsprechenden Vortrags bei der Rügebegründung Berücksichtigung finden. Auch offensichtliche Verstöße gegen das nationale (Verfassungs-)Recht und dessen Auslegung und Anwendung durch die innerstaatlichen Instanzen können eine Verletzung der Konvention nahelegen.

☝ Die nationale Rechtanwendung und -auslegung ist aber stets mit den **aktuellen Entwicklungen** in der **Rspr.** des Gerichtshofs, wie etwa die teilweise zu beobachtende Abkehr vom fehlenden Verschulden als Maßstab für die Beurteilung von Beweisanforderungen (EGMR, Urt. v. 20.1.2009 – 26766/05 u. 2222/06 [*Al Khawaya u. Tahery*/ Vereinigtes Königreich]), **in Bezug** zu setzen.

60 **dd)** Entsprechende Darstellungserfordernisse gelten für die Beanstandung einer **überlangen Dauer** des innerstaatlichen Verfahrens. Hier nimmt der EGMR ebenfalls eine **Gesamtschau**, unter Einbeziehung der Überprüfung des Bestehens nationaler Möglichkeiten der Abhilfe, vor (→ *Menschenrechtsbeschwerde, Opfereigenschaft*, Teil C Rdn 231; → *Verfahrensverzögerung/Verzögerungsrüge*, Teil B Rdn 1027, m.w.N.; s. auch *Burhoff*, EV, Rn 4141 ff.; *Burhoff*, HV, Rn 2843 ff., 3280 ff.). Anders als z.B. bei einem aus Art. 6 EMRK folgenden Verbot der Verwertung eines bestimmten Beweismittels, mit der etwaigen Möglichkeit der Wiederaufnahme des innerstaatlichen Verfahrens, findet hier meist eine Kompensation auf der Sekundärebene statt.

61 **ee) Festgehalten** werden kann für die, die Begründung der Beschwerdeschrift abschließende Prüfung der beanstandeten Maßnahme, dass hier **stets** eine **konventionsrechtliche Auseinandersetzung** mit der **innerstaatlichen Rechtslage** bezogen auf den vorgetragenen Sachverhalt auf Grundlage der festgestellten Tatsachen zu erfolgen hat. Hilfreich hierbei kann ein Rückgriff auf die allgemeinen völkerrechtlichen Auslegungshilfen

(→ *Menschenrechtsbeschwerde, Auslegung der Konvention*, Teil C Rdn 11) unter Bezugnahme auf den in der Beschwerdeschrift dargestellten aktuellen Stand der Rspr. des EGMR sein.

Siehe auch: → *Menschenrechtsbeschwerde, Allgemeines*, Teil C Rdn 1, m.w.N.; → *Menschenrechtsbeschwerde, Beschwerdegegenstand*, Teil C Rdn 62; → *Menschenrechtsbeschwerde, Zulässigkeit, Zulässigkeitsvoraussetzungen*, Teil C Rdn 417.

Menschenrechtsbeschwerde, Beschwerdegegenstand 62

Das Wichtigste in Kürze:

1. Die Konkretisierung des Beschwerdegegenstands ist der wesentliche Bestandteil der Menschenrechtsbeschwerde.
2. Die vorzunehmende Konkretisierung hat mit Blick auf Art. 46 EMRK und die innerstaatlichen Abhilfemöglichkeiten zu erfolgen. Hierbei ist jede einzelne Verletzung der Konvention für sich zu benennen und konkret darzulegen.
3. Die Prüfung einzelner Verstöße gegen die Konvention von Amts wegen nimmt der Gerichtshof nur in extremen Ausnahmefällen vor.
4. Der Beschwerdegegenstand umfasst nicht (mehr) eine zunächst erhobene Rüge, wenn der Beschwerdeführer diese zurücknimmt.

Literaturhinweise: → *Menschenrechtsbeschwerde, Allgemeines*, Teil C Rdn 2. 63

1. In der Bestimmung und **Konkretisierung** des **Beschwerdegegenstandes** liegt eine der 64
wesentlichen Aufgaben bei der **Ausarbeitung** und **Fertigung** einer Menschenrechtsbeschwerde. Der Beschwerdegegenstand kann über Wohl oder Wehe des Beschwerdeführers entscheiden. Es ist daher von außerordentlicher Bedeutung, vor Erhebung einer Menschenrechtsbeschwerde zunächst deren Auswirkungen unter Berücksichtigung des konkreten Begehrens der Partei zu prognostizieren.

Beispiel: 65

Eine konventionswidrige Hausdurchsuchung hat z.B. nicht zwingend die Unverwertbarkeit der insoweit gewonnenen Erkenntnisse und Beweismittel zur Folge. Während bei der Erhebung der Beweismittel deren Überprüfung anhand von Art. 8 EMRK in Form der, das nationale Verfahren abschließenden, verfassungsgerichtlichen Entscheidung hinsichtlich der Durchsuchung oder Beschlagnahme erfolgt, steht bei der Frage nach deren Verwertbarkeit das Urteil (auch) unter dem Blickwinkel des Art. 6 Abs. 1 EMRK auf dem Prüfstand des Gerichtshofs.

66 **2.a)** Der **Beschwerdegegenstand begrenzt** somit den **Umfang** der **Entscheidung** nicht nur als Auslegungshilfe im Allgemeinen (→ *Menschenrechtsbeschwerde, Zulässigkeit, Zulässigkeitsvoraussetzungen*, Teil C Rdn 423; → *Menschenrechtsbeschwerde, Auslegung der Konvention*, Teil C Rdn 11). Für den Betroffenen kann hiervon abhängen, ob er eine bloße Entschädigung in Geld erhält oder sein Verfahren nach § 359 Nr. 6 wiederaufgenommen wird (→ *Wiederaufnahme, Antragsgründe, EGMR-Entscheidung*, Teil B Rdn 1121).

☝ Im Vorfeld der Erhebung einer Menschenrechtsbeschwerde ist somit eine **eingehende Prüfung** der **Erfolgsaussichten** mit Blick auf deren allgemeine und konkrete Auswirkung im Einzelfall notwendig.

67 **b)** Bei der vorzunehmenden Prüfung sind insbesondere zu **berücksichtigen folgende**

68 **Prüfungskriterien**:

- Die **Zuständigkeit** des Gerichtshofs erstreckt sich **ausschließlich** auf den **Sachverhalt** (→ *Menschenrechtsbeschwerde, Beschwerdebegründung*, Teil C Rdn 46), wie er in der Entscheidung über die Zulässigkeit der Beschwerde (→ *Menschenrechtsbeschwerde, Zulässigkeit*, Teil C Rdn 454) festgestellt wird. Auch wenn der EGMR innerhalb dieser Grenzen grds. frei ist, sich mit jeder im Laufe des Verfahrens (neu) auftretenden Tatsache oder Rechtsfolge zu befassen und eine diesbezügliche Bindung an den Beschwerdevortrag nicht besteht (Grote/Marauhn/*Schorkopf*, Kap. 30 Rn 36 m.w.N.), wird die **gerichtliche Prüfungskompetenz** gleichwohl zwangsläufig durch die vom Beschwerdeführer **erhobenen Rügen begrenzt** (EGMR, Urt. v. 20.1.2011 – Nr. 21980/06 [*Kuhlen-Rafsandjani* /Deutschland Nr. 95], FamRZ 2011, 533).
- Die Konvention erwartet vom Beschwerdeführer keine dahin gehende exakte rechtliche Einordnung unter Nennung der konventionsrechtlichen Bestimmung (EGMR, Urt. v. 6.11.1980 – Nr. 7367/76 [*Guzzardi*/Italien Nr. 61], NJW 1984, 544). Da diese **wenig strenge Rügeobliegenheit** auch auf den Umstand zurückzuführen ist, dass ein Großteil der Beschwerdeführer zunächst ohne rechtlichen Beistand am Verfahren teilnimmt, kann die Vertretung durch einen **Rechtsanwalt** aber durchaus als Argument für eine strengere **Auslegung** des Vortrags des Beschwerdeführers herangezogen werden (EGMR, Entsch. v. 1.9.2005 – 290/03 [*Adam* u.a./Deutschland Nr. 3 m.w.N.]).

☝ Jedenfalls muss die behauptete Verletzung der Konventionsrechte der Sache nach und innerhalb der **Sechsmonatsfrist** gem. Art. 35 Abs. 1 EMRK gerügt werden.

Nicht ausreichend: 69

- die **kommentarlose Übersendung** der **letzten innerstaatlichen Entscheidung** (EGMR, Urt. v. 1.2.2005 – Nr. 68368/01 [*Bozinovski*/Mazedonien]).
- die **bloße Nennung** eines **Konventionsartikels** oder eines in der Konvention garantierten Rechts als Rüge aller unter diesem Recht denkbaren Verletzungen anzusehen (EGMR, Urt. v. 17.10.2002 – 64321/01 [*Zervakis*/Griechenland]).

☝ **Jeder Konventionsverstoß** muss **im Einzelnen konkret benannt** werden (→ *Menschenrechtsbeschwerde, Beschwerdebegründung*, Teil C Rdn 182). Dementsprechend ist bei der Geltendmachung eines Verstoßes gegen eine faire Führung des Strafverfahrens i.S.v. Art. 6 EMRK nicht von der zeitgleichen Erhebung einer Rüge der überlangen Verfahrensdauer auszugehen (EGMR, Entsch. v. 10.3.2009 – Nr. 781/06 [*Eule*/Deutschland Nr. 1]).

3. Die **Prüfung** einzelner Verstöße gegen die Konvention **von Amts wegen**, also unabhängig vom Vorliegen einer entsprechenden Rüge des Beschwerdeführers, nimmt der Gerichtshof nur in **extremen Ausnahmefällen** vor (EGMR, Urt. v. 18.3.2008 – Nr. 11036/03 [*Ladent*/Polen Nr. 77] zu Art. 5 Abs. 1 EMRK). Allgemein lässt sich sagen, dass insoweit schwerwiegende Eingriffe in die Grundfreiheiten und Menschenrechte vorliegen müssen. 70

4. Da der Gegenstand der Individualbeschwerde der (beschränkten) Disposition des Beschwerdeführers unterliegt, umfasst der Beschwerdegegenstand eine **zunächst erhobene Rüge nicht mehr**, wenn der Beschwerdeführer diese **zurücknimmt**. Dann steht dem Gerichtshof keine Kompetenz mehr zu, die Beschwerde unter diesem Aspekt zu prüfen (EGMR, Urt. v. 29.11.1988 – 11209/84 [*Brogan*/Vereinigtes Königreich Nr. 46]; EGMR, Urt. v. 20.1.2011 – 21980/06 [*Kuhlen-Rafsandjani*/Deutschland Nr. 95], FamRZ 2011, 533 m. Anm. *Wendenburg*). 71

Siehe auch: → *Menschenrechtsbeschwerde, Allgemeines*, Teil C Rdn 1, m.w.N; → *Menschenrechtsbeschwerde, Auslegung der Konvention*, Teil C Rdn 11.

Menschenrechtsbeschwerde, Beschwerdegegner 72

Das Wichtigste in Kürze:

1. Die Konvention bindet nur solche Staaten, die Mitglieder des Europarates sind (Art. 59 EMRK).
2. Auf dem Gebiet der, im Rahmen gegenseitiger Anerkennung stetig zunehmenden, grenzüberschreitenden Strafverfolgung können sich mit Blick auf die Verfahrensgarantien der EMRK Besonderheiten ergeben.
3. Der Grundsatz der Eigenverantwortlichkeit gilt nicht uneingeschränkt.

73 **Literaturhinweise:** **Nagler**, Verteidigung gegen im Ausland gewonnene Ermittlungsergebnisse, StV 2013, 324; **Sommer**, Zur Frage der Einbeziehung der Europäischen Menschenrechtskonvention in den deutschen Strafprozess, StraFo 2012, 284; s.a. die Hinw. bei → *Menschenrechtsbeschwerde, Allgemeines*, Teil C Rdn 2.

74 **1.** Die **Konvention bindet nur** solche Staaten, die **Mitglieder** des Europarates sind (Art. 59 EMRK). Tritt ein Staat dem Europarat bei, so ist er verpflichtet, die EMRK zu unterzeichnen und innerhalb eines Jahres zu ratifizieren. Dementsprechend sind alle 47 **Mitgliedsstaaten** des **Europarats** Vertragsparteien der EMRK. Sie sind somit durch die Konventionsrechte **Verpflichtete** (Karpenstein/Meyer/Arndt/*Schubert*, Art. 59 Rn 1 f.) und im Verfahren über eine Menschenrechtsbeschwerde grds. passivlegitimiert.

75 Zu beachten ist, dass **allein Staaten** in die **Verantwortung** genommen werden können, **deren Organe gehandelt haben**. Für transnationales Handeln – etwa im Rahmen des SDÜ – auf völkerrechtlicher oder gemeinschaftsrechtlicher Grundlage ist immer nur der Staat verantwortlich, dessen Organ auch gehandelt hat. Innerhalb praktizierter **Rechtshilfe** findet somit **keine Zurechnung** statt. Dies ist in Ansehung der stetig zunehmenden grenzüberschreitenden Strafverfolgung und dem kooperativen Sinn und Zweck der Rechtshilfe mit Blick auf die Wirksamkeit des Art. 6 EMRK **unbefriedigend** (Karpenstein/Mayer/*Meyer*, Art. 6 Rn 31). Die strikte Trennung der Verantwortlich- und Zuständigkeiten kann durch ein kollusives zwischenstaatliches Zusammenspiel der jeweils „verantwortlichen" Stellen leicht zu einer Sanktionslosigkeit einzelner Verletzungen der EMRK führen.

☝ Der Gerichtshof verlangt aber bei **nicht zurechenbaren Verfahrensverstößen** einen Nachweis, ob der in seinem nationalen Strafverfahren hieraus partizipierende Konventionsstaat alle im Rahmen seiner Einflussmöglichkeiten zumutbaren Handlungen unternommen hat, seine Pflicht nach der Konvention zu erfüllen (EGMR, Entsch. v. 17.11.2005 – 73047/01 [*Haas*/Deutschland], NJW 2006, 2753). Diese liegen zunächst in einer angemessenen Kompensation.

76 **2.** Auf dem Gebiet der, im Rahmen gegenseitiger Anerkennung stetig zunehmenden, **grenzüberschreitenden Strafverfolgung** können sich hier mit Blick auf die Verfahrensgarantien der EMRK Besonderheiten ergeben. Die Zurechnung einzelner Konventionsverletzungen im Verhältnis der Vertragsstaaten untereinander findet auch nach der Rspr. des BGH nicht statt (BGHSt 55, 70; krit. *Sommer* StraFo 2010, 284). Hierdurch werden zwingende Folgerungen aus der Konvention, mit der Gefahr einer regelmäßigen Sanktionslosigkeit konventionswidrigen Zusammenwirkens zwischen einzelnen Vertragsstaaten, nicht gezogen. Der gegenseitigen Anerkennung mangelt es an entsprechender gegenseitiger Verantwortung. Der Maßstab der konventionsrechtlichen Überprüfung beschränkt sich auf den unmittelbaren Vertragsstaat.

Bei der Frage der Verpflichtung ist aber zu beachten, dass zwischen **Erhebung** und **Verwertung** eines **Beweismittels** zu **unterscheiden** ist. Einer Vertragspartei ist es grds. untersagt, ein nicht zurechenbar konventionswidrig gewonnenes Beweismittel in Kenntnis dieses Makels in einem innerstaatlichen Strafverfahren ohne Weiteres zu verwerten. Der Grundsatz, nach dem ein Konventionsstaat keine Verantwortung für autonomes konventionswidriges Verhalten seiner Vertragspartner zu übernehmen verpflichtet ist, steht dem nicht entgegen. Die Verwertung des bemakelten Beweismittels ist eine ebenso eigenständige wie eigenverantwortliche strafprozessuale Maßnahme, welche einer umfassenden konventionsrechtlichen Kontrolle unterliegt. 77

3.a) Der **Grundsatz** der **Eigenverantwortlichkeit** gilt **nicht uneingeschränkt**. Das gezielte „outsourcing" einer Verletzung von Konventionsrechten entbindet die Konventionsstaaten nicht von ihrer Verpflichtung, die Menschenrechte zu achten. Dies ist z.B. bei **zielgerichteten Aktionen**, wie etwa staatlichen Entführungen oder geheimdienstlichen Tätigkeiten eines Vertragsstaates in einem Auslandsstaat der Fall (EGMR [GK], Urt. v. 23.3.1995 – 15318/89 [*Loizidou*/Türkei Nr. 60 f.], ÖJZ 1995, 629). Ebenso wenig dürfen andere Staaten bei einem Konventionsverstoß unterstützt werden (Grote/Marauhn/*Röben*, Kap. 5 Rn 93). Der Schwerpunkt der Problematik liegt hier zumeist im Bereich der Beweis- und Zurechenbarkeit auf der Ebene der Erhebung oder Verwertung eines Beweismittels. Zu beachten ist hier, dass z.B. bei unter Folter erwirkten Aussagen von einer Umkehr der Beweislast auszugehen ist (EGMR, Urt. v. 25.9.2012 – 649/08 [*El Haski*/Belgien] mit Anmerkung *Schüller*, ZIS 2013, 245). 78

b) Außerdem geht der EGMR teilweise (Art. 2 EMRK [**Leben**]; Art. 3 EMRK [**Behandlung**]; Art. 5 EMRK [**Haft**] u. 6 EMRK [**Fairness**]) von einem **erweiterten Schutzbereich** aus. Besonderheiten ergeben sich insbesondere für staatliche Freiheitsentziehungen, wie vorläufige Festnahme, Verhaftungen zur Sicherung des nationalen Verfahrens oder aber auch Auslieferungshaft (EGMR, Urt. v. 18.12.1986 – 9990/82 [*Bozano*/Frankreich, **verdeckte Auslieferung**], EGMR-E 3, 333). Der Gerichtshof entnimmt hier den Menschenrechten ein Verbot gegenüber den Vertragsstaaten, durch eigenes staatliches Handeln mögliche Konventionsverletzungen durch andere Staaten, seien es Konventions- oder Drittstaaten, etwa durch Ausweisung und Auslieferung zu bewirken (EGMR [Pl], Urt. v. 20.3.1991 – 15576/89 [*Cruz Varas*/Schweden Nr. 70], EuGRZ 1991, 203). Im **Gegensatz** zur **Grundregel**, nach der entscheidend ist, dass der Beschwerdeführer sich in der psychischen Gewalt des belangten Staates befunden hat (EGMR [GK], Urt. v. 7.7.2011 – 55721/07 [*Al-Skeini*/Vereinigtes Königreich Nr. 136]), kommt somit selbst dann die Verpflichtung einer Vertragspartei in Betracht, wenn der Beschwerdeführer aufgrund eines Auslieferungsgesuchs dieser Vertragspartei von einem anderen Staat in Haft genommen wird (EGMR, Urt. v. 21.4.2009 – 11956/07 [*Stephens*/Malta Nr. 53]). 79

Demnach ist eine **Haftung** für **Konventionsverletzungen auch dann** möglich, wenn der beklagte Staat zwar selbst den Beschwerdeführer nicht konventionswidrig behandelt, ihn aber z.B. durch Abschiebung oder Auslieferung in einen **Drittstaat** der **Gefahr** einer solchen **konventionswidrigen Behandlung ausgesetzt** hat (grundlegend EGMR, Urt. v. 7.7.1989 – 14038/88 [*Soering*/Vereinigtes Königreich Nr. 91], NJW 1990, 2183; einschränkend Urt. 12.12.2001 – 52207/99 [*Banković*/17 Nato-Staaten Nr. 67 f.], NJW 2003, 413).

☝ Eine solche kann auch in der **Erwartung** eines **unfairen Strafverfahrens** im ersuchenden Staat liegen. Dies ist z.B. der Fall, wenn der dortige Prozess aufgrund von Aussagen Mitangeklagter in früheren Verfahren aufgenommen wird, obwohl diese auf Folter zurückzuführen sind (EGMR, Urt. v. 17.1.2012 – 8139/09 [*Othan*/Vereinigtes Königreich]). Die Menschenrechtsbeschwerde kann dann mit dem Vortrag (auch) gegen den ersuchten Konventionsstaat erhoben werden; er ermögliche durch sein Handeln eine Verletzung der Konvention durch Dritte.

Siehe auch: → *Menschenrechtsbeschwerde, Allgemeines*, Teil C Rdn 1, m.w.N.; → *Menschenrechtsbeschwerde, Beschwerdebefugnis*, Teil C Rdn 33.

80 Menschenrechtsbeschwerde, Beschwerdeschrift, formale Anforderungen

Das Wichtigste in Kürze:

1. Die Einlegung der Menschenrechtsbeschwerde erfolgt durch Einreichung einer Beschwerdeschrift, deren Inhalt und Aufbau dem bestehenden Formularzwang folgt, der seinerseits die inhaltlichen Vorgaben von Art. 47 VerfO-EGMR umsetzt.
2. Die Einlegung Menschenrechtsbeschwerde erfolgt ausschließlich schriftlich und ist zu richten an The Registrar/European Court of Human Rights/Council of Europe.
3. Beizufügen sind der Beschwerde Kopien aller einschlägigen Unterlagen, insbesondere der gerichtlichen oder sonstigen Entscheidungen, die sich auf den Gegenstand der Beschwerde beziehen. Hierfür ist ein Anlagenverzeichnis zu erstellen.
4. Hat der Beschwerdeführer bereits eine Menschenrechtsbeschwerde vor dem EGMR anhängig, muss er diesen entsprechend unterrichten.
5. Die Beschwerdeschrift muss nicht durch einen Anwalt oder einen anderen Rechtsvertreter gefertigt werden. Es besteht kein Anwaltszwang.

Literaturhinweise: Jacob, Der Europäische Gerichtshof für Menschenrechte – eine aktuelle Bestandsaufnahme von Organisation, Arbeitsweise und Entscheidungsfindung, DVBl 2015, 61; **Myer/Mol/Kempees/v. Steijn/Bockwinkel/Uerpmann**, EGMR-Verfahren – Die häufigsten Irrtümer bei Einreichen einer Beschwerde, MDR 2007, 505; **Wittinger**, Die Einlegung einer Individualbeschwerde vor dem EGMR, NJW 2001, 1238; s.a. die Hinw. bei → *Menschenrechtsbeschwerde, Allgemeines*, Teil C Rdn 2. 81

1. Die Einlegung der Menschenrechtsbeschwerde erfolgt durch Einreichung einer Beschwerdeschrift, deren Inhalt und Aufbau dem bestehenden **Formularzwang** (→ *Menschenrechtsbeschwerde, Zulässigkeit, formale Voraussetzungen*, Teil C Rdn 420) folgt, der seinerseits die **inhaltlichen Vorgaben** von **Art. 47 VerfO-EGMR** umsetzt. Erfüllt sein müssen folgende 82

inhaltliche Anforderungen: 83

- die **persönlichen Daten** des Antragstellers (Name, Geburtsdatum, Staatsangehörigkeit, Geschlecht, Beruf und Adresse),
- ggf. Name und Adresse des **Vertreters**,
- die Bezeichnung des **Staates**, **gegen** den die Beschwerde gerichtet ist,
- eine kurze **Darstellung** des **Sachverhalts** (→ *Menschenrechtsbeschwerde, Beschwerdebegründung*, Teil C Rdn 46),
- eine kurze begründete **Darstellung** des behaupteten **Konventionsverstoßes** (→ *Menschenrechtsbeschwerde, Beschwerdebegründung*, Teil C Rdn 46) unter Konkretisierung des Beschwerdegegenstands (→ *Menschenrechtsbeschwerde, Beschwerdegegenstand*, Teil C Rdn 62 und
- eine kurze **Darlegung** der **Rechtswegerschöpfung** (→ *Menschenrechtsbeschwerde, Rechtswegerschöpfung*, Teil C Rdn 251)
- sowie der Einhaltung der **Sechsmonatsfrist** (→ *Menschenrechtsbeschwerde, Frist*, Teil C Rdn 182).
- Der Beschwerdeführer hat **außerdem mitzuteilen**, ob er seinen Fall bereits einer **anderen** internationalen Untersuchungs- oder **Beschwerdeinstanz vorgelegt** hat.

Das vorgegebene **Formular** muss in **allen relevanten Feldern ausgefüllt** werden. Die dortigen Informationen müssen so umfassend sein, dass sie es dem EGMR ermöglichen, Art und Gegenstand der Beschwerde zu bestimmen, ohne dass er hierfür andere Unterlagen hinzuziehen muss (Art. 47 Abs. 2 VerfO-EGMR). Ergänzungen zum Sachverhalt, zur Darlegung des Konventionsverstoßes oder zur Rechtswegerschöpfung und der Einhaltung der Sechsmonatsfrist dürfen auf max. 20 gesonderten Seiten gemacht werden. Hierbei darf es sich allerdings nur um zusätzliche ergänzende Ausführungen handeln; **alle maßgeblichen Angaben**, insbesondere alle Beschwerdepunkte, müssen bereits **im Formular selbst** enthalten sein. 84

☝ **Anträge** muss der Beschwerdeführer in der Menschenrechtsbeschwerde **nicht formulieren**. Seine Ansprüche hat der Beschwerdeführer grds. in der Frist zur Stellungnahme zur Begründetheit zu stellen, zu begründen und zu belegen (Art. 60 Abs. 2 VerfO-EGMR; → *Menschenrechtsbeschwerde, Entschädigung*, Teil C Rdn 175).

85 **2.** Die Einlegung der Menschenrechtsbeschwerde erfolgt **ausschließlich schriftlich**. Die Einreichung per Telefax oder E-Mail genügt daher zur Fristwahrung nicht. Die Beschwerde ist zu unterschreiben (Art. 45 Abs. 1 VerfO-EGMR; zur Schriftform → *Rechtsmittel/Rechtsbehelfe, Form, Schriftlich*, Teil B Rdn 1531).

☝ Nach den Verfahrensanordnungen betreffend die Einlegung einer Menschenrechtsbeschwerde (→ *Menschenrechtsbeschwerde, EGMR – Verfahrensgrundsätze*, Teil C Rdn 135) ist die Menschenrechtsbeschwerde an **The Registrar/European Court of Human Rights/Council of Europe**/F-67075 Strasbourg Cedex bzw. Monsieur le Greffier/de la Cour européenne des droits de l'homme/Conseil de l'Europe/ F-67075 Strasbourg Cedex zu richten.

86 **3.a) Beizufügen** sind der Beschwerde **Kopien** der wesentlichen Unterlagen (Art. 47 Abs. 3 VerfO-EGMR). Dies sind insbesondere gerichtliche oder sonstige Entscheidungen, die sich auf den Gegenstand der Beschwerde beziehen (**Art. 47 Abs. 3 1. Buchst. a) VerfO-EGMR**). Es sind auch die Unterlagen (Entscheidungen) vorzulegen, aus denen sich die vorherige innerstaatliche Rechtswegerschöpfung und die Einhaltung der Beschwerdefrist ergeben. Außerdem muss bei anwaltlicher Vertretung die **Vollmacht** des Beschwerdeführers **im Original** vorgelegt werden (Art. 45 Abs. 3, 47 Abs. 3 1. Buchst. d) VerfO-EGMR; → *Menschenrechtsbeschwerde, Vollmacht*, Teil C Rdn 401). Nach den Vorgaben des EGMR dürfen die **eingesandten** Papiere **nicht** (fest miteinander) **verbunden** werden, also insbesondere nicht gebunden (geklebt) oder geheftet werden. Vielmehr sollen alle Seiten **durchgehend nummeriert** werden.

87 **b)** Über die Anlagen ist bereits infolge des vorgegebenen Formulars ein **Anlagenverzeichnis** zu erstellen. Nach den Verfahrensanordnungen sollten die Anlagen im Anlageverzeichnis zeitlich sortiert, durchgehend nummeriert sowie mit einer prägnanten Umschreibung (z.B. Urteil/Beschluss/Beschwerde/Schriftsatz vom …, Aktenzeichen und ausstellende Behörde) bezeichnet sein.

☝ Die Anlagen sollten **nicht** im **Original** versandt werden, da der EGMR ihm eingereichte Unterlagen nicht zurücksendet, worauf er in seinem Formular und in seinen Verfahrensanordnungen ausdrücklich verweist.

4. Hat der Beschwerdeführer **bereits** eine **Menschenrechtsbeschwerde** vor dem EGMR **anhängig**, muss er diesen entsprechend unterrichten, Ziff. 13 der Verfahrensanordnungen „Institutions of proceedings"/„Introduction de l'instance". 88

☝ Die **Einhaltung** der Vorgaben des Art. 47 VerfO-EGMR ist zwingend. Ihre Verletzung führt regelmäßig zur Zurückweisung der Beschwerde, Art. 47 Abs. 5 VerfO-EGMR. Der EGMR nutzt seine verschärften Zugangsbedingungen erfolgreich zum Abbau seiner Arbeitsrückstände (Rückgang der anhängigen Verfahren von 151.600 auf 69.900 in der Zeit vom 31.12.2011 bis 31.12.2014, s. Jahresstatistik des EGMR für die Jahre 2011 und 2014; s.a. „EGMR bewältigt Beschwerdeflut zunehmend effektiver", EuGRZ 2013, 93, 2014, 121).

5. Die Beschwerdeschrift muss nicht durch einen Anwalt oder einen anderen Rechtsvertreter gefertigt werden, insoweit besteht **kein Anwaltszwang** (→ *Menschenrechtsbeschwerde, Verfahrensablauf, Verfahren vor der Kammer*, Teil C Rdn 388). 89

Siehe auch: → *Menschenrechtsbeschwerde, Allgemeines*, Teil C Rdn 1, m.w.N.; → *Menschenrechtsbeschwerde, Beschwerdebegründung*, Teil C Rdn 40; → *Menschenrechtsbeschwerde, Beschwerdegegenstand*, Teil C Rdn 62; → *Menschenrechtsbeschwerde, Frist*, Teil C Rdn 180; → *Menschenrechtsbeschwerde, Rechtswegerschöpfung*, Teil C Rdn 251; → *Menschenrechtsbeschwerde, Vollmacht*, Teil C Rdn 401; → *Menschenrechtsbeschwerde, Zulässigkeit, formale Anforderungen*, Teil C Rdn 417; → *Menschenrechtsbeschwerde, Zulässigkeit, Zulässigkeitsvoraussetzungen*, Teil C Rdn 423.

Menschenrechtsbeschwerde, Drittbeteiligung 90

Das Wichtigste in Kürze:

1. Die Beteiligung Dritter am Verfahren ist nur vorgesehen, wenn das Verfahren vor der Kammer oder der Großen Kammer stattfindet.
2. Der Staat, dessen Staatsangehörigkeit der Beschwerdeführer hat, wird durch Übersendung einer Kopie der Beschwerde informiert, sobald diese dem beschwerdegegnerischen Staat zur Kenntnis gegeben wird. Er muss binnen einer Frist von 12 Wochen mitteilen, ob er sich beteiligen will.
3. Andere betroffene und interessierte Personen können aufgefordert oder ermächtigt werden, zum Verfahren Stellung zu nehmen oder in außergewöhnlichen Umständen an der mündlichen Verhandlung teilzunehmen. Sie können die Teilnahme auch selbst beantragen.
4. Internationale Organisationen und deren Organe können zum Zweck der Interessenwahrung oder der Rechtsfindung beigezogen werden.

5. Die Anhörung anderer Vertragsstaaten kommt z.B. in Betracht, wenn die Beschwerde allgemeine völkerrechtliche Fragen aufwirft.
6. Die schriftlichen Stellungnahmen der Drittbeteiligten müssen in einer der Verfahrenssprachen erfolgen und werden den Parteien zur Kenntnis- und Stellungnahme gegeben.
7. Abzuwarten ist die weitere Entwicklung der Drittbeteiligung nach einem etwaigen Beitritt der EU zur EMRK.

91 **Literaturhinweise:** s. die Hinw. bei → *Menschenrechtsbeschwerde, Allgemeines*, Teil C Rdn 2; → *Menschenrechtsbeschwerde, EGMR – Verfahrensgrundsätze*, Teil C Rdn 127.

92 **1.** Die Beteiligung Dritter am Verfahren („third party intervention"/„tierce intervention") ist **nur** vorgesehen, wenn das Verfahren **vor** der **Kammer oder** der **Großen Kammer** stattfindet (Art. 36 Abs. 1, Abs. 3 EMRK, Art. 44 Abs. 3 VerfO-EGMR). Der Vertragsstaat, dessen Staatsangehörigkeit der Beschwerdeführer hat und der Kommissar für Menschenrechte des Europarats können schriftliche Stellungnahmen abgeben und an der mündlichen Verhandlung teilnehmen (Art. 36 Abs. 1 EMRK). Außerdem kann der Präsident der Kammer im Interesse der Rechtspflege jedem Vertragsstaat, der nicht Partei des Verfahrens ist, sowie jeder anderen betroffenen oder interessierten Person Gelegenheit geben, schriftlich Stellung zu nehmen oder an der mündlichen Verhandlung teilzunehmen (Art. 36 Abs. 2 EMRK).

93 **2.a)** Der **Staat**, dessen **Staatsangehörigkeit** der **Beschwerdeführer** hat, wird durch Übersendung einer Kopie der **Beschwerde informiert**, sobald diese dem beschwerdegegnerischen Staat zur Kenntnis gegeben wird (Art. 44 Abs. 1a S. 1 VerfO-EGMR). Diese Beteiligungsform ist Ausdruck des völkerrechtlichen Instituts des **diplomatischen Schutzes** (Karpenstein/Mayer/*Wenzel*, Art. 36 EMRK Rn 3 m.w.N.).

94 **b)** Will der Staat von seinem **Beteiligungsrecht Gebrauch machen**, muss er dies dem Kanzler binnen einer Frist von grds **12 Wochen** ab Erhalt der Beschwerde **schriftlich mitteilen** (Art. 44 Abs. 1b S. 1 VerfO-EGMR). Im Verfahren vor der Großen Kammer entspricht der Fristbeginn dem Zugang der Mitteilung der Abgabe des Verfahrens an die Große Kammer oder der Mitteilung des Ausschusses der Großen Kammer, dass dem Antrag auf Verweisung an die Große Kammer stattgegeben wird (Art. 44 Abs. 4a VerfO-EGMR; → *Menschenrechtsbeschwerde, Verfahrensablauf, Verfahren vor der Großen Kammer*, Teil C Rdn 381 f.). Wird in einer Rechtssache entschieden, eine mündliche Verhandlung durchzuführen, wird der Staat gleichermaßen unterrichtet und muss seine Absicht, an der Verhandlung teilzunehmen, ebenfalls in der Frist von grundsätzlich 12 Wochen schriftlich anzeigen (Art. 44 Abs. 1a S. 2, Abs. 1b S. 1 VerfO-EGMR).

95 **c)** Der **Kommissar** für **Menschenrechte** muss seine **Teilnahmeabsicht** in gleicher Weise wie der drittbeteiligte Vertragsstaat **anzeigen**, Art. 44 Abs. 2 VerfO-EGMR.

Seit Einführung seiner spezifischen – also über Art. 36 Abs. 2 EMRK hinausgehenden – Teilnahmeberechtigung zum 1.6.2010 hat der Kommissar bisher nur einmal aus eigener Initiative seine Beteiligung als Dritter angezeigt und wahrgenommen (im noch nicht entschiedenen Fall Center of Legal Ressources on behalf of Valentin *Campeanu*/Rumänien – 47848/08).

3.a) Andere Personen – die Konvention und die Verfahrensordnung sprechen hier von betroffenen und interessierten Personen (persons concerned/personnes intéressé) – können **aufgefordert oder ermächtigt** werden, zum Verfahren **Stellung zu nehmen** oder in außergewöhnlichen Umständen an der mündlichen Verhandlung teilzunehmen (Art. 36 Abs. 2 EMRK). 96

b) Sie können ihre Beteiligung als Dritter selbst **beantragen** (Art. 44 Abs. 3 VerfO-EGMR). Dieser Antrag muss begründet werden und spätestens **12 Wochen** nach Zustellung der Beschwerdeschrift an die gegnerische Partei oder binnen einer anderen vom Kammerpräsidenten bestimmten Frist in einer der Verfahrenssprachen (→ *Menschenrechtsbeschwerde, Sprache*, Teil C Rdn 292; zur Zustellung → *Rechtsmittel/Rechtsbehelfe, Zustellung, Allgemeines*, Teil A Rdn 1845) vorliegen. Eine **Information** dieser Dritten von der Beschwerdezustellung durch die Kanzlei des EGMR erfolgt nicht. 97

☝ Betroffene Dritte können sich **über die Veröffentlichung der Liste mit zugestellten Fällen** (auf der Internetpräsenz des EGMR unter pending cases/pending cases/communicated cases), die nach Ländern gefiltert werden kann und daher schnell zu überschauen ist, informieren (kritisch hierzu Karpenstein/Mayer/*Wenzel*, Art. 36 EMRK Rn 10 f.; *Meyer-Ladewig*, Art. 36 EMRK Rn 3).

Derzeit erfolgt in **Deutschland** eine entsprechende **Information** möglicher betroffener Dritter durch die **Beauftragte** für **Menschenrechtsfragen**, um diesen eine Verfahrensteilnahme zu ermöglichen. Zu bedenken ist insoweit aber, dass nicht jede Betroffenheit eines anderen im Ausgangsverfahren relevant für die Feststellung einer Konventionsverletzung zulasten des Beschwerdeführers ist (zu weitgehend daher *Grabenwarter/Pabel*, § 13 Rn 41, die einen Verstoß gegen das Gebot der Waffengleichheit und des eines fairen Verfahrens rügen). 98

4.a) Internationale Organisationen und deren Organe werden zu verschiedenen Zwecken beigezogen: Dies kann der **Interessenwahrung** oder der **Rechtsfindung** dienen (*Grabenwarter/Pabel*, § 13 Rn 41 m.w.N.). In grundsätzlichen Fragen zieht der EGMR Organisationen, die sich mit Menschenrechtsfragen oder der relevanten Problematik befassen, zu (z.B. EGMR, Urt. v. 18.1.2011 – 39401/04 [*MGN Limited*/Vereinigtes Königreich Nr. 4, 184 bis 191], NJOZ 2012, 753 – für die Beteiligung der Open Society Justice Initiative, der Media Legal Defence Initiative, dem Index on Censorship, dem English PEN, dem Global Witness und der Human Rights Watch; Urt. v. 24.7.2003 – 40016/98 99

[*Karner*/Österreich Nr. 8] für die Beteiligung der ILGA-Europe [The European Region oft the International Lesbian and Gay Association]). Diese sollen den Gerichtshof bei der **Auslegung** der **Menschenrechte** und der **Ermittlung** des **Sachverhalts unterstützen**, wobei sie durchaus zugunsten des Beschwerdeführers intervenieren können (*Grabenwarter/Pabel*, a.a.O.).

100 **b)** Die Aufforderung oder Ermächtigung zur Teilnahme kann seitens des Kammerpräsidenten mit **Bedingungen** verknüpft werden (Art. 44 Abs. 5 S. 1 VerfO-EGMR). Hierbei handelt es sich regelmäßig um inhaltliche oder mengenmäßige Begrenzungen (Karpenstein/Mayer/*Wenzel*, Art. 36 Rn 13). Werden gesetzte Bedingungen nicht eingehalten, kann der Präsident beschließen, die Stellungnahme nicht in die Verfahrensakte aufzunehmen oder die Teilnahme an der mündlichen Verhandlung nach seinem Ermessen zu beschränken (Art. 44 Abs. 5 S. 2 VerfO-EGMR).

101 **5.** Die **Anhörung anderer Vertragsstaaten** kommt z.B. in Betracht, wenn die Beschwerde **allgemeine völkerrechtliche Fragen** aufwirft (EGMR [GK], Entsch. v. 2.5.2007 – 71412/01 und 78166/01 [*Behrami u. Behrami*/Frankreich und *Saramati*/ Deutschland, Frankreich und Norwegen], NVwZ 2008, 645 zur Klärung internationaler Verantwortlichkeit für Landminen und nicht explodierte Geschosse aufgrund eines NATO-Bombardements) oder wenn die Rechtsordnungen vieler Vertragsparteien betroffen sind (EGMR [GK], Urt. v. 29.4.2008 – 13378/05 [*Burden*/Vereinigtes Königreich Nr. 7, 56 f.], NJW-RR 2009, 1606 zur Erbschaftssteuer [Privilegierung von Ehe und eingetragener Partnerschaft gegenüber Geschwistern]).

102 **6.** Die **schriftlichen Stellungnahmen** der Drittbeteiligten müssen **in einer** der **Verfahrenssprachen** (→ *Menschenrechtsbeschwerde, Sprache*, Teil C Rdn 292) erfolgen und werden den Parteien zur Kenntnis- und Stellungnahme gegeben (Art. 44 Abs. 6 VerfO-EGMR). Auf begründeten Antrag können nach Art. 44 Abs. 4b VerfO-EGMR die gesetzlichen oder gesetzten Fristen verlängert werden.

☝ Vom **Prozesskostenhilfesystem** des EGMR sind **Drittbeteiligte nicht** erfasst und müssen ihre Anwaltskosten in jedem Fall selbst tragen; für Dritte besteht allerdings auch kein Anwaltszwang.

103 **7.** Abzuwarten ist die weitere Entwicklung der Drittbeteiligung nach einem etwaigen Beitritt der **EU** zur EMRK (grds. ablehnend: EuGH, Gutachten 2/13 v. 18.12.2014). Insoweit werden die derzeit bestehenden **Beteiligungsmöglichkeiten** zum Teil für unzureichend gehalten, weil die gegebene Beteiligungsmöglichkeit der EU nach Absatz 2 nicht einseitig durch diese ergriffen werden kann (krit. insbesondere Karpenstein/Mayer/*Wenzel*, Art. 36 EMRK Rn 2). Andererseits ist auf Antrag die Möglichkeit der Beteiligung der EU in begründeten Fällen auf deren Initiative hin gegeben. Auch die übrigen Hohen Vertragsparteien haben kein eigenständiges Teilnahmerecht.

Siehe auch: → *Menschenrechtsbeschwerde, Allgemeines*, Teil C Rdn 1, m.w.N.; → *Menschenrechtsbeschwerde, Beschwerdebefugnis*, Teil C Rdn 33; → *Menschenrechtsbeschwerde, Beschwerdegegner*, Teil C Rdn 72; → *Menschenrechtsbeschwerde, Verfahrensablauf nach Beschwerdeeingang*, Teil C Rdn 354; → *Menschenrechtsbeschwerde, Verfahrensablauf, Verfahren vor der Großen Kammer*, Teil C Rdn 367; → *Menschenrechtsbeschwerde, Verfahrensablauf, Verfahren vor der Kammer*, Teil C Rdn 383.

Menschenrechtsbeschwerde, EGMR – Aufbau und Besetzung 104

Das Wichtigste in Kürze:

1. Der EGMR ist ein ständig tagendes Gericht mit Sitz in Straßburg.
2. Der EGMR setzt sich aus einem Richter je Vertragsstaat zusammen.
3. Der EGMR verfügt über eine Kanzlei (Art. 24 EMRK), der ein Kanzler vorsteht, dessen Aufgabe es ist, den Gerichtshof bei der Erfüllung seiner Aufgaben zu unterstützen.
4. Das Präsidium des EGMR besteht aus dem Präsidenten und den Vizepräsidenten des Gerichtshofs sowie den Sektionspräsidenten.
5. Die EMRK und ihre Verfahrensordnung differenzieren nach Art. 1 VerfO-EGMR zwischen den Begriffen Kammer und Sektion.
6. Der EGMR tagt in Einzelrichterbesetzung, in Ausschüssen mit drei Richtern, in Kammern i.d.R. mit sieben Richtern und in einer Großen Kammer bestehend aus 17 Richtern und mindestens drei Ersatzrichtern.
7. Art. 28 VerfO-EGMR regelt die Voraussetzungen unter denen die Mitwirkung eines Richters ausgeschlossen ist.

Literaturhinweise: **Jacob**, Der Europäische Gerichtshof für Menschenrechte – eine aktuelle Bestandsaufnahme von Organisation, Arbeitsweise und Entscheidungsfindung, DVBl 2015, 61; **Weigend**, Die Europäische Menschenrechtskonvention als deutsches Recht – Kollisionen und ihre Lösung, StV 2000, 384; **Wittinger**, Die Einlegung einer Individualbeschwerde vor dem EGMR, NJW 2001, 1238, s.a. die Hinw. bei → *Menschenrechtsbeschwerde, Allgemeines*, Teil C Rdn 2. 105

1. Der **EGMR** sichert die Einhaltung der Verpflichtungen der Vertragsstaaten aus der EMRK, Art. 19 EMRK. Er ist ein ständig tagendes Gericht mit Sitz in **Straßburg**. 106

2. Der EGMR setzt sich aus **einem Richter je Vertragsstaat** zusammen (Art. 20 EMRK). 107
Der Richter, der für ein Land ernannt wird, muss nicht dessen Staatsangehörigkeit innehaben oder Europäer sein (s. etwa die Benennung des Kanadiers *Ronald St. John Macdonald*

für Liechtenstein 1980 bis 1998). Die regelmäßige **Amtszeit** eines Richters, dessen Wiederwahl nicht zulässig ist, beträgt **neun Jahre** (Art. 23 Abs. 1 EMRK). Nach dem Ende seiner Amtszeit bleibt ein Richter in den Rechtssachen weiter tätig, an deren Prüfung der Begründetheit er teilgenommen hat (Art. 26 Abs. 3 VerfO-EGMR). Im Übrigen bleiben die Richter bis zum Amtsantritt ihrer Nachfolger im Amt (Art. 23 Abs. 3 S. 1 EMRK). Dies kann einen erheblichen Zeitraum bedeuten (s. etwa die Amtszeit des Richters *Mehmet Zekia* von 1961 bis zu seinem Tod 1984, nachdem Zypern keinen Nachfolger vorschlug). Dem EGMR steht ein **Präsident** vor, der vom Plenum des Gerichtshofs mit der Möglichkeit der Wiederwahl für drei Jahre gewählt wird (Art. 25 Buchst. a) EMRK).

108 **3.** Der EGMR verfügt über eine **Kanzlei** (Art. 24 EMRK), der ein Kanzler vorsteht, dessen Aufgabe es ist, den Gerichtshof bei der Erfüllung seiner Aufgaben zu unterstützen (Art. 17 VerfO-EMRK). Aufgaben und Organisation der Kanzlei sind in Art. 15 bis 18a VerfO-EMRK normiert. Über den Kanzler wird die ein- und ausgehende Korrespondenz geleitet, er bewahrt das Archiv des Gerichtshofs und er erteilt Auskünfte, etwa gegenüber der Presse (Art. 17 Abs. 2 und 3 VerfO-EMRK). Die Kanzlei besteht aus so vielen **Sektionskanzleien**, wie der Gerichtshof Sektionen hat, sowie aus weiteren Stellen, soweit dies zur Arbeit des EGMR erforderlich ist (Art. 18 Abs. 1 VerfO-EMRK). Den einzelnen Sektionskanzleien stehen wiederum Sektionskanzler vor (Art. 18 Abs. 2 VerfO-EMRK). Der Kanzler **untersteht** dem **Präsidenten** des Gerichtshofs (Art. 17 Abs. 1 VerfO-EMRK). Der Kanzlei gehören auch die richterlichen Berichterstatter an, deren Aufgabe es ist, die Einzelrichter in deren Arbeit zu unterstützen (Art. 24 EMRK; Art. 18a VerfO-EMRK).

109 **4.a)** Das **Präsidium** des EGMR besteht aus dem Präsidenten und den Vizepräsidenten des Gerichtshofs sowie den Sektionspräsidenten (Art. 9a Abs. 1a S. 1 VerfO-EGMR), das vom Kanzler und seinen Stellvertretern unterstützt wird (Art. 9a Abs. 2 VerfO-EGMR). **Aufgabe** des Präsidiums ist es, den Präsidenten des EGMR darin zu unterstützen, Arbeit und Verwaltung des Gerichtshofs zu leiten (Art. 9a Abs. 3 S. 1 VerfO-EGMR), und die Abstimmung zwischen den Sektionen zu erleichtern (Art. 9a Abs. 4 VerfO-EGMR). Das Präsidium kann überdies dem Plenum zu jeder Frage Bericht erstatten und dem Plenum Vorschläge unterbreiten (Art. 9a Abs. 6 VerfO-EGMR). Über jede Präsidiumssitzung wird ein Protokoll in beiden Gerichtssprachen aufgenommen und an die Richter des EGMR verteilt (Art. 9a Abs. 7 S. 1 VerfO-EGMR).

110 **b) Aufgabe** der **Vizepräsidenten** ist zudem, den Präsidenten des EGMR zu unterstützen (Art. 10 S. 1 VerfO-EGMR), insbesondere ihn im Verhinderungsfall oder auf Ersuchen zu vertreten (Art. 10 S. 2 VerfO-EGMR). Die Vertretung des Präsidenten und der Vizepräsidenten des EGMR sowie der Sektions- und Kammerpräsidenten regeln Art. 11 f. VerfO-EGMR, wobei Art. 5 VerfO-EGMR Bestimmungen zur einzuhaltenden Rangfolge regelt, die sich im Einzelnen nach Dienst- und Lebensalter richtet. Der Präsident des Gerichts-

hofs nimmt an der Prüfung von Rechtssachen durch die Kammern nur dann teil, wenn er der für den betroffenen Vertragsstaat gewählte Richter ist (Art. 9 Abs. 3 VerfO-EGMR).

5.a)aa) Die EMRK und ihre Verfahrensordnung differenzieren zwischen den Begriffen **Kammer** und **Sektion**. Diese und weitere **Begriffsbestimmungen** trifft der EGMR in Art. 1 seiner Verfahrensordnung. Insoweit gilt: 111

- Der Begriff **Sektion** bezeichnet eine Kammer, die gem. Art. 25 Buchst. b) EMRK durch den EGMR für einen bestimmten Zeitraum gebildet wird (vgl. Rdn 113).
- Der Begriff der **Kammer** bezeichnet jede aus sieben (oder gem. Art. 26 Abs. 2 EMRK fünf) Richtern bestehende Kammer, die gem. Art. 26 Abs. 1 EMRK zur Prüfung von Rechtssachen gebildet wurde (Art. 1 Buchst. d) und e) VerfO-EGMR; vgl. Rdn 114).
- Deren jeweilige Vorsitzende werden als **Sektions-** bzw. **Kammerpräsidenten** bezeichnet.

> ☝ Wesentlicher **Unterschied** zwischen der Sektion und der Kammer ist, dass die Sektion ein Zusammenschluss zu administrativen Zwecken und die (aus der Sektion gebildete) Kammer der juristische Spruchkörper ist.

bb) Der aus drei Richtern zur Prüfung einer Rechtssache gebildete Ausschuss heißt **Komitee**, deren Vorsitzender Komiteepräsident (Art. 1 Buchst. f) VerfO-EGMR; vgl. Rdn 115). 112

> ☝ Der **Begriff** „Gerichtshof" bezeichnet den EGMR in jeglicher Besetzung, ob als Plenum, als Große Kammer, Sektion, Kammer, Komitee, Einzelrichter oder Ausschuss nach Art. 43 Abs. 2 EMRK, Art. 1 Buchst. h) VerfO-EGMR.

b) Die **Sektionen** werden vom Plenum auf Vorschlag des Präsidenten des EGMR für drei Jahre gebildet, Art. 25 Abs. 1 S. 1 VerfO-EGMR. Jeder Richter ist Mitglied einer Sektion, die wiederum in geografischer Hinsicht und bezüglich des Geschlechts ausgewogen zusammengesetzt sein und den unterschiedlichen Rechtssystemen Rechnung tragen soll (Art. 25 Abs. 2 VerfO-EGMR). Die Zusammensetzung einer Sektion kann durch den Präsidenten des EGMR ausnahmsweise geändert werden, wenn die Umstände dies erfordern (Art. 25 Abs. 4 VerfO-EGMR). Derzeit hat der EGMR fünf Sektionen. Die für **Deutschland** gewählte Richterin *Angelika Nußberger* ist Mitglied der **fünften Sektion**. 113

Die **Kammern** werden aus den Sektionen gebildet Die Besetzung der Kammer wird neben den vorgegebenen Mitgliedern des Sektionspräsidenten und des Richters, der für den betroffenen Vertragsstaat gewählt wurde, aus dem Kreis der Mitglieder der Sektion im Rotationsverfahren bestimmt (Art. 26 Abs. 1 VerfO-EGMR). 114

Die **Komitees** werden aus dem Kreis der Mitglieder der Sektionen mit Ausnahme ihrer Präsidenten für 12 Monate im Rotationsverfahren gebildet (Art. 27 VerfO-EGMR). 115

116 **6.a)** Der **EGMR tagt** in **Einzelrichterbesetzung** (vgl. Rdn 117 f.), in Ausschüssen mit drei Richtern, in Kammern mit sieben – aufgrund besonderen Beschlusses zeitlich begrenzt auch mit fünf – Richtern und in einer Großen Kammer bestehend aus 17 Richtern (Art. 26 EMRK) und mindestens drei Ersatzrichtern (Art. 24 Abs. 1 VerfO-EGMR; vgl. Rdn 119).

117 **b)** Die **Einzelrichterbesetzung** regelt Art. 27a VerfO-EGMR. Danach erfolgt deren Benennung durch den Präsidenten des EGMR, der zuvor eine **Liste** der **Vertragsstaaten** erstellt, bezüglich derer jeder Richter während seiner gesamten Amtszeit als Einzelrichter **zuständig** ist. Die Einzelrichter, deren Zahl durch den Präsidenten nach Anhörung des Präsidiums festgelegt ist, werden sodann im **Rotationsverfahren** für jeweils 12 Monate ernannt. Neben der Tätigkeit als Einzelrichter bleiben die so ernannten Richter weiterhin für die ihnen aufgrund ihrer Sektionszugehörigkeit obliegenden Aufgaben zuständig. Sie werden in ihrer Tätigkeit als Einzelrichter von einem nichtrichterlichen Berichterstatter unterstützt.

118 Der **Richter** des **betroffenen Vertragsstaats** ist **nie** als **Einzelrichter** tätig (Art. 26 Abs. 3 EMRK). Hingegen gehört er **von Amts wegen immer** der entscheidenden **Kammer** und der **Großen Kammer** an (Art. 26 Abs. 4 EMRK). Ist kein Richter des betroffenen Vertragsstaats vorhanden – sei es, dass er freigestellt, verhindert, befangen oder nicht existent ist –, schlägt der betroffene Vertragsstaat geeignete Personen vor, aus denen der Präsident des Gerichtshofs eine auswählt, die an dem Verfahren als Richter teilnimmt (Art. 26 Abs. 4 S. 2 EGMR; vgl. etwa zuletzt EGMR, Urt. v. 27.9.2012 – 5631/05 [Althoff u.a./Deutschland Nr. 4]; zum Verfahren der Bestimmung eines Richters ad hoc im Einzelnen s. Art. 29 VerfO-EGMR).

119 **c)** Der **Großen Kammer** gehören stets der Präsident und die Vizepräsidenten des EGMR sowie die Präsidenten der Kammern an (Art. 26 Abs. 5 S. 1 EMRK) an. Hinzu kommen weitere Richter nach Maßgabe der Verfahrensordnung. Diese werden vorbehaltlich der nachfolgenden Regelungen per Losverfahren bestimmt, wobei das Losverfahren, dessen Einzelheiten vom Plenum festgelegt werden, der Notwendigkeit einer ausgewogenen geografischen Zusammensetzung im Hinblick auf die unterschiedlichen Rechtssysteme der Vertragsparteien Rechnung trägt (Art. 24 Abs. 2e VerfO-EGMR).

120 Wird ein Rechtsstreit **nach Entscheidung** durch die **Kammer** gem. Art. 43 EMRK an die **Große Kammer abgegeben** (→ *Menschenrechtsbeschwerde, Verfahrensablauf, Verfahren vor der Großen Kammer*, Teil C Rdn 371), gehören die Richter der Kammer mit Ausnahme ihres Präsidenten und des Richters des belangten Vertragsstaats der Großen Kammer nicht an (Art. 26 Abs. 5 S. 2 EMRK), ebenso wenig die Richter, die über die Zulässigkeit der Beschwerde entschieden haben (Art. 24 Abs. 2 Buchst. d) VerfO-EGMR).

121 Anders ist dies, wenn die **Kammer** die Sache **noch während des Verfahrens** selbst gem. Art. 30 EMRK an die Große Kammer **abgibt** (→ *Menschenrechtsbeschwerde, Verfah-*

rensablauf, Verfahren vor der Kammer, Teil C Rdn 370): Dann gehören der Großen Kammer auch die Mitglieder der Kammer an, die den Rechtsstreit abgegeben hat (Art. 24 Abs. 2c VerfO-EGMR). Bei einer Vorlage durch das Ministerkomitee zwecks Überprüfung, ob der Vertragsstaat ein endgültiges Urteil des EGMR befolgt (Art. 46 Abs. 4 EMRK; → *Menschenrechtsbeschwerde, Urteil, Rechtswirkungen*, Teil C Rdn 350), gehören der Großen Kammer die Richter an, die in der Rechtssache das Urteil gefällt haben (Art. 24 Abs. 2g VerfO-EGMR).

Vom **Vorsitz** ist im Übrigen jeder Richter in den Rechtsangelegenheiten ausgeschlossen, 122
in denen das Land, dessen Staatsangehörigkeit er innehat und/oder für das er gewählt wurde, Partei ist (Art. 13 VerfO-EGMR; vgl. a. Rdn 124).

Mehrere Vertragsstaaten auf beschwerdeführender oder beschwerdegegnerischer Seite 123
mit gemeinsamem Interesse (**Interessengemeinschaft**) können durch den Präsidenten aufgefordert werden, einen gemeinsamen Richter für das fragliche Verfahren zu benennen (Art. 30 VerfO-EGMR). Kommt eine Einigung der betroffenen Vertragsstaaten nicht zustande, bestimmt der Präsident den Richter aus den Vorschlägen per Los.

7.a) Art. 28 VerfO-EGMR regelt die Voraussetzungen unter denen die **Mitwirkung** eines 124
Richters ausgeschlossen ist. Dies sind die persönliche unmittelbare oder mittelbare Betroffenheit, die fachliche Vorbefassung, die Aufnahme einer mit der Stellung eines Richters unvereinbaren beruflichen Tätigkeit, die öffentliche Äußerung von Ansichten, die objektiv geeignet sind, die Unparteilichkeit des Richters zu beeinträchtigen sowie sonstige Gründe, die berechtigte Zweifel an der Unabhängigkeit oder Unparteilichkeit begründen.

b) Der befangene Richter wird auf seine entsprechende Mitteilung von der Teilnahme an 125
der fraglichen Rechtsache **freigestellt**. Im Zweifelsfall entscheidet die Kammer nach Anhörung und in Abwesenheit des betroffenen Richters. Dieser wird bei der Beratung und Abstimmung durch den ersten Ersatzrichter vertreten. Diese Vertretungsregelung gilt aufgrund einer gesetzlichen Vermutung auch dann, wenn der betroffene Richter der Richter ist, der dem Gerichtshof für den belangten Vertragsstaat angehört.

Siehe auch: → *Menschenrechtsbeschwerde, Allgemeines*, Teil C Rdn 1, m.w.N.; → *Menschenrechtsbeschwerde, EGMR – Verfahrensgrundsätze*, Teil C Rdn 126; → *Menschenrechtsbeschwerde, Verfahrensablauf nach Beschwerdeeingang*, Teil C Rdn 354; → *Menschenrechtsbeschwerde, Verfahrensablauf, Verfahren vor der Großen Kammer*, Teil C Rdn 367; → *Menschenrechtsbeschwerde, Verfahrensablauf, Verfahren vor der Kammer*, Teil C Rdn 383.

126 Menschenrechtsbeschwerde, EGMR – Verfahrensgrundsätze

Das Wichtigste in Kürze:

1. Vor dem EGMR herrscht im eingeschränkten Sinne der Amtsermittlungsgrundsatz.
2. Aufgrund der Amtsermittlung gibt es im Menschenrechtsbeschwerdeverfahren keine Beweisführungslast.
3. Der Präsident des Gerichtshofs kann gemäß Art. 32 VerfO-EGMR Verfahrensanordnungen erlassen.

127 **Literaturhinweise: Lorz/Sauer**, Wann genau steht Art. 3 EMRK einer Auslieferung oder Ausweisung entgegen?, EuGRZ 2010, 389, s.a. die Hinw. bei → *Menschenrechtsbeschwerde, Allgemeines*, Teil C Rdn 2.

128 **1.a)** Vor dem EGMR herrscht im eingeschränkten Sinne der **Amtsermittlungsgrundsatz**. Der Gerichtshof prüft die Rechtssache mit den Vertretern der Parteien und nimmt, falls notwendig, Ermittlungen vor (vgl. Art. 38 EMRK). Hierbei haben die **Parteien** des Verfahrens und erforderlichenfalls auf Ersuchen durch den Gerichtshof auch nicht verfahrensbeteiligte Vertragsstaaten **Mitwirkungspflichten**: Sie sind verpflichtet, bei der Durchführung des Verfahrens mit dem Gerichtshof in vollem Umfang zusammenzuarbeiten und alle Maßnahmen, die der Gerichtshof für eine geordnete Rechtspflege für erforderlich hält, zu treffen, soweit sie dazu in der Lage sind, Art. 44a VerfO-EGMR (vgl. EGMR, Urt. v. 24.5.2005 – 25660/94 [Süheyla Aydin/Türkei Nr. 137 ff.]). Der **verfahrensbeteiligte Vertragsstaat** ist überdies **verpflichtet**, **alles** zur wirksamen Durchführung von Ermittlungen **Erforderliche zu veranlassen** (Art. 38 EMRK).

129 Der **EGMR** kann im Rahmen seiner Ermittlungen **Auskünfte**, Stellungnahmen oder Berichte von jeder Person oder Institution seiner Wahl anfordern, Urkunden anfordern, **Zeugen** vernehmen (EGMR, Urt. v. 24.5.2005 – 25660/94 [*Süheyla Aydin*/Türkei Nr. 11]), **Sachverständige** bestellen und anhören, **Ortsbesichtigungen** durchführen oder sonst Augenschein nehmen (EGMR, Urt. v. 19.4.2001 – 28524/95 [*Peers*/Griechenland Nr. 4, 53]) und bewertet im Übrigen das gesamte ihm vorliegende Material unabhängig von dessen Herkunft (EGMR-E 1, 232 [Pl.], Urt. v. 18.1.1978 – 5310/71 [Irland/Vereinigtes Königreich Rn 160]).

☝ Entsprechende Ermittlungen durch den EGMR sind jedoch die **Ausnahme**. Im Regelfall begnügt er sich mit dem Vortrag der Parteien (*Mayer-Ladewig*, Art. 38 EMRK Rn 11).

b) Verweigert eine Partei ihre **Mitwirkungspflicht**, kann der EGMR daraus Konsequenzen ziehen: Im Fall der Nichtbefolgung einer Anordnung kann der Kammerpräsident alle Maßnahmen treffen, die er für angemessen hält (Art. 44b VerfO-EGMR). Darüber hinaus kann er aus der mangelnden Mitwirkung einer Partei „die daraus ihm angebrachten Schlüsse ziehen", und zwar insbesondere dann, wenn eine Partei erbetene Informationen oder Beweise nicht beibringt, sie von sich aus sachdienliche Informationen nicht weitergibt oder es in anderer Weise an einer Mitwirkung am Verfahren fehlen lässt, Art. 44c Abs. 1 VerfO-EGMR (s. etwa EGMR, Urt. v. 24.5.2005 – 25660/94 [*Süheyla Aydin*/Türkei Nr. 137 bis 143, 154]). 130

c) Eingeschränkt ist der Amtsermittlungsgrundsatz durch **Anteile** der **Dispositionsmaxime**: Der EGMR wird nur auf eine erhobene Beschwerde hin tätig und der Antragsteller bestimmt und begrenzt durch die Benennung des Beschwerdegegenstands (→ *Menschenrechtsbeschwerde, Beschwerdegegenstands*, Teil C Rdn 62) den Verfahrensstoff. Die Parteien sind überdies berechtigt, sich **gütlich** zu **einigen** (→ *Menschenrechtsbeschwerde, Einigungsverfahren*, Teil C Rdn 138). Insoweit gilt der Beibringungsgrundsatz wiederum nur eingeschränkt: So ist der EGMR nach Art. 37 Abs. 1 S. 2 EMRK auch im Fall einer gütlichen Einigung berechtigt, das Beschwerdeverfahren fortzusetzen, wenn die Achtung der Menschenrechte der EMRK und seiner Protokolle dies erfordert (→ *Menschenrechtsbeschwerde, Einigungsverfahren*, Teil C Rdn 144). 131

2.a) Aufgrund der Amtsermittlung gibt es im Menschenrechtsbeschwerdeverfahren **keine Beweisführungslast**. Der EGMR prüft den gesamten ihm vorliegenden Verfahrensstoff, gleichgültig, wer diesen in das Verfahren eingebracht hat (EGMR [GK], Urt. v. 10.5.2001 – 25781/94 [Zypern/Türkei Nr. 113]). Bei der Würdigung der Beweismittel legt er den Grundsatz des Beweises „jenseits jeden vernünftigen Zweifels" zugrunde, wobei ein solcher auch aus einer Kette hinlänglich starker, eindeutiger und übereinstimmender Indizien oder Vermutungen folgen kann (EGMR [GK], Urt. v. 11.7.2006 – 54810/00 [*Jalloh*/Deutschland Nr. 67], NJW 2006, 3117, m.w.N.). 132

b) Kann die **Konventionsverletzung nicht bewiesen** werden, geht dies grundsätzlich **zulasten** des **Beschwerdeführers**, den somit die **objektive Beweislast** trifft (*Lorz/Sauer* EuGRZ 2010, 394 m.w.N.). In Fällen, in denen Beschwerdeführern die Beweisführung regelmäßig nicht gelingen kann, gewährt der EGMR erhebliche **Beweiserleichterungen**. 133

Rechtsprechungsbeispiele: 134

- Dies betrifft vor allem Fälle, in denen **allein** der **Staat Zugang** zu den relevanten **Informationen** hat (EGMR, Urt. v. 18.2.2002 – 25656/94 [*Orhan*/Türkei Nr. 266] zum Verschwinden inhaftierter Personen). Erbringt der Beschwerdeführer einen **prima facie Beweis**, ist es am Staat, diesen gegebenenfalls durch substantiierte Darlegung zu widerlegen; der EGMR spricht insoweit von einer Umkehr der Beweislast

(EGMR, Urt. v. 4.12.2008 – 14800 [*Gandaloyeva*/Russland Nr. 95] m.w.N.). Ist jemand bei guter Gesundheit in **staatliche Gewalt** gekommen, der anschließend **Verletzungen** aufweist, in Gewahrsam verstorben oder verschwunden ist, obliegt es dem Staat, das jeweilige Ergebnis zu erklären (EGMR [GK], Urt. v. 27.6.2000 – 21986/93 [*Salman*/Türkei Nr. 99 f.], NJW 2001, 2001; s.a. zum Verwertungsverbot aufgrund einer Verletzung von Art. 3 EMRK EGMR, Urt. v. 25.9.2012 – 649/08 [*El Haski*/Belgien]).

- Im Fall einer Verletzung von **Art. 14 EMRK** durch **indirekte Diskriminierung** genügt es, wenn der Beschwerdeführer zunächst Tatsachen vorträgt, die die Vermutung nahelegen, dass eine Diskriminierung stattgefunden hat; sodann muss der Staat seinerseits nachweisen, dass die Ungleichbehandlung nicht diskriminierend ist. (EGMR [GK] EuGRZ 2009, 81, Urt. v. 13.11.2007 – 57325/00 [D.H. u.a./Tschechien Nr. 186, 189], EuGRZ 2009, 81).
- Der **Staat**, der sich auf eine **mangelnde Rechtswegerschöpfung beruft**, muss nachweisen, dass dem Beschwerdeführer ein Rechtsmittel zur Verfügung stand, welches dieser nicht ausgenutzt hat; sodann ist es erneut am Beschwerdeführer zu belegen, warum der vom Staat benannte Rechtsbehelf im Einzelfall nicht effektiv war (EGMR [GK], Urt. v. 28.7.1999 – 25803/94 [*Selmouni*/Frankreich Nr. 76], NJW 2001, 56; → *Menschenrechtsbeschwerde, Rechtswegerschöpfung*, Teil C Rdn 285).

135 **3.** Der Präsident des Gerichtshofs kann gem. Art. 32 VerfO-EGMR **Verfahrensanordnungen** erlassen. Sie geben dem Beschwerdeführer praktische Vorgaben für die Betreibung des Beschwerdeverfahrens. Solche Verfahrensanordnungen hat der EGMR zu den Bereichen Erhebung einer Menschenrechtsbeschwerde, vorläufige Maßnahme, gerechte Entschädigung, Anfrage auf Anonymität, gesicherte elektronische Korrespondenz und Schriftsätze erlassen und auf seiner Internetpräsenz unter Official Texts/Rules/Practice Directions bzw. Textes officiels/Règlement/Instructions pratiques veröffentlicht.

Siehe auch: → *Menschenrechtsbeschwerde, Allgemeines*, Teil C Rdn 1, m.w.N.; → *Menschenrechtsbeschwerde, Beschwerdegegenstand*, Teil C Rdn 62; → *Menschenrechtsbeschwerde, Einigungsverfahren*, Teil C Rdn 136; → *Menschenrechtsbeschwerde, Verfahrensablauf nach Beschwerdeeingang*, Teil C Rdn 354; → *Menschenrechtsbeschwerde, Verfahrensablauf, Verfahren vor der Großen Kammer*, Teil C Rdn 367; → *Menschenrechtsbeschwerde, Verfahrensablauf, Verfahren vor der Kammer*, Teil C Rdn 383.

Menschenrechtsbeschwerde, Einigungsverfahren 136

Das Wichtigste in Kürze:

1. Die Parteien können jederzeit eine gütliche Einigung zwecks Verfahrensbeendigung treffen.
2. Das Einigungsverfahren ist formlos, aber vertraulich; sein Inhalt darf nicht in das streitige Verfahren eingeführt werden.
3. Zur Erledigung des Verfahrens bedarf es trotz getroffener Einigung einer Entscheidung durch den EGMR.
4. Der beschwerdegegnerische Staat kann durch einseitige Erklärung die Beendigung des Verfahrens herbeiführen, wenn der EGMR dieses akzeptiert und aufgrund dessen die Beendigung des Verfahrens feststellt.

Literaturhinweise: **Frowein**, Der freundschaftliche Ausgleich im Individualbeschwerdeverfahren nach der Menschenrechtskonvention und das deutsche Recht, JZ 1969, 213; **Klinger**, Der Sicherungshaftbefehl gem. § 453c StPO im Lichte der Rechtsprechung des EGMR zum Widerruf der Strafaussetzung, NStZ 2012, 70; **Trechsel**, Aus der Rechtsprechung des Europäischen Gerichtshofs für Menschenrechte, StV 1993, 98; s.a. die Hinw. bei → *Menschenrechtsbeschwerde, Allgemeines*, Teil C Rdn 2. 137

1.a) In **jedem Verfahrensstadium** können die Parteien eine **gütliche Einigung** zur Beendigung des Verfahrens herbeiführen (Art. 39 EMRK; Art. 62 VerfO-EGMR). Zu diesem Zweck kann sich der EGMR jederzeit während des Verfahrens zur Verfügung der Parteien halten (Art. 39 Abs. 1 EMRK). Art. 62 Abs. 1 S. 1 VerfO-EGMR sieht vor, dass der Kanzler **nach positivem Abschluss der Zulässigkeitsprüfung** nach Weisungen der Kammer oder ihres Präsidenten Kontakt mit den Parteien aufnimmt, um eine gütliche Einigung zu erzielen. Dies kann aber auch zu einem früheren Verfahrensstadium geschehen (Art. 62 Abs. 4 VerfO-EGMR). Regelmäßig erfolgt eine entsprechende **Kontaktaufnahme** bereits mit **Zustellung** der **Beschwerde** (Karpenstein/Mayer/*Wenzel*, EMRK, Art. 39 Rn 4). Auf Wunsch unterbreitet der EGMR einen Vorschlag, der sich in der Regel zur Höhe der zu zahlenden Entschädigung verhält (*Meyer-Ladewig*, Art. 39 Rn 5). I.Ü. ermöglicht Art. 62 Abs. 1 S. 2 VerfO-EGMR der Kammer, alle geeigneten Maßnahmen zu treffen, um eine gütliche Einigung zu erreichen. 138

b) Gegenstand der Einigung kann die Feststellung der Konventionsverletzung (z.B. EGMR, Entsch. v. 17.2.2009 – 13935/05 u.a. [*Aleš Vovk* u.a./Slowenien]), die Verpflichtung zur Zahlung einer Entschädigungssumme (z.B. EGMR, Urt. v. 28.1.2010 – 3545/04 [*Brauer*/Deutschland]), die Zusage, Gesetze oder eine administrative Praxis zu ändern (EGMR, Urt. v. 5.7.2005 – 41138/98 und 64320/01 [*Moldovan* u.a./Rumänien Nr. 29 f.] – Ergreifung konkreter Maßnahmen gegen die (weitere) Diskriminierung von Roma) und die Vornahme sonstiger Verpflichtungen wie die Rückgabe einer Sache, 139 die Erteilung einer Aufenthaltserlaubnis, das Absehen von Strafvollstreckung oder den vollständigen oder teilweisen Straferlass (*Meyer-Ladewig*, Art. 39 Rn 3) sein.

140 **2.a)** Das Verfahren zur gütlichen Einigung ist **formlos** (SK-StPO-*Paeffgen*, EMRK Einleitung Rn 245 m.w.N.) aber **vertraulich** (Art. 39 Abs. 2 EMRK) und **inhaltlich unabhängig** vom streitigen Verfahren (Art. 62 Abs. 2 S. 1 VerfO-EMRK). Im Rahmen der Verhandlung über die Erzielung einer gütlichen Einigung geäußerte schriftliche oder mündliche Mitteilungen, Angebote oder Eingeständnisse dürfen im streitigen Verfahren nicht erwähnt oder geltend gemacht werden (Art. 62 Abs. 2 S. 2 VerfO-EGMR). Die Verfahrensanordnungen des Präsidenten des Gerichtshofs zu schriftlichen Eingaben fordern die Parteien insoweit auf, bezüglich streitigem Verfahren und Einigungsverfahren **getrennte Schriftsätze** einzureichen; Bezugnahmen in Schriftsätzen des streitigen Verfahrens auf Inhalte des Einigungsverfahrens dürfen nicht erfolgen (Ziffer 16 f. der Verfahrensanordnungen).

141 **b)** Allerdings geht das **Vertraulichkeitsgebot** hierüber deutlich hinaus: Inhalte aus dem Einigungsverfahren dürfen **auch Dritten** grundsätzlich **nicht bekannt gegeben** werden (*Meyer-Ladewig*, Art. 39 EMRK Rn 8 m.w.N.). Die Vertraulichkeitsregelung hat im Verfahrensrecht des EGMR eine besondere Bedeutung, soll sie doch verhindern, dass gegenüber Parteien und Gerichtshof politischer oder sonstiger Druck ausgeübt werden könnte (EGMR, Urt. v. 15.9.2009 – 798/05 [*Mirolubovs* u.a./Lettland Nr. 66], NVwZ 2010, 1541 unter Bezugnahme auf Entsch. v. 5.3.1996 – 26135/95 [*Malige*/Frankreich S. 162] zur Veröffentlichung von Verfahrensinhalten in den Medien [Zeitung und Fernsehen] im insgesamt vertraulichen Verfahren vor der Kommission durch den Vertreter des Beschwerdeführers).

☝ Der EGMR bewertet die **Verletzung** des **Vertraulichkeitsgebots** jedenfalls dann als **Missbrauch** des **Beschwerderechts** (→ *Menschenrechtsbeschwerde, Zulässigkeit, Zulässigkeitsvoraussetzungen*, Teil C Rdn 447) mit der Folge der Streichung aus der Liste der Fälle (→ *Menschenrechtsbeschwerde, Streichung aus der Liste*, Teil C Rdn 303), wenn diese eine bedeutende Außenwirkung hat und ein entschuldigender Grund nicht ersichtlich ist (EKMR [Pl.], Bericht v. 3.3.1995 – 20915/92 [Familiapress Zeitungs-GmbH/Österreich Nr. 15 bis 17] – Bekanntgabe im Rahmen eines nationalen Gerichtsverfahrens).

142 **c)** Der **Beschwerdeführer** ist aber **nicht gehindert**, den Inhalt der vertraulichen Schreiben einem Dritten im Rahmen seiner **berechtigten Interessen** etwa zu Zwecken einer rechtlichen Beratung **zugänglich** zu machen (EGMR, Urt. v. 15.9.2009 – 798/05 [*Mirolubovs* u.a./Lettland Nr. 68], NVwZ 2010, 1541). Bestreitet der Beschwerdeführer, die Verbreitung vertraulicher Informationen verursacht zu haben, ist ihm die fehlerhafte Vertraulichkeitsverletzung nachzuweisen; ist ein solcher **Nachweis** nicht möglich, kann dies nicht zulasten des Beschwerdeführers gehen (EGMR, a.a.O. [*Mirolubovs* u.a./Lettland Nr. 69]).

3.a) Die Einigung muss auf der **Grundlage** der **Achtung der Menschenrechte** so, wie sie in der EMRK und ihren Protokollen normiert sind, erzielt werden (Art. 39 EMRK). Haben die Parteien eine gütliche Einigung erzielt, beendet dies – anders als der deutsche Prozessvergleich – das Verfahren nicht. Vielmehr **überprüft** die Kammer zunächst, ob die Vereinbarung in Übereinstimmung mit der EMRK und ihrer Protokolle steht. Ist dies der Fall, erlässt der EGMR eine **Entscheidung**, die sich auf die kurze Angabe des Sachverhalts und der erzielten Lösung beschränkt (Art. 39 Abs. 3 EMRK), worauf die Beschwerde im Register gestrichen wird Art. 37 Abs. 1 Buchst. b) EMRK; 43 Abs. 3 S. 1 VerfO-EGMR; vgl. etwa EGMR, Urt. v. 28.1.2010 – 3545/04 [*Brauer*/Deutschland], EuGRZ 2010, 173; → *Menschenrechtsbeschwerde, Streichung aus der Liste*, Teil C Rdn 302). 143

b) Über die **Kosten** des **Verfahrens** entscheidet der EGMR dann von Amts wegen (Art. 43 Abs. 4 VerfO-EGMR). Dem Ministerkomitee wird die Entscheidung zugeleitet und es **überwacht** die **Durchführung** der gütlichen Einigung (Art. 39 Abs. 4 EMRK; → *Menschenrechtsbeschwerde, Urteil, Rechtswirkungen*, Teil C Rdn 349). Steht die getroffene Einigung nicht im Einklang mit der EMRK, setzt der EGMR seine Prüfung fort (EGMR, Urt. v. 10.7.2007 – 39806/05 [*Paladi*/Moldavien Nr. 65 f.], Karpenstein/Mayer/*Wenzel* Art. 39 Rn 9 m.w.N.). 144

4.a) Wenn der in Anspruch genommene Staat eine **einseitige Erklärung** abgibt, in der er ein unbedingtes Angebot unterbreitet und dieses den Anforderungen des EGMR genügt, kann dieser auch im Fall gescheiterter Einigungsverhandlungen die **Beendigung des Verfahrens** feststellen (*Grabenwarter/Pabel*, § 13 Rn 64 m.w.N.). Diese Möglichkeit der Verfahrensbeendigung durch einseitige Erklärung des Vertragsstaats hat der EGMR nunmehr mit Art. 62a VerfO-EGMR verfahrensrechtlich geregelt: Danach muss die Erklärung das **Anerkenntnis** einer **Konventionsverletzung** verbunden mit der Zusage angemessener **Wiedergutmachung** und erforderlichenfalls notwendiger Abhilfemaßnahmen enthalten. Die Erklärung muss öffentlich unter Wahrung der Vertraulichkeit vorangegangener Verhandlungen zwecks gütlicher Einigung erfolgen. Wenn außergewöhnliche Umstände dies rechtfertigen, kann ein Gesuch auf Beendigung des Verfahrens durch einseitige Erklärung des Vertragsstaats auch ohne vorangegangene Verhandlungen über eine gütliche Einigung gestellt werden. 145

☝ Der **EGMR prüft** das **Angebot** des Staates auf seine **Angemessenheit** und seiner **Vereinbarkeit** mit der **EMRK** (EGMR [GK], Urt. v. 6.5.2003 – 26307/95 [*Tahsin Acar*/Türkei Nr. 75 f.], NJW 2004, 2357) sowie unter dem Aspekt der Weiterentwicklung des **Menschenrechtsschutzes** (EGMR, Urt. v. 7.1.2010 – 25965/04 [*Rantsev*/Zypern und Russland Nr. 194 bis 197], NJW 2010, 3003 [keine Streichung, da bis dato nur wenig Rechtsprechung zu Menschenhandel/Art. 4 EMRK vorlag]; Entsch. v. 1.4.2008 – 35000/05 [*Orlowski*/Deutschland], NJW 2009, 1403 m. Anm. *Meyer-*

Ladewig und *Petzold* [Streichung bei überlanger Verfahrensdauer, die in der Rspr. des EGMR hinreichend geklärt ist]); der einer Verfahrensbeendigung entgegenstehende Wille des Beschwerdeführers ist unbeachtlich, Art. 62a Abs. 3 VerfO-EGMR.

146 **b)** Die **Streichung** der **Beschwerde** aus dem Register erfolgt auf der Grundlage von Art. 37 Abs. 1 Buchst. c) EMRK. Bei der Überprüfung des Angebots werden durch den EGMR wegen der Vertraulichkeit des Einigungsverfahrens Erklärungen der Parteien, die mit Bezug auf dieses abgegeben wurden, ebenso wenig wie die Gründe des Scheiterns der Einigung berücksichtigt (EGMR [GK], Urt. v. 6.5.2003 – 26307/95 [*Tahsin Acar*/Türkei Nr. 74], NJW 2004, 2357).

147 **c)** Dem Einigungsverfahren kommt eine **stets stärkere Bedeutung** zu: Die Zahl gütlicher Einigungen, die zur Erledigung von Verfahren vor dem EGMR geführt haben, hat seit 2006 **kontinuierlich zugenommen** (Jahresbericht des EGMR 2009, S. 154; statistische Jahresauswertungen des EGMR 2011 bis 2014, jeweils S. 4). Fast ein Drittel aller gegen Deutschland in der Zeit vom 1.11.1998 bis 31.12.2010 für zulässig erklärten Menschenrechtsbeschwerden (50 von 173) wurden auf diese Weise erledigt (Jahresbericht des EGMR 2010, S. 154). Die Erklärung von Interlaken ruft die Staaten zudem auf, in „**repetitive applications**", also Fällen, denen ein strukturelles Problem der nationalen Rechtsordnung zugrunde liegt, die Beilegung des Rechtsstreits durch gütliche Einigung oder einseitige Erklärung zu fördern (Erklärung von Interlaken v. 19.2.2010, D.7.a) i.; s. dazu etwa EGMR, Entsch. v. 14.4.2009 – 11697/07 [*Wohlmann*/Deutschland] und EGMR [GK], Urt. v. 8.6.2006 – 75529/01 [*Sürmeli*/Deutschland], NJW 2006, 2389).

148 **d) Hinweis für den Verteidiger/Rechtsanwalt!**

Der **Beschwerdeführer** muss **wissen**, welches **Ziel** er mit seiner Beschwerde verfolgen will (→ *Menschenrechtsbeschwerde, Beschwerdegegenstand*, Teil C Rdn 64):

- Er sollte **bedenken**, dass in rein **finanzieller Hinsicht** die Einigung mit dem Staat regelmäßig vorteilhafter ist, als eine Entscheidung durch den EGMR (*Trechsel* StV 1993, 98). Dies kann jedenfalls unter dem Gesichtspunkt, dass es dem Staat gelegen kommen mag, eine Konventionsverletzung international nicht einräumen zu müssen (*Grabenwarter/Pabel*, § 13 Rn 63) in Betracht gezogen werden.
- Auf der anderen Seite besteht das **Risiko** einer **Verfahrensbeendigung** aufgrund einseitiger Erklärung durch den Staat, obwohl der Beschwerdeführer nach gescheiterten Einigungsverhandlungen an dieser Art der Verfahrensbeendigung vielleicht kein Interesse mehr hat. Auch wird er sich gegen (vermeintlich) unzureichende Wiedergutmachungsleistungen schwerlich zur Wehr setzen können.
- Nicht zu unterschätzen ist auch das **Risiko** der **eigenen Niederlage** mit der Folge des Totalverlusts (SK-StPO-*Paeffgen*, EMRK Einleitung Rn 247).

- Kritisch zu betrachten ist schließlich das **Kräfteungleichgewicht** der Einigungspartner (Karpenstein/Mayer/*Wenzel* Art. 39 Rn 3 m.w.N.). Insgesamt müssen die Belange des Mandanten vor Beantwortung der ersten Anfrage hinsichtlich der Vergleichsbereitschaft sorgsam abgewogen werden.
- Im Regelfall **fehlt** es im Rahmen gütlicher Einigungen zudem an der **Einräumung konventionswidrigen Verhaltens** (Karpenstein/Mayer/*Wenzel* Art. 39 Rn 8 m.w.N.), etwa durch eine Klausel, wonach die vereinbarte Leistung freiwillig und ohne Anerkenntnis einer Rechtspflicht erfolgt (SK-StPO-*Paeffgen*, EMRK Einleitung Rn 247 m.w.N.).

☝ Es darf auch **keineswegs** als **sicher** vorausgesetzt werden, dass der Staat eine in einer **gütlichen Einigung** vereinbarte Handlungsweise **tatsächlich umsetzt**, die über das unmittelbare Parteienverhältnis hinausgeht. So ist z.B. die Umsetzung einer bereits im Jahr 1989 vereinbarten Änderung einer mit der Unschuldsvermutung kollidierenden Praxis zum Widerruf der Strafaussetzung gem. § 56f Abs. 1 Nr. 1 StGB offensichtlich nicht erfolgt. Erst im Jahr 2002 stellte der EGMR die Konventionswidrigkeit fest, worauf letztlich eine Änderung der innerstaatlichen Rechtsprechung erfolgte (EGMR, Urt. v. 3.10.2002 – 37568/97 [*Böhmer*/Deutschland Nr. 53 ff., insb. 66], NJW 2004, 43 und zur Problematik insgesamt *Klinger* NStZ 2012, 73 f. m.w.N.). Allerdings sollte die Umsetzung mittlerweile durch die Überwachung des Ministerkomitees gewährleistet sein (s. Rdn 144).

Siehe auch: → *Menschenrechtsbeschwerde, Allgemeines*, Teil C Rdn 1, m.w.N.; → *Menschenrechtsbeschwerde, Beschwerdegegenstand*, Teil C Rdn 62; → *Menschenrechtsbeschwerde, Urteil/Entscheidung*, Teil C Rdn 320; → *Menschenrechtsbeschwerde, Urteil, Rechtswirkungen*, Teil C Rdn 335; → *Menschenrechtsbeschwerde, Verfahrensablauf nach Beschwerdeeingang*, Teil C Rdn 354.

Menschenrechtsbeschwerde, Einstweiliger Rechtsschutz 149

Das Wichtigste in Kürze:

1. Die EMRK kennt kein gesondertes Verfahren zur Erlangung einstweiligen Rechtsschutzes, das neben oder vor dem Verfahren der Menschenrechtsbeschwerde betrieben werden müsste oder könnte.
2. Die Bezeichnung vorläufiger Maßnahmen erfolgt durch die Kammer oder ihren Präsidenten auf Antrag oder von Amts wegen (Art. 39 Abs. 1 VerfO-EGMR).

3. Art. 41 VerfO-EGMR ermöglicht dem EGMR, bei der Reihenfolge, in der er seine Fälle behandelt, Bedeutung und Dringlichkeit zu berücksichtigen.
4. In dringenden Fällen kann der EGMR gem. Art. 40 VerfO-EGMR den belangten Staat durch „jedes verfügbare Mittel" von der Beschwerde informieren und ihm zusammenfassende Informationen zukommen lassen.

150 **Literaturhinweise:** **Krüger**, Vorläufige Maßnahmen nach Art. 36 der Verfahrensordnung der Europäischen Kommission für Menschenrechte (insbesondere in Ausweisungs- und Auslieferungsfällen), EuGRZ 1996, 346; **Myer/Mol/Kempees/v. Steijn/Bockwinkel/Uerpmann**, EGMR-Verfahren – Die häufigsten Irrtümer bei Einreichen einer Beschwerde, MDR 2007, 505; **Oellers-Frahms**, Verbindlichkeit einstweiliger Maßnahmen: Der EGMR vollzieht – endlich – die erforderliche Wende in seiner Rechtsprechung, EuGRZ 2003, 689; *dies.*, Verbindlichkeit einstweiliger Anordnungen des EGMR – Epilog, EuGRZ 2005, 347; **Schmahl**, Piloturteile des EGMR als Mittel der Verfahrensbeschleunigung, EuGRZ 2008, 369; **Wittinger**, Die Einlegung einer Individualbeschwerde vor dem EGMR, NJW 2001, 1238; s.a. die Hinw. bei → *Menschenrechtsbeschwerde, Allgemeines*, Teil C Rdn 2, m.w.N.

151 **1.** Die EMRK kennt **kein gesondertes Verfahren** zur Erlangung einstweiligen Rechtsschutzes, das neben oder vor dem Verfahren der Menschenrechtsbeschwerde betrieben werden müsste oder könnte. Die Effektivität des Rechtsschutzes gewährleistet die Verfahrensordnung des EGMR durch die Möglichkeit der Ergreifung **vorläufiger Maßnahmen** (Art. 39 EMRK) oder der **bevorzugten Behandlung** (Art. 41 EMRK) eines Falles (vgl. Rdn 152 ff.). Begleitet werden können diese Maßnahmen durch eine **dringliche Mitteilung** (Art. 40 EMRK) an den betroffenen Vertragsstaat.

152 **2.a)** Die Bezeichnung **vorläufiger Maßnahmen** („interim measures"/„mesures provisoires") erfolgt durch die Kammer oder ihren Präsidenten **auf Antrag** oder **von Amts wegen** (Art. 39 Abs. 1 VerfO-EGMR). Sie hat aufgrund der fehlenden aufschiebenden Wirkung einer Menschenrechtsbeschwerde den Zweck, das Fortbestehen des Beschwerdegegenstands (→ *Menschenrechtsbeschwerde, Beschwerdegegenstands*, Teil C Rdn 62) zu erhalten (EGMR [GK], Urt. v. 4.2.2005 – 46827/99 [*Mamatkulov u. Askarov*/Türkei Nr. 108, 113]) und kann sich daher auf die gesamte Dauer des Verfahrens bis zum Eintritt der Rechtskraft erstrecken (EGMR, Urt. v. 7.3.2006 – 6339/05 [*Evans*/Vereinigtes Königreich Nr. 77] zur Anordnung der Aufrechterhaltung bis zu diesem Zeitpunkt, insoweit nicht in der deutschen Übersetzung in EuGRZ 2006, 389). Antragsberechtigt sind die Parteien sowie jede andere betroffene Person.

☝ Der EGMR hat für die Korrespondenz bezüglich vorläufiger Maßnahmen eine **besondere Telefaxnummer** eingerichtet, die er auf seiner Internetseite bekannt gibt (Basic texts/Practice directions/Interim measures, hier: more information – 0033 3 88 41 39 00). Unter Verwendung einer anderen Telefaxnummer ist die zügige weitere Bearbeitung beim EGMR nicht gewährleistet.

b) Seine **weiteren Anforderungen** an einen Antrag auf Bezeichnung vorläufiger Maßnahmen hat der EGMR durch Verfahrensanordnungen i.S.v. **Art. 32 VerfO-EGMR** (practice directions requests on interim measures/instructions pratiques les demandes concernent les sujets mesures provisoires), die er auf seiner Internetpräsenz unter den Rubriken Basic Texts/Rules/Practice directions zur Einsicht zur Verfügung stellt, konkretisiert. 153

c) Danach muss jeder **Antrag** hinreichend **begründet** werden. Insbesondere muss der Beschwerdeführer unter Bezugnahme auf eingeräumte Konventionsrechte substantiiert darlegen, welchen Rechtsverlust er aus welchen Gründen fürchtet; er kann nicht lediglich auf andere Ausführungen verweisen. Sein Gesuch soll der Beschwerdeführer möglichst in einer der **Verfahrenssprachen** einreichen und als Gesuch in Fettdruck nach Art. 39 der Verfahrensordnung **kenntlich** machen („Rule 39 urgent – person to contact: … (Name und Kontaktangaben) sowie in Ausweisungs- Auslieferungs- oder Abschiebungsfällen: date and time of removal and destination: …"/„Article 39. Urgent – Personne contact [Renvoi prévu pour le …]") und ihm alle erforderlichen Unterlagen beifügen, insbesondere relevante innerstaatliche Entscheidungen oder sonstige, sein Vorbringen wesentlich stützende Unterlagen. Der EGMR behält sich vor, **unvollständige Gesuche nicht** zu beantworten. 154

☝ In Auslieferungs- und Ausweisungsfällen ist der Beschwerdeführer gehalten, den EGMR vom hierfür festgesetzten Zeitpunkt so früh wie möglich zu informieren. Auch in anderen Fällen sollte der Beschwerdeführer den **EGMR möglichst früh informieren**, um diesem Gelegenheit zur Überprüfung des Falls zu geben. Gegebenenfalls sollte das Gesuch schon vor Erlass der letzten innerstaatlichen Entscheidung gestellt werden, dann ist aber deutlich zu machen, dass dies für den Fall der ablehnenden Entscheidung erfolgt und an welchem Datum diese Entscheidung zu erwarten ist. Der Gerichtshof sieht sich nicht in der Lage, Ersuchen um vorläufige Maßnahmen zu bearbeiten, die kürzer als einen Arbeitstag vor dem geplanten Termin der Ausweisung oder Abschiebung eingebracht werden.

Stehen dem Beschwerdeführer **innerstaatliche Möglichkeiten** mit **aufschiebender Wirkung** zur Verfügung, erlässt der Gerichtshof **keine vorläufigen Maßnahmen**. Im Fall des Erlasses einer vorläufigen Maßnahme ist der Beschwerdeführer zudem gehalten, den Gerichtshof über weitere innerstaatliche Entwicklungen zu informieren.

d) Nach der Rspr. des EGMR sind **vorläufige Maßnahmen** für die **Vertragsstaaten verbindlich**, da anderenfalls die Effektivität des Rechtsschutzes nicht gegeben und das Recht des Beschwerdeführers auf Erhebung einer Individualbeschwerde aus Art. 34 EMRK ver- 155 letzt wäre; auch die Pflicht zur Befolgung eines Endurteils aus Art. 46 Abs. 1 EMRK setzt die Beachtung vorläufiger Maßnahmen im Verfahren voraus (EGMR, [GK], Urt. v. 4.2.2005 – 46827/99 [*Mamatkulov u. Askarov*/Türkei Nr. 125–127]; krit. dazu SK-StPO-*Paeffgen*, EMRK Einleitung Rn 349, 353 ff. m.w.N.). Unerheblich ist insoweit, ob der Schaden, der durch die vorläufige Anordnung vermieden werden soll, trotz Verstoßes gegen die Maßnahme letztlich doch ausgeblieben ist (EGMR [GK], Urt. v. 10.3.2009 – 39806/05 [*Paladi*/Moldavien Nr. 89]). Der Staat darf nicht abwarten, ob sich Gefahren für den Beschwerdeführer verdichten (EGMR, Urt. v. 10.8.2006 – 24668/03 [*Olaechea* Cahuas/Spanien Nr. 81 f.]).

156 **e)** Die Bezeichnung vorläufiger Maßnahmen beschränkt der Gerichtshof auf Fälle, in denen ein **irreparabler Rechtsverlust bedeutender Art** unmittelbar droht; typischerweise richtet er in Ausweisungs-, Abschiebungs- oder Auslieferungsfällen (EGMR [GK], Urt. v. 10.3.2009 – 39806/05 [*Paladi*/Moldawien Nr. 8]), zumeist bei **drohender Folter** oder **Todesstrafe** (vgl. etwa EGMR Urt. v. 7.7.1989 – 14038/88 [*Soering*/Vereinigtes Königreich Nr. 77], NJW 1990, 2183; Pressemitteilung des Kanzlers des EGMR v. 30.11.1999 – 46221/99 [*Öcalan*/Türkei], NJW 2000, 1093) Maßnahmen gegen den beschwerdegegnerischen Staat. Allerdings können vorläufige Maßnahmen auch gegen den Beschwerdeführer ergehen (EGMR [GK], Urt. v. 8.7.2004 – 48787/99 [*Ilaşcu u.a.*/Moldavien und Russland Nr. 11], NJW 2005, 1849 – zwecks Beendigung eines Hungerstreiks).

☝ Der EGMR bezeichnet jedoch grds. **keine** vorläufigen Maßnahmen bezüglich der Vollstreckung einer **Freiheitsstrafe** oder der U-**Haft** (*Myer/Mol/Kempees/ v. Steijn/Bockwinkel/Uerpmann*, MDR 2007, 507). Dies ist mit Blick auf die Irreparabilität des Verlustes der persönlichen Freiheit inkonsequent. Eine Ausnahme besteht nur, wenn der Inhaftierte einer besonderen medizinischen Behandlung bedarf (st. Rspr. seit EGMR [GK], Urt. v. 10.3.2009 – 39806/05 [*Paladi*/Moldawien]).

157 **3.** Art. 41 VerfO-EGMR ermöglicht dem EGMR überdies, bei der **Reihenfolge**, in der er seine Fälle behandelt, **Bedeutung** und **Dringlichkeit** zu berücksichtigen. Der EGMR bearbeitet die registrierten Beschwerden grundsätzlich in der Reihenfolge, in der sie für die Prüfung von Zulässigkeit und gegebenenfalls auch Begründetheit bereit sind (*Grabenwarter/Pabel*, § 12 Rn 4). Eine Änderung dieser Reihenfolge kann zum einen auf der Grundlage allgemein festgelegter Kriterien, nach denen Bedeutung und Dringlichkeit der aufgeworfenen Fragen beurteilt werden, erfolgen (Art. 41 S. 1 VerfO-EGMR). Darüber hinaus eröffnet Art. 41 S. 2 VerfO-EGMR der Kammer oder ihrem Präsidenten die Möglichkeit, auch von insoweit festgelegten Bearbeitungskriterien abzuweichen und eine Beschwerde **vorrangig** zu **behandeln**. Der EGMR ergreift diese Maßnahme **auf Antrag** oder **von Amts wegen** (*Grabenwarter/Pabel*, § 12 Rn 4).

In Betracht kommt die vorrangige Behandlung einzelner Fälle etwa wegen 158

- **Besonderheiten** in der **Person** der Beschwerdeführers (EGMR, Pressemitteilung v. 23.1.2002 – 2346/02, [*Pretty*/Vereinigtes Königreich] – fortgeschrittene unheilbare Krankheit; EGMR, Urt. v. 18.1.2005 – 77317/01 [*Poltorachenko*/Ukraine Nr. 3] – fortgeschrittenes Alter des Beschwerdeführers) oder
- des **Beschwerdegegenstands** (EGMR Entsch. v. 19.10.2004 – 60665/00 [*Tuquabo-Tekle*/Niederlande] – Familienzusammenführung; EGMR, Statement v. 9.1.2014 – 58170/13 [*Big Brother Watch*/Vereinigtes Königreich]) sowie aus
- **verfahrensrechtlichen Zwecken** (EGMR Urt. v. 18.10.2005 – 75307/01 [*Siddik Aslan u.a.*/Türkei Nr. 5] – Beweissicherung).

Auch hier geht der Gerichtshof insoweit **flexibel** vor. So hat er im Fall *Timotschenko* 159 nicht etwa eine vorläufige Maßnahme zwecks Beendigung des Hungerstreiks (EGMR [GK], Urt. v. 8.7.2004 – 48787/99 [*Ilaşcu u.a.*/Moldavien und Russland Nr. 11], NJW 2005, 1849), sondern die vorrangige Bearbeitung des Vorgangs angeordnet (EGMR, Entsch. v. 14.12.2011 – 49872/11 [*Timotschenko*/Ukraine]). Dass im innerstaatlichen Verfahren auf die, wohl aussichtslose, Anrufung des Kassationsgerichts verzichtet wurde, gereichte der Beschwerdeführerin innerhalb der Zulässigkeitsprüfung nicht zum Nachteil (→ *Menschenrechtbeschwerde, Rechtswegerschöpfung*, Teil C Rdn 260). Der EGMR nutzt dieses Instrument i.Ü. zur eigenen Gerichtsentlastung, indem er bei Vorliegen **struktureller Probleme** in einem Mitgliedstaat einzelne Beschwerden vorrangig behandelt („**leading cases**"), um die übrigen Beschwerden zur analogen Behandlung zurückzustellen (→ *Menschenrechtsbeschwerde, Urteil, Rechtswirkungen*, Teil C Rdn 343 ff.).

4. In **dringenden Fällen** kann der EGMR gem. **Art. 40 VerfO-EGMR** den belangten 160 Staat durch „jedes verfügbare Mittel" von der Beschwerde informieren und ihm zusammenfassende Informationen zukommen lassen. Eine solche dringliche Mitteilung („urgent notification"/„communication en urgence") kann insbesondere in Fällen geboten sein, in denen vorläufige Maßnahmen ergriffen oder die seitens des EGMR vorrangig behandelt werden. Die Information erfolgt durch den Kanzler und setzt die Erlaubnis des Kammerpräsidenten voraus.

Siehe auch: → *Menschenrechtsbeschwerde, Allgemeines*, Teil C Rdn 1, m.w.N.; → *Menschenrechtsbeschwerde, Verfahrensablauf, Verfahren vor der Kammer*, Teil C Rdn 383.

161 Menschenrechtsbeschwerde, Entschädigung

Das Wichtigste in Kürze:

1. Aus der Konvention folgt für die einzelnen Vertragsstaaten die Pflicht, gegen sie festgestellte Menschenrechtsverletzung zu beenden und deren Folgen zu beseitigen.
2. Im Fall der unzureichenden Wiedergutmachung nach nationalem Recht und Bestehen eines spür- und nachweisbaren Nachteils in der Person des Beschwerdeführers nach festgestellter Konventionsverletzung eröffnet Art. 41 EMRK einen Sekundäranspruch auf Zahlung einer gerechten Entschädigung.
3. Diese Kompensation umfasst sowohl materielle als auch immaterielle Schäden.
4. Einen Strafschadenersatz verhängt der Gerichtshof nicht.
5. Der Schaden muss stets in einem Kausalzusammenhang mit der Verletzung der EMRK stehen.
6. Die gerechte Entschädigung muss außerdem notwendig erscheinen.
7. Die gerechte Entschädigung wird nur auf rechtzeitigen Antrag gewährt.

162 **Literaturhinweise: Breuer**, Zur Anordnung konkreter Abhilfemaßnahmen, EuGRZ 2004, 257; **Myer/Mol/Kempees/v. Steijn/Bockwinkel/Uerpmann**, EGMR-Verfahren – Die häufigsten Irrtümer bei Einreichen einer Beschwerde, MDR 2007, 505; s.a. die Hinw. bei → *Menschenrechtsbeschwerde, Allgemeines*, Teil C Rdn 2, m.w.N.

163 **1.** Die Vertragsstaaten sind verpflichtet, gegen sie festgestellte **Konventionsverstöße**, soweit diese andauern, zu **beenden** und die hieraus resultierenden **Folgen** zu **beseitigen** (Frowein/Peukert/*Peukert*, Art. 41 EMRK Rn 1; → *Menschenrechtsbeschwerde, Urteil, Rechtswirkungen*, Teil C Rdn 337 ff.). Wenn der Verstoß gegen die Konvention nicht mehr andauert, beschränkt sich der Rechtsschutz auf die nachträgliche Kompensation. Es werden ausschließlich die aus der Menschenrechtsverletzung entstandenen Konsequenzen ausgeglichen. Dies verdeutlicht, dass Art. 41 EMRK eine Abkehr zu einer ursprünglich in den Vorarbeiten zur Konvention enthaltenen Kompetenz des Gerichtshofs zur Annullierung konventionswidrig ergangener Rechtsakte darstellt (*Breuer* EuGRZ 2004, 260). Mit dem vieldeutigen Begriff „satisfaction" wurde stattdessen eine dem **allgemeinen Völkerrecht entsprechende Kompetenz** geschaffen.

164 **2.a)** Eine gerechte **Entschädigung** i.S.d. Art. 41 EMRK wird daher **allgemein** nur insoweit zugesprochen, als die **Folgen** der **Verletzung nicht anderweitig beseitigt** werden können (EGMR [GK], Urt. v. 13.6.2000 – 39221/98 u. 41963/98 [*Scozzari u. Giunta*/Italien Nr. 250], ÖJZ 2002, 74). Der gerechten Entschädigung immanent ist hierbei die Feststellung einer Konventionsverletzung, deren unvollkommene Wiedergutmachung nach dem nationalen Recht und ein spür- und nachweisbarer Nachteil, welchen der Beschwer-

deführer aufgrund der Rechtsverletzung erlitten hat. Allein hierfür gewährt Art. 41 EMRK einen **Sekundäranspruch** bei Verletzung von Konventionsrechten.

Zu beachten ist, dass ein nach nationalem Recht bestehender Entschädigungsanspruch den Gerichtshof nicht daran hindert, eine gerechte Entschädigung zuzusprechen. Eine **parallele Beschreitung** des **innerstaatlichen Rechtswegs** ist dem Beschwerdeführer regelmäßig in Ansehung der Verfahrensdauer vor dem EGMR **nicht zumutbar** (→ *Menschenrechtsbeschwerde, Rechtswegerschöpfung*, Teil C Rdn 280) und mit dem Zweck des Menschenrechtsschutzes nicht vereinbar (EGMR, Urt. v. 20.5.1999 – 21594/93 [*Ogur*/Türkei Nr. 98], NJW 2001, 1991). 165

☝ Wenn im Zeitpunkt der Entscheidung des Gerichtshofs gleichwohl ein **Entschädigungsverfahren** vor den nationalen Gerichten **anhängig** ist, **vertagt** dieser gem. Art. 75 VerfO-EGMR die Entscheidung nach Art. 41 EMRK bis zum Abschluss des innerstaatlichen Entschädigungsverfahrens.

b) Grds. ist **nur** der **Beschwerdeführer entschädigungsberechtigt**. Allein bei diesem handelt es sich um die verletzte Person i.S.d. Art. 41 EMRK, nur er ist Opfer i.S.d. Art. 34 EMRK (Grote/Marauhn/*Dörr*, Kap. 33 Rn 34). Verwandte und sonstige Rechtsnachfolger müssen ein berechtigtes Interesse und eine mittelbare Betroffenheit nachweisen, um eine gerechte Entschädigung zu erhalten und das Verfahren nach dem Ableben des Beschwerdeführers fortzuführen (EGMR, Urt. v. 12.2.1985 – 9024/80 [*Colozza*/Italien Nr. 38], EGMR-E 3, 1). 166

3.a) Der entstandene **Schaden** kann **sowohl materieller als auch immaterieller** Art sein. Wenn aber die Übergänge zwischen Vermögens- und Nichtvermögensschaden fließend sind, kommt auch die Feststellung eines allgemeinen Schadens in Betracht. 167

b) Von dem Eintritt eines **materiellen** Schadens kann ausgegangen werden, wenn infolge der Konventionsverletzung eine Einbuße an wirtschaftlichen Vermögenswerten eingetreten ist. Dies ist der Fall bei einer **unmittelbaren Verminderung** der **wirtschaftlichen Substanz**, z.B. durch die Enteignung einer Sache im Wege des Verfalls oder mittels der Auferlegung einer Geldzahlung; aber auch durch eine mittelbare Verursachung von Vermögensabflüssen, wie z.B. Aufwendungen für die medizinische Behandlung von Gesundheitsverletzungen oder andere Folgen des staatlichen Handelns (vgl. den Überblick in: Grote/Marauhn/*Dörr*, Kap. 33 Rn 19 ff.) kann ein materieller Schaden begründet werden. 168

☝ Die **Beweislast** für den materiellen Schaden liegt **beim Beschwerdeführer** (Frowein/Peukert/*Peukert*, Art. 41 EMRK Rn 7). Dieser hat darzulegen, dass er infolge der Konventionsverletzung von einer Vermögenseinbuße betroffen ist.

169 **c)** Anders verhält sich dies beim **immateriellen Schaden**. Hier muss der Beschwerdeführer dessen Vorliegen **nicht nachweisen** (EGMR, Urt. v. 1.6.2006 – Nr. 4171/04 [*Gridin*/Russland Nr. 20]; Urt. v. 16.7.2002 – Nr. 42007/98 [*Davies*/Vereinigtes Königreich Nr. 38]). Hierdurch wird dem Umstand Rechnung getragen, dass die Kriterien für die Annahme auszugleichender immaterieller Schäden in der Rechtsprechung des EGMR der naturgemäßen Vielfalt der einzelnen Lebenssachverhalte entsprechend, höchst unklar sind.

☝ Wie so oft entscheidet der Gerichtshof auch hier nach **Billigkeitsgesichtspunkten** im Einzelfall. Als Kriterien zu dieser Beurteilung sind die Schwere des Verstoßes, dessen Bedeutung für den Betroffenen in seiner besonderen Situation und die zeitliche Dauer der Verletzung zu nennen (Grote/Marauhn/*Dörr*, Kap. 33 Rn 24 ff.).

170 **4.** Die Verhängung eines **Strafschadenersatzes** hat der Gerichtshof bislang abgelehnt. Ob ein solcher dem Konventionssystem grds. fremd ist (Karpenstein/Meyer/*Wenzel*, Art. 41 EMRK Rn 10 m.w.N.) oder Art. 41 EMRK der Entschädigung einen partiellen Sanktionscharakter beilegt (Grote/Marauhn/*Dörr*, Kap. 33 Rn 62), ist fraglich. Eine abschließende Beantwortung dieser Frage kann aber dahinstehen.

171 Jedenfalls kann die **Konventionstreue** der **Vertragspartei** Berücksichtigung finden. Ist eine Konventionsverletzung festgestellt worden und beendet der Staat nach Rechtskraft dieses Urteils die Verletzung in Parallelfällen nicht sofort, kann dieser Umstand, wie bei der Sicherungsverwahrung geschehen (EGMR, Urt. v. 13.1.2011 – 20008/07 [*Mautes*/Deutschland Nr. 71]), ebenso bei der Bemessung der Entschädigung berücksichtigt werden, wie die **Existenz** einer **unveränderten konventionswidrigen Praxis** (EGMR, Urt. v. 15.1.2009 – 33509/04 [*Burdov*/Russland II Nr. 156]), zu deren Beendigung der Gerichtshof geeignete Maßnahmen aufgeben kann (EGMR [GK], Urt. v. 8.4.2004 – 71503/01 [*Assanidze*/Georgien], NJW 2005, 2207).

172 **5.** Eine Entschädigung gem. Art. 41 EMRK setzt des Weiteren einen **Kausalzusammenhang** zwischen dem geltend gemachten Schaden und der festgestellten Konventionsverletzung voraus. Erstattet werden nur Schäden, die ohne die Konventionsverletzung nicht eingetreten wären (Frowein/Peukert/*Peukert*, Art. 41 EMRK Rn 13 f.). Bei der Verletzung von Verfahrensrechten, wie z.B. denen aus Art. 5 und 6 EMRK, ist der Nachweis der Kausalität somit in der Regel nur schwer zu führen (*Meyer/Ladewig*, Art. 41 EMRK Rn 11). Der Gerichtshof lehnt es auch ab, in diesem Zusammenhang über den hypothetischen Ausgang eines konventionskonformen innerstaatlichen Verfahrens zu spekulieren und auf diese Weise den erforderlichen Kausalzusammenhang herzustellen (EGMR, Urt. v. 12.5.1992 – 63/1991/315/386 [*Megyeri*/Deutschland Nr. 30 zu Art. 5 Abs. 4 EMRK], NJW 1992, 2945).

6. Neben der Kausalität ist ein **weiteres Erfordernis** des Art. 41 EMRK die **Notwendigkeit** einer **gerechten Entschädigung**. Hierdurch wird ein **Entschließungsermessen** des Gerichtshofs bei der Entscheidung, ob überhaupt ein Ausgleich in Geld zuzubilligen ist, eröffnet (Grote/Marauhn/*Dörr*, Kap. 33 Rn 40). Es handelt sich bei Art. 41 EMRK, anders als bei Art. 5 Abs. 5 EMRK, nicht um eine Anspruchsgrundlage für den Beschwerdeführer, sondern um eine **Kompetenznorm** des EGMR (Karpenstein/Mayer/*Wenzel*, Art. 41 EMRK Rn 18). Diese nutzt der Gerichtshof stets, um nach billigem Ermessen in Ansehung der besonderen Umstände des Einzelfalls über die Gewährung eines finanziellen Ausgleichs und dessen Höhe zu entscheiden. 173

Bei Menschenrechtsverletzungen mit strafrechtlichem Bezug ist zu beachten, dass ein **missbilligendes Verhalten** des Beschwerdeführers, wie z.B. die Planung eines terroristischen Anschlags, eine eigentlich zu gewährende Entschädigung als unverdient und somit ungerecht erscheinen lassen kann (EGMR [GK], Urt. v. 27.9.1995 – 18984/91 [*McCann*/Vereinigtes Königreich Nr. 219], ÖJZ 1996, 233). Zudem kann nur begrenzt vorwerfbares konventionswidriges Verhalten aufseiten des Staates zu einer **Minderung oder Versagung der Gewährung** einer Entschädigung aus Billigkeitsgesichtspunkten führen. 174

7.a) Zu **beachten** sind folgende 175

Verfahrensvoraussetzungen: 176

- Im **Verfahren** muss rechtzeitig eine gerechte Entschädigung beantragt worden sein.
- Der **Antrag** hat **schriftlich** zu erfolgen und muss alle Schadenpositionen einzeln aufführen, entsprechende Nachweise enthalten und den **Schaden beziffern**.
- Der Antrag muss **innerhalb der gesetzten Frist** eingereicht werden (Art. 60 VerfO-EGMR). Dies geschieht zumeist nach Erhalt der ersten Stellungnahme der Regierung. Die hierzu eingeräumte Frist zur Stellungnahme innerhalb von **vier Wochen** erstreckt sich dann auf die Verpflichtung, in derselben Frist die Ansprüche nach Art. 41 EMRK zu beziffern.

> ☝ Dass das Ziel der Menschenrechtsbeschwerde (auch) auf Zahlung einer gerechten **Entschädigung** gerichtet ist, sollte **vorsorglich dem Grunde nach bereits im Beschwerdeformular** in allgemeiner Form angegeben werden. Etwaige Versäumnisse können zur Folge haben, dass keine Entschädigung zugesprochen wird. Nur in Ausnahmefällen spricht der EGMR ohne Antrag von Amts wegen eine gerechte Entschädigung zu.
>
> Dies gilt auch mit Blick auf die **Höhe** der begehrten **Entschädigung**. Auch hier wird von Amts wegen grds. nicht über die vom Beschwerdeführer beantragte Summe hinausgegangen. Es ist aber bei immateriellen Schäden möglich, die entsprechende „Berechnung" in das Ermessen des Gerichtshofs zu stellen (EGMR, Urt. v. 13.12.2007 – 11364/03 [*Mooren*/Deutschland Nr. 128], EuGRZ 2009, 566).

177 **b)** Die **Entscheidung** über die Entschädigung ergeht **regelmäßig im Urteil**, kann jedoch in Einzelfällen auch zurückgestellt werden. Dies ist z.B. der Fall, wenn im Urteilszeitpunkt ein innerstaatliches Entschädigungsverfahren anhängig ist oder wenn die Berechnung des materiellen Schadens besondere Schwierigkeiten aufwirft (Karpenstein/Meyer/*Wenzel*, Art. 41 EMRK Rn 53). Ansonsten setzt der Gerichtshof die gerechte Entschädigung im Urteil fest. Dies erfolgt grds. in EUR, unter Gewährung einer Zahlungsfrist von üblicherweise drei Monaten nach Endgültigkeit des Urteils und unter Berücksichtigung von Verzugszinsen und Steuern (EGMR, Urt. v. 21.12.2010 – 20578/07 [*Anayo*/Deutschland Nr. 81], EuGRZ 2011, 124).

☝ Bei der Antragstellung ist auch die Möglichkeit einer **unmittelbaren Auszahlung** an den **Vertreter** zu berücksichtigen. Eine solche kann der Gerichtshof insbesondere anordnen, um die als gerechte Entschädigung gezahlten Gelder vor dem Zugriff von Gläubigern des Beschwerdeführers zu schützen (EGMR [GK], Urt. v. 3.7.2000 – 39221/98 u. 41963/98, [*Scozzari u. Giunta*/Italien Nr. 258], ÖJZ 2002, 74). Die gewährte Entschädigung durch den EGMR ist zwar grds. unpfändbar (EGMR, Urt. v. 22.6.1972 – 2614/65 [*Ringeisen*/Österreich Nr. 27], EGMR-E 1, 138), für die Anordnung einer konkreten Unpfändbarkeit sieht der Gerichtshof sich gleichwohl nicht in der Lage (EGMR, Urt. v. 27.8.1991 – 10842/84 [*Philis*/Griechenland Nr. 29], EuGRZ 1991, 355).

178 **c)** Der Entschädigungsanspruch ist darüber hinaus nach deutschem Recht **weder übertragbar noch pfändbar** und eine Aufrechnung ist ebenso wenig zulässig (BGH NJW 2011, 2296 = WM 2011, 756).

179 Auch wenn das Urteil des Gerichtshofs für den Beschwerdeführer einen **Anspruch auf Zahlung** der zuerkannten gerechten Entschädigung begründet, ist dieser gleichwohl **in Deutschland nicht vollstreckbar**. Erfolgt seine Erfüllung nicht freiwillig, muss der Beschwerdeführer daher auf eine solche klagen (Grote/Marauhn/*Cremer*, Kap. 32 Rn 83; BGH NJW 2011, 2296 = WM 2011, 756). Allerdings erfolgt eine Überwachung der Zahlung einer Entschädigung durch das Ministerkomitee (→ *Menschenrechtsbeschwerde, Urteil, Rechtswirkungen*, Teil C Rdn 349).

Siehe auch: → *Menschenrechtsbeschwerde, Allgemeines*, Teil C Rdn 1, m.w.N.; → *Menschenrechtsbeschwerde, Kosten*, Teil C Rdn 193.

Menschenrechtsbeschwerde, Frist 180

Das Wichtigste in Kürze:

1. Die Frist zur Einlegung der Menschenrechtsbeschwerde beträgt sechs Monate nach der letzten innerstaatlichen Entscheidung.
2. Der Fristbeginn beurteilt sich in der Regel nach der Möglichkeit der Kenntnisnahme der letzten innerstaatlichen Entscheidung.
3. Zur Fristwahrung genügt die rechtzeitige postalische Aufgabe.
4. Die Fristberechnung entspricht im Wesentlichen dem deutschen Recht.

Literaturhinweise: Lauff, Der Schutz bürgerlicher und politischer Rechte durch die Vereinten Nationen, NJW 1981, 2611; **Meyer-Ladewig**, Unklarheiten bei der Berechnung der Beschwerdefrist in Straßburg?, NJW 2011, 1559; **Rudolf/v. Raumer**, Die Beschwerde vor dem Europäischen Gerichtshof für Menschenrechte – Eine kaum genutzte Chance, AnwBl. 2009, 313; s.a. die Hinw. bei → *Menschenrechtsbeschwerde, Allgemeines*, Teil C Rdn 2, m.w.N. 181

1. Die Frist zur Einlegung der Menschenrechtsbeschwerde beträgt nach Art. 35 Abs. 1 EMRK **sechs Monate nach** der **letzten innerstaatlichen Entscheidung**. Diese Frist dient der Rechtssicherheit (EGMR, Entsch. v. 24.8.2004 – 6638/03 [*P.M.*/Vereinigtes Königreich m.w.N.]) und steht nicht zur Disposition des Gerichtshofs, der die Einhaltung der Frist von Amts wegen prüft (EGMR, Entsch. v. 25.1.2000 – 34979/97 [*Walker*/Vereinigtes Königreich]). Die Frist knüpft damit an die Rechtswegerschöpfung (→ *Menschenrechtsbeschwerde, Rechtswegerschöpfung*, Teil C Rdn 251) an, deren letzte innerstaatliche Entscheidung Ansatzpunkt für Lauf und Berechnung der Frist ist. 182

☝ Seit der Erklärung von Brighton vom 19. und 20.4.2012 (Nr. 15a, Zusammenfassung in EuGRZ 2012, 265) ist **beabsichtigt**, die Frist auf **künftig vier Monate** zu **verkürzen**. Die entsprechenden Änderungen sind bereits im Protokoll Nr. 15 zur EMRK formuliert, so dass sie nach dessen Ratifikation in Kraft treten werden.

2.a) Der **Fristbeginn** beurteilt sich in der Regel nach der **Möglichkeit** der **Kenntnisnahme** der letzten innerstaatlichen Entscheidung (s.a. → *Rechtsmittel/Rechtsbehelfe, Entscheidungsbekanntmachung*, Teil A Rdn 150; → *Rechtsmittel/Rechtsbehelfe, Zustellung, Allgemeines*, Teil A Rdn 1845, m.w.N.): 183

Zusammenstellung Fristbeginn 184

- Sieht das nationale Recht die **schriftliche Bekanntgabe** der Entscheidung vor, beginnt die Frist am Tag nach ihrem Zugang zu laufen (EGMR, Urt. v. 29.8.1997 – 22714/93 [*Worms*/Österreich Nr. 33], ÖJZ 1998, 35). Dies betrifft etwa Nichtannahmebeschlüsse des Bundesverfassungsgerichts, die dem Beschwerdeführer auf schriftlichem Weg mitgeteilt werden (§ 30 Abs. 3 BVerfGG).

- Wird die letzte innerstaatliche Entscheidung **öffentlich verkündet**, beginnt die Frist mit dem Tag, der auf den Tag der öffentlichen Verkündung folgt (EGMR, Entsch. v. 23.10.2001 – 39641/98 [*Loveridge*/Vereinigtes Königreich]).
- Ist weder die schriftliche Bekanntgabe noch die öffentliche Verkündung der Entscheidung vorgesehen, beginnt die Frist am **Tag der Ausfertigung** der Entscheidung, wenn der Beschwerdeführer in der Lage war, sich an diesem Tag Kenntnis vom Inhalt der Entscheidung zu verschaffen (EGMR [GK], Urt. v. 25.3.1999 – 31423/96 [*Papachelas*/Griechenland Nr. 30 f.], EuGRZ 1999, 319).

☝ Ist der Inhalt der letzten innerstaatlichen Entscheidung für die Erhebung der Menschenrechtsbeschwerde irrelevant, kann der Lauf der Frist bereits mit dem **Datum der Verkündung** beginnen, wenn dieses dem Beschwerdeführer bekannt gegeben wurde (EKMR, Entsch. v. 1.9.1993 – 21829/93 [*F.G.*/Italien] zur Rüge der Verfahrensdauer).

185 **b)aa)** Die **letzte innerstaatliche Entscheidung** bestimmt sich nach den national zur Verfügung stehenden Rechtsmitteln, die es vor Erhebung der Menschenrechtsbeschwerde zu erschöpfen gilt, (→ *Menschenrechtsbeschwerde, **Rechtswegerschöpfung***, Teil C Rdn 251).

186 **bb)** (Gänzlich) **untaugliche Rechtsmittel** sind **nicht geeignet**, eine **(neue) Beschwerdefrist** in Gang zu setzen, anderenfalls stünde es dem Beschwerdeführer offen, den Ablauf der Frist durch Erhebung untauglicher Rechtsmittel hinauszuzögern (EGMR, Entsch. v. 5.1.2006 – 14881/04 [*Fernie*/Vereinigtes Königreich]). Vermeintlich effektive Rechtsmittel werden danach beurteilt, ab welchem Zeitpunkt dem Beschwerdeführer die mangelnde Effektivität bekannt war oder hätte sein müssen; kennt der Beschwerdeführer die mangelnde Effektivität oder musste er sie kennen, beginnt die Frist bereits mit der beanstandeten Maßnahme zu laufen (EGMR, Urt. v. 20.1.2011 – 21980/06 u.a. [*Kuhlen-Rafsandjani*/Deutschland Nr. 76], FamRZ 2011, 533 – zur deutschen Veröffentlichung des Sürmeli-Urteils im August 2006 in der NJW [bezüglich des Fehlens eines effektiven nationalen Rechtsmittels hinsichtlich der Überschreitung der angemessenen Verfahrensdauer im Zivilrecht]).

☝ Ist der Verteidiger im **Zweifel**, ob es sich bei einem von ihm gewählten oder beabsichtigten Rechtsmittel um ein taugliches Rechtsmittel in diesem Sinne handelt, ist er aus Gründen anwaltlicher Sorgfalt gehalten, die **Menschenrechtsbeschwerde** bereits **gegen** die **zuvor ergangene Entscheidung** einzulegen (vgl. EGMR, Urt. v. 20.1.2011 – 21980/06 [*Kuhlen-Rafsandjani*/Deutschland Nr. 76 f.], FamRZ 2011, 533). Insoweit sollte der Beschwerdeführer in seiner Menschenrechtsbeschwerde erläuternd zur Zweifelhaftigkeit des (parallel) ergriffenen Rechtsmittels ausführen (*Rudolf/von Raumer*, AnwBl 2009, 316).

cc) Unangreifbare Maßnahmen lösen den Fristbeginn **unmittelbar** aus (EGMR, Urt. v. 8.11.2005 – 34056/02 [*Gongadze*/Ukraine Nr. 155], NJW 2007, 895). Dabei müssen andauernde konventionswidrige Maßnahmen grds. bereits während ihrer Durchführung angegriffen werden. Die sechsmonatige Frist beginnt spätestens mit dem Ende der Maßnahme (endgültig) zu laufen. Hinsichtlich des Fristbeginns stellt der EGMR auf den Zeitpunkt der möglichen Kenntnis durch den Beschwerdeführer ab (EGMR [GK], Urt. v. 18.9.2009 – 16064/90 u.a. [*Varnava u.a.*/Türkei Nr. 156 bis 172], NJOZ 2011, 516, 523 ff. – für Fälle verschwundener Personen). Insoweit trifft den Beschwerdeführer nach den Umständen des Einzelfalls eine **Erkundigungspflicht** (EGMR, Entsch. v. 22.10.2002 – 77116/01 [*Baybora u.a.*/Zypern]). 187

☝ **Unanfechtbare Zwischenentscheidungen**, insbesondere solche verfahrensrechtlicher Natur, können mit der Endentscheidung angegriffen werden; insoweit läuft also **keine eigene sechsmonatige Beschwerdefrist** (EGMR [GK], Urt. v. 30.6.2005 – 45036/98 [*Bosphorus Hava Yollari Turizm ve Ticaret Anonim Şirketi*/Irland Nr. 102], NJW 2006, 197 f. zur Vorabentscheidung des EuGH). Der EGMR begründet dies damit, dass es das innerstaatliche Verfahren übermäßig erschweren und verzögern würde, wenn der Betroffene gezwungen wäre, solche Entscheidungen noch während des laufenden Hauptsacheverfahrens mit der Menschenrechtsbeschwerde anzugreifen (EGMR [Pl.], Urt. v. 23.5.1991 – 11662/85 [*Oberschlick*/Österreich Nr. 42]).

c) Umstände der **persönlichen Verhinderung** können die **Frist** zur Einlegung der Menschenrechtsbeschwerde **hemmen**. Eine hinreichende persönliche Verhinderung kann in erschwerten Haftbedingungen liegen, wenn dem Beschwerdeführer die Einlegung einer Menschenrechtsbeschwerde unmöglich gemacht wird (LR-*Esser*, EGMR Verfahren Rdn 160). Dann muss die Beschwerde mit dem Wegfall des Hindernisses betrieben werden. Unzureichend für die Annahme einer solchen persönlichen Verhinderung sind die Unfähigkeit zu lesen, die Unkenntnis der Zulässigkeitsvoraussetzungen oder unzureichende finanzielle Mittel (EGMR, Entsch. v. 21.11.2002 – 36747/02 [*Murat Arslan*/Türkei]). 188

☝ Ist die **Frist** zur Einlegung einer Menschenrechtsbeschwerde **definitiv verstrichen**, kann der Verteidiger prüfen, ob ihm vor diesem Hintergrund die Erhebung einer **Beschwerde** vor den **UN-Menschenrechtsausschuss** sinnvoll erscheint. Diese ist **nicht fristgebunden** (LR-*Esser*, Verf. HRC Rn 362). Zwar besteht insoweit lediglich die Möglichkeit, eine Beschwerde über Menschenrechtsverletzungen einzulegen; am nachfolgenden Verfahren ist der Beschwerdeführer nicht als Partei beteiligt. Auch hat eine Entscheidung durch den UN-Menschenrechtsausschuss für den Mandanten regelmäßig geringere Vorteile als eine entsprechende Entscheidung durch den EGMR. Gleichwohl kann die Überprüfung und Feststellung einer Menschenrechtsverletzung durch den UN-Menschenrechtsrat Mandanteninteressen befriedigen.

189 **d)** Wird das **nationale Rechtsmittel** als **unzulässig zurückgewiesen**, weil es unstatthaft ist oder weil es nicht frist- oder formgerecht eingelegt wurde, führt dies dazu, dass eine Menschenrechtsbeschwerde mangels ordnungsgemäßer Erschöpfung des Rechtswegs unzulässig ist. Der EGMR nimmt jedoch insoweit eine eigenständige Prüfung vor, deren Ergebnis mit demjenigen, das die nationalen Gerichte erzielt haben, nicht übereinstimmen muss (→ *Menschenrechtsbeschwerde, Rechtswegerschöpfung*, Teil C Rdn 254).

190 **3.a)** Zur **Fristwahrung** genügt es, wenn die Beschwerde innerhalb der Frist **nachgewiesenermaßen** an den EGMR **abgesandt** wurde (EGMR [Pl.], Urt. v. 23.5.1991 – 11662/85 [*Oberschlick*/Österreich Nr. 38 – 40], NJW 1992, 613). Der EGMR orientiert sich hierfür am Datum des Poststempels, Art. 47 Abs. 6 VerfO-EGMR.

191 **b) Verzögerungen** aufgrund **durchschnittlicher Postlaufzeiten** werden dem Beschwerdeführer daher **nicht angelastet**. Dies setzt allerdings voraus, dass er seinerseits alles dafür getan hat, dass die Sendung seinen Empfänger erreicht (EGMR, Entsch. v. 2.2.2010 – 14448/09 [*Kopka*/Deutschland] – nicht bei wiederholter Verwendung einer falschen Postleitzahl). Zurechenbare Verzögerungen führen dazu, dass das maßgebliche Datum das des Eingangs in der Kanzlei des EGMR ist; Gleiches gilt, wenn es an einem belegten Datum der Absendung (Poststempel) fehlt. Insoweit empfiehlt es sich in Fällen, in denen die Frist ausgeschöpft werden muss, entsprechende Belege (Einlieferungsbeleg Post o.ä.) zu sichern und zum Vorgang zu nehmen.

192 **4.** Die **Fristberechnung** entspricht im Wesentlichen dem deutschen Recht (vgl. dazu → *Rechtsmittel/Rechtsbehelfe, Fristen, Fristberechnung*, Teil A Rdn 1560): Der Tag des die Frist auslösenden Ereignisses wird nicht mitgezählt und die Monate als volle Monate unabhängig von der konkreten Zahl ihrer Tage gerechnet (EGMR, Entsch. v. 10.11.2009 – 21425/06 [Otto/*Deutschland*] m.w.N.). Damit endet die Sechsmonatsfrist am Tag, der der Benennung nach dem Datum des Frist auslösenden Ereignisses entspricht, zuzüglich sechs Monaten (*Meyer-Ladewig*, NJW 2011, 1560).

☝ Fällt der Tag des **Fristablaufs** auf einen **Samstag** oder **Feiertag** gilt anders als im deutschen Recht **nicht der folgende Werktag** als Tag des Fristablaufs (EGMR [GK], Urt. v. 29.6.2012 – 27396/06 [*Sabri Günes*/Türkei Nr. 61], NJW 2012, 2943 m. Anm. *Meyer-Ladewig* und *Petzold*). Der Gerichtshof hat mit seinem Grundsatzurteil eindeutig klargestellt, dass die Frist mit dem Tag ihres berechneten Ablaufs endet, unabhängig von abweichenden nationalen Regelungen (a.a.O. Nr. 56 ff.).

Siehe auch: → *Menschenrechtsbeschwerde, Allgemeines*, Teil C Rdn 1, m.w.N.; → *Menschenrechtsbeschwerde, Rechtswegerschöpfung*, Teil C Rdn 251; → *Menschenrechtsbeschwerde, Zulässigkeit, formale Voraussetzungen*, Teil C Rdn 417.

Menschenrechtsbeschwerde, Kosten 193

Das Wichtigste in Kürze:

1. Es ist zu trennen zwischen den Kosten des Gerichtshofs (Art. 50 EMRK; vgl. Rdn 215 ff.) und den Kosten und Auslagen des Beschwerdeführers vor den innerstaatlichen Gerichten und dem EGMR, welche Teil der Entschädigung (Art. 41 EMRK) sein können.
2. Das Verfahren vor dem Gerichtshof ist gerichtskostenfrei.
3. Die im innerstaatlichen Verfahren und im Verfahren vor dem EGMR entstandenen Kosten und Auslagen sind Teil der gerechten Entschädigung.
4. Dies setzt voraus, dass die Kosten und Auslagen tatsächlich angefallen sind.
5. Die Kosten und Auslagen müssen außerdem im Zusammenhang mit der Beseitigung, Verhinderung oder Wiedergutmachung der Konventionsverletzung entstanden sein.
6. Eine Erstattung von Kosten und Auslagen findet nur statt, soweit diese angemessen sind.
7. Der Abschluss eines Stundenhonorars für die anwaltliche Tätigkeit ist ebenso wie die Vereinbarung eines Erfolgshonorars im Rahmen des angemessenen zulässig.

Literaturhinweise: s. die Hinw. bei → *Menschenrechtsbeschwerde, Allgemeines*, Teil C Rdn 2, und bei → *Allgemeine Gebührenfragen, Allgemeines*, Teil D Rdn 2. 194

1. Es ist zu **trennen** zwischen den **Kosten** des **Gerichtshofs** (Art. 50 EMRK; vgl. Rdn 196 ff.) und den **Kosten** und **Auslagen** des **Beschwerdeführers** vor den innerstaatlichen Gerichten und dem EGMR, welche Teil der Entschädigung (Art. 41 EMRK) sein können. 195

2. Auch wenn **Art. 50 EMRK** seinem Wortlaut nach nicht unmittelbar die Kostenfreiheit der Verfahren vor dem EGMR bestimmt, folgt die Gebührenfreiheit aus dem Schweigen der Vorschrift. Derzeit ist das Verfahren vor dem Gerichtshof für den Beschwerdeführer **gerichtskostenfrei** (Karpenstein/Mayer/*Schäfer*, Art. 34 EMRK Rn 9 [Einführung von Gerichtsgebühren geplant]). 196

Anders als beim Verfahren über die Verfassungsbeschwerde sieht die EMRK auch **keine Gebühren für** einen **Missbrauch** des Beschwerderechts vor (Art. 35 Abs. 3 Buchst. a) EMRK; zum Missbrauch des Beschwerderechts (→ *Menschenrechtsbeschwerde, Zulässigkeit, Zulässigkeitsvoraussetzungen*, Teil C Rdn 446). Nach Art. 44d VerfO-EGMR kann allerdings der Vertreter des Beschwerdeführers vom Verfahren ausgeschlossen werden, wenn er eine unangemessene Stellungnahme, zu solchen zählen nach dem Wortlaut der Vorschrift auch missbräuchliche, abgibt. 197

198 **3.** Als **Bestandteil** einer **gerechten Entschädigung** nach Art. 41 EMRK besteht die Möglichkeit des **Ersatzes** der im Verfahren über die Menschenrechtsbeschwerde und vor den innerstaatlichen Gerichten entstandenen **Kosten und Auslagen**. Hierzu gehören vor allem Anwaltskosten, nationale Gerichtskosten, Reise- und Aufenthaltskosten, Übersetzungskosten, Portokosten und Ähnliches. Erstattet werden diese allerdings nur, wenn sie **tatsächlich angefallen sind und notwendig waren**, um die festgestellte Konventionsverletzung abzuwenden oder ihr abzuhelfen und sie **der Höhe nach angemessen** sind (EGMR, Urt. v. 1.6.2010 – 22978/05 [*Gäfgen*/Deutschland Nr. 417], EuGRZ 2010, 417). Im Verfahren müssen die Kosten als Bestandteil der Entschädigung – soweit bereits möglich – innerhalb der Frist des Art. 60 Abs. 2 VerfO-EGMR unter Beifügung einschlägiger Belege (→ *Menschenrechtsbeschwerde, Entschädigung*, Teil C Rdn 175) geltend gemacht werden.

199 **4.a) Tatsächlich angefallen** sind die Kosten des Beschwerdeführers nur, wenn er vertraglich oder gesetzlich zu deren **Tragung verpflichtet** ist. Dies ist z.B. nicht gegeben, wenn die Vertretung pro bono geführt wird (EGMR, Urt. v. 27.9.1995 – 18984/91 [*McCann*/Vereinigtes Königreich Nr. 221], ÖJZ 1996, 233). Hier besteht, ebenso wie im Fall der Kostentragung durch einen Dritten (EGMR, Urt. v. 24.2.1983 – 7525/76 [*Dudgeon*/Vereinigtes Königreich Nr. 21], EuGRZ 1983, 496), ein Risiko für den Verfahrensbevollmächtigten.

200 **b)** Einen, insbesondere auch für den Bereich des Strafrechts, **wesentlichen Gesichtspunkt** hat der Gerichtshof aber relativ früh klargestellt. Ein Anwalt handelt danach im allgemeinen Interesse, wenn er sich in einem Menschenrechtsverfahren bereitfindet, einen Rechtssuchenden zu vertreten oder ihm Beistand zu leisten, mag dieser auch nicht in der Lage sein, ihn sogleich zu honorieren (EGMR, Urt. v. 25.4.1983 [*Pakelli*/Deutschland], EGMR-E 2, 271 Nr. 47). Der Einrede der Regierung, der Anwalt habe auf Zahlung verzichtet und seine Honorarforderung sei mittlerweile überdies verjährt, wurde nicht gefolgt.

☝ Es sollte somit **in jedem Fall** eine angemessene und ausreichende **Vergütungsvereinbarung** getroffen werden (zur Vergütungsvereinbarung Burhoff/*Burhoff*, RVG, Teil A: Vergütungsvereinbarung [§ 3a], Rn 1502). Der aktuellen Leistungsfähigkeit des Beschwerdeführers kommt hier nur eine untergeordnete Bedeutung zu.

201 **5.a)** Eine Kostenerstattung setzt des Weiteren voraus, dass die Kosten und Auslagen **im Zusammenhang mit** der **Beseitigung**, Verhinderung oder Wiedergutmachung der **Konventionsverletzung** entstanden sind. Hierdurch werden insbesondere Kosten für innerstaatliche Verfahren ausgeschlossen, die ohnehin – also auch ohne den Eintritt der Konventionsverletzung – angefallen wären. Durch Rechtsmittel angefallene Kosten, von denen zuvörderst mit Blick auf das innerstaatliche Verfahren Gebrauch gemacht wurde,

sind daher nicht erstattungsfähig. Die Pflicht zur Erstattung entfällt auch, wenn Kosten und Auslagen betroffen sind, die nicht im Zusammenhang mit einer für zulässig erklärten Rüge entstanden sind (EGMR, Urt. v. 26.2.2004 – 74969/01 [*Gorgüli*/Deutschland Nr. 68], NJW 2004, 3397).

☝ Stets **ausschlaggebend** ist der innere Zusammenhang zwischen der Beanstandung des **Konventionsverstoßes** und den (hierdurch) entstandenen **Kosten**. Dient die anwaltliche Tätigkeit (auch) der Abhilfe der Konventionsverletzung, so ist sie i.d.R. auch erstattungsfähig.

b) Liegt der Konventionsverletzung ein Strafverfahren zugrunde, ist zu **differenzieren**. 202
Maßgeblich sind folgende

Grundsätze: 203

- Bei **Art. 5 Abs. 4 EMRK** werden **ausschließlich Kosten** erstattet, die mit der **Haftprüfung** in einem unmittelbaren Zusammenhang standen (*Meyer-Ladewig*, Art. 41 EMRK Rn 31). Wenn es sich um einen Rechtsbehelf gegen die Verfahrensdauer als solche handelt, wie z.B. die Beanstandung der unangemessenen Dauer der Untersuchungshaft mit dem Ziel der Freilassung des Beschwerdeführers, (EGMR, Urt. v. 21.6.1983 – 8130/78 [*Ekle*/Deutschland Nr. 30], EGMR-E 2, 134), kann aber in Ausnahmefällen eine Erstattung in Betracht kommen.
- Dies gilt auch für das Rechtsmittel der **Revision**, wenn mit dieser schwerpunktmäßig die Behebung eines Konventionsverstoßes verfolgt wird, z.B. bei der Geltendmachung einer konventionswidrigen Verzögerung des Verfahrens.
- Der Grundsatz, wonach eine **Erstattungsfähigkeit** der **Kosten** für die Einlegung einer **Verfassungsbeschwerde** beim BVerfG nicht besteht (Karpenstein/Mayer/*Wenzel*, Art. 41 EMRK Rn 49 m.w.N.), gilt für das Strafverfahren nicht uneingeschränkt. Da eine überlange Verfahrensdauer auf der Rechtsfolgenseite im Rahmen der Strafzumessung einer Kompensation zugänglich ist (EGMR, Urt. v. 3.4.2007 – 14374/03 [*Weisert*/Deutschland], NJW 2008, 3273), ist hier der gesamte innerstaatliche Rechtsweg einschließlich der, insoweit geeigneten Verfassungsbeschwerde zum Bundesverfassungsgericht, zu durchlaufen (EGMR, Urt. v. 13.11.2008 – 10597/03 [*Ommer I*/Deutschland Nr. 54], StV 2009, 519). Entsprechend sind die entstandenen Kosten im Fall eines Obsiegens im Rahmen des Art. 41 EMRK erstattungsfähig.
- Dies gilt **nicht** für die Dauer des **EV**, wenn dieses ohne Schuldfeststellung eingestellt wird (EGMR, Urt. v. 13.11.2008 – Nr. 26073/03 – [*Ommer II*/Deutschland Nr. 57], HRRS 2009, Nr. 217; Urt. v. 22.1.2009 – 45749/06 [*Kaemena u. Thöneböhn*/Deutschland Nr. 83 f.], StV 2009, 561).

204 **6.a)** Ein Ersatz von **Kosten** und **Auslagen** findet schließlich nur statt, wenn diese **angemessen** sind. Die innerstaatliche Gebührenordnung entfaltet für den Gerichtshof bei der Beurteilung dieser Frage keine Bindung, kann jedoch als Orientierungshilfe herangezogen werden (EGMR [GK], Urt. v. 8.7.1999 – 23536/94 [*Baskaya u. Okcuoglu*/Türkei Nr. 98], NJW 2001, 1995). Der EGMR prüft auch hier nach eigenem Ermessen (zu den innerstaatlichen Gebühren → *Menschenrechtsbeschwerde, Abrechnung*, Teil D Rdn 314).

205 **b)** Als maßgebliche Anhaltspunkte werden u.a. auf die **Komplexität** des **Falls** und dessen **rechtliche Schwierigkeit** (EGMR, Urt. v. 6.10.2005 – 1513/03 [*Draon*/Frankreich Nr. 123 ff.]), die **Anzahl** der beauftragten Rechtsanwälte (EGMR [GK] Urt. v. 19.11.2000 – 31107/96 [*Iatridis*/Griechenland Nr. 56]) und die **Dauer** der anwaltlichen **Tätigkeit** (EGMR, Urt. v. 31.5.2001 – 37591/97 [*Metzger*/Deutschland], NJW 2002, 2856) abgestellt.

☝ Auch die **Honorarvereinbarung** dient dem Gerichtshof **ausschließlich** als **Anhaltspunkt** für seine Prüfung.

206 **7.** Grds. zulässig und somit erstattungsfähig ist die **Vereinbarung** eines **Stundenhonorars**. Hier erfolgt eine **doppelte Prüfung**. Zum einen, ob die vereinbarte Höhe des Stundenhonorars angemessen und zum anderen, ob dies auch für die Anzahl der geltend gemachten Stunden gilt. Die Große Kammer hat einen anwaltlichen Stundensatz von 200,00 € gebilligt (EGMR [GK], Urt. v. 15.12.2011 – 2222/06 [*Tahery*/Vereinigtes Königreich]).

207 Zur Orientierung dürfte bei der Bemessung der **Höhe** des **Stundensatzes** auch die Entscheidung des BVerfG v. 15.6.2009 (1 BvR 1342/07) dienen (StraFo 2009, 323 m. Anm. *Madert* JurBüro 2009, 64 u. m. Anm. *Wattenberg* StV 2010, 89; Burhoff/*Burhoff*, RVG, Teil A: Vergütungsvereinbarung [§ 3a], Rn 2214 ff.). Dort wurde die Auffassung, nach der bei Strafverteidigungen eine tatsächliche Vermutung für die Unangemessenheit der vereinbarten Vergütung sprechen soll, wenn sie mehr als das Fünffache über den gesetzlichen Höchstgebühren liegt (BGH NJW 2005, 2142; eingehend zur Höhe des Stundensatzes in einer Vergütungsvereinbarung und zur Rspr. des BGH Burhoff/*Burhoff*, RVG, Teil A: Vergütungsvereinbarung [§ 3a], Rn 2214 ff., m.w.N.), nicht geteilt. Der Beschwerdeführer, ein habilitierter Fachanwalt für Strafrecht, hatte für seine Tätigkeit ein Honorar in Höhe von 320,00 € für jede Arbeitsstunde vereinbart. Im Ergebnis wird aber auch dort, ebenso wie für grds. zulässige Erfolgshonorare (EGMR, Urt. v. 18.1.2011 – 39401/04 [*MGN Limited*/Vereinigtes Königreich], NJW 2012, 753), auf die Angemessenheit des ausgehandelten Stundensatzes und die Bearbeitungszeit im Einzelfall abgestellt.

208 Das Honorar für das Verfahren vor dem Gerichtshof wird in **angemessener Höhe erstattet**. Durchschnittlich kann hier von einem „Gebührenrahmen" zwischen 2.000,00 und 5.000,00 € ausgegangen werden (Karpenstein/Mayer/*Wenzel*, Art. 41 Rn 52 m.w.N.).

Maßgeblich sind im Wesentlichen die Komplexität der Sach- und Rechtslage sowie der hiermit einhergehende tatsächliche zeitliche Aufwand an Arbeit.

Siehe auch: → *Menschenrechtsbeschwerde, Allgemeines*, Teil C Rdn 1, m.w.N.; → *Menschenrechtsbeschwerde, Entschädigung*, Teil C Rdn 161; → *Menschenrechtsbeschwerde, Abrechnung*, Teil D Rdn 314.

Menschenrechtsbeschwerde, mündliche Verhandlung 209

Das Wichtigste in Kürze:

1. Der Gerichtshof entscheidet nach freiem Ermessen, ob er eine mündliche Verhandlung (Art. 40 EMRK) anberaumt.
2. Der Beschwerdeführer muss in der mündlichen Verhandlung grds. rechtlich vertreten sein.
3. Gegenstand der öffentlichen Verhandlung können sowohl Fragen der Zulässigkeit als auch der Begründetheit sein.
4. Die mündliche Verhandlung bietet dem Beschwerdeführer die Möglichkeit, seine bisherigen schriftlichen Rügen zu vertiefen.
5. Eine gründliche Vorbereitung der Verhandlung ist geboten.
6. Der äußere Ablauf der mündlichen Verhandlung variiert von Fall zu Fall.

Literaturhinweise: Meyer-Ladewig, Oral hearings before the new European Court of Human Rights, GS Ryssdal, S. 921; **Myer/Mol/Kempees/v. Steijn/Bockwinkel/Uerpmann**, EGMR-Verfahren – Die häufigsten Irrtümer bei Einreichen einer Beschwerde, MDR 2007, 505; s.a. die Hinw. bei → *Menschenrechtsbeschwerde, Allgemeines*, Teil C Rdn 2, m.w.N. 210

1. Der Gerichtshof **entscheidet** nach **freiem Ermessen, ob** er eine mündliche Verhandlung (Art. 40 EMRK) anberaumt. Die Entscheidung hierüber obliegt den Kammern oder dem Präsidenten der Großen Kammer (Art. 54 Abs. 3, 59 Abs. 3, 71 Abs. 2 VerfO-EGMR). Bei letzterer wird von dieser Möglichkeit regelmäßig Gebrauch gemacht. Die Anhörung vor einer Kammer stellt hingegen die Ausnahme dar. 211

2. Ebenso wie im schriftlichen Verfahren nach Zustellung der Beschwerdeschrift (→ *Menschenrechtsbeschwerde, Verfahrensablauf, Verfahren vor der Kammer*, Teil C Rdn 388) muss der Beschwerdeführer in der mündlichen Verhandlung **grds. rechtlich vertreten** sein, wenn ihm nicht der Kammerpräsident erlaubt, seine Interessen – gegebenenfalls mit rechtlicher Unterstützung – selbst zu vertreten (Art. 36 Abs. 3 VerfO-EGMR). 212

☝ Ein **Wortprotokoll** wird während der Anhörung **nicht** geführt. Die gesamte Verhandlung wird aber **auf Band aufgenommen**. Wenn der Vorsitzende es – z.B. bei einer unzureichenden simultanen Übersetzung – für notwendig erachtet, wird hiervon eine wortwörtliche Übertragung in Schriftform angefertigt. In einem solchen Ausnahmefall erhalten die Parteien eine Kopie der Aufnahme, um ggfs. eine Korrektur ihres Vortrags vornehmen zu können.

213 **3.a) Gegenstand** der **öffentlichen** (Art. 63 VerfO-EGMR) **Verhandlung** können sowohl Fragen der Zulässigkeit (§ 54 Abs. 3 VerfO-EGMR) als auch der Begründetheit (Art. 59 Abs. 3 VerfO-EGMR) sein. I.d.R. werden aber nunmehr infolge des 14. Zusatzprotokolls beide Bereiche zusammen verhandelt (Art. 54 Abs. 3 S. 2 VerfO-EGMR).

214 **b)** Dies erfolgt in einer der **Amtssprachen** (→ *Menschenrechtsbeschwerde, Sprache*, Teil C Rdn 292) des Gerichtshofs unter gleichzeitiger Übersetzung in die jeweils andere Sprache (*Grabenwarter/Pabel*, § 13 Rn 65). Letzteres ist nicht ohne Tücken, wenn die Abgabe der mündlichen Stellungnahme in „**einer anderen Sprache**", z.B. in Deutsch, erfolgt. Diese nach Art. 34 Abs. 4 Buchst. a) VerfO-EGMR bestehende Möglichkeit wird zwar regelmäßig vom jeweiligen Präsidenten genehmigt, birgt aber Probleme in der tatsächlichen Umsetzung. Auftretende Verständigungsschwierigkeiten und Verzögerungen, wenn es zu solchen kommt, können der Sache abträglich sein.

215 Der **Verfahrensbevollmächtigte** sollte daher, unter Ausarbeitung eines entsprechenden Manuskripts, **in** einer der **Amtssprachen vortragen** (*Myer/Mol/Kempees/v. Steijn/Bockwinkel/Uerpmann* MDR 2007, 507). Falsche Scheu ist hier ohnehin fehl am Platz. Bei der Mehrzahl der Mitglieder des Gerichts handelt es sich ebenfalls nicht um „Muttersprachler". Ein Vortrag in einer einfach gehaltenen Sprache dürfte einer unmittelbaren und reibungslosen Verständigung daher eher förderlich sein, als eine simultane Übersetzung.

☝ Nach § 36 Abs. 5 VerfO-EGMR erfolgt keine Übersetzung der offiziellen Sprachen in die dritte Sprache. Es **empfiehlt** sich gleichwohl, den **Antrag** auf **Befreiung** vom Gebrauch der **Gerichtssprachen** zu stellen. Dies hat den Vorteil, dass auf etwaige Fragen einzelner Mitglieder des Gerichtshofs während der Verhandlung in der eigenen Sprache geantwortet werden kann. Diese Antworten werden dann, im Gegensatz zu der gestellten Frage (passive Sprachkenntnisse!), simultan in eine der Amtssprachen übersetzt.

216 **4.** Die mündliche Verhandlung bietet dem Beschwerdeführer die **Möglichkeit**, seine bisherigen **schriftlichen Rügen** zu **vertiefen**, etwa bestehende inhaltliche Missverständnisse oder sprachliche Ungereimtheiten auszuräumen und gegebenenfalls untergegangene oder vernachlässigte Gesichtspunkte erneut vor dem EGMR zu Gehör zu bringen. Sie dient **nicht** dazu, die schriftlich bereits vorgebrachten Argumente schlicht **zu wiederholen**. Die bisherigen Ausführungen des Beschwerdeführers sind den anwesenden Richtern bekannt.

☝ Hierbei ist auch zu beachten, dass durch den Gerichtshof sowohl im **Vorfeld** als auch während der mündlichen Verhandlung **Fragen** an die **Verfahrensbeteiligten** (Art. 64 VerfO-EGMR) gestellt werden. Diese beziehen sich auf konkrete tatsächliche oder rechtliche Umstände betreffend den zu verhandelnden Einzelfall. Unter Umständen lassen sie hilfreiche Rückschlüsse auf die aus Sicht des Gerichtshofs entscheidenden (neuen) Problemfelder zu.

5.a) Eine gründliche **Vorbereitung** der Verhandlung ist geboten. 217

Vorbereitungsempfehlungen: 218

- die **erneute** Ein- und **Durcharbeitung** des **Verfahrensstoffes** sowohl in tatsächlicher als auch rechtlicher Hinsicht.
- eine entsprechende Fertigung und **rechtzeitige Übersetzung** des **Vortragsmanuskripts**. Wenn die Stellungnahme in deutscher Sprache erfolgen soll, muss diese spätestens einen Tag vor dem Termin dem Gerichtshof zur Vorbereitung der Dolmetscher übersandt werden. Die Richter nehmen von deren Inhalt keine Kenntnis.
- die frühzeitige **Beauftragung** eines **eigenen Dolmetschers**, soweit dessen Anwesenheit für notwendig erachtet wird. Zu beachten ist, dass nur beim Europarat akkreditierte Dolmetscher vor dem EGMR auftretungsberechtigt sind.
- die „**Inaugenscheinnahme**" der zeitversetzt auf der Website des Gerichtshofs (echr.coe.int/ECHR) übertragenen **Verhandlungen**. Hier kann sich ein erster Eindruck vom Ablauf der Anhörung verschafft werden.
- eine **rechtzeitige Hotelreservierung**. In Straßburg findet neben den Sitzungen des Europarats auch regelmäßig eine Vielzahl weiterer öffentlicher Veranstaltungen statt.

☝ Soll **Rechtsbeihilfe** für die mündliche Verhandlung beantragt werden, muss der entsprechende Antrag spätestens drei Wochen vor dem Tag der Anhörung gestellt werden.

b) Neben diesen allgemeinen Vorbereitungen können selbstverständlich, durch die **Besonderheiten** des **einzelnen Verfahrens** bedingte, weiter gehende Maßnahmen erforderlich sein. Wenn z.B. beabsichtigt ist, bei der Anhörung auf **weiteres Beweismaterial** Bezug zu nehmen, ist dieses mindestens **drei Wochen vor** der mündlichen Verhandlung **vorzulegen**. Die Durchführung einer Beweisaufnahme, etwa durch Vernehmung von Zeugen oder Sachverständigen (vgl. Rule A1, Annex VerfO-EGMR [concerning investigations]), stellt jedoch die absolute Ausnahme dar und ist in der Verfahrensordnung auch nicht mehr ausdrücklich geregelt (*Grabenwarter/Pabel*, § 13 Rn 65). 219

220 **6.** Der äußere **Ablauf** der **mündlichen Verhandlung** kann von Fall zu Fall variieren. Insoweit gilt

221 **Verhandlungsablauf**:

- Der **Beginn** der Verhandlung ist meist morgens, wahlweise der frühe Nachmittag. Die durchschnittliche Dauer einer Anhörung beträgt einen halben Tag.
- Die Verhandlung wird **im Gebäude** des **EGMR** abgehalten.
- Nach einer kurzen Begrüßung der Verfahrensbevollmächtigten durch den Vorsitzenden in dessen Geschäftsstelle oder Büro und hieran anschließender Platznahme im Verhandlungssaal, beginnt die Anhörung mit dem **Aufruf zur Sache** („la cour"). Bei einer mündlichen Verhandlung sowohl über die Zulässigkeit als auch über die Begründetheit **beginnt** i.d.R. die **Regierung** mit ihrem Vortrag. Bei einer Anhörung ausschließlich über Fragen der Begründetheit ist die Reihenfolge umgekehrt.
- Eine **Berichterstattung** findet, bis auf eine knappe Darstellung des Beschwerdegegenstands durch den Vorsitzenden, **nicht** statt.
- Es besteht **keine Verpflichtung**, eine **Robe** während der Anhörung zu tragen. Allerdings haben sich die Beteiligten **bei Anrede** des **Gerichtshofs** zu **erheben**.
- Jeder Partei wird eine – strikt einzuhaltende – **Redezeit** von **durchschnittlich einer halben Stunde** und **weitere zehn Minuten** eingeräumt. Der kurze zweite Durchgang dient Bemerkungen zu neu vorgetragenen Argumenten der Regierung und zur Beantwortung der während der Anhörung vom Gericht gestellten Fragen.

> ☝ Die mündliche Stellungnahme unterscheidet sich in wesentlichen Punkten von einem Plädoyer der Verteidigung. Der eigentliche **Vortrag** vor dem Gerichtshof **gleicht** nicht dem Schlussvortrag am Ende einer Beweisaufnahme, sondern eher einer **mündlichen Verhandlung** im **Revisionsverfahren**. Der Sachverhalt steht fest und das richterliche Interesse gilt daher meist grundsätzlichen Rechtsfragen. Ebenso wie bei der schriftlichen Begründung der Menschenrechtsbeschwerde sollte daher auf eine angemessene und aktuelle Schwerpunktbildung geachtet und nicht der Versuch unternommen werden, im schriftlichen Verfahren bereits Ausdiskutiertes noch einmal „aufzuwärmen".

- Schließlich ist eine mündliche Verhandlung auch in **Abwesenheit** einer **Partei möglich**. Wenn es ihr mit einer geordneten Rechtspflege vereinbar erscheint, kann die (Große) Kammer die Verhandlung daher auch im Fall des unentschuldigten Fernbleibens durchführen (Art. 65 VerfO-EGMR).

Siehe auch: → *Menschenrechtsbeschwerde, Allgemeines*, Teil C Rdn 1, m.w.N.; → *Menschenrechtsbeschwerde, Sprache*, Teil C Rdn 290.

Menschenrechtsbeschwerde, Opfereigenschaft 222

Das Wichtigste in Kürze:

1. Die unmittelbare Betroffenheit in einer seiner Konventionsrechte durch die angegriffene hoheitliche Maßnahme hat der Beschwerdeführer schlüssig und substantiiert vorzutragen.
2. Die Opfereigenschaft setzt das Vorliegen eines besonderen Rechtsschutzinteresses oder eines Schadens nicht voraus.
3. Die Opfereigenschaft kann in Wegfall geraten, wenn die Verletzung der Konvention beendet ist und deren Folgen vollständig kompensiert sind.

Literaturhinweise: **Sommer**, Kompatibilitätsprobleme zwischen dem BGH und dem Europäischen Gerichtshof für Menschenrechte – Die Entscheidung des BGH vom 18.11.1999 zur polizeilichen Tatprovokation, StraFo 2000, 150; s.a. die Hinw. bei → *Menschenrechtsbeschwerde, Allgemeines*, Teil C Rdn 2. 223

1. Die in Art. 34 S. 1 EMRK geregelte Opfereigenschaft ist grds. gegeben, wenn der Beschwerdeführer **substantiiert** und **schlüssig vorträgt**, durch die angegriffene hoheitliche Handlung oder Unterlassung **unmittelbar** in einem seiner **Konventionsrechte berührt** zu sein (EGMR [GK], Urt. v. 15.10.2009 – 17056/06 [*Micallef*/Malta Nr. 44]). Die Konvention erlaubt demnach weder Popularklagen noch abstrakte Normenkontrollen (→ *Menschenrechtsbeschwerde, Beschwerdebefugnis*, Teil C Rdn 39). 224

Der EGMR **prüft** das Bestehen der Opfereigenschaft **von Amts wegen in jedem Stadium** des Verfahrens (EGMR [GK], Urt. v. 29.3.2006 – 36819/97 [*Scordino*/Italien I Nr. 179]; EGMR, Urt. v. 8.12.2009 – 22465/03 [*Şandru u.a.*/Rumänien Nr. 50]). Ursächlich hierfür ist, dass der belangte Staat innerhalb des Verfahrens über die Menschenrechtsbeschwerde jederzeit mit der Folge Abhilfe schaffen kann, dass die Opfereigenschaft (wieder) entfällt. An dieser Stelle scheint der Subsidiaritätsgrundsatz (→ *Menschenrechtsbeschwerde, Subsidiaritätsgrundsatz*, Teil C Rdn 306) durch. 225

☝ Bei der auch hier ohne übertriebenen Formalismus flexibel vorgenommenen (EGMR [GK], Urt. v. 15.10.2009 – 17056/06 [*Micallef*/Malta Nr. 45) Überprüfung durch den Gerichtshof bleiben **innerstaatliche Regelungen** über die Klage- oder Beschwerdebefugnis und das Rechtsschutzbedürfnis **außer Betracht**. Ausschlaggebend sind ausschließlich konventionsrechtliche Gesichtspunkte. Insbesondere maßgeblich ist das Ziel der Konvention, wirksame und praktische Garantien zu geben (EGMR, Urt. v. 13.1.2005 – 34491/97 [*Demir*/Türkei Nr. 45]).

2.a) Ebenso wenig wie das innerstaatliche Recht für die Bestimmung der Opfereigenschaft entscheidend ist (vgl. auch: EGMR, Urt. v. 27.4.2004 – 62543/00 [*Lizarraga u.a.*/ 226

Spanien Nr. 35]), ist das Bestehen eines **besonderen Rechtsschutzbedürfnisses** oder das **Vorliegen** eines **Schadens nicht Voraussetzung** für die Opfereigenschaft. Da die EMRK auch verletzt sein kann, ohne dass ein erheblicher Nachteil eingetreten ist, ist dies für die → *Menschenrechtsbeschwerde, Entschädigung*, Teil C Rdn 161, nach Art. 41 EMRK, aber nicht für die Opfereigenschaft von Bedeutung (EGMR, Urt. v. 5.10.2005 – 72881/01 [*Heilsarmee*/Russland Nr. 65]). Auf dem Gebiet des Strafrechts, auf welchem regelmäßig eher immaterielle Einbußen und die Einhaltung von Verfahrensgarantien eine Rolle spielen, dürfte dies indessen die Ausnahme darstellen.

☝ Bei **Vermögenseinbußen infolge strafprozessualer Maßnahmen** ist auf den mit dem 14. Zusatzprotokoll eingeführten neuen Art. 35 Abs. 3 Buchst. b EMRK zu achten, der bei Fehlen eines erheblichen Nachteils die Möglichkeit eröffnet, die Menschenrechtsbeschwerde für unzulässig zu erklären. Maßgebliches Kriterium für die Beurteilung ist die individuelle wirtschaftliche Bedeutung des Beschwerdegegenstands für den Beschwerdeführer im konkreten Verfahren, soweit diese aus Sicht des Gerichtshofs objektiv gerechtfertigt ist (EGMR, Urt. v. 1.7.2010 – 25551/05 [*Korolev*/Russland], NJW 2010, 3081). Allerdings setzt der EGMR seine Prüfung trotz eines nur geringen Nachteils fort, wenn die Menschenrechtsbeschwerde Fragen von allgemeiner Bedeutung in Bezug auf die Einhaltung der Konvention aufwirft, oder keine gebührende Prüfung durch ein innerstaatliches Gericht erfolgt ist (→ *Menschenrechtsbeschwerde, Zulässigkeit, Zulässigkeitsvoraussetzungen*, Teil C Rdn 450).

227 **b)** Wenn **von Anfang an** aufseiten des Beschwerdeführers **keine Opfereigenschaft** im Sinne der Konvention bestanden hat, erklärt der Gerichtshof die Beschwerde für **unzulässig** (vgl. z.B. EGMR, Entsch. v. 24.2.2011 – 14419/03 [*Čangov*/Mazedonien Nr. 58]). Mit dem Wegfall der Opfereigenschaft entfällt auch die Prozessfähigkeit des Beschwerdeführers (→ *Menschenrechtsbeschwerde, Beschwerdebefugnis*, Teil C Rdn 36). Fällt diese **nachträglich weg**, erklärt der Gerichtshof die Beschwerde wegen offensichtlicher Unbegründetheit für **unzulässig** (→ *Menschenrechtsbeschwerde, Zulässigkeit, Zulässigkeitsvoraussetzungen*, Teil C Rdn 443).

228 **3.a)** Die **Gründe** für den **Wegfall** der **Opfereigenschaft** können sowohl in der Sphäre des Beschwerdeführers, wie z.B. grds. bei dessen Ableben (→ *Menschenrechtsbeschwerde, Wiederaufnahme des Verfahrens*, Teil C Rdn 414) oder bei dessen Verzicht auf seine Konventionsrechte innerhalb des Strafverfahrens, auch konkludent durch die Rücknahme oder Beschränkung eines Rechtsmittels, als auch des belangten Staates liegen. Erforderlich hierfür ist, dass dieser ausdrücklich oder jedenfalls der Sache nach eine Verletzung der Konvention einräumt und diese angemessen wiedergutmacht (EGMR, Urt. v. 1.6.2010 – 22978/05 [*Gäfgen*/Deutschland Nr. 115], NJW 2010, 3145).

☝ Vor allem die im Bereich der Strafrechtspflege durch die Konvention gewährleisten **Verfahrensgarantien** des Art. 6 EMRK sind für den Beschwerdeführer **disponibel**. Er kann auf diese freiwillig verzichten, wenn die Folgen seines Verhaltens für ihn vorhersehbar sind und keine wichtigen öffentlichen Interessen entgegenstehen (EGMR, Urt. v. 27.5.2007 – 32432/96 [*Tunç*/Türkei Nr. 59 f.]). Hier entfällt die Opfereigenschaft. Es ist daher **Vorsicht** geboten.

b) Innerhalb des Straf- und Strafverfahrensrechts ist, insbesondere in Ansehung der inner- 229
staatlichen Möglichkeit einer **Verständigung** zwischen dem erkennenden Strafgericht und den übrigen Verfahrensbeteiligten nach **§ 257c StPO** (*Burhoff*, EV, Rn 72 ff.; *Burhoff*, HV, Rn 137 ff.), eine Vielzahl von entsprechenden Konstellationen denkbar und zu hinterfragen. Nach Auffassung des EGMR wird ein z.B. in einer Vereinbarung mit der StA oder dem Gericht getätigter Verzicht dann hinfällig, wenn der Staat nicht in gutem Glauben handelt und berechtigte Erwartungen enttäuscht (EGMR, Urt. v. 17.9.2009 – 10249/03 [*Scoppola*/Italien]).

c)aa) Entscheidend für die auf den **konkreten Einzelfall bezogene Beurteilung**, ob von 230
einer Wiederherstellung eines konventionsgemäßen Zustandes, der geeignet ist, den Opferstatus des Beschwerdeführers entfallen zu lassen, ausgegangen werden kann, ist immer die Art der Konventionsverletzung und der innere Zusammenhang zwischen der erhobenen Rüge einer- und den tatsächlichen Auswirkungen der staatlichen Reaktion oder Maßnahme hierauf andererseits.

bb) Der **Wegfall** der Opfereigenschaft wurde 231

bejaht: 232

- bei einem **Freispruch**, wenn eine **Verletzung** des **fairen Verfahrens gerügt** wird (EGMR, Urt. v. 19.12.2006 – 39863/02 [*Yilmaz*/Türkei Nr. 14]),
- **nicht** aber bei der Beanstandung einer **überlangen Dauer** des Verfahrens (EGMR [GK], Urt. v. 13.11.2008 – 26073/03 [*Ommer II*/Deutschland Nr. 54], HRRS 2009, Nr. 217),
- bei einer **Reduzierung** der **Strafe** bei **überlanger Dauer** des **Verfahrens**, wenn seitens des Strafgerichts der Konventionsverstoß ausreichend anerkannt und hinreichend erkennbar wird, dass die Strafe deswegen ausdrücklich und messbar herabgesetzt oder das Verfahren eingestellt wird (EGMR, Urt. v. 17.11.2005 – 72438/01 [*Sprotte*/Deutschland], NJW 2006, 3549),

  ☝ Die **Vollstreckungslösung** des BGH (BGHSt 52, 124) hat der Gerichtshof in diesem Zusammenhang bestätigt, wenn bei jeder (Einzel-)Strafe Art und Ausmaß der Verzögerung ebenso festgestellt und konkret bestimmt wird, wie das Maß der erforderlichen Kompensation (EGMR, Urt. v. 2.6.2009 – 29705/05 [*Kaemena u.*

Thöneböhn/Deutschland], StV 2009, 561; vgl. zur Vollstreckungslösung *Burhoff*, HV, Rn 2825; *Burhoff*, EV, Rn 4141).

- bei einer **Einstellung** des **Verfahrens** nach **§ 153a** infolge der Zurückverweisung durch den BGH, wenn dieser die hierfür ursächliche Verletzung der EMRK festgestellt hat und der Beschwerdeführer durch seine im Anschluss gegenüber dem Tatgericht erklärte Zustimmung wirksam auf die Weiterverfolgung seiner Rüge verzichtet hat (EGMR, Urt. v. 10.7.2007 – 41514/04 [*Alfes*/Deutschland], EuGRZ 2008, 277),
- bei einer **Zurückverweisung** durch das **BVerfG**, wenn hierdurch eine vollständige Kompensation gewährleistet ist (EGMR, Urt. v. 15.5.2008 – 58364/00 [*Lück*/Deutschland Nr. 22]),
- bei der **Annahme** einer **Entschädigung** innerhalb einer gütlichen Einigung (EGMR, Urt. v. 4.6.2009 – 2177/05 [*SV-GmbH*/Österreich Nr. 36], NJW 2010, 751).

☝ Eine **Amnestie** oder andere **Gnadenakte** betreffen regelmäßig die Frage der gerechten (→ *Menschenrechtsbeschwerde, Entschädigung*, Teil C Rdn 161) und nicht der Opfereigenschaft (EGMR, Urt. v. 6.5.1985 – 8658/79 [*Bönisch*/Österreich Nr. 12], EGMR-E 3, 58).

233 **verneint**:

- eine **Verfahrenseinstellung** wegen **Verjährung** (Urt. v. 25.6.1987 – 10256/83 [*Baggetta*/Italien], EGMR-E 3, 532).
- die **nur symbolische Verurteilung** eines **Polizisten** wegen Verstoßes gegen Art. 3 EMRK (EGMR, Urt. 1.6.2010 – 22978/05 [*Gäfgen*/Deutschland Nr. 124 f.], NJW 2010, 3145),
- eine **Entschädigungszahlung** nach erlittener **U-Haft** infolge eines Freispruchs, wenn in den Urteilsgründen nicht festgestellt wurde, dass die Haft konventionswidrig war (EGMR, Urt. 6.4.2000 – 26772/95 [*Labita*/Italien Nr. 40]),
- die **Erstattung** von **Kosten** und **Auslagen** bei einem Freispruch, wenn dieser in keinem unmittelbaren Zusammenhang mit der Verletzung der EMRK erfolgte (EGMR, Urt. v. 13.11.2008 – 10597/03 [*Ommer I*/Deutschland], StV 2009, 519).

☝ **Nicht in Wegfall** dürfte die Opfereigenschaft schließlich fallen, wenn bei Verletzung anderer, nicht die überlange Dauer des Verfahrens betreffender Verfahrensgarantien, wie z.B. einer **unzulässigen Tatprovokation** oder der **Beschneidung** des Rechts auf **konfrontative Befragung**, diese nach innerstaatlicher Rechtsprechung lediglich im Rahmen der Strafzumessung zugunsten des Angeklagten berücksichtigt werden (vgl. z.B. BGH NJW 2011, 23 [Strafzumessungslösung]; NStZ 2001, 53, vgl. auch *Sommer* NStZ 1999, 48; *Burhoff*, HV, Rn 1540 m.w.N.). Auf diesem Weg wird keine angemessene Kompensation im Sinne der Konvention erreicht (*Meyer-Ladewig*, Art. 6 EMRK Rn 161).

Siehe auch: → *Menschenrechtsbeschwerde, Allgemeines*, Teil C Rdn 1, m.w.N.; → *Menschenrechtsbeschwerde, Zulässigkeit*, Teil C Rdn 423.

Menschenrechtsbeschwerde, Prozesskostenhilfe 234

Das Wichtigste in Kürze:

1. PKH wird erst nach der Zustellung der Menschenrechtsbeschwerde an die gegnerische Partei für das sich dann anschließende Verfahren bewilligt.
2. Die Bewilligung setzt die Notwendigkeit der Vertretung sowie die Bedürftigkeit des Beschwerdeführers voraus.
3. Die bewilligte PKH wirkt grds. im Verfahren vor der Großen Kammer fort und kann bei Änderungen der zugrunde liegenden Verhältnisse jederzeit abgeändert werden.
4. Die Pauschsätze der PKH stellen einen Beitrag zu den Kosten der Prozessvertretung dar und schließen darüber hinausgehende weitere Ansprüche nicht aus.

Literaturhinweise: → *Menschenrechtsbeschwerde, Allgemeines*, Teil C Rdn 2, m.w.N. 235

1. Im Verfahren vor dem EGMR kann **auf Antrag** oder **von Amts wegen** PKH gewährt 236
werden (Art. 100 bis 105 VerfO-EGMR). Der Kammerpräsident kann einem Beschwerdeführer PKH bewilligen, nachdem der belangte Vertragsstaat zur Zulässigkeit der Beschwerde hatte Stellung nehmen können (Art. 100 Abs. 1 VerfO-EGMR). Daher genügt es, einen beabsichtigten Antrag auf Bewilligung von PKH erst zu diesem Zeitpunkt zu stellen.

☝ Für die Einlegung der Menschenrechtsbeschwerde und das Verfahren **vor Zustellung** der Beschwerdeschrift an die gegnerische Partei wird PKH **nicht** gewährt.

2.a) Die **Bewilligung** von **PKH** setzt voraus, dass sie für die ordnungsgemäße Prüfung der 237
Rechtssache vor der Kammer **notwendig** ist und der Beschwerdeführer über **nicht genügend eigene finanzielle Mittel** verfügt, um die anfallenden Kosten ganz oder teilweise zu begleichen, Art. 101 VerfO-EGMR.

238 **b)** Die Notwendigkeit zur ordnungsgemäßen Prüfung setzt gewisse **Schwierigkeiten** der **Sach-** oder der **Rechtslage** voraus. Vom Vorliegen hinreichender Schwierigkeiten kann nach Zustellung der Menschenrechtsbeschwerde an die gegnerische Partei im Verfahren vor der Kammer ausgegangen werden, da Art. 36 Abs. 2 VerfO-EGMR die Vertretung des Beschwerdeführers durch einen Rechtsbeistand ab diesem Zeitpunkt als Normalfall annimmt (→ *Menschenrechtsbeschwerde, Verfahrensablauf, Verfahren vor der Kammer*, Teil C Rdn 388).

☝ Bei einer **positiven Bescheidung** der Menschenrechtsbeschwerde **durch** das **Komitee** auf der Basis gesicherter Rechtsprechung gem. Art. 28 Abs. 1 Buchst. b) EMRK (→ *Menschenrechtsbeschwerde, Verfahrensablauf nach Beschwerdeeingang*, Teil C Rdn 361) ist die Notwendigkeit der Vertretung des Beschwerdeführers grds. nicht gegeben. In diesen Verfahren wird **PKH** daher **nicht gewährt** (Karpenstein/Mayer/*Schäfer*, Art. 34 EMRK Rn 12).

239 **c)** Die Überprüfung der finanziellen Situation des Beschwerdeführers dahin gehend, ob dessen **unzureichende Vermögensverhältnisse** die Bewilligung von PKH zulassen, erfolgt auf Grundlage eines **Erklärungsformulars**, in dem der Beschwerdeführer Angaben zu seinem Einkommen, seinem Kapitalvermögen und seinen finanziellen Verpflichtungen machen muss (Art. 102 Abs. 1 S. 1 VerfO-EGMR). Entsprechende Unterlagen mit weiteren Erläuterungen erhält der Beschwerdeführer auf seinen Antrag auf PKH zugesandt.

240 Obwohl die Verfahrensordnung vorsieht, dass die **Erklärung** über die persönlichen und wirtschaftlichen Verhältnisse von einer **nationalen Stelle bestätigt** wird, ist dies i.d.R. **nicht erforderlich** (Grote/Marauhn/*Schorkopf*, Kap. 30 Rn 87). Es steht dem Gerichtshof offen, dem belangten Vertragsstaat auch hinsichtlich der Bewilligung der PKH Gelegenheit zur Stellungnahme zu geben (Art. 102 Abs. 2 VerfO-EGMR). I.Ü. entscheidet der Kammerpräsident nach Erhalt der Unterlagen und unterrichtet die Parteien über seine Entscheidung, Art. 102 Abs. 3 VerfO-EGMR.

241 **3.** Die **bewilligte PKH wirkt** grds. im Verfahren vor der **Großen Kammer fort** (Art. 100 Abs. 2 VerfO-EGMR). Liegen die Bewilligungsvoraussetzungen nicht mehr vor, kann der Kammerpräsident die Bewilligung der PKH jederzeit zurücknehmen oder abändern (Art. 105 VerfO-EGMR).

242 **4.** Die PKH umfasst die **Vergütung** des **Rechtsbeistands** und kann darüber hinaus auch **Fahrt-** und **Aufenthaltskosten** sowie andere **notwendige Auslagen** des Beschwerdeführers oder seines bestellten Vertreters wie etwa Übersetzungskosten umfassen (Art. 103 Abs. 2 VerfO-EGMR). Vergütungen werden allerdings nur an Rechtsbeistände oder sonst gem. Art. 36 Abs. 4a VerfO-EGMR als Rechtsvertreter zugelassene Person ausgezahlt. Die Höhe der Auszahlung – hinsichtlich des Honorars „entsprechend der geltenden Tari-

fe" – bestimmt sodann der Kanzler (Art. 104 VerfO-EGMR). Derzeit beträgt die Vergütung im Rahmen der PKH für das schriftliche Verfahren 850,00 €.

☝ Dieser **Pauschbetrag** schließt eine **darüber hinausgehende Zahlungsverpflichtung** des Beschwerdeführers nicht aus (→ *Menschenrechtsbeschwerde, Kosten*, Teil C Rdn 199 ff.); im Obsiegensfall werden bereits bewilligte und ausgezahlte Beträge der PKH auf zu erstattende Verfahrenskosten angerechnet; sie sind als Beitrag zu den Kosten der Prozessvertretung zu verstehen (Karpenstein/Mayer/*Schäfer*, Art. 34 Rn 12 m.w.N.).

Siehe auch: → *Menschenrechtsbeschwerde, Allgemeines*, Teil C Rdn 1, m.w.N.; → *Menschenrechtsbeschwerde, Kosten*, Teil C Rdn 193; → *Menschenrechtsbeschwerde, Verfahrensablauf nach Beschwerdeeingang*, Teil C Rdn 354; → *Menschenrechtsbeschwerde, Verfahrensablauf, Verfahren vor der Kammer*, Teil C Rdn 383.

Menschenrechtsbeschwerde, Recherche 243

Literaturhinweise: **Braun**, Einführung in die juristische Internetrecherche, JuS 2004, 359; s.a. die Hinw. bei → *Menschenrechtsbeschwerde, Allgemeines*, Teil C Rdn 2. 244

1. Im Unterschied zu Verfahren über die Verfassungsbeschwerde vor dem BVerfG, in dem **einzelfallbezogenen Besonderheiten** i.d.R. im Rahmen der Prüfung der Verhältnismäßigkeit Rechnung getragen wird, kann für den Gerichtshof der einzelne Fall („case") von einer **weiter gehenden** – wenn auch nicht umfassend übertragbaren – **Bedeutung** sein. 245

☝ Dessen tatsächliche Eigenarten und Besonderheiten im Verhältnis zu rechtlich und tatsächlich gleich gelagerten Fällen sind **entscheidend** für die Beurteilung der Grenzen der Übertragbarkeit der Entscheidung im Allgemeinen.

2.a) Die **Entscheidungen** der EKMR und des EGMR sind jedoch mittlerweile ebenso facetten- wie **zahlreich** und die Mehrsprachigkeit ihrer schriftlichen Ausfertigungen trägt nicht unbedingt zu einer, aus der Perspektive des Rechtssuchenden aber wünschenswerten, Übersichtlichkeit bei. Es ist daher eine wesentliche Aufgabe des Vertreters, sich eine entsprechende **Orientierung** betreffend die Judikatur des Gerichtshofs zu verschaffen. 246

Mit Blick hierauf nicht zu vernachlässigen sind die bestehenden Möglichkeiten der **Recherche im Internet**. Auch wenn eine solche keinesfalls Lehrbücher, Kommentare und Fachzeitschriften zu ersetzen vermag, gewährleistet das Internet bereits aufgrund seiner ständigen Aufbereitung von Informationen eine **Aktualität**, welche mit den herkömmlichen Hilfsmitteln für die juristische Bearbeitung nicht ohne Weiteres zu erreichen ist. Es ist daher ratsam, die bestehenden Möglichkeiten der Recherche im Internet in die Bearbeitung mit einzubeziehen. 247

248 **b)** Die allgemein zugänglichen Internetportale werden zum Teil von nicht staatlichen Organisationen, Universitäten aber auch Ministerien und letztendlich dem Gerichtshof selbst zur Verfügung gestellt. Es bestehen u.a. folgende

249 **Recherchemöglichkeiten**

- **HUDOC**, die Entscheidungs-Datenbank des EGMR (echr.coe.int/). Hier finden sich nahezu **sämtliche Entscheidungen** und **Urteile** des **Gerichtshofs** in einer der beiden **Amtssprachen**.
- Auf der **Internetseite** des **Gerichtshofs** können darüber hinaus neben **Informationsblättern** zu dessen Rechtsprechung auch ein **Leitfaden** für die Menschenrechtsbeschwerde sowie **factsheets** in deutscher Sprache eingesehen werden.
- die Entscheidungssammlung des **Bundesministeriums** der **Justiz** (bmj.de/SiteGlobals). Sie wird ständig um neue Veröffentlichungen von **Urteilen** des **EGMR** in **deutscher Sprache** erweitert, welche gegen Deutschland ergangen sind. Diese finden sich unter der Rubrik „Expertensuche".
- das **Fundstellenverzeichnis** zu den Entscheidungen des EGMR in **deutscher Sprache** (egmr.org/). Es kann nur als äußerst nützlich bezeichnet werden. Die Seite bietet eine breite Palette an Informationen und ist stets aktuell. Insbesondere von den dort vorhandenen weiterführenden „Links" sollte ebenfalls Gebrauch gemacht werden.
- **EGMR-E**, die **Entscheidungssammlung** des Gerichtshofs in **deutscher Sprache**, die auf der Internetseite des N.P. Engel Verlags (eugrz.info/) einsehbar ist. Die Sammlung befindet sich im Aufbau und umfasst derzeit die ersten vier Bände.
- **HRRS** (hrr-strafrecht.de/). Hier finden sich neben Zusammenfassungen einzelner Urteile in deutscher Sprache auch entsprechende Anmerkungen.
- die **Internetseite** des **österreichischen Instituts** für **Menschenrechte** (menschenrechte.ac.at/). Insbesondere der Newsletter gibt stets den aktuellen Überblick über die Rechtsprechung des EGMR in deutscher Sprache wieder.
- Schließlich gibt der **Verfassungsblog** (verfassungsblog.de) Einblick in **Diskussionen** über **aktuelle** menschenrechtliche Themen und **Entwicklungen**.

250 Die vorstehende **Aufzählung** erhebt **keinen Anspruch** auf **Vollständigkeit**, dürfte jedoch die wesentlichen Recherchequellen zur Erstellung einer Menschenrechtsbeschwerde im Internet beinhalten. Bei einem Besuch der genannten Seiten sollte stets auch auf die dortigen Verlinkungen geachtet und die eigene „Adressensammlung" bei Bedarf um neue Quellen erweitert werden.

Siehe auch: → *Menschenrechtsbeschwerde, Allgemeines*, Teil C Rdn 1, m.w.N.; → *Menschenrechtsbeschwerde, Beschwerdebegründung*, Teil C Rdn 40.

Menschenrechtsbeschwerde, Rechtswegerschöpfung 251

Das Wichtigste in Kürze:

1. Der EGMR prüft die Erschöpfung des Rechtswegs ohne übermäßigen Formalismus.
2. Der Beschwerdeführer muss die Beschwerdepunkte aber zumindest der Sache nach und in Übereinstimmung mit den Voraussetzungen und Fristen des nationalen Rechts vor den Gerichten des gegnerischen Vertragsstaats geltend gemacht haben.
3. Der Beschwerdeführer muss des Weiteren grds. von allen im innerstaatlichen Rechtssystem zur Behebung des Konventionsverstoßes zur Verfügung stehenden effektiven Rechtsbehelfen und -mitteln Gebrauch machen.
4. Grds. zu erheben ist die Verfassungsbeschwerde.
5. Ebenso müssen die Rechtsbehelfe der StPO grds. genutzt werden. Bedenken bestehen u.a. bei einer Anhörungsrüge und bei einem Widerspruch.
6. Vor dem EGMR ist die Rechtswegerschöpfung – den Umständen entsprechend in abgestufter Darlegungslast – schließlich substantiiert anzugeben und durch Nachweise zu belegen.

Literaturhinweise: **Broß**, Zulässigkeitsanforderungen von Individualrechtsbehelfen – Aus der Sicht des Bundesverfassungsgerichts, EuGRZ 2006, 506; **Eschelbach/Geipel/Weiler**, Anhörungsrügen, StV 2010, 325; **Grabenwarter**, Die Revisionsbegründungsfrist nach § 345 Abs. 1 StPO und das Recht auf angemessene Vorbereitung der Verteidigung, NJW 2002, 109; **Michalke**, Reform der Untersuchungshaft – Reform vertan? NJW 2010, 17; **Rogge**, Die Einlegung einer Menschenrechtsbeschwerde, EuGRZ 1996, 341; **Rudolf/v. Raumer**, Die Beschwerde vor dem Europäischen Gerichtshof für Menschenrechte – Eine kaum genutzte Chance, AnwBl. 2009, 313; **Safferling**, Audiatur et altera pars – Die prozessuale Waffengleichheit als Prozessprinzip? NStZ 2004, 181; **Strafner**, Der Schadensersatzanspruch nach Art. 5 Abs. 5 EMRK in Haftsachen, StV 2010, 275; **Wittinger**, Die Einlegung einer Individualbeschwerde vor dem EGMR, NJW 2001, 1238; s.a. die Hinw. bei → *Revision, Allgemeines*, Teil A Rdn 2006, bei → *Untersuchungshaft, Allgemeines*, Teil B Rdn 806, bei → *Menschenrechtsbeschwerde, Allgemeines*, Teil C Rdn 2, und bei → *Verfassungsbeschwerde, Allgemeines*, Teil C Rdn 730, m.w.N. 252

1.a)aa) Es ist grds. die **Aufgabe** der **Vertragsparteien**, **Menschenrechtsverletzungen** innerhalb ihres eigenen Rechtsschutzsystems **abzuhelfen**. Die Erhebung einer Menschenrechtsbeschwerde ist daher nur zulässig, wenn zuvor der Rechtsweg vor den innerstaatlichen Gerichten erschöpft wurde (EGMR; Urt. v. 18.6.1971 – 2832/66 [*De Wilde, Ooms u. Versyp*/Belgien Nr. 50], EGMR-E 1, 112 f.; EGMR, Urt. v. 9.10.1979 [*Airey*/Irland], EGMR-E 1, 416). Vor den Strafgerichten endgültig **Versäumtes** ist im Verfahren über die Menschenrechtsbeschwerde **nicht nachholbar**. 253

bb) Im Gegensatz zu den in der Rspr. des BVerfG festzustellenden strengen Anforderungen (BVerfG NStZ 2000, 382 [naheliegende Ablehnung eines Revisionssenats]; vgl. auch 254

→ *Verfassungsbeschwerde, Zulässigkeit, Rechtswegerschöpfung*, Teil C Rdn 1182), ist dem **EGMR** bei seiner **Überprüfung** ein „übermäßiger Formalismus" fremd. Die Regel der Erschöpfung des Rechtswegs wird **„relativ flexibel"** angewendet (EGMR, Urt. v. 1.4.2010 – 27804/05 [*B.*/Deutschland], StV 2011, 430). Dies beruht neben dem Ziel der EMRK, einen möglichst umfassenden und effektiven Schutz der Menschenrechte zu gewährleisten (*Broß* EuGRZ 2006, 507 „Zielsetzung von Individualrechtsbehelfen"), auf dem Umstand, dass Völkerrecht nicht **mit** demselben Formalismus angewendet werden kann, der zuweilen bei der Anwendung innerstaatlichen Rechts für geboten erachtet wird. Artikel 35 Abs. 1 EMRK bezieht sich ausdrücklich auf die allgemein anerkannten Grundsätze des Völkerrechts (→ *Menschenrechtsbeschwerde, Auslegung der Konvention*, Teil C Rdn 13).

☝ Der **EGMR** und bereits die Kommission haben sich mehrfach zu Recht für die **Notwendigkeit** einer **gewissen Flexibilität** bei der Überprüfung des Erfordernisses der Erschöpfung des innerstaatlichen Rechtswegs ausgesprochen (seit der Entsch. v. 30.8.1958 – 332/57 [*Lawless*/Irland], EGMR-E 1, 128). Hiervon wurde bislang, trotz der erheblichen Arbeitsbelastung, nicht merklich abgerückt.

255 **b)** Wenn das **BVerfG ohne Angaben** von **Gründen** beschließt, die **Verfassungsbeschwerde nicht** zur Entscheidung **anzunehmen**, scheitern Versuche der Regierung, nach Zustellung die Einrede der Nichterschöpfung zu erheben und entsprechende Interpretationen im Hinblick auf die Beweggründe des BVerfG vorzutragen. Der Gerichtshof geht hier regelmäßig zu Recht von einer Erschöpfung des innerstaatlichen Rechtswegs aus. Insbesondere stellt er in ständiger Rspr. fest, dass es nicht seine Aufgabe ist, sich an die Stelle des BVerfG zu setzen und über die Gründe der Nichtannahme zu spekulieren (EGMR, Urt. v. 9.6.2009 – 11363/03 [*Mooren*/Deutschland Nr. 119], StV 2010, 490).

256 Das gilt **auch** für nicht näher begründete **Unzulässigkeitsentscheidungen** des BVerfG, wenn Versäumnisse des Beschwerdeführers nicht ohne Weiteres ersichtlich sind (EGMR, Entsch. v. 25.9.2007 – 28782/04 [*Luig*/Deutschland]; Urt. v. 12.10.2010 – 19508/07 [*Granos Organicos Nacionales S.A.*/Spanien]).

257 **2.a)** Der Beschwerdeführer ist **ausschließlich gehalten**, seine **Beschwerdepunkte** zumindest der Sache nach und in **Übereinstimmung** mit den **Voraussetzungen** und **Fristen** des **nationalen Rechts** vor den Gerichten des beklagten Staates geltend zu machen (EGMR [GK], Urt. v. 21.1.1999 – 29183/95 [*Fressoz*/Frankreich], NJW 1999, 1315). Überspannte Anforderungen an diese **horizontale Rechtswegerschöpfung** werden innerhalb der Zulässigkeitsprüfung **nicht** gestellt.

☝ Wenn die **innerstaatlichen Fristen-** oder **Präklusionsvorschriften** für sich oder in ihrer Anwendung und Auslegung durch die nationalen Gerichte gegen die **Konven-**

tion verstoßen, ist der Rechtsweg auch ohne deren Inanspruchnahme grds. erschöpft. Überdies liegt hierin eine **zusätzliche Verletzung** von Art. 6 EMRK in Form einer unzulässigen Beschränkung des „**Zugangs zum Gericht**".

b) Eine für **unsubstantiiert erklärte Verfassungsbeschwerde** hat nicht unbedingt zur Folge, dass der innerstaatliche Rechtsweg nicht erschöpft ist. Der EGMR nahm bereits mehrfach gleichwohl eine Erschöpfung des Rechtsweges – unter Verwerfung der sehr strengen Anforderungen des BVerfG (§ 23 Abs. 1 S. 2 BVerfGG) – an. Entscheidend ist stets, ob der Beschwerdeführer die geltend gemachten Beschwerdepunkte in hinreichender Deutlichkeit der Sache nach in seiner Verfassungsbeschwerde vorgetragen hat (EGMR, Urt. v. 10.8.2006 – 75737/01 [*Schwarzenberger*/Deutschland Nr. 31], NJW 2007, 3553; vgl. aber auch: EGMR, Entsch. v. 7.12.2010 – 24376/02 [*Spahiu*/Deutschland]). 258

☝ Selbst mit einer **Missbrauchsgebühr** belegte **Verfassungsbeschwerden hatten** in Straßburg letzten Endes **Erfolg** (EGMR Urt. v. 16.12.2010 – 27596/09 [*Dudek*/Deutschland]). Maßgeblich ist ausschließlich, dass die belangte Vertragspartei vom Beschwerdeführer aufgefordert und so in die Lage versetzt wurde, den Konventionsverstoß zu beheben oder – wenn dies nicht möglich ist – wiedergutzumachen (EGMR, Urt. v. 28.4.2004 – 56679/00 [*Azinas*/Zypern Nr. 38]). Hierzu hat er das nationale Rechtsschutzsystem nur zu nutzen, soweit dieses **keine zu strengen Anforderungen** stellt (→ *Menschenrechtsbeschwerde, Subsidiaritätsgrundsatz*, Teil C Rdn 313).

Vom Gerichtshof geteilt werden allerdings die Anforderungen des BVerfG an die **rechtzeitige Vorlage von Dokumenten**. Hat der Beschwerdeführer diese in Karlsruhe verspätet eingereicht, geht auch der EGMR regelmäßig von einer Nichterschöpfung des Rechtswegs aus (Karpenstein/Meyer/*Schäfer*, Art. 35 EMRK Rn 47 m.w.N.). Anders dürfte dies sein, wenn die Unterlagen aus Sicht des Gerichtshofs für die Entscheidung nicht erheblich waren. 259

3. Es ist jedenfalls von **sämtlichen** zur **Behebung** des **Konventionsverstoßes** im **innerstaatlichen Rechtssystem** zur Verfügung stehenden ordentlichen **Rechtsbehelfen** und -mitteln ist Gebrauch zu machen (**vertikale Rechtswegerschöpfung**). Zu diesen gehören im Strafprozess zunächst die in der StPO geregelten ordentlichen Rechtsbehelfe und die Verfassungsbeschwerde. Erfasst werden diese aber nach st. Rspr. des EGMR nur soweit sie wirksame, angemessene und zugängliche Rechtsbehelfe darstellen (EGMR, Urt. v. 27.2.1980 – 6903/65 [*Deweer*/Belgien Nr. 29], EGMR-E 1, 467). Die gesetzlichen Regelungen müssen sich in der Sache auf die behauptete Verletzung beziehen und nicht nur theoretisch sondern auch tatsächlich verfügbar und hinreichend geeignet sein, um den Verstoß angemessen und **effektiv** zu beheben. Ist dies nicht der Fall oder zweifelhaft, ist der entsprechende Rechtsbehelf zur Erschöpfung des Rechtswegs entbehrlich (EGMR, Urt. v. 1.4.2010 – 27804/05 [*B.*/Deutschland], StV 2011, 430, 433). 260

261 **4.a) Grds.** zu **erheben** ist danach die **Verfassungsbeschwerde**. Nicht ausreichend dürfte eine Verfassungsbeschwerde bei einem der Landesverfassungsgerichte sein (offen gelassen in EGMR, Urt. v. 5.6.2003 – 74789/01 [*Reuther*/Deutschland]; eingehend zur Verfassungsbeschwerde → *Verfassungsbeschwerde, Allgemeines*, Teil C Rdn 729, m.w.N.). Bei der Notwendigkeit der Erhebung einer Verfassungsbeschwerde gibt es zudem

262 **Ausnahmen**:

- Eine Verfassungsbeschwerde ist **nicht erforderlich**, wenn der Beschwerdegegenstand in **Parallelfällen bereits erfolglos** einer **Prüfung** durch das BVerfG unterzogen wurde (EGMR [Pl.], Urt. v. 25.8.1987 – 10282/83 [*Englert*/Deutschland Nr. 32], EGMR-E 3, 650; Entsch. v. 6.4.2000 – 52447/99 [*Goretzki*/Deutschland]; *Wittinger* NJW 2001, 1239). Dann kann davon ausgegangen werden, dass eine weitere Verfassungsbeschwerde mit demselben Streitgegenstand aussichtslos und somit ineffektiv wäre (*Rogge*, EuGRZ 1996, 345).
- **Entbehrlich** ist eine Verfassungsbeschwerde zudem, wenn sie **nicht geeignet** ist, der **Verletzung** der **EMRK abzuhelfen**. Dies ist z.B. bei einer ohne Feststellung der Schuld vorgenommenen Einstellung der Fall, wenn die Dauer des innerstaatlichen Verfahrens beanstandet wird (EGMR; Urt. v. [*Ommer II*/Deutschland], HRRS 2009, Nr. 217; → *Menschenrechtsbeschwerde, Kosten*, Teil C Rdn 201).

☝ Hier ist wegen einer möglichen Verfristung der Menschenrechtsbeschwerde **erhöhte Aufmerksamkeit** geboten. Es besteht ansonsten die Möglichkeit, dass die Regierung innerhalb der Prüfung der Zulässigkeit erfolgreich einwendet, die Beschwerdefrist sei nicht eingehalten, wenn die Erhebung einer Verfassungsbeschwerde für den Beschwerdeführer von vornherein erkennbar aussichtslos gewesen ist (→ *Menschenrechtsbeschwerde, Frist*, Teil C Rdn 180).

Grds. ist von der Verfassungsbeschwerde aber, zumindest vorsorglich bei gleichzeitiger fristgemäßer Einlegung der Individualbeschwerde, **Gebrauch** zu **machen**.

263 **b)** Rügt der **Beschwerdeführer** mehrere Verletzungen von Grundrechten und verzichtet hierbei innerhalb seiner Dispositionsfreiheit auf eine **Rüge** des **Art. 103 Abs. 1 GG**, macht dies die Verfassungsbeschwerde **nicht insgesamt unzulässig** (*Eschelbach/Geipel/Weiler* StV 2010, 325, 328; → *Verfassungsbeschwerde, Begründung, rechtliches Gehör*, Teil C Rdn 999). Ein etwaiger Gehörsverstoß sollte daher bei einer Kumulation von Grundrechtseingriffen nur ausnahmsweise (auch) geltend gemacht werden. Maßstab dürfte auch hier das Interesse des Beschwerdeführers sein.

264 **5.a)** Ebenso müssen die **Rechtsbehelfe** der **StPO** grds. genutzt werden. Aber auch hier dürfen die innerstaatlichen Regelungen nicht zu überspannten Anforderungen führen (→ *Menschenrechtsbeschwerde, Subsidiaritätsgrundsatz*, Teil C Rdn 312). Dies ist stets

im Einzelfall zu prüfen. Nur exemplarisch wird die Problematik daher nachfolgend an drei Beispielen erörtert.

b) **Fraglich** bei der Beanstandung von Konventionsverstößen, welche im Zusammenhang mit einem Strafverfahren stehen, ist etwa die Notwendigkeit der Stellung eines Antrags auf gerichtliche Entscheidung nach **§ 147 Abs. 5 S. 2** in den Fällen der Verweigerung der Akteneinsicht bei Fortdauer der U-Haft (→ *Antrag auf gerichtliche Entscheidung, Akteneinsicht*, Teil B Rdn 67; → *Justizverwaltungsakt, Anfechtung, §§ 23 ff. EGGVG, Verweigerung von Akteneinsicht*, Teil A Rdn 408; → *Untersuchungshaft, Allgemeines*, Teil B Rdn 806, m.w.N.; *Burhoff*, EV, Rn 228 ff.). 265

Richtig ist, dass § 147 Abs. 2 S. 2, wenn auch halbherzig formuliert (*Meyer/Goßner/Schmitt*, § 147 Rn 25a m.w.N.), auf die gegen Deutschland ergangenen Urteile des Gerichtshofs zurückzuführen ist (*Michalke* NJW 2010, 18). Das § 147 Abs. 5 der Umsetzung seiner Rspr. dient, hat der Gerichtshof bislang aber nicht bestätigt. Eher könnte gesagt werden, dass der EGMR die **innerstaatliche Regelungskonzeption** des Verfahrensrechts als hinderlich, zumindest **überobligatorisch** empfindet. In dem Verfahren *Mooren* haben sowohl die Kammer als auch die Große Kammer unter Verweis auf weitere Rspr. des Gerichtshofs betont, dass ein Beschwerdeführer nicht dafür kritisiert werden könne, wenn er von einem – überdies aussichtslosen – Rechtsbehelf keinen Gebrauch gemacht hat, mit dem im Wesentlichen dasselbe Ziel verfolgt worden wäre, wie mit dem von ihm zum Abschluss geführten Rechtsbehelf (EGMR, Urt. v. 9.6.2009 – 11363/03 [*Mooren*/Deutschland Nr. 118 f.], StV 2010, 490 m. Anm. *Pauly*). 266

Eine **inzidente Beanstandung** in der **Haftbeschwerde** ist somit **ausreichend** (s.a. *Schlothauer* StV 2001, 196; zur Haftbeschwerde → *Untersuchungshaft, Haftbeschwerde, § 304 StPO*, Teil B Rdn 880). Die Verteidigung sollte daher, sowohl die Rechtswidrigkeit des Haftbefehls als auch die, wegen fehlender Akteneinsicht nicht bestehende Möglichkeit dem dringenden Tatverdacht, entsprechend dem Gebot der Waffengleichheit, angemessen entgegentreten zu können, in ihrer Haftbeschwerde oder auch im Rahmen der besonderen Haftprüfung nach § 121 Abs. 1 (str. OLG Hamm StV 2002, 318 [2. Strafsenat]; wistra 2008, 195 [3. Strafsenat]) zusammen beanstanden. 267

☝ Daneben ist es natürlich möglich, **vorsorglich** den **Antrag** nach § 147 Abs. 5 bereits in das Gesuch auf Einsichtnahme in die Ermittlungsakte (*Burhoff*, EV, Rn 159) **aufzunehmen**, eine Option, die i.Ü. auch für die weiteren in der vorhandenen Antragserfordernisse in Betracht gezogen werden kann.

c) Wenn ein **Antrag** auf **gerichtliche Entscheidung nicht vorliegt**, steht dieser Umstand der **Zulässigkeit** der Menschenrechtsbeschwerde in der Vielzahl der Fälle **nicht entgegen**. I.d.R. ist es ausreichend, wenn der Beschwerdeführer von mehreren gleich geeigneten und zur Verfügung stehenden Rechtsbehelfen, die im Wesentlichen das- 268 selbe Rechtsschutzziel haben, einen ergriffen hat (Karpenstein/Mayer/*Schäfer*, Art. 35 EMRK Rn 30 m.w.N.). Entscheidend ist die allgemeine Geeignetheit des Rechtsbehelfs im Verhältnis zu den Rechtsschutzzielen des Beschwerdeführers (→ *Antrag auf gerichtliche Entscheidung, Allgemeines*, Teil B Rdn 104 ff., m.w.N.).

269 **d)aa)** Auch die Erforderlichkeit der Erhebung eines **Widerspruchs** gegen die **Verwertung konventionswidrig erlangter Beweismittel** erscheint anhand der in der Rspr. des EGMR entwickelten Kriterien zweifelhaft.

270 Das BVerfG lässt die von Teilen der Revisionsgerichte geforderte Verpflichtung der Verteidigung, ein BVV davon abhängig zu machen, dass der **Verwertung** der betroffenen Information nach ihrer Einführung in die HV **rechtzeitig widersprochen** wurde („Widerspruchslösung") unbeanstandet (zur Widerspruchslösung eingehend *Burhoff*, HV, Rn 3433). Diese trage vielmehr einerseits dem Interesse des Angeklagten an einer möglichst weitreichenden Dispositionsbefugnis Rechnung und gewährleiste andererseits, dass eine Beanstandung sowie die sich daraus ergebenden Rechtsfolgen noch während der HV geprüft werden können, damit **rechtzeitig Klarheit** für deren weiteren Verlauf geschaffen wird (BVerfG NJW 2012, 907).

☝ Bereits grds. dürfte indes **fraglich** sein, ob eine auferlegte **Verpflichtung** Ausdruck einer möglichst weitreichenden Dispositionsbefugnis ist und es überhaupt die Aufgabe eines Angeklagten sein kann, „rechtzeitig Klarheit" für den weiteren Verlauf der HV zu schaffen. Dem Angeklagten steht es innerhalb seiner Aussagefreiheit ansonsten zu, aus autonomen Gründen eine Entscheidung darüber zu treffen, ob er sich äußert oder hiervon Abstand nimmt (EGMR, Urt. v. 3.5.2001 – 31827/96 [*JB.*/Schweiz Nr. 64], NJW 2002, 499). Zur Mitwirkung an dem gegen ihn geführten Strafverfahren und aktiven Teilnahme an der HV ist er nicht verpflichtet (→ *Menschenrechtsbeschwerde, Subsidiaritätsgrundsatz*, Teil C Rdn 311). In Art. 6 EMRK wird keine aktive Kooperation des Angeklagten mit den Justizbehörden gefordert (EGMR, Urt. v. 15.7.1982 – 8130/78 [*Eckle*/Deutschland Nr. 82], EGMR-E 2, 105).

271 **bb)** Soweit in der genannten Entscheidung des BVerfG v. 7.12.2011 (NJW 2012, 907, Abs. Nr. 122) der Eindruck entstehen sollte, die **innerstaatliche Widerspruchslösung** decke sich mit der Rspr. des Gerichtshofs zu den Voraussetzungen für die Annahme eines Verwertungsverbotes (EGMR, Urt. v. 29.3.1999 – 25444/94 [*Pellisier u. Sassi*/Frankreich], NJW 1999, 3545; [GK], Urt. v. 11.7.2006 – 54810/00 [*Jalloh*/Deutschland], NJW 2006, 3117 f.; [GK], Urt. v. 1.6.2010 – 22978/05 [*Gäfgen*/Deutschland], NJW 2010, 213) und werde daher von diesem gebilligt, kann dem in dieser Allgemeinheit daher **nicht gefolgt** werden.

272 Neben einer ordnungsgemäßen, die ohnehin **hohen Anforderungen** des § 344 Abs. 2 beachtende, Aufklärungsrüge im Revisionsverfahren und entsprechenden Ausführungen in

der anschließenden Verfassungsbeschwerde, dürfte auf Grundlage der bisherigen **Rspr.** des **EGMR** vielmehr **nicht** von einem solchen Erfordernis auszugehen sein (zu den Anforderungen in der Revision → *Revision, Verfahrensrüge, Widerspruchslösung*, Teil A Rdn 2440). Den aufgezeigten Grundsätzen zur Rechtswegerschöpfung entsprechend hat dieser den überobligatorischen Anforderungen der innerstaatlichen Rspr. an die Darlegung von Verfahrensfehlern und -hindernissen beispielsweise in der Sache *Gäfgen* nicht seinen Segen erteilt (EGMR [GK] Urt. v. 1.6.2010 – 22978/05 [*Gäfgen*/Deutschland], NJW 2010, 213, Nr. 144 – 146). Nach der nationalen Rspr. wäre in diesem Verfahren zwar ebenfalls (wohl) kein Widerspruch von Nöten gewesen (zw. BGH StV 1996, 360 mit abl. Anm. *Fezer* StV 1997, 57; zur Frage des Widerspruchs bei Verstößen gegen § 136a *Burhoff*, EV, Rn 3804 ff.). Sicherlich hätte es aber der Erhebung einer Verfahrensrüge im Revisionsverfahren mit überdies doppeltem Tatsachenvortrag – hinsichtlich der Erhebung und Verwertung – bedurft (BVerfG NStZ 2002, 487; 2005, 656). Es überrascht bei diesen **strengen Anforderungen** nicht, dass die Verfassungsbeschwerde in der Sache *Gäfgen* wegen unzureichender Begründung als unzulässig eingestuft (BVerfG NJW 2005, 656) und diese Einschätzung und der dieser Entscheidung zugrunde liegende Maßstab vom **EGMR nicht bestätigt** wurde.

Dass der Gerichtshof einen **Widerspruch** i.S.d. Rspr. der nationalen Revisionsgerichte **273**
im Zweifel nicht zur **Erschöpfung** des Rechtswegs für notwendig erachten dürfte, belegt auch das Urteil der Großen Kammer in den Fällen *Al-Khawaja* und *Tahery* gegen Großbritanniens (Urt. v. 15.12.2011 – 26766/05 u. 22228/04). Obgleich die Verteidigung der Verlesung eines bemakelten Vernehmungsprotokolls in der HV nicht widersprochen hatte, wertete die Große Kammer, ebenso wie zuvor die Kammer (Urt. v. 20.1.2009, HRRS 2009, Nr. 459), die damit befasste Rüge nicht als unzulässig.

Der Umstand, dass vom Beschwerdeführer zur Erschöpfung des Rechtswegs nach Straß- **274**
burg nicht nur ein **im innerstaatlichen Recht nicht ausdrücklich gesetzlich geregelter**, sondern auch im Rahmen des § 257 zeitlich streng **befristeter Rechtsbehelf** verlangt wird, welcher zudem nicht (in einer weiteren Instanz) nachgeholt werden kann, spricht ebenfalls gegen eine Konventionskonformität der von den nationalen Gerichten gefundenen „Lösung". Die Wochenfrist des § 311 hat der EGMR zum Beispiel nur mit Blick auf die Möglichkeit der Wiedereinsetzung unbeanstandet gelassen (EGMR, Urt. v. 9.5.2007 – 12788/04 [*Homann*/Deutschland], NJW 2008, 2320).

☝ Auch wenn der **Widerspruch somit nicht zwingend erforderlich** zur Erhaltung des Rechtswegs nach Straßburg sein dürfte (einschränk. jetzt a. BGH NStZ 2012, 281 m. Anm. *Ventzke* StV 2012, 196 u. Anm. *Deutscher* StRR 2012, 146), sollte ein solcher – soweit unproblematisch möglich – vorsorglich von der Verteidigung in der HV **erhoben werden**. Wurde die **rechtzeitige Erhebung** des Widerspruchs in der Tatsacheninstanz **versäumt**, steht dies aber **nicht** der **Zulässigkeit** eines entsprechenden Vortrags vor dem EGMR entgegen. Zunächst ist die Beanstandung einer Verletzung der Menschenrechte allerdings, dann in den innerstaatlichen Folgeinstanzen, spätestens vor dem BVerfG, zu erheben und darüber hinaus die Zulässigkeit der Widerspruchslösung im Wege der nationalen richterlichen Rechtsfortbildung infrage zu stellen.

275 **e)aa)** Der Gebrauch einer **Anhörungsrüge** nach § 356a bzw. § 55 Abs. 5 JGG (→ *Anhörungsrüge, Allgemeines*, Teil B Rdn 1, m.w.N.; *Burhoff*, HV, Rn 371) dürfte ebenfalls **nicht in jedem Fall zwingend** für die Zulässigkeit der Menschenrechtsbeschwerde sein. Dies gilt zumindest in Ansehung der Anwendung und Auslegung der Vorschrift durch die Revisionsgerichte als Gericht in eigener Sache. Zumindest diese revisionsrechtliche Ausgestaltung macht den Rechtsbehelf **ineffektiv**. Die richterliche Bereitschaft zur Korrektur eigener Fehler ist zumeist nicht vorhanden und die Neutralitätsgarantie aus Art. 101 Abs. 1 S. 2 GG ebenso wenig gewahrt (*Eschelbach/Geipel/Weiler* StV 2010, 329).

276 **bb)** Dafür sprechen folgende

277 **Gegenargumente**

- Insbesondere ist die **Unparteilichkeit** des **iudex a quo** als Adressat der Anhörungsrüge **nicht gegeben**. Das rechtsstaatliche Prinzip, nach dem niemand Richter in eigener Sache sein kann (nemo iudex in sua causa), wird bei der gesetzgeberischen Ausgestaltung und der Anwendung und Auslegung der Vorschrift durch die Revisionsgerichte nicht hinreichend bedacht. Dies obwohl gerade für die richterliche Tätigkeit wesentlich ist, dass von einem unbeteiligten Dritten entschieden wird (BVerfGE 3, 377, 381). Hierin liegt ein Grundsatz der Rechtstaatlichkeit, dem § 356a StPO nicht hinreichend Rechnung trägt.
- Diese Außerachtlassung im Rahmen des Anhörungsverfahrens wird nicht dadurch gerechtfertigt, dass die **Gehörsrüge** der **Verfahrenskontrolle** und nicht der Sanktion richterlichen Verhaltens dient und deswegen allein wegen der Übertragung der Entscheidungsbefugnis auf den mit der Ausgangsentscheidung befassten Richter mit einer Beeinträchtigung seiner Unparteilichkeit grds. nicht zu rechnen sei (BbgVerfGH, Beschl. v. 18.11.2011 – 32/11, Abs. Nr. 9). Insbesondere in Fällen, in denen Richter ihre eigenen angeblichen Fehler bewerten und über sie entscheiden sollen und damit über sich selbst urteilen müssten, liegt nach der Rspr. des EGMR grds. ein Verstoß gegen Art. 6 Abs. 1 S. 1 EMRK vor (EGMR, Entsch. v. 17.10.2008 – 22367/04 [*Samadi*/Deutschland Nr. 35 m.w.N.]). Bereits dies stellt die Notwendigkeit der Erhebung einer Anhörungsrüge und die grundsätzliche Legitimität ihrer nationalen Ausgestaltung aus konventionsrechtlicher Sicht erheblich infrage.

- Nach der innerstaatlichen Praxis der Revisionsgerichte soll es sich bei der Anhörungsrüge des Weiteren um eine bloße „Vorstufe der Verfassungsbeschwerde" handeln und daher sei ein etwaiges **Verschulden** der **Verteidigung** – betreffend die Frist, Form oder Glaubhaftmachung der Kenntniserlangung – im Rahmen der Zulässigkeit der Rüge auch **ausnahmsweise** dem **Angeklagten zurechenbar** (BGH StV 2010, 297 m. Anm. *Burhoff* StRR 2009, 20; → *Anhörungsrüge, Zulässigkeit*, Teil B Rdn 41; → *Wiedereinsetzung in den vorigen Stand, Voraussetzungen*, Teil B Rdn 1513). Die Grundfreiheiten und Menschenrechte gehören aber – ebenso wie die Anwendung des Grundgesetzes (Art. 1 GG) – vor die Fachgerichtsbarkeit (Art. 1 EMRK, Art. 13 EMRK). Nur dort kann und soll die erforderliche Effektivität im Wege des Primärrechtsschutzes wirksam gesichert werden.
- Wenn Revisionsgerichte einen **verspäteten Rechtsbehelf** des Angeklagten mit der Begründung als **unzulässig verwerfen**, ein **Fristversäumnis** sei, entgegen üblichen strafverfahrensrechtlichen Grundsätzen (BVerfG NJW 1994, 1856; BGHSt 14, 306, 308) und ohne eine dem § 85 Abs. 2 ZPO entsprechende (z.B. § 93 Abs. 2 S. 6 BVerfGG) oder auf diesen verweisende gesetzliche Regelung (vgl. z.B. §§ 46 Abs. 2, 64 Abs. 7, 72 Abs. 5 ArbGG; § 173 VwGO; § 155 FGO; § 11 FamFG) **zurechenbar**, da die Anhörungsrüge nicht der unmittelbaren Behebung des Konventionsverstoßes durch das erkennende Gericht, sondern lediglich der Vorbereitung einer Verfassungsbeschwerde diene, wird durch ein solch ebenso offenes wie bedenkliches Bekenntnis zum letztendlichen Vorrang des Sekundärrechtsschutzes, der Grundsatz der Subsidiarität in sein Gegenteil verkehrt. Die Anhörungsrüge soll die Instanzgerichte zwingen, ihre eigenen Entscheidungen zu überprüfen und zu überdenken (*Meyer-Ladewig*, Art. 35 EMRK Rn 14) und hierdurch das BVerfG entlasten, sie verfolgt nicht das Ziel der Entlastung der Instanzgerichte im Wege der Präklusion. Die extensive fachgerichtliche Auslegung führt im Ergebnis vielmehr zu einer Häufung von Verfassungsbeschwerden.
- Die seitens des nationalen Gesetzgebers ohnehin bedenklich **knapp bemessene Frist** des § 356a von nur einer Woche (EGMR, Urt. v. 9.5.2007 – 12788/04 [*Homann*/Deutschland, § 311], NJW 2008, 2320 und zu § 345 Abs. 1: *Grabenwarter* NJW 2002, 109, 111 m.w.N.), **nimmt der Anhörungsrüge** im Zusammenspiel mit der Auslegung und Anwendung der Norm durch die Revisionsgerichte **zudem ihre Effektivität**.

cc) Die **bedenkliche Auslegung** und **Anwendung** des **§ 356a** durch den BGH verdeutlicht, dass die innerstaatlichen Revisionsgerichte ihre eigentliche Aufgabe und Position im Gesamtgefüge eines europäischen Menschenrechtsschutzes überdenken sollten (vgl. auch *Safferling* NStZ 2004, 181, 186). Sie sind weder eine bloße „Durchgangsstation" auf dem Weg nach Straßburg, noch kommt ihnen selbst eine supranationale Funk- 278 tion zu. Ihre verantwortungsvolle Aufgabe ist es vielmehr, für die rechtsfehlerfreie Anwendung des Straf- und Strafverfahrensrechts, hierzu gehört auch die Beachtung der Grundfreiheiten und Menschenrechte, durch die Tatgerichte Sorge zu tragen. Mit Blick auf ein faires Verfahren (Art. 6 EMRK) zählt hierzu aber sicherlich nicht, dem Strafprozess fremde Maßstäbe aus anderen Verfahrensordnungen zu übernehmen und hierdurch die Anforderungen an die Zulässigkeit eines Rechtsbehelfs dergestalt zu erhöhen, dass dieser zum Stolperstein mutiert (→ *Menschenrechtsbeschwerde, Subsidiaritätsgrundsatz*, Teil C Rdn 314).

279 Hierdurch ist die **Wirksamkeit** des **Rechtsbehelfs** zwar theoretisch noch vorhanden, in der Praxis der Strafrechtspflege aber **nicht (mehr) gegeben**. Es sind daher auch praktisch so gut wie keine Fälle erfolgreicher Anhörungsrügen bekannt (*Meyer-Goßner*, § 356a, Rn 1). Ein effektiver Rechtsbehelf muss aber auch im Allgemeinen geeignet sein, Abhilfe zu schaffen und dementsprechende Erfolgsaussichten zu eröffnen (EGMR, Urt. v. 2.12.1999 – 32082/96 [*Tomé Mota*/Portugal], NJW 2001, 2692). Eine **Aussicht** auf **Erfolg** ist jedoch bei der Anhörungsrüge zumindest aufgrund der Handhabung der Vorschrift durch die innerstaatlichen Gerichte in der Praxis **nicht hinreichend gesichert**.

☝ Ein **verspäteter** oder **versäumter Rechtsbehelf** nach **§ 356a** dürfte daher der **Zulässigkeit** einer Menschenrechtsbeschwerde **nicht entgegenstehen**. Wenn die **Möglichkeit** der Erhebung einer fristgemäßen Anhörungsrüge besteht, sollte diese aber in Hinblick auf die Rspr. des BVerfG **genutzt werden**. Wenn die Gehörsverletzung den gesamten Streitgegenstand des fachgerichtlichen Verfahrens erfasst, soll demnach eine unterlassene Anhörungsrüge, sofern diese nicht aussichtslos gewesen wäre, die Unzulässigkeit aller Rügen, nicht nur der der Verletzung des rechtlichen Gehörs, zur Folge haben (BVerfG NJW 2005, 3059).

280 **f)** Der Einsatz der nachfolgenden Rechtsbehelfe ist

281 **nicht erforderlich**:

- Die **Geltendmachung staatshaftungsrechtlicher Ansprüche** ist grds. kein Erfordernis der Rechtswegerschöpfung, wenn das Rechtsschutzziel des Beschwerdeführers über das hinausgeht, was eine Entschädigung zu leisten vermag (EGMR, Urt. v. 25.3.1999 – 31107/96 [*Iatridis*/Griechenland Nr. 47], EUGRZ 1999, 316). Dies ergibt sich auch aus Art. 75 VerfO-EGMR welcher eine Vertagung der Entscheidung über eine gerechte Entschädigung zulässt, wenn noch ein innerstaatliches Verfahren insoweit anhängig ist (→ *Menschenrechtsbeschwerde, Entschädigung*, Teil C Rdn 165).

  Bei Beschwerden über die Rechtmäßigkeit einer Freiheitsentziehung unter **Art. 5 Abs. 1 bis 4 MRK** ist die Geltendmachung staatshaftungsrechtlicher Ansprüche somit kein Erfordernis der Rechtswegerschöpfung (vgl. zuletzt: EGMR, Urt. v. 5.2.2009 – 21519/02 [*Khadisov u. Tsethoyev*/Russland Nr. 151; zw. daher *Strafner* StV 2010, 275).

- Verfahren zur **Entschädigung** für **Strafverfolgungsmaßnahmen** i.S.d. § 2 StrEG zählen grds. nicht zu den zu erschöpfenden Rechtsbehelfen (EGMR, Urt. v. 13.11.2008 – 26073/03 [*Ommer II*/Deutschland Nr. 62], HRRS 2009 Nr. 216; Urt. v 18.5.2000 – 25510/94 [*M.C.*/Deutschland]).
- Die Erhebung einer **Gegenvorstellung** ist ebenso wenig Voraussetzung der Zulässigkeit. Dies gilt nach der Rspr. des Bundesverfassungsgerichts bereits für die Verfassungsbeschwerde (BVerfGE 122, 190, 198). Auch für den EGMR ist eine Gegenvorstellung nicht Bestandteil des innerstaatlich zu erschöpfenden Rechtswegs (Frowein/Peukert/*Peukert*, Art. 35 EMRK Rn 26; zur Gegenvorstellung → *Gegenvorstellung, Allgemeines*, Teil B Rdn 274; *Burhoff*, EV, Rn 2079).
- **Dienstaufsichtsbeschwerden, Petitionen** und **Gnadengesuche** sind keine effektiven Rechtsbehelfe (Karpenstein/Mayer/*Schäfer*, Art. 35 EMRK Rn 23); zur Dienstaufsichtsbeschwerde → *Dienstaufsichtsbeschwerde*, Teil B Rdn 262; *Burhoff*, EV, Rn 1260).
- Auch der **Antrag auf Wiederaufnahme** des Verfahrens ist ein außerordentlicher Rechtsbehelf, der grds. nicht eingelegt werden muss (*Meyer-Ladewig*, Art. 35 EMRK Rn 9; → *Wiederaufnahme, Allgemeines*, Teil B Rdn 1053, m.w.N.).

> ☝ Eine **Ausnahme** gilt aber soweit der Antrag auf **Wiederaufnahme** der **einzig wirksame Rechtsbehelf** ist, der die Möglichkeit einer Aufhebung des rechtskräftigen Urteils eröffnet (EGMR, Urt. v. 22.7.2010 – 30604/07 [*Melis*/Griechenland Nr. 35] zur Verurteilung eines Zeugen wegen Falschaussage). Ebenso dürfte es sich verhalten, wenn seitens des Angeklagten bewusst für die Entscheidung erhebliche Tatsachen zurückgehalten wurden. Auch in diesem Fall ist zunächst vor den innerstaatlichen Gerichten unter Vortrag der entsprechenden Tatsachen (**§ 359 Nr. 5**) der Versuch der Wiederaufnahme des Verfahrens zu unternehmen.

- Ein **Antrag auf Wiedereinsetzung** in den vorigen Stand (§ 44; → *Wiedereinsetzung in den vorigen Stand, Allgemeines*, Teil B Rdn 1479).

> ☝ Hier gilt sinngemäß dieselbe **Besonderheit** wie bei der Wiederaufnahme. Wenn die **Möglichkeit** einer **Abhilfe** der **Verletzung** im Wege der Wiedereinsetzung besteht, ist von diesem außerordentlichen **Rechtsbehelf Gebrauch** zu **machen**. Zu beachten ist, dass seitens der nationalen Gerichte – wohl im bereits verfestigten Bewusstsein einseitiger Formstrenge – in einer Vielzahl der Fälle zuvor keine ordnungsgemäße Belehrung über den einzulegenden Rechtsbehelf und die dafür vorgeschriebenen Fristen und Formerfordernisse (§ 35a) erfolgt. Dies ist

bei § 44 S. 2 von entscheidender Bedeutung. Eine Wiedereinsetzung ist dann in der Regel unschwer möglich (→ *Wiedereinsetzung in den vorigen Stand, Allgemeines*, Teil B Rdn 1513 ff.; *Burhoff*, EV, Rn 4382; *Burhoff*, HV, Rn 3464 ff.).

282 **g)** Die **übrigen** in der StPO geregelten **Rechtsbehelfe** sind **grds. zu nutzen**. Bei offensichtlich strafbewehrten staatlichen Verhalten kann etwa auch die Erstattung einer **Strafanzeige**, ggf. gegen Unbekannt, in Betracht zu ziehen sein.

☝ Dies bedeutet nicht, dass aufgrund der Besonderheit des einzelnen Falls **ausnahmsweise** auf strafprozessuale Rechtsbehelfe zur Rechtswegerschöpfung nicht auch **verzichtet werden** kann.

283 Es ergeben sich folgende

Besonderheiten:

- bei dem hohen Begründungsaufwand des § 344 Abs. 1 und der Einlegungsfrist für die Begründung der **Revision** innerhalb der Frist des § 345 Abs. 1. Der EGMR hat bereits unter **Bedenken** festgestellt, dass die **Anforderungen** im Rahmen des § 344 Abs. 1 nur sehr schwer zu erfüllen sind (EGMR Urt. v. 1.2.2007 – [*Pajic*/Deutschland Nr. 51 f.]) und auch die nicht verlängerbare **einmonatige Frist** gestaltet sich unter Berücksichtigung des Art. 6 Abs. 3 Buchst. b) EMRK **nicht unproblematisch** (*Grabenwarter/Pabel*, § 24 Rn 104, vgl. auch VfGH NStZ 2000, 668 [zu § 285 Abs. 1 öStPO]; zur Revision → *Revision, Allgemeines*, Teil A Rdn 2006, m.w.N.).

  ☝ Insgesamt erscheint es daher mehr als fraglich, ob die – durch die Rechtsfortbildung des BGH stetig steigenden – nationalen Zugangsbeschränkungen im Revisionsverfahren **noch** mit **Art. 6 EMRK vereinbar** sind (vgl. auch: *Roxin/Schünemann*, § 24 Rn 30 f. und § 55 Rn 47). Nach zutreffender Ansicht ist dies im deutschen Strafverfahren nicht mehr der Fall (→ *Menschenrechtsbeschwerde, Subsidiaritätsgrundsatz*, Teil C Rdn 312).

- Auch die Notwendigkeit eines **Ablehnungsverfahrens** ist **nur** gegeben, wenn ein solches **Aussicht auf Erfolg** verspricht. So ist z.B. ein Antrag wegen der Besorgnis der Befangenheit aufgrund prozessualer Vorbefassung nicht erforderlich, wenn nach der innerstaatlichen Rspr., wie derzeit in Deutschland der Fall (BVerfG, 29.1.2007 – 2 BvR 1743/06 [Abs. Nr. 13 bis 20]), hierin grds. keine Beeinflussung der richterlichen Unvoreingenommenheit gesehen wird (EGMR [Pl.], Urt. v. 24.5.1989 – 10486/83 [*Hauschildt*/Dänemark Nr. 41 und 49], EGMR-E 4, 295).

☝ Im Übrigen ist zu beachten, dass zwar ein Verfahren vor einem voreingenommenen Gericht nach Art. 6 Abs. 1 EMRK grds. unfair ist, aber **nicht jedwede unfaire** oder **willkürliche Maßnahme** zwingend eine objektive Voreingenommenheit begründet. Hier ist auf den Schwerpunkt der Verletzung unter Berücksichtigung des Art. 6 Abs. 1 EMRK und den objektiven Eindruck abzustellen. So können etwa Maßnahmen der Verhandlungsleitung oder sitzungspolizeiliche Handlungen durchaus auf sachfremden Erwägungen beruhen, ohne zugleich Ausdruck einer zu beanstandenden Parteilichkeit gegenüber dem Angeklagten zu sein.

Ein unfaires Verfahren offenbart sich nach der grundsätzlichen Wertung der Konvention innerhalb einer Gesamtschau und nicht in einzelnen Beschränkungen. Für eine Rüge der Verletzung eines fairen Verfahrens dürfte die Ablehnung daher, anders als bei der Beanstandung einer nicht gegebenen Unabhängigkeit und Unparteilichkeit des erkennenden Gerichts, **regelmäßig nicht erforderlich** sein, um die Zulässigkeit der Menschenrechtsbeschwerde nicht zu gefährden.

6. Das **Verfahren** und die **Beweislast** gestalten sich schließlich folgendermaßen: 284

a) Übersicht Verfahren 285

- Zunächst ist im Beschwerdeformular eine **Aufzählung der eingelegten Rechtsbehelfe** zu erstellen und durch **Nachweise** (Schriftsätze, Entscheidungen usw.) zu belegen (Art. 47 Abs. 1 Buchst. f) und Abs. 2 Buchst. a) VerfO-EGMR. Hierbei sind ggf. auch nicht ergriffene Möglichkeiten zu nennen und **anzugeben**, **warum von** einem **Rechtsbehelf kein Gebrauch gemacht** wurde. In diesem Fall trifft den Beschwerdeführer eine **erhöhte Darlegungslast**. Er hat die Aussichtslosigkeit des nicht ergriffenen Rechtsbehelfs im Konkreten anhand der innerstaatlichen Rechtslage zu begründen (EGMR GK, Urt. v. 6.5.2003 – 39343/98 [*Kleyn*/Niederlande Nr. 156]).
- Wenn der EGMR auf Grundlage dieser Informationen zu dem Ergebnis gelangt, dass der innerstaatliche Rechtsweg **nicht** als **erschöpft** anzusehen ist, erfolgt **keine Zustellung an die Regierung**. Die Beschwerde wird vielmehr unmittelbar für unzulässig erklärt („de plano").
- Ansonsten erfolgt die Zustellung an den **Beschwerdegegner**. Dieser ist dann verpflichtet eine etwaige **Einrede** der **Nichterschöpfung substantiiert** zu erheben (Art. 55 VerfO-EGMR). Macht er hiervon keinen Gebrauch, wirkt dies wie ein **Verzicht** („forclusion").
- Wenn die Regierung der Auffassung ist, der Rechtsweg sei nicht erschöpft, ist sie gehalten, zum Beleg **entsprechende Rechtsbehelfe** hinreichend konkret und **präzise aufzuzeigen**. Der Nachweis umfasst auch die Zugänglichkeit und Effektivität dieser

Rechtsbehelfe (EGMR [GK], Urt. v. 9.7.2009 – 11364/03 [*Mooren*/Deutschland Nr. 119], StV 2010, 490).

- Nunmehr obliegt es dem **Beschwerdeführer** seinerseits **darzulegen**, warum der **Rechtsbehelf nicht wirksam** und daher nicht zu nutzen war (EGMR [GK], Urt. v. 28.7.1999 [*Selmouni*/Frankreich Nr. 76 f.], NJW 2001, 56). Es erfolgt eine **erneute Umkehr der Beweislast**. **Besondere Umstände**, wie z.B. eine individuell bestehende Unzumutbarkeit im konkreten Fall wegen befürchteter Repressalien oder allgemeine Missstände innerhalb der staatlichen Stellen, können hier **ebenso von Bedeutung** sein, wie eine generelle Ineffektivität des vermissten Rechtsbehelfs.

☝ Der Rechtsweg gilt als **erschöpft**, wenn es der Regierung nicht gelungen ist, einen effektiven Rechtsbehelf aufzuzeigen, dessen Gebrauch vom Beschwerdeführer verabsäumt wurde.

286 **b)** Der **entscheidende Zeitpunkt** für die **Beurteilung** der Frage, ob der Rechtsweg vom Beschwerdeführer vor den nationalen Gerichten ausgeschöpft wurde, ist grds. das **Datum** der **Einlegung** der **Beschwerdeschrift** (EGMR [GK], Urt. v. 1.3.2010 – 46113/99 [*Demopoulos u.a.*/Griechenland Nr. 87]). Die zu diesem Zeitpunkt bestehende Rechtslage unter Berücksichtigung der tatsächlich ergriffenen Rechtsbehelfe ist für die spätere Überprüfung des Gerichtshofs maßgeblich.

287 Allerdings ist der Gerichtshof auch hier **flexibel** und **lässt es genügen**, wenn die **Rechtswegerschöpfung nach Einlegung** der Beschwerde, aber **noch vor** der **Entscheidung** über die **Zulässigkeit** eintritt (EGMR, Urt. v. 16.7.1971 – 2614/65 [*Ringeisen*/Österreich Nr. 91], EGMR-E 1, 143). Insoweit macht es einen erheblichen Unterschied, ob über einen vorsorglich erhobenen Rechtsbehelf noch nicht entschieden oder von diesem kein Gebrauch gemacht wurde (→ *Menschenrechtsbeschwerde, Frist*, Teil C Rdn 186).

☝ Ein „**Parken**" der Menschenrechtsbeschwerde im Hinblick auf Unsicherheiten betreffend die Effektivität eines ebenfalls erhobenen und zum Zeitpunkt der Einlegung der Menschenrechtsbeschwerde noch nicht entschiedenen Rechtsbehelfs, wie z.B. im Verhältnis der Anhörungsrüge zur Verfassungsbeschwerde, ist daher i.d.R. **entbehrlich**. Ausreichend ist ein Hinweis in der Beschwerdeschrift mit einer entsprechenden Begründung, warum von der Verfassungsbeschwerde nur vorsorglich Gebrauch gemacht wurde.

288 Ist **zweifelhaft**, ob eine weitere **Rechtswegerschöpfung** notwendig ist, sollte diese ohnehin stets **beschritten** werden und in der Beschwerdeschrift ein entsprechender Hinweis an den Gerichtshof erfolgen. Dieser kann dann, wenn er es für notwendig erachtet, das Verfahren zunächst ruhen lassen (*Rudolf/v. Raumer* AnwBl. 2009, 316).

Wenn schließlich während des Verfahrens über die Menschenrechtsbeschwerde eine **gesetzliche Regelung**, welche geeignet ist, den Konventionsverstoß zu beheben, **in Kraft tritt**, kann der Gerichtshof den Beschwerdeführer zunächst auf die **Inanspruchnahme** der entsprechenden innerstaatlichen Rechtschutzmöglichkeit verweisen (→ *Menschenrechtsbeschwerde, Urteil, Rechtswirkungen*, Teil C Rdn 347). Hierbei handelt es sich aber nicht um eine Frage der Erschöpfung des Rechtswegs im eigentlichen Sinne, sondern um eine ausdrücklich in der Konvention vorgesehene Verfahrensweise (Art. 37 Abs. 1 Buchst. b) EMRK). 289

Siehe auch: → *Anhörungsrüge, Allgemeines*, Teil B Rdn 1, m.w.N.; → *Antrag auf gerichtliche Entscheidung, Allgemeines*, Teil B Rdn 81, m.w.N.; → *Anhörungsrüge, Begründetheit*, Teil B Rdn 16; → *Antrag auf gerichtliche Entscheidung, Antrag auf*, Teil B Rdn 67; → *Wiederaufnahme, Allgemeines*, Teil B Rdn 1053; → *Menschenrechtsbeschwerde, Allgemeines*, Teil C Rdn 1, m.w.N.; → *Menschenrechtsbeschwerde, Subsidiaritätsgrundsatz*, Teil C Rdn 306; → *Verfassungsbeschwerde, Allgemeines*, Teil C Rdn 729, m.w.N.

Menschenrechtsbeschwerde, Sprache 290

Das Wichtigste in Kürze:

1. Die Amtssprachen des Gerichtshofs sind Englisch und Französisch.
2. Welche Sprache zu wählen ist, richtet sich nach dem Verfahrensstadium.
3. Auch der Beschwerdegegner ist gehalten, seine Schriftsätze in einer der Amtssprachen einzureichen.

Literaturhinweise: Huber, Deutsch als Gemeinschaftssprache, BayVBl. 1992, 1; **Myer/Mol/Kempees/v. Steijn/Bockwinkel/Uerpmann**, EGMR-Verfahren – Die häufigsten Irrtümer bei Einreichen einer Beschwerde, MDR 2007, 505; **Oppermann**, Reform der EU-Sprachenregelung, NJW 2001, 2663; s.a. die Hinw. bei → *Menschenrechtsbeschwerde, Allgemeines*, Teil C Rdn 2. 291

1. Die **Amtssprachen** des Gerichtshofs sind die des Europarates (Art. 12 S. 1 Satzung des Europarats), mithin **Englisch** und **Französisch** (Art. 34 Abs. 1 VerfO-EGMR). 292

2.a) Welche Sprache zu wählen ist, richtet sich nach dem **Verfahrensstadium**, und zwar: 293

- **Bis** zur **Zustellung** seiner Beschwerde an die Regierung des belangten Staates (Art. 54 Abs. 2 Buchst. b) VerfO-EGMR) kann der Beschwerdeführer seine Menschenrechtsbeschwerde und sämtliche weiteren Schriftsätze (→ *Menschenrechtsbeschwerde, Verfahrensablauf, Verfahren vor der Kammer*, Teil C Rdn 388) in jeder der Amtssprachen einer der Vertragsstaaten einreichen (Art. 34 Abs. 2 VerfO-EGMR).

- **Ab** dem Zeitpunkt der **Zustellung** hingegen sind Schriftsätze, außer in Fällen der offensichtlichen Begründetheit einer Beschwerde vor den Ausschüssen (Art. 28 Abs. 1 Buchst. b) EMRK), in einer der Amtssprachen des Europarats abzugeben.

294 **b)** Bei nicht ausreichenden Kenntnissen einer der offiziellen Sprachen des Gerichtshofs kann der Kammerpräsident den weiteren **Gebrauch einer anderen Amtssprache** der Konventionsstaaten **erlauben** (Art. 34 Abs. 3 VerfO-EGMR). Diese Erlaubnis, welche i.d.R. erteilt wird, kann nur ausnahmsweise von einer (teilweisen) Kostentragung abhängig gemacht werden (Art. 34 Abs. 3c VerfO-EGMR) und gilt für das gesamte Verfahren, einschließlich des Antrags auf Verweisung an die Große Kammer (Art. 34 Abs. 3d VerfO-EGMR).

☝ Zu beachten ist, dass **sämtliche Mitteilungen**, Stellungnahmen und anderweitige Schreiben **der Gerichtskanzlei**, unbeschadet der aufgezeigten Möglichkeiten der Suspendierung des Beschwerdeführers von der Verpflichtung zum Gebrauch einer Amtssprache des Europarats, ab Zustellung an die Regierung **weiterhin** in **Englisch** oder **Französisch** erfolgen. Durch den EGMR erfolgt keine Unterstützung bei der Übersetzung einer der offiziellen Verfahrenssprachen in eine andere Amtssprache der Vertragsparteien (arg. Art. 34 Abs. 5 i.V.m. Art. 36 Abs. 5 VerfO-EGMR [hinreichende **passive Sprachkenntnisse erforderlich**]). Ausschließlich der Gebrauch einer dritten Sprache wird erlaubt (→ *Menschenrechtsbeschwerde, mündliche Verhandlung*, Teil C Rdn 214).

295 Daher erhält der Beschwerdeführer vom EGMR **keine Übersetzung** der schriftlichen Ausfertigung **des Urteils** in eine andere Amtssprache der Vertragsparteien (Art. 76 Abs. 1 VerfO-EGMR). Das BMJ überlässt dem Beschwerdeführer jedoch regelmäßig eine in die deutsche Sprache übersetzte Fassung und veröffentlicht diese auf seiner Internetseite (→ *Menschenrechtsbeschwerde, Recherche*, Teil C Rdn 249).

296 **3.** Auch der **Beschwerdegegner** ist gehalten, seine **Schriftsätze** in einer der Amtssprachen einzureichen. In den meisten Fällen werden die Schreiben der Regierung **im Vorfeld zunächst** in **deutscher Sprache** erstellt und auch in dieser Form dem Beschwerdeführer vorab durch den EGMR zur Kenntnis gebracht. Erst im Anschluss erfolgt, innerhalb einer individuell vorgegebenen Frist (Art. 34 Abs. 4c VerfO-EGMR), die Übersetzung in eine der offiziellen Verfahrenssprachen. Die Aufforderung an die Vertragspartei, ihre schriftlichen Stellungnahmen in einer ihrer Amtssprachen vorzulegen, um dem Beschwerdeführer das Verständnis dieser Stellungnahmen zu erleichtern (Art. 34 Abs. 5 VerfO-EGMR), dürfte daher eine Ausnahme darstellen.

Siehe auch: → *Menschenrechtsbeschwerde, Allgemeines*, Teil C Rdn 1, m.w.N.; → *Menschenrechtsbeschwerde, mündliche Verhandlung*, Teil C Rdn 209; → *Menschenrechtsbeschwerde, Verfahrensablauf nach Beschwerdeeingang*, Teil C Rdn 354; → *Men-*

schenrechtsbeschwerde, Verfahrensablauf vor der Kammer, Teil C Rdn 383; → *Nichtigkeitsklage, Sprache*, Teil C Rdn 673.

Menschenrechtsbeschwerde, Streichung aus der Liste 297

Literaturhinweise: s. die Hinw. bei → *Menschenrechtsbeschwerde, Allgemeines*, Teil C Rdn 1; → *Menschenrechtsbeschwerde, EGMR – Verfahrensgrundsätze*, Teil C Rdn 126. 298

1. Die **Streichung aus der Liste** seiner laufenden Fälle kann der Gerichtshof gemäß Art. 37 EMRK unter bestimmten Umständen **jederzeit** während des Verfahrens beschließen. Einzelheiten zum Verfahren regelt Art. 43 VerfO-EGMR. 299

2. Eine Streichung aus der Liste steht dem Gerichtshof offen, wenn er Grund zur Annahme hat, dass der Beschwerdeführer seine Beschwerde **nicht weiter zu verfolgen beabsichtigt** (Art. 37 Abs. 1 Buchst. a) EMRK). Auf dieser Grundlage nimmt der EGMR z.B. Streichungen im Register vor, wenn der Beschwerdeführer Anfragen des Gerichtshofs nicht beantwortet (EGMR, Entsch. v. 30.9.2010 – 35524/06 [*Artemi und Gregory*/22 EU-Staaten]; vgl. a. Ziff. 8b der Verfahrensanordnung zum Beschwerdeverfahren). Ein solcher Verzicht muss eindeutig feststehen (EGMR [GK], Entsch. v. 4.10.2006 – 76642/01 [*Association SOS Attands*/Frankreich Nr. 30], NJOZ 2007, 5200 m.w.N.). Dies ist etwa dann der Fall, wenn der Beschwerdeführer die Beschwerde **ausdrücklich zurücknimmt** (EGMR, Urt. v. 13.7.2010 – 6909/08 u.a. [*Alipour u.a.*/ Türkei Nr. 46 f.]). 300

3. Der Gerichtshof streicht eine Beschwerde außerdem dann aus dem Register, wenn die Umstände Grund zur Annahme geben, dass die **Streitigkeit** einer **Lösung zugeführt** worden ist (Art. 37 Abs. 1b EMRK). Dies ist der Fall, wenn die tatsächlichen Umstände, die Anlass zu der Beschwerde gegeben haben, nicht mehr vorliegen und die Folgen einer auf diesen Umständen beruhenden Konventionsverletzung beseitigt worden sind (EGMR [GK], Entsch. v. 4.10.2006 – 76642/01 [*Association SOS Attentats u.a.*/Frankreich Nr. 32], NJOZ 2007, 5200 m.w.N.). Das ist regelmäßig der Fall in folgenden 301

Beispielsfällen: 302

- wenn ein **Aufenthaltsstatut legalisiert** werden kann (EGMR [GK], Urt. v. 15.1.2007 – 60654/00 [*Sisojeva u.a.*/Lettland Nr. 98 ff.], NVwZ 2008, 979 m.w.N.; Entsch. v. 6.3.2012 – 42293/06 [*Hasan Atmaca*/Deutschland])
- oder wenn infolge eines Piloturteils eine **Regelung gefunden** wurde, die das zugrunde liegende **Problem löst** (Karpenstein/Mayer/Wenzel, Art. 37 EMRK Rn 6 m.w.N., → *Menschenrechtsbeschwerde, Urteil, Rechtswirkungen*, Teil C Rdn 347).

- wenn zwischen den Parteien eine **gütliche Einigung herbeigeführt** wurde; die Streichung aus der Liste erfolgt sodann gemäß Art. 39 Abs. 3 EMRK (→ *Menschenrechtsbeschwerde, Einigungsverfahren*, Teil C Rdn 143).

303 **4.** Schließlich eröffnet Art. Art. 37 Abs. 1c EMRK die Möglichkeit der Streichung einer Beschwerde, wenn der EGMR Grund zur Annahme hat, dass die **weitere Prüfung** der Beschwerde aus anderen von ihm festgestellten Gründen **nicht gerechtfertigt** ist. Dies kann etwa der Fall sein (s. im Einzelnen die Rechtsprechungsübersicht in EGMR [GK], Entsch. v. 4.10.2006 – 76642/01 [*Association SOS Attands*/Frankreich Nr. 37], NJOZ 2007, 5200), wenn der Beschwerdeführer verstorben ist und kein naher Verwandter das Verfahren weiter betreiben will, dem Gerichtshof dies nicht oder verspätet mitgeteilt wird oder bei einer Erledigung des Vorgangs aufgrund **einseitiger Erklärung** des belangten Vertragsstaats (→ *Menschenrechtsbeschwerde, Einigungsverfahren*, Teil C Rdn 146).

☝ Auch das Verfahren eines Beschwerdeführers, der entgegen den Vorgaben der Verfahrensordnung (s. dort Art. 36) **keinen Anwalt bestellt** hat, hat der Gerichtshof bereits auf dieser Grundlage eingestellt (EGMR, Entsch. v. 7.2.2006 – 69364/01 [*Grimaylo*/Ukraine]).

304 **5.a)** In der Möglichkeit der **Streichung oder** der **Wiederaufnahme** eines Falles aus dem bzw. **in das Register** ist der EGMR **flexibel**: Art. 37 Abs. 1 S. 2 EMRK erlaubt ihm, die Prüfung einer Sache fortzusetzen, wenn dies – soweit durch die EMRK geschützt – die **Achtung** der **Menschenrechte** erfordert. Dies kann über den reinen Individualschutz etwa bei schwersten Menschenrechtsverletzungen hinaus dann der Fall sein, wenn Fragen grundsätzlicher Bedeutung zu entscheiden und allgemeine Standards für den Menschenrechtsschutz zu entwickeln sind (EGMR, Urt. v. 7.1.2010 – 25965/04 [*Rantsev*/Zypern und Russland Nr. 194 bis 197], NJW 2010, 3003 – zum Menschenhandel; *Meyer-Ladewig*, Art. 37 EMRK Rn 9). Nach Art. 37 Abs. 2 EMRK kann der Gerichtshof die Wiedereintragung einer Beschwerde im Register anordnen, wenn er dies den Umständen nach für gerechtfertigt hält.

305 **b)** Die Streichung aus der Liste einer bereits für zulässig erklärten Beschwerde die nicht im Rahmen einer gütlichen Einigung vorgenommen wird, erfolgt aufgrund ihrer Bedeutung (→ *Menschenrechtsbeschwerde, Urteil/Entscheidung*, Teil C Rdn 323) in Form eines Urteils, anderenfalls erfolgt sie als **Entscheidung** vorgenommen (Art. 43 Abs. 3 VerfO-EGMR). Mit der Streichung aus der Liste entscheidet der EGMR über die Kosten nach seinem Ermessen (Art. 43 Abs. 4 VerfO-EGMR). Bei einer **Kostenentscheidung** zulasten des belangten Vertragsstaats legt er die Prinzipien zugrunde, die er für Artikel 41 EMRK entwickelt hat: Die geltend gemachten Kosten müssen mit der gerügten Konventionsverletzung in Zusammenhang stehen und der Höhe nach angemessen sein.

☝ Die Kosten müssen überdies nach Art. 60 Abs. 2 VerfO-EGMR **innerhalb** der **Frist** zur **Stellungnahme** zur Begründetheit unter Beifügung einschlägiger Belege **beziffert** werden (EGMR [GK], Urt. v. 15.1.2007 – 60654/00 [*Sisojeva u.a.*/Lettland Nr. 133], NVwZ 2008, 979 m.w.N.; → *Menschenrechtsbeschwerde, Kosten*, Teil C Rdn 198; → *Menschenrechtsbeschwerde, Entschädigung*, Teil C Rdn 175).

Siehe auch: → *Menschenrechtsbeschwerde, Allgemeines*, Teil C Rdn 1, m.w.N.; → *Menschenrechtsbeschwerde, Urteil/Entscheidung*, Teil C Rdn 320; → *Menschenrechtsbeschwerde, Zulässigkeit*, Teil C Rdn 423.

Menschenrechtsbeschwerde, Subsidiaritätsgrundsatz 306

Das Wichtigste in Kürze:

1. Seine unmittelbare Wirkung entfaltet der Grundsatz der Subsidiarität im Zusammenhang mit der Erschöpfung des innerstaatlichen Rechtswegs.
2. Allgemein lässt sich feststellen, dass die gerichtlich und gesetzlich vorgenommene ausufernde Inanspruchnahme des Grundsatzes der Subsidiarität mittlerweile im innerstaatlichen Strafverfahren zumindest zu unklaren Verhältnissen führt.
3. Es ist ausreichend i.S. eines wirksamen Schutzes der Menschenrechte auf dem Gebiet der Strafrechtspflege ausreichen, wenn Verstöße gegen die Grund- oder Menschenrechte innerhalb des innerstaatlichen (Straf-)Verfahrens einmalig in sich schlüssig und nachvollziehbar vor den nationalen Gerichten beanstandet worden sind.

Literaturhinweise: **Broß**, Zulässigkeitsanforderungen von Individualrechtsbehelfen – Aus der Sicht des Bundesverfassungsgerichts, EuGRZ 2006, 506; **Eschelbach/Geipel/Weiler**, Anhörungsrügen, StV 2010, 325; **Jaeger**, Menschenrechtsschutz im Herzen Europas. Zur Kooperation des Bundesverfassungsgerichts mit dem Europäischen Gerichtshof für Menschenrechte und dem Gerichtshof für die Europäischen Gemeinschaften, EuGRZ 2005, 193; **Lübbe-Wolff**, Substantiierung und Subsidiarität der Verfassungsbeschwerde – Die Zulässigkeitsrechtsprechung des Bundesverfassungsgerichts, EuGRZ 2004, 669; **Sir Konrad Schiemann**, Zulässigkeitsanforderungen bei Individualrechtsbehelfen – Aus Sicht des Gerichtshofs der Europäischen Gemeinschaften, EuGRZ 2006, 507; **Sommer**, Die Verzögerungsrüge: „Die Suche nach der verlorenen Zeit", StV 2012, 107; s.a. die Hinw. bei → *Menschenrechtsbeschwerde, Allgemeines*, Teil C Rdn 2. 307

1.a) Seine unmittelbare Wirkung entfaltet der Grundsatz der Subsidiarität im Zusammenhang mit der **Erschöpfung** des **innerstaatlichen Rechtswegs** (→ *Menschenrechtsbeschwerde, Rechtswegerschöpfung*, Teil C Rdn 215). Dort wird seinem Grundgedanken, der demokratischen Idee eines staatlichen Aufbaus „von unten nach oben", durch 308 gesetzliche Regelungen Rechnung getragen und so, neben dem Ziel eines effektiven und unmittelbaren Schutzes der Konventionsrechte des Einzelnen, auch die Souveränität der Vertragsstaaten und die Doktrin des nationalen Beurteilungsspielraums hinreichend beachtet.

☝ Der Grundsatz der Subsidiarität soll nach der Brighton-Erklärung vom 20.4.2012 nunmehr ausdrücklich in der **Präambel** der **EMRK verankert** werden (EuGRZ 2012, 264, 265; vgl. Rdn 310).

309 Dem Strukturprinzip der Subsidiarität **nicht unmittelbar immanent** ist hingegen der Gedanke der **Entlastung** der „größeren Einheit" zur Erhaltung deren Funktionsfähigkeit. Diese obere Ebene soll nach dem ursprünglichen, nicht unbedingt staats- oder völkerrechtlichen begründeten, Verständnis und Zweck der Subsidiarität vielmehr ausschließlich zuständig sein, wenn die kleinere Einheit aus eigener Kraft nicht dazu in der Lage ist, eine ihr gestellte Aufgabe ordnungsgemäß zu erfüllen. Andererseits soll der unteren Ebene nicht entzogen und der supranationalen Instanz zugewiesen werden, was die nationalen Fachgerichte aus eigener Kraft und Initiative zu leisten vermögen.

☝ Im Bereich der Menschenrechte **dient** der Grundsatz der Subsidiarität daher (**auch**) der **Effektivität** deren Schutzes im Wege einer unmittelbaren und zeitnahen nationalen Abhilfe einer entsprechenden Konventionsverletzung oder der Kompensation ihrer Folgen. Erst wenn der Staat versagt, ist der Gerichtshof gefragt.

310 **b)** Der **Beschwerdeführer** ist somit, ohnehin auch im eigenen Interesse (→ *Menschenrechtsbeschwerde, Rechtswegerschöpfung*, Teil C Rdn 257), **gehalten**, seine auf die Konvention gestützten **Rügen** bereits vor den **nationalen Gerichten vorzubringen**, wenn er seine Rechtsposition nicht leichtfertig aufs Spiel setzen will. Die Brighton-Erklärung vom 20.4.2012 fordert den Gerichtshof in diesem Zusammenhang ausdrücklich auf, in seiner künftigen Rspr. dies, was prinzipiell kein Novum darstellt, vom Beschwerdeführer als Zulässigkeitsvoraussetzung zu verlangen (EuGRZ 2012, 264, 265). Hierfür sollen überdies neue innerstaatliche Beschwerdemöglichkeiten eingeführt werden, um bereits auf nationaler Ebene etwaigen Konventionsverletzungen abhelfen zu können. Insbesondere die Erhaltung der Funktionsfähigkeit des Gerichtshofs soll dies nach der Brighton-Erklärung erforderlich machen. Dies entspricht auffallend der induktiven Auslegung des § 90 Abs. 2 S. 1 BVerfGG durch das Bundesverfassungsgericht (s. dazu *Lübbe-Wolf* EuGRZ 2004, 669), nicht aber dem eigentlichen Gedanken der Subsidiarität.

☝ Hier besteht die **konkrete Gefahr**, dass der Problematik der Aufrechterhaltung der Funktionsfähigkeit eines Gerichts im Wege von **Zulässigkeitshürden** begegnet wird.

Durch diese konkrete Ausgestaltung des Grundsatzes der Subsidiarität als ein primär der **Präklusion** und allenfalls der nationalen Kompensation der Folgen des Verstoßes gegen die EMRK dienendes Prinzip des ausschließlichen Sekundärrechtsschutzes wird dessen Sinn und Zweck aber in sein Gegenteil verkehrt. Eine unmittelbare Abhilfe konventionsrechtlicher Verfehlungen durch die innerstaatlichen Gerichte ist praktisch nicht gegeben, wenn diese sich hinter, eigentlich den supranationalen Gerichten vorbehaltenen, erhöhten Anforderungen an die Zulässigkeit zurückziehen können, um der Begründetheit nicht ins Auge blicken zu müssen.

Im strafrechtlichen Bereich kann dies zudem eine **Überfrachtung** der **HV** bewirken. Die Praxis der Revisionsgerichte geht sogar so weit, Erfordernisse aus anderen Verfahrensordnungen, wie z.B. Mitwirkungspflichten (BGH NStZ-RR 2008, 85 unter Bezugnahme auf EGMR, Entsch. v. 19.6.2006 – 23130/04 [*Hüttner*/Deutschland], NJW 2006, 2097), für das Strafverfahren zu übernehmen. Der Angeklagte erhält hierdurch, zumeist im Wege der Obliegenheit, die Stellung einer zur Mitwirkung im Verfahren verpflichteten Partei. Diese prozessuale Position bekleidet er jedoch grds. nicht vor den Strafgerichten, sondern ausschließlich vor dem BVerfG und dem Gerichtshof. 311

2.a)aa) Allgemein lässt sich daher feststellen, dass die gerichtlich und gesetzlich vorgenommene **ausufernde Inanspruchnahme** des **Grundsatzes** der **Subsidiarität** mittlerweile im innerstaatlichen Strafverfahren zumindest zu **unklaren Verhältnissen** führt (vgl. auch allgemein *Kleine-Cosack*, § 12 Rn 1342 [„kann für Deutschland (noch) nicht gesagt werden“]). Die innerstaatliche Überdehnung des Grundsatzes der Subsidiarität dürfte mithin ihren Zenit überschritten haben und nicht mehr nur „diskussionswürdig“ sein (so bereits *Lübbe-Wolff* EUGRZ, 2004, 682 sowie deren abweichendes Votum zu BVerfGE 112, 1, 55). 312

Unter dem Blickwinkel des Art. 6 Abs. 1 EMRK liegt hierin, ähnlich einer zu engen Auslegung oder Ausgestaltung der nationalen verfahrensrechtlichen Vorschriften (EGMR, Urt. v. 1.2.2007 – 78041/01 [*Paljic*/Deutschland Nr. 51], NJOZ 2008, 1098 zu Substantiierungspflichten; EKMR, Urt. v. 14.4.1998 – 13674/88 [*Warner*/Vereinigtes Königreich Nr. 57] zu Rechtsmittelfristen), jedenfalls eine **Beschränkung** des von einem Konventionsstaat zu gewährenden effektiven **Zugangs** zu den **innerstaatlichen Gerichten**, vgl. auch Art. 13 EMRK. Derartige Beschränkungen müssen aber ein berechtigtes Ziel verfolgen, den Kernbereich der Garantie unangetastet lassen und verhältnismäßig sein (EGMR, Urt. v. 28.5.1985 – 8225/78 [*Ashingdane*/Vereinigtes Königreich Nr. 57], NJW 1986, 2173). 313

bb) Letzteres ist im **Bereich** der **Strafrechtspflege nicht (mehr)** der Fall. Durch das, insbesondere im strafprozessualen Rechtsschutzsystem zu beobachtende, Zusammenspiel zwischen Obliegenheit schaffender gesetzlicher Überregulierung des innerstaatlichen 314

„Rechtsschutzes“ durch eine stetig wachsende Zahl von sogenannten Rechtsbehelfen, die diese Bezeichnung eigentlich nicht für sich in Anspruch nehmen sollten (vgl. jüngst: *Sommer* StV 2012, 107 [Verzögerungsrüge als (Alibi) Rechtsbehelf]; zur Verzögerungsrüge → *Verfahrensverzögerung/Verzögerungsrüge*, Teil B Rdn 1027), sowie entsprechend einseitiger richterlicher Rechtsauslegung und -anwendung, verkehrt sich dieser in sein Gegenteil. Der Rechtsbehelf wird für den Rechtsuchenden zum „Fallstrick“ und vereitelt gerade seinen eigentlichen Zweck, die Gewährung eines effektiven Rechtsschutzes vor ungerechtfertigten staatlichen Eingriffen in die Menschenrechte und Grundfreiheiten durch die nationalen Instanzen.

☝ Die Konzeption der **deutschen Regelungen** verfolgt daher **erkennbar primär** den **Zweck** der **Präklusion** und dient dem Staat letztendlich nur als Feigenblatt für die Behauptung eines in der prozessualen Wirklichkeit nicht in diesem Ausmaß gegebenen effektiven Rechtsschutzes (Art. 13 EMRK).

315 Dies führt im Ergebnis zu einer „fürsorglichen“ **Aushöhlung** der **Beschuldigtenrechte** und einer konkreten Gefährdung der Effektivität der Strafverteidigung, im Wege völkerrechtswidriger Präklusionsvorschriften und einer sich zuvörderst in freiwilliger Verantwortungslosigkeit und in eigener Sache selbst, unter Zuhilfenahme höchst gerichtlicher Zulässigkeitsanforderungen, entlastenden Fachgerichtsbarkeit. Eine materiell-rechtliche Auseinandersetzung mit einer behaupteten Verletzung der EMRK findet, bei den äußerst breit gefächerten Möglichkeiten der Verwerfung einer Konventionsrüge als unzulässig, in den meisten Fällen nicht statt.

316 Die zahlreichen Zulässigkeitshürden können daher dazu führen, dass sich der **Grund**- und **Menschenrechtsschutz** gleichsam selbst „**aufs Trockene setzt**“ und die Zielsetzung von Individualrechtsbehelfen auf diesem Gebiet insgesamt sachwidrig verkürzt wird, wenn „den Menschen zunächst in materieller Hinsicht Appetit“ gemacht wird, um „sie dann über formelle Hürden stolpern zu lassen“ (*Broß* EuGRZ 2006, 507). Dies ist aber weder Sinn und Zweck des Grundsatzes der Subsidiarität noch der Konvention. Der EGMR betont immer wieder, dass der Schutz der Menschenrechte effektiv und nicht nur theoretisch zu erfolgen hat (Frowein/Peukert/*Frowein*, Einf. Rn 8 m.w.N.).

317 **b)** Es ist somit wenig überraschend, dass z.B. die **strengen Anforderung** an die Substantiierung, welche das **BVerfG** aufstellt, vom Gerichtshof bereits **abgelehnt** wurden (Karpenstein/Mayer/*Schäfer*, Art. 35 EMRK Rn 47 f.) und aus Sicht der europäischen Gerichtsbarkeit die Frage nach den nationalen Anforderungen an die Zulässigkeit von Individualrechtsbehelfen im Vordergrund steht (*Schiemann* EuGRZ 2006, 509). Ob die, auch zu diesem Bereich der Darlegungslasten gehörende, innerstaatliche Handhabung des Grundsatzes der Subsidiarität bei zunehmenden, gerichtlich und gesetzlich immer strenger werdenden, Anforderungen in diesem Bereich im deutschen Strafprozess noch mit Art. 6 EMRK in Einklang stehen, muss aber bezweifelt werden.

☝ Dies bedeutet nicht, dass im Rechtsmittelverfahren keine **formalen Hürden** aufgestellt werden dürfen. Diese sollten aber **nicht** den „**Zugang** zu **Gericht**“ **versperren**. Dort ist den Menschenrechten und Grundfreiheiten durch die nationalen Behörden und Gerichte vielmehr zur Wirksamkeit zu verhelfen (Art. 1, Art. 13, Art. 35 EMRK; ebenso Art. 1 GG). Dies entlastet den Gerichtshof sicherlich am ehesten.

3. Es sollte daher i.S. eines wirksamen Schutzes der Menschenrechte auf dem Gebiet der Strafrechtspflege ausreichen, wenn Verstöße gegen die Grund- oder Menschenrechte innerhalb des innerstaatlichen (Straf-)Verfahrens durch die Verteidigung einmalig in sich schlüssig und nachvollziehbar vor den nationalen Gerichten beanstandet und der ernsthafte Versuch einer – tatsächlich und praktisch möglichen – Behebung der Menschenrechtsverletzung und ihrer Folgen auf nationaler Ebene unternommen wird, ohne hierfür zunächst große Hürden der Zulässigkeit meistern zu müssen. **318**

☝ Nicht übersehen werden darf hierbei aber, dass die Beanstandung durch den Betroffenen immer nur ein Bestandteil einer wirksamen Subsidiarität sein kann. Die Fachgerichte und anderen staatlichen Stellen müssen zu einer **Abhilfe** oder **Kompensation** auch **bereit** und vor allem in der Lage sein. Des Weiteren ist es nicht nachzuvollziehen, weshalb es im Fall einer offensichtlichen Verletzung der Konventionsrechte überhaupt einer Rüge bedarf und die innerstaatlichen Gerichte nicht von Amts wegen tätig werden müssen, um die von der Rechtsprechung gewünschte Effektivität des Menschenrechtsschutzes zu gewährleisten.

Der Verfasser einer Beschwerdeschrift sollte sich daher nicht von der Erstellung oder weiteren Bearbeitung einer Menschenrechtsbeschwerde abschrecken lassen, wenn die „Subsidiaritäts-Falle“ vor der innerstaatlichen Gerichtsbarkeit bereits zugeschnappt hat. Dieser Missstand ist vielmehr ebenfalls zum Bestandteil der erhobenen Rügen zu machen. **319**

Siehe auch: → *Anhörungsrüge, Allgemeines*, Teil B Rdn 1; → *Menschenrechtsbeschwerde, Allgemeines*, Teil C Rdn 1, m.w.N.; → *Menschenrechtsbeschwerde, Rechtswegerschöpfung*, Teil C Rdn 251; → *Verfassungsbeschwerde, Allgemeines*, Teil C Rdn 729, m.w.N.

320 Menschenrechtsbeschwerde, Urteil/Entscheidung

Das Wichtigste in Kürze:

1. Entscheidungsformen des EGMR sind Entscheidungen und Urteile.
2. Die Urteile des EGMR sind in der Regel Feststellungsurteile, die sich bei Stattgabe auf die Feststellung der Konventionsverletzung beschränken.
3. Entscheidungen über die Zulässigkeit und Urteile müssen begründet werden.
4. Urteile werden öffentlich verkündet oder den Parteien bekannt gegeben und erwachsen in Rechtkraft, wenn die Große Kammer nicht mehr angerufen werden kann oder erfolglos angerufen wurde.
5. Die Urteile und Entscheidungen des EGMR werden veröffentlicht; hierzu gibt der EGMR eine amtliche Sammlung heraus und gewährt Zugang zu seiner Datenbank HUDOC.

321 **Literaturhinweise:** **Garlicki/Westerdiek**, Rechtsfolgen von Normenkontrollen – Die Rechtsprechung des EGMR: Das klassische Umfeld, EuGRZ 2006, 517; **Myer/Mol/Kempees/v. Steijn/Bockwinkel/Uerpmann**, EGMR-Verfahren – Die häufigsten Irrtümer bei Einreichen einer Beschwerde, MDR 2007, 505; **Wittinger**, Die Einlegung einer Individualbeschwerde vor dem EGMR, NJW 2001, 1238; s.a. die Hinw. bei → *Menschenrechtsbeschwerde, Allgemeines*, Teil C Rdn 1.

322 **1. Handlungsformen** des EGMR sind **Urteile** und **Entscheidungen**. Isolierte Bescheidungen ausschließlich der Zulässigkeit ergehen als Entscheidungen. Fragen zur Begründetheit klärt der EGMR im Urteil.

323 **Daneben** sind einige Gegenstände ihrer **Bedeutung** wegen den **Urteilen** zugewiesen: So erfolgt die **Streichung** einer bereits für zulässig erklärten Menschenrechtsbeschwerde im Register aufgrund eines Urteils (Art. 43 Abs. 3 S. 3 VerfO-EGMR). Auch der gesonderte Ausspruch über die gerechte Entschädigung gem. Art. 41 EMRK ergeht stets in Urteilsform (SK-StPO-*Paeffgen*, Einleitung EMRK Rn 359; → *Menschenrechtsbeschwerde, Entschädigung*, Teil C Rdn 161; → *Menschenrechtsbeschwerde, Streichung aus der Liste*, Teil C Rdn 297).

324 **2.a)** Der **Inhalt** der **Entscheidung** orientiert sich am Begehren des Beschwerdeführers (→ *Menschenrechtsbeschwerde, Beschwerdegegenstand*, Teil C Rdn 62). Die Urteile des EGMR sind bezüglich der Konventionsverletzung grds. **Feststellungsurteile**. Dabei wird die Konventionsverletzung in allgemeiner Art festgestellt, ohne dass der beanstandete Rechtsakt im Tenor konkret benannt wird.

325 **b)** Nur **ausnahmsweise** ordnet der EGMR darüber hinaus in seinen Urteilsgründen eine **konkrete Maßnahme** an, die der verurteilte Vertragsstaat zu treffen hat (ausführlich Karpenstein/Mayer/*Breuer*, Art. 46 EMRK Rn 6 ff.). Im Wesentlichen nimmt er solche Anordnungen vor, wenn die Art der Verletzung „aufgrund ihrer Natur keine echte Wahl

hinsichtlich der zu ihrer Beendigung zu ergreifenden Maßnahme" zulässt (EGMR, Urt. v. 8.4.2004 – 71503/01 [*Assanidze*/Georgien Nr. 203], NJW 2005, 2207 – die Freilassung des gefangenen Beschwerdeführers; Urt. v. 26.2.2004 – 74969/01 [*Görgülü*/ Deutschland Nr. 64 a.E.], NJW 2004, 3397 – mindestens die Einräumung des Umgangsrechts mit dem Beschwerdeführer, krit. hierzu SK-StPO-*Paeffgen*, Einleitung EMRK Rn 390b; Frowein/Peukert-*Frowein*, Art. 46 EMRK Rn 10). Auch im Rahmen der Piloturteile (→ *Menschenrechtsbeschwerde, Urteil, Rechtswirkungen*, Teil C Rdn 343) weist der EGMR dem betroffenen Staat an, konkrete Maßnahmen zu treffen.

c) Gibt ein Urteil ganz oder teilweise nicht die übereinstimmende Meinung der Richter wieder, so ist nach Art. 45 Abs. 2 EMRK **jeder Richter berechtigt**, seine **abweichende Meinung darzulegen**. Die Beifügung eines solchen Votums ist nicht allein auf Fälle reiner Ablehnung beschränkt; es kann auch eine **zustimmende Erklärung** enthalten oder sich auf die Feststellung der Abweichung beschränken (Art. 74 Abs. 2 VerfO-EGMR). Es gibt auch gänzliche zustimmende Erklärungen, wenn es für geboten angesehen wird, den eingenommenen Standpunkt näher darzulegen (s. etwa EGMR [GK], Urt. v. 4.2.2005 – 46827 und 46951 [*Mamatkulov u. Askarov*/Türkei], EuGRZ 2005, 357 [362 ff.]: zustimmendes Votum des Richters *Cabral Barreto*, teilweise dissertierendes Votum des Richters *Rozakis* und gemeinsames teilweise dissertierendes Votum der Richter *Caflisch, Türmen* und *Kovler* zur Frage der Verbindlichkeit einstweiliger Maßnahmen; (→ *Menschenrechtsbeschwerde, Einstweiliger Rechtsschutz*, Teil C Rdn 155). Für Entscheidungen gilt dies nicht (Frowein/Peukert/*Frowein*, Art. 45 Rn 2). 326

3.a) Alle Urteile des EGMR sowie dessen Entscheidungen über die Zulässigkeit müssen begründet werden, Art. 45 Abs. 1 EMRK. Die **Begründungspflicht** für Urteile besteht damit ausnahmslos, egal welchen Gegenstand sie zum Inhalt haben (auch bei bloßer Streichung aus der Liste der Fälle → *Menschenrechtsbeschwerde, Streichung aus der Liste*, Teil C Rdn 297). Entscheidungen müssen dagegen nur eine Begründung aufweisen, wenn sie sich über die Zulässigkeit verhalten. Andere Entscheidungen des EGMR müssen demnach nicht begründet werden (*Meyer-Ladewig*, Art. 45 EMRK Rn 3). 327

☝ Insbesondere gilt **kein Begründungserfordernis** für die Entscheidung des Ausschusses über die **Annahme** der *Großen Kammer* nach Art. 43 Abs. 2 EMRK (Erläuternder Bericht des Lenkungsausschusses für Menschenrechte des Europarats zum 11. Protokoll der EMRK, BT-Drucks 13/858 S. 42 Nr. 105 Abs. 2; → *Menschenrechtsbeschwerde, Verfahrensablauf, Verfahren vor der Großen Kammer*, Teil C Rdn 381).

b)aa) Der **Umfang** der **Begründungspflicht** ist **abhängig** von der **Entscheidungsart**. 328
Urteile der Ausschüsse über die Zulässigkeit und Begründetheit, Urteile der Kammern und der Großen Kammer müssen einen in Art. 74 VerfO-EGMR vorgegebenen Mindest-

inhalt aufweisen. Danach muss das **Urteil** die Namen der Richter und des Kanzlers oder dessen Stellvertreters, den Tag, an dem es gefällt, und den Tag, an dem es verkündet wird, die Bezeichnung der Parteien sowie deren Vertreter, Beistände und Berater, die Darstellung des Prozessverlaufs, den Sachverhalt, eine Zusammenfassung des Parteivorbringens, die Entscheidungsgründe, den Urteilstenor, gegebenenfalls die Kostenentscheidung, die Zahl der Richter, die die Mehrheit gebildet hat und gegebenenfalls die Angabe über die maßgebende Sprachfassung beinhalten.

329 **bb) Entscheidungen** über die **Zulässigkeit** bedürfen nur einer **kurzen Begründung** (Erläuternder Bericht des Lenkungsausschusses für Menschenrechte des Europarats zum 11. Protokoll der EMRK, BT-Drucks 13/858 S. 42 Nr. 105). **Zulässigkeitsentscheidungen** der **Kammer** müssen zudem angeben, ob sie einstimmig oder mit Mehrheitsbeschluss getroffen wurden, Art. 56 Abs. 1 VerfO-EGMR und werden dem Beschwerdeführer mitgeteilt, Art. 56 Abs. 2 VerfO-EMRK. **Einzelrichterentscheidungen** nach Art. 27 EMRK (→ *Menschenrechtsbeschwerde, Verfahrensablauf nach Beschwerdeeingang*, Teil C Rdn 359) werden nicht ausgefertigt sondern ausschließlich **protokolliert** Der Beschwerdeführer erhält lediglich eine Mitteilung über die getroffene Entscheidung, den Namen des Richters und den Grund für die Entscheidung (Karpenstein/Mayer/*Schaffrin*, Art. 27 EMRK Rn 6).

330 **4.a)** Die **Verkündung** eines **Kammerurteils** erfolgt in **öffentlicher Sitzung**, wenn nicht die Übermittlung des Urteils an die Parteien die Verkündung ersetzt, wie dies bei Urteilen der Komitees stets der Fall ist (Art. 77 Abs. 2 VerfO-EGMR). **Entscheidungen** werden ausschließlich **schriftlich mitgeteilt** (Art. 56 Abs. 2 VerfO-EGMR).

331 **b)** Für die Frage der **Rechtskraft** und **Anfechtbarkeit** gilt:

- Ein **Urteil** der **Großen Kammer** erwächst sofort in **Rechtskraft** (Art. 44 Abs. 1 EMRK).
- Ein **Urteil** der **Kammer** wird rechtskräftig, wenn die Parteien erklären, die Abgabe an die Große Kammer nicht zu beantragen, die dreimonatige Frist zur Beantragung der Verweisung an die Große Kammer verstrichen ist, ohne dass ein solcher Antrag gestellt wurde oder der Ausschuss der Großen Kammer einen Antrag auf Verweisung an diesen abgelehnt hat, Art. 44 Abs. 2 EMRK (→ *Menschenrechtsbeschwerde, Verfahrensablauf, Verfahren vor der Großen Kammer*, Teil C Rdn 371, 379, 381).
- Entscheidungen und Urteile von **Einzelrichter** und **Komitee** sind stets **unanfechtbar**, **Art. 28 Abs. 2 EMRK**.

332 **c)** Die Rechtskraft eines Urteils oder einer Entscheidung hindert nicht dessen bzw. deren **Berichtigung** wegen **Schreib- oder Rechenfehler** sowie offensichtlicher Unrichtigkeiten; solche Fehler können ohne Weiteres auf Antrag oder von Amts wegen korrigiert werden, Art. 81 VerfO-EGMR. Hierzu bedarf es insbesondere **keines Antrags auf** Wiederaufnahme des Verfahrens (→ *Menschenrechtsbeschwerde, Wiederaufnahme des Verfah-*

rens, Teil C Rdn 415). Der Antrag der Partei auf Korrektur muss allerdings binnen eines Monats nach Verkündung des Urteils oder der Entscheidung gestellt werden.

5.a) Art. 44 Abs. 3 EMRK bestimmt, dass das **endgültige Urteil veröffentlicht** wird. Tatsächlich geht der EGMR über diese Veröffentlichungspflicht erheblich hinaus: Der EGMR stellt nahezu alle Entscheidungen und Urteile in seine Datenbank im Internet (HUDOC database) ein (→ *Menschenrechtsbeschwerde, Recherche*, Teil C Rdn 249). 333

b) Darüber hinaus gibt der EGMR eine **amtliche Sammlung** heraus. Diese enthält ausgewählte Urteile, Entscheidungen und sonstige Schriftstücke, deren Veröffentlichung der Präsident des EGMR für zweckmäßig hält (Art. 78 VerfO-EGMR). In den Jahren 1960 bis 1995 wurden die Fälle in der „Series A"/„série A" veröffentlicht. Von 1996 bis Oktober 1998 erfolgte die Veröffentlichung in den „Reports of Judgements and Decisions"/„Recueil des arrêts et décisions", seit dem 1.11.1998 in den „Reports of Judgements and Decisions ECHR"/„Recueil des arrêts et decisions CEDH". Die amtliche Sammlung des EGMR gibt es in beiden Amtssprachen (Art. 57 Abs. 2 VerfO-EGMR). 334

☝ Der EGMR führt auf seiner **Internetpräsenz** eine Liste mit allen Fällen, die in der amtlichen Sammlung enthalten sind.

Siehe auch: → *Menschenrechtsbeschwerde, Allgemeines*, Teil C Rdn 1, m.w.N.; → *Menschenrechtsbeschwerde, Einigungsverfahren*, Teil C Rdn 136; → *Menschenrechtsbeschwerde, Streichung aus der Liste*, Teil C Rdn 297; → *Menschenrechtsbeschwerde, Urteil/Rechtswirkungen*, Teil C Rdn 335; → *Menschenrechtsbeschwerde, Verfahrensablauf nach Beschwerdeeingang*, Teil C Rdn 354.

Menschenrechtsbeschwerde, Urteil/Rechtswirkungen 335

Das Wichtigste in Kürze:

1. Unmittelbare Wirkung entfaltet das der Menschenrechtsbeschwerde stattgebende Urteil nur zwischen den beteiligten Parteien.
2. Andere Staaten sind an die Urteile des EGMR faktisch gebunden, wenn sie eine entsprechende eigene Verurteilung vermeiden wollen.
3. Darüber hinausgehend entfalten Urteile des EGMR innerstaatliche Wirkung über den Einzelfall hinaus dadurch, dass die Rechtsprechung des Bundesverfassungsgerichts verlangt, einschlägige Urteile in die rechtliche Prüfung und Auseinandersetzung miteinzubeziehen.
4. Der EGMR hat die Wirkung seiner Urteile durch die sogenannte Piloturteilstechnik erweitert, durch die er bei strukturellen nationalen Problemen auf deren Behebung hinwirkt.

5. Die Überwachung des Vollzugs eines rechtskräftigen Urteils des EGMR erfolgt durch das Ministerkomitee.

6. Die Auslegung seiner Urteile erfolgt durch den EGMR, der hierzu durch das Ministerkomitee und die Parteien angerufen werden kann.

336 **Literaturhinweise:** **Breuer**, Zur Anordnung konkreter Abhilfemaßnahmen durch den EGMR, EuGRZ 2004, 257; *ders.*, Urteilsfolgen bei strukturellen Problemen – Das erste „Piloturteil" des EGMR, EuGRZ 2004, 445; *ders.*, Das Recht auf Individualbeschwerde zum EGMR im Spannungsfeld zwischen Subsidiarität und Einzelfallgerechtigkeit, EuGRZ 2008, 121; **Caflisch**, Rechtsfolgen von Normenkontrollen – Die Rechtsprechung des EGMR: Die Technik der Pilotfälle, EuGRZ 2006, 521; **Cremer**, Zur Bindungswirkung von EGMR-Urteilen, EuGRZ 2004, 683; *ders.*, Freiheitsentzug und Zwangsbehandlung in einer Privatklinik, Rechtskraftdurchbrechung und (mittelbare) Drittwirkung der EMRK, EuGRZ 2008, 562; **Esser**, Die Umsetzung der Urteile des Europäischen Gerichtshofs für Menschenrechte im nationalen Recht – ein Beispiel für die Dissonanz völkerrechtlicher Verpflichtungen und verfassungsrechtlicher Vorgaben?, StV 2005, S. 348; **Garlicki/Westerdiek**, Rechtsfolgen von Normenkontrollen – Die Rechtsprechung des EGMR: Das klassische Umfeld, EuGRZ 2006, 517; **Grabenwarter**, Grundrechtsvielfalt und Grundrechtskonflikte im europäischen Mehrebenensystem – Wirkungen von EGMR-Urteilen und der Beurteilungsspielraum der Mitgliedstaaten, EuGRZ 2011, 229; **Masuch**, Zur fallübergreifenden Bindungswirkung von Urteilen des EGMR, NVwZ 2000, 1266; **Meyer-Ladewig/Petzold**, Die Bindung deutscher Gerichte an Urteile des EGMR, NJW 2005, 15; **Nicolaou**, The New Perspective of the EurCourtHR on the Effectiveness of its Judgment, in: Festschrift für *Renate Jaeger*, S. 163; **Okresek**, Die Umsetzung der EGMR-Urteile und ihre Überwachung – Probleme der Vollstreckung und der Behandlung von Wiederholungsfällen, EuGRZ 2003, 168; **Papier**, Umsetzung und Wirkung der Entscheidungen des Europäischen Gerichtshofs für Menschenrechte aus der Perspektive der nationalen deutschen Gerichte, EuGRZ 2006, 1; **Ress**, Wirkung und Beachtung der Urteile und Entscheidungen des Straßburger Konventionsorgane, EuGRZ 1996, 350; **Ruffert**, Die Europäische Menschenrechtskonvention und innerstaatliches Recht, EuGRZ 2007, 245; **Schmahl**, Piloturteile des EGMR als Mittel der Verfahrensbeschleunigung, EuGRZ 2008, 369; **Stöcker**, Wirkungen der Urteile des Europäischen Gerichtshofs für Menschenrechte in der Bundesrepublik, NJW 1982, 1905; **Weigend**, Die Europäische Menschenrechtskonvention als deutsches Recht – Kollisionen und ihre Lösung, StV 2000, 384; s.a. die Hinw. bei → *Menschenrechtsbeschwerde, Allgemeines*, Teil C Rdn 2.

337 **1.a) Art. 46 Abs. 1 EMRK verpflichtet** die **Vertragsstaaten** zur **Befolgung** eines **Urteils**, wenn sie **selbst Partei** des zugrunde liegenden Verfahrens gewesen sind. Sachlich ist diese **Bindungswirkung** auf den konkret entschiedenen Fall, wie er durch Sachverhalt und Beschwerdevorbringen konkretisiert ist, begrenzt (*Cremer* EuGRZ 2004, 659 f.). Handlungspflichten entstehen für den belangten Vertragsstaat naturgemäß nur, wenn er verurteilt wird, der EGMR also eine Konventionsverletzung erkannt hat. Dann hat der Staat den Zustand wiederherzustellen, der vor der Konventionsverletzung bestand (restitutio in integrum) (EGMR, Urt. v. 8.4.2004 – 71503/01 [*Assanidze*/Georgien Nr. 198], NJW 2005, 2207). Bereits eingetretene Konventionsverletzungen muss er beseitigen und noch fortdauernde beenden.

338 **b)** Ggf. muss er hierfür **Gesetze**, deren Anwendung oder deren Auslegung, eine **Verwaltungspraxis**, seine **Rspr.** oder anderes **ändern** (ausführlich Karpenstein/Mayer/*Breuer*, Art. 46 EMRK Rn 33 ff.). In der Wahl seiner Mittel ist der betroffene Vertragsstaat grds.

frei, soweit die gefundenen Lösungen mit dem Urteil des EGMR in Einklang stehen (EGMR, Urt. v. 26.2.2004 – 74969/01 [*Görgülü*/Deutschland Nr. 64], NJW 2004, 3397). Der EGMR setzt voraus, dass der Staat die allgemeinen oder individuellen Maßnahmen ergreift, die nach seinem Recht ergriffen werden müssen, um die beanstandete Konventionsverletzung zu beenden und zu beseitigen (EGMR, Urt. v. 8.4.2004 – 71503/01 [*Assanidze*/Georgien Nr. 198], NJW 2005, 2207).

c) Soweit eine **Wiederherstellung** des ursprünglichen Zustands vor Eintritt der Konventionsverletzung **nicht möglich** ist, muss der Staat eine **angemessene Entschädigung** leisten (→ *Menschenrechtsbeschwerde, Entschädigung*, Teil C Rdn 164) leisten. Diese Verpflichtung des Staates, dem Beschwerdeführer Wiedergutmachung zu leisten, wird aus der Konventionsverletzung an sich (Karpenstein/Mayer/*Breuer*, § 46 Rn 32) oder unmittelbar aus Art. 46 EMRK (EGMR st. Rspr., Urt. v. 8.4.2004 – 71503/01 [*Assanidze*/Georgien Nr. 198], NJW 2005, 2207) hergeleitet. 339

☝ **Innerstaatlich** eröffnet die erfolgreiche Menschenrechtsbeschwerde dem Beschwerdeführer zudem die Möglichkeit, die Wiederaufnahme (→ ***Wiederaufnahme,*** *Antragsgründe, EGMR-Entscheidung*, Teil B Rdn 1130 ff.) gem. § 359 Nr. 6 StPO zu betreiben.

2. Für **Vertragsstaaten**, die **nicht** selbst **Partei** des entsprechenden Rechtsstreits sind, gilt nach Art. 46 EMRK **keine unmittelbare Bindung** an das endgültige Urteil des EGMR. Gleichwohl entfalten Urteile des EGMR für andere Vertragsstaaten eine jedenfalls **faktische Wirkung**: Da der EGMR nicht ohne Grund von seiner bisherigen Rechtsprechung abweicht (EGMR [GK], Urt. v. 4.2.2005 – 46827/99 und 46951/99 [*Mamatkulov u. Askarov*/Türkei Nr. 121], EuGRZ 2005, 357 m.w.N.), muss jeder Staat, der die Auslegung der EMRK durch den EGMR in Verfahren gegenüber anderen Staaten ignoriert, damit rechnen, selbst in entsprechender Weise verurteilt zu werden (Karpenstein/Mayer/*Breuer*, Art. 46 EMRK Rn 45 m.w.N.). 340

Diese Auswirkung auf unbeteiligte Vertragsstaaten wird beispielsweise auch als „**Orientierungswirkung**" (*Okresek* EuGRZ 2003, 169) oder „**Anleitungswirkung**" (SK-StPO-*Paeffgen*, Einleitung EMRK Rn 383) bezeichnet. Sie zeichnet sich dadurch aus, dass zwar keine unmittelbare Rechtskraftwirkung des Urteils besteht, allerdings aufgrund der Konvention eine Art mittelbare Bindungswirkung zum Tragen kommt. Diese kann aus Art. 1 EMRK, wonach sich die Vertragsstaaten zur Achtung der Menschenrechte verpflichtet haben, hergeleitet (*Grabenwarter/Pabel*, § 16 Rn 8) und auf die Autorität des EGMR bei der Auslegung der Konvention zurückgeführt (*Papier* EuGRZ 2006, 1) oder mit der Erwartung einheitlicher Rechtsprechung begründet (Karpenstein/Mayer/*Breuer*, Art. 46 EMRK Rn 45) werden. 341

☝ Die Resolution 1226 (2000) der Parlamentarischen Versammlung des Europarates folgert eine „**erga-omnes-Wirkung**" aus dem Solidaritätsprinzip: Dieser Grundsatz beinhalte dadurch, dass das Fallrecht des EGMR die Konvention gestalte, eine Ausweitung der Bindungswirkung auf alle Vertragsstaaten; jeder sei danach gehalten, die Auswirkungen ergangener Urteile des EGMR auf sein Rechtssystem und in seiner Rechtspraxis zu beachten (s. dort unter Ziff. 3).

342 **3.** Das **BVerfG** setzt seinerseits bezüglich der innerstaatlichen Rspr. voraus, dass die in einschlägigen Entscheidungen durch den EGMR genannten Gesichtspunkte in die **verfassungsrechtliche Würdigung einzubeziehen** sind und eine Auseinandersetzung mit seinen Abwägungsergebnissen zu erfolgen hat. Bei einem durch den EGMR festgestellten und noch fortdauernden Konventionsverstoß der Bundesrepublik Deutschland muss die Entscheidung des EGMR innerstaatlich jedenfalls in der Weise berücksichtigt werden, dass sich die **entscheidenden Stellen erkennbar** mit der Entscheidung des EGMR **auseinandersetzen** und, falls sie der Entscheidung nicht folgen, die Abweichung **nachvollziehbar begründen** (BVerfG NJW 2004, 3407 ff.; krit. zur danach nur eingeschränkten Bindungswirkung *Wildhaber* EuGRZ 2005, 743).

343 **4.a)** Die begrenzte unmittelbare Wirkung seiner Urteile nur zwischen den jeweiligen Parteien des Rechtsstreits hat der EGMR mittlerweile selbst unter Berufung auf seine Arbeitsbelastung ausgeweitet: Seit 2004 bedient er sich des Instruments der **Piloturteile** beim Vorliegen **struktureller Probleme**, die über den Einzelfall hinaus zahlreiche Konventionsverletzungen (und ebenso viele begründete Menschenrechtsbeschwerden) nach sich ziehen (erstmals EGMR [GK], Urt. v. 22.6.2004 – 31443/96 [*Broniowski*/Polen], NJW 2005, 2521; zusammenfassende Darstellung bei *Caflisch* EuGRZ 2006, 521 f.).

☝ Der EGMR hat bislang von dem Instrument des Piloturteils **nur sparsam Gebrauch** gemacht und sich auf Fälle beschränkt, in denen innerstaatliche Missstände zu schwerwiegenden Konventionsverletzungen geführt haben, die anders nicht effektiv und zügig beseitigt werden könnten (*Nicolau,* S. 173).

344 Durch diese **neue Urteilstechnik** soll der betroffene Vertragsstaat dazu angehalten werden, **über** den **ausgeurteilten Einzelfall hinaus Änderungen** derart vorzunehmen, dass Konventionsverletzungen im beanstandeten Bereich künftig vermieden werden. Gem. einer Resolution des Ministerkomitees des Europarats vom 12.5.2004 soll der EGMR zu diesem Zweck deutlich machen, wo nach seiner Auffassung strukturelle Probleme bestehen und was deren Ursache ist. Der EGMR gibt demgemäß **konkrete Vorgaben** zur Behebung der seinerseits beanstandeten Missstände in seinen Entscheidungsgründen. Er stellt zudem die Art der Konventionsverletzung im Tenor fest und gibt – erforderlichenfalls auch unter Vorgabe einer konkreten Frist (vgl. EGMR, Urt. v. 2.9.2010 – 46344/06

[*Rumpf*/Deutschland], NJW 2010, 3355 wegen überlanger Verfahrensdauer) – die Art der durch den Staat zu treffenden Maßnahme auf (Art. 61 Abs. 3 und 4 VerfO-EGMR).

b) Das **Verfahren** der **Piloturteile** hat der EGMR mittlerweile in **Art. 61** seiner Verfahrensordnung geregelt: Danach sieht das **auf Antrag** einer Partei oder **von Amts wegen** eingeleitete Piloturteilsverfahren zunächst die **Anhörung** der Parteien hinsichtlich einer entsprechenden Eignung des Falles vor; insoweit können die Parteien Stellung dazu nehmen, ob innerstaatlich tatsächlich ein systemisches oder strukturelles Problem oder eine vergleichbare Störung besteht und ob die Beschwerde zur Behandlung im Piloturteilsverfahren geeignet ist. 345

c)aa) Die **Durchführung** eines Pilotverfahrens **bedeutet nicht**, dass die Prüfung anderer von der konkreten Problematik gleichermaßen betroffenen Fällen automatisch **zurückgestellt** würde Der EGMR entscheidet hier im Einzelfall (Art. 61 Abs. 6 VerfO-EGMR). Auch wenn die Vertagung gleichgelagerter Fälle dem Nutzen einer Arbeitsentlastung am besten entspricht, kann es der EGMR auch für zweckmäßig heißen, dass der betroffene Staat durch die fortlaufende Bearbeitung weiterer gleichgelagerter Fälle regelmäßig an seine Verpflichtung erinnert wird (EGMR, Urt. v. 2.9.2010 – 46344/06 [*Rumpf*/Deutschland Nr. 75], NJW 2010, 3355). Die **Pilotverfahren** selbst werden allerdings stets mit **Vorrang** (→ *Menschenrechtsbeschwerde, Einstweiliger Rechtsschutz*, Teil C Rdn 157) behandelt (Art. 61 Abs. 2c VerfO-EGMR). 346

Die Behandlung weiterer **vorläufig zurückgestellter** Fälle **nimmt** der EGMR grds. **wieder auf**, wenn er feststellen muss, dass die aufgegebene **Maßnahme** auf Dauer **nicht umgesetzt** wird (Art. 61 Abs. 8 VerfO-EGMR; s. dazu etwa die Entschließung des EGMR in der Sache *Yuriy Nikolayevich Ivanov*/Ukraine vom 1.3.2012 – 40450/04, nachdem die Ukraine die ihr in dem Piloturteil vom 15.10.2009 aufgegebene Maßnahme [Schaffung einer Möglichkeit der Durchsetzung nationaler Gerichtsentscheidungen] zu diesem Zeitpunkt trotz einer erbetenen und gewährten Verlängerung der insoweit gesetzten Frist nicht umgesetzt hat). Auch im Übrigen kann er nach Art. 61 Abs. 5c VerfO-EGMR zurückgestellte Fälle wieder aufnehmen, wenn die **ordnungsgemäße Rechtspflege** dies erfordert. 347

bb) Setzt der Staat die aufgegebene Maßnahme um, kann dies dazu führen, dass der EGMR annimmt, der Rechtsstreit sei einer Lösung im Sinne von Art. 37 Abs. 1 Buchst. b) EMRK zugeführt worden mit der Folge einer **Streichung** des **Falls** aus dem Register (EGMR, Entsch. v. 4.12.2007 – 50003/99 [*Wolkenberg u.a.*/Polen], EuGRZ 2008, 126 nach der Umsetzung der Maßgaben des *Broniowski*-Piloturteils; → *Menschenrechtsbeschwerde, Streichung aus der Liste*, Teil C Rdn 297, m.w.N.). Um seiner Verurteilung vorzubeugen, kann der betroffene Staat jederzeit Abhilfemaßnahmen schaffen; bei bereits anhängigen Menschenrechtsbeschwerden kann dies zu ihrer Unzulässigkeit führen (zuletzt EGMR, Entsch. v. 10.7.2012 – 23056/09 [*Mianowicz u.a.*/Deutschland] wegen Nichterschöpfung des Rechtswegs nach Schaffung einer innerstaatlichen Kompensationsmöglichkeit bei 348 überlanger Verfahrensdauer gemäß §§ 198 ff. GVG; *Caflisch* EuGRZ 2006, 523) (→ *Menschenrechtsbeschwerde, Zulässigkeit, Zulässigkeitsvoraussetzungen*, Teil C Rdn 417; → *Menschenrechtsbeschwerde, Rechtswegerschöpfung*, Teil C Rdn 289).

349 **5.a)** Die **Überwachung** des **Vollzugs** eines **rechtskräftigen Urteils** des Gerichtshofs obliegt dem **Ministerkomitee**, dem zu diesem Zweck jedes endgültige Urteil des EGMR zugeleitet wird (Art. 46 Abs. 2 EMRK). Das **Verfahren** vor dem Ministerkomitee bestimmt sich nach den Regelungen der Rules of the Committee of Ministers for the supervision of the execution of judgements and of the terms of friendly settlements vom 10.5.2006. Danach muss der verurteilte Vertragsstaat gegenüber dem Ministerkomitee darlegen und gegebenenfalls belegen, was er in der Sache konkret veranlasst hat (Rule 6). Neben Entschädigungsleistungen kommt hier insbesondere die Unterrichtung von Gerichten und Behörden, die Vorbereitung von Gesetzesänderungen oder die Änderung von Verwaltungsanweisungen in Betracht (Rule 6, Fn 2). Die sachliche Vorbereitung findet im Wesentlichen durch den Generaldirektor für Menschenrechte des Europarats statt (*Meyer-Ladewig*, Art. 46 Rn 44).

350 **b)** Kommt das Ministerkomitee zu dem Schluss, der Vertragsstaat sei seinen Verpflichtungen aus dem Urteil vollständig **nachgekommen**, stellt er das Verfahren durch eine Schlussresolution ein (Rule 17). Die Entscheidungen und Maßnahmen des Ministerkomitees können auf der Internet-Seite des Europarates eingesehen werden. Gelangt das Ministerkomitee zu der Auffassung, dass der verurteilte Vertragsstaat das endgültige Urteil **nicht befolgt**, mahnt das Ministerkomitee zunächst an (Art. 46 Abs. 4 EMRK). Erfolgt hierauf keine für ausreichend erachtete Reaktion, kann das Ministerkomitee mit Zweidritteln seiner Stimmen beschließen, die Große Kammer des EGMR mit der Frage anzurufen, ob der Vertragsstaat seinen Verpflichtungen, das endgültige Urteil des Gerichtshofs zu befolgen, nachgekommen ist (Art. 46 Abs. 4, 31b) EMRK).

351 **c) Stellt** der **EGMR** eine **Verletzung** der **Verpflichtung** zur **Befolgung seines Urteils fest**, weist er den Vorgang an das Ministerkomitee zurück, welches die daraufhin zu treffenden Maßnahmen prüft (Art. 46 Abs. 5 S. 1 EMRK). Welche Maßnahmen dem Ministerkomitee insoweit offen stehen, folgt aus der Satzung des Europarats: Gem. dessen Art. 8 kann das Ministerkomitee dem betroffenen Vertragsstaat sein Stimmrecht entziehen oder dessen Ausschluss aus dem Europarat betreiben. Allerdings soll bereits der durch das Prüfungsverfahren vor dem EGMR ausgeübte politische Druck ausreichen zu bewirken, dass eine Umsetzung des Urteils auch ohne weitere Maßnahmen erfolgt (so die Begründung BT-Drucks 16/42, S. 36 Nr. 99; *Garlicki/Westerdiek* EuGRZ 2006, 519).

352 Stellt der EGMR **keine Verletzung** der **Befolgungspflicht** fest, stellt das Ministerkomitee seine Prüfung ein (Art. 46 Abs. 5 S. 2 EMRK).

☝ Auch die **Umsetzung** eines Urteils kann eine **neue Konventionsverletzung** bewirken, die dann wiederum mit der Menschenrechtsbeschwerde angegriffen werden kann und muss (EGMR, Urt. v. 30.6.2009 – 32772/02 [*Verein gegen Tierfabriken*/Schweiz II Nr. 62 ff.], NJW 2010, 3699; kritisch dazu Karpenstein/Mayer/*Breuer*, Art. 46 Rn 76; *Nicolau*, FS. 163, 177 m.w.N.). Auch die weitere Dauer einer Konventionsverletzung kann mit einer zweiten Menschenrechtsbeschwerde als neue Tatsache gerügt werden (EGMR, Urt. v. 10.4.2008 – 21071/05 [*Wassermann*/Russland II Nr. 31 bis 37]).

6. Wirft die Überwachung der Durchführung des Urteils eine Frage seiner **Auslegung** auf, kann das **Ministerkomitee** den **EGMR anrufen**, damit dieser über die Auslegungsfrage entscheidet (Art. 46 Abs. 3 EMRK). Die Parteien selbst sind binnen eines Jahres nach Urteilsverkündung berechtigt, den EGMR zwecks Auslegung seines Urteils anzurufen (Art. 79 Abs. 1 VerfO-EGMR). Im Gegensatz zur Möglichkeit der Parteien, den Gerichtshof wegen der Auslegung seines Urteils anzurufen, ist die dem Ministerkomitee insoweit eingeräumte Befugnis zeitlich nicht begrenzt. **353**

☝ Die Anrufung des EGMR zwecks Auslegung seines Urteils muss das Ministerkomitee mit **Zweidritteln** seiner Stimmen beschließen (Art. 46 Abs. 3 S. 2 EMRK).

Siehe auch: → *Menschenrechtsbeschwerde, Allgemeines*, Teil C Rdn 1; → *Menschenrechtsbeschwerde, Einigungsverfahren*, Teil C Rdn 136; → *Menschenrechtsbeschwerde, Streichung aus der Liste*, Teil C Rdn 297; → *Menschenrechtsbeschwerde, Urteil/Entscheidung*, Teil C Rdn 320.

Menschenrechtsbeschwerde, Verfahrensablauf nach Beschwerdeeingang **354**

Literaturhinweise: **Wittinger**, Die Einlegung einer Individualbeschwerde vor dem EGMR, NJW 2001, 1238; s.a. die Hinw. bei → *Menschenrechtsbeschwerde, Allgemeines*, Teil C Rdn 2. **355**

1. Nach dem **Eingang** einer Beschwerdeschrift weist der Präsident diese gem. Art. 52 Abs. 1 VerfO-EGMR einer **Sektion** zu. Beschwerden gegen die Bundesrepublik Deutschland werden aufgrund der derzeitigen Besetzung (→ *Menschenrechtsbeschwerde, EGMR – Aufbau und Besetzung*, Teil C Rdn 113) grds. der fünften Sektion zugewiesen. Der betreffende Sektionspräsident bildet sodann nach Art. 52 Abs. 2 VerfO-EGMR die Kammer mit (grds. → *Menschenrechtsbeschwerde, EGMR – Aufbau und Besetzung*, Teil C Rdn 116) sieben Richtern. **356**

357 Der **Beschwerdeführer** erhält eine **Eingangsbestätigung** mit seiner Beschwerdenummer, die er bei jeder weiteren Eingabe mitzuteilen hat. Zur Verbesserung der gerichtsinternen Abläufe erhält der Beschwerdeführer außerdem (Strichcode-)Aufkleber, mit denen er nachfolgende Schreiben zu versehen hat. Die Kanzlei kann auch um Übersendung weiterer Informationen und Dokumente bitten.

☝ Entsprechende **Anfragen** der **Kanzlei** sind mit der **gebotenen Sorgfalt** zu **beantworten**: Säumnisse können dahin gehend ausgelegt werden, dass der Beschwerdeführer das Interesse an der Weiterverfolgung seiner Menschenrechtsbeschwerde verloren haben könnte. Werden erbetene Informationen oder Unterlagen nicht zur Verfügung gestellt, kann dies dazu führen, dass die Beschwerde nicht untersucht, für unzulässig erklärt oder aus der Liste der Fälle gestrichen wird (hierzu sowie zum Vorstehenden s. die Verfahrensanordnungen gem. Art. 32 VerfO-EGMR zu „Institution of proceedings"/„Introduction de l'instance" auf der Internetseite des EGMR; → *Menschenrechtsbeschwerde, Streichung aus der Liste*, Teil C Rdn 297).

358 **2.a)** Die **Prüfung** der **Zulässigkeit** der Menschenrechtsbeschwerde erfolgt gem. Art. 27, 28 und 29 EMRK durch den **Einzelrichter**, das Komitee und die Kammer. Sie erfolgt auch (nochmals) nach Verweisung eines Verfahrens an die Große Kammer.

☝ Der Gerichtshof ist berechtigt, in **jedem Stadium** des Verfahrens die **Unzulässigkeit** einer Beschwerde festzustellen (Art. 35 Abs. 4 EMRK) (→ *Menschenrechtsbeschwerde, Zulässigkeit*, Teil C Rdn 454; → *Menschenrechtsbeschwerde, Verfahrensablauf, Verfahren vor der Großen Kammer*, Teil C Rdn 367 ff.).

359 **b)** Der Sektionspräsident weist die Menschenrechtsbeschwerde dem **Einzelrichter** zu, wenn schon aus den eingereichten Unterlagen folgt, dass die Beschwerde unzulässig ist oder sonst aus dem Register gestrichen werden sollte, Art. 49 Abs. 1 VerfO-EGMR. Die **Befugnisse** des Einzelrichters regelt **Art. 27 Abs. 1 EMRK**. Er kann die Menschenrechtsbeschwerde für unzulässig erklären, wenn eine solche Entscheidung ohne weitere Prüfung getroffen werden kann. Seine Entscheidung ist endgültig und wird dem Beschwerdeführer nach Art. 52a Abs. 1 S. 3 VerfO-EGMR mit einfachem Brief zur Kenntnis gebracht. Trifft der Einzelrichter eine solche Entscheidung nicht, legt er die Beschwerde dem Komitee oder der Kammer vor.

360 **c)aa)** Gem. Art. 28 Abs. 1a) EMRK kann auch das **Komitee** die Beschwerde durch einstimmigen Beschluss für **unzulässig** erklären, wenn eine solche Entscheidung ohne weitere Prüfung getroffen werden kann. Auch diese Entscheidung wird dem Beschwerdeführer und weiteren Verfahrensparteien, soweit diese zuvor am Verfahren über die Beschwerde beteiligt waren, nach Art. 53 Abs. 5 VerfO-EGMR grds. mit einfachem Brief bekannt gegeben Insoweit kann das Komitee aber auch anders entscheiden.

☝ Der **weit überwiegende Teil** der eingelegten Menschenrechtsbeschwerden, mehr als 90 Prozent, werden **als unzulässig zurückgewiesen**. Eine solche Zurückweisung der Menschenrechtsbeschwerde als unzulässig erfolgt häufig, ohne dass der beschwerdegegnerischen Partei die eingelegte Beschwerde überhaupt zur Kenntnis gebracht wurde.

bb) Das Komitee kann zudem eine erhobene Menschenrechtsbeschwerde durch einstimmigen Beschluss **für zulässig** zu erklären und **gleichzeitig** ein **Urteil** über die Begründetheit zu fällen, wenn die der Rechtssache zugrunde liegende Frage bezüglich Auslegung und Anwendung der EMRK und ihrer Protokolle Gegenstand einer gefestigten Rspr. des EGMR ist (Art. 28 Abs. 1b) EMRK). Ggf. kann es zugleich über eine gerechte Entschädigung entscheiden (Art. 53 Abs. 2 VerfO-EGMR; → *Menschenrechtsbeschwerde, Entschädigung*, Teil C Rdn 160). Die Parteien werden von der beabsichtigten Vorgehensweise informiert und können sich dazu äußern; insoweit erhobene Einwände muss der EGMR berücksichtigen, hinsichtlich des betroffenen Vertragsstaats unter Umständen durch Hinzuziehung des für diesen gewählten Richters in den Ausschuss (Art. 28 Abs. 3 EMRK). 361

☝ Die **gefestigte Rspr.** des **EGMR** ist insoweit seine ständige Rspr. Auch das Vorliegen eines Grundsatzurteils der Großen Kammer genügt dieser Anforderung (Erläuternder Bericht zu dem Protokoll Nr. 14. zur EMRK Nr. 68, BT-Drucks 16/42 S. 24, 32).

d) Erscheint eine Prüfung durch die Kammer oder durch das Komitee wegen der Fällung eines Urteils auf gefestigter Rspr. des EGMR gerechtfertigt, bestimmt der Sektionspräsident einen Richter als „Judge Rapporteur" (**Berichterstattender Richter**), dem der Vorgang zur Prüfung zugewiesen ist, Art. 49 Abs. 2 VerfO-EGMR. Im Rahmen seiner Prüfung kann der Bericht erstattende Richter gem. Art. 49 Abs. 3a VerfO-EGMR, wenn er dies für zweckdienlich hält, von den Parteien **Auskünfte** zum Sachverhalt anfordern und hierzu ebenso wie zur Vorlage von Unterlagen oder sonstigem Material **Fristen** setzen. Der Bericht erstattende Richter entscheidet – vorbehaltlich einer Zuweisung an die Kammer oder das Komitee durch den Sektionspräsidenten – von welchem Spruchkörper die Menschenrechtsbeschwerde geprüft wird, wobei er auch die Prüfung in Einzelrichterbesetzung entscheiden kann (Art. 49 Abs. 3b VerfO-EGMR). 362

Die **Prüfung** durch das **Komitee** erfolgt gem. Art. 53 Abs. 2, 54 Abs. 2 VerfO-EGMR. Weist das Komitee die Menschenrechtsbeschwerde nicht ohne Weiteres als unzulässig zurück, kann es die Parteien ersuchen, Auskünfte zum Sachverhalt zu erteilen und Unterlagen oder sonstiges Material vorzulegen, wenn es das für zweckmäßig hält. Es kann überdies der beschwerdegegnerischen Partei die Beschwerde zur Kenntnis bringen und wechselseitige Erwiderungen der Parteien anfordern sowie zur Abgabe von sonstigen schriftlichen Stellungnahmen auffordern. Insoweit entspricht das Verfahren vor dem Komitee 363 dem Verfahren vor der Kammer (→ *Menschenrechtsbeschwerde, Verfahrensablauf, Verfahren vor der Kammer*, Teil C Rdn 383). Das Komitee kann auf Antrag oder von Amts wegen mehrere Beschwerden verbinden (Art. 53 Abs. 7, Art. 42 Abs. 1 VerfO-EGMR).

364 **e)** Die **Entscheidungen** und **Urteile** des **Komitees** sind **endgültig** (Art. 28 Abs. 2 EMRK) (→ *Menschenrechtsbeschwerde, Urteil/Entscheidung*, Teil C Rdn 331). Die Stellung eines Antrags auf Auslegung des Urteils durch den EGMR (→ *Menschenrechtsbeschwerde, Urteil, Rechtswirkungen*, Teil C Rdn 353), eines Antrags auf – (→ *Menschenrechtsbeschwerde, Wiederaufnahme des Verfahrens*, Teil C Rdn 407) oder eines Antrags auf Fehlerberichtigung (→ *Menschenrechtsbeschwerde, Wiederaufnahme des Verfahrens*, Teil C Rdn 407) ist hierdurch aber nicht ausgeschlossen (Art. 53 Abs. 7 VerfO-EGMR).

365 Nach Abschluss eines Verfahrens wird dieses beim EGMR im Register seiner (laufenden) Fälle **gestrichen** (→ *Menschenrechtsbeschwerde, Streichung aus der Liste*, Teil C Rdn 297).

366 I.Ü. kann das Komitee die Beschwerde der nach ihrem Eingang gebildeten Kammer vorlegen (Art. 53 Abs. 6 VerfO-EGMR) (→ *Menschenrechtsbeschwerde, Verfahrensablauf, Verfahren vor der Kammer*, Teil C Rdn 356).

Siehe auch: → *Menschenrechtsbeschwerde, Allgemeines*, Teil C Rdn 1, m.w.N.; → *Menschenrechtsbeschwerde, EGMR – Aufbau und Besetzung*, Teil C Rdn 104; → *Menschenrechtsbeschwerde, Verfahrensablauf, Verfahren vor der Kammer*, Teil C Rdn 383.

367 Menschenrechtsbeschwerde, Verfahrensablauf, Verfahren vor der Großen Kammer

Das Wichtigste in Kürze:

1. Die Zuständigkeit der Großen Kammer ist nur in Ausnahmefällen gegeben und wird entweder durch Abgabe der Kammer oder nach Antrag eines Verfahrensbeteiligten auf Verweisung begründet.
2. Hierzu muss die Rechtssache entweder eine schwierige Frage der Auslegung oder Anwendung der Konvention oder der Protokolle dazu aufwerfen oder eine schwierige Frage von allgemeiner Bedeutung betreffen.
3. Die Große Kammer prüft die gesamte Sach- und Rechtslage erneut, Beschränkungen durch die Parteien sind nicht möglich.
4. Der Antrag auf Verweisung muss zunächst vom Ausschuss der Großen Kammer angenommen werden.

Literaturhinweise: **Pabel**, Die Rolle der Großen Kammer des EGMR bei Überprüfung von Kammer-Urteilen im Lichte der bisherigen Praxis, EuGRZ 2006, 3; **Schlette**, Europäischer Menschenrechtsschutz nach der Reform der EMRK, JZ 1999, 219; **Wittinger**, Die Einlegung einer Individualbeschwerde vor dem EGMR, NJW 2001, 1238; s.a. die Hinw. bei → *Menschenrechtsbeschwerde, Allgemeines*, Teil C Rdn 2. 368

1.a) Das Verfahren vor der Großen Kammer ist in **Art. 71 ff. VerfO-EGMR geregelt**. Die Zuständigkeit der Großen Kammer wird entweder durch Abgabe (Art. 30 EMRK; vgl. Rdn 370) oder Verweisung (Art. 43 EMRK; vgl. Rdn 371 ff.) begründet. 369

b) Bei der **Abgabe** der Sache verbleibt es bei einem einstufigen Verfahren, weil diese stets zu einem Zeitpunkt erfolgt, in dem noch kein Urteil der Kammer ergangen ist (*Schlette* JZ 1999, 224). Eine wesentliche formelle Voraussetzung für die Abgabe ist, dass keine der Parteien ihr widersprochen hat (Art. 30 EMRK). Der **Einspruch** ist **schriftlich** abzufassen, gebührend zu begründen und innerhalb eines Monats ab Datum der Kammermitteilung, die Rechtssache an die Große Kammer abgeben zu wollen, einzureichen (Art. 72 Abs. 2 VerfO-EGMR); anderenfalls ist er unwirksam. Diese Möglichkeit des Widerspruchs einer Partei soll ab 2014 entfallen (Erklärung von Brighton v. 19. u. 20.4.2012 Nr. 25 Buchst. d), Zusammenfassung EuGRZ 2012, 265). 370

c) Nachdem eine **Kammer** ihr **Urteil** gefällt hat, steht den Parteien gem. Art. 43 EMRK das Recht zu, einen **Antrag** auf **Verweisung** der Rechtssache an die **Große Kammer** zu stellen. Hierin liegt ein wichtiges Element der Sicherung der Qualität und der Einheitlichkeit der Rspr. des Gerichtshofs. Es findet faktisch – gleichsam einem Rechtsmittelverfahren – eine zweistufige Prüfung der Rechtssache statt (*Schlette* JZ 1999, 224). Die Verweisung wird daher schon im Wortlaut der Zuständigkeitsbestimmung ausdrücklich als Ausnahme bezeichnet (Art. 43 Abs. 1 EMRK). Zudem stellt der erläuternde Bericht zum 11. Protokoll zur EMRK (BT-Drucks 13/858, S. 47, EuGRZ 1994, 328) zutreffend fest, dass die Befassung der Großen Kammer infolge eines Verweisungsantrages auf die **wichtigsten Fälle beschränkt** bleiben soll. 371

2. Die Rechtssache muss daher entweder eine **schwierige Frage** der **Auslegung** oder **Anwendung** der **Konvention** oder der Protokolle dazu aufwerfen oder eine schwerwiegende **Frage von allgemeiner Bedeutung** betreffen. 372

Die Erläuterungen zum 11. Protokoll zeigen **vier Fallgruppen** auf, bei denen eine schwerwiegende Frage der Auslegung oder Anwendung der Konvention geltend gemacht werden kann: 373

- Wenn die Entscheidung eine **bedeutsame Frage** betrifft, die bislang **noch nicht** vom Gerichtshof entschieden wurde,
- wenn sie für **künftige Fälle** oder die Entwicklung der Rspr. von **Bedeutung** ist,
- wenn die Entscheidung von früherer **Rspr. abweicht**,

- wenn das Urteil eine **erhebliche Änderung** des innerstaatlichen **Rechts** oder der innerstaatlichen **Verwaltungspraxis** verlangt, auch wenn die Frage selbst nicht schwerwiegend ist.

☝ In der Praxis ist darüber hinaus eine überdurchschnittliche Annahme solcher Anträge auf Verweisung zu bemerken, denen **kein einstimmig gefälltes Urteil** der **Kammer** vorausgeht. Eine Häufung von abweichenden Meinungen kann daher ebenfalls Indiz für das Bestehen etwaiger Erfolgsaussichten sein.

374 Das Vorliegen einer schwerwiegenden **Frage von allgemeiner Bedeutung** soll dann in Betracht zu ziehen sein, wenn die Entscheidung „**höchstpolitische Angelegenheiten**“ oder „**zentrale politische Gegenstände**“ betrifft. Hierbei handelt es sich um ebenso auslegungsoffene wie unsichere Kriterien. Die Problematik der Sicherungsverwahrung in Deutschland erfüllte diese Voraussetzungen z.B. nicht. Die des Art. 5 Abs. 1 EMRK, wenn bei fortdauernder Untersuchungshaft der Verteidigung keine hinreichende Akteneinsicht gewährt wird, hingegen schon (EGMR [GK], Urt. v. 9.7.2009 – 11364/03 [*Mooren*/Deutschland] StV 2010, 490 m. Anm. *Herrmann* StRR 2009, 473).

375 **3.a)** Ist die Große Kammer einmal zuständig, so nimmt sie eine erneute **eigenständige umfassende Prüfung** der **gesamten Sach- und Rechtslage** vor. Eine Beschränkung des Prüfungsumfangs durch den Beschwerdeführer ist, selbst wenn sich die Parteien diesbezüglich geeinigt haben (EGMR [GK], Urt. v. 6.6.2005 – 43577/98 [*Nachova u.a.*/Bulgarien Nr. 85], EuGRZ 2005, 693), nicht möglich.

376 **b)** In den Grenzen von **Treu und Glauben** ist **neuer Tatsachenvortrag** möglich, soweit dieser für maßgeblich erachtet wird (*Pabel* EuGRZ 2006, 8). Auch erst im Laufe des Verfahrens über die Menschenrechtsbeschwerde eingetretene Tatsachen, insbesondere hinsichtlich einer nachträglich eingetretenen Kompensation, können hier relevant sein.

☝ Zur Geltung des Gebots der **reformatio in peius** hat der Gerichtshof – soweit ersichtlich – **nicht ausdrücklich Stellung genommen**. Da der Antrag weder auf einzelne Rügen beschränkt (EGMR, Urt. v. 12.7.2001 – 25702/94 [*K. u. T.*/Finnland], NJW 2003, 809) noch zurückgenommen werden kann und der Prüfungsumfang neben einer Rechts- auch eine Tatsachenkontrolle umfasst, ist im Einzelfall bei einem teilweisen Obsiegen somit sorgfältig zu überlegen, ob ein Antrag auf Verweisung an die Große Kammer gestellt wird.

377 **c)** Bei Prüfung der Zulässigkeit kann auch die Große Kammer Beschwerden in jedem Stadium des Verfahrens noch als **unzulässig zurückweisen** (Art. 35 Abs. 4 S. 2 EMRK). Dies entspricht der allgemeinen Kompetenz der einzelnen Kammern (Art. 71 Abs. 1 VerfO-EGMR). Zu beachten sind folgende

Ausnahmen: 378

- Die Große Kammer kann nur eine für zuvor zulässig erklärte Beschwerde als unzulässig zurückweisen, wenn sie **hätte für unzulässig erklärt** werden müssen, nicht aber eine für unzulässig erklärte Beschwerde für zulässig erklären (EGMR, Urt. v. 13.2.2003 – 42326/98 [*Odièvre*/Frankreich], NJW 2003, 2145). Ein Antrag auf Verweisung an die Große Kammer scheidet daher bei Entscheidungen, mit denen eine Beschwerde für unzulässig erklärt wurde, aus.
- Gem. Art. 55 VerfO-EGMR müssen die Einreden der Unzulässigkeit grds. in den Stellungnahmen der Parteien zur Zulässigkeit vorgebracht werden. **Spätere Einreden** der Unzulässigkeit sind daher i.d.R. vor der Großen Kammer **ausgeschlossen** (EGMR [GK], Urt. v. 8.7.2003 – 30943/96 [*Sahin*/Deutschland], EuGRZ 2004, 707).

4.a) Wenn ein **Antrag** auf **Verweisung** gestellt wird, so ist dieser binnen **drei Monate ab Datum** des **Urteils** bei der Kanzlei einzureichen (Art. 73 Abs. 1 VerfO-EGMR). Entscheidend für die Berechnung der Frist ist somit weder die Verkündung noch die Zustellung des Urteils. 379

b) Im Antrag ist die schwerwiegende Frage **schriftlich darzulegen** (Art. 73 Abs. 1 VerfO-EGMR). Die vorstehenden Kriterien sollten hierbei nicht abschließend verstanden werden. Die fallbezogenen Besonderheiten sind maßgeblich und der Antrag sollte im Übrigen nach den für die Beschwerdeschrift aufgezeigten Maßstäben erstellt werden (→ *Menschenrechtsbeschwerde, Beschwerdebegründung*, Teil C Rdn 48). 380

Die Kanzlei leitet den Antrag nach Eingang an den aus fünf Richtern bestehenden **Ausschuss** der **großen Kammer** zur **Prüfung** über die **Annahme** weiter. Der für den belangten Staat gewählte Richter darf ebenso wenig Mitglied des Ausschusses sein, wie ein Richter mit der Staatsangehörigkeit der Partei (Art. 24 Abs. 5c VerfO-EGMR). 381

☝ Die Entscheidung, den Antrag anzunehmen, ist für die Große Kammer **bindend** (Art. 73 Abs. 3 VerfO-EGMR).

Mit der Annahme wird die Rechtssache verbindlich an die Große Kammer **verwiesen**, die endgültig durch Urteil entscheidet (Art. 43 Abs. 3 EMRK). Von dort erhält der Beschwerdeführer zunächst die Mitteilung der Besetzung (Art. 24 VerfO-EGMR) und ggf. des Termins der mündlichen Verhandlung, gefolgt von der Aufforderung, innerhalb einer festgesetzten Frist zu schriftlich mitgeteilten Fragen der Großen Kammer eine Stellungnahme der Partei vorzulegen. 382

Siehe auch: → *Menschenrechtsbeschwerde, Allgemeines*, Teil C Rdn 1, m.w.N.; → *Menschenrechtsbeschwerde, Beschwerdebegründung*, Teil C Rdn 40; → *Menschenrechtsbeschwerde, EGMR – Aufbau und Besetzung*, Teil C Rdn 104; → *Menschenrechts-*

beschwerde, mündliche Verhandlung, Teil C Rdn 209; → *Menschenrechtsbeschwerde, Urteil/Rechtswirkungen*, Teil C Rdn 335.

383 Menschenrechtsbeschwerde, Verfahrensablauf, Verfahren vor der Kammer

Das Wichtigste in Kürze:

1. Wird der Kammer eine Menschenrechtsbeschwerde vorgelegt, kann sie diese ohne Weiteres für unzulässig erklären oder im Register streichen (Art. 54 Abs. 1 VerfO-EGMR).

2. Schriftsätze und andere Unterlagen müssen innerhalb der gesetzten Fristen beim Gerichtshof eingereicht werden, anderenfalls werden sie grds. nicht zum Vorgang genommen. Es bestehen außerdem zu beachtenden formale Anforderungen.

384 **Literaturhinweise:** **Wittinger**, Die Einlegung einer Individualbeschwerde vor dem EGMR, NJW 2001, 1238; s.a. die Hinw. bei → *Menschenrechtsbeschwerde, Allgemeines*, Teil C Rdn 2.

385 **1.a)aa)** Wird der Kammer eine Menschenrechtsbeschwerde vorgelegt, kann sie diese ohne Weiteres für **unzulässig erklären** oder im **Register streichen** (Art. 54 Abs. 1 VerfO-EGMR; → *Menschenrechtsbeschwerde, Streichung aus der Liste*, Teil C Rdn 297). Erklärt die Kammer die Beschwerde nicht sogleich für unzulässig oder ordnet eine Streichung im Register an, kann sie den **Sachverhalt weiter aufklären** und sich hierzu zwecks Erlangung von Auskünften und Unterlagen an die Parteien wenden, die Beschwerdeschrift dem belangten Vertragsstaat zur Kenntnis bringen und hierzu wechselseitige und weitere Stellungnahmen einholen (Art. 54 Abs. 2 VerfO-EGMR).

386 **bb)** Die Kammer kann zunächst allein die **Zulässigkeit prüfen** und erst nach deren Feststellung in eine Prüfung der Begründetheit eintreten oder Zulässigkeit und **Begründetheit** gleichzeitig **prüfen**. Letzteres kann die Kammer bereits mit Übermittlung der Beschwerdeschrift an den belangten Vertragsstaat beschließen (Art. 54a Abs. 1. S. 1 VerfO-EGMR). In diesem Fall fordert die Kammer die Parteien auf, sich auch zur Frage einer gerechten Entschädigung (→ *Menschenrechtsbeschwerde, Entschädigung*, Teil C Rdn 161) zu äußern und gegebenenfalls Vorschläge zu einer gütlichen Einigung (→ *Menschenrechtsbeschwerde, Einigungsverfahren*, Teil C Rdn 136; → *Menschenrechtsbeschwerde, Entschädigung*, Teil C Rdn 161) zu unterbreiten (Art. 54a Abs. 1 S. 2 VerfO-EGMR).

387 Beschließt die Kammer im Rahmen der reinen Zulässigkeitsprüfung auf Antrag einer Partei oder von Amts wegen die Durchführung einer mündlichen Verhandlung, fordert sie die Parteien grds. dazu auf, auch zur **Begründetheit** der Beschwerde **auszuführen** (Art. 54 Abs. 3 VerfO-EGMR).

☝ Entscheiden kann der EGMR über die **Zulässigkeit** gleichwohl **jederzeit gesondert** (Art. 29 Abs. 1 S. 2 EMRK, Art. 54a Abs. 1 S. 4 VerfO-EGMR).

Einreden der Unzulässigkeit müssen soweit möglich von der beschwerdegegnerischen Partei in ihren schriftlichen oder mündlichen Stellungnahmen zur Zulässigkeit vorgebracht werden (Art. 55 VerfO-EGMR).

b) Die **Zustellung** der **Beschwerdeschrift** an den gegnerischen Vertragsstaat stellt für den Beschwerdeführer eine **Zäsur** dar: Ab diesem Zeitpunkt muss sich der Beschwerdeführer grds. einer der Amtssprachen des Europarats bedienen, Art. 34 Abs. 3a VerfO-EGMR (→ *Menschenrechtsbeschwerde*, ***Sprache***, Teil C Rdn 292). Außerdem muss der Beschwerdeführer nunmehr **rechtlich vertreten** sein (Art. 36 Abs. 2 VerfO-EGMR). Der Vertreter muss in einer Vertragspartei zugelassener Rechtsbeistand mit Wohnsitz im Hoheitsgebiet einer Vertragspartei sein; andere Personen kann der EGMR auf Antrag als Vertreter ebenso zulassen (Art. 36 Abs. 4a VerfO-EGMR), wie eine Ausnahme vom **Vertretungszwang** (Art. 36 Abs. 2 VerfO-EGMR). 388

☝ Jedenfalls muss der Vertreter **eine** der **Amtssprachen** des Gerichtshofs **hinreichend verstehen** (Bei unzureichenden aktiven Sprachkenntnissen kann der Kammerpräsident den weiteren Gebrauch einer der Amtssprachen der Vertragsstaaten erlauben (Art. 36 Abs. 5 VerfO-EGMR).

c) Die Kammer kann das Verfahren **jederzeit** an die **Große Kammer abgeben**, wenn sein Gegenstand die schwierige Frage der Auslegung der Konvention oder seiner Protokolle aufwirft oder die Entscheidung zu einer Abweichung von einem früheren Urteil des Gerichtshofs führen kann (Art. 30 EMRK) (→ *Menschenrechtsbeschwerde, Verfahrensablauf, Verfahren vor der Großen Kammer*, Teil C Rdn 370). Die derzeit insoweit gegebene Möglichkeit des Widerspruchs einer Partei soll ab 2014 entfallen (Erklärung von Brighton v. 19. u. 20.4.2012 Nr. 25 Buchst. d), Zusammenfassung EuGRZ 2012, 265). 389

d) Die Kammer entscheidet auf **Antrag** einer Partei oder von Amts wegen über die Durchführung einer **mündlichen Verhandlung** (Art. 54 Abs. 3, 59 Abs. 3 VerfO-EGMR) (→ *Menschenrechtsbeschwerde, mündliche Verhandlung*, Teil C Rdn 211). Sie entscheidet sodann durch Urteil oder Entscheidung nach Maßgabe des Gegenstands (→ *Menschenrechtsbeschwerde, Urteil/Entscheidung*, Teil C Rdn 337). 390

2.a) Schriftsätze und andere Unterlagen müssen **innerhalb** der gesetzten **Fristen** beim Gerichtshof eingereicht werden, anderenfalls werden sie grds. nicht zum Vorgang genommen, es sei denn, der Kammerpräsident bestimmt im Einzelfall anderes (Art. 38 Abs. 1 VerfO-EGMR; vgl. a. Rdn 398). Maßgeblich für die Bestimmung der Frist ist das belegte Datum der Absendung (Poststempel) oder, wenn dieses fehlt, das Datum 391 des Eingangs in der Kanzlei (Art. 38 Abs. 2 VerfO-EGMR (zu Fristen allgemein → *Rechtsmittel/Rechtsbehelfe, Fristen, Allgemeines*, Teil A Rdn 1545, m.w.N.).

392 **b)aa)** Zur **Fertigung** und **Einreichung** von Schriftsätzen hat der Präsident des Gerichtshofs **Verfahrensanordnungen** gem. Art. 32 VerfO-EGMR erlassen. Diese stellt der EGMR auf seiner Internetseite unter den Titeln Official texts/Practice Directions/Written pleadings (Textes officiels/Instructions pratiques/Observation écrites) zur Einsichtnahme zur Verfügung.

393 **bb)** Danach sollte jeder **Schriftsatz** einschließlich seiner Anlagen **in dreifacher Ausfertigung** beim Gerichtshof eingereicht werden. Auch wenn eine Versendung vorab als Telefax erfolgt, was grds. möglich ist, sind drei Ausfertigung postalisch nachzusenden. Übermittlungen per E-Mail akzeptiert der Gerichtshof nicht.

☝ **Unaufgefordert eingereichte Schriftsätze** werden nicht zur Akte genommen, es sei denn, der Kammerpräsident entscheidet anderes.

394 **cc)** Hinsichtlich der **Form** bestimmen die Verfahrensanordnungen, dass der Name desjenigen, der einen Schriftsatz unterzeichnet, auch in gedruckter Form genannt werden muss, damit der Gerichtshof in die Lage gesetzt wird, den Unterzeichner zu identifizieren. Jeder Schriftsatz sollte zudem die Beschwerdenummer und die Bezeichnung des Vorgangs ausweisen sowie eine Überschrift tragen, die Art und Inhalt des Schriftsatzes umschreibt. Als Beispiel benennt der Gerichtshof hierzu observations on admissibility (and the merits); reply to the Government's observations on admissibility (and the merits); observations on the merits; additional observations on … und memorial bzw. Observations sur la recevabilité (et le fond); réponse aux observations sur la recevabilité (et le fond) soumises par la Gouvernement; observation sur le fond; observations additionnelles sur ….

395 Daneben sind bei Schriftsätzen von **Bedeutung** folgende

Förmlichkeiten:

- A4-Format mit einem **Seitenrand** von mindestens 3,5 cm,
- gedruckte Schrift, vollständig leserlich (Kopie Haftbefehl!) und (im Text) mit einer Schrifttype von mindestens **12 pt** im normalen Textkörper und 10 pt in den Fußnoten mit anderthalbfachem Zeilenabstand,
- alle Zahlen in **Ziffern** dargestellt,
- alle **Seiten** fortlaufend **nummeriert**,
- alle **Absätze** fortlaufend **nummeriert**,
- unterteilt in **Kapitel** und/oder durch Überschriften, entsprechend den Urteilen des EGMR; der Gerichtshof benennt hierzu beispielhaft Facts, Domestic law (and practice), Complaints, Law, Letzteres wiederum unterteilt in Preliminary ojection on …,

Alleged violation of Article … bzw. En fait, Droit (et pratique) interne(s) pertinent(s), Griefs, En droit, Letzteres wiederum unterteilt in Exception préliminaire tirée de …, Violation alléguée de ĺarticle … entsprechend den Umständen des Einzelfalls,

- **getrennte Beantwortung** der einzelnen Fragen des Gerichtshofs und des einzelnen Vorbringens der anderen Parteien mit entsprechender Betitelung,
- konkrete **Bezeichnung** der im Schriftsatz genannten und diesem als fortlaufende **Anlagen** beigefügten Dokumente.

☝ Der Schriftsatz darf nur auf **einseitig bedrucktem Papier** eingereicht werden; die Seiten dürfen **nicht** fest **miteinander verbunden** werden; eine vorgenommene Verbindung muss einfach zu trennen sein.

Schriftsätze sollten grds. eine **Länge** von **30 Seiten nicht überschreiten**. Ist dies doch der Fall, sollte dem Schriftsatz eine kurze Zusammenfassung beigefügt werden. Über beigefügte Anlagen soll ein **Anlagenverzeichnis** erstellt und beigefügt werden.

dd) Nach Zulassung der **Menschenrechtsbeschwerde** sollten die Schriftsätze der Parteien eine kurze Erklärung zur Feststellung des Sachverhalts in der Zulässigkeitsentscheidung, rechtliche Argumente zur Begründetheit sowie die Beantwortung jeder Frage des Gerichtshofs beinhalten. Falls eine Partei keine Einwände gegenüber der **Sachverhaltszusammenstellung** des Gerichtshofs zu erheben gedenkt, sollte sie dies kurz mitteilen. Bestreitet eine Partei Teile der Sachverhaltszusammenstellung des Gerichtshofs oder will diese ergänzen, sollten sie ihre Ausführungen auf diese Aspekte begrenzen. Bei Einwänden einer Partei hinsichtlich der Sachverhaltsdarstellung der anderen Partei, sollte die Partei klarstellen, welche Tatsachen unbestritten sind und sich in ihren Ausführungen auf die streitigen Punkte beschränken. **396**

ee) Die **rechtliche Argumentation** sollte sich als Erstes zur Zulässigkeit und sodann zur Begründetheit verhalten. Werden einer Partei konkrete **Fragen** zum Sachverhalt oder rechtlichen Gesichtspunkten gestellt, sollte sich diese in ihrer Argumentation auf die Beantwortung der Fragen beschränken. In Erwiderung auf die schriftsätzliche Argumentation der Gegenseite haben sich die Ausführungen zu den spezifisch aufgeworfenen Behauptungen in der zuvor genannten Reihenfolge zu verhalten. **397**

ff) Inhaltlich sollen sich die Schriftsätze nach Zustellung der Beschwerdeschrift über jegliche Anmerkungen verhalten, die eine Partei zum Sachverhalt abzugeben wünscht. **398**

c) Die **Einhaltung** gesetzter **Fristen** steht in der Verantwortung der Parteien. Auf Antrag können Schriftsatzfristen **verlängert** werden. Einen entsprechenden Antrag sollte die betroffene Partei stellen, sobald ihr Umstände bekannt werden, die die Fristverlängerung rechtfertigen, jedenfalls aber vor Ablauf der Frist. Der Antrag hat den Grund der begehrten Fristverlängerung zu benennen. Fristverlängerungen werden grds. allen von der Frist betroffenen Parteien gewährt, auch den Beteiligten, die nicht um Verlängerung ersucht haben. **399**

400 **d)** Bei **Nichtbeachtung** der förmlichen und inhaltlichen Vorgaben der Verfahrensanordnungen kann der Kammerpräsident die betroffene Partei auffordern, den Schriftsatz in Übereinstimmung mit den Anordnungen neu einzureichen. Im Übrigen kann die Nichteinhaltung der Verfahrensanordnung dazu führen, dass Schriftsätze gemäß Art. 38 Abs. 1 S. 2 VerfO-EGMR **nicht zur Akte** genommen werden.

Siehe auch: → *Menschenrechtsbeschwerde, Allgemeines*, Teil C Rdn 1, m.w.N.; → *Menschenrechtsbeschwerde, mündliche Verhandlung*, Teil C Rdn 209; → *Menschenrechtsbeschwerde, Verfahrensablauf, Verfahren vor der Großen Kammer*, Teil C Rdn 367; → *Menschenrechtsbeschwerde, Urteil/Entscheidung*, Teil C Rdn 320; → *Menschenrechtsbeschwerde, Zulässigkeit, formale Voraussetzungen*, Teil C Rdn 417, m.w.N.

401 Menschenrechtsbeschwerde, Vollmacht

402 **Literaturhinweise:** s. die. Hinw. bei → *Menschenrechtsbeschwerde, Allgemeines*, Teil C Rdn 1, und bei → *Rechtsmittel/Rechtsbehelfe, Vollmacht, Allgemeines*, Teil A Rdn 1768, m.w.N.

403 **1.** Wird ein Beschwerdeführer von einem Rechtsanwalt oder einer anderen Person, die der Kammerpräsident zulässt, vertreten (Art. 36 VerfO-EGMR), so ist vom Vertreter eine **schriftliche Vollmacht** im Original vorzulegen (Art. 45 Abs. 3, 47 Abs. 3 1. Buchst. d) VerfO-EGMR).

☝ Deren Wirksamkeit und inhaltliche Richtigkeit kann nur durch ausreichende Beweise entkräftet werden und eine **Beglaubigung** wird nach der Konvention selbst dann **nicht verlangt**, wenn sie im staatlichen Recht erforderlich ist (*Meyer-Ladewig*, Art. 34 EMRK Rn 39 m.w.N.).

404 Das **Vollmachtsformular** ist **Teil** des **Beschwerdeformulars** und ausgefüllt mit diesem einzureichen (Art. 47 Abs. 3 1. VerfO-EGMR). Entsprechendes gilt für den Nachweis einer hiervon abweichenden Bevollmächtigung: Auch diese ist der Menschenrechtsbeschwerde im Original beizufügen.

☝ **Ohne** eine fristgemäß eingereichte **Vollmacht** ist die Menschenrechtsbeschwerde, anders als die Verfassungsbeschwerde (BVerfGE 50, 381, 384), nicht wirksam erhoben und damit ratione personae **unzulässig** (EGMR, Entsch. v. 20.1.2009 – 21727/08 [*Post*/Niederlande]; → *Menschenrechtsbeschwerde, Zulässigkeit, Zulässigkeitsvoraussetzungen*, Teil C Rdn 423) mit der Folge einer **Streichung aus dem Register** gem. Art. 37 Abs. 1 EMRK (→ *Menschenrechtsbeschwerde, Streichung aus der Liste*, Teil C Rdn 297).

2. Bei der **Bevollmächtigung durch** eine **Personengruppe** ist darauf zu achten, dass die Identität der jeweiligen Mitglieder nachgewiesen ist und entsprechende Prozessvollmachten vorliegen. Vollmachtsformulare sind in diesen Fällen stets **von sämtlichen Mitgliedern zu unterschreiben**. Auch hier wird deutlich, dass sich, anders als bei einer eigene Rechte wahrnehmenden nichtstaatlichen Organisation, jedes einzelne Mitglied auf seine eigenen Rechte berufen können muss (*Grabenwarter/Pabel*, § 13 Rn 8). 405

3. Die im **Formular** des **EGMR** enthaltene Vollmacht erfasst **nicht zweifelsfrei** die **Entgegennahme** der **Zahlung** der **gerechten Entschädigung** durch den Verfahrensbevollmächtigten (Karpenstein/Mayer/*Wenzel*, Art. 41 Rn 59). Daher wird eine Entschädigung i.d.R. auch nur bei Vorlage einer ausdrücklich die Entgegennahme der Zahlung abdeckenden Vollmacht an den Verfahrensbevollmächtigten ausgezahlt. 406

☝ Eine solche sollte somit in erforderlichen Fällen, wie z.B. dem Schutz des Zugriffs auf die Entschädigung durch Gläubiger des Beschwerdeführers (→ *Menschenrechtsbeschwerde, Entschädigung*, Teil C Rdn 177), ebenfalls – in einem gesonderten Formular – abgeschlossen werden.

Siehe auch: → *Rechtsmittel/Rechtsbehelfe, Vollmacht, Allgemeines*, Teil A Rdn 1768, m.w.N.; → *Menschenrechtsbeschwerde, Allgemeines*, Teil C Rdn 1, m.w.N.; → *Menschenrechtsbeschwerde, Recherche*, Teil C Rdn 243; → *Menschenrechtsbeschwerde, Zulässigkeit*, Teil C Rdn 423.

Menschenrechtsbeschwerde, Wiederaufnahme des Verfahrens 407

Das Wichtigste in Kürze:

1. Die EMRK sieht die Wiederaufnahme eines Verfahrens nicht ausdrücklich vor. Allerdings finden sich Regelungen, die die Wiederaufnahme des Verfahrens ermöglichen.
2. Art. 80 VerfO-EGMR normiert die Voraussetzungen eines Antrags zur Wiederaufnahme des Verfahrens.
3. Über den Antrag entscheidet grds. dieselbe Kammer, die über das ursprüngliche Verfahren entschieden hat.
4. Wegen der Kollision der Wiederaufnahme des Verfahrens mit der Rechtskraftwirkung der Urteile des EGMR ist die Wiederaufnahme nur unter engen Voraussetzungen zulässig.

Literaturhinweise: s. die Hinw. bei → *Menschenrechtsbeschwerde, Allgemeines*, Teil C Rdn 2. 408

409 **1.a)** Die **EMRK** sieht die Wiederaufnahme eines Verfahrens **nicht ausdrücklich** vor. Allerdings finden sich Regelungen, die die Wiederaufnahme des Verfahrens **ermöglichen**: Nach Art. 37 Abs. 2 EMRK kann die Wiedereintragung einer im Register bereits gestrichenen Rechtssache (→ *Menschenrechtsbeschwerde, Streichung aus der Liste*, Teil C Rdn 304) erfolgen, wenn der EGMR dies den Umständen nach für gerechtfertigt hält. Art. 43 Abs. 5 VerfO-EGMR präzisiert dies dahin gehend, dass dem Gerichtshof die **erneute Eintragung** in das **Register** nach vorheriger Streichung offensteht, sofern er dies aufgrund außergewöhnlicher Umstände für gerechtfertigt erachtet.

410 **b)** Nach seiner **Rspr**. hat der **EGMR** unter **außergewöhnlichen Umständen**, etwa bei Vorliegen eines **offenkundigen** Tatsachenirrtums oder eines Fehlers bei der Bewertung der einschlägigen Zulässigkeitsvoraussetzungen, stets die Befugnis, einen Fall wiederaufzunehmen und die Irrtümer und Fehler richtigzustellen bzw. zu **korrigieren**, soweit dies im Interesse der Rechtspflege geboten ist (EGMR, Urt. v. 16.6.2005 – 61603/00 [*Storck*/Deutschland Nr. 67], NJW-RR 2006, 308 m.w.N.; zur Korrektur bloßer Schreibfehler u.Ä. → *Menschenrechtsbeschwerde, Urteil/Entscheidung*, Teil C Rdn 332).

411 **2.** Den formellen Rahmen zur Wiederaufnahme eines Verfahrens schafft Art. 80 VerfO-EGMR, der die **Voraussetzungen** eines **Antrags** zur **Wiederaufnahme** des Verfahrens benennt. Danach setzt ein solcher voraus, dass eine Tatsache bekannt wird, die geeignet gewesen wäre, einen maßgeblichen Einfluss auf den Ausgang der bereits entschiedenen Rechtssache auszuüben. Diese Tatsache muss dem EGMR bei Urteilserlass unbekannt gewesen sein; der antragstellenden Partei darf sie nach menschlichem Ermessen – anders als bei § 359 Nr. 5 – nicht bekannt gewesen sein („could not reasonably have been known to that party“, grundlegend hierzu EGMR, Urt. v. 28.1.2000 – 21825/93 [*McGinley u. Egan*/Vereinigtes Königreich Nr. 32 – 35]). Nach Bekanntwerden der Tatsache kann die betroffene Partei **binnen sechs Monaten** einen Antrag auf Wiederaufnahme des Verfahrens einreichen. Dieser muss das Urteil bezeichnen, auf das er sich bezieht, und die Angaben enthalten, aus denen sich die Zulässigkeitsvoraussetzungen ergeben. Ihm sind Kopien aller zur Begründung dienenden Unterlagen beizufügen.

412 **3.** Über den Antrag **entscheidet** grds. **dieselbe Kammer**, die über das ursprüngliche Verfahren entschieden hat. Ist dies nicht möglich, bildet oder ergänzt der Präsident des EGMR die Kammer durch Losverfahren. Diese beschließt, den Antrag abzuweisen, wenn sie zu der Auffassung gelangt, der Antrag gebe keinen Grund zur weiteren Prüfung; weist die Kammer diesen nicht ab, leitet der Kanzler ihn der gegnerischen Partei zur Stellungnahme zu. Der Präsident der Kammer bestimmt die Einlassungsfristen und den Termin zur mündlichen Verhandlung, sofern eine solche stattfinden soll (→ *Menschenrechtsbeschwerde, mündliche Verhandlung*, Teil C Rdn 211). Die Kammer entscheidet sodann durch Urteil (→ *Menschenrechtsbeschwerde, Urteil/Entscheidung*, Teil C Rdn 323).

4.a) Die Möglichkeit der Wiederaufnahme des Verfahrens **kollidiert** mit der in Art. 44 EMRK normierten **Rechtskraftwirkung** der Urteile des EGMR. Wegen der Durchbrechung der Rechtskraft und der damit einhergehenden Aufhebung der Bindungswirkung ist die Wiederaufnahme nur unter **engen Voraussetzungen** zulässig (grundlegend EGMR, Urt. v. 10.7.1996 – 13416/87 [*Pardo*/Frankreich Nr. 21]; *Meyer-Ladewig*, Art. 44 EMRK Rn 5). Wesentlich ist, ob die **Achtung** der **Menschenrechte** eine **erneute Aufnahme** der **Prüfung** der Menschenrechtsbeschwerde **erfordert** (Grote/Marauhn/*Cremer*, Kap. 32 Rn 29). Dazu folgende **Rechtsprechungsbeispiele**: 413

Wiederaufnahmegrund angenommen: 414

- **Tod** des **Beschwerdeführers** vor Urteilserlass ohne Information des EGMR und ohne Weiterführung des Verfahrens durch einen Erben (EGMR, Urt. v. 20.9.2011 – 64541/01 [*Bolovan*/Rumänien Nr. 9 – 11]);
- zwecks **Umschreibung** der **Verurteilung** auf einen Erben (EGMR, Urt. v. 8.6.2010 – 3441/02 [*Wypukol-Pietka*/Polen Nr. 7]),
- wegen zu **Unrecht angenommener Tatbestandsvoraussetzungen** (EGMR, Urt. v. 26.10.2010 – 18404/91 [*Nicola*/Türkei Nr. 15 – 18] für Eigentümerstellung),
- zur **Korrektur** nationaler Verfahrenskosten **nach** einer **Fehlinterpretation** des Vorbringens der Regierung durch den Gerichtshof (EGMR, Urt. v. 9.6.2005 – 76809/01 [*Baumann*/Österreich Nr. 10 f.]),
- wegen **mangelnder Gelegenheit zur Stellungnahme** (EGMR, Urt. v. 15.6.2010 – 30523/07 [*Adamczuk*/Polen Nr. 3, 83]),
- aufgrund **übersehener** Darlegung (EGMR, Urt. v. 7.4.2009 – 30799/04 [*Fonyódi*/Ungarn Nr. 8]).

Wiederaufnahme abgelehnt: 415

- wenn die antragstellende Regierung ihr **fehlende Informationen** nach dem nationalen Recht hätte **selbst erlangen** können, insoweit aber nicht tätig wurde (EGMR, Urt. v. 15.12.2009 – 22531/05 [*Bugajny u.a.*/Polen Nr. 25 f.] – Grundbuchauszug),
- **bei mangelnder Entscheidungserheblichkeit** eines nachträglich erbrachten Beweises (EGMR [GK], Urt. v. 30.7.1998 – 15573/89 [*Gustafsson*/Schweden Nr. 32], AuR 1998, 494),
- wenn die **Möglichkeit** der **eigenen Kenntnisnahme** der nachträglich vorgelegten Unterlagen **bereits während** des **ursprünglich** anhängigen **Verfahrens** bestanden hatte (EGMR, Urt. v. 28.1.2000 – 21825/93 [*McGinley u. Egan*/Vereinigtes Königreich Nr. 32 – 36]),
- bei Beteiligung eines **voreingenommenen Mitarbeiters** in der Kanzlei, der **keinen Einfluss** auf die **Urteilsfindung** hatte (EGMR, Entsch. v. 18.5.2004 – 77532/01 [*Harrach*/Tschechien]).

☝ Zur bloßen **Berichtigung** eines Urteils oder einer Entscheidung wegen **Schreib- oder Rechenfehler** sowie offensichtlicher Unrichtigkeiten bedarf es **keiner Wiederaufnahme** des Verfahrens; solche Fehler können ohne Weiteres auf Antrag oder von Amts wegen korrigiert werden (Art. 81 VerfO-EGMR) (→ *Menschenrechtsbeschwerde, Urteil/Entscheidung*, Teil C Rdn 352).

416 **b)** Der Antrag auf Wiederaufnahme des Verfahrens kann sich **auch** auf ein Verfahren beziehen, das mit einer **Unzulässigkeitsentscheidung abgeschlossen** wurde: Nach seiner Rspr. ist der EGMR befugt, auch solche Verfahren wieder aufzunehmen, wenn ein offenkundiger Tatsachenirrtum, ein Fehler bei der Bewertung der einschlägigen Zulässigkeitsvoraussetzungen oder ein anderer außergewöhnlicher Umstand vorliegt (EGMR, Urt. v. 16.6.2005 – 61603/00 [*Storck*/Deutschland Nr. 67], NJW-RR 2006, 308).

Siehe auch: → *Menschenrechtsbeschwerde, Allgemeines*, Teil C Rdn 1, m.w.N.; → *Menschenrechtsbeschwerde, Streichung aus der Liste*, Teil C Rdn 297; → *Menschenrechtsbeschwerde, Urteil/Rechtswirkungen*, Teil C Rdn 335; → *Menschenrechtsbeschwerde, Urteil/Entscheidung*, Teil C Rdn 320.

417 Menschenrechtsbeschwerde, Zulässigkeit, formale Voraussetzungen

Das Wichtigste in Kürze:

1. Die Menschenrechtsbeschwerde ist schriftlich einzulegen.
2. Die grundlegenden inhaltlichen Vorgaben der Menschenrechtsbeschwerde benennt Art. 47 VerfO-EGMR.
3. Die Frist zur Einlegung einer Menschenrechtsbeschwerde beträgt sechs Monate nach der letzten innerstaatlichen Entscheidung.

418 **Literaturhinweise: Rudolf/von Raumer**, Die Beschwerde vor dem Europäischen Gerichtshof für Menschenrechte – Eine kaum genutzte Chance, AnwBl 2009, 313; s.a. die Hinw. bei → *Menschenrechtsbeschwerde, Allgemeines*, Teil C Rdn 2.

419 **1.** Das **Schriftformerfordernis** bei Einlegung einer Menschenrechtsbeschwerde folgt aus **Art. 45 VerfO-EGMR**. Die Einreichung einer Menschenrechtsbeschwerde muss danach in schriftlicher Form erfolgen; die Beschwerdeschrift muss zudem vom Beschwerdeführer oder seinem Vertreter **unterzeichnet** werden. Aus dem Schriftformerfordernis folgt, dass die Einlegung einer Menschenrechtbeschwerde per Telefax oder E-Mail den Formerfordernissen nicht genügt. Nichtstaatliche Organisationen oder sonstige Personengruppen müssen von deren berechtigten Vertretern vertreten werden. Wird der Be-

schwerdeführer durch einen Rechtsanwalt oder einen diesem gleichgestellten Rechtsbeistand vertreten, muss das Vertretungsverhältnis durch Vorlage einer schriftlichen **Vollmacht** (→ *Menschenrechtsbeschwerde, Vollmacht*, Teil C Rdn 401) belegt werden (zur Schriftform allgemein → *Rechtsmittel/Rechtsbehelfe, Form, schriftlich*, Teil A Rdn 1531).

2. Die grundlegenden **inhaltlichen Vorgaben** der Menschenrechtsbeschwerde benennt **Art. 47 VerfO-EGMR**. Dieser verweist zunächst auf den bestehenden **Formularzwang** und benennt den formellen Inhalt der Beschwerdeschrift (→ *Menschenrechtsbeschwerde, Beschwerdeschrift, formale Anforderungen*, Teil C Rdn 80). Das Formular nebst dem Vollmachtsformular, einem Merkblatt und dem Konventionstext stellt der EGMR auf seiner Internetpräsenz in allen Sprachen des Europarates zur Verfügung (http://www.echr.coe.int). Das Formular muss dort heruntergeladen, ausgefüllt, ausgedruckt und mit den erforderlichen Unterlagen (→ *Menschenrechtsbeschwerde, Beschwerdeschrift, formale Anforderungen*, Teil C Rdn 80) versehen an den EGMR gesandt werden. 420

Der Inhalt des Formulars ist in Art. 47 VerfO-EGMR **verbindlich** vorgegeben. Wird eine Beschwerde **ohne Einhaltung** des Formularzwangs eingereicht, führt dies regelmäßig dazu, dass die Beschwerde **nicht geprüft** wird, Art. 47 Abs. 5 VerfO-EGMR. 421

3. Die **Frist** zur Einlegung einer Menschenrechtsbeschwerde beträgt **zurzeit** noch **sechs Monate** nach der letzten innerstaatlichen Entscheidung (→ *Menschenrechtsbeschwerde, Frist*, Teil C Rdn 180). 422

Siehe auch: → *Menschenrechtsbeschwerde, Allgemeines*, Teil C Rdn 1, m.w.N.; → *Menschenrechtsbeschwerde, Beschwerdeschrift, formale Anforderungen*, Teil C Rdn 80; → *Menschenrechtsbeschwerde, Frist*, Teil C Rdn 180; → *Menschenrechtsbeschwerde, Vollmacht*, Teil C Rdn 401; → *Menschenrechtsbeschwerde, Zulässigkeit, Zulässigkeitsvoraussetzungen*, Teil C Rdn 1, m.w.N.

Menschenrechtsbeschwerde, Zulässigkeit, Zulässigkeitsvoraussetzungen 423

Das Wichtigste in Kürze:

1. Die Zulässigkeitsvoraussetzungen der Menschenrechtsbeschwerde sind im Wesentlichen in § 35 EMRK normiert.
2. Die Zuständigkeit des EGMR erstreckt sich auf alle Fragen der Auslegung und Anwendung der EMRK und ihrer Protokolle.
3. Die Erhebung einer Menschenrechtsbeschwerde ist ausgeschlossen, wenn sie anonym eingereicht wird, inhaltlich einer schon eingereichten Menschenrechtsbe-

schwerde entspricht oder inhaltlich identisch bereits einer anderen internationalen Prüfungsinstanz vorgelegt wurde.

4. Eine Menschenrechtsbeschwerde ist unzulässig im Fall des Missbrauchs des Beschwerderechts, wenn sie im Widerspruch zur EMRK steht oder offensichtlich unbegründet ist.
5. Die Entscheidung über die Zulässigkeit der Menschenrechtsbeschwerde ergeht isoliert oder zusammen mit der Entscheidung über deren Begründetheit. Die Entscheidung des EGMR über die Zulässigkeit ist nicht anfechtbar.

424 **Literaturhinweise:** **Giegerich**, Vorbehalte zu Menschenrechtsabkommen. Zulässigkeit, Gültigkeit und Prüfungskompetenz von Vertragsgremien, ZaöRV 55 (1990), 713; **Meyer-Ladewig/Petzold**, Trivialbeschwerden in der Rechtsprechung des EGMR, NJW 2011, 3126; **Stahn**, Vorbehalte zu Menschenrechtsverträgen, EuGRZ 2000, 607; s.a. die Hinw. bei → *Menschenrechtsbeschwerde, Allgemeines*, Teil C Rdn 2.

425 **1.** Die **Zulässigkeitsvoraussetzungen** der Menschenrechtsbeschwerde sind im Wesentlichen in **§ 35 EMRK** normiert. Danach setzt die Befassung des EGMR zunächst die **Erschöpfung** des innerstaatlichen **Rechtswegs** (→ *Menschenrechtsbeschwerde, Rechtswegerschöpfung*, Teil C Rdn 251) und die Einhaltung einer **Frist** (→ *Menschenrechtsbeschwerde, Frist*, Teil C Rdn 180) zur Einlegung der Beschwerde von sechs Monaten nach der letzten innerstaatlichen Entscheidung voraus. Art. 35 EMRK normiert neben diesen Zulässigkeitsvoraussetzungen insbesondere **Ausschlussgründe** (Abs. 2; vgl. Rdn 427 ff.) sowie **Unzulässigkeitsgründe** (Abs. 3; vgl. Rdn 435 ff.).

426 **2.** Nach **Art. 32 Abs. 1 EMRK** umfasst die **Zuständigkeit** des **EGMR** im Rahmen einer erhobenen Menschenrechtsbeschwerde alle die **Auslegung** und **Anwendung** der **EMRK** und ihrer Protokolle betreffenden Angelegenheiten. Fehler nationaler Gerichte bei der Tatsachenfeststellung, der Rechtsanwendung oder der Richtigkeit eines Schuldspruchs unterliegen der Gerichtsbarkeit des EGMR nur, soweit dadurch Konventionsrechte verletzt sein können. Über einen **Streit** über seine **Zuständigkeit** entscheidet der EGMR selbst, Art. 32 Abs. 2 EMRK.

427 **3.** Der EGMR befasst sich nach **Art. 35 Abs. 2 EMRK nicht** mit einer Menschenrechtsbeschwerde, die **anonym** erhoben wurde (vgl. Rdn 428 ff.), im Wesentlichen mit einer dem EGMR **bereits vorgelegten Beschwerde übereinstimmt** (vgl. Rdn 431 ff.) oder schon einer **anderen internationalen „Untersuchungs**- oder Vergleichsinstanz" zur Prüfung vorgelegt wurde und keine neuen Tatsachen enthält (vgl. Rdn 433 ff.).

428 **a)** Das **Verbot** der **Anonymität** soll die Identifikation des Beschwerdeführers gewährleisten (Frowein/Peukert/*Peukert*, Art. 35 EMRK Rn 48). Die für den EGMR wesentlichen Angaben fragt dieser durch das obligatorische Beschwerdeformular (→ *Menschenrechtsbeschwerde, Zulässigkeit, formale Voraussetzungen*, Teil C Rdn 420) ab. Wer nicht wünscht, dass seine Identität offengelegt wird, kann dies dem EGMR unter Angabe seiner Gründe mitteilen (Art. 47 Abs. 3 VerfO-EGMR).

b) Hinweis für den Rechtsanwalt/Verteidiger 429

Auf **Antrag** des Beschwerdeführers oder **von Amts wegen** kann der Kammerpräsident **Anonymität gewähren**. Zum Ersuchen auf Anonymität hat der Präsident des Gerichtshofs **Verfahrensanordnungen** gem. Art. 32 VerfO-EGMR erlassen (→ *Menschenrechtsbeschwerde, EGMR – Verfahrensgrundsätze*, Teil C Rdn 135). Danach sollen entsprechende Anfragen laufende Fälle betreffend mit Beschwerdeerhebung oder möglichst kurzfristig danach gestellt werden. Der Beschwerdeführer soll die Gründe für das Ersuchen benennen und genau darlegen, welche Bedeutung die Offenlegung für ihn hat. Er sollte dann auch angeben, ob er die Benennung seiner Initialen oder eines Buchstabens wünscht.

Auch in **bereits erledigten Fällen** kann **nachträglich** die Wahrung der Anonymität beantragt werden. In diesem Fall sollte der Beschwerdeführer zusätzlich erläutern, warum er nicht bereits im noch laufenden Verfahren um Anonymität ersucht hat. Wird einem solchen Gesuch stattgegeben, kann Anonymität unter anderem dadurch gewährt werden, dass Urteil oder Entscheidung aus der HUDOC-Datenbank gelöscht oder die persönlichen Daten aus Veröffentlichungen entfernt werden. 430

c) Das **Verbot** der **wiederholten Einreichung** von Beschwerden soll die doppelte Belastung des Gerichtshofs mit demselben Fall verhindern. Eine Übereinstimmung liegt daher nur dann vor, wenn **Beschwerdeführer**, **Sachverhalt** und **Beschwerdegegenstand identisch** sind (EGMR [Pl.], Entsch. v. 9.1.1995 – 24872/94 [*Pauger*/Österreich] m.w.N.). 431

☝ **Keine Beschwerdeidentität** i.d.S. liegt vor, wenn sich derselbe Beschwerdeführer zunächst gegen konventionswidrige Bedingungen seiner Untersuchungshaft wendet und sodann in einer zweiten Beschwerde gegen (weitere) Menschenrechtsverstöße anlässlich des Strafverfahrens.

I.Ü. muss die Beschwerde **bereits** vom EGMR geprüft worden sein. Dies setzt voraus, dass eine **materiell-rechtliche Prüfung stattgefunden** hat (*Meyer-Ladewig*, Art. 35 Rn 37). Dies ist etwa dann nicht der Fall, wenn die vorherige Beschwerde aus formalen Gründen zurückgewiesen wurde, ohne dass eine Sachprüfung stattgefunden hat. Wurde eine Menschenrechtsbeschwerde bereits für zulässig erklärt, gilt sie jedenfalls als geprüft im Sinne von Art. 35 Abs. 2b) EMRK (EGMR, Entsch. v. 9.11.1987 – 12548/86 [*Conroy*/Vereinigtes Königreich]). 432

d)aa) Die **gleichzeitige Prüfung** einer Rechtsverletzung vor zwei **verschiedenen internationalen Institutionen** widerspricht Geist und Wortlaut der EMRK. Maßgeblich insoweit ist der Zeitpunkt der Prüfung der Zulässigkeit, nicht der der Einlegung der Beschwerde (EGMR, Entsch. v. 6.7.1992 – 17512/90 [*Calcerrada Fornieles u. Cabeza Mato*/Spanien]). 433

☝ Die Zurückweisung der Menschenrechtsbeschwerde aus diesem Grund kann durch **Rücknahme** des anderweitig anhängigen Verfahrens verhindert werden (EGMR, Entsch. v. 6.7.1992 – 17512/90 [*Calcerrada Fornieles u. Cabeza Mato*/Spanien]).

434 **bb) Zulässig** ist die **erneute Menschenrechtsbeschwerde**, wenn sie **neue Tatsachen** enthält. Ausgehend vom Wortlaut des Konventionstextes in den maßgeblichen Sprachen „contains no relevant new information" und „ne contient pas de faits nouveaux", ist der Begriff der Tatsache nicht eng auszulegen (→ *Menschenrechtsbeschwerde, Auslegung der Konvention*, Teil C Rdn 14); bloße neue Rechtsausführungen genügen insoweit jedoch nicht (Frowein/Peukert/*Peukert*, Art. 35 Rn 54 m.w.N.). Eine zweite Menschenrechtsbeschwerde, die darauf gestützt wird, dass der Staat die Wiederaufnahme des ursprünglichen Verfahrens aus unangemessenen Gründen verweigert, enthält neue Tatsachen über die mangelnde Umsetzung des Urteils durch den Staat und ist daher zulässig (EGMR [GK], Urt. v. 30.6.2009 – 32772/02 [*Verein gegen Tierfabriken*/Schweiz II Nr. 67], NJW 2010, 3699). Allerdings sollte grundsätzlich die Überwachung der Urteilsumsetzung durch das Ministerkomitee solche Vorfälle vermeiden (→ *Menschenrechtsbeschwerde, Urteil, Rechtswirkungen*, Teil C Rdn 349 ff.).

435 **4.a)** Die Menschenrechtsbeschwerde wird i.Ü. nach **Art. 35 Abs. 3 EMRK** für **unzulässig** erklärt, wenn der EGMR die Beschwerde

- für **unvereinbar mit der EMRK** und seinen Protokollen (vgl. Rdn 436 ff.),
- für **offensichtlich unbegründet** (Rdn 443 ff.) oder
- für **missbräuchlich** hält (Rdn 446 ff.) sowie dann,
- wenn dem Beschwerdeführer nur ein **geringer Nachteil** entstanden ist und die geltend gemachte Menschenrechtsverletzung ihrer Art nach die Prüfung durch den EGMR nicht erfordert (Rdn 449 ff.). Dessen Prüfung ist nach der Konvention aber jedenfalls geboten, wenn eine hinreichende innerstaatliche Prüfung nicht stattgefunden hat.

436 **b)** Die **Unvereinbarkeit** der Beschwerde mit der EMRK kann auf persönlichen, örtlichen, zeitlichen und sachlichen Gründen beruhen.

437 **aa) Persönliche Gründe** (ratione personae) liegen vor, wenn der Beschwerdeführer die Menschenrechtsbeschwerde nicht oder nicht gegen den belangten Staat erheben kann. Dies ist der Fall bei **fehlender Aktiv-** oder **Passivlegitimation** (→ *Menschenrechtsbeschwerde, Beschwerdebefugnis*, Teil C Rdn 33) oder fehlender (→ *Menschenrechtsbeschwerde, Opfereigenschaft*, Teil C Rdn 193). So kann ein Staat nicht belangt werden, der für die beanstandeten Handlungen nicht verantwortlich ist, etwa weil er zu dem maßgeblichen Zeitpunkt keine (dortige) Hoheitsgewalt hatte (EGMR [GK], Urt. v. 2.5.2007 – 71412/01 u. 78166/01 [*Behrami u. Behrami*/Frankreich u. *Saramati*/Deutschland, Frankreich und Norwegen Nr. 144 – 152], NVwZ 2008, 645 [Zurechnung

Vereinte Nationen]; EGMR, Entsch. v. 7.10.2008 – 47550/06 [*Preußische Treuhand*/Polen Nr. 52], NJW 2009, 3775 [mangelnde Verantwortlichkeit Polens für seinerzeit deutsche Gebiete während des 2. Weltkriegs]).

bb) Örtliche Gründe (ratione loci) richten sich nach dem räumlichen Geltungsbereich der EMRK. Nach Art. 1 EMRK sichern die Vertragsparteien die Gewährung der Konventionsrechte „allen ihrer Hoheitsgewalt unterstehenden Personen" zu. Der EGMR stellt hinsichtlich des räumlichen Anwendungsbereichs der EMRK grds. auf das **Hoheitsgebiet** der **Vertragsparteien** ab (EGMR, Urt. v. 25.6.1996 – 19776/92 [*Amuur*/Frankreich Nr. 52] [Festhalten in der Internationalen Zone des Flughafens]). Ausnahmen bedürfen der besonderen Begründung (EGMR [GK], Entsch. v. 12.12.2001 – 52207/99 [*Banković u.a.*/17 NATO-Staaten Nr. 61]) Die Zurechnung extra-territorialer Wirkung hoheitlichen Handelns hat der EGMR etwa bei Handlungen des diplomatischen und konsularischen Personals einer Vertragspartei im Ausland (EGMR, a.a.O., Nr. 73), bei Auslieferungen (EGMR [Pl.], Urt. v. 7.7.1989 – 14038/88 [*Soering*/Vereinigtes Königreich Nr. 86 ff.], EGMR-E 4, 376) oder bei der Ausübung exterritorialer Hoheitsgewalt angenommen (ausf. Grote/Marauhn/*Schorkopf*, Kap. 30 Rn 39 f. m.w.N.; → *Menschenrechtsbeschwerde, Beschwerdegegner*, Teil C Rdn 78). 438

Nach Art. 56 EMRK kann jeder **Vertragsstaat** den **räumlichen Geltungsbereich** der EMRK und insbesondere die Möglichkeit der Erhebung einer Menschenrechtsbeschwerde zum EGMR bezüglich aller oder einzelner Hoheitsgebiete für deren internationale Beziehungen er verantwortlich ist, erklären, also **begrenzen** (Frowein/Peukert/*Frowein*, Art. 56 EMRK Rn 1 [„Kolonialklausel"]); Frankreich, die Niederlande und das Vereinigte Königreich haben hierzu Erklärungen abgegeben (Grote/Marauhn/*Schorkopf*, Kap. 30 Rn 41. m. jeweiligen Nachw.). 439

cc) Zeitliche Gründe (ratione temporis) stehen der Zulässigkeit einer erhobenen Menschenrechtsbeschwerde entgegen, wenn der belangte Staat zum **Zeitpunkt** des behaupteten **Konventionsverstoßes** an die Konvention **noch nicht gebunden**, dieser also – jedenfalls insoweit – nicht beigetreten war. Maßgeblich für den EGMR ist hierbei zum einen das Datum der **Ratifizierung** (EGMR, Entsch. v. 7.10.2008 – 47550/06 [*Preußische Treuhand*/Polen Nr. 55], NJW 2009, 3775). Listen über die Unterzeichnung, die Ratifizierung und das jeweilige Inkrafttreten der EMRK und ihrer Protokolle in den einzelnen Vertragsstaaten führt der Europarat, wohin der EGMR auf seiner Internetpräsenz unter basic texts/useful links/signatures and ratifications verlinkt (s.a. die Ratifikationstabelle im Anhang bei Frowein/Peukert, S. 724 ff.). 440

☝ **Deutschland** hat die **Protokolle 7** und **12 noch nicht ratifiziert**, sodass deren Konventionsrechte gegenüber Deutschland bislang nicht geltend gemacht werden können.

441 Zum anderen **maßgeblich** ist das **Datum** des **Eingriffs** in das geschützte Recht. Probleme können sich dabei insbesondere bei gestreckten Handlungsverläufen ergeben, vor allem, wenn nur ein Teil der Handlungen nach Ratifikation der EMRK erfolgt ist (EGMR [GK], Urt. v. 8.3.2006 – 59532/00 [*Blečić*/Kroatien Nr. 82, 72] m.w.N. aus seiner Rspr. unter Nr. 73 bis 76 [zur Beendigung eines Mietverhältnisses aufgrund eines gerichtlichen Verfahrens, dessen letzte Entscheidung in den zeitlichen Anwendungsbereich der EMRK fällt]). Einen Überblick über seine Rspr. gibt der EGMR in seinem Urteil der Großen Kammer vom 9.4.2009 – 71463/01 [*Šilih*/Slowenien Nr. 140 – 147]). Da die letzte Ratifikation Deutschlands 2006 erfolgte, sind Probleme insoweit praktisch nicht relevant.

442 **dd) Sachliche Gründe** (ratione materiae) liegen vor, wenn der behauptete **Rechtsverstoß nicht durch** die **EMRK geschützt** ist (vgl. etwa EGMR, Entsch. v. 18.9.2006 – 26315/03 [*Dogmoch*/Deutschland], EuGRZ 2007, 170 [Arrestbefehl unterfällt nicht Art. 6 Abs. 1 S. 1 EMRK]) oder wenn der belangte Staat einen **Vorbehalt** gem. Art. 57 EMRK erklärt hat. Ein solcher Vorbehalt muss bei Unterzeichnung oder Hinterlegung der Ratifikationsurkunde in bestimmter Form erklärt werden. Die Zulässigkeit und Wirksamkeit eines erklärten Vorbehalts prüft der EGMR anlässlich einer erhobenen Beschwerde; er kann dessen Nichtigkeit feststellen (EGMR, Urt. v. 3.10.2000 – 29477/95 [*Eisenstecken*/Österreich Nr. 21 bis 30], ÖJZ 2001, 194).

☝ **Deutschland** hat den **Vorbehalt** erklärt, dass **Art. 7 Abs. 2 EMRK** (Einschränkung des Grundsatzes keine Strafe ohne Gesetz) nur in den Grenzen des Art. 103 Abs. 2 GG angewendet wird, diesen Vorbehalt allerdings zurückgenommen, nachdem ein entsprechender Vorbehalt zum inhaltgleichen Art. 15 Abs. 2 IPbpR nicht erklärt worden war (*Meyer-Ladewig*, Art. 7 Rn 23 f.). Darüber hinaus hat Deutschland zu Art. 2 des Zusatzprotokolls (**Recht auf Bildung**) und zum 6. Zusatzprotokoll (**Abschaffung der Todesstrafe**) sowie zu den Art. 2 bis 4 des noch nicht ratifizierten 7. Zusatzprotokolls Erklärungen abgegeben (*Meyer-Ladewig*, Art. 57 EMRK Rn 7 f.; Grote/Marauhn/*Schorkopf*, Kap. 30 Rn 47).

443 **c) Offensichtlich unbegründet** ist die Beschwerde, wenn sie **keine Verletzung** von **Konventionsrechten umfasst**. Insoweit nimmt der EGMR eine materiell-rechtliche Prüfung vor, die über die Prüfung der reinen Zulässigkeit hinausgeht. Offensichtlich bedeutet nicht „dem ersten Anschein nach", sondern ist vielmehr im Sinne von eindeutig zu verstehen; die offensichtliche Unbegründetheit kann sich so unter Umständen erst nach umfassender Prüfung herausstellen (*Grabenwarter/Pabel*, § 13 Rn 50 m.w.N.). Offensichtlich unbegründet ist die Menschenrechtsbeschwerde etwa auch, wenn nachträglich die Opfereigenschaft des Beschwerdeführers entfällt (→ *Menschenrechtsbeschwerde, Opfereigenschaft*, Teil C Rdn 193) oder der Staat nachträglich ein (noch auszuschöpfendes) Rechtsmittel schafft (→ *Menschenrechtsbeschwerde, Urteil, Rechtswirkungen*, Teil C Rdn 347).

Menschenrechtsbeschwerden sind insbesondere offensichtlich unbegründet, die **keine Konventionsverletzung darlegen**. Der EGMR hat ohne eine hinreichend gerügte Konventionsverletzung keine Veranlassung, die angegriffene innerstaatliche Maßnahme auf ihre Richtigkeit nach nationalem Recht zu überprüfen; der EGMR ist, ebenso wie das Bundesverfassungsgericht **keine Superrevisionsinstanz** (Karpenstein/Mayer/*Schäfer*, Art. 35 EMRK Rn 127 m.w.N.: keine „Vierte Instanz"-Beschwerde). **Offensichtlich unbegründet** ist die Menschenrechtsbeschwerde in folgenden 444

Beispielsfällen: 445

- wenn hinsichtlich der gerügten Konventionsverletzung bereits **einschlägige ablehnende Rechtsprechung** des EGMR vorliegt (Karpenstein/Mayer/*Schäfer*, Art. 35 EMRK Rn 120),
- wenn die Darlegung des Sachverhalts **keine Konventionsverletzung** erkennen lässt (EGMR [GK] 12.7.2001 – 44759/98 [*Ferrazzini*/Italien Nr. 34]),
- wenn sie **unzureichend begründet** ist. Dies gilt insbesondere, wenn der Beschwerdeführer den Sachverhalt nicht ausreichend darlegt oder nicht durch Vorlage entsprechender Dokumente belegt (EGMR 19.11.2009 – 13693/05 [*Glinov*/Ukraine Nr. 68 bis 74]),
- ggf., wenn die Sachverhaltsdarstellung der Menschenrechtsbeschwerde **offensichtlich unzutreffend** sind oder sie **nicht beweisbar** sind (EKMR [Pl.], Entsch. v. 7.7.1987 – 12877/87 [*Kalema*/Frankreich]).

☝ Die Weite des Merkmals ermöglicht dem EGMR ein **breites Anwendungsgebiet** Es dürfte sich um den häufigsten Unzulässigkeitsgrund handeln (Karpenstein/Mayer/*Schäfer*, Art. 35 EMRK Rn 116).

d)aa) Einen **Missbrauch des Beschwerderechts** nimmt der EGMR bei jedem Verhalten an, das offenkundig der Bestimmung des Beschwerderechts der EMRK zuwiderläuft und die **ordnungsgemäße Arbeit** des **EGMR** oder den geordneten Ablauf des Verfahrens vor ihm **beeinträchtigt** (EGMR, Urt. v. 15.9.2009 – 798/05 [*Mirolubovs u.a.*/Lettland Nr. 65], NVwZ 2010, 1541, 1543). Missbrauch ist angenommen worden in folgenden 446

Beispielsfällen: 447

- wiederholte, unbegründete und **querulatorische** Menschenrechtsbeschwerden (EKMR, Entsch. v. 17.10.1996 – 28970/95 [*Philis*/Griechenland]),
- **beleidigende Äußerungen**, abfällige Bemerkungen oder herabsetzende Anschuldigungen gegenüber der betroffenen Regierung, anderen Verfahrensbeteiligten, Behörden des belangten Staates oder insbesondere dem EGMR und seinen Bediensteten, wenn diese über tolerable Kritik hinausgehen und etwa die Missachtung des Gerichts

zu erkennen geben (EGMR, Entsch. v. 18.5.2004 – 67208/01 [*Řehák*/Tschechien]; Entsch. v. 4.2.2003 – 61164/01 [*Duringer u.a.*/Frankreich]),

- Fälle der **bewussten Täuschung**, etwa
  - durch Abgabe bewusst **unvollständiger** und damit **irreführender** Angaben (EGMR, Entsch. v. 19.6.2006 – 23130/04 [*Hüttner*/Deutschland], NJW 2007, 2097 [keine Information über Verfahrensbeendigung durch Vergleich vor Einreichung einer Menschenrechtsbeschwerde wegen überlanger Verfahrensdauer]),
  - durch Verwendung **gefälschter Unterlagen** (EGMR, Entsch. v. 3.7.2007 – 25101/05 [*Poznanski*/Deutschland; Vorlage einer gefälschten Vollmacht bei Erhebung der Menschenrechtsbeschwerde]),
  - durch Auslassung zentraler Punkte den **Sachvortrag** wissentlich **verfälschen** (EGMR, Urt. v. 20.6.2002 – 50963/99 [*Al Nashif*/Bulgarien Nr. 89),
  - oder **wesentliche Umstände** im Verfahren **nicht** (EGMR, Entsch. v. 25.9.2007 – 42165/02 [*Hadrabová* u.a./Tschechien]) oder **falsch** angeben (EGMR, Entsch. v. 17.3.2009 – 10731/05 [*Joachim Berger*/Deutschland], EuGRZ 2009, 316),
- die **absichtliche Verletzung** der **Vertraulichkeitsverpflichtung** aus Vergleichsverhandlungen (EGMR, Urt. v. 18.1.2005 – 74153/01 [*Popov*/Moldawien Nr. 48]),
- **Äußerungen gegenüber** den **Medien**, die eine unverantwortliche oder frivole Haltung gegenüber dem EGMR erkennen lassen, (EGMR, Entsch. v. 22.5.2007 – 9103/04 [*Georgische Arbeiter Partei*/Georgien]).

448 **bb) Erlangt** der **Vertragsstaat Kenntnis** vom Missbrauch des Beschwerderechts, muss er den **EGMR** hiervon **unterrichten**, dem es allein obliegt, die Einhaltung der EMRK und seiner Verfahrensordnung zu überwachen; Maßnahmen, insbesondere Strafverfolgungsmaßnahmen, die der Vertragsstaat selbst wegen Verletzung der Vertraulichkeit ergreifen wollte, könnten bereits eine Behinderung des Beschwerderechts darstellen (EGMR, Urt. v. 15.9.2009 – 798/05 [*Mirolubovs u.a.*/Lettland Nr. 70], NVwZ 2010, 1541, 1544 m.w.N.; → *Menschenrechtsbeschwerde, Behinderungsverbot*, Teil C Rdn 24).

449 **e)aa)** Die Zurückweisung einer Menschenrechtsbeschwerde als unzulässig wegen der Annahme eines **nur unerheblichen Nachteils (Art. 35 Abs. 3c EMRK)** ist erst mit dem 14. Zusatzprotokoll in die EMRK aufgenommen worden und seit dem 1.6.2010 in Kraft. Bereits zuvor hatte der EGMR – letztlich nach dem Grundsatz de minimis non curat praetor – eine Menschenrechtsbeschwerde als missbräuchlich zurückgewiesen und dabei auf den geringen Betrag der streitbefangenen Sache (7,99 € für Nahrungsergänzungsmittel) insbesondere im Verhältnis zum Einkommen des verbeamteten Beschwerdeführers von über 4.500,00 € monatlich, der geringen Bedeutung des Rechtsstreits für den Beschwerdeführer, der sein Begehren innerstaatlich nicht über die erste Instanz weiterverfolgt hat und die geringe allgemeine Bedeutung der Sache, über die bereits entschieden sei (Rüge der überlangen Verfahrensdauer und fehlender wirksamer innerstaatlicher

Rechtsbehelf dagegen) abgestellt. Er selbst sei überlastet und mit Fällen wirklich schwerwiegender Menschenrechtsverletzungen befasst; im Übrigen seien gerade Fälle wie der vorliegende Grund für die innerstaatliche Überlastung der Gerichte, die die gerügte Verfahrensdauer mit beeinflusse (EGMR, Entsch. v. 19.1.2010 – 22051/07 [*Stephan Bock*/Deutschland], NJW 2010, 1581).

Die Unzulässigkeit wegen Geringfügigkeit hat **drei** 450

Voraussetzungen:

- Der **Nachteil**, der dem Beschwerdeführer entstanden ist, darf **nur geringfügig** sein (Rdn 451).
- Zudem darf die Achtung der Menschenrechte **nicht gleichwohl** eine **Prüfung** des Falls **gebieten** (Rdn 452).
- Schließlich muss der Fall **innerstaatlich** in **hinreichendem Umfang geprüft** worden sein (Rdn 453). Der Gerichtshof soll durch Weiterentwicklung seines Fallrechts hierzu objektive Kriterien bilden (Erläuternder Bericht zu dem Protokoll Nr. 14. zur EMRK Nr. 80, BT-Drucks 16/42 S. 24, 34).

bb) Nach der Rspr. des EGMR setzt das Vorliegen eines **mehr als nur geringfügigen Nachteils** voraus, dass die gerügte Rechtsverletzung bereits ein Minimum an Schwere überschreiten muss, um überhaupt die Belastung eines internationalen Gerichts mit der Problematik zu rechtfertigen (hierzu und zu den weiteren Voraussetzungen grundlegend EGMR, Entsch. v. 1.7.2010 – 25551/05 [*Korolev*/Russland], NJW 2010, 3081 [verneinend für nicht eintreibbare Gerichtskosten in Höhe von 22,50 Rubel]). Insoweit seien neben den subjektiven Vorstellungen des Beschwerdeführers die objektiven Umstände ebenso wie die wirtschaftlichen Bedingungen des Beschwerdeführers einschließlich der konkreten Lebensverhältnisse zu berücksichtigen (auch EGMR, Entsch. v. 1.6.2010 – 36659/04 [*Mihai Ionescu*/Rumänien Nr. 33 – 35]). Steht allein die Zahlung von Kleinstbeträgen infrage, wird ein schwerer Nachteil regelmäßig nicht vorliegen. 451

☝ Die nur **kurze Überschreitung** einer absoluten **Haftgrenze** begründet hingegen **stets** eine **Verletzung** von Art. 5 Abs. 1 EMRK (EGMR, Urt. v. 27.11.1997 – 25629/94 [*K.-F.*/Deutschland Nr. 70 – 72], NJW 1999, 775).

cc) Hinsichtlich des Gebots einer Prüfung aufgrund der **Achtung** der **Menschenrechte** verweist der EGMR in seiner grundlegenden Entscheidung (EGMR, Entsch. v. 1.7.2010 – 25551/05 [*Korolev*/Russland], NJW 2010, 3081) auf die entsprechenden Formulierungen in Art. 37 Abs. 1 S. 2 (→ *Menschenrechtsbeschwerde, Streichung aus der Liste*, Teil C Rdn 304) und 39 Abs. 1 EMRK (→ *Menschenrechtsbeschwerde, Einigungsverfahren*, Teil C Rdn 143). Im Sinne dieser Artikel hat der Gerichthof das Erfordernis einer weiteren Prüfung in Achtung der Menschenrechte angenommen, wenn der Fall Fragen von all- 452 gemeinem Charakter die Beachtung der EMRK betreffend aufwirft, wie etwa erforderliche Klarstellungen staatlicher Verpflichtungen oder die Feststellung struktureller Defizite, von denen auch weitere Personen betroffen sind. Eine solche Klärung ist jedenfalls nicht mehr erforderlich, wenn der EGMR diese bereits in vorherigen Fällen vorgenommen hat.

453 **dd)** Das Verbot einer Zurückweisung wegen Unzulässigkeit, wenn **keine nationale Prüfung** stattgefunden hat, soll dazu dienen, Fälle der Justizverweigerung zu vermeiden (*Meyer-Ladewig*, Art. 35 EMRK Rn 58). Die nationale gerichtliche Prüfung erfordert, dass die gerügte Rechtsverletzung vor einem innerstaatlichen Gericht geltend gemacht werden konnte, dort tatsächlich geprüft und über sie entschieden wurde (EGMR, Entsch. v. 1.7.2010 – 25551/05 [*Korolev*/Russland], NJW 2010, 3081).

454 **5.a)** Die **Entscheidung über** die **Zulässigkeit** der Menschenrechtsbeschwerde ergeht isoliert oder zusammen mit der Entscheidung über deren Begründetheit (Art. 28 Abs. 1b), 29 Abs. 1 EMRK). Der EGMR kann die Zurückweisung einer Beschwerde als unzulässig in jeder Lage des Verfahrens beschließen (Art. 35 Abs. 4 EMRK). Dies gilt auch nach einer Verweisung an die Große Kammer (→ *Menschenrechtsbeschwerde, Verfahrensablauf, Verfahren vor der Großen Kammer*, Teil C Rdn 377) (EGMR, Urt. v. 8.3.2006 – 59532/00 [*Blečić*/Kroatien Nr. 65], NJW 2007, 347 m.w.N.). Die Entscheidung ist **nicht anfechtbar**.

455 **b) Bis** zur **Entscheidung** über die Zulässigkeit kann der Beschwerdeführer noch **nachträglich ergänzende Angaben** machen (grundlegend dazu EGMR, Urt. v. 16.7.1971 – 2614/65 [*Ringeisen*/Österreich Nr. 89–93]) Über nachträglich eingelegte Rechtsbehelfe muss aber jedenfalls vor der Entscheidung über die Zulässigkeit der Menschenrechtsbeschwerde abschließend vor den nationalen Gerichten entschieden worden sein (EGMR, Urt. v. 13.5.2008 – 52515/99 [*Juhnke*/Türkei Nr. 63], NVwZ 2009, 1547).

456 **c) Einwände** des belangten Vertragsstaates zur Zulässigkeit müssen in den schriftlichen und mündlichen **Stellungnahmen** zur **Zulässigkeit** vorgebracht werden (Art. 55 VerfO-EGMR). Geschieht dies nicht – wenigstens nicht ihrem Wesen nach und mit hinreichender Klarheit – ist der Staat **später** mit ihnen **ausgeschlossen** (EGMR [GK], Urt. v. 26.10.2000 – 30985/96 [*Hasan u.a.*/Bulgarien Nr. 54] m.w.N.).

☝ Dies **betrifft nicht** Zulässigkeitsvoraussetzungen, die der EGMR **von Amts wegen** prüft, wie die Unzulässigkeit aus zeitlichen Gründen (EGMR, Urt. v. 8.3.2006 – 59532/00 [*Blečić*/Kroatien Nr. 66 ff.], NJW 2007, 347), das Vorliegen der Opfereigenschaft (EGMR, Urt. v. 12.10.2006 – 49438/99 [*Staykov*/Bulgarien Nr. 89] → *Menschenrechtsbeschwerde, Opfereigenschaft*, Teil C Rdn 193) und der Einhaltung der sechsmonatigen Beschwerdeerhebungsfrist (EGMR, Entsch. v. 25.1.2000 – 34979/97 [*Walker*/Vereinigtes Königreich] → *Menschenrechtsbeschwerde, Frist*, Teil C Rdn 180).

Siehe auch: → *Menschenrechtsbeschwerde, Allgemeines*, Teil C Rdn 1, m.w.N.; → *Menschenrechtsbeschwerde, Beschwerdebefugnis*, Teil C Rdn 33; → *Menschenrechtsbeschwerde, Beschwerdeschrift, formale Anforderungen*, Teil C Rdn 80; → *Menschenrechtsbeschwerde, Rechtswegerschöpfung*, Teil C Rdn 251; → *Menschenrechtsbeschwerde, Zulässigkeit, formale Voraussetzungen*, Teil C Rdn 417.

Nichtigkeitsklage, Allgemeines 457

Das Wichtigste in Kürze:

1. Mit der Individualnichtigkeitsklage nach Art. 263 Abs. 4 AEUV beantragt eine natürliche oder juristische Person die Handlung eines Organs, einer Einrichtung oder einer sonstigen Stelle der Union für nichtig zu erklären.
2. Der Nichtigkeitsklage kommt für den im Zuge verstärkter Terrorismusbekämpfung vermehrte Bedeutung zu.
3. Eine Erweiterung ihres Anwendungsbereichs hat die Nichtigkeitsklage auch durch die Einbeziehung der Grundrechtecharta und den Beitritt der EU zur EMRK erfahren.

Literaturhinweise: **Baumeister**, Effektiver Individualrechtsschutz im Gemeinschaftsrecht, EuR 2005, 1; **Burianski**, Vorläufiger Rechtsschutz gegen belastende Rechtsakte – Lasset alle Hoffnung fahren?, EWS 2006, 304; **Everling**, Rechtsschutz in der Europäischen Union nach dem Vertrag von Lissabon, EuR 2009 Beiheft 1, 71; *ders.*, Lissabon-Vertrag regelt Dauerstreit über Nichtigkeitsklage Privater, EuZW 2010, 572; **Görlitz/Kubicki**, Rechtsakte „mit schwierigem Charakter", EuZW 2011, 248; **Happe**, Lauf und Berechnung der Fristen bei Anfechtungen vor dem EuGH, EuZW 1992, 297; **Huber**, Deutsch als Gemeinschaftssprache, BayVBl. 1992, 1; **Kokott/Dervisopoulos/Henze**, Aktuelle Fragen des effektiven Rechtsschutzes durch die Gemeinschaftsgerichte, EuGRZ 2008, 10; **Lengauer**, Einstweiliger Rechtsschutz und Rechtsstaatlichkeit im Gemeinschaftsrecht, EuR 2008 Beiheft 3, 69; **Oppermann**, Reform der EU-Sprachenregelung, NJW 2001, 2663; **Sandner**, Probleme des vorläufigen Rechtsschutzes gegen Gemeinschaftsrecht vor deutschen Gerichten, DVBl 1998, 262; **Schlemmer-Schulte**, Gemeinschaftsrechtlicher vorläufiger Rechtsschutz und Vorlagepflicht, EuZW 1991, 307; **Sladic**, Anmerkungen zum beschleunigten Verfahren im EG-Prozessrecht, EuZW 2005, 712; **Wägenbauer**, Die Prüfungskompetenz des EuGH im Rechtsmittelverfahren, EuZW 1995, 199; *ders.*, Die jüngere Rechtsprechung der Gemeinschaftsgerichte im Bereich des vorläufigen Rechtsschutzes, EuZW 1996, 327; *ders.*, Das Kostenfestsetzungsverfahren vor den Gemeinschaftsgerichten: Wer klagt gewinnt?, EuZW 1997, 197; **v. Winterfeld**, Möglichkeiten der Verbesserung des individuellen Rechtsschutzes im europäischen Gemeinschaftsrecht, NJW 1988, 1409; **Wolf**, Kostenrecht und Kostenpraxis des Gerichtshofs der Europäischen Gemeinschaften, EuR 1976, 7; s.a. die Hinw. bei → *Menschenrechtsbeschwerde, Allgemeines*, Teil C Rdn 2. 458

1.a) Mit der Individualnichtigkeitsklage nach **Art. 263 Abs. 4 AEUV** (im Folgenden: Nichtigkeitsklage) beantragt eine natürliche oder juristische Person die **Handlung** eines **Organs**, einer Einrichtung oder einer sonstigen Stelle der Union für **nichtig** zu **erklären**. Ziel der Nichtigkeitsklage ist die Sicherstellung der Einhaltung der Rechtsvorschriften der Union (EuGH, Urt. v. 12.10.2011 – T-224/10 [ASBL/Kommission Nr. 84]). 459

460 **b) Vor Inkrafttreten** des **AEUV** konnten natürliche und juristische Personen unter den Voraussetzungen des Art. 230 Abs. 4 EGV die Nichtigkeitsklage erheben. Danach richtet sich die Nichtigkeitsklage gegen Entscheidungen, die als Handlungen mit individueller Geltung einzustufen sind, sowie gegen Handlungen mit allgemeiner Geltung (wie eine Verordnung), sofern sie den Kläger unmittelbar betreffen und ihn wegen bestimmter persönlicher Eigenschaften oder wegen besonderer, ihn aus dem Kreis aller übrigen Personen heraushebender Umstände berühren und dadurch in ähnlicher Weise individualisieren, wie den Adressaten einer Entscheidung (ständige Rechtsprechung seit EuGH, Urt. v. 15.7.1963 – C-25/62 [*Plaumann*/Kommission] Slg. S. 238 f.; erneut bestätigt durch EuGH, Urt. v. 25.7.2002 – C-50/00 [*Unión de Pequeños Agricultores*/Rat Nr. 36]). Die Regelung geht zurück auf Art. 173 Abs. 2 EWGV, der bereits individuellen Rechtsschutz gegen Akte der Gemeinschaftsorgane gewährte.

461 **2.** Der Nichtigkeitsklage ist für den **Strafrechtler** in jüngerer Vergangenheit **wachsende Bedeutung** zugekommen. Im Zuge verstärkter **Terrorismusbekämpfung** ist diese nicht zuletzt im Bereich EU-rechtlicher Umsetzung von Terrorlisten offenkundig geworden (s. etwa EuGH, Urt. v. 3.9.2008 – C-402/05 P u. C-415/05 P [*Kadi u. Al Barakaat*/Kommission u. Rat]; EuGH [GK], Urt. v. 18.7.2013 – C-584/10 P u.a. [Kommission u.a./Kadi] „Kadi II", EuGRZ 2013, 389). Auch hatte sich im Bereich der strafrechtlichen Zusammenarbeit in Europa gezeigt, dass Rechtsschutzdefizite aufgetreten waren, nachdem wider Erwarten Maßnahmen von Europol und Eurojust unmittelbar in (Grund-)Rechte natürlicher und juristischer Personen eingegriffen hatten (*Böse*, Europ. Strafrecht, § 54 Rn 35 m.w.N.). Die Einbeziehung der strafrechtlichen Zusammenarbeit in die Gerichtsbarkeit des EuGH durch den Vertrag von Lissabon ist geeignet, diese Rechtsschutzlücke zu schließen, unabhängig ungeschriebener denkbarer Lösungsansätze, wie der einer analogen Anwendung der Nichtigkeitsklage auf europäische Agenturen ohne geregelten Rechtsschutz (s. dazu Gutachten des wissenschaftlichen Dienstes des Deutschen Bundestages „Europäische Agenturen", S. 4). Im Bereich der **polizeilichen** und **justiziellen Zusammenarbeit** gilt die gerichtliche Kontrolle durch den EuGH allerdings unter Berücksichtigung der Übergangsvorschriften in Art. 9 f. des Protokolls Nr. 36 über die Übergangsbestimmungen vom 13.12.2007 vorbehaltlich einer entsprechenden Neuregelung erst nach dem 30.11.2014 (also fünf Jahre nach Inkrafttreten des Vertrags von Lissabon).

462 **3.** Eine **Erweiterung** ihres Anwendungsbereichs hat die Nichtigkeitsklage auch durch die **Einbeziehung** der **Grundrechtecharta** und den **Beitritt** der **EU** zur **EMRK** erfahren. Zwar konnten sich zuvor bereits Personen auf Grundrechte vor dem EuGH im Rahmen einer Nichtigkeitsklage berufen, dies galt vor Inkrafttreten des Vertrags von Lissabon allerdings nicht für die Menschenrechte, wie sie in der EMRK normiert sind.

463 Die Bedeutung der Nichtigkeitsklage unterstreicht weiter der Umstand, dass die Versäumung ihrer Einlegung im Rahmen eines späteren Verfahrens, in dem das nationale Ge-

richt die zu klärende Frage dem EuGH im Rahmen eines Rechtsstreits vorlegt (**Vorabentscheidungsverfahren**), **nicht „geheilt"** werden kann (vgl. EuGH [GK], Urt. v. 29.6.2010 – C550/09 [E u. F Nr. 46] m.w.N.).

☝ Zwar wird die Erhebung einer Nichtigkeitsklage weiterhin **nur ausnahmsweise** in Betracht kommen. Dies ist nicht zuletzt – erwünschtes – Ergebnis eines vorrangigen nationalen Rechtsschutzes. Allerdings machten die Nichtigkeitsklagen 2011 bereits 47,23 % der Neueingänge des EuGH aus (Jahresbericht 2011, S. 203). Der Gerichtshof rechnet i.Ü. mit einer erheblichen Steigerung entsprechender Direktklagen infolge des Vertrags von Lissabon (Entwurf von Änderungen der Satzung des Gerichtshofs der Europäischen Union und ihres Anhangs I vom 28.3.2011, S. 5 f.). Auch im Zuge einer steten Ausweitung der Befugnisse der EU ist ein weiter wachsender Anwendungsbereich zu erwarten.

Siehe auch: → *Nichtigkeitsklage, Allgemeines*, Teil C Rdn 457; → *Nichtigkeitsklage, Begründetheit*, Teil C Rdn 464; → *Nichtigkeitsklage, Dringlichkeitsmaßnahmen*, Teil C Rdn 481; → *Nichtigkeitsklage, EuGH*, Teil C Rdn 511; → *Nichtigkeitsklage, formale Anforderungen an Schriftsätze*, Teil C Rdn 527; → *Nichtigkeitsklage, Frist*, Teil C Rdn 545; → *Nichtigkeitsklage, Klagebefugnis*, Teil C Rdn 558; → *Nichtigkeitsklage, Klagegegenstand*, Teil C Rdn 567; → *Nichtigkeitsklage, Klageschrift*, Teil C Rdn 579; → *Nichtigkeitsklage, Kosten*, Teil C Rdn 587; → *Nichtigkeitsklage, mündliche Verhandlung*, Teil C Rdn 612; → *Nichtigkeitsklage, Rechtsmittelverfahren*, Teil C Rdn 630; → *Nichtigkeitsklage, Sprache*, Teil C Rdn 673; → *Nichtigkeitsklage, Urteil*, Teil C Rdn 681; → *Nichtigkeitsklage, Verfahrensgang*, Teil C Rdn 694; → *Nichtigkeitsklage, Zulässigkeit*, Teil C Rdn 714.

Nichtigkeitsklage, Begründetheit 464

Das Wichtigste in Kürze:

1. Die Nichtigkeitsklage verweist hinsichtlich ihrer Begründetheit auf das Vorliegen einer der in Art. 263 Abs. 2 AEUV genannten Gründe.
2. Unzuständigkeit des handelnden Gemeinschaftsorgans kann zur Begründetheit führen.
3. Die Verletzung wesentlicher Formvorschriften begründet die Nichtigkeit und damit die Anfechtbarkeit eines Rechtsaktes.
4. Auch die Verletzung der Verträge oder bei ihrer Durchführung anzuwendender Rechtsnormen führt zu Begründetheit der Nichtigkeitsklage.
5. Schließlich kann auch Ermessensmissbrauch gerügt werden.

465 **Literaturhinweise: Baumeister**, Effektiver Individualrechtsschutz im Gemeinschaftsrecht, EuR 2005, 1; **v. Burchard**, Der Rechtsschutz natürlicher und juristischer Personen gegen EG-Richtlinien gemäß Art. 173 Abs. 2 EWGV, EuR 1991, 140; **Calliess**, Kohärenz und Konvergenz beim europäischen Individualschutz, NJW 2002, 3577; **Fredriksen**, Individualklagemöglichkeiten vor den Gerichten der EU nach dem Vertrag über eine Verfassung für Europa, ZEuS 2005, 99; s.a. die Hinw. bei → *Menschenrechtsbeschwerde, Allgemeines*, Teil C Rdn 2, und bei → *Nichtigkeitsklage, Allgemeines*, Teil C Rdn 458.

466 **1.** Die Nichtigkeitsklage verweist hinsichtlich ihrer Begründetheit auf das Vorliegen einer der in **Art. 263 Abs. 2 AEUV** genannten Gründe: Danach kann mit der Nichtigkeitsklage

- die **Unzuständigkeit** (Rdn 468 ff.),
- die **Verletzung** wesentlicher **Formvorschriften** (Rdn 470 ff.),
- die **Verletzung** der **Verträge** oder einer bei ihrer Durchführung anzuwendenden Rechtsnorm (Rdn 477 ff.) oder
- **Ermessensmissbrauch** (Rdn 480) gerügt werden.

467 Die Nichtigkeitsklage ist begründet, wenn der angefochtene Rechtsakt einen oder mehrere Anfechtungstatbestände erfüllt und dieser Mangel entweder vom Kläger gerügt wurde oder von Amts wegen zu beachten ist (Calliess/Ruffert/*Cremer*, Art. 263 AEUV Rn 82). **Maßgeblich** ist das Vorliegen des Fehlers zum **Zeitpunkt** des **Erlasses** des **Rechtsakts** (Geiger/Khan/Kotzur/*Kotzur*, Art. 263 AEUV Rn 34).

468 **2. Unzuständig** ist das handelnde Gemeinschaftsorgan, dem die Kompetenz zum Erlass der angegriffenen Handlung fehlt (Grote/Marauhn/*Schorkopf*, Kap. 30 Rn 149 m.w.N.). In Betracht kommt hier die Unzuständigkeit der Union, die Unzuständigkeit des Organs sowie die räumliche und sachliche Unzuständigkeit (Calliess/Ruffert/*Cremer*, Art. 263 AEUV Rn 83 m. jeweils w.N.). Insoweit gelten folgende

469 **Zuständigkeitsregeln**:

- Die **Zuständigkeit** der **Union** folgt aus den geschlossenen Verträgen, Art. 4 Abs. 1 EUV. Überschreitet die Union die ihr in den **Verträgen zugewiesenen Aufgabenbereiche**, entbehrt ihre Handlung der Rechtsgrundlage (EuGH, Urt. v. 10.12.1969 – C-6 und 11/69 [Kommission/Frankreich Nr. 10 bis 13]). Die Grenzen der Unionszuständigkeit ergeben sich aus dem in Art. 5 Abs. 1 und 2 bis 4 EUV verankerten Prinzip der begrenzten Einzelermächtigung, dem Subsidiaritätsprinzip und dem Grundsatz der Verhältnismäßigkeit (ausführlich dazu *Pechstein*, Rn 548 f.). Neben einer ausdrücklichen Kompetenzzuweisung kann sich die Zuständigkeit der EU aus dem staats- und völkerrechtlichen Grundsatz der Zuständigkeit kraft Sachzusammenhangs ergeben (EuGH, Urt. v. 31.3.1970 – C-22/70 [Kommission/Rat Nr. 12 bis 31]).
- Die **Zuständigkeit** des handelnden **Organs** bestimmt sich nach dem Zuständigkeitsbereich der anderen Organe. Es ist Unionsorganen nicht gestattet, in den **Kompetenzbereich anderer Organe** einzugreifen, auch dann, wenn diese selbst untätig bleiben

(v. d. Groeben/Schwarze/*Gaitanides*, Art. 230 EGV Rn 119 unter Bezugnahme auf EuGH, Urt. v. 15.12.1987 – C-332/85 [Deutschland/Kommission Nr. 20], Slg. 1987, 5143, 5169). Auch insoweit gilt das Prinzip der begrenzten Einzelermächtigung (Art. 13 Abs. 1 S. 2 EUV).

- Die **räumliche Unzuständigkeit** ist gegeben, wenn der angegriffene Gemeinschaftsrechtsakt seine Wirkung **nicht** zumindest auch **innerhalb** des **Geltungsbereich** der **Verträge** nach Art. 52 EUV entfaltet (Grabitz/Hilf/*Booß*, Art. 230 EGV Rn 100). Sie liegt vor, wenn sich die Folgen des angegriffenen Rechtsakts auf Hoheitsgebiete außerhalb der EU und damit ihrer Rechtsetzungskompetenz erstrecken.
- Die **sachliche Unzuständigkeit** ist gegeben, wenn sich das handelnde Organ einer **unzulässigen Handlungsform** bedient; ist eine solche durch die zugrunde liegende Einzelermächtigung vorgeschrieben, muss sie auch gewählt werden (*Pechstein*, Rn 551). Insoweit kann es zu Überschneidungen oder Abgrenzungsschwierigkeiten mit den Anfechtungstatbeständen der Verletzung wesentlicher Formvorschriften und des Ermessensmissbrauchs kommen (Grabitz/Hilf/*Booß*, Art. 230 EGV Rn 101).

☝ Der **EuGH** prüft die **Unzuständigkeit von Amts wegen**, da die Zuständigkeitsverteilung zum Schutz des institutionellen Gleichgewichts gehört (Streinz/*Ehricke*, Art. 263 AEUV Rn 74 m.w.N. [„gemeinschaftsrechtlicher ordre public"]). Die **Rüge** der Unzuständigkeit kann **jederzeit** erhoben werden, eine Verfristung gibt es bei ihr nicht; mit der Unzuständigkeitsrüge können daher auch Rechtsakte angegriffen werden, die wegen unterlassener rechtzeitiger Klageerhebung bestandskräftig geworden sind (EuGH, Urt. v. 10.12.1969 – C-6 und 11/69 [Kommission/Frankreich Nr. 11/12, 24] für die Geltendmachung im Vertragsverletzungsverfahren nach unterlassener Anfechtung).

3.a) Die **Verletzung wesentlicher Formvorschriften** begründet die Nichtigkeit und damit die Anfechtbarkeit eines Rechtsaktes. Der Begriff der Formvorschriften umfasst auch Verfahrensvorschriften. **470**

b)aa) Wesentlich ist eine Formvorschrift allerdings erst, wenn sich ihre Verletzung auf den Inhalt des angegriffenen Rechtsakts ausgewirkt haben kann (EuGH, Urt. v. 6.7.1983 – C-117/81 [*Geist*/Kommission Nr. 7]) oder wenn sie dem Schutz der Betroffenen dient, wie vorgeschriebene Mitwirkungspflichten, die Gewährung rechtlichen Gehörs und die richterliche Nachprüfung (Grabitz/Hilf/*Booß*, Art. 230 EGV Rn 103). **471**

bb) Bei der **Verabschiedung von Rechtsakten** müssen die hierfür vorgeschriebenen Verfahrensregeln, eingehalten werden; ihre Verletzung führt grds. zur Nichtigkeit (EuGH, Urt. v. 25.2.1999 – C-164 u.a./97 [Parlament/Rat Nr. 20], Slg. 1999 I, 1139). Die Wahl einer falschen Rechtsgrundlage begründet die Nichtigkeitsklage allerdings nur, wenn die zutreffende Rechtsgrundlage abweichende Verfahrensanforderungen **472**

nach sich gezogen hätte (EuGH, Urt. v. 11.6.1991 – C-300/89 [Kommission/Rat Nr. 19, 25] Slg. 1991 I, 2867). Auf die Verletzung von Vorschriften in Geschäftsordnungen eines Organs kann sich der Kläger einer Nichtigkeitsklage im Übrigen nur berufen, wenn ihm diese Rechte vermitteln und der Rechtssicherheit dienen (EuG, Urt. v. 27.2.1992 – T-79/89 u.a. [*BASF* u.a./Kommission Nr. 78] m.w.N., Slg. 1992 II, 315).

☝ Bloße **Mängel** der **Veröffentlichung** oder **Bekanntgabe** begründen nicht die Nichtigkeit des angegriffenen Rechtsakts. Sie wirken sich allein auf den Beginn der Klagefrist aus (EuGH, Urt. v. 14.7.1972 – C-48/69 [ICI/Kommission Nr. 39/43]).

473 **c)** Die **Begründungspflicht** (Art. 296 Abs. 2 AEUV) stellt eine **wesentliche Formvorschrift** dar (Calliess/Ruffert/*Calliess*, Art. 296 AEUV Rn 33 m.w.N.), deren Verletzung in der Regel eine Aufhebung der Maßnahme nach sich zieht (EuGH, Urt. v. 7.7.1981 – C-158/80 [*Rewe*/Hauptzollamt Kiel Nr. 19, 26 f.], Slg. 1981, 1805). Ihr Umfang hängt vom angegriffenen Rechtsakt ab; sie soll den Betroffenen in die Lage versetzen, seine Rechte zu verteidigen; dem muss der Begründungsumfang jedenfalls genügen (EuGH, Urt. v. 11.9.2003 – C-445/00 [Österreich/Rat Nr. 49] m.w.N.). Der EuGH stellt strenge Anforderungen an die Begründung von Beschlüssen (Streinz/*Ehricke*, Art. 263 AEUV Rn 83). Bei Verordnungen und Richtlinien müssen die den Rechtsakt veranlassende Situation und seine Ziele eindeutig angegeben werden (EuGH, Urt. v. 30.11.1978 – C-87/78 [*Welding*/Hauptzoll Hamburg Nr. 11]).

474 Ein **Nachschieben** von Gründen oder ein **Austausch** der **Begründung** vermag den Verfahrensfehler nicht zu heilen (EuGH, Urt. v. 12.11.1985 – C-183/83 [*Krupp*/Kommission Nr. 21]). Allerdings sind Begründungsmängel unerheblich, wenn die Aufhebung lediglich zum Erlass einer neuen, inhaltlich identischen Maßnahme führen würde (EuG, Urt. v. 19.1.2010 – T-355/04 [*Co-Futta*/Kommission Nr. 100] m.w.N.).

475 **d)** Die **Verletzung verbindlich vorgeschriebener Beteiligungsrechte** begründet in der Regel die Nichtigkeit eines Rechtsakts, wenn nicht ausgeschlossen werden kann, dass sich deren Wahrnehmung inhaltlich ausgewirkt hätte (Streinz/*Ehricke*, Art. 263 AEUV Rn 80 m.w.N.). Dabei ist unerheblich, ob die Rechte eines Dritten, etwa eines EU-Organs, oder des Anfechtungsberechtigten verletzt wurden (Grabitz/Hilf/*Booß*, Art. 230 EGV Rn 103). In der Person des Anfechtungsberechtigten ist insbesondere die **Verletzung rechtlichen Gehörs** denkbar. Dieses muss vor Erlass einer den Adressaten unmittelbar betreffenden Einzelentscheidung gewährt werden, wenn beabsichtigt ist, gegen natürliche oder juristische Personen eine Sanktion zu verhängen oder eine Maßnahme zu treffen, die ihre Rechtsstellung beeinträchtigen kann (EuGH, Urt. v. 14.5.1998 – C-48/96 P [*Windpark Groothusen*/Kommission Nr. 47]), Slg. 1998 I, 2873); dies gilt selbst dann, wenn ein solches Recht nicht ausdrücklich vorgesehen ist (EuGH, Urt. v. 14.2.1990 – C-301/87 [Frankreich/Kommission Nr. 29] m.w.N., Slg. 1990 I, 307). Insoweit geschützt

werden auch die Rechte Dritter, wenn sie durch den zu erlassenden Rechtsakt beschwert werden (EuG, Urt. v. 17.9.1998 – T-50/96 [*Primex*/Kommission Nr. 59] m.w.N., Slg. 1998 II, 3773).

☝ Der EuGH hat auch **ungeschriebene Beteiligungsrechte anerkannt**, wenn der Betroffene in qualifizierter Weise durch die Folgen des angegriffenen Rechtsakts beschwert ist (EuGH, Urt. v. 21.11.1991 – C-269/90 [TU München/Hauptzollamt München Nr. 22 bis 25]).

e) Der EuGH prüft die Verletzung wesentlicher Formvorschriften **von Amts wegen** 476
(EuG, Urt. v. 29.6.1995 – T-32/91 [*Solvay*/Kommission Nr. 43] m.w.N., Slg. 1995 II, 1825). Deren **Heilung** ist jedenfalls nach Einreichung einer Nichtigkeitsklage aus Gründen der Rechtssicherheit nicht mehr möglich (EuG, a.a.O. [Nr. 53]).

4.a) Die **Verletzung** der **Verträge** oder bei ihrer Durchführung anzuwendender Rechts- 477
normen eröffnet die Prüfung des angegriffenen Rechtsakts am **primären** und **sekundären Gemeinschaftsrecht** sowie an völkerrechtlichen Verträgen, soweit diese direkt anwendbar sind (Grote/Marauhn/*Schorkopf*, Kap. 30 Rn 149 m.w.N.). Es handelt sich hierbei um einen **Auffangtatbestand** für alle Rechtsverletzungen, die nicht von einem der spezielleren drei anderen Anfechtungstatbestände erfasst werden (Streinz/*Ehricke*, Art. 263 AEUV Rn 84 m.w.N.).

b) Erforderlich ist die **Verletzung höherrangigen Rechts**. Unerheblich ist, ob es sich 478
dabei um geschriebenes oder ungeschriebenes Gemeinschaftsrecht handelt (v. d. Groeben/Schwarze/*Gaitanides*, Art. 230 EGV Rn 138). Prüfungsmaßstab sind danach auch die **Grundrechte**, wie sie in der **Grundrechte-Charta** der EU niedergelegt sind, und die **Menschenrechte** der **EMRK** Erstere sind nach Art. 6 Abs. 1 EUV gleichrangig mit den Verträgen, Letztere nach Art. 6 Abs. 3 EUV als allgemeine Grundsätze Teil des Unionsrechts. Auch vom EuGH aufgestellte allgemeine Rechtsgrundsätze können als Prüfungsmaßstab zugrunde gelegt werden (Grabitz/Hilf/*Booß*, Art. 230 EGV Rn 102 m.w.N.).

Auf **völkerrechtliche Verträge** können sich natürliche und juristische Personen aller- 479
dings nur dann berufen, wenn diese für sie ein subjektives Recht begründet haben (EuGH, Urt. v. 10.7.1984 – C-126/83 [*STS*/Kommission Nr. 18], Slg. 1984, 2769) oder wenn die Gemeinschaftsorgane die in den Verträgen vorgesehenen Bestimmungen zulasten der Betroffenen falsch angewandt haben (EuGH, Urt. v. 26.10.1982 – C-104/81 [Hauptzoll Mainz/Kupferberg Nr. 15 bis 23], Slg. 1982, 3641).

5. Ermessensmissbrauch liegt vor, wenn das Gemeinschaftsorgan von seinen Kom- 480
petenzen ganz oder zumindest überwiegend zu anderen als den angegebenen Zwecken oder mit dem Ziel Gebrauch macht, ein Verfahren zu umgehen, das die Verträge speziell vorsehen, um die konkrete Sachlage zu bewältigen (EuG, Urt. v. 11.3.1999 – T-141/94

[*Thyssen Stahl*/Kommission Nr. 569]). Hierzu bedarf es objektiver, schlüssiger und übereinstimmender Hinweise (EuGH, Urt. v. 21.6.1984 – C-69/83 [*Lux*/Rechnungshof Nr. 30] m.w.N., Slg. 1984, 2447). Überdies ist erforderlich, dass die angegriffene Maßnahme ein subjektiv rechtswidriges Ziel oder einen ebensolchen Zweck verfolgt (EuGH, Urt. v. 5.5.1998 – C-180/96 [Vereinigtes Königreich/Kommission Nr. 66], Slg. 1998 I, 2265). Ermessensmissbrauch scheidet damit aus, wenn der Rechtsakt auf objektive Erwägungen gestützt wird (EuGH, Urt. v. 22.1.1984 – C-266/82 [*Turner*/Kommission Nr. 19], Slg. 1984, 1).

☝ Soweit die engen Voraussetzungen des Ermessensmissbrauchs nicht erfüllt sind, kann die **Rüge** der Rechtsverletzung aus dem **dritten Anfechtungstatbestand** erhoben werden (vgl. dazu Rdn 470 ff.).

Siehe auch: → *Nichtigkeitsklage, Allgemeines*, Teil C Rdn 457, m.w.N.; → *Nichtigkeitsklage, formale Anforderungen an Schriftsätze*, Teil C Rdn 527; → *Nichtigkeitsklage, Klagegegenstand*, Teil C Rdn 567; → *Nichtigkeitsklage, Klageschrift*, Teil C Rdn 579.

481 Nichtigkeitsklage, Dringlichkeitsmaßnahmen

Das Wichtigste in Kürze:

1. Klagen vor dem Gerichtshof der Europäischen Union haben keine aufschiebende Wirkung (Art. 278 S. 1 AEUV). Zur Gewährleistung effektiven Rechtsschutzes stellt das EU-Verfahrensrecht aber verschiedene Maßnahmen zur Verfügung.
2. Gegenstand eines Antrags auf Aussetzung der Durchführung der angefochtenen Handlung gem. Art. 278 S. 2 AEUV können alle belastenden Maßnahmen der Unionsorgane sein, die Gegenstand einer Nichtigkeitsklage sein können.
3. In Betracht kommen kann ein Antrag auf Erlass einer einstweiligen Anordnung gem. Art. 279 AEUV.
4. Der EuGH kann auch den Vollzug der angefochtenen Handlung aussetzen.
5. Die Anordnung eines beschleunigten Verfahrens ist nach Art. 151 Abs. 1 VerfO-EuG; Art. 133 Abs. 1 VerfO-EuGH möglich.
6. In besonderen Fällen kann das Gericht anordnen, dass eine Rechtssache mit Vorrang entschieden wird.
7. Die Aussetzung der Zwangsvollstreckung gem. Art. 299 Abs. 4 AEUV stellt eine weitere Form vorläufigen Rechtsschutzes dar.

Literaturhinweise: Burianski, Vorläufiger Rechtsschutz gegen belastende Rechtsakte – Lasset alle Hoffnung fahren?, EWS 2006, 304; **Lengauer**, Einstweiliger Rechtsschutz und Rechtsstaatlichkeit im Gemeinschaftsrecht, EuR 2008 Beiheft 3, 69; **Sandner**, Probleme des vorläufigen Rechtsschutzes gegen Gemeinschaftsrecht vor deutschen Gerichten, DVBl 1998, 262; **Schlemmer-Schulte**, Gemeinschaftsrechtlicher vorläufiger Rechtsschutz und Vorlagepflicht, EuZW 1991, 307; **Sladic**, Anmerkungen zum beschleunigten Verfahren im EG-Prozessrecht, EuZW 2005, 712; **Wägenbauer**, Die jüngere Rechtsprechung der Gemeinschaftsgerichte im Bereich des vorläufigen Rechtsschutzes, EuZW 1996, 327; **v. Winterfeld**, Möglichkeiten der Verbesserung des individuellen Rechtsschutzes im europäischen Gemeinschaftsrecht, NJW 1988, 1409; s.a. die Hinw. bei → *Nichtigkeitsklage, Allgemeines*, Teil C Rdn 458. 482

1. Klagen vor dem Gerichtshof der Europäischen Union haben **keine aufschiebende Wirkung** (Art. 278 S. 1 AEUV). Zur Gewährleistung effektiven Rechtsschutzes stellt das EU-Verfahrensrecht **verschiedene Maßnahmen** zur Verfügung. Neben der Außervollzugsetzung der angefochtenen Handlung (Art. 278 S. 2 AEUV; vgl. Rdn 484 ff.) kommt der Erlass einer einstweiligen Anordnung (Art. 279 AEUV) (vgl. Rdn 486 ff.) und die Anordnung eines beschleunigten Verfahrens (Art. 151 Abs. 1 VerfO-EuG; Art. 133 Abs. 1 VerfO-EuGH) in Betracht (Rdn 502 ff.). Im Übrigen kann die Aussetzung der Vollstreckung (Art. 299 Abs. 4 AEUV) (Rdn 509) oder die vorrangige Behandlung der Rechtssache (Art. 67 Abs. 2 VerfO-EuG; Art. 53 Abs. 3 VerfO VerfO-EuG/EuGH) erfolgen (Rdn 509). 483

2.a) Gegenstand eines Antrags auf **Aussetzung** der **Durchführung** der angefochtenen Handlung gem. Art. 278 S. 2 AEUV können alle belastenden Maßnahmen der Unionsorgane sein, die Gegenstand einer Nichtigkeitsklage sein können. 484

b) Voraussetzung ist, dass die angegriffene Handlung Rechtswirkungen erzeugt, sie also insbesondere verbindlich ist (EuG, Beschl. v. 22.11.1995 – T-395/94 R II [*Atlantic Container Line AB u.a.*/Kommission Nr. 39]). Überdies muss der angegriffene Rechtsakt zum Vollzug geeignet sein. Dies sind Rechtsakte nicht, die bereits vollzogen (EuGH, Beschl. v. 22.5.1978 – C-92/78 R [*Simmenthal*/Kommission Nr. 7]) oder (noch) nicht vollzugsfähig sind (EuGH, Beschl. v. 21.3.1972 – C-6/72 R [*Europemballage Corporation u.a.*/ Kommission Nr. 2]). Ablehnende Entscheidungen haben grds. keinen vollzugsfähigen Inhalt (EuGH, Beschl. v. 5.10.1969 – C-50/69 R [Deutschland/Kommission]). 485

☝ Der Antrag ist **spezieller** als der auf Erlass einer einstweiligen Anordnung (vgl. Rdn 486) und geht diesem vor.

3. Der Antrag auf Erlass einer **einstweiligen Anordnung** gem. Art. 279 AEUV kann grds. auf jedes Ge- oder Verbot gerichtet sein, das zur vorläufigen Sicherung oder Gestaltung streitiger Rechtsverhältnisse geeignet und erforderlich ist (Calliess/Ruffert/*Wegener*, Art. 279 AEVU Rn 10 m.w.N.). 486

4.a) Der EuGH unterscheidet nicht streng zwischen der Prüfung einer **Aussetzung** des **Vollzugs** der **angefochtenen Handlung** und einer einstweiligen Anordnung. Er unter- 487 zieht beide Arten des vorläufigen Rechtsschutzes einer einheitlichen Untersuchung (EuGH – C-180/96 [Vereinigtes Königreich/Kommission Nr. 2, 41 bis 45] zu den entsprechenden Art. 185 f. EWGV). Nach seiner ständigen Rspr. setzt die Gewährung vorläufigen Rechtsschutzes voraus, dass ihre **Notwendigkeit** in tatsächlicher und rechtlicher Hinsicht **glaubhaft gemacht** ist und feststeht, dass entsprechende Maßnahmen in dem Sinn **dringlich** sind, als sie zur Vermeidung eines schweren und nicht wiedergutzumachenden Schadens für die Interessen des Antragstellers – unter Berücksichtigung sonst bestehender Interessen – bereits vor der Entscheidung in der Hauptsache erlassen werden und ihre Wirkungen entfalten müssen (EuGH, Beschl. v. 29.4.2005 – C-404/04 P-R [*Technische Glaswerke Ilmenau GmbH*/Kommission Nr. 10] m.w.N.).

488 **b) Zuständig** ist das **Gericht** der **Hauptsache** und zwar dessen jeweiliger Präsident (Art. 157 VerfO-EuG; Art. 161 Abs. 1 VerfO-EuGH). **Antragsberechtigt** ist jede in der Hauptsache klageberechtigte Partei (*Pechstein*, Rn 927). Natürliche und juristische Personen müssen im Antragsverfahren auf Aussetzung der angefochtenen Handlung ebenso wie im Hauptsacheverfahren die Möglichkeit der Verletzung eigener Interessen begründen. Insoweit müssen sie darlegen, dass die auszusetzende Rechtshandlung sie unmittelbar und individuell betrifft (→ *Nichtigkeitsklage, Klagebefugnis*, Teil C Rdn 558; *Pechstein*, Rn 927 m.w.N.).

489 **c)** Der **Antrag** kann frühestens gemeinsam mit der **Klageerhebung** gestellt werden, er ist **streng akzessorisch** (Art. 156 VerfO-EuG; Art. 160 VerfO-EuGH). Mit dem Ende der Rechtshängigkeit der Hauptsache endet die Zulässigkeit eines Antrags auf einstweilige Anordnung (EuGH, Beschl. v. 19.5.2009 – C-349/08 P-R [*Kronberger*/Parlament Nr. 3]). Der Antrag kann noch im Rechtsmittelverfahren gestellt werden (Art. 60 Abs. 2 a.E. Satzg-EuGH).

490 Der Antrag auf Erlass der einstweiligen Anordnung muss mit **gesondertem Antrag** gestellt werden (Art. 156 Abs. 4 VerfO-EuG; Art. 160 Abs. 4 VerfO-EuGH). Der Schriftsatz darf **25 Seiten** grds. **nicht überschreiten** (Nr. 268 PA-EuG). Der Antrag muss den Streitgegenstand bezeichnen und die Umstände anführen, aus denen sich die Dringlichkeit ergibt (Art. 156 Abs. 3 VerfO-EuG; Art. 160 Abs. 3 VerfO-EuGH).

> ☝ Der Antrag muss des Weiteren **aus sich** selbst heraus und **ohne Bezugnahme** auf die Klageschrift **verständlich** sein (Nr. 264 S. 2 PA-EuG). Zugleich muss er äußerste Kürze wahren und darf nicht den Wortlaut der Klage wiedergeben (Nr. 266 f. PA-EuG).

491 **d)** Das erforderliche **Rechtsschutzinteresse** setzt voraus, dass die vorläufige gerichtliche Entscheidung zur Wahrung der Rechte des Antragstellers notwendig ist (Rengeling/Middeke/Gellermann/*Wegener*, § 19 Rn 18). Dies wiederum erfordert, dass die beantragte Maßnahme zur Erreichung ihres Zieles geeignet und erforderlich ist (*Pechstein*, Rn 930).

☝ Des **Erlasses** einer **einstweiligen Anordnung** bedarf es danach **nicht**, wenn eine hinreichende Sicherung der Rechtsposition des Antragstellers bereits mit der **Außervollzugsetzung** der angefochtenen Handlung nach Art. 278 S. 2 AEUV erzielt werden. Dies ist bei der Nichtigkeitsklage regelmäßig der Fall (Streinz/Ehricke, Art. 279 AEUV Rn 5). Der Antrag auf Aussetzung der angefochtenen Handlung kann hingegen neben dem Verfahren auf einstweilige Anordnung betrieben werden, wenn allein die Aussetzung der angefochtenen Handlung zur Wahrung effektiven Rechtsschutzes nicht ausreichend ist.

e)aa) Begründet ist der Antrag, wenn der Antragsteller glaubhaft macht, dass die Ent- **492**
scheidung zur Vermeidung eines schweren nicht wiedergutzumachenden Schadens (vgl. Rdn 494) unter Abwägung der Rechte Beteiligter oder sonst Betroffener (vgl. Rdn 495) dringlich und erforderlich ist (vgl. Rdn 493; *Pechstein*, Rn 931).

bb) Die **Dringlichkeit** der Maßnahme ist nach der Rspr. des EuGH danach zu beurteilen, **493**
ob eine einstweilige Entscheidung notwendig ist, um den Eintritt eines sonst drohenden schweren und nicht wiedergutzumachenden Schadens zu verhindern (EuGH, Beschl. v. 29.6.1994 – C-120/94 R [Kommission/Griechenland Nr. 89]).

cc) Der **drohende Schaden** muss eine gewisse Intensivität aufweisen. Der EuGH setzt **494**
insoweit den Eintritt eines **schwerwiegenden** Schadens voraus *Pechstein,* Rn 933). Er beurteilt die Intensität unter Berücksichtigung der (wirtschaftlichen) Situation des Antragstellers und des drohenden Nachteils (EuGH 809/79 R [*Pardini*/Kommission Nr. 9] – nicht bei [zahlbaren] Kreditzinsen). Der Schaden muss **unmittelbar bevorstehen**, mögliche Risiken reichen insoweit nicht (Grabitz/Hilf/Nettesheim/*Stoll*/*Rigod*, Art. 279 AEUV Rn 24 m.w.N.).

dd) Der EuGH nimmt im Verfahren des vorläufigen Rechtsschutzes eine **Interessen-** **495**
abwägung zwischen den Interessen des Antragstellers und denen des Antragsgegners und Dritten vor (EuG, Beschl. v. 6.7.1993 – T-12/93 R (*Comité central d'entreprise de la société anonyme Vittel u.a.*/Kommission Nr. 19]). Insoweit beurteilt er die Notwendigkeit der begehrten Maßnahme auch unter Abwägung der Schwierigkeiten und Nachteile, die sich aus der Entscheidung für die Gemeinschaftsorgane, die Mitgliedstaaten oder Dritte ergeben könnten.

Die **Notwendigkeit** der Anordnung ist gegeben, wenn die Klage dem ersten Anschein **496**
nach Erfolg haben müsste (*Calliess/Ruffert/Wegener*, Art. 278, 279 AEUV Rn 19 m.w.N.). Sind schwierige Rechts- oder Grundsatzfragen zu klären, genügt es bereits, wenn dem Antrag dem ersten Anschein nach nicht jede Rechtfertigung fehlt (EuGH, Beschl. v. 29.6.1993 – C-280/93 R [Deutschland/Rat Nr. 21]).

ee) Die Antragsschrift muss alle verfügbaren **Beweismittel** benennen, die den Erlass der **497**
Anordnung rechtfertigen (Art. 156 Abs. 3 S. 2 VerfO-EuG; Art. 160 Abs. 4 VerfO-EuGH.

☝ Insoweit ist auf Vollständigkeit zu achten. An der vorlmaligen Voraussetzung der Glaubhaftmachung **scheitern** die meisten Anträge auf Gewährung vorläufigen Rechtsschutzes (Rengeling/Middeke/Gellermann/*Wegener*, § 19 Rn 19).

498 **f)aa)** Über den Antrag auf Erlass einer einstweiligen Anordnung **entscheidet** der **Präsident** des Gerichtshof in einem **abgekürzten Verfahren** (Art. 39 Satzg-EuGH), welches insbesondere das Wegfallen der Schlussanträge des Generalanwalts vorsehen kann (Art. 23a Satzg-EuGH). Erforderlichenfalls führt das Gericht aber eine Beweisaufnahme durch (Art. 157 Abs. 3 VerfO-EuG; Art. 160 Abs. 6 VerfO-EuGH). Der Präsident kann die Entscheidung einem anderen Spruchkörper übertragen.

499 **bb)** Die Entscheidung erfolgt als **Beschluss** (Art. 158 Abs. 1 VerfO-EuG; Art. 162 Abs. 1 VerfO-EuGH). Sie kann binnen zwei Monaten nach Zustellung durch ein **Rechtsmittel** zum Gerichtshof (→ *Nichtigkeitsklage, Rechtsmittel*, Teil C Rdn 632) angefochten werden (Art. 57 Abs. 2 Satzg-EuGH). Auch diese Entscheidung ergeht in einem abgekürzten Verfahren gem. Art. 39 Satzg-EuGH.

500 Die Anordnung kann **befristet** und auf Antrag einer Partei aufgrund veränderter Verhältnisse **jederzeit abgeändert** oder aufgehoben werden (Art. 158 Abs. 3; Art. 159 VerfO-EuG; Art. 162 Abs. 3, Art. 163 VerfO-EuGH). Veränderte Umstände sind vor allem Tatsachen, aus denen sich im konkreten Fall eine andere Beurteilung der Dringlichkeit ergibt.

☝ Wird ein Gesuch auf Erlass einer einstweiligen Anordnung zurückgewiesen, ist der Antragsteller dadurch nicht gehindert, einen auf **neue Tatsachen** gestützten **weiteren Antrag** auf einstweilige Anordnung zu stellen (Art. 160 VerfO-EuG; Art. 164 VerfO-EuGH).

501 **g)** Im Verfahren des vorläufigen Rechtsschutzes gilt ebenso wie im Hauptsacheverfahren (→ *Nichtigkeitsklage, EuGH*, Teil C Rdn 521) **Anwaltszwang** (Art. 19 Abs. 3 EuGH-Satzung).

502 **5.a)** Das Gericht kann in Anbetracht der besonderen Dringlichkeit und der Umstände einer Rechtssache auf Antrag einer Partei nach Anhörung der übrigen Parteien und des Generalanwalts beschließen, im **beschleunigten Verfahren** zu entscheiden (Art. 151 Abs. 1 VerfO-EuG; Art. 133 Abs. 1 VerfO-EuGH). Das beschleunigte Verfahren ist ein **Hauptsacheverfahren**, das binnen kurzer Zeit zu einer instanzabschließenden Entscheidung führt. Das Verfahren ist durch Begrenzung des Beschwerdevorbringens **inhaltlich beschränkt** und durch den Wegfall schriftlicher Elemente wie eines zweiten Schriftsatzwechsel oder der Beteiligung eines Generalanwalts **zeitlich verkürzt** und auf die **mündliche Verhandlung konzentriert**.

☝ Die Durchführung eines beschleunigten Verfahrens liegt im Fall bestehender Eilbedürftigkeit vor allem dann nahe, wenn eine andere Maßnahme vorläufigen Rechtsschutzes etwa aufgrund zwangsläufiger Vorwegnahme der Hauptsache **nicht erfolgversprechend beantragt** werden kann oder wenn die Dringlichkeit der Rechtssache die endgültige Entscheidung innerhalb kürzester Zeit gebietet (Dokument des Rates der EU Nr. 10314/00 v. 14.7.2000, Vorschläge für die Verfahrensordnung des Gerichtshofs, S. 2).

Das Merkmal der besonderen Dringlichkeit/besonderer Umstände **begrenzt** den Anwendungsbereich des beschleunigten Verfahrens auf **Ausnahmefälle** (Rengeling/Middeke/Gellermann/*Hackspiel*, § 26 Rn 9). Die Annahme eines solchen kommt etwa bei Maßnahmen des Einfrierens von Geldern aufgrund gemeinsamer Terrorismusbekämpfung in Betracht (EuG, Urt. v. 30.9.2009 – T-341/07 [*Sison*/Rat Nr. 26]). 503

b) Für die **Klage** und den **Antrag** auf Entscheidung im beschleunigten Verfahren gelten **besondere** 504

formale Beschränkungen: 505

- Eine Klageschrift, für die eine Entscheidung im beschleunigten Verfahren beantragt wird, darf grds. **nicht länger** als **25 Seiten** sein. Sie muss i.Ü. den formalen Anforderungen einer normalen Klageschrift entsprechen (→ *Nichtigkeitsklage, Klageschrift*, Teil C Rdn 579).

  ☝ Der Antrag auf Entscheidung im beschleunigten Verfahren muss mit einem **gesonderten Schriftsatz** gestellt werden, der gleichzeitig mit der Klage oder der Klagebeantwortung einzureichen ist (Art. 152 Abs. 1 VerfO-EuG; Art. 133 Abs. 2 VerfO-EuGH) Er ist streng akzessorisch. Er muss eine kurze Begründung zur Dringlichkeit und sonstigen relevanten Umständen enthalten (Nr. 70 PA-EuG). Vor dem EuGH sollte er zudem fünf Seiten nicht überschreiten (Nr. 45 PA-EuGH).

- Im Antrag kann angegeben werden, dass bestimmte Angriffs- und Verteidigungsmittel oder Argumente oder Abschnitte der Klageschrift nur für den Fall vorgetragen werden, dass nicht im beschleunigten Verfahren entschieden wird, insbesondere, indem dem Antrag eine **Kurzfassung** der **Klageschrift** und des Anlageverzeichnisses, die bei der Durchführung des beschleunigten Verfahrens allein zu berücksichtigen sind, beigefügt wird (Art. 152 Abs. 2 VerfO-EuG). Die nur für den Fall, dass nicht im beschleunigten Verfahren entschieden wird, vorgetragenen Stellen müssen dann im Antrag unter genauer Benennung der Absatznummern (→ *Nichtigkeitsklage, formale Anforderungen an Schriftsätze*, Teil C Rdn 535) genannt werden.

- Die **gekürzte Fassung** des Schriftsatzes muss die **Form** der **Langfassung beibehalten**: Die Auslassungen müssen durch ein in Klammern gesetztes „omissis“ gekennzeichnet werden; die verbleibenden Absätze behalten die Randnummern der Langfassung (Nr. 254a und b PA-EuG). Das Anlagenverzeichnis weist nur die Anlagen der gekürzten Fassung aus, behält auch deren ursprüngliche Anlagenummer bei und kennzeichnet die Auslassungen mit dem jeweiligen Vermerk „omissis“; die noch aufgeführten Anlagen sind der Antragsschrift beizufügen (Nr. 254c bis d PA-EuG).

☝ Der **EuGH empfiehlt** die Vorgehensweise der Beifügung einer gekürzten Fassung, wenn eine Beschränkung des Vorbringens für den Fall des beschleunigten Verfahrens angedacht ist (Nr. 252 f. PA-EuG). Sie trägt wesentlich zur Übersicht und einer zügigen Behandlungsweise bei und kann mittels heutiger Bürotechnik unschwer so umgesetzt werden, dass die formalen Anforderungen gewahrt sind. Dieser Empfehlung sollte daher Folge geleistet werden, zumal es dem Gericht nach Art. 151 Abs. 3 VerfO-EuG ohnehin offensteht, die Einreichung einer gekürzten Fassung zu verlangen, die dann auch den aufgeführten Anforderungen entsprechen muss.

- Die (verkürzte) **Frist** zur **Erwiderung** auf die Klage – ggf. begrenzt auf den insoweit ausgewählten Teil – beträgt grundsätzlich einen Monat (Art. 154 Abs. 1 VerfO-EuG). Beschließt das Gericht, den Antrag auf Entscheidung im beschleunigten Verfahren zurückzuweisen, verlängert sich die Erwiderungsfrist um einen weiteren Monat; hat der Beklagte zu diesem Zeitpunkt seine Erwiderung bereits eingereicht, erhält er eine weitere Monatsfrist zur Ergänzung seines Schriftsatzes (Art. 154 Abs. 2 VerfO-EuG).
- Mit dem Beschluss, im beschleunigten Verfahren zu entscheiden, kann das Gericht **Bedingungen** hinsichtlich des **Umfangs** und der **Präsentation** der Schriftsätze der Parteien, des weiteren Verfahrensablaufs oder der dem Gericht zur Entscheidung unterbreiteten Angriffs- und Verteidigungsmittel und Argumente verbinden; erfüllt eine der Parteien eine der Bedingungen nicht, kann der Beschluss aufgehoben und das Verfahren als gewöhnliches Verfahren fortgesetzt werden (Art. 151 Abs. 3f. VerfO-EuG). Das Gericht setzt dem Berichterstatter die Frist zur Erstellung des Vorberichts (Art. 52 § 1e) VerfO-EuG). Ein zweiter Schriftsatzwechsel ist grds. nicht vorgesehen, kann aber – im Rahmen Prozess leitender Maßnahmen (→ *Nichtigkeitsklage, Verfahrensgang*, Teil C Rdn 702 f.) – angeordnet werden (154 Abs. 3 VerfO-EuG; Art. 135 Abs. 1 VerfO-EuGH; s.a. Nr. 17 PA -EuGH).
- In der **mündlichen Verhandlung** können die Parteien ihr Vorbringen ergänzen um Beweismittel zu benennen Die verspätete Benennung von Beweismitteln ist zu begründen (Art. 155 Abs. 2 VerfO-EuG; Art. 135 Abs. 2 VerfO-EuGH). Der mündli-

chen Verhandlung kommt aufgrund des in der Regel nur einmaligen Schriftsatzwechsels und insbesondere des Umstands, dass Streithelfer ausschließlich in der mündlichen Verhandlung vortragen können, **besondere Bedeutung** zu (dazu ausführlicher *Sladic* EuZW 2005, 712).

☝ Nach Dokument des Rates Nr. 5556/00 (Vorschläge für die Änderungen der Verfahrensordnung des Gerichts erster Instanz v. 26.1.2000, S. 17) ist **Zweck** des (verkürzten) schriftlichen Verfahrens **nicht**, „dass die Parteien ihr Vorbringen in allen Einzelheiten darlegen", sondern dass die Angriffs- und Verteidigungsmittel und die wesentlichen Argumente darzulegen sind, die dann in der mündlichen Verhandlung „ausführlicher dargelegt werden können".

c) Rechtssachen, die im beschleunigten Verfahren entschieden werden, werden vom EuG **vorrangig entschieden** (Art. 153 VerfO-EuG). **506**

Genügt die Anordnung des beschleunigten Hauptsacheverfahrens den rechtlichen Interessen des Betroffenen nicht, kann dieser **parallel Maßnahmen** des **einstweiligen Rechtsschutzes** ergreifen: So kann neben dem beschleunigten Hauptsacheverfahren die Aussetzung der angefochtenen Handlung und der Erlass einer einstweiligen Anordnung betrieben werden (EuG, Beschl. v. 19.12.2001 – T-195/01 R und 207/01 R [Regierung von Gibraltar/Kommission Nr. 44], Slg 2001 II, S. 3915). **507**

☝ Im **Rechtsmittelverfahren** kommt die Anordnung eines beschleunigten Verfahrens **nicht** in Betracht (Rengeling/Middeke/Gellermann/*Hackspiel*, § 26 Rn 9).

6. In besonderen Fällen kann das Gericht **anordnen**, dass eine **Rechtssache mit Vorrang entschieden** wird (Art. 67 Abs. 2 VerfO-EuG; Art. 53 Abs. 3 VerfO-EuGH). Danach erkennt das Gericht grds. über die anhängigen Rechtssachen in der Reihenfolge, in der sich entscheidungsreif sind. Von dieser Reihenfolge kann in besonderen Fällen abgewichen werden, sowohl durch zeitlich bevorzugte Behandlung eines Falles als auch durch dessen Zurückstellung gegenüber anderen Fällen. Eine Änderung des Verfahrensgangs im Übrigen ist mit einer Anordnung vorrangiger Entscheidung nicht verbunden. **508**

7. Die **Aussetzung der Zwangsvollstreckung** gem. Art. 299 Abs. 4 AEUV stellt eine weitere Form vorläufigen Rechtsschutzes dar, die es dem Antragsteller ermöglichen soll, die zwangsweise Durchsetzung der angegriffenen Maßnahme bis zu ihrer gerichtlichen Klärung zu unterbinden. **509**

Hierbei handelt es um einen **rein vollstreckungsrechtlichen Rechtsbehelf**. Gegenstand des Antrags nach Art. 299 Abs. 4 AEUV ist daher erst der Leistungsbescheid, der im Vollstreckungsverfahren ergangen ist und der der Durchsetzung des ursprünglichen Bescheids dient (Rengeling/Middeke/Gellermann/*Wegener*, § 19 Rn 6). Der Antrag auf **510**

Aussetzung der Zwangsvollstreckung ist im Rahmen einer Nichtigkeitsklage daher in der Regel erst dann zulässig, wenn ein Antrag auf Aussetzung der angefochtenen Handlung nicht mehr gestellt werden kann.

Siehe auch: → *Nichtigkeitsklage, Allgemeines*, Teil C Rdn 457, m.w.N.; → *Nichtigkeitsklage, formale Anforderungen an Schriftsätze*, Teil C Rdn 527; → *Nichtigkeitsklage, Klageschrift*, Teil C Rdn 579.

511 Nichtigkeitsklage, EuGH

Das Wichtigste in Kürze:

1. Der Gerichtshof der Europäischen Union hat die Aufgabe, die Wahrung des Rechts bei der Auslegung und Anwendung der (Unions-)Verträge zu sichern.
2. Der Gerichtshof hat seinen Sitz in Luxemburg (und besteht aus dem EuGH, dem EuG und den Fachgerichten).
3. Das EuG tagt grds. in Kammern mit drei oder fünf Richtern.
4. In den Verfahren vor dem Gerichtshof herrscht für natürliche und juristische Personen Anwaltszwang.

512 **Literaturhinweise: Borgsmidt**, Der Generalanwalt beim Europäischen Gerichtshof und einige vergleichbare Institutionen, EuR 1987, 162; **Görgmaier**, Stellung und Rechtsprechung des Gerichtshofs der Europäischen Gemeinschaften, DÖV 1981, 360; **Kokott/Sobotta**, Der EuGH – Blick in eine Werkstatt der Integration, EuGRZ 2013, 465; s.a. die Hinw. bei → *Nichtigkeitsklage, Allgemeines*, Teil C Rdn 458.

513 **1.** Der Gerichtshof der Europäischen Union hat die **Aufgabe**, die Wahrung des Rechts bei der Auslegung und Anwendung der (Unions-)Verträge zu sichern (Art. 19 Abs. 1 S. 2 EUV). Zu diesem Zweck überprüft er die Rechtmäßigkeit der Handlungen der Organe der Europäischen Union, überwacht er die Einhaltung der Verpflichtungen der Mitgliedstaaten aus den Unionsverträgen und legt auf Ersuchen nationaler Gerichte das Unionsrecht aus. Er ist das **Rechtsprechungsorgan der Europäischen Union**, welches im Zusammenwirken mit den Gerichten der Mitgliedstaaten die **einheitliche Anwendung** und **Auslegung** des **Unionsrechts überwacht**.

514 **2.a)** Der Gerichtshof hat seinen **Sitz** in **Luxemburg** (Rue du Fort Niedergrünewald, L-2925 Luxembourg) und **besteht aus** dem **EuGH**, dem **EuG** und den **Fachgerichten**, wobei im Rahmen der Fachgerichte bislang allein das Gericht für den öffentlichen Dienst etabliert wurde. Letzteres befasst sich ausschließlich mit Rechtsstreitigkeiten der Bediensteten der EU und bleibt als besonderes Fachgericht im Folgenden außer Betracht.

515 **b)** EuG und EuGH verfügen **jeweils** über eine **Kanzlei**, der ein Kanzler vorsteht. Die Kanzlei ist im Wesentlichen für die Führung der Akten in anhängigen Rechtssachen

und des Registers und den Schriftverkehr mit Parteien und Dritten einschließlich der Empfangnahme von Unterlagen zuständig. Im Einzelnen ergeben sich die Befugnisse des Kanzlers aus den Dienstanweisungen für den Kanzler, die EuG und EuGH erlassen haben und auf der Internetpräsenz des Gerichtshofs (unter: Gericht/Verfahren bzw. Gerichtshof/Verfahren) veröffentlichen.

☝ Nach Art. 19 der Dienstanweisungen erteilt der Kanzler auf entsprechende Anfrage den **Anwälten** oder Verfahrensbevollmächtigten **Informationen** über die Praxis bei der Anwendung der Verfahrensordnung, der praktischen Anweisungen und der Dienstanweisung für den Kanzler.

3.a) Das **EuG tagt** grds. in Kammern mit drei oder fünf Richtern (Art. 11 § 1 VerfO-EuG). 516

Rechtliche Schwierigkeiten, die Bedeutung der Sache oder besondere Umstände können es rechtfertigen, dass der Rechtsstreit an das **Plenum** des EuG, seine aus fünfzehn Richtern (Art. 15 Abs. 1 VerfO-EuG) bestehende **Große Kammer** oder eine **Kammer mit anderer Richterzahl** abgegeben wird (Art. 28 Abs. 1 VerfO-EuG). Diese Verweisung kann in jedem Verfahrensstadium auf Antrag oder von Amts wegen durch Entscheidung des Plenums erfolgen (Art. 28 Abs. 2 VerfO-EuG). Auf Antrag eines am Verfahren beteiligten Mitgliedstaats oder eines am Verfahren beteiligten Organs der Union wird der Rechtsstreit von einer Kammer mit mindestens fünf Richtern entschieden (Art. 28 Abs. 5 VerfO-EuG). 517

b) Umgekehrt können **Nichtigkeitsklagen**, die einer Kammer mit drei Richtern zugewiesen sind und die keine Schwierigkeiten der Sach- und Rechtslage aufweisen, die nur eine begrenzte Bedeutung haben und andere besondere Umstände vermissen lassen, dem Berichterstatter als **Einzelrichter** übertragen und sodann von diesem entschieden werden. Voraussetzung ist dann weiter, dass sie ausschließlich Rechtsfragen aufwerfen, die bereits durch eine gesicherte Rechtsprechung geklärt sind oder zu einer Serie von Rechtssachen gehört, die den gleichen Gegenstand haben und von denen bereits eine rechtskräftig abgeschlossen ist (29 Abs. 1b VerfO-EuG). Die Entscheidung erfolgt nach Anhörung der Parteien (Art. 29 Abs. 3). Ausgeschlossen ist die Übertragung auf den Einzelrichter in Rechtssachen, die Fragen der Rechtmäßigkeit von Handlungen mit allgemeiner Geltung aufwerfen sowie in besonderen Rechtssachen (insbesondere handelsrechtliche sowie solche geistigen Eigentums betreffende) (Art. 29 Abs. 2 VerfO-EuG). Außerdem können die am Verfahren beteiligten Mitgliedstaaten oder ein am Verfahren beteiligtes Organ der Union der Übertragung auf den Einzelrichter widersprechen (Art. 29 Abs. 3 S. 2 VerfO-EuG). Sind die Voraussetzungen für die Einzelrichterübertragung nicht mehr gegeben, verweist der Einzelrichter die Sache an die Kammer zurück (Art. 29 Abs. 4 VerfO-EuG). 518

☝ **Regelfall** ist derzeit vor dem EuG die Erledigung durch eine **Kammer**, die mit drei Richtern besetzt ist; im Jahr 2011 erfolgte die Erledigung durch einen solchen Spruchkörper in fast 85 % der Fälle (Jahresbericht 2011, S. 208).

519 **c) Unterstützt** werden kann das EuG durch einen **Generalanwalt**, der vom Präsidenten bestellt wird. Tagt das Gericht in Vollsitzung ist dies stets der Fall; das in Kammern tagende EuG wird unterstützt, wenn tatsächliche oder rechtliche Schwierigkeiten dies nahelegen (Art. 17 f. VerfO-EuG). Antragsberechtigt ist die betroffene Kammer; entschieden wird die Frage der Bestellung durch das Plenum des Gerichts; die Bestimmung des Generalanwalts obliegt sodann wieder dem Präsidenten (Art. 31 VerfO-EuG).

520 Derzeit unterstützen acht Generalanwälte die Arbeit des Gerichtshofs (Art. 252 Abs. 1 AEUV). Die Generalanwälte gehören dem EuGH an, sind aber **unabhängig** vom konkret unterstützten Spruchkörper und zudem **unparteilich**; aus dieser Position heraus haben sie begründete Schlussanträge zu stellen (Art. 252 Abs. 2 AEUV; Art. 49 Abs. 2 Satzg-EuGH). Zum Generalanwalt kann auch ein Richter des Gerichts bestimmt werden, der bei der Entscheidung der Rechtssache dann nicht mitwirken darf (Art. 49 Abs. 1 und 4 Satzg-EuGH).

☝ Die Position des Generalanwalts ist **nicht** mit der eines StA im deutschen Recht zu **vergleichen**. Das Institut entstammt dem französischen Rechtsraum (*Borgsmidt* EuR 1987, 165); der Generalanwalt hat die Aufgabe eines **juristischen Gutachters** (Rengeling/Middeke/Gellermann/*Middeke*, § 3 Rn 10 m.w.N.). Der Gerichtshof wiederum ist an die Schlussanträge des Generalanwalts nicht gebunden, folgt ihnen aber regelmäßig (Rengeling/Middeke/Gellermann/*Middeke*, § 3 Rn 11 [in ca. 90 % der Fälle]).

521 **4.a)** In den Verfahren vor dem Gerichtshof herrscht für natürliche und juristische Personen **Anwaltszwang** (Art. 19 Abs. 3 Satzg-EuGH). Insbesondere kann die Partei kann nur durch ihren bevollmächtigten Vertreter mündlich verhandeln (Art. 32 S. 2 Satzg-EuGH). Der Anwaltsbegriff erstreckt sich auch auf Hochschullehrer, die berechtigt sind, vor nationalen Gerichten aufzutreten (Art. 19 Abs. 7 Satzg-EuGH).

522 **b)** Bevollmächtigte, Beistände und **Rechtsanwälte** genießen in Verfahren vor dem Gerichtshof besonderen **Schutz**: Wegen ihrer mündlichen und schriftlichen Äußerungen vor ihm oder einem von ihm ersuchten anderen Gericht, die sich auf die Rechtssache oder die Parteien beziehen, dürfen sie **nicht gerichtlich verfolgt** werden (Art. 52 Abs. 1 VerfO-EuG; Art. 43 Abs. 1 VerfO-EuGH). Schriftstücke und Urkunden, die sich auf das Verfahren beziehen, dürfen nicht durchsucht oder beschlagnahmt werden; bei Reisen, die zur Erfüllung ihrer Aufgaben erforderlich sind, unterliegen sie keinen Beschränkungen (Art. 52 Abs. 2 VerfO-EuG; Art. 43 Abs. 2 VerfO-EuGH). Diese Vergünstigungen kommen dem Berechtigten nur auf Nachweis seiner Eigenschaft zugute; Beistände und Anwälte erhalten hierzu einen Ausweis (Art. 53 VerfO-EuG; Art. 44 VerfO-EuGH).

☝ Diese Vergünstigungen dienen allein dem Interesse an der geordneten Durchführung des Verfahrens; wird dieses nicht beeinträchtigt, kann der Gerichtshof die Befreiung von gerichtlicher Verfolgung aufheben (Art. 54 VerfO-EuG; Art. 45 VerfO-EuGH).

c) Wegen eines Verhaltens, das nach Auffassung des Gerichtshofs mit seiner Würde oder den Erfordernissen einer geordneten Rechtspflege unvereinbar ist oder das einen Missbrauch eingeräumter Befugnisse belegt, kann er den Anwalt jederzeit nach Anhörung des Betroffenen vom **Verfahren ausschließen** (Art. 55 Abs. 1 VerfO-EuG; Art. 46 Abs. 1 VerfO-EuGH). In diesem Fall setzt der Präsident der betroffenen Partei eine Frist zur Bestellung eines neuen Anwalts, bis zu deren Ablauf der Rechtsstreit unterbrochen ist (Art. 55 Abs. 3 VerfO-EuG; Art. 46 Abs. 3 VerfO-EuGH). 523

5.a) Das **Verfahrensrecht** ist 524

- in dem Vertrag über die Arbeitsweise der Europäischen Union (**AEUV**),
- der **Satzung** des Gerichtshofs der Europäischen Union,
- der **Verfahrensordnung** des Gerichtshofs und
- der Verfahrensordnung des Gerichts beim Gerichtshof der Europäischen Union geregelt.

b) Die **Satzung** nach Art. 281 AEUV des EuGH gilt für den **Gerichtshof**, das **Gericht** und die **Fachgerichte** (Grabitz/Hilf/Nettesheim/*Klinke*, Art. 281 AEUV Rn 1). Darüber hinaus haben Gericht und Gerichtshof Praktische Anweisungen im Sinne von Art. 224 VerfO-EuG (Art. 208 VerfO-EuGH) erlassen, die gleichermaßen Verbindlichkeit beanspruchen, die Praktischen Anweisungen für die Parteien vor dem Gericht (PA-EuG) bzw. die Praktischen Anweisungen für Klagen und Rechtsmittel (PA-EuGH). Die **Praktischen Anweisungen** dienen einer geordneten Rechtspflege und sollen den Parteivertretern insbesondere vermitteln, in welcher Weise Schriftstücke einzureichen und die mündliche Verhandlung (bestmöglich) vorzubereiten ist (Einleitung PA-EuG). Sie erläutern und ergänzen hierfür die entsprechenden Verfahrensvorschriften. 525

☝ Alle genannten Texte sind auf der **Internet-Präsenz** des Gerichtshofs für die Europäischen Gemeinschaften http://curia.europa.eu **einsehbar**.

c) Darüber hinaus stellt der Gerichtshof dort zahlreiche nützliche **Dokumente** und **Texte** zur Verfügung. Unter den Rubriken Gerichtshof und Gericht finden sich jeweils wiederum unter Verfahren die maßgeblichen verfahrensrechtlichen Vorschriften (u.a. Satzung und jeweilige Verfahrensordnung) nebst Praktischer Anweisungen für die Parteien, wesentliche Besetzungsregelungen sowie weitere nützliche Informationen, wie eine Merkliste für Klageschrift und mündliche Verhandlung nebst Hinweisen zum Vortrag, Muster und das Formular eines Antrags auf Bewilligung von Prozesskostenhilfe nebst Erläute- 526 rungen. Unter der Rubrik Rechtsprechung/Urteilsanmerkungen stellt der Gerichtshof eine Aufstellung von Fundstellen über Urteilsanmerkungen zur Verfügung.

☝ Über seine **Internetseite** ermöglicht der Gerichtshof auch **Zugriff** auf seine **Urteile** und Beschlüsse.

Siehe auch: → *Nichtigkeitsklage, Allgemeines*, Teil C Rdn 457, m.w.N.

527 Nichtigkeitsklage, formale Anforderungen an Schriftsätze

Das Wichtigste in Kürze:

1. EuGH und EuG stellen an die Einreichung von Schriftsätzen hohe formale Anforderungen.
2. Jeder Schriftsatz ist u.a. auf der ersten Seite unter Nennung des Aktenzeichens, soweit bereits bekannt, zu bezeichnen und hat den Namen der Partei auszuweisen, für die der Schriftsatz eingereicht wird.
3. Bei der Formatierung ist für den Text eine gängige Schrifttype mit ausreichenden Zeilen- und Randabständen zu wählen, die die gute Lesbarkeit einer gescannten Fassung sicherstellen.
4. Die Länge der Schriftsätze ist begrenzt.
5. Anlagen dürfen einem Schriftsatz nur dann beigefügt werden, wenn sie in diesem erwähnt werden und zum Beweis oder zur Erläuterung seines Inhalts erforderlich sind.
6. Die Urschrift eines jeden Schriftsatzes muss vom Bevollmächtigten oder Anwalt der Partei unterzeichnet sein. Mit der Urschrift sind beglaubigte Abschriften einzureichen.
7. Schriftsätze können fristwahrend per Telefax oder E-Mail eingereicht werden.
8. Der Kanzler überwacht die Einhaltung der formellen Vorgaben.
9. Der EuGH stellt mit e-Curia ein Verfahren zur elektronischen Einreichung und Übermittlung einschließlich der Zustellung von Schriftstücke zur Verfügung.

528 **Literaturhinweise:** s. die Hinw. bei → *Nichtigkeitsklage, Allgemeines*, Teil C Rdn 458; → *Nichtigkeitsklage, Klageschrift*, Teil C Rdn 580.

529 **1.** EuGH und EuG stellen an die Einreichung von Schriftsätzen **hohe formale Anforderungen**. Diese ergeben sich neben der Satzung des EuGH und den Verfahrensordnungen des Gerichtshofs und des Gerichts insbesondere aus den Praktischen Anweisungen, die EuGH und EuG erlassen haben (→ *Nichtigkeitsklage, EuGH*, Teil C Rdn 525).

2.a) Jeder **Schriftsatz** ist auf der ersten Seite unter Nennung des Aktenzeichens, soweit bereits bekannt, zu **bezeichnen** (z.B. Klageschrift, Erwiderung, Stellungnahme zu …, Antwort auf Frage …, Rechtsmittelschrift, Rechtsmittelbeantwortung) und hat den **Namen** der **Partei** auszuweisen, für die der Schriftsatz eingereicht wird (Nr. 91 PA-EuG; Nr. 36 PA-EuGH). Er ist mit einem Datum zu versehen (Art. 72 Abs. 2 VerfO-EuG; Art. 57 Abs. 6 VerfO-EuGH). Jeder **Absatz** eines Schriftsatzes ist zu **nummerieren** (Nr. 92 PA-EuG; Nr. 35 PA-EuGH). **530**

b) Im **Rechtsmittelverfahren** sollte jeder Schriftsatz auf der ersten Seite zudem die Namen der Parteien, die Bezeichnung der angefochtenen Entscheidung und die Parteien des erstinstanzlichen Verfahrens nennen, Nr. 36 PA-EuGH. **531**

3.a) Bei der **Formatierung** ist für den **Text** eine gängige Schrifttype mit ausreichenden Zeilen- und Randabständen zu wählen, die die gute Lesbarkeit einer gescannten Fassung sicherstellen (Nr. 96c PA-EuG; Nr. 35 PA-EuGH [mindestens 12 pt im Haupttext und 10 pt in den Fußnoten bei einem Zeilenabstand von 1,5 und mindestens 2,5 cm Blattrand rechts, links, oben und unten]). **532**

b) Die Blätter dürfen nur **einseitig** beschrieben sein, Nr. 96a PA-EuG (Nr. 35 PA-EuGH) und die **Seiten** eines jeden Schriftsatzes sind in der rechten oberen Ecke zu **nummerieren**, Nr. 96d PA-EuG (Nr. 35 S. 1 PA-EuGH). Beigefügte Anlagen sind in gleicher Weise zu nummerieren (Nr. 35 PA-EuGH) und zwar entweder fortlaufend mit dem Schriftsatz oder getrennt von diesem, Nr. 101 PA-EuG. **533**

4. Die **Länge** der **Schriftsätze** ist **begrenzt** (Nr. 114 PA-EuG): **534**

- Erwiderung und Gegenerwiderung dürfen 25 Seiten grds. nicht überschreiten.
- Ein Schriftsatz, mit dem die Einrede der Unzulässigkeit erhoben wird und die Stellungnahme zu dieser Einrede dürfen 20 Seiten nicht überschreiten;
- Für einen Streithilfeschriftsatz gilt eine Grenze von 20 Seiten, für die Erwiderung hierauf 15 Seiten (Nr. 15 PA-EuG) (s. i.Ü. → *Nichtigkeitsklage, Klageschrift*, Teil C Rdn 583; → *Nichtigkeitsklage, Rechtsmittelverfahren*, Teil C Rdn 646, 653; → *Nichtigkeitsklage, Dringlichkeitsmaßnahmen*, Teil C Rdn 490, 497).

☝ Diese Obergrenzen dürfen nur in rechtlich oder tatsächlich besonders komplexen Einzelfällen überschritten werden (Nr. 117 PA-EuG). Eine **Überschreitung** der Obergrenzen kann zu einer **Mängelrüge** des Gerichts führen, verbunden mit der Aufforderung, diesen Mangel zu beheben; die **Zustellung** des Schriftsatzes kann sich dadurch **verzögern** (Nr. 122 PA-EuG). Ab einer Überschreitung von 40 % ist dies in der Regel der Fall, bei einer geringeren Überschreitung kann der Präsident entsprechendes verfügen (Nr. 120 f. PA-EuG).

5.a) **Anlagen** dürfen einem Schriftsatz nur dann beigefügt werden, wenn sie in diesem erwähnt werden und zum Beweis oder zur Erläuterung seines Inhalts erforderlich sind **535**

(Nr. 100 PA-EuG). Sie müssen zusammen mit einem **Anlagenverzeichnis** eingereicht werden (Art. 97 PA-EuG; Art. 57 Abs. 4 VerfO-EuGH). Das Anlagenverzeichnis muss für jedes Schriftstück eine Bezeichnung ausweisen, die sich aus einem Buchstaben für den Schriftsatz (beispielsweise A für die Klage, B für die Klageerwiderung, C für die Replik usw.) und der laufenden Anlagennummer zusammensetzt (also für die Anlagen der Klage dann A.1., A.2., …, für die Anlagen der Klageerwiderung B.1., B.2., …), das Schriftstück beschreiben (Art des Schriftstücks, Datum, Verfasser, Adressat und Anzahl der Seiten) und zudem die Seite des Schriftsatzes und die Absatznummer, in dem die Anlage erwähnt wird und die die Einreichung der Anlage rechtfertigt, benennen, (Nr. 98 PA-EuG; Nr. 39 PA-EuGH).

536 **b) Anlagen**, die **ihrerseits Anlagen enthalten**, sind so zu nummerieren und präsentieren, dass keine Möglichkeit der Verwechselung besteht, etwa durch Verwendung von Trennblättern (Nr. 101c PA-EuG). Bezugnahmen auf bereits vorgelegte Anlagen müssen unter Verwendung der Anlagenbezeichnung aus dem Anlageverzeichnis sowie unter Angabe des Schriftsatzes mit dem die Anlage vorgelegt wurde unter Angabe von Seitenzahl und Absatznummer zu benennen (Nr. 102 PA-EuG). Die beigefügten Anlagen sind in der rechten oberen Ecke zu paginieren und zwar entweder durchlaufend mit dem eingereichten Schriftsatz oder von ihm getrennt (Nr. 101d PA-EuG).

☝ Werden von einer Urkunde aufgrund ihres Umfangs **nur Auszüge** dem Schriftsatz beigefügt, so muss die Urkunde selbst oder eine vollständige **Abschrift** bei der Kanzlei **hinterlegt** werden (Art. 72 Abs. 4 VerfO-EuG; Art. 57 Abs. 5 VerfO-EuGH).

537 **6.a)** Die **Urschrift** eines jeden Schriftsatzes muss vom Bevollmächtigten oder Anwalt der Partei **unterzeichnet** sein (Art. 73 Abs. 1 VerfO-EuG; Art. 57 Abs. 1 VerfO-EuGH). Bei mehreren Vertretern genügt es, wenn einer unterzeichnet (Nr. 11 S. 2 PA-EuG).

538 **b)** Mit der Urschrift eines Schriftsatzes sind drei oder fünf vollständige **Abschriften** (einschließlich der Anlagen) für das Gericht bzw. den Gerichtshof und je eine Abschrift für jede andere am Rechtsstreit beteiligte Partei einzureichen (Art. 473 Abs. 2 VerfO-EuG; Art. 57 Abs. 2 VerfO-EuGH). Die Abschriften sind auf der ersten Seite **zu beglaubigen** (Nr. 95 PA- EuG; Art. 73 Abs. 2 S. 2 VerfO-EuG; Art. 57 Abs. 2 VerfO-EuGH).

☝ Eingereichte Unterlagen sind nur so miteinander zu verbinden, dass diese **Verbindung leicht wieder entfernt** werden kann; feste Verbindungen wie Heftklammern oder Klebstoffe sind zu unterlassen (Nr. 96b PA-EuG (35 PA-EuGH).

539 **7.** Schriftsätze können **fristwahrend per Telefax** eingereicht werden (Art. 73 Abs. 3 VerfO-EuG). Die Faxnummer der Kanzlei des EuG lautet +00352 4303–2100.

☝ Erforderlich ist, dass der **unveränderte** und vollständige (also mit allen Anlagen versehene) Originalschriftsatz zur Fristwahrung binnen zehn Tagen in der Kanzlei eingehen muss (→ *Nichtigkeitsklage, Frist*, Teil C Rdn 556; vgl. Art. 73 Abs. 3 VerfO-EuG; Nr. 79 PA-EuG; Art. 57 Abs. 3 VerfO-EuGH; Nr. 43 PA-EuGH.

Die Urschrift ist unverzüglich abzusenden und zwar **ohne jegliche Änderung** oder Ergänzung; ihr ist die erforderliche Anzahl Anlagen beizufügen, Nr. 80 PA- EuG (Nr. 43 PA-EuGH). 540

☝ Die Vornahme einer Änderung führt jedenfalls dazu, dass der Eingang des **geänderten Schriftsatzes** in der Kanzlei **maßgeblich** zur Berechnung einer Fristwahrung ist (Nr. 81 PA-EuG; Nr. 43 PA-EuGH).

8. Nimmt der Klägervertreter Zustellungen des Gerichts über einen Computer entgegen (→ *Nichtigkeitsklage, Klageschrift*, Teil C Rdn 579), muss dieser über ein geeignetes Programm wie Acrobat oder Readridis 7 Pro verfügen (Nr. 8 S. 2 PA-EuG). 541

9. Der Kanzler überwacht die Einhaltung der formellen Voraussetzungen und gibt erforderlichenfalls deren **Korrektur** auf (Nr. 104 PA-EuG). Dies kann für die betroffene Partei mit Mehrkosten verbunden sein (Nr. 105 ff. PA-EuG). Verweigert eine Partei die erforderlichen Korrekturen, kann dies dazu führen, dass betroffene Schriftstücke zurückgewiesen oder aus der Akte entfernt werden (Nr. 107 f. PA-EuG). 542

Dafür muss der Nutzer ein entsprechendes **Konto** beim **EuGH** einrichten lassen. Der Parteivertreter kann dies für sich und seine Assistenten beantragen. Hierzu findet sich ein Formular auf der Startseite von e-Curia, das ausgefüllt, ausgedruckt und mit den erforderlichen Belegen versehen postalisch beim EuGH eingereicht werden muss. Die „Voraussetzungen für die Nutzung der Anwendung von e-Curia – Fassung für die Vertreter der Parteien" und deren Assistenten hat der EuGH auf seine Internetpräsenz unter „Gerichtshof/Verfahren" und „Gericht/Verfahren" jeweils unter „verfahrensrechtliche Vorschriften" eingestellt. Das System funktioniert **über** eine **persönliche Nutzerkennung** und ein **Passwort**. Eine elektronische Signaturkarte nebst Lesegerät ist für die Teilnahme nicht erforderlich. 543

Die **Dateien** sollten **Namen tragen**, die ihren Inhalt erkennen lassen (z.B. Klageschrift, Anlagen, Begleitschreiben). Eine Datei darf mehrere Anlagen enthalten, Dateien mit Anlagen müssen aber von der Datei mit dem Verfahrensschriftsatz getrennt sein. Einer Versendung des Schriftsatzes und seiner Abschriften auf dem Postweg bedarf es dann nicht mehr (Nr. 75 PA-EuG; Nr. 41 PA-EuGH). 544

☝ Soweit Anlagen ihrer Art wegen nicht über e-Curia eingereicht werden können, können sie **gesondert übermittelt** werden, wobei sie dann unter Angabe des Umstands, dass sie nachgereicht werden, im Anlagenverzeichnis aufzunehmen ist; sie müssen außerdem binnen zehn Tagen nach Einreichung des Schriftsatzes in der Kanzlei eingegangen sein (Nr. 762 PA-EuG).

Siehe auch: → *Nichtigkeitsklage, Allgemeines*, Teil C Rdn 457, m.w.N.; → *Nichtigkeitsklage, Klageschrift*, Teil C Rdn 579; → *Nichtigkeitsklage, Rechtsmittelverfahren*, Teil C Rdn 630.

545 Nichtigkeitsklage, Frist

Das Wichtigste in Kürze:

1. Die Frist zur Erhebung der Nichtigkeitsklage beträgt zwei Monate.
2. Die Fristberechnung entspricht im Wesentlichen dem deutschen Recht.
3. Maßgeblich für die Fristwahrung ist der Eingang in der Kanzlei.
4. Mit Ablauf der Klagefrist wird der Rechtsakt bezüglich des Klageberechtigten bestandskräftig.

546 **Literaturhinweise:** **Happe**, Lauf und Berechnung der Fristen bei Anfechtungen vor dem EuGH, EuZW 1992, 297; s.a. die Hinw. bei → *Nichtigkeitsklage, Allgemeines*, Teil C Rdn 458.

547 **1.a)** Die **Frist** zur Erhebung der Nichtigkeitsklage beträgt **zwei Monate**. Sie **beginnt** mit der **Bekanntgabe** des **Rechtsakts**, seiner Mitteilung an den Kläger oder dessen anderweitiger Kenntniserlangung, Art. 263 Abs. 6 AEUV. Sie soll der Rechtssicherheit dienen und die wiederholte Infragestellung von Rechtsakten der Union verhindern (EuGH, Urt. v. 12.10.1977 – C-156/77 [Kommission/Belgien Nr. 21/24], Slg. 1978, S. 2545; zur Fristberechnung s. Rdn 553 ff.).

548 **b)** Die **Bekanntgabe** eines Rechtsakts i.S.v. Art. 263 Abs. 4 AEUV entspricht dessen **Veröffentlichung** im **Amtsblatt** der **Union**. Für diesen Fall bestimmt Art. 59 VerfO-EuG (Art. 50 VerfO-EuGH), dass sich die Frist sodann mit Ablauf des vierzehnten Tages nach der Veröffentlichung berechnet. Im Fall einer Veröffentlichung im Amtsblatt der Union beginnt der Lauf der Klagefrist damit am **vierzehnten Tag nach Erscheinen** EuGH, Beschl. v. 17.5.2002 – C-406/01 [Deutschland/Parlament und Rat Nr. 15], Slg. 2002 I, S. 4563). Maßgebliches Veröffentlichungsdatum ist das Datum der entsprechenden Amtsblattnummer (EuGH, Urt. v. 9.1.1990 – C-337/88 [*Società agricola fattoria alimentare SpA*/Amministrazione delle finanze dello Stato Nr. 12], Slg. 1990, S. 14 m.w.N.).

549 *Beispiel:*

Bei einer Veröffentlichung am 1. eines Monats beginnt die Klagefrist am 15. zu laufen (Streinz/*Ehricke*, Art. 263 AEUV Rn 33).

550 **c)** Wurde der Rechtsakt dem Kläger schon **früher individuell mitgeteilt**, beginnt die Klagefrist mit dem früheren Ereignis (Streinz/*Ehricke* Art. 263 AEUV Rn 33 m.w.N.).

Die **Mitteilung** an den Kläger entspricht der individuellen Information des Betroffenen gem. Art. 297 Abs. 2 Unter-Abs. 3 AEUV. Diese Bekanntgabe erfolgt i.d.R. schriftlich, ausreichend ist aber bereits die mündliche Unterrichtung und schlüssiges Verhalten (Streinz/*Ehricke* Art. 263 AEUV Rn 33 m.w.N.). 551

☝ **Fristbeginn** ist dann der Tag, der auf den Tag der individuellen Bekanntgabe folgt (Geiger/Khan/Kotzur/*Kotzur*, Art. 263 AEUV Rn 44).

d) Erlangt der Kläger i.Ü. **tatsächlich Kenntnis** von einem ihn betreffenden Rechtsakt, ohne dass ihm dieser bekannt gegeben oder mitgeteilt worden wäre, beginnt die Klagefrist zu laufen, sobald er dem Kläger bei Ergreifen zumutbarer Bemühungen hätte bekannt sein müssen (*Calliess/Ruffert/Cremer*, Art. 263 AEUV Rn 79 m.w.N.). Der Kläger muss daher zur Erhaltung der Klagefrist den vollständigen Wortlaut des Rechtsakts anfordern und darf hiermit nicht zu lange warten (EuGH, Beschl. v. 5.3.1993 – C-102/92 [*Ferriere Acciaierie Sarde SpA*/Kommission Nr. 18 f.], Slg. 1993, S. 802 [zwei Monate zu lange]). Im Fall der Anforderung beginnt die Klagefrist sodann mit Zugang des Rechtsakts (Grote/Marauhn/*Schorkopf*, Kap. 30 Rn 145 m.w.N.). 552

2.a) Die **Fristberechnung** entspricht im Wesentlichen dem **deutschen Recht** (→ *Rechtsmittel/Rechtsbehelfe, Fristen, Fristberechnung*, Teil A Rdn 1560): Der Tag des fristauslösenden Ereignisses wird nicht mitgerechnet; Wochen-, Monats- oder Jahresfristen enden mit Ablauf des Tages, der der Bezeichnung des Fristbeginns entspricht. Fällt der Fristablauf auf einen Samstag, Sonntag oder Feiertag, endet die Frist am darauf folgenden Werktag (Art. 58 VerfO-EuG; Art. 49 VerfO-EuGH; s. dazu auch die Feiertagsbestimmung in Art. 1 des Beschlusses über die gesetzlichen Feiertage, Anlage zur VerfO-EuGH, s.a. → *Menschenrechtsbeschwerde, Frist*, Teil C Rdn 180). 553

b) Alle Verfahrensfristen, also auch die Klagefrist, werden um eine **zehntägige Entfernungspauschale** verlängert, Art. 111 VerfO-EuG, Art. 73 VerfO-EuGH. 554

☝ Fristen, die nicht Verfahrensfristen sind, werden **nicht** um die Entfernungspauschale **verlängert**. Dies betrifft beispielsweise von der Kanzlei aufgrund der Verfahrensordnungen gesetzte Fristen (*Wägenbauer*, Art. 45 Satzg-EuGH Rn 3).

Die Pauschale soll hinsichtlich der postalischen Übermittlung den z.T. **weiten Entfernungen** zum Gericht **Rechnung tragen** (Art. 45 Abs. 1 Satzg-EuGH). Unter Bezugnahme auf die Häufung von Fehlern durch Verwechselung entsprechender Fristen hat der Gerichtshof im Entwurf zur Änderung seiner Satzung vom 28.3.2011 zur Vereinfachung des Verfahrens vorgeschlagen, die Entfernungspauschale abzuschaffen. Er begründet dies im Übrigen mit der nicht mehr bestehenden Notwendigkeit eines solchen Ausgleichs aufgrund der fortgeschrittenen technischen Möglichkeiten im Bereich der 555

Schriftsatzübermittlung (Entwurf von Änderungen der Satzung des Gerichtshofs der Europäischen Union und ihres Anhangs I, S. 3).

556 **3. Maßgeblich** für die Fristwahrung ist der **Eingang** in der **Kanzlei** (Art. 62 VerfO-EuG; Art. 57 Abs. 7 VerfO-EuGH VerfO-EuGH). Insoweit genügt, wenn der vollständige Originalschriftsatz (einschließlich der Anlagen) binnen zehn Tagen nach fristwahrender Versendung per **Fax** (→ *Nichtigkeitsklage, formale Anforderungen an Schriftsätze*, Teil C Rdn 527) in der Kanzlei des EuGH eingeht (Art. 79 PA-EuG; Art. 43 PA-EuGH; → *Rechtsmittel/Rechtsbehelfe, Fristen, Fristwahrung*, Teil A Rdn 1573).

557 **4.** Mit Ablauf der Klagefrist wird der Rechtsakt bezüglich des Klageberechtigten bestandskräftig. Das **Versäumen** einer Frist hat in der Regel **keinen Rechtsnachteil** zur Folge, wenn der Betroffene nachweist, dass ein **Zufall** oder ein Fall **höherer Gewalt** vorliegt, Art. 45 Abs. 2 Satzg-EuGH. Er kann sich überdies auf das Vorliegen eines **entschuldbaren Irrtums** berufen. Nach der st. Rspr. des EuGH liegt ein solcher hinsichtlich der Versäumung der Klagefrist insbesondere dann vor, wenn das betroffene Gemeinschaftsorgan ein Verhalten gezeigt hat, das für sich genommen oder maßgeblich geeignet war, bei einem gutgläubigen Rechtsbürger, der alle Sorgfalt aufwendet, die von einem Wirtschaftsteilnehmer mit normalem Kenntnisstand zu verlangen ist, eine verständliche Verwirrung hervorzurufen (EuGH, Urt. v. 15.5.2003 – C-193/01 P [*Pitsiorlas*/Rat und Europäische Zentralbank Nr. 24], Slg. I, S. 4851 m.w.N.).

☝ Versäumt es der Kläger, innerhalb der gesetzlichen Frist Klage zu erheben, so ist auch seine Klage gegen **spätere Maßnahmen**, die den früheren Rechtsakt nur bestätigen, ohne diesen erneut zu prüfen, **verfristet** (EuG, Urt. v. 12.7.2006 – T-253/02 [*Ayadi*/Rat Nr. 70] m.w.N.).

Siehe auch: → *Nichtigkeitsklage, Allgemeines*, Teil C Rdn 457, m.w.N.; → *Nichtigkeitsklage, formale Anforderungen an Schriftsätze*, Teil C Rdn 527.

558 Nichtigkeitsklage, Klagebefugnis

Das Wichtigste in Kürze:

1. Natürliche und juristische Personen müssen als sog. nicht privilegierte Kläger eine Klagebefugnis aufweisen.
2. Der Kläger muss von der Maßnahme individuelle und unmittelbar betroffen sein.

559 **Literaturhinweise:** **Frenz/Distelrath**, Klagegegenstand und Klagebefugnis von Individualnichtigkeitsklagen nach Art. 263 IV AEUV, NVwZ 2010, 162; **Kokott/Dervisopoulos/Henze**, Aktuelle Fragen des effektiven Rechtsschutzes durch die Gemeinschaftsgerichte, EuGRZ 2008, 10; **Lübbing**, Individuelle Betroffenheit durch EG-Verordnungen, EuZW 2002, 415; s.a. die Hinw. bei → *Nichtigkeitsklage, Allgemeines*, Teil C Rdn 458.

1. Natürliche und juristische Personen müssen als sog. nicht privilegierte Kläger (→ *Nichtigkeitsklage, Zulässigkeit*, Teil C Rdn 714) eine Klagebefugnis aufweisen, die ihren Ausdruck im Bezug des Klägers zum angegriffenen Rechtsakt findet. 560

☝ Bei der Klagebefugnis handelt es sich um eine **unverzichtbare Prozessvoraussetzung**, deren Vorliegen der EuGH jederzeit prüfen kann (→ *Nichtigkeitsklage, Zulässigkeit*, Teil C Rdn 726).

Die Klagebefugnis setzt voraus, dass der anzufechtende **Rechtsakt** direkt **an** den **Kläger gerichtet** ist **oder** ihn **unmittelbar** und **individuell betrifft**. In Form eines Rechtsakts mit Verordnungscharakter, der keine Durchführungsmaßnahme nach sich ziehen darf, muss der Kläger nur unmittelbar nicht jedoch individuell betroffen sein. Die Klagebefugnis hinsichtlich **direkt** an den **Kläger gerichteter Beschlüsse** (Art. 288 AEUV) ist unproblematisch gegeben (EuGH, Urt. v. 11.5.1989 – C-193 u.a./87 [*Maurissen u.a.*/Rechnungshof Nr. 19], Slg. 1989, S. 1045). Sie muss nicht weiter begründet werden (Streinz/*Ehricke*, Art. 263 AEUV Rn 57). 561

2.a) Das Tatbestandsmerkmal der **Betroffenheit** dient dem Ausschluss der Popularklage (Streinz/*Ehricke*, Art. 263 AEUV Rn 58 m.w.N.). Es ist **weit auszulegen** und umfasst jede Verletzung rechtlich relevanter Interessen des Klägers (Streinz/*Ehricke*, Art. 263 AEUV Rn 58 m.w.N.). Der Kläger muss ein Interesse an der Aufhebung des angefochtenen Rechtsakts haben und dies darlegen (Streinz/*Ehricke*, Art. 263 AEUV Rn 58 m.w.N.). Die verbindlichen Rechtswirkungen der angegriffenen Handlung müssen die Interessen des Klägers durch eine qualifizierte Änderung seiner Rechtsstellung beeinträchtigen (EuGH, Urt. v. 13.10.2011 – C-463/10 P und C-475/10 P [*Deutsche Post AG* und Bundesrepublik Deutschland/Europäische Kommission Rn 37] m.w.N). Inwieweit dies der Fall ist, beurteilt sich nach der unmittelbaren (vgl. Rdn 563 ff.) und individuellen Betroffenheit (vgl. Rdn 566 ff.; Streinz/*Ehricke*, Art. 263 AEUV Rn 58). 562

b)aa) Unmittelbar betroffen ist der Kläger einer Nichtigkeitsklage, wenn der angefochtene Rechtsakt geeignet ist, die **Rechtsstellung** des Klägers zu **beeinträchtigen**, ohne dass es hierzu eines weiteren Vollzugsakts durch nationale Behörden bedarf (EuGH, Urt. v. 10.9.2009 C-445/07 P und C-455/07 P [Kommission/Ente per le Ville Vesuviane und Ente per le Ville Vesuviane/Kommission Nr. 45] m.w.N.). Eine unmittelbare Betroffenheit liegt danach vor, wenn ein Unionsakt **direkt gegenüber** dem **Einzelnen wirkt** und den Vorgang umfassend regelt (EuGH, Urt. v. 29.10.19080 – C-138/79 [*SA Roquette Frères*/Rat Nr. 16], Slg. 1980, S. 3333). Die unmittelbare Wirkung kann sich dabei aus den Auswirkungen eines Rechtsakts zugunsten eines Konkurrenzunternehmens ergeben, wenn sich dieser in entsprechender Weise auf den Markt auswirkt (EuG, Urt. v. 24.3.1994 – T-3/93 [*Société anonyme à participation ouvrière Compagnie nationale Air France*/Kommission Nr. 80 f.] – zur unmittelbaren Betroffenheit der Air France hinsichtlich 563 des Zusammenschlusses von Dan Air und BA). Erforderlich ist, dass zwischen dem Nachteil des Klägers und der angegriffenen Entscheidung ein **unmittelbarer kausaler Zusammenhang** besteht (EuG, Urt. v. 27.4.1995 – T-96/92 [Comité central d'entreprise de la Société général des grandes sources u.a./Kommission Nr. 45]). Bei der Geltendmachung immaterieller Interessen natürlicher Personen ist zu bedenken, dass die Kriterien für die unmittelbare Betroffenheit auf wirtschaftliche Sachverhalte zugeschnitten sind und aus diesen heraus entwickelt wurden (*Streinz/Ehricke*, Art. 263 AEUV Rn 67 m.w.N.: „unbefriedigend gelöst").

☝ Vollzugsakte nationaler Behörden können dem **Grundsatz** der **Subsidiarität** folgend vor den nationalen Gerichten angegriffen werden, wobei Fragen gemeinschaftsrechtlicher Natur erforderlichenfalls in einem Vorabentscheidungsverfahren gemäß Art. 267 AEUV geklärt werden können, weshalb es in einem solchen Fall der Einräumung einer Klagebefugnis hinsichtlich der Einlegung einer Nichtigkeitsklage nicht bedarf.

564 **bb)** Das **Fehlen** eines **weiteren Vollzugsakts** liegt nach der Rspr. des EuGH auch dann vor, wenn die Durchführung rein automatisch erfolgt und sich allein aus der Gemeinschaftsregelung ergibt, ohne dass dabei weitere Vorschriften angewandt werden; dem gleichgestellt ist, wenn nationalen Vollzugsbehörden keinerlei Ermessenspielraum verbleibt, sie die gemeinschaftsrechtlichen Vorgaben daher nur technisch umsetzen müssen (EuGH, Urt. v. 10.9.2009 C-445/07 P und C-455/07 P [Kommission/Ente per le Ville Vesuviane und Ente per le Ville Vesuviane/Kommission Nr. 45] m.w.N.). Dies ist beispielsweise der Fall, wenn Mitgliedstaaten verpflichtet sind, das Vermögen der im Rechtsakt genannten Personen oder Organisationen einzufrieren (EuG, Urt. v. 3.4.2008 – T-253/04 [*Kongra-Gel*/Rat Nr. 77 f.]). Die theoretische Möglichkeit, dem Gemeinschaftsrechtsakt nicht nachzukommen, ist insoweit unbeachtlich, da der EuGH den Willen der Mitgliedstaaten, Rechtsakte zu befolgen, unzweifelhaft unterstellt (EuGH, a.a.O. [Kommission/Ente per le Ville Vesuviane und Ente per le Ville Vesuviane/Kommission Nr. 46] m.w.N.).

565 Aufgrund der **Tatbestandserweiterung** durch den **Vertrag** von **Lissabon** wurde die bisherige Auslegung des Begriffs der unmittelbaren Betroffenheit infrage gestellt (*Kokott/Dervisopoulos/Henze* EuGRZ 2008, 14). Das EuG hat mittlerweile entschieden, dass die unmittelbare Betroffenheit bei Rechtsakten mit Verordnungscharakter, die keine Durchführungsmaßnahmen nach sich ziehen, dadurch, dass durch die Neueinführung dieses Anfechtungstatbestands die Öffnung der Voraussetzungen für die Klageerhebung verfolgt wird, nicht enger auszulegen sein könne, als der Begriff der unmittelbaren Betroffenheit, wie er zuvor im Rahmen von Art. 230 Abs. 4 EGV verwendet wurde (EuG, Urt. v. 25.10.2011 – T-262/10 [*Microban*/Kommission Nr. 32]).

c) Die **individuelle Betroffenheit** ist dann unproblematisch gegeben, wenn der **Kläger selbst Adressat** der angegriffenen Entscheidung ist (Grote/Marauhn/*Schorkopf* Kap. 30 Rn 139). **Andere Personen** können nach der st. Rspr. des EuGH nur dann individuell betroffen sein, wenn die Entscheidung sie wegen bestimmter persönlicher Eigenschaften oder besonderer, sie aus dem Kreis aller übrigen Personen heraushebender Umstände berührt und sie dadurch in ähnlicher Weise individualisiert, wie den Adressaten der Entscheidung selbst (sog. *Plaumann*-Formel; EuGH Urt. v. 22.11.2007 – 1 C-260/05 P [*Sniace SA*/Kommission Nr. 53] m.w.N.). Die individuelle Betroffenheit kann sich insbesondere daraus ergeben, dass der Kläger namentlich genannt ist oder zu einem abschließend feststehenden Kreis der Betroffenen gehört; im Übrigen kann sich eine individuelle Betroffenheit bei Rechtsakten, die an Dritte gerichtet sind aus einer Beeinträchtigung spezifischer Rechte ergeben (*Böse*, Europ. Strafrecht, § 54 Rn 30 m.w.N.). 566

☝ **Vereinigungen**, die nur die Interessen betroffener Personen vertreten, sind selbst nicht individuell betroffen (EuGH, Urt. v. 18.1.2007 – C-229/05 P [*PKK*/Rat Nr. 70], EuGRZ 2007, 30).

Siehe auch: → *Nichtigkeitsklage, Allgemeines*, Teil C Rdn 457, m.w.N.; → *Nichtigkeitsklage, Klagegegenstand*, Teil C Rdn 567.

Nichtigkeitsklage, Klagegegenstand 567

Das Wichtigste in Kürze:

1. Art. 263 Abs. 4 AEUV differenziert hinsichtlich des Klagegegenstands zwischen Handlungen, die an den Kläger gerichtet sind oder ihn unmittelbar und individuelle betreffen, und Rechtsakten mit Verordnungscharakter, die den Kläger unmittelbar betreffen und keine Durchführungsmaßnahme nach sich ziehen.
2. Unzulässig sind danach Klagen gegen Rechtsakte mit nur allgemeiner Geltung.
3. Zwischenmaßnahmen, die nur der Vorbereitung der endgültigen Entscheidung dienen, können grds. nicht Gegenstand einer Nichtigkeitsklage sein.
4. Die Rechtsform der anfechtbaren Handlung ist grds. irrelevant.
5. Soweit die AEUV Rechtsschutz gegen Akte der EU nicht gewährt, sind die Mitgliedstaaten gehalten, diesen zu gewährleisten.

Literaturhinweise: **Everling**, Rechtsschutz in der Europäischen Union nach dem Vertrag von Lissabon, EuR 2009 Beiheft 1, 71; *ders.*, Lissabon-Vertrag regelt Dauerstreit über Nichtigkeitsklage Privater, EuZW 2010, 572; **Frenz/Distelrath**, Klagegegenstand und Klagebefugnis von Individualnichtigkeitsklagen nach Art. 263 IV AEUV, NVwZ 2010, 162; **Görlitz/Kubicki**, Rechtsakte „mit schwierigem Charakter“, EuZW 2011, 248; s.a. die Hinw. bei → *Nichtigkeitsklage, Allgemeines*, Teil C Rdn 458. 568

569 **1. Art. 263 Abs. 4 AEUV differenziert** hinsichtlich des Klagegegenstands zwischen Handlungen, die an den Kläger gerichtet sind oder ihn unmittelbar und individuelle betreffen, und Rechtsakten mit Verordnungscharakter, die den Kläger unmittelbar betreffen und keine Durchführungsmaßnahme nach sich ziehen. Damit erweitert Art. 263 Abs. 4 AEUV den Anwendungsbereich der Individualnichtigkeitsklage gegenüber seiner Vorgängernorm Art. 230 EGV um die dritte Handlungsform und modifiziert die beiden anderen Anfechtungstatbestände dahin gehend, dass anstelle der zuvor genannten Entscheidungen und Verordnungen nunmehr Handlungen genannt werden.

☝ Durch die Erfassung von Handlungen als angreifbaren Rechtsakt passt die AEUV die Normierung der Nichtigkeitsklage der st. Rspr. des EuGH an, wonach die Nichtigkeitsklage **gegen alle Maßnahmen** der **Organe**, die **verbindliche Rechtswirkungen** erzeugen sollen, unabhängig von ihrer Form oder ihrer Rechtsnatur erhoben werden kann (st. Rspr. EuGH, Urt. v. 20.3.1997 – C-57/95 [Frankreich/Kommission Nr. 7] m.w.N., zuletzt EuGH, Urt. v. 13.10.2011 – C-463/10 P und C-475/10 P [*Deutsche Post AG* und Bundesrepublik Deutschland/Europäische Kommission Nr. 36] m.w.N.).

570 Ob eine Handlung vorliegt, die **verbindliche** Rechtswirkungen erzeugen soll, beurteilt sich aus deren **Inhalt** oder aus deren vorgeschriebener **Form** heraus (EuGH, Urt. v. 13.10.2011 – C-463/10 P und C-475/10 P [*Deutsche Post AG* und Bundesrepublik Deutschland/Europäische Kommission Nn. 43 bis 45, 47]). Unerheblich ist insoweit, ob die angegriffene Handlung für den Fall ihrer Nichtbefolgung Sanktionen vorsieht (EuGH, a.a.O. Nr. 48]).

571 **2. Unzulässig** sind danach Klagen gegen **Rechtsakte** mit **nur allgemeiner Geltung**, wie dann, wenn sie einen objektiven Tatbestand aufweisen und Rechtswirkungen gegenüber allgemein und abstrakt umschriebenen Personen erzeugen (Grote/Marauhn/*Schorkopf*, Kap. 30 Rn 140 m.w.N.). Prüfungsmaßstab danach sind regelmäßig die Rechtswirkungen, die ein Rechtsakt erzeugen soll und tatsächlich erzeugt. Unbeachtlich ist, ob sich der abstrakte Adressatenkreis bereits im Zeitpunkt des Erlasses bestimmen lässt, so lange die Anwendung auf der Basis einer objektiven rechtlichen oder tatsächlichen Situation erfolgt, die in dem Rechtsakt im Zusammenhang mit seiner Zielrichtung umschrieben ist (Grote/Marauhn/*Schorkopf*, a.a.O.).

572 **3.a) Zwischenmaßnahmen**, die nur der Vorbereitung der endgültigen Entscheidung dienen, können **grds. nicht** Gegenstand einer Nichtigkeitsklage sein, da sie in erster Linie die vorläufige Meinung eines Organs zum Ausdruck bringen (EuGH, Urt. v. 13.10.2011 – C-463/10 P und C-475/10 P [*Deutsche Post AG* und Bundesrepublik Deutschland/Europäische Kommission Nn. 50] m.w.N.). Die Anfechtbarkeit solcher Handlungen könnte dazu führen, dass das erkennende Gericht gezwungen wäre, sich mit Fragen zu befassen, die der Sache vorgreifen und zu denen das betreffende Organ

sich noch nicht endgültig hatte äußern können und so die Phasen des Verwaltungs- und gerichtlichen Verfahrens durcheinanderbringen, was mit dem Klagesystem des Vertrags und insbesondere der dort vorgesehenen Zuständigkeitsregelungen zwischen Kommission und Unionsrichter, den Erfordernissen einer geordneten Rechtspflege und dem ordnungsgemäßem Ablauf des Verwaltungsverfahrens der Kommission nicht vereinbar wäre (EuGH, a.a.O., Nn. 51 m.w.N.).

b) Eine Zwischenmaßnahme kann **insbesondere dann nicht** Gegenstand einer Nichtigkeitsklage sein, wenn die Rechtswidrigkeit der Handlung im Rahmen einer Klage gegen die endgültige Entscheidung, deren **Vorbereitung** sie dient, geltend gemacht werden kann; unter diesen Umständen bietet die Klage gegen die das Verfahren abschließende Entscheidung einen ausreichenden gerichtlichen Rechtsschutz (EuGH, Urt. v. 13.10.2011 – C-463/10 P und C-475/10 P [*Deutsche Post AG* und Bundesrepublik Deutschland/ Europäische Kommission Nn. 53] m.w.N.). Ist diese Voraussetzung jedoch nicht erfüllt, **erzeugt die Zwischenmaßnahme** unabhängig davon, ob sie eine vorläufige Meinung des betreffenden Organs zum Ausdruck bringt, **eigenständige Rechtswirkungen** und muss daher **Gegenstand** einer **Nichtigkeitsklage** sein können (EuGH a.a.O. [Nn. 54] m.w.N.). 573

4.a) Die **Rechtsform** der anfechtbaren Handlung ist **grds. irrelevant**. Die Gemeinschaftsorgane sollen nicht durch die Wahl ihrer Entscheidungsform (s. dazu Art. 296 Abs. 1 AEUV) den Rechtsschutz des Einzelnen beschneiden können (*Böse*, Europ. Strafrecht, § 54 Rn 27 m.w.N.). Daher können alle verbindlichen Rechtsakte gemäß Art. 288 AEUV Gegenstand der Individualnichtigkeitsklage sein, also Verordnungen, Richtlinien und Beschlüsse. Zwar bedürfen Richtlinien grundsätzlich der Umsetzung durch den Mitgliedstaat, weswegen sie in der Regel nicht mit der Nichtigkeitsklage angegriffen werden können (Calliess/Ruffert/*Cremer*, Art. 263 Rn 71 AEUV m.w.N.). Aber schon fehlende Ermessensspielräume bei der Umsetzung können die unmittelbare Betroffenheit einer Person und damit auch die Anfechtbarkeit einer Richtlinie begründen (Streinz/*Ehricke*, Art. 263 AEUV Rn 50 f.). Außerdem löst die Einbeziehung von Richtlinien in den Klagegegenstand der Nichtigkeitsklage die zuvor bestehende Problematik der (Schein-)Richtlinie und deren Angreifbarkeit (dazu ausführlich Cremer, EuZW 2001, 453). Empfehlungen und Stellungnahmen der Organe sind bereits von Gesetzes wegen unverbindlich und danach nicht geeignet, Gegenstand einer Nichtigkeitsklage zu sein (Art. 288 Abs. 4 AEUV). 574

b) Darüber hinaus können mit der Nichtigkeitsklage seit Inkrafttreten des Vertrags von Lissabon **Rechtsakte mit Verordnungscharakter**, die **keine weitere Durchführungsmaßnahme** nach sich ziehen, **angefochten** werden. Welche Rechtsakte unter diese neue Handlungsform fallen können, wird kontrovers diskutiert (s. Darstellung Streitstand bei *Everling* EuZW 2010, 574 f.). Mit seinem Beschl. v. 6.9.2011 in der Sache *Inuit Tapiriit* 575

Kanatami u.a./Europäisches Parlament und Rat der EU hat das Gericht beim Gerichtshof für die Europäische Union (T-18/10) grundlegend zu diesem neuen Rechtsbegriff ausgeführt. Die Siebte erweiterte Kammer kommt nach Vornahme einer grammatikalischen, historischen und teleologischen Auslegung zu dem Schluss, dass unter den Begriff „Rechtsakt mit Verordnungscharakter" **alle Handlungen mit allgemeiner Geltung** der Organe fallen, die **nicht Gesetzgebungsakte** sind (vgl. Beschl. v. 6.9.2011 – T-18/10, EuG, a.a.O., Rn 38 bis 56).

576 **Gesetzgebungsakte** sind Rechtsakte, die gem. einem Gesetzgebungsverfahren angenommen werden (Art. 289 Abs. 3 AEUV). Hierbei kann es sich um alle verbindlichen Handlungsformen der EU-Organe handeln. Art. 289 AEUV sieht ausdrücklich den Erlass von Verordnungen, Richtlinien und Beschlüssen im Gesetzgebungsverfahren vor.

☝ **Verordnungen**, die im Gesetzgebungsverfahren angenommen wurden, sind danach **keine Rechtsakte mit Verordnungscharakter** (krit. hierzu *Everling* EuZW 2010, 575, *Obwexer*, VvL 256 f. jew. m.w.N.). Sie sind aber als Handlung mit allgemeiner Wirkung anfechtbar, wenn der Kläger insoweit klagebefugt, also unmittelbar und individuell betroffen ist.

577 Die Normierung des **Fehlens weiterer Durchführungsmaßnahmen** geht darauf zurück, dass der Betroffene gehalten ist, Umsetzungsmaßnahmen dem Subsidiaritätsgedanken folgend zunächst vor den nationalen Gerichten gelten zu machen, welche gegebenenfalls in einem Vorabentscheidungsverfahren erhebliche Fragen vor dem EuGH klären lassen können. Wenn diese Möglichkeit aber nicht besteht, soll für den Betroffenen keine Rechtsschutzlücke bestehen.

☝ Danach dürfen also weder auf Unions- noch auf nationaler Ebene weitere Rechtsakte zur Konkretisierung oder Umsetzung erforderlich sein (die dann ihrerseits wieder vor den nationalen Gerichten angegriffen werden könnten und müssten (*Everling* EuR 2009 Beiheft 1, 74).

578 **5.** Soweit die AEUV **Rechtsschutz** gegen Akte der EU **nicht gewährt**, sind die Mitgliedstaaten gehalten, diesen zu gewährleisten (EuGH, Urt. v. 25.7.2002 – C-50/00 [*Unión de Pequeños Agricultores*/Rat Rn 38 bis 41]) (Art. 19 Abs. 1 Unter-Abs. 2 EUV).

Siehe auch: → *Nichtigkeitsklage, Allgemeines*, Teil C Rdn 457, m.w.N.; → *Nichtigkeitsklage, Klagebefugnis*, Teil C Rdn 558.

Nichtigkeitsklage, Klageschrift 579

Das Wichtigste in Kürze:

1. Die Klageschrift muss den Vorgaben von Art. 76 VerfO-EuG entsprechen.
2. Die Klageschrift ist der Länge nach auf einen Umfang von 50 Seiten begrenzt. Außerdem sind weitere Vorgaben zu erfüllen.
3. Weist eine Klage formale Mängel auf, gibt das Gericht Gelegenheit, diese zu beheben. Insoweit wird hinsichtlich der konkreten Folge nach der Art des aufgetretenen Mangels differenziert.

Literaturhinweise: **Baumeister**, Effektiver Individualrechtsschutz im Gemeinschaftsrecht, EuR 2005, 1; **v. Burchard**, Der Rechtsschutz natürlicher und juristischer Personen gegen EG-Richtlinien gemäß Art. 173 Abs. 2 EWGV, EuR 1991, 140; **Calliess**, Kohärenz und Konvergenz beim europäischen Individualschutz, NJW 2002, 3577; **Fredriksen**, Individualklagemöglichkeiten vor den Gerichten der EU nach dem Vertrag über eine Verfassung für Europa, ZEuS 2005, 99.; s. die Hinw. bei → *Nichtigkeitsklage, Allgemeines*, Teil C Rdn 458. 580

1.a) Die **Klageschrift** muss folgende Angaben umfassen (**Art. 76 VerfO-EuG**): 581

- **Name** und **Wohnsitz** des **Klägers**,
- Name, Stellung und Anschrift des **Klägervertreters**,
- die Partei(en), gegen die Klage erhoben wird,
- die Benennung des **Streitgegenstands** (→ *Nichtigkeitsklage, Klagegegenstand*, Teil C Rdn 567),
- die **Anträge**,
- eine kurze Darstellung der **Klagegründe** und
- die Beweise sowie eine Bezeichnung der sonstigen **Beweismittel**.

b) Bei Abfassung und Erstellung der Klageschrift müssen die formalen Anforderungen, die der EuG an einzureichende Schriftsätze generell stellt (→ *Nichtigkeitsklage, formale Anforderungen an Schriftsätze*, Teil C Rdn 527), beachtet werden: 582

- Zu richten ist die Klage an die **Kanzlei** des Gerichts der Europäischen Union (Nr. 84 PA-EuG).
- Sie kann **fristwahrend per Telefax** eingereicht werden (→ *Nichtigkeitsklage, Frist*, Teil C Rdn 556).
- Der Kläger wählt mit der Klageerhebung die **Verfahrenssprache** (→ *Nichtigkeitsklage, Sprache*, Teil C Rdn 676).
- Mit der Klage muss der Klägervertreter angeben, ob an ihn Zustellungen per **Telefax** oder elektronisch über **e-curia** bewirkt werden sollen (Art. 77 Abs. 1 VerfO-EuG). Dann hat der Klägervertreter ggf. eine Faxnummer anzugeben, unter der die Zustellungen bewirkt werden können.

☝ Es erfolgt gleichwohl eine Zustellung **per Einschreiben** mit Rückschein, wenn die gewählte Art der **Zustellung** aus **technischen Gründen** oder wegen des **Umfangs** anders nicht bewirkt werden kann. In diesem Fall wird der Empfänger von der Zustellung per Telefax oder E-Mail informiert. Das Einschreiben gilt dann zehn Tage nach Aufgabe zur Post als zugestellt, es sei denn, der Rückschein weist ein anderes Zustellungsdatum auf oder der Empfänger hat binnen drei Wochen nach der Zustellungsbenachrichtigung angezeigt, dass ihm das Einschreiben nicht zugegangen ist (Art. 57 Abs. 2 VerfO-EuG).

583 **2.a)** Die Klageschrift ist der **Länge** nach auf einen Umfang von **50 Seiten begrenzt** (Nr. 114 PA-EuG). Diese Grenze darf nur in rechtlich oder tatsächlich besonders komplexen Fällen überschritten werden (Nr. 115 PA-EuG). Für die Beantwortung der Klageschrift gilt die gleiche Begrenzung (Nr. 114 PA-EuG).

584 **Zu beachten sind Folgende weitere Vorgaben:**

- Die Klageschrift beginnt mit den erforderlichen Angaben zur Person des Klägers und seines Vertreters (s. Rdn 581) sowie der Bezeichnung des Beklagten; sodann hat die Erklärung zur Zustellung zu erfolgen (s. Rdn 731), Nr. 123 ff. PA-EuG.
- Die Klage sollte im Übrigen in Sachverhalt und Rechtsausführungen, letztere nach geltend gemachten Klagegründen (→ *Nichtigkeitsklage, Begründetheit*, Teil C Rdn 466), **gegliedert** sein, Nr. 125 ff. PA-EuG.
- Dabei sollte den Klagegründen eine **schematische Übersicht** vorangestellt werden; sie sollten im Übrigen durch **Überschriften** entsprechend gekennzeichnet werden (Nr. 127 PA-EuG).
- **Beweismittel** müssen genau und ausdrücklich bezeichnet werden; bei Urkunden ist auf die Anlagennummer zu verweisen oder, wenn sich die Urkunde nicht im Besitz des Klägers befindet, anzugeben, wie sie erlangt werden kann. Zeugen sind genau zu bezeichnen.
- Die **Klageanträge** sind am Anfang oder am Ende der Klageschrift genau anzugeben, Nr. 126 PA-EuG.
- **Beizufügen** ist der Nichtigkeitsklage eine **Kopie** des **angefochtenen Rechtsakts**, der als solcher kenntlich zu machen ist.
- Der **Anwalt**, der als Vertreter einer Partei auftritt, hat der Klage eine Bescheinigung beizufügen, aus der hervorgeht, dass er berechtigt ist, vor einem Gericht des Mitgliedstaats oder eines anderen Vertragsstaats des EWR-Abkommens aufzutreten (**Zulassungsurkunde**) (Art. 51 Abs. 2 VerfO-EuG). Ist eine Zulassungsurkunde bereits bei Gericht hinterlegt, kann der Klägervertreter auf diese verweisen (Nr. 129 PA-EuG).

- **Juristische Personen** des Privatrechts haben eine Abschrift ihrer Satzung, einen neueren Auszug aus Handels- oder Vereinsregister oder einen anderen **Nachweis** ihrer **Rechtspersönlichkeit** einzureichen sowie den Nachweis vorzulegen, dass die Prozessvollmacht von einem hierzu Berechtigten ordnungsgemäß ausgestellt wurde (Art. 51 Abs. 3 VerfO-EuG).

> ☝ Diese Bescheinigungen sind **getrennt** von den anderen Anlagen einzureichen (Nr. 24 PA-EuG).

b) Beizufügen sind folgende Unterlagen: 585

- Beizufügen ist der Klage eine **Zusammenfassung** der **Klagegründe** und der **wesentlichen Argumente** (Nr. 130 PA-EuG). Diese Zusammenfassung dient dazu, die Veröffentlichung gem. Art. 79 VerfO-EuG im Amtsblatt der Europäischen Union zu erleichtern. Der Umfang der Zusammenfassung sollte daher zwei Seiten nicht überschreiten und entsprechend einem Muster erstellt werden, das der Gerichtshof auf seiner Internetpräsenz (unter Gericht/Verfahren/Muster der Zusammenfassung der in der Klageschrift … geltend gemachten Klagegründe … und wesentlichen Argumente) zur Verfügung stellt.

> ☝ Diese Zusammenfassung ist von den anderen Anlagen zu **trennen** und überdies zusätzlich per **E-Mail** an den EuGH unter GeneralCourt.Registry@curia.europa.eu zu übermitteln (Nr. 130 PA-EuG).

- **Anlagen** sind der Klage nur beizufügen, wenn sie im Schriftsatz erwähnt werden und zum Beweis oder zur Erläuterung seines Inhalts erforderlich sind, Nr. 100 PA-EuG.
- Anlagen müssen zusammen mit einem **Anlagenverzeichnis** eingereicht werden (Nr. 101 S. 1 PA-EuG). Das Anlagenverzeichnis muss
  - für jedes Schriftstück eine **Bezeichnung** ausweisen, die sich aus einem Buchstaben für den Schriftsatz und der laufenden Anlagennummer zusammensetzt (Nr. 101 S. 1 PA-EuG, Beispiele s. → *Nichtigkeitsklage, formale Anforderungen an Schriftsätze*, Teil C Rdn 535),
  - das Schriftstück **beschreiben** (Art des Schriftstücks, Datum, Verfasser, Adressat und Anzahl der Seiten), Nr. 98b PA-EuG, und
  - zudem die **Seite** des Schriftsatzes und die Absatznummer **benennen**, in dem die Anlage erwähnt wird und die die Einreichung der Anlage rechtfertigt (Nr. 98d PA-EuG).
- **Anlagen**, die **ihrerseits Anlagen** enthalten, sind so zu nummerieren und präsentieren, dass keine Möglichkeit der Verwechselung besteht (Nr. 101 S. 2c PA-EuG).
- Die beigefügten Anlagen sind in der rechten oberen Ecke zu **paginieren** und zwar fortlaufend aber getrennt von dem eingereichten Schriftsatz (Nr. 101 S. 2d PA-EuG).

- Außerdem sind der Klage **beglaubigte Abschriften** beizufügen und zwar drei Abschriften für das Gericht und eine für jede am Rechtsstreit beteiligte Partei (Art. 73 Abs. 2 VerfO-EuG; Nr. 85 PA-EuG). Die Abschriften müssen die Klage, alle in ihr genannten Anlagen, das Anlagenverzeichnis und den angefochtenen Rechtsakt umfassen. Der Beglaubigungsvermerk ist auf der **ersten Seite** anzubringen.

586 **3.a)** Weist eine Klage formale **Mängel** auf, gibt das Gericht Gelegenheit, diese zu beheben. Insoweit **differenziert** er hinsichtlich der konkreten Folge nach der Art des aufgetretenen Mangels:

- **Fehlt** es an der **Vorlage** der **Zulassungsurkunde** des vertretenden Rechtsanwalts, am Nachweis der Rechtspersönlichkeit einer **juristischen Person** des Privatrechts, an der Vorlage der Prozessvollmacht, am Nachweis der ordnungsgemäßen Vollmachtserteilung bei juristischen Personen des Privatrechts oder an der Vorlage des angefochtenen Rechtsakts, **unterbleibt** die **Zustellung** an den Beklagten und dem Kläger wird eine angemessene Frist zur Mangelbeseitigung gesetzt (Nr. 110 PA-EuG).
- **Fehlt** es an der **Anschrift** des **Klägers**, der Originalunterschrift des Prozessbevollmächtigten, der Nummerierung der Absätze, der Einreichung der im Verzeichnis genannten Anlagen, der Vorlage eines vollständigen Anlageverzeichnisses, der Vorlage einer ausreichenden Zahl von Abschriften, der Seitennummerierung oder der Beglaubigung der Abschriften, **verzögert** sich die **Zustellung** und dem Kläger wird eine angemessene Frist zur Behebung des Mangels gesetzt (Nr. 111 PA-EuG).
- **Fehlt** das **Einverständnis** bezüglich der **Zustellung** per Fax oder elektronisch über e-curia, die Vorlage von Zulassungsurkunden für etwaige weitere Anwälte, die Zusammenfassung der Klagegründe und der wichtigsten Argumente oder die Übersetzung einer Urkunde in die Verfahrenssprache, wird die **Klage zugestellt** und dem Kläger eine angemessene Frist zur Mangelbeseitigung gesetzt (Nr. 112 PA-EuG). So lange es an der erforderlichen Einverständniserklärung die Zustellung betreffend fehlt, erfolgen Zustellungen an die entsprechende Partei per Einschreiben, wobei die Zustellung bereits mit der Aufgabe des Einschreibens am Ort des Gerichts als bewirkt gilt (Art. 77 Abs. 2 VerfO-EuG).

☝ Auch die **Überschreitung** der vorgegeben **Obergrenze** der Schriftsatzlänge (vgl. Rdn 583) kann zu Verzögerungen der Zustellung führen; Überschreitung über 40 % der vorgegebenen Obergrenze führen in der Regel zur Erhebung einer **Mängelrüge**, Überschreitungen unter 40 % können zu einer solchen führen, wenn der Präsident dies verfügt (Nr. 120 ff. PA-EuG).

587 **b)** Erfolgt auf entsprechende Aufforderung **keine Behebung** der aufgezeigten Mängel in gesetzter Frist, entscheidet das Gericht, ob die Nichtbeachtung der Formvorschriften die **Unzulässigkeit** der Klage zur Folge hat (Art. 78 Abs. 5 VerfO-EuG).

Siehe auch: → *Nichtigkeitsklage, Allgemeines*, Teil C Rdn 457, m.w.N.; → *Nichtigkeitsklage, Begründetheit*, Teil C Rdn 464; → *Nichtigkeitsklage, formale Anforderungen an Schriftsätze*, Teil C Rdn 527; → *Nichtigkeitsklage, Frist*, Teil C Rdn 545; → *Nichtigkeitsklage, Klagebefugnis*, Teil C Rdn 558; → *Nichtigkeitsklage, Klagegegenstand*, Teil C Rdn 567; → *Nichtigkeitsklage, Sprache*, Teil C Rdn 673; → *Nichtigkeitsklage, Zulässigkeit*, Teil C Rdn 714.

Nichtigkeitsklage, Kosten 588

Das Wichtigste in Kürze:

1. Der Gerichtshof entscheidet über die Kosten des Verfahrens im Endurteil oder im verfahrensabschließenden Beschluss. Die Kostengrundentscheidung orientiert sich am Ausgang des Verfahrens.
2. Das Verfahren vor dem Gerichtshof ist grds. gerichtskostenfrei.
3. Der Ausgleich der erstattungsfähigen Kosten obliegt in erster Linie den Parteien selbst.
4. Kann eine natürliche Person die Kosten des Verfahrens ganz oder teilweise nicht tragen, kann sie PKH erhalten.

Literaturhinweise: Wägenbauer, Das Kostenfestsetzungsverfahren vor den Gemeinschaftsgerichten: Wer klagt gewinnt?, EuZW 1997, 197; **Wolf**, Kostenrecht und Kostenpraxis des Gerichtshofs der Europäischen Gemeinschaften, EuR 1976, 7; s.a. die Hinw. bei → *Nichtigkeitsklage, Allgemeines*, Teil C Rdn 457. 589

1.a) Gericht und Gerichtshof entscheiden über die Kosten des Verfahrens im **Endurteil** oder im verfahrensabschließenden Beschluss (Art. 133 VerfO-EuG; Art. 137 VerfO-EuGH). Hierbei handelt es sich um eine Kostengrundentscheidung, also die Entscheidung, welche Partei in welchem Umfang die Kosten des Verfahrens trägt. Sie ist nicht anfechtbar. 590

☝ Anders als nach nationalem Recht entscheidet der Gerichtshof über die Kosten **nicht von Amts wegen**. Werden keine Kostenanträge gestellt, trägt jede Partei ihre Kosten selbst (Art. 87 § 5 Abs. 3 VerfO-EuG; Art. 69 § 5 Abs. 3 VerfO-EuGH). Dies gilt unabhängig vom Ausgang des Verfahrens (EuGH, Urt. v. 23.4.1986 – C-294/83 [*Parti écologiste „Les Verts“*/Parlament Nr. 56], Slg. 1986, S. 1339).

b)aa) Die **Kostengrundentscheidung** orientiert sich am Ausgang des Verfahrens. Dabei gilt Folgendes: 591

- Auf **Antrag** verurteilen EuG und EuGH grds. die **unterlegene Partei** zur Tragung der Kosten (Art. 134 Abs. 1 VerfO-EuG; Art. 138 Abs. 1 VerfO-EuGH). Allerdings können Gericht und Gerichtshof aus Gründen der Billigkeit anordnen, dass eine oder mehrere Parteien ihre eigenen Kosten selbst tragen (Art. 135 Abs. 2 VerfO-EuG; Art. 138 Abs. 3 VerfO-EuGH); dies gilt insbesondere im Unterliegensfall eines Prozesskostenhilfeempfängers (Art. 149 Abs. 5 VerfO-EuG). Im Fall **teilweisen Obsiegens** und Unterliegens trägt grundsätzlich jede Partei ihre eigenen Kosten selbst (Art. 134 Abs. 2 S. 1 VerfO-EuG; Art. 138 Abs. 3 S. 1 VerfO-EuGH).

☝ Hat eine Partei Kosten ohne angemessenen Grund oder sogar **böswillig** verursacht, können ihr diese **Kosten trotz Obsiegens** auferlegt werden (Art. 135 Abs. 2 VerfO-EuG; Art. 139 VerfO-EuGH).

- Erklärt das Gericht die **Hauptsache** für **erledigt**, entscheidet es über die Kosten nach freiem Ermessen (Art. 137 VerfO-EuG; Art. 142 VerfO-EuGH).
- Im Fall der **Klagerücknahme** wird dem Kläger die Tragung der Kosten aufgegeben, wenn der Beklagte dies in seiner Stellungnahme zur Klagerücknahme beantragt; allerdings werden auf Antrag des Klägers die Kosten dem Beklagten aufgegeben, wenn das wegen des Verhaltens dieser Partei gerechtfertigt erscheint (Art. 136 Abs. 1 und 2 VerfO-EuG; Art. 141 Abs. 1 und 2 VerfO-EuGH).
- Haben die Parteien eine **Vereinbarung** über die Kosten getroffen, entscheidet das Gericht dieser entsprechend (Art. 136 Abs. 3 VerfO-EuG; Art. 141 Abs. 3 VerfO-EuGH).

592 **bb)** Im **Rechtsmittelverfahren** entscheidet der EuGH über die Kosten, wenn das Rechtsmittel zurückgewiesen wird oder wenn das Rechtsmittel begründet ist und er selbst den Rechtsstreit endgültig entscheidet (Art. 184 Abs. 2 VerfO-EuGH). Im Übrigen gelten grundsätzlich die erstinstanzlichen Kostenregelungen entsprechend (Art. 184 Abs. 1 VerfO-EuGH); für den Beitritt in der Rechtsmittelinstanz und den nicht rechtsmittelführenden Streithelfer gelten Sonderregelungen, Art. 184 Abs. 3 und 4 VerfO-EuGH.

593 **2.a)** Das Verfahren vor dem Gerichtshof ist **grds. gerichtskostenfrei** (Art. 139 S. 1 VerfO-EuG; Art. 143 S. 1 VerfO-EuGH). Vermeidbare Kosten können EuG und EuGH allerdings der Partei auferlegen, die diese veranlasst hat (Art. 139 Buchst. a) VerfO-EuG; Art. 143 Buchst. a) VerfO-EuGH). Kosten für Schreib- und Übersetzungsarbeiten, die nach Ansicht des Kanzlers das gewöhnliche Maß überschreiten, sind von der Partei zu erstatten, die diese beantragt hat (Art. 139 Buchst. b) VerfO-EuG; Art. 143 Buchst. b) VerfO-EuGH).

594 **b) Erstattungsfähige Kosten** sind Zeugen- und Sachverständigenkosten, die Aufwendungen der Parteien, die für das Verfahren notwendig waren, insbesondere Reise- und Aufenthaltskosten sowie die Vergütung für Bevollmächtige, Beistände oder Anwälte (Art. 140 VerfO-EuG; Art. 144 VerfO-EuGH). Dies sind grds. nur die Kosten des gerichtlichen Verfahrens nicht jedoch die Kosten eines vorangegangenen Verwaltungsverfahrens (Rengeling/Middeke/Gellermann/*Hackspiel*, § 29 Rn 5).

c) Die **Höhe anwaltlicher Vergütung** ist gemeinschaftsrechtlich nicht durch eine Gebührenordnung geregelt. Daher **empfiehlt** sich der Abschluss einer **Vergütungsvereinbarung**. Im Verhältnis zur vertretenen Partei ist der Anwalt insoweit ausschließlich nationaler gerichtlicher Kontrolle unterworfen (zur Vergütungsvereinbarung Burhoff/*Burhoff*, RVG, Teil A: Vergütungsvereinbarung, Rn 2170 ff. m.w.N.). 595

d) Streithelfer tragen ihre Kosten selbst, wenn es sich um Mitgliedstaaten, Organe der EU, Vertragsstaaten des EWR-Abkommens oder die EFTA-Überwachungsbehörde handelt (Art. 138 VerfO-EuG; Art. 140 Abs. 1 und 2 VerfO-EuGH). Auch i.Ü. können Gericht und Gerichtshof entscheiden, dass ein Streithelfer seine Kosten selbst trägt (Art. 138 Abs. 3 VerfO-EuG; Art. 140 Abs. 3 VerfO-EuGH). 596

3.a) Der **Ausgleich** der **erstattungsfähigen Kosten** obliegt in erster Linie den Parteien selbst (*Pechstein* Rn 167). Im Streitfall über die Höhe der erstattungsfähigen Kosten entscheidet der Gerichtshof auf Antrag einer Partei durch unanfechtbaren Beschluss, der auf Antrag als **vollstreckbare Ausfertigung** erteilt wird (Art. 145 VerfO-EuGH). Dieses Verfahren entspricht sachlich dem nationalen Kostenfestsetzungsverfahren des Wahlanwalts zulasten der gegnerischen Partei. In diesem befindet das Gericht über die Höhe der festzusetzenden Kosten. 597

b) Erforderlichenfalls **begrenzen** Gericht und Gerichtshof nach eigenem **Ermessen Gebührenforderungen** von Rechtsanwälten bezüglich der zur Kostentragung verurteilten Partei. Dabei berücksichtigen sie neben Gegenstand, Art und Bedeutung des Rechtsstreits die Schwierigkeit und den Arbeitsaufwand sowie die wirtschaftliche Bedeutung für die Partei (st. Rspr., EuG, Beschl. v. 15.3.2000 – T-337/94 [92] [*Enso Gutzeit*/Kommission Nr. 15] m.w.N., Slg. 2000 II, 479). **Nationale Gebührenvorschriften** oder **Parteivereinbarungen** sind allenfalls **Teil** anzustellender Erwägungen müssen jedoch nicht berücksichtigt werden (EuG, Beschl. v. 8.11.1996 – T-120/89 [*Stahlwerke Peine Salzgitter*/Kommission Nr. 27], Slg. 1996 II, 1547). Der Gerichtshof befindet nicht über eine Kostenfestsetzung zulasten der eigenen Partei (Rengeling/Middeke/Gellermann/*Hackspiel*, § 29 Rn 6). 598

☝ Bezüglich Arbeitsaufwand und Wert der Leistung empfiehlt es sich, hinreichende **Angaben** zu **machen**, die es dem Richter ermöglichen, diese in seine Überlegungen einzubeziehen (EuGH, Urt. v. 23.1.2002 – T-101/00 [*Miguel Angel Martin de Pablos*/Kommission], Slg. 2002 II, 1).

c)aa) Festsetzungsfähig sind grds. nur die **Gebühren eines Anwalts**, ausnahmsweise können aber auch die Kosten mehrerer Anwälte angemessen sein (s. dazu Wägenbauer, EuZW 1997, 200).wird der Fall durch **mehrere Anwälte** einer Kanzlei bearbeitet, kommt es auf die Angemessenheit der Gesamtzahl der Arbeitsstunden an (EuG, Beschl. v. 15.3.2000 – T-337/94 [92] [*Enso Gutzeit* Kommission Nr. 20 f], Slg. 2000 II, 479). 599

600 **bb)** Neben der Vergütung sind auch **notwendige Auslagen** des Anwalts erstattungsfähig. Hierzu zählen neben Reise- und Aufenthaltskosten auch Kopierkosten und Post- und Fernmeldegebühren (*Wolf*, EuR 1976, 12 f.). Kopiekosten sind allerdings nur notwendig, soweit sie die Kopien umfassen, die aufgrund der Verfahrensordnung angefertigt werden müssen (EuG, Beschl. v. 22.3.2000 – T-97/95 [92] [*Sinochem*/Rat], Slg. 2000 II, 1715; → *Nichtigkeitsklage, formale Anforderungen an Schriftsätze*, Teil C Rdn 538).

601 **d) Reise-** und **Aufenthaltskosten** der **Partei** selbst sind nur erstattungsfähig, wenn die Teilnahme der Partei am Termin notwendig war; dies ist der Fall, wenn ihr Erscheinen angeordnet wurde oder die Anwesenheit der Partei im Termin zur Sachaufklärung erforderlich sein kann (EuGH, Beschl. v. 17.7.1981 – C-24/79 [*Oberthür*/Kommission Nr. 3], Slg. 1981, 2229).

602 **e)** Die **Kosten** für die **Vertretung** eines **Streithelfers** werden i.d.R. geringer angesetzt als die für den Vertreter der Hauptpartei (EuG, Beschl. v. 22.3.1999 – T-97/95 [92] [*Sinochem*/Rat Nr. 17 f.], Slg. 1999 II, 743).

603 **f)** In der Kostenfestsetzung sind die **Kosten** des **Kostenfestsetzungsverfahrens enthalten** (EuG, Beschl. v. 17.4.1996 – T-2/93 DEPE [*British Airways/Air France* Nr. 28], Slg. 1996 II, 235).

> ☝ **Zinsen** werden erst für die Zeit ab Erlass des Kostenfestsetzungsbeschlusses zugesprochen (EuGH, Beschl. v. 18.4.1975 – C-6/72 [*Continental Chem Company u.a./* Kommission Nr. 34], Slg. 1975 I, 495); EuG, v. 8.11.1996 – T-120/89 [*Stahlwerke Peine Salzgitter*/Kommission], Slg. 1996 II, 1547).

604 **4.a)** Kann eine natürliche Person die Kosten des Verfahrens ganz oder teilweise nicht tragen, kann sie **PKH** beantragen (Art. 146 Abs. 1 VerfO-EuG; Art. 186 Abs. 1 VerfO-EuGH). Dabei kann sie Partei des Rechtsstreit sein oder auch Streithelfer (Rengeling/Middeke/Gellermann/*Hackspiel*, § 29 Rn 22). Neben **unzureichenden wirtschaftlichen Verhältnissen** des Antragstellers setzt die Bewilligung von Prozesskostenhilfe **Erfolgsaussichten** in der Sache voraus und zwar dergestalt, dass die Rechtsverfolgung nicht offensichtlich unzulässig oder offensichtlich unbegründet erscheinen darf (Art. 146 Abs. 2 VerfO-EuG; Art. 186 Abs. 1 S. 3 VerfO-EuGH [„Rechtsverfolgung offensichtlich aussichtslos"]).

605 **b)aa)** Der **Antrag** auf Bewilligung von PKH setzt die Verwendung eines vorgegebenen **Formulars** voraus, das die erforderlichen Angaben abfragt (Nr. 238 PA-EuG).

> ☝ Dieses kann auf der **Internetpräsenz** des EuGH unter „Gericht/Verfahren" aufgerufen und ausgedruckt werden. Auf Anfrage übersendet das EuG auch ein Antragsformular in Papierform.

Die **Angaben** sind zu **belegen** (Nr. 242 PA-EuG). Hierzu sind alle erforderlichen Unterlagen einzureichen, aus denen sich die Bedürftigkeit der Partei ergibt. Der Gerichtshof verlangt insoweit noch die Vorlage einer Bescheinigung einer hierfür zuständigen Behörde (Art. 185 Abs. 2 VerfO-EuGH).

☝ Das EuG sendet **keine Originale** zurück, sodass der Kläger ausschließlich Kopien einreichen sollte.

Der Antrag auf PKH kann i.Ü. grds. **nicht** durch spätere Einreichung von **Nachträgen ergänzt** werden; Nachträge, die eingereicht werden, ohne dass der Gerichtshof diese angefordert hat, werden zurückgewiesen (Nr. 246 S. 1 und 2 PA-EuG). Daher ist wesentlich, alle erforderlichen Angaben mit Antragstellung vorzunehmen und die erforderlichen Belege beizufügen. Eine ausnahmsweise verspätete Einreichung muss entschuldigt werden (Nr. 246 S. 3 PA-EuG).

bb) Der Antrag auf PKH kann **vor** oder **nach Klageerhebung** gestellt werden und unterliegt **nicht** dem **Anwaltszwang** (Art. 147 Abs. 1 und Abs. 2 S. 1 VerfO-EuG; Art. 186 Abs. 2 VerfO-EuGH). Die vermögenslose Partei kann daher zunächst selbst einen Antrag auf PKH stellen. Nach Bewilligung der PKH wird ihr ein Anwalt, zu dem die Partei ein Vorschlagsrecht hat, beigeordnet (Art. 148 Abs. 4 VerfO-EuG; Art. 4 Zusätzliche VerfO-EuGH). Die Bestellung eines Rechtsanwalts erfolgt erforderlichenfalls unter Beteiligung der Bundesrechtsanwaltskammer (Art. 148 Abs. 5 VerfO-EuG; Art. 4 Abs. 2 und Anlage II Zusätzliche VerfO-EuGH). 606

c) Der **Lauf** der **Klage- und Rechtsmittelfrist** (→ *Nichtigkeitsklage, Frist*, Teil C Rdn 545) ist nach Einreichung eines Antrags auf PKH während der Dauer des Bewilligungsverfahrens **gehemmt** (Art. 147 Abs. 7 VerfO-EuG; Art. 186 Abs. 3 VerfO-EuGH). Wird der Antrag vor Klageerhebung gestellt, muss der Antragsteller zusätzlich den Klagegegenstand, den Sachverhalt und die Klagebegründung kurz darstellen, damit die Erfolgsaussichten überprüft werden können (Art. 147 Abs. 4 VerfO-EuG; Art. 186 Abs. 1 VerfO-EuGH). Ein Klägervertreter muss zudem seine Auftretungsberechtigung durch Vorlage der Zulassungsurkunde (→ *Nichtigkeitsklage, Klageschrift*, Teil C Rdn 736) nachweisen (Nr. 243 PA-EuG). 607

Wird eine **Klage nach Stellung** eines PKH-Antrags erhoben, ist dies am Anfang der Klageschrift anzugeben (Nr. 133 PA-EuG). Ist über den Antrag bereits entschieden worden, ist zudem anzugeben, wann dem Kläger der Beschluss zugestellt wurde (Nr. 134 PA-EuG). 608

d)aa) Das Gericht hat verschiedene **Entscheidungsmöglichkeiten**. Es kann PKH bewilligen oder versagen, es kann anordnen, dass sich der Kläger an den Kosten des Verfahrens beteiligen muss, den Betrag festsetzen, der dem Anwalt des Antragstellers zu zahlen ist oder kann eine Obergrenze der anwaltlichen Vergütung festlegen (Art. 148 609

Abs. 7 VerfO-EuG. Genügt die festgesetzte Obergrenze im Verfahren nicht aus, kann ein (begründeter) Antrag auf weitere Bewilligung gestellt werden (Rengeling/Middeke/Gellermann/*Hackspiel*, § 29 Rn 32).

610 **bb)** Die PKH **umfasst** die Gebühren und Auslagen des Rechtsanwalts sowie die sonst erforderlichen Kosten der Partei.

☝ Auf Antrag gewährt das Gericht dem Anwalt einen **Vorschuss** auf seine Gebühren (Art. 149 Abs. 1 S. 2 VerfO-EuG).

611 Die Entscheidung über die PKH ergeht durch **unanfechtbaren Beschluss** (Art. 148 Abs. 8 VerfO-EuG; Art. 187 Abs. 3 VerfO-EuGH). I.Ü. gilt:

- Die PKH-Bewilligung kann zudem **widerrufen** werden, wenn sich die Verhältnisse des Antragstellers ändern (Art. 150 Abs. 1 VerfO-EuG; Art. 189 VerfO-EuGH).
- Die PKH-Bewilligung wirkt **nur für** die **Instanz**, in der sie beantragt wird; im Rechtsmittelverfahren muss erforderlichenfalls ein neuer Antrag gestellt werden (Rengeling/Middeke/Gellermann/*Hackspiel*, § 29 Rn 32).

Siehe auch: → *Nichtigkeitsklage, Allgemeines*, Teil C Rdn 457, m.w.N.; → *Nichtigkeitsklage, formale Anforderungen an Schriftsätze*, Teil C Rdn 527; → *Nichtigkeitsklage, mündliche Verhandlung*, Teil C Rdn 612; → *Nichtigkeitsklage, Verfahrensgang*, Teil C Rdn 694.

612 Nichtigkeitsklage, mündliche Verhandlung

Das Wichtigste in Kürze:

1. Das Verfahren vor Gericht und Gerichtshof sieht die mündliche Verhandlung vor. Diese ist grds. öffentlich.
2. Die mündliche Verhandlung umfasst die Vorlage des Sitzungsberichts des Berichterstatters, die Anhörung der Parteivertreter und Beistände und den Schlussantrag des Generalanwalts, sowie ggf. die Vernehmung von Zeugen und Sachverständigen.

613 **Literaturhinweise:** s. die Hinw. bei → *Nichtigkeitsklage, Allgemeines*, Teil C Rdn 457; → *Nichtigkeitsklage, Klageschrift*, Teil C Rdn 579.

614 **1.a)** Das Verfahren vor dem Gerichtshof sieht die **mündliche Verhandlung** vor (Art. 106 Abs. 1VerfO-EuG; Art. 75 f.; Art. 20 Abs. 1 Satzg-EuGH). Sie dient dazu, Fragen des Gerichts zu klären und gibt den Verfahrensbeteiligten Gelegenheit, ihre Standpunkte zusammenzufassen, zu vertiefen oder Argumente zu verdeutlichen sowie neu vorzutragen, sofern sie sich aus Tatsachen ergeben, die erst **nach Abschluss des schriftlichen Verfahrens** eingetreten sind (Nr. 196 PA-EuG).

b) Die Verhandlung ist grds. **öffentlich** (Art. 109 VerfO-EuG; Art. 79 VerfO-EuGH). Die Öffentlichkeit kann jedoch von Amts wegen oder auf Antrag der Parteien aus wichtigen Gründen vom EuGH ausgeschlossen werden (Art. 31 Satzg-EuGH). In diesem Fall darf der Inhalt der mündlichen Verhandlung nicht veröffentlicht werden (Art. 109 Abs. 3 VerfO-EuG; Art. 79 Abs. 2 VerfO-EuGH). Die **Verhandlungsleitung** obliegt dem Präsidenten (Art. 110 Abs. 1 VerfO-EuG; Art. 78 VerfO-EuGH). 615

☝ Die Durchführung einer mündlichen Verhandlung ist nicht zwingend vorgegeben. Sieht das erkennende Gericht selbst keinen entsprechenden Aufklärungsbedarf, wird eine mündliche Verhandlung **nur** auf begründeten **Antrag** angesetzt (Nr. 47 PA-EuGH), dieser Antrag muss beim Gericht binnen drei Wochen nach Schluss des schriftlichen verfahrens gestellt werden (Nr. 180 PA-EuG).

2.a) Die mündliche Verhandlung **umfasst** die Vorlage des **Sitzungsberichts** des Berichterstatters (vgl. dazu Rdn 617), die **Anhörung** der Parteivertreter und Beistände (Rdn 618 ff.) und den **Schlussantrag** des Generalanwalts (vgl. Rdn 626 ff.), sowie ggf. die Vernehmung von Zeugen und **Sachverständigen** (vgl. a. Rdn 624). 616

b) Der **Sitzungsbericht** dient der **Vorbereitung** der mündlichen Verhandlung (Nr. 187 S. 2 PA-EuG). Er beinhaltet eine Darstellung der Klagegründe und eine kurze Zusammenfassung des Vorbringens der Parteien (Nr. 188 PA-EuG). Er wird den Parteien bereits vor der Verhandlung schriftlich zur Kenntnis gegeben, was etwa drei Wochen vor dem Termin der Fall ist (Nr. 187 S. 1 PA-EuG). Am Tag der Verhandlung wird er vor dem Sitzungssaal öffentlich zugänglich gemacht (Nr. 190 PA-EuG). 617

☝ Zur ordnungsgemäßen Vorbereitung der Verhandlung sind die Parteivertreter gehalten, den Bericht **inhaltlich** zu **überprüfen**. Bemerkungen der Parteien zum Bericht in der mündlichen Verhandlung werden beurkundet (Nr. 189 PA-EuG).

Mit Einwänden gegen seine Richtigkeit, die zuvor nicht erhoben wurden, sind die Parteien im Rechtsmittelverfahren **ausgeschlossen** (EuGH, Urt. v. 22.4.1999 – C-161/97 P [*Kernkraftwerke Lippe-Ems*/Kommission Nr. 58], Slg. 1999 I, 2057).

In der **Praxis erfolgt** die **Verlesung** des Berichts in der mündlichen Verhandlung vor dem EuGH bereits seit 30 Jahren **nicht mehr**, weswegen er in seinem Entwurf von Änderungen der Satzung des Gerichtshofs der Europäischen Union vom 28.3.2011 vorschlägt, auf die Verlesung künftig zu verzichten (s. dort, S. 3).

c)aa) Vor Beginn der Sitzung werden die **Parteivertreter** zu eine kurzen **Besprechung** mit dem Gericht gebeten, worin der Verlauf der Sitzung kurz erörtert wird (Rengeling/Middeke/Gellermann/*Hackspiel*, § 25 Rn 9; vgl. auch Nr. 194 PA-EuG). 618

bb) Nach dem **Aufruf** zur Sache folgen grds. zunächst die **Plädoyers** der Parteivertreter (Rengeling/Middeke/Gellermann/*Hackspiel*, § 25 Rn 9). Das Gericht kann aber auch be- 619 reits zu Beginn der Verhandlung seine Fragen stellen. Die Parteivertreter haben dem dann in ihren anschließenden Vorträgen Rechnung zu tragen.

620 **cc) Inhaltlich** sind die Parteien in ihren Vorträgen auf ihr **Vorbringen** im **schriftlichen Verfahren begrenzt**: Neue Angriffs- oder Verteidigungsmittel dürfen nur dann vorgebracht werden, wenn sie auf rechtliche oder tatsächliche Gründe gestützt werden, die erst während des Verfahrens zutage getreten sind (→ *Nichtigkeitsklage, Verfahrensgang*, Teil C Rdn 694).

☝ Allerdings ist es den Parteivertretern nicht verwehrt, ihre bereits vorgebrachten Angriffs- und Verteidigungsmittel mit neuen Argumenten zu **untermauern** (EuGH, Urt. v. 12.7.2001 – T-204/99 [*Olli Mattila*/Rat und Kommission Nr. 67], Slg. 2001 II, 2265).

621 **dd)** Die **Redezeit** der Parteien – ohne die Zeit, die für die Beantwortung der Fragen des Gerichts benötigt wird – beträgt in Abhängigkeit vom Schwierigkeitsgrad der Sach- und Rechtslage grds. **15 Minuten** (Nr. 201 PA-EuG). Diese Zeit verlängert sich nicht durch Redebeiträge mehrerer Vertreter. Die Zahl der Vortragenden ist dann auf zwei begrenzt, die sich die Redezeit teilen müssen (Nr. 203 PA-EuG). Verfahrensbeteiligte, die vor Gericht dieselbe Auffassung vertreten – was i.d.R. **Streithelfer** oder Parteien verbundener Verfahren betrifft – sind gehalten, sich vor der Verhandlung hinsichtlich ihrer mündlichen Vorträge inhaltlich abzustimmen und **Wiederholungen** zu **vermeiden**. Erforderlichenfalls kann die Partei bis zu zwei Wochen vor der Verhandlung – in begründeten Ausnahmefällen auch später – einen Antrag auf **Verlängerung** der **Redezeit** stellen; sie hat den Antrag zu begründen und dabei anzugeben, wie viel Redezeit sie benötigt (Nr. 202 PA-EuG).

☝ Angesichts der begrenzten Redezeit ist der Parteivertreter gehalten, anhand der Zielsetzung der mündlichen Verhandlung zu prüfen, was auszuführen ist; insbesondere sollte er die Möglichkeit einer **Bezugnahme** auf **schriftliche Ausführungen** nicht außer Acht lassen (Nr. 197 PA-EuG).

622 Bei der Vorbereitung des Vortrags muss der Parteivertreter bedenken, dass der **Vortrag simultan übersetzt** wird. Er sollte sich daher klar und verständlich – ohne unnötige Verklausulierungen! – ausdrücken und in möglichst kurzen Sätzen deutlich ins Mikrofon sprechen (Nr. 200, 209 PA-EuG). Das Gericht betont, dass der **frei** anhand vorbereiteter Notizen gehaltenen Vortrag regelmäßig besser zu verfolgen ist, als ein verlesener (Nr. 200 S. 1 PA-EuG).

☝ Beabsichtigt der Parteivertreter gleichwohl, einen **vorbereiteten Vortrag** zu verlesen, sollte er zur Vorbereitung einer ordnungsgemäßen Verhandlung den Text der Dolmetscherdirektion **vorab** per E-Mail (interpret@curia.europa.eu) **übermitteln**.

Die Vertraulichkeit ist durch das Gericht gewährleistet, der die schriftliche Fassung des Vortrags nicht zur Akte nimmt (Nr. 208 PA-EuG). Auch beabsichtigte wörtliche Zitate oder möglicherweise schwer zu übersetzende Phrasen oder Formulierungen sollten dem Dolmetscherdienst entsprechend vor der Verhandlung angezeigt werden (Nr. 210 PA-EuG). Das Gericht begrüßt es i.Ü. ausdrücklich, wenn der Vortrag möglichst strukturiert erfolgt und durch eine erläuternde Gliederung eingeleitet wird (Nr. 200 S. 3 PA-EuG).

ee) Die **Parteien** können **nur durch** ihre **Vertreter** verhandeln (Art. 110 Abs. 2 VerfO-EuG; Art. 119 Abs. 1 VerfO-EuGH), für die Robenpflicht besteht (Nr. 195 PA-EuG). Sie können auf mündliche Ausführungen verzichten, was sie dann nicht hindert, auf mündliche Ausführungen anderer Parteien zu erwidern (Nr. 199 PA-EuG). 623

d) Die Mitglieder des Spruchkörpers können in der Verhandlung **Sachverständige**, **Zeugen** und die **Parteien befragen** (Art. 110 VerfO-EuG; Art. 80 VerfO-EuGH). 624

e) Über die mündliche Verhandlung fertigt der Kanzler ein **Protokoll** an (Art. 114 VerfO-EuG; Art. 84 VerfO-EuGH). Außerdem werden die Sitzungen aufgezeichnet und Abschriften den Mitgliedern des erkennenden Gerichts zur Verfügung gestellt (Rengeling/Middeke/Geller-mann/*Hackspiel*, § 25 Rn 12 m.w.N.). Auf begründeten Antrag können die Parteien die Aufzeichnungen anhören, Art. 115 VerfO-EuG; Art. 85 VerfO-EuGH. 625

f) Die Zuziehung eines **Generalanwalts** im Verfahren vor dem EuG ist nur **ausnahmsweise** der Fall (Rengeling/Middeke/Gellermann/*Hackspiel*, § 25 Rn 12). Wurde für das Verfahren kein Generalanwalt bestellt, erklärt der Präsident die mündliche Verhandlung im Anschluss an die Anhörung für geschlossen (Art. 111 VerfO-EuG). 626

Im Fall der Beteiligung eines Generalanwalts stellt dieser seinen **Schlussantrag** grds. nicht im Sitzungstermin nach der Anhörung der Parteivertreter. Vielmehr wird die **Sitzung unterbrochen** und zu einem späteren Zeitpunkt fortgesetzt (*Pechstein*, Rn 159). Im Verfahren vor dem Gericht kann der Generalanwalt die Schlussanträge auch schriftlich einreichen (Art. 112 VerfO-EuG). 627

g) Nach den **Schlussanträgen** des Generalanwalts erklärt der Präsident die **mündliche Verhandlung** für **geschlossen** (Art. 112 Abs. 2 VerfO-EuG; Art. 82 Abs. 2 VerfO-EuGH). 628

Erforderlichenfalls kann die mündliche Verhandlung **wiedereröffnet** werden (Art. 113 VerfO-EuG; Art. 83 VerfO-EuGH). Dies kann etwa geboten sein, wenn einer Partei aufgrund nachträglich bekannt gewordener Umstände – auch durch den Schlussantrag des Generalanwalts – **rechtliches Gehör** zu gewähren ist (EuGH, Urt. v. 6.10.1982 – C-206/81 [*Jose Alvarez*/Parlament], Slg. 1982 I, 3369; EuGH, Beschl. v. 18.6.2002 – C-280/00 [*Altmark Trans GmbH u.a./NahverkehrsG Altmark*], Slg. 2003 I, 7747). Auch kann eine vor Entscheidungsfindung eingetretene **Besetzungsänderung** die Wiedereröffnung der mündlichen Verhandlung erfordern (s. Art. 113 Abs. 1 VerfO-EuG). 629

Siehe auch: → *Nichtigkeitsklage, Allgemeines*, Teil C Rdn 457, m.w.N.; → *Nichtigkeitsklage, Urteil*, Teil C Rdn 680; → *Nichtigkeitsklage, Verfahrensgang*, Teil C Rdn 694.

630
Nichtigkeitsklage, Rechtsmittelverfahren

Das Wichtigste in Kürze:

1. Gegen die Endentscheidungen des Gerichts und gegen Entscheidungen, die über einen Teil des Streitgegenstands ergangen sind oder die einen Zwischenstreit beenden, der eine Einrede der Unzuständigkeit oder der Unzulässigkeit zum Gegenstand hat, kann Rechtsmittel zum EuGH eingelegt werden.
2. Das Rechtsmittel ist auf Rechtsfragen beschränkt.
3. Neue Anträge können im Rechtsmittelverfahren nicht gestellt werden.
4. Rechtsmittel können die Parteien, Streithelfer sowie Mitgliedstaaten und Unionsorgane einlegen.
5. Die Frist zur Einlegung des Rechtsmittels beträgt zwei Monate ab Zustellung der angefochtenen Entscheidung.
6. Das Rechtsmittel wird durch Einreichung eines entsprechenden Schriftsatzes bei der Kanzlei des EuGH oder des Gerichts eingelegt.
7. Das Rechtsmittel kann zunächst fristwahrend per Fax oder E-Mail eingelegt werden.
8. Auch die Rechtsmittelbeantwortung unterliegt formellen Vorgaben.
9. Das Rechtsmittelverfahren besteht wie das erstinstanzliche Verfahren aus einem schriftlichen und einem mündlichen Verfahren (Art. 59 S. 1 Satzg-EuGH).
10. Ist das Rechtsmittel ganz oder teilweise offensichtlich unzulässig oder unbegründet, kann der EuGH das Rechtsmittel jederzeit nach Anhörung des Generalanwalts ganz oder teilweise zurückweisen.
11. Das Rechtsmittel hat grds. keine aufschiebende Wirkung.
12. Neben dem Rechtsmittelverfahren stehen den Betroffenen und den Parteien als Rechtsbehelfe die Drittwiderspruchsklage bzw. das Wiederaufnahmeverfahren zur Verfügung.

631 **Literaturhinweise: Wägenbauer**, Die Prüfungskompetenz des EuGH im Rechtsmittelverfahren, EuZW 1995, 199; s.a. die Hinw. bei → *Nichtigkeitsklage, Allgemeines*, Teil C Rdn 458.

632 **1.a)** Gegen die Endentscheidungen des Gerichts und gegen Entscheidungen, die über einen Teil des Streitgegenstands ergangen sind oder die einen Zwischenstreit beenden, der eine Einrede der Unzuständigkeit oder der Unzulässigkeit zum Gegenstand hat, kann

Rechtsmittel zum **EuGH** eingelegt werden (Art. 56 Abs. 1 Satzg-EuGH). Insoweit ist unerheblich, ob die Entscheidung als Urteil oder als Beschluss ergangen ist; rechtsmittelfähig sind auch die verfahrensbeendenden Entscheidungen des EuG nach Klagerücknahme, Erledigung der Hauptsache, Urteilsauslegung (→ *Nichtigkeitsklage, Urteil*, Teil C Rdn 693), Wiederaufnahme des Verfahrens (Rdn 668 ff.) oder nach Drittwiderspruchsklage (Rdn 666 f.) (*Pechstein*, Rn 236). Ein Rechtsmittel gegen die Kostenentscheidung oder die Kostenfestsetzung ist nicht zulässig (→ *Nichtigkeitsklage, Kosten*, Teil C Rdn 590, 597).

b) Statistisch gesehen werden etwa **30 %** der anfechtbaren Entscheidungen des EuG durch Rechtsmittel **angefochten** (Jahresbericht 2011, S. 215). Rund 80 % der Rechtsmittel aus dem Jahr 2011 waren dabei erfolglos (Jahresbericht 2011, S. 217). 633

2. Das Rechtsmittel ist auf **Rechtsfragen** beschränkt (Art. 256 Abs. 1 Unter Abs. 2 AEUV). Es kann nur auf die **Unzuständigkeit** des Gerichts, einen **Verfahrensfehler**, durch den die Interessen des Rechtsmittelführers beeinträchtigt werden und auf die **Verletzung** des **Unionsrechts** durch das Gericht gestützt werden (Art. 58 Abs. 1 S. 2 Satzg-EuGH). 634

Auch die **im ersten Rechtszug geprüften Rechtsfragen** können im Rechtsmittelverfahren **erneut** aufgeworfen werden, wenn der Rechtsmittelführer die Auslegung und Anwendung des Unionsrechts durch das Gericht beanstandet; könnte eine Partei ihr Rechtsmittel nicht auf vor dem Gericht bereits geltend gemachte Klagegründe und Argumente stützen, würde dies dem Rechtsmittelverfahren einen Teil seiner Bedeutung nehmen (EuGH, Urt. v. 21.9.2010 – C-514/07 P u.a. [Schweden u.a./API und Kommission Nr. 116], Slg. 2010 I, 8533). 635

☝ **Neue Angriffs-** oder **Verteidigungsmittel** können nur vorgebracht werden, wenn sie auf tatsächliche oder rechtliche Umstände gestützt werden, die erst im Lauf des Verfahrens zutage getreten sind, Art. 127 Abs. 1, 190 Abs. 1 VerfO-EuGH). Dann kann dies auch außerhalb der regulären Schriftsatzfristen erfolgen.

3. Die **Rechtsmittelanträge** können allein die vollständige oder teilweise Aufhebung der Entscheidung des Gerichts oder die vollständige oder teilweise Aufrechterhaltung der im ersten Rechtszug gestellten Anträge zum Gegenstand haben (Art. 169 Abs. 1 VerfO-EuGH; s. etwa EuGH, Urt. v. 15.11.2012 – C-539/10 P u.a. [*Stichting Al Aqsa*/Rat u.a. Nr. 44: bloße Änderung der Urteilsbegründung], EuGRZ 2013, 41). **Neue Anträge** können im Rechtsmittelverfahren **nicht** gestellt werden Insbesondere kann das Rechtsmittel nicht den Streitgegenstand, wie er vor Gericht anhängig war, verändern (Art. 170 Abs. 1 S. 2 VerfO-EuGH). Dementsprechend dürfen die Anträge der Rechtsmittelbeantwortung allein die vollständige oder teilweise Zurückweisung des Rechtsmittels oder die vollständige oder teilweise Aufhebung der Entscheidung des Gerichts oder die vollständige oder 636 teilweise Aufrechterhaltung der im ersten Rechtszug gestellten Anträge zum Gegenstand haben (Art. 174 VerfO-EuGH). Aufrechterhaltene Anträge sollten zwecks Tenorierung im Fall einer Endentscheidung angegeben werden (Rengeling/Middeke/Gellermann/*Hackspiel*, § 28 Rn 17 m.w.N.).

637 **4.** Rechtsmittel können die **Parteien**, **Streithelfer** sowie **Mitgliedstaaten** und **Unionsorgane** einlegen. Im Einzelnen gilt folgende

638 **Rechtsmittelbefugnis**:

- **Mitgliedstaaten** und **Unionsorgane** sind **privilegiert**. Sie bedürfen keiner besonderen Rechtsmittelbefugnis (entsprechend der Klagebefugnis). Sie sind berechtigt, auch Rechtsmittel gegen eine Entscheidung einzulegen, an dessen Rechtsstreit sie zuvor nicht beteiligt waren. Sie werden dann Mitgliedstaaten und Organen, die dem Rechtsstreit im ersten Rechtszug beigetreten sind gleichgestellt (Art. 56 Abs. 3 Satzg-EuGH).
- Die **Partei** ist rechtsmittelbefugt, wenn sie mit ihren Anträgen ganz oder teilweise **unterlegen** ist (Art. 56 Abs. 2 S. 1 Satzg-EuGH).
- Über diese formelle Beschwer hinaus ist die **Partei auch** dann rechtsmittelbefugt, wenn sie **materiell beschwert** ist (Rengeling/Middeke/Gellermann/*Hackspiel*, § 28 Rn 11 m.w.N.).
  - Dies ist zugunsten des Beklagten etwa der Fall, wenn die Nichtigkeit eines angefochtenen **Rechtsakts** deshalb nicht festgestellt wird, weil dieser so mangelbehaftet ist, dass ihn das EuG **als inexistent ansieht** (EuGH, Urt. v. 15.6.1994 – C-137/92 P [Kommission/BASF u.a.], Slg. 1994 I, 2555).
  - Auch wenn die **Unzulässigkeitserklärung** der Klage beantragt wurde, deren Entscheidung dem Endurteilvorbehalten wurde und sodann in diesem die Zulässigkeit aber Unbegründetheit festgestellt wird, kann eine die Rechtmittelbefugnis begründende materielle Beschwer gegeben sein (EuGH, Urt. v. 26.2.2002 – C-23/00 P [Rat/*Vetmedica u.a.* Nr. 50], Slg. 2002 I, 1873).
  - Nicht ausreichend ist es aber, wenn das EuG die Klage als unbegründet abweist, nachdem es die Zulässigkeit der Klage hat dahinstehen lassen (EuGH, a.a.O., Nr. 51 bis 53).
- Ein **Streithelfer**, der nicht Mitgliedstaat und Unionsorgan ist, ist rechtmittelbefugt, wenn er durch die Entscheidung unmittelbar berührt ist (Art. 56 Abs. 2 S. 2 Satzg-EuGH). Das Merkmal des unmittelbaren Berührtseins ist dabei ähnlich auszulegen, wie die individuelle Betroffenheit als Bestandteil der Klagebefugnis (→ *Nichtigkeitsklage, Klagebefugnis*, Teil C Rdn 566); der Streithelfer muss als unmittelbar Betroffener **eigene Rechte verfolgen** und nicht nur ein berechtigtes Interesse am Ausgang des Rechtsstreits haben (Rengeling/Middeke/Gellermann/*Hackspiel*, § 28 Rn 12).

☝ I.Ü. muss der Rechtsmittelführer, wenn er natürliche oder juristische Person ist, ein **Rechtsschutzbedürfnis** aufweisen (*Pechstein*, Rn 246). Dieses wird vom EuGH etwa verneint, wenn der Rechtsmittelführer aufgrund einer neuen Tatsache, die nach Erlass der angegriffenen Entscheidung eingetreten ist, nicht mehr beeinträchtigt ist /und ihm die Entscheidung im Ergebnis keinen Vorteil mehr verschaffen kann (EuGH, Urt. V. 19.10.1995 – C-19/93 P [*Rendo u.a.*/Kommission Nr. 13], Slg. 1995 I, S. 3319).

5. Die **Frist** zur Einlegung des Rechtsmittels beträgt **zwei Monate** ab Zustellung der angefochtenen Entscheidung (Art. 56 Abs. 1 a.E. Satzg-EuGH; → *Rechtsmittel/ Rechtsbehelfe, Zustellung, Allgemeines*, Teil A Rdn 1845). Im Fall der Verfristung aufgrund besonderer Umstände kann der EuGH **Wiedereinsetzung** in den vorigen Stand gewähren Art. 45 Abs. 2 Satzg-EuGH; → *Nichtigkeitsklage, Frist*, Teil C Rdn 557). **639**

6. Das Rechtsmittel wird durch Einreichung eines entsprechenden **Schriftsatzes** bei der **Kanzlei** des EuGH oder des Gerichts eingelegt (Art. 167 Abs. 1 VerfO-EuGH). **640**

a) Die **Verfahrenssprache** ist grds. diejenige des erstinstanzlichen Verfahrens (→ *Nichtigkeitsklage, Sprache*, Teil C Rdn 673). Auf gemeinsamen Antrag der Parteien kann eine andere der Verfahrenssprachen zugelassen werden, auf Antrag einer Partei, die nicht Organ der EU auch eine Sprache, die nicht Verfahrenssprache des Gerichtshofs für die Europäischen Gemeinschaften ist. Mitgliedstaaten als Streithelfer können sich ihrer eigenen Amtssprache bedienen (Art. 38 Abs. 4 VerfO-EuGH). **641**

b) Die Rechtsmittelschrift muss die Angabe von **Name** und **Wohnsitz** des **Rechtsmittelführers**, die Bezeichnung der angegriffenen Entscheidung, die Bezeichnung der anderen Parteien des Verfahrens vor dem Gericht, die Rechtsmittelgründe und die Anträge des Rechtsmittelführers enthalten (Art. 168 Abs. 1 VerfO-EuGH). **642**

☝ Ihr muss die **angefochtene Entscheidung in Kopie** beigefügt werden, dessen Zustellungsdatum anzugeben ist (Art. 122 Abs. 1, 168 Abs. 3 VerfO-EuGH; Art. 21 Abs. 1 Satzung-EuGH).

c) Sie muss darüber hinaus eine **Erklärung** zur **Zustellbarkeit gerichtlicher Sendungen** enthalten (Art. 121 VerfO-EuGH), ggf. unter Benennung von Faxnummer, unter der Zustellungen entgegengenommen werden (→ *Nichtigkeitsklage, Klageschrift*, Teil C Rdn 579; → *Nichtigkeitsklage, formale Anforderungen an Schriftsätze*, Teil C Rdn 541). Der Anwalt, der als Vertreter einer Partei auftritt, hat der Rechtsmittelschrift außerdem eine Bescheinigung beizufügen, aus der hervorgeht, dass er berechtigt ist, vor einem Gericht des Mitgliedstaats oder eines anderen Vertragsstaats des EWR-Abkommens aufzutreten (Zulassungsurkunde) (→ *Nichtigkeitsklage, Klageschrift*, Teil C Rdn 579, Art. 119 Abs. 3 VerfO-EuGH). **643**

d) Die **Anträge** sind am Anfang oder am Ende der Rechtsmittelschrift genau anzugeben (Art. 169 Abs. 2 VerfO-EuGH, Nr. 36 PA EuGH). **644**

645 e) Bezüglich **Vorgeschichte** und **Gegenstand des Rechtsstreits** kann in der Regel auf die angefochtene Entscheidung **verwiesen** werden. Die Rechtsausführungen sollten nach den geltend gemachten Rechtsmittelgründen und Rechtsfehlern gegliedert werden; ihnen sollte eine schematische Aufstellung der Rechtsmittelgründe vorangehen.

646 **f)** In seinen **Praktischen Anweisungen** gibt der **EuGH** den Aufbau aller Schriftsätze vor (Nr. 36). Nach den zwingenden Angaben zu:

- **Name** und **Wohnsitz** des **Rechtsmittelführers**,
- Name und Eigenschaft des Bevollmächtigten oder **Anwalts** des Rechtsmittelführers,
- Bezeichnung der **angefochtenen Entscheidung** nach Art, Spruchkörper, Datum und Nummer der Rechtssache sowie der Parteien des erstinstanzlichen Verfahrens,
- Datum der Zustellung der angefochtenen Entscheidung und der
- Erklärung über die **Zustellung** ist danach mit der
- **Gliederung** oder einem Inhaltsverzeichnis fortzufahren.

647 Hinsichtlich der **Abfassung** der **Schriftsätze** empfiehlt der EuGH den Parteien im eigenen Interesse zu möglichst kurzen, gegliederten, prägnanten und wiederholungsfreien Schriftsätzen, die sich Sätzen von einfacher Struktur und eines einfachen und präzisen Vokabulars bedienen, Nr. 37 PA-EuGH. Er verweist darauf, dass dann sowohl das Studium der Schriftsätze als auch zu fertigende Übersetzungen schneller und zuverlässiger erfolgen können, was sich insgesamt positiv auf die Bearbeitungszeit der Rechtssache auswirke.

☝ Die Rechtsmittelschrift sollte 25 Seiten nicht überschreiten (Nr. 20 PA-EuGH).

648 **g) Anlagen** dürfen dem Rechtsmittel nur beigefügt werden, wenn sie in diesem erwähnt werden und zum Beweis oder zur Erläuterung seines Inhalts erforderlich sind (Art. 57 Abs. 4 VerfO-EuGH; Nr. 39 PA-EuGH). Die rechtliche Argumentation selbst darf nicht Gegenstand der Anlagen sein; sie muss im Verfahrensschriftsatz ausgeführt werden, Nr. 39 S. 1 PA-EuGH. Anlagen müssen wie im erstinstanzlichen Verfahren mit einem **Anlagenverzeichnis** eingereicht werden (Nr. 40 S. 1 PA-EuGH). Das Anlagenverzeichnis sollte für jedes Schriftstück eine Nummer, eine kurze Beschreibung des beigefügten Schriftstücks (nach Art des Schriftstücks, Datum, Verfasser, Adressat und Anzahl der Seiten) und zudem die Seite des Schriftsatzes und die Absatznummer, in dem die Anlage erwähnt wird und die die Einreichung der Anlage rechtfertigt, aufführen (Nr. 39PA-EuGH).

649 **Bezugnahmen** auf **bereits vorgelegte Anlagen** müssen unter Verwendung der Anlagenbezeichnung aus dem Anlageverzeichnis sowie unter Angabe des Schriftsatzes mit dem die Anlage vorgelegt wurde unter Angabe von Seitenzahl und Absatznummer erfolgen; wurde das Dokument bereits erstinstanzlich eingereicht, ist zudem die vor dem Gericht verwendete Anlagenbezeichnung anzugeben.

Die **beigefügten Anlagen** sind in der rechten oberen Ecke fortlaufend mit dem Schriftsatz zu **paginieren**. Als Anlagen beigefügte Kopien von gerichtlichen Entscheidungen, Rechtsliteratur oder Gesetzgebungsakten sind von den übrigen Anlagen zu trennen. **650**

Außerdem sind der Rechtsmittelschrift genügend **beglaubigte Abschriften** beizufügen (→ *Nichtigkeitsklage, formale Anforderungen an Schriftsätze*, Teil C Rdn 538). **651**

☝ Der EuGH empfiehlt, der Rechtsmittelschrift eine **Zusammenfassung** der Rechtsmittelgründe und der **wesentlichen Argumente beizufügen**, die dazu dient, die erforderliche Veröffentlichung im Amtsblatt der Europäischen Union zu erleichtern, Nr. 21 PA-EuGH. Der Umfang dieser Zusammenfassung darf zwei Seiten nicht überschreiten.

7. Das Rechtsmittel kann **fristwahrend** per **Fax** (00352 43 37 66) eingelegt werden, sofern das unveränderte Original binnen zehn Tagen in der Kanzlei des EuGH eingeht (Art. 57 Abs. 7 PA-EuGH; → *Nichtigkeitsklage, formale Anforderungen an Schriftsätze*, Teil C Rdn 674 ff.). Die elektronische Übermittlung kann im e-curia-Verfahren erfolgen. **652**

8. Für die **Rechtsmittelbeantwortung** gilt: **653**

- Die **Rechtsmittelbeantwortung** muss **innerhalb** einer nicht verlängerbaren Frist von **zwei Monaten** nach Zustellung der Rechtsmittelschrift eingereicht werden (Art. 172 VerfO-EuGH).
- Sie muss die **Rechtssachennummer** und den **Rechtsmittelführer bezeichnen** und außerdem Name und Wohnsitz der Partei, die die Schrift vorlegt, Name und Eigenschaft des Bevollmächtigten oder Anwalts dieser Partei, das Datum, an dem die Rechtsmittelschrift bei der Partei zugegangen ist sowie eine Erklärung über die Zustellbarkeit von Schriften durch den EuGH (Art. 173, 121 VerfO-EuGH; → *Nichtigkeitsklage, Klageschrift*, Teil C Rdn 730). Mit diesen Angaben hat die Rechtsmittelbeantwortung zu beginnen (Nr. 31 PA-EuGH).
- Die **Anträge** der Rechtsmittelbeantwortung sind am Anfang oder am Ende des Schriftsatzes genau zu bezeichnen (Nr. 36 PA-EuGH).
- Die **Rechtsausführungen** sind, soweit möglich, anhand der vom Rechtsmittelführer geltend gemachten Rechtsmittelgründe und gegebenenfalls der im Anschlussrechtsmittel geltend gemachten Gründen zu **gliedern** (Nr. 22 S. 3 PA-EuGH). Einer Darstellung des tatsächlichen und rechtlichen Rahmens bedarf es nur, soweit eine Darstellung in der Rechtsmittelschrift bestritten wird oder der Erläuterung bedarf; ein Bestreiten hat ausdrücklich und unter genauer Angabe des betreffenden tatsächlichen oder rechtlichen Gesichtspunkts zu erfolgen.

☝ Auch die Beantwortung des Rechtsmittels sollte. einen Umfang von **25 Seiten** nicht überschreiten (Nr. 22 S. 5 PA-EuGH).

- Beizufügen sind auch der Rechtsmittelbeantwortung **genügend Abschriften** (→ *Nichtigkeitsklage, formale Anforderungen an Schriftsätze*, Teil C Rdn 538) sowie eine Bescheinigung aus der sich die Berechtigung des Anwalts, vor einem Gericht eines Mitgliedsstaats oder eines anderen Vertragsstaates des Abkommens über den Europäischen Wirtschaftsraum aufzutreten, ergibt (**Zulassungsurkunde**) (Art. 119 Abs. 3 VerfO-EuGH).

654 **9.** Das Rechtsmittelverfahren besteht wie das erstinstanzliche Verfahren aus einem **schriftlichen** (Rdn 655 ff.) und einem **mündlichen Verfahren** (Art. 59 S. 1 Satzg-EuGH).

655 **a)aa)** Nach Rechtmittelschrift und Rechtsmittelbeantwortung kann der Präsident einen **zweiten Schriftsatzwechsel auf Antrag** des Rechtsmittelführers bewilligen. Der hierauf gerichtete Antrag ist binnen sieben Tagen nach Zustellung der Rechtsmittelbeantwortung zu stellen (Art. 175 Abs. 1 VerfO-EuGH). Er darf drei Seiten nicht überschreiten und muss sich darauf beschränken, in kurzer Form die speziellen Gründe anzugeben, aus denen der Rechtsmittelführer eine Erwiderung für erforderlich hält (Nr. 25 S. 3 PA-EuGH).

☝ Der Antrag muss **aus sich heraus verständlich** sein, ohne dass es einer Heranziehung der Rechtsmittelschrift oder der Rechtsmittelbeantwortung bedarf, Nr. 25 S. 4 PA-EuGH.

656 Grundsätzlich wird einem solchen Antrag stattgegeben, wenn dies erforderlich ist, um dem Rechtsmittelführer **Gelegenheit** zu einer **ersten Erwiderung** auf neue Gesichtspunkte zu geben (Art. 179 f. VerfO-EuGH).

657 **bb)** Nach erfolgtem Schriftsatzwechsel **beschließt** der **EuGH** nach Anhörung des Generalanwalts und der Parteien im eigenen Ermessen, ob er aufgrund **mündlicher Verhandlung entscheidet** (vgl. Nr. 45 PA-EuGH). Eine Partei kann aber binnen drei Wochen nach der Mitteilung über den Abschluss des schriftlichen Verfahrens die Durchführung der mündlichen Verhandlung beantragen (Art. 76 Abs. 1 VerfO-EuGH; Art. 59 S. 2 Satzg-EuGH). Der in einem gesonderten Schriftsatz einzureichende **Antrag** ist zu begründen; dabei muss sich die Begründung aus einer **konkreten** Beurteilung der **Zweckmäßigkeit** einer mündlichen Verhandlung für die Partei ergeben; der Antragsteller muss angeben, bezüglich welcher Aktenbestandteile oder Ausführungen er eine eingehendere Darlegung oder Widerlegung in der mündlichen Verhandlung für erforderlich hält (Nr. 46 PA-EuGH).

☝ Eine nur **allgemeine Begründung** unter Bezugnahme auf die Bedeutung der Sache oder die zu behandelnden Fragen **genügt** dem EuGH **nicht** (Nr. 46 S. 3 PA-EuGH).

658 **b)aa)** Findet eine **mündliche Verhandlung** statt, gilt vor dem EuGH im Wesentlichen dasselbe, wie für den EuG → ***Nichtigkeitsklage, mündliche Verhandlung***, Teil C Rdn 612. Die Verhandlung besteht in der Regel aus den Vorträgen der Parteien, den Fragen des EuGH und den Erwiderungen der Parteien (Nr. 49 – 52 PA-EuGH).

bb) Die **Redezeit** der Parteien ist auf fünfzehn Minuten **begrenzt**; auf eingehend begründeten Antrag kann eine längere Redezeit gewährt werden (Nr. 52 PA-EuGH). Der Antrag ist nach Erhalt der Ladung zu stellen; er darf spätestens zwei Wochen vor dem Termin eingehen. 659

10.a) Ist das Rechtsmittel ganz oder teilweise **offensichtlich unzulässig** oder **unbegründet**, kann der EuGH das Rechtsmittel jederzeit nach Anhörung des Generalanwalts ganz oder teilweise zurückweisen (Art. 181 VerfO-EuGH). 660

b) Ist das Rechtsmittel **begründet**, kann der EuGH nach Art. 61 Abs. 1 seiner Satzung über den Rechtsstreit selbst entscheiden, wenn dieser entscheidungsreif ist; im Übrigen verweist er an das Gericht zurück. Im Fall der **Zurückverweisung** ist das Gericht an die rechtliche Beurteilung in der Entscheidung des EuGH gebunden (Art. 61 Abs. 2 Satzg-EuGH). Das weitere Verfahren vor dem EuG richtet sich dann nach Art. 215 bis 223 VerfO-EuG. 661

Ist ein Rechtsmittel begründet, das von einem **Mitgliedstaat** oder einem **Unionsorgan eingelegt** wurde, das zuvor dem Rechtsstreit nicht beigetreten ist, kann der EuGH diejenigen Wirkungen der aufgehobenen Entscheidung des Gerichts bezeichnen, die für die Parteien des Rechtsstreits als fortgeltend zu betrachten sind, Art. 61 Abs. 3 Satzg-EuGH. 662

11. Das Rechtsmittel hat grds. **keine aufschiebende Wirkung** (Art. 60 Abs. 1 Satzg-EuGH). Eine **Ausnahme** besteht in Fällen der Nichtigerklärung einer Verordnung; eine solche wird mit Rechtskraft wirksam (Art. 60 Abs. 2 Satzg-EuGH). Dies dient der Rechtssicherheit durch Gewährleistung einer größeren Kontinuität (*Wägenbauer*, Art. 60 Satzg-EuGH Rn 3). 663

Erforderlichenfalls kann der EuGH auf **Antrag** oder von Amts wegen die Durchführung der angefochtenen Handlung aussetzen (Art. 278 S. 2 AEUV), eine einstweilige Anordnung erlassen (Art. 279 AEUV; → *Nichtigkeitsklage*, ***Dringlichkeitsmaßnahmen***, Teil C Rdn 486 ff.) oder sonstige erforderliche Anordnungen treffen (Art. 60 Abs. 2 Satzg-EuGH). 664

12. Neben dem Rechtsmittelverfahren stehen den Betroffenen und den Parteien als Rechtsbehelfe die **Drittwiderspruchsklage** bzw. das **Wiederaufnahmeverfahren** zur Verfügung. 665

a) Mitgliedstaaten, Organe, Einrichtungen und sonstige Stellen der Union und alle natürlichen und juristischen Personen können **Drittwiderspruch** gegen ein Urteil erheben, wenn dieses ihre Rechte beeinträchtigt und in einem Rechtsstreit erlassen wurde, an dem sie nicht teilgenommen haben (Art. 42 Satzg-EuGH). Der Drittwiderspruch muss insbesondere das angefochtene Urteil bezeichnen, die Angabe beinhalten, in welchen Punkten das Urteil seine Rechte beeinträchtigt und warum ihm eine Teilnahme am Hauptsacheverfahren nicht möglich war; er ist gegen alle Parteien des Hauptverfahrens zu richten und muss die wesentlichen Förmlichkeiten der Schriftsätze wahren (Art. 167 VerfO-EuG). 666

667 Ist das anzugreifende Urteil im Amtsblatt der EU veröffentlicht, muss der Antrag **innerhalb von zwei Monaten** nach der Veröffentlichung eingereicht werden (Art. 167 Abs. 2 VerfO-EuG). **Zuständig** zur Entscheidung über den Drittwiderspruch ist der Spruchkörper, der die angegriffene Entscheidung getroffen hat, Art. 162 Abs. 1 VerfO-EuG. Wird das Urteil zugleich durch Rechtsmittel vor dem EuGH und mit Drittwiderspruch vor dem Gericht angegriffen, kann das Gericht das Verfahren bis zur Entscheidung des EuGH **aussetzen** (Art. 163 VerfO-EuG).

668 **b)aa)** Wenn eine Tatsache von entscheidender Bedeutung bekannt wird, die vor Verkündung des Urteils dem Gerichtshof und der antragstellenden Partei unbekannt war, kann die **Wiederaufnahme** des Verfahrens beantragt werden (Art. 44 Abs. 1 Satzg-EuGH).

669 **bb)** Der Antrag muss **binnen drei Monaten** nach dem Tag, an dem der Antragsteller Kenntnis des Wiederaufnahmegrunds erlangt hat, beantragt werden, Art. 169 Abs. 2 VerfO-EuG (Art. 159 Abs. 2 VerfO-EuGH). Im Übrigen kann ein Wiederaufnahmeantrag nur binnen zehn Jahren nach Erlass des Urteils gestellt werden (Art. 44 Abs. 4 Satzg-EuGH).

670 **cc)** Im **Wiederaufnahmeantrag** sind die wesentlichen **formalen Anforderungen** an Schriftsätze zu wahren (→ *Nichtigkeitsklage, formale Anforderungen an Schriftsätze*, Teil C Rdn 527). Der Antrag muss jedenfalls die Bezeichnung des angefochtenen Urteils, die Angabe der Punkte, wegen derer das Urteil angefochten wird, die Bezeichnung der Tatsachen, die dem Antrag zugrunde liegen und die Benennung der Beweismittel zum Beleg des Wiederaufnahmegrundes sowie der Einhaltung der Frist zur Einlegung eines Wiederaufnahmeantrags umfassen, Art. 169 Abs. 3 VerfO-EuG (Art. 159 Abs. 3 VerfO-EuGH).

671 Er ist **gegen alle Parteien** des **Ausgangsrechtsstreits** zu richten (Art. 159 Abs. 4 VerfO-EuGH). **Zuständig** für das Verfahren ist der Spruchkörper, der das angefochtenen Urteil erlassen hat (Art. 162 VerfO-EuG).

672 Wird das Urteil zugleich durch Rechtsmittel vor dem EuGH und mit Wiederaufnahmeantrag vor dem Gericht angegriffen, kann das Gericht das Verfahren bis zur Entscheidung des EuGH **aussetzen** (Art. 163 VerfO-EuG).

Siehe auch: → *Nichtigkeitsklage, Allgemeines*, Teil C Rdn 457, m.w.N.; → *Nichtigkeitsklage, EuGH*, Teil C Rdn 511; → *Nichtigkeitsklage, formale Anforderungen an Schriftsätze*, Teil C Rdn 527; → *Nichtigkeitsklage, Frist*, Teil C Rdn 545; → *Nichtigkeitsklage, Kosten*, Teil C Rdn 588; → *Nichtigkeitsklage, mündliche Verhandlung*, Teil C Rdn 612.

Nichtigkeitsklage, Sprache 673

Das Wichtigste in Kürze:

1. Zu den in Art. 44 VerfO-EuG (Art. 36 VerfO-EuGH) aufgeführt 24 Verfahrenssprachen des Gerichtshofs zählt auch die deutsche Sprache.
2. Die gewählte Verfahrenssprache ist grds. während des gesamten Verfahrens beizubehalten.
3. Die Sprachenwahl gilt nicht für alle Verfahrensbeteiligten uneingeschränkt.

Literaturhinweise: **Huber**, Deutsch als Gemeinschaftssprache, BayVBl. 1992, 1; **Oppermann**, Reform der EU-Sprachenregelung, NJW 2001, 2663; s.a. die Hinw. bei → *Nichtigkeitsklage, Allgemeines*, Teil C Rdn 458. 674

1. Die **Verfahrenssprachen** des Gerichtshofs sind in Art. 44 VerfO-EG (Art. 36 VerfO-EuGH) aufgeführt. Zu ihnen zählt neben 23 weiteren Sprachen **auch** die **deutsche** Sprache. 675

Der **Kläger** einer Nichtigkeitsklage **wählt** die Verfahrenssprache, Art. 45 Abs. 1 VerfO-EuG (Art. 37 Abs. 1 VerfO-EuGH): Regelmäßig bewirkt die auf deutsch eingereichte Nichtigkeitsklage ohne Weiteres die entsprechende Sprachenwahl (zu den Einschränkungen s. Art. 45 Abs. 1 Buchst. a) bis c) VerfO-EuG (Art. 37 Abs. 1 Buchst. a) bis c) VerfO-EuGH). Personenmehrheiten auf Klägerseite müssen sich auf eine Sprache einigen (Rengeling/Middeke/Gellermann/*Hackspiel*, § 21 Rn 27). 676

2. Die **gewählte Verfahrenssprache** ist grds. **beizubehalten** und in den gesamten schriftlichen und mündlichen Ausführungen anzuwenden Art. 46 Abs. 1 VerfO-EuGH (Art. 38 Abs. 1 VerfO-EuG). 677

☝ Von **Urkunden** in anderer Sprache muss daher eine **Übersetzung** beigefügt werden, bei umfangreichen Urkunden kann sich diese jedenfalls vorläufig – solange das Gericht nichts Weiteres anfordert – auf die wesentlichen Auszüge beschränken, Art. 46 Abs. 2 und 3 VerfO-EuG (Art. 38 Abs. 2 und 3 VerfO-EuGH).

In der Verfahrensordnung **nicht vorgesehen** ist die Möglichkeit zu beantragen, dass nach einer einmal durchgeführten Sprachenwahl statt dieser eine **andere offizielle Verfahrenssprache** für das weitere Verfahren oder Teile davon verwendet werden darf. Ist ein solcher Antrag notwendig geworden, ist er umfassend insbesondere im Hinblick darauf zu begründen, warum die Verwendung der Verfahrenssprache nunmehr für den Antragsteller eine erhebliche Beeinträchtigung seiner Rechte bedeute (Rengeling/Middeke/Gellermann/*Hackspiel*, § 21 Rn 32). 678

☝ **Unzureichend** ist insoweit der Verweis auf die **Muttersprache** des anwaltlichen Vertreters (EuG, Urt. v. 16.4.1997 – T-80/96 [*Mattus*/Rat], Slg. 1997 II, 87).

679 **3.** Die Sprachenwahl gilt **nicht** für **alle Verfahrensbeteiligten uneingeschränkt**:

- **Mitgliedstaaten**, Vertragsstaaten des **EWR-Abkommens**, die nicht Mitgliedstaaten sind, die **EFTA-Überwachungsbehörde** und **Drittstaaten** können sich unter bestimmten Voraussetzungen ihrer Amtssprache oder einer anderen als der Verfahrenssprachen des Gerichtshofs bedienen. Ist dies der Fall, veranlasst der Kanzler die erforderlichen Übersetzungen in die Verfahrenssprache Art. 46 Abs. 4 und 5 VerfO-EuG (Art. 38 Abs. 4 bis 6 VerfO-EuGH).
- **Zeugen** und **Sachverständige** müssen nicht die gewählte Verfahrenssprache benutzen; ihnen steht grundsätzlich die Verwendung jeder der offiziellen Verfahrenssprachen offen Art. 46 Abs. 6 VerfO-EuG (Art. 38 Abs. 7 VerfO-EuGH). Darüber hinaus kann der EuGH den Gebrauch auch einer anderen Sprache gestatten, wenn der Betroffene erklärt, sich nicht hinreichend in einer dieser Sprachen ausdrücken zu können.
- Der EuGH verwendet im Schriftverkehr mit den Parteien die gewählte Verfahrenssprache (Rengeling/Middeke/Gellermann/*Hackspiel*, § 21 Rn 30). In der **mündlichen Verhandlung** können sich die Mitglieder der Gerichts abweichend von der gewählten Verfahrenssprache einer der in Art. 44 VerfO-EuG (Art. 36 VerfO-EuGH) insgesamt genannten Verfahrenssprachen bedienen, was regelmäßig auch geschieht; der Kanzler veranlasst die Übersetzung Art. 46 Abs. 7 VerfO-EuG (Art. 38 Abs. 8 VerfO-EuGH.

☝ **Interne Arbeitssprache** des Gerichtshofs ist **Französisch**, weshalb Vorberichte, Sitzungsberichte und Entscheidungsentwürfe regelmäßig in dieser Sprache abgefasst werden (Rengeling/Middeke/Gellermann/*Hackspiel*, § 21 Rn 30).

Siehe auch: → *Menschenrechtsbeschwerde, Allgemeines*, Teil C Rdn 290; → *Nichtigkeitsklage, Allgemeines*, Teil C Rdn 457, m.w.N.; → *Nichtigkeitsklage, EuGH*, Teil C Rdn 511.

680 Nichtigkeitsklage, Urteil

Das Wichtigste in Kürze:

1. Die Urteile des EuG haben einen vorgeschriebenen Inhalt auf.
2. Das Urteil wird in öffentlicher Sitzung, verkündet.
3. Grds. werden Urteile des EuG mit ihrer Verkündung wirksam.
4. Gem. Art. 264 AEUV erklärt der EuG auf die begründete Nichtigkeitsklage die angefochtene Handlung für nichtig.
5. Nach der Verkündung wird den Parteien eine beglaubigte Abschrift des Urteils zugestellt und wird es veröffentlicht.

6. Im Verfahren vor den Gerichten des Gerichtshofs für die Europäische Union kann ein Versäumnisurteil erlassen werden.
7. Die Korrektur von Schreib- und Rechenfehlern sowie offenbaren Unrichtigkeiten nimmt das Gericht von Amts wegen oder auf Antrag vor.
8. Das Gericht kann wegen der **Auslegung** eines **seiner Urteile** angerufen werden.

Literaturhinweise: **Baumeister**, Effektiver Individualrechtsschutz im Gemeinschaftsrecht, EuR 2005, 1; **v. Burchard**, Der Rechtsschutz natürlicher und juristischer Personen gegen EG-Richtlinien gemäß Art. 173 Abs. 2 EWGV, EuR 1991, 140; **Calliess**, Kohärenz und Konvergenz beim europäischen Individualschutz, NJW 2002, 3577; **Fredriksen**, Individualklagemöglichkeiten vor den Gerichten der EU nach dem Vertrag über eine Verfassung für Europa, ZEuS 2005, 99; s. die Hinw. bei → *Nichtigkeitsklage, Allgemeines*, Teil C Rdn 458. 681

1. Die Urteile des EuGH weisen einen **vorgeschriebenen Inhalt** auf. Hierbei handelt es sich nach **Art. 117 VerfO-EuG** (Art. 87 VerfO-EuGH) um die Feststellung, dass es vom Gericht(shof) erlassen ist, die Bezeichnung des Spruchkörpers, den Tag der Verkündung, die Namen des Präsidenten und der übrigen Richter, die bei der Entscheidung mitgewirkt haben, gegebenenfalls den Namen des Generalanwalts, den Namen des Kanzlers, die Bezeichnung der Parteien, die Namen der Bevollmächtigten, Beistände oder Anwälte, die Anträge der Parteien, gegebenenfalls die Feststellung, dass der Generalanwalt seine Schlussanträge gestellt hat, eine kurze Darstellung des Sachverhalts, die Entscheidungsgründe und die Urteilsformel einschließlich der Entscheidung über die Kosten. 682

2. Das Urteil wird in öffentlicher Sitzung, zu der die Parteien und ihre Vertreter geladen werden, deren Erscheinen allerdings nicht erforderlich ist (*Pechstein*, Rn 165), **verkündet** (Art. 118 Abs. 1 VerfO-EuG; Art. 88 Abs. 1 VerfO-EuG). 683

3. Grds. werden Urteile des EuG mit ihrer Verkündung **wirksam** (Art. 121 VerfO-EuG). Entscheidungen, in denen eine Verordnung für nichtig erklärt wird, werden hingegen erst nach ereignislosem Ablauf der Rechtsmittelfrist oder nach Erledigung des Rechtmittelverfahrens wirksam (Art. 60 Abs. 2 Satzg-EuGH). 684

4. Gem. Art. 264 AEUV **erklärt** der EuG auf die begründete Nichtigkeitsklage die **angefochtene Handlung** für **nichtig**. Das stattgebende Urteil im Verfahren über die Nichtigkeitsklage hat damit Gestaltungswirkung (ausführlich Rengeling/Middeke/Gellermann/*Hackspiel*, § 27 Rn 24 bis 27). 685

Entscheidungen in Nichtigkeitsverfahren **wirken** grds. **ex tunc** und erga omnes, also rückwirkend und gegenüber allen, aber wegen des begrenzten Gegenstands oft nur in Bezug auf den Kläger (EuGH, Urt. v. 3.9.2008 – C-402/05 P u. C-415/05 P [*Kadi u. Al Barakaat*/Kommission u. Rat Nr. 372], EuGRZ 2008, 480). 686

Das Gericht kann i.Ü., sofern es das für notwendig hält, **Wirkungen** bezeichnen, die als **fortgeltend** zu betrachten sind (Art. 264 Abs. 2 AEUV). Dies kann auch eine (begrenzte) 687 zeitliche Fortgeltung bedeuten (EuGH, Urt. v. 3.9.2008 – C-402/05 P u. C-415/05 P [*Kadi u. Al Barakaat*/Kommission u. Rat Nr. 373 bis 376] [drei Monate Fortwirkung, damit die gerügten und festgestellten Verfahrensverstöße [Verletzung der Verteidigungsrechte, insbesondere des Rechts auf rechtliches Gehör, Verletzung des Rechts auf effektiven gerichtlichen Rechtsschutz und Verletzung des Grundrechts auf Achtung des Eigentums] geheilt werden können]).

688 **5.** Nach seiner Verkündung wird den Parteien eine beglaubigte Abschrift des Urteils **zugestellt** (Art. 118 Abs. 2 VerfO-EuG; Art. 88 Abs. 2 VerfO-EuGH). Sodann wird es regelmäßig **veröffentlicht** (in der amtlichen Sammlung und/oder im Internet (Art. 35 Abs. 3 VerfO-EuG (Art. 20 Abs. 3 VerfO-EuGH; → *Nichtigkeitsklage, EuGH*, Teil C Rdn 657). Eine Veröffentlichung des Ergebnisses erfolgt stets im Amtsblatt der Europäischen Union (Art. 122 VerfO-EuG; Art. 92 VerfO-EuGH).

689 **6.a)** Das Verfahren vor den Gerichten des Gerichtshofs für die Europäische Union kennt den Erlass eines **Versäumnisurteils**. **Antrag** auf Erlass eines Versäumnisurteils kann der Kläger stellen, wenn der Beklagte nicht form- und fristgerecht die Klage beantwortet (Art. 123 Abs. 1 VerfO-EuG; Art. 41 Satzg-EuGH).

690 Im Verfahren auf Erlass eines Versäumnisurteils **prüft** das Gericht zunächst die **ordnungsgemäße Klageerhebung** und ob die Anträge des Klägers begründet erscheinen; (Art. 123 Abs. 3 VerfO-EuG, Art. 152 Abs. 2 VerfO-EuGH).

691 **b)** Das Versäumnisurteil ist durch **einmonatig befristeten Einspruch** angreifbar (Art. 166 Abs. 1 und 2 VerfO-EuG, Art. 156 Abs. 1 und 2 VerfO-EuGH). Seine an sich gegebene Vollstreckbarkeit kann bis zur Entscheidung über den Einspruch ausgesetzt oder von einer Sicherheitsleistung abhängig gemacht werden (Art. 123 Abs. 4 VerfO-EuG, Art. 152 Abs. 4 VerfO-EuGH). Das Gericht entscheidet über diesen Antrag durch Urteil, gegen das ein weiterer Einspruch nicht zulässig ist (Art. 166 Abs. 5 VerfO-EuG, Art. 156 Abs. 5 VerfO-EuGH).

☝ Angreifbar ist das Versäumnisurteil auch durch **Rechtsmittel**.

692 **7.** Die **Korrektur** von Schreib- und Rechenfehlern sowie **offenbaren Unrichtigkeiten** nimmt das Gericht von Amts wegen oder auf Antrag, der innerhalb von zwei Wochen ab Verkündung des Urteils zu stellen ist, nach Anhörung der Parteien – und ggf. des Generalanwalts – vor (Art. 164 VerfO-EuG, Art. 154 VerfO-EuGH).

☝ Hat das Gericht die **Kostenentscheidung übergangen**, kann jede Partei die Ergänzung des Urteils innerhalb eines Monats nach Zustellung des Urteils beantragen (Art. 165 VerfO-EuG; Art. 155 VerfO-EuGH auch zur Übergehung sonstiger Punkte; → *Nichtigkeitsklage, Kosten*, Teil C Rdn 588).

8. Das Gericht kann wegen der **Auslegung** eines **seiner Urteile** angerufen werden. Der entsprechende **Antrag** muss das auszulegende Urteil und die Stellen bezeichnen, deren Auslegung beantragt wird sowie die wesentlichen Schriftformerfordernisse wahren (Art. 168 Abs. 3 VerfO-EuG, Art. 158 Abs. 3 und 4 VerfO-EuGH). Wird das auszulegende Urteil zugleich im Wege des ordentlichen Rechtsmittels zum EuGH angefochten, kann das Gericht das Auslegungsverfahren bis zur Entscheidung des Gerichtshofs aussetzen (Art. 163 VerfO-EuG). 693

Siehe auch: → *Menschenrechtsbeschwerde, Urteil/Entscheidung*, Teil C Rdn 320; → *Nichtigkeitsklage, Allgemeines*, Teil C Rdn 457, m.w.N.; → *Nichtigkeitsklage, Kosten*, Teil C Rdn 588.

Nichtigkeitsklage, Verfahrensgang 694

Das Wichtigste in Kürze:

1. Nach dem Eingang der Klageschrift weist der Präsident des Gerichts die Rechtssache einer mit drei Richtern tagenden Kammer zu.
2. Die Klage wird dem Beklagten zugestellt.
3. Der Beklagte hat Gelegenheit, die Klage binnen zwei Monaten nach Zustellung zu beantworten. Das Gericht kann Gelegenheit zu weiterem Schriftsatzwechsel geben.
4. Nach Vorliegen der Schriftsätze setzt der Präsident die Frist zur Vorlage des Vorberichts durch den Berichterstatter. Das Gericht kann prozessleitende Maßnahmen erlassen.
5. Erforderlichenfalls ordnet das Gericht die Beweisaufnahme durch Erlass eines (erweiterbaren) Beweisbeschlusses, in dem er die zu beweisenden Tatsachen und die Beweismittel benennt, an.
6. Beschließt das Gericht keine Prozess leitenden Maßnahmen oder Beweiserhebungen durchzuführen, setzt es den Termin zur Eröffnung der mündlichen Verhandlung an.
7. Im Anschluss an die mündliche Verhandlung kommt es zur Urteilsfällung und -verkündung.

Literaturhinweise: s. die Hinw. bei → *Nichtigkeitsklage, Allgemeines*, Teil C Rdn 458; → *Nichtigkeitsklage, Klageschrift*, Teil C Rdn 580. 695

1. Nach dem **Eingang** der **Klageschrift** weist der Präsident des Gerichts die Rechtssache einer mit drei Richtern tagenden Kammer zu, Art. 26 Abs. 1 VerfO-EuG. Deren Präsident schlägt sodann einen Berichterstatter vor, worüber wiederum der Präsident des Gerichts 696 entscheidet (Art. 26 Abs. 2 VerfO-EuG). Der Eingang jeder Klage wird im Amtsblatt der Europäischen Union veröffentlicht (Art. 79 VerfO-EuG).

☝ Das Verfahren vor dem Gerichtshof besteht aus einem **schriftlichen** und einem **mündlichen Verfahren** (Art. 76 ff., 106 Abs. 1 VerfO-EuG).

697 **2.** Die Klage wird – ggf. nach Behebung formaler Mängel (→ *Nichtigkeitsklage, Klageschrift*, Teil C Rdn 586) dem Beklagten **zugestellt** (Art. 80 VerfO-EuG). Sind Rat oder Europäische Kommission nicht Partei des Rechtsstreits, erhalten sie eine Abschrift der Klage (und später der Klagebeantwortung) ebenso wie das Europäische Parlament (Art. 82 VerfO-EuG). Dies soll ihnen eine Prüfung der von ihnen erlassenen Rechtsakte hinsichtlich einer inzidenten Anfechtung nach Art. 277 AEUV ermöglichen.

698 **3.a)** Der **Beklagte** hat Gelegenheit, die Klage binnen zwei Monaten nach Zustellung zu **beantworten;** die **Klagebeantwortung** muss Name und Wohnsitz des Beklagten benennen, eine tatsächliche und rechtliche Begründung geben, die Anträge des Beklagten ankündigen und gegebenenfalls die Beweismittel bezeichnen; bezüglich Zustellanschrift und Nachweis der Bevollmächtigung gilt Entsprechendes wie bei der Klage (Art. 81 Abs. 1 VerfO-EuG). Die Frist zur Klagebeantwortung kann auf begründeten Antrag in außergewöhnlichen Fällen durch den Präsidenten verlängert werden, Art. 81 Abs. 3 VerfO-EuG.

699 **b)** Die bei Einreichung der Klageschrift gewählte **Verfahrenssprache** ist in den weiteren Schriftsätzen **beizubehalten** (Art. 46 Abs. 1 VerfO-EuG; → *Nichtigkeitsklage, Sprache*, Teil C Rdn 677).

700 **c)** Das Gericht kann beiden Parteien durch Erwiderung und Gegenerwiderung Gelegenheit zur weiteren wechselseitigen Stellungnahme geben und setzt zur Einreichung dieser Schriftsätze weitere Fristen; es kann nach Anhörung des Generalanwalts entscheiden, dass ein **zweiter Schriftsatzwechsel** nicht erforderlich ist, weil der Vortrag bereits so vollständig vorliegt, dass dessen Ergänzung in der mündlichen Verhandlung erfolgen kann (Art. 83 VerfO-EuG). Trifft das Gericht die Entscheidung, von einem weiteren Schriftsatzwechsel abzusehen, kann der Kläger binnen zwei Wochen einen begründeten Antrag dahin gehend stellen, ergänzend vorzutragen (Art. 83 Abs. 2 VerfO-EuG).

☝ Das Verfahren vor dem EuGH kennt dem deutschen Zivilprozess ähnliche **Verspätungsregeln**: Neue Angriffs- oder Verteidigungsmittel können nur dann in das Verfahren eingebracht werden, wenn sie auf rechtliche oder tatsächliche Gründe gestützt werden, die erst während des Verfahrens zutage getreten sind (Art. 84 Abs. 1 VerfO-EuG).

701 **4.a)** Nach Vorliegen der Schriftsätze setzt der Präsident die Frist zur Vorlage des **Vorbericht**s durch den Berichterstatter (Art. 87 Abs. 1 VerfO-EuG). Der Vorbericht enthält

Vorschläge dazu, ob Prozess leitende Maßnahmen oder Beweiserhebungen erforderlich sind oder die Verweisung an einen anderen Spruchkörper angezeigt ist, über die das Gericht nach Anhörung des Generalanwalts entscheidet (Art. 87 Abs. 2 VerfO-EuG).

b)aa) In jedem Verfahrensstadium kann das Gericht von Amts wegen oder auf Antrag **Prozess leitende Maßnahmen ergreifen** oder eine **Beweisaufnahme anordnen** (Art. 88 Abs. 1 VerfO-EuG). Ggf. gibt das Gericht den Parteien zuvor Gelegenheit zur Stellungnahme (Art. 88 Abs. 3 VerfO-EuG). 702

bb) Prozessleitende Maßnahmen sollen insbesondere den **ordnungsgemäßen Ablauf** des schriftlichen Verfahrens und der mündlichen Verhandlung **gewährleisten** und die Beweisaufnahme erleichtern, die Punkte bestimmen, die eine Beweisaufnahme erfordern oder zu denen die Parteien ihr Vorbringen ergänzen sollten, die Tragweite der Anträge und des Parteivorbringens verdeutlichen und die streitigen Punkte klären sowie eine gütliche Beilegung des Rechtsstreits erleichtern (Art. 89 Abs. 2 VerfO-EuG). Zu diesem Zweck kann das Gericht beschließen, Fragen an die Parteien zu stellen, die Parteien aufzufordern, schriftlich oder mündlich zu bestimmten Aspekten des Rechtsstreits Stellung zu nehmen, **Informations-** oder **Auskunftsverlangen** an die Parteien oder an Dritte zu richten, zur **Vorlage** von **Unterlagen** und **Beweisstücken** auffordern oder die Parteien selbst oder deren Bevollmächtigte zu Sitzungen zu laden (Art. 89 Abs. 3 VerfO-EuG). Die Durchführung Prozess leitender Maßnahmen kann dem Berichterstatter übertragen werden (Art. 90 Abs. 2 VerfO-EuG). 703

5.a) Erforderlichenfalls ordnet das Gericht die **Beweisaufnahme** durch Erlass eines (erweiterbaren) Beweisbeschlusses, in dem er die zu beweisenden Tatsachen und die Beweismittel benennt, an (Art. 92 VerfO-EuG). An Beweismitteln stehen im Verfahren vor dem EuG gemäß Art. 91 VerfO-EuG das persönliche Erscheinen der Parteien, die Einholung von Auskünften und Unterlagen, die Vernehmung von Zeugen, die Begutachtung durch Sachverständige und die Inaugenscheinnahme zur Verfügung. 704

b) Das EuG kann sich **umfassend informieren**: Es kann von den Parteien die Vorlage aller für wünschenswert erachteter Unterlagen und Erteilung entsprechender Auskünfte verlangen; die Weigerung dem nachzukommen wird durch das Gericht festgehalten. Außerdem kann das Gericht von Stellen, die nicht Partei des Verfahrens sind, alle Auskünfte verlangen, die er zur Regelung des Rechtsstreits für erforderlich hält. Er kann außerdem Personen oder Stellen seiner Wahl mit der Abgabe von Gutachten beauftragen. 705

c) Die **Ladung** von Zeugen, deren Vernehmung eine Partei beantragt hat, kann davon abhängig gemacht werden, dass die Partei einen hinreichenden **Auslagenvorschuss** hinterlegt (Art. 100 Abs. 1 VerfO-EuG). Ordnet das Gericht die Einholung eines **Gutachtens** an, kann es von den Parteien oder einer Partei die Hinterlegung eines Vorschusses zur Deckung der Kosten des Gutachtens verlangen (Art. 100 Abs. 1 VerfO-EuG). 706

707 **d)** Die Kammer kann die **Beweisaufnahme** auf den Berichterstatter **übertragen** (Art. 92 Abs. 4 VerfO-EuG). Der Generalanwalt nimmt an der Beweisaufnahme stets teil, den Parteien ist die Teilnahme freigestellt (Art. 92 Abs. 5 f. VerfO-EuG).

708 **e)aa)** Das Gericht berücksichtigt grds. **nur Unterlagen** und **Beweisstücke**, die auch den **Parteivertretern zugänglich** sind (Art. 64 VerfO-EuG). Ausgenommen hiervon sind vertrauliche und geheime Materialien. Während der Überprüfung der Vertraulichkeit oder der Rechtmäßigkeit der Verweigerung einer Vorlage, sind die betreffenden Unterlagen den Parteien nicht zugänglich (Art. 103 Abs. 1. VerfO-EuG).

709 **bb)** Eine **Partei** kann die **Vertraulichkeit** bestimmter Angaben oder Abschnitte zu den Akten gereichter Schriftstücke in Bezug die andere Partei des Rechtsstreits, den diesem **beigetretenen Streithelfer** oder der **Partei** eines **verbundenen Verfahrens** beantragen (Art. 103 Abs. 1 VerfO-EuG; Nr. 216 ff., 224 ff. PA-EuG). Dieser Antrag muss in einem gesonderten Schriftsatz, der seinerseits nicht vertraulich sein kann, gestellt und begründet werden (Nr. 218 PA-EuG). Er muss die Partei, gegenüber der die Vertraulichkeit beantragt wird, bezeichnen und die Stellen angeben, deren Vertraulichkeit begehrt wird, wobei zu jeder bezeichneten Stelle eine (kurze) Begründung abgegeben werden muss (Nr. 219, 221 PA-EuG).

☝ Insgesamt ist das Vertraulichkeitsgesuch auf das **äußerst Notwendige** zu **beschränken**. Es kann keinesfalls ein gesamtes Verfahrensschriftstück und nur ausnahmsweise eine ganze Anlage umfassen (Nr. 220 PA-EuG). Dem Antrag ist eine nicht vertrauliche Fassung, in der die bezeichneten Stellen entfernt sind, beizufügen (Nr. 222 PA-EuG).

710 **f)** Im **Antrag** einer Partei auf **Vernehmung** eines **Zeugen** ist die zu beweisende Tatsache und der Grund, der die Vernehmung des Zeugen rechtfertigt, anzugeben (Art. 88 Abs. 2 VerfO-EuG).

☝ Will eine Partei die **Ablehnung** eines Zeugen oder Sachverständigen erklären, muss dies binnen **zwei Wochen** ab Zustellung des Beschlusses über die Zeugenladung oder die Sachverständigenbestellung erfolgen; die Ablehnung ist zu begründen (Art. 99 VerfO-EuG).

711 **g)** Die Vernehmung von Zeugen und Sachverständigen kann im Rahmen von Rechtshilfe den dafür zuständigen Stellen der **Mitgliedstaaten übertragen** werden, Art. 101 VerfO-EuG.

712 **6.** Beschließt das Gericht keine Prozess leitenden Maßnahmen oder Beweiserhebungen durchzuführen, setzt es den Termin zur **Eröffnung der mündlichen Verhandlung** an (Art. 107 Abs. 1VerfO-EuG).

7. Im Anschluss an die mündliche Verhandlung kommt es zur **Urteilsfällung** und **-verkündung** (→ *Nichtigkeitsklage, Urteil*, Teil C Rdn 680). 713

Siehe auch: → *Nichtigkeitsklage, Allgemeines*, Teil C Rdn 457, m.w.N.; → *Nichtigkeitsklage, mündlichen Verhandlung*, Teil C Rdn 612; → *Nichtigkeitsklage, Urteil*, Teil C Rdn 680.

Nichtigkeitsklage, Zulässigkeit 714

Das Wichtigste in Kürze:

1. Zuständig für die Prüfung und Entscheidung der Nichtigkeitsklage ist im ersten Rechtszug das Gericht beim Gerichtshof der Europäischen Union.
2. Gemäß Art. 263 Abs. 4 AEUV können natürliche und juristische Personen die Individualnichtigkeitsklage einreichen.
3. Gegenstand der Nichtigkeitsklage kann grds. jede gegenüber dem Kläger ergangene oder ihn unmittelbar betreffende Handlung sein.
4. Klagegegner ist das Organ oder die Einrichtung, die den anzugreifenden Rechtsakt erlassen hat.
5. Die Einlegung einer Nichtigkeitsklage bedarf der Schriftform.
6. Klagen natürlicher und juristischer Personen vor dem EuGH bedürfen eines besonderen Rechtsschutzinteresses.
7. Die Zulässigkeitsvoraussetzungen einer Klage gehören zu den unverzichtbaren Prozessvoraussetzungen, weswegen der EuGH diese von Amts wegen prüft.

Literaturhinweise: **Everling**, Rechtsschutz in der Europäischen Union nach dem Vertrag von Lissabon, EuR 2009 Beiheft 1, 71; s.a. die Hinw. bei → *Nichtigkeitsklage, Allgemeines*, Teil C Rdn 458. 715

1. Zuständig für die Prüfung und Entscheidung der Nichtigkeitsklage ist im ersten Rechtszug das Gericht beim Gerichtshof der Europäischen Union (Art. 256 Abs. 1 S. 1 AEUV; (→ *Nichtigkeitsklage, EuGH*, Teil C Rdn 514). 716

☝ Im Rahmen der polizeilichen und justiziellen Zusammenarbeit in **Strafsachen** gilt dies allerdings **nicht uneingeschränkt**: Gemäß Art. 276 AEUV ist der Gerichtshof nicht zuständig für die Überprüfung der Gültigkeit oder Verhältnismäßigkeit von Maßnahmen der Polizei oder anderer Strafverfolgungsbehörden eines Mitgliedstaats oder für die Wahrnehmung der Zuständigkeiten der Mitgliedstaaten für die Aufrechterhaltung der öffentlichen Ordnung und den Schutz der inneren Sicherheit.

2. Gem. Art. 263 Abs. 4 AEUV können **natürliche** und **juristische Personen** die **Individualnichtigkeitsklage** einreichen. 717

718 **a)** Der Begriff der **juristischen Person** ist unionsrechtlich (autonom) auszulegen (*Böse*, Europ. Strafrecht, § 54 Rn 26 m.w.N.). Insoweit ist wesentlich, ob ihr das maßgebliche nationale Recht oder das Völkerrecht **Rechtspersönlichkeit** verleihen, unerheblich ist dagegen die konkrete Einordnung des nationalen Rechts (Grote/Marauhn/*Schorkopf*, Kap. 30 Rn 131). Zu den juristischen Personen in diesem Sinne zählen auch staatsrechtliche Untergliederungen der Mitgliedstaaten wie Länder und Gemeinden (Grote/Marauhn/*Schorkopf*, Kapitel 30 Rn 135 m.w.N.).

719 **b) Staatsangehörigkeit** und (Wohn-)**Sitz** der (natürlichen oder juristischen) Person sind **ohne Bedeutung** (Grote/Marauhn/*Schorkopf*, Kap. 30 Rn 131).

720 **3. Gegenstand** der Nichtigkeitsklage kann grds. jede gegenüber dem Kläger ergangene oder ihn unmittelbar betreffende Handlung sein (→ *Nichtigkeitsklage, Klagegegenstand*, Teil C Rdn 567). Voraussetzung ist insoweit eine bestehende **Klagebefugnis** (→ *Nichtigkeitsklage, Klagebefugnis*, Teil C Rdn 558).

721 **4. Klagegegner** ist das Organ oder die Einrichtung, die den anzugreifenden Rechtsakt erlassen hat. Nach Art. 263 Abs. 1 S. 1. AEUV können dies der Rat, die Kommission, die Europäische Zentralbank, das Europäische Parlaments und der Europäische Rat sein. S. 2 erweitert Anwendungsbereich auf Einrichtungen und sonstige Stellen der Union, wodurch auch Handlungen europäischer Agenturen wie Eurojust, Europol oder Frontex grds. vom EuGH auf deren Rechtmäßigkeit überprüft werden können. In deren Gründungsakten können allerdings besondere Bedingungen und Einzelheiten für die Erhebung von Klagen natürlicher und juristischer Personen vorgesehen sein (Art. 263 Abs. 5 AEUV). Außerdem ist die Übergangsregelung im Bereich der polizeilichen und justiziellen Zusammenarbeit zu beachten (→ *Nichtigkeitsklage, Allgemeines*, Teil C Rdn 462).

722 **5.** Die Einlegung einer Nichtigkeitsklage bedarf der **Schriftform** (→ *Rechtsmittel/Rechtsbehelfe, Form, schriftlich*, Teil A Rdn 1531). Darüber hinaus geben die Satzung des EuGH, die Verfahrensordnung des Gerichts sowie dessen Praktischen Anweisungen (→ *Nichtigkeitsklage, EuGH*, Teil C Rdn 525) **weiter gehende formale Anforderungen** (→ *Nichtigkeitsklage, Klageschrift*, Teil C Rdn 579). Die Nichtigkeitsklage ist zudem **fristgebunden** (→ *Nichtigkeitsklage*, ***Frist***, Teil C Rdn 545).

723 **6.a)** Klagen natürlicher und juristischer Personen vor dem EuGH bedürfen eines besonderen **Rechtsschutzinteresses**: Dieses besteht nur, wenn die Nichtigerklärung der beanstandeten Maßnahme Rechtswirkungen erzeugen kann (EuGH, Urt. v. 9.6.2011 – C-401/09 P [*Evropaïki Dynamiki*/EZB Nr. 49] m.w.N. – Genugtuung verschaffen).

724 **b) Erledigt** sich das Klagebegehren während des Rechtsstreits, kann die **Wiederholungsgefahr** oder ein bestehendes **Rehabilitationsinteresse** das Rechtsschutzbedürfnis für die Fortführung einer Nichtigkeitsklage gegen den bereits erledigten Rechtsakt begründen (*Böse*, Europ. Strafrecht § 54 Rn 31 m.w.N.). Verbleiben trotz einer Aufhebung Rechtswirkungen gegenüber dem Kläger, bleibt auch dessen Rechtsschutzbedürfnis bestehen

(EuG, Urt. v. 3.4.2008 – T-229/02 [*PKK*/Rat Nr. 49] m.w.N.; EuGH [GK], Urt. v. 28.5.2013 – C-239/12 P [*Abdulrahim*/Rat Nr. 61ff.], EuGRZ 2013, 404).

c) Wird der angefochtene **Rechtsakt** durch neue Rechtsakte **ersetzt**, kann der Kläger seine **Klage** um die neuen Rechtsakte **erweitern** und seine Begründung anpassen; entsprechenden Anträgen gibt der EuGH aus Gründen der Prozessökonomie und der Verfahrensgerechtigkeit statt (EuG, Urt. v. 30.9.2009 – T-341/07 [*Sison*/Rat Nr. 48 f.] m.w.N.). **725**

Mitgliedstaaten und **Organe** sind insoweit **privilegierte Kläger**, die gegen eine verbindliche Rechtswirkungen erzeugende Handlung Klage erheben können, ohne ein Rechtsschutzinteresse dartun zu müssen (EuGH, Urt. v. 13.10.2011 – C-463/10 und C-475/10 P Rn 36 [*Deutsche Post AG* und Bundesrepublik Deutschland/Kommission] m.w.N.).

7. Die **Zulässigkeitsvoraussetzungen** einer Klage gehören zu den **unverzichtbaren Prozessvoraussetzungen**, weswegen die Gerichte der Europäischen Union diese **von Amts wegen prüfen** (EuGH, Beschl. v. 6.9.2011, T-18/10 [*Inuit Tapiriit Kanatami*/Parlament u. Rat Rn 69] m.w.N.). Nach Art. 129 VerfO-EuG können die unverzichtbaren Prozessvoraussetzungen **jederzeit** geprüft werden. **726**

Einwände gegen die Zulässigkeit müssen mit der förmlichen **Einrede der Unzulässigkeit** gem. Art. 130 Abs. 1 VerfO-EuG geltend gemacht werden. Dies erfordert die Einreichung eines besonderen Schriftsatzes binnen zwei Monaten ab Zustellung der Klageschrift, mit dem die Partei die Entscheidung über die Zulässigkeit beantragt und in dem die tatsächlichen und rechtlichen Gründe für den Antrag anzugeben sind (→ *Nichtigkeitsklage, formale Anforderungen an Schriftsätze*, Teil C Rdn 534). Unter Umständen kann die Unzulässigkeit auch im zweiten Schriftsatzwechsel geltend gemacht werden (EuGH, Urt. v. 9.6.2011 – C-401/09 P [*Evropaïki Dynamiki*/EZB Nr. 44 f.]). Das Gericht kann über die Einrede der Unzulässigkeit vorab entscheiden oder sich eine Entscheidung mit dem Endurteil vorbehalten, Art. 130 Abs. 7 VerfO-EuG. **727**

Über die **Einrede** der **Unzulässigkeit** wird **mündlich verhandelt**, sofern das Gericht nichts anderes bestimmt (Art. 130 Abs. 6 VerfO-EuG). Insoweit kann es etwa beschließen, von der mündlichen Verhandlung abzusehen, wenn es die sich aus den Akten ergebenden Angaben für ausreichend hält (EuG, Beschl. v. 6.9.2011, T-18/10 [*Inuit Tapiriit Kanatami u.a.*/Parlament und Rat Rn 31]). **728**

Siehe auch: → *Nichtigkeitsklage, Allgemeines*, Teil C Rdn 457, m.w.N.; → *Nichtigkeitsklage, Frist*, Teil C Rdn 545; → *Nichtigkeitsklage, Klagebefugnis*, Teil C Rdn 558; → *Nichtigkeitsklage, Klagegegenstand*, Teil C Rdn 567; → *Nichtigkeitsklage, Sprache*, Teil C Rdn 673.

729 # Verfassungsbeschwerde, Allgemeines

Das Wichtigste in Kürze:

1. Viele strafverfahrensrechtliche Grundsätze und Prinzipien haben Verfassungsrang.
2. Eine funktionsfähige Strafrechtspflege überhaupt wird dogmatisch entweder aus dem Rechtsstaatsprinzip, oder aus der Justizgewährungspflicht des Staates abgeleitet.
3. Bei der Frage, wie der Interessengegensatz zwischen den Rechten des Beschuldigten, dem gegenüber Kriminalstrafen außerordentlich intensiv in dessen Grundrechte eingreifen und dem Recht der Allgemeinheit auf Rechtsgüterschutz aufzulösen ist, handelt es sich um eine Grundfrage rechtsstaatlicher Verfassung.
4. Das BVerfG argumentiert im Bereich des Richtervorbehalts an der Rechtswirklichkeit vorbei.
5. Die Ausgestaltung des Strafverfahrens hängt weniger von geschriebenen Verfassungsnormen ab als vielmehr von der Verfassungswirklichkeit.
6. Faktisch werden hinsichtlich der Gerichtsfunktion des BVerfG einerseits zu geringe Erfolgsquoten und andererseits **zu** hohe Begründungsanforderungen von Verfassungsbeschwerden beklagt.
7. Die Befassung mit Verfassungsrecht kann sich für den Strafverteidiger „lohnen“. Damit kann auch ein Angriff auf Rechtsnomen geführt werden, der zu einer weitergehenden Prüfung führt, als wenn die angegriffene Entscheidung selbst nicht in zulässiger Weise beanstandet werden kann.
8. Die Annahmevoraussetzungen für eine Verfassungsbeschwerde sind in § 93a BVerfG geregelt.
9. Die Verfassungsbeschwerde hat keine aufschiebende Wirkung. Es kann aber ein Antrag auf Erlass einer einstweiligen Anordnung gestellt werden.

730 **Literaturhinweise:** **Adam**, Die verfassungsgerichtliche Kontrolldichte im materiellen Strafrecht – Zur Aufgabenverteildung zwischen Strafgerichtsbarkeit und Verfassungsgerichtsbarkeit im Anwendungsbereich des Art. 103 Abs. 2 GG, in: *Emmenegger/Wiedmann* (Hrsg.), Linien der Rechtsprechung des Bundesverfassungsgerichts, Bd. 2 (2011), S. 421; **Barton**, Die erweiterte Revision in der Rechtsprechung des Bundesgerichtshofes in: Festschrift für *Fezer*, 2008, S. 333; **Benda/Klein**, Verfassungsprozessrecht, 2012, zit.: *Benda/Klein*, Rn; **Emmenegger/Wiedmann** (Hrsg.), Linien der Rechtsprechung des Bundesverfassungsgerichts, 2011, zit.: Emmenegger/Wiedmann/*Bearbeiter*, S.; **Eschelbach**, Die Verfassungsbeschwerde im Strafverfahren, in: MAH, 2. Aufl. (2015) § 30; *ders.*, Anmerkung zu EGMR Urt. v. 17.12.1999, NJW 2010, S. 2499; **Geipel**, Handbuch der Beweiswürdigung, 2. Aufl. 2013, zit.: *Geipel*, Kap., Rn; *ders.*, Halten um jeden Preis, ZAP F. 13, S. 1689; *ders.*, Sinnlose Rügen im deutschen Recht, ZAP F. 13, S. 1699; **Hamm**, Tendenzen der revisionsgerichtlichen Rechtsprechung aus anwaltlicher Sicht, StV 1987, 262; **Hassemer**, Die „Funktionstüchtigkeit der Strafrechtspflege“ – ein neuer Rechtsbegriff?, StV 1982, 275; **Herdegen**, Strafrichterliche Aufklärungspflicht und Be-

weiswürdigung, NJW 2003, S. 3513; **Jahn/Krehl/Löffelmann/Güntge**, Die Verfassungsbeschwerde in Strafsachen, 2011, zit.: Jahn/Krehl/Löffelmann/Güntge, Rn; **Jarass/Pieroth**, GG, 11. Aufl. 2011, zit.: Jarass/Pieroth/*Bearbeiter*, Art. und Rn; **Jestaedt/Lepsius/Möllers/Schönberger**, Das entgrenzte Gericht, 2011; **Kloepfer**, Verfassungsrecht, Band II; **Krehl**, Zur Rechtsprechung des Bundesverfassungsgericht zum Strafverfahrensrecht, in: Skript der Beck Akademie Seminare vom 27.11.2009; **Lechner/Zuck**, Bundesverfassungsgerichtsgesetz: BVerfGG, 7. Aufl. 2015, zit.: *Lechner/Zuck*, Paragraf und Rn; **Lenz/Hansel**, BVerfGG, 2. Aufl., 2015, zit.: *Lenz/Hansel*, Paragraf und Rn; **v. Mangoldt/Klein/Starck**, GG, 6. Aufl., 2005, zit.: v. Mangoldt/Klein/Starck/*Bearbeiter*, zit. Art. u. Rn; **Maunz/Dürig**, GG, zit. Maunz/Dürig/*Bearbeiter*, Art. u. Rn; **Maunz/Schmidt-Bleibtreu/Klein**, BVerfGG, Stand 31. Ergänzungslieferung. 2009, zit. Maunz/Schmidt-Bleibtreu/Klein/*Bearbeiter*, Paragraf u. Rn; **Meyer-Goßner**, Theorie ohne Praxis und Praxis ohne Theorie im Strafverfahren, ZRP 2000, 345; **Müller**, Furchtbare Juristen, 1987; **Niemöller**, Kapitel A in: Umbach/Clemens/Dollinger, Mitarbeiterkommentar zum BVerfGG, 2005, zitiert: *Niemöller*, Rn; **Pagenkopf**, Vorschläge zu Verfahrensänderungen im BVerfGG, ZRP 2012, 42; **Peters**, Fehlerquellen im Strafprozess; **Pieroth/Silberkuhl**, Die Verfassungsbeschwerde, 2008, zit.: Pieroth/Silberkuhl/*Bearbeiter*, Paragraf u. Rn; **Putzke/Geipel**, Geltung von Prozessgrundrechten und totgeschwiegene Argumente, S. 937, in: FS Beulke (2015); **Reichart**, Revision und Verfassungsbeschwerde in Strafsachen, 2007; **Rensen/Brink** (Hrsg.), Linien der Rechtsprechung des Bundesverfassungsgerichts, 2009, zit.: Rensen/Brink/*Bearbeiter*, S.; **Rosenau**, Die offensichtliche Ungesetzlichkeit der „oU"-Verwerfung nach § 349 Abs. 2 StPO in der Spruchpraxis des BGH, ZIS 2012, 195; **Roxin/Schünemann**, Strafverfahrensrecht, 27. Aufl. 2012; **Rüthers**, Die unbegrenzte Auslegung, 2005; **Sachs**, GG, 6. Aufl. 2011, zit.: Sachs/Bearbeiter, Art. u. Rn; **Schlaich/Korioth**, Das Bundesverfassungsgericht, 2010; **Schmidt-Jortzig**, Effektiver Rechtsschutz als Kernstück des Rechtsstaatsprinzip nach dem Grundgesetz, NJW 1994, 2569; **Sobota**, in: *Dyck/Jens/Ueding* (Hrsg.), Rhetorik, Bd. 15, S. 115, zitiert: *Sobota*, S.; **Umbach/Clemens/Dollinger** (Hrsg.), BVerfGG, 2. Aufl., (2005); **Zuck**, Das Recht der Verfassungsbeschwerde, 2006, s.a. die Hinweise bei den u.a. weiterführenden Stichwörtern.

1. „Strafverfahrensrecht und Bundesverfassungsgericht – das gehört zusammen, solange es das Bundesverfassungsgericht gibt" (*Krehl*, Rn 1). Teilweise wird Strafprozessrecht auch als „konkretisiertes Verfassungsrecht" verstanden (vgl. Jahn/Krehl/Löffelmann/Güntge/*Jahn,* Rn 1). Anders formuliert: „Das Strafverfahrensrecht ist der **Seismograph** der **Staatsverfassung**!" (*Roxin/Schünemann*, § 2 Rn 1) bzw. wird „mit Recht als angewandtes Verfassungsrecht" bezeichnet (vgl. BVerfGE 32, 373, 382). **731**

Wer sich mit Verfassungsrecht beschäftigt, muss vielfältige verfassungsgerichtliche Rechtsschutzmöglichkeiten im Bereich des Strafrechts vermuten. Schließlich gelten folgende **732**

Grundsätze und Prinzipien mit Verfassungsrang: **733**

- die **Unschuldsvermutung**,
- das faire Verfahren,
- das grundrechtsgleiche Recht auf rechtliches Gehör (Art. 103 Abs. 1 GG),
- der **gesetzliche Richter** in formeller Sicht (Art. 101 Abs. 1 S. 2 GG),
- der gesetzliche Richter in materieller Sicht (Art. 97 i.V.m. Art. 101 Abs. 1 S. 2 GG),
- der **Verhältnismäßigkeitsgrundsatz**,
- das Verbot der Todesstrafe (Art. 102 GG),
- keine Strafe ohne Gesetze (Art. 103 Abs. 2 GG),
- das Schuldprinzip,

- das Gebot der Wahrheitserforschung,
- das Verbot der Doppelbestrafung (Art. 103 Abs. 3 GG),
- ein strenger Gesetzes- und Richtervorbehalt bei freiheitsentziehenden Maßnahmen (Art. 104 Abs. 1 und 2 GG), sowie
- besondere Sicherungen bei der Verhängung von **U-Haft** (Art. 104 Abs. 3 GG), sowie
- Benachrichtigungspflichten bei **Inhaftierung** (Art. 104 Abs. 4 GG).

734 **2.a)** Eine **funktionsfähige Strafrechtspflege** überhaupt wird dogmatisch entweder aus dem **Rechtsstaatsprinzip**, oder aus der **Justizgewährungspflicht** des Staates abgeleitet, die ihrerseits zu den Elementen des Rechtsstaats zählt (vgl. *Niemöller*, Rn 3 m.w.N.).

735 Der Sache nach taucht folgender **Textbaustein** immer wieder in der **verfassungsgerichtlichen Judikatur** auf: „*Soweit der Grundsatz der Rechtsstaatlichkeit die Idee der Gerechtigkeit als wesentlichen Bestandteil enthält [...], verlangt er auch die Aufrechterhaltung einer funktionstüchtigen Rechtspflege, ohne die der Gerechtigkeit nicht zum Durchbruch verholfen werden kann. Wiederholt hat das Bundesverfassungsgericht die unabweisbaren Bedürfnisse einer wirksamen Strafverfolgung anerkannt [...], das öffentliche Interesse an einer möglichst vollständigen Wahrheitsermittlung im Strafprozess betont [...] und die Aufklärung schwerer Straftaten als wesentlichen Auftrag eines rechtsstaatlichen Gemeinwesens bezeichnet [...]*“ (BVerfGE 33, 367, 383).

736 Niemand wird die Richtigkeit dieses Zitats bezweifeln. Der **Strafverteidiger erkennt** jedoch sofort die **Gefahren**. So sinnvoll die Monopolisierung der Strafgewalt beim Staat ist, so sehr besteht die Gefahr für den unschuldig in Verdacht Geratenen oder Missliebigen. Das Strafmonopol des Staates bedingt die Notwendigkeit von Schranken gegen staatlichen Machtmissbrauch, deren Reichweite wiederum von der Verfassung bestimmt wird (*Roxin/Schünemann*, § 1 Rn 2).

737 Aus totalitären Staaten ist **höchste Effizienz** in der **Verbrechensbekämpfung** bekannt, die – nach unserem Verständnis – allerdings als Kehrseite mit flächendeckenden und massenhaften Verstößen gegen Grundrechte einhergeht.

738 **b)** *Hassemer*, der frühere Richter des BVerfG teilt zutreffend mit: „*Mir ist keine Gesellschaft bekannt, die daran gescheitert wäre, daß ihre Institutionen sozialer Kontrolle das abweichende Verhalten des Alltags nicht mehr beherrscht hätten. Mir ist keine Strafrechtsordnung bekannt, die daran zerbrochen wäre, daß sie funktionsuntüchtig wurde gegenüber der alltäglichen Kriminalität. Mir sind aber wohl Gesellschaften und Strafrechtsordnungen bekannt, die dem Interesse an effizienter Verbrechensbekämpfung ihren Formalisierungsauftrag geopfert haben, Strafverfahren, die sich haben funktionalisieren lassen im terroristischen Räderwerk eines rücksichtslosen Kampfes gegen die Abweichung. Gesetzliches Strafunrecht zeichnet sich nicht durch ein Zuwenig, es zeichnet sich durch ein Zuviel an Effektivität aus*“ (*Hassemer* StV 1982, 275, 278). Auch diese These *Hassemers* wird niemand bezweifeln.

c) Das **BVerfG** ist der **Ansicht**, dass sich **Grundrechtseinschränkungen nicht formelhaft** mit der Berufung auf allgemeine Ziele wie der Funktionstüchtigkeit der Strafrechtspflege rechtfertigen lassen würden (vgl. BVerfGE 81, 278, 293), aber gleichwohl bleibt im Einzelfall meist ungeklärt, wie die gegenläufigen Interessen der effizienten Strafrechtspflege einerseits und den grundrechtlich geschützten Interessen der Beschuldigten andererseits konkret gegeneinander abzuwägen sind. 739

3.a) Tatsächlich handelt es sich bei der Frage, wie der Interessengegensatz zwischen den Rechten des Beschuldigten, dem gegenüber Kriminalstrafen außerordentlich intensiv in dessen Grundrechte eingreifen und dem Recht der Allgemeinheit auf Rechtsgüterschutz aufzulösen ist, um eine **Grundfrage rechtsstaatlicher Verfassung**. Bemerkenswerterweise ist diese Grundfrage rechtsstaatlicher Verfassung **immer noch nicht zufriedenstellend gelöst**. Ob diese Frage überhaupt jemals verlässlich und prognostizierbar gelöst werden kann, ist zweifelhaft. Eine sprachwissenschaftliche Analyse diverser Entscheidungen des BVerfG ergibt nämlich im Wesentlichen **rhetorische Argumente** zur Begründung eines Entscheidungsergebnisses. Die analysierten Entscheidungen (BVerfGE 65, 152 ff. –"ordnungsgemäße Besetzung des ersten Senats des BVerfG"; 73, 339 ff. – „Solange II"; 35, 202 ff. – „Lebach"; 80, 244 ff. – „Anfechtbares Vereinsverbot"; 82, 126 ff. – „Kündigungsfristen") stammen freilich nicht aus dem Strafrecht, aber gleichwohl ist kaum anzunehmen, dass eine Analyse strafrechtlicher Entscheidungen anders ausfallen würde. Anders formuliert: „Wenn es wichtig wird, wird es unjuristisch" (vgl. *Sobota*, S. 115, 129 ff.). 740

Das soll **keine Kritik** am **BVerfG** sein, denn es ist unklar, ob das Überwiegen rhetorischer Argumente gegenüber Sachargumenten nicht schon darin begründet ist, dass der Sachverhalt argumentativ durch den vorherigen Instanzenzug bereits zu Ende ist, wenn er das BVerfG erreicht. Das erscheint folgerichtig, nachdem die Beachtung der Grundrechte auch (oder vor allem) den Fachgerichten überantwortet ist (Art. 1 Abs. 3; 20 Abs. 3 GG). Andererseits muss der Rechtsbeobachter aber auch zur Kenntnis nehmen, dass kodifiziertes Recht allgemein (scheinbar) eine Tendenz zur unbegrenzten Auslegung hat (vgl. *Rüthers*, S. 484 ff.). Ob diese Tendenz auch in case-law-Systemen besteht, ist diesseits unbekannt, aber zu vermuten. *Charles Evans Hughes*, der frühere Chief Justice des US Supreme Court wird wie folgt zitiert: „We are under a Constitution, but the Constituion is what the judges say it is" (zitiert nach *Schlaich/Korioth*, Rn 475). 741

Der **Strafrechtspraktiker weiß** jedenfalls, dass nahezu **jedes Ergebnis** von einem Richter **begründet** werden kann. Tatrichter rühmen sich, dass es kein Urteil gibt, dass sie nicht revisionssicher schreiben könnten, während sich Revisionsrichter sicher sind, dass es kein Urteil gibt, dass sie nicht aufheben können, wenn sie wollen (vgl. *Geipel*, Kap. 3, Rn 64 ff., 92 ff.). Der Praktiker weiß auch, dass die Berufung auf die Funktionstüchtigkeit der Strafrechtspflege gegenwärtig „überwertig" ist und zur **Schleifung** seit 1879 **unbestrittener Verteidigungsbastionen** eingesetzt wird. Hierzu sei nur auf die Rechtsprechung zur Rüge- 742 verkümmerung oder Fristsetzung für Beweisanträge verwiesen (vgl. *Roxin/Schünemann*, § 1 Rn 7; s. → *Verfassungsbeschwerde, Begründung, Beweisverbote*, Teil C Rdn 816).

743 Erstaunlich ist in diesem Zusammenhang, dass das **BVerfG evident falsche Gründe** zur **Einschränkung** von **Verteidigungsrechten** bemüht. Das BVerfG führt in seinem Beschl. vom 15.1.2009 aus: „Im Übrigen ergibt eine Gesamtbetrachtung der strafrechtlichen Revision, dass deren Koordinatensystem sich in den letzten Jahren und Jahrzehnten keineswegs einseitig zu Lasten des Beschuldigten verschoben hat. Zwar ist eine gewisse Tendenz in der Rechtsprechung der Revisionsgerichte erkennbar, den Einfluss von Verfahrensrügen zu begrenzen. Im Gegenzug hat die Rechtsprechung indes insbesondere durch die Ausweitung der so genannten Darstellungsprüfung das revisionsrechtliche Prüfungsprogramm – im Wesentlichen zugunsten des Beschuldigten – erheblich ausgedehnt" (BVerfG NJW 2009, 1469, 1475).

744 **b)** Richtig ist, dass durch die **„erweiterte Revision" mehr revisibel** geworden ist, aber gleichwohl die Erfolgsquoten nicht gestiegen sind (vgl. *Hamm*, StV 1987, 262). *Barton* hat die auf die erweiterte Revision gestützten Urteilsaufhebungen des BGH des Jahres 2005 ausgewertet und kommt zu einem ernüchternden Ergebnis: „Die erweiterte Revision kommt damit überproportional häufig Staatsanwaltschaften zugute [...] Angeklagte profitieren so gesehen vergleichsweise selten von dieser Art der Revisionskontrolle" (*Barton*, S. 333, 349).

745 Im Einzelnen ergab sich folgendes **Bild** der **Aufhebungen** auf die **erweiterte Revision** hin (*Barton*, S. 333, 350):

	Zugunsten Angeklagter	**Zugunsten StA**	**Zugunsten Nebenkläger**
1. Senat	1 Fall	3 Fälle	1 Fall
2. Senat	3 Fälle	3 Fälle	0 Fälle
3. Senat	5 Fälle	3 Fälle	0 Fälle
4. Senat	13 Fälle	3 Fälle	0 Fälle
5. Senat	14 Fälle	5 Fälle	2 Fälle
Insgesamt	36 Fälle	17 Fälle	3 Fälle

☝ Damit ist die Annahme des BVerfG der „erheblichen Ausdehnung des Prüfungsprogramm im Wesentlichen zugunsten des Beschuldigten" **widerlegt** (s. dazu a.: → *Verfassungsbeschwerde, Begründung, effektiver Rechtsschutzes – Art. 19 Abs. 4*, Teil C Rdn 816 ff.; → *Verfassungsbeschwerde, Begründung, ineffektiver Rechtsschutz (Mindermeinung)*, Teil C Rdn 903 ff.).

746 **4.** Erstaunlicherweise argumentiert das BVerfG auch in einem anderen Bereich an der **Rechtswirklichkeit vorbei**. Das **BVerfG versteht** den **Richtervorbehalt** (s. dazu auch:

→ *Verfassungsbeschwerde, Begründung, gesetzlicher Richter – Art. 101 Abs. 1 S. 2 GG*, Teil C Rdn 991 ff.) wie folgt: „Der Richtervorbehalt zielt auf eine vorbeugende Kontrolle der Maßnahme durch eine unabhängige und neutrale Instanz ab [m.w.N]. Das Grundgesetz geht davon aus, dass Richter aufgrund ihrer persönlichen und sachlichen Unabhängigkeit und ihrer strikten Unterwerfung unter das Gesetz (Art. 97 GG) die Rechte der Betroffenen im Einzelfall am besten und sichersten wahren können [m.w.N.]. Im strafrechtlichen Ermittlungsverfahren, das die StA in eigener Verantwortung führt (§§ 158 ff. StPO), ist der Richter – entsprechend der Trennung von Anklagebehörde und Gericht im deutschen Strafprozess – unbeteiligter Dritter, der nur auf Antrag der StA tätig wird (§ 162 StPO). Bei Maßnahmen wie der Durchsuchung oder auch dem Haftbefehl, die in der Regel ohne vorherige Anhörung des Betroffenen ergehen, soll seine Einschaltung insbesondere auch für eine gebührende Berücksichtigung der Interessen der Beteiligten sorgen [m.w.N.]. Der Richter muss die beabsichtigte Maßnahme eigenverantwortlich prüfen; er muss dafür Sorge tragen, dass die sich aus der Verfassung und dem einfachen Recht ergebenden Voraussetzungen der Durchsuchung genau beachtet werden [m.w.N.]“ (BVerfG NJW 2001, 1121 f.; zum Richtervorbehalt [bei der Durchsuchung] *Burhoff*, EV, Rn 1416 ff.).

☝ Der Richter ist im deutschen Strafverfahren kein unbeteiligter Dritter, sondern durch Perseveranz- und Schulterschlusseffekte ein strukturell und zu Lasten des Angeklagten Vorbefangener (vgl. *Schünemann/Roxin*, § 1 Rn 16, § 39 Rn 35 f., § 69 Rn 1 ff.)

Richtig ist aber folgendes Zitat von *Meyer-Goßner* aus dem Jahr 2000, wobei **keine Anhaltspunkte ersichtlich** sind, dass sich **zwischenzeitlich etwas geändert** hätte: „Die Rechtswirklichkeit zeigt denn auch überdeutlich, was ein solcher Richtervorbehalt nützt, nämlich so gut wie gar nichts: Beispielsweise wurde im Jahre 1992 in Baden-Württemberg 562 mal eine Telefonüberwachung angeordnet; nur in einem einzigen Fall wurde der Antrag zunächst zurückgewiesen, die Entscheidung aber im Beschwerdeweg aufgehoben und die Anordnung erlassen [im Original folgende Fußnote: nach *Thommes* StV 1997, 660]. In Bremen war 1996 bei etwa 150 solcher Anordnungen keine Ablehnung zu registrieren [im Original folgende Fußnote: *Asbrock*, ZRP 1998, 17, 18]. Nach *Lorenzen* wird hier nur ‚ein formaler Akt zelebriert‘ [im Original folgende Fußnote: SchlHA 1999, 29, 30]. Selbst bei dem schwersten Eingriff, den die StPO im Ermittlungsverfahren vorsieht – bei der Anordnung der Untersuchungshaft – funktioniert die richterliche Kontrolle ersichtlich nicht richtig. *Sarstedt* – der langjährige Vorsitzende des *5. Strafsenats* des *BGH* – hat berichtet, dass er als junger Richter einen älteren Kollegen befragt habe, was man eigentlich tun müsse, wenn man einen beantragten Haftbefehl *nicht* erlässt? Aus dem Gesetz ergäbe sich dazu ja nichts. Der Kollege habe ihn nachdenklich angeschaut 747 und dann erwidert: ‚Das weiß ich auch nicht. Aber machen Sie sich keine Sorgen; denn der Fall kommt gar nicht vor. Man erlässt doch immer den Haftbefehl! Die Leute können ja Haftbeschwerde einlegen‘ [im Original folgende Fußnote: *Sarstedt*, StV 1981, 42]“ (*Meyer-Goßner* ZRP 2000, 345, 348).

748 **5.a)** *Schünemann/Roxin* machen zu Recht darauf aufmerksam, dass die **Ausgestaltung** des **Strafverfahrens** weniger von geschriebenen Verfassungsnormen abhängt, als vielmehr von der **Verfassungswirklichkeit** (*Schünemann/Roxin*, § 2 Rn 7).

749 Bemerkenswert ist, dass **auch totalitäre Staaten Grundrechte kennen**. Die Verfassung der DDR vom 9.4.1968 enthält z.B. einen beachtenswerten und – freilich nur rhetorisch vorbildlichen – Kanon von Grundrechten. Art. 90 Abs. 1 der Verfassung der DDR bestimmte: „Die Rechtspflege dient der Durchführung der sozialistischen Gesetzlichkeit, dem Schutz und der Entwicklung der Deutschen Demokratischen Republik und ihrer Staats- und Gesellschaftsordnung. Sie schützt die Freiheit, das friedliche Leben, die Rechte und die Würde der Menschen.“ Auch gegen Art. 99 Abs. 2–4 gab es wenig zu erinnern: „Eine Tat zieht strafrechtliche Verantwortlichkeit nur nach sich, wenn diese zur Zeit der Begehung der Tat gesetzlich festgelegt ist, wenn der Täter schuldhaft gehandelt hat und die Schuld zweifelsfrei nachgewiesen ist. Strafgesetze haben keine rückwirkende Kraft (Abs. 2). Eine strafrechtliche Verfolgung ist nur in Übereinstimmung mit den Strafgesetzen möglich (Abs. 3). Die Rechte des Bürgers dürfen im Zusammenhang mit einem Strafverfahren nur insoweit eingeschränkt werden, wie dies gesetzlich zulässig und unumgänglich ist (Abs. 4).“ Auch Art. 102 Abs. 1, „jeder Bürger hat das Recht, vor Gericht gehört zu werden“, entsprach formal Art. 103 Abs. 1 GG. Dieses Beispiel aus der jüngeren Rechtsgeschichte soll deutlich machen, dass ein **Auseinanderfallen** von **Verfassungstext** und **Verfassungswirklichkeit** durchaus möglich ist.

750 **b)** Insgesamt ist das **GG** trotz seiner materiellen und konzeptionellen Schwächen die beste aller bisherigen deutschen Verfassungen (vgl. *Kloepfer*, V). Die in vielen Fällen letztendlich erst durch das BVerfG durchgesetzte **faktische Wirkung** der **Grundrechte** kann als eine **Erfolgsgeschichte** in der Verteidigung von Freiheiten gegen autoritäre Übergriffe bezeichnet werden (vgl. *Kloepfer*, S. 110 f.).

751 Das **BVerfG** genießt in der öffentlichen Wahrnehmung und Akzeptanz in der Bevölkerung **höchste Zuspruchsraten**, die untrennbar mit der Institution der Verfassungsbeschwerde verwoben sind (vgl. *Benda/Klein*, Rn 418 f. m.w.N.). Diese Akzeptanz würde schwinden, wenn das BVerfG nur mehr rhetorischer **Hüter der Verfassung** wäre. Die immer wieder aufkommenden Bestrebungen, die Individualverfassungsbeschwerde abzuschaffen oder in ihrem Anwendungsbereich (weiter) einzuschränken, sind entschieden zurückzuweisen (vgl. *Benda/Klein*, Rn 442 ff.). Freilich gäbe es wenig zu erinnern, wenn die Missbrauchsgebühr öfter verhängt oder eine Kostenpflicht für Verfahren vor dem BVerfG eingeführt werden würden.

Der frühere Richter am BVerwG und jetzige Rechtsanwalt *Dr. Pagenkopf* vertritt im Jahr 2012 Folgendes: „Heute ist jedenfalls der Einfluss der **ausgefeilten Rechtsprechung** des *BVerfG* zu den Grundrechten in den letzten Jahrzehnten ohne Weiteres zum **Allgemeingut** der **Rechtsanwendung** geworden. Die Zeit der umstürzenden materiellen Verfassungsinterpretationen ist wohl beendet; die entscheidenden Maßstäbe sind errichtet [im Original folgendes Fußnote: Vgl. *Lepsius*, in: *Möllers/Jestaedt/Schönberger/Lepsius*, Das entgrenzte Gericht, 2011, S. 214]. Auch die Fachgerichte sind durchweg vom Verfassungsrecht beeinflusst und haben insoweit eine verfassungsmäßige Kompetenz erworben, die verantwortungsvoll wahrgenommen wird [...]. Wollte man den nach wie vor nicht gelösten Problemen zwischen der Reichweite von Verfassungsrecht und der fachgerichtlichen Kompetenz keine entscheidende Bedeutung beimessen, so würde sich jedenfalls eine Beschränkung der Urteilsverfassungsbeschwerde auf Fälle einer evidenten Grundrechtsverletzung durch die letztinstanzlichen Entscheidungen der Fachgerichte anbieten. Das hätte den Vorteil, dass auch die Versuche einer Eigenentlastung durch das Subsidiaritätskriterium oder die Ausschöpfung des Rechtsweges oder die Einführung einer Anhörrüge von vornherein in geordnete Bahnen gelenkt würden. Eine derart eingeschränkte Möglichkeit der Einlegung einer Urteilsverfassungsbeschwerde brächte zudem den Gewinn, dass der großen Kompetenz der Fachgerichte, die durch 21.000 Richter in Deutschland repräsentiert wird, wieder das notwendige Gewicht eingeräumt wird, frei von den meist generalisierten und fachfernen, oft nur akademischen Überlegungen einer Verfassungsrechtsprechung, die die fachgerichtlichen Besonderheiten nicht immer richtig zur Kenntnis nimmt, wie sich anhand zahlreicher Urteile zu Fragen des Zivilrechts, des Strafrechts und des allgemeinen Verwaltungsrechts in der Rechtsanwendung durch die Fachgerichte belegen lässt [im Original folgende Fußnote: Vgl. die Beispiele bei *Isensee* JZ 1996, 1085, 1089]“ (*Pagenkopf* ZRP 2012, 42 f.). 752

Bemerkenswerterweise teilte *Schmidt-Jortzig* im Jahr 1994 noch mit, dass das Verständnis von **Art. 19 Abs. 4 GG** und des **Gebots** des **effektiven Rechtsschutzes** als „**Krönung des Rechtsstaates**“ oder „Schlussstein im Gewölbe des Rechtsstaates keine überschwengliche Feiertagshymnen seien, sondern durchaus folgerichtige Bilanz“ (vgl. *Schmidt-Jortzig* NJW 1994, 2569 ff.). 753

Schmidt-Jortzig, der Ordinarius für Öffentliches Recht war und dem „der verwaltungsrechtliche Bereich naheliegt“ (*Schmidt-Jortzig* NJW 1994, 2569, 2573) und *Pagenkopf* als Richter des BVerwG a.D. können **markante Rechtsschutzlücken** im Straf- und Zivilprozess **nicht mitbedacht** haben (vgl. *Graf/Eschelbach*, § 261 Rn 65 ff. m.w.N.; *Geipel* ZAP F. 13 S. 1689 ff.; *ders.* ZAP F. 13 S. 1699 ff.). Dass bedeutet, dass die Verfassungsbeschwerde als **letzte Zuflucht des Bürgers** (der Ausdruck stammt aus der Begründung zum Regierungsentwurf in: BT-Drucks I/788, S. 35, zitiert nach *Bethge* § 90 Rn 4) zu erhalten und nicht zu reduzieren ist. 754

☝ Auch das **BVerfG** fasst die **Verfassungsbeschwerde** als den **spezifischen Rechtsbehelf** des **Bürgers gegen** den **Staat** auf (vgl. BVerfGE 4, 27, 30; 64, 301, 312).

755 **6.a)** Faktisch werden hinsichtlich der Gerichtsfunktion des BVerfG einerseits zu geringe Erfolgsquoten und andererseits **zu hohe Begründungsanforderungen** von **Verfassungsbeschwerden beklagt** (vgl. *Lechner/Zuck*, § 90 Rn 12, 24; zu den Begründungsanforderungen im Einzelnen → *Verfassungsbeschwerde, Begründung, Allgemeines*, Teil C Rdn 786, m.w.N.). Zutreffend spricht *Jahn* von „verzweifelt geringen" bzw. „erratischen" Erfolgsaussichten (vgl. Jahn/Krehl/Löffelmann/Güntge/*Jahn*, Rn 2, 6). Gleichwohl darf eine Unprognostizierbarkeit oder die geringe Erfolgsquote von Verfassungsbeschwerden (immer unter 3 %, aktuell bei Urteilsverfassungsbeschwerden nur ca. 1,5 %) nicht davon abhalten, den „Gang nach Karlsruhe" zu wagen. Entgegen *Zuck* zeigen die geringen Erfolgsquoten nicht, dass das deutsche Rechtsschutzsystem weitgehend intakt ist (so aber *Lechner/Zuck*, Einl., Rn 270). Die Statistik des Misserfolgs der Beschwerdeführer ist keine Statistik des Erfolgs des Rechtssystems. Es ist ein weitverbreiteter Fehler, höchstrichterliche Nichtbeanstandungen von vorhergehenden Entscheidungen als Beleg für deren Richtigkeit zu verstehen (vgl. *Paeffgen/Wasserburg*, GA 2012, 535, 537). Die Erfolgsquote hängt davon ab, was wie streng kontrolliert wird. „Wie viel ist die ‚Statistik des Erfolges' aber noch wert, wenn möglicherweise auch begründete Verfassungsbeschwerden an den hohen Zulässigkeitsvoraussetzungen scheitern?" (*Reichart*, Revision und Verfassungsbeschwerde in Strafsachen, 2). Wie viele verfassungswidrige Urteile existieren, die gerade nicht mit der Verfassungsbeschwerde angegriffen werden können, weil die Ebene des „spezifischen Verfassungsrechts" nicht vorliegt, ist gänzlich unklar. Die Frage, welche **Fehlurteilsquote** in der BRD existiert, wird nicht erforscht. Diese dürfte aber beachtlich sein (vgl. *Geipel*, Kap. 3, Rn 24 ff. m.w.N.; *Eschelbach*, NJW2010, 2499 f.).

756 **b)** Gerade in jüngerer Vergangenheit konnten **Fehlentwicklungen** bei den **Fachgerichten** nur durch die Hilfe des BVerfG abgewehrt werden. Dazu folgende

757 **Rechtsprechungsbeispiele:**

- Ein Auto ist ein Auto. Hieran wird (fast) niemand zweifeln. Tatsächlich nahmen aber sowohl LG Dresden als auch OLG Dresden an, dass ein Auto auch eine Waffe im „untechnischen Sinn" sei, die gem. **§ 113 Abs. 2 S. 2 Nr. 1 StGB** gebraucht worden war. Das BVerfG wendet sich zutreffend gegen diese – oben angesprochene – „unbegrenzte Auslegung" und hebt die Verurteilung auf (vgl. BVerfG NJW 2008, 3627 ff.).
- Im sog. **Untreue-Beschluss** des BVerfG vom 23.6.2010 teilt das BVerfG einer langjährig praktizierten „**unbegrenzten Auslegung**" zum **Nachteilsbegriff** eine **Absage**. Gegen folgenden Einwand eines dortigen Beschwerdeführers hätte es wenig zu erinnern gegeben: „Für die entscheidende Frage, wann die Gefahr künftiger Verluste be-

reits zu einer gegenwärtigen Wertminderung führe, seien trotz einer mehr als 100 Jahre andauernden Rechtstradition keine handhabbaren Kriterien gefunden worden. Bei Krediten für Vorhaben im Wirtschaftsleben werde sich die Gefahr eines Verlusts kaum je völlig ausschließen lassen. Hänge der Eintritt des tatbestandlichen Erfolgs damit aber maßgeblich vom Grad der Gefährdung des betreuten Vermögens ab, sei die Bewertung im Einzelfall nicht mehr vorhersehbar. Zudem stehe nicht fest, auf welchem rechtsstaatlich bedenkenfreien Wege derartige Wahrscheinlichkeiten ermittelt werden sollten. Dass es bei einem Erfolgsdelikt wie der Untreue auf Abwägungen dieser Art ankomme, widerspreche schon dem Wortsinn des § 266 StGB, der den Eintritt eines Nachteils voraussetze und die bloße Wahrscheinlichkeit des Eintritts damit nicht genügen lasse. Zu Recht werde daher in der Literatur angemerkt, dass bei Anerkennung einer ‚schadensgleichen Vermögensgefährdung' als ‚Nachteil' im Sinne des § 266 StGB die Grenze zwischen Vollendung und straflosem Versuch kaum mehr zu ziehen sei. Dass unter Umständen die vereinbarungsgemäße Rückzahlung des Kredits die Strafbarkeit unberührt lasse und nur als bloße Schadenswiedergutmachung zu werten sei, erscheine absurd" (BVerfG NJW 2010, 3209 ff., Rn 50). Gleichwohl erklärt das BVerfG die Norm nicht für verfassungswidrig, sondern mahnt eine **weitere Konkretisierung** des **Nachteilsbegriffs** bei einem „Gefährdungsschaden" an, sodass der Schaden/Nachteil konkret zu beziffern ist (vgl. BVerfG NJW 2010, 3209 ff.).

Dem ist **im Ergebnis zuzustimmen**. Tatsächlich ist eine Norm, die nach 100 Jahren Rechtsanwendung immer noch nicht verlässlich ausgelegt werden kann, nicht nur grenzwertig (so Adam, S. 421, 439), sondern unbestimmt im Sinne des Art. 103 Abs. 2 GG. Wenn die Norm aber durch ein (zusätzliches) „Merkmal der Bezifferung des Schadens" verfassungskonform ausgelegt werden kann, ist diese Lösung gegenüber der Nichtigkeit der Norm vorzuziehen, d.h. dann darf das Verdikt über ihre Verfassungswidrigkeit nicht ergehen (st.Rspr. seit BVerfGE 2, 266, 282).

- Auch eine **Ausweitung** des **§ 142 Abs. 2 Nr. 2 StGB** durch eine Gleichsetzung des unvorsätzlichen Sichentfernens vom Unfallort mit berechtigtem oder entschuldigten Entfernen, sprengte den Wortsinn, konnte aber auch nur durch die Hilfe des BVerfG abgewehrt werden. Das ist insofern bemerkenswert, als sogar der BGH angenommen hatte, dass die Begriffe „berechtigt oder entschuldigt" keineswegs formal-dogmatisch, sondern umgangssprachlich zu verstehen seien (vgl. BGH NJW 1979, 434 ff.). Dennoch hat es mehr als 20 Jahre gedauert bis das BVerfG mitteilt: „Diese Argumentation vermag nicht zu überzeugen. Schon die Umgangssprache unterscheidet zwischen unvorsätzlichen im Sinne nicht absichtlicher und berechtigten oder entschuldigten Verhaltensweisen, die ‚das Recht auf ihrer Seite' haben bzw. deren Konsequenzen aus höherrangigen Gründen hinzunehmen sind […] Auf Grund ihres normativen Gehalts können die Begriffe ‚berechtigt oder entschuldigt' nicht in einem nicht-normativen Sinne ausgelegt werden. Wer sich ‚berechtigt oder entschuldigt' vom Unfallort entfernt, handelt objektiv und subjektiv unter ganz anderen Voraussetzungen als derjenige, der das mangels Kenntnis des Unfallgeschehens tut" (BVerfG NJW 2007, 1666 f.).

- Diese neue Rechtsprechung des BVerfG verhindert auch Überdehnungen bei der schadensgleichen **Vermögensgefährdung** bzw. dem **Gefährdungsschaden** im Sinne des § 263 StGB. Auch dort hat das BVerfG eine unbegrenzte Auslegung nicht akzeptiert (vgl. BVerfG NJW 2012, 907).
- Eine dogmatisch interessante Konstruktion hat das BVerfG unternommen, um aufgrund der Existenz anderer Normen eine Verfassungswidrigkeit einer Norm auszuschließen. Im sog. **Cannabis-Beschluss** teilt das BVerfG mit: „Soweit die Strafvorschriften des Betäubungsmittelgesetzes Verhaltensweisen mit Strafe bedrohen, die ausschließlich den gelegentlichen Eigenverbrauch geringer Mengen von Cannabisprodukten vorbereiten und nicht mit einer Fremdgefährdung verbunden sind, verstoßen sie deshalb nicht gegen das Übermaßverbot, weil der Gesetzgeber es den Strafverfolgungsorganen ermöglicht, durch das Absehen von Strafe (vgl. § 29 Abs. 5 BtMG) oder Strafverfolgung (vgl. §§ 153 ff. StPO, § 31a BtMG) einem geringen individuellen Unrechts- und Schuldgehalt der Tat Rechnung zu tragen. In diesen Fällen werden die Strafverfolgungsorgane nach dem Übermaßverbot von der Verfolgung der in § 31a BtMG bezeichneten Straftaten grundsätzlich abzusehen haben" (BVerfGE 90, 145 f.).
- Faktische **Einschränkungen der Norm**, d.h. der tatbestandsmäßigen Strafbarkeit hat das BVerfG teilweise sogar **unmittelbar aus der Verfassung** gewonnen. Hinsichtlich der Verfolgung von DDR-Agenten ergibt sich z.B. Folgendes: „Aus dem Übergewicht der Gründe, die gegen eine weitere strafrechtliche Verfolgung derjenigen Personen sprechen, die als Staatsbürger der DDR Spionagestraftaten gegen die Bundesrepublik Deutschland oder deren Verbündete allein vom Boden der DDR aus begangen haben und im Zeitpunkt des Wirksamwerdens der Einheit Deutschlands dort ihren Lebensmittelpunkt hatten, ergibt sich unmittelbar von Verfassungs wegen ein Verfolgungshindernis" (BVerfGE 92, 277, 335).
- Ebenso hat das BVerfG unmittelbar aus der Verfassung eine **Erweiterung** einer **Norm zugunsten** der **Angeklagten** geschlossen, um die (zu kurz gehende) Norm (**§ 140 Abs. 2 StPO**) nicht für verfassungswidrig erklären zu müssen. „Die Anwendung dieser Grundsätze, die auch im Revisionsverfahren in Strafsachen Beachtung erfordern, führt zu einer verfassungsrechtlich gebotenen Ergänzung der in § 140 Abs. 2 StPO aufgestellten Voraussetzungen der Verteidigerbestellung, ohne dass hierdurch die gesetzliche Regelung über das insoweit einzuschlagende Verfahren berührt wird. Die Bestellung eines Verteidigers ist danach nicht nur in den in dieser Vorschrift genannten Fällen – die ihrerseits Ausprägungen des Gebots fairer Verfahrens-

führung darstellen –, sondern stets auch dann erforderlich, wenn die Ablehnung der Beiordnung aus anderen Gründen den Angeklagten in seinem Anspruch auf ein faires Verfahren verletzen würde“ (BVerfGE 46, 202, 210).

- Auch hat das BVerfG unmittelbar aus der Verfassung **Rechtspositionen abgeleitet**, die die **Strafverfolgung einschränken**: „Besteht die naheliegende, konkrete Gefahr, dass der Beschuldigte bei Durchführung der HV sein Leben einbüßen oder schwerwiegenden Schaden an seiner Gesundheit nehmen würde, so verletzt ihn die Fortsetzung des Verfahrens in seinem Grundrecht aus Art. 2 Abs. 2 S. 1 GG […] das Art. 2 Abs. 2 S. 1 GG den staatlichen Organen verbietet, den Beschuldigten im Strafverfahren in eine naheliegende, konkrete Lebensgefahr zu bringen, versteht sich für den Rechtsstaat des Grundgesetzes von selbst. Darüber hinaus steht auch eine mit der Durchführung der HV etwa verbundene ernsthafte Gefährdung der körperlichen Unversehrtheit des Beschuldigten der Fortsetzung des Strafverfahrens entgegen, sofern die zu befürchtende gesundheitliche Schädigung als schwerwiegend zu erachten ist (vgl. BGH bei Dallinger, MDR 1958, S. 142; BGH, NJW 1970, S. 1981). In solchen Fällen tritt der staatliche Strafverfolgungsanspruch gleichfalls hinter das Interesse des Beschuldigten am Schutz seines Grundrechts aus Art. 2 Abs. 2 S. 1 GG zurück“ (BVerfGE 51, 324, 346 f. – vgl. hierzu auch die Honecker-Entscheidung des VerfGH Berlin, NJW 1993, 515).

7.a) Dies alles führt zu **Konsequenzen für** den **Verteidiger**. Die o.a. Beispiele (vgl. Rdn 757) zeigen, dass sich eine Befassung mit Verfassungsrecht für den Strafverteidiger „lohnen kann“ (s. dazu auch: → *Verfassungsbeschwerde, Auslegung der StPO im Lichte des GG*, Teil C Rdn 766 ff.; → *Rechtsmittel/Rechtsbehelfe, Einfluss Grundgesetz*, Teil A Rdn 1402). *Eschelbach* meint: „Die Kenntnis des Rechts der Verfassungsbeschwerde muss Strafverteidiger dazu bewegen, dass sie ihre Verteidigungsstrategie anders als bisher gestalten. Eine ‚Vorneverteidigung‘ wird auch dadurch geboten“ (MAH-*Eschelbach*, § 30 Rn 5). **758**

b) Die folgenden Ausführungen wollen sich nicht nur darum bemühen, das geltende Recht nachzuerzählen, sondern auch **kritisch** zu **reflektieren**. Das ist dem Leser geschuldet, der mit neuen Verfassungsbeschwerden zu einer Weiterentwicklung des Rechts beitragen kann. Die Notwendigkeit hierzu ergibt sich zum einen daraus, dass viele verfassungsrechtliche Probleme nach wie vor ungeklärt sind, weil sie bereits in der Zulässigkeitsstation vor dem BVerfG gescheitert sind (vgl. MAH-*Eschelbach*, § 30 Rn 16). **759**

Insbesondere **scheiterte** in der **Zulässigkeitsstation** **760**

- BVerfG NJW 2000, 3557 f. zu BGHSt 38, 144 (Beschlagnahme einer **Patientenkartei**),
- BVerfG NStZ 2000, 489 zu BGHSt 39, 335 (**Telefonmithören**),

- BVerfG NStZ 2000, 489 f. zu BGHSt 40, 211 (**V-Mann-Einsatz**),
- BVerfG NStZ 2000, 488 f. zu BGHSt 42, 139 (**Hörfalle**),
- BVerfG NJW 1998, 1938 f. (**Lügendetektor**).

761 Zum anderen ergibt sich die Notwendigkeit daraus, dass die vor allem von *Rüthers* beobachtete „**unbegrenzte Auslegung**" jedenfalls zu einem Teil in der Rechtswirklichkeit stattfindet und aus verfassungsrechtlichen Gründen zu bekämpfen ist. Es ist kaum zu bestreiten, dass die deutsche Justiz, Rechtswissenschaft und Anwaltschaft zu NS-Zeiten – von Einzelfällen abgesehen – gänzlich versagt haben (vgl. *Müller*, Furchtbare Juristen, 1987). Möglich wurde dieses Versagen vor allem durch eine „**unbegrenzte Auslegung**" des geschriebenen Rechts, wodurch es zu einer **zweimaligen Umdeutung ganzer Rechtsordnungen** (nach 1933 und nach 1945/1949) gekommen ist. Wenn der gleiche Wortlaut von Normen es ermöglicht, sehr verschiedene Auslegungsergebnisse hervorzurufen, müsste dies – jedenfalls von der Wissenschaft – kritisch analysiert, statt verdeckt werden. Folgerichtig weist *Rüthers* auch in seinem Vorwort zur 6. Aufl. – immer noch (erstmals in der 1. Aufl. 1968) – darauf hin, dass die „unbegrenzte Auslegung" ein epocheübergreifendes Problem ist, die die Grundsätze des Art. 20 Abs. 3 und 97 Abs. 1 GG missachtet (vgl. *Rüthers*, VIII).

☝ Heutige Juristen sollten **nicht über frühere Juristengenerationen richten**, weil niemand konkret sagen kann, wie er selbst in der Diktatur gehandelt hätte. Gleichwohl fällt auf, dass Bücher über die juristische Methodenlehre die politischen Irrwege und Erblasten ihrer Disziplin völlig verschweigen (vgl. *Rüthers*, S. 477 ff.). Das soll Anspruch sein, die **Errungenschaften des Grundgesetzes** mit einklagbaren Grundrechten **einzufordern und zu verteidigen**.

762 **8.a)** Die **Annahmevoraussetzung** für eine Verfassungsbeschwerde sind in § 93a BVerfG geregelt. Die Annahmevoraussetzung der **grundsätzlichen Bedeutung**, „[…] ist nur gegeben, wenn die Verfassungsbeschwerde eine verfassungsrechtliche Frage aufwirft, die sich nicht ohne Weiteres aus dem Grundgesetz beantworten läßt und noch nicht durch die verfassungsgerichtliche Rechtsprechung geklärt oder die durch veränderte Verhältnisse erneut klärungsbedürftig geworden ist. Über die Beantwortung der verfassungsrechtlichen Frage müssen also ernsthafte Zweifel bestehen. Anhaltspunkt für eine grundsätzliche Bedeutung in diesem Sinne kann sein, dass die Frage in der Fachliteratur kontrovers diskutiert oder in der Rechtsprechung der Fachgerichte unterschiedlich beantwortet wird. An ihrer Klärung muss zudem ein über den Einzelfall hinausgehendes Interesse bestehen. Das kann etwa dann der Fall sein, wenn sie für eine nicht unerhebliche Anzahl von Streitigkeiten bedeutsam ist oder ein Problem von einigem Gewicht betrifft, das in künftigen Fällen erneut Bedeutung erlangen kann […]" (BVerfGE 90, S. 22, 24 f.; 96, S. 245, 24).

☝ Zu beachten ist, dass es sich um eine **verfassungsrechtliche Frage** von **grundsätzlicher Bedeutung** handeln muss, nicht um eine einfach-rechtliche Frage von grundsätzlicher Bedeutung.

„Die Frage, ob eine der Entscheidung zugrundeliegende Gesetzesnorm verfassungswidrig ist, hat regelmäßig grundsätzliche Bedeutung“ (BVerfGE 91, 93, 106). Wird dieser Annahmegrund bejaht, ist der Senat zuständig, nicht mehr die Kammer, gem. 93c Abs. 1 S. 1 BVerfGG.

b) Die **Annahmevoraussetzung** der Durchsetzung der als **verletzt bezeichneten Verfassungsrechte** (§ 93a Abs. 2 Buchst. b BVerfGG) liegt vor, „[…] wenn die geltend gemachte Verletzung von Grundrechten oder grundrechtsgleichen Rechten **besonderes Gewicht** hat oder den Beschwerdeführer in **existentieller Weise** betrifft. Besonders gewichtig ist eine Grundrechtsverletzung, die auf eine generelle Vernachlässigung von Grundrechten hindeutet oder wegen ihrer Wirkung geeignet ist, von der Ausübung von Grundrechten abzuhalten. Eine geltend gemachte Verletzung hat ferner dann besonderes Gewicht, wenn sie auf einer groben Verkennung des durch ein Grundrecht gewährten Schutzes oder einem geradezu leichtfertigen Umgang mit grundrechtlich geschützten Positionen beruht oder rechtsstaatliche Grundsätze krass verletzt. Eine existentielle Betroffenheit des Beschwerdeführers kann sich vor allem aus dem Gegenstand der angegriffenen Entscheidung oder seiner aus ihr folgenden Belastung ergeben […]“ (BVerfGE 90, 22, 25). Das ist bei einer strafrechtlichen Verurteilung regelmäßig der Fall (BVerfGE 96, 245, 249), aber gleichwohl scheitern entsprechende Urteilsverfassungsbeschwerden regelmäßig. *Zuck* hat Recht, wenn er ausführt, dass der Bürger getäuscht wird, nachdem sich rhetorisch ein höherer Rechtsschutzstandard ergibt, als er tatsächlich eingelöst wird (vgl. *Lechner/Zuck*, § 90 Rn 24). Es gibt damit einen Unterschied zwischen dem law in books und dem law in action (vgl. *Putzke/Geipel*, a.a.O., 937 ff.). 763

☝ Ob es im **OWi-Bereich** eine **Bagatellgrenze** gibt, ist **unbekannt**. Es lassen sich auch erfolgreiche Verfassungsbeschwerden im Bagatellbereich nachweisen, wobei dort das Gewicht des Verfassungsverstoßes allerdings jeweils erheblich war („Willkür“!).

Der hierfür erforderliche Vortrag wird sich i.d.R. bereits aus dem Beschwerdevorbringen ergeben, sodass weiterer Vortrag grds. nicht erforderlich ist. Das kann freilich anders sein, wenn sich die Frage nach dem Vorliegen der Annahmevoraussetzungen noch nicht allein aus dem Beschwerdevortrag ergibt (vgl. BVerfG NJW 1997, 1693 f.).

Liegt der **Annahmegrund** des § 93a Abs. 2 Buchst. b BVerfGG **vor** und ist die verfassungsrechtliche Problematik bereits geklärt und die Verfassungsbeschwerde offensichtlich begründet, gibt ihr bereits die Kammer statt gem. 93c Abs. 1 S. 1 BVerfGG. 764

765 **9.** Rechtlich ist es denkbar, einen **Antrag** auf **Erlass** einer **einstweiligen Anordnung** zu stellen. Das mag in der Praxis aber **wohl überlegt** sein. „Mit dem Antrag nach § 32 BVerfGG provoziert der Antragsteller eine Schnellentscheidung des Gerichts über die Verfassungsbeschwerde. Man kann damit sicher nicht den Vorwurf verbinden, die Entscheidung werde nicht gewissenhaft getroffen. Man darf aber als Erfahrungssatz festhalten, dass schnelle Entscheidungen nicht zugleich gründlich sein können; es liegt nahe, angesichts der restriktiven Handhabung des § 32 BVerfGG zu vermuten, dass – sozusagen auf diesem Umweg – die Chancen für die Verfassungsbeschwerde verschlechtert werden" (*Zuck*, Rn 1208). Der Verfasser kennt Verfassungsbeschwerdeverfahren, in denen die „Zustellung" erfolgt ist, aber nach Zustellung ein Antrag auf Erlass einer einstweiligen Anordnung erfolgte und sodann die Verfassungsbeschwerde „einstimmig" ohne Angabe von Gründen doch nicht zur Entscheidung angenommen wurde. Damit hatte sich auch der Antrag auf Erlass einer einstweiligen Anordnung erledigt. Das ist/war erstaunlich, weil die Zustellung gerade bedeutet, dass die Verfassungsbeschwerde nach Meinung des Berichterstatters mindestens teilweise zulässig und begründet ist (vgl. Pieroth/Silberkuhl/*Hartmann*, § 90 Rn 304; *Lenz/Hansel*, § 90 Rn 46). Was den Sinneswandel des Berichterstatters bewegt haben mag, kann diesseits nicht beurteilt werden, ebenso wenig, ob die aus dem Revisionsverfahren berichtete Zurückstellung von eigenen Bedenken, um eine Verwerfung im schriftlichen Beschlussverfahren entgegen eigener Ansicht, aber zugunsten der Arbeitsökonomie zu ermöglichen (*Rosenau*, ZIS 2012, 195, 201 f.), auch im Verfassungsbeschwerdeverfahren zutrifft.

Siehe auch: → *Anhörungsrüge, Allgemeines*, Teil B Rdn 1, m.w.N.; → *Menschenrechtsbeschwerde, Allgemeines*, Teil C Rdn 1, m.w.N.; → *Verfassungsbeschwerde, Allgemeines*, Teil C Rdn 729; → *Verfassungsbeschwerde, Auslegung der StPO im Lichte des GG*, Teil C Rdn 766; → *Verfassungsbeschwerde, Begründung, Allgemeines*, Teil C Rdn 786; → *Verfassungsbeschwerde, Begründung, Bestimmtheitsgrundsatz*, Teil C Rdn 795; → *Verfassungsbeschwerde, Begründung, Beweisverbote*, Teil C Rdn 816; → *Verfassungsbeschwerde, Begründung, effektiver Rechtsschutz (Art. 19 Abs. 4 GG)*, Teil C Rdn 916; → *Verfassungsbeschwerde, Begründung, faires Verfahren*, Teil C Rdn 861; → *Verfassungsbeschwerde, Begründung, gesetzlicher Richter (Art. 101 Abs. 1 S. 2 GG)*, Teil C Rdn 883; → *Verfassungsbeschwerde, Begründung, ineffektiver Rechtsschutz (Art. 19 Abs. 4 GG) (Mindermeinung)*, Teil C Rdn 903; → *Verfassungsbeschwerde, Begründung, Ne bis in idem*, Teil C Rdn 953; → *Verfassungsbeschwerde, Begründung, Nemo-Tenetur-Grundsatz*, Teil C Rdn 965; → *Verfassungsbeschwerde, Begründung, Prüfungsmaßstab*, Teil C Rdn 969; → *Verfassungsbeschwerde, Begründung, Prüfungsumfang*, Teil C Rdn 980; → *Verfassungsbeschwerde, Begründung, Rechtliches Gehör*, Teil C Rdn 999; → *Verfassungsbeschwerde, Begründung, Schuldgrundsatz*, Teil C Rdn 1055; → *Verfassungsbeschwerde, Begründung, U-Haft*, Teil C Rdn 1059; → *Verfassungsbeschwerde, Begründung, Unschuldsvermutung*, Teil C

Rdn 1079; → *Verfassungsbeschwerde, Begründung, Verhältnismäßigkeitsprinzip*, Teil C Rdn 1083; → *Verfassungsbeschwerde, Begründung, Wahrheitserforschungsgebot*, Teil C Rdn 1104; → *Verfassungsbeschwerde, Begründung, Zwangsmaßnahmen, Allgemeines*, Teil C Rdn 1112; → *Verfassungsbeschwerde, Form*, Teil C Rdn 1123; → *Verfassungsbeschwerde, Frist*, Teil C Rdn 1127; → *Verfassungsbeschwerde, Streitgegenstand*, Teil C Rdn 1137; → *Verfassungsbeschwerde, Zulässigkeit, Allgemeines*, Teil C Rdn 1146; → *Verfassungsbeschwerde, Zulässigkeit, Beschwerdegegenstand*, Teil C Rdn 1156; → *Verfassungsbeschwerde, Zulässigkeit, formelle Subsidiarität*, Teil C Rdn 1171; → *Verfassungsbeschwerde, Zulässigkeit, materielle Subsidiarität*, Teil C Rdn 1177; → *Verfassungsbeschwerde, Zulässigkeit, Rechtswegerschöpfung*, Teil C Rdn 1182; → *Verfassungsbeschwerde, Zulässigkeit, Substantiierungsanforderungen*, Teil C Rdn 1193; → *Verfassungsbeschwerde, Abrechnung*, Teil D Rdn 456.

Verfassungsbeschwerde, Auslegung der StPO im Lichte des GG 766

Das Wichtigste in Kürze:

1. Die Anzahl erfolgreicher Verfassungsbeschwerden ist sehr gering. Dennoch ist festzustellen, dass die StPO und das StGB von Anfang an einer Auslegung im Lichte des GG bedurft, diese z.T. aber auch erfahren haben.
2. Eine Verfassungsbeschwerde gegen gerichtliche Entscheidungen ist dann begründet, wenn die gerichtliche Entscheidung entweder auf einer Verletzung von Verfahrensgrundrechten beruht oder auf einer verfassungswidrigen Rechtsnorm oder auf einer verfassungswidrigen Auslegung und Anwendung einer Norm.
3. Hält das Gericht eine nachkonstitutionelle Norm für verfassungswidrig, besteht gem. Art. 100 Abs. 1 GG ein Entscheidungsmonopol des BVerfG. Die verfassungsrechtliche Nachprüfung von Gesetzen im Rang unter dem formellen Gesetz obliegt im Fall der Entscheidungserheblichkeit jedem einfachen Richter. Vorrangig gegenüber dem Verdikt der Verfassungswidrigkeit ist jedoch die verfassungskonforme Auslegung,
4. Die StPO wird als angewandtes Verfassungsrecht verstanden. Grundrechtsverletzungen können stets mit den strafprozessualen Rechtsmitteln, insbesondere der Revision beanstandet werden.
5. Ansatzpunkte, eine verfassungskonforme Auslegung anzumahnen, ergeben sich aus zwei Blickwinkeln. Einerseits gilt es zu beachten, dass die Grundrechte auf das Verfahren bereits als solches einwirken und andererseits eine objektive Wertordnung verkörpern.

767 **Literaturhinweise:** **Eschelbach/Gieg/Schulz**, Begründungsanforderungen an die Urteilsverfassungsbeschwerde in Strafsachen, NStZ 2000, 565; **Fischer/Krehl**, Strafrechtliche Revision, „Vieraugenprinzip", gesetzlicher Richter und rechtliches Gehör, StV 2012, 550; **Meyer-Mews**, Absehen von der Revisionshauptverhandlung – eine konventionswidrige Besonderheit im deutschen Strafverfahrensrecht, StraFo 2011, 14; **Paeffgen/Wasserburg**, Geheimnisse des Systems der Kontrolle, GA 2012, 535; s.a. die Hinw. bei → *Revision, Allgemeines*, Teil A Rdn 2007, und bei → *Verfassungsbeschwerde, Allgemeines*, Teil C Rdn 730.

768 **1.** Die Anzahl **erfolgreicher Verfassungsbeschwerden** ist **sehr gering**. Dennoch ist festzustellen, dass die StPO und das StGB von Anfang an einer Auslegung im Lichte des GG bedurft, diese z.T. aber auch erfahren haben (vgl. dazu insbesondere die Zusammenstellung der Rspr. des BVerfG bei → *Rechtsmittel/Rechtsbehelfe, Einfluss Grundgesetz*, Teil A Rdn 1402). Neuere Entscheidungen, vor allem die verfassungsgerichtlichen Einwände gegen die Überdehnung des Schadensbegriffes bei § 266 StGB (BVerfGE 126, 170 ff.) und § 263 StGB (NJW 2012, 907 ff.) sollten dem **Strafverteidiger Mut** für weitere **verfassungsrechtliche Beanstandungen** machen (vgl. a. → *Verfassungsbeschwerde, Allgemeines*, Teil C Rdn 757).

769 **2.** Eine Verfassungsbeschwerde gegen gerichtliche Entscheidungen ist dann begründet, wenn die **gerichtliche Entscheidung**

- entweder auf einer **Verletzung** von **Verfahrensgrundrechten** beruht (s. dazu a. → *Verfassungsbeschwerde, Begründung, effektiver Rechtsschutz*, Teil C Rdn 916; → *Verfassungsbeschwerde, Begründung, gesetzlicher Richter – Art. 101 Abs. 1 Satz 2 GG*, Teil C Rdn 883; → *Verfassungsbeschwerde, Begründung, rechtliches Gehör*, Teil C Rdn 999; → *Verfassungsbeschwerde, Begründung, Ne bis in Idem*, Teil C Rdn 1027),
- oder (mittelbare Rechtssatzverfassungsbeschwerde) auf einer **verfassungswidrigen Rechtsnorm** (s. dazu a. → *Verfassungsbeschwerde, Zulässigkeit, Beschwerdegegenstand*, Teil C Rdn 1163),
- oder auf einer **verfassungswidrigen Auslegung und Anwendung einer Norm**.

770 **3.a)** Hält das Gericht eine **nachkonstitutionelle Norm**, d.h. ein Gesetz im formellen Sinn, das nach dem 24.5.1949 verkündet wurde, für **verfassungswidrig**, besteht gem. Art. 100 Abs. 1 GG ein Entscheidungsmonopol des BVerfG. Das Strafgericht hat in diesem Fall das **Vorlageverfahren** nach Art. 100 GG einzuleiten. Das Fachgericht muss von der Verfassungswidrigkeit der Norm, die für die gerichtliche Entscheidung von Bedeutung ist, überzeugt sein. Hat das Gericht Zweifel, ob eine Regel des Völkerrechts Bestandteil des Bundesrechts ist und ob sie unmittelbar Rechte und Pflichten für den Einzelnen erzeugt (Art. 25 GG), so hat das Gericht ebenfalls gem. Art. 100 Abs. 2 GG die Entscheidung des BVerfG einzuholen.

☝ Die verfassungsrechtliche Nachprüfung von Gesetzen **im Rang unter dem formellen Gesetz** obliegt im Fall der Entscheidungserheblichkeit **jedem** (einfachen) **Richter** (vgl. BVerfGE 48, 40, 45 m.w.N.).

Bei Meinungsverschiedenheiten über die Fortgeltung von früherem Recht als Bundesrecht entscheidet ebenfalls gem. Art 126 GG das BVerfG.

Auch **vorkonstitutionelle Gesetze** können dem Entscheidungsmonopol des BVerfG unterfallen, wenn bei einer späteren Änderung oder Ergänzung durch den Bundesgesetzgeber ein „**konkreter Bestätigungswille**" des Bundesgesetzgebers erkennbar geworden ist (vgl. BVerfGE, 6, 55, 65; 63, 181, 187).

b) Gegenüber dem Verdikt der Verfassungswidrigkeit einer Norm besteht das vorrangige Gebot der **normrettenden Interpretation**, also der **verfassungskonformen Auslegung**, die dann einen Grundrechtsverstoß nicht mehr enthält, für die wiederum die Fachgerichte selbst zuständig und kompetent sind. Eine solche verfassungskonforme Auslegung kommt nach der Rspr. des BVerfG dann in Betracht, wenn eine auslegungsfähige Norm nach den üblichen Interpretationsregeln mehrere Auslegungen zulässt, von denen eine oder mehrere mit der Verfassung übereinstimmen, während andere zu einem verfassungswidrigen Ergebnis führen; solange eine Norm verfassungskonform ausgelegt werden kann und in dieser Auslegung sinnvoll bleibt, darf sie nicht für nichtig erklärt werden (BVerfGE 48, 40, 45 m.w.N.). 771

☝ Ist es bereits in einem **anderen Verfahren** zu **einer verfassungskonformen Auslegung** einer Norm durch das BVerfG gekommen, so gilt Folgendes: „Spricht das Bundesverfassungsgericht im Rahmen einer ‚verfassungskonformen Auslegung' einer Norm des einfachen Rechts aus, daß gewisse an sich mögliche Interpretationen dieser Norm mit dem Grundgesetz nicht vereinbar sind, so kann kein anderes Gericht diese Interpretationsmöglichkeiten für verfassungsgemäß halten. Alle Gerichte sind vielmehr nach § 31 Abs. 1 BVerfGG an das vom BVerfG als verbindlicher Instanz in Verfassungsfragen ausgesprochene Verdikt der Verfassungswidrigkeit gebunden" (BVerfGE 40, 88, 94).

c) Die oben gemachten Ausführungen (vgl. Rdn 770) zeigen die **Schwierigkeit** des **konkreten Normenkontrollverfahrens** (nach Art. 100 GG). Das Gericht müsste im Fall von vor dem 24.5.1949 verkündeten Gesetzen im jeweiligen Einzelfall entscheiden, ob ein Bestätigungswille des Bundesgesetzgebers vorliegt und/oder im Fall von nachkonstitutionellem Gesetz darlegen, weshalb eine verfassungskonforme Auslegung nicht möglich ist (vgl. BVerfGE 48, 40, 45; 85, 329, 333). Wegen der hohen Begründungsanforderungen an das konkrete Normenkontrollverfahren (vgl. *Meyer-Goßner/Schmitt*, Einl. Rn 224 ff.) sind diese in nicht wenigen Fällen unzulässig, sodass sie in der Praxis von den Gerichten gescheut werden. **Ungeklärt** ist auch, ob der Angeklagte im Fall der Rüge der Verfassungswidrigkeit einer Norm nicht schon im **Ausgangsverfahren** ein konkretes **Normenkontrollverfahren** gem. Art. 100 Abs. 1 GG **anregen** muss (s. dazu auch: → *Verfassungsbeschwerde, Zulässigkeit, Substantiierungsanforderungen*, Teil C Rdn 1195). 772

☝ **Prozesstaktisch** ist es daher **sinnvoller**, im Ausgangsverfahren eine verfassungskonforme Auslegung der zugrunde liegenden Norm anzuregen, statt die Verfassungswidrigkeit der Norm als solche zu rügen.

773 **4.** Die **StPO** wird als **angewandtes Verfassungsrecht** verstanden (so wörtlich BVerfGE 32, 373, 383). Grundrechtsverletzungen können stets mit den strafprozessualen Rechtsmitteln, insbesondere der Revision beanstandet werden (vgl. *Meyer-Goßner/Schmitt*, Einl. Rn 218; vgl. a. → *Verfassungsbeschwerde, Allgemeines*, Teil C Rdn 729).

☝ Das Gesetz ist verletzt, wenn eine Rechtsnorm nicht oder nicht richtig angewandt worden ist (**§ 337 Abs. 2**). Gesetz in diesem Sinne ist jede Rechtsnorm (§ 7 EGStPO), also auch und vor allem die Verfassung selbst.

774 Da das Strafrecht und das Strafverfahren besonders eingriffsintensiv sind, folgt daraus ein **großer Anwendungsbereich**, verfassungsrechtliche Fragestellungen in das Verfahren einzubringen und so eine **verfassungskonforme Auslegung** bereits vor den Fachgerichten (spätestens im Revisionsverfahren) anzumahnen. In der Praxis dürften weniger die bereits entschiedenen Einzelfälle problematisch werden (§ 31 BVerfGG!), sondern die Umsetzung verfassungsrechtlicher Garantien auf bisher ungelöste Fälle oder Konstellationen. Hierzu ist es erforderlich, die entsprechenden Obersätze der verfassungsgerichtlichen Judikatur zu kennen. Diese wurden noch einmal in der Entscheidung des BVerfG vom 19.3.2013 zum Verständigungsgesetz zusammengefasst. Insbesondere soll das Strafrecht auf dem Schuldgrundsatz beruhen, der in der Würde und Eigenverantwortlichkeit des Menschen, sowie im Rechtsstaatsprinzip verankert sein soll, was das gerechte Verhältnis von Schuld und Strafe voraussetzt, sowie die Ermittlung der materiellen Wahrheit als oberstes Gebot, wobei zudem, im Rechtsstaat des Grundgesetzes das Recht die Praxis bestimmt und nicht die Praxis das Recht (vgl. BVerfG NJW 2013, 1058 ff.).

775 Folgendes Zitat aus der ***Lüth*-Entscheidung** für den Zivilrichter müsste demnach erst Recht für den Strafrichter gelten: „Der Richter hat kraft Verfassungsgebots zu prüfen, ob die von ihm anzuwendenden […] Vorschriften in der beschriebenen Weise grundrechtlich beeinflußt sind; trifft das zu, dann hat er bei Auslegung und Anwendung dieser Vorschriften die sich hieraus ergebende Modifikation […] zu beachten. Dies ist der Sinn der Bindung […] an die Grundrechte (Art. 1 Abs. 3 GG). Verfehlt er diese Maßstäbe und beruht sein Urteil auf der Außerachtlassung dieses verfassungsrechtlichen Einflusses […], so verstößt er nicht nur gegen objektives Verfassungsrecht, in dem er den Gehalt der Grundrechtsnorm (als objektiver Norm) verkennt, er verletzt vielmehr als Träger öffentlicher Gewalt durch sein Urteil das Grundrecht, auf dessen Beachtung auch durch die rechtsprechende Gewalt der Bürger einen verfassungsrechtlichen Anspruch hat" (BVerfGE 7, 198, 206 f.; → *Verfassungsbeschwerde, Begründung, Prüfungsumfang*, Teil C Rdn 980).

5. Ansatzpunkte, eine **verfassungskonforme Auslegung** anzumahnen, ergeben sich aus **zwei Blickwinkeln**. Einerseits gilt es zu beachten, dass die Grundrechte auf das Verfahren bereits als solches einwirken (vgl. Rdn 777 ff.) und andererseits eine objektive Wertordnung (Rdn 779 ff.) verkörpern. 776

a) Neben den Verfahrensgrundrechten (Art. 103 Abs. 1 und 3; 101 Abs. 1 S. 2 GG; 19 Abs. 4 GG) wirken sich also auch die einzelnen materiellen Grundrechte auf das Verfahren aus, sodass von einem **Grundrechtsschutz durch Verfahren** gesprochen wird (*Kloepfer*, § 48 Rn 31 m.w.N.). Gleichwohl ist der vollständige Anwendungsbereich von „Grundrechtsschutz durch Verfahren" nicht restlos geklärt (vgl. BVerfGE 53, 30, 65). Hinzuweisen ist auf folgende 777

Rechtsprechungsbeispiele: 778

- **Art. 3 Abs. 1 GG** in Form des Willkürverbots kann jedenfalls auch durch die willkürlichen Anwendung von Verfahrensrecht verletzt sein (vgl. BVerfGE 42, 64).
- Aus **Art. 2 Abs. 1 i.V.m. Art. 1 Abs. 1 GG** wurde jedenfalls eine Wirkung innerhalb der bestehenden Gesetze des Strafverfahrens anerkannt (vgl. BVerfGE 32, 373, 383). Das kann im Fall der Beschlagnahme und der Frage von Beweisverboten relevant werden.
- Auch bei **Art. 14 Abs. 1 GG** geht das BVerfG davon aus, dass dieses Grundrecht nicht nur ein materielles Vermögensrecht gibt, sondern bereits auf das Verfahren einwirkt und sich hieraus ein Gebot effektiven Rechtsschutzes und einer fairen Verfahrensführung bei Eingriffen in dieses Grundrecht ergäbe (vgl. BVerfGE 46, 325, 334; 49, 220, 225). Das könnte z.B. bei Fragen der Einziehung und des Verfalls relevant werden.
- **Aus Art. 2 Abs. 2 S. 1 GG** (Leben und körperliche Unversehrtheit) ergeben sich Hindernisse zur Durchführung eines Strafverfahrens, wenn hierdurch die naheliegende, konkrete Gefahr besteht, dass der Beschuldigte bei Durchführung der HV sein Leben einbüßen oder schwerwiegenden Schaden an seiner Gesundheit nehmen würde (vgl. BVerfGE 51, 424, 346).
- Den **Einfluss** des **Freiheitsrechts (Art. 2 Abs. 2; 104 Abs. 1 GG)** auf das Strafverfahren als solches hat das BVerfG bereits expressis verbis anerkannt: „Darüber hinaus erfordert die freiheitssichernde Funktion des Art. 2 Abs. 2 GG aber auch allgemein im Verfahrensrecht Beachtung. Das Bundesverfassungsgericht hat schon früher hervorgehoben, daß hier eine der Wurzeln des Prozeßgrundrechts auf ein faires, rechtsstaatliches Verfahren liegt (BVerfGE 57, 250, 274 f.). Aus diesem Recht ergeben sich Mindesterfordernisse für eine zuverlässige Wahrheitserforschung (vgl. BVerfGE 57, 250, 275), die nicht nur im strafprozessualen Hauptverfahren, sondern auch für die im Vollstreckungsverfahren zu treffenden Entscheidungen zu beachten sind. Sie setzen u.a. Maßstäbe für die Aufklärung des Sachverhalts und damit für eine hinreichende tatsächliche Grundlage für richterliche Entscheidungen. Denn es ist unverzichtbare Vorausset-

zung rechtsstaatlichen Verfahrens, daß Entscheidungen, die den Entzug der persönlichen Freiheit betreffen, auf zureichender richterlicher Sachaufklärung beruhen (vgl. BVerfGE 58, 208, 222) und eine in tatsächlicher Hinsicht genügende Grundlage haben, die der Bedeutung der Freiheitsgarantie entspricht (vgl. BVerfGE a.a.O. 230). Das folgt letztlich aus der Idee der Gerechtigkeit, die wesentlicher Bestandteil des Grundsatzes der Rechtsstaatlichkeit ist (vgl. BVerfGE 33, 367, 383) und an der sich jedwede Rechtspflege messen lassen muß" (BVerfGE 70, 297, 307 f.).

- Auch **Art. 19 Abs. 4 GG** gibt eine **unmittelbare Anweisung** an den **Richter**: „Seine Bedeutung [Art. 19 Abs. 4 GG] erschöpft sich nicht darin, dem Einzelnen überhaupt gerichtlichen Rechtsschutz zu gewähren. Der Rechtsschutz muß vielmehr auch effektiv sein. Dieses Gebot richtet sich sowohl an den die Verfahrensordnung ausgestaltenden Gesetzgeber als auch an den sie anwendenden Richter. Er muß das Verfahrensrecht in einer Weise auslegen und anwenden, die dem Gebot effektiven Rechtsschutzes Rechnung trägt" (BVerfGE 97, 298, 315).

779 **b)aa)** Der Einfluss der Grundrechte als „**objektive Wertordnung**" wird durch folgende **verfassungsgerichtliche Obersätze** aus der Rspr. des BVerfG betont: „Dieses Wertsystem [des GG] […] muß als verfassungsrechtliche Grundentscheidung für alle Bereiche des Rechts gelten; Gesetzgebung, Verwaltung und Rechtsprechung empfangen von ihm Richtlinien und Impulse" (BVerfGE 7, 198, 205). Und: „Nicht das System von Normen, Instituten und Institutionen im Range unter der Verfassung bildet den Maßstab für die Auslegung verfassungsrechtlicher Bestimmungen; vielmehr liefern die letzteren umgekehrt die Grundlagen und den Rahmen, an den die übrigen Rechtsäußerungen und -erscheinungen sich anzupassen haben" (BVerfGE 28, 243, 260 f.). Um eine verfassungskonforme Auslegung einzufordern, können darüber hinaus **weitere Obersätze** der **Judikatur** des **BVerfG** hilfreich sein. Dazu folgende

780 **Rechtsprechungsbeispiele:**

- „Eröffnet die Rechtsweggarantie des Art. 19 Abs. 4 GG dem Betroffenen den Weg zu einem staatlichen Gericht, das den Grundsätzen der Art. 92 und 97 GG genügen muß, so bedeutet der **grundrechtliche Anspruch** auf **effektiven Rechtsschutz**, daß die Gerichte im jeweiligen Verfahren der normativen Geltung der Grundrechte tatsächliche Wirksamkeit verschaffen müssen. Sie haben nicht nur die negative Verpflichtung, mit der Verfassung nicht in Einklang stehende Eingriffe in grundrechtlich geschützte Bereiche zu unterlassen, sondern auch die **positive Verpflichtung**, die **Grundrechte durchzusetzen**. Dem Verfahrensrecht kommt hierbei eine wesentliche Rolle zu. Es dient nicht nur dem Ziel, einen geordneten Verfahrensgang zu sichern, sondern ist im grundrechtlich relevanten Bereich auch das Mittel, im konkreten Fall dem Grundrechtsträger zu seinem verfassungsmäßigen Recht zu verhelfen. Demgemäß muß das Verfahrensrecht im Blick auf die Grundrechte ausgelegt und angewendet werden. Bei mehreren Auslegungsmöglichkeiten ist diejenige zu wählen, die dem Gericht ermöglicht, die Grundrechte der Verfahrensbeteiligten durchzusetzen und zu verwirklichen“ (BVerfGE 49, 252, 257).

- Der Anspruch auf ein **faires Verfahren** „kann auch durch verfahrensrechtliche Gestaltungen berührt werden, die der Ermittlung der Wahrheit und damit einem gerechten Urteil entgegenstehen ...“ (vgl. BVerfG StV 2010, 113 f.).
- „Das **Verfahrensrecht dient** der Herbeiführung gesetzmäßiger und unter diesem Blickpunkt richtiger, aber darüber hinaus auch im Rahmen dieser Richtigkeit **gerechter Entscheidungen**“ (BVerfGE 42, 64, 73).
- „Die dem Gesetzgeber obliegende normative Ausgestaltung des Rechtswegs muß aber das Ziel dieser Gewährleistung – den wirkungsvollen Rechtsschutz – verfolgen; sie muß im Hinblick darauf geeignet und angemessen sowie für den Rechtsuchenden zumutbar sein (BVerfGE 60, 253, 268f.). Das muß auch der Richter bei der Auslegung dieser Normen beachten; er darf den Beteiligten den **Zugang** zu den in den Verfahrensordnungen **eingeräumten Instanzen** nicht in unzumutbarer, aus Sachgründen **nicht mehr zu rechtfertigender Weise erschweren** (zuletzt BVerfGE 74, 228, 234)“ (BVerfGE 77, 275, 284).
- „Erfüllt das vom Gesetzgeber geschaffene Verfahrensrecht seine Aufgabe nicht oder setzt es der Rechtsausübung so **hohe Hindernisse** entgegen, daß die Gefahr einer Entwertung der materiellen Grundrechtsposition entsteht, dann ist es mit dem Grundrecht, dessen Schutz es bewirken soll, **unvereinbar**“ (BVerfGE 63, 131, 134).

bb) Dem Verteidiger sollten die o.g. Obersätze (Rdn 779 ff.) **Argumentationsmaterial** **781**
für die gewünschte **verfassungskonforme Auslegung** (bereits vor den Fachgerichten) geben. Liegt insofern bereits eine Entscheidung des BVerfG zur relevanten Fragestellung vor, hat sich der Beschwerdeführer im Rahmen der nachfolgenden Verfassungsbeschwerde detailliert mit dieser bereits bestehenden Rechtsprechung auseinanderzusetzen und darzulegen, warum von einer bereits bestehenden Entscheidung des BVerfG nunmehr abgewichen werden muss (s. dazu a. → *Verfassungsbeschwerde, Zulässigkeit, Substantiierungsanforderungen*, Teil C Rdn 1193).

☝ Kommt das Gericht von sich aus zu einer „**verfassungskonformen Auslegung**“ und soll **dennoch Verfassungsbeschwerde** hiergegen eingelegt werden, so muss in der Begründung zur Verfassungsbeschwerde dargestellt werden, dass die Norm ohne verfassungskonforme Auslegung verfassungswidrig wäre und die in dem Ausgangsverfahren gewählte Auslegung gegen den Wortlaut und/oder den gesetzgeberischen Willen verstößt (vgl. *Eschelbach/Gieg/Schulz* NStZ 2000, 565, 571).

c)aa) Wenn zudem all die genannten Obersätze (vgl. Rdn 779 ff.) gelten, dann müsste die **782**
gegenwärtige (historisch einmalig strenge) **Handhabung des § 344 Abs. 2** entgegen der

h.A. **verfassungswidrig** sein (s. dazu auch: → *Verfassungsbeschwerde, Begründung, ineffektiver Rechtsschutz (Mindermeinung)*, Teil C Rdn 903).

☝ In nicht wenigen Erwiderungen teilt der GBA mit, dass die erhobene Verfahrensrüge nicht den Erfordernissen des § 344 Abs. 2 entspricht, also unzulässig ist, und i.Ü. auch unbegründet wäre. Die nachfolgende Verfassungsbeschwerde hat sich dann mit der Frage der Unzulässigkeit, aber auch der Unbegründetheit der Rüge zu befassen.

783 **bb)** Ein **Kammerbeschluss** des **BVerfG** v. 23.5.2012 (2 BvR 610, 625/12; NJW 2012, 2334 ff. [Besetzungsstreit beim BGH]), müsste zudem zu einer gänzlich anderen **Auslegung des § 349 Abs. 2** führen und das Beschlusssystem mit Berichterstatterbestimmung im Ganzen ins Wanken bringen (vgl. *Paeffgen/Wasserburg* GA 2012, 535, 539, 548). Das BVerfG hat in diesem Beschluss postuliert, dass es nicht erforderlich sei, dass der Vorsitzende eines Strafsenats beim BGH jede Akte selbst lesen müsse. Das wurde damit begründet, dass alle Mitglieder des Spruchkörpers uneingeschränkt vollständig über den „Sach- und Streitstand" informiert sein müssen (BVerfG, a.a.O., Rn 24). Wie sich wiederum der jeweilige nicht als Berichterstatter eingesetzte Richter uneingeschränkt vollständig über den „Sach- und Streitstand" informiert, ob durch eigenes Lesen der Akten oder nicht, sei wiederum jedem Richter selbst überlassen, der die Akten zwar lesen dürfe, aber nicht müsse (BVerfG, a.a.O., Rn 25).

784 Jeder Praktiker weiß, dass es unmöglich ist, über einen Fall, dessen Akten man nicht gelesen hat, genauso vollständig informiert zu sein, wie über einen Fall, dessen Akten man schon gelesen hat. Die vom BVerfG vorgenommene Gleichsetzung des Informationsstandes von selbst gelesenen Akten mit selbst nicht gelesenen Akten, wirkt **bis ans Groteske grenzend widersprüchlich** (vgl. *Paeffgen/Wasserburg* GA 2012, 535, 546). Sie ist jedenfalls faktisch-empirisch falsch (*Fischer/Krehl* StV 2012, 550, 554) und bei der „erweiterten Revision" bereits prinzipiell ausgeschlossen (vgl. *Paeffgen/Wasserburg* GA 2012, 535, 548).

785 Der o.g. Kammerbeschluss vom 23.5.2012 befindet sich allerdings auf einer Linie der Senatsentscheidung vom 25.1.2005 (BVerfG NJW 2005, 1999 ff.), in dem das BVerfG – faktisch falsch – behauptet hatte, dass die Qualität der revisionsgerichtlichen Kontrolle in einem Verwerfungsbeschluss nicht anders als in einem Urteilsverfahren sei (vgl. BVerfG, a.a.O.). Die Beschlussverwerfung nach § 349 Abs. 2 ohne mündliche Verhandlung soll auch unter Berücksichtigung der Rechtsprechung des EGMR zulässig sein. Der Beschwerdeführer habe nämlich nicht aufgezeigt, inwieweit ihm die Entscheidung im Beschlusswege einen geringeren Grundrechtsschutz gewährt haben könnte als eine Entscheidung durch Urteil nach Durchführung einer HV. Seinen Darlegungen habe auch nicht entnommen werden können, dass die unterschiedliche Behandlung von Revisionen

des Angeklagten und der StA generell zu einer verminderten Rechtsschutzqualität bei Revisionen von Angeklagten führt (so BVerfG NJW 2014, 2563 ff.). Das ist aktuell allerdings nicht mehr vertretbar, nachdem *Paeffgen/Wasserburg* die „**Geheimnisse** des **Systems** der **Kontrolle**" gelüftet (GA 2012, 535) und *Fischer/Krehl* den **internen Beratungsablauf** offengelegt haben (StV 2012, 550). Aus beiden Arbeiten ergibt sich, dass es bei der revisionsgerichtlichen Kontrolle teilweise „auf jedes Wort des Urteils" ankommt (vgl. *Paeffgen/Wasserburg* GA 2012, 535, 548; *Fischer/Krehl* StV 2012, 550, 553). Wenn es aber „auf jedes Wort" ankommt, dann war die bisherige Kontrolle durch angeblich fünf Revisionsrichter faktisch – in vielen Fällen – nur eine Zweier-Kontrolle durch Vorsitzenden und Berichterstatter, die bereits als solches Bedenken wecken müsste und die jedenfalls jetzt nicht mehr gangbar ist, nachdem mit Gesetzeskraft (§ 31 BVerfGG – die tragenden Gründen nehmen hieran teil) sich alle Richter uneingeschränkt vollständig zu informieren haben und dies tatsächlich nur durch eigenes Aktenstudium möglich ist. Wenn *Fischer/Krehl* (a.a.O.) prognostizieren, dass es das BVerfG in Zukunft wohl für zulässig halten wird, wenn Vorsitzende meinen, ihre Pflicht gebiete ihnen, sich nur nach Aktenlektüre für vollständig informiert zu halten, während Beisitzer dieser Senate meinen, ihr Pflicht erlaube ihnen, sich auch ohne Aktenlektüre für vollständig informiert zu halten, so erkennen auch *Fischer/Krehl* einen Bruch zur Plausibilität und Logik (*Fischer/Krehl* StV 2012, 550, 559). Begründen lässt sich nur das Gegenteil. Wenn bei der Rechtsfindung im konkreten Fall die Aufgaben, Leistung und Verantwortung aller Mitglieder des erkennenden Gerichts völlig gleich sind (so BVerfGE 26, 72, 76 und wiederholt in NJW 2012, 2334, Rn 23) und wenn alle Richter uneingeschränkt vollständig informiert sein müssen, ist das Beschluss- und Berichterstattersystem nicht zu halten, sofern nicht alle Richter die Akten gelesen haben (Art. 103 Abs. 1 GG). Wenn es bei bestimmten revisionsrechtlichen Angriffen zudem „auf jedes Wort" ankommt, sind Senatsentscheidungen in diesen Fällen ohne Aktenkenntnis aller Richter ebenfalls nicht mehr möglich (Art. 19 Abs. 4 GG und Art. 103 Abs. 1 GG). Auf die in der Literatur behauptete Konventionsrechtswidrigkeit der Beschlussverwerfung sei hier nur am Rande hingewiesen (*Meyer-Mews* StraFo 2011, 14). Praxis und Wissenschaft dürfen gespannt sein, wie die sich hierzu abzeichnenden verfassungsrechtlichen Fragestellungen gelöst werden.

Siehe auch: → *Rechtsmittel/Rechtsbehelfe, Einfluss Grundgesetz,* Teil A Rdn 1402; → *Revision, Allgemeines*, Teil A Rdn 2006, m.w.N.; → *Verfassungsbeschwerde, Allgemeines*, Teil C Rdn 729, m.w.N.; → *Verfassungsbeschwerde, Begründung, Allgemeines*, Teil C Rdn 786, m.w.N.; → *Verfassungsbeschwerde, Begründung, ineffektiver Rechtsschutz (Mindemeinung)*, Teil C Rdn 903.

786 Verfassungsbeschwerde, Begründung, Allgemeines

Das Wichtigste in Kürze:

1. Die Verfassungsbeschwerde ist beim BVerfG einzulegen und zu begründen. Ein ausdrücklicher Antrag ist hingegen nicht erforderlich.
2. § 23 BVerfGG erfordert „Schriftform".
3. Die Einlegung der Verfassungsbeschwerde erfordert keine besondere Postulationsfähigkeit.
4. In der Praxis ist die sachgerechte Darlegung der Erfüllung der Zulässigkeitskriterien besonders wichtig.

787 **Literaturhinweise: Eschelbach/Gieg/Schulz**, Begründungsanforderungen an die Urteilsverfassungsbeschwerde in Strafsachen, NStZ 2000, 565; **Kranenpohl**, Hinter dem Schleier des Beratungsgeheimnisses, 2010; **Pagenkopf**, Vorschläge zu Verfahrensänderungen im BVerfGG, ZRP 2012, 42; **Sobota**, in: *Dyck/Jens/Ueding* (Hrsg.), Rhetorik, Bd. 15, S. 115, zit.: *Sobota*, S.; s.a. die Hinw. bei → *Verfassungsbeschwerde, Allgemeines*, Teil C Rdn 730, m.w.N.

788 **1.** Die Verfassungsbeschwerde ist beim BVerfG einzulegen und zu begründen. Ein **ausdrücklicher Antrag** ist hingegen **nicht erforderlich**, wenn sich dieser konkludent aus der Begründung ergibt (vgl. *Zuck*, Rn 801 ff.). Das Ziel muss jedoch aus dem Vorbringen ersichtlich sein (vgl. *Eschelbach/Gieg/Schulz* NStZ 2000, 565, 569). Im Zweifel ist konkludent der Antrag gestellt, der Verfassungsbeschwerde nach Maßgabe des § 95 BVerfGG stattzugeben (vgl. *Pieroth/Silberkuhl*, § 90 BVerfGG Rn 280).

789 **2.** § 23 BVerfG erfordert „**Schriftform**". Das ist aber nicht gleichbedeutend mit dem Erfordernis der **Unterschrift** wie bei §§ 126 BGB, 253 Abs. 4 i.V.m. 130 Nr. 6 ZPO. Erforderlich ist, dass aus dem Schriftstück der Inhalt der Erklärung, die abgegeben werden soll und die Person, von der sie ausgeht, hinreichend zuverlässig entnommen werden können d.h. der Urheber der Erklärung kann auch auf andere Weise als durch Unterschrift angegeben werden (vgl. BVerfGE 15, 288, 291; → *Verfassungsbeschwerde, Form*, Teil C Rdn 1123; allgemein: → *Rechtsmittel/Rechtsbehelfe, Form, schriftlich*, Teil A Rdn 1531).

790 **3.** Die Einlegung der Verfassungsbeschwerde erfordert keine besondere **Postulationsfähigkeit**. Lediglich im Fall der **mündlichen Verhandlung** vor dem BVerfG herrscht gem. § 22 BVerfG Vertretungszwang durch einen Rechtsanwalt oder einen Lehrer des Rechts an einer deutschen Hochschule.

791 Denkbar ist daher auch eine **Vertretung** durch Dritte, die freilich auf Extremfälle beschränkt bleiben sollte (vgl. BVerfG NJW 1994, 1272 [Einlegung einer Verfassungsbeschwerde einer Frau im Namen ihres Ehemannes und Vorlage eines nervenärztlichen Attests, das ihrem Ehemann chronisch depressive Reaktion und die Gefahr der völligen Dekompensation attestierte]).

4.a) In der Praxis ist die **sachgerechte Darlegung** der Erfüllung der **Zulässigkeitskriterien** besonders wichtig (vgl. dazu die u.a. weiterführenden Stichwörter). Von Bedeutung sind darüber hinaus die z.T. sehr **hohen Begründungsanforderungen** hinsichtlich der geltend gemachten Verfassungsverstöße (vgl. dazu → *Verfassungsbeschwerde, Allgemeines*, Teil C Rdn 729, m.w.N., und → *Verfassungsbeschwerde, Form*, Teil C Rdn 1123). 792

b)aa) Der frühere Richter am BVerwG *Pagenkopf* ist der Ansicht, dass die **Rspr.** des **BVerfG** zu den Grundrechten **Allgemeingut** der **Rechtsprechung** geworden sei und die entscheidenden verfassungsgerichtlichen Maßstäbe errichtet seien, sodass der Anwendungsbereich der **Verfassungsbeschwerde reduziert** werden sollte, zumal die Verfassungsrechtsprechung meist generalisiert und fachfern sei und oft nur akademische Überlegungen beinhalte (*Pagenkopf* ZRP 2012, 42 f.). Dem ist entschieden zu widersprechen. 793

Richtig ist aber, dass die **Entscheidungen** des **BVerfG** zu einem großen Teil aus **abstrakten Obersätzen** und **Textbausteinen** bestehen. Soweit ersichtlich gibt es nur zwei Untersuchungen (von *Sobota* und von *Kranenpohl*), die den Inhalt der Entscheidungen des BVerfG argumentativ (*Sobota*) bzw. den Entscheidungsprozess innerhalb des BVerfG (*Kranenpohl*) untersuchen. *Sobota* kommt zu dem Ergebnis, dass nicht Rechtsargumente, sondern rhetorische Argumente entscheidend seien (*Sobota*, S. 115, 129 ff.) und *Kranenpohl* berichtet, dass aufgrund von unscharfen und unpräzisen rechtswissenschaftlichen Begründungszusammenhängen keine übermäßige Schließung vorhanden sei (*Kranenpohl*, S. 498). 794

☝ Für den **Praktiker** muss dies für die **Begründung** der Verfassungsbeschwerde bedeuten, dass er die vorhandenen Obersätze/Textbausteine der verfassungsgerichtlichen Judikatur für sich nutzt und deren Anwendbarkeit auf seinen konkreten Einzelfall behauptet.

Auf der Ebene der **Zulässigkeit** genügt es, die **Möglichkeit der Verletzung** in einem beschwerdefähigen Recht darzulegen (Pieroth/Silberkuhl/*Hartmann*, § 90 BVerfGG Rn 3 m.w.N.). **Wichtig** ist sodann ein **sorgfältiger** und **umfassender Vortrag zu den tatsächlichen Umständen** der Beschwerde,

- also ein umfangreicher Sachbericht mit Darstellung der Prozessgeschichte,
- der einfach-rechtlichen Rechtslage,
- der ggf. schon vor den Fachgerichten angebrachten Grundrechtsrügen,
- der Rechtswegerschöpfung und Erfüllung der Subsidiaritätsanforderungen.

Das ist für das BVerfG im Regelfall – eine Ausnahme besteht jedenfalls bei den Beweisverboten – wesentlich **bedeutsamer als Ausführungen** zur **Verfassungsrechtslage** (Pieroth/Silberkuhl/*Brink*, § 90 Rn 2 m.w.N.; Pieroth/Silberkuhl/*Barley*, § 93a Rn 8).

Siehe auch: → *Verfassungsbeschwerde, Allgemeines*, Teil C Rdn 729, m.w.N.; → *Verfassungsbeschwerde, Form*, Teil C Rdn 1123, m.w.N.; → *Verfassungsbeschwerde, Zulässigkeit, formelle Subsidiarität*, Teil C Rdn 1171; → *Verfassungsbeschwerde, Zulässigkeit, materielle Subsidiarität*, Teil C Rdn 1177; → *Verfassungsbeschwerde, Zulässigkeit, Rechtswegerschöpfung*, Teil C Rdn 1182; → *Verfassungsbeschwerde, Zulässigkeit, Substantiierungsanforderungen*, Teil C Rdn 1193.

795 Verfassungsbeschwerde, Begründung, Bestimmtheitsgrundsatz

Das Wichtigste in Kürze:

1. Das Bestimmtheitsgebot (Art. 103 Abs. 2 GG) wird derzeit zu Recht vom BVerfG mit einer erhöhten verfassungsgerichtlichen Kontrolldichte überprüft. Die Rüge der Verletzung des Art. 103 Abs. 2 GG ist daher oft sinnvoll.
2. Aus Art. 103 Abs. 2 GG können vier verfassungsrechtliche Gebote/Verbote, die zudem miteinander verwoben sind, entnommen werden.
3. Aus Art. 103 Abs. 2 GG folgt nach der Rspr. des BVerfG eine grundsätzliche Kompetenzverteilung hinsichtlich der Bestimmung strafbaren Handelns zugunsten der Legislativen und zulasten der Judikativen.
4. Die exakten Voraussetzungen der Zulässigkeit von Rechtsprechungsänderungen sind nicht geklärt. Zivilrechtlich wird teilweise Vertrauensschutz zugebilligt. Ob die gesetzesalternative Verurteilung, insbesondere bei einer Verurteilung wegen (gewerbsmäßig begangenen) Diebstahls oder gewerbsmäßiger Hehlerei mit Art. 103 Abs. 2 GG vereinbar ist, ist aktuell (Beschl. v. 11.3.2015 – 2 StR 495/12) dem großen Senat für Strafsachen zur Beantwortung vorgelegt.

796 **Literaturhinweise:** **Boujong**, Rechtsfortbildung, Rechtsprechungsänderung und Vertrauensschutz in der Judikatur des Bundesgerichtshofs, in: Festschrift für *Heldrich*, 2005, S. 1235; **Krahl**, Fahruntüchtigkeit – Rückwirkende Änderung der Rechtsprechung und Art. 103 II GG, NJW 1991, 808; **Lehner**, Zur Bestimmtheit von Rechtsnormen – am Beispiel einer Entscheidung des Österreichischen VerfGH, NJW 1991, 890; **Paeffgen**, Art. 103 II GG, namentlich das Bestimmtheitsgebot und komplementäre Rechtssätze in der Entwicklung, StraFo 2007, 442; **Rüthers**, Die unbegrenzte Auslegung, 2005; **Schneider**, Logik für Juristen, 2. Aufl., 1972; **Simon**, Gesetzesauslegung im Strafrecht, 2005; s.a. die Hinw. bei → *Verfassungsbeschwerde, Allgemeines*, Teil C Rdn 730.

797 **1.a)** Die Rüge der Verletzung des **Art. 103 Abs. 2 GG** ist – bei absolut geringen Erfolgsquoten der Verfassungsbeschwerde allgemein – dennoch oft sinnvoll (Beispiele bei MAH-*Eschelbach*, § 30 Rn 119; Gleichwohl bleibt es bei einer **nummerischen Nichtbedeutung** von als verfassungswidrig beanstandeten Normen, vgl. *Lechner/Zuck*, Einl.,

Rn 216). Die wenigen erfolgreichen Beanstandungen liegen an einer **erhöhten verfassungsgerichtlichen Kontrolldichte**. „Bei der verfassungsrechtlichen Überprüfung, ob die Strafgerichte diesen aus Art. 103 Abs. 2 GG folgenden Vorgaben gerecht geworden sind, ist das BVerfG nicht auf eine Vertretbarkeitskontrolle beschränkt. Der in Art. 103 Abs. 2 GG zum Ausdruck kommende strenge Gesetzesvorbehalt erhöht die verfassungsgerichtliche Kontrolldichte. Sowohl die Überschreitung der Grenzen des Strafgesetzes als auch die Konturierung und Präzisierung ihres Inhalts betreffen die Entscheidung über die Strafbarkeit und damit die Abgrenzung von Judikative und Legislative. Für die Klärung der insoweit aufgeworfenen Fragen ist das BVerfG zuständig“ (BVerfG NJW 2010, 3209 ff. Rn 82). Auf Art. 103 Abs. 2 GG können sich auch juristische Personen berufen (BVerfG, Beschl. v. 9.1.2014 – 1 BvR 299/13).

b) Das war **nicht immer so**, obgleich rhetorisch behauptet wurde, „gerade im Strafrecht, wo ein Unwerturteil über ein eigenverantwortliches Verhalten eines Menschen gefällt wird, hat der Einzelne einen Anspruch auf Gewissheit über die Möglichkeit einer Sanktion“ (BVerfG NJW 2004, 739), aber warum dennoch Art. 103 Abs. 2 GG nur für **Strafen**, nicht aber für **Maßregeln** der **Besserung** und **Sicherung** gelten sollte, insbesondere nicht für die nachträglich angeordnete Sicherungsverwahrung, ist bzw. war nicht ohne Weiteres einsichtig. 798

Zwar mag es rhetorisch möglich sein, die Strafe als eine missbilligende hoheitliche Reaktion auf ein rechtswidriges, schuldhaftes Verhalten mit Verhängung eines Übels, das dem Schuldausgleich dient, aufzufassen und eine Maßnahme der Besserung und Sicherung als rein präventive Maßnahme, auch wenn Anlasstat das zuvor beschriebene rechtswidrige und schuldhafte Verhalten war (so noch BVerfGE 109, 133, 167 f.), aber gleichwohl war diese **Unterscheidung** zur Rechtfertigung der nachträglichen Sicherungsverwahrung eher ein **rhetorischer Kunstgriff** als unmittelbar einsichtig. Das liegt daran, dass dieser rhetorische Kunstgriff nur gelingen kann, wenn der Strafzweck auf Schuldausgleich reduziert wird. Auch wenn das BVerfG sich nie ausdrücklich zu den verschiedenen Straftheorien geäußert hat, hat es doch die Vereinigungstheorie anerkannt, in der die Prävention eine Rolle spielt (vgl. BVerfGE 45, 187, 253 ff.). Kommt aber in beiden Bereichen, d.h. Strafe und Maßnahme der Sicherung der Präventionsgedanke vor, ist die Einschränkung des Art. 103 Abs. 2 GG nur auf Strafe nicht mehr unmittelbar verständlich. Entsprechend der Rechtswirklichkeit hat der EGMR festgestellt, dass es auch faktisch (kaum) einen Unterschied zwischen Strafe und der Sicherungsverwahrung (zur Prävention nach einer rechtwidrigen und schuldhaften Anlasstat) gibt (vgl. EGMR NJW 2010, 2495). 799

2.a) Im Einzelnen können aus Art. 103 Abs. 2 GG **vier verfassungsrechtliche Gebote/ Verbote**, die zudem miteinander verwoben sind, entnommen werden, nämlich (vgl. *Paeffgen* StraFo 2007, 442 ff.): 800

- ***Nullum crimen sine lege scripta*** (keine Strafe ohne geschriebenes Gesetz, d.h. keine Bestrafung nach Gewohnheitsrecht),

- ***Nullum crimen sine lege certa*** (keine Strafe ohne bestimmtes Gesetz Bestimmtheitsgebot im engen Sinne),
- ***Nullum crimen sine lege stricta*** (keine Strafe ohne streng zu befolgendes Gesetz, d.h. keine Strafe aufgrund Analogie),
- ***Nullum crimen sine lege praevia*** (keine Strafe ohne vorheriges Gesetz, d.h. keine Strafe aufgrund von Rückwirkung).
- Wegen dem Gebot **nulla poena sine lege** gilt das nicht nur für den Straftatbestand, sondern auch für die **Strafandrohung** (BVerfGE 25, 269, 286; 105, 135, 153 f.), nicht aber für rein prozessuale Entscheidungsregeln (z.B. in dubio pro reo).

801 **b)aa)** Diese Grundsätze gelten **auch** für **Disziplinarstrafen** (vgl. BVerfGE 26, 186, 203), **ehrengerichtliche Strafen** (vgl. BVerfGE 45, 346, 351), Ordnungswidrigkeiten (vgl. BVerfGE 38, 348, 371 f.) und **Rechtsverordnungen**, die im Rahmen einer dem Art. 80 Abs. 1 GG entsprechenden Ermächtigung ergangen sind (vgl. BVerfGE 14, 174). Allerdings gilt hier auch Folgendes: „Der Gesetzgeber muss die Ermächtigung zur Strafandrohung im Gesetz unzweideutig aussprechen und dabei Inhalt, Zweck und Ausmaß der Ermächtigung so genau umreißen, dass die Voraussetzungen der Strafbarkeit und die Art der Strafe für den Bürger schon aus der Ermächtigung und nicht erst aus der auf sie gestützten Verordnung voraussehbar sind“ (BVerfGE 14, 254, 257), wobei dem Verordnungsgeber jedoch die Spezifizierung des Straftatbestandes überlassen werden kann (vgl. BVerfGE 22, 21, 25). „Dem in Art. 103 Abs. 2 GG enthaltenen Gebot der Gesetzesbestimmtheit ist jedoch nur Genüge getan, wenn schon aus der Ermächtigung die Grenzen der Strafbarkeit sowie Art und Höchstmaß der Strafe für den Bürger voraussehbar sind“ (BVerfGE 32, 346 ff.).

802 **bb)** An Art. 103 Abs. 2 GG werden **rückwirkende Strafbegründungen** und **rückwirkende Strafverschärfung** gemessen, **nicht** aber **rückwirkende Verjährungsvorschriften** (vgl. BVerfGE 25, 269 ff.). „[Art. 103 Abs. 2 GG] besagt aber nichts über die Dauer des Zeitraums, während dessen eine in verfassungsgemäßer Weise für strafbar erklärte Tat verfolgt und durch Verhängung der angedrohten Strafe geahndet werden darf, verhält sich also nur über das ‚von wann an‘, nicht jedoch über das ‚wie lange‘ der Strafverfolgung“ (BVerfGE 80, 132, 135).

803 **3.a)** Aus **Art. 103 Abs. 2 GG** folgt nach der Rspr. des BVerfG eine **grundsätzliche Kompetenzverteilung** hinsichtlich der Bestimmung strafbaren Handelns zugunsten der Legislativen und **zulasten** der **Judikativen** (BVerfGE 120, 224, 272). „Würde die Entscheidung über die Strafbarkeit eines Verhaltens der vollziehenden oder der rechtsprechenden Gewalt überlassen, so wäre dies unvereinbar mit dem Prinzip des Grundgesetzes, dass die Entscheidung über die Beschränkung von Grundrechten oder über die Voraussetzung einer Beschränkung dem Gesetzgeber und nicht den anderen staatlichen Gewalten obliegt“ (BVerfGE 47, 109, 120).

Noch **deutlicher** führt das BVerfG dies an anderer Stelle aus (vgl. (BVerfGE 105, 135, 152 f.): „Dabei ist es grundsätzlich **Sache** des **Gesetzgebers**, den **Bereich strafbaren Handelns** unter Berücksichtigung der jeweiligen Lage im Einzelnen **verbindlich festzulegen**. Das Bundesverfassungsgericht kann dessen Entscheidung nicht darauf prüfen, ob er dabei die zweckmäßigste, vernünftigste oder gerechteste Lösung gefunden hat; es hat lediglich darüber zu wachen, dass die Norm materiell im Einklang mit den Bestimmungen der Verfassung steht und den ungeschriebenen Verfassungsgrundsätzen und Grundentscheidungen des Grundgesetzes entspricht. Dies verpflichtet den Gesetzgeber, die Voraussetzungen der Strafbarkeit so genau zu umschreiben, dass Tragweite und Anwendungsbereich der Straftatbestände für den Normadressaten schon aus dem Gesetz selbst zu erkennen sind und sich durch Auslegung ermitteln und konkretisieren lassen …“ **804**

b)aa) Was allerdings noch der **erlaubten Auslegung** und was der **verbotenen Analogie** unterfällt, ist im Einzelnen wieder streitig. Insoweit ist nach der Rspr. des BVerfG „maßgebend für die Auslegung einer Gesetzesbestimmung [ist] der in der Norm zum Ausdruck kommende objektivierte Wille des Gesetzgebers, wie er sich aus dem Wortlaut der Vorschrift und dem Sinnzusammenhang ergibt, in den die Norm hineingestellt ist [m.w.N.]. Im Strafrecht kommt freilich der grammatikalischen Auslegung eine besondere Bedeutung zu, weil der mögliche Wortsinn einer Vorschrift der Auslegung mit Blick auf Art. 103 Abs. 2 GG eine Grenze zieht, die nicht überschritten werden darf …“ (BVerfGE 110, 226, 248). **805**

Die **Anforderungen** an den Grad der Bestimmtheit sind nach der Rspr. des BVerfG **umso strenger**, **je intensiver** der **Grundrechtseingriff** ist, den eine Norm vorsieht (BVerfGE 117, 71, 111 f.). Dabei hängt der verfassungsrechtlich gebotene Grad der Bestimmtheit von der Besonderheit des jeweiligen Tatbestands und von den Umständen ab, die zu der gesetzlichen Regelung führen (BVerfG a.a.O.). Das rechtsstaatliche Gebot der Gesetzesbestimmtheit verlangt nur, dass Normen so bestimmt sind, wie dies nach der Eigenart des zu ordnenden Lebenssachverhalts mit Rücksicht auf den Normzweck möglich ist; es genügt, wenn sich der Regelungstatbestand im Wege der Auslegung der einschlägigen Bestimmungen mithilfe der anerkannten Auslegungsregeln feststellen lässt. Gegen die Verwendung unbestimmter, wertausfüllungsbedürftiger Begriffe im Strafrecht bestehen aber jedenfalls dann keine Bedenken, wenn sich mithilfe der üblichen Auslegungsmethoden, insbesondere durch Heranziehung anderer Vorschriften desselben Gesetzes, durch Berücksichtigung des Normzusammenhanges oder aufgrund einer gefestigten Rechtsprechung eine zuverlässige Grundlage für die Auslegung und Anwendung der Norm gewinnen lässt (BVerfG a.a.O.). **806**

☝ „Die Strafgerichte sind gehalten, den **Gesetzgeber** beim Wort zu nehmen; ihn zu **korrigieren**, ist ihnen **verwehrt**. Sie müssen in Fällen, die vom Wortlaut einer Strafnorm nicht mehr gedeckt sind, zum Freispruch gelangen [m.w.N.]“ (BVerfGE 64, 389, 393). Es ist dann Aufgabe des Gesetzgebers zu entscheiden, ob er die Strafbarkeitslücke bestehen lassen oder durch eine neue Regelung schließen will (BVerfGE 126, 170, 197).

Inwiefern z.B. das Tatbestandsmerkmal „grober Unfug" (§ 360 Abs. 1 Nr. 11 StGB a.F., jetzt § 118 OWiG) vorherbestimmt sein soll, erschließt sich nicht ohne Weiteres (vgl. für eine unzulässige Vorlage nach Art. 100 GG BVerfG 23, 272 ff.; für die Vereinbarkeit mit dem GG, BVerfGE 26, 411; vgl. auch BayObLGSt 21, 175).

807 **bb)** Das gilt insbesondere dann, wenn man annimmt, dass das in Art. 103 Abs. 2 GG enthaltene Gebot der Gesetzesbestimmtheit gewährleisten soll, dass **jedermann** vorhersehen kann, welches Verhalten verboten und mit Strafe bedroht ist (vgl. BVerfGE 25, 269, 285; 26, 41, 42; 28, 175, 183; 33, 206, 219; 37, 201, 207 f.; 41, 314, 319). Daher sind die Tatbestandsmerkmale so konkret zu umschreiben, dass Tragweite und Anwendungsbereich der Straftatbestände zu erkennen sind und sich durch Auslegung ermitteln lassen (BVerfGE 41, 314, 319). Der Bürger soll die ihm gegenüber möglichen staatlichen Eingriffe voraussehen können, sich dementsprechend einrichten und darauf vertrauen dürfen, dass sein dem jeweils geltenden Recht entsprechendes Verhalten auch fernerhin von der Rechtsordnung als Rechtens anerkannt bleibt (BVerfGE 45, 142, 167 f.).

808 Das legt einen **strengen Maßstab** bei der **Prüfung** des **Art. 103 Abs. 2 GG** nahe. Tatsächlich wird dieser strenge Maßstab aber wieder **erheblich gemildert**. „Das Gebot der Bestimmtheit des Gesetzes darf **nicht übersteigert werden**; die Gesetze würden sonst zu starr und kasuistisch und könnten der Vielgestaltigkeit des Lebens, dem Wandel der Verhältnisse oder der Besonderheit des Einzelfalls nicht mehr gerecht werden. Diese Gefahr läge nahe, wenn der Gesetzgeber stets jeden Tatbestand bis ins letzte ausführen müsste (BVerfGE 14, 245, 251). Das Strafrecht kann deshalb nicht darauf verzichten, **allgemeine Begriffe** zu verwenden, die formal nicht allgemeingültig umschrieben werden können und mithin in besonderem Maße einer Deutung durch den Richter bedürfen. Das Gebot der Gesetzesbestimmtheit bedeutet also nicht, dass der Gesetzgeber gezwungen ist, sämtliche Straftatbestände ausschließlich mit rein deskriptiven, exakt erfassbaren Tatbestandsmerkmalen zu umschreiben (BVerfGE 4, 352, 358; 11, 234, 237; 28, 175, 183). **Generalklauseln** oder unbestimmte, wertausfüllungsbedürftige Begriffe im Strafrecht sind deshalb nicht von vornherein verfassungsrechtlich zu beanstanden. Gegen die Verwendung derartiger Klauseln oder Rechtsbegriffe bestehen jedenfalls dann keine Bedenken, wenn sich mit Hilfe der üblichen Auslegungsmethoden, insbesondere durch Heranziehung anderer Vorschriften desselben Gesetzes, durch Berücksichtigung des Normzusammenhangs oder aufgrund einer gefestigten Rechtsprechung eine zuverlässige Grundlage für die Auslegung und Anwendung der Norm gewinnen lässt, so dass der Einzelne die Möglichkeit hat, den durch die Strafnorm geschützten Wert sowie das Verbot bestimmter Verhaltensweisen zu erkennen und die staatliche Reaktion vorauszusehen" (BVerfGE 45, 363, 371 f.). „Jedenfalls im Regelfall muß der Normadressat aber anhand der gesetzlichen Regelung voraussehen können, ob ein Verhalten strafbar ist. In **Grenzfällen** ist auf diese Weise für ihn wenigstens das **Ri-**

siko einer **Bestrafung erkennbar**. Unter diesem Aspekt ist für die Bestimmtheit einer Strafvorschrift in erster Linie der für den Adressaten erkennbare und verstehbare Wortlaut des gesetzlichen Tatbestandes maßgebend" (BVerfGE 71, 108, 115). „Wenn, wie gezeigt, Art. 103 Abs. 2 GG Erkennbarkeit und Vorhersehbarkeit der Strafandrohung für den Normadressaten verlangt, so kann das nur bedeuten, dass dieser Wortsinn aus der Sicht des Bürgers zu bestimmen ist" (BVerfGE 73, 206, 235 f.).

Wenn zudem folgende Sätze aus der Judikatur des BVerfG richtig sind, nämlich, „die An- 809
forderungen an die Bestimmtheit erhöhen sich mit der Intensität, mit der auf der Grundlage der betreffenden Regelung in grundrechtlich geschützte Bereiche eingegriffen werden kann" (BVerfGE, 83, 130, 145), oder, „jedenfalls muss das Gesetz die Strafbarkeitsvoraussetzungen umso präziser bestimmen, je schwerer die angedrohte Strafe ist" (BVerfGE 26, 41, 43), dann ist die **restriktive Rechtsprechung** hierzu **nicht ohne Weiteres verständlich**. Es scheint, also ob das BVerfG die **richterliche Rechtfortbildung** nur in sehr begrenztem Umfang kontrolliert. Es prüft ggf. nur, ob die Fachgerichte in vertretbarer Weise eine Lücke angenommen und geschlossen haben, indem sie die gesetzliche Grundentscheidung respektiert und von den ankerkannten Methoden der Gesetzesauslegung in vertretbarer Weise Gebrauch gemacht hat (vgl. BVerfG 131, 130, 145 f.) und ob dieses Ergebnis Wertungen der Verfassung widerspricht (vgl. BVerfG, Beschl. v. 4.4.2011 – 1 BvR 1803/08; vgl. auch *Lenz/Hansel*, § 90 Rn 257 m.w.N.).

Aus der **Rechtsprechung** des BVerfG ist hinzuweisen auf folgende 810

Rechtsprechungsbeispiele:

- Warum der **Gewaltbegriff** bei Sitzdemonstrationen gem. § 240 StGB nicht gegen das Bestimmtheitsgebot des Art. 103 Abs. 2 GG verstoßen soll, wenn nur aufgrund Stimmengleichheit der entscheidenden Richter des BVerfG kein Verfassungsverstoß festgestellt werden kann (vgl. BVerfGE 73, 206; 76, 211), ist kaum verständlich, denn gerade die Stimmengleichheit verstößt gegen das in Art. 103 Abs. 2 GG zu findende „Jedermann-Postulat". Abmildernd hat das BVerfG die Norm (§ 240 StGB) zwar für verfassungsgemäß gehalten, aber eine Einschränkung bei der Auslegung und Anwendung des Gewaltbegriffs verfassungsrechtlich gefordert (vgl. BVerfGE 92, 1, 16).
- Zutreffend geht das BVerfG aber davon aus, dass das Tatbestandsmerkmal „**Mensch**" i.S.v. **§ 131 Abs. 1 StGB** eindeutig und nicht auf „Zombies" erweiterbar ist. „Wenn der Gesetzgeber die filmische Darstellung von Gewalt gegen menschenähnliche Wesen (vor allem sogenannte Zombies) hätte unter Strafe stellen wollen, hätte er dies im Wortlaut der Vorschrift zum Ausdruck bringen müssen" (BVerfGE 87, 209, 225). Ebenso hat das BVerfG entgegen den Instanzgerichten festgestellt, dass ein Personenkraftwagen vom möglichen Wortsinn des Begriffs der Waffe in § 113 Abs. 2 Nr. 1 StGB nicht mehr umfasst ist (vgl. BVerfG NJW 2008, 3627).

- Auch die **Untreue** – Entscheidung des BVerfG belegt, dass die Fachgerichte den Strafbarkeitsrahmen (teilweise viel zu weit) überdehnen (vgl. BVerfG NJW 2010, 3209).
- Auch einer Ausweitung des **§ 142 Abs. 2 Nr. 2 StGB** durch eine Gleichsetzung des unvorsätzlichen Sichentfernens vom Unfallort mit berechtigtem oder entschuldigten Entfernen, sprengte den Wortsinn, konnte aber auch nur durch die Hilfe des BVerfG abgewehrt werden (vgl. BVerfG NJW 2007, 1666 f.).
- Das Tatbestandsmerkmal „großen Ausmaßes" **in § 370a AO a.F.** war jedenfalls nach Ansicht des Bundesgerichtshofes zu unbestimmt. „Es lässt sich nicht erkennen, unter welchen Voraussetzungen dieses Tatbestandsmerkmal erfüllt ist, welche Anknüpfungspunkte maßgeblich sein sollen und ob es auf den jeweiligen Einzelfall ankommt oder ob bei einer Vielzahl von Hinterziehungstaten – wie etwa bei der monatlich anzumeldenden Lohnsteuer – eine Gesamtbetrachtung des Tatbilds entscheidend sein soll; bei diesem Befund ist nicht ersichtlich, wie der Normadressat – der dem Gesetz unterworfene Steuerbürger – durch Auslegung Tragweite und Anwendungsbereich des Verbrechenstatbestands ermitteln und konkretisieren soll" (BGH, NJW 2004, 2990).

811 **4.a)** Es ist **beunruhigend**, wie die moderne strafrechtliche Judikatur – zumindest hart an der Grenze – **gesetzesumgestaltende Dispositionen** und **Dezisionen** trifft (vgl. Maunz/Dürig/*Schmidt-Aßmann*, Art. 103 Rn 223). Stimmengleichheit in richterlichen Entscheidungen sind ein Nachweis, dass die Norm gerade nicht für „jedermann" vorher bestimmt ist, sondern unbestimmt (vgl. Maunz/Dürig/*Schmidt-Aßmann*, Art. 103 Rn 185). Das wird beispielhaft durch den Vorlagebeschluss des 2. Strafsenats an den großen Strafsenat vom 11.3.2015 bestätigt (BGH, Beschl. vom 11.3.2015 – 2 StR 495/12). Der 2. Strafsenat geht davon aus, dass die Figur der gesetzesalternativen Verurteilung als Richterrecht gegen Art. 103 Abs. 2 GG verstößt, weil die Strafbarkeit dadurch nicht mehr gesetzlich bestimmt sei. Der 4. Strafsenat (BGH NStZ-RR 2015, 40 f.) ist der gegenteiligen Ansicht, während der 1. Strafsenat (BGH NStZ-RR 2014, 308 f.), der 3. Strafsenat (BGH NStZ-RR 2015, 39 f.) und der 5. Strafsenat (BGH NStZ-RR 2014, 307 f.) nur von einer prozessualen Entscheidungsregel ausgehen. Damit gibt es für eine Fragestellung drei höchstrichterliche Lösungen!?

812 Tatsächlich ist der Inhalt vieler Normen nicht für den Bürger vorhersehbar, sondern nur dann, wenn „zu deren Sinnermittlung [der Norm] subtile verfassungsrechtliche Kenntnisse, qualifizierte juristische Befähigung und Erfahrung und geradezu archivarischer Fleiß von Nöten ist" (dann nimmt der österreichische VerfGH eine Unbestimmtheit an; zitiert nach *Lehner* NJW 1991, 890).

☝ „Die **Thematik ‚Bestimmtheitsgebot'** hinterlässt insgesamt ein **trauriges Bild**. Wenn es stimmt, was das BVerfG an anderer Stelle behauptet, nämlich, dass die Verlässlichkeit der Rechtsordnung eine Grundbedingung freiheitlicher Verfassungen ist (vgl. BVerfGE 109, 133, 180; NJW 2011, 1058), dann ist die meist die Vorhersehbarkeit bejahende Rechtsprechung damit nicht widerspruchsfrei in Einklang zu bringen. Weder sind die theoretischen Voraussetzungen geklärt, noch befriedigt die praktische Handhabung. Vor allem das Leitkriterium der ‚Vorhersehbarkeit', gleich ob man es beim Analogieverbot oder beim Bestimmtheitsgebot zum Ansatz bringt, ist seinerseits völlig unbestimmt […] Unvorhersehbar ist allein, wann das BVerfG auf Grundlage von Art. 103 II GG in die Rechtsprechung der Fachgerichte eingreift" (*Simon*, Gesetzesauslegung im Strafrecht, 451 f.). Das zeigt, dass die „unbegrenzte Auslegung" von *Rüthers* zutreffend als epocheübergreifendes Problem bezeichnet wird (vgl. *Rüthers*, Die unbegrenzte Auslegung, VIII).

b) Ob **Rechtsprechungsänderungen zulasten** des **Angeklagten unzulässig** sind, was konsequent wäre, ist ebenfalls nicht hinreichend geklärt (vgl. v. Mangoldt/Klein/Starck/*Nolte*, Art. 103 Rn 120). Allgemein wird sich sagen lassen, dass Rechtsprechungsänderungen bei einer Änderung der Erkenntnisgrundlagen zulässig sind (vgl. BVerfG NJW 1990, 3140; kritisch zu Recht *Krahl* NJW 1991, 808), aber nicht, wenn sich (nur) das das strafrechtliche Unwerturteil ändert (vgl. BVerfGE 109, 133, 172; BVerfG NJW 1990, 3140, vgl. a. v. Mangoldt/Klein/Starck/*Nolte*, Art. 103 Rn 120; Jarass/Pieroth/*Pieroth*, Art. 103 Rn 53; Sachs/*Degenhart*, Art. 103 Rn 73). **813**

Teilweise könnte bei restriktiver strafrechtlicher Praxis ein **Wertungswiderspruch** zum **Zivilrecht** eintreten, denn dort wurde teilweise Vertrauensschutz gegen rückwirkende Rechtsprechungsänderungen gewährt, v.a. in handels- und gesellschaftsrechtlichen Streitigkeiten (vgl. BGHZ 62, 216, 288; 65, 190, 194; 114, 127, 136 f.; umfassend *Boujong*, S. 1235, 1244 ff.). **814**

Auch in der Entscheidung zur **Rügeverkümmerung** weist das BVerfG darauf hin, dass eine Änderung einer ständigen höchstrichterlichen Rechtsprechung auch unter dem Gesichtspunkt des Vertrauensschutzes grds. dann unbedenklich ist, wenn sie hinreichend begründet und sich im Rahmen einer vorhersehbaren Entwicklung hält. Soweit durch gefestigte Rspr. ein Vertrauenstatbestand begründet wurde, könne diesem erforderlichenfalls durch Bestimmungen zur zeitlichen Anwendbarkeit oder Billigkeitserwägungen im Einzelfall Rechnung getragen werden (vgl. BVerfGE 112, 248, 277 f.; → *Revision, Rügeverkümmerung*, Teil A Rdn 2207). Gerade das gespaltene Votum zu dieser Entscheidung innerhalb des BVerfG zeigt aber, dass für „jedermann" gerade nicht vorhersehbar war, dass die Rechtsprechung zur Rügeverkümmerung vorhersehbar oder hinreichend begründet ist. Die drei dissentierenden Richter attestieren dem 2. Senat des BVerfG, dass dieser selbst, wie zuvor der Große Senat des BGH, die Grenzen richterlicher Rechtsfortbildung verkenne und deren Auslegungsergebnis methodisch nicht mehr vertretbar sei (vgl. BVerfG, NJW 2009, 1469, 1476). **815**

☝ Die Annahme des BVerfG dass die strafrechtlichen **Irrtumsregelungen** in Grenzfällen der Bestimmtheit angemessene Lösungen ermöglichen (vgl. BVerfGE 75, 329, 343), trifft in der Praxis nicht zu. Jeder Praktiker weiß, dass der Verbotsirrtum faktisch (nahezu) keine Rolle spielt (so bereits *Egon Schneider* im Jahr 1972, vgl. *Schneider*, S. 347 m.w.N.).

Siehe auch: → *Verfassungsbeschwerde, Allgemeines*, Teil C Rdn 729, m.w.N.; → *Verfassungsbeschwerde, Begründung, ineffektiver Rechtsschutz (Mindermeinung)*, Teil C Rdn 903.

816 Verfassungsbeschwerde, Begründung, Beweisverbote

Das Wichtigste in Kürze:

1. Bei der Geltendmachung von Beweisverwertungsverboten bestehen höchste Substantiierungsanforderungen.
2. Die Rechtsprechung hält ein Verwertungsverbot für eine begründungspflichtige Ausnahme, die von Verfassungs wegen zwingend sein muss.
3. Die Rechtsprechung geht im Wesentlichen von Einzelfallentscheidungen, statt von einer fundierten Dogmatik aus.
4. In der Rechtsprechung findet ein (i.d.R. unprognostizierbarer) Abwägungsprozess statt.
5. Nach a.A. – die kaum zu widerlegen ist – liegt bei einer unzulässigen Beweiserhebung bzw. Beweisverwertung bereits ein Verfassungsverstoß gegen die Prinzipien des Vorbehalts und Vorrangs des Gesetzes vor.

817 **Literaturhinweise:** **Alsberg**, Der Beweisantrag im Strafprozess, 6. Aufl., 2013; **Barton**, Kennzeichen und Effekte der modernen Revisionsrechtsprechung, StV 2004, 332; **Bender/Nack/Treuer**, Tatsachenfeststellung vor Gericht, 2007; **Dallmeyer**, Beweisführung im Strengbeweisverfahren, 2008; **Geuther**, Hohe Hürden, DRiZ 2000, 286; **Hassemer**, Die „Funktionstüchtigkeit der Strafrechtspflege" – ein neuer Rechtsbegriff?, StV 1982, 275; **Jahn**, Die Substantiierung der Verfassungsbeschwerde in Strafsachen, in: Festschrift für *Widmaier*, 2008, S. 821; *ders.*, Strafverfolgung um jeden Preis? – Die Verwertbarkeit rechtswidrig erlangter Beweismittel StraFo 2011, 117; **Kühne**, Beweisführung im Strengbeweisverfahren. Die Beweisbefugnisse als Voraussetzungen der Wahrheitserforschung im Strafprozess, StV 2003, 422; **Schmidt**, Die Verletzung der Belehrungspflicht gemäß StPO § 55 II als Revisionsgrund, JZ 1958, 596; **Schmidt**, Der Strafprozess – Aktuelles und Zeitloses in: Strafprozess und Rechtsstaat, 1970, S. 284; **Volk**, Bin ich „Jurist als solcher" – und wenn ja, wie viele?, ZIS 2012, 214; **Vordermayer/von Heintschel-Heinegg** (Hrsg.), Handbuch für den Staatsanwalt, 5. Aufl., 2015, zitiert: HB Staatsanwalt-Bearbeiter; **Weigend**, Gutachten C für den 62. DJT 1998; s.a. die Hinw. bei → *Verfassungsbeschwerde, Allgemeines*, Teil C Rdn 730.

818 **1.a)** Die **Beweisaufnahme** ist das **Herzstück** des **Strafverfahrens**. *Max Alsberg* stellte 1930 Folgendes fest: „Auf keinem Rechtsgebiet ragt ein einzelnes Problem so hervor, wie auf dem Gebiet des Strafprozesses das Beweisproblem. Es ist schlechterdings das Zentralproblem des Strafprozesses und als prozessuales Problem zugleich ein einzigartiges [...] Dass die hier wichtigste Aufgabe für eine dem Leben dienende Strafprozessdok-

trin liegt, blieb auffälliger Weise unbemerkt“ (*Alsberg* im Vorwort zur ersten Aufl. des später von *Nüse* u. *Meyer* fortgeführten Werks, „Der Beweisantrag im Strafprozess“, so abgedr. in *Alsberg/Nüse/Meyer*, Der Beweisantrag im Strafprozess, 5. Aufl. 1983, VII.). Das gilt heute immer noch.

b) Wer ein verfassungsrechtliches Beweisverbot geltend machen will, tut gut daran, die 819
***Sedlmayr*-Entscheidung** zu **beachten**. In einem obiter dictum stellte das BVerfG **zwar** einen **Verstoß** gegen die **Grundsätze** des **fairen Verfahrens** fest, es hielt die Verfassungsbeschwerde **aber** für **unzulässig** (s. dazu auch: → *Verfassungsbeschwerde, Zulässigkeit, Substantiierungsanforderungen*, Teil C Rdn 1193): „Die Beschwerdeführer versäumen es aber, sich mit der Frage auseinander zu setzen, ob und gegebenenfalls welche **Folgerungen** aus diesem Verfahrensverstoß im Ermittlungsverfahren für die **Berücksichtigung** der dabei **gewonnenen Erkenntnisse** in der **HV** zu ziehen sind. Lehnen Strafgerichte die Annahme eines Verwertungsverbots bezüglich im Ermittlungsverfahren gewonnener Erkenntnisse ab und berücksichtigen sie diese in ihrem strafgerichtlichen Urteil, muss ein Beschwerdeführer – um den verfassungsprozessualen Begründungsanforderungen zu genügen – auf die **Frage eingehen**, ob und warum eine **Beweisverwertung unzulässig** ist und inwiefern die Ablehnung eines Beweisverwertungsverbots seine verfassungsrechtlich verbürgten Rechte beeinträchtigt. Dies setzt regelmäßig zwar auch eine Befassung mit dem der Beweisverwertung zugrunde liegenden Vorgang der Beweisgewinnung voraus, weil seine Beurteilung – als rechtmäßig, als einfach-rechtlicher Verstoß gegen strafverfahrensrechtliche Vorschriften oder sogar als Eingriff in verfassungsrechtlich geschützte Rechtspositionen – für die Annahme eines Beweisverwertungsverbots von ausschlaggebender Bedeutung ist. Grundsätzlich ist es damit aber nicht getan, sich ausschließlich mit der Frage der Zulässigkeit oder Rechtmäßigkeit der Beweiserhebung auseinander zu setzen, weil sich allein daraus nicht ohne weiteres ein Beweisverwertungsverbot ableiten lässt, jedenfalls nicht feststeht, ob die Ablehnung eines Verwertungsverbots Verfassungsrecht verletzt“ (BVerfG NStZ 2000, 489).

☝ *Geuther* fasst die Lehren des Falles wie folgt zusammen: „Die Kammer [des BVerfG] vermisste Ausführungen, warum das demnach konstatierte Erhebungs- zu einem Verwertungsverbot führen sollte. Die fehlten in der Verfassungsbeschwerde tatsächlich, konzentrierte die sich doch noch auf die Argumentation des BGH zur Erhebung. Darüber hinaus stand die Klärung einer reinen Rechtsfrage aus – und gerade die hätte man sich vom Bundesverfassungsgericht erhofft. Was es also gab in dem Verfahren war eine Grundrechtsverletzung, die feststand – auch für das Gericht, das sie im Nichtannahmebeschluss ausdrücklich rügte. Was es außerdem gab, war der Sachverhalt, in allen für die grundrechtliche Beurteilung nötigen Punkten. Was **fehlte**? **Rechtsausführungen** durch den Anwalt. Und die Annahme der Verfassungsbeschwerde durch das Gericht“ (*Geuther* DRiZ 2000, 286).

820 **2.a)aa)** Dass das BVerfG die **Substantiierungsanforderungen** (s. dazu a.: → *Verfassungsbeschwerde, Zulässigkeit, Substantiierungsanforderungen*, Teil C Rdn 1193) in der ***Sedlmayr*-Entscheidung** (BVerfG NStZ 2000, 489) nach weitverbreiteter Ansicht überspannt hat, ändert nichts an der Notwendigkeit, die Lehren des Falles zu ziehen:

821 **bb)** Der Beschwerdeführer muss **detailliert darlegen**, **ob** und **warum** eine **Beweisverwertung unzulässig** ist und inwiefern die Ablehnung des Beweisverwertungsverbots seine verfassungsrechtlich verbürgten Rechte beeinträchtigt (*Jahn*, S. 821, 823). Es sind also einfach-rechtliche und verfassungsrechtliche Fragen der Beweiserhebung und der Beweisverwertung zu behandeln. Der Grund soll darin liegen, dass eine verfassungswidrige Beweisgewinnung nur ein Abwägungsposten hinsichtlich der Frage der Beweisverwertung sei (vgl. *Jahn*, a.a.O.) und ein Beweisverwertungsverbot eine begründungsbedürftige Ausnahme bedeute (vgl. BVerfG NJW 2010, 287 f., Rn 7 m.w.N.).

822 Es muss also **dargestellt werden**, **gegen welche grundrechtlich geschützten Normen verstoßen** wurde und dass die Frage der Unverwertbarkeit von Verfassungs wegen zwingend ist (vgl. zu Video-Observation BVerfG, Beschl. v. 9.3.2000 – 2 BvR 1087/91; zu Mithörfallen BVerfG NJW 2000, 3557; NStZ 2000, 488 und zu Verwertungen von ärztlichen Patientinnenkarteien BVerfG NJW 2000, 3557 f.), weil „jedes Beweiserhebungs- und -verwertungsverbot die Beweismöglichkeiten der Strafverfolgungsbehörden zur Erhärtung oder Widerlegung des Verdachts strafbarer Handlungen einschränkt und so die Findung einer materiell richtigen und gerechten Entscheidung beeinträchtigt“ (BVerfG NJW 2010, 287 f.).

823 **b)** Der amerikanische Strafverteidiger kennt folgende Weisheit: „**You can't unring the bell**“. Damit ist gemeint, dass selbst wenn ein Umstand nicht prozessordnungsgemäß eingeführt wurde, er doch irgendwie verwertet wird. In seiner Entscheidung zur akustischen Überwachung von Wohnraum vom 3.3.2004 hat das BVerfG völlig zutreffend ausgeführt: „Auch wenn das Gericht mit Blick auf die Verfahrensgrundsätze der Unmittelbarkeit der Beweisaufnahme und der Mündlichkeit der Verhandlung an einer formalen Verwertung solcher Informationen gehindert ist, kann aus der Sicht des Beschuldigten die begründete Besorgnis bestehen, dass sich das Gericht dem Erkenntniswert des informellen Beweismaterials bei seiner Urteilsfindung nicht wird verschließen können“ (BVerfGE 109, 279, 370 f.). In der deutschen Literatur wird „you can't unring the bell“ als „psychologisches Akrobatenstück“ der Auslöschung von bekannten, aber nicht verwertbaren Informationen bzw. als „**Art** der **Befangenheit**“ verstanden (vgl. *Jahn* StraFo 2011, 117 m.w.N.).

☝ Konsequenterweise müsste das erst in der **Revisionsinstanz erkannte Beweisverbot** in vielen Fällen zu einer **Verfahrenseinstellung** wegen der Gefahr der richterlichen Nichtverschließung des informellen Beweismaterials führen, statt zu einer Zurückverweisung, um zu prüfen, ob die verbleibenden Beweismittel dennoch für eine

Verurteilung ausreichen. Tatsächlich ist dies jedoch nicht der Fall. Die h.A. und Rspr. ziehen diesen Schluss also nicht.

Ob die ernüchternde Auswertung von *Jahn* (StraFo 2011, 117), der zufolge „**Rückläufer**", zu denen es aufgrund eines **BVV** gekommen ist, regelmäßig ein **identisches Ergebnis produzieren**, nur für den auswerteten 5-Jahreszeitraum typisch (5 Rückläufer mit nur einem Freispruch), oder verallgemeinerbar ist, möge der Leser selbst beurteilen. Wenn sie verallgemeinerbar wäre, müsste dies Konsequenzen haben. Ein Verfahren vor einem Richter, der „in einer Art befangen" ist, bzw. dem „**psychologische Akrobatenstücke**" abverlangt werden, oder gar Unmögliches, wenn er die gehörte Glocke ungehört machen soll, könnte dann nur noch schwer als „fair" bezeichnet werden (s. dazu auch: → *Verfassungsbeschwerde, Begründung, faires Verfahren*, Teil C Rdn 863). Die verbale Ausblendung des unverwertbaren Beweisergebnisses könnte dann nur eine verbale Pflichtübung ohne Substanz sein (vgl. *Weigend*, Gutachten C für den 62. DJT 1998, 37, 40). 824

☝ Trotz geringer Erfolgsaussichten schuldet der Verteidiger dem Mandanten **bestmögliche Verteidigung**. Das beinhaltet – freilich nur im geeigneten Einzelfall – die Verfassungsbeschwerde als letzte Zuflucht. Aus diesem Grund sind die **Grundlagen** der **Beweisverbote** (s. dazu auch: *Burhoff*, HV, Rn 1018; *Burhoff*, EV, Rn 1014) hier kurz darzustellen (vgl. Rdn 825 ff.).

3. Auf einer ersten Stufe kann bereits die **Beweiserhebung** (vgl. hierzu *Roxin/Schünemann*, § 24 Rn 15 ff.; *Burhoff*, HV, Rn 1018; *Burhoff*, EV, Rn 1014) rechts- und verfassungswidrig sein. In diesem Zusammenhang ist darauf hinzuweisen, dass zwar rechtlich die StA **Herrin** des **EV** ist, faktisch aber die Polizei. Das muss als solches nicht verkehrt sein, denn dort ist oft mehr Kompetenz für die Kriminalitätsaufklärung als bei der StA vorhanden. Gleichwohl kommt in der Praxis auch vor, dass die StA von der Polizei nicht immer mit der ganzen Wahrheit bedient und für rein präventive Zwecke missbraucht wird (vgl. HB Staatsanwalt-*Mayer*, 1. Teil 1. Kap., Rn 9). 825

Schaubild: Beweiserhebungsverbot 826

Beweisthemaverbot	**Beweismittelverbot**	**Beweismethodenverbot**
Die zu beweisende Tatsache darf bereits nicht zum Gegenstand des Beweises gemacht werden.	Das konkrete Beweismittel darf zur Beweisführung nicht verwertet werden.	Die zur Beweisgewinnung angewandte Methode darf nicht angewandt werden.
z.B. §§ 51 BZRG; 61 f. BBG, 39 BRRG	z.B. §§ 52–55, 81c Abs. 3	z.B. § 136a

827 **4.a)** War bereits die Beweiserhebung rechtswidrig, folgt daraus noch nicht zwingend, dass auch die **Verwertung** der so gewonnenen Beweisergebnisse unzulässig ist. Die h.M. unterscheidet **selbstständige** und **unselbstständige BVV** (s. dazu a. *Burhoff*, HV, Rn 1018, *Burhoff*, EV, Rn 1014).

828 **Schaubild: Beweisverwertungsverbote**

	unselbstständige BVV	**selbstständige BVV**
Voraussetzungen	BVV ist von einem vorhergehenden Erhebungsverbotsverstoß abhängig.	BVV ist von einem vorhergehenden Erhebungsverbotsverstoß unabhängig.
Verwertbarkeit	Unverwertbarkeit im Fall der ausdrücklichen gesetzlichen Anordnung, z.B. §§ 69 Abs. 3, 136a, 252, § 51 Abs. 1 BZRG, § 101 Abs. 8 UrhG (vgl. *Meyer-Goßner/Schmitt*, Einl. Rn 55). Sonst nur nach einer Abwägungslösung, wobei ein Verwertungsverbot eine begründungsbedürftige Ausnahme darstellt (vgl. BVerfGE 33, 367, 383; NJW 2010, 287).	Unverwertbarkeit nur nach einer umfassenden Abwägung. Eingriffe in den absolut geschützten Kernbereich privater Lebensgestaltung führen aber zum Verwertungsverbot (vgl. bereits BVerfGE 6, 32, 41; 27, 1, 6; 32, 373, 378 f.; 109, 279, 313; vgl. hierzu den interessanten Fall des Abhörens eines Selbstgesprächs im Auto – BGHSt 57, 71). Was dem Kernbereich zuzuordnen ist, kann wohl nur von Fall zu Fall beantwortet werden (Kernbereichsindizien sind bei *Eschelbach*, SSW-StPO/*Eschelbach*, § 100c Rn 21) dargestellt. Ein Verwertungsverbot soll bei schwerwiegenden, bewussten oder willkürlichen Verfahrensverstößen, bei denen die grundrechtlichen Sicherungen planmäßig oder systematisch außer Acht gelassen worden sind, gelten (vgl. BVerfGE 113, 29, BVerfG NJW 1999, 273, 274; NJW 2006, 2684, 2686).

☝ „Für die […] **Abwägungstheorie** ist daraus die Versuchung erwachsen – und die Rspr. des BGH ist ihr mannigfach erlegen –, die Beweisverbote bei gravierenden Tatvorwürfen enger zu fassen als bei leichteren. Aber das weicht die Justizförmigkeit des Verfahrens in widersinniger Weise gerade dort auf, wo sie für den Beschuldigten am wichtigsten ist" (*Roxin/Schünemann*, § 24 Rn 28; s. dazu auch die von *Eb. Schmidt* angesprochene Gefahr der **Entformalisierung**, dazu Rn 1132). Tatsächlich gibt es keinen rechtlichen Maßstab für die Abwägung, da sich die jeweils betreffenden Gewährleistungen nicht skalieren lassen. Das Ergebnis des Abwägungsvorgangs ist eine Frage der persönlichen Präferenz der entscheidenden Organe durch das Prisma der eigenen Persönlichkeit (vgl. *Lechner/Zuck*, Einl. Rn 82 ff.).

b) Bemerkenswerterweise soll selbst die **Beteiligung** der **Ermittlungsbehörden** an **strafbaren Handlungen** (*Liechtenstein-CD*) **nicht** zu einem **BVV** führen. Das kann insofern nachvollzogen werden, wenn die Ermittlungsbehörden die strafbare Handlungen nicht veranlasst haben, sondern sich ein privater Rechtsbrecher aus eigenem Antrieb an die Ermittlungsbehörden wendet (vgl. BVerfG NJW 2011, 2417). Gleichwohl verbleibt ein Unbehagen, denn die Behauptung des Beschwerdeführers, dass die Ermittlungsbehörden die illegale Aktion doch veranlasst und damit willkürlich gegen geltendes Recht verstoßen haben, ist selbst im Fall des Zutreffens kaum beweisbar. **829**

c)aa) Wer ein **BVV** im **Rahmen** einer **Verfassungsbeschwerde** durchsetzen will, dem steht eine wahre **Herkules-Aufgabe** bevor, nachdem verfassungsrechtliche Maßstäbe hierzu kaum entwickelt sind (vgl. *Jahn/Krehl/Löffelmann/Güntge/Löffelmann*, Rn 420 m.w.N.) und es auch keine allgemein anerkannte Beweisverbotslehre gibt (vgl. *Roxin/Schünemann*, § 24 Rn 14). Auch der 67. deutsche Juristentag (2008) hat sich ebenso wie der 46. deutsche Juristentag (1966) mit dieser Frage befasst, eine einvernehmliche Lösung aber nicht präsentieren können (s. dazu a. *Burhoff*, HV, Rn 1020). **830**

☝ Gleichwohl hat sich der Beschwerdeführer bereits **einfach-rechtlich intensiv** mit dieser Problematik **auseinanderzusetzen** → *Verfassungsbeschwerde, Zulässigkeit, Substantiierungsanforderungen*, Teil C Rdn 1193).

bb) Um ein **BVV substantiiert darzulegen**, muss u.a. dargestellt werden, dass die von der Rspr. verwendeten Möglichkeiten, um das Gewicht eines Beweisverstoßes zu relativieren und/oder einer Ja-/Nein-Entscheidung auszuweichen, nämlich Abschläge in der **Strafzumessung**, angeblich besonders vorsichtige **Beweiswürdigung**, **Widerspruchslösung**, trotz der **Schwere des Delikts** nicht ausreichend, sondern vielmehr ein Beweisverwertungsverbot von **Verfassungs wegen zwingend** ist (vgl. *Roxin/Schünemann*, § 24 Rn 30, 39). **831**

Wie wenig prognostizierbar diese Thematik jedoch ist, zeigt die Entscheidung BVerfGE 80, 367, 373 ff. zur Verwertung **tagebuchähnlicher Aufzeichnungen**, die wegen **Stimmengleichheit** keinen Verfassungsverstoß feststellen konnte. Der dortige Beschwerdeführer hatte **tagebuchartige Aufzeichnungen** auf Notizheften, Abreißblöcken und losen Blättern zu Papier gebracht, in Büchern und Regalen aufbewahrt und über deren Inhalt außerhalb des Strafverfahrens mit niemandem gesprochen. Diese wur- **832** den im Hause der Eltern von den Ermittlungsbehörden sichergestellt. Aus diesen sollte die erhebliche aggressive Verstimmung des Beschwerdeführers folgen. Ein Sachverständiger hatte den Inhalt der Schriftstücke mit dem Beschwerdeführer erörtert. Aus der Vielzahl der Schriftstücke hat die Schwurgerichtskammer gegen den Widerspruch der Verteidigung durch die zeugenschaftliche Vernehmung des Sachverständigen drei Notizen in die HV eingeführt.

833 Das **BVerfG** (BVerfGE 80, 367, 373 ff.) geht in der genannten Entscheidung davon aus, dass sich **nicht abstrakt beschreiben** lasse, welcher tatsächliche Vorgang dem **unantastbaren Bereich privater Lebensgestaltung zuzuordnen** sei. Zu beachten sei in jedem Fall, ob der Betroffene den Vorgang geheim halten wolle, ob der Vorgang dem höchstpersönlichen Bereich zuzuordnen sei und welcher Art und Intensität er aus sich heraus die Sphäre anderer oder die Belange der Gemeinschaft berühre. Bei Tagebüchern und ähnlichen Aufzeichnungen hänge die Verwertbarkeit von dem Charakter und der Bedeutung des Inhalts ab. Nicht dem unantastbaren Bereich privater Lebensgestaltung gehörten Aufzeichnungen an, die einen unmittelbaren Bezug zu konkreten strafbaren Handlungen hätten.

☝ Die von der Rechtsprechung entwickelte **Widerspruchslösung**, d.h. die Erhebung des Widerspruchs (s. dazu auch *Burhoff*, HV, Rn 3433) ist auch im Rahmen der Begründung der Verfassungsbeschwerde darzustellen.

834 **5.a)** „Die Folgenorientierung ist Bestandteil juristischen Denkens in allen Bereichen geworden. Im Strafrecht marginalisiert sie die klassische Dogmatik“ (*Volk*, ZIS 5/212, 214). Das gilt es zu **kritisieren**. Im Jahr 2002 hat *Dallmeyer* (vgl. *Dallmeyer*, Beweisführung im Strengbeweisverfahren) brillant herausgearbeitet, dass sich die Rspr. in einem selbstherrlichen Selbstverständnis vom Gebot der Rechtsanwendung entfernt und auf einer zur Rechtsanwendung parallelen Ebene eigene Regeln geschaffen hat, die die grundsätzlichen Wertentscheidungen des Gesetzgebers konterkarieren (so *Kühne StV* 2003, 422). Obwohl die Dissertation von *Dallmeyer* im Jahr 2008 ohne inhaltliche Veränderungen in 2. Auflage vorgelegt wurde, hat sich in der **Beweisverbotsdogmatik nichts bewegt** (so zutreffend *Dallmeyer* in seinem Vorwort zur 2. Auflage).

835 **b)** Die **Kritik** an der h.A. kann umso besser nachvollzogen werden, wenn man **grundlegende Arbeiten** aus anderen Rechtsgebieten **mitbeachtet**. *Bernd Rüthers* hat mit seiner 1968 erstmals erschienen Habilitation „Die unbegrenzte Auslegung“ die Entwicklung des Privatrechts zwischen 1933 und 1945 beschrieben. Er stellte u.a. fest, dass

Kritikpunkte 836

- die **Perversion der Rechtsordnung** vor allem mit antipositivistischen Argumenten und Instrumenten bewirkt wurde, die die Gesetzesbindung lockerten (vgl. *Rüthers*, S. 479).
- In der Rechtswissenschaft das Phänomen des „**Umdenkens von Rechtsordnungen**", d.h. der unterschiedlichen Anwendungen von Normen mit gleichen Wortlaut, aber mit unterschiedlichem Auslegungsergebnis, einmal vor 1933, dann zwischen 1933 und 1945 und sodann nach dem politische Systemwechsel 1945/49 verdrängt und verschwiegen wurde (vgl. *Rüthers*, S. 477 ff.).
- Die Vereinigung der deutschen Staatsrechtslehrer hatte sich zwar bereits 1992 mit der Staatsrechtslehre der DDR befasst, aber erstmals 2000, also zu einem Zeitpunkt, zu dem führende Protagonisten bereits verstorben waren, mit der deutschen Staatsrechtslehre im Nationalsozialismus. Wenn die Vereinigung im Jahr 2000 zu ihrem Mut beglückwünscht wurde, dieses Thema zu diesem Zeitpunkt auf die Tagesordnung zu setzen, gibt es gegen das diesbezügliche Fazit der melancholischen Heiterkeit von *Rüthers* nichts zu erinnern (*Rüthers*, S. 482). Für den Bereich des Strafrechts liegt zwar keine ähnlich methodenanalytische Aufarbeitung hinsichtlich des Versagens der Strafjustiz vor, wohl aber einen historische Aufarbeitung des weitgehenden kollektiven Versagens von Justiz und Anwaltschaft in der NS-Zeit insgesamt (*Müller*, Furchtbare Juristen, 1987).

☝ Nicht heiter, sondern nur noch **melancholisch** müssen daher die Ausführungen des 5. Strafsenats des BGH in seinem Urteil zur **Rechtsbeugung** durch **Richter** vom 16.11.1995, also wiederum zu einem Zeitpunkt, zu dem führende Protagonisten bereits verstorben waren, anmuten:

„Der Senat verkennt nicht, dass Maßstäbe, wie sie in der Bundesrepublik Deutschland bei der Beurteilung von NS-Justizunrecht angewandt worden sind, weit weniger [als aktuell bei der Rechtsbeugung durch DDR-Richter] streng waren. Die Erkenntnis, dass eine Todesstrafe nur dann als nicht rechtsbeugerisch anzusehen ist, wenn sie der Bestrafung schwersten Unrechts dienen sollte, hätte in einer Vielzahl von Fällen zur Verurteilung von Richtern und Staatsanwälten des nationalsozialistischen Gewaltregimes führen müssen. Derartige Verurteilungen gibt es trotz des tausendfachen Missbrauchs der Todesstrafe, namentlich in den Jahren 1939 – 1945, nur in sehr geringer Zahl [...] Insgesamt neigt der Senat zu dem Befund, dass das Scheitern der Verfolgung von NS-Richtern vornehmlich durch eine zu weitgehende Einschränkung bei der Auslegung der subjektiven Voraussetzungen des Rechtsbeugungstatbestandes bedingt war" (BGH NJW 1996, 857, 859 f.).

- Losgelöst von der strafrechtlichen Melancholie erfahren wir von *Rüthers*, dass es gelte, das Bewusstsein für den Folgenreichtum **methodischer Naivität** zu wecken und wach zu halten (vgl. *Rüthers*, S. 482). Dies deshalb, weil *Rüthers* bei Anfertigung seiner Habilitation 1965/66 zwar angenommen hatte, dass die „unbegrenzte Auslegung“ nur durch die einmalige Ausnahmelage und Struktur des NS-Regimes verursacht und denkbar sei, dies aber tatsächlich nicht zutrifft (vgl. *Rüthers*, S. 482, 484). Durch die Häufigkeit der politischen, ökonomischen und sozialen Umbrüche in Deutschland seit 1918 seien deutsche Juristen so etwas wie Weltmeister und Olympia-Sieger des Know-hows der Rechtsprechung bei veränderten Umständen (vgl. *Rüthers*, S. 492).
- Tatsächlich ist jede Auslegung, die die Gesetzesbindung des Richters nach Art. 20 Abs. 3 GG und Art. 97 Abs. 1 GG missachtet, ein Angriff auf den Rechtsstaat (Gewaltenteilung) und die Demokratie aufgrund des **Primats** des **Parlaments** für die Gesetzgebung (vgl. (*Rüthers*, S. 487, 493).

> ☝ „Die Fachdiskussion der Juristen über die Auslegung der Verfassung und der Gesetze ergibt sich in der Regel bis heute weitgehend ahistorisch und apolitisch, so als habe es die Perversion des Rechts durch Interpretation nicht gegeben. Selbst die banale Erkenntnis, dass Methodenfragen Verfassungsfragen sind, weil sie unmittelbar das Rechtsstaats- und Demokratieprinzip betreffen, wird selten formuliert oder gar ernstgenommen“ (*Rüthers*, 488). „In der Justiz und Jurisprudenz sind Methodenfragen Verfassungsfragen, weil sie zur Erfassung und Konkretisierung des Regelungsinhalts der Gesetzesbindung der Gerichte (Art. 20 Abs. 3, 97 Abs. 1 GG) führen, also den Grundsatz der Gewaltenteilung inhaltlich bestimmen“ (*Rüthers*, S. 493).

- Faktisch hat die gewählte **Auslegungsmethode** erheblichen **Einfluss** auf das jeweilige **Auslegungsergebnis**. Anders formuliert: Der Interpret kann das Auslegungsergebnis durch die Wahl der Auslegungsmethode in beträchtlichem Maße voraus bestimmen (vgl. *Rüthers*, S. 488 f.).
- In diesem Zusammenhang ist gerade die **objektive Theorie**, nach der es einen objektiven Willen des Gesetzes oder der Verfassung geben soll, abzulehnen (**anders aber** BVerfGE 1, 299, 312; 57, 250, 262 f.). Es handelt sich um eine reine Fiktion, dass das Gesetz einen vom Willen des Gesetzgebers losgelösten und bei gewandelten Verhältnissen einen eigenen, objektiv erkennbaren Willen entwickeln könnte.

> ☝ Tatsächlich handelt es sich bei der Loslösung des Willens vom Gesetzgeber nicht um einen objektiven Willen des Gesetzes, sondern um den Willen des Rechtsanwenders, was den demokratischen Rechtsstaat zum oligarchischen Richterstaat werden lässt und die reale **richterliche Gesetzesabweichung** verschlei-

ert. Nur das Wissen um die Entstehungsgeschichte und den ursprünglichen Normzweck kann und muss als **Umdeutungsbremse** fungieren.

- Das **verhindert** freilich eine **Weiterentwicklung** durch **Richterrecht nicht**, weil sich die Lebenswirklichkeit, die der Normgeber regeln wollte, ebenso grundlegend geändert haben kann, wie die Wertmaßstäbe, von denen der historische Gesetzgeber ausging, setzt aber gerade die Beachtung des Willens des historischen Gesetzgebers voraus, der gegenwärtig – in nicht wenigen Fällen – gar nicht mehr ermittelt wird (vgl. *Rüthers*, Die unbegrenzte Auslegung, S. 489 ff.).

c) Diese methodische Aufarbeitung und Warnung *Rüthers* sollte den Verteidiger dazu bewegen, erst recht die Ausführungen *Dallmeyers* (a.a.O.) zur Kenntnis zu nehmen und **argumentativ** zu **verwerten**. Zu beachten sind folgende 837

aa) Argumentationsansätze: 838

- Die herkömmliche Beweisverbotsdogmatik behauptet bloß und gibt lediglich vor, einfach-rechtliche und verfassungsrechtliche Vorgaben umzusetzen, also deduktiv zu arbeiten, während in Wahrheit die folgerichtige **Orientierung am Gesetz verloren** gegangen ist (vgl. *Dallmeyer*, S. 20).
- Allgemein anerkannt ist, dass der Staat zu Eingriffen in Grundrechte nur auf gesetzlicher Grundlage befugt ist (**Vorbehalt** des **Gesetzes**) und der Gesetzgeber alle **wesentlichen Entscheidungen** selbst zu treffen hat (vgl. *Dallmeyer*, S. 33 f. m.w.N.).
- **Beweiserhebungen** greifen regelmäßig in Grundrechte ein (vgl. *Dallmeyer*, S. 37 m.w.N.), vor allem in das Grundrecht auf **informationelle Selbstbestimmung** (vgl. *Dallmeyer*, 48 f. m.w.N.). Das gilt auch für **Beweisverwertungen**, die für den Bürger zudem kaum weniger wesentlich sind als Fragen des Rundfunk- oder Schulrechts (vgl. *Dallmeyer*, S. 50 ff. m.w.N.).

☝ Der amtliche Leitsatz des Volkszählungsurteils mit Anerkennung des Grundrechts auf **informationelle Selbstbestimmung** lautet: „Das Grundrecht des Art. 2 I gewährleistet die Befugnis des Einzelnen, grundsätzlich selbst über die Preisgabe und Verwendung seiner persönlichen Daten zu bestimmen. Einschränkungen dieses Rechts auf ‚informationelle Selbstbestimmung' sind nur im überwiegenden Allgemeininteresse zulässig. Sie bedürfen einer verfassungsgemäßen gesetzlichen Grundlage, die dem rechtsstaatlichen Gebot der Normenklarheit entsprechen muß" (BVerfGE 65, 1).

Dieses Grundrecht ist für die Beweisführung noch nicht hinreichend beachtet und wird in der Rechtswissenschaft **eindeutig vernachlässigt** (vgl. *Dallmeyer*, S. 155).

- Aus Art. 20 Abs. 3 GG ergibt sich das Gebot an Exekutive und Judikative, Gesetze anzuwenden und nicht gegen Gesetze zu verstoßen (**Vorrang** des **Gesetzes**; vgl. *Dallmeyer*, S. 42 f. m.w.N.).
- Im Bereich der **unselbstständigen Beweisverwertungsverbote** wurde „eindeutig gesetzeswidrig verfahren", sodass „eindeutig gesetzeswidrig Beweis erhoben" wurde. Die Verwertung rechtswidrig gewonnener Beweise kann auf die entsprechende **Befugnisnorm** zur Beweisgewinnung nicht gestützt werden, weil deren Voraussetzungen gerade nicht vorliegen. Herkömmliche Beweisverbotslehren umgehen das Problem, indem diese implizit annehmen müssen, dass für die Beweisverwertung eine gesetzliche Regelung nicht vorliegt und auch nicht erforderlich sei. Das verstößt gegen die verfassungsrechtlichen Gebote des **Vorrangs** und **Vorbehalts** des **Gesetzes**, sowie die mit Gesetzeskraft (§ 31 BVerfGG) ergangene **Wesentlichkeitsrechtsprechung** des BVerfG (vgl. *Dallmeyer*, S. 52 f.). Das **BVerfG** hat mit der Entscheidung vom 7.12.2011 (NJW 2012, 907) jedoch festgelegt, dass § 261 eine Befugnisnorm zur Beweisverwertung von auch rechtswidrig gewonnenen Beweismitteln sei. Dagegen muss **erinnert** werden, dass damit erneut zweierlei umgangen wird. Zum einen wird umgangen, dass es nach wie vor keine Befugnisnorm gibt, rechtwidrig gewonnene Beweise überhaupt in die HV einzuführen. Die Befugnis zur Würdigung des Inbegriffs der HV (§ 261) setzt rechtlich und logisch eine Befugnis zur Einführung des inkriminierten Materials in die HV voraus (vgl. *Dallmeyer*, S. 79). Tatsächlich könnte daher allenfalls § 244 Abs. 2 eine solche Befugnisnorm darstellen (vgl. Graf/*Eschelbach*, § 261 Rn 1), die hierfür aber völlig unbestimmt wäre, sodass dies von niemandem – soweit ersichtlich – vertreten wird (vgl. *Dallmeyer*, S. 97). Zum anderen wird das Spezialitätsverhältnis ignoriert. Wenn § 261 auch die Beweisverwertung von rechtswidrig gewonnenen Beweisen gestatten würde (so BVerfG a.a.O.), wären alle spezielleren Regeln zur Beweisgewinnung überflüssig, d.h. gesetzgeberische Verbote wären dann nur noch Sollensvorschriften (vgl. *Dallmeyer*, S. 24 m.w.N.).

☝ Herkömmliche Beweisverbotslehren suchen/prüfen ein **Beweisverbot**, während in Wahrheit eine **Befugnis** zur **Beweiserhebung** und **Beweisverwertung** vorhanden sein müsste, d.h. die Beweisbefugnis, nicht das Beweisverbot das Entscheidende ist (vgl. *Dallmeyer*, S. 39, 54, 91, 106).

839 **bb)** Zudem: **Beweiserhebungsbefugnisse** und **Beweisverwertungsverbote** sind gesetzlich abschließend geregelt und **Beweiserhebungen** und **Beweisverwertungen** jenseits dieser gesetzlichen Regelungen sind wegen des Vorrangs und Vorbehalts des Gesetzes unzulässig (vgl. *Dallmeyer*, S. 38 f., 43 f., 56). „Daraus ergibt sich dann aber wiederum, was vom Einzelfallargument der herkömmlichen Beweisverbotsdogmatik zu halten ist:

Nichts. Die Strafverfolgungsbehörden haben keine Kompetenz im Einzelfall – unter Berufung auf Schutzzwecküberlegungen o.ä. – über Sinn oder Unsinn der in zwingendem gesetzlichem Recht enthaltenen gesetzgeberischen Schutzzwecküberlegungen zu befinden und daraus Folgerungen für die Verwertbarkeit von Beweismaterial zu ziehen, das unter Verletzung dieses Rechts gewonnen wurde“ (*Dallmeyer*, S. 62). Beachtet die Beweisführung das Gesetz nicht, so trägt das Gesetz die Beweisführung nicht. Anders ausgedrückt: „Jedwede beweisrechtliche Verwendung gesetzeswidrig gewonnener Informationen ist wegen des Fehlens einer Befugnisnorm unzulässig“ (*Dallmeyer*, S. 79 f.). Die Praxis sieht freilich anders aus: Dort wird die durch das Gesetz abgeleitete Unzulässigkeit entsprechender Vorgehensweisen durch richterliche Abwägung in ihr Gegenteil verkehrt (vgl. *Dallmeyer*, S. 88).

Die herkömmlichen Beweisverbotslehren und Rechtsprechung beantworten die Frage, wie eine Beweisführung zu erfolgen hat, um Grundlage eines Strafurteils sein zu können, kraft eigener Kompetenz, obwohl nicht Richter oder Universitäten diese Fragen beantworten müssten, sondern der Gesetzgeber. Die Antworten laufen zudem auf eine Entformalisierung der schützenden Formen der StPO hinaus (vgl. *Dallmeyer*, S. 56 f.). **840**

☝ Die zu beobachtende **Entformalisierung** gibt Anlass auf ein zutreffendes Zitat von *Eb. Schmidt* hinzuweisen. „Entformalisierung hat immer prozessuale Entartung, Auslieferung der forensischen Wahrheitsfindung an Ermessen, ja Willkür bedeutet. Die prozessuale Form ist der Garant der Rechtssicherheit und der Gleichmäßigkeit des Verfahrens […] Der rechtsstaatliche Strafprozess bedarf daher der Formalisierung durch bindende Prozessregeln […]“ (Schmidt, Strafprozess, 291). Zusammen mit dem oben dargestellten Untersuchungsergebnis von *Rüthers* gibt es gegen folgendes Zitat von *Eb. Schmidt* nichts zu erinnern: „Es geht in der Strafrechtspflege nicht nur um die materiellrechtliche Richtigkeit der Urteile, sondern ebenso sehr auch um ihre Gewinnung auf keinem anderen als dem justizförmigen Wege. Das Verlassen dieses Weges involvierte stets enorme Gefahren für die Unschuld und damit für die Gerechtigkeit. Die Regeln der Justizförmigkeit sind hervorgegangen aus den Erfahrungen, die sehr zum Schaden der Gerechtigkeit mit einer sich aus Praktikabilitätsgründen von der Beachtung prozessualer Formen freizeichnenden Verfahrensmethode gemacht worden sind“ (*Schmid* JZ 1958, 596, 601). Die große Gefahr, die in der Abschaffung der schützenden Formen liegt, zeigt sich aktuell besonders dringlich, wenn über die Zulässigkeit von Folter in bestimmten Situationen nachgedacht wird, oder auf uneinsichtige Straftäter Kriegsrecht angewandt werden soll (vgl. *Dallmeyer*, S. 137 m.w.N.), oder von Rechtsstaaten völkerrechtswidrige Gefangenenlager errichtet werden.

cc) Die Formalisierung oder Justizförmigkeit eines Verfahrens ist auch deshalb wichtig **841**
und geboten, weil Verfahrens- oder Ermittlungsergebnisse die Tendenz haben, sich

dem **Vorurteil** anzupassen (vgl. hierzu *Bender/Nack/Treuer* Rn 92 ff.; *Geipel*, Kap. 8, Rn 50 ff., Kap. 22, Rn 1 ff.). „Der Berliner Strafverteidiger *Stefan König* hat den Begriff des Pappenheimer-Syndroms geprägt [im Original folgende Fußnote: *König*, Das Pappenheimer-Syndrom in: *Barton* (Hrsg.) Beziehungsgewalt und Verfahren, 2004]. Hierunter versteht er die Gefahren, die ‚vom Weichbild des Informellen: von Vermutungen, Erfahrungen, Ahnungen, vom Hörensagen, Besserwissen und Immerschongewußt-haben' für die Unschuldsvermutung ausgehen. Dieses Gemisch könne sich in „eine Überzeugung, die zu Haftbefehl, Anklage und schließlich zu einem Urteil führt" entladen: ‚Wir kennen eben unsere Pappenheimer.' Der Begriff des Pappenheimer-Syndroms steht also für das Durchbrechen von Vorurteilen, für das wir alle anfällig sind – Richter, Staatsanwälte, aber auch Verteidiger, ja selbst Professoren an ostwestfälischen Elite-Universitäten. Das Pappenheimer-Syndrom ist „normal"; es ist nicht pathologisch, Vorurteile zu haben. Der klassische formstrenge Strafprozess berücksichtige diese Erkenntnis und – das ist die These von *König* – versuche durch die Förmlichkeiten das Durchbrechen von Vorurteilen zu verhindern; ‚die wichtigste Aufgabe des Strafverfahrensrechts ist die Domestizierung des Pappenheimer-Syndroms [im Original folgende Fußnote: König, S. 63]. Sie werde von der modernen Gesetzgebung und Rechtsprechung allerdings nicht mehr genügend erfüllt" (*Barton* StV 2004, 332, 338).

842 **dd)** Der **Strengbeweis dient** der **Wahrheitsfindung**, denn dadurch geht der Gesetzgeber von qualitativ hochwertigen Beweismitteln aus. Den Gerichten steht es nicht zu, generell abstrakte Entscheidungen des Gesetzgebers zu korrigieren, auch wenn sich im Einzelfall erweisen sollte, dass der **Beweiswert** durch rechtswidrige Beweisgewinnung nicht beeinträchtigt ist oder sogar die Annahme des Gesetzgebers zur Beweisgewinnung in allen Fällen verfehlt sein sollte (vgl. *Dallmeyer*, S. 63 f.). Dass zeigt sich auch darin, dass der Gesetzgeber bestimmte Verfahrensvorschriften (absolute Revisionsgründe bei § 338) als so wichtig ansah, dass bei deren Verletzung die Revision zwingend erfolgreich war, auch wenn es nach Meinung des konkreten Rechtsanwenders unwahrscheinlich ist, dass der Verfahrensfehler einen Einfluss auf die sachliche Richtigkeit des Urteils hat (vgl. *Dallmeyer*, S. 104 f.). Die Freiheit der Beweiswürdigung ist nur deshalb erträglich, weil als Korrektiv ein detailliert geregeltes Beweisrecht gegenübersteht (vgl. *Dallmeyer*, S. 99 m.w.N.). Anders formuliert: Die Gestaltung des Beweisverfahrens darf nicht dazu führen, den Richtern **jede Freiheit** einzuräumen, zumal bereits das subjektive Element in der freien Beweiswürdigung vielfältige Gefahren für die Wahrheitsfindung öffnet (vgl. *Dallmeyer*, S. 63 f. 69; s. dazu auch: → *Verfassungsbeschwerde, Begründung, faires Verfahren*, Teil C Rdn 863).

☝ „Alle Ansichten, nach denen die Verletzung einer Norm des Strengbeweismittelsystems bei der Beweisführung seine weitere beweisrechtliche Verwendung nicht hindert, laufen im Ergebnis aber auf ein **partielles Freibeweisverfahren** hinaus" (*Dallmeyer*, S. 99).

Noch inkonsequenter werden die herkömmlichen Beweisverbotslehren, wenn diese die Ungesetzlichkeit der Beweisgewinnung durch eine „besonders vorsichtige Beweiswürdigung" ausgleichen wollen, d.h. **Beweiswürdigungsregeln** dergestalt aufstellen, dass sich der Richter des geringeren Beweiswerts des fehlerhaft gewonnenen Beweismittels bewusst sein muss bzw. sein Urteil nur darauf stützen darf, wenn der entsprechende Umstand durch andere gewichtige Umstände gestützt wird (vgl. BGHSt 46, 93; *Dallmeyer*, S. 100). Das führt zu dem **Paradoxon der Heilung durch doppelten Rechtsverstoß**, wenn der eine Gesetzesverstoß bei der Beweisgewinnung durch einen weiteren Gesetzesverstoß bei der Beweiswürdigung ausgeglichen wird. 843

Das befremdet zudem, denn das richterrechtliche Aufstellen von Beweiswürdigungsregeln ist **eindeutig ungesetzlich**. Freie Beweiswürdigung bedeutet gerade die Absenz derartiger Regeln, wenn sich diese nicht durch ein Gesetz ergeben (so ausdrücklich § 286 Abs. 2 ZPO). § 261 und § 286 ZPO sind sachlich-inhaltlich identisch. 844

Die bisherige **Abwägungspraxis** muss unterstellen, dass sich aus dem Gesetz nichts zur Frage der Verwertbarkeit entnehmen lässt, also den Vorbehalt und Vorrang des Gesetzes ignorieren. Sodann muss unterstellt werden, dass nicht jede rechtswidrige Beweiserhebung den Beweis unverwertbar macht, so dass der Vorbehalt und Vorrang des Gesetzes weiter ignoriert werden muss. Nur dann kann es zu einer **Abwägung** kommen, die jedoch nur „scheinbar" erfolgt (vgl. *Dallmeyer*, S. 112 ff.). Nachdem das BVerfG nunmehr bestimmt hat, dass sich die Frage der Beweisverwertung aus § 261 (NJW 2012, 907) ergibt, muss weiterhin unterstellt werden, dass sich aus dem Gesetz nichts zur Frage der Einführung in die HV ergibt, also insoweit den Vorbehalt und Vorrang des Gesetzes noch weiter ignorieren. 845

Hassemer hat recht, wenn er beklagt: „Nicht im Dass der Abwägung liegt – vorläufig – das Problem, sondern im Wie: Wer mit der ‚Funktionstüchtigkeit der Strafrechtspflege' sämtliche zentralen Werte des Strafverfahrensrechts auf die eine der beiden Waagschalen draufpackt, der wird für die andere Schale allenfalls noch Leichtgewichtiges zur Verfügung haben. Wem die Idee der Gerechtigkeit, wem der Rechtsfriede, das Prinzip des Rechtsgüterschutzes, des Rechtsstaats oder der Vertrauenssicherung eine Einschränkung von Freiheitsrechten befiehlt, der kann diese Freiheitsrechte nur noch als Positionen minderen Ranges wahrnehmen" (*Hassemer* StV 1982, 275, 277). 846

Richtig ist aber, dass bereits das Strengbeweismittelsystem der StPO Auskunft darüber gibt, wann die Abwägung zugunsten der „Funktionsfähigkeit der Strafrechtspflege" erfolgen soll und wann zugunsten der Verfahrensbeteiligten, denn Strafrechtspflege ist die **justizförmige Ermittlung** der materiellen Wahrheit. Weitere Überlegungen sind lediglich **kriminalpolitischer Natur**, für die der Gesetzgeber, nicht aber die Gerichte zuständig sind (vgl. *Dallmeyer*, S. 115 f.). Bereits 1982 ist – laut *Hassemer* – niemand davon ausgegangen, dass die Funktionstüchtigkeit unserer Strafrechtspflege wirklich bedroht 847 sei (vgl. *Hassemer* StV 1982, 275, 280). Das ist immer noch – oder aktuell erst recht – zutreffend. Tatsächlich geht es bei der Frage der Zuerkennung eines Beweisverwertungsverbots nur um **Einzelfallentscheidungen**, die die Strafrechtspflege insgesamt nicht bedrohen, denn wenn es um eine Gefahr für die Strafrechtspflege insgesamt ginge, wofür nichts ersichtlich ist, müsste dies wegen der dann evidenten Bedeutung und Wesentlichkeit erst recht durch den Gesetzgeber geregelt werden (vgl. *Dallmeyer*, S. 120 ff.).

☝ Die zu beobachtende Abkehr von Prinzipien und die Dominierung einer ergebnisorientierten Abwägung im Einzelfall findet seit Ende des 19. Jahrhunderts statt, in der auch die Zeit des Nationalsozialismus kein Fremdkörper, sondern vielmehr nur „Durchlauferhitzer" war (vgl. *Dallmeyer*, S. 133 m.w.N.).

848 Wenn statt juristischer Methodik eine auf Billigkeit im Einzelfall zielende, aber von subjektiven Momenten geprägte **Abwägungspraxis**, herrscht, die in der Tendenz zu einer Freistellung der Strafverfolgungsorgane von gesetzlichen Bindungen tritt, ist dies die diametral entgegengesetzte Entwicklung aus der Konsequenz des Gesetzesvorbehalts und damit ein verfassungsrechtlicher Rückschritt, die sich an den Zustand vor Inkrafttreten des Grundgesetzes annähert (vgl. *Dallmeyer*, S. 138 f., 164).

☝ **Abschließend**: Der folgenden Hoffnung von *Dallmeyer* zur **Fehlentwicklung** der **Beweisverbotsdogmatik** kann und sollte sich jeder verfassungsrechtlich orientierte Jurist nur anschließen: „Die Schäden, die die Abwägungspraxis und der Einzelfalldezisionismus in der Rechtsstaatlichkeit der Strafrechtspflege anrichten, sind derart fundamental, dass der Verfasser dieser Zeilen einen Rest Hoffnung auf den Beginn eines Umdenkungsprozesses nicht gänzlich aufgeben mag" (*Dallmeyer*, S. 176). Anders formuliert: „Wenn die Arbeit [von *Dallmeyer*] vielleicht auch die Praxis der restriktiven Anerkennung von Beweisverwertungsverboten nicht korrigieren wird, so hat sie es doch deutlich schwerer gemacht, hierfür noch gute Gründe zu finden" (*Kühne* StV 2003, 422) bzw. „umso wichtiger ist es, dass hier die Strafrechtswissenschaft sich mit einer deutlichen Mahnung zu Wort gemeldet hat, die es dem Strafrichter künftig noch schwerer machen wird, seinen Beruf mit gutem Gewissen auszuüben" (*R. Hamm* NJW 2003, 194 in der Rezension zur 1. Aufl. der Dissertation von *Dallmeyer*).

Wer die Frage trotz der Entscheidung des BVerfG vom 7.12.2011 (NJW 2012, 907) erneut vor das BVerfG bringen will, hat sich bereits im Rahmen der Zulässigkeitsstation ausgiebig mit der Frage zu befassen, dass und warum an der bisherigen Rspr. ernsthafte verfassungsrechtliche Zweifel bestehen (s. dazu auch: → *Verfassungsbeschwerde, **Zulässigkeit, Substantiierungsanforderungen***, Teil C Rdn 1193).

Siehe auch: → *Verfassungsbeschwerde, Allgemeines*, Teil C Rdn 729, m.w.N.

Verfassungsbeschwerde, Begründung, effektiver Rechtsschutz (Art. 19 Abs. 4 GG) 849

Das Wichtigste in Kürze:

1. Gegen die Einleitung eines EV als solches kann – sofern nicht Willkür vorliegt – kein Rechtsschutz erlangt werden.
2. Auch die Bejahung des öffentlichen Interesses durch die Strafverfolgungsbehörden unterliegt nach h.M. nicht der richterlichen Überprüfung.
3. Die spruchrichterliche Tätigkeit als solche soll – trotz ihres erheblichen Eingriffscharakters – nicht öffentliche Gewalt im Sinne von Art. 19 Abs. 4 GG darstellen.
4. Im Bereich der Justiziabilität von **Gnadenentscheidung** ist fraglich, ob eine gerichtliche Kontrolle möglich ist.

Literaturhinweise: **Eschelbach/Geipel/Weiler**, Anhörungsrügen, StV 2010, 325; **Prantl**, Nachruf auf den aufgeklärten Strafprozess – Der Deal wird Gesetz: Der Präventionsstaat findet damit die ihm adäquate Verfahrensform –, ZAP-Sonderheft 2009, 54; **Rautenberg**, Die Geschichte der Staatsanwaltschaft in Deutschland, NJW-Aktuell, Heft 50, S. 12; **Schünemann**, Der deutsche Strafprozeß im Spannungsfeld zwischen Zeugenschutz und materieller Wahrheit, StV 1998, 391; *ders.*, Der Richter im Strafverfahren als manipulierter Dritter? Zur empirischen Bestätigung von Perseveranz- und Schulterschlußeffekt, StV 2000, 159; s.a. die Hinw. bei → *Verfassungsbeschwerde, Allgemeines*, Teil C Rdn 730. 850

1.a) Art. 19 Abs. 4 GG garantiert **„effektiven Rechtsschutz“**. Gegen die Einleitung eines **EV** als solches kann – sofern nicht Willkür vorliegt – kein Rechtsschutz erlangt werden (vgl. BVerfG NStZ 2004, 447; → *Justizverwaltungsakt, Anfechtung [§§ 23 ff. EGGVG], Durchführung eines Vorverfahrens*, Teil B Rdn 358; → *Justizverwaltungsakt, Anfechtung [§§ 23 ff. EGGVG], Maßnahmen im Ermittlungsverfahren*, Teil B Rdn 400). Praktisch bedeutsam ist, dass die Einstellung eines EV nicht mit der Begründung verlangt werden kann, dass andere wegen entsprechender Taten nicht verfolgt würden (BVerfGE 21, 245, 261). Das begründet das BVerfG (a.a.O.) damit, dass die Unterlassung der strafrechtlichen Verfolgung anderer Personen das Strafverfahren gegen den Beschwerdeführer nicht willkürlich oder rechtsstaatswidrig mache. Eine solche Unterlassung könne nur dazu führen, dass die Strafverfolgungsbehörden in geeigneter Weise dazu angehalten werden, auch diese etwaigen Vergehen anderer pflichtgemäß zu verfolgen, keinesfalls aber dazu, auch die Straftaten des Beschwerdeführers von dem gesetzlichen Verfolgungszwang (§ 152 Abs. 2) auszunehmen oder gar das Verfahren gegen ihn nach § 153 Abs. 2 einzustellen. 851

b) Dass es hiergegen keinen Rechtsschutz gibt, ist bedauerlich, denn der Praktiker kennt in der täglichen Rechtsanwendung **große Ungerechtigkeiten**. Das Verfahren gegen *Josef Ackermann* von der Deutschen Bank wurde gegen Zahlung von 3,2 Mio. € gem. § 153a ein- 852 gestellt, das gegen *Helmut Kohl* gegen Zahlung von 300.000,– DM, das gegen *Gerold Tandler* gegen Zahlung von 150.000,– DM, das gegen *Steffi Graf* – wie Insider sagen – gegen Zahlung von 1,3 Mio. DM, aber gleichwohl ist der Eindruck, dass die Großen anders als die Kleinen behandelt werden, falsch. § 153a könnte demnach Herr- und Frau-Mustermann-Paragraf heißen (vgl. *Prantl*, a.a.O., S. 54, 60 ff.). Die **Ungerechtigkeit**, gegen die es keinen Rechtsschutz gibt, besteht nicht in der Ungleichbehandlung von Großen und Kleinen, sondern in der **Ungleichbehandlung** unter **Kleinen oder Großen**. Was in dem einen Fall zu einer Einstellung gem. § 153a führt, führt in dem anderen Fall, in dem keine nennenswerten Unterschiede vorliegen, zur Existenzgefährdung durch eine Verurteilung.

853 *Schoreit* hat nicht unrecht, wenn er den gegenwärtigen Zustand wie folgt beklagt: „In Wirklichkeit hat der Gesetzgeber sich hier, wie auch bei anderen Regelungen zur Ausdehnung des ‚Opportunitätsprinzips' seiner Verpflichtung zur Gewährleistung von Rechtsgewährung in unverantwortlicher Weise entzogen, was, will man die Strafrechtspflege wieder effektiver gestalten, alsbald zu korrigieren wäre [...].“ Im Ergebnis wird über § 153a eine ‚Erledigungsmethode' legalisiert, die hinsichtlich Voraussetzungen und Auswirkungen weder ausreichend erforscht noch hinreichend durchdacht und verfahrensrechtlich abgesichert ist (vgl. KK/*Schoreit*, § 153a Rn 4). Es ist daher zweifelhaft, wenn das BVerfG einerseits annimmt, dass die StA Garantin für Rechtsstaatlichkeit und gesetzmäßige Verfahrensabläufe ist (so BVerfG, NJW 2013, 1058), aber andererseits in der Praxis die Weisungsgebundenheit der StA beobachtet wird, die z.B. im Falle ministerieller Richtlinien dazu führt, dass die Behandlung des Betäubungsmittelkonsums von Land zu Land erheblich differiert (vgl. *Rautenberg*, a.a.O., S. 12). Weiter muss in diesem Zusammenhang darauf hingewiesen werden, dass sich aus dem Grundgesetz grds. kein Anspruch auf Strafverfolgung Dritter entnehmen lässt. „Etwas anderes kann bei erheblichen Straftaten gegen das Leben, die körperliche Unversehrtheit, die sexuelle Selbstbestimmung und die Freiheit der Person der Fall sein, bei Straftaten, bei denen sich die Opfer in einem besonderen Obhutsverhältnis der öffentlichen Hand befinden oder bei Delikten von Amtsträgern“ (BVerfG NStZ-RR 2015, 347).

854 **2.a)** Auch die Bejahung des **öffentlichen Interesses** durch die Strafverfolgungsbehörden unterliegt nach h.M. **nicht** der richterlichen Überprüfung (vgl. BVerfGE 51, 176; vgl. a. noch BGHSt 16, 225; → *Justizverwaltungsakt, Anfechtung [§§ 23 ff. EGGVG], Maßnahmen im Ermittlungsverfahren*, Teil B Rdn 400).

855 **b)** Ob die Bejahung des besonderen öffentlichen Interesses durch die Strafverfolgungsbehörde wirklich keinen Eingriff in Rechte des Beschuldigten bewirkt (so BGHSt 16, 225, 228 f.), ist **zweifelhaft**. In vielen Fällen ist bereits die Einleitung des Ermittlungsverfahrens für den Betroffenen verheerend („semper aliquid haeret“). Das gilt insbesondere in einer Zeit, in der durch Medien Strafverfolgung, aber auch Strafverteidigung betrieben wird. Wenn „**Strafverteidigung** und **Medien**“ eigene Beiträge in der Lit. darstellen, ist

die Reduktion des Problems auf die Feststellung, dass ein Beschuldigter, gegen den die Strafverfolgungsbehörde nach Bejahung des besonderen öffentlichen Interesses von Amts wegen einschreite, nicht in seinen Rechten verletzt sei, weil in vergleichbaren Fällen das besondere öffentliche Interesse verneint und das Verfahren eingestellt worden ist und die Unterlassung strafrechtlicher Verfolgung anderer Personen das Strafverfahren gegen den Beschuldigten weder willkürlich noch rechtsstaatswidrig mache (vgl. BVerfGE 51, 176, 187), zwar nicht falsch, aber auch nicht vollständig.

☝ Akte des **Rechtspflegers** (vgl. BVerfGE 101, 397), Justizverwaltungsakte der **Kostenbeamten** (vgl. BVerfGE 28, 10), **Anordnungen** der **StA** als Strafverfolgungsbehörde (vgl. BVerfGE 103, 142) und Tätigkeiten von Gerichten außerhalb der spruchrichterlichen Tätigkeit im Rahmen des **Richtervorbehalts** (vgl. BVerfGE 96, 27; 104, 220) unterfallen jedenfalls dem Anwendungsbereich des Art. 19 Abs. 4 GG und werden als „öffentliche Gewalt" im Sinne dieser Norm verstanden. Grundsätzlich gilt aber, dass Anträge der StA nur dann zu Grundrechtseingriffen führen können, wenn der Richter ihnen stattgibt (vgl. BVerfGE 20, 162, 172).

3.a) Die **spruchrichterliche Tätigkeit** als solche soll – trotz ihres erheblichen Eingriffscharakters – nicht öffentliche Gewalt i.S.v. Art. 19 Abs. 4 GG darstellen, wohl aber i.S.v. Art. 93 Abs. 1 Nr. 4a GG. Rhetorisch wird dies damit begründet, dass Art. 19 Abs. 4 GG Rechtsschutz durch den Richter, nicht aber gegen den Richter gewähre. Die Verfahrensgrundrechte können allerdings nur durch den Richter verletzt werden. Gäbe es hiergegen keine Rechtsschutzmöglichkeit, so entstünde eine Rechtsschutzlücke. Das Plenum des BVerfG hält an der engen Auslegung des Art. 19 Abs. 4 GG fest, schließt die hierdurch entstandene Rechtsschutzlücke aber sogleich durch einen **allg. Justizgewährungsanspruch**. Wird dieser verletzt, muss wieder – jedenfalls – ein Rechtsweg offen stehen. „[Allerdings] muss Rechtsschutz gegen Akte eines Richters nicht zwingend zur Befassung einer höheren Instanz führen, sofern die rechtsstaatlich notwendige Kontrolle des behaupteten Verfahrensfehlers anderweitig in hinreichender Weise gesichert werden kann" (BVerfGE 107, 395, 408). 856

☝ Betont man, dass wenn keine höhere Instanz mit der Kontrolle befasst ist, die notwendige Kontrolle in **hinreichender Weise gesichert** werden **muss**, so muss das Anhörungsrügenkonzept mit Zuständigkeit des iudex a quo als gescheitert betrachtet werden (vgl. *Eschelbach/Geipel/Weiler* StV 2010, 325 – s. dazu auch: → *Anhörungsrügen, Allgemeines*, Teil B Rdn 5).

b)aa) In st.Rspr. betont das BVerfG, dass weder Art. 19 Abs. 4 GG noch Art. 103 Abs. 1 GG, noch das allg. Rechtsstaatsprinzip einen **Instanzenzug** erfordert (vgl. BVerfGE 73, 339, 373 f.). 857

858 **bb)** Losgelöst von der Frage, ob nicht auch spruchrichterliche Tätigkeit von Art. 19 Abs. 4 GG umfasst wird (so zutreffend MAH-*Eschelbach*, § 30 Rn 138 ff.; s. Rdn 856), herrscht in Folgendem – in st.Rspr. – **Einigkeit** zum

859 **Effektiven Rechtsschutz:**

- Die **gerichtliche Kontrolle** muss **tatsächlich wirksam** sein (vgl. BVerfG, 101, 106, 122). Die Ausgestaltung des Rechtswegs muss dem Schutzzweck des Art. 19 Abs. 4 S. 1 GG Genüge tun: Sie muss das Ziel dieser Gewährleistung – den wirkungsvollen Rechtsschutz (BVerfGE 41, 23, 26) verfolgen; sie muss hierfür zweckgerichtet, geeignet und angemessen sowie für den Rechtsuchenden zumutbar sein, insbesondere nicht unangemessen hohe verfahrensrechtliche Hindernisse für den Zugang zum Gericht aufstellen (BVerfGE 60, 253, 269). Der Bürger hat einen substanziellen Anspruch auf eine tatsächlich wirksame gerichtliche Kontrolle (vgl. BVerfGE 10, 264, 267; 25, 352, 365; 35, 263, 274; 35, 382, 401 f.; 84, 34, 49) und zwar in allen Instanzen (vgl. BVerfGE 40, 272 ff.).
- Ein **Zugang** zu **Gericht** oder der **höheren Instanz**, sofern eine solche besteht, darf **nicht unzumutbar**, d.h. mit aus Sachgründen nicht zu rechtfertigender Weise **erschwert** werden (vgl. BVerfGE 44, 302, 305; 49, 252, 256 f.; 52, 203,207; 69, 381, 385; 110, 339, 342). Insbesondere darf das Rechtsmittelgericht eine gewährte Instanz nicht „leer laufen" lassen (vgl. BVerfGE 78, 88, 99).
- „Eröffnet die Rechtsweggarantie des Art. 19 Abs. 4 GG dem Betroffenen den Weg zu einem staatlichen Gericht, das den Grundsätzen der Art. 92 und 97 GG genügen muß, so bedeutet der grundrechtliche Anspruch auf effektiven Rechtsschutz, daß die Gerichte im jeweiligen Verfahren der normativen Geltung der Grundrechte tatsächliche Wirksamkeit verschaffen müssen. Sie haben nicht nur die negative Verpflichtung, mit der Verfassung nicht in Einklang stehende Eingriffe in grundrechtlich geschützte Bereiche zu unterlassen, sondern auch die **positive Verpflichtung**, die **Grundrechte durchzusetzen**. Dem Verfahrensrecht kommt hierbei eine wesentliche Rolle zu. Es dient nicht nur dem Ziel, einen geordneten Verfahrensgang zu sichern, sondern ist im grundrechtlich relevanten Bereich auch das Mittel, im konkreten Fall dem Grundrechtsträger zu seinem verfassungsmäßigen Recht zu verhelfen. Demgemäß muß das Verfahrensrecht im Blick auf die Grundrechte ausgelegt und angewendet werden. Bei mehreren Auslegungsmöglichkeiten ist diejenige zu wählen, die dem Gericht ermöglicht, die Grundrechte der Verfahrensbeteiligten durchzusetzen und zu verwirklichen" (BVerfGE 49, 252, 257).
- Grundrechtsschutz ist schließlich auch durch die Gestaltung von Verfahren zu bewirken. Die Grundrechte beeinflussen demgemäß nicht nur das gesamte materielle Recht, sondern auch das Verfahrensrecht, soweit dieses für einen effektiven Grundrechtsschutz Bedeutung hat (BVerfG NJW 1991, 2005).

☝ Insofern ergeben sich **Überschneidungen** mit **dem Recht auf rechtliches Gehör** vor Gericht (Art. 103 Abs. 1 GG – s. dazu auch: → *Verfassungsbeschwerde, Begründung, rechtliches Gehör*, Teil C Rdn 999). Das BVerfG geht davon aus, dass „das einfache Recht und seine Anwendung im Einzelfall von Verfassungs wegen ein Ausmaß an Gehör eröffnen müssen, das sachangemessen ist, um dem Erfordernis eines wirkungsvollen Rechtsschutzes gerecht zu werden" (vgl. BVerfGE 60, 305, 310; 67, 208, 211; 74, 220, 224). In diesen Entscheidungen kommt zum Ausdruck, dass sowohl die Rechtsweggarantie als auch die Gewährleistung des rechtlichen Gehörs jeweils dem gleichen Ziel, nämlich der Gewährleistung eines wirkungsvollen Rechtsschutzes, dienen. Das Gebot der Effektivität gilt danach nicht nur für die Eröffnung des Zugangs zum Gericht, sondern auch für das Recht, im Verfahren gehört zu werden (BVerfGE 81, 123, 129).

cc) Hieran gemessen, müsste das **gesamte Strafverfahren** bei Anklagen zum LG **verfassungswidrig** sein. Dass bereits das Verfahren 1. Instanz strukturell unfair ausgestaltet ist (*Roxin/Schünemann*, § 17), ist wegen der verfahrenspsychologischen Phänomene eine gut erforschte, aber von der Praxis – und vor allem vom Gesetzgeber- weitgehend ignorierte Tatsache (vgl. statt vieler *Schünemann* StV 1998, 391 und StV 2000, 159). Dass die revisionsgerichtliche Kontrolle nicht effektiv, sondern ineffektiv ist, ist ebenfalls nicht zu bestreiten (vgl. Graf/*Eschelbach*, § 261 Rn 9, 33, 40, 44, 63, 66, 68). Die h.A. zieht den Schluss auf die Verfassungswidrigkeit aber offensichtlich nicht. Daher soll die tatsächlich doch bestehende Ineffektivität und damit folgend die nach der Mindermeinung bestehende Verfassungswidrigkeit nur für den interessieren Leser in einem gesonderten Gliederungspunkt dargestellt werden (s. dazu a. → *Verfassungsbeschwerde, Begründung, ineffektiver Rechtsschutz, (Mindermeinung)*, Teil C Rdn 903, und → *Verfassungsbeschwerde, Begründung, rechtliches Gehör*, Teil C Rdn 999). 860

4. Im Bereich der **Justiziabilität** von **Gnadenentscheidung** ist **fraglich**, ob eine gerichtliche Kontrolle möglich ist. Aufgrund einer 4:4 Entscheidung konnte die Verfassungswidrigkeit der Nichtjustiziabilität nicht festgestellt werden (vgl. BVerfGE 25, 352). Diese denkbar knappe Entscheidung sollte der Strafverteidiger im Hinterkopf behalten, denn eine Änderung der Rspr. erscheint nicht ausgeschlossen. Der Widerruf einer Gnadenentscheidung unterliegt allerdings einer gerichtlichen und damit verfassungsrechtlichen Kontrolle (vgl. BVerfGE 30, 108, 110; NJW 2013, 39; zum Gnadenrecht Burhoff/Kotz/*Schulz-Merkel*, Teil G Rn 1). 861

Argumentativ sollte er sich auf das **Minderheitsvotum** in der BVerfG-Entscheidung (vgl. BVerfGE 25, 352) beziehen, gegen das es kaum etwas zu erinnern gibt: „In der rechtsstaatlichen verfassungsmäßigen Ordnung enthält der Gnadenakt daher nicht mehr einen systemwidrigen Eingriff in die Rechtsprechung und die bestehende Rechtsordnung. Die Gerichte 862 müssen die vom Gesetzgeber erlassenen, notwendigerweise abstrakt formulierten Normen im Einzelfall anwenden. Um der Berechenbarkeit und Sicherheit des Rechtes willen muß die gesetzliche Regelung allgemein gehalten sein und typisierend verfahren. Die Gerechtigkeit ist hingegen ihrem Wesen und ihrer inneren Struktur nach immer auf den konkret-individuellen Einzelfall bezogen. In der rechtsstaatlichen Ordnung dient der Gnadenakt dazu, die Auswirkungen gesetzeskonformer Richtersprüche zu modifizieren, wenn diese mit den Postulaten individueller Gerechtigkeit ausnahmsweise in einen Konflikt geraten. Die Inhaber des Gnadenrechts dürfen dieses daher nur im Rahmen der verfassungsmäßigen Ordnung und der durch diese, insbesondere durch Art. 1 Abs. 3 und 20 Abs. 3 GG, gezogenen Grenzen ausüben. Jede positive und jede negative Gnadenentscheidung muß von Motiven getragen sein, die sich an der Gerechtigkeitsidee orientieren, wie sie vom Grundgesetz im Einzelnen konkretisiert worden ist. Eine willkürliche oder leichtfertige Kassation gerichtlicher Urteile im Gnadenwege wäre hiernach mit der verfassungsmäßigen Ordnung (Art. 20 Abs. 2, 92 GG) unvereinbar. Dagegen ist es legitim, wenn in der Gnadenentscheidung das Schicksal, das der Täter und seine Familie durch eine gesetzeskonforme Strafverurteilung erleiden, sowie die Wirkungen der Vollstreckung der Strafe auf das Gesamtinteresse (BVerfGE 10, 234, 246) und die Persönlichkeit des Verurteilten berücksichtigt werden. Gerechtigkeitserwägungen können auch zu dem Schluß führen, daß die Strafe ihren Zweck schon vor dem Ende der Vollstreckung erreicht hat. Eine an der Gerechtigkeit orientierte Gnade steht nicht außerhalb des Rechts. Sie trägt dazu bei, daß der tatbezogene Richterspruch für den Verurteilten und die Gemeinschaft sinnvoll bleibt" (BVerfGE 25, 352, 364 f.).

Siehe auch: → *Anhörungsrügen, Allgemeines*, Teil B Rdn 5; → *Justizverwaltungsakte, Anfechtung (§§ 23 ff. EGVG), Allgemeines*, Teil B Rdn 309, m.w.N.; → *Verfassungsbeschwerde, Allgemeines*, Teil C Rdn 729, m.w.N.; → *Verfassungsbeschwerde, Begründung, faires Verfahren*, Teil C Rdn 882; → *Verfassungsbeschwerde, Begründung, ineffektiver Rechtsschutz*, Teil C Rdn 903; → *Verfassungsbeschwerde, Begründung, rechtliches Gehör*, Teil C Rdn 999.

863 Verfassungsbeschwerde, Begründung, faires Verfahren

Das Wichtigste in Kürze:

1. Das Recht auf ein faires Verfahren hat Verfassungsrang.
2. Aus dem Prinzip des fairen Verfahrens ergibt sich insbesondere das Gebot der Waffengleichheit.
3. Aus dem Prinzip des fairen Verfahrens lässt sich das grundsätzliche Recht auf eigene Beweisanträge herleiten, sowie das Gebot der Ermittlung des wahren Sachverhalts im Strafprozess. Das Verhältnis zu Art. 103 Abs. 1 GG ist aber weitgehend ungeklärt.

4. Das Recht auf ein faires Verfahren ist von der Rspr. der Obergerichte inhaltlich konkretisiert worden.

Literaturhinweise: **Deckers**, Strafverteidigung im Gegenwind, AnwBl. 2009, 241; **Eschelbach**, Rechtsfragen zum Einsatz von V-Leuten, StV 2000, 392; **Fezer**, Revisionsurteil oder Revisionsbeschluss – Strafverfahrensnorm und Strafverfahrenspraxis in dauerhaftem Widerstreit?, StV 2007, 40; **Geipel**, Der überlegene Zivilprozess und die bedeutungslose Tatsache, ZAP F. 13, S. 1777; **Peters**, Justizgewährungspflicht und Abblocken von Verteidigungsvorbringen in: Festschrift für *Dünnebier*, 1982, S. 53; **Prütting/Gehrlein**, ZPO, 2010; **Rosenau**, Die offensichtliche Unbegründetheit der „oU"-Verwerfung nach § 349 Abs. 2 StPO in der Spruchpraxis des BGH, ZIS 2012, 195; **Strate**, Freie Beweiswürdigung und gebundene Beweiserhebung, in: Festschrift für *Peter Riess*, 2002, S. 611; **Thomas/Putzo**, ZPO, 36. Aufl. 2015; **Zöller**, ZPO, 31. Aufl. 2016; s.a. die Hinw. bei → *Verfassungsbeschwerde, Allgemeines*, Teil C Rdn 730. 864

1. Das Recht auf ein **faires Verfahren** hat ebenfalls **Verfassungsrang**. Dieses Recht wird in st.Rspr. vom BVerfG aus dem Rechtsstaatsprinzip hergeleitet (vgl. bereits BVerfGE 26, 66, 71 und BVerfGE 118, 212, 231). Nach der Rspr. des BVerfG sind an diesem allgemeinen Prozessgrundrecht alle diejenigen Beschränkungen zu messen, die von den spezielleren grundrechtlichen Verfahrensgarantien nicht erfasst werden (BVerfGE 109, 13, 34). 865

2. Hieraus soll sich das **Prinzip** der „**Waffengleichheit** zwischen den Strafverfolgungsbehörden einerseits und dem Beschuldigten andererseits" ergeben (vgl. BVerfGE 110, 226, 253). 866

Das klingt gut, aber von Waffengleichheit kann **im deutschen Strafprozess keine Rede** sein. Es ist sicher richtig, dass die in der Rollenverteilung begründeten verfahrensspezifischen Unterschiede in den Handlungsmöglichkeiten von StA und Verteidigung nicht in jeder Beziehung ausgeglichen werden müssten (BVerfGE 122, 248, 272), aber die **strukturelle Unfairness** des **deutschen Strafprozesses** ergibt sich vor allem aus dem häufig anzutreffenden **Schulterschluss** zwischen **StA** und **Gericht** (vgl. dazu a. *Roxin/Schünemann*, § 69 Rn 2). Zu Recht weist *Deckers* (AnwBl. 2009, 241 f.) darauf hin: „Der Strafprozess ist ein **reformierter Inquisitionsprozess** mit allen damit verbundenen nachteiligen Folgen für die Strafverteidigung – und die große Reform ist ausgeblieben. Stattdessen belegen viele Novellen der Strafprozessordnung nur das institutionelle Misstrauen gegen den Beschuldigten und seine Verteidigung" (vgl. a. *Löwe-Rosenberg*, 21. Aufl., 1977, Ergänzungsband, Einleitung, S. 2: wo ebenfalls darauf hingewiesen wird, dass es in diesem System für die Verteidigung keine Waffengleichheit geben kann). *Roxin/Schünemann* sprechen ebenso zutreffend von einem „**Akkusationsprozess** mit **inquisitorischer Hauptverhandlung**" (vgl. *Roxin/Schünemann*, § 17 Rn 6). 867

Zum **Beweis** ist hinzuweisen auf folgende 868

Rechtsprechungsbeispiele:

- Die bemerkenswert enge Verschlingung von StA und **Revisionsgericht** zeigt sich darin, dass in der überwiegenden Anzahl der Fälle die StA die Revisionsentscheidungsgründe liefert, statt des Revisionsgerichts, wodurch gegen den Grundsatz der **„strafprozessualen Gewalttrennung" verstoßen** wird (vgl. statt vieler *Fezer* StV 2007, 40; *Peters*, S. 53, 69, s. dazu a. → *Revision, Entscheidung, Beschluss*, Teil A Rdn 2142; → *Revision, Verfahrensablauf*, Teil A Rdn 2282; → *Verfassungsbeschwerde, Begründung, ineffektiver Rechtsschutz*, Teil C Rdn 903; → *Verfassungsbeschwerde, Begründung, gesetzlicher Richter*, Teil C Rdn 892). Denn wenn – wie von der h.A. – angenommen wird, durch die „o.U.-Verwerfung" konkludent eine Bezugnahme auf die von der StA gelieferten Gründe stattfindet, ist nicht mehr verständlich, wie diese Annahme aufrechterhalten werden kann, wenn der Revisionsführer eine Gegenerklärung abgegeben hat, auf die weder StA, noch Gericht eingehen → *Anhörungsrüge, Allgemeines*, Teil B Rdn 15 f.). Tatsächlich wird sogar berichtet, dass hierdurch das den Angeklagten schützende Einstimmigkeitsprinzip (§ 349 Abs. 2) durchbrochen wird, weil es für den dissentierenden Richter und seine Kollegen arbeitsökonomischer sei, entgegen der eigenen Rechtsansicht der „o.U.-Verwerfung" zuzustimmen und Einstimmigkeit trotz innerem Vorbehalts herzustellen, statt auf einer HV mit schriftlicher Urteilsfassung zu bestehen (vgl. *Rosenau* ZIS 2012 195, 202 m.w.N.).

- Auf der Ebene der **Tatgerichte** ist es mehr als verwunderlich, aber bezeichnend für den Schulterschluss zwischen StA und Gericht, dass sog. „**Strafmaßtabellen**" oder „**Regelfallempfehlungen**" existieren, deren Existenz freilich oft geleugnet wird, die aber jeweils unter vollständiger Ausblendung der Anwaltschaft zustande kommen. Bedauerlich ist weniger die Existenz der Tabellen als solcher, wohl aber die Ausblendung und Nichtweitergabe an die Anwaltschaft. Existieren derartige Tabellen, führt das sogar zu bewusst unwahren Urteilsgründen, denn in den Gründen wird eine Strafzumessung gem. den allgemeinen Kriterien und Floskeln rhetorisch behauptet, obwohl der wahre Grund schlicht die Taxe gem. der Tabelle ist. Die Existenz der Tabelle wird aber konsequent geleugnet. Der Verfasser hatte einen Präsidenten eines süddeutschen LG angeschrieben und um Übersendung einer Kopie der in den verschiedenen Abteilungen vorhandenen Regelfallempfehlungen gebeten. Der Präsident erwiderte daraufhin, dass es diese Listen nicht geben würde. Auf meine Erwiderung, dass ich die alten Listen hätte, nur nicht die neuen, erwiderte der Präsident, dass diese reine Interna seien. Auf meinen Einwand, dass die Listen zwischen den Abteilungsleitern bei Gericht und bei der StA abgesprochen seien, teilte der Präsident nun mit, dass hiermit die Diskussion beendet sei.

☝ Es sollte daher **besser** statt von Waffengleichheit von der Idee der **Verfahrensbalance** gesprochen werden. Darunter sollte man die Möglichkeit verstehen, die von den Strafverfolgungsbehörden zusammengetragenen Belastungsbeweise kritisch analysieren und kontern zu können (vgl. *Roxin/Schünemann*, § 11 Rn 7 m.w.N.).

3.a) Aus dem Prinzip des fairen Verfahrens lässt sich das grundsätzliche Recht auf **eigene Beweisanträge** sowie das **Gebot** der **Ermittlung** des **wahren Sachverhalts** im Strafprozess (vgl. BVerfGE 57, 250, 279 f.) herleiten (s. dazu a.→ *Verfassungsbeschwerde, Begründung, Wahrheitserforschungsgebot*, Teil C Rdn 1104). 869

☝ Hierbei besteht eine im Einzelfall ungeklärte Überschneidung mit dem Anwendungsbereich des Art. 103 Abs. 1 GG (s. dazu auch: → *Verfassungsbeschwerde, Begründung, rechtliches Gehör*, Teil C Rdn 999).

Auch die Plenumsentscheidung des BVerfG vom 30.4.2003 klärt das Verhältnis des Rechts auf **rechtliches Gehör** und dem Recht auf ein **faires Verfahren** nicht auf, sondern erweckt den Eindruck, als ob das Recht auf rechtliches Gehör in dem Recht auf ein faires Verfahren mitenthalten sei (vgl. BVerfGE 107, 395, 407 f.).

Einzelne, mit Verfassungsrang ausgestattete **Beweiserhebungsansprüche** oder konkrete Folgerungen für die Behandlung eines Beweisantrages sollen sich aus dem Prinzip des fairen Verfahrens aber wiederum nicht ergeben (vgl. BVerfG NJW 2010, 592, 595). Das soll auch im Anwendungsbereich von Art. 103 Abs. 1 GG gelten (s. dazu → *Verfassungsbeschwerde, Begründung, rechtliches Gehör*, Teil C Rdn 1012).

b)aa) Vor diesem Hintergrund muss der strafgerichtliche **Umgang** mit der sog. **bedeutungslosen Tatsache verwundern**, denn die verfassungsgerichtliche Annahme, dass Beweisanträge des Beschuldigten nur unter engen Grenzen abgelehnt werden können (vgl. BVerfGE 57, 250, 279 f.; BVerfG NJW 2010, 592 f.), ist in diesem Bereich nicht zutreffend. Beim Indizienbeweis kann eine Beweiserhebung bereits dann abgelehnt werden, wenn die Tatsache für den Fall ihres Erwiesenseins nur einem möglichen, aber keinen zwingenden Schluss gestattet und das Gericht bereits jetzt diesen möglichen Schluss nicht ziehen will (st.Rspr., vgl. KK-*Krehl*, § 244, Rn 143, *Meyer-Goßner/Schmitt*, § 244 Rn 56, jew. m.w.N.). 870

bb) Im Bereich des **Indizienbeweises** liefert frappierender Weise nicht der Strafprozess die **Gewähr größtmöglicher Richtigkeit**, sondern der **Zivilprozess**, sofern Beweiserhebungen nicht von staatlichen Zwangsmaßnahmen abhängen (vgl. *Geipel*, ZAP F. 13, S. 1777, 1786). 871

Diese These mag wissenschaftlich überraschen, aber sie ergibt sich zwanglos aus einem **Vergleich** der **Behandlung** und der Nachweise der „**bedeutungslosen Tatsache**" in der Kommentarliteratur und des Nachweises derselben in der höchstrichterlichen Rechtsprechung: Vergleicht man vom Niveau und Umfang vergleichbare Praktiker-Kommentare der ZPO und StPO miteinander, hier: *Zöller* (31. Aufl. 2016) und *Karlsruher Kommentar* zur StPO (7. Aufl. 2013), *Thomas/Putzo* (36. Aufl. 2015) und *Meyer-Goßner* (58. Aufl. 2015), und die Erstlingswerke aus dem Jahr 2010, nämlich *Prütting/Gehrlein* (1. Aufl., 2010) und *Graf* (1. Aufl. 2010), ebenso wie Treffernachweise in der Datenbank von *Ju-* 872 *rion* (die Datenbank umfasst mehr als 850.000 Urteile aus allen Gerichtsbarkeiten; es wurde der Suchbegriff „bedeutungslose Tatsache" in exakter Wortfolge eingegeben) hinsichtlich der Behandlung der bedeutungslosen Tatsache miteinander, so ergibt sich Folgendes (vgl. umfassend bereits *Geipel* ZAP F. 13, S. 331):

873 **Schaubild: Bedeutungslose Tatsache**

Bedeutungslose Tatsache	ZPO	StPO
BGH-Treffer bei *Jurion* (für: „bedeutungslose Tatsache" – exakte Wortfolge – Stand 18.2.2012	1 Treffer, wobei kein Zusammenhang mit einer Beweisantragsablehnung bestand	48 Treffer
Zöller/Karlsruher Kommentar	Kein Nachweis im Sachregister; minimale Behandlung (letzter Halbsatz bei Rn 9 zu Vor. § 284) mit einem einzigen Rechtsprechungsnachweis (BGH, NJW 93, 1391)	Nachweis im Sachregister („Bedeutungslosigkeit"); umfangreiche Behandlung bei § 244 Rn 143 ff. mit umfangreichen Rechtsprechungsnachweisen
Thomas/Putzo/Meyer-Goßner/Schmitt	Kein Nachweis im Sachregister; minimale Behandlung (letzter Halbsatz des vorletzten Satzes bei Rn 11 Vor. § 284) mit einem einzigen Rspr.-Nachweis (BGH, NJW 93, 1391)	Kein Nachweis im Sachregister; umfangreiche Behandlung bei § 244 Rn 56 mit umfangreichen Rspr.-Nachweisen
Prütting/Gehrlein/Graf	Kein Nachweis im Sachregister; keine elaborierte Behandlung (ein ganzer Satz § 284 Rn 38) mit Verweis auf Anastasia und BGH NJW-RR 1993, 443	Nachweis im Sachregister („Bedeutungslosigkeit"); umfangreiche Behandlung bei § 244 Rn 54 ff. mit umfangreichen Rspr.-Nachweisen

874 Vor diesem Hintergrund müsste die allzu **großzügige Praxis** der **Ablehnung** eines **Beweisantrages** wegen **Bedeutungslosigkeit** im Strafverfahren in geeigneten Fällen **Anlass** zur **verfassungsrechtlichen Beanstandung** geben. Oder anders ausgedrückt: Das verfassungsrechtliche Gebot, „wer bei Gericht formell ankommt, soll auch substantiell ankommen, also wirklich gehört werden" (BVerfGE 107, 395, 409), wird faktisch in nicht geringer Zahl nicht eingehalten.

875 **cc)** Gleichwohl ist der **verfassungsgerichtliche Angriff** auf ein (behauptet) unfaires Verfahren **nur selten erfolgreich**. Das liegt an das faire Verfahren wieder **einschränkenden Zusätzen**. Diese lauten: „Allerdings bedarf das Recht auf ein rechtsstaatliches faires Ver-

fahren der Konkretisierung je nach den sachlichen Gegebenheiten. Erst wenn sich unzweideutig ergibt, daß rechtsstaatlich unverzichtbare Erfordernisse nicht mehr gewahrt sind, können aus dem Prinzip selbst konkrete Folgerungen für die Verfahrensgestaltung gezogen werden; diese haben sich tunlichst im Rahmen der vom Gesetzgeber gewählten Grundstruktur des Verfahrens zu halten [m.w.N.]" (BVerfGE 86, 288, 317 f.; ebenso bereits BVerfGE 70, 297, 308 f.). Und weiter: „Dabei ist im Blick auf die Weite und Unbestimmtheit des Rechtsstaatsprinzips mit Behutsamkeit vorzugehen … Hierbei kommt es auf eine ‚Gesamtschau auf das Verfahrensrecht – auch in seiner Auslegung und Anwendung durch die Gerichte' an" (BVerfGE 122, 248, 272).

4.a) Das Recht auf ein faires Verfahren ist von der Rspr. der Obergerichte **inhaltlich konkretisiert** worden. Hinzuweisen ist auf folgende 876

Rechtsprechungsbeispiele: 877

- „Der Angeklagte darf **nicht** nur **Objekt des Verfahrens** sein; ihm muß vielmehr die Möglichkeit gegeben werden, zur Wahrung seiner Rechte auf den Gang und das Ergebnis des Verfahrens Einfluß zu nehmen" (BVerfGE 26, 66, 71).
- „Der Beschuldigte kann in jeder Lage des Verfahrens zu seiner Unterstützung, aber auch um seine Unabhängigkeit gegenüber den übrigen Verfahrensbeteiligten zu wahren, einen **Verteidiger hinzuziehen** (§§ 136 Abs. 1 S. 2, 137 StPO)" (BVerfGE 38, 105, 111; 110, 226, 253 m.w.N.; *Burhoff*, EV, Rn 3087 m.w.N. und Rn 2759).
- Dementsprechend kann auch ein Zeuge einen **Zeugenbeistand** hinzuziehen (vgl. BVerfGE 38, 105, 112; zum Zeugenbeistand *Burhoff*, EV, Rn 4418; *Burhoff*, HV, Rn 3491).
- Ebenso ist dem Beschuldigten ein **Pflichtverteidiger** zu bestellen (vgl. BVerfGE 39, 238, 243; 46 202, 210; *Burhoff*, EV, Rn 2759 m.w.N.).
- Auch gibt es das Recht auf eine **vertrauliche Kommunikation** zwischen dem Rechtsanwalt als Strafverteidiger und dem Beschuldigten (vgl. BVerfGE 113, 29, 47; *Burhoff*, EV, Rn 3888).
- Das Gericht darf aus **eigenen oder ihm zuzurechnenden Fehlern, Unklarheiten oder Versäumnissen** keine Verfahrensnachteile ableiten (vgl. BVerfGE 110, 339, 342). Aber Achtung: Kann die Unzulänglichkeit des gerichtlichen Prozedere durch eigene Verfahrensaktivitäten ausgeglichen werden, z.B. durch einen Wiedereinsetzungsantrag, der im Fall von missverständlichen oder falschen gerichtlichen Hinweise mit besonderer Fairness zu behandeln ist (vgl. BVerfGE 110, 339, 342), muss dies geschehen. Dies ist aus Gründen der **materiellen Subsidiarität** (s. dazu auch: → *Verfassungsbeschwerde, Zulässigkeit, materielle Subsidiarität*, Teil C Rdn 1177) gegenüber der Verfassungsbeschwerde notwendig und vorrangig und vom Beschwerdeführer bereits im Ausgangsverfahren zu beachten.

- Im Fall von **eigenen Strafzumessungsentscheidungen** durch das Revisionsgericht gem. § 354 Abs. 1a S. 1 kann sich eine Überschneidung mit dem Gebot des gesetzlichen Richters gem. Art. 101 Abs. 1 S. 2 GG ergeben (s. dazu auch: → *Verfassungsbeschwerde, Begründung, gesetzlicher Richter*, Teil C Rdn 883). „Aus verfassungsrechtlicher Sicht unbedenklich ist Strafzumessung durch das Revisionsgericht aber nur dann, wenn für den Prozess der Straffindung ein lückenloser, wahrheitsorientiert ermittelter und aktueller Strafzumessungssachverhalt zur Verfügung steht. Ist dies nicht der Fall, werden grundrechtlich geschützte Positionen des Angeklagten berührt. Strafzumessung auf der Grundlage eines lückenhaften oder sonst korrekturbedürftigen Sachverhalts verletzt den verfassungsrechtlich abgesicherten Anspruch eines Angeklagten auf ein faires Verfahren in Verbindung mit dem ebenfalls mit Verfassungsrang ausgestatteten (vgl. BVerfGE 69, 1, 35; st.Rspr.) Verhältnismäßigkeitsgrundsatz" (BVerfGE 118, 212, 230 f.).
- „Eine von den Strafverfolgungsorganen zu verantwortende **erhebliche Verzögerung des Strafverfahrens** verletzt [...] den Beschuldigten in seinem Recht auf ein faires rechtsstaatliches Verfahren" (BVerfGE 122, 248, 279; s.a. → *Verfahrensverzögerung/Verzögerungsrüge*, Teil B Rdn 981).
- „Der Anspruch des Angeklagten auf ein faires Verfahren steht dem Beweismittel des ‚**Zeugen** vom **Hörensagen**' [Hervorheb.d.d.Verf.] grundsätzlich nicht entgegen. Allerdings stellt die nur begrenzte Zuverlässigkeit dieses Beweismittels besondere Anforderungen an die Beweiswürdigung und die Begründung der tatrichterlichen Entscheidung; dies gilt in verstärktem Maße, wenn der Gewährsmann anonym bleibt" (amtlicher Leitsatz von BVerfGE 57, 250; *Burhoff*, HV, Rn 3545).
- „Das Recht auf ein rechtsstaatliches, faires Strafverfahren verbietet es, den der deutschen Sprache nicht oder nicht hinreichend mächtigen Angeklagten zu einem unverstandenen Objekt des Verfahrens herabzuwürdigen; er muß in die Lage versetzt werden, die ihn betreffenden wesentlichen Verfahrensvorgänge verstehen und sich im Verfahren verständlich machen zu können. Deshalb sind ihm in weitem Umfang **Verständigungshilfen** zu gewähren (vgl. u.a. § 185 Abs. 1 S. 1 GVG)" (amtlicher Leitsatz von BVerfGE 64, 135; *Burhoff*, EV, Rn 4498; *Burhoff*, HV, Rn 3646).
- „Die **Mitwirkung** des **Verteidigers** in der **Revisionshauptverhandlung** ist im Blick auf den Anspruch des Angeklagten auf ein rechtsstaatliches, faires Verfahren auch dann unverzichtbar, wenn seine Bestellung nicht auf § 140 Abs. 2, sondern auf § 350 Abs. 3 S. 1 StPO beruht" (BVerfGE 65, 171, 177; → *Revision, Pflichtverteidiger*, Teil A Rdn 2187).
- „Die Pflicht zur fairen Verfahrensgestaltung gebietet es, aus einer **unleserlichen Unterschrift** unter einem **bestimmenden Schriftsatz** erst nach Vorwarnung nachteilige Folgen abzuleiten, wenn derselbe Spruchkörper diese Form der Unterschrift längere

Zeit nicht beanstandet hat" (BVerfGE 78, 123; → *Rechtsmittel/Rechtsbehelfe, Form, schriftlich*, Teil A Rdn 1531).

- Der **Nemo-tenetur-Grundsatz** ist ein rechtsstaatlicher Grundsatz (vgl. BVerfGE 38, 105, 113; 55, 144, 150; 80, 109, 121), der aus der Menschenwürde (BVerfGE 56, 37, 43), bzw. dem allg. Persönlichkeitsrecht (vgl. BVerfGE 95, 220, 241), bzw. dem Grundrecht auf ein faires Verfahren (vgl. BVerfGE 109, 279, 324) folgt. Aus der Menschenwürde folgt auch, dass der Einzelne nicht zum Objekt der Verbrechensbekämpfung gemacht werden darf (vgl. BVerfGE 45, 187, 228; 109, 133, 150), was vor allem bei staatlichen **Vorgehen gegen Unverdächtige** (z.B. durch einen agent provocateur) problematisch wird (vgl. *Eschelbach* StV 2000, 390, 392).
- Hat sich ein Beschuldiger nicht selbst in den Zustand der Verhandlungsunfähigkeit gebracht, sondern lehnt ärztliche Eingriffe zur Wiederherstellung der Verhandlungsfähigkeit nur ab, kann das **Verhandeln** in **Abwesenheit** gegen Art. 103 Abs. 1 GG und die Grundsätze des fairen Verfahrens verstoßen (vgl. BVerfGE 89, 120; *Burhoff*, HV, Rn 2853).
- „Ein Gericht, bei dem das Verfahren anhängig gewesen ist, ist verpflichtet, **fristgebundene Schriftsätze** für das **Rechtsmittelverfahren**, die bei ihm eingereicht werden, an das zuständige Rechtsmittelgericht **weiterzuleiten**. Ist ein solcher Schriftsatz so zeitig eingereicht worden, daß die fristgerechte Weiterleitung an das Rechtsmittelgericht im ordentlichen Geschäftsgang ohne weiteres erwartet werden kann, ist der Partei Wiedereinsetzung in den vorigen Stand zu gewähren, wenn der Schriftsatz nicht rechtzeitig an das Rechtsmittelgericht gelangt" (amtlicher Leitsatz von BVerfGE 93, 99; → *Rechtsmittel/Rechtsbehelfe, Einlegung*, Teil A Rdn 1466; → *Wiedereinsetzung in den vorigen Stand, Voraussetzungen*, Teil B Rdn 1513).
- Die Rechtsprechung des BGH, weniger des BVerfG, hat aus dem Grundsatz des fairen Verfahrens ein Recht auf **Vertrauensschutz** herausgearbeitet, z.B. bei der **Nichteinhaltung** einer **Strafmaßzusage** oder dem Abrücken von einer Wahrunterstellung (vgl. *Niemöller*, Einl. Rn 23 m.w.N. in: Umbach/Clemens/Dollinger (Hrsg.), BVerfGG, 2. Aufl.).
- Auch die **Überspannung** an die **Anforderungen** eines **BVV** (s. dazu a. → *Verfassungsbeschwerde, Begründung, Beweisverbote*, Teil C Rdn 816) können in das Grundrecht auf ein faires Verfahren eingreifen (vgl. BVerfG StV 2011, 329).

Konfrontationsrecht 878

- Wird das **Konfrontationsrecht verletzt** liegt ein Verstoß gegen die Grundsätze des fairen Verfahrens nahe (EGMR NJOZ 2011, 1739; vgl. hierzu a. EGMR EuGRZ 1987, 147, 150; BVerfG, NStZ 2007, 534; BGHSt 46, 93; *Burhoff*, HV, Rn 574).

☝ In dem der Entscheidung des EGMR in NJOZ 2011, 1739, 1742 zugrunde liegenden Verfahren hatte der Verteidiger gegen die Abspielung einer Videoaufzeichnung einer Zeugenvernehmung keinen **Widerspruch** erhoben, sondern dies gestattet. Der EGMR verwies darauf, dass sich gleichwohl nicht sagen lasse, dass der Beschwerdeführer allein wegen seiner Zustimmung zur Vorführung der Videoaufzeichnung aus freien Stücken ausdrücklich oder stillschweigend auf sein Recht, den Zeugen zu befragen verzichtet hätte. Im Gegenteil, er habe durchgehend geltend gemacht, das Verfahren sei fehlerhaft, weil man ihm keine Gelegenheit dazu gegeben habe. Gleichzeitig habe er beantragt, die Gerichte möchten das bei Beurteilung der Zulässigkeit der Beweise berücksichtigen (EGMR, a.a.O.).

- Für die **Verletzung** des **Konfrontationsrechts** gilt nach der **Rspr**. des **EGMR** i.Ü.:
  - Selbst wenn der Angeklagte zu keinem Zeitpunkt die Gelegenheit zur konfrontativen Befragung des Zeugen hatte, verstößt dies jedoch nicht ohne Weiteres gegen Art. 6 Abs. 3 Buchst. d i.V.m. Abs. 1 S. 1 MRK. **Entscheidend** ist vielmehr, ob das **Verfahren** in seiner **Gesamtheit** einschließlich der Art und Weise der Beweiserhebung und -würdigung fair war. Bei der Prüfung, ob insgesamt ein faires Verfahren vorlag, kommt es insbesondere auch darauf an, ob der Umstand, dass der Angeklagte keine Gelegenheit zur konfrontativen Befragung hatte, der Justiz zuzurechnen ist. Davon ist der Beweiswert der Angaben dieses Zeugen abhängig. So hat der EGMR entschieden, dass im Fall ausreichender, jedoch fehlgeschlagener Bemühungen seitens der Justiz eine Verurteilung aufgrund der Angaben eines nicht kontradiktorisch vernommenen Zeugen – bei äußerst sorgfältiger („extreme care") Würdigung – möglich ist, solange sie nicht einzig und allein („solely") auf diesen Angaben beruht (EGMR EuGRZ 1992, 476 [*Artner*]; NJW 2006, 2753 m. Anm. *Haas* JR 2006, 289, 291).
  - Insbesondere bei **Vorliegen** von **Verfahrensfehlern** hat der EGMR bereits dann einen Konventionsverstoß angenommen, wenn sich die Verurteilung zwar nicht allein, aber in einem entscheidenden Ausmaß (‚to a decisive extent') auf Angaben eines solchen Zeugen stützt (EGMR ÖJZ 1991, 425 f. [Delta]; NJW 2003, 2893 f. [P.S.]; StraFo 2000, 374, 375 [A.M.]).
  - Bei der Anwendung des deutschen Strafprozessrechts ist die MRK in der Auslegung, die sie durch Rechtsprechung des EGMR erfahren hat, zu berücksichtigen (BVerfG NJW 2004, 3407; BGHSt 45, 321, 328 f.). Daher gilt für die **tatrichterliche Beweiswürdigung**: Ist die unterbliebene konfrontative Befragung eines Zeugen der Justiz zuzurechnen, kann eine Verurteilung auf dessen Angaben nur gestützt werden, wenn diese durch andere gewichtige Gesichtspunkte außerhalb der Aussage bestätigt werden (BGHSt 46, 93, 106; BGH NStZ 2005,

224, 225; NStZ-RR 2005, 321; vgl. auch BGH NJW 2003, 3142, 3144; NStZ 2004, 505, 506 f.; BGH, Beschl. v. 29.11.2006 – 1 StR 493/06; ebenso BVerfG NJW 2007, 204).

b) **Hinzuweisen** ist schließlich noch auf Folgendes: 879

aa) Wird ein **Verfahren nicht vor Gericht geführt**, gilt Art. 103 Abs. 1 GG seinem 880
Wortlaut nach nicht und ebenso wenig, wenn das Verfahren nicht vor einem Richter, sondern von einem Rechtspfleger geführt wird.

☝ Aus dem Grundrecht auf ein faires Verfahren, demzufolge der Betroffene nicht Objekt des Verfahrens sein darf, sondern ihm die Möglichkeit gegeben werden muss, vor einer Entscheidung, die seine Rechte betrifft, zu Wort zu kommen, um Einfluss auf das Verfahren und dessen Ergebnis nehmen zu können, folgt aber, dass der Betroffene von dem **Sachverhalt** und dem Verfahren, in dem dieser verwertet werden soll, überhaupt **Kenntnis** erhält (vgl. BVerfGE 101, 397, 404).

Überhaupt sollen das Grundrecht auf **rechtliches Gehör** und das verfassungsrechtliche 881
Fairnessgebot auf denselben Grundannahmen und Wertungen beruhen, sodass der dogmatische Unterschied oft nicht klar ist (vgl. *Niemöller,* a.a.O.; Rn 20).

bb) Ähnlich **unklar** wie der dogmatische Inhalt und die Abgrenzung zu Art. 103 Abs. 1 882
GG ist die **Konsequenz** eines **Fairnessverstoßes**. Die neue Rspr. neigt zu dem „Tausch", dass eine unfaire Behandlung eine Strafmilderung nach sich zieht (vgl. *Roxin/Schünemann*, § 11 Rn 8).

☝ Wenn die unfaire Behandlung gleichzeitig einen **Gesetzesverstoß** darstellt, ergibt sich die Frage nach einem **Beweisverbot** (s. dazu → *Verfassungsbeschwerde, Begründung, Beweisverbote*, Teil C Rdn 816).

Siehe auch: → *Verfassungsbeschwerde, Allgemeines*, Teil C Rdn 729, m.w.N.; → *Verfassungsbeschwerde, Begründung, Allgemeines*, Teil C Rdn 847, m.w.N.; → *Verfassungsbeschwerde, Begründung, Beweisverbote*, Teil C Rdn 816; → *Verfassungsbeschwerde, Begründung, effektiver Rechtsschutz*, Teil C Rdn 849; → *Verfassungsbeschwerde, Begründung, gesetzlicher Richter*, Teil C Rdn 892; → *Verfassungsbeschwerde, Begründung, ineffektiver Rechtsschutz, (Mindermeinung)*, Teil C Rdn 903; → *Verfassungsbeschwerde, Begründung, rechtliches Gehör*, Teil C Rdn 999.

883 Verfassungsbeschwerde, Begründung, gesetzlicher Richter (Art. 101 Abs. 1 S. 2 GG)

Das Wichtigste in Kürze:

1. Das grundrechtsgleiche Recht aus Art. 101 Abs. 1 S. 2 GG spielte früher hauptsächlich eine Rolle bei der Frage nach der Bestimmtheit von gerichtlichen Geschäftsverteilungsplänen, aktuell vorwiegend bei Entscheidungen unter Missachtung von Richterablehnungsgesuchen und Umgehung von Vorlagepflichten.
2. Das Recht auf den gesetzlichen Richter umfasst einen formellen Aspekt, aber auch einen – oft übersehenen – materiellen.
3. Die Rüge des Verstoßes läuft in der Praxis oft leer, weil die Rechtsprechung (meist) zusätzlich einen Willkürverstoß verlangt.
4. Die Willkürformel gilt aber nicht, wenn ein Geschäftsverteilungsplan an Art. 101 Abs. 1 S. 2 GG zu messen ist.
5. Konkrete Fragen des richterlichen Bereitschaftsdienstes sind nach wie vor ungeklärt, ebenso wie ein Wiederaufleben der Eilkompetenz der Ermittlungsbehörden bei „unwilligen" oder „umfassend prüfenden" Ermittlungsrichtern. Nach neuer Rechtsprechung fällt die an den Ermittlungsrichter abgegebene Sache nur dann wieder in die Kompetenz der Ermittlungsbehörden zurück, wenn neue tatsächliche Umstände eintreten oder bekannt werden.

884 **Literaturhinweise:** **Barton**, Die erweiterte Revision in der Rechtsprechung des Bundesgerichtshofes in: Festschrift für *Fezer*, 2008, S. 333; **Bender**, Die Befugnis des Bundesverfassungsgerichts zur Prüfung gerichtlicher Entscheidungen, 1991; **Eschelbach**, Wiederaufnahmefragen in: Festschrift für *Stöckel*, 2010, 199; **Fezer**, Die erweiterte Revision – Legitimierung der Rechtswirklichkeit, 1974; **Geipel**, Handbuch der Beweiswürdigung, 2. Aufl. 2013; *ders.*, Die anwaltliche Taktik der Erhöhung des richterlichen Begründungsaufwandes – Teil 1: Der (un-)kontrollierte Tatrichter, ZAP F. 22 S. 571; **Hüls**, Der Richtervorbehalt – seine Bedeutung für das Strafverfahren und die Folgen von Verstößen, ZIS 2009, 160; **Lamprecht**, Obiter dictum – Arabeske oder Ballast, NJW 1998, 1039; **Leisner**, Urteilsverfassungsbeschwerde wegen Nichtvorlage bei Abweichung, NJW 1989, 2446; **Meyer-Goßner**, Theorie ohne Praxis und Praxis ohne Theorie im Strafverfahren, ZRP 2000, 345; *ders.*, Die Chance nutzen: Gerichtaufbau in Strafsachen, ZRP 2011, 129; **Paeffgen**, Überlegungen zu einer Reform des Rechts der Überwachung der Telekommunikation in: *Roxin*-Festschrift (2001), 1299; **Peters**, Fehlerquellen im Strafprozess, Bd. 1 – 3 (1972 – 1974); **Putzke/Geipel**, Geltung von Prozessgrundrechten und totgeschwiegene Argumente in: FS Beulke (2015), S. 937; **Reiter/Seban**, Richtervorbehalt und strafprozessuale Ermittlungsmaßnahmen in: Linien der Rechtsprechung des Bundesverfassungsgerichts, Band 3 (Hrsg: Becker/Lange), 337; **Schünemann**, Der Richter als manipulierter Dritter, StV 2000, 159; *ders.*, Wohin treibt der deutsche Strafprozeß?, ZStW 114 (2002), 1; **Schütter**, Recht auf den gesetzlichen Richter bei Nichtvorlage an den EuGH, S. 365 in: Linien der Rechtsprechung des BVerfG (Hrsg.: Becker/Lange), Band 3; **Spies**, Willkür im Rechtsstaat, ZAP F. 19 S. 749; s.a. die Hinw. bei → *Verfassungsbeschwerde, Allgemeines*, Teil C Rdn 729.

885 **1.a)** „Art. 101 Abs. 1 S. 2 GG gewährleistet das **Recht** auf den **gesetzlichen Richter**. Ziel der **Verfassungsgarantie** ist es, der Gefahr einer möglichen Einflussnahme auf den Inhalt einer gerichtlichen Entscheidung vorzubeugen, die durch eine auf den Einzelfall bezo-

gene Auswahl der zur Entscheidung berufenen Richter eröffnet sein könnte (BVerfGE 95, 322, 327). Damit sollen die Unabhängigkeit der Rechtsprechung gewahrt und das Vertrauen der Rechtssuchenden und der Öffentlichkeit in die Unparteilichkeit und Sachlichkeit der Gerichte gesichert werden. Deshalb verpflichtet Art. 101 Abs. 1 S. 2 GG zunächst den **Gesetzgeber** dazu, eine **klare** und **abstrakt-generelle Zuständigkeitsordnung** zu schaffen, die für jeden denkbaren Streitfall im Voraus den Richter bezeichnet, der für die Entscheidung zuständig ist. Normen, die gerichtliche Zuständigkeiten bestimmen, sind so zu fassen, dass aus ihnen der im Einzelfall zuständige Richter möglichst eindeutig erkennbar wird" (BGH StV 2012, 273 [Doppelvorsitz], Rn 14).

b)aa) Die **bewegliche Zuständigkeit**, z.B. der §§ 24 Abs. 1 Nr. 3, 74 Abs. 1 S. 2 GVG, **886**
aufgrund derer der Angeklagte eine volle Tatsacheninstanz verliert, soll nach einer Entscheidung des BVerfG vom 19.3.1959 mit der **Verfassung vereinbar** sein (vgl. BVerfGE 9, 223). Das ist aber problematisch (vgl. *Roxin/Schünemann*, § 6 Rn 11 m.w.N.).

Die **Argumentation** des **BVerfG** ist in diesem Bereich **nicht folgerichtig**. Hinsichtlich **887**
der früheren Fassung des § 25 Nr. 2 GVG, mit dem eine bewegliche Zuständigkeit zwischen Amts-/Strafrichter und Schöffengericht möglich war, sollte nach einem Beschluss des BVerfG vom 19.7.1967 nur verfassungskonform sein, wenn sie sich auf Strafsachen von minderer Bedeutung beziehe (vgl. BVerfGE 22, 254). In dieser Entscheidung meinte das BVerfG, dass es ein erheblicher Unterschied sei, ob jemand nur vor dem Amtsrichter oder einem Amtsrichter und zwei Schöffen angeklagt werde. Hinzu komme zudem, dass sich damit auch die personelle Besetzung des Berufungsgerichts ändere. Wenn aber bereits diese unterschiedliche personelle Besetzung eine verfassungskonforme Reduktion der Norm erfordere, dann müsste das vollständige Entfallen einer kompletten Instanz erst recht eine verfassungsrechtliche Beanstandung erfahren (anders freilich das Urt. des BVerfG v. 19.3.1959 (BVerfGE 9, 223).

bb) Hinweis für den Verteidiger! **888**

Wenn die Frage der Verfassungswidrigkeit der beweglichen Zuständigkeiten **erneut problematisiert** werden sollte, ist im Rahmen der Annahmevoraussetzung der „**grundsätzlichen Bedeutung**" des § 93a Abs. 2 Buchst. a BVerfGG **darzustellen**, dass die Frage durch „veränderte Verhältnisse" erneut klärungsbedürftig geworden ist. Die **geänderten Verhältnisse** liegen gegenüber 1959 darin, dass

- mittlerweile die **Existenz** einer **beträchtlichen Fehlurteilsquote** nicht geleugnet werden kann (s. dazu a. → *Verfassungsbeschwerde, Begründung, ineffektiver Rechtsschutz [Mindermeinung]*, Teil C Rdn 903),
- und besonders die **Beweiswürdigung** und **Tatsachenfeststellung** erhebliches **Fehlurteilspotenzial** bietet (vgl. *Peters*, Fehlerquellen, Bd. 1–3; *Geipel*, Kap. 3 Rn 50; *ders.*, ZAP F. 22 S. 571),

- die **Revision** als erstes und einziges Rechtsmittel bei Anklagen zum LG mindestens seit dem Beginn der 70er Jahren des letzten Jahrhunderts als **unzulänglich empfunden** und dringend reformbedürftig angesehen wurde (s. dazu → *Verfassungsbeschwerde, Begründung, ineffektiver Rechtsschutz*, Teil C Rdn 928),
- die als Linderung gegenüber dem defizitären Rechtsschutzstandard begonnene **erweiterte Revision** (vgl. *Fezer*, S. 51 ff.), die in sie gesetzten **Hoffnungen nicht** erfüllt hat (vgl. *Barton*, S. 333 ff.), sodass
  - die Revision nur eine Simulation effektiver Kontrolle (vgl. aber Art. 19 Abs. 4 GG!) liefert (vgl. Graf/*Eschelbach*, § 261 Rn 45, 63.1), und gravierende Rechtsschutzlücken bestehen lässt (vgl. Graf/*Eschelbach*, § 261 Rn 71),
  - auch LG im Regelfall nur noch mit zwei Berufsrichtern entscheiden, statt wie 1959 mit drei (vgl. BGHSt 44, 328 und § 76 Abs. 2 GVG; vgl. dazu eingehend *Burhoff*, EV, Rn 3252; *Burhoff*, HV, Rn 2208).
- Hinzu kommt die ersatzlose **Streichung** der **gerichtlichen Voruntersuchung** und
- weitgehende Annullierung der Wiederaufnahmemöglichkeiten durch eine **restriktive Wiederaufnahmepraxis**.

☝ Damit wird die **Rechtsschutzgarantie** des Art. 19 Abs. 4 GG aufs Ganze gesehen nur **mangelhaft eingelöst** (vgl. MAH-*Eschelbach*, § 30 Rn 138). Nach h.M. soll das Zuständigkeitssystem aber noch verfassungsgemäß sein. Sofern das BVerfG (Beschl. v. 22.6.1999 – 2 BvR 1064/99) die Bedenken gegen bewegliche Zuständigkeiten mit der Bemerkung negiert, über diese sei bereits entschieden (in BVerfGE 9, 223, 226), verkennt das die zwischenzeitlich erfolgten vielfachen o.g. Gesetzesänderungen und veränderten Umstände (vgl. MAH-*Eschelbach*, § 30 Rn 147).

889 **c)** Warum eine durch das RPflEntlG v. 11.1.1993 (BGBl I, S. 50) mit Wirkung zum 1.3.1993 eingeführte Regelung – **reduzierte Besetzung** der **großen StK** –, die aufgrund des gestiegenen Personalbedarfs durch die Wiedervereinigung notwendig und deshalb zeitlich nur befristet war, immer wieder verlängert wurde und seit 1.1.2012 (**§ 76 Abs. 2 GVG n.F.**; vgl. zur Neuregelung umfassend *Burhoff*, EV, Rn 3252; *Burhoff*, HV, Rn 2208, jew. m.w.N. aus Rspr. und Lit.) unbefristet gilt, ist nicht ganz klar. Die **verfassungsrechtlichen Bedenken** *Meyer-Goßners* wiegen **schwer**: „Eine Regelung, die es demgegenüber dem entscheidenden Gericht selbst überlässt, wie es besetzt sein will, trägt anders als eine feste gesetzliche Regelung eo ipso die Gefahr willkürlicher, ungleichartiger Behandlung der Verfahren in sich. Und dass das eine reale Gefahr und nicht nur eine theoretische Befürchtung ist, wird schlagend durch die tatsächlichen Verhältnisse belegt: Das Gutachten der Strafrechtskommission [zur Frage der Fortgeltung des bis 31.12.2011 befristeten § 76 Abs. 2 GVG] legt dar, dass in den einzelnen Bundesländern, ja selbst innerhalb der Bundesländer in den einzelnen Landgerichtsbezirken höchst unterschiedlich

verfahren wird: Die Skala der in verminderter Besetzung verhandelten Sachen reicht von nur 9 % im Saarland bis zu 90 % in Bayern und Sachsen mit allen möglichen Zwischenwerten. Da kann von Gleichbehandlung wirklich keine Rede mehr sein! Es ist erstaunlich, dass das BVerfG dieser Entwicklung (mangels eines geeigneten vorgelegten Verfahrens?) bisher nicht Einhalt geboten hat. Würde unter Aufbereitung des statistischen Materials dem BVerfG durch eine Richtervorlage oder durch eine Verfassungsbeschwerde die gegenwärtige Praxis vor Augen geführt, so ist es durchaus vorstellbar, dass das BVerfG diese Regelung als verfassungswidrig bezeichnen könnte. Jedenfalls erscheint es nicht hinnehmbar, dass im Saarland neun von zehn Verfahren vor einer mit drei Berufsrichtern besetzten Strafkammer verhandelt werden, in Bayern und Sachsen aber neun von zehn Verfahren vor der reduzierten Strafkammer. Allein dieser gesetzlich nicht zu beseitigende **Unterschied zwischen** den **Ländern** muss schon gegen eine Fortgeltung der Regelung sprechen" (*Meyer-Goßner* ZRP 2011, 129 f.).

2.a) In der Praxis sind in Hinblick auf Art. 101 Abs. 1 S. 2 GG folgende **Vermeidungsstrategien** zu erkennen: **Vorlagen** an andere Gerichte (auch an den Großen Senat oder das Plenum des BVerfG oder den EuGH), die von dem Gebot des Art. 101 Abs. 1 S. 2 GG erfasst sind, werden in der Praxis **gescheut**. Ob der sprichwörtliche „horror pleni" eine Tatsache oder Mutmaßung ist (vgl. *Leisner* NJW 1989, 2446), möge der Leser selbst entscheiden. Es spricht nach diesseitigem Verständnis viel dafür, dass es sich um eine Tatsache handelt (vgl. *Benda/Klein*, Rn 170 [„… der vielzitierte und auch aus der Fachgerichtsbarkeit bekannte **horror pleni** …]"). 890

b) Selbst das **BVerfG** ist von dem **horror pleni** – wenn es ihn gibt – **nicht frei**. *Benda/Klein* weisen einen offenen, aber verschwiegenen Dissens zwischen dem Ersten und Zweiten Senat des BVerfG gerade zur Frage der verfassungsgerichtlichen Kontrolle der Vorlagepflicht nach. „Maßgeblich ist danach – und dies verschweigt der Erste Senat, um den Dissens mit dem Zweiten Senat nicht offen legen zu müssen – […]. Sie [Entscheidung des Ersten Senats] verstößt vielmehr durch die Weigerung, trotz offensichtlichen Abweichens von der Rechtsprechung des Zweiten Senats das Plenum anzurufen, pikanterweise ihrerseits gegen Art. 101 Abs. 1 S. 2 GG [im Original folgende Fußnote: Zum Plenum als gesetzlichen Richter s. oben § 6.III.3, Rn 171]" (*Benda/Klein*, Rn 473). Ob bei der Beurteilung der Frage, ob ein Kind als Schaden bzw. als Schadensquelle gewertet werden kann und die Entscheidung des Ersten Senats des BVerfG, der 1998 akzeptierte, dass Schadensersatz für Unterhaltskosten eines ungewollten Kindes geschuldet wird (BVerfG NJW 1998, 519), hierbei aber von der Aussage des Zweiten Senats, „eine rechtliche Qualifikation des Daseins eines Kindes als Schadensquelle komme von Verfassungs wegen (Art. 1 Abs. 1 GG) nicht in Betracht. Deshalb verbietet es sich, die Unterhaltspflicht für ein Kind als Schaden zu begreifen" (BVerfG NJW 1993, 1751, 1764), abwich, ebenfalls ein horror pleni mitgewirkt hat, ist zumindest umstritten (vgl. *Lamprecht* NJW 891

1998, 1039). Bemerkenswert ist hierbei, dass der Zweite Senat noch ausdrücklich mitgeteilt hatte, seine Ausführungen aus dem Jahr 1993 seien als tragend anzusehen, mit der Konsequenz dass das Plenum des BVerfG angerufen werden müsse (BVerfG, NJW 1998, 523 f.). Gleichwohl interpretierte der Erste Senat die Entscheidung des Zweiten Senats trotzdem anders und teilt mit, dass naheliege, dass der damalige Kontext gerade nicht tragend war (vgl. BVerfG NJW 1998, 519, 523).

☝ Nach allgemeiner Methodenlehre kommen **Umdeutungen gegen den erklärten Willen** des Erklärenden gerade nicht in Betracht. Dennoch ist die Anrufung des Plenums unterblieben. Das ist mindestens erstaunlich.

892 **3.a)** Der **materielle Gehalt** des Grundrechts auf den gesetzlichen Richter wird in der Praxis vielfach übersehen. Nach st.Rspr. des BVerfG hat aber Art. 101 Abs. 1 S. 2 GG auch einen materiellen Gewährleistungsgehalt. Die Verfassungsnorm garantiert, dass der Rechtssuchende im Einzelfall vor einem Richter steht, der unabhängig und unparteilich ist und die Gewähr für Neutralität und Distanz gegenüber den Verfahrensbeteiligten bietet (BVerfGE 82, 286, 298; 89, 28, 36). Der Normgeber einer Zuständigkeits- oder Besetzungsregelung hat deshalb Vorsorge dafür zu treffen, dass die Richterbank im Einzelfall mit Richtern besetzt ist, die dem zur Entscheidung anstehenden Streitfall mit der erforderlichen professionellen Distanz gegenüberstehen und ihr Amt in inhaltlicher Unabhängigkeit sachgerecht ausüben können (BVerfG, a.a.O.) „Ungesetzlich" ist auch derjenige Richter, der in seiner Person nicht den materiellen Anforderungen des GG entspricht (vgl. BVerfGE 82, 286, 298; BGH StV 2012, 273 [Doppelvorsitz], Rn 15 f.).

893 Anders formuliert: Art. 101 Abs. 1 S. 2 GG setzt voraus, dass nur Gerichte bestehen, die in jeder Hinsicht den Anforderungen des Grundgesetzes entsprechen (vgl. BVerfGE 10, 200, 213). In jeder Hinsicht entspricht ein Richter nur dann dem GG, der **unparteilich** und **nur nach sachlichen Gesichtspunkten** entscheidet (vgl. BVerfGE 23, 85, 91). Das Entscheiden nur nach sachlichen Gesichtspunkten kann aber auch durch ein **übergroßes Pensum** unterlaufen werden (vgl. BGH StV 2012, 273 [Doppelvorsitz], Rn 22). Das BVerfG geht freilich davon aus, dass dies nur im Ausnahmefall möglich sei, denn der mit einem übergroßen Pensum belastete Richter müsse diesem nicht nachkommen (vgl. BVerfG NJW 2012, 2334 = StV 2012, 513).

894 Art. 101 Abs. 1 S. 2 GG hat also eine **weiter gehende Bedeutung**. Er kann nicht als eine nur formale Bestimmung verstanden werden, die stets schon dann erfüllt ist, wenn die Richterzuständigkeit allgemein und eindeutig geregelt ist. Wie das BVerfG bereits mehrfach ausgesprochen hat, ist der richterlichen Tätigkeit nicht nur die in Art. 97 Abs. 1 GG garantierte Weisungsfreiheit und die in Art. 97 Abs. 2 GG institutionell gesicherte persönliche Unabhängigkeit wesentlich. Wesentlich ist, „daß sie von einem nichtbeteiligten

Dritten ausgeübt wird […]. Diese Vorstellung ist mit den Begriffen von „Richter" und „Gericht" untrennbar verknüpft […]" (BVerfGE 21, 139, 145 f.).

☝ Wenn es zutreffend ist, dass dies Neutralität und Distanz des Richters gegenüber den Verfahrensbeteiligten erfordert (vgl. BVerfGE 21, 139, 146), dann ist die – international fast einmalige **Laufbahnverquickung** von **StA und Richterdienst** höchst **bedenklich** (s. dazu a. → *Verfassungsbeschwerde, Begründung, faires Verfahren*, Teil C Rdn 863).

Überhaupt muss die **rechtsprechende Gewalt** von **Richtern** ausgeübt werden, gem. Art. 92, 97 GG. Die Ahndung von Geldbußen durch die Behörde gem. § 65 OWiG oder Entscheidungen der StA im Rahmen von § 153a Abs. 1 sind daher bedenklich, nach h.M. aber zulässig (vgl. BVerfGE 9, 167, 171; 22, 49, 79).

b)aa) Eine besondere Ausprägung des materiellen Gehalts des Grundrechts auf den gesetzlichen Richter ergibt sich aus dem **Richtervorbehalt**. Dieser zielt nach der Rspr. des BVerfG auf eine **vorbeugende Kontrolle** der Maßnahme durch eine unabhängige und neutrale Instanz ab. So ist im strafrechtlichen EV, das die StA in eigener Verantwortung führt (§§ 158 ff.), der Richter – entsprechend der Trennung von Anklagebehörde und Gericht im deutschen Strafprozess – dogmatisch unbeteiligter Dritter, tatsächlich aber ein sog. „manipulierter Dritter" (so mit Recht *Schünemann* StV 2000, 159), der nur auf Antrag der StA tätig wird (§ 162). Bei Maßnahmen wie der Durchsuchung oder auch dem Haftbefehl, die i.d.R. ohne vorherige Anhörung des Betroffenen ergehen, soll seine Einschaltung insbesondere auch für eine gebührende Berücksichtigung der Interessen der Beteiligten sorgen. Der Richter muss die beabsichtigte Maßnahme eigenverantwortlich prüfen; er muss dafür Sorge tragen, dass die sich aus der Verfassung und dem einfachen Recht ergebenden Voraussetzungen, z.B. der Durchsuchung genau beachtet werden. Insgesamt dient der Richtervorbehalt der verstärkten Sicherung des Grundrechts aus Art. 13 Abs. 1 GG (vgl. grundlegend BVerfGE 103, 142, 151 f.; s.a. noch *Burhoff*, EV, Rn 1416 m.w.N.). 895

☝ Obwohl das BVerfG damit den **Richtervorbehalt gestärkt** hat, muss nach wie vor auf die von *Meyer-Goßner* schon im Jahr 2000 beschriebene, aber wohl immer noch zutreffende geringe Effektivität desselben hingewiesen werden (vgl. *Meyer-Goßner* ZRP 2000, 345, 348. Es ist in nicht wenigen Fällen zutreffend, dass der Richter „**Urkundsbeamter der Staatsanwaltschaft**" (*Schünemann* ZStW 114 [2002], 20) oder „funktionell Teil der Exekutive" ist (*Paeffgen,* S. 1299, 1308).

bb) Zur (ggf. neuen) Rechtstatsachenlage gehören **Leistungsverweigerungen** durch **unwillige Richter**, 896

- die von Verfolgungsorganen **vorformulierte Beschlüsse unbesehen unterzeichnen** (vgl. *Hüls* ZIS 2009, 160, 164),

- Strafkammermitglieder, die Eröffnungsbeschlüsse ohne vorherige Beratung **im Umlaufverfahren blind** unterschreiben,
- Richter, die **ohne Aktenkenntnis** in die **HV** eintreten (vgl. *Eschelbach*, S. 199, 201),
- wobei der unwillige Richter auch zu Lasten der Ermittlungsbehörden wirken kann, etwa, wenn er ohne schriftliche Unterlagen oder komplette Ermittlungsakten nicht entscheiden will oder um vorherige Durchführung offensichtlich nicht erforderlicher Nachermittlungen ersucht. Damit geht es faktisch um den Richter, der seine Zuständigkeit verweigert und „in Ruhe" gelassen werden will. Ob dadurch die Eilkompetenz der Ermittlungsbehörden wieder auflebt, ist verfassungsrechtliche ungeklärt (dafür scheinbar BGH NStZ 2006, 114, dagegen *Reiter/Seban*, Richtervorbehalt und strafprozessuale Ermittlungsmaßnahmen in: Linien der Rechtsprechung des Bundesverfassungsgerichts, S. 337, 364 m.w.N. und BVerfG JW 2015, 2787).

897 **cc)** Zur (neuen) Rechtstatsachenlage gehört aber insbesondere auch eine **unzureichende personelle Ausstattung** durch die Justizverwaltung. Dazu hat das BVerfG schon 2001 in seiner grundlegenden Entscheidung zum Richtervorbehalt ausgeführt: „In der Literatur werden die Neigung zu exzessiver und zum Teil missbräuchlicher Anwendung der Eilkompetenz durch die Strafverfolgungsbehörden, insbesondere durch die Polizei beklagt (vgl. etwa *Nelles*, Kompetenzen und Ausnahmekompetenzen in der Strafprozessordnung, 1980, S. 247 f.; LR-*Menger*, § 98 Rn 35; *Schnäbele*, in: Gefahr im Verzug, Tagung der Neuen Richtervereinigung, 1989, S. 12; *Dubbers*, ebenda, S. 36 f.; *Werkentin*, ebenda, S. 26) und die Mangelhaftigkeit der richterlichen Kontrolle beanstandet. Die Mängel werden unter anderem darauf zurückgeführt, dass der Ermittlungsrichter, auch aus Gründen unzureichender personeller Ausstattung der Amtsgerichte, unter zu starkem Zeitdruck stehe, dass er gerade bei umfangreichen Verfahren keine vollständige Kenntnis des Sachstands erlangen könne und dass ihm oft das notwendige Fachwissen in Spezialgebieten fehle (vgl. etwa *Lilie* ZStW 111 [1999], S. 808, 817f.; *Asbrock* ZRP 1998, S. 17, 19; *Geppert* DRiZ 1992, S. 405, 410; *Müller* AnwBl 1992, S. 349, 351; *Weber* DRiZ 1991, S. 116, 117). Diese Mängel können nicht allein durch den jeweils zuständigen Richter behoben werden. Seine verfassungsrechtlich begründete Pflicht, sich die notwendige Zeit für die Prüfung eines Durchsuchungsantrags zu nehmen und sich Kenntnis von der Sache sowie das erforderliche Fachwissen zu verschaffen, kann er nur bei einer entsprechenden Geschäftsverteilung, ausreichender personeller und sächlicher Ausstattung seines Gerichts, durch Aus- und Fortbildungsmöglichkeiten sowie vollständige Information seitens der Strafverfolgungsbehörden über den Sachstand erfüllen" (vgl. BVerfGE 103, 142, 152 f.).

898 **dd)** Damit korrespondiert die **Pflicht** zur **Einrichtung richterlicher Eil- oder Notdienste** (vgl. BVerfGE 103, 142, 156). An dieser Stelle liegt jedoch manches im Argen, da nicht immer entsprechend den Vorgaben des BVerfG (a.a.O.), richterliche Eildienste eingerichtet sind. Der Streit ist insbesondere mit dem Richtervorbehalt des § 81a Abs. 2

(neu-)entbrannt (vgl. dazu einerseits OLG Hamm NJW 2009, 310; StV 2009, 4599; s. auch OLG Celle StV 2011, 82; anderseits aber a. [für § 81a Abs. 2 wohl verneinend] BVerfG StraFo 2011, 145; OLG Bamberg DAR 2010, 97; OLG Celle StraFo 2010, 463; OLG Hamm StraFo 2009, 509; OLG Köln StV 2010, 622; OLG Naumburg StRR 2011, 200; OLG Schleswig SchlHA 2011, 277 [Dö/Dr.]; SchlHA 2011, 278 [Dö/Dr.]). Ist ein Richtervorbehalt nur **einfach-rechtlich verankert** (z.B. §§ 81a Abs. 2, 81c Abs. 5, 81f Abs. 1 S. 1, 81e, 81g Abs. 3 S. 1, 87 Abs. 4 S. 1, 100 Abs. 1, 100b Abs. 1 S. 1, 105 Abs. 1) ist ein richterlicher Bereitschaftsdienst bis zu den Grenzen der willkürlichen Umgehung des Vorbehalts nicht erforderlich (*Reiter/Seban*, Richtervorbehalt und strafprozessuale Ermittlungsmaßnahmen in: Linien der Rechtsprechung des Bundesverfassungsgerichts, 337, 357 m.w.N.). Ist der Richtervorbehalt **verfassungsrechtlich verankert** (Art. 13 Abs. 2, 3, 4 GG und Art. 104 Abs. 2 GG) ist der nächtliche richterliche Bereitschaftsdienst von Verfassungs wegen dann erforderlich, wenn hierfür ein „konkreter praktischer Bedarf besteht, der über den Ausnahmefall hinausgeht" (vgl. BVerfGK 2, 176, 178). Hier bleibt abzuwarten, wie dieser Begriff künftig ausgefüllt werden wird (vgl. *Reiter/Seban*, a.a.O., 337, 359 m.w.N.).

ee) Hinweis für den Verteidiger! 899

Der Verteidiger muss **beachten**:

- Wer eine Verletzung des **materiellen** Gehalts des Richtervorbehalts rügt, sollte **zusätzlich** eine **Rüge der Verletzung des Art. 103 Abs. 1 GG** und **Art. 19 Abs. 4 GG** erheben, sowie des **Fairnessgrundsatzes** und des **Willkürverbots**. Der Akzent von Art. 103 Abs. 1 GG sollte bei der Justiz auf der sachlichen Qualität liegen. D.h. Verfahrenszuschnitt, Gerichtsorganisation, Geschäftsverteilung und Arbeitspensen müssen so gefasst sein, dass eine gründliche und gleichmäßige Gehörpraxis möglich bleibt (so Maunz/Dürig/*Schmidt-Aßmann*, Art. 103 Rn 18). Gleichzeitig wird damit aber auch der Justizgewährungsanspruch berührt (vgl. BVerfGE 36, 264, 275), ebenso wie das Gebot des effektiven Rechtsschutzes. Versteht sich der Richter zudem als bloßer Kontrolleur, statt als Rechtsschutzinstanz, wird zudem Art. 19 Abs. 4 GG verletzt (vgl. Maunz/Dürig/*Schmidt-Aßmann*, Art. 19 Rn 9). Das kommt vor allem dann vor, wenn sich die Fachgerichte zur Anordnungskompetenz von Verfolgungsorganen gar nicht äußern, obwohl dies ausdrücklich gerügt wurde und die Voraussetzungen der Anordnungskompetenz objektiv nicht vorlagen (so für den Fall der Anordnung der Blutentnahme um 9.00 Uhr durch die StA, BVerfG, NJW 2007, 1345 f.), oder nur abstrakt-generelle Erwägungen anstellen, die den Richtervorbehalt leerlaufen lassen (vgl. für den Fall einer Blutentnahme um 18.30 Uhr BVerfG NJW 2010, 2864).
- Die **Dokumentations- und Begründungspflichten**, die bei Maßnahmen gelten, die einem verfassungsrechtlich verankerten Richtervorbehalt unterliegen, gelten auch bei einfach-rechtlichen Richtervorbehalten, nicht aber, wenn die Maßnahme noch

vor ihrer Erledigung gerichtlich überprüft werden kann (wie z.B. bei der Beschlagnahme, BVerfGK 10, 270, 273). Ist das Handeln der Exekutive aufgrund einer mangelnden Dokumentation oder einem „leerlaufen" lassen der gerichtlichen Kontrolle nicht mehr gerichtlich überprüfbar, liegt ein Verstoß gegen Art. 19 Abs. 4 GG sowohl bei einfach-rechtlichen, als auch verfassungsrechtlich verankerten Richtervorbehalten nahe (BVerfGK 14, 107, 110).

Gleichwohl zieht das **BVerfG** bei einem Entzug des einfach-rechtlichen Richtervorbehalts oder einer mangelnden Dokumentation **noch nicht** die Folgerung der Unverwertbarkeit durch Annahme eines **BVV**. Das kann dann anders sein, wenn es sich um eine willkürliche Umgehung des Richtervorbehalts (z.B. willkürliche Annahme von Gefahr im Verzug) oder einen sonstigen besonders schweren Verfahrensfehler handelt (vgl. BVerfG, NJW 2008, 3053 f.) oder auch, wenn der Richtervorbehalt generell leer läuft, z.B. bei der Annahme, dass richterliche Entscheidungen nur bei Vorliegen schriftlicher Unterlagen getroffen werden könnten und dies zwangsläufig mit der Gefährdung des Untersuchungszwecks einhergehe (vgl. BVerfGK 17, 340, 346 f.). Problematisch wird die Umgehung des einfach-rechtlichen Richtervorbehalts auch dann, wenn durch eine gefestigte Rechtsprechung, nicht nur im Einzelfall von einer Verwertung des Beweismittels ausgegangen wird, sondern durch eine Verwertung rechtswidrig erlangter Beweismittel der Richtervorbehalt flächendeckend ausgehebelt wird (vgl. BVerfG NJW 2014, 1005; vgl. zu den mit § 81a zusammenhängenden Fragen eingehend *Burhoff*, EV, Rn 1170 ff.; zur Durchsuchung *Burhoff*, EV, Rn 1461). Auch die mangelnde Dokumentation führt für sich nicht zu einem BVV (BVerfG NJW 2008, 3053).

900 **4.a)** Das BVerfG geht in st.Rspr. davon aus, dass ein error in procedendo nicht zum Entzug des gesetzlichen Richters des Art. 101 Abs. 1 S. 2 GG führt. Hinzukommen muss als **weitere Rügevoraussetzung** noch ein **Willkürverstoß**. Dieser Prüfungsmaßstab soll dahingehend zu ergänzen sein, wenn die Garantie des Art. 101 Abs. 1 S. 2 GG grundlegend verkannt wurde (vgl. BVerfGE 82, 266, 299). Der Grund für die Betonung des Willkürverstoßes dürfte sein, dass das BVerfG bereits in seinen frühen Entscheidungen (BVerfGE 3, 359; 4, 412; 7, 327) zum Willkürverbot keine Kriterien für die Abgrenzung eines Verfahrensirrtums (error in procedendo) und einem Entzug des gesetzlichen Richters nannte (vgl. *Bender*, S. 26 m.w.N.). Von Willkür kann nach der Rspr. des BVerfG aber nur die Rede sein, wenn die **Entscheidung** eines Gerichts sich bei der Auslegung und Anwendung einer Zuständigkeitsnorm so weit von dem sie beherrschenden verfassungsrechtlichen Grundsatz des gesetzlichen Richters entfernt hat, dass sie **nicht mehr zu rechtfertigen** ist. Dies bedeutet, dass Art. 101 Abs. 1 S. 2 GG auch durch eine gerichtliche Entscheidung verletzt wird, die bei verständiger Würdigung der das Grundgesetz beherrschenden Gedanken nicht mehr verständlich erscheint und offensichtlich unhaltbar ist (BVerfGE 29, 45, 49; 82, 159, 194).

☝ Liegt der Verstoß im **Geschäftsverteilungsplan** als solchem, gilt ein anderer Prüfungsmaßstab. In diesem Fall – also nicht bei der fehlerhaften Auslegung oder Anwendung einer Zuständigkeitsregel (etwa eines Geschäftsverteilungsplans oder der Voraussetzungen des § 21e Abs. 3 GVG) durch das Gericht, sondern bei der Frage nach der Verfassungsmäßigkeit der Regelung im Geschäftsverteilungsplan – umfasst der Kontrollmaßstab des BVerfG jede Rechtswidrigkeit (vgl. BVerfG NJW 2005, 2689, 2690).

b) Zur **Vorlagepflicht nach Art. 267 Abs. 3 AEUV** haben sich **Fallgruppen** gebildet. **901**
Hier war die Rechtsprechung des BVerfG ebenfalls schwankend (einerseits kontrollfreudig: BVerfG, Beschl. v. 25.2.2010 – 1 BvR 230/09 und andererseits restriktiv: BVerfGE 126, 286, 316). Nach der Rspr. des BVerfG gilt, wobei der 1. Senat tendenziell eher eine Entziehung des gesetzlichen Richters annimmt als der 2. Senat (vgl. *Lenz/Hansel*, § 90 Rn 261):

Vorlagepflicht **902**

- Die Vorlagepflicht nach **Art. 267 AEUV** wird insbesondere in den Fällen offensichtlich unhaltbar gehandhabt, in denen ein letztinstanzliches Hauptsachegericht eine Vorlage trotz der – seiner Auffassung nach bestehenden – Entscheidungserheblichkeit der unionsrechtlichen **Frage überhaupt nicht** in **Erwägung** zieht, obwohl es selbst Zweifel hinsichtlich der richtigen Beantwortung der Frage hegt (vgl. BVerfG, Beschl. v. 10.12.2014 – 2 BvR 1549/07).
- Gleiches gilt in den Fällen, in denen das letztinstanzliche Hauptsachegericht in seiner Entscheidung **bewusst** von der **Rspr.** des **EuGH** zu entscheidungserheblichen Fragen **abweicht** und gleichwohl nicht oder nicht neuerlich vorlegt (BVerfG, NJW 2012, 1202 f.).
- Liegt noch keine oder noch **keine erschöpfende Rechtsprechung** des **EuGH** vor, oder erscheint eine Fortentwicklung der Rechtsprechung des EuGH nicht nur entfernt als möglich, verstößt die unterlassene Vorlage bereits dann nicht gegen Art. 101 Abs. 1 S. 2 GG, wenn diese entscheidungserhebliche Frage in **vertretbarer Weise selbst beantwortet** wird (vgl. BVerfG NJW 2012, 1202 f.). Umgekehrt führt die „unvertretbare Selbstbeantwortung“ zu einem Verstoß gegen Art. 101 Abs. 1 S. 2 GG. Das soll jedenfalls der Fall sein, wenn die Fachgerichte das Vorliegen eines sog. acte claire oder eines actes éclaire willkürlich bejahen (vgl. *Lenz/Hansel*, § 90 Rn 262 m.w.N.). Das Fachgericht muss allerdings die einschlägige Rechtsprechung auswerten und seine Überzeugung, dass die Rechtslage bereits eindeutig ist (acte clair) oder durch die Rechtsprechung bereits dergestalt geklärt ist, derzufolge kein vernünftiger Zweifel möglich ist (acte éclaire), hieran darlegen (BVerfG NvWZ 2014, 647, 657).

- Damit gibt es **faktisch keine effektive Kontrollmöglichkeit**, bei Verletzung der Vorlagepflichten, sofern nicht Willkür im o.g. Sinne vorliegt. Das befremdet, nachdem die Fachgerichte „nicht sehr vorlagefreudig“ sind, soll aber nach h.A. hinzunehmen sein, da auch das Unionsrecht keinen effektiven Rechtsbehelf bei Verletzung der Vorlagepflicht zur Verfügung stellt (vgl. *Schütter*, a.a.O., S. 365). Es überzeugt nicht unbedingt, wenn zwei Grundrechte (Art. 101 Abs. 1 S. 2 GG und Art. 3 Abs. 1 GG) auf ein einziges Grundrecht (Art. 3 Abs. 1 GG) zurückgeführt werden (*Putzke/Geipel* FS Beulke, 937, 940).

Siehe auch: → *Verfassungsbeschwerde, Allgemeines*, Teil C Rdn 729, m.w.N.; → *Verfassungsbeschwerde, Begründung, faires Verfahren*, Teil C Rdn 863; → *Verfassungsbeschwerde, Begründung, ineffektiver Rechtsschutz*, Teil C Rdn 903.

903 Verfassungsbeschwerde, Begründung, Hausdurchsuchung

Das Wichtigste in Kürze:

1. Bei Durchsuchungsmaßnahmen stellt sich besonders das Problem der Anfechtbarkeit oder Nichtanfechtbarkeit von Zwischenentscheidungen, der Rechtswegerschöpfung und der materiellen Subsidiarität.
2. Voraussetzung für die Anordnung einer Durchsuchungsmaßnahme ist u.a. der Verdacht einer Straftat des Beschuldigten. Sie muss außerdem verhältnismäßig sein.
3. Für die Wohnungsdurchsuchung besteht nicht nur ein einfach-rechtlicher Richtervorbehalt, sondern ein verfassungsrechtlicher.

904 **Literaturhinweise:** s. die Hinw. bei → *Verfassungsbeschwerde, Allgemeines*, Teil C Rdn 729, und bei *Burhoff*, EV, Rn 1360.

905 **1.** Gem. § 102 ist die Durchsuchung der Räume des Verdächtigen zulässig, wenn er ergriffen werden soll oder zu vermuten ist, dass die Durchsuchung zur Auffindung von Beweismitteln führt (**Ergreifungs-** und **Ermittlungsdurchsuchung**).

☝ Die nachfolgenden Ausführungen beziehen sich **nur** auf die **Ermittlungsdurchsuchung.**

906 Es handelt sich hierbei um eine strafrechtliche Zwangsmaßnahme (s. dazu auch: → *Verfassungsbeschwerde, Begründung, Zwangsmaßnahmen, Allgemeines*, Teil C Rdn 1112 ff.), in der sich aus verfassungsprozessrechtlicher Sicht besonders das **Problem** der Anfechtbarkeit oder Nichtanfechtbarkeit von **Zwischenentscheidungen**

(s. dazu a. → *Verfassungsbeschwerde, Zulässigkeit, Beschwerdegegenstand*, Teil C Rdn 1166 ff.), der **Rechtswegerschöpfung** (s. dazu a. → *Verfassungsbeschwerde, Zulässigkeit, Rechtswegerschöpfung*, Teil C Rdn 1182 ff.) und der **materiellen Subsidiarität** (s. dazu a. → *Verfassungsbeschwerde, Zulässigkeit, materielle Subsidiarität*, Teil C Rdn 1177 ff.) stellt.

2.a) Auf die **Voraussetzungen** für die **Anordnung** einer Durchsuchungsmaßnahme kann hier nicht im Einzelnen eingegangen werden (vgl. zu den Anordnungsvoraussetzungen eingehend *Burhoff*, EV, Rn 1060 ff.). Hier erfolgt dazu nur ein Überblick (vgl. Rdn 908 ff.). 907

☝ In der Praxis ist immer wieder zu beobachten, dass die ermittlungsrichterliche Entscheidung, den Inhalt des **Antrags** der **StA wörtlich übernimmt** und keine Ausführungen zur Frage der Angemessenheit des Eingriffs macht (→ *Verfassungsbeschwerde, Begründung, gesetzlicher Richter*, Teil C Rdn 883 ff.). Das ist **bedenklich**, denn formularmäßige Fassungen der Beschlussbegründungen ohne einzelfallbezogene Hinweise lassen besorgen, dass eine eigenverantwortliche richterliche Prüfung zur Erfüllung der Rechtsschutzfunktionen des Richtervorbehalts gem. Art. 13 Abs. 2 GG nicht stattgefunden hat (vgl. BVerfG StV 2003, 203 f.). Es ist vielmehr Aufgabe und Pflicht des Richters, sich eigenverantwortlich ein Urteil zu bilden und nicht etwa nur die Anträge der StA nach einer pauschalen Überprüfung gegenzuzeichnen. Zur richterlichen Einzelentscheidung gehören eine sorgfältige Prüfung der Eingriffsvoraussetzungen und eine umfassende Abwägung zur Feststellung der Angemessenheit des Eingriffs im konkreten Fall. Schematisch vorgenommene Anordnungen vertragen sich mit dieser Aufgabe nicht (std. Rspr. des BVerfG, vgl. u.a. NJW 2003, 2669 f.). Andererseits soll die wörtliche Übernahme einer Antragsbegründung der StA durch den Ermittlungsrichter die Annahme, eine eigenverantwortliche Prüfung durch den Richter habe nicht stattgefunden, nicht rechtfertigen (vgl. BVerfG, Beschl. v. 1.8.2014 – 2 BvR 200/14, NJW 2015, 851, 853).

Überblick: 908

- Voraussetzung ist der **Verdacht** einer **Straftat**.
- Es muss **gerade** der **Betroffene** der Straftat „verdächtig“ sein. Auch hierfür reichen vage **Anhaltspunkte** und bloße **Vermutungen** nicht aus (vgl. u.a. BVerfG NJW 2003, 2669 f.; StV 2010, 665), wohl aber eine kriminalistische Erfahrung, z.B. dass bei Menschen mit pädophiler Neigung unter anderem ein Hang zum Sammeln und Aufbewahren einmal erworbenen Materials vorliegt, um das Material stets zur Verfügung zu haben und es mit Gleichgesinnten auszutauschen (vgl. BVerfG NJW 2015, 851, 853). Sogar ein an sich legales Verhalten kann einen solchen Verdacht begründen, wenn weitere Anhaltspunkte hinzutreten (vgl. BVerfG NJW 2014, 3085, 3088).

- Die Durchsuchung darf nicht der Ermittlung von Tatsachen dienen, die zur Begründung eines Verdachts erforderlich sind, sondern setzt einen **Verdacht bereits voraus** (vgl. BVerfGK 8, 332, 336; 11, 88, 92).

☝ In der Praxis findet sich immer wieder die **formelhafte Wendung**, „die Durchsuchungen sind verhältnismäßig, da sie nur auf die verfahrensgegenständlichen Beweismittel beschränkt sind und auch nicht zum Tatvorwurf außer Verhältnis stehen". Das ist jedenfalls dann **nicht ausreichend**, wenn Besonderheiten im Raum stehen, wie z.B. eine Durchsuchung von Redaktionsräumen oder von Berufsgeheimnisträgern (vgl. BVerfG NJW 2005, 965 f.; 2008, 3629 f.). Die Durchsuchung bei einem Berufsgeheimnisträger (z.B. Verteidiger, § 160a StPO) ist generell unzulässig, wenn Erkenntnisse zu erwarten sind, über die jener das Zeugnis verweigern dürfte (vgl. BVerfG, Beschl. vom 1.8.2014 – 2 BvR 2928/10). Ebenso wenig reicht es, wenn der Beschluss nur eine rechtliche Qualifizierung („versuchter Betrug") enthält, aber keine tatsächlichen Angaben hierzu (vgl. BVerfG NJW 1994, 3281). Oder Allgemeiner: „Zwar trifft es zu, dass allein die Übernahme des Antrags der StA durch den Ermittlungsrichter noch nicht auf das Fehlen einer eigenverantwortlichen Prüfung des Sachverhalts schließen lässt. Auch müssen sich die Beschlussgründe grundsätzlich nicht zu jedem denkbaren Gesichtspunkt des Tatverdachts verhalten. Aus verfassungsrechtlicher Sicht nicht hinnehmbar ist es aber, wenn sich im Einzelfall aufgrund besonderer Umstände die Notwendigkeit der Erörterung eines offensichtlichen Problems aufdrängen musste und gleichwohl eine Prüfung vollständig fehlt (BVerfG NJW 2009, 2516 f.)."

909 **b)aa)** Wegen der herausragenden Bedeutung des Art. 13 GG spielt der **Grundsatz der Verhältnismäßigkeit** (→ *Verfassungsbeschwerde, Begründung, Verhältnismäßigkeitsprinzip*, Teil C Rdn 1083 ff.) eine besondere Bedeutung. Insoweit gilt nach der Rspr. des BVerfG (vgl. u.a. BVerfGE 115, 166 ff.; BVerfG NStZ-RR 2006, 110; BVerfG, NJW 2015, 1585 ff.; wegen weit. Nachw. s. *Burhoff*, EV, Rn 1068 ff.):

- Die Durchsuchung muss in angemessenem Verhältnis zu der **Schwere** der **Straftat** und der **Stärke** des **Tatverdachts** stehen. Hierbei ist nicht nur die Bedeutung des potenziellen Beweismittels für das Strafverfahren, sondern auch der Grad des auf die verfahrenserheblichen Gegenstände oder Daten bezogenen Auffindeverdachts zu bewerten.
- Zum Zwecke der strafrechtlichen Ermittlung darf in die Wohnung eines Verdächtigen nur eingedrungen werden, wenn sich gegen ihn ein **konkret** zu beschreibender **Tatvorwurf** richtet, also mehr als nur vage Anhaltspunkte oder bloße Vermutungen.
- Die Durchsuchung muss zudem im Blick auf den bei der Anordnung verfolgten Zweck vor **allem Erfolg versprechen** (BVerfGE 115, 166, 197 f.).

- Die Durchsuchung ist dann unverhältnismäßig, wenn nahe liegende grundrechtsschonende Ermittlungsmaßnahmen ohne greifbare Gründe unterbleiben oder zurückgestellt werden und die vorgenommene Maßnahme außer Verhältnis zur Stärke des in diesem Verfahrensabschnitt vorliegenden Tatverdachts steht (BVerfG, NStZ-RR 2006, 110; BVerfG, NJW 2015, 1585 ff.).

bb) Auch die **Art und Weise** der Durchsuchung muss verhältnismäßig sein (vgl. BVerfG, NJW 2007, 1444), insbesondere einem legitimen Zweck dienen. Das ist bei der Durchsuchung zur Ermittlung eines **Informanten eines Pressemitarbeiters** (vgl. das **Spiegel-Urteil** in BVerfGE 20, 162, 217 und das **Cicero-Urteil** in BVerfG, NJW 2007, 1117 ff.) nicht der Fall (s. i.Ü. a. noch *Burhoff*, EV, Rn 1068 ff. 910

cc) Als besondere Ausprägung des Verhältnismäßigkeitsgrundsatzes treten richterliche Durchsuchungsanordnungen spätestens nach Ablauf eines halben Jahres (**zeitliche Begrenzung**) außer Kraft (vgl. BVerfG NJW 1997, 2165 ff.). 911

3.a) Für die Wohnungsdurchsuchung besteht **nicht nur** ein **einfach-rechtlicher Richtervorbehalt**, sondern ein **verfassungsrechtlicher** (zum Richtervorbehalt a. → *Verfassungsbeschwerde, Begründung, gesetzlicher Richter [Art. 101 Abs. 1 S. 2 GG]*, Teil C Rdn 883, m.w.N.). Dieser kann nur unter besonders engen Voraussetzungen umgangen werden. Auch können Mängel bei der Umschreibung des Tatvorwurfs und der zu suchenden Beweismittel im einfach-rechtlichen Beschwerdeverfahren nicht geheilt werden, sonstige Defizite zur Begründung des Tatverdachts oder zur Darlegung der Verhältnismäßigkeit allerdings schon (vgl. BVerfG, NJW 2015, 1585 ff.) 912

☝ Das bedeutet, dass die Gerichte verpflichtet sind, einen **richterlichen Eil- oder Notdienstes** einzurichten (vgl. BVerfGE 103, 142, 156; 105, 239, 248) und zwar auch **nachts**, wenn hierfür ein praktischer Bedarf besteht, der über den Ausnahmefall hinausgeht (vgl. BVerfG, NJW 2004, 1442; vgl. dazu a OLG Hamm StV 2009, 459 und die weit. Nach. bei → *Verfassungsbeschwerde, Begründung, gesetzlicher Richter [Art. 101 Abs. 1 S. 2 GG]*, Teil C Rdn 898, m.w.N.). Die **Eilkompetenz der Ermittlungsbehörden** endet, wenn der Sachverhalt dem Ermittlungsrichter durch die Stellung eines Antrags auf Erlass einer Durchsuchungsanordnung vorgelegt wurde und fällt nur dann in die Eilkompetenz der Ermittlungsbehörden zurück, wenn neue tatsächliche Umstände eintreten oder bekannt werden (vgl. BVerfG, Beschl. v. 16.6.2015 – 2 BvR 2718/10 u.a.).

b)aa) Der verfassungsrechtliche **Richtervorbehalt** erfordert, dass der unbestimmte Rechtsbegriff der „**Gefahr in Verzug**" (vgl. dazu a. *Burhoff*, EV, Rn 1416 ff.) 913

- **eng auszulegen** ist,
- **mit Tatsachen begründet** werden muss, die auf den Einzelfall bezogen sind, d.h. reine Spekulationen, hypothetische Erwägungen oder lediglich auf kriminalistische Alltagserfahrung gestützte, fallunabhängige Vermutungen reichen nicht aus,
- die Auslegung und Anwendung des Begriffs „einer unbeschränkten **gerichtlichen Kontrolle“ unterliegt**,
- und eine **wirksame gerichtliche Nachprüfung** der Annahme von „Gefahr im Verzug“ voraussetzt, dass sowohl das Ergebnis als auch die Grundlagen der Entscheidung in unmittelbarem zeitlichen Zusammenhang mit der Durchsuchungsmaßnahme in den Ermittlungsakten dargelegt werden (vgl. BVerfGE 103, 142 ff.). Es handelt sich also um einen Rechtsbegriff, für den **kein Beurteilungsspielraum** besteht (vgl. BVerfGE 103, 142, 156 f.). Die Maßnahme muss auf eine zwar nicht mangelfreie, wohl aber „hinreichende Dokumentation“ gestützt werden (BVerfGK 2, 176 ff.). Das Ankreuzen der Rubrik „Gefahr im Verzug“ genügt nicht, sondern nur eine im zeitlichen Zusammenhang gefertigte Dokumentation aus der sich ergibt, ob und auf welche Weise sich der handelnde Beamte sich in besonderem Maße der Rechtmäßigkeit seines Handelns vergewissert habe (BVerfGK 2, 310, 316). Diese Dokumentation hat i.d.R. durch den vorrangig verantwortlichen Staatsanwalt zu erfolgen, nicht durch den handelnden Polizeibeamten. Dieser hat bei der Durchsuchung oder unverzüglich danach in einem Vermerk die Bezeichnung des Tatverdachts, der gesuchten Beweismittel und die tatsächlichen Umstände, auf die die Gefahr des Beweismittelverlustes gestützt wird, darzulegen, sowie die Bemühungen, einen Ermittlungsrichter zu erreichen (BVerfGK 5, 74, 78).
- Für die vom Gericht vorzunehmende uneingeschränkte nachträgliche gerichtliche Kontrolle des Tatbestandsmerkmals „Gefahr im Verzug“ und damit für die Prognoseentscheidung der Ermittlungsbehörden gilt das Freibeweisverfahren (BVerfG NJW 2003, 2303, 2305).

914 **bb)** Das Fehlen eines **richterlichen Bereitschaftsdienstes** führt allerdings (wohl) nicht zu einem **Beweisverwertungsverbot** (vgl. BVerfG StraFo 2011, 145 [allerdings für § 81a]), ebenso wenig die **unzureichende Dokumentation** oder sonstige Verstöße, solange es sich nicht um schwerwiegende Verstöße oder bewusste oder willkürliche Verstöße gehandelt hat (vgl. BVerfG NJW 2009, 3225; dazu → *Verfassungsbeschwerde, Begründung, Beweisverbote*, Teil C Rdn 816 ff.).

915 **cc)** Die Praxis setzt die verfassungsrechtlichen Vorgaben nur unzureichend um. Krasse Evidenzbeispiele, die weiteren **Zweifel** an der **Funktionsfähigkeit** des **Richtervorbehalts** (s. dazu auch: → *Verfassungsbeschwerde, Allgemeines*, Teil C Rdn 746 ff.) wecken, waren z.B. die Durchsuchung von Kanzleiräumen eines Rechtsanwalt wegen einiger Verkehrsordnungswidrigkeiten, für die Geldbußen von je 15 € festgesetzt wurden (vgl. BVerfG

NJW 2006, 3411), der Einsatz eines Drogenspürhundes bei einer Wohnungsdurchsuchung, um nach der Tatwaffe einer Messerstecherei zu suchen (BVerfG NJW 2007, 1444 f.), oder die Durchsuchung von Kanzleiräumen eines Anwalts, weil dieser eine Drohung des Mandanten mit Schadensersatzforderungen gegen den Richter, Eingaben an das Justizministerium und die Generalstaatsanwaltschaft und Nachforschungen bei anderen Rechtsanwälten als Druckmittel gegen einen Richter veranlasst haben soll, was allerdings einfachrechtlich rechtmäßig war (BVerfG NJW 2007, 1443 = StraFo 2006, 450).

Siehe auch: → *Verfassungsbeschwerde, Allgemeines*, Teil C Rdn 729, m.w.N.; → *Verfassungsbeschwerde, Begründung, Beweisverbote*, Teil C Rdn 795 ff.; → *Verfassungsbeschwerde, Begründung, gesetzlicher Richter*, Teil C Rdn 883 ff.; → *Verfassungsbeschwerde, Begründung, Verhältnismäßigkeitsprinzip*, Teil C Rdn 1083 ff.; → *Verfassungsbeschwerde, Begründung, Zwangsmaßnahmen, Allgemeines*, Teil C Rdn 1112 ff.; → *Verfassungsbeschwerde, Zulässigkeit, Beschwerdegegenstand*, Teil C Rdn 1166 ff.; → *Verfassungsbeschwerde, Zulässigkeit, materielle Subsidiarität*, Teil C Rdn 1177 ff.; → *Verfassungsbeschwerde, Zulässigkeit, Rechtswegerschöpfung*, Teil C Rdn 1182 ff.

Verfassungsbeschwerde, Begründung, ineffektiver Rechtsschutz (Mindermeinung) 916

Das Wichtigste in Kürze:

1. Die Darstellung der bestehenden Rechtsschutzlücken in einem Handbuch ist erforderlich, um dem Leser Ansatzpunkte für eigenständige verfassungsrechtliche Beanstandungen zu liefern.
2. Die Revisionspraxis in der derzeitigen Auslegung und Anwendung der entsprechenden StPO-Bestimmungen wird den verfassungsrechtlichen Vorgaben nicht gerecht.
3. Die Revisions- und Verfassungsrechtswirklichkeit geht von zwei realitätswidrigen Fiktionen aus.
4. Die strafverfahrensrechtlichen Revisionsvorschriften müssten verfassungskonform im Sinne des weitest gehenden Rechtsschutzes ausgelegt werden.

Literaturhinweise: **Alsberg**, Justizirrtum und Wiederaufnahme, 1913; **Barton**, Die Revisionsrechtsprechung des BGH in Strafsachen, 1999; *ders.*, Kennzeichen und Effekte der modernen Revisionsrechtsprechung, StV 2004, 332; *ders.*, Die erweiterte Revision in der Rechtsprechung des Bundesgerichtshofes, 333, in: Festschrift für *Fezer*, 2008; **Bender/Nack/Treuer**, Tatsachenfeststellung vor Gericht, 2007; **Bossi**, Halbgötter in Schwarz, 2005; **Beulke**, Rechtsmißbrauch im Strafprozeß – Eine Erwiderung auf *Pfister*, StV 2009, S. 554; **Burgheim/Friese**, Sexualdelinquenz und Falschbezichtigung, 2006; **Döhmer**, Freie Beweiswürdigung oder Begründungsmangel!?, www.kanzlei-doehmer.de/beweis16.htm; **Eisenberg**, Kriminologie, 2005; **Eschelbach**, Feststellun- 917 gen, in: Festschrift für *Widmaier,* 2008, S. 130; *ders.*, Wiederaufnahmefragen in: Festschrift für *Stöckel*, 2010, S. 199; *ders.*, Anmerkung zu EGMR, Urt. v. 17.12.2009 – 19359/04, NJW 2010, 2499; **Fezer**, Die erweiterte Revision – Legitimierung der Rechtswirklichkeit, 1974; *ders.*, Möglichkeiten einer Reform der Revision in Strafsachen, 1975, zit.: *Fezer*, Möglichkeiten; *ders.*, Pragmatismus und Formalismus in der revisionsgerichtlichen Rechtsprechung, in: Festschrift für *Hanack*, 1999, S. 331; *ders.*, Revisionsurteil oder Revisionsbeschluß – Strafverfahrensnorm und Strafverfahrenspraxis in dauerhaftem Widerstreit, StV 2007, 40; **Fürstenau**, Offensichtlich unbegründet? – Der Missbrauch des § 349 Abs. 2 StPO, StraFo 2004, 38; **Geipel**, Sinnlose Rügen im deutschen Recht, ZAP F. 13 S. 1699; **Geipel/Nill/Aalberts**, Strafverteidigung bei Sexualdelinquenz, ZAP F. 22, S. 495; **Haddenhorst**, Die Einwirkung der Verfahrensrüge auf die tatsächlichen Feststellungen, 1971; **Hahn**, Materialien zur CPO, 1881; *ders.*, Die gesamten Materialien zur Strafprozessordnung, 2. Aufl. 1885; **Hamm**, Tendenzen der revisionsgerichtlichen Rechtsprechung aus anwaltlicher Sicht, StV 1987, 262; **Hanack**, Zum Verfahrensausgang nach erfolgreicher Revision, in: Festschrift für *Tröndle*, 1989, S. 495; **Hebenstreit**, Die Wahrheit und nichts als die Wahrheit, HRRS 2008, 173; **Herdegen**, Strafrichterliche Aufklärungspflicht und Beweiswürdigung, NJW 2003, 3513; **Jähnke**, Über die Befugnis des Revisionsgerichts zur Nachprüfung der tatrichterlichen Beweiswürdigung in: Festschrift für *Hanack,* 1999, S. 355; **Jagusch**, Die Revision in Strafsachen – ausreichende Rechtsgarantien, NJW 1971, 2009; **König**, Die Verteidigung in der Hauptverhandlung, S. 155, in: *Ziegert* (Hrsg.), Grundlagen der Strafverteidigung, 2000; **Küper**, Historische Bemerkungen zu „Freien Beweiswürdigung“ im Strafprozeß, in: Festschrift für *Peters*, 1984, S. 23; **Meyer-Mews**, Wieder auf dem Prüfstand: Die Revision in Strafsachen, NJW 2005, 2820; **Nack**, Verteidigung bei der Glaubwürdigkeitsbeurteilung von Aussagen, StV 1994, 555; **Nassal**, Verfassungsgerichtliche Lawinensprengung, das BVerfG und die Berufungsbeschluss-zurückweisung, NJW 2008, 3390; **Pauly**, Mündlichkeit der Hauptverhandlung und Revisionsrecht, in: Festschrift für *Hamm*, S. 557; **Peters**, Freie Beweiswürdigung und Justizirrtum, in: Festschrift für *Olivecrona*, 1964, S. 541; **Rosenau**, Die offensichtliche Ungesetzlichkeit der „ou“-Verwerfung nach § 349 Abs. 2 StPO, ZIS 2012 195; **Rüthers**, Die unbegrenzte Auslegung, 2005; **Salditt**, Anmerkung zu BGH 1 StR 171/98 (Pistazieneisfall), NStZ 1999, 420; **von Savigny**, Über Schwurgerichte und Beweistheorie im Strafprozesse, GA 1958, 469; **Schlothauer**, Unvollständige und unzutreffende tatrichterliche Urteilsfeststellungen, StV 1992, 133; *ders.*, Rechtsgestaltung durch höchstrichterliche Rechtsprechung – Beschlussverwerfung gem. § 349 Abs. 2 StPO, StV 2004, 340; **Schneider**, Beweis und Beweiswürdigung, 1994; **Schünemann**, Der deutsche Strafprozess im Spannungsfeld von Zeugenschutz und materieller Wahrheit, StV 1998, 391; *ders.*, Der Richter im Strafverfahren als manipulierter Dritter?, StV 2000, 159; **Schwinge**, Der Kampf um die Schwurgerichte bis zur Frankfurter Nationalversammlung, 1926; **Theobald**, Barrieren im strafrechtlichen Wiederaufnahmeverfahren – Die Wiederaufnahme wegen neuer Tatsachen oder Beweismittel zugunsten des Verurteilten, 1998; **Vogelsang**, Die Bedeutung erfolgreicher Verfahrensrügen für das nachfolgende tatrichterliche Urteil, 2001; **Wilhelm**, „Verdeckte Gesetzesverstöße“ in der Revision, ZStW 117 (2005), 143; **Ziegert**, Die prozessuale Wahlfeststellung, StV 1996, 279; *ders.*, Die Entdeckung der Wahrheit, in: Festschrift für *Volk*, 2009, 901; s.a. die Hinw. bei → *Verfassungsbeschwerde, Allgemeines*, Teil C Rdn 730, und bei → *Verfassungsbeschwerde, Begründe, effektiver Rechtsschutz (Art. 19 Abs. 4 GG)*, Teil C Rdn 849.

918 **1.a) Vorab**: Die **Darstellung** der **bestehenden Rechtsschutzlücken** in einem Handbuch ist **erforderlich**, um dem Leser Ansatzpunkte für eigenständige verfassungsrechtliche Beanstandungen zu liefern. Jede unzulässige Verfahrensrüge, auch die behauptete Unzulässigkeit der alternativen Rüge (prozessuale Wahlfeststellung) oder das Rekonstruktionsverbot und begründungslose Entscheidungen kollidieren mit dem verfassungsrechtlichen Postulat, dass derjenige, der bei Gericht ankommt, auch wirklich gehört werden soll (BVerfGE 107, 395) und dem zentralen Gebot der Ermittlung des wahren Sachverhalts (vgl. BVerfGE 57, 250, 279). Der Verteidiger benötigt die Argumente der Kritiker an der derzeit einmalig strengen Revisionsrechthandhabung aus zwei Gründen: Zum ei-

nen ist es zwar unwahrscheinlich, aber nicht undenkbar, dass das BVerfG eine größere Offenheit der revisionsgerichtlichen Kontrolle durch verfassungskonforme Auslegung der bestehenden Vorschriften einfordert. Zum anderen versperrt jede unzulässige Rüge den Weg zum BVerfG, denn dann ist dem Gebot der **Rechtswegerschöpfung** nicht genügt. Diese Sperre kann der Verteidiger nur vermeiden, wenn er darlegt, dass die Auslegung und Anwendung von § 344 Abs. 2 S. 2 in seinem Einzelfall verfassungswidrig war. Insofern können Argumente hilfreich sein, die darlegen, dass die derzeitigen Anforderungen bereits per se zu streng und verfassungswidrig sind und jedenfalls auch auf dem Boden der h.M. aus Sachgründen nicht mehr zu rechtfertigen sind und deswegen einen Verstoß gegen Art. 19 Abs. 4 GG darstellen (BVerfGE 112, 185; StV 2006, 57). Nur mit der nötigen „**Vorneverteidigung**" im Rechtszug aufgrund verfassungsrechtlicher Argumente kann der Boden für weitere verfassungsrechtliche Beanstandungen und Fortentwicklungen im Rechtsschutz gelegt werden (MAH-*Eschelbach*, § 30 Rn 5), nachdem das Gebot der Rechtswegerschöpfung auch für einzelne Rügen gilt (vgl. BVerfG, Beschl. v. 15.3.1999 – 2 BvR 375/99; Beschl. v. 24.10.1999 – 2 BvR 1896/99; Beschl. v. 18.9.2000 – 2 BvR 1419/00) und wichtige verfassungsrechtliche Fragen mangels Zulässigkeit unentschieden geblieben sind, z.B. Fragen der Bewertungseinheit, Beschlagnahme einer Patientenkartei, Telefonmithören, V-Mann-Einsatz, Hörfalle, agent provocateur, Lügendetektor, Brechmitteleinsatz, Fernwirkung des Beweisverbots wegen Folterandrohung (vgl. MAH-*Eschelbach*, § 30 Rn 16 m.w.N.). Eine Verfassungsbeschwerde, mit der die **Verfassungsgemäßheit des Beschlußsystems** (§ 349 Abs. 2) bezweifelt worden ist, wurde mangels näherer Darlegungen, inwiefern durch die Beschlussverwerfung ein geringer Rechtsschutz als durch ein Urteil nach mündlicher Verhandlung gewährt worden sein soll, nicht zur Entscheidung angenommen (BVerfG NJW 2014, 2563). Die entsprechenden Argumente finden sich neben der seit Jahrzenten nachgewiesenen Unzulänglichkeit der revisionsgerichtlichen Kontrolle vor allem in dem Gebot der **vollständigen Unterrichtung aller Revisionsrichter** (BVerfG NJW 2012, 2334 ff. Rn 25), der **Offenbarung** des **Systems der Kontrolle** (vgl. *Paeffgen/Wasserburg* GA 2012, 535), der Unmöglichkeit durch **Hörensagen vollständig informiert** zu sein (*Fischer/Krehl* StV 2012, 550, 554 ff.) und dem **Einfluss** des **Berichterstatters** auf die revisionsrichterliche Entscheidung (*Fischer* NStZ 2013, 425).

b) Das gilt umso mehr, als der frühere Vorsitzende des BGH, *Jagusch*, bereits 1971 die Frage stellte, wie sich ein Revisionsrichter fühlt, der mit seiner Stimme an der Rechtskraft eines Urteils mitgewirkt hat, das sich jedoch nachträglich als **Fehlurteil** erwiesen hat und diese Frage seitdem im Prinzip unbeantwortet ist (vgl. *Jagusch*, a.a.O.). Ein anderer früherer Vorsitzender des BGH, *Sarstedt*, teilt mit: „Und wenn das alles nichts hilft, dann ist dem Leser vielleicht ein Trost, daß auch dem Verfasser [Sarstedt], der drei Jahre Mitglied eines Strafsenats beim Oberlandesgericht, 26 Jahre Mitglied eines Strafsenats beim Bundesgerichtshof, davon mehr als 21 Jahre als Vorsitzender, und 24 Jahre Mitglied des Großen 919

Strafsenats gewesen ist, Revisionen durch Beschluß als offensichtlich unbegründet verworfen worden sind, von denen er das nicht für möglich gehalten hätte. Gelegentlich ist ihm nur die Vermutung zurückgeblieben, dass Begründungen für diese Entscheidung sich eben nicht hätten schreiben lassen" (*Sarstedt/Hamm*, Rn 463). Wenn ein anderer Vorsitzender und Vizepräsident des BGH, *Jähnke*, zudem die im Schrifttum vertretene Auffassung, derzufolge der BGH bewusst sein methodisches Vorgehen verschleiere, um zu dem von ihm gewünschten Ergebnis zu gelangen, als schwerwiegenden Vorwurf referiert (vgl. *Jähnke*, S. 355, 359 m.w.N.) und ein weiterer früherer Vorsitzender des BGH, *Herdegen*, feststellt, dass der BGH mit miteinander nicht zu vereinbarenden Beweiswürdigungstheorien arbeitet (vgl. *Herdegen* NJW 2003, 3513), so muss das zu Besorgnis führen.

920 **2.a)** Die **Revisionspraxis** (in der derzeitigen Auslegung und Anwendung der entsprechenden StPO-Bestimmungen, vor allem §§ 344 Abs. 2 S. 2, 349 Abs. 2, 337, 352) wird den **verfassungsrechtlichen Vorgaben** – entgegen der h.A. – **nicht gerecht**.

921 Weder ist das Rechtsmittel der Revision

- **effektiv** (s.a. → *Verfassungsbeschwerde, Begründung, effektiver Rechtsschutz*, Teil C Rdn 916),
- noch folgt es dem Gebot der **Rechtsmittelklarheit** (s.a. → *Verfassungsbeschwerde, Begründung, rechtliches Gehör*, Teil C Rdn 999),
- noch ist das **richterrechtlich** geschaffene und eine markante Rechtsschutzlücke offenbarende **Rekonstruktionsverbot** verfassungsrechtlich gerechtfertigt (vgl. Graf/*Eschelbach*, § 261 Rn 63, 66, 68 ff.),
- noch ist die **„o.U."–Verwerfungspraxis**, mit der die gesetzlich als Normalfall vorgesehene HaV zum Ausnahmefall geworden ist (vgl. Graf/*Wiedner*, StPO, vor § 349 Rn 1), verfassungskonform (s.a. → *Verfassungsbeschwerde, Begründung, faires Verfahren*, Teil C Rdn 863; vgl. a. BVerfG NJW 2014, 2563 ff.). Die Frage der Verfassungswidrigkeit von vom Revisionsgericht bei der StA „bestellten" Verwerfungsanträge, um nach § 349 Abs. 2 vorgehen zu können, wurden dem BVerfG zwar vorgelegt, aufgrund des Substantiierungsgebotes (s. auch: → *Verfassungsbeschwerde, Zulässigkeit Substantiierungsanforderungen*, Teil C Rdn 1193; → *Verfassungsbeschwerde, Zulässigkeit materielle Subsidiarität*, Teil C Rdn 1177) aber nicht beantwortet (vgl. BVerfG NStZ 2000, 382). Im Wege der von *Rüthers* als Dauerproblem erkannten „unbegrenzten Auslegung" (s. auch: → *Verfassungsbeschwerde, Begründung, Beweisverbote*, Teil C Rdn 835) hat die Rspr. das Tatbestandsmerkmal „offensichtlich" abgeschafft (vgl. dazu a. *Rosenau* ZIS 2012, 195, 199 f.).

  Das BVerfG ist davon ausgegangen, dass dem Tatbestandsmerkmal der Offensichtlichkeit noch Bedeutung zukommt. Denn nach seiner Rspr. (a.a.O.) ist nach allgemeiner Ansicht eine Revision „offensichtlich" unbegründet, wenn für jeden Sachkundigen ohne längere Prüfung erkennbar ist, dass das Urteil in sachlich-rechtlicher Hinsicht keine Fehler aufweist und die Revisionsrügen dem Rechtsmittel nicht zum Erfolg verhelfen können (BVerfG NStZ 2002, 487, 489). Die Praxis hat sich hiervon aber gelöst (*Rosenau* ZIS 2012, 195, 198).

- **Zudem** führt die Addition der o.g. Phänomene zu einem Rechtsmittel, das insgesamt nur noch eine **Simulation effektiver Kontrolle** darstellt (vgl. Graf/*Eschelbach,* § 261 Rn 44).

b)aa) Niemand zweifelt am **Vorrang** und **Vorbehalt des Gesetzes** als gültige **Verfassungsprinzipien** (Art. 1 Abs. 3; 20 Abs. 3 GG, Rechtsstaatsprinzip). „Der Revisionsrichter, der sich von den Gesetzen löst, die seine eigene revisionsrichterliche Entscheidungstätigkeit normieren sollen, entschlüpft seiner Rolle als reiner Rechtsanwender – er wird zum Rechtssetzer. Das wirft nicht nur Fragen der Gewaltenteilung auf, sondern führt auch zu praktischen Rechtsunsicherheiten“ (*Barton* StV 2004, 332, 335). Im Bereich der begründungslosen „o.U.“-Verwerfungen hat sich die revisionsrichterliche Praxis offensichtlich contra legem vom Gesetz gelöst (so mit Recht *Rosenau* ZIS 2012, 195). Oder um mit *Fezer* zu sprechen: Es hat sich eine Verfahrenspraxis entwickelt, die von den normativen Vorgaben zum Teil deutlich abweicht, also eine Art **prozessualer Subkultur**, die mit dem Geltungsanspruch einer Verfahrensordnung auf Dauer nicht zu vereinbaren ist (vgl. *Fezer* StV 2007, 40). Tatsächlich ist aber jede Auslegung, die die Gesetzesbindung des Richters nach Art. 20 Abs. 3 GG und Art. 97 Abs. 1 GG missachtet, ein Angriff auf den Rechtsstaat (Gewaltenteilung) und die Demokratie aufgrund des **Primats des Parlaments** für die Gesetzgebung (vgl. *Rüthers*, S. 487, 493). 922

bb) Ob und wie oft die **„o.U.“-Verwerfung** dazu genutzt wird, Revisionen zu verwerfen, die argumentativ nicht oder nur unter Schwierigkeiten verworfen werden könnten, kann diesseits nicht beurteilt werden, die Gefahr besteht allemal (vgl. *Schlothauer* StV 2004, 340 f. m.w.N; *Fürstenau* StraFo 2004, 38 m.w.N.; *Sarstedt/Hamm*, Rn 463), zumal die Attitüde des „goldrichtigen Urteils“, das man als Revisionsrichter nicht aufhebt, keinesfalls Fiktion ist (vgl. *Barton* StV 2004, 332, 334). Eine reine Unterstellung ist aber die revisionsrichterliche Annahme eines „goldrichtigen Urteils“, denn empirische Studien zum Ausgang zurückverwiesener Verfahren offenbaren – gerade losgelöst vom Grund der Zurückverweisung – in beträchtlicher Anzahl deutlich andere Ergebnisse als das Ersturteil (vgl. *Barton* StV 2004, 332, 339 m.w.N.). Das bedeutet: Niemand kann verlässlich prognostizieren, welches Ergebnis nach einem zweiten Verfahrensgang folgt. 923

cc) Nicht ganz so offensichtlich rechts- und verfassungswidrig wie die Praxis der „o.U.“-Verwerfungen, weil diese gegen geschriebenes Recht verstoßen, ist die derzeitige revisionsrichterlich praktizierte Handhabung des **Schlüssigkeitsgebots** (s.a. → *Verfassungsbeschwerde, Begründung, rechtliches Gehör*, Teil C Rdn 1023; → *Verfassungsbeschwerde, Begründung, effektiver Rechtsschutz*, Teil C Rdn 858) und das **Rekonstruktionsverbot**. 924

925 Der Befund von *Fezer*, dass die **Strafsenate** des **BGH „doppeltes Spiel" betreiben können** (so *Fezer*, Die erweiterte Revision, S. 52) gilt immer noch (vgl. *Barton* StV 2004, 332, 334). Man darf also gerade nicht davon ausgehen, dass das revisionsrichterlich praktizierte Entscheidungsprogramm so abläuft, wie es im Gesetz steht, sondern es ist in weiten Bereichen eine Loslösung vom kodifizierten Gesetz zu beobachten (vgl. *Barton*, S. 284 f.), die zur Vermeidung der Gefahren der von *Rüthers* treffend beschriebenen „unbegrenzten Auslegung" zu kritisieren ist (s. auch: → *Verfassungsbeschwerde, Begründung, Beweisverbote*, Teil C Rdn 835 ff.).

926 **c)aa)** Die **verfassungsgerichtliche Rspr.** zu Art. 19 Abs. 4 GG verspricht, dass immer wenn ein **Rechtsmittel** gegeben ist, dieses **effektiv** und nicht in weiten Bereichen leerlaufend sein darf (vgl. BVerfGE 107, 395, 405 m.w.N.). Die **strafrechtliche Revision** ist im praktisch wichtigsten Bereich der **Tatsachenfeststellung** und **Beweiswürdigung ineffektiv** (vgl. Graf/*Eschelbach*, § 261 Rn 9, 33, 33.2, 40, 44, 63, 66, 68 ff.). Freilich war die Revisionsinstanz historisch hierfür auch gar nicht vorgesehen (vgl. Rdn 928).

☝ Das Rechtsmittel der Revision – wie es gegenwärtig gehandhabt wird – kann die **zentralen tatrichterlichen Fehlerbereiche nicht erfassen**.

927 *Meyer-Mews* wundert sich, weshalb das BVerfG zwar daran erinnere, dass einerseits eine von der Prozessordnung vorgesehene Instanz gem. Art. 19 Abs. 4 GG effektiv sein müsse, aber das BVerfG andererseits noch keine Konsequenzen gezogen habe, obwohl empirisch nachgewiesen sei, dass das Rechtsmittel (jedenfalls bezogen auf Verfahrensrügen) ineffektiv sei (vgl. *Meyer-Mews* NJW 2005, 2820 f., vgl. zur verfassungswidrigen Handhabung des **Schlüssigkeitsgebots** des § 344 Abs. 2 S. 2 auch: → *Verfassungsbeschwerde, Begründung, rechtliches Gehör*, Teil C Rdn 1023). Auch *Salditt* äußert sich ähnlich (vgl. NStZ 1999, 420, 422 unter Hinw. auf BVerfGE 78, 88, 89.

928 **bb)** Bemerkenswert ist, dass sogar in der NS-Zeit **Reformpläne** bestanden, es dem Revisionsgericht zu ermöglichen, einerseits fehlerfrei begründete, aber falsche Urteile in größerem Umfang aufzuheben und andererseits fehlerhaft begründete, aber zutreffende Urteile zu halten. Das ist insofern nachvollziehbar, als *Max Alsberg* bereits 1913 ausführte, die Revision „sei kein Rechtsmittel, das auch nur einigermaßen geeignet sei, der materiellen Wahrheit zum Siege zu verhelfen. Beim größten Unrecht kann sie versagen, beim größten Recht zur Aufhebung des Urteils führen" (*Alsberg*, S. 4). Durch den Ausbruch des Zweiten Weltkriegs wurden die Reformpläne zur Seite gelegt (vgl. LR-*Franke*, Vor § 333 Rn 15). Anfang der 70er Jahre des letzten Jahrhunderts war allgemein anerkannt, dass die **Revision dringend reformiert** werden sollte. Es standen zur künftigen Ausgestaltung der Revision u.a. Reformvorschläge von der Strafrechtskommission des Deutschen Richterbundes, des Strafrechtsausschuss der Bundesrechtsanwaltskammer und einer Arbeitsgruppe des Bundes und der Länder zur Verfügung (vgl. *Fezer*, Möglich-

keiten, S. 301 ff.). Nachdem der BGH begonnen hatte, die erkannten Schwächen durch die sog. „erweiterte Revision" abzubauen und auf die – historisch irreversible – Beweiswürdigung und Tatsachfeststellung zugriff, wurden die **Reformbemühungen erneut ad acta** gelegt (vgl. *Fezer*, S. 331, 333 m.w.N.).

☝ Die auf die erweiterte Revision begründeten **Hoffnungen** wurden aber **nicht erfüllt** (vgl. *Barton*, S. 333, 350). Zwar ist damit rechtstheoretisch mehr revisibel geworden, die Quote erfolgreicher Revisionen ist aber trotzdem nicht gestiegen (vgl. *R. Hamm* StV 1987, 262).

Hinzu kam, dass eine wirkliche Erweiterung der revisionsgerichtlichen Kontrolle nur durch ein **Wortprotokoll** erzielt werden kann. Die gegen die Einführung des Wortprotokolls gerichteten Einwände (v.a. Arbeitsaufwand) haben bereits zu Beginn der 70er Jahre des letzten Jahrhunderts nicht überzeugt (vgl. *Fezer*, Möglichkeiten, S. 249 ff. m.w.N.). Angesichts der technischen Entwicklung überzeugen Argumente gegen eine **Dokumentation** der **HV** aktuell erst recht nicht (vgl. *Geipel*, Kap. 9, Rn 244 ff. m.w.N.). 929

☝ Es muss wie ein Hohn anmuten, wenn in jeder Tankstelle Videoaufzeichnungen gefertigt werden, vor Gericht aber stichpunktartige Mitschriften des Berichterstatters eine verlässliche Tatsachengrundlage sein sollen. Der einzige Grund, die HV nicht zu dokumentieren, liegt darin, die Ergebnisse nicht überprüfbar machen zu wollen.

3.a) Die **Revisions-** und **Verfassungsrechtswirklichkeit** geht von **zwei realitätswidrigen Fiktionen** aus, oder anders formuliert: „Das Revisionsrecht beruht auf einem nahezu grenzenlosen Vertrauen in den Tatrichter, auf der Vorstellung, in ihm einen objektiven, redlichen Chronisten vorzufinden, der bei der Abfassung des Urteils keine eigenen Interessen verfolgt" (vgl. *Ziegert*, S. 901, 904). Das ist insofern zutreffend, als auch diesseits unterstellt wird, dass der Tatrichter kein wissentlich falsches Urteil fällt. Das ist aber insofern falsch, als auch Tatrichter wahrnehmungsverzerrenden Phänomenen – wie jeder andere Mensch – auch unterliegen. 930

Fiktion 1 931

Der Angeklagte soll (auch und vor allem) in der ersten und einzigen **Tatsacheninstanz** einem **unparteiischen, unvoreingenommenen Richter gegenüberstehen**. Das ist durch die Struktur des deutschen Strafverfahrens falsch (vgl. *Geipel*, Kap. 8, Rn 45 m.w.N.; *Roxin/Schünemann*, § 17; → *Verfassungsbeschwerde, Begründung, faires Verfahren*, Teil C Rdn 863). Zwar soll nach der Konzeption der bisherigen StPO die Einseitigkeit der Ermittlungen im Vorverfahren durch eine originäre neue Beweiserhebung der neutralen Gerichtsinstanz in der HV kontrolliert werden, das wird aber durch die aktenkonforme Gestaltung der HV konterkariert. Indem die Tatrichter sich meist auch schon vor der HV auf ein Beweisergebnis festlegen, „oder die Hauptverhandlung durch Urteilsergebnisabsprachen ganz aushöhlen, entfällt die Legitimation für den Urteilsspruch durch ein neutrales Verfahren" (*Eschelbach*, FS Stöckel, S. 199, 203).

932 **Fiktion 2**

Die **Urteilsgründe** sind grds. **vollständig und zutreffend**. Auch das ist eine reine Fiktion (vgl. Graf/*Eschelbach*, § 261 Rn 65 ff. m.w.N.), weil sie das Phänomen der **selektiven Wahrnehmung** ignoriert (vgl. hierzu *Bender/Nack/Treuer*, a.a.O. Rn 1 ff.; *Barton*, Einführung, § 12 Rn 34 ff.).

933 **b) Wären** diese **Fiktionen** (vgl. Rdn 931 f.) **zutreffend**, bestünden **keine Einwände** dagegen, dass zur Kontrolle der tatgerichtlichen Tatsachenfeststellung und Beweiswürdigung bei der Sachrüge lediglich die Urteilsgründe herangezogen werden. Das sog. **Rekonstruktionsverbot** hätte dann eine innere Rechtfertigung.

934 **aa)** Nachdem die Fiktionen aber nicht zutreffend sind, führt das Rekonstruktionsverbot **zwingend** zu **Fehlurteilen** (vgl. dazu a. mit Erfahrungen aus der Praxis *Bossi,* S. 67; *König*, S. 211; *Döhmer*, S. 4; MAH-*Widmaier/Norouzi*, § 9 Rn 108; *Dahs*, RV, Rn 251; *Neuhaus*, § 13 Rn 28; *Schlothauer* StV 1992, 133; *Wilhelm* ZStW 117, 143; *Pauly*, S. 557; *Ziegert*, S. 901, 903; ähnlich *Jagusch* NJW 1971, 2009; *Hebenstreit* HRRS 2008, 173, 178; FA Strafrecht-*Eschelbach*, 8. Teil Kap. 4 Rn 55). Es handelt sich bei der Klage des „**falschen Films**" bzw. der unvollständigen oder unzutreffenden Urteilsgründe auch keineswegs um ein Einzelfallproblem (dazu schon *Jagusch* NJW 1971, 2009, vgl. auch LR-*Franke*, Vor § 333 Rn 11).

935 Anders formuliert: Es **widerspricht wissenschaftlichem Erkenntnisstand**, dass die (nicht bewusst, aber unbewusst voreingenommenen) Tatrichter (vgl. *Schünemann*, StV 1998, 391; *ders.*, StV 2000, 159; *Roxin/Schünemann*, § 1 Rn 16, § 17 m.w.N., § 69 m.w.N.; *Geipel*, Kap. 3, Rn 85, Kap. 8, Rn 45, Kap. 16, Rn 12 m.w.N.) hinsichtlich der Feststellungen immer recht haben und die Verteidiger immer unrecht. Zutreffend teilt *Beulke* mit: „Ich teile nicht die Zuversicht vieler Praktiker, daß ein kluger, besonnener, ehrlicher Richter mit Sicherheit auch ein „richtiges" Urteil fällen werde und daß es immer stimmt, was er sagt. Zu oft haben Verfahrensbeteiligte richterliche Entscheidungen und Verfahrensabschlüsse erlebt, die aus ihrer Sicht nicht „richtig" und nicht „gerecht" erschienen" (*Beulke* StV 2009, 554, 556; ähnlich *Ziegert* StV 1996, 279).

☝ Die **Verzweiflung**, die auf Seiten der **Verteidigung** besteht, kann daraus abgeleitet werden, dass findige Verteidiger sogar versucht haben, die **Mitschriften** der Beisitzer **beschlagnahmen** zu lassen, um ein Beweisergebnis und Urteilsabfassungen vor Verfälschungen zu schützen. Auch dieser Gegenbeweis gegen Urteilsfeststellungen bzw. Vorsorge gegen Urteilsverfälschungen wird nicht zugelassen, da den Mitschriften das Beratungsgeheimnis entgegensteht (vgl. BGH NJW 2009, 2836 f.).

Das **bedeutet**: „Mithin müssen sich der Angeklagte und sein Verteidiger bzw. der Staatsanwalt nach der derzeitigen Rechtsprechung im Revisionsverfahren mit einem Urteil abfinden, das auf Tatsachenfeststellungen beruht, die nach ihrer subjektiven Überzeugung oder sogar objektiv die Ergebnisse der Beweisaufnahme unzutreffend oder unvollständig wiedergeben. Es fällt schwer das zu akzeptieren. Zwar ist nicht damit zu rechnen, dass der BGH seine Rechtsprechung kurz- oder mittelfristig ändern wird. Sie bedarf gleichwohl der Überprüfung […]" (*Wilhelm* ZStW 117 (2005), 146 f.). 936

Eben weil es sich bei dem Phänomen der unvollständigen und ggf. unzutreffenden Urteilsfeststellungen nicht um ein Einzelfallproblem, sondern eine Gesetzmäßigkeit handelt, die den wahrnehmungsverzerrenden Gesetzmäßigkeiten der **selektiven Wahrnehmung** (vgl. *Bender/Nack/Treuer*, Rn 92; *Barton*, Einführung, § 12 Rn 34 ff.) folgt, gibt es eine unbekannte, aber nicht geringe Fehlurteilsquote. 937

bb) Dass es überhaupt zu **Fehlurteilen** kommen kann, wird gerne **verschwiegen**, jedenfalls nicht problematisiert. Die letzte grundlegende Arbeit zur Fehlurteilsforschung wurde 1972 – 1974 veröffentlicht, als *Karl Peters* sein dreibändiges Werk „Fehlerquellen im Strafprozess" vorlegte und darauf hinwies, dass Fehlurteile in beachtenswerter Häufigkeit vorkämen (*Peters*, Fehlerquellen, Bd. 2, 1). In der 14. Wahlperiode des Deutschen Bundestags wurde in der 14. Sitzung vom 14.2.1962 davon abgesehen, den Ertrag von Wiederaufnahmeverfahren offiziell zu bilanzieren, da sonst eine Beunruhigung der Richterschaft und Bevölkerung drohen könnte (vgl. *Theobald*, S. 10). 938

4. Man kann folgende **Schätzversuche zur Fehlurteilsquote** unternehmen: 939

Fehlurteile in zivilgerichtlichen Beweiswürdigungen: 940

- Anhand meiner eigenen Auswertung der Daten zur ZPO-Reform kann eine Mindestfehlerquote in tatrichterlichen Beweiswürdigungen **von 10 %** (die tatsächliche Quote dürfte ein Vielfaches betragen) geschätzt werden (vgl. *Geipel*, Kap. 3, Rn 24 ff.). Da es keinen qualitativen Unterschied zwischen Straf- und Zivilrichter gibt, können zivilrechtliche Ergebnisse als Schätzgrundlage auf strafrechtliche Ergebnisse übertragen werden (ebenso *Eschelbach*, FS Stöckel, S. 199, 214).

Auf die Nichtzulassungsbeschwerde hin zugelassene Revisionen und deren Erfolg: 941

- Eine Fehlurteilsquote kann auch abgeschätzt werden, wenn man bedenkt, wie oft die zivilgerichtliche Revision nicht zugelassen wird, aber die Nichtzulassungsbeschwerde und Sachentscheidung doch erfolgreich ist. Hier ergibt eine Auswertung von *Nassal*, dass der BGH z.B. im Jahr 2006 über 1854 Fälle entschieden hatte, wovon 349 Fälle (= 18,82 %) zu einer Revisionszulassung führten, wovon wiederum ca. 80 % erfolgreich waren (vgl. *Nassal* NJW 2008, 3390, 3392). Diese legt eine Quote von ca. **14,4 %** nahe. Auch hier ist die tatsächliche Fehlurteilsquote höher, denn der irreversible, aber fehlerträchtige Bereich der Tatsachenfeststellung und Würdigung ist hierin nicht oder kaum erfasst.

942 **Das tatsächliche Schicksal von Strafurteilen, die zurückverwiesen wurden:**

- Wenn die Urteilsabsetzungsfrist versäumt wurde, liegt ein absoluter Revisionsgrund vor. Da der Fehler nicht im Geringsten mit der materiellen Rechtslage, der Tatsachenfeststellung oder Würdigung zu tun hat, wäre zu erwarten, dass das neue Verfahren zu einem identischen Ergebnis führt. Tatsächlich ist dies nicht so. Bereits *Haddenhorst* stellte in den auf Angeklagtenrevisionen zurückverwiesenen Fällen eine Freispruchsquote von **13 %** und eine Einstellungsquote von **7,2 %** fest. Als Gründe der nunmehr abweichenden Feststellungen nannte er vor allem eine andere Würdigung desselben Beweismittels, neue Zeugenbeweise aufgrund eingehenderer Beweisaufnahme und Entlastungen durch Tatbeteiligte, die nunmehr als Zeugen gehört wurden, sowie Gutachten zur Schuldfähigkeit (vgl. *Haddenhorst*, S. 114). Vogelsang hat diese Ergebnisse im Wesentlichen reproduziert. In zehn von 87 Verfahren (= 11,49 %) ist es in dem zurückgewiesenen Verfahren zu einem Freispruch und in weiteren sechs Verfahren (= 6,89 %) zu einer Einstellung gekommen (vgl. *Vogelsang*, S. 82, 86). Von den zurückverwiesenen Fällen kam es in 20 Fällen (30 Fälle insgesamt, bei zehn erfolgte ohnehin ein Freispruch) zu einer Veränderung der Tatsachenfeststellung und einer Veränderung im Strafmaß. Hierbei bestand in 11 Fällen keine Kausalität mit dem Verfahrensfehler (vgl. *Vogelsang*, S. 104.). Von den zehn Fällen, die mit einem Freispruch endeten, bestand in 7 Fällen keine Kausalität zwischen dem Freispruch und dem Verfahrensmangel (vgl. *Vogelsang*, S. 120). Das bedeutet, dass in 18 von 87 Fällen (= 20,68 %) ein zufällig vorhandener Verfahrensfehler zu einem hiervon losgelösten, aber für den Angeklagten günstigeren Ergebnis aufgrund anderer Tatsachenfeststellung geführt hat. Das legt eine Mindestfehlerquote von 20,68 % nahe.
- Auch *Hanack* hat in einer **rechtstatsächlichen Untersuchung** das Schicksal von Strafverfahren, deren Revisionen beim BGH ganz oder teilweise erfolgreich waren, untersucht. Die Auswertung von 100 Urteilen (nach Zurückverweisung) ergab, dass in 15 Fällen die ursprüngliche Aufhebung aufgrund eines Verfahrensfehlers erfolgte. Blendet man die mitgeteilten ursprünglichen Verstöße gegen das Beweisantragsrecht und Beweisverwertungsverbote aus, verbleiben 10 Fälle, von denen zu vermuten ist, dass der ursprüngliche Verfahrensmangel nichts mit der Tatsachenfeststellung bzw. Beweiswürdigung bzw. Strafzumessung zu tun hatte. Dennoch kam es (losgelöst vom Aufhebungsgrund) in mind. vier Fällen zu erheblich geänderten Strafen und in mindestens weiteren vier Fällen zu beträchtlichen Änderungen im Schuldspruch. *Hanack* weist zudem einen weiteren Fall nach, in dem die Aufhebung zwar wegen der Sachrüge erfolgte, das neue Ergebnis aber mit dem ursprünglich festgestellten Beanstan-

dungsgrund nichts zu tun hat (vgl. *Hanack*, S. 495, 507). Das legt eine Mindestfehlerquote von 4 + 4 + 1 = 9 (= **9 %**) nahe (vgl. *Hanack*, S. 495, 506 f.).

Schätzungen von Praktikern im Bereich des Sexualstrafrechts: 943

- Im Bereich der Sexualdelikte ergab eine deutsche Untersuchung von *Burgheim/Friese* eine Falschbezichtigungsquote von **19,6 %** (vgl. *Burgheim/Friese*, S. 23).
- Der deutsche Psychologe Prof. Dr. *Köhnken* teilt mit, dass bei den von ihm begutachteten, bereits problematisch eingeschätzten Fällen eine **Falschbezichtigungsquote** von **30 % – 40 %** anzunehmen sei (vgl. Interview mit Prof. Dr. *Köhnken*, abgedr. bei http://www.zeit.de/2008/15/Interview-Koehnken).
- Nach Einschätzung von *R. Hamm* dürfte im Bereich der Aussage gegen Aussage-Situationen (v.a. bei Sexualdelikten) die Dunkelziffer der Fehlurteile am größten sein, da das Opfer faktisch (meist einziger) Zeuge in eigener Sache ist (vgl. Interview mit Prof. Dr. *Hamm*, abgedr. bei http://www.zeit.de/2004/50/Laura_Interview?page=2).
- Zutreffend weist auch Eschelbach darauf hin, dass die Zahl der **Falschbezichtigungen** größer sein dürfte als gemeinhin zu vermuten ist (vgl. SSW-StGB/*Eschelbach,* § 46a, Rn 13 ff.; vgl. Graf/*Eschelbach*, § 261 Rn 7.2. und 63 jew. m.w.N.).
- Die genaue Anzahl falscher Vergewaltigungsvorwürfe ist unbekannt. Aus den **USA** wird über **Schätzungen zwischen 2 %** und **50 %** berichtet (vgl. *Geipel/Nill/Aalberts* ZAP F. 22 S. 495 m.w.N.).

> ☝ Das Problem **falscher Bezichtigungen** bei Sexualdelinquenz ist jedenfalls kein Einzelfallproblem, sondern auch zahlenmäßig **nicht unbeträchtlich** (vgl. *Eisenberg*, § 45 Rn 57, 65).

Bei der Sicherungsverwahrung falsch eingeschätzte Positive 944

- Auch die Parallelfrage, wie viele Personen, die in Sicherungsverwahrung genommen werden sollen, falsch eingeschätzt werden, insbesondere wie viele falsch eingeschätzte Positive es gibt, ist unbekannt, wobei die **Schätzungen** von **40 bis 56 %** ausgehen (vgl. *Eschelbach* NJW 2010, 2499 f.).

5. *Nack* hat es als verständliches Anliegen bezeichnet, die **Tatsachenfeststellung** und **Beweiswürdigung** (bei nur einer Tatsacheninstanz) mit der Revision anzugreifen. Gleichwohl ist der **Angriff** a priori i.d.R. **sinnlos** (*Nack* StV 1994, 555). 945

a) Die Revision läuft im Bereich der **Tatsachenfeststellung** und Würdigung, der besonders fehlerträchtig ist, nämlich häufig durch folgende **Textbausteine** leer: 946

- „Das Ergebnis der Aussage eines Zeugen, wie überhaupt das Ergebnis der HV festzustellen und zu würdigen, ist alleine Sache des Tatrichters; der dafür bestimmte

Ort ist das Urteil. Was in ihm über das Ergebnis der Schuld- und Straffrage festgehalten ist, bindet das Revisionsgericht […]" (BGHSt 21, 149, 151).

- Im Anschluss daran formuliert BGHSt 31, 139, 140: „Das Revisionsgericht kann aber darüber, was die in der HV vernommenen Personen zur Schuld- oder Rechtsfolgenfrage ausgesagt haben, nicht nur bei der Prüfung der Sachbeschwerde, sondern auch zur Prüfung einer sich auf die Tatsachenfeststellung beziehenden Verfahrensrüge keine eigenen Beweise erheben (BGHSt 17, 351, 352; 21, 149, 151; 29 18, 20). Das würde auf eine (teilweise) Wiederholung der tatrichterlichen Verhandlung hinauslaufen und damit der Ordnung des Revisionsverfahrens widersprechen."

947 **b)aa)** § 337 bestimmt in Abs. 2: „Das Gesetz ist verletzt, wenn eine Rechtsnorm nicht oder nicht richtig angewendet worden ist." Nachdem das Gesetz keine ausdrückliche Vorschrift enthält, der zufolge es unzulässig wäre, wenn das Revisionsgericht die Beweisaufnahme (teilweise) wiederholt, bedarf das sog. **Rekonstruktionsverbot näherer Begründung**. Mit beachtlichen Gründen stellt *Wilhelm* dar, dass das Rekonstruktionsverbot durch den Wortlaut des § 344 Abs. 2 nicht gedeckt ist (vgl. *Wilhelm* ZStW 117 (2005), 154 f.). Auch aus § 352 Abs. 1 kann eine Beschränkung der Beweismittel im Revisionsverfahren gerade nicht entnommen werden (vgl. *Wilhelm* ZStW 117 (2005), 157).

☝ Die Rspr. **verhindert** damit die **Revisibilität** von bestimmten Gesetzesverstößen, ohne dass dies eine gesetzliche Grundlage hätte (vgl. *Wilhelm* ZStW 117 (2005), 156, 158). Das Rekonstruktionsverbot kann auch nicht mit dem Schlagwort der Ordnung des Revisionsverfahrens begründet werden (vgl. *Hebenstreit* HRRS 2008, 172, 179).

948 **bb)** Zur Begründung des Rekonstruktionsverbots wird auf den Willen des **historischen Gesetzgebers** abgestellt (vgl. *Wilhelm* ZStW 117 (2005), 161 m.w.N.). Hier ist zuzugeben, dass das Revisionsgericht nach dem Willen des historischen Gesetzgeber in der Tat die erbrachten Beweise nicht würdigen, sondern nur eine Rechtskontrolle durchführen sollte (vgl. *Fezer*, S. 332). Der historische Gesetzgeber ging aber zum einen davon aus, dass freie Beweiswürdigung nur Geschworenen (nicht dem Berufsrichter) zuerkannt werden sollte (vgl. *Geipel*, Kap. 2, Rn 9 ff. m.w.N.), sodass die große Zahl der Geschworenen den Angeklagten vor einer irrigen Einzelmeinung schützen würde (vgl. *Schwinge*, S. 146 ff.). Damit ist bereits die Prämisse des historischen Gesetzgebers nicht mehr gegeben, sodass ein Abstellen auf den Willen des historischen Gesetzgebers fragwürdig erscheint. Dieser Weg ist im Übrigen auch deswegen nicht mehr gangbar, weil es im Laufe der Zeit zu immer weiteren **Besetzungsreduktionen** und Verschiebungen der Eingangszuständigkeit gekommen ist (vgl. MAH-*Eschelbach*, § 30 Rn 140 ff.). Darüber hinaus existiert bereits heute ein Bild von der Revision, wie es den Vorstellungen des historischen Gesetzgebers weithin nicht entspricht (vgl. LR-*Franke*, Vor § 333 Rn 1).

I.Ü. ging der **historische Gesetzgeber** von einem **Irrtum** aus. Wer rechtlich beurteilen soll, ob § 261 vom Tatrichter rechtlich richtig angewandt wurde, muss jedenfalls die im Urteil mitgeteilten Gründe auch würdigen – und sei es, dass er die frühere Würdigung nur nachvollzieht. Der Revisionsrichter kann z.B. auch Verstöße gegen die Logik nicht erkennen, wenn er die im Urteil mitgeteilten Beweise nicht auf Folgerichtigkeit überprüft. Dieses Überprüfen ist i.d.R. nichts anderes als eine eigene Würdigung. Das Ergebnis der Würdigung des Tatrichters wird solange nicht beanstandet, so lange es der Revisionsrichter akzeptieren kann. Kommt der Revisionsrichter in seiner Überprüfung/Würdigung zu dem Schluss, dass der Tatrichter nicht folgerichtig entschieden hat, hebt er das Urteil auf. Weiter ging der historische Gesetzgeber von der irrigen Annahme aus, sämtliche Gesetzesverstöße ließen sich durch das Urteil und das Protokoll nachweisen (vgl. *Hahn*, Materialien zur Strafprozessordnung, S. 256 f.). Auch ging der historische Gesetzgeber davon aus, dass der den bisherigen Beweisregeln zugrunde liegende Erfahrungssatz weiter gelten und jeder besonnene und gewissenhafte Richter diesen ohnehin beachten würde (vgl. *Küper*, S. 23, 38; vgl. a. noch *Hahn*, Materialien zur CPO, S. 275 f.; *Egon Schneider* Rn 158; (*Peters*, S. 532, 542; *Geipel*, Kap. 2, Rn 9 ff. m.w.N.; *von Savigny* GA 1958, 469, 485). 949

6.a) Wenn es zutreffend ist, dass es gerade nicht dem Willen des historischen Gesetzgeber entspricht, bestimmte fehlurteilsanfällige Bereiche unkontrollierbar zu gestalten, und wenn ein Rechtmittel **von Verfassungs wegen** 950

- effektiv (s.a. → *Verfassungsbeschwerde, Begründung, effektiver Rechtsschutz*, Teil C Rdn 916),
- das Verfahren insgesamt fair (s.a. → *Verfassungsbeschwerde, Begründung, faires Verfahren*, Teil C Rdn 863),
- der Betroffene vor Gericht nicht nur formell, sondern auch tatsächlich gehört werden soll (s.a. → *Verfassungsbeschwerde, Begründung, rechtliches Gehör*, Teil C Rdn 999),
- keine Strafe ohne Schuld verhängt werden darf (s.a. → *Verfassungsbeschwerde, Begründung, Schuldgrundsatz*, Teil C Rdn 1055),
- und zudem das Gebot der Wahrheitserforschung besteht (s.a. → *Verfassungsbeschwerde, Begründung, Wahrheitserforschungsgebot*, Teil C Rdn 1104 ff.)
  und
- hierfür **verfahrensrechtliche Vorkehrungen** zu treffen sind (BVerfGE 57, 250, 275: „[entsprechende verfahrensrechtliche Vorkehrungen bereitzustellen]")
  und
- „Verfahrensrechtliche Gestaltungen, die der Ermittlung der Wahrheit und somit einem gerechten Urteil entgegenstehen, können, soweit sie verfassungsrechtlich nicht anderweitig erfasst werden, jedenfalls den Anspruch des Beschuldigten auf ein faires Verfahren berühren …" (BVerfG NJW 2009, 1469, 1473)
  und

- wenn die Frage der Berechtigung dieser Einschränkungen der Kontrolle der tatrichterlichen Tätigkeit [Rekonstruktionsverbot] eine Kernfrage zeitgemäßer Prozessrechtswissenschaft ist (vgl. *Pauly*, S. 557 f.),

  und
- wenn das Plenum des BVerfG noch im Jahr 2003 konstatiert, dass im Zivilrecht **bei drei Instanzen**, „[...] für den Rechtsschutz bei der Verletzung des Verfahrensgrundrechts des Art. 103 Abs. 1 GG verfassungsrechtlich gebotenen Anforderungen [...] das Rechtsschutzsystem gegenwärtig nur teilweise [genügt]" (BVerfGE 107, 395, 416),

so gilt dies im Strafrecht erst recht, so dass die strafverfahrensrechtlichen **Revisionsvorschriften verfassungskonform** im Sinne des **weitestgehenden Rechtsschutzes** ausgelegt werden müssen. „Läßt aber eine Norm mehrere Auslegungen zu, die teils zu einem verfassungswidrigen, teils zu einem verfassungsgemäßen Ergebnis führen, so ist die Norm verfassungsgemäß und muß verfassungskonform ausgelegt werden" (BVerfGE 64, 229, 242). Es ist die Auslegung zu wählen, die mit dem GG in Einklang steht (vgl. BVerfGE 32, 273, 383 f.). Das ist nur dann nicht möglich, wenn das in Widerspruch zu dem klar erkennbar geäußerten Willen des Gesetzgebers steht (vgl. BVerfGE 112, 164, 183). Das **Verfahrensrecht** dient der Herbeiführung gesetzmäßiger und unter diesem Blickwinkel auch richtiger und darüber hinaus gerechter Entscheidungen (vgl. BVerfGE 55, 72, 93 m.w.N.; bestätigt für das Strafverfahren in BVerfGE 32, S. 373, 383). Das bedeutet zugleich, dass von den Grundrechten eine **Ausstrahlungswirkung** auf das einfache Recht ausgeht (vgl. BVerfGE 7, 198; 24, 278, 282; 73, 261, 269). Gelegentlich spricht das BVerfG von der **Einwirkung** der Grundrechte (vgl. BVerfGE 25, 256, 263; 51, 131, 166; 66, 116, 135), teils wird vom **Einfluss** gesprochen (vgl. BVerfGE 42, 143, 147; 76, 143, 161). Ebenso wird von einer **objektiven Werteordnung oder Grundentscheidung** gesprochen (vgl. BVerfGE 6, 32, 49; 6, 55, 72; 81, 214, 229; 89, 242, 255).

☝ Das bedeutet weiter, dass sich nicht die Grundrechte an das einfache Recht **anzupassen** haben, sondern das **einfache Recht** an die **verfassungsrechtlichen Bestimmungen** (vgl. BVerfGE 28, 243, 260 f.). In diesem Sinne müssen die verfassungsrechtlichen Vorgaben weitest möglich und nicht reduziert umgesetzt werden.

951 **b)** Auch bei Berücksichtigung der **Leistungsmaxime** oder des **Beschleunigungsgebots** gibt es gegen folgende **Lösungen** nichts einzuwenden, denn jede Lösung kommt dem verfassungsrechtlich erforderlichem Zustand näher als der jetzige Zustand. Der Beschleunigungsgrundsatz dient u.a. dem Interesse an einer vollständigen Wahrheitsermittlung, da die Beweisgrundlage durch Zeitablauf verfälscht werden kann (vgl. BVerfG StV 2010, 113 f.). Wer aufgrund des Beschleunigungsgrundsatzes daher Rechtsschutzerweiterungen, mit dem Ziel der Ermittlung der Wahrheit verwehrt, verkehrt den Grundsatz in sein Gegenteil. Hinzuweisen ist auf folgende

Lösungsmöglichkeiten: 952

- *Wilhelm* schlägt als Lösungsmöglichkeit eine **Glaubhaftmachungsmöglichkeit** und -pflicht in analoger Anwendung von § 26 Abs. 2 S. 1 vor (vgl. *Wilhelm* ZStW 117 [2005], 163).
- *Hebenstreit* empfiehlt, die Abneigung gegen die **alternative Rüge** aufzugeben (vgl. *Hebenstreit* HRRS 2008, 179).
- *Eschelbach* hält die **Nichterwähnung** eines **wichtigen Entlastungsindizes** – entgegen der zu restriktiven Rspr. – für eine neue Tatsache i.S.v. **§ 359 Nr. 5** (vgl. Graf/ *Eschelbach*, § 261 Rn 65 ff.).

☝ Freilich können die o.g. verfassungsgerichtlichen Vorgaben besser gewährleistet werden, wenn de lege ferenda eine **beschränkte Berufung** eingeführt wird, die sich nur mit gerügten Mängeln (auch zu Feststellungen) befasst (vgl. *Hebenstreit* HRRS 4/2008, 179; ähnlich *Eschelbach*, FS Widmaier, S. 138; *Geipel*, Kap. 19 Rn 65).

Siehe auch: → *Verfassungsbeschwerde, Auslegung der StPO im Lichte der Grundrechte*, Teil C Rdn 766; → *Verfassungsbeschwerde, Begründung, effektiver Rechtsschutz*, Teil C Rdn 916; → *Verfassungsbeschwerde, Begründung, faires Verfahren*, Teil C Rdn 863; → *Verfassungsbeschwerde, Begründung, rechtliches Gehör*, Teil C Rdn 999; → *Verfassungsbeschwerde, Begründung, Schuldgrundsatz*, Teil C Rdn 1055; → *Verfassungsbeschwerde, Begründung, Wahrheitserforschungsgebot*, Teil C Rdn 1104.

Verfassungsbeschwerde, Begründung, Ne bis in idem (Art. 103 Abs. 3 GG) 953

Das Wichtigste in Kürze:

1. Art. 103 Abs. 3 GG garantiert dem schon bestraften oder rechtskräftig freigesprochenen Täter Schutz gegen erneute Verfolgung und Bestrafung.
2. Wesentlich für die Anwendung des Art. 103 Abs. 3 GG ist, dass „dieselbe Tat" vorliegt.
3. Für das Verhältnis von Straf- und Disziplinarstrafe gilt Art. 103 Abs. 3 GG nicht. Gleichwohl kann das Nebeneinander zu einem Verstoß gegen das Verhältnismäßigkeitsprinzip führen.

Literaturhinweise: s. die Hinw. bei → *Verfassungsbeschwerde, Allgemeines*, Teil C Rdn 730. 954

955 **1.a)** Art. 103 Abs. 3 GG garantiert dem schon bestraften oder rechtskräftig freigesprochenen Täter **Schutz gegen erneute Verfolgung** und **Bestrafung** wegen derselben Tat (vgl. BVerfGE 12, 62, 66). Art. 103 Abs. 3 GG verbietet damit eine Doppelbestrafung, setzt aber eine Entscheidung eines deutschen Gerichts voraus (vgl. BVerfG NJW 2012, 1202 f.). Art. 103 Abs. 3 GG **hindert nicht** eine neuerliche **strafrechtliche Verfolgung** einer im **Ausland rechtskräftig abgeurteilten Tat** durch die zuständigen Organe der Bundesrepublik Deutschland, soweit nicht das ausländische Urteil als vollstreckbar anerkannt und vollzogen und hierdurch auf den deutschen Strafanspruch verzichtet wird (BVerfGE 75, 1, 16).

☝ Auch wenn Art. 103 Abs. 3 GG eine Entscheidung eines deutschen Gerichts voraussetzt, kann sich einfach-rechtlich eine interessante Verteidigungslösung analog dem zivilrechtlichem forum-shopping ergeben. **Art. 54 SDÜ** erstreckt das Verbot der Doppelbestrafung nämlich nicht nur auf Urteile, sondern auf **alle verfahrensbeendenden Entscheidungen**, nach denen im nationalen Recht Strafklageverbrauch (vgl. z.B. § 153a) eintritt (vgl. dazu *Roxin/Schünemann*, § 3 Rn 22 ff. m.w.N., und den Rspr.-Überblick bei *Burhoff*, EV, Rn 1880 ff.).

956 **b)aa)** Das verfassungsrechtliche Verbot der Doppelbestrafung steht daher auch der Mitwirkung der Bundesrepublik Deutschland an einer Vollstreckung eines zweiten Strafurteils einer in einem fremden Staat abgeurteilten Straftat durch **Auslieferung** des Täters an einen anderen fremden Staat **nicht entgegen**. Eine solche Mitwirkung verstößt als solches auch nicht gegen den Grundsatz der Rechtsstaatlichkeit oder sonstige verfassungsrechtliche Gewährleistungen (BVerfGE 75, 1, 16).

957 **bb)** Ein – auch verfassungsrechtlicher – **Verteidigungsansatz gegen** eine **Auslieferung** kann sich aber daraus ergeben, wenn die durch Auslieferung zu erwartende Strafe unverhältnismäßig hart wäre (BVerfGE 75, 1, 16 f.).

958 Insoweit kann **eingewandt** werden (vgl. BVerfGE 75, 1 ff.),

Verteidigungsansätze

- dass die Strafe, die gegen den Verfolgten im ersuchenden Staat verhängt wurde, **unerträglich hart**, mithin unter jedem denkbaren Gesichtspunkt unangemessen ist,
- dass die im ersuchenden Staat verhängte Strafe mit Blick auf eine **Nichtanrechnung** oder **Nichtberücksichtigung** der in einem Drittstaat wegen derselben Tat erlittenen Strafe die äußerste Grenze zur unerträglichen Härte überschreitet,
- dass die angedrohte oder verhängte Strafe **grausam**, **unmenschlich** oder **erniedrigend** (vgl. Art. Art. 1 Abs. 1 und Art. 2 Abs. 1 GG) ist,
- nicht hingegen, dass die zu vollstreckende Strafe lediglich als in hohem Maße hart anzusehen ist und bei einer strengen Beurteilung anhand deutschen Verfassungs-

rechts bereits nicht mehr als angemessen erachtet werden könnte. Das Grundgesetz geht von der Eingliederung des von ihm verfassten Staates in die Völkerrechtsordnung der Staatengemeinschaft aus (Präambel, Art. 24 bis 26 GG). Es gebietet damit zugleich, fremde Rechtsordnungen und -anschauungen grds. zu achten.

☝ Die Auffassung der deutschen Rechtsordnung von **maß-** und **sinnvollem Strafen** kann im Auslieferungsverkehr nur insoweit zur Geltung gebracht werden, als sie Bestandteil zwingender, unabdingbarer verfassungsrechtlicher Grundsätze der Bundesrepublik Deutschland ist (BVerfGE 75, 1, 16 f.). Das gilt insbesondere auf dem Gebiet der BtM-Delikte, auf dem sich die entsprechenden Auffassungen der einzelnen Staaten insgesamt derart unterscheiden, dass vom Bestehen eines internationalen Mindeststandards nicht gesprochen werden kann (BVerfG, a.a.O.).

2.a) Wesentlich für die Anwendung des Art. 103 Abs. 3 GG ist, dass **„dieselbe Tat"** vorliegt. Das GG geht nach der Rspr. des BVerfG (BVerfGE 56, 22, 28) von einem prozessualen Tatbegriff aus, wie er im vorverfassungsrechtlichen Gesamtbild des Prozessrechts, insbesondere in der Rspr., unangefochten Geltung besaß. Dieser Begriff stellt auf einen nach natürlicher Auffassung zu beurteilenden einheitlichen Lebensvorgang ab (vgl. aus der früheren Rspr. RGSt 56, 324, 325; 61, 236, 237; 62, 130; 65, 106, 109; 72, 339, 340). **959**

☝ „Tat" in diesem Sinne ist der **geschichtliche** – und damit zeitlich und sachverhaltlich begrenzte – **Vorgang**, auf welchen Anklage und Eröffnungsbeschluss hinweisen und innerhalb dessen der Angeklagte als Täter oder Teilnehmer einen Straftatbestand verwirklicht haben soll (BVerfG, a.a.O.).

b) Für die Anwendung von Art. 103 Abs. 3 GG ist der **prozessuale Tatbegriff entscheidend** (vgl. zum Tatbegriff a. *Meyer-Goßner/Schmitt*, § 264 Rn 1 ff.), nicht die materielle Wertung, ob Tateinheit oder Tatmehrheit vorliegt. Richtig ist, dass Tateinheit auch eine Tat im Sinne des Art. 103 Abs. 3 GG indiziert, aber nicht beweist. **960**

961 **Schaubild: Tateinheit/Tatmehrheit**

Tateinheit	**Tatmehrheit**
„Eine ‚Handlung' im Sinn der §§ 52 ff. StGB kann in einer gewillkürten Körperbewegung als kleinster Einheit, aber auch aus einer Vielzahl solcher Handlungen im natürlichen Sinne bestehen, die durch den Gesetzestatbestand zu einer ‚rechtlichen Handlungseinheit' zusammengefaßt werden. Treffen mit den verschiedenen natürlichen Einzelhandlungen eines solchen Handlungskomplexes jeweils andere – an sich selbstständige – Straftaten zusammen, so können unter bestimmten Voraussetzungen auch diese in die Handlungseinheit einbezogen werden. Das materielle Strafrecht kann daher Handlungszusammenfassungen von ausgedehnter tatsächlicher Reichweite bilden, für die dennoch gem. § 52 StGB nur eine Strafe zu verhängen ist" (BVerfGE 56, 22, 31).	„Bei den als Tatmehrheit zu beurteilenden Gesetzesverletzungen sieht das Gesetz eine erhöhte Schuld als gegeben an, der es durch eine selbstständigere Anwendung der betreffenden Strafdrohungen Rechnung trägt: Hat jemand mehrere Straftaten begangen, die in Tatmehrheit zueinander stehen, so hat er mehrere Strafen verwirkt, die im Falle gleichzeitiger Aburteilung nach besonderen Regeln auf eine Gesamtstrafe zurückgeführt werden (§ 53 StGB). Die Gesamtstrafe wird durch Erhöhung der ihrer Art nach schwersten Strafe gebildet und darf die Summe der Einzelstrafen nicht erreichen (§ 54 StGB). Tateinheit und Tatmehrheit werden durch den Begriff der ‚Handlung' voneinander abgegrenzt. Wenn dieselbe Handlung mehrere Strafgesetze oder dasselbe Strafgesetz mehrmals verletzt, liegt Tateinheit, sonst Tatmehrheit vor" (BVerfGE 56, 22, 31).
Folgerungen für Art. 103 Abs. 3 GG	**Folgerungen für Art. 103 Abs. 3 GG**
„Ein durch den Rechtsbegriff der Tateinheit (§ 52 StGB) zusammengefaßter Sachverhalt wird deshalb nur dann aus mehr als einer Tat im Sinne des Art. 103 Abs. 3 GG bestehen können, wenn das materielle Recht rechtliche Handlungseinheiten bildet, die mehrere ihrer Natur nach selbstständige Sachverhalte in sich aufnehmen" (BVerfGE 56, 22, 32).	Durch die Beschreibung der einzelnen Taten, kann unproblematisch festgestellt werden, ob deswegen bereits eine Verurteilung oder ein Freispruch vorliegt. Ein Hinzutreten eines bisher unbekannten, aber in Tatmehrheit zu den abgeurteilten Taten stehenden Delikts, führt i.d.R. nicht zu einem Strafklageverbrauch. Gleichwohl sind auch hier – vor allem bei der Fortsetzungs- oder Dauerstraftaten – Ausnahmen denkbar (vgl. BVerfGE 45, 434, 436; 23, 191).

962 **3.a)** Für das **Verhältnis** von **Straf-** und **Disziplinarstrafe** gilt Art. 103 Abs. 3 GG **nicht**.

963 **b)** Gleichwohl kann das **Nebeneinander** zu einem **Verstoß** gegen das **Verhältnismäßigkeitsprinzip** führen. Daher bietet die Entscheidung des BVerfG v. 29.10.1969 (BVerfG NJW 1970, 507) einen interessanten **Verteidigungsansatz**, jedenfalls eine nachfolgende **Disziplinarstrafe abzuwehren**:

Das **BVerfG** (BVerfG NJW 1970, 507) verweist auf einen Bericht des Innenausschusses des BT v. 28.4.1967 (BT-Drucks V/1693). Danach werde zwar daran festgehalten, dass das Verbot der Doppelbestrafung nach Art. 103 Abs. 3 GG Disziplinarmaßnahmen wegen eines Verhaltens, das Gegenstand strafgerichtlicher Verurteilung war, nicht ausschließe. Der Innenausschuss sei jedoch der Auffassung, dass es bei strafgerichtlicher Verurteilung wegen einer Tat, die zugleich ein Dienstvergehen darstellt, häufig an der Notwendigkeit fehle, noch disziplinar einzuschreiten. Es erscheine deshalb angebracht, die Möglichkeit disziplinarer Ahndung eines pflichtwidrigen Verhaltens in den Fällen einzuschränken, in denen wegen desselben Sachverhalts bereits von einem Gericht oder einer Verwaltungsbehörde eine Strafe oder Ordnungsmaßnahme verhängt worden sei. Dieser Zielsetzung diene das Bestrafungsverbot in § 14 BDO. Nach dieser Bestimmung seien Disziplinarmaßnahmen unzulässig, wenn bei leichteren und mittleren Dienstvergehen dem Zweck des Disziplinarrechts schon durch die vorangegangene Strafe oder Ordnungsmaßnahme Genüge getan ist. Eine zusätzliche Disziplinarmaßnahme komme somit in diesen Fällen nur dann noch in Betracht, wenn die Strafe oder Ordnungsmaßnahme nicht ausreicht, um eine hinreichende erzieherische Wirkung auf den Beamten auszuüben und das durch sein Verhalten beeinträchtigte Ansehen des Beamtentums zu wahren (BVerfG, a.a.O.). 964

☝ „Die Verhängung einer Disziplinarmaßnahme nach strafgerichtlicher Verurteilung, ohne dass dazu im Einzelfall eine spezifische disziplinare Notwendigkeit besteht, kann daher zu einer Belastung des Betroffenen führen, die mit dem verfassungsrechtlichen Grundsatz der Verhältnismäßigkeit nicht mehr vereinbar wäre" (BVerfG 27, 180, 188). Das kann/muss ggf. gegenüber dem Nebeneinander von Strafe und Disziplinarmaßnahme **geltend gemacht** werden.

Siehe auch: → *Verfassungsbeschwerde, Allgemeines*, Teil C Rdn 729, m.w.N.; → *Verfassungsbeschwerde, Begründung, Verhältnismäßigkeitsprinzip*, Teil C Rdn 1083.

Verfassungsbeschwerde, Begründung, Nemo-Tenetur-Grundsatz 965

Literaturhinweise: s. die Hinw. bei → *Verfassungsbeschwerde, Allgemeines*, Teil C Rdn 730. 966

1. Die dogmatische Herleitung des Nemo-Tenetur-Grundsatzes ist fraglich. Jedenfalls genießt er **Verfassungsrang**, sei es als selbstverständlicher Ausdruck einer rechtsstaatlichen Grundhaltung, die auf der Menschenwürde beruht (vgl. BVerfGE 38, 105, 113), oder sei es aus dem allgemeinen Persönlichkeitsrecht (vgl. BVerfGE 95, 220, 241) bzw. dem Grundrecht auf ein **faires Verfahren** (vgl. BVerfGE 109, 279, 324). Hieraus ergibt sich aber nicht nur ein Schweigerecht des Beschuldigten (vgl. *Burhoff*, EV, 967

Rn 1595 ff.), sondern als Kehrseite das Verbot durch Zwang, Täuschung oder andere unzulässige Einwirkungen zu einer Aussage zu kommen (zu unzulässigen Vernehmungsmethoden *Burhoff*, EV, Rn 3767 ff.). Der Grundsatz schützt damit vor einem **Zwang zur Selbstbezichtigung**. Das kann auch in den Fällen problematisch werden, in denen einerseits eine gesetzliche Auskunftsverpflichtung besteht und diese Auskünfte nun in ein Strafverfahren gegen den Betreffenden transferiert werden sollen (vgl. BVerfG, NJW 2005, 352). Als Kehrseite des Grundsatzes darf damit auch **Schweigen** nicht zu Lasten des Angeklagten gewertet werden (vgl. BVerfG NStZ 1995, 555 f.). Der Beschuldigte muss frei von Zwang eigenverantwortlich entscheiden können, ob und gegebenenfalls inwieweit er im Strafverfahren mitwirkt, was voraussetzt, dass er über sein Schweigerecht informiert wird (vgl. BVerfG NJW 2014, 3506 ff.).

☝ **Einfach-rechtlich** ist der Grundsatz durch §§ 136 Abs. 1 S. 2, 163a Abs. 4 S. 2, 243 Abs. 5 S. 1, 55, und 136a Abs. 1 und 2 abgesichert (vgl. Umbach/Clemens/Dollinger/*Niemöller*, Kap. A, Rn 18).

968 **2.** Auch im Zivilprozess ist die Partei oder Zeuge nicht verpflichtet, Tatsachen zu nennen, die ihr/ihm zur Unehre gereichen oder eine strafbare Handlung offenbaren (vgl. BVerfGE 56, 37, 45). Bestimmen einfach-rechtliche Verfahrensbestimmungen (§ 97 Abs. 1 S. 2, 3 InsO) dennoch eine Offenbarungspflicht, folgt daraus ein **Verwertungsverbot** (vgl. *Roxin/Schünemann*, a.a.O., § 25 Rn 13).

☝ Ein **Verwertungsverbot** besteht allerdings dann **nicht**, wenn es keinen staatlichen Zwang zur Offenbarung, d.h. keine staatlichen Zwangsmaßnahmen im Fall der Nichtoffenbarung gibt, wie dies etwa bei Angaben gegenüber einer Haftpflichtversicherung ist (vgl. BVerfG NStZ 1995, 599).

Siehe auch: → *Verfassungsbeschwerde, Allgemeines*, Teil C Rdn 729, m.w.N.; → *Verfassungsbeschwerde, Begründung, Beweisverbote*, Teil C Rdn 816; → *Verfassungsbeschwerde, Begründung, faires Verfahren*, Teil C Rdn 863.

969 Verfassungsbeschwerde, Begründung, Prüfungsmaßstab

Das Wichtigste in Kürze:

1. Die Verfassungsbeschwerde ist begründet, wenn die angegriffene Maßnahme oder das angegriffene Unterlassen der öffentlichen Gewalt den Beschwerdeführer in seinen Grundrechten oder grundrechtsgleichen Rechten selbst, gegenwärtig und unmittelbar verletzt.

2. Mittelbar können auch völkerrechtliche Menschenrechtsverbürgungen, wie z.B. EMRK oder das WKÜ, mit der Verfassungsbeschwerde überprüft werden.
3. Nach der Rspr. des BVerfG scheidet eine mittelbare Prüfung von Europäischem Unionsrecht aus. Wird allerdings eine Vorlagepflicht an den EuGH nicht erfüllt, kommt eine Verletzung von Art. 101 Abs. 1 S. 2 GG in Betracht.

Literaturhinweise: **Burhoff**, Verfahrensverzögerung, überlange Gerichtsverfahren und Verzögerungsrüge – die Neuregelungen im GVG, StRR 2012, 4; **Kleine-Cosack**, Verfassungsbeschwerde und Menschenrechtsbeschwerden, 2007; **Zuck**, Rechtsschutz bei überlangen Gerichtsverfahren vor dem BVerfG, NVwZ 2012, 265.; s.a. die Hinw. bei → *Menschenrechtsbeschwerde, Allgemeines*, Teil C Rdn 2, und bei → *Verfassungsbeschwerde, Allgemeines*, Teil C Rdn 730. **970**

1.a) Die Verfassungsbeschwerde ist begründet, wenn die angegriffene Maßnahme oder das angegriffene Unterlassen der öffentlichen Gewalt i.S.v. Art. 93 Abs. 1 Nr. 4a GG den Beschwerdeführer in seinen **Grundrechten** oder grundrechtsgleichen Rechten in ihrer Ausgestaltung als **spezifisches Verfassungsrecht** (s. dazu auch: → *Verfassungsbeschwerde, Begründung, Prüfungsumfang*, Teil C Rdn 980) **selbst**, **gegenwärtig** und **unmittelbar** verletzt. **971**

b) Mit der Verfassungsbeschwerde können gem. Art. 93 Abs. 1 Nr. 4a GG i.V.m. § 90 Abs. 1 BVerfGG somit **nur Grundrechte** und die **grundrechtsgleichen Rechte** aus Art. 33, 38, 101, 103 und 104 GG als verletzt gerügt werden. **972**

☝ Neben den expressis verbis bekannten Grundrechten gibt es weitere **Prinzipien mit Verfassungsrang**, die aus den Grundrechten bzw. der Verfassung fließen und ebenfalls als verletzt gerügt werden können, und zwar

- das **Verhältnismäßigkeitsprinzip** (→ *Verfassungsbeschwerde, Begründung, Verhältnismäßigkeitsprinzip*, Teil C Rdn 1083),
- der **Schuldgrundsatz** (→ *Verfassungsbeschwerde, Begründung, Schuldgrundsatz*, Teil C Rdn 1055),
- das **Gebot der Wahrheitserforschung** (→ *Verfassungsbeschwerde, Begründung, Wahrheitserforschungsgebot*, Teil C Rdn 1104),
- das **Recht auf ein faires Verfahren** (→ *Verfassungsbeschwerde, Begründung, faires Verfahren*, Teil C Rdn 863),
- die **Unschuldsvermutung** (→ *Verfassungsbeschwerde, Begründung, Unschuldsvermutung*, Teil C Rdn 1079),
- und der **Nemo-tenetur-Grundsatz** (→ *Verfassungsbeschwerde, Begründung, Nemo-Tenetur-Grundsatz*, Teil C Rdn 969).

c) Völkerrecht, Europarecht, einfaches Gesetzesrecht oder **Landesverfassungsrecht** kann **unmittelbar nicht** als verletzt gerügt werden. **973**

974 Nach der sog. ***Elfes*-Doktrin** kann mittelbar aber jeder einfachgesetzliche Grundrechtseingriff überprüft werden. Die amtlichen Leitsätze der *Elfes*-Entscheidung (BVerfGE 6, 32) lauten in dem hier interessierenden Zusammenhang: „Verfassungsmäßige Ordnung im Sinne des Art. 2 Abs. 1 GG ist die verfassungsmäßige Rechtsordnung, d.h. die Gesamtheit der Normen, die formell und materiell der Verfassung gemäß sind" und „jedermann kann im Wege der Verfassungsbeschwerde geltend machen, eine seine Handlungsfreiheit beschränkende Rechtsnorm gehöre nicht zur verfassungsmäßigen Ordnung." Das bedeutet, dass jedes die allg. Handlungsfreiheit beschränkende Gesetz formell und materiell mit der Verfassung in Einklang stehen muss, d.h. kompetenzmäßig erlassen, den Wesensgehalt des Grundrechts unangetastet lassen muss (Art. 19 Abs. 2 GG) und auch sonst den Grundsätzen der Verfassung nicht widersprechen darf (BVerfGE 6, 32, 41; 115, 118, 139).

☝ Das eröffnet den Weg zur **mittelbaren Rechtssatzverfassungsbeschwerde**, d.h. zur Rüge, der Entscheidung liege eine verfassungswidrige Norm zugrunde (s.a. → *Verfassungsbeschwerde, Zulässigkeit, Beschwerdegegenstand*, Teil C Rdn 1163).

975 **2.a) Mittelbar** können auch **völkerrechtliche Menschenrechtsverbürgungen,** wie z.B. **EMRK** oder das **WKÜ** (Wiener Konsularrechtsübereinkommen), auch die **Europäische Grundrechte-Charta** (vgl. *Lenz/Hansel*, § 90 Rn 248) mit der Verfassungsbeschwerde überprüft werden. Zur Berücksichtigung der EMRK hat das BVerfG bereits in seinem Leitsatz des Beschl. v. 14.10.2004 (2 BvR 1481/04, BVerfGE 111, 307, 328) festgehalten, dass zur Bindung an Gesetz und Recht (Art. 20 Abs. 3 GG) die Berücksichtigung der Gewährleistungen der EMRK und der Entscheidungen des EGMR im Rahmen methodisch vertretbarer Gesetzesauslegung gehört. Sowohl die fehlende Auseinandersetzung mit einer Entscheidung des EGMR als auch deren gegen vorrangiges Recht verstoßende schematische „Vollstreckung könne gegen Grundrechte in Verbindung mit dem Rechtsstaatsprinzip verstoßen". Rügt der Beschwerdeführer damit ein im Schutzbereich berührtes Grundrecht in Verbindung mit dem Rechtsstaatsprinzip, bzw. die Verletzung eines Verfahrensgrundrechts kann er anführen, ein Fachgericht habe eine Bestimmung der EMRK oder eine Entscheidung des europäischen Gerichtshofs für Menschenrechte missachtet oder nicht berücksichtigt (vgl. *Lenz/Hansel*, § 90 Rn 241 ff. m.w.N.).

976 **Dogmatisch** wird das damit **begründet** (vgl. BVerfGE 111, 307, 328 f.), dass das **BVerfG** im Rahmen seiner Zuständigkeit auch **dazu berufen** sei, **Verletzungen** des **Völkerrechts**, die in der fehlerhaften Anwendung oder Nichtbeachtung völkerrechtlicher Verpflichtungen durch deutsche Gerichte liegen und eine völkerrechtliche Verantwortlichkeit Deutschlands begründen können, nach Möglichkeit zu **verhindern** und zu **beseitigen**. Das BVerfG stehe damit mittelbar im Dienst der Durchsetzung des Völkerrechts und vermindere dadurch das Risiko der Nichtbefolgung internationalen Rechts. Aus die-

sem Grund könne es geboten sein, abweichend von dem herkömmlichen Maßstab die Anwendung und Auslegung völkerrechtlicher Verträge durch die Fachgerichte zu überprüfen. Dies gelte in besonderem Maße für die völkerrechtlichen Verpflichtungen aus der EMRK, die als Auslegungshilfe heranzuziehen sei (vgl. BVerfGE 74, 358, 370). Die Konventionsbestimmungen in der Auslegung des Gerichtshofs seien in die Entscheidungsfindung einzubeziehen, das Fachgericht müsse sich zumindest gebührend mit ihr auseinandersetzen (BVerfGE 111, 307, 328). Beispiele hierzu aus jüngerer Vergangenheit stellen die Entscheidungen zum fairen Verfahren allgemein (BVerfG NJW 2001, 2245), zur Ausweisung und Auslieferung eines in Deutschland geborenen und aufgewachsenen, straffällig gewordenen Ausländers (BVerfGK 3, 4 ff.), zur Verwertbarkeit nicht konfrontierter Aussagen von Belastungszeugen (BVerfG NJW 2010, 925 ff.) oder zur Fortdauer der Sicherungsverwahrung bei einer psychischen Störung im Sinne eines „unsound mind" (BVerfGK 19, 62, 72), dar (weitere Beispiele bei *Lechner/Zuck*, § 90 Rn 80). Mit der einschlägigen Rechtsprechung des Europäischen Gerichtshofs hat sich der Beschwerdeführer bereits in seiner Verfassungsbeschwerdebegründung auseinanderzusetzen (*Lechner/Zuck*, § 90 Rn 80).

☝ Die **EMRK** gilt kraft des Transformationsgesetzes als **einfaches Bundesrecht** (vgl. BVerfGE 74, 358, 370; 82, 106, 120). Die Kenntnis der Rspr. des EGMR ist für den Verteidiger existenziell, denn diese läuft auf eine Art „weicher Vorrang" hin (vgl. *Roxin/Schünemann*, § 3 Rn 16). Die Vorgaben der EMRK sind als grundrechtliche Mindeststandards definiert (Art. 53 EMRK). Konventionsstaaten dürfen über diese hinausgehen, aber nicht dahinter zurückbleiben. Mit dem **Europäischen Gerichtshof für Menschenrechte** in Straßburg wurde ein gerichtliches Kontrollsystem geschaffen, das auf entsprechende Individualbeschwerde jeden Akt eines Konventionsstaates auf seine Vereinbarkeit mit Konventionsrecht überprüft (Art. 34, 46 EMRK; vgl. umfassend *Lenz/Hansel*, Rn 236 f. m.w.N.).

b) Auch die Individualbeschwerde zum EGMR hat notorisch geringe Erfolgsaussichten **977**
(zur **Menschenrechtsbeschwerde** → *Menschenrechtsbeschwerde, Allgemeines*, Teil C Rdn 1, m.w.N.). Gleichwohl ist der **Weg** – nach zwingender (Art. 34, 35 EMRK) Vorschaltung der Verfassungsbeschwerde zum BVerfG – **einzuschlagen** bei,

- **defizitären Grundrechtsauslegungen** durch das BVerfG selbst. Wer annimmt, dieser Fall kommt nicht vor, ist getäuscht (vgl. *Kleine-Cosack*, a.a.O., Rn 23 ff. m.w.N.).
- Weiter ist zu konstatieren, dass **zu strenge Annahmeerfordernisse** und **Begründungsanforderungen** (s. dazu auch: → *Verfassungsbeschwerde, Zulässigkeit Substantiierungsanforderungen*, Teil C Rdn 1193) in der Rechtsprechung des BVerfG zu verzeichnen sind (vgl. nur EGMR StV 2005, 475), die die Anrufung des EGMR als Konsequenz haben können (vgl. *Kleine-Cosack*, a.a.O, Rn 23 ff. m.w.N.).

☝ Ob weitere Fälle des Menschenrechtsverstoßes durch das BVerfG selbst – nach der Interpretation durch den EGMR – durch die Einführung des Gesetzes gegen den Rechtsschutz bei **überlangen Gerichtsverfahren** (vgl. u.a. *Burhoff* StRR 2012, 4) und die Möglichkeit der **Verzögerungsbeschwerde** beim BVerfG (§§ 97a ff. BVerfGG) gebannt sind, muss die Zukunft zeigen (vgl. *Zuck* NVwZ 2012, 265; s.a. → *Verfahrensverzögerung/Verzögerungsrüge*, Teil B Rdn 1027, m.w.N.).

978 **3.a)** Die sog. *Elfes*-Doktrin (BVerfGE 6, 32) kann allerdings nach der Rspr. des BVerfG (NJW 2006, 1261) **nicht** für die **mittelbare Prüfung** von **Europäischem Unionsrecht** angewandt werden. Gemeinschaftsrechtlich begründete Rechte gehören nicht zu den Grundrechten oder grundrechtsgleichen Rechten, gegen deren Verletzung nach Art. 93 Abs. 1 Nr. 4a GG und § 90 Abs. 1 BVerfGG mit der Verfassungsbeschwerde vorgegangen werden kann (BVerfG, a.a.O., m.w.N.). Ein möglicher Verstoß gegen europäisches Gemeinschaftsrecht ist auch nicht mit der Begründung rügefähig, angesichts des Anwendungsvorrangs des europäischen Gemeinschaftsrechts könnte es ggf. schon an einem anwendbaren, den Gesetzesvorbehalt eines Grundrechts ausfüllenden Gesetz und damit an einer Beschränkung der grundrechtlichen Gewährleistung fehlen. Denn für die insoweit maßgebliche Frage der Vereinbarkeit einer innerstaatlichen Norm des einfachen Rechts mit den Bestimmungen des europäischen Gemeinschaftsrechts ist das BVerfG nicht zuständig (BVerfG, a.a.O.). Eine Überprüfung eines Umsetzungsaktes von Recht der europäischen Union ist dann möglich, wenn der deutsche Gesetzgeber bei der Umsetzung eine Gestaltungsfreiheit hat (vgl. BVerfGE 129, 78, 90), bzw. wenn der Beschwerdeführer rügt, dass das nationale Gericht verkannt habe, dass bei der Auslegung ein den Mitgliedstaaten verbleibender Umsetzungsspielraum bestand, oder die Richtlinie ungültig ist und das Bundesverfassungsgericht nach Art. 267 AEUV eine Entscheidung des Gerichtshofes der Europäischen Union herbeiführen soll (vgl. *Lenz/Hansel*, § 90 Rn 167, 176, 210 m.w.N.).

☝ Die vorbehaltene Reserve-Kompetenz des BVerfG bei Rechtsakten der Europäischen Organe, die vom kompetenzübertragenden Zustimmungsakt nicht gedeckt sind (**ultra vires**), bzw. wenn eine Gegenüberstellung des Grundrechtsschutzes auf nationaler und Gemeinschaftsebene den unabdingbaren Grundrechtsschutz auf Gemeinschaftsebene nicht mehr gewährt bzw. unverzichtbare Mindestanforderungen demokratischer Legitimation bei der Entstehung von EU-Recht nicht gewahrt wurden, ist **praktisch bedeutungslos** (vgl. *Kleine-Cosack*, Rn 116 ff.).

979 **b)** Wird allerdings eine **Vorlagepflicht** an den EuGH **nicht erfüllt**, kommt eine Verletzung von Art. 101 Abs. 1 S. 2 GG in Betracht (→ *Verfassungsbeschwerde, Begründung, gesetzlicher Richter*, Teil C Rdn 883), denn insofern ist der EuGH „gesetzlicher Richter" (vgl. BVerfGE 73, 339, 366; 82, 159, 162).

Siehe auch: → *Verfassungsbeschwerde, Allgemeines*, Teil C Rdn 729, m.w.N.; → *Verfassungsbeschwerde, Begründung, gesetzlicher Richter*, Teil C Rdn 883; → *Verfassungsbeschwerde, Begründung, Prüfungsumfang*, Teil C Rdn 980; → *Verfassungsbeschwerde, Zulässigkeit, Beschwerdegegenstand*, Teil C Rdn 1163; → *Verfassungsbeschwerde, Zulässigkeit Substantiierungsanforderungen*, Teil C Rdn 1193.

Verfassungsbeschwerde, Begründung, Prüfungsumfang 980

Das Wichtigste in Kürze:

1. Jedes rechtswidrige Urteil ist verfassungswidrig, berechtigt aber nicht unbedingt zur Verfassungsbeschwerde.
2. Das BVerfG prüft nur die Verletzung von sog. spezifischem Verfassungsrecht.
3. Wann spezifisches Verfassungsrecht verletzt ist, ist vollkommen unprognostizierbar.
4. Der Anspruch, jede verfassungswidrige Entscheidung mit der Verfassungsbeschwerde beseitigen zu können, wird in der Praxis nicht eingelöst.
5. Es gibt einen Unterschied zwischen dem law in books und dem law in action.
6. Die Annahme des BVerfG, dass im Rechtsstaat des Grundgesetzes das Recht die Praxis und nicht die Praxis das Recht bestimmt, ist nicht immer zutreffend.

Literaturhinweise: **Bender**, Die Befugnis des Bundesverfassungsgerichts zur Prüfung gerichtlicher Entscheidungen, 1991; **Brink**, Tatsachengrundlagen verfassungsgerichtlicher Judikate, in: *Rensen/Brink*, Linien der Rechtsprechung des Bundesverfassungsgerichts, 2009; **Herzog**, Das akzeptierte Grundgesetz, in: Festschrift für Günter *Dürig*, 1990, S. 431; **von Lindeiner**, Willkür im Rechtsstaat, 2002; **Miebach**, Zur Willkür- und Abwägungskontrolle des Bundesverfassungsgerichts bei der Verfassungsbeschwerde gegen Gerichtsurteile, 1990; **Schumann**, Verfassungs- und Menschenrechtsbeschwerde gegen richterliche Entscheidungen, 1963; **Voßkuhle**, Erosionserscheinungen des zivilprozessualen Rechtsmittelsystems, NJW 1995, 1377; **Wank**, Verfassungsgerichtliche Kontrolle der Gesetzesauslegung und Rechtsfortbildung durch die Fachgerichte, Jus 1980, 545; s.a. die Hinw. bei → *Verfassungsbeschwerde, Allgemeines*, Teil C Rdn 730. 981

1.a) Gem. § 26 BVerfGG herrscht im Verfahren vor dem BVerfG der **Untersuchungsgrundsatz.** Dieser wird jedoch kaum genutzt (vgl. *Brink*, S. 3 ff.), obwohl jede rechtswidrige, d.h. formell und/oder materiell falsche Entscheidung verfassungswidrig ist, denn dann erfolgt der darin liegende Eingriff in Grundrecht jedenfalls nicht auf „aufgrund Gesetz" (vgl. *Herzog*, S. 431 f.; *Schlaich/Korioth*, Rn 222 f. m.w.N.; *Wank* Jus 1980, 545; *Voßkuhle* NJW 1995, 1377, 1383; *Miebach*, S. 31 ff. m.w.N.). Soweit ein Gericht, dessen Entscheidung mit der Verfassungsbeschwerde angegriffen wird, Grundrechtsbestimmungen **unmittelbar selbst ausgelegt und angewandt** hat, obliegt es dem Bundesverfassungsgericht, Reichweite und Grenzen der Grundrechte zu bestimmen und festzustellen, 982 ob Grundrechte nach ihrem Umfang und Gewicht in verfassungsrechtlich zutreffender Weise berücksichtigt worden sind (BVerfGE 108, 282, 294). Probleme entstehen damit bei der **Auslegung** und **Anwendung einfachen Rechts** mit mittelbarer Grundrechtsauslegung.

983 **b)** Aufgrund der *Elfes*-Entscheidung ist die **Beachtung** des **einfachen Rechts** selbst ein **Grundrecht** geworden (*Bender*, 2 f.). Die Leitsätze der *Elfes*-Entscheidung lauten u.a. (vgl. BVerfGE 6, 32):

- Verfassungsmäßige Ordnung i.S. des Art. 2 Abs. 1 GG ist die verfassungsmäßige Rechtsordnung, d.h. die **Gesamtheit** der **Normen**, die formell und materiell der Verfassung gemäß sind.
- Jedermann kann im Wege der Verfassungsbeschwerde geltend machen, eine seine Handlungsfreiheit beschränkende Rechtsnorm gehöre nicht zur verfassungsmäßigen Ordnung (**mittelbare Rechtssatzverfassungsbeschwerde** (s. → *Verfassungsbeschwerde, Zulässigkeit, Beschwerdegegenstand*, Teil C Rdn 1163).

☝ Damit wurde die **Beschwerdebefugnis** gem. § 90 Abs. 1 BVerfGG wesentlich **erweitert**.

984 Auch in späteren Entscheidungen hat das BVerfG den **Einfluss** der **Grundrechte** auf **einfaches Recht hervorgehoben**. So hatte es im sog. ***Lüth*-Urteil** (BVerfGE 7, 198, 204) darauf verwiesen, dass das Wertsystem der Grundrechte nicht nur vor Eingriffen der öffentlichen Gewalt sichert, sondern als verfassungsrechtliche Grundentscheidung für alle Bereiche des Rechts gelten muss, Gesetzgebung, Verwaltung und Rechtsprechung empfangen von ihm Richtlinien und Impulse. So beeinflusse es selbstverständlich auch das (bürgerliche) Recht; keine (bürgerlich-rechtliche) Vorschrift dürfe in Widerspruch zu ihm stehen, jede müsse in seinem Geiste ausgelegt werden. Der Richter habe kraft Verfassungsgebots zu prüfen, ob die von ihm anzuwendenden materiellen (zivilrechtlichen) Vorschriften beeinflusst seien. Treffe das zu, dann habe er bei Auslegung und Anwendung dieser Vorschriften die sich hieraus ergebende Modifikation zu beachten. In zwei weiteren Folgeentscheidungen (BVerfGE 12, 113 [sog. **Schmid-Spiegel-Beschluss**] und zur Ehegattenbesteuerung (BVerfGE 13, 318) wurde vom BVerfG dann überprüft, ob die Fachgerichte den **grundgesetzlichen Wertmaßstäben** Rechnung getragen hätten.

985 **2.a)** Gleichwohl **prüft** das **BVerfG** nicht jeden Rechtsfehler im Einzelnen nach, sondern **nur**, wenn sog. **spezifisches Verfassungsrecht** verletzt wird (vgl. dazu a. Rdn 988). Hierzu wird immer wieder der sog. Patent-Beschluss aus dem Jahr 1964 zitiert (BVerfGE 1, 418). In ihm wird ausgeführt, dass die Gestaltung des Verfahrens, die Feststellung und Würdigung des Tatbestandes, die Auslegung des einfachen Rechts und seine Anwendung auf den einzelnen Fall allein Sache der dafür allgemein zuständigen Gerichte und der Nachprüfung durch das BVerfG entzogen sind. Nur bei einer Verletzung von spezi-

fischem Verfassungsrecht durch die Gerichte könne das BVerfG auf eine Verfassungsbeschwerde hin eingreifen (vgl. BVerfGE 1, 418, 420). Spezifisches Verfassungsrecht sei aber nicht schon dann verletzt, wenn eine Entscheidung, am einfachen Recht gemessen, objektiv fehlerhaft sei. Der Fehler muss gerade in der Nichtbeachtung von Grundrechten liegen. Dem richterlichen Ermessen müsse aber ein gewisser Spielraum bleiben, der die Berücksichtigung der besonderen Lage des Einzelfalls ermögliche. Allgemein geht das BVerfG (a.a.O.) davon aus, dass die normalen Subsumtionsvorgänge innerhalb des einfachen Rechts so lange der Nachprüfung des BVerfG entzogen sind, als nicht Auslegungsfehler sichtbar werden, die auf einer grds. unrichtigen Anschauung von der Bedeutung eines Grundrechts, insbesondere vom Umfang seines Schutzbereichs beruhen und auch in ihrer materiellen Bedeutung für den konkreten Rechtsfall von einigem Gewicht sind (vgl. a. noch BVerfGE 18, 85, 92 f.; **speziell für den Bereich des Strafverfahrens** BVerfGE 95, 96, 128). Der Extremfall der Verletzung von spezifischem Verfassungsrecht ist damit, dass das Fachgericht vollständig verkennt, dass überhaupt ein Grundrecht betroffen ist (vgl. BVerfG, Beschl. v. 31.8.2009 – 1 BvR 3275/07).

☝ Wann ein Gericht Bedeutung und Tragweite eines Grundrechts grundlegend verkannt hat, kann nur an Hand der jeweiligen **Umstände** des **Einzelfalles** beurteilt werden (BVerfG NJW 2012, 3228).

b) Nicht sehr weitgehend prüft das BVerfG (BVerfGE 30, 173) auch in der ***Mephisto***-Entscheidung. Dort zitiert es die o.a. Formel vom spezifischen Verfassungsrecht (vgl. Rdn 985) und führt dann weiter aus, dass das BVerfG **nicht befugt** sei, seine **eigene Wertung** des Einzelfalles nach Art eines Rechtsmittelgerichts **an** die **Stelle** derjenigen des **zuständigen Richters** zu setzen (vgl. aber Rdn 992). Es könne vielmehr eine Verletzung des Grundrechts der unterlegenen Partei nur feststellen, wenn der zuständige Richter entweder nicht erkannt habe, dass es sich um eine Abwägung widerstreitender Grundrechtsbereiche handele, oder wenn seine Entscheidung auf einer grds. unrichtigen Anschauung von der Bedeutung des einen oder anderen der Grundrechte, insbesondere vom Umfang ihrer Schutzbereiche, beruhe (vgl. BVerfGE 30, 173, 197 [sog. ***Mephisto***-Formel]). 986

c) In seinen frühen Entscheidungen versucht das BVerfG sehr weitgehend Entscheidungen der Fachgericht „zu halten". Die Prüfung der Gerichtsentscheidung erfolgt, soweit sie über die Kontrolle der Rechtsgrundlagen hinausgeht, nur anhand des **Willkürmaßstabs** (vgl. dazu auch *Bender*, S. 31). 987

☝ Bereits BVerfGE 1, 14 stellt zur Willkür bei Gesetzen fest: „Der Gleichheitssatz ist verletzt, wenn sich ein vernünftiger, sich aus der Natur der Sache ergebender oder sonst wie sachlich einleuchtender Grund für die gesetzliche Differenzierung oder

Gleichbehandlung nicht finden läßt, kurzum, wenn die Bestimmung als **willkürlich** bezeichnet werden muß" (BVerfGE 1, 14, 52).

Entscheidend ist also, dass man nicht positiv nach der Rechtfertigung der Regelung fragen muss, sondern negativ, ob es für sie keinerlei sachlichen Grund gibt (vgl. *Bender*, Befugnis, S. 22 m.w.N.).

988 Später wurde dies zwar dergestalt **weiterentwickelt**, dass im Rahmen von Art. 3 Abs. 1 GG nicht mehr auf das Fehlen jeglichen Sachgrundes abgestellt wurde, sondern wieder positiv nach der Angemessenheit der Differenzierung. Man wird das aber gleichwohl so verstehen können, dass das BVerfG bei Art. 3 Abs. 1 GG „die Distanz zum einfachen Recht sucht, fast vor ihm flieht"(*Bender*, S. 27).

☝ Hinzukommen muss nach der späteren Rspr. zur Urteilsverfassungsbeschwerde, dass die Rechtsanwendung bei verständiger Würdigung der das GG beherrschenden Gedanken **nicht mehr verständlich** ist und sich daher der Schluss aufdrängt, dass sie auf **sachfremden Erwägungen beruht** (BVerfGE 4, 1, 7). Wann das der Fall ist, ist aber wieder gänzlich unklar.

Der Willkürverstoß ergibt sich **nicht aus** den **Begründungsmängeln** der angegriffenen Entscheidung, sondern dem **Begründungsergebnis**. Ein einfachrechtlicher Verstoß wird zum Willkürverstoß, wenn er evident, krass oder offenkundig ist (vgl. *Lechner/Zuck*, § 90 Rn 101 m.w.N.).

Oder anders formuliert: Willkürlich ist, was das BVerfG für **besonders falsch** hält (vgl. *von Lindeiner*, 63 f.).

989 **d)** Bemerkenswerterweise konnte die Formel vom **spezifischen Verfassungsrecht** sich diametral gegenüberstehende Ergebnisse nicht verhindern.

990

Mephisto (BVerfGE 30, 173), der sehr restriktive Prüfungsmaßstab wird in einem abweichenden **Sondervotum** kritisiert:	**Lebach** (BVerfGE 35, 202), der Prüfungsumfang ist denkbar weit und das BVerfG setzt seine eigene Wertung in vollem Umfang anstelle der Wertung der Fachgerichte:
„Demgegenüber würde die der Senatsentscheidung zugrundeliegende Abstinenz letzten Endes darauf hinauslaufen, daß eine allein gegen die Art der Rechtsanwendung im Einzelfall gerichtete Verfassungsbeschwerde stets aussichtslos wäre, wenn das einschlägige Grundrecht nur beim Namen genannt und die hierzu in der Rechtsprechung des Bundesverfassungsgerichts entwickelten Grundsätze in die Entscheidung aufgenommen sind, gleichgültig, zu welchem Ergebnis das Gericht im Einzelfall kommt – die in der Senatsentscheidung konzedierte Prüfung auf Willkür hat keine Bedeutung, weil auf sachfremden Erwägungen beruhende Gerichtsentscheidungen so gut wie nie vorkommen –. Hierin läge eine evidente Verkürzung des bisherigen Grundrechtsschutzes: Bei solchen Prüfungsmaßstäben hätten weder das Lüth-Urteil selbst (BVerfGE 7, 198 [207 ff., bes. 212 ff.]) noch die Entscheidungen im Schmid-Spiegel-Fall, im Falle des Tonjägerverbandes oder zur Freiheit der Information aus DDR-Zeitungen (vgl. BVerfGE 12, 113, 126; 24, 278, 281 ff.] 27, 104, 109 f.) ergehen können, um nur einige markante Beispiele für die zahlreichen Entscheidungen zu nennen, in denen das Gericht unter Prüfung der konkreten Umstände des Einzelfalles einen Grundrechtsverstoß bejaht hat (vgl. etwa auch BVerfGE 16, 194, 198 ff.; 17, 108, 119 f.; 20, 45, 49 ff. zum Grundsatz der Verhältnismäßigkeit)" (BVerfGE 30, 173, 220 f.).	„Die angefochtene Entscheidung ist auch dann zu beanstanden, wenn das Gericht bei Anwendung der typischen Kriterien, die sich aus der Ausstrahlung der Grundrechte für die Beurteilung von Fällen der vorliegenden Art ergeben, nicht zu dem gefundenen Ergebnis hätte gelangen können. Hierbei ist nicht ausgeschlossen, daß das Bundesverfassungsgericht eigene Feststellungen, z.B. die Anhörung von Sachverständigen, für geboten erachtet, um sich eine tragfähige Grundlage für die verfassungsrechtliche Beurteilung zu schaffen" (BVerfGE 35, 202, 219).

3.a) Eine **Weiterentwicklung** hierzu stellt die Entscheidung des BVerfG vom 11.5.1976 991
dar, in dem das **Intensitätskriterium** genannt wurde: „Je nachhaltiger ferner ein zivilgerichtliches Urteil im Ergebnis die Grundrechtssphäre des Unterlegenen trifft, desto strengere Anforderungen sind an die Begründung dieses Eingriffs zu stellen und desto weiterreichend sind folglich die Nachprüfungsmöglichkeiten des Bundesverfassungsgerichts; in Fällen höchster Eingriffsintensität (vgl. etwa BVerfGE 35, 202 – Lebach) ist es durch-

aus befugt, die von den Zivilgerichten vorgenommene Wertung durch seine eigene zu ersetzen" (BVerfGE 42, 143, 149; ebenso BVerfGE 42, 163, 168).

992 Damit stehen sich **zwei gänzlich diametrale Punkte gegenüber**:

Mephisto (BVerfGE 30, 173 ff.)	BVerfGE 42, 143, 149
„Das Bundesverfassungsgericht ist nicht befugt, seine eigene Wertung des Einzelfalles nach Art eines Rechtsmittelgerichts an die Stelle derjenigen des zuständigen Richters zu setzen" (BVerfGE 30, 173, 197)	„… ist es durchaus befugt, die von den Zivilgerichten vorgenommene Wertung durch seine eigene zu ersetzen" (BVerfGE 42, 143, 149)

☝ Seit Beginn der Intensitätsrechtsprechung haben sich die **Konturen** des „spezifischen Verfassungsrechts" **vollständig verloren** (vgl. *Bender*, S. 64) und es bleibt oft unklar, wann „spezifisches Verfassungsrecht" verletzt ist (vgl. MAH-*Eschelbach*, § 30 Rn 98).

993 In der Folgezeit ist hinsichtlich der **Intensität des Eingriffs** abgestellt worden auf folgende

994 **Kriterien:**

- **Nachhaltigkeit** der **Grundrechtssphäre** des Betroffenen
  - Ausschluss des Betroffenen aus dem Betriebsrat (vgl. BVerfGE 42, 142),
  - Unterlassung einer bestimmten Äußerung (vgl. BVerfGE 42, 163).
- **Wirkung** auf die **generelle Ausübung** des **Grundrechts**
  - „Wenn dem Beschwerdeführer mit der Feststellung einer ‚versteckten' Tatsachenbehauptung durch das LG eine Äußerung in den Mund gelegt worden ist, die er nicht getan hat, und wenn er gleichwohl bestraft worden ist, so wäre dies ein Eingriff von hoher Intensität, der den Kern der grundrechtlich geschützten Persönlichkeitssphäre treffen muß. Über die Beeinträchtigung der individuellen Meinungsfreiheit des Beschwerdeführers hinaus würden die negativen Wirkungen auf die generelle Ausübung des Grundrechts der Meinungsfreiheit von erheblicher Tragweite sein" (BVerfGE 43, 130, 136).
- **Prozessuale Beschwer** (BVerfGE 54, 148, 152)
- **Inhalt** der **Entscheidung**
  - Je mehr eine zivilgerichtliche Entscheidung grundrechtsgeschützte Voraussetzungen freiheitlicher Existenz und Betätigung verkürzt, desto eingehender muss die verfassungsgerichtliche Prüfung sein, ob eine solche Verkürzung verfassungsrechtlich gerechtfertigt ist.

☝ Es reicht es **nicht** aus, die Prüfung auf die Frage zu beschränken, ob die angegriffene Entscheidung auf einer **„grundsätzlich unrichtigen Auffassung"** von der Bedeutung der für die Beurteilung maßgebenden Grundrechte und vom Umfang ihres Schutzbereichs beruht, vielmehr dürfen auch einzelne Auslegungsfehler nicht außer Betracht bleiben (BVerfGE 54, 208, 215 f.; vgl. a. BVerfGE 66, 116 für den Fall der Klageabweisung eines Unterlassungsanspruches).

- **Strafurteile**
  - Eine strafgerichtliche Verurteilung wird vom BVerfG ist **regelmäßig** als **intensiver Grundrechtseingriff** angesehen (BVerfGE 82, 236). Das gilt erst recht, wenn es sich um einen schwerwiegenden Straftatbestand handelt, der mit einem entsprechend hohen Strafmaß verknüpft ist (vgl. BVerfGE 82, 236, 259; vgl. auch BVerfGE 43, 130, 137).

☝ Insoweit ist die Rspr. des BVerfG jedoch **nicht konsequent**, sondern **widersprüchlich**. Strafgerichtliche Verurteilungen führen nämlich nicht zu einer erhöhten verfassungsgerichtlichen Überprüfung. Das BVerfG teilt nur apodiktisch mit, dass ggf. die Belastung intensiv ist, aber nicht warum oder warum nicht. Auch die für das Zivilverfahren entwickelten Kriterien des Maßes der „Intensität der Grundrechtsbetroffenheit" (BVerfGE 42, 142, 148) bzw. der „grundrechtsgeschützten Voraussetzungen freiheitlicher Existenz und Betätigung" (BVerfGE 42, 163, 168) werden aus nicht genannten Gründen nicht auf das Strafverfahren übertragen (vgl. *Bender*, S. 62). Das ist widersprüchlich (vgl. MAH-*Eschelbach*, § 30 Rn 98) und muss verwundern (vgl. *Bender*, S. 183 f.) bzw. ist inkonsequent (vgl. *Bender*, S. 393). Tatsächlich müsste die Schwere des Vorwurfs und die Höhe der Strafe eine wesentliche Rolle spielen, was in der Praxis bisher keinen Anklang findet (vgl. MAH-*Eschelbach*, § 30 Rn 98). Warum politisch motivierte Beleidigungen oder die Strafbarkeit von Sitzblockaden eigehender geprüft werden als Verurteilungen zu einer erheblichen Freiheitsstrafe, kann nur mit der Bedeutung für die Allgemeinheit, statt mit der Intensität für den Betroffenen erklärt werden (vgl. MAH-*Eschelbach*, § 30 Rn 98). Gleichwohl greift das BVerfG zuweilen auch in die „ureigene Aufgabe des Tatrichters", d.h. in die **Beweiswürdigung** (vgl. BVerfG NJW 2003, 2444) und **Strafzumessung** (vgl. BVerfG, NJW 2003, 2897) ein.

b) Die **Formel** vom **spezifischen Verfassungsrecht** (vgl. Rdn 985) bleibt somit letztlich **völlig inhaltsleer** bzw. „relativ **aussagearm**" (*Benda/Klein*, Rn 309) und wurde und wird überwiegend zur Abwehr von Verfassungsbeschwerden genutzt (vgl. *Bender*, S. 55, 97 [„rein defensiver Sinn"]). Anders formuliert: „Der Begriff ‚spezifische Verletzung' wird damit entweder rein tautologisch, oder er wird zum Vehikel für die Verkürzung realer Grundrechtsgeltung" (*Bender*, S. 100). Ebenso lässt sich nachweisen, dass das BVerfG **995**

solange nicht in eine fachgerichtliche Entscheidung eingreift, solange das Fachgericht die sich ergebenden Grundrechtsabwägungen durchführt hat, aber willkürfrei zu einem anderen Ergebnis gekommen ist als der Beschwerdeführer wünscht (vgl. BVerfG, Beschl. v. 1.11.2010 – 2 BvR 261/10). Damit würde sich die Kontrolle letztlich auf eine Willkürkontrolle reduzieren. Das wiederum kann auch nicht richtig sein, denn ebenso lassen sich diverse Entscheidungen des BVerfG nachweisen, die weit in die einfach-rechtliche Auslegung eingreifen und fachgerichtliche Entscheidungen, die keineswegs willkürlich waren, korrigiert haben.

996 **c)** Für **mehr Verlässlichkeit** sollte die ***„Schumann'sche Formel***" (*Schumann*, S. 207) sorgen. Die Rechtsanwendungskontrolle wird damit zu einer „kleinen Normenkontrolle" (vgl. *Bender*, S. 78) und führt zur verfassungsgerichtlichen Aufhebung, „wenn die Auslegung dieser Vorschriften durch die Fachgerichte [als Regel verallgemeinert] zu einem Ergebnis führt, das – wäre es in einem einfachrechtlichen Gesetz enthalten – nach Art. 103 Abs. 1 GG [oder einer anderen Grundgesetznorm] zu dessen Nichtigerklärung durch das Bundesverfassungsgericht führen müßte" (BVerfGE 74, S. 228, 233 f.; vgl. v. Mangoldt/Klein/Starck/*Nolte*, Art. 103 Rn 14 m.w.N.).

997 An der *Schumann'schen Formel* ist **richtig**, dass es im Rahmen der demokratischen Verfassungsordnung befremden müsste, wenn die hinsichtlich der demokratischen Legitimation inferiore Rechtsanwendung weniger vom BVerfG kontrolliert werden könnte, als die Legislative (vgl. *Bender*, S. 110, m.w.N.). Genauso verwundert es aber – und das ist gleichzeitig die **Schwäche** der *Schumann'schen Formel* – wenn die Rspr. nur genauso kontrolliert wird, wie der Gesetzgeber. Die Organisation des Gesetzgebungsverfahrens vermittelt demokratische Legitimität. Die Rechtsanwendung hingegen zieht bereits Vorentschiedenes nur nach, gestaltet aber nicht eigenverantwortlich. Dem Gesetzgeber und der Rspr. kann daher kein identischer Gestaltungsspielraum zukommen. Die Verkennung der ureigenen Aufgabe der Gerichte würde diese in deren wesentlicher Aufgabe kontrollfrei stellen, wenn sie nur die Grenzen des Gesetzgebers zu beachten hätte (vgl. *Bender*, S. 200 f., 369 [unmögliches Ergebnis]). Die *Schumann'sche Formel* hilft bei schwierigen Abgrenzungsfragen auch nicht weiter als die *Heck'sche Formel* (vgl. *Lechner/Zuck*, § 90 Rn 103).

> ☝ Der **Rechtspraktiker** muss damit zur Kenntnis nehmen, dass der Anspruch, über jede Grundrechtsverletzung eine Entscheidung und Aufhebung durch das BVerfG erhalten zu können, nicht eingelöst werden kann (vgl. *Wank* JuS 1980, 545), obwohl den Grundrechten überragende Bedeutung beikommt (vgl. dazu BVerfGE 50, 290, 337). „Auch ist die Bindung der Gerichte an die Grundrechte geltendes Recht (Art. 1 Abs. 3 GG; BVerfGE 8, 210, 221; 32, 54, 71; 39, 1, 38; 51, 97, 110), die **Verletzung** bleibt prozessual in nicht wenigen Fällen aber **unsanktioniert**" (vgl. *Bender*, S. 194). Wann ein Verstoß die Ebene des spezifischen Verfassungsrechts erreicht, ist gänzlich

unprognostizierbar. Es handelt sich um eine **Leerformel**, die vom BVerfG lediglich vorgeschoben wird, bzw. hinter der sich das BVerfG „versteckt“, aber nicht wirklich prüft (vgl. *Lechner/Zuck*, Einl., Rn 150 m.w.N.). Damit gibt es verfassungswidrige Urteile, die nicht effektiv mit der Verfassungsbeschwerde angegriffen werden können. Konsequenter wäre es, wenn Art. 93 Abs. 1 Nr. 4a GG und § 90 BVerfGG geändert werden würden, statt sich auf die unprognostizierbare Formel des „spezifischen Verfassungsrechts“ zurückzuziehen. Wenn *Zuck* die Abschaffung der Individualverfassungsbeschwerde gefordert hat, sollte damit nur gemeint sein, dass der Bürger nicht getäuscht werden dürfte. Die notorische Erfolglosigkeit und Nichtbegründung tragen gerade nicht zum subjektiven Rechtsschutz bei, den sich der Bürger aus Art. 93 Abs. 1 Nr. 4a GG verspricht (vgl. *Lechner/Zuck*, § 90 Rn 24).

d) Die Normen des formellen und materiellen Strafrechts stellen bei Eingriffen in das Freiheitsrecht des Beschuldigten Grundrechtsschranken dar, deren Wirksamkeit davon abhängt, ob die Schrankenbestimmung ihrerseits verfassungsgemäß ist. Die *Heck'sche Formel* stellt sich im Bereich der Nachprüfung von Gesetzen nicht, denn die Verwerfungskompetenz liegt allein beim BVerfG. Gleichwohl nimmt sich das BVerfG im Bereich der **Rechtssatzverfassungsbeschwerde** noch weiter zurück, um den Gestaltungsspielraum des demokratischen Gesetzgebers nicht zu verkürzen. Es gibt allerdings auch dort einen Prüfungsumfang, der von der Intensität abhängt. „Demgemäß hat die Rechtsprechung des Bundesverfassungsgerichts, wenn auch im Zusammenhang anderer Fragestellungen, bei der Beurteilung von **Prognosen** des **Gesetzgebers differenzierte Maßstäbe** zugrunde gelegt, die von einer Evidenzkontrolle (etwa BVerfGE 36, 1, 17 [Grundvertrag]; 37, 1, 20 [Stabilisierungsfonds]; 40, 196, 223 [Güterkraftverkehrsgesetz]) über eine Vertretbarkeitskontrolle (etwa BVerfGE 25, 1, 12 f., 17 [Mühlengesetz]; 30, 250, 263 [Absicherungsgesetz]; 39, 210, 225 f. [Mühlenstrukturgesetz]) bis hin zu einer intensivierten inhaltlichen Kontrolle reichen (etwa BVerfGE 7, 377, 415 [Apotheken]; 11, 30, 45 [Kassenärzte] 17, 269, 276 ff. [Arzneimittelgesetz]; 39, 1, 46, 51 ff. [§ 218 StGB]; 45, 187, 238 [Lebenslange Freiheitsstrafe]“ (BVerfGE 50, 290, 333). 998

☝ Als **Ergebnis** lässt sich daher festhalten, dass der Beschwerdeführer zwar darlegen muss, dass er in **„spezifischem Verfassungsrecht“** verletzt ist (s. dazu auch: → *Verfassungsbeschwerde, Zulässigkeit, Substantiierungsanforderungen*, Teil C Rdn 1193), **greifbare Kriterien** hierfür jedoch **nicht existieren**. Damit ist gänzlich unprognostizierbar, wann ein Verstoß die Ebene des spezifischen Verfassungsrechts erreicht.

Siehe auch: → *Verfassungsbeschwerde, Allgemeines*, Teil C Rdn 729, m.w.N.; → *Verfassungsbeschwerde, Zulässigkeit, Substantiierungsanforderungen*, Teil C Rdn 1193.

999 Verfassungsbeschwerde, Begründung, rechtliches Gehör

Das Wichtigste in Kürze:

1. Allgemein hat das BVerfG sogar in einer Plenumsentscheidung v. 30.4.2003 zum rechtlichen Gehör Stellung genommen.
2. Das Recht auf rechtliches Gehör umfasst ein Recht zur Äußerung über Tatsachen, Beweisergebnisse und die Rechtslage.
3. Das Recht auf rechtliches Gehör ist insbesondere dann verletzt, wenn dem Beschuldigten/Angeklagten nicht bzw. nicht ausreichend Akteneinsicht gewährt worden ist.
4. Das Grundrecht auf rechtliches Gehör hat auch im Beweisantragsrecht Bedeutung.
5. Wird das Anwesenheitsrecht des Beschuldigten oder des Verteidigers und damit auch das Konfrontationsrecht verletzt, steht die Verletzung von Art. 103 Abs. 1 GG im Raum.
6. Mündlichkeit und Öffentlichkeit der Anhörung sind nur Prozessrechtsmaximen, aber keine Verfassungsrechtsgrundsätze. Auch ein Recht auf unmittelbare Beweisaufnahme wird von Art. 103 Abs. 1 GG nicht garantiert.
7. Auch im Rahmen der Behandlung von Fristüberschreitungen können bei der Gewährung von Wiedereinsetzung in den vorigen Stand Fragen der (ausreichenden) Gewährung rechtlichen Gehörs vor Gericht eine Rolle spielen.
8. Der Grundsatz des rechtlichen Gehörs hat auch Bedeutung, wenn es um die Fragen des (ersten) Zugangs zum Gericht bzw. zur nächsten Instanz geht.
9. Ob im Revisionsverfahren bei der Verfahrensrüge die besonderen – und immer strenger gewordenen – Zulässigkeitsanforderungen des § 344 Abs. 2 S. 2 bzw. die (zu) strenge Auslegung und Anwendung im Einzelfall materiell mit der Verfassung in Einklang stehen, ist fraglich.
10. Nach h.M. hat der Betroffene (derzeit) keinen Anspruch auf ein Rechtsgespräch.
11. Berücksichtigt man, dass die Rspr. dem Verteidiger verschiedene Hinweispflichten an das Gericht auferlegt hat, müsste man als Kehrseite auch an Hinweispflichten des Gerichts denken.
12. Art. 103 Abs. 1 GG sichert auch die gerichtliche Berücksichtigungspflicht.
13. Schließlich kann die Rüge der Verletzung des Anspruchs auf rechtliches Gehör nur Erfolg haben, wenn die angefochtene gerichtliche Entscheidung auf einer Verletzung des Art. 103 Abs. 1 GG beruht, was in der Verfassungsbeschwerdebegründung darzustellen ist.

Literaturhinweise: **Altenhain/Hagemeier/Haimerl**, Die Vorschläge zur gesetzlichen Regelung der Urteilsabsprachen im Lichte aktueller rechtstatsächlicher Erkenntnisse, NStZ 2007, 71; **Bauer**, Der strafprozessuale Formularprozeß – Die Verfahrensrüge der Revision in Strafsachen im zivilprozessualen und rechtsgeschichtlichen Vergleich, StV 1999, 623; *ders.*, Anmerkung zu BGH, Beschl. v. 27.1.2009 – 4 StR 296/08, StV 2010, 120; **Deckers**, Der strafprozessuale Beweisantrag, 2002; *ders.*, 25 Jahre Strafverteidigung im Gegenwind, AnwBl., 2009, 241, **Fezer**, Anmerkung zu BGH, Urt. v. 26.11.1986 – 3 StR 390/86, StV 1987, 234 f.; **Geipel**, Markante Rechtsschutzlücken im Strafprozess, StraFo 2010, 272; *ders.*, Die Revisionsbegründungsfrist und Nachbesserungsmöglichkeiten, StraFo 2011, 9; **Gillmeister**, Die Hinweispflicht des Tatrichters, StraFo 1997, 8; **Haddenhorst**, Die Einwirkung der Verfahrensrüge auf die tatsächlichen Feststellungen, 1971; **Hahn/Mugdan**, Die gesamten Materialien zu den Reichsjustizgesetzen, Band III, 1983; **Hamm**, Tendenzen der revisionsgerichtlichen Rechtsprechung aus anwaltlicher Sicht, StV 1987, 262; **Jagusch**, Die Revision in Strafsachen – ausreichende Rechtsgarantien, NJW 1971, 2009; **Junker**, Beweisantragsrecht im Strafprozess, 2. Aufl. 2014; **König**, Anmerkung zu BGH, Beschluß vom 22.10.1997 – 5 StR 223/97, StV 1998, 113; **Nack**, Verteidigung bei der Glaubwürdigkeitsbeurteilung von Aussagen, StV 1994, 555; *ders.*, Aufhebungspraxis der Strafsenate des BGH, NStZ 1997, 153; **Neuhaus**, Der Abbau von Bürgerrechten im Strafverfahren seit 1989, ZAP Sonderheft zum 20-jährigen Jubiläum (2009), 54; **Ritter**, Die Begründungsanforderungen bei der Erhebung der Verfahrensrüge gemäß § 344 Abs. 2 Satz 2 StPO, 2007; **Schlothauer**, Das Revisionsrecht in der Krise, StraFo 2000, 289; **Schneider**, Praxis der neuen ZPO, 2003; **Ventzke**, Negativtatsachen im Revisionsverfahren, NStZ 2008, 262; **Vogelsang**, Die Bedeutung erfolgreicher Verfahrensrügen für das nachfolgende tatrichterliche Urteil, 2001; **Wagner**, Vorsicht Rechtsanwalt: Ein Berufsstand zwischen Mammon und Moral, 2014; **Widmaier**, Quo Vadis, Revision? Revision, wohin gehst Du?, StraFo 2010, 310; **Wohlers**, Justice must not only be done, it must also be seen to be done, im Internet abgedr. unter: http://www.strafverteidigervereinigungen.org/Material/Themen/StPO/Wohlers_Justice.htm – eingesehen am 1.6.2012; **Ziegert**, Die Entdeckung der Wahrheit, in: Festschrift für *Volk*, 2009, 901; s.a. die Hinw. bei → *Verfassungsbeschwerde, Allgemeines*, Teil C Rdn 730. 1000

1.a) Grds. das BVerfG in seiner Plenumsentscheidung v. 30.4.2003 (vgl. dazu BVerfGE 107, 395) zum **rechtlichen Gehör** Stellung genommen. Die dortigen Aussagen lassen sich wie folgt zusammenfassen (vgl. a. Rdn 1003 ff.): 1001

- Das Grundgesetz sichert rechtliches Gehör im gerichtlichen Verfahren durch das **Verfahrensgrundrecht** des Art. 103 Abs. 1 GG.
- Rechtliches Gehör ist nicht nur ein **„prozessuales Urrecht"** des Menschen, sondern auch ein objektivrechtliches Verfahrensprinzip, das für ein rechtsstaatliches Verfahren im Sinne des Grundgesetzes schlechthin konstitutiv ist (vgl. a. BVerfGE 55, 1, 6).
- Seine rechtsstaatliche Bedeutung ist auch in dem Anspruch auf ein faires Verfahren gem. **Art. 6 Abs. 1 EMRK,** sowie in **Art. 47 Abs. 2** der Europäischen **Grundrechte-Charta** anerkannt.
- Der **Einzelne** soll **nicht** nur **Objekt** der **richterlichen Entscheidung** sein, sondern vor einer Entscheidung, die seine Rechte betrifft, zu Wort kommen, um als Subjekt Einfluss auf das Verfahren und sein Ergebnis nehmen zu können (vgl. BVerfGE 9, 89, 95).
- Das rechtliche Gehör sichert den Parteien ein **Recht** auf **Information**, **Äußerung** und **Berücksichtigung** mit der Folge, dass sie ihr Verhalten im Prozess eigenbestimmt und situationsspezifisch gestalten können.

- Insbesondere sichert das Recht auf rechtliches Gehör, dass die Verfahrensbeteiligten mit Ausführungen und Anträgen **gehört** werden.

1002 **b)** Art. 103 Abs. 1 GG **verwehrt** also insbesondere, dass mit dem Menschen „**kurzer Prozess**“ gemacht wird (vgl. BVerfGE 55, 1, 6). Wer vor Gericht ankommt, soll auch substanziell ankommen, also wirklich gehört werden (vgl. BVerfGE 119, 292, 296). Einerseits ist Art. 103 Abs. 1 GG auch Leitlinie für die Auslegung des Verfahrensrechts und andererseits selbstständige Grundlage für die Herleitung unmittelbarerer Gehörspflichten (vgl. BVerfGE 9, 89, 96 m.w.N.; 17, 356, 361). Letzteres aber nur dann, wenn die einschlägige Verfahrensordnung das durch die Verfassung gewährleistete Minimum an rechtlichen Gehör nicht oder nur unzureichend gewährleistet (BVerfGE 21, 132, 137).

☝ Das **Verhältnis** von **einfach-rechtlichen Normen**, die Äußerungsmöglichkeiten bieten und **verfassungsrechtlichen Gehörsverstößen** ist **ungeklärt**. Richtig ist, dass einfachrechtliche Normen, die Gehör gewähren über das spezifisch verfassungsrechtlich gewährleistete Ausmaß an rechtlichem Gehör hinausreichen können. Einen Verfassungsverstoß stellt es nur dar, wenn das Gericht bei der Auslegung oder Anwendung der Verfahrensbestimmung die Bedeutung oder Tragweite des verfassungsrechtlichen Anspruchs auf rechtliches Gehör verkannt hat (vgl. BVerfGE 119, 292, 296).

1003 **2.a)** Das Recht auf rechtliches Gehör umfasst ein **Recht** zur **Äußerung** über **Tatsachen, Beweisergebnisse und die Rechtslage** (vgl. BVerfGE 60, 175, 210; 64, 135, 143; 83, 24, 35; 86, 133, 144).

1004 **b)** Das beinhaltet **auch** die **Gewährung** von **Gegenäußerungen** zu Äußerungen, die nicht direkt in einem Schriftsatz, sondern nur in einer **Anlage** enthalten waren (vgl. BVerfGE 19, 148 f.). Dem entspricht ein Recht auf Information der Beteiligten, die von dem gesamten Verfahrensstoff Kenntnis erlangen müssen (vgl. BVerfGK 20, 344, 346). Es handelt sich hierbei um eine echte **Pflicht des Gerichts**, so dass der Verfahrensbeteiligte auch nicht von sich aus nachforschen muss, ob Schriftsätze oder Anträge der anderen Beteiligten bei Gericht eingegangen sind (vgl. BVerfGE 50, 381, 385).

1005 Das **Gericht** ist **insgesamt** dafür **verantwortlich**, dass das Gebot des rechtlichen Gehörs eingehalten wird (vgl. BVerfGE 67, 199, 202), so dass sich faktisch eine „**Prüfpflicht der Gehörsgewährung**“ des Gerichts ergibt. Wegen der Erfüllung dieser Verpflichtung verweist das BVerfG (BVerfGE 38, 85) darauf, dass in nicht wenigen Fällen gegen die Unschuldsvermutung verstoßen wird. Sollte hingegen der Pflicht des Art. 103 Abs. 1 GG durch Übersenden von Schriftsätzen genügt werden, so müsse sich das Gericht die Überzeugung von Gehörsgewährung in anderer Weise verschaffen. Dies sei (bei den zivilprozessualen Rechtsmitteln) der Berufung und Revision durch den Nachweis förmlicher Zustellung möglich. Werde nicht förmlich zugestellt, so habe das Gericht die Möglichkeit, durch Beifügen einer rückgabepflichtigen Empfangsbescheinigung zu überwachen, ob rechtliches Gehör gewährt wurde. Könne dies nicht in anderer Weise – etwa dadurch, dass der Beschwerdegegner auf das Beschwerdevorbringen schriftlich erwidere – festgestellt werden, so sei dem Art. 103 Abs. 1 GG nicht genügt (BVerfGE 38, 85, 88).

☝ Auf ein **Verschulden** des **Gerichts** kommt es bei einem Verstoß gegen Art. 103 Abs. 1 GG nach der st.Rspr. des BVerfG **nicht** an (vgl. BVerfGE 67, 199, 202 m.w.N.).

c) Auf dieser Grundlage gelten folgende 1006

Allgemeine Grundsätze: 1007

- Der Anspruch auf rechtliches Gehör umfasst die **Tatsachen**, wie sie dem Gericht zur Beurteilung vorliegen (vgl. BVerfGE 19, 198, 201).
- **Gerichtskundige Tatsachen** müssen vom Gericht in den Prozess eingeführt und den Parteien Gelegenheit zur Äußerung gegeben werden (vgl. BVerfGE 10, 177; vgl. a. *Burhoff*, HV, Rn 866).
- Das gilt auch für solche Tatsachen und Beweismittel, die das Gericht **von Amts wegen beigezogen** hat (vgl. BVerfGE 15, 214, 218).

  ☝ Werden Tatsachen **zu Unrecht als offenkundig** bewertet, ohne den Parteien zuvor Gelegenheit zur Äußerung zu geben, so ist Art. 103 Abs. 1 GG verletzt (vgl. BVerfGE 48, 206, 209).

- Ebenso müssen (vor allem im Ablehnungsverfahren) **dienstliche Äußerungen zur Stellungnahme** zugeleitet werden (vgl. BVerfGE 24, 56, 62). Das gilt auch im Fall der Selbstanzeige (vgl. BVerfGE 89, 28; zum Ablehnungsverfahren *Burhoff*, EV, Rn 32; *Burhoff*, HV, Rn 89).

3.a) Das Recht auf rechtliches Gehör ist insbesondere dann verletzt, wenn dem Beschul- 1008
digten/Angeklagten nicht bzw. nicht ausreichend **Akteneinsicht** gewährt worden ist (vgl. zum AER umfassend *Burhoff*, EV, Rn 145 ff., m.w.N. aus Rspr. und Lit.).

☝ Das Recht auf rechtliches Gehör ist aber nicht nur dann **verletzt**, wenn dem Verteidiger die diesem zustehende Akteneinsicht verweigert wird, sondern auch dann, wenn das Gericht den Beschuldigten/Angeklagten, der in der berechtigten Erwartung der Entscheidung über die beantragte Akteneinsicht die **angekündigte Beschwerdebegründung zurückgestellt** hat, mit der **Sachentscheidung überrascht**, ohne vorher über den Antrag auf Akteneinsicht zu befinden (vgl. BVerfGE 18, 399).

b)aa) Ein besonderes **Problem** stellen daher die sog. **Spurenakten** dar (vgl. dazu *Burhoff*, 1009
EV, Rn 318 ff.). Das BVerfG ist hier **sehr restriktiv**. Es verweist in seiner Rspr. (BVerfGE 63, 45) darauf, dass Art. 103 Abs. 1 GG (nur) verhindern will, dass das Gericht ihm bekannte, dem Beschuldigten aber verschlossene Sachverhalte zu dessen Nachteil

verwertet. Sein Schutzbereich sei hingegen nicht mehr berührt, wenn die wesensverschieden andere Frage zu beantworten ist, ob das Gericht sich und den Prozessbeteiligten Kenntnis von Sachverhalten, die es selbst nicht kennt, weil sie ihm nicht unterbreitet wurden, erst zu verschaffen habe. Denn es sei **nicht Sinn** und **Zweck** grundgesetzlicher Gewährleistung rechtlichen Gehörs vor Gericht, dem Beschuldigten **Zugang** zu **dem Gericht nicht bekannten Tatsachen** zu **erzwingen**. Auch wenn man unterstelle, dass der Anspruch des Beschuldigten auf rechtliches Gehör ihm – unter welchen Voraussetzungen und in welchen Grenzen auch immer – ein Recht auf Kenntnis von Akteninhalten einräume, sei dieses Recht daher jedenfalls beschränkt auf die dem Gericht tatsächlich vorliegenden Akten. Ein Anspruch auf Erweiterung des gerichtlichen Aktenbestandes lasse sich aus diesem Verfahrensgrundrecht ebenso wenig herleiten wie ein Recht auf ein bestimmtes Beweismittel oder auf bestimmte Arten von Beweismitteln. Die Zusammenstellung der mit der Anklageerhebung vorzulegenden Verfahrensakten durch die StA diene der Vorbereitung der vom Gericht zu treffenden Entscheidung über die Eröffnung des Hauptverfahrens und der Vorbereitung der HV. Sie sei selbst keine den Beschuldigten unmittelbar treffende Sachentscheidung, vor der ihm nach Art. 103 Abs. 1 GG – etwa durch Gewährung vollständiger Einsicht in sämtliche Ermittlungsvorgänge – rechtliches Gehör zustünde (BVerfGE 63, 45, 59 f.).

☝ Das **BVerfG** bewegt sich mit dieser Argumentation zu den Spurenakten an der Grenze zum **Zirkelschluss**. Denn ob die Spurenakten für den Beschuldigten von irgendeiner Bedeutung sein können, soll durch die Einsicht in diese Akten gerade geprüft werden. Die Begründung des BVerfG setzt voraus, was sich erst aus der Akteneinsicht ergeben soll.

1010 Die Ausführungen des **BVerfG**, dass es auch nichts ändere, obwohl es zunächst Sache der StA sei, darüber zu befinden, welche Spurenakten für die anhängige Strafsache Bedeutung haben können und damit dem Gericht vorzulegen und der Akteneinsicht des Verteidigers zu öffnen seien, weil nicht nur das Gericht, sondern gleichermaßen die StA und Gericht gemeinsam die Aufgabe der „Justizgewährung" mit dem Ziel, die materielle Wahrheit zu erforschen, erfüllen würden, um auf dieser Grundlage im Strafverfahren die Entscheidung über Schuld oder Nichtschuld und die daraus zu ziehenden rechtlichen Folgerungen zu treffen (vgl. BVerfGE 63, 45, 63), ist theoretisch richtig, lässt aber die **Verfahrenspsychologie** und **Verfahrenswirklichkeit** völlig außer Betracht (→ *Verfassungsbeschwerde, Begründung, faires Verfahren*, Teil C Rdn 887, 890). Die folgerichtige Fortführung dieses Gedankens wäre, dass es dann auch gar keines Verteidigers bedürfte. Diese Folgerung wird zwar kolportiert, aber nicht ernsthaft in Erwägung gezogen.

☝ Es ist daher neu zu überdenken, ob nicht doch das **Vorverfahren** dem **Gerichtsverfahren** zugerechnet werden sollte.

bb) Das **BVerfG** verneint bei der Vorenthaltung der **Spurenakten** auch einen **Eingriff** in das Recht auf ein **faires Verfahren** (→ *Verfassungsbeschwerde, Begründung, faires Verfahren*, Teil C Rdn 882). Spurenakten, in denen tatbezogene Untersuchungen gegen Dritte und deren Ergebnisse festgehalten wurden, gehören nach seiner Auffassung deshalb **nicht notwendig** zu den Hauptakten, weil sie **außerhalb** der **Ermittlungen gegen den Beschuldigten** entstanden sind. Sie müssten dem Gericht nur dann vorgelegt und damit der Einsicht des Verteidigers zugänglich gemacht werden, wenn ihr Inhalt für die Feststellung der dem Beschuldigten vorgeworfenen Tat und für etwaige gegen ihn zu verhängende Rechtsfolgen von irgendeiner Bedeutung sein kann (BVerfGE 63, 45, 62). 1011

4. Aus Art. 103 Abs. 1 GG folgt auch ein **Äußerungsrecht**, d.h., sich im Prozess mit tatsächlichen und rechtlichen Angaben zu behaupten (vgl. BVerfGE 50, 280, 284). Für das **Beweisantragsrecht** hat das Grundrecht auf rechtliches Gehör folgende Bedeutung: Es gewährleistet kein konkretes Recht auf einen bestimmten Beweis (vgl. BVerfGE 57, 250, 274), folglich auch kein konkretes Beweisantragsrecht (vgl. BVerfG, NJW 2010, 592, 595), wohl aber das Recht, dass Beweisanträge nicht beliebig abgelehnt werden können. Nach der Rspr. des BVerfG verstößt es gegen Art. 103 Abs. 1 GG, wenn das Gericht einen als erheblich angesehenen Beweisantrag ablehnt, weil die Erhebung des Beweises „höchst unökonomisch" sei (BVerfGE 50, 32), oder selbst eine Auswahl angebotener Zeugen trifft, ohne dass es hierfür Gründe des formellen oder materiellen Rechts gibt (vgl. BVerfGE 60, 250, 252). 1012

> ☝ Die **Ablehnung** eines Beweisantrages, der im **Prozessrecht keine Stütze** findet, stellt einen Verstoß gegen Art. 103 Abs. 1 GG dar (vgl. BVerfGE 50, 32, 36; 65, 305, 307; 69, 141, 144; 69, 145, 148).
>
> Das gilt auch im **Strafverfahren** (vgl. BVerfG NJW 1996, 2785 f.; NStZ 2002, 43; zur Ablehnung von Beweisanträgen im Strafverfahren *Burhoff*, HV, Rn 858 ff.; zu „verspäteten Beweisanträgen" *Burhoff*, HV, Rn 3179 ff., jew. m.w.N.).
>
> Zu **Hinweispflichten** des Gerichts in Zusammenhang mit Beweisanträgen s.u. Rdn 1036 ff.

5.a) Wird das **Anwesenheitsrecht** des Beschuldigten (§§ 168c Abs. 2, 168d Abs. 1) oder des Verteidigers (§ 168c Abs. 1 und 2; zu den Anwesenheitsrechten *Burhoff*, EV, Rn 1252 m.w.N.; *Burhoff*, HV, Rn 323) und damit auch das **Konfrontationsrecht** (vgl. dazu *Burhoff*, HV, Rn 574 ff.) verletzt, steht die Verletzung von Art. 103 Abs. 1 GG im Raum, ggf. nach neuerer Interpretation wohl mehr der Grundsatz des fairen Verfahrens (→ *Verfassungsbeschwerde, Begründung, faires Verfahren*, Teil C Rdn 903). 1013

b) Durch die **Verletzung** des **Anwesenheitsrechts** ist – unwiederbringlich – die **Chance verloren**, auf das Prozessergebnis **Einfluss** zu **nehmen**. Eine so zustande gekommene Zeugenaussage konnte nach **früherer Ansicht** ohne Verstoß gegen Art. 103 Abs. 1 GG 1014

nicht durch Verlesung der Vernehmungsniederschrift und auch nicht durch Vernehmung des vernehmenden Ermittlungsrichters in die **HV eingeführt** werden (vgl. BGHSt 26, 332 ff.). Das schloss auch aus, die protokollierte Aussage dadurch in die HV einzuführen, dass sie dem Zeugen vorgehalten wird und dieser dann auf **Vorhalt** bestätigt, damals so, wie protokolliert, ausgesagt zu haben (vgl. BGHSt 31, 140 ff.; beachte hier allerdings auch BGHSt 34, 231 ff. die zur Zulässigkeit führte). Entscheidend sollte sein, ob eine durch Vorhalt eingeführte frühere Zeugenaussage vor dem Ermittlungsrichter nur schlicht bestätigt wird, oder darauf beruht, was der Zeuge in der HV auf Vorhalt zu dem Beweisthema sagt. Diese Unterscheidung war spitzfindig. *Fezer* hat recht, wenn er in seiner Anmerkung zu BGHSt 34, 231 (vgl. StV 1987, 234) darauf hinweist, dass jeder Vorhalt einer früheren Aussage in der HV eine Verwertung dieser Aussage bzw. des Vernehmungsprotokolls darstelle, auch wenn es nicht um dessen „Übernahme" in die während der HV erfolgende Aussage gehe. Der Sinn und Zweck des Vorhalts bestehe in jedem Fall darin, auf den Inhalt einer Aussage Einfluss zu nehmen (s. auch KMR-*Paulus*, § 244 Rn 71) oder, wie der BGH (a.a.O.) formuliere, „die Richtigkeit und Vollständigkeit der Sachverhaltsschilderung zu überprüfen". Nur dann, wenn der Vorhalt „ins Leere" geht, weil beim Zeugen die Erinnerung ausbleibt oder weil er die ihm vorgehaltene Aussage abstreitet, bleibe der Vorhalt ohne jede Auswirkung.

☝ Zu der Frage des Verwertungsverbots geht die **Rspr. derzeit** davon aus, dass es – gegen den Widerspruch von Angeklagtem und Verteidiger – zulässig ist (s. dazu auch: → *Verfassungsbeschwerde, Begründung, Beweisverbote*, Teil C Rdn 838 ff.), die Niederschrift zwar nicht als richterliches Protokoll gem. § 251 Abs. 2 zu verlesen oder den Ermittlungsrichter zu vernehmen, wohl aber als **Niederschrift** über eine **andere Vernehmung** gem. § 251 Abs. 1, sodass es auch erlaubt sei, hieraus Vorhalte zu machen (vgl. *Meyer-Goßner/Schmitt*, § 168c Rn 6 m.w.N.; vgl. a. *Burhoff*, HV, Rn 3014 m.w.N.).

1015 **6. Mündlichkeit** und **Öffentlichkeit** der Anhörung sind nur Prozessrechtsmaximen, aber keine Verfassungsrechtsgrundsätze (vgl. BVerfGE 15, 303, 307). Auch ein Recht auf **unmittelbare Beweisaufnahme** wird von Art. 103 Abs. 1 GG nicht garantiert (vgl. BVerfGE 1, 418).

1016 **7.a)** Auch im Rahmen der Behandlung von **Fristüberschreitungen** können bei der Gewährung von Wiedereinsetzung in den vorigen Stand Fragen der (ausreichenden) Gewährung rechtlichen Gehörs vor Gericht eine Rolle spielen (vgl. zur Wiedereinsetzung → *Wiedereinsetzung in den vorigen Stand*, Teil B Rdn 1479, m.w.N.).

☝ Geht es nicht um Gewährung des Gehörs vor Gericht, sondern – im Fall des Einspruchs – gegenüber einem **Bußgeldbescheid** Gehör vor einer Behörde gelten die gleichen Grundsätze aus der Garantie des Art. 19 Abs. 4 GG (vgl. BVerfGE 38, 35, 38).

b) Es ist nicht ganz selten, dass Fristen nicht eingehalten werden, weil es zu **Verzögerungen** bei der **Postbeförderung** gekommen ist. Dazu hat das BVerfG schon 1977 entschieden (BVerfGE 44, 302), dass der vom BVerfG zu Art. 19 Abs. 4 und Art. 103 Abs. 1 GG entwickelte Grundsatz, dass im Rahmen der Wiedereinsetzung in den vorigen Stand dem Bürger Verzögerungen der Briefbeförderung und Briefzustellung (durch die Deutsche Bundespost) nicht als Verschulden zugerechnet werden dürfen, sowohl für Fälle des ersten Zugangs zum Gericht (vgl. → *Wiedereinsetzung in den vorigen Stand*, Teil B Rdn 1479, m.w.N.), wie für Fälle des Zugangs zu einer weiteren, von der Prozessordnung vorgesehenen Instanz gelte (s. auch schon BVerfGE 41, 23). Dies gilt auch dann, wenn die Fristversäumnis auf Verzögerungen bei der Entgegennahme durch das Gericht beruht, die der Bürger nicht zu vertreten hat (vgl. BVerfGE 41, 323, 327 f.). 1017

☝ Das gilt in jedem rechtsstaatlichen Verfahren (vgl. BVerfGE 50, 1, 3). Insbesondere dürfen **Rechtsmittelfristen bis zum letzten** Tag ausgeschöpft werden; auch darf der Bürger auf die Einhaltung der regelmäßigen Postlaufzeit vertrauen (vgl. BVerfGE 51, 352, 355).

c) Auch dürfen die **Anforderungen**, um Wiedereinsetzung zu erhalten, **nicht überspannt** werden, insbesondere beim ersten Zugang zu Gericht, wie z.B. im Fall des Einspruchs gegen einen Strafbefehl (vgl. dazu unter Hinw. auf seine st.Rspr. BVerfGE 40, 88, 91; → *Strafbefehl, Einspruch*, Teil B Rdn 743). Das Verbot der Überspannung an den erforderlichen Vortrag gilt insbesondere auch für den Wiedereinsetzungsantrag als solcher. Hier reicht „eine Formulierung, aus der ersichtlich ist, daß ein rechtsunkundiger Antragsteller in Kenntnis der Verspätung seines Rechtsbehelfs darum bittet, der Einspruch möge trotz der Verspätung in der Sache behandelt werden" (BVerfGE 37, 93, 97). 1018

d) Geklärt ist, dass der Betroffene im Fall **urlaubsbedingter Abwesenheit** keine Vorkehrungen für den Erhalt von Postsendungen treffen muss, auch wenn er von einem EV gegen sich weiß (vgl. BVerfGE 41, 332). 1019

In der Praxis kommen aber gerade an dieser Stelle immer wieder **überspannte – verfassungswidrige – Anforderungen** an den vom Beschwerdeführer **verlangten Vortrag**, um Wiedereinsetzung zu erhalten, vor. Die eigene Erklärung, im Urlaub gewesen zu sein, kann nach der früheren Rspr. des BVerfG ausreichen (vgl. BVerfGE 26, 315, 320; 34, 154). Das dürfte jetzt aber seit der der Neufassung von § 45 nicht mehr ohne Weiteres gelten, nachdem jetzt die Tatsachen glaubhaft gemacht werden müssen (vgl. BVerfGE 41, 332). „Offen bleibt, wie aus verfassungsrechtlicher Sicht [...] in den sehr seltenen Fällen zu entscheiden ist, in denen nach den obwaltenden Umständen glaubhaft dargetan worden ist, daß einem Antragsteller aus tatsächlichen Gründen außer seiner eigenen Erklärung keine Mittel der Glaubhaftmachung zur Verfügung stehen" (BVerfGE 41, 332, 339 f.; vgl. a. → *Wiedereinsetzung in den vorigen Stand*, Teil B Rdn 1479, m.w.N.). 1020

☝ Der Betroffene sollte jedenfalls eine **eigene Erklärung an Eides** statt liefern.

1021 **8.a)** Nach überkommenem Verständnis gewährt Art. 19 Abs. 4 GG **Rechtsschutz durch** den **Richter**, **nicht** aber **gegen** den **Richter**. Das ist das Verständnis der h.A., der aber zu widersprechen ist (s. dazu: → *Anhörungsrügen, Allgemeines*, Teil B Rdn 8 ff.). Durch das Verständnis der h.A. entsteht eine **Rechtsschutzlücke**, die seit der Plenumsentscheidung vom 30.4.2003 (BVerfGE 107, 395) durch den allg. **Justizgewährungsanspruch** (Art. 2 Abs. 1 GG i.V.m. dem Rechtsstaatsprinzip des Art. 20 Abs. 3 GG) geschlossen werden muss (vgl. zur Plenumsentscheidung a. oben Rdn 1001).

1022 **b)** Gleichwohl sind und waren Fälle nicht selten, in denen der **Zugang** zur **nächsten Instanz** aus Sachgründen nicht mehr zu rechtfertigenden Gründen in unzumutbarer Weise erschwert wurde. Die ältere Rspr. hat hierin einen Verstoß gegen Art. 103 Abs. 1 GG gesehen. Es sei Sache des Gesetzgebers zu entscheiden, ob Rechtsmittel gegen Gerichtsentscheidungen statthaft sein sollen, das GG selbst treffe dazu keine Bestimmungen. Sehe der Gesetzgeber allerdings ein Rechtsmittel vor, so sei er in der Ausgestaltung der Zugangs- und Zulässigkeitsvorschriften nicht völlig frei. Insbesondere dürfe er den Zugang zu den in den Verfahrensordnungen eingeräumten Instanzen nicht in unzumutbarer, aus Sachgründen nicht mehr zu rechtfertigender Weise erschweren (BVerfGE 74, 218, 234).

1023 **9.a)** Ob im **Revisionsverfahren** bei der Verfahrensrüge die besonderen – und immer strenger gewordenen – **Zulässigkeitsanforderungen** des **§ 344 Abs. 2 S. 2** bzw. die (zu) strenge Auslegung und Anwendung im Einzelfall materiell mit der **Verfassung in Einklang** stehen, ist **fraglich** (zu den Anforderungen an die Verfahrensrüge → *Revision, Verfahrensrüge*, Teil A Rdn 2307, m.w.N.).

1024 **b)** *Ritter* hat die gegenwärtig sehr strenge Handhabung des Schlüssigkeitsgebotes mit beachtlichen Gründen zutreffend kritisiert. Der BGH wendet das **Schlüssigkeitsgebot** – Darstellungspflicht gem. § 344 Abs. 2 S, 2 (BVerfGE 63, 45, 70) – gegenwärtig in einer weit strengeren Form als das Reichsgericht an (vgl. *Ritter*, S. 103).

☝ § 551 Abs. 3 Nr. 2 lit. b ZPO und § 344 Abs. 2 S. 2 sind von ihrem sachlichen Bedeutungsgehalt identisch. Gleichwohl bestehen im **Zivilprozess** – von Ausnahmen abgesehen – **geringere Anforderungen** an den Revisionsvortrag (vgl. *Ritter*, S. 115, 160 f. m.w.N.).

1025 **c)** In den letzten Jahren ist die **Erfolgsquote** bei Verfahrensrügen **stetig gesunken**. Im Jahr 1964 hob der BGH in 76 Verfahren von 2.317 Revisionen das Urteil aufgrund einer Verfahrensrüge auf (vgl. hierzu die Untersuchung von *Haddenhorst*, a.a.O., aus dem Jahr 1971). In den Jahren 1992 und 1993 kam es zu 7.042 Verfahren, in denen das Urteil in 92 Fällen aufgrund einer Verfahrensrüge aufgehoben wurde (vgl. *Vogelsang*, S. 136 f.). Aktuell dürften Verfahrensrügen nur eine Trefferquote von unter 1 % haben (vgl. *Nack* NStZ

1997, 153 f.). Angriffe auf die tatrichterlichen Beweiswürdigungen sind a priori regelmäßig zum Scheitern verurteilt (vgl. *Nack*, StV 1994, 555; *Geipel*, Kap. 3, Rn 12 m.w.N.). Der Revisionsverteidiger kann seinem Mandanten bereits eine statistische Wahrscheinlichkeit der Erfolglosigkeit der Revision insgesamt von ca. 90 % vorhersagen (*Hamm* StV 1987, 262).

Auch die verbleibende statistische **Erfolgswahrscheinlichkeit** von rund **10 % täuscht**. 1026
Denn hierunter fallen auch bloße Teilerfolge oder bloße Schuldspruchänderungen bei sonstiger Revisionsverwerfung. Ein materieller (Teil-)Erfolg im Sinne einer Aufhebung im Schuld- oder Rechtsfolgenanspruch liegt demgegenüber nur noch in maximal 3 % der Fälle vor (vgl. *Schlothauer/Weider*, Rn 1).

In **anderen Rechtsbereichen** (z.B. Zivilrecht, Arbeitsrecht, Steuerrecht, Verwaltungs- 1027
recht) werden **wesentlich höhere Erfolgsquoten** in der Revisionsinstanz verzeichnet (vgl. *Hamm* StV 1987, 262). Das verwundert, denn in anderen Bereichen wurden oft durch eine zweite Instanz bereits eklatant falsche Urteile „ausgesiebt“. Dieser Befund verwundert umso mehr, als die Revision in Zivilsachen und in Strafsachen auf denselben historischen Wurzeln beruhen (vgl. LR-StPO/*Franke*, Vor § 333 Rn 9 m.w.N.).

Die **sinkende Erfolgsquote** von Verfahrensrügen **legt** eher **nahe**, dass die **Rügeanforde-** 1028
rungen gestiegen sind, als dass die Tatgerichte weniger Verfahrensfehler begehen. Dazu: „Noch bedenklicher aber ist, daß ganz offenbar viele Anwälte den Anforderungen an eine sachgemäße Revisionsbegründung nicht gewachsen […]. Dies wiegt aufgrund des § 344 Abs. 2 vor allem bei der Verfahrensrüge schwer, so daß auch von daher die strengen oder überstrengen Anforderungen der Rechtsprechung zu dieser Vorschrift […] fragwürdig erscheinen […]. Ganz offen aber ist, wie viele sachlich begründete oder sogar gebotene Revisionen als Folge fehlenden anwaltlichen Wissens oder Könnens zum Schaden der Betroffenen und der Sache nicht eingelegt werden“ (LR-Franke, Vor § 333 Rn 13).

☝ In ihrem abweichenden Votum zur Entscheidung zur **Rügeverkümmerung** (vgl. dazu BGHSt 51, 298) haben die Richter des BVerfG *Voßkuhle*, *Osterloh* und *Di Fabio* zutreffend darauf verwiesen, dass in Bezug auf manche Formvorschriften, wie z.B. dem die Anforderungen an eine wirksame Erhebung der Verfahrensrüge regelnden § 344 Abs. 2 S. 2, in der revisionsgerichtlichen Praxis eine zunehmende Verschärfung zu beobachten sei. Diese Entwicklung habe sogar ein Eingreifen des BVerfG erforderlich gemacht (BVerfGE 122, 248, 299).

d)aa) Die **Anforderungen** der Strafgerichte gehen weit über die **Schlüssigkeit** hinaus. Es 1029
wird nicht nur eine schlüssige Darlegung verlangt, sondern bereits bei Ablauf der Begründungsfrist eine Vorwegverteidigung gegen alle möglichen Einwände (vgl. *Ritter*, S. 141). Der erforderliche Rügevortrag wird damit auf alle im Einzelfall nur möglicherweise relevanten Verfahrenstatsachen bzw. deren Nichtvorliegen und alle vorstellbaren Verfah-

rensmöglichkeiten ausgeweitet (vgl. *Ritter*, S. 157 f.; vgl. auch → *Revision, Verfahrensrüge, Allgemeines*, Teil A Rdn 2307).

☝ Das BVerfG hat den grundsätzlichen Vortrag von **Negativtatsachen** als mit dem Wortsinn von § 344 Abs. 2 S. 2 StPO vereinbar erachtet (vgl. BVerfGE 112, 185, 209), ebenso wie den einfach-rechtlichen Vortrag zur **Aufklärungsrüge** (vgl. BVerfGE 63, 45, 71). Allerdings dürfen die Anforderungen an den Vortrag nicht überspannt werden (BVerfGE 112, 185, 209 ff.).

1030 **bb)** Aus **verfassungsrechtlicher Sicht** ist dazu **anzumerken**: Die rechtliche Ausgestaltung eines Rechtsmittels soll nach der Rspr. des BVerfG dem Bürger insbesondere die Prüfung ermöglichen, ob und unter welchen Voraussetzungen es zulässig ist. Sind die Formerfordernisse so kompliziert und schwer zu erfassen, dass nicht erwartet werden kann, der Rechtsuchende werde sich in zumutbarer Weise darüber Aufklärung verschaffen können, muss die Rechtsordnung zumindest für eine das Defizit ausgleichende Rechtsmittelbelehrung sorgen (BVerfGE 107, 395, 416 f.). Wenn die Rechtstatsachenlage aber belegt, dass die Formerfordernisse so kompliziert und schwer zu erfassen sind, dass sich der Rechtssuchende in zumutbarer Weise keine Aufklärung darüber verschaffen kann (so das Plenum des BVerfGE 107, 395, 416), weil selbst Anwälte in der überwiegenden Zahl daran scheitern (vgl. LR-*Franke*, a.a.O., Vor § 333 Rn 13), oder die formgerechte Erhebung einer Verfahrensrüge eine Kunst ist, die nur wenige Strafjuristen souverän beherrschen (so *Ventzke* NStZ 2008, 262), dann führt – entgegen der h.M.– kein Weg daran vorbei, die so ausgestalteten **Rügeanforderungen** als **verfassungswidrig zu bezeichnen**, sei es wegen eines Verstoßes gegen Art. 103 Abs. 1 GG, oder Art. 19 Abs. 4 GG oder den allg. Justizgewährungsanspruches oder das Gebot der Rechtsmittelklarheit oder das faire Verfahren – s. dazu auch → *Verfassungsbeschwerde, Begründung, ineffektiver Rechtsschutz*, Teil C Rdn 916). Im Rahmen einer Fortbildung im Mai 2012 hat der Verfasser von einem Richter eines Strafsenats des BGH dessen persönliche Einschätzung erfahren, nämlich, dass es in der BRD nur ca. 10 Rechtsanwälte geben soll, die eine zulässige Beweiswürdigungsrevisionsbegründung anfertigen könnten. Er selbst würde es vermutlich auch nicht können. Das kann übertrieben sein, zeigt aber doch die Brisanz des Problems. Tatsächlich wird von pensionierten Revisionsrichtern, die nach Ausscheiden aus dem Richterdienst als Anwälte arbeiten, berichtet, dass selbst deren Revisionen als offensichtlich unbegründet verworfen werden. Und das selbst in Fällen, in denen es die pensionierten Richter nicht einmal für möglich gehalten hätten (vgl. hierzu noch *Sarstedt/Hamm*, Die Revision in Strafsachen, 5. Aufl., Rn 463). Nach einer anderen Schätzung von Bundesrichtern soll es – trotz mehrerer tausend Fachanwälten für Strafrecht – nur 30 bis 40 Kanzleien bundesweit geben, die „Revisionen könnten" (*Wagner*, S. 253).

☝ Man kommt also um den Befund, dass das Verfahrensrecht in der gegenwärtigen **Revisionswirklichkeit** ein **faires** und **rechtsstaatliches Verfahrens** gerade **nicht** absichert, nicht herum (vgl. *Schlothauer* StraFo 2000, 289, 293 m.w.N.). Gleichwohl sind Fälle, in denen das BVerfG die Anforderungen an den Rügevortrag als – verfassungswidrig überspannt – erkannt hat, bemerkenswert selten (vgl. BVerfG 112, 185 ff.; BVerfG, StV 2006, 57). Das verwundert angesichts der klaren Worte des Plenums zur **Rechtsmittelklarheit**, d.h., dass die Rechtsmittel in der geschriebenen Rechtsordnung geregelt und in ihren Voraussetzungen für den Bürger **klar erkennbar** sein müssen (vgl. BVerfGE 107, 395, 416 f.) und der **Rechtstatsachenlage** (vgl. dazu eingehend *Widmaier* StraFo 2010, 310).

Strafrichterliche Verurteilungen sind hoheitliche Eingriffsakte (vgl. BVerfG StV 2003, **1031**
593 f.) Das gilt ganz besonders, wenn ein Unschuldiger verurteilt wird. Die Rechtsordnung stellt hiergegen ein Rechtsmittel zur Verfügung, nämlich das **Rechtsmittel der Revision**. Stellt die Rechtsordnung ein Rechtsmittel zur Verfügung, muss dieses **effektiv** gem. Art 19 Abs. 4 GG sein (vgl. BVerfGE 10, 264, 267; 40, 272, 274 f.) Dass das Rechtsmittel der Revision in der derzeitigen Form für den Verurteilten im praktisch wichtigsten Bereich, nämlich der Tatsachenfeststellung (sei es durch die Einführung von Tatsachen aufgrund von Verfahrensnormen, sei es durch die Würdigung der eingeführten Tatsachen) **ineffektiv** ist, ist nicht zu bestreiten (vgl. Graf/*Wiedner*, § 261 Rn 9, 33.2., 40, 44, 63, 66, 68 ff.; s.a. → *Verfassungsbeschwerde, Begründung, effektiver Rechtsschutz*, Teil C Rdn 876 und vor allem → *Verfassungsbeschwerde, Begründung, ineffektiver Rechtsschutz*, Teil C Rdn 916).

In der Lit. geht insbesondere *Ritter* nach seiner Analyse davon aus, dass die strenge Hand- **1032**
habung des Schlüssigkeitsgebotes **verfassungswidrig** ist (vgl. *Ritter*, S. 222). Das wäre nur dann anders, wenn es einerseits einen sachlichen Grund für diese strenge Handhabung und andererseits klare Grenzen für die Begründungsanforderungen gäbe (vgl. *Ritter*, S. 158). Beides ist aber nicht ersichtlich. Da es zwar immer weiter steigende Rügeanforderungen, aber keine Formalisierung gibt, kann dies nicht mit dem Revisionszweck der Wahrung der Rechtseinheit begründet werden. Die steigenden Rügeanforderungen können auch nicht mit dem Gedanken gerechtfertigt werden, dass das Revisionsgericht vor einer unzumutbaren Arbeitsbelastung geschützt werden muss. Durch immer steigende Rügeanforderungen und de facto allenfalls schwer vorhersehbare Anforderungen tragen unsichere oder besonders sorgfältige Revisionsführer möglichst viele Tatsachen vor, um vermeintlich gegen den Einwand der Unvollständigkeit des Vortrags geschützt zu sein. Steigende, unklare oder systematisch nicht erschlossene Rügeanforderungen wirken sich damit **negativ auf** die **Prozessökonomie** aus (vgl. *Ritter*, S. 180 m.w.N.).

☝ Dem Verfasser sind Revisionsschriften von 900 Seiten bekannt. Das wäre anders, wenn es im Revisionsverfahren klare Grenzen für einen erforderlichen Vortrag oder eine Nachbesserungsmöglichkeit auf gerichtlichen Hinweis analog § 139 ZPO gäbe (vgl. ein markantes Beispiel bei *Geipel* StraFo 2011, 9).

1033 **cc)** Welche **Argumente** und **Gedanken** kann der **Verteidiger** nun im Revisionsverfahren gegen diese eingefahrene und nur schwer auszuhebelnde strenge Rechtsprechung der Revisionsgerichte ins Feld führen? Gelegenheit dazu bestünde ggf. im Rahmen einer **Gegenerklärung** nach § 347 Abs. 2 S. 2, wenn seine Verfahrensrüge vom GBA/der GStA als unzulässig, weil nicht ausreichend begründet worden ist.

1034 **Übersicht Argumente Gegenerklärung**

- Der **Vortrag** von **Negativtatsachen** oder Tatsachen, die gegen den vorliegenden Rechtsfehler sprechen, soll aus dem Gebot des vollständigen bzw. nicht irreführenden Vortrags resultieren. Dagegen lässt sich **einwenden**, dass sich nicht erschließt, warum – auf Hinweis – Vortrag per se nicht nachbesserbar sein soll (vgl. *Geipel* StraFo 2011, 9).

  ☝ *Bauer* sieht verfassungsrechtliche Probleme im Hinblick auf das Gebot der **Rechtssicherheit**. Angesichts der historisch einmalig strengen und strengeren Anforderungen als in anderen Gerichtszweigen, fordert er de lege ferenda die Schaffung einer Hinweispflicht (analog § 139 ZPO) und Möglichkeit der Ergänzung des Vortrags (vgl. *Bauer* StV 1999, 622). Das ist zutreffend.

- Die **strengen Rügeanforderungen** sollen dazu dienen, dem **Revisionsgericht nicht zuzumuten**, die **Akten** zwecks Auffindung der relevanten Tatsachen **durchzusehen** (vgl. *Hahn/Mugdan*, a.a.O., S. 253). Dagegen lässt sich einwenden, dass sich GBA/GStA bzw. das Revisionsgericht nicht gehindert sehen, die Akten en détail durchzusehen, um eine Rüge als unzulässig behandeln zu können (vgl. *Wohlers*, S. 108 m.w.N.). Zu Recht weist *Ziegert*, (S. 901) darauf hin, dass der Revisionsführer zur Kenntnis nehmen müsse, „dass das Revisionsgericht die Wahrheit nicht entdeckt, um seinen Rügen zum Erfolg zu verhelfen, sondern um den Bestand des Urteils zu sichern".
- Richtig ist, dass der Sinn und Zweck des § 344 Abs. 2 S. 2 u.a. darin liegt, dass das Revisionsgericht nicht verpflichtet ist, die Akten nach Verfahrensfehlern zu durchsuchen, sondern erkennbar wird, in welcher Handlung oder Unterlassung des Tatgerichts der Revisionsführer einen Rechtsverstoß sieht (vgl. LR/*Franke*, § 344 Rn 78 ff.). Wenn aber ein Verfahrensfehler gerügt wird, d.h. herausgearbeitet und abgrenzbar ist, erscheinen die strengen Rügeanforderungen in Extremfällen als Verlet-

zung des **Fair-Trial Grundsatzes** und **Rechtsverweigerung** (vgl. LR/*Franke*, § 344 Rn 81 m.w.N.) bzw. als **Gehörsverstoß** oder **Verstoß gegen den Art. 19 Abs. 4 GG** oder den **Justizgewährungsanspruch**.

- Auch der Hinweis auf die „Formstrenge des Revisionsverfahren“ kann die unterschiedlichen Rügeanforderungen für Sach- und Verfahrensrüge nicht rechtfertigten. Darüber hinaus **dienen hohe Begründungsanforderungen** auch **nicht** der **Einzelfallgerechtigkeit** oder der Wahrung prozessordnungsgemäß zustande gekommener Entscheidungen. Das Gegenteil ist richtig. Je höher die Anforderungen, desto größer ist die Gefahr, dass falsche bzw. nicht prozessordnungsgemäß zustande gekommene Entscheidungen nicht aufgehoben werden, weil die Begründungsanforderungen verfehlt wurden (*Ritter*, a.a.O., 216; LR/*Franke*, a.a.O., Vor § 333 Rn 13).

dd) Hinweis für den Verteidiger! 1035

Auf die Frage: **Wie** lässt sich die **Verfassungswidrigkeit vermeiden?**, ist folgendes zu antworten:

- Um das Verdikt der Verfassungswidrigkeit zu vermeiden, bietet sich de **lege lata** eine weniger strenge Handhabung an. Jede Norm muss **verfassungskonform ausgelegt** und gehandhabt werden (vgl. dazu z.B. BVerfGE 77, 275, 284; 88, 118, 125; 96, 27, 39; 103, 142, 156; BVerfG NVwZ 2006, 579; BeckOK-GG/*Enders*, Art. 19 Rn 73).
- Daneben sollte es **de lege ferenda** die **Möglichkeit** einer **allgemeinen Verfahrensrüge** zugunsten des Beschuldigten geben. Darauf hat *Jagusch* schon 1971 hingewiesen: „Es kommt vor, dass das Revisionsgericht bei der Prüfung einen urteilserheblichen Verstoß entdeckt, der nicht oder nicht richtig gerügt worden ist und nach jetziger Gesetzeslage deshalb unbeachtet bleibt, was wiederum auf wahrheitsschädliche Fiktionen [der Richtigkeit des Urteils] tatsächlicher Art hinauslaufen kann. Das sollte abgestellt werden […]. Gibt der Verurteilte aber durch die Sachrüge und (oder) spezielle Verfahrensrügen zu erkennen, dass er das Urteil im ganzen oder einen selbstständig anfechtbaren Teil beanstandet, so sollte dem Revisionsgericht durch die Möglichkeit der allgemeinen Verfahrensrüge der Weg eröffnet werden, weitere hierbei erkannte zweifelsfreie Verstöße, auf denen das Urteil beruhen kann, zur Aufhebung und Zurückverweisung zu benutzen. Bei nebenher entdeckten, erheblichen Verstößen entsteht dadurch keine wesentliche Mehrarbeit“ (*Jagusch* NJW 1971, 2009, 2011).

☝ Ob die Schwächen des geltenden Revisionsrechts nicht doch eine **zwingende 2. Tatsacheninstanz** in Strafsachen erfordert, ist zu bejahen (s.a. → *Verfassungsbeschwerde, Begründung, effektiver Rechtsschutz*, Teil C Rdn 876 und vor allem → *Verfassungsbeschwerde, Begründung, ineffektiver Rechtsschutz*, Teil C Rdn 916).

1036 **10.a)** Nach **h.M.** hat der Betroffene (derzeit) **keinen Anspruch auf ein Rechtsgespräch** (vgl. BVerfGE 31, 364, 370; 86, 133, 145). Auch ist das Gericht grds. nicht verpflichtet, auf seine Rechtsauffassung hinzuweisen (vgl. BVerfGE 66, 116, 147; 74, 1, 5; 86, 133, 145; vgl. dazu auch BGH NStZ 2007, 719). In st.Rspr. betont das BVerfG aber auch, dass es der Verhinderung von Sachvortrag und damit einem Gehörsverstoß gleichkommen kann, wenn das Gericht von einem Sachverhalt oder einem rechtlichen Gesichtspunkt ohne vorherigen Hinweis ausgeht, mit dem auch ein gewissenhafter und kundiger Prozessbeteiligter selbst unter Berücksichtigung der Vielzahl vertretbarer Rechtsauffassungen nicht zu rechnen brauchte (vgl. BVerfGE 86, 133).

1037 Die grds. **Ablehnung** eines Anspruchs auf ein Rechtsgespräch bedarf der **Überprüfung** (vgl. jetzt a. die §§ 202a, 212a, 257b; vgl. dazu Rdn 1039 ff.). *Zuck*, einer der renommiertesten Kenner des Verfassungs- und Verfassungsprozessrechts hat Recht: „Dass es keinen Rechtsanspruch auf ein Rechtsgespräch geben soll, verkürzt jedoch die Rechtslage. So wird man in den Revisionsinstanzen, in denen es nur um die Rechtslage geht, die Frage aufwerfen müssen, ob dann, wenn eine mündliche Verhandlung stattfindet, diese nicht ihres Sinnes entleert wird, wenn das Gericht kein Rechtsgespräch führt. Dazu wäre es geboten, dass das Gericht das Rechtsgespräch vor- und aufbereitet, so wie es das BVerfG für seine mündlichen Verhandlungen tut. Und dann sollte für die Instanzgerichtsbarkeit nicht übersehen werden, dass es – etwa im Rahmen des § 139 ZPO Konstellationen gibt, die ein Rechtsgespräch rechtlich erzwingen" (*Lechner/Zuck*, § 90 Rn 288). Dem ist uneingeschränkt zuzustimmen. Dem Verfasser ist eine Revisionshauptverhandlung vor dem BGH bekannt, in der Revisionen von mehreren Mitangeklagten gemeinsam verhandelt worden sind. Der Berichterstatter hatte keinerlei Hinweis auf die Schwerpunkte der kommenden mündlichen Verhandlung gegeben, wohl aber einem Lehrer, der mit seinen Schülern die Verhandlung besuchen wollte, einen Teil seines Votums zur Vorabinformation für dessen Schüler gegeben. Weil der Lehrer mit dem Inhalt des Votums überfordert war, rief dieser bei einem Verteidiger an und stellte kritische Fragen zu den ihm übermittelten Informationen. Nur hierdurch konnte dieser Verteidiger, der diese Kenntnis an die Mitverteidiger weiter gegeben hatte, erahnen, worauf es in der kommenden Verhandlung ankommen werde. Alle Verteidiger waren sich einig, dass ohne diese Vorabinformation keine sachgerechte Diskussion möglich gewesen wäre.

1038 Hinzuweisen ist darauf, dass bereits im Rahmen der **kleinen Strafprozessreform** von 1964 vorgeschlagen wurde, einen Anspruch auf ein Rechtsgespräch gesetzlich zu postulieren (vgl. *Deckers* AnwBl. 2009, 241, 244). Die Reform von 1964 hieß deswegen „kleine" Reform, da eine „große" Reform noch kommen sollte. Das war unbestritten, nachdem die StPO seit der Kaiserzeit als das am wenigsten geglückte Reichsjustizgesetz galt. Die „große" Reform ist jedoch in weite Ferne gerückt. Stattdessen hat – jedenfalls in den letzten 20 Jahren – ein ständiger Abbau von Bürgerrechten stattgefunden (vgl. *Neuhaus*, ZAP Sonderheft 2009, S. 54).

b) Es soll also im Strafprozess für das Gericht keine allgemeine Frage- und Informationspflicht oder grundsätzliche Verpflichtung bestehen, auf seine Rechtsauffassung hinzuweisen (vgl. BVerfGE 84, 188, 190). Diese Rechtsauffassung dürfte durch den wenig sachkundigen Gesetzgeber durch die Einführung des **§ 257b** bestätigt worden sein. Allerdings erklärt der (neue) § 257b nur, was schon immer galt und selbstverständlich ist, dass das **Gericht** ein offenes **Rechtsgespräch** führen **kann**. 1039

☝ Ein **offenes Rechtsgespräch** ist diesseits zu **befürworten**. Es ist wesentlich sinnvoller, mit dem Angeklagten eine argumentative Ebene zu betreten, als den Angeklagten darauf zu verweisen, durch geschickte Verfahrensanträge (v.a. Beweisanträge) eine indirekte Diskussion zu führen.

Neu aufgeworfen ist mit § 257b die **Frage** der **prozessualen Gleichbehandlung**, wenn das Gericht in manchen Fällen ein offenes Rechtsgespräch führt und in anderen nicht (vgl. BeckOK-StPO/*Eschelbach,* § 257b Rn 4). Rechtsgespräche leiten in nicht wenigen Fällen einen Deal ein. Durch diesen Deal kommt es i.d.R. zu einem besseren Ergebnis für den Angeklagten (vgl. für Wirtschaftsstrafsachen *Altenhain/Hagemeier/Haimerl* NStZ 2007, 71 f.); teilweise führt der Deal aber auch zu einer Verurteilung Unschuldiger (vgl. *Geipel,* Kap. 3, Rn 80, Kap. 25, Rn 32 ff. Kap. 33, Rn 1 ff. m.w.N.). Wenn der Deal aber zu einem besseren Ergebnis führt, müsste jeder Bürger gleichen Anspruch hierauf haben (**Rechtsschutzgleichheit** – so *Altenhain/Hagemeier/Haimer* NStZ 2007, S. 71, 78; vgl. zum Gebot des gleichen Rechtsschutzes BVerfGE 52, 131, 144, 156 sowie zur Waffengleichheit BVerfGE 69, 248, 254; s.a. noch BVerfG, NJW 2008, S. 3390 f.). 1040

Faktisch führt das nicht geführte Rechtsgespräch dazu, dass Verteidiger durch entsprechende **Beweisanträge** und die entsprechenden Beschlussgründe versuchen, **Einblick** in die **gerichtliche Gedankenwelt** zu erhalten (vgl. *König* StV 1998 113; *Deckers*, S. 8; *Hamm/Hassemer/Pauly*, Rn 136; *Junker*, Rn 103). In diversen Entscheidungen formuliert der BGH selbst, dass der Beweisantragsteller in eine **Art Dialog** mit dem Gericht träte (vgl. BGHSt 52, 284 = NJW 2008, 3446; ähnlich *Hamm/Hassemer/Pauly*, Rn 174, 187, 196). 1041

Das bedeutet, dass in diversen Fällen Beweisanträge gar nicht gestellt werden, um den beantragten Beweis zu erheben, sondern **lediglich um einen Dialog** mit dem Gericht zu führen (vgl. *Hamm/Hassemer/Pauly*, a.a.O., Rn 213). Hier hängt das Schicksal der für den Angeklagten ggf. wichtigen Hinweise wiederum vom Zufall der Qualität und „Tagesform“ des Verteidigers in der Tatsacheninstanz ab. Fraglich ist, **wie** dies mit dem **Postulat** um **Rechtsschutzgleichheit** (vgl. BVerfG NJW 2008, S. 3390 f.) zu **vereinbaren** ist. Es wird nicht verkannt, dass es gegenwärtig oft von Vorteil ist, wenn der Tatsachenverteidi- 1042 ger kompetent und in „guter Tagesform“ ist. Diese immer bestehende und nicht zu vermeidende Ungleichheit der diversen Angeklagten wird aber dann zum verfassungsrechtlichen Problem, wenn diese Ungleichheit nicht vom (gewählten) Verteidiger, sondern von dem staatlichen Eingriffsorgan (= der verurteilende Richter) abhängt. Auch hier sind subjektive Unwägbarkeiten unvermeidbar und hinzunehmen, aber eben nicht gesetzliche Rahmenbedingungen, die der Ungleichheit Tür und Tor öffnen.

☝ Die Rspr., auch die des **BVerfG**, hat das Tatgericht noch **nicht** für **verpflichtet** gehalten, ein **Rechtsgespräch** mit dem Angeklagten zu führen (vgl. BVerfGE 86, 133, 154). Das ist – wie oben erwähnt – zu kritisieren.

1043 **11.** Berücksichtigt man, dass die Rspr. dem Verteidiger verschiedene **Hinweispflichten an** das **Gericht** auferlegt hat, müsste man als **Kehrseite** auch an **Hinweispflichten** des **Gerichts** denken (zu gerichtlichen Hinweispflichten *Burhoff*, HV, Rn 1720 ff.).

1044 **a)** Im **Beweisantragsrecht** ist der Verteidiger derzeit nach der Rspr. des BGH gehalten, Ausführungen zur **Konnexität** zwischen Beweismittel und Beweistatsache zu machen, damit das Gericht prüfen kann, ob und ggf. welcher Ablehnungsgrund in Betracht kommt (z.B. Ungeeignetheit; vgl. dazu eingehend *Burhoff*, HV, Rn 946 ff. m.w.N.). Obwohl nach dem Wortlaut des § 244 das Gericht dem Antragsteller die Ungeeignetheit eines Beweismittels nachweisen muss und nicht der Beweisantragsteller die Geeignetheit des von ihm benannten Beweismittels (vgl. *Hamm/Hassemer/Pauly*, Rn 128), erscheint ein dementsprechender Rechtsmeinungsaustausch diesseits **sinnvoll**.

1045 **b)** Die geforderte und grds. zu begrüßende Offenheit des Verteidigers zeigt sich auch darin, dass der **Verteidiger** nach der Rspr. **gehalten** ist, das Gericht auf **Missverständnisse**, **Unklarheiten** etc. bei der **Verbescheidung/Nichtausschöpfung** eines **Beweisantrages** hinzuweisen. Hat der Verteidiger bei der Verbescheidung erkannt, dass das Gericht von einem Missverständnis ausgeht, hat er dies noch in der Tatsacheninstanz zu rügen. Andernfalls wird das Rügerecht für die Revisionsinstanz ggf. „verwirkt“ (vgl. BGH StV 1989, 465; 2001, 436, 504). Ein Missverständnis (vgl. BGH StV 1989, 465; NStZ-RR 2004, 370) kann dann vorliegen, wenn die Ablehnung von einem unvollständigen (vgl. OLG Düsseldorf VRS 85, 358), veränderten (vgl. BGHR StPO § 244 Abs. 6 Entscheidung 2) oder einengenden (vgl. BGH StV 2001, 436; 2001, 505) Antrag ausgeht.

☝ Nicht aufgeklärte **Missverständnisse** können auch dann entstehen, wenn die Verbescheidung eines Beweisantrages noch aussteht, das **Gericht** jedoch **mitteilt**, es sei der Ansicht, **alle Beweisanträge verbeschieden** zu haben und der Tatsachenverteidiger auf einen tatsächlich noch unerledigten Beweisantrag nun schweigt. Dem Tatsachenverteidiger ist in derartigen Fällen ein Widerspruch dringend zu empfehlen (vgl. BGH NStZ 2005, 463 f.).

Der **Revisionsverteidiger** muss darlegen, dass das Missverständnis aufgeklärt wurde (vgl. BGH NJW 2005, 242 f.). Derartige Missverständnisse kommen v.a. dann vor, wenn das Gericht das Beweismittel ausgetauscht hatte (vgl. BGH, StV 1992, 452 [Schriftsachverständiger statt Zeuge]).

c)aa) Im Bereich der **Wahrunterstellung**, der **Bedeutungslosigkeit** oder des **Erwiesenseins** ist es nicht selten, dass das Gericht die zu beweisende Tatsache umformuliert. Kommt der Beweisbehauptung durch diese **Umformulierung** eine **Veränderung**, **Einengung** oder **Verschiebung** zu, hat der Tatsachenverteidiger eine **Gegenvorstellung** abzugeben (vgl. MAH-*Widmaier/Norouzi*, § 9 Rn 72 ff.). 1046

Genauso sinnvoll ist es aber dann, dass das **Gericht** als **Kehrseite** ggf. **Hinweise** an den Verteidiger gibt, auf welche **rechtlichen Punkte/Tatsachen/Indizien** es **ankommen** könnte, damit der Verteidiger prüfen kann, welche Beweisanträge/Argumentationen noch sinnvoll erscheinen. Das sollte einerseits eine Selbstverständlichkeit sein, denn im Strafverfahren geht es um ein „richtiges", „gerechtes", mit dem wahren Sachverhalt übereinstimmendes Urteil (s. → *Verfassungsbeschwerde, Begründung, Wahrheitserforschungsgebot*, Teil C Rdn 1105), nicht aber um eine Verurteilung des Angeklagten oder darum, dem Angeklagten Versäumnisse/Fehler des Verteidigers büßen zu lassen. 1047

☝ Eine gezielte Einflussnahme auf das erstinstanzliche Urteil würde eine **echte Chance** für den Angeklagten bedeuten, auf die **Richtigkeit** des **Urteils einzuwirken**. In nicht wenigen Fällen überblickt der Angeklagte und/oder sein Verteidiger das Verfahren nicht und erfährt erst aus dem Urteil worauf es wirklich angekommen wäre (vgl. BGH StV 2001, 436; 2001, 505). Das wiederum liegt weniger an Inkompetenz des Verteidigers, sondern an dem Phänomen der selektiven Wahrnehmung und Freiheit der Beweiswürdigung als solcher. Gerade durch die **Freiheit der Beweiswürdigung** (§ 261) und weil dem Tatrichter ein Beweiswert von Indizien nicht vorgeschrieben werden kann, kann der Verteidiger/Angeklagter nicht vorhersehen, worauf es „entscheidend" ankommen wird (s. dazu a. → *Verfassungsbeschwerde, Begründung, ineffektiver Rechtsschutz*, Teil C Rdn 916).

bb) Die **Rechtswirklichkeit** sieht **anders** aus. De lege lata gibt es einen nur schwer verständlichen **Wertungswiderspruch** zwischen richterlichen Hinweispflichten einerseits im **Zivil**- und andererseits im **Strafverfahren**. Zur ZPO-Reform 2002 ging der Gesetzgeber davon aus, die Einschränkungen bei einer zweiten Tatsacheninstanz nur damit vertreten zu können, dass die Hinweispflichten des Erstgerichts gem. § 139 ZPO gestärkt wurden. Das war zwar faktisch falsch, denn § 139 ZPO n.F. normierte nur, was ohnehin bereits galt. Gleichwohl ist folgende Formulierung von *Egon Schneider* zutreffend: „Die Vorschrift des **§ 139 ZPO** ist gewissermaßen das **Grundgesetz** eines **fairen Verfahrens**" 1048

(*Schneider*, Rn 85). Fraglich ist dann aber, ob nicht im Wege des Erst-recht-Schlusses Hinweispflichten im erstinstanzlichen Strafprozess vor dem LG oder OLG gefordert werden müssen.

1049 **d)** Das **BVerfG** hatte zu einem **Zivilverfahren** in NJW 1994, 849 mitgeteilt: „[...] Für das Gericht besteht dann eine **Aufklärungspflicht**, wenn für die Prozessbeteiligten nicht vorhersehbar ist, auf welche Erwägungen das Gericht seine Entscheidung stützt und aus diesem Grund ein für die Entscheidung relevanter Vortrag unterbleibt (BVerfGE 84, 190 = NJW 1991, 2823) [...].“ Trifft aber der **Sinn** und **Zweck** der **ZPO-Vorschriften**, nämlich, dass die Parteien Gelegenheit haben sollen, Einfluss auf die Tatsachenfeststellungen durch weitere Aufklärungs- und Überzeugungsarbeit, weitere Beweisanträge und Richtigstellungen zu nehmen (vgl. *Zöller*, ZPO, § 279 Rn 5), nicht **gerade** im **Strafverfahren** bei faktisch nur einer Tatsacheninstanz **erst recht** zu?

☝ **Verfassungsrechtlich ungeklärt** ist gegenwärtig, ob diese Grundsätze nicht auch in einem Strafverfahren gelten. Wenn ein Verfahrensbeteiligter konkret mitteilt, von dem Sachverhalt X auszugehen und das Gericht hierauf schweigt, im Urteil jedoch den widersprechenden Sachverhalt Y zugrunde legt, liegt ein Verfassungsverstoß (enttäuschtes Vertrauen, Überraschungsentscheidung) nahe (vgl. *König* StV 1998, 113).

1050 Gleiches (**Verstoß gegen Art. 103 Abs. 1 GG**) könnte auch dann gelten, wenn z.B. in einer mehrere Angeklagte mit mehreren Tatkomplexen betreffenden HV eine umfangreiche Beweisaufnahme erfolgt und ein **Angeklagter konkret** um einen **Hinweis bittet**, **welche Indizien** speziell **für ihn relevant** werden könnten. Da Schlussfolgerungen aus Indizien nicht einmal überwiegend wahrscheinlich, sondern nur möglich sein müssen, kann es auch bei Anwendung der erforderlichen Sorgfalt nicht ausgeschlossen werden, dass der konkrete Angeklagte nicht erkennen kann, welches Indiz für ihn relevant werden könnte. Eine faire Verteidigungsmöglichkeit wäre dann nicht gegeben. In derartigen Fällen sollte man an eine Hinweispflicht nach dem Vorbild des § 139 ZPO denken.

1051 Entsprechendes gilt, wenn der Angeklagte erkennbar von einem **anderen Sachverhalt** ausgeht, andere Tatsachen oder Gesichtspunkte für relevant hält oder gar nicht erkennt, worauf es bei seiner Verteidigung ankommen könnte und dies entsprechend artikuliert (vgl. *Gillmeister* StraFo 1997, 8, 11 ff. m.w.N.).

☝ Ob de lege lata in solchen Fällen ein Hinweis gem. Art. 103 Abs. 1 GG aus dem Gesichtspunkt des Verbotes der Überraschungsentscheidung folgt, ist gegenwärtig **ungeklärt** (bejahend und zutreffend *König* StV 1998, S. 113).

Hinweispflichten hat die Rspr. aber jedenfalls dann angenommen, wenn z.B. eine Wahrunterstellung nicht mehr aufrechterhalten werden soll (vgl. BGH StV 1983, 357). Ein Hinweis soll nach h.A. aber dann wieder entfallen, wenn die als wahr unterstellte Tatsache später als unerheblich erachtet wird (vgl. *Gillmeister* StraFo 1997, 8, 10 m.w.N.; s. auch *Burhoff*, HV, Rn 994 ff.).

Diese bescheidenen Hinweispflichten der Rechtsprechung konnten die markante Rechtsschutzlücke des „**falschen Films**" aber nicht beseitigen (vgl. hierzu umfassend *Geipel* StraFo 2010, 272 m.w.N.).

12. Art. 103 Abs. 1 GG sichert auch die gerichtliche **Berücksichtigungspflicht**. Zwar muss das Gericht nicht jedes Vorbringen in den Entscheidungsgründen verwerten, wohl aber die **wesentlichen**, der **Rechtsverfolgung und Rechtsverteidigung dienenden Behauptungen** (vgl. BVerfGE 47, 182, 189). 1052

☝ Art. 103 Abs. 1 GG gewährt jedoch **keinen Schutz** gegen Entscheidungen, die den Sachvortrag eines Beteiligten aus Gründen des formellen oder materiellen Rechts teilweise oder ganz **unberücksichtigt** lassen (BVerfGE 21, 191, 194).

Art. 103 Abs. 1 GG ist **erst verletzt**, wenn sich **im Einzelfall klar** ergibt, dass das Gericht seiner **Berücksichtigungspflicht nicht nachgekommen** ist. Das BVerfG geht grds. davon aus, dass die Gerichte das von ihnen entgegengenommene Parteivorbringen zur Kenntnis genommen und in Erwägung gezogen haben. Deshalb müssen, damit das BVerfG einen Verstoß gegen Art. 103 Abs. 1 GG feststellen kann, im Einzelfall besondere Umstände deutlich machen, dass tatsächliches Vorbringen eines Beteiligten entweder überhaupt nicht zur Kenntnis genommen oder doch bei der Entscheidung nicht erwogen worden ist. Geht das Gericht auf den wesentlichen Kern des Tatsachenvortrags einer Partei zu einer Frage, die für das Verfahren von zentraler Bedeutung ist, in den Entscheidungsgründen nicht ein, so lässt dies allerdings auf die Nichtberücksichtigung des Vortrags schließen, sofern er nicht nach dem Rechtsstandpunkt des Gerichts unerheblich oder aber offensichtlich unsubstantiiert war (vgl. aus neuerer Zeit z.B.: BVerfG, Beschl. v. 19.12.2013 – 1 BvR 859/13; Beschl. v. 17.4.2012 – 1 BvR 3071/10; Beschl. v. 15.5.2012 – 1 BvR 1999/09; Beschl. v. 14.3.2013 – 1 BvR 1457/12). 1053

13. Schließlich kann die Rüge der Verletzung des Anspruchs auf rechtliches Gehör nur Erfolg haben, wenn die angefochtene gerichtliche Entscheidung auf einer Verletzung des Art. 103 Abs. 1 GG **beruht**, d.h. wenn nicht ausgeschlossen werden kann, dass die Anhörung des Beschwerdeführers das Gericht zu einer anderen Beurteilung des Sachverhalts oder in einem wesentlichen Punkt zu einer anderen Würdigung veranlasst oder im Ganzen zu einer anderen, ihm günstigeren Entscheidung geführt hätte (BVerfGE 28, 17, 19 f.). Das muss in der Begründung der Verfassungsbeschwerde nachvollziehbar dargelegt werden und erfordert ggf. Vortrag, was bei Gehörsgewährung mit welchem Ergebnis noch vorgetragen worden wäre. 1054

☝ Der Beschwerdeführer muss daher auch im Rahmen der Verfassungsbeschwerdebegründung stets **vortragen**, welchen **übergangenen Vortrag** er vor den Fachgerichten vorgetragen hat bzw. hätte und zu welchem Ergebnis dies geführt hätte.

Dieser Vortrag muss **innerhalb** der **Frist** zur Verfassungsbeschwerdebegründung beim BVerfG eingehen (vgl. BVerfGE 82, 236, 257 m.w.N.).

Siehe auch: → *Anhörungsrüge, Allgemeines*, Teil B Rdn 1, m.w.N.; → *Anhörungsrüge, Begründetheit*, Teil B Rdn 16; → *Verfassungsbeschwerde, Allgemeines*, Teil C Rdn 729, m.w.N.; → *Verfassungsbeschwerde, Begründung, Beweisverbote*, Teil C Rdn 816; → *Verfassungsbeschwerde, Begründung, effektiver Rechtsschutz*, Teil C Rdn 876; → *Verfassungsbeschwerde, Begründung, faires Verfahren*, Teil C Rdn 882; → *Verfassungsbeschwerde, Begründung, ineffektiver Rechtsschutz*, Teil C Rdn 916.

1055 Verfassungsbeschwerde, Begründung, Schuldgrundsatz (nulla poena sine culpa)

1056 **Literaturhinweise:** s. die Hinw. bei → *Verfassungsbeschwerde, Allgemeines*, Teil C Rdn 730.

1057 **1.** Der Grundsatz „Keine Strafe ohne Schuld" (nulla poena sine culpa) ist in der Garantie der Würde und Eigenverantwortlichkeit des Menschen (**Art. 1 Abs. 1 GG** und **Art. 2 Abs. 1 GG**), sowie im **Rechtsstaatsprinzip verankert**. Er gebietet, dass Strafen oder strafähnliche Sanktionen in einem gerechten Verhältnis zur Schwere der Tat und zum Verschulden des Täters stehen. Straftatbestand und Strafrechtsfolge müssen sachgerecht aufeinander abgestimmt sein. Insoweit deckt sich der Schuldgrundsatz in seinen die Strafe begrenzenden Auswirkungen mit dem Verfassungsgrundsatz des Übermaßverbots. Er schließt die strafende oder strafähnliche Ahndung einer Tat ohne Schuld des Täters aus (BVerfGE 110, 1, 13).

1058 **2.** Der Schuldgrundsatz **überschneidet** sich mit dem **Verhältnismäßigkeitsprinzip** (s. dazu: → *Verfassungsbeschwerde, Begründung, Verhältnismäßigkeitsprinzip*, Teil C Rdn 1083) und dem **Gebot der Wahrheitserforschung** (s. dazu → *Verfassungsbeschwerde, Begründung, Wahrheitserforschungsgebot*, Teil C Rdn 1104). Aus verfassungsrechtlichen Gründen muss die Schuld des Verurteilten daher hinreichend festgestellt sein. Das heißt, dass dem Angeklagten Tat und Schuld prozessordnungsgemäß nachgewiesen werden müssen und der Angeklagte bis dahin als unschuldig gilt (vgl. BVerfG, NJW 2013, 1058, 1060 m.w.N.). Formalgeständnisse ohne richterliche Überprüfungen der Richtigkeit reichen nicht (vgl. BGHST 59, 21; BGH NStZ 2014, 53). Daraus folgt, dass die objektiv hohe Wahrscheinlichkeit der Tatbegehung durch den Angeklagten nachvollziehbar dargelegt werden muss (vgl. BVerfG NJW 2003, 2444 f.), was freilich in der Praxis nicht immer erfolgt. Das BVerfG ist bei der Aufstellung des Beweismaßes der „objektiv hohen Wahrscheinlichkeit" von einer zu wohlwollenden Annahme zugunsten der (höchstrichterlichen) Rechtsprechung ausgegangen. Tatsächlich arbeitet die Rechtsprechung des Bundesgerichtshofes nämlich mit drei nicht zu vereinbarenden Beweismaßtheorien (so mit Recht: *Herdegen* NJW 2003, 3513).

Siehe auch: → *Verfassungsbeschwerde, Allgemeines*, Teil C Rdn 729, m.w.N.

Verfassungsbeschwerde, Begründung, U-Haft 1059

Das Wichtigste in Kürze:

1. U-Haft ist legale Freiheitsberaubung gegenüber einem Unschuldigen.
2. Der dominierende (Haft-)Grund, mit dem die U-Haft gerechtfertigt wird, ist die Fluchtgefahr. In der Praxis werden aber in nicht wenigen Fällen die wahren Haftgründe nicht genannt und Inhaftierungen nur aufgrund von Fiktionen angeordnet.
3. Wer mit der Verfassungsbeschwerde die sachlichen Voraussetzungen der U-Haft bekämpfen will tut sich schwer. Dennoch gibt es sowohl bei der Anordnung/Aufrechterhaltung der U-Haft als auch bei der Ausgestaltung der konkreten Haftbedingungen Ansatzpunkte für eine verfassungsgerichtliche Beanstandung. Die verfassungsrechtlich gebotene Begründungstiefe bei Haftfortdauerentscheidungen wird oft nicht erfüllt.

Literaturhinweise: **Broß**, Untersuchungshaft im Rechtsstaat in: Strafverteidigung im Rechtsstaat (2009), 962; **Hassemer**, Die Voraussetzungen der Untersuchungshaft, StV 1984, 40; **Krehl**, Anmerkung zu BVerfG, Beschl. v. 22.2.2005 – 2 BvR 109/05, StV 2005, 561; **Mayer/Hunsmann**, Leitlinien für die verfassungsrechtlich gebotene Begründungstiefe in Untersuchungshaftsachen, NStZ 2015, 325; **Scheinfeld**, Haftfortdauerentscheidungen und Rechtsbeugung – Zur strafrechtlichen Relevanz einer richterlichen Verweigerungshaltung, GA 2010, 684; s.a. die Hinw. bei → *Untersuchungshaft, Allgemeines*, Teil B Rdn 807, und bei → *Verfassungsbeschwerde, Allgemeines*, Teil C Rdn 730, m.w.N. 1060

1. Verfassungsverstöße kommen insbesondere bei der U-Haft vor, die *Hassemer* zutreffend als „**Freiheitsberaubung gegenüber** einem **Unschuldigen**" bezeichnet hat (vgl. *Hassemer* StV 1984, 40). 1061

Es handelt sich hierbei um eine **strafrechtliche Zwangsmaßnahme** (→ *Verfassungsbeschwerde, Begründetheit, Zwangsmaßnahmen, Allgemeines*, Teil C Rdn 1112), in der sich aus verfassungsprozessrechtlicher Sicht besonders das Problem der Anfechtbarkeit oder Nichtanfechtbarkeit von **Zwischenentscheidungen** (→ *Verfassungsbeschwerde, Zulässigkeit, Beschwerdegegenstand*, Teil C Rdn 1166), der **Rechtswegerschöpfung** (→ *Verfassungsbeschwerde, Zulässigkeit, Rechtswegerschöpfung*, Teil C Rdn 1182) und der **materiellen Subsidiarität** (→ *Verfassungsbeschwerde, Zulässigkeit, materielle Subsidiarität*, Teil C Rdn 1177) stellt. 1062

1063 **2.a)** Der **dominierende (Haft-)Grund**, mit dem die U-Haft gerechtfertigt wird, ist die **Fluchtgefahr** (zu diesem Haftgrund *Burhoff*, EV, Rn 3718 ff.). Der Umgang der Praxis, aber auch der Gesetzgebung mit diesem Haftgrund ist skandalös. Die Fluchtgefahr würde sich kaum weniger effizient, aber weit grundrechtsverträglicher mit der Einführung der elektronischen Fußfessel bannen lassen (vgl. *Roxin/Schünemann*, § 30 Rn 3 m.w.N.). *Herrmann* hat recht, wenn er formuliert: „Es erscheint geradezu unvorstellbar, wie häufig davon auszugehen sein soll, dass die Gefahr der Flucht des Beschuldigten angenommen werden müsse" (*Herrmann*, Rn 683).

1064 **b)aa)** Tatsächlich gibt es eine besorgniserregend große Anzahl an Fällen, in denen ein gesetzlich vorgesehener Haftgrund gar nicht gegeben ist, sondern lediglich floskelhaft begründet wird, um den wahren, aber illegalen Haftgrund (sog. **apokryphe Haftgründe**), vor allem

- des Drucks der öffentlichen Meinung
- der Erleichterung der Ermittlungen
- der Förderung der Geständnisbereitschaft
- der Förderung der Therapie- und Behandlungsbereitschaft
- der Erleichterung ausländerrechtlicher Maßnahmen
- der Vorwegnahme der zu erwarteten Strafhaft

zu verbergen (vgl. *Herrmann*, Rn 638 ff.).

1065 **bb)** Die **Verteidigung** gegen diese **apokryphen Haftgründe** ist schwierig bis unmöglich (vgl. *Herrmann*, Rn 656), auch wenn das BVerfG die strenge Beachtung des Verhältnismäßigkeitsgrundsatzes betont:

1066 „In dem Rechtsinstitut der Untersuchungshaft wird das Spannungsverhältnis zwischen dem Recht des Einzelnen auf persönliche Freiheit (Art. 2 Abs. 2 und Art. 104 GG) und den Bedürfnissen einer wirksamen Verbrechensbekämpfung deutlich sichtbar. Ein gerechter Ausgleich dieser Spannung läßt sich im Rechtsstaat nur dadurch erreichen, daß den vom Standpunkt der Strafverfolgung aus erforderlich und zweckmäßig erscheinenden Freiheitsbeschränkungen der grundrechtlich verbürgte Freiheitsanspruch des noch nicht verurteilten und daher noch als unschuldig geltenden Beschuldigten als Korrektiv ständig entgegengehalten wird. Das bedeutet, daß der Eingriff in die Freiheit nur hinzunehmen ist, wenn und soweit der legitime Anspruch der staatlichen Gemeinschaft auf vollständige Aufklärung der Tat und rasche Bestrafung des Täters nicht anders gesichert werden kann als durch vorläufige Inhaftierung eines Verdächtigen [m.w.N.]. Dieser verfassungsrechtliche **Grundsatz** der **Verhältnismäßigkeit** ist nicht nur für die Anordnung, sondern auch für die Dauer der U-Haft von Bedeutung. Vor allem darf die U-Haft hinsichtlich ihrer Dauer nicht außer Verhältnis zu der voraussichtlich zu erwartenden Strafe stehen. Unabhängig von der zu erwartenden Strafe setzt aber der Grundsatz der Verhältnismäßigkeit der Haftdauer Grenzen" (BVerfGE 20, 144, 147 f.). Das klingt gut, müsste aber zur weitgehenden Verdrängung der U-Haft und Einführung der Fußfessel führen (vgl. *Roxin/Schünemann*, § 30 Rn 3 m.w.N.).

3.a) Wer mit der **Verfassungsbeschwerde** die sachlichen Voraussetzungen der **U-Haft bekämpfen** will, die sich nach zwischenzeitlichen Lockerungen heute – cum grano salis – mit den mit der nationalsozialistischen Strafprozessnovelle 1935 eingeführten weitgehend decken (vgl. *Roxin/Schünemann*, § 30 Rn 6), tut sich **schwer**, denn regelmäßig ist dies eine dem Tatrichter vorbehaltene Würdigung des Sachverhalts (vgl. BVerfGE 20, 144, 149 f.). Dennoch gibt es sowohl bei der **Anordnung/Aufrechterhaltung** der **U-Haft** (vgl. Rdn 1068 ff.) als auch bei der Ausgestaltung der **konkreten Haftbedingungen** (Rdn 1075 ff.) **Ansatzpunkte** für eine verfassungsgerichtliche Beanstandung. 1067

b)aa) Relativ erfolgversprechend ist die Rüge der Verletzung des **Beschleunigungsgebotes**. Das **Beschleunigungsgebot** ergibt sich entweder als Ausprägung des **Verhältnismäßigkeitsgebots** oder direkt aus Art. 2 Abs. 2 S. 2 GG (vgl. BVerfGE 46, 194 f.; 20, 45, 49 f.). In diesem Zusammenhang ist eine Fülle an Judikatur nachzuweisen, in der die Ausgangsgerichte vom BVerfG ungewöhnlich scharf, aber dennoch zutreffend kritisiert wurden. Unzureichende personelle Ausstattungen des Gerichts, die zu einer Verlängerung der Untersuchungshaft führen, stellen keinen verfassungsrechtlich tragfähigen Grund für die Haftfortdauer dar (BVerfGE 36, 264 270). „Dem Beschuldigten darf nicht zugemutet werden, eine längere als die verfahrensangemessene Aufrechterhaltung des Haftbefehls nur deshalb in Kauf zu nehmen, weil der Staat es versäumt, seiner Pflicht zur verfassungsgemäßen Ausstattung der Gerichte zu genügen“ (BVerfG StV 2015, 39; dazu a. *Burhoff*, EV, Rn 3746 ff. m.w.N. aus Rspr. und Lit.; vgl. a. die Nachw. bei. *Herrmann*, Rn 881 ff.). 1068

bb) Ausgangspunkt muss sein, dass **Freiheitsentziehungen** gegenüber einem lediglich Verdächtigen **nur ausnahmsweise zulässig** ist. So a. das BVerfG: „Grundsätzlich darf im Rechtsstaat nur einem rechtskräftig Verurteilten vollständig die Freiheit entzogen werden. Der Freiheitsentzug eines der Straftat lediglich Verdächtigen ist wegen der Unschuldsvermutung, die ihre Wurzel im Rechtsstaatsprinzip des Art. 20 Abs. 3 GG hat und auch in Art. 6 Abs. 2 EMRK ausdrücklich hervorgehoben ist [...] nur ausnahmsweise zulässig“ (BVerfG StV 2008, 421 f.). 1069

cc) Neben der U-Haft als solche muss auch die **Dauer** am Verhältnismäßigkeitsgrundsatz gemessen werden (vgl. BVerfG NJW 2005, 3485 f., StV 2008, 198, 422). Mit **zunehmender Dauer** vergrößert sich regelmäßig das Gewicht des Freiheitsanspruchs gegenüber dem Interesse an einer wirksamen Strafverfolgung (st.Rspr., vgl. BVerfGE 36, 264, 270; 53, 152, 158 f.; StV 2008, 421 f.). 1070

☝ Besonderes Gewicht gewinnt die Prognose, ob die **drohende Strafe** noch zur **Bewährung** ausgesetzt werden kann (vgl. BVerfG StV 2008, 421, 423).

1071 Zudem zeigt bereits die gesetzgeberische Wertung von § 121, dass eine Fortführung der Freiheitsentziehung über **mehr** als **sechs Monaten** nur unter sehr engen Voraussetzungen zulässig ist. D.h. Die Vorschrift ist **eng auszulegen** (vgl. u.a. BVerfG NStZ-RR 2007, 311, 313 m.w.N.; dazu a. *Burhoff*, EV, Rn 2170 ff.).

1072 Gegen das vor allem in Haftsachen wirkende Beschleunigungsgebot wird u.a. bei zu geringer **Hauptverhandlungsdichte** (vgl. BVerfG StV 2008, 198) verstoßen. Auch kann eine zu lange **Dauer** des **Revisionsverfahren** gegen das Beschleunigungsgebot verstoßen (vgl. BVerfG NStZ 2005, 456 m. zutr. Anm. *Krehl* StV 2005, 220; StV 2005, 561 f.). I.d.R. muss auch binnen **drei Monaten nach Eröffnungsbeschluss** mit der HV begonnen werden (vgl. BVerfG, NStZ-RR 2007, 311; w. Nachw. bei *Burhoff*, EV, Rn 2176).

1073 Ein **Berichterstatterwechsel** oder **Urlaub** sind kein wichtiger Grund i.S.v. § 121 (vgl. BVerfG NStZ 1994, 93).

☝ Auch im Bereich der **Verletzung des Beschleunigungsgrundsatzes** bestehen besonders strenge **Substantiierungsanforderungen** (s. dazu auch: → *Verfassungsbeschwerde, Zulässigkeit, Substantiierungsanforderungen*, Teil C Rdn 1193). Es reicht nicht, z.B. die Anzahl der bisher stattgefundenen Hauptverhandlungstage und die Dauer der jeweiligen Sitzungen mitzuteilen, sondern es muss zusätzlich der Inhalt der einzelnen Sitzungen geschildert werden, damit das BVerfG prüfen kann, in wessen Verantwortungsbereich die Verzögerung fällt (vgl. BVerfG StV 2008, 198). Das ist **zu streng** (vgl. *Jahn/Krehl/Löffelmann/Güntge*, Rn 733).

1074 **dd)** Die Schieflage des Strafprozesses (s. dazu auch: → *Verfassungsbeschwerde, Begründung, faires Verfahren*, Teil C Rdn 863; → *Verfassungsbeschwerde, Begründung, ineffektiver Rechtsschutz*, Teil C Rdn 903) ist nicht auf tatrichterliche Urteile auf der Ebene der Eingangsinstanz beschränkt, sondern ein in allen Instanzen anzutreffendes Phänomen. Das belegen – in nicht wenigen Fällen – die **Haftfortdauerentscheidungen** der OLG. Diese werden zu dem psychologisch kaum möglichen Spagat, einerseits die Unschuldsvermutung zu befolgen, aber andererseits den dringenden Tatverdacht für die Haftfortdauer zu bejahen, gezwungen. Der Ausweg aus diesem Dilemma kann freilich nicht in der gänzlichen Abschaffung der U-Haft liegen, sondern in der – verfassungsrechtlich geforderten – **erhöhten Anforderung** an die **Begründungstiefe**. Das sollte angesichts der Bedeutung des Grundrechts aus Art. 2 Abs. 2 S. 2 und 3 GG, i.V.m. Art. 104 GG eine Selbstverständlichkeit sein. Die Fälle, in denen hiergegen verstoßen wird, sind jedoch Legion (vgl. nur BVerfG NJW 2000, 1401 f.; StV 1998, 557; 1999, 40, 328; 2006, 248, 251; 2007, 254; 2007, 366, 369; 2008, 198; 2008, 421; 2009, 479), sodass ein Richter des Bundesverfassungsgerichts mitteilen muss, dass die rechtsstaatlichen Anforderungen an die Begründung und Aufrechterhaltung der U-Haft teilweise nicht mehr in dem gebotenen

Maße im Blickfeld der Entscheidungsträger stehen (vgl. *Broß*, in: Strafverteidigung im Rechtsstaat, 962; vgl. umfassend *Scheinfeld* GA 2010, 684 und *Mayer/Hunsmann* NStZ 2015, 325). Im Rahmen der Verhältnismäßigkeitsprüfung ist zu beachten, dass sich das Gewicht des Freiheitsanspruchs mit zunehmender Haftdauer vergrößert (vgl. BVerfGE 53, 152, 158 f.; BVerfGK 7, 140, 155, 161), die Möglichkeit der Außervollzugsetzung gem. § 116 geprüft werden muss (vgl. BVerfGK 19, 428, 434) und relevante Verstöße gegen das Beschleunigungsgebot die Verhältnismäßigkeitsprüfung zugunsten des Betroffenen ausgehen lassen kann (vgl. BVerfGK 7, 21, 33). Erforderlich ist eine konkrete Abwägung (vgl. BVerfGK 7, 421, 429 f.), wobei formelhafte Begründungen (vgl. BVerfGK 7, 421, 429 f.; BVerfGK 10, 294, 303 f.) oder bloße Wiedergaben des Gesetzestextes (vgl. BVerfGK 8, 1, 6) regelmäßig nicht ausreichen, ebenso wenig wie Bezugnahmen auf zurückliegende Entscheidungen (vgl. BVerfGE 53, 152, 158 f.; BVerfG NStZ-RR 1999, 12). Erforderlich sind i.d.R. aktuelle Ausführungen zum weiteren Vorliegen der Haftfortdauervoraussetzungen (vgl. BVerfGK 7, 421, 429), der voraussichtlichen Gesamtdauer des Verfahrens, die bei einer Verurteilung im Raum stehende Straferwartung und die mögliche Aussetzung des Strafrestes gem. § 57 StGB bzw. § 88 JGG (vgl. BVerfGK 19, 428, 435; BVerfG StV 2008, 421; 2013, 640, 643). Auch auf Darlegungen des Betroffenen ist i.d.R. einzugehen (vgl. BVerfGK 15, 474, 482). Liegt ein Gehörsverstoß nahe, ist ggf. die Anhörungsrüge zu erheben (vgl. BVerfGE 74, 358, 380; BayVerfGH NStZ-RR 2014, 50; vgl. zu den einzelnen Arten der Haftfortdauerentscheidungen instruktiv *Mayer/Hunsmann* NStZ 2015, 325, 329 ff.).

☝ Speziell bei **Haftfortdauerentscheidungen** im Rahmen von **§ 121** bestehen hohe verfassungsrechtliche Anforderungen, an die **Begründungstiefe**. Das BVerfG (NStZ-RR 2007, 311, 313 f.; s.a. noch *Burhoff*, EV, Rn 2225) verlangt eine zweistufige Prüfung:

- **1. Stufe:** Zum einen müssen Feststellungen darüber getroffen werden, ob die besondere Schwierigkeit oder der besondere Umfang der Ermittlungen oder andere wichtige Gründe ein Urteil bislang nicht zugelassen haben.
- **2. Stufe:** Liegen derartige Gründe vor, ist zum anderen erforderlich, dass sie die Fortdauer der U-Haft rechtfertigen.

c)aa) Auch die **Ausgestaltung** der **konkreten U-Haft-Bedingungen** kann Ansatzpunkt für eine Erfolg versprechende Verfassungsbeschwerde sein. **1075**

☝ In der Praxis wird immer wieder übersehen, dass der **U-Häftling** als **Unschuldiger anzusehen** ist. Daraus folgt: „Untersuchungsgefangenen dürfen nach § 119 Abs. 3 nur solche Beschränkungen auferlegt werden, die der Zweck der U-Haft oder die Ordnung in der Vollzugsanstalt erfordert. Wie alle grundrechteinschränkenden Bestimmungen ist auch diese Vorschrift an den durch sie eingeschränkten Grundrechten zu messen; ihre Auslegung hat der Tatsache Rechnung zu tragen, daß ein Untersuchungsgefangener noch nicht verurteilt ist und deshalb allein den unvermeidlichen Beschränkungen unterworfen werden darf" (BVerfGE 42, 95, 100).

1076 **bb)** Das gilt insbesondere auch in Hinblick auf **Briefe**, und zwar auch mit beleidigenden Äußerungen über Dritte an den Ehepartner (vgl. BVerfGE 35, 35; 42, 234, 237), an die Eltern (vgl. BVerfG NStZ 1981, 315) oder an die nichteheliche Lebensgefährtin (vgl. BVerfG NStZ 1996, 509).

1077 **Allgemein** lässt sich festhalten, dass der grundrechtliche **Schutz** der **vertraulichen Kommunikation** nicht auf familiäre Kontakte beschränkt ist, sondern sich auch auf andere in der Nähebeziehung vergleichbare – einschließlich rein freundschaftlicher – Vertrauensverhältnisse erstreckt (BVerfG StV 2010, 142).

☝ Bei der Beurteilung der Frage, ob eine derartige Nähebeziehung vorliegt, ist der verfassungsgerichtliche Überprüfungsrahmen freilich wieder auf die Prüfung der Verletzung von **spezifischem Verfassungsrecht** (→ *Verfassungsbeschwerde, Begründung, Prüfungsumfang*, Teil C Rdn 980) beschränkt (vgl. BVerfG, a.a.O.).

1078 I.Ü. ist **hinzuweisen** auf folgende

Rechtsprechungsbeispiele:

- Der **Zeitschriftenbezug** darf auf vier Titel beschränkt werden (vgl. BVerfG NStZ 1982, 132). Der konkrete Bezug eines Titels darf aber nicht schon dann verhindert werden, wenn ein möglicher Missbrauch nicht völlig auszuschließen ist, sondern nur, wenn konkrete Anhaltspunkte dafür vorliegen, dass die Überlassung eines Druckwerks den Haftzweck oder die Ordnung in der Anstalt gefährden könnte (vgl. BVerfG NStZ 1994, 145).
- Auch die Benutzung anderer Geräte (elektronische **Schreibmaschine**) darf nur bei Vorliegen der konkreten Anhaltspunkte der Gefährdung des Haftzwecks oder der Ordnung in der Anstalt verboten werden (vgl. BVerfG NStZ 1994, 604).
- Wegen des besonderen Gewichts des Art. 6 GG kann es in besonders gelagerten Ausnahmefällen geboten sein, für Besuche von **Ehegatten** und **Kindern** von U-Haft-Gefangenen **Besuchsgelegenheiten** auch außerhalb der allgemeinen Besuchstage zu schaffen (vgl. BVerfGE 42, 95) oder Besuchszeiten zu erhöhen (vgl. BVerfG NStZ 1994, 604). Dieser mögliche Genuss großzügigerer Besuchsregelungen stellt auch keinen Verstoß gegen Art. 3 Abs. 1 GG gegenüber anderen Gefangenen dar (vgl. BVerfG NJW 1993, 3059).

- Eine **akustische Besuchsüberwachung** von **Familienangehörigen** ist nur zulässig, wenn im Einzelfall konkrete Anhaltspunkte dafür vorliegen, dass ein nicht akustisch überwachter Besuch eine Gefährdung von Haftzweck oder Ordnung der Anstalt mit sich brächte (vgl. BVerfG, NStZ 1994, 52).

Siehe auch: → *Untersuchungshaft, Allgemeines*, Teil B Rdn 806; → *Verfassungsbeschwerde, Allgemeines*, Teil C Rdn 729, m.w.N.; → *Verfassungsbeschwerde, Begründung, faires Verfahren*, Teil C Rdn 863; → *Verfassungsbeschwerde, Begründung, Prüfungsumfang*, Teil C Rdn 980; → *Verfassungsbeschwerde, Begründung, ineffektiver Rechtsschutz*, Teil C Rdn 903; → *Verfassungsbeschwerde, Zulässigkeit, Beschwerdegegenstand*, Teil C Rdn 1166; → *Verfassungsbeschwerde, Zulässigkeit, materielle Subsidiarität*, Teil C Rdn 1177; → *Verfassungsbeschwerde, Zulässigkeit, Rechtswegerschöpfung*, Teil C Rdn 1182.

Verfassungsbeschwerde, Begründung, Unschuldsvermutung 1079

Literaturhinweise: s. die Hinw. bei → *Verfassungsbeschwerde, Allgemeines*, Teil C Rdn 730. 1080

1. Die Unschuldsvermutung ist eine besondere Ausprägung des **Rechtsstaatsprinzips** 1081
und hat damit Verfassungsrang. Sie ist auch kraft Art. 6 Abs. 2 EMRK Bestandteil des positiven Rechts der Bundesrepublik Deutschland im Range eines Bundesgesetzes (vgl. dazu aus der st.Rspr. des BVerfGE 19, 342, 347; 74, 358, 370). Bis zum gesetzlichen Nachweis der Schuld wird die Unschuld des Beschuldigten vermutet (BVerfGE 82, 106, 114).

2. Das darf aber nicht wörtlich genommen werden, sondern bedeutet nur, dass der Betrof- 1082
fene bis zum Nachweis der Schuld nicht als schuldig behandelt werden darf. Dementsprechend müssen nicht etwa die gesetzlich möglichen Zwangsmaßnahmen im Verfahren gegen den Betroffenen unterbleiben, bis dessen Schuld rechtskräftig feststeht, wohl aber z.B. Feststellungen zur Schuld in Einstellungsbeschlüssen gem. § 383 Abs. 2, ohne zuvor die HV bis zur Schuldspruchreife durchgeführt zu haben (vgl. BVerfGE 74, 358 ff.), oder in Einstellungsbeschlüssen nach § 153 Abs. 2 (BVerfG NStZ 1990, 598), oder nach § 153a (vgl. BVerfG MDR 1991, 891; zu den Einstellungsfragen *Burhoff*, EV, Rn 1678 ff.; *Burhoff*, HV, Rn 1299 ff.). In nicht wenigen Fällen wird gegen die Unschuldsvermutung aber gerade in diesen Bereichen verstoßen.

Siehe auch: → *Verfassungsbeschwerde, Allgemeines*, Teil C Rdn 729, m.w.N.; → *Verfassungsbeschwerde, Begründung, Nemo-Tenetur-Grundsatz*, Teil C Rdn 965; → *Verfassungsbeschwerde, Begründung, Schuldgrundsatz*, Teil C Rdn 1055; → *Verfassungsbeschwerde, Begründung, Verhältnismäßigkeitsgrundsatz*, Teil C Rdn 1083.

1083 Verfassungsbeschwerde, Begründung, Verhältnismäßigkeitsprinzip

Das Wichtigste in Kürze:

1. Das Verhältnismäßigkeitsprinzip hat Verfassungsrang.
2. Der erste Ansatzpunkt zur Prüfung des Verhältnismäßigkeitsprinzips ist die Frage nach der Rechtfertigung einer Strafnorm.
3. Der zweite Ansatzpunkt zur Prüfung des Verhältnismäßigkeitsprinzips ist der Anwendungsbereich in der (konkreten) Strafzumessung.

1084 **Literaturhinweise: Graf/Jäger/Wittig**, Wirtschafts- und Steuerstrafrecht, 2011; s.a. die Hinw. bei → *Verfassungsbeschwerde, Allgemeines*, Teil C Rdn 730.

1085 **1.** Das **Verhältnismäßigkeitsprinzip** hat **Verfassungsrang**. Der ergibt sich aus dem Rechtsstaatsprinzip, im Grunde bereits aus dem Wesen der Grundrechte selbst, die als Ausdruck des allgemeinen Freiheitsanspruchs des Bürgers gegenüber dem Staat von der öffentlichen Gewalt jeweils nur so weit beschränkt werden dürfen, als es zum Schutz öffentlicher Interessen unerlässlich ist (BVerfGE 19, 342, 348 f.; 20, 144; 32, 87; 36, 212). Das Verhältnismäßigkeitsprinzip **überschneidet** sich mit dem **Schuldgrundsatz** (s. dazu auch: → *Verfassungsbeschwerde, Begründung, Schuldgrundsatz*, Teil C Rdn 1055) und dem **Gebot der Wahrheitserforschung** (s. dazu auch: → *Verfassungsbeschwerde, Begründung, Wahrheitserforschungsgebot*, Teil C Rdn 1104).

☝ Das Verhältnismäßigkeitsprinzip kann für den Verteidiger in **zwei Ansatzpunkten** zu **prüfen** sein:

- Das Gesetz selbst kann unverhältnismäßig sein (vgl. dazu Rdn 1086 ff.) oder
- die konkrete Strafzumessung hieraus (vgl. dazu Rdn 1092 ff.).

Das BVerfG spricht von einem Verfassungsgebot des sinn- und maßvollen Strafens (vgl. BVerfGE 28, 386, 391; 73, 206, 253).

1086 **2.a)** Der **erste Ansatzpunkt** zur Prüfung des Verhältnismäßigkeitsprinzips ist die Frage nach der **Rechtfertigung** einer **Strafnorm**.

1087 **b)aa)** Einerseits hat das Strafrecht die Aufgabe, die elementaren Werte des Gemeinschaftslebens zu schützen. Schuldausgleich, Prävention, Resozialisierung des Täters, Sühne und Vergeltung für begangenes Unrecht werden als Aspekte einer angemessenen Strafsanktion bezeichnet (vgl. BVerfGE 45, 187, 253 f. m.w.N.). Aber andererseits steht hiergegen das Freiheitsrecht des Beschuldigten. Der zwischen einem **Pönalisierungsgebot** und einem **Pönalisierungsverbot** bestehende Interessengegensatz soll durch den **Verhältnismäßigkeitsgrundsatz** aufgelöst werden (vgl. Umbach/Clemens/Dollinger/

Niemöller, Kap. A Rn 6 ff. m.w.N.). Wird Freiheitsstrafe angedroht, so ermöglicht dies einen Eingriff in das durch Art. 2 Abs. 2 S. 2 GG geschützte Grundrecht der Freiheit der Person. Die Freiheit der Person ist aber ein so hohes Rechtsgut, dass in sie aufgrund des Gesetzesvorbehalts des Art. 2 Abs. 2 S. 3 GG nur aus besonders gewichtigen Gründen eingegriffen werden darf. Solche Eingriffe sind im Allgemeinen nur zulässig, wenn der Schutz anderer oder der Allgemeinheit dies unter Berücksichtigung des Verhältnismäßigkeitsgrundsatzes erfordert (BVerfGE 90, 145, 172).

bb) Nach diesem Grundsatz muss ein grundrechtseinschränkendes **Gesetz geeignet** und **erforderlich** sein, um den erstrebten Zweck zu erreichen. Es darf zudem nicht unzumutbar sein und den Betroffenen übermäßig belasten. Ein Gesetz ist geeignet, wenn mit seiner Hilfe der erstrebte Erfolg gefördert werden kann. Es ist erforderlich, wenn der Gesetzgeber nicht ein anderes, gleich wirksames, aber das Grundrecht nicht oder weniger stark einschränkendes Mittel hätte wählen können. Bei der Beurteilung der Eignung und Erforderlichkeit des gewählten Mittels zur Erreichung der erstrebten Ziele sowie bei der in diesem Zusammenhang vorzunehmenden Einschätzung und Prognose der dem Einzelnen oder der Allgemeinheit drohenden Gefahren steht dem Gesetzgeber ein **Beurteilungsspielraum** zu, welcher vom BVerfG je nach der Eigenart des in Rede stehenden Sachbereichs, den Möglichkeiten, sich ein hinreichend sicheres Urteil zu bilden, und der auf dem Spiel stehenden Rechtsgüter **nur** in **begrenztem Umfang überprüft** werden kann (vgl. *Lechner/Zuck*, Einl., Rn 85 ff.). 1088

☝ Ferner muss bei einer **Gesamtabwägung** zwischen der Schwere des Eingriffs und dem Gewicht sowie der Dringlichkeit der ihn rechtfertigenden Gründe die Grenze der Zumutbarkeit für die Adressaten des Verbots gewahrt sein. Die Maßnahme darf sie mithin **nicht übermäßig belasten** (sog. Übermaßverbot oder Verhältnismäßigkeit i.e.S.; vgl. BVerfGE 48, 396, 402; 83, 1, 19).

Die **gänzliche Zweckuntauglichkeit** eines Gesetzes wird **selten** dargelegt oder angenommen werden können. In der Frage der Zwecktauglichkeit von Gesetzen hat das BVerfG auch stets Zurückhaltung gewahrt. Es hat jeweils nur geprüft, ob das eingesetzte Mittel „objektiv untauglich" (BVerfGE 16, 147, 181), „objektiv ungeeignet" (BVerfGE 17, 306, 317) oder „schlechthin ungeeignet" (BVerfGE 19, 119, 126 f.) war. 1089

☝ Bei Anwendung dieser Kriterien wird die **Verfassungswidrigkeit** einer gesetzlichen Maßnahme nur **selten** und nur in besonders gelagerten Fällen festgestellt werden können (BVerfGE 30, 250, 263 f., 47, 109, 117).

Das führt in Kombination mit dem dem Gesetzgeber eingeräumten **Beurteilungsspielraum** (vgl. Rdn 1087) zu einem **weitgehenden Leerlaufen** des Verhältnismäßigkeitsgrundsatzes.

1090 **c)** Ebenso soll der **Einsatz** des **Strafrechts ultima ratio** sein (vgl. BVerfGE 88, 203, 258; 96, 245, 249). Auch dieses Ultima-Ratio-Prinzip **läuft** in der **Praxis leer**. Tatsächlich ist vielmehr das Gegenteil zu erkennen, nämlich ein Bestreben des modernen Gesetzgebers möglichst a priori durch weit gefasste Tatbestände keine abstrakte Strafbarkeitslücke zuzulassen, statt auf sich möglicherweise konkret zeigende Strafbarkeitslücken konkret nachzubessern. Das zeigen §§ 261 und 238 StGB.

1091 Gemessen an diesen Grundsätzen müsste der **Geldwäschetatbestand** (§ 261 StGB) gleichwohl insgesamt verfassungswidrig sein (vgl. *Graf/Jäger/Wittig*, § 261 StGB Rn 1; MAH-*Eschelbach*, § 30 Rn 124). In BVerfGE 110, 226 wurde der Geldwäschetatbestand aber noch insofern für verfassungsgemäß erklärt, als Strafverteidiger nur dann mit Strafe bedroht werden, wenn sie im Zeitpunkt der Annahme ihres Honorars sichere Kenntnis von dessen Herkunft hatten und die Strafverfolgungsbehörden und Gerichte bei der Anwendung des § 261 Abs. 2 Nr. 1 StGB verpflichtet sind, auf die besondere Stellung des Strafverteidigers schon ab dem EV angemessen Rücksicht zu nehmen. Tatsächlich ist eine hinreichende Konkretisierung des Tatbestandsmerkmals des Herrührens in der Rechtsprechung kaum gelungen (vgl. *Fischer*, § 261 Rn 7). Diese einschränkende Auslegung gilt auch für den **Vereitelungs- und Gefährdungstatbestand** des § 261 Abs. 1 S. 1 StGB (vgl. BVerfG NJW 2015, 2949).

1092 **3.a)** Der **zweite Ansatzpunkt** zur Prüfung des Verhältnismäßigkeitsprinzips ist der **Anwendungsbereich** der (konkreten) **Strafzumessung**. Nach der Rspr. des BVerfG darf bei der Entscheidung über die Strafandrohung der Gesetzgeber nicht nur Bestimmtheit und Rechtssicherheit anstreben. Er muss auch das rechtsstaatliche Schuldprinzip hinreichend berücksichtigen und es dem Richter durch die Ausgestaltung der Sanktion zu ermöglichen, im **Einzelfall** eine **gerechte** und **verhältnismäßige Strafe** zu verhängen. Schuldprinzip und Rechtsfolgenbestimmtheit stehen in einem Spannungsverhältnis, das in einen verfassungsrechtlich tragfähigen Ausgleich gebracht werden muss (BVerfGE 105, 135). Das bedeutet, dass – gemessen an der Idee der Gerechtigkeit – Tatbestand und Rechtsfolge sachgerecht aufeinander abgestimmt sein müssen (vgl. BVerfGE 25, 269, 285; 41, 121, 125). Vor allem darf die angedrohte Strafe nach Art und Maß der unter Strafe gestellten Handlung nicht schlechthin unangemessen oder gar grausam, unmenschlich oder erniedrigend sein. Sie muss vielmehr in einem **gerechten Verhältnis** zur **Schwere** der **Tat** und zum **Verschulden** des Täters stehen (BVerfGE 6, 389, 439; 25, 44, 54 f.; 28, 191, 197 f.; 45, 187, 228; 50, 125, 133).

☝ Die **verhängte Strafe** darf die **Schuld** des Täters **nicht übersteigen**. Wo die Tat verschiedene Grade des Verschuldens und der Schwere aufweisen kann, muss dem Richter grds. die Möglichkeit gelassen werden, die Strafe dem anzupassen (vgl. BVerfGE 45, 187, 260). Der Richter darf nicht gezwungen sein, eine Strafe zu verhängen, die nach seiner aufgrund der getroffenen Feststellungen gewonnenen Überzeugung der Schuld des Täters nicht angemessen wäre (BVerfGE 54, 100, 108 f.).

b) Daraus folgt, dass es ein verfassungsrechtliches **Gebot** des **sinn- und maßvollen Strafens** gibt, das vom BVerfG bereits mehrfach geprüft wurde (vgl. BVerfGE 45, 187, 253; 64, 261, 270 f.; 73, 206, 253). 1093

☝ Verfassungsbeschwerden, die die **konkrete Strafzumessung angreifen**, haben sind zwar nicht undenkbar, aber die **Erfolgswahrscheinlichkeit** ist **denkbar gering**. Das liegt an dem Gestaltungsspielraum, den das BVerfG dem Gesetzgeber und Tatrichter einräumt: Das BVerfG führt aus: „Zur Vermeidung unverhältnismäßiger Sanktionen wird es in der Regel genügen, daß der Gesetzgeber dem Richter die Verhängung schuldangemessener Strafen innerhalb eines entsprechenden Strafrahmens bei der Strafzumessung ermöglicht" (BVerfGE 73, 206, 254). Anders formuliert: „Dabei ist es grundsätzlich Sache des Gesetzgebers, den Bereich strafbaren Handelns unter Berücksichtigung der jeweiligen Lage im Einzelnen verbindlich festzulegen. Das Bundesverfassungsgericht kann dessen Entscheidung nicht darauf prüfen, ob er dabei die zweckmäßigste, vernünftigste oder gerechteste Lösung gefunden hat; es hat lediglich darüber zu wachen, daß die **Norm materiell** im **Einklang** mit den **Bestimmungen** der **Verfassung** steht und den ungeschriebenen Verfassungsgrundsätzen und Grundentscheidungen des Grundgesetzes entspricht …" (BVerfGE 80, 244, 255).

Auch die Formel vom **spezifischen Verfassungsrecht** verhindert weitestgehend ein Einschreiten des BVerfG in strafgerichtliche Urteile (→ *Verfassungsbeschwerde, Begründung, Prüfungsumfang*, Teil C Rdn 980).

Siehe auch: → *Verfassungsbeschwerde, Allgemeines*, Teil C Rdn 729, m.w.N.; → *Verfassungsbeschwerde, Begründung, Nemo-Tenetur-Grundsatz*, Teil C Rdn 965; → *Verfassungsbeschwerde, Begründung, Schuldgrundsatz*, Teil C Rdn 1055; → *Verfassungsbeschwerde, Begründung, Wahrheitserforschungsgebot*, Teil C Rdn 1104.

Verfassungsbeschwerde, Begründung, Verständigung (Deal) 1094

Das Wichtigste in Kürze:

1. Das Gesetz zur Regelung der Verständigung im Strafverfahren vom 29.7.2009, vor allem § 257c StPO, ist derzeit noch verfassungskonform.
2. Für den Gesetzgeber hat sich eine Beobachtungspflicht ergeben.

> **3.** Weitere verfassungsgerichtliche Beanstandungen sind zu prognostizieren, denn das Gesetz beinhaltet einen unlösbaren Selbstwiderspruch.

1095 **Literaturhinweise:** **Altenhain/Dietmeier/May**, Die Praxis der Absprachen im Strafverfahren, 2013; **Fezer**, Vom (noch) verfassungsgemäßen Gesetz über den defizitären Vollzug zum verfassungswidrigen Zustand, HRRS 2013, 117 ff.; **Putzke/Geipel**, Geltung von Prozessgrundrechten und totgeschwiegene Argumente, in: FS *Beulke*, 2015, S. 937; **Roxin/Schünemann**, Strafverfahrensrecht, 2012; **Schneider**, Überblick über die höchstrichterliche Rechtsprechung zur Verfahrensverständigung im Anschluss an das Urteil des BVerfG vom 19.3.2013, NStZ 2014, 192 u. 252; **Volp**, Die Quadratur des Kreises – Versuch einer verfassungsgemäßen Verständigung im Strafverfahren in: Linien der Rechtsprechung des Bundesverfassungsgerichts (Hrsg.: Becker/Lange), Band 3, S. 389 ff.; s.a. die Hinw. bei → *Verfassungsbeschwerde, Allgemeines*, Teil C Rdn 730, und bei *Burhoff*, EV, Rn 68, und *Burhoff*, HV, Rn 138.

1096 **1.a)** Die **Entscheidung** des **BVerfG v. 19.3.2013** (2 BvR 2628/10 u.a.; NJW 2013, 1058 ff.) hat ein **verheerendes Licht** auf die **strafprozessuale Praxis** geworfen, in dem es den „in erheblichem Maße defizitäten Vollzug des Verständigungsgesetzes" expressis verbis angesprochen hat. Es ist nicht falsch, wenn ein wissenschaftlicher Mitarbeiter des BVerfG die Entscheidung so umschreibt, dass einerseits ausführlich und bedeutungsschwer die verfassungsrechtlichen Grundsätze und Maßstäbe betont werden, aber andererseits große Spielräume zugelassen wurden, wenn es um deren Umsetzung geht und mit „teilweise beeindruckender verfassungsrechtlicher Flexibilität" alles unternommen wurde, um die Zulässigkeit von Absprachen nach dem Verständigungsgesetz trotz der Praxisprobleme zu ermöglichen (vgl. *Volp*, a.a.O., S. 389, 402 f.). Besonders schön, pathetisch, aber weitgehend praxisfremd muss es erscheinen, wenn in der Entscheidung formuliert wird, „dass im Rechtsstaat des Grundgesetzes das Recht die Praxis bestimmt und nicht die Praxis das Recht" (so BVerfG, a.a.O., Rn 119). Das ist freilich nicht richtig, denn gerade im Recht der Verfassungsbeschwerde gibt es einen Unterschied zwischen dem law in books und dem law in action. D.h., die Grundrechte und die Garantie der Verfassungsbeschwerde versprechen mehr als sie halten (vgl. *Putzke/Geipel*, S. 937). Weder sollte der Bürger getäuscht werden, noch sollte er sich täuschen lassen. Angesichts der notorischen Erfolglosigkeit und Nichtbegründung der weitaus meisten Verfassungsbeschwerden wird der durch Art. 93 Abs. 1 Nr. 4a GG, § 90 BVerfGG versprochene subjektive Rechtsschutz nicht gewährleistet (so mit Recht *Lechner/Zuck*, § 90 Rn 24).

1097 **b)** Gleichwohl sollen die **tragenden Grundsätze** der Entscheidung vom 19.3.2013 (BVerfG NJW 2013, 1058 ff.) vorgestellt werden (vgl. zur Umsetzung a. *Burhoff*, EV, Rn 67 ff.; *Burhoff*, HV, Rn 137 ff.):

- Das Strafrecht beruht auf dem **Schuldgrundsatz**, der in der Würde und Eigenverantwortlichkeit des Menschen, sowie im Rechtsstaatsprinzip verankert ist.
- Zentrales Anliegen des Strafprozesses ist die **Ermittlung der materiellen Wahrheit**.

- Die **Pflicht** zur **Amtsaufklärung** bleibt **unberührt** (§ 244 Abs. 2).
- Ein **Geständnis**, das auf einer Verständigung basiert, muss zwingend in der öffentlichen HV durch Beweiserhebung **überprüft** werden.
- Die Verständigung muss sich „im Lichte der öffentlichen HV offenbaren", d.h. die bestehenden **Transparenz**- und **Dokumentationspflichten** müssen eingehalten werden.
- **Informelle Absprachen** sind unzulässig.

2.a) Zur Vorbereitung seiner Entscheidung hatte das BVerfG eine **rechtstatsächliche Untersuchung** bei *Altenhain/Dietmeier/May* angefordert, die im Jahre 2012 erfolgt ist. 1098

Wesentliche Ergebnisse: 1099

- Der genaue Umfang der Fälle, die per Verständigung gelöst werden, könnte ca. 1/3 betragen (vgl. *Altenhain/Dietmeier/May*, S. 35). 26,7 % der befragten Richter gaben an, ausschließlich informelle Absprachen zu treffen, weitere 58,9 % gaben an, mehr informelle Absprachen als formelle zu treffen. An Amtsgerichten werden mehr informelle Absprachen als formelle durchgeführt und ein Drittel der Amtsrichter gab an, § 257c StPO noch nie angewandt zu haben (vgl. *Altenhain/Dietmeier/May*, S. 36 f.). Seit Inkrafttreten des Verständigungsgesetztes im Jahre 2009 hat sich bei 80 % der befragten Richter keine Änderung ihrer Absprachenpraxis eingestellt (vgl. *Altenhain/Dietmeier/May*, S. 40).
- Besonders bemerkenswert ist, dass aus Sicht der Richter der **Opferschutz** der wichtigste Grund für eine Absprache ist, sodann aber die unklare Beweislage oder eine drohende langwierige Beweisaufnahme als übergeordneter Grund für die Verständigung folgt. Die **Arbeitsüberlastung** als Grund für eine Absprache folgt erst nach den beiden zuvor genannten Gründen (vgl. *Altenhain/Dietmeier/May*, S. 47). Was ein wahres Opfer ist und wer sich nur fälschlich als Opfer ausgibt, kann naturgemäß erst am Ende des Strafverfahrens feststehen. Unklare Beweislagen müssten zu Freisprüchen führen, statt zu Milderungen per Absprachen. Aber auch Verteidiger sehen in den o.g. Konstellationen übergeordnete Gründe für eine Absprache (vgl. *Altenhain/Dietmeier/May*, S. 56).
- Damit korrespondiert, dass in Fällen mit **eindeutiger Beweislage** die **Absprachebereitschaft gering** ist (vgl. *Altenhain/Dietmeier/May*, S. 59). Der Opferschutz spielt zahlenmäßig fast keine Rolle, so dass in den Fällen, in denen eine lange Beweisaufnahme droht, die Wahrscheinlichkeit einer Absprache besonders hoch ist (vgl. *Altenhain/Dietmeier/May*, S. 61).
- **Gespräche** im Hinblick auf eine Absprache werden **typischerweise ohne** den **Angeklagten** geführt, so dass die Erwähnung in der HV nur noch deswegen geschieht, um den formalen Anforderungen zu genügen, gem. §§ 243 Abs. 4, 257c, 273 Abs. 1a StPO (vgl. *Altenhain/Dietmeier/May*, S. 74).

- Der **typische Inhalt** einer Absprache lautet: Geständnis gegen Strafmilderung (vgl. *Altenhain/Dietmeier/May*, S. 79). Die Praxis gibt sich überwiegend mit einem schlankem Geständnis durch den Verteidiger, seltener durch den Angeklagten zufrieden, dessen Kontrolle hauptsächlich durch einen Abgleich mit der Aktenlage erfolgt (vgl. *Altenhain/Dietmeier/May*, S. 98 ff.). Das legt die Erkenntnis nahe, dass der Erkenntniswert des absprachegenerierten Geständnisses gering ist (vgl. *Altenhain/Dietmeier/May*, S. 97).
- Nach wie vor werden viele Absprachen „**informell**" geführt oder nicht ordnungsgemäß protokolliert (vgl. *Altenhain/Dietmeier/May*, S. 151 ff.).

1100 **b)** Der Grund, warum per Deal eine als zu hoch empfundene Strafe akzeptiert wird, liegt darin, dass 28,6 % der befragten Verteidiger sich bereits **vom Vorsitzenden genötigt** gefühlt und 66,7 % **kein Vertrauen** in die **höhere Instanz** hatten (vgl. *Altenhain/Dietmeier/May*, S. 114). Das zeigt deutlich, dass das strafprozessuale Rechtsschutzsystem bei Strafverfahren, die beim LG beginnen, verfassungswidrig sein müsste. Durch das zu Recht fehlende Vertrauen in die übergeordnete Revisionsinstanz, die den Bereich der Tatsachenfeststellung und Beweiswürdigung kaum kontrolliert, bzw. Angriffe hiergegen in der Revision in der Tat a priori aussichtslos sind, ist nicht nur das Rechtsmittel der Revision ineffektiv (Art. 19 Abs. 4 GG), sondern bereits das erstinstanzliche Verfahren vor dem LG. Über 55 % der befragten Verteidiger haben bereits einen Fall erlebt, in dem die Sanktionsschere zu einem Geständnis geführt hat, von dem der Verteidiger nicht überzeugt war. Dies soll nach Meinung von 35,1 % von ihnen sogar nicht selten vorkommen (vgl. *Altenhain/Dietmeier/May*, S. 134 → *Verfassungsbeschwerde, Begründung, ineffektiver Rechtsschutz [Mindermeinung]*, Teil C Rdn 916).

1101 **3.** In der o.g. Entscheidung wurde vom BVerfG eine **Beobachtungspflicht** des **Gesetzgebers** ausgesprochen. Dem entspricht eine längere Tradition der verfassungsgerichtlichen Rechtsprechung zur gesetzlichen Nachbesserungspflicht (vgl. BVerfGE 25, 13; 49, 89, 130; 50, 290, 335; 57, 139, 162 f.; 95, 267, 314). Diese kommt immer dann in Betracht, wenn in entscheidungserheblicher Weise eine Diskrepanz zwischen faktischer Entwicklung und gesetzgeberischer Erwartungshaltung entsteht (vgl. *Lechner/Zuck*, § 90 Rn 111).

1102 Das Gesetz zur Verständigung beinhaltet einen **unauflösbaren inneren Widerspruch**. Die Verständigung macht für die Praxis nur dann Sinn, wenn eine lang drohende Beweisaufnahme oder eine schwierige Beweissituation droht. Dann aber steht die angenommene Geltung des Wahrheitserforschungsgebots in unlösbarem Widerspruch zu Sinn und Zweck der Verständigung. „In der Sache selbst wird wieder deutlich, daß die vom BVerfG mit Verfassungsrang versehene Koppelung zwischen Wahrheitsprinzip und Schuldgrundsatz einem auf Verständigung basierenden Verfahrensmodell permanent entgegensteht" (vgl. *Fezer* HRRS 2013, 117, 119).

Das praxisuntaugliche Gesetz wird daher durch die Praxis entweder weiter umgangen werden (vgl. *Volp*, a.a.O., 389, 410), oder schlicht in dem Sinne nicht angewandt werden, dass Verständigungen gänzlich unterbleiben. Ersteres belegen die vielen höchstrichterlichen Entscheidungen zum Verständigungsgesetz (vgl. die Rechtsprechungsübersichten von *Schneider* NStZ 2014, 192 ff.; 252 ff.; und a. *Burhoff*, EV, Rn 67 ff.; *Burhoff*, HV, Rn 137 ff.) und letzteres ist lediglich die persönliche – nicht repräsentative – Erfahrung des Verfassers, derzufolge diejenigen Kammervorsitzenden, deren Urteil nach einer Verständigung aufgehoben worden ist, es künftig grds. ablehnen, Absprachen zu treffen. 1103

☝ Die Verständigung als solches muss nicht falsch sein, aber nur, wenn eine wahre **Verfahrensbalance** hergestellt wäre (vgl. *Roxin/Schünemann*, § 69).

Siehe auch: → *Verfassungsbeschwerde, Allgemeines*, Teil C Rdn 729, m.w.N.

Verfassungsbeschwerde, Begründung, Wahrheitserforschungsgebot 1104

Das Wichtigste in Kürze:

1. Das Gebot der Wahrheitserforschung überschneidet sich mit dem Schuldgrundsatz und dem Recht auf ein faires Verfahren.
2. Die Beweiswürdigung muss auf rationaler Grundlage erfolgen.
3. Ob der „Deal“ als solcher mit dem GG vereinbar ist, insbesondere in der in Gesetzeskraft erwachsenen Norm des § 257c, ist verfassungsrechtlich nicht abschließend geklärt.

Literaturhinweise: **Volk**, Bin ich Jurist als solcher – und wenn ja, wie viele, ZIS 2012, 214; s.a. die Hinw. bei → *Verfassungsbeschwerde, Allgemeines*, Teil C Rdn 730. 1105

1. Das Gebot der Wahrheitserforschung hängt **eng** mit dem **Schuldgrundsatz** (→ *Verfassungsbeschwerde, Begründung, Schuldgrundsatz*, Teil C Rdn 1055) zusammen, wenn auch die Herleitung dogmatisch nicht ganz klar ist, nämlich Herleitung aus dem Schuldgrundsatz bzw. aus dem **fairen Verfahren** (→ *Verfassungsbeschwerde, Begründung, faires Verfahren*, Teil C Rdn 863) bzw. Rechtsstaatsprinzip. 1106

Die **Kernaussagen** des **BVerfG** lauten hierzu: „Als **zentrales Anliegen** des Strafprozesses erweist sich daher die Ermittlung des **wahren Sachverhalts**, ohne den das materielle Schuldprinzip nicht verwirklicht werden kann. Der Anspruch des Angeklagten auf ein faires Verfahren kann deshalb auch durch verfahrensrechtliche Gestaltungen berührt werden, die der Ermittlung der Wahrheit und somit einem gerechten Urteil entgegenstehen“ (BVerfGE 57, 250, 275). Und: „Ein zentrales Anliegen eines rechtsstaatlich geordneten 1107

Strafverfahrens ist die Ermittlung des wahren Sachverhalts als der notwendigen Grundlage eines gerechten Urteils. Ausgestaltungen des Strafverfahrens, welche die Ermittlung der Wahrheit zu Lasten des Beschuldigten behindern, können daher seinen Anspruch auf ein faires Verfahren verletzen" (BVerfGE 63, 45, 61).

1108 **2.a)** Allgemein bekannt ist, dass es z.B. unzulässig ist, alleine aus der **Haltereigenschaft** auf die **Fahrereigenschaft** zu schließen (vgl. BGHSt. 25, 365). Um den Schluss dennoch zu ermöglichen, werden in der Praxis in nicht wenigen Fällen weitere Indizien, die tatsächlich aber nur **Scheinindizien** sind (vgl. *Geipel*, Kap. 9, Rn 12 ff.), hinzugenommen. So im folgenden Fall: „Auf die Fahrereigenschaft des Bf. schloß es [das Gericht] zum einen aus dessen Haltereigenschaft und zum anderen aus dem gerichtsbekannten Umstand, daß sich an dem Baggersee im Sommer Erholungssuchende aus dem maximal 20 km entfernten Marburg, dem Wohnort des Bf., in großer Zahl aufhielten. Weitere Ausführungen zur Beweiswürdigung enthält das Urteil nicht", so dass das BVerfG mitteilt: „Als Indiz ist jedoch die Tatsache, daß sich an dem See im Sommer zahlreiche Erholungssuchende aus dem Wohnort des Bf. aufhalten, für sich genommen nicht ausreichend, weil sie völlig ungeeignet ist, die Möglichkeit, daß eine andere Person als der Bf. das Fahrzeug zur fraglichen Zeit geführt hat, auszuschließen" (BVerfG StV 1994, 3).

☝ Schlampige Beweiswürdigungen mit **unhaltbarer Indizwirkung** indizieren, „daß sich das Gericht nicht ausreichend um eine an Recht und Gesetz ausgerichtete Entscheidung bemüht hat. Damit drängt sich der Schluß auf, daß das Gericht gegen das dem Art. 3 Abs. 1 GG zu entnehmende Willkürverbot verstoßen hat" (BVerfG, a.a.O.).

1109 **b)** Ähnlich **absurde Indizwirkungen** sind dem Praktiker – auch in anderen Bereichen – nicht unbekannt. Vor allem im Bereich der **Telekommunikationsüberwachung** werden völlig **neutrale Gesprächsinhalte** als **Belastungsindizien** gewertet, so z.B. die Frage, ob der Teilnehmer zu Hause sei, als Bestellung einer Droge oder „Küsschen" als Gramm Kokain (vgl. *Handel*, Der Schweigende Zeuge, SZ vom 17.4.2012, S. R 5).

1110 **c)** Tatsächlich gibt es eine **verfassungsgerichtliche Möglichkeit**, das **Beweismaß** der **objektiv hohen Wahrscheinlichkeit** (vgl. hierzu umfassend *Geipel,* Kap. 6, Rn 1 ff. m.w.N.) einzufordern. Nicht jeder Verstoß gegen § 244 Abs. 2 oder § 261 und die hierzu vom BGH aufgestellten Grundsätze rechtfertigt aber das Eingreifen des BVerfG. Voraussetzung ist vielmehr, dass sich das Tat- und gegebenenfalls das Revisionsgericht so weit von der Verpflichtung entfernt haben, in Wahrung der Unschuldsvermutung bei jeder als Täter in Betracht kommenden Person auch die Gründe, die gegen die mögliche Täterschaft sprechen, wahrzunehmen, aufzuklären und zu erwägen, dass der rationale Charakter der Entscheidung verloren gegangen scheint und sie keine tragfähige Grundlage mehr für die mit einem Schuldspruch einhergehende Freiheitsentziehung sein kann (BVerfG NJW 2003, 3513; vgl. a. BVerfGK 1, 145, 152; BVerfG NStZ-RR 2007, 381).

☝ Das gilt **auch** im **Vollstreckungsverfahren** (BVerfGE 70, 297, 308).

3. Ob der „**Deal**" als solcher mit dem GG vereinbar ist, insbesondere in der in Gesetzeskraft erwachsenen Norm des § 257c, ist verfassungsrechtlich nicht abschließend geklärt (→ *Verfassungsbeschwerde, Begründung, Verständigung (Deal)*, Teil C Rdn 1094). Die Norm ist zwar trotz Vollzugsdefiziten (derzeit) verfassungsgemäß, aber es besteht eine **Überwachungspflicht** des Gesetzgebers (vgl. BVerfG NJW 2013, 1058 ff.). Haben Erörterungen, deren Inhalt die Möglichkeit einer Verständigung gewesen ist, außerhalb der HV stattgefunden, muss hierüber informiert werden gem. § 243 Abs. 4 (vgl. u.a. BVerfG NJW 2015, 1235; NStZ 2015, 172; eingehend *Burhoff*, HV, Rn 1866 ff.). Zum Deal ist aus diesseitiger Sicher nichts gegen das die Ausführung *Volks* zu erinnern: „Konsensuale Elemente – gerne, nichts gegen sie – sind jedoch vom Gesetzgeber in seiner Regelung der Absprachen durch die Prädominanz der Inquisitionsmaxime desavouiert worden" (*Volk* ZIS 2012, 214 f.; vgl. hierzu auch *Roxin/Schünemann*, § 69). 1111

Siehe auch: → *Verfassungsbeschwerde, Allgemeines*, Teil C Rdn 729, m.w.N.; → *Verfassungsbeschwerde, Begründung, faires Verfahren*, Teil C Rdn 863; → *Verfassungsbeschwerde, Begründung, Schuldgrundsatz*, Teil C Rdn 1055; → *Verfassungsbeschwerde, Begründung, Unschuldsvermutung*, Teil C Rdn 1079; → *Verfassungsbeschwerde, Begründung, Verständigung (Deal)*, Teil C Rdn 1094.

Verfassungsbeschwerde, Begründung, Zwangsmaßnahmen, Allgemeines 1112

Das Wichtigste in Kürze:

1. Jedes Strafverfahren tangiert die Grundrechte und grundrechtsgleichen Rechte.
2. Die vielfältige Grundrechtsrelevanz wird in der Praxis vernachlässigt.
3. Verfassungsbeschwerden gegen einzelne Ermittlungsmaßnamen sind vor allem hinsichtlich der Rechtwegerschöpfung, der Subsidiarität und dem Rechtsschutzinteresse verfassungsprozessrechtlich genau zu prüfen.

Literaturhinweise: Dallmeyer, Beweisführung im Strengbeweisverfahren, 2008; s.a. die Hinw. bei → *Verfassungsbeschwerde, Allgemeines*, Teil C Rdn 730. 1113

1. Die mit der Verfassungsbeschwerde einforderbaren Positionen können nicht nur in der strafgerichtlichen Verurteilung als solcher relevant werden, sondern auch und vor allem im **Ermittlungsverfahren**. Zwangsmaßnahmen im Strafverfahren greifen regelmäßig in Grundrechte des Betroffenen ein. Das ist bedenklich, weil die Wahrheit (besser: die pro- 1114 zessuale Wahrheit) erst im Laufe des Prozesses durch das Urteil ermittelt werden soll, sodass einerseits die Notwendigkeit energischen Zugreifens gegenüber dem möglichen Täter mit dem Erfordernis schonenden Vorgehens gegenüber dem vielleicht Unschuldigen in Einklang zu bringen ist (vgl. *Roxin/Schünemann*, § 1 Rn 5).

1115 **Jede staatliche Zwangsmaßnahme** greift in **grundrechtlich geschützte Bereiche** ein. Das zeigt folgende Spannungsverhältnisse (vgl. *Roxin/Schünemann*, § 29 Rn 26) im

1116 **Überblick**

- **Anstaltsbeobachtung**: § 81 und Art. 2 Abs. 1 GG,
- **Körperliche Untersuchung**: §§ 81a, c, d und Art. 2 Abs. 1 und 2 GG,
- **Erkennungsdienstliche Maßnahme**: § 81b und Art. 2 Abs. 1 GG,
- **DNA**-Analyse: §§ 81e – h und Art. 2 Abs. 1 und 2 GG,
- **Beschlagnahme**/Sicherstellung: §§ 94 u. §§ 111b ff. und Art. 2 Abs. 1, Art. 13 GG, Art. 14 GG,
- **Rasterfahndung** §§ 98a, 98b und Art. 2 Abs. 1 GG,
- **Telekommunikationsüberwachung/TÜ**: §§ 100a, b und Art. 2 Abs. 1 GG, Art. 10 GG,
- **Videoüberwachung**, Lauschangriff: §§ 100c–f und Art. 2 Abs. 1 GG, Art. 13 GG,
- **Verkehrs-** und **Vorratsdaten**: § 100g und Art. 10 GG,
- Technische **Observation**: § 100h und Art. 2 Abs. 1 GG, Imsi-Catcher § 100i und Art. 2 Abs. 1 GG,
- **Durchsuchung**: § 102, f. und Art. 2 Abs. 1 GG,
- Haussuchung § 102, 104 und Art. 13 GG,
- **verdeckter Ermittler**: §§ 110a ff. und Art. 2 Abs. 1 GG und Art. 13 GG (speziell bei der **Tatprovokation** – vgl. EGMR StraFO 2014, 504; BVerfG NJW 2015, 1083),
- Kontrollstellen § 111 und Art. 2 Abs. 1 GG,
- vorläufige Entziehung der **Fahrerlaubnis**: § 111a und Art. 2 Abs. 1 GG und Art. 12 GG,
- **U-Haft**: § 112 u. § 112a und Art. 2 Abs. 2 GG,
- einstweilige Unterbringung § 126 und Art. 2 Abs. 2 GG,
- **vorläufige Festnahme**: § 127 Abs. 1 und 2 und Art. 2 Abs. 2 GG,
- **Hauptverhandlungshaft** § 127b und Art. 2 Abs. 2 GG,
- Steckbrief §§ 131a–c und Art. 2 Abs. 1 GG,
- Maßnahmen zur Sicherung und Vollstreckung: § 132 und Art. 14 GG,
- vorläufiges **Berufsverbot**: § 132a und Art. 12 GG,
- **Vorführung**: §§ 133 ff, 230 Abs. 2 und Art. 2 Abs. 2 GG,
- Identitätsfeststellung: §§ 163b, c und Art. 2 Abs. 1 GG,
- Schleppnetzfahndung: § 163d und Art. 2 Abs. 1 GG,
- **Beobachtung** und **Observation**: §§ 163e, f und Art. 2 Abs. 1 GG und
- Festhalten von Störern: § 164 und Art. 2 Abs. 1 GG.

☝ „Der Alltag von Strafverfolgungsbehörden ist von Grundrechtseingriffen durchzogen. Das verliert man nur allzu leicht aus dem Blick, wodurch die Wirkung der Grundrechte faktisch geschmälert wird" (*Dallmeyer*, S. 61).

2. Zu Grundrechtseingriffen kommt es aber auch **außerhalb des Ermittlungsverfahrens**: 1117

a) Zu Verfassungsverstöße nach rechtskräftiger Verurteilung in der **Strafvollstreckung** 1118 und im **Strafvollzug** werden Verfassungsbeschwerden in nicht wenigen Fällen von den Gefangenen selbst angefertigt, sodass hier der Hinweis auf weiterführende Literatur (vgl. die Hinw. bei → *Verfassungsbeschwerde, Allgemeines*, Teil C Rdn 729, m.w.N.) genügen muss. In aller Kürze jedoch: Die Wegnahme der Kleidung und durchgängige Videoüberwachung im Strafvollzug ist mit dem allgemeinen Persönlichkeitsrecht unvereinbar (vgl. BVerfG NJW 2015, 2100). Die materiell berührten Grundrechte und Art. 19 Abs. 4 GG sind verletzt, wenn grundrechtseingreifende Maßnahmen im Strafvollzug von den Gerichten ohne zureichende Sachverhaltsaufklärung als rechtmäßig bestätigt werden (vgl. BVerfG NJW 2015, 2100).

Die in Art. 104 GG formulierten **zusätzlichen Anforderungen** an **Freiheitsbeschränkungen** 1119 spielten in jüngerer Zeit eine besondere Rolle im Zusammenhang

- mit der **Abschiebehaft** (BVerfG, Beschl. v. 12.3.2008 – 2 BvR 2042/05),
- beim **Widerruf** einer **Strafaussetzung** zur **Bewährung** (BVerfG, Beschl. v. 22.6.2007 – 2 BvR 1046/07; Beschl. v. 24.9.2011 – 2 BvR 1165/11),
- bei der **Unterbringung** von **Kindern** in einer **geschlossenen psychiatrischen Klinik** (BVerfG, Beschl. v. 14.6.2007 – 1 BvR 338/07),
- bei der **Fortdauer** der **Unterbringung** in einem **psychiatrischen Krankenhaus** (BVerfG, Beschl. v. 19.6.2013 – 2 BvR 2521/11; Beschl. v. 13.11.2013 – 2 BvR 1797/13; Beschl. v. 23.1.2014 – 2 BvR 119/12),
- bei der **Aufhebung** von **Haftverschonungsbeschlüssen** (BVerfG, Beschl. v. 11.6.2012, 2 BvR 720/12) und
- bei der **Sicherungsverwahrung** (BVerfGE 128, 326, 372; vgl. umfassend *Lenz/Hansel*, § 90 Rn 230).

☝ Im Fall *Mollath* und lag das Schwergewicht der verfassungsrechtlichen Beanstandung der Beschlüsse zur Fortdauer der Unterbringung in einem psychiatrischen Krankenhaus auf einem Verstoß gegen das Verhältnismäßigkeitsprinzip. Die vom Untergebrachten ausgehende Gefahr künftiger rechtswidriger Taten war nicht ausreichend konkretisiert, entlastende Umstände im Rahmen der notwendigen Prognoseentscheidung wurden nicht erkennbar berücksichtigt, ferner wurde nicht ausreichend dargelegt, dass die vom Betroffenen ausgehende Gefahr (angesichts der Dauer der Unterbringung) die Aufrechterhaltung noch rechtfertigte und zuletzt hatten sich die Gerichte nicht mit der Frage befasst, ob dem Sicherungsinteresse der Allgemeinheit nicht auch durch weniger belastende Maßnahmen der Aufsicht und Hilfe (§§ 68a, b StGB) hätte Rechnung getragen werden können (BVerfG, NJW 2013, 3228).

1120 **b)aa)** Verfassungsverstöße in der **HV** kommen meist bei der Beweiserhebung vor, sodass der verfassungsrechtliche Angriff i.d.R. auf das Urteil erfolgt, das auf einem Beweisverstoß basiert (→ *Verfassungsbeschwerde, Begründung, Beweisverbote*, Teil C Rdn 816).

1121 **bb)** Bei der Verfassungsbeschwerde gegen Eingriffe außerhalb des Urteils der HV stellt sich aus verfassungsprozessrechtlicher Sicht besonders das **Problem** der Anfechtbarkeit oder Nichtanfechtbarkeit von **Zwischenentscheidungen** (→ *Verfassungsbeschwerde, Zulässigkeit, Beschwerdegegenstand*, Teil C Rdn 1156), der **Rechtswegerschöpfung** (→ *Verfassungsbeschwerde, Zulässigkeit, Rechtswegerschöpfung*, Teil C Rdn 1182) und der **materiellen Subsidiarität** (→ *Verfassungsbeschwerde, Zulässigkeit, materielle Subsidiarität*, Teil C Rdn 1177).

1122 **3.** Neben der Rechtswegerschöpfung und der Subsidiarität kann sich bei Grundrechtseingriffen (vor allem im EV) die Frage des **Rechtsschutzinteresses** stellen, wenn die angegriffene Maßnahme der öffentlichen Gewalt bereits erledigt ist. Entgegen der früher sehr restriktiven Auslegung (vgl. BVerfGE 49, 329), besteht ein Rechtsschutzinteresse für die Verfassungsbeschwerde jedenfalls bei **tiefgreifenden Grundrechtseingriffen** fort (vgl. BVerfGE 96, 27 40). Tiefgreifend ist jedenfalls ein solcher Eingriff, für den ein verfassungsrechtlicher Richtervorbehalt existiert (Art. 13 Abs. 2 und 3 GG, Art. 104 Abs. 2 und 3 GG). Als Faustregel kann die Rechtsprechung im Verwaltungsverfahren zum **Fortsetzungsfeststellungsinteresse** dienen (vgl. *Benda/Klein*, Rn 566; Jahn/Krehl/Löffelmann/Güntge/*Löffelmann*, Rn 606 ff. m.w.N.; s.a. die Zusammenstellung der Rspr. bei *Burhoff*, EV, Rn 3234 f.).

Siehe auch: → *Verfassungsbeschwerde, Allgemeines*, Teil C Rdn 729, m.w.N.; → *Verfassungsbeschwerde, Zulässigkeit, Beschwerdegegenstand*, Teil C Rdn 1156; → *Verfassungsbeschwerde, Zulässigkeit, materielle Subsidiarität*, Teil C Rdn 1177; → *Verfassungsbeschwerde, Zulässigkeit, Rechtswegerschöpfung*, Teil C Rdn 1182.

1123 Verfassungsbeschwerde, Form

Das Wichtigste in Kürze:

1. Die Verfassungsbeschwerde ist in schriftlicher Form einzulegen.
2. Damit das BVerfG im Rahmen der Zulässigkeitsstation beurteilen kann, ob eine Verfassungsverletzung möglich ist, sind alle relevanten Unterlagen fristgerecht mitvorzulegen.

Literaturhinweise: **Lübbe-Wolff**, Die erfolgreiche Verfassungsbeschwerde, AnwBl. 2005, 509; **Reichart**, Revision und Verfassungsbeschwerde in Strafsachen, 2007; s.a. die Hinw. bei → *Rechtsmittel/Rechtsbehelfe, Form, Allgemeines*, Teil A Rdn 1510; und bei → *Verfassungsbeschwerde, Allgemeines*, Teil C Rdn 730. 1124

1. Die Verfassungsbeschwerde muss **schriftlich** eingereicht werden, wobei eine Vertretung nur im Fall der mündlichen Verhandlung vor dem BVerfG notwendig ist (§ 22 BVerfGG). Lässt sich der Beschwerdeführer vertreten, ist eine besondere **Vollmacht** notwendig, die nachgereicht werden kann und im Fall des Fehlens vom BVerfG angefordert wird (vgl. BVerfGE 50, 381, 383; zur (Verteidiger) Vollmacht → *Rechtsmittel/Rechtsbehelfe, Vollmacht, Allgemeines*, Teil A Rdn 1768; *Burhoff*, EV, Rn 4226 ff.; *Burhoff*, HV, Rn 3350 ff.). 1125

2. Hinweis für den Verteidiger! 1126

Der Verteidiger muss auf folgende **Formvorgaben achten**:

- Innerhalb der **Verfassungsbeschwerdefrist** sind auch alle erforderlichen **Unterlagen** beim BVerfG in Kopie vorzulegen (s. → *Verfassungsbeschwerde, Zulässigkeit, Substantiierungsanforderungen*, Teil C Rdn 1203).
- Ob eine **nur inhaltliche Wiedergabe** genügt ist str., aber jedenfalls aus Gründen anwaltlicher Vorsicht zu **vermeiden**. Das erfordert i.d.R. die **Vorlage** der relevanten Unterlagen (Schriftsätze, Urteile, die ggf. Entscheidung über die Anhörungsrüge und deren Begründung, Gutachten, Hinweisbeschlüsse, Anträge des GBA, Gegenerklärungen hierauf, Unterlagen, auf die Bezug genommen wurde, etc.) als Anlagen innerhalb der Begründungsfrist (vgl. BVerfGE 88, S. 40, 45; vgl. Pieroth/Silberkuhl/*Hartmann*, § 90 BVerfGG Rn 68 m.w.N.; Jahn/Krehl/Löffelmann/Güntge/*Jahn*, Rn 323 ff.; *Zuck*, Rn 808).
- Geht es um spezielle **Verstöße** gegen das **Beweisrecht** sind neben der Darstellung der ordnungsgemäßen Revisionsrüge, die Beweisanträge und ablehnenden Beschlüsse mitzuteilen (vgl. *Reichart*, S. 180 m.w.N.). Ggf. ist auch noch darzustellen, welches Ergebnis die vermisste Beweiserhebung auf den Prozess gehabt hätte.
- Ein **Einkopieren/Einscannen** statt der Übersendung als Anlage ist allerdings **nicht** zu **empfehlen** (vgl. *Lübbe-Wolff* AnwBl. 2005, 509, 515).

Siehe auch: → *Verfassungsbeschwerde, Allgemeines*, Teil C Rdn 729, m.w.N.; → *Verfassungsbeschwerde, Begründung, Allgemeines*, Teil C Rdn 1123, m.w.N. → *Verfassungsbeschwerde, Zulässigkeit, Substantiierungsanfordeungen*, Teil C Rdn 1203.

1127 Verfassungsbeschwerde, Frist

Das Wichtigste in Kürze:

1. Die Frist zur Einlegung der Verfassungsbeschwerde beträgt einen Monat. Im Fall der Teilzurückverweisung durch das Revisionsgericht ist ggf. bereits gegen den teilrechtskräftigen Teil Verfassungsbeschwerde einzulegen.
2. Eine Wiedereinsetzung ist denkbar, ein Anwaltsverschulden bei der Fristversäumnis wird dem Beschwerdeführer zugerechnet.

1128 **Literaturhinweise:** s. die Hinw. bei → *Rechtsmittel/Rechtsbehelfe, Fristen, Allgemeines*, Teil A Rdn 1546, m.w.N., bei → *Rechtsmittel/Rechtsbehelfe, Zustellung, Allgemeines*, Teil A Rdn 1846, m.w.N., und bei → *Verfassungsbeschwerde, Allgemeines*, Teil C Rdn 730.

1129 **1.a)** Die Frist zur Einlegung einer Verfassungsbeschwerde beträgt nach § 93 Abs. 1 S. 1 BVerfGG **einen Monat**. Die Frist beginnt nach § 93 Abs. 1 S. 2 **Hs. 1** BVerfGG mit der **Zustellung** oder formlosen Mitteilung der in vollständiger Form abgefassten Entscheidung, wenn diese nach den maßgebenden verfahrensrechtlichen Vorschriften von Amts wegen vorzunehmen ist (zur Fristberechnung → *Rechtsmittel/Rechtsbehelfe, Fristen, Fristberechnung*, Teil A Rdn 1560; zur Zustellung → *Rechtsmittel/Rechtsbehelfe, Zustellung, Allgemeines*, Teil A Rdn 1845, m.w.N.; zur Entscheidungsbekanntmachung → *Rechtsmittel/Rechtsbehelfe, Entscheidungsbekanntmachung*, Teil A Rdn 1483). Innerhalb der Frist sind die Anträge der Verfassungsbeschwerde, die freilich nicht expressis verbis formuliert werden müssen, sondern sich konkludent aus der Begründung ergeben können (vgl. BVerfG NJW 2005, 1999, 2000) und Begründung mit allen Anlagen beim BVerfG schriftlich einzugehen.

1130 **b) Hinweise für den Verteidiger!**

1131 **aa)** War der **Mandant** ggf. in der **HV** selbst anwesend, **beginnt** die Frist allerdings schon **mit** der **Verkündung** der Entscheidung (§ 35 Abs. 1). Ob das auch dann gilt, wenn nur der Verteidiger in der HV anwesend war, ist strittig. Die h.A. geht davon nicht aus, sondern nur die Mindermeinung (vgl. von Häfen/Kessen, § 93 BVerfGG und Subsidiarität der Urteilsverfassungsbeschwerde, 110 m.w.N.). In beiden Fällen hat der Verteidiger als sichersten Weg gem. § 93 Abs. 1 S. 2 **Hs. 2** BVerfGG eine **Unterbrechung** der **Frist herbeizuführen**, wenn dem Beschwerdeführer eine Abschrift der Entscheidung in vollständiger Form nicht erteilt wurde. D.h., der Beschwerdeführer muss schriftlich oder zu Protokoll der Geschäftsstelle die Erteilung einer in vollständiger Form abgefassten Entscheidung beantragen. Ab dem Ende der Unterbrechung (§ 93 Abs. 1 S. 4 BVerfGG) läuft die Monatsfrist erneut (BVerfGE 24, 236, 244).

☝ Wird eine Entscheidung nicht binnen fünf Monaten nach der Verkündung unterschrieben der Geschäftsstelle übergeben, beginnt die Monatsfrist **fünf Monate nach** der **Verkündung** (vgl. BVerfG NJW 2001, 2161).

bb) Hinzuweisen ist darauf, dass im Fall der **Zurückverweisung** durch das **Revisionsgericht** für den ggf. rechtskräftigen Teil des angefochtenen Urteils die Frist bereits mit der Entscheidung des Revisionsgerichts beginnt. Der Fall wird meist relevant, wenn das Revisionsgericht hinsichtlich der Strafzumessung zurückverweist, die tatsächlichen Feststellungen dem Grunde nach jedoch aufrecht erhält (vgl. BVerfGE 75, 369; 82, 236, 258). Die **Teilrechtskraft** genügt für einen Angriff auf den rechtskräftig beschiedenen Teil (MAH-*Eschelbach*, § 30 Rn 62), vor allem wenn der Schuldspruch rechtskräftig geworden ist (vgl. BVerfG NJW 2015, 2949). 1132

cc) Soll direkt ein **Gesetz angegriffen** werden, ist die **Jahresfrist** des § 93 Abs. 3 BVerfGG zu beachten. Die Jahresfrist des § 93 Abs. 3 BVerfGG gilt im Fall der mittelbaren Rechtssatzverfassungsbeschwerde nicht (vgl. BVerfGE 9, 338, 342; → *Verfassungsbeschwerde, Zulässigkeit, Beschwerdegegenstand*, Teil C Rdn 1156). 1133

dd) Eine de lege artis eingereichte Verfassungsbeschwerde ist derart umfangreich, dass die Speicherkapazitäten der handelsüblichen Telefaxgeräte gesprengt werden. Als Ausweg bietet sich an, das Deckblatt der Verfassungsbeschwerde mehrfach zu kopieren und mit demselben Deckblatt jeweils einzeln gekennzeichnete **Teile** zu **portionieren** und zu faxen (Teil 1, Teil 2, usw.). 1134

☝ **Ergänzende Rechtsausführen** sind **nach Fristende zulässig** (vgl. BVerfGE 18, 85, 89), nicht aber neue Sachverhalte (vgl. BVerfGE 109, 279, 305).

Lediglich die für die Verfassungsbeschwerde erforderliche spezielle Vollmacht kann nachgereicht werden und wird vom BVerfG bei dessen Fehlen mit einer Frist von i.d.R. 3 Wochen angefordert. Wird die Vollmacht dann nicht nachgereicht, kann die Verfassungsbeschwerde als unzulässig verworfen werden (vgl. BVerfGE 62, 194, 200).

2.a) Hat der Beschwerdeführer die **Frist** zur Einlegung der Verfassungsbeschwerde **versäumt**, kommt nach § 93 Abs. 2 BVerfGG **Wiedereinsetzung** in den vorigen Stand in Betracht. Insoweit gelten nach § 93 Abs. 2 BVerfGG grds. die allgemeinen Regeln (vgl. → *Wiedereinsetzung in den vorigen Stand, Allgemeines*, Teil B Rdn 1479, m.w.N): 1135

- Der Antrag ist **binnen zwei Wochen** nach Wegfall des Hindernisses zu stellen.
- Die Tatsachen zur Begründung des Antrags sind bei der Antragstellung oder im Verfahren über den Antrag **glaubhaft** zu machen (vgl. dazu → *Wiedereinsetzung in den vorigen Stand, Antrag*, Teil B Rdn 1485).

- Innerhalb der Antragsfrist ist die **versäumte Rechtshandlung nachzuholen**; ist dies geschehen, kann die Wiedereinsetzung auch ohne Antrag gewährt werden.

  ☝ **Nach einem Jahr** seit dem Ende der versäumten Frist ist der Antrag **unzulässig**.

1136 **b)** Auf eine **Besonderheit** ist jedoch **ausdrücklich hinzuweisen**: Während sich der Beschwerdeführer im (vorhergehenden) Strafverfahren das Verschulden seines Rechtsanwalts/Verteidigers bei einer Fristversäumnis nicht zurechnen lassen musste (vgl. u.a. BVerfG NJW 1994, 1856; → *Wiedereinsetzung in den vorigen Stand, Voraussetzungen*, Teil B Rdn 1513), gilt dies im anschließenden Verfahren vor dem BVerfGG nach der ausdrücklichen Regelung in § 93 Abs. 2 S. 5 BVerfGG nicht.

☝ Hier wird dem Beschwerdeführer ein **Verschulden** seines **Rechtsanwalts/Verteidigers** an der Fristversäumung **zugerechnet**. Liegt kein Verschulden des Rechtsanwalts vor, sondern von dessen Personal (auch ein Stationsreferendar), kommt ein **Auswahl-** oder **Überwachungsverschulden** in Betracht (vgl. BVerfG NJW 2002, 1411 f.; zum Verschulden s.a. noch → *Wiedereinsetzung in den vorigen Stand, Voraussetzungen*, Teil B Rdn 1513; → *Verfassungsbeschwerde, Begründung, rechtliches Gehör*, Teil C Rdn 1016).

Siehe auch: → *Wiedereinsetzung in den vorigen Stand, Allgemeines*, Teil B Rdn 1479, m.w.N.; → *Verfassungsbeschwerde, Allgemeines*, Teil C Rdn 729, m.w.N.; → *Verfassungsbeschwerde, Zulässigkeit, Substantiierungsanforderungen*, Teil C Rdn 1193.

1137 Verfassungsbeschwerde, Streitgegenstand

Das Wichtigste in Kürze:

1. Der Streitgegenstandsbegriff ist im BVerfGG nicht geregelt.
2. Nicht eindeutig geklärt ist, ob man den Streitgegenstand eher objektiv oder eher subjektiv versteht.
3. Der Streitgegenstand ist wichtig, um die Prüfungsbefugnis des BVerfG und die Rücknahmebefugnis des Beschwerdeführers zu bestimmen.

1138 **Literaturhinweise:** **Klein**, Der Streitgegenstand der Verfassungsbeschwerde in: Rensen/Brink (Hrsg.), Linien der Rechtsprechung des Bundesverfassungsgerichts, 2009, 83, zit. Rensen/Brink/*Klein*, S.; s.a. die Hinw. bei → *Verfassungsbeschwerde, Allgemeines*, Teil C Rdn 730.

1139 **1.** Das **BVerfGG** enthält **keine ausdrückliche Regelung** über den Streitgegenstand der Verfassungsbeschwerde. Nach h.M. ist dieser zweigliedrig und besteht aus der gerügten

Grundrechtsverletzung durch eine bestimmte Maßnahme öffentlicher Gewalt, also ein präzise bezeichneter Hoheitsakt (vgl. BVerfGE 78, 320, 328). Damit kann es sich um eine Maßnahme der Exekutive, der Legislative oder der Judikativen handeln. Problematisch können Zurechnungsfragen beim Handeln Privater werden, wie z.B. beim Einsatz von V-Leuten oder dem Einsatz von Informanten. Die deutsche fachgerichtliche Rechtsprechung zur heimlichen Ausforschung ist im Wandel begriffen (vgl. MAH-*Eschelbach*, § 30 Rn 18 m.w.N.).

2. Nicht eindeutig geklärt ist, ob man den Streitgegenstand eher **objektiv** (vgl. dazu Rdn 1141) oder eher **subjektiv** (vgl. dazu Rdn 1142) versteht (zu den praktischen Auswirkungen dieses Unterschieds Rdn 1143 ff.). 1140

a) Geht man von einem eher **objektiven Streitgegenstandsbegriff** aus, soll sich die behauptete Grundrechtsverletzung aus dem vorgetragenem Lebenssachverhalt ergeben. Die Rüge hinsichtlich der Verletzung bestimmter Verfassungsvorschriften hat nach dem Grundsatz „iura novit curia" keine streitgegenstandsbegrenzende Wirkung. Dementsprechend geht das BVerfG in seiner Rspr. bei einer zulässigen Verfassungsbeschwerde auch davon aus, dass im Wege der Begründetheitserstreckung die Überprüfung einer in zulässiger Weise angegriffenen Entscheidung auf ihre verfassungsrechtliche Unbedenklichkeit hin **unter jedem** in Betracht kommenden **Gesichtspunkt möglich** ist (BVerfG NJW 2003, 3513; vgl. a. BVerfGE 1, 264, 271; 4, 7, 13; 6, 376, 385; 17, 252, 258; 42, 312, 325; 53, 366, 390; 55, 220, 241; 99, 100, 119; 102, 370, 384). 1141

b) Versteht man den **Streitgegenstandsbegriff** eher **subjektiv**, kommt es zwar auch auf den Lebenssachverhalt an, aber auch auf den konkreten, **vom Beschwerdeführer individualisierten Rügesachverhalt**. Dieser ist freilich auslegbar, sodass die verletzte Grundgesetzbestimmung nicht genannt werden muss (vgl. BVerfGE 7, 111, 115; 21, 191, 194; 27, 297, 304 f.; 47, 182, 187; 59, 98, 101; 84, 366, 369; 85, 214, 217; 91, 176, 181; 92, 158, 175; 93, 99, 113; 115, 166, 180). 1142

☝ Eine **Umdeutung** gegen den erklärten Willen des Beschwerdeführers kommt allerdings nicht in Betracht (vgl. BVerfGE 2, 347, 367).

3.a) Praktische Unterschiede zwischen beiden Streitgegenstandsbestimmungen können sich zunächst bei der Frage ergeben, **wie weit** das BVerfG seine **Prüfung** erstrecken darf oder sogar muss. Ob es wirklich ein Auseinanderfallen zwischen der Rspr. des 2. Senats des BVerfG, der seine Prüfung auf zwar nicht gerügte, aber grds. rügefähige Verstöße ausweitete (vgl. BVerfGE 71, 202, 204; 58, 163, 167, 54, 117, 124) und der Rspr. des 1. Senats des BVerfG, der sich konsequent auf die vom Beschwerdeführer erhobene individuelle Rüge beschränkt (vgl. BVerfGE 82, 6, 18), gibt, oder sich nicht durch Auslegung der Rüge das identische Ergebnis erreichen lässt, kann hier nicht entschieden werden (vgl. dazu Rensen/Brink/*Klein*, S. 83, 87 ff.; *Benda/Klein*, Rn 495 ff.). 1143

☝ **Vorsorglich** sollte der anwaltliche Vertreter daher **eher zu viele** Verstöße nennen als zu wenige. Das gilt aber nicht, wenn die Gefahr besteht, dass die Unzulässigkeit einer Rüge, die Übrigen „infiziert" (so für den Fall der unterlassenen Anhörungsrüge bei einem Gehörsverstoß BVerfG NJW 2005, 3059).

1144 **b)aa)** Weitere Auswirkungen hat der o.a. „Streit" (vgl. Rdn 1140) bei der **Rücknahme** von **Rügen**.

1145 **bb) Umstr.** ist, ob die **Rücknahme** der Rüge **gar nicht**, **unbefristet**, oder nur binnen der **Monatsfrist** zur Einlegung möglich ist (→ *Anhörungsrügen, Zulässigkeit*, Teil B Rdn 43, und → *Verfassungsbeschwerde, formelle Subsidiarität*, Teil C Rdn 1171). Ist die Rücknahme gar nicht oder nur befristet möglich, so könnte eine unzulässige Rüge, wie z.B. des Verstoßes gegen Art. 103 Abs. 1 GG trotz Unterlassens der Anhörungsrüge, die gesamte Verfassungsbeschwerde, in der u.a. ein Verstoß gegen Art 103 Abs. 1 GG, aber auch gegen das faire Verfahren gerügt wird, unzulässig machen (vgl. BVerfG NJW 2005, 3059; NStZ-RR 2008, 28). Die Rücknahme einzelner Rügen im Rahmen der Verfassungsbeschwerde ist (wohl) möglich. Dies setzt aber eine Teilbarkeit des Streitgegenstandes voraus (vgl. Rensen/Brink/*Klein*/*Klein*, S. 83, 92).

☝ Nach dem offiziellen und vom Geschäftsordnungsausschusses des Plenums konsentierten **Merkblatts** des **BVerfG** zur Verfassungsbeschwerde, das auf der Homepage des BVerfG veröffentlicht ist, ist eine **Rücknahme zeitlich unbegrenzt** möglich (vgl. BVerfG NVwZ 2010, 1285). Entgegenstehende Rspr. sollte damit überholt sein (vgl. *Benda/Klein*, Rn 503). Freilich kann damit eine vergessene Anhörungsrüge nicht ungeschehen gemacht werden, wenn zwar nicht expressis verbis, wohl aber der Sache nach ein Gehörsverstoß gerügt wird, also vor allem die gleichbleibende grundrechtliche Beanstandung auch als Gehörsverstoß qualifiziert werden könnte oder wenn ein vernünftiger Verfahrensbeteiligter die Gehörsrüge mit Rücksicht auf die geltend gemachte Beschwer bereits im fachgerichtlichen Verfahren geltend gemacht hätte (vgl. BVerfG NJW 2013, 3506).

Siehe auch: → *Anhörungsrügen, Zulässigkeit*, Teil B Rdn 41, → *Verfassungsbeschwerde, formelle Subsidiarität*, Teil C Rdn 1171.

Verfassungsbeschwerde, Zulässigkeit, Allgemeines 1146

Das Wichtigste in Kürze:

1. Das BVerfG ist bei den Zulässigkeitsanforderungen sehr streng.
2. Beschwerdeführer kann nach § 90 Abs. 1 BVerfGG jedermann sein, der in eigenen Grundrechten oder grundrechtsgleichen Rechten unmittelbar, selbst und gegenwärtig verletzt ist. Eine Popularklage ist ausgeschlossen.
3. Das verletzte Grundrecht ist jedenfalls der Sache nach zu bezeichnen. Ein Antrag muss in der Verfassungsbeschwerde nicht ausdrücklich gestellt werden.
4. Besondere Probleme können sich im Bereich der Frist und der Form der Verfassungsbeschwerde stellen.

Literaturhinweise: s. die Hinw. bei → *Verfassungsbeschwerde, Allgemeines*, Teil C Rdn 730. 1147

1. Die vom BVerfG aufgestellten **Zulässigkeitsanforderungen** an die Verfassungsbeschwerde sind teils **überstreng** (vgl. EGMR StV 2005, 475). Z.T. wird diese Strenge (auch) zur eigenen Arbeitsentlastung des BVerfG eingesetzt. Die Strenge besteht insbesondere in den Bereichen 1148

- des **Beschwerdegegenstands** (s. dazu → *Verfassungsbeschwerde, Zulässigkeit, Beschwerdegegenstand*, Teil C Rdn 1156),
- der **Rechtswegerschöpfung** (s. dazu → *Verfassungsbeschwerde, Zulässigkeit, Rechtswegerschöpfung*, Teil C Rdn 1182),
- der **formellen Subsidiarität** (s. dazu → *Verfassungsbeschwerde, Zulässigkeit, formelle Subsidiarität*, Teil C Rdn 1171),
- der **materiellen Subsidiarität** (s. dazu → *Verfassungsbeschwerde, Zulässigkeit, materielle Subsidiarität*, Teil C Rdn 1177),
- den **Substantiierungsanforderungen** (s. dazu → *Verfassungsbeschwerde, Zulässigkeit, Substantiierungsanforderungen*, Teil C Rdn 1193) und
- der Verletzung des sog. **spezifischen Verfassungsrechts** (s. dazu → *Verfassungsbeschwerde, Begründung, Prüfungsumfang*, Teil C Rdn 980).

Eine **Zusammenstellung** der **gesamten Zulässigkeitsanforderungen** findet sich in den Werken von *Zuck* (Das Recht der Verfassungsbeschwerde), von *Kleine-Cosack* (Verfassungsbeschwerden und Menschenrechtsbeschwerden), von *Schlaich/Korioth* (Das Bundesverfassungsgericht), *Benda/Klein* (Verfassungsprozessrecht) oder von *Jahn/Krehl/Löffelmann/Güntge* (Die Verfassungsbeschwerde in Strafsachen), auf die hiermit verwiesen wird. Daher in aller Kürze: 1149

2.a) Beschwerdeführer kann nach § 90 Abs. 1 BVerfGG **jedermann** sein, der Träger des in Frage kommenden Grundrechts sein kann (– **Parteifähigkeit, Antragsberechtigung, Beschwerdebefugnis**; vgl. *Benda/Klein*, Rn 506 ff.). 1150

1151 **b)** Auch die **Prozessfähigkeit** ist i.d.R. unproblematisch, obgleich das BVerfGG hierzu keine Regelung trifft. Diese ist in Analogie zum sonstigen Prozessrecht zu beantworten (vgl. BVerfGE 72, 122, 132). Ggf. ist eine Vertretung durch den gesetzlichen Vertreter notwendig, im Fall der Interessenkollision die Bestellung eines Prozesspflegers (vgl. MAH-*Eschelbach*, § 30 Rn 38 f.).

1152 **c) Beschwerdebefugt** ist nur derjenige, der in eigenen Grundrechten oder grundrechtsgleichen Rechten (s. → *Verfassungsbeschwerde, Begründung, Prüfungsmaßstab*, Teil C Rdn 969) **unmittelbar**, **selbst** und **gegenwärtig** verletzt ist, d.h. diese Verletzung im Rahmen der Zulässigkeitsstation **substantiiert** (§§ 23 Abs. 1 S. 2, 92 BVerfGG) **behauptet**. D.h., es muss mit „hinreichender Wahrscheinlichkeit" möglich sein, dass eine Grundrechtsverletzung vorliegt (Vgl. BVerfGE 64, 367, 375).

☝ Ob diese Verletzung **tatsächlich gegeben** ist, ist eine Frage der **Begründetheit**.

1153 Der Beschwerdeführer muss durch die angegriffene Maßnahme **unmittelbar**, **gegenwärtig** und **selbst** in seinen Grundrechten oder grundrechtsgleichen Rechten betroffen sein. Dieses Kriterium wurde für die Rechtssatzverfassungsbeschwerde entwickelt (vgl. BVerfGE 1, 97, 101), dann aber auf die Urteilsverfassungsbeschwerde erweitert (vgl. BVerfGE 53, 30, 48).

1154 **3.** Das **verletzte Grundrecht** ist jedenfalls der Sache nach zu **bezeichnen**, ebenso wie die angegriffene Maßnahme. I.d.R. wird der Beschwerdeführer die Aufhebung der ihn belastenden Maßnahme begehren, wobei unschädlich ist, wenn ein solcher **Antrag nicht ausdrücklich** gestellt ist (→ *Verfassungsbeschwerde, Streitgegenstand*, Teil C Rdn 1137). Ein Antrag ist vom Gesetz nicht vorgeschrieben (§ 92 BVerfGG). Es genügt, dass das mit der Verfassungsbeschwerde verfolgte Ziel des Beschwerdeführers aus dem Zusammenhang seines Vorbringens ersichtlich ist (BVerfGE 7, 111, 114 f.).

1155 **4.** Besondere Probleme können sich im Bereich der **Frist** (→ *Verfassungsbeschwerde, Frist*, Teil C Rdn 1127) und der **Form** (→ *Verfassungsbeschwerde, Form*, Teil C Rdn 1123) der Verfassungsbeschwerde stellen, ebenso wie bei der **Erledigung der angegriffenen Maßnahme** (vgl. *Lenz/Hansel*, § 90 Rn 333 ff.).

Siehe auch: → *Verfassungsbeschwerde, Allgemeines*, Teil C Rdn 729, m.w.N.; → *Verfassungsbeschwerde, Begründung, Prüfungsmaßstab*, Teil C Rdn 969; → *Verfassungsbeschwerde, Begründung, Prüfungsumfang*, Teil C Rdn 980; → *Verfassungsbeschwerde, Form*, Teil C Rdn 1123; → *Verfassungsbeschwerde, Frist*, Teil C Rdn 1127; → *Verfassungsbeschwerde, Streitgegenstand*, Teil C Rdn 1137; → *Verfassungsbeschwerde, Zulässigkeit, formelle Subsidiarität*, Teil C Rdn 1171; → *Verfassungsbeschwerde, Zulässigkeit, materielle Subsidiarität*, Teil C Rdn 1177; → *Verfassungsbeschwerde, Zulässigkeit, Rechtswegerschöpfung*, Teil C Rdn 1182; → *Verfassungsbeschwerde, Zulässigkeit, Substantiierungsanforderungen*, Teil C Rdn 1193.

Verfassungsbeschwerde, Zulässigkeit, Beschwerdegegenstand 1156

Das Wichtigste in Kürze:

1. Mit der Verfassungsbeschwerde können nur Maßnahmen der deutschen öffentlichen Gewalt angegriffen werden.
2. Auch **gesetzgeberisches Handeln** oder **Unterlassen** kann einen tauglichen Beschwerdegegenstand darstellen.
3. Der Schwerpunkt der Tätigkeit des Strafverteidigers in der Verfassungsbeschwerde besteht in dem Angriff gegen belastende Gerichtsentscheidung und ggf. einem mittelbaren Angriff gegen das zugrunde liegende Gesetz (mittelbare Rechtssatzverfassungsbeschwerde). Ein besonderes Problem stellen Zwischenentscheidungen dar.

Literaturhinweise: Gertler, Neuere Rechtsprechung des Bundesverfassungsgerichts zur Anhörungsrüge in: Linien der Rechtsprechung des Bundesverfassungsgerichts, in: Emmenegger/Wiedmann (Hrsg.), 2011, S. 53; **Jost**, Verfassungsprozessuale Probleme der Anhörungsrüge in: Rensen/Brink (Hrsg.), S. 59; s.a. die Hinw. bei → *Verfassungsbeschwerde, Allgemeines*, Teil C Rdn 730. 1157

1. Angriffsgegenstand der Verfassungsbeschwerde sind nur Maßnahmen der **deutschen öffentlichen** Gewalt (§ 90 Abs. 1 BVerfGG), wobei der Begriff der öffentlichen Gewalt hier die **Exekutive**, die **gesetzgebende Gewalt** und die **Rspr.** (Art. 1 Abs. 3; 20 Abs. 3 GG) umfasst (vgl. MAH-*Eschelbach*, § 30 Rn 17 ff.). 1158

Für den Strafverteidiger stellt sich die **Problematik** insbesondere, wenn **Private handeln**. Der **V-Mann** Einsatz ist gesetzlich immer noch nicht geregelt. Aufgrund einer Änderung der Rspr. wird dieser aber mittlerweile dem Staat zugerechnet, wenn ein behördlicher Auftrag vorlag (vgl. EGMR StV 2004, 1 f.; BVerfG StV 2000, 233 f.) oder der Beschuldigte inhaftiert war (vgl. BGHSt 44, 129, 134 f.; zur Problematik VE/V-Mann *Burhoff*, EV, Rn 3813 ff., 4215 ff.; *Burhoff*, HV, Rn 3336 ff.). 1159

Akte **supranationaler Hoheitsträger** können ggf. unter den Begriff der öffentlichen Gewalt subsumiert werden. Freilich hat dies für den Strafverteidiger nur geringe Bedeutung (vgl. *Benda/Klein*, Rn 538 ff.; *Lechner/Zuck*, § 90 Rn 122a). 1160

2. Auch **gesetzgeberisches Handeln** oder **Unterlassen** kann einen tauglichen Beschwerdegegenstand darstellen. Ein Unterlassen des Gesetzgebers kann freilich nur dann gerügt werden, wenn ein ausdrücklicher Verfassungsauftrag zum Handeln vorliegt (*Benda/Klein*, Rn 549). 1161

Soll **direkt** ein **Gesetz angegriffen** werden, ist die unmittelbare, gegenwärtige Selbstbetroffenheit des Betroffenen zu beachten. Bei einem unmittelbaren Angriff gegen ein 1162

Gesetz ist dem Betroffenen ein Zuwiderhandeln gegen eine straf- oder ordnungsrechtliche Norm zwar nicht zumutbar, aber gleichwohl spielt diese Möglichkeit in der Praxis nur eine untergeordnete Rolle, sodass auf die weiterführende Lit. verwiesen wird (vgl. *Benda/Klein*, Rn 563 m.w.N.).

1163 **3.a)** Der Schwerpunkt der Tätigkeit des Strafverteidigers in der Verfassungsbeschwerde besteht in dem Angriff gegen **belastende Gerichtsentscheidung** und ggf. einem mittelbaren Angriff gegen das zugrunde liegende Gesetz (**mittelbare Rechtssatzverfassungsbeschwerde**). Entscheidungen der **Großen Senate** haben allerdings keine unmittelbare Außenwirkung und können demnach nicht mit der Urteils-Verfassungsbeschwerde angriffen werden, sondern erst die abschließende Entscheidung des vorlegenden Senats (vgl. BVerfGE 31, 55; 38, 386, 397).

☝ Bei Angriffen gegen ein Gesetz, muss dieses genau bezeichnet werden, vor allem nach Paragraf, Absatz und Satz (vgl. BVerfGE 109, 279, 305). Die **Jahresfrist** des § 93 Abs. 3 BVerfGG gilt im Fall der nur mittelbaren Rechtssatzverfassungsbeschwerde nicht (vgl. BVerfGE 9, 338, 342; → *Verfassungsbeschwerde, Frist*, Teil C Rdn 1127).

1164 **b)aa)** Aus Sicherheitsgründen sollten **innerhalb** eines **Instanzenzuges alle belastenden Entscheidungen** angegriffen werden. Grds. kann es allerdings im Fall einer Beanstandung des nur **materiellen Verfahrensergebnisses** genügen, die letzte Entscheidung anzugreifen, die sich das materielle Entscheidungsergebnis der Vorinstanz zu eigen macht (vgl. *Benda/Klein*, Rn 552 mit dem Hinw. auf BVerfG EuGRZ 2006, 207, wonach dies im Fall der prozessualen Überholung sogar geboten sei; ebenso BVerfG, Beschl. vom 31.7.2014 – 2 BvR 571/14). Dennoch sollte jedenfalls das Urteil der letzten Tatsacheninstanz und der Revisionsinstanz angegriffen werden, wobei sich der Beschwerdeführer substantiiert mit allen angegriffenen Entscheidungen auseinanderzusetzen hat (vgl. *Lenz/Hansel*, § 90 Rn 183 ff.). Beim Instanzenzug AG-LG-OLG ist freilich das Urteil des AG durch das Berufungsurteil prozessual überholt (vgl. BVerfG NJW 2015, 2949).

1165 I.Ü. ist hinzuweisen auf folgende

Beispielsfälle:

- Die **Entscheidung** über die **Anhörungsrüge** (§ 356a) kann **selbstständig** mit der Verfassungsbeschwerde angegriffen werden (vgl. BVerfGE 119, 292, 295) und sollte/muss angesichts der **unklaren Rechtslage** jedenfalls mit den weiteren Entscheidungen angegriffen werden (vgl. Rensen/Brink/*Jost*, S. 59, 74 ff.; Emmenegger/Wiedmann/*Gertler*, S. 53, 65). Die verfassungsgerichtliche Rechtsprechung ist auch insofern völlig uneinheitlich. Einerseits wird vertreten, dass der Beschwerdeführer durch eine zu seinen Lasten ergehende Anhörungsrügenentscheidung nicht beschwert sein könne, andererseits wird vertreten, dass die Beschwerde gegen einen verwerfenden Anhörungsrügenbeschluss zulässig ist. Diese Ungewissheit wird durch die Tenorierung bei einer erfolgreichen Verfassungsbeschwerde fortgeführt. Einerseits wurde der Beschluss über die Anhörungsrüge aufgehoben, andererseits wurde die letzte fachinstanzliche Entscheidung aufgehoben und die Entscheidung über die Anhörungsrüge für gegenstandlos erklärt und schlussendlich wurden sowohl die letzte fachgerichtliche Entscheidung aufgehoben als auch die Entscheidung über die Anhörungsrüge (vgl. *Lenz/Hansel*, § 90 Rn 274 f. m.w.N.).

- Trifft das **Rechtsmittelgericht keine Entscheidung** zur **Sache** (z.B. bei Zulassungsrechtsmitteln) sind auch die Entscheidungen der Vordergerichte anzugreifen.
- Richtet sich die **Beanstandung** gegen das **förmliche Verfahren**, ist jede Entscheidung anzugreifen, die auf dem gerügten Verfahrensfehler beruht und ihn nicht heilt (vgl. *Benda/Klein*, Rn 552).

bb) Ein **besonderes Problem** stellen hier die sog. **Zwischenentscheidungen** dar. Diese können mit der **Verfassungsbeschwerde nicht** angegriffen werden, wenn der Verfassungsverstoß noch im fachgerichtlichen Verfahren geheilt oder mit der Endentscheidung angegriffen werden kann (→ *Verfassungsbeschwerde, Zulässigkeit, Rechtswegerschöpfung*, Teil C Rdn 1182; → *Verfassungsbeschwerde, Zulässigkeit, formelle Subsidiarität*, Teil C Rdn 1171). 1166

☝ Eine **Ausnahme** besteht dann, wenn bereits die Zwischenentscheidung zu einem **bleibenden rechtlichen Nachteil** führt, der nicht mehr vollständig behoben werden kann. Das wurde für grundrechtsverletzende Beweiserhebungen in einem Disziplinarverfahren angenommen (vgl. BVerfGE 34, 205, 208) oder bei bindenden Entscheidungen über **Befangenheitsgesuche** (BVerfGE 24, 56, 60), oder bei der Anordnung **einer audiovisuellen Vernehmung** im Strafverfahren (BVerfG NJW 2014, 1082).

Teilweise wird vertreten, dass **Maßnahmen** im **Ermittlungsverfahren** noch der Überprüfung durch die Fachgerichte zugänglich seien, sodass ein Angriff mit der Verfassungsbeschwerde ausscheide (vgl. BVerfG NStZ 2000, 96 für eine auf § 81a Abs. 1 S. 2 gestützte Maßnahme). Demgegenüber steht jedoch die überwiegende Zahl der Kammerrechtsprechung des BVerfG (vgl. Jahn/Krehl/Löffelmann/Güntge/*Löffelmann*, Rn 605). Grds. gilt, dass Anträge der StA im Ermittlungsverfahren nur dann zu einer Grundrechtsverletzung führen können, wenn der Richter ihnen stattgibt (vgl. BVerfGE 20, 162, 172). 1167

Die Rspr. hierzu ist insgesamt **kasuistisch** (vgl. *Zuck*, Rn 558 ff.). Hinzuweisen ist auf folgende **Beispiele** zur Anfechtbarkeit: 1168

selbstständig anfechtbar 1169

- **Durchsuchungsbeschluss** (vgl. BVerfGE 20, 162, 173; 42, 212, 218),

- **Beschlagnahmebeschluss** (vgl. BVerfGE 44, 353; 56, 247),
- **Haftbefehl** (vgl. BVerfGE 32, 87, 92; 20, 144, 147; 20, 45; 16, 119, 121 f.; 9, 89, 93).

1170 **nicht selbstständig anfechtbar**

- nach h.M. grds. der **Eröffnungsbeschluss** (vgl. BVerfGE 1, 322, 326; 1, 9; 25, 336), (ausnahmsweise) aber dann wenn ein Verstoß gegen Art. 103 Abs. 3 GG vorliegt und die verfassungsrechtliche Beschwer im weiteren fachgerichtlichen Verfahren nicht folgenlos ausgeräumt werden könnte (vgl. BVerfG StV 2005, 196 f.). Entscheidungen in dem nach **§ 210 StPO** eingeleiteten selbstständigen Rechtsmittelverfahren, die dieses abschließen, sind wiederum selbstständig anfechtbar (vgl. *Lechner/Zuck*, § 90 Rn 145d).

☝ Die **Erledigung** der **Maßnahme** wird dem Beschwerdeführer i.d.R. nicht das **Rechtsschutzbedürfnis**, das für jede gerichtliche Entscheidung vorliegen muss, nehmen (vgl. hierzu im Einzelnen Jahn/Krehl/Löffelmann/Güntge/*Löffelmann*, Rn 606 ff.). Beim Fortwirken einer Beeinträchtigung, einer Wiederholungsgefahr oder einer tiefgreifenden Grundrechtsbeeinträchtigung, in denen sich die direkte Belastung durch den angegriffenen Hoheitsakt nach dem typischen Verfahrensablauf auf eine Zeitspanne beschränkt, in welcher der Betr. die gerichtliche Entscheidung in der von der Prozessordnung gegebenen Instanz kaum erlangen kann, bleibt das Rechtsschutzbedürfnis auch für die Verfassungsbeschwerde bestehen (grundlegend BVerfG NJW 1997, 216). Die Wiedererlangung der Freiheit nach Strafhaft lässt das Rechtsschutzbedürfnis in keinem Fall entfallen (vgl. BVerfGE 105, 239, 246 m.w.N.).

Siehe auch: → *Verfassungsbeschwerde, Allgemeines*, Teil C Rdn 729, m.w.N.; → *Verfassungsbeschwerde, Zulässigkeit, Allgemeines*, Teil C Rdn 1146, m.w.N.; → *Verfassungsbeschwerde, Zulässigkeit, formelle Subsidiarität*, Teil C Rdn 1171; → *Verfassungsbeschwerde, Zulässigkeit, Rechtswegerschöpfung*, Teil C Rdn 1182.

1171 Verfassungsbeschwerde, Zulässigkeit, formelle Subsidiarität

Das Wichtigste in Kürze:

1. Bei dem Grundsatz der formellen Subsidiarität geht es um die Erschöpfung möglicher Rechtswege im weiteren Sinn.
2. Besondere Probleme bereitet hier die Anhörungsrüge, bei der fraglich ist, ob sie nur gegen eigenständige Gehörsverletzung der letzten Instanz zulässig ist, oder

auch gegen (aufrechterhaltende) perpetuierende Gehörsverstöße. Mittlerweile dürfte geklärt sein, dass die Anhörungsrüge nur gegen eigenständige Gehörsverletzungen des letztinstanzlichen Gerichts möglich ist.

Literaturhinweise: **Buermeyer**, Die Subsidiarität der Verfassungsbeschwerde in Strafsachen in: *Emmenegger/Wiedmann* (Hrsg.), Linien der Rechtsprechung des Bundesverfassungsgerichts, S. 35; **Eschelbach/Geipel/Weiler**, Anhörungsrügen, StV 2010, 325; s.a. die Hinw. bei → *Verfassungsbeschwerde, Allgemeines*, Teil C Rdn 730. 1172

1. Neben der Erschöpfung des Rechtsweges im formellen Sinn hat die Rspr. den Grundsatz der formellen Subsidiarität geschaffen. Es handelt sich hierbei um die **Erschöpfung möglicher Rechtswege** im **weiteren Sinn** (vgl. *Benda/Klein*, Rn 574; → *Verfassungsbeschwerde, Zulässigkeit, Rechtswegerschöpfung*, Teil C Rdn 1182). Konnte der fachgerichtliche Rechtsweg z.B. wegen eines Justizfehlers nicht ausgeschöpft werden, muss vor Erhebung der Verfassungsbeschwerde z.B. ein Antrag auf **Wiedereinsetzung in den vorigen Stand** gestellt (vgl. BVerfG, Beschl. v. 14.10.2014 – 2 BvR 718/14; Beschl. v. 7.12.2015 – 2 BvR 767/15), oder im Falle der **überlangen Dauer** eines Verfahrens die entsprechenden (§§ 198, 201 GVG) fachgerichtlichen Rechtsbehelfe ergriffen werden (vgl. BVerfG, Beschl. v. 14.10.2014 – 2 BvR 437/12). Auch die rechtsstaatswidrige **Verfahrensverzögerung** muss zuvor in der Revision gerügt worden sein (vgl. BVerfG, Beschl. v. 18.3.2009 – 2 BvR 229/09). 1173

Wegen des Gebots der Rechtsmittelklarheit spielt dieses Zulässigkeitskriterium **nicht mehr** die **entscheidende Rolle**. Ungeschriebene Rechtsbehelfe gehören nicht mehr zum vorher zu ergreifenden Rechtsweg. Werden sie dennoch ergriffen (z.B. Gegenvorstellung) muss parallel eine Verfassungsbeschwerde erhoben werden (vgl. *Lenz/Hansel*, BVerfGG, 2. Aufl. 2015, § 90 Rn 360 ff. m.w.N.). **Gleichwohl** ist die Rechtswegerschöpfung im weiten Sinn **nicht** zu **vernachlässigen**. Dieses Kriterium kann z.B. eine Rolle spielen, wenn ein Rechtsbehelf z.B. nicht mehr zum eigentlichen Rechtsweg gehört, wie z.B. das Hauptsacheverfahren gegenüber dem einstweiligen Rechtsschutz, aber durch das Hauptsacheverfahren dennoch die Grundrechtsverletzung beseitigt werden kann. 1174

2.a) Besondere Probleme bereitet hier die **Anhörungsrüge**, bei der fraglich ist, ob sie nur gegen eigenständige Gehörsverletzung der letzten Instanz zulässig ist, oder auch gegen (aufrechterhaltende) perpetuierende Gehörsverstöße aus der Vorinstanz. Mittlerweile dürfte die sog. sekundäre (perpetuierende) Anhörungsrüge offensichtlich unzulässig sein (vgl. *Lechner/Zuck*, 7. Aufl. 2015, § 90 Rn 147d; *Lenz/Hansel*, BVerfGG, 2. Aufl. 2015, § 90 Rn 371 m.w.N.). Damit dürfte die Literatur/Rspr., die die Frage des **primären** oder **sekundären** Gehörsverstoßes als strittig bezeichnete (vgl. *Jahn*/Krehl/Löffelmann/Güntge, Rn 199, 213, 215; *Benda/Klein*, Rn 578 m.w.N.; *Eschelbach/Geipel/Weiler* StV 2010, 325, 328, vgl. a. BVerfG NJW 2008, 2635; 2011, 1497 f. und andererseits – „jeder 1175

Verstoß gegen Art. 103 Abs. 1 GG“ – in BVerfGK 5, 337, 338 f.) überholt sein (s. dazu auch → *Anhörungsrügen Begründetheit*, Teil B Rdn 20).

☝ Liegt **ein Gehörsverstoß** vor und ein **weiterer Grundrechtsverstoß**, so muss die **Anhörungsrüge** genutzt werden, obwohl die Anhörungsrüge unmittelbar nur den Gehörsverstoß beseitigen kann, aber durch die Fortführung des Verfahrens besteht die Möglichkeit der Heilung der anderen Grundrechtsverstöße (vgl. BVerfG NJW 2007, 3054 f.). Das gilt freilich nicht bei einer Falschbezeichnung des Art. 103 Abs. 1 GG, also wenn in der Verfassungsbeschwerde Art. 103 Abs. 1 GG expressis verbis genannt wird, tatsächlich aber bei verständiger Auslegung eine andere Grundrechtsverletzung gerügt wird (BVerfG NJW 2011, 2417).

1176 **b)** Ob der Mangel einer **unterlassenen Anhörungsrüge** dadurch **geheilt** werden kann, dass im Verfahren vor dem BVerfG kein Gehörsverstoß mehr gerügt wird bzw. eine entsprechende Rüge innerhalb der Monatsfrist (oder auch später) wieder zurückgenommen wird, war fraglich (vgl. *Benda/Klein*, Rn 577 m.w.N.; BVerfG NStZ-RR 2008, 28; FamRZ 2009, 291).

☝ Zu dieser Frage gab es divergierende Kammerrechtsprechung (→ *Anhörungsrügen Zulässigkeit*, Teil B Rdn 43 und s.a. → *Verfassungsbeschwerde, Streitgegenstand*, Teil C Rdn 1143), die aber durch die Senatsentscheidung vom 13.4.2010 überholt sein dürfte. Hiernach ist die **Rücknahme** der **Rüge** einer **Verletzung** von **Art. 103 Abs. 1 GG möglich** und hat zur Folge, dass die Verfassungsbeschwerde zulässig wird, sofern auch ein vernünftiger Verfahrensbeteiligter mit Rücksicht auf die geltend gemachte Beschwer die Anhörungsrüge nicht ergriffen hätte (vgl. BVerfGE 134, 106, 113 ff.; 126, 1, 17). Zu beachten ist aber, dass es nicht auf die ausdrückliche Nennung des Artikels ankommt, sondern auf das, was der Sache nach gerügt wird (vgl. BVerfGE 134, 106, 113).

Lechner/Zuck (BVerfGG, 7. Aufl. 2015, § 90 Rn 82d, 147g) halten einen **Verzicht** auf eine Anhörungsrüge für unzulässig, so dass die Verfassungsbeschwerde insgesamt unzulässig wäre (vgl. aktuell zum Streitstand *Lenz/Hansel*, BVerfGG, 2. Aufl. 2015, § 90 Rn 387).

Siehe auch: → *Verfassungsbeschwerde, Allgemeines*, Teil C Rdn 729, m.w.N.; → *Anhörungsrügen Begründetheit*, Teil B Rdn 16; → *Anhörungsrügen Zulässigkeit*, Teil B Rdn 41; → *Verfassungsbeschwerde, Streitgegenstand*, Teil C Rdn 1137; → *Verfassungsbeschwerde, materielle Subsidiarität*, Teil C Rdn 1177.

Verfassungsbeschwerde, Zulässigkeit, materielle Subsidiarität 1177

Das Wichtigste in Kürze:

1. Das Gebot der materiellen Subsidiarität meint die Erschöpfung innerhalb eines Rechtswegs.
2. Dazu gehört die Ausübung von Antrags-, Beanstandungs-, Frage-, Äußerungs- und Ablehnungsrechten, sowie gehörigen Sachvortrag innerhalb des Ausgangsverfahrens.
3. Aus Gründen der materiellen Subsidiarität können sich auch verfassungsrechtliche Substantiierungsanforderungen im Ausgangsverfahren ergeben.

Literaturhinweise: **Buermeyer**, Die Subsidiarität der Verfassungsbeschwerde in Strafsachen in: *Emmenegger/Wiedmann* (Hrsg.), Linien der Rechtsprechung des Bundesverfassungsgerichts, S. 35; s.a. die Hinw. bei → *Verfassungsbeschwerde, Allgemeines*, Teil C Rdn 730. 1178

1. Die materielle Subsidiarität (vgl. *Lechner/Zuck*, § 90 Rn 157 ff.) wird in der Praxis des BVerfG nicht immer eindeutig von der Rechtswegerschöpfung i.e.S. unterschieden (vgl. *Buermeyer*, S. 35, 46; → *Verfassungsbeschwerde, Zulässigkeit, Rechtswegerschöpfung*, Teil C Rdn 1182). Das Gebot der materiellen Subsidiarität meint die Erschöpfung innerhalb eines Rechtswegs. Nach der Rspr. des BVerfG wird insoweit zusätzlich gefordert, dass der Beschwerdeführer über das Gebot der Rechtswegerschöpfung i.e.S. hinaus die ihm zur Verfügung stehenden weiteren Möglichkeiten ergreift, um eine Korrektur der geltend gemachten Verfassungsverletzung zu erreichen oder diese gar zu verhindern (BVerfGE 104, 65, 70). 1179

2. Zur Erschöpfung innerhalb des Rechtsweges gehört die Ausübung von durch **Antrags-, Beanstandungs-, Frage-, Äußerungs-** und **Ablehnungsrechten** durch den Beschwerdeführer (vgl. z.B. BVerfG NStZ 2000, 382), um eine Korrektur der Verfassungsverletzung zu erwirken oder eine Grundrechtsverletzung zu verhindern (vgl. BVerfGE 68, 384, 38; 77, 381, 401; 81, 97, 102). Zu nennen sind hier u.a. 1180

- **Richterablehnungen**
- **Widersprüche gegen Beweisverwertungen**
- **Anträge auf Verteidigerbestellung**
- **Anträge zur Wiedereinsetzung**
- **Anträge analog § 98 Abs. 2 S. 2 StPO**
- **Haftprüfungsanträge**
- **Anrufungen des Gerichts gem. § 238 Abs. 2 StPO**
- **Anträge nach §§ 23 ff. EGGVG**
- **Beweisanträge** (vgl. MAH-*Eschelbach*, § 30 Rn 74 m.w.N.).

☝ Das **Ausgangsverfahren** muss also sorgsam und **in gehöriger Weise** (s. dazu auch: → *Verfassungsbeschwerde, Zulässigkeit, Rechtswegerschöpfung*, Teil C Rdn 1182) betrieben worden sein (vgl. *Benda/Klein*, Rn 584 m.w.N.). Der Beschwerdeführer muss sich bereits im Ausgangsverfahren **„mit Zähnen und Klauen"** gegen drohende Verfassungsverstöße **gewehrt** haben (so zutreffend und prägnant Jahn/Krehl/Löffelmann/Güntge/*Jahn*, Rn 231).

1181 **3.** Aus Gründen der materiellen Subsidiarität können sich auch verfassungsrechtliche **Substantiierungsanforderungen im Ausgangsverfahren** (s. dazu a. → *Verfassungsbeschwerde, Zulässigkeit, Substantiierungsanforderungen*, Teil C Rdn 1195) ergeben (vgl. *Benda/Klein*, Rn 585 m.w.N.).

Siehe auch: → *Verfassungsbeschwerde, Allgemeines*, Teil C Rdn 729, m.w.N.; → *Verfassungsbeschwerde, Zulässigkeit, Rechtswegerschöpfung*, Teil C Rdn 1182; → *Verfassungsbeschwerde, Zulässigkeit, formelle Subsidiarität*, Teil C Rdn 1171; → *Verfassungsbeschwerde, Zulässigkeit, Substantiierungsanforderungen*, Teil C Rdn 1195.

1182 Verfassungsbeschwerde, Zulässigkeit, Rechtswegerschöpfung

Das Wichtigste in Kürze:

1. Gem. § 90 Abs. 2 S. 1 BVerfGG ist die Verfassungsbeschwerde nur und erst zulässig, wenn zuvor der Rechtsweg erschöpft ist.
2. Die Anhörungsrüge (§ 356a) gehört in jedem Fall zum Rechtsweg, sofern eine eigenständige Verletzung rechtlichen Gehörs durch die letzte Instanz in Betracht kommt.
3. Das Gebot der Rechtswegerschöpfung kann durch die Monatsfrist zur Einlegung der Verfassungsbeschwerde zur sog. Neunzigzwei- Dreiundneunzigeins-Falle werden.
4. Der Rechtsweg muss in der gehörigen Form ausgeschöpft werden; Fehler in der Rechtswegerschöpfung versperren den Weg zum BVerfG.
5. Vor Erledigung des Rechtswegs ist eine Verfassungsbeschwerde nur ausnahmsweise zulässig.

1183 **Literaturhinweise:** **Buermeyer**, Die Subsidiarität der Verfassungsbeschwerde in Strafsachen, in: *Emmenegger/Wiedmann* (Hrsg.), Linien der Rechtsprechung des Bundesverfassungsgerichts, S. 35; **Eschelbach/Geipel/Weiler**, Anhörungsrügen, StV 2010, 325; **Lübbe-Wolff**, Substantiierung und Subsidiarität der Verfassungsbeschwerde, EuGRZ 2004, 669; s.a. die Hinw. bei → *Verfassungsbeschwerde, Allgemeines*, Teil C Rdn 730.

1. Gem. § 90 Abs. 2 S. 1 BVerfGG ist die Verfassungsbeschwerde nur und erst zulässig, wenn zuvor der **Rechtsweg erschöpft** ist (Ausnahme: § 90 Abs. 2 S. 2 BVerfGG oder Unzumutbarkeit). Das BVerfG hat von diesem Zulässigkeitskriterium in der Vergangenheit extensiv Gebrauch gemacht und sogar die Einleitung gesetzlich nicht geregelter und/oder paralegaler Rechtsbehelfe für erforderlich gehalten (vgl. MAH-*Eschelbach*, § 30 Rn 57 „extensive oder analoge Anwendung von Vorschriften über Rechtsmittel"). 1184

Diese verfassungsgerichtliche Praxis hat das BVerfG in seiner Plenumsentscheidung vom 30.4.2003 jedoch für verfassungswidrig gehalten (BVerfGE 107, 395). Nunmehr gilt der Grundsatz der **Rechtsmittelklarheit**. Das BVerfG weist darauf hin, dass wesentlicher Bestandteil des Rechtsstaatsprinzips der Grundsatz der Rechtssicherheit ist. Er wirkt sich im Bereich des Verfahrensrechts unter anderem in dem Postulat der Rechtsmittelklarheit aus. Das rechtsstaatliche Erfordernis der Messbarkeit und Vorhersehbarkeit staatlichen Handelns führt zu dem Gebot, dem Rechtsuchenden den Weg zur Überprüfung gerichtlicher Entscheidungen klar vorzuzeichnen (BVerfGE 107, 395, 416; vgl. a. BVerfGE 122, 190, 200). 1185

2. Ob und in **welcher Form** das Gebot der Rechtsmittelklarheit eingehalten wird, ist **nicht ganz klar**. 1186

☝ Der Beschwerdeführer sollte (und muss) jedenfalls Rechtsbehelfe, deren **Zulässigkeit umstritten** sind, **einlegen** (vgl. BVerfGE 27, 248, 250 f.; 68, 386, 379 ff.; 78, 155, 169; 91, 93, 106).

Die **Anhörungsrüge** (§ 356a) gehört in jedem Fall zum **Rechtsweg**, sofern eine eigenständige Verletzung rechtlichen Gehörs durch die letzte Instanz in Betracht kommt (s. dazu a. → *Verfassungsbeschwerde, Zulässigkeit, formelle Subsidiarität*, Teil C Rdn 1175; → *Anhörungsrüge, Begründetheit*, Teil B Rdn 20). 1187

☝ Nur wenn der Rechtsbehelf **offensichtlich aussichtslos** ist, insbesondere offensichtlich unzulässig, wird dessen Einlegung nicht erwartet (vgl. BVerfG NJW 2011, 2417 m.w.N.; *Lübbe-Wolff* EuGRZ 2004, 669, 772).

3. Durch das Gebot der Rechtswegerschöpfung kann der Betroffene in die **sog. Neunzigzwei- Dreiundneunzigeins-Falle** geraten. Einerseits muss die Verfassungsbeschwerde binnen eines Monats (§ 93 Abs. 1 S. 1 BVerfGG) eingereicht werden (→ *Verfassungsbeschwerde, Frist*, Teil C Rdn 1127, m.w.N.). Andererseits müssen auch zweifelhafte Rechtsbehelfe ergriffen werden, um den Rechtsweg auszuschöpfen (§ 90 Abs. 2 BVerfGG). Wurde der Rechtsbehelf nicht ergriffen, wäre dieser aber nach Ansicht des BVerfG zur Rechtswegerschöpfung nötig gewesen, ist die Verfassungsbeschwerde unzulässig. Wurde der Rechtsbehelf ergriffen, war dieser aber nach Ansicht des BVerfG offensichtlich unzulässig, begann die Frist bereits mit der zuvor ergangenen Entscheidung, so 1188 dass i.d.R. die Monatsfrist nun endgültig versäumt ist. Das führt zur Frage, wann ein Rechtsbehelf zweifelhaft ist. Das dürfte er sein, wenn ein Gericht die Zulässigkeit bejaht hat oder wenn es beim Fehlen einer entsprechenden Gerichtsentscheidung entsprechende Stimmen im Schrifttum gibt (vgl. *Lechner/Zuck*, § 90 Rn 154). Der Beschwerdeführer muss damit auch einer **Mindermeinung folgen**, sofern diese nicht erkennbar im Gesetz keine Stütze findet (vgl. BVerfGE 128, 90, 99).

1189 Das **Problem** kann nur durch **Ergreifen** des **Rechtsbehelfs** und **paralleler** Erhebung der **Verfassungsbeschwerde**, die im AR-Register „geparkt" werden muss, gelöstwerden. Soll die zuletzt ergangene Entscheidung zum Gegenstand des Verfahrens vor dem BVerfG gemacht werden, muss die bereits eingelegte Verfassungsbeschwerde binnen eines Monats entsprechend erweitert werden (vgl. *Benda/Klein*, Rn 607 m.w.N.; *Buermeyer*, S. 35, 43). War der Rechtsbehelf unbegründet muss keine gänzlich neue Verfassungsbeschwerde erhoben werden, sondern eine Erstreckung der Verfassungsbeschwerde auf die nunmehr vorliegende Entscheidung reicht. Das BVerfG akzeptiert, wenn der Beschwerdeführer die letzte Entscheidung binnen eines Monats vorlegt, um eine Umschreibung in ein BvR-Aktenzeichen bittet und den Angriffsgegenstand um die letzte fachgerichtliche Entscheidung erweitert und sich mit deren Gründen substantiiert auseinandersetzt (vgl. *Lenz/Hansel*, § 90 Rn 414 ff. m.w.N.).

1190 **4.** Das Gebot der Rechtswegerschöpfung bedeutet auch, dass der Beschwerdeführer alle **Rechtsbehelfe in gehöriger Weise nutzen** muss (vgl. *Lübbe-Wolff* EuGRZ 2004, 669, 673). Insbesondere muss der einfach-rechtliche Rechtsbehelf

- formgerecht
- fristgerecht und
- nach der entsprechenden Verfahrensordnung ausreichend begründet werden (vgl. *Buermeyer*, S. 35, 41; *Kleine-Cosack*, § 6 Rn 148; *Benda/Klein*, Rn 571).

☝ Eine gem. § 344 Abs. 2 S. 2 **unzulässige Revisionsrüge versperrt** einen entsprechenden verfassungsgerichtlichen Angriff. Das Gebot der Rechtswegerschöpfung gilt damit auch für einzelne Rügen (vgl. BVerfG NJW 1988, 477; MAH-*Eschelbach*, § 30 Rn 64 m.w.N.), solange nicht die Auslegung und Anwendung des § 344 Abs. 2 S. 2 als verfassungswidrig gerügt wird.

1191 Will der Beschwerdeführer einen **Grundrechtsverstoß** rügen, der – insbesondere bei Verstößen gegen § 261 – bereits durch das **Tatgericht** geschehen ist, ist die Rüge bereits in der Revisionsinstanz anzubringen, um die spätere Verfassungsbeschwerde nicht an der **Subsidiaritätsklausel** (→ *Verfassungsbeschwerde, Zulässigkeit, materielle Subsidiarität*, Teil C Rdn 1177) scheitern zu lassen (vgl. LR-*Sander*, § 261 Rn 175; vgl. a. die allgemeinen Hinweise zur Rüge von Verfassungsverstößen in BGHSt 19, 273).

5. Vor Erledigung des **Rechtswegs** ist eine Verfassungsbeschwerde **nur ausnahmsweise** zulässig. Das ist gem. § 90 Abs. 2 S. 2 BVerfGG dann der Fall, wenn dies von allgemeiner Bedeutung ist oder dem Beschwerdeführer andernfalls ein schwerer und unabwendbarer Nachteil entstünde. Diese Ausnahmeregel setzt aber voraus, dass der offenstehende Rechtsweg bei Einlegung der Verfassungsbeschwerde auch tatsächlich beschritten wurde oder noch beschritten werden kann (vgl. BVerfGE 56, 54, 68 f.; *Lechner/Zuck*, § 90 Rn 181 m.w.N.). 1192

☝ Stellt das einfache Prozessrecht einen zeitlich unbefristeten Rechtsbehelf zur Verfügung (z.B. § 33a), ist dieser gleichwohl in der Frist des § 93 BVerfGG zu erheben (sog. **Fristvorwirkung** (vgl. *Lübbe-Wolff* EuGRZ 2004, S. 669, 773)).

Siehe auch: → *Anhörungsrüge, Begründetheit*, Teil B Rdn 16; → *Verfassungsbeschwerde, Allgemeines*, Teil C Rdn 729, m.w.N.; → *Verfassungsbeschwerde, Zulässigkeit, formelle Subsidiarität*, Teil C Rdn 1171; → *Verfassungsbeschwerde, Zulässigkeit, materielle Subsidiarität*, Teil C Rdn 1177.

Verfassungsbeschwerde, Zulässigkeit, Substantiierungsanforderungen 1193

Das Wichtigste in Kürze:

1. Nach der Rspr. des BVerfG sind die Beteiligten eines gerichtlichen Verfahrens nach den für die einzelnen Gerichtszweige maßgeblichen Verfahrensordnungen grds. nicht gehalten, im Ausgangsverfahren verfassungsrechtliche Rechtsausführungen zu machen.
2. Die Substantiierungsanforderungen im Verfassungsbeschwerdeverfahren vor dem BVerfG stellen eines der Hauptprobleme dar, um die Zulässigkeitsstation der Verfassungsbeschwerde zu überwinden. Dazu können hier nur allgemeine Hinweise gegeben werden.

Literaturhinweise: **Bender**, Vortrag vor den Gerichten und Verfassungsbeschwerde, NJW 1988, 808; **Lübbe-Wolf**, Die erfolgreiche Verfassungsbeschwerde, wie man das Unwahrscheinliche wahrscheinlicher macht, AnwBl. 2005, 509; s.a. die Hinw. bei → *Verfassungsbeschwerde, Allgemeines*, Teil C Rdn 730. 1194

1.a) Bis zur Senatsentscheidung des BVerfG v. 9.11.2004 (BVerfGE 112, 50) herrschte große Unklarheit, welche **verfassungsrechtlichen Einwände** und Argumente ein Beschwerdeführer bereits vor den Fachgerichten **im Ausgangsverfahren** erheben musste. Teilweise wurde eine Konstitutionalisierung des Ausgangsprozesses erwartet (vgl. *Bender* NJW 1988, 808). 1195

1196 Nach der dann geänderten Rspr. des BVerfG (BVerfGE 112, 50) sind jedoch die Beteiligten eines gerichtlichen Verfahrens nach den für die einzelnen Gerichtszweige maßgeblichen Verfahrensordnungen grds. nicht gehalten sind, Rechtsausführungen zu machen, sofern nicht das einfache Verfahrensrecht, wie z.B. bei der Einlegung einer Revision rechtliche Darlegungen verlangt. Grds. genügen ein Sachvortrag und ggf. die Angabe von Beweismitteln den prozessrechtlichen Pflichten und Obliegenheiten; die rechtliche Würdigung und die Anwendung des geltenden Rechts auf den Sachverhalt sind Sache des Richters (BVerfG, a.a.O.). Daran ändert der **Grundsatz** der **Subsidiarität** (→ *Verfassungsbeschwerde, formelle Subsidiarität*, Teil C Rdn 1171; → *Verfassungsbeschwerde, materielle Subsidiarität*, Teil C Rdn 1177) grds. nichts.

1197 Die Anforderungen an das Verhalten im Ausgangsverfahren werden nach der Rspr. des BVerfG (BVerfGE 112, 50) auch **nicht** durch das verfassungsprozessrechtliche Erfordernis der **Erschöpfung** des **Rechtsweges verschärft** (→ *Verfassungsbeschwerde, Zulässigkeit, Rechtswegerschöpfung*, Teil C Rdn 1182, m.w.N.). Der Beschwerdeführer kann sich im fachgerichtlichen Ausgangsverfahren vielmehr regelmäßig damit begnügen, auf eine ihm günstige Auslegung und Anwendung des einfachen Rechts hinzuwirken, ohne dass ihm daraus prozessuale Nachteile im Verfahren der Verfassungsbeschwerde erwachsen. Es ist zunächst Aufgabe der Fachgerichte, die Grundrechte zu wahren und durchzusetzen. Dazu gehört ggf. auch die Prüfung der Verfassungsmäßigkeit eines Gesetzes (BVerfG, a.a.O.).

> ☝ Nur die Rüge der Verletzung von Verfahrensgrundrechten durch die Gerichte, insbesondere der Gewährleistungen aus Art. 101 Abs. 1 S. 2 und Art. 103 Abs. 1 GG (**rechtliches Gehör**), kann wegen des Grundsatzes der Subsidiarität nicht mehr im Verfahren der Verfassungsbeschwerde geltend gemacht werden, wenn nicht **zuvor alle Mittel des Prozessrechts genutzt** wurden, um diesen Verstoß zu verhindern oder zu beseitigen (BVerfGE 112, 50; → *Verfassungsbeschwerde, Zulässigkeit, formelle Subsidiarität*, Teil C Rdn 1171; → *Verfassungsbeschwerde, Zulässigkeit, materielle Subsidiarität*, Teil C Rdn 1177; → *Verfassungsbeschwerde, Zulässigkeit, Rechtswegerschöpfung*, Teil C Rdn 1182; → *Anhörungsrüge, Allgemeines*, Teil B Rdn 1, m.w.N.).

1198 **b)** Etwas **anderes** kann nach der Rspr. des BVerfG (BVerfGE 112, 50) in den Fällen gelten, in denen bei verständiger Einschätzung der Rechtslage und der jeweiligen verfahrensrechtlichen Situation ein Begehren nur **Aussicht** auf **Erfolg** haben kann, wenn **verfassungsrechtliche Erwägungen** in das **fachgerichtliche Verfahren eingeführt** werden. Das ist insbesondere der Fall (vgl. BVerfG, a.a.O.),

- soweit der Ausgang des Verfahrens von der **Verfassungswidrigkeit** einer **Vorschrift** abhängt oder

- eine **bestimmte Normauslegung angestrebt** wird, die ohne verfassungsrechtliche Erwägungen nicht begründbar ist.
- Verfassungsrechtliche Darlegungen können auch veranlasst sein, wenn nach dem fachgerichtlichen Verfahrensrecht der Antrag auf Zulassung eines Rechtsmittels oder das **Rechtsmittel selbst** auf die **Verletzung** von **Verfassungsrecht** zu stützen ist.
- Das dürfte vor allem bei der Rüge des Art. 103 Abs. 2 GG gelten.

☝ Für den **Strafverteidiger** werden verfassungsrechtliche Erwägungen bereits im Ausgangsverfahren relevant sein, sodass entsprechender Vortrag bereits **vor** den **Fachgerichten** zu **empfehlen** ist. Es gilt: „So früh wie möglich … lieber zu viel als zu wenig" (*Jahn/Krehl/Löffelmann/Güntge*, Rn 252 „Mit Blick auf einen späteren Verfassungsprozess ist das Strafverfahren von den Beteiligten vorsorglich wie ein Verfassungsprozess zu führen. Das steht jedenfalls in einem Kontrast zur konsensualen Verteidigung. Eine verfassungsrechtliche Argumentation trifft oft auf wenig Verständnis bei den Strafjustizorganen. Gleichwohl muss darauf Bedacht genommen werden, wenn die Erfolgsaussichten einer Verfassungsbeschwerde nicht schon im Ausgangsverfahren verdorben werden sollen" (MAH-*Eschelbach*, § 30 Rn 73).

2.a) Die Substantiierungsanforderungen im **Verfassungsbeschwerdeverfahren** vor dem **BVerfG** stellen eines der Hauptprobleme dar, um die Zulässigkeitsstation der Verfassungsbeschwerde zu überwinden. Diese Anforderungen ergeben sich nur unvollständig aus dem Gesetz. Die vom BVerfG aufgestellten Anforderungen sind sehr streng, häufig zu streng und werden vom BVerfG letztlich (auch) zur Steuerung der eigenen Arbeitsbelastung genutzt (vgl. *Lenz/Hansel*, § 90 Rn 316 f.). **1199**

b)aa) Es ist kaum möglich, die **strengen Substantiierungsanforderungen**, die das BVerfG **im Verfahren** vor dem **BVerfG** erwartet, hier im Einzelnen darzustellen. Insofern bleibt dem Beschwerdeführer nichts anderes, als die Lit. und Rspr. zu dem konkret zu behandelnden Problem auszuwerten. Das ist freilich bedenklich, weil damit einerseits in Frage gestellt wird, dass „Jedermann" (Art. 93 Abs. 1 Nr. 4a GG, § 90 BVerfGG) Verfassungsbeschwerde (ohne Anwaltszwang) erheben können soll und andererseits sind die Begründungsanforderungen selbst für professionell agierende Beschwerdeführer kaum zu leisten und zu kalkulieren. Es dürfte nicht verkehrt, gleichwohl rechtsstaatlich bedenklich sein, wenn berichtet wird, dass sich die verfassungsgerichtliche Prüfung darauf konzentriert, der Beschwerde nicht zum Erfolg zu verhelfen, sondern Schwachpunkte zu finden (vgl. *Lenz/Hansel*, § 92 Rn 11 ff.). Ähnlich kritisch als Beschreibung der Tatsachenlage: „Den Begründungsaufwand kann i.Ü. nur derjenige erbringen, der die 135 Bände der Senatsrechtsprechung, die Kammerrechtsprechung und die Aufsätze des Berichterstatters kennt" (*Lechner/Zuck*, § 90 Rn 24). **1200**

☝ Trotz dieser Problematik sollen nachstehend dennoch einige allgemeine, jedoch nicht vollständige Hinweise gegeben werden.

1201 **bb) Hinweise für den Verteidiger!**

Folgende Anforderungen sind zu **beachten**:

1202 **Allgemeine Anforderungen Urteilsverfassungsbeschwerde**

Allgemein hat der Beschwerdeführer bei Urteilsverfassungsbeschwerden (vgl. *Lechner/ Zuck*, § 90 Rn 82c)

- einen **Sachbericht** zum Lebenssachverhalt zu geben,
- die **Prozessgeschichte** des Ausgangsverfahrens und der angegriffenen Entscheidungen mitzuteilen, insbesondere die eigenen Rechtsmittelschriften und Begründungen und Erwiderungen der StA und darauf ergehende gerichtliche Entscheidungen,
- sich mit der **einfach-rechtlichen Rechtslage** auseinanderzusetzen (vgl. Pieroth/Silberkuhl/*Hartmann*, § 90 Rn 287),
- die **tragenden Gründe** der angegriffenen Entscheidung darzustellen, soweit dies im Hinblick auf den verfassungsrechtlichen Prüfungsmaßstab erforderlich erscheint (vgl. *Kleine-Cosack*, Rn 695).
- Werden mehrere Entscheidungen/Normen angegriffen, muss sich der Beschwerdeführer mit **jeder Entscheidung/Norm** auseinandersetzen (vgl. *Kleine-Cosack*, Rn 696),
- Hinzu kommen muss eine **verfassungsrechtliche Würdigung**, aus der sich das verletzte Grundrecht oder grundrechtsgleiche Recht erkennen lässt. Ausreichend ist die Behauptung einer Grundrechtsverletzung; die abschließende rechtliche Entscheidung, ob eine Verletzung vorliegt, ist eine Frage der Begründetheit und obliegt dem BVerfG (*Reichart*, S. 425 ff.).

  ☝ Gleichwohl hat sich der Beschwerdeführer auf die hohen Anforderungen des BVerfG einzustellen. Er sollte daher auch darlegen, dass es entweder **keine einschlägige Verfassungsrechtsprechung** gibt, die seiner Beschwerde entgegensteht oder die Beschwerde durch die **bisherige Rspr.** des BVerfG gestützt wird (vgl. *Lechner/Zuck*, § 90 Rn 82c).

- Liegt zu der aufgeworfenen Frage **bereits Rspr.** des **BVerfG** vorliegt, so ist der behauptete Grundrechtsverstoß in **Auseinandersetzung** mit diesen Maßstäben zu begründen (BVerfGE 77, 170, 214 ff.; 99, 84, 87; 101, 331, 345 f.; 123, 186, 234 m.w.N.), ebenso, wenn eine Rechtsprechung des **Europäischen Gerichtshofs** für Menschenrechte vorliegt (vgl. BVerfG, Beschl. v. 17.9.2014 – 2 BvR 1795/14).

- Weiter muss **dargelegt** werden, inwiefern die Entscheidung auf dem Verfassungsverstoß **beruht** bzw. beruhen kann (vgl. *Kleine-Cosack*, Rn 697). „Das ist immer dann der Fall, wenn nicht auszuschließen ist, dass die angegriffene Entscheidung ohne die Verfassungsverletzung zu einem günstigeren Tenor gekommen wäre. Der Beschwerdeführer muss sich daher bei mehreren alternativen Begründungen der angegriffenen Entscheidung mit jeder Begründung auseinandersetzen, d.h. warum jede Begründung die Verfassung verletzt (vgl. BVerfG NJW-RR 2005, 1725 – dort II.2.).“
- Bei einer angemahnten **verfassungskonformen Auslegung** muss sich der Beschwerdeführer eingehend mit dem **einfachrechtlichen Regelungskonzept auseinandersetzen** (vgl. BVerfG, Beschl. v. 14.9.2010 – 1 BvR 1504/10). Das erfordert ggf. auch eine Auswertung der Gesetzesmaterialien (vgl. BVerfG, Beschl. v. 2.4.2009 – 1 BvR 2405/06).
- Die **Einhaltung** der **Zulässigkeitsanforderungen** muss sich ebenfalls ergeben (v.a. Form, Frist, Rechtswegerschöpfung, formelle und materielle Subsidiarität, Beschwer, etc.), sofern sich das nicht von selbst versteht. Das kann besonders relevant werden bei der Geltendmachung von Beweisverwertungsverboten oder Verfahrenshindernissen von Verfassungs wegen (vgl. MAH-*Eschelbach*, § 30 Rn 87).
- Vereinzelt wurde bereits der Vortrag von **Negativtatsachen** verlangt, also dass Tatsachen, die, wenn sie vorliegen würden, der Rüge den Erfolg nehmen könnten, nicht vorliegen (vgl. BVerfG, Beschl. v. 28.12.2000 – 2 BvR 1816/00).

Anlagen 1203

- I.d.R. sind die für die aufgeworfenen Fragen **relevanten Unterlagen** aus dem Ausgangsverfahren (Schriftsätze, Urteile, die ggf. Entscheidung über die Anhörungsrüge und deren Begründung, Gutachten, Hinweisbeschlüsse, Anträge des GBA, Gegenerklärungen hierauf, Unterlagen, auf die Bezug genommen wurde, etc. (vgl. *Zuck*, Rn 808 m.w.N.) als **Anlagen** innerhalb der Begründungsfrist **vorzulegen** (vgl. BVerfGE 88, 40, 45; vgl. Pieroth/Silberkuhl/*Hartmann*, § 90 Rn 68 m.w.N.; Jahn/Krehl/Löffelmann/Güntge/*Jahn*, Rn 323 ff.; *Lenz/Hansel*, § 92 Rn 30 ff.; → *Verfassungsbeschwerde, Frist*, Teil C Rdn 1127, m.w.N.). Fehlende Seiten in Anlagen sind nur dann unschädlich, wenn die fehlenden Seiten die behauptete Grundrechtsverletzung erkennbar nicht betreffen (vgl. BVerfG, Beschl. v. 29.10.2013 – 2 BvR 1119/12). Pauschale Bezugnahmen auf Anlagen genügen nicht, wohl aber konkrete Bezugnahmen, die zudem hinreichend präzise verweisen müssen (vgl. BVerfG, Beschl. v. 5.1.2010 – 1 BvR 2973/06). Nachdem Bezugnahmen im Verfassungsprozess zulässig sind, anders also als im Revisionsverfahren, sollten Urkundeninhalte nicht einkopiert werden (sog. **Patchwork-Schriftsatz**), sondern inhaltlich mit entsprechender konkreter Bezugnahme wiedergegeben werden (vgl. *Lübbe-Wolf* AnwBl. 2005, 509, 515).

1204 **Verstöße gegen das Beweisrecht**

- Geht es um spezielle Verstöße gegen das Beweisrecht sind neben der Darstellung der ordnungsgemäßen **Revisionsrüge**, die **Beweisanträge** und **ablehnenden Beschlüsse** mitzuteilen (vgl. *Reichart*, S. 180 m.w.N.).

☝ Ggf. ist auch noch darzustellen, welches Ergebnis die **vermisste Beweiserhebung** auf den Prozess gehabt hätte.

Vor der **nur inhaltlichen Wiedergabe ohne Beifügung der Kopien** ist zu **warnen**.

1205 **Beweisverbote**

- Wegen der besonders strengen Substantiierungsanforderungen bei Verstößen gegen die **Beweisgewinnung und Beweisverwertung** wird verwiesen auf → *Verfassungsbeschwerde; Begründung, Beweisverbote*, Teil C Rdn 816.

1206 **Fristwahrung/Erschöpfung des Rechtsweges/Subsidiarität**

- Die **nicht offensichtlichen Zulässigkeitsvoraussetzungen** der Verfassungsbeschwerde sind bereits in der Beschwerdeschrift vorzutragen, vor allem die die **Fristwahrung** (vgl. Jahn/Krehl/Löffelmann/Güntge/*Jahn*, Rn 263; → *Verfassungsbeschwerde, Frist*, Teil C Rdn 1127), die Erschöpfung des Rechtsweges (→ *Verfassungsbeschwerde, Zulässigkeit, Rechtswegerschöpfung*, Teil C Rdn 1182) und die Wahrung der Subsidiarität (→ *Verfassungsbeschwerde, Zulässigkeit, formelle Subsidiarität*, Teil C Rdn 1171; → *Verfassungsbeschwerde, Zulässigkeit, materielle Subsidiarität*, Teil C Rdn 1177).

☝ Dazu gehört bei einer Gehörsrüge auch die Darlegung, dass die Verletzung rechtlichen Gehörs bereits im Berufungs- und im Revisionsverfahren ordnungsgemäß gerügt und damit alle prozessual zulässigen Mittel zur Heilung des Verstoßes genutzt worden sind (st.Rspr, vgl. u.a. BVerfGE 79, 80, 83 f.; NJW 1996, S. 1273.

Siehe auch: → *Verfassungsbeschwerde, Allgemeines*, Teil C Rdn 729, m.w.N.

Teil D: Vergütung und Kosten

Allgemeine Gebührenfragen, Allgemeines 1

Literaturhinweise: **Burhoff** (Hrsg.), RVG Straf- und Bußgeldsachen, 3. Aufl., 2012; **Burhoff**, Vergütung des Zeugenbeistands im Strafverfahren, RVGreport 2004, 458; *ders.*, Sind die Befriedungsgebühren Nr. 4141 VV RVG bzw. Nr. 5115 VV RVG Festgebühren?, RVGreport 2005, 401; *ders.*, Die zusätzliche Verfahrensgebühr des Verteidigers bei Einziehung und verwandten Maßnahmen, RVGreport 2006, 412; *ders.*, Der sogenannte Haftzuschlag nach Vorbem. 4 Abs. 4 VV RVG, StRR 2007, 54; *ders.*, Anwaltliche Vergütung für die Tätigkeit im strafrechtlichen Entschädigungsverfahren, RVGreport 2007, 372; *ders.*, Die Abrechnung der anwaltlichen Tätigkeit in mehreren Strafverfahren Teil 1: Verbindung von Verfahren, RVGreport 2008, 405; *ders.*, Die Abrechnung der anwaltlichen Tätigkeit in mehreren Strafverfahren Teil 2: Trennung von Verfahren, RVGreport 2008, 444; *ders.*, Die Abrechnung der anwaltlichen Tätigkeit in mehreren Strafverfahren Teil 3: Verweisung von Verfahren, RVGreport 2009, 8; *ders.*, Die Gebührenfrage: Haftzuschlag – ja oder nein?, StRR 2009, 174; *ders.*, So rechnen Sie verbundene Verfahren richtig ab, RVGprofessionell 2009, 78; *ders.*, Die Grundgebühr im Straf- bzw. Bußgeldverfahren, RVGreport 2009, 361; *ders.*, Die Verfahrensgebühr in Straf- und Bußgeldverfahren, RVGreport 2009, 443; *ders.*, Die Terminsgebühr in Straf- und Bußgeldverfahren, RVGreport 2010, 3; *ders.*, Was Sie zu Nr. 4141 VV RVG und Nr. 5115 VV RVG wissen sollten, RVGprofessionell 2010, 47; *ders.*, Die (Vernehmungs-)Terminsgebühr Nr. 4102, 4103 VV RVG, RVGreport 2010, 282; *ders.*, Anwaltsgebühren bei der Verständigung im Straf- und Bußgeldverfahren, RVGreport 2010, 401; *ders.*, Persönlicher Geltungsbereich des Teils 4 VV RVG, eine Bestandsaufnahme der Rechtsprechung, RVGreport 11, 85; *ders.*, Die Grundgebühr im Straf- und Bußgeldverfahren, RENOpraxis 2011, 102; *ders.*, Die Verfahrensgebühr im Straf- bzw. Bußgeldverfahren, RENOpraxis 2011, 126; *ders.*, Der Haftzuschlag nach Vorbem. 4 Abs. 4 VV RVG, RVGreport 2011, 242; *ders.*, ABC der Gegenstandswerte im Straf- und Bußgeldverfahren, RVGreport 2011, 281; *ders.*, Vorschuss aus der Staatskasse (§ 47 RVG), RVGreport 2011, 327; *ders.*, Die Terminsgebühr im Straf- und Bußgeldverfahren, RENOpraxis 2011, 198; *ders.*, Vorschuss vom Auftraggeber (§ 9 RVG), RVGreport 2011, 365; *ders.*, Die Abrechnung von Beschwerden in Straf- und Bußgeldsachen, RVGreport 2012, 12; *ders.*, Die Abrechnung (förmlicher/formloser) Rechtsbehelfe im Straf- und Bußgeldverfahren, StRR 2012, 172; *ders.*, Fragen aus der Praxis zu Gebührenproblem in Straf- und Bußgeldverfahren, StRR 2012, 336; *ders.*, Fragen aus der Praxis zu Gebührenproblemen in Straf- und Bußgeldverfahren aus dem Jahr 2012, RVGreport 2013, 42; *ders.*, Die Abrechnung förmlicher und formloser Rechtsbehelfe im Straf- und Bußgeldverfahren, RVGreport 2013, 213; *ders.*, Was ist nach dem 2. KostRMoG neu bei der Abrechnung im Straf-/Bußgeldverfahren?, VRR 2013, 287 = StRR 2013, 284; *ders.*, Neuerungen für die Abrechnung im Straf-/Bußgeldverfahren nach dem 2. KostRMoG, RVGreport 2013, 330; *ders.*, Die wichtigsten Änderungen und Neuerungen für die Abrechnung im Straf-/Bußgeldverfahren durch das 2. KostRMoG, StraFo 2013, 397; *ders.*, 25 Fragen und Antworten zur Terminsgebühr in Straf- und Bußgeldverfahren, RVGprofessionell 2013, 124; *ders.*, 25 Fragen und Antworten zur Verfahrensgebühr in Straf- und Bußgeldverfahren, RVGprofessionell 2013, 176; *ders.*, Fragen aus der Praxis zu Gebührenproblemen in Straf- und Bußgeldverfahren aus dem Jahr 2013, RVGreport 2014, 2; *ders.*, Straf- und Bußgeldsachen: Besonderheiten für die Beschwerdeabrechnung, RVGprofessionell 2014, 30; *ders.*, Die Grundgebühr im Straf- und Bußgeldverfahren, RVGreport 2014, 42; *ders.*, Angelegenheiten in Straf- und Bußgeldsachen – Teil 1 Dieselbe Angelegenheit (§ 16 RVG), RVGreport 2014, 210; *ders.*, Angelegenheiten in Straf- und Bußgeldsachen – Teil 2: Verschiedene und besondere Angelegenheiten (§§ 17, 18 RVG), RVGreport 2014, 290; *ders.*, Angelegenheiten in Straf- und Bußgeldsachen – Teil 3: Rechtszug (§ 19 RVG), RVGreport 2014, 330; *ders.*, Die zusätzliche Verfahrensgebühr Nr. 4141 VV RVG – Teil 1 Allgemeines, Mitwirkung und Gebührenhöhe, RVGreport 2015, 3; *ders.*, Klageerzwingungsverfahren – So rechnen Sie als Vertreter des Antragstellers mit „Einzelauftrag" ab, RVGprofessionell 2015, 14; *ders.*, Grundgebühr Wichtiges Basiswissen zur Grundgebühr, RVGprofessionell 2015, 16; *ders.*, Die zusätzliche Verfahrensgebühr Nr. 4141 VV RVG – Teil 2 Die Fälle der zu- 2 sätzlichen Verfahrensgebühr, RVGreport 2015, 42; *ders.*, Die zusätzliche Verfahrensgebühr Nr. 5115 VV RVG im Bußgeldverfahren, RVGreport 2015, 82; *ders.*, Fragen aus der Praxis zu Gebührenproblemen in Straf- und Bußgeldverfahren aus dem Jahr 2014, StRR 2015, 52; *ders.*, Grundgebühr – Mit dieser Rechtsprechung bemessen Sie die Gebühr richtig, RVGprofessionell 2015, 52; *ders.*, Rechtsprechungsübersicht zu den Teilen 4 – 7 VV RVG aus dem Jahr 2014 – Teil 1, RVGreport 2015, 122; *ders.*, Rechtsprechungsübersicht zu den Teilen 4 – 7 VV RVG aus dem Jahr 2014 – Teil 2, RVGreport 2015, 162; *ders.*, Strafrechtliche Mandate optimal abrechnen – Aktuelles aus der Rechtsprechung, RVGprofessionell 88; *ders.*, Rechtsprechungsübersicht zu § 14 RVG in Straf- und Bußgeldsachen, RVGreport 2015, 202; *ders.*, News zur (Vernehmungs)Terminsgebühr Nr. 4102, 4103 VV RVG, StRR 2015, 213; *ders.*, Fragen aus der Praxis zu Gebührenproblemen in Straf – und Bußgeldverfahren aus dem Jahr 2014, RVGreport 2015, 242; *ders.*, Anwaltsvergütung für die Verteidigung in Verkehrsstraftaten, RVGreport 2015, 282; *ders.*, Anwaltsvergütung für die Verteidigung in Verkehrsordnungswidrigkeiten-Verfahren, RVGreport 2015, 322; *ders.*, Rechtsprechungsübersicht zu den Teilen 4 – 7 VV RVG aus dem Jahr 2014/2015 – Teil 1, StRR 2015, 330; *ders.*, Anwaltsvergütung für die Verteidigung in Schwurgerichtsverfahren, RVGreport 2015, 362; *ders.*, Rechtsprechungsübersicht zu den Teilen 4 – 7 VV RVG aus dem Jahr 2014 – Teil 2, StRR 2015, 370; *ders.*, Besonderheiten der Vergütung des Pflichtverteidigers/-beistands im Strafverfahren, RVGreport 200 2015, 406; *ders.*, Einzeltätigkeiten vollständig abrechnen, RVGprofessionell 2015, 2010, 210; *ders.*, Rechtsprechungsübersicht zu § 14 RVG in Straf- und Bußgeldsachen im Jahr 2014/2015, StRR 2015, 450; *ders.*, Anwaltsvergütung für Tätigkeiten im sog. Klageerzwingungsverfahren, RVGreport 2016, 2; *ders.*, Einzeltätigkeiten gewinnbringend abrechnen, RVGprofessionell 2016, 14; *ders.*, Fragen aus der Praxis zu Gebührenproblemen in Straf- und Bußgeldverfahren aus dem Jahr 2015, RVGreport 2016, 42; **Gerhold**, Über die Vergütung des Rechtsanwalts für die Teilnahme an Verhandlungen im Rahmen des Täter-Opfer-Ausgleichs nach Nr. 4102 Ziff. 4 VV und die unausweichliche Konsequenz ihrer zu restriktiven Auslegung, JurBüro 2010, 172; **Kotz**, Vergütung nach dem RVG und Kostenrecht, in: MAH § 39; *ders.*, Entschädigung für einen geplatzten Termin in Strafsachen – Zugleich Besprechung von OLG München vom 13.11.2007 – 1 Ws 986/07, JurBüro 2008, 402; *ders.*, (Haft-)Zuschlag bei stationärem Therapieaufenthalt des Mandanten, JurBüro 2010, 403; **Ritter**, Zeithonorarabrechnung und Lesegeschwindigkeit, NJW 2015, 1147; **Volpert**, Die Kostenfestsetzung bei Freispruch oder Teilfreispruch des Mandanten – Teil 1: Das Verfahren, RVGreport 2007, 289; *ders.*, Die Kostenfestsetzung bei Freispruch oder Teilfreispruch des Mandanten – Teil 2: Besonderheiten beim Teilfreispruch, RVGreport 2007, 444; *ders.*, Der Auslagenerstattungsanspruch des gerichtlich beigeordneten oder bestellten Rechtsanwalts – Teil 1, StRR 2008, 55; *ders.*, Der Auslagenerstattungsanspruch des gerichtlich beigeordneten oder bestellten Rechtsanwalts – Teil 2, StRR 2008, 95; *ders.*, Der Auslagenerstattungsanspruch des gerichtlich beigeordneten oder bestellten Rechtsanwalts – Teil 3, StRR 2008, 212; *ders.*, Der Auslagenerstattungsanspruch des gerichtlich beigeordneten oder bestellten Rechtsanwalts – Teil 4, StRR 2008, 293; *ders.*, Das Kostenfestsetzungsverfahren gegen die Staatskasse gem. § 464b StPO – Teil 1, StRR 2008, 412; *ders.*, Das Kostenfestsetzungsverfahren gegen die Staatskasse gem. § 464b StPO – Teil 2, StRR 2009, 16; *ders.*, Das Kostenfestsetzungsverfahren gegen die Staatskasse gem. § 464b StPO – Teil 3, StRR 2009, 52; *ders.*, Die Erstattungspflicht der Staatskasse bei der Kostenfestsetzung gem. § 464b StPO – Teil 1, StRR 2009, 132; *ders.*, Die Erstattungspflicht der Staatskasse bei der Kostenfestsetzung gem. § 464b StPO – Teil 2, StRR 2009, 214; *ders.*, Die Erstattungspflicht der Staatskasse bei der Kostenfestsetzung gem. § 464b StPO – Teil 3, StRR 2009, 293; *ders.*, Kostenfestsetzung bei Teilfreispruch – Teil 1, StRR 2009, 372, *ders.*, Praktische Fragen und Probleme bei der Vergütung gerichtlich bestellter oder beigeordneter Rechtsanwälte, StRR 2011, 378; *ders.*, Die Aktenversendungspauschale: Entstehung und Geltendmachung, RVGreport 2015, 442; s. i.Ü. auch die Hinw. in *Burhoff* (Hrsg.), RVG Straf- und Bußgeldsachen, 4. Aufl. 2015, bzw. *Gerold/Schmidt*, RVG, 22. Aufl. 2016, bei den jeweiligen Vergütungsziffern und bei den u.a. Stichwörtern.

3 Die nachfolgenden Ausführungen zu den vergütungsrechtlichen Fragen geben – schon aus Platzgründen – nur einen **ersten Überblick** über die wichtigsten mit der anwaltlichen Vergütung im Bereich der Rechtsmittel und Rechtsbehelfe im Strafverfahren zusammenhängende Probleme. Sie erheben keinen Anspruch auf Vollständigkeit. Ziel der Ausführungen

ist es, einen **Einstieg** in die ggf. anstehenden Vergütungsfragen zu ermöglichen und weiterführende und vertiefende Hinweise zur Lösung der vergütungsrechtlichen Problematik zu geben. Dazu wird insbesondere verwiesen werden auf *Burhoff* (Hrsg.), RVG Straf- und Bußgeldsachen, 4. Aufl. 2015; *Hansens/Braun/Schneider*, Praxis des Vergütungsrechts, 2. Aufl. 2006; *Schneider/Wolf*, AnwaltKommentar RVG, 7. Aufl. 2013, und *Gerold/Schmidt*, RVG, 22. Aufl. 2016.

☝ Außerdem verweise ich auf meine Homepage **www.burhoff.de**. Dort sind nicht nur die von mir in der letzten Zeit im RVGreport, StRR oder VRR erschienenen gebührenrechtlichen Beiträge im Volltext eingestellt, sondern unter „RVG Entscheidungen" auch zahlreiche Entscheidungen, insbesondere zu den Gebühren der Teile 4 und 5 VV RVG.

Siehe auch: → *Allgemeine Gebührenfragen, Besonderheiten Pflichtverteidiger*, Teil D Rdn 4; → *Allgemeine Gebührenfragen, Wahlverteidiger*, Teil D Rdn 26; → *Auslagen, Allgemeines*, Teil D Rdn 70; → *Anfechtung von Justizverwaltungsakten (§§ 23 ff. EGGVG), Gebühren*, Teil D Rdn 41; → *Anhörungsrüge (§ 356a StPO), Abrechnung*, Teil D Rdn 49; → *Anträge auf Feststellung der Rechtswidrigkeit, Abrechnung*, Teil D Rdn 58; → *Anträge auf gerichtliche Entscheidung, Abrechnung*, Teil D Rdn 62; → *Berufung, Gebühren*, Teil D Rdn 82; → *Berufung, Terminsgebühr*, Teil D Rdn 99; → *Berufung, Verfahrensgebühr*, Teil D Rdn 106; → *Berufung, Zusätzliche Verfahrensgebühr (Nr. 4141 VV RVG)*, Teil D Rdn 115; → *Beschwerde, Gebühren*, Teil D Rdn 130; → *Dienstaufsichtsbeschwerde, Gebühren*, Teil D Rdn 155; → *Einspruch, Bußgeldverfahren, Gebühren*, Teil D Rdn 162; → *Einspruch, Strafbefehlsverfahren, Gebühren*, Teil D Rdn 169; → *Gegenvorstellung, Gebühren*, Teil D Rdn 176; → *Grundgebühr, Abgeltungsbereich*, Teil D Rdn 217; → *Grundgebühr, Allgemeines*, Teil D Rdn 228; → *JGG-Verfahren, gebührenrechtliche Besonderheiten*, Teil D Rdn 241; → *Klageerzwingungsverfahren, Gebühren*, Teil D Rdn 252; → *Kostenfestsetzungsbeschluss, Beschwerde*, Teil D Rdn 267; → *Kostenfestsetzungsbeschluss, Erinnerung*, Teil D Rdn 302; → *Menschenrechtsbeschwerde, Abrechnung*, Teil D Rdn 314; → *Nachholung des rechtlichen Gehörs (§§ 33a, 311a), Abrechnung*, Teil D Rdn 334; → *Rechtsbeschwerde, Gebühren*, Teil D Rdn 339; → *Revision, Gebühren*, Teil D Rdn 355; → *Revision, Terminsgebühr*, Teil D Rdn 372; → *Revision, Verfahrensgebühr*, Teil D Rdn 379; → *Revision, Zusätzliche Verfahrensgebühr, (Nr. 4141 VV RVG)*, Teil D Rdn 388; → *Terminsgebühr, Abgeltungsbereich*, Teil D Rdn 394; → *Terminsgebühr, Allgemeines*, Teil D Rdn 402; → *U-Haft-Fragen, Gebühren*, Teil D Rdn 414; → *Verfahren bei Sperrerklärung, Gebühren*, Teil D Rdn 428; → *Verfahrensgebühr, Abgeltungsbereich*, Teil D Rdn 431; → *Verfahrensgebühr, Allgemeines*, Teil D Rdn 442; → *Verfahrensverzögerung/Verzögerungsrüge, Abrechnung*, Teil D Rdn 451; → *Verfassungsbeschwerde, Abrechnung*, Teil D Rdn 456; → *Vergütungsfestsetzung, Beschwerde*, Teil D Rdn 473; → *Vergütungsfestsetzung, Erinnerung*, Teil D

Rdn 505; → *Vergütungsfestsetzung, weitere Beschwerde*, Teil D Rdn 538; → *Wertfestsetzung, Beschwerde*, Teil D Rdn 553; → *Wertfestsetzung, weitere Beschwerde*, Teil D Rdn 576; → *Wiederaufnahmeverfahren, Abrechnung, Allgemeines*, Teil D Rdn 590; → *Wiederaufnahmeverfahren, Bußgeldverfahren, Gebühren*, Teil D Rdn 601; → *Wiederaufnahmeverfahren, Strafverfahren, Gebühren*, Teil D Rdn 634; → *Wiedereinsetzungsverfahren, Abrechnung*, Teil D Rdn 642.

4

Allgemeine Gebührenfragen, Besonderheiten Pflichtverteidiger

Das Wichtigste in Kürze:

1. Nach Vorbem. 4 Abs. 1 VV RVG gelten für den Pflichtverteidiger grds. die allgemeinen Gebührenvorschriften des RVG für die Vertretung des Mandanten im Strafverfahren.
2. Grundlage des Gebührenanspruchs des Pflichtverteidigers gegen die Staatskasse (§ 55 RVG) und ggf. gegen den Beschuldigten (§ 52 RVG) ist allein die gerichtliche Bestellung.
3. Besonders hinzuweisen ist für den Pflichtverteidiger auf den sog. Längenzuschlag zur HV-Terminsgebühr und die Fragen der Erstreckung (§ 48 Abs. 6 RVG).
4. Die dem Pflichtverteidiger aus der Staatskasse zu gewährende Vergütung wird gem. § 55 RVG auf Antrag vom Urkundsbeamten des Gerichts des ersten Rechtszugs festgesetzt.
5. § 52 RVG räumt dem Pflichtverteidiger einen Gebührenanspruch gegen den Beschuldigten ein.
6. § 58 Abs. 3 S. 1, 2 RVG regelt die Frage, wie Vorschüsse bzw. Zahlungen, die der Pflichtverteidiger vor oder nach seiner Beiordnung vom Beschuldigten oder für diesen von einem Dritten erhalten hat, zu behandeln sind.
7. Für den Pflichtverteidiger von besonderer praktischer Bedeutung ist die Pauschgebühr nach § 51 RVG.

5 **Literaturhinweise: Burhoff**, Die Pauschvergütung nach § 99 BRAGO – ein Rechtsprechungsüberblick mit praktischen Hinweisen, StraFo 1999, 261; *ders.*, Neue Rechtsprechung zur Pauschvergütung nach § 99 BRAGO – mit praktischen Hinweisen, StraFo 2001, 119; *ders.*, Pauschvergütung über Wahlverteidigerhöchstgebühr?, AGS 2001, 122; *ders.*, Pauschvergütung des Pflichtverteidigers nach § 99 BRAGO für die Verteidigung des inhaftierten Mandanten, StraFo 2001, 230 = AGS 2001, 219; *ders.*, Umfang der Beiordnung des Pflichtverteidigers im Strafverfahren – Erstreckung nach § 48 Abs. 5 RVG, RVGreport 2004, 411; *ders.*, Der Längenzuschlag auf die Terminsgebühr für den Pflichtverteidiger, RVGreport 2006, 1; *ders.*, Die Pauschgebühr in Straf- und Bußgeldsachen (§§ 42, 51 RVG), RVGreport 2006, 121; *ders.*, Strafverfahren: Terminsgebühr mit Längenzuschlag für den Pflichtverteidiger, RVGprofessionell 2007, 120; *ders.*, Neues zur Erstreckung der Beiordnung und Bestel-

lung nach § 48 Abs. 5 RVG, RVGreport 2008, 129; *ders.*, Die Pauschgebühr des Strafverteidigers nach den §§ 42, 51 RVG, StraFo 2008, 192; *ders.*, Rechtsprechungsübersicht zum RVG betreffend die §§ 42, 51 RVG, StRR 2008, 371; *ders.*, Rechtsprechungsübersicht zu den Teilen 4 – 7 VV RVG aus dem Jahr 2010 – Teil 1, RVGreport 2011, 122; *ders.*, Rechtsprechungsübersicht zu § 14 RVG in Straf- und Bußgeldsachen, RVGreport 2011, 202; *ders.*, Die Rechtsprechung zur Abrechnung im Straf- und Bußgeldverfahren, insbesondere nach den Teilen 4 und 5 VV RVG, in den Jahren 2009 – 2011, StraFo 2011, 249; *ders.*, Vorschuss aus der Staatskasse (§ 47 RVG), RVGreport 2011, 327; *ders.*, Rechtsprechungsübersicht zur Pauschgebühr des Strafverteidigers nach den §§ 42, 51 RVG für die Jahre 2008 – 2011, StraFo 2011, 381; *ders.*, Vorschuss auf eine Pauschgebühr (§ 51 Abs. 1 Satz 5 RVG). RVGreport 2011, 407; *ders.*, Die Abrechnung von Beschwerden in Straf- und Bußgeldsachen, RVGreport 2012, 12; *ders.*, Rechtsprechungsübersicht zum Paragrafen Teil des RVG aus dem Jahr 2011 – Teil 1, RVGreport 2012, 87; *ders.*, Rechtsprechungsübersicht zum Paragrafen Teil des RVG aus dem Jahr 2011 – Teil 2, RVGreport 2012, 137; *ders.*, Was ist nach dem 2. KostRMoG neu bei der Abrechnung im Straf-/Bußgeldverfahren?, VRR 2013, 287 = StRR 2013, 284; *ders.*, Neuerungen für die Abrechnung im Straf-/Bußgeldverfahren nach dem 2. KostRMoG, RVGreport 2013, 330; *ders.*, Die wichtigsten Änderungen und Neuerungen für die Abrechnung im Straf-/Bußgeldverfahren durch das 2. KostRMoG, StraFo 2013, 397; *ders.*, Fragen aus der Praxis zu Gebührenproblemen in Straf- und Bußgeldverfahren aus dem Jahr 2013, RVGreport 2014, 2; *ders.*, Rechtsprechungsübersicht zu den Teilen 4 – 7 VV RVG aus dem Jahr 2013 – Teil 1, RVGreport 2014, 90; *ders.*, Die Rechtsprechung zur Abrechnung im Straf- und Bußgeldverfahren, insbesondere nach den Teilen 4 und 5 VV RVG, in den Jahren 2011 – 2014, StraFo 2014, 137; *ders.*, 10 Jahre RVG – Rückblick und Ausblick zu den Teilen 4 und 5 VV RVG, oder auch: Was man sich noch wünschen könnte, RVGreport 2014, 250; *ders.*, Rechtsprechungsübersicht zur Pauschgebühr des Strafverteidigers nach den §§ 42, 51 RVG für die Jahre 2011 – 2014, StraFo 2014, 279; *ders.*, Erst Wahlanwalt, dann Pflichtverteidiger: Welche gesetzliche Gebühren bekomme ich?, StraFo 2014, 454; *ders.*, Ihr gutes Recht – Verlangen Sie auch von der Staatskasse einen Vorschuss, RVGprofessionell 2014, 158; *ders.*, Rechtsprechungsübersicht zu den Teilen 4 – 7 VV RVG aus dem Jahr 2014 – Teil 1, RVGreport 2015, 122; *ders.*, Rechtsprechungsübersicht zu den Teilen 4 – 7 VV RVG aus dem Jahr 2014 – Teil 2, RVGreport 2015, 162; *ders.*, Rechtsprechungsübersicht zu § 14 RVG in Straf- und Bußgeldsachen, RVGreport 2015, 202; *ders.*, Besonderheiten der Vergütung des Pflichtverteidigers/-beistands im Strafverfahren, RVGreport 2015, 406; **Enders**, Honorarvereinbarung des Strafverteidigers und spätere Bestellung zum Pflichtverteidiger, JurBüro 2002, 409; **Fromm**, Die Vergütung des gerichtlich bestellten oder beigeordneten Rechtsanwalts in Strafsachen, JurBüro 2015, 173; **Gaede**, Pauschvergütung Ade? – Die Zumutbarkeit bei der Vergütung des Pflichtverteidigers, StRR 2007, 89; **Kotz**, Das Leid mit dem Längenzuschlag – Aspekte zu Nr. 4110 f., 4116 f., 4122 f., 4128 f., 4134 f. VV RVG, NStZ 2009, 414; **Volpert**, Praktische Fragen und Probleme bei der Vergütung gerichtlich bestellter oder beigeordneter Rechtsanwälte, StRR 2011, 378; s.a. die Hinw. bei → *Allgemeine Gebührenfragen, Allgemeines*, Teil D Rdn 2, und bei → *Allgemeine Gebührenfragen, Wahlverteidiger*, Teil D Rdn 27.

1. Nach Vorbem. 4 Abs. 1 VV RVG gelten für den Pflichtverteidiger grds. die **allgemeinen Gebührenvorschriften** des RVG für die Vertretung des Mandanten im Strafverfahren. Damit gelten die für den Vergütungsanspruch des Wahlanwalts bei → *Allgemeine Gebührenfragen, Wahlverteidiger*, Teil D Rdn 26 ff., und bei den übrigen Stichwörtern gemachten Ausführungen grds. für die Vergütung des Pflichtverteidigers (vgl. auch noch *Burhoff*, EV, Rn 2942 ff.). 6

☝ Auch der Pflichtverteidiger ist berechtigt, mit dem Mandanten eine **Vergütungsvereinbarung** zu treffen (*Dahs*, Rn 1198; BGH AnwBl 1980, 465; vgl. allgemein zur Vergütungsvereinbarung → *Allgemeine Gebührenfragen, Wahlverteidiger*, Teil D Rdn 36 ff.; s. auch Burhoff/*Burhoff*, RVG, Teil A: Vergütungsvereinbarung [§ 3a],

Rn 2170 ff.). Der Rechtsanwalt darf aber seine **Tätigkeit** als Pflichtverteidiger **nicht** von der Vereinbarung oder Zahlung eines Honorars **abhängig** machen. Auch darf er den Beschuldigten ungeachtet dessen erklärter Ablehnung nicht wiederholt bedrängen, eine Vergütungsvereinbarung abzuschließen, die die gesetzlichen Gebühren um ein Mehrfaches übersteigen würde, und hierbei zum Ausdruck bringen, ohne den Abschluss dieser Vereinbarung sei seine Motivation, für den Angeklagten tätig zu werden, eingeschränkt; in dem Fall kann er gem. § 143 entpflichtet werden (KG StV 2013, 142 m. Anm. *Burhoff* StRR 2012, 261; ähnlich LG Marburg NStZ-RR 2012, 317 [Ls.] m. Anm. *Burhoff* StRR 2012, 282 [Ls.]; zur Entpflichtung *Burhoff*, EV, Rn 2912). Wenn der Verteidiger als **Wahlverteidiger** eine Honorarvereinbarung getroffen hat und er **später** zum **Pflichtverteidiger** bestellt wird, kann er gem. § 628 BGB einen entsprechenden Teil des Honorars für die bis dahin geleistete Arbeit beanspruchen (*Dahs*, Rn 1198 m.w.N.; vgl. dazu auch *Enders* JurBüro 2002, 409).

7 2. **Grundlage** des Gebührenanspruchs des Pflichtverteidigers gegen die Staatskasse (§ 55 RVG) und ggf. gegen den Beschuldigten (§ 52 RVG) ist allein die **gerichtliche Bestellung**. Dabei ist es unerheblich, ob der Beschuldigte mit der Beiordnung des Pflichtverteidigers einverstanden war und ob er dem Verteidiger Vollmacht erteilt (vgl. zur Festsetzung gegen die Staatskasse gem. §§ 55, 56 RVG → *Vergütungsfestsetzung, Beschwerde*, Teil D Rdn 473; → *Vergütungsfestsetzung, Erinnerung*, Teil D Rdn 505; → *Vergütungsfestsetzung, weitere Beschwerde*, Teil D Rdn 538; s.a. Burhoff/*Volpert*, RVG, Teil A: Festsetzung gegen die Staatskasse [§ 55], Rn 851, und zu § 52 RVG die Komm. bei Burhoff/*Volpert*, RVG, a.a.O.).

8 3. Hinzuweisen ist auf folgende **Besonderheiten**:

9 **a)** Nach Vorbem. 4 Abs. 1 VV RVG erhält der Pflichtverteidiger grds. die gleichen Gebühren wie ein Wahlverteidiger), sein Gebührenanspruch ist jedoch der **Höhe** nach **beschränkt**. Der Pflichtverteidiger erhält nämlich – ohne Rücksicht auf den Umfang seiner Tätigkeit – nur 80 % der sog. Mittelgebühr eines Wahlanwalts. Diese Gebühr lässt sich im RVG unmittelbar aus dem VV RVG entnehmen. Diese Beschränkung ist nach der Rspr. des BVerfG verfassungsrechtlich nicht zu beanstanden (BVerfG NJW 2005, 3699 = RVGreport 2005, 467). Der Pflichtverteidiger erhält auch **Auslagen** nach Teil 7 VV RVG (zu Auslagen allgemein → *Auslagen, Allgemeines*, Teil D Rdn 70; s. eingehend auch Burhoff/*Volpert*, RVG, Teil A: Auslagen aus der Staatskasse [§ 46 Abs. 1 und 2]; Rn 195 ff.).

10 **b)aa)** Ist der Pflichtverteidiger in mehreren Verfahren tätig, was ggf. noch im Berufungsverfahren der Fall sein kann, die dann noch miteinander **verbunden** werden, muss er die mit der Erstreckung nach § 48 Abs. 6 S. 3 RVG zusammenhängenden Fragen im Blick haben.

☝ Im Hinblick auf die Rspr. einiger OLG (vgl. OLG Braunschweig NStZ-RR 2014, 232; OLG Koblenz StraFo 2012, 290 m. abl. Anm. *Burhoff*; OLG Oldenburg NStZ-RR

2011, 261 m. abl. Anm. *Burhoff* RVGreport 2011, 220; ähnlich OLG Rostock StRR 2009, 279) sollte der Verteidiger in **allen Verbindungfällen Erstreckung beantragen** (wegen der Einzelh. Burhoff/*Burhoff*, RVG, § 48 Abs. 6 Rn 1 ff.; Gerold/Schmidt/*Burhoff*, § 48 Rn 194 ff., jeweils m.w.N.; *Burhoff* StraFo 2014, 454).

bb) Ist der Rechtsanwalt **erst im späteren Rechtszug**, also erst im Berufungs- und/oder Revisionsverfahren, **beigeordnet** worden, gilt hinsichtlich der von ihm als Wahlanwalt vor der Beiordnung im Berufungs- oder Revisionsrechtszug erbrachten Tätigkeiten **§ 48 Abs. 6 S. 2 RVG**. Auch hier erhält er für die in diesem Rechtszug vor der Beiordnung als Wahlanwalt erbrachten Tätigkeiten gesetzliche Gebühren aus der Staatskasse (wegen der Einzelh. zur Erstreckung *Burhoff* RVGreport 2004, 411; *ders.* RVGreport 2008, 129; *ders.* StraFo 2014, 454; Burhoff/*Burhoff*, RVG, § 48 Abs. 6 Rn 1 ff.; Gerold/Schmidt/*Burhoff*, § 48 Rn 202). 11

☝ § 48 Abs. 6 S. 2 RVG erstreckt sich aber **nicht** auf **Tätigkeiten**, die der Rechtsanwalt als Wahlanwalt in **früheren Rechtszügen**, also z.B. in der ersten Instanz, erbracht hat (vgl. Burhoff/*Burhoff*, RVG, § 48 Abs. 6 Rn 14 ff.).

c) Der **Pflichtverteidiger** erhält nach den Nrn. 4128, 4129, 4134, 4135 VV RVG einen sog. „**Längenzuschlag**" zur Terminsgebühr für die HV, wenn diese mehr als fünf bis zu acht bzw. mehr als acht Stunden gedauert hat. In der Rspr. herrscht Streit in der Frage, ob bei der Feststellung der maßgeblichen Zeit Wartezeiten des Verteidigers vor bzw. während der HV zu berücksichtigen sind bzw. ob Pausen von der HV-Zeit abgezogen werden müssen. Die dazu vorliegende h.M. in der obergerichtlichen Rspr. geht dahin, dass bei der Berechnung der Dauer der HV **Wartezeiten** mitgerechnet werden. Die Frage, ob **Pausen** abgezogen werden, wird nicht einheitlich beantwortet. Einigkeit besteht, dass kürzere Pausen nicht abgezogen werden. Längere Pausen werden z.T. (immer vollständig) abgezogen; z.T. wird dem Rechtsanwalt aber auch eine angemessene Mittagspause von mindestens einer Stunde zugebilligt, die zunächst von einer längeren Pause abzuziehen und dann zu fragen ist, ob der Rechtsanwalt die verbleibende Zeit sinnvoll hat nutzen können (eingehend zu dieser Problematik *Burhoff* RVGreport 2006, 1; Burhoff/*Burhoff*, RVG, Nr. 4110 VV Rn 19 ff.; Gerold/Schmidt/*Burhoff*, VV 4108 – 4111 Rn 22 ff.; vgl. a. die Zusammenstellung der Rspr. bei *Burhoff* RVGreport 2008, 44, auf www.burhoff.de und bei *Kotz* NStZ 2009, 414 ff. sowie schließlich auch noch bei *Burhoff*, EV, Rn 2948 f.). 12

4. Die dem Pflichtverteidiger aus der **Staatskasse** zu gewährende Vergütung wird gem. § 55 RVG auf Antrag vom Urkundsbeamten des Gerichts des ersten Rechtszugs **festgesetzt** (wegen der Einzelh. der Festsetzung s. Burhoff/*Volpert*, RVG, Teil A: Vergütungsanspruch gegen die Staatskasse [§§ 44, 45, 50], Rn 2117 ff.], und → *Kostenfestsetzung und Erstattung in Strafsachen*, Teil A Rdn 1122 ff., sowie *Volpert* StRR 2011, 378). 13

☝ Bei der Festsetzung muss der Rechtsanwalt **angeben**, ob und welche **Vorschüsse** von Mandanten oder Dritten gezahlt worden sind (§ 55 Abs. 5 RVG). Das ist unabhängig davon, ob diese anzurechnen sind oder nicht (zur Anrechnung s. Rdn 15).

14 **5.** § 52 RVG räumt dem Pflichtverteidiger einen **Gebührenanspruch gegen** den **Beschuldigten** ein, der von einem Vertragsverhältnis zwischen dem Rechtsanwalt und dem Beschuldigten unabhängig ist. Dieser Anspruch kann jedoch nur insoweit geltend gemacht werden, als dem Beschuldigten ein Erstattungsanspruch, etwa nach Einstellung oder Freispruch, gegen die Staatskasse zusteht und das Gericht des ersten Rechtszugs auf Antrag die Leistungsfähigkeit des Beschuldigten feststellt (wegen der Einzelh. Burhoff/*Volpert*, RVG, § 52 Rn 1 ff.; Gerold/Schmidt/*Burhoff*, § 52 Rn 1 ff.).

15 **6.a)** § 58 Abs. 3 S. 1, 2 RVG regelt die Frage, wie **Vorschüsse** bzw. **Zahlungen**, die der Pflichtverteidiger vor oder nach seiner Beiordnung vom Beschuldigten oder für diesen von einem Dritten erhalten hat, zu behandeln sind. Die Vorschrift bestimmt, ob und in welchem Umfang die empfangenen Beträge auf die Pflichtverteidigergebühren zu **verrechnen** sind (wegen der Einzelh. Burhoff/*Volpert*, RVG, § 58 Abs. 3 Rn 1 ff.; Gerold/Schmidt/*Burhoff*, § 58 Rn 54 ff.). Anrechenbar ist nur der – um die Umsatzsteuer verminderte – **Nettovergütungsbetrag** (OLG Düsseldorf JurBüro 1987, 1800; OLG Hamm StV 1996, 334; OLG Schleswig StV 1996, 335 [Ls.]; OLG Stuttgart JurBüro 1996, 134; OLG Zweibrücken StV 1998, 93, jew. zur BRAGO).

16 **b) § 58 Abs. 3** ist durch das 2. KostRMoG v. 23.7.2013 (BGBl 2013, S. 2586) **geändert** worden. Früher wurde auf die Zahlung für bestimmte Verfahrensabschnitte abgestellt, wobei in Rspr. und Lit. umstritten war, was unter einem „Verfahrensabschnitt" zu verstehen war (s. dazu Burhoff/*Volpert* [3. Aufl.], RVG, § 58 Abs. 3 Rn 14; Gerold/Schmidt/*Burhoff* [20 Aufl.], § 58 Rn 53 ff.; aus der Rspr. KG StraFo 2009, 84 m. abl. Anm. *Burhoff*; OLG Dresden, Beschl. v. 18.7.2007 – 3 Ws 37/07; OLG Frankfurt/Main NJW 2007, 219; OLG Hamm, Beschl. v. 20.11.2007 – 3 Ws 320/07; OLG Köln StraFo 2008, 399; OLG München StRR 2010, 319; OLG Oldenburg StV 2007, 477; OLG Stuttgart StraFo 2007, 437). Nach den Änderungen durch das 2. KostRMoG sind Zahlungen und Vorschüsse, die der Rechtsanwalt „in einer **gebührenrechtlichen Angelegenheit**" erhalten hat, (nur) auf die von der Staatskasse für diese Angelegenheit zu zahlenden Gebühren anzurechnen (vgl. zu den Auswirkungen der Neuregelung *Burhoff* RVGreport 2014, 370; Gerold/Schmidt/*Burhoff*. § 58 Rn 59 ff.; Burhoff/*Volpert*, § 58 Rn 18 ff.).

☝ Wenn der Rechtsanwalt also die Zahlung eines Vorschusses vereinbart (§ 9 RVG), muss er, wenn er die Anrechnung ausschließen will, auf jeden Fall in die Vereinbarung **aufnehmen, für welche Angelegenheit** gezahlt werden soll (zum Begriff der Angelegenheiten *Burhoff* RVGreport 2014, 210 u. 290). Die Vorschussvereinbarung muss daher **entsprechend formuliert** werden, also dass z.B. der Vorschuss für das „Berufungsverfahren Az. … (Nr. 4124 ff. VV RVG)" gezahlt wird.

7.a) Für den Pflichtverteidiger von besonderer praktischer Bedeutung ist die Pauschgebühr nach **§ 51 RVG**. Nach § 51 RVG steht dem Pflichtverteidiger, der in einem „**besonders umfangreichen**" oder „besonders **schwierigen**" Verfahren tätig geworden ist, eine **Pauschvergütung** zu, wenn – so die Formulierung in § 51 Abs. 1 RVG – die gesetzlichen Gebühren „(…) nicht zumutbar sind". Es ist an dieser Stelle kein Raum, alle mit der Pauschvergütung zusammenhängenden Fragen zu behandeln. Insoweit verweise ich auf meine o.a. Beiträge, auf Burhoff/*Burhoff*, RVG, § 51 Rn 1 ff. sowie auf Gerold/Schmidt/*Burhoff*, § 51 Rn 1 ff. und auf *Burhoff*, EV, Rn 2956 ff. 17

b) Hinzuweisen ist hier nur auf Folgendes (vgl. i.Ü. u.a. *Burhoff* RVGreport 2006, 121 und in StraFo 2008, 192): 18

aa) Auch im Berufungs- und/oder Revisionsverfahren kann eine Pauschgebühr gewährt werden, wenn das Verfahren „besonders umfangreich" oder „besonders schwierig" war. Insoweit gelten grds. **die allgemeinen Regeln** (vgl. Burhoff/*Burhoff*, RVG, § 51 Rn 13 ff. und das „ABC der Pauschgebühr" bei den Rn 74 ff.). Das hat insbesondere hinsichtlich des besonderen Umfangs im **Berufungsverfahren** Bedeutung (zur Hauptverhandlungsdauer s. Burhoff/*Burhoff*, RVG, § 51 Rn 104 ff.). 19

bb) (1) Für die Bewilligung einer Pauschgebühr für das **Revisionsverfahren** wird man Anhaltspunkte für einen „**besonderen Umfang**" dem Umfang des erstinstanzlichen Protokolls und des Urteils und auch daraus entnehmen können, ob der Pflichtverteidiger den Angeklagten bereits in der Tatsacheninstanz vertreten hat (OLG Bamberg JurBüro 1992, 327). Denn dann sind ihm im Zweifel die wesentlichen Gesichtspunkte der Strafsache bereits aufgrund dieser Tätigkeit bekannt (vgl. dazu auch BGH JurBüro 2007, 531; zur Zuerkennung einer die Wahlverteidigerhöchstgebühr überschreitenden Pauschgebühr für den Pflichtverteidiger, der den Angeklagten nur im Revisionsverfahren vertreten und dort eine umfangreiche Revisionsbegründung erstellt hat, vgl. OLG Hamm StraFo 2003, 66). Zu berücksichtigen ist auch, dass auch der Pflichtverteidiger eine **Grundgebühr** Nr. 4100 VV RVG erhält, wodurch der durch die Einarbeitung des ggf. erst im Revisionsverfahren beauftragten Verteidigers entstehende besondere Aufwand zumindest teilweise abgegolten ist (vgl. dazu a. OLG Düsseldorf JurBüro 2015, 637, wonach angesichts der Höhe der Grundgebühr vom (Pflicht)Verteidiger das Studium einer Akte von i.d.R. nicht mehr als 500 Blatt erwartet werden kann). Natürlich ist der **Umfang** der **Revisionsbegründung** von Bedeutung (BayObLG AnwBl. 1987, 619; OLG Düsseldorf StV 1987, 451; OLG Köln StraFo 2008, 442 [u.a. 268 Seiten Revisionsbegründung]; OLG Stuttgart AnwBl. 1972, 89). Die Begründung der Revision mit der nicht ausgeführten Sachrüge wird die Tätigkeit des Pflichtverteidigers aber eher als unterdurchschnittlich erscheinen 20 lassen, was dann im Rahmen einer Gesamtschau ggf. zur Minderung der Pauschgebühr führen kann (zur Gesamtschau s. OLG Hamm StraFo 1996, 158). Auch rechtfertigt allein die Einlegung der Revision nicht die Gewährung einer Pauschgebühr (BGH, Beschl. v. 2.4.2007 – 1 StR 579/05). Dies alles gilt entsprechend, wenn es nicht um die Frage geht, ob allein die Tätigkeit im Revisionsverfahren zu einer Pauschgebühr führt, sondern darum, inwieweit die vom (erstinstanzlichen) Verteidiger auch in der Revision erbrachte Tätigkeiten bei der Gewährung einer Pauschgebühr mit heranzuziehen sind (zur Zuerkennung und Bemessung einer Pauschgebühr bei erheblich überdurchschnittlichem Zeitaufwand des Pflichtverteidigers im Revisionsverfahren s. OLG Hamm StraFo 2000, 286; s. auch noch BGH, Beschl. v. 19.6.2006 – 2 StR 174/05 [1.000,00 € angemessen für den Pflichtverteidiger, der sich zur Vorbereitung und Wahrnehmung der HV mit mehreren bedeutsamen Verfahrensrügen zu befassen hatte]).

21 Der **BGH** hat einem für die **Revisions-HV** bestellten Pflichtverteidiger, der sich zur Vorbereitung und Wahrnehmung der HV mit besonders umfangreichen und schwierigen Fragestellungen zu befassen hatte, ein über die gesetzliche Gebühr der Nr. 4132 VV hinausgehenden Pauschgebühr i.H.v. 500,00 € bewilligt. Auch ist dem Pflichtverteidiger für die Teilnahme an der HV dem BGH eine Pauschgebühr bewilligt worden, wenn er sich zur Vorbereitung seines Plädoyers mit weit überdurchschnittlich umfangreichen Revisionsbegründungen der StA eines Nebenklägers sowie mit der schriftlichen Stellungnahme des GBA hierzu auseinanderzusetzen hatte (BGH RVGreport 2008, 419). BGH NJW 2012, 167; s. a. noch BGH RVGreport 2012, 344 [1.300,00 €]; BGH, Beschl. v. 19.12.2012 – 1 StR 158/08 [940,00 € für die Vorbereitung der Revisionshauptverhandlung, ohne nähere Angaben zu den erbrachten Tätigkeiten im Verfahren BGHSt 53, 145]).

22 **(2)** Für die „**besondere Schwierigkeit**" im Revisionsverfahren gelten grds. die **allgemeinen Regeln** (vgl. Burhoff/*Burhoff*, RVG, § 51 Rn 27 ff.). Hinzuweisen ist auf folgende

23 **Rechtsprechungsbeispiele:**

- **erstmals höchstrichterlich grundlegende Fragen** zum Verhältnis zwischen strafprozessualer Aufklärungspflicht und dem Interesse an der Geheimhaltung von Zeugenschutzmaßnahmen zu klären waren (BGH NJW 2006, 1535 im Verfahren BGHSt 50, 318),
- sich der Verteidiger mit **bedeutsamen materiellen Rechtsfragen** befasst und die Revisionsentscheidung später in BGHSt veröffentlicht wird und außerdem eine neue Norm des StGB zum Gegenstand hat (BGH, Beschl. v. 10.5.2006 – 2 StR 120/05, im Verfahren BGHSt 50, 188; ähnlich BGH StraFo 2004, 254),
- sich der Verteidiger mit **umfangreichen** und **schwierigen Fragestellungen** (aus dem **Betäubungsmittelstrafrecht**) zu befassen hatte, die bis dahin noch nicht einmal in der Kommentarliteratur erörtert worden waren und in der Revisions-HV zwei Sach-

verständige zur Wirkungsweise der verfahrensgegenständlichen Medikamente gehört worden sind (BGH StraFo 2011, 246 [2.000 € für die Revisions-HV]),

- sich der Rechtsanwalt u.a. neben mehreren umfangreichen Verfahrensrügen mit **schwierigen sachlich-rechtlichen Fragen** zu § 57a StGB zu befassen hat (BGH RVGreport 2007, 64),
- aber **nicht**, wenn eine grds. Frage bereits Gegenstand des Verfahrens im ersten Rechtszug war und in der Revision keiner **vertieften zusätzlichen Einarbeitung** mehr bedurfte (BGH RVGreport 2007, 264).

cc) Über den Pauschgebührenantrag **entscheidet** nach § 51 Abs. 2 S. 1 RVG grds. das **OLG**, zu dessen Bezirk das Gericht gehört, bei dem die Strafsache in erster Instanz anhängig war. Ist allerdings der Pflichtverteidiger gem. § 350 Abs. 3 vom **BGH** für die **Revisions-HV** bestellt worden (→ *Revision, Pflichtverteidiger*, Teil A Rdn 2187), muss nach § 51 Abs. 2 S. 2 RVG dieser auch über die Gewährung der Pauschgebühr entscheiden, soweit es um die Tätigkeit vor dem BGH und die Vorbereitung der HV geht (wegen der Einzelh. s. BGHSt 23, 324; zuletzt BGH NJW 2012, 167 m. Anm. StRR 2012, 77 *Burhoff*). Für die Bewilligung einer Pauschgebühr für die Revisionsbegründung bleibt allerdings das OLG auch dann zuständig, wenn im Revisionsverfahren eine HV vor dem BGH stattgefunden hat (BGHSt 23, 324; NJW 2012, 167; u.a. OLG Hamm AGS 2002, 36). 24

dd) Der Anspruch auf Pauschgebühr unterliegt der normalen/kurzen **Verjährung** von **drei Jahren** nach § 195 BGB (KG RVGreport 2011, 109 m. *Burhoff* StRR 2011, 118; OLG Köln NStZ 2006, 410). Die **Verjährungsfrist** beginnt gem. § 199 BGB mit dem Ende des Jahres, in dem der Pauschgebührenanspruch entstanden ist, also grds. mit rechtskräftigem Abschluss des gesamten Verfahrens (vgl. zu allem [z.T. zum alten Recht] KG StraFo 2015, 307 m. Anm. StRR 2015, 237 [Aufgabe der alten Rspr.]; OLG Hamm NStZ 1997, 41; OLG Jena StraFo 1997, 253; OLG Köln, a.a.O., jeweils m.w.N.). Der Lauf der Verjährungsfrist ist nicht während der Dauer des „normalen" Festsetzungsverfahrens gehemmt (OLG Hamm StraFo 1998, 35). Die Verjährungsfrist wird durch den (fristgerechten) Eingang eines Pauschgebührenantrags beim OLG **unterbrochen**. 25

☝ Die Beweislast für den (fristgemäßen) Eingang des Antrags beim OLG trägt der Antragsteller (KG RVGreport 2011, 176 m.w.N. m. Anm. *Burhoff* StRR 2011, 162; vgl. zu den Verjährungsfragen auch Gerold/Schmidt/*Burhoff*, RVG, § 51 Rn 52 ff. und Burhoff/*Burhoff*, RVG; § 51 Rn 87 ff.).

Siehe auch: → *Allgemeine Gebührenfragen, Allgemeines*, Teil D Rdn 1, m.w.N.; → *Allgemeine Gebührenfragen, Wahlverteidiger*, Teil D Rdn 26, m.w.N.; → *Vergütungsfestsetzung, Beschwerde*, Teil D Rdn 473; → *Vergütungsfestsetzung, Erinnerung*, Teil D Rdn 505; → *Vergütungsfestsetzung, weitere Beschwerde*, Teil D Rdn 538; → *Wertfestsetzung, Beschwerde*, Teil D Rdn 553; → *Wertfestsetzung, weitere Beschwerde*, Teil D Rdn 576.

26 Allgemeine Gebührenfragen, Wahlverteidiger

Das Wichtigste in Kürze:

1. Die (gesetzlichen) Gebühren des (Wahl-)Verteidigers richten sich auch für die strafverfahrensrechtlichen Rechtsmittel/Rechtsbehelfe grds. nach Teil 4 VV RVG bzw. im Bußgeldverfahren nach Teil 5 VV RVG.
2. Nach Vorbem. 4 Abs. 1 VV RVG entstehen die Gebühren des Teil 4 für Wahlanwalt, Pflichtverteidiger und sonstige Vertreter und Beistände von Verfahrensbeteiligten.
3. Grundlage des gegen den Mandanten bestehenden Honoraranspruchs ist der mit diesem abgeschlossene Geschäftsbesorgungsvertrag.
4. Der Rechtsanwalt/Verteidiger erhält für seine Tätigkeit als Wahlanwalt Rahmengebühren.
5. Reichen die gesetzlichen Rahmengebühren nicht aus, hat der Wahlanwalt die Möglichkeit eine Pauschgebühr nach § 42 RVG zu beantragen.
6. Nach § 3a RVG kann der (Wahl-)Verteidiger ohne besondere Voraussetzungen grds. ein die gesetzlichen Gebühren übersteigendes Honorar vereinbaren.
7. Gem. § 9 RVG kann der Verteidiger von seinem Mandanten einen angemessenen (Honorar-)Vorschuss auf die voraussichtlich entstehenden Gebühren und Auslagen verlangen.

27 **Literaturhinweise:** **Burhoff**, Vergütung des Zeugenbeistands im Strafverfahren, RVGreport 2004, 458; *ders.*, Rechtsprechungsübersicht zu § 14 RVG in Strafsachen (Teil 4 VV RVG), StRR 2008, 333; *ders.*, Rechtsprechung zur Gebührenbemessung im OWi-Verfahren, VRR 2008, 333; *ders.*, Rechtsprechungsübersicht zu den Teilen 4 – 7 RVG aus den Jahren 2008 – 2010 – Teil 1, RVGreport 2010, 83; *ders.*, Rechtsprechungsübersicht zu den Teilen 4 – 7 VV RVG aus den Jahren 2008 – 2010 – Teil 2, RVGreport 2010, 124; *ders.*, Rechtsprechungsübersicht zu den Teilen 4 – 7 VV RVG aus den Jahren 2008 – 2010 – Teil 3, RVGreport 2010, 163; *ders.*, Rechtsprechungsübersicht zu § 14 RVG in Straf- und Bußgeldsachen, RVGreport 2010, 204; *ders.*, Rechtsprechungsübersicht zu § 14 RVG in Strafsachen (Teil 4 VV RVG) aus den Jahren 2008 – 2010, StRR 2010, 413; *ders.*, Rechtsprechungsübersicht zu § 14 RVG in Bußgeldsachen (Teil 5 VV RVG) aus den Jahren 2008 – 2010, VRR 2010, 416; *ders.*, Rechtsprechungsübersicht zu den Teilen 4 – 7 VV RVG aus dem Jahr 2010 – Teil 1, RVGreport 2011, 122; *ders.*, Persönlicher Geltungsbereich des Teils 4 VV RVG, eine Bestandsaufnahme der Rechtsprechung, RVGreport 11, 85; *ders.*, Rechtsprechungsübersicht zu den Teilen 4 – 7 VV RVG aus dem Jahr 2010 – Teil 1, RVGreport 2011, 122; *ders.*, Rechtsprechungsübersicht zu den Teilen 4 – 7 VV RVG aus dem Jahr 2010 – Teil 2, RVGreport 2011, 162; *ders.*, Rechtsprechungsübersicht zu § 14 RVG in Straf- und Bußgeldsachen, RVGreport 2011, 202; *ders.*, Die Rechtsprechung zur Abrechnung im Straf- und Bußgeldverfahren, insbesondere nach den Teilen 4 und 5 VV RVG, in den Jahren 2009 – 2011, StraFo 2011, 249; *ders.*, Die Rechtsprechung zu § 14 RVG in Straf- und Bußgeldsachen in den Jahren 2009 – 2011, StraFo 2011, 337; *ders.*, Rechtsprechungsübersicht zu § 14 RVG in Straf- und Bußgeldsachen, StRR 2011, 416; *ders.*, Vorschuss vom Auftraggeber (§ 9 RVG), RVGreport 2011, 365; *ders.*, Rechtsprechungsübersicht zu § 14 RVG in Straf- und Bußgeldsachen, StRR 2011, 416; *ders.*, Fragen aus der Praxis zu Gebührenproblemen in Straf- und Bußgeldverfahren, RVGreport 2011, 446; *ders.*, Die Abrechnung von Beschwerden in Straf- und Bußgeldsachen, RVGreport 2012, 12; *ders.*, Verfahrens-

verzögerung, überlange Gerichtsverfahren und Verzögerungsrüge – die Neuregelungen im GVG, StRR 2012, 4; *ders.*, Rechtsprechungsübersicht zum Paragrafenteil des RVG aus dem Jahr 2011 – Teil 1, RVGreport 2012, 87; *ders.*, Rechtsprechungsübersicht zum Paragrafenteil des RVG aus dem Jahr 2011 – Teil 2, RVGreport 2012, 137; *ders.*, Die Abrechnung (förmlicher/formloser) Rechtsbehelfe im Straf- und Bußgeldverfahren, StRR 2012, 172; *ders.*, Rechtsprechungsübersicht zu § 14 RVG in Straf- und Bußgeldsachen, VRR 2012, 175; *ders.*, Fragen aus der Praxis zu Gebührenproblem in Straf- und Bußgeldverfahren, StRR 2012, 336; *ders.*, Rechtsprechungsübersicht zu § 14 RVG in Straf- und Bußgeldsachen, StRR 2013, 52; *ders.*, Fragen aus der Praxis zu Gebührenproblemen in Straf- und Bußgeldverfahren aus dem Jahr 2012, RVGreport 2013, 42; *ders.*, Rechtsprechungsübersicht zu § 14 RVG in Straf- und Bußgeldsachen, VRR 2013, 46; *ders.*, Rechtsprechungsübersicht zu den Teil 4 – 7 VV RVG aus dem Jahr 2012 – Teil 1, RVGreport 2013, 90; *ders.*, Rechtsprechungsübersicht zu den Teilen 4 – 7 VV RVG aus dem Jahr 2012 – Teil 2, RVGreport 2013, 133; *ders.*, Rechtsprechungsübersicht zu § 14 RVG in Straf- und Bußgeldsachen, RVGreport 2013, 172; *ders.*, Die Abrechnung förmlicher und formloser Rechtsbehelfe im Straf- und Bußgeldverfahren, RVGreport 2013, 213; *ders.*, Was ist nach dem 2. KostRMoG neu bei der Abrechnung im Straf-/Bußgeldverfahren?, VRR 2013, 287 = StRR 2013, 284; *ders.*, Neuerungen für die Abrechnung im Straf-/Bußgeldverfahren nach dem 2. KostRMoG, RVGreport 2013, 330; *ders.*, Die wichtigsten Änderungen und Neuerungen für die Abrechnung im Straf-/Bußgeldverfahren durch das 2. KostRMoG, StraFo 2013, 397; *ders.*, Fragen aus der Praxis zu Gebührenproblemen in Straf- und Bußgeldverfahren aus dem Jahr 2013, RVGreport 2014, 2; *ders.*, Die Grundgebühr im Straf- und Bußgeldverfahren, RVGreport 2014, 42; *ders.*, Rechtsprechungsübersicht zu den Teilen 4 – 7 VV RVG aus dem Jahr 2013 – Teil 1, RVGreport 2014, 90; *ders.*, Rechtsprechungsübersicht zu § 14 RVG in Straf- und Bußgeldsachen und sonstigen Verfahren – Teil 2, RVGreport 2014, 140; *ders.*, Die Rechtsprechung zur Abrechnung im Straf- und Bußgeldverfahren, insbesondere nach den Teil 4 und 5 VV RVG, in den Jahren 2011 – 2014, StraFo 2014, 137; *ders.*, Rechtsprechungsübersicht zu den Teilen 4 – 7 VV RVG aus dem Jahr 2013 – Teil 3, RVGreport 2014, 176; *ders.*, Rechtsprechungsübersicht zu den Teilen 4 – 7 VV RVG aus dem Jahr 2013 – Teil 1, StRR 2014, 248; *ders.*, Rechtsprechungsübersicht zu den Teilen 4 – 7 VV RVG aus dem Jahr 2013 – Paragrafenteil, VRR 2014, 254; *ders.*, 10 Jahre RVG – Rückblick und Ausblick zu den Teilen 4 und 5 VV RVG, oder auch: Was man sich noch wünschen könnte, RVGreport 2014, 250; *ders.*, Die Rechtsprechung zu § 14 RVG in Straf- und Bußgeldsachen in den Jahren 2011–2014, StraFo 2014, 273; *ders.*, So verlangen Sie vom Auftraggeber das Richtige (mit Checkliste), RVGprofessionell 2014, 116; *ders.*, Rechtsprechungsübersicht zu den Teilen 4 – 7 VV RVG aus dem Jahr 2013 – Teil 2, VRR 2014, 294; *ders.*, Rechtsprechungsübersicht zu § 14 RVG in Straf- und Bußgeldsachen (Teile 4 und 5 RVG), VRR 2014, 333; *ders.*, Rechtsprechungsübersicht zu den Teilen 4 – 7 VV RVG aus dem Jahr 2013 – Teil 2, StRR 2014, 373; *ders.*, Rechtsprechungsübersicht zu § 14 RVG in Straf- und Bußgeldsachen und sonstige Verfahren (Teile 4, 5 und 6 RVG), StRR 2014, 420; *ders.*, Fragen aus der Praxis zu Gebührenproblemen in Straf- und Bußgeldverfahren aus dem Jahr 2014, StRR 2015, 52; *ders.*, Rechtsprechungsübersicht zu den Teilen 4 – 7 RVG aus dem Jahr 2014 – Teil 1: Paragrafenteil des RVG, RVGreport 2015, 122; *ders.*, Rechtsprechungsübersicht zu den Teilen 4 – 7 RVG aus dem Jahr 2014 – Teil 1: Paragrafenteil des RVG, RVGreport 2015, 162; *ders.*, Strafrechtliche Mandate optimal abrechnen Aktuelles aus der Rechtsprechung, RVGprofessionell 88; *ders.*, Rechtsprechungsübersicht zu § 14 RVG in Straf- und Bußgeldsachen, RVGreport 2015, 202; *ders.*, News zur (Vernehmungs)Termingsgebühr Nr. 4102, 4103 VV RVG, StRR 2015, 213; *ders.*, Fragen aus der Praxis zu Gebührenproblemen in Straf – und Bußgeldverfahren aus dem Jahr 2014, RVGreport 2015, 242; *ders.*, Anwaltsvergütung für die Verteidigung in Verkehrsstraftaten, RVGreport 2015, 282; *ders.*, Anwaltsvergütung für die Verteidigung in Verkehrsordnungswidrigkeiten-Verfahren, RVGreport 2015, 322; *ders.*, Rechtsprechungsübersicht zu den Teilen 4 – 7 VV RVG aus dem Jahr 2014/2015 – Teil 1, StRR 2015, 330; *ders.*, Anwaltsvergütung für die Verteidigung in Schwurgerichtsverfahren, RVGreport 2015, 362; *ders.*, Rechtsprechungsübersicht zu den Teilen 4 – 7 VV RVG aus dem Jahr 2014 – Teil 2, StRR 2015, 370; *ders.*, Besonderheiten der Vergütung des Pflichtverteidigers/-beistands im Strafverfahren, RVGreport 200 2015, 406; *ders.*, Einzeltätigkeiten vollständig abrechnen, RVGprofessionell 2015, 2010, 210; *ders.*, Rechtsprechungsübersicht zu § 14 RVG in Straf- und Bußgeldsachen im Jahr 2014/2015, StRR 2015, 450; *ders.*, Anwaltsvergütung für Tätigkeiten im sog. Klageerzwingungsverfahren, RVGreport 2016, 2; *ders.*, Einzeltätigkeiten gewinnbringend abrechnen, RVGprofessionell 2016, 14; *ders.*, Fragen aus der Praxis zu Gebührenproblemen in

Straf- und Bußgeldverfahren aus dem Jahr 2015, RVGreport 2016, 42; **Enders**, Honorarvereinbarung des Strafverteidigers und spätere Bestellung zum Pflichtverteidiger, JurBüro 2002, 409; *ders.*, Umfang der anwaltlichen Tätigkeit, JurBüro 2004, 459; *ders.*, Schwierigkeit der anwaltlichen Tätigkeit, JurBüro 2004, 515; **Hauskötter**, Muster für eine Stundensatzvereinbarung, RVGprofessionell 2006, 109; *ders.*, Vergütungsvereinbarungen, Formvorschriften und Wirksamkeitsvoraussetzungen, RVGprofessionell 2006, 131; **Henke**, Urteilsanmerkung zu BGH vom 27.1.2005 – IX ZR 273/02 – Fünffache Überschreitung der gesetzlichen Vergütung unangemessen, AnwBl 2005, 585; **Hetzer**, Geldwäsche und Strafverteidigung, wistra 2000, 281; **Jungbauer**, Vergütungsvereinbarungen in der anwaltlichen Praxis, JurBüro 2006, 171; **Meixner**, Anwaltsvertrag mit Vergütungsvereinbarung: Gestaltungsmöglichkeiten des § 4 Abs. 1 S. 2 RVG, ZAP F. 26, S. 85; **Onderka**, So bestimmen Sie Ihren Gebührenrahmen richtig, RVGprofessionell 2004, 56; *dies.*, Was Sie bei Honorarvereinbarungen nach § 4 RVG beachten müssen, RVGprofessionell 2005, 38; *dies.*, Gebührenabrechnung beim Anwaltswechsel, RVGprofessionell 2006, 137; **Otto**, Die angemessenen Rahmengebühr nach dem RVG, NJW 2006, 1472; **N. Schneider**, Zur Höhe eines angemessenen Vorschusses, DAR 2015, 355; **Tsambikakis**, Die Vergütungsvereinbarung in Strafsachen, StraFo 2005, 446; s. i.Ü. auch die Hinw. bei → *Allgemeine Gebührenfragen, Allgemeines*, Teil D Rdn 2, und in *Burhoff* (Hrsg.), RVG Straf- und Bußgeldsachen, 4. Aufl. 2015, bzw. *Gerold/Schmidt*, RVG, 22. Aufl. 2015, bei den jeweiligen Vergütungsziffern.

28 **1.** Die **(gesetzlichen) Gebühren** des (Wahl-)Verteidigers richten sich auch für die strafverfahrensrechtlichen Rechtsmittel/Rechtsbehelfe grds. nach **Teil 4 VV RVG** bzw. im Bußgeldverfahren nach **Teil 5 VV RVG**.

> ☝ Da die Teile 4 und 5 VV RVG im Wesentlichen gleich gestaltet sind, wird nachfolgend grds. nur die Regelung des Teil 4 VV RVG dargestellt. Nur soweit für das Bußgeldverfahren (Teil 5 VV RVG) Besonderheiten gelten, wird gesondert auf Teil 5 VV RVG eingegangen (vgl. z.B. zur Abrechnung der Rechtsbeschwerde → *Rechtsbeschwerde, Gebühren*, Teil D Rdn 339).

29 **2.** Nach Vorbem. 4 Abs. 1 VV RVG entstehen die Gebühren des Teil 4 für **Wahlanwalt**, **Pflichtverteidiger** und sonstige Vertreter und Beistände von Verfahrensbeteiligten (zum persönlichen Geltungsbereich des Teil 4 VV s. Burhoff/*Burhoff*, RVG, Vorbem. 4 Rn 22 ff.; zu Teil 5 VV Burhoff/*Burhoff*, RVG Vorbem. 5 Rn 12 ff.).

> ☝ Die Gebühren entstehen nach der ausdrücklichen Regelung in Vorbem. 4 Abs. 1 VV RVG auch für einen **Zeugenbeistand**, der z.B. mit einem Zeugen an einem Berufungshauptverhandlungstermin teilgenommen hat (zur Abrechnung der Tätigkeit des Zeugenbeistands eingehend *Burhoff* RVGreport 2004, 458; 2006, 81; *ders.*, RVGreport 2011, 85; Burhoff/*Burhoff*, RVG, Vorbem. 4.1 VV Rn 5 ff:, Burhoff/*Volpert*, RVG, Vorbem. 4.3 VV Rn 29; Gerold/Schmidt/*Burhoff*, VV Einleitung Vorb. Teil 4 Abschnitt 1 Rn 5 f.). Die Frage der Abrechnung der Tätigkeit des Zeugenbeistandes ist allerdings in der (obergerichtlichen) Rspr. noch umstr. Teilweise wird die Tätigkeit – was falsch ist – von den Obergerichten als Einzeltätigkeit angesehen und Teil 4 Abschnitt 3 VV RVG angewendet (zum Stand der Rspr. *Burhoff* RVGreport 2011, 85

und die Zusammenstellungen bei Burhoff/*Burhoff*, RVG, Vorbem. 4.1 VV Rn 11 f.; s. auch noch die auf www.burhoff.de zusammengestellte Rspr.).

Dieser **Streit** hat sich durch **2. KostRMoG nicht erledigt**, da die (zunächst) geplante Klarstellung in Vorbem. 4 Abs. 1 VV RVG i.S.d. Auffassung, die von Teil 4 Abschnitt 1 VV RVG ausgeht, nicht Gesetz geworden ist (*Burhoff* RVGreport 2013, 330; *ders.*, StraFo 2013, 397; vgl. a. *Burhoff*, EV, Rn 4418, u. *Burhoff*, HV, Rn 3491, jew. m.w.N.).

3. Grundlage des gegen den Mandanten bestehenden Honoraranspruchs ist der mit diesem abgeschlossene **Geschäftsbesorgungsvertrag** (vgl. dazu *Burhoff*, EV, Rn 3644). 30

4.a) Der Rechtsanwalt/Verteidiger erhält für seine Tätigkeit als **Wahlanwalt Rahmengebühren** (zum Pflichtverteidiger → *Allgemeine Gebührenfragen, Pflichtverteidiger, Besonderheiten*, Teil D Rdn 9). Die Bemessung der konkreten Gebühr innerhalb des vorgegebenen Gebührenrahmens richtet sich nach **§ 14 Abs. 1 RVG** (vgl. eingehend Burhoff/*Burhoff*, RVG, Teil A: Rahmengebühren [§ 14], Rn 1549 ff., und die o.a. bei den Literaturhinweisen aufgeführten Rechtsprechungs-Übersichten zu § 14 RVG, die jährlich im RVGreport und im StRR erscheinen). 31

b) Grundlage der Bestimmung der angemessenen Gebühr sind die in **§ 14 Abs. 1 RVG aufgeführten Kriterien** (vgl. z.B. KG StV 2006, 198, und Burhoff/*Burhoff*, RVG, Teil A: Rahmengebühren [§ 14], Rn 1557 ff.; Burhoff/*Burhoff*, OWi, Rn 4100 ff.; *Enders* JurBüro 2004, 459; *Otto* NJW 2006, 1472 ff.; *Burhoff* RVGreport 2007, 252). 32

☝ Die Aufzählung ist **nicht abschließend**. Auch andere Umstände können bei der Bestimmung der Gebühr berücksichtigt werden. Diese anderen Kriterien stehen gleichwertig neben den in § 14 Abs. 1 RVG erwähnten (Burhoff/*Burhoff*, RVG, Teil A: Rahmengebühren [§ 14], Rn 1559 m.w.N.; AnwKomm-RVG/*Onderka*, § 14 Rn 23).

c) Im Einzelnen gilt 33

Übersicht: Bemessungskriterien

- Mit „**Umfang** der **anwaltlichen Tätigkeit**" ist vor allem der **zeitliche Aufwand** gemeint, den der Rechtsanwalt/Verteidiger auf die Führung des Mandats verwendet hat. Dazu zählen nicht nur die Zeiten, die der Verteidiger faktisch an bzw. in der Sache gearbeitet hat, sondern **auch** der **nutzlos erbrachte Aufwand** (Burhoff/*Burhoff*, RVG, Vorbem. 4 VV Rn 93 ff.; wegen der Einzelh. zum Umfang der anwaltlichen Tätigkeit Burhoff/*Burhoff*, RVG, Teil A: Rahmengebühren [§ 14], Rn 1566 ff.).
- Bei der „**Schwierigkeit** der **anwaltlichen Tätigkeit**" geht es um die qualitativen Anforderungen an die Arbeit des Verteidigers in rechtlicher und tatsächlicher Hinsicht (vgl. dazu Burhoff/*Burhoff*, RVG, Teil A: Rahmengebühren [§ 14], Rn 1547 ff.; *Enders*

JurBüro 2004, 516). Die Schwierigkeit muss allerdings nicht erheblich sein. Es reicht bei der Anwendung von § 14 Abs. 1 RVG aus, wenn die Sache etwas verwickelter als üblich ist. Für die Frage der „Schwierigkeit der anwaltlichen Tätigkeit" kommt es darauf an, ob es sich um eine **generell schwierige Sache** gehandelt hat.

- Bei der Bewertung der **Bedeutung** der **Angelegenheit** ist auf die **individuelle Bedeutung** für den **Mandanten** abzustellen (AnwKomm-RVG/*Onderka*, § 14 Rn 40; s. i.Ü. Burhoff/*Burhoff*, RVG, Teil A: Rahmengebühren [§ 14], Rn 1578 ff.).
- Von Bedeutung sind auch die **Vermögens-** und **Einkommensverhältnisse** des Mandanten. Auszugehen ist von den **durchschnittlichen Vermögensverhältnissen** in der Bundesrepublik Deutschland.
- Ausdrücklich erwähnt wird in § 14 Abs. 1 S. 3 RVG schließlich das **Haftungsrisiko** des Rechtsanwalts/Verteidigers. Berücksichtigt wird danach nicht nur ein besonderes Haftungsrisiko, sondern, da der Rechtsanwalt als Verteidiger für seine Tätigkeit **(Betrags-)Rahmengebühren** erhält, **jedes Haftungsrisiko** (wegen der Einzelh. Burhoff/*Burhoff*, RVG, Teil A: Rahmengebühren [§ 14], Rn 1594 ff.). Ein geringes Haftungsrisiko des Rechtsanwalts kann daher nicht als sich gebührenmindernd auswirkendes Bemessungskriterium i.S.d. § 14 Abs. 1 S. 3 RVG herangezogen werden (LG Potsdam NStZ-RR 2015, 63).

34 **d)** Bei der Bemessung der konkreten Gebühr muss der Verteidiger die o.a. Kriterien (vgl. Rdn 33) zugrunde legen und bestimmen, welche Gebühr seine Tätigkeit angemessen entlohnt. Die Bestimmung wird (nur) vom „**billigem Ermessen**" und dem **Betragsrahmen begrenzt** (vgl. dazu KG StV 2006, 198 m. Anm. *Burhoff* RVGreport 2007, 180; Burhoff/*Burhoff*, RVG, Teil A: Rahmengebühren [§ 14], Rn 1614 ff. m.w.N.). Die vom Verteidiger bestimmte Gebühr ist erst dann nicht mehr bindend, wenn sie um mehr als 20 % von der an sich angemessenen Gebühr abweicht (dazu in Fortführung der obergerichtlichen Rspr. zu § 12 BRAGO u.a. KG, a.a.O.; OLG Düsseldorf StRR 2011, 119; OLG Hamm StV 2007, 427 [Ls.]; OLG Koblenz, Beschl. v. 10.9.2007 – 1 Ws 191/07; OLG Köln AGS 2008, 32; 2008, 76; wegen weiterer Nachw. Burhoff/*Burhoff*, RVG, Teil A: Rahmengebühren [§ 14], Rn 1602). An eine einmal getroffene Bestimmung der angemessenen Gebühr ist der Rechtsanwalt gebunden (BGH NJW 2013, 3102; OLG Bamberg StRR 2011, 240 m. Anm. *Burhoff*; OLG Celle StraFo 2008, 398; OLG Jena StRR 2008, 158; OLG Karlsruhe RVGreport 2013, 188).

35 **5.** Reichen die gesetzlichen Rahmengebühren nicht aus, hat der Wahlanwalt die Möglichkeit eine **Pauschgebühr** zu beantragen. Nach **§ 42 RVG** kommt diese in „besonders schwierigen" oder „besonders umfangreichen" Verfahren in Betracht. Insoweit gilt grds. dasselbe wie beim Pflichtverteidiger (vgl. dazu → *Allgemeine Gebührenfragen, Besonderheiten, Pflichtverteidiger*, Teil D Rdn 17 ff., m.w.N.). Die Pauschgebühr für den Wahlanwalt ist allerdings auf das Doppelte der Wahlanwaltshöchstgebühr begrenzt.

☝ Der Antrag an das OLG (vgl. § 42 Abs. 1 S. 1 RVG) ist vor allem deshalb interessant, weil die vom **OLG festgestellte Gebühr** für ein Kostenfestsetzungsverfahren, das Vergütungsfestsetzungsverfahren (§ 11 RVG) und für Rechtsstreit des Rechtsanwalts auf Zahlung der Vergütung **bindend** ist (§ 42 Abs. 4 RVG; zu allem Burhoff/*Burhoff*, RVG, § 42 Rn 1 ff.; Burhoff/*Volpert*, RVG, § 52 Rn 99 ff.).

6.a) Nach § 3a RVG kann der (Wahl-)Verteidiger ohne besondere Voraussetzungen ein die gesetzlichen Gebühren übersteigende **Vergütung vereinbaren**). Diese Vereinbarung ist im Rechtsmittelverfahren, insbesondere, wenn es um die Begründung der Revision geht, in vielen Fällen auch (immer noch) notwendig, da die Tätigkeit des Verteidigers mit den gesetzlichen Gebühren zumindest auch in diesen Fällen nur unzureichend honoriert wird (zur Vergütungsvereinbarung und späteren Bestellung zum Pflichtverteidiger *Enders* JurBüro 2002, 409). 36

b) Hinweise für den Verteidiger! 37

Für die **Vereinbarung** einer Vergütung ist auf Folgendes **hinzuweisen** (Burhoff/*Burhoff*, RVG, Teil A: Vergütungsvereinbarung [§ 3a], Rn 2170 ff., *Mertens/Stuff/Mück*, Verteidigervergütung, Rn 5 ff., jeweils m.w.N.; *Tsambikakis* StraFo 2005, 446; *Burhoff* StRR 2008, 252 = VRR 2008, 254 und *Burhoff*, EV, Rn 2308 ff.):

- Die Vergütungsvereinbarung bedarf nach § 3a Abs. 1 S. 1 RVG lediglich der **Textform (§ 126b BGB)**. Der Verteidiger sollte aber aus Beweisgründen von Fax, Computerfax und/oder E-Mail/SMS Abstand nehmen (zur Textform BGH AGS 2012, 118; LG Görlitz AGS 2013, 320; wegen der Einzelh. zur Form Burhoff/*Burhoff*, RVG, Teil A: Vergütungsvereinbarung, [§ 3a], Rn 2195 ff.; *Burhoff* StRR 2008, 252 = VRR 2008, 254; s.a. die Komm. zu § 3a bei Gerold/Schmidt/*Mayer*, a.a.O., und bei AnwKomm-RVG/*N. Schneider*, a.a.O.).
- Die Vergütungsvereinbarung darf **nicht in** der **Vollmacht** enthalten sein. Üblich ist in der Praxis zwar die Verwendung einer vorformulierten Vergütungsvereinbarung, allerdings sollte der Verteidiger wegen der sich daraus ergebenden Anwendbarkeit der Vorschriften über die Allgemeinen Geschäftsbedingungen (s. § 310 Abs. 3 BGB) besser **individuelle Vereinbarungen** schließen (vgl. auch Burhoff/*Burhoff*, RVG, Teil A: Vergütungsvereinbarung, [§ 3a], Rn 2201 ff. m.w.N.).
- Die Erklärung muss nach § 3a Abs. 1 S. 2 RVG als **Vergütungsvereinbarung** oder in vergleichbarer Weise bezeichnet sein (vgl. dazu Burhoff/*Burhoff*, RVG, Teil A: Vergütungsvereinbarung, [§ 3a], Rn 2202).
- Die Vergütungsvereinbarung muss sich nach § 3a Abs. 1 S. 2 RVG von anderen Vereinbarungen **deutlich absetzen** (vgl. dazu u.a. BGH NJW 2004, 2818; MDR 2016, 182; OLG Karlsruhe AGS 2015, 114 m. Anm. *Burhoff* RVGreport 2015, 297; wegen

der Einzelh. Gerold/Schmidt/*Mayer*, § 3a Rn 9 ff.; Burhoff/*Burhoff*, RVG, Teil A: Vergütungsvereinbarung, [§ 3a], Rn 2204 ff.).

- § 3a Abs. 1 S. 3 RVG schreibt vor, dass die Vergütungsvereinbarung einen **Hinweis** darauf zu enthalten hat, dass die gegnerische Partei, ein Verfahrensbeteiligter oder die Staatskasse im Fall der Kostenerstattung regelmäßig **nicht** mehr als die gesetzliche Vergütung **erstatten** muss (dazu Burhoff/*Burhoff*, RVG, Teil A: Vergütungsvereinbarung, [§ 3a], Rn 2208).

38 **c)** Hinsichtlich der **Höhe** der vereinbarten Vergütung muss der Verteidiger die sich aus § 138 BGB und dem Berufsrecht, das in § 21 BerufsO die Regelung des § 3a RVG ergänzt, ergebenden Grenzen beachten. In dem Zusammenhang ist dann auch die sog. „**Quotienten-Rechtsprechung**" des BGH zu berücksichtigen (BGH NJW 2005, 2142 m. abl. Anm. von u.a. *Madert, Schneider* AGS 2005, 383 ff., *Henke*, AnwBl. 2005, 585; *Tsambikakis* StraFo 2005, 446; ähnlich OLG Frankfurt/Main StraFo 2006, 127 = AGS 2006, 127 m. Anm. *Madert* und *Hauskötter* zur Vereinbarung einer Vergütung für die Revisionsinstanz). Der BGH geht in dieser grds. davon aus, dass dann, wenn der Rechtsanwalt bei Strafverteidigungen eine **Vergütung** vereinbart, die **mehr** als das **Fünffache** über den gesetzlichen Höchstgebühren liegt, eine tatsächliche Vermutung dafür spricht, dass die Vergütung **unangemessen hoch** und das Mäßigungsgebot des § 3a Abs. 2 RVG verletzt ist. Die Vermutung einer unangemessen hohen Vergütung kann allerdings durch den Rechtsanwalt aber entkräftet werden. Voraussetzung für die Entkräftung der Vermutung ist, dass die vereinbarte Vergütung im konkreten Fall unter Berücksichtigung aller Umstände des § 14 Abs. 1 RVG angemessen ist (vgl. BGH NJW 2010, 1364; 2011, 63 m. Anm. *Schons* AGS 2011, 9 u. Anm. *Lübbersmann* StRR 2011, 161; wegen der Einzelh. vgl. auch Burhoff/*Burhoff*, RVG, Teil A: Vergütungsvereinbarung, [§ 3a], Rn 2215 ff.; Gerold/Schmidt/*Mayer*, § 3a Rn 21 ff.; OLG Frankfurt/Main StraFo 2006, 127, wo die für das Revisionsverfahren vereinbarte Vergütung die gesetzlichen Gebühren um fast das 30-fache überstieg).

☝ Deshalb ist es nach wie vor dringend geboten, alle für den Mandanten **erbrachten Tätigkeiten zeitlich** zu **erfassen**, um damit ggf. die vereinbarte Vergütung der Höhe nach belegen zu können.

Die o.a. Rechtsprechung des BGH (BGH NJW 2005, 2142) gilt nicht für die Vereinbarung einer Zeitvergütung (so auch BVerfG StV 2010, 89 mit Anm. *Burhoff* StRR 2009, 318; OLG Hamm StV 2007, 473; zweifelnd auch schon BGH NJW 2009, 3301; 243 [Ls]; AnwKomm-RVG/*Onderka*, § 3a Rn 114). Deshalb sollte der Verteidiger trotz der Modifikation in der BGH-Rechtsprechung **Zeithonorare vereinbaren**.

d) Muster einer Vergütungsvereinbarung 39

Das nachfolgende Muster für eine Vergütungsvereinbarung nach Stundensatz ist mit freundlicher Genehmigung entnommen *N. Schneider*, a.a.O., Rn 3075; vgl. auch noch *Burhoff*, EV, Rn 2313).

▼

D.1

Vergütungsvereinbarung

zwischen

Herrn Rechtsanwalt ,

– im Folgenden Anwalt,

und

Herrn ,

– im Folgenden Auftraggeber.

1. Inhalt des Mandats

Der Auftraggeber beauftragt den Anwalt, ihn im Revisionsverfahren des Strafverfahrens (StA beim LG Musterstadt, Az. 5 KLs 115 Js 1860/12) zu verteidigen. Der Verteidigerauftrag erstreckt sich auf das gesamte Revisionsverfahren einschließlich sämtlicher Nebenverfahren, insbesondere Beschwerdeverfahren, Haftprüfungsverfahren etc.

2. Vergütung

Für die unter Nr. 1 genannten Tätigkeiten erhält der Anwalt anstelle der gesetzlichen Gebühren eine Vergütung i.H.v. 280,00 € (in Worten: zweihundertundachtzig EUR) je Stunde.

Abgerechnet wird für jede angefangene halbe Stunde.

Der vereinbarte Stundensatz gilt auch für Fahrt- und Wartezeiten.

Lässt der Rechtsanwalt einzelne Tätigkeiten durch einen anderen Anwalt oder andere juristische Mitarbeiter ausführen, werden hierfür folgende Stundensätze in Rechnung gestellt:

- für Sozien des Rechtsanwalts 280,00 € (in Worten: zweihundertundachtzig EUR) je Stunde,
- für einen in der Kanzlei des Rechtsanwalt angestellten Rechtsanwalt 180,00 € (in Worten: einhundertundachtzig EUR) je Stunde.

3. Auslagen

Anstelle der gesetzlichen Auslagen erhält der Rechtsanwalt

- je Ablichtung eine Vergütung i.H.v. 1,00 € (in Worten: ein EUR),

- eine Postentgeltpauschale i.H.v. 5 % der vereinbarten Vergütung, maximal jedoch 500,00 € (in Worten: fünfhundert EUR),
- Fahrtkosten für die Reise mit dem Pkw i.H.v. 0,50 € (in Worten: fünfzig Cent) je gefahrenem Kilometer,
- für Geschäftsreisen ein Abwesenheitsentgelt bei einer Abwesenheit,

  von bis zu vier Stunden i.H.v. 50,00 € (in Worten: fünfzig EUR),

  von bis zu acht Stunden i.H.v. 80,00 € (in Worten: achtzig EUR),

  mehr als acht Stunden i.H.v. 100,00 € (in Worten: einhundert EUR).

Hinzu kommt die gesetzliche Umsatzsteuer zu dem zum Zeitpunkt Fälligkeit der Leistung des Auftraggebers maßgeblichen gesetzlichen Umsatzsteuersatz.

Soweit der Rechtsanwalt im Verlaufe des Mandats Kosten verauslagt, insbesondere Gerichtskosten, Gerichtsvollzieherkosten, Gebühren für Meldeamts- und Registeranfragen, Aktenversendungspauschalen etc., sind diese vom Auftraggeber auf Anforderung zu erstatten.

Zusätzlich sind vom Auftraggeber Kosten für die Anschaffung erforderlicher Spezialliteratur und Datenbankrecherchen zu erstatten.

4. Mindestvergütung

Unabhängig von den Vereinbarungen unter Nr. 2 ist mindestens die gesetzliche Vergütung geschuldet.

5. Vorschüsse

Der Rechtsanwalt ist jederzeit berechtigt, angemessene Vorschüsse zu verlangen.

6. Fälligkeit

Über die geleisteten Stunden wird dem Auftraggeber monatlich eine Abrechnung erteilt. Die danach jeweils abgerechnete Vergütung wird mit Erteilung der Abrechnung fällig.

7. Genehmigung von Zwischenabrechnungen

Die vom Rechtsanwalt abgerechneten Zeiten gelten als anerkannt, wenn der Auftraggeber nicht binnen einer Frist von vier Wochen der Abrechnung widerspricht.

Der Rechtsanwalt wird dem Auftraggeber zu Beginn der Widerspruchsfrist auf die vorgesehene Genehmigung durch widerspruchslosen Fristablauf besonders hinweisen.

8. Hinweise an den Auftraggeber

Der Auftraggeber wird darauf hingewiesen, dass

- die vereinbarte Vergütung die gesetzliche Vergütung übersteigt,

- die vereinbarte Vergütung, soweit sie die gesetzliche Vergütung übersteigt, im Obsiegensfalle von der Staatskasse nicht zu erstatten ist,
- die vereinbarte Vergütung, soweit sie die gesetzliche Vergütung übersteigt, vom Rechtsschutzversicherer nicht übernommen wird.

9. Kostenerstattungsansprüchen

Bis zur Höhe der dem Rechtsanwalt nach dieser Vereinbarung zustehenden Vergütung werden ihm bereits jetzt eventuelle Kostenerstattungsansprüche gegen Dritte (insbesondere gegen die Staatskasse) zur Sicherung seiner Vergütungsansprüche abgetreten. Der Rechtsanwalt ist berechtigt, die Erstattungsansprüche einzuziehen und auf seine Vergütungsansprüche zu verrechnen.

_____, den _____

Auftraggeber Rechtsanwalt

▲

7. Gem. § 9 RVG kann der Verteidiger von seinem Mandanten einen **angemessenen (Honorar-)Vorschuss** auf die voraussichtlich entstehenden Gebühren und Auslagen verlangen (vgl. wegen der Einzelh. die Komm. bei Burhoff/*Burhoff*, RVG, Teil A: Vorschuss vom Auftraggeber [§ 9], Rn 2363 ff.; *Burhoff* RVGreport 2011, 365; *ders.*, RVGprofessionell 2014, 116). Entschließt er sich dazu, sollte er darüber eine schriftliche (Honorar-)Vereinbarung treffen. Bei der **Bemessung** des angemessenen Vorschusses können die gesamten voraussichtlich anfallenden Gebühren in Höhe der Mittelgebühr zugrunde gelegt werden (vgl. auch *N. Schneider* DAR 2015, 355). Es kann zudem Vorschuss auch auf solche Gebühren verlangt werden, deren Berechnungsvoraussetzungen erst im weiteren Verlauf der zu erwartenden anwaltlichen Tätigkeit vorliegen (zu allem Burhoff/*Burhoff*, RVG, Teil A: Vorschuss vom Auftraggeber [§ 9], Rn 2372 ff.; *Burhoff* RVGreport 2011, 365 ff., jew. m.w.N.). 40

Siehe auch: → *Allgemeine Gebührenfragen, Allgemeines*, Teil D Rdn 1, m.w.N.; → *Allgemeine Gebührenfragen, Pflichtverteidiger, Besonderheiten*, Teil D Rdn 4, m.w.N.; → *Kostenfestsetzung, Beschwerde*, Teil D Rdn 267; → *Kostenfestsetzung, Erinnerung*, Teil D Rdn 302; → *Wertfestsetzung, Beschwerde*, Teil D Rdn 553; → *Wertfestsetzung, weitere Beschwerde*, Teil D Rdn 576.

41 Anfechtung von Justizverwaltungsakten, (§§ 23 ff. EGGVG), Gebühren

Das Wichtigste in Kürze:

1. Bei der Anfechtung von Justizverwaltungsakten nach den §§ 23 ff. EGGVG handelt es sich gebührenrechtlich um „ähnliche Verfahren" i.S.d. Überschrift zu Teil 3 VV RVG.
2. Für die Tätigkeit im Verfahren nach den § 23 ff. EGGVG entsteht eine Verfahrensgebühr nach Nr. 3100 VV i.V.m. Vorbem. 3.1 VV RVG.
3. Ggf. entsteht in Ausnahmefällen auch eine Terminsgebühr.
4. Die Höhe der Gebühren richtet sich nach dem Gegenstandswert.

42 **Literaturhinweise:** **Burhoff**, Die Abrechnung (förmlicher/formloser) Rechtsbehelfe im Straf- und Bußgeldverfahren, StRR 2012, 172; *ders.*, Die Abrechnung förmlicher und formloser Rechtsbehelfe im Straf- und Bußgeldverfahren, RVGreport 2013, 213; **Volpert**, Tätigkeiten im Strafvollzug richtig abrechnen, RVGprofessionell 2006, 214; *ders.*, Beratungshilfegebühren in Angelegenheiten des Strafrechts, StRR 2010, 333; *ders.*, Vergütung des Rechtsanwalts in Verfahren nach dem Strafvollzugsgesetz, RVGreport 2012, 362; s. i.Ü. bei → *Allgemeine Gebührenfragen, Allgemeines*, Teil D Rdn 2, und bei → *Allgemeine Gebührenfragen, Besonderheiten Pflichtverteidiger*, Teil D Rdn 5.

43 **1.a)** Bei der Anfechtung von Justizverwaltungsakten nach den §§ 23 ff. EGGVG (vgl. → *Justizverwaltungsakte, Anfechtung [§§ 23 ff. EGGVG], Allgemeines*, Teil B Rdn 309) handelt es sich gebührenrechtlich um „ähnliche Verfahren" i.S.d. Überschrift zu Teil 3 VV RVG (OLG Zweibrücken StraFo 2010, 515 = RVGreport 2011, 140 = StRR 2010, 480 = NStZ-RR 2011, 32 = Rpfleger 2011, 116; LG Wiesbaden, Beschl. v. 11.9.2014 – 2 Qs 69/14; *Burhoff* StRR 2012, 172; *ders.*, RVGreport 2013, 213). Für die hat das RVG in Teil 6 VV RVG keine besondere Regelung getroffen. Die Abrechnung erfolgt daher nach Teil 3 VV RVG (eingehend dazu *Volpert* RVGreport 2012, 362 zugleich auch zu den Gebühren für die Vertretung im außergerichtlichen Verfahren; Burhoff/*Burhoff/Volpert*, RVG, Teil A: Verfahren nach dem Strafvollzugsgesetz und ähnliche Verfahren, Rn 2088 ff.; Burhoff/Kotz/*Volpert*, Nachsorge, Teil J Rn 345; zur Abrechnung anderer Anträge auf gerichtliche Entscheidung → *Anträge auf gerichtliche Entscheidung, Abrechnung*, Teil D Rdn 62).

☝ In den Verfahren nach den §§ 23 ff. EGGVG kann nach § 29 Abs. 3 EGGVG i.V.m. §§ 114 ff. ZPO **PKH** gewährt werden (→ *Justizverwaltungsakte, Anfechtung [§§ 23 ff. EGGVG], Prozesskostenhilfe, Beiordnung*, Teil B Rdn 450).

44 **b)** Die Gebühren, die der Rechtsanwalt nach Teil 3 VV RVG für seine Tätigkeit im Verfahren nach §§ 23 ff. EGGVG verdient, entstehen **zusätzlich zu** den **Gebühren**, die ggf.

für die **Tätigkeit** im **Strafverfahren** nach Teil 4 VV RVG entstehen. Darauf hat ausdrücklich das OLG Zweibrücken (vgl. StraFo 2010, 515 m. Anm. *Burhoff* StRR 2010, 480; vgl. auch noch LG Wiesbaden, Beschl. v. 11.9.2014 – 2 Qs 69/14) für das Verfahren betreffend die Zurückstellung der Strafvollstreckung nach § 35 BtMG hinsichtlich betäubungsmittelabhängiger Straftäter abgerechnet hingewiesen. Danach war in dem Fall für das Verfahren gegenüber der StA die Nrn. 4204 f. VV RVG abzurechnen. Für die Tätigkeiten im Verfahren nach den §§ 23 ff. EGGVG, in dem die ablehnenden Entscheidung der StA angegriffen wird, fallen – so ausdrücklich das OLG Zweibrücken (a.a.O.) – dann noch die Gebühren nach Teil 3 VV RVG an. Diese seien nicht etwa durch die Gebühren nach Teil 4 Abschnitt 2 VV RVG abgegolten.

☝ Es ist nur konsequent diese Rspr. auf andere §§ 23 ff.-EGGVG-Verfahren als solche aus dem Bereich der Strafvollstreckung entsprechend anzuwenden. Das bedeutet: Der Rechtsanwalt erhält ggf. als Verteidiger die Gebühren nach **Teil 4 Abschnitt 1 VV RVG** und für den Antrag nach den § 23 ff. EGGVG die Gebühren nach **Teil 3 VV RVG**.

2. Für die Tätigkeit im Verfahren nach den § 23 ff. EGGVG entsteht eine **Verfahrensgebühr** nach **Nr. 3100 VV** i.V.m. Vorbem. 3.1 VV RVG (OLG Zweibrücken StraFo 2010, 515; LG Wiesbaden, Beschl. v. 11.9.2014 – 2 Qs 69/14; *Volpert* RVGreport 2012, 362; Burhoff/*Burhoff/Volpert*, RVG, Teil A: Verfahren nach dem Strafvollzugsgesetz und ähnliche Verfahren, Rn 2088 ff.). 45

Diese Verfahrensgebühr entsteht nach Vorbem. 3.2 VV RVG für das „**Betreiben** des **Geschäfts** einschließlich der Information“. Diese Formulierung entspricht der aus Teil 4 Abs. 2 VV RVG, sodass auf → *Verfahrensgebühr, Abgeltungsbereich*, Teil D Rdn 431, verwiesen werden kann. Die Verfahrensgebühr deckt also **sämtliche Tätigkeiten** des Rechtsanwalts/Verteidigers im Zusammenhang mit dem Antrag auf gerichtliche Entscheidung ab. Dazu gehören die Informationserteilung ebenso wie die Vorbereitung, Fertigung und Erstellung des Antrags. Auch die Entgegennahme der Entscheidung des OLG und deren Besprechung mit dem Mandanten werden von der Gebühr erfasst (Burhoff/*Burhoff/Volpert*, RVG, Teil A: Verfahren nach dem Strafvollzugsgesetz und ähnliche Verfahren, Rn 2088). 46

☝ Endigt der Auftrag bevor der Rechtsanwalt den Antrag nach §§ 23 ff. EGGVG eingereicht hat, gilt **Nr. 3101 VV RVG**. Der Gebührensatz reduziert sich auf 0,8.

3. In den Nrn. 3104 ff. VV RVG sind zwar **Terminsgebühren** vorgesehen. Diese können jedoch in den §§ 23 ff. EGGVG-Verfahren nicht entstehen, da das OLG nach § 29 Abs. 2 EGGVG i.V.m. §§ 304 ff. StPO ohne mündliche Verhandlung entscheidet. Ggf. kann eine Terminsgebühr nach Vorbem. 3 Abs. 3 Alt. 3 VV RVG entstehen, wenn der Verteidiger/Rechtsanwalt z.B. mit der Vollzugsbehörde ein Gespräch zur weiteren Verfahrensvermeidung führt (*Volpert* RVGreport 2012, 362, 363). 47

48 **4.** Die Höhe der Gebühren richtet sich nach dem **Gegenstandswert**. Insoweit gilt jetzt nach den Änderungen durch das 2. KostRMoG § 36 GNotKG (bis zum 31.7.2013: § 30 Abs. 3 EGGVG i.V.m. § 30 KostO). Der Gegenstandswert wird damit nach § 36 Abs. 1 GNotKG grds. nach freiem/billigem Ermessen bestimmt. **I.d.R.** beträgt der Gegenstandswert **5.000,00 €** (vgl. § 36 Abs. 3 GNotKG; bis zum 31.7.2013 3.000,00 €). Er kann je nach Lage des Falls niedriger oder höher festgesetzt werden, darf jedoch die Grenze von 1.000.000 € (bis zum 31.3.2013: 500.000,00 €) nicht überschreiten (zur Festsetzung des Gegenstandswertes → *Wertfestsetzung, Beschwerde*, Teil D Rdn 559; s. *Volpert* RVGreport 2012, 362, 364; Burhoff/Kotz/*Volpert*, Nachsorge, Teil J Rn 351).

☝ Der Gegenstandswert wird vom OLG **festgesetzt** (§ 79 Abs. 1 GNotKG). Der Beschluss ist **unanfechtbar** (§ 83 Abs. 1 S. 5 i.V.m. § 81 Abs. 3 S. 3 GNotKG).

Siehe auch: → *Allgemeine Gebührenfragen, Allgemeines*, Teil D Rdn 1, m.w.N.; → *Anträge auf gerichtliche Entscheidung, Gebühren*, Teil D Rdn 62; → *Wertfestsetzung, Beschwerde*, Teil D Rdn 553; → *Wertfestsetzung, weitere Beschwerde*, Teil D Rdn 576.

49 Anhörungsrüge (§ 356a), Abrechnung

Das Wichtigste in Kürze:

1. Für den Revisionsverteidiger, der also im Strafverfahren den vollen Verteidigungsauftrag erhalten, gehört die Anhörungsrüge nach § 19 Abs. 1 S. 2 Nr. 5 RVG zum Rechtszug.
2. Ist der Rechtsanwalt mit der Anhörungsrüge nur als Einzeltätigkeit i.S.v. Teil 4 Abschnitt 3 VV RVG bzw. von Teil 5 Abschnitt 2 VV RVG befasst, werden seine Tätigkeiten als Einzeltätigkeiten mit einer Verfahrensgebühr nach Nr. 4302 Ziff. 2 VV RVG bzw. Nr. 5200 VV RVG abgerechnet.
3. Wird die Anhörungsrüge zurückgewiesen, muss im Zurückweisungsbeschluss über die Kosten entschieden werden.

50 **Literaturhinweise: Burhoff**, Die Abrechnung (förmlicher/formloser) Rechtsbehelfe im Straf- und Bußgeldverfahren, StRR 2012, 172; *ders.*, Die Abrechnung förmlicher und formloser Rechtsbehelfe im Straf- und Bußgeldverfahren, RVGreport 2013, 213; s.a. die Hinw. bei → *Allgemeine Gebührenfragen, Allgemeines*, Teil D Rdn 2, und bei den u.a. Stichwörtern.

51 **1.** Anhörungsrügen sind vorgesehen im strafverfahrensrechtlichen Revisionsverfahren nach **§ 356a**, im JGG-Verfahren nach **§ 55 Abs. 4 JGG** bzw. im bußgeldrechtlichen Rechtsbeschwerdeverfahren nach **§ 79 Abs. 3 OWiG** i.V.m. 356a (vgl. dazu → *JGG-*

Besonderheiten, Anhörungsrüge, Teil A Rdn 657; → *Revision, Anhörungsrüge*, Teil A Rdn 2022; → *Anhörungsrüge, Allgemeines*, Teil B Rdn 1, m.w.N. Für die Abrechnung gilt:

a) Für den Revisionsverteidiger, der also im **Strafverfahren** den **vollen Verteidigungsauftrag** erhalten, gehört die Anhörungsrüge nach § 19 Abs. 1 S. 2 Nr. 5 RVG zum Rechtszug (vgl. Burhoff/*Burhoff*, RVG, Teil A: Rechtszug [§ 19], Rn 1763 ff.). Der Verteidiger erhält für die anfallenden Tätigkeiten also **keine gesonderte Vergütung** (AnwKomm-RVG/*N. Schneider/Wolf u.a.*, § 19 Rn 65). Die im Rahmen einer Anhörungsrüge erbrachten Tätigkeiten werden durch die Verfahrensgebühr Nr. 4130 VV RVG mitabgegolten (→ *Verfahrensgebühr, Abgeltungsbereich*, Teil D Rdn 431). 52

Der Wahlanwalt muss also die für den Mandanten erbrachten Tätigkeiten im Rahmen des § 14 Abs. 1 RVG **gebührenerhöhend** geltend machen (vgl. Burhoff/*Burhoff*, RVG, Teil A: Rechtszug [§ 19], Rn 1763). Beim Pflichtverteidiger sind sie ggf. im Rahmen einer Pauschgebühr nach § 51 RVG anzumelden. 53

b) Für die Tätigkeit des (Voll) Verteidigers im Rahmen einer Anhörungsrüge im **JGG-Verfahren** (§ 55 Abs. 4 JGG i.V.m. § 356a) oder im **Bußgeldverfahren** (§ 79 Abs. 23 OWiG i.V.m. § 356a) gelten die vorstehenden Ausführungen bei Rdn 52 f. entsprechend. 54

2.a) Ist der Rechtsanwalt mit der Anhörungsrüge nur als **Einzeltätigkeit** i.S.v. Teil 4 Abschnitt 3 VV RVG bzw. von Teil 5 Abschnitt 2 VV RVG befasst, was in der Praxis selten vorkommen dürfte, werden seine Tätigkeiten als Einzeltätigkeiten mit einer **Verfahrensgebühr** nach Nr. 4302 Ziff. 2 VV RVG bzw. Nr. 5200 VV RVG abgerechnet (Burhoff/*Volpert*, RVG, Nr. 4302 VV Rn 10 für die vergleichbaren Fälle der Anhörungsrüge und Nachholung des rechtlichen Gehörs). 55

> ☝ Eine **Grundgebühr** Nr. 4100 VV RVG entsteht **nicht** zusätzlich (u.a. OLG Düsseldorf AGS 2009, 14; OLG Köln RVGreport 2007, 306; OLG Schleswig StV 2006, 206).
>
> Erhält der Rechtsanwalt nach einer (erfolgreichen) Anhörungsrüge den vollen Verteidigungsauftrag, wird er also nun für den Mandanten im eigentlichen Verfahren tätig, wird die für die Einzeltätigkeit entstandene Verfahrensgebühr auf die weiteren Gebühren **angerechnet** (vgl. Vorbem. 4.3 Abs. 4 VV; Nr. 5200 Anm. 4 VV).
>
> Bei **mehreren Einzeltätigkeiten** ist auf die Beschränkung der Vorbem. 4.3 Abs. 3 S. 2 VV RVG i.V.m. § 15 Abs. 6 RVG, zu achten.

b) Die jeweilige **Verfahrensgebühr** deckt **alle Tätigkeiten** in Zusammenhang mit der Anhörungsrüge ab. Dies können sein die Entgegennahme der Information des Mandanten, die Fertigung und Einreichung der Anhörungsrüge beim zuständigen Gericht, die Beratung des Mandanten usw. 56

3. Wird die Anhörungsrüge **zurückgewiesen**, muss im Zurückweisungsbeschluss über die **Kosten** entschieden werden (OLG Jena zfs 2008, 233; OLG Köln NStZ 2006, 181; 57

OLG Nürnberg NJW 2007, 1013 [entsprechende Anwendung von § 473 Abs. 7]; wohl auch BGH wistra 2007, 158). Für die Zurückweisung der Anhörungsrüge entsteht nämlich nach Nr. 3920 KV GKG eine Gebühr von 60,00 € (vgl. auch BGH, Beschl. v. 5.3.2012 – 1 StR 571/11).

Siehe auch: → *Rechtsbeschwerde, Allgemeines*, Teil A Rdn 1053; → *Revision, Allgemeines*, Teil A Rdn 2006, m.w.N.; → *JGG-Besonderheiten. Anhörungsrüge*, Teil A Rdn 657; → *Nachholung des rechtlichen Gehörs (§§ 33a, 311a), Abrechnung*, Teil D Rdn 334; → *Rechtsbeschwerde, Gebühren*, Teil D Rdn 339; → *Revision, Gebühren*, Teil D Rdn 355; → *Revision, Verfahrensgebühr*, Teil D Rdn 379; → *Verfahrensgebühr, Abgeltungsbereich*, Teil D Rdn 431.

58 Anträge auf Feststellung der Rechtswidrigkeit, Abrechnung

59 **Literaturhinweise:** **Burhoff**, Die Abrechnung (förmlicher/formloser) Rechtsbehelfe im Straf- und Bußgeldverfahren, StRR 2012, 172; *ders.*, Die Abrechnung förmlicher und formloser Rechtsbehelfe im Straf- und Bußgeldverfahren, RVGreport 2013, 213; s.a. die Hinw. bei → *Allgemeine Gebührenfragen, Allgemeines*, Teil D Rdn 2, und bei den u.a. Stichwörtern.

60 **1.** Im Straf- und Bußgeldverfahren sind an verschiedenen Stellen Anträge auf Feststellung der Rechtswidrigkeit einer Maßnahme vorgesehen, so z.B. in § 98 Abs. 2 S. 2 oder in § 101 Abs. 7 (vgl. dazu → *Antrag auf gerichtliche Entscheidung, Allgemeines*, Teil B Rdn 93, m.w.N.; s.a. *Burhoff*, EV, Rn 487, 771, 1538, 3220 ff.) oder in § 62 OWiG. Für die gebührenrechtliche Behandlung dieser Anträge gilt: Diese Anträge führen **nicht** zu einer **besonderen gebührenrechtliche Angelegenheit**, für die in Teil 4 oder in Teil 5 VV RVG eine besondere Gebühr vorgesehen wäre. Diese Anträge werden vielmehr nach den **allgemeinen Regeln** abgerechnet/abgegolten.

61 **2.** Das bedeutet:

- Beim Wahlanwalt, der den **vollen Verteidigungs-/Vertretungsauftrag** erhalten hat, werden sie durch die Verfahrensgebühr, die für das jeweilige Verfahren/den Verfahrensabschnitt, in dem der Antrag gestellt wird, anfällt, mitabgegolten. Auf die entsprechend geltenden Ausführungen bei → *Anträge auf gerichtliche Entscheidung, Abrechnung*, Teil D Rdn 62 ff., wird verwiesen.
- Ist der Rechtsanwalt mit einem Antrag auf Feststellung der Rechtswidrigkeit nur als **Einzeltätigkeit** i.S.v. Teil 4 Abschnitt 3 VV RVG bzw. von Teil 5 Abschnitt 2 VV RVG befasst, gelten die Ausführungen bei → *Anträge auf gerichtliche Entscheidung, Abrechnung*, Teil D Rdn 67 ff., entsprechend. Es entsteht also ggf. eine Verfahrens-

gebühr nach Nr. 4302 Ziff. 2 VV RVG bzw. nach Nr. 4302 Ziff. 3 VV RVG bzw. im Bußgeldverfahren nach Nr. 5200 VV RVG.

Siehe auch: → *Antrag auf gerichtliche Entscheidung, Allgemeines*, Teil B Rdn 93, m.w.N.; → *Allgemeine Gebührenfragen, Allgemeines*, Teil D Rdn 1; → *Anträge auf gerichtliche Entscheidung, Abrechnung*, Teil D Rdn 62; → *Verfahrensgebühr, Abgeltungsbereich*, Teil D Rdn 431; → *Verfahrensgebühr, Allgemeines*, Teil D Rdn 442, m.w.N.; → *Wiedereinsetzungsverfahren, Abrechnung*, Teil D Rdn 634.

Anträge auf gerichtliche Entscheidung, Abrechnung 62

Das Wichtigste in Kürze:

1. Bei der Tätigkeit des Rechtsanwalts in Zusammenhang mit einem Antrag auf gerichtliche Entscheidung handelt es sich nicht um eine besondere gebührenrechtliche Angelegenheit, für die eine besondere Gebühr vorgesehen wäre.
2. Hat der Rechtsanwalt für das Verfahren, in dem er den Antrag auf gerichtliche Entscheidung stellt, den vollen Verteidigungs-/Vertretungsauftrag erhalten, wird der Antrag durch die anfallende Verfahrensgebühr mitabgegolten.
3. Ist der Rechtsanwalt mit einem Antrag auf gerichtliche Entscheidung nur als Einzeltätigkeit i.S.v. Teil 4 Abschnitt 3 VV RVG bzw. von Teil 5 Abschnitt 2 VV RVG befasst, entsteht nur eine Verfahrensgebühr nach Teil 4 Abschnitt 3 VV RVG bzw. nach Nr. 5200 VV RVG.

Literaturhinweise: **Burhoff**, Die Abrechnung (förmlicher/formloser) Rechtsbehelfe im Straf- und Bußgeldverfahren, StRR 2012, 172; *ders.*, Die Abrechnung förmlicher und formloser Rechtsbehelfe im Straf- und Bußgeldverfahren, RVGreport 2013, 213; s.a. die Hinw. bei → *Allgemeine Gebührenfragen, Allgemeines*, Teil D Rdn 2, und bei den u.a. Stichwörtern. 63

1. Im Straf- und Bußgeldverfahren sind an verschiedenen Stellen Anträge auf gerichtliche Entscheidung vorgesehen; so z.B. in §§ 111l Abs. 4, 147a Abs. 5 S. 2, 161a Abs. 3, 163a Abs. 2 StPO, 62 OWiG; wegen der Einzelh. → *Antrag auf gerichtliche Entscheidung, Allgemeines*, Teil B Rdn 93, m.w.N.; *Burhoff*, EV, Rn 487 ff.; Burhoff/*Gieg*, OWi, Rn 414 ff.) Für die gebührenrechtliche Behandlung dieser Anträge gilt: Diese Anträge führen **nicht** zu einer **besonderen gebührenrechtliche Angelegenheit**, für die in Teil 4 oder in Teil 5 VV RVG eine besondere Gebühr vorgesehen wäre. Das bedeutet: 64

2.a) Hat der Rechtsanwalt für das Verfahren, in dem er den Antrag auf gerichtliche Entscheidung stellt, den **vollen Verteidigungs-/Vertretungsauftrag** erhalten, wird der Antrag durch die Verfahrensgebühr, die für das jeweilige Verfahren/den Verfahrensabschnitt, in dem der Antrag gestellt wird, anfällt, mitabgegolten (AG Betzdorf AGS 2009, 390; AG Sinzig Jur- 65

Büro 2008, 249; unzutreffend a.A. LG Potsdam RVGreport 2014, 347 m. Anm. *Burhoff* StRR 2014, 277, das für einen Antrag auf gerichtliche Entscheidung, um die Rechtmäßigkeit der Ermittlungsmaßnahme überprüfen bzw. deren Rechtswidrigkeit feststellen zu lassen, von einer Einzeltätigkeit ausgeht; → *Verfahrensgebühr, Abgeltungsbereich*, Teil D Rdn 431). Insoweit gelten die Ausführungen bei → *Wiedereinsetzungsverfahren, Abrechnung*, Teil D Rdn 634, entsprechend. Abgegolten durch die jeweilige Verfahrensgebühr werden also auch die Tätigkeiten des Rechtsanwalts im Hinblick auf eine ggf. statthafte Beschwerde gegen einen den Antrag ablehnenden Beschluss (vgl. dazu → *Antrag auf gerichtliche Entscheidung, Allgemeines*, Teil B Rdn 81 ff.; → *Beschwerde, Gebühren*, Teil D Rdn 160; a. noch *Burhoff*, EV, Rn 497; Burhoff/*Gieg*, OWi, Rn 436).

☝ Die vorstehenden Ausführungen gelten **nicht** für den Antrag nach **§§ 23 ff. EGGVG** und nicht für den Antrag auf gerichtliche Entscheidung nach § 172 Abs. 2 StPO (sog. **Klageerzwingungsverfahren**): Wegen der Abrechnung dieser Verfahren/Anträge → *Anfechtung von Justizverwaltungsakten, (§§ 23 ff. EGGVG), Gebühren*, Teil D Rdn 41 ff., und → *Klageerzwingungsverfahren, Gebühren*, Teil D Rdn 252 ff.

66 **b)** Der Wahlanwalt muss also die für den Mandanten in Zusammenhang mit einem Antrag auf gerichtliche Entscheidung erbrachten Tätigkeiten im Rahmen des § 14 Abs. 1 RVG **gebührenerhöhend** geltend machen (*Burhoff* in der Anm. zu LG Potsdam RVGreport 2014, 347 = StRR 2014, 277). Beim Pflichtverteidiger sind sie ggf. bei einer Pauschgebühr nach § 51 RVG anzumelden.

67 **3.a)** Ist der Rechtsanwalt mit einem Antrag auf gerichtliche Entscheidung nur als **Einzeltätigkeit** i.S.v. Teil 4 Abschnitt 3 VV RVG bzw. von Teil 5 Abschnitt 2 VV RVG befasst, gelten die Ausführungen bei → *Wiedereinsetzungsverfahren, Abrechnung*, Teil D Rdn 634, entsprechend. Es entsteht also ggf. eine Verfahrensgebühr nach Nr. 4302 Ziff. 2 VV RVG (AnwKomm-RVG/*N. Schneider*, VV 4302 Rn 10) bzw. nach Nr. 4302 Ziff. 3 VV RVG bzw. im Bußgeldverfahren nach Nr. 5200 VV RVG.

☝ Eine **Grundgebühr** Nr. 4100 VV RVG entsteht **nicht** zusätzlich (OLG Düsseldorf AGS 2009, 14; OLG Köln RVGreport 2007, 306; OLG Schleswig StV 2006, 206).

68 Die jeweilige Verfahrensgebühr deckt **alle Tätigkeiten** in Zusammenhang mit dem Antrag auf gerichtliche Entscheidung ab Auch insoweit kann auf → *Wiedereinsetzungsverfahren, Abrechnung*, Teil D Rdn 639 ff., verwiesen werden.

69 **b)** Erhält der Rechtsanwalt den Auftrag gegen einen den Antrag auf gerichtliche Entscheidung ablehnenden Beschluss **sofortige Beschwerde** einzulegen, gilt die Darstellung bei → *Wiedereinsetzungsverfahren, Abrechnung*, Teil D Rdn 641, entsprechend: Im Strafverfahren kann also die Verfahrensgebühr Nr. 4302 Ziff. 1 VV RVG entstehen. Im **Bußgeld-**

verfahren ist die Tätigkeit im Beschwerdeverfahren durch die Verfahrensgebühr Nr. 5200 VV RVG mitabgegolten.

☝ Erhält der Rechtsanwalt nach einem (erfolgreichen) Antrag auf gerichtliche Entscheidung den vollen Verteidigungsauftrag, wird er also nun für den Mandanten im eigentlichen Verfahren tätig, wird die für die Einzeltätigkeit entstandene Verfahrensgebühr auf die weiteren Gebühren **angerechnet** (vgl. Vorbem. 4.3 Abs. 4 VV RVG bzw. Nr. 5200 Anm. 4 VV RVG).

Bei **mehreren Einzeltätigkeiten** ist auf die Beschränkung der Vorbem. 4.3 Abs. 3 S. 2 VV RVG bzw. Nr. 5200 Anm. 2 S. 2 VV RVG, jeweils i.V.m. § 15 Abs. 6 RVG, zu achten.

Siehe auch: → *Antrag auf gerichtliche Entscheidung, Allgemeines*, Teil B Rdn 93, m.w.N.; → *Allgemeine Gebührenfragen, Allgemeines*, Teil D Rdn 1, m.w.N.; → *Verfahrensgebühr, Abgeltungsbereich*, Teil D Rdn 431; → *Verfahrensgebühr, Allgemeines*, Teil D Rdn 442, m.w.N.; → *Wiedereinsetzungsverfahren, Abrechnung*, Teil D Rdn 634.

Auslagen, Allgemeines 70

Literaturhinweise: s. die Hinweise bei → *Allgemeine Gebührenfragen, Allgemeines*, vor Teil D Rdn 2, sowie die umfangreichen Hinw. bei Burhoff/*Volpert*, RVG, Teil A: Auslagen aus der Staatskasse (§ 46 Abs. 1 und 2), vor Rn 140, bei Burhoff/*Schmidt*, RVG, Vorbem. 7 VV, vor Rn 1, und bei Burhoff/Kotz/*Volpert*, Nachsorge, Teil J Rn 98. 71

1. Zur **Vergütung** des Rechtsanwalts gehören nach **§ 1 Abs. 1 S. 1 RVG** neben den Ge- 72
bühren auch die ihm entstandenen Auslagen. Denn seine Vergütung setzt sich nach der Legaldefinition in § 1 Abs. 1 RVG aus den „Gebühren und Auslagen" zusammen.

Grundlage der Geltendmachung der Auslagen gegenüber dem Mandanten ist für den 73
Wahlanwalt der mit dem Mandanten geschlossene Geschäftsbesorgungsvertrag. Aus den §§ 675, 670 BGB ergibt sich, dass der Rechtsanwalt für Aufwendungen, die er den Umständen nach für erforderlich halten durfte, Ersatz vom Auftraggeber verlangen kann.

Für den beigeordneten oder bestellten Rechtsanwalt, also i.d.R. den **Pflichtverteidiger**, 74
enthält § 46 RVG die Regelungen zum Auslagenersatzanspruch aus der Staatskasse. Die Staatskasse hat die Auslagen und Aufwendungen für Tätigkeiten des Rechtsanwalts zu erstatten, die von der gerichtlichen Beiordnung oder Bestellung erfasst werden (vgl. AnwKomm-RVG/*Fölsch*, § 46 Rn 25; Burhoff/*Volpert*, RVG, Teil A: Auslagen aus der Staatskasse [§ 46 Abs. 1 und 2], Rn 140 ff.).

☝ Eine **Sonderregelung** gilt für Nachforschungen zur Vorbereitung eines **Wiederaufnahmeverfahrens**. Diese werden dem Pflichtverteidiger nach § 46 Abs. 3 S. 1 RVG nur vergütet, wenn der Rechtsanwalt nach § 364b Abs. 1 S. 1 StPO bestellt worden ist oder wenn das Gericht die Feststellung nach § 364b Abs. 1 S. 2 StPO getroffen hat. Das gilt nach § 46 Abs. 3 S. 2 RVG auch im gerichtlichen Bußgeldverfahren (§ 85 Abs. 1 OWiG).

75 **2.** Nach Vorbem. 7 Abs. 1 S. 1 VV RVG werden die **allgemeinen Geschäftsunkosten**, wie z.B. die Kosten der Unterhaltung der Kanzlei, die an Angestellte gezahlten Gehälter oder die Kosten für Anschaffung von Material (z.B. Literatur, Papier usw.) mit den Gebühren abgegolten (wegen weiterer Einzelh. Burhoff/*Schmidt*, RVG, Vorbem. 7 VV Rn 8 f.). Darüber hinaus kann der Rechtsanwalt – auch der beigeordnete oder bestellte Rechtsanwalt – nach §§ 675, 670 BGB Ersatz der ihm entstandenen und zur sachgemäßen Durchführung der Angelegenheit **notwendigen Aufwendungen** verlangen (Vorbem. 7 Abs. 1 S. 2 VV RVG bzw. § 46 Abs. 2 S. 3 RVG). Die Aufwendungen sind grds. in voller Höhe zu erstatten, soweit in Nrn. 7000 ff. VV nichts anderes bestimmt ist.

76 Beim **Pflichtverteidiger** obliegt aufgrund der negativen Fassung von § 46 Abs. 1 RVG im Festsetzungsverfahren der **Staatskasse** die **Beweislast** dahin, dass die geltend gemachten Auslagen zur sachgemäßen Wahrnehmung der Interessen der Partei nicht erforderlich waren (BVerfG NJW 2003, 1443; KG RVGreport 2006, 109; StRR 2008, 398 m. Anm. *Burhoff*; OLG Brandenburg AGS 2007, 400; StRR 2014, 264; OLG Düsseldorf RVGreport 2008, 259; OLG Hamm RVGreport 2006, 230; OLG Stuttgart StraFo 2016, 87; Burhoff/*Volpert*, Teil A: Auslagen aus der Staatskasse [§ 46 Abs. 1 und 2], Rn 141) Das gilt jedoch nicht, wenn gewichtige Gründe dafür ersichtlich sind, nach denen einzelne Auslagen unnötig verursacht wurden und zur sachgemäßen Durchführung der Angelegenheit nicht erforderlich waren (u.a. OLG Brandenburg RVGreport 2007, 182).

☝ Maßgeblich ist, ob der Rechtsanwalt die Aufwendungen **im Zeitpunkt ihrer Veranlassung** für erforderlich halten durfte. Eine **rückwirkende Betrachtung** scheidet daher im Regelfall aus (KG StRR 2008, 398 m. Anm. *Burhoff* RVGreport 2008, 302; Burhoff/*Volpert*, Teil A: Auslagen aus der Staatskasse [§ 46 Abs. 1 und 2], Rn 142).

77 **3.** Die Auslagen sind im Wesentlichen in den **Nrn. 7000 ff. VV RVG geregelt**. Hier können aus Platzgründen nicht alle Einzelh. der ggf. entstehenden Auslagen dargestellt werden. Es wird insoweit verwiesen auf Burhoff/*Volpert*, Teil A: Auslagen aus der Staatskasse [§ 46 Abs. 1 und 2], Rn 145 ff. und auf die Komm. der Nrn. 7000 ff. RVG bei Burhoff/*Schmidt*, RVG, a.a.O. Die möglicherweise entstehenden Auslagen sind zusammengestellt in folgendem

78 **Überblick: Auslagen**

- **Dokumentenpauschale** für Ablichtungen aus Behörden- oder Gerichtsakten (Nr. 7000 Ziff. 1a VV RVG (vgl. dazu Burhoff/*Volpert*, Teil A: Auslagen aus der Staatskasse

[§ 46 Abs. 1 und 2], Rn 145 ff., und Burhoff/*Schmidt*, RVG, Nr. 7000 VV Rn 1 ff.; zu Anfertigung von Kopien aus den Akten s. auch *Burhoff*, EV, Rn 160 ff.),

- Entgelte für Post- und **Telekommunikationsdienstleistungen** (Nr. 7001, 7002 VV RVG), insbesondere auch die Aktenversendungspauschale (vgl. dazu Burhoff/*Volpert*, Teil A: Auslagen aus der Staatskasse [§ 46 Abs. 1 und 2], Rn 165 ff., *Volpert*, RVGreport 2015, 442, und Burhoff/*Schmidt*, RVG, Nr. 7001 VV Rn 1 ff. und Nr. 7002 VV Rn 1),
- **Reisekosten** (Nr. 7003 – 7006 VV RVG), also Geschäftsreisen für z.B. Besuche des Angeklagten in der JVA usw. (vgl. dazu Burhoff/*Volpert*, Teil A: Auslagen aus der Staatskasse [§ 46 Abs. 1 und 2], Rn 170 ff., und die Kommentierung bei Burhoff/*Schmidt*, RVG, Nr. 7003 ff. VV Rn 1 ff.),
- **Umsatzsteuer** (Nr. 7008 VV RVG) (vgl. dazu vgl. dazu Burhoff/*Volpert*, Teil A: Auslagen aus der Staatskasse [§ 46 Abs. 1 und 2], Rn 191 ff., und Burhoff/*Schmidt*, RVG, Nr. 7008 VV Rn 1 ff.),
- ggf. **Dolmetscherkosten** (vgl. dazu Burhoff/*Volpert*, Teil A: Auslagen aus der Staatskasse [§ 46 Abs. 1 und 2], Rn 203 ff., und Burhoff/*Schmidt*, RVG, Vorbem. 7 VV Rn 13),
- **Übersetzungskosten** (vgl. dazu Burhoff/*Volpert*, Teil A: Auslagen aus der Staatskasse [§ 46 Abs. 1 und 2], Rn 207).

4. Für die **Absicherung** der Auslagenerstattung gilt: 79

a) Der **Wahlverteidiger** sollte ggf. in eine **Vergütungsvereinbarung** aufnehmen, dass 80
der Angeklagte die Kosten für bestimmte Auslage, wie z.B. für Kopien oder Reisen, in bestimmter, vom RVG abweichender Höhe zu tragen hat zu einem Muster betreffend Kopien Burhoff/*Burhoff*, RVG, Teil A: Vergütungsvereinbarung [§ 3a], Rn 1571 ff.).

b) Der **Pflichtverteidiger** hat die Möglichkeit, nach **§ 46 Abs. 2 S. 3 RVG** vorzugehen. Er 81
kann also einen Antrag stellen, dass bestimmte entstehende Auslagen, wie z.B. Dolmetscher- oder Reisekosten, erforderlich sind (s.a. *Hansens* BRAGOreport 2002, 186, in der Anm. zu OLG Frankfurt/Main, a.a.O.; Burhoff/*Volpert*, RVG, Teil A: Auslagen aus der Staatskasse [§ 46 Abs. 1 und 2], Rn 156; Gerold/Schmidt/*Müller-Rabe*, § 46 Rn 91). Eine andere Möglichkeit zur Klärung ist, insoweit einen Vorschuss aus der Staatskasse gem. § 47 RVG zu verlangen (s. auch *Burhoff* RVGreport 2011, 327).

Siehe auch: → *Allgemeine Gebührenfragen, Allgemeines*, Teil D Rdn 1, m.w.N.; → *Allgemeines Gebührenfragen, Besonderheiten, Pflichtverteidiger*, Teil D Rdn 4; → *Allgemeine Gebührenfragen, Wahlverteidiger*, Teil D Rdn 26, m.w.N.

82 Berufung, Gebühren

Das Wichtigste in Kürze:

1. Im Berufungsverfahren können die Gebühren nach den Nrn. 4124 ff. VV RVG entstehen.
2. Das Berufungsverfahren ist gegenüber dem erstinstanzlichen gerichtlichen Verfahren eine eigene Angelegenheit i.S.d. § 15 Abs. 2 S. 1 RVG.
3. Die Vorschriften der Nrn. 4124 ff. VV RVG gelten für die in Vorbem. 4 Abs. 1 VV RVG genannten Verfahrensbeteiligten.
4. Die Gebühren für das Berufungsverfahren sind strukturell ebenso gegliedert wie die für das erstinstanzliche Verfahren.
5. Das Berufungsverfahren beginnt mit der Einlegung der Berufung nach § 314.
6. Auch im Berufungsverfahren kann die zusätzliche Verfahrensgebühr Nr. 4142 VV RVG entstehen.
7. Ist ein Adhäsionsverfahren anhängig, in dem der Rechtsanwalt tätig wird, entstehen ggf. die Gebühren Nr. 4143, 4144 VV RVG.
8. Zu den im Berufungsverfahren ggf. zu erstattenden Kosten gehört grds. auch die Verfahrensgebühr Nr. 4124 VV RVG.

83 **Literaturhinweise:** **Burhoff**, Berufung im Strafverfahren So rechnen Sie nach dem RVG ab, RVGprofessionell 2004, 156; *ders.*, Abrechnungsbeispiele zum RVG Berufungsinstanz, RVGreport 2006, 284; *ders.*, Die zusätzliche Verfahrensgebühr des Verteidigers bei Einziehung und verwandten Maßnahmen, RVGreport 2006, 412; *ders.*, ABC der Gegenstandswerte im Straf- und Bußgeldverfahren, RVGreport 2011, 281; *ders.*, Die anwaltliche Vergütung im strafverfahrensrechtlichen Berufungsverfahren, RVGreport 2012, 165; *ders.*, Die Erstattung/Festsetzung der Verfahrensgebühr für das strafverfahrensrechtliche Rechtsmittelverfahren im Fall der Rechtsmittelrücknahme der Staatsanwaltschaft, RVGreport 2014, 410; *ders.*, Die zusätzliche Verfahrensgebühr Nr. 4141 VV RVG – Teil 1: Allgemeines, Mitwirkung und Gebührenhöhe, RVGreport 2015, 3; *ders.*, Die zusätzliche Verfahrensgebühr Nr. 4141 VV RVG – Teil 2, Die Fälle der zusätzlichen Verfahrensgebühr, RVGreport 2015, 42; **Fromm**, Zusätzliche Verfahrensgebühr nach Nr. 5116 VV RVG bei Verfallsverfahren gem. § 29a OWiG, JurBüro 2008, 507; **Meyer**, Zusätzliche Vergütung des Rechtsanwalts für die Vertretung im straf-/bußgeldrechtlichen Einziehungsverfahren pp. – VV RVG 4142, 5116, JurBüro 2005, 355; s. i.Ü. die Hinw. bei den u.a. Stichwörtern und bei → *Allgemeine Gebührenfragen, Allgemeines*, Teil D Rdn 2.

84 **1.** Die Gebühren, die im Berufungsverfahren entstehen können, sind in Teil 4 Abschnitt 1 Unterabschnitt 3 – Gerichtliches Verfahren – Berufung VV RVG geregelt. Anfallen können danach die Gebühren nach den **Nrn. 4124 ff. VV RVG**.

85 **2.** Das Berufungsverfahren ist gegenüber dem erstinstanzlichen gerichtlichen Verfahren eine **eigene Angelegenheit** i.S.d. § 15 Abs. 2 S. 1 RVG (vgl. a. Burhoff/*Burhoff*, RVG, Teil A: Angelegenheiten [§§ 88 ff.], Rn 66). Werden **mehrere Berufungen**, also z.B. vom Angeklagten und von der StA, eingelegt, kommt es darauf an, ob diese sich gegen dieselbe Entscheidung oder gegen verschiedene Entscheidungen richten. Richten sich

die Berufungen gegen dieselbe Entscheidung, liegt lediglich eine Angelegenheit vor mit der Folge, dass die Gebühren Nrn. 4124 ff. VV RVG nur einmal entstehen (OLG München AGS 2008, 224 m. Anm. *Burhoff* RVGreport 2008, 137 für die Revision). Der durch die mehreren Berufungen entstehende höhere Arbeitsaufwand des Rechtsanwalts muss aber im Rahmen des § 14 Abs. 1 RVG berücksichtigt werden (Burhoff/*Burhoff*, RVG, Teil 4 Abschnitt 1 Unterabschnitt 3 VV Rn 3 ff. m. Beispielen).

☝ Im Fall einer sog. **Sperrberufung** der StA können die Gebühren nach Nr. 4130 VV RVG und Nr. 4124 VV RVG nebeneinander entstehen (LG Hamburg StraFo 2014, 526).

3.a) Die Vorschriften der Nrn. 4124 ff. VV RVG gelten für die in Vorbem. 4 Abs. 1 VV RVG genannten Verfahrensbeteiligten (vgl. dazu Burhoff/*Burhoff*, RVG, Vorbem. 4 VV Rn 5 ff.). Das wird i.d.R. der **Vollverteidiger** sein. Hat der Rechtsanwalt nicht den vollen Verteidigungsauftrag für das Berufungsverfahren erhalten, sondern ist ihm nur eine **Einzeltätigkeit** übertragen worden, gelten nicht die Nrn. 4124 ff. VV RVG sondern Teil 4 Abschnitt 3 VV RVG. Das ist z.B. der Fall, wenn der Rechtsanwalt nur damit beauftragt worden ist, die Berufung einzulegen oder zu begründen (vgl. dazu Rdn 87). Es gilt allerdings der Grundsatz, dass der Rechtsanwalt i.d.R. den vollen Auftrag erhält (vgl. u.a. KG StraFo 2005, 439; 2007, 41; OLG Schleswig StV 2006, 206). 86

b) Ist der Verteidiger nicht Vollverteidiger, sondern nur mit **Einzeltätigkeiten** beauftragt, ist zu **unterscheiden**: 87

- Ist der Rechtsanwalt nur mit der **Einlegung** der Berufung beauftragt, entsteht dafür eine Gebühr Nr. 4302 Ziff. 1 VV RVG.
- Für die **Anfertigung** oder die **Unterzeichnung** der **Berufungsbegründung** entsteht die Verfahrensgebühr Nr. 4301 Ziff. 2 1. Alt. VV RVG, soweit dem Rechtsanwalt diese Tätigkeiten als Einzeltätigkeiten übertragen worden sind. Hat der Rechtsanwalt zunächst Berufung eingelegt und ist dafür eine Gebühr Nr. 4302 Ziff. 1 VV RVG entstanden, wandelt sich diese nach der Anm. zu Nr. 4301 VV RVG in eine Gebühr nach Nr. 4301 Ziff. 2 VV RVG um, wenn der Rechtsanwalt später die Berufung begründet.
- Gibt der Rechtsanwalt im Rahmen einer Einzeltätigkeit eine **Gegenerklärung** zur Berufung eines anderen Verfahrensbeteiligten ab, entsteht eine Gebühr Nr. 4301 Ziff. 2 2. Alt. VV RVG).
- Ist der Rechtsanwalt nur damit beauftragt, dem Mandanten im Berufungsverfahren **Beistand** zu leisten, entsteht eine Verfahrensgebühr Nr. 4302 Nr. VV RVG.
- Für die Beistandsleistung in der **Berufungs-HV** erhält der Rechtsanwalt die Nr. 4301 Ziff. 4 VV RVG.

☝ Bei **(mehreren) Einzeltätigkeiten** ist über die Vorbem. 4.3 Abs. 3 VV RVG **§ 15 Abs. 6 RVG** zu beachten: Danach darf der Rechtsanwalt nicht mehr an Gebühren erhalten, als der mit der vollen Verteidigung beauftragte Rechtsanwalt erhalten würde (vgl. wegen der Einzelh. Burhoff/*Volpert*, RVG, Vorbem. 4.3 VV Rn 69 ff. m.w.N.).

88 **4.a)** Allgemein gilt: Die Gebühren für das Berufungsverfahren sind strukturell ebenso gegliedert **wie** die für das **erstinstanzliche Verfahren**. Der Verteidiger erhält also für das Betreiben des Geschäfts die Verfahrensgebühr Nr. 4124 VV RVG und für jeden HV-Tag im Berufungsverfahren eine Terminsgebühr Nr. 4126 VV RVG.

89 **b)** Im Berufungsverfahren können also folgende **Gebühren** entstehen:

- **Grundgebühr** Nr. 4100 VV RVG, wenn der Rechtsanwalt erst im Berufungsverfahren beauftragt wird (→ *Grundgebühr, Allgemeines*, Teil D Rdn 228, m.w.N.), diese entsteht immer neben der Verfahrensgebühr),
- **Verfahrensgebühr** Nrn. 4124 f. VV RVG (→ *Berufung, Verfahrensgebühr*, Teil D Rdn 106),
- **Terminsgebühr** Nrn. 4126 f. VV RVG für die Teilnahme an einem Berufungs-HV-Termin (→ *Berufung, Terminsgebühr*, Teil D Rdn 99),
- Terminsgebühr **Nr. 4102 VV RVG** für die Teilnahme an einem der dort genannten Termine, wenn dieser während des Berufungsverfahrens stattfindet (wegen der Einzelh. zu diesen Terminen vgl. die Kommentierung der Nr. 4102 VV RVG bei Burhoff/*Burhoff*, RVG, a.a.O., oder bei Gerold/Schmidt/*Burhoff*, a.a.O.),
- Zusätzliche Verfahrensgebühr Nr. 4141 VV RVG (sog. **Befriedungsgebühr**; → *Berufung, Zusätzliche Verfahrensgebühr [Nr. 4141 VV RVG]*, Teil D Rdn 115),
- Zusätzliche Verfahrensgebühr Nr. 4142 VV RVG (**Einziehungsgebühr** (vgl. Rdn 93),
- Zusätzliche Verfahrensgebühren Nrn. 4143, 4144 VV RVG (**Adhäsionsverfahren**; vgl. Rdn 96),
- Zusätzliche Gebühr nach Nrn. 1000 ff. VV RVG bei einer **Einigung** im Rahmen eines Adhäsionsverfahrens (zur Einigungsgebühr Burhoff/*Volpert*, RVG, Teil: Einigungsgebühr [Nrn. 1000, 1003, 1005], Rn 678 ff.),
- **Auslagen** nach Nr. 7000 ff. VV RVG (→ *Auslagen, Allgemeines*, Teil D Rdn 70).

☝ Befindet sich der Mandant nicht auf freiem Fuß, werden auf die jeweiligen Gebühren **Haftzuschläge** gewährt (Vorbem. 4 Abs. 4 VV RVG; → *U-Haft-Fragen, Gebühren*, Teil D Rdn 414).

90 **5.** Für **Beginn** und **Ende** des Berufungsverfahrens gilt:

91 **a)** Das **Berufungsverfahren beginnt** mit der Einlegung der Berufung nach § 314. Die Einlegung der Berufung selbst gehört allerdings für den Verteidiger, der bereits in der ersten Instanz tätig war, nach § 19 Abs. 1 S. 2 Nr. 10 RVG noch zum gerichtlichen Verfahren

des ersten Rechtszuges (OLG Hamm AGS 2006, 547 [für Revision]; Gerold/Schmidt/*Burhoff*, VV 4124, 4125 Rn 5; Burhoff/*Burhoff*, RVG, Nr. 4124 VV Rn 3; s. auch OLG Karlsruhe AGS 2009, 19 [für das Zivilrecht; sog. Abwicklungstätigkeiten). Jede danach für den Mandanten erbrachte Tätigkeit führt aber zur Verfahrensgebühr Nr. 4124 VV RVG (OLG Jena JurBüro 2006, 365 [für die Akteneinsicht in der Revisionsinstanz]; Mayer/Kroiß/*Kroiß*, Nr. 4130 – 4135 VV Rn 9 für die Revision). Diese Tätigkeit muss nicht nach außen erkennbar sein (BGH NJW 2013, 312; OLG Naumburg JurBüro 2012, 312; Burhoff/*Burhoff*, RVG, Vorbem. 4 VV Rn 36 m.w.N.; unzutreffend a.A. offenbar KG StraFo 2006, 432; RVGreport 2010, 351, jeweils für den vergleichbaren Fall in der Revisionsinstanz; OLG Koblenz NStZ 2007, 423; LG Koblenz JurBüro 2009, 198). Ausreichend ist z.B. die (weitere) Beratung des Mandanten oder die Aufnahme von Gesprächen mit der StA mit dem Ziel, dass diese die von ihr eingelegte Berufung zurücknimmt (LG Köln StV 2007, 481 [Ls.]; zur Erstattungsfähigkeit der Verfahrensgebühr Nr. 4124 VV RVG im Fall der Rücknahme der Berufung durch die StA s. Rdn 98). Auch kann es ausreichen, wenn der Verteidiger den Mandanten berät, ob und mit welchem Ziel das Rechtsmittel weiter durchgeführt werden soll (LG Hannover StraFo 2014, 526), allerdings wohl nicht bei einer nur vorsorglich eingelegten Berufung (LG Hannover, a.a.O.).

☝ War der Verteidiger **erstinstanzlich** überhaupt **noch nicht** oder nicht als **Verteidiger** tätig, beginnt für ihn das Berufungsverfahren mit der Erteilung des Auftrags, das Rechtsmittel einzulegen. Die Einlegung der Berufung wird dann von der Gebühr Nr. 4124 VV RVG erfasst (s. Burhoff/*Burhoff*, RVG, Vorbem. 4.1 VV Rn 38).

b) Das **Berufungsverfahren endet** mit dem Abschluss der Berufungsinstanz. Das ist **92**
nicht die Verkündung des Urteils, die Rücknahme der Berufung oder die Einstellung des Verfahrens. Vielmehr werden auch darüber hinausgehende Tätigkeiten noch von der Verfahrensgebühr Nr. 4124 VV RVG als sog. Abwicklungstätigkeiten erfasst (vgl. dazu [für das Zivilrecht] OLG Karlsruhe AGS 2009, 19). Dies kann z.B. die Beratung des Mandanten über die Einlegung der Revision sein. Auch die Einlegung der Revision wird nach § 19 Abs. 1 Nr. 10 RVG für den Verteidiger der Berufungsinstanz noch durch die Verfahrensgebühr Nr. 4124 VV RVG abgegolten (zur Revision → *Revision, Allgemeines*, Teil A Rdn 2006, m.w.N.).

6.a) Auch im Berufungsverfahren kann die **zusätzliche Verfahrensgebühr Nr. 4142 VV** **93**
RVG für Tätigkeiten des Rechtsanwalts im Hinblick auf Einziehung oder verwandte Maßnahmen entstehen (wegen der allgemeinen Einzelh. zu dieser Gebühr u.a. Burhoff/*Burhoff*, RVG, Nr. 4142 VV Rn 1 ff.; Gerold/Schmidt/*Burhoff*, VV 4142 Rn 1 ff.). Nach Anm. 3 zu Nr. 4142 VV RVG entsteht die Gebühr nämlich in jedem Rechtszug, also auch für das Berufungsverfahren.

94 Hinsichtlich des **Entstehens** der Gebühr Nr. 4142 VV RVG ist darauf zu achten, dass die Gebühr keine gerichtliche Tätigkeit des Rechtsanwalts voraussetzt, sondern auch bei einer bloß beratenden Tätigkeit entsteht (KG RVGreport 2005, 390; OLG Dresden, Beschl. v. 8.11.2006 – 3 Ws 80/06; OLG Düsseldorf RVGreport 2011, 228; OLG Karlsruhe StV 2008, 373; OLG Koblenz StV 2008, 372; OLG Oldenburg NJW 2010, 884 m. Anm. *Burhoff* StRR 2010, 356; LG Essen AGS 2006, 501; AG Minden AGS 2012, 66). Die bloße (außergerichtliche) Beratung des Mandanten über eine ggf. drohende Einziehung führt also bereits zum Anfall der Gebühr.

☝ Die Verfahrensgebühr Nr. 4142 VV RVG entsteht auch dann neben der Verfahrensgebühr Nr. 4124 VV RVG, wenn z.B. die Berufung auf die Anordnung des Verfalls **beschränkt** wurde (OLG Hamm RVGreport 2012, 152 m. Anm. *Pott* StRR 2012, 158; LG Detmold, Beschl. v. 31.5.2011, 4 Qs 86/11).

95 **b)** Da es sich bei der Nr. 4142 VV RVG um eine Wertgebühr handelt, richtet sich diese nach dem **Gegenstandswert** (wegen der Einzelh. zum Gegenstandswert bei der Nr. 4142 VV RVG s. Burhoff/*Burhoff*, RVG, Nr. 4142 VV Rn 37 ff.; Gerold/Schmidt/*Burhoff*, VV 4142 Rn 18; *Burhoff* RVGreport 2011, 281). Für den Gegenstandswert und damit für die Höhe der Verfahrensgebühr Nr. 4142 VV RVG maßgeblich sind die zum Zeitpunkt des Entstehens der Gebühr erkennbaren Anhaltspunkten in der Verfahrensakte; nachträglich Änderungen haben auf die bereits entstandene Gebühr keinen Einfluss (mehr) (KG NStZ-RR 2005, 358; OLG Karlsruhe StraFo 2007, 438; OLG Oldenburg NJW 2010, 884; RVGreport 2011, 393 für Verfall; OLG Stuttgart RVGprofessionell 2010, 170). Das kann z.B. von Bedeutung sein, wenn vom LG im Berufungsurteil eine niedrigere Summe „Dealgeld" für verfallen erklärt wird als im amtsgerichtlichen Urteil (vgl. OLG Oldenburg, a.a.O., für das Verhältnis Anklage/Urteil). Zur Anfechtung einer Wertfestsetzung s. → *Wertfestsetzung, Beschwerde*, Teil D Rdn 553, und → *Wertfestsetzung, weitere Beschwerde*, Teil D Rdn 576).

96 **7.a)** Ist ein **Adhäsionsverfahren** anhängig, in dem der Rechtsanwalt tätig wird, entstehen ggf. die Gebühren Nr. 4143, 4144 VV RVG (wegen der Einzelh. der zusätzlichen Verfahrensgebühren Nr. 4143, 4144 VV RVG Burhoff/*Burhoff*, RVG, Nr. 4143 VV Rn 1 ff. und Nr. 4144 VV Rn 1 ff.). Auch diese Gebühren sind als Wertgebühren vom Gegenstandwert abhängig (vgl. *Burhoff* RVGreport 2011, 281; zur Wertfestsetzung → *Wertfestsetzung, Beschwerde*, Teil D Rdn 560).

☝ Richtet sich die Berufung ausschließlich gegen eine Entscheidung über die **vermögensrechtlichen Ansprüche**, entstehen keine Gebühren nach Nrn. 4124 ff. VV RVG, sondern gem. Vorbem. 4.3 Abs. 2 VV RVG nur die nach Nr. 4144 VV RVG.

b) Für den **Gebührensatz** gilt: 97

- Werden die Ansprüche erstmalig im Berufungsverfahren geltend gemacht, entsteht die Gebühr nur nach Nr. 4143 VV RVG, da dann ein „Berufungsverfahren … über vermögensrechtliche Ansprüche“ nicht vorliegt (Burhoff/*Burhoff*, RVG, Nr. 4143 VV Rn 30 und Nr. 4144 VV Rn 5). Der Rechtsanwalt erhält dann also nur das Doppelte der vollen Gebühr des § 13 RVG.
- Waren die Ansprüche bereits Gegenstand der ersten Instanz, entsteht die Gebühr aus dem Satz der Nr. 4144 VV RVG, also in Höhe des 2,5-Fachen der vollen Gebühr des § 13 RVG.

☝ Unerheblich für die Höhe der Gebühren ist, ob der **Rechtsanwalt erstmalig** im Berufungsverfahren tätig wird (Burhoff/*Burhoff*, RVG, Nr. 4144 VV Rn 7).

8. In Rspr. und Lit. besteht Streit, ob zu den im Berufungsverfahren zu **erstattenden Kosten** 98
auch die Verfahrensgebühr Nr. 4124 VV RVG gehört, wenn die StA ihre zulasten des Angeklagten eingelegte Berufung nach Beauftragung eines Rechtsanwalts durch den Angeklagten, aber vor Begründung des Rechtsmittels durch die StA zurückgenommen hat (vgl. § 473 Abs. 2 S. 1). Dazu wird – wohl überwiegend in der Rspr. – vertreten, dass dann die Verfahrensgebühr Nr. 4124 VV RVG, die mit Auftragserteilung und Information des Mandanten durch den Rechtsanwalt entstanden ist (vgl. Rdn 9), nicht erstattungsfähig i.S.d. §§ 473 Abs. 2 S. 1, 464 a Abs. 2 Nr. 2 i.V.m. § 91 Abs. 2 ZPO sein soll (vgl. aus der Rechtsprechung – teilweise die entsprechende Problematik bei der Revision betreffend – u.a. KG StraFo 2006, 432; JurBüro 2010, 599 für die Revisionsinstanz; StRR 2011, 387 [ausdrücklich für die Nr. 4124 VV RVG]); OLG Bremen NStZ-RR 2011, 391; LG Verden VRR 2012, 323 [Ls.]; wegen weit. Nachw. s. Gerold/Schmidt/*Burhoff*, VV Einl. 4124, 4125 Rn 7 und *Burhoff* RVGreport 2014, 410). Zur Begründung wird darauf verwiesen, dass es sich um eine nutzlose Tätigkeit handle, da der Angeklagte mangels Begründung der Berufung das Ziel der Berufung gar nicht kenne. Das ist unzutreffend. Denn der Angeklagte hat ab Einlegung der Berufung durch die StA Handlungs- und Beratungsbedarf, so z.B. über den weiteren Gang des Verfahrens usw. (so zutreffend LG Dortmund, Beschl. v. 25.11.2015 – 31 Qs 83/15; LG München I StRR 2015, 78 m. Anm. *Werning*; AG Iserlohn StraFo 2011, 530). Der hängt nicht etwa von der Begründung der Berufung ab. Zudem ist die Rechtsprechung auch nicht konsequent. Denn wird einerseits vom „verständigen und erfahrenen Verteidiger“ erwartet, dass er vor dem Eingang der Berufungsbegründung „auf voreilige Überlegungen, spekulative Beratungen sowie auf Mutmaßungen über Umfang und Erfolgsaussichten des Rechtsmittels“ verzichtet, kann man nicht andererseits davon ausgehen, dass der Verteidiger/Rechtsanwalt das ohne nennenswerten Zeitaufwand auch dem Angeklagten begreiflich machen kann (so aber KG, a.a.O.). Denn wird die Tätigkeit erwartet, dann ist sie notwendig und nicht nutzlos und es kann Erstattung der Nr. 4124 VV RVG verlangt

werden (wie hier Burhoff/*Burhoff*, RVG, Nr. 4124 VV Rn 30 ff. mit Argumentationshilfen; *Burhoff* RVGreport 2014, 410; AnwKomm-RVG/*N. Schneider*, VV 4124–4125 Rn 13 m.w.N.; *Meyer-Goßner/Schmitt*, § 464a Rn 10 m.w.N. [i.d.R.]); *Hartmann*, KostG, VV 4124 Rn 7; s.u.a. a. noch LG Dortmund, a.a.O.; LG Köln StV 2007, 481 [Ls.]; LG München, a.a.O.).

Siehe auch: → *Berufung, Allgemeines*, Teil A Rdn 1, m.w.N.; → *Allgemeine Gebührenfragen, Allgemeines*, Teil D Rdn 1, m.w.N.; → *Berufung, Terminsgebühr*, Teil D Rdn 99; → *Berufung, Verfahrensgebühr*, Teil D Rdn 106; → *Berufung, Zusätzliche Verfahrensgebühr (Nr. 4141 VV RVG)*, Teil D Rdn 115; → *Wertfestsetzung, Beschwerde*, Teil D Rdn 553; → *Wertfestsetzung, weitere Beschwerde*, Teil D Rdn 576; → *Zurückverweisung*, Teil D Rdn 642.

99 Berufung, Terminsgebühr

Das Wichtigste in Kürze:

1. Für die Teilnahme des Rechtsanwalts an der HV im Berufungsverfahren entsteht die Nr. 4126 VV RVG.
2. Voraussetzung für das Entstehen der Terminsgebühr ist, dass ein HV-Termin im Berufungsverfahren stattgefunden und der Rechtsanwalt daran teilgenommen hat.
3. Die Terminsgebühr erfasst die „Teilnahme" an der Berufungs-HV.
4. Bei der Bemessung der Wahlanwaltsterminsgebühr sind über § 14 Abs. 1 RVG die Besonderheiten des jeweiligen Einzelfalls zu berücksichtigen. Der Pflichtverteidiger erhält Festbetragsgebühren.

100 **Literaturhinweise: Burhoff**, Die Terminsgebühr im Straf- bzw. Bußgeldverfahren, RVGreport 2010, 3; *ders.*, Die Terminsgebühr im Straf- und Bußgeldverfahren, RENOpraxis 2011, 198; *ders.*, 25 Fragen und Antworten zur Terminsgebühr in Straf- und Bußgeldverfahren, RVGprofessionell 2013, 124; *ders.*, Rechtsprechungsübersicht zur Bemessung der Terminsgebühr in Strafverfahren, RVGprofessionell 2013, 142; s. i.Ü. die Hinw. bei → *Allgemeine Gebührenfragen, Allgemeines*, Teil D Rdn 2, und bei → *Berufung, Gebühren*, Teil D Rdn 83.

101 **1.** Für die Teilnahme des Rechtsanwalts an der HV im Berufungsverfahren entsteht die **Nr. 4126 VV RVG**. Für diese gelten die allgemeinen Regeln für die Terminsgebühr (Vorbem. 4 Abs. 3 VV RVG) (vgl. dazu → *Terminsgebühr, Abgeltungsbereich*, Teil D Rdn 394; → *Terminsgebühr, Allgemeines*, Teil D Rdn 402). Finden während des Berufungsverfahrens noch andere „gerichtliche Termine" außerhalb der HV statt, wie z.B. eine Haftprüfung oder eine kommissarische Vernehmung, entsteht dafür neben der Terminsgebühr Nr. 4126 VV RVG ggf. eine solche nach Nr. 4102 VV RVG (vgl. das Beispiel bei Burhoff/*Burhoff*, RVG, Nr. 4126 VV Rn 4; zur Nr. 4102 VV RVG *Burhoff* StRR 2015, 213).

☝ Soweit durch die Mitwirkung des Rechtsanwalts eine Berufungs-HV entbehrlich wird, z.B. durch fristgerechte **Rücknahme** der **Berufung**, entsteht dafür nach Nr. 4141 Anm. 1 Ziff. 3 VV RVG eine sog. Befriedungsgebühr i.H.d. Verfahrensgebühr der ersten Instanz (→ *Berufung, Zusätzliche Verfahrensgebühr [Nr. 4141 VV RVG]*, Teil D Rdn 115, m.w.N.; wegen der Einzelh. zu Nr. 4141 VV RVG eingehend Burhoff/*Burhoff*, RVG, Nr. 4141 VV Rn 1 ff.).

2. Voraussetzung für das Entstehen der Terminsgebühr ist, dass ein **HV-Termin** im Berufungsverfahren stattgefunden und der Rechtsanwalt daran **teilgenommen** hat. Die HV beginnt auch im Berufungsverfahren nach §§ 324 Abs. 1 S. 1, 243 Abs. 1 S. 1 mit dem Aufruf zur Sache. Die Terminsgebühr entsteht daher, sofern der Rechtsanwalt beim Aufruf der Sache anwesend ist oder, wenn er beim Aufruf der Sache (noch) nicht anwesend ist, wenn er später in der Berufungshauptverhandlung auftritt/erscheint (vgl. Burhoff/*Burhoff*, RVG, Nr. 4108 VV Rn 6 ff.). **Ausreichend** für das Entstehen der Terminsgebühr ist auch im Berufungsverfahren die **bloße Anwesenheit** des Rechtsanwalts im Termin. Er muss also auch hier keine Anträge gestellt und auch nicht zu bestimmten Fragen Stellung genommen haben. Unerheblich ist, ob der Angeklagte anwesend ist/war (s. z.B. im Fall des § 329 Abs. 1). 102

3. Die Terminsgebühr erfasst die „**Teilnahme**" an der **Berufungs-HV**. Wegen der Einzelh. kann verwiesen werden auf die Ausführungen bei Burhoff/*Burhoff*, RVG, Nr. 4108 VV Rn 2 ff.) (s.a. noch → *Terminsgebühr, Abgeltungsbereich*, Teil D Rdn 394; → *Terminsgebühr, Allgemeines*, Teil D Rdn 402). Befindet sich der Mandant des Rechtsanwalts zum Zeitpunkt des HV-Termins nicht auf freiem Fuß, entsteht die Terminsgebühr Nr. 4126 VV RVG mit **Haftzuschlag** (Nr. 4127 VV RVG i.V.m. Vorbem. 4 Abs. 4 VV RVG; wegen der Einzelh. → *U-Haft-Fragen, Gebühren*, Teil D Rdn 414). 103

4.a) Bei der **Bemessung** der **Wahlanwaltsterminsgebühr** sind über § 14 Abs. 1 RVG die Besonderheiten des jeweiligen Einzelfalls zu berücksichtigen (→ *Allgemeine Gebührenfragen, Wahlverteidiger*, Teil D Rdn 31; vgl. allgemein zur Bemessung der Terminsgebühr → *Terminsgebühr, Allgemeines*, Teil D Rdn 402). Dabei spielt die Dauer der Berufungs-HV eine erhebliche Rolle (vgl. dazu auch Burhoff/*Burhoff*, RVG, Nr. 4108 VV Rn 22 ff.). Sie dürfte derzeit bei durchschnittlich etwa 2,5 bis drei Stunden liegen (Burhoff/*Burhoff*, RVG, Vorbem. 4 VV Rn 73 unter Hinweis auf LG Hannover JurBüro 2011, 304; LG Wiesbaden JurBüro 2007, 27 [3 1/2 Stunden HV-Dauer führen auch bei Strafmaßberufung zur Mittelgebühr]). Geringere Hauptverhandlungsdauern werden i.d.R. als unterdurchschnittlich angesehen (s. LG Neuruppin, Beschl. v. 22.12.2011 – 11 Qs 72/11 [90 Minuten deutlich unterdurchschnittlich]; LG Saarbrücken, Beschl. v. 5.2.2015 – 6 Qs 17/15 [30 Minuten]; s. aber auch LG Hamburg AGS 2008, 343 [HV-Dauer von 35 Minuten in der Berufung unter Berücksichtigung der Vorbereitungszeit nicht unterdurchschnittlich]). 104

☝ Wird in der HV die Berufung auf einzelne Beschwerdepunkte, wie z.B. den Rechtsfolgenausspruch, beschränkt (→ *Berufung, Beschränkung, Allgemeines*, Teil A Rdn 227), sollte zur Kompensation der dadurch i.d.R. eingetretenen Verkürzung der Dauer der HV, vom Verteidiger darauf verwiesen werden, dass gerade deshalb während der Vorbereitung des Termins ein erhöhter Zeitaufwand erforderlich gewesen ist (vgl. zu diesem Aspekt LG Mühlhausen AGS 2003, 402 m. zust. Anm. *Madert*; zur Vorbereitungszeit a. noch LG Hamburg, a.a.O.).

105 **b)** Der **Pflichtverteidiger** erhält Festbetragsgebühren. Reichen die nicht aus, muss er ggf. eine Pauschgebühr nach § 51 RVG beantragen (→ *Allgemeine Gebührenfragen, Besonderheiten, Pflichtverteidiger*, Teil D Rdn 17). Hat der Pflichtverteidiger an einem besonders **langen Berufungs-HV-Termin** teilgenommen, steht ihm der Längenzuschlag nach den Nrn. 4128, 4129 VV RVG zu (→ *Allgemeine Gebührenfragen, Besonderheiten Pflichtverteidiger*, Teil D Rdn 12).

Siehe auch: → *Berufung, Allgemeines*, Teil A Rdn 1, m.w.N.; → *Allgemeine Gebührenfragen, Allgemeines*, Teil D Rdn 1, m.w.N.; → *Berufung, Gebühren*, Teil D Rdn 82, m.w.N.

106 Berufung, Verfahrensgebühr

107 **Literaturhinweise:** **Burhoff**, Die Verfahrensgebühr im Straf- bzw. Bußgeldverfahren, RVGreport 2009, 443; *ders.*, Die Verfahrensgebühr im Straf- bzw. Bußgeldverfahren, RENOpraxis 2011, 126; *ders.*, 25 Fragen und Antworten zur Verfahrensgebühr in Straf- und Bußgeldverfahren, RVGprofessionell 2013, 176; s. i.Ü. die Hinw. bei → *Allgemeine Gebührenfragen, Allgemeines*, Teil D Rdn 2, und bei → *Berufung, Gebühren*, Teil D Rdn 83.

108 **1.** Für seine Tätigkeiten im Berufungsverfahren außerhalb der HV verdient der Rechtsanwalt die Verfahrensgebühr Nr. 4124 VV RVG. Für diese gelten die allgemeinen Regeln für die Verfahrensgebühr (Vorbem. 4 Abs. 2 VV RVG) (vgl. dazu → *Verfahrensgebühr, Abgeltungsbereich*, Teil D Rdn 431; → *Verfahrensgebühr, Allgemeines*, Teil D Rdn 442).

109 **2. Voraussetzung** für das Entstehen der Verfahrensgebühr ist, dass der Rechtsanwalt nach Beginn des Berufungsverfahrens (vgl. dazu → *Berufung, Gebühren*, Teil D Rdn 91) für den Mandanten tätig geworden ist. Ausreichend ist jede Tätigkeit des Rechtsanwalts, auch die Beratung des Mandanten über die von einem anderen Verfahrensbeteiligten, z.B. von der StA, eingelegte Berufung (a.A. offenbar KG StraFo 2006, 432 m. Anm. *Burhoff* RVGreport 2006, 352; RVGreport 2010, 351, jew. für den vergleichbaren Fall in der Revisionsinstanz; OLG Koblenz NStZ 2007, 423; LG Koblenz JurBüro 2009, 198; wie hier LG Dortmund, Beschl. v. 25.11.2015 – 31 Qs 83/15; LG München I StRR 2015, 78 m. Anm. *Werning*; AG Iserlohn StraFo 2011, 530; vgl. auch OLG Naumburg

JurBüro 2012, 312 für Nr. 3201 VV RVG; zur Erstattung der Nr. 4124 VV RVG → *Berufung, Gebühren*, Teil D Rdn 98).

3.a) Die Verfahrensgebühr Nr. 4124 VV RVG erfasst das „**Betreiben** des **Geschäfts**" (Vorbem. 4 Abs. 2 VV RVG) im Berufungsverfahren. Erfasst werden **alle** nach Einlegung der Berufung bis zum Abschluss der Berufungsinstanz vom Rechtsanwalt **erbrachten Tätigkeiten** (zum Pauschalcharakter vgl. Burhoff/*Burhoff*, RVG, Vorbem. 4.1 VV Rn 33 ff.). Wegen der Einzelh. zur Verfahrensgebühr im Berufungsverfahren kann verwiesen werden auf die Ausführungen bei Burhoff/*Burhoff*, RVG, Nr. 4124 VV Rn 16 ff.) (s.a. noch → *Verfahrensgebühr, Abgeltungsbereich*, Teil D Rdn 431; → *Verfahrensgebühr, Allgemeines*, Teil D Rdn 442). 110

b) Von der Verfahrensgebühr Nr. 4124 VV RVG werden zunächst die bei → *Verfahrensgebühr, Abgeltungsbereich*, Teil D Rdn 442, aufgeführten **allgemeinen Tätigkeiten** erfasst. 111

Darüber hinaus werden von der Nr. 4142 VV RVG im Berufungsverfahren **folgende besondere Tätigkeiten** abgegolten (s.a. Burhoff/*Burhoff*, RVG, Nr. 4124 VV Rn 16): 112

- sog. **Abwicklungstätigkeiten** (vgl. dazu [für das Zivilrecht] OLG Karlsruhe, AGS 2009, 19),
- **Akteneinsicht**, z.B. zur Vorbereitung der Berufungshauptverhandlung,
- **Nachholung des rechtlichen Gehörs (§ 19 Abs. 1 S. 2 Nr. 5)** (→ *Nachholung des rechtlichen Gehörs [§§ 33a, 311a], Abrechnung*, Teil D Rdn 334),
- ggf. **Beratung** über die **Erfolgsaussichten** der Revision (s. wegen der Einzelh. Burhoff/*Burhoff*, RVG, Vorbem. 4.1 VV Rn 30 ff.),
- **Begründung** der **Berufung**,
- **Berichtigungsanträge**, z.B. für amtsgerichtliches Urteil oder Protokoll,
- **Beschwerden** (→ *Beschwerde, Gebühren*, Teil D Rdn 130 ff., m.w.N.),
- **Einlegung** der **Revision** (§ 19 Abs. 1 S. 2 Nr. 10 RVG),
- **Ergänzungsanträge** für Urteil oder Protokoll,
- **Erinnerungen**, mit Ausnahme der in Vorbem. 4 Abs. 5 VV RVG erwähnten Verfahren (vgl. Burhoff/*Burhoff*, RVG, Vorbem. 4 VV Rn 115 ff.),
- **Nachbereitung** der HV,
- **Pflichtverteidigerbestellung** und damit ggf. zusammenhängende Rechtsmittel,
- **Rücknahme** der **Berufung** (LG Mönchengladbach StV 2004, 37 [bereits Tätigwerden im Berufungsverfahren]),
- **Überprüfung** des amtsgerichtlichen **Urteils**,
- **Verzögerungsrüge** nach § 198 Abs. 3 GVG (→ *Verfahrensverzögerung/ Verzögerungsrüge, Abrechnung*, Teil D Rdn 451),
- (allgemeine) **Vorbereitung** der **Berufungshauptverhandlung**,

- **Wiedereinsetzungsanträge** (→ *Wiedereinsetzungsverfahren, Abrechnung*, Teil D Rdn 634).

113 **4.a)** Bei der **Bemessung** der Höhe der **Verfahrensgebühr** des **Wahlanwalts** sind über § 14 Abs. 1 RVG die Besonderheiten des Einzelfalls zu berücksichtigen (vgl. → *Allgemeine Gebührenfragen, Wahlverteidiger*, Teil D Rdn 31; vgl. allgemein zur Bemessung der Verfahrensgebühr → *Verfahrensgebühr, Allgemeines*, Teil D Rdn 442; s.a. Burhoff/*Burhoff*, RVG, Teil A: Rahmengebühren [§ 14], Rn 1557 ff. und Nr. 4124 VV Rn 25 ff.). Die konkrete Höhe der Gebühr ist abhängig vom Umfang der vom Rechtsanwalt erbrachten Tätigkeiten. Von Belang kann sein die Schwierigkeit des Tatvorwurfs und ob die Berufung ggf. von Anfang an auf das Strafmaß beschränkt war (vgl. dazu a. LG Hannover JurBüro 2011, 304; LG Neuruppin, Beschl. v. 22.12.2011 – 11 Qs 72/11) oder ob die Berufung (des Nebenklägers) ggf. unzulässig war (LG Köln JurBüro 2011, 307 [100,00 € als Verfahrensgebühr]). Von Bedeutung kann auch sein, ob und ggf. wie umfangreich der Rechtsanwalt die Berufung begründet oder wie umfangreich die **Berufungsbegründung** des Berufungsgegners war, mit der er sich auseinandersetzen musste. Auch der Umfang der (allgemeinen) Vorbereitung der Berufungshauptverhandlung hat Auswirkungen auf die Höhe der Gebühr.

☝ Befindet sich der Mandant des Rechtsanwalts während des Berufungsverfahrens nicht auf freiem Fuß, entsteht die Verfahrensgebühr Nr. 4124 VV RVG mit **Haftzuschlag** (Nr. 4125 VV RVG i.V.m. Vorbem. 4 Abs. 4 VV RVG; wegen der Einzelh. → *U-Haft-Fragen, Gebühren*, Teil D Rdn 414).

114 **b)** Der **Pflichtverteidiger** erhält eine Festbetragsgebühr. Reicht die nicht aus, muss der Pflichtverteidiger ggf. eine Pauschgebühr nach § 51 RVG beantragen (→ *Allgemeine Gebührenfragen, Besonderheiten, Pflichtverteidiger*, Teil D Rdn 17).

Siehe auch: → *Berufung, Allgemeines*, Teil A Rdn 1, m.w.N.; → *Allgemeine Gebührenfragen, Allgemeines*, Teil D Rdn 1, m.w.N.; → *Berufung, Gebühren*, Teil D Rdn 82, m.w.N.

115 Berufung, Zusätzliche Verfahrensgebühr (Nr. 4141 VV RVG)

Das Wichtigste in Kürze:

1. In der Nr. 4141 VV RVG ist eine zusätzliche Verfahrensgebühr für den Rechtsanwalt vorgesehen, der daran mitwirkt, dass die HV entbehrlich wird.
2. Die zusätzliche Verfahrensgebühr Nr. 4141 VV RVG kann entstehen für den Wahlanwalt und den gerichtlich bestellten oder beigeordneten Rechtsanwalt.

3. Erforderlich für das Entstehen der zusätzlichen Verfahrensgebühr Nr. 4141 VV RVG ist eine anwaltliche Mitwirkung.
4. Die zusätzliche Verfahrensgebühr entsteht nach Nr. 4141 Anm. 1 Ziff. 1 VV RVG, wenn das Verfahren noch im Berufungsverfahren nicht nur vorläufig eingestellt wird.
5. Nach Nr. 4141 VV Anm. 1 Ziff. 3 VV RVG fällt die zusätzliche Verfahrensgebühr dann an, wenn der Verteidiger die – rechtzeitig – Berufung zurücknimmt und es daher nicht (mehr) zu einer HV im Berufungsverfahren kommt.
6. Die zusätzliche Gebühr Nr. 4141 VV RVG ist eine Festgebühr.

Literaturhinweise: **Burhoff**, Befriedungs-/Erledigungsgebühr Nr. 4114 VV RVG, RVGreport 2005, 248; *ders.*, Was Sie zu Nr. 4141 VV RVG und Nr. 5115 VV RVG wissen sollten, RVGprofessionell 2010, 47; *ders.*, Die zusätzliche Verfahrensgebühr Nr. 4141 VV RVG – Teil 1: Allgemeines, Mitwirkung und Gebührenhöhe, RVGreport 2015, 3; *ders.*, Die zusätzliche Verfahrensgebühr Nr. 4141 VV RVG – Teil 2: Die Fälle der zusätzlichen Verfahrensgebühr, RVGreport 2015, 42; **Fischer**, Der Anwendungsbereich der Befriedungsgebühr, NJW 2012, 265; **N. Schneider**, Die zusätzlichen Gebühren in Straf- und Bußgeldsachen nach den Nr. 4141 und 5115 VV RVG, ZAP F. 24, S. 1073; *ders.*, Berechnung der sog. „Zwei-Wochen-Frist" bei Rücknahme eines Einspruchs oder eines Rechtsmittels in Straf- und Bußgeldsachen, DAR 2007, 671; *ders.*, Die zusätzliche Gebühr in Strafsachen, DAR 2011, 488; s. i.Ü. die Hinw. bei → *Allgemeine Gebührenfragen, Allgemeines*, Teil D Rdn 2, und bei → *Berufung, Gebühren*, Teil D Rdn 83. 116

1. In der Nr. 4141 VV RVG ist eine zusätzliche Verfahrensgebühr für den Rechtsanwalt vorgesehen, der daran mitwirkt, dass die **HV entbehrlich** wird (allgemein zur Nr. 4141 VV RVG *Burhoff* RVGreport 2005, 248; *ders.*, RVGprofessionell 2010, 47; *ders.*, RVGreport 2015, 3; *ders.*, RVGreport 2015, 42; wegen weiterer Nachw. s. Burhoff/*Burhoff*, RVG, Nr. 4141 VV, vor Rn 1). Die Anm. 1 zu Nr. 4141 VV RVG sieht drei Fälle vor, in denen die zusätzliche Verfahrensgebühr entstehen kann. Davon haben die Ziff. 1 und aus der Ziff. 3 die Rücknahme der Berufung im Berufungsverfahren praktische Bedeutung (vgl. unten Rdn 121 ff. und Rdn 124 ff.). 117

2. Die zusätzliche Verfahrensgebühr Nr. 4141 VV RVG kann entstehen für den **Wahlanwalt** und den gerichtlich bestellten oder beigeordneten **(Pflicht-)Verteidiger**. Sie entsteht auch für sonstige (anwaltliche) Beistände oder Vertreter anderer Verfahrensbeteiligter, also z.B. für den Nebenklägervertreter oder den Vertreter des Verletzten. Im Fall der Anm. 1 Ziff. 3 (vgl. dazu Rdn 124) entsteht sie ebenfalls für die Rücknahme der Berufung durch einen sonstigen Verfahrensbeteiligten. 118

3. Erforderlich für das Entstehen der zusätzlichen Verfahrensgebühr Nr. 4141 VV RVG ist eine **anwaltliche Mitwirkung**. Die damit zusammenhängenden, in Rspr. und Lit. z.T. umstrittenen, Fragen können hier nicht alle dargestellt werden. Wegen der Einzelh. wird daher verwiesen auf Burhoff/*Burhoff*, RVG, Nr. 4141 VV Rn 6 ff.; Gerold/Schmidt/*Burhoff*, VV 4141 Rn 4 ff.; AnwKomm-RVG/*N. Schneider*, VV 4141 Rn 11 ff.; *ders.*, RVGreport 2015, 3 ff.). Hingewiesen werden soll jedoch auf folgende 119

120 **Grundsätze:**

- Der **Umfang** der **anwaltlichen Mitwirkung** ist **unerheblich**. Entscheidend ist, dass überhaupt (irgend)ein Beitrag zur Vermeidung der HV ersichtlich ist (vgl. u.a. BGH RVGreport 2008, 431 m. zust. Anm. *Burhoff* StRR 2009, 77; KG StRR 2011, 438 m. Anm. *Burhoff* RVGreport 2012, 110; OLG Stuttgart AGS 2010, 292; LG Hamburg AGS 2008, 59; LG Köln StraFo 2007, 305; LG Oldenburg RVGreport 2013, 320 [für Nr. 5115 VV RVG]; LG Stralsund AGS 2005, 442 m. Anm. *Burhoff* RVGreport 2005, 272; LG Trier StraFo 2007, 306; vgl. Burhoff/*Burhoff*, RVG, Nr. 4141 VV Rn 10 mit einem „Katalog der Mitwirkungstätigkeiten" bei Rn 11; Gerold/Schmidt/*Burhoff*, VV 4141 Rn 4; *Burhoff* RVGreport 2015, 3).
- Der Beitrag des Rechtsanwalts muss nach h.M. **nicht (mit)ursächlich** gewesen sein (vgl. u.a. BGH AGS 2008, 491 m. zust. Anm. *Burhoff* VRR 2009, 77; OLG Stuttgart AGS 2010, 292; LG Aurich AGS 2011, 593 m. Anm. *Burhoff* RVGreport 2011, 464; weitere Nachw. – auch zur teilweise vertretenen a.A. – bei Burhoff/*Burhoff*, RVG, Nr. 4141 VV Rn 18; Gerold/Schmidt/*Burhoff*, VV 4141 Rn 10; vgl. a. KG StRR 2011, 438 m. Anm. *Burhoff*).
- Die Mitwirkung des Rechtsanwalts muss sich **nicht aus den Akten ergeben**. Es reicht, der Rat zur und die Beratung über eine Berufungsrücknahme, die dazu führt, dass der Mandant selbst die Berufung zurücknimmt aus (LG Duisburg AGS 2006, 234; zum „Abraten" s. aber auch OLG Nürnberg Rpfleger 2009, 645; StRR 2010, 443 [Ls.]; AG Hamburg-St. Georg AGS 2015, 70).
- Geht es um die Rücknahme der Berufung eines **anderen Verfahrensbeteiligten**, muss der Verteidiger an dessen Rücknahme mitgewirkt haben (OLG Köln StraFo 2009, 175; Einzelh. bei Burhoff/*Burhoff*, RVG, Nr. 4141 VV Rn 37).
- Ausreichend ist es schließlich auch, wenn die Tätigkeit des Rechtsanwalts aus einem **früheren Verfahrensabschnitt fortwirkt** (BGH AGS 2008, 491 m. zust. Anm. *Burhoff* RVGreport 2008, 431). Wird also das Verfahren noch im das Berufungsverfahren aufgrund einer gegenüber dem AG abgegebenen Stellungnahme eingestellt, z.B. nach § 154, dann hat der Rechtsanwalt die Nr. 4141 VV RVG verdient, auch wenn er seine Stellungnahme im Berufungsverfahren nicht noch einmal wiederholt hat.

121 **4.a)** Die zusätzliche Verfahrensgebühr entsteht nach Nr. 4141 Anm. 1 **Ziff. 1** VV RVG, wenn das Verfahren **nicht nur vorläufig eingestellt** wird. Da die Vorschrift nicht darauf abstellt, in welchem Verfahrensstadium die Einstellung erfolgt ist, reicht für das Entstehen der Gebühr auch noch die Einstellung im Berufungsverfahren aus (vgl. Burhoff/*Burhoff*, RVG, Nr. 4141 VV Rn 19).

122 **b)** Die mit der Nr. 4141 Anm. 1 Ziff. 1 VV RVG zusammenhängenden Fragen können aus Platzgründen hier ebenfalls nicht alle dargestellt werden. Wegen der Einzelh. wird verwiesen auf Burhoff/*Burhoff*, RVG, Nr. 4141 VV Rn 13 ff.; Gerold/Schmidt/*Burhoff*,

VV 4141 Rn 14 ff.; AnwKomm-RVG/*N. Schneider*, VV 4141 Rn 17 ff.; *Burhoff* RVGreport 2015, 42 ff.). Hingewiesen werden soll jedoch auf folgende

Grundsätze: 123

- Die Gebühr Nr. 4141 Anm. 1 Ziff. 1 VV RVG setzt eine nicht nur vorläufige Einstellung des Verfahrens voraus. Erfasst werden mit dieser Regelung alle **Fälle** der **Verfahrenseinstellung** mit dem **Ziel** der **Endgültigkeit** der Einstellung (Burhoff/*Burhoff*, RVG, Nr. 4141 VV Rn 20; Gerold/Schmidt/*Burhoff*, VV 4141 Rn 14; AnwKomm-RVG/*N. Schneider* VV 4141 Rn 19 ff.). Das sind u.a. die Einstellungen nach §§ 153 Abs. 1 u. 2, 153 a Abs. 1 u. 2 nach Erfüllung der Auflage, 154 Abs. 1 u. 2, 206a (vgl. für § 154 OLG Stuttgart AGS 2010, 292 m. Anm. *Burhoff* RVGreport 2010, 263; LG Saarbrücken AGS 2015, 225; AG Mettmann RVGreport 2011, 228).

  ☝ Von Nr. 4141 Anm. 1 Ziff. 1 RVG **nicht** erfasst werden die Fälle einer **vorläufigen Einstellung**. Hierzu zählen aber nicht die Einstellungen nach § 154 (BGH NStZ 2007, 476; [allerdings nicht zum Gebührenrecht ergangen]; OLG Stuttgart, a.a.O.; LG Saarbrücken, a.a.O.; allgemein zur Einstellung des Verfahrens *Burhoff*, EV, Rn 1678 ff.; *Burhoff*, HV, Rn 1254 ff. zur Einstellung nach § 154 *Burhoff*, EV, Rn 1772; *Burhoff*, HV, Rn 1336).

- Hinsichtlich einer Einstellung nach **§ 153a** ist zu **unterscheiden**: Wird das Verfahren in der HV nach § 153a (vorläufig) eingestellt, entsteht die Gebühr nicht, wenn nach Erbringung der Auflage dann die endgültige Einstellung erfolgt (BGH NJW 2011, 3166 m. Anm. Burhoff RVGreport 2011, 385). Wird hingegen das Verfahren außerhalb der HV vorläufig eingestellt, entsteht mit der späteren endgültigen Einstellung die Nr. 4141 Anm. 1 Ziff. 1 VV RVG, und zwar auch, wenn bereits eine HV stattgefunden hat (s.u.).
- Das (Straf-)Verfahren muss durch die Einstellung endgültig erledigt sein. Daher führt die **Teileinstellung** wegen einer einzelnen von mehreren Taten nicht zur Gebühr Nr. 4141 VV RVG (LG Bad Kreuznach AGS 2011, 435 für die teilweise Nichteröffnung; AnwKomm-RVG/*N. Schneider* VV 4141 Rn 26; Burhoff/*Burhoff*, RVG, Nr. 4141 VV Rn 29; *N. Schneider* DAR 2011, 488, 489).
- Die Nr. 4141 Anm. 1 Ziff. 1 VV RVG kann auch noch entstehen, wenn eine **HV stattgefunden** hat, die ausgesetzt worden ist und dann das Verfahren noch unter Mitwirkung wird des Verteidigers außerhalb der HV eingestellt wird (ganz h.M. in Rspr. und Lit. (BGH, a.a.O.; OLG Hamm AGS 2008, 228 m. Anm. *N. Schneider*; Burhoff/*Burhoff*, RVG, Nr. 4141 VV Rn 39 unter Ziffer 5 ff.; Gerold/Schmidt/*Burhoff*, VV 4141 Rn 21; AnwKomm-RVG/*N. Schneider* VV 4141 Rn 61, jeweils m.w.N.; zum Begriff der HV s. *Fischer* NJW 2012, 265, 266).

124 **5.a)** Nach Nr. 4141 VV Anm. 1 **Ziff. 3** VV RVG fällt die zusätzliche Verfahrensgebühr an, wenn der Verteidiger die **Berufung** – rechtzeitig – **zurücknimmt** und es daher nicht (mehr) zu einer HV im Berufungsverfahren kommt. Insoweit gilt:

125 **b)** Für den **Begriff** der **Rücknahme** i.S.d. Ziff. 3 sind die Ausführungen zur (Teil-)Einstellung (s. Rdn 122) entsprechend anwendbar. Voraussetzung für das Entstehen der Verfahrensgebühr ist also, dass der Rechtsanwalt die Berufung insgesamt zurücknimmt und damit das **Verfahren insgesamt erledigt** ist. Es reichen also weder eine Teilrücknahme noch die Beschränkung der Berufung auf einzelne Beschwerdepunkte oder den Rechtsfolgenausspruch aus Ausreichend ist es aber, wenn von mehreren Angeklagten nur einer seine Berufung zurücknimmt, wenn damit das Verfahren gegen ihn endgültig erledigt ist. Dass das Verfahren gegen Mitangeklagte noch fortgesetzt werden muss, ist unerheblich (Burhoff/*Burhoff*, RVG, Nr. 4141 VV Rn 56; *Burhoff* RVGreport 2015, 42 ff.).

☝ Für das Entstehen der zusätzlichen Verfahrensgebühr durch Rücknahme der Berufung kommt es allein darauf an, ob eine auf die Förderung des Verfahrens gerichtete Tätigkeit ersichtlich ist. Anders als im Revisionsverfahren bedarf es einer bereits erfolgten **Vorlage** der **Verfahrensakten** an das für das Rechtsmittel zuständige Gericht **nicht** (OLG Celle StraFo 2014, 219; OLG Oldenburg, Beschl. v. 21.1.2015 – 1 Ws 583/14; LG Hagen StraFo 2015, 526; AG Hagen StraFo 2015, 525).

126 **c)** Das Entstehen der Gebühr ist im Fall der Ziff. 3 **fristgebunden**, wenn bereits ein **Berufung-HV-Termin anberaumt** worden ist. Die Berufung muss dann zwei Wochen vor Beginn des Tages, der für die HV vorgesehen war, zurückgenommen werden. (zur Fristberechnung eingehend AnwKomm-RVG/*N. Schneider*, VV 4141 Rn 98 ff.; *N. Schneider* DAR 2007, 671). Entscheidend für die Fristwahrung ist der Eingang der Rücknahmeerklärung bei Gericht, nicht deren Abgabe. Nach Auffassung des OLG Dresden gilt die Frist auch für die Rücknahme der Berufung der StA (vgl. OLG Dresden AGS 2011, 66 m. abl. Anm. *Burhoff* RVGreport 2011, 23 unter Hinweis auf den eindeutigen Wortlaut der Vorschrift; a.A. LG Dresden AGS 2010, 131).

127 **d)** Auch für die Verfahrensgebühr nach Nr. 4141 Anm. 1 Ziff. 3 VV RVG gilt: Es kommt **nicht** darauf an, ob **überhaupt** eine **HV vermieden** worden ist. Vielmehr entsteht die Gebühr Nr. 4141 Anm. 1 Ziff. 3 VV RVG auch, wenn bereits eine HV stattgefunden hat, die ausgesetzt wurde, und die neu anzuberaumende HV wird entbehrlich, weil der Verteidiger die Berufung früher als zwei Wochen vor dem Beginn der neuen HV zurückgenommen hat (OLG Bamberg RVGreport 2007, 150; OLG Hamm AGS 2008, 228 m. Anm. *N. Schneider*; Burhoff/*Burhoff*, RVG, Nr. 4141 VV 60; vgl. auch noch BGH NJW 2011, 3166 und o. Rdn 123).

128 **6.** Die zusätzliche Gebühr Nr. 4141 VV RVG bemisst sich der Höhe nach der Verfahrensgebühr Nr. 4124 VV RVG. Der **Wahlanwalt** erhält die Gebühr als Betragsrahmengebühr.

Diese bemisst sich nach der ausdrücklichen Regelung in Nr. 4141 Anm. 3 S. 2 VV RVG „nach der Rahmenmitte“. Es handelt sich also um eine **Festgebühr** (so zutreffend die h.M., wie u.a. KG StRR 2011, 438; LG Dresden RVGreport 2010, 454; LG Düsseldorf AGS 2007, 36; LG Köln StraFo 2007, 306; LG Saarbrücken AGS 2015, 511; *Burhoff* RVGreport 2005, 401; AnwKomm-RVG/*N. Schneider* VV 4141 Rn 156 f.; Burhoff/*Burhoff*, RVG, Nr. 4141 VV Rn 93; Gerold/Schmidt/*Burhoff*, VV 4141 Rn 50; unzutreffend **a.A.** allerdings ohne Begründung – OLG Stuttgart AGS 2010, 292 m. abl. Anm. *N. Schneider* AGS 2010, 295 u. abl. Anm. *Burhoff* RVGreport 2010, 263; LG Berlin, Beschl. v. 22.3.2012 – 517 Qs 5/12; LG Oldenburg AGS 2011, 598; AG Neustadt an der Weinstraße JurBüro 2014, 531).

Der gerichtlich bestellte oder beigeordnete Rechtsanwalt, i.d.R. also der **Pflichtverteidiger**, erhält als Festbetrag die Mittelgebühr der Verfahrensgebühr Nr. 4124 VV RVG. 129

☝ Die Gebühr entsteht **ohne Haftzuschlag** (Nr. 4141 Anm. 3 S. 3 VV RVG).

Siehe auch: → *Berufung, Allgemeines*, Teil A Rdn 1, m.w.N.; → *Allgemeine Gebührenfragen, Allgemeines*, Teil D Rdn 1, m.w.N.; → *Berufung, Gebühren*, Teil D Rdn 82, m.w.N.

Beschwerde, Gebühren 130

Das Wichtigste in Kürze:

1. Eine der Fragen, die bei der Abrechnung in Straf- bzw. Bußgeldsachen die meisten Schwierigkeiten bereitet, ist die nach der Abrechnung von (erfolgreichen) Beschwerden.
2. In Straf- und Bußgeldsachen bilden Beschwerdeverfahren grds. keine besondere Angelegenheit.
3. Die Tätigkeit in einem strafverfahrensrechtlichen Beschwerdeverfahren wird grds. durch die jeweiligen Verfahrensgebühren (mit)abgegolten.
4. Ist der Rechtsanwalt nicht mit der Vollverteidigung, sondern nur mit einer Einzeltätigkeit beauftragt, bildet das Beschwerdeverfahren gem. Vorbem. 4.3 Abs. 3 S. 3 VV RVG eine besondere Angelegenheit.
5. Nach Vorbem. 4.2 VV RVG erhält der Rechtsanwalt, der als (Voll) Verteidiger in Strafvollstreckungsverfahren tätig ist, im Verfahren über die Beschwerde gegen die Entscheidung in der Hauptsache die Gebühren des Teil 4 Abschnitt 2 VV RVG besonders. Entsprechendes gilt nach Vorbem. 4 Abs. 3 S. 2 VV RVG, wenn der Rechtsanwalt im Strafvollstreckungsverfahren mit einer Einzeltätigkeit beauftragt ist.
6. Im Wiederaufnahmeverfahren entsteht für Beschwerden (vgl. § 372) nach Nr. 4139 VV RVG ggf. eine besondere Verfahrensgebühr.

7. Im Adhäsionsverfahren entsteht für die Beschwerde gegen den Beschluss, mit dem nach § 406 Abs. 5 S. 2 von einer Entscheidung im Adhäsionsverfahren abgesehen wird, nach Nr. 4145 VV RVG eine zusätzliche Verfahrensgebühr.
8. Im Bußgeldverfahren (Teil 5 VV RVG) gelten die Regeln des Strafverfahrens im Wesentlichen entsprechend.
9. Nach Vorbem. 4 Abs. 5 bzw. Vorbem. 5 Abs. 4 VV RVG erhält der Rechtsanwalt für Tätigkeiten im Erinnerungs- und Beschwerdeverfahren in Kostenfestsetzungsverfahren Gebühren nach Teil 3 VV RVG.

131 **Literaturhinweise:** **Burhoff**, Die Gebühren in der Strafvollstreckung, RVGreport 2007, 8; *ders.*, Die anwaltliche Vergütung in der Strafvollstreckung, StRR 2010, 93; *ders.*, Fragen aus der Praxis zu aktuellen Gebührenproblemen in Straf- und Bußgeldverfahren, RVGreport 2010, 362; *ders.*, Die Abrechnung von Beschwerden in Straf- und Bußgeldsachen, RVGreport 2012, 12; *ders.*, Neuerungen für die Abrechnung im Straf-/Bußgeldverfahren nach dem 2. KostRMoG, RVGreport 2013, 330; *ders.*, Die wichtigsten Änderungen und Neuerungen für die Abrechnung im Straf-/Bußgeldverfahren durch das 2. KostRMoG, StraFo 2013, 397; *ders.*, Straf- und Bußgeldsachen: Besonderheiten für die Beschwerdeabrechnung, RVGprofessionell 2014, 30; *ders.*, Beschwerderecht: Straf- und Bußgeldsachen: Rechnen Sie richtig ab, RVGprofessionell 2014, 51; *ders.*, Kostenfestsetzungsverfahren Straf- und Bußgeldsachen: Beschwerdevergütung, RVGprofessionell 2014, 68; **D. Meyer**, Gegensätzliche Auslagenentscheidungen im gleichen Gebührenrechtszug in Straf-(Bußgeld-)verfahren, JurBüro 1983, 32; *ders.*, Zur Tragweite des Kosten- und Auslagenanspruchs einer strafprozessualen Zwischenbeschwerde, JurBüro, 1990, 9; **Mümmler**, Zur Erstattung der Kosten eines Beschwerdeverfahrens im Rahmen eines Strafverfahrens, JurBüro 1978, 1352; *ders.*, Zur Gebühr des Rechtsanwalts bei Beschwerden im Strafverfahren, JurBüro 1990, 878; *ders.*, Die Gebühren des Rechtsanwalts als Verteidiger im Beschwerdeverfahren, JurBüro 1969, 481; *ders.*, Nochmals zur Erstattung der Gebühren des anwaltlichen Verteidigers im Beschwerdeverfahren, JurBüro 1973, 701; **Onderka**, Wichtige Tipps für die Beschwerde gegen die Kostenfestsetzung, RVGprofessionell 2004, 193; **Volpert**, Die Vergütung im Beschwerdeverfahren in Straf- und Bußgeldsachen, VRR 2006, 453; *ders.*, Verkehrsstrafsachen: Die Vergütung des Verteidigers in der Strafvollstreckung, VRR 2005, 179; s.a. die Hinw. bei → *Allgemeine Gebührenfragen, Allgemeines*, Teil D Rdn 2.

132 **1.** Eine der Fragen, die bei der Abrechnung in Straf- bzw. Bußgeldsachen die meisten Schwierigkeiten bereitet, ist die nach der Abrechnung von (erfolgreichen) Beschwerden. Das liegt u.a. daran, dass bei erfolgreichen Beschwerden häufig eine **Kostengrundentscheidung** getroffen wird, die die dem Beschuldigten/Angeklagten/Betroffenen im Beschwerdeverfahren entstandenen notwendigen Auslagen der Staatskasse auferlegt. Dann stellt sich bei der Abrechnung die Frage, wie diese gegenüber der Staatskasse geltend gemacht werden können.

☝ Die nachstehenden Ausführungen gelten nicht nur für den Verteidiger – Wahlanwalt oder Pflichtverteidiger –, sondern nach Vorbem. 4 Abs. 1 bzw. Vorbem. 5 Abs. 1 VV RVG auch für alle anderen in Teil 4 oder 5 VV RVG tätigen Rechtsanwälte. Sie gelten also insbesondere auch für den Nebenklägervertreter oder -beistand oder für den Zeugenbeistand.

2. In den nach Teil 3 VV RVG abzurechnenden Angelegenheiten handelt es sich nach § 18 Nr. 3 RVG bei jedem Beschwerdeverfahren um eine besondere, nach Nr. 3500 ff. VV RVG abzurechnende, Angelegenheit. Für Straf- und Bußgeldsachen (Teile 4 und 5 VV RVG) gilt jedoch eine andere Regelung. Insoweit ist durch das 2. KostRMoG in **§ 19 Abs. 1 S. 2 Nr. 10a RVG** nun ausdrücklich bestimmt, dass in diesen Verfahren Beschwerdeverfahren zum Rechtszug gehören, wenn in Teil 4 oder 5 VV RVG nichts anderes bestimmt ist oder besondere Gebührentatbestände vorgesehen sind. Das bedeutet, dass die Tätigkeiten des Verteidigers/Rechtsanwalts im Beschwerdeverfahren von der jeweiligen Verfahrensgebühr mit abgegolten werden. Damit ist ausdrücklich geregelt, was bis zum Inkrafttreten des § 19 Abs. 1 S. 2 Nr. 10a RVG schon h.M. in Rspr. und Lit. war (vgl. aus der Rspr. u.a. BGH NJW 2009, 2682; KG, Beschl. v. 9.7.2010 – 1 Ws 171/09; StRR 2011, 447 [Ls.]; OLG Düsseldorf RVGreport 2011, 22; AG Hof AGS 2011, 68; AG Sinzig JurBüro 2008, 249; Gerold/Schmidt/*Burhoff*, [20. Aufl.] VV Vorbem. 4.1 Rn 6; Burhoff/*Volpert*, RVG [3. Aufl.], Teil A: Beschwerdeverfahren, Abrechnung, Rn 371 m.w.N.; AnwKomm-RVG/*N. Schneider*, [6. Aufl.], § 15 Rn 103; *Volpert* VRR 2006, 453; *Burhoff* RVGreport 2012, 12; zur Neuregelung s. *Burhoff* RVGreport 2013, 330; *ders.*, StraFo 2013, 397 ff.; Burhoff/*Volpert*, RVG, Teil A: Beschwerdeverfahren, Abrechnung, Rn 570 m.w.N.). 133

(Teilweise) **Ausnahmen** i.S.v. § 19 Abs. 1 S. 2 Nr. 10a gelten u.a. für 134

- das Wiederaufnahmeverfahren (s. → *Wiederaufnahmeverfahren, Abrechnung*, Teil D Rdn 590, und u. Rdn 151),
- den Bereich der Strafvollstreckung (vgl. u. Rdn 147, und *Burhoff* RVGreport 2007, 8; *ders.*, StRR 2010, 93),
- den Bereich der Einzeltätigkeiten (s.u. Rdn 142),
- für die in Vorbem. 4 Abs. 5 bzw. Vorbem. 5 Abs. 4 VV RVG genannten Beschwerdeverfahren (z.B. die Beschwerden gegen einen Kostenfestsetzungsbeschluss; s.u. Rdn 154). Letztere sind nach Nr. 3500 ff. VV RVG abzurechnen (vgl. hierzu Burhoff/*Burhoff*, RVG, Vorbem. 4 VV Rn 115 ff.; vgl. a. *Burhoff* RVGreport 2012, 12 ff.; *ders.*, RVGprofessionell 2014, 68).

3. Für **Beschwerden** im **Strafverfahren (Teil 4 Abschnitt 1 VV RVG)** gilt: 135

a) Im Strafverfahren werden Tätigkeiten in Beschwerdeverfahren durch die jeweilige **Verfahrensgebühr mitabgegolten** (vgl. vorstehend die Nachw. bei Rdn 133). 136

☝ Das gilt – mit Ausnahme der unten unter Rdn 134 – aufgeführten Fälle – für **alle strafverfahrensrechtlichen Beschwerdeverfahren**, also z.B. für Haftbeschwerden, Beschwerden gegen andere Zwangsmaßnahmen, wie z.B. dingliche Arreste, Beschwerden gegen § 111a-Beschlüsse usw. Das gilt auch für alle Rechtszüge, so z.B. für eine im Berufungsrechtszug eingelegte Beschwerde gegen einen § 111a-Beschluss oder für eine

Haftbeschwerde in der Revisionsinstanz (zur Beschwerde nach Beendigung der Instanz, wie z.B. nach §§ 305a, 268a, Burhoff/*Volpert*, RVG, Teil A: Beschwerdeverfahren, Abrechnung, Rn 583 ff. m.w.N.).

137 Etwas **anderes** folgt **nicht** aus Regelungen in **Teil 4 Abschnitt 3 VV RVG**. Dort sind in den Nr. 4302 Ziff. 1 bzw. Ziff. 3 VV RVG zwar Verfahrensgebühren für die Einlegung eines Rechtsmittels bzw. eine sonstige Beistandsleistung vorgesehen. Diese kann wegen Vorbem. 4.3 Abs. 1 VV aber nur für den mit einer einzelnen Tätigkeit beauftragten Rechtsanwalt, nicht aber für den Vollverteidiger oder Vollvertreter eines anderen Beteiligten i.S.v. Vorbem. 4 Abs. 1 VV RVG anfallen (vgl. Burhoff/*Volpert*, RVG, Vorbem. 4.3 VV Rn 8 ff.; *Burhoff* RVGreport 2012, 12, 13).

138 **b)** I.d.R. wird der Rechtsanwalt durch seine Tätigkeiten im Hinblick auf eine Beschwerde **Mehraufwand** haben. Dieser Mehraufwand wird beim **Wahlanwalt** bei der Gebührenbemessung gem. § 14 Abs. 1 RVG berücksichtigt (vgl. LG Braunschweig Nds.Rpfl. 2008, 195; LG Göttingen JurBüro 1990, 878; AG Sinzig JurBüro 2008, 249; AG Koblenz, Beschl. v. 26.10.2010 – 2060 Js 29642/09.25 Ls; Gerold/Schmidt/*Burhoff*, VV Vorbem. Teil 4 Rn 14; *Burhoff* RVGreport 2012, 12, 13; *ders.*, RVGprofessionell 2014, 30; Burhoff/*Volpert*, RVG, Teil A: Beschwerdeverfahren, Abrechnung, Rn 578 m.w.N; zu § 14 RVG → *Allgemeine Gebührenfragen, Allgemeines Wahlverteidiger*, Teil D Rdn 31).

☝ Da beim **Pflichtverteidiger** keine Rahmengebühren sondern Festgebühren anfallen, kann bei ihm die Tätigkeit im Beschwerdeverfahren nur bei der Festsetzung einer **Pauschgebühr** gem. § 51 RVG Berücksichtigung finden (s. auch Burhoff/*Volpert*, RVG, Teil A: Beschwerdeverfahren, Abrechnung, Rn 377; zur Pauschgebühr → *Allgemeine Gebührenfragen, Besonderheiten Pflichtverteidiger*, Teil D Rdn 17).

139 **c)** Fraglich ist, wie bei einer **ggf. erfolgreichen Beschwerde** im Strafverfahren und einer zugunsten des Beschuldigten/Angeklagten ergangenen Kostengrundentscheidung über die notwendigen Auslagen zu verfahren, insbesondere wie ein sich evtl. zugunsten des Beschuldigten ergebender **Erstattungsbetrag** zu ermitteln ist. Da die Verteidigertätigkeit im Beschwerdeverfahren mit den Verteidigergebühren abgegolten ist (vgl. oben. Rdn 133 ff.), ergeben sich keine nur auf das Beschwerdeverfahren entfallenden gesonderten Verteidigergebühren, die bei der Kostenfestsetzung als notwendige Auslagen zugunsten des Beschuldigte/Angeklagten zu berücksichtigen wären. Das bedeutet aber nun nicht, dass die Auslagenentscheidung ins Leere geht. Vielmehr sind die notwendigen Auslagen für das Beschwerdeverfahren durch die sog. **Differenztheorie** zu ermitteln. Das bedeutet:

140 Zu **vergleichen** sind die **tatsächlich** im gesamten Verfahren einschließlich des Beschwerdeverfahrens dem Beschuldigten/Angeklagten entstandenen notwendigen Aus-

lagen mit den ohne Beschwerdeverfahren **hypothetisch** erwachsenen notwendigen Auslagen. Besteht zwischen diesen beiden Beträgen eine Differenz zugunsten des Beschuldigten/Angeklagten, ist diese dem Beschuldigten zu erstatten (vgl. dazu auch Burhoff/*Volpert*, RVG, Teil A: Beschwerdeverfahren, Abrechnung, Rn 578 und *Burhoff* RVGreport 2012, 1213, jew. mit Beispiel; s. auch noch *Burhoff* RVGreport 2010, 362).

☝ Es ist allerdings **nicht zwingend**, dass sich ein **Erstattungsbetrag** zugunsten des Beschuldigten/Angeklagten ergibt. Das ist nur der Fall, wenn die Tätigkeit im Beschwerdeverfahren so umfangreich war, dass sich dadurch die Gebühren erhöht haben (vgl. Burhoff/*Volpert*, RVG, Teil A: Beschwerdeverfahren, Abrechnung, Rn 582).

Auch stellt sich nicht selten die Frage, ob es sich überhaupt lohnt, das Kostenfestsetzungsverfahren durchzuführen, da häufig **nur sehr geringe Erstattungsbeträge** anfallen (vgl. LG Detmold StRR 2008, 243 [Ls.], wo nach einem erfolgreichen § 111a-Verfahren das Überschreiten der Mittelgebühr der Verfahrensgebühr Nr. 4104 VV RVG um 10 % als angemessen angesehen worden, was zu einem Erstattungsbetrag von – nach altem Recht – 14,00 €!!!) geführt hat.

4. Für **Beschwerden** als **Einzeltätigkeit (Teil 4 Abschnitt 3 VV RVG)** gilt: **141**

a) Ist der Rechtsanwalt nicht mit der Vollverteidigung, sondern **nur** mit einer **Einzeltätigkeit beauftragt**, wie z.B. die Vertretung im Verfahren über die Entziehung der Fahrerlaubnis nach § 111a, gelten für seine Vergütung nach Vorbem. 4.3 Abs. 1 VV RVG die Nr. 4300 – 4304 VV RVG. Für diesen nur mit einer Einzeltätigkeit und nicht mit der (Voll) Verteidigung beauftragten Rechtsanwalt bildet das **Beschwerdeverfahren** hinsichtlich dieser Einzeltätigkeit gem. **Vorbem. 4.3 Abs. 3 S. 3 VV RVG** eine **besondere Angelegenheit**. Die Gebühr für die Beschwerde richtet sich nach der für die Einzeltätigkeit anfallenden Gebühr (Burhoff/*Volpert*, RVG, Teil A: Beschwerdeverfahren, Abrechnung, Rn 591). **142**

b)aa) Ist der Rechtsanwalt **nur** mit der **Beschwerdeeinlegung** bzw. **-begründung** beauftragt, gilt: Seine Gebühren richten sich gem. Vorbem. 4.3 VV RVG nach Teil 4 Abschnitt 3 VV RVG, und zwar nach Nr. 4302 VV RVG. Es entsteht für die Beschwerdeeinlegung eine Verfahrensgebühr nach Nr. 4302 Ziff. 1 VV RVG und für die Beschwerdebegründung eine Verfahrensgebühr nach Nr. 4302 Ziff. 2 VV RVG (vgl. Burhoff/*Volpert*, RVG, Nr. 4302 VV Rn 16; Burhoff/*Volpert*, RVG, Teil A: Beschwerdeverfahren, Abrechnung, Rn 591 ff. m.w.N.; AnwKomm-RVG/*N. Schneider*, VV 4300 Rn 12; *Burhoff* RVGreport 2012, 12, 14; aus der Rspr. OLG Düsseldorf RVGreport 2011, 22). **143**

☝ Daneben entsteht **nicht** etwa noch eine **Grundgebühr** Nr. 4100 VV RVG. Diese entsteht nur für den Verteidiger (vgl. *Burhoff* RVGreport 2012, 12, 14; Burhoff/*Volpert*, RVG, Vorbem. 4.3 VV Rn 34; Gerold/Schmidt/*Burhoff*, a.a.O., VV 4.3 Rn 10;

AnwKomm-RVG/*N. Schneider*, VV 4100 Rn 5; OLG Düsseldorf AGS 2009, 14; OLG Köln AGS 2007, 452; OLG Schleswig StV 2006, 206; zur Grundgebühr → *Grundgebühr, Allgemeines*, Teil D Rdn 228).

144 **bb)** Wird der Rechtsanwalt von vornherein **gleichzeitig** mit der **Beschwerdeeinlegung** und **-begründung** beauftragt, entsteht nur eine Verfahrensgebühr nach Nr. 4302 Nr. 1 VV RVG (vgl. Burhoff/*Volpert*, RVG, Vorbem. 4.3 VV Rn 64; AnwKomm-RVG/*N. Schneider*, VV Vorb. 4.3 Rn 22). Denn bei gleichzeitiger Auftragserteilung gilt die Verfahrensgebühr gem. Vorbem. 4.3 Abs. 3 S. 2 VV RVG i.V.m. § 15 Abs. 1 RVG die Tätigkeit des Rechtsanwalts vom Auftrag bis zur Erledigung der Angelegenheit ab (vgl. Burhoff/*Volpert*, RVG, Vorbem. 4.3 VV Rn 64). Ein durch Einlegung und Begründung der Beschwerde entstandener **erhöhter Aufwand** muss bei der **Bemessung** der **Verfahrensgebühr** Nr. 4302 Nr. 1 VV RVG innerhalb des vorgesehenen Rahmens nach § 14 RVG berücksichtigt werden (vgl. Burhoff/*Volpert*, a.a.O.; AnwKomm-RVG/*N. Schneider*, a.a.O.).

145 **cc)** Ist auftragsgemäß von dem Rechtsanwalt **zunächst Beschwerde** eingelegt und diese dann **später** auftragsgemäß **begründet** worden, fallen gem. Vorbem. 4.3 Abs. 3 S. 1 VV RVG die Verfahrensgebühr Nr. 4302 Ziff. 1 VV RVG für die Einlegung und nach Nr. 4302 Ziff. 2 VV RVG für die Begründung der Beschwerde gesondert an. Anders als in den Anm. zu Nr. 4300 und 4301 ist zu Nr. 4302 VV RVG insoweit nichts anderes bestimmt worden (wie hier Burhoff/*Volpert*, RVG, Teil A: Beschwerdeverfahren, Abrechnung, Rn 594; Gerold/Schmidt/*Burhoff*, VV Vorb. 4.3 Rn 24; *Burhoff* RVGreport 2012, 12, 14; a.A. wohl LG Mühlhausen, Beschl. v. 26.5.2010 – 3 Qs 87/10; wegen der Einzelh. der Abrechnung in diesen Fällen Burhoff/*Volpert*, RVG, Teil A: Beschwerdeverfahren, Abrechnung, Rn 595 ff.).

146 **dd)** Bei **mehreren Einzeltätigkeiten** ist auf die Beschränkung der Vorbem. 4.3 Abs. 3 S. 2 VV RVG i.V.m. § 15 Abs. 6 RVG zu achten.

147 **5.** Für Beschwerden in **Strafvollstreckungsverfahren** (Teil 4 Abschnitt 2 und 3 VV RVG) gilt (zu den Gebühren in der Strafvollstreckung eingehend a. Burhoff/Kotz/*Volpert*, Nachsorge, Teil J Rn 265 ff. m.w.N.):

148 **a)aa)** Nach Vorbem. 4.2 VV RVG erhält der Rechtsanwalt, der als **(Voll-)Verteidiger** in Strafvollstreckungsverfahren tätig ist, im Verfahren über die Beschwerde gegen die Entscheidung in der Hauptsache die Gebühren des Teil 4 Abschnitt 2 VV RVG **besonders**. Die insoweit erbrachten Tätigkeiten sind also nicht wie sonst das strafrechtliche Beschwerdeverfahren aufgrund des Pauschalcharakters der Gebühren durch die Gebühren im Ausgangsverfahren mitabgegolten (vgl. dazu o. Rdn 133 ff.). Für die Tätigkeit in der Beschwerdeinstanz gelten alle in Teil 4 Abschnitt 2 VV RVG aufgeführten Gebührentatbestände. Es können also Verfahrens- und Terminsgebühr entstehen (allgemein zu diesen Gebühren

→ *Verfahrensgebühr, Allgemeines*, Teil D Rdn 442, und → *Terminsgebühr, Allgemeines*, Teil D Rdn 402; vgl. a. das Abrechnungsbeispiel bei *Burhoff* RVGreport 2012, 12, 15).

☝ Die Frage, ob auch die **Postentgeltpauschale** Nr. 7002 VV RVG im Beschwerdeverfahren besonders entsteht, war umstr. Sie wurde bis zum Inkrafttreten des 2. KostRMoG von der wohl überwiegenden Meinung verneint (eingehend Burhoff/*Volpert*, RVG [3. Aufl.], Vorbem. 4.2 VV Rn 35 ff. m.w.N.). Dieser Streit ist durch die Einfügung des § 19 Abs. 1 S. 2 Nr. 10a RVG erledigt. Denn sind für Beschwerden „besondere Gebührentatbestände vorgesehen" – wie für die Beschwerde in Strafvollstreckungssachen in Vorb. 4.2 VV RVG – gehören die erbrachten Tätigkeiten nach § 19 Abs. 1 S. 2 Nr. 10a RVG ausdrücklich nicht zum Rechtszug und ist damit gleichzeitig auch eine (neue) eigene Angelegenheit gegeben (so auch *N.Schneider* NJW 2013, 1553, 1554) in der – unabhängig von der Formulierung in Vorb. 4.2 VV RVG – „Gebühren" und nicht „Vergütung" – dann nach den allgemeinen Regeln auch die Nr. 7002 VV RVG – entsteht (ebenfalls Gerold/Schmidt/*Burhoff*, a.a.O., VV Vorb. 4.2 Rn 8; Burhoff/*Volpert*, RVG, Vorbem. 4.2 VV Rn 55; *Burhoff* StRR 2013, 284 = VRR 2013, 287; vgl. auch noch *Hansens* in der Anm. zu OLG Brandenburg RVGreport 2013, 268).

bb) Die Gebühren entstehen besonders aber nur in einem **Beschwerdeverfahren**, das gegen die **Entscheidung in der Hauptsache** gerichtet ist. Wird nicht die Hauptsacheentscheidung des Gerichts, sondern eine „Nebenentscheidung" angefochten, ist die Tätigkeit des Anwalts mit der erstinstanzlichen Verfahrensgebühr abgegolten (Burhoff/*Volpert*, RVG, Vorbem. 4.2 VV Rn 51 f.). Eine Hauptsacheentscheidung liegt z.B. vor, wenn die Strafvollstreckungskammer eine Strafaussetzung zur Bewährung widerruft (§ 453 Abs. 2) oder die Aussetzung des Restes einer Freiheitsstrafe ablehnt (§ 454 Abs. 3). Keine Beschwerde gegen eine Hauptsacheentscheidung ist hingegen die gegen den im Strafvollstreckungsverfahren ergangenen Kostenfestsetzungsbeschluss. Der Anwalt erhält hierfür nicht die Gebühren nach Teil 4 Abschnitt 2 VV RVG besonders, sondern nach Teil 3 VV RVG (Vorbem. 4 Abs. 5 Ziff. 1 VV RVG; Burhoff/*Volpert*, RVG, a.a.O.). 149

☝ Befindet sich der Mandant nicht auf freiem Fuß, entsteht die Beschwerdegebühr nach Vorbem. 4 Abs. 4 VV RVG i.V.m. Nrn. 4201, 4205 VV RVG mit **Haftzuschlag** (→ *U-Haft-Fragen*, Teil D Rdn 414).

b) Wird der Rechtsanwalt in der Strafvollstreckung **nur** mit **einzelnen Tätigkeiten** beauftragt, gilt Teil 4 Abschnitt 3 VV RVG (vgl. wegen der Einzelh. die Kommentierung zu Teil 4 Abschnitt 3 VV bei Burhoff/*Volpert*, a.a.O.). Nach Vorbem. 4.3 Abs. 3 S. 2 VV RVG ist aber auch dann das Beschwerdeverfahren eine besondere Angelegenheit mit der Folge, dass für die Beschwerde eine besondere Verfahrensgebühr entsteht (vgl. oben Rdn 149). 150

151 **6.** Im **Wiederaufnahmeverfahren** entsteht für Beschwerden (vgl. § 372) für den Verteidiger des Verurteilten oder den Vertreter eines sonstigen Beteiligten nach Nr. 4139 VV RVG eine **besondere Verfahrensgebühr** i.H.d. Verfahrensgebühr für den ersten Rechtszug (zu den Rechtsmitteln im Wiederaufnahmeverfahren → *Wiederaufnahme, Allgemeines*, Teil B Rdn 1331, m.w.N.). Die Tätigkeit in diesen Beschwerdeverfahren wird also für den Verteidiger abweichend vom sonst geltenden Grundsatz (vgl. o. Rdn 133 ff.) nicht gem. Vorbem. 4.1 Abs. 2 S. 1 VV RVG mit den Verteidigergebühren abgegolten (OLG Düsseldorf AGS 2011, 70; zum Entstehen diese Gebühr vgl. → *Wiederaufnahmeverfahren, Strafverfahren, Gebühren*, Teil D Rdn 622, und die Komm. zur Nr. 4139 VV RVG bei Burhoff/*Burhoff*, RVG).

152 **7.** In Teil 4 Abschnitt 1 Unterabschnitt 5 VV RVG ist für Tätigkeiten im Beschwerdeverfahren gegen den Beschluss, mit dem nach **§ 406 Abs. 5 S. 2** im **Adhäsionsverfahren** von einer Entscheidung abgesehen wird, in der **Nr. 4145 VV RVG** eine zusätzliche Verfahrensgebühr vorgesehen. Hierbei handelt es sich ebenfalls um eine Ausnahme von Vorbem. 4.1 Abs. 2 S. 1 VV RVG, weil die Tätigkeit im Beschwerdeverfahren nicht mit den Gebühren des Straf- bzw. Adhäsionsverfahrens abgegolten wird (s. hierzu ausführlich die Komm. bei Burhoff/*Burhoff*, RVG, Nr. 4145 VV Rn 1 ff.). Das Beschwerdeverfahren gegen einen Beschluss gem. § 406 Abs. 5 S. 2 bildet aber **keine besondere Angelegenheit**, in dem die Postentgeltpauschale Nr. 7002 VV RVG gesondert anfällt (LG Düsseldorf/AG Ratingen RVGreport 2011, 40 m. Anm. *Burhoff* StRR 2010, 440 für das Straf- und Adhäsionsverfahren; Burhoff/*Volpert*, RVG, Teil A: Beschwerdeverfahren, Abrechnung, Rn 610).

153 **8.** Im **Bußgeldverfahren** (Teil 5 VV RVG) gilt für die Abrechnung von Beschwerden:

- Ist der Rechtsanwalt (Voll) Verteidiger gelten die Ausführungen zum Strafverfahren bei Rdn 136 entsprechend. Denn nach Vorbem. 5.1 Abs. 1 VV RVG wird durch die in Teil 5 Abschnitt 1 VV RVG geregelten Verteidigergebühren die Tätigkeit des Verteidigers im bußgeldrechtlichen Beschwerdeverfahren mit **abgegolten** (vgl. Burhoff/*Burhoff*, RVG Vorbem. 5.1 VV Rn 7 u. Vorbem. 4.1 VV Rn 34; Burhoff/*Volpert*, RVG, Teil A: Beschwerdeverfahren, Abrechnung, Rn 603; Gerold/Schmidt/*Burhoff*, VV Vorb. 5.1 Rn 3; *Burhoff* RVGreport 2012, 12, 16).

> ☝ Handelt es sich um eine **Tätigkeit** in der **bußgeldrechtlichen Vollstreckung** (vgl. §§ 89 ff. OWiG), wird diese auch für den Verteidiger nach **Nr. 5200 VV RVG** als Einzeltätigkeit vergütet (vgl. Nr. 5200 Abs. 4 VV RVG; Burhoff/*Burhoff*, RVG, Nr. 5200 VV Rn 21). Für das Beschwerdeverfahren in der bußgeldrechtlichen Vollstreckung entsteht daher die Gebühr nach **Nr. 5200 VV RVG**.
>
> Eine **besondere Angelegenheit** bildet das Beschwerdeverfahren **nicht** (vgl. Burhoff/*Burhoff*, RVG, Nr. 5200 VV Rn 21). Daher ist die Tätigkeit des Verteidigers im bußgeldrechtlichen Beschwerdeverfahren mit der Gebühr nach Nr. 5200 VV RVG abgegolten.

- Handelt es sich bei der Tätigkeit des Rechtsanwalts im Beschwerdeverfahren um eine Einzeltätigkeit, entsteht ebenfalls (nur) die Gebühr Nr. 5200 VV RVG. Eine Regelung wie für Strafsachen in Vorbem. 4.3 Abs. 3 S. 3 VV RVG (vgl. o. Rdn 142), nach der das Beschwerdeverfahren bei Einzeltätigkeiten eine besondere Angelegenheit bildet, ist für das Beschwerdeverfahren bei Einzeltätigkeiten in Bußgeldsachen nicht getroffen worden. Daher ist die Tätigkeit im Beschwerdeverfahren nach dem allgemeinen Grundsatz mit der Gebühr nach Nr. 5200 VV RVG abgegolten (vgl. Burhoff/*Burhoff*, RVG, Nr. 5200 VV Rn 21; Burhoff/*Volpert*, RVG, Teil A: Beschwerdeverfahren, Abrechnung, Rn 595 ff.; AnwKomm-RVG/*N. Schneider*, VV 5200 Rn 9; *Burhoff* RVGreport 2012, 12, 16).

9. Nach **Vorbem. 4 Abs. 5** bzw. **Vorbem. 5 Abs. 4** VV RVG erhält der Rechtsanwalt ggf. für Tätigkeiten im Erinnerungs- und Beschwerdeverfahren in **Kostenfestsetzungsverfahren** Gebühren nach Teil 3 VV RVG. Wegen der Einzelh. wird verwiesen auf → *Gerichtskostenansatz, Erinnerung/Beschwerde*, Teil D Rdn 205; → *Kostenfestsetzungsbeschluss, Beschwerde*, Teil D Rdn 298; → *Kostenfestsetzungsbeschluss, Erinnerung*, Teil D Rdn 311, und auf Burhoff/*Burhoff*, RVG, Vorbem. 4 VV Rn 93 ff. 154

☝ Die Einlegung der Erinnerung oder Beschwerde wird in diesen Fällen i.Ü. nicht von der **Pflichtverteidigerbestellung** oder gerichtlichen Beiordnung umfasst, sodass die ggf. anfallenden Gebühren nach Nr. 3500 VV RVG bzw. Nr. 3513 VV RVG nicht von der Staatskasse zu erstatten sind. Die Einlegung der Erinnerung bzw. Beschwerde gegen den Kostenfestsetzungsbeschluss oder den Kostenansatz ist nämlich nicht im allgemeinen Gebührenkatalog der Nr. 4100 ff. VV RVG mit den für den beigeordneten oder gerichtlich bestellten Rechtsanwalt vorgesehenen Festbetragsgebühren aufgeführt. Der Pflichtverteidiger muss daher die (gesonderte) Beiordnung im Wege der PKH beantragen, um die Gebühren nach den Sätzen des § 49 RVG zu erhalten (vgl. Burhoff/*Burhoff*, RVG, Vorbem. 4 VV Rn 130).

Siehe auch: → *Beschwerde, Allgemeines*, Teil A Rdn 290, m.w.N.; → *Allgemeine Gebührenfragen, Allgemeines*, Teil D Rdn 1, m.w.N.; → *Gerichtskostenansatz, Erinnerung/Beschwerde*, Teil D Rdn 183; → *Kostenfestsetzungsbeschluss, Beschwerde*, Teil D Rdn 267; → *Kostenfestsetzungsbeschluss, Erinnerung*, Teil D Rdn 302.

Dienstaufsichtsbeschwerde, Gebühren 155

Das Wichtigste in Kürze:

1. Für eine Dienstaufsichtsbeschwerde ist in Teil 4 oder in Teil 5 VV RVG eine besondere Gebühr nicht vorgesehen.

2. Hat der Rechtsanwalt den vollen Verteidigungs-/Vertretungsauftrag erhalten, werden die von ihm in Zusammenhang mit der Dienstaufsichtsbeschwerde erbrachte Tätigkeiten durch die Verfahrensgebühr abgegolten.

3. Ist der Rechtsanwalt nur mit der Einreichung/Erstellung der Dienstaufsichtsbeschwerde beauftragt, wird seine Tätigkeit als Einzeltätigkeit mit einer Verfahrensgebühr nach Nr. 4302 Ziff. 2 VV RVG bzw. Nr. 5200 VV RVG abgerechnet.

156 **Literaturhinweise: Burhoff**, Die Abrechnung (förmlicher/formloser) Rechtsbehelfe im Straf- und Bußgeldverfahren, StRR 2012, 172; *ders.*, Die Abrechnung förmlicher und formloser Rechtsbehelfe im Straf- und Bußgeldverfahren, RVGreport 2013, 213; s.a. die Hinw. bei → *Allgemeine Gebührenfragen, Allgemeines*, Teil D Rdn 2, und bei den u.a. Stichwörtern.

157 **1.** Legt der Rechtsanwalt für den Beschuldigten/Betroffenen Dienstaufsichtsbeschwerde ein (vgl. dazu → *Dienstaufsichtsbeschwerde*, Teil B Rdn 262; *Burhoff*, EV, Rn 1260), gilt: Für eine Dienstaufsichtsbeschwerde ist in Teil 4 oder in Teil 5 VV RVG eine **besondere Gebühr nicht** vorgesehen. Das bedeutet:

158 **2.a)** Hat der Rechtsanwalt für das Verfahren, in dem er Dienstaufsichtsbeschwerde einlegt, den **vollen Verteidigungs-/Vertretungsauftrag** erhalten, werden alle in Zusammenhang mit der Dienstaufsichtsbeschwerde von ihm erbrachte Tätigkeiten durch die Verfahrensgebühr, die für das jeweilige Verfahren/den Verfahrensabschnitt, in dem die Dienstaufsichtsbeschwerde eingelegt wird, anfällt, mitabgegolten (AG Bielefeld AGS 2006, 439 m. zust. Anm. *N. Schneider*; so a. schon LG Köln JurBüro 2001, 195 m. Anm. *Enders*; → *Verfahrensgebühr, Abgeltungsbereich*, Teil D Rdn 431). Das folgt aus dem Pauschalcharakter, den die Gebühren nach Vorbem. 4 Abs. 2 S. 1 VV RVG bzw. nach Vorbem. 5.1 Abs. 1 VV RVG im Straf- bzw. im Bußgeldverfahren haben (vgl. dazu eingehend Burhoff/*Burhoff*, RVG, Vorbem. 4.1 VV Rn 33 ff.).

159 **b)** Der Wahlanwalt muss also die für den Mandanten erbrachten Tätigkeiten im Rahmen des § 14 Abs. 1 RVG **gebührenerhöhend** geltend machen. Beim Pflichtverteidiger sind sie ggf. bei einer Pauschgebühr nach **§ 51 RVG** anzumelden.

160 **3.a)** Ist der Rechtsanwalt mit einer Dienstaufsichtsbeschwerde nur als **Einzeltätigkeit** i.S.v. Teil 4 Abschnitt 3 VV RVG bzw. von Teil 5 Abschnitt 2 VV RVG befasst, gilt: Ist er (nur) mit der **Einreichung/Erstellung** der Dienstaufsichtsbeschwerde beauftragt, wird seine Tätigkeit als Einzeltätigkeit mit einer Verfahrensgebühr nach Nr. 4302 Ziff. 2 VV RVG bzw. Nr. 5200 VV RVG abgerechnet. Ist er darüber hinaus mit der **Beistandsleistung** im Verfahren über die Dienstaufsichtsbeschwerde (insgesamt) beauftragt, entsteht im Strafverfahren eine Verfahrensgebühr Nr. 4302 Ziff. 3 VV RVG für eine sonstige Beistandsleistung. Es gelten die Ausführungen bei → *Beschwerde, Gebühren*, Teil D Rdn 142 ff., entsprechend. Im Bußgeldverfahren kann er dafür nach Nr. 5200 Anm. 2 S. 1 VV RVG ggf. noch eine weitere Verfahrensgebühr nach Nr. 5200 VV RVG abrechnen.

☝ Eine **Grundgebühr** Nr. 4100 VV RVG bzw. Nr. 5100 VV RVG entsteht **nicht** zusätzlich (OLG Düsseldorf AGS 2009, 14; OLG Köln AGS 2007, 452; OLG Schleswig StV 2006, 206).

b) Die jeweilige Verfahrensgebühr deckt **alle Tätigkeiten** in Zusammenhang mit der Einreichung/Erstellung der Dienstaufsichtsbeschwerde und/oder einer etwaigen Beistandsleistung im Verfahren ab. Dies können sein die Entgegennahme der Information des Mandanten, die Fertigung und Einreichung der Dienstaufsichtsbeschwerde bei der zuständigen Stelle, die Beratung des Mandanten, Stellungnahmen usw. 161

☝ Erhält der Rechtsanwalt nach eine (erfolgreichen) Dienstaufsichtsbeschwerde den **vollen Verteidigungsauftrag**, wird er also nun für den Mandanten im eigentlichen Verfahren tätig, wird die für die Einzeltätigkeit entstandene Verfahrensgebühr auf die weiteren Gebühren **angerechnet** (vgl. Vorbem. 4.3 Abs. 4 VV RVG bzw. Nr. 5200 Anm. 4 VV RVG).
Bei **mehreren Einzeltätigkeiten** ist auf die Beschränkung der Vorbem. 4.3 Abs. 3 S. 2 VV RVG i.V.m. § 15 Abs. 6 RVG bzw. der Nr. 5200 Anm. 2 VV RVG i.V.m. § 15 Abs. 6 RVG zu achten.

Siehe auch: → *Dienstaufsichtsbeschwerde*, Teil B Rdn 262; → *Allgemeine Gebührenfragen, Allgemeines*, Teil D Rdn 1; → *Verfahrensgebühr, Abgeltungsbereich*, Teil D Rdn 431.

Einspruch, Bußgeldverfahren 162

Das Wichtigste in Kürze:

1. Hat der Rechtsanwalt für das Bußgeldverfahren, in dem er gegen den Bußgeldbescheid Einspruch einlegt, den vollen Verteidigungsauftrag erhalten entsteht für die Einspruchseinlegung keine besondere Gebühr.
2. Ist dem Rechtsanwalt die Einlegung des Einspruchs nur als Einzeltätigkeit übertragen worden, gilt die Nr. 5200 VV RVG.

Literaturhinweise: **Burhoff**, Die zusätzliche Verfahrensgebühr Nr. 5115 VV RVG im Bußgeldverfahren. RVGreport 2015, 82; s.a. die Hinw. bei → *Allgemeine Gebührenfragen, Allgemeines*, Teil D Rdn 2, → *Berufung, Zusätzliche Verfahrensgebühr (Nr. 4141 VV RVG)*, Teil D Rdn 116, bei → *Revision, Zusätzliche Verfahrensgebühr (Nr. 4141 VV RVG)*, Teil D Rdn 389, und bei den u.a. Stichwörtern. 163

1. Für die gebührenmäßige Behandlung des Einspruchs gegen den Bußgeldbescheid (§ 67 OWiG) ist zu **unterscheiden**, ob der Rechtsanwalt mit der (vollen) Verteidigung des Be- 164 troffenen im Bußgeldverfahren beauftragt worden ist (vgl. dazu Rdn 165 ff.) oder, ob er insoweit nur im Rahmen einer Einzeltätigkeit tätig geworden ist (vgl. dazu Rdn 167 ff.).

165 **a)** Hat der Rechtsanwalt für das Bußgeldverfahren, in dem er gegen den Bußgeldbescheid Einspruch nach § 67 OWiG einlegt, den **vollen Verteidigungsauftrag** erhalten, entsteht für die Einspruchseinlegung keine besondere Gebühr. Sie wird vielmehr, wenn der Verteidiger bereits zu diesem Zeitpunkt beauftragt ist/war, von der für den Verteidiger entstehenden Verfahrensgebühr für das Verfahren vor der Verwaltungsbehörde nach Teil 5 Abschnitt Unterabschnitt 2 VV RVG abgegolten. Das folgt aus Vorbem. 5.1.2 VV RVG (vgl. Burhoff/*Burhoff*, RVG, Vorbem. 5.1.2 VV Rn 8; Gerold/Schmidt/*Burhoff*, VV Vorb. 5.12. Rn 4; AnwKomm-RVG/*N. Schneider*, VV Vorb. 5.1.2 Rn 5 f.).

166 **b)** Durch diese Verfahrensgebühr werden **auch alle übrigen** in Zusammenhang mit dem Einspruch stehenden **Tätigkeiten** abgegolten. Das können sein die Einspruchsbegründung, die Prüfung der Rechtzeitigkeit des Einspruchs, der ggf. nicht vom Verteidiger, sondern vom Betroffenen selbst eingelegt worden ist (vgl. vgl. Burhoff/*Burhoff*, RVG, Vorbem. 5.1.2 VV Rn 8). Auch die Rücknahme des Einspruchs wird von dieser Verfahrensgebühr erfasst.

☝ Nimmt der Verteidiger den Einspruch zurück, kann eine zusätzliche Verfahrensgebühr Nr. 5115 Ziff. 4 VV RVG entstehen (vgl. dazu die weitgehend entsprechend geltenden Ausführungen bei → *Berufung, Zusätzliche Verfahrensgebühr Nr. 4141 VV RVG]*, Teil D Rdn 115, und bei → *Revision, Zusätzliche Verfahrensgebühr [Nr. 4141 VV RVG]*, Teil D Rdn 388; s.a. Burhoff/*Burhoff*, RVG, Nr. 5115 VV Rn 37 ff. m.w.N.; *Burhoff* RVGreport 2015, 82 ff.).

167 **2.a)** Ist dem Rechtsanwalt die Einlegung des Einspruchs nur als **Einzeltätigkeit** übertragen worden, gilt die **Nr. 5200 VV RVG**. Wird er darüber hinaus mit der Begründung des Einspruchs beauftragt, kann er dafür nach Nr. 5200 Anm. 2 S. 1 VV RVG ggf. noch eine weitere Verfahrensgebühr nach Nr. 5200 VV RVG abrechnen. Ist der Rechtsanwalt nur damit beauftragt, einen Einspruch zurückzunehmen, entsteht ebenfalls die Verfahrensgebühr Nr. 5200 VV RVG. Es gelten die Ausführungen bei → *Beschwerde, Gebühren*, Teil D Rdn 142 ff., entsprechend. Bei mehreren Einzeltätigkeiten ist auf die Beschränkung der Nr. 5200 Anm. 2 S. 2 VV RVG i.V.m. § 15 Abs. 6 RVG zu achten.

☝ Eine **Grundgebühr** Nr. 5100 VV RVG entsteht **nicht** zusätzlich (OLG Düsseldorf AGS 2009, 14; OLG Köln RVGreport 2007, 306; OLG Schleswig StV 2006, 206).

168 **b)** Die jeweilige Verfahrensgebühr deckt **alle Tätigkeiten** in Zusammenhang mit der Einspruchseinlegung, -begründung oder -rücknahme ab. Dies können sein die Entgegennahme der Information des Mandanten, die Fertigung und Einreichung des Einspruchs bei der zuständigen Verwaltungsbehörde, die Beratung des Mandanten, Stellungnahmen usw.

☝ Erhält der Rechtsanwalt nach Einspruchseinlegung **später** den **vollen Verteidigungsauftrag**, wird er also nun für den Mandanten im eigentlichen Bußgeldverfahren tätig, wird die für die Einzeltätigkeit entstandene Verfahrensgebühr auf die weiteren Gebühren **angerechnet** (vgl. Nr. 5200 Anm. 4 VV RVG).

Siehe auch: → *Allgemeine Gebührenfragen, Allgemeines*, Teil D Rdn 1, m.w.N.; → *Verfahrensgebühr, Abgeltungsbereich*, Teil D Rdn 431.

Einspruch, Strafbefehlsverfahren 169

Das Wichtigste in Kürze:

1. Für die gebührenmäßige Behandlung des Einspruchs gegen den Strafbefehl ist zu unterscheiden, ob der Rechtsanwalt mit der (vollen) Verteidigung des Angeklagten beauftragt worden ist oder, ob er insoweit nur im Rahmen einer Einzeltätigkeit tätig geworden ist.
2. Hat der Rechtsanwalt für das Strafverfahren, in dem er gegen den Bußgeldbescheid Einspruch nach § 410 einlegt, den vollen Verteidigungsauftrag erhalten, entsteht für die Einspruchseinlegung keine besondere Gebühr.
3. Ist dem Rechtsanwalt die Einlegung des Einspruchs nur als Einzeltätigkeit übertragen worden, gilt die Nr. 4302 Ziff. 2 VV RVG.

Literaturhinweise: **Burhoff**, Die anwaltliche Vergütung im Strafbefehlsverfahren, RVGreport 2008, 201; **N. Schneider**, Das vergessene schriftliche Verfahren in Strafsachen – Analoge Anwendung der Nr. 4141 VV-RVG?, AnwBl. 2006, 274; *ders.*, Zusätzliche Gebühr bei Rücknahme des Strafbefehls und Neuerlass?, AGS 2006, 416; **Soujon**, Das Strafbefehlsverfahren – ein Gebührendefizit, zfs 2008, 662; s.a. die Hinw. bei → *Allgemeine Gebührenfragen, Allgemeines*, Teil D Rdn 2, bei → *Berufung, Zusätzliche Verfahrensgebühr (Nr. 4141 VV RVG)*, Teil D Rdn 116, bei → *Revision, Zusätzliche Verfahrensgebühr (Nr. 4141 VV RVG)*, Teil D Rdn 389, und bei den u.a. Stichwörtern. 170

1. Für die gebührenmäßige Behandlung des Einspruchs gegen den Strafbefehl (§ 410) ist zu **unterscheiden**, ob der Rechtsanwalt mit der (vollen) Verteidigung des Angeklagten im Strafverfahren beauftragt worden ist (vgl. dazu Rdn 172 ff.) oder, ob er insoweit nur im Rahmen einer Einzeltätigkeit tätig geworden ist (vgl. dazu Rdn 174 ff.; zur Abrechnung im Strafbefehlsverfahren Burhoff/*Burhoff*, RVG, Teil A: Strafbefehlsverfahren, Abrechnung, Rn 1842 ff.; *Burhoff* RVGreport 2008, 201). 171

2.a) Hat der Rechtsanwalt für das Strafverfahren, in dem er gegen den Strafbefehl Einspruch nach § 410 einlegt (vgl. dazu → *Strafbefehl, Einspruch*, Teil B Rdn 747), den **vollen Verteidigungsauftrag** erhalten entsteht für die Einspruchseinlegung keine besondere Gebühr. Sie wird vielmehr, wenn der Verteidiger bereits zu diesem Zeitpunkt beauftragt 172 ist/war, von der für den Verteidiger für das gerichtliche Verfahren nach Nr. 4106 f. VV RVG entstehenden Verfahrensgebühr abgegolten (zum Abgeltungsbereich der Verfahrensgebühr → *Verfahrensgebühr, Abgeltungsbereich*, Teil D Rdn 431, m.w.N.).

173 **b)** Durch diese Verfahrensgebühr werden **auch alle übrigen** in Zusammenhang mit dem Einspruch stehenden **Tätigkeiten** abgegolten. Das können sein die Einspruchsbegründung, die Prüfung der Rechtzeitigkeit des Einspruchs, der ggf. nicht vom Verteidiger, sondern vom Angeklagten selbst eingelegt worden ist (vgl. Burhoff/*Burhoff*, RVG, Nr. 4106 VV Rn 11; AnwKomm-RVG/*N. Schneider*, VV 4106 – 4107 Rn 4). Auch die (spätere) Rücknahme des Einspruchs wird von dieser Verfahrensgebühr erfasst.

☝ Nimmt der Verteidiger den Einspruch zurück, kann eine **zusätzliche Verfahrensgebühr** Nr. 4141 Ziff. 3 VV RVG entstehen (vgl. dazu die weitgehend entsprechend geltenden Ausführungen bei → *Berufung, Zusätzliche Verfahrensgebühr [Nr. 4141 VV RVG]*, Teil D Rdn 115, und bei → *Revision, Zusätzliche Verfahrensgebühr [Nr. 4141 VV RVG]*, Teil D Rdn 388; s. auch Burhoff/*Burhoff*, RVG, Nr. 5115 VV Rn 37 ff. m.w.N.). Nach der durch das 2. KostRMoG eingeführten Nr. 4141 Anm. 1 Nr. 4 VV RVG steht dem Verteidiger, wenn er nach Beschränkung des Einspruchs gegen den Strafbefehl auf die Tagessatzhöhe an der Zustimmung des Mandanten zur Entscheidung ohne HV im schriftlichen Verfahren mitwirkt und wenn das Verfahren dann durch Beschluss endet, ebenfalls eine zusätzliche Verfahrensgebühr zu (vgl. dazu Burhoff/*Burhoff*, RVG, Nr. 4141 VV Rn 72 m.w.N.; *Burhoff* RVGreport 2013, 330; *ders.*, StraFo 2013, 397).

174 **3.a)** Ist dem Rechtsanwalt die Einlegung des Einspruchs nur als **Einzeltätigkeit** übertragen worden, gilt die Nr. 4302 Ziff. 2 VV RVG (s. auch Burhoff/*Volpert*, RVG, Nr. 4302 VV Rn 9, der allerdings von Ziff. 1 ausgeht, obwohl der Einspruch gegen den Strafbefehl kein „Rechtsmittel" ist; vgl. zur Abgrenzung Rechtsmittel/Rechtsbehelf → *Rechtsmittel/Rechtsbehelf, Allgemeines*, Teil A Rdn 1282). Wird er darüber hinaus mit der Begründung des Einspruchs beauftragt, kann er dafür nach Vorbem. 4.3 Abs. 3 S. 1 VV RVG ggf. noch eine weitere Verfahrensgebühr nach Nr. 4302 Ziff. 2 VV RVG abrechnen. Ist der Rechtsanwalt mit der Beistandsleistung im Strafbefehlsverfahren i.Ü. beauftragt, gilt ggf. Nr. 4302 Ziff. 3 VV RVG. Ist er ggf. nur damit beauftragt, einen Einspruch zurückzunehmen, entsteht die Verfahrensgebühr Nr. 4302 Ziff. 2 VV RVG. Es gelten die Ausführungen bei → *Beschwerde, Gebühren*, Teil D Rdn 130 ff., entsprechend. Bei mehreren Einzeltätigkeiten ist auf die Beschränkung der Vorbem. 4.3 Abs. 3 S. 2 VV RVG i.V.m. § 15 Abs. 6 RVG zu achten.

☝ Eine **Grundgebühr** Nr. 4100 VV RVG entsteht **nicht** zusätzlich (OLG Düsseldorf AGS 2009, 14; OLG Köln RVGreport 2007, 306; OLG Schleswig StV 2006, 206).

b) Die jeweilige Verfahrensgebühr deckt **alle Tätigkeiten** in Zusammenhang mit der Einspruchseinlegung, -begründung oder -rücknahme ab. Dies können sein die Entgegennahme der Information des Mandanten, die Fertigung und Einreichung des Einspruchs beim zuständigen Gericht, die Beratung des Mandanten, Stellungnahmen usw. 175

☝ Erhält der Rechtsanwalt nach Einspruchseinlegung **später** den **vollen Verteidigungsauftrag**, wird er also nun für den Mandanten im eigentlichen Bußgeldverfahren tätig, wird die für die Einzeltätigkeit entstandene Verfahrensgebühr auf die weiteren Gebühren **angerechnet** (vgl. Vorbem. 4.3 Abs. 4 VV RVG).

Siehe auch: → *Strafbefehle, Allgemeines*, Teil B Rdn 699, m.w.N.; → *Allgemeine Gebührenfragen, Allgemeines*, Teil D Rdn 1, m.w.N.; → *Verfahrensgebühr, Abgeltungsbereich*, Teil D Rdn 431.

Gegenvorstellung, Gebühren 176

Das Wichtigste in Kürze:

1. Für eine Gegenvorstellung ist in Teil 4 oder in Teil 5 VV RVG eine besondere Gebühr nicht vorgesehen.
2. Hat der Rechtsanwalt für das Verfahren, in dem er Gegenvorstellung erhebt, den vollen Verteidigungs-/Vertretungsauftrag erhalten, werden alle in Zusammenhang mit der Gegenvorstellung von ihm erbrachte Tätigkeiten durch die Verfahrensgebühr mitabgegolten.
3. Ist der Rechtsanwalt mit einer Gegenvorstellung nur als Einzeltätigkeit befasst, gilt Teil 4 Abschnitt 3 VV RVG bzw. Teil 5 Abschnitt 2 VV RVG.

Literaturhinweise: **Burhoff**, Die Abrechnung (förmlicher/formloser) Rechtsbehelfe im Straf- und Bußgeldverfahren, StRR 2012, 172; *ders.*, Die Abrechnung förmlicher und formloser Rechtsbehelfe im Straf- und Bußgeldverfahren, RVGreport 2013, 213; s. die Hinw. bei → *Allgemeine Gebührenfragen, Allgemeines*, Teil D Rdn 2, und bei den u.a. Stichwörtern. 177

1. Erhebt der Rechtsanwalt für den Beschuldigten/Betroffenen Gegenvorstellung gegen eine (gerichtliche) Entscheidung (vgl. dazu → *Gegenvorstellung, Allgemeines*, Teil B Rdn 274, m.w.N.; s. auch noch *Burhoff*, EV, Rn 2079), gilt: Für eine Gegenvorstellung ist in Teil 4 oder in Teil 5 VV RVG eine **besondere Gebühr nicht** vorgesehen. Das bedeutet: 178

2.a) Hat der Rechtsanwalt für das Verfahren, in dem er Gegenvorstellung erhebt, den **vollen Verteidigungs-/Vertretungsauftrag** erhalten, werden alle in Zusammenhang mit der Gegenvorstellung von ihm erbrachte Tätigkeiten durch die Verfahrensgebühr, die für das jeweilige Verfahren/den Verfahrensabschnitt, in dem die Gegenvorstellung erhoben wird, an- 179 fällt, mitabgegolten (AG Bielefeld AGS 2006, 439 m. zust. Anm. *N. Schneider*; so auch schon LG Köln JurBüro 2001, 195 m. Anm. *Enders*, jew. für die Dienstaufsichtsbeschwerde; → *Verfahrensgebühr, Abgeltungsbereich*, Teil D Rdn 431). Das folgt aus dem Pauschalcharakter, den die Gebühren nach Vorbem. 4 Abs. 2 S. 1 VV RVG bzw. nach Vorbem. 5.1 Abs. 1 VV RVG im Straf- bzw. im Bußgeldverfahren haben (vgl. dazu eingehend Burhoff/*Burhoff*, RVG, Vorbem. 4.1 VV Rn 39 ff.).

180 **b)** Der Wahlanwalt muss also die für den Mandanten **erbrachten Tätigkeiten** im Rahmen des § 14 Abs. 1 RVG **gebührenerhöhend** geltend machen. Beim Pflichtverteidiger sind sie ggf. bei einer Pauschgebühr nach **§ 51 RVG** anzumelden.

181 **3.** Ist der Rechtsanwalt mit einer Gegenvorstellung nur als **Einzeltätigkeit** i.S.v. Teil 4 Abschnitt 3 VV RVG bzw. von Teil 5 Abschnitt 2 VV RVG befasst, gilt Teil 4 Abschnitt 3 VV RVG bzw. Teil 5 Abschnitt 2 VV RVG, und zwar wie folgt: Ist der Rechtsanwalt (nur) mit der **Einreichung/Erstellung** der Gegenvorstellung beauftragt, wird seine Tätigkeit als Einzeltätigkeit mit einer Verfahrensgebühr nach Nr. 4302 Ziff. 2 VV RVG bzw. Nr. 5200 VV RVG abgerechnet. Ist er darüber hinaus mit der **Beistandsleistung** im Verfahren über die Gegenvorstellung (insgesamt) beauftragt, entsteht eine Verfahrensgebühr Nr. 4302 Ziff. 3 VV RVG für eine sonstige Beistandsleistung. Es gelten die Ausführungen bei → *Beschwerde, Gebühren*, Teil D Rdn 142 ff., entsprechend. Im Bußgeldverfahren kann dann ggf. eine weitere Nr. 5200 VV RVG entstehen (s. Anm. 2 zu Nr. 5200 VV RVG).

☝ Eine **Grundgebühr** Nr. 4100 VV RVG bzw. Nr. 5100 VV RVG entsteht **nicht** zusätzlich (OLG Düsseldorf AGS 2009, 14; OLG Köln RVGreport 2007, 306; OLG Schleswig StV 2006, 206).

182 Die jeweilige Verfahrensgebühr deckt **alle Tätigkeiten** in Zusammenhang mit der Einreichung/Erstellung der Gegenvorstellung und/oder einer etwaigen Beistandsleistung im Verfahren ab. Dies können sein die Entgegennahme der Information des Mandanten, die Fertigung und Einreichung der Gegenvorstellung bei der zuständigen Stelle, die Beratung des Mandanten, Stellungnahmen usw.

☝ Erhält der Rechtsanwalt nach eine (erfolgreichen) Gegenvorstellung den **vollen Verteidigungsauftrag**, wird er also nun für den Mandanten im eigentlichen Verfahren tätig, wird die für die Einzeltätigkeit entstandene Verfahrensgebühr auf die weiteren Gebühren **angerechnet** (vgl. Vorbem. 4.3 Abs. 4 VV, bzw. Nr. 5200 Anm. 4 VV).

Bei **mehreren Einzeltätigkeiten** ist auf die Beschränkung der Vorbem. 4.3 Abs. 3 S. 2 VV RVG i.V.m. § 15 Abs. 6 RVG bzw. der Nr. 5200 Anm. 2 VV RVG i.V.m. § 15 Abs. 6 RVG zu achten.

Siehe auch: → *Gegenvorstellung, Allgemeines*, Teil B Rdn 274, m.w.N.; → *Allgemeine Gebührenfragen, Allgemeines*, Teil D Rdn 1, m.w.N.; → *Verfahrensgebühr, Abgeltungsbereich*, Teil D Rdn 431.

Gerichtskostenansatz, Erinnerung/Beschwerde 183

Das Wichtigste in Kürze:

1. Der gem. § 19 Abs. 2 GKG vorzunehmende Ansatz der Verfahrenskosten (§ 464a Abs. 1) ist durch die Erinnerung gem. § 66 GKG anfechtbar.
2. Mit der formlos möglichen, beim Erinnerungsgericht oder der StA einzulegenden und nicht fristgebundenen Erinnerung können der Kostenschuldner und die Staatskasse beanstanden, dass der Kostenansatz das Kostenrecht verletzt.
3. Hilft der Kostenbeamte einer Erinnerung nicht ab, entscheidet auf Vorlage der Staatskasse das Gericht, das die Kosten angesetzt hat (vgl. § 19 Abs. 2 S. 2 – 4 GKG) oder im Fall des Kostenansatzes durch die StA (§ 19 Abs. 2 S. 1 GKG) das Gericht des ersten Rechtszugs über die Erinnerung.
4. Gegen die Erinnerungsentscheidung ist die beim Erinnerungsgericht einzulegende unbefristete Beschwerde gegeben, wenn der Wert des Beschwerdegegenstands mindestens 200,01 € beträgt oder das Erinnerungsgericht in seiner Entscheidung die Beschwerde zugelassen hat.
5. Über die Beschwerde entscheidet das nächsthöhere Gericht, wobei eine Beschwerde zum BGH ausgeschlossen ist.
6. Ist das LG Beschwerdegericht, ist im Fall der Zulassung in der Beschwerdeentscheidung weitere Beschwerde zum OLG möglich.
7. Erinnerung und (weitere) Beschwerde haben gem. § 66 Abs. 7 S. 1 GKG keine aufschiebende Wirkung.
8. Gem. § 66 Abs. 8 S. 1 GKG sind Erinnerung, Beschwerde und weitere Beschwerde gerichtsgebührenfrei.

Literaturhinweise: Binz/Dörndorfer/Petzold/Zimmermann, GKG/FamGKG/JVEG, 3. Aufl. 2014, zit.: *Binz/Dörndorfer/Petzold/Zimmermann* Vorschrift u. Rn; **Meyer**, Gerichtskosten der streitigen Gerichtsbarkeit und es Familienverfahrens, 12. Aufl. 2011, zit.: *Meyer*, GKG, Paragraf und Rn; s.a. die Hinw. bei → *Allgemeine Gebührenfragen, Allgemeines*, Teil D Rdn 2, und bei Burhoff/*Volpert*, RVG, Teil A: Gerichtskosten in Strafsachen, Rn 1045 ff. 184

1.a)aa) Gem. § 464a Abs. 1 S. 1 sind Kosten des Verfahrens (**Verfahrenskosten**) die **Gebühren** und **Auslagen** der **Staatskasse**. Hierzu gehören gem. § 464a Abs. 1 S. 2 auch die durch die Vorbereitung der öffentlichen Klage entstandenen sowie die Kosten der Voll- 185 streckung einer Rechtsfolge der Tat. Es ist daher zu **unterscheiden** zwischen (vgl. Binz/Dörndorfer/Petzold/*Zimmermann*, KV GKG 3110 – 3117 Rn 1):

- den Auslagen z.B. der Polizei oder der StA für die Anklagevorbereitung (Ermittlungskosten),
- den Gerichtskosten (Gebühren und Auslagen des Gerichts) und
- den Kosten der Vollstreckung.

186 Das Gericht entscheidet über die Verpflichtung zur Tragung der Verfahrenskosten dem **Grunde** nach gem. § 464 Abs. 1 im Urteil, im Strafbefehl oder in der eine Untersuchung einstellenden Entscheidung. Derjenige, dem die Verfahrenskosten vom Gericht auferlegt werden, schuldet der Staatskasse gem. § 29 Nr. 1 GKG die Kosten (**Kostenschuldner**).

☝ In Strafsachen können Kosten von dem Kostenschuldner nur erhoben werden, wenn die Kostenentscheidung in **Rechtskraft** erwachsen ist (§ 8 GKG; vgl. auch § 449).

187 **bb)** Im Rahmen des gem. § 19 Abs. 2 GKG aufzustellenden **Kostenansatzes** wird festgelegt, in welcher **Höhe** der Kostenschuldner die Verfahrenskosten zu tragen hat. Die **sachliche** und **örtliche Zuständigkeit** für den Kostenansatz ist in § 19 GKG geregelt. Danach werden in Strafsachen, in denen eine gerichtliche Entscheidung durch die StA zu vollstrecken ist, die Kosten bei der **StA** angesetzt. In **Jugendgerichtssachen**, in denen eine Vollstreckung einzuleiten ist, werden die Kosten bei dem AG angesetzt, dem der Jugendrichter angehört, der die Vollstreckung einzuleiten hat (§ 84 JGG); ist daneben die StA Vollstreckungsbehörde, werden die Kosten bei dieser angesetzt. Im Übrigen werden die Kosten in diesen Verfahren bei dem Gericht des ersten Rechtszugs angesetzt. Die Kosten des Rechtsmittelverfahrens vor dem BGH werden stets bei dem BGH angesetzt.

188 **b)** Gegen den Ansatz der Gerichtskosten durch den Kostenbeamten kann durch den Kostenschuldner (Verurteilter) und durch die Staatskasse **Erinnerung** nach § 66 Abs. 1 GKG eingelegt werden. Die Anfechtung des Kostenansatzes kann nur durch diese Erinnerung erfolgen. Prozesskostenhilfe kann für das Erinnerungs- und Beschwerdeverfahren nach § 66 GKG nicht bewilligt werden (OLG Celle NJW 2013, 486 [Ls]; OLG Düsseldorf AGS 2012, 541).

☝ Der **ordentliche Rechtsweg**, insb. eine Klage mit dem Ziel der Rückerstattung von nach Auffassung des Kostenschuldners zu Unrecht gezahlter Gerichtskosten, ist ausgeschlossen.

189 **2.a) Gegenstand** der Erinnerung ist der Kostenansatz, also die Kostenrechnung. Die Erinnerung kann sich sowohl gegen den Ansatz von **Gerichtsgebühren** als auch gegen den Ansatz von **Auslagen** i.S.v. Teil 9 KV GKG richten. Nur die dort bestimmten Auslagen dürfen von dem Kostenschuldner erhoben werden. Die Erinnerung kann nur auf die **Ver-**

letzung des Kostenrechts, also der Bestimmungen des GKG, gestützt werden (BGH NJW 1992, 1458; RVGreport 2006, 77; 2011, 399; JurBüro 2008, 43; OLG Dresden RVGreport 2014, 82 m. Anm. *Volpert* StRR 2014, 158; OLG Koblenz JurBüro 1993, 425; OLG München JurBüro 1994, 112). Sie ist kein Mittel, das zugrunde liegende Hauptsacheverfahren nachträglich wieder aufzurollen (BVerwG, Beschl. v. 30.9.2010 – 5 KSt 4/10; OLG Hamm, Beschl. v. 11.9.2009 – 25 W 7/09). Bei einer auf die Verletzung des Kostenrechts gestützten Erinnerung haben Erinnerungs- und Beschwerdegericht aber eine umfassende Prüfungskompetenz (OLG Koblenz NStZ-RR 2010, 359).

Für **außerhalb des Kostenrechts** begründete Einwendungen steht das Verfahren gem. § 66 **190**
GKG nicht zur Verfügung. Das Verfahren nach § 66 GKG ist daher z.B. ausgeschlossen für die Einwendung, dass die vom Gericht getroffene Kostengrundentscheidung unzutreffend ist (BGH NJW 1992, 1458; NJW-RR 1998, 503; JurBüro 2008, 43) oder die Hauptsacheentscheidung verfassungsrechtlichen Bedenken unterliegt (OLG Hamm, Beschl. v. 11.9.2009 – 25 W 7/09). Ausgeschlossen sind auch die Einwendungen, dass in einer Strafsache eine mit Kosten verbundene Ermittlungsmaßnahme nicht notwendig und zweckmäßig war (OLG Celle NJW 2013, 486 [Ls]) oder dass die gegen den Willen des Verurteilten und zu Auslagen nach Nr. 9007 KV GKG führende Pflichtverteidigerbestellung nicht notwendig oder unzweckmäßig war (OLG Dresden RVGreport 2014, 82); es kann insoweit im Rahmen der Erinnerung allenfalls unrichtige Sachbehandlung (§ 21 GKG) gerügt werden (OLG Dresden, a.a.O.).

Beanstandet bzw. geltend gemacht werden **kann** daher z.B. insb. **191**

- der Grund, die Art und die Höhe einzelner Ansätze in der Kostenrechnung (z.B. falsche Grundlage, falsche Berechnung, fehlende Entstehung einer Gebühr oder einer Auslage),
- die **Verjährung** der Kostenforderung (§ 5 GKG),
- die Einforderung der Kosten trotz Eintritts des **Nachforderungsverbots** (§ 20 GKG),
- die Nichterhebung von Kosten wegen **unrichtiger Sachbehandlung** (§ 21 GKG; BGH StraFo 2008, 48; OLG Celle RVGreport 2011, 197; OLG Jena JurBüro 1999, 435; OLG Koblenz JurBüro 2010, 96),
- die **Aufrechnung** mit einer Gegenforderung gegen den Kostenansatz, aber nur, wenn die Gegenforderung anerkannt oder rechtskräftig festgestellt ist (BGH RVGreport 2009, 37; BVerwG RVGreport 2010, 240; OLG Celle NJW 2013, 486 [Ls.]),
- die unterbliebene Angabe der angewendeten Bestimmungen des GKG in der Kostenrechnung (Transparenzgebot, § 27 KostVfg; BGH NJW 1992, 1458; OLG Koblenz Rpfleger 1988, 384; OLG Schleswig SchlHA 2012, 111). Hierzu gehört im Fall einer **Teilverurteilung**/eines **Teilfreispruchs** die Angabe und kurze Bezeichnung der auf die Teilverurteilung entfallenden Kostenansätze und des abgesetzten Differenzbetrags (OLG Schleswig, a.a.O.);

- dass der Kostenbeamte dem Verurteilten sämtliche im Verfahren angefallenen Auslagen in Rechnung gestellt hat, obwohl **Teilfreispruch** erfolgt und der Verurteilte deshalb unter Anwendung der **Differenztheorie** oder durch **Auslagenverteilung nach Bruchteilen gem. § 464d** von allen Mehrauslagen freizustellen ist, die durch Taten veranlasst worden sind, die zum Freispruch geführt haben (vgl. OLG Dresden NStZ-RR 2003, 224; OLG Hamm, Beschl. v. 5.5.2009 – 2 Ws 29/09; OLG Köln StRR 2010, 437; OLG Rostock StRR 2011, 120; ausf. Burhoff/*Volpert*, RVG, Teil A: Gerichtskosten, Rn 1172 ff.);
- dass Bestimmungen der **KostVfg** nicht beachtet worden sind (OLG Karlsruhe JurBüro 1981, 414 und OLG Koblenz Rpfleger 1988, 384, jew. zur Beachtung von § 8 Abs. 3 KostVfg a.F. durch den Kostenbeamten; a.A. *Meyer*, GKG, § 66 Rn 14; offen gelassen von BGH AGS 2001, 20): Zwar ist die KostVfg kein Gesetz, sondern lediglich eine **Verwaltungsanordnung**. Unmittelbare Rechtsansprüche ergeben sich für den Kostenschuldner hieraus nicht. Das Aufstellen verwaltungsinterner Vorschriften und ihre ständige Befolgung bewirken aber eine Selbstbindung der Behörde, die ihr Ermessen einschränkt und sie nach dem Gleichheitsgrundsatz (Art. 3 Abs. 1 GG) verpflichtet, im Einzelfall diese Vorschriften zu befolgen und bei der geübten Praxis zu bleiben. Eine abweichende Handhabung stellt sich deshalb als Ermessensfehler dar und kann die Verfügung rechtswidrig machen (OLG Koblenz Rpfleger 1988, 384);
- dass der Verurteilte **kein Kostenschuldner** für bestimmte Auslagen ist (vgl. OLG Brandenburg RVGreport 2008, 236); hierzu gehört in Strafsachen insbesondere die Frage, ob § 33 GKG und §§ 466, 471 Abs. 4 vom Kostenbeamten beachtet worden sind: Nach § 466 S. 2 besteht **keine gesamtschuldnerische Haftung** von **Mitverurteilten** für Auslagen, die durch die Tätigkeit eines bestellten Verteidigers (Pflichtverteidiger) oder eines Dolmetschers und die durch die Vollstreckung, die einstweilige Unterbringung oder die U-Haft und die durch Untersuchungshandlungen, die ausschließlich gegen einen Mitangeklagten gerichtet waren, entstanden sind.

☝ Macht der Kostenschuldner gegen die zwangsweise Beitreibung der Kostenforderung durch die Gerichtskasse geltend, diese **bereits bezahlt** oder aufgerechnet zu haben bzw. dass diese gestundet sei, ist dieser Einwand gem. **§ 8 Abs. 1 JBeitrO** durch die **Erinnerung** geltend zu machen (BGH NJW 1992, 1458). Das anschließende Verfahren richtet sich nach § 66 GKG (BGH RVGreport 2009, 37).

192 **b)** Die Erinnerung ist gem. § 66 Abs. 5 S. 3 GKG bei dem **Gericht** einzulegen, das für die Entscheidung über die Erinnerung zuständig ist (Rdn 201). Sie kann aber auch bei der **StA** eingelegt werden, wenn diese gem. § 19 Abs. 2 S. 1 GKG den Kostenansatz erstellt hat.

193 **c) Erinnerungsberechtigt** sind sowohl der oder die **Kostenschuldner** als auch die **Staatskasse**. Erinnerungsberechtigt ist jeder Kostenschuldner, der formal durch eine

Kostenrechnung in Anspruch genommen wird. Die Kostenrechnung muss daher bereits vorliegen, weil der Kostenansatz ein **Justizverwaltungsakt** ist, der den Kostenschuldner erst nach Bekanntgabe beeinträchtigt; eine Erinnerung vor Bekanntgabe des Kostenansatzes kann allenfalls durch die **Staatskasse** eingelegt werden (KG NJW-RR 2003, 1723).

☝ Die Erinnerung ist auch **nach Zahlung** des **Kostenbetrags zulässig** (OLG Koblenz RVG-B 2004, 107). Die Erinnerungsbefugnis erlischt nicht dadurch, dass die Gerichtskosten vom Erinnerungsführer oder einem anderen Kostenschuldner bereits gezahlt sind.

Die **Staatskasse** kann sich sowohl gegen einen zu hohen (Benachteiligung des Kosten- **194**
schuldners) als auch gegen einen zu niedrigen (Benachteiligung der Staatskasse) Kostenansatz wenden sowie dagegen, dass ein Kostenansatz unterblieben ist. Einen zu hohen Kostenansatz kann auch der Vertreter der Staatskasse mit der Erinnerung beanstanden, weil er auf den richtigen Ansatz zu achten hat (§ 41 KostVfg) und Unrichtigkeiten zum Nachteil des Kostenschuldners (vgl. dazu § 43 Abs. 1 KostVfg) festzustellen sind.

d) Erforderlich ist eine **Beschwer**. Eine bestimmte Beschwerdesumme bzw. Erinnerungs- **195**
summe muss dagegen nicht erreicht sein. Die Erinnerung ist auch nach Zahlung des Kostenbetrags zulässig. Die Beschwer kann sich sowohl aus einem unzutreffenden Ansatz der Gebühren als auch aus einem unzutreffenden Ansatz von Auslagen ergeben (allgemein zur Beschwer → *Rechtsmittel/Rechtsbehelfe, Beschwer*, Teil A Rdn 1383).

e) Eine bestimmte **Form** ist für die Erinnerung nicht vorgeschrieben. Der Begriff „Erin- **196**
nerung" muss nicht verwandt werden, eine falsche Bezeichnung ist unschädlich. Es muss sich aus der Eingabe nur ergeben, dass der Kostenansatz angegriffen werden soll. Daher reicht es auch aus, wenn die Erinnerung z.B. als Widerspruch bezeichnet worden ist. Eine **Begründung** der Erinnerung ist nicht erforderlich. Es muss nur das konkrete Rechtsschutzziel des Erinnerungsführers ermittelt werden können. Die Einwendungen bzw. Beanstandungen müssen erkennen lassen, welche Rechnungspositionen aus welchem Grund für übersetzt oder unzutreffend gehalten werden (KG RVGreport 2009, 237; OLG Düsseldorf, Beschl. v. 24.6.1999 – 1 Ws 736/99, n.v.; OLG Koblenz NStZ-RR 2010, 359).

Die Erinnerung kann zu **Protokoll** der **Geschäftsstelle** erklärt oder **schriftlich** eingereicht **197**
werden (§ 66 Abs. 4 S. 1 Hs. 1 GKG). § 129a ZPO gilt entsprechend (§ 66 Abs. 5 S. 1 2. Hs. GKG). Das bedeutet beispielsweise, dass die Erinnerung gegen den Kostenansatz Protokoll der Geschäftsstelle eines jeden AG eingelegt werden kann (§ 129a ZPO). Die Geschäftsstelle hat die Beschwerde unverzüglich an das zuständige Gericht weiterzuleiten. Die Schriftform erfordert gem. § 126 BGB die eigenhändige Unterzeichnung des Schriftstücks. Eine in einer E-Mail eingelegte Erinnerung entspricht dem daher nicht (BGH AGS 2015, 226; OLG Hamm RVGreport 2013, 120). Die Einreichung einer Erinnerung durch E-Mail ist gem. § 5a GKG daher nur möglich, wenn in dem zugrunde liegenden

Hauptsacheverfahren die Einreichung von Anträgen und Erklärungen der Parteien durch ein elektronisches Dokument gestattet ist (BGH, a.a.O.; NJW-RR 2009, 357; OLG Hamm, a.a.O.; OLG Oldenburg NJW 2009, 357; OLG Schleswig SchlHA 2009, 244).

☝ Es besteht **kein Anwaltszwang** (BFH JurBüro 2015, 373; OVG Rheinland-Pfalz DÖV 2010, 572). Die Verfahrensvollmacht für die Hauptsache (**Strafprozessvollmacht**) umfasst im Regelfall die Befugnis, für den Mandanten/Kostenschuldner im Erinnerungsverfahren gem. § 66 GKG tätig zu werden. Wird der Rechtsanwalt erst im Erinnerungsverfahren tätig, kann Vorlage einer schriftlichen Verfahrensvollmacht verlangt werden (BFH Rpfleger 1992, 365; zur Form → *Rechtsmittel/Rechtsbehelfe, Form, Allgemeines*, Teil A Rdn 1509, m.w.N.; zur Vollmacht → *Rechtsmittel/Rechtsbehelfe, Vollmacht, Allgemeines*, Teil A Rdn 1768).

198 **f)** Eine **Frist** für die Erinnerung ist nicht vorgesehen (OLG Koblenz NJW-RR 2012, 891). Die Erinnerung kann daher auch noch eingelegt werden, nachdem die Kosten bereits gezahlt sind. Ausgeschlossen ist die Erinnerung erst nach Eintritt der **Verjährung** sowie im Fall einer **Verwirkung**. Das Erinnerungsrecht des Kostenschuldners gegen den Kostenansatz kann verwirkt sein, wenn dieser es längere Zeit nicht geltend gemacht hat (Zeitmoment) und die Staatskasse sich darauf eingerichtet hat und sich nach dem gesamten Verhalten des Berechtigten auch darauf einrichten durfte (Umstandsmoment; OLG Oldenburg NStZ 2006, 406; LG Aurich AGS 2013, 196). Die Verwirkung ist vom LG Aurich (AGS 2013, 196) in einem Strafverfahren bejaht worden, in dem die Kostenrechnung im Jahr 1984 aufgestellt worden ist und der Kostenschuldner ab diesem Zeitpunkt bis ins Jahr 2012 Ratenzahlungen geleistet hat und anschließend die Rücknahme der Kostenrechnung geltend gemacht hat.

199 **3.a)** Zur Entscheidung über die Erinnerung ist zunächst der **Kostenbeamte** zuständig, der den Kostenansatz aufgestellt hat. Er hat zu prüfen, ob er der Erinnerung **abhilft**, und hat dabei den Parteien ggf. rechtliches Gehör zu gewähren (§ 28 Abs. 2 KostVfg). Bei einer Erinnerung des Kostenschuldners ist die Staatskasse als Erinnerungsgegnerin Verfahrensbeteiligte (FG Hamburg Rpfleger 2012, 157).

200 Hält der Kostenbeamte die Erinnerung insgesamt für **zulässig** und **begründet**, hat er ihr abzuhelfen. Hält er sie nur teilweise für zulässig und begründet, hat er ihr teilweise abzuhelfen. Hilft der Kostenbeamte der Erinnerung nicht oder nicht vollständig ab, hat er die Sache zunächst dem Vertreter der Staatskasse vorzulegen (Bezirksrevisor), vgl. §§ 28 Abs. 2, 38 Abs. 2 KostVfg. Der Vertreter der Staatskasse prüft bei Vorlage nach Nichtabhilfe durch den Kostenbeamten, ob der Kostenansatz im Verwaltungsweg zu ändern ist (§ 36 KostVfg) oder ob Anlass besteht, für die Staatskasse ebenfalls Erinnerung einzulegen. Soweit der Erinnerung nicht abgeholfen wird, veranlasst er, dass die Akten unverzüglich dem **Gericht** vorgelegt werden (§ 38 Abs. 2 KostVfg). Der Kostenbeamte kann bzw. muss im Rahmen der Abhilfeprüfung den Kostenansatz zum Nachteil des Kos-

tenschuldners durch Aufnahme zusätzlicher Positionen oder durch Erhöhung bereits vorhandener Positionen abändern (kein Verschlechterungsverbot), vgl. § 19 Abs. 5 S. 1 GKG und § 28 Abs. 2 KostVfg (NK-GK/*Volpert*, GKG, § 66 Rn 53).

b)aa) Zuständig zur **Entscheidung** über die Erinnerung ist nach § 66 Abs. 1 S. 1 GKG das **201**
Gericht, das die Kosten angesetzt hat (vgl. § 19 Abs. 2 S. 2 – 4 GKG). Hat die **StA** die Kosten angesetzt (§ 19 Abs. 2 S. 1 GKG), entscheidet gem. § 66 Abs. 1 S. 2 GKG das **Gericht des ersten Rechtszugs**. In Strafsachen entscheidet nach dem Wortlaut von § 66 Abs. 6 S. 1 GKG auch beim **LG** oder beim **OLG** der insoweit nicht vorgesehene **Einzelrichter** über die Erinnerung (vgl. KG StraFo 2009, 306; OLG Düsseldorf Rpfleger 2009, 528; OLG Köln StraFo 2009, 349).

☝ Durch den zum 1.8.2013 durch das 2. KostRMoG vom 23.7.2013 (BGBl I, S. 2586) neu eingefügten § 1 Abs. 5 GKG ist klargestellt worden, dass die Vorschriften des GKG über die Erinnerung und die Beschwerde den Regelungen der für das zugrunde liegende Verfahren geltenden Verfahrensvorschriften vorgehen. Die im GKG vorhandenen kostenrechtlichen Bestimmungen über den Spruchkörper sind damit die spezielleren Vorschriften, so dass dann auch bei Kollegialgerichten grds. der Einzelrichter entscheidet, es sei denn, die in § 66 Abs. 6 S. 2 GKG genannte Ausnahme liegt vor.

bb) Der **Rechtspfleger entscheidet** nur bei **Rechtspflegergeschäften** (§ 3 RPflG) gem. **202**
§ 4 Abs. 1 RPflG über die Erinnerung (BayObLG JurBüro 1994, 394; KG JurBüro 1987, 406; OLG Hamm Rpfleger 2001, 99; OLG Köln StraFo 2009, 349; LG Koblenz NJW-RR 1998, 359; a.A. OLG Celle Nds.Rpfl 1974, 136; LG Berlin JurBüro 1977, 533; LG Koblenz Rpfleger 1984, 435). Maßgebend ist dabei nicht die Einzelzuweisung, z.B. durch § 31 RPflG, sondern die Zuständigkeit für das grds. zugrunde liegende Verfahren (OLG Köln StraFo 2009, 349). Deshalb kommt in Strafsachen eine Erinnerungsentscheidung durch den Rechtspfleger nicht in Betracht (OLG Köln, a.a.O. für die Vollziehung eines Arrestes in einer Strafsache).

cc) Das **Gericht entscheidet** im Fall der **Nichtabhilfe** durch den Kostenbeamten abschlie- **203**
ßend über die Erinnerung. Soweit die Erinnerung begründet ist und das Gericht entsprechend entscheidet, ergeht keine Anordnung über die Rückzahlung. Diese hat dann der Kostenbeamte später selbst von Amts wegen zu veranlassen. Die Entscheidung über die Erinnerung ist formlos mitzuteilen, da keine Frist ausgelöst wird. Nach § 5b GKG hat die Erinnerungsentscheidung eine Belehrung über den statthaften Rechtsbehelf (Beschwerde) sowie über die Stelle, bei der dieser Rechtsbehelf einzulegen ist, über deren Sitz und über die einzuhaltende Form und Frist zu enthalten. In der Erinnerungsentscheidung ist daher über die Beschwerde zu belehren. Das gilt allerdings nicht, wenn der Wert des Beschwerdegegenstands 200,- € nicht übersteigt und wegen Verneinung der grds. Bedeutung der zur Entscheidung stehenden Frage die Beschwerde nicht zugelassen worden ist (Rdn 204).

☝ Dem Gericht steht eine **umfassende Prüfungskompetenz** hinsichtlich aller für den Kostenansatz wesentlichen Punkte zu. Es hat die Kostenrechnung sowohl unter kostenrechtlichen als auch tatsächlichen Gesichtspunkten ohne Bindung an die Auffassung des Kostenbeamten und der Staatskasse zu untersuchen (OLG Koblenz NStZ-RR 2010, 359; BVerfG NJW 1970, 853).

204 **c)** Ist der angefochtene Kostenansatz vom **BGH** erstellt worden (§ 19 Abs. 2 S. 4 GKG), entscheidet gem. § 66 Abs. 1 S. 1 GKG der BGH über die Erinnerung, und zwar der **Senat**, § 139 GVG (BGH NJW 2015, 2194; NJW-RR 2006, 1003; NStZ 2007, 663; JurBüro 2008, 43; RVGreport 2011, 399). Die Einzelrichterregelung in § 66 Abs. 6 S. 1 GKG war früher (vor dem 1.8.2013) nicht anwendbar (BGH NJW-RR 2006, 1003; NStZ 2007, 663). Allerdings ist auch hier durch § 1 Abs. 5 GKG die Zuständigkeit des Einzelrichters begründet werden (BGH NJW 2015, 2194; s. Rdn 201).

☝ In der Erinnerungsentscheidung kann auch darüber entschieden werden, ob die Beschwerde gem. § 66 Abs. 2 S. 2 GKG bei Nichterreichen des erforderlichen **Wert des Beschwerdegegenstands** in Höhe von **mindestens 200,01 €** zugelassen wird. Die **Zulassung** ist geboten, wenn die zur Entscheidung anstehende Frage grds. Bedeutung hat.

205 **4.a)aa)** Gegen die Entscheidung über die Erinnerung ist die **Beschwerde gegeben** (allgemein zur Beschwerde → *Beschwerde*, Teil A Rdn 401 ff., m.w.N.), wenn

- der **Wert** des **Beschwerdegegenstands** den Betrag von 200 € übersteigt, also **mindestens 200,01 €** beträgt: Der Wert der Beschwer bemisst sich nach der Differenz der angesetzten Kosten zu den Kosten, die nach Auffassung des Beschwerdeführers anzusetzen sind (vgl. hierzu z.B. OLG Düsseldorf RVGreport 2009, 138; vgl. a. KG JurBüro 2006, 646),
- die **Beschwerde** in der Entscheidung über die Erinnerung **zugelassen** worden ist (vgl. a. Rdn 206). Die Zulassung der Beschwerde setzt eine grds. Bedeutung der zur Entscheidung stehenden Frage voraus. Von grds. Bedeutung sind Rechtsfragen, die sich nicht nur auf tatsächlichem Gebiet bewegen und deren Beantwortung über den konkreten Rechts- bzw. Einzelfall hinaus für alle weiteren Fälle dieser Art entscheidungserheblich sein kann und die bisher obergerichtlich oder durch das zuständige Beschwerdegericht nicht geklärt sind. Die grds. Bedeutung wird auch dann zu bejahen sein, wenn aufgrund abweichender Rspr. Klärungsbedürftigkeit einer Rechtsfrage besteht und Vereinheitlichung durch eine obergerichtliche Grundsatzentscheidung erforderlich ist.

206 **bb)** Hat das Erinnerungsgericht in seiner Entscheidung über die Erinnerung gem. § 66 Abs. 2 S. 2 GKG die **Beschwerde zugelassen**, so ist sie unabhängig vom Wert des Beschwerdegegenstands zulässig. Die Zulassung der Beschwerde muss **in** dem **Beschluss**, mit dem über die **Erinnerung entschieden** worden ist, ausgesprochen worden sein. Eine

nachträgliche Zulassung ist grds. **nicht möglich**. I.d.R. Regel ist die Beschwerde als nicht zugelassen anzusehen, wenn die Erinnerungsentscheidung keine Zulassung der Beschwerde enthält (BGH NJW 2004, 779; KG RVGreport 2007, 299; 2009, 139; OLG Hamm AGS 2015, 47; OLG Karlsruhe AGS 2009, 551; OLG Saarbrücken OLGR 2005, 513; LG Koblenz FamRZ 2005, 741). Das Erinnerungsgericht ist grds. nicht berechtigt, nachträglich die Beschwerde zuzulassen. Hat es in seiner Entscheidung über die Erinnerung die Beschwerde nicht zugelassen, dann kann es nicht – auch nicht auf eine Gegenvorstellung hin – die Beschwerde nachträglich zulassen.

☝ An die **Zulassung** der Beschwerde ist das **Beschwerdegericht gebunden** (§ 66 Abs. 3 S. 4 GKG), selbst wenn das Erinnerungsgericht die grds. Bedeutung zu Unrecht bejaht hat. Nicht gebunden ist der BGH aber an die Zulassung einer Beschwerde durch das OLG. Denn dessen Erinnerungsentscheidung (§ 66 Abs. 1 S. 2 GKG) ist wegen § 66 Abs. 3 S. 3 GKG (Beschwerde an einen obersten Gerichtshof des Bundes) kraft Gesetzes einer Anfechtung entzogen. Die Zulassung kann nicht dazu führen, dass dadurch ein gesetzlich nicht vorgesehener Instanzenzug eröffnet wird (BGH AGS 2010, 195; Schaden-Praxis 2010, 29; WuM 2012, 114).

Die **Nichtzulassung** ist **unanfechtbar** (§ 66 Abs. 4 S. 2 Hs. 2 GKG). Es gibt keine Nichtzulassungsbeschwerde.

b) Die Beschwerde kann der bisherige **Erinnerungsführer einlegen**, soweit seiner Erinnerung nicht stattgegeben worden ist. Die Beschwerde kann aber auch ein **anderer Beteiligter** einlegen, der sich jetzt durch die Entscheidung über die Erinnerung erstmals beschwert fühlt. Die Beschwerde kann auf neue Tatsachen gestützt werden. Eine zulässige Beschwerde kann auch auf Kostenpositionen erweitert werden, die nicht Gegenstand des Erinnerungsverfahrens waren. Die Erweiterung ist aber ausgeschlossen, wenn sie nur dazu dient, den erforderlichen Beschwerdewert und damit die Zulässigkeit der Beschwerde zu erreichen. **207**

☝ Eine Beschwerde ist **auch dann zulässig**, wenn in der **Hauptsache** ein **Rechtsmittel nicht** gegeben ist, etwa weil ein Rechtsmittel ohnehin nicht zulässig wäre.

c) Auch die **Beschwerde** ist wie die Erinnerung **nicht befristet**. Die Beschwerde ist gem. § 66 Abs. 5 S. 5 GKG bei dem Gericht **einzulegen**, dessen Erinnerungsentscheidung angefochten wird. Die Beschwerde kann schriftlich eingereicht oder zu Protokoll der Geschäftsstelle erklärt werden (Einzelheiten Rdn 196; § 66 Abs. 5 S. 1 Hs. 1 GKG; → *Rechtsmittel/Rechtsbehelfe, Form, Allgemeines*, Teil A Rdn 1509, m.w.N.). Einer darüber hinausgehenden besonderen Form bedarf die Beschwerde nicht. Insbesondere unterliegt sie nicht dem **Anwaltszwang**. Das Erinnerungsgericht prüft gem. § 66 Abs. 3 S. 1 GKG, ob der Beschwerde ganz oder tlw. abzuhelfen ist. Es ist also insb. verpflichtet zu **208**

prüfen, ob die mit der Beschwerde vorgebrachten Einwendungen begründet sind und eine Abänderung des Kostenansatzes erfordern. Im Fall der **Nichtabhilfe** und auch der nur **teilweisen Abhilfe** – auch bei Unterschreiten der Mindestbeschwer in Höhe von 200,01 € – ist die Beschwerde dem Beschwerdegericht zur Entscheidung vorzulegen. Das gilt auch dann, wenn das Erinnerungsgericht die Beschwerde für unzulässig hält. Es hat keine eigene Verwerfungskompetenz.

☝ Die **Bezeichnung** als „Beschwerde" ist nicht erforderlich. Es muss sich aus der Eingabe nur ergeben, dass die Erinnerungsentscheidung angefochten werden soll.

Auch ein **Antrag** ist nicht erforderlich. Gleichwohl ist ein Antrag oder eine Begründung sachdienlich, vor allem, weil andernfalls u.U. Schwierigkeiten bestehen, im Fall des § 66 Abs. 2 S. 1 GKG den erforderlichen Beschwerdewert zu berechnen.

209 **5.a) Zuständig** für die Entscheidung über die Beschwerde ist gem. § 66 Abs. 3 S. 2 GKG das **nächsthöhere Gericht**. Bei einer Erinnerungsentscheidung des AG entscheidet somit das LG, bei einer Entscheidung des LG das OLG. Erinnerungsentscheidungen des OLG sind gem. § 66 Abs. 3 S. 3 GKG nicht mit der Beschwerde anfechtbar, weil eine Beschwerde an den BGH nicht stattfindet. Eine Beschwerde an den BGH ist auch dann ausgeschlossen, wenn das OLG die Beschwerde zugelassen hat (siehe Rdn 206). Zu der Frage, ob in Strafsachen auch beim **LG** oder **OLG** gem. § 66 Abs. 6 S. 1 GKG der insoweit nicht vorgesehene **Einzelrichter** über die Erinnerung entscheidet (§ 1 Abs. 5 GKG; vgl. auch BGH NJW 2015, 2194 und Rdn 201 sowie → *Vergütungsfestsetzung, Erinnerung*, Teil D Rdn 527 ff. Hat über die Erinnerung eine Strafkammer des LG in voller Besetzung entschieden, entscheidet über die Beschwerde der Strafsenat des OLG ebenfalls in voller Besetzung, § 66 Abs. 6 S. 1 GKG (OLG Schleswig SchlHA 2012, 111).

210 **b)** Das Beschwerdegericht ist gem. § 66 Abs. 3 S. 4 GKG an die **Zulassung** der **Beschwerde** durch das Erinnerungsgericht **gebunden** (s. aber für den BGH Rdn 206). Es hat allerdings zu prüfen, ob die Zulassung wirksam ist, insbesondere, ob sie in dem angefochtenen Beschluss ausgesprochen worden ist. An unwirksame Zulassungen – etwa nachträgliche Zulassungen – ist das Beschwerdegericht nicht gebunden. Die Beschwerde gegen die Entscheidung über die Erinnerung ist **keine Rechtsbeschwerde**; das Beschwerdegericht ist vielmehr eine weitere **Tatsacheninstanz**. Ist die Beschwerde nicht statthaft oder unzulässig, verwirft das Beschwerdegericht die Beschwerde. Soweit die Erinnerungsentscheidung für zutreffend erachtet wird, weist es die Beschwerde zurück. Hält das Beschwerdegericht die Beschwerde für begründet, gibt es ihr statt, indem es den Kostenansatz abändert. Das Beschwerdegericht entscheidet durch **Beschluss**. Er kann **formlos mitgeteilt** werden. Eine förmliche Zustellung ist nicht erforderlich. Das Beschwerdegericht ist an die Anträge der Parteien gebunden. Es gilt das Verschlechterungsverbot (**reformatio in peius**). Das Beschwerdegericht kann also nicht zum Nachteil des Beschwerdeführers entscheiden. Die

Kostenrechnung wird vom Gericht nicht von Amts wegen vollständig **überprüft**, sondern **nur** im Hinblick auf die mit der Beschwerde **angegriffenen Positionen**. Allerdings kann auch nach Erlass der Beschwerdeentscheidung der Kostenansatz in von der Beschwerde nicht betroffenen Positionen zum Nachteil des Kostenschuldners geändert werden. Auch zusätzliche Positionen können nachgeschoben werden. Das gilt natürlich nur, soweit das Nachforderungsverbot (§ 20 GKG) sowie die Verjährung (nach Erhebung der Verjährungseinrede, § 5 GKG) nicht entgegenstehen.

☝ Das Gericht kann auch ohne eigene Entscheidung die Sache an das Erinnerungsgericht zurückverweisen, damit eine bislang versäumte Abhilfeentscheidung nachgeholt oder andere schwere Verfahrensfehler behoben werden. Eine **Zurückverweisung** ist insb. dann zulässig, wenn die angefochtene Entscheidung über die Erinnerung keine Begründung enthält und es sich zudem um eine schwierige Sache handelt, erst recht, wenn noch erhebliche Verfahrensfehler hinzukommen (OLG Köln StraFo 2009, 349 für Erinnerungsentscheidung durch den unzuständigen Rechtspfleger).

6. Für die **Anfechtbarkeit** der Beschwerdeentscheidung gilt: 211

- Ist das **OLG Beschwerdegericht**, ist dessen Entscheidung gem. § 66 Abs. 3 S. 3 GKG **unanfechtbar**. Eine weitere Beschwerde an den BGH ist auch dann ausgeschlossen, wenn das OLG die weitere Beschwerde oder die Rechtsbeschwerde ausdrücklich zulässt (s. Rdn 206).
- Ist aber das **LG Beschwerdegericht**, kann gegen dessen Entscheidung im Fall der **Zulassung** in der **Beschwerdeentscheidung weitere Beschwerde** zum OLG eingelegt werden (§ 66 Abs. 4 GKG; vgl. insoweit zur Zulassung Rdn 206).
  - Die **Nichtzulassung** der weiteren Beschwerde durch das LG ist **nicht anfechtbar** (§ 66 Abs. 4 S. 4, Abs. 3 S. 4 GKG). Das OLG ist an die Zulassung gebunden.
  - Die weitere Beschwerde kann nur darauf gestützt werden, dass die Beschwerdeentscheidung auf einer **Rechtsverletzung** beruht. Die revisionsrechtlichen Vorschriften der §§ 546 und 547 ZPO gelten entsprechend.
  - Das **OLG prüft** die Beschwerdeentscheidung des LG deshalb nur auf **Rechtsfehler** nach (OLG Koblenz NStZ-RR 2010, 359).
  - Die weitere Beschwerde ist **beim LG einzulegen** (§ 66 Abs. 4 S. 4 GKG). Anwaltszwang besteht nicht (§ 66 Abs. 5 S. 1 GKG).
  - Über die weitere Beschwerde entscheidet abschließend das OLG, weil eine **(Rechts-)Beschwerde** an den **BGH nicht** stattfindet (§ 66 Abs. 4 S. 3, Abs. 3 S. 3 GKG).
  - Das OLG entscheidet über die weitere Beschwerde nach § 66 Abs. 6 S. 1 GKG durch den **Einzelrichter**, wenn die Beschwerdeentscheidung des LG von einem Einzelrichter stammt. Allerdings muss der Einzelrichter des LG die Sache wegen

grds. Bedeutung der Sache (§ 66 Abs. 6 S. 2 GKG) der Kammer übertragen, wenn die weitere Beschwerde zugelassen werden soll. Die Zulassung der weiteren Beschwerde durch den Einzelrichter beim LG ist damit praktisch ausgeschlossen. Unterbleibt eine Übertragung der Entscheidung auf die Kammer und entscheidet der Einzelrichter unter gleichzeitiger Zulassung der weiteren Beschwerde über die (Erst)-Beschwerde selbst, ist dieser Verstoß gegen das Verfassungsgebot des gesetzlichen Richters von dem OLG von Amts wegen zu beachten. § 66 Abs. 3 S. 4 GKG steht nicht entgegen. Der Beschwerdebeschluss ist aufzuheben und die Sache an den zuständigen Einzelrichter des Beschwerdegerichts zur erneuten Entscheidung über die Beschwerde zur Übertragung der Entscheidung auf die Kammer zurückzuverweisen (OLG Koblenz NStZ-RR 2010, 359; OLG Köln AGS 2006, 247).

- Auch ansonsten erlässt das OLG bei für begründet erachteten Beschwerden nicht zugleich die in der Sache erforderliche Entscheidung, sondern **verweist** die Sache zur erneuten Entscheidung an das **LG zurück** (OLG Koblenz NStZ-RR 2010, 359).
- Für die weitere Beschwerde gelten im Übrigen die Erl. zur Erinnerung und Beschwerde entsprechend (vgl. Rdn 205 ff.).

☝ Nach § 5b GKG hat jede gem. § 66 GKG getroffene anfechtbare Entscheidung eine Belehrung über den statthaften Rechtsbehelf sowie über die Stelle, bei der dieser Rechtsbehelf einzulegen ist, über deren Sitz und über die einzuhaltende Form und Frist zu enthalten. Lässt das LG die weitere Beschwerde gegen seine Beschwerdeentscheidung nicht zu (§ 66 Abs. 4 S. 1 GKG), ist keine Rechtsbehelfsbelehrung erforderlich. Das gilt auch, wenn das OLG eine Beschwerdeentscheidung trifft. Denn eine (Rechts-)Beschwerde an den BGH findet nicht statt.

212 **7.** Erinnerung und (weitere) Beschwerde haben gem. § 66 Abs. 7 S. 1 GKG **keine aufschiebende Wirkung**. Das Erinnerungsgericht oder das Beschwerdegericht können jedoch auf Antrag oder von Amts wegen die aufschiebende Wirkung ganz oder teilweise nach pflichtgemäßem Ermessen anordnen (§ 66 Abs. 6 S. 2 Hs. 1 GKG; OLG Köln MDR 2011, 564). Zuständig ist der Einzelrichter, soweit er zur Entscheidung berufen ist, i.Ü. der Vorsitzende des Gerichts. Gegen die Entscheidung des Gerichts über einen Antrag, die aufschiebende Wirkung der Erinnerung gegen den Kostenansatz anzuordnen, ist kein Rechtsmittel gegeben (OLG Düsseldorf, Beschl. v. 18.12.2012 – I-10 W 96/12; OLG München JurBüro 1985, 571).

☝ **Voraussetzung** für die Anordnung der aufschiebenden Wirkung ist, dass dem Kostenschuldner ohne diese Anordnung unersetzbare Nachteile drohen oder die Zahlung der Kostenrechnung aus anderen Gründen unzumutbar ist. Hierbei ist zu berücksichtigen, dass eine Befriedigung etwaiger Rückerstattungsansprüche durch die Staatskasse nach Aufhebung oder Abänderung eines Kostenansatzes im Erinnerungsverfahren nicht gefährdet ist. Mit dem bloßen Hinweis auf einen unzutreffenden Kostenansatz wird die Anordnung der aufschiebenden Wirkung nicht begründet werden können (OLG Köln MDR 2011, 564).

8.a) Gem. § 66 Abs. 8 S. 1 GKG sind Erinnerung, Beschwerde und weitere Beschwerde **gerichtsgebührenfrei**. Insbesondere entsteht keine Gerichtsgebühr nach Nr. 1812 oder 3602 KV GKG. Das gilt auch für die Verwerfung oder Zurückweisung einer Anhörungsrüge nach § 69a GKG. Denn das Ausgangsverfahren ist wegen § 66 Abs. 8 S. 1 GKG gerichtsgebührenfrei, sodass auch die Anhörungsrüge keine Gerichtsgebühr auslöst. Wird eine **nicht statthafte Beschwerde** (z.B. wegen der erforderlichen, aber nicht erfolgten Zulassung der Beschwerde) eingelegt, etwa eine Beschwerde gegen eine Entscheidung des OLG über eine Erinnerung oder eine nicht gegebene Rechtsbeschwerde, dann greift § 66 Abs. 8 S. 1 GKG nicht; für das Verfahren werden Gebühren erhoben, weil kein von Abs. 8 erfasstes gebührenfreies Verfahren vorliegt (BGH NJW 2003, 69; Beschl. v. 14.6.2007 – V ZB 42/07s; OLG Celle AGS 2010, 453; OLG Koblenz NJW-RR 2000, 1239; OLG Rostock AGS 2011, 305). Es entsteht dann für die Verwerfung bzw. Zurückweisung eine Gebühr nach Nr. 1812 KV GKG bzw. Nr. 3602 KV GKG i.H.v. 60 €. Die Gebühr ist jedenfalls dann zu erheben, wenn das GKG eine Beschwerde schlechthin ausschließt (§ 66 Abs. 3 S. 3 GKG). Ist die Beschwerde unstatthaft, weil z.B. der Beschwerdewert i.H.v. 200,01 € nicht erreicht ist oder weil die Beschwerde nicht zugelassen worden ist, dürfte die Gebühr nicht in Betracht kommen. 213

b) Nach § 66 Abs. 8 S. 1 GKG ist lediglich der Ansatz von **Gerichtsgebühren** ausgeschlossen; **Anwaltsgebühren** können deshalb anfallen. Im Verfahren über die Erinnerung oder Beschwerde gehen den Kostenansatz fällt nach **Vorbem. 4 Abs. 5 Nr. 1 VV RVG** eine 0,5-Verfahrensgebühr nach Nr. 3500 VV RVG zzgl. Auslagen und Umsatzsteuer nach Teil 7 VV RVG an. Der Wert richtet sich im Beschwerdeverfahren nach § 23 Abs. 2 S. 1 und 2 RVG. Dieser Wert gilt auch im Erinnerungsverfahren (§ 23 Abs. 2 S. 3 RVG). Mehrere Erinnerungen einerseits und mehrere Beschwerden in demselben Beschwerderechtszug andererseits gelten gem. § 16 Nr. 10 RVG als dieselbe Angelegenheit (→ *Beschwerde, Gebühren*, Teil D Rdn 130 ff.). 214

c) Eine **Kostenerstattung** ist nach § 66 Abs. 8 S. 2 GKG ausgeschlossen, sodass eine **Kostenentscheidung** nicht erforderlich ist (OLG Zweibrücken JurBüro 2007, 372). Eine **Wertfestsetzung** ist deshalb ebenfalls nicht vorzunehmen (OLG Zweibrücken, a.a.O.). 215

216 Muster: Erinnerung gem. § 66 Abs. 1 GKG gegen den Kostenansatz

▼

D.2

An das

AG/LG

In der Sache

/

Az.

lege ich gegen den von der Staatsanwaltschaft in am vorgenommenen Kostenansatz über € für den Verurteilten

Erinnerung

gem. § 66 GKG ein.

Dem Verurteilten sind in der angefochtenen Kostenrechnung Dolmetscherkosten i.H.v. 1.000 € in Rechnung gestellt worden. Diese Dolmetscherkosten schuldet der Verurteilte jedoch nicht.

Aus Abs. 4 der Anm. zu Nr. 9005 KV GKG ergibt sich der Grundsatz, dass Dolmetscher- und Übersetzerkosten für einen der deutschen Sprache nicht mächtigen Beschuldigten oder Betroffenen grds. nicht erhoben werden können, wenn Erklärungen oder Schriftstücke übertragen worden sind, auf deren Verständnis der Beschuldigte oder Betroffene zu seiner **Verteidigung** angewiesen oder soweit dies zur Ausübung seiner **strafprozessualen Rechte** erforderlich war (vgl. Art. 6 Abs. 3 Buchst. e) EMRK; OLG Düsseldorf MDR 1981, 74).

Die Dolmetscherkosten sind durch die Zuziehung eines Dolmetschers zu den Hauptverhandlungsterminen vom entstandenen. Der Dolmetscher hat daher die Erklärungen des Gerichts, der Staatsanwaltschaft, der Zeugen und der Sachverständigen in dem Termin übertragen, auf deren Verständnis der Verurteilte zu seiner **Verteidigung** angewiesen war. Mit diesen Kosten darf er daher nicht belastet werden. Es ist auch keine Auferlegung dieser Dolmetscherkosten gem. §§ 464c, 467 Abs. 2, 467a Abs. 1 S. 2 StPO erfolgt.

Sollte das Gericht dem nicht folgen und der Wert des Beschwerdegegenstands 200 € nicht übersteigen, bitte ich vorsorglich wegen der grundsätzlichen Bedeutung der zur Entscheidung stehenden Frage gem. § 66 Abs. 2 S. 2 GKG in der Erinnerungsentscheidung

die Beschwerde zuzulassen.

Es wird gebeten, den Wert für die Anwaltsgebühren (vgl. Vorbem. 4 Abs. 5 Nr. 1, Nr. 3500 VV RVG) in der Erinnerungsentscheidung gem. § 33 RVG auf 1.000 € festzusetzen. Das

Erinnerungsverfahren ist zwar nach § 66 Abs. 8 GKG gerichtsgebührenfrei und es findet auch keine Kostenerstattung statt, es entstehen jedoch die eingangs genannten Rechtsanwaltsgebühren.

Rechtsanwalt

▲

Siehe auch: → *Vergütungsfestsetzung, Erinnerung*, Teil D Rdn 505.

Grundgebühr, Abgeltungsbereich 217

Das Wichtigste in Kürze:

1. Nach Nr. 4100 Anm. 1 VV RVG bzw. Nr. 5100 Anm. 1 VV RVG entsteht die Grundgebühr für die erstmalige Einarbeitung in den Rechtsfall.
2. Über die Formulierung „erstmalige Einarbeitung" hinaus enthält das RVG keine Regelungen zum (zusätzlichen) Abgeltungsbereich der Grundgebühr Nr. 4100 VV RVG.
3. Erfasst von der Grundgebühr Nr. 4100 VV RVG/Nr. 5100 VV RVG wird insbesondere der Einarbeitungsaufwand.

Literaturhinweise: **Burhoff**, Die Grundgebühr in Straf- und Bußgeldverfahren, RVGreport 2009, 361; *ders.*, Der Abgeltungsbereich der Grundgebühr in Straf- und Bußgeldverfahren, RENOpraxis 2011, 102; *ders.*, Die Grundgebühr im Straf- und Bußgeldverfahren, RVGreport 2014, 42; *ders.*, Grundgebühr: Wichtiges Basiswissen zur Grundgebühr, RVGprofessionell 2015, 16; *ders.*, Grundgebühr honoriert Aufwand für ersten Einarbeitung (mit Checkliste), RVGprofessionell 2015, 35; s. i.Ü. a. die Hinw. bei → *Allgemeine Gebührenfragen, Allgemeines*, Teil D Rdn 2, und bei → *Grundgebühr, Allgemeines*, Teil D Rdn 229. 218

1. Nach Nr. 4100 Anm. 1 VV RVG bzw. Nr. 5100 Anm. 1 VV RVG entsteht die Grundgebühr „für die erstmalige Einarbeitung in den Rechtsfall …". Daraus folgt, dass der Grundgebühr ein **eigener Abgeltungsbereich** zugewiesen ist, der allerdings über die Formulierung „Einarbeitung" hinaus nicht ausdrücklich im Einzelnen festgelegt ist. Daran anknüpfend bestand in Rspr, und Lit. Streit in der Frage, wie die Grundgebühr Nr. 4100 VV RVG und die jeweilige Verfahrensgebühr gegeneinander abzugrenzen sind. Teilweise wurde davon ausgegangen (vgl. AG Tiergarten StRR 2009, 237; AnwKomm/*N. Schneider* VV Vorb. 4 Rn 22), dass für den Rechtsanwalt, der sich in einen Strafrechts- oder OWi-Fall einarbeitet, nicht nur die Grundgebühr Nr. 4100/5100 VV RVG, sondern zugleich immer auch die Verfahrensgebühr entsteht (s.a. noch *N. Schneider* RVGprofessionell 2005, 119). Teilweise wurde aber auch die Auffassung vertreten, dass die Grundgebühr keine reine „Garantie- bzw. Grundlagengebühr" sei, da ihr in der Gesetzesbegründung ein eigener Abgeltungs- 219 bereich zugewiesen worden ist (vgl. dazu BT-Drucks 15/1971, S. 222; s. Burhoff/*Burhoff*, RVG [3. Aufl.], Nr. 4100 Rn 19 ff.; Gerold/Schmidt/*Burhoff*, [20. Aufl.], VV 4100 Rn 10; so (zutreffend) auch KG RVGreport 2009, 186; OLG Köln RVGreport 2007, 425). Folge dieser Auffassung war, dass eine Verfahrensgebühr daher immer erst dann gewährt wurde, wenn der Abgeltungsbereich der Grundgebühr überschritten war.

☝ In der Praxis wird es allerdings nur in seltenen **Ausnahmefällen** nicht zum Entstehen der Verfahrensgebühr gekommen sein, da der Rechtsanwalt i.d.R. über den Abgeltungsbereich der Grundgebühr hinausgehende Tätigkeiten erbringt. Der Streit konnte allerdings auch im Rechtsmittelverfahren noch Bedeutung erlangen, wenn es beim erstmals in der Rechtsmittelinstanz beauftragten Rechtsanwalt zu einer frühzeitigen Mandatskündigung durch den Mandanten kam und der Rechtsanwalt zu dem Zeitpunkt noch keine den Abgeltungsbereich der Grundgebühr überschreitende Tätigkeiten erbracht hatte.

220 Dieser **Streit** ist (jetzt) durch das 2. KostRMoG **erledigt** (zur Neuregelung noch *N. Schneider/Thiel* AGS 2012, 105; *Burhoff* RVGreport 2012, 42; *ders.* StRR 2012, 14 = VRR 2012, 16; *ders.* VRR 2013, 287 = StRR 2013, 284; *ders.* RVGprofessionell Sonderheft 8/2013, 30; *ders.* RVGprofessionell 2012, 12; Burhoff/*Burhoff* Nr. 4100 VV Rn 25 ff.; AnwKomm-RVG/*N. Schneider,* VV 4100, 4101 Rn 31 ff.). Dieses hat die Anm. 1 zur Nr. 4100 VV RVG durch das das Wort „neben" ergänzt und damit klargestellt, dass die Grundgebühr Nr. 4100/5100 VV RVG (immer) neben der jeweiligen Verfahrensgebühr entsteht (OLG Saarbrücken RVGreport 2015, 64 m. Anm. *Burhoff* StRR 2015, 117; LG Chemnitz RVGreport 2015, 265; LG Duisburg RVGreport 2014, 427 m. Anm. *Burhoff* StRR 2014, 360; LG Oldenburg RVGreport 2014, 470 m. Anm. *Burhoff* u. m. Anm. *Hansens* zfs 2014, 648; LG Saarbrücken RVGreport 2015, 221 [Aufgabe der Rechtsprechung aus dem Beschl. v. 3.2.2015, StRR 2015, 119]; a.A. offenbar – allerdings ohne nähere Begründung OLG Nürnberg StraFo 2015, 39; LG Saarbrücken RVGreport 2015, 182; AGS 20915, 379). Es entsteht also mit der ersten Tätigkeit des Rechtsanwalts für den Mandanten in jedem (gerichtlichen) Verfahren eine **Verfahrensgebühr** als **Ausgangsgebühr**. Durch sie wird bereits die Information als Bestandteil des „Betreibens des Geschäfts" entgolten (vgl. die Formulierung in Vorbem. 4 Abs. 2 VV RVG – „einschließlich der Information"). Außerdem entsteht jeweils **daneben** auch eine **Grundgebühr** Nr. 4100 VV RVG. Diese honoriert den zusätzlichen Aufwand, der für die erstmalige Einarbeitung anfällt. Die Grundgebühr Nr. 4100 VV RVG hat also den „Charakter einer Zusatzgebühr, die den Rahmen der Verfahrensgebühr erweitert" (BR-Drucks 517/12, 439 = BT-Drucks 17/11471, 281). Sie ist damit im Grunde eine besondere Verfahrensgebühr, die das Betreiben des Geschäfts durch die besonderen Einarbeitungstätigkeiten des Rechtsanwalts honoriert. Das ändert aber nichts daran, dass die Grundgebühr einen eigenen Abgeltungsbereich hat und auch nach der Ergänzung durch das 2. KostRMoG behalten hat, was durch die Begründung

zur Regelung durch das 2. KostRMoG noch deutlicher geworden ist, als es in der Vergangenheit schon war (zum Abgeltungsbereich der Grundgebühr nachstehend Rdn 221 ff.). Das wiederum hat Auswirkungen auf die Bemessung der Grundgebühr und vor allem der daneben anfallenden jeweiligen Verfahrensgebühr (so auch *N. Schneider/Thiel* AGS 2012, 105 (108); *N. Schneider/Thiel*, § 3 Rn 1132; Gerold/Schmidt/*Burhoff*, VV 4100 Rn 9, Burhoff/*Burhoff*, RVG, Nr. 4100 VV Rn 27). Denn die Tätigkeiten, die vom Abgeltungsbereich der Grundgebühr erfasst werden, können bei der Bemessung der Verfahrensgebühr nicht (noch einmal) herangezogen werden. Das wird in der Praxis aber i.d.R. (nach wie vor) nur dann deutlich werden, wenn das Mandat noch in der Einarbeitungsphase endet. Denn dann wird im Zweifel der zusätzliche Aufwand durch die Einarbeitung, der von der Nr. 4100 VV RVG abgegolten wird, überwiegen und dazu führen, dass die Verfahrensgebühr unter Berücksichtigung der Kriterien des § 14 Abs. 1 RVG geringer zu bemessen ist als bei einer Mandatsbeendigung in späteren Verfahrensphasen. Als Faustregel wird man davon ausgehen können, dass die Verfahrensgebühr umso geringer ist, je früher das Mandant endet (*N. Schneider/Thiel* AGS 2012, 105, 108; *N. Schneider/Thiel* § 3 Rn 1132 ff.; *Burhoff* StraFo 2013, 397; *ders.*, RVGreport 2013, 330; *ders.*, RVGreport 2014, 42; Burhoff/*Burhoff* RVG, Nr. 4100 VV Rn 28).

2. Über die Formulierung „erstmalige Einarbeitung“ hinaus enthält das RVG keine Regelungen zum (zusätzlichen) Abgeltungsbereich der Grundgebühr Nr. 4100 VV RVG. Insoweit muss daher auf die Gesetzesbegründung zum RVG 2004 zurückgegriffen werden. Dort ist zur Erläuterung der Gebühr (nur) ausgeführt, dass diese den Arbeitsaufwand des Rechtsanwalts honorieren soll, „der einmalig mit der Übernahme des Mandates entsteht, also das **erste Gespräch** mit dem Mandanten und die **Beschaffung** der erforderlichen **Informationen**“ (BT-Drucks 15/1971, S. 222). 221

☝ Die Grundgebühr hat danach also nur einen sehr eingeschränkten Abgeltungsbereich und ist auf den **Zeitraum** der **Übernahme** des **Mandats beschränkt**. Die Grundgebühr erfasst alle mit der erstmaligen Einarbeitung im Zusammenhang mit der Übernahme des Mandats erbrachte Tätigkeiten.

3. Hinzuweisen ist auf folgende von der Grundgebühr im Einzelnen **erfasste Tätigkeiten** (vgl. auch Burhoff/*Burhoff*, RVG, Nr. 4100 VV Rn 31 ff.; Gerold/Schmidt/*Burhoff*, VV 4100 Rn 10 ff; *Burhoff* RVGreport 2009, 361; *ders.*, RENOpraxis 2011, 102; *ders.*, RVGreport 2014, 42; *ders.*, RVGprofessionell 2015, 35): 222

a) Erfasst von der Grundgebühr Nr. 4100 VV RVG/Nr. 5100 VV RVG wird als Einarbeitungsaufwand u.a. das **erste Gespräch** mit dem **Mandanten** (vgl. BT-Drucks 15/1971, S. 222 zu Nr. 4100 VV), das i.d.R. der (vorläufigen) Sachverhaltsermittlung dient und ggf. auch schon erste kursorische (Rechts-)Prüfungen zu den Erfolgsaussichten eines ggf. beabsichtigten Rechtsmittels enthält (s.u.a. OLG München AGS 2014, 174). Erfasst 223 von der Grundgebühr wird aber nur das erste Gespräch des Rechtsanwalts mit seinem Mandanten, in dem dieser im Zweifel nur pauschal und überschlägig beraten wird. Weitere sich anschließende Gespräche, die z.B. dem konkreten Aufbau einer Verteidigungsstrategie im Berufungsverfahren dienen bzw. sich konkret(er) mit möglichen Revisionsrügen auseinandersetzen, werden nicht mehr von der Grundgebühr, sondern von den für die Rechtsmittelverfahren vorgesehenen Verfahrensgebühren Nr. 4124 VV RVG bzw. Nr. 4130 VV RVG oder im Bußgeldverfahren der Verfahrensgebühr Nr. 5113 VV RVG abgegolten (LG Düsseldorf, Beschl. v. 6.10.2006, XII Qs 40/06, und Beschl. v. 26.10.2006, XX-31/05; für den 1. Rechtszug OLG München AGS 2014, 174; LG Braunschweig StraFo 2010, 513 m. Anm. *Burhoff* RVGreport 2010, 422; s.a. Burhoff/*Burhoff*, RVG, Nr. 4100 Rn 32; Gerold/Schmidt/*Burhoff*, RVG, VV 4100 Rn 10).

224 **b)** Zum Abgeltungsbereich der Grundgebühr gehört vor allem auch die **erste Akteneinsicht** nach § 147 (OLG Hamm AGS 2005, 117; OLG Jena StV 2006, 202; OLG München, a.a.O.). Im Verlauf des weiteren Verfahrens durchgeführte Akteneinsichten werden dann aber nicht mehr von der Grundgebühr Nr. 4100 VV RVG/Nr. 5100 VV RVG, sondern von der jeweiligen Verfahrensgebühr abgegolten (Gerold/Schmidt/*Burhoff*, VV 4100 Rn 10).

225 **c)** Darüber hinaus werden **sämtliche übrigen Tätigkeiten**, die in **zeitlich nahem Zusammenhang** mit der **Übernahme** des **Mandats** und einem ersten Informationsgespräch anfallen, von der Grundgebühr erfasst (OLG München AGS 2014, 174). Dazu gehören vor allem auch die eine Einarbeitung vorbereitende Tätigkeiten, wie z.B. ein Akteneinsichtsantrag (Burhoff/*Burhoff*, RVG, Nr. 4100 Rn 23; unzutreffend a.A. AG Andernach AGS 2012, 234; AG Koblenz NStZ-RR 2006, 266).

226 Die Grundgebühr Nr. 4100 VV RVG ist aber **nicht** auf „erste Tätigkeiten" **gegenüber dem Mandanten beschränkt** (a.A. AnwKomm-RVG/*N. Schneider,* VV 4100 – 4101 Rn 1). Vielmehr hat die Grundgebühr einen eigenen Abgeltungsbereich „erstmalige Einarbeitung" (vgl. oben Rdn 219), der verkürzt würde, wenn die Grundgebühr auf Tätigkeiten nur gegenüber dem Mandanten beschränkt wäre. Daher erfasst der Abgeltungsbereich der Grundgebühr auch alle anderen im Zusammenhang mit der Übernahme des Mandats stehenden Tätigkeiten. Das kann z.B. ein Anruf bei der StA sein, um sich nach dem Stand des Verfahrens zu erkundigen (Burhoff/*Burhoff*, RVG, Nr. 4100 VV Rn 32).

227 Alle **darüber hinausgehende Tätigkeiten** werden dann aber durch die jeweilige Verfahrensgebühr abgegolten (LG Düsseldorf, Beschl. v. 26.7.2006 – XX 31/05). Dazu gehört z.B. auch ein Antrag des erstmals im Rechtsmittelverfahren beauftragten Verteidigers, dem Angeklagten als Pflichtverteidiger beigeordnet zu werden. Das ist nicht mehr nur Einarbeitung in den Rechtsfall (AG Tiergarten AGS 2009, 322 m. Anm. *Burhoff* RVGreport 2009, 385; so auch Burhoff/*Burhoff*, Vorb. 4 VV Rn 35; *Burhoff* RVGreport 2007, 425, 426; *ders.*, RENOpraxis 2011, 102; *ders.*, RVGreport 2014, 42; *ders.*, RVGprofessionell 2015, 35; a.A., allerdings ohne nähere Begründung, OLG Köln RVGreport 2007, 425). Denn dieser

Antrag baut auf einer durchgeführten Einarbeitung auf (*Burhoff* StRR 2009, 238 in der Anm. zu AG Tiergarten, a.a.O.) und setzt i.d.R. eine (beendete) Einarbeitung in den Verfahrensstoff voraus. Ebenso stellt die Tätigkeit im Haftprüfungsverfahren zur Vorbereitung der Vertretung in einem Haftprüfungstermin eine über die grds. Einarbeitung in das Verfahren hinausgehende Tätigkeit des Verteidigers dar (LG Hamburg JurBüro 2010, 302; so inzidenter auch KG AGS 2009, 271 m. Anm. *Burhoff* RVGreport 2009, 186).

☝ Als **Faustregel** gilt: Desto länger eine vom Verteidiger für den Mandanten erbrachte Tätigkeit zeitlich von der Mandatsübernahme entfernt ist, desto eher ist der Abgeltungsbereich der Grundgebühr verlassen. Oder: Wird der Rechtsanwalt gegenüber Dritten tätig, wird im Zweifel der Abgeltungsbereich der Grundgebühr überschritten sein.

Siehe auch: → *Allgemeine Gebührenfragen, Allgemeines*, Teil D Rdn 1, m.w.N.; → *Grundgebühr, Allgemeines*, Teil D Rdn 228.

Grundgebühr, Allgemeines 228

Das Wichtigste in Kürze:

1. Die für Strafsachen in Nr. 4100 VV RVG und für Bußgeldverfahren in Nr. 5100 VV RVG vorgesehene Grundgebühr kann auch noch in Rechtsmittelverfahren entstehen.
2. Eine Grundgebühr steht sowohl dem Wahlanwalt als auch dem Pflichtverteidiger sowie auch dem sonstigen Vertreter oder Beistand eines Verfahrensbeteiligten zu.
3. Nach Nr. 4100 Anm. 1 VV RVG entsteht die Grundgebühr im Verfahren personenbezogen nur einmal.
4. Voraussetzung für das Entstehen der Grundgebühr Nr. 4100 VV RVG ist zunächst die „Übernahme" des Mandats.
5. Der Rechtsanwalt verdient die Grundgebühr für die erstmalige Einarbeitung in den „Rechtsfall".
6. Die Grundgebühr kann nicht entsprechend angewendet werden.
7. Für die Bemessung der Grundgebühr sind i.Ü. die allgemeinen Kriterien des § 14 Abs. 1 RVG und die Besonderheiten des jeweiligen Einzelfalls heranzuziehen.

Literaturhinweise: Burhoff, Die neue Grundgebühr der Nr. 4100 VV RVG-E, RVGreport 2004, 53; *ders.*, Abrechnungsbeispiele zum RVG Grundgebühr und Vorbereitendes Verfahren, RVGreport 2004, 292; *ders.*, Die anwaltliche Vergütung im Strafbefehlsverfahren, RVGreport 2008, 201; *ders.*, Die Grundgebühr in Straf- und Bußgeldverfahren, RVGreport 2009, 361; *ders.*, Abrechnung der Tätigkeiten des Terminsvertreters im Strafverfahren, RVGprofessionell 2010, 153; *ders.*, Persönlicher Geltungsbereich des Teils 4 VV RVG, eine Bestandsaufnahme der Rechtsprechung, RVGreport 2011, 85; *ders.*, Der Abgeltungsbereich der Grundgebühr in Straf- und Bußgeld- 229 verfahren, RENOpraxis 2011, 102; *ders.*, Was ist nach dem 2. KostRMoG neu bei der Abrechnung im Straf-/Bußgeldverfahren?, VRR 2013, 287 = StRR 2013, 284; *ders.*, Die 20 wichtigsten Änderungen in Straf- und Bußgeldsachen, RVGprofessionell Sonderheft 8/2013, 30; *ders.*, Die 9 wichtigsten Änderungen in Straf- und Bußgeldsachen durch das 2. KostRMoG, VA 2013, 158; *ders.*, Neuerungen für die Abrechnung im Straf-/Bußgeldverfahren nach dem 2. KostRMoG, RVGreport 2013, 330; *ders.*, Die wichtigsten Änderungen und Neuerungen für die Abrechnung im Straf-/Bußgeldverfahren durch das 2. KostRMoG, StraFo 2013, 397; *ders.*, Die Grundgebühr im Straf- und Bußgeldverfahren, RVGreport 2014, 42; *ders.*, Grundgebühr: Wichtiges Basiswissen zur Grundgebühr, RVGprofessionell 2015, 16; *ders.*, Grundgebühr honoriert Aufwand für ersten Einarbeitung (mit Checkliste), RVGprofessionell 2015, 35; *ders.*, Grundgebühr Mit dieser Rechtsprechung bemessen Sie die Gebühr richtig, RVGprofessionell 2015, 52; **Kotz**, Eine Lanze für den Underdog – Zur Vergütungslage des bestellten Terminsvertreters in Strafsachen, StraFo 2008, 412; **Meyer**, Gebühren des nach § 408b StPO bestellten Verteidigers, JurBüro 2005, 186; **N. Schneider**, Neue Grundgebühr in Straf- und Bußgeldsachen, RVGprofessionell 2005, 119; *ders.*, Grundgebühr auch bei vorangegangener Einzeltätigkeit, RENOpraxis 2007, 82; s. i.Ü. a. die Hinw. bei → *Allgemeine Gebührenfragen, Allgemeines*, Teil D Rdn 2, und bei den u.a. Stichwörtern.

230 **1.** Das RVG sieht für Strafsachen in Nr. 4100 VV RVG und für Bußgeldverfahren in Nr. 5100 VV RVG eine Grundgebühr vor. Da diese auch in Rechtsmittelverfahren noch entstehen kann (vgl. Rdn 234 ff.), soll diese Gebühr auch hier in einem **Überblick** vorgestellt werden (s. i.Ü. a. *Burhoff* RVGreport 214, 42; *ders.*, RVGprofessionell 2015, 16). Die mit dem Abgeltungsbereich der Grundgebühr und ihrem Verhältnis zur Verfahrensgebühr zusammenhängenden Fragen sind dargestellt bei → *Grundgebühr, Abgeltungsbereich*, Teil D Rdn 217. Hier nicht behandelt werden die mit Trennung, Verweisung und Verbindung von Verfahren zusammenhängenden gebührenrechtlichen Probleme im Zusammenhang mit der Grundgebühr. Die Fragen von Trennung, Verweisung und Verbindung spielen im Rechtsmittelverfahren keine große Rolle mehr, sodass insoweit auf die eingehenden Ausführungen bei Burhoff/*Burhoff*, RVG, Nr. 4100 Rn 42 ff., verwiesen werden kann (vgl. dazu a. *Burhoff* RVGreport 2008, 405; *ders.*, RVGreport 2008, 444, *ders.*, RVGreport 2009, 9; zur Grundgebühr nach Zurückverweisung s. → *Zurückverweisung*, Teil D Rdn 642).

☝ Die nachfolgenden Ausführungen stellen die Rechtslage zur Nr. 4100 VV RVG dar, sie gelten aber für die im **Bußgeldverfahren** vorgesehene Grundgebühr Nr. 5100 VV RVG **entsprechend**. Die Regelung dort ist wortgleich mit der Nr. 4100 VV RVG.

231 **2.** Eine Grundgebühr steht sowohl dem **Wahlanwalt** als auch dem **Pflichtverteidiger** sowie auch dem sonstigen **Vertreter** oder **Beistand** eines Verfahrensbeteiligten zu (vgl. dazu Burhoff/*Burhoff*, RVG, Vorbem. 4 VV RVG Rn 5 ff.). Die Grundgebühr entsteht auch beim **Zeugenbeistand**, der nach Teil 4 Abschnitt 1 VV RVG abrechnet (vgl. dazu eingehend Burhoff/*Burhoff*, RVG, Vorbem. 4.1 VV Rn 5 ff. und aus der Rspr. OLG Dresden NJW 2009, 455), und zwar auch dann, wenn der Rechtsanwalt zuvor bereits als Verteidiger des Zeugen tätig gewesen ist (vgl. die Nachw. bei Burhoff/*Burhoff*, RVG, Vorbem. 4.1 VV Rn 19). Darum kann es nach den Änderungen durch das 2. KostRMoG keinen Streit mehr geben (vgl. → *Grundgebühr, Abgeltungsbereich*, Teil D Rdn 217). Sie entsteht auch für den sog. **Terminsvertreter** des Pflichtverteidigers (vgl. die Nachw. bei Burhoff/*Burhoff*, Nr. 4100 VV

RVG Rn 10; aus neuerer Zeit OLG München JurBüro 2014, 359; OLG Oldenburg RVGreport 2015, 23; LG Saarbrücken, Beschl. v. 30.6.2014 – 2 KLs 2/13; zu allem a. Gerold/Schmidt/*Burhoff*, VV Einl. Vorb. Teil 4 Rn 5 ff.).

3.a) Nach Nr. 4100 Anm. 1 VV RVG entsteht die Grundgebühr im Verfahren **nur einmal** (vgl. Burhoff/*Burhoff*, RVG, Nr. 4100 Rn 11 f.: Gerold/Schmidt/*Burhoff*, VV 4100 Rn 6; *Burhoff* RVGreport 2004, 53; *ders.*, RVGreport 2009, 361; *ders.*, RENOpraxis 2011, 102; *ders.* RVGreport 2014, 42; *ders.*, RVGprofessionell 2015, 16). Das gilt auch, wenn der Rechtsanwalt zunächst als Wahlanwalt tätig war, z.B. im erstinstanzlichen Verfahren beim AG, und dann im Berufungsverfahren vom LG als Pflichtverteidiger bestellt wird. Für ihn als Pflichtverteidiger entsteht dann die Grundgebühr Nr. 4100 VV RVG nicht noch einmal (OLG Frankfurt/Main NJW 2005, 377; Burhoff/*Burhoff*, RVG, Nr. 4100 VV Rn 14; Hartung/Schons/Enders/*Hartung*, Nr. 4100, 4101 VV Rn 10). In dem Fall kann sie auch nicht über § 48 Abs. 6 S. 2 RVG als gesetzliche Gebühr gegenüber der Staatskasse geltend machen, denn der erfasste nur die im späteren Rechtszug entstandenen Gebühren (zu § 48 Abs. 5 → *Allgemeine Gebührenfragen, Besonderheiten Pflichtverteidiger*, Teil D Rdn 11). 232

b) Die Beschränkung in Anm. 1 ist nicht verfahrens-, sondern **personenbezogen** zu verstehen. Das hat zur Folge, dass die Grundgebühr in der Person des jeweiligen Rechtsanwalts nur einmal entsteht. Im Verfahren kann sie häufiger entstehen, und zwar so oft, wie sich unterschiedliche Verteidiger in das Verfahren einarbeiten müssen (s. Burhoff/*Burhoff*, RVG, Nr. 4100 VV Rn 15 m.w.N.). Von der Gegenansicht (so offenbar KG RVGreport 2007, 108; OLG Celle StraFo 2006, 471) wird übersehen, dass jeder Rechtsanwalt, der Vollverteidiger i.S.d. Vorbem. 4 VV RVG ist, sich in das Verfahren einarbeiten muss und der dadurch bei ihm entstehende Aufwand mit der Grundgebühr honoriert wird. 233

4.a) Voraussetzung für das Entstehen der Grundgebühr Nr. 4100 VV RVG ist zunächst die „**Übernahme**" des (Voll-)Mandats (so auch die Gesetzesbegründung, vgl. dazu BT-Drucks 15/1971, S. 222). „Übernahme des Mandats" meint beim Wahlverteidiger den Abschluss eines Vergütungsvertrages. Beim bestellten oder beim sonst beigeordneten Rechtsanwalt wird der Vertragsabschluss durch die Beiordnung durch das Gericht, z.B. als Pflichtverteidiger nach § 140, oder die sonstige Beiordnung ersetzt (wegen weiterer Einzelh. Burhoff/*Burhoff*, RVG, Nr. 4100 VV Rn 22 ff.). Die Grundgebühr entsteht dann mit der ersten Tätigkeit, die der Verteidiger nach Übernahme des Mandats für den Mandanten erbringt. I.d.R. wird das das erste Informationsgespräch und/oder ein Akteneinsichtsgesuch sein (unzutreffend a.A. AG Koblenz NStZ-RR 2006, 288 [nicht bereits mit vorbereitenden Tätigkeiten, wie z.B. einem Akteneinsichtsantrag]). 234

b) Wann der Rechtsanwalt das Mandat **übernimmt**, ist **unerheblich**. Die Stellung der Grundgebühr Nr. 4100 VV RVG bei den sog. „Allgemeinen Gebühren" zeigt deutlich, dass die Grundgebühr in jeder Lage des Verfahrens entstehen kann. Es erhält also auch 235 der Rechtsanwalt, der erst im Berufungs- oder im Revisionsverfahren das Mandant übernimmt, die Grundgebühr (Burhoff/*Burhoff*, RVG, Nr. 4100 VV Rn 14 m. Beispiel; Gerold/Schmidt/*Burhoff*, VV 4100 Rn 6; AnwKomm-RVG/*N. Schneider* VV 4100 – 4101 Rn 8; OLG Frankfurt/Main NJW 2005, 377).

☝ Wird der Rechtsanwalt erst im Laufe des Verfahrens als Pflichtverteidiger bestellt, können die ggf. bei einem bereits vorher tätig gewordenen (anderen) Rechtsanwalt angefallenen Gebühren nicht auf seinen Gebührenanspruch gegenüber der Staatskasse angerechnet werden. Eine **Anrechnung/Beschränkung** des Gebührenerstattungsanspruchs im Bestellungsbeschluss ist **unzulässig**, weil die Frage, welche Gebühren der Rechtsanwalt aus der Staatskasse erstattet verlangen kann, erst im späteren Festsetzungsverfahren zu prüfen ist (vgl. zur Unzulässigkeit einer gebührenrechtlichen Beschränkung OLG Braunschweig StRR 2011, 322 m. Anm. *Volpert* für Anrechnung der zuvor an einen anderen Pflichtverteidiger gezahlten Gebühren; OLG Hamburg StRR 2012, 282 [Ls.]; ähnlich OLG Schleswig SchlHA 2011, 317 [Dö/Dr]; eingehend Burhoff/*Volpert*, RVG, Teil A: Umfang des Vergütungsanspruchs [§ 48 Abs. 1], Rn 2004 ff. m.w.N.). Eine Beschränkung des Gebührenanspruchs kann/darf sich nur aus den Vorschriften des RVG ergeben (LG Zwickau StRR 2009, 242 [Ls.]).

236 **5.** Der Rechtsanwalt verdient die Grundgebühr für die **erstmalige Einarbeitung in** den „**Rechtsfall**“. Entscheidend für die Eingrenzung des Begriffs des „Rechtfalls“ ist der strafrechtliche Vorwurf, der dem Auftraggeber gemacht wird, und wie er von den Strafverfolgungsbehörden verfahrensmäßig behandelt wird (KG RVGreport 2012, 456; LG Hamburg AGS 2008, 545; AG Tiergarten AGS 2010, 132; zum Begriff a. Gerold/Schmidt/*Burhoff*, VV 4100, 4101 Rn 12; Burhoff/*Burhoff*, RVG, Nr. 4100 VV Rn 26; *Burhoff* RVGreport 2009, 361; *ders.*, RENOpraxis 2011, 102; *ders.*, RVGreport 2014, 42; *ders.*, RVGprofessionell 2015, 16). Im Rechtsmittelverfahren ist die Bestimmung des „Rechtsfalls“ – anders als ggf. im EV – i.d.R. nicht mehr schwierig. Der „Rechtsfall“, in den sich der Verteidiger einarbeitet, wird vom Verfahren, in dem er den Mandanten verteidigt, bestimmt. „Rechtsfall“ wird also im Zweifel der Verfahrensgegenstand des Berufungs-, Revisionsverfahrens oder, wenn es im Bußgeldverfahren um die Nr. 5100 VV RVG geht, des Rechtsbeschwerdeverfahrens sein.

237 **6.** Die Grundgebühr Nr. 4100 VV RVG ist in Teil 4 Abschnitt 1 Unterabschnitt 1 VV RVG eingestellt. Das bedeutet, dass die Gebühr **nicht** in anderen Abschnitten des Teil 4 VV RVG, in denen eine entsprechende Regelung fehlt, **entsprechend** angewendet werden kann. Das gilt

- für Teil 4 Abschnitt 2 VV RVG – **Strafvollstreckung** – (KG RVGreport 2008, 463; OLG Schleswig RVGreport 2005, 70; Burhoff/*Burhoff*, RVG, Nr. 4100 VV Rn 5;

unzutreffend a.A. – allerdings ohne Begründung – OLG Frankfurt/Main StRR 2014, 277 m. Anm. *Burhoff*),

☝ Der Verteidiger, der (erst) mit einer Beschwerde im Strafvollstreckungsverfahren beauftragt wird, erhält also **keine Grundgebühr**.

- für **Einzeltätigkeiten** nach Teil 4 Abschnitt 3 VV RVG (OLG Düsseldorf AGS 2009, 14; OLG Köln RVGreport 2007, 306; OLG Schleswig StV 2006, 206),
- für die Tätigkeiten in Strafvollzugssachen und bei einem **Antrag nach §§ 23 ff. EGGVG**, der nach Teil 3 VV RVG abgerechnet wird (→ *Anfechtung von Justizverwaltungsakten [§§ 23 ff. EGGVG], Gebühren*, Teil D Rdn 41), und
- aufgrund der ausdrücklichen Regelung in Vorb. 4.1.4 VV RVG auch für das **Wiederaufnahmeverfahren** (s.a. OLG Köln NStZ 2006, 410; zu den Gebühren im Wiederaufnahmeverfahren → *Wiederaufnahmeverfahren, Abrechnung, Allgemeines*, Teil D Rdn 590).

7.a) Für die **Bemessung** der Grundgebühr beim **Wahlanwalt** gilt: Der Betragsrahmen 238
ist unabhängig von der **Ordnung** des **Gerichts**, bei dem das Verfahren, in das sich der Rechtsanwalt einarbeitet, anhängig ist (so ausdrücklich AG Pirna StRR 2009, 323 [Ls.], das für das erstinstanzliche Verfahren eine „Amtsgerichtsgebühr" ablehnt; s.a. KG StV 2006, 198; OLG Saarbrücken RVGreport 2014, 103; OLG Stuttgart RVGreport 2014, 66; AnwKomm-RVG/*N. Schneider*, VV 4100 – 4101, Rn 23; Gerold/Schmidt/*Burhoff*, VV 4100, 4101 Rn 22; *Burhoff* RVGprofessionell 2015, 52). Auch die Gesetzesbegründung stellt ausdrücklich darauf, dass der von der Grundgebühr honorierte Arbeitsaufwand des Rechtsanwalts weitgehend unabhängig von der (späteren) Gerichtszuständigkeit ist (BT-Drucks 15/1971, S. 222). Es kommt also, was insbesondere in Revisionsverfahren von Bedeutung ist, nicht darauf an, ob es sich um eine beim OLG oder um eine beim BGH anhängige Revision handelt. Die Ordnung des Gerichts erlangt allenfalls mittelbar dadurch Bedeutung erlangen, dass ggf. eine Revision beim BGH schwieriger ist als eine beim OLG.

Für die Bemessung der Grundgebühr sind i.Ü. die allgemeinen Kriterien des § 14 Abs. 1 239
RVG und die **Besonderheiten** des jeweiligen **Einzelfalls** heranzuziehen (vgl. → *Allgemeine Gebührenfragen, Wahlverteidiger*, Teil D Rdn 31 ff.; Burhoff/*Burhoff*, RVG, Nr. 4100 Rn 33 ff.). Von erheblicher Bedeutung ist hier die Dauer des ersten Gesprächs, das der Verteidiger mit dem Mandanten geführt hat. Insofern wird der Umfang der Vorwürfe, die dem Mandanten gemacht werden, ebenso von Belang sein wie die Schwierigkeit der Sache, der Umfang des angegriffenen Urteils usw. (zum Einfluss der **Dauer** des sog. **Erstgesprächs** auf die Höhe der Grundgebühr s. OLG Hamm RVGprofessionell 2010, 120, das einem Verteidiger, der nach 2-stündiger Vorbereitung auf das Erstgespräch, dass dann 3 ½ Stunden gedauert hat, die Höchstgebühr von 300,00 € ge-

währt hat). Von erheblicher Bedeutung ist auch der **Umfang** der **Akten**, in die der Rechtsanwalt erste Einsicht genommen hat (vgl. dazu BT-Drucks 15/1971, S. 281). Das wird gerade in den Rechtsmittelverfahren Auswirkungen auf die Höhe der Grundgebühr des erstmals im Rechtsmittelverfahren beauftragten Rechtsanwalts haben. Denn in diesem Verfahrensstadium wird i.d.R. bereits umfangreicher Verfahrensstoff vorliegen, in den sich der Verteidiger einarbeiten muss (vgl. auch AnwKomm-RVG/*N. Schneider*, VV 4100 – 4101 Rn 27; vgl. aus der Rspr. – zum Teil zur Grundgebühr im 1. Rechtszug – OLG Düsseldorf RVGreport 2011, 57 [Anhebung der Grundgebühr auf 250,00 € bei einem Aktenumfang von ca. 400 – 500 Seiten, zahlreichen Straftaten und mehreren Beschuldigten; OLG Stuttgart RVGreport 2014, 66 [Erhöhung die Grundgebühr um die Hälfte der Differenz zwischen Mittelgebühr und Höchstgebühr in einem Schwurgerichtsverfahren mit rund 600 Blatt Akten und schwieriger Sachlage wegen Aussage-gegen-Aussage-Konstellation]; LG Koblenz RVGreport 2014, 264 [Aktenumfang von 167 Blatt bis zum Beginn der HV in einem amtsgerichtlichen Körperverletzungsverfahren jedenfalls durchschnittlich]). Auch werden die rechtlichen Fragen, die der Verteidiger bearbeiten muss, häufig schwieriger zu lösen sein als bei einer Mandatsübernahme unmittelbar nach Einleitung des Verfahrens.

☝ Nach den Änderungen durch das **2. KostRMoG** ist darauf zu achten, dass Tätigkeiten, die in den Abgeltungsbereich der Verfahrensgebühr fallen (→ *Verfahrensgebühr, Abgeltungsbereich*, Teil D Rdn 431) bei der Bemessung der Grundgebühr als Zusatzgebühr außen vor bleiben. Sie soll/kann/darf nur den zusätzlichen Aufwand, der durch die Einarbeitung entsteht, abgelten (vgl. a. noch → *Grundgebühr, Abgeltungsbereich*, Teil D Rdn 220; Burhoff/*Burhoff*, RVG, Nr. 4100 VV Rn 52 ff.).

240 **b)** Der **Pflichtverteidiger** erhält eine Festbetragsgebühr. Reicht die für eine angemessene Honorierung nicht aus, was häufig der Fall sein dürfte, muss der Pflichtverteidiger nach § 51 RVG vorgehen. Ggf. ist der jeweilige Antrag auf den Verfahrensabschnitt „Grundgebühr" zu beschränken (zur Zulässigkeit eines beschränkten Antrags Burhoff/*Burhoff*, RVG, § 51 Rn 51 ff.; zur Pauschgebühr → *Allgemeine Gebührenfragen, Besonderheiten Pflichtverteidiger*, Teil D Rdn 17).

Siehe auch: → *Allgemeine Gebührenfragen, Allgemeines*, Teil D Rdn 1, m.w.N.; → *Allgemeine Gebührenfragen, Besonderheiten Pflichtverteidiger*, Teil D Rdn 4; → *Allgemeine Gebührenfragen, Wahlverteidiger*, Teil D Rdn 26; → *Grundgebühr, Abgeltungsbereich*, Teil D Rdn 217; → *Terminsgebühr, Abgeltungsbereich*, Teil D Rdn 402; → *Terminsgebühr, Allgemeines*, Teil D Rdn 414; → *Verfahrensgebühr, Abgeltungsbereich*, Teil D Rdn 431; → *Verfahrensgebühr, Allgemeines*, Teil D Rdn 442; → *Zurückverweisung*, Teil D Rdn 642.

JGG-Verfahren, gebührenrechtliche Besonderheiten 241

Das Wichtigste in Kürze:

1. Für Rechtsmittel/Rechtbehelfe im Jugendgerichtsverfahren nach dem JGG gelten die allgemeinen Regeln.
2. Bei den in den §§ 27, 30 JGG vorgesehenen „Nachverfahren" handelt es sich nicht um eine vom ursprünglichen Erkenntnisverfahren unterschiedliche Angelegenheit. Es entstehen also i.d.R. – bis ggf. auf eine Terminsgebühr – keine gesonderten Gebühren.
3. Auch bei dem „Nachverfahren" nach § 57 JGG handelt es sich nicht um eine vom ursprünglichen Erkenntnisverfahren unterschiedliche Angelegenheit.

Literaturhinweise: s. die Hinw. bei → *Allgemeine Gebührenfragen, Allgemeines*, Teil D Rdn 2, und bei den u.a. Stichwörtern. 242

1. Für Rechtsmittel/Rechtbehelfe im Jugendgerichtsverfahren nach dem JGG gelten **keine wesentlichen gebührenrechtlichen Besonderheiten**. Es gelten vielmehr die allgemeinen Regeln, sodass auf die Ausführungen bei den weiterführenden Stichwörtern verwiesen werden kann (vgl. die Zusammenstellung bei → *Allgemeine Gebührenfragen, Allgemeines*, Teil D Rdn 1). Auf folgende **Besonderheiten** ist allerdings hinzuweisen: 243

2.a) Im JGG ist in **§§ 27, 30** JGG die Möglichkeit vorgesehen, die Verhängung einer Jugendstrafe zur Bewährung auszusetzen und auf diese erst später – nach schlechter Führung des Jugendlichen während der Bewährungszeit – zu erkennen. Diese Möglichkeit ist nicht auf das erstinstanzliche Verfahren beschränkt, sondern kann auch noch von der Jugendkammer im Berufungsverfahren ergriffen werden. Die zu treffende Entscheidung ergeht nach § 62 Abs. 1 S. 1 JGG dann aufgrund einer HV Urteil (zum Nachverfahren → *JGG-Besonderheiten, Bewährungsfragen*, Teil A Rdn 672 ff.). 244

b)aa) Gebührenrechtlich gilt (vgl. Burhoff/*Burhoff*, RVG, Teil A: Angelegenheiten [§§ 15 ff.], Rn 138 ff., und Burhoff/*Volpert*, RVG, Nr. 4301 VV Rn 19): Bei diesem „Nachverfahren" handelt es sich **nicht** um eine vom ursprünglichen Erkenntnisverfahren **unterschiedliche Angelegenheit**, in der die Gebühren des Teil 4 Abschnitt 1 VV RVG ggf. sämtlich noch einmal entstehen würden. Vielmehr handelt es sich bei der nach § 30 JGG zu treffenden Entscheidung um die das (ursprüngliche) Erkenntnisverfahren abschließende (gerichtliche) Entscheidung. Es handelt sich daher auch **nicht** (schon) um **Strafvollstreckung** i.S.v. Teil 4 Abschnitt 2 VV RVG (OLG Karlsruhe StV 1998, 348 für § 57 JGG; LG Mannheim AGS 2008, 179 m. Anm. *Burhoff* RVGreport 2008, 145; Burhoff/*Volpert*, RVG, Teil A: Umfang des Vergütungsanspruchs [§ 48 Abs. 1], Rn 2062 f.), da ein zu vollstreckendes strafrechtliches Erkenntnis überhaupt noch nicht vorliegt (vgl. zum Begriff der Strafvollstreckung Burhoff/*Volpert*, RVG, Vorbem. 4.2 VV Rn 5 ff.). 245

Es entstehen daher für den Rechtsanwalt, der in diesem „(Berufungs-)Nachverfahren“ nach § 62 JGG teilnimmt, ggf. **folgende Gebühren**:

246 **bb) Volle Verteidigung**

- Ist der Rechtsanwalt Verteidiger i.S.v. Vorbem. 4 Abs. 1 VV RVG, hat er also den vollen Verteidigungsauftrag erhalten, entsteht für die Teilnahme an dem HV-Termin – ggf. noch einmal – eine **Terminsgebühr** nach **Nr. 4126 VV RVG** (s. auch das Beispiel bei Burhoff/*Burhoff*, RVG, Teil A: Angelegenheiten [§§ 15 ff.], Rn 140, für das amtsgerichtliche Verfahren beim Jugendrichter). Für diese gelten die allgemeinen Regeln (→ *Terminsgebühr, Allgemeines*, Teil D Rdn 402; → *Terminsgebühr, Abgeltungsbereich*, Teil D Rdn 394).
- Für den Verteidiger entsteht darüber hinaus nicht noch einmal eine gerichtliche Verfahrensgebühr nach Nr. 4124 VV RVG. Dem steht § 15 Abs. 2 RVG entgegen. Die vom Rechtsanwalt im „Nachverfahren“ erbrachten Tätigkeiten, die nicht durch die Terminsgebühr abgegolten sind, sind vielmehr bei der **Bemessung** der **Verfahrensgebühr** Nr. 4124 VV RVG für den Wahlanwalt über § 14 Abs. 1 RVG ggf. gebührenerhöhend zu berücksichtigen. Der Pflichtverteidiger muss ggf. einen Pauschgebührenantrag nach § 51 Abs. 1 RVG stellen.

> ☝ War der Rechtsanwalt **Pflichtverteidiger**, gilt diese **Bestellung** auch für das „Nachverfahren“ **fort** (OLG Karlsruhe StV 1998, 348 für § 57 JGG; Burhoff/*Volpert*, RVG, Teil: Umfang des Vergütungsanspruchs [§ 48], Rn 2059 ff. für das Verfahren nach § 57 JGG).

247 **cc) Einzeltätigkeit**

Ist der Rechtsanwalt nicht (Voll-)Verteidiger i.S.v. Vorbem. 4 Abs. 1 VV RVG, sondern im Hinblick auf das Nachverfahren nur mit einer Einzeltätigkeit i.S.v. Vorbem. 4.3 VV RVG beauftragt, entsteht eine Verfahrensgebühr **Nr. 4301 Ziff. 4 VV RVG** – Beistandsleistung in einer HV – (vgl. Burhoff/*Volpert*, RVG, Nr. 4301 VV Rn 19). Die deckt alle in Zusammenhang mit der Beistandsleistung stehende Tätigkeiten ab.

248 **3.a)** Nach allgemeiner Meinung eröffnet **§ 57 JGG** dem Gericht die Möglichkeit, sich die Aussetzung einer **Jugendstrafe** zur **Bewährung vorzubehalten** (vgl. dazu *Eisenberg*, JGG, 18. Aufl. 2015, § 57 Rn 8, 20 ff.; *Diemer/Schatz/Sonnen*, JGG, 7. Aufl. 2015, § 57 Rn 5 f. m.w.N.). Diese Möglichkeit ist ebenfalls nicht auf das erstinstanzliche Verfahren beschränkt, sondern kann auch noch von der Jugendkammer im Berufungsverfahren ergriffen werden. Die zu treffende Entscheidung ergeht dann ggf. später nach § 58 Abs. 1 S. 1 JGG durch Beschluss.

b)aa) Gebührenrechtlich gilt: Auch bei diesem „Nachverfahren" handelt es sich **nicht** um eine vom ursprünglichen Erkenntnisverfahren **unterschiedliche Angelegenheit**, in der die Gebühren des Teil 4 Abschnitt 1 VV RVG sämtlich noch einmal entstehen würden. Es handelt sich auch **nicht** (schon) um **Strafvollstreckung** i.S.v. Teil 4 Abschnitt 2 VV RVG (OLG Karlsruhe StV 1998, 348; LG Mannheim AGS 2008, 179; zum Begriff der Strafvollstreckung Burhoff/*Volpert*, RVG, Vorbem. 4.2 VV Rn 5 ff.), sodass nicht etwa Gebühren nach Teil 4 Abschnitt 1 VV RVG entstehen. 249

Es entstehen vielmehr für den Rechtsanwalt, der in diesem „Nachverfahren" tätig wird, ggf. **folgende Gebühren**:

bb) Volle Verteidigung 250

- Ist der Rechtsanwalt Verteidiger i.S.v. Vorbem. 4 Abs. 1 VV RVG, hat er also den vollen Verteidigungsauftrag erhalten, entsteht für die Teilnahme des Rechtsanwalts an einer späteren Anhörung des Verurteilten eine **Terminsgebühr** nach **Nr. 4102 Ziff. 1 VV RVG** (LG Mannheim AGS 2008, 179, 145; Burhoff/*Burhoff*, RVG, Nr. 4102 VV Rn 10; Burhoff/*Volpert*, RVG, Teil A: Umfang des Vergütungsanspruchs [§ 48 Abs. 1], Rn 2059).
- I.Ü. sind die vom Rechtsanwalt erbrachten Tätigkeiten bei der **Bemessung** der **Verfahrensgebühr** Nr. 4124 VV RVG für den Wahlanwalt über § 14 Abs. 1 RVG ggf. gebührenerhöhend zu berücksichtigen. Der Pflichtverteidiger muss ggf. einen Pauschgebührenantrag nach § 51 Abs. 1 RVG stellen.

> ☝ War der Rechtsanwalt **Pflichtverteidiger**, gilt diese **Bestellung** auch für das „Nachverfahren" **fort** (OLG Karlsruhe StV 1998, 348; Burhoff/*Volpert*, RVG, Teil: Umfang des Vergütungsanspruchs [§ 48], Rn 2059).

cc) Einzeltätigkeit 251

Ist der Rechtsanwalt nicht (Voll-)Verteidiger i.S.v. Vorbem. 4 Abs. 1 VV RVG, sondern im Hinblick auf dieses „Nachverfahren" nur mit einer Einzeltätigkeit i.S.v. Vorbem. 4.3 VV RVG beauftragt, entsteht eine Verfahrensgebühr **Nr. 4301 Ziff. 4 VV RVG** für die Beistandsleistung bei einer richterlichen Vernehmung/Anhörung (vgl. Burhoff/*Volpert*, RVG, Nr. 4301 VV Rn 19). Die deckt alle in Zusammenhang mit der Beistandsleistung stehende Tätigkeiten ab.

Siehe auch: → *JGG-Besonderheiten*, Teil A Rdn 619, m.w.N.; → *Allgemeine Gebührenfragen, Allgemeines*, Teil D Rdn 1, m.w.N.; → *Terminsgebühr, Abgeltungsbereich*, Teil D Rdn 394; → *Verfahrensgebühr, Abgeltungsbereich*, Teil D Rdn 431.

252 Klageerzwingungsverfahren, Gebühren

Das Wichtigste in Kürze:

1. Für die Abrechnung des sog. Klageerzwingungsverfahrens ist zu unterscheiden zwischen dem Vertreter des Antragstellers.
2. Soll der Rechtsanwalt für den Antragsteller nicht nur im Klageerzwingungsverfahren tätig werden, sondern hat von vornherein den vollen Auftrag den Antragsteller ggf. auch als Verletzten/Nebenkläger im Strafverfahren zu vertreten, gilt Teil 4 Abschnitt 1 VV RVG. Hat der Rechtsanwalt nicht den vollen Auftrag rechnet er nach Teil 4 Abschnitt 1 VV RVG ab.
3. Hat der Rechtsanwalt von vornherein den vollen Auftrag, den Beschuldigten im EV zu verteidigen, gilt Teil 4 Abschnitt 1 VV RVG, sonst gilt Teil 4 Abschnitt 3 VV RVG.

253 **Literaturhinweise:** **Burhoff**, Die Abrechnung (förmlicher/formloser) Rechtsbehelfe im Straf- und Bußgeldverfahren, StRR 2012, 172; *ders.*, Die Abrechnung förmlicher und formloser Rechtsbehelfe im Straf- und Bußgeldverfahren, RVGreport 2013, 213; *ders.*, Klageerzwingungsverfahren: So rechnen Sie als Vertreter des Antragstellers ab, RVGprofessionell 2014, 216; *ders.*, Klageerzwingungsverfahren: So rechnen Sie als Vertreter des Antragstellers mit „Einzelauftrag" ab, RVGprofessionell 2015, 14; *ders.*, Klageerzwingungsverfahren Das können Sie als Vertreter für Ihre anwaltliche Tätigkeit abrechnen, RVGprofessionell 2015, 33; *ders.*, Anwaltsvergütung für Tätigkeiten im sog. Klageerzwingungsverfahren, RVGreport 2016, 2; s.a. die Hinw. bei → *Allgemeine Gebührenfragen, Allgemeines*, Teil D Rdn 1, und bei den u.a. Stichwörtern.

254 **1.** Für die Abrechnung des sog. Klageerzwingungsverfahrens ist zu **unterscheiden** zwischen dem Vertreter des **Antragstellers** und dem Vertreter/Verteidiger des Beschuldigten (vgl. dazu Rdn 256 ff.). Außerdem kommt es darauf an, ob der Rechtsanwalt jeweils bereits (schon) den Auftrag zur vollen Vertretung/Verteidigung erhalten hatte, oder ob er im Rahmen einer Einzeltätigkeit tätig geworden ist (zum Klageerzwingungsverfahren → *Klageerzwingungsverfahren, Allgemeines*, Teil B Rdn 485, m.w.N.).

255 **2.** Für den Rechtsanwalt des **Antragstellers** im Klageerzwingungsverfahren gilt:

256 **a)aa)** Soll der Rechtsanwalt für den Antragsteller nicht nur im Klageerzwingungsverfahren nach § 172 Abs. 2 tätig werden, sondern hat **von vornherein** den **vollen Auftrag** den Antragsteller als Verletzten, der sich ggf. einer erhobenen Anklage als Nebenkläger anschließen will, zu vertreten, gilt Vorbem. 4 Abs. 1 VV RVG (Burhoff/*Volpert*, RVG, Nr. 4301 VV Rn 26; AnwKomm-RVG/*N. Schneider*, VV 4301 Rn 23; *Burhoff* RVGprofessionell 2014, 216; *ders.*, RVGreport 2016, 2). Der Rechtsanwalt ist dann Vertreter eines Verletzten/Nebenklägers und rechnet nach **Teil 4 Abschnitt 1 VV RVG** ab (*Burhoff* RVGprofessionell 2014, 216; *ders.*, RVGreport 2016, 2).

Für ihn **entstehen** dann 257

- die **Grundgebühr** Nr. 4100 VV RVG (dazu → *Grundgebühr, Allgemeines*, Teil D Rdn 228 und → *Grundgebühr, Abgeltungsbereich*, Teil D Rdn 217),
- die **Verfahrensgebühr** für das vorbereitende Verfahren Nr. 4104 VV RVG (zum Abgeltungsbereich der Verfahrensgebühr → *Verfahrensgebühr, Abgeltungsbereich*, Teil D Rdn 402; Burhoff/*Burhoff*, RVG, Vorbem. 4 VV Rn 34 ff.).

bb) Weitere Gebühren entstehen für diesen Rechtsanwalt für seine Tätigkeit im Klageerzwingungsverfahren **nicht**. Dieses ist mit dem Beschluss nach § 175 beendet. Die vom OLG beschlossene Erhebung der Anklage wird von der StA durchgeführt (§ 175 S. 2). Das vorbereitende Verfahren ist erst mit dem Eingang der Anklage beim Gericht beendet (vgl. Anm. zu Nr. 4104 VV RVG; s. auch Burhoff/*Burhoff*, RVG, Nr. 4104 VV Rn 4 ff.). Erst dann entsteht ggf. die gerichtliche Verfahrensgebühr (*Burhoff* RVGreport 2016, 2). 258

☝ Wird der Rechtsanwalt dem Antragsteller im (gesamten) vorbereitenden Verfahren als **Beistand bestellt** (§ 172 Abs. 3 S. 2; → *Klageerzwingungsverfahren, Prozesskostenhilfe/Notanwalt*, Teil B Rdn 586), fallen keine Gebühren für Einzeltätigkeiten an (vgl. zu denen Rdn 259), sondern die Abrechnung erfolgt nach Teil 4 Abschnitt 1 VV RVG (OLG Stuttgart RVGreport 2008, 383 m. Anm. *Burhoff* StRR 2008, 359). In Betracht kommt dann auch die Gewährung einer Pauschgebühr nach § 51 RVG (vgl. OLG Stuttgart, a.a.O.).

b) Hat der Rechtsanwalt nicht den vollen Auftrag erhalten, sondern wird für den Antragsteller nur im Rahmen von **Einzeltätigkeiten** tätig, gilt Teil 4 Abschnitt 3 VV RVG (*Burhoff* RVGprofessionell 2015, 14; *ders.*, RVGreport 2016, 2). 259

aa) Es fallen dann ggf. **folgende Gebühren** an: 260

- Soll der Rechtsanwalt **nur** die sog. **Einstellungsbeschwerde (§ 172 Abs. 1)** einlegen, entsteht dafür die Verfahrensgebühr Nr. 4302 Ziff. 1 VV RVG (Burhoff/*Volpert*, RVG, Nr. 4301 Rn 26; AnwKomm-RVG/*N. Schneider*, VV 4301 Rn 23, Gerold/Schmidt/*Burhoff*, VV 4301 Rn 17).
- Soll der Rechtsanwalt die Einstellungsbeschwerde (§ 172 Abs. 1) ggf. (auch) **begründen**, entsteht die Verfahrensgebühr Nr. 4302 Nr. 2 VV RVG.
- Ist er mit der **Beistandsleistung** im Einstellungsbeschwerdeverfahren beauftragt, entsteht die Verfahrensgebühr Nr. 4302 Ziff. 3 VV RVG (Hartung/Schons/Enders/*Hartung*, Nr. 4301 VV Rn 27).

☝ Eine **Grundgebühr** Nr. 4100 VV RVG entsteht **nicht** zusätzlich (OLG Düsseldorf AGS 2009, 14; OLG Köln RVGreport 2007, 306; OLG Schleswig StV 2006, 206).

261 Hinsichtlich der Frage, welche Gebühren entstehen, wenn dieser Rechtsanwalt von vornherein **gleichzeitig** mit der Beschwerdeeinlegung und -begründung beauftragt wird bzw. die Aufträge **nacheinander** erteilt werden, gelten die allgemeinen Regeln (vgl. dazu die Ausführungen bei → *Beschwerde, Gebühren*, Teil D Rdn 142). Es handelt sich jeweils um selbstständige Angelegenheiten (Hartung/Schons/Enders/*Hartung*, Nr. 4301 VV Rn 29).

☝ Es gilt über Vorbem. 4 Abs. 3 S. 2 VV RVG § 15 Abs. 6 RVG (vgl. dazu → *Beschwerde, Gebühren*, Teil D Rdn 146; Burhoff/*Volpert*, RVG, Vorbem. 4. 3 VV Rn 69 ff.).

262 **bb)** Erhält der Rechtsanwalt den Auftrag, den Antragsteller nach einer erfolglosen Einstellungsbeschwerde auch im eigentlichen **Klageerzwingungsverfahren** nach **§ 172 Abs. 2 bis 4** zu vertreten, entsteht dafür eine Verfahrensgebühr **Nr. 4301 Ziff. 5 VV RVG** (Burhoff/*Volpert*, RVG, Nr. 4301 VV Rn 26; AnwKomm-RVG/*N. Schneider*, VV Vorb. 4.3. Rn 24; Hartung/Schons/Enders/*Hartung*, Nr. 4301 VV Rn 27). Diese Verfahrensgebühr deckt im Verfahren nach § 172 Abs. 2 bis 4 sämtliche vom Rechtsanwalt erbrachte Tätigkeiten ab. Das können sein Erstellung, Unterzeichnung und Einreichung des Klageerzwingungsantrags, Beratung des Antragstellers im weiteren Verfahren und sonstige Beistandsleistungen, wie z.B. bei gerichtlichen Ermittlungen (Hartung/Schons/Enders/*Hartung*, Nr. 4301 VV Rn 27; AnwKomm-RVG/*N. Schneider*, VV 4301 Rn 27).

☝ Eine **Grundgebühr** nach Nr. 4100 VV RVG entsteht nicht zusätzlich (OLG Düsseldorf AGS 2009, 14; OLG Köln RVGreport 2007, 306; OLG Schleswig StV 2006, 206).

263 Die Verfahrensgebühr Nr. 4301 Ziff. 5 VV RVG kann, wenn der Rechtsanwalt zunächst auch mit der Einstellungsbeschwerde beauftragt war (vgl. dazu Rdn 260) neben der der Verfahrensgebühr Nr. 4302 Nr. 1 VV RVG entstehen. Es handelt sich um **unterschiedliche Angelegenheiten** i.S. des § 15 RVG (Gerold/Schmidt/*Burhoff*, VV 4301 Rn 17 m.w.N.). Über Vorbem. 4 Abs. 3 S. 2 VV RVG gilt § 15 Abs. 6 RVG (vgl. dazu → *Beschwerde, Gebühren*, Teil D Rdn 146; Burhoff/*Volpert*, RVG, Vorbem. 4 Abs. 3 VV Rn 38 ff.). In jeder Angelegenheit kann dann auch die Nr. 7002 VV RVG entstehen (vgl. die Anm. zu Nr. 7002 VV RVG).

☝ Erhält der Rechtsanwalt **später** den **vollen Auftrag**, den Antragsteller im Strafverfahren zu vertreten, gilt Vorbem. 4.3 Abs. 4 RVG. Die für die Einzeltätigkeit erhaltenen Gebühren werden angerechnet (vgl. dazu Burhoff/*Volpert*, RVG, Vorbem. 4.3 VV Rn 39).

264 **3.** Für den Rechtsanwalt/Verteidiger des **Beschuldigten** im Klageerzwingungsverfahren gilt:

265 **a)** Hat der Rechtsanwalt von vornherein den **vollen Auftrag**, den Beschuldigten im EV zu verteidigen, gilt Vorbem. 4 Abs. 1 VV RVG (Burhoff/*Volpert*, RVG, Nr. 4301 VV Rn 26;

AnwKomm-RVG/*N. Schneider*, VV 4301 Rn 23; insoweit zutreffend OLG Koblenz RVGreport 2014, 397 m. Anm. *Burhoff* StRR 2014, 511). Die erbrachten Tätigkeiten werden also – ebenso wie z.B. Tätigkeiten des Verteidigers in einem Beschwerdeverfahren (vgl. dazu *Burhoff* RVGreport 2012, 12; → *Beschwerde, Gebühren*, Teil D Rdn 130) – durch die Verfahrensgebühr für das vorbereitende Verfahren Nr. 4104 VV RVG mitabgegolten (s. auch noch vgl. auch *Burhoff* StRR 2012, 172 und RVGreport 2013, 213, *ders*., RVGprofessionell 2015, 33; *ders*., RVGreport 2016, 2 f.; *ders*., RVGreport 2014, 397 in der Anm. zu OLG Koblenz, a.a.O.). Hat die Tätigkeit des Verteidigers im Klageerzwingungsverfahren zu einem Mehraufwand des Verteidigers geführt, was i.d.R. der Fall sein dürfte, ist, wenn bei Ablehnung des Antrags eine Kostenentscheidung zugunsten des Beschuldigten ergangen ist (§ 175) die sog. Differenztheorie anzuwenden und einmal die Verfahrensgebühr Nr. 4104 VV RVG mit Klageerzwingungsverfahren und einmal ohne Klageerzwingungsverfahren zu ermitteln. Der insoweit entstehende Differenzbetrag ist vom Antragsteller zu erstatten (*Burhoff* RVGprofessionell 2015, 33; insoweit lückenhaft OLG Koblenz, a.a.O.).

☝ Der Rechtsanwalt ist dann (Voll-)Vertreter eines Verletzten/Nebenklägers und rechnet nach **Teil 4 Abschnitt 1 VV RVG** ab. Für ihn entstehen die Gebühren, die auch für den Vertreter des Antragstellers entstehen, wenn ihm der volle Auftrag erteilt ist (vgl. dazu o. Rdn 257 f.).

b) Erhält der Rechtsanwalt nicht den vollen Auftrag, den Beschuldigten im EV als Verteidiger zu verteidigen, sondern soll er im Klageerzwingungsverfahren nach § 172 Abs. 2 bis 4 **nur Beistand** leisten, entsteht für diese Beistandsleistung nur die Verfahrensgebühr **Nr. 4301 Ziff. 5 VV RVG** (Burhoff/*Volpert*, RVG, Nr. 4301 VV Rn 26; AnwKomm-RVG/*N. Schneider*, VV Vorb. 4.3. Rn 25; Hartung/Schons/Enders/*Hartung*, Nr. 4301 VV Rn 27). Diese Verfahrensgebühr deckt sämtliche vom Rechtsanwalt im Verfahren nach § 172 Abs. 2 bis 4 für den Beschuldigten erbrachte Tätigkeiten ab. Das können sein Abgabe einer Erklärung nach § 173 Abs. 2 oder sonstige Beistandsleistungen, wie z.B. bei gerichtlichen Ermittlungen (Hartung/Schons/Enders/*Hartung*, Nr. 4301 VV Rn 27; AnwKomm-RVG/*N. Schneider*, VV 4301 Rn 25 f.). 266

☝ Eine **Grundgebühr** Nr. 4100 VV RVG entsteht **nicht** zusätzlich (OLG Düsseldorf AGS 2009, 14; OLG Köln RVGreport 2007, 306; OLG Schleswig StV 2006, 206).

Erhält der Rechtsanwalt **später** den **vollen Auftrag**, den Beschuldigten im Strafverfahren zu verteidigen, gilt Vorbem. 4.3 Abs. 4 RVG. Die für die Einzeltätigkeit erhaltenen Gebühren werden *angerechnet* (vgl. dazu Burhoff/*Volpert*, RVG, Vorbem. 4.3 VV Rn 73).

Bei **mehreren Einzeltätigkeiten** ist auf die Beschränkung der Vorbem. 4.3 Abs. 3 S. 2 VV RVG i.V.m. § 15 Abs. 6 RVG, zu achten.

Siehe auch: → *Klageerzwingungsverfahren, Allgemeines*, Teil B Rdn 485; → *Allgemeine Gebührenfragen, Allgemeines*, Teil D Rdn 1, m.w.N.; → *Allgemeine Gebührenfragen, Besonderheiten Pflichtverteidiger*, Teil D Rdn 4; → *Allgemeine Gebührenfragen, Wahlverteidiger*, Teil D Rdn 26; → *Anträge auf gerichtliche Entscheidung, Gebühren*, Teil D Rdn 62; → *Verfahrensgebühr, Abgeltungsbereich*, Teil D Rdn 431; → *Verfahrensgebühr, Allgemeines*, Teil D Rdn 442.

267 Kostenfestsetzungsbeschluss, Beschwerde

Das Wichtigste in Kürze:

1. Im Kostenfestsetzungsverfahren gem. § 464b wird vom Rechtspfleger aufgrund der vom Gericht getroffenen Auslagenentscheidung über die Höhe der einem Beteiligten zu erstattenden notwendigen Auslagen entschieden.
2. Fehlt die für die Kostenfestsetzung notwendige gerichtliche Auslagenentscheidung gem. §§ 467 ff., kann der Kostenfestsetzungsantrag nur dann als hiergegen gerichtete sofortige Beschwerde angesehen werden, wenn der Antrag innerhalb der Beschwerdefrist gestellt wird und der Anfechtungswille aus dem Antrag hervorgeht.
3. Nach h.M. richtet sich das Beschwerdeverfahren gegen den in einer Strafsache ergangenen Kostenfestsetzungsbeschluss nach §§ 304 ff. und nicht nach §§ 104 Abs. 3 S. 1, 567 ff. ZPO.
4. Der Kostenfestsetzungsbeschluss gem. § 464b in einer Strafsache ist grds. mit der sofortigen Beschwerde anzufechten, die gem. § 311 Abs. 2 binnen 1 Woche ab Zustellung des Kostenfestsetzungsbeschlusses einzulegen ist.
5. Die sofortige Beschwerde sollte sicherheitshalber stets bei dem Gericht eingelegt werden, dessen Rechtspfleger den Kostenfestsetzungsbeschluss erlassen hat.
6. Wird der erforderliche Wert des Beschwerdegegenstands in Höhe von mindestens 200,01 € nicht erreicht, ist der Kostenfestsetzungsbeschluss mit der befristeten Erinnerung gem. § 11 Abs. 2 RPflG anfechtbar.
7. Die Einlegung der sofortigen Beschwerde setzt eine Beschwer des Beschwerdeführers voraus.
8. Der Rechtspfleger kann der sofortigen Beschwerde ausnahmsweise nur in den in § 311 Abs. 3 S. 2 genannten Fällen abhelfen.
9. Beschwerdegericht ist entweder das LG oder das OLG, das bei Anwendung der strafprozessualen Vorschriften als Kollegialgericht entscheidet.
10. Das Verschlechterungsverbot schließt eine Veränderung des Kostenfestsetzungsbeschlusses auf ein Rechtsmittel der Staatskasse zulasten des Freigesprochenen bzw. nach Abtretung des Erstattungsanspruchs zulasten des Verteidigers nicht aus.

11. Nach Vorbem. 3.6 KV GKG bestimmen sich die Gebühren bei Beschwerden im Kostenfestsetzungsverfahren in Strafsachen nach den für das Kostenfestsetzungsverfahren in Teil 1, Hauptabschnitt 8 KV GKG geregelten Gebühren.

Literaturhinweise: **Meyer**, Zur Zulässigkeit der Erinnerung der Staatskasse gegen einen Kostenfestsetzungsbeschluss nach Anhörung gem. Nr. 145 RiStBV, JurBüro 1990, 287; **Popp**, Zu den Rechtsbehelfen gegen Kostenfestsetzungsbeschlüsse in Strafsachen, Rpfleger 2004, 82; **Volpert**, Das Kostenfestsetzungsverfahren gem. § 464b StPO gegen die Staatskasse (Teile 1 bis 3), StRR 2008, 412, StRR 2009, 16 und 52; s.a. die Hinw. bei → *Allgemeine Gebührenfragen, Allgemeines*, Teil D Rdn 2. **268**

1. Im Kostenfestsetzungsverfahren in **Strafsachen** nach § 464b wird auf Antrag eines Beteiligten vom Gericht des ersten Rechtszugs die Höhe der Kosten und Auslagen festgesetzt, die ein Beteiligter einem anderen Beteiligten zu erstatten hat. **Funktionell zuständig** für den Erlass des Kostenfestsetzungsbeschlusses ist gem. § 21 Nr. 1 RPflG i.V.m. §§ 464b S. 3; 103 ff. ZPO der **Rechtspfleger**. **269**

Für die Kostenfestsetzung muss zwischen den **Kosten des Verfahrens** (vgl. § 464a Abs. 1) und den **notwendigen Auslagen** (vgl. § 464a Abs. 2) **unterschieden** werden (LG Arnsberg AGS 2009, 484). Gegenstand des Kostenfestsetzungsverfahrens gem. § 464b sind die **notwendigen Auslagen** eines Beteiligten (vgl. hierzu Burhoff/*Volpert*, RVG, Teil A: Kostenfestsetzung und Erstattung in Strafsachen, Rn 1286 ff.). **270**

☝ Der **Kostenfestsetzungsbeschluss** ist zu **begründen** (§ 34 RVG; vgl. OLG Düsseldorf AGS 2001, 183; LG Zweibrücken AGS 2012, 433). Betrifft der Kostenfestsetzungsbeschluss zweifelhafte Positionen oder schwierige Fragestellungen, sollte die Entscheidung eingehend begründet werden. Der Kostenfestsetzungsbeschluss sollte insbesondere bei umfangreicheren Absetzungen die Einzelansätze gegenüberstellen, sodass die Festsetzung klar, übersichtlich und aus sich heraus verständlich ist.

2.a) Da im Kostenfestsetzungsverfahren nur eine Entscheidung über die **Höhe** der zu erstattenden **notwendigen Auslagen** (§ 464a Abs. 2) getroffen wird, muss eine rechtskräftige (vgl. § 449) Entscheidung darüber vorliegen, von wem diese zu tragen sind (**Kostengrundentscheidung**): **271**

- Im Fall des **Freispruchs** werden die notwendigen Auslagen des Angeklagten der **Staatskasse** auferlegt (§ 467 Abs. 1). Das Kostenfestsetzungsverfahren richtet sich in diesem Fall gegen die **Staatskasse**. Das gilt entsprechend bei Ablehnung der Eröffnung des Hauptverfahrens oder Einstellung des Verfahrens, der Rücknahme der Anklageschrift, des Strafbefehlsantrages oder des Antrags auf Entscheidung im beschleunigten Verfahren (§ 467a) sowie bei erfolglosem Rechtsmittel der StA (§ 473).

- Werden die notwendigen Auslagen des Nebenklägers oder des Privatklägers dem Verurteilten auferlegt (§§ 471, 472, 473), richtet sich das Kostenfestsetzungsverfahren gegen den **Verurteilten**.

272 **b)aa)** Fehlt eine Entscheidung über die Verpflichtung zur Tragung der notwendigen Auslagen, trägt jeder der Beteiligten seine notwendigen Auslagen selbst (OLG Düsseldorf NStZ-RR 2012, 160; LG Braunschweig Nds.Rpfl. 2012, 252; LR-*Hilger*, § 464 Rn 24 m.w.N.; *Meyer-Goßner/Schmitt*, § 464 Rn 12).

> ☝ Eine **nachträgliche Ergänzung** oder **Berichtigung** der Auslagenentscheidung ist **unzulässig** (BGH NStZ-RR 1996, 352; OLG Koblenz StraFo 2003, 425). Eine Korrektur ist allein auf eine nach § 464 Abs. 3 S. 1 ordnungsgemäß erhobene **sofortige Beschwerde** hin möglich (vgl. KG NStZ-RR 2004, 190; OLG Rostock, Beschl. v. 1.3.2007 – I Ws 413, 425, 426/06; LG Arnsberg, Beschl. v. 10.6.2008 – 2 Qs 11/08 jug; AG Koblenz AGS 2004, 167).

273 **bb)** Sind im Fall des Freispruchs die notwendigen Auslagen des Angeklagten nicht der Staatskasse auferlegt worden, soll der nach § 464b gestellte **Kostenfestsetzungsantrag als sofortige Beschwerde** gegen die Auslagenentscheidung des Urteils anzusehen sein (so OLG Stuttgart NStZ 1993, 507; LG Zweibrücken NStZ-RR 2008, 359; LG Koblenz AGS 1998, 151).

> ☝ Insoweit gilt jedoch: Im Kostenfestsetzungsverfahren als Verfahren zur betragsmäßigen Festsetzung der Höhe der zu erstattenden Auslagen können unvollständige Kostengrundentscheidungen nicht korrigiert werden (KG, Beschl. v. 14.8.2007 – 1 AR 1086/07).

274 Der Kostenfestsetzungsantrag kann daher **allenfalls dann** als sofortige Beschwerde gegen die fehlende Überbürdung der notwendigen Auslagen des Angeklagten auf die Staatskasse behandelt werden,

- wenn der Kostenfestsetzungsantrag innerhalb der **einwöchigen Beschwerdefrist** gestellt worden ist (KG NStZ-RR 2004, 190; Beschl. v. 14.8.2007 – 1 AR 1086/07; LG Arnsberg, Beschl. v. 10.6.2008 – 2 Qs 11/08 jug; LG Koblenz AGS 1998, 151; so wohl a. LG Zweibrücken NStZ-RR 2008, 359), **und**
- im Antrag in irgendeiner Weise zugleich diese **Kostengrundentscheidung beanstandet** worden ist (OLG Celle RVGreport 2012, 355 m. Anm. *Burhoff* StRR 2011, 389; s.a. Rdn 275).

> ☝ Hierzu **reicht** es **nicht aus**, wenn im Kostenfestsetzungsantrag lediglich beantragt ist, die notwendigen Auslagen der Landeskasse aufzuerlegen und nicht erkennbar ist, dass das Fehlen der erforderlichen Auslagenentscheidung bemerkt wurde.

Zu dem **Festsetzungsbegehren** als solchem müssen innerhalb der Anfechtungsfrist somit **weitere Umstände hinzutreten**, die auf einen Anfechtungswillen im Hinblick auf die Grundentscheidung hindeuten (KG NStZ-RR 2004, 190; Beschl. v. 14.8.2007 – 1 AR 1086/07; OLG Celle JurBüro 2011, 595 m. Anm. *Burhoff* RVGreport 2012, 355; OLG Celle RVGprofessionell 2013, 168; OLG Düsseldorf, Beschl. v. 23.3.2010 – III-1Ws 78/10; Burhoff/*Volpert*, RVG, Teil A: Kostenfestsetzung und Erstattung in Strafsachen, Rn 850). Denn die regelmäßige Auslegung eines Kostenfestsetzungsantrags als Anfechtung der Kostengrundentscheidung würde den Anwendungsbereich des § 300 in unzulässiger Weise ausweiten und die Rechtsanwendung in diesem Bereich überspannen (OLG Celle, a.a.O.). Ergibt sich aus den im Rahmen des Kostenfestsetzungsantrags abgegebenen Erklärungen kein Anfechtungswille, liegt kein Fall des § 300 vor. Denn dann ist keine Rechtsmittelerklärung gegeben, die ausgelegt oder umgedeutet werden könnte. 275

Weist daher erst das Gericht im Kostenfestsetzungsverfahren auf das Fehlen einer Kostengrundentscheidung hin, oder haben die Beteiligten auf **Rechtsmittel** gegen die Kostengrundentscheidung **verzichtet**, kann der Kostenfestsetzungsantrag nicht als Beschwerde angesehen werden (vgl. OLGR Rostock 2008, 485; LG Wuppertal JurBüro 2008, 93). Auch wenn Kostenfestsetzung auf der Basis der (nicht) ergangenen Kostengrundentscheidung begehrt wird, fehlt es an einem Anfechtungswillen im Kostenfestsetzungsantrag (OLG Celle RVGprofessionell 2013, 168). 276

☝ Es empfiehlt sich daher für den Rechtsanwalt, neben dem sachlichen Urteilsinhalt unbedingt auch die **Kostenentscheidung** daraufhin zu überprüfen, ob sie sich mit den notwendigen Auslagen des anwaltlich vertretenen Beteiligten befasst (so a. *Burhoff*, Anm. zu OLG Celle RVGreport 2012, 355). Hierbei ist zu beachten, dass für die Einlegung der sofortigen Beschwerden gem. §§ 464a Abs. 3, 311 Abs. 2 eine **Frist von einer Woche** gilt. Für die Staatskasse ist nicht der **Bezirksrevisor**, sondern die **StA** beschwerdebefugt (OLG Düsseldorf JMBl. NRW 1979, 67).

3.a) Gegen den Kostenfestsetzungsbeschluss des **Rechtspflegers** (§ 21 Nr. 1 RPflG, § 464 S. 3 StPO) ist gem. § 11 Abs. 1 RPflG das Rechtsmittel gegeben, das nach den allgemeinen verfahrensrechtlichen Vorschriften zulässig ist. Sowohl bei Anwendung der strafprozessualen als auch der zivilprozessualen Rechtsmittelvorschriften (s. Rdn 278 ff.) ist der Kostenfestsetzungsbeschluss somit grds. mit der **sofortigen Beschwerde** anzufechten (vgl. §§ 304, 311 bzw. §§ 104 Abs. 3, 567 ff. ZPO; → *Beschwerde, sofortige Beschwerde*, Teil A Rdn 550, m.w.N.). 277

☝ Der Kostenfestsetzungsbeschluss ist entsprechend § 35a mit einer **Rechtsmittelbelehrung** zu versehen, in der auf die einzuhaltende **Beschwerde-** bzw. **Rechtsmittelfrist** hinzuweisen ist (vgl. OLG Hamm AGS 2005, 40; OLG München StV 2001, 633;

LG Bautzen Rpfleger 2000, 183; *Meyer-Goßner/Schmitt*, § 464b Rn 3; LR-*Hilger*, § 464b Rn 8; → *Rechtsmittel/Rechtsbehelfe, Belehrung, Allgemeines*, Teil A Rdn 1337).

Eine **fehlerhafte** oder **unterbliebene Rechtsmittelbelehrung** hinsichtlich der einzuhaltenden Beschwerdefrist kann die Gewährung der **Wiedereinsetzung in den vorigen Stand** rechtfertigen (u.a. BVerfG, Beschl. v. 16.10.2014 – 2 BvR 718/14; OLG Hamm RVGreport 2013, 71 zur sofortigen Beschwerde des Beistands des Nebenklägers; OLG Hamm AGS 2005, 40; OLG München StV 2001, 633; KK-*Gieg*, § 464b Rn 4; → *Wiedereinsetzung in den vorigen Stand, Allgemeines*, Teil B Rdn 1479 m.w.N.).

278 **b)aa)** Nach § 464b S. 3 sind auf das **strafprozessuale Kostenfestsetzungsverfahren** und auf die Vollstreckung des Kostenfestsetzungsbeschlusses die **Vorschriften** der **ZPO** lediglich **entsprechend** anzuwenden. Deshalb finden auf das Kostenfestsetzungsverfahren und die Vollstreckung (§§ 794 ff. ZPO) des Kostenfestsetzungsbeschlusses die ZPO-Vorschriften vgl. (§§ 103 ff. und §§ 794 ff. ZPO) lediglich insoweit Anwendung, als sie **strafprozessualen Prinzipien nicht widersprechen** bzw. die strafprozessualen Normen eine Regelungslücke aufweisen (vgl. BGH NJW 2003, 763; KG RVGreport 2012, 76; OLG Düsseldorf NStZ-RR 2012, 160; OLG Hamm RVGreport 2015, 29; Beschl. v. 19.8.2014 – III-2 Ws 140/14; OLG Nürnberg RVGreport 2014, 436). Über § 464b S. 3 ist auf die **Beschwerdevorschriften** der ZPO daher nur dann zurückzugreifen, wenn Grundsätze der StPO dem nicht widersprechen bzw. Vorschriften der StPO nicht vorrangig heranzuziehen sind. Daher richtet sich das Beschwerdeverfahren gegen den in einer Strafsache ergangenen Kostenfestsetzungsbeschluss nach **§§ 304 ff.** und nicht nach §§ 104 Abs. 3 S. 1, 567 ff. ZPO (vgl. BGH NJW 2003, 763; KG Rpfleger 2000, 38; RVGreport 2012, 76; OLG Celle Rpfleger 2001, 97; OLG Dresden StV 2001, 634; OLG Düsseldorf Rpfleger 2004, 120; NStZ-RR 2012, 160; OLG Frankfurt/Main NStZ-RR 2008, 264; OLG Hamm Beschl. v. 19.8.2014 – III-2 Ws 140/14; OLG Karlsruhe StraFo 2000, 140; OLG Köln NStZ-RR 2010, 31; OLG Nürnberg RVGreport 2011, 189; RVGreport 2014, 436; OLG Schleswig SchlHA 2011, 207; LG Hildesheim, Nds.Rpfl. 2007, 190; LG Koblenz, 5.2.2010 – 9 Qs 15/10; JurBüro 2009, 198; LG Potsdam JurBüro 2015, 367).

279 **bb)** Nach der abzulehnenden **Gegenauffassung** sind die **Beschwerdevorschriften der ZPO anwendbar**, weil § 464b bezweckt, den strafprozessualen Erstattungsanspruch den Regeln der ZPO zu unterwerfen, um so die verfahrensrechtlich einheitliche Behandlung des Kostenfestsetzungsverfahrens auch im Beschwerdeverfahren zu gewährleisten. Zudem hätten die strafprozessualen Grundsätze in dem nach rechtskräftigen Abschluss des Strafverfahrens stattfindenden Kostenfestsetzungsverfahren keine maßgebende Bedeutung mehr (vgl. OLG Düsseldorf StV 2006, 32; OLG Hamm, Beschl. v. 17.4.2007 – 4 Ws 97/07; OLG JurBüro 2000, 652; LG Düsseldorf StRR 2010, 118). Die Besonderheiten des strafprozessualen Beschwerdeverfahrens sind dem gesteigerten Beschleuni-

gungsbedürfnis des Strafverfahrens geschuldet. Für das Kostenfestsetzungsverfahren nach Abschluss des Strafverfahrens besteht dieses Bedürfnis nicht mehr (OLG Schleswig SchlHA 2011, 207).

4.a) Der Kostenfestsetzungsbeschluss ist dem **Gegner des Antragstellers** gem. § 464b 280
S. 3, § 104 Abs. 2 S. 3 ZPO (Erstattungspflichtiger) **von Amts wegen zuzustellen**, wenn dem Antrag ganz oder teilweise entsprochen worden ist. Dem **Antragsteller** ist der Kostenfestsetzungsbeschluss gem. § 464b S. 3, § 104 Abs. 2 S. 4 ZPO nur dann von Amts wegen zuzustellen, wenn sein Antrag ganz oder teilweise zurückgewiesen worden ist. Ansonsten erfolgt eine **formlose Übersendung**. Dem Vertreter der **Staatskasse** ist der Kostenfestsetzungsbeschluss gem. Nr. 145 Abs. 2 RiStBV, § 464b S. 3, § 212a ZPO zuzustellen.

b)aa) Die sofortige Beschwerde ist bei Zugrundelegung der **strafprozessualen Beschwer-** 281
devorschriften binnen **einer Woche** ab Zustellung des Kostenfestsetzungsbeschlusses einzulegen. Die Frist zur Einlegung der sofortigen Beschwerde ist in § 311 Abs. 2 abschließend und eindeutig geregelt (vgl. KG StRR 2011, 443; OLG Braunschweig NStZ-RR 2014, 263; OLG Celle Rpfleger 2001, 97; OLG Dresden StV 2001, 634; OLG Düsseldorf Rpfleger 2004, 120; Beschl. v. 10.5.2005 – III-1 Ws 441/04 [n.v.]; Beschl. v. 31.1.2006 – III-1 Ws 448/05 und 36/06, anders aber noch JurBüro 2001, 147; OLG Hamm AGS 2013, 254 zur sofortigen Beschwerde des Beistands des Nebenklägers; Beschl. v. 19.8.2014 – III-2 Ws 140/14; OLG Jena StraFo 2012, 163; OLG Koblenz NJW 2005, 917; Beschl. v. 26.3.2007 – 1 Ws 153/07; OLG Köln NStZ-RR 2010, 31; 2011, 360; OLG Nürnberg zfs 2011, 226; RVGreport 2014, 436; LG Braunschweig Nds.Rpfl. 2012, 252; LG Hildesheim JurBüro 2015, 194; LG Kleve AGS 2012, 64; LG Koblenz JurBüro 2009, 198; Beschl. v. 5.2.2010 – 9 Qs 15/10; LG Potsdam NStZ-RR 2013, 327; JurBüro 2015, 367; *Meyer-Goßner/Schmitt*, § 464 Rn 7).

☝ Ist der Kostenfestsetzungsbeschluss dem Beschwerdeführer **nicht zugestellt** worden, ist die Frist zur Einlegung der sofortigen Beschwerde nicht in Gang gesetzt worden (KG StRR 2011, 443 [Ls.]; → *Rechtsmittel/Rechtsbehelfe, Fristen, Allgemeines*, Teil A Rdn 1545).

bb) Soweit teilweise die **ZPO-Vorschriften für anwendbar** gehalten werden, weil die 282
mit der 1-wöchigen Beschwerdefrist verfolgte Beschleunigung des Strafverfahrens für das nach rechtskräftiger Verfahrensbeendigung durchzuführende Kostenfestsetzungsverfahren nicht mehr von Bedeutung ist, ist die sofortige Beschwerde nach §§ 464b S. 3, 569 Abs. 1 S. 1 ZPO innerhalb von **zwei Wochen** ab Zustellung des Kostenfestsetzungsbeschlusses einzulegen (vgl. OLG Düsseldorf – 3. Strafsenat, JurBüro 2005, 422; OLG Köln JurBüro 2000, 652;OLG München StV 2001, 633; OLG Nürnberg NStZ-RR 2001, 224; LG Düsseldorf StRR 2010, 118; *Popp* Rpfleger 2004, 82).

☝ Ist die sofortige Beschwerde aufgrund einer **Rechtsmittelbelehrung** im Kostenfestsetzungsbeschluss, in der auf eine Einlegungsfrist von zwei Wochen hingewiesen wurde, nach Ablauf der Wochenfrist (aber innerhalb von zwei Wochen) eingelegt worden, so ist **Wiedereinsetzung in den vorigen Stand** (§§ 45, 45 StPO) zu gewähren (vgl. OLG Hamm AGS 2005, 4; 2013, 254; LG Hildesheim JurBüro 2015, 194; LG Potsdam JurBüro 2015, 367; → *Wiedereinsetzung in den vorigen Stand, Allgemeines*, Teil B Rdn 1479 m.w.N.).

Aufgrund der unterschiedlichen Auffassungen hinsichtlich der einzuhaltenden Beschwerdefrist **empfiehlt** es sich, **im Zweifel** zur Fristwahrung von einer **Einlegungsfrist** von **einer Woche auszugehen** und darauf hinzuweisen, dass die Beschwerdebegründung nachträglich eingereicht wird. Erfolgt anschließend keine Begründung der Beschwerde, wird eine Zurückweisung der Beschwerde nur nach vorheriger Ankündigung durch das Gericht erfolgen können.

283 **5.a)** Gem. § 306 Abs. 1 ist die sofortige Beschwerde bei dem Gericht **einzulegen**, dessen Entscheidung angefochten wird (**Gericht** der **ersten Instanz**, vgl. § 464b S. 1). Werden die Vorschriften der **ZPO** für anwendbar gehalten, kann die sofortige Beschwerde gem. § 569 Abs. 1 ZPO auch beim Beschwerdegericht eingelegt werden.

☝ Zur Sicherheit sollte die Beschwerde stets beim **Erstgericht** eingelegt werden.

284 **b)aa) Anwaltszwang** besteht **nicht**, vgl. § 13 RPflG (OLG Celle StV 2001, 635; OLG Düsseldorf StV 2006, 32; JurBüro 2003, 29; *Meyer-Goßner/Schmitt*, § 464b Rn 7).

285 **bb)** Das gilt **auch**, wenn die **zivilprozessualen Beschwerdevorschriften** angewandt werden (OLG Düsseldorf StV 2006, 32; JurBüro 2003, 29). Denn Rechtsstreit i.S.v. § 569 Abs. 3 Nr. 1 ZPO ist bei der Anfechtung von Kostenfestsetzungsbeschlüssen das gem. § 13 RPflG ohne Anwaltszwang durchzuführende Kostenfestsetzungsverfahren vor dem Rechtspfleger.

286 **6.a)** Nach § 304 Abs. 3 ist die Beschwerde nur zulässig, wenn ein Beschwerdewert von **mindestens 200,01 €** erreicht wird (*Meyer-Goßner/Schmitt*, § 464 Rn 7; ebenso § 567 Abs. 2 ZPO). Der Beschwerdewert ergibt sich aus der **Differenz** zwischen den im Kostenfestsetzungsbeschluss festgesetzten und der mit der Beschwerde angestrebten Festsetzung von notwendigen Auslagen (KG MDR 2007, 235; OLG Hamm Rpfleger 1999, 436). Hierbei ist die Umsatzsteuer zu berücksichtigen (vgl. a. → *Vergütungsfestsetzung, Beschwerde*, Teil D Rdn 492).

287 **b)** Übersteigt der Beschwerdewert **200,00 € nicht**, findet gem. § 11 Abs. 2 RPflG die **Erinnerung** statt, die innerhalb einer Frist von zwei Wochen einzulegen ist (BVerfG, Beschl. v. 16.10.2014 – 2 BvR 718/14; s. → *Kostenfestsetzungsbeschluss, Erinnerung*, Teil D Rdn 302 ff.).

7.a) Voraussetzung für die Einlegung der sofortigen Beschwerde ist, dass der **Beschwerdeführer** durch den angefochtenen Kostenfestsetzungsbeschluss **beschwert** ist. Das Beschwerderecht steht allein dem durch den Kostenfestsetzungsbeschluss Beschwerten zu (LG Potsdam JurBüro 2015, 367). Der Verteidiger ist deshalb nur im Falle der Abtretung des Erstattungsanspruchs beschwert (LG Köln RVGreport 2014, 361). Im Zweifel ist von einer Einlegung der Beschwerde für den durch den Kostenfestsetzungsbeschluss Betroffenen durch den Rechtsanwalt auszugehen (OLG Jena, Beschl. v. 28.2.2014 – 1 Ws 403/13; LG Potsdam, a.a.O.). Für die Staatskasse legt der Bezirksrevisor die Beschwerde ein (OLG Hamm RVGreport 2015, 29). Eine Beschwerde kann nicht eingelegt werden, um ohne Beschwer über eine bestimmte Rechtsfrage eine richterliche Entscheidung herbeizuführen. Ist dem Kostenfestsetzungsantrag in **voller Höhe stattgegeben** worden, ist die Beschwerde des Erstattungsberechtigten unzulässig (zur Beschwer → *Rechtsmittel/Rechtsbehelfe, Beschwer*, Teil A Rdn 1383). 288

☝ Ist der **Anspruch** auf **Erstattung** notwendiger Auslagen vom Freigesprochenen an den Verteidiger **abgetreten** worden, erfolgt die **Kostenfestsetzung** nach allerdings umstrittener Ansicht **für** den **Verteidiger** (vgl. OLG Düsseldorf StRR 2010, 276; Burhoff/*Volpert*, RVG, § 43 RVG Rn 46, m.w.N.). Wird dem gefolgt, kann der Verteidiger auch im eigenen Namen sofortige Beschwerde gegen den Kostenfestsetzungsbeschluss einlegen (LG Köln RVGreport 2014, 361; AG Passau StraFo 2011, 419; vgl. zur Abtretung des Kostenerstattungsanspruchs ausf. Burhoff/*Volpert*, RVG, § 43 RVG Rn 46 ff., auch zur Frage der Zulässigkeit der in eine Strafprozessvollmacht aufgenommenen Abtretung; zur Abtretung einer anwaltlichen Gebührenforderung vgl. Burhoff/*Burhoff*/*Volpert*, RVG, Teil A: Abtretung der Gebührenforderung, Rn 15 ff.).

b) Eine Beschwer ergibt sich **nicht** dadurch, dass mit der Beschwerde in der ersten Instanz nicht geltend gemachte **Erstattungsforderungen nachgeschoben** werden (KG BRAGOreport 2002, 175; *Meyer-Goßner/Schmitt*, § 464b Rn 9). 289

☝ Liegt jedoch eine **zulässige sofortige Beschwerde** vor, können im Rahmen des Beschwerdeverfahrens **neue Positionen** zur Entscheidung gestellt werden. Auch die **Erweiterung** der Beschwerde und der **Austausch** von Positionen sind dann zulässig.

I.Ü. ist eine **Nachliquidation** erforderlich, also ein Kostenfestsetzungsantrag zu stellen, über den zunächst der Rechtspfleger zu entscheiden hat (*Meyer-Goßner/Schmitt*, § 464b Rn 9). Auch bei einem rechtskräftigen Kostenfestsetzungsbeschluss ist eine **Nachfestsetzung** möglich, wenn ein bisher nicht begehrter Posten erstmals geltend gemacht wird. Kostenfestsetzungsbeschlüsse erwachsen formell und materiell in Rechtskraft (BGH AGS 2011, 566). Die Rechtskraft eines Kostenfestsetzungsbeschlusses bezieht sich nur 290 auf die im Antrag geforderten und im Beschluss beschiedenen Beträge und steht daher einer Nachfestsetzung nicht entgegen (BGH NJW 2011, 1367; FamRZ 2011, 1222).

☝ Die Nachliquidation einer Position ist aber ausgeschlossen, wenn diese bereits **rechtskräftig** zurückgewiesen worden ist (BGH AGS 2011, 566).

291 **c)** Insbesondere folgende Feststellungen sind vom Rechtspfleger im Kostenfestsetzungsverfahren zu treffen und damit einer **Anfechtung** durch die **sofortige Beschwerde zugänglich**:

- Vorliegen einer die Kostenfestsetzung ermöglichenden Auslagenentscheidung: Im Fall des **Teilfreispruchs** stellt der Rechtspfleger anhand der **Differenztheorie** oder entsprechend **§ 464d** fest, ob und in welcher Höhe sich festzusetzende Auslagen ergeben (s. dazu Burhoff/*Volpert*, RVG, Teil A: Kostenfestsetzung und Erstattung in Strafsachen, Rn 1400 ff.).
- **Entstehung** der zur Erstattung angemeldeten Kosten (Gebühren und Auslagen) nach dem konkreten Verfahrensablauf und den einschlägigen Vorschriften des RVG und deren **Erstattungsfähigkeit** (§§ 464a Abs. 2 Nr. 2, 91 Abs. 2 ZPO): Die Prüfung hat unter **rein prozessualen** und **gebührenrechtlichen Gesichtspunkten** zu erfolgen. Insbesondere ist deshalb nicht zu prüfen, ob der erstattungsberechtigte Beteiligte seinem Rechtsanwalt die geltend gemachte Vergütung im Innenverhältnis nach den dort bestehenden vertraglichen Beziehungen auch tatsächlich schuldet (BGH NJW-RR 2007, 422).
- Bemessung einer **Betragsrahmengebühr** gem. **§ 14 Abs. 1 RVG**: Die **Wahlgebühren** des Rechtsanwalts in Strafsachen bestehen aus **Betragsrahmengebühren**. Die Gebühren sind vom Rechtsanwalt innerhalb des jeweils im Gebührentatbestand vorgesehenen Rahmens nach § 14 RVG zu bemessen (vgl. zur Bestimmung der Höhe der Gebühren und zu den Begriffen Mindest- und Höchstgebühr, Mittelgebühr, Kompensationstheorie und Toleranzgrenze Burhoff/*Burhoff*, Teil A: Rahmengebühren [§ 14] Rn 1601 ff.). Der Rechtspfleger prüft für jede einzelne Gebühr, ob sie sich innerhalb des in Teil 4 VV RVG vorgesehen Gebührenrahmens hält und ob sie nicht unbillig ist und ob sie erstattungsfähig ist (OLG Düsseldorf Rpfleger 2004, 120). Von der vom Verteidiger getroffenen **Gebührenbestimmung** darf vom Rechtspfleger nur dann abgewichen werden, wenn sie **unbillig** ist. Im Unterschied zu der in § 14 Abs. 1 S. 1 RVG enthaltenen Regelung ist die Billigkeit der Bestimmung kein anspruchsbegründendes Merkmal des anwaltlichen Gebührenanspruchs, sondern die Unbilligkeit ist eine Einwendung des Dritten im Rahmen des Erstattungsverfahrens (BGH RVGreport 2011, 145). Deshalb trägt nicht der Rechtsanwalt, sondern der Dritte die Darlegungs- und Beweislast dafür, dass es an der Billigkeit fehlt (u.a. BGH, a.a.O.; OLG Düsseldorf RVGreport 2013, 232 m. Anm. *Burhoff* StRR 2012, 397). Nach oben darf von der Gebührenbestimmung grds. nicht abgewichen werden (KK-*Gieg*, § 464b Rn 3 m.w.N.). Der Rechtsanwalt ist ande-

rerseits an sein im Kostenfestsetzungsantrag einmal ausgeübtes Ermessen bei der Gebührenbestimmung gebunden, wenn er sich im Antrag keine Abweichung vorbehalten hat (vgl. OLG Bamberg AGS 2011, 228 m. Anm. *Burhoff* RVGreport 2011, 176; OLG Celle StraFo 2008, 398 m. Anm. *Burhoff* RVGreport 2008, 382; OLG Jena AGS 2011, 287 m. Anm. *Burhoff* RVGreport 2010, 414; vgl. auch BGH MDR 1987, 825; OLG Köln RVGreport 2010, 138).

8.a) Bei Anwendung der strafprozessualen Vorschriften kann der Rechtspfleger der sofortigen Beschwerde nur abhelfen, wenn die Voraussetzungen des **§ 311 Abs. 3 S. 2** gegeben sind (Verwertung von Tatsachen oder Beweisergebnissen zum Nachteil des Beschwerdeführers, aufgrund des nachträglichen Vorbringens wird die Beschwerde für begründet erachtet; vgl. OLG Düsseldorf Rpfleger 1999, 234; OLG Hamm NJW 1999, 3726; *Meyer-Goßner/Schmitt*, § 464b Rn 7). Eine Abhilfebefugnis besteht daher grds. nicht (KG RVGreport 2012, 76; OLG Brandenburg Rpfleger 1999, 174; OLG Frankfurt/Main, Rpfleger 1999, 119; OLG Hamm Rpfleger 1999, 436; 2004, 732; OLG Karlsruhe MDR 1999, 321; OLG Saarbrücken Rpfleger 1999, 175; LG Hildesheim, Beschl. v. 3.9.2013 – 22 Qs 7/13; LG Koblenz, 5.2.2010 – 9 Qs 15/10; *Hansens* Rpfleger 1999, 105; **a.A.** OLG Koblenz MDR 1999, 505; OLG Köln Rpfleger 1999, 121; OLG München Rpfleger 1999, 16; OLG Schleswig SchlHA 2011, 207; OLG Stuttgart JurBüro 1999, 88), sodass auch eine Abhilfeentscheidung entbehrlich ist (OLG Hamm Rpfleger 1999, 436; LG Hildesheim, a.a.O.). Soweit eine **Abhilfemöglichkeit zugelassen** wird, wird das damit begründet, dass die ein Abhilfeverfahren ausschließenden Besonderheiten des strafprozessualen Beschwerdeverfahrens für das Kostenfestsetzungsverfahren nicht passen. Denn den Besonderheiten des strafprozessualen Beschwerdeverfahrens liegt das gesteigerte **Beschleunigungsbedürfnis** des Strafverfahrens zugrunde, was in Kostenfestsetzungsverfahren nach rechtskräftigem Abschluss des Hauptsacheverfahrens nicht mehr besteht (OLG Schleswig SchlHA 2011, 207; → *Beschwerde, sofortige Beschwerde*, Teil A Rdn 550). 292

☝ Werden die **zivilprozessualen** Beschwerdevorschriften für einschlägig gehalten, ergibt sich die umfassendere Abhilfebefugnis des Rechtspflegers aus § 572 Abs. 1 ZPO.

b) Werden die strafprozessualen Beschwerdevorschriften für anwendbar gehalten, ist im Regelfall eine Abhilfeentscheidung des Rechtspflegers ausgeschlossen, sodass es nicht zu einer Teilabhilfe mit anschließender Unterschreitung der Mindest-Beschwerdesumme in Höhe von 200,01 € kommen kann. Die Frage, ob die sofortige Beschwerde nach **Teilabhilfe** in diesen Fällen als **befristete Erinnerung** gem. § 11 Abs. 2 RPflG zu behandeln ist (s. → *Kostenfestsetzungsbeschluss, Erinnerung*, Teil D Rdn 302 ff.) stellt sich deshalb nur bei Anwendung der **zivilprozessualen Beschwerdevorschriften**. Nach wohl h.M. in der obergerichtlichen Rspr. kommt es dann für die Ermittlung des Beschwerdewerts nach der teilweisen Abhilfe nur auf den nach der Abhilfe verbleibenden Betrag an. Erreicht dieser Be- 293 trag die Mindest-Beschwerdesumme in Höhe von 200,01 € nicht, ist das verbleibende Rechtsmittel als befristete Erinnerung gem. § 11 Abs. 2 S. 1 RPflG zu behandeln (vgl. z.B. KG MDR 2007, 235; OLG Celle AGS 2011, 354; s. dazu → *Kostenfestsetzungsbeschluss, Erinnerung*, Teil D Rdn 302 ff.). Bei Anwendung der strafprozessualen Vorschriften gilt für die **Gewährung** des **rechtlichen Gehörs** im Beschwerdeverfahren gegen einen Kostenfestsetzungsbeschluss § 308 Abs. 1 S. 1 (OLG Düsseldorf JurBüro 1990, 1662; *Meyer-Goßner/Schmitt*, § 464b Rn 7; LR-*Hilger*, § 464b Rn 11). Danach darf das Beschwerdegericht den angefochtenen Kostenfestsetzungsbeschluss nicht zum Nachteil des Gegners des Beschwerdeführers ändern, ohne dass diesem die Beschwerde zur Gegenerklärung mitgeteilt worden ist. Ist der unanfechtbare Beschluss des Beschwerdegerichts ohne Gewährung rechtlichen Gehörs für den Beschwerdegegner ergangen – Beschwerdegegner kann auch die Staatskasse sein –, hat das Beschwerdegericht den Beschwerdegegner gem. § 311a Abs. 1 von Amts wegen oder auf Antrag nachträglich zu hören und auf einen Antrag neu über die Kostenfestsetzung zu entscheiden, sofern der ihm dadurch entstandene Nachteil noch besteht (LR-*Matt*, § 464b Rn 23).

☝ Bei Anwendung der **zivilprozessualen Beschwerdevorschriften** kann nicht nur die Teilabhilfe, sondern auch die **teilweise Rücknahme** der sofortigen Beschwerde dazu führen, dass der Wert des Beschwerdegegenstands 200 € nicht mehr übersteigt. Auch in diesem Fall liegt anschließend nur noch eine **befristete Erinnerung** gem. § 11 Abs. 2 S. 1 RPflG vor, über die das Gericht des festsetzenden Rechtspflegers abschließend entscheidet.

294 **9.a) Zuständiges Beschwerdegericht** ist das nächsthöhere Gericht. In Verfahren vor dem **AG** ist somit grds. das **LG** das Beschwerdegericht. Ist der Kostenfestsetzungsbeschluss vom Rechtspfleger des **LG** erlassen worden, ist das **OLG** das zuständige Beschwerdegericht (vgl. auch OLG Köln NStZ-RR 2015, 294).

☝ Die vom LG im Kostenfestsetzungsverfahren nach § 464b getroffene **Beschwerdeentscheidung** ist **nicht anfechtbar** (vgl. § 310 Abs. 2; OLG Düsseldorf JurBüro 2003, 29; OLG Jena JurBüro 2006, 540).
Im Kostenfestsetzungsverfahren in Strafsachen ist eine **Rechtsbeschwerde** zum **BGH nicht** statthaft (BGH NJW 2003, 763; OLG Jena JurBüro 2006, 540; *Meyer-Goßner/Schmitt*, § 464b Rn 7).

295 **b)** Bei **Anwendung** der **strafprozessualen Beschwerdevorschriften** (Rdn 278) gilt für die Entscheidung des Beschwerdegerichts **§ 309**. Danach ergeht die Entscheidung über die Beschwerde ohne mündliche Verhandlung (→ *Beschwerde, Entscheidung*, Teil A Rdn 498). Hält das Beschwerdegericht die Beschwerde für begründet, erlässt es zugleich die **Sachentscheidung**. Eine **Zurückverweisung** der Sache an das Ausgangsgericht ist

dann ausgeschlossen (a.A. OLG Schleswig SchlHA 2011, 207). In welcher **Besetzung** das **Beschwerdegericht** entscheidet, hängt davon ab, ob die strafprozessualen oder die zivilprozessualen Vorschriften über das Beschwerdeverfahren für einschlägig gehalten werden. Bei Anwendung von **§§ 304 ff.** entscheidet das Beschwerdegericht über die Beschwerde in der vorgesehenen Besetzung mit drei Richtern, weil in den §§ 304 ff. eine Entscheidung durch den Einzelrichter nicht vorgesehen ist (OLG Düsseldorf NStZ-RR 2012, 160; Beschl. v. 8.4.2009 – III-1 Ws 124/09 [n.v.]; anders noch NStZ 2003, 324; OLG Frankfurt/Main NStZ-RR 2008, 264; OLG Hamm AGS 2013, 254; RVGreport 2015, 29; Beschl. v. 19.8.2014 – III-2 Ws 140/14; OLG Koblenz, Beschl. v. 26.3.2007 – 1 Ws 153/07; OLG Köln NStZ-RR 2010, 31; NStZ-RR 2011, 360; OLG Nürnberg zfs 2011, 226; LG Bochum, Beschl. v. 19.6.2012 – 1 Qs 29/12; LG Hildesheim Nds.Rpfl. 2007, 190; LG Köln StraFo 2007, 305; LG Potsdam AGS 2013, 442; *Meyer-Goßner/Schmitt*, § 464b Rn 7; KK-*Gieg*, § 464b Rn 4). Bei Anwendung der **ZPO-Vorschriften** ist gem. § 568 S. 1 ZPO auch eine Entscheidung durch den **Einzelrichter** möglich (so OLG Celle StraFo 2013, 41; OLG Celle AGS 2011, 25; Beschl. v. 19.10.2011 – 2 Ws 174/11; OLG Düsseldorf NStZ 2003, 324 [aufgegeben NStZ-RR 2012, 160]; OLG Hamm, Beschl. v. 17.4.2007 – 4 Ws 97/07; LG Düsseldorf StRR 2010, 118).

☝ Der Staatskasse ist auch im Beschwerdeverfahren gegen einen gem. § 464b ergangenen Kostenfestsetzungsbeschluss rechtliches Gehör zu gewähren. Weil sich das Beschwerdeverfahren gegen einen im Kostenfestsetzungsverfahren gem. § 464b ergangenen Beschluss nach den Vorschriften der StPO richtet (BGH NJW 2003, 763; OLG Düsseldorf Rpfleger 2004, 120), gilt für das rechtliche Gehör § 308 Abs. 1 S. 1 (OLG Düsseldorf JurBüro 1990, 1662; *Meyer-Goßner/Schmitt*, § 464b Rn 7). Danach darf das Beschwerdegericht die angefochtene Entscheidung nicht zum Nachteil des Gegners des Beschwerdeführers ändern, ohne dass diesem die Beschwerde zur Gegenerklärung mitgeteilt worden ist. Ergeht der Beschluss im Beschwerdeverfahren ohne Gewährung rechtlichen Gehörs zum Nachteil der Staatskasse, kann das Beschwerdegericht gem. § 311a kann auf Antrag oder von Amts wegen eine nachträgliche Anhörung durchführen und ggfs. neu entscheiden (LR-*Matt*, § 464b Rn 23).

10. Das **Verschlechterungsverbot** schließt eine Veränderung des Kostenfestsetzungsbeschlusses auf ein Rechtsmittel der Staatskasse zulasten des Freigesprochenen bzw. nach Abtretung des Erstattungsanspruchs zulasten des Verteidigers nicht aus. Ob das Verschlechterungsverbot eine für den **Erinnerungs-** und **Beschwerdeführer** nachteilige Änderung ausschließt, ist dagegen **umstritten** (für den Ausschluss OLG Köln JurBüro 2000, 652; gegen den Ausschluss: KG wistra 2012, 324; OLG Celle StV 2001, 635; OLG Düsseldorf JurBüro 1991, 1662; OLG Hamburg NStZ-RR 2010, 327; OLG Karlsruhe JurBüro 1986, 153; *Meyer-Goßner/Schmitt*, § 464b Rn 8; für das Beschwerdeverfahren nach §§ 56 **296**

Abs. 2, 33 Abs. 3 ff. vgl. OLG Hamburg NStZ 2010, 652; Beschl. v. 2.8.2010 – 2 Ws 95/10). Da das Verschlechterungsverbot im StPO-Beschwerdeverfahren anders als im Berufungs-, Revisions- und Wiederaufnahmeverfahren gesetzlich nicht geregelt ist (vgl. §§ 331, 358 Abs. 3 und 373 Abs. 2), spricht dies dafür, dass das Verschlechterungsverbot im Beschwerdeverfahren gegen den Kostenfestsetzungsbeschluss nicht gilt (allgemein → *Beschwerde, Verschlechterungsverbot*, Teil A Rdn 576).

☝ Geht man davon aus, dass das Verschlechterungsverbot zu beachten ist, gilt dies **nur** für den **insgesamt festgesetzten Betrag**, nicht aber für die diesem Betrag zugrunde liegenden einzelnen Gebühren- und Auslagenpositionen.

297 **11.a)** Nach Vorbem. 3.6 KV GKG bestimmen sich die Gebühren bei **Beschwerden** im Kostenfestsetzungsverfahren in Strafsachen nach den für das Kostenfestsetzungsverfahren in Teil 1, Hauptabschnitt 8 KV GKG geregelten Gebühren (Nr. 1812 KV GKG). Danach fällt auch im Strafverfahren eine Festgebühr nach Nr. 1812 KV GKG i.H.v. 60,00 € an, wenn die Beschwerde gegen einen Kostenfestsetzungsbeschluss **verworfen** oder **zurückgewiesen** wird. Wird die Beschwerde nur teilweise verworfen oder zurückgewiesen, kann das Gericht die Gebühr nach billigem Ermessen auf die Hälfte ermäßigen oder bestimmen, dass eine Gebühr nicht zu erheben ist.

☝ Ist die Beschwerde erfolgreich, ist das Beschwerdeverfahren **gerichtsgebührenfrei**.

298 **b)** Wird der **Rechtsanwalt** im **Beschwerdeverfahren** gegen einen Kostenfestsetzungsbeschluss tätig, erhält er nach Vorbem. 4 Abs. 5 Nr. 1 VV RVG Gebühren nach Teil 3 VV RVG (→ *Beschwerden, Gebühren*, Teil D Rdn 130). Es entsteht also gesondert (§ 18 Abs. 1 Nr. 3 RVG) die 0,5 Verfahrensgebühr nach Nr. 3500 VV RVG und ggf. eine 0,5 Terminsgebühr nach Nr. 3513 VV RVG. Hierbei handelt es sich um **Wertgebühren**.

299 **c)** Da im Beschwerdeverfahren als Gerichtsgebühr ggf. nur eine Festgebühr anfällt, muss in der Beschwerdeentscheidung der **Gegenstandswert** für die Anwaltsgebühr gem. § 33 RVG **festgesetzt** werden. Der Rechtsanwalt kann die Festsetzung des Gegenstandswerts nach § 33 RVG beantragen (s. Burhoff/*Volpert*, RVG, Teil A: Gegenstandswert, Festsetzung [§ 33], Rn 972). Der Wert bemisst sich nach dem Umfang der im Beschwerdeverfahren mit dem Rechtsmittel verfolgten Abänderung des Kostenfestsetzungsbeschlusses (OLG Hamm Rpfleger 1999, 436; OLG Schleswig SchlHA 2006, 300; LG Koblenz, Beschl. v. 5.12.2011 – 3 Qs 65/11; vgl. Burhoff/*Burhoff*, RVG, Vorbem. 4 VV Rn 126; Burhoff/*Volpert*, RVG, Teil A: Gegenstandswert, Festsetzung [§ 33], Rn 1020 f.; → *Wertfestsetzung, Beschwerde*, Teil D Rdn 553; → *Wertfestsetzung, weitere Beschwerde*, Teil D Rdn 576).

Beispiel:

Der Verteidiger macht nach Freispruch des Mandanten notwendige Auslagen i.H.v. 1.000,00 € gegen die Staatskasse geltend. Der Rechtspfleger berücksichtigt im Kostenfestsetzungsbeschluss lediglich einen Betrag i.H.v. 500,00 €. Der Verteidiger legt hiergegen Beschwerde gem. § 464b mit dem Ziel der Berücksichtigung eines weiteren Betrag i.H.v. 350,00 € bei der Festsetzung ein.

Der Gegenstandswert des Beschwerdeverfahrens beträgt 350,00 €.

d) Die Beschwerdeentscheidung ist mit einer **Kostenentscheidung** zu versehen. Für die 300
Kostenentscheidung gelten §§ 467 Abs. 1 entsprechend (OLG Nürnberg zfs 2011, 226) bzw. 473 (vgl. hierzu BGH NJW 2003, 763; OLG Celle StV 2001, 635; OLG Düsseldorf NStZ-RR 2012, 160; OLG Hamm AGS 2005, 40; OLG Jena JurBüro 2012, 148; LG Kleve AGS 2012, 64; LG Koblenz, Beschl. v. 5.12.2011 – 3 Qs 65/11; *Meyer-Goßner/Schmitt*, § 464b Rn 10).

☝ Wenn die Beschwerde teilweise erfolgreich war, steht dem Anspruch auf Erstattung notwendiger Auslagen für das Beschwerdeverfahren gegen die Staatskasse (§ 473 Abs. 4) deren Anspruch auf Zahlung der Gerichtsgebühr Nr. 1812 KV GKG gegenüber. Insoweit kann die Staatskasse die **Aufrechnung** erklären (vgl. aber § 43 RVG).

e) Muster: Beschwerde gegen Kostenfestsetzungsbeschluss gem. § 464b 301

▼

An das

AG/LG

In der Sache

/

Az.

lege ich gegen den Kostenfestsetzungsbeschluss vom , mir zugestellt am

sofortige Beschwerde

ein.

Mit der Beschwerde wende ich mich gegen die Absetzung der Dolmetscherkosten über 240 €.

Die Dolmetscherkosten sind anlässlich der beiden Gespräche mit dem der deutschen Sprache nicht mächtigen Freigesprochenen vom und vom angefallen.

Das erste Gespräch vom wurde anlässlich der Übernahme der Verteidigung am in der JVA mit dem Mandanten geführt. Das zweite Gespräch vom diente der Vorbereitung des Hauptverhandlungstermins vom .

Die Dolmetscherkosten sind somit im Rahmen der Verteidigung des Mandanten angefallen. Die im Rahmen der Wahlverteidigung für die erforderlichen Mandantengespräche anfallenden Dolmetscherkosten sind von der Staatskasse zu ersetzen (vgl. BVerfG NJW 2004, 508; BGH NJW 2001, 309; OLG Brandenburg StV 2006, 28).

Hinsichtlich der Höhe der Dolmetscherkosten wird auf die diesem Kostenfestsetzungsantrag beigefügte Rechnung des Dolmetschers vom verwiesen. Hieraus geht hervor, dass der Dolmetscher seine Kosten auf der Grundlage der erstattungsfähigen Sätze des JVEG berechnet hat.

Die Reisekosten des nicht am Ort der JVA in ansässigen Dolmetschers sind erstattungsfähig, weil am Haftort keine geeigneten Dolmetscher für die Sprache vorhanden waren.

Rechtsanwalt

▲

Siehe auch: → *Allgemeine Gebührenfragen, Allgemeines*, Teil D Rdn 1 m.w.N.; → *Kostenfestsetzungsbeschluss, Erinnerung*, Teil D Rdn 302 ff.; → *Wertfestsetzung, Beschwerde*, Teil D Rdn 553; → *Wertfestsetzung, weitere Beschwerde*, Teil D Rdn 576.

302 Kostenfestsetzungsbeschluss, Erinnerung

Das Wichtigste in Kürze:

1. Funktionell zuständig ist im Kostenfestsetzungsverfahren in Strafsachen der Rechtspfleger, der den Kostenfestsetzungsbeschluss erlässt.
2. Der Kostenfestsetzungsbeschluss gem. § 464b in einer Strafsache ist grds. mit der sofortigen Beschwerde anzufechten, wenn der Beschwerdewert erreicht ist.
3. in Höhe von mindestens 200,01 € nicht erreicht, ist der Kostenfestsetzungsbeschluss mit der befristeten Erinnerung gem. § 11 Abs. 2 RPflG anfechtbar.
4. Der Rechtspfleger hat nach § 11 Abs. 2 S. 2 RPflG eine Abhilfeentscheidung zu treffen. Im Fall der Nichtabhilfe des Rechtspflegers entscheidet der Richter des Gerichts, dessen Rechtspfleger den Kostenfestsetzungsbeschluss erlassen hat, abschließend durch unanfechtbaren Beschluss über die Erinnerung.

5. Das Erinnerungsverfahren gerichtsgebührenfrei. Für den im Erinnerungsverfahren tätigen Rechtsanwalt können Gebühren nach Vorbem. 4 Abs. 5 Nr. 1 VV RVG entstehen.

Literaturhinweise: s. die Hinweise bei → *Kostenfestsetzungsbeschluss, Beschwerde*, Teil D Rdn 268. 303

1. Im **Kostenfestsetzungsverfahren** in **Strafsachen** wird gem. § 464b auf Antrag eines Beteiligten vom Gericht des ersten Rechtszugs die Höhe der Kosten und Auslagen festgesetzt, die ein Beteiligter einem anderen Beteiligten zu erstatten hat (s. → *Kostenfestsetzungsbeschluss, Beschwerde*, Teil D Rdn 267). **Funktionell zuständig** für den Erlass des Kostenfestsetzungsbeschlusses ist gem. § 21 Nr. 1 RPflG i.V.m. §§ 464b S. 3, 103 ff. ZPO der **Rechtspfleger**. Gegen den Kostenfestsetzungsbeschluss des Rechtspflegers ist gem. § 11 Abs. 1 RPflG das Rechtsmittel gegeben, das nach den allgemeinen verfahrensrechtlichen Vorschriften zulässig ist. Sowohl bei Anwendung der strafprozessualen als auch der zivilprozessualen Rechtsmittelvorschriften (s. zur Frage der Anwendung der straf- oder der zivilprozessualen Vorschriften → *Kostenfestsetzungsbeschluss, Beschwerde*, Teil D Rdn 278 ff.) ist der Kostenfestsetzungsbeschluss somit grds. mit der **sofortigen Beschwerde** anzufechten (vgl. §§ 304, 311 bzw. §§ 104 Abs. 3, 567 ff. ZPO). 304

2. Sowohl nach **§ 304 Abs. 3** als auch nach **§ 567 Abs. 2 ZPO** ist die **sofortige Beschwerde** gegen den Kostenfestsetzungsbeschluss des Rechtspflegers allerdings nur zulässig, wenn der **Wert des Beschwerdegegenstands** 200,00 € übersteigt, also ein Beschwerdewert von **mindestens 200,01 €** erreicht wird. 305

☝ Der **Beschwerdewert** ergibt sich aus der **Differenz** zwischen den im Kostenfestsetzungsbeschluss gem. § 464b festgesetzten und der mit der Beschwerde angestrebten Festsetzung von notwendigen Auslagen (KG MDR 2007, 235; OLG Hamm Rpfleger 1999, 436). Hierbei ist die Umsatzsteuer zu berücksichtigen (→ *Vergütungsfestsetzung, Beschwerde*, Teil D Rdn 492).

3. Übersteigt der **Wert des Beschwerdegegenstands 200,00 €** nicht und ist damit gegen den Kostenfestsetzungsbeschluss nach den allgemeinen verfahrensrechtlichen Vorschriften kein Rechtsmittel gegeben, findet gem. § 11 Abs. 2 S. 1 RPflG die **Erinnerung** statt, die innerhalb einer Frist von zwei Wochen einzulegen ist (BVerfG, Beschl. v. 16.10.2014 – 2 BvR 718/14; vgl. zur früheren Rechtslage auch BVerfG AGS 2002, 185; BGH AGS 2007, 589; OLG Düsseldorf OLG Düsseldorf AGS 2009, 299; NJW-RR 2012, 446; OLG Stuttgart StraFo 2007, 261). § 11 Abs. 2 RPflG ist durch das Gesetz zur Einführung einer Rechtsbehelfsbelehrung im Zivilprozess und zur Änderung anderer Vorschriften vom 5.12.2012 (BGBl I, S. 2418) zum 1.1.2014 geändert worden. Seitdem beträgt die Frist zur Einlegung der Erinnerung zur Verfahrensvereinfachung einheitlich zwei Wochen. Fer- 306 ner sind nach § 11 Abs. 2 S. 7 RPflG auf die Erinnerung die Vorschriften über die sofortige Beschwerde in §§ 567 ff. ZPO sinngemäß anzuwenden.

307 **Anwaltszwang** besteht gem. § 13 RPflG, §§ 306 Abs. 1, 311 Abs. 1, 78 Abs. 1 ZPO nicht. Auf die Erinnerung sind gem. § 11 Abs. 2 S. 7 RPflG die Vorschriften über die sofortige Beschwerde in §§ 567 ff. ZPO sinngemäß anzuwenden (s. → *Kostenfestsetzungsbeschluss, Beschwerde*, Teil D Rdn 267; → *Beschwerde, sofortige Beschwerde*, Teil A Rdn 550).

☝ Die Erinnerung gem. § 11 Abs. 2 RPflG ist **nur** dann gegeben, wenn der erforderliche Wert des Beschwerdegegenstandes in Höhe von **200,01 € nicht erreicht** wird.

Kein Fall des § 11 Abs. 2 RPflG liegt daher vor, wenn die wegen Überschreitens dieses Beschwerdewerts an sich zulässige sofortige Beschwerde z.B. wegen Nichteinhaltung der Einlegungsfrist **unzulässig** ist (OLG Nürnberg JurBüro 2005, 366; *Hansens* Rpfleger 1999, 105). § 11 Abs. 2 RPflG findet daher nur Anwendung, wenn der Beteiligte keine Möglichkeit hat, ein zulässiges Rechtsmittel einzulegen.

308 **4.a)** Der Rechtspfleger hat nach § 11 Abs. 2 S. 5 RPflG eine **Abhilfeentscheidung** zu treffen:

- **Hilft** der Rechtspfleger der Erinnerung gegen den Kostenfestsetzungsbeschluss **ab**, kann nunmehr der hierdurch beschwerte andere Beteiligte gegen diese **Abhilfeentscheidung** befristete Erinnerung einlegen. Dieser erneuten Erinnerung (zweite Erinnerung) kann der Rechtspfleger nicht mehr abhelfen. Gem. § 11 Abs. 2 S. 6 RPflG ist die erneute Erinnerung dann dem Gericht der Instanz des Rechtspflegers zur Entscheidung vorzulegen (vgl. BVerfG, Beschl. v. 16.10.2014 – 2 BvR 718/14).
- **Hilft** der Rechtspfleger bereits der (ersten) Erinnerung gegen den Kostenfestsetzungsbeschluss **nicht ab**, ist die Erinnerung gem. § 11 Abs. 2 S. 6 RPflG dem Gericht der Instanz des Rechtspflegers zur Entscheidung vorzulegen (vgl. BVerfG, Beschl. v. 16.10.2014 – 2 BvR 718/14; BGH AGS 2007, 589; OLG Düsseldorf AGS 2009, 299).

☝ Das Gericht des Rechtszugs, dessen Rechtspfleger den Kostenfestsetzungsbeschluss erlassen hat, entscheidet **abschließend** über die befristete Erinnerung. Diese Entscheidung der Instanz ist **unanfechtbar** (Arnold/Meyer-Stolte/Herrmann/Rellermeyer/*Hintzen*, RPflG, 8. Aufl. 2015, § 11 Rn 80; Zöller/*Herget*, ZPO, 31. Aufl. 2016, § 104 ZPO Rn 10; a.A. OLG Frankfurt/Main NStZ-RR 2012, 54, das wegen des früheren § 11 Abs. 2 S. 4 RPflG a.F. die Beschwerde gegen die Erinnerungsentscheidung für zulässig hielt).

309 **b)** Bei der Frage, ob eine sofortige Beschwerde nach **Teilabhilfe** mit anschließender Unterschreitung der Mindest-Beschwerdesumme in Höhe von 200,01 € als **Erinnerung** gem. § 11 Abs. 2 RPflG zu behandeln ist, kommt es nach wohl h.M. in der obergerichtlichen Rspr. für die Ermittlung des Beschwerdewerts nach der teilweisen Abhilfe nur auf den nach der Abhilfe verbleibenden Betrag an. Erreicht dieser Betrag die Mindest-Beschwerdesumme in

Höhe von 200,01 € nicht, ist das verbleibende Rechtsmittel als befristete Erinnerung gem. § 11 Abs. 2 S. 1 RPflG zu behandeln (vgl. zur früheren Rechtslage z.B. KG MDR 2007, 235; OLG Celle AGS 2011, 354).

☝ Nicht nur die Teilabhilfe, sondern auch die **teilweise Rücknahme** der sofortigen Beschwerde können dazu führen, dass der Wert des Beschwerdegegenstands 200 € nicht mehr übersteigt. Auch in diesem Fall liegt anschließend nur noch eine **Erinnerung** gem. § 11 Abs. 2 S. 1 RPflG vor, über die das Gericht des festsetzenden Rechtspflegers abschließend entscheidet.

Hat der Erinnerungsführer die zweiwöchige Frist zur Einlegung der Erinnerung ohne sein **310** Verschulden nicht eingehalten, ist ihm gem. § 11 Abs. 2 S. 2 RPflG auf Antrag **Wiedereinsetzung** in den **vorigen Stand** zu gewähren, wenn er die Erinnerung binnen zwei Wochen nach der Beseitigung des Hindernisses einlegt und die Tatsachen, welche die Wiedereinsetzung begründen, glaubhaft macht. Ein Fehlen des Verschuldens wird vermutet, wenn eine Rechtsbehelfsbelehrung unterblieben oder fehlerhaft ist (§ 11 Abs. 2 S. 3 RPflG). Die Rechtsbehelfsbelehrung ist fehlerhaft und die Versäumung der Erinnerungsfrist unverschuldet, wenn in ihr nicht darauf hingewiesen wird, dass gegen Entscheidungen Erinnerung gem. § 11 Abs. 2 RPflG eingelegt werden kann, wenn der Beschwerdewert 200,00 € nicht übersteigt (BVerfG, Beschl. v. 16.10.2014 – 2 BvR 718/14). Die Wiedereinsetzung kann gem. § 11 Abs. 2 S. 4 RPflG nach Ablauf eines Jahres, von dem Ende der versäumten Frist an gerechnet, nicht mehr beantragt werden.

5.a)aa) Gem. § 11 Abs. 4 RPflG ist das Erinnerungsverfahren **gerichtsgebührenfrei**. Wird **311** der **Rechtsanwalt** im **Erinnerungsverfahren** gegen einen Kostenfestsetzungsbeschluss tätig, erhält er nach Vorbem. 4 Abs. 5 Nr. 1 VV RVG Gebühren nach Teil 3 VV RVG (→ *Beschwerde, Gebühren*, Teil D Rdn 130). Es entsteht also die 0,5 Verfahrensgebühr nach Nr. 3500 VV RVG und ggf. eine 0,5 Terminsgebühr nach Nr. 3513 VV RVG. Hierbei handelt es sich um **Wertgebühren**.

bb) Da das Erinnerungsverfahren gem. § 11 Abs. 4 RPflG **gerichtsgebührenfrei** ist, muss **312** in der Erinnerungsentscheidung der **Gegenstandswert** für die Anwaltsgebühr gem. **§ 33 RVG** festgesetzt werden. Der Rechtsanwalt kann die Festsetzung des Gegenstandswerts nach § 33 RVG beantragen (s. Burhoff/*Volpert*, Teil A: Gegenstandswert, Festsetzung [§ 33], Rn 972). Der Wert bemisst sich nach dem Umfang der im Erinnerungsverfahren mit dem Rechtsmittel verfolgten Abänderung des Kostenfestsetzungsbeschlusses (vgl. Burhoff/*Burhoff*, Vorbem. 4 VV Rn 120; Burhoff/*Volpert*, Teil A: Gegenstandswert, Festsetzung [§ 33], Rn 1020; OLG Hamm Rpfleger 1999, 436; OLG Schleswig SchlHA 2006, 300; → *Wertfestsetzung, Beschwerde*, Teil D Rdn 553; → *Wertfestsetzung, weitere Beschwerde*, Teil D Rdn 576).

313 **b)** Die **Erinnerungsentscheidung** ist mit einer **Kostenentscheidung** zu versehen. Für die Kostenentscheidung gelten §§ 467 Abs. 1 (entspr.) und 473 (vgl. hierzu BGH NJW 2003, 763; OLG Celle StV 2001, 635; OLG Hamm AGS 2005, 40; *Meyer-Goßner/Schmitt*, § 464b Rn 10).

Siehe auch: → *Kostenfestsetzungsbeschluss, Beschwerde*, Teil D Rdn 267; → *Wertfestsetzung, Beschwerde*, Teil D Rdn 553; → *Wertfestsetzung, weitere Beschwerde*, Teil D Rdn 576.

314 Menschenrechtsbeschwerde, Abrechnung

Das Wichtigste in Kürze:

1. Durch das 2. KostRMoG ist § 38a RVG eingeführt worden, nach dem EGMR-Verfahren abgerechnet werden.
2. Die Vorschrift gilt für den Wahlanwalt, sie gilt aber nicht ohne weiteres auch für den Pflichtverteidiger.
3. Jedes Verfahren beim EGMR ist eine selbstständige Angelegenheit i.S.d. § 15 Abs. 2 RVG. Ausgangsverfahren und Verfahren beim EGMR sind unterschiedliche Angelegenheiten.
4. Nach § 38a S. 1 RVG entsteht eine Verfahrensgebühr.
5. Ggf. entsteht eine Terminsgebühr, wenn eine mündliche Verhandlung beim EGMR stattfindet.
6. Die Gebühren nach § 38a S. 1 RVG sind der Höhe nach vom Gegenstandswert abhängig. Bei dessen Festsetzung kann es zu Schwierigkeiten kommen.

315 **Literaturhinweise: Burhoff**, Anwaltsvergütung in Verfahren vor dem EGMR, RVGreport 2013, 421; s.a. die Hinw. bei → *Allgemeine Gebührenfragen, Allgemeines*, Teil D Rdn 2, und bei → *Menschenrechtsbeschwerde, Allgemeines*, Teil C Rdn 2.

316 **1.a)** In der **Vergangenheit** ist immer wieder kritisiert worden, dass das RVG keine ausdrückliche Regelung für die anwaltliche Vergütung für Tätigkeiten in Verfahren vor dem EGMR enthielt. § 37 RVG, der die Gebühren des RA in Verfahren vor den Verfassungsgerichten regelt (vgl. dazu → *Verfassungsbeschwerde, Abrechnung*, Teil D Rdn 456 ff.; *Burhoff* RVGreport 2013, 298), erfasste nämlich nach allgemeiner Meinung nicht die Verfahren vor dem EGMR, wie z.B. die Menschenrechtsbeschwerde nach Art. 34 MRK (Gerold/Schmidt/*Burhoff*, [20. Aufl.], § 37 Rn 1; *Burhoff*, a.a.O.). Sie wurden auch nicht von § 38 RVG erfasst, da dieser nur Vorabentscheidungsverfahren beim EuGH regelt (Gerold/Schmidt/*Burhoff*, § 37 Rn 1; *Burhoff* RVGreport 2013, 421).

b) Durch das **2. KostRMoG** ist diese **Lücke** durch Aufnahme des **§ 38a RVG geschlossen** worden. Danach gelten in Verfahren vor dem EGMR die Vorschriften in Teil 3 Abschnitt 2 Unterabschnitt 2 VV RVG entsprechend. Diese Regelung entspricht der Regelung für Verfahren vor dem BVerfG, die für Verfassungsbeschwerden anzuwenden ist (§ 37 Abs. 2 RVG; → *Verfassungsbeschwerde, Abrechnung*, Teil D Rdn 456). 317

§ 38a RVG gilt für „Verfahren vor dem Europäischen Gerichtshof für Menschenrechte". 318
Das sind neben den hier nicht behandelten Staatenbeschwerdeverfahren (Art. 33 MRK) und Gutachtenverfahren (Art. 47 MRK) das in Art. 34 MRK geregelte Individualbeschwerdeverfahren bzw. die sog. **Menschenrechtsbeschwerde** (→ *Menschenrechtsbeschwerde*, Teil C Rdn 1 ff.). Die Regelung für die Gebühren des in diesem Verfahren tätigen Rechtsanwalts entspricht damit der Regelung in § 37 Abs. 2 RVG, die u.a. für Verfassungsbeschwerden beim BVerfG anzuwenden ist. Der Gesetzgeber ist bei Einführung der neuen Vorschrift davon ausgegangen, dass die Verfahren beim EGMR sich ihrem Gegenstand nach nicht wesentlich von Verfassungsbeschwerdeverfahren unterscheiden (BT-Drucks 17/11471, S. 269). Das ist zumindest für die Individualbeschwerde nach Art. 34 MRK, die in der Praxis die größte Rolle spielt, zutreffend.

c) Trotz der Neuregelung des § 38a RVG wird die anwaltliche Tätigkeit im Rahmen eines 319
EGMR-Verfahrens im Zweifel im Hinblick auf die i.d.R. hohe Bedeutung, den großen Umfang und die erhebliche Schwierigkeit der Verfahren immer noch nicht ausreichend honoriert. Hinzukommen die Schwierigkeiten bei der Bestimmung und Festsetzung des maßgeblichen Gegenstandswertes (vgl. dazu Rdn 332) Deshalb wird es sich für den Rechtsanwalt nach wie vor empfehlen, eine **Vergütungsvereinbarung** (§ 3a RVG) zu schließen, was in der Praxis auch üblich sein dürfte (zur Vergütungsvereinbarung → *Allgemeine Gebührenfragen, Wahlverteidiger*, Teil D Rdn 36 ff.). Möglich und zulässig sind Pauschalhonorare für ganze Verfahren beim EGMR. Die Vergütung kann aber auch für Verfahrensabschnitte wie Einreichung der Beschwerdeschrift, das Verfahren bis zur Entscheidung über die Zulässigkeit, das Verfahren ohne mündliche Verhandlung vor der Kammer oder der Großen Kammer oder auch die mündliche Verhandlung vereinbart werden. Möglich ist auch die Vereinbarung einer zeitbezogenen Abrechnung nach Stunden zu bestimmten Stundensätzen. Möglich ist auch die Vereinbarung eines bestimmten Gegenstandswertes.

2. Die Vorschrift des § 38a RVG hat folgenden **persönlichen Anwendungsbereich**: 320

§ 38a RVG gilt für jeden Rechtsanwalt, der als **Wahlanwalt** in einem Menschenrechtsbeschwerdeverfahren nach Art. 34 MRK tätig wird. 321

Die Bestellung oder **Beiordnung** eines Rechtsanwalts ist in der VerfO-EGMR nicht vorgesehen. Allerdings kann nach Art. 100 ff. VerfO-EGMR die Gewährung von PKH in Betracht kommen (eingehend → *Menschenrechtsbeschwerde, Prozesskostenhilfe*, Teil C Rdn 234 m.w.N.; Gerold/Schmidt/*Burhoff*, a.a.O., § 38a Rn 34 ff.). 322

☝ War der Rechtsanwalt für das (Straf-)Verfahren als Pflichtverteidiger bestellt war, sind die Tätigkeiten, die im Hinblick auf eine Menschenrechtsbeschwerde erbracht werden, **nicht** von der **Pflichtverteidigerbestellung umfasst** (OLG Rostock RVGreport 2010, 380 m. Anm. *Burhoff* StRR 2010, 470; LG Neubrandenburg RVGreport 2010, 380 m. Anm. *Burhoff* StRR 2010, 479, jew. für Verfassungsbeschwerde). Er muss also ggf. für die Menschenrechtsbeschwerde PKH beantragen (vgl. Art. 91 VerfO-EGMR i.V.m. Art. 34 MRK; → *Menschenrechtsbeschwerde, Prozesskostenhilfe*, Teil C Rdn 234, m.w.N.).

323 **3.a) Jedes Verfahren** beim **EGMR** ist eine **selbstständige Angelegenheit** i.S.d. § 15 Abs. 2 RVG (s. auch Gerold/Schmidt/*Burhoff*, a.a.O., § 38a Rn 18 ff.; Burhoff/*Burhoff*, RVG, § 38a Rn 24 ff.). Das Verfahren beim Einzelrichter (Art. 27 MRK), einem Ausschuss (Art. 28 MRK) oder der Kammer (Art. 29 MRK) sind aber dieselbe Angelegenheit i.S. des § 15 Abs. 2 RVG. Die Gebühr nach § 38a RVG entsteht also nur einmal.

☝ Es empfiehlt sich daher der Abschluss einer **Vergütungsvereinbarung** nach § 3a RVG

324 Wird das Verfahren an die **Große Kammer verwiesen** (Art. 30, 43 MRK), ist von einem neuen Rechtszug und damit von einer neuen Angelegenheit auszugehen mit der Folge, dass die Gebühren nach § 15 Abs. 2 noch einmal entstehen (Gerold/Schmidt/*Burhoff*, § 38a Rn 18; so auch zur früheren Rechtslage Karpenstein/Mayer/Thienel, a.a.O., Art. 50 Rn 14; zum Verfahrensablauf s. → *Menschenrechtsbeschwerde, Verfahrensablauf nach Beschwerdeeingang*, Teil C Rdn 354; → *Menschenrechtsbeschwerde, Menschenrechtsbeschwerde, Verfahrensablauf, Verfahren vor der Großen Kammer*, Teil C Rdn 367; → *Menschenrechtsbeschwerde, Verfahrensablauf, Verfahren vor der Kammer*, Teil C Rdn 383).

325 **b)** Das Verfahren beim **EGMR** und das **Ausgangsverfahren**, in dem es nach der Behauptung des Beschwerdeführers zu einer Menschenrechtsverletzung gekommen ist, sind verschiedene Angelegenheiten i.S. des § 15 RVG. In beiden entstehen also für den Rechtsanwalt die jeweils für das Verfahren vorgesehenen Gebühren. Das gilt auch für ein ggf. vorgeschaltetes Verfassungsbeschwerdeverfahren beim BVerfG (Gerold/Schmidt/*Burhoff*, § 38a Rn 19; zur Abrechnung der Verfassungsbeschwerde *Burhoff* RVGreport 2013, 298 ff.).

326 **4.** Nach § 38a S. 1 RVG entstehen die **(Verfahrens-)Gebühren** für die Revision nach Teil 3 Abschnitt 2 Unterabschnitt 2 VV entsprechend. Damit wird – ebenso wie für die Verfassungsbeschwerde in § 37 Abs. 2 S. 1 RVG – pauschal auf die Nrn. 3206 bis 3213 VV RVG verwiesen. Die Ausführungen bei → *Verfassungsbeschwerde, Abrechnung*, Teil D Rdn 463 f., gelten daher entsprechend.

327 Die Verfahrensgebühr honoriert **alle** vom Rechtsanwalt in dem Menschenrechtsbeschwerdeverfahren erbrachten **Tätigkeiten**. Dies sind die Vorbereitung und Erstellung der Indivi-

dualbeschwerde, die Entgegennahme von Schriftstücken des EGMR, die Fertigung von Stellungnahmen und alle sonstigen Tätigkeiten, die der RA im Verfahren erbringt. Für den Rechtsanwalt, der **mehrere Beschwerdeführer** in einer von diesen erhobenen Menschenrechtsbeschwerde vertritt, fällt keine nach Nr. 1008 VV RVG erhöhte Verfahrensgebühr an (so für die Verfassungsbeschwerde BVerfG Rpfleger 1998, 82; RVGreport 2011, 59).

5. Der EGMR entscheidet nur ausnahmsweise aufgrund mündlicher Verhandlung 328
(→ *Menschenrechtsbeschwerde, mündliche Verhandlung*, Teil C Rdn 209). Daher wird i.d.R. in der Praxis nur eine Verfahrensgebühr anfallen. Findet beim EGMR allerdings bei der Kammer bzw. bei der Großen Kammer eine mündliche Verhandlung statt, an der der Rechtsanwalt/Verteidiger teilnimmt, fällt dafür eine **Terminsgebühr** Nr. 3210 VV RVG an. Auf diese ist nach der Anmerkung zu Nr. 3210 VV RVG u.a. auch Nr. 3104 Abs. 1 Nr. 1 VV RVG anzuwenden. D.h., dass diese Gebühr grds. auch dann entsteht, wenn in einem Verfahren, in dem mündliche Verhandlung vorgeschrieben ist, im Einverständnis mit allen Beteiligten ohne mündliche Verhandlung entschieden wird. Ist die mündliche Verhandlung allerdings nicht vorgeschrieben, was beim Menschenrechtsbeschwerdeverfahren der Fall ist, ist die Nr. 3104 VV RVG jedoch nicht anzuwenden (s für die Verfassungsbeschwerde BVerfGE 41, 228; BVerfG Rpfleger 1973, 243; s. auch Gerold/Schmidt/*Burhoff*, § 38a Rn 28; Burhoff/*Burhoff*, RVG, § 38a Rn 31).

6. Die Gebühren nach § 38a S. 1 RVG sind der Höhe nach vom **Gegenstandswert** abhängig. Dafür gilt: 329

a) § 38a S. 2 RVG sieht eine eigenständige Regelung für die **Bemessung** des Gegenstandswertes für Verfahren vor dem EGMR vor. Der Gegenstandswert ist danach unter Berücksichtigung der in § 14 Abs. 1 RVG genannten Umstände, insbesondere also des Umfangs und der Schwierigkeit der anwaltlichen Tätigkeit, der Bedeutung der Angelegenheit, sowie der Vermögens- und Einkommensverhältnisse des Auftraggebers nach billigem Ermessen zu bestimmen (vgl. zu den Kriterien des § 14 Abs. 1 Burhoff/*Burhoff*, RVG, Teil A: Rahmengebühren [§ 14], Rn 1557; → *Allgemeine Gebührenfragen, Wahlverteidiger*, Teil D Rdn 31 ff.). 330

☝ Der **Mindestgegenstandswert** beträgt nach § 38a S. 2 Hs. 2 RVG mindestens 5.000,00 €.

Für die Bemessung des Gegenstandswerts der anwaltlichen Tätigkeit im Menschenrechtsbeschwerdeverfahren sind wegen der Vergleichbarkeit der Verfahren die **Grundsätze** für die Bemessung des Gegenstandswertes im innerstaatlichen **Verfassungsbeschwerde** entsprechend anzuwenden. Daher kann auf die Ausführungen bei → *Verfassungsbeschwerde, Abrechnung*, Teil D Rdn 467, verwiesen werden (vgl. auch noch *Burhoff* RVGreport 2013, 298, 300; *ders.*, RVGreport 2013, 421; Gerold/Schmidt/*Burhoff*, a.a.O., § 38a Rn 30). 331

332 **b)** Im innerstaatlichen Verfassungsbeschwerdeverfahren erfolgt die **Festsetzung** des Gegenstandswertes nach §§ 32, 33 RVG durch das Verfassungsgericht (vgl. → *Verfassungsbeschwerde, Abrechnung*, Teil D Rdn 468). Im Menschenrechtsbeschwerdeverfahren ist demgegenüber eine Festsetzung des Gegenstandswertes durch den EGMR nicht möglich (Karpenstein/Mayer/Thienel, a.a.O., Art. 50 Rn 8). Es sind nämlich den innerstaatlichen Vorschriften entsprechende Vorschriften in der MRK bzw. der VerfO-EGMR nicht vorgesehen. Das ist bei der Einführung des § 38a RVG durch das 2. KostRMoG offenbar übersehen worden. Der Rechtsanwalt hat daher also keine andere Möglichkeit, als selbst den Gegenstandswert unter Berücksichtigung der Vorgaben des Satzes 2 nach billigem Ermessen zu bestimmen (vgl. auch § 23 Abs. 3 RVG). Dabei wird grds. der vom BVerfG im Verfassungsbeschwerdeverfahren, das i.d.R. dem Menschenrechtsbeschwerdeverfahren voraus gegangen ist, festgesetzte Gegenstandswert Anhaltspunkt sein (Gerold/Schmidt/*Burhoff*, § 38a Rn 31; Burhoff/*Burhoff*, RVG, § 38a Rn 35 ff.). In der Höhe ist – wegen der noch höheren Bedeutung des EGMR-Verfahrens – der Gegenstandswert auf jeden Fall anzunehmen. Im Zweifel wird er darüber liegen (Gerold/Schmidt/*Burhoff*, a.a.O.).

333 Entsteht **Streit** über die Höhe des Gegenstandswertes und damit über Höhe der darauf basierenden Vergütung, muss der Rechtsanwalt diese ggf. **einklagen** (Burhoff/*Burhoff*, RVG, § 38a Rn 37 m.w.N.). Letztlich entscheidet damit im Streitfall das Gericht, das über die Vergütungsklage entscheidet, auch über die Höhe des Gegenstandswertes. Diese Lücke spricht i.Ü. noch mehr dafür, dass der Rechtsanwalt eine Vergütungsvereinbarung abschließt.

Siehe auch: → *Menschenrechtsbeschwerde, Allgemeines*, Teil C Rdn 1, m.w.N.; → *Allgemeine Gebührenfragen, Allgemeines*, Teil D Rdn 1, m.w.N.; → *Allgemeine Gebührenfragen, Wahlverteidiger*, Teil D Rdn 26; → *Verfassungsbeschwerde, Abrechnung*, Teil D Rdn 456; → *Wertfestsetzung, Beschwerde*, Teil D Rdn 553; → *Wertfestsetzung, weitere Beschwerde*, Teil D Rdn 576.

334 Nachholung des rechtlichen Gehörs (§§ 33a, 311a), Abrechnung

335 **Literaturhinweise:** **Burhoff**, Die Abrechnung (förmlicher/formloser) Rechtsbehelfe im Straf- und Bußgeldverfahren, StRR 2012, 172; *ders.*, Die Abrechnung förmlicher und formloser Rechtsbehelfe im Straf- und Bußgeldverfahren, RVGreport 2013, 213; s.a. die Hinw. bei → *Allgemeine Gebührenfragen, Allgemeines*, Teil D Rdn 2, und bei den u.a. Stichwörtern.

336 **1.** Der Antrag auf Nachholung rechtlichen Gehörs (vgl. dazu → *Anhörungsrüge, Allgemeines*, Teil B Rdn 1; s. auch *Burhoff*, EV, Rn 2655) – richtet sich im Strafverfahren nach den **§§ 33a, 311a** und im Bußgeldverfahren nach den §§ 46 Abs. 1, 71 Abs. 1 OWiG i.V.m. § 33a.

Für die Gebühren gilt: 337

- Hat der Rechtsanwalt für das Verfahren, in dem der Antrag auf Nachholung des rechtlichen Gehörs gestellt wird, den **vollen Verteidigungs-/Vertretungsauftrag** gehört der Antrag für den Rechtsanwalt nach § 19 Abs. 1 S. 2 Nr. 5 RVG zum Rechtszug (vgl. Burhoff/*Burhoff*, RVG, Teil A: Rechtszug [§ 19], Rn 1774 ff.). Der Verteidiger erhält für die anfallenden Tätigkeiten also **keine gesonderte Vergütung**. Die insoweit erbrachten Tätigkeiten werden durch die Verfahrensgebühr, die für das jeweilige Verfahren/den Verfahrensabschnitt, in dem der Antrag gestellt wird, anfällt, mitabgegolten (→ *Verfahrensgebühr, Abgeltungsbereich*, Teil D Rdn 431).
- Ist der Rechtsanwalt nur mit dem Antrag auf Nachholung des rechtlichen Gehörs beauftragt, werden die Tätigkeiten als **Einzeltätigkeit** nach Nr. 4302 Nr. 2 VV RVG bzw. nach Nr. 5200 VV RVG abgerechnet.

2. Damit ist die gebührenrechtliche Rechtslage vergleichbar mit der bei der Anhörungsrüge nach § 356a. Auf die Ausführungen bei → *Anhörungsrüge (§ 356a), Abrechnung*, Teil D Rdn 49, kann daher verwiesen werden. Sie gelten **entsprechend**. 338

Siehe auch: → *Berufung, Allgemeines*, Teil A Rdn 1, m.w.N.; → *JGG-Besonderheiten, Allgemeines*, Teil A Rdn 681; → *Rechtsbeschwerde, Allgemeines*, Teil A Rdn 1053; → *Revision, Allgemeines*, Teil A Rdn 2006; → *Allgemeine Gebührenfragen, Allgemeines*, Teil A Rdn 1, m.w.N.; → *Anhörungsrüge (§ 356a), Abrechnung*, Teil D Rdn 49; → *Verfahrensgebühr, Abgeltungsbereich*, Teil D Rdn 431.

Rechtsbeschwerde, Gebühren 339

Das Wichtigste in Kürze:

1. Das Rechtsbeschwerdeverfahren ist gegenüber den vorhergehenden gerichtlichen Verfahren eine eigene Angelegenheit i.S.d. § 15 Abs. 2 S. 1 RVG.
2. Die Vorschriften der Nrn. 5113 f. VV RVG gelten für die in Vorbem. 5 Abs. 1 VV RVG genannten Verfahrensbeteiligten.
3. Die Gebühren für das Rechtsbeschwerdeverfahren sind strukturell ebenso gegliedert wie die für das erstinstanzliche Verfahren beim AG oder bei OLG.
4. Das Rechtsbeschwerdeverfahren beginnt mit der Einlegung der Rechtsbeschwerde nach § 341 i.V.m. § 79 Abs. 3 OWiG.
5. In Nr. 5115 VV RVG ist für den Rechtsanwalt eine zusätzliche Verfahrensgebühr vorgesehen, wenn durch seine Mitwirkung die/eine Rechtsbeschwerde-HV entbehrlich wird.

6. Im Rechtsbeschwerdeverfahren kann auch die zusätzliche Verfahrensgebühr Nr. 5116 VV RVG für Tätigkeiten des Rechtsanwalts im Hinblick auf Einziehung oder verwandte Maßnahmen entstehen.

7. Hinsichtlich der Höhe der Gebühren gelten die allgemeinen Regeln. Für den Wahlanwalt entstehen die Gebühren als Betragsrahmengebühren. Die konkrete Bemessung erfolgt unter Zugrundelegung der Kriterien des § 14 Abs. 1 RVG.

340 **Literaturhinweise:** **Burhoff**, Revision im Strafverfahren: So rechnen Sie nach dem RVG ab, RVGprofessionell 2004, 174; *ders.*, Befriedungs-/Erledigungsgebühr Nr. 4114 VV RVG, RVGreport 2005, 248; *ders.*, Abrechnungsbeispiele zum RVG Revisionsinstanz, RVGreport 2006, 250; *ders.*, Die zusätzliche Verfahrensgebühr des Verteidigers bei Einziehung und verwandten Maßnahmen, RVGreport 2006, 412; *ders.*, ABC der Gegenstandswerte im Straf- und Bußgeldverfahren, RVGreport 2011, 281; *ders.*, Was Sie zu Nr. 4141 VV RVG und Nr. 5115 VV RVG wissen sollten, RVGprofessionell 2010, 47; *ders.*, Die anwaltliche Vergütung im strafverfahrensrechtlichen Revisionsverfahren, RVGreport 2012, 402; *ders.*, Die anwaltliche Vergütung im bußgeldrechtlichen Rechtsbeschwerdeverfahren, RVGreport 2012, 448; *ders.*, Die Abrechnung (förmlicher/formloser) Rechtsbehelfe im Straf- und Bußgeldverfahren, RVGreport 2013, 213; *ders.*, 25 Fragen und Antworten zur Terminsgebühr in Straf- und Bußgeldverfahren, RVGprofessionell 2013, 124; *ders.*, Rechtsprechungsübersicht zur Bemessung der Terminsgebühr in Strafverfahren, RVGprofessionell 2013, 142; *ders.*, 25 Fragen und Antworten zur Verfahrensgebühr in Straf- und Bußgeldverfahren, RVGprofessionell 2013, 176; *ders.*, Die Grundgebühr im Straf- und Bußgeldverfahren, RVGreport 2014, 42; *ders.*, Straf- und Bußgeldsachen: Besonderheiten für die Beschwerdeabrechnung, RVGprofessionell 2014, 30; *ders.*, Die Erstattung/Festsetzung der Verfahrensgebühr für das strafverfahrensrechtliche Rechtsmittelverfahren im Fall der Rechtsmittelrücknahme der Staatsanwaltschaft, RVGreport 2014, 410; *ders.*, Grundgebühr: Wichtiges Basiswissen zur Grundgebühr, RVGprofessionell 2015, 16; *ders.*, Grundgebühr honoriert Aufwand für ersten Einarbeitung (mit Checkliste), RVGprofessionell 2015, 35; *ders.*, Grundgebühr Mit dieser Rechtsprechung bemessen Sie die Gebühr richtig, RVGprofessionell 2015, 52; *ders.*, Die zusätzliche Verfahrensgebühr Nr. 5115 VV RVG im Bußgeldverfahren, RVGreport 2015, 82; **Fischer**, Der Anwendungsbereich der Befriedungsgebühr, NJW 2012, 265; **Fromm**, Zusätzliche Verfahrensgebühr nach Nr. 5116 VV RVG bei Verfallsverfahren gem. § 29a OWiG, JurBüro 2008, 507; **Meyer**, Zusätzliche Vergütung des Rechtsanwalts für die Vertretung im straf-/bußgeldrechtlichen Einziehungsverfahren pp. – VV RVG 4142, 5116, JurBüro 2005, 355; **N. Schneider,** Vergütung im Rechtsbeschwerdeverfahren, DAR-Extra 2008, 753; *ders.*, Die zusätzlichen Gebühren in Straf- und Bußgeldsachen nach den Nrn. 4141 und 5115 VV RVG, ZAP F. 24, S. 1073; *ders.*, Berechnung der sog. „Zwei-Wochen-Frist" bei Rücknahme eines Einspruchs oder eines Rechtsmittels in Straf- und Bußgeldsachen, DAR 2007, 671; s. i.Ü. a. die Hinw. → *Allgemeine Gebührenfragen, Allgemeines*, Teil D Rdn 2 m.w.N., und bei den u.a. Stichwörtern.

341 **1.a)** Die Abrechnung der Rechtsbeschwerde erfolgt nach Teil 5 VV RVG, und zwar nach den Nrn. 5113, 5114 VV RVG. Das Rechtsbeschwerdeverfahren ist gegenüber dem vorhergehenden erstinstanzlichen gerichtlichen Verfahren beim AG/OLG eine **eigene Angelegenheit** i.S.d. § 15 Abs. 2 S. 1 RVG (Burhoff/*Burhoff*, RVG, Teil 5 Bußgeldverfahren, Abschnitt 1 Unterabschnitt 4 VV Rn 3; vgl. auch Burhoff/*Burhoff*, RVG, Teil A: Angelegenheiten [§§ 15 ff.], Rn 88; zur Rechtsbeschwerde → *Rechtsbeschwerde, Allgemeines*, Teil A Rdn 1053, m.w.N.).

342 Werden **mehrere Rechtsbeschwerden**, also z.B. vom Betroffenen und von der StA, eingelegt, gelten die Ausführungen bei → *Revision, Gebühren*, Teil D Rdn 357, entsprechend.

b) Das Verfahren über die **Zulassung** der **Rechtsbeschwerde** nach § 79 Abs. 1 S. 2 OWiG ist keine eigene Gebührenangelegenheit i.S.v. § 17 Nr. 9 RVG. Das Rechtsbeschwerdegericht entscheidet selbst über die Zulassung der Rechtsbeschwerde, sodass § 16 Nr. 11 RVG gilt. Dieses Zulassungsverfahren zählt daher zur Angelegenheit „Rechtsbeschwerde". Die beginnt mit Stellung des Antrags auf Zulassung der Rechtsbeschwerde (AnwKomm-RVG/*N. Schneider*, Vor VV 5113 f. Rn 10; zur Zulassung der **Rechtsbeschwerde** → *Rechtsbeschwerde, Zulassung*, Teil A Rdn 1249). 343

2.a) Die Vorschriften der Nrn. 5113 ff. VV RVG gelten für die in Vorbem. 5 Abs. 1 VV RVG genannten Verfahrensbeteiligten (vgl. dazu Burhoff/*Burhoff*, RVG, Vorbem. 5 VV Rn 4 ff.). Das wird i.d.R. der **Vollverteidiger** sein. Hat der Rechtsanwalt nicht den vollen Verteidigungsauftrag für das Rechtsbeschwerdeverfahren erhalten, sondern ist ihm nur eine **Einzeltätigkeit** übertragen worden, gelten nicht die Nrn. 5113 ff. VV RVG, sondern aus Teil 5 Abschnitt 2 VV RVG die Nr. 5200 VV RVG. Das ist z.B. der Fall, wenn der Rechtsanwalt nur damit beauftragt worden ist, die Rechtsbeschwerde einzulegen oder zu begründen (vgl. dazu Rdn 345). Es gilt allerdings auch im Rechtsbeschwerdeverfahren der Grundsatz, dass der Rechtsanwalt i.d.R. den vollen Auftrag erhält (vgl. u.a. – allerdings nicht zum Rechtsbeschwerdeverfahren – KG StraFo 2005, 439; 2007, 41; OLG Schleswig StV 2006, 206). 344

b) Ist der Verteidiger nicht Vollverteidiger, sondern **nur** mit **Einzeltätigkeiten** beauftragt, gilt: Im Rechtsbeschwerdeverfahren sind – anders als im strafverfahrensrechtlichen Revisionsverfahren nach Teil 4 Abschnitt 3 VV RVG (zur Einzeltätigkeit im Revisionsverfahren → *Revision, Gebühren*, Teil D Rdn 359) – für Einzeltätigkeiten nicht verschiedene Gebühren vorgesehen (vgl. für das Strafverfahren die Nrn. 4300 ff. RVG), sondern nur die **Nr. 5200 VV RVG**. Das bedeutet, dass im Bußgeldverfahren für jede im Zusammenhang mit der Rechtsbeschwerde erbrachte Einzeltätigkeit, wie z.B. der Einlegung oder der Begründung der Rechtsbeschwerde, immer die Gebühr Nr. 5200 VV RVG entsteht. Voraussetzung ist allerdings, dass den entsprechenden Tätigkeiten jeweils ein Einzelauftrag zugrunde liegt (Burhoff/*Burhoff*, RVG, Teil 5 Bußgeldverfahren, Abschnitt 1 Unterabschnitt 4 VV Rn 13; *Burhoff* StRR 2012, 172, *ders.*, RVGreport 2013, 213). 345

☝ Bei (mehreren) Einzeltätigkeiten ist über Nr. 5200 Anm. 2 S. 2 VV RVG **§ 15 Abs. 6 RVG** zu beachten: Danach darf der mit verschiedenen Einzeltätigkeiten beauftragte Rechtsanwalt nicht mehr an Gebühren erhalten, als der mit der vollen Verteidigung beauftragte Rechtsanwalt erhalten würde (vgl. wegen der Einzelh. Burhoff/*Burhoff*, RVG, Nr. 5200 Rn 22 und Burhoff/*Volpert*, RVG, Vorbem. 4.3 VV Rn 69 ff. m.w.N.).

3.a) Allgemein gilt: Die Gebühren für das Rechtsbeschwerdeverfahren sind strukturell ebenso gegliedert **wie** die für das **erstinstanzliche Bußgeldverfahren** beim AG oder OLG. Der Verteidiger erhält also für das Betreiben des Geschäfts die Verfahrensgebühr Nr. 5113 VV RVG und für jeden HV-Tag im Rechtsbeschwerdeverfahren eine Termins- 346 gebühr Nr. 5114 VV RVG. Für ihr Entstehen und ihren Abgeltungsbereich kann auf die entsprechend geltenden Ausführungen bei → *Revision, Terminsgebühr*, Teil D Rdn 372, bei → *Terminsgebühr, Allgemeines*, Teil D Rdn 402, bei → *Terminsgebühr, Abgeltungsbereich*, Teil D Rdn 394, bei → *Revision, Verfahrensgebühr*, Teil D Rdn 379, bei → *Verfahrensgebühr, Allgemeines*, Teil D Rdn 442, und bei → *Verfahrensgebühr, Abgeltungsbereich*, Teil D Rdn 431, verwiesen werden.

☝ Verfahrensgebühr Nr. 5113 VV RVG und Terminsgebühr Nr. 5114 VV RVG sind im Rechtsbeschwerdeverfahren **nicht** von der **Höhe** der **Geldbuße abhängig**.

347 **b)** Im Rechtsbeschwerdeverfahren können also **folgende Gebühren** entstehen:

- **Grundgebühr** Nr. 5100 VV RVG, wenn der Rechtsanwalt erst im Rechtsbeschwerdeverfahren beauftragt wird, und zwar immer neben der Verfahrensgebühr Nr. 5113 VV RVG (→ *Grundgebühr, Allgemeines*, Teil D Rdn 228, m.w.N.),
- **Verfahrensgebühr** Nr. 5113 VV RVG, für die die Ausführungen bei → *Revision, Verfahrensgebühr*, Teil D Rdn 379, und bei → *Verfahrensgebühr, Allgemeines*, Teil D Rdn 442, sowie bei → *Verfahrensgebühr, Abgeltungsbereich*, Teil D Rdn 431, entsprechend gelten,
- **Terminsgebühr** Nr. 5114 VV RVG für die Teilnahme an einem Rechtsbeschwerde-HV-Termin, für die die Ausführungen bei → *Revision, Terminsgebühr*, Teil D Rdn 372, und bei → *Terminsgebühr, Allgemeines*, Teil D Rdn 402, sowie bei → *Terminsgebühr, Abgeltungsbereich*, Teil D Rdn 394, entsprechend gelten,
- Zusätzliche Verfahrensgebühr Nr. 5115 VV RVG (sog. **Befriedungsgebühr**) bei Rücknahme des Einspruchs oder der Rechtsbeschwerde, für die die Ausführungen bei → *Berufung, Zusätzliche Verfahrensgebühr (Nr. 4141 VV RVG)*, Teil D Rdn 115, und bei → *Revision, Zusätzliche Verfahrensgebühr (Nr. 4141 VV RVG)*, Teil D Rdn 388, grds. entsprechend gelten (zu den Besonderheiten im Bußgeldverfahren s.u. Rdn 351),
- Zusätzliche Verfahrensgebühr Nr. 5116 VV RVG (s. Rdn 352 und die Komm. bei Burhoff/*Burhoff*, RVG, Nr. 5116 VV; s.a. *Fromm* JurBüro 2008, 507),
- **Auslagen** nach Nr. 7000 ff. VV RVG (→ *Auslagen, Allgemeines*, Teil D Rdn 70).

☝ Befindet sich der Mandant nicht auf freiem Fuß, ist in Teil 5 VV RVG ein **Haftzuschlag** auf die jeweiligen Gebühren wie in Vorbem. 4 Abs. 4 VV RVG für das Strafverfahren **nicht** vorgesehen (→ *U-Haft-Fragen, Gebühren*, Teil D Rdn 414).

348 **4.** Für Beginn und Ende des Rechtsbeschwerdeverfahrens gilt:

349 **a)** Das Rechtsbeschwerdeverfahren **beginnt** mit der **Einlegung** der Rechtsbeschwerde nach § 341 i.V.m. § 79 Abs. 3 OWiG (zur Einlegung eines Rechtsmittels → *Rechtsmittel/*

Rechtsbehelfe, Einlegung, Teil A Rdn 1466). Die Einlegung der Rechtsbeschwerde selbst gehört allerdings für den Verteidiger, der bereits in der ersten Instanz tätig war, nach § 19 Abs. 1 S. 2 Nr. 10 RVG noch zum gerichtlichen Verfahren des ersten Rechtszuges (OLG Hamm AGS 2006, 547; Gerold/Schmidt/*Burhoff*, VV 5113, 5114 Rn 2; Burhoff/*Burhoff*, RVG, Nr. 5113 VV Rn 6 f.; s. auch OLG Karlsruhe AGS 2009, 19 [für das Zivilrecht; sog. Abwicklungstätigkeiten).

☝ Jede **danach** für den Mandanten **erbrachte Tätigkeit** führt aber zur Verfahrensgebühr Nr. 5113 VV RVG (OLG Jena JurBüro 2006, 365 [für die Akteneinsicht in der Revisionsinstanz]; Mayer/Kroiß/*Kroiß*, Nr. 4130 – 4135 Rn 9 für Revisionsinstanz). I.Ü. gelten die Ausführungen bei → *Revision, Gebühren*, Teil D Rdn 364, entsprechend.

b) Auch für das **Ende** des Rechtsbeschwerdeverfahren gelten die Ausführungen bei → *Revision, Gebühren*, Teil D Rdn 366, entsprechend. Das Rechtsbeschwerdeverfahren endet ggf. also erst, wenn der Rechtsanwalt auch noch sog. Abwicklungstätigkeiten erbracht hat (vgl. dazu [für das Zivilrecht] OLG Karlsruhe AGS 2009, 19). **350**

5. In **Nr. 5115 VV RVG** ist – ebenso wie im Strafverfahren in Nr. 4141 VV RVG für das Berufungs- und das Revisionsverfahren – für den Rechtsanwalt eine zusätzliche Verfahrensgebühr vorgesehen, wenn durch seine Mitwirkung die/eine Rechtsbeschwerde-HV entbehrlich wird. Die Nr. 5115 Anm. 1 Ziff. 1 VV RVG – Verfahren wird nicht nur vorläufig eingestellt – entspricht der Nr. 4141 Anm. 1 Nr. 1 VV RVG, sodass auf die Ausführungen bei → *Berufung, Zusätzliche Verfahrensgebühr (Nr. 4141 VV RVG)*, Teil D Rdn 121 ff., und auf → *Revision, Zusätzliche Verfahrensgebühr (Nr. 4141 VV RVG)*, Teil D Rdn 391, verwiesen werden kann. Die Nr. 5115 Anm. 1 Ziff. 4 VV RVG – Rücknahme der Rechtsbeschwerde – entspricht der Nr. 4141 Anm. 1 Nr. 3 VV RVG, sodass auf die Ausführungen bei → *Berufung, Zusätzliche Verfahrensgebühr (Nr. 4141 VV RVG)*, Teil D Rdn 124, und auf → *Revision, Zusätzliche Verfahrensgebühr (Nr. 4141 VV RVG)*, Teil D Rdn 391, verwiesen werden kann. **351**

☝ Die Gebühr 5115 **Nr. 5** VV RVG entsteht nur im Beschlussverfahren nach § 72 OWiG, nicht hingegen, wenn das Rechtsbeschwerdegericht im Beschussverfahren nach § 79 Abs. 5 OWiG entscheidet (AG Düsseldorf AGS 2014, 180 m. Anm. *Burhoff* RVGreport 2014, 232).

6.a) Im Rechtsbeschwerdeverfahren kann auch die **zusätzliche Verfahrensgebühr Nr. 5116 VV RVG** für Tätigkeiten des Rechtsanwalts im Hinblick auf Einziehung oder verwandte Maßnahmen entstehen Nach Anm. 3 zu Nr. 5116 VV RVG entsteht die Gebühr im Rechtsbeschwerdeverfahren nämlich besonders (wegen der allgemeinen Einzelh. zu dieser Gebühr s. Burhoff/*Burhoff*, RVG, Nr. 5116 VV Rn 1 ff.; Gerold/Schmidt/*Burhoff*, VV 5116 Rn 1 ff.). **352**

353 **b)** Hinsichtlich des **Entstehens** der Gebühr Nr. 5116 VV RVG gelten die Ausführungen und Verweise zu Nr. 4142 VV RVG bei → *Revision, Gebühren*, Teil D Rdn 367 ff., und bei → *Berufung, Gebühren*, Teil D Rdn 93 ff., entsprechend. Für den Gegenstandswert und damit für die **Höhe** der Verfahrensgebühr Nr. 5116 VV RVG sind die zum Zeitpunkt des Entstehens der Gebühr erkennbaren Anhaltspunkten in der Verfahrensakte maßgeblich. Auch insoweit kann auf die entsprechend geltenden Ausführungen bei → *Berufung, Gebühren*, Teil D Rdn 95, verwiesen werden.

354 **7.** Hinsichtlich der **Höhe** der **Gebühren** gelten die allgemeinen Regeln. Für den Wahlanwalt entstehen die Gebühren als Betragsrahmengebühren. Die konkrete Bemessung erfolgt unter Zugrundelegung der Kriterien des § 14 Abs. 1 RVG (→ *Allgemeine Gebührenfreien, Wahlverteidiger*, Teil D Rdn 31 ff.). Der Pflichtverteidiger erhält Festbetragsgebühren.

☝ Auch im Bußgeldverfahren können **Pauschgebühren** entstehen (§§ 42, 51 RVG; vgl. dazu z.B. OLG Düsseldorf RVGreport 2012, 378 m. Anm. *Burhoff*; → *Allgemeine Gebührenfragen, Besonderheiten Pflichtverteidiger*, Teil D Rdn 17; → *Allgemeine Gebührenfragen, Wahlverteidiger*, Teil D Rdn 35).

Siehe auch: → *Rechtsbeschwerde, Allgemeines*, Teil A Rdn 1053, m.w.N.; → *Allgemeine Gebührenfragen, Allgemeines*, Teil D Rdn 1, m.w.N.; → *Revision, Terminsgebühr*, Teil D Rdn 372; → *Revision, Verfahrensgebühr*, Teil D Rdn 379; → *Revision, Zusätzliche Verfahrensgebühr (Nr. 4141 VV RVG)*, Teil D Rdn 388; → *Zurückverweisung*, Teil D Rdn 642.

355 Revision, Gebühren

Das Wichtigste in Kürze:

1. Das Revisionsverfahren ist gegenüber den vorhergehenden gerichtlichen Verfahren eine eigene Angelegenheit i.S.d. § 15 Abs. 2 S. 1 RVG.
2. Die Vorschriften der Nrn. 4130 ff. VV RVG gelten für die in Vorbem. 4 Abs. 1 VV RVG genannten Verfahrensbeteiligten.
3. Die Gebühren für das Revisionsverfahren sind strukturell ebenso gegliedert wie die für das erstinstanzliche Verfahren.
4. Das Revisionsverfahren beginnt mit der Einlegung der Revision nach § 341.
5. Auch im Revisionsverfahren kann die zusätzliche Verfahrensgebühr Nr. 4142 VV RVG entstehen.
6. Ist ein Adhäsionsverfahren anhängig, in dem der Rechtsanwalt tätig wird, entstehen ggf. die Gebühren Nr. 4143, 4144 VV RVG.
7. Zu den nach Rücknahme einer Revision vom Gegner ggf. zu erstattenden Kosten gehört grds. auch die Verfahrensgebühr Nr. 4130 VV RVG.

Literaturhinweise: **Burhoff**, Revision im Strafverfahren So rechnen Sie nach dem RVG ab, RVGprofessionell 2004, 174; *ders.*, Abrechnungsbeispiele zum RVG Revisionsinstanz, RVGreport 2006, 250; *ders.*, ABC der Gegenstandswerte im Straf- und Bußgeldverfahren, RVGreport 2011, 281; *ders.*, Die anwaltliche Vergütung im strafverfahrensrechtlichen Revisionsverfahren, RVGreport 2012, 402; *ders.*, Die Abrechnung (förmlicher/formloser) Rechtsbehelfe im Straf- und Bußgeldverfahren, RVGreport 2013, 213; *ders.*, Straf- und Bußgeldsachen: Besonderheiten für die Beschwerdeabrechnung, RVGprofessionell 2014, 30; *ders.*, Die Erstattung/Festsetzung der Verfahrensgebühr für das strafverfahrensrechtliche Rechtsmittelverfahren im Fall der Rechtsmittelrücknahme der Staatsanwaltschaft, RVGreport 2014, 410; s. i.Ü. die Hinw. bei → *Allgemeine Gebührenfragen, Allgemeines*, Teil D Rdn 2, und bei → *Berufung, Gebühren*, Teil D Rdn 83, und den u.a. Stichwörtern. **356**

1. Das Revisionsverfahren ist gegenüber dem vorhergehenden erstinstanzlichen gerichtlichen Verfahren bzw. dem Berufungsverfahren eine **eigene Angelegenheit** i.S.d. § 15 Abs. 2 RVG (vgl. auch Burhoff/*Burhoff*, RVG, Teil A: Angelegenheiten [§§ 15 ff.], Rn 88). Werden **mehrere Revisionen**, also z.B. vom Angeklagten und von der StA, eingelegt, kommt es darauf an, ob diese sich gegen dieselbe Entscheidung oder gegen verschiedene Entscheidungen richten. Richten sich die Revisionen gegen dieselbe Entscheidung, liegt lediglich eine Angelegenheit vor mit der Folge, dass die Gebühren Nrn. 4130 ff. VV RVG nur einmal entstehen (OLG München AGS 2008, 224 m. Anm. *Burhoff* RVGreport 2008, 137). Der durch die mehreren Revisionen entstehende höhere Arbeitsaufwand des Rechtsanwalts muss aber im Rahmen des § 14 Abs. 1 RVG berücksichtigt werden (Burhoff/*Burhoff*, RVG, vor Nr. 4130 VV Rn 3 f. m. Beispiel). **357**

2.a) Die Vorschriften der Nrn. 4130 ff. VV RVG gelten für die in Vorbem. 4 Abs. 1 VV RVG genannten Verfahrensbeteiligten (vgl. dazu Burhoff/*Burhoff*, RVG, Vorbem. 4 VV Rn 5 ff.). Das wird i.d.R. der **Vollverteidiger** sein. Hat der Rechtsanwalt nicht den vollen Verteidigungsauftrag für das Revisionsverfahren erhalten, sondern ist ihm nur eine **Einzeltätigkeit** übertragen worden, gelten nicht die Nrn. 4130 ff. VV RVG, sondern Teil 4 Abschnitt 3 VV RVG. Das ist z.B. der Fall, wenn der Rechtsanwalt nur damit beauftragt worden ist, die Revision einzulegen oder zu begründen (vgl. dazu Rdn 359). Es gilt allerdings auch im Revisionsverfahren der Grundsatz, dass der Rechtsanwalt i.d.R. den vollen Auftrag erhält (vgl. u.a. KG StraFo 2005, 439; 2007, 41; OLG Schleswig StV 2006, 206). **358**

b) Ist der Verteidiger nicht Vollverteidiger, sondern nur mit **Einzeltätigkeiten** beauftragt, fallen Gebühren nach Teil 4 Abschnitt 3 VV RVG an. **359**

Es ist zu **unterscheiden**: **360**

- Ist der Rechtsanwalt nur mit der **Einlegung** der Revision beauftragt, entsteht dafür eine Gebühr Nr. 4302 Ziff. 1 VV RVG.
- Für die **Anfertigung** oder die **Unterzeichnung** der **Revisionsbegründung** entsteht die Verfahrensgebühr Nr. 4300 Ziff. 1 VV RVG, soweit dem Rechtsanwalt diese Tätigkeiten als Einzeltätigkeiten übertragen worden sind. Hat der Rechtsanwalt zunächst Revision eingelegt und ist dafür eine Gebühr Nr. 4302 Ziff. 1 VV RVG entstan-

den, wandelt sich diese nach der Anm. zu Nr. 4300 VV RVG in eine Gebühr nach Nr. 4300 Ziff. 1 VV RVG um, wenn der Rechtsanwalt später die Revision begründet.

- Gibt der Rechtsanwalt im Rahmen einer Einzeltätigkeit eine **Gegenerklärung** zur Revision eines anderen Verfahrensbeteiligten ab, entsteht eine Gebühr Nr. 4300 Ziff. 2 VV RVG).

☝ Bei (mehreren) Einzeltätigkeiten ist über die Vorbem. 4.3 Abs. 3 VV RVG **§ 15 Abs. 6 RVG** zu beachten: Danach darf der Rechtsanwalt nicht mehr an Gebühren erhalten, als der mit der vollen Verteidigung beauftragte Rechtsanwalt erhalten würde (vgl. wegen der Einzelh. Burhoff/*Volpert*, RVG, Vorbem. 4.3 VV Rn 69 ff. m.w.N.).

361 **3.a)** Allgemein gilt: Die Gebühren für das Revisionsverfahren sind strukturell ebenso gegliedert **wie** die für das **erstinstanzliche Verfahren**. Der Verteidiger erhält also für das Betreiben des Geschäfts die Verfahrensgebühr Nr. 4130 VV RVG und für jeden HV-Tag im Revisionsverfahren eine Terminsgebühr Nr. 4132 VV RVG.

362 **b)** Im Revisionsverfahren können also folgende **Gebühren** entstehen:

- **Grundgebühr** Nr. 4100 VV RVG, wenn der Rechtsanwalt erst im Revisionsverfahren beauftragt worden ist, und zwar immer neben der Verfahrensgebühr Nr. 4130 VV RVG (→ *Grundgebühr, Allgemeines*, Teil D Rdn 228, m.w.N.),
- **Verfahrensgebühr** Nrn. 4130 f. VV RVG (→ *Revision, Verfahrensgebühr*, Teil D Rdn 379),
- **Terminsgebühr** Nrn. 4132 f. VV RVG für die Teilnahme an einem Revisions-HV-Termin (→ *Revision, Terminsgebühr*, Teil D Rdn 372),
- Terminsgebühr **Nr. 4102 VV RVG** für die Teilnahme an einem der dort genannten Termine, wenn dieser während des Revisionsverfahrens noch stattfindet (wegen der Einzelh. zu diesen Terminen vgl. die Komm. der Nr. 4102 VV RVG bei Burhoff/*Burhoff*, RVG, a.a.O., oder bei Gerold/Schmidt/*Burhoff*, a.a.O.),
- Zusätzliche Verfahrensgebühr Nr. 4141 VV RVG (sog. **Befriedungsgebühr**; → *Revision, Zusätzliche Verfahrensgebühr (Nr. 4141 VV RVG)*, Teil D Rdn 388),
- Zusätzliche Verfahrensgebühr Nr. 4142 VV RVG (**Einziehungsgebühr**; vgl. Rdn 367 ff.),
- Zusätzliche Verfahrensgebühren Nrn. 4143, 4144 VV RVG (**Adhäsionsverfahren**; vgl. Rdn 370 ff.),
- **Auslagen** nach Nr. 7000 ff. VV RVG (→ *Auslagen, Allgemeines*, Teil D Rdn 70 ff.).

☝ Befindet sich der Mandant nicht auf freiem Fuß, werden auf die jeweiligen Gebühren **Haftzuschläge** gewährt (Vorbem. 4 Abs. 4 VV RVG; → *U-Haft-Fragen, Gebühren*, Teil D Rdn 414).

4. Für **Beginn** und **Ende** des Revisionsverfahrens gilt: 363

a) Das Revisionsverfahren **beginnt** mit der Einlegung der Revision nach § 341 (→ *Revision, Einlegung, Allgemeines*, Teil A Rdn 2104, m.w.N.; → *Rechtsmittel/Rechtsbehelfe, Einlegung*, Teil A Rdn 1466). Die Einlegung der Revision selbst gehört allerdings für den Verteidiger, der bereits in der vorhergehenden Instanz tätig war, nach § 19 Abs. 1 S. 2 Nr. 10 RVG noch zum gerichtlichen Verfahren des vorhergehenden Rechtszuges (OLG Hamm AGS 2006, 547; Gerold/Schmidt/*Burhoff*, VV 4130, 4131 Rn 5; Burhoff/*Burhoff*, RVG, Nr. 4130 VV Rn 3; s.a. OLG Karlsruhe AGS 2009, 19 [für das Zivilrecht; sog. Abwicklungstätigkeiten). Jede danach für den Mandanten erbrachte Tätigkeit führt aber zur Verfahrensgebühr Nr. 4130 VV RVG (OLG Jena JurBüro 2006, 365 [für die Akteneinsicht in der Revisionsinstanz]; Mayer/Kroiß/*Kroiß*, Nr. 4130 – 4135 Rn 9). Diese Tätigkeit muss nicht nach außen erkennbar sein (BGH NJW 2013, 312; OLG Naumburg JurBüro 2012, 312; Burhoff/*Burhoff*, RVG, Vorbem. 4 VV Rn 36 m.w.N.; unzutreffend a.A. offenbar KG StraFo 2006, 432 m. Anm. *Burhoff* RVGreport 2006, 352; RVGreport 2010, 351; OLG Koblenz NStZ 2007, 423; LG Koblenz JurBüro 2009, 198). Ausreichend ist z.B. die (weitere) Beratung des Mandanten oder die Aufnahme von Gesprächen mit der StA mit dem Ziel, dass diese die von ihr eingelegte Revision zurücknimmt (LG Köln StV 2007, 481 [Ls.] für Berufung; zur Erstattungsfähigkeit der Verfahrensgebühr Nr. 4130 VV RVG im Fall der Rücknahme der Revision durch die StA s. Rdn 98). Auch kann es ausreichen, wenn der Verteidiger den Mandanten berät, ob und mit welchem Ziel das Rechtsmittel weiter durchgeführt werden soll (LG Hannover StraFo 2014, 526), allerdings wohl nicht bei einer nur vorsorglich eingelegten Berufung (LG Hannover, a.a.O.). 364

☝ War der Verteidiger **erstinstanzlich** überhaupt **noch nicht** oder nicht als **Verteidiger** tätig, beginnt für ihn das Revisionsverfahren mit der Erteilung des Auftrags, das Rechtsmittel einzulegen. Die Einlegung der Revision wird dann von der Gebühr Nr. 4130 VV RVG erfasst (s. Burhoff/*Burhoff*, RVG, Vorbem. 4.1 VV Rn 38).

b) Wird, nachdem der Verteidiger gegen ein amtsgerichtliches Urteil nach § 335 Abs. 1 **Sprungrevision** eingelegt hat (→ *Revision, Sprungrevision*, Teil A Rdn 2262), von einem anderen Verfahrensbeteiligten Berufung eingelegt (im Zweifel also eine sog. **Sperrberufung** der StA), wird die Revision des Angeklagten nach § 335 Abs. 3 als Berufung behandelt. Gebührenmäßig wird die Tätigkeit des Verteidigers bis zur Einlegung der Berufung nach Nr. 4130 VV RVG abgewickelt. Mit der Einlegung der Berufung beginnt eine neue Angelegenheit. Für dieses Berufungsverfahren erhält der Verteidiger dann die Vergütung nach Nr. 4124 VV RVG (s. LG Aachen JurBüro 1991, 12; LG Hamburg StraFo 2014, 526; AnwKomm-RVG/*N. Schneider*, VV 4130 – 4131 Rn 4 m.w.N.; Burhoff/*Burhoff*, RVG, Nr. 4130 VV Rn 7; a.A. LG Göttingen JurBüro 1987, 1368). Die Höhe der Verfahrensgebühr Nr. 4130 VV RVG richtet sich nach den vom Verteidiger bis zur Einlegung der 365

Berufung durch den anderen Verfahrensbeteiligten erbrachten Tätigkeiten. Die Gebühr wird, da im Zweifel die Revision noch nicht begründet worden ist, im unteren Bereich anzusiedeln sein (s.a. AnwKomm-RVG/*N. Schneider*, VV 4130 – 4131 Rn 4 m.w.N.).

366 **c)** Das Revisionsverfahren **endet** mit dem **Abschluss** der **Revisionsinstanz**. Das ist nicht die Zustellung des Beschlusses, in dem über die Revision nach § 349 Abs. 1, 2 oder 4 entschieden wird, im Fall der HV die Verkündung des Urteils, die Rücknahme der Revision oder die Einstellung des Verfahrens. Vielmehr werden auch darüber hinausgehende Tätigkeiten noch von der Verfahrensgebühr Nr. 4130 VV RVG als sog. Abwicklungstätigkeiten erfasst (vgl. dazu [für das Zivilrecht] OLG Karlsruhe AGS 2009, 19). Dies kann z.B. die Beratung des Mandanten über die Einlegung einer Verfassungsbeschwerde sein (zur Verfassungsbeschwerde → *Verfassungsbeschwerde, Allgemeines*, Teil C Rdn 729. m.w.N.).

367 **5.a)** Auch im Revisionsverfahren kann die **zusätzliche Verfahrensgebühr Nr. 4142 VV RVG** für Tätigkeiten des Rechtsanwalts im Hinblick auf Einziehung oder verwandte Maßnahmen entstehen (wegen der allgemeinen Einzelh. zu dieser Gebühr s. Burhoff/*Burhoff*, RVG, Nr. 4142 VV Rn 1 ff.; Gerold/Schmidt/*Burhoff*, VV 4142 Rn 1 ff.). Nach Anm. 3 zu Nr. 4142 VV RVG entsteht die Gebühr nämlich in jedem Rechtszug, also auch für das Revisionsverfahren.

368 Hinsichtlich des **Entstehens** der Gebühr Nr. 4142 VV RVG gelten die Ausführungen und Verweise bei → *Berufung, Gebühren*, Teil D Rdn 94, entsprechend. Eine bloße (außergerichtliche) Beratung des Mandanten, z.B. über die im tatrichterlichen Urteil angeordnete Einziehung einer Sache, führt also bereits zum Anfall der Gebühr. Die Verfahrensgebühr Nr. 4142 VV RVG entsteht auch dann neben der Verfahrensgebühr Nr. 4130 VV RVG, wenn z.B. die Revision auf die Anordnung des Verfalls **beschränkt** wurde (OLG Hamm RVGreport 2012, 152 m. Anm. *Pott* StRR 2012, 158; LG Detmold, Beschl. v. 31.5.2011 – 4 Qs 86/11, jew. für Berufung).

☝ Der Verteidiger sollte ggf. in der Revisionsbegründung **deutlich machen**, dass er sich ggf. auch mit den Fragen von **Einziehung** und/oder **Verfall befasst** hat. Das folgt m.E. zwar bereits aus der möglicherweise erhobenen allgemeinen Sachrüge, da diese alle Rechtsfragen erfasst, die Befassung sollte aber im eigenen gebührenrechtlichen Interesse durch entsprechende Formulierungen nach außen deutlich gemacht werden.

369 **b)** Für den Gegenstandswert und damit für die **Höhe** der Verfahrensgebühr Nr. 4142 VV RVG sind maßgeblich sind die zum Zeitpunkt des Entstehens der Gebühr erkennbaren Anhaltspunkten in der Verfahrensakte. Insoweit kann auf die entsprechend geltenden Ausführungen bei → *Berufung, Gebühren*, Teil D Rdn 95, verwiesen werden. Zur Anfechtung einer Wertfestsetzung s. → *Wertfestsetzung, Beschwerde*, Teil D Rdn 553, und → *Wertfestsetzung, weitere Beschwerde*, Teil D Rdn 576.

6. Ist ein **Adhäsionsverfahren** anhängig, in dem der Rechtsanwalt tätig wird, entstehen ggf. die Gebühren Nr. 4143, 4144 VV RVG (wegen der Einzelh. der zusätzlichen Verfahrensgebühren Nr. 4143, 4144 VV RVG Burhoff/*Burhoff*, RVG, Nr. 4143 VV Rn 1 ff. und Nr. 4144 VV Rn 1 ff.). Auch diese Gebühren sind als Wertgebühren vom Gegenstandwert abhängig (vgl. *Burhoff* RVGreport 2011, 281; zur Wertfestsetzung → *Wertfestsetzung, Beschwerde*, Teil D Rdn 560). Für den **Gebührensatz** gelten die Ausführungen bei → *Berufung, Gebühren*, Teil D Rdn 97, entsprechend. 370

☝ Richtet sich die Revision ausschließlich gegen eine Entscheidung über die **vermögensrechtlichen Ansprüche**, entstehen keine Gebühren nach Nrn. 4130 ff. VV RVG, sondern gem. Vorbem. 4.3 Abs. 2 VV RVG nur die nach Nr. 4144 VV RVG.

7. In Rspr. und Lit. besteht Streit, ob zu den für die Verteidigung im Revisionsverfahren zu **erstattenden Kosten** auch die Verfahrensgebühr Nr. 4130 VV RVG gehört, wenn die StA ihre zulasten des Angeklagten eingelegte Revision nach Beauftragung eines Rechtsanwalts durch den Angeklagten, aber vor Begründung der Revision durch die StA zurückgenommen hat (vgl. § 473 Abs. 2 S. 1). Insoweit kann auf die Darstellung zur vergleichbaren Frage der Erstattung der Nr. 4124 VV RVG im Berufungsverfahren verwiesen werden (→ *Berufung, Gebühren*, Teil D Rdn 98). Die gelten im Revisionsverfahren erst recht (vgl. eingehend a. *Burhoff* RVGreport 2014, 410). 371

Siehe auch: → *Revision, Allgemeines*, Teil A Rdn 2006, m.w.N.; → *Allgemeine Gebührenfragen, Allgemeines*, Teil D Rdn 1, m.w.N.; → *Anhörungsrüge (§ 356a), Abrechnung*, Teil D Rdn 49; → *Revision, Terminsgebühr*, Teil D Rdn 372, m.w.N.; → *Revision, Verfahrensgebühr*, Teil D Rdn 379, m.w.N.; → *Revision, Zusätzliche Verfahrensgebühr (Nr. 4141 VV RVG)*, Teil D Rdn 388; → *Zurückverweisung*, Teil D Rdn 642.

Revision, Terminsgebühr 372

Das Wichtigste in Kürze:

1. Für die Teilnahme des Rechtsanwalts an der HV im Revisionsverfahren entsteht die Nr. 4132 VV RVG.
2. Voraussetzung für das Entstehen der Terminsgebühr ist, dass ein HV-Termin im Revisionsverfahren stattgefunden und der Rechtsanwalt daran teilgenommen hat.
3. Die Terminsgebühr erfasst die „Teilnahme" an der Revisions-HV.
4. Bei der Bemessung der Wahlanwaltsterminsgebühr sind über § 14 Abs. 1 RVG die Besonderheiten des jeweiligen Einzelfalls zu berücksichtigen. Der Pflichtverteidiger erhält Festbetragsgebühren.

373 **Literaturhinweise: Burhoff**, Die Terminsgebühr im Straf- bzw. Bußgeldverfahren, RVGreport 2010, 3; *ders.*, Die Terminsgebühr im Straf- und Bußgeldverfahren, RENOpraxis 2011, 198; *ders.*, 25 Fragen und Antworten zur Terminsgebühr in Straf- und Bußgeldverfahren, RVGprofessionell 2013, 124; *ders.*, Rechtsprechungsübersicht zur Bemessung der Terminsgebühr in Strafverfahren, RVGprofessionell 2013, 142; s. i.Ü. die Hinw. bei → *Allgemeine Gebührenfragen, Allgemeines*, Teil D Rdn 2, und bei → *Revision, Gebühren*, Teil D Rdn 356.

374 **1.** Für die Teilnahme des Rechtsanwalts an der HV im Revisionsverfahren entsteht die **Nr. 4132 VV RVG** (zur Revision-HV → *Revision, Hauptverhandlung*, Teil A Rdn 2174). Für diese gelten die allgemeinen Regeln für die Terminsgebühr (Vorbem. 4 Abs. 3 VV RVG) (vgl. → *Terminsgebühr, Abgeltungsbereich*, Teil D Rdn 402, und → *Terminsgebühr, Allgemeines*, Teil D Rdn 413). Finden während des Revisionsverfahrens noch andere „gerichtliche Termine" außerhalb der HV statt, wie z.B. eine Haftprüfung, entsteht dafür neben der Terminsgebühr Nr. 4132 VV RVG ggf. eine solche nach Nr. 4102 VV RVG.

☝ Soweit durch die Mitwirkung des Rechtsanwalts eine Revisions-HV entbehrlich wird, z.B. durch (fristgerechte) **Rücknahme** der **Revision**, entsteht dafür nach Nr. 4141 Anm. 1 Ziff. 3 VV RVG eine sog. Befriedungsgebühr i.H.d. Verfahrensgebühr der ersten Instanz (→ *Revision, Zusätzliche Verfahrensgebühr [Nr. 4141 VV RVG]*, Teil D Rdn 388; wegen der Einzelh. zu Nr. 4141 VV RVG Burhoff/*Burhoff*, Nr. 4141 VV Rn 40 ff.).

375 **2. Voraussetzung** für das Entstehen der Terminsgebühr ist, dass ein **HV-Termin** im Revisionsverfahren stattgefunden und der Rechtsanwalt daran **teilgenommen** hat. Die HV beginnt auch im Revisionsverfahren nach § 243 Abs. 1 S. 1 mit dem Aufruf zur Sache. Die Terminsgebühr entsteht daher, sofern der Rechtsanwalt beim Aufruf der Sache anwesend ist oder, wenn er beim Aufruf der Sache (noch) nicht anwesend ist, wenn er später in der Revisions-HV auftritt/erscheint (vgl. Burhoff/*Burhoff*, RVG, Nr. 4108 VV Rn 6 ff.). **Ausreichend** für das Entstehen der Terminsgebühr ist auch im Revisionsverfahren die **bloße Anwesenheit** des Rechtsanwalts im Termin. Er muss also auch hier keine Anträge gestellt und auch nicht zu bestimmten Fragen Stellung genommen haben. Unerheblich ist, ob der Angeklagte anwesend ist/war. Die Terminsgebühr Nr. 4132 VV RVG entsteht auch, wenn es sich nur um einen sog. Verkündungstermin nach § 356 i.V.m. § 268 handelt, an dem der Rechtsanwalt teilnimmt (Burhoff/*Burhoff*, RVG, Nr. 4132 VV Rn 3).

376 **3.** Die Terminsgebühr erfasst die „**Teilnahme**" an der **Revisions-HV**. Wegen der allgemeinen Einzelh. kann verwiesen werden auf die Ausführungen bei Burhoff/*Burhoff*, RVG, Nr. 4108 VV Rn 2 ff.) (s. noch → *Terminsgebühr, Abgeltungsbereich*, Teil D Rdn 394; → *Terminsgebühr, Allgemeines*, Teil D Rdn 402). Befindet sich der Mandant des Rechtsanwalts zum Zeitpunkt des HV-Termins nicht auf freiem Fuß, entsteht die Terminsgebühr Nr. 4132 VV RVG mit **Haftzuschlag** (Nr. 4133 i.V.m. Vorbem. 4 Abs. 4 VV RVG; wegen der Einzelh. → *U-Haft-Fragen, Gebühren*, Teil D Rdn 414).

4.a) Bei der **Bemessung** der **Wahlanwaltsgebühr** sind über § 14 Abs. 1 RVG die Besonderheiten des jeweiligen Einzelfalls zu berücksichtigen (vgl. allgemein zur Bemessung der Terminsgebühr → *Terminsgebühr, Allgemeines*, Teil D Rdn 402). Nicht unterschieden wird im RVG zwischen Revisionen beim BGH und beim OLG. Daher kann m.E. die Frage der Gerichtsordnung bei der Bemessung der Terminsgebühr keine Rolle spielen bzw. allenfalls über die Schwierigkeit der Sache Bedeutung finden. Der Gesetzgeber hat den Gebührenrahmen der Terminsgebühr für die Revisions-HV auch bewusst – abweichend von den anderen Terminsgebühren – niedriger angesetzt als den der Verfahrensgebühr Nr. 4130 VV RVG, weil die Revisions-HV häufig nur wenige Minuten dauern und rein formalistisch ablaufen (s. ausdrücklich BT-Drucks 15/1971, S. 226). Das hat zur Folge, dass die ggf. nur geringe Dauer des Revisions-HV-Termins nicht noch einmal (erheblich) bei der Bestimmung der angemessenen Gebühr herangezogen werden kann (Burhoff/*Burhoff*, RVG, Nr. 4132 VV Rn 16; vgl. auch Gerold/Schmidt/*Burhoff*, VV 4132 – 4135 Rn 10). 377

b) Der **Pflichtverteidiger** erhält Festbetragsgebühren. Reichen die nicht aus, muss er ggf. eine Pauschgebühr nach § 51 RVG beantragen (→ *Allgemeine Gebührenfragen, Besonderheiten, Pflichtverteidiger*, Teil D Rdn 17 ff.). Hat der Pflichtverteidiger an einem besonders **langen Revisions-HV-Termin** teilgenommen, steht ihm der Längenzuschlag nach den Nrn. 4134, 4135 VV RVG zu (→ *Allgemeine Gebührenfragen, Besonderheiten Pflichtverteidiger*, Teil D Rdn 12). 378

Siehe auch: → *Revision, Allgemeines*, Teil A Rdn 2006, m.w.N.; → *Allgemeine Gebührenfragen, Allgemeines*, Teil D Rdn 1, m.w.N.; → *Revision, Gebühren*, Teil D Rdn 355, m.w.N.

Revision, Verfahrensgebühr 379

Das Wichtigste in Kürze:

1. Für seine Tätigkeiten im Revisionsverfahren außerhalb der HV verdient der Rechtsanwalt die Verfahrensgebühr Nr. 4130 VV RVG.
2. Voraussetzung für das Entstehen der Verfahrensgebühr ist, dass der Rechtsanwalt nach Beginn des Revisionsverfahrens für den Mandanten tätig geworden ist.
3. Die Verfahrensgebühr Nr. 4130 VV RVG erfasst das „Betreiben des Geschäfts" (Vorbem. 4 Abs. 2 VV RVG) im Revisionsverfahren.
4. Bei der Bemessung der Höhe der Verfahrensgebühr des Wahlanwalts sind über § 14 Abs. 1 RVG die Besonderheiten des Einzelfalls zu berücksichtigen. Der Pflichtverteidiger erhält eine Festbetragsgebühr.

Literaturhinweise: **Burhoff**, Die Verfahrensgebühr im Straf- bzw. Bußgeldverfahren, RVGreport 2009, 443; *ders.*, Die Verfahrensgebühr im Straf- bzw. Bußgeldverfahren, RENOpraxis 2011, 126; *ders.*, 25 Fragen und Ant- 380 worten zur Verfahrensgebühr in Straf- und Bußgeldverfahren, RVGprofessionell 2013, 176; s. i.Ü. die Hinw. bei → *Allgemeine Gebührenfragen, Allgemeines*, Teil D Rdn 2, und bei → *Revision, Gebühren*, Teil D Rdn 356.

381 **1.** Für seine Tätigkeiten im Revisionsverfahren außerhalb der HV verdient der Rechtsanwalt die Verfahrensgebühr Nr. 4130 VV RVG. Für diese gelten die allgemeinen Regeln für die Verfahrensgebühr (Vorbem. 4 Abs. 2 VV RVG) (vgl. dazu → *Verfahrensgebühr, Abgeltungsbereich*, Teil D Rdn 431; → *Verfahrensgebühr, Allgemeines*, Teil D Rdn 442).

382 **2. Voraussetzung** für das Entstehen der Verfahrensgebühr ist, dass der Rechtsanwalt nach Beginn des Revisionsverfahrens (vgl. dazu → *Revision, Gebühren*, Teil D Rdn 364) für den Mandanten tätig geworden ist. Ausreichend ist jede Tätigkeit des Rechtsanwalts, auch die Beratung des Mandanten über die von einem anderen Verfahrensbeteiligten, z.B. von der StA, eingelegten Revision (a.A. offenbar KG StraFo 2006, 432 m. Anm. *Burhoff* RVGreport 2006, 352; RVGreport 2010, 351; OLG Koblenz NStZ 2007, 423; LG Koblenz JurBüro 2009, 198; vgl. a. noch OLG Naumburg JurBüro 2012, 312 für Nr. 3201 VV RVG; zur Frage der Erstattung der Nr. 4130 VV RVG im Fall der Rücknahme der durch einen anderen Verfahrensbeteiligten eingelegten Revision → *Revision, Gebühren*, Teil D Rdn 371).

383 **3.a)** Die Verfahrensgebühr Nr. 4130 VV RVG erfasst das „**Betreiben** des **Geschäfts**" (Vorbem. 4 Abs. 2 VV RVG) im Revisionsverfahren. Erfasst werden **alle** nach Einlegung der Revision bis zum Abschluss der Revisionsinstanz vom Rechtsanwalt **erbrachten Tätigkeiten** (zum Pauschalcharakter vgl. Burhoff/*Burhoff*, RVG, Vorbem. 4.1 VV Rn 33 ff.). Wegen der Einzelh. zur Verfahrensgebühr im Revisionsverfahren kann verwiesen werden auf die Ausführungen bei Burhoff/*Burhoff*, RVG, Nr. 4130 VV Rn 14 ff.) (s. auch noch → *Verfahrensgebühr, Abgeltungsbereich*, Teil D Rdn 431; → *Verfahrensgebühr, Allgemeines*, Teil D Rdn 442).

384 **b)** Von der Verfahrensgebühr werden über die bei → *Verfahrensgebühr, Abgeltungsbereich*, Teil D Rdn 440, aufgeführten Tätigkeiten hinaus im Revisionsverfahren **insbesondere** erfasst (s. auch Burhoff/*Burhoff*, RVG, Nr. 4130 VV Rn 18 f.):

- sog. **Abwicklungstätigkeiten** (vgl. dazu [für das Zivilrecht] OLG Karlsruhe, AGS 2009, 19),
- **Akteneinsicht**, z.B. zur Vorbereitung der Revisionsbegründung und RV-HV,
- **Anhörungsrüge (§ 356a**; → *Anhörungsrüge (§ 356a), Abrechnung*, Teil D Rdn 49),
- **Nachholung des rechtlichen Gehörs (§ 19 Abs. 1 S. 2 Nr. 5)** (→ *Nachholung des rechtlichen Gehörs [§§ 33a, 311], Abrechnung*, Teil D Rdn 334),
- ggf. **Beratung** über die **Erfolgsaussichten** einer Verfassungsbeschwerde,
- **Begründung** der **Revision** (vgl. dazu u. Rdn 385, und → *Revision, Begründung, Allgemeines*, Teil A Rdn 2045, m.w.N.),
- **Berichtigungsanträge**, z.B. für amts-/landgerichtliches Urteil oder Protokoll,
- **Beschwerden** (→ *Beschwerde, Gebühren*, Teil D Rdn 130 ff., m.w.N.),

- ggf. **Einlegung** der **Revision** (§ 19 Abs. 1 S. 2 Nr. 10 RVG; → *Revision, Einlegung, Allgemeines*, Teil A Rdn 2104, m.w.N.),
- **Ergänzungsanträge** für Urteil oder Protokoll,
- **Erinnerungen**, mit Ausnahme der in Vorbem. 4 Abs. 5 VV RVG erwähnten Verfahren (vgl. Burhoff/*Burhoff*, RVG, Vorbem. 4 VV Rn 93 ff.; → *Beschwerde, Gebühren*, Teil D Rdn 130),
- **Nachbereitung** der HV,
- **Pflichtverteidigerbestellung** und damit ggf. zusammenhängende Rechtsmittel (§ 350; → *Revision, Pflichtverteidiger*, Teil A Rdn 2187),
- **Rücknahme** der **Revision** (LG Mönchengladbach StV 2004, 37 [bereits Tätigwerden im Revisionsverfahren]; → *Revision, Rücknahme*, Teil A Rdn 2199),
- **Überprüfung** des amts-/landgerichtlichen **Urteils**,
- (allgemeine) **Vorbereitung** der **Revisions-HV** (→ *Verfahrensgebühr, Abgeltungsbereich*, Teil A Rdn 468),
- **Verzögerungsrüge** nach § 198 Abs. 3 GVG (→ *Verfahrensverzögerung/Verzögerungsrüge, Abrechnung*, Teil D Rdn 451; → *Verfahrensverzögerung/Verzögerungsrüge*, Teil B Rdn 1027),
- **Wiedereinsetzungsanträge** (→ *Wiedereinsetzungsverfahren, Abrechnung*, Teil D Rdn 634; → *Wiedereinsetzung in den vorigen Stand, Allgemeines*, Teil B Rdn 1479, m.w.N.).

c) Die Haupttätigkeit des Verteidigers für den Mandanten im Revisionsverfahren wird meist das Verfassen der **Revisionsbegründung** sein. Die Verfahrensgebühr Nr. 4130 VV RVG entsteht aber nicht erst mit der Begründung der Revision. Ausreichend für das Entstehen der Verfahrensgebühr ist auch jede andere Tätigkeit, die nach Beginn des Revisionsverfahrens erbracht wird. Das kann z.B. die Beratung des Mandanten darüber sein, ob und ggf. mit welchen Anträgen eine ggf. nur zur Fristwahrung eingelegte Revision begründet und weiter durchgeführt werden soll (KG AGS 2009, 389 m. Anm. *Burhoff* RVGreport 2009, 346; LG Aurich RVGreport 2013, 60). Wird nach dieser Prüfung die Revision nicht begründet und im Einverständnis des Mandanten zurückgenommen, entfällt dadurch nicht die bereits entstandene Verfahrensgebühr (KG, a.a.O.). Für das Entstehen der Verfahrensgebühr reicht es auch aus, wenn der Verteidiger sich darauf beschränkt, in der Revisionsschrift **lediglich** die **Verletzung materiellen Rechts** zu rügen (KG AGS 2006, 435 m. Anm. *Madert*; OLG Hamm AGS 2006, 547 m.w.N.; LG Dortmund JurBüro 1974, 342 m.w.N.; Burhoff/*Burhoff*, RVG, Nr. 4130 Rn 15; zur Begründung der Revision → *Revision, Begründung, Allgemeines*, Teil A Rdn 2045, m.w.N.). Allerdings wird diese formelhafte Begründung i.d.R. Auswirkungen auf die Höhe der Verfahrensgebühr haben (vgl. zur Bemessung Rdn 386). 385

☝ Für das Entstehen der Verfahrensgebühr Nr. 4130 VV RVG ist schließlich auch nicht erforderlich, dass das **schriftliche Urteil** bereits vorliegt. Die Gebühr entsteht also auch dann, wenn der Verteidiger die Revision zu einem Zeitpunkt begründet hat, als das schriftliche Urteil noch **nicht vorlag** (OLG Hamm StraFo 2006, 433; AGS 2006, 547; Burhoff/*Burhoff*, RVG, Nr. 4130 VV Rn 16).

386 **4.a)** Bei der **Bemessung** der Höhe der **Verfahrensgebühr** des **Wahlanwalts** sind über § 14 Abs. 1 RVG die Besonderheiten des Einzelfalls zu berücksichtigen (vgl. → *Allgemeine Gebührenfragen, Wahlverteidiger*, Teil D Rdn 31; s.a. Burhoff/*Burhoff*, RVG, Teil A: Rahmengebühren [§ 14], Rn 1557 ff.). Die konkrete Höhe der Gebühr ist abhängig vom Umfang der vom Rechtsanwalt erbrachten Tätigkeiten. Von Belang kann sein die Schwierigkeit des Tatvorwurfs und ob die Revision ggf. von Anfang an auf das Strafmaß beschränkt war (vgl. dazu a. LG Hannover JurBüro 2011, 304 für die Berufung) oder ob die Revision (des Nebenklägers) ggf. unzulässig war (LG Köln JurBüro 2011, 307 [100,00 € als Verfahrensgebühr im Berufungsverfahren]). Von Bedeutung ist auch sein, ob und ggf. wie umfangreich der Rechtsanwalt die Revision begründet oder wie umfangreich die **Revisionsbegründung** des Revisionsgegners war, mit der er sich auseinandersetzen musste. Auch der Umfang der (allgemeinen) Vorbereitung der Revisionshauptverhandlung hat Auswirkungen auf die Höhe der Gebühr (zu allem Burhoff/*Burhoff*, RVG, Nr. 4130 VV Rn 24).

☝ Befindet sich der Mandant des Rechtsanwalts während des Revisionsverfahrens nicht auf freiem Fuß, entsteht die Verfahrensgebühr Nr. 4130 VV RVG mit **Haftzuschlag** (Nr. 4131 VV RVG i.V.m. Vorbem. 4 Abs. 4 VV RVG; wegen der Einzelh. → *U-Haft-Fragen, Gebühren*, Teil D Rdn 414).

387 **b)** Der **Pflichtverteidiger** erhält eine Festbetragsgebühr. Reicht die nicht aus, muss der Pflichtverteidiger ggf. eine Pauschgebühr nach § 51 RVG beantragen (→ *Allgemeine Gebührenfragen, Besonderheiten, Pflichtverteidiger*, Teil D Rdn 6).

Siehe auch: → *Revision, Allgemeines*, Teil A Rdn 2006, m.w.N.; → *Allgemeine Gebührenfragen, Allgemeines*, Teil D Rdn 1, m.w.N.; → *Revision, Gebühren*, Teil D Rdn 355, m.w.N.

388 Revision, Zusätzliche Verfahrensgebühr (Nr. 4141 VV RVG)

Das Wichtigste in Kürze:

1. In der Nr. 4141 VV RVG ist eine zusätzliche Verfahrensgebühr für den Rechtsanwalt vorgesehen, der daran mitwirkt, dass die HV im Revisionsverfahren entbehrlich wird.
2. Für die zusätzliche Verfahrensgebühr Nr. 4141 VV RVG im Revisionsverfahren gelten die Ausführungen zur zusätzlichen Verfahrensgebühr im Berufungsverfah-

ren weitgehend entsprechend. Auf einige Besonderheiten, insbesondere im Zusammenhang mit der Rücknahme der Revision, ist aber hinzuweisen.
3. Die zusätzliche Gebühr Nr. 4141 VV RVG ist eine Festgebühr.

Literaturhinweise: **Burhoff**, Befriedungs-/Erledigungsgebühr Nr. 4114 VV RVG, RVGreport 2005, 248; *ders.*, Was Sie zu Nr. 4141 VV RVG und Nr. 5115 VV RVG wissen sollten, RVGprofessionell 2010, 47; *ders.*, Die zusätzliche Verfahrensgebühr Nr. 4141 VV RVG – Teil 1: Allgemeines, Mitwirkung und Gebührenhöhe, RVGreport 2015, 3; *ders.*, Die zusätzliche Verfahrensgebühr Nr. 4141 VV RVG – Teil 2: Die Fälle der zusätzlichen Verfahrensgebühr, RVGreport 2015, 42; **Fischer**, Der Anwendungsbereich der Befriedungsgebühr, NJW 2012, 265; **N. Schneider**, Die zusätzlichen Gebühren in Straf- und Bußgeldsachen nach den Nr. 4141 und 5115 VV RVG, ZAP F. 24, S. 1073; *ders.*, Berechnung der sog. „Zwei-Wochen-Frist" bei Rücknahme eines Einspruchs oder eines Rechtsmittels in Straf- und Bußgeldsachen, DAR 2007, 671; *ders.*, Die zusätzliche Gebühr in Strafsachen, DAR 2011, 488; s. i.Ü. die Hinw. bei → *Allgemeine Gebührenfragen, Allgemeines*, Teil D Rdn 2, und bei → *Revision, Gebühren*, Teil D Rdn 356. 389

1. In der Nr. 4141 VV RVG ist eine zusätzliche Verfahrensgebühr für den Rechtsanwalt vorgesehen, der daran mitwirkt, dass die **HV entbehrlich** wird (allgemein zur Nr. 4141 VV RVG *Burhoff* RVGreport 2005, 248; *ders.*, RVGprofessionell 2010, 47; *ders.*, RVGreport 2015, 3; *ders.*, RVGreport 2015, 42; wegen weit. Nachw. s. Burhoff/*Burhoff*, RVG, Nr. 4141 VV vor Rn 1). Die Anm. 1 zu Nr. 4141 VV RVG sieht derzeit drei Fälle vor, in denen die zusätzliche Verfahrensgebühr entstehen kann. Davon haben die Ziff. 1 und aus der Ziff. 3 die Rücknahme der Revision im Revisionsverfahren praktische Bedeutung (vgl. u. Rdn 392). 390

2. Für die zusätzliche Verfahrensgebühr Nr. 4141 VV RVG im Revisionsverfahren gelten die Ausführungen zur zusätzlichen Verfahrensgebühr im Berufungsverfahren weitgehend entsprechend. Es kann daher im Wesentlichen auf die Ausführungen bei → *Berufung, Zusätzliche Verfahrensgebühr (Nr. 4141 VV RVG)*, Teil D Rdn 115 ff., verwiesen werden. Hinzuweisen ist allerdings auf folgende 391

Besonderheiten/Abweichungen: 392

- Für das Revisionsverfahren ist insbesondere von Bedeutung, dass auch durch eine ggf. im Revisionsverfahren noch erfolgende Einstellung das Verfahren insgesamt erledigt sein muss. Daher führt die **Teileinstellung** wegen einer Einzelnen von mehreren Taten, z.B. nach § 154 durch das Revisionsgericht, **nicht** zur Verfahrensgebühr Nr. 4141 Anm. 1 **Ziff. 1** VV RVG (LG Bad Kreuznach AGS 2011, 435 m. Anm. *Burhoff* RVGreport 2011, 226 für die teilweise Nichteröffnung; AnwKomm-RVG/*N. Schneider,* VV 4141 Rn 26; Burhoff/*Burhoff*, RVG, Nr. 4141 VV Rn 25; *N. Schneider* DAR 2011, 488, 489).
- Auch für die Verfahrensgebühr Nr. 4141 VV Anm. 1 **Ziff. 3** VV RVG kann grds. auf die Ausführungen bei → *Berufung, Zusätzliche Verfahrensgebühr (Nr. 4141 VV RVG)*, Teil D Rdn 124 ff., verwiesen werden. Daher fällt die zusätzliche Verfahrensgebühr

an, wenn der Verteidiger die **Revision** – rechtzeitig – **zurücknimmt** und es daher nicht (mehr) zu einer HV im Revisionsverfahren kommt.

In Rspr. und Lit wird allerdings darum **gestritten**, ob im Revisionsverfahren noch **weitere Voraussetzungen** für das Entstehen der Gebühr Nr. 4141 Anm. 1 **Ziff. 3 VV** RVG vorliegen müssen. Der Streitstand ergibt sich wie folgt:

- Von der inzwischen wohl **h.M.** wird dazu angenommen, dass es für das Entstehen der Verfahrensgebühr erforderlich sei, dass **Revisions-HV anberaumt** ist bzw. zumindest konkrete Anhaltspunkte dafür vorhanden sind, dass eine HV durchgeführt worden wäre, wenn nicht die Revision zurückgenommen worden wäre (aus der Rspr. der Obergerichte u.a. KG, Beschl. v. 4.5.2006 – 4 Ws 57/06; OLG Brandenburg AGS 2007, 403; OLG Braunschweig Nds.Rpfl. 2012, 42; OLG Düsseldorf JurBüro 2008, 85; OLG Hamburg RVGreport 2008, 340; OLG Hamm [4. Strafsenat]) StraFo 2006, 474; OLG Jena, Beschl. v. 30.11.2006 – 1 Ws 254/06; OLG Koblenz, Beschl. v. 15.5.2008, 1 Ws 229/08; OLG Köln AGS 2008, 447 m. Anm. *Burhoff* RVGreport 2008, 428; OLG München AGS 2013, 174; OLG Naumburg AGS 2013, 521; OLG Oldenburg NStZ-RR 2011, 96; OLG Rostock JurBüro 2012, 301 [Ls.]; OLG Saarbrücken JurBüro 2007, 28; OLG Stuttgart AGS 2007, 402 m. Anm. *Burhoff* RVGreport 2007, 190; OLG Zweibrücken AGS 2006, 74; wegen weiterer Nachw. Gerold/Schmidt/*Burhoff*, VV 4141 Rn 38; Burhoff/*Burhoff*, RVG, Nr. 4141 VV Rn 65 ff.).
- Teilweise wird in der Rspr. der OLG zwar nicht die Anberaumung eines HV-Termins verlangt, aber darauf abgestellt, dass die Nr. 4141 Anm. 1 Ziff. 3 VV RVG nicht entsteht, wenn die Revision **nicht zumindest bereits begründet** worden war (s. z.B. KG AGS 2005, 434 m. Anm. *N. Schneider* u. Anm. *Burhoff* RVGreport 2005, 352; OLG Bamberg, Beschl. v. 22.3.2006 – 1 Ws 142/06; OLG Braunschweig AGS 2006, 232; OLG Hamm [2. Strafsenat] StraFo 2006, 433; OLG München OLG München AGS 2013, 174; Beschl. v. 11.2.2008 – 4 Ws 008/08 (K); OLG Nürnberg StRR 2010, 443 [Ls.]).
- Eine dritte Auffassung geht schließlich vom **Wortlaut** aus und macht das Entstehen der Gebühr **nicht von weiteren Voraussetzungen** abhängig (Düsseldorf AGS 2006, 124 m. zust. Anm. *N. Schneider* u. Anm. *Burhoff* RVGreport 2006, 6; LG Hagen AGS 2006, 233; Burhoff/*Burhoff*, RVG, Nr. 4141 VV Rn 69; Gerold/Schmidt/*Burhoff*, VV 4141 Rn 38; vgl. a. noch LG Chemnitz RVGreport 2015, 290 m. Anm. *Burhoff* StRR 2015, 319).

☝ **Zutreffend** ist die (letzte) Auffassung, die auf den **Wortlaut** der Vorschrift abstellt (s. auch Gerold/Schmidt/*Burhoff*, a.a.O.; Burhoff/*Burhoff*, RVG, a.a.O.). Der Verteidiger muss sich jedoch auf die o.a. abweichende h.M. bzw. die vermittelnde Ansicht einstellen. Deshalb sollte er auf jeden Fall sofort bei Einlegung der

Revision diese auch, und zwar zumindest mit der **allgemeinen Sachrüge**, begründen. Dann kann bei einer späteren Rücknahme zumindest die fehlende Begründung dem Entstehen der Befriedungsgebühr Nr. 4141 Anm. 1 Ziff. 3 VV RVG nicht entgegengehalten werden.

Der o.a. **Streit** hat **keine Bedeutung**, wenn es um die **Rücknahme** der von der **StA** eingelegten Revision geht, zu der der Verteidiger bereits Stellung genommen hatte. In den Fällen wird die Verfahrensgebühr i.d.R. entstehen, da im Fall der Revision der StA i.d.R. eine HV stattfindet (KG AGS 2009, 324).

3. Hinsichtlich der **Höhe** der zusätzlichen Gebühr Nr. 4141 VV RVG gelten für das Revisionsverfahren die für das Berufungsverfahren gemachten Ausführungen entsprechend. Auf → *Berufung, Zusätzliche Verfahrensgebühr (Nr. 4141 VV RVG)*, Teil D Rdn 128, wird daher verwiesen. 393

Siehe auch: → *Rechtsmittel/Rechtsbehelfe, Rücknahme. Allgemeines*, Teil A Rdn 1653; → *Revision, Rücknahme*, Teil A Rdn 2199; → *Allgemeine Gebührenfragen, Allgemeines*, Teil D Rdn 1, m.w.N.; → *Revision, Gebühren*, Teil D Rdn 355.

Terminsgebühr, Abgeltungsbereich 394

Das Wichtigste in Kürze:

1. Die Vorbem. 4 Abs. 3 VV RVG bzw. die Vorbem. 5 Abs. 3 VV RVG für das Bußgeldverfahren enthalten nur eine allgemeine Regelung des Abgeltungsbereichs der (jeweiligen) Terminsgebühr.
2. Der Rechtsanwalt verdient die Terminsgebühr „für die Teilnahme an gerichtlichen Terminen …“.
3. Besonders hinzuweisen sind auf die Tätigkeiten des Rechtsanwalts in Zusammenhang mit der Teilnahme an Terminen und der Vor- bzw. Nachbereitung von Terminen.

Literaturhinweise: **Burhoff**, Die Terminsgebühr in Straf- und Bußgeldverfahren, RVGreport 2010, 3; *ders.*, Die Terminsgebühr im Straf- und Bußgeldverfahren, RENOpraxis 2011, 198; *ders.*, Die Terminsgebühr im Straf- und Bußgeldverfahren, RENOpraxis 2011, 198; *ders.*, 25 Fragen und Antworten zur Terminsgebühr in Straf- und Bußgeldverfahren, RVGprofessionell 2013, 124; *ders.*, Rechtsprechungsübersicht zur Bemessung der Terminsgebühr in Strafverfahren, RVGprofessionell 2013, 142; s. i.Ü. die Hinw. bei → *Allgemeine Gebührenfragen, Allgemeines*, Teil D Rdn 2, und bei den u.a. Stichwörtern. 395

1. Die Vorbem. 4 Abs. 3 VV RVG bzw. die Vorbem. 5 Abs. 3 VV RVG für das Bußgeldverfahren enthalten nur eine **allgemeine Regelung** des Abgeltungsbereichs der (jewei- 396 ligen) Terminsgebühr. Danach erhält der Rechtsanwalt die Terminsgebühr „für die Teilnahme an gerichtlichen Terminen ...“ (vgl. auch → *Terminsgebühr, Allgemeines*, Teil D Rdn 402).

397 **2.** Nach **Vorbem. 4 Abs. 3** VV RVG bzw. in **Vorbem. 5 Abs. 3** VV RVG verdient der Rechtsanwalt eine Terminsgebühr „für die Teilnahme an gerichtlichen Terminen ...“. Abgegolten wird dadurch die gesamte Tätigkeit des Rechtsanwalts im jeweiligen Termin (Burhoff/*Burhoff*, RVG; Vorbem. 4 VV Rn 60 ff.; AnwKomm-RVG/*N. Schneider*, VV Vorb. 4 Rn 25; Gerold/Schmidt/*Burhoff*, VV Vorb. 4 Rn 25 f.; BT-Drucks 15/1971, S. 220; → *Terminsgebühr, Allgemeines*, Teil D Rdn 406 ff.).

398 **3.** Besonders hinzuweisen ist auf folgende **erfasste** bzw. nicht erfasste **Tätigkeiten** (vgl. auch Burhoff/*Burhoff*, RVG, Vorbem. 4 Rn 60 ff.; Gerold/Schmidt/*Burhoff*, VV Vorb. 4 Rn 25 ff.; AnwKomm-RVG/*N. Schneider* VV Vorb. 4 Rn 24 ff.; *Burhoff* RVGreport 2010, 3; *ders.*, RENOpraxis 2011, 198; *ders.*, RVGprofessionell 2013, 124):

399 **a)** Von den Terminsgebühren erfasst wird – bezogen auf die Rechtsmittelverfahren – die **Teilnahme** an **gerichtlichen Terminen**, i.d.R. HV, bzw. an solchen, für die das RVG ausdrücklich eine Terminsgebühr vorsieht (vgl. z.B. Nr. 4102 Ziff. 2, 3, 4, 5 VV RVG). Erfasst wird die Anwesenheit des Verteidigers im Termin und alle von ihm im Termin entfaltete Tätigkeiten. Ein besonderer Umfang der Tätigkeiten wird vom RVG für das Entstehen einer Terminsgebühr nicht vorausgesetzt. Der spielt erst im Rahmen der Bemessung der Terminsgebühr nach § 14 RVG eine Rolle (→ *Berufung, Terminsgebühr*, Teil D Rdn 104; → *Revision, Terminsgebühr*, Teil D Rdn 377).

400 **b)** Die Terminsgebühren erhält der Rechtsanwalt für die „Teilnahme an gerichtlichen Terminen“. Dazu gehört nach zutreffender h.M. auch die damit zusammenhängende (konkrete) **Vorbereitung** und **Nachbereitung** des **Termins** (OLG Hamm AGS 2006, 498 für das Abfassen eines Beweisantrages; RVGreport 2009, 309 m. Anm. *Burhoff* StRR 2009, 438; OLG Jena StV 2006, 204; OLG Karlsruhe RVGreport 2009, 19; OLG Köln AGS 2008, 447; OLG München AGS 2014, 174 m. Anm. *Burhoff* StRR 2014, 271; OLG Stuttgart RVGreport 2006, 32; Burhoff/*Burhoff*, RVG, Vorbem. 4 VV Rn 62 m.w.N. auch zur a.A.; krit. insoweit *Enders*, JurBüro 2005, 32 in der Anm. zu AG Koblenz, AGS 2004, 484). Die dafür anfallenden Tätigkeiten werden nicht etwa von der Verfahrensgebühr erfasst (vgl. dazu → *Verfahrensgebühr, Abgeltungsbereich*, Teil D Rdn 438; **a.A.** aber OLG Bremen StraFo 2012, 39 m. abl. Anm. *Burhoff* RVGreport 2012, 63). Der Auffassung der h.M. scheint auch der BGH zu sein, der bei Gewährung einer Pauschgebühr für den Revisions-HV (§ 350) die von dem Pflichtverteidiger erbrachten vorbereitenden Tätigkeiten ausdrücklich bei der Bemessung der Pauschgebühr für den Termin berücksichtigt (vgl. u.a. BGH NJW 2012, 167; RVGreport 2012, 344; Beschl. v. 19.12.2012 – 1 StR 158/08). Zu Begründung der h.M. kann zudem auf die Gesetzesbegründung zu Vorbem. 4 Abs. 3 S. 2 VV RVG verwiesen werden, wo hinsichtlich der Terminsgebühr für einen sog. „geplatzten Termin“

(Vorbem. 4 Abs. 3 S. 2 VV RVG) auch auf den zur Vorbereitung dieses „geplatzten Termins" erbrachten Zeitaufwand abgestellt wird (vgl. dazu BT-Drucks 15/1971, S. 221).

Zu den mit der Terminsgebühr damit **auch abgegoltenen Tätigkeiten** können z.B. das nochmalige Aktenstudium, die Überprüfung, ob alle in der Anklageschrift benannten oder vom Verteidiger zur Entlastung benannten Zeugen geladen sind zählen. Zur Nachbereitung gehört z.B. die Begleitung des Angeklagten im § 153a-Verfahren, wenn es um die Einhaltung der Auflagen/Weisungen geht. 401

☝ Darüber hinausgehende Tätigkeiten, die nicht der Vorbereitung bzw. Nachbereitung des konkreten HV-Termins gelten, sondern **allgemein** der **Vorbereitung** bzw. der **Verteidigung** in der HV, werden von der jeweiligen gerichtlichen **Verfahrensgebühr** abgegolten. Sie gehören zum „Betreiben des Geschäfts" i.S.v. Vorbem. 4 Abs. 2 VV RVG (s. → *Verfahrensgebühr, Allgemeines*, Teil D Rdn 438).

Siehe auch: → *Allgemeine Gebührenfragen, Allgemeines*, Teil D Rdn 1, m.w.N.; → *Berufung, Terminsgebühr*, Teil D Rdn 99; → *Revision, Terminsgebühr*, Teil D Rdn 372; → *Terminsgebühr, Allgemeines*, Teil D Rdn 402; → *Verfahrensgebühr, Abgeltungsbereich*, Teil D Rdn 431; → *Verfahrensgebühr, Allgemeines*, Teil D Rdn 442.

Terminsgebühr, Allgemeines 402

Das Wichtigste in Kürze:

1. Das RVG sieht in Teil 4 VV RVG bzw. in Teil 5 VV RVG an verschiedenen Stellen Terminsgebühren vor.
2. Systematisch ist das RVG so vorgegangen, dass für das Strafverfahren die Vorbem. 4 Abs. 3 VV RVG bzw. die Vorbem. 5 Abs. 3 VV RVG für das Bußgeldverfahren eine allgemeine Regelung des Abgeltungsbereichs der (jeweiligen) Terminsgebühr enthält.
3. Vorbem. 4 Abs. 3 S. 2 VV RVG bzw. Vorbem. 5 Abs. 3 S. 2 VV RVG regelt den sog. „geplatzten Termin".
4. Für die Terminsgebühren gilt der Pauschalgebührencharakter aus Vorbem. 4.1 Abs. 2 S. 1/Vorbem. 5 Abs. 1 VV RVG bzw. aus § 15 Abs. 1 RVG.
5. Für die Bemessung der Terminsgebühren gelten die allgemeinen Regeln.

Literaturhinweise: **Burhoff**, Die Terminsgebühr in Straf- und Bußgeldverfahren, RVGreport 2010, 3; *ders.*, Die (Vernehmungs-)Terminsgebühr Nr. 4102, 4103 VV RVG, RVGreport 2010, 282; *ders.*, Anwaltsgebühren bei der Verständigung im Straf- und Bußgeldverfahren, RVGreport 2010, 401; *ders.*, Die Terminsgebühr im Straf- und Bußgeldverfahren, RENOpraxis 2011, 198; *ders.*, 25 Fragen und Antworten zur Terminsgebühr in Straf- und Bußgeldverfahren, RVGprofessionell 2013, 124; *ders.*, Rechtsprechungsübersicht zur Bemessung der Terminsgebühr in Strafverfahren, RVGprofessionell 2013, 142; **Kotz**, Entschädigung für einen geplatzten Termin in 403

Strafsachen – Zugleich Besprechung von OLG München vom 13.11.2007 – 1 Ws 986/07, JurBüro 2008, 402; s. i.Ü. die Hinw. bei → *Allgemeine Gebührenfragen, Allgemeines*, Teil D Rdn 2, und bei den u.a. Stichwörtern.

404 **1.a)** Das RVG sieht in Teil 4 VV RVG bzw. in Teil 5 VV RVG an verschiedenen Stellen **Terminsgebühren** vor. Für die hier behandelten Rechtsmittelverfahren und Rechtsbehelfe ist **hinzuweisen**

- auf die Terminsgebühr für das Berufungsverfahren in der **Nrn. 4126 VV RVG**,
- für das Revisionsverfahren auf die **Nr. 4132 VV RVG** und für die Rechtsbeschwerde im Bußgeldverfahren auf die **Nr. 5114 VV RVG**.
- Darüber hinaus entsteht in Strafverfahren in den in **Nr. 4102 VV RVG** genannten Fällen eine Terminsgebühr (zur Terminsgebühr für die Teilnahme an einem Haftprüfungstermin → *U-Haft-Fragen, Gebühren*, Teil D Rdn 422).
- Schließlich sind auch im Bereich der **Strafvollstreckung** (Teil 4 Abschnitt 2 VV RVG) nach den Nrn. 4202, 4206 VV RVG sowie
- auch im Bereich der Einzeltätigkeiten (Teil 4 Abschnitt 3 VV RVG) nach **Nr. 4301 Ziff. 4 VV RVG** Terminsgebühren vorgesehen.
- Im **Bußgeldverfahren** können dann noch für gerichtliche Termine außerhalb der HV nach Vorbem. 5.1.3 Abs. 1 VV RVG Terminsgebühren abgerechnet werden.
- Im **JGG-Verfahren** können in den „Nachverfahren" Terminsgebühren entstehen (→ *JGG-Verfahren, gebührenrechtliche Besonderheiten*, Teil D Rdn 241).

405 **b)** Nachfolgend sind **nur allgemeine Fragen** der Terminsgebühr behandelt. Die mit dem allgemeinen Abgeltungsbereich der Terminsgebühr zusammenhängenden Fragen sind dargestellt bei → *Terminsgebühr, Abgeltungsbereich*, Teil D Rdn 394. Die Besonderheiten der Terminsgebühr im Berufungsverfahren finden sich bei → *Berufung, Terminsgebühr*, Teil D Rdn 99, die der Terminsgebühr im Revisionsverfahren bei → *Revision, Terminsgebühr*, Teil D Rdn 372, die der Terminsgebühr im Rechtsbeschwerdeverfahren bei → *Rechtsbeschwerde, Gebühren*, Teil D Rdn 347. Hier nicht behandelt werden die mit Trennung, Verweisung und Verbindung von Verfahren zusammenhängenden gebührenrechtlichen Probleme im Zusammenhang mit der Verfahrensgebühr. Diese Fragen spielen im Rechtsmittelverfahren keine Rolle mehr (vgl. i.Ü. dazu die eingehenden Ausführungen bei Burhoff/*Burhoff*, Vorbem. 4 Rn 79 ff.; *Burhoff* RVGreport 2008, 405; *ders*., RVGreport 2008, 444; *ders*., RVGreport 2009, 9; zur Verfahrensgebühr nach Zurückverweisung s. → *Terminsgebühr*, Teil D Rdn 642).

406 **2.a)aa) Systematisch** geht das RVG – ebenso wie bei der Verfahrensgebühr (→ *Verfahrensgebühr, Allgemeines*, Teil D Rdn 442) – so vor, dass der Abgeltungsbereich der jeweiligen Terminsgebühr nicht jeweils in Zusammenhang mit der konkreten Gebühr geregelt/bestimmt wird. Vielmehr enthält für das Strafverfahren die Vorbem. 4 Abs. 3 VV RVG bzw. die Vorbem. 5 Abs. 3 VV RVG für das Bußgeldverfahren eine **allgemeine Regelung** des Abgeltungsbereichs der (jeweiligen) Termins-

gebühr. Danach erhält der Rechtsanwalt die Terminsgebühr „für die Teilnahme an **gerichtlichen Terminen**, soweit nichts anderes bestimmt ist“. Die Einschränkung „soweit nichts anderes bestimmt ist“ ist erforderlich, weil in Nr. 4102 VV RVG auch für nicht gerichtliche Termine Terminsgebühren vorgesehen sind.

bb) Die Teilnahme an **sonstigen**, im VV RVG nicht ausdrücklich erwähnten **Terminen**, wird **nicht** von einer Terminsgebühr erfasst. Vielmehr fallen diese Termine in den Abgeltungsbereich der jeweiligen Verfahrensgebühr (→ *Verfahrensgebühr, Abgeltungsbereich*, Teil D Rdn 437). Das sind z.B. Gespräche, die der Verteidiger mit anderen Verfahrensbeteiligten oder auch mit Familienangehörigen des Mandanten führt (vgl. KG RVGreport 2006, 151 für Vorgespräche) und alle sonstigen Termine, also z.B. auch die zur Erörterung des Standes Verfahrens, ggf. mit Ziel des Zustandekommens einer Verständigung (§ 257c) (Burhoff/*Burhoff*, RVG, Teil A: Verständigung im Straf- und Bußgeldverfahren, Abrechnung, Rn 2270; *Burhoff* RVGreport 2010, 401). 407

b) Was durch eine Terminsgebühr **allgemein abgegolten** wird, erläutert die Gesetzesbegründung (vgl. BT-Drucks 15/1971, S. 220 f.): Durch eine Terminsgebühr ist die gesamte Tätigkeit des Rechtsanwalts im gerichtlichen Termin, i.d.R. also in der HV, abgegolten (Burhoff/*Burhoff*, RVG, Vorbem. 4 VV Rn 60; AnwKomm-RVG/*N. Schneider*, VV Vorb. 4 Rn 25; Gerold/Schmidt/*Burhoff*, VV Vorb. 4 Rn 24 ff.; → *Terminsgebühr, Abgeltungsbereich*, Teil D Rdn 394). 408

3.a) Vorbem. 4 Abs. 3 S. 2 VV RVG bzw. Vorbem. 5 Abs. 3 S. 2 VV RVG regelt den sog. **„geplatzten Termin“**. Danach erhält der Rechtsanwalt eine Terminsgebühr auch dann, wenn er zu einem anberaumten Termin erscheint, dieser aber aus Gründen, die er nicht zu vertreten hat, nicht stattfindet. Gemeint sind hier z.B. die Fälle, in denen der Angeklagte oder ein Zeuge nicht erschienen oder die Richterbank nicht vollständig besetzt ist, z.B. weil ein Schöffe nicht erschienen ist oder der Vorsitzende (plötzlich) erkrankt ist (vgl. dazu BT-Drucks 15/1971, S. 221; Burhoff/*Burhoff*, RVG, Vorbem. 4 VV Rn 93; Gerold/Schmidt/*Burhoff* VV Vorb. 4 Rn 39 ff.) und der Rechtsanwalt erst kurz vor Beginn der HV erfährt, dass diese nicht stattfinden kann. Die Gebühr entsteht auch, wenn der Rechtsanwalt nicht oder nicht rechtzeitig abgeladen wird (s. LG Bonn AGS 2007, 563 m. Anm. *N. Schneider* u. Anm. *Burhoff* RVGreport 2008, 61) bzw. auch, wenn aufgrund eines kurz vor der HV vor Aufruf geführten Rechtsgesprächs der Verteidiger einen Zeugen benennt, was dann noch zur kurzfristigen Aussetzung der HV führt (LG Berlin RVGreport 2011, 64 m. Anm. *Burhoff* StRR 2010, 117; ähnlich LG Potsdam RVGreport 2015, 308 m. Anm. *Burhoff* StRR 2015, 399 für Rücknahme der Berufung nach einem Rechtsgespräch vor Aufruf der Sache). 409

b) Umstr. ist, wie die **Formulierung „erscheinen“** in Vorbem. 4 Abs. 3 S. 2 RVG zu verstehen ist. Teilweise wird dazu in der obergerichtlichen Rspr. angenommen, dass die Terminsgebühr nur verdient ist, wenn der Rechtsanwalt im Termin körperlich erscheint. Die 410

Gebühr wird von der Rspr. daher teilweise nicht gewährt, wenn der Rechtsanwalt z.B. nach Reiseantritt erfährt, dass der Termin nicht stattfindet und er daraufhin seine weitere Reise abbricht (OLG Frankfurt/Main RVGreport 2012, 64 m. abl. Anm. *Burhoff* StRR 2012, 118; OLG München NJW 2008, 1607 m. abl. Anm. *Burhoff* StRR 2008, 199 u. m. abl. Anm. *Kotz* StRR 2008, 199; RVGreport 2015, 66 m. abl. Anm. *Burhoff* StRR 2014, 451; wie das OLG München AnwKomm-RVG/*N. Schneider*, VV Vorb. 4 Rn 29). Die Gebühr ist auch nicht gewährt worden, in einem Fall, in dem (Pflicht-)Verteidiger zu einem HV-Termin erschienen war, er jedoch vor Aufruf der Sache im durchgeführten Termin bereits wieder entlassen war, weil sich ein verteidigungsbereiter Wahlverteidiger gemeldet hatte (OLG Frankfurt/Main RVGreport 2012, 64 m. abl. Anm. *Burhoff* StRR 2012, 118). Diese Auffassungen sind jedoch als zu eng abzulehnen (s. auch Gerold/Schmidt/*Burhoff*, VV Vorb. 4 Rn 40; Hartung/Schons/Enders/*Hartung*, Vorbem. 4 VV Rn 30; *Kotz* JurBüro 2009, 402, 403; *Meyer* JurBüro 2009, 126, 127). Sie verkennen den Sinn und Zweck der Terminsgebühr für den „geplatzten Termin", mit der dem Rechtsanwalt nutzloser Zeitaufwand vergütet werden soll.

411 **c)** Eine **Ausnahme** gilt nach **Vorbem. 4 Abs. 3 S. 3 VV RVG** allerdings dann, wenn der Rechtsanwalt rechtzeitig von der Aufhebung oder Verlegung des Termins in Kenntnis gesetzt worden ist. „Rechtzeitig" ist der Rechtsanwalt auf jeden Fall immer dann in Kenntnis gesetzt, wenn er die Fahrt zum Termin noch nicht angetreten hat (vgl. zum Verschulden auch LG Neuruppin RVGreport 2010, 36; vgl. a. Gerold/Schmidt/*Burhoff* VV Vorb. 4 Rn 41; Burhoff/*Burhoff*, RVG, Vorbem. 4 VV Rn 98).

412 **4.** Für die Terminsgebühren gilt der **Pauschalgebührencharakter** aus Vorbem. 4.1 Abs. 2 S. 1 VV RVG/Vorbem. 5.1 Abs. 1 VV RVG bzw. aus § 15 Abs. 1 RVG. Abgegolten wird die **gesamte Tätigkeit** des Rechtsanwalts im Termin; wegen der Einzelh. → *Terminsgebühr, Abgeltungsbereich*, Teil D Rdn 394). Befindet sich der Mandant des Rechtsanwalts zum Zeitpunkt des HV-Termins nicht auf freiem Fuß, entsteht die Terminsgebühr mit **Haftzuschlag** (Vorbem. 4 Abs. 4 VV RVG; wegen der Einzelh. → *U-Haft-Fragen, Gebühren*, Teil D Rdn 402).

413 **5.** Für die **Bemessung** der Terminsgebühren wird verwiesen auf die allgemeinen Ausführungen bei Burhoff/*Burhoff*, RVG, Vorbem. 4 VV Rn 65 ff. und bei Gerold/Schmidt/*Burhoff*, VV. Vorb. 4 Rn 29 ff.; vgl. auch noch *Burhoff* RVGprofessionell 2013, 124. Wegen der Terminsgebühren im Berufungs- bzw. Revisionsverfahren – Nr. 4126 VV RVG bzw. Nr. 4132 VV RVG – verweise ich auf → *Berufung, Terminsgebühr*, Teil D Rdn 104, bzw. auf → *Revision, Terminsgebühr*, Teil D Rdn 377.

Siehe auch: → *Allgemeine Gebührenfragen, Allgemeines*, Teil D Rdn 1, m.w.N.; → *Allgemeine Gebührenfragen, Besonderheiten Pflichtverteidiger*, Teil D Rdn 4; → *Allgemeine Gebührenfragen, Wahlverteidiger*, Teil D Rdn 26; → *Berufung, Terminsgebühr*, Teil D Rdn 99; → *Revision, Terminsgebühr*, Teil D Rdn 372 ff.; → *Terminsgebühr, Abgeltungs-*

bereich, Teil D Rdn 372; → *Verfahrensgebühr, Allgemeines*, Teil D Rdn 431; → *Verfahrensgebühr, Abgeltungsbereich*, Teil D Rdn 442; → *Zurückverweisung*, Teil D Rdn 642.

U-Haft-Fragen, Gebühren 414

Das Wichtigste in Kürze:

1. Die Verteidiger/Vertretung des inhaftierten Mandanten ist zeitintensiv. Daher stellt sich für den Rechtsanwalt, der einen sich nicht auf freiem Fuß befindenden Mandanten verteidigt, die Frage, welche gebührenrechtlichen Auswirkungen dieser Umstand, hat.
2. Nach Vorbem. 4 Abs. 4 VV RVG entsteht für den Verteidiger/Rechtsanwalt eine Gebühr mit Zuschlag vor, wenn sich der Mandant „nicht auf freiem Fuß" befindet.
3. In Nr. 4102 Nr. VV RVG ist für die Teilnahme des Verteidigers an einem „Haftprüfungstermin" eine besondere Vernehmungstermingebühr vorgesehen.
4. Nimmt der Rechtsanwalt für den Angeklagten nur im Rahmen eine Einzeltätigkeit an einem „Haftprüfungstermin" teil, entsteht für ihn eine Verfahrensgebühr Nr. 4301 Ziff. 4 VV RVG.

Literaturhinweise: **Burhoff**, Der sogenannte Haftzuschlag nach Vorbem. 4 Abs. 4 VV RVG, StRR 2007, 54; *ders.*, Die Gebührenfrage: Haftzuschlag – ja oder nein?, StRR 2009, 174; *ders.*, Was Sie im Strafverfahren zum Haftzuschlag wissen sollten, RVGprofessionell 2010, 77; *ders.*, Die (Vernehmungs-)Terminsgebühr Nr. 4102, 4103 VV RVG, RVGreport 2010, 282; *ders.*, Der Haftzuschlag nach Vorbem. 4 Abs. 4 VV RVG, RVGreport 2011, 242; **Kotz**, Vergütung nach dem RVG und Kostenrecht, in: MAH § 39; s. i.Ü. die Hinw. bei → *Allgemeine Gebührenfragen, Allgemeines*, Teil D Rdn 2, und bei → *Allgemeine Gebührenfragen, Besonderheiten Pflichtverteidiger*, Teil D Rdn 3. 415

1. Die Verteidiger/Vertretung des inhaftierten Mandanten erfordert auch in den Rechtsmittelverfahren i.d.R. mehr Zeit als die desjenigen Mandanten, der sich auf freiem Fuß befindet. Daher stellt sich für den Rechtsanwalt, der einen sich **nicht auf freiem Fuß** befindenden Mandanten verteidigt, die Frage, welche gebührenrechtlichen Auswirkungen dieser Umstand, hat (vgl. dazu Rdn 417 ff.). U-Haft-Fragen spielen i.Ü. auch eine Rolle, wenn der Rechtsanwalt noch im Rechtsmittelverfahren an einem **Haftprüfungstermin** teilgenommen hat (vgl. dazu Rdn 421 ff.). Schließlich kann sich für den beigeordneten oder bestellten Rechtsanwalt, i.d.R. der Pflichtverteidiger die Frage stellen, ob der Umstand, dass sich sein Mandant nicht auf freiem Fuß befunden, Auswirkungen auf eine ggf. gem. § 51 RVG zu gewährende **Pauschgebühr** hat (vgl. dazu Burhoff/*Burhoff*, RVG, § 51 Rn 186). 416

2.a) Nach Vorbem. 4 Abs. 4 VV RVG entsteht eine Gebühr mit **Zuschlag**, wenn sich der **Mandant „nicht auf freiem Fuß"** befindet. Dieser **Haftzuschlag** ist im RVG wie folgt ge- 417 regelt: Im VV RVG sind an vielen Stellen „Gebühren mit Zuschlag“ vorgesehen. Das ist im Berufungsverfahren nach den Nrn. 4125, 4127 VV RVG und im Revisionsverfahren nach den Nrn. 4131, 4133 VV RVG der Fall. Wird der Rechtsanwalt erst im Rechtsmittelverfahren beauftragt und entsteht daher für ihn auch noch ein Grundgebühr Nr. 4100 VV RVG (vgl. dazu → *Grundgebühr, Allgemeines*, Teil D Rdn 228), kann auch diese nach Nr. 4101 VV RVG ggf. mit Zuschlag entstehen. Entsprechendes gilt für die Vernehmungsterminsgebühr Nr. 4102 VV RVG (vgl. dazu Rdn 421). Schließlich können auch im Wiederaufnahmeverfahren die Gebühren mit Zuschlag entstehen (→ *Wiederaufnahmeverfahren, Strafverfahren, Gebühren*, Teil D Rdn 612). Wird der Rechtsanwalt/Verteidiger im Beschwerdeverfahren im Strafvollstreckungsverfahren tätig, entstehen die Gebühren nach Teil 4 Abschnitt 2 VV RVG ebenfalls mit Zuschlag (→ *Beschwerde, Gebühren*, Teil D Rdn 147 ff.).

☝ Für das **Bußgeldverfahren** ist in Teil 5 VV RVG ein Haftzuschlag **nicht vorgesehen**. Hier muss der Umstand, dass sich der Mandant ggf. nicht auf freiem Fuß befunden hat, über § 14 Abs. 1 RVG bei der Bemessung der angemessenen Gebühr in Ansatz gebracht werden (vgl. Burhoff/*Burhoff*, RVG, Vorbem. 5 VV Rn 55).

418 **b)** Bei einer Gebühr mit Zuschlag ist die Höchstgebühr des Betragsrahmens bzw. der Festbetrag jeweils um **25 % angehoben**. Der Gebührenrahmen ist also gegenüber der jeweiligen „Grundgebühr“ erhöht. Die Gebühr entsteht, wenn Mandant nicht auf freiem Fuß ist, **immer** aus dem erhöhten Rahmen (vgl. a. Rdn 420). Die jeweils angemessene Gebühr ist innerhalb des jeweiligen von der Gebühr mit Zuschlag vorgegebenen Gebührenrahmens unter Anwendung der **Kriterien** des **§ 14 Abs. 1 RVG** zu finden. Der Umstand der Inhaftierung oder Unterbringung wird bei der Bemessung der konkreten Gebühr innerhalb des Rahmens nach § 14 Abs. 1 RVG aber nicht (mehr) besonders berücksichtigt (AnwKomm-RVG/*N. Schneider*, VV Vorb. 4 Rn 58; Burhoff/*Burhoff*, RVG, Vorbem. 4 VV Rn 113).

419 **c)aa)** Die **Vorbem. 4 Abs. 4 VV RVG regelt allgemein**, wann eine Gebühr mit (Haft-)Zuschlag entsteht. Hier können aus Platzgründen nicht alle Einzelh. des (Haft-)Zuschlags nach Vorbem. 4 Abs. 4 VV RVG dargestellt werden, die Darstellung muss sich vielmehr auf einen Überblick zu den bedeutsamsten Fragen beschränkt. Wegen weiterer Einzelheiten wird verwiesen auf Burhoff/*Burhoff*, RVG, Vorbem. 4 VV Rn 107 ff.; Gerold/Schmidt/*Burhoff*, VV Vorb. 4. Rn 44 ff.; *Burhoff* StRR 2007, 54; *ders.*, RVGreport 2011, 242; *ders.*, RVGprofessionell 2010, 77). Es gilt folgender

420 **bb) Überblick Haftzuschlag (Vorbem. 4 Abs. 4 VV RVG):**

- Der Zuschlag steht ggf. sowohl dem **Wahlanwalt** als auch dem gerichtlich beigeordneten oder bestellten Rechtsanwalt, also i.d.R. dem **Pflichtverteidiger**, zu. Für den Rechtsanwalt, der nur mit Einzeltätigkeiten beauftragt worden ist, wird ein Zuschlag hingegen nicht gewährt (vgl. Nrn. 4300 ff. VV RVG).

- Entscheidend ist, dass sich der **Mandant nicht auf freiem Fuß** befindet (so jetzt die ganz h.M. OLG Düsseldorf RVGreport 2006, 389 unter Aufgabe der früheren a.A.; OLG Hamm Rpfleger 2007, 502; OLG Köln RVGreport 2010, 146; LG Flensburg AGS 2008, 340; Gerold/Schmidt/*Burhoff*, VV Vorb. 4 Rn 48; Burhoff/*Burhoff*, RVG, Vorbem. 4 VV Rn 103; a.A. noch AnwKomm-RVG/*N. Schneider*, VV Vorb. 4 Rn 59 f.).
- Der Mandant muss sich nicht (bereits) zu dem Zeitpunkt, in dem die jeweilige Gebühr, für die der Zuschlag bestimmt ist, **entsteht**, nicht auf freiem Fuß befinden (KG RVGprofessionell 2007, 41). Ausreichend ist, dass er irgendwann in dem Zeitraum, der durch die geltend gemachte Gebühr abgegolten werden soll, inhaftiert war (vgl. KG, a.a.O.).
- Der Zuschlag gilt die Erschwernisse ab, die dadurch entstehen, dass sich der Mandant nicht auf freiem Fuß befindet. Ob tatsächlich **Erschwernisse** entstanden sind oder **entstehen**, ist **ohne Bedeutung** (KG StraFo 2007, 483; RVGreport 2007, 149; AGS 2008, 32; OLG Celle StraFo 2008, 443; OLG Hamm RVGreport 2009, 149 m. Anm. zust. *Burhoff* StRR 2009, 39; Gerold/Schmidt/*Burhoff*, VV Vorb. 4 Rn 47; Burhoff/*Burhoff*, RVG, Vorb. 4 VV Rn 107; Hartung/Schons/Enders/*Hartung*, RVG, VV Vorbem. 4 Rn 43).
- Abgegolten werden durch den Zuschlag u.a. die **Schwierigkeiten** bzw. **Erschwernisse**, die der Rechtsanwalt hat, um Zugang zu seinem Mandanten zu bekommen, um sich mit diesem zu besprechen, insbesondere also Besuche in der JVA. Es werden aber auch die besonderen Verfahren, die ggf. durch eine Inhaftierung ausgelöst werden, wie also z.B. Haftbeschwerden, Beschwerden bzw. Verfahren in Zusammenhang mit den Bedingungen der U-Haft usw. abgegolten (→ *Untersuchungshaft, Allgemeines*, Teil B Rdn 888, m.w.N.).

> ☝ Durch den Zuschlag **nicht** ausgeglichen wird allerdings der Zeitaufwand, der dem Rechtsanwalt durch die **Teilnahme** an **Haftprüfungsterminen** entsteht. Der dadurch entstehende Zeitaufwand wird vielmehr durch die eigene Terminsgebühr erfasst (s. Nr. 4102 Nr. 3 VV RVG; vgl. dazu Rdn 421 ff.).

- Der **Begriff** „nicht auf freiem Fuß“ ist **weit auszulegen**. Gemeint ist jede (behördliche) Anordnung, die den Betroffenen in der Wahl seines Aufenthaltsortes beschränkt (AG Heilbronn vom AGS 2006, 516). Insoweit gilt:
- Der Mandant muss sich **nicht in der Sache** nicht auf freiem Fuß befinden, wegen der ihn der Rechtsanwalt **verteidigt** (OLG Hamm RVGreport 2010, 27; s. auch OLG Düsseldorf AGS 2011, 227; Gerold/Schmidt/*Burhoff*, VV Vorb. 4 Rn 49; AnwKomm-RVG/*N.Schneider*, VV Vorb. 4 Rn 50).
- Nicht auf freiem Fuß befindet sich der Mandant u.a., wenn er sich **U-Haft**, in **Strafhaft**, Haft nach § 230 Abs. 2, Sicherungsverwahrung, (einstweiliger) Unterbringung, Unterbringung nach dem PsychKG, Auslieferungs- oder Abschiebehaft, Polizei-

gewahrsam, Unterbringung nach § 72 Abs. 4 JGG i.V.m. § 71 Abs. 2 JGG (LG Düsseldorf, AGS 2014, 178; wegen der Einzelh. Burhoff/*Burhoff*, RVG, Vorbem. 4 VV Rn 107 f.). Der Zuschlag fällt auch dann an, wenn sich der Beschuldigte/Mandant im sog. **offenen Vollzug** befindet (KG StraFo 2007, 483; OLG Jena AGS 2009, 385; (inzidenter) OLG Stuttgart AGS 2010, 429 m. Anm. *Burhoff* RVGreport 2010, 388; *Burhoff* StRR 2007, 54; *ders.*, RVGprofessionell 2010, 77; Gerold/Schmidt/*Burhoff*, VV Vorb. 4 Rn 49; AnwKomm-RVG/*N. Schneider*, VV Vorb. 4 Rn 47; Burhoff/*Burhoff*, RVG, Vorbem. 4 VV Rn 108). Ob der Zuschlag entsteht, wenn sich der Mandant einer (**freiwilligen** stationären) (Drogen/Alkohol) **Therapie** (s. z.B. § 35 BtMG) unterzieht, ist **umstritten** (vgl. die Nachw. bei Burhoff/*Burhoff*, RVG, a.a.O.; vgl. dazu a. *Kotz* JurBüro 2010, 403; zum „**betreuten Wohnen**" s. KG RVGreport 2008, 463; OLG Stuttgart RVGreport 2010, 388; LG Berlin AGS 2007, 562). Auch der Beschuldigte, der in einer Einrichtung der **Jugendhilfe** zur Vermeidung von Untersuchungshaft nach § 72 Abs. 4 JGG i.V.m. § 71 Abs. 2 JGG untergebracht ist, befindet sich nicht auf freiem Fuß (LG Düsseldorf AGS 2014, 178; s.a. schon OLG Jena AGS 2003, 313).

- Für das Entstehen einer Zuschlagsgebühr ist die **Dauer** der **Freiheitsbeschränkung unerheblich** (KG RVGprofessionell 2007, 41; OLG Celle StraFo 2008, 443; OLG Hamm RVGreport 2009, 149; AG Heilbronn AGS 2006, 516; AnwKomm-RVG/*N. Schneider*, VV Vorb. 4 Rn 51; Gerold/Schmidt/*Burhoff*, VV Vorb. 4 Rn 46). Entscheidend ist allein, dass er in dem Verfahrensabschnitt, für den die Zuschlagsgebühr entstehen soll, überhaupt irgendwann nicht auf freiem Fuß, also i.d.R. inhaftiert oder untergebracht war (KG, a.a.O.; OLG Celle, a.a.O.; OLG Hamm, a.a.O.). Das ist auch der Fall, wenn der Mandant zunächst „nur" vorläufig festgenommen war, dann aber vor Erlass eines Haftbefehls wieder auf freien Fuß gesetzt wird (ähnlich AG Heilbronn, a.a.O.). Ist das im Berufungsverfahren der Fall, entsteht z.B. die Verfahrensgebühr Nr. 4124 VV RVG mit Zuschlag.

> ☝ Es ist auch **nicht erforderlich**, dass der Mandant während des **gesamten Verfahrensabschnitts,** für den eine Gebühr mit Zuschlag geltend gemacht wird, nicht auf freiem Fuß gewesen ist. Wird der Mandant während des Verfahrensabschnitts aus der Haft entlassen, hat das allenfalls Einfluss auf die Höhe der mit Zuschlag entstandenen Gebühr; die Gebühr mit Zuschlag entfällt hingegen nicht nachträglich (wegen weiterer Einzelh. *Burhoff* RVGreport 2011, 242; Burhoff/*Burhoff*, RVG, Vorbem. 4 VV Rn 111).

421 **3.a)** In **Nr. 4102 VV RVG** ist für den Rechtsanwalt, der den **vollen Verteidigungsauftrag** erhalten hat, für die Teilnahme an in der Vorschrift enumerativ aufgezählten (Vernehmungs-)Terminen eine besonderen Vernehmungstermingebühr vorgesehen. Hier soll wegen

der auch in noch im Berufungs- bzw. Revisionsverfahren erheblichen praktischen Bedeutung die **Nr. 4102 Nr. 3 VV RVG** besonders vorgestellt werden (vgl. i.Ü. im Einzelnen Burhoff/*Burhoff*, RVG, Nr. 4102 VV Rn 1 ff.; Gerold/Schmidt/*Burhoff*, VV 4102, 4103 Nr. 1 ff.; *Burhoff* RVGreport 2010, 282).

☝ Bei der Nr. 4102 VV RVG handelt es sich um eine „**allgemeine Gebühr**" aus Unterabschnitt 1. Das bedeutet, dass diese Gebühr in allen Verfahrensabschnitten des Strafverfahrens entstehen kann, also eben auch im Berufungs- oder im Revisionsverfahren.

Im **Bußgeldverfahren** ist eine solche Gebühr **nicht ausdrücklich** vorgesehen. Finden dort Haftprüfungen statt, was in der Praxis selten der Fall sein dürfte, werden diese nach **Vorbem. 5.1.3 VV RVG** abgerechnet (vgl. dazu Burhoff/*Burhoff*, RVG, Vorbem. 5.1.3 VV Rn 2 ff.).

b)aa) Die Nr. 4102 Nr. 3 VV RVG verdient der Verteidiger für die **Teilnahme** an **Haft(prüfungs)terminen außerhalb** der **HV** (→ *Untersuchungshaft, Haftprüfung, mündliche, §§ 117 Abs. 1, 118 Abs. 1*, Teil B Rdn 907). Eine „Haftprüfung" in der HV oder das Ansprechen von Haftfragen in der HV führt also nicht zum Anfall der Nr. 4102 Nr. VV RVG neben der für die Teilnahme an der HV entstehenden HV-Terminsgebühr. 422

☝ Nimmt der Verteidiger ggf. im Laufe des Verfahrens an **mehreren Haftprüfungsterminen** teil, greifen möglicherweise die **Beschränkungen** aus Nr. 4102 Anm. S. 1 u. 2 VV RVG ein (vgl. wegen der Einzelh. Gerold/Schmidt/*Burhoff*, VV 4102, 4103 Rn 20 ff.; Burhoff/*Burhoff*, RVG, Nr. 4102 VV Rn 50 ff.).

bb) Erforderlich für das Entstehen der Terminsgebühr ist ein „**Verhandeln**" über die Anordnung oder Fortdauer der U-Haft (§§ 115, 118) oder der einstweiligen Unterbringung (§ 126a i.V.m. §§ 115, 118) (KG RVGreport 2009, 227; OLG Hamm RVGreport 2006, 469 m. Anm. *Madert* AGS 2006, 179; OLG Jena RVGreport 2014, 24; OLG Saarbrücken StraFo 2014, 201). Fraglich ist was unter einem „Verhandeln" i.S.d. Nr. 4102 Nr. 3 VV RVG zu verstehen ist (vgl. dazu a. AnwKomm-RVG/*N. Schneider*, VV 4102 – 4103 Rn 5; Gerold/Schmidt/*Burhoff*, RVG, 4102, 4103 VV Rn 13). Dazu gilt folgende 423

Rechtsprechungsübersicht: 424

- Die bloße **Verkündung** des Haftbefehls reicht für ein Verhandeln i.S.d. Nr. 3 nicht aus (KG RVGreport 2009, 227; OLG Hamm RVGreport 2006, 469 m. Anm. *Madert* AGS 2006, 179; OLG Jena RVGreport 2014, 24; OLG Saarbrücken StraFo 2014, 201; LG Traunstein RVGreport 2013, 19 m. Anm. *Burhoff* StRR 2013, 40; AG Bersenbrück JurBüro 2013, 303),

- Zwei **Telefonate**, die der Rechtsanwalt vor Beginn des Termins mit dem Richter, der sich noch in seinen Diensträumen befindet, führt sind kein „Verhandeln“ (AG Koblenz RVGreport 2008, 61).
- Teilweise wird in der Rspr. die Vorführung und **bloße Möglichkeit/Gelegenheit** zur **Äußerung** als ausreichend für ein Verhandeln i.S.d. Nr. 3 angesehen (LG Berlin StraFo 2006, 472; LG Bielefeld StV 2006, 198; s. wohl a. mit beachtlichen Argumenten LG Traunstein RVGreport 2013, 19 m. Anm. *Burhoff* StRR 2013, 40, das darauf verweist, dass sonst über den Umweg des Kostenrechts Druck auf den Beschuldigten ausgeübt würde und er in seiner Entscheidungsfreiheit hinsichtlich des Ob einer Einlassung beschränkt wäre; **a.A.** KG RVGreport 2009, 227; OLG Hamm AGS 2007, 240; OLG Jena RVGreport 2014, 24; OLG Saarbrücken StraFo 2014, 350).
- Ein im Termin gestellter Antrag auf **Akteneinsicht** ist (noch) kein Verhandeln (OLG Hamm AGS 2007, 240; OLG Saarbrücken StraFo 2014, 350). Entsprechendes gilt für die Übergabe von Akten im Termin (OLG Hamm, a.a.O.).
- Auch der Antrag auf Bestellung zum **Pflichtverteidiger** soll noch kein Verhandeln sein (OLG Hamm AGS 2007, 241; OLG Saarbrücken, a.a.O.; m.E. fraglich).
- **Widerstreitende Anträge** zu Haftfragen in einem Vorführungstermin sind hingegen als Verhandeln i.S.d. Nr. 4102 Ziffer 3 VV RVG angesehen worden (KG StraFo 2006, 472; LG Berlin StraFo 2006, 472; LG Traunstein RVGreport 2013, 19).

> ☝ Als **Indiz** für „Verhandeln“ im Haftprüfungstermin kann man m.E. (auch) auf die **Terminsdauer** abstellen. Desto länger ein Termin gedauert hat, desto eher wird man von einem „Verhandeln“ = „nicht nur Haftbefehlseröffnung“ ausgehen können (s. wohl auch LG Traunstein, a.a.O. für einen 35-minütigen Termin).

425 **cc)** Für das Entstehen der Gebühr ist es **unerheblich**, **in welchem Umfang verhandelt** worden ist. Der Umfang ist ggf. nur über § 14 Abs. 1 RVG zu berücksichtigen (zur Bemessung der Terminsgebühr Nr. 4102 VV RVG Gerold/Schmidt/*Burhoff*, VV 4102, 4103 Rn 23 ff.; Burhoff/*Burhoff*, RVG, Nr. 4102 VV Rn 62 ff.). Die Stellung eines Antrags auf Aufhebung des Haftbefehls ist also nicht erforderlich, allerdings werden widerstreitende Anträge von Verteidiger und Staatsanwalt auf jeden Fall zum Entstehen der Gebühr führen (KG AGS 2006, 545 = RVGreport 2006, 310 = StraFo 2006, 472). Meistens wird es um die Außervollzugsetzung des Haftbefehls gehen. Es genügt aber auch eine Stellungnahme zur Haftfähigkeit des Mandanten.

> ☝ **Entscheidend** ist, dass im Termin **mehr** geschieht als die **bloße Verkündung** des Haftbefehls. Ob der Mandant (auf Anraten seines Verteidigers) schweigt oder Angaben zur Sache macht, ist unerheblich (Burhoff/*Burhoff*, RVG, Nr. 4102 VV Rn 34; s.a. LG Traunstein RVGreport 2013, 19). Es kommt auch nicht darauf an, ob am Ende der

Haftprüfung eine gerichtliche Entscheidung verkündet wird. Die Gebühr entsteht somit auch, wenn der Verteidiger während der Verhandlung seinen schriftlichen Haftprüfungsantrag zurücknimmt (Burhoff/*Burhoff*, RVG, Nr. 4102 VV Rn 35).

4.a) Ist der Rechtsanwalt nicht Verteidiger, hat also **nicht** den **vollen Verteidigungsauftrag**, sondern nimmt für den Angeklagten nur im Rahmen eine **Einzeltätigkeit** an einem „Haftprüfungstermin" teil, entsteht für ihn eine Verfahrensgebühr **Nr. 4301 Ziff. 4 VV RVG** (Burhoff/*Volpert*, RVG, Nr. 4301 VV Rn 19). Das ist unabhängig vom Gegenstand des Termins. Die Verfahrensgebühr Nr. 4301 Ziff. 4 VV RVG ist also nicht auf Termine beschränkt, in denen zu U-Haft-Fragen „verhandelt" worden ist (vgl. dazu o. Rdn 424). 426

☝ Die Verfahrensgebühr Nr. 4301 Ziff. 4 VV RVG entsteht daher **auch**, wenn der Rechtsanwalt im Rahmen einer Einzeltätigkeit nur an einer bloßen **Haftbefehlsverkündung** teilnimmt.

b) Die Verfahrensgebühr Nr. 4301 Ziff. 4 VV RVG entsteht **für jeden Hafttermin**, an dem der Rechtsanwalt auftragsgemäß teilnimmt und für den der Auftrag erteilt ist (Vorbem. 4.3 Abs. 3 S. 1 VV RVG). Es handelt sich jeweils um eigenständige Angelegenheiten i.S.v. § 15 RVG. Für mehrere Termine gelten nicht die Beschränkungen aus Nr. 4102 Anm. S. 1 und S. 2 VV RVG: Die gelten nur für Vernehmungstermine nach Nr. 4102 VV RVG. Es gelten aber ggf. die Beschränkungen aus Vorbem. 4.3 Abs. 2 S. 2 RVG i.V.m. § 15 Abs. 6 RVG. 427

Siehe auch: → *Allgemeine Gebührenfragen, Allgemeines*, Teil D Rdn 1, m.w.N.; → *Allgemeine Gebührenfragen, Besonderheiten Pflichtverteidiger*, Teil D Rdn 4; → *Allgemeine Gebührenfragen, Wahlverteidiger*, Teil D Rdn 26.

Verfahren bei Sperrerklärung, Gebühren 428

Literaturhinweise: s. die Hinw. bei → *Allgemeine Gebührenfragen, Allgemeines*, Teil D Rdn 2, und bei den u.a. Stichwörtern. 429

Für die gebührenrechtliche Behandlung des Vorgehens gegen eine Sperrerklärung (vgl. dazu eingehend u.a. → *Sperrerklärung, Zulässigkeit einer Klage*, Teil B Rdn 686) ist entscheidend, welches Rechtsmittel/welcher Rechtsbehelf gewählt wird. Im Einzelnen gilt: 430

- Ist ggf. der Antrag nach **§§ 23 ff. EGGVG** zulässig (vgl. → *Sperrerklärung, Rechtsmittel*, Teil B Rdn 676), gelten die Ausführungen bei → *Anfechtung von Justizverwaltungsakten (§§ 23 ff. EGGVG), Gebühren*, Teil D Rdn 41 ff.
- Legt der Beschuldigte gegen die Sperrerklärung eine **Gegenvorstellung** ein (→ *Sperrerklärung, Gegenvorstellung*, Teil B Rdn 658; allgemein zur Gegenvorstellung

→ *Gegenvorstellung, Allgemeines*, Teil B Rdn 274, m.w.N.), gilt → *Gegenvorstellung, Gebühren*, Teil D Rdn 176.

- Wird ggf. **Dienstaufsichtsbeschwerde** erhoben (→ *Dienstaufsichtsbeschwerde*, Teil B Rdn 262), gilt → *Dienstaufsichtsbeschwerde, Gebühren*, Teil D Rdn 155.
- Geht der Rechtsanwalt/Verteidiger gegen eine Sperrerklärung nach der VwGO im **Verwaltungsverfahren**, ggf. später mit der Klage, vor, kann er dafür die sich nach den **Teilen 2 und 3 VV RVG** ergebenden Gebühren abrechnen. Die insoweit von ihm erbrachten Tätigkeiten sind nicht durch die nach Teil 4 VV RVG entstehenden Gebühren abgegolten. Es handelt sich um eigenständige Angelegenheiten i.S.d. § 15 RVG, für die die dafür nach dem RVG vorgesehenen Gebühren gesondert entstehen.

> ☝ Das gilt **auch** beim **Pflichtverteidiger**; auch bei ihm erstreckt sich die Beiordnung nicht auf die Tätigkeiten im Verwaltungsverfahren (vgl. für den vergleichbaren Fall der Verfassungsbeschwerde OLG Rostock RVGreport 2010, 380 m. Anm. *Burhoff* StRR 2010, 470; LG Neubrandenburg RVGreport 2010, 380 m. Anm. *Burhoff* StRR 2010, 479).

Siehe auch: → *Allgemeine Gebührenfragen, Allgemeines*, Teil D Rdn 1, m.w.N.; → *Anfechtung von Justizverwaltungsakten (§§ 23 ff. EGGVG), Gebühren*, Teil D Rdn 41; → *Dienstaufsichtsbeschwerde, Gebühren*, Teil D Rdn 155; → *Gegenvorstellung, Gebühren*, Teil D Rdn 176.

431 Verfahrensgebühr, Abgeltungsbereich

Das Wichtigste in Kürze:

1. Die Vorbem. 4 Abs. 2 VV RVG bzw. die Vorbem. 5 Abs. 2 VV RVG für das Bußgeldverfahren enthalten nur eine allgemeine Regelung des Abgeltungsbereichs der (jeweiligen) Verfahrensgebühr.
2. Der Rechtsanwalt verdient die Verfahrensgebühr „für das Betreiben des Geschäfts einschließlich der Information".
3. Besonders hinzuweisen sind auf die Tätigkeiten des Rechtsanwalts in Zusammenhang mit der ersten Einarbeitung, der Teilnahme an Terminen, der Vorbereitung der HV und auf einen allgemeinen Tätigkeitskatalog.

432 **Literaturhinweise: Burhoff**, Die Verfahrensgebühr in Straf- und Bußgeldverfahren, RVGreport 2009, 443; *ders.*, Anwaltsgebühren bei der Verständigung im Straf- und Bußgeldverfahren, RVGreport 2010, 401; *ders.*, Die Verfahrensgebühr im Straf- bzw. Bußgeldverfahren, RENOpraxis 2011, 126; *ders.*, 25 Fragen und Antwor-

ten zur Verfahrensgebühr in Straf- und Bußgeldverfahren, RVGprofessionell 2013, 176; s. i.Ü. a. die Hinw. bei → *Allgemeine Gebühren, Allgemeines*, Teil D Rdn 2, und bei → *Verfahrensgebühr, Allgemeines*, Teil D Rdn 443.

1. Die Vorbem. 4 Abs. 2 VV RVG bzw. die Vorbem. 5 Abs. 2 VV RVG für das Bußgeldverfahren enthalten nur eine **allgemeine Regelung** des Abgeltungsbereichs der (jeweiligen) Verfahrensgebühr. Danach erhält der Rechtsanwalt die Verfahrensgebühr „für das Betreiben des Geschäfts einschließlich der Information" (vgl. auch → *Verfahrensgebühr, Allgemeines*, Teil D Rdn 446). **433**

☝ **Umstr.** war die **Abgrenzung** der **Grundgebühr** Nr. 4100 VV RVG zur Verfahrensgebühr im Hinblick darauf, ob bei einem (ersten) Tätigwerden des Rechtsanwalts zusammen mit der Grundgebühr immer auch sofort die Verfahrensgebühr entsteht. Die Frage hat sich aber mit Inkrafttreten der vom 2. KostRMoG erledigt (vgl. wegen der Einzelh. → *Grundgebühr, Abgeltungsbereich*, Teil D Rdn 220, m.w.N.).

2. Die **allgemeine Regelung** für den Abgeltungsbereich der (jeweiligen) Verfahrensgebühr ist in **Vorbem. 4 Abs. 2** VV RVG bzw. in **Vorbem. 5 Abs. 2** VV RVG enthalten. Danach verdient der Rechtsanwalt die Verfahrensgebühr „für das Betreiben des Geschäfts einschließlich der Information". Abgegolten wird dadurch die gesamte Tätigkeit des Rechtsanwalts im jeweiligen Verfahrensabschnitt (Burhoff/*Burhoff*, RVG; Vorbem. 4 VV Rn 34 ff.; AnwKomm-RVG/*N. Schneider*, VV Vorb. 4 Rn 22; Gerold/Schmidt/*Burhoff*, VV Vorb. 4 Rn 9 ff.; BT-Drucks 15/1971, S. 220; → *Verfahrensgebühr, Allgemeines*, Teil D Rdn 448). **434**

3. Besonders hinzuweisen ist auf folgende **erfasste** bzw. nicht erfasste **Tätigkeiten** (vgl. auch Burhoff/*Burhoff*, RVG, Vorbem. 4 Rn 34 ff.; Gerold/Schmidt/*Burhoff*, VV Vorb. 4 Rn 10 ff.; *Burhoff* RVGreport 2009, 443; *ders.*, RENOpraxis 2011, 126; *ders.*, RVGprofessionell 2013, 176): **435**

a) Die mit der **ersten Einarbeitung** des Rechtsanwalts zusammenhängenden (zusätzlichen/besonderen) Tätigkeiten werden **nicht** von der **Verfahrensgebühr** sondern von der Grundgebühr Nr. 4100 VV RVG bzw. Nr. 5100 VV RVG honoriert (wegen der Einzelh. und des Umfangs dieser Tätigkeiten → *Grundgebühr, Abgeltungsbereich*, Teil D Rdn 217 ff.). **436**

b) Für die **Teilnahme** an **Terminen** ist zu unterscheiden: **437**

- Handelt es sich um einen Termin, für den das RVG im VV RVG eine besondere **Terminsgebühr vorsieht**, wird die Teilnahme an diesem Termin von dieser jeweilige Terminsgebühr erfasst. Das sind z.B. die Vernehmungstermine aus der Nr. 4102 VV RVG, die HV-Termine (vgl. z.B. Nr. 4126, 4132 VV RVG) aber auch die Anhörungstermine im Rahmen des Strafvollstreckungsverfahrens (vgl. Nr. 4202, 4205 VV RVG).
- Handelt es sich hingegen **nicht** um einen im VV RVG **ausdrücklich erwähnten Termin**, wird die Teilnahme an ihm von der Verfahrensgebühr erfasst. Das sind z.B. Ge-

spräche des Verteidigers mit Mitverteidigern, Familienangehörigen, Vorgespräche mit dem Gericht (KG RVGreport 2006, 151) und alle sonstigen Termine. Dazu gehören insbesondere auch die Termine, die nach §§ 160b, 202a, 212 zur **Erörterung** des Standes des Verfahren/zum Zustandekommen einer Verständigung (§ 257c) durchgeführt werden (für Termin nach § 202a KG RVGreport 2012, 298; OLG Köln RVGreport 2015, 108; OLG Saarbücken RVGreport 2012, 66; LG Essen AGS 2012, 390; s. auch *Burhoff* RVGreport 2010, 401; a.A. AG Freiburg RVGreport 2011, 65; für Termin nach § 212 LG Osnabrück RVGreport 2012, 65; Burhoff/*Burhoff*, RVG, Teil A: Verständigung im Straf- und Bußgeldverfahren, Abrechnung, Rn 2270).

☝ Die im VV RVG vorgesehenen Terminsgebühren können **nicht entsprechend** angewendet werden. Das gilt z.B. für weitere, i.d.R. jedoch meist im Ermittlungsverfahren, anfallende Termine, wie z.B. die Teilnahme des Verteidigers an einer Durchsuchungsmaßnahme bei seinem Mandanten oder an der Exploration des Mandanten durch einen Sachverständigen (Burhoff/*Burhoff*, RVG Nr. 4102 VV Rn 47; KG RVGreport 2006, 151; 2012, 298; OLG Köln RVGreport 2015, 108; OLG Saarbrücken StRR 2011, 483; LG Düsseldorf AGS 2011, 430; LG Essen AGS 2012, 390; LG Osnabrück RVGreport 2012, 65; LG Zweibrücken JurBüro 2013, 35; a.A. LG Braunschweig StraFo 2011, 377; LG Offenbach StV 2007, 478; LG Freiburg AGS 2015, 28; AG Freiburg RVGreport 2011, 65).

438 **c)** Die Gesetzesbegründung (vgl. BT-Drucks 15/1971, S. 220) erwähnt als von der Verfahrensgebühr des gerichtlichen Verfahrens erfassten Tätigkeit ausdrücklich die **Vorbereitung** der **HV**. Fraglich ist, was damit gemeint ist. Zutreffend ist es, mit der h.M. davon auszugehen, dass mit diesem Begriff etwas anderes gemeint ist als die konkrete Vorbereitung bzw. Nachbereitung des jeweiligen HV-Termins (vgl. z.B. OLG Hamm AGS 2006, 498 [für Abfassung eines Beweisantrages]; Beschl. v. 5.5.2009, 3 Ws 68/09; OLG Jena StV 2006, 204; OLG Karlsruhe NJW 2008, 2935; OLG Köln AGS 2008, 447; OLG München AGS 2014, 174; OLG Stuttgart RVGreport 2006, 32; s. wohl a. BGH NJW 2012, 167 für die Vorbereitung des Plädoyers für die Revision-HV; krit. insoweit *Enders* JurBüro 2005, 32 in der Anm. zu AG Koblenz AGS 2004, 484; a.A. u.a. OLG Bremen StraFo 2012, 39). Gemeint ist mit dieser Formulierung die allgemeine Vorbereitung der HV, wie z.B. das Absprechen der allgemeinen Verteidigungsstrategie, die Frage, ob ggf. eigene Beweismittel in die HV eingeführt werden müssen oder sollen usw. oder auch umfangreiche Bemühungen im Rahmen einer sog. Verständigung, die zu einer Abkürzung der HV führen.

☝ Die Unterscheidung/Abgrenzung ist in den Verfahren, in denen nur ein oder zwei HV-Termine stattfinden, i.d.R. ohne Belang. Sie hat aber **Auswirkungen** auf **umfangreiche (Berufungs-)Verfahren**, in denen i.d.R. erheblich mehr HV-Termine stattfinden. Würde dann die konkrete Vorbereitung und Nachbereitung dieser Termine auch von der gerichtlichen Verfahrensgebühr Nr. 4124 VV RVG erfasst, wäre der – so oder so schon niedrige – Betragsrahmen der gerichtlichen Verfahrensgebühr schnell erschöpft und die vom Rechtsanwalt erbrachten Tätigkeiten würden nicht mehr honoriert. Ordnet man die Tätigkeiten hingegen der Terminsgebühr Nr. 4126 VV RVG zu, lässt sich darüber eine sehr viel bessere aufwandsbezogene Vergütung erzielen. Genau das ist aber eins der Anliegen der gesetzlichen Neuregelung durch dir Einführung einer Verfahrensgebühr und Terminsgebühr gewesen (vgl. dazu BT-Drucks 15/1971, S. 220).

d) Von der jeweiligen Verfahrensgebühr erfasst werden i.d.R. die in Zusammenhang mit einem **Beschwerdeverfahren** erbrachten Tätigkeiten des Rechtsanwalts (wegen der Einzelh. → *Beschwerde, Gebühren*, Teil D Rdn 130). **439**

e) Darüber hinaus ist hinzuweisen auf folgende **(allgemeine) Tätigkeiten**, die von jeweiligen Verfahrensgebühr erfasst werden (vgl. Burhoff/*Burhoff*, RVG, Vorbem. 4 VV Rn 41 m.w.N.; s. i.Ü. noch → *Berufung, Verfahrensgebühr*, Teil D Rdn 106, und → *Revision, Verfahrensgebühr*, Teil D Rdn 379) und die zusammengefasst sind in folgendem **440**

Tätigkeitskatalog: **441**

- (weitere) **Akteneinsicht**,
- **allgemeine Beratung** des Mandanten (KG AGS 2009, 389) oder Erörterungen der Sach- und Rechtslage (LG Braunschweig StraFo 2010, 513),
- (allgemeiner) **Schriftverkehr**/Schriftwechsel,
- alle **weiteren Anträge/Rechtsmittel/Rechtsbehelfe**, wie z.B. Gegenvorstellungen (→ *Gegenvorstellung, Gebühren*, Teil D Rdn 176) oder Anträge auf gerichtliche Entscheidungen (→ *Anträge auf gerichtliche Entscheidung, Abrechnung*, Teil D Rdn 62; s. dazu → *Antrag auf gerichtliche Entscheidung, Allgemeines*, Teil B Rdn 93, m.w.N.) oder Anträge auf Feststellung der Rechtswidrigkeit (→ *Anträge auf Feststellung der Rechtswidrigkeit, Abrechnung*, Teil D Rdn 58),
- Tätigkeiten in Zusammenhang mit der **Anhörungsrüge** nach § 356a StPO (vgl. § 19 Abs. 1 S. 2 Nr. 5 RVG; → *Anhörungsrüge [§ 356], Abrechnung*, Teil D Rdn 49).
- ggf. **Beratung** über die **Erfolgsaussichten** eines **Rechtsmittels** (s. dazu auch Burhoff/*Burhoff*, RVG, Teil A: Rechtszug [§ 19], Rn 1754 ff.; und Vorbem. 4.1 VV Rn 39 ff.),
- **Berichtigungs-/Ergänzungsanträge**, z.B. für Urteil oder Protokoll,
- Besuche des **inhaftierten Mandanten** in der Justizvollzugsanstalt,
- Beschaffung von **Informationen** über Nr. 4100 VV RVG hinaus,
- **Beschwerdeverfahren** (s. oben Rdn 439; zu den Ausnahmen → *Beschwerde, Gebühren*, Teil D Rdn 130),
- **Besprechungen** mit **Verfahrensbeteiligten**, wie z.B. Mandant, Gericht und StA,

- Tätigkeit im Hinblick auf **Dienstaufsichtsbeschwerden** (AG Bielefeld AGS 2006, 439 m. zust. Anm. *N. Schneider*; so auch schon LG Köln JurBüro 2001, 195 m. Anm. *Enders*; → *Dienstaufsichtsbeschwerde, Gebühren*, Teil D Rdn 155; → *Dienstaufsichtsbeschwerde*, Teil B Rdn 262),
- **eigene Ermittlungen** des Rechtsanwalts (OLG Köln RVGreport 2009, 136), wie z.B. die Ermittlung von Zeugen,
- **Einlegung** eines **Rechtsmittels** (§ 19 Abs. 1 S. 2 Nr. 10 VV RVG) (KG AGS 2009, 389),
- **Erinnerungen**, mit Ausnahme der in Vorbem. 4 Abs. 5 VV RVG bzw. Vorbem. 5 Abs. 4 VV RVG erwähnten Verfahren (vgl. dazu Burhoff/*Burhoff*, RVG, Vorbem. 4 VV Rn 115 ff.; → *Beschwerde, Gebühren*, Teil D Rdn 154),
- **Erörterungen** des **Standes** des **Verfahrens** nach den §§ 160b, 202a, 212 zur Vorbereitung einer Verständigung nach § 257c (vgl. Burhoff/*Burhoff*, Teil A: Verständigung im Straf- und Bußgeldverfahren, Abrechnung, Rn 2270; *Burhoff* RVGreport 2010, 401; s.a. oben Rdn 437),
- **Information** des Rechtsanwalts durch den Mandanten über Nr. 4100 VV RVG hinaus,
- **Haftprüfungsanträge** und Haftbeschwerden (→ *U-Haft-Fragen, Gebühren*, Teil D Rdn 414),
- Nachholung des rechtlichen Gehörs nach §§ 33a, 311a (→ *Nachholung des rechtlichen Gehörs [§§ 33a, 311], Abrechnung*, Teil D Rdn 334),
- **Pflichtverteidigerbestellung**,
- **Stellungnahmen** zu Rechtsmittel anderer Verfahrensbeteiligter,
- Tätigkeiten im Hinblick auf **Einziehung** und verwandte Maßnahmen (Nr. 4142 VV RVG), wenn der Bagatellgrenzwert von 30,00 € nicht überschritten ist,
- Tätigkeiten im Rahmen einer beabsichtigten **Einstellung** des Verfahrens, z.B. allgemein nach § 153a,
- **Rechtsmittelbegründung**,
- (allgemeine) Tätigkeiten im Rahmen des **Täter-Opfer-Ausgleichs** (§§ 153a Abs. 1 Nr. 5, 155a, 155b),
- Tätigkeiten im Hinblick auf **Fahrerlaubnis** und/oder **Fahrverbot**,
- **Teilnahme** an **Durchsuchungsmaßnahmen**,
- **(außergerichtliche) Termine**,
- **Überprüfung** von **Kostenrechnung** und Kostenansätzen (LG Koblenz JurBüro 2010, 32),
- **Verzögerungsrüge** nach § 198 Abs. 3 GVG (→ *Verfahrensverzögerung/Verzögerungsrüge, Abrechnung*, Teil D Rdn 451),
- (allgemeine) **Vorbereitung** von **Haftprüfungsterminen**,
- **Vorbereitung** von **Vernehmungsterminen**,
- (allgemeine) **Vorbereitung** der **HV** (s.o. Rdn 438, und → *Terminsgebühr, Abgeltungsbereich*, Teil D Rdn 394),

- (Vor-)Gespräche mit **Sachverständigen**,
- **Wiedereinsetzungsanträge** und damit zusammenhängende Tätigkeiten (AG Betzdorf AGS 2009, 390; AG Sinzig JurBüro 2008, 249; → *Wiedereinsetzungsverfahren, Abrechnung*, Teil D Rdn 634).

Siehe auch: → *Allgemeine Gebührenfragen, Allgemeines*, Teil D Rdn 1, m.w.N.; → *Berufung, Verfahrensgebühr*, Teil D Rdn 99; → *Grundgebühr, Abgeltungsbereich*, Teil D Rdn 217; → *Revision, Verfahrensgebühr*, Teil D Rdn 379; → *Terminsgebühr, Abgeltungsbereich*, Teil D Rdn 394; → *Verfahrensgebühr, Allgemeines*, Teil D Rdn 442.

Verfahrensgebühr, Allgemeines 442

Das Wichtigste in Kürze:

1. Das RVG sieht in Teil 4 VV RVG bzw. in Teil 5 VV RVG an verschiedenen Stellen Verfahrensgebühren vor.
2. Systematisch ist das RVG so vorgegangen, dass für das Strafverfahren die Vorbem. 4 Abs. 2 VV RVG bzw. die Vorbem. 5 Abs. 2 VV RVG für das Bußgeldverfahren eine allgemeine Regelung des Abgeltungsbereichs der (jeweiligen) Verfahrensgebühr enthält.
3. Für die Verfahrensgebühren gilt der Pauschalgebührencharakter aus Vorbem. 4.1 Abs. 2 S. 1/Vorbem. 5 Abs. 1 VV RVG bzw. aus § 15 Abs. 1 RVG.
4. Für die Bemessung der Verfahrensgebühren gelten die allgemeinen Regeln.

Literaturhinweise: **Burhoff**, Die zusätzliche Verfahrensgebühr des Verteidigers bei Einziehung und verwandten Maßnahmen, RVGreport 2006, 412; *ders.*, Die Verfahrensgebühr in Straf- und Bußgeldverfahren, RVGreport 2009, 443; *ders.*, Anwaltsgebühren bei der Verständigung im Straf- und Bußgeldverfahren, RVGreport 2010, 401; *ders.*, Die Verfahrensgebühr im Straf- bzw. Bußgeldverfahren, RENOpraxis 2011, 126; *ders.*, 25 Fragen und Antworten zur Verfahrensgebühr in Straf- und Bußgeldverfahren, RVGprofessionell 2013, 176; s. i.Ü. a. die Hinw. bei → *Allgemeine Gebühren, Allgemeines*, Teil D Rdn 2, bei → *Grundgebühr, Allgemeines*, Teil D Rdn 229. 443

1. Das RVG sieht in Teil 4 VV RVG bzw. in Teil 5 VV RVG **an verschiedenen Stellen** Verfahrensgebühr vor. Für die hier behandelten Rechtsmittelverfahren und Rechtsbehelfe ist hinzuweisen auf 444

- die Verfahrensgebühren für das Berufungsverfahren in den **Nrn. 4124, 4125 VV RVG**,
- für das Revisionsverfahren in den **Nrn. 4130, 4131 VV RVG** und
- für die Rechtsbeschwerde im Bußgeldverfahren in der **Nr. 5113 VV RVG**.
- Darüber hinaus handelt es sich bei den sog. **zusätzlichen Gebühren** der Nrn. 4141 ff. VV RVG aus Teil 4 Abschnitt 1 Unterabschnitt 5 VV RVG Verfahrensgebühren.

- Schließlich werden auch in der **Strafvollstreckung** nach Teil 4 Abschnitt 2 VV RVG mit den Nrn. 4200 ff. VV RVG und
- im Bereich der **Einzeltätigkeiten** nach Teil 4 Abschnitt 3 VV RVG mit den Nrn. 4300 ff. VV RVG Verfahrensgebühren und im
- **Wiederaufnahmeverfahren** mit den Nrn. 4136 ff. VV RVG verdient.

445 Nachfolgend sind **nur allgemeine Fragen** der Verfahrensgebühr behandelt. Die mit dem Abgeltungsbereich der Verfahrensgebühr zusammenhängenden Fragen sind dargestellt bei → *Verfahrensgebühr, Abgeltungsbereich*, Teil D Rdn 431. Die Besonderheiten der Verfahrensgebühr im Berufungsverfahren finden sich bei → *Berufung, Verfahrensgebühr*, Teil D Rdn 106, die der Verfahrensgebühr im Revisionsverfahren bei → *Revision, Verfahrensgebühr*, Teil D Rdn 379. Hier nicht behandelt werden die mit Trennung, Verweisung und Verbindung von Verfahren zusammenhängenden gebührenrechtlichen Probleme im Zusammenhang mit der Verfahrensgebühr. Diese Fragen spielen im Rechtsmittelverfahren keine Rolle mehr (vgl. dazu die eingehenden Ausführungen bei Burhoff/*Burhoff*, RVG, Vorbem. 4 Rn 47 ff.; vgl. dazu a. noch *Burhoff* RVGreport 2008, 405; *ders.*, RVGreport 2008, 444, *ders.*, RVGreport 2009, 9; zur Verfahrensgebühr nach Zurückverweisung s. → *Zurückverweisung*, Teil D Rdn 642).

446 **2.a) Systematisch** ist das RVG – ebenso wie bei der Terminsgebühr (→ *Terminsgebühr, Allgemeines*, Teil D Rdn 402) – so vorgegangen, dass der Abgeltungsbereich der jeweiligen Verfahrensgebühr nicht jeweils in Zusammenhang mit der konkreten Gebühr geregelt/bestimmt wird. Vielmehr enthält für das Strafverfahren die Vorbem. 4 Abs. 2 VV RVG bzw. die Vorbem. 5 Abs. 2 VV RVG für das Bußgeldverfahren eine **allgemeine Regelung** des Abgeltungsbereichs der (jeweiligen) Verfahrensgebühr. Danach erhält der Rechtsanwalt die Verfahrensgebühr „für das Betreiben des Geschäfts einschließlich der Information". Diese Formulierung entspricht teilweise der in § 118 Abs. 1 Nr. 1 BRAGO zur früheren Geschäftsgebühr.

447 **b)** Was durch eine Verfahrensgebühr **allgemein abgegolten** wird, erläutert die Gesetzesbegründung (vgl. BT-Drucks 15/1971, S. 220): Durch eine Verfahrensgebühr ist die gesamte Tätigkeit des Rechtsanwalts im jeweiligen Verfahrensabschnitt, für den die Verfahrensgebühr geltend gemacht wird, abgegolten, soweit hierfür keine besonderen Gebühren vorgesehen sind (Burhoff/*Burhoff*, RVG; Vorbem. 4 VV Rn 34 ff.; AnwKomm-RVG/*N. Schneider*, VV Vorb. 4 Rn 22; Gerold/Schmidt/*Burhoff*, VV Vorb. 4 Rn 9 ff.; BT-Drucks 15/1971, S. 220; → *Verfahrensgebühr, Abgeltungsbereich*, Teil D Rdn 431).

☝ **Besondere Gebühren** sind die Grundgebühr Nr. 4100 VV RVG bzw. Nr. 5100 VV RVG (vgl. dazu → *Grundgebühr, Allgemeines*, Teil D Rdn 228) und eine Terminsgebühr (→ *Terminsgebühr, Allgemeines*, Teil D Rdn 402; s.a. Burhoff/*Burhoff*,

RVG, Vorbem. 4 VV Rn 38 f.). Die Teilnahme des Rechtsanwalts an (gerichtlichen) Terminen wird also von der Terminsgebühr erfasst.

3.a) Für die Verfahrensgebühren gilt der **Pauschalgebührencharakter** aus Vorbem. 4.1 Abs. 2 S. 1 VV RVG bzw. aus § 15 Abs. 1 RVG. Abgegolten wird die **gesamte Tätigkeit** des Rechtsanwalts im **jeweiligen Verfahrensabschnitt** und jeweiligen Rechtszug, soweit hierfür keine besonderen Gebühren vorgesehen sind (OLG Hamm RVGreport 2009, 149; Burhoff/*Burhoff*, RVG, Vorbem. 4 VV Rn 41; AnwKomm-RVG/*N. Schneider*, VV Vorb. 4 Rn 22; BT-Drucks 15/1971, S. 220; zu den abgegoltenen Tätigkeiten → *Verfahrensgebühr, Abgeltungsbereich*, Teil D Rdn 431). 448

b) Eine Verfahrensgebühr entsteht **nicht nur** für Tätigkeiten **gegenüber** dem **Gericht** (BGH NJW 2013, 312; KG JurBüro 2005, 531; OLG Dresden, Beschl. v. 8.11.2006 – 3 Ws 80/06; OLG Düsseldorf StRR 2011, 78; OLG Karlsruhe StV 2008, 373; OLG Oldenburg NJW 2010, 884; OLG Koblenz StV 2008, 372 [z.T. für die Verfahrensgebühr Nr. 4142 VV RVG]; vgl. a. OLG Naumburg JurBüro 2012, 312 für Nr. 3201 VV RVG). Ausreichend ist auch z.B. eine Beratung/Besprechung des/mit dem Mandanten, die sich nicht aus den Verfahrensakten ergibt. 449

☝ Das wird im Rahmen der Vergütungs-/Kostenfestsetzung häufig übersehen. Der Verteidiger/Rechtsanwalt sollte daher auf solche Tätigkeiten, die sich nicht aus der Akte ergeben, in seinem **Festsetzungsantrag hinweisen**.

4. Für die **Bemessung** der Verfahrensgebühren wird verwiesen auf die allgemeinen Ausführungen bei Burhoff/*Burhoff*, RVG, Vorbem. 4 VV Rn 42 ff. Wegen der Verfahrensgebühren im Berufungs- bzw. Revisionsverfahren – Nr. 4124 VV RVG bzw. Nr. 4130 VV RVG – verweise ich auf → *Berufung, Verfahrensgebühr*, Teil D Rdn 113 f., bzw. auf → *Revision, Verfahrensgebühr*, Teil D Rdn 386 ff. Befindet sich der Mandant des Rechtsanwalts während des Berufungs- bzw. des Revisionsverfahrens nicht auf freiem Fuß, entsteht die Verfahrensgebühr mit **Haftzuschlag** (Vorbem. 4 Abs. 4 VV RVG; wegen der Einzelh. → *U-Haft-Fragen, Gebühren*, Teil D Rdn 414). 450

Siehe auch: → *Allgemeine Gebührenfragen, Allgemeines*, Teil D Rdn 1, m.w.N.; → *Allgemeine Gebührenfragen, Besonderheiten Pflichtverteidiger*, Teil D Rdn 4; → *Allgemeine Gebührenfragen, Wahlverteidiger*, Teil D Rdn 26; → *Berufung, Verfahrensgebühr*, Teil D Rdn 106; → *Grundgebühr, Abgeltungsbereich*, Teil D Rdn 217; → *Grundgebühr, Allgemeines*, Teil D Rdn 228; → *Revision, Verfahrensgebühr*, Teil D Rdn 379; → *Terminsgebühr, Abgeltungsbereich*, Teil D Rdn 394; → *Terminsgebühr, Allgemeines*, Teil D Rdn 402; → *U-Haft-Fragen, Gebühren*, Teil D Rdn 414; → *Verfahrensgebühr, Abgeltungsbereich*, Teil D Rdn 431; → *Zurückverweisung*, Teil D Rdn 642.

451 Verfahrensverzögerung/Verzögerungsrüge, Abrechnung

452 **Literaturhinweise:** **Burhoff**, Verfahrensverzögerung, überlange Gerichtsverfahren und Verzögerungsrüge – die Neuregelungen im GVG, StRR 2012, 4; *ders.*, Verfahrensverzögerung, überlange Gerichtsverfahren und Verzögerungsrüge – die Neuregelungen im GVG, VRR 2012, 44; *ders.*, Entschädigung für überlange Straf- und Bußgeldverfahren – die Neuregelungen im GVG, ZAP F. 22, S. 591; **H. Schneider**, Kosten in Rechtsschutzverfahren bei überlangen Gerichtsverfahren, AGS 2012, 53; **N. Schneider**, Abrechnung in Verfahren nach dem Gesetz über den Rechtsschutz bei überlangen Gerichtsverfahren, RVGreport 2012, 82; s.a. die Hinw. bei → *Allgemeine Gebührenfragen, Allgemeines*, Teil D Rdn 2, bei → *Verfahrensverzögerung/Verzögerungsrüge*, Teil B Rdn 1027, und bei den u.a. Stichwörtern.

453 **1.a)** Ist der Rechtsanwalt **Vollverteidiger** i.S.v. Teil 4 Abschnitt 1 bzw. Teil 5 Abschnitt 1 VV RVG, sind besondere Gebühren für diese Tätigkeiten nicht vorgesehen. Diese werden vielmehr von der jeweiligen Verfahrensgebühr Nr. 4124, 4130, 5113 VV RVG abgegolten (vgl. Gerold/Schmidt/*Burhoff*, VV Vorb. 4 Rn 14; *Burhoff* StRR 2012, 4; *ders.*, VRR 2012, 44). Es handelt sich bei diesen Tätigkeiten um „Betreiben des Geschäfts" i.S.d. Vorbem. 4 Abs. 2 bzw. Vorbem. 5 Abs. 2 VV RVG).

☝ Das gilt insbesondere **auch** für die mit einer **Verzögerungsrüge** nach § 198 Abs. 3 GVG zusammenhängenden Tätigkeiten (→ *Verfahrensverzögerung/Verzögerungsrüge*, Teil B Rdn 1027).

454 **b)** Ist der Rechtsanwalt nicht (Voll-)Verteidiger, sondern z.B. nur mit der Erhebung der Verzögerungsrüge nach § 198 Abs. 3 GVG beauftragt, entsteht für diese **Einzeltätigkeit** im Strafverfahren die Nr. 4302 Ziff. 2 VV RVG und im Bußgeldverfahren die Nr. 5200 VV RVG. Es gelten die allgemeinen Regeln (vgl. z.B. → *Wiedereinsetzungsverfahren, Abrechnung*, Teil D Rdn 634).

455 **2.** Kommt es nach Abschluss des Straf- oder Bußgeldverfahrens zum **Entschädigungsprozess** (vgl. *Burhoff* StRR 2012, 4; *ders.*, VRR 2012, 44; *ders.*, ZAP F. 22, S. 591), gelten für diesen die **allgemeinen Regeln**. D.h., dass die Abrechnung nach **Teil 3 VV RVG** erfolgt. Abgerechnet wird nach Teil 3 Abschnitt 3 Unterabschnitt 2 VV RVG, also nach den besonderen erstinstanzlichen Verfahren (eingehend zur Abrechnung des Entschädigungsprozesses *H. Schneider* AGS 2012, 53 und *N. Schneider* RVGreport 2012, 82).

Siehe auch: → *Verfahrensverzögerung/Verzögerungsrüge*, Teil B Rdn 1027, m.w.N.; → *Allgemeine Gebührenfragen, Allgemeines*, Teil D Rdn 1, m.w.N.; → *Verfahrensgebühr, Abgeltungsbereich*, Teil D Rdn 431.

Verfassungsbeschwerde, Abrechnung 456

Das Wichtigste in Kürze:

1. Die Tätigkeit des Rechtsanwalts in Verfassungsbeschwerdeverfahren wird nach § 37 Abs. 2 RVG abgerechnet.
2. Anwendbar sind die Regelungen des § 37 RVG für den Wahlanwalt aber auch für den im Wege der PKH beigeordneten Rechtsanwalt.
3. Verwiesen wird wegen der Abrechnung auf die für den Zivil-/Verwaltungsprozess vorgesehenen Vorschriften des Teil 3 Abschnitt 2 Unterabschnitt 2 VV RVG.
4. Nach § 37 Abs. 2 S. 1 RVG entstehen im Verfassungsbeschwerdeverfahren die Verfahrensgebühren der Nrn. 3206, 3207 VV RVG.
5. Wird vom Verfassungsgericht aufgrund einer mündlichen Verhandlung entschieden, entsteht ggf. eine Terminsgebühr nach Nr. 3210 VV RVG.
6. Für die Abrechnung von Verfassungsbeschwerdeverfahren ist in § 37 Abs. 2 S. 2 RVG für die Bemessung des Gegenstandswertes eine eigenständige Regelung aufgenommen worden.
7. Der Rechtsanwalt hat Anspruch auf die nach den Nrn. 7000 ff. VV RVG entstehenden/entstandenen Auslagen.
8. Für die Kostenerstattung in Verfassungsbeschwerdeverfahren gilt § 34a Abs. 2 BVerfGG.
9. Für die Kostenfestsetzung zuständig ist nach § 21 Nr. 1 RPflG der Rechtspfleger. Vergütungsfestsetzung gem. § 11 RVG gegen den eigenen Auftraggeber ist zulässig.

Literaturhinweise: **Burhoff**, Verfahren vor den Verfassungsgerichten – So werden sie richtig abgerechnet, RVGprofessionell 2010, 138; *ders.*, Anwaltsvergütung im Verfassungsbeschwerdeverfahren, RVGreport 2013, 298; **Meyer**, Der Gegenstandswert und die Abrechnung in besonderen Gerichtsbarkeiten und Sondergerichtsbarkeiten, in: Schwerpunktheft Rechtsanwaltsvergütungsgesetz 2004, 263; **Zuck**, Gegenstandswert im Verfassungsbeschwerdeverfahren, AnwBl. 1974, 34; *ders.*, Die Festsetzung des Gegenstandswertes im Verfassungsbeschwerdeverfahren, AnwBl. 1978, 333; *ders.*, Der Zugang vom BVerfG – Was läßt das 5. Änderungsgesetz zum Gesetz über das BVerfG von der Verfassungsbeschwerde noch übrig?, NJW 93, 264; s. i.Ü. a. die Hinw. bei → *Allgemeine Gebührenfragen, Allgemeines*, Teil D Rdn 2. 457

1.a) Die Gebühren des Rechtsanwalts in Verfahren vor den Verfassungsgerichten sind in **§ 37 RVG** geregelt. Erfasst werden davon alle Arten von Verfahren und jede Art von anwaltlicher Tätigkeit im Verfahren vor dem BVerfG und den Verfassungsgerichten der Länder. 458

☝ Von § 37 RVG nicht erfasst werden die Verfahren vor dem Europäischen Gerichtshof für Menschenrechte (**EGMR**). Diese sind in § 38a RVG geregelt (→ *Menschenrechtsbeschwerde, Abrechnung*, Teil D Rdn 314).

459 **b)** § 37 RVG regelt **zwei Arten** von Verfahren:

- In **Abs. 1** werden die sog. strafprozessähnlichen Verfahren erfasst. Dies sind z.B. Verfahren über die Verwirkung von Grundrechten (vgl. § 13 Nr. 1 BVerfGG) oder Anklagen gegen den Bundespräsidenten, gegen ein Regierungsmitglied eines Landes oder gegen einen Abgeordneten oder einen Richter (§ 13 Nr. 4 und 9 BVerfGG). Diese Verfahren, in denen sich die Abrechnung nach Teil 4 Abschnitt 1 Unterabschnitt 3 VV RVG richtet, werden hier nicht behandelt (zu den Einzelh. der Abrechnung s. Burhoff/*Burhoff*, RVG, § 37 Rn 7 ff.; Gerold/Schmidt/*Burhoff*, § 37 Rn 4 ff.).
- In **Abs. 2** werden die sog. verwaltungsprozessähnlichen Verfahren behandelt. Das sind neben Verfassungsstreitigkeiten auch die Verfassungsbeschwerden. Der Rechtsanwalt erhält Gebühren wie im Verwaltungsrechtsstreit. Die Abrechnung der **Verfassungsbeschwerde** wird **nachfolgend** in den Rdn 460 ff. dargestellt.

460 **2.** Für den **persönlicher Geltungsbereich** des § 37 Abs. 2 RVG gilt: Die Vorschrift gilt für den Wahlanwalt. Sie gilt aber auch für den im Wege der PKH beigeordneten Rechtsanwalt, da in Verfahren vor dem BVerfG nämlich – vor allem für Verfahren über Verfassungsbeschwerden – **PKH** bewilligt werden kann. Beigeordnet werden kann jeder vor einem deutschen Gericht zugelassene Rechtsanwalt, auch im schriftlichen Verfahren (BVerfG NJW 1995, 1415). Insoweit gelten dann die Vorschriften der §§ 45 ff. RVG entsprechend (s. dazu Burhoff/*Volpert*, RVG, Teil A: Vergütungsanspruch gegen die Staatskasse [§§ 3 44, 45, 50], Rn 2117).

> ☝ War der Rechtsanwalt für das (Straf-)Verfahren als **Pflichtverteidiger** bestellt, sind die Tätigkeiten, die im Hinblick auf eine Verfassungsbeschwerde erbracht werden, nicht von der Pflichtverteidigerbestellung umfasst (OLG Rostock RVGreport 2010, 380 m. Anm. *Burhoff* StRR 2010, 470; LG Neubrandenburg RVGreport 2010, 380 m. Anm. *Burhoff* StRR 2010, 479). Er muss also ggf. für die Verfassungsbeschwerde PKH unter seiner Beiordnung beantragen.

461 **3.a) Verfassungsbeschwerdeverfahren** laufen i.d.R. prozessual ähnlich wie Verfahren vor den VG ab. Daher sind die Gebühren des Rechtsanwalts wie im Verfahren vor den VG sinngemäß nach den für den Zivil-/Verwaltungsprozess vorgesehenen Vorschriften des **Teil 3 Abschnitt 2 Unterabschnitt 2 VV RVG** bemessen worden. Der Rechtsanwalt erhält also in solchen Verfahren eine Verfahrens- und ggf. eine Terminsgebühr (vgl. Rdn 463 ff.).

> ☝ I.d.R. fällt in der Praxis in Verfassungsbeschwerdeverfahren nur eine Verfahrensgebühr (vgl. Rdn 463 ff.) an, da die Verfassungsgerichte nur ausnahmsweise aufgrund mündlicher Verhandlung entscheiden. Daher empfiehlt sich der Abschluss einer **Vergütungsvereinbarung** nach § 3a RVG (so auch AnwKomm-RVG/*Wahlen/N. Schneider*, § 37 Rn 18; vgl. insoweit → *Allgemeine Gebührenfragen, Wahlvertei-*

diger, Teil D Rdn 36 ff.; s.a. noch Burhoff/*Burhoff*, RVG, Teil A: Vergütungsvereinbarung [§ 3a], Rn 2170 ff.).

b) Jedes Verfassungsbeschwerdeverfahren ist eine selbstständige **Angelegenheit** i.S.d. § 15 Abs. 2 S. 1 RVG. Erlässt das BVerfG eine einstweilige Anordnung (vgl. § 93d Abs. 2 BVerfGG) handelt es sich nach § 17 Nr. 4b RVG um verschiedene Angelegenheiten. 462

4.a) Nach § 37 Abs. 2 S. 1 RVG entstehen im Verfassungsbeschwerdeverfahren **die (Verfahrens-)Gebühren** für die Revision nach **Teil 3 Abschnitt 2 Unterabschnitt 2 VV RVG** entsprechend. Verwiesen wird damit pauschal auf alle Gebührentatbestand in dem Unterabschnitt, also die Nr. 3206 – 3213 VV RVG. Die überw. Meinung in der Lit. sieht in dem Verweis jedoch nur eine Verweisung auf die Nrn. 3206, 3207 VV RVG (vgl. Mayer/Kroiß/*Mayer*, § 37 Rn 12 ff.; Gerold/Schmidt/*Burhoff*, § 37 Rn 12; Burhoff/*Burhoff*, RVG, § 37 Rn 15). Die Nrn. 3212, 3213 VV RVG aber auch die Nrn. 3208, 3209 VV RVG sind Spezialregelungen, die bestimmte Verfahren oder bestimmte persönliche Eigenschaften des Rechtsanwalts voraussetzen (vgl. dazu in Zusammenhang mit § 38 RVG BGH NJW 2012, 2118). 463

b) Für das **Entstehen** der **Verfahrensgebühr** gelten die allgemeinen Regeln (vgl. dazu die Erläut. bei Gerold/Schmidt/*Müller-Rabe*, VV 3206). Endet der Auftrag des Rechtsanwalts vorzeitig, entsteht nur eine 1,1-Verfahrensgebühr nach Nr. 3207 VV RVG. Auch insoweit wird auf die Erläuterungen bei Gerold/Schmidt/*Müller-Rabe*, VV 3207 verwiesen. 464

5. Wird vom Verfassungsgericht aufgrund einer mündlichen Verhandlung entschieden, entsteht eine **Terminsgebühr** nach Nr. 3210 VV RVG, wenn der Rechtsanwalt daran teilnimmt. Auf diese Terminsgebühr ist nach der Anm. zu Nr. 3210 VV RVG auch die Anm. der Nr. 3104 VV RVG anzuwenden. Das bedeutet, dass die Terminsgebühr auch dann entsteht, wenn in einem Verfahren, in dem mündliche Verhandlung vorgeschrieben ist (vgl. §§ 25, 94 Abs. 5 BVerfGG), im Einverständnis mit allen Beteiligten ohne mündliche Verhandlung entschieden wird. Ist die mündliche Verhandlung nicht vorgeschrieben, wie z.B. bei Verfassungsbeschwerden, ist Nr. 3104 VV RVG nicht anzuwenden (BVerfG Rpfleger 1973, 243; 41, 228; Gerold/Schmidt/*Burhoff*, § 37 Rn 16; Burhoff/*Burhoff*, RVG, § 37 Rn 18, jew. m.w.N.). 465

6.a) Die Abrechnung von Verfassungsbeschwerdeverfahren nach § 37 Abs. 2 RVG ist, da es sich bei den Gebühren, auf die wegen der Abrechnung verwiesen wird, um Wertgebühren handelt, vom **Gegenstandswert** abhängig. In § 37 Abs. 2 S. 2 RVG ist für die Bemessung des Gegenstandswertes für Verfahren vor den Verfassungsgerichten eine eigenständige Regelung aufgenommen worden. Der Gegenstandswert wird in diesen Verfahren nach § 37 Abs. 2 S. 2 Halbs. 1 RVG unter Berücksichtigung der in **§ 14 Abs. 1** RVG genannten Umstände, insbesondere also des Umfangs und der Schwierigkeit der anwaltlichen Tätigkeit, der Bedeutung der Angelegenheit, sowie der Vermögens- und Einkommensverhältnisse 466 des Auftraggebers nach billigem Ermessen bestimmt (vgl. dazu Burhoff/*Burhoff*, RVG, § 37 Rn 19 ff.; u.a. BVerfG, Beschl. v. 28.9.2010 – 1 BvR 1179/08; → *Allgemeine Gebührenfragen, Wahlverteidiger*, Teil D Rdn 31 ff.; s. auch Burhoff/*Burhoff*, RVG, Teil A: Rahmengebühren [§ 14], Rn 1549, 1557 ff.). In objektiver Hinsicht kommt auch dem Erfolg der Verfassungsbeschwerde für die Bemessung des Gegenstandswerts Bedeutung zu. Im Fall einer **einstweiligen Anordnung** kann der Gegenstandswert deutlich unter dem des Hauptsachverfahrens festgesetzt werden. I.d.R. wird ein Rahmen von 1/10 bis 5/10 des Wertes der Hauptsache angenommen (vgl. BVerfG AGS 2000, 222).

467 **b)** Für die **Bemessung** des Gegenstandswertes ist von folgenden Grundsätzen auszugehen (vgl. auch Burhoff/*Burhoff*, RVG, § 37 Rn 19 ff.; Gerold/Schmidt/*Burhoff*, § 37 Rn 18):

- Der Gegenstandswert beträgt nach § 37 Abs. 2 S. 2 Hs. 2 **mindestens 5.000,00 €** (bis zum 31.7.2013 4.000,00 €).
- Dieser Mindestwert ist für Verfassungsbeschwerden, denen durch Entscheidung der Kammer **stattgegeben** wird, **angemessen** zu **erhöhen**. Insoweit scheint das BVerfG unter Geltung des § 37 Abs. 2 S. 2 Hs. 2 a.F. von einem Gegenstandswert von 8.000,00 € ausgegangen zu sein (vgl. die Nachw. bei Gerold/Schmidt/*Burhoff*, § 37 Rn 18 Fn 45). Es bleibt abzuwarten, wie sich nach Anhebung des Mindestgegenstandswertes die Höhe der Gegenstandswerte entwickelt; eine Erhöhung dürfte/sollte eintreten.
- Wird die Verfassungsbeschwerde **nicht** zur Entscheidung **angenommen**, über sie also nicht inhaltlich befunden, wird vom BVerfG i.d.R. der gesetzliche Mindestwert nicht überschritten (BVerfG NJW 2000, 1399; Beschl. v. 28.9.2010 – 1 BvR 1179/08).

468 **c)** Die **Festsetzung** des Gegenstandswerts hat nach §§ 32, 33 RVG durch das Verfassungsgericht zu erfolgen. Dieses ist an einen Antrag des Rechtsanwalts nicht gebunden; es gilt vielmehr der Grundsatz der Wahrheit des Gegenstandswertes (Gerold/Schmidt/*Burhoff*, § 37 Rn 19). Voraussetzung für eine Wertfestsetzung nach § 33 Abs. 1 RVG ist aber eine anwaltliche Tätigkeit in einem gerichtlichen Verfahren. Bei außergerichtlicher oder nur vorgerichtlicher Tätigkeit ist eine gerichtliche Wertfestsetzung ausgeschlossen (BVerfG, Beschl. v. 7.12.2011 – 1 BvR 748/06).

☝ Ist vom Mindestgegenstandswert auszugehen, besteht nach der Rspr. des BVerfG **kein Rechtsschutzbedürfnis** für die Festsetzung des Gegenstandswerts (vgl. BVerfGE 79, 365; BVerfG NJW 2000, 1399; Beschl. v. 28.9.2010 – 1 BvR 1179/08).

Offen gelassen hat das BVerfG bislang die Frage, ob gegen die Festsetzung des Gegenstandswertes eine **Gegenvorstellung** zulässig ist (BVerfG, Beschl. v. 4.12.2013 – 1 BvR 1751/12; Beschl. v. 4.11.2014 – 2 BvR 2238/13; → *Gegenvorstellung, Allgemeines*, Teil B Rdn 274 ff.).

469 **7.** Der Rechtsanwalt hat Anspruch auf die nach den Nrn. 7000 ff. VV RVG entstehenden/entstandenen **Auslagen** (vgl. allgemein dazu → *Auslagen, Allgemeines*, Teil D Rdn 70, m.w.N.).

Dazu gehört auch die Postentgeltpauschale Nr. 7002 VV RVG, da es sich bei den Verfassungsbeschwerdeverfahren um eine vom Ausgangsverfahren verschiedene Angelegenheit handelt (inzidenter OLG Rostock RVGreport 2010, 380; LG Neubrandenburg RVGreport 2010, 380; Burhoff/*Burhoff*, RVG, § 37 Rn 30; Gerold/Schmidt/*Burhoff*, § 37 Rn 22).

8. Für die Kostenerstattung in Verfahren vor dem BVerfG gilt **§ 34a BVerfGG**. Erweist sich eine Verfassungsbeschwerde als begründet, sieht § 34a Abs. 2 BVerfGG vor, dass dem Beschwerdeführer die notwendigen Auslagen ganz oder teilweise zu erstatten sind (wegen der Nachw. s. Gerold/Schmidt/*Burhoff*, § 37 Rn 24). In den übrigen Fällen kann das BVerfG nach § 34a Abs. 3 BVerfGG volle oder teilweise Erstattung der Auslagen anordnen. Von dieser Befugnis macht das BVerfG allerdings nur sehr zurückhaltend Gebrauch (vgl. z.B. BVerfGE 14, 121; 18, 133; 20, 119; 22, 118; NJW 1977, 751; 1992, 816 [Erledigung der Verfassungsbeschwerde, die Erfolg gehabt hätte]; wegen weit. Bsp. AnwKomm-RVG/*Wahlen*/*N. Schneider*, § 37 Rn 42 ff.). 470

☝ Auch wenn eine Verfassungsbeschwerde nach **§ 93b BVerfGG** nicht zur Entscheidung angenommen wird oder aus einem sonstigen Grund nicht erfolgreich ist, kann aus **Billigkeitsgründen** die Auslagenerstattung angeordnet werden (BVerfGE 36, 89; 39, 169; Gerold/Schmidt/*Burhoff*, § 37 Rn 24).

In der verfassungsgerichtlichen Rspr. entschieden ist inzwischen die Frage, ob die Kosten eines Rechtsanwalts, der im Verfassungsbeschwerdeverfahren den Beschwerdeführer im Hinblick auf die Formulierung einer Verfassungsbeschwerde oder eines Antrags auf Erlass einer einstweiligen Anordnung sowie die Durchführung des Verfahrens vor dem Verfassungsgericht **nur beraten** hat, ohne zum Verfahrensbevollmächtigten bestellt worden zu sein, erstattungsfähig sind. Der VerfGH Berlin sieht diese Kosten grds. als „notwendig" i.S.v. § 34 Abs. 2 Berliner VerfGHG (wortgleich mit § 34a Abs. 2 BVerfGG) und daher als erstattungsfähig an (Rpfleger 2011, 568; wegen der Einzelh. Burhoff/*Burhoff*, RVG, § 37 Rn 30 f.). 471

☝ Ein Anspruch auf **Erstattung** der **Zeitversäumnis** des Beschwerdeführers infolge der Ausarbeitung und Abfassung der Verfassungsbeschwerde besteht hingegen nicht (VerfGH Berlin Rpfleger 2011, 568).

9. Für die **Kostenfestsetzung** zuständig ist nach § 21 Nr. 1 RPflG der **Rechtspfleger**. **Vergütungsfestsetzung** gem. § 11 RVG gegen den eigenen Auftraggeber ist zulässig; zuständig ist der Rechtspfleger des Verfassungsgerichts (§ 21 Nr. 2 RPflG). Gegen die Entscheidung des Rechtspflegers ist nach § 21 Abs. 2 RPflG binnen einer Notfrist von zwei Wochen Erinnerung zulässig. Zuständig zur Entscheidung über die Erinnerung ist das Verfassungsgericht selbst (Gerold/Schmidt/*Burhoff*, § 37 Rn 27; wegen der Einzelh. s. Burhoff/*Volpert*, RVG, Teil A: Festsetzung gegen die Staatskasse [§ 55], Rn 851 ff.; 472

vgl. a. noch → *Kostenfestsetzung, Beschwerde*, Teil D Rdn 267; → *Kostenfestsetzung, Erinnerung*, Teil D Rdn 302).

Siehe auch: → *Verfassungsbeschwerde, Allgemeines*, Teil C Rdn 729, m.w.N.; → *Allgemeine Gebührenfragen, Allgemeines*, Teil D Rdn 1; → *Allgemeine Gebührenfragen, Wahlverteidiger*, Teil D Rdn 4; → *Menschenrechtsbeschwerde, Abrechnung*, Teil D Rdn 314.

473 Vergütungsfestsetzung, Beschwerde

Das Wichtigste in Kürze:

1. Gegen die gem. § 56 Abs. 1 RVG getroffene Erinnerungsentscheidung findet gem. § 56 Abs. 2 S. 1 RVG die Beschwerde statt.
2. Die nur für den Rechtsanwalt oder die Staatskasse mögliche Beschwerde ist bei dem Gericht einzulegen, dessen Erinnerungsentscheidung angefochten wird.
3. Die Beschwerde ist binnen 2 Wochen ab Zustellung der Erinnerungsentscheidung einzulegen.
4. Wird der erforderliche Beschwerdewert in Höhe von 200,01 € nicht erreicht, ist die Beschwerde im Fall ihrer Zulassung in der Erinnerungsentscheidung zulässig.
5. Die Beschwerde ist unverzüglich dem Beschwerdegericht vorzulegen, wenn das Erinnerungsgericht der Beschwerde nicht oder nur tlw. abhilft.
6. Das Verschlechterungsverbot gilt im Beschwerdeverfahren nicht.
7. Lässt das LG die weitere Beschwerde zum OLG zu, ist die Beschwerdeentscheidung zuzustellen.

474 **Literaturhinweise:** s. die Hinw. bei → *Vergütungsfestsetzung, Erinnerung*, Teil D Rdn 506, und bei → *Allgemeine Gebührenfragen, Allgemeines*, Teil D Rdn 2.

475 **1.** Die Entscheidung über die Erinnerung des beigeordneten oder bestellten oder der Staatskasse gegen die Festsetzung der aus der Staatskasse zu gewährenden Vergütungen (§ 55 RVG; → *Vergütungsfestsetzung, Erinnerung*, Teil D Rdn 505) ist gem. § 56 Abs. 2 S. 1 RVG mit der Beschwerde anzufechten. § 56 Abs. 2 S. 1 RVG verweist darüber hinaus für das **Beschwerdeverfahren** gegen die **Erinnerungsentscheidung** auf § 33 Abs. 3 bis 8 RVG (allgemein zur Beschwerde → *Beschwerde, Allgemeines*, Teil A Rdn 290, m.w.N.).

476 Aus dem Wortlaut von § 56 RVG ergibt sich nicht ausdrücklich, dass die Beschwerde zulässig ist. Die Eröffnung des Beschwerdeweges ist aber der Überschrift von § 56 RVG sowie dem Verweis in § 56 Abs. 2 S. 1 RVG auf die Beschwerdevorschriften in § 33 Abs. 3 bis 8 RVG zu entnehmen (Gerold/Schmidt/*Müller-Rabe*, § 56 Rn 17).

☝ **Vor** einer **Erinnerungsentscheidung** des Gerichts des Rechtszugs gem. § 56 RVG ist eine **Beschwerde unzulässig**. Es ist daher zunächst das Erinnerungsverfahren durchzuführen (OLG Düsseldorf StRR 2010, 276; OLG Saarbrücken AGS 2009, 449). Nach einer gerichtlichen Entscheidung über die Erinnerung kann nur Beschwerde eingelegt werden (vgl. KG, Beschl. v. 26.9.2011 – 1 Ws 52/10).

2.a) Gegen die Erinnerungsentscheidung sind der **Rechtsanwalt** oder die **Staatskasse** beschwerdebefugt, nicht aber die Partei. 477

b) Die Beschwerde kann **schriftlich** eingereicht werden, nach § 12b RVG (vgl. auch § 130a ZPO) bei Vorliegen der dort genannten Voraussetzungen auch als **elektronisches Dokument** (zur Rechtsmittelform → *Rechtsmittel/Rechtsbehelfe, Form, Allgemeines*, Teil A Rdn 1509, m.w.N.). Die Einlegung durch elektronisches Dokument setzt aber voraus, dass die anwendbare Verfahrensordnung die Einreichung von Schriftsätzen als elektronisches Dokument erlaubt (§ 12b RVG). 478

c) Nach §§ 56 Abs. 2 S. 1, 33 Abs. 7 S. 3 RVG ist die Beschwerde bei dem **Gericht** einzulegen, **dessen Entscheidung angefochten** wird. Beim **Beschwerdegericht** kann die Beschwerde **nicht** rechtswirksam eingelegt werden, weil im Fall der zulässigen und begründeten Beschwerde zunächst die Abhilfe zu prüfen ist (Thüringer LSG, Beschl. v. 10.4.2014 – L 6 SF 193/14 B; *Hansens*, in: Hansens/Braun/Schneider, Teil 7, Rn 173). Der in § 56 Abs. 2 S. 1 i.V.m. § 33 Abs. 7 S. 1 RVG in Bezug genommene § 129a ZPO (Einlegung zu Protokoll der Geschäftsstelle eines jeden AG) findet deshalb bei der Beschwerde keine Anwendung. Zudem wäre das Beschwerdegericht zwar gehalten, die Beschwerde an das zuständige Gericht weiterzuleiten. Wenn die Beschwerde hierbei aber verloren geht oder nicht rechtzeitig beim zuständigen Gericht eingeht, trägt dieses Risiko der Beschwerdeführer. 479

☝ **Anwaltszwang** besteht **nicht**, weil die Beschwerde nach §§ 56 Abs. 2 S. 1, 33 Abs. 7 S. 2 RVG auch **ohne Mitwirkung eines Bevollmächtigten** zu Protokoll des Urkundsbeamten der Geschäftsstelle eingelegt werden kann (vgl. § 78 Abs. 3 ZPO; OVG Hamburg Rpfleger 2008, 46).

3.a) Gegen die Entscheidung über die Erinnerung ist nach §§ 56 Abs. 2 S. 1, 33 Abs. 3 S. 3 RVG die **befristete Beschwerde** zulässig. 480

☝ Die Beschwerde ist **binnen 2 Wochen** ab Zustellung der Erinnerungsentscheidung einzulegen (Thüringer LSG, Beschl. v. 10.4.2014 – L 6 SF 193/14 B; OLG Frankfurt/Main, Beschl. v. 19.6.2012 – 2 Ws 83/12; zur Zustellung → *Rechtsmittel/Rechtsbehelfe, Zustellung, Allgemeines*, Teil A Rdn 1845).

481 Es handelt sich **nicht** um eine **sofortige Beschwerde**, sondern um eine einfache fristgebundene Beschwerde, die innerhalb von zwei Wochen ab Zustellung der Entscheidung einzulegen ist (Thüringer LSG, Beschl. v. 10.4.2014 – L 6 SF 193/14 B; OLG Frankfurt/Main, Beschl. v. 19.6.2012 – 2 Ws 83/12). Es liegt somit **keine Notfrist** vor, für die § 233 ZPO gelten würde. Diese Frist verdrängt insbesondere die in § 311 Abs. 2 StPO enthaltene Frist zur Einlegung der sofortigen Beschwerde von einer Woche (vgl. LSG Nordrhein-Westfalen JurBüro 1995, 146). Das stellt der zum 1.8.2013 durch das 2. KostRMoG vom 23.7.2013 (BGBl I, S. 2586) eingefügte § 1 Abs. 3 RVG klar. Rechtsbehelfe und Rechtsmittel in den Kostenverfahren des RVG, also auch im Erinnerungs- und Beschwerdeverfahren nach §§ 56, 33 RVG, richten sich danach ausschließlich nach den Vorschriften des RVG (so auch Gerold/Schmidt/*Müller-Rabe*, § 56 Rn 3).

☝ Ist die angefochtene Entscheidung **nicht zugestellt** und der Lauf der Beschwerdefrist damit nicht in Gang gesetzt worden (vgl. hierzu OLG Brandenburg NStZ-RR 2010, 192; OLG Hamburg NStZ-RR 2010, 327; OLG Hamm NStZ-RR 2005, 390; OLG München AGS 2010, 542), findet § 569 Abs. 1 S. 2 ZPO Anwendung. Danach ist Fristbeginn spätestens mit Ablauf von fünf Monaten nach Erlass der Verkündung des Beschlusses (vgl. hierzu OLG Brandenburg, a.a.O.).

482 **b)aa)** Ist die Frist zur Einlegung der Beschwerde vom Beschwerdeführer **unverschuldet** versäumt worden, kommt gem. §§ 56 Abs. 2 S. 1, 33 Abs. 5 RVG die **Wiedereinsetzung** in den vorigen Stand in Betracht. Die Wiedereinsetzung wird nicht von Amts wegen, sondern nur **auf Antrag** gewährt.

- Der Antrag kann nach §§ 56 Abs. 2 S. 1, 33 Abs. 7 S. 1 RVG, § 129a ZPO zu **Protokoll** des **Urkundsbeamten** der Geschäftsstelle des AG gestellt werden.
- Der Antrag kann auch schriftlich eingereicht werden, nach § 130a ZPO bei Vorliegen der dort genannten Voraussetzungen auch als **elektronisches Dokument**.

☝ **Anwaltszwang** besteht **nicht** (vgl. § 78 Abs. 3 ZPO).

483 **bb)** Die **Wiedereinsetzung** kann nur gewährt werden, wenn der Beschwerdeführer die Beschwerde bzw. die weitere Beschwerde **binnen zwei** Wochen nach der Beseitigung des Hindernisses einlegt (§ 56 Abs. 2; 33 Abs. 5 S. 1 RVG).

☝ Nach §§ 56 Abs. 2 S. 1, 33 Abs. 5 S. 2 RVG kann die Wiedereinsetzung **nicht mehr** beantragt werden, wenn seit dem Ablauf der Frist zur Einlegung der Beschwerde bzw. der weiteren Beschwerde **ein Jahr verstrichen** ist.

484 **cc)** Im Antrag müssen die Tatsachen, welche die Wiedereinsetzung begründen, **glaubhaft** gemacht werden (vgl. zur Glaubhaftmachung § 294 ZPO). Es müssen also alle tatsäch-

lichen Voraussetzungen für die Zulässigkeit und Begründetheit des Wiedereinsetzungsantrags angeführt werden. Es sind somit Angaben zur versäumten Frist, hinsichtlich des Hindernisses, das der Einlegung der Frist entgegenstand, zum Wegfall dieses Hindernisses und zum fehlenden Verschulden der Fristversäumung erforderlich (zur Glaubhaftmachung s.a. → *Wiedereinsetzung in den vorigen Stand, Antrag*, Teil B Rdn 1485).

☝ Insbesondere sollte dargelegt werden, auf welche Weise und durch **wessen Verschulden** es zur Versäumung der Frist gekommen ist.

dd) Zuständig für die **Entscheidung** über den Wiedereinsetzungsantrag ist das **Gericht**, 485
das über die **Beschwerde** zu entscheiden hat (Rdn 496 f.; OLG Stuttgart AGS 2008, 353). Wiedereinsetzung ist zu gewähren, wenn der Beschwerdeführer die Versäumung der Frist zur Einlegung der Beschwerde bzw. der weiteren Beschwerde nicht verschuldet hat. Im Fall der Ablehnung des Wiedereinsetzungsantrags ist der Beschluss dem Beschwerdeführer zuzustellen, da gegen die Ablehnung die Beschwerde statthaft ist (vgl. §§ 56 Abs. 2 S. 1, 33 Abs. 5 S. 3 und 4 RVG).

☝ Gegen die **Ablehnung** des Wiedereinsetzungsgesuchs steht dem Beschwerdeführer die **befristete Beschwerde** zu, die innerhalb von **zwei Wochen** ab Zustellung der Ablehnungsentscheidung einzulegen ist (vgl. §§ 56 Abs. 2 S. 1, 33 Abs. 5 S. 3 und 4 RVG). Hält das Gericht die Beschwerde für zulässig und begründet, kann es der Beschwerde abhelfen.

4.a) Die Beschwerde ist zulässig, wenn 486

- der **Wert** des Beschwerdegegenstands 200,00 € übersteigt, also **mindestens 200,01 €** beträgt (vgl. Rdn 492), oder
- die Beschwerde gem. §§ 56 Abs. 2 S. 1, 33 Abs. 3 S. 2 RVG in der Erinnerungsentscheidung zugelassen worden ist (vgl. Rdn 487 ff.).

b) Ist die zur Entscheidung stehende Frage von **grds.er Bedeutung**, lässt das Gericht nach 487
§§ 56 Abs. 2 S. 1, 33 Abs. 3 S. 2 RVG in der Erinnerungsentscheidung die Beschwerde zu. Die Einlegung der Beschwerde ist dann auch ohne Erreichen der gem. §§ 56 Abs. 2 S. 1, 33 Abs. 3 S. 1 RVG erforderlichen Beschwerdesumme von 200,01 € zulässig.

☝ Von grds. Bedeutung sind **ungeklärte Rechtsfragen**, deren Beantwortung über den konkreten Rechtsfall hinaus für alle weiteren Fälle dieser Art entscheidungserheblich sein kann (vgl. *Schneider*, ZAP F. 13, S. 1225). Die grds. Bedeutung ist auch dann zu bejahen, wenn aufgrund **abweichender Rspr.** Klärungsbedürftigkeit einer Rechtsfrage besteht und Vereinheitlichung durch eine obergerichtliche Grundsatzentscheidung erforderlich ist (vgl. AnwKomm-RVG/*N. Schneider/Thiel*, § 33 Rn 100 ff.).

☝ Die **Nichtzulassung** der Beschwerde ist gem. § 33 Abs. 4 S. 4 Halbs. 2 **nicht anfechtbar** (vgl. OLG Köln JurBüro 1997, 474). Dies ist nach Auffassung des Gesetzgebers vor dem Hintergrund vertretbar, dass es der Zulassung der Beschwerde nur bei einem Wert des Beschwerdegegenstands von höchstens 200,00 € bedarf (BT-Drucks 15/1971, S. 242, 186). Es gibt keine Nichtzulassungsbeschwerde.

488 Die Voraussetzungen zur Zulassung der Beschwerde sind vom Erinnerungsgericht **von Amts wegen** zu prüfen. Die Zulassung steht nicht im freien Ermessen des Gerichts. Vielmehr ist die **Zulassung** der Beschwerde **zwingend**, wenn die Voraussetzungen hierfür vorliegen (vgl. AnwKomm-RVG/*N. Schneider*/*Thiel*, § 33 Rn 110). Ein **Antrag** auf Zulassung der Beschwerde ist daher verfahrensrechtlich **nicht erforderlich**. Es ist aber **sinnvoll**, die Zulassung der Beschwerde anzuregen und zur grds. Bedeutung der Sache vorzutragen (vgl. AnwKomm-RVG/*N. Schneider*/*Thiel*, § 33 Rn 110). Die Zulassung sollte im Tenor der Entscheidung erfolgen, jedoch reicht eine Zulassung in der Begründung aus (vgl. AnwKomm-RVG/*N. Schneider*/*Thiel*, § 33 Rn 106).

489 **c)** Die Zulassung der Beschwerde muss in dem Beschluss, mit dem über die Erinnerung entschieden worden ist, ausgesprochen worden sein. Eine **nachträgliche Zulassung** ist grds. **nicht möglich** (OLG Hamm AGS 2015, 47). Aus der Gesetzesbegründung ergibt sich zwar, dass nach Vorstellung des Gesetzgebers die Zulassung der Beschwerde nicht nur in der angefochtenen Entscheidung erfolgen, sondern auch noch später – etwa nach Einlegung und Begründung der Beschwerde – **nachgeholt** werden kann (BT-Drucks 15/1971, S. 196 und 157). Die Möglichkeit der nachträglichen bzw. der Nachholung der Zulassung der Beschwerde ist jedoch in den Gesetzeswortlaut nicht aufgenommen worden, sodass die nachträgliche Zulassung von der überwiegenden Meinung zutreffend abgelehnt wird. Die Beschwerde ist deshalb als nicht zugelassen anzusehen, wenn die Erinnerungsentscheidung keine Zulassung der Beschwerde enthält (BGH NJW 2004, 779; KG RVGreport 2009, 139; AGS 2007, 466; OLG Karlsruhe AGS 2009, 551; OLGR Saarbrücken 2005, 513; vgl. a. Mayer/Kroiß/*Pukall*, § 56 Rn 26, der eine nachträgliche Zulassung im Nichtabhilfebeschluss oder auf eine Anhörungsrüge hin für zulässig hält, weil die Zulassung dann immer noch durch das Erinnerungsgericht erfolgt). Eine in der Erinnerungsentscheidung übersehene Zulassung kann allenfalls unter den Voraussetzungen von § 319 ZPO nachgeholt werden (KG RVGreport 2009, 139; OLG Karlsruhe AGS 2009, 551).

☝ Enthält die Erinnerungsentscheidung keine Zulassung der Beschwerde, ist dies als **konkludente Nichtzulassung** der Beschwerde anzusehen (vgl. BGH NJW 2004, 779; KG RVGreport 2009, 139; OLGR Saarbrücken 2005, 513).

490 **d)aa)** Nach §§ 56 Abs. 2 S. 1, 33 Abs. 4 S. 4 Halbs. 1 RVG ist das **Beschwerdegericht** an die **Zulassung** der Beschwerde **gebunden**, selbst wenn das Erinnerungsgericht die grds.

Bedeutung der Sache als Voraussetzung für die Zulassung zu Unrecht bejaht hat (vgl. OLG Brandenburg NStZ-RR 2010, 192; OLG Celle AGS 2009, 189; OLG Frankfurt/Main RVGreport 2007, 71; OLG Karlsruhe StraFo 2014, 39; OLG Nürnberg AGS 2008, 457; OLG Stuttgart AGS 2008, 353).

Nicht gebunden ist der **BGH** aber an die Zulassung einer Beschwerde durch das OLG als Erinnerungsgericht. Denn dessen Erinnerungsentscheidung (vgl. §§ 55 Abs. 1 S. 1, 56 Abs. 1 S. 1 RVG) ist wegen §§ 56 Abs. 2 S. 1, 33 Abs. 4 S. 3 RVG (Beschwerde an einen obersten Gerichtshof des Bundes) kraft Gesetzes einer Anfechtung entzogen (BGH NJW-RR 2011, 142; OLG Bamberg FamRZ 2011, 1605; OLG Köln RENOpraxis 2012, 175). Die Zulassung kann nicht dazu führen, dass dadurch ein gesetzlich nicht vorgesehener Instanzenzug eröffnet wird (BGH AGS 2010, 195; WuM 2012, 114; Schaden-Praxis 2010, 29). 491

e) Der **Beschwerdewert** ergibt sich aus der **Differenz** zwischen den **festgesetzten** und den mit der Beschwerde **angestrebten Gebühren** (vgl. LAG Mainz AGS 2012, 302; OLG Düsseldorf RVGreport 2009, 138; vgl. hierzu KG JurBüro 2006, 646). Hierbei kommt es auf die aus **der Staatskasse zu erstattende Vergütung** und nicht auf die Wahlanwaltsvergütung an (Gerold/Schmidt/*Müller-Rabe*, RVG, § 56 Rn 21). Die **Umsatzsteuer** ist hierbei zu berücksichtigen (vgl. OLG Frankfurt/Main AGS 2012, 465; OLG Köln RENOpraxis 2012, 1752; OLG Nürnberg AGS 2010, 167). 492

Beispiel: 493

Der Pflichtverteidiger meldet folgende Vergütung an:

Grundgebühr Nr. 4100 VV	160,00 €
Verfahrensgebühr Nr. 4106 VV	132,00 €
Terminsgebühr Nr. 4108 VV	220,00 €
Längenzuschlag Nr. 4110 VV	110,00 €
Postentgeltpauschale Nr. 7002 VV	20,00 €
19 % USt Nr. 7008 VV	121,98 €
Summe:	**736,98 €**

Der Urkundsbeamte setzt den Längenzuschlag i.H.v. 110,00 € ab, weil der Termin seiner Auffassung nach nicht länger als fünf Stunden. gedauert hat. Die Erinnerung des Pflichtverteidigers hiergegen ist erfolglos. Da der Beschwerdewert von 200,01 € nicht erreicht ist, ist die Beschwerde nur zulässig, wenn diese in der Erinnerungsentscheidung zugelassen worden ist.

☝ Maßgebend ist nur die Differenz bei der **konkret angefochtenen** Vergütung. Der Umstand, dass sich auch bei anderen in der Angelegenheit beigeordneten oder bestellten Rechtsanwälten eine Erhöhung oder Verringerung der aus der Staatskasse zu gewährenden Vergütung ergeben kann, ist bei der Berechnung des Beschwerdewerts nicht zu berücksichtigen, weil jede Vergütungsfestsetzung gem. § 55 RVG ein eigenständiges Verfahren bildet (OLG Düsseldorf RVGreport 2009, 138).

494 **5.a)** Da die Beschwerde nach §§ 56 Abs. 2 S. 1, 33 Abs. 7 S. 2 RVG bei dem Gericht einzulegen ist, dessen Entscheidung angefochten wird (Rdn 479), ist diesem nach § 33 Abs. 4 S. 1 Hs. 1 RVG eine **Abhilfebefugnis eingeräumt**, wenn die Beschwerde für zulässig und begründet gehalten wird (vgl. OLG Köln FamRZ 2010, 232; OLG München Rpfleger 2004, 167). Wird die Beschwerde als begründet angesehen, ergeht ein **begründeter Abhilfebeschluss**. In dieser Abhilfeentscheidung ist ggf. erneut die Beschwerde zuzulassen (vgl. *Hansens*, in: Hansens/Braun/Schneider, Teil 7, Rn 177). Eine Abhilfe ist auch möglich, wenn die Beschwerde wegen Nichterreichens des erforderlichen Beschwerdewertes zwar unzulässig ist, aber als Antrag nach § 12a RVG (Anhörungsrüge) angesehen werden kann und die Voraussetzungen insoweit vorliegen. Darüber hinaus kann eine Umdeutung der nicht statthaften Beschwerde in eine – befristete – Gegenvorstellung in Betracht kommen. Wird diese als unzulässig angesehen, scheidet eine Korrektur des Beschlusses über die Erinnerung aus (vgl. OLG Düsseldorf OLGR Düsseldorf 2008, 614).

☝ Die **Nichtabhilfeentscheidung** des Erstgerichts ist **nicht anfechtbar**. Hilft das Erstgericht der Beschwerde nicht ab, ist die Sache gem. §§ 56 Abs. 2 S. 1, 33 Abs. 4 S. 1 RVG **unverzüglich** dem Beschwerdegericht zur Entscheidung **vorzulegen** (OLG Köln FamRZ 2010, 232). Der Nichtabhilfebeschluss muss nur dann weiter begründet werden, wenn der Beschwerdeführer seine Angriffe auf neues Vorbringen gestützt hat.

495 **b)** Durch die Formulierung in § 33 Abs. 4 S. 1 Halbs. 2 RVG wird klargestellt, dass auch bei einer **teilweisen Abhilfe** die Sache unverzüglich dem Beschwerdegericht zur Entscheidung über den restlichen Teil der Beschwerde vorzulegen ist, auch wenn durch die Teilabhilfe der Beschwerdewert i.H.v. 200,01 € nicht mehr erreicht wird. Die Beschwerde wird durch die Unterschreitung des erforderlichen Beschwerdewerts i.H.v. 200,01 € nach Teilabhilfe nicht unzulässig, eine besondere Zulassung der Beschwerde bei der Teilabhilfe ist daher nicht erforderlich (str.: OLG Düsseldorf, JurBüro 1987, 1260; vgl. hierzu OLG Frankfurt/Main Rpfleger 1988, 30; AnwKomm-RVG/*N. Schneider/Thiel*, § 33 Rn 134; Gerold/Schmidt/*Müller-Rabe*, RVG, § 56 Rn 20).

☝ Steht zu befürchten, dass der Beschwerde nur teilweise abgeholfen wird und damit der Beschwerdewert nicht mehr erreicht wird, sollte **vorsorglich ausdrücklich Zulassung** der Beschwerde angeregt werden (vgl. *N. Schneider*, in: Hansens/Braun/Schneider, Teil 3, Rn 42).

6.a) Zuständiges Beschwerdegericht ist nach §§ 56 Abs. 2 S. 1, 33 Abs. 4 S. 2 RVG unabhängig vom Instanzenzug der Hauptsache grds. das **nächsthöhere Gericht** (OLG Düsseldorf AGS 2008, 556). In Verfahren vor dem AG ist somit grds. das LG das Beschwerdegericht. Hat das LG erstinstanzlich über die Erinnerung gem. § 56 RVG entschieden (siehe dazu → *Vergütungsfestsetzung, Erinnerung*, Teil D Rdn 525), ist das OLG das zuständige Beschwerdegericht (vgl. OLG Jena JurBüro 2005, 479 für die Streitwertbeschwerde im Adhäsionsverfahren). 496

☝ Hat das **OLG** über eine Erinnerung **entschieden**, findet eine **Beschwerde** an den **BGH** gem. §§ 56 Abs. 2 S. 1, 33 Abs. 4 S. 3 RVG **nicht** statt (BGH AGS 2010, 387; NJW-RR 2011, 142; OLG Bamberg FamRZ 2011, 1605; OLG Köln RENOpraxis 2012, 175). Sie kann auch nicht über eine Zulassung erreicht werden (s. Rdn 490 f.).

b)aa) Die Entscheidung über die Beschwerde erfolgt durch **begründeten Beschluss**. In Anlehnung an § 568 S. 1 und 2 ZPO entscheidet über die Beschwerde das Gericht grds. durch eines seiner Mitglieder als **Einzelrichter**, wenn die angefochtene Entscheidung von einem Einzelrichter oder einem Rechtspfleger erlassen worden ist (vgl. §§ 33 Abs. 8 S. 1, 56 Abs. 2 S. 1 RVG; OLG Düsseldorf JurBüro 2009, 255). Ist die angefochtene Entscheidung daher von einem **Kollegialgericht** getroffen worden, kann auch im Beschwerdeverfahren nur ein Kollegialgericht entscheiden (vgl. KG StraFo 2009, 306; OLG Hamburg NStZ-RR 2012, 390; OLG Hamm StRR 2009, 438; OLG Köln NStZ-RR 2015, 294; AGS 2009, 585; OLG Saarbrücken AGS 2007, 78; OLG Stuttgart StV 2006, 200). Diese Regelung stellt die Akzeptanz der auf die Beschwerde ergehenden Entscheidung durch die Betroffenen sicher, indem Entscheidungen eines Kollegialgerichts auch nur durch ein Kollegialgericht korrigiert werden können. Die Entscheidung durch den Einzelrichter ist nicht ausgeschlossen (siehe → *Vergütungsfestsetzung, Erinnerung*, Teil D Rdn 527). Die Beschwerdeentscheidung ergeht stets ohne Mitwirkung der Schöffen. 497

☝ Der zum 1.8.2013 durch das 2. KostRMoG vom 23.7.2013 (BGBl I, S. 2586) neu angefügte § 1 Abs. 3 RVG stellt klar, dass sich Rechtsbehelfe und Rechtsmittel in den Kostenverfahren des RVG, also auch im Erinnerungs- und Beschwerdeverfahren nach §§ 56, 33 RVG, ausschließlich nach den Vorschriften des RVG richten. § 1 Abs. 3 RVG bestimmt deshalb, dass die Vorschriften des RVG über die Erinnerung und die Beschwerde den Regelungen der für das zugrunde liegende Verfahren geltenden Verfahrensvorschriften vorgehen. Hierdurch ist insbesondere klargestellt, dass die in §§ 56 Abs. 2 S. 1, 33 Abs. 8 RVG vorhandenen kostenrechtlichen Bestimmungen über den Spruchkörper die spezielleren Vorschriften sind, sodass dann auch bei Kollegialgerichten grds. der Einzelrichter entscheidet, es sei denn, dass die in § 33 Abs. 8 S. 2 RVG genannte Ausnahme vorliegt.

498 **bb)** Ist die angefochtene Entscheidung von einem **Einzelrichter** oder einem Rechtspfleger erlassen worden (vgl. dazu aber → *Vergütungsfestsetzung, Erinnerung*, Teil D Rdn 530) und weist die Sache besondere Schwierigkeiten tatsächlicher oder rechtlicher Art auf oder hat die Rechtssache **grundsätzliche Bedeutung**, **überträgt** der Einzelrichter das Verfahren der Kammer oder dem Senat (vgl. §§ 33 Abs. 8 S. 2, 56 Abs. 2 S. 1 RVG; OLG Düsseldorf JurBüro 2009, 255; OLG Köln NStZ-RR 2015, 294). Unschädlich ist eine Entscheidung durch die Kammer, ohne dass zuvor eine Übertragung durch den Einzelrichter stattgefunden hat (OLG Braunschweig NStZ-RR 2014, 232; OLG Koblenz StraFo 2012, 290).

☝ Die Beschwerde kann nach §§ 56 Abs. 2 S. 1, 33 Abs. 8 S. 4 RVG aber **nicht darauf gestützt** werden, ob eine Übertragung vorgenommen oder unterlassen worden ist. Die Beschwerde ist somit ausgeschlossen, wenn der Einzelrichter **irrtümlich** die Übertragung auf die Kammer oder den Senat unterlassen hat. Sie ist zudem auch dann ausgeschlossen, wenn die Kammer oder der Senat irrtümlich anstelle des Einzelrichters entschieden hat (so OLG Hamm RVGreport 2009, 309). Die Anwendbarkeit von § 33 Abs. 8 S. 4 RVG scheidet aber aus, wenn die Besetzung des Spruchkörpers auf **Willkür** beruht und die Sache dadurch unter Verstoß gegen Art. 101 Abs. 1 S. 2 GG dem **gesetzlichen Richter** entzogen wird (OLG Hamm, a.a.O.).

499 **c)** Über die Beschwerde ist durch **begründeten Beschluss** zu entscheiden (vgl. OLG Hamm, Beschl. v. 9.8.2005 – 4 Ws 323/05, www.burhoff.de). In dem Beschluss muss die aus der Staatskasse zu zahlende Vergütung betragsmäßig festgesetzt werden. Eine Entscheidung des Inhalts, dass dem Änderungsbegehren stattgegeben wird, reicht nicht aus (OLG Brandenburg JurBüro 2007, 656; Gerold/Schmidt/Müller-Rabe, RVG, § 56 Rn 30). Für eine Zurückverweisung der Sache an das Erinnerungsgericht ist nur Raum, wenn erhebliche Verfahrensverstöße vorliegen oder weitere Ermittlungen erforderlich sind (Gerold/Schmidt/*Müller-Rabe*, RVG, § 56 Rn 30). Eine Zurückverweisung ist insbesondere dann erforderlich, wenn von der Vorinstanz keine abschließende Erinnerungsentscheidung getroffen worden ist, sondern die Erinnerung nach Nichtabhilfe dem Beschwerdegericht vorgelegt worden ist (LAG Nürnberg NZA-RR 2014, 560). Vor der Entscheidung ist dem Beschwerdegegner (Staatskasse oder Rechtsanwalt) **rechtliches Gehör** zu gewähren (KG, Beschl. v. 26.9.2011 – 1 Ws 52/10). Wird der Anspruch auf rechtliches Gehör in entscheidungserheblicher Weise verletzt und ist die weitere Beschwerde gegen die Beschwerdeentscheidung nicht möglich (Rdn 501), kommt die **Anhörungsrüge** nach § 12a RVG in Betracht (vgl. LSG Nordrhein-Westfalen, Beschl. v. 8.9.2011 – L 1 KR 129/11 B; vgl. dazu Burhoff/*Burhoff*, RVG, Teil A: Anhörungsrüge [§ 12a], Rn 158).

☝ Die **Beschwerdeentscheidung** ist eine **anfechtbare Entscheidung** i.S.v. § 12c RVG, die mit einer Rechtsbehelfsbelehrung über die weitere Beschwerde zu versehen ist, wenn das LG als Beschwerdegericht entschieden und die weitere Beschwerde zum

OLG wegen der grds. Bedeutung der zur Entscheidung stehenden Frage in dem Beschluss zugelassen hat (§ 56 Abs. 2 S. 1, § 33 Abs. 6 S. 1 RVG). Lässt das LG die weitere Beschwerde gegen seine Entscheidung nicht zu oder hat das OLG über eine Beschwerde entschieden, ist keine Rechtsbehelfsbelehrung erforderlich.

Umstr. ist, ob im Beschwerdeverfahren gem. §§ 56, 33 RVG das **Verschlechterungsverbot** gilt. Ein Verschlechterungsverbot ist für einfache Beschwerdeverfahren weder in der StPO noch im RVG geregelt (OLG Düsseldorf JurBüro 1991, 1662; OLG Hamburg StraFo 2010, 307; NStZ-RR 2011, 64; 2010, 327; OLG Karlsruhe JurBüro 1986, 1539; → *Beschwerde, Verschlechterungsverbot*, Teil A Rdn 576). Das spricht dafür, dass das Verschlechterungsverbot nicht gilt (OLG Hamburg StraFo 2010, 307; NStZ-RR 2011, 64; 2010, 327; so auch für die Beschwerde gegen die Kostenfestsetzung gem. § 464b StPO KG RVGreport 2012, 583; a.A. OLG Oldenburg NJW 2011, 1614; Gerold/Schmidt/*Müller-Rabe*, § 56 Rn 29; Gerold/Schmidt/*Mayer*, § 33 Rn 15; Mayer/Kroiß/Pukall, § 56 Rn 19, 29; s. → *Kostenfestsetzung, Beschwerde*, Teil D Rdn 296). Auf die Beschwerde der Staatskasse kann deshalb in der Beschwerdeentscheidung eine geringere Vergütung als in der Erinnerungsentscheidung festgesetzt werden. Ferner kann dann auch eine für den **Beschwerdeführer** nachteilige Änderung erfolgen (OLG Hamburg NStZ 2010, 652; NStZ-RR 2011, 64; s.a. noch die Hinw. für die Beschwerde gegen die Kostenfestsetzung gem. § 464b bei → *Kostenfestsetzung, Beschwerde*, Teil D Rdn 296. Auf die Beschwerde des Rechtsanwalts kann dann ein niedrigerer als der in der Erinnerungsentscheidung berücksichtigte Betrag festgesetzt werden (OLG Hamburg, a.a.O.; OLG Oldenburg NJW 2011, 1614, auf die Beschwerde des Rechtsanwalts darf das Beschwerdegericht nur prüfen, ob die Vergütung zu erhöhen ist). 500

☝ Wird davon ausgegangen, dass das **Verschlechterungsverbot** eingreift (vgl. die o.a. Nachw.), gilt dies **nur** für den **insgesamt festgesetzten Betrag**, nicht aber für die diesem Betrag zugrunde liegenden einzelnen Gebühren- und Auslagenpositionen. Insoweit können deshalb für den Beschwerdeführer nachteilige Änderungen erfolgen bzw. Positionen bei unverändertem Gesamtergebnis ausgetauscht werden.

7.a) Nach §§ 56 Abs. 2 S. 1, 33 Abs. 6 RVG kann das **LG** als Beschwerdegericht die **weitere Beschwerde zulassen**, über die dann das **OLG** entscheidet. Die Zulassung steht nicht im freien Ermessen des Gerichts. Vielmehr ist die **Zulassung** der weiteren Beschwerde **zwingend**, wenn die Voraussetzungen hierfür vorliegen (vgl. AnwKomm-RVG/*N. Schneider/Thiel*, § 33 Rn 154, 110). Die Zulassung muss in der Beschwerdeentscheidung erfolgen, sie kann nicht nachträglich zugelassen werden (OLG Hamm NStZ-RR 2015, 64; s. dazu Rdn 487 ff.). Die Zulassung der weiteren Beschwerde kann nur durch die Kammer, nicht aber durch den Einzelrichter erfolgen. Denn die weitere Beschwerde setzt die grds. Bedeutung der zur Entscheidung stehenden Frage voraus. In diesem Fall 501 muss der Einzelrichter das Verfahren gem. § 56 Abs. 2 S. 1, 33 Abs. 8 S. 2 RVG der Kammer übertragen (s. zu weit. Einzelh. → *Gerichtskostenansatz, Erinnerung/Beschwerde*, Teil D Rdn 211). Die Zulassung der weiteren Beschwerde durch den Einzelrichter beim LG ist damit praktisch ausgeschlossen. Unterbleibt eine Übertragung der Entscheidung auf die Kammer und entscheidet der Einzelrichter unter gleichzeitiger Zulassung der weiteren Beschwerde über die (Erst-)Beschwerde selbst, ist dieser Verstoß gegen das Verfassungsgebot des gesetzlichen Richters von dem OLG von Amts wegen zu beachten. § 33 Abs. 3 S. 4 RVG steht nicht entgegen. Der Beschwerdebeschluss ist aufzuheben und die Sache an den zuständigen Einzelrichter des Beschwerdegerichts zur erneuten Entscheidung über die Beschwerde zur Übertragung der Entscheidung auf die Kammer zurückzuverweisen (OLG Koblenz NStZ-RR 2010, 359; OLG Köln, AGS 2006, 247). Lässt das LG die weitere Beschwerde zu, ist die Entscheidung über die Beschwerde förmlich **zuzustellen**. Auch die weitere Beschwerde ist innerhalb einer Frist von zwei Wochen ab Zustellung einzulegen (vgl. § 33 Abs. 6 S. 4, Abs. 3 S. 3 RVG). Ohne Zustellung wird der Lauf der Frist zur Einlegung der weiteren Beschwerde nicht in Gang gesetzt (OLG Köln NStZ-RR 2015, 294).

☝ Nach §§ 56 Abs. 2 S. 1, 33 Abs. 6 S. 4, Abs. 4 S. 4 Hs. 1 RVG ist das OLG an die Zulassung der weiteren Beschwerde **gebunden** (OLG Braunschweig NStZ-RR 2014, 232). Die Nichtzulassung ist gem. § 33 Abs. 6 S. 4, Abs. 4 S. 4 Hs. 2 RVG nicht anfechtbar.

502 **b)** Die weitere Beschwerde ist innerhalb einer **Frist** von **zwei Wochen** ab Zustellung einzulegen (vgl. § 33 Abs. 6 S. 4, Abs. 3 S. 3, 56 Abs. 2 S. 1 RVG; → *Vergütungsfestsetzung, weitere Beschwerde*, Teil D Rdn 538). Die Zustellung an den Rechtsanwalt wird i.d.R. per Empfangsbekenntnis, an den Vertreter der Staatskasse i.d.R. durch Vorlage der Akten (vgl. § 41) erfolgen (OLG Köln RENOpraxis 2012, 175).

503 **c)** Die **Beschwerdeentscheidung** bedarf gem. § 56 Abs. 2 S. 2 und 3 RVG keiner Kostenentscheidung, weil das Verfahren **gebührenfrei** ist und **keine Kostenerstattung** stattfindet.

504 **8. Muster: Beschwerde gegen die Erinnerungsentscheidung über die Festsetzung der Pflichtverteidigervergütung**

▼

D.4

An das

AG/LG

In der Sache

/

Az.

lege ich gegen den Beschl. v. , mir zugestellt am

Beschwerde

ein.

Mit der Beschwerde wende ich mich gegen die Absetzung des Längenzuschlages Nr. 4110 VV RVG über 92,00 € in der Erinnerungsentscheidung v. .

Die Beschwerde ist trotz Nichterreichens des Beschwerdewerts i.H.v. mindestens 200,01 € zulässig, weil in der Erinnerungsentscheidung die Beschwerde zugelassen worden ist, vgl. §§ 56 Abs. 2 S. 1, 33 Abs. 3 S. 2 RVG.

Das Erstgericht hat die Festsetzung des Längenzuschlages mit der Begründung abgelehnt, dass der Hauptverhandlungstermin weniger als fünf Stunden gedauert hat. Hierbei ist von einem Terminsbeginn um 09.30 Uhr und dem Ende des Termins um 14.15 Uhr ausgegangen worden.

Hierbei wird jedoch nicht berücksichtigt, dass der Termin zwar tatsächlich um 09.30 Uhr begonnen hat, die Ladung zum Termin jedoch für 09.00 Uhr erfolgt ist und ich zu diesem in der Ladung bestimmten Zeitpunkt erschienen bin und auch erscheinen musste. Der verspätete Beginn des Termins ist von mir nicht zu vertreten. Die Terminsteilnahme i.S.v. Nr. 4110 VV RVG umfasst daher die Zeitspanne zwischen dem gerichtlich verfügten Beginn des Hauptverhandlungstermin und der in der Verhandlung angeordneten Schließung der Sitzung. Bei der Bemessung des Längenzuschlages sind auch vom Verteidiger nicht zu vertretende Wartezeiten vor Aufruf der Sache zu berücksichtigen (vgl. OLG Hamm AGS 2006, 337; OLG Koblenz NJW 2006, 1150 = StraFo 2006, 175 = AGS 2006, 285; OLG Stuttgart StV 2006, 200 = RVGreport 2006, 32 = Rpfleger 2006, 36; KG RVGreport 2006, 33 = AGS 2006, 123 = RVGprofessionell 2006, 23).

Sollte das Gericht meiner Auffassung nicht folgen, bitte ich vorsorglich wegen der grundsätzlichen Bedeutung der zur Entscheidung stehenden Frage gem. § 56 Abs. 2 S. 1, 33 Abs. 6 S. 1 RVG, in der Beschwerdeentscheidung

die weitere Beschwerde zuzulassen.

Rechtsanwalt

▲

Siehe auch: → *Gerichtskostenansatz, Erinnerung/Beschwerde*, Teil D Rdn 183 ff.; → *Vergütungsfestsetzung, Erinnerung*, Teil D Rdn 505; → *Vergütungsfestsetzung, weitere Beschwerde*, Teil D Rdn 538.

505 Vergütungsfestsetzung, Erinnerung

Das Wichtigste in Kürze:

1. Gegen die Festsetzung gem. § 55 RVG der aus der Staatskasse zu gewährenden Vergütung der gerichtlich bestellten und beigeordneten Rechtsanwälte sowie der Beratungshilfeanwälte findet die Erinnerung gem. § 56 RVG statt.
2. Sowohl die Festsetzung als auch deren (tlw.) Ablehnung sowie die Verzögerung und Nichtvornahme der Festsetzung sind mit der Erinnerung anzufechten.
3. Erinnerungsberechtigt sind nur der Rechtsanwalt und die Staatskasse, nicht aber der Beschuldigte.
4. Die Erinnerung erfordert keinen Erinnerungswert und ist unbefristet. Nach umstrittener Auffassung ist eine Verwirkung des Erinnerungsrechts möglich.
5. Bei Nichtabhilfe durch den Urkundsbeamten entscheidet das Gericht über die Erinnerung, bei dem die angefochtene Festsetzung erfolgt ist.
6. Nach dem Wortlaut von §§ 56 Abs. 2 S. 1, § 33 Abs. 8 S. 1 RVG entscheidet auch in Strafsachen der Einzelrichter über die Erinnerung.
7. In der Erinnerungsentscheidung muss die aus der Staatskasse zu zahlende Vergütung betragsmäßig festgesetzt werden.

506 **Literaturhinweise:** **Al-Jumaili**, Festsetzung der Pflichtverteidigervergütung, § 98 BRAGO, JurBüro 2000, 516; **Fölsch**, Modernisierung der Kostenbeschwerde durch das Kostenrechtsmodernisierungsgesetz?, Rpfleger 2004, 385; *ders.*, Beratungshilfe – Ein Kurzüberblick, NJW 2010, 350; **Hansens**, Rechtsbehelfe bei Festsetzung der Beratungshilfe- und Prozesskostenhilfe-Vergütung, RVGreport 2005, 2; **Neumann**, Entscheidungsmöglichkeiten des Gerichts bei Erinnerung gegen einen zurückgewiesenen Festsetzungsantrag, JurBüro 1999, 400; **Onderka**, Festsetzung der PKH-Vergütung richtig anfechten, RVGprofessionell 2004, 196; **Schneider**, Die neuen ZPO-Risiken und Kontroversen, ZAP, Fach 13, S. 1225; **Volpert**, Rechtsbehelfe des gerichtlich bestellten oder beigeordneten Rechtsanwalts gegen die Vergütungsfestsetzung, StRR 2007, 330; *ders.*, Rechtsbehelfe des beigeordneten oder bestellten Rechtsanwalts gem. § 56 RVG gegen die Vergütungsfestsetzung gem. § 55 RVG, AGkompakt 2011, 87; *ders.*, Die Rechtsbehelfsbelehrung gem. § 12c RVG, RVGreport 2013, 210; s.a. die Hinw. bei → *Allgemeine Gebührenfragen, Allgemeines*, Teil D Rdn 2, bei → *Vergütungsfestsetzung, Beschwerde*, Teil D Rdn 474, und bei → *Vergütungsfestsetzung, weitere Beschwerde*, Teil D Rdn 577.

507 **1.a)** Gegen die Festsetzung der Vergütung des gerichtlich bestellten oder beigeordneten Rechtsanwalts gegen die Staatskasse (vgl. § 55 RVG) durch den Urkundsbeamten der Geschäftsstelle ist nach § 56 Abs. 1 S. 1 RVG die **Erinnerung** gegeben. Auch die Festsetzung einer **Pauschgebühr** gem. § 51 RVG ist nach § 56 RVG mit der Erinnerung anzufechten (zur Pauschgebühr → *Allgemeine Gebührenfragen, Besonderheiten Pflichtverteidiger*, Teil D Rdn 17).

☝ Auch als Beschwerde benannte Rechtsmittel gegen die **Festsetzung** des **Urkundsbeamten** gem. § 55 sind als Erinnerung anzusehen (OLG Düsseldorf, Beschl. v. 25.1.2010 – III-1 Ws 14/10, n.v.).

§ 56 RVG steht im Zusammenhang mit § 55 RVG und regelt einheitlich das Verfahren bei **Erinnerungen** des beigeordneten oder bestellten Rechtsanwalts oder der Staatskasse gegen die Festsetzung der aus der Staatskasse zu gewährenden Vergütungen. Für das Erinnerungsverfahren gilt nach § 56 Abs. 2 S. 1 RVG der § 33 Abs. 4 S. 1, Abs. 7 und 8 RVG entsprechend. Es wird insbesondere nicht unterschieden, ob sich die Erinnerung oder Beschwerde gegen die Festsetzung der Pflichtverteidigervergütung oder der PKH-Vergütung richtet. Bei der Beiordnung eines Zeugenbeistands durch die StA bzw. der Bestellung eines Beistands bei der Vollstreckung Europäischer Geldsanktionen durch das Bundesamt für Justiz erfolgt die Festsetzung gem. § 59a RVG durch diese Behörden. Gegen diese Entscheidungen der StA und des Bundesamts für Justiz kann gem. § 59a Abs. 3 RVG Antrag auf gerichtliche Entscheidung gestellt werden. Das Rechtsmittelverfahren gegen die Festsetzung der Vergütung des Zeugenbeistands durch die StA bzw. des Beistands durch das Bundesamt für Justiz richtet sich damit nicht nach § 56 RVG (Gerold/Schmidt/*Burhoff*, § 59a Rn 26 f.; Burhoff/*Volpert*, RVG, § 59a Rn 28; anders noch – Verfahren nach § 56 RVG – OLG Düsseldorf, 3.5.2012 – III-1 Ws 126/12; LG Düsseldorf RVGreport 2013, 226). 508

☝ Wird dem gerichtlich bestellten oder beigeordneten Rechtsanwalt gem. § 51 RVG eine **Pauschgebühr** bewilligt, muss diese noch auf entsprechende Antragstellung des Rechtsanwalts gem. § 55 Abs. 1 RVG durch den Urkundsbeamten der Geschäftsstelle des Gerichts des ersten Rechtszugs **festgesetzt** und ausgezahlt werden (KG NJW 2009, 456). Auch gegen die Festsetzung der Pauschgebühr durch den Urkundsbeamten ist die Erinnerung nach § 56 RVG, gegen die weiteren Entscheidungen ggf. die Beschwerde und die weitere Beschwerde nach §§ 56 Abs. 2 S. 1, 33 RVG gegeben.

b) Die Erinnerung kann auch schriftlich eingereicht werden, §§ 56 Abs. 2 S. 1, 33 Abs. 7 S. 1 RVG. Nach § 12b RVG (vgl. auch § 130a ZPO) ist die Einreichung bei Vorliegen der dort genannten Voraussetzungen auch als **elektronisches Dokument** möglich. Voraussetzung hierfür ist, dass in dem Verfahren, in dem der gerichtlich bestellte oder beigeordnete Rechtsanwalt seine Vergütung erhält, die Verfahrensordnung die Einreichung von Schriftsätzen als elektronisches Dokument erlaubt (vgl. hierzu BGH NJW-RR 2009, 357; BayVGH RVGreport 2008, 359, m. zust. Anm. Hansens; OLG Hamm RVGreport 2013, 120; OLG Oldenburg NJW 2009, 536). Die Erinnerung kann nach §§ 56 Abs. 2 S. 1, 33 Abs. 7 S. 1 RVG, § 129a ZPO zu Protokoll des Urkundsbeamten der Geschäftsstelle eines jeden **AG** eingereicht werden. Die Erinnerung muss dann unverzüglich an das zuständige 509

Gericht weitergeleitet werden (zu den Rechtsmittelformen → *Rechtsmittel/Rechtsbehelfe, Form, Allgemeines*, Teil A Rdn 1509, m.w.N.).

> ☝ **Anwaltszwang** besteht gem. §§ 56 Abs. 2 S. 1, 33 Abs. 7 RVG **nicht**, weil die Erinnerung zu Protokoll des Urkundsbeamten der Geschäftsstelle eines jeden **AG** eingereicht werden kann (OVG Hamburg Rpfleger 2008, 46).

510 **2.a)aa)** Sowohl die **Festsetzung** gem. § 55 RVG als auch deren **Ablehnung** und sämtliche **Entscheidungen** des Urkundsbeamten der Geschäftsstelle, die im Festsetzungsverfahren hinsichtlich der aus der Staatskasse zu erstattenden Vergütung **abschließend ergehen**, sind mit der Erinnerung gem. § 56 RVG anzufechten. Das gilt auch für Entscheidungen des Urkundsbeamten über eine Anrechnung von Zahlungen und Vorschüssen nach § 58 Abs. 3 S. 3 RVG (s. dazu OLG Köln AGS 2009, 585; OLG München AGS 2010, 325). Die Vorabentscheidung über Aufwendungen/Auslagen bzw. die Feststellung der Erforderlichkeit gem. § 46 Abs. 2 RVG ist nicht anfechtbar, insbesondere nicht nach § 56 RVG (OLG Celle StraFo 2012, 338; OLG Düsseldorf, Beschl. v. 22.9.2014 – III-1 Ws 261/14).

511 Auch als **Beschwerde** benannte Rechtsmittel gegen die Festsetzung des Urkundsbeamten gem. § 55 RVG sind als Erinnerung anzusehen (OLG Düsseldorf, Beschl. v. 25.1.2010 – III-1 Ws 14/10 [n.v.]).

512 **Erforderlich** ist jedoch, dass der Beschluss **zulasten** eines Beteiligten **von** seinem **Antrag** abweicht. Bei einer antragsgemäßen Bescheidung ist diese wegen fehlender Beschwer nicht angreifbar. Ist der Anwalt im Nachhinein der Auffassung, zu wenig beantragt und erhalten zu haben, muss er die Nachfestsetzung betreiben (dazu Burhoff/*Volpert*, Teil A: Festsetzung gegen die Staatskasse [§ 55], Rn 925 ff.).

> ☝ Die Erinnerung wird nicht dadurch unzulässig, dass die Vergütung **bereits ausgezahlt** worden ist (LAG München JurBüro 2010, 26; OLG Jena Rpfleger 2006, 434).

513 **bb)** Der Urkundsbeamte hat im Rahmen der Festsetzung z.B. zu **prüfen**, ob

- der Vergütungsanspruch besteht, die geltend gemachten **Gebühren** und **Auslagen tatsächlich angefallen** sind,
- ob der Rechtsanwalt, der durch seine gerichtliche Beiordnung oder Bestellung den Vergütungsanspruch gegen die Staatskasse erworben hat, den Festsetzungsantrag stellt (KG, Beschl. v. 4.11.2011 – 1 Ws 133/10). Dem Vertreter des Rechtsanwalts i.S.v. § 5 RVG steht kein eigener Anspruch gegen die Staatskasse zu (OLG Koblenz, Beschl. v. 16.10.2012 – 2 Ws 759/12). Ein anderer Rechtsanwalt kann den Anspruch des beigeordneten oder bestellten Rechtsanwalts deshalb grds. nur geltend machen, wenn Rechtsnachfolge z.B. durch Abtretung vorliegt (OLG Koblenz, Beschl. v. 16.10.2012 – 2 Ws 759/12; vgl. aber OLG Celle RVGreport 2009, 226 und OLG Rostock RVGreport

2012, 186, zur Anscheinsvollmacht bzw. Einziehungsermächtigung für den Vertreter des Pflichtverteidigers gegenüber der Staatskasse). Macht ein anderer Rechtsanwalt oder ein Nicht-Rechtsanwalt den Vergütungsanspruch geltend, muss die Rechtsnachfolge nachgewiesen werden (z.B. durch Abtretungsurkunde, Erbschein; KG, Beschl. v. 4.11.2011 – 1 Ws 133/10).

- ob die berechneten **Auslagen** zur sachgemäßen Durchführung der Angelegenheit erforderlich waren (§ 46 RVG). Hinsichtlich der **Gebühren** darf grds. nicht geprüft werden, ob die gebührenauslösende Tätigkeit erforderlich war (AnwKomm-RVG/*Volpert*, § 55 Rn 50; a.A. KG JurBüro 2012, 471; OLG Koblenz NStZ-RR 2014, 327),
- ob die entfaltete Tätigkeit vom **zeitlichen** und **gegenständlichen Umfang** der Beiordnung/Bestellung gedeckt ist (s. dazu Burhoff/*Volpert*, Teil A, Umfang des Vergütungsanspruchs [§ 48 Abs. 1], Rn 1998 ff.),
- bei **Wertgebühren** (s. → *Wertfestsetzung, Beschwerde*, Teil D Rdn 553) der zutreffende **Gegenstandswert** zugrunde gelegt wurde. Nach gerichtlicher Festsetzung des Gegenstandswertes ist der Urkundsbeamte an diese Festsetzung gebunden,
- Zahlungen/Vorschüsse gem. **§ 58 Abs. 3 RVG anzurechnen** sind,
- der Festsetzung das Verschulden eines beigeordneten oder bestellten Rechtsanwalts entgegensteht (§ 54 RVG),
- **Einreden** (Verjährung) oder **materiell-rechtliche Einwendungen** vorliegen.

☝ Diese Prüfungspunkte können damit auch zum **Gegenstand** des **Erinnerungsverfahrens** gem. § 56 RVG gemacht werden.

b) Wird auf das Festsetzungsverlangen des Anwalts gem. § 55 RVG **nicht reagiert** oder der Antrag **zögerlich** bearbeitet, kann das jedenfalls nach längerem Zeitablauf einer Ablehnung der Festsetzung gleichkommen. Hiergegen kann **Erinnerung gem. § 56** RVG eingelegt werden (OLG Naumburg NJW 2003, 2921 [noch zur BRAGO]; AG Duisburg Rpfleger 2009, 521 zur PKH; Burhoff/*Volpert*, Teil A: Rechtsmittel gegen die Vergütungsfestsetzung [§§ 56, 33], Rn 1666; Gerold/Schmidt/*Müller-Rabe*, § 47 Rn 9; s.a. RVGprofessionell 2010, 116). Diese ist vorrangig gegenüber dem Antrag auf gerichtliche Entscheidung gem. § 27 Abs. 1 EGGVG (OLG Naumburg, a.a.O.). **514**

☝ Wird auch auf diese Erinnerung nicht reagiert, ist die **Untätigkeitsbeschwerde** möglich (vgl. hierzu Zöller/*Heßler*, ZPO, 31. Aufl. 2015, § 567 Rn 21 m.w.N.). Allerdings werden diese Rechtsbehelfe nur dann Erfolgsaussicht haben, wenn dargelegt wird, dass das Verhalten des Gerichts auf Willkür beruht und den Tatbestand der Rechtsverweigerung erfüllt (RVGprofessionell 2010, 116). Dazu wird allerdings erhebliche Zeit ins Land gegangen sein müssen (vgl. → *Beschwerde, Untätigkeitsbeschwerde*, Teil B Rdn 580).

515 **3.a)** Die Erinnerung kann sowohl vom **beigeordneten** oder **bestellten Rechtsanwalt** als auch von der **Staatskasse** (Bundes- oder Landeskasse) **eingelegt** werden (OLG Hamm AGS 2013, 171). Die Landeskasse wird dabei i.d.R. durch den Bezirksrevisor vertreten (vgl. hierzu in Nordrhein-Westfalen die Vertretungsordnung JM NRW). Die bundeseinheitlichen Verwaltungsbestimmungen über die Festsetzung der aus der Staatskasse zu gewährenden Vergütung der Rechtsanwälte enthalten aber für das Innenverhältnis Regelungen darüber, in welchen Fällen die Einlegung einer Erinnerung durch die Staatskasse in Betracht kommt (Fragen von grds. Bedeutung, kein Missverhältnis zwischen angefochtenem Betrag und Arbeits- und Zeitaufwand des Erinnerungsverfahrens). Der Vertreter der Staatskasse ist ein mit eigenen Rechten ausgestatteter Beteiligter im Erinnerungs- und Beschwerdeverfahren gem. § 56 RVG. Er kann sich auf eine eigene Rechtsstellung und dieselben prozessualen Rechte wie der Rechtsanwalt berufen (LSG Nordrhein-Westfalen, Beschl. v. 8.9.2011 – L 1 KR 129/11 B).

516 Nicht erinnerungsberechtigt ist der kostenpflichtig Verurteilte (vgl. OLG Hamm AGS 2013, 171; OVG NRW, Beschl. v. 6.3.2012 – 17 E 1204/11). Die von diesem eingelegte Erinnerung gegen die Festsetzung ist unzulässig (OLG Hamm AGS 2013, 171). Der Verurteilte ist an dem Rechtsbehelfsverfahren nach § 56 RVG nicht beteiligt, weil es hier nur um das öffentlich-rechtliche Schuldverhältnis aus der Beiordnung bzw. Bestellung des Anwalts geht. Macht die Staatskasse diese an den beigeordneten oder bestellten Rechtsanwalt gezahlte Vergütung als Kosten des Verfahrens nach Nr. 9007 KV GKG oder bei der PKH – Vergütung des Nebenklägers als Übergangsanspruch gem. § 59 RVG geltend, kann der Kostenansatz vom Verurteilten mit der Erinnerung gem. § 66 RVG angefochten werden (s. dazu → *Gerichtskostenansatz, Erinnerung/Beschwerde*, Teil D Rdn 183).

517 **b)** Auch der Rechtsnachfolger des beigeordneten oder bestellten Rechtsanwalts ist erinnerungsberechtigt (OLG Düsseldorf AGS 1998, 43). Nach Abtretung des Vergütungsanspruchs an einen anderen Rechtsanwalt ist dieser erinnerungsbefugt (OLG Düsseldorf AGS 1998, 43; VG München, Beschl. v. 12.12.2011 – M 12 M 11.5124). Das gilt entsprechend bei wirksamer Abtretung an einen Nicht-Rechtsanwalt (s. dazu Burhoff/*Burhoff/Volpert*, Teil A: Abtretung der Gebührenforderung [§ 49b BRAO], Rn 11 ff.). Der vom beigeordneten oder bestellten Rechtsanwalt vertretenen Partei oder dem erstattungspflichtigen Gegner bzw. dem kostenpflichtigen Verurteilten steht das Erinnerungsrecht gem. § 56 RVG dagegen nicht zu.

> ☝ Hält der in die Kosten verurteilte **Beschuldigte** die ihm nach Nr. 9007 KV GKG in Rechnung gestellte Pflichtverteidigervergütung für zu hoch, muss er gegen die Gerichtskostenrechnung **Erinnerung nach § 66 GKG** einlegen (s. dazu → *Gerichtskostenansatz, Erinnerung/Beschwerde*, Teil D Rdn 183).

518 **4.a)** Die Erinnerung erfordert anders als die Beschwerde **keinen bestimmten Erinnerungswert**. Das ergibt sich aus 56 Abs. 2 S. 1 RVG, der für die Erinnerung nur auf § 33

Abs. 4 RVG verweist. Die Verweisung auf den in § 33 Abs. 3 S. 1 RVG geregelten Beschwerdewert bezieht sich nur auf die Beschwerde gegen die Erinnerungsentscheidung.

b) Die Erinnerung gegen die Festsetzung ist gem. § 56 Abs. 2 S. 1 RVG **unbefristet**, da für die Erinnerung nur auf § 33 Abs. 4 RVG, nicht aber auf § 33 Abs. 3 S. 3 RVG mit der darin geregelten Beschwerdefrist verwiesen wird. Die Verweisung in § 56 Abs. 2 S. 1 RVG auf die in § 33 Abs. 3 S. 3 RVG geregelte Frist bezieht sich damit ausschließlich auf die **Beschwerde** gegen die **Erinnerungsentscheidung** (vgl. BGH NJW-RR 2012, 959; 2013, 67; KG, Beschl. v. 8.5.2008 – 1 Ws 134/08; OLG Brandenburg AGS 2011, 280; OLG Naumburg RVGreport 2012, 102; so auch für die bis zum 31.3.2005 geltende Rechtslage – Änderung von § 56 durch das JKomG v. 22.3.2005 KG, Beschl. v. 8.5.2008 – 1 Ws 134/08; OLG Brandenburg JurBüro 2010, 307; OLG Düsseldorf StRR 2010, 276; OLG Frankfurt/Main RVGreport 2007, 100; OLG Hamm JurBüro 2009, 98; OLG Jena JurBüro 2006, 366; OLG Schleswig SchlHA 2008, 462). Der **Gegenauffassung**, die für die Erinnerung die Einlegung binnen einer Frist von zwei Wochen für erforderlich hält, ist aufgrund des klaren Gesetzeswortlauts nicht zu folgen (vgl. OLG Koblenz NStZ-RR 2005, 391; AG Dresden, Beschl. v. 8.11.2007 – 230 Ds 105 Js 032178/06; Burhoff/*Volpert*, RVG, Teil A: Rechtsmittel gegen die Vergütungsfestsetzung [§§ 56, 33], Rn 1667). Sie würde auch zu dem Ergebnis führen, dass jede **Vergütungsfestsetzung** entweder dem beigeordneten bzw. bestellten Rechtsanwalt oder der Staatskasse oder beiden zugestellt werden müsste, um den Lauf der Frist in Gang zu setzen. 519

Keine Verwirkung des Erinnerungsrechts der Staatskasse tritt aber dann ein, wenn der Rechtsanwalt vorsätzlich oder grob fahrlässig einen unberechtigten Festsetzungsantrag gestellt hat und die Festsetzung auf diesen falschen Angaben beruht (OLG Düsseldorf RVGreport 2012, 204; OLG Rostock JurBüro 2012, 197; LG Itzehoe SchlHA 2008, 468). Ferner ist das Erinnerungsrecht der Staatskasse auch nicht verwirkt, wenn der Rechtsanwalt ebenfalls Erinnerung gegen die Festsetzung eingelegt hat. Denn solange über die Erinnerung des Rechtsanwalts nicht abschließend entschieden ist, kann auch die Staatskasse noch Rechtsmittel einlegen und die Festsetzung zum Nachteil des Rechtsanwalts geändert werden (KG, Beschl. v. 26.9.2011 – 1 Ws 52/10). Maßgeblicher Zeitpunkt für den Beginn der Verwirkung ist die abschließende Festsetzung des Rechtszugs (Gerold/Schmidt/*Müller-Rabe*, § 55 Rn 43; noch zur BRAGO: OLG Düsseldorf NJW-RR 1996, 441). Auf den Zeitpunkt einer vorschussweise erfolgten Festsetzung gem. § 47 ist deshalb nicht abzustellen (OLG Brandenburg JurBüro 2010, 307). Für die Verwirkung des Erinnerungsrechts jedenfalls der Staatskasse kann sprechen, dass für die Beteiligten ab einem bestimmten Zeitpunkt klar sein muss, dass die Vergütungsfragen abschließend abgewickelt sind. Auch die kurze zweiwöchige Beschwerdefrist (§ 56 Abs. 2 S. 1 i.V.m. § 33 Abs. 3 S. 3 RVG) legt den Schluss nahe, dass das Erinnerungsrecht der Staatskasse verwirken kann, weil es widersprüchlich erscheint, für die Erinnerung keine Frist zu fordern, während für die Beschwerde eine kurze zweiwöchige Beschwerdefrist besteht (Bayerisches LSG AGS 2012, 584). 520

521 **c)aa)** Entsprechend § 20 GKG geht die h.M. davon aus, dass das **Erinnerungsrecht** sowohl für den Anwalt als auch die Staatskasse nach Ablauf des auf die (abschließende) Festsetzung folgenden Kalenderjahrs **verwirken** kann (vgl. KG, Beschl. v. 8.5.2008 – 1 Ws 134/08; Beschl. v. 26.9.2011 – 1 Ws 52/10, OLG Brandenburg JurBüro 2010, 307; AGS 2011, 280; OLG Düsseldorf RVGreport 2012, 204; NJW-RR 1996, 441; OLG Hamm JurBüro 1982, 878; OLG Jena Rpfleger 2006, 434; OLG Rostock JurBüro 2012, 197; OLG Schleswig OLGR Schleswig 2008, 718). Das wird damit begründet, dass für die Beteiligten ab einem bestimmten Zeitpunkt klar sein muss, dass die Vergütungsfragen abschließend abgewickelt sind. Für die Verwirkung des Erinnerungsrechts jedenfalls der Staatskasse kann sprechen, dass für die Beteiligten ab einem bestimmten Zeitpunkt klar sein muss, dass die Vergütungsfragen abschließend abgewickelt sind. Auch die kurze zweiwöchige Beschwerdefrist (§ 56 Abs. 2 S. 1 RVG i.V.m. § 33 Abs. 3 S. 3 RVG) legt den Schluss nahe, dass das Erinnerungsrecht der Staatskasse verwirken kann, weil es widersprüchlich erscheint, für die Erinnerung keine Frist zu fordern, während für die Beschwerde eine kurze zweiwöchige Beschwerdefrist besteht (Bayerisches LSG AGS 2012, 584).

522 Keine Verwirkung des Erinnerungsrechts der Staatskasse tritt dann ein, wenn der Rechtsanwalt vorsätzlich oder grob fahrlässig einen unberechtigten Festsetzungsantrag gestellt hat und die Festsetzung auf diesen falschen Angaben beruht (vgl. OLG Düsseldorf RVGreport 2012, 204; OLG Rostock JurBüro 2012, 197; LG Itzehoe SchlHA 2008, 468). Ferner ist das Erinnerungsrecht der Staatskasse auch **nicht verwirkt**, wenn der **Rechtsanwalt ebenfalls Erinnerung** gegen die Festsetzung eingelegt hat. Denn solange über die Erinnerung des Rechtsanwalts nicht abschließend entschieden ist, kann auch die Staatskasse noch Rechtsmittel einlegen und die Festsetzung zum Nachteil des Rechtsanwalts geändert werden (KG, Beschl. v. 26.9.2011 – 1 Ws 52/10).

> ☝ **Maßgeblicher Zeitpunkt** für den **Beginn** der Verwirkung ist die abschließende Festsetzung des Rechtszugs (Gerold/Schmidt/*Müller-Rabe*, § 55 Rn 43; OLG Düsseldorf NJW-RR 1996, 441 [zur BRAGO]). Auf den Zeitpunkt einer vorschussweise erfolgten Festsetzung gem. § 47 RVG ist deshalb nicht abzustellen (OLG Brandenburg JurBüro 2010, 307).

523 **bb)** Die analoge Anwendung von § 20 GKG widerspricht m.E. allerdings der ausdrücklichen gesetzgeberischen Wertung (vgl. § 56 Abs. 2 S. 1 RVG), Erinnerungen gegen Vergütungsfestsetzungen gerade keiner Frist zu unterwerfen (s. Rdn 519) und ist daher abzulehnen (OLG Düsseldorf RVGreport 2008, 216; OLG Köln NJW-RR 2011, 1294, zur Verwirkung des Antragsrechts gem. § 55; AG Halle/Saale Rpfleger 2012, 266). Außerdem gilt § 20 GKG für die Nachforderung von Gerichtskosten durch die Staatskasse, während es im Rahmen von §§ 55, 56 RVG um eine Begünstigung des beigeordneten oder bestellten Rechtsanwalts durch eine Geldleistung geht, sodass es an der für die Analogie erforderli-

chen Vergleichbarkeit fehlt (so LG Itzehoe SchlHA 2008, 468). Das BVerfG (vgl. RVGreport 2006, 199) hat zudem entschieden, dass das Recht zur Stellung eines nachträglichen Beratungshilfeantrags nicht verwirken kann, weil im BerHG keine Antragsfrist vorgesehen ist und auch sonst keine Anhaltspunkte für die Verwirkung eines nachträglich gestellten Beratungshilfeantrags vorliegen. Vor diesem Hintergrund erscheint es fraglich, ob eine Verwirkung des Rechts zur Einlegung der Erinnerung in Betracht kommen kann.

Für die Verwirkung des Erinnerungsrechts entsprechend § 20 GKG müsste zudem neben das **Zeitmoment** das sog. **Umstandsmoment** treten. Der Verpflichtete muss sich aufgrund des Verhaltens der Staatskasse darauf eingerichtet haben, diese werde ihr Rechtsmittelrecht nicht mehr geltend machen und wegen des geschaffenen Vertrauenstatbestandes muss die verspätete Geltendmachung des Rechts als eine mit Treu und Glauben unvereinbare Härte erscheinen. Hierzu ist ein der Vergütungsfestsetzung nachfolgendes Verhalten erforderlich. Die geübte Praxis in etwaigen Parallelfällen begründet kein schutzwürdiges Vertrauen (vgl. OLG Düsseldorf RVGreport 2008, 216; OLG Köln NJW-RR 2011, 1294; OLG Schleswig SchlHA 2008, 462; a.A. OLG Düsseldorf, Beschl. v. 11.1.2012 – III-1Ws 362/12). Allein wegen Zeitablaufs kann der Einwand der Verwirkung daher nicht erhoben werden (vgl. KG RVGreport 2004, 314; OLG Schleswig SchlHA 2008, 462; OLG Zweibrücken NJW-RR 2006, 1439, für die von dem Rechtsanwalt eingelegte Erinnerung).

5.a) Nach § 56 Abs. 2 S. 1, § 33 Abs. 4 S. 1 RVG ist der Urkundsbeamte der Geschäfts- 524
stelle befugt, der **Erinnerung abzuhelfen** (OLG Naumburg FamRZ 2007, 1115). Hält er die Erinnerung für begründet, muss er ihr abhelfen. Die Abhilfe, die Teilabhilfe sowie die Nichtabhilfe sind vom Urkundsbeamten zu begründen. Bei Erinnerungen der Staatskasse ist dem gerichtlich beigeordneten oder bestellten Rechtsanwalt, bei einer Erinnerung des Rechtsanwalts ist der Staatskasse zuvor **rechtliches Gehör** zu gewähren (KG, Beschl. v. 26.9.2011 – 1 Ws 52/10).

Eine **Änderung** der **Festsetzung** von **Amts wegen** durch den Urkundsbeamten kommt **nicht** in Betracht (vgl. OLG Bremen RVGreport 2007, 183; a.A., noch zur BRAGO KG Rpfleger 1976, 110; OLG Stuttgart AnwBl. 1978, 462; offen gelassen OLG Naumburg Rpfleger 2012, 155). Eine Änderung entsprechend § 319 ZPO ist jedoch möglich (vgl. OLG Bremen AGS 2007, 207; Gerold/Schmidt/*Müller-Rabe*, § 56 Rn 5). Das Verbot einer Änderung der Entscheidung von Amts wegen mit Ausnahme einer Berichtigung (§ 319 ZPO) steht der Abhilfe im Übrigen nicht entgegen, weil diese im Rahmen eines zulässigen Rechtsbehelfs auf Antrag erfolgt.

b) Ist einer Erinnerung des Rechtsanwalts oder der Staatskasse nach Anhörung der Gegen- 525
seite vom Urkundsbeamten **abgeholfen** worden, kann die **Partei**, zu deren **Ungunsten** die **Festsetzung abgeändert** worden ist, gegen diese abändernde Festsetzung des Urkunds-

beamten ihrerseits **Erinnerung** und nicht Beschwerde einlegen (OLG Düsseldorf StRR 2010, 276; OLG Hamm, Beschl. v. 25.4.2014 – II-6 WF 111/14; OLG Köln FamRZ 2010, 232). Die Abhilfeentscheidung ist eine geänderte Festsetzung i.S.v. § 55 RVG, gegen die wieder die Erinnerung gegeben ist und die deshalb gem. § 12c RVG mit einer Rechtsbehelfsbelehrung zu versehen ist. Hat der Urkundsbeamte der Geschäftsstelle bereits einmal einer Erinnerung der Staatskasse oder des Pflichtverteidigers abgeholfen, kann er der gegen seine Abhilfeentscheidung gerichteten erneuten Erinnerung nicht mehr abhelfen, sondern muss die Sache dann dem Gericht zur Entscheidung vorlegen (OLG Düsseldorf StRR 2010, 276; OLG Hamm, Beschl. v. 25.4.2014 – II-6 WF 111/14). Liegt eine Entscheidung des Gerichts über die Erinnerung vor, kann diese gerichtliche Entscheidung nur noch mit der Beschwerde gem. §§ 56 Abs. 2, 33 Abs. 3 ff. RVG und nicht mehr mit der Erinnerung angefochten werden (OLG Hamm, Beschl. v. 25.4.2014 – II-6 WF 111/14; → *Vergütungsfestsetzung, Beschwerde*, Teil D Rdn 473).

☝ Eine „**Anschlusserinnerung**“ kann nur im Anschluss an eine Erinnerung des Gegners und **vor** der gerichtlichen Entscheidung über diese Erinnerung eingelegt werden (KG, Beschl. v. 26.9.2011 – 1 Ws 52/10).

526 **c)** Sowohl die Abhilfe als auch eine Teilabhilfe als auch die Nichtabhilfe müssen vom Urkundsbeamten begründet werden. Die Begründung kann allerdings durch Bezugnahme auf die Begründung der angefochtenen Entscheidung erfolgen, wenn der Festsetzungsbeschluss eine Begründung enthält bzw. aus sich heraus verständlich ist und mit der Erinnerung keine neuen Gesichtspunkte vorgetragen werden. Neues Vorbringen ist durch eine ergänzende Begründung zu erfassen. Die Nichtabhilfe ist jedenfalls dem Erinnerungsführer bekannt zu geben. Die **Nichtabhilfeentscheidung** des Urkundsbeamten ist **nicht anfechtbar**. Hilft der Urkundsbeamte der Geschäftsstelle der Erinnerung nicht ab, ist die Sache gem. §§ 56 Abs. 2 S. 1, 33 Abs. 4 S. 1 RVG **unverzüglich** dem Gericht zur Entscheidung vorzulegen (OLG Köln FamRZ 2010, 232; OLG Naumburg FamRZ 2007, 1115). Über Erinnerungen gegen die Festsetzungsentscheidung des Urkundsbeamten der Geschäftsstelle im Verfahren nach § 55 RVG entscheidet nach § 56 Abs. 1 S. 1 RVG dasjenige Gericht, bei dem die Festsetzung erfolgt ist (OLG Düsseldorf StRR 2010, 276; OLG Hamm, Beschl. v. 9.8.2005 – 4 Ws 323/05; OLG Köln AGS 2013, 73; OLG Naumburg FamRZ 2007, 1115; OLG Saarbrücken AGS 2009, 449). Die Erinnerung ist kein Rechtsmittel im technischen Sinne, sondern ein behördeninterner Rechtsbehelf, der nicht in die nächsthöhere Instanz gelangen kann (Bayerisches LSG AGS 2012, 584). Die Festsetzung erfolgt gem. § 55 Abs. 5 S. 1 RVG durch den Urkundsbeamten des Gerichts des ersten Rechtzugs. Für den Fall, dass das Verfahren nicht gerichtlich anhängig geworden ist, erfolgt die Festsetzung gem. § 55 Abs. 1 S. 2 RVG durch das Gericht, das den Verteidiger bestellt hat. Dieses Gericht entscheidet dann auch über die Erinnerung.

☝ Vor einer Erinnerungsentscheidung des Gerichts des Rechtszugs ist eine **Beschwerde** unzulässig (OLG Düsseldorf StRR 2010, 276; OLG Saarbrücken AGS 2009, 449). Nach der gerichtlichen Entscheidung über die Erinnerung kann nur Beschwerde eingelegt werden (vgl. KG, Beschl. v. 26.9.2011 – 1 Ws 52/10).

6.a) Die **Entscheidung** über die Erinnerung erfolgt gem. §§ 56 Abs. 2 S. 1, 33 Abs. 8 RVG durch **begründeten Beschluss** nur für den jeweiligen Rechtszug. Zuvor ist dem Erinnerungsgegner (Staatskasse oder Rechtsanwalt) **rechtliches Gehör** zu gewähren (KG, Beschl. v. 26.9.2011 – 1 Ws 52/10). Wird der Anspruch auf rechtliches Gehör in entscheidungserheblicher Weise verletzt und ist die Beschwerde gegen die Erinnerungsentscheidung nicht möglich (Rdn 533), weil der Beschwerdewert i.H.v. mindestens 200,01 € nicht erreicht und die Beschwerde nicht zugelassen worden ist, kommt die **Anhörungsrüge** nach § 12a RVG in Betracht (LSG Nordrhein-Westfalen, Beschl. v. 8.9.2011 – L 1 KR 129/11 B; vgl. dazu Burhoff/*Burhoff*, RVG, Teil A: Anhörungsrüge [12a], Rn 109 ff.). 527

Die Verletzung des Gehörsanspruchs der Staatskasse ist entscheidungserheblich, wenn der Wert des Beschwerdegegenstands 200 € nicht übersteigt, der Bezirksrevisor am Festsetzungsverfahren nicht beteiligt war, und nicht auszuschließen ist, dass die Rechtsanwaltsgebühren dann anders festgesetzt worden wären (LSG Nordrhein-Westfalen, Beschl. v. 8.9.2011 – L 1 KR 129/11 B). 528

b)aa) In Anlehnung an § 568 S. 1 und 2 ZPO entscheidet über die Erinnerung gem. § 33 Abs. 8 S. 1 RVG das Kollegialgericht **grds.** durch eines seiner Mitglieder als **Einzelrichter** (vgl. hierzu OLG Düsseldorf Rpfleger 2009, 528; OLG Hamm StRR 2009, 438; RVGreport 2009, 309; OLG Köln AGS 2009, 585). Nur wenn die Sache besondere Schwierigkeiten tatsächlicher oder rechtlicher Art aufweist oder die Rechtssache grds. Bedeutung hat, überträgt der Einzelrichter das Verfahren der Kammer oder ggf. dem Senat. Eine Zuständigkeit des Rechtspflegers zur Entscheidung über die Erinnerung besteht nach allerdings umstrittener Auffassung nur bei der Erinnerung gegen die Festsetzung der Beratungshilfevergütung (OLG Köln AGS 2013, 73). 529

bb) Für die Entscheidung durch einen **Einzelrichter** im Verfahren gem. §§ 56, 33 RVG ist früher **teilweise gefordert** worden, dass eine solche Entscheidung **institutionell auch vorgesehen** ist. Weil in Strafsachen eine Entscheidung durch den Einzelrichter nach dem GVG bzw. der StPO ausgeschlossen ist (§§ 76, 122 GVG), musste das Gericht (LG oder OLG) nach dieser Auffassung in normaler Besetzung entscheiden (so LG Dresden AGS 2008, 120; LG Hildesheim StraFo 2005, 393; LG Ulm, Beschl. v. 12.4.2005 – 1 Qs 1027/05, zu § 66 GKG; so auch BGH NStZ 2007, 663; NJW-RR 2005, 584, zur Erinnerung gegen den Gerichtskostenansatz gem. § 66 GKG; OLG Düsseldorf JMBl. NW 2007, 139, zu § 4 Abs. 7 JVEG [aufgehoben durch OLG Düsseldorf Rpfleger 2009, 528]; vgl. dazu auch → *Gerichtskostenansatz, Erinnerung/Beschwerde*, Teil D Rdn 201 ff.). 530

531 Hiergegen ist **eingewandt** worden, dass sich diese Auffassung über wesentliche strukturelle Änderungen der Kostenrechtsmodernisierung hinwegsetzt und **mit dem Gesetz nicht** zu **vereinbaren** ist. Aus dem klaren Wortlaut des § 33 Abs. 8 S. 1 RVG (i.V.m. § 56 Abs. 2 S. 1 RVG) ergebe sich, dass der Gesetzgeber bei der Einführung des Einzelrichterprinzips gerade nicht zwischen Strafsachen und den übrigen Angelegenheiten der ordentlichen Gerichtsbarkeit unterschieden habe (vgl. OLG Düsseldorf Rpfleger 2009, 528; OLG Hamm RVGreport 2009, 309; OLG Koblenz, Beschl. v. 16.11.2009 – 2 Ws 526/09; vgl. auch KG StraFo 2009, 306 zur Wertfestsetzung gem. § 33 RVG; OLG Köln StraFo 2009, 349 zu § 66 GKG). Der zum 1.8.2013 durch das 2. KostRMoG vom 23.7.2013 (BGBl I, S. 2586) neu angefügte § 1 Abs. 3 RVG stellt klar, dass sich Rechtsbehelfe und Rechtsmittel in den Kostenverfahren des RVG, also auch im Erinnerungs- und Beschwerdeverfahren nach §§ 56, 33 RVG, ausschließlich nach den Vorschriften des RVG richten. § 1 Abs. 3 RVG bestimmt deshalb, dass die Vorschriften des RVG über die Erinnerung und die Beschwerde den Regelungen der für das zugrunde liegende Verfahren geltenden Verfahrensvorschriften vorgehen. Hierdurch ist insbesondere klargestellt, dass die in §§ 56 Abs. 2 S. 1, 33 Abs. 8 RVG vorhandenen kostenrechtlichen Bestimmungen über den Spruchkörper die spezielleren Vorschriften sind, sodass dann auch bei Kollegialgerichten grds. der Einzelrichter entscheidet, es sei denn, dass die in § 33 Abs. 8 S. 2 RVG genannte Ausnahme vorliegt. Gem. § 33 Abs. 8 S. 3 RVG ergeht die Entscheidung stets ohne Mitwirkung ehrenamtlicher Richter.

532 **7.a)** In der Erinnerungsentscheidung muss die aus der Staatskasse zu zahlende **Vergütung betragsmäßig festgesetzt** werden (OLG Brandenburg JurBüro 2007, 656 = OLGR Brandenburg 2008, 74). Der auf die Erinnerung erlassene **Beschluss** ist zu begründen (vgl. OLG Hamm, Beschl. v. 9.8.2005 – 4 Ws 323/05, www.burhoff.de).

☝ Das **Verschlechterungsverbot** gilt **nicht** (siehe → *Vergütungsfestsetzung, Beschwerde*, Teil D Rdn 499).

533 **b)** Ist die zur Entscheidung stehende Frage von **grds. Bedeutung**, lässt das Gericht nach §§ 56 Abs. 2 S. 1, 33 Abs. 3 S. 2 RVG in der Erinnerungsentscheidung die Beschwerde zu. Die Einlegung der Beschwerde ist dann auch ohne Erreichen der gem. §§ 56 Abs. 2 S. 1, 33 Abs. 3 S. 1 RVG erforderlichen **Beschwerdesumme von 200,01 €** zulässig. Die Zulassung muss in der Beschwerdeentscheidung erfolgen, sie kann nicht nachträglich zugelassen werden (OLG Hamm NStZ-RR 2015, 64 = AGS 2015, 47; siehe zur Zulassung → *Vergütungsfestsetzung, Beschwerde*, Teil D Rdn 487 ff.). Die Beschwerde ist deshalb nicht zugelassen, wenn die Erinnerungsentscheidung keine Zulassung enthält (BGH NJW 2004, 779; KG RVGreport 2007, 299; 2009, 139; OLG Karlsruhe AGS 2009, 551; OLGR Saarbrücken 2005, 513; LG Koblenz FamRZ 2005, 741).

534 **c)** Nach 12c RVG hat jede anfechtbare Entscheidung eine Belehrung über den statthaften Rechtsbehelf sowie über das Gericht, bei dem dieser Rechtsbehelf einzulegen ist,

über dessen Sitz und über die einzuhaltende Form und Frist zu enthalten. Die Entscheidung gem. § 56 Abs. 1 RVG über eine Erinnerung gegen die Festsetzung gem. § 55 RVG ist eine anfechtbare Entscheidung i.S.v. § 12c RVG, die deshalb grds. mit einer Rechtsbehelfsbelehrung zu versehen ist. Lässt das Erinnerungsgericht die Beschwerde gegen seine Entscheidung nicht zu, weil der erforderliche Beschwerdewert i.H.v. 200,01 € nicht erreicht wird, ist aber keine Rechtsbehelfsbelehrung erforderlich. Eine Rechtsbehelfsbelehrung ist ebenfalls entbehrlich, wenn über die Erinnerung nach § 56 Abs. 1 RVG das OLG oder der BGH entschieden hat. Denn eine Beschwerde findet dann gem. § 56 Abs. 2 S. 1 i.V.m. § 33 Abs. 4 S. 3 RVG nicht statt (BGH RVGreport 2010, 338; OLG Bamberg FamRZ 2011, 1605; OLG Köln RENOpraxis 2012, 175; a.A. AnwKomm-RVG/*Fölsch*, § 12c Rn 7). Die Rechtsbehelfsbelehrungspflicht gilt nur für anfechtbare Entscheidungen.

d) Sowohl die Abhilfeentscheidung des Urkundsbeamten als auch die Erinnerungsentscheidung des Gerichts bedürfen gem. § 56 Abs. 2 S. 2 und 3 RVG keiner Kostenentscheidung, weil das Verfahren **gebührenfrei** ist und **keine Kostenerstattung** stattfindet. 535

e) Da die **Erinnerungsentscheidung** gem. § 56 Abs. 2 S. 1, § 33 Abs. 3 S. 3 RVG der Anfechtung mit der befristeten Beschwerde unterliegt, ist sie zu **begründen** und **förmlich zuzustellen**, um den Lauf der Beschwerdefrist in Gang zu setzen (vgl. Thüringer LSG, Beschl. v. 10.4.2014 – L 6 SF 193/14 B; OLG Brandenburg NStZ-RR 2010, 192; OLG Hamburg NStZ-RR 2010, 327; OLG Hamm NStZ-RR 2005, 390; OLG München AGS 2010, 542). Der Beschluss ist mit der befristeten Beschwerde anfechtbar und daher förmlich zuzustellen, wenn der Beschwerdewert 200,00 € übersteigt, also mindestens 200,01 € beträgt. Wird dieser Beschwerdewert nicht erreicht, ist der Beschluss gleichwohl förmlich zuzustellen, wenn das Gericht in der Erinnerungsentscheidung wegen der grds. Bedeutung der zur Entscheidung stehenden Frage die Beschwerde zulässt (vgl. §§ 56 Abs. 2 S. 1, 33 Abs. 3 S. 2 RVG; siehe zur Zulassung → *Vergütungsfestsetzung, Beschwerde*, Teil D Rdn 487 ff.). 536

> ☝ Die Zustellung an den Rechtsanwalt wird i.d.R. per **Empfangsbekenntnis**, an den Vertreter der Staatskasse i.d.R. durch Vorlage der Akten (vgl. § 41) erfolgen (OLG Köln RENOpraxis 2012, 175).

8. Muster: Erinnerung gegen die Festsetzung der Pflichtverteidigervergütung 537

▼

An das

AG/LG ______

In der Sache

D.5

/

Az.

lege ich gegen die Festsetzung der Pflichtverteidigervergütung v.

Erinnerung

ein.

Mit der Erinnerung wende ich mich gegen die Absetzung des Längenzuschlages Nr. 4110 VV RVG i.H.v. 92,00 €.

Der Urkundsbeamte hat die Festsetzung des Längenzuschlages mit der Begründung abgelehnt, dass der Hauptverhandlungstermin weniger als fünf Stunden gedauert hat. Hierbei ist er von einem Terminsbeginn um 09.30 Uhr und dem Ende des Termins um 14.15 Uhr ausgegangen.

Hierbei wird jedoch nicht berücksichtigt, dass der Termin zwar tatsächlich um 09.30 Uhr begonnen hat, die Ladung zum Termin jedoch für 09.00 Uhr erfolgt ist und ich zu diesem in der Ladung bestimmten Zeitpunkt erschienen bin und auch erscheinen musste. Der verspätete Beginn des Termins ist von mir nicht zu vertreten. Die Terminsteilnahme i.S.v. Nr. 4110 VV RVG umfasst daher die Zeitspanne zwischen dem gerichtlich verfügten Beginn des Hauptverhandlungstermin und der in der Verhandlung angeordneten Schließung der Sitzung. Bei der Bemessung des Längenzuschlags sind auch vom Verteidiger nicht zu vertretende Wartezeiten vor Aufruf der Sache zu berücksichtigen (vgl. OLG Hamm AGS 2006, 337; OLG Koblenz NJW 2006, 1150 = StraFo 2006, 175 = AGS 2006, 285; OLG Stuttgart StV 2006, 200 = RVGreport 2006, 32 = Rpfleger 2006, 36; KG RVGreport 2006, 33 = AGS 2006, 123 = RVGprofessionell 2006, 23).

Sollte das Gericht meiner Auffassung nicht folgen, bitte ich vorsorglich wegen der grundsätzlichen Bedeutung der zur Entscheidung stehenden Frage gem. § 56 Abs. 2 S. 1, 33 Abs. 3 S. 2 RVG, in der Erinnerungsentscheidung

die Beschwerde zuzulassen.

Rechtsanwalt

▲

Siehe auch: → *Allgemeine Gebührenfragen, Allgemeines*, Teil D Rdn 1, m.w.N.; → *Gerichtskostenansatz, Erinnerung/Beschwerde*, Teil D Rdn 183; → *Vergütungsfestsetzung, Beschwerde*, Teil D Rdn 473; → *Vergütungsfestsetzung, weitere Beschwerde*, Teil D Rdn 538 ff.

Vergütungsfestsetzung, Weitere Beschwerde 538

Das Wichtigste in Kürze:

1. Gegen die gem. § 56 Abs. 2 S. 1 RVG getroffene Beschwerdeentscheidung des LG findet gem. §§ 56 Abs. 2 S. 1, 33 Abs. 6 S. 1 RVG im Fall ihrer Zulassung binnen 2 Wochen ab Zustellung der Beschwerdeentscheidung die fristgebundene weitere Beschwerde zum OLG statt.
2. Die nur für den Rechtsanwalt oder die Staatskasse mögliche weitere Beschwerde ist bei dem LG einzulegen.
3. Das Erreichen eines Beschwerdewerts ist nicht erforderlich.
4. Über die weitere Beschwerde entscheidet stets das OLG.
5. Wird trotz fehlender Zulassung die weitere Beschwerde eingelegt, fällt eine Gerichtsgebühr an.

Literaturhinweise: s. die Hinw. bei → *Vergütungsfestsetzung, Erinnerung*, Teil D Rdn 506. 539

1.a)aa) Die Entscheidung des LG über die Beschwerde des beigeordneten oder bestellten Rechtsanwalts oder der Staatskasse gegen die gem. § 56 Abs. 1 RVG getroffene Erinnerungsentscheidung kann gem. **§ 56 Abs. 2 S. 1, 33 Abs. 6 S. 1 RVG** mit der weiteren Beschwerde angefochten werden, wenn das LG sie **zugelassen** hat (s. dazu → *Vergütungsfestsetzung, Beschwerde*, Teil D Rdn 500 ff.). Zudem muss das LG nach § 33 Abs. 6 S. 1 RVG im Beschwerdeverfahren entschieden haben. Die Zulassung der weiteren Beschwerde muss in dem Beschluss, mit dem das LG über die Beschwerde entschieden hat, ausgesprochen werden. Eine nachträgliche Zulassung ist grds. nicht möglich (siehe dazu → *Vergütungsfestsetzung, Beschwerde*, Teil D Rdn 489). Enthält der Beschwerdebeschluss keine Zulassung der weiteren Beschwerde, wird damit schlüssig die Nichtzulassung erklärt (BGH NJW 2004, 779; KG RVGreport 2009, 139; OLGR Saarbrücken 2005, 513). Es gibt keine Nichtzulassungsbeschwerde. 540

☝ Aus dem Wortlaut von § 56 RVG ergibt sich nicht ausdrücklich, dass die **weitere Beschwerde** zulässig ist. Die Eröffnung der Möglichkeit der weiteren Beschwerde ist aber dem Verweis in § 56 Abs. 2 S. 1 RVG auf die Vorschriften über die weitere Beschwerde in § 33 Abs. 6 RVG zu entnehmen (Gerold/Schmidt/*Müller-Rabe*, RVG, § 56 Rn 17).

bb) Eine **Zulassung** der **weiteren Beschwerde** durch das **OLG** als Beschwerdegericht ist **ausgeschlossen**. Das gilt auch für eine Zulassung der Beschwerde, wenn das OLG Erinnerungsgericht ist (siehe dazu → *Vergütungsfestsetzung, Beschwerde*, Teil D Rdn 490 f.). Denn gem. §§ 56 Abs. 2 S. 1, 33 Abs. 3 S. 3, Abs. 6 S. 4 RVG finden Beschwerde und weitere Beschwerde an den BGH nicht statt. 541

542 **b)** Es handelt sich nicht um eine sofortige weitere Beschwerde, sondern eine **fristgebundene weitere Beschwerde**. Es liegt somit **keine Notfrist** vor, für die § 233 ZPO gelten würde. Nach §§ 56 Abs. 2 S. 1, 33 Abs. 6 S. 4 i.V.m. Abs. 3 S. 3 RVG ist die weitere Beschwerde innerhalb von **zwei Wochen** ab Zustellung der Beschwerdeentscheidung des LG einzulegen (OLG Braunschweig NStZ-RR 2014, 232; OLG Köln NStZ-RR 2015, 294; s. dazu → *Vergütungsfestsetzung, Beschwerde*, Teil D Rdn 480 ff.).

☝ Das **Wiedereinsetzungsverfahren** findet nach §§ 56 Abs. 2 S. 1, 33 Abs. 6 S. 4 RVG statt, wenn der Beschwerdeführer unverschuldet an der Einhaltung der Frist zur Einlegung der **weiteren Beschwerde** verhindert war (s. dazu → *Vergütungsfestsetzung, Beschwerde*, Teil D Rdn 482).

543 **2.a)** Nach §§ 56 Abs. 2 S. 1, 33 Abs. 7 S. 2 RVG ist die weitere Beschwerde im Fall der Zulassung vom Rechtsanwalt oder der Staatskasse bei dem **LG einzulegen**, dessen Entscheidung angefochten wird. Beim OLG kann die weitere Beschwerde nicht rechtswirksam eingelegt werden, weil im Fall der zulässigen und begründeten weiteren Beschwerde zunächst die Abhilfe zu prüfen ist (→ *Vergütungsfestsetzung, Beschwerde*, Teil D Rdn 479).

544 **b)** Die weitere Beschwerde kann gem. §§ 56 Abs. 2 S. 1, 33 Abs. 6 S. 2 RVG nur darauf gestützt werden, dass die Beschwerdeentscheidung des LG auf einer **Verletzung** des **Rechts** beruht. Eine weitere Begründung ist nicht erforderlich. Es kann allgemein um Nachprüfung der angefochtenen Entscheidung gebeten werden. Wann eine Verletzung des Rechts vorliegt, ergibt sich in entsprechender Anwendung aus §§ 546 und 547 ZPO.

545 **3.** Eine bestimmte **Beschwerdesumme** wie bei der Beschwerde muss **nicht** vorliegen (OLG Düsseldorf AGS 2006, 244; OLG Stuttgart AGS 2007, 97).

546 **4.a)** Da die weitere Beschwerde nach §§ 56 Abs. 2 S. 1, 33 Abs. 7 S. 2 RVG bei dem **LG** einzulegen ist, dessen Entscheidung angefochten wird, ist diesem nach §§ 56 Abs. 2 S. 1, 33 Abs. 6 S. 4 i.V.m. Abs. 4 S. 1 Halbs. 1 RVG eine **Abhilfebefugnis** eingeräumt, wenn die weitere Beschwerde für zulässig und begründet gehalten wird. Im Übrigen wird verwiesen auf die Ausführungen hinsichtlich der Abhilfebefugnis bei der Erinnerung und der Beschwerde (s. dazu → *Vergütungsfestsetzung, Beschwerde*, Teil D Rdn 473 und *Vergütungsfestsetzung, Erinnerung*, Teil D Rdn 505).

547 **b) Hilft** das LG der weiteren Beschwerde **nicht ab** (vgl. §§ 56 Abs. 2 S. 1, 33 Abs. 6 S. 4, Abs. 4 S. 1 RVG), **entscheidet** das **OLG**. Der **BGH** wird mit weiteren Beschwerden in Verfahren betreffend Vergütungsfestsetzungen gegen die Staatskasse (§§ 55, 56 RVG) **nicht** befasst (s. Rdn 540 und → *Vergütungsfestsetzung, Beschwerde*, Teil D Rdn 490). §§ 33 Abs. 4 S. 3, Abs. 6 S. 1, 56 Abs. 2 S. 1 RVG enthalten insoweit gegenüber etwaigen Bestimmungen in den Verfahrensordnungen (§ 574 ZPO) vorrangige Sonderregelungen (BGH AGS 2012, 387). Auch eine Zulassung der Rechtsbeschwerde zum BGH durch das Beschwerdegericht ändert daran nichts, weil für eine nach dem Gesetz unanfechtbare Ent-

scheidung kein gesetzlich nicht vorgesehener Instanzenzug eröffnet werden kann (BGH AGS 2010, 195; Schaden-Praxis 2010, 29; WuM 2012, 114).

c) Nach §§ 56 Abs. 2 S. 1, 33 Abs. 6 S. 4 und Abs. 4 S. 4 RVG ist das **OLG** an die **Zulassung** 548 der weiteren Beschwerde **gebunden** (OLG Braunschweig AGS 2014, 402; → *Vergütungsfestsetzung, Beschwerde*, Teil D Rdn 490). Wird die weitere Beschwerde nicht zugelassen, ist diese Entscheidung einer Anfechtung entzogen (s. → *Vergütungsfestsetzung, Beschwerde*, Teil D Rdn 491).

d) Über die weitere Beschwerde **entscheidet** das OLG durch **begründeten Beschluss**. In 549 Anlehnung an **§ 568 S. 1 und 2 ZPO** entscheidet der Senat grds. durch eines seiner Mitglieder als Einzelrichter, wenn die angefochtene Entscheidung von einem Einzelrichter erlassen worden ist. Ist die angefochtene Entscheidung von einem Kollegialgericht getroffen worden, kann auch im weiteren Beschwerdeverfahren nur ein Kollegialgericht entscheiden (s. dazu → *Vergütungsfestsetzung, Beschwerde*, Teil D Rdn 497 und → *Vergütungsfestsetzung, Erinnerung*, Teil D Rdn 526 f.). Die Zulassung der weiteren Beschwerde kann nur durch die Strafkammer des LG, nicht aber durch den Einzelrichter erfolgen. Denn die Zulassung der weiteren Beschwerde setzt die grds. Bedeutung der zur Entscheidung stehenden Frage voraus. In diesem Fall muss der Einzelrichter beim LG das Verfahren gem. § 56 Abs. 2 S. 1, 33 Abs. 8 S. 2 RVG der Kammer übertragen. Deshalb entscheidet über die weitere Beschwerde der Senat (siehe zu weit. Einzelh. → *Gerichtskostenansatz, Erinnerung/Beschwerde*, Teil D Rdn 211). Hat jedoch der Einzelrichter beim LG die weitere Beschwerde zugelassen, kann nach § 33 Abs. 8 RVG der Einzelrichter beim OLG die Sache wegen Verletzung des Anspruchs der Beteiligten auf den gesetzlichen Richter zurückverweisen.

☝ **I.d.R.** wird das **OLG** deshalb durch den Senat in **Dreier-Besetzung** entscheiden, denn durch die Zulassung der weiteren Beschwerde durch das LG steht fest, dass die Sache besondere rechtliche Schwierigkeiten aufgeworfen hat. Der Einzelrichter überträgt deshalb das Verfahren nach §§ 56 Abs. 2 S. 1, 33 Abs. 8 S. 2 RVG dem Senat (vgl. BGH NJW 2003, 1254 zur Rechtsbeschwerde; *Hansens*, in: Hansens/Braun/Schneider, Teil 7, Rn 188).

Die Entscheidung des OLG über die weitere Beschwerde ist keine anfechtbare Entschei- 550 dung i.S.v. § 12c RVG, die deshalb nicht mit einer Rechtsbehelfsbelehrung zu versehen ist. Denn nach § 56 Abs. 2 S. 1, § 33 Abs. 4 S. 3 RVG findet eine Beschwerde an einen obersten Gerichtshof des Bundes nicht statt. Die Rechtsbehelfsbelehrungspflicht gilt nur für anfechtbare Entscheidungen.

5.a) Nach dem Wortlaut von § 56 Abs. 2 S. 2 RVG ist nur das Verfahren über die **Erin-** 551 **nerung** sowie die **Beschwerde gerichtsgebührenfrei**. Hiervon wird aber auch das Verfahren über die weitere Beschwerde erfasst (vgl. OLG Düsseldorf AGS 2012, 167; *Hansens*, in: Hansens/Braun/Schneider, Teil 7, Rn 189; *Mayer/Kroiß/Pukall*, § 56 Rn 37; so auch BT-Drucks 15/1971, S. 203).

☝ Die weitere Beschwerde setzt deren Zulassung durch das Beschwerdegericht voraus. Wird sie **ohne Zulassung** erhoben, so ist sie nach der jeweiligen Verfahrensordnung als **unzulässig zu verwerfen** (vgl. § 577 Abs. 1 ZPO). Diese Entscheidung ist nicht nach § 56 Abs. 2 S. 2 RVG gerichtsgebührenfrei, weil kein von dieser Regelung erfasstes Beschwerdeverfahren vorliegt und die Befreiungsvorschrift als Ausnahmetatbestand nach allgemeinen Verfahrensgrundsätzen eng auszulegen ist (vgl. BGH NJW 2003, 69; Beschl. v. 14.6.2007 – V ZB 42/07; OLG Celle AGS 2010, 453; OLG Hamm AnwBl. 1994, 44; OLG Koblenz MDR 2004, 709; jew. zu § 66 GKG; s.a. noch OLG Koblenz NJW-RR 2000, 1239 zu §§ 66, 68 GKG). Es entsteht dann für die Verwerfung eine Gebühr Nr. 1812 KV GKG bzw. Nr. 3602 KV GKG i.H.v. 60,00 €. Das gilt entsprechend, wenn bei Erinnerungsentscheidung des OLG die Beschwerde ausgeschlossen ist (BGH AGS 2010, 387; OLG Bamberg FamRZ 2011, 1605; OLG Köln RENOpraxis 2012, 175). Ist die Beschwerde unstatthaft, weil z.B. der Beschwerdewert i.H.v. 200,01 € nicht erreicht ist oder weil die Beschwerde nicht zugelassen worden ist, dürfte eine Gerichtsgebühr allerdings nicht in Betracht kommen.

552 **b)** Nach § 56 Abs. 2 S. 3 RVG findet weder im Erinnerungs- noch im Beschwerdeverfahren **eine Kostenerstattung** statt. Hiervon wird auch das Verfahren über die **weitere Beschwerde** erfasst (vgl. hierzu z.B. OLG Düsseldorf RVGreport 2006, 225; AGS 2012, 167; OLG Frankfurt/Main RVGreport 2007, 71; *Hansens*, in: Hansens/Braun/Schneider, Teil 7 Rn 189).

Siehe auch: → *Vergütungsfestsetzung, Beschwerde*, Teil D Rdn 473; → *Vergütungsfestsetzung, Erinnerung*, Teil D Rdn 505.

553 Wertfestsetzung, Beschwerde

Das Wichtigste in Kürze:

1. In Strafsachen können auch Wertgebühren anfallen.
2. Die Beschwerde gegen eine Wertfestsetzung in Strafsachen bestimmt sich im Regelfall nach § 33 RVG.
3. Beschwerdeberechtigt sind gem. § 33 Abs. 3 S. 1 die in § 33 Abs. 2 S. 2 RVG genannten Antragsberechtigten.
4. Die Beschwerde ist binnen 2 Wochen ab Zustellung der Entscheidung über die Wertfestsetzung bei dem Gericht einzulegen, dessen Wertfestsetzung angefochten wird.
5. Wird der erforderliche Beschwerdewert in Höhe von 200,01 € nicht erreicht, ist die Beschwerde im Fall ihrer Zulassung in der Wertfestsetzung zulässig.

6. Über die Beschwerde entscheidet im Fall der Nichtabhilfe des Erstgerichts das nächsthöhere Gericht.
7. Wird trotz fehlender Zulassung die weitere Beschwerde eingelegt, fällt eine Gerichtsgebühr an.

Literaturhinweise: **Burhoff**, ABC der Gegenstandswerte im Straf- und Bußgeldverfahren, RVGreport 2011, 281; **Onderka**, Wertfestsetzungen nach § 33 RVG richtig angreifen, RVGprofessionell 2004, 195; **N. Schneider**, Ermittlung und Festsetzung des Gegenstandswerts für die Anwaltsgebühren, ZAP F. 24, S. 1055; **Volpert**, Die Bedeutung der Wertfestsetzung bei den Gerichtsgebühren für die Anwaltsgebühren, RVGreport 2004, 170; *ders.*, Die Wertfestsetzung für die Rechtsanwaltsgebühren – § 33 RVG, RVGreport 2004, 417; s.a. die Hinw. bei → *Allgemeine Gebühren, Allgemeines*, Teil A Rdn 2, und bei → *Gerichtskostenansatz, Erinnerung/Beschwerde*, Teil D Rdn 184. 554

1.a) In Strafsachen/Bußgeldsachen sind im RVG grds. **Betragsrahmengebühren** vorgesehen (s. dazu Burhoff/*Burhoff*, RVG, → *Gebührensystem*, Teil A Rdn 843). Daneben kommen jedoch auch in Strafsachen in bestimmten Fällen **Wertgebühren** in Betracht. 555

☝ Die Gebühren des Rechtsanwalts sind in diesen Fällen aus der **Gebührentabelle** des **§ 13 RVG** oder im Fall der Bestellung oder Beiordnung aus der Gebührentabelle des **§ 49 RVG** abzulesen.

b) In **folgenden Fällen** können in Strafsachen **Wertgebühren** entstehen: 556

- Wertgebühren entstehen in Strafsachen z.B. für die **Tätigkeit**:
  - im **Erinnerungs-** und **Beschwerdeverfahren** gegen den **Gerichtskostenansatz** (§ 19 GKG) und gegen einen **Kostenfestsetzungsbeschluss** (§ 464b; vgl. Vorbem. 4 Abs. 5 Nr. 1 VV; Vorbem. 5 Abs. 4 Nr. 1 VV); die Gebühren richten sich hier nach Teil 3 VV RVG, es entsteht also die 0,5 Verfahrensgebühr nach Nr. 3500 VV RVG und ggf. eine 0,5 Terminsgebühr nach Nr. 3513 VV RVG,
  - in der **Zwangsvollstreckung** aus Entscheidungen, die über einen aus der Straftat erwachsenen **vermögensrechtlichen Anspruch** oder über die Erstattung von Kosten (**Kostenfestsetzungsbeschluss**) ergangen sind und für das Beschwerdeverfahren gegen diese Entscheidung (vgl. Vorbem. 4 Abs. 5 Nr. 2 VV RVG; Vorbem. 5 Abs. 4 Nr. 2 VV RVG); die Gebühren richten sich auch hier nach Teil 3 VV RVG, es entsteht also nach Nr. 3309 VV RVG eine 0,3 Verfahrensgebühr und nach Nr. 3310 VV RVG ggf. eine 0,5 Terminsgebühr,
  - des Rechtsanwalts bei der **Einziehung** und verwandten Maßnahmen (Nr. 4142 VV RVG und Nr. 5116 VV RVG; vgl. dazu Burhoff/*Burhoff*, RVG, Nr. 4142 VV Rn 28 ff.; *Burhoff* RVGreport 2011, 281),
  - im Verfahren über **vermögensrechtliche Ansprüche** des Verletzten oder seines Erben (**Adhäsionsverfahren**; Nr. 4143 VV RVG und Nr. 4144 VV RVG, vgl. auch Vorbem. 4.3 Abs. 2 VV RVG);

- im Verfahren über die Beschwerde gegen den Beschluss, mit dem nach § 406 Abs. 5 S. 2 von einer Entscheidung abgesehen wird (sofortige **Beschwerde** im **Adhäsionsverfahren**); es entsteht die Verfahrensgebühr Nr. 4145 VV RVG;
- im Verfahren über einen Antrag auf gerichtliche Entscheidung oder über die Beschwerde gegen eine den Rechtszug beendende Entscheidung nach § 25 Abs. 1 S. 3 bis 5, § 13 **StrRehaG** (Nr. 4146 VV RVG).

- Darüber hinaus kann in Strafsachen nach Vorbem. 1 VV RVG die **Einigungsgebühr** nach Nrn. 1000, 1003 und 1004 VV RVG sowie die **Gebührenerhöhung** für die Vertretung **mehrerer Auftraggeber** nach **Nr. 1008 VV** RVG entstehen, die sich ggf. nach dem Gegenstandswert richten.
- Wertgebühren nach Teil 3 VV RVG fallen auch bei der Vertretung in Verfahren nach dem **Strafvollzugsgesetz** und in Verfahren nach **§§ 23 ff. EGGVG** an (→ *Anfechtung von Justizverwaltungsakten, (§§ 23 ff. EGGVG), Gebühren*, Teil D Rdn 41; s. dazu a. Burhoff/*Burhoff/Volpert*, RVG, Teil A: Verfahren nach dem Strafvollzugsgesetz und ähnliche Verfahren, Rn 2083 ff.).

557 **2.a)aa)** In Strafsachen erfolgt die **Festsetzung** des Gegenstandswertes für die Wertgebühren **im Regelfall** nach **§ 33 RVG**, in **Ausnahmefällen** nach **§ 32 RVG** (s. dazu ausf. Burhoff/*Volpert*, RVG, Teil A: Gegenstandswert, Festsetzung [§ 33] Rn 959 ff.). In § 32 RVG wird der Grundgedanke aus § 23 Abs. 1 S. 1 RVG fortgeführt, dass sich in gerichtlichen Verfahren der Gegenstandswert für die Anwaltsgebühren nach den für die Gerichtsgebühren geltenden Wertvorschriften richtet. In § 33 RVG wird demgegenüber das Verfahren geregelt, nach dem der Wert für die Berechnung der Rechtsanwaltsgebühren in solchen Fällen festzusetzen ist,

- in denen sich die Anwaltsgebühren nicht nach dem für die Gerichtsgebühren maßgebenden Wert richten oder
- es an einem solchen Wert fehlt.

558 **bb) § 33 RVG** bildet eine **Ergänzung** zu § 32 RVG und regelt die Wertfestsetzung für die Anwaltsgebühren in den von § 32 RVG nicht erfassten Fällen. Das Wertfestsetzungsverfahren nach § 33 RVG ist gegenüber dem nach § 32 RVG **subsidiär** (vgl. LAG Schleswig-Holstein AnwBl. 2002, 186 noch zu den §§ 9, 10 BRAGO). Nach § 32 RVG erfolgt die gerichtliche Festsetzung des für die Gerichtsgebühren maßgebenden Werts, wenn Gerichtsgebühren erhoben werden, die sich nach dem Wert richten (Wertgebühren). Voraussetzung für eine selbstständige gerichtliche Wertfestsetzung auf Antrag des Rechtsanwalts gem. § 33 RVG ist, dass § 32 RVG eine Regelungslücke hinterlässt, also der für die Gerichtsgebühren festgesetzte Wert für die Anwaltsgebühren nicht maßgebend ist oder es an einem solchen Wert überhaupt fehlt (vgl. Gerold/Schmidt/*Mayer*, § 33 Rn 1 ff.).

☝ Es besteht für den Rechtsanwalt **kein Wahlrecht** zwischen den Wertfestsetzungen nach § 32 RVG und § 33 RVG. § 33 RVG ist nur anwendbar, wenn nach § 32 RVG eine Wertfestsetzung nicht zu erreichen ist. Die Festsetzung nach § 33 RVG erwächst in materielle Rechtskraft. Im Gegensatz dazu schafft die Festsetzung des Werts für die Gerichtsgebühren gem. § 32 RVG eine materielle Berechnungsgrundlage für die Gebühren des Rechtsanwalts.

b) Im Verfahren nach dem **Strafvollzugsgesetz** richtet sich die Vergütung nach **Teil 3 VV RVG**. Das Wertfestsetzungsverfahren und das Beschwerdeverfahren richten sich hier nicht nach § 33 RVG, sondern nach § 32 RVG. Denn es fallen **Gerichtsgebühren** nach Nrn. 3810 bis 3812 KV GKG (Verfahren nach §§ 109 und 114 Abs. 2 StVollzG) bzw. Nrn. 3820 und 3821 KV GKG (Rechtsbeschwerdeverfahren) an. Der Wert bestimmt sich für gerichtliche Verfahren nach dem StVollzG nach **§§ 60 und 52 Abs. 1 bis 3 GKG**, für das Verfahren nach § 114 Abs. 2 StVollzG nach **§§ 60, 51 Abs. 1 und 2 GKG** (s. dazu Burhoff/*Volpert*, RVG, Teil A: Verfahren nach dem Strafvollzugsgesetz und ähnliche Verfahren, Rn 2102 ff.). 559

c) Im **Adhäsionsverfahren** richtet sich das Wertfestsetzungsverfahren und damit das Beschwerdeverfahren i.d.R. nach § 33 RVG. Es kommt in einigen Fällen jedoch auch die Anwendung von § 32 RVG in Betracht (vgl. hierzu ausf. Burhoff/*Volpert*, RVG, Teil A: Gegenstandswert, Festsetzung [§ 33], Rn 981 f., 984 ff.). Bei der sog. **Einziehungsgebühr Nr. 4142 VV RVG** kommt ebenfalls eine Wertfestsetzung nach § 33 in Betracht. 560

3. Beschwerdeberechtigt sind bei der Beschwerde gegen die gem. § 33 Abs. 1 und 2 RVG vorgenommene Wertfestsetzung gem. § 33 Abs. 3 S. 1, Abs. 2 S. 2 RVG die zur Stellung des Antrags auf Wertfestsetzung Berechtigten. Das sind der der **Rechtsanwalt**, der **Auftraggeber**, der ggf. **erstattungspflichtige Gegner** in den Fällen des § 45 RVG (gerichtliche Beiordnung oder Bestellung eines Rechtsanwalts) die **Staatskasse** (OLG München AGS 2010, 542). 561

Sind **mehrere Rechtsanwälte** für die Partei/den Auftraggeber tätig geworden, kann jeder Rechtsanwalt Beschwerde einlegen (vgl. OLG Düsseldorf RVGreport 2009, 138). Voraussetzung ist, dass eine Erhöhung des Wertes beantragt wird (OLG Schleswig SchlHA 2006, 300). Der **Auftraggeber** kann an einer Wertfestsetzung Interesse haben, wenn es zu Meinungsverschiedenheiten über die Berechnung der Anwaltsgebühren gekommen ist. Der Auftraggeber kann aber nur eine Ermäßigung des Wertes geltend machen (OLG Schleswig SchlHA 2003, 300). Der **Gegner** ist beschwerdeberechtigt, wenn im Kostenfestsetzungsverfahren gem. § 464b die Erstattung der Gebühren von ihm gefordert wird. Die **Staatskasse** ist beschwerdebefugt, sofern sie nach § 45 RVG Gebühren an den im Wege der PKH beigeordneten oder sonst gerichtlich bestellten oder beigeordneten Rechtsanwalt zahlen muss (vgl. AnwKomm-RVG/*N. Schneider*/*Thiel*, § 33 Rn 56, 60). 562

☝ Der **Rechtsanwalt** ist **beschwerdeberechtigt**, wenn eine **Heraufsetzung** der Kosten begehrt wird. Der Auftraggeber, der erstattungspflichtige Gegner und die Staatskasse sind beschwert, wenn sie eine **Herabsetzung** des Wertes beantragen (OLG Schleswig SchlHA 2006, 300; Gerold/Schmidt/*Mayer*, § 33 Rn 14).

563 **4.** Nach § 33 Abs. 3 S. 3, Abs. 7 S. 2 RVG ist **binnen 2 Wochen** ab Zustellung der Entscheidung über die Wertfestsetzung die Beschwerde bei dem Gericht einzulegen, **dessen Entscheidung angefochten** wird (s. zum Beschwerdeverfahren im Einzelnen → *Vergütungsfestsetzung, Beschwerde*, Teil D Rdn 473 ff.).

564 **5.a)** Die Beschwerde ist **zulässig**, wenn

- der Wert des Beschwerdegegenstands 200,00 € übersteigt, also **mindestens 200,01 €** beträgt, oder
- die Beschwerde gem. § 33 Abs. 3 S. 2 RVG **zugelassen** worden ist (zur Beschwerdezulassung → *Vergütungsfestsetzung, Beschwerde*, Teil D Rdn 487 ff.).

565 **b)aa)** Der Beschwerdewert besteht aus der **Differenz** zwischen den Gebühren, die nach dem **festgesetzten** und **angefochtenen Wert** entstanden sind und den Gebühren, die nach dem mit der Beschwerde angestrebten Wert entstehen würden (OLG Oldenburg NJW 2010, 884; KG StraFo 2009, 306; OLG Schleswig SchlHA 2006, 300; LAG Mainz AGS 2012, 302). Hierbei ist die Umsatzsteuer zu berücksichtigen (vgl. OLG Nürnberg AGS 2010, 167; OLG Rostock NStZ-RR 2013, 92; OLG Köln RENOpraxis 2012, 175; LAG Mainz AGS 2012, 302).

566 *Beispiel:*

Das Gericht hat den Gegenstandswert für die eingezogenen Gegenstände auf 5.000,00 € festgesetzt. Für die sich auf die Einziehung erstreckende Tätigkeit des **Wahlverteidigers** ist eine Verfahrensgebühr Nr. 4142 VV RVG entstanden. Der Wahlverteidiger legt gegen die Wertfestsetzung Beschwerde mit dem Ziel der Heraufsetzung des Wertes auf 9.000,00 € ein.

Der Beschwerdewert berechnet sich wie folgt:

Berechnung der Gebühr nach dem festgesetzten Wert (Gebührentabelle zu § 13 RVG)

1,0 Verfahrensgebühr Nr. 4142 VV (Wert 5.000,00 €)	303,00 €
19 % USt Nr. 7008 VV	57,57 €
Summe	**360,57 €**

Berechnung der Gebühr nach dem mit der Beschwerde angestrebten Wert (Gebührentabelle zu § 13 RVG)

1,0 Verfahrensgebühr Nr. 4142 VV (Wert 9.000,00 €)	507,00 €
19 % USt Nr. 7008 VV	96,33 €
Summe	**603,33 €**

Die **Differenz** zwischen den beiden Summen beträgt 242,76 €. Der erforderliche Beschwerdewert i.H.v. 200,01 € ist damit erreicht.

bb) Es **reicht nicht** aus, dass (nur) der vom Beschwerdeführer **angestrebte Gegenstandswert** um **mehr als 200,00 €** vom festgesetzten und angefochtenen Streitwert **abweicht** (OLG Karlsruhe FamRZ 2004, 1303). Die Wertfestsetzung nach § 33 Abs. 1 RVG gilt nur für die Gebühren des Anwalts, der den Antrag auf Festsetzung des Wertes gestellt hat oder der in dem Festsetzungsantrag der anderen nach § 33 Abs. 2 S. 2 RVG Antragsberechtigten genannt ist. Maßgebend für den Beschwerdewert ist daher nur, wie sich die Wertänderung bei dem von der Beschwerde konkret betroffenen Rechtsanwalt auswirkt. Weitere in der Angelegenheit tätige Rechtsanwälte sind bei der Berechnung des Beschwerdewerts nicht zu berücksichtigen (vgl. OLG Düsseldorf RVGreport 2009, 138). 567

cc) Auch wenn statt eines Wahlverteidigers ein **Pflichtverteidiger** tätig geworden ist, sind für die Berechnung der Beschwerdesumme der **von dem Rechtsanwalt eingelegten Beschwerde** die sich aus der Tabelle zu § 13 RVG und nicht aus der Tabelle zu § 49 RVG ergebenden Gebühren maßgeblich (Burhoff/*Volpert*, RVG, Teil A: Rechtsmittel gegen die Wert- und Vergütungsfestsetzung [§§ 56, 33], Rn 1705; a.A. OLGR Saarbrücken 2005, 513). Bei der **Beschwerde der Staatskasse** sind für die Berechnung der Beschwerdesumme grds. die sich aus der Tabelle zu § 49 RVG ergebenden Gebühren maßgeblich (vgl. OLGR Saarbrücken 2005, 513). Unklar ist jedoch, ob das auch dann gilt, wenn die Staatskasse zur Erstattung von Wahlanwaltsgebühren verpflichtet ist, z.B. im Fall des Freispruchs des Angeklagten (vgl. §§ 464a, 464b). 568

Beispiel: 569

Wie beim Beispiel unter Rdn 566; statt eines Wahlverteidigers ist jedoch ein **Pflichtverteidiger** tätig geworden.

Der Beschwerdewert würde nicht erreicht, wenn die Differenz anhand der aus der Staatskasse zu zahlenden Vergütung nach dem angefochtenen und dem angestrebten Wert berechnet würde:

Berechnung der Gebühr nach dem festgesetzten Wert (Gebührentabelle zu § 49 RVG)	
1,0 Verfahrensgebühr Nr. 4142 VV (Wert 5.000,00 €)	257,00 €
19 % USt Nr. 7008 VV	48,83 €
Summe	**305,83 €**
Berechnung der Gebühr nach dem mit der Beschwerde angestrebten Wert (Gebührentabelle zu § 49 RVG)	
1,0 Verfahrensgebühr Nr. 4142 VV (Wert 9.000,00 €)	297,00 €
19 % USt Nr. 7008 VV	65,43 €
Summe	**353,43 €**

Die **Differenz** zwischen den beiden Summen beträgt bei der Pflichtverteidigervergütung (vgl. § 49 RVG) lediglich 47,60 €, bei der Wahlverteidigervergütung (vgl. § 13 RVG) dagegen 242,76 € (s. oben Rdn 567).

Für die Beschwerdesumme ist nicht auf die Differenz zwischen den Pflichtverteidigervergütungen abzustellen, zumal der Pflichtverteidiger ggf. auch Anspruch auf die Wahlverteidigergebühren hat (vgl. § 52 RVG). Der erforderliche Beschwerdewert i.H.v. 200,01 € ist damit erreicht. Ohne Berücksichtigung der Umsatzsteuer wäre der Beschwerdewert nicht erreicht worden.

570 **6.a)** Da die Beschwerde nach § 33 Abs. 7 S. 3 RVG bei dem Gericht einzulegen ist, dessen Entscheidung angefochten wird (Rdn 563), ist diesem nach § 33 Abs. 4 S. 1 Halbs. 1 RVG eine Abhilfebefugnis **eingeräumt**, wenn die Beschwerde für zulässig und begründet gehalten wird (vgl. OLG Köln FamRZ 2010, 232; OLG München Rpfleger 2004, 167; s. dazu → *Vergütungsfestsetzung, Beschwerde*, Teil D Rdn 494 ff.).

571 **b) Zuständiges Beschwerdegericht** ist nach § 33 Abs. 4 S. 2 RVG unabhängig vom Instanzenzug der Hauptsache grds. das **nächsthöhere Gericht** (OLG Düsseldorf AGS 2008, 556). Hat das LG die Wertfestsetzung vorgenommen, ist das OLG das zuständige Beschwerdegericht (vgl. OLG Jena JurBüro 2005, 479, für die Streitwertbeschwerde im Adhäsionsverfahren). Zu der Frage, ob der **Einzelrichter** oder das **Kollegialgericht** über die Beschwerde zu entscheiden hat siehe → *Vergütungsfestsetzung, Beschwerde*, Teil D Rdn 497 ff.).

☝ Eine Beschwerde an den **BGH** findet gem. § 33 Abs. 4 S. 3 RVG **nicht** statt (BGH RVGreport 2010, 338; s. i.Ü. ausf. → *Vergütungsfestsetzung, Beschwerde*, Teil D Rdn 496 ff.).

572 **7.a)** Nach § 33 Abs. 9 RVG ist nur das **Verfahren** über den Antrag auf **Wertfestsetzung** gem. § 33 Abs. 1 RVG **gerichtsgebührenfrei**. Im Verfahren über die **Beschwerde** ent-

steht eine Gerichtsgebühr nach Nr. 1812 KV GKG i.H.v. 60,00 €, soweit die Beschwerde verworfen oder zurückgewiesen wird (AnwKomm-RVG/*N. Schneider/Thiel*, § 33 Rn 182; *Hansens* in: Hansens/Braun/Schneider, Teil 5 Rn 101; Burhoff/*Volpert*, RVG, Teil A: Gerichtskosten, Rn 1079). Denn gem. § 1 Abs. 4 GKG werden Kosten nach dem GKG auch erhoben für Verfahren über eine Beschwerde, die mit einem der in § 1 Abs. 1 bis 3 GKG genannten Verfahren im Zusammenhang steht.

☝ Das Beschwerdeverfahren gegen die Wertfestsetzung nach **§ 32 Abs. 2 RVG**, § 68 GKG ist jedoch **gerichtsgebührenfrei**.

b) Hinsichtlich der **Anwaltskosten** im **Beschwerdeverfahren** gem. § 33 RVG gilt Folgendes: 573

- Legt der **Anwalt im eigenen Namen** die Beschwerde ein, stellt sich die Frage nach der anfallenden Gebühr nicht, da **kein Erstattungsschuldner** vorhanden ist (OLG Karlsruhe NStZ-RR 2011, 390; AnwKomm-RVG/*N. Schneider/Thiel*, § 33 Rn 184).
- Wird der Rechtsanwalt im Beschwerdeverfahren oder im Verfahren über die weitere Beschwerde nach § 33 RVG **für** den **Auftraggeber/Mandanten** tätig, handelt es sich grds. um eine **besondere Angelegenheit** (§§ 15 Abs. 2 RVG; 18 Nr. 5 RVG), in der der Anwalt eine 0,5 Verfahrensgebühr nach Nr. 3500 VV RVG sowie ggf. eine 0,5 Terminsgebühr Nr. 3513 VV RVG erhält AnwKomm-RVG/*Wolf/Mock/Volpert/N. Schneider/Fölsch/Thiel*, § 19 Rn 56). Allerdings besteht in Strafsachen die Besonderheit, dass nur die in der Vorbem. 4 Abs. 5 VV RVG genannten Beschwerdeverfahren als besondere Angelegenheiten nach Teil 3 VV RVG abgerechnet werden können. Die Beschwerde gem. § 33 RVG gegen die Wertfestsetzung ist dort nicht aufgeführt, sodass eine **Abrechnung bei** dem **Mandanten ausscheiden** dürfte, weil die Tätigkeit mit den Gebühren nach Teil 4 VV RVG abgegolten ist. § 18 Nr. 5 RVG gilt nur für Beschwerdeverfahren in Angelegenheiten, in denen sich die Gebühren nach Teil 3 VV RVG richten.

c) Eine Kostenerstattung findet nach § 33 Abs. 9 RVG **nicht** statt, sodass eine Kostenentscheidung nicht erforderlich ist (OLG Karlsruhe NStZ-RR 2011, 390). 574

8. Muster: Beschwerde des Rechtsanwalts gegen die Wertfestsetzung gem. § 33 Abs. 3 RVG 575

▼

An das

Gericht

D.6

In Sachen

lege ich gem. § 33 Abs. 3 RVG gegen den mir am zugestellten Beschl. v.

Beschwerde

ein.

Ich beantrage, den Gegenstandswert anderweitig auf € festzusetzen.

Begründung:

Der angefochtene Wertfestsetzungsbeschluss v. ist mir am zugestellt worden. Die Beschwerde ist daher zulässig, weil sie innerhalb der in §§ 33 Abs. 3 S. 3 RVG bestimmten Frist von zwei Wochen nach Zustellung eingelegt worden ist.

Auch der Beschwerdewert i.H.v. mindestens 200,01 € ist erreicht, weil die Differenz zwischen meiner Vergütung (Gebühren und Auslagen einschließlich USt) i.H.v. €, die nach dem festgesetzten und angefochtenen Wert entstanden ist, und der Vergütung i.H.v. €, die nach dem mit der Beschwerde angestrebten Wert entsteht, 200,00 € übersteigt.

Ich habe für den Verletzten im Adhäsionsverfahren einen Schadensersatzanspruch i.H.v. 10.000,00 € geltend gemacht. Im Hauptverhandlungstermin haben der Verletzte und der Verurteilte einen Vergleich geschlossen, wonach der Verurteilte zur Abgeltung aller Ansprüche 5.000,00 € an den Verletzten zahlt. Das Gericht hat daraufhin den Streitwert für das Adhäsionsverfahren auf 5.000,00 € festgesetzt.

Die angefochtene Wertfestsetzung auf 5.000,00 € ist unzutreffend.

Weil dem Antrag des Verletzten nicht durch Urteil stattgegeben worden ist, ist eine Gerichtsgebühr nach Nr. 3700 KV GKG nicht angefallen. Das Wertfestsetzungs- und das Beschwerdeverfahren richten sich damit nach § 33 RVG.

Im Fall eines Vergleichsschlusses ist Streitwert nicht der Betrag, auf den sich die Parteien vergleichen, sondern der Betrag, über den sich die Parteien vergleichen.

Daher beträgt der Streitwert für das Adhäsionsverfahren richtig 10.000,00 €.

Sollte das Gericht meiner Auffassung nicht folgen, bitte ich wegen der grundsätzlichen Bedeutung der zur Entscheidung stehenden Frage gem. §§ 33 Abs. 6 S. 1 RVG, in dem Beschluss

die weitere Beschwerde zuzulassen.

Rechtsanwalt

▲

Siehe auch: → *Gerichtskostenansatz, Erinnerung/Beschwerde*, Teil D Rdn 183; → *Vergütungsfestsetzung, Beschwerde*, Teil D Rdn 473; → *Wertfestsetzung, weitere Beschwerde*, Teil D Rdn 538.

Wertfestsetzung, weitere Beschwerde 576

Das Wichtigste in Kürze:

1. Gegen die Beschwerdeentscheidung des LG über die Wertfestsetzung findet gem. § 33 Abs. 6 S. 1 RVG im Fall ihrer Zulassung binnen 2 Wochen ab Zustellung der Beschwerdeentscheidung die fristgebundene weitere Beschwerde zum OLG statt.
2. Die nur für den Rechtsanwalt oder die Staatskasse mögliche Beschwerde ist bei dem Gericht einzulegen, dessen Erinnerungsentscheidung angefochten wird.
3. Das Erreichen eines Beschwerdewerts ist nicht erforderlich.
4. Über die weitere Beschwerde entscheidet stets das OLG.
5. Das Verfahren über den Antrag auf Wertfestsetzung ist gerichtsgebührenfrei. Im Beschwerdeverfahren findet keine Kostenerstattung statt.

Literaturhinweise: s. die Hinw. bei → *Wertfestsetzung, Beschwerde*, Teil D Rdn 555. 577

1.a) Die Entscheidung des LG über die Beschwerde gegen die Wertfestsetzung kann gem. § 33 Abs. 6 S. 1 RVG nur dann mit der **weiteren Beschwerde** angefochten werden, wenn diese vom LG **zugelassen** worden ist. Nach § 33 Abs. 6 S. 1 RVG muss das LG im Beschwerdeverfahren entschieden haben. Eine Zulassung der weiteren Beschwerde durch das OLG als Beschwerdegericht ist ausgeschlossen (s. i.Ü. → *Vergütungsfestsetzung, weitere Beschwerde*, Teil D Rdn 540). Enthält der Beschwerdebeschluss keine Zulassung der weiteren Beschwerde, wird damit schlüssig die Nichtzulassung erklärt (BGH NJW 2004, 779, KG, RVGreport 2009, 139; OLGR Saarbrücken 2005, 513). Es gibt keine Nichtzulassungsbeschwerde. 578

b) Es handelt sich nicht um eine sofortige weitere Beschwerde, sondern eine **fristgebundene weitere Beschwerde**. Es liegt somit **keine Notfrist** vor, für die § 233 ZPO gelten würde. Nach § 33 Abs. 6 S. 4 i.V.m. Abs. 3 S. 3 RVG ist die weitere Beschwerde innerhalb von **zwei Wochen** ab Zustellung der Beschwerdeentscheidung des LG einzulegen (OLG Braunschweig AGS 2014, 402; OLG Köln RVGreport 2015, 383; → *Vergütungsfestsetzung, Beschwerde*, Teil D Rdn 473; → *Wertfestsetzung, Beschwerde*, Teil D Rdn 553 ff.). 579

☝ Das **Wiedereinsetzungsverfahren** findet nach § 33 Abs. 6 S. 4 RVG statt, wenn der Beschwerdeführer unverschuldet an der Einhaltung der Frist zur Einlegung der **weiteren Beschwerde** verhindert war (→ *Vergütungsfestsetzung, Beschwerde*, Teil D Rdn 482 ff.).

2.a) Nach § 33 Abs. 7 S. 2 RVG ist die weitere Beschwerde im Fall der Zulassung vom Rechtsanwalt oder der Staatskasse **bei** dem **LG einzulegen**, dessen Entscheidung angefochten wird. Beim OLG kann die weitere Beschwerde nicht rechtswirksam eingelegt 580 werden, weil im Fall der zulässigen und begründeten weiteren Beschwerde zunächst die **Abhilfe** zu prüfen ist (→ *Vergütungsfestsetzung, Beschwerde*, Teil D Rdn 494 ff.).

581 **b)** Die weitere Beschwerde kann gem. § 33 Abs. 6 S. 2 RVG **nur darauf gestützt** werden, dass die Beschwerdeentscheidung des LG auf einer **Verletzung des Rechts** beruht. Eine weitere Begründung ist nicht erforderlich. Es kann allgemein um Nachprüfung der angefochtenen Entscheidung gebeten werden. Wann eine Verletzung des Rechts vorliegt, ergibt sich in entsprechender Anwendung aus §§ 546 und 547 ZPO.

582 **3.** Eine bestimmte **Beschwerdesumme** wie bei der Beschwerde muss **nicht** vorliegen (OLG Stuttgart AGS 2007, 97; OLG Düsseldorf AGS 2006, 244).

583 **4.a)** Da die weitere Beschwerde nach § 33 Abs. 7 S. 2 RVG bei dem LG einzulegen ist, dessen Entscheidung angefochten wird, ist diesem nach § 33 Abs. 6 S. 4 i.V.m. Abs. 4 S. 1 Halbs. 1 RVG eine **Abhilfebefugnis eingeräumt**, wenn die weitere Beschwerde für zulässig und begründet gehalten wird. I.Ü. wird verwiesen auf die Ausführungen hinsichtlich der Abhilfebefugnis bei der Beschwerde (→ *Vergütungsfestsetzung, Beschwerde*, Teil D Rdn 494 ff.).

584 **b) Hilft** das LG der **weiteren Beschwerde nicht ab** (vgl. § 33 Abs. 6 S. 4, Abs. 4 S. 1 RVG), entscheidet das **OLG**.

585 Der **BGH** wird mit weiteren Beschwerden gegen Wertfestsetzungen **nicht** befasst (→ *Vergütungsfestsetzung, Beschwerde*, Teil D Rdn 490 f.). § 33 Abs. 4 S. 3, Abs. 6 S. 1 RVG enthalten insoweit gegenüber etwaigen Bestimmungen in den Verfahrensordnungen (§ 574 ZPO) vorrangige Sonderregelungen (BGH AGS 2012, 387). Auch eine Zulassung der Rechtsbeschwerde zum BGH durch das Beschwerdegericht ändert daran nichts, weil für eine nach dem Gesetz unanfechtbare Entscheidung kein gesetzlich nicht vorgesehener Instanzenzug eröffnet werden kann (BGH AGS 2010, 195; Schaden-Praxis 2010, 29; WuM 2012, 114).

586 **c)** Nach § 33 Abs. 6 S. 4 und Abs. 4 S. 4 RVG ist das **OLG** an die **Zulassung** der weiteren Beschwerde **gebunden** (OLG Braunschweig AGS 2014, 402; → *Vergütungsfestsetzung, Beschwerde*, Teil D Rdn 490). Wird die weitere Beschwerde nicht zugelassen, ist diese Entscheidung einer Anfechtung entzogen (s. dazu → *Vergütungsfestsetzung, Beschwerde*, Teil D Rdn 491).

587 **d)** Über die weitere Beschwerde **entscheidet** das **OLG** durch **begründeten Beschluss** (wegen der Besetzung des Senats und weiterer Fragestellungen → *Vergütungsfestsetzung, weitere Beschwerde*, Teil D Rdn 549 ff.).

588 **5.a)** Nach § 33 Abs. 9 S. 1 RVG ist nur das Verfahren über den Antrag auf Wertfestsetzung gem. § 33 Abs. 1 RVG **gerichtsgebührenfrei** (OLG Hamm RVGreport 2013, 31). Zu Frage, ob im Verfahren über die **weitere Beschwerde** eine Gerichtsgebühr nach Nr. 3602 KV GKG oder Nr. 1812 KV GKG i.H.v. 60,00 € entsteht, soweit die Beschwerde verworfen

oder zurückgewiesen wird, und zu den **Anwaltskosten** vgl. → *Wertfestsetzung, Beschwerde*, Teil D Rdn 572 ff.

b) Nach § 33 Abs. 9 S. 2 RVG findet im Beschwerdeverfahren **keine Kostenerstattung** statt. Hiervon wird auch das Verfahren über die **weitere Beschwerde** erfasst (vgl. hierzu z.B. OLG Düsseldorf RVGreport 2006, 225; AGS 2012, 167; OLG Frankfurt/Main RVGreport 2007, 71; *Hansens*, in: Hansens/Braun/Schneider, Teil 7, Rn 189). 589

Siehe auch: → *Gerichtskostenansatz, Erinnerung/Beschwerde*, Teil D Rdn 183; → *Wertfestsetzung, Beschwerde*, Teil D Rdn 553; → *Vergütungsfestsetzung, Beschwerde*, Teil D Rdn 473; → *Vergütungsfestsetzung, weitere Beschwerde*, Teil D Rdn 538.

Wiederaufnahmeverfahren, Abrechnung, Allgemeines 590

Das Wichtigste in Kürze:

1. Die Abrechnung des strafverfahrensrechtlichen Wiederaufnahmeverfahrens richtet sich nach Teil 4 Abschnitt 1 Unterabschnitt 4 VV RVG.
2. Die Abrechnung des Wiederaufnahmeverfahrens nach dem OWiG (§ 85 OWiG) richtet sich nach Vorbem. 5.1.3 Abs. 2 VV RVG.
3. Die Gebühren im Wiederaufnahmeverfahren verdient der Verteidiger als auch der Rechtsanwalt, der einen anderen Verfahrensbeteiligten im Wiederaufnahmeverfahren vertritt.
4. Das Wiederaufnahmeverfahren nach den §§ 359 ff. ist gem. § 17 Nr. 12 RVG eine eigene Angelegenheit.
5. Der Rechtsanwalt erhält im Wiederaufnahmeverfahren auch seine Auslagen nach den Nrn. 7000 ff. VV RVG vergütet.

Literaturhinweise: Burhoff, Wiederaufnahme im Strafverfahren: So rechnen Sie nach dem RVG ab, RVGprofessionell 2004, 103; *ders.*, Die anwaltliche Vergütung im strafverfahrens- und bußgeldrechtlichen Wiederaufnahmeverfahren, RVGreport 2013, 2; *ders.*, Fragen aus der Praxis zu Gebührenproblemen in Straf- und Bußgeldverfahren aus dem Jahr 2014, StRR 2015, 52; s. i.Ü. a. die Hinw. bei → *Allgemeine Gebührenfragen, Allgemeines*, Teil D Rdn 2 und bei den u.a. Stichwörtern. 591

1.a) Die Abrechnung des **strafverfahrensrechtlichen Wiederaufnahmeverfahrens** richtet sich, wenn der Rechtsanwalt den **vollen Auftrag** erhalten hat, nach Teil 4 Abschnitt 1 **Unterabschnitt 4** VV RVG. Entstehen können dann die Geschäftsgebühr Nr. 4136 VV RVG für die Vorbereitung des Wiederaufnahmeantrags, die Verfahrensgebühr Nr. 4137 VV RVG für das Verfahren über die Zulässigkeit des Antrags, die Verfahrensgebühr Nr. 4138 VV RVG für das weitere Verfahren, ggf. eine Verfahrensgebühr Nr. 4139 VV RVG für das Beschwerdeverfahren (§ 372) und ggf. eine Terminsgebühr Nr. 4140 VV 592

RVG für jeden Verhandlungstag (wegen der Einzelh. vgl. → *Wiederaufnahmeverfahren, Strafverfahren, Gebühren*, Teil D Rdn 611 ff.; zum Entstehen der zusätzlichen Gebühren Nrn. 4141 ff. VV RVG → *Wiederaufnahmeverfahren, Strafverfahren, Gebühren*, Teil D Rdn 628; zur Auslagenpauschale Nr. 7002 VV RVG s. Rdn 600; zum Wiederaufnahmeverfahren → *Wiederaufnahmeverfahren, Allgemeines*, Teil B Rdn 1053, m.w.N.).

593 **b)** Die Gebühren nach den Nrn. 4136 ff. VV RVG entstehen nur, wenn der Rechtsanwalt mit der **(vollen) Vertretung** eines Verfahrensbeteiligten im gesamten Wiederaufnahmeverfahren beauftragt worden ist (Gerold/Schmidt/*Burhoff*, VV Vorb. 4.1.4 Rn 9; Burhoff/*Burhoff*, RVG, Vorbem. 4.1.4 VV Rn 5). Ist der Rechtsanwalt nur mit einer **Einzeltätigkeit** beauftragt, wie z.B. mit der Stellung des Wiederaufnahmeantrags, entsteht nur eine Gebühr nach **Nr. 4302 Ziff. 2 VV RVG** (Gerold/Schmidt/*Burhoff*, VV 4302 Rn 9).

☝ Im Übrigen gilt: **Berät** der Rechtsanwalt über die Erfolgsaussichten eines noch nicht gestellten Wiederaufnahmeantrags, entsteht die Geschäftsgebühr nach Nr. 4136 VV RVG, wenn der Rechtsanwalt bereits mit der Vertretung im Wiederaufnahmeverfahren beauftragt worden ist (AnwKomm-RVG/*N. Schneider* VV 4136 – 4140 Rn 5; Gerold/Schmidt/*Burhoff*, VV Vorb. 4.1.4 Rn 9), und zwar auch dann, wenn er von der Stellung eines Antrags abrät (vgl. → *Wiederaufnahmeverfahren, Strafverfahren, Gebühren*, Teil D Rdn 611). Ist der RA nicht schon mit der Vertretung im Wiederaufnahmeverfahren beauftragt worden, sondern berät nur, gilt § 34 RVG (vgl. zur Beratung über die Einlegung eines Rechtsmittels Burhoff/*Burhoff*, RVG, Vorb. 4.1 VV Rn 38 ff.).

594 **c)** Die Gebühren Nr. 4136 ff. VV RVG entstehen **auch**, wenn der RA/Verteidiger in einem auf **Antrag** der **StA eingeleiteten Wiederaufnahmeverfahren tätig** geworden ist. Die Frage ist bisher in der Lit. nur vereinzelt behandelt (soweit ersichtlich bisher nur *Burhoff* StRR 2015, 52, 56). In der übrigen Lit. wird immer nur der Fall dargestellt, dass der Verurteilte einen Wiederaufnahmeantrag stellt. Nicht aber der Fall, dass er sich gegen einen Wiederaufnahmeantrag der StA verteidigt. Der Fall ist bislang offensichtlich übersehen worden. Die Gebühren Nrn. 4136 ff. VV RVG fallen aber auch in diesen Fällen an. Die Nr. 4136 VV RVG sieht eine „Geschäftsgebühr für die Vorbereitung eines Antrags", die Nr. 4137 VV RVG eine „Verfahrensgebühr für das Verfahren über die Zulässigkeit des Antrags" vor. Nr. 4137 VV RVG schließt sich nahtlos an die Nr. 4136 VV RVG an und umfasst die Fertigung des Wiederaufnahmeantrags (vgl. die Kommentierung zu den Nrn. 4136 ff. VV RVG bei Burhoff/*Burhoff*, RVG). Diese Gebühr gilt dann aber auch für die Verteidigung gegen einen Wiederaufnahmeantrag der StA und den Antrag auf Zurückweisung eines Wiederaufnahmeantrages.

595 **2.** Die Abrechnung des Wiederaufnahmeverfahrens nach dem **OWiG (§ 85 OWiG)** richtet sich nach **Vorbem. 5.1.3 Abs. 2 VV RVG**. Es entstehen dort nur eine Verfahrensgebühr und ggf. eine Terminsgebühr (wegen der Einzelh. → *Wiederaufnahmeverfahren, Bußgeldverfah-*

ren, Gebühren, Teil D Rdn 601; zur Wiederaufnahme im Bußgeldverfahren → *Wiederaufnahme, Bußgeldsachen*, Teil B Rdn 652, m.w.N.).

3.a) Die Gebühren nach den Nrn. 4136 ff. VV RVG bzw. nach Vorbem. 5.1.3 VV RVG verdient sowohl der **Verteidiger** als auch der **Rechtsanwalt**, der einen **anderen Verfahrensbeteiligten** im Wiederaufnahmeverfahren vertritt. Das kann im Strafverfahren ein Hinterbliebener des Angeklagten sein, der nach § 361 Abs. 2 die Wiederaufnahme betreibt, oder der Privatkläger, wenn er nach § 390 Abs. 1 S. 2 das Wiederaufnahmeverfahren anstrengt, bzw. auch der Antragsteller im Adhäsionsverfahren. Der Nebenkläger kann das Wiederaufnahmeverfahren nicht betreiben und sich auch einem Wiederaufnahmeantrag eines anderen Verfahrensbeteiligten nicht anschließen (zu allem → *Wiederaufnahme, Antrag*, Teil B Rdn 1081 ff.; s.a. noch *Meyer-Goßner/Schmitt*, § 365 Rn 8; AnwKomm-RVG/*N. Schneider*, VV 4136–4140 Rn 7; Burhoff/*Burhoff*, Vorbem. 4.1.4 VV Rn 6 f.; Gerold/Schmidt/*Burhoff*, VV Vorb. 4.1.4 Rn 6). 596

b) Die Vorschriften des Teil 4 Abschnitt 1 Unterabschnitt 4 VV RVG gelten im Strafverfahren auch für den **Pflichtverteidiger.** Entsprechendes gilt im Bußgeldverfahren. Die Bestellung des Rechtsanwalts zum Pflichtverteidiger im vorangegangenen Verfahren wirkt für das Wiederaufnahmeverfahren nach h.M. fort (→ *Wiederaufnahme, Verteidigerbestellung*, Teil B Rdn 1363, m.w.N. vgl. Burhoff/*Burhoff*, RVG, Vorbem. 4.1.4 VV Rn 7 m.w.N.; *Burhoff*, EV, Rn 2300; a.A. OLG Oldenburg StraFo 2009, 242). Nach § 45 Abs. 4 RVG erhält der Pflichtverteidiger die Geschäftsgebühr Nr. 4136 VV RVG, wenn er von der Stellung des Wiederaufnahmeantrags abrät, aber nur, wenn zuvor gem. § 364b Abs. 1 S. 2 die Voraussetzungen des § 364b Abs. 1 S. 1 festgestellt worden sind (eingehend Burhoff/*Volpert*, RVG, § 45 Abs. 4 Rn 1 ff.). Im Bußgeldverfahren gilt Vorbem. 5.1.3 Abs. 2 Hs. 2 VV RVG. 597

> ☝ Wenn der Rechtsanwalt **erst** im **Wiederaufnahmeverfahren** zum Pflichtverteidiger **bestellt** wird, bedarf es dieser Feststellung nicht, da die Voraussetzungen des § 364b Abs. 1 S. 1 dann bereits bei der Beiordnung geprüft worden sind (AnwKomm-RVG/*N. Schneider*, VV 4136 – 4140 Rn 59; Burhoff/*Burhoff*, RVG, Vorbem. 4.1.4 VV Rn 7; Gerold/Schmidt/*Burhoff*, Vorb. 4.1.4 Rn 8).

4.a) Sowohl das strafverfahrensrechtliche als auch das bußgeldrechtliche Wiederaufnahmeverfahren nach den §§ 359 ff. ist gem. § 17 Nr. 13 RVG eine **eigene Angelegenheit**. Nach der ausdrücklichen Regelung in Vorb. 4.1.4 VV RVG entsteht aber **dennoch keine Grundgebühr** (vgl. auch → *Wiederaufnahmeverfahren, Strafverfahren, Gebühren*, Teil D Rdn 614). Das gilt nach h.M. auch für das Bußgeldverfahren (vgl. Gerold/Schmidt/*Burhoff*, VV Vorb. 5.1.3 Rn 7; Burhoff/*Burhoff*, RVG, Vorbem. 5.1.3 VV Rn 5; a.A. offenbar AnwKomm-RVG/*N. Schneider*, VV Vorb. 5.1.3. Rn 12 i.V.m. Rn 7). 598

599 **b)** Wird das **Verfahren wieder aufgenommen**, stellt auch das wieder aufgenommene Verfahren nach § 17 Nr. 13 RVG eine eigene Angelegenheit dar (zum Entstehen der Grundgebühr Nr. 4100 VV RVG s. → *Wiederaufnahmeverfahren, Strafverfahren, Gebühren*, Teil D Rdn 615). Folge dieser Regelung ist, dass der Rechtsanwalt, der im Wiederaufnahmeverfahren tätig wird, die Gebühren nach Nrn. 4136–4140 VV RVG bzw. nach Vorbem. 5.1.3 Abs. 2 VV RVG unabhängig davon erhält, ob er in dem **vorangegangenen Verfahren** bereits als Verteidiger **tätig** war. Wird er später dann auch noch im wieder aufgenommenen Verfahren tätig, erhält er die dort entstehenden Gebühren, ohne dass eine Anrechnung stattfindet (AnwKomm-RVG/*N. Schneider*, VV 4136–4140 Rn 59 ff.; Gerold/Schmidt/*Burhoff*, VV Vorb. 4.1.4. Rn 7).

☝ Die **Verfahrensabschnitte**, in die das strafverfahrensrechtliche Wiederaufnahmeverfahren unterteilt, ist (vgl. → *Wiederaufnahmeverfahren, Strafverfahren Allgemeines*, Teil B Rdn 730) sind gebührenrechtlich **eigene Angelegenheiten** i.S.d. § 15 Abs. 1 RVG.

600 **5.** Der Rechtsanwalt erhält im Wiederaufnahmeverfahren auch seine **Auslagen** nach den Nrn. 7000 ff. VV RVG (vgl. dazu allgemein → *Auslagen, Allgemeines*, Teil D Rdn 70 ff.). Eine Sonderregelung gilt für Nachforschungen zur Vorbereitung eines Wiederaufnahmeverfahrens. Diese werden dem Pflichtverteidiger nach § 46 Abs. 3 RVG nur vergütet, wenn der Rechtsanwalt nach § 364b Abs. 1 S. 1 bestellt worden ist oder wenn das Gericht die Feststellung nach § 364b Abs. 1 S. 2 getroffen hat. Das gilt nach § 46 Abs. 3 S. 2 RVG auch im gerichtlichen Bußgeldverfahren (§ 85 Abs. 1 OWiG).

☝ Da es sich bei den Verfahrensabschnitten, in die das strafverfahrensrechtliche Wiederaufnahmeverfahren unterteilt, gebührenrechtlich jeweils um eigene Angelegenheiten i.S.d. § 15 Abs. 1 RVG handelt (vgl. Rdn 599), entsteht in **jedem** dieser **Verfahrensabschnitte** die Auslagenpauschale **Nr. 7002 VV RVG** (vgl. Anm. 1; Gerold/Schmidt/*Burhoff*, VV Vorb. 4.1.4. Rn 4 m.w.N.).

Siehe auch: → *Allgemeine Gebührenfragen, Allgemeines*, Teil D Rdn 1; → *Allgemeine Gebührenfragen, Besonderheiten Pflichtverteidiger*, Teil D Rdn 4; → *Allgemeine Gebührenfragen, Wahlverteidiger*, Teil D Rdn 26; → *Auslagen, Allgemeines*, Teil D Rdn 70; → *Wiederaufnahmeverfahren, Bußgeldverfahren, Gebühren*, Teil D Rdn 601; → *Wiederaufnahmeverfahren, Strafverfahren, Gebühren*, Teil D Rdn 611; → *Wiedereinsetzungsverfahren, Gebühren*, Teil D Rdn 634.

Wiederaufnahmeverfahren, Bußgeldverfahren, Gebühren 601

Das Wichtigste in Kürze:

1. Für die im bußgeldrechtlichen Wiederaufnahmeverfahren nach Vorbem. 5.1.3 Abs. 2 VV RVG entstehenden Gebühren gilt der Pauschalgebührencharakter.
2. Es entsteht keine Grundgebühr.
3. Der Rechtsanwalt verdient im bußgeldrechtlichen Wiederaufnahmeverfahren nur eine Verfahrensgebühr nach Unterabschnitt 3, die alle in den Verfahrensabschnitten des Wiederaufnahmeverfahrens nach § 85 OWiG von ihm erbrachten Tätigkeiten abdeckt.
4. Nimmt der Rechtsanwalt im bußgeldrechtlichen Wiederaufnahmeverfahren an einem gerichtlichen Termin teil, entsteht eine Terminsgebühr nach Unterabschnitt 3.
5. Von zusätzlichen Gebühren der Nrn. 5115 ff. VV RVG kann nur die zusätzliche Gebühr Nr. 5115 VV RVG entstehen.
6. Die Höhe der entstehenden Gebühren ist abhängig von der Höhe der Geldbuße, die in dem Urteil festgesetzt worden ist, das im Wiederaufnahmeverfahren beseitigt werden soll.

Literaturhinweise: s. die Hinw. bei → *Allgemeine Gebührenfragen, Allgemeines*, Teil D Rdn 2, bei → *Wiederaufnahmeverfahren, Abrechnung, Allgemeines*, Teil D Rdn 591, und bei den u.a. Stichwörtern. 602

1.a) Die Gebühren des im bußgeldrechtlichen Wiederaufnahmeverfahren tätigen Rechtsanwalts, der den **vollen Auftrag** erhalten hat, richten sich nach Vorbem. 5.1.3 Abs. 2 VV RVG (allgemein zur Abrechnung im Wiederaufnahmeverfahren → *Wiederaufnahmeverfahren, Abrechnung, Allgemeines*, Teil D Rdn 590). Auch insoweit gilt der **Pauschgebührencharakter** der Vorbem. 5.1 Abs. 1 VV RVG (vgl. dazu → *Verfahrensgebühr, Allgemeines*, Teil D Rdn 448; → *Terminsgebühr, Allgemeines*, Teil D Rdn 412; s.a. noch Burhoff/*Burhoff*, RVG, Vorbem. 4.1 VV Rn 33 ff.; Gerold/Schmidt/*Burhoff*, VV Vorb. 4.1 Rn 4 ff. und VV Vorb. 5.1 Rn 2). Die Gebühren entstehen mit der ersten Tätigkeit des Rechtsanwalts im Wiederaufnahmeverfahren und decken die gesamte erbrachte Tätigkeit ab (wegen der Einzelh. s. die Rdn 606 ff.). 603

b) Hat der Rechtsanwalt **nicht** den **vollen Auftrag** erhalten, sondern ist er nur mit einer Einzeltätigkeit im bußgeldrechtlichen Wiederaufnahmeverfahren beauftragt worden, wie z.B. der Stellung des Wiederaufnahmeantrags, rechnet er nur eine **Einzeltätigkeit** nach **Nr. 5200 VV RVG** ab. Mehrere Einzeltätigkeiten – z.B. Stellung des Wiederaufnahmeantrags und Einlegung der Beschwerde gegen den eine Wiederaufnahme ablehnenden Beschluss des AG (§ 85 OWiG i.V.m. § 372) – sind verschiedene Angelegenheiten, sodass die 604

Nr. 5200 VV RVG dann nach Nr. 5200 Anm. 2 S. 1 VV RVG mehrfach anfallen kann. Es ist aber Nr. 5200 Anm. 2 S. 2 VV RVG zu beachten. Der verweist auf § 15 Abs. 6 RVG.

☝ Erhält der Rechtsanwalt **später** den **vollen Auftrag** den Betroffenen im bußgeldrechtlichen Wiederaufnahmeverfahren zu verteidigen, werden die für die Einzeltätigkeiten entstandenen Gebühren auf die Gebühren für das Wiederaufnahmeverfahren (Vorbem. 5.1.3 Abs. 2 VV RVG) **angerechnet**.

605 **2.** Die Frage, ob im bußgeldrechtlichen Wiederaufnahmeverfahren eine **Grundgebühr** entsteht, war bis zum Inkrafttreten des 2. KostRMoG nicht ganz unbestritten. Zwar handelt es sich beim Wiederaufnahmeverfahren nach § 17 Nr. 13 RVG um eine zum vorausgegangenen Verfahren „verschiedene" Angelegenheit (Mayer/Kroiß/*Rohn*, § 17 Rn 56) und ist – anders als in Vorbem. 4.1.4 VV RVG – das Entstehen der Grundgebühr auch nicht ausdrücklich ausgeschlossen. Bis zum Inkrafttreten des 2. KostRMoG wurde in Abs. 2 aber nur auf die „Gebühren dieses Abschnitts" verwiesen. Das hat die h.M. zwar so ausgelegt, dass damit die in Unterabschnitt 1 geregelte Grundgebühr Nr. 5100 VV RVG nicht erfasst sei (*Burhoff* RVGreport 2013, 2, 5; so auch AnwKomm-RVG/*N. Schneider*, [6. Aufl.], VV Vorb. 5.1.3 Rn 6; Gerold/Schmidt/*Burhoff*, [20. Aufl.], VV Nr. 5107 – 5112 Rn 7). Ganz unbestritten war das allerdings nicht. *N. Schneider* (AnwKomm-RVG/*N. Schneider*, [6. Aufl.], VV Vorb. 5.1.3 Rn 7) wollte nämlich unter Hinweis auf die „pauschale" Verweisung dennoch eine Grundgebühr gewähren. Die Frage hat sich inzwischen aber durch eine mit dem 2. KostRMoG erfolgte Klarstellung erledigt. Denn nach den Änderungen durch das 2. KostRMoG wird in Vorbem. 5.1.3 Abs. 2 VV RVG jetzt ausdrücklich auf „die Gebühren dieses Unterabschnitts verwiesen", was nur auf den Gliederungsabschnitt „Unterabschnitt 3" zu beziehen ist (BT-Drucks 17/13537, S. 15). Damit ist die in Unterabschnitt 1 geregelte Grundgebühr Nr. 5100 VV RVG nicht erfasst (s. auch *Burhoff* StRR 2013, 287 = StRR 2013, 284; *ders.*, RVGreport 2013, 330; *ders.*, StraFo 2013, 397; s. auch Gerold/Schmidt/*Burhoff*, VV Nr. 5107 – 5112 Rn 7; immer noch a.A: AnwKomm-RVG/*N. Schneider*, VV Vorb. 5.1.3 Rn 7, wo offensichtlich die Neuregelung übersehen worden ist). I.Ü. gelten die Ausführungen zur Grundgebühr bei → *Wiederaufnahmeverfahren, Strafverfahren, Gebühren*, Teil D Rdn 615, entsprechend.

606 **3.** Nach Vorbem. 5.1.3 Abs. 2 VV RVG verdient der Rechtsanwalt im bußgeldrechtlichen Wiederaufnahmeverfahren nur eine **Verfahrensgebühr** nach Unterabschnitt 3 (zur Höhe s. Rdn 609). Diese deckt **alle** in den Verfahrensabschnitten des Wiederaufnahmeverfahrens nach § 85 OWiG von ihm **erbrachten Tätigkeiten ab**. Sie erfasst das gesamte Wiederaufnahmeverfahren von der ersten Einarbeitung an. Von ihr werden daher auch alle Tätigkeiten im Verfahren über die Zulässigkeit des Antrags bis zur abschließenden Entscheidung des

Gerichts über den Wiederaufnahmeantrag erfasst. Wegen der Einzelh. kann verwiesen werden auf → *Wiederaufnahmeverfahren, Strafverfahren, Gebühren*, Teil D Rdn 611). Nach Vorbem. 5.1.3 Abs. 3 Hs. 2 VV RVG entsteht die Verfahrensgebühr auch, wenn der Rechtsanwalt von der Stellung eines Wiederaufnahmeantrags **abrät**.

☝ Im Bußgeldverfahren ist – anders als im Strafverfahren in Nr. 4139 VV RVG – für eine Beschwerde im Wiederaufnahmeverfahren **keine besondere Beschwerdegebühr** vorgesehen. Das bedeutet, dass die Verfahrensgebühr entsprechend den allgemeinen Regeln auch die mit einer ggf. eingelegten Beschwerde zusammenhängenden Tätigkeiten abgilt (zur Abrechnung von Beschwerden → *Beschwerde, Gebühren*, Teil D Rdn 130).

4. Nimmt der Rechtsanwalt im bußgeldrechtlichen Wiederaufnahmeverfahren an einem gerichtlichen Termin teil, entsteht eine **Terminsgebühr** nach Unterabschnitt 3 (zur Höhe s. Rdn 609). Insoweit kann verwiesen werden auf die entsprechend geltenden Ausführungen bei → *Wiederaufnahmeverfahren, Strafverfahren, Gebühren*, Teil D Rdn 625 ff. **607**

5. Für die **zusätzlichen Gebühren** der **Nrn. 5115 f. VV RVG** gilt: Auch insoweit gelten die Ausführungen zu den zusätzlichen Gebühren im strafverfahrensrechtlichen Wiederaufnahmeverfahren entsprechend (vgl. dazu → *Wiederaufnahmeverfahren, Strafverfahren, Gebühren*, Teil D Rdn 628 ff.). **608**

6. Bei den entstehenden Gebühren handelt es sich beim **Wahlanwalt** um **Betragsrahmengebühren**. Die Rahmen sind abhängig von der Höhe der Geldbuße, die in dem Urteil festgesetzt worden ist, das im Wiederaufnahmeverfahren beseitigt werden soll (vgl. Burhoff/*Burhoff*, RVG, Vorbem. 5.1.3 Rn 16, 25; Gerold/Schmidt/*Burhoff*, VV Vorb. 5.1.3 Rn 10, 14). Für die **Bemessung** der konkreten Gebühren gelten die allgemeinen Regeln. Es sind beim Wahlanwalt also die Kriterien des § 14 Abs. 1 RVG heranzuziehen (vgl. dazu → *Allgemeine Gebührenfragen, Wahlverteidiger*, Teil D Rdn 31) und alle Umstände des Einzelfalls zu berücksichtigen. **609**

Der **Pflichtverteidiger** erhält den jeweiligen **Festbetrag**. Ggf. muss er eine Pauschgebühr nach § 51 RVG beantragen (→ *Allgemeine Gebührenfragen, Besonderheiten Pflichtverteidiger*, Teil D Rdn 17 ff.). **610**

Siehe auch: → *Allgemeine Gebührenfragen, Allgemeines*, Teil D Rdn 1, m.w.N.; → *Terminsgebühr, Abgeltungsbereich*, Teil D Rdn 394; → *Terminsgebühr, Allgemeines*, Teil D Rdn 412; → *Verfahrensgebühr, Abgeltungsbereich*, Teil D Rdn 431; → *Verfahrensgebühr, Allgemeines*, Teil D Rdn 442; → *Wiederaufnahmeverfahren, Abrechnung, Allgemeines*, Teil D Rdn 590; → *Wiederaufnahmeverfahren, Strafverfahren, Gebühren*, Teil D Rdn 611.

611 Wiederaufnahmeverfahren, Strafverfahren, Gebühren

Das Wichtigste in Kürze:

1. Auch für die Gebühren im Wiederaufnahmeverfahren gilt die Regelung in Vorb. 4.1 Abs. 2 S. 1 VV RVG. Sie haben also Pauschgebührencharakter.
2. Es entsteht im Wiederaufnahmeverfahren keine Grundgebühr.
3. Nach Nr. 4136 VV RVG verdient der Rechtsanwalt für die Vorbereitung des Wiederaufnahmeantrags eine Geschäftsgebühr.
4. Die Verfahrensgebühr Nr. 4137 VV RVG erhält der Rechtsanwalt für das Betreiben des Geschäfts im Verfahren über die Zulässigkeit des Wiederaufnahmeantrags.
5. Im Anschluss an die Verfahrensgebühr Nr. 4137 VV RVG die Verfahrensgebühr Nr. 4138 VV RVG.
6. In Nr. 4139 VV RVG ist für die Beschwerde im Wiederaufnahmeverfahren eine besondere Beschwerdegebühr vorgesehen.
7. Nimmt der Rechtsanwalt im Wiederaufnahmeverfahren an einem gerichtlichen Termin teil, entsteht die Terminsgebühr Nr. 4140 VV RVG.
8. Von zusätzlichen Gebühren der Nrn. 4141 ff. VV RVG kann nur die zusätzliche Gebühr Nr. 4141 VV RVG entstehen.
9. Die Gebühren jeweils in Höhe der Verfahrens-/Terminsgebühr für den ersten Rechtszug.

612 **Literaturhinweise:** s. die Hinw. bei → *Allgemeine Gebührenfragen, Allgemeines*, Teil D Rdn 2, bei → *Wiederaufnahmeverfahren, Abrechnung, Allgemeines*, Teil D Rdn 591, und bei den u.a. Stichwörtern.

613 **1.** Allgemein ist darauf hinzuweisen, dass für die Gebühren im Wiederaufnahmeverfahren die Regelung in Vorb. 4.1 Abs. 2 S. 1 VV RVG gilt. Sie haben also **Pauschgebührencharakter** (vgl. dazu → *Verfahrensgebühr, Allgemeines*, Teil D Rdn 448; → *Terminsgebühr, Allgemeines*, Teil D Rdn 412; s.a. noch Burhoff/*Burhoff*, RVG, Vorbem. 4.1 VV Rn 33 ff.; Gerold/Schmidt/*Burhoff*, VV Vorb. 4.1 Rn 4 ff. und VV 4136 – 4140 Rn 3). Die Gebühren entstehen mit der jeweils ersten Tätigkeit in dem jeweiligen Verfahrensabschnitt des Wiederaufnahmeverfahrens und decken die gesamte Tätigkeit während dieses Verfahrensabschnitts ab (wegen der Einzelh. s. die Rdn 616 ff.).

614 **2.a)** Nach der ausdrücklichen Regelung in Vorbem. 4.1.4 VV RVG entsteht im Wiederaufnahmeverfahren **keine Grundgebühr** (OLG Köln NStZ 2006, 410; LG Dresden RVGreport 2013, 60 m. Anm. *Burhoff* StRR 2013, 306; allgemein zur Grundgebühr → *Grundgebühr, Allgemeines*, Teil D Rdn 228). Das gilt unabhängig davon, ob der Ver-

teidiger/Rechtsanwalt den Verurteilten bereits im vorangegangenen Verfahren vertreten hat oder ihn jetzt erstmals verteidigt. Dafür entsteht die Geschäftsgebühr Nr. 4136 VV RVG. Die Tätigkeiten, die sonst durch die Grundgebühr abgegolten werden (vgl. dazu → *Grundgebühr, Abgeltungsbereich*, Teil D Rdn 217), insbesondere also die erste Information und Einarbeitung, sind demgemäß bei der Bemessung der Geschäftsgebühr der Nr. 4136 RVG zu berücksichtigen (vgl. auch Rdn 617).

b) Wird das **Verfahren wieder aufgenommen**, wird das wiederaufgenommene Verfahren **615** als eigene Angelegenheit angesehen (§ 17 Nr. 13 RVG). Der Rechtsanwalt, der den Verurteilten im vorangegangenen (Ursprungs-)Verfahren verteidigt hat, enthält aber dennoch keine Grundgebühr, da er sich nicht (noch einmal) in den Rechtsfall einarbeiten muss (vgl. Burhoff/*Burhoff*, RVG, Vorbem. 4.1.4 VV Rn 3). Etwas anderes gilt, wenn ein Fall des § 15 Abs. 5 S. 2 RVG vorliegt (AnwKomm-RVG/*N. Schneider*, VV 4136 – 4140 Rn 62).

☝ Beauftragt der Verurteilte im wiederaufgenommenen Verfahren einen **anderen Verteidiger**, erhält dieser allerdings auf jeden Fall die **Grundgebühr** Nr. 4100 VV RVG (vgl. wegen der vergleichbaren Lage bei der Zurückverweisung → *Zurückverweisung*, Teil D Rdn 642).

3.a) Nach **Nr. 4136 VV RVG** verdient der Rechtsanwalt für die Vorbereitung des Wieder- **616** aufnahmeantrags eine **Geschäftsgebühr** (zur Nr. 4136 VV RVG im auf Antrag der StA eingeleiteten Wiederaufnahmeverfahren → *Wiederaufnahmeverfahren, Abrechnung, Allgemeines*, Teil D Rdn 594). Diese gilt u.a. die mit der **ersten Einarbeitung** verbundenen Tätigkeiten des Rechtsanwalts ab und ersetzt damit die im Wiederaufnahmeverfahren nicht entstehende Grundgebühr Nr. 4100 VV RVG (zur Grundgebühr s. oben Rdn 614, m.w.N.; wegen der Einzelh. dieser Gebühr Burhoff/*Burhoff*, RVG, Nr. 4136 VV Rn 2 ff.; Gerold/Schmidt/*Burhoff*, VV 4136 – 4140 Rn 4 ff.). Die Geschäftsgebühr Nr. 4136 VV RVG erfasst **alle Tätigkeiten**, die für die **Vorbereitung** des Wiederaufnahmeantrags bis zu dessen Fertigung anfallen. Das ist vornehmlich die Informationsbeschaffung durch Gespräche mit dem Mandanten und/oder eine Akteneinsicht (zum Abgeltungsbereich s.a. BT-Drucks 15/1971, S. 227 zu Nr. 4137 VV; Burhoff/*Burhoff*, RVG Nr. 4136 VV Rn 5 f.). Dazu zählen aber auch eigene Ermittlungen des Rechtsanwalts, wie z.B. die Anhörung von (neuen) Zeugen oder die Beratung durch Sachverständige bzw. die Auswertung von (neuen) Sachverständigengutachten.

b) Die Gebühr Nr. 4136 VV RVG **entsteht** mit der **ersten Tätigkeit nach Erteilung** des **617** **Auftrags** zur Vertretung des Verurteilten oder eines anderen Verfahrensbeteiligten im Wiederaufnahmeverfahren (Gerold/Schmidt/*Burhoff*, VV 4136 – 4140 Rn 5). Hat der Rechtsanwalt den Verurteilten im vorangegangenen Verfahren nicht vertreten, wird die Gebühr i.d.R. mit der Informationserteilung entstehen. War er im Vorverfahren bereits Verteidiger/Vertreter, entsteht die Gebühr mit jeder sonst auf das Wiederaufnahmeverfahren gerichteten Tätigkeit (Burhoff/*Burhoff*, RVG, Nr. 4136 VV Rn 2 f.; Gerold/Schmidt/*Burhoff*, VV 4136 – 4140 Rn 5; s. noch → *Wiederaufnahme, Antrag*, Teil B Rdn 1071, m.w.N.).

☝ Die Geschäftsgebühr Nr. 4136 VV RVG entsteht nach der Anm. auch, wenn der Rechtsanwalt von der Stellung eines Wiederaufnahmeantrags **abrät**. Für das Entstehen der Gebühr ist also das Stellen eines Wiederaufnahmeantrags nicht Voraussetzung (Burhoff/*Burhoff*, RVG, Nr. 4136 VV Rn 4; AnwKomm-RVG/*N. Schneider*, VV 4136 – 4140 Rn 22; OLG München JurBüro 73, 45 für die frühere Regelung in § 90 Abs. 1 S. 2 BRAGO; a.A. OLG Koblenz Rpfleger 1972, 462). Der Rechtsanwalt muss allerdings bereits mit der Vertretung im Wiederaufnahmeverfahren beauftragt worden sein. Ist das nicht der Fall und soll er zunächst nur beraten, gilt § 34 RVG (Burhoff/*Burhoff*, RVG, a.a.O.).

618 **4.a)** Die Verfahrensgebühr **Nr. 4137 VV RVG** erhält der Rechtsanwalt für das **Betreiben** des **Geschäfts** im Verfahren über die Zulässigkeit des Wiederaufnahmeantrags (zur Nr. 4137 VV RVG im auf Antrag der StA eingeleiteten Wiederaufnahmeverfahren → *Wiederaufnahmeverfahren, Abrechnung, Allgemeines*, Teil D Rdn 592 ff.). Von ihr werden alle Tätigkeiten im Verfahren über die Zulässigkeit des Antrags **bis** zur **Entscheidung** des Gerichts nach **§ 368 Abs. 1** erfasst (vgl. zum Verfahrensablauf → *Wiederaufnahmeverfahren, Allgemeines*, Teil B Rdn 1053; → *Wiederaufnahme, Zulässigkeit [Aditionsverfahren]*, Teil B Rdn 1440). Dieser Verfahrensabschnitt schließt an den durch die Geschäftsgebühr Nr. 4136 VV RVG abgegoltenen Verfahrensabschnitt an. Er beginnt mit der Fertigung des Wiederaufnahmeantrags. Auch die Stellung des Wiederaufnahmeantrags selbst wird noch von der Nr. 4137 VV RVG erfasst (BT-Drucks 15/1971, S. 227 f.; Burhoff/*Burhoff*, RVG, Nr. 4137 VV Rn 8 f.).

619 **b)** Die Gebühr Nr. 4137 VV RVG **entsteht** mit der **ersten Tätigkeit**, die der Rechtsanwalt zur Fertigung des Wiederaufnahmeantrags erbringt (→ *Wiederaufnahme, Antrag*, Teil B Rdn 1071). Sie erfasst alle Tätigkeiten bis zur Entscheidung über die Zulässigkeit des Wiederaufnahmeantrags (vgl. dazu Burhoff/*Burhoff*, RVG, Nr. 4137 Rn 10). Wird der Wiederaufnahmeverfahren als unzulässig verworfen, kann dann noch eine (gesonderte) Verfahrensgebühr nach Nr. 4139 VV RVG für das Beschwerdeverfahren entstehen (vgl. dazu Rdn 622), wenn gegen die ablehnende Entscheidung sofortige Beschwerde eingelegt wird. Anderenfalls entsteht mit der ersten Tätigkeit des Rechtsanwalts nach der Entscheidung über die Zulässigkeit des Wiederaufnahmeantrags die Verfahrensgebühr Nr. 4138 VV RVG.

☝ Die **Verfahrensgebühr** Nr. 4137 VV RVG kann ggf. **mehrfach** entstehen. Das hängt vom Inhalt der vom Beschwerdegericht ggf. getroffenen Entscheidung ab (wegen der Einzelheiten s. Burhoff/*Burhoff*, RVG, Nr. 4137 VV Rn 4 ff. mit Beispielen). Insoweit gilt:

- Wenn das Beschwerdegericht selbst entscheidet, ist das Verfahren über die Zulässigkeit des Wiederaufnahmeantrags mit dieser Entscheidung beendet. Es entsteht dann nur noch eine Verfahrensgebühr Nr. 4138 VV RVG (vgl. dazu Rdn 620).
- Hebt hingegen das Beschwerdegericht die Zulässigkeitsentscheidung des Ausgangsgerichts auf und verweist das Wiederaufnahmeverfahren dorthin zurück, stellt das Verfahren nach Zurückverweisung nach § 21 Abs. 1 S. 1 RVG **eine neue Angelegenheit** dar, in der dann die Gebühr der Nr. 4137 VV RVG erneut entsteht (vgl. a. AnwKomm-RVG/*N. Schneider*, VV 4136 – 4140 Rn 35; Burhoff/*Burhoff*, RVG Nr. 4137 VV Rn 5; Gerold/Schmidt/*Burhoff*, VV 4136 – 4140 Rn 10).

5. Mit der ersten anwaltlichen **Tätigkeit nach der Entscheidung** über die **Zulässigkeit** des Wiederaufnahmeantrags (→ *Wiederaufnahmeverfahren, Begründetheit, (Probationsverfahren)*, Teil B Rdn 1216) entsteht im Anschluss an die Verfahrensgebühr Nr. 4137 VV RVG die Verfahrensgebühr **Nr. 4138 VV RVG**. Das wird i.d.R. die Entgegennahme des Beschlusses über die Zulässigkeit des Wiederaufnahmeantrags sein (Gerold/Schmidt/*Burhoff*, VV 4136 – 4140 Rn 12). Der Rechtsanwalt verdient die Nr. 4138 VV RVG für das **Betreiben** des **Geschäfts** im Verfahren über die Zulässigkeit des Wiederaufnahmeantrags bis zur Entscheidung über die Begründetheit des Wiederaufnahmeantrags nach § 370 erhält. Von ihr werden **alle Tätigkeiten**, die der Rechtsanwalt in diesem Verfahrensabschnitt des Wiederaufnahmeverfahrens erbringt, erfasst (vgl. den Katalog bei Burhoff/*Burhoff*, RVG, Nr. 4138 VV Rn 7). Werden Zulässigkeits- und Begründetheitsentscheidung zeitgleich erlassen/zusammengefasst, entsteht die Gebühr Nr. 4138 VV RVG auch dann, wenn der Rechtsanwalt vor Erlass der Entscheidung zur Begründetheit Stellung genommen hat (LG Arnsberg, Beschl. v. 6.10.2014 – II 2 KIs – 360 Js 176/13 – 38/13). 620

☝ Die **Verfahrensgebühr** Nr. 4138 VV RVG kann ebenfalls ggf. **mehrfach** entstehen. Das ist der Fall, wenn vom Beschwerdegericht über die Beschwerde gegen die Zurückweisung des Wiederaufnahmeantrags als unbegründet nicht in der Sache selbst entschieden, sondern die Entscheidung des Ausgangsgerichts aufgehoben und das Verfahren zur erneuten Entscheidung an das Ausgangsgericht zurückverwiesen wird. Dann findet § 21 Abs. 1 S. 1 RVG Anwendung mit der Folge, dass alle Gebühren noch einmal entstehen (Burhoff/*Burhoff*, RVG, Nr. 4138 VV Rn 3 f. m. Beispiel).

Wird gegen die Entscheidung des Gerichts Beschwerde eingelegt, gelten die allgemeinen Regeln: Die Einlegung der Beschwerde gehört nach § 19 Abs. 1 S. 2 Nr. 10 RVG noch zum Abgeltungsbereich der Nr. 4138 VV RVG. Die Tätigkeit im Beschwerdeverfahren selbst wird hingegen durch Nr. 4139 VV RVG abgegolten (vgl. dazu Rdn 622). 621

6.a) In **Nr. 4139 VV RVG** ist für die **Beschwerde** im Wiederaufnahmeverfahren eine besondere Beschwerdegebühr vorgesehen (zur Abrechnung von Beschwerden → *Beschwerde,* 622

Gebühren, Teil D Rdn 130; zu Rechtsmitteln im Wiederaufnahmeverfahren → *Wiederaufnahme, Rechtsmittel*, Teil B Rdn 1331). Diese Gebühr entsteht mit der ersten Tätigkeit nach Einlegung der Beschwerde gegen eine aus Anlass eines Antrags auf Wiederaufnahme des Verfahrens erlassene Entscheidung. Der Verfahrensabschnitt beginnt nach der Einlegung des Rechtsmittels und endet mit dem Beschluss des Beschwerdegerichts (Gerold/Schmidt/*Burhoff*, VV 4136 – 4140 Rn 19).

☝ Die **Einlegung** der Beschwerde gehört nach § 19 Abs. 1 S. 2 Nr. 10 RVG aber noch zum Abgeltungsbereich der Gebühren **Nrn. 4137, 4138 VV RVG**.

623 **b)** Für das Entstehen der Verfahrensgebühr kommt es nicht darauf an, ob sich das Rechtsmittel gegen die Verwerfung des Wiederaufnahmeantrags als unzulässig oder als unbegründet richtet (AnwKomm-RVG/*N. Schneider*, VV 4136 – 4140 Rn 31; Gerold/Schmidt/*Burhoff*, VV 4136 – 4140 Rn 17; Burhoff/*Burhoff*, RVG, Nr. 4139 VV Rn 4). Sie entsteht für alle Beschwerdeverfahren. In der Nr. 4139 VV RVG wird **nicht hinsichtlich** der **Entscheidung**, gegen die sich die Beschwerde richtet, **unterschieden**. Das folgt auch aus dem Klammerzusatz „(§ 372)“ (Burhoff/*Burhoff*, RVG, a.a.O.).

624 Mit der Verfahrensgebühr wird das **Betreiben** des **Geschäfts** im Beschwerdeverfahren nach § 372 abgegolten (→ *Verfahrensgebühr, Abgeltungsbereich*, Teil D Rdn 431). Sie erfasst alle Tätigkeiten des Rechtsanwalts im Zusammenhang mit einer Beschwerde gegen eine im Wiederaufnahmeverfahren ergangene gerichtliche Entscheidung (vgl. den Tätigkeitskatalog bei Burhoff/*Burhoff*, RVG, Nr. 4139 Rn 9).

☝ Die **Verfahrensgebühr** Nr. 4139 VV RVG kann **mehrfach** entstehen, so z.B., wenn zunächst Beschwerde gegen einen Beschluss eingelegt wird, durch den der Wiederaufnahmeantrag als unzulässig zurückgewiesen worden ist, und später dann noch gegen einen Beschluss, der den Wiederaufnahmeantrag als unbegründet angesehen hat. Jedes Beschwerdeverfahren ist eine eigene Angelegenheit i.S.d. § 15 Abs. 2 RVG (Burhoff/*Burhoff*, RVG, Teil A: Angelegenheiten [§§ 15 ff.], Rn 144; AnwKomm-RVG/*N. Schneider*, VV 4136 – 4140 Rn 37; Gerold/Schmidt/*Burhoff*, VV 4136 – 4140 Rn 18).

625 **7.a)** Nimmt der Rechtsanwalt im Wiederaufnahmeverfahren an einem gerichtlichen Termin teil, entsteht die **Terminsgebühr Nr. 4140 VV RVG**. Dabei wird es sich i.d.R. um einen Termin nach § 369 Abs. 1, in dem nach der Entscheidung über die Zulässigkeit des Wiederaufnahmeantrags die angetretenen Beweise aufgenommen werden, handeln. Die Gebühr setzt aber keine „Vernehmung“ voraus (vgl. den insoweit anderen Wortlaut der Gesetzesbegründung vgl. BT-Drucks 15/1971, S. 227). Die „Beweisaufnahme nach § 369 Abs. 1 StPO“ ist in der Begründung zu Nr. 4140 VV RVG nur beispielhaft aufgeführt (Gerold/Schmidt/*Burhoff*, VV 4136 – 4140 Rn 22; Burhoff/*Burhoff*, RVG, Nr. 4140 VV Rn 4).

☝ Wird in einem Termin über die Begründetheit des Wiederaufnahmeantrages und in der **Hauptsache selbst entschieden**, entsteht dafür nicht die Terminsgebühr Nr. 4140 VV RVG sondern die entsprechende Hauptverhandlungsterminsgebühr (LG Dresden RVGreport 2013, 60 m. Anm. *Burhoff* StRR 2013, 306).

b) Für das **Entstehen** der Terminsgebühr Nr. 4140 VV RVG und deren Abgeltungsbereich gelten die allgemeinen Regeln. Insoweit kann also auf → *Terminsgebühr, Abgeltungsbereich*, Teil D Rdn 394, und auf → *Terminsgebühr, Allgemeines*, Teil D Rdn 402, verwiesen werden. 626

☝ Finden im Wiederaufnahmeverfahren **Haftprüfungen** statt, entsteht nach Sinn und Zweck der Vorschrift dafür grds. die Gebühr **Nr. 4102 Ziff. 3. VV RVG** (→ *U-Haft-Fragen, Gebühren*, Teil D Rdn 417). Die Gebühr Nr. 4102 VV RVG entsteht jedoch nicht, wenn in einem Vernehmungstermin, für den eine Gebühr nach Nr. 4140 VV RVG anfällt, auch über die Fortdauer der Haft des Verurteilten verhandelt wird; dann entsteht nur die Gebühr Nr. 4140 VV RVG (s.a. Burhoff/*Burhoff*, RVG, Nr. 4140 VV Rn 5; Gerold/Schmidt/*Burhoff*, VV 4136 – 4140 VV Rn 23; AnwKomm-RVG/*N. Schneider*, VV 4136 – 4140 Rn 43).

8. Für die **zusätzlichen Gebühren** der **Nrn. 4141 ff. VV RVG** gilt: 627

a) Die zusätzliche Gebühr **Nr. 4141 VV RVG** kann entstehen. Das ist z.B. der Fall, wenn die umfangreiche Begründung eines Wiederaufnahmeantrags dazu führt, dass das Gericht später nach § 371 vorgeht und den Verurteilten ohne neue HV frei spricht (LG Dresden StraFo 2006, 475). 628

b) Die zusätzlichen Gebühren nach den **Nrn. 4142, 4143 VV** für die anwaltliche Tätigkeit im Hinblick auf Einziehung und auf vermögensrechtliche Ansprüche können im **Wiederaufnahmeverfahren** hingegen **nicht** entstehen. Verfahrensgegenstand des Wiederaufnahmeverfahrens ist nur die Frage, ob Gründe für eine Wiederaufnahme des rechtskräftig abgeschlossenen Verfahrens vorliegen. Die Sache selbst wird nicht geprüft, sodass auch keine der in den Nrn. 4142, 4143 VV erfassten zusätzlichen Tätigkeiten vom Rechtsanwalt erbracht werden müssen. 629

☝ **Nach Wiederaufnahme** des Verfahrens können im wiederaufgenommenen Verfahren die zusätzlichen Gebühren der Nrn. 4142, 4143 VV hingegen (wieder) **entstehen**.

9.a) Die Geschäftsgebühr Nr. 4136 VV RVG (s. oben Rdn 616) und die Verfahrensgebühren Nrn. 4137 – 4139 VV RVG entstehen jeweils in **Höhe** der **Verfahrensgebühr** für den **ersten Rechtszug**. Es bestimmt also die **Ordnung** des **Gerichts**, das im **ersten Rechtszug** des vorangegangenen Verfahrens entschieden hat, die Höhe der anwaltlichen Vergütung. Maß- 630 gebend sind damit die Verfahrensgebühren aus Teil 4 Abschnitt 1 Unterabschnitt 3 VV RVG (AnwKomm-RVG/*N. Schneider*, VV 4136 – 4140 Rn 46; Gerold/Schmidt/*Burhoff*, VV 4136 – 4140 Rn 24 ff.).

☝ Wird also gegen ein **landgerichtliches Berufungsurteil** ein Wiederaufnahmeantrag gestellt, richten sich die Gebühren für das Wiederaufnahmeverfahren nach den Nrn. 4106 VV RVG ff. und nicht nach Nr. 4124 ff. (Burhoff/*Burhoff*, RVG, Vorbem. 4.1.4 VV Rn 9 ff. mit Beispielen).

631 Für die **Terminsgebühr** Nr. 4140 VV RVG (s. oben Rdn 625) ist der Gebührenrahmen ebenfalls „in Höhe der Terminsgebühr für den ersten Rechtszug“ bestimmt.

☝ Die Gebühren für das Tätigwerden im Wiederaufnahmeverfahren sind zuzüglich **(Haft-)Zuschlag** (Vorbem. 4 Abs. 4 VV RVG) zu gewähren ist, wenn der Verurteilte sich in dem Verfahrensabschnitt, für den die Gebühr anfällt, nicht auf freiem Fuß befindet (dazu BT-Drucks 15/1971, S. 227 zu Nr. 4136 VV; AnwKomm-RVG/*N. Schneider*, VV 4136 – 4140 Rn 48; Burhoff/*Burhoff*, RVG, Vorbem. 4.1.4 VV Rn 12; Gerold/Schmidt/*Burhoff*, VV 4136 – 4140 Rn 28; Mayer/Kroiß/*Kroiß*, Nrn. 4136 – 4140 VV Rn 1). Insoweit gelten die allgemeinen Erläuterungen entsprechend (→ *U-Haft-Fragen, Gebühren*, Teil D Rdn 338).

632 **b)** Für die **Bemessung** der Gebühren gelten die allgemeinen Regeln. Es sind beim **Wahlanwalt** die Kriterien des § 14 Abs. 1 RVG heranzuziehen (vgl. dazu → *Allgemeine Gebührenfragen, Wahlverteidiger*, Teil D Rdn 31) und alle Umstände des Einzelfalls zu berücksichtigen.

633 Der **Pflichtverteidiger** erhält den jeweiligen Festbetrag. Ggf. muss er eine Pauschgebühr nach § 51 RVG beantragen (→ *Allgemeine Gebührenfragen, Besonderheiten Pflichtverteidiger*, Teil D Rdn 17).

Siehe auch: → *Allgemeine Gebührenfragen, Allgemeines*, Teil D Rdn 1, m.w.N.; → *Terminsgebühr, Abgeltungsbereich*, Teil D Rdn 394; → *Terminsgebühr, Allgemeines*, Teil D Rdn 402; → *U-Haft-Fragen, Gebühren*, Teil D Rdn 414; → *Verfahrensgebühr, Abgeltungsbereich*, Teil D Rdn 431; → *Verfahrensgebühr, Allgemeines*, Teil D Rdn 442; → *Wiederaufnahmeverfahren, Abrechnung, Allgemeines*, Teil D Rdn 590.

634 Wiedereinsetzungsverfahren, Abrechnung

Das Wichtigste in Kürze:

1. Das Wiedereinsetzungsverfahren ist keine besondere gebührenrechtliche Angelegenheit, für die in Teil 4 oder in Teil 5 VV RVG eine besondere Gebühr vorgesehen ist.

2. Hat der Rechtsanwalt für das Verfahren, in dem der Wiedereinsetzungsantrag gestellt wird, den vollen Verteidigungs-/Vertretungsauftrag erhalten, wird der Antrag durch die Verfahrensgebühr, die für den Verfahrensabschnitt, in dem der Antrag gestellt wird, anfällt, mitabgegolten.
3. Ist der Rechtsanwalt mit einem Wiedereinsetzungsantrag nur als Einzeltätigkeit befasst fallen Gebühren nach Teil 4 Abschnitt 3 VV RVG bzw. nach Teil 5 Abschnitt 2 VV RVG an.

Literaturhinweise: **Burhoff**, Die Abrechnung (förmlicher/formloser) Rechtsbehelfe im Straf- und Bußgeldverfahren, StRR 2012, 172; *ders.*, Die Abrechnung förmlicher und formloser Rechtsbehelfe im Straf- und Bußgeldverfahren, RVGreport 2013, 213; s.a. die Hinw. bei → *Allgemeine Gebührenfragen, Allgemeines*, Teil D Rdn 2, und bei den u.a. Stichwörtern. 635

1. Stellt der Rechtsanwalt nach Versäumung einer (Rechtsmittel/Rechtsbehelf-)Frist (vgl. u.a. → *Berufung, Allgemeines*, Teil A Rdn 1, m.w.N.; → *Beschwerde, sofortige Beschwerde*, Teil A Rdn 550; → *Rechtsbeschwerde, Frist*, Teil A Rdn 1129; → *Rechtsmittel/Rechtsbehelfe, Fristen, Allgemeines*, Teil A Rdn 1545, m.w.N.; → *Revision, Einlegung, Frist*, Teil A Rdn 2123; → *Anhörungsrüge, Zulässigkeit*, Teil B Rdn 41; → *Justizverwaltungsakte Anfechtung [§ 3 23 ff. EGGVG], Antrag, Frist*, Teil B Rdn 341; → *Klageerzwingungsverfahren, Antrag, Allgemeines*, Teil B Rdn 494; → *Wiedereinsetzung in den vorigen Stand, Antrag*, Teil B Rdn 1485; → *Menschenrechtsbeschwerde, Frist*, Teil C Rdn 180; → *Verfassungsbeschwerde, Frist*, Teil C Rdn 1127) einen Wiedereinsetzungsantrag nach §§ 44 ff. oder beantragt er z.B. nach § 329 Abs. 3 Wiedereinsetzung in den vorigen Stand gegen die Versäumung der Berufungs-HV (vgl. dazu → *Berufung, Ausbleiben, Wiedereinsetzung*, Teil A Rdn 94; zur Wiedereinsetzung in den vorigen Stand → *Wiedereinsetzung in den vorigen Stand, Allgemeines*, Teil B Rdn 1479, m.w.N.), gilt: Das Wiedereinsetzungsverfahren ist **keine besondere gebührenrechtliche Angelegenheit**, für die in Teil 4 oder in Teil 5 VV RVG eine besondere Gebühr vorgesehen ist. Das bedeutet: 636

2.a) Hat der Rechtsanwalt für das Verfahren, in dem der Wiedereinsetzungsantrag gestellt wird, den **vollen Verteidigungs-/Vertretungsauftrag** erhalten, wird der Antrag durch die Verfahrensgebühr, die für das jeweilige Verfahren/den Verfahrensabschnitt, in dem der Antrag gestellt wird, anfällt, mitabgegolten (AG Betzdorf AGS 2009, 390; AG Sinzig JurBüro 2008, 249; → *Verfahrensgebühr, Abgeltungsbereich*, Teil D Rdn 431). Das folgt aus dem Pauschalcharakter, den die Gebühren nach Vorbem. 4 Abs. 2 S. 1 VV RVG bzw. nach Vorbem. 5.1 Abs. 1 VV RVG im Straf- bzw. im Bußgeldverfahren haben (vgl. dazu eingehend Burhoff/*Burhoff*, RVG, Vorbem. 4.1 VV Rn 33 ff.). Abgegolten durch die jeweilige Verfahrensgebühr werden auch die Tätigkeiten des Rechtsanwalts im Hinblick auf eine sofortige Beschwerde nach § 46 Abs. 3 gegen einen die Wiedereinsetzung verwerfenden Beschluss (→ *Beschwerde, Abrechnung*, Teil D Rdn 130). 637

638 **b)** Der Wahlanwalt muss also die für den Mandanten erbrachten Tätigkeiten im Rahmen des § 14 Abs. 1 RVG **gebührenerhöhend** geltend machen. Beim Pflichtverteidiger sind sie ggf. bei einer Pauschgebühr nach § 51 RVG anzumelden.

639 **3.a)aa)** Ist der Rechtsanwalt mit einem Wiedereinsetzungsantrag nur als **Einzeltätigkeit** i.S.v. Teil 4 Abschnitt 3 VV RVG bzw. von Teil 5 Abschnitt 2 VV RVG befasst, gilt:

- Ist er (nur) mit der **Einlegung/Stellung** des Antrags beauftragt, wird seine Tätigkeit als Einzeltätigkeit mit einer Verfahrensgebühr nach Nr. 4302 Ziff. 2 VV RVG bzw. Nr. 5200 VV RVG abgerechnet (s. Burhoff/*Volpert*, RVG, Nr. 4302 VV Rn 10 für den vergleichbaren Fall der Anhörungsrüge und der Nachholung des rechtlichen Gehörs nach § 33a).
- Ist er mit der **Beistandsleistung** im Wiedereinsetzungsverfahren (insgesamt) beauftragt, entsteht eine Verfahrensgebühr Nr. 4302 Ziff. 3 VV RVG für eine sonstige Beistandsleistung.
- Es gelten i.Ü. die Ausführungen bei → *Beschwerde, Gebühren*, Teil D Rdn 142 ff., entsprechend.

> ☝ Eine **Grundgebühr** Nr. 4100 VV RVG entsteht **nicht** zusätzlich (OLG Düsseldorf AGS 2009, 14; OLG Köln RVGreport 2007, 306; OLG Schleswig StV 2006, 206).

640 **bb)** Die jeweilige **Verfahrensgebühr** deckt **alle Tätigkeiten** in Zusammenhang mit dem Wiedereinsetzungsantrag und/oder der Beistandsleistung im Verfahren ab. Dies können sein die Entgegennahme der Information des Mandanten, die Fertigung und Einreichung des Wiedereinsetzungsantrags beim zuständigen Gericht, die Beratung des Mandanten, Stellungnahmen usw.

641 **b)** Erhält der Rechtsanwalt den Auftrag gegen einen die Wiedereinsetzung ablehnenden Beschluss **sofortige Beschwerde** einzulegen, gilt:

- Im **Strafverfahren** ist bei Einzeltätigkeiten das Verfahren über die Beschwerde nach Vorbem. 4.3 Abs. 3 S. 2 VV RVG ein besonderes. Es entsteht daher dann ggf. noch einmal die Gebühr Nr. 4302 Ziff. 2 VV RVG. I.Ü. gelten die Ausführungen bei → *Beschwerde, Gebühren*, Teil D Rdn 142 ff., entsprechend.
- Im **Bußgeldverfahren** fehlt in Teil 5 VV RVG eine entsprechende Regelung. Das hat zur Folge, dass im Bußgeldverfahren die Tätigkeit im Beschwerdeverfahren durch die Verfahrensgebühr Nr. 5200 VV RVG mit abgegolten wird.

> ☝ Erhält der Rechtsanwalt nach eine (erfolgreichen) Wiedereinsetzungsantrag den **vollen Verteidigungsauftrag**, wird er also nun für den Mandanten im eigentlichen Verfah-

ren tätig, wird die für die Einzeltätigkeit entstandene Verfahrensgebühr auf die weiteren Gebühren **angerechnet** (vgl. Vorbem. 4.3 Abs. 4 VV, bzw. Nr. 5200 Anm. 4 VV).

Bei **mehreren Einzeltätigkeiten** ist auf die Beschränkung der Vorbem. 4.3 Abs. 3 S. 2 VV RVG bzw. Nr. 5200 Anm. 2 S. 2 VV RVG, jeweils i.V.m. § 15 Abs. 6 RVG, zu achten.

Siehe auch: → *Wiedereinsetzung in den vorigen Stand, Allgemeines*, Teil B Rdn 1479, m.w.N.; → *Allgemeine Gebührenfragen, Allgemeines*, Teil D Rdn 1, m.w.N.; → *Verfahrensgebühr, Abgeltungsbereich*, Teil D Rdn 431; → *Verfahrensgebühr, Allgemeines*, Teil D Rdn 442, m.w.N.

Zurückverweisung 642

Das Wichtigste in Kürze:

1. Gem. §§ 21 Abs. 1 S. 1; 15 Abs. 2 S. 2 RVG kann der Rechtsanwalt im Fall der Zurückverweisung an ein untergeordnetes Gericht die Gebühren in dem dann neuen Rechtszug (ggf. noch einmal) fordern.
2. Voraussetzung für die Anwendung der Vorschriften der §§ 21, 15 RVG ist, dass das Rechtsmittelgericht aufgrund **eines** Rechtsmittels mit der Angelegenheit befasst worden ist.
3. Nach einer Zurückverweisung i.S.v. § 21 Abs. 1 RVG gilt das nachfolgende Verfahren als neuer Rechtszug. Der Rechtsanwalt verdient also Gebühren aus dem vorausgegangenen Verfahren ggf. noch einmal.

Literaturhinweise: Burhoff, Die Abrechnung der anwaltlichen Tätigkeit in mehreren Strafverfahren – Teil 3: Verweisung und Zurückverweisung, RVGreport 2009, 8; *ders.*, Verweisung und Zurückverweisung von Verfahren: So wirkt sie sich auf die Gebühren aus, RVGprofessionell 2013, 50; **Mümmler**, Anwaltliche Gebühren bei Zurückverweisung in Strafsachen, JurBüro 1981, 1476; *ders.*, Anfall von Anwaltsgebühren nach Zurückverweisung, JurBüro 1992, 150; s. i.Ü. a. die Hinw. bei → *Allgemeine Gebührenfragen, Allgemeines*, Teil D Rdn 2, und bei den u.a. Stichwörtern. 643

1. § 21 Abs. 1 S. 1 RVG bestimmt, dass im Fall der Zurückverweisung an ein untergeordnetes Gericht, das weitere Verfahren vor diesem Gericht ein neuer Rechtszug ist. Das bedeutet nach § 15 Abs. 2 RVG, dass der Rechtsanwalt die Gebühren diesem (neuen) Rechtszug (ggf. noch einmal) fordern kann (vgl. dazu unten Rdn 647). Zurückverweisung ist eine den **Rechtsmittelzug beendende Entscheidung** eines Rechtsmittelgerichts, die einem in dem Instanzenzug untergeordneten Gericht die abschließende Entscheidung überlässt (Burhoff/*Burhoff*, RVG, Teil A: Zurückverweisung [§ 21], Rn 2415; OLG München AGS 2011, 219 für das Zivilrecht). Auch wenn ein Verfassungsgericht die Entscheidung 644 eines Gerichts aufhebt und die Sache an dieses zurückverweist, ist das weitere Verfahren vor diesem Gericht ein neuer Rechtszug (BGH AGS 2013, 453).

645 **2.a)** Voraussetzung für die Anwendung der Vorschriften ist, dass das Rechtsmittelgericht **aufgrund eines Rechtsmittels** mit der Angelegenheit befasst worden ist (Burhoff/*Burhoff*, RVG, Teil A: Zurückverweisung [§ 21], Rn 2410 ff.). Dies ist in den Fällen der Berufung, (Sprung-)Revision, Beschwerde oder Rechtsbeschwerde der Fall (→ *Rechtsmittel/Rechtsbehelfe, Allgemeines*, Teil A Rdn 1289, m.w.N.).

646 **b)** Erforderlich ist zudem, dass auch die **Hauptsache** an das **Rechtsmittelgericht** gelangt ist. Das bedeutet, dass die Regelung bei Beschwerden keine Anwendung findet. Um eine Zurückverweisung i.S.d. § 21 RVG handelt es sich auch nicht, wenn sich das Rechtsmittel nur gegen eine Zwischenentscheidung gerichtet hat. Das ist z.B. bei Beschwerden gegen die Ablehnung der Pflichtverteidigerbestellung, bei Haftbeschwerden oder bei Beschwerden gegen § 111a-Beschlüsse der Fall (vgl. die Beispiele bei Burhoff/*Burhoff*, RVG, Teil A: Zurückverweisung [§ 21], Rn 2410 ff.; zur Abrechnung von Beschwerden → *Beschwerde, Gebühren*, Teil D Rdn 130).

647 **3.a)aa)** Nach einer Zurückverweisung i.S.v. § 21 Abs. 1 RVG gilt das **nachfolgende Verfahren** als **neuer Rechtszug** (LG Dresden AGS 2006, 169). Nach § 15 Abs. 2 RVG verdient der Rechtsanwalt alle Gebühren im nachfolgenden Verfahren gesondert und ggf. zusätzlich zu den Gebühren, die bereits im vorhergehenden Verfahren entstanden sind (OLG Düsseldorf StV 1993, 653; AG Wernigerode AGS 2015, 224 m. Anm. *Burhoff* RVGreport 2015, 137). D.h. z.B.: Wird ein Verfahren vom OLG an das LG zurückverwiesen, verdient der Rechtsanwalt die Gebühren Nrn. 4142 ff. VV RVG noch einmal. Entsprechendes gilt für die Zurückverweisung vom BGH an das LG für die Gebühren Nr. 4112 ff. VV RVG. Nach Aufhebung eines Urteils in einem Verfahren, in dem „besondere Gebühren“ gelten, wie z.B. im Schwurgerichtverfahren, und Zurückverweisung erhält der Rechtsanwalt/Verteidiger, wenn keine besondere Anordnung nach § 354 Abs. 3 ergangen ist, der Höhe nach die besonderen Gebühren auch weiterhin (LG Osnabrück RVGreport 2014, 24 m. Anm. *Burhoff* StRR 2013, 439).

648 **bb)** Bei der **Bemessung** der konkreten (gerichtlichen) Verfahrensgebühr kann nach Zurückverweisung über § 14 Abs. 1 RVG ggf. berücksichtigt werden, dass dem Rechtsanwalt das Verfahren bereits bekannt ist (s.a. Burhoff/*Burhoff*, RVG, Teil A: Rahmengebühren [§ 14], Rn 1572; vgl. a. AnwKomm-RVG/*N. Schneider*, § 21 Rn 79; a.A. für Berufungsverfahren LG Flensburg JurBüro 1984, 1039).

649 **b)** Die **Grundgebühr** nach Nr. 4100 VV RVG entsteht im Verfahren nach Zurückverweisung für den Rechtsanwalt, der den Angeklagten bereits im Ausgangsverfahren vertreten hat, nicht noch einmal (KG RVGreport 2005, 343). Sie entsteht nur für die erstmalige Einarbeitung in den Rechtsfall (vgl. → *Grundgebühr, Allgemeines*, Teil D Rdn 228). Etwas anderes gilt, wenn der Angeklagte nach Zurückverweisung mit der Verteidigung einen

Rechtsanwalt beauftragt, der ihn bisher noch nicht vertreten hat. Dieser kann dann die Grundgebühr der Nr. 4100 VV RVG verlangen. Diese ist personen- und nicht verfahrensbezogen einmalig (vgl. → *Grundgebühr, Allgemeines*, Teil D Rdn 233).

c) Da es sich bei dem nach der Zurückverweisung folgenden Verfahren um eine neue Angelegenheit handelt, entsteht auch **zusätzlich** eine **eigene Auslagenpauschale** nach Nr. 7002 Anm. 1 VV RVG i.H.v. 20,00 € (LG Dresden AGS 2006, 169). 650

Siehe auch: → *Allgemeine Gebührenfragen, Allgemeines*, Teil D Rdn 1, m.w.N.

Stichwortverzeichnis

Die Großbuchstaben verweisen auf den Teil, die Zahlen auf die Randnummern.